# पेरियार ललई सिंह ग्रंथावली

## खंड-1

## पेरियार ललई सिंह

आपका जन्म 1 सितम्बर, 1911 ई. को गाँव—कठारा, झींझक, जिला—कानपुर, उत्तर प्रदेश में हुआ था। पिता—चौधरी गज्जु सिंह लघु-जमींदार थे। आप भूतपूर्व ग्वालियर नेशनल आर्मी में सन् 1933 में स्टेनोटाइपिस्ट-लिपिक पद पर सिपाही के रूप में भर्ती हुए। सन् 1945 में हाई-कमांडर हुए। देश की स्वतंत्रता के लिए 1945 ई. से 1947 ई. तक आन्दोलन किए। जेल गए। ब्रिटिश साम्राज्य विरोध के कारण आप वर्षों जेल में रहे। स्वतंत्रता के लिए जेल में 40 दिनों की लम्बी भूख हड़ताल की। सन् 1948 में स्वतंत्रता के साथ ग्वालियर सेंट्रल जेल से छूटे। आपको 'उत्तर भारत का पेरियार' कहा जाता है। आप नास्तिक थे। आप अंग्रेजी, पालि, प्राकृत, तमिल, मराठी, हिन्दी और उर्दू के अध्येता थे। इसमें, आप अंग्रेजी भाषा के विद्वान थे। आपको गणित और ज्यामिति का अद्‌भुत ज्ञान था। आपका निर्वाण 7 फरवरी, 1993 ई. को हो गया। आप अनन्य अध्येता, ऑर्गेनिक इंटेलेक्चुअल, चिन्तक, लेखक, कवि, नाटककार और आन्दोलनकारी विभूति थे।

## धर्मवीर यादव गगन

शिक्षक और शिक्षित परिवार में जन्म 2 जुलाई, 1988 आजमगढ़, उत्तर प्रदेश। ये मूलत: अनुसन्धानकर्ता हैं। जमीनी शोध कार्यों में कई वर्षों से सक्रिय हैं। अपनी अभिरुचि के कारण साहित्य, समाज, धर्म, संस्कृति, अर्थ, राजनीति आदि की गम्भीर समझ रखते हैं। छात्र आन्दोलनों में लगातार सक्रिय हैं। अपने समाज और राष्ट्र को बौद्धिक-सांस्कृतिक गतिविधियों के साथ लगातार प्रबोधित कर रहे हैं। अपना वैचारिक हीरो फुले, अम्बेडकर, पेरियार, मंडल और फूलन को मानते हैं। इन्होंने एक फिल्म और एक नाटक में अभिनय भी किया है।

*अकादमिक व्यक्तित्व :* बी.ए.-इलाहाबाद विश्वविद्यालय, इलाहाबाद; एम.ए.-हंसराज कॉलेज, दिल्ली विश्वविद्यालय, दिल्ली; एम.फिल.-हैदराबाद केन्द्रीय विश्वविद्यालय, हैदराबाद; पीएच.डी.-दिल्ली विश्वविद्यालय, दिल्ली। P.D.F. (Post Doctoral Fellow)—जवाहरलाल नेहरू विश्वविद्यालय, नई दिल्ली।

*सम्मान :* साहित्य में सामाजिक न्याय की खोज हेतु बहुजन इंटेलेक्चुअल कांचा इलैया और माननीय श्री शरद यादव के हाथों जेएनयू में 'बी.एन. मंडल स्मृति सम्मान, 2017' से सम्मानित। विशेष सन्दर्भ : पेरियार ललई सिंह के साहित्य और चिन्तन की खोज।

*ई-मेल :* gaganjnu22@gmail.com
*मो. :* 9013710377

# पेरियार ललई सिंह ग्रंथावली

[ईश्वर, मिथक, धर्म, संस्कृति, सभ्यता, इतिहास
और आदिनिवासियों आदि पर चिन्तन]

## खंड-1

संकलन-सम्पादन
**धर्मवीर यादव गगन**

राधाकृष्ण प्रकाशन

ISBN : 978-93-91950-71-2

**पेरियार ललई सिंह ग्रंथावली : खंड-1**



**पहला संस्करण :** अक्टूबर, 2022
**दूसरा संस्करण :** दिसम्बर, 2022
**तीसरा संस्करण :** फरवरी, 2024

**मूल्य :** ₹2500
पाँच खंडों का सम्पूर्ण सेट

**प्रकाशक**
राधाकृष्ण प्रकाशन प्राइवेट लिमिटेड
जी-17, जगतपुरी, दिल्ली-110 051
**शाखाएँ :** अशोक राजपथ, साइंस कॉलेज के सामने, पटना-800 006
पहली मंजिल, दरबारी बिल्डिंग, महात्मा गांधी मार्ग, प्रयागराज-211 001
1, अनमोल सोराबजी सन्तुक लेन, धोबी तलाव, मरीन लाइंस, मुम्बई-400 002
वेबसाइट : www.radhakrishnaprakashan.com
ई-मेल : info@radhakrishnaprakashan.com

**मुद्रक**
विकास कम्प्यूटर एंड प्रिंटर्स
ट्रॉनिका सिटी-201 102

PERIYAR LALAI SINGH GRANTHAWALI : Vol. 1
*Edited by* Dharam Beer Yadava Gagan

आधुनिक भारत के निर्माता
सामाजिक न्याय और सामाजिक परिवर्तन के महानायक
पेरियार ई.वी. रामास्वामी को सादर!

# अनुक्रम

# प्राक्कथन

सम्पूर्ण 'पेरियार ललई सिंह ग्रंथावली' पाँच खंड में विभाजित है। यह उसका पहला खंड है। इसमें उनका मिथक, धर्म, संस्कृति, सभ्यता, इतिहास, भाषा, नस्ल, आदिनिवासियों आदि पर किया गया चिन्तन संगृहीत है। इसमें पेरियार की महान कृति 'रामायण : पादीरंगल' प्रस्तुत है, जो उन्होंने 1 जनवरी, 1930 ई. में मूल तमिल भाषा में लिखी। जो अंग्रेजी में 1959 ई. में 'दि रामायना : ए ट्रू रीडिंग' नाम से अनूदित-प्रकाशित हुई। इसका प्रथम हिन्दी अनुवाद और प्रकाशन पेरियार ललई सिंह ने 1 अक्टूबर, 1968 ई. में 'सच्ची रामायण' नाम से 'अशोक पुस्तकालय', झींझक, कानपुर, उत्तर प्रदेश से किया।

इसके हिन्दी भाषान्तर के लिए वे तमिलनाडु जाकर तमिल भाषा सीखे और अध्ययन किए। वे अंग्रेजी के अध्येता भी थे। इस पूरे भाषाई बोध के साथ वे सह-आन्दोलनधर्मी अंग्रेजी के प्राध्यापक रामआधार द्वारा 'दि रामायना : ए ट्रू रीडिंग' के हिन्दी अनुवाद को प्रकाशित करते हैं। 'आर्यों का नैतिक पोल प्रकाश' में वे मिथकीय चरित्रों और कथित नस्लीय श्रेष्ठता को खंडित करते हैं। उसकी वस्तुगत भौतिक व्याख्या करते हैं। साधारण जनमानस को मिथकीय सम्मोहन से बाहर निकालने की हर बौद्धिक और आन्दोलनधर्मी कोशिश करते हैं।

यह खंड मुख्यतः उनके प्रबोधन की चेतना को प्रस्तुत करता है; जिसमें उनका सभ्यता-विमर्श, वर्ण, भाषा आदि की बुद्धिवादी चेतना परिलक्षित होती है। इसमें अभिव्यक्त चेतना सामाजिक-सांस्कृतिक नवजागरण की है जिसमें उनकी यथार्थवादी दृष्टि का संसार स्पष्ट दिखता है। यह संसार बुद्धि और तर्कजन्य ज्ञान पर आधारित है। यही उनका बौद्धिक संसार है। यही उनका बुद्धिवाद का प्रवर्तन है। जिस कारण 'काउ बेल्ट' आज भी उनके नाम पर थरथर काँपने लगता है। इसी कारण उन्हें 'उत्तर भारत का पेरियार' कहा जाता है। यहाँ इसका वस्तुगत और बौद्धिक विश्लेषण प्रस्तुत है।

इस देश में हजार साल से जो सांस्कृतिक युद्ध चल रहा है, वे उसके ऐतिहासिक कारणों की पड़ताल करते हैं। उसके स्रोत-सन्दर्भ के साथ मिथक, ईश्वर, नस्लीय श्रेष्ठता पर सवाल उठाते हैं। इस देश के आदिनिवासियों को जाग्रत करते हैं। उसके सभ्यता, भाषा, कला, इतिहास, दर्शन, मनुष्यत्व बोध को उद्घाटित करते हैं। वे आदिनिवासियों की सोच को वस्तुगत भौतिक संसार की ओर प्रवृत्त करते हैं।

वे वर्ण, जाति और उन सभी संहिताओं पर प्रश्न चिह्न लगाते और ख़ारिज करते हैं—जो इन मिथकों, ईश्वर, पुरोहित, वर्ण-व्यवस्था के उद्गम स्थल हैं, उसे अनुप्राणित करती हैं। उन्हें नैतिक वैधता प्रदान करते हैं। वे इसी सन्दर्भ और परिप्रेक्ष्य में अपनी अवधारणा को प्रस्तुत करते हैं। इस कारण उनके चिन्तन में जहाँ गम्भीर सभ्यता-विमर्श है तो वहीं सभ्यताओं के संघर्ष की दिलचस्प दास्तान भी, जिसमें उनका इतिहास और भाषा पर गहरा चिन्तन दृष्टिगोचर होता है। इससे उनकी विश्वदृष्टि का भी पता चलता है।

# प्रस्तावना

उत्तर भारत के हिन्दी क्षेत्र को लेकर यह धारणा बनी हुई है कि जहाँ हिन्दी पट्टी ने स्वाधीनता आन्दोलन में अग्रणी भूमिका निभाई, वहीं सांस्कृतिक पुनर्जागरण में इसका अपेक्षित योगदान लगभग नगण्य रहा। कबीर और रविदास ने भक्ति-आन्दोलन के दौरान श्रमशील समाज के जीवनानुभवों, संघर्षों, सहज ज्ञान व तर्क से जिस सामाजिक चेतना की आधारशिला रखी थी, उसे तुलसी की भक्तिमार्गी वर्णाश्रमी धारा ने अधिगृहीत कर काफी कुछ निष्प्रभावी बना दिया था। उन्नीसवीं और बीसवीं शताब्दी में ज्योतिबा फुले, सावित्री फुले, पेरियार ई.वी. रामास्वामी और बाबा साहब डॉ. भीमराव अम्बेडकर के वैचारिक व सामाजिक हस्तक्षेप द्वारा गैर हिन्दी क्षेत्रों के हाशिए के समाज की इस वैचारिकी को जो पुनर्जीवन मिला, उससे हिन्दीभाषी क्षेत्र भी अछूते नहीं रहे।

उत्तर प्रदेश (तत्कालीन संयुक्त प्रान्त) में स्वामी अछूतानन्द (1879-1933) और रामचरन (1888-1939) के 'आदि हिन्दू' आन्दोलन के माध्यम से हाशिए के मेहनतकश और निम्न कही जाने वाली जातियों में नई चेतना का संचार किया। सामाजिक न्याय और समता के आदर्शों से प्रेरित इनकी वैचारिकी ब्राह्मणवादी शोषण की व्यवस्था के विरुद्ध सशक्त उद्घोष थी। इसी दौर में चन्द्रिका प्रसाद 'जिज्ञासु', संतराम बी.ए., रामस्वरूप वर्मा आदि के साथ पेरियार ललई सिंह एक प्रमुख नाम थे। इन सभी के मानवीय और समतामूलक राष्ट्र-निर्माण को हिन्दी समाज की वर्चस्वशाली सामाजिक और सांस्कृतिक चिन्तनधारा से सायास अनुपस्थित और अचर्चित रखा गया। ये सभी मूलत: शूद्र समुदाय से सम्बन्धित और पहली शिक्षित पीढ़ी से थे। ललई सिंह (1911-1993) मुख्यत: पेरियार ई.वी. रामास्वामी की वैचारिकी से प्रेरित थे। वे मूलत: स्वाभिमानी और विद्रोही स्वभाव के थे, उनकी चेतना पेरियार के 'आत्मसम्मान' (Self Respect) आन्दोलन से निकली थी।

वे ग्वालियर नेशनल आर्मी में हाई-कमांडर थे। सेवा में रहते हुए भी, उन्होंने 'सिपाही की तबाही' शीर्षक से प्रतिरोध को दर्ज कराती एकांकी लिखी, सिपाहियों को संगठित कर आन्दोलन किया और जेल गए। जेल में भी उन्होंने 'कैदी महासभा' का गठन किया। उन्होंने सन् 1946 में देश की आजादी के साथ देशी रियासतों की

गुलामी से भी आजादी की माँग तेज की। उनका पूर्ण स्वतंत्रता के लिए क्रान्तिकारी नारा था—'ब्रिटिश इम्पीरियलिज्म डाउन डाउन! सिंधिया फ्लैग डाउन डाउन!!' पेरियार ललई सिंह को अपने जमीनी अनुभवों के चलते इस बात का अहसास था कि देश की राजनीतिक आजादी तब तक पूर्ण नहीं होगी जब तक उसे सामाजिक और आर्थिक गुलामी से मुक्ति नहीं मिलेगी। पेरियार के नेतृत्व में दक्षिण भारत का 'आत्मसम्मान आन्दोलन' इस दिशा में उनकी मूल प्रेरणा बना। पेरियार के जन्मदिन (17 सितम्बर) के अवसर पर 1960 में उन्होंने 'सस्ता प्रेस' की शुरुआत की, जहाँ से उन्होंने छोटी-छोटी पुस्तिकाओं के माध्यम से दलित व पिछड़े समाजों के मेहनतकश वर्गों में ईश्वर, धर्म और हिन्दू मिथकों, देवी-देवताओं की जकड़बंदी के विरुद्ध नवजागरण अभियान छेड़ा। वे पेरियार को अपना गुरु मानते थे।

इस जन-जागरण अभियान के अन्तर्गत पेरियार ललई सिंह ने 'वीर संत माया बलिदान', 'शम्बूक वध', 'एकलव्य', 'नाग यज्ञ' और 'अंगुलिमाल' सरीखे नाटक लिखकर धर्म की वर्चस्वशाली परम्परा का प्रतिविमर्श रचकर बहुजन समाज को चेतना-सम्पन्न बनाने की पहलकदमी की। इन नाटकों के लिखे जाने के मंतव्य का खुलासा करते हुए उन्होंने 'शम्बूक वध' नाटक की भूमिका में लिखा, "नाटक के छापे जाने की पहली मंशा है अधिकार-वंचित शूद्र व महाशूद्र अपने अधिकार समझें। माँगें! छीनें! इसी स्थिति के कारण मैं बार-बार कहता हूँ कि—'अधिकार माँगे नहीं, छीने जाते हैं।' और 'सामाजिक अपमान गरीबी से अधिक खटकता है।' दूसरी मंशा, इस देश के सवर्ण हिन्दू शूद्रों व महाशूद्रों को उनका मानवीय अधिकार सौंप दें। तीसरी मंशा, सरकार के लिए कड़ी चेतावनी है कि उसने यदि उन्हें प्रत्येक प्रकार के मानवीय अधिकार न दिलाए तो इस देश में गृह-युद्ध का संकट सदैव बना रहेगा।"

पेरियार ललई सिंह की इस चेतावनी में बाबा साहब डॉ. अम्बेडकर द्वारा संविधान सभा में 25 नवम्बर, 1949 को दिए गए उस भाषण की अनुगूँज थी जिसमें उन्होंने कहा था, "इस संविधान द्वारा आज हम 'एक व्यक्ति, एक मत' के सिद्धान्त को स्वीकार कर राजनीतिक जनतंत्र में प्रवेश कर रहे हैं, लेकिन यदि यह राजनीतिक जनतंत्र सामाजिक जनतंत्र व आर्थिक जनतंत्र का रूप न ले सका तो राजनीतिक जनतंत्र भी खतरे में पड़ जाएगा।" इसी क्रम में पेरियार ललई सिंह ने 'आर्यों का नैतिक पोल प्रकाश', 'आदिवासियों की पहचान', 'सच्ची रामायण', 'सच्ची रामायण की चाभी' सरीखी मौलिक और वैचारिक पुस्तकों की भी रचना की थी। इन रचनाओं द्वारा वे उस जन-बुद्धिजीवी की भूमिका का निर्वहन कर रहे थे, जो तर्क, ज्ञान और वैज्ञानिक चेतना के माध्यम से अन्धविश्वास, हिन्दू मिथ्या धार्मिक चेतना और ब्राह्मणवादी कर्मकांड के विरुद्ध तर्कशील आधुनिक सोच को आन्दोलन का रूप दे रहे थे। कहना न होगा कि पेरियार ललई सिंह भाषा और अभिव्यक्ति के स्तर पर किताबी बौद्धिक

का मुहावरा न अपनाकर उस जमीनी श्रमशील समाज की भाषा में संवाद कर रहे थे, जो सर्वाधिक प्रभावी व कारगर था।

वे सैद्धान्तिक रूप से भी हिन्दी के जनभाषी स्वरूप के ही पक्षधर थे, उसके संस्कृतनिष्ठ तत्समीकृत रूप के नहीं। 'हिन्दी, हिन्दू, हिन्दुस्तान' के नारे को नकारते हुए उन्होंने शासक वर्ग के उस सवर्ण पाखंड का खुलासा किया था, जिसमें वे अपनी संतानों को अंग्रेजी शिक्षा देते थे और मेहनतकश वर्गों को इससे वंचित रखना चाहते थे। देश के अन्य भूभाग के निम्न वर्गों (सबाल्टर्न) के जन-बुद्धिजीवियों की तरह वे सामाजिक न्याय व समता के आदर्शों से प्रेरित होकर वैदिक ब्राह्मणवाद की श्रेष्ठतावादी विभेदकारी वर्ण और जाति-संस्कृति के विरुद्ध जमीनी चेतना का प्रचार-प्रसार कर रहे थे। वे वर्चस्ववादी सत्ता-संरचना को चुनौती देते हुए, आमूलचूल उन्मूलन के लिए प्रतिबद्ध बौद्धिक और आन्दोलनकारी पहल कर रहे थे लेकिन समाज की मुख्यधारा में उनकी स्वीकृति इसलिए नहीं बन सकी क्योंकि उनके सुधारवादी मुहावरे में प्रभुत्ववादी संस्कृति के प्रति समन्वय का भाव न होकर स्पष्ट रूप से तार्किक, नकार व अधिकार की हुंकार थी। स्वाधीनता पूर्व और बाद के वर्षों में प्रभुत्वकारी राजनीतिक व सामाजिक दृष्टिकोण के समन्वयकारी रूप और जमीनी सामाजिक यथार्थ में रची-बसी तार्किक सोच के बीच इस विलगाव के चलते देशज आधुनिकता का विकास अवरुद्ध हुआ।

यह स्वीकार किया जाना चाहिए कि राजनीतिक स्वाधीनता और सामाजिक स्वाधीनता के सह-मेल के न हो पाने के चलते भारतीय राष्ट्र-राज्य को समतावादी आधुनिक जनतंत्र बनाने की परियोजना आधी-अधूरी रही। वर्णाश्रमी जाति-व्यवस्थाकी सोपानीकृत व्यवस्था में उच्च-पदस्थ लोगों द्वारा अपने विशेषाधिकारों से मुक्ति की उम्मीद वांछनीय तो थी, लेकिन व्यावहारिक नहीं! ऐसे में पेरियार के आमूलचूल परिवर्तनकारी सामाजिक आन्दोलन से ललई सिंह सरीखे सामाजिक कार्यकर्ताओं का प्रेरित होना स्वाभाविक था। उत्तर भारत की धर्मभीरु जनता को धर्म, अन्धविश्वास, पाखंड और परम्परा की जकड़न से मुक्ति के लिए जहाँ उन्होंने 'आर्यों का नैतिक पोल प्रकाश' व 'आदिनिवासियों की पहचान' सरीखी पुस्तकें लिखकर आर्यों की आमद, प्रभुत्व व विस्तार का लोकग्राही वृत्तान्त लिखा तो वहीं यहाँ के मूल-निवासियों की अस्मिता का अहसास कराया। यह सब उच्च सवर्ण चिन्तन का प्रति-विमर्श होने के चलते ब्राह्मणवादी सवर्ण बौद्धिकों को तो अस्वीकार्य था ही, मुख्यधारा के 'परिवर्तनकामी बौद्धिक' भी धर्म और मिथक की इस जनोन्मुखी व्याख्या को लेकर सहज नहीं थे।

यह अकारण नहीं है कि पेरियार ललई सिंह की वैचारिक व साहित्यिक पुस्तिकाओं की संस्तुति चन्द्रिका प्रसाद 'जिज्ञासु' व संतराम बी.ए. व छेदीलाल साथी, रामस्वरूप वर्मा सरीखे सहधर्मी सामाजिक आन्दोलनकारियों ने तो की, लेकिन उच्च

सवर्ण पृष्ठभूमि के बौद्धिकों ने नहीं। यह लक्षित किया जाना चाहिए कि प्रगतिशील मार्क्सवादी सांस्कृतिक आन्दोलन में भी इन सबाल्टर्न बौद्धिकों का कोई उल्लेख नहीं है। कारण यह कि सोवियत क्रान्ति के प्रभाव व प्रेरणा के चलते मार्क्सवादी आन्दोलन समता, समानता के समाजवादी मूल्यों का तो पक्षधर होकर वर्गहीन समाज की स्थापना के लिए प्रतिश्रुत था, लेकिन वर्णगत और जातिगत विभाजन के विरुद्ध प्रभावी संघर्ष उसके एजेंडे में शामिल नहीं था। यही कारण था कि चन्द्रिका प्रसाद 'जिज्ञासु', पेरियार ललई सिंह, रामस्वरूप वर्मा आदि सरीखे सबाल्टर्न बौद्धिकों की वामपंथी आन्दोलन से निकटता नहीं स्थापित हो पाई।

हिन्दी में साहित्यिक और वैचारिक लेखन के बावजूद 'हिन्दी साहित्य के इतिहास' के पवित्र आँगन में तो इन निम्नवर्गीय (सबाल्टर्न) जन-बौद्धिकों का प्रवेश वर्ज्य था ही, स्वाधीन भारत में साहित्य अकादेमी सरीखी स्वायत्त संस्थाओं द्वारा प्रकाशित 'ए हिस्ट्री ऑफ इंडियन लिटरेचर' में भी इन्हें दर्ज नहीं किया गया। देश के विश्वविद्यालयों के शोध-प्रबन्धों के दायरे से तो इन्हें पूर्णत: वंचित ही रहना था। पेरियार ललई सिंह के ही शब्दों में, "आज जितनी भी पुस्तकें स्कूलों, कॉलेजों, विश्वविद्यालयों में पढ़ाई जाती हैं, सब आर्यों द्वारा आर्यों के वर्चस्व की मानसिकता से लिखी गई हैं।... हमारे मूल-निवासी आदिनिवासियों का इतिहास किसी भी संस्था में नहीं दिया जाता है। न ही मूल-निवासियों की सामाजिक-सांस्कृतिक चेतना से लिखी गई कोई पुस्तक कहीं भी पढ़ाई जाती है।...हमारी सारी महान विभूतियों को निगल लिया ब्राह्मण-पुरोहितों की वर्चस्ववादी संस्कृति ने। इनकी पुस्तकों को खोज-खोज कर जलाया, नष्ट किया। इसे आप आदिनिवासियों और बौद्ध साहित्य, दर्शन को नष्ट किए जाने वाले आर्यों के अभियान से समझ सकते हैं।" इस समूची प्रक्रिया और षड्यंत्र का पर्दाफाश पेरियार ललई सिंह ने अपनी पुस्तिकाओं 'आर्यों का नैतिक पोल प्रकाश' और 'आदिनिवासियों की पहचान' में किया है।

इन पुस्तकों के साथ-साथ उनके अन्य लेखन का प्रकाशन साहित्य व समाज-विज्ञान की बड़ी रिक्ति की बहुप्रतीक्षित भरपाई है। पेरियार ललई सिंह भारतीय समाज में वर्ण और जाति आधारित शोषण का निदान उत्पीड़क जातियों के विरुद्ध उत्पीड़ित जातियों की गोलबंदी तक सीमित न करके वर्ण-जाति-उन्मूलन के लक्ष्य में तलाशते थे। वे वर्ण, जातिभेद को उच्च जातियों तक सीमित न करके निचले स्तर की जातियों में भी इसके दुष्प्रभावों की निशानदेही करते थे। उनका कहना था, "ब्राह्मणवादी ऊँच-नीच की भावना अछूतों में भी है—चमार, भंगी को नीच और अपने को ऊँच समझते हैं। अहीर, चमार से अपने आपको ऊँचा समझते हैं। अत: अछूतों को चाहिए कि वे किसी को भी नीच-ऊँच न समझें।" उन्होंने इस बात पर भी बल दिया कि स्कूलों, कॉलेजों की पाठ्य-पुस्तकों में जाति-पाँति के विरुद्ध पाठ निर्धारित किए जाएँ और भारत सरकार व राज्य सरकारें जाति-पाँति के विरुद्ध छोटी-छोटी पुस्तिकाएँ विभिन्न

भाषाओं में लिखवा और छपवाकर बहुत बड़ी संख्या में मुफ्त बाँटे। उनका सुझाव था कि 'जाति तोड़कर विवाह करने वाले जोड़ों और उनकी संतान को सरकारी नौकरियों में प्राथमिकता दी जाए। ऐसे विवाहों में एक वर्ग (अर्थात पुरुष या स्त्री) अछूत जरूर हो।' उनका यह भी सुझाव था कि 'जाति नामधारी शैक्षणिक संस्थाओं को न तो सरकारी अनुदान दिया जाए और न इनको शिक्षा विभाग स्वीकृति ही दे।' और यह भी कि 'अदालती कागजों और स्कूलों तथा कॉलेजों के रजिस्टरों से जाति का खाना निकाल दिया जाए और किसी से उसकी जाति पूछना, उसकी आमदनी पूछने की तरह खराब समझी जाए।'

यह जानना दिलचस्प और जरूरी है कि जिन पेरियार ई.वी. रामास्वामी के भौतिकतावादी तर्कशील चिन्तन ने दक्षिण भारत की राजनीति व वैचारिकी को आमूलचूल परिवर्तनकारी दिशा प्रदान की, जिस पर आज भी दक्षिण भारत की राजनीति और समाज टिका हुआ है, चल रहा है, उसे ही जब ललई सिंह ने उत्तर भारत में प्रचारित-प्रसारित करने का संकल्प लिया तब उत्तर प्रदेश सरकार ने पूरी तरह अवरोध पैदा किए। ललई सिंह ने पेरियार द्वारा लिखित बहुचर्चित पुस्तक 'दि रामायना : ए ट्रू रीडिंग' का रामअधार कृत हिन्दी अनुवाद 'सच्ची रामायण' का प्रकाशन वर्ष 1968 में झींझक, कानपुर के अपने 'अशोक पुस्तकालय' से प्रकाशित और अपने 'सस्ता प्रेस' से मुद्रित किया। इसके पहले ही संस्करण की एक हजार प्रतियाँ छापी गईं। रामकथा के वर्णाश्रमी वर्चस्व के मूल्यों को चुनौती देने वाली इस पुस्तक की लोकप्रियता से सशंकित होकर उत्तर प्रदेश सरकार ने इस पर तत्काल प्रतिबन्ध लगा दिया। इस जब्ती को हाईकोर्ट में पेरियार ललई सिंह द्वारा चुनौती दिए जाने पर इलाहाबाद हाईकोर्ट ने इसे निरस्त कर दिया। उत्तर प्रदेश सरकार पर जुर्माना ठोक दिया। इसके खर्च आदि की भरपाई का आदेश भी दिया।

इसके विरुद्ध उत्तर प्रदेश सरकार ने सुप्रीम कोर्ट में अपील दायर की। वहाँ भी प्रदेश सरकार की हार हुई और अन्ततः 16 सितम्बर, 1976 को सुप्रीम कोर्ट के आदेश से पुस्तक पर प्रतिबन्ध हटा और कोर्ट ने जब्त प्रतियाँ पेरियार ललई सिंह को वापस करने का आदेश दिया। इसके बावजूद उत्तर प्रदेश सरकार की वक्र दृष्टि पेरियार ललई सिंह के साहित्य और चिन्तन पर बरकरार रही। इसी कारण उनकी अन्य लगभग सभी किताबों पर मुकदमे सरकार करती रही। एक किताब तो प्रतिबन्धित ही करवा दी। इन बाधाओं के होते हुए भी सन् 1990 तक लगभग हर वर्ष इस पुस्तक के नए संस्करण प्रकाशित होते रहे। और आगे लाखों प्रतियाँ छापी गईं। साधारण जनता में मनुष्यत्व और समतामूलक चेतना निर्माण हेतु बाँटी गईं। बहुजन समाज के बीच इसे उपलब्ध करवाने के लिए मेलों-ठेलों और विभिन्न सामाजिक अवसरों पर पेरियार ललई सिंह स्वयं इस पुस्तक को साइकिल पर रखकर बेचा करते थे।

यह तथ्य उल्लेखनीय है कि 'सच्ची रामायण' की बुक-स्टाल पर खुली बिक्री तभी सुनिश्चित हो सकी जब कांशीराम की पहलकदमी पर सन् 1995 में बहुजन समाज पार्टी की पहली बार सरकार बनी। पेरियार ललई सिंह के अथक प्रयासों और संघर्षों के परिणामस्वरूप हिन्दी में 'सच्ची रामायण' की पहली बार उपलब्धता तो सुनिश्चित हुई, लेकिन ब.स.पा. सरकार के प्रयासों के बावजूद पेरियार ई.वी. रामास्वामी की प्रतिमा लखनऊ के अम्बेडकर स्मारक में या उत्तर प्रदेश में कहीं भी हिन्दुत्ववादियों के मौन और उग्र-विरोध के चलते आज तक स्थापित नहीं हो सकी। 'सच्ची रामायण' के अतिरिक्त पेरियार ललई सिंह की जिन अन्य पुस्तकों को सरकारी कोपभाजन का समय-समय पर शिकार होना पड़ा, उनमें ब्रिटिश सरकार द्वारा प्रतिबन्धित 'सिपाही की तबाही' के साथ-साथ आजादी के बाद प्रतिबन्धित 'ईश्वर, आत्मा एवं वेदों आदि में विश्वास अधर्म है', 'हिन्दू संस्कृति में वर्ण-व्यवस्था और जातिभेद (पूर्णत: प्रतिबन्धित)', 'जाति भेद का उच्छेद (डॉ. अम्बेडकर)', 'आर्यों का नैतिक पोल प्रकाश', 'सच्ची रामायण की चाभी' आदि शामिल हैं।

ये सभी पुस्तकें बहुसंख्यक समुदाय के मुखर वर्चस्वशाली वर्गों की भावनाओं के आहत होने के तर्क के आधार पर प्रतिबन्धित की गई थीं। दरअसल आहत भावनाओं का यह तर्क भारतीय राष्ट्र-राज्य के वर्णवादी-ब्राह्मणवाद के प्रति सहृदयता का परिणाम अधिक था, आहत भावनाओं का कम, जो आज तक सतत जारी है। इन प्रतिबन्धों से यह तथ्य भी सुस्पष्ट है कि भारतीय संविधान की वैज्ञानिक व तर्कवादी अवधारणा के बावजूद तर्क, ज्ञान व वैज्ञानिक दृष्टि के प्रचार-प्रसार में पेरियार ललई सिंह सरीखे जमीनी बौद्धिकों को कितना संघर्ष करना पड़ा था। सच तो यह है कि ललई सिंह हिन्दी क्षेत्र में आजीवन पेरियार के विचारों के अकेले सेनानी रहे और सहज-सरल भाषा में लिखित उनकी पुस्तकें तर्कशील वैज्ञानिक विचारों की वाहक रहीं लेकिन आमूलचूल परिवर्तनकामी सशक्त सामाजिक आन्दोलन के अभाव में ये प्रयास दूरगामी लक्ष्यों को न प्राप्त कर सके। उनके जीवन और विचारों में कोई द्वैत नहीं था। वे विचार और आचरण से पूरी तरह नास्तिक और स्पष्ट वक्ता थे।

वे 14 अक्टूबर, 1956 को बाबा साहब डॉ. भीमराव अम्बेडकर के बौद्ध धम्म दीक्षा ग्रहण, नागपुर में जाकर बौद्ध धर्म ग्रहण करना चाहते थे किन्तु क्षय रोग से उन्हें खून की उल्टी हो रही थी। इस कारण वे नहीं जा सके। 21 जुलाई, 1967 को उन्हीं महाथेरा ऊँ चन्द्रमणि स्थविर से, जिनसे बाबा साहब ने बौद्ध धम्म ग्रहण किया था, उन्होंने कुशीनगर में बौद्ध धर्म ग्रहण किया। वे बुद्ध के भौतिकतावादी सोच और सिद्धान्त को मानते थे। इस दीक्षा ग्रहण के बाद उन्होंने अपने नाम से कुँवर, चौधरी, यादव हटा दिया और सिर्फ ललई सिंह लिखने लगे। उन्होंने यह स्पष्ट घोषणा की कि एक

बौद्धिष्ट की वर्ण और जाति नहीं होती, वह मनुष्य होता है। यदि वह वर्ण और जाति को मानता है तो वह वर्णाश्रमी हिन्दू है। 12 अक्टूबर, 1968 ई. को पेरियार को चन्द्रिका प्रसाद 'जिज्ञासु', ललई सिंह और छेदीलाल साथी ने 'अल्पसंख्यक एवं पिछड़े वर्ग के सम्मेलन', लखनऊ में भाषण देने के लिए बुलाया था। इसके बाद ललई सिंह ने 14 अक्टूबर, 1968 को नानाराव पार्क, कानपुर में बौद्ध धम्म दीक्षा ग्रहण का आयोजन किया था जिसमें हिन्दू धर्म के वर्णवाद, श्रेष्ठता और नीचता की मानसिकता पर करारा प्रहार करते हुए उन्होंने धज्जियाँ उड़ाईं। सामने खड़ी दस हजार जनता से बौद्ध धर्म ग्रहण करने की सार्वजनिक गुहार के साथ उन्होंने सबको बौद्ध धर्म ग्रहण करवाया। इस अवसर पर भिक्षु निर्गुणानन्द ने कहा कि ललई सिंह तो हमारे 'उत्तर भारत के पेरियार' हैं। तब से इनके समर्थकों और सह-आन्दोलनकारियों ने 'पेरियार ललई सिंह' सम्बोधन प्रारम्भ कर दिया। उसके बाद ये अपना नाम 'पेरियार ललई सिंह' लिखने लगे।

यह स्वीकार करना चाहिए कि हिन्दी क्षेत्र में हिन्दू मानस के मौजूदा वर्चस्व के पीछे उच्चवर्णी सेकुलर हिन्दू बौद्धिकों का वह अवचेतन मन रहा है जो लम्बे समय तक धर्म व वर्ण-जाति के प्रश्नों को अनुपस्थित मानकर सर्वधर्म समभाव की कथित गंगा-जमुनी संस्कृति के भ्रमजाल का भेदन न कर सका। कोई आश्चर्य नहीं कि उस दौर में वर्ण-जातिभेद के मुद्दे को लेकर उच्च सवर्णों का यह अंधत्व वर्तमान समय में अल्पसंख्यक व दलित समुदायों के प्रति दुराव व भेदभाव का आग्रही नहीं तो उसके विरुद्ध उदासीन अवश्य है। अपने समय में पेरियार और अम्बेडकर के चिन्तन का अनुगमन करके पेरियार ललई सिंह ने अपनी आर्मी और स्वतंत्रता संग्राम सेनानी की पेंशन, इकहत्तर बीघा जमीन, बाग, पुरखों की लघु-जमींदारी की विरासत आदि को बेचकर अपने सीमित सामर्थ्य में बहुजन वैचारिकी द्वारा इसका प्रतिविमर्श तो रचा, लेकिन वे इसे जनआन्दोलन का स्वरूप न दे पाए। नब्बे के दशक में जब सामाजिक न्याय की शक्तियों का राजनीतिक उभार हुआ तब उनका दायित्व था कि सामाजिक न्याय की राजनीति का रिश्ता चन्द्रिका प्रसाद 'जिज्ञासु', पेरियार ललई सिंह और रामस्वरूप वर्मा सरीखे सबाल्टर्न बौद्धिकों की वैचारिकी के साथ जुड़ता, लेकिन आमूलचूल सामाजिक परिवर्तन की इच्छाशक्ति के अभाव और तात्कालिक राजनीतिक लाभ तक सीमित रहने के चलते यह सम्भव न हो सका। हिन्दुत्ववादी उभार के इस समय में बहुजन समाज को इस वैचारिक रिक्ति की महँगी कीमत चुकानी पड़ रही है।

कहना न होगा कि धार्मिक कट्टरता, अन्धविश्वास, नफरत के इस समय में तर्क, वैज्ञानिक सोच व मानवीय सद्भाव की बहुजन वैचारिकी के चिन्तकों, विचारकों और सामाजिक कार्यकर्ताओं के अवदान को सँजोने और पुनर्सन्दर्भित करने की जरूरत है। पेरियार ललई सिंह के चिन्तन और साहित्य का 'ग्रंथावली' के रूप में प्रकाशन

इस दिशा में एक स्वागत योग्य कदम है। दिल्ली विश्वविद्यालय के युवा अध्येता डॉ. धर्मवीर यादव गगन ने जिस लगन और समर्पण भाव से इसे सम्भव किया है, वह उनकी खोजी और अध्ययनशील वृत्ति के बिना सम्भव नहीं था। उत्तर भारत से लेकर दक्षिण भारत तक पेरियार ललई सिंह की बिखरी चिन्तन सामग्री को जुटाकर सन्दर्भ प्रदान करना व 'ग्रंथावली' का रूप देना एक दुष्कर व श्रमसाध्य कार्य था। इस दूरगामी महत्त्व के ऐतिहासिक कार्य के लिए उन्हें बधाई और साधुवाद! उम्मीद की जानी चाहिए कि बहुजन समाज के अन्य जन-बौद्धिकों के अवदान को संरक्षित व सुरक्षित करने के प्रयासों को भी इससे प्रेरणा मिलेगी।

**—वीरेन्द्र यादव**

दिनांक : 17 सितम्बर, 2022
[पेरियार जयन्ती पर]

# आभार

*शनैः पन्थाः शनैः कन्था शनैः पर्वतलंघनम्।*
*शनैर्विद्या शनैर्वित्तं पञ्चैतानि शनैः शनैः॥*

*धीरे-धीरे व्यक्ति बड़े से बड़ा रास्ता पार कर जाता है।*
*धीरे-धीरे व्यक्ति बड़े से बड़ा पर्वत लाँघ जाता है।*
*धीरे-धीरे व्यक्ति बड़े से बड़ा ग्रंथ पढ़ जाता है।*

मैंने भी इसी तरह धीरे-धीरे चलना शुरू किया। इस ग्रंथ के खोजपरक रास्ते को धीरे-धीरे चलते-चलते पार कर गया। इस महान ग्रंथ की खोज, शोध, संकलन और सम्पादन में मुझे पूरे सात साल लगे। 1 सितम्बर, 2015 को मैंने शोधपरक यात्रा शुरू की थी। 1 सितम्बर, 2022 को यह पुनीत कार्य पूर्ण हुआ। इन ग्रंथों को खोजने के लिए मुझे सम्पूर्ण भारत को पग-पग, डग-डग नापना पड़ा। इस क्रम में मेरा सैकड़ों-हजारों लोगों ने सहयोग और साथ दिया। मैं उन लोगों का किस प्रकार आभार प्रकट करूँ, यह कह पाना मेरे लिए बहुत मुश्किल है।

इसी कारण मैं कहता हूँ—'यह ऐतिहासिक 'ग्रंथावली' मेरी व्यक्तिगत नहीं वरन् सार्वजनिक उपलब्धि है।' जो अनेक साथियों के अथक परिश्रम के बाद पाँच खंडों में तैयार हो अब आपके हाथ में है। 'ग्रंथावली' के खंड-1 में मिथक, धर्म, सभ्यता, संस्कृति, इतिहास और आदिनिवासियों आदि पर चिन्तन है। खंड-2 में सामाजिक, राजनीतिक और धार्मिक चिन्तन है। खंड-3 में उनकी कविताएँ और साहित्य चिन्तन है। खंड-4 में बुद्ध, अम्बेडकर, पेरियार पर चिन्तन है और पत्र, कुशल-पत्र आदि हैं। खंड-5 में अशोक पुस्तकालय का साहित्य, अंग्रेजी की किताबें तथा अशोक पुस्तकालय के 26 हजार पते, दुर्लभ चित्र और वंशावली आदि हैं।

इस ऐतिहासिक ग्रंथ के संग्रह और सम्पादन में जिन लोगों ने मेरी मदद की, उन सभी का मैं मन से आभार प्रकट करता हूँ। मैं यहाँ सबका नाम नहीं लिख सकता, फिर भी कुछ लोगों का नाम लिखकर आभार प्रकट करने की कोशिश कर रहा हूँ। जिनका नाम मैं यहाँ नहीं लिख सक रहा हूँ, उन सभी साथियों-

शुभचिन्तकों का मैं सबसे पहले हाथ जोड़कर हृदय से आभार प्रकट करता हूँ और क्षमा माँगता हूँ!

अतः प्रथमतः सभी ज्ञात-अज्ञात सहयोगियों के प्रति मेरा मन से आभार।

पेरियार ललई सिंह से मुझे परिचित कराने, उनके साहित्य और चिन्तन की ओर प्रवृत्त करानेवाले दयाराम जी के प्रति मैं पहले पहल आभार प्रकट करता हूँ। जिनसे मेरा पहला परिचय इलाहाबाद विश्वविद्यालय, इलाहाबाद से ग्रेजुएशन करते हुए सन् 2007 में हुआ। उन्होंने मुझे बताया कि "एक 'ललई सिंह' हुए थे। आप उन्हें जानते हैं?" मैंने कहा—"नहीं!" इस पर वे बोले—"अरे ललई सिंह बहुत महान चिन्तक थे। उन्होंने खूब साहित्य लिखा है। उन्हें 'उत्तर भारत का पेरियार' कहा जाता है। उनकी किताबें आपको खोज कर पढ़नी चाहिए।" इसके बाद उन्होंने पेरियार ललई सिंह के भिक्षुप्रिय शिष्य, शुभचिन्तक जे.एन. आदित्य के बारे में बताया। साथ ही, उनके भतीजे सुरेन्द्र सिंह यादव के बारे में भी बताया। मैंने सन् 2010 में हंसराज कॉलेज, दिल्ली विश्वविद्यालय, दिल्ली में 'हिन्दी साहित्य' से एम.ए. हेतु प्रवेश लिया। इसी बीच मुझे उनके लिखे नाटक—एकलव्य, नागयज्ञ और शम्बूक-वध मिले।

उसके बाद मैं सन् 2012-2013 में हैदराबाद विश्वविद्यालय, हैदराबाद से एम.फिल करने चला गया। उसे पूर्ण कर पुनः 9 सितम्बर, 2013 को दिल्ली विश्वविद्यालय, दिल्ली में पी-एच.डी. में प्रवेश लिया। इस बीच मैं सोचता-विचारता रहा कि किस प्रकार पेरियार ललई सिंह के साहित्य को खोजा और पढ़ा जाए? 28 अगस्त, 2015 को साथी आशीष दीपांकर, जो छत्रपति शाहूजी महाराज विश्वविद्यालय, कानपुर से हिन्दी में पी-एच.डी. कर रहे थे, वे दिल्ली आए हुए थे। उनका मन था कि वे हिन्दी विभाग, दिल्ली विश्वविद्यालय, दिल्ली से पी-एच.डी. करें। अतः वे पी-एच.डी. में प्रवेश हेतु साक्षात्कार देने आए थे। उनका साक्षात्कार 31 अगस्त को समाप्त हुआ। 31 की रात में ही हम दोनों कानपुर के लिए निकले।

अतः 1 सितम्बर, 2015 को पेरियार ललई सिंह के जन्मदिन पर उनके साहित्य और चिन्तन की शोधपरक खोज में मैं दीपांकर के साथ दिल्ली से कानपुर पहुँचा। यहाँ सुबह का नाश्ता हुआ और हम दोनों जे.एन. आदित्य का पता और उनको ढूँढ़ना शुरू किए। वहाँ पूरा एक दिन लग गया लेकिन कुछ भी अता-पता नहीं लग पाया। चूँकि हम लोग पेरियार ललई सिंह के समय के मिले पते के अनुसार उन्हें ढूँढ़ रहे थे। वहाँ अब सब कुछ बदल गया था। जब हम सब वहाँ पहुँचे तो देखा कि जहाँ अशोक पुस्तकालय था, उस पते पर अब शैलून की दुकान खुल गई है।

समय बदला, शहर का चाल-चरित्र बदला। ऐसा लग रहा था जैसे शहर अपने निर्माण, इतिहास और विभूतियों को विस्मृत कर आगे बढ़ गया हो। इसके

बाद अगले दिन दयाराम जी ने पेरियार ललई सिंह के भतीजे सुरेन्द्र सिंह यादव का नम्बर उपलब्ध कराया। मैंने उनसे बात की। सुरेन्द्र जी सुबह मिले और हम दोनों को लेकर जे.एन. आदित्य के पास पहुँचे। 2 सितम्बर को हम दोनों की पहली मुलाकात आदित्य जी से हुई। जहाँ मुझे पेरियार ललई सिंह के व्यक्तित्व और साहित्य के बारे में विस्तृत जानकारी मिली। मैंने पेरियार ललई सिंह के ग्रंथों की क्रमवार सूची बनाई। और अब 'पेरियार ललई सिंह ग्रंथावली' की परियोजना की धारणा पुष्ट हुई।

इसके बाद समयानुसार मैं कानपुर जाता रहा। उनके गाँव कई बार गया। उनके साथ आन्दोलन आदि करनेवाले बुजुर्गों से मिलता-जुलता रहा। मैं ऐसे लोगों से गाँव-गाँव घूमकर मिलता रहा, उनसे साक्षात्कार, दस्तावेज आदि संगृहीत करता रहा। इन सभी आधारों पर मैंने पेरियार ललई सिंह की एक जीवन भी लिखी है, जो जल्द ही प्रकाशित होगी। यह क्रम 1 सितम्बर, 2020 तक चला। इस बीच जे.एन. आदित्य ने मुझे पेरियार ललई सिंह के साहित्य का सर्वाधिकार (कॉपी राइट) दिया। उनके साहित्य का सर्वाधिकार आज मेरे पास है। यह संग्रह-सम्पादन का क्रम चलता रहा। ग्रंथावली तैयार होती रही। इस अभियानी दुरूह शोधपरक खोज में अनगिनत लोगों ने मेरा सहयोग किया। मुझे स्नेह और सहयोग करनेवाले साथियों, शुभचिन्तकों के नाम निम्नलिखित हैं।

मुख्य सहयोगी—

1. आशीष दीपांकर, छत्रपति शाहूजी महाराज विश्वविद्यालय, कानपुर, उत्तर प्रदेश।
2. सुरेश सत्यार्थी, लखनऊ विश्वविद्यालय, लखनऊ, उत्तर प्रदेश।
3. प्रदीप कुमार गौतम, बुन्देलखंड विश्वविद्यालय, झाँसी, उत्तर प्रदेश।
4. राम बचन यादव 'सृजन', बनारस हिन्दू विश्वविद्यालय, बनारस, उत्तर प्रदेश।

जो मेरे साथ कुछ कदम चले। मेरी भावनात्मक, संवेदनात्मक, बौद्धिक, आर्थिक आदि प्रकार से सहयोग किए। मुझे उनकी पुस्तकें उपलब्ध करवाए। जो लोग भी मेरा किसी भी प्रकार से सहयोग किए, वे लोग निम्नलिखित हैं—

1. बरेली से सहयोगी—मूलचन्द गौतम, आपने मुझे पेरियार ललई सिंह की कई महत्त्वपूर्ण कृतियों के नाम बताए। उनके तीन नाटक उपलब्ध करवाए।
2. गाँव—कठारा, कानपुर देहात से महावीर सिंह यादव, सुरेन्द्र सिंह यादव, रामभजन सिंह यादव, शैलेन्द्र यादव, रघुराज सिंह यादव (आपने पेरियार ललई सिंह के साथ सस्ता प्रेस और अशोक पुस्तकालय प्रकाशन में कई वर्ष सहयोग किया था।) मोहर सिंह यादव, अनुरुद्ध यादव बौद्ध,

कृष्ण कुमार यादव, सोनेलाल संखवार (आप अशोक पुस्तकालय में कोषाध्यक्ष रहे हैं) आदि गाँव-जवार के लोगों ने मेरी बहुत मदद की। मैं आप सबका हृदय से आभार प्रकट करता हूँ, अभिनन्दन करता हूँ।

3. कानपुर, उत्तर प्रदेश के सहयोगी—जे.एन. आदित्य, सुरेन्द्र सिंह यादव (आप पेरियार ललई सिंह के भतीजे हैं)। रामआधार, रामअवतार पाल, रामबाबू कनौजिया, मोहन लाल कटियार, सोनेलाल संखवार, श्रवण कुमार, सुधा कुमारी, हजारी लाल गुप्त, लालजी पाल, रवीन्द्र सिंह, यशवन्त राव, अनुराग वर्मा आदि।
4. झींझक—कानपुर देहात से मनोज वर्मा, रामलखन पाल श्रमशील, प्रभाकांत लोधी, रामस्वरूप लोधी, शिवनाथ पाल, सचिन सिंह।
5. दिल्ली विश्वविद्यालय और दिल्ली से खुशवन्त मेहरा, शुभम यादव, शैलेन्द्र प्रताप, किशन कुमार सिंह, ज्ञानप्रकाश यादव 'ज्ञानार्थी', रमेश ठाकुर, मिथिलेश कुमार, दिनेश कबीर, सोबरन कबीर, श्वेता यादव, मुहम्मद इरशाद, डॉ. रजनीश कुमार सिंह, रविदत्त मेहरा, दीपक शर्मा आदि साथियों ने ग्रंथावली को तैयार करने में बहुत मदद की। आप सबका जितना आभार प्रकट करूँ कम है।
6. छत्रपति शाहूजी महाराज विश्वविद्यालय, कानपुर से कामिनी कौशिक, आशीष दीपांकर, शकुन्तला दीपांजली, ईश्वर कुमार, सुनील दत्त, उमेश कुमार।
7. लखनऊ के सहयोगी—राजवीर सिंह, सम्पादक 'यादव शक्ति' पत्रिका। आपने पेरियार ललई सिंह की एक कृति उपलब्ध कराई। साथ ही, राजीव रत्न मौर्य का भी विशेष आभार!
8. लखनऊ विश्वविद्यालय, लखनऊ—प्रोफेसर कालीचरण स्नेही, मुकेश यादव, सुरेश सत्यार्थी, विनोद कुमार यादव, रवीन्द्र सिंह।
9. इलाहाबाद विश्वविद्यालय, इलाहाबाद से अनुष्का सुप्रिया।
10. गोविन्द वल्लभ पंत शोध संस्थान, इलाहाबाद से प्रो. बद्री नारायण, तिलक यादव।
11. सृजन समीर—इविंग क्रिश्चियन कॉलेज, इलाहाबाद विश्वविद्यालय, इलाहाबाद।
12. बनारस हिन्दू विश्वविद्यालय, बनारस से रामबचन यादव 'सृजन', दीनदयाल यादव, राहुल यादव, आप सभी हिन्दू विश्वविद्यालय में शोधरत हैं।
13. रामजीत यादव, सभाजीत यादव, जौनपुर, उत्तर प्रदेश।

14. रघुनाथ सिंह, अर्जक संघ, अम्बेडकर नगर, उ.प्र., भारत।
15. दयाराम—रूड़की, उत्तराखंड।
16. रमाशंकर सिंह और अजय कुमार, उच्च अध्ययन संस्थान, शिमला, हिमाचल प्रदेश।
17. पटियाला, चंडीगढ़, पंजाब से हरप्रीत सिंह, सुखदेव सिंह हंस, कृपासिन्धु यादव आदि।
18. जालन्धर, पंजाब से एल.आर. बाली और उनके सहयोगी।
19. जवाहरलाल नेहरू विश्वविद्यालय, नई दिल्ली से सतनाम सिंह, बाल गंगाधर बागी, मुलायम सिंह यादव।
20. जम्मू-कश्मीर—असिस्टेंट प्रोफेसर रत्नेश यादव, अरविन्द यादव।
21. सहसाराम, बिहार से—प्रो. राजेन्द्र प्रसाद सिंह, डॉ. शशिकला कुमारी, साथ ही 'बाबू जगदेव प्रसाद भवन', के वे लोग जो मैरीज हॉल के साथ-साथ उसे लाइब्रेरी के रूप में भी विकसित किए हैं।
22. बलिया, उ.प्र. के सहयोगी—धर्मेन्द्र कुमार, जिन्होंने पेरियार ललई सिंह की रचना उपब्ध कराई। आपसे ई. सन्तोष यादव (पटना) ने परिचय करवाया।
23. सिवान, बिहार से—जितेन्द्र वर्मा, इन्होंने पेरियार ललई सिंह के दुर्लभ पत्र उपलब्ध कराए।
24. पटना, बिहार से—प्रोफेसर रमेन्द्र नाथ, दर्शनशास्त्र विभाग, पटना विश्वविद्यालय, पटना, उनकी पत्नी कंवलजीत कौर ने पेरियार ललई सिंह का साहित्य उपलब्ध कराया, आप सबका बहुत-बहुत आभार! अरुण नारायण, अमलेश प्रसाद का भी आभर।
25. पश्चिम बंगाल से सूरज महतो जिनका निवास पश्चिम बंगाल में मेरा स्थायी अड्डा बना।
26. बुन्देलखंड विश्वविद्यालय, झाँसी से प्रदीप कुमार गौतम, मनीष आनन्द।
27. ग्वालियर विश्वविद्यालय, ग्वालियर से असिस्टेंट प्रोफेसर डॉ. जितेन्द्र बिसारिया, मनोज बिसारिया, राहुल बौद्ध, विश्वविद्यालय की लाइब्रेरी और लाइब्रेरियन का आभार।
28. भिंड, दबोह, मध्य प्रदेश से कवि नरेश बाबू बौद्ध और उनके साथी बौद्धाचार्य डी.सी. मौर्य पूर्व प्राचार्य और पूर्व प्रान्तीय कोषाध्यक्ष 'दि बुद्धिस्ट सोसाइटी ऑफ इंडिया', शाखा—मध्य प्रदेश।
29. राजस्थान विश्वविद्यालय के सहयोगी—अजय कुमार, डॉ. विशाल विक्रम सिंह
30. साहेब राव, हैदाराबाद केन्द्रीय विश्वविद्यालय, हैदराबाद।

31. दीक्षाभूमि, नागपुर, महराष्ट्र से—राजेश मेश्राम, नीलेश मेश्राम, दीक्षाभूमि, 'बुद्ध विहार' का मैं विशेष आभारी हूँ जो कुछ दिन वहाँ रहने का अवसर दिया और कुछ पत्र उपलब्ध करवाए।
32. किरण मेश्राम, प्रोफेसर सूर्यवंश—पवई, जिला—भंडारा, महाराष्ट्र से।
33. सन्तोष रामटेके—ब्रह्मपुरी, जिला—चन्द्रपुर, महाराष्ट्र।
34. महात्मा गांधी अन्तरराष्ट्रीय हिन्दी विश्वविद्यालय, वर्धा से—भन्ते राकेश आनन्द थेरो, शोधार्थी, बौद्ध अध्ययन केन्द्र, प्रो. सुरजीत कुमार सिंह, नरेश कुमार साहू, रजनीश कुमार अम्बेडकर, दीनानाथ यादव, दिलीप गिरि।
35. भिक्षु सदानन्द महाथेरो बुद्ध विहार, केलझर, वर्धा, महाराष्ट्र।
36. अंगुलिमाल शाक्यपुत्र थेरो महास्थविर, भिक्षु धम्माधर शाक्यपुत्र बुद्ध विहार, नागेवाली, जालना, औरंगाबाद, महाराष्ट्र से सहयोग किया। उन्होंने पेरियार ललई सिंह के कई दुर्लभ-पत्र उपलब्ध करवाए। आपका सादर आभार!
37. मुम्बई के सहयोगी—रमेश घाटे, निशा यादव (बड़ी बहन)।
38. प्रोफेसर अरुण काम्बले के पुत्र अप्रेत काम्बले, मुम्बई, महाराष्ट्र।
39. भीमराव रावतकर—रूम नं. 222, एम.एल.ए. हॉस्टल, एक्सटेंशन बिल्डिंग, नियर-मंत्रालय, चर्च गेट, मुम्बई, महाराष्ट्र।
40. राहुल बोधि—बौद्ध विहार, कुर्ला, मुम्बई, महाराष्ट्र।
41. राँची, झारखंड के सहयोगी—धरती आबा बिरसा मुंडा और जीसस की मानस पुत्री जन्मजात आदिवासी योद्धा लीमा तूती, सतीश कुमार।
42. इरोड, तमिलनाडु से पेरियार पीठ, गोपाल कृष्णन, कन्द स्वामी, भारती मोहन, जयराज ट्रेवर, वाहिद खान।

**प्रेरित करनेवाले लोग—**

1. लोकधर्मी आलोचक चौथीराम यादव ने कहा, 'गगन, तुम्हारा असल शोध पेरियार ललई सिंह की ग्रंथावली ही होगी। तुम्हें शुभकामनाएँ।'
2. राजेन्द्र प्रसाद सिंह ने कहा, 'धर्मवीर जी, आप यदि ललई सिंह का साहित्य और विचार खोजकर निकाल दिए तो यह उन्हें जिन्दा कर देनेवाला ऐतिहासिक कार्य सिद्ध होगा।'
3. दिलीप मंडल ने कहा, 'यदि आप ललई सिंह ग्रंथावली का संकलन-सम्पादन कर ले गए तो पेरियार ललई सिंह के साथ आपको भी सौ साल तक याद रखा जाएगा।'

4. कर्मेन्दु शिशिर ने कहा, 'गगन जी, आप ऐतिहासिक कार्य कर रहे हैं। इस कार्य से आनेवाली पीढ़ियाँ बौद्धिक रूप से आत्मनिर्भर होंगी। आपको शुभकामनाएँ।'
5. आशुतोष कुमार, लीड्स यूनिवर्सिटी, इंग्लैंड, ने कहा, 'आप साहित्य नहीं, पूरा ऐतिहासिक दस्तावेज खोज रहे हैं। अतः आपको ढेर सारी शुभकामनाएँ।'

यह सहयोग क्रम बहुत लम्बा है। इस शोधपरक खोज में इस देश के कई गाँवों, शहरों, जिलों और प्रदेशों में कई बार गया। पेरियार ललई सिंह के गाँव कठारा, मैं कई बार गया। कई-कई दिन मैं उनके परिजनों के यहाँ रुका। वहाँ रुक कर पेरियार ललई सिंह के साथ आन्दोलन करनेवाले, उनके साथ गाँव-जवार के वर्णवादियों, जातिवादियों, सामन्तवादियों, मनुवादियों से लड़नेवाले, उनके चाहनेवाले, उनको प्यार करनेवाले, उनके साथ उनके प्रेस और प्रकाशन में काम करनेवाले लोगों से साक्षात्कार किया।

पेरियार ललई सिंह के बारे में गाँव-जवार में जनश्रुति आधारित कई सारी कहावतें प्रचलित हैं। उन्हें साक्षात्कार करने के क्रम में मैंने दर्ज किया। जिन्हें पेरियार ललई सिंह की लिखी जा रही जीवनी में सन्दर्भित किया जा रहा है। आप सबने बहुत सहयोग किया इस हेतु आप सबका आभार। श्रणव कुमार और उपासक जी, कानपुर का मैं बहुत आभारी हूँ जो उन लोगों ने मुझे कई दिनों अपने घर रुकने का अवसर दिया। वहाँ रुक कर मैं पेरियार ललई सिंह के सन्दर्भ में कई गाँवों की यात्रा कर साहित्य, साक्षात्कार आदि संगृहीत किया। आप सबके परिवार का भी मैं आभारी हूँ जो मुझे इतना स्नेह, प्यार और सम्मान दिया।

सम्पूर्ण ग्रंथावली को टंकित करने में पवन सिहमार ने असाधारण साहस का परिचय दिया। वे बिना थके, बिना रुके सौम्य भाव से टंकित करते रहे और खुशवन्त मेहरा (दिल्ली से) ने पांडुलिपि के सन्दर्भ में डाकिए की जो सुन्दर भूमिका निभाई उनका मैं आभारी हूँ। उनके इस कार्य पर मैं सोचता हूँ तो प्यार उमड़ आता है। खुशवन्त मेरे साथी, शुभचिन्तक हैं। हम दोनों ने साथ ही हंसराज कॉलेज से एम.ए. किया है। अतः उनका सादर आभार।

इस ग्रंथावली की कृतियाँ क्षत-विक्षत अवस्था में गाँव-जवार, जिला और विभिन्न प्रदेशों से प्राप्त हुईं। कई कृतियाँ सड़ी-गली अवस्था में मिलीं जिनके पन्ने पलट देने पर फट जा रहे थे। इन रचनाओं के समाप्त होने के साथ उनका साहित्य और चिन्तन भी समाप्त हो जाता। जो बामुश्किल मोबाइल के कैमरे में कैद हुईं। उन्हें जूम करके एकदम धीमी गति से पवन जी ने टंकित किया। इस कारण सम्पूर्ण ग्रंथावली संकलित-सम्पादित करते हुए सात साल लग गए। पवन जी के इस कार्य का मैं तो ऋणी हूँ ही मुझसे अधिक समाज ऋणी है जो इतना दुरूह कार्य वे कर गए।

मैं जब कभी कहता था कि पवन जी आप ग्रंथावली को तैयार करने में बहुत मेहनत कर रहे हैं। आपकी लगन और मेहनत को मैं सलाम करता हूँ तो वे बस एक ही बात कहते थे—"सर, यह सब अपने समाज और विचार का काम है, इस कारण खूब मन लगता है। कभी भी ऊब नहीं होती है। खूब आनन्द के साथ धीरे-धीरे टंकित करता हूँ।" उनके इस व्यवहार से मन इतना प्रसन्न हो जाता था कि आँख नम हो जाती थी। इस व्यवहार से मुझे खुद ऊर्जा मिलती थी। आपका आभार प्रकट करने का मुझमे साहस नहीं, बस इतना ही कहूँगा कि "समाज आपका तब तक ऋणी और आभारी रहेगा जब तक यह ग्रंथावली रहेगी। आपको सलाम! जोहार!"

इस ग्रंथावली के निर्माण में मोबाइल, व्हाट्सएप, मैसेंजर और जीमेल का बहुत योगदान रहा। मुझे पेरियार ललई सिंह की कई कृतियाँ, पत्र आदि ऐसी अवस्था में मिले कि उन्हें छूने मात्र से उनके पन्ने खसक कर फट जाते थे जिन्हें समाज को पढ़ना चाहिए, उन्हें दीमक चाट रहे थे। इस स्थिति में मोबाइल कैमरे ने बहुत अहम भूमिका निभाई। इससे क्लिक किए गए सारे फोटो मैं साथी पवन को मैसेंजर, व्हाट्सएप, मेल आदि से भेजता था। वे पूरे धैर्य के साथ उन्हें टाइप करते थे। अतः इसके ईजाद कर्ताओं को दिल से आभार।

इस पूरी ग्रंथावली का निर्माण दिल्ली में हो रहा था, मुख्यतः मानसरोवर हॉस्टल, दिल्ली विश्वविद्यालय, दिल्ली में। इसे कई बार नए-नए फॉर्म में प्रिंट करके देखा गया। लगभग दो हजार पृष्ठ की ग्रंथावली के लिए, दस हजार पृष्ठ देखे गए। यह सम्पूर्ण प्रिंटिंग मानसरोवर हॉस्टल में खुले 'पुनीत जेरॉक्स' से हुई। यहाँ प्रिंट करनेवाले पिंटू पाल, पुनीत पाल का मैं विशेष आभार प्रकट करता हूँ, जिन्होंने प्रिंटिंग में विशेष मदद की। मानसरोवर हॉस्टल के मेस के साथी कर्मचारियों का मैं विशेष आभार प्रकट करता हूँ जो आप सब मुझे समय-समय से भोजन कराते रहे और मैं पूरी तल्लीनता के साथ 'पेरियार ललई सिंह ग्रंथावली' का शोधपरक संकलन-सम्पादन करता रहा।

मैं अपनी शोध निर्देशिका डॉ. नीलम राठी, दिल्ली विश्वविद्यालय, दिल्ली का आभार प्रकट करना कैसे भूल सकता हूँ, जिन्होंने मुझे सम्पूर्ण देश में भ्रमण और साहित्य संकलन का अवसर दिया। शोधार्थी और निर्देशक के बीच क्या रिश्ता होता है, मैं आपके साथ शोध करके जान सका। आपने मुझे जो अवसर दिया, उससे मैं तो आपका ऋणी हूँ ही, इस ग्रंथावली से ज्ञानवर्धित होता प्रत्येक व्यक्ति, समाज और राष्ट्र आपका ऋणी रहेगा। इस हेतु आपका सादर आभार!

मैं अपनी माँ का आभार प्रकट करने की कोई स्थिति नहीं रखता। माँ से हाथ जोड़ कर बस विनम्रपूर्वक सॉरी बोलना चाहूँगा कि इस शोधपरक कार्य के दौरान

मैं आप से कम बातें कर सका, लम्बी बातें नहीं कर सका। सॉरी! आपने मुझे जन्म दिया पाल-पोस कर बड़ा किया। पढ़ाया-लिखाया। मैं ज्ञान के सर्वोच्च संस्थान तक पहुँच सका। माँ! आगे मैं घर आऊँगा। कई दिनों तक घर रहूँगा। आपसे खूब बातें करूँगा। रोज कोई नई कहानी सुनूँगा।

मैं अपनी बड़ी बहन निशा यादव को कैसे भूल सकता हूँ जो मुझे पहली बार स्कूल ले गईं? भाभी-भैया (ज्ञानमती और महेन्द्र यादव) सबका आभार जो आप सबने मेरी ज्ञान प्राप्ति प्रक्रिया में अपार सहयोग किया। पिता जी जिनका नाम ही नहीं, व्यक्तित्व भी निर्मल है। आपका सादर आभार कि आपने मुझे जन्म दिया। मुझ पर विश्वास किया। मुझे इस शोध कार्य के दौरान प्रोत्साहित किया। आप सबका मैं आभारी हूँ जो आप सबने हर समय प्रोत्साहित किया। स्नेह दिया।

अपने उन पुरखों को आज मैं याद करना चाहूँगा, जिन्हें गुरु और वर्ण संहिता ने एक अक्षर तक सीखने नहीं दिया। जिन्हें गुरुकुल में प्रवेश नहीं लेने दिया गया। जिन्हें 'ज्ञान' नहीं प्राप्त करने दिया गया। मेरे असुरबलि महान पुरखों आप देख लीजिए आपका अंश आज इस देश के सर्वोच्च ज्ञान संस्था की सर्वोच्च उपाधि प्राप्त कर रहा है। वह इंटेलेक्चुअल, स्कॉलर और एकेडमिशियन बन प्रस्तुत हो रहा है। आपकी असुरबलि बुद्धि और संघर्ष का बीज आज सूरज बन उग रहा है। आप सबके संघर्ष को मेरा जोहार।

पेरियार ललई सिंह की रचनाएँ खोजते हुए, मैंने सम्पूर्ण देश की यात्राएँ कीं। जम्मू-कश्मीर से तमिलनाडु तक, गुजरात से पश्चिम बंगाल तक। उनकी जन्मभूमि कठारा, कानपुर और कर्मभूमि मुरैना, भिंड, ग्वालियर, म.प्र. कई बार गया। इस तरह उन्होंने जहाँ-जहाँ नौकरी की, आन्दोलन किए, पेरियार ई.वी. रामास्वामी पर भाषण दिए, डॉ. अम्बेडकर पर भाषण दिए, बौद्ध प्रशिक्षण शिविर लगाए उन सभी जगहों पर गया। उनके साथ आन्दोलन करनेवाले जीवित लोगों का साक्षात्कार किया। अनेक दुर्लभ दस्तावेजों को प्राप्त किया। आप सबने जिस सहृदयता से मेरा सहयोग किया। उस हेतु आप सबका हृदय से आभार।

इस 'पेरियार ललई सिंह ग्रंथावली' की शोधपरक खोज में मेरे शुभचिन्तकों ने मुझे बहुत सराहा। प्यार दिया। कई नई उपमाएँ दीं जैसे मेरे भतीजे सृजन समीर मुझे 'चकलालचन्द के पेरियार' की उपमा दी। तो शकुन्तला दीपांजली ने 'पूर्वांचल का पेरियार' कहा। मैं पूर्वांचल से आता हूँ शायद इसलिए। साथी प्रदीप गौतम ने 'पेरियार गगन' की उपमा दी। रामबचन यादव 'सृजन' ने 'यंग इंटेलेक्चुअल' की उपमा दी। ज्ञान प्रकाश यादव 'ज्ञानार्थी' ने 'युयुत्सु रिसर्चर' कहा। डॉ. जयप्रकाश कर्दम ने 'यंग रिसर्चर' कहा, तो वहीं प्रोफेसर राजेन्द्र प्रसाद सिंह ने 'सामाजिक न्याय का हीरक सपूत' कहा। मेरी सीनियर शिल्पी गुप्ता ने 'नेशनल पर्सनॉलिटी' कहा। आप सबका सादर आभार कि आप सब मेरे व्यक्तित्व में ऐसी सम्भावनाएँ देख रहे हैं।

यह खोजपरक ग्रंथावली मेरे लिए एक एंज्वायफूल परियोजना थी। इस दौरान मैंने अपने देश को देखा-सुना महसूस किया। इस ग्राउंड लेवल के रीयल रिसर्च के दौरान मैंने बहुत कुछ सीखा, मुझ में मूल बौद्धिक और अकादमिक सोच निर्मित हो सकी। जिसका मैं अपने भावी जमीनी रिसर्च में सदुपयोग करूँगा। यह शोधकार्य मेरे लिए आनन्ददायक और दुरूह कार्य भी था। इसको करते हुए जहाँ आनन्द मिल रहा था वहीं कई खतरे भी मोल लिए। कई खतरनाक यात्राएँ मैंने कीं। ये यात्राएँ बाइक, ताँगा, टैम्पो, बस, ट्रेन, ट्रक आदि से हुईं। इन सात सालों की पेरियार ललई सिंह के साहित्य और चिन्तन की शोधपरक यात्रा में मेरा तीन बार एक्सिडेंट होते-होते बचा जिसमें दो बार एकदम खतरनाक एक्सिडेंट से बचा।

28 दिसम्बर, 2016 को मैं आशीष दीपांकर के साथ पेरियार ललई सिंह के साहित्य और चिन्तन की खोज में कानपुर के रूरा में रामअवतार पाल से मिलने गया। उनका लम्बा इंटरव्यू करने के बाद जब हम सब वापसी के लिए निकले तो अँधेरा हो गया था। हम लोग उनके गाँव से तो किसी तरह निकल आए किन्तु रूरा से कानपुर आने के लिए उस समय कोई ट्रेन नहीं थी। इस स्थिति में हुआ यह कि अब यहीं कहीं रुका जाए। इसलिए मैंने रूरा के उपासक जी को फोन किया। वे कानपुर शहर में थे, देर रात तक पहुँचने को बोले। उन्होंने एक व्यक्ति को हम लोगों को रिसीव करने के लिए भेजा।

उस व्यक्ति द्वारा बताए अनुसार रूरा स्टेशन का रेलवे ट्रेक पकड़कर अँधेरे में आगे बढ़ने लगे। आगे बढ़ते हुए एक पुल आया। जहाँ घुप अँधेरा था। और उस पुल के नीचे गहरी कैनाल थी। पुराने मोबाइल टार्च को जलाते हुए। अत्यन्त मद्धम रोशनी में धीमे-धीमे हम लोगों ने किसी तरह पुल पार करना शुरू किए। इतना घना अँधेरा था कि सामने कुछ दिखाई नहीं दे रहा था। हम लोगों के लिए वह जगह बिलकुल नई थी। वह सर्दियों का मौसम था।

अँधेरे के साथ घना कुहरा छाया हुआ था। यदि उस अँधेरे में उस पुल से हम दोनों गिर जाते तो जान जानी निश्चित थी। हम दोनों ने डरते-डरते किसी तरह पुल पार किया। पुल पार कर अभी मुश्किल से तीन कदम चले होंगे कि पीछे से साँय से ट्रेन निकली, हम दोनों तुरन्त बाईं तरफ झुकते हुए ढलान की तरफ लुढ़के अँधेरे में जैसे गिर गए।...उसके बाद रिसीव करनेवाले सज्जन रेलवे ट्रैक के उस पार आए, आवाज दी हम सब अँधेरे में ट्रैक पार कर किसी तरह उपासक जी के घर पहुँचे। रात्रि विश्राम किए।

भोर में उपासकजी ने हम लोगों को जगाकर सूचना दी कि रूरा स्टेशन के पुल पर ट्रेन पलट गई है। कई लोग घायल हो गए हैं। हम सब उठे और पहुँचे तो देखा कि ट्रेन के कई डिब्बे पुल के नीचे गहरे कैनाल में गिरे हैं। कई डिब्बे ट्रैक से उतरकर पलट गए हैं। ट्रैक टूट गया है। लोगों को डिब्बे से निकाला जा रहा है।

उन्हें अस्पताल पहुँचाया जा रहा है। यह वही पुल था जिसे घनी रात में हम दोनों ने किसी तरह पार किया था। इस तरह की कई खतरनाक यात्राएँ 'पेरियार ललई सिंह ग्रंथावली' खोजने के दौरान हुईं। ऐसे दुरुह और महान कार्य में साथ देनेवाले सभी लोगों का हृदय से आभार।

मैं आभार प्रकट करता हूँ, उन सभी बुद्धिजीवियों, चिन्तकों और लेखकों का जो मुझ यंग रिसर्चर के कहने पर ग्रंथावली का फ्लैप और ब्लर्ब आदि लिखे।

इस ग्रंथ के प्रकाशन में डॉ. रामाशंकर कुशवाहा ने विशेष मदद की। उनका विशेष आभार।

राजकमल प्रकाशन समूह के प्रबन्ध निदेशक अशोक महेश्वरी का बहुत-बहुत आभार, जो उन्होंने इस प्रचंड हिन्दुत्व के वर्चस्ववादी समय में सहर्ष पेरियार ललई सिंह ग्रंथावली को प्रकाशित किया और मुझ युवा की बौद्धिक और अकादमिक मेधा पर विश्वास किया।

ये खोजपरक लम्हे आनन्ददायक और पीड़ादायक दोनों प्रकार के रहे। इन सात बरस में अर्थात् ग्रंथावली पर काम करते हुए कम-से-कम दस बार मैं फ्रस्टेड हुआ। तीन बार डिप्रेशन में चला गया। इतना लम्बा जमीनी रिसर्चेबुल कार्य। शुरुआती दिनों में तो कभी-कभी मैं डर जाता था कि इतनी लम्बी परियोजना को ठान तो लिया लेकिन पता नहीं, पूरा कर पाऊँगा कि नहीं। इस ऐतिहासिक कार्य से लोगों को बड़ी उम्मीदें हैं। यदि मैं इस ऐतिहासिक परियोजना को पूरा न कर सका तो समाज को क्या जवाब दूँगा? लोग क्या कहेंगे? ये अन्तर्द्वन्द्व मेरे मन में लगातार चल रहे थे किन्तु मैं जब जब फ्रस्टेशन, डिप्रेशन, अन्तर्द्वन्द्व में डूबा तब-तब मेरे शुभचिन्तकों ने मुझे सम्हाला। उबारा। अपनी अल्टो का हृदय से आभार प्रकट करता हूँ जो मुझे ऐसी स्थिति में लगातार हौसला देती रही। मेरे रिसर्चर साथियों ने मेरा खूब साथ दिया। मुझे सराहा। सुना। सहा। प्यार दिया। प्रोत्साहित किया। मेरे सभी साथी मिलकर फेसबुक से मुझे लगातार प्रोत्साहित करते रहे। मेरी सैकड़ों दुरूह यात्राओं को सराहते रहे। मुझे सकारात्मक ऊर्जा देते रहे। आप सबका आभार।

आज भी पेरियार ललई सिंह के चाहनेवाले सम्पूर्ण देश में हैं। मैं जहाँ-जहाँ गया। वहाँ-वहाँ उनके चाहनेवाले मिले। उनके राष्ट्र निर्माता होने का मुझे इससे बड़ा कोई प्रमाण नहीं मिला। यही वे कारक हैं जिस आधार पर मैं उन्हें इस देश की 'महान विभूति' कह सकता हूँ। वास्तव में, वे एक सार्वजनिक विभूति थे। ऑर्गेनिक इंटेलेक्चुअल थे। मुझे मन-ही-मन प्रसन्नता भी हो रही थी कि पेरियार ललई सिंह की ही तरफ मेरे भी शुभचिन्तक इस देश के अमूमन सभी विश्वविद्यालयों में हैं। वहाँ मैं इस साहित्य संकल के क्रम में रुकता रहा।

मैं इस शोधपरक खोज में जिस भी शहर गया। उस शहर के विश्वविद्यालय में मेरे परिचित, शुभचिन्तक मुझे जरूर मिले। अग्रजों-अनुजों सबने मुझे स्नेह, प्यार,

आदर और रात्रि विराम का अवसर दिया। मेरी आवश्यकता के अनुसार वे मेरे साथ चले। बाइक से चले। ऑटो से चले। ताँगे से चले। बस से चले। ट्रक से चले। ट्रेन से चले। इस तरह यह शोधपरक संकलन-सम्पादन मेरे लिए खतरनाक लम्हों से गुजरते हुए आज अपने अन्तिम रूप में तैयार हुआ है।

अन्ततः मैं आप सबके प्रति हृदय से आभार प्रकट करता हूँ। मैं अपने महान असुरबलि पुरखे राजा महिषासुर की स्मृति को यह महान ग्रंथ समर्पित करते हुए, आप सबके हाथों में सादर भेंट करता हूँ। आभार! जोहार!

1 सितम्बर, 2022 **—धर्मवीर यादव गगन**

# भूमिका

इस संसार में मिथकों की एक घनीभूत दुनिया है जो इस दुनिया को संचालित भी करते हैं और संचालित भी होते हैं। वे विजित भी हैं, अविजित भी हैं। वे सत्य भी हैं, असत्य भी। दृश्य भी हैं, अदृश्य भी हैं। वे आस्तिक भी हैं, नास्तिक भी हैं। वे आस्तिक मनुष्य के लिए सब कुछ हैं। नास्तिक मनुष्य के लिए कुछ भी नहीं हैं। वे असुर भी हैं, सुर भी हैं। वे असुरबलि भी हैं, सुरबलि भी हैं। वे महिषी भी हैं, महिषासुर भी हैं। इन मिथकों का सर्वव्यापी संसार है। यही अबोध दृश्य-अदृश्य संसार 'ईश्वर' हो जाता है।

आधुनिक भारत में पहली बार ऐसा हुआ कि असुरबलि महानायक पेरियार ई.वी. रामास्वामी ने इस मिथकीय भूमि की मानसिकता को बुद्धि और रेसनल्टी से ध्वस्त करने की कोशिश की। उसे अपनी बौद्धिक मेधा से साफ़ करने की कोशिश की। भारतभूमि का भौतिक दृष्टि से निर्माण करने की कोशिश की। इसी कारण आधुनिक भारत के वास्तविक निर्माता सामाजिक परिवर्तन के महानायक पेरियार ई.वी. रामास्वामी को माना जाता है।

उनके विचार, दर्शन और ज्ञान को उत्तर भारत में लाने की पहले पहल कोशिश चन्द्रिका प्रसाद 'जिज्ञासु' और पेरियार ललई सिंह ने की। इसी कारण ललई सिंह को 'उत्तर भारत का पेरियार' कहा जाता है। इन्होंने हिन्दू मिथकीय भूमि के वर्णाश्रमी मन को बौद्धिक भौतिक संसार के वस्तुगत रूप के साथ व्याख्यायित किया। जिस व्याख्या से उत्तर भारतीय जनता का भौतिक मानस निर्मित हो सका। वे उनका मिथकीय दुनिया से यथार्थ दुनिया की ओर गतिमान होता सत्यान्वेषण करते हैं। उसकी वस्तुगतता और सामाजिक गतिशीलता को व्याख्यायीत करते हैं। इसी कारण वे साधारण जनमानस में बैठे मिथकीय चरित्रों की उधेड़बुन करते हैं।

इस देश की मूल समस्या के स्रोत ये मिथक ही हैं। यहीं से ईश्वर, स्वर्ग-नरक, भाग्य, पाप-पुण्य, पुरोहित, कर्मकांड, अन्धविश्वास जैसी मान्यताएँ उद्भूत हुई हैं। ये स्रोत अतर्क्य हैं। आप्त हैं। इसी कथित नैतिक परिधि को इस देश के पुरोहितों ने सर्वोच्चता प्रदान कर रखी है। इसका उद्गाता पुरोहित है जो इस लोक में ब्रह्म का प्रवर्तक है। ब्रह्म के साक्षात्कार रूप को प्रस्तुत करता है। वह

जो बोलता है—वह ब्रह्म वाक्य है। वह इहलोक में ब्रह्म की जुबान है इसलिए वह जो बोलता है, वह ब्रह्म बोलता है। जिस कारण वह यहाँ स्वयं को ब्रह्म से भी श्रेष्ठ कहता है। इस झूठी नैतिक आभा को पुरोहितसें ने फैला रखा है। इसी आधार पर इस देश की सम्पूर्ण जनता को अन्धविश्वासी, कर्मकांडी और मूर्ख बनाए हुए हैं जिससे लोग उसकी प्रत्येक बात को ब्रह्म वाक्य समझकर मानते रहें। बहु-संख्यक जनता के शोषण का यह केन्द्रित कारण है। इसी कारण पेरियार ललई सिंह मिथकों की भौतिक व्याख्याएँ करते हैं। इसके वस्तुगत सत्य का उद्घाटन करते हैं।

यह हिन्दू मिथकीय सैद्धान्तिकी अत्यन्त खतरनाक है। इसमें सत्य को असत्य और असत्य को सत्य घोषित कर स्थापित कर दिया जाता है। यह प्रतिस्थापित अवधारणा अतर्क्य हो जाती है। पवित्र और पूजनीय हो जाती है। पुरोहित के लिए 'वर्चस्व' और 'अर्थ' का स्रोत बन जाती है किन्तु जो व्यक्ति और विभूति इनके तर्क और विचार का विरोध करते हैं ये उसे अपूजनीयत, असुर और अस्पृश्य घोषित करते हुए उसका संहार कर देते हैं। इसे आप राजा महिषासुर के प्रसंग से समझ सकते हैं। यहाँ कई हज़ार वर्ष से न जाने कितने असुरबति महानायकों का इसी मिथकीय सैद्धान्तिकी के आधार पर संहार किया गया। उनकी मनुष्यत्व की नैतिक लड़ाई को अनैतिक घोषित कर दिया गया। वे आज आधुनिक, लोकतांत्रिक और संविधानवादी समय में पुन: चिन्तन, व्याख्या और विमर्श के केन्द्र में आ गए हैं।

वे वर्चस्व के मिथकीय सांस्कृतिक प्रतीकों की वस्तुगत और दृष्टिगोचर व्याख्या करते हैं, जिसमें ये कहीं खंडित होते हैं तो कहीं मंडित होते हैं। इसी ऐतिहासिक आलोचना दृष्टि से वे लगातार इसकी व्याख्या करते हैं। यह दिलचस्प है कि इन मिथकों में सत्य को मिथक और मिथक को सत्य बना देने की और सम्मोहित कर लेने की अद्भुत कला होती है। इसी कारण इनसे मनुष्य दिमाग को अतार्किक-आस्थावान बना देने की दिलचस्प भावना उत्पन्न होती है जो सम्पूर्ण मानव समाज को प्रतिगामी दिशा में ले जाती है।

यहाँ सभ्यता विमर्श भी है, जिसे दो संस्कृतियों के सत्ता संघर्ष के विमर्श के तौर पर दर्शाया गया है। किस प्रकार जनतांत्रिक सत्ता संरचना को वर्चस्ववादी सत्ता तोड़ती है। उसे अलोकतांत्रिक बनाती है। इन सभी संरचनाओं की ओर संकेत किया गया है। सभ्यता संघर्ष के अनेक कारणों पर विचार-विमर्श किया गया है। आदिनिवासियों और आर्यों के बीच सत्ता के स्थापित-प्रतिस्थापित चरित्र का उद्घाटन है। इस स्थिति के कारणों की ऐतिहासिक-सांस्कृतिक गहराई में उतर कर पड़ताल की गई है। उसकी सोच और विश्वदृष्टि यहाँ परिलक्षित हुई है। वास्तव में, यहाँ सत्ता और वर्चस्व का दृश्यमान विमर्श प्रस्तुत किया गया है।

इतिहास और भाषा का पेरियार ललई सिंह ने नया विमर्श प्रस्तुत किया। इस देश के सामाजिक और सांस्कृतिक इतिहास को वे जिस बौद्धिक मेधा से अभिव्यक्त करते हैं। उससे उनका इस देश के महान राष्ट्रनिर्माता का-सा व्यक्तित्व उभर कर सामने आता है। भाषा की प्राचीनता पर वे एक अनुसन्धानकर्ता और भाषाविद् की भाँति, तथ्यों और तर्कों से प्रमाणित दस्तावेज प्रस्तुत करते हैं। जो भाषा विमर्श की नई दृष्टि से अध्ययन की माँग करता है। सत्य तो यह है कि वे भाषा की समाजशास्त्रीय अध्ययन पद्धति से अपना विचार प्रस्तुत करते हैं। उनके सम्पूर्ण चिन्तन में उनकी सबाल्टर्न आलोचना दृष्टि का स्पष्ट बोध भी अभिव्यक्त होता है।

अतः उनके साहित्य और चिन्तन की नई दृष्टि से अध्ययन और विश्लेषण की जरूरत है।

17 सितम्बर, 2022 **—धर्मवीर यादव गगन**

# द्वितीय संस्करण की भूमिका

इस संसार में विचार सबसे बड़ी चीज होती है; वह चाहे प्रगतिशील हो या प्रतिगामी। इसमें प्रगतिशील सोच के मनुष्यों ने पेरियार ललई सिंह के विचारों को अध्ययन और उपहार के निमित्त हाथों-हाथ लिया और अखिल भारतीय स्तर पर हर घर में पहुँचाने की सफल कोशिश की।

इसी का प्रतिफल है कि पेरियार ललई सिंह ग्रंथावली 5 खंड, 2000 पृष्ठ और 2000 रुपये मूल्य का प्रथम संस्करण 42 दिन के अन्दर समाप्त हो गया। अब यह सिद्ध हुआ कि यह कृति नहीं वरन् विचार है। पेरियार ललई सिंह के शुभचिन्तकों को इस हेतु असीम बधाई!

1 दिसम्बर, 2022

# तृतीय संस्करण की भूमिका

उत्तर भारत क्या सम्पूर्ण भारत में प्रचंड हिन्दुत्व की लहर चल रही है। जिससे बौद्धिक और सामाजिक स्तर पर यह कृति आमने-सामने सीधी भिड़ंत कर रही है।

इसके आमूलचूल प्रतिरोध में पेरियार और पेरियार ललई सिंह की वैचारिकी प्रतिउत्तर बन प्रस्तुत हुई है। इसका प्रतिफल है ग्रंथावली का यह तीसरा संस्करण। भारत में जिला-जवार, गाँव-गाँव, घर-घर में पेरियार ललई सिंह की वैचारिकी को पढ़ा जा रहा है।

आज इस हिन्दुत्ववादी समय में प्रवंचित मनुष्यों को पेरियार और पेरियार ललई सिंह का साहित्य दीपक की तरह समता और मनुष्यता की राह दिखा रहा है। इसी कारण प्रत्येक हाथ और प्रत्येक घर में इस साहित्य को उनके शुभचिन्तक पहुँचा रहे हैं।

इस कृति के ऐतिहासिक संकलन-सम्पादन के बाद मुझे बौद्धिक और अकादमिक रूप से बहुत प्रतिष्ठा और यश मिला। मुझे लगता है इस संसार में पैसा कमा पाना आसान है किन्तु यश/कीर्ति अर्जित कर पाना सबसे कठिन है; जो मुझे इस कृति से मिली। इस हेतु आप सबका विनम्रतापूर्वक हृदय से आभार!

1 दिसम्बर, 2023

# पेरियार ललई सिंह का तिथिवार जीवन-क्रम

[पेरियार ललई सिंह का विस्तृत जीवन-परिचय पढ़ने के लिए ग्रंथावली भाग-2 के प्रारम्भ में जाएँ। —सम्पादक]

**जन्म :** 1 सितम्बर, 1911 ई., ग्राम—कठारा, पोस्ट भारामऊ, तहसील रसूलाबाद, थाना रसूलाबाद, ब्लॉक—रसूलाबाद, नॉर्थ रेलवे स्टेशन झींझक, जिला—कानपुर, उ.प्र., भारत। पूर्व में इनका परिवार गाँव—कोयल, मोजा—बरकारी, अलीगढ़, उ.प्र. से आकर यहाँ बसा था।

**निर्वाण :** 7 फरवरी, 1993 ई.।

**सम्पूर्ण जीवन :** 82 वर्ष, 6 माह।

**माता :** मूला देवी। निर्वाण 1925 ई. में।

**पिता :** लघु-जमींदार चौधरी गज्जू सिंह। निर्वाण 1953 ई. में।

**बहन :** मुन्नी देवी, जिनका विवाह गुरुदयाल से सरसई नगर, फर्रुखाबाद, उ.प्र. में हुआ।

**शिक्षा :** 7वीं तक। मिडिल पास थे। 'उस समय, प्राथमिक शिक्षा कक्षा 4 तक और माध्यमिक शिक्षा कक्षा 7 तक होती थी।'

**भाषा ज्ञान :** हिन्दी, अंग्रेजी, उर्दू, मराठी, तमिल, पालि आदि भाषाओं का ज्ञान था। अंग्रेजी भाषा में विशेष रुचि थी।

**आइकॉन—** अब्राहम लिंकन और स्पार्टकस को अपना अन्तरराष्ट्रीय आइकॉन मानते थे और राष्ट्रीय आइकॉन—पेरियार और अम्बेडकर को मानते थे।

**पहला लेखन :** 04.04.1944 ई. 'दुर्लभ डायरी से मिला'।

**रचना का समय :** 1944 से 1993 ई. तक मौलिक लेखन।

**1 जुलाई, 1922 ई. :** प्राथमिक विद्यालय लहरापुर, जिला—औरैया, उ.प्र. से प्रारम्भिक शिक्षा की शुरुआत हुई।

**1 जून, 1928 ई. :** मिडिल की शिक्षा—जूनियर हाई स्कूल, सहार, जिला—औरैया, उ.प्र. से शुरू हुई। यहाँ से उन्होंने हिन्दी और उर्दू वर्नाक्युलर लैंग्वेज के साथ 1928 ई. में प्रथम श्रेणी में मिडिल पास किया।

**1 अगस्त, 1929 ई.** से 1931 ई. तक फॉरेस्ट गार्ड, फॉरेस्ट रेंज बड़ा गाँव, रेलवे स्टेशन-खापा, तहसील-सावनेर, जिला—नागपुर, (भूतपूर्व मध्य प्रदेश, वर्तमान महाराष्ट्र) में रहे।

**जनवरी, 1931 ई. :** आपका दुलारी देवी से विवाह हुआ। वे चौधरी सरदार सिंह यादव की पुत्री थीं। वे एक जमीन सम्पन्न किसान थे। ये ग्राम—जरैला का पुरवा, मौजापुर, रेलवे स्टेशन-रूरा, जिला—कानपुर के रहनेवाले थे।

**21 अप्रैल, 1933 ई. :** को कॉन्स्टेबल के रूप में 'ग्वालियर नेशनल आर्मी' में भर्ती हुए। फिर 'कनिष्ठ लिपिक' पद पर सशस्त्र पुलिस कम्पनी नं. 4 बावड़ी, जिला—मुरैना, भूतपूर्व जिला—त्वरंधार 'ग्वालियर स्टेट' वर्तमान मध्य प्रदेश में भर्ती हुए।

**1 जनवरी, 1935 ई.** को एक पुत्री का जन्म, माँ ने नाम शकुन्तला रखा।

**22 मई, 1935 ई. :** ग्वालियर नेशनल आर्मी में 'स्वच्छ पानी' की बावड़ी और 'अछूत भेदभाव' को लेकर कॉन्स्टेबल ललई सिंह ने सेना में विद्रोह कर दिया जिससे इन्हें भारतीय ब्राह्मण अधिकारियों मुख्य रूप से पंडित दिनकर नारायण देव ने सस्पेंड करवा दिया।

**23 मई, 1935 ई. :** इंस्पेक्टर जनरल एच.जी. वाटर फील्ड के समक्ष ललई सिंह ने अपनी बात अंग्रेजी में स्वयं रखी। सारे प्रकरण को सामाजिक-सांस्कृतिक और स्वच्छता के परिप्रेक्ष्य में उन्होंने विस्तार से बताया।

**24 मई, 1935 ई. :** पेरियार ललई सिंह को सेना में जनरल एच.जी. वाटर फील्ड ने पदोन्नति के साथ बहाल कर दिया।

**1 जुलाई, 1936 ई. :** अब पेरियार ललई सिंह का सेना में स्थानान्तरण चीफ प्रोसीक्यूटिंग इंस्पेक्टर पुलिस एंड अपील्स, जिंसी, लश्कर में कॉन्स्टेबल ख्वादा के पद पर हो गया।

**15 अगस्त, 1937 ई. :** पेरियार ललई सिंह उच्च पदस्त 'हाई-कमांडर' हुए।

**1937 ई. :** इसी समय उन्होंने अंग्रेजी और मराठी सीखी। क्लरीकल शॉर्टहैंड हिन्दी टाइपिंग सीखी। आगे कई परीक्षाएँ पास कीं।

**1938 ई. :** पत्नी क्षय रोग अर्थात् टी.बी. से ग्रस्त।

**6 फरवरी, 1939 ई. :** क्षय रोग (टी.बी.) से ग्रस्त होने के कारण पत्नी का निधन। उसके बाद आप विधुर रहे।

**सन् 1942 ई.** में देश की स्वतंत्रता के लिए कांग्रेस के आवाहन—'करो या मरो' पर इन्होंने 'ग्वालियर स्टेट' और 'ब्रिटिश साम्राज्य' के विरुद्ध सोचना-समझना-लड़ना शुरू कर दिया।

**सन् 1945 ई.** में बम्बई में नेवी सैनिकों ने विद्रोह कर दिया, जिसका दमन ब्रिटिश सत्ता ने गोलियाँ चलाकर किया। इस घटना ने इनके मन पर इतना गहरा असर डाला कि ये एकाएक विद्रोही बन गए।

**12 जनवरी, 1946 ई. :** पुत्री शकुन्तला की क्षय रोग (टी.बी.) से ग्रस्त होने के कारण 11 वर्ष की उम्र में असामयिक मृत्यु।

**सन् 1946** में पेरियार ललई सिंह को 'आर्मी एंड पुलिस संघ' का अध्यक्ष बनाया, जिसे भीखम पाल जैन के संयोजन में 'नॉन-गजटेड मुलाजिमान आर्मी एंड पुलिस संघ' का गठन किया गया था जिसमें आर्मी और पुलिस के 50-50 जवानों की सर्वसहमति थी।

**सन् 1946** में पेरियार ई.वी. रामास्वामी ने कानपुर में अछूत, पिछड़े और अल्पसंख्यकों के सम्मेलन की अध्यक्षता की। यहाँ अपने नास्तिक सोच के भाषण से उत्तर भारत की जनता को प्रबोधित किया।

**1 दिसम्बर, 1946 ई. :** उन्होंने अतिलघु क्रान्तिकारी एकांकी 'सिपाही की तबाही' लिखी।

**सन् 1946** में पेरियार ई.वी. रामास्वामी, बैकवर्ड कॉन्फ्रेंस की अध्यक्षता करने कानपुर उत्तर प्रदेश आए थे।

**22 मार्च, 1947 ई. :** पेरियार ललई सिंह की एक अपील पर विभिन्न इन्फेंट्रियों, लाइसेंस घरों, तोपखानों व ट्रांस्पोर्टों के आर्मी के जवानों ने इस्तीफा दे दिया।

**23 मार्च, 1947 ई. :** सेकेंड इन्फेंट्री कम्पू ब्रिगेड ने सुबह 'परेड बन्द' हड़ताल शुरू कर दी।

**29 मार्च, 1947 ई. :** पेरियार ललई सिंह ने शाम को सैनिकों के एक बड़े समूह में घुसकर कहा, 'अफसरान हम सबको बागी समझते हैं। हाँ, हम सब बागी हैं।' इस पर सभी सैनिकों ने कहा, 'हाँ! हम सब बागी हैं। अब हम देशप्रेम और देश की स्वतंत्रता हेतु आगे बढ़ेंगे।' सैनिकों ने कहा, 'हाई-कमांडर ललई सिंह जिन्दाबाद! जिन्दाबाद! जिन्दाबाद!' नौ माह पन्द्रह दिन देश की स्वतंत्रता के लिए जेल की सजा काटी।

**29 मार्च, 1947 ई. :** ब्रिटिश साम्राज्य—अंग्रेज उपनिवेशी सेना ने और ग्वालियर स्टेट स्वतंत्रता संग्राम तथा सेना में विद्रोह करने के आरोप में 119 ताजीरात-ए-हिन्द ग्वालियर 'धारा 131 ताजीरात-ए-हिन्द' सैनिक विद्रोह के अन्तर्गत जिला गिर्द ग्वालियर में गिरफ्तार हुए। साथ ही, कई और साथियों को राजबन्दी बनाया गया। 29 मार्च, 1947 से 12 जनवरी, 1948 तक जेल में रहे। देश की स्वतंत्रता के लिए लगभग नौ माह पन्द्रह दिन जेल में रहे।

**30 अप्रैल, 1947 ई. :** सजायाफ्ता पेरियार ललई सिंह और 25 हेड कॉन्स्टेबल साथियों को 'सेंट्रल जेल' के 'लाइन पचासा' में रिफ्रेसर कोर्स के नाम पर 30 अप्रैल, 1947 ई. से 30 अक्टूबर, 1947 ई. तक 'नजरबन्द' रखा गया।

**6 नवम्बर, 1947 ई. :** हाई-कमांडर और साथियों को स्पेशल क्रिमिनल सेशन जज, ग्वालियर ने पाँच साल का सश्रम करावास दिया। पाँच रुपये का सर्वाधिक

अर्थ दंड के साथ ग्वालियर केन्द्रीय जेल भेज दिया। पेरियार ललई सिंह को नेशनल आर्मी का हाई-कमांडर होने के करण भी यह सजा हुई।

**8 नवम्बर, 1947 ई.** को 'कैदी महासभा' का गठन।

**1 दिसम्बर, 1947 ई. :** 'मुकम्मिल काम बन्द' शान्ति हड़ताल।

**1 दिसम्बर, 1947 ई.** इस भयानक हड़ताल को देखते हुए अंग्रेज उपनिवेशी सेना और ग्वालियर सेना ने चुपके से रात में पेरियार ललई सिंह का ट्रांसफर सरदारपुर, धार जिले की जेल में कर दिया।

**2 दिसम्बर, 1947 ई. :** 1 दिसम्बर की रात को ही पेरियार ललई सिंह ने कैदियों को संगठित किया और उनसे कहा कि हम सब 2 दिसम्बर से भूख हड़ताल करेंगे और वैसा ही हुआ।

**12 जनवरी, 1948 ई. :** पेरियार ललई सिंह ने 40 दिनों की भूख हड़ताल 2 दिसम्बर, 1947 से शुरू कर दी। देश की स्वतंत्रता के लिए शुरू की गई यह महान भूख हड़ताल 12 जनवरी, 1948 ई. तक चली। अंग्रेजी उपनिवेश और ग्वालियर स्टेट ने इनके समक्ष झुकते हुए सभी साथियों सहित 12 जनवरी, 1948 ई. को जेल से बन्धन मुक्त किए। वैसे तो देश की स्वतंत्रता की घोषणा 15 अगस्त, 1947 को हो गई थी लेकिन देशप्रेमी क्रान्तिकारियों की माँग थी कि ब्रिटिश उपनिवेश के साथ ही देशी रियासतों के उपनिवेश से भी देश को स्वतंत्र किया जाए। इस पूर्ण स्वतंत्रता की माँग से ग्वालियर स्टेट की रियायत भयभीत हो गई। इसके बाद नव नियुक्त सरकार ने जब यह आश्वासन दिया कि देश में पूर्ण स्वतंत्रता स्थापित हो जाएगी तो देशी रियासतों का समूल उन्मूलन कर दिया जाएगा। इस आश्वासन के बाद देशप्रेमी क्रान्तिकारी साथियों ने भूख हड़ताल समाप्त की।

**1 सितम्बर, 1950 ई. :** पेरियार ललई सिंह सेना से सेवा निवृत्त हुए।

**1951 ई.** में पेरियार ललई सिंह ने ग्वालियर में बाबा साहब डॉ. अम्बेडकर का प्रथम साक्षात्कार किया। उनसे बातें कीं। और इतने अधिक प्रभावित हुए कि आगे का जीवन डॉ. अम्बेडकर की वैचारिकी में लगाने के लिए ठान लिया। डॉ. अम्बेडकर ग्वालियर में सिन्धिया परिवार की रियासत और भारत सरकार के एक केस में वकील के रूप में सुझाव देने आए थे।

पेरियार ललई सिंह, बाबा साहब डॉ. अम्बेडकर के 14 अप्रैल, 1956 ई. में बौद्ध धर्म दीक्षा ग्रहण में जाकर बौद्ध धर्म ग्रहण करना चाहते थे। किन्तु उस समय टी.बी. होने के कारण पेरियार ललई सिंह को बहुत अधिक खून की उलटी होती थी। इस कारण वे इस दीक्षा ग्रहण कार्यक्रम में जा नहीं सके।

**सन् 1951 से 57** तक स्वस्थता और अस्वस्थता के बीच सम्पूर्ण भारत भ्रमण किए।

**1 जनवरी, 1958 ई.** में श्री छेदीलाल साथी ने पेरियार ललई सिंह को रिपब्लिकन पार्टी ऑफ इंडिया (आर.पी.आई.) का सदस्य बनाया और ये जुड़ने के साथ ही पार्टी में पूरे जी-जान से सक्रिय हो गए थे।

**22 मार्च, 1958 ई.** में 'चैत्र अष्टमी' को सम्राट अशोक जयन्ती पर 'अशोक प्रेस' का आरम्भ होता है। इस दौरान बहुत सारी दुर्लभ पुस्तकों को पेरियार ललई सिंह ने संगृहीत किया।

**14 अप्रैल, 1959 ई. :** 14 अप्रैल अर्थात् डॉ. अम्बेडकर के जन्मदिन पर 'अशोक पुस्तकालय' का विधिवत उद्घाटन करते हैं।

**1959 ई. :** पेरियार ई.वी. रामास्वामी को उत्तर प्रदेशीय बैकवर्ड्स सम्मेलन में कानपुर में चन्द्रिका प्रसाद 'जिज्ञासु', पेरियार ललई सिंह, छेदीलाल साथी, शिवदयाल चौरसिया आदि साथियों ने सभा को सम्बोधित करने के लिए आमंत्रित किया था। जिसमें पेरियार आए और ईश्वर, देवी-देवता की लाखों लोगों की उपस्थिति में धज्जियाँ उड़ाईं और उत्तर भारत में नास्तिक सोच का नवजागरण किया।

**1 जनवरी,** 1960 में 'बौद्ध-धर्म-दीक्षा' नामक पुस्तिका की रचना किया, जिसमें बौद्ध धर्म की दीक्षाओं की पालि से हिन्दी अनुवाद और व्याख्या है। यह पुस्तक उत्तर भारत में बौद्ध धर्म के प्रचार-प्रसार के लिए मिल का पत्थर साबित हुई।

**1 जनवरी, 1960 ई. :** 'वीर संत माया बलिदान' नाटक लिखा। अशोक पुस्तकालय से छापा।

**14 अप्रैल, 1960 ई. :** इसके बाद वे पार्टी को और मजबूत करने और उसका राष्ट्रीय फलक पर विस्तार करने के लिए सम्पूर्ण देश में एक-एक व्यक्ति को पार्टी के लिए तैयार करते हैं। जगह-जगह पार्टी के सदस्य बनाए जाते हैं। गाँव-जिले में पार्टी कार्यालय खोले जाते हैं।

**17 सितम्बर, 1960 ई. :** पेरियार ई.वी. रामास्वामी के जन्मदिन पर 'सस्ता प्रेस' की स्थापना की।

**26 जनवरी, 1961 ई.** को 'आदिनिवासियों की पहचान' किताब लिखी।

**25-26 फरवरी, 1961 ई.** में रिपब्लिकन पार्टी, अलीगढ़ का प्रथम जिला वार्षिक अधिवेशन दिन शनिवार, इतवार को नौरंगाबाद, सिकन्दराराऊ, अलीगढ़ के प्राइमरी स्कूल के विशाल मैदान में हुआ। इसमें मार्शल दादा साहेब बी.के. गायकवाड़ एम.पी. (नासिक) लीडर रिपब्लिनक पार्टी ऑफ इंडिया, श्री रायबहादुर एन. शिवराज वार-एट-लॉ एम.पी. (मद्रास) प्रेसिडेंट रिपब्लिकन पार्टी ऑफ इंडिया, बैरिस्टर राजाभाऊ खाब्रागड़े एम.पी. (चाँदा) जनरल सेक्रेटरी रिपब्लिकन पार्टी ऑफ इंडिया, श्री डी.ए. कट्टी एडवोकेट एम.पी. प्रेसिडेंट स्टेट रिपब्लिकन पार्टी ऑफ इंडिया (मैसूर), श्री ललई सिंह यादव (अहीर), श्री छेदी लाल साथी वकील प्रेसिडेंट स्टेट रिपब्लिकन पार्टी ऑफ इंडिया उत्तर प्रदेश, प्रोफेसर बी.पी. मौर्य जनरल सेक्रेटरी

स्टेट रिपब्लिकन पार्टी ऑफ इंडिया यू.पी., श्री गया प्रसाद कुरील (लखनऊ) मंत्री स्टेट रिपब्लिकन पार्टी यू.पी., मोहम्मद सादिक खाँ प्रेसिडेंट जिला रिपब्लिकन पार्टी फर्रुखाबाद, श्री भूप किशोर एम.एल.ए. (लोध) प्रेसिडेंट जिला रिपब्लिकन पार्टी एटा, डॉ. मौजीलाल मौर्य प्रेसिडेंट जिला रिपब्लिकन पार्टी मैनपुरी, डॉ. प्रकाश नारायण गुप्त लीडर रिपब्लिकन ग्रुप म्यूनिस्पल कारपोरेशन, आगरा, श्री खेमचन्द आश्वात्थ्यान एल्डरमैन आगरा कारपोरेशन, श्री हलीम्मुद्दीन राहत मौलाई एडवोकेट एम.एल.ए. (मुरादाबाद), श्री शिवदयाल सिंह चौरसिया एडवोकेट (लखनऊ), श्री शिवनारायण शाहु (तेली) मंत्री रिपब्लिकन पार्टी कानपुर आदि आदि नेतागण भाषण देने आए थे।

**1 सितम्बर, 1961 ई. :** 'शोषितों पर धार्मिक डकैती' पुस्तक की रचना।

**14 अप्रैल, 1961 ई. :** 'शोषितों पर राजनीतिक डकैती' पुस्तक की रचना।

**21 दिसम्बर, 1961 ई.** दिन बृहस्पतिवार को 12 बजे स्थान—नगलर राधे 'नगल भर्रा' धर्मशाला सड़क पर भारतीय रिपब्लिकन पार्टी की यूनिट का चुनाव करवा कर सभी पदाधिकारियों को कार्यभार दिया गया। यह टूंडला, एत्मादपुर, आगरा, उत्तर प्रदेश में पार्टी का विस्तार था।

**2 जनवरी, 1962 ई.** को दिन मंगलवार समय 3:11 पर संयोजक पेरियार ललई सिंह और कार्यालय सचिव भीमदेव धैर्य के निवेदन से भारतीय रिपब्लिकन पार्टी, शाखा एत्मादपुर, कार्यालय टूंडला में मीटिंग होना तय हुआ।

**14 जनवरी, 1962 ई.** को रिपब्लिकन पार्टी की मीटिंग, आगरा कार्यालय, आगरा, उत्तर प्रदेश में हुई। समय 10 बजे का था। यह सभा पेरियार ललई सिंह और श्री कुन्दन लाल जी की अध्यक्षता में सम्पन्न हुई। इसमें पदाधिकारी थे—अध्यक्ष—बाबुराम लम्बरदार, उपाध्यक्ष—जालिम सिंह, मंत्री—सरदार टेक सिंह, उपमंत्री—श्री पूरन सिंह, श्यामलाल, रामजी लाल, बाबू लाल, चुन्नीलाल, रामचन्द, हरिराम, सुन्दर लाल, भगत सिंह आदि उपस्थित थे।

**22 जनवरी 1962 ई.** को दिन शुक्रवार को रिपब्लिकन पार्टी कार्यालय चौराहा टूंडला पर जरूरी बैठक हुई। जिसमें पेरियार ललई सिंह, छेदीलाल साथी, गुरुदयाल सिंह, श्याम लाल पीपल, मथुरा प्रसाद कर्दम, भगवान सिंह आदि लोग उपस्थित थे।

**26 जनवरी, 1962 ई.** दिन शुक्रवार समय दो बजे दोपहर, कम्युनिस्ट पार्टी चौक स्थान कोटकी पर श्री शिवचरन लाल जी की अध्यक्षता में हुई। इस कम्युनिस्ट पार्टी की मीटिंग में रिपब्लिकन पार्टी के पदाधिकारी भी सम्मिलित हुए। दोनों पार्टियों के पदाधिकारियों ने मिलकर 1962 के चुनाव के बारे में विचार विमर्श किया। चुनाव के बारे में कई प्रस्ताव रखे गए। जिस पर संयुक्त रूप से प्रकाश डाला गया।

**20 फरवरी, 1962 ई.** दिन मंगलवार को सुबह 8 बजे रिपब्लिकन पार्टी के चुनाव कार्यालय पर कार्यकर्ताओं की एक आवश्यक मीटिंग हुई जिसमें कार्यकर्ताओं को पोलिंग के नियमों के बारे में प्रशिक्षण दिया गया।

**14 अप्रैल, 1962 ई.** को 'शम्बूक बध' नाटक लिखा।

**21 अक्टूबर 1962 ई.** को टूंडला, एत्मादपुर, आगरा, उत्तर प्रदेश में पेरियार ललई सिंह की अध्यक्षता और डॉ. छेदीलाल साथी के संयोजन में भारतीय रिपब्लिकन पार्टी के पदाधिकारियों और सदस्यों का पुनः विस्तार हुआ।

**20 दिसम्बर, 1962 ई.** को रिपब्लिकन पार्टी के चुनाव कार्यालय पर पेरियार ललई सिंह ने प्रस्तावित किया और सर्वसहमति से भीमदेव धैर्य को नियुक्त किया गया। यह स्पष्ट किया गया कि ये सबको कानूनबद्ध तौर पर मान्य हों। संयोजक—पेरियार ललई सिंह, निवेदक—दामोदर प्रसाद कर्दम। उपस्थित सदस्य—राम खिलाड़ी, दाताराम, रामजी लाल, हीरालाल आदि कार्यकर्ता।

**सन्** 1962 में रिपब्लिकन पार्टी से तीन सांसद निर्वाचित हुए—एक बी.पी. मौर्य अलीगढ़ से, दूसरे ज्योति स्वरूप हाथरस से, तीसरे सैयद मुजफ्फर हुसैन।

**17 सितम्बर, 1963 ई. :** 'एकलव्य' नाटक लिखा।

**4 फरवरी, 1964 ई.** को अम्बेडकर जयन्ती मनाने अहमदाबाद, गुजरात पहुँचे।

**5 फरवरी, 1964 ई.** को अम्बेडकर जयन्ती मनाने कांकरियाफर ग्राउंड, अहमदाबाद, गुजरात पहुँचे।

**4 मई, 1964 ई.** में अहमदाबाद, गुजरात में बौद्ध प्रशिक्षण शिविर का आयोजन किया।

**5 मई, 1964 ई.** में कांकरियाफर, अहमदाबाद, गुजरात में बाबा साहब डॉ. अम्बेडकर जयन्ती में मुख्य अतिथि के रूप में भाग लिया।

**26 मई, 1964 ई. :** 'अंगुलिमाल' नाटक लिखा।

**15 अगस्त, 1966 ई. :** 'नाग यज्ञ' नाटक लिखा।

**1 अप्रैल, 1966 ई. :** 'आल इंडिया बैकवर्ड कमीशन' सन् 1956 ई. की रिपोर्ट को देश में लागू करने को लेकर 1 अप्रैल, 1966 ई. को संसद भवन, नई दिल्ली के मुख्य द्वार पर साथियों सहित भूख हड़ताल की।

**14 अप्रैल, 1966 ई. :** पेरियार ललई सिंह और साथियों सहित सभी को सरकार ने राजबन्दी बना लिया। जेल में भी भूख हड़ताल जारी रही। इधर देश की विभिन्न जगहों और प्रान्तों से जनता के आने का क्रम लगातार जारी था।

**20 अप्रैल, 1966 ई. :** उप-राष्ट्रपति ने पेरियार ललई सिंह से सीधे बात करते हुए कहा कि बैकवर्ड क्लास जातियों को शिक्षा में पिछड़ा हुआ मानकर हम उन्हें शिक्षा में सुविधा देंगे।

**21 अप्रैल, 1966 ई. :** इस लिखित आश्वासन के बाद पेरियार ललई सिंह ने 21 अप्रैल, 1966 ई. को साथियों सहित 20 दिन की लम्बी भूख हड़ताल समाप्त कर दी और जेल से मुक्त हुए।

**23 अप्रैल, 1966 ई. :** 'उर्दू महफ़िल दस्ता' के साथ उर्दू को उत्तर प्रदेश की द्वितीय शैक्षिक भाषा के रूप में अनिवार्य करने के लिए भूख हड़ताल, संसद भवन, नई दिल्ली के सामने पुनः प्रारम्भ कर दिए। उप-राष्ट्रपति माननीय श्री जाकिर हुसैन के लिखित आश्वासन पर भूख हड़ताल समाप्त की। इसके बाद सन् 1971 ईसवी में उत्तर प्रदेश में 'उर्दू' को शैक्षणिक भाषा के रूप में मान्यता मिल गई।

**14 अप्रैल, 1967 ई.** को अम्बेडकर जयन्ती जालन्धर, पंजाब में मुख्य अतिथि के रूप में भाग लिए।

**14 अप्रैल, 1967 ई.** को 'भीम-अभिनन्दन' कविता-संग्रह प्रकाशित किया।

**6 जून, 1967 ई.** को जम्मू और कश्मीर में गौतम बुद्ध जयन्ती में मुख्य वक्ता के रूप में आमंत्रित।

**21 जुलाई, 1967 ई. :** पेरियार ललई सिंह ने 21 जुलाई, 1967 ई. को कुशीनगर, उ.प्र. में बौद्ध धर्म की दीक्षा ग्रहण की। बौद्ध दीक्षा देनेवाले परम पूज्य महास्थविर ऊँ चन्द्रमणि जी थे। जिनसे बोधिसत्व बाबा साहब डॉ. भीमराव अम्बेडकर ने बौद्ध धर्म की दीक्षा ली थी। 14 अप्रैल, 1956 ई. में डॉ. अम्बेडकर के नागपुर में बौद्ध धर्म ग्रहण में न जा पाने की कसक 1967 ई. में पूरी की। 21 जुलाई, 1967 ई. को बौद्ध धर्म ग्रहण करने के बाद कुँवर चौधरी ललई सिंह यादव से ललई सिंह हो गए। उन्होंने स्पष्ट घोषणा की कि आज से मैं कुँवर, चौधरी, यादव सनातनी-वर्णवादी-जातिवादी मानसिकता के मूल्य आमूलचूल त्यागता हूँ। अब मैं सिर्फ ललई सिंह हूँ। एक बुद्धिस्ट की वर्ण और जाति नहीं होती है। यदि मन में है तो वह बुद्धिस्ट नहीं बल्कि सनातनी हिन्दू है। 14 अक्तूबर, 1968 ई. को भिक्षु निर्गुणनन्द ने नाना राव पार्क, कानपुर में इन्हें 'उत्तर भारत का पेरियार' कहा तब से 'पेरियार ललई सिंह' लिखने लगे।

**17 सितम्बर, 1967 ई. :** पेरियार ई.वी. रामास्वामी से पेरियार ललई सिंह लखनऊ में मिले। यहीं पर 'सच्ची रामायण' का हिन्दी अनुवाद करने की अनुमति माँगीं। लेकिन पहले से ही चन्द्रिका प्रसाद 'जिज्ञासु' को पेरियार रामास्वामी ने अनुमति दे रखी थी।

**सन् 1967-68** के विधानसा सभा चुनाव (उत्तर प्रदेश) में रिपब्लिकन पार्टी की तरफ से 9 विधायक निर्वाचित हुए।

**22 मई, 1968** को तथागत बुद्ध जयन्ती में जम्मू और कश्मीर में बौद्ध धर्म का प्रचार प्रसार के उद्देश्य से गए।

**1 जून, 1968 ई. :** अर्जक संघ की स्थापना की गई। यह एक ऐतिहासिक सांस्कृतिक संगठन है।

**1 जुलाई, 1968 ई. :** पेरियार ई.वी. रामास्वामी की किताब The Ramayana: A true Reading के हिन्दी अनुवाद की अनुमति ललई सिंह ने माँगी। इस पर पेरियार

ने लिखा मैंने अपनी चार किताबों के हिन्दी अनुवाद की अनुमति चन्द्रिका प्रसाद 'जिज्ञासु', बहुजन कल्याण प्रकाशन, लखनऊ को दे दी है जिसमें 'The Ramayana : A true Reading' भी है। यदि वे हिन्दी अनुवाद प्रकाशित नहीं करते हैं तो आपको अनुमति दूँगा। 1 जुलाई, 1968 ई को पेरियार ने पत्र लिखकर ललई सिंह, अशोक पुस्तकालय, झिंझक, कानपुर को 'The Ramayana : A true Reading' के हिन्दी प्रकाशन की अनुमति दी। इसका सरल अनुवाद 'सच्ची रामायण' नाम रखा गया।

**1 सितम्बर, 1968 ई. :** 'आर्यों का नैतिक पोल प्रकाश' पुस्तक की रचना कर प्रकाशित किया। यह मिथकों की तथ्यात्मक, तार्किक और ऐतिहासिक आधार से की गई अद्‌भुत व्याख्या पर आधारित पुस्तक है।

**1 अक्टूबर, 1968 ई. :** पेरियार ई.वी. रामास्वामी ने सम्पूर्ण रामायण का अध्ययन करते हुए 1 जनवरी, 1930 ई. को मूल तमिल भाषा 'रामायण : पदिरंगल' शीर्षक से किताब लिखी जिसका अंग्रेजी अनुवाद सन् 1959 में 'The Ramayana : A true Reading' नाम से प्रकाशित हुआ। इसका हिन्दी अनुवाद 1 अक्टूबर, 1968 ई. को पेरियार ललई सिंह ने प्रचारमूलक मन के अंग्रेजी के अध्यापक रामआधार से करवाकर अशोक पुस्तकालय, झींझक, कानपुर, उत्तर प्रदेश से प्रकाशित किया। इस महान कृति ने हिन्दी में प्रकाशित होते ही 'उत्तर भारत' में धूम मचाना शुरू कर दिया।

**12 अक्टूबर, 1968 ई.** को पेरियार ई.वी. रामास्वामी ने अल्पसंख्यक एवं पिछड़ा वर्ग सम्मलेन, बारहदरी, कैसरबाग, लखनऊ, उत्तर प्रदेश में सम्बोधन किया।

**13 अक्टूबर, 1968 ई.** को पेरियार ई.वी. रामास्वामी ने 'बैकवर्ड एवं अछूतों के सम्मेलन' को परेड मैदान, कानपुर, उत्तर प्रदेश में भाषण दिया। इसके संयोजक चन्द्रिका प्रसाद 'जिज्ञासु', छेदीलाल साथी, पेरियार ललई सिंह आदि थे।

**14 अक्टूबर, 1968 ई.** को ललई सिंह को 'उत्तर भारत के पेरियार' की उपमा भिक्षु निर्गुणानन्द द्वारा नानाराव पार्क, कानपुर, उत्तर प्रदेश में दी गई।

**17 जनवरी, 1969 ई.** को श्री सांगड़े जी कपड़ा के व्यवसायी, ग्राम—कोटम्बा, पोस्ट—मादणी, जिला—यवतमाल, महाराष्ट्र, ने बाबा साहब डॉ. अम्बेडकर पर व्याख्यान के लिए पेरियार ललई सिंह को बुलाया। वहाँ उनका बड़े पैमाने पर साहित्य भी बिका।

**22 जून, 1969 ई.** दिन रविवार, समय 2 बजे दोपहर, भारतीय रिपब्लिकन पार्टी (अम्बेडकरवादी), का जलसा स्थान-ब्राह्मण गाँव, रसूलाबाद, कानपुर में पेरियार ललई सिंह वक्ता थे।

**20 दिसम्बर, 1969 ई.** को 'सच्ची रामायण' को तत्कालीन उत्तर प्रदेश की सरकार ने नोटिफिकेशन नम्बर 9733-बी/8-बी-2-1946-68 विज्ञप्ति जारी कर जब्ती का आदेश दिया।

**20 दिसम्बर, 1969 ई.** को 'सच्ची रामायण' जब्त कर ली गई।

**26 जनवरी, 1970 ई.** को गृह (पुलिस ख-2) उत्तर प्रदेश सरकार संख्या 13038 आर/आठ-ख-2-1346/68 के अनुसार ललई सिंह को 'सच्ची रामायण' को कभी भी प्रकाशित न करने का कार्यालय द्वारा ज्ञापन दिया गया।

**5 फरवरी, 1970 ई.** से पेरियार ललई सिंह दक्षिण भारत, तमिलनाडु से पेरियार ई.वी. रामास्वामी द्वारा सम्पादित अंग्रेजी समाचार पत्र 'विदुथलाई मॉडर्न रेशनलिस्ट तमिल डेली' का नियमित अध्ययन करते रहे।

**सन् 1970 ई.** मुकदमा नम्बर 412 सन् 1970 में क्रिमिनल मिसलेनियस एप्लिकेशन अंडर सेक्सन 99बी. पेरियार ललई सिंह ने उत्तर प्रदेश सरकार के विरुद्ध 'सच्ची रामायण' के सन्दर्भ में हाईकोर्ट इलाहाबाद में अपील की।

**10 मार्च, 1970 ई.** को अम्बेडकर साहित्य रक्षक परिषद् बनाम स्टेस ऑफ यू.पी. जुडीकेचर सिविल जज, इलाहाबाद में 'जाति भेद का उच्छेद', 'आदिवंश का डंका', 'बौद्ध धर्म में पूजा-पाठ', 'परिमल', 'वन्दना' व 'बौद्ध धर्म में जय मंगल पद्धति' पर मुकदमा दायर हुआ। इन किताबों को पूर्व की उत्तर प्रदेश सरकार ने जब्त कर लिया था।

**14 अप्रैल, 1970 ई. :** पेरियार ललई सिंह ने 'डॉ. अम्बेडकर साहित्य रक्षक परिषद' की स्थापना की। सर्वसम्मति से इन्हें अध्यक्ष बनाया गया। अशफाक खाँ इसके प्रचार मंत्री चुने गए।

**14 अप्रैल, 1970 ई.** को 'शोषितों का डिब्बा गोल' नाम से नवजागरण की चेतना निर्माण करनेवाला पैम्फ्लेट प्रकाशित किया।

**6 जून, 1970 ई.** को अर्जक संघ की प्रशिक्षण शिविर का आयोजन हुआ। जिसमें समस्वरूप वर्मा के साथ पेरियार ललई सिंह ने ऐतिहासिक भाषण दिया। पेरियार ललई सिंह को अर्जक संघ का संरक्षक कहा जाता था।

**13 जून, 1970 ई.** को 'राष्ट्रीय शोषित संघ' का डलमऊ (मुराई का बाग), रायबरेली, उ.प्र. में अधिवेशन हुआ, जिसमें मुख्य वक्ता—पेरियार ललई सिंह, रामस्वरूप वर्मा, रामबचन यादव, महादेव प्रसाद, रामेन्द वर्मा आदि थे।

**11 जुलाई, 1970 ई.** को पेरियार ललई सिंह ने 'भूमिहीन खेतिहर मजदूर संघ, गाँव-समदहा, सरायख्वाजा, जिला—जौनपुर, उ.प्र.' में मजदूरों को सम्बोधित किया। जिसमें एक लाख से अधिक भूमिहीन किसान आए थे।

**12 जुलाई, 1970 ई.** को खैरुद्दीनपुर, जिला—जौनपुर, उ.प्र. में पेरियार ललई सिंह ने भूमिहीन किसानों की सभा को सम्बोधित किया।

**25 अगस्त, 1970 ई. :** 'सम्मान के लिए धर्म परिवर्तन' (Change the Religion for Self Respect) पुस्तक उत्तर प्रदेश सरकार द्वारा जब्ती का आदेश। अधियाचना संख्या 3221/1970 उच्च न्यायालय इलाहाबाद में दायर की और जीते।

**12 सितम्बर, 1970 ई. :** पेरियार ललई सिंह ने हाईकोर्ट इलाहाबाद में सरकार के विरुद्ध 'सम्मान के लिए धर्म परिवर्तन' पुस्तक की जब्ती पर मुकदमा दायर किया।

**1970 ई.** में समदहाँ, जौनपुर, उ.प्र. में मनुवादी-सामन्ती मानसिकता के लोगों द्वारा दलितों का दमन जारी था। इसी क्रम में एक दिन ब्राह्मण राजनाथ पंडित और दलित खिलाड़ी, लोऊटू और बलिहारी तीनों सगे भाइयों की जमीन को लेकर विवाद हो गया। इस पर गुस्साए सामन्तों ने दलितों पर हमला कर दिया। इस पर भारतीय क्रान्ति दल के विधायक बनारसी दास और अर्जक नेता पेरियार ललई सिंह ने समदहा में एक सभा की। इस सभा में पेरियार ललई सिंह ने जो ओजस्वी भाषण दिया। उससे दलितों में मान-सम्मान और स्वाभिमान का भाव भर गया। और मनोबल बढ़ा। अगली सुबह सवर्णों संग कहा-सुनी हो गई और बल्लाज मास्टर के अह्वान पर दलितों ने लाठियों से सवर्णों पर हमला कर धराशायी कर दिया। पेरियार ललई सिंह के भाषण ने दलितों में आत्मसम्मान और एकता पैदा की।

**1 जनवरी, 1971 ई.** को पेरियार ललई सिंह की पुस्तिका 'मेरे बौद्ध धर्म पर विभिन्न लेख' प्रकाशित हुई।

**19 जनवरी, 1971 ई. :** 'सच्ची रामायण' पुस्तक पर उच्च न्यायालय, इलाहाबाद फुल बैंच—न्यायाधीश ए.के. कीर्ति, न्यायाधीश के.एन. श्रीवास्तव, न्यायाधीश हरि स्वरूप ने जब्ती को निरस्त करने का निर्णय दिया। इसके बाद सरकार ने पेरियार ललई सिंह की जब्त की गई 'सच्ची रामायण' की सारी प्रतियाँ और तीन सौ रुपये हर्जाना के रूप में दिए। उच्च न्यायालय में उनके वकील श्री बनवारी लाल थे।

**19 जनवरी, 1971 ई.** को गवर्नमेंट ऑफ उत्तर प्रदेश ने हाईकोर्ट ऑफ जुडीकेचर इलाहाबाद के निर्णय दिनांक—19.01.71 ई. के खिलाफ सुप्रीम कोर्ट में अपील की।

**30 जनवरी, 1971 ई.** के 'अर्जक साप्ताहिक' के अंक 40 में पेरियार ललई सिंह द्वारा अशोक पुस्तकालय से प्रकाशित 'जातिभेद का उच्छेद', 'सम्मान के लिए धर्म परिवर्तन' पुस्तकों को संवित सरकार (उ.प्र.) के कांग्रेसी कोटे के मंत्री ने जब्ती का आदेश निकाला गया। यह खबर 'अर्जक साप्ताहिक' में 'गणतंत्र दिवस और उसके शत्रु' शीर्षक से छपी।

**14 मई, 1971 ई.** को पेरियार ललई सिंह ने अपनी कृति 'सम्मान के लिए धर्म परिवर्तन' पर जब्ती के विरुद्ध हाईकोर्ट इलाहाबाद से जीत हुई। सरकार ने हर्जाना स्वरूप इन्हें अर्थ और प्रतियाँ दीं।

**3 जून, 1971 ई.** को 'बौद्ध धर्म, समता एवं प्रगतिशील साहित्य प्रचारक' की स्थापना की जिसका इन्हें उपाध्यक्ष बनाया गया।

**17 सितम्बर, 1971 ई.** को 'शोषितो सावधान!' शीर्षक से चेतना सम्पन्न पैम्फ्लेट प्रकाशित किया।

**29 सितम्बर, 1971 ई. :** 'सच्ची रामायण की चाभी' पुस्तक प्रकाशित।

**10 दिसम्बर, 1971 ई.** को 'जाति भेद का उच्छेद', 'आदिवंश का डंका' आदि किताबों पर चल रहे मुकदमे जीते।

**7 अगस्त, 1972 ई.** को रामस्वरूप वर्मा का समाज दल और जगदेव प्रसाद का शोषित दल एक हुआ और नया नाम 'शोषित समाज दल' पड़ा जिसमें बाबू जगदेव प्रसाद, रामस्वरूप वर्मा, चौधरी महाराज सिंह भारती, पेरियार ललई सिंह और अन्य महत्त्वपूर्ण अर्जक कार्यकर्ता उपस्थित हुए थे।

**15 अगस्त, 1972 ई.** को केन्द्र सरकार, नई दिल्ली द्वारा 'स्वतंत्रता संग्राम सेनानी' की उपाधि से विभूषित किया गया, ब्रिटिश हुकुमत में विशाल सैनिक विद्रोह करने हेतु।

**सन्** 1972 से पेरियार ललई सिंह, पेरियार ई.वी. रामास्वामी द्वारा मद्रास, तमिलनाडु से सम्पादित समाचार पत्र The Modern Rationalist का नियमित अध्ययन करते थे। और अन्य लोगों को भी पढ़ने को देते थे। वे इस प्रकार पेरियारवादी सोच का उत्तर भारत में निर्माण और प्रचार-प्रसार करने की कोशिश कर रहे थे।

**1 सितम्बर, 1972 ई.** को 'जय शोषित!' शीर्षक से चेतना सम्पन्न पैम्फ्लेट नवजागरण के लिए प्रकाशित किया।

**1 सितम्बर, 1972 ई.** 'शोषित-संघर्ष' कविता-संग्रह प्रकाशित।

**17 सितम्बर 1972 ई.** को पेरियार ललई सिंह ने 'मेरे विभिन्न सामाजिक लेख' शीर्षक से पुस्तिका प्रकाशित किया।

**1 जनवरी, 1973 ई. :** 'सामाजिक विषमता कैसे दूर हो' पुस्तक की रचना।

**1 फरवरी, 1973 ई. :** 'जाति-पाति मिटाने व अछूतों की तरक्की के उपाय' अति-लघु पुस्तिका लिखी।

**23, 24, 25 फरवरी, 1973 ई.** को डालमिया नगर, जिला—रोहतास, बिहार में 'शोषित समाज दल' के संस्थापक सदस्य थे। यहाँ इन्होंने लम्बा भाषण दिया। साथ ही, ये अपने अशोक पुस्तकालय की पुस्तकें भी ले गए थे जिसका स्टाल लगाकर पुस्तकें बेचते और शुभचिन्तकों से मिलते रहे और बातों-बातों में वैचारिकी का निर्माण करते रहे।

**24 सितम्बर, 1973 ई.** को गुरु पेरियार ई.वी. रामास्वामी की स्मृति में भाग लेने निकले।

**7 दिसम्बर, 1973 ई.** को ललई सिंह को स्वतंत्रता संग्राम सेनानी सम्मान निधि (आजीवन पेंशन) लीलाधार जोशी, भूतपूर्व मुख्यमंत्री ग्वालियर राज्य, मध्य भारत के हाथों दी गई।

**27 दिसम्बर, 1973 ई.** को पेरियार इरोड वेंकट रामास्वामी के गाँव 'इरोड', चेन्नई में 'महान स्मृति सभा' हुई। इस महान सभा में ललई सिंह ने भाग लिया। अपने गुरु पेरियार की स्मृति में बात रखते हुए—ईश्वर, भाग्य, भगवान्, वर्ण-व्यवस्था, ब्राह्मणवाद की अपने गुरु की ही तरह धज्जियाँ उड़ाईं। इस पर उपस्थित महान जनता ने तालियों की गड़गड़ाहट के साथ कहा ललई सिंह तो बिलकुल हमारे 'पेरियार' की ही तरह हैं। इस विशाल सभा ने ललई सिंह को 'पेरियार' अर्थात् 'महान' की उपमा दी। तब से ललई सिंह 'उत्तर भारत में पेरियार' हो गए। और 'पेरियार ललई सिंह' के रूप में सम्बोधित किए जाने लगे। 27 दिसम्बर, 1973 ई. को इरोड, दक्षिण भारत में भी 'पेरियार' की उपमा मिली। उसके बाद से वे 'पेरियार ललई सिंह' हो गए।

**5 सितम्बर, 1975 ई.** को जगदेव प्रसाद की कुर्ता, जहानाबाद में हत्या कर दी गई। उसके बाद शोषित समाज दल की ओर से स्मृति सभा आयोजित की गई। जिसमें पेरियार ललई सिंह भी आए थे। उन्होंने मनुवाद के खिलाब आक्रोश उगलता हुआ भाषण दिया जो लम्बे समय तक चर्चा का विषय रहा। रघुनीराम शास्त्री शोषित समाज दल के अध्यक्ष कहते हैं कि वे शोषित समाज दल और अर्जक संघ के कई कार्यक्रमों में भाग लेने के लिए बिहार आए थे।

**20 मई, 1975 ई.** को पेरियार ललई सिंह ने 'सच्ची रामायण की चाभी' जो सरकार द्वारा प्रतिबन्धित थी, के विरुद्ध हाईकोर्ट इलाहाबाद में अपील किया।

**1 मार्च, 1976 ई.** उ.प्र. सरकार की ओर से 'स्वतंत्रता संग्राम सेनानी पेंशन' ससम्मान प्रदान की गई।

**16 सितम्बर, 1976 ई.** को 'सच्ची रामायण' पर केस की सर्वोच्च न्यायालय, दिल्ली में फुल बैंच माननीय न्यायाधीश पी.एन. भगवती, माननीय न्यायाधीश डी.आर. कृष्णा अय्यर और माननीय न्यायाधीश मुंतज फाजिल अली ने निर्णय सुनाया जिसमें पेरियार ललई सिंह की जीत हुई। सुप्रीम कोर्ट में उनके वकील शिवनारायण सिंह यादव थे।

**अप्रैल, 1978 ई.** में शोषित समाज दल और अर्जक संघ की ओर से पेरियार ललई सिंह जानीपुर गाँव, थाना—फुलवरिया, पटना में आयोजित कार्यक्रम में आए थे। यहाँ उनके नेतृत्व में 'रामायण' और 'मनुस्मृति' का दहन किया गया। दहन के बाद तुलसीदास मुर्दाबाद, अर्जक संघ जिन्दाबाद ललई सिंह रामस्वरूप वर्मा जिन्दाबाद के नारे लगे थे। रघुनीराम शास्त्री बताते हैं कि वे हर कार्यक्रम के बाद 'रामायण' और 'मनुस्मृति' जलाते थे और मनुवाद के विरुद्ध कड़क आवाज में भाषण देते। शोषित जनता को प्रबोधित करते थे।

**30 अप्रैल, 1978 ई.** रामस्वरूप वर्मा, महाराज सिंह भारती और पेरियार ललई सिंह के नेतृत्व में दयानतपुर, कांधी, तहसील—सिकन्दरा, कानपुर, उत्तर प्रदेश में 'रामायण', 'रामचरितमानस' और 'मनुस्मृति' की होली जलाई गई।

**सन्** 1980 में अर्जक का कैडर कैम्प, चौक चाँदगंज, अलीबाग, लखनऊ में हुआ जिसमें भन्ते करुणाकर, रामस्वरूप वर्मा, पेरियार ललई सिंह, महाराज सिंह भारती आदि प्रशिक्षक आए हुए थे।

**सन् 1980 ई.** में धम्म दीक्षा कार्यक्रम चाईबासा, टाटा नगर, सिंहभूमि, (जमशेदपुर) बिहार में आयोजित हुआ। मुख्य अतिथि—ग्रेट बुद्धिस्ट पेरियार ललई सिंह, वक्ता—जे.एन. आदित्य और संयोजक—बुद्ध शरण हंस (तात्कालिक एडीएम) थे। बुद्ध शरण हंस ने एक संस्मरण सुनाया कि पेरियार ललई सिंह एकदम जीवट, सरल, भावुक और बुद्धिमान व्यक्तित्व थे। वे ओजस्वी भाषण देते थे। बहुजन समाज के परिवर्तन पर बोलते हुए ब्राह्मणवादी गुलामी को बताते हुए, मंच पर ही रोने लगते थे। उनके रोने को समझदार लोग समझ जाते थे कि पेरियार ललई सिंह साहब क्यों रो रहे हैं। उस महान व्यक्ति के रोने में समाज की गहरी चिन्ता निहित थी। वे समाज की दुर्गति और उसके अन्धकारमय भविष्य को देख रहे थे। उससे समाज को बचाना चाहते थे। जो परिवर्तन उस समय चल रहा था वह सही नहीं था। वे आमूलचूल वैचारिक परिवर्तन चाहते थे जो बुद्ध, फुले, पेरियार और अम्बेडकर के विचारों के अनुसार सही परिवर्तन हो। वैचारिक परिवर्तन स्थायी और लम्बा होता। बुद्ध ने विचार से मानसिक परिवर्तन किया था जो ढाई हजार साल तक चला। उसमें जाति घुस गई। हिन्दूकरण हो गया। खतम हो गया...।

**16 अप्रैल, 1981 ई.** को बाबा साहब डॉ. अम्बेडकर जयन्ती पर बालाचुर, होशियारपुर, पंजाब मुख्य अतिथि के रूप में भाग लिया, इन्हें लौहारी राम बाली ने आमंत्रित किया था।

**17 अप्रैल, 1981 ई.** को बाबा साहब डॉ. अम्बेडकर जयन्ती को हरियाणा में सम्बोधित किया। साथ ही, रात 10 बजे बहुजनवादी कार्यकर्ताओं की मीटिंग की।

**18 अप्रैल, 1981 ई.** को बाबा साहब डॉ. अम्बेडकर जयन्ती पर सुबह 10 बजे चूरामंडी, जालन्धर पंजाब पहुँचे।

**18 अप्रैल, 1981 ई.** को बाबा साहब डॉ. अम्बेडकर जयन्ती पर अमृतसर, पंजाब दोपहर एक बजे पहुँचे।

**18 अप्रैल, 1981 ई.** को बाबा साहब डॉ. अम्बेडकर जयन्ती पर टाउन हॉल, अमृतसर, पंजाब शाम 05:45 पर पहुँचे।

**सन्** 1982 में अर्जक संघ का महासम्मेलन आलमनगर, लखनऊ में हुआ जिसमें रामस्वरूप वर्मा, पेरियार ललई सिंह, महाराज सिंह भारती और भन्ते करुणाकर आए हुए थे।

**14 मार्च, 1982 ई.** को डॉ. अम्बेडकर बुद्ध विहार का शिलान्यास हरैया, बस्ती, उत्तर प्रदेश में प्रात: 10 बजे किया।

**14 अप्रैल, 1982 ई.** को बाबा साहब डॉ. अम्बेडकर जयन्ती पर हरैया, बस्ती, उत्तर प्रदेश में पेरियार ललई सिंह भाषण देने गए।

**3 जून, 1982 ई.** को पेरियार ललई सिंह ने अपने राजनीतिक, आन्दोलनकारी और मिथक-संस्कृति के गुरु पेरियार ई.वी. रामास्वामी के नाम पर 'पेरियार प्रेस' की शुरुआत की।

**13 जून, 1982 ई.** को अपने गुरु पेरियार ई.वी. रामास्वामी के नाम पर 'पेरियार प्रेस' की स्थापना—झींझक, थाना—मंगलपुर, कानपुर देहात में श्री मुंशीलाल वर्मा के मकान में की। इसके बगल में बसन्त लाल वर्मा का घर है। उस समय पेरियार ललई सिंह की उम्र 71 वर्ष थी।

**24 सितम्बर, 1982** बौद्ध धर्म प्रशिक्षण शिविर का आयोजन किया।

**3 फरवरी, 1983 ई.** को बौद्ध सम्मेलन एवं दीक्षा समारोह, पहाड़ीबुर्ज, चिरगाँव, झाँसी, उ.प्र.।

**12 से 19 फरवरी, 1983 ई. :** बौद्ध प्रशिक्षण शिविर, सारनाथ, बनारस में।

**2-3 अप्रैल, 1983 ई. :** 'ऑल इंडिया भिक्षु सम्मेलन', भिक्षु संघ, कुकरगाँव, जिला—जालौन, उ.प्र. में शामिल हुए।

**24 सितम्बर, 1983 ई. :** बौद्ध धर्म-संस्कार और प्रशिक्षण शिविर लगवाया।

**25 सितम्बर, 1983 ई.** धम्म देशना का आयोजन।

**8, 9,10 अक्टूबर, 1983 ई.** को मानववादी अर्जक संघ ने श्रीपतपुर, पोस्ट—दुबेपुर, धर्मशाला, जिला—उन्नाव, उ.प्र. में त्रि-दिवसी अर्जक संघी कैडर का आयोजन किया गया, जिसमें मुख्य प्रशिक्षणकर्ता—रामस्वरूप वर्मा, पेरियार ललई सिंह, महाराज सिंह भारती, अब्दुल इस्लाम, राजाराम यादव, सोहन लाल, भन्ते करुणाकर आदि थे। पेरियार ललई सिंह को अर्जक संघ का संरक्षक कहा जाता था। वे सबसे वरिष्ठ भी थे। अर्जक संघ में नास्तिक भौतिक दुनिया पर गभीर व्याख्यान होते। वर्ण, जाति, पुरोहितवाद, जनम-मरण, स्वर्ग-नरक, भाग्यवाद, अन्ध-विश्वास, कर्मकांड, ब्राह्मणवाद की झूठी मिथकीय हिन्दू व्याख्या पर वैज्ञानिक सोच के साथ व्याख्यान होते थे। साथ ही, पूंजीवाद और साम्यवाद पर भी विस्तृत व्याख्यान होते थे।

**1984 ई.** में विपश्ना करने विपश्ना विश्वविद्यालय, धम्मगिरी, इगतपुरी, नासिक, महाराष्ट्र गए थे। इसका संचालन—सयाजी मेमोरियल ट्रस्ट, 20 शहीद भगत सिंह रोड, बम्बई 400-023 द्वारा होता था।

**8-9 मार्च, 1984 ई. :** 'आप लोग अम्बेडकराइस्ट नहीं, रिजर्वेशनाइस्ट हैं, बुद्धिस्ट नहीं, सुविधाइस्ट हैं', अखिल भारतीय बौद्ध सम्मेलन, आगरा, उ.प्र.।

**2 सितम्बर से 7 अक्टूबर, 1984 ई. :** 'विपश्ना', शिविर सारनाथ, बनारस में।

**31 अक्टूबर, 1984 ई. :** प्रधानमंत्री श्रीमती इन्दिरा गांधी की हत्या के बाद पूरे देश में भड़के सिक्ख विरोधी दंगे में सिक्खों का कत्लेआम किया जा रहा था।

उन्मादी-साम्प्रदायिक जनता की लाठियों, डंडों और राडों से पिटते-भागते सिक्खों को पेरियार ललई सिंह किसी तरह अपने 'अशोक पुस्तकालय' की ऑफिस, झकरकटी, कानपुर में छुपाते। अपने धर्मनिरपेक्ष साथियों के साथ मौका पाते ही साम्प्रदायिक सद्‌भाव की रैलियाँ निकालते हैं।

**5 अक्टूबर, 1985 ई.** डॉ. भीमराव अम्बेडकर संघर्ष समिति, शाहदरा, दिल्ली-32 द्वारा धम्म देशना शिविर पर विराट कवि सम्मेलन एवं विचार गोष्ठी में मुख्य अतिथि के रूप में भाग लिया।

**10 नवंबर, 1985 ई.** को बौद्ध संस्कार प्रशिक्षण शिविर का आयोजन, अखिल भारतीय बौद्ध महासभा द्वारा नानाराव पार्क, कानपुर, उत्तर प्रदेश में।

**1986** में पेरियार चेरिटेबल ट्रस्ट की स्थापना की। इस ट्रस्ट के स्थापना के समय एडवोकेट रामसिंह, कानपुर ने पेरियार ललई सिंह चेरिटेबल ट्रस्ट का प्रारूप और रजिस्ट्रेशन आदि करवाया। इस ट्रस्ट के सदस्य—पेरियार ललाई सिंह, जे.एन. आदित्य, उपासिका रानी, सुशील कुमार बौद्ध आदि थे।

**11 मार्च, 1986** को बुद्ध गया महाबोधि महाविहार पर हिन्दू पुरोहितों के कब्जे से मुक्ति के लिए दिल्ली में बौद्ध भिक्षुओं और उपासकों संग धरना-प्रदर्शन किया गया और माँग की गई कि महाविहार को बौद्ध भिक्षुतों को पुनः दिया जाए।

**15 अप्रैल, 1987 ई.** को डॉ. अम्बेडकर जयन्ती का रहीमपुर, होशियारपुर, पंजाब में आयोजन हुआ। उसके बाद चुनिन्दा लोगों को गुप्त प्रशिक्षण दिया गया।

**1987** से *श्रद्धेय नकुल दीढ़ी बौद्ध धर्मप्रचारक* हैं। भीष्मदेव ढीढ़ी एडवोकेट, धमतरी-493773 और रायपुर में बौद्ध धर्म की महासभा हुई। श्रद्धेय डी.डी. वासविक आदि शामिल हुए थे। राजनांदगाँव/मदानजी के कर्मचारी भी शामिल हुए।

**जनवरी, 1992 ई.** में धम्म दीक्षा कार्यक्रम लौरिया, बेतिया, बिहार में आयोजित हुआ। मुख्य अतिथि—ग्रेट बुद्धिस्ट पेरियार ललई सिंह, वक्ता—जे.एन. आदित्य, मैडम कान्ति बालाजी थे। संयोजक—बुद्ध शरण हंस (तात्कालिक ADM) थे। यहाँ 7 से 8 हजार लोगों को बौद्ध धर्म ग्रहण कराया गया।

**सन् 1990 ई.** को काको, जहानाबाद, बिहार में पेरियार ललई सिंह को गोली मारी गई। वहाँ इनके नाटक शम्बूक-वध का मंचन हुआ। उसके बाद इन्होंने अपना ओजस्वी भाषण दिया और 10,000 लोगों को बौद्ध धर्म ग्रहण करवाया। इस कारण मनुवादी-सामन्ती ताकतों ने इन पर तीन राउंड गोली चलाईं। चूँकि ये नेशन आर्मी में हाई-कमांडर थे। इसलिए हर समय चौकन्ने रहते थे। इसलिए बच गए।

**14 अप्रैल, 1990 ई.** दि बुद्धिस्ट सोशायटी ऑफ इंडिया, महू, मध्य प्रदेश, में मुख्य अतिथि के रूप में भाग लिया जिसमें विशिष्ट अतिथि—डॉ. अम्बेडकर की बहू और कुँवर महमूद अली, राज्यपाल, मध्य प्रदेश थे।

**16 मई, 1992 ई.** को बुद्ध पूर्णिमा के दिन को दयालपुर, रूहालकी, भगवानपुर, हरिद्वार में श्री रहतू लाल बौद्ध ने बुद्ध जयन्ती का आयोजन किया जिसमें पेरियार ललई सिंह और प्रकाशराव अम्बेडकर को बुलाया। यहाँ पेरियार ललई सिंह ने बौद्धिक और रोमांचित कर देनेवाला भाषण दिया। जनता एकदम मनमुग्ध हो गई।

**7 अगस्त, 1990 ई. :** सामाजिक न्याय के प्रतीक 'मंडल आयोग' के लागू होने पर उसके समर्थन में पेरियार ललई सिंह ने जनता को एकत्रित कर 'सामाजिक न्याय' उत्सव मनाया और लोगों को मिठाइयाँ खिलाईं।

**12-13 जून, 1992** को दि बुद्धिस्ट सोसायटी ऑफ इंडिया का पाँचवाँ प्रान्तीय अधिवेशन, शासकीय हायर सेकेंडरी स्कूल, दबोह भिंड, मध्य प्रदेश में इनकी अध्यक्षता में हुआ।

**6 दिसम्बर, 1992 ई. :** पेरियार ललई सिंह ने 6 दिसम्बर, 1992 को हुए 'बाबरी मस्जिद विध्वंस' के समय अल्पसंख्यक मुसलमानों को साम्प्रदायिक हिंसा और दंगों का सामना करने के समय संरक्षण दिया और सामाजिक सद्भाव की कई रैलियाँ निकालीं।

**2 फरवरी, 1993 ई. :** पेरियार ललई सिंह से उनके झींझक स्थित प्रेस पर तीन अन्तरराष्ट्रीय बौद्ध भिक्षु मिलने आए हुए थे। एक चीन से थे। दूसरे जापान से और तीसरे थाईलैंड से। तीनों बौद्ध भिक्षु उनसे देशज बुद्धिज्म और उसके आविर्भाव और संहार पर बातचीत किए। उसके बाद शाम को बौद्ध भिक्षु बोध गया चले गए। उसके बाद रात्रि के 9.00 बजे उन्हें तेज सिर दर्द हुआ और वे बेहोश हो गए। मुंशी लाल ने उन्हें तत्काल अस्पताल में भर्ती किया गया।

**7 फरवरी, 1993 ई.** को मूलनिवासी योद्धा पेरियार ललई सिंह का रात्रि 11:11 मिनट पर मस्तिष्क आघात से निर्वाण हो गया।

**8 फरवरी, 1993 ई. :** चूँकि पेरियार ललई सिंह स्वतंत्रता सेनानी थे इसलिए 8 फरवरी, 1993 ई. को सुबह सबसे पहले पूरे राजकीय सम्मान के साथ, उन्हें अन्तिम विदाई दी गई। उसके बाद बौद्ध भिक्षुओं ने संगायन के साथ अन्तिम संस्कार कराया।

**15 फरवरी, 1993 ई.** को पेरियार ललई सिंह को 'पुन्य अनुमोदन' दिया गया। पुन्य अनुमोदन पालि भाषा का शब्द है, जिसका अर्थ होता है कुशल गुणों को प्रस्तावित करना अर्थात् इसमें व्यक्ति के 'कुशल गुणों' के प्रति कृतज्ञता व्यक्त करते हैं। इस अवसर पर बुद्ध के अनिच्छा अर्थात अनितता का उपदेश होता है।

मतलब इस संसार में जो भी वस्तु सृजित हुई है, वह अनिश्चित है। नाशवान है। एक न एक दिन उसको नष्ट होना ही है। इसलिए हमें उस व्यक्ति और समाज के सतगुणों को याद रखना चाहिए। इस अवसर पर बुद्ध और उस व्यक्ति के सत् गुणों का उपदेश होता है।

**20 फरवरी, 1993 ई.** को 'महान स्मृति सभा' का आयोजन हुआ जिसमें देश-प्रदेश के अनेक बुद्धिजीवी, सामाजिक-सांस्कृतिक, राजनीतिक कार्यकर्ता और बौद्ध भिक्षु आए।

# आर्यों का नैतिक पोल प्रकाश

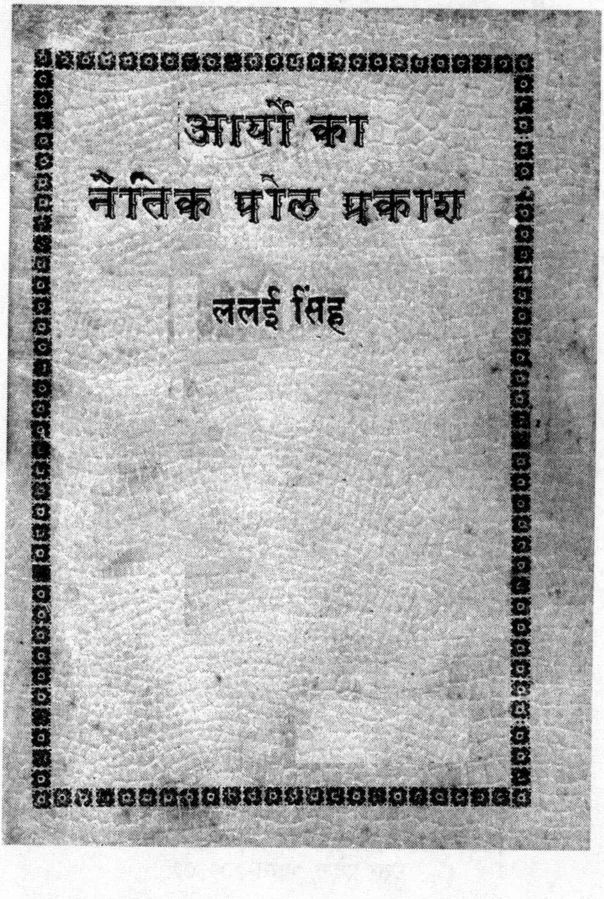

लेखक
**पेरियार ललई सिंह**

**अशोक पुस्तकालय**
झींझक, जिला—कानपुर, उत्तर प्रदेश, भारत-209302

दीक्षा-दिवस 14 अक्टूबर, सन् 1968 ई.
प्रथम बार 1000 प्रतियाँ प्रकाशित
पहली बार सन् 1969 ई.
दूसरी बार सन् 1972 ई.
तीसरी बार सन् 1974 ई.
चौथी बार सन् 1976 ई.
पाँचवीं बार सन् 1977 ई.
छठी बार सन् 1978 ई.
सातवीं बार सन् 1980 ई.
आठवीं बार सन् 1983 ई.
नौवीं बार सन् 1985 ई.
दसवीं बार सन् 1988 ई.



**मुद्रक**
सस्ता प्रेस
झींझक, जिला—कानपुर,
उत्तर प्रदेश, भारत-209302

**मूल्य :** 2.50

!!समर्पण!!

निर्वाण प्राप्त श्रद्धेय पिता
श्री चौधरी गज्जूसिंह यादव
की पुण्य स्मृति में
जो आजीवन अ-समतावादी आर्य-ब्राह्मणी मान्यताओं के विरुद्ध सतत संघर्ष करते हुए दिनांक—16 दिसम्बर, सन् 1953 ई. को चार महाभूतों में विलीन हो गए। सादर समर्पित।
निवासी ग्राम—कठारा, रेलवे स्टेशन-झींझक, कानपुर, उत्तर प्रदेश

**—पेरियार ललई सिंह**

# भूमिका

'आर्यों का नैतिक पोल प्रकाश' पुस्तक के बहुज्ञ और दूरदर्शी लेखक श्री ललई सिंह के अध्ययन-मनन का सारगर्भित ज्ञान-संग्रह और सम्पादन हैं, जिसका आधार स्वतंत्र बुद्धिवाद है। आज के भारत में बुद्धिवाद की चर्चा शिक्षित जनता का एक मनोरंजन-सा बन गया है। इसके कई कारण हैं, पहला कारण—विज्ञान की बढ़ती हुई शिक्षा है। दूसरा कारण—संसार के वैज्ञानिक देशों का बढ़ता हुआ सम्पर्क है। तीसरा कारण—विदेशों के वैज्ञानिक साहित्य का भारत में प्रचार है, और सबसे बड़ा चौथा कारण—नई पौध की अभिरुचि है, जिसके कारण वे प्रत्येक बात में 'क्यों? क्या? कैसे?' प्रश्न-सूचक शब्द लगाया करते हैं।

श्री ललई सिंह ने भी आधुनिक रुचि के अनुसार, 'क्यों? क्या? कैसे?' प्रश्नचिह्न लगाकर इस पुस्तक में प्रत्येक बात का उत्तर दिया है। मैं यह बात दावे के साथ नहीं कहता कि उनका प्रत्येक उत्तर इदमित्थम् है। उसके आगे-पीछे या दाहिने-बाएँ और कुछ नहीं है किन्तु यह बात बलपूर्वक कही जा सकती है कि इस प्रकार बुद्धि के स्वतंत्र प्रयोग से पाठकों में बुद्धिवाद का विकास होता है और स्वतंत्र भाव से प्रत्येक बात पर सोचने-समझने की अभिरुचि उत्पन्न होती है।

इस पुस्तक के पाठकों में से जो सज्जन लेखक की तर्क-प्रणाली अनुभूति और परिणाम के विरुद्ध सोचते हैं, उन्हें अपनी रुचि के अनुसार, सोचने, समझने, बोलने तथा लिखने का अधिकार है किन्तु लेखक का यह उपकार तो मानना ही होगा कि उन्होंने इस प्रकार स्वतंत्र भाव से सोचने का मार्गदर्शन अवश्य किया है।

श्री ललई सिंह को मैं अर्से से जानता हूँ। वह एक सुलझे-समझे एवं खरी तबीयत के व्यक्ति हैं। लगी-लिपटी तथा चिकनी-चुपड़ी से उन्हें घृणा है। उनकी बात किसी को पसन्द आवे या न आवे, वे इसकी परवाह नहीं करते और अपने विचारों के प्रकाश में जो भी मुसीबतें आ सकती हैं, वे उनका सदा स्वागत करते हैं। ऐसे स्पष्ट वक्ताओं की बात पढ़ना प्रत्येक बुद्धिवादी का कर्तव्य है।

10 सितम्बर, 1968 ई.

**—चन्द्रिका प्रसाद 'जिज्ञासु'**
360/193 मातादीन रोड,
सआदतगंज, लखनऊ-3

# सम्मति

श्री ललई सिंह, जिन्होंने यह किताब (आर्यों का नैतिक पोल प्रकाश) बड़ी मेहनत और खोज के बाद लिखी है, मुबारिकवाद के मुस्तहक हैं, क्योंकि उन्होंने भारतीय कौम का ध्यान एक ऐसे मसले की तरफ दे दिया है, जिस तरफ आज तक बहुत कम तवज्जुह दी जा रही है। वह मसला है—लोगों को जहनी गुलामी से निजात (छुटकारा) दिलाने का। शायद दुनियाभर में हिन्दुस्तान ही एक ऐसा मुल्क है, जिसमें समाजी ना-बराबरी जातीय-भेद, मुनाफरत (नफरत), अन्धविश्वास और जहालत (मूर्खता) का अभी तक इतनी मजबूती से कायम है, जहाँ देवी-देवताओं की खुशनूदी (प्रसन्नता) हासिल करने के लिए जबान (जीभ, जिह्वा), हाथ और सिर वगैरह बलिदान कर डालना अभी तक हमारे देश में एक मामूली-सी बात है। समाज का कोई ऐसा हिस्सा नहीं, जिधर जहालत का दौर-दौरा न हो। हाल ही में गुजरात असेम्बली में मेम्बरों (एम.एल.ए. लोगों) ने बारिश के लिए (भगवान, देवी, देवताओं व इन्द्र आदि से) प्रार्थना की और लुत्फ (मजे) की बात यह है कि बारिश की इस प्रार्थना के लिए कांग्रेस और अपोजीशन (विपक्ष) दोनों ने एक जैसा हिस्सा लिया। क्या इससे भी बढ़कर और कोई बड़ा सबूत हिन्दुस्तान की जहालत का हो सकता है?

जहालत व अन्धविश्वास से जहनी गुलामी पैदा होती है और फिर यही लानत (फटकार) मुल्कों एवं कौमों को तबाह व बरबाद करती है। भारत की बदहाली तथा गिरावट का कारण भी यही बनी है। इसका सुबूत इस किताब से बखूबी मिल सकता है।

तथागत गौतम बुद्ध से जब पूछा गया कि दुनिया में सबसे बड़ा रोग कौन-सा है? तो उन्होंने जवाबन कहा कि 'जहालत' मतलब गरीबी, दरिद्रता। जब तक हम इस रोग को मिटा नहीं देते, तब तक एक तन्दुरुस्त व तवाना (शक्तिशाली) हिन्दुस्तान का तसव्वुर करना (कल्पना) मुश्किल है।

श्री ललई सिंह ने अपनी किताब में अन्धविश्वास और जहालत फैलानेवाली मुताअद्दीन (बहुत-सी) धारणाओं का, जो ब्राह्मणी धर्म पर मबनी (स्थिर) होने का जिक्र करके हमारा ध्यान 'आस्तीन के साँप' की तरफ दिलाया है, हम सबको

जहालत के खिलाफ चाहे उसका प्रचार व प्रसार कोई भी करे और कहीं से भी हो, जबरदस्त विरोध करना चाहिए।

हिन्दुस्तान की अजमत (बड़प्पन), खुशहाली और बहबूदी का राज (भेद) इस बात में छिपा है कि हम अपने देशवासियों के आजादाना (स्वतंत्र) और बे-खौफाना (निर्भय) तौर पर सोचने-समझने का मौका दें।

श्री ललई सिंह की किताब इस नेक (शुभ) काम में एक अच्छी और मददगार साबित होगी। ऐसी मुझे उम्मीद है।

28 सितम्बर, 1968 ई.

**—लाहौरीराम 'बाली'**
सम्पादक 'भीम पत्रिका' (पाक्षिक)
नकोदर रोड, जालन्धर-सिटी (पंजाब)

# सम्मति

वेदों के अनुसार समाज में तीन बातें अवश्य होनी चाहिए। पहली—चार वर्ण (ब्राह्मण, क्षत्रिय, वैश्य व शूद्र)। दूसरी—इन वर्णों में क्रमिक सामाजिक बड़प्पन-छुटप्पन तथा क्रमिक सुविधाएँ और तीसरी प्रत्येक वर्ण का अलग-अलग पेशा।

पहली और दूसरी बात के बारे में गौतम बुद्ध ने 'सुत्तनिपात' में 'वासेट्ठ' ब्राह्मण व 'अश्वलायन-सुत्त' में 'अश्वलायन' ब्राह्मण से कहा कि अन्य वर्णों की स्त्रियों की भाँति ब्राह्मणियाँ भी ऋतु-मती होकर सन्तान पैदा करती हैं। अतः सभी मनुष्य समान हैं।

तीसरी बात के बारे में तथागत गौतम बुद्ध ने 'एसुकारि-सुत्तंत' में 'एसुकारी' ब्राह्मण से कहा कि प्रत्येक व्यक्ति को लाभप्रद पेशा (सेवा) करनी चाहिए तथा हानिप्रद पेशा (सेवा) करने के लिए बलपूर्वक इनकार कर देना चाहिए।

स्वार्थी चातुर्वर्णीय व्यवस्था के पोषक कुछ भारतीयों को छोड़कर सम्पूर्ण संसार तथागत गौतम बुद्ध के इस सिद्धान्त से सहमत है।

जाति नहीं, अ-समता नहीं, ऊँच-नीच नहीं। यही तथागत गौतम बुद्ध की देशना (शिक्षा) है। दूसरे के साथ अपने को एक कर लो। सदैव यही सोचना चाहिए कि जैसे वे हैं—वैसा मैं हूँ और जैसा मैं हूँ—वैसे वे हैं।

विभिन्न विद्वानों द्वारा विवेक की कसौटी पर परखी गई 'आर्यों का नैतिक पोल प्रकाश' पुस्तक गम्भीर और अच्छी है।

सबका मंगल हो!

साधु! साधु!! साधु!!!

11.12.1968 ई.

**—भिक्षु शीलभद्र**

बुद्ध-बिहार (पावर हाउस के पास)
मोतीगंज, भर्थना, जिला—इटावा (उत्तर प्रदेश)

# सम्मति

जिऩ आदिऩिवासियों से आर्य विद्वत्ता व वीरता में हार जाते थे, उसे भी आर्य घोषित कर देते थे।

जिस व्यक्ति ने चाहे व आर्य हो या आदिनिवासी कोई काम आर्यों के लाभ के लिए किया हो या कोई काम आदिनिवासियों के हानि के लिए किया हो। बस! वही व्यक्ति आर्यों के लिए भगवान का अवतार, देवता, महर्षि और महापुरुष कहलाया।

द्रविड़ (आदिनिवासी) तीन बजे रात से नौ बजे प्रात: तक भजन-पूजन करने के कारण इस समय को 'सत्यम', नौ बजे प्रात: से तीन बजे शाम तक खेती बारी व पशुपालन आदि परिश्रमी काम करने के कारण इस समय को 'कार्यम', तीन बजे शाम से नौ बजे रात तक दंड-बैठक व मलयुद्ध आदि काम कराने के कारण इस समय को 'युद्धम' और नौ बजे रात से तीन बजे रात तक आमोद-प्रमोद व विश्राम करने के कारण इस समय को 'विषयम' कहा करते थे।

आर्यों ने उनके इन्हीं शब्दों तथा कार्यों के आधार पर कल्पित समय की कल्पना द्वारा सत्यम, कार्यम, युद्धम व विषयम में बजाय सतयुग, त्रेता युग, द्वापर युग, व कलयुग नामक शब्द गढ़े।

**—स्वामी धर्मानन्द 'अभ्यलंकर'**

# सम्मति

'आर्यों का नैतिक पोल प्रकाश' भारतीय इतिहास में उद्धरण व प्रमाणों पर आधारित एक ऐसा छोटा, पर सारगर्भित ग्रंथ है, जिसे लोगों को खुले दिल व दिमाग से पढ़ना चाहिए। इतिहास की घटनाओं को लेकर भारतीय-समाज की प्राचीन मान्यताओं को इस दृष्टिकोण को कसौटी पर चढ़ाकर देखा जाए।

जो विचार लेखक ने इस पुस्तिका में संकल्पित किया है, उससे समाज को एक नया दृष्टिकोण मिल सकता है और वह दृष्टिकोण पाठकों को समाज में मुश्किल से दूसरी जगह मिलेगा। आर्य-सभ्यता के प्रति झूठा व थोथा दम्भ तथा अभिमान बालू की भीत की तरह है। आनेवाले कल का नागरिक विवेक की कसौटी पर चढ़ाकर उसे कभी भी धराशायी कर सकता है।

जो सभ्यता वेद में करोड़ों इनसानों को सिर्फ अपने स्वार्थ के लिए शूद्र, दास, चांडाल व अन्त्यज कह कर जानवर से भी बदतर बनाए हुए है और उन्हें धार्मिक, सामाजिक व मानसिक गुलाम बना कर रखे हुए है, वह सभ्यता किसी भी तरह अच्छी नहीं हो सकती। उसी के द्वारा देश गुलाम बना।

उस आर्य-सभ्यता की तारीफ यह रही है कि भले ही हम और हमारा देश मुसलमान व अंग्रेज का वर्षों गुलाम रहा, परन्तु उसने हजारों साल के गुलाम बनाए शूद्र (पिछड़ी जातियों) व अछूत (अनुसूचित जातियों) व आदिनिवासी (अनुसूचित जन जातियों) को उभरने नहीं दिया। वह क्रम आज भी जारी है।

राम-राज्य की स्थापना की चर्चा कांग्रेसी, जनसंघी, संयुक्त सोशलिस्ट पार्टी व दूसरी राजनीतिक पार्टी के नेता आज भी करते ही रहते हैं, जो आर्य सभ्यता का प्रतीक-मात्र जाल है।

अतः यह पुस्तक देश के उन करोड़ों दबाए गए और आर्य-सभ्यता में नीच बनाए गए लोगों के लिए जीवन का सन्देश है जो कुछ करने और मरने की प्रेरणा देती है और चेतना पैदा करती है, उन मान्यताओं के खिलाफ बगावत करने की, जिनके हम आज भी गुलाम हैं।

पाठक इसको पढ़कर अपने विवेक से हंस की भाँति दूध और पानी को अलग-अलग करके आर्य-सभ्यता की पोलों से अपने को जानकारी कराकर समाज के

करोड़ों मूक-मानवों को उसके चुंगल से बचा सके, जो आज भी अन्धविश्वास से उसी के धार्मिक जूए में कोल्हू के बैल की तरह जुते हुए हैं, तो निस्सन्देह पाठक की मेहनत सफल होगी।

लेखक ने बड़ी मेहनत से पुस्तक खोजपूर्ण ढंग से लिखी है। इसके लिए निस्सन्देह वह बधाई का पात्र है।

पुस्तक खूब पढ़ने से ताल्लुक रखती है।

14 अगस्त, 1968 ई.

**—श्री छेदीलाल साथी**
एडवोकेट, एम.एल.सी.
सम्पादक 'बहुजन' हिन्दी
48, कन्धारी बाजार, लखनऊ, (उ.प्र.)

# सम्मति

भारत में ब्राह्मणवाद ने 'संशयात्मा विनश्यति' का नारा देकर अनेक अ-कल्पनीय कल्पनाएँ तर्क-शक्ति को पंगु करने के लिए की। सहस्त्र-फन के शेष नाग की कल्पना और उस पर शयन करनेवाले विष्णु के पेट से कमल और फिर उससे ब्रह्मा का जन्म होना, जबकि उनकी स्त्री लक्ष्मी वहीं विराजमान थीं, एक मानव-मस्तिष्क की तार्किक-शक्ति को लकवा (फालिज या पक्षाघात) मारने का काम करती है।

इसी प्रकार कैलाश शिखर की शाश्वत हिमाच्छादित चोटी पर शिव का भस्म लेपन किए, नंगे बदन रहना और उसमें साँपों का जिन्दा व सक्रिय शिव के शरीर पर रहना, जितना अ-वैज्ञानिक है, उतना ही विवेक-बुद्धि को लकवा मारनेवाला भी है। स्पष्ट है कि ब्राह्मणवाद के प्रवर्तकों ने सम्पूर्ण भारतीय इतिहास को मिटाकर अथवा पूर्णतया विकृत करके पेश किया, जिससे उनके विरोधियों का केवल मानसिक बल ही दुर्बल न हो जाए, वरन उनका इतिहास भी शाश्वत विस्मृति में विलीन हो जाए। इसके अतिरिक्त 'तोता मैना' की कहानी की भाँति अनेक पुराणों को प्रकाशित कर और उसमें भोंडी, भद्दी एवं तर्कहीन कहानियाँ गढ़कर अपने ब्राह्मणवाद का प्रचार किया।

संक्षेप में, सम्पूर्ण ब्राह्मणवाद 'मानो' की संस्कृति का प्रवर्तक है अर्थात् जितनी कपोल-कल्पित और तर्क से दूर कथाएँ इन्होंने गढ़ीं, उतना ही अधिक उन पर बिना तर्क किए मानने पर जोर दिया। सम्पूर्ण ब्राह्मणवादी-साहित्य इसी 'मानो' के सिद्धान्त पर टिका हुआ है। आस्तिकता पर विश्वास करनेवाली भौतिकवादी-संस्कृति के लोग इस 'मानो' के सिद्धान्त को कभी भी मानने को तैयार न होंगे। उनकी संस्कृति तो 'जानो' पर आधारित रही है अर्थात् तर्क और तथ्य पर जो खरा उतरे, उसे ही स्वीकार करना चाहिए। न कि जो भी ऊटपटाँग धर्म के या संस्कृति के नाम पर कह दिया जाए, उसे बिना तर्क के 'मानो'।

'आर्यों का नैतिक पोल प्रकाश' में जोशीले लेखक श्री ललई सिंह ने इसी 'मानो' को ब्राह्मणवाद-विरोधी-संस्कृति का सहारा लिया है। मेरे जैसे व्यक्ति के लिए ब्राह्मणवादी 'मानो' की संस्कृति का सम्पूर्ण साहित्य उसी प्रकार का है, जैसे 'तोता मैना' या दानवों (या प्रेतों आदि) की कल्पित कहानी अब के युग के नौजवानों के लिए है, जिसे यह जानकर न कटनेवाले फुर्सत के समय केवल-मात्र सुलभ

होने पर ही पढ़ा जाता है। वास्तव में, इससे सत्य का कोई वास्ता नहीं। अब के वैज्ञानिक युग में उनके पढ़ने की रुचि ही समाप्त होती जा रही है। अत: इसे गम्भीर अथवा अमर-साहित्य की कोटि नें रखने का प्रश्न ही नहीं उठता। अब इस तरह की काल्पनिक कहानियों के आधार पर ऐतिहासिक तथ्यों की खोज ऐसी ही है, जैसे भूसे के विशाल-पुंज से चन्द दानों का निकालना।

'आर्यों का नैतिक पोल प्रकाश' में धैर्यवान लेखक ने बिना अधीरता का लेशमात्र आए, ऐसी ही कहानियों को तर्क और तथ्य की कसौटी पर कसना चाहा है। इतने विपुल साहित्य को इतने कम आकार के अन्दर तर्क की कसौटी पर कसना पूरी तरह सम्भव नहीं हो सकता था। लेखक का परिश्रम इस दिशा में 'जानो' की भूख को जिस तीव्रता से जगा देता है, वही उसकी सबसे बड़ी सफलता है। इसमें सन्देह नहीं कि लेखक का स्थान-स्थान पर 'मानो' की संस्कृति के प्रति जो चिर-संचित-आक्रोश उबल पड़ा है, उसमें 'जानो' की संस्कृति को ही बल मिला है, वरन उससे चिर-पंगु भारतीय-मस्तिष्क पुन: सक्रिय हो उठेगा।

सम्पूर्ण प्राणि-समूह को दो हिस्सों में बाँटा जा सकता है—सहज-बुद्धि से चालित प्राणी और विवेक-बुद्धि से चालित प्राणी। मानव को छोड़कर सम्पूर्ण प्राणी सहज-बुद्धि से काम लेते हैं। उनका बचाव आदि सहज-बुद्धि के जरिये होता है। मानव इसका अपवाद है। सम्पूर्ण प्राणियों के बच्चों को पानी में डाल दीजिए वे सामर्थ्य के मुताबिक तैर कर अपनी रक्षा करेंगे, किन्तु बिना तैरना सीखे मानव के बच्चे को पानी में डालने पर उसकी मृत्यु निश्चित है, से स्पष्ट है कि मानव को अपनी रक्षा के उपाय विवेक-बुद्धि से सोचने व करने पड़ते हैं। सहज-बुद्धि उसका सहारा नहीं बन सकती। तब फिर ब्राह्मवाद 'मानो' की संस्कृति चलाकर अवनति के गर्त में गए बिना बच नहीं सकता था। वही हुआ। स्थान-स्थान पर विद्वान लेखक के इस भारत की अवनति के सम्बन्ध में उद्गार इसी तथ्य की ओर इशारा करते हैं। इस प्रकार लेखक की 'जानो' की भूली हुई संस्कृति को निर्भीकतापूर्वक चालू करने के प्रयास के लिए 'साधुवाद' दिए बिना नहीं रहा जाता। 'जानो' की संस्कृति की धारा भारतीय मस्तिष्क में बह सकी तो लेखक का प्रयास सफल ही माना जाएगा।

8 सितम्बर, 1968 ई.

**—रामस्वरूप वर्मा**

एम.ए., एल.एल.बी., भूतपूर्व वित्तमंत्री,
सम्पादक—अर्जक साप्ताहिक
बंगला नं. 3, दारुलशफा, लखनऊ (उत्तर प्रदेश)
टेलीफोन न. 27718

# सम्मति

'आर्यों का नैतिक पोल प्रकाश' पढ़ा। नस्लीय, धार्मिक व सामाजिक क्षेत्र में लेखक एवं परिशिष्ट लेखकों ने अच्छा तथा विस्तारपूर्वक प्रकाश डालकर पुस्तक को सर्व-प्रकाश सम्पन्न बना दिया है।

सत्तारूढ़ सवर्ण हिन्दुओं के दोहन-शोषण के कारण संरक्षण के बावजूद सरकारी नौकरियों में आजादी के बाद से अब तक ऊँचे पदों पर पढ़े-लिखे होते हुए भी महाशूद्र (अनुसूचित व अनुसूचित जन-जाति) लोग तीन फीसदी नहीं लिये जा सके हैं। दस फीसदी वाली ऊँची जातियाँ सरकारी नौकरियों में पच्चानबे फीसदी और नब्बे फीसदी वाली शूद्र जातियाँ सरकारी नौकरियों में पाँच फीसदी हैं।

सरकार को कुल टैक्सों से एक सौ सत्ताईस करोड़ रुपये की सालाना आमदनी होती है—जिसमें से एक सौ पैंतीस करोड़ रुपये तनख्वाह तथा भत्ता आदि के रूप में सालाना सरकार सरकारी नौकरों पर खर्च करती है।

छोटी जातियों को अपने हकों को हासिल करने के लिए ऊँची जातियों के प्रति कड़ा रुख इख्तियार करना पड़ेगा।

पाठकों को चाहिए कि ऐसी लाभप्रद पुस्तक को स्वयं पढ़ें और अपने मित्रों-रिश्तेदारों को भी पढ़ने के लिए मजबूर करें। पुस्तक अच्छी है।

1.11.1972 ई.

—**रामवचन यादव**
एम.एल.ए.
मोहनपुर, मिर्जापुर (आजमगढ़)
अध्यक्ष, पिछड़ा वर्ग संघ (उत्तर प्रदेश)

# आर्यों का नैतिक पोल प्रकाश

आर्य 6,000 वर्ष ईसा पूर्व वोल्गा नदी के ऊपरी भाग (यूरोप) में 'हिन्द-यूरोपीय' नाम से, 3,500 वर्ष ईसा पूर्व वोल्गा नदी के मध्य भाग (यूरोप) में 'हिन्दी स्लाव' नाम से, 3,000 वर्ष ईसा पूर्व मध्य एशिया, पामीर (उत्तर कुरू) में 'हिन्दी-ईरानी' नाम से, 2,500 वर्ष ईसा पूर्व वक्षु-उपत्यका (ताजिकिस्तान) में 'हिन्दी ईरानी' नाम से, 2,000 वर्ष ईसा पूर्व ऊपरी स्वात में 'हिन्दी-आर्य' नाम से, 1,800 वर्ष ईसा पूर्व गांधार (तक्षशिला) में 'हिन्दी-आर्य' नाम से और 1,500 वर्ष ईसा पूर्व कुरु-पाँचाल (पश्चिमी उत्तर प्रदेश) में 'वैदिक-आर्य' नाम से पुकारे जाते थे।

**नोट :** इतिहासकार मैक्समूलर एवं मैकडॉनल ने भारत में आर्यों के आगमन का समय 1,500 वर्ष ईसा पूर्व माना है।

**आर्यों की शारीरिक बनावट—** कद-लम्बा, रंग-भूरा, बाल-पतले-सुनहले, नाक-लम्बी, आँखें-नीली, माथा-चौड़ा और स्त्रियों की कमर-पतली थी। चिरकाल में रक्त-सम्मिश्रण व हवा-पानी बदलने के कारण अब रंग गोरा है। बाल सुनहले एवं आँखें नीली नहीं हैं। शेष बनावट हजारों साल के बाद भी करीब-करीब अधिकाधिक संख्या में यथावत है।

**असुरों की शारीरिक बनावट—** कद-छोटा, रंग-साँवला व काला, बाल-मोटे काले, नाक-चपटी, आँखें-काली, माथा-सकरा और स्त्रियों की कमर-मोटी थी। चिरकाल में खून की मिलावट के बावजूद बड़ी संख्या आज भी पूर्ववत हैं।

भारतीय असुर महाराजा के सीमावर्ती व्यापारिक नगर पुष्कलावती, जो स्वात व कुभा (काबुल) नदियों के संगम पर बसा हुआ था, के असुर व्यापारी मध्य एशिया में व्यापार के लिए जाया करते थे। ताँबे के बने बर्तन (पतीली, थाली) व हथियार (बाण, कुल्हाड़ी) आदि आर्यों के हाथ बेचते थे। बदले में उनसे चमड़ा व घोड़े खरीदते थे। जब आर्यों में वक्षु-उपत्यका (ताजिकिस्तान) में असुर-पण्य (सिक्का) का प्रचलन होने लगा तो व्यापार और भी अधिक बढ़ गया। अब असुर व्यापारी कपास का बुना कपड़ा, सोना, चाँदी, जवाहरात के आभूषण आदि आर्यों को देकर उनसे बदले में ऊन व कम्बल लेने लगे।

आर्यों ने ऊपर लिखी मनमोहक वस्तुओं की प्राप्ति हेतु एवं बढ़ती आबादी व बढ़ते पशु-धन के लिए नई-नई चरागाहों की खोज हेतु भारतभूमि की ओर पलायन किया।

आर्यों को करीबन एक हजार वर्ष तक पंजाब, सिन्ध, पश्चिमी राजस्थान व पश्चिमी उत्तर प्रदेश की विभिन्न आदिनिवासी जातियों, असुरों आदि से दिन-रात घनघोर संग्राम करना पड़ा।

जिस समय वोल्गा नदी के मध्य भाग में आर्यों का जीवन पड़ोसियों की शिकारगाहें छीनने तक ही सीमित था, नग्न घूमा करते थे। उस समय युग-युगान्तरों के करोड़ों मनुष्यों के अपार श्रम तथा विकास के बाद द्रविड़ियन-सभ्यता (असुर सभ्यता) फल-फूल रही थी, जिसकी गवाही है 'हड़प्पा' जिला मुल्तान व 'मोहेनजोदड़ो' जिला लरकाना पश्चिमी पाकिस्तान! जिनकी खुदाई बताती है कि यह आर्य सभ्यता नहीं है। खुदाई में मुद्राओं पर पशुओं के चित्र किन्हीं पर शिव, बुद्ध से मिलती-जुलती ध्यानावस्थित दशा में किन्हीं पर सिन्धु लिपि में वली, क्री, श्री, सो, ई., शः, सती, निःमो, शः, गौरी, शेष, ईश आदि लिखा मिला। इस सिन्धु सभ्यता से ही क्रमशः महाभारतकालीन! रामायणकालीन, बौद्धकालीन सभ्यताओं का जन्म हुआ। इन्हीं दिनों द्रविड़ियनों (असुरों) ने ईरान बेबीलोनिया व असीरिया को जीतकर वहाँ भी इसी द्रविड़ियन-सभ्यता (असुर सभ्यता) की नींव डाली (इसके विशेष ज्ञान के लिए 'आदिनिवासियों की सभ्यता' लेखक—चन्द्रिका प्रसाद 'जिज्ञासु', पढ़िए)।

जिस समय आर्य भारत में घुस आए, उस समय भारतीय असुर नदियों से नहरें निकालते! अच्छे ढंग से खेती करते! बढ़िया खाद डालते! कपास से अच्छा कपड़ा बनाते! सोना-चाँदी व जवाहरात के आभूषण बनाते! ताँबा से कृषि यंत्र व लड़ाई के लिए हथियार बनाते! आहार के साथ-साथ जीवनोपयोगी अन्य वस्तुएँ बनाते थे। चिकित्सा के ढंग अच्छे थे। छोट-छोटे जहाजों द्वारा समुद्री एवं घोड़ा, गधा व अन्य साधनों द्वारा खुश्की का व्यापार मध्य एशिया तक करते थे। नगर बसाने के ढंग अच्छे थे। सड़कें, गलियाँ, कमल सहित तालाब, घरों में कई बैठकखाने, रसोईघर से धुएँ के निकलने के लिए चिमनी, आँगन में पक्का कुआँ, स्नानागार, शयनागार, कोष्ठागार, आग में पकाई हुई ईंटों से मकान व नगर का परकोटा बनाते थे।

जिस समय आर्य भारत में घुस आए, उस समय भारत की पश्चिमी सीमा अफगानिस्तान तक थी। अफगानिस्तान (काबुल) में वाह्लीक सीमा प्रान्त (पेशावर) में अर्जिक, पंजाब व सिन्ध में पणि, पारावत-दैत्य (राजा हिरण्याक्ष-हिरण्यकश्यप—प्रहलाद-बिरोचन-बलि बजांग-वज्रनाभि व अन्धक आदि), ब्रात्य (मोहेनजोदड़ो का राजा भुजबन), दास (राजा वचि-शम्बर-वृंगन्द व अयु आदि), असुर (राजा कपिलासुर-कपि-लभद्र, सहस्त्रबाहु, कार्तवीर्य, अर्जुन-त्रिपुरा व जलन्धर आदि), ज्वर-पश्चिमी उत्तर प्रदेश में दानव (मेरठ का राजा मय), दक्षिणी अवध में कीकट (राजा प्रमगंड), मध्य राजस्थान व दक्षिण में वानर-ऋक्ष व राक्षस आदि, महिष मंडल (मैसूर), में महिष वंशी (राजा महिषासुर), निषध (निस्सा पहाड़ शायद वर्तमान अमरकंटक पर्वत), में नागवंशी राज्य थे। तक्षशिला-भद्रवाह-मणिपुर और

नदियों के किनारे सम्पूर्ण भारत में नाग जाति पाई जाती थी। वर्तमान नगालैंड के नागा भी नागवंशी हैं। इनकी शिशुनागवंशी शाखा बिहार-बंगाल-असम-छोटा नागपुर व बड़ा नागपुर (महाराष्ट्र) में बहुतायत से पाई जाती थी। दक्षिण भारत के द्रविड़ अब गोंड-भील व संथाल हैं।

वास्तव में, द्रविड़ियन—आदिनिवासी-वाह्लीक-दैत्य-दानव-नाग व असुर आदि सब 'द्रविड़' ही हैं।

जिस समय आर्य ऊपरी स्वात में निवास करते थे, उस समय असीरिया वालों ने इन्हें हराया था। आर्यगण असीरिया वालों से बदला लेने में असमर्थ रहे। भारत आने पर यहाँ के आदिनिवासियों को बदले की भावना के रूप में असुर (असीरियन-असीरियावासी) नाम से पुकारने लगे।

आर्य अपने को सुर (देवता) और विरोधी आदिनिवासियों को असुर कहने लगे। सुर का तात्पर्य सुरायी (सुरा अर्थात् शराब पीनेवाला यानी शराबी लोग) और असुर का मतलब है शराब न पीनेवाले।

6,000 वर्ष ईसा पूर्व वोल्गा नदी के ऊपरी भाग में आर्यों का रहन-सहन जंगली भेड़िये जैसा था। जाड़ो में बर्फीली गुफाओं में चर्बी जला कर गर्म रखते! स्त्री-पुरुष सभी नंगे रहते थे। शिकार के समय 'सेही' (साही) के काँटों से टके (सिले, गुथे) हुए चमड़े को पहनते! चमड़ा ओढ़ते-बिछाते थे। जाड़ों में भेड़िया, चीता व रीछ (भालू) व गर्मियों में गाय-बैल, घोड़ी-घोड़ा, गधी-गधा, भेड़-मेंढा, बकरी-बकरा व बारहसिंहा का शिकार प्रथम चरण में नोकदार लकड़ी (भाला) द्वारा और अन्तिम चरण में पत्थर के बने नोकदार बाण-कुल्हाड़ी (परशु) तथा चाकू से भी स्त्री-पुरुष मिलकर मारते तथा कच्चा व भुना हुआ मांस खाते थे। प्रथम चरण में मरे हुए मनुष्यों की खोपड़ी द्वारा और अन्तिम चरण में पत्थर के प्याला द्वारा मधु सुरा (शहद से बनी हुई शराब) पीते। जो परिवार जाड़ों में मैदानी भागों में उतर आते, उन्हें गर्मी वाला शिकार—गाय-बैल—आदि मिल जाया करता था। शिकार में कुत्तों से मदद लेते। कभी-कभी शिकारियों को भेड़िये व चीता जबड़ों द्वारा, रीछ पंजों द्वारा मार डालते! कभी-कभी स्नान करते समय वोल्गा नदी में डूब जाते! कभी-कभी जाड़ों में शिकार न मिलने से भूख से तड़प-तड़प कर मर जाते थे।

3,500 वर्ष ईसा पूर्व वोल्गा नदी के मध्य भाग में आर्यों का रहन-सहन जंगली खूँखार भेड़िया-जैसा था। सर्दी कम पड़ने के कारण पाषाण परशु व आग की सहायता से देवदारू के वृक्षों को काटकर अस्थायी झोपड़े बनाते। अग्नि की पूजा करते। पड़ोसियों की शिकारगाहों को छीनने के लिए उनके झोपड़ों पर सभी स्त्री-पुरुष मिलकर पत्थर के बने हुए बाणों, कुल्हाड़ों व लम्बे सींग के भालों से छिपकर या अन्य सुलभ परिस्थिति देखकर या जब वे शिकार के लिए बाहर चले जाते, तब अचानक हमला करते। मार-काट के पश्चात् दुधमुँहे बच्चों को पत्थर की चट्टानों

पर पटक-पटककर, बूढ़ों-बुढ़ियों को वोल्गा नदी में डुबोकर, मधु, मांस व चमड़ा आदि को लूटकर, शेष बच्चों व स्त्रियों को उसी झोंपड़े मे बन्द करके आग लगाकर मार डालते। सौ, डेढ़ सौ (स्त्री-पुरुष) व्यक्तियों के परिवार की जन-समिति द्वारा चुनी हुई सबसे बलिष्ठ स्त्री 'जन-नायिका' कहलाती, उसका सभी कहना मानते थे। वह अपनी इच्छानुसार भाई-पुत्र-पौत्र आदि सभी से सम्भोग कराती, उनके संसर्ग से सन्तानें उत्पन्न करती, चुनाव के समय कभी-कभी दो उम्मीदवारों में मनमुटाव भी होता, जो धीरे-धीरे शान्त हो जाता, किन्तु चुनाव सर्वसम्मति से ही होता। शेष रहन-सहन वोल्गा नदी के ऊपरी भाग-जैसा।

3,000 वर्ष ईसा पूर्व मध्य एशिया, पामीर (उत्तर कुरु) में आर्यों का रहन-सहन जंगली डकैत जैसा था। पत्थर की दीवाल बनाकर लकड़ी द्वारा अस्थायी झोपड़े बनाते थे। अग्नि पूजा करते, शिकार के बजाय गाय-बैल, घोड़ी-घोड़ा, गधी-गधा, भेड़-भेड़ा, बकरी-बकरा, आदि पालते। भुना व नमक सहित उबला हुआ मांस खाते। दूध, दही, मधु, सुरा (शराब), सोम व भाँग घोटकर पीते। नंगे रहने के बजाय कमर में कम्बल आगे-पीछे लटकता रहता बाँधते। चमड़ा व कम्बल ओढ़ते-बिछाते। भारतीय असुर कारीगरों द्वारा बनी ताँबा की वस्तुएँ पतीली (बटलोई), बाण, कुल्हाड़ी आदि बड़ी ही कठिनाई से एक व्यापारी से दूसरे, तीसरे, चौथे आदि व्यापारियों द्वारा चमड़ा व घोड़े के बदले में मिल जाया करती। पड़ोसियों के चरागाहों को छीनने के लिए उनके झोपड़ों पर सभी स्त्री-पुरुष घोड़ों पर सवार होकर लम्बे कुल्हाड़ों व लम्बे सींगों के भालों से उपरोक्त वर्णित सुलभ समय में एकाएक आक्रमण करते। मार-काट के पश्चात् बच्चों, जवानों व बूढ़ों-बुढ़ियों को मारकर धन, पशु-धन और जवान स्त्रियों को लूट लेते। एक गाँव का एक बलिष्ट एवं योग्य पुरुष 'महापितर' चुना जाता। उसका सभी कहना मानते। वह युद्ध में सदा साथ रहता। महापितरोत्सव में नाच-गाना, खान-पान के साथ-ही-साथ तरुण-तरुणियाँ एक दिन-रात के लिए अस्थायी प्रणय बाँधती। महापितरोत्सव प्रतिवर्ष मनाया जाता। स्त्री-पुरुष का विवाह-जैसा विधान बन गया। स्त्री की प्रधानता समाप्त हो गई। स्त्रियाँ अपनी इच्छा व अनिच्छा से अतिथियों व मित्रों के साथ सम्भोग करातीं।

2,500 वर्ष ईसा पूर्व वक्षु-उपत्यका (ताजिकिस्तान) में आर्यों का रहन-सहन जंगली व खूँखार डकैत जैसा था। पशु पालन के साथ मामूली खेती करते। महापितर के बजाय 'इन्द्र' की पदवी 'पुरुहुत' को दी गई। 'इन्द्र' का तात्पर्य है प्रधान सेनापति। उसका सभी कहना मानते। वह युद्ध में सदा साथ रहता। महापितरोत्सव की भाँति इन्द्रोत्सव में भी नाच-गाना, खान-पान के साथ-ही-साथ तरुण-तरुणियाँ एक दिन-रात के लिए अस्थायी प्रणय बाँधती। यह उत्सव भी प्रतिवर्ष मनाया जाता। 'पुरुहुत' ने चुपके-चुपके अधिकाधिक ताँबा खरीदकर असुरों के कुछ चतुर कारीगरों (लुहारों) को फुसलाकर अपने यहाँ बुला लिया। उनसे स्वयं लुहारी कला को सीखकर अच्छे

से अच्छे नोकदार बाण, कुल्हाड़े, भाले व खड्ग-तलवार आदि हथियारों के साथ-ही-साथ युद्ध में छाती की रक्षा हेतु वक्ष त्राण (कवच) बनाए। इस 'पुरुहुत' (इन्द्र) के नेतृत्व में चुने हुए संगठित योद्धाओं ने घोड़ों पर सवार होकर पूर्वनिश्चित कार्यक्रमों के अनुसार एकाएक पर्शियनों व मद्रों को सम्पूर्ण वक्षु-उपत्यका से धीरे-धीरे बाहर खदेड़ दिया। उनके सहस्त्रों भटों (योद्धाओं), बाल व रोगियों को कत्ल किया! धन, पशु-धन और जवान स्त्रियों को लूट लिया। अन्य किसी भी व्यक्ति को वक्षु-उपत्यका में स्थायी निवास करने की आज्ञा नहीं दी! भागे हुओं की सन्तान ईरानी (पर्श, पर्शियन) और मद्र (मिडियन) 'इन्द्र' को सबसे बड़ा शत्रु अब भी मानते हैं। द्राक्ष-सुरा 'अंगूर की शराब' का प्रचलन था।

2,000 वर्ष ईसा पूर्व ऊपरी स्वात में भी 'इन्द्रोत्सव' के अवसर पर तरुण-तरुणियों के अधिकार पहले की तरह सुरक्षित थे। 'इन्द्रोत्सव' प्रतिवर्ष मनाया जाता। वृद्ध विवाह चालू हो गया। सेनापति (इन्द्र) पुरुधन ने नए-नए हथियारों से सुसज्जित होकर घोड़ों पर सवार होकर असुर नगर 'पुष्कलावती' (चारसद्दा) पर रात में अचानक आक्रमण कर दिया। केवल व्यापारियों के मुहल्ले को छोड़कर सम्पूर्ण नगर में आग लगा दी। निरीह जनता का कत्लेआम किया। असुर राजा जो कि समुद्र किनारे, शायद आधुनिक नाम कराँची में राज्य करता था, उसका साला उसकी ओर से सीमावर्ती नगर 'पुष्कलावती' का नगराधिपति था। 'पुरुधान' ने नगराधिपति को नगर के चौराहे पर धीरे-धीरे एक-एक अंग काट-काटकर निर्दयतापूर्वक तड़पा-तड़पाकर मार डाला। असुरगण शनैः-शनैः पूर्व और दक्षिण की ओर हटने लगे। 'पुरुधान' असुर भाषा समझता था। आर्यों के पास खुद का कोई सिक्का नहीं था। फिर भी हठी पुरुधान ने असुर पण्य लेने से इनकार कर दिया, जिसका कुप्रभाव यह हुआ कि 'पुष्कलावती' का व्यापार एक लम्बे अर्से के लिए नष्ट हो गया।

1,800 वर्ष ईसा पूर्व गान्धार (तक्षशिला) में आर्यों के पास लिपि नहीं थी। ऋषि 'अंगिरा' का आश्रम गान्धार में ही था। उनके आश्रम पर सहस्त्रों विद्यार्थी विद्याध्ययन करते। विद्यार्थियों को मौखिक प्रार्थनाएँ एवं कविताएँ याद कराया करते। (लम्बे समय के बाद लगभग 1,000 वर्ष ईसा पूर्व से 800 वर्ष ईसा पूर्व के बीच में आर्य-अनार्य, ऋषियों-मुनियों, संतों व महापुरुषों द्वारा रची हुई इन ऋचाओं (मंत्रों, पदों) को लिपिबद्ध करके 'वेद' नाम से पुकारा जाने लगा। आश्रम का खर्च चलाने के लिए अनेक विस्तृत कृषि-क्षेत्र व चरागाहें थीं। अगणित गाय-बैल, घोड़ी-घोड़ा, गधी-गधा, भेड़-भेड़ा व बकरी-बकरे आदि थे। इन्होंने अपनी विशाल बुद्धि से विभिन्न नस्ल की घोड़ियों व घोड़ों से वर्णसंकर प्रणाली द्वारा अति मजबूत नस्ल के घोड़े तैयार किए, जो लड़ाई के काम में बहुत उपयोगी सिद्ध हुए, जिनमें सैन्धव (सिन्धु नदी के किनारे वाले) घोड़ों ने विशेष महत्त्व पाया। विद्यार्थी विद्याध्ययन के साथ-साथ कृषि कार्य, पशु-पालन व ऊन कातकर कम्बल बनाते। भविष्य में सम्पूर्ण भारत (जम्बूद्वीप) पर

शासन करने की साम-दाम-दंड-भेद की सभी नीतियाँ ऋषि अंगिरा विद्यार्थियों को भली प्रकार समझाते। इनकी देखरेख में कई छोटे-छोटे आश्रम धीरे-धीरे अन्य स्थानों पर भी खुल गए, जो ऋषि भेस में जासूसी ढंग पर आदिनिवासियों के गुप्त-भेद व उनकी हर प्रकार की कमजोरियों का पता लगाकर पिछले स्थायी पड़ाव पर आर्यों को बताते। साथ-ही-साथ आर्य-धर्म की विशेषताएँ उन्हें बता कर उन्हें मनवाने की कोशिश करते।

आर्य सर्वप्रथम भारत में चरागाहों की तलाश के रूप में भारत में आए। प्राप्ति हेतु कहीं शरणार्थी, कहीं भिखमंगी, कहीं डकैती, कहीं गुरिल्ला युद्धों आदि की तरकीबों द्वारा अग्नि-कांड, कत्लेआम, बिखरे हुए आदिनिवासी राजाओं को अपनी साम-दाम-दंड-भेद नीति द्वारा हराकर विभिन्न स्थानों पर राजा बन बैठे।

असली ऐतिहासिक प्रथम युद्ध देवासुर-संग्राम के नाम से हुआ। एक ओर आर्य प्रधान सेनापति 'इन्द्र' व सहायक सेनापति उपेन्द्र अर्थात् (विष्णु) के नेतृत्व में वरुण, अग्नि, बृहस्पति, विद्याधर, गन्धर्व, यक्ष, डम्बर व तुम्बर आदि थे।

दूसरी ओर शम्बर (असुर), मय (दानव), प्रहलाद व बलि दैत्य राजाओं के नेतृत्व में महापद्मिनी, मैनाक, उर्धवक्र, सितकेश, विकच, सुबाहु, सहस्त्रबाहु व व्याघ्राक्ष, वज्रनाभि, एकाक्ष, गजस्कन्ध, गजशीर्ष, कालजिह्वा, कपिलाक्ष, धनेकू, युवराज वाण, अतायुवा, नमुची, यम, पुलोमा, हयग्रीव, अनुलाद (प्रहलाद का भाई), विरोचन (राजा बलि के पिता), वृषपर्वा, कनबिन्दु, कुजम्भ, असिलोमा, एकचक्र राहू, विप्रचित, दानव, केशी दानव, हेमायली, वृत्तासुर आदि राजा गण लड़े।

नाग जाति सदैव असुरों की ओर से लड़ी, किन्तु धूम्रवर्णा आदि नागवंशी राजाओं को आर्यों ने अपनी अति खूबसूरत लड़कियाँ ब्याह कर उन्हें अपनी ओर मिला लिया। फलतः इस देव-असुर संग्राम में आर्यों की मदद नाग जाति ने की। तब से आज तक नागवंशी समुदाय आर्यों की मदद कर रहा है।

इस युद्ध में देवता हारे। इन्द्र अपना इन्द्रासन (कश्मीर या तिब्बत) छोड़कर उत्तरी पर्वतीय मार्ग में छिपते-छिपाते कुछ नागों की शरण में कुछ समय के लिए छोटा नागपुर व बंगाल आदि की ओर चले गए।

मय व शम्बर के पास वैज्ञानिक हथियार थे इसीलिए उन्हें जादूगर कहा जाता था।

असीरिया की राजधानी 'निनवा' थी। उन्होंने (शायद निनवा की रानी ने) आर्यों के खिलाफ देव-असुर संग्राम में असुरों की मदद की थी। इसलिए आर्यों ने इसे भारत पर विदेशी हमला कहा।

इस लम्बी हार के बाद आर्यों ने अपनी कूटनीति का पैंतरा बदलकर नागों से गहरा मेल-जोल स्थापित कर लिया। आदिनिवासियों के महाराजाधिराज 'शंकर' (महादेव) के साथ आर्यों ने अपनी सुन्दर पुत्रियों का विवाह किया, क्रमशः सती, पार्वती आदि का। इसी तरह कुछ अन्य राजाओं के साथ भी आर्यों ने मेल-मिलाप स्थापित किया।

कश्यप पुत्र बामन ने बलि को छला। इसे विष्णु का अवतार कहा गया। इस षड्यंत्र में आर्य पुरोहित बृहस्पति भी शामिल थे।

राजा बलि को आर्यों ने नाग-फाँस अर्थात् नाग-सेना नाग (रेजीमेंट) द्वारा गिरफ्तार करके 'सुतलन' शायद वर्तमान 'सतपुड़ा' या 'अमरकंटक' प्रदेश में नागों के पहरे में एकान्त कारावास में बन्दी बना कर रखा। राजा बलि वहीं कारावास में मरे।

राजा बलि को पाताल में स्वच्छन्द रखने व प्रतिदिन विष्णु के दर्शन देने की बात सफेद-झूठ है।

सात दिन की उम्र वाला नहीं अपितु अर्थ है सत्रह या सत्ताईस वर्षीय आर्य-बालक, जिसे सात दिन लगातार जहरखुरानी आदि कपट रीतियों द्वारा मार डालने की शिक्षा दी गई थी। वह शरणार्थी बनकर तारकासुर के पास रहा। मौका पाकर उसने दूध में जहर मिलाकर तारकासुर को पिला दिया। उनके मरने के बाद उसकी गर्दन काट डाली।

प्रधान सेनापति जम्भ को विष्णु ने धोखे से बगल में सुदर्शन-चक्र से तिरछा वार करके मार डाला।

कूटनीति प्रवीण नौ आर्य कन्याओं में से एक का नाम 'दुर्गा' था। दुर्गा ने राजा महिषासुर को बेहोशी की दवा पानी में मिलाकर पिला दी। 'बेहोशी' आने पर उसका सिर उस्तरा से काट दिया।

आर्य कन्या सरमा ने राजा पणि के गुप्त खजाने का पता इन्द्र को बताया। इन्द्र ने उसे पहाड़ी कन्दराओं में से जबरन लूट लिया।

'इन्द्र' की सहायता सीखी-पढ़ी लड़कियों व बहुत से कुत्तों ने किया। बहुत से कुत्ते इन्द्र की लड़ाई में साथ रहते थे।

इस प्रकार धीरे-धीरे 'इन्द्र' की शक्ति अधिकाधिक मजबूत हो गई। पुनः अपनी राजधानी स्वर्ग (कश्मीर या तिब्बत) से अपना शासन चलाने लगा। अन्य बचे-खुचे राजाओं को भी अपने अधिकार में शनैः-शनैः कर लिया। विरोध होता रहा। शक्तिपूर्वक दबा दिया जाता रहा। 'इन्द्र' का शासन सम्पूर्ण भारत में निर्विरोध कभी भी किसी भी काल में कदापि नहीं रहा।

जो आर्य प्रारम्भ में चरागाहों की तलाश में सिन्धु भूमि तक आए, अपने साथ स्त्रियाँ नहीं लाए। बाद को धीरे-धीरे कुछ-कुछ लाते रहे। अपनी पुरानी मध्य-एशिया वाली काली करतूतों की आदत के ढंग पर आदिनिवासियों की स्त्रियों को लूटने लगे, वे स्त्रियाँ पहचानी न जा सकें, इसलिए उन्हें व उनके साथ-साथ बहुपत्नी की दशा में सभी स्त्रियों को घूँघट करवाते (परदा करवाते), ताकि पहचानी न जा सकें।

'महापितर' व 'इन्द्र' प्रथा ने स्त्री की स्वतंत्रता 3,000 वर्ष ईसा पूर्व ही छीन ली थी। वृद्ध-विवाह व बहु-विवाह की प्रथा आर्यों के भारत में आने के पहले से थी।

आर्यों ने ही सती प्रथा इसलिए चलाई ताकि लूटी स्त्रियाँ आर्य-पति के मरने के पश्चात् आर्यों के रहन-सहन एवं कूट-नीति का भेद अपने आदिनिवासी माता-पिता के घर जाकर न बता सकें।

एक आर्य पति के मरने पर उसकी स्त्री या स्त्रियों को जबरन सती के नाम पर पति के साथ चिता में बेशुमार घी व मेवा आदि डालकर जोर-जोर से बाजे बजाकर व जय-जयकार की भारी आवाज करके जला देते थे। यह भारी कोलाहल इसलिए किया जाता था, ताकि विधवा-विधवाओं की रोती-बिलखती आवाज को कोई सुन न सके।

मेल-मिलाप के बाद आदिनिवासियों ने भी आर्यों की परदा-प्रथा, खास तौर से उत्तरी भारत में, सीख ली। हजारों वर्षों के बाद अब भी दक्षिणी भारत के आदिनिवासियों में परदा-प्रथा नहीं है।

नकल के तौर पर आदिनिवासियों की एक-दो विधवाएँ भले ही सती हुई हों, परन्तु आर्यों की सती प्रथा का रिवाज मेल-मिलाप होने पर भी आदिनिवासियों ने कभी नहीं अपनाया।

आदिनिवासियों में विधवा विवाह होता था, इसलिए सती प्रथा की कोई आवश्यकता नहीं थी। विधवा विवाह का कानून बन जाने के बाद अब भी आर्यों में विधवा विवाह आम तौर से नहीं होता है। हजारों आर्य विधवाएँ आज भी निरीह व कर्कश जीवन बिता रही हैं।

वेश्यालय तो इन्हीं विधवाओं की ही देन हैं।

इस सती-प्रथा को लॉर्ड विलियम बैंटिंग ने कानून द्वारा शक्तिपूर्वक बन्द कराया।

पूर्वी पाकिस्तान की नींव तिरस्कृत हिन्दू विधवाओं ने बहुत पहले से डाल रखी थी। कायदे-आजम मुहम्मद अली जिन्ना को हिन्दू लोग व्यर्थ कोसते हैं, क्योंकि सती-प्रथा बन्द हो जाने के बाद अपमानित जबरन घर से निकाली हुई हिन्दू विधवाएँ बदर्जे मजबूरी जीवन की शेष घड़ियाँ बिताने के लिए मनुष्यत्व-युक्त-इस्लाम की शरण में चली जाती थीं। फलतः मुसलमानों की संख्या बढ़ी। पूर्वी पाकिस्तान स्वतः बन गया।

यों तो पाकिस्तान बनाने की जिम्मेदारी मुसलमानों पर कतई नहीं है। तंगजहनियत व जात्याभिमानी हिन्दू जब अपने स्वधर्मी भाई को इतनी गिरी नजर से देखते हैं, जितनी गिरी नजर से टट्टी (मैला, पाखाना) खाते हुए सुअर को भी नहीं देखते। यह उच्च कहे जानेवाला हिन्दू अपने सहधर्मी हिन्दुओं का ही नहीं है तो हम विधर्मी मुसलमानों की हिन्दुओं के साथ कैसे बनेगी? अतः कुछ स्वाभिमानी मुसलमानों ने पाकिस्तान की माँग की।

हिन्दू ने सुअर को तो स्वार्थवश भगवान का अवतार मान लिया है परन्तु दुख तो इस बात का है कि मनुष्य को छूने मात्र से उसका धर्म नष्ट हो जाता है। स्नान आदि करने पर पवित्र होता है।

श्री मौलाना अबुल कलाम आजाद की अध्यक्षता में कांग्रेस की कार्यकारिणी और श्री कायदे आजम मौलाना मोहम्मद अली जिन्ना की अध्यक्षता में मुस्लिम-लीग की कार्यकारिणी में अप्रैल, 1946 ई. स्पष्ट समझौता हो चुका था कि पाकिस्तान नहीं बनेगा। समझौता इस प्रकार हुआ, 'ग्रुप ए' हिन्दू बहुमत वाले प्रान्तों में हिन्दू सरकार, 'ग्रुप बी' सीमा-प्रान्त, बलूचिस्तान, सिन्ध व पंजाब में मुस्लिम सरकार एवं 'ग्रुप सी' में बंगाल व आसाम में हिन्दू-मुस्लिम मिली-जुली सरकार बनेगी।

**नोट :** केन्द्र (दिल्ली) में आबादी के हिसाब से हिन्दू, मुस्लिम व सिक्ख आदि की मिली-जुली सरकार बनेगी। यह बात इस समझौते में पॉलिसी के रूप में विद्यमान थी।

अलबत्ता उपरोक्त समझौते में सिक्खों की कुछ हक तलकी जरूर थी, मगर यदि इतनी-सी तरमीम की बात थी तो पंजाब को बड़ी आसानी से ग्रुप 'सी' में शामिल किए जाने पर पुनः विचार किए जाने की गुंजाइश हो सकती थी।

कांग्रेस के नए अध्यक्ष पंडित जवाहरलाल नेहरू ने जुलाई, सन् 1946 ई. में कांग्रेस के पुराने अध्यक्ष श्री मौलाना अबुल कलाम आजाद वाले उपरोक्त समझौते को अपनी डिक्टेटरशिप द्वारा हठवश नहीं माना।

परिणामस्वरूप श्री कायदे आजम मोहम्मद अली जिन्ना आखिर 'मरता क्या न करता' वाली स्थिति में आ गए। उन्होंने पाकिस्तान बनवाने के लिए 'डायरेक्ट एक्शन डे' द्वारा दिनांक—16 अगस्त, सन् 1946 ई. को श्री जिद्दी जवाहरलाल नेहरू को श्री सरदार वल्लभभाई पटेल आदि सहयोगियों सहित माननीय लॉर्ड वेविल के सामने चारों खाने चित करके बता दिया कि मुस्लिम लीग का संगठन कैसा है।

श्री नेहरू के उपरोक्त समझौता न मानने के और 'डायरेक्ट एक्शन डे' के दरमियान एक माह के अन्दर लाखों मुसलमानों ने कांग्रेस पार्टी छोड़कर मुस्लिम लीग की सदस्यता स्वीकार कर ली, जहाँ द्वितीय विश्वयुद्ध के बाद अंग्रेजों की शक्ति बहुत कमजोर हो गई थी और भारत को स्वतंत्र करने के लिए तैयार थे, वहाँ पंडित नेहरू व श्री पटेल अति वृद्ध थे। उन्होंने महसूस किया। 9 अगस्त, सन् 1942 ई. के 'करो या मरो' आन्दोलन में कांग्रेस को इतना कुचल दिया गया था कि वह मृतप्राय हो चुकी है। उसे अंग्रेजी राज्य के विरुद्ध पुनः आन्दोलन के लिए तैयार करने के लिए बीस साल चाहिए। तब तक हम लोग मर जाएँगे। हम लोगों ने जो त्याग किए हैं, जेलें काटी हैं, डंडे खाए हैं—उसके बदले में हमें शासन-सत्ता का उपभोग करने का सुअवसर कदापि नहीं मिलेगा।

अति शीघ्र शासन-सत्ता पाने के लालच में स्वार्थी श्री नेहरू एवं श्री पटेल ने मई, सन् 1947 ई. में माननीय लॉर्ड माउंटबेटन के सामने शिमला-कॉन्फ्रेंस में हँसकर पाकिस्तान बनाया।

श्री नेहरू ने अप्रैल, सन् 1946 ई. वाला श्री आजाद वाला समझौता यदि मान लिया होता तो आज अखंड भारत की पूर्ववत सुदृढ़ सीमा होती। समझौते के कारणों से सबका सुखमय जीवन व्यतीत होता। जरा-जरा-सी बात में दोनों देश आपस में झगड़ते हैं। ऐसी नौबत न आती। श्री नेहरू ने किया हुआ समझौता न मानकर भारी भूल की जिसके कड़वे फल सदा भारत को खाने पड़े हैं। सदा खाने पड़ेंगे।

आर्यों ने भारत पर शासन करने के लिए अपनी स्पेशल भाषा राज्य भाषा के रूप में प्राचीन भारतीय भाषा जो उस समय मूल-द्रविड़ियन से बिगड़कर 'पालि' जिसमें बौद्ध-साहित्य है, के रूप में प्रचलित थी, को सुधार (संस्कार) कर नवीन भाषा 'संस्कृत' बनाई। हालाँकि किसी भी प्रदेश में कभी भी राज्य भाषा संस्कृत नहीं बन पाई। वेद इसी संस्कृत भाषा में 1,000 वर्ष ईसा पूर्व से 800 वर्ष ईसा पूर्व तक लिखे गए।

पाणिनी ने तीसरे शताब्दी ईसा पूर्व में संस्कृत की व्याकरण बनाई। सोचिए, वेद किस व्याकरण के आधार पर लिखे गए हैं?

वेदों व उपनिषदों की भाँति कुछ ही शिलालेख, गुहालेख व स्तम्भ लेख यदि संस्कृत भाषा में लिखे मिलते हैं तो इसका यह सबूत बिलकुल नहीं है कि राज्य भाषा उस काल में संस्कृत थी। यह तो आम जनता पर राजकीय-रौब (दबदबा) व बड़प्पन (गरिमा) जाहिर करने के लिए संस्कृत में लिखे गए थे।

सत्ता पर सदैव शासन बनाए रखने के लिए विजेता आर्यों का संस्कृत भाषा अपनाना एक षड्यंत्र था जो अब भी बदस्तूर पूर्ववत ज्यों-का-त्यों अपनी जगह कायम हैं।

राष्ट्र भाषा वही है जो बाजार, मेला व यात्रा में बोली जाए जिसको व्याकरणबद्ध किया जा सके। कॉलेजों, महाविद्यालयों, यूनिवर्सिटियों, गुरुकुलों एवं मन्दिरों वाली संस्कृत के जटिल शब्दों से परिपूर्ण हिन्दी की आड़ में संस्कृत नहीं होनी चाहिए।

संस्कृत-भाषा चाहे कल्पित स्वर्ग में भले ही किसी को पहुँचाने में सामर्थ्य रखती हो परन्तु वह रोटी-कपड़ा-मकान-इज्जत आदि की समस्या हल करने में सदैव बेकार बोझ साबित हुई है जो अब भी उपरोक्त समस्याओं के हल करने में असमर्थ है।

भाषा वास्तव में वह है जो किसी देश में बोली जावे। संस्कृत भाषा किसी भी प्रदेश में भूतपूर्व समय में कभी भी नहीं बोली जाती थी और न वर्तमान समय में किसी भी प्रदेश में बोली जाती है। मगर संस्कृत में अच्छा व बुरा हर प्रकार का साहित्य है।

यूरोप में भी ऐसी ही एक भाषा 'एस्पिरेंटो' है, जिसे कुछ प्रदेशों के कुछ व्यक्ति ही जानते हैं।

मुस्लिम शासन-काल में उर्दू भाषा व अंग्रेजी शासन-काल में अंग्रेजी भाषा जिस प्रकार राष्ट्रभाषा थी, ठीक उसी प्रकार कुछ जात्याभिमानी पढ़े-लिखे, मालदार, चतुर-चालाक व्यक्ति हिन्दी की आड़ में संस्कृत के कठिन शब्दों को हिन्दी में धीरे-धीरे घुसेड़कर संस्कृत को राष्ट्रभाषा बनाने का असफल प्रयत्न कर रहे हैं।

लेखक (पेरियार ललई सिंह) से कई साहित्य विशारद व्यक्तियों ने कहा—मौजूदा हिन्दी वाली 'दंड प्रक्रिया संहिता' आदि कानूनी ग्रंथ समझ में इसलिए नहीं आते हैं क्योंकि उनमें जान-बूझकर संस्कृत के कठिन शब्दों का प्रयोग किया गया है। वह इसलिए कि मामूली पढ़ी-लिखी देहाती जनता अपने ऊपर लगाए गए इल्जाम का खुद जवाब न दे सकें। कानून की किताब समझ न सके। सदा उन्हीं के वकीलों व हाकिमों की पिछलग्गू बनी रहे। गरीबों का मनमाने ढंग से शोषण होता रहे। हालाँकि उन संस्कृत के कठिन शब्दों के पर्यायवाची सरल शब्द आम बोलचाल वाली हिन्दी भाषा में मौजूद थे—हठवश नहीं लिखे गए। उनका यह कुकृत्य गरीब देहाती जनता के साथ बहुत बड़ा विश्वासघात है।

यही लोग 'अंग्रेजी हटाओ' आन्दोलन के अगुआ हैं। स्वार्थपूर्ण वास्तविकता बिलकुल उलटी है। यह लोग अपने लड़कों को मांटेसरी, ट्यूशन व बड़े-बड़े शहरी कॉलेजों में अन्तरराष्ट्रीय सम्पर्क-भाषा अंग्रेजी पढ़ाकर ऊँची से ऊँची सरकारी नौकरियों जैसे—जज, आई.ए.एस. आदि व देश-विदेश की सभी गजेटेड ऑफिसरी, मिनिस्ट्री व दूतावास आदि जगहों पर छाए हुए हैं। भविष्य में भी छाए रहने की जड़ मजबूत कर रहे हैं। इन जगहों के लिए हिन्दी की सबसे बड़ी उपाधि की कोई प्रतिष्ठा नहीं। अमेरिका व रूस आदि में हिन्दी उपाधिकारी दूत आदि बिना दुभाषिया के मूर्खानन्द ही समझे जाएँगे।

देहाती व गरीबों के लड़के बदर्जे मजबूरी हिन्दी पढ़े, प्राइमरी स्कूलों की मास्टरी करें। रिक्शा खीचें। इससे अधिक इनके लिए संसार शून्य है।

प्रथम व द्वितीय विश्व युद्ध ने अंग्रेजी भाषा को विश्व की सम्पर्क भाषा बना दिया है।

डर है, यह खुदगर्ज पागल कहीं, प्रथम-मध्याह्न-रेखा जो 'ग्रीनविच' गिरजाघर लन्दन (इंग्लैंड) में मानकर भारत व सम्पूर्ण विश्व के मानचित्र तैयार किए गए हैं, उन्हें जलाना प्रारम्भ न कर दें। स्वार्थी अपना दोष नहीं देखता।

आज सफाचट मूँछ सहित अंग्रेजी बाल कटवाने, कोट-पैंट अंग्रेजी ड्रेस पहनने व मेज-कुर्सी युक्त कमरे को अंग्रेजियत ढंग पर सजाने आदि से तो अपार प्रेम है परन्तु स्वार्थवश अंग्रेजी भाषा से इतनी शत्रुता है कि करोड़ों रुपये की सम्पत्ति अंग्रेजी हटाओ आन्दोलन में हवन कर रहे हैं और अंग्रेजी उपनिवेश के गर्भ से निकली हिन्दी को राष्ट्रभाषा घोषित करते हैं। यह पाखंड कैसा?

वास्तव में, अंग्रेजी ज्ञान-विज्ञान और दुनिया से जुड़नेवाली अन्तरराष्ट्रीय भाषा है। इसे आदिनिवासियों को अनिवार्य रूप से सीखना चाहिए। अंग्रेजी माध्यम से ही अपने बच्चों को शिक्षा दिलानी चाहिए। इस भाषा में भविष्य उज्ज्वल है। आर्य (सवर्ण) चाहते हैं कि आदिनिवासी अंग्रेजी न सीख पाएँ। दुनिया से न जुड़ पाएँ। उनके इस चतुर मन को समझिए।

अमेरिका व रूस आदि सबल देश भी सम्पर्क-भाषा अंग्रेजी की ओर विशेष ध्यान दे रहे हैं। विश्व में ऐसे कई राष्ट्र हैं, जिन्हें अंग्रेजों से दुश्मनी है परन्तु विश्व की सम्पर्क भाषा अंग्रेजी होने के कारण इससे अतुल प्रेम है।

स्विट्जरलैंड मेरी राय में सबसे अधिक बुद्धिमान है जो अपने विद्यार्थियों को फ्रेंच, जर्मन, इटालियन और अंग्रेजी चारों भाषाएँ पढ़ाता है।

विजेता आर्यों ने आदिनिवासियों के दंड स्वरूप धार्मिक, सामाजिक, आर्थिक एवं राजनीतिक सभी अधिकार छीन लिये। अपनी धार्मिक पुस्तकों में उन्हें अन्त्यज, पादप, जघन्य, वृषल, नीच, चांडाल, अनुलोम, प्रतिलोम, अनार्य, अनाड़ी आदि घृणा पैदा करनेवाले अपमानजनक शब्दों से सम्बोधित किया।

आर्यों ने आदिनिवासियों को हराकर उन्हें दास बनाया (सायण-भाष्य अथर्ववेद, कांड-17, पढ़िए)।

जब आर्यों ने चार वर्ण (ब्राह्मण, क्षत्रिय, वैश्य और शूद्र) का विधान बनाया तो उपरोक्त दास ही शूद्र कहलाए। अब इनको पिछड़ी जाति, अनुसूचित जाति व अनुसूचित जनजाति, 'ऑल इंडिया बैकवर्ड क्लास कमीशन' रिपोर्ट सन् 1956 ई. के अनुसार, कहते हैं (उपरोक्त रिपोर्ट का तीसरा हिस्सा पढ़िए)। 'शोषितों पर धार्मिक डकैती', 'शोषितों पर राजनीतिक डकैती' एवं 'वर्ण-व्यवस्था और जाति-भेद' किताबों से पढ़िए।

जिन आर्यों ने अपनों के लाभ के लिए अनार्यों (आदिनिवासियों) का सर्वनाश किया उन्हें भगवान का अवतार कह कर पुकारा ताकि उस नकली भगवान से आदिवासी सदा डरते रहें और आर्यों के दास, गुलाम, पालतू बने रहें।

कहा जाता है कि 'हिरण्याक्ष' ने पृथ्वी को चटाई की भाँति लपेट लिया। सिरहाने तकिया की तरह रख लिया। लेट गया उसे भगवान ने सुअर का अवतार लेकर मार डाला।

चटाई लपेटी जा सकती है, परन्तु पृथ्वी चटाई की तरह लम्बी नहीं है। अव्वल तो पृथ्वी नारंगी की तरह गोल है फिर दोयम साढ़े पाँच मील ऊँचे हिमालय पर्वत को लपेटना मजाक का भी मजाक उड़ाना है।

बुद्धिवादी वास्तविकता यह समझ में आती है कि मिट्टी के किसी टीले की आड़ में 'हिरण्याक्ष' पाखाना कर रहा होगा। उसके आसपास भी ऐसी ही गन्दी जगह होगी। टीले की आड़ से एक व्यक्ति सुअर की भाँति घुड़कता हुआ आया होगा। अचानक हथियार का वार करके धोखे से 'हिरण्याक्ष' को पाखाना करते में ही मार डाला होगा।

कहा जाता है कि 'हिरण्यकश्यप' को भगवान ने नरसिंह अवतार लेकर मार डाला।

बुद्धिवादी वास्तविकता यह समझ में आती है कि संध्या समय हिरण्यकश्यप अपने महल में ध्यानमग्न संध्या कर रहा था महल की पिछली खिड़की से चुपचाप एक व्यक्ति शेर की खाल ओढ़कर हाथ में 'बघनखा' (शेर पंजा) नामक हथियार लिए हुए आया और संध्या करते समय की ही दशा में 'हिरण्यकश्यप' को उस हथियार से मार डाला।

**नोट :** शिवाजी ने शाइस्ता खाँ को इसी 'बघनखा' से मारा था।

हिरण्यकश्यप का लड़का 'प्रहलाद' भगवान का भक्त नहीं था। उपेन्द्र (विष्णु) ने उसे फुसलाकर अपनी ओर कुछ समय के लिए मिला लिया था। पिता के मारे जाने से प्रहलाद ने आर्यों की कूटनीति बारीकी से परखी स्वत: अपने पुत्र 'विरोचन' सहित देवासुर संग्राम में आर्यों से लड़ा।

**नोट :** आजकल भी भले घरों के लड़कों को स्वार्थी व गुंडे पथभ्रष्ट कर रहे हैं।

कहा जाता है, भगवान ने बामन का अवतार लेकर विरोचन पुत्र राजा बलि को छला।

बुद्धिवादी वास्तविकता यह समझ में आती है कि कश्यप पुत्र 'बामन' ने धर्म—दान के बड़प्पन में राजा बलि को उलझाकर 'नाग-सेना' से बन्दी करा लिया। तुरन्त ही एकान्त जेल में भेज दिया।

**नोट :** अंग्रेजों ने अन्तिम मुगल सम्राट बहादुरशाह को इसी तरह रंगून (बर्मा) में एकान्त जेल में भेज दिया था।

कहा जाता है, भगवान ने राम का अवतार लेकर राक्षस-राज रावण को धर्मराज्य कायम करने के लिए मारा।

बुद्धिवादी वास्तविकता यह समझ में आती है कि राम काल में आर्यों का राज्य दक्षिण भारत पर नहीं था। राम ने दक्षिण भारत पर अस्थायी विजय प्राप्त की।

पम्पापुर के राजा सुग्रीव और लंका के राजा विभीषण स्थायी वास्तविक राजा बाद में भी रहे।

राम की गरीमा को बढ़ाने के लिए कुछ बातें उनके चरित्र के साथ गप्प के रूप में जोड़ दी गई हैं।

पुत्रेष्ट-यज्ञ द्वारा प्राप्त खीर या फलों से राम आदि की पैदाइश नहीं हुई।

किसी स्त्री की बच्चेदानी में जब तक शुद्ध रज व वीर्य ऋतु काल (मासिक धर्म) के समय में नहीं पहुँचता तब तक गर्भ कदापि नहीं ठहर सकता।

अत: स्पष्ट सिद्ध है कि राम, भरत, लक्ष्मण व शत्रुघ्न की पैदाइश उस समय की सर्वमान्य प्रचलित प्रथा नियोग द्वारा श्रृंगी आदि ऋषियों के संसर्ग से हुई।

**नोट :** व्यास ने भी इसी नियोग द्वारा धृतराष्ट्र, पांडु और विदुर को पैदा किया था।

राम के चरण-स्पर्श मात्र से पत्थर की शिला अहल्या रूप बनकर बैकुंठ में उड़ी चली गई।

वास्तविकता यह है कि विश्व सुन्दरी अहल्या का जब आर्य सेनापति इन्द्र ने सतीत्व नष्ट किया। तब गौतम ऋषि ने क्रोध वश अपने पुत्र 'चिरकारी' को आज्ञा दी कि अपनी माता को जंगल में ले जाकर कत्ल कर दो। चिरकारी ने प्रेम वश अपनी माता को जंगल में छोड़ दिया। वापसी में पिता से झूठ कह दिया कि मैंने माता जी को मार डाला है।

गौतम ऋषि का क्रोध शान्त हुआ। पता चला। अहल्या जीवित है। जब अहल्या को वापस बुलाने के सभी प्रयत्न बेकार सिद्धि हो गए, तब विश्वामित्र के अनुरोध करने पर उनके शिष्य राम ने चरण-स्पर्श अर्थात् बलपूर्वक जीवित अहल्या को जो पत्थरवत चुपचाप थी, को गौतम ऋषि के घर भेजवा दिया।

'छुअत टूट रघुपतिहु न दोसू। मुनि बिनु काज करिअ कत रोसू॥' परशुराम उस समय 'मिथिलापुरी' से अन्दाजन एक हजार मील दूर केरल प्रान्त 'सह्याद्रि' पर्वत पर तपस्या कर रहे थे। धनुष छूते ही टूटा है तो इतनी दूर ध्वनि नहीं जा सकती। तत्काल परशुराम आ भी नहीं सकते।

विवाह के बाद लौटते समय राम से परशुराम मिथिलापुरी और अयोध्या के बीच में मिले, का समर्थन वाल्मीकि करते हैं।

राजा जनक ने विवाह में राम को बहुत दहेज दिया। शायद इसलिए प्रचलित दहेज प्रथा समाज का कोढ़ बन बैठी है।

राम को बहुत-सी दास-दासियाँ भी दहेज में मिलीं। यह प्रसंग दास प्रथा के उद्‌भव और विकास को दर्शाता व दास प्रथा की जड़ मजबूत करता है।

हनुमान, सुग्रीव और बालि बन्दर नहीं थे। चतुर राजनीतिज्ञ थे। बालि राजा सुयोग्य शासक थे। इनकी पूँछ नहीं थी। आदिनिवासियों को अपमानित करने के लिए आर्यों ने बन्दर लिख कर पूँछ लगा दी है। अंग्रेज लोग भी अपने शासन काल में हिन्दुस्तानियों को डॉग (कुत्ता), मंकी (बन्दर) कहते थे।

काकभुशुंडी कौआ नहीं थे। महान विद्वान आदिनिवासी थे। हो सकता है, राणा रणजीतसिंह (सिक्ख नेता व पंजाब के महाराजा) की तरह एक आँख वाले काकभुशुंडी भी हो।

जामवन्त रीछ (भालू) नहीं थे। महान राजनीतिज्ञ ही महामंत्री होता है। ये भी आदिनिवासी थे। इनकी पुत्री जामवन्ती का विवाह श्री कृष्णा के साथ हुआ था। इस सन्सर्ग से जामवन्ती के शाम्ब आदि दस पुत्र पैदा हुए थे।

जटायु भी गिद्ध (पक्षी) नहीं था यह भी आदिनिवासी जाटव या यादव जाति का था।

राजा बलि की भलमनसाहत है कि उसने अपने खिलाफ षड्यंत्र रचनेवाले राम को लक्ष्मण सहित धारा 151, 107, 109 व 110 में अपनी सीमा के अन्दर बन्दी नहीं बनाया।

राम ने राजा बालि को मारने के पहले सुग्रीव का और महाराजा रावण को मारने के पहले विभीषण का राज तिलक कर दिया।

राजतिलक की खुली राजनीतिक घूस (रिश्वत) इसलिए महान कूट-राजनीतिज्ञ राम ने दी ताकि वे लोग खुलकर राम की मदद करें।

**नोट :** अवतारवाद के चरित्र की नकल शायद आजकल की प्रचलित घूस-प्रथा है।

राम ने राजा बालि को छिपकर मारा शायद आजकल भी इसीलिए छिप-छिपाकर कत्ल हो रहे हैं।

राम ने 'लोक बेद सब भाँतिहिं नीचा' निषाद-राज 'गुह्य' को गले लगाया एवं शबर जाति की नेता 'शबरी' (भीलिनी) के जूठे बेर खाए उनका यह कार्य राजनीतिक था।

यदि वे गुह्य को गले न लगाते और शबरी के जूठे बेर न खाते तो निषाद व शबरी जाति की सेनाएँ रावण के खिलाफ राम को युद्ध में मदद कतई नहीं करतीं।

निषाद व शबरी जाति का आज तक समाज ने कोई उद्धार नहीं किया। इन जातियों की दशा समाज और राजनीति में बहुत गिरी हुई है।

राम की तरह भंगी बस्ती में रहनेवाले गांधी और गांधीवादियों ने आज भी भंगियों के जीवन को पशुओं से भी बदतर व्यतीत करने के लिए पूर्ववत मजबूर कर रखा है।

एम.एल.ए. एवं एम.पी. आदि के चुनावों में अनुसूचित जाति, अनुसूचित जनजाति, मुसलमानों और ईसाइयों के यहाँ धीरे-धीरे ढोंगी सवर्ण पानी पीते हैं व खाना खाते हैं। चुनाव में जीत जाने पर फिर वोटरों का गला धार्मिक, सामाजिक, आर्थिक राजनीतिक क्षेत्र में कानूनी, भोथरी अर्थात् बिना धार वाली, छुरी से आज भी काटते हैं।

लंकापुरी को आग में जलाए जाने के फलस्वरूप आजकल भी गाँवों व खलियानों में आग शत्रुतावश एवं गरीबों को बरबाद करने की नीयत से लगाई जाती है।

यों तो लक्ष्मण ने मेघनाद को देवी जी की पूजा के समय ध्यानमग्न दशा में मारा, रावण ने लक्ष्मण को शक्ति मारी। इस बात का समर्थन 'वाल्मीकि रामायण' करती है। हमें कहना यह है कि तुलसीदास ने सुलोचना को सती करा कर सती प्रथा को बन्द करानेवाले माननीय श्री लॉर्ड विलियम बैंटिंग के मार्ग में एक रोड़ा अटकाने की असफल कोशिश की।

राम ने सीता को जंगल में शेरों के भोजन के लिए असहाय छोड़ दिया। यदि महात्मा वाल्मीकि से अचानक उनकी भेंट न होती तो निश्चय ही उन्हें शेर व बाघ आदि जंगली जानवर खा जाते या पानी एवं भोजन के बिना तड़प-तड़पकर मर जातीं।

**नोट :** इसीलिए आज भी अधिक संख्या में नारी समाज पुरुषों द्वारा सताया जाता है। गुजरात प्रदेश में स्त्रियाँ विशेष आत्महत्याएँ करती हैं। इसीलिए सरकार को वहाँ जाँच कमीशन नियुक्त करना पड़ा।

बहुसंख्यक प्रजा सीता के वनवास से ही राम से नाराज थी। परन्तु राम द्वारा सीता से बार-बार आग की गवाही माँगे जाने पर प्रजा अधिकाधिक नाराज हो गई।

इन्हीं दिनों राम और लक्ष्मण ने मिलकर शूद्र तपस्वी शम्बूक का तपस्या करते समय वध किया। तत्पश्चात् शम्बूक के शिष्य लवणासुर को भरत व शत्रुघ्न ने मार डाला।

राम के इन कार्यकलापों ने बहुंसख्यक प्रजा के दिलों की जलती आग में घी का काम किया जिसे दुर्बल हृदय राम सहन न कर सके।

अन्त में, राम ने अपने अभिन्न हृदय प्रिय भाई लक्ष्मण को जीवित ही सरयू नदी में फेंक दिया। लक्ष्मण के मर जाने पर राम स्वत: सरयू नदी में कूद पड़े, मर गए।

एक राइटर तो यहाँ तक लिखता है कि यदि आज राम जीवित होते तो उन पर लक्ष्मण की हत्या का मुकदमा और खुद की हत्या (आत्महत्या) का मुकदमा चलता। इस तरह उन पर दो मुकदमे एक साथ चलाए जाते।

(इसके विस्तृत विवरण के लिए 'रावण और उसकी लंका', लेखक—चन्द्रिका प्रसाद 'जिज्ञासु' व 'दि रामायना : ए टू रीडिंग', लेखक—पेरियार ई.वी. रामास्वामी पढ़िए।)

रावण आर्य ब्राह्मण नहीं थे बल्कि आदिनिवासी महाराजा होने के साथ-साथ महान विद्वान भी थे इसीलिए उसे पंडित कहते थे। पंडित का अर्थ 'विद्वान' होता है, पंडित का अर्थ आर्य ब्राह्मण नहीं।

अवतार परशुराम ने आर्य क्षत्रियों को इक्कीस बार मारा। कुरुक्षेत्र के पास 'स्यमत पंचक' में पाँच तालाब खून से भरकर अपने पूर्वजों का तर्पण किया गलत है, परशुराम ने आर्य क्षत्रियों को नहीं मारा, बल्कि आर्य वंश के प्रसार हेतु आदिनिवासी क्षत्रियों को मारा।

हिन्दू धर्मशास्त्र ब्राह्मण, क्षत्रिय व वैश्यों के लाभार्थ लिखे गए हैं।

वह सम्मिलित संगठन का गठबन्धन है, उसके अनुसार, ब्राह्मण होकर क्षत्रिय को और क्षत्रिय होकर ब्राह्मण को मारना पाप है।

रावण-वध के बाद पाप-मुक्ति के लिए राम का अश्वमेध यज्ञ करना एवं नैमिषारण्य क्षेत्र में व्यास गद्दी पर बैठे प्रवचन करते हुए लोमहर्षण सूत-वध के उपरान्त बलराम (बलदाऊ) का तीर्थ यात्रा करना एक ढोंग है। पाप की मुक्ति इस प्रकार नहीं होती है।

कृष्ण के विषय में, एक तो 'ऋग्वेद' कालीन कृष्ण स्पष्ट अनार्य है। द्वितीय कृष्ण जिन्हें वासुदेव-पुत्र और नन्द-पुत्र दोनों ही कहा जाता है। इनका भी सम्पूर्ण रहन-सहन अनार्यों से मेल खाता है। इनकी अनार्यता की सबसे बड़ी गवाही है इन्द्र पूजा बन्द कराना।

इन्होंने स्वार्थवश अपने आपको अनार्य और आर्य दोनों संस्कृतियों का विनाश करके एवं करा के सफल नेता बनने की जो असफल कोशिश की है, उसी का नतीजा है दीन-हीन दुर्बल भारत यूरेशियन विदेशियों का गुलाम बना। अब भी अनेक मामलों में मूक-गुलाम है।

कहा जाता है कि कृष्ण ने गोवर्धन पर्वत को अपनी एक उँगली से उठा लिया, गलत है। वास्तविकता यह है कि गोवर्धन पर्वत की समीपी जनता ने कृष्ण को अपना

नेता मान लिया। बस, इससे अधिक कुछ नहीं। पहाड़ों में स्वतः मनुष्यों व पशुओं के रहने योग्य कन्दराएँ होती हैं उन्हें ही अति वृष्टि के समय उपयोग में लाया गया था।

कृष्ण ने 'कुब्जा' को सीधी सुडौल स्त्री बना दिया।

मरहूम जनाब हकीम अजमल खाँ साहेब (हमदर्द वक्फ दवाखाना) दिल्ली ने एक युवा लड़की की न झुकनेवाली अर्थात् सीधी कमर को क्रियाशील बनाकर कृष्ण का मान मर्दन कर दिखाया।

'कालिया' साँप नहीं था बल्कि नाग-जाति का आदिनिवासी, बहुत बड़ा व्यापारी था। उसे यमुना नदी के घाट पर माल लादते-उतारते समय, गधा जबानी-युक्त ग्वालगण समीप ही दूसरा 'तिन्छा' अच्छा घाट होते हुए भी जानबूझकर उसी घाट पर भैंसों-गायों को पानी पिलाने व अन्य विस्तृत कन्दुक-क्रीड़ा क्षेत्र होते हुए, उसी घाट के समीप गेंद खेलने आदि के बहाने परेशान करते थे। झगड़ालू ग्वालों का नेतृत्व कृष्ण ने किया। 'कालिया' हारा। मथुरा और नगरों का व्यापार नष्ट हुआ।

कृष्ण ने पूतना, तृणावर्त, वत्सासुर, बकासुर, वृत्तासुर, अरिष्टासुर, अघासुर, मुरासुर व भौमासुर आदि राक्षसों-दानवों को अर्थात् आदिनिवासियों को ग्वालों व गाँव के नौजवानों के सहयोग से मारा।

कृष्ण के नेतृत्व में अर्जुन ने खांडव-प्रदेश को अग्नि में जलाकर जीता।

कृष्ण ने काशी नगरी को जलाया। काशी नरेश पौंड्रक और उनके पुत्र सुदक्षिण को मारा। जलाया।

आज भी स्वार्थ-साधक नेता अपरिपक्व बुद्धि वाले विद्यार्थियों व अन्य युवकों के सहयोग से करोड़ों की सम्पत्ति आग में जलाकर अपने विरोधियों का मनमाने ढंग से कत्ल कर कृष्ण के पद चिह्नों पर चलने की दुहाई देते हैं।

कृष्ण द्वारा चीरहरण, रासलीला एवं उनके भाई बलराम द्वारा दो मास तक लगातार रासलीला की घटना का वर्णन परले दर्जे की अशोभनीय निर्लज्जतापूर्ण खुला व्यभिचार है। (इसके विस्तृत विवरण के लिए 'पुराणों में कृष्ण' रचना को पढ़िए)

कहते हैं, भगोड़े कृष्ण के लिए देवताओं ने एक रात में द्वारकापुरी बनाई, गलत है। वास्तविकता यह है कि मगध नरेश जरासन्ध ने अपने प्रधान सेनापति कालयवन के नेतृत्व में तेईस अक्षौहिणी सेना सहित कृष्ण पर कंस की मृत्यु के पश्चात् तुरन्त चढ़ाई कर दी। उसने कई बार मनबढ़ ग्वालों को कृष्ण सहित मार-मार कोड़ा चमड़ी के धुर्रे उड़ा दिए। लहूलुहान फटे हाल मैले-कुचैले कई दिनों का मार्ग पैदल तय करके कुछ ग्वालों सहित कृष्ण अपने आदिनिवासी मित्र एकलव्य के पास शृंगवेरपुर पहुँचे। रो-रोकर अपनी बीती दुर्दशा बार-बार कह सुनाई।

तरस खाकर दानवीर एकलव्य ने कहा—मैं तुम्हें यहाँ शृंग्वेरपुर में शरण देने में असमर्थ हूँ क्योंकि मगध के मुकाबिले में मेरी शक्ति कम है। इसलिए मैंने जो अपने लिए विशेष राजमहल के रूप में द्वारकापुरी बनवाई है। आपको दान करता

हूँ। गुजारे के लिए अपना समीपी उपनिवेश भी आपको दान करता हूँ। अब आप वहीं स्थायी निवास करें। इस प्रकार भगोड़े कृष्ण द्वारकाधीश कहलाए। धीरे-धीरे अधिकाधिक संख्या में उत्तर भारत में ग्वाल आदि कृष्ण समर्थक द्वारका के समीप उपनिवेश में स्थायी निवास करने लगे जो बाद में आभीर-प्रदेश के नाम से पुकारा जाने लगा।

भारत सरकार इसीलिए काश्मीर में मुस्लिम बहुमत कम करने के लिए हिन्दुओं को अधिक संख्या में आबाद कर रही है।

कृष्ण द्वारा द्रौपदी की साड़ी (धोती) बढ़ाए जाने की घटना झूठ है। वास्तविकता यह है कि द्रौपदी मासिक-धर्म से होने के कारण साड़ी के नीचे सहित मजबूत लंगोटी बाँधी थी। तथा इसी कारण विशेष तौर पर साड़ी में सुदृढ़ गाँठ लगा रखी थीं या शीघ्र न खुलनेवाली लपेटवा ढंग की साड़ी पहने थी। दुःशासन रनिवास से द्रौपदी के हाथ को साड़ी सहित एक ही हाथ से पकड़कर तेज चाल से दुर्योधन के सामने खींचता हुआ लाया था। उसने अपने बाहुबल के घमंड में ज्यों ही द्रौपदी को नग्न करने के लिए अबला समझकर साड़ी खींची, द्रौपदी अर्द्धनग्न हो गई।

अर्द्धनग्न का मतलब है कमर के ऊपर का शरीर और आधी जांघ साड़ी रहित हो गई। द्रौपदी चिल्लाई बचाओ बचाओ। मेरी लाज बचाओ। इस करुण-पुकार से समीप में बैठे सभी लोगों के दिल दहल गए। विकर्ण (जो कि दुःशासन का छोटा भाई था) अति शीघ्र खड़े होकर गदा-युक्त दाहिने हाथ को ऊपर उठाकर पैंतरा बदलते हुए भूखे शेर की भाँति गरजते हुए बोला—रे दुःशासन, खबदार! गदा की ओर देख अब अगर तूने साड़ी खींची-तो खोपड़ी चूर-चूर कर दूँगा।...।

महान विद्वान धृतराष्ट्र जन्मान्ध होते हुए भी विकर्ण की बातचीत के ढंग से तुरन्त ही समझ गए कि विकर्ण गदा ताने पैंतरा बदले खड़ा है। जिद्दी बलिष्ठ विकर्ण जरूर दुःशासन की खोपड़ी चूर-चूर कर देगा। फिर गृहयुद्ध द्वारा मेरे पुत्रों का सर्वनाश हो जाएगा। धृतराष्ट्र बोले शाबाश बेटा—विकर्ण! सपूत हो तो ऐसा ही हो। वीर हो तो ऐसा ही हो। दुःशासन! साड़ी छोड़ दे। दुर्योधन! जुआ द्वारा जीती सभी वस्तुएँ चिरंजीव युधिष्ठिर को वापस कर दे।

इतना सुनते ही दुःशासन ने साड़ी छोड़ दी दुर्योधन ने जुआ में जीती हुई सभी वस्तुएँ युधिष्ठिर को वापस कर दी। बात सीधी-सीधी सिर्फ इतनी थी। कृष्ण के कान में इस घटना की भनक तक नहीं पहुँची। वे अन्दाजन एक हजार मील दूर रुक्मिणी विलास राजमहल (द्वारकापुरी) में आनन्द विभोर थे।

कृष्ण ने भी जनक की भाँति सुभद्रा को दहेज देकर दहेज प्रथा की जड़ें अत्यधिक मजबूत कर दीं।

बलराम ने भी राम की तरह लोमहर्षण सूत का वध नैमिषारण्य में करके ब्राह्मण धर्म की गरिमा बढ़ाई।

बड़े भाई होने के नाते धृतराष्ट हिन्दू धर्म-शास्त्रानुसार राज्याधिकारी थे, उनके जन्मान्ध होने कारण राज्य पांडु को सौंपा गया।

धृतराष्ट्र-पुत्र दुर्योधन के राज्य सँभालने योग्य युवा होने पर हस्तिनापुर की राज्य गद्दी उसे ही मिलना न्यायोचित था। कृष्ण किन्हीं स्वार्थों के वशीभूत होकर हिन्दू धर्मशास्त्र विरुद्ध हठ-वश पांडु-पुत्र युधिष्ठिर को राज्य दिलाना चाहते थे।

कृष्ण यदि चाहते तो कौरव व पांडव दो महान शक्तियों में मेल-मिलाप करा सकते थे, नहीं कराया। दोनों पक्षों का भला बने रहने के खयाल से कौरवों को अपनी नारायणी सेना दी एवं पांडवों की ओर स्वयं रहे। यह दुधारी नीति उन्होंने इसलिए बरती कि यदि कौरव जीत गए तो मैं (कृष्ण) उनका भला बना रहूँगा और यदि पांडव जीत गए तो उनका भी भला बना रहूँगा।

सम्पूर्ण महाभारत जिस राजनीतिक बेईमानी से जीता गया है, वह साहित्य प्रेमी प्रिय पाठकों से छिपा नहीं है।

कवच यदि कर्ण से दान के नाम पर छीना न गया होता तो कर्ण नहीं मारा जा सकता था।

'अश्वत्थामा हतः इति नरो वा कुंजरो वा'—यह झूठ वाक्य यदि तथाकथित सत्यवादी युधिष्ठिर न कहते तो पुत्र शोक में अस्त्र-शस्त्र रहित द्रोण न मारे जाते।

भीष्म पितामह के सामने यदि महारथी शिखंडी को खड़ा न कर दिया जाता तो वे न मारे जाते।

दुर्योधन की जाँघें धर्म-युद्ध के विरुद्ध यदि न तोड़ी गई होतीं तो वे भी न मारे जाते।

कहते हैं, कृष्ण ने नन्दा नाई का रूप धारण करके दुर्योधन के पैर दबाए। उनका यह कृत्य सभ्य संसार को बड़प्पन प्रदान करनेवाला नहीं बल्कि दास प्रथा को मजबूत करनेवाला है। कृष्ण को ऐसा काम करना चाहिए था, जिससे बेचारे नाइयों को गुलामी या कम पैसा की अर्द्ध गुलामी से छुटकारा मिल जाता।

द्वारकापुरी के पास विश्मामित्र, असित, कण्व, दुर्वासा, भृगु, अंगिरा, कश्यप, वामदेव, अत्रि, वसिष्ठ व नारद आदि पिंडारक तीर्थ पर कृष्ण के अन्तिम काल में भी तपस्या करते थे एवं जाम्बवन्त-कृष्णा युद्ध आदि से पता चलता है कि राम व कृष्णा के काल में कोई अन्तर नहीं।

यहाँ यह बताना भी बड़ा जरूरी है कि कृष्ण ने जिस पत्तल में खाया, उसी में छेद भी किया। दानवीर एकलव्य ने द्वारकापुरी व समीपी प्रदेश (गुजरात) उन्हें उनकी परेशान दशा को देखकर दान कर दिया। जब गुजरात प्रदेश में अहीरों (आभीरों) की आबादी बढ़ी-तो वे लोग एकलव्य के द्वितीय समीपी प्रदेश भीलवाड़ा की भूमि पर शनैः-शनैः अधिकार करने लगे। कृष्ण की नवीन नारायणी सेना से एकलव्य की सेना का मुकाबला हुआ। एकलव्य हारा। बाद को एकलव्य ही 'जरा' नामक

बहेलिया बना, कृष्ण को मारा। (इसके विस्तृत विवरण के लिए 'एकलव्य' नाटक, लेखक—पेरियार ललई सिंह, पढ़िए।)

कृष्ण ने युधिष्ठिर के राजसूय-यज्ञ में अतिथियों के पैर धोकर सभी शूद्रों को गुलाम बने रहने, बिना मजदूरी के सेवकाई करने की बहुत गलत शिक्षा शूद्रों को दी। यह कोई अच्छा काम नहीं।

गांधी ने भी बहुसंख्यक शूद्र समाज को चरखा चलाने और अपनी जाति वालों वैश्यों को बड़े-बड़े ऑटोमेटिक पुतली-घर अर्थात कपड़ा बुनने की स्वचालित मशीनों के मील खोलने की सलाह दी। उन्होंने मील बन्द करो के बारे में कभी भूख हड़ताल नहीं की।

गांधी को शिक्षा देनी चाहिए थी। शूद्रों को घड़ियाँ बनाने की एवं मौजूदा गांधीवादियों को चाहिए शूद्रों को घड़ियाँ, रेडियो, ट्रांजिस्टर व वायरलेस बनाने की अधिकाधिक शिक्षा दें।

रैमजे मैकडॉनल्ड प्रधानमंत्री ने जब अछूतों को दो वोट का अधिकार द्वितीय राउंडटेबल कॉन्फ्रेंस सन् 1932 ई. में दिया तो गांधी देख न सकें। पराई विभूति के अनुसार, अछूतों के दो वोट का अधिकार छीनने के लिए मरण-व्रत (भूख हड़ताल) को अपनी चरम सीमा पर पहुँचा कर उन अछूतों को अपने मोहिनी अवतार द्वारा छल लिया। अर्थात् जालिम गांधी ने अछूतों के दो वोट का अधिकार छीन लिया।

सवर्ण स्वार्थी गांधी ने अछूतों के दो वोट का अधिकार छीनने के लिए उपरोक्त सफल मरण-व्रत ठान दिया। मगर देश से छुआछूत मिटाने के लिए ऐसा सफल मरण-व्रत क्यों नहीं ठानते! गांधी और गांधीवादी खामोश!!

भूदानी नेता विनोबा भावे भूमिदान आन्दोलन चला रहे हैं। मील-दान आन्दोलन क्यों नहीं चलाते। राजा साहब 'ओयल' (उत्तर प्रदेश) सरीखे अनेक व्यक्तियों के पास हजारों एकड़ विस्तृत कृषि क्षेत्र हैं। उनसे कुछ हजार एकड़ जमीन दान में लेकर गरीबों में क्यों नहीं बँटवाते, भूदानी नेता खामोश!

विनोबा भावे का यह आन्दोलन पागलों का प्रलाप इसलिए है कि देश की घनघोर गरीबी से दुखी-पीड़ित व्यक्ति विनोबा भावे के भरोसे जीर्ण-शीर्ण कंकाल शरीर लिये हाथ पर हाथ धरे हजारों बरस तक चुपचाप बैठा रहे। तत्काल बच्चों के पेट भरने की कोई तरकीब भी न सोचे।

सच तो यह है कि विनोबा भावे से बढ़कर अकर्मण्यता का प्रचारक पर्याय विश्व में शायद अन्य व्यक्ति नहीं। जिसने जमींदार सवर्णों की बंजर जमीन भूदान के नाम पर दान करवा कर उर्वर जमीन उनके हाथों में बचाए रखी। इस व्यक्ति के कारण इस देश में जमींदारी उन्मूलन आन्दोलन, किसान आन्दोलन रुक गया।

चम्बल घाटी (मध्य प्रदेश) में एक बार विनोबा भावे डाकुओं का हृदय-परिवर्तन का ढोंग लेकर गए। बड़े-बड़े डकैतों ने उनकी सूरत देखना भी हराम समझा। आज

अपनी असफलता पर पछतावा इंस्पेक्टर जनरल पुलिस खुद तो करते नहीं। 'उलटा चोर कोतवाल को डाँटे' कहते हैं, डाकुओं के पास हथियार जबलपुर फैक्टरी और पाकिस्तान से आ रहे हैं। आप रोकते क्यों नहीं? इतना बड़ा पद व्यर्थ क्यों लिए हैं? इस्तीफा दें। इसके उत्तर के लिए वे भी खामोश।

गांधी बड़े ढोंगी अहिंसावादी थे। एक बार एक बछड़ा उनके आश्रम में बीमार पड़ा। डॉक्टरों ने कहा—इस बछड़े का अब ईलाज नहीं हो सकता। अवश्य मर जाएगा। गांधी ने कहा—गोली मार दो। गोली मार दी गई। बछड़ा तुरन्त मर गया।

छुआछूत मिटाने का भी गांधी का निजी ढोंग था। उनकी विधवा बहन आश्रम में अलग एक झोपड़ी में इस शर्त के साथ रहती थी कि मेरे अर्थात गांधी की बहन के ऊपर किसी अछूत की छाया तक न पड़े। जब कभी बहन प्रार्थना में आती तो अछूतों से रास्ते में कहा जाता था—हटो, हटो। इस तरह हटो ताकि तुम अछूतों की छाया गांधी की बहन के ऊपर न पड़े, इससे अधिक और ढोंग क्या हो सकता है। जब अपने परिवार पर ही असर नहीं तो गांधी का इतने बड़े सवर्ण समाज पर छुआछूत मिटाओ की बात यदा-कदा कहना व्यर्थ है, ढोंग है। आजकल भी छुआछूत के मामले में वैश्य ही सबसे बड़े ढोंगी हैं।

डॉ. अम्बेडकर के एक प्रश्न के उत्तर में गांधी ने कहा—मैं चार वर्ण में विश्वास रखते हुए केवल छुआछूत मिटाना चाहता हूँ, परन्तु अछूतों के राजनीतिक अधिकारों में विश्वास नहीं रखता।

पाठक स्वत: विचार करें। चार वर्ण के रहते हुए छुआछूत कैसे मिटेगी। शायद इसीलिए भंगियों को सुअर पालने के नाम से और चमारों को चमड़ा उद्योग के नाम से ज्यादा तादाद में गांधीवादियों को गांधीवादी सरकार कुछ जूठन फेंक रही है।

गांधी अर्द्धनग्न रहते थे। उनका अर्द्धनग्न जनता को ठगने का यह भी एक ढोंग था। सम्पूर्ण भारत के खजाने की चाभी पूँजीपतियों का कोरा चेकबुक एक कूल्हे पर और समय की चाभी घड़ी दूसरे कूल्हे पर लटकती रहती थीं। आज पहले कूल्हे की चाभी की बदौलत भारत की कुल पूँजी केवल पाँच सौ परिवारों में जमकर बैठ गई है और गांधी की अनुपम-भक्त अर्द्धनग्न जनता अब भी अर्द्धनग्न है। प्रबुद्ध पाठकगण बताएँ, ढोंग की परिभाषा।

गांधी जिस बकरी का दूध पीते थे, वह सेब-अंगूर के साथ सोने, चाँदी के बर्क खाती थी। उनके एक मित्र ने एक बार सन् 1947 ई. में ग्वालियर में लेखक से कहा कि गांधी की बकरी की खुराक लगभग सत्तर रुपये प्रतिदिन है। यह है, अर्द्धनग्न जनता के अर्द्धनग्न नेता।

मदनमोहन मालवीय जो बनारस हिन्दू यूनिवर्सिटी के संस्थापक थे। वे भी बड़े ढोंगी थे। जब राउंडटेबल कॉन्फ्रेंस में लन्दन गए थे तो उनके स्नान करने के लिए गंगा नदी का पानी पवित्रता के कारण समुद्र में साथ-साथ गया था। वे वहाँ भारत की मिट्‌टी से ही

टट्टी का लोटा साफ करते थे। रास्ते में अरब और लन्दन में रहकर वहाँ का पानी और मिट्टी कतई इस्तेमाल नहीं करते थे। यह तो हिन्दू धर्म का एक बहुत बड़ा उपहास है।

युधिष्ठिर के राजसूय-यज्ञ के भोज में सबसे पीछे श्वपच (भंगी) ने भोजन किया। कृष्ण के इशारे पर यज्ञ-भोज सम्पूर्ण हुआ, घंटा बजा। घोषणा हुई। यज्ञ-भोज पूरा हो गया है। इसीलिए अब भी सबके पीछे सबकी जूठन भंगियों को देकर भोज या यज्ञ-भोज समाप्त होता है। इस तरह कृष्ण का आदर्श दुहराया जाता है जो समानता का शत्रु है।

कृष्ण ने मित्र सुदामा को सब दे दिया। कृष्ण ने बाहु-बल से यदि कुछ कमाया होता, तो कुछ देते, तो पता चलता। एकलव्य और उसके पिताश्री (हिरण्यधनुष) की गाढ़ी कमाई कृष्ण को हराम में मिली थी, लुटा दी। सब ग्वालों को आजीवन गँवार यानी बे-पढ़ा-लिखा अर्थात मूर्ख रखा। एक विश्वविद्यालय ही उस आभीर प्रदेश की आमदनी से खोल देते जहाँ गरीबों को कमाकर खाने एवं अच्छे नागरिक बनने की शिक्षा मिलती तब तो कुछ तारीफ की बात थी।

कहते हैं, राम काल और कृष्ण काल भारतीय इतिहास में स्वर्ण-युग था। सत्यता समझ में कतई नहीं आती। क्योंकि यदि उस समय में सोना था तो खुदाई में उस समय के आभूषण एवं सिक्के कहीं-न-कहीं अवश्य मिलने चाहिए थे, लेकिन नहीं मिले।

वास्तव में, उस काल में सोना की बहुतायत थी ही नहीं। कुषाण वंशीय राजा 'कैडफ्राइसिज' द्वितीय ने, जिसकी राजधानी 'बैक्ट्रिया' (बल्ख) थी, जो पश्चिमी भारत तथा बनारस के उत्तरी भाग का राजा था। दक्षिणी भारत मालवा के क्षत्रप इसे अपना महाराजा मानते थे। इसने पचास हजार सेना लेकर चीन पर चीन की राजकुमारी से विवाह करने के लिए चढ़ाई कर दी। हारा। व्यापारिक समझौता हुआ। चीन व रोम आदि देशों में भारतीय व्यापार चमका। विदेशों से बदले में भारी सोना आया। इसी ने सबसे पहले सोने के सिक्के चालू किए। इसके पूर्व चाँदी व ताँबे के सिक्कों का प्रचलन था।

इन्हीं दिनों आन्ध्र राजाओं का समुद्री व्यापार चमका। विदेशों से बदले में काफी सोना आया। आन्ध्र नरेश के समय में भड़ौच में एक समुद्री जहाज का अन्धा मालिक रहता था। उसका जहाज सात मंजिल का था। सात सौ मल्लाह उस जहाज पर नौकर रहते थे। व्यापार सुमात्रा, जावा, पूर्वी द्वीप समूह, यूनान व फारस की खाड़ी आदि में था।

भारत से मसाले, मोर के पंख, जवाहरात, रेशम, मलमल और रुई विदेशों को थल मार्ग और जल मार्ग द्वारा जाती थी।

अवतार कहे जानेवाले हयग्रीव ने 'मधु' दानव को मारा। कहते हैं, भदराचल पर्वत की मथानी (रई) और साँप की काढन (रस्सी) बनाकर फन की ओर राक्षस

व पूँछ की ओर देवता रहे। समुद्र मन्थन किया। भगवान ने कछुवे का अवतार लेकर मदराचल पर्वत को अपनी पीठ पर धारण किया। चौदह रत्न निकले। पुनः भगवान ने मोहनी अवतार लेकर अमृत देवताओं को पिलाकर अमर कर दिया, बिलकुल ही गलत है।

जरा बुद्धि से सोचिए समुद्र के पानी में मछलियाँ व मगर आदि जल के जीव रहते हैं—न कि भूमि के जीव, श्री (लक्ष्मी), रम्भा (रंडी) व धन्वन्तरी (वैद्य) आदि।

लक्ष्मी और रंडी का भेद जानने के लिए बड़ी भारी बुद्धि की जरूरत नहीं है। रंडी है तो रंडीबाज और भड़वे भी होने चाहिए।

उन्हें अकेले समुद्र में तड़प-तड़पकर मर जाने के लिए व्यर्थ मजबूर किया गया।

इस प्रकार के ग्रंथ बुद्धि का दिवाला निकाल दे रहे हैं। मूर्ख मानसिकता के मनुष्यों का निर्माण करते हैं।

वास्तविकता यह है जब आर्यों (देवताओं) ने आदिनिवासियों (राक्षसों/असुरों) से धीरे-धीरे मेल-मिलाप स्थापित कर लिया, तो मदराचल पर्वत मैसूर में केन्द्र बनाकर समुद्र पार सिंहल (लंका), सुमात्रा, जावा, बोर्नियो व श्यामा आदि देशों में आदिनिवासियों को विजय हेतु युद्ध करने भेजा। नागवंशी आदिनिवासी युद्ध सामग्री एवं खाने-पीने की चीजें सम्पूर्ण भारत से इकट्ठी करके रण-स्थल में पहुँचाया करते थे। स्वतः आर्य अपने-अपने क्षेत्रों में युद्ध सामग्री व खाद्य सामग्री आदि तैयार किया करते थे। परिवार के साथ मौज की छानते थे।

आदिनिवासी विभिन्न देशों से चौदह वस्तुएँ जीतकर लाए, चतुर आर्यों ने एक चालाक रूपवती स्त्री मोहनी को जो आर्य थी। उसे उपरोक्त वस्तुएँ आपस में बाँटने के लिए पंच चुना। उसने दूध, शहद, सोंफ व धनियाँ व गुलाब के फूलों आदि से बना हुआ द्रव पदार्थ (ठंडाई या अमृत) आर्यों को, भंग व धतूरा पानी में पीसा हुआ द्रव-पदार्थ (विष) महादेव को और शराब आदिनिवासियों को पिला दी।

आदिनिवासियों के बेहोश हो जाने पर आर्यों ने उनके प्रमुख-प्रमुख योद्धाओं को कत्ल कर दिया। जीती हुई वस्तुएँ आर्यों ने आपस में बाँट लीं।

जीत में श्याम देश से हाथी। सिंहल द्वीप के राजा की स्त्री (लक्ष्मी), रंडी (रम्भा), वैद्य (धन्वन्तरी) और बोर्नियो से घोड़ा आदि विभिन्न पूर्वी देशों से चौदह वस्तुएँ लूट में आई थीं।

भारत में पुर्तगालवासी लाल मिर्च लाए नई-नई अनेक वस्तुएँ आब-ओ-हवा के लिहाज से एक-दूसरे देश में अब भी आ रही हैं—जा रही हैं।

प्रमुख देवता तीन हैं—ब्रह्मा, विष्णु और महेश।

ब्रह्मा ने अपनी पुत्री सरस्वती से सम्भोग किया जो दुनिया की सबसे बड़ी चरित्रहीनता है। ज्योतिबा फुले ने अपनी कृति 'गुलामगीरी' में इसी कारण ब्रह्मा को बेटी चोद कहा। तब से बेटी चोद गाली चल पड़ी। इस प्रकार ब्रह्मा दुनिया का पहला बेटी चोद था।

विष्णु की चरित्रहीनता ने ही उनका नाम छलिया रख दिया। आदिनिवासी महाराजधिराज जलन्धर की स्त्री 'वृन्दा' और शंखचूड़ की स्त्री तुलसी को छला...।

गंगा नामक स्त्री पहले ब्रह्मा के पास थी, एक दिन सरस्वती और गंगा दोनों सौतों में गृह-कार्य को लेकर लड़ाई हुई ब्रह्मा ने गंगा शिव को दे दी।

महेश आदिनिवासियों के महान प्रतापी, न्यायी व दयालु महादानी राजाविराज थे। उन्हें शिव, महादेव व शंकर आदि नाम से पुकारते थे। जब आर्य उन्हें किसी प्रकार जीत न पाए तो इन्होंने उन्हें जवानी से बुढ़ापे तक क्रमश: सती, पार्वती व गंगा आदि अति सुन्दर युवा ललनाएँ आदि देकर अपनी ओर मिलाकर अपना महेश नामक देवता घोषित करके गंजेड़ी, भंगेड़ी व कामी बताया। (विस्तृत जानकारी के लिए 'शिव तत्त्व प्रकाश' पढ़िए।)

इन्द्र का मुख्य काम है, महान तपस्वी को अप्सराएँ आदि भेजकर तप नष्ट करना या जो व्यक्ति अन्य प्रकार से उनकी बराबरी का दर्जा प्राप्त करना चाहे, उसमें बाधा डालना। उसे नीचा दिखाना, उसका सर्वनाश करना या अपने उपेन्द्र विष्णु द्वारा उसका सर्वनाश कराना।

इन्द्र ने विश्व सुन्दरी अहल्या का सतीत्व नष्ट किया। राजा सगर का अश्वमेधी-यज्ञ का घोड़ा चुराकर कपिल मुनि के आश्रम के पीछे बाँध दिया।

चन्द्रमा ने मेहमानी में आई हुई, गुरु बृहस्पति की पत्नी 'तारा' से बुध नामक पुत्र पैदा किया। बड़ी लम्बी पंचायत के बाद तारा को वापस किया।

गुरु बृहस्पति ने अपने बड़े भाई उतथ्य की गर्भवती स्त्री 'ममता' से सम्भोग किया जिससे 'भरद्वाज' ऋषि पैदा हुए।

सूर्य ने कुन्ती के सन्सर्ग से कुँआरेपन में ही कर्ण पैदा किया।

जिस आदिनिवासी से आर्य विद्वत्ता व वीरता में हार जाते थे। उसे भी वे आर्य घोषित कर देते थे। आदि घटनाओं से स्पष्ट सिद्ध है जिस व्यक्ति ने चाहे वह आर्य हो या आदिनिवासी। कोई काम आर्यों के लाभ के लिए किया हो या कोई काम आदिनिवासियों की हानि के लिए किया हो। बस वही व्यक्ति भगवान का अवतार, देवता, महर्षि और महापुरुष है।

आर्य गौमेध, अश्वमेध व अजामेध-यज्ञ की भाँति नरमेध भी किया करते थे।

महाराजा मोरध्वज का लड़ना आरा से चीरे जाने की घटना ही नरमेध-यज्ञ है। मरे हुए को जिन्दा कर देने की घटना समझ में नहीं आती। अन्धविश्वास पैदा करती है। मोरध्वज ने दूसरा लड़का गोद लिया होगा और उसे ही मरे पुत्र को जीवित हो जाना कहा होगा।

इसीलिए 1 सितम्बर, सन् 1931 ई. को नासिक के पास एक गाँव में हैजा की बीमारी को दूर करने के लिए एक कोली जाति की बुढ़िया का हाथ-पैर बाँधकर लकड़ियों पर रखकर आग लगाकर कर जिन्दा ही जला दिया गया। हैजा फिर भी नहीं मिटा।

अब भी, जब किसी की सन्तान नहीं होती है, तब नाऊते, भगतों एवं पुजारियों आदि द्वारा बरगलाए जाने पर अनेक अन्धविश्वासी व्यक्ति दूसरे बच्चे की बलि सम्पूर्ण भारत में छिप-छिपाकर दे रहे हैं। ऐसी अनेक घटनाएँ समय-समय पर 'हमारी ये बेड़ियाँ' नामक सामाजिक कॉलम में पाक्षिक पत्रिका 'सरिता' आदि में छपती ही रहती हैं।

विश्वामित्र की बहन ऋषि 'अजीगर्त' को ब्याही थी। अजीगर्त के मँझले लड़के का नाम 'शुन:शेप' था।

सत्यवादी कहे जानेवाले हरिश्चन्द्र की वास्तविक स्वार्थता सुनिए। हरिश्चन्द्र की वृद्धावस्था में उनकी आज्ञा से 'वरुण' देव से पुत्रेष्ठ यज्ञ के बहाने नियोग द्वारा हरिश्चन्द्र की रानी 'सैव्या' से रोहिताश्व को इस शर्त पर पैदा किया कि रोहिताश्व नरमेध-यज्ञ द्वारा वरुण देव को भेंट कर दिया जाएगा।

रोहित को जन्म के क्रमश: तीन दिन बाद, बारह दिनों के बाद, दूध के दाँत निकलने के बाद, दूध के दाँत गिरने के बाद, खाने के दाँत जमने के बाद एवं तीर-कमान बाँधने योग्य हो जाने के बाद वरुण देव ने हरिश्चन्द्र से माँगा। हरिश्चन्द्र के बार-बार टाल-मटोल करने पर वरुण देव ने हरिश्चन्द्र को जलोधर की बीमारी हो जाने का शाप दिया।

यह शाप की घटना केवल शूद्रों एवं महाशूद्रों को डराने के लिए गलत गढ़ी गई है। वास्तविकता यह है कि हरिश्चन्द्र को जलोधर की बीमारी स्वत: हो गई थी या वरुण देव ने हरिश्चन्द्र के रसोइया से मिलकर उसे ऐसी वस्तु भोजन में मिलाकर खिला दी थी जिसके खाने से जलोधर की बीमारी हो गई थी।

इस जलोधर की बीमारी को ठीक करने के लिए हरिश्चन्द्र रोहित को वरुण देव को भेंट करना ही चाहते थे कि रोहित जंगल में भाग गया। वहाँ पाँच वर्ष विप्र भेस में रहा। अजीगर्त को कुछ गाएँ देकर शुन:शेप को नरमेध-यज्ञ के लिए खरीद लाया वरुण देव ने रोहित के बदले शुन:शेप की भेंट स्वीकार कर ली। पुन: कुछ गाएँ रोहित से लेकर अजीगर्त ने अपने पुत्र को नरमेध-यज्ञ के खम्भे (यूथ) में रस्सी से बाँध दिया। पुन: कुछ गाएँ लेकर अजीगर्त अपने पुत्र को तलवार से कत्ल करने के लिए तैयार हो गया।

इस नरमेध-यज्ञ में होता-विश्वामित्र, आचार्य-जमदग्नि, उद्‌गाता-वसिष्ठ, ब्रह्मा व आयास्य थे। वरुण की भेंट के नाम पर वरुण की उपस्थित में यह सुकर्म-नहीं नहीं, कुकर्म नरमेध-यज्ञ हो रहा था।

अजीगर्त को हाथ में नग्न तलवार लिये कत्ल हेतु प्रस्तुत देख शुन:शेप खुद को खम्भे में से खुल जाने के लिए बलपूर्वक छटपटाया एवं बड़ी जोर से चिल्लाया—"हाय! हाय!! बचाओ!!! पापी, नीच एवं स्वार्थी बाप से बचाओ! तुम्हीं लोग बचाओ!! वरुण देव तुम्हीं रक्षा करो! मामा विश्वामित्र तुम्हीं, सहायता करो!"

मामा शब्द सुनकर विश्वामित्र ने सिर ऊँचा किया, पहचाना। अरे यह तो मेरा ही भानजा शुन:शेप है। विश्वामित्र ने सभी को इस कुकृत्य से रुक जाने के लिए टेढ़ी भौंहें करते हुए जोर से ललकारा—ठहरो! बदमाशो, ठहरो!!

खम्भे में से खुल जाने के लिए जोर लगाने के कारण बँधी हुई गाँठ ढीली पड़ गई। शुन:शेप स्वत: खुल गया। उसने तत्काल विश्वामित्र को प्रणाम किया। कहा—मेरा पिता घातक पिता है। आप मेरे रक्षक पिता हैं। विश्वामित्र ने भी शुन:शेप को पुत्र मान लिया। शुन:शेप आजन्म विश्वामित्र के पास पुत्र की तरह रहा। विश्वामित्र की ललकार में वरुण देव आदि सभी भीगी बिल्ली बन गए। वरुण देव एवं जमदग्नि आदि उठकर सिर नीचा किए अपने-अपने स्थानों को चुपचाप चले गए। (यह है 'ऋग्वेद' में वर्णित सच्ची कहानी।)

आर्य अति कामी थे, इन्होंने अपनी काम पिपासा की तृप्ति के लिए नियोग प्रथा, पंच कन्या-प्रथा, देवदासी प्रथा व अन्य घृणित प्रथाएँ प्रचलित कीं।

अयोध्या नरेश दशरथ की पुत्री 'शान्ता' को उनके मित्र अंग नरेश 'रोमपाद' ने सन्तानहीन होने के कारण पाला। अंगदेश का दुर्भिक्ष दूर करने हेतु श्रृंगि ऋषि वहाँ पधारे। उनके शुभ आगमन से अंग देश में पानी बरसा। शान्ता ने अपने मेहमान श्रृंगि ऋषि की नाना प्रकार से सेवा सुश्रूषा की।

श्रृंगि ऋषि ने उलटा उसे फुसलाकर प्रेम जाल में फँास लिया। बदर्जे मजबूरी राजा रोमपाद ने शान्ता उन्हें ब्याह दी।

इन्हीं श्रृंगि ऋषि ने राजा दशरथ की वृद्धावस्था में पुत्रेष्ठ यज्ञ किया। इस यज्ञ में तीन सौ पशु मारे गए। पुत्रेष्ठ-यज्ञ तो एक बहाना मात्र था। वास्तव में, नियोग द्वारा कौशल्या आदि रानियों से राम आदि पैदा किए।

राम की माता कौशल्या पुत्र प्राप्ति हेतु पुत्रेष्ठ यज्ञ में काटे गए घोड़े की लाश की तीन टुकड़ों में से एक टुकड़े के साथ रात भर लेटी रही।

'उद्दालक' ऋषि के लड़के का नाम 'श्वेतकेतु' था। एक ब्राह्मण श्वेतकेतु के सामने उसकी माँ को सम्भोग करने के लिए हाथ पकड़कर शक्तिपूर्वक एक एकान्त झाड़ी की ओर चल दिया। श्वेतकेतु ने उस ब्राह्मण को ऐसा कुकर्म न करने के लिए ललकारा, परन्तु पिता उद्दालक ने कहा, 'बेटा! यह तो सनातन धर्म है। कुकर्म नहीं, सुकर्म है।' ऐसा सुनकर वह ब्राह्मण व्यभिचार के लिए उसे बड़े मजे के साथ धीरे-धीरे मनोवांछित एकान्त स्थान को ले गया।

जटिला गौतमी के सात पति थे।

वर्क्षी (मुनि-कन्या) ने प्रचेतस नाम वाले दस भाइयों से विवाह किया।

जौनसार भावर (उत्तर प्रदेश) में एक जाति अब भी ऐसी निवास करती है जिसमें सब भाइयों की सम्मिलित पत्नी होती है।

महाभारत कालीन 'तीर्घतमा' बड़ा कामी था। वह आम सड़कों व चौराहों पर पशुओं की भाँति सम्भोग किया करता था।

राजा 'अंग' (वेण के पिता) बहन 'सुनीता' (पित्र कन्या) से, 'मनु' ('विवस्वानु'—पुत्र) ने बहन 'श्रद्धा' ('विवस्वानु'—पुत्री) से, और 'भरत' ('अंगिरश'—वंशी) ने अपनी तीनों बहनों से विवाह किया।

'गालब' ने गुरु दक्षिणा में विश्वामित्र को आठ सौ श्याम-कर्ण घोड़े देने के लिए महाराज 'ययाति' से माँगे, ययाति ने अपनी अति ही सुन्दरी पुत्री 'माधवी' उन्हें देकर कहा मेरे पास श्याम-कर्ण घोड़े नहीं हैं, इसे किराए पर उठाकर आठ सौ श्याम-कर्ण घोड़े प्राप्त कर लीजिए।

गालब ने माधवी को क्रमशः तीन राजाओं के यहाँ किराए पर उठाकर बदले में दो-दो सौ श्याम-कर्ण घोड़े लेकर विश्वामित्र को दिए। शेष दो सौ श्याम-कर्ण घोड़ों के बदले में माधवी कुछ दिनों विश्वामित्र के पास रही, फिर उन्होंने उसे महाराजा ययाति को वापस कर दिया।

माधवी के शारीरिक गठन का वर्णन विभिन्न राजाओं के राजदरबार में जिस ढंग से किया जाता था, उससे पता चलता है कि उसे नंगा करके वहाँ दिखाया जाता था। इस प्रकार स्त्री को व्यभिचार के लिए मजबूर करनेवाला हाय रे हिन्दू धर्म!

गोरखपुर (उत्तर प्रदेश) के महाराजा 'चार्वाक' की अति सुन्दरी प्रिय रानी को पुरोहितों की आज्ञानुसार अश्वमेधी-यज्ञ के घोड़े के साथ सम्भोग कराने के लिए निर्दयतापूर्वक विवश किया गया, इस अमानुषिक सन्सर्ग के कारण रानी मर गई।

'लियोलॉर्ड मोसले' ने लिखा है कि "पंडित जवाहरलाल नेहरू बहुत दिनों के विधुर (रंडुआ) थे। एकाकी लेडी माउंटबेटन ने उसके जीवन की एक बड़ी महत्त्वपूर्ण कमी पूरी कर दी। जिस तरह वह वायसराय के भोज या गार्डन-पार्टी में रानी की तरह सभी कुछ सँभालती, उसका आकर्षण बढ़ता गया।" (विस्तृत विवरण के लिए 'भारत में ब्रिटिश राज्य के अन्तिम दिन' पढ़िए।)

चार्वाक ने अपना अलग मत चलाया। उसने कहा—तीन वेदों के रचयिता धूर्त हैं। यज्ञ नहीं करना चाहिए। यह भौतिक संसार आनन्दमय है। यही सत्य है।

प्रारम्भ में तीन वेद थे। यजुर्वेद के दो भाग हैं। कृष्ण-यजुर्वेद व श्वेत-यजुर्वेद। कृष्ण-यजुर्वेद के लेखक आदिनिवासी अर्थात् द्रविड़ियन महाराजा 'रावण' हैं। चौथा वेद अथर्ववेद बाद में लिखा गया है। सम्पूर्ण वेदों के रचयिता केवल ब्राह्मण ही नहीं हैं। इनके लेखक आर्य एवं अनार्य (आदिनिवासी), दोनों हैं।

कुषाण काल में मूर्तिकला का प्रारम्भ गौतम बुद्ध की आदर्श मूर्तियों द्वारा हुआ था।

बौद्धों की आदर्श मूर्तिकला के बजाय, आर्य-हिन्दू पुरोहितों, पुजारियों व पंडों ने व्यभिचार-द्योतक जगन्नाथपुरी, मथुरा एवं कोणार्क आदि के मन्दिरों की दीवालों

पर चित्रकारियाँ बनाईं ताकि भोली-भाली जनता के मन में स्वत: व्यभिचार करने कराने की इच्छा उत्पन्न हो। आखिर व्यभिचार को प्रोत्साहन मिल ही गया। अब भी मिल रहा है। इसी का एक रूप दक्षिण में देवदासी प्रथा थी।

राजा बलि ने इन्द्रपुरी जीत ली। इन्द्र भाग गए।

कहते हैं, अवतारी वामन ने साढ़े तीन कदम पृथ्वी राजा बलि से माँगी। प्रथम कदम में आकाश, द्वितीय में पाताल, तृतीय में मृत्यु लोक अर्थात् पृथ्वी नाप ली और शेष आधे कदम में राजा बलि का शरीर नाप लिया। समझ में नहीं आता।

वास्तविकता यह है कि कश्यप पुत्र वामन ने राजा बलि को धोखे से नाग सेना द्वारा बन्दी बना लिया। राजा बलि के नाम से वामन ने झूठी राजाज्ञाएँ प्रसारित कीं। भविष्य में आदिनिवासी—1. भूमि के मालिक नहीं हो सकते, 2. विद्या नहीं पढ़ सकते, 3. ग्राम के बाहर निवास करें, किन्तु स्थायी घर न बनावें और शेष आधी में आधा पेट भोजन के बदले में सम्पूर्ण शरीर से आर्यों की सेवा दिन-रात करें।

कहते हैं पुराणों में भविष्य में पैदा होनेवाले राजाओं के नाम लिखे हैं, से उनका भविष्यवक्ता होना सिद्ध होता है। यह विद्वत्ता की प्रशंसा नितान्त झूठ है।

वास्तविकता यह है कि पुराणों में वर्णित राजाओं के पैदा होने के बाद नाम लिखे गए हैं—ताकि भविष्यवाणी के नाम पर अति प्रशंसा की जाए, इनमें से 'भागवत पुराण' बोप देव ने लिखी है। व्यास लेखक का नाम झूठ लिखा गया है।

पुराण, मनुस्मृति आदि स्मृतियाँ ईसा के बाद तीसरी या चौथी शताब्दी (गुप्त-काल) में लिखी गई हैं। ऐसा भाषा-शैली आदि से पता चलता है। व्यास आदि का कार्य-काल फर्जी है।

जिन-जिन पुराने ग्रंथों में लिखा है कि अमुक बातें कलियुग में वर्जित हैं, इससे स्पष्ट सिद्ध है कि वे ग्रंथ कलियुग में कलियुग के तजुर्बे को देखकर लिखे गए हैं।

प्राचीन ग्रंथों को सतयुग, त्रेता व द्वापर से मौखिक वर्णन किया गया। बाद में उसे बिना कुछ घटाए, बढ़ाए ज्यों-का-त्यों लिखा गया, की बात गलत है।

कुछ प्रतिगामी सोच के व्यक्ति कहते हैं, 'राम राज्य' स्थापित करेंगे। पाठक भी सोचें राम राज्य कैसा था? वैसे राम राज्य अच्छा नहीं था। राम ने ताड़का, थदगाई आदि स्त्रियों का कत्ल किया। केवल सूर्पणखा ही नहीं, अनेक स्त्रियों के नाक, कान व स्तन भी काटे। रामायण नारी निन्दा से भरी पड़ी है। (विस्तृत विवरण के लिए 'तुलसी के तीन पात' पढ़िए) 'बन हित कोल किरात किसोरी। रचीं बिरंचि बिषय सुख भोरी॥' से सिद्ध होता है। जंगली जातियाँ दुखी जीवन व्यतीत करती थीं।

विश्वामित्र ने कुत्ते की सूखी टाँग चांडाल के घर से चुराकर खाई। जब चांडाल ने कहा इसे मैंने अपने छोटे-छोटे बच्चों के कलेऊ के लिए छींके पर टाँगकर सुरक्षित रखा था। आपने मेरी बिना आज्ञा चुराकर खा ली। मेरे बच्चे रो रहे हैं—क्या खिलाऊँ? तो विश्वामित्र ने इस चोरी के बदले में चांडाल से माफी नहीं माँगी, डाँटते

हुए कहा—तुझे अपने तपोबल से भस्म कर दूँगा, से सिद्ध है, उस समय दुर्भिक्ष (अकाल) था। प्रजा दुखी थी। विश्वामित्र की तरह तब भी चोरी व सीना जोरी थी। उल्टा चोर कोतवाल को डाँटे।

'यह हमारि अति बड़ि सेवकाई। लेहिं न बासन बसन चोराई॥' से सिद्ध है कि उस समय भी जरायम पेशा जातियाँ रहती थीं और जुर्म होते थे।

राम ने वन जाने के पहले लक्ष्मण से कहा मैं राज-सिंहासन पर बैठकर नाम-मात्र का राजा होऊँगा। अयोध्या का असली राज्य तो तुम्हीं करोगे, कहकर उसे जीवन भर पालतू कुत्ते की तरह गुलाम बनाए रखा।

आदि-आदि अनेक घटनाओं से स्पष्ट सिद्ध होता है कि राम राज्य में प्रजा दुखी थी। ऊँची-नीच की भावना थी। राम का व्यक्तिगत चरित्र अच्छा नहीं था। आम जनता के लिए बिलकुल ही अनुकरणीय नहीं है। (विस्तृत जानकारी के लिए 'दि रामायना : ए टू रीडिंग' पढ़िए।)

कहते हैं, 'गुप्त काल' भारतीय इतिहास का 'स्वर्ण युग' था। वास्तव में, इसी युग ने सबसे अधिक लेखन-भाषण-भ्रमण द्वारा अन्धविश्वास फैलाया है, जिसके कड़वे फल खाकर शक्तिहीन भारत गुलाम बना। उन्हीं अन्धविश्वासी कथाओं का अब भी घनघोर प्रचार हो रहा है। यदि यह अन्धविश्वासी जहर अति शीघ्र दूर न किया गया तो शक्तिहीन भारत निकट भविष्य में, तत्काल न सही, कभी भी अपनी स्वतंत्रता खो सकता है। एक म्यान में दो तलवारें नहीं रह सकती या तो अन्धविश्वास का साम्राज्य रहेगा या विशुद्ध बुद्धि का।

राजनीतिक भविष्यवक्ता मोहनदास करमचन्द गांधी ने कहा था कि पाकिस्तान मेरे जीते जी कदापि नहीं बनेगा, परन्तु उनके जीते जी ही बन गया।

फिर कहा, पाकिस्तान आर्थिक दृष्टि से बहुत कमजोर है। वह अपनी आर्थिक कमजोरियों के कारण स्वत: ही दस साल बाद अर्थात् 15 अगस्त, सन् 1957 ई. तक भारत में शामिल हो जाएगा। आज तक पाकिस्तान भारत में शामिल नहीं हुआ।

भविष्य में भी पाकिस्तान के भारत में स्वत: शामिल होने की कोई आशा नहीं है क्योंकि अब इन दोनों राष्ट्रों की सभ्यताएँ बिलकुल अलग-अलग हैं। लेखक की इस भविष्यवाणी को भविष्य में प्रिय पाठकगण परखेंगे।

राजनीतिक भविष्यवक्ता डॉ. भीमराव रामजी राव अम्बेडकर ने 26 अगस्त, सन् 1954 ई. को राज्यसभा, नई दिल्ली में अध्यक्ष महोदय को सम्बोधित करते हुए कहा था, "प्रधानमंत्री पंडित जवाहरलाल नेहरू ने चीन को ल्हासा (तिब्बत) पर अधिकार कर लेने देकर एक प्रकार से चीनी लोगों को अपनी सेनाएँ भारत तक ले आने में पूरी सहायता पहुँचा दी है। इन सब बातों पर विचार करने से मुझे लगता है कि यह मूर्खता की बात होगी, यदि हम इस बात पर विश्वास न करें कि चाहे अभी निकट भविष्य में ही भारत पर आक्रमण होनेवाला न हो तो भी भारत पर आक्रमण हो

सकता है और वह आक्रमण उन्हीं लोगों के द्वारा होगा, जिन्हें (चीन को) आक्रमण करने की आदत पड़ी हुई है।"

यह थी असली भविष्यवाणी। सन् 1962 ई. में चीन ने भारत पर आक्रमण किया। अन्तरराष्ट्रीय परिस्थितियाँ भारत के अनुकूल एकाएक हो गईं। चीन भागा।

भारतीय भविष्यवक्ता ज्योतिषी सन् 1961-62 ई. में कहते थे कि 'महाभारत' से भी कठिन योग है। नौ ग्रह एक ही राशि पर इकट्ठे हुए हैं। फलस्वरूप प्रलय होना तक सम्भव है। परन्तु कुछ नहीं हुआ। यदि चीन की लड़ाई का बहाना करें तो महाभारत के मुकाबले में, जिसमें सात ग्रह ही इकट्ठे थे, यह नौ ग्रह इकट्ठे होनेवाली लड़ाई करोड़वाँ भाग के बराबर भी नहीं है।

कहते हैं, 'राजा जन्मेजय' ने साँप हवन किए थे। अन्त में, एक साँप 'तक्षक' बच गया था। उसी की सन्तान सम्पूर्ण साँप है। बिलकुल ही गलत है।

वास्तविकता यह है कि राजा जन्मेजय के पिता राजा 'परीक्षित' को तक्षशिला (पश्चिमी पाकिस्तान) के नाग-वंशीय महाराजा 'तक्षक' ने रण-स्थल में मारा था। उसके बदले में तमाम नाग-वंशी पुरुषों का कत्लेआम किया। जिन्दा जलाया। आदि आदि। (विस्तृत जानकारी के लिए 'नाग यज्ञ' नाटक पढ़िए, लेखक—पेरियार ललई सिंह)

राजा बिन्दुसार ने 280 वर्ष ईसा पूर्व यूनान के राजा के पास पत्र भेजकर लिखा कि आप मेरे लिए कृपया अंगूर की शराब, अंजीर और एक अध्यापक खरीद कर भेज दीजिए। महाराजा 'एंटीओकस' ने अंगूर की शराब व अंजीर भेजकर प्रसन्नता प्रकट करते हुए लिखा—मुझे महान दुख इस बात का है, यूनानी लोग अध्यापक बेचना अनुचित समझते हैं।

मगध-सम्राट बिन्दुसार की सीमा दक्षिण में नीलोर पर्वत तक थी। इससे पता चलता है कि उस समय भारत की अपेक्षा यूनान अधिक सभ्य था।

सूडान के रेगिस्तान (अफ्रीका) में बने हुए 'पिरामिड' के नीचे हजारों वर्ष पहले मरे हुए व्यक्तियों की मसाला-युक्त लाशें आज भी ज्यों-की-त्यों रखी हैं। उस मसाले की खोज अन्य राष्ट्र अब तक नहीं कर पाए हैं।

'बेबीलोनिया' के आकाश में लटकते हुए बाग व 'पीसा' (इटली) की झुकी हुई मीनार की विद्वत्ता अवर्णनीय है।

भूतपूर्व समय में अरब सम्राट एक महिला 'हटेसू' ने सम्पूर्ण विश्व पर अपनी अनोखी सूझबूझ व विद्वत्ता द्वारा शासन किया।

अरब के महाराजा (खलीफा) 'हारुन-अल रशीद' की महारानी 'जुबैदा ख़ातून' ने अपने 'मेहर' के रुपये से 'बसरा' व 'बगदाद' के रेतीले मैदान में 'दजला' नदी से पानी की नहर निकालकर उसे खेती के योग्य उपजाऊ बना दिया।

विश्व-सभ्यता की सर्वश्रेष्ठ वर्तमान युग की गवाही 'प्रथम-मध्याह्न-रेखा' लन्दन (इंग्लैंड) के 'ग्रीनविच' गिरजाघर पर मानी गई है।

...आदि से स्पष्ट है कि भारत का यह डींग हाँकना कि पुराने जमाने में हमारी सभ्यता सर्वोपरि थी, बिलकुल गलत है।

आर्यों का यह कहना कि बौद्धों की अहिंसा ने देश को गुलाम बनाया, बिलकुल ही गलत है।

अशोक, कनिष्क, मिनांडर, समुद्रगुप्त, हर्षवर्धन, नन्दिवर्धन और पुलकेशिन बौद्ध-राजाओं के पास नाना प्रकार के अस्त्र-शस्त्र से सुसज्जित विशाल सेनाएँ थीं। इनकी सैनिक धाक के कारण किसी विदेशी राजा की हिम्मत भारत पर आक्रमण करने की नहीं हुई।

अशोक, कनिष्क व हर्षवर्धन की संगठित अपार सेना से सम्पूर्ण एशिया महाद्वीप थर्राता था। बौद्ध-कालीन इतिहास के पन्नों को निष्पक्ष ढंग से पढ़िए।

हाँ, एक बात अवश्य थी कि बौद्ध राजा दूसरों पर आक्रमण करने के बजाय उन्हें प्रेम बल से मित्र बनाकर दोनों सुख-मय जीवन व्यतीत करना अच्छा समझते थे। उनके इस काल में अस्सी-अस्सी, नब्बे-नब्बे वर्ष की आयु के भिक्षुओं ने सबसे अधिक मदद की। वे बौद्ध धर्म प्रचारार्थ एवं भारत को अपना अभिन्न हृदय मित्र समझने के प्रचार हेतु हिमालय सरीखे दुर्गम पर्वतों, नदियों तथा जंगलों को लाँघते हुए चीन, बर्मा व मंगोलिया आदि और समुद्री-मार्ग द्वारा लंका, जावा, सुमात्रा व जापान आदि गए। उन्हें दोनों कामों में पूर्ण सफलता मिली।

ध्यान रहे, मंगोलिया निवासी महान शूरवीर 'चंगेज खाँ' मुसलमान नहीं, बौद्ध था। देखा आपने, कैसा लड़ाकू बौद्ध था। प्रत्येक देश के बौद्धों ने अपने देश की स्वतंत्रता के लिए सदैव खून बहाया है। एक बार सिंघल की सेनाओं के साथ बौद्ध भिक्षु भी हाथ में तलवार लेकर अपनी स्वतंत्रता की रक्षा के लिए रणक्षेत्र में लड़े थे। आक्रमणकारी शत्रु को पीछे ढकेल दिया।

द्वितीय विश्वयुद्ध (सन् 1939 ई. से सन् 1945 ई.) में जापान ने युद्ध के लिए ताँबा की जरूरत पड़ने पर भिक्षु-संघ के आज्ञानुसार गौतम बुद्ध की ताँबा की मूर्तियों को गला कर राष्ट्र की रक्षा की।

बौद्धों की सेनाओं में केवल एक जाति क्षत्रिय ही भर्ती नहीं होते थे। सम्पूर्ण राष्ट्र बिना लिहाज वर्ण-व्यवस्था एवं जाति-उपजाति के भर्ती होते थे। बौद्धों में जातियाँ नहीं होती हैं। अब भी बौद्ध देशों—जापान, चीन, बर्मा, लंका, कम्बोडिया एवं वियतनाम की राष्ट्रीय कट्टर सेनाओं की बहादुरी अवर्णनीय है।

ठंडे दिमाग से सोचिए, देखिए। कितना छोटा देश वियतनाम बौद्ध-धर्म की बदौलत संसार के उस महान राष्ट्र अमेरिका, जिसके पास संसार की पचहत्तर प्रतिशत सोना है, के साथ-साथ एटम बम, हाइड्रोजन बम एवं रॉकेट आदि आधुनिक सभी हथियारों से सुसज्जित सेना को कई वर्षों से चुनौती दे रहा है।

ऊपर लिखी घटनाओं से स्पष्ट सिद्ध है, बौद्ध अपने राष्ट्र में भीतरी शान्ति व्यवस्था बनाए रखने एवं बाहरी आक्रमण के समय शत्रु को खदेड़ देने में सदा ही कटिबद्ध रहे हैं। उनकी अहिंसा बाधक न बनकर, सदा साधक रही है।

आर्य अपनी स्वत: की जातीय-उपजातीय विभाजन की वास्तविक कमजोरियों को बौद्धों की अहिंसा के नाम पर उनके जिम्मे गलत थोपते हैं। बौद्ध धर्म का शब्द 'अहिंसा' नहीं है। वास्तव में 'अहिंसा' शब्द जैन-धर्म का है। जैन-धर्म का आचार-विचार एवं रहन-सहन घोर अहिंसावादी है।

बौद्ध-धर्म का सिद्धान्त वही है, जिसकी परिभाषा भारतीय दंड विधान में है। 'पाणातिपाता बेरमणी सिक्खापदम् समादियामि' (मैं किसी प्राणी को न सताने की शिक्षा ग्रहण करता हूँ।)

राजा बिम्बसार के प्रधान सेनापति 'सिंह सेनापति' को गौतम बुद्ध ने स्वत: उपदेश दिया था कि यदि शत्रु आक्रमण करे तो उन्हें जैसे बने, तैसे खदेड़ देने में बौद्ध-धर्म बाधक नहीं।

शाकल (स्यालकोट) के महाराजा मिनांडर (मिलिन्द) को भिक्षु नागसेन ने उनके एक प्रश्न के उत्तर में कहा—चोरों, ठगों एवं ऐसे मनुष्यों को, जो राज्य की शान्ति व्यवस्था के बाधक है, दंड देना उचित है। बौद्ध-धर्म बाधक नहीं।

आज से छह-सात वर्ष पहले चीन ने अमेरिका के राष्ट्रपति 'आइजन हावर' को अल्टीमेटम दिया कि उन्हें 'कोरिया' नहीं जाने दिया जाएगा। वे एक चूहा हैं। मगर ज्यों ही वह समुद्री जहाज द्वारा फारमोसा से कोरिया के लिए चले, त्यों ही अमेरिका रेडियो ने ब्रॉडकास्ट किया—यदि चीनियों ने गलती की तो दो घंटे के अन्दर चीन में आदमी तो बहुत बड़ी बात है, चिड़िया का बच्चा भी देखने को नहीं मिलेगा। 'आइजन हावर' कोरिया गए, लौटे। चीनियों ने कान तक नहीं हिलाया।

यह है, वीरों की अहिंसा का नमूना।

दूसरी तरफ हम हैं सत्तारूढ़ अबौद्ध भारतीय, कितनी खूबसूरती से बेरुवाड़ी, कच्छ का रण, नेफा व लद्दाख के इलाके अपनी कमजोरियों के कारण छोड़ते चले जा रहे हैं। स्पष्ट है भारतीय सीमा स्वराज्य प्राप्ति के बाद से सिकुड़ रही है। यदि भारत के शासक बौद्ध होते तो भारत की यह राजनीतिक लूट कदापि नहीं होती।

सिकन्दर ने 326 वर्ष ईसा पूर्व भारत पर हमला किया। पंजाब के आर्य राजा 'पुरु' से मुकाबला हुआ। हारा, वह बौद्ध-धर्मी नहीं था। आर्य धर्मानुसार केवल युवा क्षत्रिय ही लड़े। हारे।

मगध नरेश महा पद्मनन्द, जो जाति का नाई था, जिसकी सेना में सभी जातियों के व्यक्ति थे, सिकन्दर का मुकाबला करने के लिए अपनी विशाल सेना का एक अंश चार सौ हाथी, बीस हजार सवार (रथ सवार, घुड़ सवार) और दो लाख पैदल

सेना लेकर इलाहाबाद के निकट तक गया। सिकन्दर को मालूम हो गया था कि मगध नरेश ने पूर्ण तैयारी के साथ पाटलिपुत्र से पश्चिम की ओर युद्ध हेतु कूच कर दिया है। उसने सोचा—अब मेरा मुकाबला असली देशाभिमानी सेना से होगा। मुझे भी छठी का दूध याद आ जाएगा। सिकन्दर अपनी सेना के थके होने का बहाना बनाकर भारत से रात में ही डेरा कूच कर गया।

बौद्ध राजा 'बृहद्रथ' की हत्या उसके प्रधान सेनापति 'पुष्यमित्र शुंग' ब्राह्मण ने 184 वर्ष ईसा पूर्व करके शुंग वंश की नीव डाली। धीरे-धीरे बौद्ध धर्म नष्ट होने लगा।

मोहम्मद बिन कासिम ने सन् 712 ई. में भारत पर आक्रमण किया। सिन्धु नरेश आर्य राजा 'दाहिर' से मुकाबला हुआ लेकिन भारत के प्रसिद्ध ज्योतिषी 'काक' ने भविष्यवाणी कर रखी थी कि भारत एक दिन जरूर ही गुलाम बनेगा, इसलिए राजा दाहिर ने उसे सिन्धु नदी पर रोकने की इच्छा रखते हुए भी नहीं रोका। तत्पश्चात ब-दर्जे मजबूरी मुठभेड़ हुई। दाहिर के पास राजपूत सिपाही मोहम्मद बिन कासिम की अपेक्षा अधिक थे। दोनों बड़ी बहादुरी से लड़ रहे थे। निश्चय नहीं कहा जा सकता था कि जीत किसकी होगी।

मोहम्मद बिन कासिम इस विचार में चिन्तित दशा में घोड़े पर चढ़ा हुआ युद्ध-स्थल के एक कोने पर खड़ा था कि मेरी सेना थोड़ी है, थकी हुई है, कहीं हार न जाऊँ।

एकाएक देवी जी के मन्दिर के ब्राह्मण पुजारी ने दौड़कर उससे रणभूमि में ही कहा कि मैं देवी जी के मन्दिर का पुजारी हूँ। जब तक देवी जी के मन्दिर का झंडा फहरा रहा है, तब तक एक-एक राजपूत कट-कटकर मरता रहेगा, परन्तु पीछे नहीं हटेगा। मन्दिर में अपार धन है। यदि आप हमें कुछ धन देने का वचन दें, तो मैं ऐसी सरल तरकीब बता दूँगा, जिससे राजपूत सिपाही बिना लड़े हार मानकर रणक्षेत्र से भाग जाएँगे।

मोहम्मद बिन कासिम ने उपरोक्त शर्त तुरन्त स्वीकार कर ली।

पुजारी ने उससे कहा—किसी तरकीब से मन्दिर का झंडा गिरवा दीजिए। राजपूत समझ जाएँगे कि देवी जी का हुक्म है। हार निश्चित है। इस तरह राजपूत बिना लड़े भाग जाएँगे।

उसने कुछ सिपाही पुजारी के साथ कर दिए। सिपाही पुजारी के साथ मन्दिर के पीछे वाले छोटे दरवाजे से होकर मन्दिर के अहाते के अन्दर पहुँच गए। उन्होंने अहाते वाले पेड़ों को काट करके सीढ़ी बनाकर, उसके द्वारा मन्दिर के ऊपर चढ़कर, देवी जी के झंडे को कुल्हाड़ी से काटकर, नीचे गिरा दिया।

देवी जी के मन्दिर का झंडा गिरते ही राजपूत सिपाहियों ने समझा कि देवी जी द्वारा हार की घोषणा हो चुकी है। वे बिना लड़े एकदम लड़ाई का मैदान छोड़कर भाग गए। राजा दाहिर हारा। बहुत बुरी तरह हारा। मन्दिर की अपार सम्पत्ति लुटी। देश लुटा।

यहाँ यह बात भी बता देना बहुत जरूरी है कि राजा दाहिर की सेना में बैकवर्ड (शूद्र) और शैड्यूल्ड कास्ट-शैड्यूल्ड ट्राइब्स (महाशूद्र) व्यक्तियों को नीच समझकर भर्ती नहीं किया गया था।

नदिया (बंगाल) का आर्य राजा लक्ष्मण सिंह बिना लड़े ही राजमहल की पिछली खिड़की से दुम दबाकर भाग गया।

शेरशाह सूरी के समय में दिल्ली आदि अनेक स्थानों पर मुस्लिम सेनाओं को हेमचन्द्र वैश्य (प्रथम नाम हेमू बक्काल) हराकर अपना नाम विक्रमादित्य द्वितीय रखकर सम्पूर्ण भारत में हिन्दू-राज्य स्थापित करने के लिए राजपूतों से सेना में भर्ती होने को कहा तो राजपूतों ने साफ-साफ इनकार करते हुए उत्तर दिया—हिन्दू धर्म शास्त्रानुसार राजपूत क्षत्रिय अपने से नीच वर्ण वैश्य (बनिया) का हुक्म बिलकुल नहीं मान सकते हैं।

यह खबर बैरम खाँ के जासूस ने उसे उसी रात्रि में ही तत्काल कह सुनाई। उसने अति शीघ्र आनन-फानन में हेमचन्द्र को धर दबोचा। नि:सहाय बेचारा हेमचन्द्र हारा। भागा।

आगे चलकर जब मुस्लिम-काल आया, तब इन्हीं राजपूतों ने अपने से नीच वर्ण वैश्य की कौन कहे, अन्य धर्मी मुस्लिम सेना में भर्ती हुए। उनका हर प्रकार से नीच से नीच हुक्म माना। इतना ही नहीं, अपनी खूबसूरत से खूबसूरत लड़कियाँ हँसी-खुशी से उन्हें देखकर शासन में ऊँचे-ऊँचे ओहदे प्राप्त किए, तब न जाने इनकी हिन्दू धर्म की वर्ण-व्यवस्था वाली गरिमा और तेगाधारी राजपूती आन-बान-शान कहाँ चली गई थी।

**नोट :** हिदू धर्म-शास्त्रानुसार शूद्र वैश्य की, वैश्य क्षत्रिय की और क्षत्रिय ब्राह्मण की कन्या से विवाह नहीं कर सकता है।

**नोट :** मनुस्मृति का आदेश है कि सौ वर्ष आयु वाले क्षत्रिय को चाहिए, वह दस वर्ष की आयु वाले ब्राह्मण के पैर छुए।

कहा जाता है कि रणक्षेत्र में राजपूतों के कटि-कटि रुंड गिरे, धरती पर-उठि उठि रुंड करें तलवार, की बात जँचती नहीं।

राजपूतों की यह शूरवीरता केवल छिटपुट बसे असंगठित शूद्रों-महाशूद्रों तक ही सीमित है। जहाँ कहीं ये लोग अकेले-दुकेले, डगर-घाट, खेत-खलियान व रात-बिरात आदि जगहों में मिल जाते हैं, उन्हें जुतिया देते हैं। बस, इसी बात के वे शूर वीर हैं।

जब कभी विदेशियों मुहम्मद बिन कासिम, महमूद गजनवी, मुहम्मद गौरी, नादिरशाह, अहमदशाह अब्दाली, चंगेज खाँ, इब्राहिम लोदी और बाबर आदि से राजपूतों का मुकाबला हुआ, तब रुंड-मुंड ने जीवित व मरे में कोई बहादुरी नहीं दिखाई। देश में कत्लेआम होता रहा, असंख्य सम्पत्ति लुटती रही, देश बार-बार गुलाम बना। ये टुकुर-टुकुर अपाहिज की तरह देखते रहे।

जिसकी लड़की सुन्दर देखी बस, राजपूत बने मतवाले। देश जाए जहन्नुम में, उनकी बला से। पृथ्वीराज, मलखान, लाखन [कन्नौज का राजकुमार] व ब्रह्मा [महोबा का राजकुमार] आदि कामिनियों के पीछे इस प्रकार दौड़ते थे, जिस प्रकार आश्विन (क्वार) मास में कुतियों के पीछे मदान्ध कुत्ते दौड़ते हैं। दस-बीस नहीं। बावन लड़ाइयाँ लड़ी गईं। देश कमजोर हुआ। पृथ्वीराज हारा। देश गुलाम बना। पृथ्वीराज बौद्ध नहीं था। पिछले आक्रमणकारी लुटेरे मात्र थे। देश के मध्यकाल के गुलामी की शुरुआत सन् 1192 ईसवी में 'तराइन' के मैदान में पृथ्वीराज के हारने से प्रारम्भ हुई है।

मेरा दृढ़ विश्वास है कि यदि जयचन्द और मुहम्मद गोरी दोनों की सेनाएँ मिलकर एक ओर से लड़तीं और दूसरी ओर से पृथ्वीराज की निगरानी में शेष सम्पूर्ण भारत की सेनाएँ लड़तीं तो शर्तिया जीत पृथ्वीराज की होती। किन्तु यह जीत तभी सम्भव थी, जब कामान्ध राजकुमार आपस में लड़-लड़कर भारतीय शक्ति का विनाश न किए होते।

यों तो कामिनी को देखकर सभी देशों के व्यक्ति कामान्ध हो जाते हैं, परन्तु अन्य देशों में ऐसे विवाहों के लिए धर्म-बाधक नहीं है। किन्तु कामान्ध से भी बढ़कर भारतीय धर्मान्ध भारत का महान शत्रु है, जो कहता है—बड़े गोत्र की लड़की नहीं ब्याही जाएगी छोटे गोत्र के लड़के के साथ या ऊँच वर्ण की लड़की नहीं ब्याही जाएगी नीच वर्ण के लड़के के साथ। इसी धर्मान्धता के कारण इन विवाहों में लड़ाइयाँ लड़ी गईं।

महमूद गजनवी हजारों ब्राह्मणों, क्षत्रियों, वैश्यों और शूद्रों को पकड़कर अपने साथ ले गया। रास्ते में सामान ढुलवाया। शाम को पड़ाव पर कंडे बिनवाए। पेड़ों पर सूखी लकड़ियाँ कटवाईं। खाना बनवाया। उन्हें गजनी के बाजार में दो-दो रुपये में बेचा। इन खरीदे हुए दासों (गुलामों) से हर तरह की सेवा ली। पाखाना तक उठवाया। वहाँ किसी क्षत्रिय का रुंड-मुंड नहीं जगा और न किसी ब्राह्मण का शाप लगा। मुसलमान के मरने की कौन कहे, उनकी एक भी मुर्गी की टाँग तक गजनी में टेढ़ी नहीं हुई।

'तब सिवँ तीसर नयन उघारा। चितवत कामु भयउ जरि छारा॥' परन्तु जब सोमनाथ के मन्दिर में शंकर जी की मूर्ति को महमूद गजनवी ने अपनी गदा (गुर्ज) द्वारा तोड़ा, तब उनका तीसरा नेत्र क्यों नहीं खुला। इतना ही नहीं, उसने शंकर जी की मूर्ति के टुकड़े-टुकड़े करके गजनी की मस्जिद की सीढ़ियों पर जड़वा दिए। मुसलमान जूता पहनकर उन सीढ़ियों पर चढ़कर नमाज पढ़ने जाया करते थे, फिर भी उनका तीसरा नेत्र नहीं खुला। मस्जिद का नाम 'स्वर्ग की दुलहन' रखा।

...स्पष्ट सिद्ध है कि शिव जी का तीसरा नेत्र कभी भी नहीं खुला था और भविष्य में भी नहीं खुलेगा।

वास्तविकता यह है कि आर्य-गण स्वत: अनार्यों (आदिनिवासियों) के घरों में मौका पाकर आग लगाकर शिव जी के तीसरे नेत्र के खुल जाने की झूठी दुहाई दिया करते थे, दिया करते हैं। वे ऐसी बातें और आगें अब भी लगा रहे हैं।

'इंद्र कुलिस मम सूल बिसाला। कालदंड हरि चक्र कराला॥ जो इन्ह कर मारा नहिं मरई। बिप्र द्रोह पावक सो जरई॥'—ये चौपाइयाँ भी शूद्रों व महाशूद्रों को डराने के लिए लिखी गई हैं। मरे मराए देवताओं की बात जाने दीजिए, उन पर कृपा कीजिए। जीवित 'विप्र' के रोष और प्रतिदिन आगे आनेवाली नई-नई मुसीबतों पर एक साथ ठंडे दिमाग से विचार कीजिए।

यों तो विप्र की परिभाषा है, वेदपाठी को विप्र और ब्रह्म के जाननेवाले को ब्राह्मण कहते हैं। ब्रह्म के विषय में विस्तृत जानकारी के लिए 'अंगुलिमाल' नाटक पढ़िए। आजकल व्यवहार में विप्र या ब्राह्मण एक जाति कही जाती है। पाकिस्तान और चीन के मोर्चे के लिए केवल एक-एक ब्राह्मण काफी था। मौजूदा भारत सरकार को लड़ाई के मैदान में एक-एक ब्राह्मण भेज देना था। सब शत्रु इनकी क्रोधाग्नि में जल जाते। उसने ऐसा न करके हिन्दू धर्मशास्त्र की बेइज्जती की व सम्मानित व्यक्ति विप्र (ब्राह्मण) के साथ सम्मान का बर्ताव नहीं किया।

भारत सरकार ने भारत भर से छाँट कर सर्वश्रेष्ठ 'कौल' कश्मीरी ब्राह्मण को मोर्चे का संचालक बना कर भेजा था। उसने चीन की ओर मुँह करके अपना क्रोध नहीं दिखाया। लौट कर भारत की ओर रोता हुआ मुँह बनाकर भाग आया और अचानक भारत सरकार को भारी उलझन में डाल दिया। फलस्वरूप भारत को मोर्चे से पीछे हटना पड़ा।

'कौल' की इस बुजदिली के पारितोषिक स्वरूप पदोन्नति हुई। अरे भैया! यह कमबख्त हिन्दुस्तान है। इसीलिए कर्मवाद को ठोकर मार कर जातिवाद के आधार पर यह पदोन्नति की गई है। जातिवाद के सामने देश का सर्वनाश हो जाए, चाहे नेहरू हों या अन्य। सब की बलाय से।

यह घटना यदि विदेश में हुई होती तो कौल को कोर्ट-मार्शल (सैनिक न्यायालय) द्वारा गोली मार दी जाती।

भारत में कौल को इसलिए गोली नहीं मारी गई, क्योंकि प्राचीन हिन्दू धर्म शास्त्रानुसार ब्राह्मण के सभी कसूर माफ हैं। परन्तु अब स्वतंत्र भारत में सिफारिश, जातीय सिफारिश एवं राजनीतिक दलीय-सिफारिश आदि के कारण सभी सिफारशी नौकरों के कुल कसूर माफ हैं। इसी आधार पर मेरी यथाशक्ति सलाह यह है कि कौल के सबसे बड़े सिफारिशी व्यक्ति थे, जातिवादी प्रधानमंत्री पंडित जवाहरलाल नेहरू, कश्मीरी ब्राह्मण। आखिर खून, खून की ओर क्यों न झुके? न्याय जाए चूल्हे भाड़ में।

यह कहना कि सेना में शूद्र व महाशूद्र इसलिए भर्ती नहीं किए जाते हैं, क्योंकि वे बुजदिल हैं। मार्शल-रेस अर्थात् लड़ाकू जातियाँ नहीं हैं। बिलकुल ही गलत है।

चन्द्रगुप्त की सेना में सभी शूद्र व महाशूद्र व्यक्ति थे। भारत को अपना देश समझते थे। सैल्यूकस यूनानी को ऐसी करारी टक्कर दी कि सदियों तक भारत की

ओर किसी विदेशी ने आँख उठाकर भी नहीं देखा। चन्द्रगुप्त को सैल्यूकस ने अपनी लड़की 'एन्थीन (हेलेना)' ब्याह दी। कई प्रान्त दहेज में दिए।

वास्तविकता यह है कि भारत में शूद्रों एवं महाशूद्रों का धार्मिक, सामाजिक, आर्थिक व राजनीतिक, दोहन-शोषण सर्वाधिक होता है, जब इन बहुसंख्यकों में स्वाभिमान जागेगा, तब वे अपने अधिकार छीनने के लिए हर प्रकार की क्रान्ति हेतु तैयार हो जाएँगे। उस समय इनको दबाने के लिए शासन सेना व पुलिस के बल पर डिक्टेटरशिप लागू कर देगी। सरकार आबादी के हिसाब से इन्हें इसीलिए सेना व पुलिस में भर्ती नहीं कर रही है, क्योंकि वह डरती है कि उक्त आन्दोलन को दबाते वक्त इनका खून इनकी ओर ही झुकेगा। शूद्रों व महाशूद्रों को सेना व पुलिस में भर्ती न करनेवाली इस गला-घोंटू नीति का शूद्रों व महाशूद्रों को विरोध करना चाहिए।

बहादुरी किसी जाति को बाँटी हुई नहीं है। मेजर लक्ष्मणसिंह ग्राम—धनुवाँखेड़ा, पत्रालय-जसवन्त नगर, जिला—इटावा (उत्तर प्रदेश) जाति के चमार थे। इन्होंने जयपुर, जोधपुर आदि राजपूताना की समस्त रियासतों पर कमांड अंग्रेज रेजीमेंट के अंडर रह कर की थी। रणक्षेत्र में अनेक बार बलशाली राजपूतों के छक्के छुड़ाए थे। इसीलिए अंग्रेजों ने इनके कई खून माफ करके पूर्ण वेतन के बराबर पेंशन दी थी।

'अहीर' कम्पनी चुशूल (लद्दाख) मोर्चा पर, साथ ही रेजांगला में भी और 'महार' बटालियन ने नेफा (नॉर्थ-ईस्ट-फ्रंटियर) मोर्चा पर सन् 1962 ईसवी में चीन के मुकाबले में बड़ी बहादुरी से लड़ी है। यह बात किसी से छिपी नहीं है। दुनिया जानती है।

यहाँ यह भी बताना जरूरी है कि 'महार' दक्षिण भारत की एक अछूत जाति है, जो उत्तर भारत की 'चमार' अछूत जाति के समकक्ष है।

कुछ जात्याभिमानी कहते सुने गए हैं—शिड्यूल्ड कास्ट के सिपाही सन् 1962 ईसवी में चीन के मोर्चा पर से भाग आए। यह निराधार झूठ है।

भारत सरकार को चाहिए कि गुप्त विभाग (सी.आई.डी.) द्वारा ऐसी झूठ खबर फैलानेवाले व्यक्तियों का पता लगाकर उन्हें भारत-रक्षा कानून के अन्तर्गत दंड दे और झूठी खबरों के फैलने से गिरनेवाले मनोबल को ऊँचा उठाए।

भारत सरकार को चाहिए कि जो ग्रंथ या धार्मिक ग्रंथ अन्धविश्वास फैलाते हैं, ऊँच-नीच का भेदभाव फैलाते हैं या अन्य प्रकार से राष्ट्र को कमजोर बनाते हैं, उनके प्रकाशनकर्ताओं एवं प्रचारकों पर भारतीय दंड विधान की 420 या अन्य धारा अथवा दीगर विधान द्वारा दंडित करे, ताकि राष्ट्र सबल बने।

मेरे खयाल से उनके साथ ऐसा व्यवहार इसलिए नहीं किया जा रहा है, शासन में उन्हीं प्रकाशकों एवं प्रचारकों के भाई-बन्द-रिश्तेदार भरे पड़े हैं। 'सैंया भये कोतवाल, अब डर काहे का!'

आर्यों ने भारत को सदैव गुलाम बनाया—

1. जयचन्द ने पृथ्वीराज को हराने के लिए मुहम्मद गोरी को बुलाया। उसने पहले पृथ्वीराज को और बाद में जयचन्द आदि को हराया। भारत इसी जयचन्द की बदौलत मुसलमानों का गुलाम बना।
2. मीर जाफर (जो आर्य से मुलसमान बने हुए परिवार में से था) अंग्रेजों से जा मिला। इसी की बदौलत भारत अंग्रेजों का गुलाम बना।

आर्य अब भी भारत को गुलाम बनाने की साजिशें कर रहे हैं—

1. शादीलाल कपूर,
2. सहगल ने पाकिस्तान के हित में भारत में रह कर जासूसी की।
3. आर्य फौजी अफसर की कमांड में (फौज के पहरे में) से 'लोहिया हेड' पिथौरागढ़ का मुख्य नक्शा चीन की लड़ाई के समय सन् 1962 ईसवी में गायब हुआ।
4. उस वक्त के रक्षा मंत्री (भारत सरकार) थे कृष्ण मेनन।
5. मोर्चे के प्रमुख अफसर जनरल कौल की बुजदिली किसी से छिपी नहीं है।
6. कच्छ के रण का नक्शा जो राज्य-विलीनीकरण के समय वहाँ के राजा महारावल ने भारत सरकार को दिया था, उसे आर्य पैरोकार ने खो दिया। उसके फलस्वरूप विश्व की अदालत 'जिनेवा' में भारत की हार हुई। कच्छ का रण भारत के कब्जे से निकालकर पाकिस्तान को दे दिया गया।

महाराणा प्रताप की गिरती हुई हिम्मत को बँधानेवाले भामाशाह की बात जाने दीजिए, आजकल के पूँजीपति खून-चूसा व्यक्ति हैं। चीन की लड़ाई सन् 1962 ईसवी और पाकिस्तान की लड़ाई सन् 1965 ईसवी में इन्होंने चोरबाजारी द्वारा करोड़ों-अरबों रुपये कमाए हैं।

भारत की कुल औद्योगिक पूँजी पाँच सौ परिवारों में बँटी हुई है। इसमें से तिहाई पूँजी केवल दो परिवारों में निहित है। इन्होंने लड़ाई के दिनों में भारत सरकार को चन्दा गरीबों के परसेंटेज के हिसाब से बिलकुल ही नहीं दिया है। इनके छिपे हुए काले धन की बदौलत भारत अरबों रुपये का विदेशी कर्जदार है।

नसीरुद्दीन खुसरो काठियावाड़ (गुजरात) का अछूत था। मुसलमान हो जाने पर खिलजी वंश का बादशाह बना। राजा कर्णदेव की रानी देबल देवी से विवाह किया जिसे अलाउद्दीन जीतकर लाया था।

मलिक काफूर गुजरात का अछूत (भंगी) था। मुसलमान होकर बादशाह बना।

छेदी जगन बलिया (उत्तर प्रदेश) का अछूत (चमार) थे। ईसाई होकर ब्रिटिश गुयाना के प्रधानमंत्री बने।

मैसूर विश्वविद्यालय के ईसाई वाइस चांसलर भी जन्मजात हिन्दू नाई हैं।

कृष्ण का मत है कि सब धर्मों को छोड़कर मेरी शरण में आ जाओ। मैं तुम्हारा उद्धार करूँगा। उनकी यह बात मनुष्य की स्वच्छन्द बुद्धि को ताले में बन्द करती है। यदि नसीरुद्दीन खुसरो व मलिक काफूर आदि हिन्दू रहते तो ब्राह्मणों, क्षत्रियों व वैश्यों द्वारा नीचता वाले अपमान के अतिरिक्त कुछ भी न कर पाते। उनकी प्रबल बुद्धि सदा हिन्दू पंथ की नीचता के ताले में बन्द रह कर सड़ा करती। इससे अधिक और कुछ नहीं।

डॉ.भीमराव रामजीराव अम्बेडकर एम.ए., एम.एस-सी., पी.एच.डी., डी.एस-सी., एल.एल.बी, डी.लिट्, वार-एट-लॉ जिनका चित्र 'ग्रेन इन ऑफ कोर्ट ऑफ लॉ लन्दन (इंग्लैंड)' में एशिया महाद्वीप के प्रथम कानून-विद्वान की हैसियत से लगा हुआ है, इन्होंने ही स्वतंत्र भारत का संविधान बनाया है।

जवाहरलाल नेहरू ने उनकी विद्वत्ता का पूरा लाभ इसलिए नहीं उठाया कि वह महार जाति के अछूत थे। उन्हें भारत सरकार की 'गवर्निंग बॉडी' (जो कमेटी भारत पर शासन करने को पॉलिसी तैयार करती है) में नहीं रखा।

नेहरू ने सरदार वल्लभभाई पटेल को उनकी इच्छानुसार उन्हें गृह-विभाग दिया, परन्तु डॉ. अम्बेडकर को उनकी तीक्ष्ण-बुद्धि का सदुपयोग हो सकने हेतु उनकी मर्जी के अनुसार, प्लानिंग विभाग न देकर, कानून मंत्री का नीरस पद दिया। डॉ. अम्बेडकर ने नेहरू से यहाँ तक अनुनय-विनय की कि मैं दोनों विभागों का काम अच्छी तरह कर सकता हूँ। मुझे दोनों विभाग दे दिए जाएँ। नेहरू ने नहीं दिए। डॉ. अम्बेडकर के विद्वत्ता-पूर्ण शब्दों में लिखित हिन्दू-कोड-बिल ज्यों-का-त्यों नेहरू ने हठ-वश पास नहीं होने दिया।

नेहरू यह बात भली भाँति जानते थे यदि डॉ. अम्बेडकर ने भारत का सर्वश्रेष्ठ प्लानिंग किया तो डॉ. अम्बेडकर का नाम भारत के निर्माणकर्ताओं के इतिहास में स्वर्ण-अक्षरों में लिखा जाएगा। यह अनुपम श्रेय मुझ सर्वश्रेष्ठ जाति ब्राह्मण को न मिलकर एक अछूत को मिलेगा।

यही बात हिन्दू-कोड-बिल के बारे में भी थी।

उपरोक्त घटनाएँ डॉ. अम्बेडकर ने देखीं, सोचीं, समझीं। तत्काल नेहरू की 'ब्राह्मणवादी अकर्मण्य-जेल' के कानून मंत्री के पद से त्याग-पत्र दे दिया।

डॉ. अम्बेडकर ने असमानता वाले हिन्दू धर्म को दिनांक—14 अक्टूबर, 1956 ईसवी को त्याग कर समानता वाले बौद्ध धर्म को ग्रहण करके 'बुद्ध और धर्म' नामक वैज्ञानिक खोजपूर्ण महान बौद्ध ग्रंथ लिखकर बौद्ध-जगत को ही नहीं बल्कि सम्पूर्ण विश्व में फैले हुए धार्मिक अन्धविश्वास के अँधेरे को सूर्य के प्रकाश की भाँति नष्ट कर दिया।

डॉ. अम्बेडकर यदि ब्राह्मण होते तो पंडित नेहरू उन्हें देवता मानकर उनके जीते जी ही उनकी मूर्ति बना कर पूजा करते।

आचार्य कृपलानी विरोधी-दल से भूतपूर्व समय में एम.पी. का चुनाव लड़े, नेहरू ने कहा—आचार्य कृपलानी बहुत काबिल हैं। उनका विरोधी होते हुए भी एम.पी. होना जरूरी है। इसलिए उनके खिलाफ कांग्रेस पार्टी अपना उम्मीदवार नहीं लड़ाएगी। नहीं लड़ाया। मगर जब अछूत नेता डॉ. अम्बेडकर एम.पी. का चुनाव शैड्यूल्ड कास्ट फैडरेशन से लड़े तो नेहरू का काबिलीयत वाला उपरोक्त सिद्धान्त कपूर बन कर उड़ गया। उनके खिलाफ उनकी विद्वत्ता के मुकाबिले में अनपढ़ कजरौलकर को अगणित रुपये खर्च करके जिताया। डॉ. अम्बेडकर को हराया।

पुन: एम.पी. के उप-चुनाव में भी डॉ. अम्बेडकर को हराने में नेहरू ने एड़ी से चोटी तक का पसीना एक कर के हरा दिया।

तुलसी-कृत 'मानस' की चौपाई 'पूजहि विप्र सकल गुण हीना। शूद्र न पूजहु वेद प्रवीणा॥' के अनुसार, स्पष्ट सिद्ध है कि ब्राह्मण नेहरू के नजदीक डॉ. अम्बेडकर महाशूद्र होने के कारण उनकी काबिलीयत की कोई इज्जत नहीं। इज्जत है, जातिगत आचार्य कृपलानी ब्राह्मण की।

सन् 1952 ईसवी में कोलम्बो (सीलोन) में विश्व के महानतम विद्वानों की कॉन्फ्रेंस इसलिए बुलाई गई कि खोज की जाए कि संसार में सर्वश्रेष्ठ कानूनदां कौन है? राष्ट्रपति राजेन्द्र प्रसाद ने प्रधानमंत्री नेहरू से कहा कि इस कॉन्फ्रेंस में भारत की ओर से नुमाइन्दगी करने के लिए डॉ. अम्बेडकर को भेजा जाए। जातिवादी नेहरू ने सोचा—कानून में प्रथम विद्वान होने का श्रेय यदि डॉ. अम्बेडकर को ही मिल गया तो केवल भारत ही नहीं, अपितु विश्व की धरा धसक जागेगी और ब्राह्मणी बड़प्पन की नकली कलई कानून की प्रखर किरणों के सामने विश्व की निगाह में उड़ जाएगी। नेहरू ने डॉ. सर्वपल्ली राधाकृष्णन ब्राह्मण को कोलम्बो भेजा। अध्यक्ष महोदय ने इनकी ब्राह्मणी-शास्त्रार्थ के ढंग वाली बेतुकी-बेढंगी कानूनी बहस सुनकर जिस बे-इज्जती के रिमार्क के साथ वापस कर दिया, उसे लिखने और सुनने में शर्म आती है, लिखा—...इनकी इस प्रकार की व्यर्थ की बहस से सदन की कार्रवाई आगे बढ़ने नहीं पा रही है। आखिर झक मारकर ब-दर्जे मजबूरी नेहरू ने राजेन्द्र प्रसाद की बात मान ली। डॉ. अम्बेडकर ने कहा—हे नेहरू! मैं कोलम्बो जाने का शौकीन पहले भी नहीं था, परन्तु अध्यक्ष द्वारा की गई बे-इज्जती केवल डॉ. सर्वपल्ली राधाकृष्णन की ही नहीं बल्कि सम्पूर्ण भारत की है। इस बे-इज्जती के दाग को मिटाने के लिए अवश्य जाऊँगा। गए। इनके विद्वत्तापूर्ण विचारों से प्रभावित होकर सदन ने डॉ. अम्बेडकर को 'डॉक्टर ऑफ लॉज' (कानून का डॉक्टर) की पदवी दी। इस प्रकार भारत की बे-इज्जती इज्जत में बदल गई। अत: हे अम्बेडकर! आप धन्य हैं।

15 अगस्त, सन् 1947 ई. को डॉ. अम्बेडकर ने कहा था कि फौज को आर्म्ड पुलिस की वर्दी पहना कर शक्ति द्वारा पूर्वी पाकिस्तान को तत्काल समाप्त कर दिया

जाए। विश्व की अदालत में 'पुलिस कार्रवाई' के नाम से अच्छी से अच्छी कानूनी पैरवी करके जिताने की जिम्मेदारी मेरी है। आदर्शवादी—नहीं-नहीं, राजनीति से शून्य नेहरू ने उनकी बात नहीं मानी।

डॉ. अम्बेडकर ने कहा था कि कश्मीर को हिन्दू व मुस्लिम आबादी के हिसाब से भारत और पाकिस्तान आपस में आधा-आधा बाँट लें। नेहरू ने ऐसा नहीं किया यहाँ यह भी बताना बड़ा जरूरी है कि आज कश्मीर की करीब-करीब पैंतीस प्रतिशत भूमि पर आजाद-कश्मीर-सरकार (राजधानी मुज्जफराबाद) का कब्जा है। फिर भी भारत अपनी खुद की गन्दी राजनीति के कारण कश्मीर की समस्या ठीक-ठीक हल नहीं कर पा रहा है।

इस प्रकार डिक्टेटर नेहरू ने अनेक बार विभिन्न विद्वानों की विद्वत्तापूर्ण मशविरों को ठुकरा कर, जनतंत्र का खून करके भारत को अपार क्षति पहुँचाई है, जिसे इतिहासज्ञ क्षमा नहीं कर सकते हैं।

नेहरू ने अपने जीवन में सुभाष आदि व्यक्तिगत नेताओं की तरक्की में रोड़े अटकाए। पार्टीगत भी किसी अन्य विरोधी पार्टी को फलने-फूलने नहीं दिया। उन्होंने अपने 18 वर्षीय शासन में देश को घोर गरीबी, भुखमरी, भ्रष्टाचार, घूसखोरी और भाई-भतीजावाद आदि के जाल में फँसा दिया ताकि भूखी-प्यासी, दुखी-पीड़ित जनता अपना आधा पेट भरने में ही दिन-रात पागल सरीखी घूमती रहे, वह नेहरू की तरह प्रधानमंत्री या कांग्रेस की तरह मजबूत पार्टी कभी भी न बना सके।

स्वतंत्र भारत डॉ. अम्बेडकर, डॉ. राममनोहर लोहिया, सावरकर और डॉ. श्यामाप्रसाद मुखर्जी की बुद्धि का नेहरू के कारण कोई सकारात्मक लाभ नहीं उठा पाया। ये महान विभूतियाँ अब दुबारा पैदा नहीं होंगी। प्रतिवर्ष इन्हें श्रद्धांजलियाँ अर्पित करते रहिए और साथ-ही-साथ अपने स्वार्थी नेहरू को भी ऐसे मौकों पर कुछ कहते जाइए। लाभ है केवल शून्य। उलटे समय की बरबादी। ट्रेन छूट गई। दुर्बुद्धि-भारतीय नेहरू की बदौलत टिकट न ले पाए।

सहज पाठकगण डॉ. अम्बेडकर, डॉ. राममनोहर लोहिया, सरदार वल्लभ भाई पटेल, रफी अहमद किदवई और डॉ. श्यामाप्रसाद मुखर्जी की मृत्यु के सही-सही कारणों का भिन्न-भिन्न प्रकार से पता लगाएँ। आम जनता इस विषय में भीतर कुछ खुसुर-फुसुर करती नजर आ रही है। स्पष्ट शब्द कहने का अनुकूल अवसर देख रही है।

सूरजमल जाट ने युद्ध संचालक ब्राह्मण सदाशिव राव पेशवा से कहा था कि अहमदशाह अब्दाली को गुरिल्ला युद्ध द्वारा मैं अकेले जीत सकता हूँ। जात्याभिमानी पेशवा ने गुरिल्ला युद्ध न करने का हुक्म दिया। साथ-ही-साथ, सम्पूर्ण जाट जाति की बेइज्जती-सूचक शब्द भी सूरजमल जाट से कहे—

*दुशालो फाटो भलो, साबुत भलो न टाट।*
*राजा भया तो क्या भया, रहा जाट का जाट॥*

यह केवल जाट जाति की ही बेइज्ज्ती नहीं है, बेइज्ज्ती है सम्पूर्ण बैकवर्ड क्लास की।

महानतम शूरवीर सूरजमल जाट इस जातीय बेइज्ज्ती को लहू के घूँट की तरह चुपचाप पी गया।

सिकन्दर के आक्रमण के बाद भारत में 'खरोष्ठी' लिपि आई। यह उर्दू व अरबी की तरह उलटी लिखी जाती है।

बौद्धकालीन शिलालेख सर्वप्रथम पालि लिपि में, तत्पश्चात् खरोष्ठी लिपि में व इसके बाद देवनागरी लिपि और संस्कृत भाषा में लिखे गए।

बौद्धकाल के पहले हिन्दू काल के कोई शिला-लेख या ताम्र-लेख संस्कृत भाषा में या अन्य भाषा में प्राप्त नहीं हैं। इससे स्पष्ट सिद्ध है कि वह पिछड़ा हुआ समय था। ऐसे पिछड़े समय को अगड़ा समय बताना कलम की कल्पना मात्र है।

भारत को इस उन्नत शिखर पर पहुँचाने का सम्पूर्ण श्रेय केवल बौद्ध धर्म को ही है।

आर्य-हिन्दू कहते थे—समुद्र यात्रा से या स्थल यात्रा से विदेश जाने से खान-पान द्वारा धर्म नष्ट हो जाएगा।

बौद्धों ने आर्य-हिन्दुओं के उपरोक्त कथन का घोर विरोध किया। वे विदेश गए। बौद्ध काल में व्यापार द्वारा विदेशों से भारी मात्रा में सोना भारत में आया।

यश लूटने के लिए आर्य-हिन्दू कहते हैं कि भारत को उन्नति के शिखर पर पहुँचाने का श्रेय आर्य-हिन्दुओं को है। उनका ऐसा कथन झूठ है। आर्य-हिन्दुओं के यहाँ विदेश से लौटने पर सर्वप्रथम गाय के गोबर में कई दिनों तक दबा कर रखा जाता था। फिर गाय का पेशाब आदि पिलाया जाता था और न जाने क्या-क्या किया जाता था। अन्त में उसे बिरादरी को एक बहुत बड़ा भोज, साथ-ही-साथ, ब्रह्म-भोज भी देना पड़ता था, तब वह अपनी जाति बिरादरी में मिलाया जाता, वर्ना जाति बिरादरी से अलग कर दिया जाता।

इतना ही नहीं, बाद के युग में भी अनेक नीचे लिखी ऊट-पटाँग किताबें अपने स्वार्थ की पूर्ति के लिए लिख डालीं। कहते हैं, वाममार्गियों ने लिखी हैं। जब वाममार्गियों ने यह किताबें लिखीं, तब दक्षिणपंथी कहाँ सोते रहे और दक्षिणपंथी उन्हीं किताबों के आधार पर काम-कला का मजा क्यों लूटने लगे? अब भी मौका बे-मौका किसी-न-किसी रूप में मजा लूट रहे हैं।

जबकि वाममार्गियों के लिए पढ़ाई-लिखाई तक के द्वार बन्द थे, तब वे संस्कृत के विद्वान कैसे बन गए?

*मद्यं मांसं च मीनं च मुद्रा मैथुनमेव च।*
*एते पंच मकारा स्युर्मोक्षदाहि युगे युगे॥*

**अर्थ :** मद्य, मांस, मछली, मुद्रा (पूड़ी, कचौड़ी, बड़े) और मैथुन के पाँच मकार युग युग में मोक्ष देनेवाले हैं। (कालीतंत्र)

*प्रप्रवृत्ते भैरवी चक्रे 'सर्वे वर्णा द्विजातयः।*
*निवृत्त भैरवी चके सर्वे वर्णा पृथक् पृथक्॥*

**अर्थ :** भैरवी चक्र में प्रवेश होने पर सम्पूर्ण वर्ण द्विजाति है, भैरवी चक्र के बाहर सब वर्ण अलग-अलग हैं। (कुलार्णवतंत्र)

*मातृयोनिं परित्यज्य, विहरेत सर्वे योनिषु।*
*वेदशास्त्र पुराणानि, सामान्यगणिका इव॥*
*एकैव शाम्भवी मुद्रा गुप्ता कुलवधूरिव।*
*अहं भैरवस्त्वं भैरवी ह्यावयोरस्तु संगमः।*

**अर्थ :** माता की योनि को छोड़कर सम्पूर्ण योनि (बहन, भानजी व पुत्री आदि) के साथ विहार करे। वेद, शास्त्र व पुराण आदि मामूली वेश्या अर्थात् रंडी के समान हैं। केवल शम्भु मुद्रा ही कुल-वधू की तरह गुप्त है। मैं भैरव हूँ, तुम भैरवी हो, यह अच्छा संगम है। (ज्ञान संकलिनी तंत्र)

*रजस्वला पुष्करं तीर्थ, चांडाली तु स्वयं काशी,*
*चर्मकारी प्रयागः स्यात् रजकी मथुरा मता।*

(अयोध्या पुक्कसी प्रोक्ता, रुद्रयाल तंत्र)

**अर्थ :** रजस्वला के साथ समागम करने से पुष्कर, चांडाली (भंगिन) के साथ समागम करने से काशी, चमारिन के साथ समागम करने से प्रयाग, धोबिन के साथ समागम करने से मथुरा और कंजरी के साथ समागम करने से अयोध्या तीर्थ करने का फल मिल जाता है।

*नटी कापालिका वेश्या रजकी नापितांगना।*
*ब्राह्मणी शूद्रकन्या च तथा गोपाल कन्यका॥*
*मालाकारस्य कन्या च नव कन्याः प्रकीर्तिता।*

**अर्थ :** नटिनी, कापालिक की कन्या, वेश्या, धोबिन, नाइन, ब्राह्मणी व शूद्र की लड़की, ग्वाला की लड़की और माली की कन्या, ये नौ कन्याएँ साधना में काम आती हैं। (गुप्त साधन-तंत्र)।

मनु-स्मृति के अध्याय 6 श्लोक नम्बर 31 के अनुसार, स्वर्ग के अभिलाषी व्यक्ति पानी में डूबकर या आग में जलकर (मर कर) 'महा-प्रस्थान' करने लगे, राजा 'शूद्रक' इसी प्रकार मरा था।

भूसा या घास में आग लगाकर व्यक्ति मर कर 'तुषानल' द्वारा स्वर्ग पाने लगे। 'कुमारिल भट्ट' ने बौद्धों से ज्ञान प्राप्त किया, फिर बौद्ध धर्म का खंडन किया। इस पाप से मुक्ति पाने के लिए वह 'तुषानल' द्वारा मरा।

गिरनार और सतपुड़ा पर्वतों की मनौती की दशा में पहली सन्तान को महादेव के नाम पर पहाड़ की चोटी पर से पटक कर मार डालते।

जगन्नाथपुरी की रथयात्रा, काशी-करवट, गंगा-प्रवाह, चरक-पूजा, सती-प्रथा, कन्या-वध, नरमेध-यज्ञ, हरि-बोल, धरना, देव-दासी, महा-प्रस्थान, तुषानल और भृगूत्पन्न आदि सभी कु-प्रथाओं को अंग्रेजों ने बन्द कराया। उन्हें अनन्त धन्यवाद।

हिन्दू धर्मशास्त्रानुसार ब्राह्मण को किसी भी जुर्म में कोई भी दंड नहीं दिया जाता था। सन् 1817 ई. में अंग्रेजों ने सम्पूर्ण भारत के लिए एक ही दंड विधान लागू कर के उपरोक्त स्वार्थी दंड विधान का मान-मर्दन कर डाला।

वर्तमान समय में ब्राह्मण, क्षत्रिय व वैश्य ही भारत के शासक हैं, यह लोग अपने से निम्न वर्ण के व्यक्तियों के साथ समानता का कानून बन जाने के बाद भी शासन के भीतर व बाहर समान व्यवहार करने में व्यावहारिक रूप में असफल सिद्ध हुए हैं। जब इनसे इस विषय में कुछ कहा जाता है, तब उत्तर देते हैं कि हमारी स्त्रियाँ पुराने खयालात की दकियानूस हैं, इसीलिए हम भी मजबूर हैं।

इस असमानता की समस्या को ऋषि दयानन्द व नेहरू आदि ने ठीक-ठीक ढंग से जान-बूझकर इसलिए नहीं सुलझाया, क्योंकि उनके ऐसा करने से उनके ही द्वारा उनकी जाति वालों की गरिमा ध्वस्त हो जाती। यह लोग अपने निहित स्वार्थ की सिद्धि-मात्र हेतु भोली-भाली जनता के मन को कब्जे में करने के लिए आकर्षक नारा लगाया करते थे, लगाया करते हैं, लगाया करेंगे।

पूना-पैक्ट के समय सन् 1932 ई. में ढोंगी मदन मोहन मालवीय आदि भारत के सभी सवर्ण नेताओं ने, जिनकी कथनी व करनी में जमीन-आसमान का अन्तर था, बम्बई की विशाल सभा में डॉ. अम्बेडकर के एक प्रश्न के उत्तर में आम जनता के सामने झूठ बोल कर अपना उल्लू सीधा किया। अछूतों के पृथक निर्वाचन क्षेत्र और दो वोट का अधिकार छीनने की साजिश में एक कड़ी और जोड़ दी।

इन हिन्दू धर्म के ठेकेदार नेताओं ने बड़े दम-खम के साथ हाथ उठाकर कहा था कि हम देश से छुआछूत अतिशीघ्र मिटा देंगे।

प्रिय पाठकगण इन स्वार्थी नेताओं के ठगईगीरी के जाल को अवश्य परखें।

ब्राह्मणों ने हमेशा क्षत्रियों को अवतार इसलिए माना ताकि साधन सम्पन्न सबल क्षत्रिय जाति की आड़ में उनके सभी ढोंग व पाखंड चलते रहेंगे, उनके सम्पूर्ण स्वार्थों की सिद्धि होती रहेगी। जो इनका विरोध करेगा, उसको क्षत्रियों से जुतिया कर ठीक करा देंगे, आदि। नाना प्रकार से परेशान करा कर तबीयत दुरुस्त करा देंगे।

इन अवतारों की आड़ में गरीबों की गाढ़ी कमाई यह लोग बिना कमाए सदा खाते रहे हैं। अब भी खा रहे हैं और यदि इनमें स्वाभिमान न जागा, वर्ग-चेतना न आई तो भविष्य में भी खाते रहेंगे। कहावत अपनी जगह अटल है—'बुद्धिमान खाते हैं, मूर्ख खिलाते हैं।'

कहते हैं, राजा पृथु व दशरथ आदि चक्रवर्ती महाराजाधिराज थे बिलकुल गलत है। जब कोलम्बस ने नई दुनिया की खोज की, तब उसे वहाँ उनकी कोई कहानी तक सुनने को नहीं मिली, उनके राजतंत्र सम्बन्धी भग्नावशेष भी नहीं मिले।

यह कहना कि राजा पृथु दिग्विजय हेतु निकले। उनके रथ के पहिये की चाल से पैसिफ़िक व अटलांटिक आदि सात महासागर बन गए। यह तो भारतीय इतिहास का मजाक उड़ाना है।

और तो और, तथाकथित अवतारी कहे जानेवाले पुरुषोत्तम राम व कृष्ण के सिक्कों का तो पता है ही नहीं, अन्य भग्नावशेषों का कहीं भी पता नहीं है। लेखक ने स्वयं अयोध्या व मथुरा को भली प्रकार देखा है। सब पंडों व पुजारियों का नया ठगई का जाल फैला है। अयोध्या में नव-निर्मित कोठरी को कैकेयी का कोप भवन बताकर, कैकेयी की मूर्ति दिखाकर पुजारिन यात्रियों से ईनाम के नाम से रुपये ऐंठती हैं। यही दशा मथुरा के मन्दिरों की भी है। यमुना के किनारे वाले राजा कंस के किले की ईंटें हजार वर्ष पुरानी कतई नहीं हैं।

अर्जुन का विवाह अमेरिका में नहीं बल्कि मणिपुर-नरेश की राजकुमारी 'उलूपी' से हुआ था।

स्पष्ट सिद्ध है कि भारत में कभी भी कोई ऐसा चक्रवर्ती राजा नहीं हुआ, जिसका सम्पूर्ण भूमंडल पर साम्राज्य रहा हो। राम व कृष्ण साधारण पुरुष थे। स्वार्थी लेखकों ने हवा में महल बना रखे हैं। झूठी तारीफ के पुल बाँध रखे हैं।

कहते हैं कि शंकराचार्य जगतगुरु थे। बिलकुल गलत है।

यदि वे जगतगुरु थे तो ईसाइयों, बौद्धों, मुसलमानों व पारसियों आदि को अपने-अपने धर्मों को छोड़कर चार वर्ण-युक्त हिन्दू धर्मानुयायी हो जाना चाहिए था, किन्तु उन्होंने ऐसा नहीं किया। इससे स्पष्ट सिद्ध है कि जगतगुरु झूठी व ठगईगीरी की उपाधि भोली-भाली जनता को अपने जाल में फाँसकर मनमानी मौज उड़ाने के लिए धारण की गई है। इसके अतिरिक्त कुछ नहीं।

चिन्दवरम नगर (दक्षिण भारत) निवासी एक ब्राह्मण जंगल में तपस्या करने लगा। उसकी स्त्री 'चिन्दवरम' नामक देवता की गुप्त करामात से गर्भवती हुई, फलस्वरूप शंकराचार्य पैदा हुए।

कोई कहते हैं कि विधवा ब्राह्मणी के गर्भ से पैदा हुए।

कोई कहते हैं कि पिता के गर्भाधान द्वारा उनकी मृत्यु के बाद पैदा हुए।

हमें उनकी पैदाइश के बारे में कुछ नहीं कहना है। हमें तर्क करना है कि "शंकराचार्य के प्रबल तर्कों से बौद्ध धर्म भारत में विलीन हुआ।" यह बात गलत है।

वास्तविकता यह है कि शंकराचार्य के साथ उज्जैन (मालवा प्रदेश) के राजा 'सुधन्वा' की सेना चला करती थी। जो व्यक्ति बौद्ध-धर्म को त्यागकर हिन्दू धर्म को ग्रहण नहीं करता था, राजा सुधन्वा की सेना उस व्यक्ति का कत्ल कर देती थी, बन्दी बना लेती थी। शंकराचार्य व सुधन्वा दोनों से गिड़गिड़ाते हुए हाथ जोड़कर माफी माँगने और हिन्दू धर्म ग्रहण करने पर छोड़ दिए जाते थे। अन्यथा कत्ल कर दिए जाते थे।

शंकराचार्य की इच्छानुसार राजा सुधन्वा ने अपने भाइयों को हुक्म दिया था कि रामेश्वर सेतु से हिमालय अर्थात् दक्षिण से उत्तर तक के बौद्धों को उनके बूढ़ों तथा बच्चों सहित मार डालो। जो उनको मारने से हिचके, उसे भी मार डालो।

इस प्रकार शंकराचार्य के प्रबल तर्कों अर्थात् शास्त्रार्थ द्वारा बौद्ध धर्म नष्ट नहीं हुआ बल्कि नष्ट हुआ है, उसके संहार के लिए आह्वान और राजा सुधन्वा के संहारक शस्त्र-बल से।

पुष्यमित्र शुंग-वंशीय ब्राह्मण राजा ने पाटलिपुत्र व जालन्धर के सभी बुद्ध बिहारों को जला डाला था। उसने शाकल (वर्तमान स्यालकोट) में घोषणा की थी कि जो व्यक्ति जितने बौद्ध-श्रमणों (ब्रौद्ध-भिक्षुओं) का सिर काट कर लाएगा, उसे प्रति मस्तक (सिर) एक सौ अशर्फियाँ (स्वर्ण-मुद्राएँ) इनाम में दी जाएँगी।

पंजाब के आर्य-हिन्दू राजा मिहिरकुल ने पाँच-खंडों (अर्थात् उत्तर, दक्षिण, पूर्व, पश्चिम व मध्य भाग) के बौद्ध-भिक्षुओं को मार डालने की आज्ञा दी। यह राजा बौद्धों का सबसे बड़ा शत्रु था। कान्धार-विजय के बाद उसने वहाँ के बौद्ध-धर्मी राजवंश को नष्ट कर डाला। बौद्ध धर्म के संघारामों व स्तूपों को तुड़वा डाला। अधिकांश भिक्षुओं को कत्ल कर दिया। शेष इधर-उधर भाग गए। इसने सिन्धु नदी के तट पर तीन लाख बौद्धों का एक साथ कत्ल किया।

बौद्ध धर्म से हिन्दू धर्म ग्रहण करने के बदले में बौद्धों को तलवार का भय, स्त्री और शराब का लालच भी दिया गया।

आर्य हिन्दू ब्राह्मणों ने बख्तियार खिलजी को समझाया कि नालन्दा बुतपरस्ती का केन्द्र है। इसलिए 'बख्तियार खिलजी' ने नालन्दा विश्वविद्यालय को जला दिया। वास्तव में, हिन्दू ब्राह्मणों ने नालन्दा विश्वविद्यालय को जलाकर राख कर दिया। अध्यापकों को भिक्षु-भेस में एक सरीखे वस्त्र पहने दिखाकर ब्राह्मणों ने मुसलमानों को समझाया—ये प्रशिक्षित सैनिक हैं। उनका कत्ल करवा दिया। वहाँ के विद्यार्थी भाग गए।

अन्य मुस्लिम हमलावरों से भी केवल बौद्ध-भिक्षुओं को प्रशिक्षित सैनिक समझा कर कत्ल करवा दिया।

यहाँ यह भी बता देना बड़ा जरूरी है ताकि भोली-भाली जनता को भ्रम न हो कि हिन्दू राजाओं ने जान-बूझकर बौद्धों व बौद्ध-भिक्षुओं का बौद्ध धर्म मिटाने की गरज से कत्लेआम किया। परन्तु मुसलमानों ने केवल बौद्धों का बौद्ध धर्म मिटाने

के मतलब से कत्ल नहीं किया। मुसलमानों की दृष्टि में हिन्दू व बौद्ध दोनों बराबर हैं या दोनों हिन्दू ही हैं।

लेखक का दृढ़ विश्वास है कि यदि मुसलमानों को यह मालूम हो जाता कि बौद्ध धर्म जाति-पाँति एवं चोटी-जनेऊ रहित, मानवता-प्रेमी, समता, बन्धुता तथा स्वतंत्रता युक्त वैज्ञानिक धर्म है तो वे सम्पत्ति तो जरूर ही लूटते, परन्तु बौद्धों और बौद्ध-भिक्षुओं का कत्ल हरगिज नहीं करते।

कहते हैं, कृष्ण विश्व-वन्द्यम् थे। यह भी बात समझ में नहीं आती है। कृष्ण-धर्मी व्यक्ति उनके समय में भी यूरोप व अफ्रीका आदि में नहीं थे और न अब भी हैं। कृष्ण चातुर्वर्ण को मानते थे, परन्तु विदेशियों ने चार वर्ण को कभी नहीं माना। इससे स्पष्ट सिद्ध है कि कृष्ण विश्व-वन्द्यम् नहीं थे।

कहते हैं, मोहनदास करमचद गांधी विश्व-वन्द्यम् हैं। यह भी गलत है। विश्व भर की कौन कहे, संसार की लगभग आधी से अधिक आबादी कम्युनिस्ट है, परन्तु गांधी कम्युनिस्ट नहीं थे। जाने दीजिए। विदेशों की बात।

भारत में गांधी की बात उनके सामने ही कायदे-आजम मिस्टर मोहम्मद अली जिन्ना और महान विभूति डॉ. भीम राव रामजी राव अम्बेडकर ने कभी भी नहीं मानी।

नाथूराम गोडसे व उनके साथियों ने उनके जीते जी गांधी की बात नहीं मानी। न मरने पर मानी बल्कि ब्राह्मण गोडसे ने गांधी की हत्या कर दी।

अब भी भारत में गांधी की बात माननेवाले बहुत कम हैं, इनमें से कुछ तो अवसरवादिता के कारण उनकी बात बदर्जे मजबूरी मानते हैं।

स्पष्ट है कि मोहनदास करमचन्द गांधी विश्व-वन्द्यम् नहीं हैं।

कहते हैं, 'याज्ञवल्क्य' ने राजा 'जनक' के दरबार में 'गार्गी' को ब्रह्मवाद के शास्त्रार्थ में हराया था। बिलकुल झूठ है।

वास्तविकता यह है कि ब्रह्मवाद की कल्पना कन्नौज (उत्तर प्रदेश) के क्षत्रिय राजा 'प्रवाहण' ने सर्वप्रथम जान-बूझकर इसलिए की थी, ताकि इस ब्रह्मवाद के जाल की आड़ में मूक-जनता की गाढ़ी कमाई ब्राह्मण एवं क्षत्रिय लूट-लूटकर खाएँ। जहाँ जनता राजी से पैसा न दे, वहाँ राज-दंड द्वारा जबरन पैसा इसी बहाने वसूल किया जाए।

जनसेविका गार्गी इस ब्रह्मवादी प्रचार के सख्त खिलाफ थी। राजा जनक और उनकी परिषद् के सामने जब महानतम विद्वान गार्गी ने प्रश्नों द्वारा स्वार्थी याज्ञवल्क्य को ब्रह्मवाद के विरुद्ध चारों ओर से घेर लिया तो वे क्रोधित होकर भौंहें तानते हुए, बैठक से उचककर उच्छृंखलतापूर्वक डाँटते हुए गार्गी से बोले, 'री गार्गी! तूने यदि आगे प्रश्न किया, तो तेरा सिर कटकर गिर जाएगा।'

बेचारी अकेली गार्गी आखिरकार स्त्री जाति की ठहरी। वहाँ उसकी विद्वत्तापूर्ण बातें सुननेवाला कोई नहीं था। तुरन्त समझ गई कि याज्ञवल्क्य के ब्रह्म-तेज से तो

मेरा सिर कदापि नहीं गिर सकता है, परन्तु याज्ञवल्क्य के इशारे पर उनके हट्टे-कट्टे जवान गुंडे चेले जो पास उनकी पैरवी के लिए बैठे हुए हैं, मुझ गार्गी का सिर तलवार आदि से जरूर ही गिरा देंगे। सहमकर चुप रह गई। इस प्रकार याज्ञवल्क्य की जीत हुई।

उपरोक्त घटना गार्गी ने अपनी वृद्धा बुआ 'लोपा' (क्षत्रिय राजा प्रवाहण की स्त्री) को रो-रो कर कन्नौज में सुनाई थी। यह भी कहा था। हाय! क्या करें रोजाना लुटनेवाली देहाती मूक-जनता को पेट भरने के अलावा मेरी सच्ची बात सुनने तक की फुरसत नहीं है। यदि वह धोखे में भी मेरी सच्ची बात सुन ले, तब तो उसका कल्याण हो ही जाए।

आर्यों की आदत है—खुद तो करेंगे नहीं, दूसरों की कला को अपनी कला बताते हैं। पुरानी किताबों के सीधे-सीधे अर्थ को बदलकर अपने ढंग पर सिद्ध करने की असफल कोशिश करते हैं।

कहते हैं, आत्म-शक्ति का मतलब है एटम बम। हम महाभारत काल में एटम बम बनाना जानते थे।

महाभारत काल के बाद आधुनिक 'हिरोशिमा' नगर जापान पर द्वितीय विश्वयुद्ध के समय डाले गए एटम-बम की भाँति मनोवैज्ञानिक एवं रासायनिक असर महाभारत काल में क्यों नहीं पड़ा। 'हिरोशिमा' में चौबीस वर्ष बाद अब भी उस बम के असर के कारण अन्धे, लंगड़े एवं लूले बच्चे पैदा हो रहे हैं।

कहते हैं, आर्यों ने सूर्य के प्रकाश में सात रंगों की सर्वप्रथम कल्पना की। उसी की नकल रात में सात रंग के बिजली के बल्ब लगाकर अमेरिकनों ने 'मिस्सीसिपी' नदी के 'न्याग्रा प्रपात' नामक झरना में पर्यटकों के मन को लुभाने के लिए लगाकर दिन की सूर्य वाली प्राकृतिक सात रंग की कमी को पूरा कर दिया है।

वास्तव में उपरोक्त खोज स्वत: अमेरिकनों की है। आर्यों की नहीं।

कहते हैं कि दक्षिणी अमेरिका के पीरू (पेरू) सूर्य मन्दिर के भग्नावशेष भारतीय आर्य-सभ्यता है, झूठ है।

वास्तव में पनामा थल डमरूमध्य (वर्तमान पनामा नहर) का, जो उत्तरी अमेरिका को दक्षिणी अमेरिका से मिलता था, सर्वप्रथम 'मैगलिन फ्रैंक' ने असफल पता लगाय! था। द्वितीय 'कोलम्बस' ने सफल पता लगाया। फिर क्या आर्य-सभ्यता हवा में उड़कर विश्व में छा गई थी।

भारत का सर्वप्रथम सूर्य-मन्दिर जामवन्ती-पुत्र (कृष्ण-सुत) 'साम्ब' के कोढ़ (कुष्ट) नामक बीमारी का इलाज शक द्वीपी शकों द्वारा करने में डॉक्टरी फीस के बदले में सूर्य-पूजक शकों की प्रेरणा से साम्ब ने 'मुलतान' (पश्चिमी पाकिस्तान) में बनवाया था। उलटे भारतीय आर्य-ब्राह्मणों ने इस सूर्य-मन्दिर का विरोध किया की सूर्य की प्रतिमा स्थापित करने का अनुष्ठान नहीं किया एवं सूर्य-मन्दिर निर्माता 'साम्ब' को नीच जाति वाला कहा। उसने शक द्वीपी डॉक्टरों से ब-दर्जे मजबूरी

सूर्य की मूर्ति की स्थापना कराई और उन्हें ब्राह्मण एवं उनके सम्मानित साथियों को क्षत्रिय व वैश्य तथा सबकों शूद्र घोषित किया। वे सब भारत में स्थायी निवास करने लगे। बाद को उन लोगों के सगे-सम्बन्धी व मित्र आदि भी भारी संख्या में आकर भारत में रहने लगे। शक द्वीप में भारत जैसी वर्ण-व्यवस्था वाली जातियाँ नहीं थीं।

इन शक द्वीपी सेवक शूद्रों में से एक जाति 'मंगद' ने बिहार प्रान्त में 'मगह' नामक नगर बनाया। यही और इसके आसपास अधिकाधिक तादाद में निवास करने लगी। यही 'मगह' नगर आगे चलकर 'मगध' नगर तथा 'मगध-राज्य' कहलाया।

मुल्तान के इस सूर्य-मन्दिर को, जिसे साम्ब ने बनवाया था, सन् 640 ई. में चीनी यात्री 'ह्वेनसांग' ने देखा था।

स्पष्ट सिद्ध है कि कृष्ण का समय आज से हजार वर्ष पूर्व का नहीं था, बल्कि गौतम बुद्ध के सात-आठ सौ वर्ष पहले का था, क्योंकि हड़प्पा व मोहनजोदड़ो की सभ्यता इस मन्दिर से अति ही प्राचीन है।

ध्यान रहे कि विद्वत्ता एवं प्राचीनता की डींग हाँकनेवाली आर्य-सभ्यता साम्ब के कोढ़ नामक बीमारी को ठीक करने में असफल रही। इससे सिद्ध है कि सभ्य कहे जानेवाले महाभारत काल में भी भारतीय कोढ़ आदि गम्भीर रोगों की औषधि नहीं जानते थे।

कहते हैं कि गैलीलियो, मारकोनी, सर आइजक न्यूटन व जार्ज स्टीफिंशन आदि ने भारतीय वेद-मंत्रों द्वारा सफलता पाई, समझ में नहीं आती। वास्तव में, यह मिथक और धर्म की रोटी खानेवाले पागलों का प्रलाप है। जबकि वह उनकी स्वतः की मौलिक खोज है।

पुष्पक विमान लंकावासी असुर लोगों अर्थात् भारत के आदिनिवासियों का बनाया हुआ था, जिसे रावण ने लंका विजय के समय युद्ध में कुबेर से जीता था।

राम के भाई लक्ष्मण ने 'लक्ष्मणपुरी' (वर्तमान लखनऊ) नगर नहीं बसाया। वास्तव में, कोई भी नवीन नगर किसी शासक के नाम से बसाए जाते हैं। सम्पूर्ण जीवन में उन्हें यह सु-अवसर आधी घड़ी का भी नहीं मिला। उनका सारा जीवन दासत्व में बीता। जबकि वास्तविक राजाओं के नाम पर दशरथपुरी व रामपुरी आदि नगर कहीं नहीं बसाए गए। तब केवल लक्ष्मणपुरी ही बसाने की कौन-सी जरूरत आ पड़ी। फिर भरतपुरी व शत्रुघ्नपुरी न बसाकर उनका घोर अपमान क्यों किया गया?

वास्तविकता यह है कि लखना (पासी) ने अपनी खोजपूर्ण, कुशाग्र-बुद्धि से अति मजबूत लखौरी ईंट तैयार करके बादशाह वाजिदअली के सामने पेश की। बादशाह ने इस ईंट को स्वीकार करके नया नगर लखनऊ बसाया। लखना से 'लखौरी ईंट' और लखौरी से लखनऊ नाम सही है। अतः लखनऊ को लाखन पासी ने बसाया।

कहते हैं कृष्ण ने कानपुर (कान्हपुर) बसाया। समझ में नहीं आता, कृष्ण की जैसी दुर्गति मथुरा में मगध-नरेश जरासन्ध ने की थी, वह किसी से छिपी नहीं है। कब बसाया। महाभारत कालीन एक ईंट का भी पता नहीं।

वास्तविकता यह है कि अंग्रेजों ने अपना फौजी पड़ाव इस स्थान पर डाला था, जिसे अंग्रेजी भाषा में 'कैम्प' कहते थे। कैम्प से कम्पू और कम्पू से कानपुर वर्तमान नाम पड़ा।

कहते हैं, मोहनदास करमचन्द गांधी ने कहा—एक बन्दर अपनी दोनों आँखें, दूसरा अपने दोनों कान और तीसरा अपना मुँह अपने दोनों हाथों से बन्द रखता था। पूछने पर बन्दरों ने उत्तर दिया। पहले ने कहा—मैं किसी की बुराई देखना, दूसरे ने कहा—मैं किसी की बुराई सुनना, तीसरे ने कहा—मैं किसी की बुराई करना अच्छा नहीं समझता। संसार के ऊपर का बड़प्पन थोपने के लिए गांधी का नाम झूठ लिखा गया है।

वास्तव में, उपरोक्त कहानी चीन देश में बहुत पहले से प्रचलित थी।

कहते हैं कुतुब मीनार और ताजमहल राजपूतों के बनवाए हैं यह भी गलत है। वास्तविकता भारत का बच्चा-बच्चा जानता है।

57 वर्ष ईसा पूर्व मालवा प्रदेश में वीर विक्रमादित्य नाम का कोई राजा राज्य नहीं करता था, जब इस नाम का कोई राजा ही नहीं था तो नया विक्रमी संवत चलाने का प्रश्न ही नहीं उठता।

वास्तव में 57-58 वर्ष ईसा पूर्व 'तक्षशिला' के पार्थिव-वंशीय राजा 'एजेस प्रथम' ने अपना संवत चलाया। बाद में मालवा राजाओं ने मान लिया।

सन् 640 ई. में 'ह्वेनसांग' चीनी यात्री ने मालवा के सुप्रसिद्ध राजा विक्रमादित्य के पुत्र शिलादित्य को देखा था। इससे पता चलता है कि सुप्रसिद्ध राजा विक्रमादित्य सन् 640 ई. के लगभग बीस साल पहले अर्थात् सन् 620 ई. में राज्य करता होगा।

कहते हैं कि भारतीय कांग्रेस की नींव योगेशचन्द्र चटर्जी ने सन् 1885 ई. में डाली बिलकुल गलत है।

वास्तविकता यह है कि भारतीय कांग्रेस की नींव सन् 1885 ई. में 'सर ह्यूम' नाम के अंग्रेज ने इसलिए डाली थी, ताकि भारत के लिए बननेवाले कानून का मसौदा जो लन्दन (इंग्लैंड) की पार्लियामेंट में बनता था, उस पर भारतीय जनता की प्रतिनिधि की हैसियत से भारतीय कांग्रेस अपनी सम्मति व संशोधन प्रकट करे। फिर उसके मुताबित पार्लियामेंट में कानून बने, ताकि भारतीय जनता उसे अपना ही बनाया हुआ कानून समझकर, भविष्य में न तोड़े। बात सही यह है।

यह कहना है कि कांग्रेस ने आर्य-समाज के उसूलों को मानकर आजादी प्राप्त की है बिलकुल गलत है।

वास्तविकता यह है कि आज के ढाई हजार वर्ष पहले महान गौतम बुद्ध ने कहा था—दुःख, दुःख का कारण व दुःख का निवारण है। संसार में नब्बे प्रतिशत

व्यक्ति दुखी हैं। जियो और जीने दो। बहुजन हिताय-बहुजन सुखाय। संघम् शरणम् गच्छामि...आदि सिद्धान्तों को ईसा, मोहम्मद, कबीर, रैदास, नानक और नाभादास आदि ने अपने संत ढंग पर माना। (पूर्ण जानकारी के लिए संत मत पर बौद्ध-धर्म की छाप' पढ़िए।)

गौतम बुद्ध के इन्हीं उपदेशों को विश्व के विभिन्न राजनीतिक विद्वानों नेपोलियन, अब्राहम लिंकन, कार्ल मार्क्स, लेनिन, स्टालिन, हिटलर, मुसोलिनी, जान एफ. कनैडी, राबर्ट कनैडी, मार्टिन लूथरकिंग, मार्टिन लूथर किंग द्वितीय, मोहनदास करमचन्द गांधी, सुभाषचन्द्र बोस, डॉ. अम्बेडकर, डॉ. श्यामाप्रसाद मुखर्जी, कायदे-आजम मिस्टर मोहम्मद अली जिन्ना, डॉ. राममनोहर लोहिया व सरदार भगतसिंह आदि आदि ने अपने-अपने ढंग पर अर्थ निकाला। इससे स्पष्ट सिद्ध है कि स्वराज्य की सम्पूर्ण रूपरेखा बौद्ध-दर्शन पर आधारित थी, जो अब भी है। केवल स्वार्थपरता ने सब की बुद्धि को अपने-अपने ढंग पर बरगला रखा है।

प्राचीन समय में गौतम बुद्ध के पंचशील शिक्षाएँ—1. मैं हिंसा नहीं करूँगा, 2. मैं चोरी नहीं करूँगा, 3. मैं व्यभिचार नहीं करूँगा, 4. मैं झूठ नहीं बोलूँगा, और 5. मैं नशा नहीं करूँगा—को आदमी बौद्ध धर्म के नाम पर अपनी इच्छानुसार पालन करते थे। किन्तु अब भारतीय दंड विधान के भय के कारण उपरोक्त पंचशील अक्षरशः ज्यों-का-त्यों पालन करते हैं। इस प्रकार केवल भारत ही नहीं, बल्कि सम्पूर्ण संसार बौद्ध-दर्शन का चिर-ऋणी होकर उसे अपने-अपने ढंग पर, वह ढंग चाहे धार्मिक हो या राजनीतिक! अवश्य ही मानता है।

वेद पवित्र, स्वतः प्रमाण व गलती की सम्भावना के परे है—मानना भारी भूल है। ऐसा मान लेने से मनुष्य की विचारशील बुद्धि अ-कारण ही निष्क्रिय बनती है।

वेद आर्यों व अनार्यों के युद्धों का इतिहास है। खान-पान के विषय में लिखा है कि वैदिक-आर्य गाय व बैल का भी मांस खाते थे। इस काम के लिए स्थान-स्थान पर कसाईखाने भी थे। (पूर्ण जानकारी के लिए 'अछूत कौन और कैसे?' लेखक डॉ. अम्बेडकर पढ़िए) वेद और वैदिक-ऋषि सत्य को अँधेरे में ढूँढ़ते फिरे, मिला नहीं। वेदों में कल्पित ईश्वर और कल्पित देवताओं से आर्यों के कल्याण और अनार्यों (दासों व दस्युओं) के विनाश की प्रार्थनाएँ की गई हैं, ऐसी अन्धविश्वासी प्रार्थनाएँ आदमी को हर प्रकार से हिजड़ा बनाने के अलावा और कोई दूसरा मतलब नहीं रखतीं। वैदिक सिद्धान्त केवल मानसिक उड़ानें हैं, यथार्थ से कोई सम्बन्ध नहीं। (और जानकारी के लिए 'अंगुलिमाल नाटक' पढ़िए)

हजारों वर्ष के बाद देहातों में अब भी कहावत बड़े जोरों से प्रचलित है, 'जो गीत अहीर-गड़रियों ने गाए, वे वेद मंत्र कहलाए' का साफ मतलब है कि प्रारम्भ में सारा विश्व भेड़-बकरी व पशु पालक अर्थात् 'गड़रिया' था। इस प्रकार आदिनिवासियों व आर्यों के सम्मिलित तजुर्बे में स्वार्थी आर्यों ने अपने स्वार्थ की बातें मिलाकर वेद

नाम रखा। वेद शब्द का मतलब है—जानना। जिन बातों का जिक्र वेद में नहीं है, परन्तु आप उन्हें जानते हैं, अत: वे बातें भी वेद वाक्य ही हैं। इसमें कभी दो राय नहीं हो सकती है।

इतिहासकार मैक्समूलर और मैकडानल के अनुसार, 1,000 वर्ष ईसा पूर्व से लेकर 800 वर्ष ईसा पूर्व तक के समय में वेद लिखे गए। वेद पहले मौखिक थे।

वेद आदिकाल से हैं। यह बात बिलकुल ही गलत है, क्योंकि संसार का निर्माण नहीं, विकास हुआ है।

विश्व की सबसे भारी आबादी ईसाइयों, बौद्धों, मुसलमानों व पारसियों की है। ये सर्व देशी समतावादी-धर्म हैं। इन धर्मों में मनुष्यत्व है। यह धर्म आदमी को आदमी। दुखी व्यक्ति को दुखी व्यक्ति समझते हैं। ये लोग वेद धर्मानुयायी नहीं हैं।

आपने कभी ठंडे दिमाग से बैठकर सोचा ही नहीं कि क्या वजह है कि हिन्दू धर्म व आर्य-धर्म प्रचारक विदेशों में जाकर अपनी चातुर्वर्णी थ्योरी के अनुसार, विधर्मियों को अहीर, चमार, महार और भंगी आदि बनाने का उपदेश देने में क्यों असफल सिद्ध हुए हैं?

कोई भी स्वस्थ-धर्मी (समतावादी-धर्म) व्यक्ति कभी भी अस्वस्थ-धर्मी (असमतावादी-धर्मी) अर्थात् कोढ़ी के साथ रहना पसन्द नहीं करेगा।

कहते हैं कि पुराने जमाने में आदमियों की आयु हजारों वर्ष की थी, यह बात बिलकुल गलत है।

वास्तविकता यह है कि वेदों में ही लिखा है कि 'मैं सौ वर्ष तक जिऊँगा, मैं सौ वर्ष तक सुनूँगा, मैं सौ वर्ष तक देखूँगा और मैं सौ वर्ष तक सुखी (अदीना) जीवन बिताऊँगा' से स्पष्ट सिद्ध है कि हजारों वर्ष जीवित रहनेवाली बात धुएँ का महल है। पुराने जमाने में भी मनुष्य की आयु एक सौ वर्ष के लगभग ही थी।

ऋषि दयानन्द सरस्वती के काल में हिन्दू से केवल ईसाई छिटपुट बन रहे थे। मुसलमान बिलकुल नहीं बन रहे थे। उन्होंने 'सत्यार्थ-प्रकाश' के अगले संस्करण में चौदहवाँ समुल्लास लिखकर बड़ी भारी गलती यह की है कि इसके पढ़ने से मुसलमानों और हिन्दुओं के मध्य कटुता बढ़ी, यहाँ तक बढ़ी कि उस कटुता ने पश्चिमी और पूर्वी दो पाकिस्तान बनाकर भारत की सुरक्षित सीमा को सदा-सदा के लिए अरक्षित बना दिया। यदि उन्होंने यह चौदहवाँ समुल्लास लिखकर, बे-वक्त की शहनाई बजाकर, बे-सुरा राग अलापा न होता तो पाकिस्तान की जंजीर में एक कड़ी की कमी रह जाती और पाकिस्तान कदापि न बन पाता।

ऋषि दयानन्द सरस्वती ने 'सत्यार्थ-प्रकाश' के चौथे समुल्लास में वेद की रीति के अनुसार होनेवाली 'नियोग-प्रथा' को जायज बताया है। लिखा है, स्त्रियाँ और पुरुष नियोग द्वारा ग्यारह-ग्यारह सन्तानें तक पैदा कर सकती हैं। ग्यारह-ग्यारह सन्तानें उत्पन्न करना, चाहे वह वेद की नियोग-रीति से हों या प्रेमी-प्रेमिका

की रीति से हों या बलात्कार की रीति से हों, सब खुला निकृष्ट व्यभिचार है। ऐसे नियोग हमेशा ही अधिकतर बलात्कार की सीमा रखते हैं। वास्तव में, नियोग सभी ना-जायज हैं। जरूरत पड़ने पर नियोग के बजाय विधवा विवाह जायज हैं, जो आदिनिवासियों (शूद्रों व महाशूद्रों) में आदिकाल से प्रचलित था। अब भी प्रचलित है।

ऋषि दयानन्द सरस्वती की स्वत: की खोज कुछ भी नहीं है। वे वेदों के पीछे-पीछे आँख बन्द करके चल दिए।

आर्य-समाज ने शूद्रों व महाशूद्रों 'बढ़ई, लुहार व नाई आदि को शर्मा, अहीर को यादव, गड़रिया को पाल, किसी को वर्मा और किसी को गुप्ता' नामक उपाधियाँ 'आसिफउद्‌दौला के इमाम-बाड़ा' (लखनऊ) की भूल-भुलैया की तरह जनेऊ सहित बाँट दीं, जो तर्क की कसौटी पर कसे जाने पर साफ-साफ मिनर्वा गोल्ड अर्थात् मुलम्मा (नकली सोना) दिखाई पड़ा। क्योंकि मौजूदा ब्राह्मण, क्षत्रिय व वैश्य समाज ने इन आर्य-समाजियों की नकली उपाधियों को बिलकुल ही मान्यता नहीं दी। 'धोए लेंड़ बघारे लेंड़, रहे लेंड़ के लेंड़' नामक कहावत के अनुसार, बनौधिया यादव की लड़की किसी भी गौर, सेंगर, चौहान, तोमर व पमार आदि ने न ली और न दी। तरक्की-तरक्की का ढोल पीटने में समय व धन दोनों की व्यर्थ बरबादी हुई। यदि डॉ. अम्बेडकर की नसीहत के मुताबित ये शूद्र व महाशूद्र चलना अब प्रारम्भ कर दें। 'देर आयद दुरुस्त आयद' तो वे अब भी बड़ी आसानी से अपनी रोटी, कपड़ा, मकान और इज्जत की समस्या हल कर सकते हैं।

सुधारक ज्यादा तादाद में ब्राह्मण जाति में सिर्फ अपना उल्लू सीधा करने के लिए हुए हैं। याद रखो—जहाँ ये लोग अपने व्यक्तिगत और जातिगत हितों पर आँच आते देखते हैं, वहाँ दूसरे व्यक्तियों, दूसरी जाति वालों, अन्य समाज वालों और यहाँ तक कि सामूहिक देश के हितों को कुचल कर अपने और अपनी जाति के हितों की रक्षा करते हैं।

ऋषि दयानन्द सरस्वती और उनकी आर्य-समाज संस्था आज तक एक भी विद्वान भंगी को ब्राह्मण और कु-कर्मी ब्राह्मण को महाशूद्र नहीं बना पाई।

उनके मरने के बाद यह संस्था, संस्था मात्र रह गई। सनातन धर्म में विलीन हो गई। वास्तव में, जैसे लड़ाई के मोर्चे पर सेना के आगे के रास्ते को साफ करने के लिए 'सफर मैन' पल्टन चलती है। ठीक यह आर्य-समाज भी सनातन धर्म की 'सफर मैन' पल्टन मात्र थी। जो अपना काम समाप्त करके समाप्त हो गई।

एक नि:सन्तान भंगी आर्य-समाजी मरता है तो उसकी स्त्री को सान्त्वना देने के लिए उसके घर पर कोई भी आर्य समाजी ब्राह्मण की स्त्री नहीं आती है। हमदर्दी के दो शब्द कहना कि बहन जी रोइए मत। एक दिन सब को मरना है। आज तुमको, कल हमको। चलो आज मेरे घर पर ही रूखा-सूखा खाना खाइए

या कहो तो अपने बच्चे के हाथ खाना यहीं भेज दें।...तो बड़ी बात है। याद रखिए, यह वह मूर्खों का देश है, जहाँ कि यदि ब्राह्मणी उसके घर पर ही नहीं, अपितु यदि वह उसके दरवाजे पर ही कहीं धोखे से भी ऐसे मौके पर पहुँच जाए तो हिन्दू समाज 'रसातल में चल जाएगी', 'धरा धसक जाएगी', 'आसमान गिर जाएगा'...। यह है, नुमायशी आर्य-समाज की आँख-देखी विडम्बना, पाखंड, करनी-कथनी में अपार अन्तर।

मुसलमानों ने सड़कें, नहरें, तालाब, कुएँ, सराएँ, (धर्मशालाएँ) और शफाखाने (अस्पताल) बनवाए। दिल्ली-नरेश पृथ्वीराज और कन्नौज-नरेश जयचन्द आदि ने ऐसा नहीं किया। इन्हें अपने गम से ही आजीवन फुरसत नहीं मिल पाई।

अंग्रेजों ने रेल, तार, डाकखाने, अस्पताल, पक्की सड़कें, नहरें, बिजली और वायरलेस आदि बनाए। उन्हें धन्यवाद।

आर्य कहते हैं कि दक्षिण 'भारत के असुर' राजा 'रम्भ' की स्त्री भैंस थी। भैंस गर्भवती हुई। रम्भ मर गया। उसके साथ भैंस सती होने चली। गर्भ के पुत्र ने सोचा कि माताश्री मुझे भी जला डालेगी। पुत्र भैंस के पेट में से जननेन्द्रिय द्वार से निकलकर भाग खड़ा हुआ। भैंस सती हो गई। उस पुत्र का नाम 'महिषासुर' पड़ा। इस प्रकार का सफेद झूठ और गन्दा साहित्य लिखकर आदिनिवासियों को ही केवल बेइज्जत नहीं किया गया है बल्कि सभ्य संसार के सामने रही-सही भारतीय इज्जत गर्द-बर्द करके अपने पैरों में जानबूझकर कुल्हाड़ी मारकर अपनी आर्य-लेखन कला की अ-बुद्धिमत्ता का अभूतपूर्व परिचय दिया है।

वास्तविकता यह है कि रम्भ ने पशु पालक आदिनिवासी-जाति अहीर की युवा लड़की से शिकार की दशा में जंगल में ही गन्धर्व रीति से विवाह किया। गर्भवती हुई। रनिवास में रानी बनकर रही। लड़का पैदा होने के आधा घंटा पहले रम्भ मर गए। रानी भी इस पुत्र प्रसव-काल में मर गई। इसलिए राजा व रानी दोनों का दाह-संस्कार एक साथ हुआ।

महिषासुर का पालन-पोषण एवं शिक्षा-दीक्षा का अच्छे-से-अच्छा प्रबन्ध रम्भ की माताश्री ने किया। महान प्रतापी राजा महिषासुर ने नवीन राजधानी महिष-मंडल अर्थात् वर्तमान मैसूर नगर बसाया। महिष-मंडल प्रदेश पर योग्यतापूर्वक शासन किया। इसने एक बार इन्द्र को इन्द्रपुरी से खदेड़ दिया। इनकी आर्यों ने दुर्गा नामक आर्य कन्या ने छलपूर्वक हत्या करा दी। इस प्रसंग का वर्णन इसी पुस्तक के शुरुआती पृष्ठों में है।

आदिनिवासियों में विधवा विवाह होता था। इसलिए महिषासुर की माताश्री को अपने पति रम्भ के साथ सती होने की कोई आवश्यकता न थी। आर्यों ने अपनी कुप्रथा सती-प्रथा को आदिनिवासियों पर जबरन सिद्ध करने के लिए यह कथा झूठ गढ़ी है।

तुलसीदास की 'रामचरितमानस' की चर्चा बड़े जोरों पर है। उन्होंने शैव-मत और वैष्णव-मत वाले हिन्दुओं को आपस में मेल कराने का असफल प्रयास किया।

तुलसीदास खुद तो ब्राह्मणों में गुसाईं जाति के निम्न जाति ब्राह्मण थे परन्तु उन्होंने ब्राह्मणी गरिमा को बहुसंख्यक किसान, मजदूर व दस्तकार आदि निम्न वर्गीय जनता से जबरन मनवाने की जो सफल कोशिश की, उसके लिए जहाँ ब्राह्मण-समाज उन्हें जितना धन्यवाद दे रहा है, वहाँ उस रामायण और रामचरितमानस के नायक राम के सहस्त्रों चित्र पेरियार ई.वी. रामास्वामी के नेतृत्व में विशाल जन समूह के सामने मद्रास, तमिलनाडु में दिनांक—1 अगस्त, 1956 ई. में आदिनिवासी द्रविड़ों के साथ जलाकर राम के प्रति अनन्त गुना घृणा का सफल परिचय दिया है।

दिनांक—11 अप्रैल, 1960 ई. को उत्तर प्रदेश की लखनऊ असेम्बली की भरी सभा में श्री भूप किशोर लोधी (खेतिहर पिछड़ी जाति) ने 'रामायण' के शूद्र-विरोधी पन्ने फाड़कर पाखंडी हिन्दू धर्म की धज्जियाँ उड़ा दीं।

याद रखो! अधिक आदमियों को थोड़े दिनों के लिए मूर्ख बनाया जा सकता है परन्तु थोड़े आदमियों को भी अधिक समय के लिए मूर्ख कदापि नहीं बनाया जा सकता।

तुलसीदास ने शूद्र तथा स्त्री समाज को सदा दास बनाए रखने की जो शरारत की है, उसका वर्णन करने से एक पृथक ग्रंथ ही बन जाएगा। अतः इस विषय की जानकारी के लिए 'तुलसी के तीन पात' तथा 'सच्ची रामायण' पढ़िए।

ब्रह्मा के चार सिर, रावण के दस सिर व बीस भुजाएँ, लक्ष्मी व सरस्वती आदि के चार-चार भुजाएँ नहीं थीं। चित्रकारों की यह मनगढ़ंत कल्पना विज्ञान युगीन छोटे-छोटे बच्चों के दिमाग पर बुरा असर डालती हैं।

गणेश के सूँड़ नहीं थी। बड़े-से-बड़े आदमी की गर्दन पर छोटे-से-छोटे हाथी का सिर कभी भी ठीक-ठीक नहीं रखा जा सकता है। हाथी का सिर बहुत बड़ा होता है। गण-नायक या जन-नायक का मतलब है, चुना हुआ राजा।

कहते हैं कि कर्मानुसार अगला जन्म अमीर या गरीब घरों में होता है, बिलकुल गलत है। यदि पूँजीपति गरीबों का शोषण न करें। उन्हें ठीक-ठीक मजदूरी दें तो गरीब कभी भी गरीब नहीं रह सकते।

कहते हैं कि कर्मानुसार अगला जन्म ब्राह्मण या मेहतर के घरों में होता है, बिलकुल गलत है। यदि भारत के लिए इसे ऐसा ही मान लिया जाए तो अमेरिका व यूरोप आदि देशों में जहाँ ब्राह्मण व भंगी जाति ही नहीं हैं, वहाँ की तौल के लिए कौन-सी तराजू होगी। ध्यान रहे—ब्राह्मण व भंगी शब्द-जाल ब्राह्मणी कल्पित-माया है। इसे शीघ्र उखाड़ फेंकें।

कहते हैं कि पुण्य कर्म से स्वर्ग व पाप कर्म करने से नरक मिलता है बिलकुल गलत है। स्वर्ग व नरक की कल्पना पुरोहितों, पंडों व पुजारियों का हमेशा तर-माल उड़ाने के लिए ठगई का जाल है।

कृष्ण 'गीता' में कहते हैं कि 'चातुर्वर्ण्यं मया सृष्टं गुणकर्मविभागशः'। बिलकुल गलत है। उन्हीं के जमाने में कर्ण, गुरु द्रोण व उनके पुत्र अश्वत्थामा को क्षत्रिय और दासी पुत्र विदुर को ब्राह्मण गुण व कर्मानुसार किसी ने नहीं कहा।

मौजूदा जमाने में लालबहादुर शास्त्री तथा डॉ. भीमराव रामजी राव अम्बेडकर को ब्राह्मण और करियप्पा कमांडर इन चीफ ऑफ इंडिया को क्षत्रिय गुण व कर्मानुसार किसी ने नहीं कहा। प्रबुद्ध पाठक परखें—'गीता' के इस ठगई के जाल को।

कृष्ण 'गीता' में कहते हैं कि 'कर्मण्येवाधिकारस्ते मा फलेषु कदाचन।' अर्थात् कर्म करना तेरे अधिकार में है, परन्तु उस कर्म के फल (परिणाम या नतीजा) पर तेरा अधिकार कदापि नहीं है। स्पष्ट है, उनकी थ्योरी के अनुसार, फल ईश्वर (कृष्ण) के अधीन है। यह पहेली बिलकुल ही गलत है, जो आदमी को पुरुषार्थी नहीं बल्कि अकर्मण्य और हिजड़ा बनाती है। यदि विद्यार्थी को कक्षा में उत्तीर्ण होने की शत प्रतिशत आशा न हो तो उसका पढ़ने में मन कतई नहीं लग सकता।

जार्ज स्टीफिनशन को यदि सफलता की आशा न होती तो केवल गर्म बटलोई की भाप से उस बटलोई के ऊपर ढँके हुए ढक्कन के खटखटाने मात्र से भाप द्वारा संचालित रेलवे इंजन की खोज में तन-मन-धन से कदापि कोशिश न करता।

कहते हैं, सन् 1857 ई. का गदर गदर नहीं बल्कि स्वतंत्रता संग्राम था, यह भोली-भाली जनता को बरगलाना है।

इस गदर के बाद सवर्णों-ब्राह्मणों आदि ने अंग्रेजों से सुलह करके पिछड़ी जातियों, अनुसूचित जातियों तथा अनुसूचित जन-जातियों को रेग्यूलर फोर्स (सेना आदि) तथा इर्रेग्यूलर (सिविल) की सभी नौकरियों के और तरक्की के अन्य साधनों पर रोक लगवा दी। स्वतः ही अकेले अंग्रेजों के शासन में साझीदार बन बैठे।

हम इसे यदि प्रथम स्वतंत्रता संग्राम, जो बहादुरशाह, अन्तिम मुगल-सम्राट को भारत का राजा मानकर उनके नेतृत्व में लड़ा गया था, मान लें तो हम वीर शिवाजी और गुरु गोबिन्द सिंह का महान अपमान करते हैं। अन्तर तिल-मात्र भी नहीं। सभी भारत का सम्राट बनना चाहते थे।

भारत के सम्राट यदि महाराणा प्रताप व बहादुराशाह बन जाते तो दीन-हीन व मूक-जनता को क्या देते? उत्तर स्पष्ट है कि कुछ नहीं।

वीर विक्रमादित्य, पृथ्वीराज, महाराणा प्रताप, वीर शिवाजी, गुरु गोबिन्द सिंह व अन्तिम मुगल सम्राट बहादुरशाह ने दीन-हीन व मूक-जनता का क्या शोषण नहीं किया? क्या उनके राज्य में गरीबों का पूँजीपतियों ने शोषण नहीं किया? क्या पूँजी का वितरण समान किया? क्या सभी भूमिहीनों में भूमि बराबर-बराबर बाँटी?

क्या बालिग मताधिकार द्वारा शासन व्यवस्था की? क्या छुआछूत मिटा दिया? क्या सबके लिए रोटी, कपड़ा, मकान व इज्जत की समुचित व्यवस्था की? क्या सभी बीमार पशुओं के इलाज की निःशुल्क व्यवस्था की? क्या बच्चों की ऊँची से ऊँची शिक्षा की बे-पैसे की व्यवस्था की? क्या ब्राह्मणी ठगई के जाल पाप-पुण्य व स्वर्ग-नरक आदि के फन्दे से मूक जनता को छुड़ाने का कोई प्रबन्ध किया?... आदि-आदि। इन सब बातों का इकट्ठा एक ही उत्तर 'नहीं' के अतिरिक्त अन्य कुछ भी नहीं है।

पृथ्वीराज चौहान के जमाने की 'आल्हा' नामक पुस्तक की नीचे लिखी एक कड़ी अब भी हृदय को चीरे दे रही है, जो सम्पूर्ण भारत में दिन-रात पढ़ी जाती है, सुनी जाती है—

*जाति बनाफर की ओछी है, कोई न पिये घड़ा को नीर।*

पेशवा ब्राह्मणों ने शिवाजी को खुद ही शूद्र कहकर अपमानित किया इसीलिए उन्होंने शिवाजी का राज-तिलक नहीं किया।

'सिक्ख-नेशन' के निम्न शब्द भी सदैव हृदय-विदीर्ण करते रहते हैं रैदसिया (अर्थात् चमार) व मजहवी (अर्थात् भंगी) आदि।

जब उपरोक्त जन्मसिद्ध अधिकारों की सुरक्षा की कोई गारंटी नहीं, तब ऐसे तानाशाही सन् 1857 ई. के गदर को स्वतंत्रता-संग्राम कहना ठीक नहीं। वह कुछ स्वार्थियों द्वारा सत्ता हथियाने के असफल उपाय से अधिक और कुछ नहीं था।

बालगंगाधर तिलक, जो 'स्वराज' शब्द के खोजी थे, कहते थे—जब कांग्रेस का स्वराज्य होगा तो केवल पढ़ा-लिखा आदमी वोट (राय अर्थात् मत) देगा, तब सरकार बनेगी। पढ़ा-लिखा का मतलब है—ब्राह्मण, क्षत्रिय, वैश्य व कायस्थ। केवल चार जातियों की मनमानी सरकार। शेष भारतीय खत्री, शूद्र व महाशूद्र गए चूल्हे-भाड़ में।

पढ़े-लिखे की परिभाषा उनके समय में जूनियर हाई स्कूल (कक्षा 8) थी, किन्तु आज पढ़े-लिखे की परिभाषा शिक्षा विभाग द्वारा इंटर मीडिएट (कक्षा 12) है जो अति शीघ्र बी.ए. (कक्षा 15) की ओर पदार्पण करनेवाली है।

बालगंगाधर तिलक क्यों न दुहरावें उपरोक्त कथन? स्मृतियाँ चिल्ला-चिल्लाकर कहती हैं कि 'स्त्री शूद्रौ न धीयताम्' अर्थात् स्त्री और शूद्र को विद्या नहीं पढ़ानी चाहिए। विद्या न पढ़ने देने का तात्पर्य है—उन्हें ज्ञान, शासन और सत्ता से सदा दूर रखना।

तुलसीदास कहते हैं कि :

*ढोल, गवार, शूद्र, पशु, नारी सकल ताड़न के अधिकारी।*
*स्वपच सबर खस जमन जड़ पावँर कोल किरात।*

मनुस्मृति कहती है कि 100 वर्ष के क्षत्रिय को 10 वर्ष के ब्राह्मण को पिता के समान सम्मान करना चाहिए अर्थात् पैर छूना चाहिए। ('शोषितों पर धार्मिक डकैती' व 'शोषित पर राजनीतिक डकैती', लेखक—पेरियार ललई सिंह, पढ़िए।)

अमेरिका में भारतीयों ने जो गदर पार्टी भारत को स्वतंत्र कराने के लिए बनाई थी, उसमें तय हो चुका था कि जब भारत में स्वराज्य होगा, तब लाला हरदयाल सम्पूर्ण भारत के महाराजा बनाए जाएँगे।

इन काली करतूतों ने जनमत पर कैसी पैनी छुरी पहले से ही चलाने की रूपरेखा तैयार कर रखी थी—प्रबुद्ध पाठकगण फुरसत के समय में इस विषय पर अवश्य ही विचार करें।

पहली राउंडटेबल कॉन्फ्रेंस में मोहनदास करमचन्द गांधी, जो कि कांग्रेस की ओर से केवल औपनिवेशिक-स्वराज्य चाहते थे, लन्दन (इंग्लैंड) नहीं गए। अन्य कांग्रेसी प्रतिनिधि लन्दन गए। उन्होंने केवल औपनिवेशिक-स्वराज्य की माँग की, परन्तु अछूत नेता माननीय डॉक्टर भीमराव रामजीराव अम्बेडकर ने उसी समय प्रथम राउंडटेबल कॉन्फ्रेंस में कहा कि हम लोगों को सम्पूर्ण स्वराज्य चाहिए। औपनिवेशिक-स्वराज्य से हम लोगों का काम कतई नहीं चलेगा।

15 अगस्त, सन् 1947 ई. को यदि नेहरू व गांधी को भारत का संविधान बनाने का कर्ता-धर्ता नियुक्त किया गया होता तो वे लोग 1. बालिग-मताधिकार, 2. स्त्री मताधिकार तथा 3. गोपनीय मताधिकार वाला कानून कदापि नहीं बनाते। अच्छा ही हुआ। संविधान-निर्माता भुक्तभोगी डॉक्टर अम्बेडकर को नियुक्त किया गया। उन्होंने संविधान में उपरोक्त कानून बनाकर कोटि-कोटि मूक नर-नारियों के अधिकारों की रक्षा खून के चसकीले ब्राह्मणवादी, सामन्तवादी तथा पूँजीवादी भेड़ियों से की।

भारत की बहु-संख्यक गरीब जनता ने नाममात्र की स्वतंत्रता केवल शब्दों में ही प्राप्त की है। हाँ, गोरे अंग्रेजों के बजाय गोरे-भूरे आर्य भारतीयों का राज्य हो गया है। इससे अधिक कुछ नहीं। अंग्रेजों के जमाने में सभी भारतीयों अमीर, गरीब, ब्राह्मण, मेहतर की जान, माल व इज्जत पूर्णतया सुरक्षित थी। आज यों तो सब की, किन्तु खास तौर से गरीबों, अनुसूचित तथा अनुसूचित जनजातियों की जान, माल व इज्जत बिलकुल सुरक्षित नहीं है।

संध्या समय एक अमीर भोजन करके सोता है, उसे पता नहीं प्रातः होते-होते कब कत्ल हो जाएगा या कब लूट लिया जाएगा। इस बात का भय उसे सदा बना रहता है।

एक गरीब व्यक्ति संध्या को भूखा सोता है। प्रातः भूखा उठता है। कोई काम धन्धा मिल भी गया तो पता नहीं कि मालिक कितनी अधिक मेहनत ले? कम-से-कम कितने पैसे दे? इस बीच मालिक की ओर से कितनी गालियाँ मिलें? पीटा

जाए। मेरे पास तो ऐसे भी सबूत हैं, जहाँ लगातार विकट परिश्रम के बाद मजदूर ने विश्राम माँगा, मालिक ने उसे विश्राम न देकर इतना पीटा कि मजदूर जान से मर गया। शर्म! शर्म!! शर्म!!!

एक अनुसूचित या अनुसूचित जनजाति का व्यक्ति अपने ही दरवाजे की चारपाई पर बैठता है, जुतिया दिया जाता है, सार्वजनिक कुओं पर या नलों पर पानी भरता है, जुतियाने के अतिरिक्त कभी-कभी जान से मार डाला जाता है। शर्म! शर्म!! शर्म!!!

कानून का सहारा क्यों नहीं लेते? यह प्रश्न सबको अँधेरे में रखे हुए है। घूस के सामने गरीबों के लिए और ब्राह्मण आदि के समक्ष पिछड़ों, अनुसूचित और अनुसूचित जनजातियों की कोई सुनवाई नहीं।

सिफारिश, जातीय सिफारिश, सामाजिक तथा राजनीतिक दलीय सिफारिश, घूस, पुलिस, अदालती, अन्धाधुन्ध तारीख, पेशियाँ और वकीलों की भारी फीस से गरीबों का कचूमर निकला जा रहा है। कानून उनके लिए धोखा है।

आज विदेशियों की आँखों के सामने सुर्खरू रहने के लिए भारतीय संविधान आदि विधानों द्वारा भारत शासित है कि दिखावटी दुहाई दी जा रही है।

वास्तव में, भारत व्यवहार रूप में उपरोक्त कानूनों द्वारा पूर्णतया शासित नहीं है बल्कि 'वेदों', 'पुराणों', 'उपनिषदों' व 'स्मृतियों' आदि प्राचीन धर्म-ग्रंथीय कानूनों द्वारा संचालित शासित है।

इन धर्म ग्रंथों में लिखा है कि शूद्र तथा महाशूद्र को मार डालने में उतना पाप लगता है, जितना कुत्ता, बिल्ली, गधा व नेवला आदि के मार डालने से पाप लगता है। यदि वह उच्च जाति के बराबर बैठे तो उसका चूतड़ काट लेना चाहिए। यदि वेद वाक्य कान से सुन ले तो कान में गर्म सीसा डालना चाहिए। वेद वाक्य पढ़े तो जीभ काट लेनी चाहिए तथा मनन करे, तो जान से मार देना चाहिए...।

इसीलिए प्रतिवर्ष समूचे भारत की कौन कहे, केवल आन्ध्र प्रदेश में एक हजार व्यक्ति छोटे-छोटे अपराधों (जिनमें बहुत से गैर-दस्तन्दाजी पुलिस होते हैं) में मार डाले जाते हैं, जिन्दा जला दिए जाते हैं, काट कर नदी में बहा दिए जाते हैं...

इस तरह मरनेवालों में ज्यादातर शूद्र, महाशूद्र एवं साधारण जनता ही होती है। (अवलोकन हेतु, 'दैनिक जागरण', कानपुर, दिनांक—11 अप्रैल, पृष्ठ नं. 2, कालम नं. 1-2)

इन धर्मग्रंथों ने मरनेवालों को हीन बताकर इनके मनोबल को गिराया और मारनेवालों को सर्वोपरि बताकर उनके मनोबल को इस कु-कृत्य, अन्याय व अत्याचार करने के लिए बढ़ावा दिया है। इसीलिए यह धार्मिक जालिम कानून की कतई परवाह नहीं करते।

चूँकि सन् 1857 ई. में गदर हुआ था, इसलिए गरीबों, शूद्रों व महाशूद्रों ने समझा कि सन् 1957 ई. में भी गदर होगा। परन्तु यह गदर दिनांक—15 अगस्त, 1947 ई.

को हो गया और सम्पूर्ण सरकारी पदों पर चतुर, चालाक सवर्ण शासनारूढ़ हो गए। आदिनिवासी ताकते रह गए।

अन्य देशों में केवल अमीर व गरीब के बीच की खाई मिटाने की केवल एक ही समस्या है, किन्तु इस कमबख्त भारत में अमीर और गरीब के बीच की खाई मिटाने से भी बढ़कर दूसरी अति ही गम्भीर समस्या है—ब्राह्मण और मेहतर के बीच की खाई को मिटाने की। मतलब जाति की खाई सबसे बड़ी है।

पश्चिमी देशों में राजनीतिक सफलता कार्ल मार्क्स आदि को तब मिली, जब वहाँ वाल्टेयर तथा मार्टिन लूथर ने धार्मिक व सामाजिक गरिमा की जड़ें उखाड़कर फेंक दी थीं। किन्तु हमें महान दु:ख है कि इस कमबख्त भारत में महान गौतम बुद्ध के बाद आज तक कोई वाल्टेयर या मार्टिन लूथर पैदा नहीं हुआ। फिलहाल पैदा होने की कोई आशा भी नहीं है।

अत: अधिकार-वंचित व्यक्तियों और समाज को चाहिए कि वह अपने स्वाध्याय के बल पर खुद ही अपनी चौमुखी प्रगति के मार्ग पर चल पड़े। जीत निश्चित है। देर आयद, दुरुस्त आयद।

# उपसंहार

इस पुस्तक में मेरे आजीवन अध्ययन की अनुभूतियाँ हैं, जिन्हें लिखकर पाठकों के सम्मुख मैंने उपस्थित कर दिया है। पाठकों से निवेदन है कि उन्हें शान्ति के साथ पढ़ें, समझें और उन पर निष्पक्ष भाव से विचार करें। मेरा विश्वास है कि जो कुछ मैंने लिखा है, वे उसे अक्षर-अक्षर सत्य पाएँगे।

वास्तविक बात यह है कि वैदिक आर्य-ब्राह्मणों का लिखा हुआ साहित्य ऐसे विजातीय, विधर्मी, विजेता एवं शासक जाति का साहित्य है, जिसका उद्देश्य विजित, दुर्बल, असहाय व अनाथ आदिनिवासियों को भुलावे में डालकर उनका दोहन-शोषण तथा उनसे अपनी दासता एवं समाज के समस्त कड़ी मेहनत वाले काम कराना है और उन्हें अपने ही स्वार्थी विचारों की ऐसी अनुपम घुट्टी पिलाना है कि सिवाय उसके जो उन्हें पढ़ाया गया है, के अतिरिक्त अन्य कुछ सोच ही न सकें। महामानव गौतम बुद्ध ने इसे 'ब्रह्मजाल' तथा लोकोपकारी ज्ञानी संतों ने ब्राह्मणों का 'शब्दजाल' या 'माया-जाल' कहा है। इस 'ब्रह्मजाल', 'शब्दजाल' व 'माया-जाल' से निकलना बहुत कठिन है, किन्तु यदि तनिक भी ज्ञान की दृष्टि मिल जाए तो कुछ भी कठिन नहीं है।

उदाहरण के लिए एक साधारण स्कूल के चौथे दर्जे का विद्यार्थी पढ़ता है कि "सूर्य आग का बहुत बड़ा गोला है, जो हमारी इस पृथ्वी से तेरह लाख गुना बड़ा है। हमारी पृथ्वी उसी सूर्य का टूटा हुआ एक टुकड़ा या ग्रह है। यह पृथ्वी अपने चन्द्रमा आदि उपग्रहों के साथ अपनी धुरी पर घूमती हुई, तीन सौ पैंसठ दिन आठ घंटे में सूर्य का एक चक्कर लगाती है। सूर्य अब तक इतना गर्म है कि उसके अधिक निकट पहुँचने से पृथ्वी भस्म हो सकती है।"

भक्तिकालीन हिन्दी कविता-गगन के सूर्य तुलसीदास दुबे ने करोड़ों हिन्दुओं को अपनी कविता द्वारा यह पढ़ाया है कि पृथ्वी पर एक बन्दर के छोटे से बच्चे ने पैदा होने के पश्चात भूख लगने पर उस सूर्य को निगल गया, अर्थात् खा गया। फिर बड़ा होकर वही बच्चा हनुमान जी होकर उसी सूर्य से विद्या पढ़ने गया। सूर्य ने कहा—अरे भाई! मुझे तो एक क्षण का भी विश्राम नहीं है, मेरा रथ कल्पनातीत गति से पृथ्वी की परिक्रमा करता है। तुम मुझ से विद्या कैसे पढ़ सकोगे? जब हनुमान ने

विद्या पढ़ने की जिद्द की, तब सूर्य ने कहा कि मैं गुरु जी के बराबर कैसे बैठूँगा? आपके रथ के आगे उलटा चलकर आप से विद्या पढ़ूँगा। कौन जाने पढ़ा या नहीं पढ़ा? लेकिन कथा ऐसी ही है।

इतना ही नहीं। ब्राह्मणों का सूर्य केवल आग का गोला ही नहीं, वरन हाथ, पैर, आँख, कान-नाक, अंग-प्रत्यंग वाला कोई मनुष्य है, जो स्त्री-सम्भोग भी करता है, उसका वंश चलता है। वह केवल अपनी स्त्री से सन्तुष्ट नहीं है। दूसरी स्त्रियों से भी सम्भोग करता है। 'महाभारत' में लिखा है कि कुन्ती जब कुँआरी थी, तब उसने मंत्र द्वारा सूर्य को बुलाया। सूर्य अपना काम-धन्धा छोड़कर तुरन्त कुन्ती के सामने आ धमका। वह डर गई। बोली—मैं तो कुँआरी हूँ। तुम से सम्भोग कैसे करा सकती हूँ। कामी सूर्य बोला—तूने मुझे क्यों बुलाया? मैं अब खाली नहीं लौट सकता। यदि तू सम्भोग के लिए अपनी योनि नहीं दे सकती, तो अपना कान ही दे दे। इस प्रकार सूर्य ने उसके कान में अ-प्राकृतिक मैथुन करके कर्ण नामक एक लड़का पैदा किया। यदि किसी को तनिक भी बुद्धि है तो वह इस कहानी को महा-झूठ ही समझेगा। परन्तु साधारण हिन्दू तथा स्नातक हिन्दू सभी इसे सत्य मानते हैं। तभी तो बड़े प्रेम से पढ़ते हैं।

इस बुद्धि-दृष्टि से यदि पाठक मेरी इस पुस्तक को पढ़ेंगे तो मुझे पूर्ण आशा है कि मैंने जो कुछ लिखा है, उसे तो ठीक पाएँगे ही तथा जिन बातों का जिक्र मैंने नहीं किया है, उन्हें भी इसी वैज्ञानिक-बुद्धि की कसौटी पर कसकर परख लेंगे और सत्य-असत्य का निर्णय कर सकेंगे। मैंने सोचने-विचारने तथा सत्य-असत्य के निर्णय का एक रास्ता-मात्र दिखाया है।

# स्पष्टीकरण

'आर्यों का नैतिक पोल प्रकाश' पुस्तक की कुछ प्रतियाँ सम्मति हेतु विभिन्न विद्वानों की ओर भेजी गईं। उनके सुझाव के अनुसार, स्पष्टीकरण प्रस्तुत है :

1. (पृष्ठ नं. 18) नागों की एक शाखा अहीर, कुर्मी व लोधी आदि (पिछड़ी जातियों) ने सबसे पहले, तत्पश्चात नागों की दूसरी शाखा चमार, महार व मेहतर आदि ने आर्यों से सुलह की तथा नागों की तीसरी शाखा नट, कंजर, भील, सन्थाल व नागा (अनुसूचित जातियों) ने आज तक आर्यों से सुलह नहीं की।

अनुसूचित जाति, अनुसूचित जनजातियों की सबसे बड़ी पहचान यह है कि वे भूतकाल से अब तक कोई भी संस्कार (कर्मकांड) विवाह आदि ब्राह्मणों से कतई नहीं करवाते हैं।

2. (पृष्ठ नं. 21) यदि सती-प्रथा बन्द होते ही, खास तौर से हिन्दू धर्म के ठेकेदार ब्राह्मणों ने विधवा विवाह की प्रथा अपनाई होती तो बंगाल प्रान्त की तिरस्कृत विधवाएँ इस्लाम की शरण में न जातीं और उसके फलस्वरूप मुस्लिम आबादी एकाएक इतनी शीघ्रता से कदापि न बढ़ पाती। जब मुस्लिम आबादी न बढ़ पाती, तब पूर्वी पाकिस्तान बनने का कोई सवाल ही नहीं था।

भारत की सुरक्षित सीमा में पूर्ववत सम्पूर्ण बंगाल व आसाम अक्षय रूप से होते। इस प्रकार अपनी कुल्हाड़ी को अपने ही पैरों में मारकर अरक्षित पूर्वी सीमा के लिए दिन-रात ब्राह्मणों को कोसिए। नतीजा है शून्य।

3. (पृष्ठ नं. 34) लक्ष्मण के सहयोग से राम ने शूद्र तपस्वी शम्बूक को गोदावरी के किनारे दंडकारण्य में व भरत-शत्रुघ्न ने शम्बूक के शूद्र शिष्य लवणासुर को मधुवन (मथुरा) में और श्रीकृष्ण के बड़े भाई बलदाऊ ने सूत लोमहर्षण को नौमिषारण्य में व्यासासन पर प्रवचन करते हुए मारा। इसीलिए आजकल भी किसी-न-किसी बहाने अनुसूचित जाति तथा अनुसूचित-जनजाति के व्यक्तियों को यत्र-तत्र-सर्वत्र कत्ल किए जाने की सूचनाएँ लेखक के पास मौजूद हैं।

4. (पृष्ठ नं. 36) एक युवा लड़की की नस चढ़ गई थी। हकीम अजमल खाँ साहब की समझाइश के अनुसार, नर्स ने उसे घुटनों तक की घँघरिया पहनाई। हकीम साहब व लड़की का भाई आगे-आगे तथा लड़की का पिता पीछे-पीछे और

नर्स तथा लड़की बीच में, बगीचे में टहलने लगे। लड़की को बातों में उलझाकर नर्स ने घँघरिया के नाड़ा को सरकाकर फूँदी के ढंग वाली गाँठ के एक कोने को झटक दिया। घँघरिया नीचे खिसकती देख बेपरदगी के भय के कारण लड़की ने एकाएक झुककर घँघरिया ऊपर को समेट ली। इस प्रकार उसकी न झुकनेवाली कमर स्वतः क्रियाशील बन गई।

5. (पृष्ठ नं. 48) विश्वामित्र, मित्र, वरुण, विभांडक, सुधिष्ण, भारद्वाज, व्यास, पराशर व वसिष्ठ आदि ऋषियों की कामान्धता का वर्णन करना, जिसमें फुसलाना तथा शक्तिमय सम्भोग भी सम्मिलित है, का ब्यौरेवार वर्णन करना परले दर्जे की उजबकता और निर्लज्जता है, जबकि आदर्शवादियों के इतने घृणित कुकर्म हैं, तब वे हम लोगों से अपने चरित्र की नकल करने की बात कहने का साहस बिलकुल नहीं कर सकते।

6. (पृष्ठ नं. 49) राजा मोरध्वज ने अपने लड़के को बेहोशी की दवा खिला दी होगी, फिर जादूगरों की तरह दिखावटी आरा से चीर डाला होगा। पुनः होश में आने की कोई जड़ी-बूटी खिलाई होगी। पुत्र का आरा से चीरा जाना, तत्पश्चात उसका जीवित हो जाना एक मनगढ़न्त झूठ कहानी इसलिए गढ़ी गई है, ताकि अन्धविश्वासी जनता भगवान के नाम पर अपना तन-मन-धन तथा पुत्र आदि सब धर्म के ढोंगियों को अर्पण कर दे।

7. (पृष्ठ नं. 54, 55) जिस प्रकार कश्यप पुत्र बामन ने राजा बलि के नाम से साढ़े तीन झूठ राजाज्ञाएँ प्रसारित की थीं, उसी का अनुसरण स्वार्थी प्रधानमंत्री पंडित जवाहरलाल नेहरू ने अपने एम.पी. के चुनाव सन् 1962 ई. में जीतने के लिए एम.पी. की सीट के अन्तर्गत एम.एल.ए. की सीट के निर्दलीय उम्मीदवार श्री संग्राम सिंह के विरुद्ध अन्त समय में झूठा प्रचार किया कि "संग्राम सिंह बैठ गए हैं, अर्थात् चुनाव नहीं लड़ेंगे, इसलिए अब आम जनता को चाहिए कि वह अपना एम.एल.ए. का वोट कांग्रेस उम्मीदवार को और एम.पी. का वोट मुझ नेहरू कांग्रेसी को दे।" साधन-सम्पन्न नेहरू की आम सभाओं के पीछे-पीछे साधनहीन बेचारे संग्राम सिंह ने अनेक गाँवों में कहा कि "नेहरू झूठा है, मैं बैठा नहीं हूँ। मैं चुनाव लड़ रहा हूँ।" परन्तु प्रधानमंत्री ने नक्कारखाने के सामने संग्राम सिंह की तूती की आवाज नहीं सुनी गई।

नेहरू को भय ही नहीं, बल्कि सच्चा भय था कि जो एम.एल.ए. का वोट कांग्रेस को नहीं मिलेगा, वह एम.पी. का वोट भी मुझ नेहरू कांग्रेसी को नहीं मिलेगा। फलतः मैं हार जाऊँगा। इसलिए मोतीलाल-सुत जवाहरलाल ने कश्यप-पुत्र बामन के चरित्र की सफल नकल की।

पंडिता श्रीमती इन्दिरा गांधी ने सन् 1962 ई. में लेखक के सामने अनेक स्थानीय सभाओं में कहा कि "मेरे पिताजी ने गोवा प्रदेश जीता है, इसलिए मेरे पिताश्री तथा

कांग्रेस को वोट दीजिए।" इस प्रकार ग्रामीण भोली-भाली जनता के सामने घुमावदार प्रदेश शब्द का झूठा चकमा दिया गया, क्योंकि ग्रामीण बे-पढ़ी जनता ने समझा कि प्रदेश का मतलब है उत्तर प्रदेश सरीखा 54 जिले वाला प्रदेश गोवा भी होगा। जनता को ठीक-ठीक यह किसी ने नहीं बताया कि गोवा प्रदेश एक जिले के बराबर है।

इसी प्रकार कांग्रेस पार्टी और उसके मठाधीश व उच्च कोटि के नेता हर चुनाव में अपने स्वार्थ की सिद्धि के लिए राई का झूठा पहाड़ जनता को बताकर जीतते हैं। इस गन्दी राजनीति से सच्चाई बहुत दूर है। कभी कहते हैं—हमने कश्मीर जीता है। फिर बकते हैं—हमने हैदराबाद जीता है। कभी चिल्लाते हैं—हमने गोवा जीता है। कभी शोर मचाते हैं—हमने चीनियों को पीछे खदेड़ दिया। परन्तु आँख के अन्धे, कान के बहरे यह कभी क्यों नहीं कहते कि हमने तिहाई से अधिक कश्मीर बेरूबाड़ी, कच्छ का रण और नेफा (नॉर्थ-ईस्ट-फ्रंटियर) की हजारों वर्ग मील भूमि आदि अपने दुश्मनों को अपनी शासनिक कमजोरी के कारण डरकर दे दी। ये हैं कश्यप-पुत्र वामन की झूठी राजाज्ञाओं के कुछ नमूने।

8. (पृष्ठ नं. 71) सोमनाथ के मन्दिर को महमूद गजनवी से लुटवाने के लिए उस मन्दिर के फाटक को ब्राह्मण ने ही खोला था।

जयचन्द की चिट्ठी लेकर ब्राह्मण ही मुहम्मद गोरी के पास गया था।

सिक्खों के गुरु, गुरु गोबिन्द सिंह के दोनों बच्चों को ब्राह्मणों ने ही मुसलमान सिपाहियों से पकड़वा दिया था, जिन्हें बाद को सरहिन्द के सूबेदार ने किले की दीवाल को तुड़वाकर उन दोनों बच्चों को (जिसमें बड़े बच्चे की उम्र 8 साल और छोटे बच्चे की उम्र 6 साल थी) उस दीवाल में जीवित ही चुनवा दिया। इस स्थान को आजकल 'फतेहगढ़ साहब' कहते हैं।

ऋषि दयानन्द सरस्वती को ब्राह्मण ने जहर देकर मार डाला।

मोहनदास करमचन्द गांधी की ब्राह्मण नाथूराम गोड़से ने गोली मारकर हत्या कर डाली थी।

कश्यप-पुत्र वामन (ब्राह्मण) ने राजा बलि को नाग-सेना द्वारा बन्दी बनाकर राज्य सहित उसका सर्वनाश कर दिया था।

ब्राह्मणी साहित्यानुसार जब ब्राह्मण ऋषि अगस्त ने समुद्र का पानी पीने के बाद पेशाब कर दिया। तब से उसका पानी खारा हो गया। इस खारे पानी के कारण समुद्र तटवासी परेशान हैं। (वास्तविकता यह है कि समुद्र का पानी जब भाप बनकर उड़ता है, तब उस पानी का नमक नहीं उड़ता है। इसलिए वह पानी दिनोंदिन अधिकाधिक खारा होता चला जा रहा है।)

कपिल मुनि ब्राह्मण ने राजा 'सगर' के साठ हजार पुत्रों को शाप द्वारा जला दिया। (वास्तविकता यह है कि शाप द्वारा भस्म कर देना असम्भव है। उन्होंने अपने चेलों द्वारा मरवा डाला था या चेलों द्वारा रात में मरवाकर जलवा दिया था।)

दुर्वासा ऋषि ब्राह्मण ने शाप द्वारा छप्पन करोड़ यादवों का सर्वनाश किया। (वास्तविकता यह है कि शाप द्वारा नहीं, बल्कि दुर्वासा की कूटनीति ने गृह-युद्ध का रूप धारण कर लिया। फलतः यादवों का सर्वनाश हो गया।)

विश्वामित्र (प्राचीन क्षत्रिय) नवीन ब्राह्मण ने राजा हरिश्चन्द्र को उनकी स्त्री व पुत्र सहित छल द्वारा बिकवाया।

अखिल भारतीय कांग्रेस के वरिष्ठ कर्मचारी सुनील दास ने फरक्का बाँध का ब्ल्यू प्रिंट नक्शा सन् 1967 ई. में पाकिस्तान को दे दिया।

इस प्रकार इन लोगों ने सदा ही अनर्थकारी काम किए हैं।

9. (पृष्ठ नं. 80) जगन्नाथ की रथ यात्रा—प्रति तीसरे वर्ष लगनेवाले जगन्नाथ के मेला की रथ-यात्रा में मोक्ष के अभिलाषी व्यक्ति उस रथ के पहिए के नीचे दबकर मर जाते थे।

**काशी करवट**—मोक्ष के अभिलाषी व्यक्ति काशी में महादेव के मन्दिर के पास वाले कुएँ में गिरकर मर जाते थे।

**गंगा प्रवाह**—सन्तान न होने पर गंगा की मनौती पर प्रथम सन्तान को गंगा में बहाकर मार डालते थे।

**चरक पूजा**—मोक्ष के अभिलाषी व्यक्ति देवी जी की पूजा के समय अपने गले में दोनों ओर घुमावदार टेढ़े हुक के एक-एक सिरे को घुसेड़ लेते थे। दूसरे सिरों पर अलग-अलग एक-एक रस्सी बाँधकर दोनों रस्सियों को एक साथ चर्खी द्वारा अन्य व्यक्ति घुमाता था। इस प्रकार दोनों रस्सियाँ एक साथ कड़ी होती जाती थीं और दोनों हुक गले में धँसते चले जाते थे। फलस्वरूप आदमी मर जाता था।

**कन्या वध**—कन्या के माता-पिता को विवाह के समय कन्या के पति तथा उसके माता-पिता आदि के सामने अधीनता स्वीकार न करनी पड़े, इसलिए कन्या को मार डालते थे। यह कु-प्रथा राजपूताने के क्षत्रियों में अधिक थी।

**हरि-बोल**—वृद्ध या मरणासन्न रोगी के सिर को नदी या तालाब में 'हरि-बोल, हरि-बोल' कहते हुए बार-बार डुबो कर मार डालते थे। यह कु-प्रथा बंगाल में अधिक थी।

**धरना**—साधु, संत या अन्य जन मन चाही धन-राशि किसी एक व्यक्ति से या सम्मिलित व्यक्तियों से प्राप्त करने के लिए उसके दरवाजे या कई व्यक्तियों के दरवाजों के बीच में बैठ जाते थे। इस प्रकार धरना द्वारा धन-राशि प्राप्ति करते थे।

**देवदासी**—सन्तान न होने पर मनौती द्वारा प्राप्त प्रथम सन्तान को मन्दिर में दान देने की प्रथा पुरोहितों ने प्रारम्भ कराई। पुत्र देव और पुत्री देवी कही जाती थी। इन देवियों को पुजारियों, राजाओं, मंत्रियों, सन्तरियों और यात्रियों के साथ सम्भोग करना स्वाभाविक नैतिक नियम था। जिससे वे देवता की दासी कही जाती थीं। इन्हें सीधे देवदासी कहा जाता था। इस सम्भोग में गर्भ ठहर जाने पर जो सन्तान उत्पन्न

होती थी। उसका पिता कौन है? यह सवाल खड़ा हुआ तो बड़ी चालाकी से उत्पन्न सन्तान को मन्दिर के पुरोहितों ने 'हरिजन' कहा। 'हरि' अर्थात् 'ईश्वर' और 'जन' अर्थात् 'जन्मा' मतलब ईश्वर से जन्मे हुए लोग। इस प्रकार 'हरिजन' का अर्थ हुआ—रखैल की सन्तान। गांधी ने आधुनिक भारत में 'हरिजन' शब्द को 1920 में पुनः व्याख्यायित, स्थापित, प्रचारित, प्रसारित किया। 'हरिजन' नाम से अखबार निकाला। दलितों को 'हरिजन' कहकर चालाकी से गाली दी। दलितों को हरिजन कहना उन्हें रखैल की सन्तान कहना है। इसी प्रकार गुरु पेरियार ई.वी. रामास्वामी ने सन् 1922 में लिखा—शूद्र का अर्थ होता है—वेश्या की सन्तान और हरिजन का अर्थ होता है—रखैल की सन्तान। वास्तव में, यह दोनों शब्द हम आदिनिवासियों को गाली है। आज यदि कोई 'दलित' को 'हरिजन' कहे तो समझिए कि वह दलितों को गाली दे रहा है। यह कु-प्रथा दक्षिण भारत में अधिक प्रचलित थी।

**भृगूत्पन्न—** की परिभाषा 'तुरषानल' के नीचे पृष्ठ 80 पर अंकित है।

10. (पृष्ठ नं. 81) मान्यवर रेमजे मेकडॉनल प्रधानमंत्री ने दिनांक—20 अगस्त, सन् 1932 ई. में अछूतों के पृथक् निर्वाचन की घोषणा की, अर्थात् उनको दो वोट का अधिकार दिया गया। (एक वोट अछूत लोग अछूत उम्मीदवार को और दूसरा वोट अन्य उम्मीदवार को दे सकें।) 'देख न सकें पराई विभूति' के अनुसार, गांधी ने इस घोषणा के विरुद्ध आमरण-अनशन प्रारम्भ कर दिया। डॉक्टर अम्बेडकर के साथ 'पूना पैक्ट' नामक ऐतिहासिक समझौता दिनांक—24 सितम्बर, सन् 1932 ई. में हुआ। प्रथम निर्वाचन के बजाय सम्मिलित प्रणाली मान ली गई।

पंडित मदनमोहन मालवीय ने अध्यक्ष पद से भारत के सभी प्रमुख हिन्दू धर्म के ठेकेदारों सहित बम्बई की विशाल सभा में दिनांक—25 सितम्बर, सन् 1932 ई. में डॉक्टर अम्बेडकर और भारत के करोड़ों अछूतों को अपनी वाक्पटुता द्वारा ठगने के लिए उक्त 'पूना-पैक्ट' की सहानुभूति में घोषणा की कि "हम लोग छुआछूत शीघ्र मिटा देंगे।" मगर अब तक नहीं मिटा।

11. (पृष्ठ नं. 89) लक्ष्मणपुरी शब्द को किसी भी तरह तोड़ा-मरोड़ा जाए। उसका अपभ्रंश लखनऊ शब्द हरगिज नहीं बन सकता। लेखक ने लखनऊ जाकर खोज की। पता चला—प्राचीन समय में जब सड़कें नहीं थीं, व्यापार नदियों से होता था, तब उस अज्ञात नगर में एक वर्ष में 'लाख नाव' (एक लाख नाव) अर्थात् प्रतिदिन 278 नाव माल आया-जाया करते थे। फलतः इस अज्ञात नगर का नाम 'लाखनाव' पड़ गया। यही लाखनाव नामक नगर अपभ्रंश होकर 'लखनऊ' बन गया।

धन्यवाद!

15 अगस्त, 1970 ई. **—पेरियार ललई सिंह**

# परिशिष्ट-1

लेखक—श्री राधेलाल यादव बी.ए.
निरीक्षक—अशोक पुस्तकालय (रजि.),
झींझक, जिला—कानपुर, उ.प्र.
दिनांक—1 अगस्त, 1968 ई.

प्रारम्भिक काल में सम्पूर्ण मानव-समाज चरवाहा था। जब पशु-धन बढ़ने लगा, तब उसे नई-नई चरागाहों की तलाश में इधर-उधर जाना पड़ा। उस समय उसने सूखा, अति वर्षा, गर्मी-आँधी, ओला, बीमारी, साँपों व जंगली हिंसक जानवरों के प्रकोप को दैवी-प्रकोप कह कर ईश्वर तथा विभिन्न देवी-देवताओं की कल्पना की। उन्हें प्रसन्न रखने के लिए समाज में से ही एक वर्ग पुरोहित बना। धीरे-धीरे जब इन देवी-देवताओं के मन्दिर बनें, तब इन देवी-देवताओं को प्रसन्न रखने के लिए पुजारी व पंडा बने। राजा लोग भी इन पुरोहितों व पुजारियों के माध्यम से देवी-देवताओं को प्रसन्न रखते थे, ताकि राज्य दैवी-प्रकोप और शत्रु-आक्रमण से सुरक्षित रहे।

यूरेशिया से आए हुए इन आर्यों ने जब छल-कपट एवं साम-दाम-दंड-भेद द्वारा भारत के मूलनिवासियों (आदिनिवासियों) को हराकर उन्हें अपना दास बना लिया, तब उसका अधिकाधिक शोषण करने के लिए इन आर्य ब्राह्मणों-पुरोहितों ने कर्म-कांड की जटिलता बहुत बढ़ा दी, जिसने आगे चलकर हिंसामय यज्ञों का रूप धारण कर लिया। इतना ही नहीं, इन शोषक (अनर्जक) आर्य-ब्राह्मणों ने दासों (अर्जकों) को सहस्रों जाति-उपजातियों में बाँटकर उनमें ऊँच-नीच की घृणा का भाव इतना गहरा भर दिया कि चांडाल जाति के व्यक्ति को यदि कोई दूसरी जाति का व्यक्ति छू तक ले तो छूनेवाले व्यक्ति को नहाना पड़ता और न जाने क्या-क्या करना पड़ता, तब पवित्र होता था। और यदि चांडाल के हाथ का बना हुआ भोजन कोई दूसरी जाति वाला व्यक्ति कर ले तो वह व्यक्ति अपनी जाति से बहिष्कृत होकर चांडाल जाति में जबरन ढकेल दिया जाता था।

गौतम बुद्ध के नए धर्म अर्थात् बौद्ध धर्म के प्रचार से हिंसामय-यज्ञ उस समय तो बिलकुल ही बन्द हो गए, परन्तु जातीय-उपजातीय ऊँच-नीच भेद-भाव बौद्ध-धर्म

के भीतर-ही-भीतर चुपचाप पनपता रहा। समय पाकर प्राचीन हिन्दू ब्राह्मण धर्म इतने जोर से बढ़ा कि बौद्ध धर्म भारत से नष्ट हो गया। जातीय-उपजातीय, ऊँच-नीच का भेदभाव आजकल चरम-सीमा पर तो है ही, उससे अधिक चरम-सीमा पर है ब्राह्मणी व्यवस्थानुसार-निर्मित कर्म-कांड, जिसकी चक्की में गरीब दिन-रात पीस रहे हैं।

केवल उत्तर प्रदेश में ब्राह्मण, पुरोहित व पुजारी (अनर्जक) वर्ग कर्म-कांड द्वारा इन शोषितों अर्थात् अर्जकों (पिछड़ी, अनुसूचित व अनुसूचित जनजाति से प्रति वर्ष 2 लाख बच्चों को पैदाइश पर 100 रुपये प्रति बालक (छठी व मूल आदि) के हिसाब से दो करोड़ रुपये, 7 लाख विवाहों पर 40 रुपये प्रति विवाह के हिसाब से 2 करोड़ 80 लाख रुपये, 6 लाख मौतों पर 250 रुपये प्रति मौत (नौबार एकादशा, तेरही, छमछी व वर्षी आदि) के हिसाब से 15 करोड़ रुपये, 30 लाख सत्यनारायण की कथाओं पर 15 रुपये प्रति कथा के हिसाब से 4 करोड़ 50 लाख रुपये व 1 लाख भागवत पर 50 रुपये प्रति भागवत के हिसाब से 5 करोड़ रुपये व 2 लाख ब्रह्म-भोज पर 5000 रुपये प्रति ब्रह्म-भोज के हिसाब से 2 करोड़ रुपये। इस प्रकार कुल मिलाकर 31 करोड़, 30 लाख रुपये जबरन छीन लेते हैं। इतनी बड़ी धन-राशि से प्रतिवर्ष भाखड़ा-बाँध सरीखा दूसरा बाँध बाँधा जा सकता है या अन्य प्रगतिशील निर्माण कार्य किया जा सकता है।

मैं बताना चाहता हूँ कि कर्म-कांड का सरलीकरण अर्थात् पुंसवन संस्कार में गर्भवती को सरदार भगत सिंह, नेताजी सुभाषचन्द्र बोस, नेपोलियन बोनापोर्ट व अब्राहम लिंकन आदि की कथाएँ कोई भी सुनाए, बच्चा पैदा होने पर प्रसविणी को दशमूल काढ़ा या दशमूलारिष्ट या अन्य औषधियाँ खिलावें। चरुआ का मुहूर्त पूछने की कोई आवश्यकता नहीं। नक्षत्र आकाश में कल्पित हैं। उनमें से 'मूल' नक्षत्र कभी किसी बालक पर नहीं पड़ता। ब्राह्मण से मूल नक्षत्र पूछना बन्द करें। नाम स्वत: अच्छा-सा रखें। नाम के साथ में दास, सेवक, राम या कृष्ण, गोत्र, जाति न हो। सुयोग्य वर व कन्या का विवाह करें। मृतक भोज बन्द करें। तीर्थ स्थान ठगी के जाल हैं।

याद रखिए! कहावत 'मूर्ख खिलाते हैं, बुद्धिमान खाते हैं' के अनुसार, जब तक अर्जक (शोषित) खिलाते रहेंगे, तब तक अनर्जक (पुरोहित, पुजारी व पंडा आदि) खाते रहेंगे।

आप सबने यदि इतना ही रुपया बचाकर अपने बच्चों की पढ़ाई-लिखाई तथा रोजगार-धन्धे में लगाकर तनिक भी तरक्की कर ली, तो हम सब लोग अपने परिश्रम को सफल समझेंगे।

पाठकों को धन्यवाद!

# परिशिष्ट 2

लेखक—कुँअर रघुराज सिंह यादव

मंत्री—अशोक पुस्तकालय (रजिस्टर्ड), झींझक, जिला—कानपुर, उ.प्र.

ग्राम—कठारा, रसूलाबाद (कानपुर) दिनांक—6 अगस्त, 1968 ई.

यूरेशियन आर्य शोषक जातियों ने भारत की मूल-निवासी (आदिनिवासी) परिश्रमी, किसान, मजदूर तथा दस्तकार जातियों का हर प्रकार का दोहन-शोषण करने के लिए अपने को दो वर्गों में बाँट रखा है।

प्रथम वर्ग है—पुरोहित, पुजारी, पंडा व महन्त आदि, जो शोषितों (अर्जकों) का धार्मिक, सामाजिक व आर्थिक शोषण करता है।

द्वितीय वर्ग है—नेता। जो शोषितों (अर्जकों) का आर्थिक व राजनीतिक शोषण करता है।

शोषकों (अनर्जकों) के इन दोनों वर्गों ने एक लम्बे समय से अपने माया-जाल में शोषितों को फाँस लिया है। हम सब लोगों का महान कर्तव्य है कि शोषितों को उस माया-जाल से मुक्त करा के उन्हें सम्पूर्ण अधिकार दिलाने का सही मंत्र देना।

इस मंशा से लिखा गया 'आर्यों का नैतिक पोल प्रकाश' सर्वांगीण ग्रंथ है।

पाठकों को चाहिए कि किसी बात को तब मानें, जब वह बात स्वत: के अनुभव में तर्क की कसौटी पर खरी उतरे तथा सम्पूर्ण मानव समाज को बुद्ध का एक ही सन्देश दे कि 'जिओ और जीने दो', 'बहुजन हिताय, बहुजन सुखाय'।

# परिशिष्ट 3

लेखक—कुँअर बृजराज सिंह बौद्ध
बौद्ध नगर, झींझक (कानपुर)
दिनांक—7 अगस्त, 1968 ई.

तुलसीदास ने 'रामचरितमानस' में लिखा है :

*श्रीमद्रामचरित्रमानसमिदं भक्त्यावगाहन्ति ये।*
*ते संसारपतंगघोरकिरणैर्दह्यन्ति नो मानवाः॥*

**अर्थ :** जो मनुष्य भक्तिपूर्वक इस रामचरितमानस में गोता लगाते हैं अर्थात् पढ़ते हैं, वे संसार रूपी सूर्य की अति प्रचंड किरणों से नहीं जलते हैं।

*रुद्राष्टकमिदं प्रोक्तं विप्रेण हरतोषये।*
*ये पठन्ति नरा भक्त्या तेषां शम्भुः प्रसीदति॥*

**अर्थ :** भगवान रुद्र की स्तुति का यह अष्टक शंकर की प्रसन्नता के लिए ब्राह्मण द्वारा कहा गया है। जो मनुष्य इसे भक्तिपूर्वक पढ़ते हैं, उन पर भगवान शंकर प्रसन्न होते हैं।

धार्मिक ग्रंथों की इस प्रकार की अगणित शिक्षाएँ मानव-समाज को अकर्मण्य बनाती हैं। आधुनिक सभ्य मानव-समाज को चाहिए कि ऐसे अकर्मण्यतावादी ग्रंथों का अतिशीघ्र बायकाट कर दें, तभी उनका व राष्ट्र का भला होगा।

# परिशिष्ट 4

लेखक—श्री धर्मेन्दु राय जाटव
एम.ए.,पी-एच.डी.
राजकीय महाविद्यालय, श्रीगंगानगर (राजस्थान)
दिनांक—8 अगस्त, 1968 ई.

'आर्यों का नैतिक पोल प्रकाश' पुस्तिका बड़ी ही रोचक है। भाषा तथा ढंग भी बहुत सरल है, ताकि हर एक साधारण व्यक्ति उसे समझ ले।

मैं नहीं समझता कि उसमें कोई परिवर्तन करने की आवश्यकता है। लेकिन यह बात अवश्य है कि हमारा जितना भी साहित्य हो, वह यदि भावात्मक हो, तो अच्छा है...।

ब्राह्मणवाद एक विकट समस्या है, जिसका सामना तभी हो सकता है, जब हम अपने अन्तर्गत क्रान्ति लाएँ, अपने विचार पूर्णतः परिवर्तित करें...।

## कथित नस्लीय श्रेष्ठता पर बुद्ध का विचार

[तथागत गौतम बुद्ध ने आश्वलायन-गृह-सुत्त में कहा है कि ब्राह्मणी, क्षत्राणी व वैश्याणी भी विश्व की सभी स्त्रियों की भाँति ऋतुमती होने पर गर्भवती होकर निश्चित समय के बाद बच्चा पैदा करती हैं, इस प्रकार सम्पूर्ण मानव-समाज का पैदाइशी ढंग एक समान होकर सभी समान है अर्थात् न कोई किसी से छोटा है और न बड़ा। हे आश्वलायन! तुम्हारा यह कथन कि ब्रह्मा ने ब्राह्मणों को मुख से पैदा किया है। इसलिए वे सबसे बड़े हैं, बिलकुल ही मिथ्या है।]

प्रस्तुति
15 अगस्त, 1968 ई. **—ललई सिंह**

# परिशिष्ट 5

लेखक—दीपनारायण सिंह एडवोकेट (सुप्रीम कोर्ट)
भूतपूर्व एम.एल.ए., प्रकाश-विकास निवास,
शादीपुर खुर्द, फतेहपुर (उत्तर प्रदेश)
दिनांक—17 अगस्त, 1968 ई.

सामाजिक, आर्थिक एवं राजनीतिक क्षेत्रों में गत हजार वर्षों से आर्य अथवा सुर कही जानेवाली विदेशी आक्रामक नस्लों व उनकी सन्तानों के द्वारा बुरी तरह सताई जानेवाली इस जम्बूद्वीप अर्थात् भारत के मूलवासी असुर या द्रविड़ या अनार्य कही जानेवाली उन मेहनती, किन्तु आर्यों की ब्राह्मणी धर्मशास्त्रीय मर्यादाओं, मान्यताओं व राजनीतिक जालों में बुरी तरह फँसी हुई और अपने गौरवशाली पुरातन को भूली हुई शोषित जातियों को पुन: क्रान्तिकारी जाग्रति का सन्देश देते रहनेवाले और सामाजिक, आर्थिक व राजनीतिक समानता की शंखध्वनि करते रहनेवाले श्री पेरियार ललई सिंह की लिखी इस 'आर्यों का नैतिक पोल प्रकाश' नामक पुस्तक से वे लोग बहुत अधिक बौखलाएँगे, जो गोराशाही के उत्तराधिकारी बन शोषित जातियों की मनमानी राजनीति, प्रशासन और समाज में लूट जारी रखना चाहते हैं।

ऐसे राष्ट्रीयता, भारतीयता आदि के दिखावटी नारे देकर भोली-भाली शोषित जनता को बहुत दिनों तक अँधेरे में नहीं रख सकेंगे, जब कि स्वतंत्रता संग्राम में सर्वाधिक त्याग भारत की कुल जनसंख्या के आधे भाग वाली अहीर, कुर्मी, लोधी, केवट, लुहार, बढ़ई, कुम्हार आदि किसान व दस्तकार जातियों का संरक्षण संविधान में सुरक्षित न होने के कारण प्रशासन के उच्च पदों में अब तक गत 21 वर्षों के कांग्रेसी शासन में न कुछ के बराबर है और अल्पसंख्यक (ब्राह्मण, क्षत्रिय, वैश्य, खत्री तथा कायस्थ) अपनी संख्या के अनुपात से कई गुना अधिक पदारूढ़ हैं। उत्तर प्रदेश की हाईकोर्ट में इस समय लगभग 35 जज हैं। परन्तु गत 21 वर्षों के कांग्रेसी शासन में एक भी पिछड़ी जातियों का जज नहीं बनाया गया, जबकि हजारों प्रतिभाशाली एडवोकेट इस राज्य में पिछड़ी जातियों के मौजूद हैं। आज तक उत्तर प्रदेश के 54 जिलों में पिछड़ी जाति का कोई जिलाधीश तक दृष्टिगत नहीं हुआ।

'हरिजन' कहे जानेवाले अछूतों को संरक्षण प्राप्त होने पर भी हाईकोर्ट के जज के पद अभी तक प्राप्त नहीं हो सके, फिर भी पिछड़ी व दलित जातियों के लालची व अवसरवादी नेता (आजकल) शोषक जातियों के सामन्ती व पूँजीवादी नेतृत्व को मजबूत करने में तल्लीन हैं और अपनी जातियों के जाग्रति-शून्य (मूर्ख) लोगों को अपने पीछे चलाकर शोषकों की तानाशाही को दृढ़ करने में लगे हुए हैं। जिस प्रकार द्रविड़ों या असुरों के बड़े नेता शंकर महादेव को सुरों के उप-सेनापति उपेन्द्र, विष्णु का पुजारी इस कारण बनना पड़ा कि सुन्दर-सुन्दर ललनाएँ सती और पार्वती शंकर को दे दी गई थीं।

समुद्र यात्रा के समय में सुरों और असुरों के मिले-जुले प्रयास के फलस्वरूप लाए गए चौदह रत्नों में से केवल विष शंकर ने पाया, जो उन्हें पीना पड़ा। सुरों के महासेनाध्यक्ष इन्द्र को एरावत हाथी, अप्सराएँ आदि सुन्दर वस्तुएँ मिलीं। सुरों के उपेन्द्र (विष्णु) को लक्ष्मी तथा सुरों को अमृत मिला। मृत्यु अर्थात् शेष नाग के फन के समीप रहनेवाले (युद्ध क्षेत्र के अग्र-भाग में रहकर शत्रु से लड़नेवाले) असुरों को एक बूँद अमृत का नहीं मिला व जिस 'राहु' ने उस अमृत का एक घूँट पान किया, उसके टुकड़े-टुकड़े उसी विष्णु ने कर दिए जिसके अवतार राम और कृष्ण की पूजा आज भी असुरों की सन्तानें सछूत अर्थात् पिछड़े वर्ग के लोग व अछूत अर्थात् 'हरिजन' लोग कर रहे हैं।

लेखक ने बड़ी खोज व समझ के साथ जन-साधारण की भाषा में आधुनिक परिस्थितियों के उदाहरण देकर यही सिद्ध करने का प्रयास किया है कि हजार वर्ष पूर्व मध्य एशिया अर्थात् पामीर के पठार से आनेवाले विदेशी आर्य या सुर जातियों ने अपने से श्रेष्ठ भारत की असुर, द्रविड़ व नाग जातियों पर विजय अपनी धूर्तता, तोड़-फोड़ व अपनी जाति की सुन्दर स्त्रियों के द्वारा उनके नेताओं को लुब्ध तथा पथभ्रष्ट करके प्राप्त की।

वे अब भी पिछड़ी व अछूत जातियों के त्यागी व योग्य नेताओं को इन्हीं जातियों के अपने दलालों के माध्यम से हराने में समर्थ हो रहे हें। इन बहुसंख्यक शोषित जातियों को छोटी-छोटी नौकरियाँ, काम व लालच देकर उच्च पदों से दूर रखकर अपनी तानाशाही चला रहे हैं।

शोषित जातियाँ जन्म से लेकर मरने तक न केवल आर्यों की, ब्राह्मणों की धार्मिक-लीला में फँसी रहती हैं, वरन उनके राजनीतिक जाल में भी फँसी हुई हैं। अभी तक अपने सुदृढ़ नेतृत्व को उभार में नहीं ला सकी हैं।

लेखक ने आर्यों के नेतृत्व की पोल खोली, परन्तु उसने यह नहीं बताया कि अंग्रेजों के लखनऊ व दिल्ली से चले जाने के बाद सभी प्रमुख-प्रमुख स्थानों पर मह-जन-समुदाय सत्तारूढ़ हो गया, किन्तु इन शोषित जातियों को सत्तारूढ़ होने में सफलता क्यों नहीं मिली?

जहाँ शोषक आर्यों के नेता श्री चन्द्रभानु गुप्त के जन्मदिवस पर लाखों रुपये की धनराशि उन्हें दी जा सकती है, वहाँ बहुसंख्यक शोषित जनता के किसी भी नेता को उसकी आधी भी धनराशि क्यों नहीं दी गई? (क्योंकि वह धनराशि सुदृढ़ संगठन बनाने में काम आती।)

पाकिस्तान निर्माता मिस्टर मुहम्मद अली जिन्ना को मुसलमानों का सफल नेतृत्व मिला, परन्तु वहीं नेतृत्व शोषित जातियों की ओर से किसी शोषित नेता को क्यों नहीं मिला?

चाणक्य ने 'चाणक्य नीति' में कहा है—'अनायका विनश्यन्ति नश्यन्ति बहुनायका:।' शोषित जातियों में बहुत नायक हैं। सब अपनी-अपनी अलग-अलग बात कहते हैं। ऐसा न करके उनमें एक नायक की बात मानने की क्षमता पैदा करनी चाहिए, तभी उनका व सबका भला होगा, अन्यथा टाँय-टाँय फिस्स।

मेरी राय में लेखक व उनके साथियों को शोषित जातियों के भीतर के उप-जातिवाद को मिटाकर सही एक नेतृत्व को दृढ़ करने की दिशा में अग्रसर होना चाहिए।

शोषक जातियों के गरीब व्यक्तियों तथा शोषित जातियों को इकट्ठा करके एक ऐसा मोर्चा गठित किया जाए, जो राजनीतिक होने के साथ-ही-साथ ब्राह्मणवादी पाखंडों को नष्ट करने में भी समर्थ हो सके।

हमें ब्राह्मण से घृणा नहीं है। घृणा ब्राह्मणवाद से है। इसी आधार पर हमें ऐसे ब्राह्मणवादी पिछड़ी व अछूत जातियों के लोगों से जो सामाजिक उच्चता के भाव से ओत-प्रोत हैं, उनसे भी घृणा है।

पुस्तक विचार व मनन करने योग्य है।

# परिशिष्ट 6

लेखक—श्री चौधरी चुन्नीलाल एडवोकेट (हाईकोर्ट)
(मकान) 19 बेली इलाहाबाद (हाईकोर्ट), कमरा नं. 29, इलाहाबाद
(दफ्तर) 24 थार्नहिल रोड, इलाहाबाद, टेलीफोन नं. 3639
दिनांक—28 अगस्त, 1968 ई.

'आर्यों का नैतिक पोल प्रकाश' में लेखक की सभी बातें, जो इस पुस्तक में उद्धृत की गई हैं, यह अवश्य है कि इसमें प्राचीनता एवं नवीनता का सम्मिलित वर्णन किया गया है, इसको लेखक ने अपनी गहन अध्ययन की दृष्टि से लिखा है। कहीं भी इसमें त्रुटि का आभास नहीं है। पुस्तिका अपने आप पूर्ण है।

इसमें 'मनुस्मृति' का अधिक माने में खंडन किया गया है, जो कि हिन्दू-संस्कृति की जड़ है। यह वास्तव में सत्य भी है, क्योंकि 'मनुस्मृति' के कारण ही भारतवर्ष आज भी रूढ़िवादिता में बँधा हुआ है।

इस पुस्तक में हर जगह अन्धविश्वासी बातों का खंडन करके उसका सत्य निराकरण किया गया है। जैसे—कहा जाता है कि अत्याचार के समय शंकर जी का तीसरा नेत्र खुलता है। परन्तु लेखक ने जो उदाहरण महमूद गजनवी की चढ़ाई सोमनाथ के मन्दिर पर दिखाया है, उससे स्पष्ट है कि शिवजी का तीसरा नेत्र न कभी खुला है और न कभी खुलेगा।

इस प्रकार यह पुस्तिका बहुत परिश्रम के साथ लिखी गई है। आशा है कि यह पुस्तक सबको लाभान्वित करेगी।

# परिशिष्ट 7

लेखक—श्री देवराज सिंह पाल, एम.एससी.
प्रोफसेर एवं अध्यक्ष, भौतिक विज्ञान विभाग, पी.पी.एन.
स्नातोत्तर कॉलेज, कानपुर (उ.प्र.) टेलीफोन नं. 37308
दिनांक—11 सितम्बर, 1968 ई.

प्रस्तुत पुस्तक में श्री पेरियार ललई सिंह की इच्छा किसी वर्ग विशेष के प्रति दुर्भावना फैलाना नहीं है, बल्कि प्रयोजन केवल एक ही है कि हिन्दू समाज में फैली कूप-मंडूकता, अन्धविश्वास, जातीय बड़प्पन एवं जातीय छोटापन वाली बातों को समाप्त किया जाए एवं समाज तथा राष्ट्र की उन्नति में जो व्यक्ति रोड़े अटकाते हैं, उनका मामूली तरीके से ही नहीं बल्कि सशक्त विरोध किया जाए।

हिन्दू धर्म के धर्मवादी एवं लाखों साधु कहते हैं कि अधर्म बढ़ जाने के कारण सूखा, अनावृष्टि तथा नाना प्रकार की बीमारियाँ आदि दैवी-प्रकोप भुगतने पड़ने हैं। परन्तु यदि उनके कथनानुसार पूजापाठ, कथा-भागवत, तीर्थ दर्शन, यज्ञ व ब्रह्म-भोज आदि किए जाएँ तो क्या उपरोक्त विपदाएँ दूर हो जाएँगी? मेरा ऐसा विश्वास है कि कदापि नहीं।

लाखों साधुओं तथा धर्म प्रचारकों का यह कहना कि हम लोग धर्म-प्रचार करते हैं, सफेद झूठ है। वास्तव में, ये लोग अन्धविश्वास व अ-कर्मण्यता द्वारा अ-धर्म का प्रचार करते हैं। ये लोग कहते हैं :

*अजगर करे ना चाकरी पंछी करे ना काम।*
*दास मलूका कह गए सब के दाता राम॥*

अधिकांश मनुष्य नैतिकता में किसी तरह का अन्तर नहीं मानते हैं। इसलिए उनकी इस अ-ज्ञानता का लाभ हमारे धर्मोपदेशक, कथा-वाचक, पुजारी व पंडे आदि उठाते हैं।

धर्म नाम के पीछे कल्पित ईश्वर, देवी व देवता की कपोल-कल्पित शक्ति छिपी रही है, परन्तु नैतिकता के पीछे मानव-समाज की वास्तविक शक्ति जुड़ी रहती है।

धर्म के अन्तर्गत कल्पित पाप-पुण्य, स्वर्ग-नरक, भाग्य एवं पुनर्जन्म की मीमांसा होती है, परन्तु नैतिकता द्वारा अच्छे एवं बुरे का निर्णय होता है।

अधिकाधिक व्यक्ति पाप-पुण्य, स्वर्ग-नरक, भाग्य व पुनर्जन्म को अच्छे या बुरे के साथ जोड़ देते हैं, यह उनकी महान मूर्खता है।

मानव-समाज की नैतिकता जब तक धर्म के अन्धविश्वासी विशेष आदेशों से मुक्त नहीं होगी, तब तक मानव-समाज कदापि उन्नति नहीं कर सकता है। यही कारण है कि हिंसा-मुक्त-यज्ञ, सती-प्रथा व कन्या वध आदि कु-प्रथाओं को बन्द कराते समय नैतिकता की धर्म-ध्वजियों से कस कर टक्कर हुई। अन्त में नैतिकता की विजय हुई।

सभ्य मानव-समाज को तीन बातों में से एक को चुनना जरूरी है—

1. धार्मिक-शासन—परन्तु यदि धर्म नैतिकता द्वारा शासित नहीं है तो अराजकता छा जाएगी। ऐसा धर्म धर्म नहीं, अपितु अ-धर्म है।
2. धर्मविहीन शासन—अर्थात् पुलिस व सेना द्वारा शासन हो, अर्थात डिक्टेटरशिप हो।
3. संयुक्त शासन—कुछ धर्म-प्रभावित एवं कुछ न्यायाधीशों द्वारा शासन हो।

हमारा विश्वास अराजकता व डिक्टेटरशिप में नहीं है।

धर्म की वास्तविक परिभाषा है—

(1) अन्धविश्वास रहित वि-शुद्ध बुद्धि वाला व

(2) दया या प्रेम के आचरण वाला।

हिन्दू धर्म में उपरोक्त दोनों बातों की सदा से कमी रही है तथा ये कमी आज भी ज्यों-की-त्यों बनी हुई है। संघर्ष का मूल कारण यही है।

स्वतंत्र भारत के इक्कीस वर्षों में हिन्दू धर्म में ब्राह्मणवाद की जड़ें गहरी करने की साजिश की गई है। समानता का नारा शोषित जातियों को भुलावा देने के लिए दिया जाता है, परन्तु समानता का एक प्रतिशत भी हम प्राप्त न कर सके। शोषित एवं अछूतों को प्रतिदिन अपमानित एवं पीड़ित किया जाता है, जान से मारा जाता है। आर्थिक स्थिति गिरती जा रही है। ऊँची कहलानेवाली जातियों के पास सम्पत्ति एकत्रित होती जा रही है तथा शोषित व अछूत जातियाँ गरीब होती जा रही हैं एवं विनाश के कगार पर खड़ी हुई हैं। राजनीति में उनका स्थान नगण्य है। उच्च कहलानेवाली जातियों के दैनिक व्यवहार से वे अब इतनी अधिक पीड़ित हो चुकी हैं कि उनके धैर्य का बाँध टूट चुका है।

मैं यह अनुभव कर रहा हूँ कि वर्तमान अराजकता एवं विभिन्न मुठभेड़ों को देखते हुए एक ऐसी क्रान्ति की आवश्यकता है, जो देश में बढ़ते हुए ब्राह्मणवाद के विरुद्ध मानवता एवं समानता लाने के लिए होगी।

इन शोषित एवं पीड़ित जातियों में धीरे-धीरे स्व-सम्मान की भावना जाग्रत हो रही है और यदि उच्च वर्गों ने बढ़ते हुए ब्राह्मणवाद को त्याग कर समानता एवं न्याय का व्यवहार न अपनाया तो अपने अधिकार प्राप्त करने के लिए ये जातियाँ रक्तिम-क्रान्ति के लिए भी बाध्य होंगी।

लेखक एवं सभी परिशिष्ट लेखकों के प्रयासानुसार यदि अधिकार-वंचित जातियों में स्वाभिमान जाग गया तो हम सभी अपने परिश्रम को सफल समझेंगे।

धन्यवाद!

# परिशिष्ट 8

लेखक—श्री लाहौरी राम 'बाली'
सम्पादक—'भीम पत्रिका', नकोदर रोड
जालन्धर सिटी (पंजाब)
दिनांक—28 सितम्बर, 1968 ई.

पिछले सफेहात के पढ़नेवाले यह बखूबी जान गए होंगे कि किस तरह गलत धर्म ने बहमपरस्ती (दिमागी गलत उलझन) के किस्म-किस्म के जाल में भोली-भाली आम जनता को फँसाए रखा और उनकी मेहनत की कमाई पर मौजें उड़ाते रहे।

अक्सर लोग यह कहते सुने जाते हैं कि यह ब्राह्मणवाद की ही खूबी और हिम्मत थी कि इतने देशी एवं विदेशी हमलों के बाद भी वह जिन्दा रहा, लेकिन सवाल तो यह है कि ब्राह्मणवाद किस तरह की हालत में जिन्दा रहा। क्या यह एक हकीकत नहीं कि ब्राह्मणवाद एक जलील, नीच व गुलाम सिद्धान्त के तौर पर जिन्दा रहा और अपनी इस जलालत व गुलामी का असर उसने लाखों-हिन्दुस्तानियों पर डाला। जलील, गुलाम व बदहाल होकर जिन्दा रहना तो कोई जिन्दगी नहीं है। (कोढ़ी और पहलवान दोनों के जिन्दा रहने में जमीन व आसमान का अन्तर है।)

अगरचे अब पहले से (सरीखे) हालात नहीं रहे। हिन्दू-समाज में काफी तब्दीली आ चुकी है लेकिन वह तब्दीली किसी वक्त भी पहली हालत (प्राचीन दशा) को मुड़ सकती है। घड़ी की सुइयाँ फिर पीछे की तरफ लगाई मोड़ी या घुमाई जा सकती हैं और हिन्दू-सभाई किस्म के लीडर इसकी सख्त कोशिश कर रहे हैं।

बहुत से लोग यह कहते सुने जाते हैं कि हिन्दू-समाज में सुधार होना चाहिए यानी री-फार्म के लिए काफी लोग मुत्तफिक हैं, लेकिन गिरावट, नफरत और भेदभाव पैदा करनेवाली राय-निहाद इलहामी (ईश्वरीय) धार्मिक किताबों को अगर जलाने या सुधारने के लिए न कहें, तो कम-से-कम अजायब घर में ही रखने के लिए कहने पर बहुत कम लोग तैयार हैं।

'रामायण', 'महाभारत', 'गीता' व 'मुतअदिद' (विभिन्न) ब्राह्मणी किताबें हर साल लाखों की तादाद में छपती हैं और सेठ 'बिरला' ऐसे लोग अपनी तरफ से घाटा

डालकर उन्हें सस्ते दामों पर बिकवाते हैं। समाजी ना-बराबरी के खिलाफ प्रचार करनेवाले वैसे ही कम लोग हैं और जो हैं भी उनके पास साधन बहुत ही कम हैं, लेकिन इसके उलट ना-बराबरी का प्रचार करनेवाले लोगों की तादाद लाखों में है और केवल हिन्दुस्तान ही नहीं बल्कि दुनिया भर के सरमायेदार (पूँजीपति) उनकी मदद पर हैं।

इस तरह की हालत में सुधार हो तो कैसे हो? हिन्दुस्तान दिमागी, समाजी व मुल्की गुलामी से निजात (छुटकारा) पाए तो किस तरह पाए? इसके दो तरीके हैं, अव्वल तरीका यह है कि नफरत व ना-बराबरी के उसूलों (नियमों) का प्रचार करनेवाली सभी किताबों का चाहे वह किसी भी धर्म की क्यों न हों, उन्हें भारतीय संविधान के बुनियादी उसूलों के खिलाफ करार देकर तबात व इशाअत (छापना) कानूनी तौर पर ममनूअ (मना) किया जा कर जुर्म करार दिया जाए और दूसरा तरीका यह है कि इनसे कता-ताल्लुक (सम्बन्ध-विच्छेद या बायकाट) कर लिया जाए। पहली बात किसी हिन्दू को मंजूर नहीं। यह तो 'दयानन्द' के 'सत्यार्थ-प्रकाश' में तब्दीली के खिलाफ मोर्चा लगा देते हैं, फिर 'गीता' और 'वेदों' की तरमीम (संशोधन) पर तो कुहराम मच जाएगा।

इसलिए दूसरा तरीका ही मौजू (अच्छा) और मुअस्सर (असरदार) लगता है। ब्राह्मण-धर्म से नाता तोड़ने से ही हिन्दुस्तान के लोग जहालत, अन्धविश्वास, समाजी—ना-बराबरी नफरत (अलहदगी) व कुदूरत (घृणा) से छुटकारा हासिल कर सकते हैं। यही वजह है कि बाबा साहब डॉक्टर भीमराव रामजीराव अम्बेडकर ने दिनांक—14 अक्टूबर, सन् 1956 ई. को हिन्दू धर्म को त्याग कर बौद्ध-धर्म इख्तियार किया।

इसलिए हमें चाहिए कि जितनी जल्द हो सके, हम हिन्दू धर्म के या यों कहना ज्यादा दुरुस्त होगा कि ब्राह्मणी धर्म के चंगुल (पंजे) से आजाद होकर बौद्ध-धर्म इख्तियार करें।

# परिशिष्ट 9

लेखक—(1) श्री धनीराम चौरसिया, एडवोकेट
(2) श्री नरेन्द्रसिंह कटियार, एडवोकेट
कचहरी, कानपुर (उत्तर प्रदेश)
दिनांक—19 अक्टूबर, 1968 ई.

प्रस्तुत पुस्तक 'आर्यों का नैतिक पोल प्रकाश' को हो सकता है कि कुछ पुराने विचारों वाले सज्जन कहें कि यह पुस्तक साम्प्रदायिक है परन्तु जब वे इसे मानवता की दृष्टि से लेखक के सूक्ष्म विचारों का गहन अध्ययन करने के पश्चात सोचेंगे कि यदि मैं स्वयं किसी का धार्मिक, सामाजिक एवं आर्थिक गुलाम होता तो उससे मुक्ति पाने के लिए क्या उचित व अनुचित उपाय न करता?

न्यायाधीश का काम न्याय करना है, न कि कानून की आड़ में न्याय का गला घोंटना।

धार्मिक व सामाजिक नियम तथा रूढ़ियाँ आदि जो व्यक्तिगत, समाजगत एवं राष्ट्रगत प्रगति में बाधक हों, उनका स-शक्त विरोध करने का सब को जन्मसिद्ध अधिकार है।

इन्हीं कसौटियों के आधार पर हम लोग डंके की चोट से बलपूर्वक कह सकते हैं कि 'आर्यों का नैतिक पोल प्रकाश' साम्प्रदायिक पुस्तक नहीं है। यह एक मानवतावादी पुस्तक है।

साम्प्रदायिक की परिभाषा है—जिस जन-समुदाय के धार्मिक व सामाजिक सिद्धान्त दूसरे जन-समुदाय से अलग हों व अन्य सम्प्रदाय से टकराव करें, उसे सम्प्रदाय कहते हैं।

साधारणतया कुल मानव-समाज दो भागों में बँटा हुआ है—एक, ईश्वर को माननेवाला और दूसरा, ईश्वर को न माननेवाला।

ईश्वरवादी सम्प्रदाय के चतुर व्यक्ति ईश्वर की आड़ में या किसी पुरुष को आदर्श-पुरुष मानकर उसकी आड़ में आम-जनता का धर्म व समाज के नाम पर मनमाना दोहन व शोषण करते हैं।

उनकी इस प्रकार की खुली लूट को बन्द करने या बन्द कराने के लिए सभाएँ की जाएँ, भाषण दिए जाएँ, प्रस्ताव पास किए जाएँ, पुस्तकें लिखी जाएँ, अखबार छापे जाएँ या आन्दोलन किए जाएँ तो वे साधन-सम्पन्न चतुर चूड़ामणि व्यक्ति चिल्लाते हैं कि बैकवर्ड व अछूतों का यह काम साम्प्रदायिक है। स्पष्ट है :

*जाके पैर न फटी बिवाई।*
*सो क्या जाने पीर पराई॥*

कोई विद्वान उन चतुर महानुभावों से पूछे कि हमारे गुलाम रहने से तुम्हें गुलामी कराने का लाभ है, परन्तु तुम्हारे मालिक रहने से हमें क्या लाभ है? या इस प्रकार पूछे कि तुम्हारे द्वारा हमें नीच जाति वाला कहने से तुम्हारे बड़प्पन की जड़ें अधिकाधिक मजबूत होती जाएँगी, परन्तु हमारे द्वारा तुम्हें बड़ी जाति वाला कहने से हमें क्या लाभ है? का उत्तर वे लोग हाँ, हूँ व टाल-मटोल के अतिरिक्त कुछ नहीं दे सकेंगे। वास्तव में, उत्तर कुछ है ही नहीं।

अछूत लोगों में जिन्हें सवर्ण (महाजन) व बैकवर्ड (बहुजन) दोनों उप-समाजों की दोहरी गुलामी करनी पड़ती थी, माननीय डॉक्टर भीमराव रामजीराव अम्बेडकर के सफल नेतृत्व की बदौलत काफी चेतना आ गई है। यदि सवर्णों के इकहरे गुलाम बैकवर्ड इन अछूतों की प्रगति के मार्ग में रोड़े न अटकावें तो हम लोगों का पूर्ण विश्वास है कि वे लोग अति शीघ्र धार्मिक, सामाजिक व आर्थिक स्वतंत्रता प्राप्त कर सकते हैं। इस काम के लिए चाहे उन्हें धर्म-परिवर्तन ही क्यों न करना पड़े।

अछूतों की प्रगति में बैकवर्ड इसलिए रोड़े अटकाते हैं कि अज्ञानी बैकवर्ड (बहुजन) उप-समाज किसी बैकवर्ड नेता का सफल नेतृत्व न पा सकने के कारण यह समझ रहा है कि हाय! हमारे सहस्त्रों साल के पले हुए गुलाम अछूत धीरे-धीरे स्वतंत्र होते जा रहे हैं। उस बैकवर्ड को यह ज्ञात ही नहीं है कि हमें भी सवर्णों की गुलामी से मुक्ति प्राप्त करनी है।

अत: बैकवर्ड समाज को अतिशीघ्र निर्णय लेना चाहिए कि हम लोग न तो सवर्णों के गुलाम रहेंगे और न अपना गुलाम अछूतों को रखेंगे, तभी हम सबका भला होगा, अन्यथा कदापि भला नहीं हो सकता है।

किसी विद्वान ने कहा है कि यदि गुलाम की समझ में आ जाए कि मैं गुलाम हूँ तो वह गुलामी से मुक्त होने के लिए स-शक्त विद्रोह कर देगा।

प्रस्तुत पुस्तक में लेखक एवं परिशिष्ट लेखकों ने बैकवर्ड व अछूत दोनों उप-समाजों को भली प्रकार समझाया है कि हम लोग धार्मिक, सामाजिक एवं आर्थिक गुलाम हैं, परन्तु अब गुलाम नहीं रहेंगे।

'चेंज ऑफ ला इन दी नेचर' अर्थात् परिवर्तन ही संसार का नियम है।

क्रान्ति अमर रहे! क्रान्ति अमर रहे!! क्रान्ति अमर रहे!!!

हिन्दू जाति के सुधाराकांक्षी प्रत्येक व्यक्ति का कर्तव्य है कि वह हिन्दू धर्मशास्त्रों की धज्जियाँ उड़ाना शुरू कर दे...और तब तक दम न ले, जब तक हिन्दुओं के मस्तिष्क में विषैले कीटाणुओं की तरह घुसे हुए उनके कलुषित उपदेशों का प्रभाव नष्ट न हो जाए।

**—रजनीकान्त शास्त्री**

'हिन्दू जाति का उत्थान और पतन' से

जो सुधारक अ-स्पृश्यता मिटाने का यत्न कर रहे हैं, जिनमें महात्मा गांधी भी शामिल हैं, वे इस बात को नहीं समझ पाते कि लोगों के आचरण का मूलाधार धर्मशास्त्र है, वर्ण-भेद, जाति-भेद, अधिकार-भेद और अ-स्पृश्यता इत्यादि बुराइयों को मिटाने का मौलिक उपाय हिन्दू-शास्त्रों का विरोध और उनके विरुद्ध घृणा का प्रचार करना है। व्याकरण तथा तर्क द्वारा शास्त्रों का अर्थ बदलना उपयुक्त नहीं। हममें यह कहने का साहस होना चाहिए कि सम्पूर्ण बुराई की जड़ हिन्दू धर्मग्रंथ हैं, जिन्होंने वर्ण-भेद और जाति-भेद की पवित्रता का प्रचार किया है।

**—डॉ. बी.आर. अम्बेडकर**

* नमो बुद्धाय *

# आदिनिवासियों की पहचान

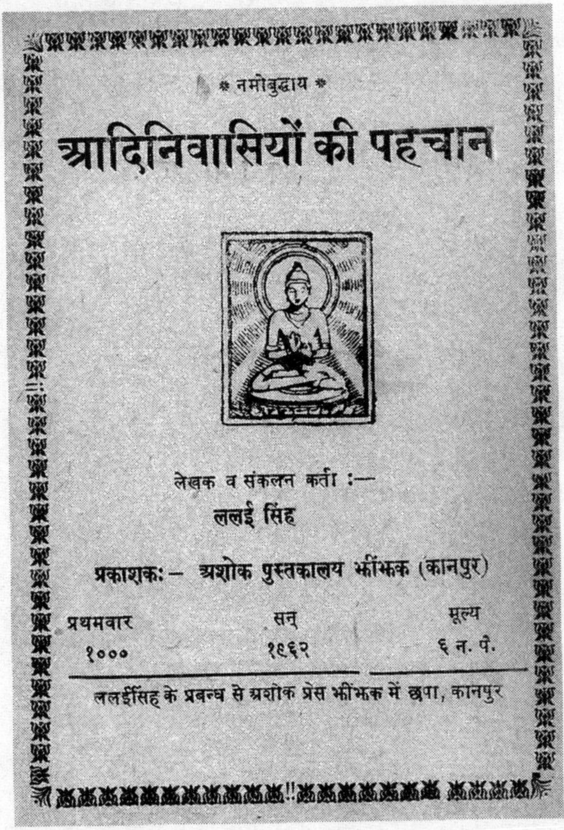

* नमोबुद्धाय *

आदिनिवासियों की पहचान

लेखक व संकलन कर्ता :—

ललई सिंह

प्रकाशकः– अशोक पुस्तकालय झींझक (कानपुर)

| प्रथमवार | सन् | मूल्य |
|---|---|---|
| १००० | १९६२ | ६ न. पै. |

ललईसिंह के प्रबन्ध से अशोक प्रेस झींझक में छपा, कानपुर

लेखक
**पेरियार ललई सिंह**

**अशोक पुस्तकालय**
झींझक, जिला—कानपुर, उत्तर प्रदेश, भारत-209302

प्रथम बार 26 जनवरी, 1962 ई.
प्रथम बार 1000 प्रतियाँ प्रकाशित हुईं
द्वितीय बार सन् 1963 ई.
तृतीय बार सन् 1965 ई.
चौथी बार सन् 1968 ई.
पाँचवीं बार सन् 1970 ई.
छठी बार सन् 1972 ई.
सातवीं बार सन् 1974 ई.
आठवीं बार सन् 1978 ई.
नौवीं बार सन् 1981 ई.
दसवीं बार सन् 1984 ई.
ग्यारहवीं बार सन् 1987 ई.

प्राप्ति पता
**अशोक पुस्तकालय**
झींझक, जिला—कानपुर, उत्तर प्रदेश, भारत-209302

**मुद्रक**
सस्ता प्रेस
झींझक, कानपुर, उत्तर प्रदेश, भारत-209302

**मूल्य :** 75 नए पैसे

!!समर्पण!!

उन सभी मूलनिवासी योद्धाओं को,
जिन्होंने महान सैन्धव सभ्यता की मानवता को
बचाने के लिए आक्रान्ता आर्यों से लड़ते हुए
सर्वोच्च मानव मूल्य—
समता, स्वतंत्रता और बन्धुता के लिए
अपनी जान दे दी, जिनके अस्थि अवशेष
आज भी सैन्धव सभ्यता की खुदाई में मिलते हैं,
जिन पर आज भी खंजरों के निशान हैं।

**—पेरियार ललई सिंह**

# दो शब्द

अतीत से आज तक अनेक प्रबुद्ध आदिनिवासी सपूत निस-दिन आर्यों द्वारा गहरी मानवीय घृणा और थोथी नैतिकता की मानसिक गुलामी के भेद की पोल का प्रकाशन करते चले आ रहे हैं। उसके बाद भी आर्य नित नई कूटनीति की चाल चलते आ रहे हैं, जिसका पता लगा पाना असम्भव हो जाता है, क्योंकि आर्य अत्यन्त खतरनाक विधि से आदिनिवासियों के साथ व्यवहार करते हैं। आर्यों के इस गुप्त नैतिक भेद के पोल प्रकाश का भंडाफोड़ अति आवश्यक है। आदिनिवासियों की सामाजिक-सांस्कृतिक चेतना के लिए प्रश्नोत्तर शैली में यह आपके समक्ष प्रस्तुत हो रहा है।

आज से हजार साल पहले की बात है। जब भारतभूमि पर घुमन्तू आक्रान्ता आर्यों का पहला आक्रमण हुआ, पहली बार तो ये अपने गायों और घोड़ों के लिए चरागाहों की तलाश करते हुए सिन्धु भूमि अर्थात् भारतभूमि के पास तक पहुँचे थे, उसके बाद आर्य घोड़ों के साथ धीरे-धीरे भारतभूमि के भूगोल में घुसे।

आक्रान्ता आर्यों ने देखा कि सिन्धु भूमि प्राकृतिक सम्पदा और संसाधनों से भरा हुआ देश है। इन संसाधनों का उपभोग हम अपने लिए और अपने घोड़ों के लिए कर सकते हैं। इस तरह आक्रान्ता आर्यों ने भारतभूमि को तोड़ते-जोड़ते हुए सबसे पहले इस भूमि को अपना उपनिवेश बनाया। उपनिवेश बनाने और समय बीतने के साथ ही आर्यों ने यहाँ पर रहने का मन बनाया। इस वास करने के मन से हर चीज को देखने और विचारने लगे। अब हर चीज को लोभ-लालच और लूट की नजर से देखने लगे।

आर्यों ने देखा कि यहाँ के आदिनिवासी साँवले रंग के हैं और हम गोरे-भूरे रंग के हैं। इन सभी स्थितियों पर विचार करने के बाद आर्यों ने सोचा कि अब हम इन्हें अपने में मिलाएँ कैसे और इन्हें लूटें कैसे? इस स्थिति में बहुत चालाकी से अपनी गोरी-भूरी सुन्दर युवतियों का विवाह आदिनिवासी गणराज्य के सरदारों से करना शुरू किया। इस रिश्ते के साथ ही आर्यों ने यहाँ के मूलनिवासी राजाओं से हाथ जोड़कर भारतभूमि पर रहने के लिए भूमि और सुरक्षा माँगी। अब रिश्तेदार होने के कारण आर्यों को यहाँ के गणराज्य के सरदारों ने भूमि, सुरक्षा देने के साथ ही यहाँ वास करने की वैधता-अनुमति प्रदान कर दी।

यहाँ के आदिनिवासी सरदारों से विवाह करने के क्रम में आर्यों के कबीला सरदार हिमाचल (हिमाचल पर्वत से होकर आनेवाले आर्य अपना नाम हिमाचल रखे थे) ने अनार्य आदिवासी शिव से अपनी पुत्री पार्वती अर्थात् देव पर्वत से आनेवाली पुत्री का विवाह कराया। इसी तरह आर्यों ने कन्या दुर्गा का सम्बन्ध राजा महिषासुर से बनवाया। वेद में 'कन्या' का अर्थ है, वह स्त्री जो विवाह से पहले किसी भी पुरुष के साथ सम्बन्ध बनाती है लेकिन विवाह के बाद वह एक ही पुरुष के साथ सम्बन्ध बनाती और जीवन जीती है।

गोरे-भूरे रंग की राधिका और रुक्मिणी का सम्बन्ध आर्यों ने साँवले रंग के अनार्य कृष्ण से बनवाया। ऐसे विवाह और सम्बन्ध बहुत सारे मिल जाएँगे आपको आर्यों के साहित्य में ही। साथ ही, भारतभूमि उस समय विद्या सर्जना का भी केन्द्र थी। इसे आप महान सैन्धव सभ्यता के ज्ञान-विज्ञान की महान प्रगति से देख सकते हैं। इस ज्ञान को प्राप्त करने को भी ध्यान में रखकर उन आर्यों ने यहाँ वास करना शुरू किया। इस तरह 'फूट डालो, राज करो' की नीति आर्यों ने शुरू किया, जबकि आज के आर्य प्रचारित करते हैं कि इसे अंग्रेजों ने शुरू किया, जो पूरी तरह झूठ है।

कुछ समय बाद आर्यों ने एक और नीति चली। वे इस चाल में अपनी सुन्दर गोरी-भूरी कन्याओं को कई राजाओं के यहाँ ले जाते थे और वे राजाओं से कहते थे कि इस कन्या का विवाह आपके साथ करूँगा, लेकिन अमुक राजा जबरदस्ती मेरी कन्या को ले जाना चाहता है। इस तरह यहाँ के कबीले के सरदारों और राजाओं को आर्यों ने आपस में लड़ाना शुरू किया। इसके साथ इस गणराज्य भूमि का तहस-नहस शुरू हुआ। कई राजाओं को लड़ाने के बाद आर्य उस कन्या का विवाह अन्तिम विजेता राजा से कर देता था और उस राजा से उस कन्या के बदले खूब धन और सम्पत्ति वसूलता था। इस तरह फूट डालो और राज करो की नीति अंग्रेजों ने नहीं बल्कि आर्यों ने शुरू की थी। जबकि आज आर्य (सवर्ण हिन्दू) प्रचारित करते हैं कि फूट डालो राज करो की नीति अंग्रेजों ने शुरू की थी।

ध्यान दें कि गणराज्य की भूमि पर एकतंत्रीय राज्य बनाए जाने की प्रक्रिया को आर्यों ने शुरू कर दिया। अब गण का राज्य समाप्त होने लगा। एकतंत्रीय राजा बनना शुरू हो गए। साथ ही, स्त्री प्रधान भूमि अर्थात् इस मातृ प्रधान सैन्धव भूमि भारत पर आर्यों ने गोरी-भूरी कन्याओं का इस्तेमाल कर स्त्री अधिकारों का संहार शुरू कर दिया। अब पुरुष वर्चस्व का समाज बनाना शुरू कर दिया। यहीं से सबसे पहले पितृसत्ता का समाज बनना शुरू हुआ। इस तरह आर्यों का भारतभूमि में घुसना-बसना शुरू हुआ और भारतभूमि की आदिनिवासी जनता के अधिकारों और गणराज्य के अन्त की शुरुआत हो गई।

आर्य अपनी स्थिति में परिवर्तन के बाद जब कोई रास्ता नहीं निकाल पाते थे तो पेट पालने के लिए भीख माँगना शुरू कर दिए। इस समृद्ध भारतभूमि पर भीख

माँगने की संस्कृति आर्यों ने ही शुरू किया, जिसको समय के साथ आगे चलकर यज्ञों-मन्दिरों आदि के माध्यम से वैधता प्रदान कर दी। इन मन्दिरों में अकूत धन संचय शुरू कर दिया। भारतभूमि कंगाल होने लगी। आर्यों के भीख माँगने और संचय के वैध केन्द्र मन्दिर समृद्ध होने लगे। इस भीख माँगने की प्रक्रिया में आर्यों ने पूरे भारत में घूमना और निरिक्षण करना शुरू कर दिया। सब कुछ जानने के बाद आर्यों ने उपद्रव करना शुरू किया।

आर्यों ने यहाँ के राजाओं को आपस में लड़ाकर कमजोर बनाना शुरू कर दिया था और मन्दिरों में अकूत धन-सम्पत्ति रख लेने के बाद वे समृद्ध और मजबूत हो गए। आर्यों का उपद्रव आगे चल कर लड़ाई में बदल गया और लड़ाई से युद्ध में बदल गया। चूँकि आर्य ने सैन्य शिक्षा नहीं ली थी और यहाँ के आदिवासी सैन्य रूप से प्रशिक्षित थे, इसलिए हजारों बार आक्रान्ता आर्यों को भारतभूमि से आदिनिवासी योद्धाओं ने खदेड़ा। आक्रान्ता आर्य हजारों बार भारतभूमि में घुसपैठ करने की प्रक्रिया में खदेड़े और भगाए गए। लेकिन छली-छद्मी-धूर्त आक्रान्ता आर्यों ने चालाकी से रिश्तेदारी आदि स्थापित कर ली, जिसके बहाने वे यहाँ पुनः आना-जाना शुरू कर दिए।

इस प्रक्रिया में आर्य एक बार पुनः भारतभूमि पर अधिकार जमाने की कोशिश में छल के बल को हथियार बनाए और छल-प्रपंच की लड़ाई शुरू कर दी। इसमें आर्य लगातार सफल होते रहे और भोले-भाले आदिवासी इस विद्या के शिकार होते रहे। इसके साथ ही अनार्य आदिवासी अपना आधिपत्य खोते गए। अन्ततः आर्यों का वर्चस्व भारतभूमि पर स्थापित हो गया। इस वर्चस्व स्थापित होने के साथ ही आर्यों ने आदिनिवासी की प्रगति और उन्नति के सारे द्वार बन्द करना शुरू किया! जैसे—विद्या अर्जन, अच्छा खाना खाना, साफ-सुथरे वस्त्र पहनना, ऊँचे स्थानों पर बैठाना, बराबरी की आवाज में बोलना, सम्पत्ति रखना, सत संगति करना, संगठित रहना, अस्त्र-शस्त्र आदि की विद्या सिखाना, प्रकृति से प्रेम करना आदि।

मानव प्रगति के मौलिक अधिकार—समानता, स्वतंत्रता और बन्धुता से आदिनिवासी को आर्यों ने पूर्णतः वंचित-प्रतिबन्धित कर दिया। इसके साथ ही आदिनिवासी की महान सैन्धव सभ्यता, संस्कृति और इतिहास को नष्ट-भ्रष्ट करना शुरू कर दिया। यह नष्ट-भ्रष्ट करने की आर्यों की कोशिश आज तक जारी है। भारतभूमि के मूलनिवासी आदिवासियों के ऊपर आर्यों ने इतना अत्याचार किया है कि वह समस्त संसार के अत्याचारों को मात देता है। आर्यों ने आदिनिवासियों पर चरम सीमा तक अत्याचार किया है। इन सब बातों के प्रमाण आर्यों द्वारा ही गढ़े गए ग्रंथ 'वेद', 'पुराण', 'उपनिषद्', 'स्मृति' आदि में मौजूद हैं।

आज जितनी भी पुस्तकें स्कूलों, कॉलेजों, विश्वविद्यालयों में पढ़ाई जाती हैं, सब आर्यों द्वारा आर्यों के वर्चस्व की मानसिकता से लिखी गई हैं। सारे के सारे लेखक शर्मा, शुक्ला, तिवारी, चतुर्वेदी, पांडे, डांडे आदि आर्य हैं। हमारे आदिनिवासियों का

इतिहास किसी भी संस्थान में नहीं दिया जाता है। न ही आदिनिवासियों की मानवतावादी चेतना से लिखी गई कोई पुस्तक कहीं भी पढ़ाई जाती है। क्या आदिनिवासियों में बड़े-बड़े विद्वान नहीं हुए हैं?

अस्तु, अहीर-महाड़-मेहतर से लेकर न जाने कितने विद्वान हुए हैं। लेकिन किसी का भी नाम आर्यों ने इतिहास में नहीं दिया है। हमारी सारी महान विभूतियों को ब्राह्मणी-पुरोहिती-मनुवादी संस्कृति ने निगल लिया। सच तो यही है कि आदिनिवासियों की पुस्तकें न तो किसी विश्वविद्यालय में लगाई जाती हैं और न तो कहीं पढ़ाई जाती हैं। उलटे इनकी पुस्तकों को खोज-खोज कर जलाया जाता है, नष्ट किया जाता है। इसे आप आदिनिवासियों और बौद्ध साहित्य, दर्शन को नष्ट किए जानेवाले आर्यों के अभियान से समझ सकते हैं। आर्यों ने अभियान चलाकर मानवतावादी साहित्य दर्शन को नष्ट किया।

आइए, इनके इस अनैतिक मूल्य की पोल संवादात्मक शैली में खोलते हैं!

धन्यवाद!

दिनांक—26 जनवरी, 1962 ई.

आप सबका

**—पेरियार ललई सिंह**

# इतिहास

भारत के आदिनिवासी—द्रविड़, दमिल, तमिल, कोल, भील और संथाल आदि हैं, जो कि अतीत काल में सम्पूर्ण भारत के शासक थे। उनके नाम इस प्रकार हैं—हिरण्याक्ष, हिरण्यकश्यप, राजा बलि, सहस्रबाहु और बालि आदि।

आज से कई हजार वर्ष पहले आर्य तिब्बत, मध्य एशिया ध्रुव प्रदेशों से भारत में छोटे-छोटे गिरोह बनाकर एक के बाद एक आए और यहाँ के आदिनिवासी राजाओं में से किसी को युद्ध में हराकर, किसी को दान का झूठा महत्त्व, स्वर्ग तथा अगले जन्म में मालदार घर में पैदा होने का बताकर और किसी को छल-कपट द्वारा अपने वश में करके उनका राज्य छीन लिया।

फिर—

*जाकी धन-धरती लई, ताहि न लीजै संग।*
*जो संग राखे ही बने, तौ कर राखु अपंग॥*
*तौ कर राखु अपंग, फेरी पनपे सो न कीजै।*
*कपट-रूप बतराई, तासु को मन हर लीजै॥*
*कह गिरधर कविराय, खटक जैहे नहिं ताकि।*
*कोटि दिलासा देउ, लई धन-धरती जाकी॥*

आक्रान्ता आर्यों ने अपने में तीन वर्ण—ब्राह्मण, क्षत्रिय और वैश्य बनाए तथा हारे हुए आदि-निवासियों को मनु, गौतम, याज्ञवल्क्य, वसिष्ठ, हारीत, आपस्तम्ब, पराशर और विष्णु आदि सभी स्मृतिकारों ने शूद्र, अतिशूद्र, अनुलोम, प्रतिलोम, वर्णसंकर, बहिष्कृत, अबहिष्कृत, नीच, महानीच, अन्त्यज, पादप, जघन्य, दस्यु, अनाड़ी, अनार्य, राक्षस, संस्कार वर्जित, वृषभ, बानर और भालू आदि लिख कर बनाया।

आजकल शूद्र को पिछड़ी जाति—अहीर, गडरिया, काछी, कुर्मी, सिन्धिया, होलकर आदि और महाशूद्र को अनुसूचित जाति—चमार, भंगी आदि व आदिमजाति को नागा, भील आदि कहते हैं।

ऑल इंडिया बैकवर्ड क्लास कमीशन ने बामन, क्षत्रिय, वैश्य को महजन या अल्पजन, शूद्र को बहुजन व महाशूद्र में अनुसूचित जाति को हरिजन तथा आदिम जाति को गिरिजन लिखा, जिसकी पुष्टि सभी जातियों के प्रमुख-प्रमुख नेताओं ने आगे लिखी 'पहचान' बताकर की। वह इस प्रकार है :

# पहचान

1. जिन जातियों में जातीय पंचायतें हैं, जातीय चौधरी और नायब हैं, हुक्काबन्दी, बहिष्कार, प्रायश्चित्त आदि जातीय दंड हैं, क्योंकि आर्य, शक, यवन आदि विदेशी विजेताओं के महँगे न्याय और कठोर दंडों से बचने के लिए इनके पूर्वजों ने जातीय पंचायतें बनाईं जिनमें अपने घरेलू मामलों के फैसलें वे अपने ही पंचों से कर लेते थे।
2. जिन जातियों की उत्पत्ति हिन्दू स्मृतियों में अनुलोम-प्रतिलोम वर्णसंकर लिखी है, हिन्दू विधायकों ने जिन्हें शूद्र और महाशूद्र कहा है और कठोर कानूनों द्वारा जिनका वे भूतकाल से अब तक दोहन, शोषण और उत्पीड़न करते आए हैं।
3. जिन जातियों के विवाह आदि संस्कार सनातनी ब्राह्मण वेद मंत्रों द्वारा वैदिक विधि से न करा कर पौराणिक पद्धति व कपोल कल्पित मंत्रों द्वारा कराते हैं, जिन जातियों का खाद्यान्नादि स्मृतियों के धान्य-विवेक में वैदिक यज्ञों में निषिद्ध है तथा जिन जातियों के लोग यज्ञ-मंडपों, प्रदष-मंडलों एवं अन्य वैदिक अनुष्ठानों में ब्राह्मण के बीच बैठ नहीं सकते।
4. जिन जातियों के कच्चे घड़ों का जल तथा जिनकी स्त्रियों का बनाया कच्चा-पक्का भोजन आज भी कट्टर बामन ग्रहण नहीं करते तथा जिन जातियों के लोग ब्राह्मण, क्षत्रिय, अग्रवाल, मारवाड़ी, खत्री, भार्गव आदि अग्रसर हिन्दू-जातियों के भोजों में खुल्लमखुल्ला भोजनादि की कौन कहे, जल भी नहीं परोस सकते।
5. जिन जातियों के लिए संस्कृत और हिन्दी साहित्य में खल, अधम, अशुच, वर्णाधम, अनुलोम-प्रतिलोम, वर्णसंकर, शूद्र, महाशूद्र, पादप, अन्त्यज, जघन्यज, अनार्य, अनाड़ी, दास, ब्रात्य, बृषल, संस्कार-वर्जित, पंचम आदि अपमानजनक शब्दों का प्रयोग किया गया है तथा जिन जातियों के उच्च कोटि के विद्वान व्यक्तियों को भी व्यास-आसन पर बैठकर धर्म कथा कहने, मन्दिरों में पूजा करने, चरणामृत बाँटने, हिन्दू-धार्मिक सभाओं के मंच पर खड़े होकर तथा ऊँचे आसनों पर बैठकर धर्मोपदेश करने का अधिकार नहीं है।

6. जिन जातियों में देखा-देखी बारातें निकालकर विवाह करने तथा अनेक नई-नई रस्में ग्रहण कर लेने पर भी जातिगत रूप से डोला, पैपुजी, विधवा-विवाह, घर-बैठा, छुट्टा-मुट्टी बिरादरी-भोज, पंचायत, एक ही मृतक-भोज आदि प्रथाएँ हैं।

7. जिन जातियों ने अंग्रेजी अमलदारी में अपमान से बचने के लिए अपनी जातियों का असली और प्राचीन नाम छिपा कर ब्राह्मण, क्षत्रिय व वैश्य वर्ण-द्योतक नामों से अपनी-अपनी जातीय सभाएँ तथा महासभाएँ बना ली हैं। जैसे—लुहार, बढ़ई व नाई आदि शर्मा बामन-द्योतक और अहीर ने यादव, गड़रिया ने पाल व काछी ने कुशवाह आदि ने क्षत्रिय-द्योतक तथा महाजन आदि ने गुप्ता वैश्य-द्योतक रख लिये।

8. जिन जातियों के घर विजेता क्षत्रिय—ब्राह्मणादि राजाओं अथवा ग्रामपतियों द्वारा बसाए हुए या अधिकृत ग्रामों के किनारे या गाँव के बाहर प्राय: उत्तर-दक्खिन दिशा में पाए जाते हैं।

9. जिन जातियों में हल की मुठिया पर हाथ रखकर या अन्य विधि से खेत जोतने, सरावन चलाने, खेत बोने, सींचने, निराने, दाने माड़ने आदि में कोई जातिगत दोष, हिचक या शर्म नहीं है।

10. जिन जातियों के लोगों को हिन्दू धर्म की मर्यादानुसार शिव-लिंग, देवी-पूजा आदि का तो अधिकार है किन्तु विष्णु या विष्णु के रामादि अवतारों की पूजा, आरती व भोग का अधिकार नहीं है।

**नोट :** आर्यों के बनवाए काशी-विश्वनाथ मन्दिर के दरवाजे पर लिखा है—'आर्येतराण प्रवेशों निषिद्धै:' से स्पष्ट है कि यह शिव की मूर्ति न हो कर किसी 'आर्यनाथ' की मूर्ति है, तभी तो आदि-निवासियों के लिए प्रवेश निषिद्ध है।

11. जिन जातियों में शिव, देवी, नाग, वृक्ष, नदी, तड़ाग, भुइयाँ, भवानी आदि की पूजा जातिगत रूप से प्रचलित है तथा जिनमें साधु-संतों व योगियों की सेवा-भक्ति अधिक पाई जाती है।

12. जिन जातियों का अन्न, ईख, पान, फूल, शाक-सब्जी, कराना इत्यादि की खेती करना सोना, चाँदी, पीतल, ताँबा, काँसा, लोहा आदि धातुओं एवं लकड़ी, बाँस हाथी-दाँत, पत्थर, सींग, बाल आदि की दस्तकारी करना, रेशम-रूई-ऊन इत्यादि का सूत निकालना और कपड़ा बुनना, सूत व रेशम की गुथाई करना, मिट्टी के बर्तन, खिलौने व ईंट आदि बनाना, अन्न भूनना, मिठाई बनाना, धान कूटना, चूरा-लाई आदि बनाना, मेमारी करना, तेल निकालना, अर्क खींचना, सुरा, गुड़, खांड, नमक, सज्जी दोना-पतरी बनाना इत्यादि का जाति गत आबाई (खानदानी) पेशा है।

13. जिन जातियों में बड़े-बूढ़े बुजुर्ग के मरने पर बिरादरी को केवल एक ही भोज देना अनिवार्य प्रथा है, दसवाँ-एकादसा-तेरही तिपक्खी-स्यापा आदि सूतक-पातक की पाबन्दी नहीं है।
14. जिन जातियों का लोन, तेल, तमाखू, ईंधन, दूध, रस, सब्जी बेचना, बगुचा, टट्टू लादना, फरिहाई, मजदूरी, सेवा-टहल करना, लढ़िया, फावड़ा-कुदाल चलाना, जंगल काटना, बाग लगाना, कुआँ मकान बनाना, छप्पर छाना इत्यादि जातिगत आबाई पेशा है।
15. जिन जातियों का गाय, भैंस, भेड़, बकरी, सुअर पालना, दूध, दही, खोया और घी बनाना आदि जातिगत आबाई पेशा है।
16. जिन जातियों में सरकारी गजेटेड अफसरों, मिनिस्टरों, बड़े-बड़े बैरिस्टरों, डॉक्टरों, इंजीनियरों, फौजी अफसरों, प्रोफेसरों, शिक्षा संचालकों, न्यायाधीशों, लिमिटेड बैंकों, कम्पनियों, बड़े-बड़े प्रेसों, प्रकाशनों, अखबारों आदि के संचालकों, नाटक, सिनेमा और रेडियो के विधाताओं, व्याकरणों, ज्योतिषियों, साहित्य-निर्माताओं इत्यादि की बहुत कमी है, बड़े उद्योग-धन्धे नहीं हैं, जो धार्मिक, सामाजिक, साहित्यिक व राजनीतिक संस्थाओं के मंत्री व बड़े नेता नहीं हैं, बड़ी शिक्षा नहीं हैं, जिनके पास बड़ी पूँजी नहीं है बल्कि थोड़ी पूँजी के कारण बड़े व्यापारों में जिनकी गति नहीं है, जो जवाहरात-सोना-चाँदी-कपड़ा आदि की दलाली नहीं कर पाते, जिनका अधिकांश भाग कृषक है, जो प्रायः भूमिहीन या अलाभकर जोतों के मालिक हैं, इत्यादि-इत्यादि।
17. जो कठोर कर्म कर के जीविका कमाते हैं।

नई दिल्ली में पिछड़ा-वर्ग पार्टी के सालाना अधिवेशन तारीख 16 अक्टूबर, 1961 को उसके प्रधान श्री नवद्वीप चन्द्र घोष (यादव) एम.एम., एल.एल.बी., एडवोकेट हाईकोर्ट पटना ने कहा है कि—हम लोगों को गरीबी इतना नहीं चुभती जितना कि बड़ी जातियों द्वारा होनेवाली सामाजिक बेइज्जती जैसे कि पिछड़ा-वर्ग-आयोग से पटना में कहा गया कि यहाँ छोटी जाति के एक आदमी को जो एक राजपूत के घर के सामने खाट पर खड़ाऊँ पहने बैठा था, उसे उस राजपूत ने अपनी बराबरी करते देखकर जान से मार डाला।

**आदि—** *आर्य का अर्थ क्या होता है?*

**पेरियार ललई सिंह—** आर्य का अर्थ होता है यूरेशिया-ईरान से 'सिन्धु भूमि' की तरफ घुसते-बढ़ते चलते आए हुए आक्रान्ता व्यक्तियों का समूह। इन्हें आदिनिवासियों ने 'आर्य' कहा। आर्य मतलब आए हुए लोग। ये साधारण, भूखे-नंगे लोग, जो अपने और गायों-घोड़ों के लिए भोजन की तलाश में 'आदि कबीले' तक आए। इस प्रकार मुख्यत: सिन्धु भूमि की तरफ यूरेशिया से आनेवाले लोगों को 'आर्य' कहा गया।

ये रंग के गोरे थे। ये साधारण भूखे-नंगे आर्य प्रारम्भ में अपना पेट भरने के उद्देश्य से आदि कबीले की समृद्ध जनता और सरदारों से हाथ फैलाकर भीख माँग कर जीवन-यापन शुरू किए।

इस भीख माँगने को धीरे-धीरे इन लोगों ने अपने स्वभाव में उतार लिया और सदा भीख माँगते रहे। यह प्रवृत्ति इनकी जीविका का मुख्य आधार बन गई। इस पहचान का जो भी व्यक्ति मिलता था, उसे यहाँ के आदि कबीले अर्थात् महान सैन्धव सभ्यता के आदिनिवासी 'आर्य' कहते थे। यह सम्बोधन उसी तरह था, जिस तरह आज भी आदि लौह प्रदेश झारखंड के आदिवासी-मूलनिवासी बाहर से घुसनेवाले प्रत्येक बाहरी व्यक्ति को 'दिकू' कह कर सम्बोधित करते हैं। आज भी प्रत्येक बाहरी व्यक्ति को आदिवासी 'दिकू' सम्बोधन के साथ पहचानते हैं। 'दिकू' अर्थात् आर्य/अंग्रेज अर्थात् बाहर से आए हुए लोग। एकदम ऐसे ही हजार साल पहले आदि-कबीले की तरफ यूरेशिया से जो लोग भिखारी बनकर, चुपके से और आक्रमण करते हुए सिन्धु भूमि की तरफ घुसते आए उन्हें आदि सैन्धव भूमि के मानवों ने 'आर्य' कहकर सम्बोधित किया।

समय के साथ आगे चल कर इन आर्यों ने छल के बल से आदिभूमि अर्थात् महान सैन्धव सभ्यता पर अपना वर्चस्व स्थापित कर लिया। उसके बाद आर्यों ने 'आर्य' शब्द में गौरव भाव भरना शुरू किया, 'आर्य' का अर्थ श्रेष्ठ बताया। इस शब्द को इतना महिमामंडित किया इन भिखारियों ने कि 'आर्य' शब्द का अर्थ 'श्रेष्ठ' अर्थात् सबसे ऊँचे लोग के रूप में स्थापित हो गया। साधारण जनमानस में यही रूढ़ हो गया। घर कर गया। इस स्तर तक इन देवपुत्रों ने इसे प्रचारित-प्रसारित कर डाला, जबकि यह झूठ है।

सच यह है कि ईरान के देव पर्वत से आनेवाले ये साधारण लोग थे। आर्यों के देव पुत्र इन्द्र एकदम भ्रम फैलानेवाली व्याख्या करते हुए कहते हैं कि हम सब मनुष्यों में श्रेष्ठ हैं, सबसे ऊँचे हैं। आज जो ईरान है, वह देव पुत्रों अर्थात् आ बसे हुए आर्यों का देश कहा जाता था। चूँकि वहाँ ये सब ठहरे थे। समय के साथ यह 'आर्य' शब्द बिगड़ते-बिगड़ते 'ईरान' हो गया। मुख्यत: 'ईरान' शब्द अयान, आयान अर्थात् 'आर्यन' शब्द का अपभ्रष्ट रूप है, अर्थात् बिगड़ा हुआ रूप है। 'आर्य' शब्द को अयान-आयान-आर्यन अर्थात् ईरान भी कहते हैं। भारतभूमि पर आकर 'ईरान' का अपभ्रंश 'आर्यन' या 'आर्य' शब्द पूरी तरह स्थापित हो गया। वास्तव में, यह आर्य एक नस्ल है, एक सामान्य नस्लीय जातीय समूह है, न कि श्रेष्ठ लोगों का समूह।

**आदि—** *आर्य कहाँ से आए हैं?*

**पेरियार ललई सिंह—** आर्य यूरेशिया से घुसपैठिये और आक्रान्ता के रूप में सिन्धु भूमि में घुसे। यूरेशिया—यूरोप और एशिया के बीच के भाग को कहते हैं। यूरेशिया से ये लोग भूखे-नंगे, लड़ते-झगड़ते, आक्रमण करते सैन्धव भूमि अर्थात् भारतभूमि तक पहुँचे। भारतभूमि की ओर भोजन और घास की तलाश करते हुए आर्य घोड़ों से पहुँचे। इस बात की पुष्टि कई सारे यूरोपीय और अमेरिकी विद्वानों और वैज्ञानिकों ने किया है।

साथ ही, ब्राह्मण बालगंगाधर तिलक और पंडित जवाहरलाल नेहरू ने अपने अनुसन्धानपरक खोज में अपने आर्य पूर्वजों के यूरेशिया से आने को सिद्ध किया है। तिलक ने 'माई होम इन वेदाज' और ब्राह्मण पंडित जवाहरलाल नेहरू ने 'डिस्कवरी ऑफ इंडिया' नामक रिसर्चेबुल पुस्तक लिखी, जिसमें अपने आर्य पूर्वजों का मूलघर यूरेशिया में होने और वहाँ से सिन्धु भूमि तक आने और आक्रमण करने, यहाँ वर्चस्व बनाने, बस जाने की बात को सिद्ध किया है। एक और महत्त्वपूर्ण बात कि दोनों ब्राह्मण विद्वानों ने इस विषय पर अंग्रेजी में किताबें लिखी हैं।

**आदि—** *आर्यों की क्या पहचान है? इनके भोजन आदि क्या थे?*

**पेरियार ललई सिंह—** यूरेशियन होने के कारण आर्य लम्बे कद, गोरे रंग, सुआ की चोंच की तरह लम्बी नाक वाले होते थे। इनका मस्तक चपटा होता है। ये सोलह संस्कार करते हैं। गर्भाधान संस्कार से लेकर विद्या संस्कार, उपनयन संस्कार, अन्तिम संस्कार आदि। ये श्रमशील लोग नहीं थे। जीवनयापन करने के लिए इन लोगों ने पहली बार भीख माँगने जैसी निहायत ही श्रमहीन संस्कृति शुरू की। भीख माँगने की प्रथा यहीं से शुरू हुई। इनकी पहचान भगौड़े-भिखारी आदि की थी।

ये लोग मांस खाते थे। मांस में घोड़े, गाय और गाय के बछड़े का मांस इनको सबसे प्रिय था। इस बात का उल्लेख और प्रमाण आर्यों के आप्त ग्रंथ 'वेद' में है।

इनके देवताओं को अतिथि भोजन में गाय और बछड़े का मांस परोसा जाता था, जिन्हें ये पूरे आनन्द से खाते थे। उसके साथ इन्हें सुरा पिलाया जाता था। इसी कारण इन्हें 'सुर' कहा जाता था। 'सुर' अर्थात् जो सुरापान करता है, शराब पीता है। 'असुर' अर्थात् जो सुरापान नहीं करता, शराब नहीं पीता है।

**आदि—** *आर्यों ने इस महान सैन्धव भूमि, मतलब भारतभूमि पर वर्चस्व कैसे स्थापित किया?*

**पेरियार ललई सिंह—** आर्यों ने भिक्षा, चोरी, जुआ, शराब आदि द्वारा यहाँ के आदिनिवासियों के अर्थ-धन आदि को हड़पना शुरू किया। साथ ही, यहाँ वर्चस्व होने पर आर्यों ने यहाँ के मूलनिवासियों को वर्ण और जाति-व्यवस्था जैसा विधान बनाकर उन्हें बाँटना और बिखेरना शुरू कर दिया, जिससे यहाँ के मूलनिवासी सदा असंगठित हो गए। इसका फायदा उठाकर आर्यों ने भूमि अधिग्रहण अभियान चला दिया, जिसे वे 'यज्ञ' के माध्यम से अंजाम देते थे।

आर्यों की अनेक यज्ञों में से एक 'अश्वमेध यज्ञ' होता था। इस 'अश्वमेध यज्ञ' में यूरेशिया से लाए गए किसी एक मजबूत घोड़े को आर्य खुला छोड़ते थे। वह दौड़ते-दौड़ते जिस भी कबीले, जन-क्षेत्र, जनपद आदि को पार कर जाता था, आर्य वहाँ तक की भूमि को अपने साम्राज्य में जीता हुआ मान लेते थे। लेकिन जिस भी कबीले का सरदार अपने अधिकार या राजा क्षेत्र अर्थात् साम्राज्य भूमि की सीमा पर उस घोड़े को रोक देता था, उस सरदार या राजा से भूमि को हड़पने के लिए आर्य युद्ध शुरू कर देते थे। उस भूमि को जीतने के लिए अनेक हथियार और छल के बल का अख्तियार करते थे। इसी तरह अन्य यज्ञों में आर्य अधिक से अधिक भूमि और पशु आदि वस्तुओं को दान में माँग लेते थे।

**आदि—** *आर्यों ने 'भिक्षा' माँगने जैसी प्रथा से कैसे 'भारतभूमि' पर राज किया?*

**पेरियार ललई सिंह—** कुछ धन और राज्य भिक्षा से, कुछ चोरी से और अधिक से अधिक छल के बल से अपने अधिकार क्षेत्र में मिला लिया! जैसे—आदिनिवासी राजा बलि के राज को आर्य ब्राह्मणों ने एक ब्राह्मण के साथ मिलकर बामन का कथित रूप धारण कर छल के बल से सम्पूर्ण राज्य ही हड़प लिया और उनकी हत्या कर दी।

**आदि—** *आर्यों की राजनीतिक पुस्तक कौन-सी है?*

**पेरियार ललई सिंह—** मनु द्वारा गढ़ा गया स्मृति ग्रंथ, 'मनुस्मृति' ही आर्यों की राजनीतिक पुस्तक है? 'गीता', 'महाभारत' आदि भी हैं।

**आदि—** *आर्यों की धार्मिक पुस्तक कौन-कौन हैं?*

**पेरियार ललई सिंह—** 'वेद', 'पुराण', 'स्मृति', 'रामायण', 'गीता', 'महाभारत', 'रामचरितमानस' आदि इनकी धार्मिक पुस्तकें हैं।

**आदि—** *आर्यों का सबसे क्रूरतम नेता कौन हुआ?*

**पेरियार ललई सिंह—** आर्यों का सबसे क्रूरतम नेता 'मनु' हुआ। मनु ने भारतभूमि के आदिनिवासियों को सभी मानवीय अधिकारों से वंचित करने और इस देश की पूँजी, धन और सत्ता को हड़पने के लिए 'मनुस्मृति' लिखकर विधिवत विधान बना दिया, जिसमें यहाँ के मूलनिवासी-आदिनिवासियों को शिक्षा, सम्मान, ज्ञान, धन-सम्पत्ति आदि से सदा वंचित रखने की बात है। किसी भी नस्ल या वर्ग की दो-तीन पीढ़ी को शिक्षा से काट दीजिए। उसकी अगली पीढ़ी अज्ञानता के अन्धकार में जन्मेगी जो पूरी तरह मूर्ख, जड़ और मानसिक गुलाम होगी। यही किया आर्यों ने आदिनिवासियों के साथ, जिससे मानसिक गुमाल मूलनिवासियों को नियंत्रित-संचालित करना एकदम आसान हो गया। साथ ही, उनके जन्मना श्रमकार्य निर्धारित कर दिए। यहीं से जाति साफ निर्धारित हो गई। मनु ने उसे लिखित रूप से बाँध दिया।

**आदि—** *मनु महाराज ने 'मनुस्मृति' नीति ग्रंथ में क्या लिखा?*

**पेरियार ललई सिंह—** 'मनुस्मृति' में चार मुख्य बातें हैं—1. भारत और यहाँ के मनुष्यों को कंगाल बनाना, 2. ब्राह्मणों के वर्चस्व और श्रेष्ठता को बनाए रखना, 3. स्त्री, शूद्रों-अतिशूद्रों को विद्या से सदा वंचित रखना, 4. आदिनिवासियों को सदा गुलाम बनाकर रखना। इसके साथ और बहुत सारी बातें हैं।

**आदि—** *शूद्र-अतिशूद्र कौन हैं? शूद्र-अतिशूद्र और स्त्रियों को विद्या प्राप्त करने के अधिकार से आर्यों ने क्यों सदा वंचित रखा?*

**पेरियार ललई सिंह—** इस बात को ऐतिहासिक सन्दर्भ में समझना चाहिए। यूरेशिया से आक्रान्ता आर्य लूटते-लड़ते-झगड़ते-आक्रमण करते हुए, दक्षिण-पूर्व एशिया की तरफ बढ़ते आए। सिन्धु भूमि तक पहुँचने के साथ आर्यों ने देखा कि यहाँ के आदिनिवासियों स्वस्थ, सुखी और जनतांत्रिक जीवन जी रहे हैं। इस एशियाई भाग में कई प्रकार की ऋतुएँ, प्रकृति और सम्पदा आदि हैं। यहाँ की भूमि उर्वर है।

इस स्थिति में आर्यों ने यहीं बसने का मन बनाया। आर्यों के भारतभूमि पर बसने के विचार का यहाँ के आदिनिवासियों ने विरोध किया। आर्य कबीले के सरदारों से भारतभूमि के कबीलाई सरदारों ने कहा कि आप सब अपनी भूमि वापस चले जाइए। अपनी 'मातृभूमि' को स्वस्थ-सुखी, जनतांत्रिक और विकसित मानवता की की भूमि

बनाइए। इस बात को आक्रान्ता आर्यों ने मानने से इनकार कर दिया और यहाँ स्थायी रूप से निवास करने के मन से आर्यों ने यहाँ की जल, जंगल, जमीन और स्त्रियों को हड़पने का अभियान चला दिया। इस स्थित में लड़ाइयाँ शुरू हो गईं। यहाँ के मूलनिवासी हथियारों आदि का जीवन में व्यवहार नहीं करते थे। वहीं आर्य धारदार हथियार, घोड़े आदि का प्रयोग करते थे।

ये देवी-देवता हथियारों से लैस रहते थे। आज तक लैस हैं और अपने हाथों में कोई न कोई हथियार अवश्य लिये हुए रहते हैं। इस स्थिति के साथ यहाँ के आदिनिवासियों का आर्यों ने जनसंहार शुरू कर दिया। इस बात का प्रमाण देखिए कि आज सैन्धव सभ्यता की खुदाई में मिलनेवाली जो लाशें हैं। आदिनिवासियों के घर के अन्दर-बाहर और सड़क पर कटी-फटी हुई क्षत-विक्षत अवस्था में पड़ी हड्डियाँ मिलती हैं। घर-नगर के गलियों-मुहल्लों और इससे दूर बाहर सैकड़ों-हजारों लाशों के अवशेष कटे-फटे बिखरे पड़े हुए हैं। उन पर खंजरों के निशान हैं।

यह आक्रान्ता आर्यों द्वारा चलाए गए मूलनिवासियों के जनसंहार अभियान की देन और सबूत है। इस जनसंहार युद्धाभियान में आर्यों द्वारा जो आदिनिवासी पकड़ लिये गए, उन्हें गुलाम बनाते हुए 'शूद्र' कहा। जो आदिनिवासी उनसे बचकर जंगलों में भाग गए, वे आज के 'आदिवासी' हैं और जो लोग इनके बीच रह गए अर्थात् जो न जंगलों में गए, न पूरी तरह मैदानों में रहे, वे आर्यों के आदेश को नहीं मानते थे। उनका आर्यों ने सामाजिक बहिष्कार किया। वे आर्यों के आधिपत्य क्षेत्र में पूरी तरह न आ सके, उन्हें आर्यों ने 'चांडाल' कहा। यही आज के 'दलित' हैं अर्थात् अति-शूद्र या महाशूद्र। 'चांडाल' अर्थात् अतिशूद्र। आर्यों ने इन्हें हर प्रकार के मानवीय अधिकारों से वंचित कर दिया। इस तरह यहाँ के आदिनिवासी तीन भौगोलिक अस्मिताओं के साथ विभाजित हो गए।

**आदि—** *क्या आर्य अपने साथ स्त्रियाँ लाए थे? या स्त्रियाँ यहीं की मूल निवासी हैं?*

**पेरियार ललई सिंह—** स्त्रियाँ यहीं की आदिनिवासी हैं। आर्य अपने साथ बहुत कम स्त्रियाँ लाए थे। इसलिए वे शूद्रों-अतिशूद्रों और स्त्रियों को कभी ज्ञान प्राप्त करने का अधिकार नहीं दिए। वे इन्हें सदा अज्ञानी-अन्धविश्वासी बनाकर रखते थे। एक और महत्त्वपूर्ण बात कि आर्य भारतभूमि पर कई जत्थों में आए। लेकिन सबमें एक बात समान थी कि सबके सब आर्य वर्ण-व्यवस्था के वर्चस्व को लगातार स्थापित करते हुए आगे बढ़े। बाद के आक्रान्ता आर्य कुछ स्त्रियों को अपने साथ लाए, लेकिन अधिकतर आर्य यहाँ की मूलनिवासी स्त्रियों को चुराकर, अपहृत कर अपनी सन्तान उत्पत्ति की। इसी कारण 'अपहरण विवाह' शुरू हुआ। 'अपहरण विवाह' आर्यों की ही देन है। इसमें आर्य मूलनिवासी स्त्री को अपहृत कर अपने कबीले में लाकर उससे शादी करते थे।

इस अपहरण का एक और प्रकार था! जैसे—किसी मूलनिवासी का विवाह हो रहा है, उसी समय आर्य घोड़े पर सवार हो हाथों में तलवार लेकर आते और आदिनिवासी स्त्री को उठा लेते थे, अपहृत कर ले जाते थे। उसके बाद उस स्त्री से विवाह कर लेते थे। यदि जिस मूलनिवासी पुरुष से उस स्त्री का विवाह हो रहा होता, वह आर्यों के इस अपहरण का विरोध करता था तो आर्य उस पुरुष से लड़ते हुए उसका सिर तलवार से काट देता था और उस मूलनिवासी पुरुष के खून से उस स्त्री की माँग को भर देता था और उसी खून से अपने माथे पर तिलक लगाता। वहीं उस आर्य का विवाह हो जाना मान लिया जाता था।

उस स्त्री से विवाह करने के बाद उसकी माँग में सदा लाल सिन्दूर और गले में एक विशेष प्रकार का धागा पहनना होता था, जिसे आज 'मंगल सूत्र' कहा जाता है। वह आदिनिवासी स्त्री सम्पूर्ण जिन्दगी माँग में लाल 'सिन्दूर' और गले में 'मंगल सूत्र' पहनती थी। इस चिह्न से आर्य उस स्त्री को पहचान जाते थे कि यह हमारे किसी आर्य बन्धु की ही पत्नी है। यहाँ के मूलनिवासियों में सिन्दूर लगाने की प्रथा नहीं थी। समय के साथ इस अपहरण और जनसंहार से बचने के लिए यहाँ के आदिनिवासी स्त्रियों ने भी सिन्दूर और मंगल सूत्र जैसी कु-प्रथा को अपना लिया।

**आदि—** *आक्रान्ता आर्यों ने इस भारतभूमि पर आधिपत्य कैसे बनाया और हम पर राज कैसे किया?*

**पेरियार ललई सिंह—** भारतभूमि की महान सैन्धव सभ्यता को आर्यों ने जनसंहार और आगजनी से पूर्णत: नेस्तनाबूद कर दिया, उसके बाद मातृ-प्रधान समाज को पुरुष-प्रधान समाज में बदल दिया और समाज को नई अमानवीय 'वर्ण-व्यवस्था' की सामाजिक संरचना में विभाजित किया। इसमें समाज ब्राह्मण-वर्ण, क्षत्रिय-वर्ण, वैश्य-वर्ण और शूद्र-वर्ण के सामाजिक संरचना के चतुर्वर्ण रूप में विभाजित हो गया। इसका उल्लेख वेदों में है।

समाज में मनुष्य का कद और पद कर्म के आधार पर निर्धारित होता था। ब्राह्मण का कर्म था—विद्या आदि का अर्जन, पुरोहितगीरी, यज्ञ आदि करवाना। उन यज्ञों में कुछ के नाम सुनिए—'देव यज्ञ', जिसमें आदिनिवासियों की सम्पत्ति को दान रूप में माँगकर जलाया जाता था। दूसरा था—'गो-मेध यज्ञ'। इसमें बहुत सारी गायों और उसके बछड़े को काट-काटकर यज्ञ हवन में डाला जाता था। उन भुने हुए गाय-मांस को आर्य खाते थे। इसी तरह 'अश्वमेध यज्ञ' था, जिसमें घोड़ों की बलि दी जाती थी। ऐसे ही 'नरमेध यज्ञ' था। नर-नारी अर्थात् नर मतलब पुरुष और नारी मतलब स्त्री होता है। इस 'नरमेध यज्ञ' में यहाँ के आदिनिवासियों को होम हेतु काट-काटकर डाला जाता था।

इसी तरह 'बलि वैश्य यज्ञ' था, जिसमें तमाम कक्ष, मक्ष, पशु, पक्षी आदि को भुना जाता था। इस कार्य को आर्य अन्तिम रूप और आहुति कहते थे। 'क्षत्रिय-वर्ण' का कार्य था—भूमि अधिग्रहण अभियान का विस्तार और वर्ण-व्यवस्था को समाज में स्थापित करना। जो आदिनिवासी समता की सामाजिक व्यवस्था की बात करते थे, उनसे ये युद्ध कर उनका संहार अर्थात् हत्या करते थे। किन्तु उनके छली स्वरूप को देखिए कि यदि आदिनिवासी संख्या में अधिक होते तो ये लोग पीछे हट जाते, छिप जाते, भाग जाते!

वहीं द्रविड़ आदिवंशी संख्या में कम होते तो ये छलपूर्वक वहाँ पहुँचते और घात लगाकर हमला कर देते, लड़ाई शुरू कर देते। 'वैश्य-वर्ण' व्यापार का कर्म करते थे और ब्राह्मणों को जीविकोपार्जन हेतु अर्थ और धन देते थे। इसके साथ ही एक खतरनाक कार्य यह भी था कि यह वर्ण अनेक वस्तुओं में आदिनिवासियों को गुप्त जहर अर्थात् विष देता और उसकी सम्पत्ति को हड़प लेना आदि कार्य भी करता था। चौथा 'शूद्र-वर्ण' था, जो आर्यों की सदा सेवा करता था।

**आदि—** *आर्य ऐसा क्यों करते थे?*

**पेरियार ललई सिंह—** आदिनिवासियों को गुलाम बनाने के लिए आर्य ऐसा करते थे। समय के साथ कुछ दास बनाए गए आदिनिवासी द्रविड़ों को आर्यों ने अपने में मिलाते हुए अपने पास रखा, जिससे उनका मनोबल और संख्या दोनों बढ़ गई। इस वर्ण को उन लोगों ने शूद्र वर्ण का दर्जा दिया। ये हारे हुए आदिवंशी द्रविड़ थे।

आर्यों ने इन द्रविड़ों को अपमानित करने के लिए उनके नाम आदि बीभत्स-अपमानित करनेवाले रखने शुरू कर दिए! जैसे—दैत्य, दानव, निशाचर, भालू, बन्दर, कपि, राक्षस आदि। राक्षस का अर्थ होता था—जो आक्रांत आर्यों से—स्त्री, पशु, जल, जंगल और जमीन की रक्षा करे। इन गुलामों पर आर्य मनमाने कानून लागू करने लगे। मनु द्वारा लिखी गई 'मनुस्मृति' में इन्हीं कानूनों का वर्णन है। इन्हीं कानूनों के माध्यम से आर्यों ने तमाम आदिनिवासियों और उनकी भूमि को हड़पते हुए गुलाम बना लिया।

**आदि—** *आर्यों ने यहाँ के मूलनिवासियों को गुलाम बनाने के बाद उनके गले में हंडिया और कमर के पीछे झाड़ू बाँधकर रास्ते पर चलने की प्रथा क्यों शुरू की?*

**पेरियार ललई सिंह—** हाँ, आदिनिवासियों को ऐसा करना होता था किन्तु जहाँ आर्यों का राज था, उसी भूगोल में यह क्रूर प्रथा प्रचलित थी। इस देश के पच्चासी प्रतिशत से अधिक भू-भाग पर यहाँ के आदिनिवासी ही राजा थे। इस कारण आर्यों की क्रूर प्रथा वर्ण-व्यवस्था उनके भौगोलिक राज सीमा तक ही प्रचलित थी, जैसे—प्राचीन समय में बौद्धधर्मी सम्राट वृहद्रथ की पुष्यमित्र शुंग द्वारा हत्या करके स्थापित शुंगवंश उसके बाद शक वंश तक और आधुनिक समय में रत्ती भर पेशवा आदि के राज में। इसके पीछे जो सबसे बड़ा मनोवैज्ञानिक कारण था, वह यह कि आर्य लगातार

अपने को शुद्ध, पवित्र और श्रेष्ठ होने का समाज में निहायत ही झूठा भ्रम फैलाए जा रहे थे, जिसका मानवतावादी-समतावादी आदिनिवासी लगातार विरोध कर रहे थे। जिस कारण आर्यों ने गहरी साजिश रची और आदिनिवासियों के अन्दर हीनभावना की मानसिकता पैदा करने की कोशिश करने लगे।

आर्य चाहते थे कि यहाँ के लोग अपने आपको हीन मानें और हमें श्रेष्ठ मानें। इसी हीनता-बोध को पैदा करने के लिए आर्यों ने आदिनिवासियों के लिए यह अमानवीय प्रथा शुरू की और वे इसमें सफल भी रहे। इस प्रथा में आदिनिवासियों को गले में हंडिया और कमर के पीछे झाड़ू बाँधकर रास्ते पर चलना होता था। रास्ते पर चलते हुए आदिनिवासियों को उसी हंडिया में ही थूकना होता था। वे रास्ते या उसके अगल-बगल कहीं भी थूक नहीं सकते थे। आर्य यहाँ के आदिनिवासियों को अशुद्ध, अपवित्र और अछूत मानते थे। आर्यों का मानना था कि आदिनिवासी जिस रास्ते से जाते हैं, वह रास्ता अछूत और अपवित्र हो जाता है। इसलिए आदिनिवासी कमर में झाड़ू बाँधकर रास्ते पर चलें, जिससे उनके चलने के साथ ही रास्ता भी साफ होता रहे।

आर्यों द्वारा शुरू की गई यह प्रथा मुख्यत: आदिनिवासियों में हीनता-बोध की मनोग्रंथि पैदा करने के लिए शुरू की गई थी। इस अमानवीय और अत्याचारपरक व्यवहार के कारण यहाँ के आदिनिवासियों ने स्वयं द्वारा बनाए गए रास्तों पर चलाना छोड़ दिया, क्योंकि उस पर आर्य चलने लगते थे। आदिनिवासी नए रास्ते से चलते या जंगल-झाड़ी होते हुए चलते। इस अमानवीय कुप्रथा का मनोवैज्ञानिक प्रभाव आज तक हमें देखने को मिलता है। आज भी बहुत-सी ऐसी जातियाँ हैं, जो सीधे रास्ते पर न चल कर खेत-खलियान, जंगल, झाड़ी होते हुए चलती हैं। आज भी इसी देश में ऐसी बहुत-सी सड़के हैं, जिस पर आदिनिवासियों को चलने नहीं दिया जाता है। यदि वे उस पर चलने की कोशिश करते हैं तो उनको मारा-पीटा जाता है। उनकी हत्या कर दी जाती है।

**आदि—** *क्या आर्य, मूलनिवासी स्त्री को पुनर्विवाह का अधिकार नहीं देते थे? और क्या पति के मर जाने के साथ ही स्त्रियों को जला दिया जाता था? ऐसी प्रथा आर्यों ने क्यों चलाई?*

**पेरियार ललई सिंह—** हाँ, पुनर्विवाह का अधिकार आर्यों ने स्त्री को नहीं दिया था। इसका जो मुख्य कारण था, वह यह कि स्त्रियाँ यहाँ की मूलनिवासी थीं, जिन्हें आर्यों ने द्रविड़ आदिनिवासियों से छीना था, अपहृत किया था। आर्यों का मानना था कि यदि वह स्त्री दूसरी जगह जाती है तो सम्पूर्ण छल, बल और घात-भेद खोल देगी। इस कारण आर्य पुरुष के मृत्यूपरान्त अपनी स्त्रियों को जिन्दा जला देते थे।

एक और महत्त्वपूर्ण बात कि आर्यों ने अपनी कथित शुद्धता बचाने के लिए भी स्त्रियों को जिन्दा जलना शुरू कर दिया था। उन्हें इस बात का भी डर था कि

कहीं ये पतिविहीन स्त्रियाँ आदिनिवासियों से विवाह सम्बन्ध बनाकर हमारी सुचिता, पवित्रता और संस्कारों आदि को खंडित न कर दें। इसलिए आर्य स्त्रियों को जला देते थे। इस कोशिश में किसी भी तरह जीवित बच गई स्त्रियों को सदा वे उपेक्षित-अपमानित करते रहते थे। इस भावना के कारण उस स्त्री से कोई मूलनिवासी किसी भी प्रकार का सम्बन्ध नहीं बनाएगा।

आधुनिक समय में अंग्रेजों ने कानून बनाकर सती प्रथा को अवैध और अमानवीय कृत्य घोषित करते हुए इसे प्रतिबन्धित किया। अंग्रेजों ने इस प्रथा को दंड संहिता के अन्तर्गत रखा। इसके बाद इस कानून को लोगों के बीच राजा राममोहन राय ने प्रचारित-प्रसारित किया। इस तरह अंग्रेजों ने आदिनिवासी स्त्रियों को जलाने की प्रथा को सदा के लिए बन्द कर दिया।

**आदि—** *आर्य पुत्र और ठाकुर जाति में जन्मे रामचन्द्र ने आदिनिवासी आचार्य शम्बूक की हत्या क्यों की?*

**पेरियार ललई सिंह—** आक्रान्ता आर्य तार्किक और प्रबुद्ध आदिनिवासियों की लगातार हत्याएँ करते आ रहे थे। उसी कड़ी में शम्बूक और उनके गुरु लवणासुर की आर्यों ने हत्या की। आदिनिवासी शम्बूक और उनके गुरु लवणासुर ब्राह्मण धर्म अर्थात् सनातनी वर्ण-व्यवस्था पर आधारित सामाजिक संरचना का विरोध कर रहे थे। वे समतावादी सामाजिक संरचना को मानते थे। ऐसी ही सामाजिक संरचना को वे निर्मित करना चाहते थे, जिस कारण आर्य पुत्र क्षत्रिय राजा रामचन्द्र ने अपने गुरु विश्वामित्र, गुरुकुल और ब्राह्मणों के कहने पर शम्बूक और उनके गुरु लवणासुर का मर्डर कर दिया। ऐसा कर गुरुकुलि 'वसिष्ठ परम्परा' का निर्वहन किया गया।

आचार्य शम्बूक का मर्डर कर 'राम' मर्यादा पुरुषोत्तम कहलाए अर्थात् एक शूद्र आचार्य की हत्या कर वर्ण-व्यवस्था की मर्यादा की रक्षा की। उसकी सर्वोच्च मर्यादा का निर्वहन किया। इस कारण यह आर्य पुरुष सभी आर्य पुरुषों में उत्तम कहलाया। अत: वह वर्ण-व्यवस्था की मर्यादा का निर्वहन करने के कारण राम मर्यादा पुरुषोत्तम कहलाए। इस बात को आप पूरे विस्तार से 'शम्बूक-वध' नाटक (लेखक—पेरियार ललई सिंह) में पढ़ सकते हैं।

**आदि—** *जब आदिवासी, आदिनिवासी या मूलनिवासी बहादुर और वैज्ञानिक चेतना की प्रकृति के लोग थे, तो आर्यों ने कैसे इन्हें अपना गुलाम बना लिया? कैसे महान सैन्धव सभ्यता पर अपना साम्राज्य स्थापित कर लिया?*

**पेरियार ललई सिंह—** हमारे यहाँ चार समय सत्य माने गए हैं—1. सत्यम्, 2. कार्यम्, 3. युद्धम् और 4. विषयम्। इसे आर्यों ने चालाकी से 'चार आर्य सत्य' में बदल दिया। यहाँ के मूलनिवासी सबसे पहले जीवन में सत्यम् अर्थात् सत्य का

व्यवहार करते हैं। सत्यम् का समय सदा होता है। यहाँ की मानव सभ्यता में 'सत्यमेव जयते' की अवधारणा स्थायी सत्य तत्त्व के रूप में स्थापित है।

कार्यम्—आदिनिवासी श्रम को अपने जीवन का अहम् कार्य मानते थे। प्रात: से लेकर दोपहर तक जीवन हेतु श्रम कार्य करते थे। दोपहर में थोड़े से विराम के बाद युद्धम् का समय प्रारम्भ हो जाता था। इस समय में आदमी खेल, कूद, व्यायाम, गदा अभ्यास आदि करते थे। इसके बाद सायंकाल में विषयम् काल शुरू हो जाता था। विषयम् समय में आदिनिवासी बच्चे, बूढ़े, पुरुष, स्त्रियाँ आदि सभी बिलकुल खुले मैदान में गीत-संगीत-नृत्य आदि करते, साथ में सामूहिक बातचीत, संवाद, हँसी-ठहाका आदि लगाते थे।

महान सैन्धव भूमि पर छल-बल के साथ जब आक्रान्ता आर्य आए तो उन सबने बहुत चालाकी का परिचय दिया। आर्य ब्राह्मणों ने सुबह-सुबह उठकर झूठ बोलना, कर्मकांड आदि करना, अन्धविश्वास आदि शुरू किया। प्रात: से रात्रि तक हाथ फैलाए यह कहते हुए घूमते रहते कि हम दीन-हीन-गरीब कमजोर लोग हैं, हम से श्रम नहीं होता, हमें जीविकोपार्जन हेतु कुछ न कुछ अन्न और रहने हेतु कुछ न कुछ जमीन जरूर दें। आप सब बहुत सुखी स्वस्थ हैं। आपके जल, जंगल, जमीन और जोरू बहुत स्वस्थ और सुखी हैं। हमें भी अपने इस सुखी देश में शरण दें। यही आगे चलकर पुरोहित वर्ग बना।

इन्हीं आर्यों में से एक वर्ग ऐसा इन लोगों ने तैयार किया जिसने यहाँ की मानवता और प्रकृति का संहार शुरू कर दिया। यह 'क्षत्रिय वर्ग' कहलाया। इसका कार्य युद्ध करना और लोगों को आपस में लड़ाना होता था। ये लोग आदिनिवासियों की वस्तु/माल आदि को एक-दूसरे आदिनिवासियों के यहाँ रख देते थे और कई बार चुराया हुआ माल यज्ञ आदि में जला देते थे। इस तरह की सम्मोहन पैदा करनेवाली वस्तुओं को चुराने, जलाने के कारण आदिनिवासियों में आपस में ही धीरे-धीरे लड़ाई की स्थिति बनने लगी।

आगे चलकर आर्यों की यह खतरनाक चाल आदिनिवासी की आपसी युद्ध का मुख्य कारण बनी। आदिनिवासी के युद्ध के समय आर्यों द्वारा बनाया गया तीसरा 'वैश्य वर्ग' यहाँ की सम्पत्ति को गुप्त चोरी के माध्यम से लूटना शुरू कर देता था। इस तरह आर्यों ने आदिनिवासियों की आर्थिक स्थिति खराब करना शुरू किया, जिसमें सबसे संहारक होता था मूलनिवासियों की सम्पत्ति को जलाना, लूटना और नष्ट कर देना।

आदिनिवासीयों के इन्हीं चार समय—'सत्यम्, कार्यम्, युद्धम् और विषयम्' को आर्यों ने आगे चलकर अन्धविश्वास और कर्मकांड के माध्यम से चार युग—सतयुग, त्रेता युग, द्वापर युग और कलि युग कहा। सत्यम् को सत्य युग, कार्यम् को त्रेता युग, युद्धम् को द्वापर और विषयम् को कलि युग कहा।

**आदि**— *आर्यों और अनार्यों में क्या मूलभूत अन्तर है?*

**पेरियार ललई सिंह**—

| द्रविड़ | आर्य |
|---|---|
| • द्रविड़ मातृ प्रधान (माटी, भूगोल, क्षेत्र प्रधान)। | • आर्य पितृ प्रधान (वीर्य प्रधान)। |
| • वर्ण और जाति-भेद नहीं था। | • वर्ण और जाति-व्यवस्था का भेद था। |
| • चचाजाद भाई का विवाह हो। | • आर्यों में नहीं हो सकता था। |
| • भूइयाँ (पृथ्वी), यानी शंकर आदि की पूजा करते थे। | • आर्य सूर्य, चन्द्र, अग्नि आदि की पूजा करते थे। |
| • योग साधक थे। | • यज्ञ, पशु-यज्ञ कर्म कांड सुरा-सुन्दरी में मग्न रहनेवाले थे। |
| • उपास्य विरक्त, सर्वत्यागी शिव महायोगीश्वर थे। धर्म-त्याग का था। | • इन्द्र योगेश्वर-मय |
| • द्रविड़ संस्कृति दु:ख एवं संसार से निवृत्ति मोक्ष आधारित मानवतावादी थी। | • भोगैश्वर्य व यज्ञ द्वारा खर्च में भी सोमश्वर्य सूर्य-पूजक वंशवादी, गोत्रवादी, नस्लवादी, जन्मवादी व अध्यात्मवादी थे। |
| • आदिनिवासी द्रविड़ों का गणतंत्री शासन था। | • आर्यों का गुरुतंत्रीय, एकतंत्रीय राजतंत्री शासन था। |
| • द्रविड़ मानसिक सुन्दरता पर बल देते थे। | • आर्य शारीरिक सुन्दरता पर बल देते थे। |
| • द्रविड़ संस्कृति में मानव को सेवा देने का भाव था। | • आर्य संस्कृति में मानव से सेवा लेने का भाव था। |
| • द्रविड़ संस्कृति प्रेम-मयी, समता-मयी, मैत्री भावना और विकेन्द्रीयकरण की थी। | • आर्य संस्कृति घृणा-मयी, विष-मयी, विराग-मयी, असीम केन्द्रीकरण की थी। |

**आदि**— *आदिनिवासियों के नियम क्या-क्या हैं?*

**पेरियार ललई सिंह**—

1. सत्य को मानना।
2. मानवतावादी और समतामूलक समाज की स्थापना।
3. जो विद्या, ज्ञान और तर्क से जानी जा सके, उसी सत्य को जीवन के व्यवहार में उतारना।

4. ज्ञान का प्रकाश करना, अज्ञानता का नाश करना।
5. अनुभवजन्य ज्ञान को अधिक महत्त्व देना।
6. सम्पूर्ण मानवता का उपकार करना।
7. सबके साथ समानता और बन्धुता का व्यवहार करना।
8. सामाजिक उन्नति में ही अपनी उन्नति मानना चाहिए।

**आदि—** *आर्य ईश्वर के साकार या निराकार किस रूप को मानते थे?*

**पेरियार ललई सिंह—** आर्यों की जो 'ढोंगी नैतिकता' है, उसके सामने सब कुछ घुटने टेक देता है। आर्यों के चार वेद, अठारह पुराण, छह शास्त्र मुख्य धर्म ग्रंथ हैं। ये सब अपनी-अपनी गाते हैं। वेदों में जहाँ निर्गुण ईश्वर को माना गया है। वहीं पुराणों में ईश्वर के साकार रूप को स्वीकार किया गया है। कोई निराकार और अजन्मा है तो कोई अवतार लेता है।

वास्तव में, इन लोगों की नैतिक चाल को हमें समझना होगा। ये लोग बहुत जटिल और कुटिल हैं। ये लोग ईश्वर के अस्तित्व को हर समय भ्रम की स्थिति में रखते हैं, क्योंकि ये नहीं चाहते कि उस ईश्वररूपी पत्थर से भ्रम का जाल हटे, लोगों को सत्य का ज्ञान हो। वास्तव में, ये लोग स्वयं को ही स्वयम्भू के रूप में स्थापित करना चाहते थे।

**आदि—** *आर्य यदि ईश्वर को नहीं मानते हैं तो मन्दिर क्यों बनवाते हैं? उसमें अपने ईश्वर को क्यों रखते हैं?*

**पेरियार ललई सिंह—** आज आप देखिए कि मन्दिर अर्थ के केन्द्र हैं? उसमें मानसिक गुलाम आदिनिवासी सबसे अधिक चढ़ावा चढ़ाने जाते हैं। आर्यों ने बहुत चालाकी से सबको उसमें अर्थ (पैसा) दान करवाने के लिए अनेक ईश्वर, देवी-देवता आदि बैठा दिया, जिसको देखने आशीर्वाद लेने ये मानसिक गुलाम मूर्ख मूलनिवासी जाते हैं? और अपना अर्थ-सम्पत्ति आर्य ब्राह्मणों को दान करके चले आते हैं? इस चालाकी से आर्यों ने मन्दिर का निर्माण किया और वहाँ से स्वर्ग-नरक का टिकट बाँटना शुरू किया।

आर्यों के मन्दिरों में 'प्रभु' की नहीं, बल्कि 'प्रभुत्व' की पूजा होती है। यह प्रभुत्व 'ब्राह्मण' का होता है। उस प्रभुत्व के खिलाफ जो भी जाता है, ये उसका संहार कर देते हैं। आप देखिए कि यहाँ के आदिनिवासियों के जीविकोपर्जन के मुख्य स्रोत जल, जंगल, जमीन और पशु थे। इन सबका आर्यों ने संहार करना शुरू कर दिया। यज्ञों में 'पशु बलि यज्ञ' को देखिए, उसमें हजारों-लाखों गाय, बैल, भैंस, भैंसा और अनेक पक्षियों की बलि दी जाती रही है। इसी तरह आज भी इस देश के मूलनिवासी-आदिवासियों का संहार जारी है।

**आदि—** *ये पंडा-पुरोहित ब्राह्मण घूम-घूमकर भिक्षादि क्यों माँगते हैं? और भ्रमादि क्यों फैलाते हैं?*

**पेरियार ललई सिंह—** आक्रान्ता आर्यों ने जब महान सैन्धव सभ्यता को नष्ट करके भारतभूमि पर अपना आधिपत्य जमा लिया, तब इन लोगों ने अन्धविश्वास, कर्मकांड, भाग्य, भगवान या ईश्वर का भय दिखाकर यहाँ के मूलनिवासियों से अर्थ और धन कर (जंग) रूप में लेने लगे।

इसके साथ जब ऐतिहासिक क्रान्तियाँ हुईं तो असुरों का शासन पुनः स्थापित हुआ। उस स्थिति में आर्य ब्राह्मण पुनः भीख माँगना शुरू कर दिए। इस भीख माँगने की कला को आर्यों ने हथियार की तरह प्रयोग किया, जिसमें जो शूद्र-अतिशूद्र अधिक अर्थ और धन सम्पन्न थे, उनके यहाँ ये अधिक भिक्षा माँगने जाते थे। इसमें इनकी चालाकी यह होती कि शूद्र-अतिशूद्र को किस तरह कंगाल बनाया जाए। उसे लूटने और लुटवाने के लिए इनकी नजर हर समय गड़ी रहती थी।

इस चालाकी को ये लोग यहाँ तक ले जाते थे कि उस शूद्र-अतिशूद्र के खिलाफ खूब मिथ्या अफवाह भी उड़ाते थे। उसे अनेक माध्यमों से बदनाम करते थे। इस कला का प्रयोग आर्य ब्राह्मण आज भी करता है। इनकी कोई भी अफवाह शूद्र-अतिशूद्र का संहार और आर्यों के लाभ के लिए ही होती। यह सिलसिला आज तक जारी है।

**आदि—** *देवी-देवताओं का क्या सच है?*

**पेरियार ललई सिंह—** देवी-देवताओं के सच को तथ्यात्मक और तार्किक तरीके से समझना होगा। ईरान में 'शाहनामा' नामक ग्रंथ है। इसके रचनाकार ईरान के महान कवि-विद्वान-लेखक 'फिरदौसी' हैं। यह रचना 12वीं-13वीं शताब्दी में लिखी गई है। इस ग्रंथ में 'देव' नाम के आदिवासियों का उल्लेख है। इसमें इस बात का उल्लेख है कि यूरेशिया से आनेवाले आर्यों ने ईरान में कुछ वर्षों के लिए विराम लिया।

ये लोग लड़ाकू और घुड़सवार होते हैं। यह सब बातें ईरान के राजा को पता चलीं। उस राजा को यह भी बात पता चली कि ये लोग गोरे रंग के हैं। इनके साथ आनेवाली औरतें एकदम गोरी हैं। उस राजा ने पाँच सौ यूरेशियन आर्यों को चयनित करके उन्हें उन्हीं के यूरेशियन घोड़ों पर सवार करवाया और साथ में उन्हें पर्याप्त खाना-खर्च राशन आदि सामग्री, और राजा ने कहा कि तुम सभी अपने देश जाओ, वहाँ से पाँच सौ गोरी युवतियों को अपहृत करके मेरे हरम के लिए लाओ।

यूरेशियन घुड़सवार पाँच सौ गोरी युवतियों को लाने निकल गए। वे यूरेशिया से पाँच सौ गोरी युवतियों को लेकर कुछ सालों बाद आए। 'ईरान' आने के बाद उन

लोगों ने देखा कि यहाँ के राजा की मृत्यु हो चुकी है। इस स्थिति में यूरेशियन आर्यों ने सोचा कि अब इन गोरी युवतियों को लेकर कहाँ जाया जाए? वहीं सामने स्थित देव पर्वत को आर्यों ने देखा और उन युवतियों को लेकर ऊँचाई पर स्थित 'देव पर्वत' पर जाकर छुप गए। उस 'देव' नामक पर्वत पर इन लोगों से जो पुत्र जन्मे, उन्हें 'देवता' कहा और जो पुत्रियाँ जन्मी, उन्हें 'देवी' कहा। 'ता' अर्थात् 'उससे उत्पन्न'।

आर्यों का यही जत्था सिन्धु भूमि तक आया। देव पुत्र की इन सन्तानों के सरदार को 'इन्द्र' की उपाधि दी जाती थी। जो लोग इस जत्थे में आए, वे 'देवता' कहे गए और जो स्त्रियाँ आईं, उन्हें 'देवी' कहा गया। ईरान में आज भी 'देव' नाम का पर्वत विद्यमान है। इस पर्वत पर इनकी जो सन्तानें/वंशजें रह गई थीं, के आज 'कुर्द' कहलाती हैं।

वैसे 'देव पर्वत' पर जन्मे यूरेशियन आर्य 'कुर्दों' को 'सन ऑफ माउंटेन' अर्थात् 'पर्वत पुत्र' कहा जाता है। इसी कारण इन्हें 'देव पुत्र' भी कहा जाता है। यही 'कुर्द' दुनिया भर के देशों में फैल गए। आज यह जाति ईरान, इराक, इजराइल, फिलीस्तीन, तुर्की आदि जगहों पर फैली हुई है। यही 'देव पुत्र' भारतभूमि में घुस आए। इनके वेद, पुराण, स्मृति, शास्त्र आज भी स्थापित रूप से कहते रहते हैं कि हमारे पूर्वज आर्यगण हिमालय पर्वत से आए हैं। ये आर्य ईरान के उसी 'देव पर्वत' से चलकर हिमालय पर्वत होते हुए भारत अर्थात् सिन्धु भूमि में घुस आए। इसी कारण ये हिमालय को 'देवभूमि' कहते हैं।

आर्य देव पुत्रों अर्थात् 'कुर्दों' का स्वभाव लड़ाकू और वर्चस्ववादी होने के कारण यहाँ के आदिनिवासियों के साथ लगातार लड़ाइयाँ होती रहती थीं। इन देव पुत्रों की आदिनिवासियों के साथ हुई लड़ाई का उल्लेख 'ऋग्वेद' में सुर-असुर संग्राम के रूप में है। बहुत चालाकी से आर्य-सुर-देव पुत्रों ने इस लड़ाई को 'संग्राम' कहा। इस लड़ाई या संग्राम का ही एक रूप देवासुर संग्राम है अर्थात् पर्वत पुत्र के देवताओं और भारतभूमि के असुरों के बीच की लड़ाई।

आप वर्ण-व्यवस्था को ऐतिहासिक सन्दर्भ में देखें तो ईरान के इस 'देव पर्वत' के कुर्द कबीलों में वर्ण-व्यवस्था का लक्षण लम्बे समय तक विद्यमान मिलेगा। जर्मनी में भी वर्ण-व्यवस्था का अति-सूक्ष्म लक्षण उसके शुरुआती समय में विद्यमान था। इसलिए देवी-देवताओं के इस मिथक और मानसिक गुलामी से आदिनिवासियों को बिना सोचे-समझे बाहर आ जाना चाहिए।

भगवान शब्द की उत्पत्ति को जानने के लिए हमें प्राचीन पालि भाषा और साहित्य में जाना होगा। यह प्रचलित 'भगवान' शब्द पालि भाषा का शब्द है। पालि में इसे 'भगवां' बोलते और लिखते हैं। हिन्दी में यह 'भगवान' के रूप में रूढ़ हो गया है। इसी रूप में लिखा और बोला जाता है। इसका अर्थ और परिभाषा प्राचीन पालि भाषा में आचार्य बुद्ध घोष ने 'विशुद्धि मग्ग' में किया है—'भग्ग रोगो! भग्ग

दोषो! भग्ग मोहो! चपि इतिपि सो भगवा।' 'भग्ग' मतलब 'समाप्त', भगा दे अर्थात् जो समाप्त कर दे रोग को। जो समाप्त कर दे दोष को, जो समाप्त कर दे मोह को, वही भगवान है।

भगवान वस्तुगत भौतिक संसार का शब्द है आध्यात्मिक संसार का नहीं। यह भौतिक पद भी भगवान पद से ही निकला जान पड़ता है। यह 'भग्ग' शब्द भी किस प्रकार भोजपुरी भाषा से निःसृत और उसका निहितार्थ लिये हुए है, उसे भी समझिए—'भग्ग' की भोजपुरी होगी 'भगा देना'। 'भग्ग रोगो' अर्थात् जो भगा दे रोग को। भग्ग दोषो, जो भगा दे दोष को। 'भग्ग मोहो' जो भगा दे मोह को। यही वह उत्स है जहाँ से जान पड़ता है कि भग्ग अर्थात् भगवान भोजपुरी भाषा का शब्द है। जिस भोजपुरी भाषा में बुद्ध अपना प्रवचन कहते थे।

आप वेद, स्मृति, पुराण का अध्ययन करके देखिए, आर्य अपने 'ईष्ट' के लिए देवी-देवता शब्द का प्रयोग करते हैं। उससे थोड़ा-सा आगे बढ़ते हैं तो 'ईश्वर' शब्द का प्रयोग करते हैं किन्तु 'भगवान' पद का प्रयोग वेद, पुराण, स्मृति आदि ग्रंथ में कहीं नहीं है। इससे यह भी सन्दर्भ निकल रहा है कि पालि, प्राकृत और भोजपुरी कितनी प्राचीन भाषा हैं। इसी तरह 'भग्ग', 'भाग्य' और 'भाग' के अन्तर को भोजपुरी में समझिए। जैसे भोजपुरी लोग कहते हैं न कि 'भाग में ना रहल ह।' अर्थात् भाग्य में नहीं था। तब यह सन्दर्भ और गहराई से समझ में आएगा।

**आदि—** *हमारी आदिम भाषा कौन-सी है?*

**पेरियार ललई सिंह—** हमारी महान सैन्धव सभ्यता की भाषा की लिपि और साक्ष्यों को आक्रान्त आर्यों ने पूरी तरह नष्ट कर दिया, जिस कारण अभी तक सैन्धव सभ्यता की महान भाषा पढ़ी नहीं जा सकी है। सैन्धव सभ्यता की भाषा के बाद आर्यों ने यहाँ के आदिनिवासियों को लम्बे समय तक अभाषा और अज्ञानता के गर्त में रखा।

इस दौरान यहाँ के आदिनिवासियों ने अपने टीलों और जंगलों में कई नई भाषाओं का सृजन किया। इसी दौर में आर्यों ने संस्कृत भाषा के वर्चस्व को स्थापित कर दिया। किन्तु आदिनिवासियों की आदि प्राचीन पालि आदि भाषाएँ साधारण जन में चलती रहीं। इसके बाद प्राकृत भाषा बनती है। उसके बाद अनेक भाषाएँ आती हैं। लेकिन संस्कृत भाषा से आदिनिवासियों का कोई लेना-देना नहीं है। अनार्यों की उस भाषा का स्रोत महान सैन्धव सभ्यता की भाषा से ही चलकर आज तक अनेक बोलियों के रूप में सतत् प्रवाहित हो रहा है।

**आदि—** *आर्यों का कहना है कि इस देश की सबसे प्राचीन भाषा संस्कृत है?*

**पेरियार ललई सिंह—** यह बात बिलकुल असत्य है, क्योंकि संस्कृत भाषा का अर्थ है संस्कार की भाषा अर्थात् जिनका संस्कार किया जाता था अर्थात् संस्कारित,

संशोधित, परिमार्जित भाषा। उनकी ही यह भाषा थी। संस्कार करने की कथित प्रथा आर्यों की थी। आदिनिवासियों में तो समता की बात है। उनमें संस्कार जैसा कुछ नहीं है। इसलिए इनकी भाषा भी समता की भाषा है। सैन्धव-सभ्यता की भाषा के बाद पालि, प्राकृत भाषाएँ बनीं। इसी को संस्कारित कर आर्यों ने संस्कृत भाषा गढ़ा। यह वेदों के समय की भाषा है।

अतः संस्कृत प्राचीन भाषा नहीं है। यह प्राचीन पालि/प्रकृति के बहुत बाद की भाषा है, जिसमें यूरेशियन शब्दों की भरमार है। आप सोचिए कि यूरोपिय भाषाओं के एक भी शब्द पालि-प्राकृत में नहीं है। न ही इस भाषा के एक भी शब्द यूरोप की किसी भाषा में है। जबकि संस्कृत में यूरोपीय भाषा के शब्दों की भरमार है। इस शब्द और भाषा के निर्माण और इतिहास से हम अन्दाजा लगा सकते हैं कि आर्य यूरेशिया से आए हैं। संस्कृत भाषा यूरेशियन भाषा है। विदेशी है। संस्कृत भाषा का दूसरा अर्थ है—संशय में डालनेवाली भाषा।

संस्कृत और हिन्दी दोनों इस देश की मूल भाषाओं को निचोड़ करके, परिमार्जिक करके, संस्कारिक करके बनाई गई हैं। संस्कृत जहाँ प्राचीन पालि और प्राकृत से वर्ण-संकर हो कर अपना अस्तित्व निर्मित की है। वहीं हिन्दी ने इस देश की मूल भाषा—भोजपुरी, बुन्देली, ब्रज, अवधी, ब्राचड, सिन्धी, गुजराती, पंजाबी आदि को निचोड़कर उन्नीसवीं सदी में अपना अस्तित्व निर्मित किया है। इस तरह संस्कृत और हिन्दी वर्णसंकर भाषा हैं।

वास्तव में, ये नकल करके निर्मित भाषाएँ हैं। ये डुप्लीकेट भाषाएँ हैं। सच तो ये है कि ये भाषाएँ ही नहीं हैं। यह दिलचस्प बात है कि जो इस देश की मूल भाषा है उसे आर्य/सवर्ण 'बोली' कहते हैं और जो नकल करके बनी है, उसे संस्कारित भाषा, राष्ट्रभाषा आदि कहते हैं। इस तरह जो 'भाषा' है, उसे ये सब 'बोली' कहते हैं और जो 'बोली' है, उसे ये सब 'भाषा' कहते हैं।

वास्तव में, जो भाषा ही नहीं है, उसे ये सब भाषा कहते हैं। संस्कृत दरअसल भाषा नहीं, आर्यों की कोड बोली थी। आर्य आपस में कोड में बात करते थे। वे कोड में बोली इसलिए बोलते थे कि यहाँ के आदिनिवासी उनकी बोली बात को समझ न पाएँ। इस कोड बोली को ही आर्यों ने संगृहीत-संकलित कर संस्कृत भाषा अर्थात् वर्ण-संकर संकर की भाषा का निर्माण किया, जो प्राचीन-पालि से अनुकृत है।

इसी कारण मैं बार-बार कहता हूँ, जो बोली थी, उसे ये सब भाषा कहने लगे। जो भाषा थी, उसे बोली। ऐसे ही हिन्दी जो वर्ण-संकर भाषा है। नकल की भाषा है। उसको मातृभाषा तक कहते हैं और इस देश की अकल और असल भाषा को बोली कहते हैं।

भोजपुरी जो एक पूर्ण भाषा है। जिस लोक भाषा में बुद्ध ने अपने प्रवचन कहे थे? जिसे बाद में अन्य भाषाओं में अनुवादित किया गया, उसे भी ये सब बोली कहते हैं। दरअसल, यह उनका खतरनाक भाषाई दोहरा चरित्र है। इसे इस देश के

आदिनिवासियों को समझना पड़ेगा। आर्यों की भाषा और साहित्य को जिस दिन आदिनिवासी समझ जाएँगे, उसी दिन से ये सभी प्रकार की गुलामी से मुक्त हो जाएँगे। सारा खेल भाषा का है, कारण कि दिमाग—भाषा और साहित्य से निर्मित होता है।

**आदि—** *क्या संस्कृत इस देश की मातृभाषा है?*

**पेरियार ललई सिंह—**नहीं! संस्कृत इस देश की मातृभाषा नहीं है। इस देश की मातृभाषा पालि, प्राकृत से निकलनेवाली अनेक वर्तमान मूल भाषाएँ हैं।

**आदि—** *संस्कृत भाषा में क्या है?*

**पेरियार ललई सिंह—**इस (संस्कृत) भाषा के इतिहास में वर्ण-व्यवस्था और जाति-व्यवस्था, ब्राह्मणवादी वर्चस्व को बानाए रखने का चिन्तन है। आर्यों के यहाँ आने और उनके वंश-वर्चस्व का इतिहास है?

**आदि—** *क्या आदिनिवासियों का इतिहास लोप हो चुका है?*

**पेरियार ललई सिंह—**आर्यों ने आदिनिवासियों की पहचान के शिलालेख, ताम्रपत्र पहाड़ों, गुफाओं के चिह्न को खोज-खोजकर नष्ट किया। आदिनिवासी राजाओं के नाम आदि को भी आर्यों ने इतिहास के गर्त में डाल दिया, जिससे उन सबका लोप हो चुका है। लेकिन उनके 'खेर' अर्थात् गढ़ियाँ अभी तक मौजूद हैं। इन खेरों में बचे हुए लेख भी मिल चुके हैं।

इनका इतिहास यह भी है कि आदिनिवासियों के यहाँ विवाह, पुनर्विवाह और बिन विवाह के भी स्त्री किसी भी पुरुष से स्व-इच्छा से और स्वतंत्र होकर सम्बन्ध बना सकती है। सन्तान उत्पन्न कर सकती है। उस सन्तान को पूरी सामाजिक वैधता प्राप्त होती है, जबकि यह आर्यों और आर्य स्त्रियों में नहीं है।

आज आदिनिवासियों को शूद्र-अतिशूद्र, दलित, पद-दलित, बहुजन, अनुसूचित जाति, अनुसूचित जनजाति आदि नामों से पुकारा जाता है। वैसे इन्हें आज राजनीतिक शब्दावली में पिछड़े, दलित, आदिवासी, अल्पसंख्यक आदि अर्थात् बहुजन के रूप में पुकारा जाता है।

# सच्ची रामायण

**पेरियार ई.वी. रामास्वामी**
मालीगाई, पुथुर, तिरुचीराप्पल्ली-17 (तमिलनाडु प्रान्त)

प्रथम हिन्दी प्रकाशक
**पेरियार ललई सिंह**
अनुवादक—रामआधार

**अशोक पुस्तकालय**
झींझक, जिला—कानपुर, उत्तर प्रदेश, भारत-209302
अशोक विजय दशमी (दीक्षा दिवस) सम्वत् 2025 विक्रमी

प्रथम बार (तमिल भाषा) सन् 1930 ई.
प्रथम बार (अंग्रेजी अनुवाद) सन् 1959 ई.
प्रथम बार (हिन्दी अनुवाद) 1 अक्टूबर 1968 ई.
प्रथम बार 1,000 प्रतियाँ प्रकाशित
द्वितीय बार सन् 1971 ई.
तृतीय बार सन् 1972 ई.
चौथी बार सन् 1973 ई.
पाँचवीं बार सन् 1974 ई.
छठी बार सन् 1975 ई.
सातवीं बार सन् 1976 ई.
आठवीं बार सन् 1978 ई.
नौवीं बार सन् 1980 ई.
दसवीं बार सन् 1981 ई.
ग्यारहवीं बार सन् 1982 ई.
बारहवीं बार सन् 1984 ई.
तेरहवीं बार सन् 1986 ई.
चौदहवीं बार सन् 1988 ई.
पन्द्रहवीं बार सन् 1990 ई.
सोलहवीं बार सन् 1992 ई.

**मुद्रक**
सस्ता प्रेस
झींझक, कानपुर, उत्तर प्रदेश, भारत-209302

**मूल्य :** 2.75

!!समर्पण!!

जिला—रामनाथपुरम (तमिलनाडु प्रान्त)
के उन अमर शहीद अ-ब्राह्मण समुदाय
की पुण्य-स्मृति में
जिन्होंने धार्मिक एवं सामाजिक जन्मसिद्ध अधिकारों की प्राप्ति
हेतु सन् 1957 ई. में हँसते-हँसते प्राण न्योछावर किए,
सादर सप्रेम समर्पित। पंडित जवाहरलाल नेहरू प्रधानमंत्री ने
यदि इस (ब्राह्मण तथा अ-ब्राह्मण समुदाय के कल्पित,
ऊँच-नीच-विषयक) संघर्ष में जान बूझकर मतलहतन ढिलाई न बरती होती, तो
यह अ-घटित घटना किसी भी दशा में कदापि नहीं घट सकती थी।

दिनांक—1 अक्टूबर, सन् 1968 ई. **—पेरियार ललई सिंह**

**Permission Letter**

(True Copy)

Maligai, Puthur, Tiruchirappalli,
Madras State.

To

Sir, Lalai Singh Yadava,
President—Ashok Pustakalya (Regd.)
Village & Post Office—Jhinjhak,
Disttrict—Kanpur, Uttra Pradesh, India

Sir,

You are permitted to publish in Hindi edition of 'The Ramayana : A True Reading' (English). Because those who were permitted in the past time has not published as it. Hence there permission should be treated and cancelled.

Thank you,
Dated—01.07.1968 E.

Your's Faithfully
Signature

**Periyor E.V. Ramaswami**

## सच्ची रामायण

यों तो 'दि रामायना : ए ट्रू रीडिंग' का हिन्दी तरजुमा होता है—'रामायण : एक सच्चा अध्ययन', परन्तु हम लोगों ने कम पढ़े इनसानों की सहूलियत के लिहाज से 'सच्ची रामायण' नाम रखा है।

**अशरफ खाँ अंसारी, प्रचार मंत्री**
अशोक पुस्तकालय (रजिस्टर्ड), झींझक,
जिला—कानपुर, उत्तर प्रदेश

# सच्ची रामायण

## निर्णय
## हाईकोर्ट ऑफ इलाहाबाद

हाईकोर्ट ऑफ जुडीकेचर इलाहाबाद
निर्णय : दिनांक—19 जनवरी, सन् 1971 ई.
उपस्थित फुल बैंच
(1) माननीय जस्टिस श्री ए.के. कीर्ति
(2) माननीय जस्टिस श्री के.एन. श्रीवास्तव
(3) माननीय जस्टिस श्री हरीस्वरूप
मुकदमा नम्बर 412 सन् 1970 ई.
क्रिमिनल मिसलेनियस एप्लीकेशन
अंडर सेक्शन 99 बी. क्रिमिनल प्रोसीजर कोड।

शीर्षक

ललई सिंह यादव, उम्र 60 साल आत्मज गज्जू सिंह यादव, अध्यक्ष अशोक पुस्तकालय (रजिस्टर्ड) ग्राम व पोस्ट—झींझक, पुलिस स्टेशन—मंगलपुर, जिला—कानपुर, उ.प्र.।
अपीलांट

**विरुद्ध**
**गवर्नमेंट ऑफ उत्तर प्रदेश**

रिस्पांडेंट

यह पुस्तक 'सच्ची रामायण' गवर्नमेंट ऑफ उत्तर प्रदेश की आज्ञा दिनांक—8 दिसम्बर, सन् 1969 ई. नोटीफिकेशन नम्बर 9733-बी/8-बी-2-1946-68 तथा गवर्नमेंट ऑफ उत्तर प्रदेश गजेट दिनांक—20 दिसम्बर, सन् 1969 ई. में प्रकाशित विज्ञप्ति के अनुसार, जब्त कर ली गई थी, क्योंकि यह पुस्तक कुछ नागरिक समुदाय की धार्मिक भावनाओं को जान-बूझकर चोट पहुँचाने तथा उनके धर्म एवं धार्मिक मान्यताओं का अपमानकरने के लक्ष्य से लिखी गई थी।

गवर्नमेंट ऑफ उत्तर प्रदेश की इस आज्ञा के विरुद्ध हाईकोर्ट ऑफ जुडीकेचर, इलाहाबाद में प्रकाशक ललई सिंह यादव ने क्रिमिनल मिसलेनियस एप्लीकेशन उपरोक्त शीर्षक की प्रस्तुति की।

हाईकोर्ट ऑफ जुडीकेचर इलाहाबाद ने उपरोक्त माननीय तीन जजों की स्पेशल फुल बैंच इस केस के सुनने के लिए बनाई। उन्होंने अपीलांट की ओर से योग्य एडवोकेट श्री बनवारीलाल यादव और रिस्पांडेंट की ओर से गवर्नमेंट एडवोकेट तथा उनके विशेष सहयोगी श्री पी.सी. चतुर्वेदी एडवोकेट व श्री आसिफ अंसारी एडवोकेट की बहस दिनांक—26, 27 व 28 अक्टूबर, सन् 1970 ई. को लगातार तीन दिन सुनी।

दिनांक—19.01.1971 ई. को माननीय जस्टिस श्री ए.के. कीर्ति ने बहुमत का निर्णय दिया—

(1) गवर्नमेंट ऑफ उत्तर प्रदेश की पुस्तक 'सच्ची रामायण' की जब्ती की आज्ञा निरस्त की जाती है।

(2) जब्तशुदा पुस्तक 'सच्ची रामायण' अपीलांट ललई सिंह यादव को वापस दी जाए।

(3) गवर्नमेंट ऑफ उत्तर प्रदेश की ओर से अपीलांट ललई सिंह यादव को तीन सौ रुपये खर्चे के दिलाए जाएँ।

**नोट :** अपीलांट ललई सिंह यादव की ओर से श्री बनवारीलाल यादव एडवोकेट, श्रीजयपाल सिंह कश्यप एडवोकेट, चौधरी चुन्नीलाल एडवोकेट, श्री गुलाब चन्द एडवोकेट, श्री गयाप्रसाद यादव एडवोकेट, श्री श्यामलाल यादव एडवोकेट, श्री सखाराम यादव एडवोकेट, श्री कुन्दन सिंह एडवोकेट, श्री आर.डी. गुप्ता एडवोकेट व श्री छेदी प्रसाद एडवोकेट आदि थे। उन्हें पाठकों की ओर से अनन्त धन्यवाद!

विनीत

**—सोनेलाल संखवार**

कोषाध्यक्ष, अशोक पुस्तकालय (रजि.) झींझक,
जिला—कानपुर, उत्तर प्रदेश

# निर्णय

## सुप्रीम कोर्ट ऑफ इंडिया, नई दिल्ली

1. यह पुस्तक 'सच्ची रामायण' उत्तर प्रदेश सरकार के गजेट दिनांक—20 दिसम्बर, 1969 ईसवी के अनुसार जब्त हुई।

2. अपीलांट श्री ललई सिंह यादव, क्रिमिनल मिसलेनियस एप्लिकेशन नम्बर 412/1970 ई. निर्णय हाईकोर्ट ऑफ जुडीकेचर इलाहबाद दिनांक—19 जनवरी, 1971 ई. के अनुसार अपीलांट श्री ललई सिंह यादव की जीत हुई। अपीलांट को तीन सौ रुपये खर्चे के दिए गए। जब्त शुदा पुस्तकें 'सच्ची रामायण' भी अपीलांट को वापस दी गईं।

### फुल बैंच

माननीय सर्वश्री जस्टिस ए.के. कीर्ति,
माननीय सर्वश्री जस्टिस के.एन. श्रीवास्तव
माननीय सर्वश्री जस्टिस हरि स्वरूप थे।

3. अपीलांट उत्तर प्रदेश सरकार क्रिमिनल मिसलेनियस अपील नम्बर 291/1971 ई. निर्णय सुप्रीम कोर्ट ऑफ इंडिया, नई दिल्ली दिनांक—16 सितम्बर, 1976 ई. के अनुसार अपीलांट की हार हुई अर्थात् रिस्पाडेंट श्री ललई सिंह यादव की जीत हुई। ('सच्ची रामायण' की जीत हुई।)

### फुल बैंच

माननीय सर्वश्री जस्टिस पी.एन. भगवती,
माननीय जस्टिस डी.आर. कृष्णा अय्यर,
माननीय जस्टिस मुन्तजा फाजिल अली थे।

4. श्री बनवारी लाल यादव एडवोकेट ने हाईकोर्ट, इलाहाबाद में और श्री शिवनारायण सिंह यादव एडवोकेट, मकान नं. ई-33, मस्जिद मोड, (नियर ग्रेटर कैलाश-2), नई दिल्ली-110048 ने सुप्रीम कोर्ट में श्री ललई सिंह यादव की ओर से बहस की है। उन्हें गुणग्राही पाठकों की ओर से धन्यवाद!

**—पेरियार ललई सिंह**

# विनम्र निवेदन

## [हिन्दी संस्करण]

आज तक सम्पूर्ण संसार एकमत होकर यह निर्णय नहीं कर पाया है कि ईश्वर है और वह अमुक स्थान पर स्थायी रूप से रहता है। परन्तु 'जब-जब होय धर्म की हानी', तब-तब ईश्वर पृथ्वी पर आकर मनुष्य का अवतार लेता है। धर्म की परिभाषा है 'गौ-द्विज हितकारी'।

1. गाय खानेवाले आक्रमणकारियों नादिरशाह व अहमदशाह अब्दाली आदि, गो-भक्षक मुसलमान बादशाहों, गो-संहारक ईसाई वायसरायों और गौ-हत्या अन्य राष्ट्रों में गाय की रक्षा के लिए उस ईश्वर ने कभी अवतार क्यों नहीं लिया? इस प्रश्न के उत्तर के लिए ब्राह्मणी संस्कृति क्यों चुप है?
2. आर्य मध्य एशिया से भारत में 1500 वर्ष ईसा पूर्व आए। गौतम बुद्ध का जन्म 500 वर्ष ईसा पूर्व हुआ। महाराजा रावण बौद्ध धर्मी होने के कारण आर्य-ब्राह्मणों के हिंसामय-यज्ञों के विरोधी थे। इससे सिद्ध है कि राम का कार्य-काल त्रेता युग गलत है।
3. वाल्मीकि ने 'फैरोह ऑफ इजिब्ट' में वर्णित मिस्त्र देश के 'रामेसस द्वितीय' की कहानी के ढंग पर राम कथा कल्पित गढ़ी है।
4. सूर्यवंशी राजा इक्ष्वाकु की एक शाखा की साठवीं पीढ़ी में राम और दूसरी साखा की चौबीसवीं पीढ़ी में सीता का जन्म होना लिखा है। यदि एक पीढ़ी पच्चीस वर्ष की मानी जाए तो साठ पीढ़ी में से चौबीस पीढ़ी घटाने पर छत्तीस पीढ़ी शेष रही। अब छत्तीस पीढ़ी में पच्चीस वर्ष का गुणा करने पर नौ सौ वर्ष बाद में राम पैदा हुए, सीता से। इससे सिद्ध है कि राम और सीता समकालीन नहीं हैं।
5. शिव जी ने राम कथा रच कर प्रथम अपनी स्त्री पार्वती को, तत्पश्चात् काकभुशुंडि को सुनाई। काकभुशुंडि ने पहले याज्ञवल्क्य को, फिर गरुड़ को सुनाई। याज्ञवल्क्य ने भरद्वाज मुनि को सुनाई।
6. तुलसीदास ने लड़कपन की कम बुद्धि के कारण राम-कथा, जिसे उन्होंने अपने गुरु से सूकरक्षेत्र में सुनी थी, ठीक-ठीक समझ नहीं पाया। चूँकि

तुलसीदास विशेष पढ़े-लिखे नहीं थे इसलिए उन्होंने संस्कृत भाषा में लिखी वाल्मीकि कृत 'रामायण' आदि नहीं पढ़ी। अपनी इस कमजोरी को छिपाने के लिए वे स्थान-स्थान पर वेद (श्रुति या आगम-निगम) आदि को साक्ष्य के रूप में गलत घसीटा है। वास्तव में, तुलसीदास ने गंजेड़ी-भंगेड़ी साधुओं से नशे की पिन्नक में जो सुना, सो लिखा जैसे—

[अ] सीता की शोभा वर्णन करने में 'सकुवहिं श्रुति' किन्तु वेदों में सीता की हवा भी नहीं है।

[ब] पुरोहित ने 'छरस चारि विधि जस श्रुति गाई', भोजन बनाया। मगर वेदों में छौंका-बघारी (पाक-शास्त्र) का वर्णन नहीं।

[स] 'डरपे गीध-वचन सुन काना', गीध केवल मरे हुए पशु का मांस खाता है। 'सम्पाती' अति ही बूढ़े आदमी थे। इनके वचनों को सुनकर अति बलशाली हनुमान, अंगद, नल, नील व महामंत्री जामवन्त कदापि नहीं डर सकते थे।

[द] 'सर्बस दान दीन्ह सब काहू। जेहिं पावा राखा नहिं ताहू॥' राम जन्म के समय यह सम्पूर्ण दान अन्त में कहाँ और किसके पास चला गया? कहीं ढूँढ़ने से भी पता नहीं लगता?

[य] 'कौतुक देखि पतंग भुलाना। एक मास तेइँ जात न जाना॥' राम जन्मोत्सव के कौतुक को देखकर सूर्य भी अपनी चाल भूल गए। एक महीना उन्होंने जाता हुआ नहीं जाना अर्थात् सूर्य एक महीना वहीं अयोध्या में ठहरे रहे। विश्व के सामने भारतीय भूगोल की मूर्खता इससे अधिक और क्या होगी? क्या इसी मूर्खता का नाम 'रामचरितमानस' अर्थात् 'रामायण' है।

[र] 'गर्जेउ मरत घोर रव भारी। कहाँ रामु रन हतौं पचारी॥' रावण का (सिर रहित) रुंड दो टुकड़े होने पर गम्भीर गर्जन के साथ यह कदापि नहीं कह सकता था कि 'राम कहाँ हैं? मैं उन्हें ललकारकर युद्ध में मारूँगा।' (मेरे सामाजिक लेख पढ़िए।)

7. 'स्वान्तः सुखाय तुलसी रघुनाथ गाथा' के अनुसार कातिल, चोर व डाकू आदि भी अपने सुख के लिए सब काम करते हैं। तुलसीदास ने भी ऐसा ही किया। अर्थात् 'रामायण' अपने सुख के लिए लिखी।

[ल] मुसलमानी राज्य में गिरती ब्राह्मणी गरिमा को 'विप्र वंश के अस प्रभुताई। अभय होहि जो तुम्हही डेराई॥'...'इन्द्र कुलिस मम सूल बिसाला। कालदंड हरि चक्र कराला॥ जो इन्ह कर मारा नहिं मरई। बिप्र द्रोह पावक सो जरई॥' आदि लिखकर बचा ही नहीं लिया, अपितु ब्राह्मणों को सर्वोच्च पद दे दिया।

[व] तुलसीदास ने शूद्रों तथा स्त्रियों के माननीय जन्मसिद्ध अधिकारों पर जो डाका डाला है, उनके लिए चूँकि वे मर गए हैं, अतः अब 'रामायण' के हीनता-सूचकों अंशों के प्रचारकों, प्रकाशकों एवं प्रिंटर्स के ऊपर भारतीय-संविधान, भारतीय दंड विधान, अस्पृश्यता-अपराध अधिनियम तथा तलाक-बिल के अनुसार शासन द्वारा दंड दिया जाए।

8. 'जा दिन तें हरि गर्भहिं आए' तथा 'भये प्रकट कृपाला', यह विरोधाभास क्षमा के योग्य नहीं है।
9. तुलसीदास की बाँह में प्लेग की गिल्टी (गाँठ या फोड़ा) से मवाद बहने तथा गम्भीर संग्रह के कारण मरते समय गंगा नदी के किनारे काशी में राम, शिव, पार्वती व हनुमान आदि सभी देवी-देवताओं से मदद के लिए प्रार्थना की, किन्तु उन्होंने तुलसीदास की प्रार्थना कतई नहीं सुनी। किसी प्रकार की कोई मदद न तो स्वतः की और न चाकरों से कराई।

[श] जब उन देवताओं व देवियों आदि ने प्रार्थना-लेखक तुलसीदास की नहीं सुनी, तब तो स्पष्ट सिद्ध है कि पाठकों की प्रार्थना बिलकुल ही नहीं सुनी जा सकती। (रजनीकांत शास्त्री कृत 'मानस-मीमांसा' पढ़िए।)

अतः अब आप (विज्ञानवादी शूद्र व महाशूद्र) लोग 'रामायण' सुनने, पढ़ने, पढ़ाने, राम-लीला व रास-लीला के लिए चन्दा आदि का सहयोग देने तथा उनके देखने में रुपया एवं समय बिलकुल ही नष्ट न करें।

शासन से अनुरोध है कि भारतीय-संविधान के विरुद्ध अंशों का प्रचार-प्रकाशन तथा बालि-वध व रावण-वध आदि जैसी राष्ट्रीय एकता विरोधी राम-लीला आदि को तुरन्त बन्द करावे, वर्ना वह दिन दूर नहीं जब कि 'सबसे अधिक जाति अपमाना' के अनुसार, अपमानित स्वाभिमानी बहुसंख्यक समुदाय इश्तिआलतबा (क्रोधित दशा में) बदले की भावना की दृष्टि से 'फाँसी-लीला' खेलने के लिए कहीं मजबूर न हो जाए, जिसमें संविधान के अनुच्छेद 19(1जी) द्वारा माननीय समानाधिकार प्राप्त तपस्वी 'शम्बूक' के हत्यारे 'राम' को संविधान के अनुच्छेद 94 एवं भारतीय दंड विधान की धारा 302 के अन्तर्गत निष्पक्ष जन-न्यायालय में दोषी ठहराया जाकर फाँसी का दंड दिया जाए। इसका परिणाम हो सकता है, भीषण गृह-युद्ध। शासन की ऐसी कु-व्यवस्था को इतिहासज्ञ कभी क्षमा नहीं कर सकते।

अन्त में, वयोवृद्ध, सुयोग्य, खोजी लेखक महोदय, सरल भाषी अनुवादक महोदय, विद्वान समीक्षक महोदयों और गुणग्राही प्रिय पाठकों को अनन्त धन्यवाद।

सब सुखी एवं स्वस्थ रहें!

दिनांक—1 अक्टूबर, 1968 ई.

आप सबका

**—पेरियार ललई सिंह**

# प्रथम आवृत्ति पर दो शब्द

1. राम और 'रामायण' के सभी पात्रों को यदि भगवान का अवतार या दैवी-शक्ति वाला मान लिया जाए, तब तो किसी विषय पर बुद्धिगम्य-तर्क करते हिन्दू हिन्दू न रहकर विधर्मी कहा जाएगा। बुद्धियुक्त सच्ची मानवता खतरे में पड़ जाएगी।
2. अतः उन्हें केवल मानवमात्र समझकर उनके चरित्रों का विवेचन किया जाए तभी 'सच्ची रामायण' की शंकाओं का समाधान किया जा सकता है।
3. रामचरित्र उपाध्याय कृत 'रामचरित्र चिन्तामणि', मैथिलीशरण गुप्त कृत 'साकेत', केदारनाथ मिश्र कृत 'कैकेयी' व बालकृष्ण शर्मा नवीन कृत 'उर्मिला' के अनुसार, राम को केवल मानव-मात्र के रूप में चित्रित किया गया है।

   —'राम कथा', अनुच्छेद 301
4. चन्द्रिका प्रसाद 'जिज्ञासु' कृत्त 'रावण और उसकी लंका' छठी बार, पृष्ठ नं. 21 में श्री मेल्लांडी व्यंकटरत्नम द्वारा लिखित 'दी रामा ग्रेटेस्ट फैरोह ऑफ इजिप्ट' नामक पुस्तक में सिद्ध किया गया है कि राम, कौशल्या, लक्ष्मण, सीता व वसिष्ठ नाम के व्यक्ति भारत में कभी पैदा नहीं हुए हैं। इस मत को मान लेने से या असुरों को असीरियन कहने की शेखी व साहस करने से सम्पूर्ण 'रामायण' विदेशी बनाने में राम से भी हाथ धोना पड़ेगा और सारा गुड़-गोबर हो जाएगा। अतएव आर्य पंडित की यह स्थापना भयानवी है।

   रावण का द्रविड़ियन होना तो दक्षिणी भारत के सभी लोग स्वीकार करते हैं। अधिकांश इतिहास लेखकों का भी यही मत है कि द्रविड़ लोग भारत के मूल निवासी हैं।
5. कॉमिल बुल्के कृत 'राम कथा', अनुच्छेद 110 के अनुसार, राम की कथा के वानर, ऋक्ष (भालू) और राक्षस विन्ध्य प्रदेश तथा मध्य भारत की आदिवासी अनार्य जातियाँ थीं। इसके विषय में प्रायः किसी को भी किसी प्रकार का मतभेद नहीं है। यद्यपि 'वाल्मीकि रामायण' में इन आदिवासियों

को वास्तव में वानर व ऋक्ष आदि माना गया है। फिर भी आदि-काव्य के अनेक स्थलों से पता चलता है कि प्रारम्भ में वे सब 'मनुष्य ही थे' का समर्थन 'वाल्मीकि रामायण', युद्ध कांड, सर्ग 66/5 से होता है। कुम्भकरण के युद्ध के समय युवराज अंगद से नल, नील, गवाक्ष और कुमुद से कहा कि 'हे वीरो! तुम लोग श्रेष्ठ कुल में उत्पन्न हुए हो। इस बात को भूलकर निर्बलों की तरह कहाँ भागे जा रहे हो?' का समर्थन जी. रामदास कृत 'दी इबारिजिनल ट्राइब्स इन दी रामायण मेन इन इंडिया', भाग-5, पृष्ठ-28 से 55 और 'एबारिजिनल मेन्स इन दी रामायण जर्नल बिहार उड़ीसा सोसाइटी', भाग-11, पृष्ठ-41 से 53 से भी होता है।

—'राम कथा', अनुच्छेद 110

'जैन रामायणों' के अनुसार, जिस जाति की ध्वजा पर बन्दर का चिह्न होता था, वह वानर जाति कहलाती थी। जैसा कि आजकल रूस देश की ध्वजा पर 'रीछ' का चिह्न होने से उन्हें रशियन बीयर्स और अंग्रेज जाति की ध्वजा पर 'शेर' का चिह्न होने से उन्हें 'ब्रिटिश लायन्स' कहते हैं।
जैन ग्रंथों की रावण कथा में वानर चिह्नांकित ध्वजा मुकुटधारी जाति वानरवंशीय कही गई है। विभिन्न विद्वान भी इसी मत से सहमत हैं। का समर्थन शिवनन्दन सहाय कृत 'तुलसीदास', पृष्ठ 496 से भी होता है।

—'राम कथा', अनुच्छेद 110

6. 'वाल्मीकि रामायण', सुन्दर कांड, 110 सर्ग के अनुसार, रावण के एक सिर व दो भुजाएँ थीं।
चिन्ताहरण चक्रवर्ती कृत 'इंडियन्स् हिस्टोरिकल क्वाटरली', भाग-1, पृष्ठ-779 और एस.एन. व्यास कृत 'जर्नल ऑफ दी इंडियन इन्स्टीटूड बड़ौदा', भाग-4, पृष्ठ-1 से भी समर्थन होता है।

—'राम कथा', अनुच्छेद 112

7. 'राम कथा', अनुच्छेद 112 के अनुसार, रावण का दशग्रीव नाम पहले रूपक के रूप में प्रयुक्त हुआ होगा अर्थात् जिस मनुष्य की ग्रीवा दश अन्य साधारण मनुष्यों की ग्रीवा के समान बलवान हो, उसका नाम था, 'दशग्रीव रावण' और बाद में दशग्रीव धारण करनेवाले प्राणी के अर्थ में किया जाने लगा।

आप सबका

**—पेरियार ललई सिंह**

# भूमिका

'रामायण' किसी ऐतिहासिक तथ्य पर आधारित नहीं है। यह एक कल्पना-कथा है। इसके अनुसार राम न तो तमिलनाडु के निवासी थे और न उससे किसी प्रकार सम्बन्धित थे। उनके द्वारा मारे गए रावण लंका के महाराजा थे।

राम में तमिल सभ्यता कण-मात्र न थी। उनकी स्त्री सीता तमिलनाडु की विशेषताओं से रहित उत्तरी भारत की निवासिनी थीं। तमिल मनुष्यों को बन्दर और राक्षस कह कर उनका उपहास किया जाता है। यही बात स्त्रियों के प्रति भी है।

'रामायण' युद्ध में उत्तरी भारत का कोई भी निवासी ब्राह्मण (आर्य) या देवता नहीं मारा गया।

एक शूद्र ने अपने जीवन का मूल्य इसलिए चुकाया था, क्योंकि एक आर्य-पुत्र बीमार होने के कारण मर गया था।

ये सब लोग जो इस युद्ध में मारे गए, आर्यों द्वारा राक्षस कहे जानेवाले तमिलनाडु के मनुष्य हैं।

रावण राम की स्त्री सीता को हर ले गया, क्योंकि राम के द्वारा उनकी बहन 'सूर्पणखा' के अंग भंग किए गए व उनका रूप बिगाड़ा गया, रावण के इस कृत्य के कारण लंका क्यों जलाई जाए? लंका निवासी क्यों मारे जाएँ? इस कथा का उद्देश्य केवल दक्षिण की ओर प्रस्थान करना है। तमिलनाडु में किसी सीमा तक सम्मान के साथ इस कथा का विष-पान अर्थात् प्रचार, उपदेश तथा वहाँ के निवासियों के लिए निंद्य तथा पीड़ोत्पादक रहा है। राम और सीता में किसी प्रकार की कोई देवी तथा स्वर्गीय शक्ति नहीं है।

इस प्रकार कथित स्वतंत्रता प्राप्त कर चुकने के बाद गौरांगों (आर्यों) की प्रतिमाएँ तथा प्रसिद्धताएँ उन स्थानों में ले जाई गईं और आर्यों के देवताओं के नाम पर उनके नाम रख लिये गए। तमिलनाडु के जिन निवासियों की नशों में पवित्र द्रविड़ रूधिर दौड़ और खौल रहा है, उनका यह कर्तव्य है कि वे आर्यों की इस प्रतिष्ठा तथा सभ्यता, जो तमिलनाडु के विचारों और सम्मान को दूषित करती है, उसे मिटा देने की शपथ लें और अभियान शुरू कर दें।

**—पेरियार ई.वी. रामास्वामी**

# प्रकाशकीय

## [अंग्रेजी एडीशन]

'रामायण' के विषय में किए गए अनुसन्धान का एक श्रेष्ठ अंश यहाँ प्रस्तुत किया गया है। तमिलनाडु के एक सिरे से दूसरे सिरे तक लगभग चालीस वर्ष या कुछ अधिक समय तक अपने दैनिक प्रचार कार्य का सम्पादन करते हुए इस पुस्तिका के लेखक तथा दक्षिण भारतीय आन्दोलन के वीर सेनानी 'श्री पेरियार ई.वी. रामास्वामी' ने उक्त काव्य की गहरी छानबीन की है।

उन्होंने ब्राह्मण लेखकों की 'वाल्मीकि रामायण', 'तुलसीदास रामायण', 'बौद्ध रामायण' व 'जैन रामायण' आदि के अनुवादों का सम्यक-अध्ययन किया है। अस्सी वर्ष के यह वयोवृद्ध लेखक आज भी प्रशंसनीय अभिरुचि के साथ उक्त महाकाव्यों में वर्णित मूर्खता, अयोग्यता, विपरीत-वचनों तथा भाषा और व्यवहार की रुक्षता का भंडाफोड़ करने के लिए उक्त महाकाव्यों का अध्ययन कर रहे हैं।

हमने इस 'रामायण' का नाम 'दि रामायना : ए ट्रू रीडिंग' (रामायण का सच्चा अध्ययन) क्यों रखा है? इसलिए कि साहित्य के किसी अंश का अध्ययन आलोचनात्मक दृष्टिकोण से किया जाना चाहिए, उसे केवल पवित्र मानकर नहीं।

स्वामी वेदाचालम, पी.वी. मनिका नायंगर, पी. चिदम्बरम् पिल्लई, वी.पी. सुब्रमनियम मुदालियर, एम.एस. पुर्नालिंगम पिल्लई और चन्द्रशेखर पावलर इत्यादि प्रसिद्ध विद्वानों द्वारा तमिलनाडु में कुछ पुस्तकें लिखी गई हैं जिन्होंने आर्यों और प्राचीन द्रविड़ों के लिए रामायण के प्रमुख सूक्ष्म दूषित उद्‌देश्य को पहले से ही प्रमाणित कर दिया है।

स्वामी विवेकानन्द और पंडित जवाहरलाल नेहरू ने भी निश्चयपूर्वक तथा स्पष्ट रूप से 'रामायण' को आर्यों और द्रविड़ों के मध्य जीवनपर्यन्त हुए युद्ध की कल्पित कथा कहा था।

इस विषय में श्री पेरियार ई.वी. रामास्वामी का अध्ययन इतना गम्भीर है कि उनके विषय में कहा जा सकता है कि 'रामायण' का विस्तृत अध्ययन तथा विवरण उनकी अंगुलियों तथा ओठों पर है।

आश्चर्यजनक द्रष्टान्तयुक्त यह पुस्तिका अपने पक्ष तथा द्रष्टान्त का समर्थन सिद्ध करने के लिए एक ललकार है।

1. यह एक पवित्र पुस्तक नहीं है।
2. राम और सीता के चरित्र प्रशंसनीय नहीं हैं। उनके चरित्र संसार के तुच्छतम मानव के एक चतुर्थांश के लिए भी प्रशंसनीय तथा अनुकरणीय नहीं हैं।
3. रावण का चरित्र एक आदर्श चरित्र है।

'रामायण' के विषय में ये परिणाम तथा निर्णय उसके सच्चे अध्ययन पर आधारित हैं। पक्षपातपूर्ण तथा अपवित्र अध्ययन पर नहीं, जैसा कि इस जड़ तथा कल्पित कथा के प्रशंसकों ने राम को अपना आराध्य-मात्र समझ कर किया है।

पहली अगस्त सन् 1956 ई. को एक दिन राम की पूजा का विरोध करने के लिए विशाल द्रविड़-समूह [शूद्रों व महाशूद्रों] ने राम के सहस्त्रों चित्र विशाल जन समूह के समक्ष जला दिए थे।

कोई आश्चर्य की बात नहीं कि आज तमिलनाडु में राम की पूजा का निरन्तर ह्रास होता जा रहा है। वहाँ ब्राह्मण-वर्ग मात्र ही राम की पूजा करता है तथा उसके इतिहास को आदर्श समझता है। 'रामायण' बुद्धिमान तथा चतुर द्रविड़ों को न गुप्त रूप से और न प्रकट रूप से ही आकर्षित करती है।

अनुवाद के विषय में एक बात यह है कि तमिल भाषा से अंग्रेजी की मौलिक शुद्ध तथा पवित्र अनुवाद करना अत्यन्त दुष्कर कार्य है और हमारे अनुवादकों ने यह महान कार्य अतिशीघ्र एक सप्ताह में किया। हम लोगों को वाक्य-सरणि तथा त्रुटियों का ध्यान है। येन-केन-प्रकारेण तमिल भाषा का वर्णन करने की मौलिकता बनाए रखने का यथाशक्ति गम्भीरतापूर्वक प्रयत्न किया गया है। तमिल भाषा से अंग्रेजी में किए गए अनुवाद का सम्यक पुनरावलोकन कर लिया गया है। प्रकाशक आगामी संस्करण में त्रुटियों को दूर करने की आशा करता है।

**—रेशनलिस्ट पब्लिकेशंस, मद्रास-2**

# प्रस्तावना

'रामायण' और 'बरेथम' (महाभारत) आर्य-ब्राह्मणों द्वारा चालाकी और चतुरतापूर्ण निर्मित प्रारम्भिक प्राचीन कल्पित कथाएँ हैं। वे द्रविड़ों [शूद्रों व महाशूद्रों] की अपनी मनुष्यता को नष्ट करने के लिए, उनकी बौद्धिक-शक्ति को मलिन करने के लिए, उनके अभिमान को सदैव के लिए समाप्त कर देने के लिए व उन्हें फुसला कर अपने जाल में फँसाए रखने के लिए रची गई हैं। राम और कृष्ण आर्य जातियों में से 'रामायण' और 'महाभारत' के क्रमशः प्रमुख पात्र हैं।

पुनः ये कथाएँ प्रमाणित बताई गई हैं कि उपरोक्त गल्पों के प्रमुख पात्र राम व कृष्ण उनके सम्बन्धियों तथा सहायकों के अलौकिक मनुष्य एवं देवताओं की भाँति समझा जाना चाहिए और मानवमात्र को एकमात्र पूज्य समझ कर सर्व-साधारण द्वारा पूजे जाने चाहिए।

मौलिक पुराणों का सचेत एवं सूक्ष्म अध्ययन प्रकट करता है कि कल्पित एवं घटित वृत्तांत और घटनाएँ असभ्यता, अशिष्टता तथा बर्बरतापूर्ण हैं। यह बात भी विचारणीय है कि इन पुराणों में शिक्षा ग्रहण करने के लिए, विशेष कर तमिलनाडु के निवासियों के लिए कोई उपयोगी तथ्य नहीं है। इससे केवल ब्राह्मणों का ही उल्लू सीधा होता है। विशेषतया ये पुराण तमिलनाडु के मनुष्यों के लिए नितान्त व्यर्थ हैं, धर्मोपदेश रहित हैं। प्रत्यक्ष रूप से ये पुराण ब्राह्मणों द्वारा महानतम बताने के लिए, स्त्री जाति को वशीभूत करने के लिए, उन्हें दास बनाकर रखने के लिए रचे गए हैं। ये ब्राह्मणों के मिथ्या सिद्धान्तों को और मनु की धर्म-संहिता को मानने को बाध्य करने के लिए रचे गए हैं, जो मानवमात्र के लिए अपमानजनक हैं। इन पुराणों के कल्पित सिद्धान्त राम और कृष्ण की सत्ता को जबरन अनन्त सिद्ध करते हैं।

मौलिक पुराण संस्कृत भाषा में रचे गए हैं। वे पुराण आर्यों द्वारा उनकी बौद्धिक योग्यतानुसार भिन्न-भिन्न समयों की स्थिति, विशेषानुसार विभिन्न काल्पनिक तथ्य को, उन लोगों को सन्तुष्ट करने के लिए बताए हैं, जिनके बीच वे उपदेश दिया करते थे। वे आर्य इनको वेद कहते हैं। मुक्तिदायक, आश्चर्यजनक तथा स्वर्ग से वंशानुक्रम गति से आए बताए गए हैं। वे पवित्र दैविक-धर्मशास्त्र हैं जो कि उपदेश देता है कि

मनुष्य को कैसा जीवन व्यतीत करना चाहिए। ये आर्य इन पौराणिक कथाओं को वेदों का सार पाँचवाँ वेद, आदि न जाने क्या-क्या कहते हैं, इस सफेद झूठ के द्वारा छल-प्रपंच से प्राप्त की हुई अपनी उच्च अ-स्थायी महत्ता को जिसके कि वे अधिकारी नहीं हैं, बनाए रखना चाहते हैं। इतना कहकर इतना सफेद झूठ बोलकर भी वे यहीं पर साँस नहीं लेते, उन्होंने इन कल्पित कथाओं को धर्म में घुसेड़ दिया है और वे उन पुराणों आदि को धर्म-स्तम्भ बताते हैं, जिन पर आर्यों का धर्म टिका हुआ है। ऐसा कहकर न केवल जनसाधारण को बल्कि शिक्षित वर्ग को भी बेवकूफ बना कर ठगा गया है। उन्हें धोखा दिया गया है। इन कहानियों को महत्त्वपूर्ण उपयोगी और पवित्र बताकर उनको बचपन से ही मनुष्य के रुधिर में इंजेक्शन की भाँति समाविष्ट कर दिया जाता है।

तमिलनाडु में नब्बे प्रतिशत लोग अ-शिक्षित हैं। अपने को शिक्षित माननेवाले शेष दस प्रतिशत लोग इतने अन्धविश्वासी हैं कि वे अपने स्वतंत्र विचार ही नहीं व्यक्त कर सकते हैं। वे द्रविड़ आर्यों के द्वितीय संसार स्वर्ग में विश्वास करते हैं और इस कपोल कल्पित विश्वास के दुष्परिणाम स्वरूप आर्यों के चिर-दास बने हुए हैं। वे द्रविड़ इन पुराणों में आर्यों द्वारा वर्णित इन आज्ञाओं को मानते चले आ रहे हैं। संक्षेप में, मुसलमानों और ईसाइयों के अतिरिक्त ये सभी द्रविड़ लोग 'रामायण' के धार्मिक-भक्त हैं।

इन पुराणों में वर्णित दुराचारपूर्ण प्रवृत्तियों, उद्देश्यों और उल्लंघनीय-आज्ञाओं का भंडाफोड़ करना आवश्यक हो गया है, ताकि केवल तमिलनाडु के निवासी ही नहीं, बल्कि आर्यों द्वारा कहे जानेवाले (सम्पूर्ण) भारत के द्रविड़ (शूद्र व महाशूद्र) अपना दृढ़ विचार रखकर इन पुराणों में वर्णित अन्धविश्वास व मूर्खतापूर्ण बातों से बच सकें और आर्यों के धर्म रूपी जुए से अपने आपको मुक्त कर सकें।

इस परिणाम को दृष्टि में रखते हुए कि भविष्य में 'रामायण' के पाठकों का समय अब इन कपोल कल्पित तथ्यों को पढ़ने में नष्ट हो, बल्कि एक सौ चालीस पृष्ठ की वार्तालाप के रूप में प्रकाशित 'वाल्मीकि रामायण कन्वरसेशन' अंग्रेजी में वर्णित 'रामायण' के संक्षिप्त और महत्त्वपूर्ण तथ्य को, जो कि विचारों को कम न करते हुए लिखी गई है, पढ़नी चाहिए।

हम लोग उन घटनाओं में विश्वास नहीं करते, जो किसी समय में हुई प्रमाणित की गई है। वास्तव में, वे घटनाएँ किसी समय नहीं हुई थीं तथा इस कथा, उप-कथा या प्रासंगिक-कथा का इतना अनुसन्धान क्यों किया जाता है? यह सब क्यों?

इसलिए कि मैं जनसाधारण के समक्ष अपने विचारों को रखता हूँ, विशेष कर भारतीय-द्रविड़ों (शूद्रों व महाशूद्रों) के समक्ष, जिनको आर्य लोग उपदेश देते हैं, प्रचार करते हैं और बहुत समय पूर्व उन्होंने हमारे आदमियों

द्वारा ख्याति प्राप्त कर ली है। मूल 'रामायण' में कोई प्रशंसनीय, उपदेशात्मक, कंठाग्र करने योग्य तथा अनुकरणीय तत्त्व नहीं है, जो कि तर्कसंगत हों। हमारे आदमियों द्रविड़ों (शूद्रों व महाशूद्रों) को आँखें खोलनी चाहिए और आर्यों की कथा को असत्यता तथा मिथ्या हेतु का अनुसन्धान करना चाहिए, कि ये कथाएँ कहाँ तक आर्यों को जन्म से ही दूसरे से श्रेष्ठ होने तथा दूसरों द्वारा सम्मानित होने में सहायक होंगी।

यहाँ पर हम लोग आर्यों के ईश्वर को साकार रूप देने, देवताओं ऋषियों, इन्द्र तथा इसी सदृश्य दूसरे महात्माओं के गुणों को देखेंगे। आर्य जिन्होंने द्रविड़ों (शूद्रों व महाशूद्रों) की प्राचीन भूमि पर आक्रमण किया, तत्पश्चात् उन्हें अपमानित किया, गालियाँ दीं, उनके साथ दुर्व्यव्यहार किया तथा मिथ्या और भ्रमोत्पादक वह इतिहास लिखा, जिसे वे 'रामायण' कहते हैं, जिसमें राम और सीता द्वारा दूसरे के प्रति अपराध करने में सहायता देनेवालों को भी आर्य कहा गया है। रावण को राक्षस, हनुमान सुग्रीव व बालि आदि को बन्दर, महामंत्री जामवन्त को रीछ व वयोवृद्ध नेता जटायु को गीध व महान विद्वान काकभुशुंडि को कौवा आदि कहा गया है। यह वह निर्णय है कि जिस पर अनुसन्धान के विद्वान विद्यार्थी पहुँच सकते हैं।

आर्यों को जो शक्ति दी गई है, उसके द्वारा किस अपमानित ढंग से दूसरी जातियों को तुच्छतम, स्वाभिमान से अनभिज्ञ बता कर और इतना ही नहीं, उन्हें इस प्रकार तुच्छतम, घृणित तथा निम्न स्तर के प्राणी कह कर उन द्रविड़ों (शूद्रों व महाशूद्रों) को रामायण में वर्णित आर्य-चरित्रों का प्रेमी बनाया गया है और उन आर्यों ने अपने को पूज्य, सर्वश्रेष्ठ व देवता आदि बता कर तथा द्रविड़ों (शूद्रों व महाशूद्रों) को अधर्मी, छली, राज-द्रोही, कपटी व विश्वासघाती आदि-आदि कहा है। तमिलनाडु के निवासियों तथा भारत के समस्त द्रविड़ों (शूद्रों व महाशूद्रों) के लिए यह विषय उनके जीवन दर्पण के समान है।

सबसे महत्त्वपूर्ण प्रश्न यह है कि तमिलनाडु के निवासी विशेषत: 'कम्बा रामायण' पढ़ते हैं। तमिलनाडु के ब्राह्मणों द्वारा जो 'कम्बा रामायण' को कंठस्थ करके इसे दूसरे को सिखा कर और इसके सम्बन्ध में जनता के समक्ष भाषण देकर अपनी साहित्यिक योग्यता का प्रदर्शन कर अपनी जीविका चलाते हैं। 'वाल्मीकि रामायण' की कथा को चाटकर (छिपाकर) उसकी सत्यता और मौलिकता को समाप्त कर किस प्रकार दुष्ट एवं पापी कम्बाओं द्वारा सूक्ष्म पर्दा डाला गया है? इसकी शिक्षा सर्वसाधारण को दी जानी चाहिए। बड़े खेद की बात है कि तमिलनाडु के विद्वान विद्यार्थी भी अपनी मर्यादा तथा सम्मान को हथेली पर रखकर 'कम्ब' के कार्यों की पवित्रता तथा महानता का उपदेश देने के लिए जनता के समक्ष उपस्थित होते हैं।

यदि इस पुस्तक के निष्पक्ष पाठकों को कोई अ-श्रुत व अद्‌भुत संकेत मिले, तो वे कृपया सन् 1877 ई. में श्री आनन्द चैरियर, इससे पूर्व पंडित एम. नतेसा शास्त्री, मेसर्स आर. श्रीनिवास आयंगर, नरसिमा चैरियर, गोविन्द राजार, अनंग चैरियर तथा दूसरे ब्राह्मणों द्वारा संस्कृत से तमिल भाषा में अनुवादित पुस्तकों को पढ़ें। पंडित मन्मथनाथ दातार संस्कृत के महान बंगाली विद्वान द्वारा अनुवादित पुस्तक को भी ध्यान देकर पढ़ने की पाठकों से आशा की जाती है। श्री विल्सन का अंग्रेजी अनुवाद तथा दूसरों का सच्चा अनुवाद भी विवरण के लिए पढ़ना आवश्यक है।

**—पेरियार ई.वी. रामास्वामी**

# सच्ची रामायण

(The Ramayana : A True Reading)

(रामायण : एक सच्चा अध्ययन)

## कथा प्रसंग

'रामायण' की घटनाएँ और कथा-क्रम बहुत कुछ 'अरबी योद्धा', 'मदन कामराव' और 'पंचतंत्र' नामक पुस्तकों के समान कल्पित हैं। वे मानव-मात्र की समझ और गूढ़ विचारों से दूर हैं। इसके फलस्वरूप यह दृढ़तापूर्वक कहा जा सकता है कि 'रामायण' कोई वास्तविक कथा नहीं है। कोई भी कह सकता है कि 'रामायण' केवल अनोखी बातों और कल्पित स्वर्ग तथा ईश्वर द्वारा भोले-भाले अशिक्षित मनुष्यों पर अपनी स्वार्थपूर्ण बातों का प्रभाव डाला जा सकता है किन्तु कोई भी समझ सकता है कि 'रामायण' में वर्णित तत्त्व निराधार हैं, निरर्थक और अनावश्यक हैं। तो भी उन परिस्थितियों में जिनमें सद्‌गुण, दूरन्देशी, करुणा तथा शुभेच्छाओं की शिक्षा, जिस असत्य तथा निर्मूल रूप में दी गई है, वे मानव-शक्ति तथा समझ के परे हैं, जबकि इस बात पर अत्यधिक जोर दिया गया है कि 'रामायण' के प्रमुख पात्र 'राम' मनुष्य रूप में स्वर्ग से उतरे और उन्हें ईश्वर समझा जाना चाहिए। वाल्मीकि ने स्पष्ट कहा है कि राम विश्वासघात, छल-कपट, लालच, कृत्रिमता, हत्या, आमिष-भोजी और निर्दोष पर तीर चलाने की साकार मूर्ति थे। आगे पाठक स्पष्ट देखेंगे कि राम तथा उनकी कथा में कोई स्वर्गीय-शक्ति नहीं है और उनके विषय में वर्णित गुण मानव-मात्र की समझ से बाहर हैं तथा वे तमिलनाडु के निवासियों एवं भारत के समस्त शूद्रों तथा महाशूद्रों के लिए शिक्षाप्रद एवं अनुकरणीय नहीं हैं।

## कथा स्त्रोत

'रामायण' की कथा न तो धर्मसंगत है और न चेतन प्राणी के लिए उपयुक्त है। देवताओं ने चतुर्मुख ब्रह्मा से शिकायत की कि 'राक्षस लोग हमारे यज्ञों में विघ्न

डालते हैं'—ब्रह्मा ने यह बात अपने पिता विष्णु से कही। विष्णु ने राम के रूप में पृथ्वी पर अवतार लेने तथा राक्षसों के महाराजा रावण को मारने का निश्चय किया। यह 'रामायण' की कथा का स्रोत (प्रारम्भ) है।

—बाल कांड, सर्ग 15

विष्णु ने पृथ्वी पर अवतार धारण करने के पश्चात् बहुत से कष्टों और यातनाओं का अनुभव किया, जिसके कारणों को आर्यों के पवित्र पुराण वर्णन करते हैं। वे कारण हैं कि, विष्णु ने पहले बहुत से दुराचारपूर्ण, घृणित और अमानवीय कार्य किए थे, जिसके दंड और दुष्परिणाम स्वरूप उसे उन ऋषियों-मुनियों द्वारा शाप दिए गए, जिनके प्रति उन्होंने अपराध किए थे। ये शाप क्यों? क्योंकि उन विष्णु ने विरुहु मुनि की स्त्री को मार डालने का घृणित पाप किया था।

उन विष्णु ने मनुष्यों के समक्ष दिन-दहाड़े जालन्धर की स्त्री का सतीत्व छल तथा कपट से लूटा था।

कदाचित क्या यह सब लीला दिखाने के लिए? पुराणों में इस प्रकार की सैकड़ों घृणात्मक कहानियाँ पाई जाती हैं। ये कथाएँ जैसी भी हों, हमें उन्हें छोड़कर यह देखना चाहिए कि देवता और असुर कौन हैं? यज्ञों का अर्थ क्या है? और ईश्वर होते हुए भी विष्णु चोरी, हत्या व व्यभिचार जैसे घृणित कार्यों के दास कैसे बन गए? क्या इन घृणित कार्यों के कर्ता को ईश्वर समझा जाना चाहिए? ये कार्य कब और कहाँ किए गए? कल्पित स्वर्ग या मृत्युलोक में देवताओं का निवास स्थान कहाँ है? वे मृत्युलोक में यज्ञ करने क्यों आए? क्या मदिरा पिए हुए मतवालों के साथ वेद-मंत्रों का उच्चारण करते हुए छल-कपटपूर्ण उपायों द्वारा बेचारे जानवरों को मार कर उनका गोश्त खाना ही यज्ञ की परिभाषा है?

इन बातों से क्या यह कहा जा सकता है कि परमात्मा इन देवताओं व यज्ञ के कर्ता अन्य मनुष्यों से प्रसन्न होता है और उन्हें ऐसा करने की आज्ञा देता है तथा कदाचित ऐसा करने से वह उन्हें उच्च पद व शुभ फल देता है। क्या गूँगे जानवरों के प्रति की जानेवाली इस प्रकार की निर्दयता को रोका जाना पाप है? अन्याय है? अधर्म है? क्या परमात्मा के पक्ष में इन निर्दयी हत्यारे देवताओं के यज्ञों को रोकनेवालों को राक्षस कहा जाना उचित है?—विद्वान पाठकों को इस पर गम्भीरतापूर्वक विचार करना चाहिए।

आजकल मादक पदार्थों का खाना-पीना और पशुओं के प्रति निर्दयता का व्यवहार करना जनता एवं राज्य दोनों के द्वारा कारागार तथा जुर्माना दोनों प्रकार से दंडनीय अपराध है। क्या इन अपराधों को रोका जाना रावण काल में उचित नहीं रहा था? महाराजा रावण शिव के भक्त थे और जैसा कि एक भक्त के लिए उचित है कि चाहे उनके राज्य में अकाल पड़ जाए, किन्तु वह अपने राज्य में होनेवाले जानवरों के वध सम्बन्धी निर्दयता-पूर्ण यज्ञों को अपनी आज्ञा तथा कानून से बन्द

कर दे। क्या यह उचित है कि ईश्वर रावण जैसे महाराजा के वंश, देश व प्रजा का नाश करने के लिए अवतार ले? क्योंकि वे अमानवीय कार्यों को होने देने से रोकते थे। इन बातों पर विचार करने से पता चलता है कि 'रामायण' सभ्यता, विद्वत्ता व सार्थकता से परिपूर्ण ग्रंथ नहीं है।

## यज्ञ

'रामायण' के बालकांड, सर्ग 8 में वर्णन किया गया है कि अयोध्या के राजा दशरथ पुत्र-प्राप्ति की इच्छा से यज्ञ करने का विधान बना रहे थे। उस यज्ञ में बाल कांड, सर्ग 14 के अनुसार, यज्ञ वाले घोड़े के अतिरिक्त तीन सौ अन्यान्य पशु तथा चिड़ियों के अलावा जल के जीवों को भी वध करने के लिए संग्रह किया गया था। कितनी भयानक बात है कि एक पिता बनने के लिए केवल अपने स्वार्थ सिद्ध होने की आशा से इतने पशुओं का वध किया जाए? क्या यह सहन करने योग्य बात है कि यज्ञ की अग्नि में असंख्य जीव बलि दिए जा चुकने के पश्चात् ईश्वर ने उन्हें पुत्र होने का वरदान दिया? क्या देवता ऐसे वध से प्रसन्नता का अनुभव कर सकते थे? इन देवताओं के 'इन्द्र' नामक अपने राजा थे। पुराणों में इन्द्र की जिस दुष्टता, घृणित तथा सिड़ीपन की बातों का वर्णन किया गया है, उससे आर्यों की सभ्यता व चरित्र का पता चलता है।

यज्ञ का विषय क्या है? रामायण के बाल कांड के 14वें सर्ग के अनुसार, दशरथ की रानियों में से कौशल्या यज्ञ के लिए संकल्प किए गए एक घोड़े का सिर काट कर मरे हुए घोड़े के साथ चिपटी हुई सम्पूर्ण रात पड़ी रही, यदि यही आर्यों का ईश्वरीय धर्म है, तो हम उनके मानव-धर्म के विषय में विचार कर सकने में असमर्थ हैं। इतना ही नहीं, यदि कोई योगशास्त्र के अनुसार, अपने विचारों के अनुसार, यह सोचे कि यज्ञ क्या है? तो यह उसके मस्तिष्क और शरीर को दहला देनेवाले घृणित कार्य के अतिरिक्त और कुछ नहीं हो सकता।

कुडी अरासु प्रेस से प्रकाशित पुस्तक 'ग्वाना सूर्यान' में उस यज्ञ का घृणित वर्णन किया गया है। यज्ञ का सम्पादन करने के लिए उसके सम्पादनार्थ शुल्क के रूप में राजा दशरथ ने सुमित्रा व कैकेयी नामक रानियों के साथ अपनी प्रथम रानी कौशल्या को भी अपने तीनों पुरोहितों को भेंट कर दीं। इन तीनों पुरोहितों ने अपने पाश्विक स्वभावानुसार तीनों रानियों के साथ न्याय करके अर्थात् उनके साथ विषय-भोग करके उन्हें राजा दशरथ को वापस कर दीं और राजा दशरथ ने इस पर कोई आपत्ति नहीं की। (बाल कांड, 14वाँ सर्ग) इसके पश्चात् रानियाँ गर्भवती हो गईं।

मन्मथनाथ दातार अपने अंग्रेजी अनुवाद में लिखते हैं कि 'होता', 'अध्वर्यु' व 'उद्गाता' (युक्ध) नामक तीनों पुरोहितों से अपनी तीनों रानियों के साथ सम्भोग करने

की प्रार्थना दशरथ ने की। इन उपायों से पुत्र प्राप्त करने के लिए यज्ञ क्यों? यदि हम अपनी भावनाओं के अनुसार, इस पर विचार करें तो पूर्णतया स्पष्ट हो जाएगा कि योगशास्त्र और पुराणों के अनुसार, सम्पादित यज्ञ की रीति पुत्रों के जन्म का कारण नहीं बन सकी होगी बल्कि राजवंशीय तीनों रानियों के गर्भवती होने के वास्तविक कारण तीनों पुरोहित मात्र थे।

'कम्ब रामायण' के अनुसार, निम्न तथ्य पुष्टीकरण हेतु पर्याप्त है कि जिस समय दशरथ यज्ञ करा रहे थे, उस समय उनकी अवस्था साठ वर्ष की थी और उनकी साठ हजार स्त्रियाँ थीं। स्पष्ट है कि उस समय दशरथ शक्ति-हीन वृद्ध थे। वे केवल मांस के पुंज थे। सन्तानोत्पत्ति करने की शक्ति के बिना एक ऐसे वृद्ध मनुष्य का स्त्रियों के लिए मतवाला या पागल होना, उन्हें फुसलाना तथा उनमें काम-शक्ति पैदा करना स्वाभाविक नहीं है।

यह ध्यान देने योग्य बात है कि अपनी अवस्था के संध्या-काल में डगमगाने और लड़खड़ानेवाले इन शक्तिहीन वृद्ध दशरथ द्वारा वर्षों से बन्ध्या चली आई ये तीनों स्त्रियाँ क्या यज्ञ के दूसरे दिन गर्भवती हो सकती हैं?

तीनों पुरोहितों को अपनी-अपनी इच्छानुसार उन्हें तीनों रानियाँ भेंट कर दी गईं और तत्पश्चात् तीनों पुरोहितों ने अपने अभिलाषित समय तक उनके साथ यथेच्छ सम्भोग करके उन्हें राजा दशरथ को वापस कर दीं। फलस्वरूप राजा ने तीनों पुरोहितों को इच्छित-शुल्क (दान-दक्षिणा) दिया।

कौन कह सकता है कि तीनों स्त्रियों के गर्भवती होने का कारण राजा दशरथ थे? राम, लक्ष्मण, भरत व शत्रुघ्न यदि राजा दशरथ से पैदा न होकर, कथित पुरोहितों द्वारा पैदा हुए तो भी आर्य-धर्म के अनुसार, कोई दोष या पाप न हुआ। यह बात उनके शास्त्रों में लिखी है। यदि कोई ब्राह्मण-स्त्री निस्सन्तान है तो वह निश्चित दशाओं में किसी दूसरे आदमी से सन्तान उत्पन्न करा सकती है। इस बात के प्रमाण तथा समर्थन के लिए आर्यों की दूसरी पुस्तक 'महाभारत' देखी जा सकती है। बिना यज्ञ के बहाने अपने परिवार के गुरु व्यास द्वारा बहुत-सी विधवा स्त्रियाँ अनुचित एवं शास्त्र-विरुद्ध सम्बन्धों से माताएँ बन गई थीं। धृतराष्ट्र व पांडु इसी कोटि की सन्तानें थीं। 'महाभारत' में इस प्रकार के बहुत से जन्म पढ़ने को मिलते हैं। (यह 'नियोग प्रथा' है।)

सीता को प्राप्त करने के लिए सीता की माता ने किसी अपरिचित मनुष्य से सम्भोग किया था और उत्पन्न बच्चे को एक जंगल में फेंक दिया था। सीता ने स्वयं स्वीकार किया है कि मेरे माता-पिता के अज्ञात होने के कारण मेरा विवाह विलम्ब से हुआ है।

पुराणों में एक विचित्रता और पढ़ी जाती है कि कई स्त्रियों ने मनुष्यों से नहीं, बल्कि जानवरों से भी गर्भ धारण किए थे।

इन बातों में प्रकट है कि सन्तान उत्पन्न कर सकने में 'यज्ञ' का कोई महत्त्व तथा शक्ति नहीं है बल्कि ये इच्छित आनन्द, उत्सव मनाने, शराब पीने और गोश्त खाने के साधनमात्र थे।

अब हम 'रामायण' की विशेषताओं पर ध्यान दें—जैसा कि हम उसमें पढ़ते हैं।

## राजा दशरथ

यज्ञ के पश्चात् हमें दशरथ के द्वारा राम-राज्याभिषेक की तैयारी की ओर दृष्टि डालनी होगी। इन सम्बन्धित सर्गों में राजा दशरथ की स्त्रियों, पुत्रों, मंत्रियों और गुरुओं की धर्माचरण सम्बन्धी नीचता का वर्णन किया गया है।

1. कैकेयी से ब्याह करने के पहले दशरथ ने उनसे प्रतिज्ञा की थी कि उनसे उत्पन्न पुत्र को अयोध्या की राजगद्दी दी जाएगी। कुछ कथाओं में वर्णन किया गया है कि ब्याह के समय दशरथ ने अपना राज्य कैकेयी को सौंप दिया था और दशरथ उनके प्रतिनिधि मात्र होकर शासन करते थे।
2. डॉ. सोमसुन्द्रा बरेथियर एम.ए., बी.एल. की अपनी पुस्तक 'कैकेयी की शुद्धता और दशरथ की नीचता' में मौलिक कथा की कलई खोली गई है।
3. राजा दशरथ के उक्त प्रभाव से राम और उनकी माँ कौशल्या अनभिज्ञ न थीं। वृद्ध राजा ने राम को प्रकट रूप से बता दिया था कि राम राज्य-तिलकोत्सव के समय कैकेयी के पुत्र भरत का अपने नाना के घर चला जाना शुभ संकेत है। दशरथ ने भरत को उसके राज्याधिकार से च्युत रखने की नीचतापूर्ण उद्देश्य से उन्हें उनके नाना के यहाँ दस वर्ष तक रखा था।

—अयोध्या कांड, सर्ग 8

अयोध्या में बिना कभी वापस आए दस वर्ष के दीर्घकाल तक भरत को अपने नाना के यहाँ रहने की कोई आकस्मिक आवश्यकता नहीं थी। दशरथ ने अपनी पूर्व-सुनिश्चित योजनानुसार भरत को उनके नाना के यहाँ भेज दिया था। भरत की अयोध्या राजधानी में शीघ्र उपस्थिति उसे [भरत को] अयोध्या निवासियों की सहानुभूति प्राप्त करने में असमर्थ बना देती। दशरथ की यह भी धारणा थी कि "भरत को ठीक राज्याभिषेक के समय पर उनके नाना के यहाँ पठवा देने में मुझ दशरथ की लोगों से शत्रुता बढ़ जाएगी।"

4. एक दिन पूर्व ही दशरथ ने अगले दिन राम-राज्याभिषेक की झूठी घोषणा कर दी थी।

5. यद्यपि मंत्री वसिष्ठ व अन्य गुरु-जन भली भाँति और स्पष्टतया जानते थे कि भरत राजगद्दी के उत्तराधिकारी हैं, तो भी चतुर, धूर्त व ठग लोग राम को गद्दी देने की मिथ्या हामी भर रहे थे।
6. राम की माता कौशल्या भी अपने देवी-देवताओं को मनाया करती थीं कि मेरे पुत्र राम को राज्यगद्दी मिले।
7. पुरोहितों व पंडितों को सूचना तथा उनके परामर्श के बिना और कैकेयी, जनक, भरत एवं शत्रुघ्न आदि को बिना आमंत्रित किए दशरथ ने राजतिलक का शीघ्र प्रबन्ध कर दिया था।

—अयोध्या कांड, सर्ग 1

8. दशरथ ने राम से गुप्त रूप से कहा था कि यदि भरत के लौट आने से पहले भरत की अनुपस्थिति में ही भरत के लिए राजतिलकोत्सव स्थगित कर देने की स्थिति उत्पन्न हुई, तो मैं दशरथ इस बात को बिना किसी विरोध के शान्तिपूर्वक स्वीकार कर लूँगा, क्योंकि भरत उदार व अच्छी प्रकृति के हैं और सज्जन होने के नाते जो कुछ पहले हो जाएगा, वे उसे स्वीकार कर लेंगे।

—अयोध्या कांड, सर्ग 4

9. कैकेयी ने हठ किया कि उनका पुत्र राजा बनाया जाए और इसकी सुरक्षा का विश्वास दिखाने के लिए राम को वनवास दिया जाए। तो दशरथ उन्हें मनाने के लिए उनके पैरों पर गिर पड़े और उनसे प्रार्थना करने लगे कि "मैं आपकी इच्छानुसार कोई भी तुच्छतम् कार्य करने के लिए तैयार हूँ, राम को वनवास भेजने का हठ न करो।"

—अयोध्या कांड, सर्ग 12

10. दशरथ ने कैकेयी से कहा कि "आपने पूर्व आयोजित सभी प्रयत्न विफल कर दिए।" उन्होंने इस सम्बन्ध में कैकेयी से एक शब्द भी नहीं कहा कि "राम मेरा प्रथम पुत्र होने के कारण राजगद्दी का वास्तविक उत्तराधिकारी है।" जब अन्त में दशरथ के कैकेयी को मनाने के सभी प्रयत्न निष्फल हो गए, तब दशरथ ने राम को अपने पास बुलाया और उनके कानों में चुपके से कहा कि "मेरा कोई बस न चल सकने के दुष्परिणाम स्वरूप अब मैं भरत को राज-तिलक करने को तैयार हो गया हूँ। अतः तुम्हारे ऊपर कोई बन्धन नहीं है। तुम मुझे गद्दी से उतार कर अयोध्या का राजा हो सकते हो।"

—अयोध्या कांड, सर्ग 34

11. सभी प्रयत्न निष्फल हो चुकने के पश्चात् दशरथ ने 'सुमंत्र' को आज्ञा दी कि "कोषागार का सम्पूर्ण धन, खत्तियों का अनाज, व्यापारी, प्रजा व वेश्याएँ राम के साथ वन को भिजवाने का प्रबन्ध करो।"

—अयोध्या कांड, सर्ग 36

12. कैकेयी ने इस पर भी आपत्ति प्रकट की और विवावास्पद तर्क उपस्थित करते हुए दशरथ को असमंजस में डाल दिया कि "तुम केवल देश चाहते हो न कि सम्पूर्ण सम्पत्ति?"

—अयोध्या कांड, सर्ग 36

13. दशरथ ने कोषागार में रखे हुए सम्पूर्ण आभूषण सीता को सौंप दिए।

—अयोध्या कांड, सर्ग 36

14. राम और सीता को वनवास भेजने के कारण घबड़ा कर दशरथ ने कैकेयी के ऊपर गालियों की बौछार की, किन्तु दशरथ को राम के साथ लक्ष्मण को वनवास भेजने में कोई बेचैनी नहीं हुई। लक्ष्मण की स्त्री का कोई वर्णन नहीं है।

श्री सी.आर. श्रीनिवास आयंगर प्रोफेसर संस्कृत कॉलेज मद्रास ने 1925 ई. में प्रकाशित वाल्मीकि रामायण का संस्कृत से तमिल भाषा में अपने अनुवाद 'अयोध्या कांड पर टिप्पणी' नामक पुस्तक के द्वितीय संस्करण में लिखा है कि दशरथ स्वात्मघाती थे। दशरथ ने सुमित्रा व कैकेयी के कार्यों पर हस्ताक्षर कर दिए थे। लेखक ने दशरथ पर बीस दोषारोपण किए हैं—

(1) दशरथ ने बिना विचार किए हुए कैकेयी को दो वरदान देने की भूल की।

(2) कैकेयी से विवाह करने के पूर्व दशरथ ने उनसे उत्पन्न पुत्र को राजगद्दी देने का वचन देने की भूल की।

(3) साठ वर्ष का दीर्घ समय व्यतीत कर चुकने के पश्चात् भी अपने पशुवत विचारों के दास बने रहने के दुष्परिणाम स्वरूप अपनी प्रथम स्त्री कौशल्या तथा द्वितीय स्त्री सुमित्रा के साथ वह व्यवहार नहीं कर सके, जिसकी वे अधिकारिणी थीं।

(4) कैकेयी को दिए गए मूर्खतापूर्ण वचनों ने उनसे उनकी खुशामद कराई।

(5) अपनी प्रजा के समक्ष राम को राजतिलक करने की घोषणा कैकेयी व उनके पिता को दिए गए वचनों का उल्लंघन है।

(6) कैकेयी की स्वेच्छानुसार उन्हें दिए गए वरदानों के फलस्वरूप राम को राजगद्दी देने की अपनी पूर्व घोषणा से वे निराश हो गए।

(7) इन पापों ने दशरथ द्वारा भरत को राजगद्दी देने के असम्भव वचनों को निरस्त कर दिया।

(8) वसिष्ठ ने परामर्श दिया था कि इक्ष्वाकु-वंशीय, परम्परानुसार परिवार के ज्येष्ठ पुत्र को राजगद्दी मिलनी चाहिए, किन्तु कैकेयी के प्रेम में पागल दशरथ ने उस परामर्श को लात की ठोकर मार कर अलग कर दिया।

(9) दशरथ को अपनी मूर्खता का प्रायश्चित्त करना तथा कुछ मूल्य चुकाना चाहिए था, किन्तु उलटे उन्होंने कैकेयी को शाप दिया।

(10) वे भूल गए कि मैं कौन व क्या हूँ? तथा मेरी स्थिति क्या है? और कैकेयी के पैरों में गिर पड़े।

(11) सुमंत्र और वसिष्ठ जो दशरथ के वचनों से अवगत थे। कैकेयी के प्रति किए गए वचनों की ओर संकेत कर सकते थे। दशरथ को सचेत कर सकते थे। राम को राजगद्दी न देने का परामर्श दे सकते थे, किन्तु उन्होंने ऐसा नहीं किया।

(12) वसिष्ठ जो कि भविष्यवक्ता थे, राम राजतिलकोत्सव के शुभ अवसर को शीघ्रता से निश्चय कर दिया। यद्यपि वे भली भाँति जानते थे कि यह योजना निष्फल हो जाएगी।

(13) कैकेयी अपना न्यायसंगत स्वत्व एवं अधिकार माँगती थीं। किन्तु सिद्धार्थ, सुमंत्र व वसिष्ठ विपरीत परामर्श देने कैकेयी के पास दौड़े गए। इस पर निष्फल होने पर उन्होंने उन्हें फटकारा।

(14) राम के वन जाने के पहले दशरथ अपनी, प्रजा व ऋषियों की अनुमति ज्ञात कर चुके थे कि राम वन को न जाएँ, फिर भी उन्होंने दूसरों की कोई चिन्ता किए बिना राम को वनवास भेज दिया। यह दूसरों की इच्छा का अपमानकरना तथा घमंड है।

(15) इसीलिए अपमानित प्रजा व ऋषियों ने इस विषय में न कोई आपत्ति की और न राम को वन जाने से रोका।

(16) राम अपनी उत्पत्ति तथा दशरथ द्वारा भरत को राजगद्दी देने के व कैकेयी के प्रति किए गए वचनों को भली भाँति जानते थे, तो भी यह बात अपने पिता को बिना बताए मौन रहे और राजगद्दी के इच्छुक बने रहे।

—अयोध्या कांड, सर्ग 17

(17) दशरथ ने राम से कहा कि "हमारे सभी प्रबन्ध और कार्यक्रम निरस्त हो जाएँ। दूसरे भरत उदार, सरस-हृदय, धर्मात्मा तथा बुद्धिमान हैं। भरत को अपने नाना के यहाँ गए बहुत समय हो गया है। दृढ़ तथा निश्चय विचार वाले परदेशी व्यक्ति का भी मस्तिष्क परिवर्तित हो सकता है।"

अत: दशरथ का यह विचार था कि भरत के आने के पहले ही राम-राजतिलकोत्सव समाप्त हो जाए। (अयोध्या कांड, सर्ग 4) इस प्रकार भरत को अपना उचित अधिकार प्राप्त करने में धोखा दिया गया और चुपके से राम को राजतिलक करने का निश्चय किया गया। राम ने भी इस षड्यंत्र को चुपचाप स्वीकार कर लिया।

(18) जनक को आमंत्रण नहीं दिया गया था, क्योंकि कदाचित भरत को राजगद्दी दे दी जा तो राम के राज्याधिकार न होने के कारण वे असन्तुष्ट हो जाते।

(19) कैकेयी के पिता को निमंत्रण नहीं दिया गया था, क्योंकि यदि भरत के प्रति किए गए वचनों को न मानकर राम को राजगद्दी दे दी जाती तो वे नाराज हो जाते।

(20) इन्हीं उपरोक्त कठिनाइयों के कारण अन्य राजाओं को राम राजतिलकोत्सव में नहीं बुलाया गया था। कैकेयी व मन्थरा के उचित कार्यों तथा अधिकारों के विषय में पर्याप्त तर्क हैं। बिना इन पर विचार किए हुए कैकेयी आदि पर दोषारोपण करना, उन्हें गाली देना न्यायसंगत नहीं है।

## राजा राम

अब हमें राम और उनके चरित्र के विषय में विचार करना चाहिए :

1. राम इस बात को भली भाँति जानते थे कि कैकेयी के ब्याह के पूर्व ही अयोध्या का राज्य कैकेई को सौंप दिया गया था। यह बात राम ने स्वयं भरत को बताई थी।

—अयोध्या कांड, सर्ग 107

2. राम का अपने पिता, कैकेयी व प्रजा के सर्वप्रिय व्यवहार, अच्छा स्वभाव एवं शील केवल राजगद्दी को अन्याय से छीन लेने के लिए दिखावटी था। इस प्रकार राम सबकी आस्तीन के साँप बने हुए थे।
3. भरत की अनुपस्थिति में अपने पिता द्वारा राजगद्दी मिलने के प्रपंचों से राम स्वयं सन्तुष्ट थे।
4. कहीं ऐसा न हो कि राजगद्दी मिलने के मेरे सौभाग्य के कारण लक्ष्मण मुझसे ईर्ष्या तथा द्वेष करने लगें—इस बात से डर कर राम ने लक्ष्मण को फाँस कर मीठी-मीठी बातें बनाकर उनसे कहा कि "मैं केवल तुम्हारे लिए राजगद्दी ले रहा हूँ, किन्तु अयोध्या का राज्य वास्तव में तुम्हीं करोगे।" अन्त में राजा बन जाने के बाद राम ने लक्ष्मण से राजगद्दी के विषय में कोई सम्बन्ध नहीं रखा।

—अयोध्या कांड, सर्ग 4

5. राजतिलकोत्सव सफलतापूर्वक सम्पन्न हो जाने में राम के हृदय में आद्योपान्त सन्देह बना हुआ था।
6. जब दशरथ ने राम से कहा कि "तुम्हारा राजतिलक नहीं किया जाएगा, तुम्हें वनवास जाना पड़ेगा।" तब राम ने गुप्त रूप से शोक प्रकट किया था।

—अयोध्या कांड, सर्ग 19

7. उन्होंने शोक प्रकट करते हुए अपनी माता से कहा था कि "ऐसा प्रबन्ध किया गया है कि मुझे राज्य से हाथ धोना पड़ेगा। राज्य-वंशीय भोग-

विलास व स्वादिष्ट गोश्त की थालियाँ छोड़कर मुझे वनवास जाना होगा और वन के कन्द-मूल-फल खाने पड़ेंगे।"

—अयोध्या कांड, सर्ग 20

8. उन्होंने भारी हृदय से अपनी माता व स्त्री से कहा था कि "जो राजगद्दी मुझे मिलनी चाहिए थी, वह मेरे हाथों से निकल गई और वनवास जाने के लिए मेरा प्रबन्ध किया गया है।"

—अयोध्या कांड, सर्ग 20, 26 व 94

9. उन्होंने लक्ष्मण के पास जाकर पिता को दोषी तथा दंडनीय बताते हुए कहा कि "क्या कोई ऐसा मूर्ख होगा, जो अपने उस पुत्र को वनवास दे, जो सदैव उनकी आज्ञाओं का पालन करता रहा हो?"

—अयोध्या कांड, सर्ग 53

10. राम ने बहुत-सी स्त्रियों के साथ विवाह किया था। यह बात श्री सी.आर. श्रीनिवास आयंगर द्वारा सन् 1925 ई. प्रकाशित 'वाल्मीकि रामायण' के अनुवाद के द्वितीय संस्करण में पाई जाती है।

—अयोध्या कांड, सर्ग 8, पृष्ठ 28

राम ने सीता के साथ केवल रानी बनाने के लिए विवाह किया था। श्री मन्मथनाथ दातार लिखते हैं कि आनन्द लेने के लिए राम की स्त्रियाँ नौकरों की स्त्रियों का साथ किया करती थीं। इस प्रकार कैकेयी की बहू तथा भरत की स्त्री दुःख में डूबी रहती थी। राम की स्त्रियों का वर्णन रामायण के अनेक स्थलों पर आया है। इस प्रकार राजवंशीय नियमानुसार राम ने अपनी विषयिक-इन्द्रिय का आनन्द लेने के लिए कई दूसरी स्त्रियों के साथ विवाह किया था।

11. यद्यपि राम के प्रति कैकेयी का प्रेम सन्देहयुक्त न था किन्तु राम का प्रेम कैकेयी के प्रति कपटी और बनावटी था।
12. राम कैकेयी के प्रति स्वाभाविक एवं सच्चा होने का बहाना करते रहे और अन्त में उन्होंने कैकेयी पर दुष्ट-स्त्री होने का आरोप लगाया।

—अयोध्या कांड, सर्ग 31, 53

13. यद्यपि कैकेयी दुष्टतापूर्ण तथा नीच विचारों से रहित थीं, तो भी राम ने उन पर दोषारोपण किया कि वे मेरी माता के साथ नीचतापूर्ण व्यवहार कर सकती हैं।

—अयोध्या कांड, सर्ग 31, 53

14. वे मेरे पिता को मरवा सकती हैं। इस प्रकार उन्होंने कैकेयी पर दोषारोपण किए।

—अयोध्या कांड, सर्ग 53

15. वनवास में जब कभी राम को निकट भविष्य के दु:खपूर्ण समय से सामना करना पड़ा तो उन्होंने यही कहा कि अब कैकेयी की इच्छा पूर्ण हुई होगी, अब वे सन्तुष्ट हुई होंगी।
16. राम ने लक्ष्मण से वनवास में कहा था कि चूँकि हमारे पिता वृद्ध व निर्बल हो गए हैं और हम लोग यहाँ आ गए हैं। अब भरत अपनी स्त्री सहित बिना किसी विरोध के अयोध्या पर शासन कर रहे होंगे। इस बात से राम की राजगद्दी की इच्छा व भरत के प्रति ईर्ष्या की स्वाभाविक तथा निराधार अभिलाषा प्रकट होती है।

—अयोध्या कांड, सर्ग 53

17. जब कैकेयी ने राम से कहा कि "हे राम! राजा ने मुझे तुम्हारे पास तुम्हें यह बताने के लिए भेजा है कि भरत को राजगद्दी मिलेगी और तुम्हें वनवास।" तब राम ने उनसे कहा कि राजा ने मुझसे यह कभी नहीं कहा कि "मैं भरत को राजगद्दी दूँगा।"

—अयोध्या कांड, सर्ग 19

18. उन्होंने अपने पिता को मूर्ख और पागल कहा था।

—अयोध्या कांड, सर्ग 53

19. उन्होंने अपने पिता से प्रार्थना की थी कि "जब तक मैं वनवास से वापस न लौट आऊँ, तब तक आप अयोध्या पर राज करते रहें और किसी को गद्दी पर न बैठने दें।" इस प्रकार उन्होंने भरत के सिंहासनारूढ़ होने में अड़चन लगा दी।

—अयोध्या कांड, 34 सर्ग

20. राम ने यह कहकर सत्यता व न्याय का गला घोंटा कि "यदि मुझे क्रोध आया तो मैं स्वयं अपने शत्रुओं को मार कर या कुचल कर स्वयं राजा बन सकता हूँ किन्तु मैं यह सोच कर रुक जाता हूँ कि प्रजा मुझसे घृणा करने लगेगी।"

—अयोध्या कांड, सर्ग 53

21. उन्होंने अपनी स्त्री सीता से कहा कि "तुम भरत के अनुकूल चलना, हमारे लिए बहुत लाभदायक होगा।"

—अयोध्या कांड, सर्ग 26, 53

22. राम के वनवास चले जाने का समाचार सुनकर भरत उन्हें अयोध्या लौटा लाने के लिए वन में उनके पास गए। भरत को देखकर राम ने उनसे प्रश्न किया कि "हे भरत! क्या तुम प्रजा द्वारा खदेड़ भगाए गए हो? क्या तुम अनिच्छा से हमारे पिता की सहायता करने आए हो?"

—अयोध्या कांड, सर्ग 100

23. राम ने भरत से पुनः कहा कि "अब आपकी माँ का मनोरथ सिद्ध हो गया होगा। क्या वह प्रसन्न है?"

—अयोध्या कांड, सर्ग 100

24. भरत ने राम को विश्वास दिलाया कि "मैंने सिंहासन प्राप्त करने के स्वत्व को त्याग दिया है।" तब राम ने रहस्योद्घाटन करते हुए भरत को बताया कि "दशरथ अयोध्या का राज्य पहले ही तुम्हारी माँ को सौंप चुके हैं।"

—अयोध्या कांड, सर्ग 107

25. भरत वन में ही अयोध्या की राजगद्दी राम को सौंपकर और उनकी खड़ाऊँ लेकर अयोध्या लौटे। भरत ने उन्हें सिंहासन पर रखकर चौदह वर्ष तक एक तपस्वी का जीवन व्यतीत किया। भरत इस चिन्ता में क्षीणकाय हो गए, कि राम चौदह वर्ष के पश्चात् भी अयोध्या में वापस न आएँगे। अत: उन्होंने चिता में जलने की तैयारी की।

राम ने ऐसे सज्जन और सच्चे व्यक्ति पर सन्देह किया। राम चौदह वर्ष वनवास भोग चुकने के पश्चात् जब वापस अयोध्या के किनारे आए, तब उन्होंने भरत को यह सूचित करने के लिए सर्वश्रेष्ठ योद्धा हनुमान को उनके पास भेजा कि "अब मैं (राम) एक विशाल सेना लेकर विभीषण एवं सुग्रीव सहित आ गया हूँ।" इस समाचार को सुनकर भरत के मुखारविन्द पर पड़े हुए प्रभाव व सभी प्रकार के भोग तथा प्रसन्नता से परिपूर्ण अयोध्या को त्यागकर राम के पास शीघ्र चल देने की बात पर ध्यान दीजिए, क्योंकि सभी प्रकार के भोगोपभोग और सर्व-सुख सम्पन्न अयोध्या को छोड़कर तत्काल राम के स्वागत हेतु चल देना अति दुष्कर कार्य है।

—युद्ध कांड, सर्ग 128

26. राम सीता के चरित्र पर सन्देह करते रहे और अग्नि-परीक्षा द्वारा उनसे अपने सतीत्व को सिद्ध करने को कहा। राम की व्यवस्थानुसार सीता को यह कष्ट सहन करना पड़ा तो भी राम ने सीता को गर्भवती पाया। अत: सीता के सतीत्व के सन्देह प्रजा की चर्चा का विषय बना रहा। सीता के सतीत्व के सम्बन्ध में प्रजा के इस विचार के कारण उसी समय सीता को वन में छोड़ देने के अपने निर्णय को बिना सीता को बताए, उन्हें गर्भवती दशा में ही जंगल में छुड़वा दिया था।

27. जब वाल्मीकि ने सीता के पवित्र सतीत्व के विषय में दृढ़तापूर्वक राम से कहा, तो भी राम को विश्वास नहीं हुआ और सीता को पृथ्वी के अन्दर समा जाना पड़ा।

28. यह जानते हुए भी कि सुग्रीव व विभीषण अपने भाइयों को मरवा कर राजगद्दी पर अधिकार कर लेने के उद्देश्य से उनके पास आए हैं फिर भी राम ने उन स्वार्थियों से मित्रता कर ली।
29. उन्होंने विश्वासघाती भाई की भलाई के लिए उन (बालि) को छिपकर मारा, जिन्होंने पीठ पीछे भी राम का अहित नहीं किया था। जो राम बालि के सामने युद्ध करने का साहस नहीं कर सकते थे, उन राम की मूर्ख ब्राह्मणों द्वारा अत्यधिक प्रशंसा की गई है, वह भी उन्हें एक शूरवीर मानकर।
30. विभीषण द्वारा राम की अधीनता स्वीकार कर लेने पर भी अज्ञानतावश राम ने अपनी बुरी भावनाओं तथा छल-कपट को प्रकट कर दिया। राम ने भरत की प्रशंसा की कि "भरत चाहे कितने दुष्ट व पापी क्यों न हों, उनके सदृश्य बड़े भाई का आज्ञाकारी तथा धर्म-भक्त कोई नहीं है।" इस प्रकार राम ने व्यंग्यात्मक ढंग से भरत को दुष्ट कहा।

—युद्ध कांड, सर्ग 17

31. बालि को मारते हुए अपने इस कार्य को न्यायोचित बताते हुए राम ने उन बालि से व्याख्या की कि जहाँ तक जानवरों का सम्बन्ध है, वहाँ धर्म का विचार नहीं करना चाहिए। तो भी राम ने बालि को इस कारण मारा कि वे चेतन जीव के समान व्यवहार नहीं करते थे। बालि के प्रति आरोपित दोषों के प्रति उन्हें कुछ भी कहने का अवसर नहीं दिया गया। राम ने बालि को पूर्णतया सुग्रीव के स्वार्थपूर्ण कथनानुसार मारा।
32. राम ने बहुत-सी स्त्रियों के कान, नाक व स्तन इत्यादि काट कर उन्हें कुरूप बना दिया था और उन्हें बहुत यातनाएँ दीं।

[सूर्पणखा और अयोमुखी]

33. राम ने बहुत-सी स्त्रियों को मार डाला था।

[ताड़का और थदगाई]

34. राम ने कई अवसरों पर स्त्रियों को गालियाँ दीं।
35. राम ने स्त्रियों के प्रति ऐसा कहते हुए उन्हें अपमानित किया कि "उन पर विश्वास नहीं करना चाहिए। उन्हें गुप्त भेद नहीं बताना चाहिए।"

—अयोध्या कांड, सर्ग 100

36. राम हमेशा अनुचित विषय-भोग में तल्लीन रहते थे।

—उत्तर कांड, सर्ग 42

37. राम ने अनावश्यक रूप से कई जीवों को मारा व उन्हें खा गए।
38. राम ने कहा था कि "मैं केवल राक्षसों को मारने के लिए वन गया था। मैंने राक्षसों के संहार करने का दूसरों को वचन दिया था।"

—अरण्य कांड, सर्ग 10

39. राम ने राक्षसों को लड़ाई में लाने का निश्चय किया और सीता के विरोध करने पर भी उन्होंने रावण के देश में प्रवेश किया।

—अरण्य कांड, सर्ग 9

40. 'खर' से लड़ते हुए राम ने कहा कि "लोगों से प्रेरित होकर मैं केवल राक्षसों का वध करने हेतु वन में आया हूँ।"

—अरण्य कांड, सर्ग 29

41. स्वार्थपूर्ण उद्देश्य से राम ने अयोग्य एवं कपटी सुग्रीव को व्यर्थ ही आत्म-समर्पण कर दिया कि "मुझे स्वीकार करो। मुझ पर दया करो।"

[किष्किन्धा कांड]

42. यह जानते हुए कि विभीषण अपने भाई रावण को धोखे से पकड़ाना चाहता है। फिर भी राम ने विभीषण का पक्ष लिया।

—युद्ध कांड, सर्ग 17

43. लंका का राज्य पहले से ही विभीषण को देने का वचन देकर राम ने अंगद को रावण के पास यह सूचना देने के लिए भेजा था कि "यदि महाराजा रावण सीता को लौटा देंगे तो मैं लंका पर चढ़ाई नहीं करूँगा और लंका उनके लिए छोड़ दूँगा।" इससे यह सिद्ध होता है कि महाराजा रावण अन्य प्रत्येक प्रकार से निर्दोष थे। वह अ-विश्वसनीय नहीं थे।

—युद्ध कांड, सर्ग 40

44. भरत, कैकेयी, प्रजा व गुरु आदि सभी वन में राम के पास गए और राम से अयोध्या लौट चलने का सत्याग्रह किया, किन्तु कठोर हृदय राम ने उत्तर दिया कि "मैंने अपने पिता के वचनों का पालन करने का निश्चय कर लिया है और मैं किसी का कहना न मानूँगा।" इस प्रकार उन्होंने लौटने से इनकार कर दिया और उन्हीं राम ने अपने पिता के वचनों का तिरस्कार करके अयोध्या का राजा बनना स्वीकार कर लिया। (दशरथ के प्रति भरत को राजगद्दी देने का वचन।)

—युद्ध कांड, सर्ग 130

45. राम न केवल गद्दी प्राप्त करने के इच्छुक थे बल्कि वे अपने पिता के वचनों के अनुसार, वन जाने के समय से ही पिता के वचनों का पालन करते हुए वन में रहकर अयोध्या लौटने पर स्वयं राजा बनना चाहते थे। राम को गद्दी पर बैठने की आशा, चिन्ता तथा इच्छा के अतिरिक्त कुछ ज्ञान न था। राम ने समय-समय पर ये विचार अपनी बातचीत में प्रकट किए।

46. शूद्र होकर तपस्या करने के कारण राम ने 'शम्बूक' का कत्ल किया।

—उत्तर कांड, सर्ग 76

47. एक साधारण मनुष्य की भाँति राम लक्ष्मण को सरयू नदी के गुप्तार घाट में ढकेलकर स्वयं उसी नदी में गिरकर मर गए।

—उत्तर कांड, सर्ग 106 व 110

तत्पश्चात् राम उपेन्द्र अर्थात् विष्णु के रूप में अवतार लिये।

48. संस्कृत श्लोक में वर्णन है कि राम ने अपने दाहिने हाथ को सम्बोधन करते हुए कहा कि "क्या तू राम का अंग नहीं है? तूने बीमार ब्राह्मण-पुत्र को जीवित करने के लिए एक निर्दोष-शूद्र 'शम्बूक' का बिना किसी हिचकिचाहट के निर्दयतापूर्वक वध कर दिया।"

    **संकेत :** यदि आज राम सदृश्य राजा होते तो शूद्र कहे जानेवाले लोगों की (उपरोक्त घृणित कर्म को देखकर या सुनकर) क्या मनोदशा होती?

49. राम ने जो धनुष तोड़ा था, वह शिव का था और वह पहले से ही टूटा था। (देखिए 'अबिदहंस चिन्तामणि' नामक पुस्तक के पृष्ठ नं. 157, 331, 571, 661, 663, 894, 1151, 1173 व 1194)

50. विभिन्न रामायणों और परशुराम के द्वारा समर्थन किया गया है कि जब राम ने धनुष तोड़ा था, उस समय राम की अवस्था माता कौशल्या के अनुसार पाँच वर्ष, पिता दशरथ के अनुसार दस वर्ष और उनकी स्त्री के अनुसार 12 वर्ष की थी। कुछ भी हो, विभिन्न कथाओं के अनुसार, धनुष पहले से ही टूटा था।

*डॉक्टर सोमसुन्द्रा बरेथियर का दृष्टिकोण—*

1. 'वाल्मीकि रामायण' के अनुसार, राम कोई धार्मिक व्यक्ति नहीं थे। उनका अनेक कपटपूर्ण कार्यों में हाथ था।
2. राम इस बात को पूर्णतया जानते थे कि अयोध्या के राज्य का वास्तविक अधिकारी मैं (राम) न होकर भरत ही राज्य का कानूनन अधिकारी है।
3. राम के पिता दशरथ ने भरत की माता कैकेयी से विवाह करने के पूर्व ही उन्हें वचन दे दिया था कि "कैकेयी से उत्पन्न पुत्र को ही अयोध्या का राजा बनाया जाएगा।" केवल इसी शर्त पर कैकेयी के पिता ने दशरथ को कैकेयी दी थी।
4. राम ने स्वयं भरत से इस बात का संकेत किया था और राम ने भरत से प्रार्थना की थी कि वे अपनी माँ पर दोषारोपण न करें।
5. उक्त बात राम की माँ, ऋषियों, गुरु व मंत्रियों को विदित थी।
6. संक्षेप में, राम की माता, ऋषि, गुरु व मंत्री अयोध्या की राजगद्दी को भरत से छीनकर उसे (राम को) दिलाने में दशरथ के घृणित व कपटपूर्ण षड्यंत्र के सह-अपराधी थे।

आबेल मेनन नामक एक अमेरिका निवासी के प्रकाशित *रूसी समाचार-पत्र* के लेख के अनुसार 'रामायण'—'शिकागो गैंगस्टर' की प्रकृति के राम और रावण नामक राक्षस द्वारा ले जाए जाने के प्रसंग में सीता तुच्छ हृदय की बालिका थी।

(देखिए, 20 नवम्बर, सन् 1954 ई. वॉल्यूम नं. 13, जिल्द नं. 263, पृष्ठ 2 का 'सोवियत यूनियन' नामक समाचार-पत्र)

## सीता

आओ, अब हम सीता के चरित्र का निरीक्षण करें। सम्पूर्ण 'रामायण' में मुश्किल से एक शब्द भी सीता की प्रशंसा में नहीं लिखा गया है।

1. वे राम की अपेक्षा आयु में बड़ी हैं। उनका जन्म सन्देहजनक और आपत्तियुक्त था।

—बाल कांड, सर्ग 66

2. वे कहती हैं कि "मैं धूल में पाई गई, इसलिए मेरे माता-पिता के न होने की वजह से बहुत दिनों तक कोई मुझसे प्रेम करने को तैयार न होने के कारण मेरी अवस्था बड़ी हो गई।"
3. विवाह हो जाने के पश्चात् कुछ समय बाद मैं भरत द्वारा अलग कर दी गई।
4. राम ने सीता को बताया कि "तुम भरत द्वारा प्रशंसा की पात्र नहीं हो।"

—अयोध्या कांड, सर्ग 26

5. सीता ने राम को स्वयं बताया कि "मैं उन (भरत) के साथ नहीं रहना चाहती जो मुझसे घृणा करते हैं।"
6. सीता अपने पति राम का उपहास उड़ाती थीं। मूढ़ तथा मूर्ख कहा करती थीं।
7. उन्होंने राम से कहा कि "आप मानवीय गुणों से रहित मनुष्य हैं।"
8. "आप आकर्षण-शक्ति तथा हाव-भाव से रहित हैं।"
9. "आप उस व्यापारी से अच्छे नहीं हैं जो अपनी स्त्री को किराए पर उठा कर जीविका चलाता है, आप मुझसे लाभ उठाना चाहते हैं।"

—अयोध्या कांड, सर्ग 30

10. सीता ने यह जान कर कि राम हमेशा मेरे चरित्र के विषय में सन्देह किया करते हैं। सीता ने कहा कि "राम! आप मुझे बचानेवाले हैं। मैं केवल आपके प्रेम के अतिरिक्त किसी के प्रेम पर विश्वास नहीं करती हूँ। मैंने यह बात कई बार आपकी शपथ खाकर कही तो भी आप मुझ पर विश्वास नहीं करते हैं।"
11. राम ने कहा कि "मैं तुम्हारी परीक्षा कर चुका हूँ।"

—अयोध्या कांड, सर्ग 6 से 11

12. राम ने सीता का ठाठ-बाट और नीचता का स्मरण कर सीता से कहा कि "यदि तुम मेरे साथ वनवास चलना चाहती हो तो तुम्हें अपने उत्तम आभूषण उतार देने चाहिए।"

—अयोध्या कांड, सर्ग 30

13. सीता ने अन्य कार्य राम के कथनानुसार ही किए, किन्तु उत्तम आभूषण पहने रहीं।

—अयोध्या कांड, सर्ग 30

14. कौशल्या, जो सीता के चरित्र को जानती थीं, सीता से एक सज्जन तथा सुचरित्रवती महिला की भाँति आचरण करने को कहा। "कभी अपने पति का अपमान न करना।" सीता ने अपनी सास को असभ्यतापूर्ण उत्तर देते हुए कहा कि "मैं यह सब जानती हूँ।" और उन्होंने अपने उत्तम आभूषण नहीं उतारे।

—अयोध्या कांड, सर्ग 39

15. जब राम और लक्ष्मण बल्कल-वस्त्र (पेड़ों की छाल के बने वस्त्र) धारण किए हुए थे, तब सीता ने ऐसे वस्त्र पहनने से इनकार कर दिया।

—अयोध्या कांड, सर्ग 37

16. दूसरी स्त्रियों ने जो सीता के वन जाने की अनिच्छा से अवगत थीं, सीता के प्रति दयालुता प्रकट की और उन्हें अपने साथ न ले जाकर यहीं अयोध्या में छोड़ देने की राम से प्रार्थना की तो भी राम ने सीता को छाल के कपड़े पहनने के लिए बाध्य किया और उन्हें वन में साथ ले गए, क्योंकि कैकेयी दूसरी स्त्रियों के विचारों से सहमत न थीं।

—अयोध्या कांड, सर्ग 37, 38

17. तथापि सीता ने इस सम्पूर्ण परामर्श की ओर ध्यान नहीं दिया। वे सुन्दर वस्त्र और उत्तम आभूषण पहने रहीं। इससे स्पष्ट है कि भरत सीता से घृणा करते थे और यह कि कैकेयी यह नहीं चाहती थीं कि सीता अयोध्या में रहें। सीता को वन ले जाने के यही उपरोक्त कारण हैं।

18. वनवास जाते समय गंगा नदी पार करते हुए सीता ने गंगा नदी से प्रार्थना की थी कि "हे नदी गंगा! यदि मैं पति सहित सकुशल अयोध्या लौट आऊँगी और राम अयोध्या का राज्य पा लेंगे तो मैं आपको हजारों गाएँ और मदिरा (शराब) से परिपूर्ण बर्तन चढ़ाऊँगी।"

—अयोध्या कांड, सर्ग 52

19. वनवास में जब कभी सीता निकट भविष्य के खतरे से भयभीत होती तो वे मन में कहा करतीं कि मेरे दुखों में कैकेयी प्रसन्न और सन्तुष्ट होती होगी। इस प्रकार वे कैकेयी से अपनी शत्रुता प्रकट करती थीं।

20. जब कभी राम सीता को न देखकर उदास होते तो लक्ष्मण कहा करते थे कि "आपको एक साधारण स्त्री के लिए नीच मनुष्यों की भाँति विषाद (रंज) नहीं करना चाहिए।"

—अयोध्या कांड, सर्ग 66

21. लक्ष्मण ने कहा कि सीता का चरित्र आपत्तिजनक है। वे कर्कशा हैं। बुढ़िया हैं।

—अरण्य कांड, सर्ग 18

22. राम हिरण की खोज में बाहर गए थे। सीता राम की सहायता करने के लिए लक्ष्मण को तैयार कर रही थीं। सीता ने देखा कि लक्ष्मण मुझे यहाँ अकेला छोड़कर जाने में हिचकिचाते हैं। तब सीता ने लक्ष्मण पर बुरा प्रभाव डालते हुए कहा कि "राम के जीवन को बचाने में लापरवाही करके मुझे फुसलाने के लिए तुम यहाँ देर कर रहे हो। क्या तुम राम के सच्चे भक्त होकर वन में आए हो? (अर्थात् नहीं) तुम लुच्चे तथा दगाबाज हो। तुम मेरे साथ भोग-विलास करने के उद्देश्य से राम को मार डालने के लिए यहाँ आए हो। क्या भरत ने इसी उद्देश्य से तुम्हें हम लोगों के साथ भेजा है? मैं तुम्हारी तथा भरत की इच्छा को कभी पूरा न होने दूँगी।"

23. जब लक्ष्मण ने सीता के प्रति भ्रातृवत सम्मान प्रदर्शित करते हुए सीता से कहा कि "आपको ऐसी निर्लज्जता प्रकट करना शोभा नहीं देता है।" तब उन्होंने लक्ष्मण से कहा कि "तुम क्रूर, कपटी दुष्ट हो। तुम मेरे साथ आनन्द लेने के लिए मेरे साथ विश्वासघात करते हो और इस प्रकार तुम मेरा सतीत्व नष्ट करने के लिए अवसर ढूँढ़ रहे हो।"

—अरण्य कांड, सर्ग 45

24. रावण ने सीता को ले जाने के उद्‌देश्य से उसकी मनोस्थिति को बड़े ध्यान से देखा। उनकी सुन्दरता को देखकर वे उनके ऊपर मोहित हो गए और वे उनकी ओर बढ़े। वे उनके स्तनों और जादूभरी जाँघों की प्रशंसा करने लगे। इन सब बातों से सीता की क्या प्रतिक्रिया हुई होगी? क्या सीता ने रावण से घृणा की? क्या उन्हें अस्वीकार किया? क्या उन्होंने उसे फटकारा? नहीं, बिलकुल नहीं! रावण की इस समय सम्मानपूर्ण आगवानी की गई। स्वागत किया गया। बिना अपनी अवस्था अधिक प्रकट किए। उन्होंने रावण के समक्ष अपने सुन्दर यौवन की प्रशंसा की। सीता ने कहा कि "मेरी आयु अठारह वर्ष की है।"

—अरण्य कांड, सर्ग 46, 47

25. जब रावण ने सीता को बताया कि "मैं राक्षसों का प्रधान महाराजा रावण हूँ।" तब सीता ने उनसे घृणा की।
26. जब रावण सीता को अपनी गोद में लिये जा रहा था, तब उनके शरीर के कपड़े अस्त-व्यस्त थे। वह अर्द्ध-नग्न थीं। स्तन खुले थे।

—अरण्य कांड, सर्ग 49 से 54

27. जैसे ही उन्होंने अपने पैर रावण के महल में रखे, वैसे ही सीता का रावण के प्रति आकर्षण उत्तरोत्तर बढ़ता गया।

—अरण्य कांड, सर्ग 54

28. रावण ने अपने यहाँ सीता से कहा कि "आओ, हम दोनों मिलकर आनन्द (सम्भोग) करें।" तब सीता अर्द्धोन्मिलित आँखों-युक्त सिसकियाँ भरती रहीं।

—अरण्य कांड, सर्ग 55

29. रावण ने कहा कि "हे सीते! हमारा-तुम्हारा मिलन ईश्वर-कृत है। इसमें ऋषियों की भी सम्मति है।"

—अरण्य कांड, सर्ग 55

30. सीता ने कहा कि "आप मेरे अंगों का अलिंगन करने के लिए स्वतंत्र हैं, मुझे अपने शरीर की चिन्ता नहीं।" मुझे इस बात का पश्चात्ताप नहीं कि मैंने भूल की है।

—अरण्य कांड, सर्ग 56

इससे इस परिणाम पर पहुँचा जा सकता है कि सीता ने रावण को अपने साथ दुर्व्यवहार करने को अपनी स्पष्ट अनुमति नहीं दी।

31. राम ने सीता से कहा कि रावण ने तुम्हें बिना तुम्हारा सतीत्व नष्ट किए कैसे छोड़ा होगा। राम द्वारा इस दोषारोण पर सीता ने निम्नांकित उत्तर दिया जो कि उपरोक्त कथन की पुष्टि करते हैं।
32. सीता ने उत्तर दिया कि "आप सत्य कहते हैं, किन्तु आप ही बताओ कि मैं क्या कर सकती थी? मैं केवल अबला स्त्री हूँ। मेरा शरीर उनके अधिकार में था। मैंने स्वेच्छा से कोई भूल नहीं की है। मैं मन से आपके निकट रही हूँ। ईश्वर की ऐसी ही इच्छा थी।" सीता ने केवल इतना ही कहा किन्तु सीता ने दृढ़तापूर्वक यह नहीं कहा कि "रावण ने मेरा सतीत्व नहीं भंग किया।"

—अयोध्या कांड, सर्ग 118

33. सीता का गर्भ देखकर राम का सन्देह और पुष्ट हो गया। उन्होंने प्रजा द्वारा सीता के प्रति लगाए गए आरोपों की शरण ली और उन्होंने उन्हें

जंगल में छोड़ देने की लक्ष्मण को आज्ञा दी। तब सीता ने लक्ष्मण को अपना पेट दिखाते हुए कहा कि "देखो! मैं गर्भवती हूँ।"

—उत्तर कांड, सर्ग 48

34. जंगल में उन्होंने दो पुत्रों को जन्म दिया।

—उत्तर कांड, सर्ग 66

35. अन्त में, जब राम ने इस सम्बन्ध में सीता से पुनः शपथ खाने को कहा, तो अस्वीकार करते हुए वह मर गई।

—उत्तर कांड, सर्ग 97

36. रावण ने सीता को सिर झुका कर बड़े सम्मानपूर्वक अपनी ओर आकर्षित होने को कहा। इसका तात्पर्य यह है कि रावण ने सीता के प्रति अपनी किसी शक्ति का प्रयोग नहीं किया बल्कि सीता स्वयं उन पर मोहित हो गई थीं। सीता ने रावण की विषयेच्छा का स्वयं अनुसरण किया था। रावण पर मोहित न होने की दशा में वे सीता को छू तक नहीं सकते थे, क्योंकि रावण को शाप दिया गया था कि यदि वे किसी स्त्री को उनकी इच्छा के विरुद्ध छुएँगे, तो उनका सिर टुकड़े-टुकड़े हो जाएगा। ब्रह्मा का भी उन्हें यही शाप था कि यदि वे किसी स्त्री को उनकी अनिच्छा होने पर छुएँगे तो वे भस्म हो जाएँगे। अतः रावण ने किसी भी स्त्री को उनकी इच्छा के विरुद्ध न तो छुआ और न कभी छू सकते थे।

—उत्तर कांड, सर्ग 26 व युद्ध कांड, सर्ग 13

37. रावण से सीता को वापस प्राप्त करके तथा उन्हें अपनी स्त्री के रूप में पुनः स्वीकार करके राम अयोध्या में राज्य कर रहे थे। उनकी साली 'कुकुवावती' ने राम के पास जाकर कहा कि "हे श्रेष्ठ, आप अपने की अपेक्षा सीता को कैसे अधिक प्यार करते हैं? मेरे साथ आइए और अपनी प्यारी सीता के हृदय की वास्तविकता को देखिए। वह अब भी रावण को नहीं भुला सकी हैं। वे रावण के ऐश्वर्य पर गर्व करती हुई उनका चित्र अपने विजन (पंखा) पर बनाए हुए उसे अपनी छाती पर चिपकाए हुए अर्द्धोन्मिलित नेत्र-युक्त अपनी चारपाई पर लेटी हुई हैं।"

उसी समय राम के 'दुर्मुख' नामक एक गुप्तचर ने राम के निकट आकर उन्हें बताया कि "रावण के यहाँ से सीता को लाकर पुनः अपनी स्त्री बना लेना प्रजा में आपकी निन्दा और उपहास का विषय बना हुआ है।" यह सुनते ही राम तिलमिला गए और उन्हें क्रोध आ गया। उस समय राम को मन-ही-मन अपने अपमान और दुःख का अनुभव हुआ जो कि उनके चेहरे से प्रकट होता था। उन्होंने आहें भरीं और अपनी साली के साथ सीता के कमरे में गए। राम ने सीता को अपने विजन पर

**रावण का चित्र बनाए हुए, उन्हें अपनी छाती पर चिपकाए हुए सोती हुई पाया। यह** बात 'श्रीमती चन्द्रावती' द्वारा लिखित 'बंगाली रामायण' के पृष्ठ 199 और 200 में पाई जाती है।

घटनाओं के गम्भीर अध्ययन से प्रकट होता है कि राम ने सीता में उनके गर्भवती होने में दोष पाया। राम ने रावण के यहाँ से सीता को वापस लाकर पुन: उन्हें अपनी स्त्री के रूप में स्वीकार करके अयोध्या वापस आने के ठीक एक महीना के अन्दर राम द्वारा सीता के गर्भवती होने का समय हो सकता है।

38. श्री सी.आर. श्रीनिवास आयंगर की 'रामायण पर टिप्पणी' नामक पुस्तक के अनुसार, राम ने सीता को रंगे हाथों पकड़ा था। क्योंकि उन्होंने रावण का चित्र बना रखा था।
39. 'रामायण' के अनुसार, हम कह सकते हैं कि राम एक अयोग्य पुरुष थे और सीता एक अपवित्र स्त्री थीं।

राम ने सीता को अकेले जंगल में छुड़वाया। इसके प्रमाणस्वरूप बहुत से दृष्टान्त हैं।

जहाँ तक सीता का सम्बन्ध है, रावण के संसर्ग में रहने के कारण धर्म-नीति के अनुसार, पवित्र नहीं थीं। यदि राम का सीता को जंगल में छोड़ने का कृत्य उचित मान लिया जाए तो यह सभी को स्वीकार कर लेना चाहिए कि सीता रावण द्वारा गर्भवती हुई थीं।

यदि यह मानकर कि सीता ने कोई नैतिक अपराध नहीं किया था, वे राम के द्वारा गर्भवती हुई थीं। सीता की रक्षा की जाए तो यह सभी को स्वीकार कर लेना चाहिए कि राम द्वारा अ-बोध गर्भवती को जंगल में अकेले छुड़वाने का कार्य मानवोचित नहीं है। राम ने सीता के गर्भ के विषय में अन्वेषण किया था, तब ही उन्होंने दूसरे दिन प्रात: काल उन्हें जंगल में छुड़वा दिया था।

इससे यह सिद्ध होता है कि सीता भ्रष्ट थीं और राम गुंडा तथा विश्वासघाती था। यह प्रकट करता है कि ये चरित्र-चित्रण क्षम्य नहीं हैं।

तब यह कथन कैसे सत्य कहा जा सकता है कि राम ने आर्य-धर्म नीत्यानुसार मानवमात्र को उपदेश देने हेतु तथा सीता ने स्त्री-मात्र को सदाचरण तथा सतीत्व की शिक्षा देने के निमित्त अवतार लिये।

यदि ब्राह्मणों के इस उपदेश का प्रतिपादन करनेवाले दृष्टिकोण को अपनाया जाए कि राम और सीता ने जो कुछ किया था, वह उचित ही है। तो क्या यह बेचारे अ-बोध बुद्धिहीन मानवमात्र को पथभ्रष्ट करना नहीं है? सुधारक इस मूर्खतापूर्ण हास्यापद मत को कैसे सहन कर सकते हैं?

इन कारणों से हम अधिकारपर्वक कह सकते हैं कि "राम और सीता चरित्रहीन थे।"

## सीता का गर्भवती होना

'वाल्मीकि रामायण' का गम्भीरता तथा सूक्ष्म अध्ययन स्पष्ट प्रकट करता है कि सीता राम द्वारा गर्भवती नहीं हुई थीं।

राम रावण को मार कर सीता को साथ लाकर अयोध्या लौटकर तिलकोत्सव के पश्चात् अयोध्या पर राज्य करने लगे, तब सुग्रीव, विभीषण और अन्य लोगों को अपने-अपने स्थान पर वापस भेज दिया। अन्त में 'पुष्पक विमान' भी वापस भेज दिया। पुष्पक विमान के चले जाने के पश्चात् शीघ्र ही भरत ने दोनों हाथ जोड़कर राम से कहा, "हे नाथ! आप स्वर्गीय-शक्ति हैं। आपके शासन के एक मास के अन्दर ही प्रजा सब प्रकार से आनन्दित तथा सन्तुष्ट है।"

कहा गया है कि दस हजार वर्ष शासन कर चुकने के पश्चात् एक समय राम और सीता प्रासादीय उद्यान में बैठे हुए थे। उस समय उन (राम) ने देखा कि सीता गर्भवती है। श्री श्रीनिवास आयंगर द्वारा अनुवादित 'वाल्मीकि रामायण' के पृष्ठ 163 में लिखा है कि राम ने दस हजार वर्ष राज नहीं किया है। वे अपनी सम्पादकीय टिप्पणी में लिखते हैं कि "यह श्लोक स्वयं वाल्मीकि द्वारा नहीं रचा गया है, बल्कि बाद में जोड़ दिया गया है।"

'वाल्मीकि रामायण' के उत्तरकांड, सर्ग 42 के अनुसार, राम ने सीता को जंगल में छुड़वा देने के पश्चात् दस हजार वर्ष राज्य किया। उन्होंने बहुत से अश्वमेध यज्ञ भी किए। (देखिए—'उत्तर कांड', सर्ग 99) यह कहा गया है कि यह श्लोक सीता को उनकी सन्देहजनक स्थिति में प्राण देने के लिए घुसेड़ दिया गया है। सीता एक महीने के अन्दर गर्भवती पाई गईं और उन्हें लक्ष्मण द्वारा वन में छुड़वा दिया गया। उसी समय सीता ने वन में लक्ष्मण को अपना पेट दिखाते हुए कहा कि "देखो, यह गर्भ चार महीने का है।" और लक्ष्मण ने सीता को अभिवादन करते हुए विदा ली। यदि यही मान लिया जाए, तो एक महीने के गर्भ को चार महीने का गर्भ कैसे मान लिया जाए? या यह कि यह गर्भ 'भ्रम' (संयम, नियम या जादू) द्वारा हुआ होगा।

## लक्ष्मण

जहाँ तक लक्ष्मण का सम्बन्ध है, हम उनके चरित्र में कोई अपूर्व तथा अलौकिक बात नहीं पाते हैं। 'रामायण' में अनेक स्थलों में लक्ष्मण का वर्णन केवल इसलिए किया गया है कि वे सदैव साथ साथ रहे। इस बात का वर्णन कहीं नहीं मिलता कि उनमें कोई अलौकिक शक्ति थी। बड़े आश्चर्य की बात है कि उन्हें भी शेषनाग के अवतार का पद दिया गया है।

1. भरत से राजगद्दी छीनने के षड्यंत्र में उनका हाथ था।
2. राम ने अपने प्रति लक्ष्मण की भक्ति पर सन्देह करके, उन्हें छलपूर्वक फुसलाया था कि "राजतिलक मुझे होगा, किन्तु अयोध्या का राज वास्तव

में तुम्हीं करोगे।" यह सुन कर वे राम के राजतिलक में प्रत्येक प्रकार से, तन-मन से जुट गए। सुमित्रा ने पुत्र लक्ष्मण और शत्रुघ्न से क्रमशः राम और भरत का पक्ष लिया, क्योंकि वे जानते थे कि कदाचित् हम दोनों को राजगद्दी नहीं मिलनेवाली है।

3. लक्ष्मण ने अपने पिता दशरथ को गालियाँ देते हुए, उन्हें बुरा भला तथा विश्वासघाती कहा।
4. उन्होंने प्रस्ताव रखा कि "हमारे बाप को कारागार में डाल दिया जाए।"
5. उन्होंने कहा कि "हमारे पिता को मार डाला जाए।"
6. उन्होंने कहा कि "मनु के अनुसार, पिता को मार डालना धर्म है।"
7. उन्होंने कहा कि "मैं भरत व उनके मित्रों को बिलकुल मिटा दूँगा।"

—अयोध्या कांड, सर्ग 21

8. राम आहें भर रहे थे कि ईश्वर की कृपा ऐसी ही थी कि मैं राजा न हो सका। यह देखकर लक्ष्मण ने राम की आलोचना की कि केवल कायर और मूर्ख ईश्वर की इच्छा के विषय में बात किया करते हैं।
9. लक्ष्मण ने राम को बताया कि "दशरथ और कैकेयी ने अपनी पूर्व-सुनिश्चित योजननुसार आपको धोखा दिया तथा राजगद्दी देने में भिन्न-भिन्न मतों का अनुसरण किया है।"
10. उन्होंने ललकार कर राम से कहा कि "मैं दशरथ और कैकेयी को वन में भेज सकता हूँ और तुम्हें राजगद्दी पर बैठा सकता हूँ।"
11. उन्होंने राम से कहा कि "यदि आप अपना राजतिलक नहीं चाहते हो तो मैं राजगद्दी पर अधिकार करके अयोध्या का राज करूँगा।"

—अयोध्या कांड, सर्ग 23

12. वनवास के लिए देस छोड़ते समय उन्होंने कहा कि वे धन्य हैं जो सर्वसुख-सम्पन्न अयोध्या में राज्य करते हैं।

—अयोध्या कांड, सर्ग 51

13. वे इस सोच-विचार में पड़े रहे कि "क्या हम लोग अयोध्या सुरक्षित लौट आएँगे?"

—अयोध्या कांड, सर्ग 59

14. जब भरत राम को लौटाने के लिए चित्रकूट के समीप पहुँचे, तब लक्ष्मण ने क्रोधपूर्वक कहा कि "अब मैं भरत को मारने जा रहा हूँ।"

—अयोध्या कांड, सर्ग 96

15. 'विरोदन' को वन में देखकर उन्होंने कहा कि "मैं भरत से बदला लेने जा रहा हूँ। मैंने उनके ऊपर आरोप लगया है कि उन्होंने राजगद्दी हथिया ली है।"

—अरण्य कांड, सर्ग 2

16. उन्होंने सूर्पणखा से कहा कि "सीता कर्कशा है, चरित्रहीन है, बुढ़िया है, उसकी छातियाँ सूख गई हैं।"

—अरण्य कांड, सर्ग 18

17. सीता के प्रति उनका बर्ताव सीता के सन्देह का कारण बन चुका था। वे उनसे प्रेम करते थे और वे उनके साथ सम्भोग करना चाहते थे।
18. उन्होंने अपने ज्येष्ठ भाई की स्त्री के प्रति राम से कहा कि सीता को चाहे कोई भगा ले जाए, चाहे वह मर जाए, यह कोई बड़ी बात नहीं है। क्या हमें विषाद (रंज) करना चाहिए?
19. लक्ष्मण ने थदगाई, सूर्पणखा व अयोमुखी जैसी स्त्रियों के कान, नाक और स्तन काटकर उनका रूप बिगाड़ा था।
20. दुख में खोए हुए राम स्वयं आपकी शरण में आए हैं। उनके ऊपर दया कीजिए। ऐसा कहते हुए उन्होंने सुग्रीव को आत्म-समर्पण कर दिया।
21. इसके कुछ समय पहले उन्हीं सुग्रीव का कत्ल करने के लिए वे राम की आज्ञा चाहते थे।
22. वे राम की इच्छानुसार सीता से झूठ बोले थे और गर्भवती दशा में उन्हें जंगल में छलपूर्वक छोड़ आए थे।
23. राम और भरत दोनों उनके बड़े भाई थे। किन्तु वे राम के सहायक व भरत के विरोधी थे। इसी प्रकार वे कौशल्या के भक्त तथा कैकेयी से घृणा करते थे।

इन सब बातों का कारण क्या था? क्या उनकी राजगद्दी प्राप्त करने की इच्छा के अतिरिक्त कोई अन्य बात हो सकती है?

## अन्य जन

अब हमें भरत, कैकेयी, सुग्रीव, शत्रुघ्न, सुमंत्र, अंगद, कौशल्या, वसिष्ठ, विभीषण, सुमित्रा, हनुमान, महाराजा रावण व राजा बालि का संक्षिप्त अध्ययन करना चाहिए।

## भरत

हम भरत में कोई महत्त्वपूर्ण बात नहीं पाते हैं।

1. वे अपने नाना के महल में दस वर्ष के दीर्घ काल तक खिलाड़ी लड़के की भाँति बने रहे।

2. वे यहाँ से बुलाए जाने पर ही अयोध्या लौटे। उन्होंने अपने पिता, माता व परिवार की चिन्ता नहीं की।
3. अपने नाना के यहाँ से अयोध्या लौटने पर राम के विषय में उन्होंने छानबीन की कि राम किसी अन्य स्त्री को बलपूर्वक तो नहीं लिये जा रहे हैं।

—अयोध्या कांड, सर्ग 72

4. उन्होंने अपनी माता को बुरा-भला कहा तथा उन पर गालियों की बौछार की। उन्होंने उन्हें कर्कशा, पिशाचिनी, वेश्या, दुष्टा व नटखट स्त्री कहा तथा यह भी कहा कि "अच्छा होता कि वे मर जातीं।"..."तू देश से निकल जा, मुझे तुम्हारा पुत्र होने में दुःख है।" इस प्रकार उन्होंने अपनी माता को, जिन्होंने उन्हें राजगद्दी प्राप्त कराने में कठिनाइयाँ सहीं, जो राजगद्दी कैकेयी के विवाह के समय दशरथ द्वारा किए गए प्रण के नियमानुसार भरत के लिए थी, फटकारा और बुरा भला कहा। उन्होंने वस्तुस्थिति समझने व अपनी माता को समझाने का प्रयत्न नहीं किया।
5. उन्होंने अपने पिता को उपद्रवी व प्रजा-पीड़क की संज्ञा दी।

—अयोध्या कांड, सर्ग 73, 74

6. वन में राम से वार्तालाप करते हुए उन्होंने उनसे प्रार्थना की थी कि अयोध्या लौटकर राजगद्दी लीजिए और राजवंशीय स्त्रियों के बीच आनन्द मनाइए।

—अयोध्या कांड, सर्ग 105

7. भरत की भी बहुत सारी स्त्रियाँ थीं।

—अयोध्या कांड, सर्ग 100

## शत्रुघ्न

1. उन्होंने अपनी सौतेली माता कैकेयी को गालियाँ दीं।
2. उन्होंने मन्थरा को फटकारा। मारा। अंग तोड़ दिए। क्योंकि वे आद्योपान्त सब भेद जानती थीं। वे न्याय स्थापित करने के लिए अपनी स्वामिनी के प्रति स्वामिभक्ता थीं, कर्तव्यपरायण थीं।

**संकेत :** इस भेद को ध्यानपूर्वक समझने की आवश्यकता है कि भरत और शत्रुघ्न जिन्होंने अपने माता-पिता को गालियाँ दीं और उन्हें अपमानित किया। अपने बड़े भाई के प्रति भक्ति प्रदर्शित करते हैं।

## कौशल्या

उनका चरित्र बहुत-सी स्त्रियाँ रखनेवाले मनुष्य की स्त्रियों के समान निम्न कोटि के परिवार जैसा था।

1. उनके मस्तिष्क में अपने पुत्र राम को किसी-न-किसी प्रकार राजगद्दी मिलने की उत्कृष्ट अभिलाषा हर समय रही।
2. वे कैकेयी से द्वेष रखती थीं। वे उनकी शत्रु थीं।
3. उन्हें इस बात का दुख था कि मैं वृद्ध हो गई हूँ। अब मेरे शरीर का आकर्षण समाप्त हो गया है।

—अयोध्या कांड, सर्ग 20

4. अपने पति के प्रति तनिक भी सम्मान की भावना न रखते हुए उन्होंने उनको गालियाँ दीं।

## सुमित्रा

उनमें वर्णन करने योग्य गुण नहीं थे।

1. वे जानती थीं कि उनके पुत्र को गद्दी नहीं मिलनी है। इस कारण वे राम के राजा होने की इच्छुक थीं।
2. चौदह वर्ष व्यतीत होते ही राम तुरन्त लौट आएँगे और भरत से राजगद्दी छीन लेंगे। इस प्रकार से कौशल्या को ढाँढस बँधाया करती थीं। इससे प्रकट होता है कि ये दोनों भरत के प्रति दुष्टा थीं।

## कैकेयी

1. वे सुन्दर और वीरांगना रानी थीं।
2. उन्होंने दो अवसरों पर अपने पति की रक्षा की थी।
3. अयोध्या का राज्य उन्हीं का था, क्योंकि उन्होंने अपने पति का जीवन बचाया और उनसे ब्याह करते समय राजा दशरथ ने अपना राज्य उन्हीं को सौंप दिया था।
4. वे भरत से हर समय कहा करती थीं कि "मैं राम को राज्य सौंप दूँगी और मैं उन्हें सौंप चुकी हूँ।" इस पर भरत ने कैकेयी से कभी आपत्ति नहीं की।
5. उन्होंने अपने अधिकारों द्वारा राजगद्दी प्राप्त करने का प्रयास-मात्र किया। उन्होंने दुष्टतापूर्ण विचारों को अपने हृदय में स्थान नहीं दिया और न उन्होंने कोई तुच्छतापूर्ण कार्य किया।

## सुमंत्र

यद्यपि वे मंत्री थे, किन्तु वे सच्चे व धार्मिक व्यक्ति नहीं थे।

1. दशरथ के साथ उनका व्यवहार छलकपटपूर्ण था। उन्होंने उन्हें कभी भी उचित परामर्श नहीं दिया।
2. वे राजा की रानी कैकेयी से उपहासास्पद वार्तालाप किया करते थे।

   —अयोध्या कांड, सर्ग 35
3. वह झूठ भी बोलते थे।

## वसिष्ठ

एक साधारण पुरोहित की भाँति उनका कोई अच्छा व्यवहार नहीं था।

1. यह पहले से ही जानते हुए कि राजगद्दी पर भरत का ही अधिकार है, उन्होंने राम का राज्याभिषेक करने की युक्ति निकाली थी।
2. भरत को राजगद्दी न मिल सकने के विषय में रचे गए षड्यंत्र को सफल बनाने के लिए उन्होंने राज्याभिषेक की तिथि शीघ्र ही निर्धारित कर दी।
3. उन्होंने राम राज्याभिषेक की ऐसी शुभ तिथि निश्चित की, जो अन्त में राम वनवास के रूप में परिणित हो गई।

## हनुमान

यह एक साधारण व्यक्ति थे। उन्होंने कोई बुद्धिमत्ता का कार्य नहीं किया। कहा गया है कि उन्हें जो यश तथा प्रसिद्धि प्राप्त हुई, वह केवल उनके उन आश्चर्यजनक कार्यों के लिए, जो तर्क के समक्ष क्षणमात्र भी नहीं ठहर सकते।

1. उन्होंने अन्यायपूर्वक लंका में आग लगा दी। उन्होंने अनेक असहाय व निर्दोष मनुष्यों का वध किया और इस प्रकार उन्होंने बहुत बड़ी बरबादी की।
2. सीता से वार्तालाप करते समय उन्होंने निर्लज्जता तथा असभ्यतापूर्ण शब्दों का प्रयोग किया था। यहाँ तक कि उन्होंने मनुष्य-लिंग (राम के लिंग) के विषय में भी सीता से बातचीत की थी, जो कि उन्हें स्त्रियों के समक्ष नहीं करनी चाहिए थी।

—सुन्दर कांड, सर्ग 35

## राजा बालि

राजा बालि किसी प्रकार भी मारने के योग्य नहीं थे।

1. वे अपने भाई को नहीं मारना चाहते थे।
2. सुग्रीव ने अनावश्यक रूप से उनके साथ झगड़ा खड़ा कर दिया था।
3. राजा बालि सम्भवत: निष्पाप थे, इस कारण उनका कोई दोष नहीं था।
4. वे अपनी स्त्री से सुग्रीव को न मारने की प्रतिज्ञा करके युद्धक्षेत्र में गए थे।
5. वे बहुत धैर्यवान तथा शक्तिशाली थे।
6. वे सच्चे, खरे व न्यायी थे।
7. कोई भी मनुष्य यहाँ तक कि अकेले राम भी उनके साथ आमने-सामने युद्ध करने में असमर्थ थे।
8. वे बहुत से महान व्यक्तियों के प्रिय मित्र थे।
9. उन्हें राम को सच्चा पुरुष समझने में भ्रम हो गया था।
10. राजा बालि की मृत्यु पर सुग्रीव ने उनके गुणों की प्रशंसा की थी और कहा था कि "मैं अपने ऐसे भाई को खो कर जीवित नहीं रहना चाहता, अब मैं चिता में जल कर भस्म हो जाऊँगा।"
11. राजा बालि जैसे योग्य पुरुष को मार डालने का कार्य धर्मसंगत बताने के लिए राम ने कहा था कि "पशुओं को मार डालने में धर्म का विचार नहीं करना चाहिए।" क्या राजा बालि पशु थे?

## सुग्रीव

1. उन्होंने अपने भाई को धोखा दिया था।
2. वे केवल अपने भाई को मार डालने हेतु राम के दास बने।

## अंगद

1. अंगद में आत्म-सम्मान की भावना नहीं थी। उन्होंने उन राम से मित्रता की, जिन्होंने उनके पिता को मार डाला था।
2. वे अपने चाचा सुग्रीव के प्रति शुभेच्छु नहीं थे और न उनसे प्रेम करते थे।
3. उन्होंने स्वयं का ज्ञान न रखनेवाले गुलाम के समान व्यवहार किया।

## विभीषण

1. अपने भाई रावण की मृत्यु का कारण बन कर लंका का राजा स्वयं बन जाने के लालच से प्रभावित होकर उन्होंने अपने पारिवारिक शत्रु राम को आत्म-समर्पण कर दिया था।
2. जब इन्द्रजीत से पराजित होकर राम व लक्ष्मण धराशायी हो गए, तब अपना दुःख प्रकट करते हुए उन्होंने कहा कि "राम व लक्ष्मण की शक्ति पर भरोसा करके मैं अपना भविष्य बनाने के लिए उनके पास आया था, किन्तु अब मेरी सम्पूर्ण आशाओं पर पानी फिर गया। राज्य खो दिया। दूसरे मैं आपत्ति में फँस गया। मेरे शत्रु रावण की प्रतिज्ञा पूरी हो जाने के कारण वह प्रसन्न हैं।" इस प्रकार उन्होंने लंका का महाराजा बनने के लालच को स्पष्ट प्रकट किया था।

—युद्ध कांड, सर्ग 49

3. हनुमान, सुग्रीव तथा अन्य जनों ने राम से उक्त संकेत किया था।
4. राम ने भी, जो इस बात को जानता था, कहा था कि "मुझे ऐसे ही नीच मनुष्य की आवश्यकता है।"

—युद्ध कांड, सर्ग 17

5. रावण के जीवित रहते ही राम ने उन्हें राजा बना दिया था व उन्होंने उसे प्रसन्नतापूर्वक स्वीकार कर लिया था।

—युद्ध कांड, सर्ग 18

6. इसके परिणामस्वरूप उन्होंने राम को बहुत से गुप्त भेद बताए।
7. उन्होंने अपने आपको राम के हवाले कर दिया और अपने भाई को केवल यह बहाना बनाकर कि मेरा भाई रावण सीता को हर लाया है, धोखा दिया। लंका का राजा स्वयं बन जाने के वास्तविक कारण ने ही उन्हें ऐसा करने को विवश किया था, न कि इस कारण से कि वे सच्चे और न्यायी थे—यह कैसे?
8. उन्होंने रावण की वाटिका में अनधिकृत रूप में प्रवेश करते हुए व वहाँ जानवरों का शिकार करते हुए राम पर कोई ध्यान नहीं दिया था।
9. जब उनकी बहन सूर्पणखा व अन्य सम्बन्धित स्त्रियों के नाक, कान व स्तन काट डाले गए तथा कुछ स्त्रियाँ मार भी डाली गईं, तब उनका खून नहीं खौला और न उन्हें कोई बेचैनी हुई।
10. ऐसी भयानक भूलों के कर्ता विभीषण को एक सच्चा, न्यायी और वीर मनुष्य मानकर उनकी प्रशंसा करना एवं भाई रावण से, जिन्होंने पूर्ण-रूप से अपनी अधीनता में हो गई सीता के साथ सम्मानपूर्वक बर्ताव किया,

एक दुष्ट मनुष्य की भाँति घृणा करना। इन सब बातों में महाराजा रावण को अनुचित रूप से दबाना, लंका के राज्य को अपने अधिकार में कर लेने की दूरन्देशी है।

ये सब बातें स्वार्थ एवं विचारों की संकीर्णता के अतिरिक्त और क्या हो सकती हैं?

## महाराजा रावण

1. राजा रावण में नीचे लिखी विशेषताएँ थीं—
   (1) एक महान विद्वान,
   (2) बहुत बड़ा सन्त,
   (3) वेद शास्त्रों का ज्ञाता,
   (4) अपने सम्बन्धियों व प्रजा का दयालुतापूर्वक पालनकर्ता,
   (5) वीर योद्धा,
   (6) शक्तिशाली पुरुष,
   (7) शूरवीर सिपाही,
   (8) पवित्र आत्मा,
   (9) परमात्मा का प्रिय-पुत्र,
   (10) वरदानी पुरुष।

वाल्मीकि ने स्वयं रावण की उपरोक्त दस विशेषताओं का वर्णन किया है तथा उनकी प्रशंसा कई स्थलों पर की है।

2. रावण की सम्पूर्ण प्रभुता व सम्पन्नता से द्वेष रखनेवाला कमीना भाई विभीषण उनकी मृत्यु का कारण बना। रावण शीघ्र मारे गए, तो भी विभीषण उनकी अन्त्येष्ट-क्रिया पर मन मसोस कर अन्दर-ही-अन्दर दुखी होकर उनके योग्यतापूर्ण गुणानुवाद करता हुआ, उनके शव पर गिर पड़ा और कहा कि "आप न्याय करने में कभी असफल नहीं रहे तथा आपने सदैव महान पुरुषों का सम्मान किया।"

   —युद्ध कांड, सर्ग 111

3. अपनी बहन सूर्पणखा के प्रति की गई असहनीय दुष्टता और अपमान से कुपित होकर उसके प्रतिकार स्वरूप रावण सीता को लंका में ले गए थे। सीता के प्रति अनुचित प्रेम होने के कारण नहीं, न दूसरे की स्त्री का सतीत्व भंग करने के उद्‌देश्य से।
4. हनुमान ने स्वयं रावण के प्रेम के विषय में सफाई देते हुए कहा कि "रावण के महल की सभी स्त्रियों ने स्वेच्छापूर्वक उनकी रानियाँ होना

स्वीकार किया था। उन्होंने किसी भी स्त्री को बिना उनकी इच्छा के छुआ तक नहीं।"

—सुन्दर कांड, सर्ग 9

5. रावण देवताओं और ऋषियों से घृणा करते थे। क्यों? क्योंकि ये यज्ञ के नाम पर छल-कपटपूर्ण स्व-धर्म नियमानुसार गूँगे पशुओं को आग में बलि देकर हृदय-विदारक जघन्य-अपराध करते थे। ये किसी अन्य कारणों से घृणा नहीं करते थे।

वाल्मीकि ने खुद कहा है कि "रावण एक सज्जन पुरुष थे। वे सुन्दर व उत्साही थे। किन्तु जब वे ब्राह्मणों को यज्ञ करते हुए व सोम रस पीते हुए देखते थे, तब उन्हें दंड देते थे।"

6. वाल्मीकि ने कहा है कि राम व लक्ष्मण के द्वारा सूर्पणखा के प्रति किए गए दुर्व्यवहार के दुष्परिणाम स्वरूप गम्भीर चिढ़ तथा अनुत्तरदायित्व पूर्ण उकसाए जाने पर भी रावण ने अपनी बहन सूर्पणखा के प्रतिकार स्वरूप सीता की छातियाँ, नाक और कान नहीं काटे।
7. पूर्व आयोजित ध्येयानुसार सीता को एकांगी जंगल में छोड़ दिया गया था, ताकि सीता को रावण द्वारा ले जाए जाने में सुविधा हो, क्योंकि सीता की भी यही अभिलाषा थी कि रावण उन्हें ले जाए। इसीलिए उन्होंने तैयारियाँ भी की थीं। इस विषय पर कई अनुवादकों की व्याख्या से यह दृष्टिकोण स्पष्ट हो जाता है।

उन्होंने अपने मंत्रियों की जो सभाएँ आमंत्रित की थीं, उनमें हुए विचार-विमर्श उनके दयाशील शासन के उदाहरण हैं।

**संकेत :** रामायण में चरित्र, आचरण और योग्यता का निरूपण वाल्मीकि द्वारा निर्मित 'रामायण' तथा स्वयं ब्राह्मणों द्वारा तमिल भाषा में अनुवादित पुस्तकों पर आधारित है। इससे पाठक विश्वास कर लेंगे कि 'रामायण' के वे आदर्श-चरित्र, जिनको पाठक ग्रहण किए हुए हैं। स्पष्ट और संक्षिप्त बात यह है कि 'रामायण' में ठीक तथा उचित विचारकों को अयोग्य, अधर्मी और इसके विपरीत मिथ्यावादी, विश्वासघाती एवं गुंडों को ऊँचा उठाया गया है। सम्मानित किया गया है। उनमें स्वर्गीय शक्ति मानी गई है।

इस पुस्तक का उद्देश्य इन मिथ्या विचारों को भोले-भाले मनुष्यों से हटाना तथा यह बताना है कि केवल भेस से कोई साधु नहीं हो सकता है।

## बंगाली रामायण

'बंगाली रामायण' के 'लंकावतार-सूक्त' में वर्णन किया गया है कि रावण 'द्रविड़' महाराजा थे, जिन्होंने बौद्ध धर्म स्वीकार कर रखा था और वे 'अरस्तू' तथा 'प्लेटो'

के समान दर्शनशास्त्र के महान ज्ञाता थे। चूँकि बौद्ध-साहित्य में रावण की अति प्रशंसा की गई है इसी कारण ब्राह्मणों तथा पंडितों द्वारा निर्मित 'रामायण' में उनकी अनुचित ढंग से आलोचना तथा निन्दा की गई है। रामायण में 'कीरथवास' नामक विद्वान ने कहा है कि राजा रावण प्रेम एवं सम्मानपूर्वक अपने देश में शासन करते थे।

राजा रावण ने रणक्षेत्र में मरते समय राम को अपने पास बुलाकर दयालुता के सिद्धान्तों तथा राम द्वारा उनके साथ किए गए छल-कपटपूर्ण युद्ध के विषय में उनके कानों में बताया था। इस प्रकार हम 'कीरथवास रामायण' में पाते हैं कि राजा रावण सत्यता का उपदेश देते थे और वे न्यायी थे। (पृ., 124)

## 'रामायण' काल के मादक पेय पदार्थ

डॉक्टर एस.एन. व्यास ने दिल्ली में दिनांक—15 अगस्त, सन् 1954 ई. में 'कारवाँ' नामक प्रकाशित पुस्तिका में रामायण काल के मादक पेयों का वर्णन किया है।

1. किथ्यसुरा—यह कुछ वस्तुओं को उबाल कर बनाई जाती है।
2. मीराय्या—यह मसालों से तैयार की जाती है।
3. मद्य—यह बेहोश तथा मतवाला बना देनेवाला पेय पदार्थ है।
4. मन्धा—यह साधारण मादक पेय पदार्थ थी। यह पितमन्ध भी कहलाती थी। यह अधिक नशीली नहीं होती थी। इसे पीना सभी पसन्द करते थे।
5. सुरा या सुराबानम—यह उपरोक्त पेयों से भिन्न थी। यह कृत्रिम विधि से निथार कर बनाई जाती थी तथा यह प्राकृतिक मादक पेय थी। यह सर्व-साधारण का पेय पदार्थ थी। पुराणों में इसके विषय में बहुत वर्णन है।
6. सिन्धु—यह गुड़ के शीरे से बनाई जाती थी।
7. सब्वोकाक—यह धनहीनों की पेय थी।
8. वारुणी—यह सभी पेय पदार्थों में सबसे कड़ी व गहरी होती थी। इसे पीते ही लोग लड़खड़ाने लगते थे और धनवान ही इसका प्रयोग करते थे।

## राम और सीता के चरित्र

'वाल्मीकि रामायण' के आधार पर श्री पेरियार इरोड वेंकट रामास्वामी द्वारा संगृहीत...।

ब्राह्मणों के साथ-ही-साथ छापाखाने (प्रिंटिंग प्रेस) भी हम लोगों के 'रामायण' में वर्णित मिथ्या तथा दुराचारपूर्ण बातों के प्रकट करने में हमारे शत्रु हैं। उनके समाचार-पत्रों में जो कुछ मैं तर्कपूर्ण बातें उपस्थित करता हूँ, बिना उससे सम्बन्धित तर्कपूर्ण सन्दर्भ को प्रकट करते हुए [मेरे लिखे हुए] समाचार के एक या दो पन्ने फाड़ कर [शेष अधूरे लेख को] भोलेपन से यह छपवा देंगे कि "पेरियार इरोड

वेंकट रामास्वामी कहते हैं कि "राम गुंडा तथा सीता वेश्या थी" इसका अर्थ क्या है? इसका तात्पर्य केवल यह है कि भ्रमोत्पादक काट-छाँट और [भ्रमोत्पादक] तर्क से लोगों को हमारे विरुद्ध खड़ा करना।

रामायण केवल कपोल-कल्पित गप्प है। यह ईश्वर की कथा नहीं है, जैसा कि सर्व-साधारण लोगों द्वारा समझी जाती है। इस बात को बहुत पुरुषों द्वारा स्वीकार किया गया है। श्री गांधी ने स्वयं कहा था कि "मेरा 'राम' 'रामायण' के 'राम' के समान नहीं है।"

श्री टी.के. चिदम्बरनाथ मुदालियर, जिनका उन्हें चिढ़ानेवाला उप-नाम 'कलियुग कम्बा' है, ने घोषणा की है कि 'रामायण' कोई स्वर्गीय कथा नहीं है। सेठ 'बिड़ला' जैसे धनवान एवं विद्वानों की सहायता से संचालित बम्बई की 'भारत इतिक्षा समाधि' के सदस्यों ने 'वैदिक युग' नामक स्वलिखित पुस्तक में वर्णन किया है कि किसी भी 'पुराण' की न कोई ऐतिहासिक पृष्ठभूमि है, न वे शिक्षाप्रद हैं, न उनके पात्रों के चरित्र अनुकरणीय हैं। केवल मिथ्या गप्प हैं। श्री सी. राजगोपालाचार्य ने घोषित किया है कि "वे ईश्वर नहीं हैं, वे केवल एक योद्धा हैं।"

## क्या राम ईश्वर के अवतार हैं?

अनुसन्धान के अन्य विद्यार्थी तथा विद्वान इसी विचार के समर्थक हैं। वे राम को न तो ईश्वर का अवतार मानते हैं और न 'रामायण' को इस प्रकार स्वर्गीय-पुरुष का जीवन-इतिहास। वाल्मीकि के साथ-ही-साथ मौलिक 'रामायण' के अन्य लेखकों ने भी अपनी पुस्तक में राम को उतना सम्मानित नहीं किया है, जितना कि उन्हें ईश्वर का अवतार मानकर सम्मानित किया जाना चाहिए था।

सर्वप्रथम उद्गम पृष्ठभूमि जहाँ से कथा प्रारम्भ होती है, अनर्थक तथा हास्यास्पद है। यहाँ वर्णन किया गया है कि विष्णु ने 'बिरहू' मुनि की स्त्री को मार डाला। उसके दुष्परिणाम स्वरूप मुनि ने उन्हें शाप दिया कि "तू भविष्य में मनुष्य के रूप में पैदा होगा और तेरी स्त्री हर ली जाएगी। और इस प्रकार मेरी भाँति तू भी स्त्री-वियोग का दारुण दुःख सहेगा।" एक कथा तो इस प्रकार है।

दूसरी कथा इस प्रकार चलती है कि वही विष्णु जलन्धर की पत्नी 'वृन्दा' पर मोहित हो गए और वे उनके पति जलन्धर को छल-कपटपूर्वक मार डालने में सफल हो गए, तब उन्होंने जलन्धर का भेस धारण कर उनकी स्त्री का सतीत्व लूटा। विष्णु द्वारा इस प्रकार ठगी जाने का रहस्य जानकर जलन्धर की स्त्री ने उन्हें शाप दिया कि "ठीक यही रहस्य घटना तुम्हारी स्त्री के प्रति हो।" इसी शाप के फलस्वरूप उसे पृथ्वी पर पुनर्जन्म ग्रहण करना पड़ा।

तीसरी कथा का स्रोत इस प्रकार है कि एक बार विष्णु अपनी 'थिरूमगल' नाम की पत्नी के साथ दिन-दहाड़े रति क्रिया में निमग्न थे। उसी समय शिव का प्रधान

गण वहाँ आ पहुँचा। इस पर तनिक भी ध्यान न देते हुए विष्णु अपने विषय-भोग में लगे रहे। अपने इस अपमान से कुपित होकर, वह गण नन्दी के पास गया और अपने अपमान का सम्पूर्ण समाचार शिव से निवेदन किया। इस पर शंकर ने उन्हें शाप दिया कि वे पुनः पृथ्वी पर जन्म लें और अपनी स्त्री के हरण किए जाने का शोक सहन करें। इस कारण उन्होंने पृथ्वी पर पुनः अवतार लिया।

राम के पृथ्वी पर अवतार धारण करने के कारण कितने निरर्थक तथा हस्यास्पद हैं।

अब हमें उस परिवार को देखना है कि जिसमें राम ने अवतार लिया। राम के पिता राजा दशरथ को अपनी तीन राजवंशीय स्त्रियों के अतिरिक्त साठ हजार स्त्रियाँ थीं। यह वे आदर्श कहे जानेवाले पिता हैं, जिनके पुत्र राम हुए। 'रामायण' में वर्णन किया गया है कि राम, लक्ष्मण, भरत व शत्रुघ्न यज्ञ की विधिवत सम्पूर्ति और समाप्ति के फलस्वरूप पैदा हुए।

अब हम यज्ञ की विशेषताओं पर ध्यान दें। कई प्रकार की चिड़ियाँ, जानवर, कीड़े-मकोड़े और जंगली जानवर मारे जाते थे और इन सभी मृत जीवों को आग में भून कर कबाब बना दिया जाता था और ब्राह्मण लोग उसे खाते थे। तत्पश्चात् दशरथ की तीनों स्त्रियाँ उन पुरोहितों को सौंप दी गईं, जिन्होंने यज्ञ किया था।

'रामायण' के अनुवादक जंगल निवासी पंडित मन्मथनाथ दातार लिखते हैं कि कौशल्या ने बड़ी उत्सुकतापूर्वक एक घोड़े के तीन टुकड़े कर डाले और बिना किसी मनोव्यथा के उस मृत घोड़े के साथ सम्पूर्ण रात बिता दी। 'होता', 'अद्धवर्यु' व 'उद्गाता' (युक्ध या युक्थ) और अन्य 'रिकविका' पुरोहितों ने तीनों रानियों के साथ सम्भोग किया। इस प्रकार दशरथ के पुत्रों की जन्म-कथा है।

क्या कोई अवतार लेने का ढंग है? क्या कोई कथा इस प्रकार बेढंगे तरीके से लिखी जानी चाहिए?

## दशरथ का कमीनापन

कौशल्या देश के मूर्खतापूर्ण उद्देश्य एवं प्रयत्नों पर राम को राजगद्दी देने तथा तत्सम्बन्धी प्रबन्धों पर यदि हम विचार करते हैं तो दशरथ का कमीनापन प्रकट हो जाता है। भरत को उनके नाना के यहाँ भेज दिया गया था और लगभग दस वर्ष तक नहीं बुलाया गया था, ताकि कहीं ऐसा न हो कि उनकी उपस्थिति राम के राज्याभिषेक में रोड़ा न बन जाए। इसीलिए राज्याभिषेक का शीघ्र प्रबन्ध कर दिया गया था। कैकय देश के राजा को कोई आमंत्रण नहीं दिया था। इस उत्सव की सूचना भरत को भी नहीं दी गई थी।

दशरथ ने अपनी गुप्त वार्ता में राम से कहा था कि भरत का अपने नाना के घर में होने के कारण उनकी अयोध्या में अनुपस्थिति तुम्हारे राज्याभिषेक के निर्विघ्नतापूर्वक

हो जाने के पक्ष में है। यह काम भरत के लौट आने के पहले ही हो जाना चाहिए। कल ही यह कार्य होना है, तुम्हारे मित्र तुम्हारी रक्षा करेंगे, ताकि आज रात को कोई अप्रिय घटना न होने पाए। राजवंशीय लोगों के साथ-ही-साथ सभी लोग इस उत्सव पर प्रसन्न थे।

कैकेयी तक, जो कि राम तथा भरत को समान रूप से चाहती थीं, दशरथ द्वारा अन्धकार में रखी गई थीं। तो भी दशरथ के कपटपूर्ण प्रबन्ध को जान कर उन्होंने स्वयं हठ किया कि "भरत को राजगद्दी दी जाए और राम को वनवास।" कैकेयी को बिना सूचना दिए इस मामले को गोपनीय रखने के लिए दशरथ ने उन्हें कोई समुचित उत्तर नहीं दिया, बल्कि निर्लज्जतापूर्वक कैकेयी के चरणों में गिर पड़े और गिड़गिड़ाते हुए कहने लगे कि "ये दोनों वरदान न माँगो।" दशरथ ने कैकेयी पर दोषारोपण किया कि उन्होंने उत्सव सम्बन्धी सभी योजनाओं को विफल कर दिया।

दशरथ ने राम को गुप्त रूप से बताया कि "मेरी इच्छा तुम्हें वनवास भेजने की नहीं है, किन्तु यह सब केवल प्रकट रूप से दिखाने के लिए है कि मैं कैकेयी के प्रति किए गए वचनों को पूरा करने के लिए तैयार हूँ।" आगे दशरथ ने राम को यह भी उकसाया कि "तुम मेरी आज्ञाओं को न मानकर गद्दी पर अधिकार कर सकते हो।" वे चाहते थे कि राज्य का सभी खजाना, सेना व सामान आदि राम के साथ वन जाए।

कैकेयी के साथ विवाह करते समय दशरथ ने उन्हें वचन दिया था कि उनसे उत्पन्न पुत्र को ही अयोध्या की राजगद्दी दी जाएगी। अपने इस न्यायसंगत वचन का खंडन कर उन्होंने राम को राजगद्दी देने की योजना बना डाली और यह जानते हुए कि अयोध्या के राज्य अधिकारी भरत हैं। सत्यवादी व न्यायी परमात्मा राम राजगद्दी लेने को तैयार हो गए थे। दशरथ के गुरु, मंत्रिगण—सुमंत्र व वसिष्ठ आदि ने भी दशरथ को धर्म-विरुद्ध परामर्श दिया। दशरथ द्वारा राम को वनवास की घोषणा कर दिए जाने के पश्चात् लक्ष्मण अपने पिता दशरथ पर कुपित हुए और बोले कि "मैं आपको मार डालूँगा।" कौशल्या ने भी अपने पुत्र राम से दशरथ की आज्ञा न मानने तथा अयोध्या में रहने की बात कही थी।

## एक साधारण श्रेणी में राम

इस प्रकार 'रामायण' में कई स्थलों पर राम को साधारण कोटि का मनुष्य कहा गया है।

जहाँ तक राम की विशेषताओं का सम्बन्ध है, हमें यह कहना पड़ता है कि उन्होंने अबोध 'ताड़का' का छल से कठोरतापूर्वक वध कर दिया, क्योंकि वे अपने राज्य में अनधिकृत रूप से प्रवेश करके वहाँ पर यज्ञ सम्पादन करनेवाले पुरोहितों को ऐसा करने के लिए मना करती थीं।

जब राम वनवास जाने को थे, तब उन्होंने गम्भीर दुःख का अनुभव किया और उन्होंने अपनी माता व स्त्री को बताया कि "जो राज्य मुझे मिलनेवाला था, वह मेरे हाथों से निकल गया और मुझे वनवास दे दिया गया है।"

राम ने लक्ष्मण से वनवास में कहा था कि "क्या कोई ऐसा मूर्ख होगा जो कर्तव्यपरायण तथा आज्ञापालक अपने पुत्र को वन में भेज दे?" इस प्रकार अयोध्या का राज्य न मिल सकने के कारण शोक-निमग्न राम ने अपने पिता को निन्दनीय शब्द कहे।

वनवास में राम ने सूर्पणखा के कान और नाक काट लेने का अपराध किया, क्योंकि वे उनसे प्रेम करती थीं। वन में आकर राक्षसों का वध करने के निश्चय को अपना लक्ष्य बना कर उन्होंने स्वेच्छापूर्वक व्यर्थ में लड़ाई मोल ली। सुग्रीव की भलाई के लिए उन्होंने आड़ में छिप कर कायरतापूर्वक राजा बालि को मारा। बालि ने राम के प्रति कोई बुरा व्यवहार नहीं किया था। इस बात को भली भाँति तथा पूर्णतया यह जानते हुए कि "दुष्ट और विश्वासघाती विभीषण अपने भाई रावण का वध करवाकर स्वयं लंका का राज्य हथियाने के कपटपूर्ण उद्देश्य से मेरी शरण में आया है।" राम ने लंका पर राज्य करते हुए महाराजा रावण का वध करके विभीषण को वहाँ का राजा बनाया था।

## राम के कपटपूर्ण विचार

सम्पूर्ण 'रामायण' में देखा जा सकता है कि राम— ठग, पाखंडी, छली, कपटी, दुष्ट और अपराधी था। उसे अपने स्वार्थ की सिद्धि के लिए कोई भी घृणित कार्य करने पर उतारू हो जाने के उद्देश्य से तैयार कर दिया गया था।

जब सीता उनके साथ वन जाने को तैयार थी, तब राम ने अपनी इच्छा प्रकट की थी कि "तुम भरत की सभी प्रकार की इच्छानुसार अयोध्या के महलों में रहो, क्योंकि इस प्रकार हम कुछ अधिक प्राप्त कर सकने में सफल हो सकेंगे।" इस पर सीता ने राम पर क्रोध करते हुए फटकारा और कहा कि "आप कायर तथा अशक्त हैं। आप मनुष्य के भेस में स्त्री हैं। मेरे पिता ने मेरा विवाह आपके साथ किया है। आप अपनी स्त्री को दूसरों को सौंपकर अनुचित जीविका-पैदा करनेवाले मनुष्यों में से हैं।" इस पर राम ने अपने असली विचारों को छिपाते हुए कहा कि "मैं केवल तुम्हारे मन की स्थिति का परीक्षण कर रहा था।" तब वे उन्हें अपने साथ वनवास को ले गए।

जब कभी राम वनवास में अनुभव करते कि भविष्य में कोई अप्रिय घटना होनेवाली है, तब वे कैकेयी पर बुरी तरह से दोषारोपण करते थे कि "मेरे दुःख से अब कैकेयी सुख व प्रसन्नता का अनुभव करती होगी।" वे मन-ही-मन असन्तुष्टतापूर्वक बड़बड़ाया करते थे कि "मैं कहाँ वन में चला आया हूँ। मेरे पिता वृद्ध हो गए हैं।

अब भरत पूर्णरूपेण स्वतंत्रतापूर्वक राज्य कर रहे होंगे। उनके विरुद्ध कोई कुछ नहीं कह सकता है।"

आगे राम ने और क्या किया? शूद्र होकर तपस्या करने के कारण उन्होंने शम्बूक का वध किया। ऐसे अयोग्य, नीच, छली व अपराधी व्यक्ति को 'ईश्वर' का अवतार कैसे माना जाए? धूर्त ब्राह्मणों ने ठग, झूठे, अशक्त, अयोग्य व चरित्रहीन एक साधारण व्यक्ति को 'ईश्वर' बताकर हम लोगों को उनसे प्रेम करने और उनकी पूजा करने को बाध्य किया है। क्या यह उचित नहीं है कि हम लोगों की समझ और बुद्धि पर जो मिथ्या बातें बलपूर्वक लादी गई हैं, हम उनका गम्भीरतापूर्वक आस्था की जगह बुद्धि से निरीक्षण करें।

ये राम के चरित्र हैं!

## सीता की पैदाइश

अब हमें सीता की ओर अपना ध्यान आकर्षित करना चाहिए। उन्हें सम्पूर्ण 'रामायण' में कुलीन वंश के उचित गुणों-रहित एक साधारण स्त्री माना गया है। उनके माता-पिता में सन्देह है। नहीं पता कि उनके माता-पिता कौन हैं?

ऐसा वर्णन किया गया है कि राजा जनक ने हल चलाते हुए उन्हें पृथ्वी में पाया था। उन्हें कलंक से बचाने के लिए साहित्यिक भाषा का प्रयोग करते हुए वर्णन किया गया है कि वे महालक्ष्मी पैदा भी नहीं हुईं बल्कि वे पृथ्वी पर स्वयं एक बालिका के रूप में प्रकट हुईं।

उनके माता व पिता के विषय में सन्देह होने के कारण पूर्ण यौवनावस्था प्राप्त कर चुकने के पश्चात् भी वे कई वर्षों तक कुँवारी बनी रही थीं। उन्होंने इस बात को वन में दुख प्रकट करते हुए स्वयं स्वीकार किया था। क्या कहा जाए। महालक्ष्मी का जन्म भी निराधार तथा हास्यास्पद है। 'रामायण' की सम्पूर्ण कथा में उनके चरित्र के विषय में कोई प्रशंसनीय बात नहीं है।

## सीता की मूर्खता

जब राम के वनवास जाने का निश्चय किया जा चुका था, तब सीता ने कहा कि मेरे विषय में भविष्य-वक्ताओं ने पहले ही कहा था कि मुझे वन में रहना होगा। उन्होंने यह भी कहा कि मैं अपने पति के साथ वनवास जाना चाहती हूँ। राम और लक्ष्मण वल्कल वस्त्र धारण किए हुए थे, किन्तु सीता ने वह भेस पसन्द नहीं किया।

इस पर दशरथ ने आज्ञा दी कि आवश्यक वस्त्र और उत्तम आभूषण जितने चौदह वर्ष के लिए पर्याप्त हों, सीता के प्रयोग के लिए उनके साथ भेज दिए जाएँ।

उन्होंने अति प्रसन्नतापूर्वक उन्हें पहना और अपने आपको सुन्दरतापूर्वक सुसज्जित किया, किन्तु पति का तापस-भेस और उनकी स्त्री का राजवंशीय-भेस।

इस प्रकार से वनवास को चल दिए। चूँकि दशरथ ने केवल राम को वनवास दिया था, सीता को नहीं, इसलिए वन जाते समय वसिष्ठ, सुमंत्र व अन्य पुरुषों ने सीता को वन जाने से रोका। किन्तु इस पर कैकेयी सहमत नहीं हुईं।

अत: उन्हें अपने पति के साथ जाना पड़ा।

इस प्रकार सती तथा आदर्श कहलानेवाली सीता के कार्य-कलाप यहीं पर समाप्त नहीं हो जाते। राम की माता अर्थात् सीता की सास ने सीता को उत्तम आभूषणों व बहुमूल्य वस्त्रों की ओर रुचि देखकर यह कहते हुए उन्होंने सीता को शिक्षा दी कि "अपने पति की प्रेम-पात्र होने योग्य काम करो, मतिहीन न बनो।" इस पर सीता ने अपनी सास को तपाक से उत्तर दिया कि "मैं प्रत्येक बात जानती हूँ। मुझे आपसे सीखना कुछ भी अब शेष नहीं है।"

सीता के लिए भरत के साथ रहने की इच्छा प्रकट करते हुए राम ने सीता से कहा कि "तुम भरत के साथ रहो।" इस पर उन्होंने राम को निन्दनीय उत्तर दिया कि "मैं उन (भरत) के साथ नहीं रहना चाहती, जो मुझसे घृणा करते हैं।"

वनवास में जब कभी उन पर किसी कठिनता या अन्य कष्ट का सामना करना पड़ता, तब वे बुरी तरह से कैकेयी पर दोषारोपण किया करती थीं।

## सीता के वचनों से शक्तिशाली भी काँपता

जब राम ने मृग का पीछा किया व मृग अति पीड़ा से चिल्लाया—सीता! लक्ष्मण!! तब सीता ने लक्ष्मण से राम के पास जाने तथा उनकी सहायता करने को कहा। इस पर लक्ष्मण ने उत्तर दिया कि "मेरे भाई के ऊपर कोई दु:ख नहीं आ सकता।" इस पर वे क्रोधित होकर उबल पड़ीं और लक्ष्मण पर दोष लगाया कि क्या राम की मृत्यु हो जाने पर तुम मुझे फुसलाना और पथ-भ्रष्ट करना चाहते हो? क्या तुम इसी उद्‌देश्य से वन में आए हो? मैं तुम्हें जानती हूँ और भरत ने मुझे बिगाड़ने का षड्यंत्र रचा है।

इस पर शक्तिशाली लक्ष्मण काँपने लगे और उन्होंने उनसे हाथ जोड़कर कहा कि "हे माता! मैंने आपके पैरों के अतिरिक्त आपका अन्य कोई अंग नहीं देखा है। कृपा करके ऐसी बात न करें। सीता ने इस कमी को कैसे पूरा किया? उन्होंने पुन: लक्ष्मण से प्रश्न किया कि क्या तुम मुझ पर अपनी आँखें गड़ाए रह कर केवल समय व्यतीत करना चाहते हो?

जगत माता तथा देवी के मुख से निकले हुए उपरोक्त शब्दों को सुनिए। एक शक्तिशाली स्त्री भी इस प्रकार बातें कर सकती है, तो भी सीता ने ऐसे शब्द कहे

और वे शक्ति-शालिनी स्त्री सर्वव्यापी एवं त्रिकालदर्शी की अर्द्धांगिनी कही जाती हैं। वे लोगों को आदर्शमय जीवन व्यतीत करने हेतु शिक्षा देने के लिए अवतरित समझी जाती हैं। सीता के जीवन की महत्ता इतनी ही नहीं है, जितनी यहाँ की गई है किन्तु अभी बहुत कुछ और भी है।

## रावण द्वारा सीता की सुन्दरता की प्रशंसा

सीता रावण को भोजन भी परोसती थीं।

सीता की तुच्छता पर कुपित होकर उनमें कोई सुशीलता तथा महानता न पाकर लक्ष्मण ने उनसे मुख मोड़ लिया था। रावण मानो अपनी पूर्व आयोजित योजनानुसार साधु भेस में शीघ्रतापूर्वक प्रकट हुए। सीता ने उनका हृदय से सत्कार किया।

इस पर रावण सीता की आँखों, बातों, चेहरे तथा जंघाओं की प्रशंसा करने लगे और उनके स्तन की तुलना नारियल से करने लगे। वे सीता के शरीर की प्रशंसा करते हुए कहने लगे कि ज्यों-ज्यों मैं आपके अंगों-प्रत्यंगों को देखता जाता हूँ, त्यों-त्यों अपने आपको सँभालने में असमर्थ हो जाता हूँ। आपकी सुन्दरता मेरे हृदय पर खरोंचे डाल रही है, जैसे—नदी का कोई नाला नदी के किनारे को खरोंच डालता है।

इस प्रकार यह सीता के एक-एक अंग की प्रशंसा करता रहा। यदि वास्तव में सीता आदर्श चरित्र वाली सती होतीं तो वह प्रत्येक की ईर्ष्या का कारण बन जाती। उन्होंने क्या किया है? क्या कोई मनुष्य हमारी स्त्रियों से इस प्रकार की बातें कर सकता है? और यदि ऐसा करता है तो क्या वह बच सकता है? किन्तु सीता ने क्या किया? रावण द्वारा अपने शरीर की सुन्दरता का बखान सुन कर निहाल सीता रावण को खाना परोसती थी।

## सीता अपने को युवती बताकर राजा रावण से अवस्था छिपाई थी

सीता खाना परोसने के पश्चात् रावण से बाते करती थी कि मैं जनक की पुत्री और राम की स्त्री हूँ...। उन्होंने रावण को अपनी वास्तविक अवस्था से कम अवस्था बताई थी। जब वह वन में आई और रावण से बातें कर रही थी, तब वह तेरह वर्ष की थी। उन्होंने पुनः उसे बताया कि मेरा विवाह हो जाने के बाद मैं बारह वर्ष अयोध्या में रही। उन्होंने पुनः कहा कि जब मैं वनवास में आई, तब मैं अठारह वर्ष की थी।

यह कैसी अनुकूलता है? वह अपने विवाह के पश्चात बारह वर्ष अयोध्या में रही। उनके शब्दों के अनुसार पूर्ण यौवनावस्था को प्राप्त हो चुकने के कई वर्ष बाद कुँआरी दशा में वह अपने पिता के घर रहीं, किन्तु रावण के सम्मुख जो कुछ उन्होंने

कहा, उसके अनुसार उसका विवाह छठवीं वर्ष में हो गया होगा। क्या सीता केवल छह वर्ष में यौवनावस्था प्राप्त कर सकती थी। छह वर्ष में यौवनावस्था को प्राप्त करने के पश्चात् कई वर्षों तक कुँआरी दशा में उसके अपने पिता के घर रहने की बात यदि स्वीकार कर भी ली जाए तो उसने इस प्रकार केवल 'हाँ, हूँ' क्यों की? यह केवल अपनी वृद्धावस्था को छिपाना है।

वह साधारण तौर पर पैंतालीस वर्ष की थीं। चूँकि युवती हो जाने के कई वर्ष बाद तक अपने पिता के घर रही, 'इसलिए विवाह के समय वह बीस वर्ष की रही होंगी।' (बारह वर्ष अयोध्या में, तेरह वर्ष वनवास में, बीस वर्ष अपने पिता के घर में। अत: इस प्रकार पैंतालीस वर्ष हो गए।)

लक्ष्मण ने भी यह बात दृढ़तापूर्वक कही थी कि सीता बड़े पेट वाली एक वयोवृद्ध स्त्री है। यह बात उसने कब कही? सूर्पणखा राम से प्रेम करती थीं, और उससे विवाह करना चाहती थीं। राम ने इस पर कहा कि मेरा विवाह पहले ही हो चुका है। तू कुँआरे लक्ष्मण के पास जा।

अत: वह उसके पास गई। किन्तु लक्ष्मण ने इस कारण से उससे विवाह करना इनकार कर दिया कि "मैं राम का दास हूँ।" और यह कहते हुए कि राम की स्त्री बड़े पेट वाली वृद्धा है, अत: तू उसी के पास लौट जा। वह तुझसे विवाह कर लेगा।

जैसा कुछ हो, कथा के अनुसार जब रावण सीता को मिले, तब वह सुन्दर, किन्तु वृद्धा थीं। वृद्धा होते हुए भी जब रावण आनन्द लेते हुए उनके अंगों-प्रत्यंगों की प्रशंसा करने लगे, तब उसने अपनी अवस्था क्यों छिपाई? पाठक इस पर विचार करें। क्या एक सती देवी शक्ति की कथा ऐसी ही है?

तत्पश्चात क्या हुआ? रावण ने अपने आपको प्रकट किया। ('कपट भेस उतार दिया' का तात्पर्य है पूर्ण परिचय दिया) और सीता से उसके साथ लंका को चलने को कहा। सीता ने ऐसा करने से इनकार कर दिया। रावण ने क्षण भर में एक हाथ से उसके बाल पकड़े तथा दूसरे हाथ से उसकी जाँघों को पकड़कर उठा लिया और अपनी जाँघों पर बैठाकर उसे ले गया। वह चिल्लाती हैं। इस प्रकार कथा चलती है।

## मेरा भौतिक शरीर कहीं, किन्तु मन तुम्हारे साथ

द्वितीय ध्यान देने योग्य बात यह है कि रावण को दो शाप दिए गए थे। प्रथम यह कि यदि वह किसी स्त्री को बिना उसकी आज्ञा के छुएगा तो वह वहीं भस्म हो जाएगा। द्वितीय यह कि उसके हृदय में किसी स्त्री के प्रति कुविचार उत्पन्न होते ही उसके सिर के सहस्त्रों टुकड़े हो जाएँगे।

तमिलनाडु के कवि कम्ब लिखते हैं कि रावण सीता को बिना अपने हाथों से स्पर्श किए जिस स्थान पर वह खड़ी थी, उस स्थान सहित उसे ले गया।

इन शापों के प्रमाण स्वरूप द्वितीय श्लोक में कहा गया है कि रावण वास्तविक सीता को नहीं ले गए थे, अपितु वह उसकी मायावी प्रतिमा-मात्र ले गए थे। किन्तु वाल्मीकि की मौलिक पुस्तक में स्पष्ट वर्णन है कि रावण सीता को अपनी गोद में दबाए हुए उनके शरीर को पूर्णतया स्पर्श करते हुए ले गए।

यदि इन शापों में कोई शक्ति होती तो सीता को ले जाते हुए रावण का शरीर और सिर मिट्टी में मिल जाता। किन्तु उसके प्रति कोई घटना न घटी। वह लंका में सुरक्षित पहुँच गए थे और वहाँ पहुँचकर उसने सीता को अपने महल के चारों ओर घुमाया। वहाँ भी रावण के प्रति कोई दुर्घटना न हुई। तब शाप का क्या अर्थ है? ('महाराजा रावण को ब्रह्मा का शाप' युद्ध कांड, 13 सर्ग व 'नलकूबर का शाप' उत्तर कांड, 25 सर्ग।)

कलकत्ता विश्वविद्यालय के सदस्य तथा बंगाली इतिहास के अनुसन्धान के प्रतिष्ठित विद्यार्थी राय साहब दिनेशचन्द्र सेन बी.ए. इस पर यह लिखते हैं कि मेरा यह मत है कि इस बात में कोई सत्यता नहीं है कि रावण सीता को बलात हर ले गए। मेरे इस निर्णय पर कट्टर हिन्दू धर्मावलम्बी व्यक्ति क्रोध से भड़क सकते हैं, किन्तु इस पर मैं अपना दृष्टिकोण परिवर्तित नहीं कर सकता।

यदि पाठक इस पुराण अर्थात् 'रामायण' की साहित्यिक सुन्दरता का पर्दा हटा दें, तो उसमें देखने को ढाँचा मात्र रह जाएगा।

लंका में सीता सहित बैठे हुए रावण ने उससे कहा—"सीते! लज्जा न करो! हमारा तुम्हारा मिलाप दैवी योजनानुसार है। इसका स्वागत सम्पूर्ण ऋषि और मुनि करेंगे।" इस पर सीता ने उत्तर दिया कि "आप मेरे शरीर का निश्चेष्ठ भोग कर सकते हो। मुझे अपने शरीर की चिन्ता नहीं।"

रावण को मारकर सीता सहित लौटते हुए राम ने सीता से पूछा कि "तुम रावण के संरक्षण में बहुत दिनों तक रही हो। उसने बिना तुम्हें स्पर्श किए तथा बिना तुम्हारे साथ सम्भोग किए, तुम्हें कैसे छोड़ा होगा?" सीता ने उत्तर दिया—"मैं क्या कर सकती थी। मैं एकाकी थी। दूसरे, मैं अबला स्त्री हूँ। वह शक्तिशाली है। मेरी स्वेच्छानुसार कोई काम नहीं हुआ है। मेरे शरीर के सिवाय मेरा मन तुम्हारे साथ था और रहेगा।"

उन्होंने कोई यथार्थ बात नहीं बताई। वह बगलें झाँक रही थी और उत्तर दिया—"मेरा अपने शरीर पर कोई अधिकार न रह गया था। किन्तु मैं अपने मन की पवित्रता के सम्बन्ध में आपको विश्वास दिला सकती हूँ।"

इन सुसज्जित शब्दों के साथ उसने उत्तर दिया। अन्त में, अयोध्या आ जाने पर राम ने सीता को जंगल में छोड़ने के बाद पुनः मिलन के समय राम ने सीता से उनके पूर्ण पवित्रता की शपथ ग्रहण करने को कहा। उसने ऐसा नहीं किया, किन्तु वह पृथ्वी में समाकर अलोप हो गई। दूसरे शब्दों में, उसने आत्महत्या कर ली।

## राम के अनुचर निन्दनीय हैं

जहाँ तक सीता के पति राम का सम्बन्ध है। वह पाखंडी, कपटी, विश्वासघाती, स्त्रीवत-निर्बल, किंबहुना, मेहरा और झूठा था।

उसका भाई लक्ष्मण उपद्रवी व प्रजा-पीड़क था, जिसने अपने पिता को मारने का साहस किया था। वह लुच्चा व लम्पट था जो गद्दी प्राप्त करने हेतु कोई भी कार्य करने में न हिचकिचाया।

साठ वर्ष की अवस्था के बाद भी उनके पिता भ्रष्ट थे। उन्होंने अपने पुत्रों को समान रूप से प्यार न करते हुए, एक को प्यार किया तथा दूसरे से घृणा की।

राम की माता अपने पति के प्रति कोई प्रेम नहीं करती थीं। यही बात सुमित्रा के विषय में थी। जब दशरथ मृत्यु-शय्या पर लेटे थे, तब निकट ही कौशल्या और सुमित्रा गम्भीर निन्द्रा-विभोर थीं। उनकी मृत्यु से शोकाकुल रोते हुए व्यक्तियों द्वारा वे जगाई गईं। इससे स्पष्ट है कि वे अपने पति के प्रति कितनी उदासीन रहती थीं।

सुग्रीव व विभीषण जिन्होंने अपने-अपने भाइयों को धोखे से मरवा कर उनके राज्य को कपट, छल तथा धोखे से छीन लेने के घृणित उद्‌देश्य से राम से मित्रता की थी, विश्वासघाती व आलसी थे।

राम की सम्पूर्ण मंडली में इस प्रकार के धूर्त, ठग, अधर्मी, विश्वासघाती तथा भ्रातृ-द्रोही भरे पड़े थे, तो भी वे देवता माने गए हैं। 'रामायण' की कथा के अनुसार, इन कथित दैवी-शक्ति के विरोधियों (सुग्रीव, विभीषण व हनुमान आदि सभी) को सत्यवादी और सभ्य कहकर उनकी प्रशंसा की गई है।

## महाराजा रावण की महानता

राजा रावण की वीरता की प्रशंसा सर्वव्यापी थी। उनके महल की सभ्यता, भव्यता और विशालता की प्रशंसा स्वयं हनुमान ने की है। उन्होंने रावण के शयनागार में सुन्दर महिलाओं के मध्य-शयन करते हुए उनकी उपमा तारागणों के मध्य विचरण करते हुए चन्द्रमा से की है।

हनुमान ने कहा है कि "ये सभी स्त्रियाँ रावण की सुन्दरता, बुद्धिमत्ता व वीरता से आकर्षित होकर स्वेच्छापूर्वक उनके पास आ गई थीं। उनमें से कोई भी स्त्री बलपूर्वक नहीं लाई गई थी। कहा गया है कि हनुमान स्वयं इस बात में विचार-निमग्न हो गए थे कि यदि सीता अपने विवाह के पूर्व ही रावण द्वारा ले जाई जाती तो वे अति प्रशंसनीय होतीं।

वाल्मीकि ने रावण के विषय में कई स्थलों पर उनकी प्रशंसा के पुल आसमान में बाँध दिए हैं; यथा—रावण एक महान विद्यार्थी थे। उन्होंने कई घोर तपस्याएँ की थीं। वे वेदों के ज्ञाता, अपनी प्रजा तथा सम्बन्धियों के सत्य पालक थे। वे एक वीर

योद्धा थे। वे शक्तिशाली व हृष्ट-पुष्ट थे। निष्कपट—भक्त, ईश्वर-कृपा पात्र और वरदानी थे।

राम की भाँति रावण को कहीं तुच्छ नहीं बताया है। जिस प्रकार राम ने सूर्पणखा के अंग-भंग कर उनका रूप बिगाड़ दिया था, उसी प्रकार रावण भी सीता के साथ व्यवहार कर सकते थे, किन्तु इसकी प्रतिक्रिया स्वरूप ऐसा करने का कोई भी विचार वे अपने मन में नहीं लाए। रावण ने सीता को अपनी भतीजी के संरक्षण में अशोक वन में रखा था। वे बहुत भले और सज्जन-पुरुष थे। वाल्मीकि ने कहा है—रावण ब्राह्मणों को यज्ञ करने से तथा उन्हें सोमरस पीने से रोकते थे।

ऐसे सज्जन महाराजा रावण तथा उनके लोगों को इस कारण मात्र से कि वे ब्राह्मणों के शत्रु थे, दुष्ट राक्षस कहा गया है।

## वाल्मीकि रामायण

'रामायण' की कथा कदापि सत्य नहीं है। यही विचार कई धर्म-धुरन्धरों तथा बुद्धिमानों द्वारा व्यक्त किए गए हैं।

वाल्मीकि ने स्वयं कहा है कि राम न तो ईश्वर थे और न उनमें कोई स्वर्गीय शक्ति थी।

ऐसी स्थिति में भी हिन्दू लोग 'रामायण' तथा उसमें वर्णित आर्य-पात्रों को महत्त्वपूर्ण समझते हैं।

ऐसा क्यों? ताकि ब्राह्मण लोग ब्राह्मणों के अतिरिक्त दूसरे मनुष्यों से सम्मान पाने का प्रचार कर सकें। कुछ भी हो, हमें 'रामायण' की निम्नांकित बातों का पुनर्निरीक्षण करना चाहिए।

1. क्या राम स्वर्गीय शक्ति हैं? तथा क्या वह साधारण मानव-मात्र से विशेष हैं?
2. क्या राम सत्यवादी हैं?
3. क्या राम वीर योद्धा हैं?
4. क्या राम एक बुद्धिमान पुरुष हैं? क्या वे नीच वर्गों से उच्च हैं?
5. क्या सीता सच्चरित्र स्त्री हैं?
6. क्या सीता में साधारण स्त्रियों से न्यूनतम साधारण गुण है? क्या महाराजा रावण दुष्ट हैं?
7. क्या महाराजा रावण सीता को हर ले गए?
8. क्या महाराजा रावण ने सीता का सतीत्व बिगाड़ा?

'भागवत' में वर्णित विष्णु के सम्पूर्ण अवतारों में से जो रावण राक्षस को मारने के उद्‌देश्य से विष्णु अवतार है, वही 'वैशवती राम' हैं। तुलना कीजिए।

## विष्णु के अवतार

1. मत्स्य अवतार, 2. कच्छप अवतार, 3. शूकर अवतार, 4. गंगा अवतार, 5. वामन अवतार, 6. परशुराम अवतार, 7. राम अवतार, 8. कृष्ण अवतार, 9. बलराम अवतार।

यह वर्णन किया गया है कि ये सभी नौ अवतारों का अर्थ ब्राह्मणों के हित में उनके शत्रु द्रविड़-राजाओं (शूद्र व महाशूद्र राजाओं) का संहार करना है। इन नौ अवतारों में से ब्राह्मणों ने राम के अवतार को अपनी 'रामायण' की कल्पित कथा का आधार बनाया। रामायण की यह कथा 'नाम्बियान्दर नम्बी' तथा दूसरे 'सैवित' संतों पर आधारित 'पैरिया पुराण' के समकक्ष है।

'लीला मृदु' के समकक्ष यह 'पैरिया पुराण' ईश्वर-भक्ति हेतु 'सैवितों' द्वारा रची गई में पूर्व प्रकाशित 'वैशवती' संतों की कथा है।

किन्तु रामायण की कथा 'सैवितों' के 'स्कन्द पुराण' से ली गई है, जिसका नाम परिवर्तित कर 'रामायण' रख दिया गया है। 'स्कन्द-पुराण' में आर्यों द्वारा कहे जानेवाले द्रविड़-राक्षसों (शूद्रों व महाशूद्रों) के प्रति दर्शाई गई घृणा की अपेक्षा 'रामायण' में उन आर्यों को अत्यधिक माने जाने का दृष्टिकोण अपनाया गया है।

'रामायण' की अपेक्षा 'स्कन्द पुराण' का निर्माण बहुत समय पूर्व हुआ। 'स्कन्द पुराण' केवल एक व्यक्ति द्वारा लिखी गई थी। इसी कारण वह सही है।

चूँकि 'रामायण' बहुत समय पश्चात् लिखी गई। वह भी भिन्न-भिन्न समय में भिन्न-भिन्न लेखकों द्वारा लिखी गई। फलस्वरूप कई स्थलों पर भिन्न-भिन्न विचार एक-दूसरे लेखक से विभिन्न मत प्रकट किए गए हैं। 'रामायण' के प्रमुख पात्र राम और सीता के विषय में दिए गए वर्णनानुसार उन्हें आदर्शवादी व सद्चरित्रवान नहीं बताया गया है, वरन् उन्हें चरित्रहीन बताया गया है।

छह वर्ष की अवस्था में ब्याह हो जाने तथा पाँच वर्ष की अवस्था में किसी स्थान पर छिपकर 'ताड़का' का वध कर डालने से बालक राम की कथा प्रारम्भ होती है।

उपरोक्त दो घटनाओं के कारण बालक राम को प्रकाश में लाने का कोई कारण नहीं रहा है। जब राम सत्रह वर्ष के थे, तब उनके पिता दशरथ ने उन्हें अयोध्या का राज्य देने के तिलकोत्सव संस्कार मनाने के षड्यंत्र को गुप्त रूप से राम से मिलकर रचा था, तो भी लोग भली भाँति जानते थे कि दशरथ द्वारा कैकेयी को दिए गए वरदान या वचन के अनुसार, कैकेयी तथा उनके पुत्र भरत राजगद्दी के वास्तविक अधिकारी हैं।

हमारा यहाँ पर दशरथ के कपटपूर्ण षड्यंत्र से कोई सम्बन्ध नहीं है, क्योंकि दशरथ को न उत्तम व्यक्तित्व-युक्त और न कोई सैद्धान्तिक-पुरुष कहा गया है। यहाँ हमारा सम्बन्ध उन राम से है, जिनको निर्दोष-चरित्र युक्त कहा गया है तथा जिनके

आदर्शों का अनुकरण एवं सर्वसाधारण द्वारा सच्चा-वीर योद्धा समझ कर किया जाना चाहिए। किन्तु 'रामायण' वक्ताओं तथा धर्म के प्रमुख ठेकेदार ब्राह्मणों ने इस समस्या को सन्तोषजनक ढंग से नहीं सुलझाया है।

श्री सी. राजगोपालाचार्य ने अंग्रेजी पुस्तक 'सम्राट का पुत्र' में सन्तोषजनक ढंग से उपरोक्त त्रुटियों का वर्णन किया है।

अत: हम केवल इस निर्णय पर पहुँचते हैं कि राम केवल एक साधारण मनुष्य हैं तथा मध्यम श्रेणी के मनुष्य से भी हीन हैं।

निम्नलिखित तथ्य प्रकट करते हैं कि राम शूरवीर नहीं, अपितु कायर हैं। उन्होंने सुशील तथा लज्जावती स्त्रियों को न केवल छेड़ा है, बल्कि उन्हें मार भी डाला है। उन्होंने बिना किसी प्रामाणिक कारण के ताड़ के पेड़ों की ओट में छिप कर बालि को मारा। वह भी जब बालि दूसरे व्यक्ति से लड़ने में संलग्न थे।

'रामायण' की सम्पूर्ण कथा में यह कहीं भी नहीं प्रकट होता है, राम कोई विवेकशील मनुष्य थे।

दशरथ ने राम को निम्नालिखित लालचपूर्ण परामर्श दिया था कि "हे राम! मैंने अपनी मूर्खतावश अपना राज्य कैकेयी को देने का वचन दे दिया है। इसी के दुष्परिणाम स्वरूप मैं अपनी इच्छा के विरुद्ध तुमसे वनवास जाने को कह रहा हूँ, किन्तु मैं तो अपने वचनों के अनुसार, ऐसा करने को बाध्य हूँ, परन्तु तुम ऐसा करने को बाध्य नहीं हो। अत: मेरे द्वारा वनवास दिए जाने पर भी तुम यह घोषणा कर दो कि मैंने अपने पिता की गद्‌दी से उतार दिया है। अब मैं राज करूँगा।"

दशरथ द्वारा राम को ऐसा परामर्श देने पर तथा यह जानते हुए कि यह उचित नहीं है। राम ने कहा कि "यदि मैं ऐसा करता हूँ तो जब प्रजा वास्तविकता समझ लेगी, तो वह मेरे प्रति विद्रोह कर देगी। अत: उन्होंने अपने पिता से (पुन: स्पष्ट) कहा कि "आप राज करते रहें और मेरा राजतिलकोत्सव स्थगित कर दें।"

इससे स्पष्ट हो जाता है कि राम बुद्धिमान नहीं थे, बल्कि वे पद-लोलुप थे। आगे और सुनिए। जब 'मारीच' कपट-भेस धारण कर स्वर्ण-हिरण बन कर राम, लक्ष्मण और सीता के समक्ष दंडक-वन से होकर निकला, तब उस हिरन के लिए सीता की प्रार्थना पर उन्होंने उसे पकड़ना चाहा। यद्यपि हिरण के पकड़ने के फल स्वरूप भविष्य की दुर्घटना के विषय में लक्ष्मण ने राम को संकेत किया था, तो भी वे उसके पीछे उसे पकड़ने चले गए।

इन बातों से स्पष्ट प्रकट हो जाता है कि राम के पास मस्तिष्क नहीं था। हम किसी कारण से यहाँ उपरोक्त बातें कहते हैं? इस प्रयोजन से कि हमें देखना है कि 'रामायण' और राम हमारी श्रद्धा तथा सम्मान के पात्र हैं? और यह बताने के लिए कि किस प्रकार ब्राह्मणों ने ब्राह्मण न कहे जानेवाले सभी लोगों को धोखा दिया है? ठगा है, मूर्ख बताया है तथा अपने तुच्छ स्वार्थों की पूर्ति के लिए अपनी स्थिति और

अज्ञानता को अद्‌भुत ढंग से वर्णन किया है। वे आज भी इस वैज्ञानिक सभ्य युग में वही खेल अर्थात् रामलीला तथा नाटक खेल रहे हैं। हम चाहते हैं कि लोग इन त्रुटियों के सम्बन्ध में 'रामायण'-वक्ताओं से प्रश्न करें।

आओ, अब हम लोग सीता की ओर अपना ध्यान आकृष्ट करें! सीता का जन्म ही अनिश्चित तथा सन्देह-युक्त है अर्थात् उनके माता-पिता का ही पता नहीं है। वे जंगल में पड़ी पाई गई थीं। इस सम्बन्ध में कई श्लोक हैं।

वाल्मीकि ने वर्णन किया है कि सीता ने स्वयं कहा था कि ज्यों ही मैं पैदा हुई, मुझे वन में फेंक दिया गया था। राजा जनक ने मुझे पा लिया और मेरा पालन पोषण किया। तरुणावस्था प्राप्त कर चुकने के पश्चात् मेरे साथ लगे हुए उपरोक्त कलंक के कारण किसी राजकुमार ने मेरे साथ विवाह करने की इच्छा न की। ढूँढ़ने पर सीता के लिए कोई योग्य वर न मिल सकने के कारण राजा जनक अपने मित्र विश्वामित्र के पास इस सम्बन्ध में गए। विश्वामित्र ने इन पाँच वर्ष के राम का विवाह इन पच्चीस वर्ष की सीता के साथ करा दिया और सीता ने इस छोटे तथा अयोग्य पति राम पर कोई आपत्ति नहीं की।

'वाल्मीकि रामायण' के अतिरिक्त दूसरी 'रामायण' में कहा गया है कि राम तथा सीता का विवाह-संस्कार हो जाने के पूर्व जनक की स्त्री स्वयंवर-स्थल पर आई और वहाँ एकत्रित जनसमूह के सामने चिल्ला कर घोषणा की कि "सज्जनो! आप लोग यहाँ उपस्थित रहते हुए भी किस प्रकार यह हेय तथा घृणित उत्सव अर्थात् बेमेल विवाह देख रहे हो।"

जैसे ही सीता सहित सब बाराती अयोध्या लौट कर गए। भरत ने सीता से घृणा की। वाल्मीकि ने कहा है कि सीता ने स्वयं इस बात को कहा था।

वनवास जाने के पहले जब राम ने सीता को अयोध्या में ही रहने तथा जिस प्रकार भरत सीता से प्रसन्न रहें, वैसा भरत के प्रति व्यवहार करने को सीता को परामर्श दिया, तब उन्होंने राम को असभ्यता तथा घमंडपूर्वक उत्तर दिया—मुझे क्या करना चाहिए? भरत मुझसे घृणा करते हैं। मैं उनके साथ कैसे रह सकती हूँ? सीता के इन शब्दों का वर्णन उनके ही शब्दों में वाल्मीकि करते हैं कि "हे राम! आप वीर योद्धा नहीं हैं, कायर तथा अशक्त हैं। आप मुझे भरत की विसवर्तिनी रखना चाहते हैं, अर्थात् मुझे भरत द्वारा व्यभिचार कराना चाहते हैं। मानो मैं वेश्या हूँ। ताकि आप अयोध्या का राजा बनने का लाभ उठा सकें।" उस समय राम सत्रह वर्ष के थे।"

वाल्मीकि द्वारा श्लोकों के रूप में कौशल्या के मुख से निम्न तथ्य वर्णन किए गए हैं। जब राम वन जाने के लिए अपनी माता कौशल्या से आज्ञा लेने गए, तब वे कहती हैं कि "हे राम! मैं तेरे पिता अर्थात् अपने पति और अपनी सौत कैकेयी द्वारा अपमानित की गई हूँ। मैंने इन सत्रह वर्षों में बहुत कष्ट सहे हैं, किन्तु मैं तुम्हारे

लिए मरने को तैयार हूँ।" इससे हम यह निर्णय निकालते हैं कि उस समय राम सत्रह वर्ष के थे।

जब विश्वामित्र ने दशरथ से प्रार्थना की कि राम को ताड़का का वध करने के लिए मेरे साथ भेज दीजिए, तब दशरथ ने उन्हें निम्न उत्तर दिया कि "हे ऋषि! मेरी गोद में खेलता हुआ राम अभी शिशु है। अभी उनका मुंडन-संस्कार भी नहीं हुआ है। मैं छोटे शिशु को युद्धादि कार्यों के लिए कैसे भेज सकता हूँ?" इससे स्पष्ट है कि विवाह के समय राम केवल पाँच वर्ष के थे।

इससे स्पष्ट है कि पूर्ण यौवनावस्था-प्राप्त सीता अपनी युवावस्था की मजबूरी के कारण राम जैसे शिशु के साथ विवाह करने के लिए सहमत हो गईं। यही कारण है कि सीता राम के साथ असभ्यतापूर्वक व्यवहार करती थीं।

और भी वनवास जाने के पहले जब राम ने सीता से बहुमूल्य वस्त्र तथा उत्तम आभूषण त्यागने व तपस्वी के समान वल्कल चीर धारण करने को कहा, तब उन्होंने अस्वीकार कर दिया। तब उनकी सास कैकेयी ने राम को तापस भेस में देखकर अपनी बहू सीता से कहा कि "पहले ये पहने हुए बहुमूल्य वस्त्र तथा उत्तम आभूषणों के ऊपर तापसोचित वस्त्र पहन लो।"

जब राम ने शिकार करने के लिए कपटी हिरन का पीछा किया और उसे मार, डाला तब हिरन 'हा लक्ष्मण! हा लक्ष्मण!!' चिल्लाया। तब सीता ने लक्ष्मण को सम्बोधित करते हुए कहा कि मुझे ऐसा लगता है कि राम के प्रति कोई दुर्घटना हो गई है। शीघ्र जाओ और देखो क्या बात है? इस पर लक्ष्मण ने उन्हें उत्तर दिया कि "हे माता! यह उसी कपटी हिरन का शब्द है। चिन्ता न करें। किसमें शक्ति है, जो राम का कुछ भी अहित कर सके? वे बहुत शक्तिशाली हैं। मेरे भाई ने उस हिरन को मार डाला होगा और वही हिरन इस प्रकार चिल्ला रहा है।" लक्ष्मण ने अपनी यथाशक्ति तथा योग्यतानुसार उत्तर दिया और सीता को समझाया, किन्तु वे उनके समझाने पर सन्तुष्ट नहीं हुईं। सीता ने कहा—"अरे पापी! क्या तू समझता है कि राम की मृत्यु के पश्चात् तू मेरे साथ सम्भोग का आनन्द ले सकेगा? क्या भरत ने इसी उद्देश्य से तुझे मेरे साथ वन भेजा है कि भरत और तू स्वयं मुझे अपनी रखैल स्त्री बनाओगे?" यह सुनकर लक्ष्मण शीघ्र ही राम की सहायता करने चले गए।

## सीता

जब हम लोग सीता से सम्बन्धित चरित्र पर विचार करते हैं, उस समय हमारा उद्देश्य सीता का अपमान करना नहीं है। पाठक इस पर ध्यान दें। यह बात गम्भीरतापूर्वक कही जाती है।

हम विशेषतया 'रामायण' में वर्णित सीता की स्थिति पर विश्वास नहीं करते हैं कि कथित सीता कल्पित सीता है। यह कल्पना मूर्खतापूर्ण वर्णन पर आधारित है।

कृपया ध्यान दीजिए कि 'रामायण' लेखक को वह लिखने में तनिक भी कष्ट का अनुभव नहीं हुआ कि सीता वीरांगना, बुद्धिमती तथा अपने सतीत्व की रक्षा करनेवाली स्त्री थीं। दूसरी ओर यह भी वर्णन पाया जाता है कि सीता एक आदर्शवादी व सच्चरित्र स्त्री नहीं थीं। इसमें भिन्न 'रामायण' न केवल कल्पित-कथा है, बल्कि उसका आधार ही काल्पनिक तथा असम्भव पृष्ठभूमि है।

'रामायण' में सीता का वर्णन साधारण स्त्री की भाँति किया गया है। 'रामायण' के अनुसार, सीता के जन्म से लेकर जनक द्वारा उनके पृथ्वी में पाए जाने तथा पृथ्वी में समा जाने अर्थात् आत्महत्या कर लेने तक। हम उनमें केवल साधारण स्त्री-मात्र की ही विशेषताएँ पाते हैं। हम उनमें कोई स्वर्गीय व उच्च-मानवीय गुणों को नहीं पाते हैं। अत: 'रामायण' की सीता एक साधारण स्त्री हैं।

यह सुनकर कि उन्होंने अपने सतीत्व को प्रमाणित करने के लिए अग्नि-कुंड में प्रवेश किया। कोई आश्चर्यजनक बात नहीं है, क्योंकि हम आज के युग में भी मन्दिरों में मनाए जानेवाले त्योहारों के अवसर पर साधारण मनुष्यों को भी आग पर चलते हुए देखते हैं, न केवल वेश्याएँ, बल्कि लुच्चे व दुष्ट प्रकृति वाले मनुष्य आज भी आग पर चलते हुए देखे जाते हैं।

हम यदि 'वाल्मीकि रामायण' का सतर्कतापूर्वक अध्ययन करें तो हम उस समय सीता को तीन माह की गर्भवती पाते हैं। अब हम इनकी व्याख्या करेंगे कि वे तीन माह की गर्भवती कैसे थीं? जैसे ही सीता की अग्नि-परीक्षा का कार्य समाप्त हो गया, राम सीता को ले गए। एक मास तक अयोध्या का राज्य कर चुकने के पश्चात् एक दिन राम और सीता दोनों प्रेमी-प्रेमिका की भाँति एक पुष्प वाटिका में बैठे हुए आनन्द से समय व्यतीत कर रहे थे कि अचानक राम की दृष्टि सीता के पेट, जो कि बड़ा और उभरा हुआ था, पर पड़ी। राम ने तुरन्त सीता से पूछा कि "तुम्हारा पेट इतना बड़ा क्यों है?" इस पर सीता ने उन्हें उत्तर दिया कि "यह चार या पाँच मास का गर्भ है।" यह सुनकर राम चिन्ता और दु:ख से शीघ्र वहाँ से चले आए और उन्हें जंगल में छोड़ देने पर विचार करने लगे।

वहाँ से उठकर वे अपने महल के सामने के आँगन में बैठे हुए पाए गए। तब महल के उजड्ड तथा मूर्ख लोगों ने प्रहसनपूर्ण वार्तालाप करते हुए उनकी मनोदशा को परिवर्तित करने का प्रयत्न किया तो भी राम उसी स्थिति में बने रहे। इस बात को उनके भाइयों ने भी देखा, तो वे उनके उदास होने के कारण का पता लगाने लगे। राम ने अपने भाइयों से कहा कि "तुम लोग सीता के विषय में क्या दृष्टिकोण रखते हो?" उन्होंने उत्तर दिया कि लोग कह रहे हैं कि "राम का सीता के साथ रहना अपमानजनक है।" ऐसा सुनकर राम ने तुरन्त अपने भाई लक्ष्मण को बुलाया

और उनसे कहा कि वे सीता को दूसरे दिन प्रातःकाल जंगल में किसी अज्ञात स्थान पर छोड़ आएँ। राम के कथनानुसार लक्ष्मण ने ऐसा ही किया अर्थात् सीता अकेले जंगल में छोड़ दी गईं। लक्ष्मण ने लोकापवाद के भय से राम द्वारा सीता को जंगल में छोड़ देने की आलोचना की, किन्तु सीता ने उत्तर दिया कि राम की आलोचना करना उचित नहीं है, क्योंकि वह गर्भ पाँच मास का है। यह मेरे कर्म का दोष है। सीता ने लक्ष्मण को पेट भी दिखाया।

अतः हम इस बात पर विश्वास नहीं कर सकते हैं कि सभी स्त्रियाँ जो कि आग पर चलने की बात करती हैं, वे सत्यवती व पतिव्रता हैं या उनमें कोई स्वर्गीय-शक्ति है। अतः सीता एक साधारण स्त्री-मात्र हैं।

अतएव सीता-सदृश्य एक साधारण स्त्री अधिकतम सौ वर्ष तथा इससे अधिक दस बीस वर्ष और जीवित रह सकती हैं, यदि वह हृष्ट-पुष्ट तथा स्वस्थ हैं। किन्तु 'रामायण' के ढूँढ़ने से पता चलता है कि सीता सहस्रों वर्ष जीवित रहीं।

तत्पश्चात् राम की कथा के विषय में विचार करें। 'रामायण' के अध्ययन करने से पता चलता है कि राम सहस्र वर्ष जीवित रहे। किन्तु हम लोग यह बात समझ नहीं सकते है कि यह सीता राम के साथ इतने दीर्घ काल तक कैसे जीवित रहीं। इतने दीर्घ काल तक जीवित बने रहने का वरदान उन्हें किसके द्वारा दिया गया? वे इतने समय तक जीवित रहने योग्य कैसे हो गईं? हम 'रामायण' में इन प्रश्नों का उचित उत्तर नहीं पा सके हैं।

इन बातों को छोड़कर अब हम 'रामायण' के उस अंश पर विचार करेंगे, जहाँ पर सीता व रावण का सम्बन्ध है। वहाँ सीता में एक सती की भाँति शुद्ध रूप से कोई विशेषताएँ नहीं पाते हैं।

यदि हम रावण के प्रति निर्दिष्ट इस अभियोग का मामला कि उन्होंने सीता का सतीत्व भ्रष्ट किया, वे सीता को छल से ले गए, खुफिया विभाग के किसी अधिकारी को अनुसन्धान के लिए सौंप दें तथा खुफिया विभाग की रिपोर्ट किसी निष्पक्ष न्यायाधीश के समक्ष निर्णय के लिए प्रस्तुत की जाए और यदि राम को अभियोगी तथा रावण को अभियुक्त समझकर राम की सुविधानुसार ही मामले का निर्णय दिया जाए तो हमें पूर्ण विश्वास है कि न्यायाधीश रावण के पक्ष में ही अपना यह निर्णय देंगे कि रावण निर्दोष तथा निष्कलंक हैं, उन्हें डरा व धमकाकर निष्प्रयोजन फाँस दिया गया है।

और भी यदि कोई शिकारी किसी शेर को प्रलोभन देकर उसे फाँसने के उद्देश्य से एक मोटे-ताजे हिरन को किसी पिंजड़े में बन्द करके पिंजड़े को जंगल में रख दे व यदि कोई शेर पिंजड़े के अन्दर घुस आए और पिंजड़ा बन्द हो जाए तो यही कहा जाएगा कि शेर स्वेच्छापूर्वक पिंजड़े में घुसा। खुफिया विभाग की उपरोक्त यही रिपोर्ट होगी।

## रामायण-महाभारत काव्यों पर श्री जवाहरलाल नेहरू के विचार

[नई दिल्ली, दिनांक—14-15 दिसम्बर, सन् 1954 ई. के 'दि मेल' नामक समाचार पत्र से उद्धृत]

प्रधानमंत्री श्री नेहरू ने तमिलनाडु में 'रामायण' पर हास्यपूर्ण व्यंग्यात्मक खेले जानेवाले नाटकों के विषय में बोलते हुए कहा कि दक्षिण में ये आन्दोलन न केवल भाषा, बल्कि जीवन के दूसरे क्षेत्रों में भी उत्तरी भारत के लोगों के अनुचित उत्पीड़न तथा दबाव के दुष्परिणामस्वरूप हैं। यह यहाँ के मनुष्यों के हृदयों में बना हुआ स्थायी भाव है, जिसे गम्भीरतापूर्वक समझना चाहिए। और हिन्दी के वे नेता जिन्होंने तमिलनाडु के लोगों तथा उनकी भाषा से घृणा की है, हिन्दी तथा राष्ट्र के मूल सहायक नहीं हैं। प्रधानमंत्री ने कहा कि यदि हम कोई गलत कदम उठाते हैं तो हमारी परेशानियाँ बढ़ जाएँगी। स्थायी भाव में महान शक्ति होती है और जब अनुचित दबाव में भय का स्थायी भाव पैदा हो जाता है, तब उसका प्रतिघात बहुत बुरा होता है।

श्री नेहरू ने तमिलनाडु में 'रामायण' पर व्यंग्यात्मक हास्यपूर्ण ढंग से खेले जानेवाले नाटक की ओर संकेत किया और कहा—हमें खोज करनी चाहिए कि इन आन्दोलनों की पृष्ठभूमि क्या है? 'रामायण' पर खेले जानेवाले ये हास्यपूर्ण व्यंग्यात्मक नाटक स्रोताओं तथा द्रष्टा के सक्षम इस बात के उदाहरण स्वरूप हैं कि उत्तरी भारत के लोगों ने दक्षिणी भारत के लोगों को न केवल आज, बल्कि सहस्रों वर्ष पूर्व पराजित किया, सताया और यदि उन्हें अवसर मिले तो ऐसा वे सदा ही करते रहेंगे।

### ॥ महाभारत की एक कथा ॥

जो कुछ श्री नेहरू ने उड़ीसा में देखा, उनसे बहुत दुखी हुए।

अपने भाषण को चालू रखते हुए श्री नेहरू ने कहा—दो दिन पूर्व मैं उड़ीसा में था। वहाँ मैंने 'एकलव्य' के विषय में एक नाटक देखा। यह 'महाभारत' की

एक कथा है कि एक गरीब के पुत्र एकलव्य ने क्षत्रियों के धनुर्विद्या के शिक्षक गुरु 'द्रोणाचार्य' से बाण विद्या सीखने की सहायता माँगी। गुरु द्रोणाचार्य ने उन्हें धनुर्विद्या विद्या सिखाने से इनकार कर दिया, क्योंकि वे क्षत्रिय-पुत्र नहीं थे, किन्तु एकलव्य द्रोणाचार्य की मिट्टी की प्रतिमा बनाकर उसे गुरु सदृश्य समझकर बाण विद्या का अभ्यास करने लगे।

इसके बाद वे इस विद्या में इतने निपुण हो गए कि अर्जुन की अपेक्षा अधिक विख्यात हो गए। जब गुरु द्रोणाचार्य को यह ज्ञात हुआ कि वह मेरे शिष्य अर्जुन से भी धनुर्विद्या में दक्ष (श्रेष्ठ) हो गया है, तब द्रोणाचार्य स्वत: एकलव्य के पास गए और उनसे गुरु दक्षिणा माँगी, क्योंकि उसने उनकी प्रतिमा से बाण विद्या सीखी थी। द्रोणाचार्य ने गुरुदक्षिणा स्वरूप एकलव्य से उसके हाथ का दाहिना अँगूठा माँगा, जिसे उसने काटकर द्रोणाचार्य को दे दिया। 'महाभारत' में एकलव्य की यह कथा अति मर्मस्पर्शी है। (देखें—पेरियार ललई सिंह द्वारा लिखित 'एकलव्य' नाटक)

श्री नेहरू ने कहा कि मैंने इस घटना के विषय में कुछ विचार न किया, क्योंकि इस घटना से मेरे हृदय में गहरा आघात हुआ। उड़ीसा में रहनेवाली (शूद्र व महाशूद्र) जाति के लोगों ने मुझे बताया कि इस प्रकार हमें कितना सताया गया है। हमें इन बातों की प्रतिक्रियाओं से सावधान रहना चाहिए।

वास्तविकता यह है कि इतिहास एक पक्ष के लोगों ने अर्थात् ब्राह्मणों ने लिखा है। लोग आज भी अज्ञानतावश उन्हीं घटनाओं के आधार पर कविता करते या लेख लिखते हैं। हमें यह न सोचना चाहिए कि ये कथाएँ दूसरों द्वारा बनाई गई हैं। जब मैं इस कथा पर गम्भीरतापूर्वक विचार करता हूँ, तब मेरा क्रोध बढ़ जाता है कि ब्राह्मणों ने किस प्रकार दूसरे लोगों को अपने बराबर होने देने में रोक लगा दी है।

## इतिहासकारों का दृष्टिकोण

विष्णु एक लोकप्रिय पूज्य वीर-क्षत्रियों के गुरु व आर्य जाति को शिक्षा देने के लिए समय-समय पर अवतार धारण करनेवाले और उन्हें दूसरी जातियों पर विजय दिलानेवाले थे।

['आर्यन रूल इन इंडिया', लेखक—श्री हावेल, पृष्ठ 32]

द्रविड़ (शूद्र व महाशूद्र) लोग उत्तरी और दक्षिण भारत के भागों में चार हजार वर्ष पूर्व स्थायी रूप से रह रहे थे। उस समय सुन्दर सुडौल शरीर वाले आर्य भारत के पश्चिमोत्तर दिशा में स्थित हिन्दुकुश पर्वत को पार करते हुए 'अफगानिस्तान' से होकर यहाँ (भारत में) घुस आए।

अत: द्रविड़ों ने इन लोगों को यहाँ घुसने देने से रोका और युद्ध किए। ये युद्ध न केवल दो राष्ट्रों बल्कि दो सभ्यताओं, दो नस्लों के मध्य हुए।

द्रविड़ों को अपनी सत्ता बनाए रखने के लिए लड़ना पड़ा और 'ऋग्वेद' में कई स्थल हैं, जहाँ पर इन युद्धों की कठोरता का वर्णन है।

['आउट लाइन ऑफ एंशिएंट इंडियन हिस्ट्री एंड सिविलाइजेशन', पृ. 21 से 22, लेखक—श्री रमेशचन्द्र मजूमदार, एम.ए., पी.एच.डी.]

'रामायण' और 'महाभारत' आर्यों की विजय एवं राजनीतिक युद्धों का वर्णन करते हैं। मैं नहीं सोच पाता हूँ कि इन कहानियों की महत्ता से वस्तुतः मेरा सम्बन्ध रहा है। मैं 'रामायण' और 'महाभारत' में वर्णित काल्पनिक तथा अमानुषिक तत्त्वों की आलोचना करता हूँ, किन्तु 'अरेबियन नाइट' तथा 'पंचतंत्र' नामक पुस्तकों की भाँति काल्पनिक दृष्टिकोण से वे पर्याप्त सत्य है।

['डिस्कवरी ऑफ इंडिया', पृ. 75-76, लेखक—श्री जवाहरलाल नेहरू]

आर्यों के भारत में आने से जातीय और राजनीतिक दो समस्याएँ उत्पन्न हो गईं। विजेता जाति आर्यों तथा द्रविड़ों में सभ्यता की बहुत लम्बी पृष्ठभूमि है, किन्तु सन्देह है कि आर्यों ने द्रविड़ों को अपने से अधिक सभ्य समझा। बस, इसी विचार ने दोनों को एक-दूसरे से अलग कर दिया।

['डिस्कवरी ऑफ इंडिया', पृ. 62, लेखक—श्री जवाहरलाल नेहरू]

रामायण आर्यों के दक्षिण में प्रस्थान की कथा है।

['डिस्कवरी ऑफ इंडिया', पृ. 82, लेखक—श्री जवाहरलाल नेहरू]

इनके प्रतिकूल आर्यों की दक्षिण की भाषा, उनकी विचित्रता और कम-से-कम उनकी सभ्यता को सीखना तथा अपनाना पड़ा।

['इलेक्टिड वर्क्स', वाल्यूम-3, पृ. 10, लेखक—श्री आर.जी. भंडारकर]

इन्द्र और अन्य देवी-देवताओं के पुजारी व अनुयायी देवता और इन्द्र की पूजा व यज्ञ के विरोधी ही असुर (शूद्र व महाशूद्र) कहलाते थे। ये (असुर व द्रविड़ आदि) एक अथवा अन्य दल की घृणा के पात्र बन गए।

['ऋग्वैदिक इंडिया', पृ. 151, लेखक—श्री एम.सी. दास, एम.ए., बी.एल.]

'रामायण' मादक पेय पदार्थों यथा सुरा, शराब व सोमरस आदि को पीकर अपने को मस्त अथवा प्रसन्न करनेवालों को सुर (देवता) और इनसे बचे रहनेवालों (अर्थात् उपरोक्त मादक पेय पदार्थों को न पीनेवालों) को असुर (राक्षस, द्रविड़, शूद्र व महाशूद्र आदि) बताती है।

['हिस्टोरियंस हिस्ट्री ऑफ वर्ल्ड', वाल्यूम-2, पृ. 521]

# समीक्षा

## दिमागी गुलामी से मुक्ति

प्रस्तुत पुस्तक 'सच्ची रामायण' से एक सबसे बड़ा लाभ यह है कि मनुष्य के मस्तिष्क के ऊपर जो बाहरी शक्ति ईश्वर का अन्धविश्वासी बोझ लदा हुआ है, वह हट जाता है। मनुष्य के दिमाग में सोचने की दबी हुई शक्ति उछल कर सावधानीपूर्वक खड़ी हो जाती है। सोचती है, मुझे गरीब, नीच, अशिक्षित और बेघरबार किसने बनाया। उत्तर मिलता है—मनुष्य ने। तब मुझे चाहिए कि मैं स्वत: अपने प्रयत्नों से रोटी, कपड़ा, मकान और इज्जत प्राप्त करने की युक्ति तलाश करूँ।

पुस्तक का एक विषय है कि अश्वमेध यज्ञ या पुत्रेष्ट यज्ञ के कारण कौशल्या, कैकेयी व सुमित्रा गर्भवती हुई। न जँचनेवाली बात है। बाल कांड, सर्ग 16 के अनुसार, अग्नि कुंड से प्रकट हुए अग्नि देव ने राजा दशरथ को 'पायस' अर्थात् 'खीर' देते हुए कहा कि इसे कौशल्या आदि रानियों को खिलाओ, पुत्र प्राप्ति होगी। राजा दशरथ ने ऐसा ही किया। राम, भरत, लक्ष्मण, शत्रुघ्न नामक चार पुत्रों की प्राप्ति हुई।

आज का विज्ञानवादी सभ्य मानव जो चन्द्रलोक की सैर कर रहा है, इस सफेद झूठ को कैसे सही मान सकता है?

'खीर' आदि भोजन की हुई वस्तुएँ पेट में जाती हैं। 'मेदा' उन्हें हजम कर के खून बनाता है। उस खून से मनुष्य के 'वीर्य' और स्त्री को 'रज' बनता है।

ऋतुकाल में वर्जित तीन दिन के बाद कुछ दिन तक स्त्री की बच्चेदानी का मुँह खुला रहता है। उन दिनों सम्भोग करने से जब स्त्री की बच्चेदानी में पुरुष का शुद्ध 'वीर्य' तथा स्त्री का शुद्ध 'रज' पहुँचता है, तब वह गर्भवती होती है।

इससे सिद्ध है कि 'खीर' खाने से रानियाँ गर्भवती नहीं हुईं।

वाल्मीकि ने लज्जावश स्पष्ट न लिखकर बार-बार घुमावदार शब्दों में नियोग प्रथा की ओर इशारा किया है। पाठकगण तनिक सोचने की कोशिश करें। सच्चाई का पता लग जाएगा।

अश्वमेध यज्ञ में सन्तान-प्राप्ति इच्छुक रानियों को घोड़े के लिंग से स्पर्श कराया जाता था। इसकी सम्पूर्ण व्याख्या 'यजुर्वेद' के 23वें अध्याय के मंत्र संख्या 19 से 23 तक में दी गई है। इनमें एक मंत्र 'अश्व शिश्न भपूस्थे कुरुते वृषा बाजी' का

भाष्य करते हुए, 'महीधर' लिखते हैं कि "प्रधान रानी (यजमान की बड़ी पत्नी अर्थात् दशरथ के यज्ञ में कौशल्या) स्वयं अश्व के गुप्तांग (प्रजनन लिंग) को आकर्षित करके अपनी योनि में स्थापित करे और इस घोड़े में देवता की कल्पना करके (उस घोड़े को दरअसल इन्द्र देव माना जाता था) सोचो कि यह घोड़ा मुझमें वीर्य की स्थापना कर रहा है।" कैसा घोड़ा, वीर्य सिंचन करनेवाला। इसीलिए उसे 'रैतींधा' अर्थात् वीर्य का पूर्णता से सिंचन करनेवाला कहा गया है।

यह क्रिया सन्तान-प्राप्ति की इच्छुक स्त्री को दूसरे पुरुष से 'नियोग' प्रथा द्वारा पुत्र उत्पन्न करने के लिए तैयारी में कामदेव जगाने तथा बेशर्मी से पर-पुरुष से सम्भोग करने की प्राथमिक शिक्षा है।

राजा दशरथ मंत्रियों को विदा करके राजप्रासाद में गए। कौशल्या आदि रानियों से कहा—हम पुत्र प्राप्ति के लिए अश्वमेध यज्ञ करेंगे। आप लोग दीक्षा लेने के लिए तैयार हो जाएँ। तब रानियों के मुख कमल की तरह खिल उठे।

—बाल कांड, सर्ग 8

इसमें 'दीक्षा' शब्द का मतलब 'नियोग' प्रथा है।

अश्वमेध यज्ञ ऋष्यशृंग की देखरेख में सम्पन्न हुआ। उनका ब्रह्मचर्य दो प्रकार का था अर्थात् पहला मेखलादि कारण स्वरूप और दूसरा ऋतु परस्त्री-गमन स्वरूप।

—बाल कांड, सर्ग 9

इसमें 'ऋतु परस्त्री-गमन स्वरूप' का मतलब 'नियोग' प्रथा है।

सुमंत्र ने राजा दशरथ से एकान्त में कहा कि सम्पूर्ण संसार में ऋषि शृंग ही अश्वमेध यज्ञ के लिए सर्वश्रेष्ठ व्यक्ति हैं।

इसमें 'एकान्त' में ऐसे शब्द कहे, का मतलब 'नियोग' प्रथा है। सबके सामने क्यों नहीं कहे?

यज्ञ शास्त्रानुसार हुआ (बाल कांड, सर्ग 17) से तात्पर्य कौशल्या ने *यजुर्वेद* की उपरोक्त शर्त अवश्य ही पूरी की थी जिनकी ओर कुछ इशारा इसी सर्ग के तैंतीसवें श्लोक से लेकर पैंतीसवें श्लोक तक है।

राजा ने 'होता' को पूर्व दिशा, 'अध्वर्य' को पश्चिम दिशा, 'ब्रह्मा' को दक्षिण दिशा और 'उद्गाता' को उत्तर दिशा का राज्य दिया और ऋत्विकों को सारी पृथ्वी का राज्य दिया।

यज्ञ की पूर्ति पर इतनी भारी दक्षिणा संसार में किसी राजा ने आज तक क्यों नहीं दी? राजा दशरथ ने क्यों दी?

वास्तव में, यह दक्षिणा नहीं है बल्कि 'नियोग' प्रथा की सम्पन्नता की खुशी में स्पेशल मुआवजा या स्पेशल ईनाम है।

राजा दशरथ अतिवृद्ध थे। उनका वीर्य पतला और सन्तान उत्पत्ति के लिए अशुद्ध था। अतः रानियाँ! 'खीर' से नहीं, अपितु 'नियोग' प्रथा द्वारा गर्भवती हुईं।

विभिन्न ग्रंथों में वर्णन हैं कि यज्ञ एवं इन्द्रोत्सव आदि में आमोद-प्रमोद की स्वतंत्रता रहती थी।

राहुल सांकृत्यायन ने 'वोल्गा से गंगा' में लिखा है कि अतिथि से घर की विवाहित मालकिन को सम्भोग कराना पड़ता था।

किसी बात को तब मानिए, जब तक बात तर्क की कसौटी पर खरी उतरे। अन्धविश्वास से मानने पर अपना और देश का सर्वनाश हो जाएगा।

पाठकों को धन्यवाद!

**—राव महेन्द्र सिंह**
हीरा नगर, कंचौसी बाजार,
इटावा, उत्तर प्रदेश

*बंदउँ प्रथम महीसुर चरना। मोह जनित संसय सब हरना॥*

**अर्थ :** मैं सबसे पहले अज्ञान से पैदा हुए सन्देहों को दूर करनेवाले ब्राह्मणों के चरणों को प्रणाम करता हूँ।

**समीक्षा—** उपरोक्त अर्थ के मानने एवं पालन करने में हमें कोई विशेष परेशानी नहीं है, किन्तु हमें तथा अब्राह्मण समाज को इस बात की बहुत बड़ी हैरानी एवं परेशानी यह है कि गोसाईं तुलसीदास तथा ब्राह्मण समाज हमारे उक्त अर्थ से सहमत न होकर अपनी स्वार्थपूर्ण बुद्धि द्वारा अर्थ वर्णन करते हैं। "मैं सभी (जन्म-जाति) ब्राह्मणों के चरणों को प्रणाम करता हूँ, क्योंकि वे अज्ञान से पैदा हुए सब सन्देहों को दूर करनेवाले हैं।" साक्ष्य देते हैं कि 'पूजहि विप्र सकल गुण हीना। शूद्र न पूजहु वेद प्रवीणा॥'

उनके इस अर्थ व साक्ष्य-चौपाई को इस स्वतंत्रता के युग में मानने के लिए कोई भी व्यक्ति तैयार नहीं है।

समीक्षक
**—कुँअर रघुराज सिंह यादव**
मंत्री, अशोक पुस्तकालय
झींझक, कानपुर, उत्तर प्रदेश

*बिप्र धेनु सुर संत हित, लीन्ह मनुज अवतार।*
(बाल कांड)

**समीक्षा—** यहाँ ब्राह्मणों का नाम सबसे पहले व संतों का उल्लेख गौओं तथा देवताओं के भी बाद क्यों किया गया है। इस प्रकार आप देखेंगे कि सम्पूर्ण 'रामायण' केवल 'रामायण' न होकर 'रामायण-ब्राह्मणी-पुरुष' कथा है। इसकी

वजह से साधारण तथा निम्नवर्गीय जनता मानसिक रूप से ब्राह्मणों व क्षत्रियों की गुलाम बन गई है। आज के समतावादी वैज्ञानिक रूप में असमानतावादी मान्यताएँ कदापि टिक ही नहीं सकतीं।

समीक्षक

**—बालकराम पाल**

उपमंत्री, अशोक पुस्तकालय
झींझक, कानपुर, उ.प्र.

*नन्दीमुख सराध करि जात, करम सब कीन्ह।*
*हाटक धेनु बसन मनि नृप बिप्रन्ह कहँ दीन्ह॥*

**प्रसंग**—राजा दशरथ ने राम के जन्म के समय में उपरोक्त दोहा ब्राह्मणों को कहा। [बाल कांड]

*तब प्रभु रिषिन्ह समेत नहाये। बिबिध दान महिदेवन्हि पाए॥*

**प्रसंग**—राम ने जब विश्वामित्र आदि सहित-स्नान किया तब ब्राह्मणों ने राम से नाना प्रकार का दान पाया। [बाल कांड]

*कपटी कायर कुमति कुजाती। लोक बेद बाहेर सब भाँती॥*

**प्रसंग**—निषाद-राज 'गुह्य' ने उपरोक्त शब्द राम से कहे। [अयोध्या कांड]

*हम जड़ जीव जीव गन घाती। कुटिल कुचाली कुमति कुजाती॥*

**प्रसंग**—किरात ने राम से कहा। [अयोध्या कांड]

*कत बिधि सृजीं नारि जग माहीं। पराधीन सपनेंहु सुख नाहीं॥*

**प्रसंग**—उक्त चौपाई पार्वती की माता जी ने पार्वती के विवाह के समय कही। [बाल कांड]

**समीक्षा**—इस प्रकार तुलसीदास ने जानबूझकर ब्राह्मणों के हितों की रक्षा के लिए शूद्रों, महाशूद्रों और स्त्रियों को सदा के लिए दास बनाए रखने हेतु 'रामचरितमानस' लिखी है।

जाग्रत-समाज को चाहिए कि अति शीघ्र ऐसी गलत मान्यताओं और ग्रंथों को स्वतः समाप्त करें।

समीक्षक

**—राधेलाल यादव**

निरीक्षक—अशोक पुस्तकालय
झींझक, कानपुर, उ.प्र.

# सच्ची रामायण की चाभी

सच्ची रामायण की चाभी
राम-कथा
(कामिल बुल्के)
खोतानी रामायण
तिब्बती रामायण
काश्मीरी रामायण
आनन्द रामायण, कम्ब रामायण
अग्निवेश रामायण
गोविन्द रामायण
बलराम रामायण
भुसुण्डी रामायण
भवभूति रामायण
बौद्ध रामायण, जैन रामायण
ललई सिंह
वाल्मीकि
रामायण

लेखक
**पेरियार ललई सिंह**

**अशोक पुस्तकालय**
झींझक, जिला—कानपुर
उत्तर प्रदेश, भारत-209302

अशोक विजय दशमी (दीक्षा दिवस) संवत 2028 विक्रमी
पहली बार 29 सितम्बर, 1971 ई.
पहली बार 1000 प्रतियाँ प्रकाशित,
दूसरी बार सन् 1972 ई.
तीसरी बार सन् 1974 ई.
चौथी बार सन् 1976 ई.
पाँचवीं बार सन् 1979 ई.
छठी बार सन् 1981 ई.
सातवीं बार सन् 1982 ई.
आठवीं बार सन् 1985 ई.
नौवीं बार सन् 1988 ई.

**मुद्रक**
सस्ता प्रेस
झींझक, कानपुर, उत्तर प्रदेश, भारत-209302

**मूल्य :** 2.50 रुपये

!!समर्पण!!

श्रद्धेय, वयोवृद्ध,
महान क्रान्तिकारी नेता
पेरियार ई.वी. रामास्वामी के
कर-कमलों में,
जिन्होंने आजीवन
समता-बन्धुता-स्वतंत्रता युक्त
राष्ट्रीय एकता को मजबूत करने के लिए
हिन्दू धर्म की कल्पित ऊँच-नीच
तथा शोषण-युक्त कल्पित अन्धविश्वासी,
अवतारवादी समाज व्यवस्था का
घोर विरोध किया व अब भी कर रहे हैं।
सादर समर्पित।

**—पेरियार ललई सिंह**

# पुस्तक परिचय

1 जनवरी, 1930 ई. में 'रामायण' का गहन अध्ययन कर तमिल भाषा में श्री पेरियार ई.वी. रामास्वामी ग्राम—मालीगाई, पोस्ट—पुथुर, इरोड, जिला—तिरूचिरापल्ली (तामिलनाडु प्रदेश) ने 'रामायण : पादीरंगल' लिखी व छापी। दूसरी भाषा अंग्रेजी में अनुवाद 'दि रामायना : ए ट्रू रीडिंग' नाम से रेशनलिस्ट पब्लिकेशन, तामिलनाडु-2 ने सन् 1959 ई. में छापा। तीसरी भाषा (अंग्रेजी से) हिन्दी में अनुवाद 'सच्ची रामायण' नाम से ललई सिंह यादव अध्यक्ष अशोक पुस्तकालय (रजिस्टर्ड), झींझक, जिला—कानपुर (उत्तर प्रदेश) ने दिनांक—1 अक्टूबर, सन् 1968 ई. को छापी।

उत्तर प्रदेश गवर्नमेंट गजट दिनांक—20 दिसम्बर, सन् 1969 ई. की आज्ञानुसार केवल हिन्दी व अंग्रेजी एडीशन यह लिखकर जब्त कर दिए गए, कि यह पुस्तक भारत के कुछ नागरिक समुदाय की धार्मिक भावनाओं को जानबूझकर चोट पहुँचाने तथा उनके धर्म एवं धार्मिक मान्यताओं का अपमानकरने के लक्ष्य से लिखी गई है।

उपरोक्त आज्ञा के विरुद्ध प्रकाशक ललई सिंह यादव ने हाईकोर्ट ऑफ जुडीकेचर इलाहाबाद में क्रिमिनल मिसलेनियस एप्लिकेशन दिनांक—28 फरवरी, सन् 1970 ई. को प्रस्तुत की। माननीय जस्टिस सर्वश्री ए.के. कीर्ति, श्री के.एन. श्रीवास्तव व श्री हरिस्वरूप ने अपीलांट की ओर से श्री बनवारीलाल यादव एडवोकेट हाईकोर्ट और रिस्पांडेंट (उत्तर प्रदेश गवर्नमेंट) की ओर से गवर्नमेंट एडवोकेट तथा उनके सहयोगी श्री पी.सी. चतुर्वेदी एडवोकेट व श्री आसिफ अंसारी एडवोकेट की बहस दिनांक—26, 27 व 28 अक्टूबर सन् 1970 ई. को तीन दिन लगातार सुनी।

माननीय जस्टिस श्री ए.के. कीर्ति ने मुकदमा नम्बर 412 सन् 1970 ई. क्रिमिनल मिसलेनियस एप्लिकेशन—अंडर सेक्सन 99बी क्रिमिनल प्रोसीजर कोड में दिनांक—19 जनवरी, 1971 ई. को बहुमत का निर्णय दिया—

1. गवर्नमेंट ऑफ उत्तर प्रदेश की पुस्तक 'सच्ची रामायण' की जब्ती की आज्ञा निरस्त की जाती है।

2. जब्तशुदा पुस्तकें 'सच्ची रामायण' अपीलांट श्री ललई सिंह यादव को वापस दी जाए।
3. गवर्नमेंट ऑफ उत्तर प्रदेश की ओर से अपीलांट श्री ललई सिंह यादव को तीन सौ रुपये खर्चे के दिलाए जाएँ।

उपरोक्त मुकदमा में अपीलांट श्री ललई सिंह यादव की ओर से जो रीज्वाइंडर अर्थात् प्रत्युत्तर प्रस्तुत किया गया था—पाठकों की विशेष माँग पर उसे 'सच्ची रामायण की चाभी' नाम से छापा गया है।

दिनांक—1 दिसम्बर, 1971 ई.

**—कुँवर रघुराज सिंह यादव**
मंत्री, अशोक पुस्तकालय (रजि.)
झींझक, जिला—कानपुर, उ.प्र.

# विनम्र निवेदन

1. सम्पूर्ण भारत में पहले द्रविड़ तथा द्रविड़ों की शाखाएँ नाग, दैत्य, दानव, असुर, गन्धर्व, किन्नर, ऋक्ष, वानर, राक्षस, दास, गोंड, भील, संथाल, पणि, वाह्लीक व अर्जिक आदि जातियाँ रहती थीं। इनके छोटे-छोटे असंगठित राज्य थे। राज्य व्यवस्था अच्छी थी।
2. 1800 वर्ष ईसा पूर्व मध्य एशिया की तरफ से आर्य नामक एक जाति भारत में चरागाहों की तलाश में घुस आई। बाद में लुटेरा बन गई। इन आर्यों ने पंजाब व उत्तर प्रदेश से प्राचीन मूल-निवासियों को हरा कर, फुसला कर व गोरी लड़कियाँ देकर प्रपंचों आदि द्वारा अपने छोटे-छोटे—किन्तु संगठित राज्य स्थापित किए।
3. सरयू नदी के किनारे 'अयोध्या' के छोटे से राज्य में आर्यों का राज था। इक्ष्वाकु वंशीय राजा राज्य करते थे। उनकी सन्तान राम थे।
4. सम्पूर्ण भारत पर अभी तक आर्यों का अधिकार नहीं हो पाया था। राम-रावण युद्ध का कारण आर्यों की दक्षिण प्रदेश की अभियानी विजय-यात्रा थी।
5. इतिहास अन्धकार-मय है। सत-युग, त्रेता-युग, द्वापर-युग और कलि-युग की हजारों वर्षों के प्रमाण वाली कल्पनाएँ तथा 'श्रीमद्‌भागवत महापुराण' व 'महाभारत' आदि की पीढ़ियों वाली वंशावलियाँ केवल कल्पनाएँ हैं। झूठी हैं—क्योंकि वे आपस में मिलती नहीं हैं।
6. 'वाल्मीकि रामायण' बाल कांड सर्ग 2 के अनुसार ब्रह्मा ने रामचरित्र वाल्मीकि को, जो वह जानते थे सुनाकर रामायण लिखने की आज्ञा दी। राम का कुछ चरित्र नारद ने जो वह जानते थे, वाल्मीकि को सुनाया।

वाल्मीकि ने कुछ यात्रियों से और अधिक ज्ञात करके राम का चरित्र लिखा। सबने सुनी-सुनाई बातें वाल्मीकि को बताईं। चूँकि सुनी-सुनाई बातों में कुछ सत्य व कुछ झूठ होती हैं। इनमें झूठ की अधिकता इसलिए अधिक हो जाती है क्योंकि प्रत्येक व्यक्ति कुछ न कुछ बात रोचकता बढ़ाने के लिए जोड़ता ही चला जाता है।

अतः इन सुनी-सुनाई बातों पर विश्वास करना ठीक नहीं है—यही कारण है कि प्रत्येक लेखक अपनी-अपनी ढफली अपना-अपना राग अलग-अलग अलापते रहे हैं और भविष्य में भी अपना-अपना राग अलग-अलग अलापते रहेंगे।

7. इन रागों के कुछ नमूने नीचे दिए जाते हैं—

(क) श्री रामावतार भजन तरंगिणी का नीचे लिखा पद राम तथा सीता की ललित कथाओं का दिग्दर्शन कराता है। सीता कहती हैं—

*हमरे पिय ठाढ़े सरजू तीर॥ टेक ॥*
*छोड़ि लाज मैं जाय मिली, जहँ खड़े लखन के वीर ॥*
*मृदु मुसकाय पकरि कर मेरो, खौंच लियो तब चीर।*
*झाऊ वृक्ष की झाड़ी भीतर, लगे रति धीर॥*

अर्थात्—आदर्शवादी कहे जानेवाले राम ने लक्ष्मण के सामने (बेशर्मीपूर्वक) सीता को नंगा करके झाऊ की झाड़ियों में सम्भोग करने लगे।

(ख) अ—'कृपा निवास पदावली' के अनुसार राम-सीता विषयक पद—

*नीबी करषत वरजति प्यारी।*
*रस लॅपट सपुट कर जोरत, पद परसत पुनि लै बलिहारी।*

ब— *पिय हँसि रस रस कंचुकि खोलैं।*
*चमकि निवारति पानि लाडिली। मुरक मुरक मुख बोलैं।*

**नोट :** उपरोक्त पद पंडित रामचन्द्र शुक्ल कृत 'हिन्दी साहित्य का इतिहास' से उद्घृत किए गए हैं।

जिन बातों से दिमाग को दिमागी गुलाम बनाकर अपनी बात को मानने के लिए जबरन जोर दिया है, उनके अपने दिमाग को स्वतंत्र करके अपनी रोटी, कपड़ा, मकान व इज्जत की समस्या को हल करने की तरकीब ढूँढ़ने में लग जाएँ।

पाठकों से विनम्र निवेदन है कि त्रुटियाँ और सुझाव भेजने की कृपा करें—उन्हें तीसरे संस्करण में उचित स्थान दिया जाएगा।

सब सपरिवार सुखी व स्वस्थ रहें।

अनन्त धन्यवाद!

**—पेरियार ललई सिंह**

# दो शब्द

1. राम और 'रामायण' के सभी पात्रों को यदि भगवान का अवतार या दैवी-शक्ति वाला मान लिया जाए—तब तो किसी विषय पर बुद्धिगम्य—तर्क करते हिन्दू हिन्दू न रह कर विधर्मी कहा जाएगा। बुद्धियुक्त सच्ची मानवता खतरे में पड़ जाएगी।
2. अत: उन्हें केवल मानव-मात्र समझ कर उनके चरित्रों का विश्लेषण करते हुए 'सच्ची रामायण' की शंकाओं का समाधान किया जाता है।
3. रामचरित्र उपाध्याय कृत 'रामचरित्र चिन्तामणि', मैथिलीशरण गुप्त कृत 'साकेत', केदारनाथ मिश्र कृत 'कैकेयी' व बालकृष्ण शर्मा नवीन कृत 'उर्मिला' के अनुसार, राम को केवल मानव-मात्र के रूप में चित्रित किया गया है।

   —'राम कथा', अनुच्छेद 301
4. चन्द्रिका प्रसाद 'जिज्ञासु' कृत 'रावण और उसकी लंका' छठी बार पृष्ठ नम्बर 21 में श्री मेल्लांडी व्यंकट रत्नम् द्वारा लिखित 'दी रामा ग्रेटेस्ट फैरोह ऑफ इजिप्ट' नामक पुस्तक से सिद्ध किया गया है कि राम और रावण की सम्पूर्ण कथा मिस्र देश के 'रामेसस द्वितीय' की कहानी है। दशरथ, कौशल्या, राम, लक्ष्मण, सीता व वसिष्ठ नाम के व्यक्ति भारत में कभी पैदा नहीं हुए हैं।

   इस मत को मान लेने से या असुरों को असीरियन कहने की शेखी व साहस करने से सम्पूर्ण रामायण विदेशी बनाने में राम से भी हाथ धोना पड़ेगा और सारा गुड़-गोबर हो जाएगा। अतएव आर्य पंडित की यह स्थापना भयावनी है।

   राजा रावण का द्रविड़ियन होना तो दक्षिण-भारत के सभी लोग स्वीकार करते हैं। अधिकांश इतिहास लेखकों का भी यही मत है कि द्रविड़ लोग भारत के मूल निवासी हैं।
5. कॉमिल बुल्के कृत 'राम कथा' 110 अनुच्छेद के अनुसार, राम की कथा के वानर, ऋक्ष (भालू) और राक्षस विन्ध्य प्रदेश तथा मध्य भारत की आदिवासी अनार्य जातियाँ थीं। इसके विषय में प्राय: किसी को भी किसी प्रकार का मतभेद नहीं है। यद्यपि 'वाल्मीकि रामायण' में इन

आदिवासियों को वास्तव में वानर व ऋक्ष आदि माना गया है। फिर भी आदि-कव्य के अनेक स्थलों से पता चलता है कि प्रारम्भ में ये सब मनुष्य ही थे, का समर्थन 'वाल्मीकि रामायण', युद्ध कांड, सर्ग 66/5 से होता है। कुम्भकरण के युद्ध के समय युवराज अंगद ने नल, नील, गवाक्ष और कुमुद से कहा कि "हे वीरो! तुम लोग श्रेष्ठ कुल में उत्पन्न हुए हो। इस बात को भूलकर निर्बलों की तरह कहाँ भागे जा रहे हो!" का समर्थन जी. रामदास कृत 'दी एबारिजिनल ट्राइब्स इन दि रामायण मेन इन इंडिया', भाग-5, पृष्ठ 28 से 55 और 'एबारिजिनल मेन्स इन दि रामायण जर्नल बिहार-उड़ीसा रिसर्च सोसाइटी', भाग-11, पृष्ठ 41 और पृष्ठ 53 से भी होता है।

—'राम कथा', अनुच्छेद 110

जैन 'रामायणों' के अनुसार, जिस जाति की ध्वजा पर बन्दर का चिह्न होता था, वह वानर जाति कहलाती थी। जैसा कि आजकल रूस देश की ध्वजा पर 'रीछ' का चिह्न होने से उन्हें 'रशियन बीयर्स' और अंग्रेज जाति की ध्वजा पर 'शेर' का चिह्न होने से उन्हें 'ब्रिटिश लायन्स' कहते हैं। जैन ग्रंथों की राम-रावण कथा में वानर चिह्नांकित ध्वजा मुकुटधारी जाति बानर-वंशीय कही गई हैं। विभिन्न विद्वान भी इसी मत से सहमत हैं। का समर्थन शिवनन्दन सहाय कृत 'तुलसीदास' पृष्ठ 496 से भी होता है।

—'राम कथा', अनुच्छेद 110

6. 'वाल्मीकि रामायण', सुन्दर कांड, 110 सर्ग के अनुसार, रावण के एक सिर व दो भुजाएँ थीं।
चिन्ताहरण चक्रवर्ती कृत 'इंडियन हिस्टोरिकल क्वाटरली', भाग 1, पृष्ठ 779 और एस.एन. व्यास कृत 'जर्नल ऑफ दी इंडियन इन्स्टीट्यूट बड़ौदा', भाग 4, पृष्ठ 1 से भी समर्थन होता है

—'राम कथा', अनुच्छेद 112

7. 'राम कथा', अनुच्छेद 112 के अनुसार, रावण को दशग्रीव नाम पहले रूपक के रूप में प्रयुक्त हुआ होगा अर्थात् जिस मनुष्य की ग्रीवा दश अन्य साधारण मनुष्यों की ग्रीवा के समान बलवान हो, उसका नाम था, 'दशग्रीव', 'रावण' और बाद में दशग्रीव धारण करनेवाले प्राणी के अर्थ में लिया जाने लगा।
8. 'राम कथा', अनुच्छेद 101 के अनुसार, जैन राम कथा, से राम की अपेक्षा राक्षस तथा वानर अधिक लोकप्रिय थे।

दिनांक—1 सितम्बर, सन् 1971 ई.

आप सबका

**—पेरियार ललई सिंह**

# सच्ची रामायण की चाभी

प्रत्येक आइटम का उत्तर निम्नांकित है :

**आइटम नं. 1**

['सच्ची रामायण', पृष्ठ नं. 12, लाइन न. 12 से 15]

1. यह 'रामायण' एक पवित्र पुस्तक नहीं है।
2. "राम और सीता के चरित्र घृणित हैं। उनके चरित्र संसार के तुच्छतम मानव के एक चतुर्थांश के लिए भी प्रशंसनीय तथा अनुकरणीय नहीं हैं।"

'रामायण' और 'राम' के लिए अवलोकन कीजिए। आइटम नं. 35 तथा सीता के लिए अवलोकन कीजिए आइटम नं. 26।

**आइटम नं. 2**

['सच्ची रामायण', पृष्ठ नं. 187, लाइन न. 12-13]

"राम विश्वासघात, छल, कपट, लालच, कृत्रिमता, हत्या, आमिष-भोजी और निर्दोष पर तीर चलाने की साकार मूर्ति था।"

अवलोकन कीजिए आइटम नं. 35।

**आइटम नं. 3**

['सच्ची रामायण', पृष्ठ नं. 22, लाइन न. 25, 26]

"इन बातों से पता चलता है कि 'रामायण' बेहूदी, अनर्थकता और मूर्खता से परिपूर्ण ग्रंथ है।"

अवलोकन कीजिए आइटम नं. 35।

## आइटम नं. 4

['सच्ची रामायण', पृष्ठ नं. 24, लाइन न. 2 से 5]

"राजा दशरथ ने अपनी तीनों रानियाँ अपने पुरोहितों को भेंट कर दीं। इन तीनों पुरोहितों ने अपने पाश्विक स्वभावानुसार तीनों रानियों के साथ न्याय करके उन्हें राजा दशरथ को वापस कर दिया और राजा दशरथ ने उस पर कोई आपत्ति नहीं की। (बाल कांड, अध्याय 14) इसके बाद रानियाँ गर्भवती हो गईं।"

1. 'वाल्मीकि रामायण', बाल कांड, सर्ग 8/2 और 23 से 25 के अनुसार, राजा दशरथ ने सोचा कि पुत्रोत्पत्ति के लिए अश्वमेध यज्ञ क्यों न करूँ। उन्होंने भवन में जाते ही अपनी प्रियतमा रानियों से कहा कि आप लोग दीक्षा लेने को तैयार हो जाओ, हम पुत्र प्राप्ति के लिए यज्ञ करेंगे। महाराजा के अतिप्रिय वचन सुनकर रानियों के मुख इस तरह खिल उठे, जैसे हेमन्त ऋतु के बाद कमल विकसित हो जाते हैं।

पुनः बाल कांड, सर्ग 13/39 के अनुसार, जब सब लोग यज्ञशाला में पहुँच गए, तब अपनी रानियों के साथ महाराज दशरथ ने शास्त्र विधि के अनुसार, यज्ञ की दीक्षा ली।

पुनः बाल कांड, सर्ग 14/33 से 35 के अनुसार, तब महारानी कौशल्या ने बड़े प्रसन्न मन से उस घोड़े की पूजा की और तीन बार तलवार चलाकर उस घोड़े का वध किया। तदनुसार धर्म की कामना से महारानी स्थिर चित्त होकर एक रात्रि उस घोड़े के पास ही रहीं। इसके बाद 'होता', 'अध्वर्यु' तथा 'उद्‌गाता' की आज्ञा से महाराज की अन्य महिषियों (क्षत्रिय जाति की रानियों), बावतायों (वैश्य जाति की स्त्रियों) और परिवृतियों (शूद्र जाति की स्त्रियों) को घोड़े के अंग से स्पर्श कराया गया।

पुनः बाल कांड, सर्ग 14/43 से 45 के अनुसार, अपने कुल की उन्नति चाहनेवाले महाराज दशरथ ने उस यज्ञ में 'होता' को पूर्व दिशा का, 'अध्वर्यु' को पश्चिम दिशा का, ब्रह्मा को दक्षिण दिशा का और 'उद्‌गाता' को उत्तर दिशा का राज्य दिया और ऋत्विजों को उन्होंने सम्पूर्ण पृथ्वी का राज्य दे डाला।

पुनः बाल कांड, सर्ग 14/58 से 59 के अनुसार, द्विज सतम ऋष्य 'श्रृंग' ने कहा—बहुत अच्छा राजन्! आपके कुल का कल्याण करनेवाले चार पुत्र होंगे...।

पुनः बाल कांड, सर्ग 18/1-2 के अनुसार, जब महाराज दशरथ का वह अश्वमेध यज्ञ समाप्त हो गया और देवता अपना-अपना भाग लेकर अपने-अपने स्थान को चले गए, जब रानियों समेत राजा ने दीक्षा वृत का उद्यापन कर दिया, तब वे अपनी सेना और वाहन के साथ पुरी अयोध्या को लौटे।

**नोट :** कॉमिल बुल्के द्वारा लिखित 'राम कथा', अनुच्छेद 333 व 334 के अनुसार, अश्वमेध यज्ञ वाले सर्ग 14 और सर्ग 18 के बीच में सर्ग 15, 16 व 17 जिनमें अग्नि देव द्वारा पायस (खीर) का जिक्र है, प्रक्षिप्त हैं।

2. ‘भट्टिकाव्य’ व ‘रामायण ककविन’ के अनुसार, दशरथ के यज्ञ के वर्णन में किसी दिव्य पुरुष का वर्णन नहीं है।

—‘राम कथा’, अनुच्छेद 358

भट्टिकाव्य, सर्ग 1 के अनुसार, दशरथ की रानियाँ यज्ञ के पश्चात् पायस (खीर) के स्थान पर हुतोच्छिष्ट का कुछ अंश खाती हैं। उसके फलस्वरूप गर्भवती होती हैं।

—‘राम कथा’, अनुच्छेद 358

## आइटम नं. 5

[‘सच्ची रामायण’, पृष्ठ नं. 25, लाइन न. 18 से 20]

“सीता को प्राप्त करने के लिए सीता की माता ने किसी अपरिचित मनुष्य से सम्भोग किया था और उससे उत्पन्न बच्चे को एक जंगल में फेंक दिया था। सीता ने स्वयं स्वीकार किया है कि मेरे माता-पिता के अज्ञात होने कारण मेरा विवाह विलम्ब से हुआ है।”

‘वाल्मीकि रामायण’, अयोध्या कांड, सर्ग 118/28 से 37 के अनुसार, सीता ने अनुसूइया से कहा कि एक बार अकाल पड़ने पर वे राजा जनक हल लेकर स्वयं खेत जोत रहे थे। इसी समय पृथ्वी फोड़ कर मैं निकल आई और आगे चल कर मैं उन महाराज की राजकन्या बनीं। जब महाराज जनक मुट्ठी में बीज लेकर बो रहे थे, तब धूल में सनी मुझ कन्या को देखकर बड़े विस्मित हुए। तब तक महाराजा की कोई सन्तान नहीं थी। इस कारण उन्होंने बड़े प्रेम से मुझे उठा लिया और कहा कि यह मेरी पुत्री है।...जब मैं सयानी होकर पति के योग्य हो गई।...तब पिता जी ने बहुत सोचे-विचारे और वर खोजे, पर मेरे योग्य कोई वर न पा सके, क्योंकि मैं मानवी योनि से उत्पन्न नहीं हुई थी।

कॉमिल बुल्के द्वारा लिखित ‘राम कथा’, अनुच्छेद 406 में सीता की जन्म कथा के आठ रूप प्रचलित हैं—1. जनकात्मजा, 2. भूमिजा, 3. रावणात्मजा, 4. पद्मना, 5. रक्तजा, 6. अग्निजा, 7. फलजा और 8. दशरात्मजा।

## आइटम नं. 6

[‘सच्ची रामायण’, पृष्ठ नं. 28, लाइन न. 13 से 16]

“सभी प्रयत्न विफल हो चुकने के पश्चात् दशरथ ने सुमंत्र को आज्ञा दी कि कोषागार का सम्पूर्ण धन, खतियों का अनाज, व्यापारी, प्रजा व वेश्याएँ राम के साथ वन को भिजवाने का प्रबन्ध करो।”

—अयोध्या कांड, अध्याय 36

'वाल्मीकि रामायण', अयोध्या कांड, सर्ग 36/1 से 9 के अनुसार, महाराज दशरथ ने आँसू बहाते हुए लम्बी साँस ली और यह बात कही कि हे सूत! [सुमंत्र] सब रत्नों से भली भाँति सम्पन्न मेरी चतुरंगिनी सेना राम के पीछे-पीछे जाने के लिए तैयार कर दो। मीठी बातें करने में निपुण वेश्याएँ और बड़े धनी वैश्य राजकुमार का अनुसरण करनेवाले सेना की शोभा बढ़ावें। ...मेरा सारा धान्य कोष और धन कोष राम के साथ रहेगा। ...महाबाहु भरत अयोध्या का पालन करेंगे तो राम के लिए भी किसी वस्तु की कमी न करके उन्हें भी सब सुविधाएँ मिलनी चाहिए।

### आइटम नं. 7

['सच्ची रामायण', पृष्ठ नं. 33, लाइन न. 1 से 10]

7. "राम ने शोक प्रकट करते हुए अपनी माता से कहा था कि ऐसा प्रबन्ध किया गया है कि मुझे राज्य से हाथ धोना पड़ेगा। राज वंशीय भोग-विलास व स्वादिष्ट गोश्त की थालियाँ छोड़कर मुझे वनवास जाना पड़ेगा और वन के कन्द-मूल व फल खाने पड़ेंगे।"

—अयोध्या कांड, अध्याय 20

8. राम ने भारी हृदय से अपनी माता व स्त्री से कहा था कि जो गद्दी मुझे मिलनी चाहिए थी, वह मेरे हाथों से निकल गई और वनवास जाने के लिए मेरा प्रबन्ध किया गया है।

—अयोध्या कांड, अध्याय 20, 26, 94

9. उस राम ने लक्ष्मण के पास जाकर पिता दशरथ को दोषी तथा दंडनीय बताते हुए कहा कि क्या कोई ऐसा मूर्ख होगा जो अपने उस पुत्र को वनवास दे, जो सदैव उसकी आज्ञाओं का पालन करता रहा हो।"

—अयोध्या कांड, अध्याय 53

'वाल्मीकि रामायण', अयोध्या कांड, सर्ग 20/28-29 के अनुसार, राम ने अपने माता-पिता से कहा कि मैं तो दंडकारण्य जाने को तैयार हूँ। फिर इस आसन से क्या सरोकार? अब तो मेरे लिए विष्ठर (मुनियों वाले आसन) का समय आ उपस्थित हुआ है। अब मैं सभी सांसारिक भोगों का त्याग कर चौदह वर्ष तक कन्द-मूल-फल खाते हुए मुनियों के साथ रह कर मुनियों के समान जीवन बिताऊँगा।

*स्पष्टीकरण*—सांसारिक भोग का अर्थ है—राज्यवंशीय भोग विलास व स्वादिष्ट गोश्त की थालियाँ।

'वाल्मीकि रामायण', उत्तर कांड, सर्ग 42/17 से 22 के अनुसार, राजधानी अयोध्या की उन विशाल अशोक वाटिका में जाकर रामचन्द्र उत्तम और पुष्प बिछे आसन पर बैठे। उस पर अच्छे बिछौने बिछे थे। रामचन्द्र ने उसी तरह सीता को शुद्ध

मग्र [शराब] पिलाई, जिस तरह इन्द्र शची को पिलाते हैं। तभी रामचन्द्र के सेवक भोजन के लिए अनेक तरह के मांस और मीठे फल ले आए। नाचने और गानेवाले वहाँ आकर नाचने व गाने लगे। उदार स्वभाव वाली परम सुन्दरी स्त्रियों ने आकर मद्य [शराब] पिया और नाचने लगीं। सबको आनन्द देनेवाले रामचन्द्र ने उन स्त्रियों को सुख दिया, अर्थात् रमण किया।

'वाल्मीकि रामायण', अयोध्या कांड, सर्ग 26/21 से 23 के अनुसार, राम ने सीता से कहा कि आज जब महाराज दशरथ मेरा अभिषेक करने को उद्यत हुए, तब कैकेयी ने अपने वर माँग लिये और धर्म के समक्ष महाराज को परास्त होना पड़ा। तदनुसार मुझे चौदह वर्ष दंडक वन में रहना होगा। पिता ने भरत को युवराज बना दिया है।

'वाल्मीकि रामायण', अयोध्या कांड, सर्ग 53/10 के अनुसार, राम ने कहा कि हे लक्ष्मण! संसार में ऐसा अपढ़ (मूर्ख) मनुष्य भी भला कौन होगा, जो अपनी स्त्री के लिए मेरे जैसे आज्ञाकारी पुत्र को त्याग देगा।

## आइटम नं. 8

['सच्ची रामायण', पृष्ठ नं. 33, लाइन न. 16 से 20]

10. "...राम ने सीता के साथ केवल रानी बनाने के लिए विवाह किया था। श्रीमन्मथनाथ दातार लिखते हैं कि आनन्द लेने के लिए राम की स्त्रियाँ नौकरों की स्त्रियों का साथ किया करती थीं। इस प्रकार कैकेयी की बहू, अर्थात् भरत की स्त्री दुःख में डूबी रहती थी। राम की स्त्रियों का वर्णन रामायण के अनेक स्थलों पर आया है।"
11. विमलसूरि कृत 'पउम चरियम' के अनुसार, सीता हरण एवं खोज (पूर्व 43-45) अनुसार, सुग्रीव राम के प्रति अपनी तेरह कन्याओं को समर्पित करते हैं।

—'राम कथा', अनुच्छेद 60

इसी ग्रंथ के उत्तर चरित्र (पर्व 85, 91) के अनुसार लक्ष्मण की 16 हजार पत्नियाँ, जिनमें विशल्या आदि 8 पटरानियाँ हैं तथा राम की 18 हजार पत्नियाँ बताई जाती हैं। जिनमें से सीता, प्रभावती, रतिनिभा तथा श्रीदामा प्रधान हैं।

—'राम कथा', अनुच्छेद 60

2. गुणभद्र कृत 'उत्तर पुराण' के अनुसार, लक्ष्मण की सोलह हजार और राम की आठ हजार रानियाँ बताई जाती हैं।

—'राम कथा', अनुच्छेद 63

3. 'भुशुंडी रामायण' में राम की दो पटरानियों के अतिरिक्त सहस्त्रों पत्नियों का उल्लेख है। 'बृहत्कोशल खंड' में भी राम के बहुत से विवाहों का

वर्णन किया गया है। 'खोतानी रामायण' में सीता—राम तथा लक्ष्मण दोनों से विवाह करती हैं।

—'राम कथा', अनुच्छेद 404

4. कॉमिल बुल्के द्वारा लिखित 'राम कथा', अनुच्छेद 404 के अनुसार, वाल्मीकि की रचना में यत्र-तत्र ऐसी युक्तियाँ भी मिल जाती हैं, जो परवर्ती राम कथाओं के मर्यादावाद को आघात पहुँचाती हैं। कैकेयी को उभाड़ती हुई मंथरा कहती है कि राम के अभिषेक के बाद उनकी स्त्रियाँ फूली नहीं समाएँगी।

'हृष्टा : खलु भविष्यन्ति रामस्य परमाः स्त्रियः' अयोध्या कांड, सर्ग 8/12 तथा समुद्र तट पर प्रायोपवेशन के वर्णन में अनेकधा, परम नारियों को भुजाओं से सेवित स्पष्ट राम की बाँह का उल्लेख है, 'भुजैः परमनारीणामभिमृष्टमनेकधा'।

—युद्ध कांड, सर्ग 21/3

## आइटम नं. 9

['सच्ची रामायण', पृष्ठ नं. 34, लाइन नं. 1 से 8]

12. राम कैकेयी के प्रति स्वाभाविक एवं सच्चा होने का बहाना करता रहा और अन्त में उसने कैकेयी पर दुष्ट स्त्री होने का आरोप लगाया।

—अयोध्या कांड, अध्याय 31, 53

13. यद्यपि कैकेयी दुष्टतापूर्ण तथा नीच विचारों से रहित थी तो भी राम ने उस पर दोषारोपण किया कि वह मेरी माता के साथ नीचतापूर्ण व्यवहार कर सकती है।

—अयोध्या कांड, अध्याय 31, 53

14. राम ने कहा कि वह कैकेयी मेरे बाप को मरवा सकती है। इस प्रकार उसने कैकेयी पर दोषारोपण किया।

—अयोध्या कांड, अध्याय 53

1. 'वाल्मीकि रामायण', अयोध्या कांड, सर्ग 31/13 व 17 के अनुसार, राम ने लक्ष्मण से कहा कि राजा अश्वपति की पुत्री कैकेयी राज्य पाकर अपनी दुखिया सौतों के साथ अच्छा व्यवहार नहीं करेंगी। 13। हम लोगों का बिछोह हो जाने पर माता कौशल्या को बड़ा कष्ट होगा। 17।
2. 'वाल्मीकि रामायण', अयोध्या कांड, सर्ग 53/6, 7, 14 व 18 के अनुसार, राम ने लक्ष्मण से कहा कि कामना पूर्ण हो जाने पर कैकेयी

बहुत प्रसन्न होगी। मुझे यही चिन्ता है कि कैकेयी भरत को देखकर पूरा राज्य हस्तगत करने के लिए कहीं महाराजा दशरथ के प्राण न ले लें। 6, 7। हे सौम्य! मेरा तो खयाल है कि महाराज दशरथ के मरण, मेरे वनवास और भरत को राजा बनाने के लिए ही कैकेयी का जन्म हुआ है—14। कैकेयी खोटे कर्मवाली स्त्री है। इसलिए वह हमारी व तुम्हारी माँ को विष भी दे सकती है। 18।

## आइटम नं. 10

['सच्ची रामायण', पृष्ठ नं. 34, लाइन न. 15 से 17]

16. "अब भरत अपनी स्त्री सहित बिना किसी विरोध के अयोध्या पर शासन कर रहा होगा। इस बात से उस (राम) की राजगद्दी और भरत के प्रति ईर्ष्या की स्वाभाविक तथा निराधार अभिलाषा प्रकट होती है।"

—अयोध्या कांड, अध्याय 53

1. 'वाल्मीकि रामायण', अयोध्या कांड, सर्ग 53/12-13 के अनुसार, राम ने लक्ष्मण से कहा कि सौभाग्यवती स्त्री 'मांडवी' का पति अर्थात् कैकेयी का पुत्र भरत ही सुखी है, क्योंकि वह सम्राट की तरह कौशल प्रदेश को भोगेगा। पिता जी वृद्ध हैं और मैं वन को चला आया हूँ। अतएव राज्य का सम्पूर्ण सुख अकेले भरत को मिलेगा।

*स्पष्टीकरण*—'राज्य का सम्पूर्ण सुख अकेले भरत को मिलेगा', से तात्पर्य है, भरत के प्रति ईर्ष्या की स्वाभाविक तथा निराधार अभिलाषा।

## आइटम नं. 11

['सच्ची रामायण', पृष्ठ नं. 34, लाइन न. 23]

18. "उस (राम) ने अपने पिता को मूर्ख और पागल कहा था।"

—अयोध्या कांड, अध्याय 53

1. 'वाल्मीकि रामायण', अयोध्या कांड, सर्ग 53/8 से 17 के अनुसार, राम ने लक्ष्मण से कहा कि कामी महाराज दशरथ कैकेयी के वश में हैं। वे वृद्ध हैं और मेरे न रहने से अनाथ भी हैं। वे बेचारे क्या करेंगे? अपने पर आए हुए इस महान दु:ख और महाराज का बुद्धिभ्रम (पागलपन) देखकर मुझे ऐसा लगता है कि अर्थ और धर्म की अपेक्षा काम ही श्रेष्ठ

है। हे लक्ष्मण! ऐसा अपढ़ (मूर्ख) मनुष्य भी भला कौन होगा, जो स्त्री (कैकेयी) के लिए मेरे जैसे आज्ञाकारी पुत्र को त्याग देगा।

## आइटम नं. 12

['सच्ची रामायण', पृष्ठ नं. 37, लाइन न. 21 से 23]

32. "राम ने बहुत-सी स्त्रियों के कान, नाक व स्तन इत्यादि काट कर उन्हें कुरूप बना दिया था और उन्हें बहुत सी यातनाएँ दीं, सूर्पणखा और अयोमुखी।
33. "राम ने बहुत-सी स्त्रियों को मार डाला था, ताड़का, थदगाई आदि।"

1. 'वाल्मीकि रामायण', अरण्य कांड, सर्ग 18/20-21 के अनुसार, राम ने लक्ष्मण से कहा कि इस सूर्पणखा राक्षसी को विरूप कर दो। राम के ऐसा कहने पर महाबली लक्ष्मण क्रुद्ध हो गए और उन्होंने अपनी तलवार से उसके नाक और कान काट लिये।
2. अरण्य कांड, सर्ग 69/16-17 के अनुसार, अयोमुखी ने लक्ष्मण से कहा कि मेरे साथ रमण करते हुए लम्बी आयु बिताओ। उसके ऐसे वचन सुन कर शत्रु का नाश करनेवाले क्रुद्ध लक्ष्मण ने अपनी तलवार निकाली और उसके नाक, कान और स्तन काट दिए।
3. बाल कांड, सर्ग 26/17-18 व 26 के अनुसार, विश्वामित्र की आज्ञानुसार राम ने बाण से ताड़का की दोनों भुजाओं और लक्ष्मण ने नाक व कान काट डाले। सर्ग 17 व 18। तत्पश्चात् राम ने बाण द्वारा उसे मार डाला।
4. अ-ब्रह्मचक्र के अनुसार, सूर्पणखा अपनी दो पुत्रियों के साथ लंका और किष्किन्धा की सीमाओं की रखवाली करती थी...।

लक्ष्मण सूर्पणखा की दोनों पुत्रियों को मार डालते हैं। राम सूर्पणखा को भाग जाने के लिए बाध्य करते हैं।

—'राम कथा', अनुच्छेद 465

5. 'सेरीराम' के अनुसार, राम ने जगीन (ताड़का) के अतिरिक्त गैंडे (गोंड नामक आदिवासी जाति के राजा) और सूर नागिन (नाग जाति की रानी) का वध किया।

—'राम कथा', अनुच्छेद 389

6. 'पउम चरियम' (43-48) के अनुसार, लक्ष्मण चन्द्रनखा (सूर्पणखा) का रूप देखकर मोहित हुए थे और उन्होंने किसी बहाने से राम को छोड़कर वन में उसकी खोज की थी, किन्तु उसे न पाकर लौटे।

—'राम कथा', अनुच्छेद 463

7. सरलदास कृत 'महाभारत' (वन पर्व) के अनुसार, सीता सखी पाने की इच्छा से चाहती है कि लक्ष्मण सूर्पणखा से विवाह करें। राम भी इसके लिए अनुरोध करते हैं, किन्तु लक्ष्मण अस्वीकार करते हैं। बाद में लक्ष्मण कान व नाक काट लेते हैं।

—'राम कथा', अनुच्छेद 463

8. 'भागवत पुराण' (9.10.9), 'गरुड़ पुराण', अध्याय 143! 'पद्म पुराण', (पाताल खंड, अध्याय 36 और उत्तर खंड, अध्याय 269) व 'देवी भागवत पुराण', (3. 28) के अनुसार, राम ने सूर्पणखा के नाक व कान काट कर विरूपित किया।

—'राम कथा', अनुच्छेद 464

9. 'नृसिंह पुराण', (अध्याय 49), 'भावार्थ रामायण' (3-8) तथा 'पाश्चात्य वृत्तान्त', नं. 3 (अध्याय 4) के अनुसार, राम के पत्र के आदेशानुसार लक्ष्मण ने सूर्पणखा की नाक काट ली।

—'राम कथा', अनुच्छेद 464

10. 'सेरीराम' के अनुसार, राम के पत्र के आदेशानुसार लक्ष्मण ने सूर्पणखा के नाक व हाथ काट लिये।

—'राम कथा', अनुच्छेद 464

11. 'कम्ब रामायण' (3, 5), 'आनन्द रामायण' (1,7,55), 'मलयाली अध्यात्म रामायण' और 'पाश्चात्य वृत्तान्त' नं. 1 व 20 के अनुसार, लक्ष्मण ने स्तन भी काट लिये।

—'राम कथा', अनुच्छेद 464

12. 'पाश्चात्य वृत्तान्त' नं. 1 (पृष्ठ 80) के अनुसार, लक्ष्मण ने सूर्पणखा के नाक व कान के अतिरिक्त स्तन व बाल भी काट लिये। स्तन के रक्त से जोंकें उत्पन्न हुईं।

—'राम कथा', अनुच्छेद 464

**नोट :**

1. 'जोंकें उत्पन्न हुईं' का तात्पर्य है कि स्तन का घाव सड़ गया था और उसमें पीव अर्थात मवाद पड़ गया था। तत्पश्चात् उस घाव में कीड़े पड़ गए थे। इस प्रकार जोंक का मतलब है कीड़ा।
2. रामकिएन (अध्याय 10) के अनुसार, लक्ष्मण ने सूर्पणखा के नाक, कान, हाथ और पैर भी काट लिये।

—'राम कथा', 464 अनुच्छेद

## आइटम नं. 13

['सच्ची रामायण', पृष्ठ नं. 38, लाइन न. 5, 6]

36. "राम हमेशा अनुचित विषय-भोग में तल्लीन रहता था।"
37. "राम ने अनावश्यक रूप से कई जीवों को मारा व उन्हें खा गया।"

1. प्रथम पैराग्राफ के लिए अवलोकन कीजिए। आइटम नं. 7 का द्वितीय पैराग्राफ। ('वाल्मीकि रामायण', उत्तर कांड, सर्ग 42/17 से 22 तक।)
2. द्वितीय पैराग्राफ के लिए अवलोकन कीजिए। 'वाल्मीकि रामायण', बाल कांड, सर्ग 18/30।
3. लड़कपन में जब राम घोड़े पर सवार होकर मृगया (हिरण आदि का शिकार खेलने) को गए, तब लक्ष्मण हाथ में धनुष लिये उनकी रक्षा करते हुए पीछे-पीछे चलते थे। बाल कांड, 18/30।
4. अयोध्या कांड, सर्ग 55/33 के अनुसार, वनवास के समय राम व लक्ष्मण बहुत से पवित्र पशुओं का वध करके उसी तटवर्ती वन में विचरने लगे।
5. अयोध्या कांड, सर्ग 56/21 से 35 के अनुसार, चित्रकूट की नवनिर्मित पर्णशाला की ओपनिंग सेरेमनी के समय राम ने लक्ष्मण से कहा कि अब मृग मांस लेकर इस पर्णशाला में वास्तु-शान्ति करनी होगी। तुम शीघ्र एक मृग मार कर ले आओ। हमें धर्म का खयाल रखते हुए शास्त्र की आज्ञा का पालन करना चाहिए। शत्रुनाशक लक्ष्मण ने तत्काल भ्राता की आज्ञा का पालन किया। तब राम ने कहा कि लक्ष्मण तुम मृग का मांस पकाओ। इससे हम वास्तु-देवता का पूजन करेंगे। जाओ जल्दी करो। आज सौम्य मुहूर्त और ध्रुव-संज्ञक दिन है। तदनुसार लक्ष्मण मृग मार ले आए और उसे धधकती आग में डाल दिया। जब लक्ष्मण ने समझ लिया कि वह सर्वांग पक गया है और उसमें से रूधिर नहीं निकलता है। तब उन्होंने पुरुष पुंगव राम से कहा। हे देव सदृश्य राम! यह मृग (हिरन) अपने अंग-उपांगों समेत पक गया है। आप इससे वास्तु-देव की पूजा करें। आप इस कार्य में पूर्ण निपुण हैं।

   ...पूजा करके राम ने पर्णशाला में प्रवेश किया। उस समय उनका हृदय बहुत प्रसन्न था। भीतर जाकर उन्होंने बलि-वैश्य-देव भोग किया। रुद्र और विष्णु को बलि अर्पण किया और नए घर के दोषों को दूर करनेवाला माँगलिक कृत्य उन्होंने पूर्ण किया। तदनन्तर राम ने विधिवत मंत्र जप करके नदी में स्नान किया और दोष दूर करनेवाली उत्तम बलि दी। उसी आश्रम में उन्होंने उचित स्थानों पर वेदी (बलि स्थान), चैत्य

(गणपति स्थान) और आयतन (विष्णु पूजन) का स्थान नियत किया। वन्यमाला, फल मूल, पके मांस, जल, वेदोक्त मंत्रों, कुशाओं और समिधाओं द्वारा सभी देवताओं का सीता के साथ राम ने पूजन करके सबको तृप्त किया। इसके बाद उस शुभ पर्णशाला में प्रविष्ट हुए।

6. अयोध्या कांड, सर्ग 96/1-2 के अनुसार, भरत आगमन के पहले चित्रकूट में राम सीता के साथ एक विशाल शिला पर बैठे। मांस द्वारा उन्हें प्रसन्न करते हुए कहने लगे। यह मांस बड़ा पवित्र तथा स्वादिष्ट है और आँच पर भली भाँति पकाया गया है।
7. अरण्य कांड, सर्ग 44/28 के अनुसार, पंचवटी के समीप जंगल में कनक मृग वेश में मारीचि को मारने के बाद उन राम ने एक दूसरे मृग (हिरन) को मारा और उसका मांस लेकर शीघ्रता के साथ कदम बढ़ाते हुए जन-स्थान स्थित अपने आश्रम (पंचवटी की पर्णशाला) की ओर चले।
8. अरण्य कांड, सर्ग 47/22-23 के अनुसार, पंचवटी की पर्णशाला में सीता ने रावण से कहा कि आप चाहें तो थोड़ी देर यहाँ विश्राम कर सकते हैं। थोड़ी देर में मेरे पतिदेव बहुत से वनफल तथा रूरू (बढ़िया किस्म वाला हिरन), गोह और वाराह (सुअर) मारकर पुष्कल (बहुत-सा) मांस लिये आ रहे होंगे।
9. अरण्य कांड, सर्ग 68/32-33 के अनुसार, जटायु का दाह संस्कार करने के बाद बलवान राम भाई लक्ष्मण के साथ वन गए और मोटे मृगों को मार कर ले आए। फिर भूमि पर हरी घास बिछाई और उस हिरन के मांस का गोल पिंड बना कर यशस्वी राम ने जटायु को पिंड दान दिया।
10. अरण्य कांड, सर्ग 73/12 से 16 के अनुसार, कबन्ध ने राम से कहा कि उस सरोवर (पम्पा सरोवर में हंस, मेढक, कौंच तथा कुरर आदि पक्षी मीठी बोलियाँ बोलते रहते हैं। वे कभी किसी मनुष्य को देखकर डरते नहीं, क्योंकि उन्हें यह नहीं मालूम है कि कोई किसी का वध भी करता है। घृत-पिंड के समान स्वादिष्ट उन पक्षियों को आप खाइएगा। उसमें रहनेवाले रोहित (एक किस्म की मछली रोहू) आदि मछलियों को बाणों से मार कर उनकी त्वचा तथा पखने निकालकर आग में भून कर तथा काँटे निकालकर आपके भ्राता भक्त लक्ष्मण आपको देंगे। आप उन्हें खूब खाइएगा।

## आइटम नं. 14

['सच्ची रामायण', पृष्ठ नं. 41, लाइन न. 14, 15]

1. "वह (सीता) राम की अपेक्षा आयु में बड़ी है। उसका जन्म सन्देह-युक्त व आपत्ति-युक्त था।"

—बालकांड, अध्याय 66

1. 'वाल्मीकि रामायण', बाल कांड, सर्ग 66/14-15 के अनुसार, राजा जनक ने विश्वामित्र से कहा कि एक बार मैं खेत शोधन करता हुआ हल जोत रहा था, उस समय फाल के नीचे की भूमि से सीता नाम की पुत्री निकल आई। उसे मैंने अपनी कन्या मान ली और वह बढ़ने लगी। हे भगवन! वह अब सयानी हो गई है और मैंने अपनी उस अयोनिजा कन्या का शुल्क केवल पराक्रम रखा है।
2. तुलसीदास कृत 'रामचरितमानस', बाल कांड के अनुसार, 'स्याम गौर मृदु बयस किसोरा। लोचन सुखद बिस्व चित चोरा॥'

*स्पष्टीकरण*—वर्णाश्रमानुसार 25 साल तक ब्रह्मचारी, तत्पश्चात् छब्बीसवीं साल से युवा गृहस्थाचारी की आयुसीमा पूर्वकाल में थी। सयानी सीता की आयु यदि बीस साल मानी जाए तो किशोर अवस्था वाले राम की आयु सीता की अपेक्षा बहुत ही कम हुई।

शेष के लिए अवलोकन कीजिए आइटम नं. 5 और 18।

## आइटम नं. 15

['सच्ची रामायण', पृष्ठ नं. 42, लाइन न. 1 से 6]

6. "वह (सीता) अपने पति राम को सिड़ी तथा मूर्ख कहा करती थी।
7. वह (सीता) राम से कहती थी कि तुम मानवीय गुणों से रहित मनुष्य हो।
8. तुम (राम) आकर्षण-शक्ति तथा हाव-भाव से रहित हो।
9. तुम (राम) उस स्त्री व्यापारी से अच्छे नहीं हो, जो अपनी स्त्री को किराए पर उठाकर जीविका चलाना चाहता है। तुम मुझसे लाभ उठाना चाहते हो।

1. 'वाल्मीकि रामायण', अयोध्या कांड, 30/3-8-9 के अनुसार, सीता ने वनवास के पहले राम से कहा कि 'क्या मेरे पिता मिथिलेश महाराज जनक ने देखने में पुरुष, किन्तु वस्तुतः स्त्री-रूप राम को अपना जामाता बना लिया था। यदि वे ऐसा समझते तो आपको कदापि

अपनी कन्या न देते। 3। आप अपनी चिरसंगिनी युवती एवं सती स्त्री को औरों को सौंपना चाहते हैं। हे राम! आप मुझे जिस भरत की वशवर्तिनी होकर रहने की सलाह दे रहे हैं और जिसके कारण आपका अभिषेक रुक गया है। हे नाथ! आप ही उनके आज्ञाकारी बनें। मैं नहीं बनूँगी। 8-9।

## आइटम नं. 16

['सच्ची रामायण', पृष्ठ नं. 43, लाइन न. 15 से 18]

18. "वनवास जाते समय नदी गंगा पार करते हुए सीता ने गंगा नदी से प्रार्थना की कि "हे गंगा! यदि मैं सकुशल अयोध्या लौट आऊँगी तो मैं तुम्हें हजारों गाएँ और मदिरा (शराब) से परिपूर्ण बर्तन चढ़ाऊँगी।"

—अयोध्या कांड, अध्याय 52

1. 'वाल्मीकि रामायण', अयोध्या कांड, सर्ग 52/82 से 90 के अनुसार, वन गमन के समय जब नाव गंगा जी के बीच में पहुँची, तब सीता ने हाथ जोड़कर विनयपूर्वक गंगा जी से कहा—हे देवि! (गंगा) बुद्धिमान महाराज दशरथ के पुत्र राम अपने पिता की आज्ञा पालन करने के लिए वन जा रहे हैं। माता तुम उनकी रक्षा करना। चौदह वर्ष वन में बिता कर वे मेरे और लक्ष्मण के साथ लौटेंगे। हे सुभगे! उस समय यदि मैं सकुशल लौटी और मेरी कामना पूर्ण हो गई तो मैं प्रसन्न मन से तुम्हारी पूजा करूँगी। हे त्रिपथगे! तुम्हारा प्रभाव तीन लोक में फैला हुआ है। यहाँ तुम समुद्रदेव की पत्नी बन कर दिखाई देती हो। हे देवि गंगा! मैं प्रणामपूर्वक तुम्हारी विनती करती हूँ, यदि नरश्रेष्ठ राम सकुशल लौट कर अयोध्या का राज्य पा लेंगे तो मैं आपको प्रसन्न करने के लिए एक लाख गौ तथा अन्न ब्राह्मणों को दान दूँगी। हे देवि गंगा! मैं अयोध्या लौट कर हजार घड़ा मदिरा (शराब) तथा मांसयुक्त भात अर्पण करके तुम्हारी पूजा करूँगी। तुम्हारे तट पर जितने भी देवता, तीर्थ और देव स्थान हैं। मैं उन सबका पूजन करूँगी।
2. 'वाल्मीकि रामायण', अयोध्या कांड, सर्ग 55/19 से 21 के अनुसार, यमुना के बीच में पहुँचकर सीता ने यमुना को प्रणाम किया और मनौती मानकर कहा, हे देवि यमुने! आपका कल्याण हो! जैसे मैं तुम्हें पार कर रही हूँ, उसी तरह यदि मेरे पतिदेव अपना व्रत पार करके सकुशल अयोध्या पहुँच जाएँ तो मैं एक हजार गौ दान करके सौ घड़े मदिरा

(शराब) चढ़ाकर आपका पूजन करूँगी। ऐसा कह और हाथ जोड़कर उन्होंने आशीष माँगी।

### आइटम नं. 17

['सच्ची रामायण', पृष्ठ नं. 43, लाइन न. 24 से 26]

20. "जब कभी राम सीता को न देखकर उदास होता था तो लक्ष्मण कहा करता था कि तुम एक साधारण स्त्री के लिए क्यों परेशान हो!"

—अरण्य कांड, अध्याय 66

1. 'वाल्मीकि रामायण', अरण्य कांड, सर्ग 66/14 के अनुसार, सीता हरण के पश्चात् लक्ष्मण ने राम से कहा कि हे वीर! सीता मर गई हो या उसका अपहरण हो गया हो, फिर भी आपको संसार के पामर (नीच) प्राणियों के समान विषाद नहीं करना चाहिए।

### आइटम नं. 18

['सच्ची रामायण', पृष्ठ नं. 45, लाइन न. 2 से 4]

24. "क्या सीता ने उसे फटकारा? नहीं। बिलकुल नहीं। रावण की उस समय सम्मानपूर्ण आगवानी की गई, स्वागत किया गया। बिना अपनी अवस्था अधिक प्रकट किए, उस (सीता) ने रावण के समक्ष अपने सुन्दर यौवन की प्रशंसा की।"

—अरण्य कांड, अध्याय 46, 47

1. 'वाल्मीकि रामायण', अरण्य कांड, सर्ग 46/32 से 35 के अनुसार, सीताहरण के समय सीता ने रावण की आवश्यक सभी सामग्रियों से पूजा की। तदनुसार उसे बैठने के लिए आसन दिए। पैर धोने के लिए जल दिए और तत्पश्चात् भोजन करने की प्रार्थना की।...वे (सीता) बोलीं—हे ब्राह्मण देवता! यह बैठने के लिए आसन है। आप निश्चिन्त रूप से बैठकर भोजन करें।
2. 'वाल्मीकि रामायण', अरण्य कांड, सर्ग 47/4 व 11 के अनुसार, सीता हरण के समय सीता ने रावण से कहा कि बारह वर्ष तक मैं इक्ष्वाकु वंशियों के घर में रही। 4। मेरे तेजस्वी पति राम की उम्र 25 वर्ष की है और मेरी अठारह साल की है। 11।

3. 'वाल्मीकि रामायण', अयोध्या कांड, सर्ग 118/34 के अनुसार, सीता ने अनुसूइया से कहा कि जब मैं सयानी होकर पति के योग्य हो गई तो मेरे पिता (जनक) को ऐसी चिन्ता हुई, जैसे किसी मनुष्य का सर्वस्व लुट जाए और वह निर्धन होकर सोचने लगे।
4. 'अग्निवेश रामायण' के अनुसार, विवाह के समय राम-सीता की अवस्था क्रमानुसार 15 तथा 6 वर्ष की थी। वनवास के समय 27 और 18 वर्ष की थी। राज्याभिषेक के समय 42 और 33 वर्ष की थी।

—'राम कथा', अनुच्छेद 179

5. 'वाल्मीकि रामायण', अयोध्या कांड, सर्ग 20/45 में राम वनगमन के पूर्व माता कौशल्या ने राम से कहा कि हे राघव! तुम्हारा जन्म हुए छह वर्ष बीत गए, इससे सिद्ध है कि विवाह के समय राम की आयु छह वर्ष थी।
6. तुलसी कृत 'रामचरितमानस', बाल कांड के अनुसार, 'स्याम गौर मृदु बयस किसोरा। लोचन सुखद बिस्व चित चोरा॥'
7. 'रामलिंगामृत', सर्ग 5/1-63 'रामारण्यगमन' के अनुसार, विवाह के समय राम सीता की आयु क्रमशः 15 व 6 वर्ष थी, परन्तु चौथे अध्याय में सीता की आयु 16 वर्ष होना लिखा है।

—'राम कथा', अनुच्छेद 222

*स्पष्टीकरण*—अनुसूइया के समक्ष सीता के कथनानुसार सयाने का तात्पर्य पुरुष के लिए 25 वर्ष और स्त्री के लिए 20 वर्ष यदि माना जाए तो 20 वर्ष में 12 साल अयोध्या में रही अर्थात् वनवास के समय सीता की आयु 32 वर्ष की थी। तेरह साल वन में रहने के पश्चात् सीताहरण हुआ। 32 वर्ष में 13 वर्ष जोड़ने पर सीताहरण के समय सीता की आयु 45 वर्ष की थी। उस सीता ने रावण को 18 वर्ष बताई। अतएव स्त्री का कम आयु बताना ही यौवन की प्रशंसा करना माना जाता है।

### आइटम नं. 19

['सच्ची रामायण', पृष्ठ नं. 45, लाइन न. 7, 8]

26. "जब रावण उसे अपनी गोद में लिये जा रहे थे, तब वह अर्द्धनग्न थी। तब वह स्वयं अपने स्तन खोले हुए थी।"

—अरण्य कांड, अनुच्छेद 54

1. 'वाल्मीकि रामायण', अरण्य कांड, सर्ग 41/17 के अनुसार, उस रावण ने बाएँ हाथ में कमलनयनी सीता की गर्दन और दाहिने हाथ से दोनों जाँघें पकड़ीं।
2. 'वाल्मीकि रामायण', अरण्य कांड, सर्ग 52/10 व 15 के अनुसार, जटा युद्ध के पश्चात् रावण ने सीता के केश पकड़ लिये। 10। राक्षसराज रावण सीता को लेकर आकाश में उड़ गया।15।
3. 'वाल्मीकि रामायण', अरण्य कांड, सर्ग 54/2 व 3 के अनुसार, तब विशाल नयनों वाली सीता ने सुवर्ण-सदृश्य दमकता हुआ दुपट्टा उतारा, उसके एक छोर में अपने कुछ माँगलिक आभूषण बाँधे और उसे इस आशा से उन बन्दरों के बीच (जो ऋष्यमूक पर्वत पर बैठे थे) गिरा दिया कि ये बन्दर सीताहरण की सूचना राम को दे देंगे।

*स्पष्टीकरण*—प्रथम पैराग्राफ की क्रिया द्वारा यदि किसी स्त्री को उठाया जाए, तो वह अर्द्धनग्न की सीमा ही कही जाएगी और अन्तिम पैराग्राफ की क्रिया द्वारा यदि दुपट्टा फेंका जाए तो वह स्तन खोलने की सीमा कही जाएगी।

## आइटम नं. 20

['सच्ची रामायण', पृष्ठ नं. 45, लाइन न. 11 से 21]

28. "रावण ने अपने यहाँ सीता से कहा—आओ! हम दोनों मिलकर आनन्द (सम्भोग) करें। तब सीता अर्द्धोन्मिलित आँखों-युक्त सिसकियाँ भरती रही।"

—अयोध्या कांड, अध्याय 55

29. रावण ने कहा—हे सीते! हमारा तुम्हारा मिलन ईश्वर कृत है। यह ऋषियों को भी भाया है।

—अरण्य कांड, अनुच्छेद 55

30. सीता ने कहा कि तुम मेरे अंगों का आलिंगन करने के लिए स्वतंत्र हो। मुझे उसकी रक्षा करने की आवश्यकता नहीं। मुझे इस बात का पश्चात्ताप् नहीं कि मैंने भूल की है।

—अरण्य कांड, अनुच्छेद 56

इससे इस परिणाम पर पहुँचा जा सकता है कि "सीता ने रावण को अपने साथ दुर्व्यवहार करने की अपनी (स्पष्ट) अनुमति नहीं दी।"

1. 'वाल्मीकि रामायण', अरण्य कांड, सर्ग 55/32 से 37 के अनुसार, रावण ऐसी बातें कहकर सीता को फुसला रहा था और सीता आँचल से मुँह

ढँककर आँसू बहाती हुई धीरे-धीरे रो रही थी।...रावण ने कहा, 'हे सीते! अब धर्म नष्ट हो जाने की लज्जा करना बेकार है। हे देवि! तुमसे जो मैं प्रेम की प्रार्थना कर रहा हूँ। वह ऋषि-सम्मत है। मैं तुम्हारे कोमल चरणों को अपने मस्तक पर रखकर विनती करता हूँ कि मेरी बात मान लो। तुम मुझे अपना दास समझ कर शीघ्र प्रसन्न हो जाओ।' कामदेव के वाणों से पीड़ित रावण ने ये बातें कही। फिर वह बोला—रावण किसी स्त्री के पैर पर मस्तक रखकर प्रणाम नहीं करता। सीता से ऐसा कह कर काम के वशीभूत रावण ने अपने मन में यह समझ लिया कि सीता ने मेरी बात मान ली है।

2. 'वाल्मीकि रामायण', अरण्य कांड, सर्ग 56/21 के अनुसार, सीता ने रावण से कहा कि इस निश्चेष्ट (बिना इच्छा वाले) शरीर को तुम चाहें बाँधो या मार ही डालो।
3. 'वाल्मीकि रामायण', युद्ध कांड, सर्ग 119/8 से 10 अर्थात् आइटम नं. 21 का पुनः अवलोकन कीजिए।

*स्पष्टीकरण*—मुँह ढँककर आँसू बहाते हुए रोने की क्रिया को ही अर्द्धोन्मिलित युक्त सिसकियाँ भरना कहा जाएगा।

## आइटम नं. 21

['सच्ची रामायण', पृष्ठ नं. 46, लाइन न. 4 से 7]

32. "सीता ने राम को उत्तर दिया कि तुम सत्य कहते हो, किन्तु तुम्हीं बताओ कि मैं क्या कर सकती थी। मैं केवल अबला स्त्री हूँ। मेरा शरीर उसके अधिकार में था। मैंने स्वेच्छा से कोई भूल नहीं की थी। तथापि मैं मन से तुम्हारे निकट रही हूँ। ईश्वर की ऐसी ही इच्छा थी।"

—युद्ध कांड, अध्याय 119

1. 'वाल्मीकि रामायण', युद्ध कांड, सर्ग 119/8 से 10 के अनुसार, सीता ने राम को उत्तर दिया कि जिस समय रावण ने मेरे शरीर को छुआ था, उस समय मैं विवश थी। उसने मेरी इच्छा से मुझे नहीं छुआ था। दैव की ऐसी ही इच्छा थी। मैं निर्दोष हूँ। जिस हृदय पर मेरा अधिकार है, वह आज भी आप में अनुरक्त है। शरीर पर मेरा कोई भी अधिकार नहीं था। कारण कि मैं अबला स्त्री होने के कारण उसकी रक्षा नहीं कर सकती थी। इसलिए मैं निर्दोष हूँ।

## आइटम नं. 22

['सच्ची रामायण', पृष्ठ नं. 46, लाइन न. 17]

34. "जंगल में उस (सीता) ने दो पुत्रों को जन्म दिया।"

—उत्तर कांड, अध्याय 66

35. "अन्त में जब राम ने इस सम्बन्ध में सीता से शपथ खाने को कहा तो अस्वीकार करते हुए वह मर गईं।"

—उत्तर कांड, अध्याय 97

1. 'वाल्मीकि रामायण', उत्तर कांड, सर्ग 66/1 के अनुसार, रात को शत्रुघ्न वहाँ (वाल्मीकि के आश्रम में) ठहरे थे, उसी रात में सीता ने दो पुत्रों को जन्म दिया।
2. 'वाल्मीकि रामायण', उत्तर कांड, सर्ग 97/18 के अनुसार, जिस समय सीता की शपथ ली जा रही थी, उसी समय एक बहुत बड़ा अद्भुत दृश्य उपस्थित हो गया। एक दिव्य सिंहासन पृथ्वी को फोड़ कर निकला। वह सिंहासन नागों के सिर पर रखा था। उन नागों का दिव्य रूप था और उनके शरीर पर दिव्य रत्न विराजमान थे। उस सिंहासन पर पृथ्वी देवी बैठी थीं। उन्होंने दोनों हाथों से सीता को पकड़कर सिंहासन पर बैठा दिया। सीता के बैठते ही वह सिंहासन पृथ्वी में धँसने लगा।
3. 'तिब्बती रामायण', 'कथा-सरित्सागर' (9, 1, 83-93), 'कश्मीरी रामायण', 'मसीही रामायण', 'गोविन्द रामायण', 'पाश्चात्य वृत्तान्त' नं. 7, 8, 17, 'आनन्द रामायण' (5, 4, 62-68) 'रामकियेन' (अध्याय 41), 'रामजातक', 'ब्रह्मवक', 'रामकेर्ति', 'सेरीराम' तथा 'हिकायत महाराजा' के अनुसार, वाल्मीकि ने कुश की सृष्टि की तथा 'सिंहली रामकथा' के अनुसार, वाल्मीकि ने कुश के अतिरिक्त एक और दूसरे पुत्र की सृष्टि की।

—'राम कथा', अंक 743-744

उपरोक्त ग्रंथों के अनुसार, सीता को केवल एक ही पुत्र पहले 'लव' पैदा हुआ था।

## आइटम नं. 23

['सच्ची रामायण', पृष्ठ नं. 46, लाइन न. 22 से 24]

36. "सीता स्वयं उस रावण पर मोहित हो गई थी। सीता ने रावण की विषयेच्छा का स्वयं अनुसरण किया था। रावण पर मोहित न होने की दशा में वह

सीता को छू तक नहीं सकता था, क्योंकि रावण को शाप दिया गया था कि वह किसी स्त्री को उसकी इच्छा के विरुद्ध छुएगा तो उसका सिर टुकड़े-टुकड़े हो जाएगा।"

1. 'वाल्मीकि रामायण', युद्ध कांड, सर्ग 13/13-14 के अनुसार, रावण ने महापार्श्व से कहा कि जब मैंने 'पंजिकस्थला' नामक अप्सरा के साथ शक्तिपूर्वक सम्भोग किया, तब 'ब्रह्मा' ने क्रुद्ध होकर मुझे शाप दिया कि "हे रावण! आज से तू यदि किसी स्त्री के साथ इस तरह जबरदस्ती भोग (सम्भोग) करेगा तो तेरे सिर के सौ टुकड़े हो जाएँगे।"
2. 'वाल्मीकि रामायण', उत्तर कांड, सर्ग 26/55-56 के अनुसार, 'कुबेर' के पुत्र 'नल कूबर' की स्त्री के साथ जब रावण ने शक्तिपूर्वक सम्भोग किया, तब नल कूबर ने रावण को शाप दिया कि "अब वह (रावण) किसी स्त्री के साथ बलपूर्वक भोग (सम्भोग) न कर सकेगा। यदि ऐसा करेगा तो उसके सिर के सौ टुकड़े हो जाएँगे।"

## आइटम नं. 24

['सच्ची रामायण', पृष्ठ नं. 47, लाइन न. 22 से 24]

37. "राम अपनी साली के साथ सीता के कमरे में गया। राम ने सीता को अपने विजन पर रावण का चित्र बनाए हुए, उसे अपनी छाती पर चिपकाए हुए सोती हुई पाया।" यह बात श्रीमती चन्द्रावती द्वारा लिखित 'बंगाली रामायण' के पृष्ठ 199 और 200 में पाई जाती है।

1. 'कृतिवास रामायण' (7-44-45), चन्द्रवली कृत 'रामायण गाथा', 'सेरीराम', 'कश्मीरी रामायण', 'भारतीय साहित्य', आगरा, वर्ष 2, अंक 3, पृष्ठ 79, दुर्गाशंकर प्रसाद सिंह कृत भोजपुरी लोकगीत, पृष्ठ 27, कृष्णदेव उपाध्याय कृत 'भोजपुरी ग्राम्य गीत', पृष्ठ 59, रामनरेश त्रिपाठी कृत 'लोक गीत में राम कथा', मैथिलीशरण गुप्त कृत 'अभिनन्दन ग्रंथ', पृष्ठ 661, 'मसीही रामायण', 'रामायणसार', 'सेरत कांड', 'आनन्द रामायण', 'हिवायत महाराजा रावण', रामदास गौड़ कृत 'हिन्दुत्व' पृष्ठ 141, 'सिंघल द्वीप की रामकथा', 'रामकेर्ति' (सर्ग 75) और 'रामकियेन' (अध्याय 40) के अनुसार, राम द्वारा सीता के त्याग का कारण रावण का चित्र है।

—'राम कथा', अनुच्छेद 723, 724

## आइटम नं. 25

['सच्ची रामायण', पृष्ठ नं. 48, लाइन न. 8, 9]

29. "रामायण के अनुसार, हम कह सकते हैं कि राम एक अयोग्य और धूर्त व्यक्ति था और सीता व्यभिचारिणी स्त्री थी।"

1. राम के लिए अवलोकन कीजिए आइटम नं. 35।
2. सीता के लिए अवलोकन कीजिए आइटम नं. 26।

## आइटम नं. 26

['सच्ची रामायण', पृष्ठ नं. 48, लाइन न. 14, 15]

"यदि राम का सीता को जंगल में छोड़ने का कृत्य उचित मान लिया जाए तो यह सभी को मान लेना चाहिए कि सीता रावण द्वारा गर्भवती हुई थी।"

1. 'वाल्मीकि रामायण', उत्तर कांड, सर्ग 43/16 से 22 के अनुसार, राम से भद्र ने कहा कि रावण वध से सीता का उद्धार अवश्य हुआ, परन्तु रावण के स्पर्श से जो दोष उत्पन्न हुआ, रामचन्द्र ने उसका कोई विचार नहीं किया और सीता को पवित्र समझ कर घर में रख लिया।

जैसा राम होगा, वैसी ही प्रजा भी तो होगी। 16 से 19। हे राजाश्रेष्ठ सभी नगरों और गाँवों में लोग ऐसी ही बातें किया करते हैं। 20। इस बात को सुनकर मित्रों ने भी राम से दुखी हृदय से कहा कि राजन्! भद्र की बात सत्य है। 21, 22।

उत्तरकांड, सर्ग 44/17-18 के अनुसार, राम ने लक्ष्मण से कहा कि गंगा नदी के उस पार तमसा नदी के निकट वाल्मीकि का आश्रम है, वहीं एकान्त में सीता को छोड़कर शीघ्र घर लौट आओ।

उत्तर कांड, सर्ग 48/8 में जब लक्ष्मण ने सीता को जंगल में छोड़ दिया, तब सीता ने लक्ष्मण से कहा कि मैं अभी गंगा में डूब कर मर जाती, पर ऐसा नहीं कर सकती, क्योंकि मैं गर्भवती हूँ।

का समर्थन कालिदास के 'रघुवंश' (सर्ग 14), 'उत्तर रामचरित' (अंक 1) 'कुन्दमाला', 'दशावतार चरित', 'अध्यात्म रामायण' (7, 4, 47) और 'आनन्द रामायण' (5, 3, 21) से भी होता है। केवल नामों का अन्तर क्रमशः भद्र, गुप्तचर, दुर्मुख, गुप्तचर व विजय है।

—'राम कथा', अनुच्छेद 717

का समर्थन तुलसीदास कृत 'रामचरितमानस', लव-कुश कांड, छन्द 9, 1 के अनुसार, दूत ने राम से कहा कि एक धोबी अपनी स्त्री को डाँटकर व्यंग्य वचन

कहकर सुना रहा था। कृपानिधान रामचन्द्र जी ने दूत के वचन सुनकर उन्हें अपने हृदय में रख लिये। रात्रि में स्वप्न में भी वही दृश्य देखकर जगत्पति राम जी सवेरे जागने पर अपार दु:ख से भर गए।

उपरोक्त कथा 'गुणाढ्य' कृत अप्राप्य 'बृहत्कथा' में विद्यमान थी और अब सोमदेव भट्ट कृत 'कथासरित्सागर' (9, 1, 66) में एक दिन अपने नगर में गुप्त भेस में घूमते हुए स्वयं राजा राम ने यह घटना देखी।

'भागवत पुराण' (9, 11) का कथानक भी 'कथासरित्सागर' से मिलता है।

'जैमिनी अश्वमेध' (अध्याय 26) व 'पद्म पुराण' (4, 55) के अनुसार, वह व्यक्ति धोबी था।

—'राम कथा', अनुच्छेद 720

'तमिल रामायण' (उत्तर कांड 7,7) व 'आनन्द रामायण' (5-3-28-30) के अनुसार भी धोबी के इस कथानक का समर्थन होता है।

—'राम कथा', अनुच्छेद 720

**नोट :** 'आनन्द रामायण' (9-5-34) के अनुसार, राम ने स्वर्गारोहण के समय धोबी को स्वर्ग जाने की अनुमति नहीं दी।

—'राम कथा', अनुच्छेद 720

'तिब्बती रामायण' के अनुसार, जो 'कथा सारित्सागर' व 'भागवत पुराण' का विकसित वृत्तान्त प्रतीत होता है, राम ने स्वत: किसी पुरुष से जो अपनी स्त्री को वह...कहकर फटकार रहा था कि अपना जन अपवाद सुना। तब राम छिपकर उस स्त्री से मिले। उस स्त्री ने स्त्रियों के विषय में राम को समझाते हुए कहा कि गर्मी से पीड़ित मनुष्य जिस प्रकार शीतल सरिता का निरन्तर स्मरण करता है, ऐसे ही काम-पीड़ित स्त्री रूपवान पुरुष का निरन्तर स्मरण करती रहती है, जब तक उसे कोई देखता अथवा सुनता है। वह निन्दनीय अपराध नहीं करती, लेकिन एकान्त में बन्धन से मुक्त होकर वह परपुरुष के साथ भी अपनी काम पीड़ा शान्त कर लेती है।

—'राम कथा', अनुच्छेद 721

डॉक्टर एफ.डब्ल्यू. थॉमस के अनुसार, वह व्यक्ति सम्भवत: एक लिच्छवी रजक (धोबी) है।

—'राम कथा', अनुच्छेद 721

2. 'वाल्मीकि रामायण', उत्तर कांड, सर्ग 97/2-3 के अनुसार, राम नेवाल्मीकि से कहा कि हे धर्मेश! आपका कथन सत्य है। मुझे आपके पुनीत वाक्यों पर विश्वास है। लंका विजय के बाद सीता ने देवताओं के सामने शपथ ली थी। इसलिए मैं इनको पवित्र समझ कर अयोध्या ले आया था।

*स्पष्टीकरण*—अर्थात् राम ने सीता की अग्नि परीक्षा नहीं ली थी, केवल शपथ ली थी।

सीता की अग्नि परीक्षा न लेने का समर्थन 'महाभारत' (रामोपाख्यान, अध्याय 275), 'हरिवंश पुराण अनामकम् जातकम्', 'श्याम का राम जातक', 'खोतानी रामायण', 'तिब्बती रामायण' तथा गुणभद्र कृत 'उत्तरपुराण' आदि से भी होता है। इन ग्रंथों में सीता की अग्नि परीक्षा का अभाव है।

—'राम कथा', अनुच्छेद 601

3. 'राम कथा', अनुच्छेद 541 के अनुसार, 'वाल्मीकि रामायण'...रावण के अशोक वाटिका में आगमन का कारण उसकी काम वासना ही मानी गई है।

'वाल्मीकि रामायण', सुन्दर कांड, सर्ग 18/5 के अनुसार, उस कामी (रावण) का मन सीता पर आसक्त था। इस बात को सभी जानते थे।

4. 'राम का अन्तर्द्वन्द्व' (कविता) लेखक—अरविन्द कुमार, प्रकाशक—'सरिता' पत्रिका, जुलाई, 1957 ई. को राम का अन्तर्द्वन्द्व, अलोचनाओं और आपत्तियों का उत्तर, लेखक—अरविन्द कुमार, प्रकाशक—'सरिता', सितम्बर, 1957 ई. एवं 'बेशमेंट ऑफ सीता', लेखक—अरविन्द कुमार। प्रकाशक—'सरिता', दिल्ली बुक कम्पनी, एम/12 कनॉट प्लेस, नई दिल्ली के अनुसार, अवलोकन कीजिए।

सीता का वनवास...गीता का था नाम, बहाना सीता का था...कपटी था दशशीश... नहीं, नहीं...क्या सीता डिगी न होगी...इसकी केवल...सीता का।

5. 'वाल्मीकि रामायण', युद्ध कांड, सर्ग 118 के अनुसार, राम के हृदय के अचानक उद्‌गार, जो उन्होंने सीता के प्रति कहे।

[राम ने सीता से कहा कि आश्रम पर मेरे न रहने के समय कपटी राक्षस रावण ने तुम्हारा हरण किया था। दैवीकोप से ही यह बात हुई थी। उस दैवीकोप को मैंने, मनुष्य होकर भी दूर कर दिया। 5। शत्रु से बदला लेने के लिए जो बात एक मनुष्य कर सकता है, वह मैंने रावण को मारकर पूरी कर ली है। इसमें मेरी प्रतिष्ठा की रक्षा हुई। 13। तुम रावण के यहाँ बहुत दिनों तक रही हो। इसलिए मुझे तुम्हारे चरित्र पर सन्देह हो गया है। तुम मेरे सामने खड़ी हुई उसी तरह अच्छी नहीं लग रही हो, जिस तरह दुखती हुई आँखों को दीपक अच्छा नहीं लगता। 17। इसलिए हे सीते! अब तुम जहाँ चाहो—वहाँ चली जाओ। मैं तुमसे किसी तरह सम्बन्ध नहीं रख सकता। 18। उत्तम कुल में उत्पन्न होकर कोई भी तेजस्वी पुरुष दूसरे के घर में रही हुई स्त्री को प्रेमभरे हृदय से स्वीकार नहीं करेगा। 19। हे सीते। हरण करने के समय रावण ने तुम्हें गोद में उठाया और बुरे नेत्रों से देखा है। तब मैं एक महान कुल में उत्पन्न होकर तुमको किस तरह स्वीकार कर सकता हूँ। 20। मैंने रावण को मार कर उसके हाथों से तुम्हारा उद्धार कर दिया। मेरा उद्‌देश्य पूरा हो गया। मेरा बदला मिल गया। अब तुम्हारे साथ मेरा

कोई सम्बन्ध नहीं है। तुम जहाँ चाहो, वहाँ चली जाओ। 21। हे कल्याणी! मैंने बहुत विचार किया, बहुत सोचा, समझा, अन्त में यही निश्चित रहा। इसलिए अब तुम अपने जीवन निर्वाह के लिए लक्ष्मण या भरत के पास जाकर रह सकती हो। 22। शत्रुघ्न, सुग्रीव या राक्षस-राज विभीषण के पास जाकर रहो या जहाँ अच्छा समझो, वहाँ जाकर रह सकती हो। 23। हे सीते! अपने घर में रहती हुई तुम्हारे इस मनोहर रूप को देखकर राक्षस-राज रावण इतने दिनों तक काम पीड़ा को न सह सका होगा। 24।]

## सीता का चरित्र

1. अवलोकन कीजिए, 'सच्ची रामायण' के मान्यता-प्राप्त सीता सम्बन्धी सभी पृष्ठ।
2. अवलोकन कीजिए, सीता से सम्बन्धित आइटम नं. 15, 16, 18 से 23 व 26 आदि।
3. 'महावीर चरित्र' (अंक 1) के अनुसार, विश्वामित्र ने अपने आश्रम पर सीता और उर्मिला को बुलाया। वहीं राम सीता को और लक्ष्मण उर्मिला को देखकर आकर्षित हो गए।

—'राम कथा', अनुच्छेद 391

4. 'वाल्मीकि रामायण', सुन्दर कांड, सर्ग 38 में इन्द्र के पुत्र जयन्त की कहानी का अवलोकन कीजिए।

[लंका की अशोक-वाटिका में सीता ने हनुमान से कहा कि हे दूत हनुमान! तुम मेरे प्रिय स्वामी राम से जाकर सर्वश्रेष्ठ चिह्न-रूप में यह कहना कि चित्रकूट पर्वत के उत्तर-पूर्व दिशा में मन्दाकिनी नदी के किनारे फल-मूल और फलों से युक्त सिद्धों के आश्रमों युक्त वनों में विहार करते हुए थक कर आप मेरी गोद में आ बैठे थे। 12-14। उसी समय मांस की इच्छा से एक कौआ वहाँ आया और मुझे चोंच से मारने लगा। मैंने पत्थर फेंककर उसे भगाना चाहा, पर वह नहीं भगा। उस मांस खानेवाले कौए ने किसी भी तरह मेरा पीछा नहीं छोड़ा। 15, 16। मैं उस कौए पर क्रोध करके भगाने की इच्छा से दौड़ी। उसी समय मेरा वस्त्र कमर से कुछ नीचे खिसक गया। जिसे आपने देखकर हँस दिया था। इससे मुझे पहले क्रोध और बाद में लज्जा आई। मैं लौटकर आपकी गोद में जा बैठी और रोने लगी। उस भोजनार्थी कौए द्वारा घायल होकर मैं आपके पास गई थी। 17, 18। इसके बाद मैं आपकी गोद में लेट गई। मुझे क्रुद्ध देखकर आपने मनाया। 19। मैं आँखें पोंछ रही थी, उसी समय आपने मुझे कौए पर क्रुद्ध

देखा। 20। इसके बाद शर्म-वश मैं आपकी गोद में सो गई और आप भी मेरी गोद में सो गए। 21। आपको सोते देखकर वह कौआ फिर आया और मुझे चोंच मारने लगा। तब मैं आपकी गोद में उठ कर बैठ गई। उस समय सहसा उस कौए ने मेरे स्तन में चोंच मारी। 22। फिर तो वह बार-बार उड़कर मुझे चोंच मारने लगा। जब मेरे रुधिर की बूँदें आप पर गिरीं, तो आप जाग गए। 23। उस कौए ने जब मुझे बहुत दुःख दिया, तब आनन्द के साथ सोते हुए आपको मैंने जगाया। मेरे स्तनों को विक्षित देखकर क्रुद्ध सर्प की तरह साँस लेते हुए आपने पूछा—हे नागनासोरु! तुम्हारे स्तन में किसने घाव कर दिया है?। 24, 26। वह कौन है? जो पाँच भयंकर मुख वाले सर्प से खेल करना चाहता है? ऐसा कहकर आपने मेरी ओर ताके हुए उस रक्त-रंजित तथा तीखे नखों वाले कौए को बैठे देखा। पृथ्वी पर वायु के समान चलनेवाला वह कौआ इन्द्र का पुत्र था। उसे देखकर आपके नेत्र लाल हो गए। 27-29।]

5. लक्ष्मण ने सीता की रक्षा हेतु श्याम देश तथा ब्रह्मदेश की रामकथा के अनुसार तीन रेखाएँ, 'तेलुगु द्विपद रामायण' (3, 18) के अनुसार सात रेखाएँ व तुलसीदास कृत 'रामचरितमानस', (अरण्य कांड), 'खोतानी रामायण', 'सेरीराम', 'हिकायत महाराज रावण', मधुसूदन द्वारा सम्पादित 'महानाटक' (अंक 3, 65), 'कृत्तिवास रामायण', 'आनन्द रामायण' (1, 778) 'भावार्थ रामायण' (3, 35), 'सूरसागर' (स्कन्ध 9, 503) 'असमियाँ गीत रामायण', 'रामचन्द्रिका' (12, 18) तथा 'पाश्चात्य वृत्तान्त' नं. 13 के अनुसार, एक रेखा खींची थी।

—'राम कथा', अनुच्छेद 499

**नोट :** सीता ने उस रेखा को स्वतः पार किया था।

6. 'वाल्मीकि रामायण', अरण्य कांड, सर्ग 45 के अनुसार, सीता ने लक्ष्मण से मार्मिक वचन कहे।
7. 'कश्मीरी रामायण' के अनुसार, सीता ने रावण से कहा कि जटायु को रक्त से सने पत्थर खिलाइए। वह उन्हें खाकर गिर जाएगा। रावण ऐसा ही करता है और जटायु पृथ्वी पर गिरकर मर जाता है।

—'राम कथा', अनुच्छेद 470

8. 'खोतानी रामायण' तथा 'तिब्बती रामायण' में रावण ने जटायु को रक्त से सने धातुओं के टुकड़े खिला कर मार डाला।

—'राम कथा', अनुच्छेद 470

9. 'पाश्चात्य वृत्तान्त', नं. 3 में रावण ने जटायु को अपनी जाँघ के रक्त से सना पत्थर खिलाकर मार डाला।

—'राम कथा', अनुच्छेद 470

## आइटम नं. 27

['सच्ची रामायण', पृष्ठ नं. 48, लाइन नं. 22 से 24]

ऐसी दशा में ये सिद्ध करना कि न सीता भ्रष्ट थी, न राम गुंडा तथा विश्वासघाती, प्रकट करता है कि यह भ्रष्टता और नीचता क्षम्य नहीं है।

1. अवलोकन कीजिए, राम के लिए आइटम नं. 35 व सीता के लिए आइटम नं. 26।

## आइटम नं. 28

['सच्ची रामायण', पृष्ठ नं. 51, लाइन नं. 18 से 20]

1. लक्ष्मण ने राम को बताया कि तुम्हें धोखा देने के लिए दशरथ और कैकेयी ने अपनी पूर्व सुनिश्चित योजनानुसार तुम्हें राजगद्दी देने में भिन्न-भिन्न मतों का अनुसरण किया है।
2. 'वाल्मीकि रामायण', अयोध्या कांड, सर्ग 23/9 से 11 के अनुसार, लक्ष्मण ने राम से कहा कि पापी महाराज दशरथ और कैकेयी के प्रति आपको संशय क्यों नहीं होता? हे धर्मात्मा! जो धर्म का छलावा करके आपको धोखा देना चाहते हैं, उनसे आप सावधान क्यों नहीं होते? वे अपना काम बनाने के लिए आप सरीखे सदाचारी के साथ शठता करके आपको निकाल बाहर करना चाहते हैं। यदि उनका यह षड्यंत्र न होता तो वे आपके अभिषेक में विघ्न क्यों डालते? रही वरदान की बात, सो यदि ऐसी कोई साजिश न होती, तो वर के आदान-प्रदान का निपटारा पहले ही हो गया होता। हे वीर! आपको अलग करके भरत-अभिषेक की योजना सर्वथा लोक विरुद्ध है। मैं इसे नहीं सह सकता। आप मुझे क्षमा करें।

## आइटम नं. 29

['सच्ची रामायण', पृष्ठ नं. 52, लाइन नं. 5 से 6]

14. जब भरत ने वन में जाकर राम से अनुनय-विनय की कि तुम लौट चलो और अयोध्या का राज्य करो, तब लक्ष्मण ने क्रोधपूर्वक कहा कि मैं भरत को मारने जा रहा हूँ।

1. 'वाल्मीकि रामायण', अयोध्या कांड, सर्ग 96/22 से 30 के अनुसार, लक्ष्मण ने राम से कहा कि हे राघव! इसी भरत के कारण आपको, मुझे और सीता को कितने कष्ट सहने पड़े हैं। आपको अपने सनातन राज्याधिकार से वंचित होना पड़ा है। हे रघुवीर! हमारा शत्रु भरत आया हुआ है। यह हमारा बध्य है। इसे मारने में मैं कोई दोष नहीं देखता जिसने पहले अपराध किया है, उसे मारने में अधर्म नहीं होगा। यह हमारा पूर्व अपराधी है। हे राघव! इसने धर्म को त्याग दिया है। इस दुष्ट के मर जाने पर आप निश्चिन्त होकर सारी पृथ्वी का शासन करें। राज्य की लालचिन कैकेयी अपने बेटे को मेरे हाथों इस प्रकार मरा हुआ देखें, जैसे हाथियों द्वारा उखाड़ कर वृक्ष धराशायी कर दिया जाता है। मैं कैकेयी, मन्थरा और उसके सम्बन्धियों को भी समाप्त कर दूँगा। आज यह धरती बड़े भारी पाप से मुक्त हो जाएगी। हे मानद! आज मैं अब तक की रुकी हुई क्रोधाग्नि शत्रु सेना के ऊपर इस प्रकार छोड़ूँगा, जैसे तृण राशि पर आग छोड़ी जाती है। आज मैं अपने तीखे बाणों से शत्रु के सैनिकों को काट कर इस चित्रकूट के जंगल को उनके रुधिर से सीचूँगा। मेरे बाणों की मार से जिन हाथियों और घोड़ों की अँतड़ियाँ बाहर निकल आएँगी, उन्हें बनैले पशु घसीटेंगे। मरे हुए मनुष्यों के शव को यहाँ के सियार व भेड़िये आदि नोच कर खाएँगे। आज मैं इस महान अरण्य में सेना सहित भरत को मार कर अपने धनुष और बाण के ऋण से उऋण हो जाऊँगा। इसमें कोई संशय नहीं है।
2. 'भावार्थ रामायण' (2, 15) के अनुसार, चित्रकूट में भरत और लक्ष्मण का युद्ध होता है। राम ने दोनों को अलग कर दिया।

—'राम कथा', अनुच्छेद 434

## आइटम नं. 30

['सच्ची रामायण', पृष्ठ नं. 52, लाइन नं. 10 से 17]

16. उस लक्ष्मण ने सूर्पणखा से कहा कि "सीता चरित्रहीन है। उसकी छातियाँ सूख चुकी हैं।"

—अरण्य कांड, अध्याय 18

17. सीता के प्रति उसका बर्ताव सीता के सन्देह का कारण बन चुका था। वह उससे प्रेम करता था और उसके साथ सम्भोग करना चाहता था।

18. उस लक्ष्मण ने अपने ज्येष्ठ भाई की स्त्री के प्रति राम से कहा कि सीता को चाहे कोई भगा ले जाए, चाहे वह मर जाए। यह कोई बड़ी बात नहीं है। क्या हमें ऐसी नीच स्त्री के लिए कष्ट सहने चाहिए?

1. 'वाल्मीकि रामायण', अरण्य कांड, सर्ग 18/11-12 के अनुसार, लक्ष्मण ने शूर्पणखा से कहा कि सीता कुरूप है। कर्कश है। देखने में भयानक है। शूर्पणखा से उसकी कमर बहुत पतली है। अतएव राम उस बुढ़िया को छोड़कर तुम्हारा ही सम्मान करेंगे। संसार में भला ऐसा कोई कम समझदार मनुष्य होगा जो तुम जैसी लावण्यमयी कन्या को छोड़कर मानषी से प्रीति करेगा।

2. 'स्कन्ध पुराण' (नगर खंड, अध्याय 20) के अनुसार, राम 'पितृक देव तीर्थ' में पहुँचकर राजा दशरथ के श्राद्ध का आयोजन वनवास के समय में करते हैं। सीता कहीं छिप जाती हैं और लक्ष्मण को विप्रों की सेवा करनी पड़ती है। श्राद्ध के बाद सीता फिर दिखाई देती हैं, जिससे लक्ष्मण को इतना क्रोध आ जाता है कि वह सुथरी (चटाई या बिछौना) के लिए पत्ते तथा पैर धोने के लिए पानी ले आना अस्वीकार करते हैं। बाद में, क्रोध-रक्त-लोचन लक्ष्मण क्रोध से लाल आँखें किए हुए दूर से राम को सोते हुए देखते हैं तथा उनके मन में राम का बध करने और सीता को अपनी पत्नी बनाने का विचार उठ आता है—

*हत्वैनं राघवं सुप्तं सीतां पत्नीं विधाय च।*
*किं गच्छामि निजं स्थानं विदेशं वाऽपि दूरतः ॥ 45 ॥*

प्रातः राम तथा सीता दक्षिण के लिए प्रस्थान करते हैं। लक्ष्मण राम के वध का अवसर ढूँढ़ते हुए, दिन भर उनका पीछा करते हैं—

*लक्ष्मणोऽपि धनुः सज्यं कृत्वा संधाय सायकम्।*
*अनुव्रजति पृष्ठ स्थस्तस्य च्छिदं विलोकयन् ॥ 49 ॥*

संध्या के समय 'गोकर्ण तीर्थ' में पहुँचकर लक्ष्मण राम के पास जाकर अपना अपराध स्वीकार करते हैं तथा राम से क्षमा माँगते हैं ...।

—'राम कथा', अनुच्छेद 462

1. 'पद्म पुराण', सृष्टि खंड, अध्याय 28, 126-190 के अनुसार, राम के प्रति लक्ष्मण का विद्रोह तथा बाद में उनका पश्चात्ताप वर्णित है।

—'राम कथा', अनुच्छेद 462

4. 'खोतानी रामायण' में सीता को राम और लक्ष्मण, दोनों की सम्मिलित पत्नी माना गया है।

—'राम कथा', अनुच्छेद 462

5. 'वाल्मीकि रामायण', अरण्य कांड, सर्ग 45/5 से 8 व 21 से 27 के अनुसार, जब मारीच ने मरते समय 'हा लक्ष्मण! हाऽऽऽ सीते!' कहा, तब सीता ने कुपित होकर कहा कि लक्ष्मण! जान पड़ता है कि अपने भाई राम के मित्र बनकर तुम भी उनके शत्रु हो, तभी तो ऐसी दशा में तुम दौड़कर उनके पास नहीं पहुँचते। लक्ष्मण! तुम चाहते हो कि राम मर जाए तो सीता को मैं अपनी स्त्री बना लूँ। मुझे पाने के लोभ से ही तुम राम के पास नहीं जा रहे हो। जितनी तुम्हारे मन में दुर्वासना है, उतनी भाई पर प्रीति नहीं है। यही कारण है कि तुम उन्हें देखने नहीं जाते बल्कि चुपचाप यहाँ ही बैठे हो।
6. पुनः सीता ने लक्ष्मण से कहा कि "ओ आर्य! ओ विदेशी! ओ क्रूर! ओ हत्यारे! ओ निर्दयी! ओ कुलांगार! मैं समझती हूँ कि राम का विनाश ही तुझे विशेष प्रिय है। उन्हें विनाशोन्मुख देखकर ही तू ऐसी बातें बना रहा है। लक्ष्मण! जो तू कह रहा है। उसमें विस्मय की कोई बात नहीं है। तेरे जैसे क्रूर और कपटी मित्र ऐसा ही कहते हैं, तू बड़ा दुष्ट है। मुझे अपनी स्त्री बनाने के लिए या कि भरत की प्रेरणा से अकेला (अर्थात् अपनी पत्नी रहित) हमारे साथ वन में आया है। लक्ष्मण! तुम अच्छी तरह समझ लो। तुम्हारी या भरत की यह दूषित कामना कभी न पूरी होगी। नील कमल सदृश्य श्याम और कमल दल सम नेत्रों वाली राम की पत्नी होकर तुम जैसे नीच की भार्या मैं कदापि न होऊँगी। मैं तुम्हारे सामने ही प्राण त्याग दूँगी। राम से बिछुड़कर मैं क्षण भर भी न जिऊँगी।"
7. तुलसीदास कृत 'रामचरितमानस', अरण्य कांड के अनुसार, लक्ष्मण से 'मरम-बचन जब सीता बोला'।
8. 'वाल्मीकि रामायण', अरण्य कांड, सर्ग 66/14 में लक्ष्मण ने राम से कहा—हे वीर! सीता मर गई हो या उनका अपहरण हो गया हो, फिर भी आपको संसार के पामर प्राणियों के समान विषाद नहीं करना चाहिए।

## आइटम नं. 31

['सच्ची रामायण', पृष्ठ नं. 54, लाइन न. 9]

7. भरत की भी बहुत-सी स्त्रियाँ थीं।

1. 'वाल्मीकि रामायण', अयोध्या कांड, सर्ग 100/ 49 व 72 के अनुसार, चित्रकूट में राम ने भरत से कहा कि तुम अपनी स्त्रियों को सदा प्रसन्न रखते हो और उनकी रक्षा तो करते हो न। उनकी बातों पर विश्वास तो नहीं रखते और उन्हें अपनी कोई गुप्त बात तो नहीं बता देते?

2. पुनः कहा—तुम्हारी स्त्रियाँ और श्रुति (अनुभवजन्य-ज्ञान) तो सफल है?

**आइटम नं. 32**

['सच्ची रामायण', पृष्ठ नं. 57, लाइन न. 2 से 6]

2. सीता से वार्तालाप करते हुए उस 'हनुमान' ने निर्लज्जता तथा असभ्यतापूर्ण शब्दों का प्रयोग किया था, यहाँ तक कि उसने मनुष्य लिंग के विषय में भी सीता से बातचीत की थी, जो कि उसे स्त्रियों के समक्ष नहीं करनी चाहिए थी।

1. 'वाल्मीकि रामायण', सुन्दर कांड, सर्ग 35/17 से 20 के अनुसार, हनुमान ने लंका की अशोक वाटिका में राम का परिचय बताते हुए सीता से कहा कि राम की भौंहें, बाहु और अंडकोष—ये तीनों लम्बे हैं।...।

उनके बाल, पैर की रेखाएँ और पुरुष-चिह्न अर्थात् लिंग कोमल है। ...उनकी पीठ, उनका पुरुष-चिह्न अर्थात् लिंग और जांघें मोटी हैं।...।

उनके बाहू, जानु, उरु और गंड-स्थल ये चारों बराबर हैं। उनकी भौंहें, नासिका के छिद्र, आँखें, कान, ओंठ, कुचाग्र, कोहनी, कलाई, जाँघें, अंडकोष, कमर, हाथ, पैर और नितम्ब अर्थात् चूतड़ ये चौदहों अंग बराबर हैं।...। अंगुलियों के पोर, बाल, रोएँ, नख, त्वचा, पुरुष-चिह्न अर्थात् लिंग, दाढ़ी और बुद्धि सूक्ष्म है।

**आइटम नं. 33**

['सच्ची रामायण', पृष्ठ नं. 77, लाइन न. 18]

सीता रावण के लिए भोजन परोसती थीं।

1. अवलोकन कीजिए, आइटम नं. 18 का प्रथम पैराग्राफ।

**आइटम नं. 34**

['सच्ची रामायण', पृष्ठ नं. 77, लाइन न. 11 से 13

लंका में सीता सहित बैठे हुए राजा रावण ने उस (सीता) से कहा, "सीते! लज्जा न करो। हमारा-तुम्हारा मिलाप दैवी योजनानुसार है। इसका स्वागत सम्पूर्ण ऋषि और

मुनि करेंगे।" इस पर सीता ने उत्तर दिया कि "तुम मेरे शरीर का यथेच्छा भोग कर सकते हो। मुझे अपने शरीर की चिन्ता नहीं।"

1. अवलोकन कीजिए, आइटम नं. 20 से 22।

## आइटम नं. 35

['सच्ची रामायण', पृष्ठ नं. 78, लाइन नं. 5 से 9]

जहाँ तक सीता के पति राम का सम्बन्ध है, वह—पाखंडी, कपटी, छली-छद्‌मा, विश्वासघाती, स्त्री-व्रत्त निर्बल, किंबहुना, मेहरा, झूठा और गुंडा था। उस राम का भाई लक्ष्मण उपद्रवी, प्रजा पीड़क था, जिसने अपने पिता को मार डालने का साहस किया था। वह लुच्चा व लम्पट था, जो गद्‌दी प्राप्त करने हेतु कोई भी कार्य करने में न हिचकिचाया।

अवलोकन कीजिए निम्न हेडिंग :

1. रामचरित्र
2. लक्ष्मण चरित्र
3. 'रामायण'
4. 'रामायण' में अपमानित शूद्र
5. 'रामायण' में अपमानित नारी
6. 'रामायण' में ब्राह्मणी गरिमा

### 1. राम का चरित्र

1. अवलोकन कीजिए 'सच्ची रामायण' के मान्यता प्राप्त राम से सम्बन्धित सभी पृष्ठ।

   (अ) अवलोकन कीजिए, राम से सम्बन्धित सभी आइटमों के उत्तर।
2. तुलसीदास कृत 'रामचरितमानस', बाल कांड के अनुसार, गौतम की स्त्री अहल्या शापवश पत्थर बन गईं। राम के चरण स्पर्श से पुनः स्त्री बन गई।

'वाल्मीकि रामायण', बाल कांड, सर्ग 48 के अनुसार, गौतम की स्त्री अहल्या शापवश रहकर अदृश्य हो गई। सर्ग 50 के अनुसार, राम के दर्शन से अहल्या सबको दिखाई देने लगी।

'महाभारत', शान्ति पर्व, अध्याय 258 के अनुसार, गौतम ने क्रोधवश अपने पुत्र चिरकारी को अहल्या का वध करने का आदेश दिया। पुत्र ने उसे जंगल में

छोड़कर जंगली जानवर के खून से सनी तलवार दिखाकर अपने पिता को अहल्या के वध की सूचना दी। क्रोध शान्त हो जाने पर गौतम ने अहल्या को पुनः ग्रहण कर लिया।

—'राम कथा', अनुच्छेद 345

3. तुलसीदास कृत 'रामचरितमानस', बाल कांड के अनुसार, राम ने सीता को जनकपुर की वाटिका में देखकर लक्ष्मण से कहा, 'मानहुँ मदन दुंदुभी दीन्ही।'

'वाल्मीकि रामायण', किष्किन्धा कांड, सर्ग 1/22-23 में राम ने लक्ष्मण से कहा कि मुझे कामदेव सता रहा है।

4. 'वाल्मीकि रामायण', बाल कांड, सर्ग 73 में राम के सामने लक्ष्मण का विवाह उर्मिला के साथ हुआ।

अरण्य कांड, सर्ग 18 में राम ने सूर्पणखा से कहा कि मेरा छोटा भाई लक्ष्मण कुँवारे अर्थात् अ-विवाहित है।

'वाल्मीकि रामायण', अयोध्या कांड, सर्ग 20 में राम ने माता कौशल्या से कहा कि मैं वन में कन्द, मूल व फल खाऊँगा।

आइटम नं. 13 में वर्णित राम ने वनवास में खूब मांस खाया।

5. 'वाल्मीकि रामायण', अयोध्या कांड, सर्ग 97 में भरत आगमन के समय लक्ष्मण से चित्रकूट में राम ने कहा कि लक्ष्मण! यदि तुम राज्य के लिए ऐसी बातें करते हो, तो जब भरत यहाँ आएँगे तो मैं उनसे कहूँगा कि अयोध्या का राज्य तुम (लक्ष्मण) को दे दो।

परन्तु भरत के आगमन पर राम ने भरत से उपरोक्त शब्द नहीं कहे।

6. 'वाल्मीकि रामायण', अयोध्या कांड, सर्ग 107 में राम ने भरत से कहा कि जब पिता जी ने तुम्हारी माता से विवाह किया था, तभी तुम्हारे नाना के समक्ष वे (महाराज दशरथ) प्रतिज्ञा कर चुके थे कि तुम्हारी कन्या से जो पुत्र उत्पन्न होगा, वही राज्य पाएगा।

'अनामक्रं ताजकं', 'जैन पउमचरियं', 'तिब्बती रामायण', 'सेरीराम', 'सिंहली राम कथा' व 'पाश्चात्य वृत्तान्त' नं. 1, 12 व 14 के अनुसार, राम स्वेच्छा से वनवास गए।

—'राम कथा', अनुच्छेद 446

फिर 'वाल्मीकि रामायण', अयोध्या कांड, सर्ग 31 व 53 आदि में दशरथ व कैकेयी आदि पर व्यर्थ ही राम ने नाना प्रकार के दोषारोपण किए।

'वाल्मीकि रामायण', अयोध्या कांड, सर्ग 92 में भरद्वाज ने भी राम से कहा था कि कैकेयी को दोष नहीं देना चाहिए। राम का निर्वासन सबके लिए भलाई का कारण होगा।

7. 'तेलुगु रंगनाथ रामायण' (1,14 व 2,2), 'कम्ब रामायण' (2,2,41 व 5,8,32), 'सेरीराम' और 'रामकियेन' (अध्याय 14) के अनुसार, राम ने समय-समय पर मन्थरा को मारा।

—'राम कथा', अनुच्छेद 454

8. 'वाल्मीकि रामायण', अयोध्या कांड, सर्ग 109 में राम ने जाबालि से कहा कि जैसे चोर दंडनीय होता है, वैसे ही बौद्ध भी दंड का पात्र होता है। लोकायतिक और नास्तिक भी उसी तरह दंडनीय होते हैं।

9. 'वाल्मीकि रामायण', अरण्य कांड, सर्ग 26 से 30 के अनुसार, राम ने क्रमशः दूषण, त्रिशरा व खर को चौदह हजार राक्षसों सहित मारा।

'भट्टिकाव्य' (4, 41), 'सरल दास-महाभारत' (वन पर्व), 'रामायण ककविन' (4, 71) तथा 'सेरीराम' के अनुसार, राम और लक्ष्मण दोनों ने मिलकर खर, दूषण व त्रिशरा आदि का सामना किया।

—'राम कथा', अनुच्छेद 466

10. 'वाल्मीकि रामायण', अरण्य कांड, सर्ग 67 के अनुसार, जटायु ने राम से कहा कि सीता को रावण हर ले गया है।

फिर भी 'राम कथा', अनुच्छेद 474 के अनुसार, वही राम कुकुट, बगुला, गिलहरी और बेर वृक्षों से सीता का पता पूछते फिरते हैं।

11. 'वाल्मीकि रामायण', किष्किन्धा कांड, सर्ग 17 में बालि ने राम से कहा कि छिपकर मेरा वध करने से तुम्हें क्या लाभ हुआ? तब राम ने सर्ग 18 के अनुसार कहा कि तुमने बड़े भाई की स्त्री का हरण किया है। तुम्हारा यह कृत्य सनातन धर्म के विरुद्ध है। परन्तु जब सर्ग 29 के अनुसार, सुग्रीव ने बालि की विधवा पत्नी तारा को अपनी पत्नी बना लिया, तब राम चुप रहे।

12. आइटम नं. 7 से 11 के अतिरिक्त 'वाल्मीकि रामायण', अरण्य कांड, सर्ग 67/24 में जटायु-मिलन के समय राम ने लक्ष्मण से कहा कि राज्य निकल गया। पुनः युद्ध कांड, सर्ग 101/50 में रावण द्वारा शक्ति-बाण लक्ष्मण के मारे जाने के समय राम ने हनुमान व सुग्रीव से कहा कि राज्य का छूटना।...इन बातों से मैंने घोर नरक के समान दुख पाया है।

अयोध्या कांड, सर्ग 102/29 के अनुसार, राम ने इन्गुदी और बेर के फलों से दशरथ का पिंडदान किया।

उत्तर कांड, सर्ग 110/28 में राम सरयू नदी के गोप्तारक घाट में लक्ष्मण आदि सहित स्नान करके विष्णु लोक चले गए।

उत्तर कांड, सर्ग 74/14 व 15 में मनु की बताई वर्ण-व्यवस्था के विरुद्ध तपस्या करनेवाले शूद्र तपस्वी 'शम्बूक' का वध राम ने सर्ग 76 के अनुसार किया।

पाश्चात्य वृत्तान्त नं. 12 के अनुसार, राम वर्ण-व्यवस्था और पुनर्जन्म के सिद्धान्त का प्रचार सिंहल द्वीप में करना चाहते थे। जिसका राजा रावण ने विरोध किया।

—'राम कथा', अनुच्छेद 487

'आनन्द रामायण', जन्म कांड, (9, 5, 34 व पूर्ण कांड, सर्ग 4/6) के अनुसार, राम द्वारा मन्थरा और धोबी को स्वर्ग जाने की अनुमति नहीं मिली।

—'राम कथा', अनुच्छेद 720, 755

'आनन्द रामायण', पूर्ण कांड, 4/6 के अनुसार, अगले जन्म कृष्णावतार के समय मन्थरा ने पूतना और धोबी ने कंस के रजक (धोबी) के रूप में जन्म लिया।

—'राम कथा', अनुच्छेद 755

सरल दास के 'महाभारत' के अनुसार, चित्रकूट से घूमते-घामते राम लक्ष्मण व सीता सहित 'गया' तीर्थ में पहुँचे। राम व लक्ष्मण पितृकर्म हेतु 'गेंडा' जानवर मारने गए। पितृ-कर्म का समय आ गया, तब सीता ने बालू के सात पिंड राम के पूर्वजों को दिए। राम की वापसी पर दक्षिणा देने की बात ब्राह्मणों ने नहीं मानी, तब सीता ने उन ब्राह्मणों को अपने सब कपड़े दक्षिणा में दे दिए और अपने नंगे शरीर को कमल के पत्तों से ढँक कर लाज बचाई।

—'राम कथा', अनुच्छेद 435

13. 'बलरामदास रामायण' के अनुसार, राम ने यह सोच कर मन्दोदरी को दूसरे विवाह के लिए बाध्य किया, क्योंकि मेरी पत्नी सीता का जो अनादर हुआ है, उसका प्रतिकार होना चाहिए।

—'राम कथा', अनुच्छेद 572

मधुसूदन द्वारा सम्पादित 'महानाटक' के अनुसार, 'मन्दोदरी' तब विभीषण की पट्टाराज्ञी। भूयादिमां च परिपालम वीर लंकाम्। (9/103) अर्थात् मन्दोदरी विभीषण की पटरानी बन जाए।

—'राम कथा', अनुच्छेद 572

14. राम वन की प्रत्येक मुसीबतों को जानते थे, फिर भी सीता की हठ के कारण उन्हें वन में अपने साथ ले गए।

राम जानते थे कि सोने का हिरण नहीं होता है, फिर भी सीता की हठ के कारण उसे मारने के लिए चल दिए।

15. 'सेरीराम' के अनुसार, हनुमान ने राम से सीता की खोज के लिए लंका जाना इस शर्त पर स्वीकार किया कि मुझे हनुमान के साथ राम एक ही पत्तल में खाना खाएँ! राम ने स्नान करने का आदेश देकर इन शर्त को स्वीकार कर लिया।

—'राम कथा', अनुच्छेद 524

16. 'बेनिअमेंट ऑफ सीता', लेखक : अरविन्द कुमार के अनुसार, राम कायर थे, क्योंकि उन्होंने केवल एक व्यक्ति के विरोध पर गर्भवती सीता को जंगल में छोड़ दिया था।

## 2. लक्ष्मण चरित्र

1. अवलोकन कीजिंए 'सच्ची रामायण' के मान्यता-प्राप्त लक्ष्मण सम्बन्धी पृष्ठ।
2. अवलोकन कीजिए लक्ष्मण सम्बन्धी आइटम नं. 12, 13, 28 से 30 आदि।
3. 'वाल्मीकि रामायण', अयोध्या कांड, सर्ग 21/1 से 10 में लक्ष्मण ने कौशल्या से दशरथ और कैकेयी के प्रति दुर्ववचन कहे।
   सर्ग 23/1 से 49 में लक्ष्मण ने राम से भरत आदि के प्रति दुर्वचन कहे।
4. तुलसीदास कृत 'रामचरितमानस', बाल कांड के अनुसार, परशुराम से लक्ष्मण ने दुर्ववचन कहे—

   *बिहँसि लखनु बोले मृदु बानी। अहो मुनीसु महाभट मानी॥*
   *कोटि कुलिस सम बचनु तुम्हारा। व्यर्थ धरहुँ धनु बान कुठारा॥*
   *बिद्यमान रन पाइ रिपु कायर कथहिं प्रतापु॥*
   *मातहिं पितहिं उरिण भये नीके। गुरु ऋण रहा सोच बढ़ जीके॥*
5. विमलसूरि कृत 'पउमचरिय' (युद्ध पर्व 54) के अनुसार, नल द्वारा पराजित राजा समुद्र ने अपनी चार कन्याएँ लक्ष्मण को दीं।

—'राम कथा', अनुच्छेद 60

इसी ग्रंथ 'पउमचरियं' (युद्ध पर्व, 61 से 64) के अनुसार, जब लक्ष्मण को रावण ने शक्ति बाण मारा, तब द्रोणमेध की कन्या विशल्या लक्ष्मण की दवाई करती रही। बाद में दोनों का विवाह हो गया।

—'राम कथा', अनुच्छेद 60

विमलसूरि कृत 'पउमचरियं' उत्तरचरित (पर्व 85 से 91), वन भ्रमण (पर्व 33-42) तथा गुणभद्र कृत 'उत्तर पुराण' के अनुसार, लक्ष्मण की सोलह हजार पत्नियों की चर्चा है, जिनमें वनमाला, रतिमाला व जितपद्मा प्रमुख हैं।

—'राम कथा', अनुच्छेद 60 से 64

6. पाश्चात्य वृत्तान्त, नं. 14, पृष्ठ 619 के अनुसार, राम ने लक्ष्मण को सीता को मार डालने का आदेश दिया। लक्ष्मण ने मारा नहीं बल्कि किसी वृक्ष का लाल रंग बाण पर चढ़ाकर राम को विश्वास दिलाया कि सीता का वध हो चुका है।

—'राम कथा', अनुच्छेद 721

7. 'वाल्मीकि रामायण', युद्ध कांड, सर्ग 85 के अनुसार, जब मेघनाथ निकुम्भिला देवी की पूजा कर रहा था, तब लक्ष्मण ने उसे पूजा करते समय मारा।

**3. रामायण**

1. अवलोकन कीजिए, 'सच्ची रामायण' के मान्यता प्राप्त सभी पृष्ठ।
2. अवलोकन कीजिए, सभी आइटम।
3. 'वाल्मीकि रामायण', बाल कांड, सर्ग 14 व 16 में अश्वमेध यज्ञ की घटना तथा पुत्र प्राप्ति हेतु कौशल्या द्वारा घोड़े का वध आदि।

*स्पष्टीकरण*—पुत्र प्राप्ति हेतु आवश्यक है, शुद्ध वीर्य और शुद्ध रज के होने के साथ मासिक धर्म एवं बच्चेदानी में किसी प्रकार की खराबी न होना। उपरोक्त यज्ञ आदि नहीं।

4. रामचरित्र के पैरा नं. 12 के अनुसार, स्वर्ग, नरक, पुनर्जन्म व 'मनुस्मृति' वाले (ऊँच-नीच) धर्म की प्रचार पुस्तिका 'रामायण' है।
5. 'वाल्मीकि रामायण', बाल कांड, सर्ग 74/4 से 7 के अनुसार, जनक ने रामविवाह के समय दहेज में बहुत सा धन, कई लाख गाएँ, अच्छे-अच्छे कम्बल, करोड़ों कपड़े, सुन्दर और अलंकृत हाथी तथा पैदल सेना, सौ सुन्दर कन्याएँ, सुन्दर दास-दासी, सोना और मूंगें (जवाहरात) आदि भी बड़े मन से दिए।

इसके पहले बालकांड, सर्ग 73/30 के अनुसार, जनक ने राम को सीता का दान किया।

*स्पष्टीकरण*—आज दहेज-प्रथा हमारी प्रगति में बाधक है।

6. 'वाल्मीकि रामायण', अरण्य कांड, सर्ग 64/34 के अनुसार, राम ने लक्ष्मण से कहा कि गोदावरी नदी सीता का पता नहीं बताती है। मैं गोदावरी को सुखा दूँगा।
7. किष्किन्धा कांड, सर्ग 61/16 के अनुसार, सम्पाती के पंख सूर्य का पीछा करने पर जल गए। सर्ग 63/13 के अनुसार, पंख निकल आए।
8. 'वाल्मीकि रामायण', युद्ध कांड, सर्ग 75 के अनुसार, कुम्भकरण की मृत्यु के बाद रात्रि में लंका दहन व विरोधियों को घेर-घेर जलाकर मार डालना महानतम घृणित घटना है।
9. तुलसीदास कृत 'रामचरितमानस', लंका कांड के अनुसार, मेघनाद के मरे हुए शरीर के साथ उसकी स्त्री सुलोचना सती हो गई।
10. 'वाल्मीकि रामायण', युद्ध कांड, सर्ग 22 के अनुसार, समुद्र ने राम के पूछने पर कहा कि उत्तर में मेरा पवित्र 'द्रमकुल्य' प्रदेश है। वहाँ पर भयंकर रूप वाले तथा भयंकर कार्य करनेवाले पापी (आभीर) आदि दस्यु रहते

हैं। मेरा जल पीते हैं। उन पापियों का स्पर्श भी असह्य है। आप अपना बाण वही फेंक दीजिए। राम ने ऐसा ही किया, जिसके फलस्वरूप झीलों व तालाबों का सम्पूर्ण जल सूख गया। देश का नाम 'मरुकान्तर' पड़ा। ('विश्वभारती ग्रंथ' के अनुसार, इस प्रदेश को आजकल 'राजस्थान' कहते हैं।)

11. 'वाल्मीकि रामायण', अरण्य कांड, सर्ग 71/31 में कबन्ध ने राम से कहा कि सूर्य के घोड़े थक जाने से सूर्य शीघ्र अस्त न हो जाए, इसके पहले ही मुझे गड्ढे में डाल कर जला दीजिए। राम ने उसे जिन्दा जला दिया।
12. बाल कांड, सर्ग 61, 62 के अनुसार, राजा अम्बरीश के नरमेध-यज्ञ में शुन:शेष की कहानी।
13. पं. भवभूति कृत 'उत्तर रामचरित' नाटक (अंग 4) में वसिष्ठ ने वाल्मीकि आश्रम में वाल्मीकि द्वारा प्रदत्त दो वर्ष वाली 'कल्याणी' नामक गाय की बछिया के मांस से बना हुआ मधुपर्क ग्रहण किया।
14. सीता का त्याग करते समय एक राजा की हैसियत से एक कैदी की जीवन सम्बन्धी आवश्यकताओं की पूर्ति राम ने नहीं की।
15. 'वाल्मीकि रामायण', बाल कांड, सर्ग 7/13 में राजा दशरथ के राजकोष (खजाना) ब्राह्मणों व क्षत्रियों की जीविका बिना कष्ट पहुँचाए भरे रहते थे।
16. युद्ध कांड, सर्ग 131/55-56 में भरत ने 14 वर्ष बाद राम को दस गुणा धन, रत्नों के घर, खजाना, राज महल और सेना दी।

*स्पष्टीकरण*—इतना अधिक कर अर्थात् टैक्स वैश्यों, शूद्रों और महाशूद्रों को ही देना पड़ा।

17. बाल कांड, सर्ग 6/19 में राजा दशरथ के राज्य में क्षत्रिय, ब्राह्मणों के और वैश्य, क्षत्रियों के अनुयायी थे। शूद्र अपने धर्म में तत्पर रहते हुए चारों वर्णों की सेवा करते थे।

युद्ध कांड, सर्ग 131/95 में राम ने दस हजार वर्ष राज्य किया। इसी सर्ग के श्लोक नं. 104 में राम के राज्य में ब्राह्मण, क्षत्रिय, वैश्य तथा शूद्र लोभरहित होकर अपने-अपने कार्यों में ही सन्तुष्ट रहा करते थे।

### 4. रामचरितमानस में अपमानित शूद्र

1. लोक बेद सब भाँतिहिं नीचा। जासु छाँह छुइ लेइअ सींचा॥

[अयोध्या कांड]

2. स्वपच सबर खस जमन जड़ पाँवर कोल किरात। [अयोध्या कांड]
3. ढोल गँवार सूद्र पसु नारी। सकल ताड़ना के अधिकारी। [सुन्दर कांड]
4. जे बरनाधम तेलि कुम्हारा। स्वपच किरात कोल कलवारा।
[उत्तर कांड]
5. आभीर जमन किरात खस स्वपचादि अति अघरूप। [उत्तर कांड]
6. कपटी कायर कुमति कुजाती। लोक बेद बाहेर सब भाँती।
[अरण्य कांड]
7. यह हमारि अति बड़ि सेवकाई। लेही न बासन बसन चोराई।
हम जड़ जीव जीव गुन घाती। कुटिल कुचाली कुमति कुजाती॥
[अरण्य कांड]
8. अधम जाति मैं विद्या पाएँ। भयउँ जथाअहि दूध पिआएं॥ [उत्तर कांड]
मानी कुटिल कुभाग्य कुजाती। गुर कर द्रोह करउँ दिन राती॥
अति दयाल गुरु स्वल्प न क्रोधा। पुनि पुनि मोहि सिखाव सुबोध॥
जेहि ते नीच बड़ाई पावा। सो प्रथमहिं हति ताहि नसावा॥
धूम अनल सम्भव सुनु भाई। तेहि बुझाव धन पदवी पाई।
रज मग परी निरादर रहई। सब कर पद प्रहार नित सहई॥
मरुत उड़ाव प्रथम तेहि भरई। पुनि नृप नयन किरटन्हि परई। [उत्तर कांड]
9. अब जीन करहि बिप्र अपमाना। जानेहु संत अनंत समाना॥ [उत्तर कांड]
10. द्विज निंदक बहु नरक भोग करि, जग जनमनिं बायस शरीर धरि।
[उत्तर कांड]

## 5. रामचरितमानस में अपमानित नारी

1. सुनहि सती तव नारि सुभाऊ। संसय अस न धरिअ उर काऊ॥
[बाल कांड]
2. सती कीन्ह चह तहँहुँ दुराऊ। देखऊ नारि सुभाव प्रभाऊ॥ [बाल कांड]
3. कीन्ह कपटु मैं संभु सन, नारी सहज जड़ अग्य। [बाल कांड]
4. नाथ उमा मम प्रान समगृहकिंकरी करेहु।
छमेहु सकल अपराध अब होइ प्रसन्न बरु देहु॥ [बाल कांड]
5. करेहु सदा हुकर पद पूजा। नारि धरक्षु पति देउ न दूजा। [बाल कांड]
6. जदपि जोषिता नहिं अधिकारी। दासी मन क्रमबचन तुम्हारी॥
[बाल कांड]
7. अब मोहिं आपनि किंकर जानी। जदपि सहज जड़ नारि अयानी॥
[बाल कांड]

8. चले जात मुनि दीन्हि देखाई। सुनि ताड़का क्रोध करि धाई॥
एकहिं बान प्रान हरि लीन्हा। दीन जानि तेहि निज पद दीन्हा॥

[बाल कांड]

9. चरन कमल रज चाहति, कृपा करहु रघुबीर। [बाल कांड]
मैं नारि अपावन, प्रभु जग पावन। [बाल कांड, छन्द)
परसि जासु पद पंकज धूरी। तरी अहल्या कृत अघ भूरी। [बाल कांड]

10. जे परसि मुनिबनिता लही गति रही जो पातकमई। [बाल कांड]

11. करि लोक बेद बिधानु कन्यादानु नृपभूसन कियो। [बाल कांड]

12. कहि न जा कछु दाइज भूरी। रहा कनक मनि मंडपु पूरी॥
कंबल बसन बिचित्र पटोरे। भाँति-भाँति बहु मोल न थोरे॥

13. गज रथ तुरग दास अरु दासी। धेनु अलंकृत कामदुहा सी॥ [बाल कांड]

14. बहुरि बहुरि भेटहिं महतारीं। कहहिं बिरंचि रचीं कत नारी॥ [बाल कांड]

15. 'तुलसी' ससीलु सनेहु लखि, निज किंकरी करि मानिबी॥ [बाल कांड]

16. नामु मंथरा मंदमति, चेरी कैकइ केरि।
अजस पेटारी ताहि करि, गई गिरा मति फेरी। [अयोध्या कांड]

17. करइ विचारु, कुबुद्धि, कुजाती। होइ अकाजु कवनि बिधि राती॥
देखि लागि मधु कुटिल किराती। जिमि गवँ तकइ लेउँ केहि भाँती॥

18. ऊतरू देइ न लेइ उसासू। नारि चरित करि ढारइ आँसू॥

[अयोध्या कांड]

19. काने खोरे कूबरे कुटिल कुचाली जानि।
तिय विसेषि पुनि चेरि कहि भरत मातु मुसकानि। [अयोध्या कांड]

20. नारि चरित जल निधि अवगाहू। [अयोध्या कांड]
सत्य कहहिं कबि नारि सुभाऊ। सब बिधि अगहु, अगाध दुराऊ॥
निज प्रतिबिंब बरुकु गहि जाई। जानि न जाई नारि गति भाई॥

[अयोध्या कांड]

21. बिधिहुँ न नारि हृदय गति जानी। सकल कपट अघ अवगुन खानी॥

[अयोध्या कांड]

22. मातु पिता भ्राता हितकारी। मित प्रद सब सुनु राज कुमारी।
अमितदानि भर्ता बयदेही। अधम सो नारि जो सेव न तेही।

[अरण्य कांड]

धीरज धर्म मित्र अरु नारी। आपद काल परिखिअहिं चारी।
बृद्ध रोग बस जड़ धन हीना। बधिर क्रोधी अति दीना॥
ऐसेहु पति कर कियँ अपमाना। नारि पाव जमपुर दुख नाना॥
एकइ धर्म एक ब्रत नेमा। कायँ बचन मन पति पद प्रेमा॥

जग पतिब्रता चारि बिधि अहिं। बेद पुरान संत सब कहिं॥
उत्तम के अस बस मन माहीं। सपने आन पुरुष जग नाहीं॥
मध्यम परपति देखइ कैसे। भ्राता पिता पुत्र निज जैसे॥
धर्म बिचारि समुझि कुल रहई, सो निकिष्ट त्रिय श्रुति अस कहई॥
बिनु अवसर भय तें रह जोई। जानेहु अधम नारि जग सोई॥
पतिबंचक परपति रति करई। रौरव नरक कल्प शत परई॥
छन सुख लागि जनम सत कोटि। दुख न समझु तेहि सम को खोटी॥
बिनु श्रम नारि परम गति लहई। पतिब्रत धर्म छाड़ि छल गहई॥
पति प्रतिकुल जनम जहँ जाई। बिधवा होई पाई तरुनाई॥
सहज अपावन नारि पति सेवत शुभ गति लहइ॥

[अरण्य कांड]

23. भ्राता पिता पुत्र उरगारी। पुरुष मनोहर निरखत नारी॥
होहू बिकल सक मनहि न रोकी। जिमि रबि मनि द्रव रबिहि बिलोकी॥

[अरण्य कांड]

24. केहि बिधि अस्तुति करौं तुम्हारी। अधम जाति मैं जड़मति भारी॥

[अरण्य कांड]

अधम ते अधम अधम अति नारी। तिन्ह महँ मैं मतिमन्द अघारी।

[अरण्य कांड]

25. महावृष्टि चलि फूटि किआरीं। जिमि सुतंत्र भएँ बिगरहिं नारीं॥

[किष्किन्धा)

26. अबला कच भूषन भूरि छुधा। धनहीन दुखी ममता बहुधा॥
सुख चाहहिं मूढ़ न धर्म रता। मति थोरि कठरि न कोमलता।

[उत्तर कांड]

## 6. रामचरितमानस में ब्राह्मणी गरिमा

1. जब जब होइ धरम कै हानी। बाढ़हिं असुर अधम अभिमानी।

[बाल कांड]

करहिं अनीति जाइ नहिं बरनी। सीदहिं बिप्र धेनु सुर धरनी।
तब तब प्रभु धरि बिबिध सरीरा। हरहि कृपानिधि सज्जन पीरा।

2. बिप्र भवन सुर भवन सुहाए। सब तीरथन्ह बिचित्र बनाए। [बाल कांड]
3. कह तापस नृप ऐसेइ होऊ। कारन एक कठिन सुनु सोऊ।
कालउ तुअ पद नाइहि सीसा। एक बिप्र कुल छाड़ि महीसा।

[बाल कांड]

तप बल बिप्र सदा बरिआरा। तिन्ह के कोप न कोउ रखवारा।
जौं बिप्रन्ह सब करहु नरेसा। तौ तुअ बस बिधि, विष्नु, महेसा।
चल न ब्रह्मकुल सन बरिआई। सत्य कहउँ दोउ भुजा उठाई।
बिप्र शाप बिनु सुनु महिपाला। तोर नास नहिं कवनेहुँ काला।

4. सत्य नाथ पद गहि नृप भाषा। द्विज गुर कोप कहहु को राखा॥
[बाल कांड]

5. सत्यकेतु कुल कोउ नहिं बाँचा। बिप्र शाप किमि होइ असाँचा।
[किष्किन्धा कांड]

6. सुभ आचरन् कतहुँ नहिं होई। देव, बिप्र, गुरु मान न कोई॥
[बाल कांड]

7. जय जय सुरनायक जन सुखदायक प्रनतपाल भगवंता।
गो द्विज हितकारी जय असुरारी सिंधु सुता प्रिय कंता। [बाल कांड]

8. बिप्र धेनु सुर संत हित लीन्ह मनुज अवतार। [बाल कांड]

9. नन्दीमुख सराध करि जात करम सब कीन्ह।
हाटक धेनु बसन मनि नृप बिप्रन्ह कहँ दीन्ह। [बाल कांड]

10. उर मनिहार पदिक की सोभा। बिप्र चरन देखत मन लोभा।
[बाल कांड]

11. तब प्रभु रिषिन्ह समेत नहाए। बिबिध दान महिदेवन्ह पाए।[बाल कांड]

12. बधें पापु अपकीरित हारें। मारतहूँ पा परिअ तुम्हारे॥
कोटि कुलिस सम वचनु तुम्हारा व्यर्थ धरहु धनु बान कुठारा॥
[बाल कांड]

13. हमहिं तुम्हहि सरिबरि किस नाथा। कहहु न कहाँ चरन कहँ माथा।
[बाल कांड]

14. तुम्ह गुरुबिप्र धेनु सुर सेबी। तसि पुनीत कौसिल्या देबी। [बाल कांड]

15. दिए दान आनद समेता। चले बिप्रं बर आसिष देता। [बाल कांड]

16. बाहन अपर अनेक बिधाना। सिबिका सुभग सुखासन जाना।
तिन्ह चढ़ि चले बिप्र बर बृंदा। जनु तनु धरे सकल श्रुति छन्दा।
[बाल कांड]

17. बिप्र बंद बंदे दुहुँ भाईं। मनभावती असीसें पाईं। [बाल कांड]

18. कपट बिप्र बर बेष बनाएँ। कौतुक देखहिं अति सचु पाएँ।
[बाल कांड]

19. चरि लच्छ बर धेनु मगाईं। कामसुरभि सम सील सुहाईं। [बाल कांड]
सब बिधि सकल अलंकृत कीन्हीं। मुदित महिप महिदेवन्ह दीन्हीं॥
[बाल कांड]

20. भूसुर भीर देखि सब रानी। सादर उठीं भाग्य बड़ जानी। [बाल कांड]
पाय पखरि सकल अन्हवाए। पूजि भली बिधि भूप जे बाँए।
[बाल कांड]
21. सुमिरि संभु गुर बिप्र पद, किए नींद बस नैन। [बाल कांड]
22. पूजहु गनपति गुर कुल देवा। सब विधि करहु भूमि सुर सेवा॥
[अयोध्या कांड]
23. बिप्र साधु सुर पूजत राजा। करत राम हित मंगल काजा।
[अयोध्या कांड]
24. निकसि वसिष्ठ द्वार भए ठाढ़े। देखे लोग बिरह दब दाढ़े।
कहि प्रिय वचन सकल समुझाए। बिप्र बृंद रघुबीर बोलाए।
गुर सन कहिं बरषासन दीन्हें। आदर दान बिनय बस कीन्हें।
[अयोध्या कांड]
25. मंगल मूल बिप्र परितोषू। दहइ कोटि कुल भूसुर रोषू। [अयोध्या कांड]
26. पैठत नगर सचिव सकुचाई। जनु मारेसि गुर बाँभन, गाई।
[अयोध्या कांड]
27. सिंघासन भूषण बसन अन्न धरनि धन धाम।
दिए भरत लहि भूमिसुर, भे परिपूरन काम। [अयोध्या कांड]
28. गुरुतिय पद बंदे दुहु भाई। सहित बिप्रतिय जे सँग आई।
[अयोध्या कांड]
29. भूसुर बोलि भरत कर जोरे। करि प्रनाम बय बिनय निहोरे।
ऊँच नीच कारजु भल पोचू। आयसु देब न करब सँकोचू।
[अयोध्या कांड]
30. सुनु गंधर्ब कहउँ, मैं तोही। मोहि न सुहाइ ब्रह्म कुल द्रोही॥
[अरण्य कांड]
मन क्रम बचन कपट तजि जो कर भूसुर सेव।
मोहि समेत बिंरचि शिव बस ताके सब देव।
सापत, ताड़त, परुष कहंता, बिप्र पूज्य अस गावहिं संता।
पूजिअ बिप्र सील गुन हीना। सूद्र न गुन-गन ज्ञान प्रबीना।
31. मसक दंस बीते हिम त्रासा। जिमि द्विज द्रोह किए कुल नासा॥
[किष्किन्धा कांड]
32. ब्रह्म अस्त्र तेहि साँधा, कपि मन कीन्ह बिचार।
जौं न ब्रह्मसर मानउँ, महिमा मिटइ अपार। [सुन्दर कांड]
33. सगुन उपासकं परहित निरत नीति दृढ़ नेम।
ते नर प्रान समान सम जिन्ह कें द्विज पद प्रेम। [सुन्दर कांड]

34. कवच अभेद बिप्र पद पूजा। एहिं सम विजय उपाय न दूजा॥
[युद्ध कांड]

35. अस कहि रथ रघुनाथ चलावा। बिप्र चरन पंकज सिर नावा।
[युद्ध कांड]

36. सकल द्विजन्ह मिलि नायउ माथा। धर्म धुरंधर रघुकुल नाथा॥
[उत्तर कांड]

37. सब द्विज देउ हरषि अनुशासन। रामचन्द्र बैठहिं सिंघासन।
[उत्तर कांड]

38. सब उदार सब पर उपकारी। बिप्र चरन सेवक नर नारी। [उत्तर कांड]

39. कोटिन्हि बाजिमेध प्रभु कीन्हें। दान अनेक द्विजन्ह कहँ दीन्हें।
[उत्तर कांड]

40. मातु पिता गुर बिप्र न मानहिं। आपु गए अरु घालहिं॥
करहिं मोह बस द्रोह परावा। संत संग हरि कथा न भावा॥
[उत्तर कांड]

अवगुन सिंधु मंदमति कामी। बेद बिदूषक परधन स्वामी॥
बिप्र द्रोह पर द्रोह बिसेषा। दंभ, कपट जियँ धरें सुबेषा॥
ऐसे अधम मनुज खल कलयुग त्रेता नाहिं।
द्वापर कछु वृंद बहु, होइहिं कलियुग माहिं॥ [उत्तर कांड]

41. पुन्य एक जग महुँ नहिं दूजा। मन, क्रम, बचन बिप्र पद पूजा।
सानुकूल तेहि पर मुनि देवा। जो तजि कपटु करइ द्विज सेवा।
[उत्तर कांड]

42. इंद्र कुलिस मम सूल बिसाला। कालदंड हरि चक्र कराला॥
जो इन्ह कर मारा नहिं मरई। बिप्र द्रोह पावक सो जरई। [उत्तर कांड]

43. चरम देह द्विज कै मैं पाई। सुर दुर्लभ पुरान श्रुति गाई।
[उत्तर कांड]

44. बंस के रह द्विज अनहित कीन्हें। कर्म की होहिं स्वरूपहिं चीन्हें॥
[उत्तर कांड]

## आइटम नं. 36

['सच्ची रामायण', पृष्ठ नं. 78, लाइन नं. 21 से 23]

राम की सम्पूर्ण मंडली में इस प्रकार के धूर्त, ठग, अधर्मी, विश्वासघाती तथा भ्रातृद्रोही भरे पड़े थे तो भी वे देवता माने गए हैं। किन्तु 'रामायण' की कथा के अनुसार, इन

कथित दैवी शक्ति के विरोधियों (सुग्रीव आदि सभी) को सत्यवादी और सभ्य कह कर उनकी प्रशंसा की गई है।

## हनुमान

1. 'राम कथा', कॉमिल बुल्के कृत, अनुच्छेद 60, 696 से 699, 578-579 आदि के अनुसार, हनुमान की सहस्त्रों स्त्रियाँ विभिन्न ग्रंथों के आधार पर थीं, इनके अतिरिक्त विभिन्न स्त्रियों के साथ अनुचित सम्भोग करके उनसे पुत्रोत्पत्ति की।

'वाल्मीकि रामायण', युद्ध कांड, सर्ग 128/43-44 के अनुसार, राम आगमन की सूचना की प्रसन्नता में भरत ने पुरस्कार में हनुमान को एक लाख गाएँ, एक सौ गाँव, वस्त्राभूषणों से युक्त जिनका रंग सोने के समान था, उन सुन्दर नाक और सुन्दर जांघों वाली श्रेष्ठ कुल में उत्पन्न सोलह कन्याएँ स्त्री बनाने के लिए दीं।

2. 'आनन्द रामायण' (1-9-25-27) के अनुसार, हनुमान सीता की खोज में लंका गए। वहाँ उन्होंने दीपक बुझा दिए तथा इसी ग्रंथ (1-9-62-63) के अनुसार, राक्षसों व राक्षसनियों को नंगा किया। रावण के वस्त्र विभीषण के पलंग पर और गय नामक राक्षस के वस्त्र रावण के पलंग पर रख दिए।

—'राम कथा', अनुच्छेद 539

'तत्त्वसंग्रह रामायण' (5-3) 'पाश्चात्य वृत्तान्त' नं. 1 पृष्ठ 96, रामकेर्ति (सर्ग 6) और राम जातक ग्रंथों में भी हनुमान के अभद्र व्यवहार का वर्णन है।

—'राम कथा', अनुच्छेद 539

3. 'कृतिवास रामायण' के अनुसार, ठगी द्वारा रावण का ब्रह्मास्त्र और 'सेरीराम' के अनुसार, खड़ग हनुमान ने मन्दोदरी से प्राप्त किया, आदि, जिससे रावण शक्तिहीन हो गया।

—'राम कथा', अनुच्छेद 598

4. 'वाल्मीकि रामायण', किष्किन्धा कांड, सर्ग 44 में राम व सुग्रीव ने हनुमान को केवल सीता की खोज की आज्ञा दी थी, परन्तु उसने सुन्दर कांड, सर्ग 54 के अनुसार, लंका में आग लगा दी और अन्य उत्पात भी किए।
5. 'भावार्थ रामायण' (4-1) के अनुसार, हनुमान लंगोटी लगाए पैदा हुए।

—'राम कथा', अनुच्छेद 512

'हिकायत, सेरीराम' के अनुसार, राम के पुत्र हनुमान दोनों कानों में कुंडल पहने पैदा हुए।

—'राम कथा', अनुच्छेद 675

तुलसीदास कृत 'हनुमान चालीसा' में, 'बाल समय रवि लील लियो, तब तीनों लोक भयऊ अन्धियारी।'

'कृतिवास रामायण' (6, 128) के अनुसार, हनुमान ने अपनी छाती को नखों से चीर कर छाती के भीतर राम का नाम लिखा हुआ लक्ष्मण को दिखाया।

—'राम कथा', अनुच्छेद 706

## सुग्रीव

1. अवलोकन कीजिए, 'सच्ची रामायण' का मान्यता प्राप्त पृष्ठ नं. 58।
2. 'वाल्मीकि रामायण', युद्ध कांड, सर्ग 75 के अनुसार, सुग्रीव ने हनुमान आदि को रात में लंका पर चढ़ाई करने व उसे रात में ही जलाने की आज्ञा मानवता विरुद्ध दी।
3. 'वाल्मीकि रामायण', किष्किन्धा कांड, सर्ग 29/4 के अनुसार, सुग्रीव ने बालि वध के बाद तारा से विवाह किया।

## विभीषण

1. अवलोकन कीजिए, 'सच्ची रामायण' के मान्यता प्राप्त पृष्ठ नं. 48, 59।
2. 'सरस्वती कंठाभरण' (5,394) आदि विभिन्न ग्रंथों में विभीषण ने मन्दोदरी (रावण की विधवा पत्नी) से विवाह किया।

—'राम कथा', अनुच्छेद 572

## अंगद

1. अवलोकन कीजिए, 'सच्ची रामायण' का मान्यता प्राप्त पृष्ठ नं. 58।

## सुमंत्र व वसिष्ठ

अवलोकन कीजिए, 'सच्ची रामायण' का मान्यता प्राप्त पृष्ठ नं. 58।

**समाप्त**

## आवश्यक सूचना

कृपया 'रामायण' पर शोध ग्रंथ रेवरेंड फादर कॉमिल बुल्के, एस.जे., एम.ए., डी.फिल. कृत 'राम कथा' जिसे हिन्दी परिषद् प्रकाशन, प्रयाग विश्वविद्यालय प्रयाग, इलाहाबाद ने छपवाया है। बीस रुपये पेशगी मनीआर्डर द्वारा भेज कर मँगाएँ और ध्यान से पढ़ें।

**—पेरियार ललई सिंह**

## स्पष्टीकरण

विभिन्न पाठकों ने प्रूफ देखा। स्पष्टीकरण माँगे। उनमें से कुछ स्पष्टीकरण सूक्ष्म रूप में निम्नलिखित हैं :

### आइटम नं. 5 सीता का जन्मकथा

1. जनकात्मजा सीता, 'पउमचरियं' (पर्व 26) के अनुसार, जनक की विदेहा पत्नी के गर्भ से सीता और भामंडल (बहन व भाई) जुड़वाँ पैदा हुए। भामंडल को पैदा होते ही एक देवता ने उठा कर किसी अन्य राजा के यहाँ छोड़ दिया।

—'राम कथा', अनुच्छेद 407

2. भूमिजा सीता, 'वाल्मीकि रामायण', बाल कांड, सर्ग 66 के अनुसार, राजा जनक यज्ञ के लिए भूमि तैयार करने हेतु हल चला रहे थे, उन्हें भूमि में सीता मिली।

'वाल्मीकि रामायण' के गौड़ीय (2, 4) व पश्चिमोत्तरीय (3, 2) पाठों के अनुसार, हल जोतते समय जनक ने आकाश में सुन्दर मेनका नामक अप्सरा को देखा और मन में सन्तानार्थ उसके साथ सम्भोग करने की इच्छा उत्पन्न हुई। आकाशवाणी हुई कि मेनका द्वारा मेनका के समान अति सुन्दर एक पुत्री की प्राप्ति होगी। आगे बढ़ कर तुरन्त भूमि से सीता निकल पड़ी। पुनः आकाशवाणी हुई 'मेनकायाः समुत्पन्ना कन्येयं मानसी तव' अर्थात् मेनका से उत्पन्न यह कन्या तुम्हारी मानस पुत्री है।

—'राम कथा', अनुच्छेद 409

'कृत्तिवास रामायण' के अनुसार, जनक किसी समय अति सुन्दरी उर्वशी को देखकर काम पीड़ित हो गए। उनका वीर्य भूमि पर गिर पड़ा। पृथ्वी गर्भवती

हो गई। बहुत समय बाद हल जोतते समय उन्हें पृथ्वी में से एक पात्र मिला। उसमें से सीता निकली।

**नोट :** यह प्रसंग पूर्णचन्द्र डे, पूर्णन्द्र शील, ताराचन्द दास, बंगवासी प्रेस व सुबोधचन्द्र मजूमदार आदि के संस्करण में मिलता है।

—'राम कथा', अनुच्छेद 409

...आदि, आदि।

3. रावणात्मजा सीता, 'वसुदेहिंड' के अनुसार, मन्दोदरी के शरीर का लक्षण जाननेवाले विद्वानों ने कहा कि इसकी पहली सन्तान से कुल का नाश हो जाएगा। रावण जो कि उपरोक्त घटना को जानता था, उसने मन्दोदरी के पिता विद्याधर वंशीय राजा मय से मन्दोदरी के साथ विवाह करने का प्रस्ताव रखा। विवाह के पश्चात् उत्पन्न प्रथम पुत्री को रावण ने रत्नों के साथ मंजूषा अर्थात् सन्दूक में बन्द करके मंत्री को आदेश दिया कि इसे कहीं छोड़ दें। मंत्री ने उसे जनक के खेत में रख दिया, जो जनक को हल जोतते समय मिली। वही सीता है।

गुणभद्र के 'उत्तर पुराण' के अनुसार, मारीच ने जनक के राज्य में उस मंजूषा को गाड़ दिया था।

'महाभागवत देवीपुराण' (अध्याय 42, 62) के अनुसार, मन्दोदरी की पुत्री सीता अति सुन्दर थी, जो बाद में जमीन से निकलीं।

*सीता मन्दोदरी गर्भे सम्भूता चारुरूपिणी।*
*क्षेत्रजा तनयाप्यस्य रावणस्य रघूत्तम॥*

...आदि, आदि।

—'राम कथा', अनुच्छेद 412

4. पद्मजा सीता, क्षेमेन्द्र कृत 'दशावतार चरित्र' के अनुसार, एक जंगल में तालाब के किनारे रावण ने लिंग स्थापित किया। शिव के पूजन हेतु तालाब में कमल के फल लेने गया तो उसे सोने के कमल पर एक कन्या दिखाई दी। उसे रावण ने पुत्री के रूप में ग्रहण कर लिया। और मन्दोदरी को दे दी। कुछ दिन बाद नारद ने मन्दोदरी से कहा कि यह लड़की रावण की प्रेमपात्री बनेगी (कन्या भविष्यति अभिलाष भूमि चपलेन्द्रस्य)। यह सुन कर मन्दोदरी ने उस कन्या को सोने की पेटी में बन्द करवाकर किसी दूर देश में गड़वा दिया, जो जनक को हल जोतते समय मिली। वही सीता है।

—'राम कथा', अनुच्छेद 418

'वाल्मीकि रामायण', उत्तर कांड, सर्ग 17 के अनुसार, बृहस्पति के पुत्र ब्रह्मर्षि कुशध्वज की कन्या 'वेदवती' विष्णु को पति बनाने के लिए जंगल में तप

कर रही थी। उसका अति सुन्दर रूप देखकर उससे सम्भोग करने के लिए रावण पुष्पक विमान से नीचे उतरा। इनकार करने पर रावण ने वेदवती के सिर के बालों को पकड़ा। तपस्विनी वेदवती के हाथ ने तलवार की तरह बालों को काट दिया और अग्नि में जल कर मर गई। जलते समय रावण को शाप दे गई कि मैं अगले जन्म में तेरी मौत का कारण बन कर विष्णु सहित आऊँगी।

'वाल्मीकि रामायण', टीकाकार गोविन्दराज के अनुसार, रावण ने कुछ दिन पश्चात् एक दिन उसी वेदवती को उसी जंगल में कमल के पत्ते पर कन्या के रूप में बैठे देखा। वह उस कन्या को लंका ले आया। लक्षण जाननेवाले मंत्रियों ने कहा कि हे रावण! यह कन्या आपकी मृत्यु का कारण बनेगी। तब रावण ने उसे समुद्र में बहा दिया, जो किसी व्यक्ति द्वारा जनक के पास पहुँच जाती है। वही सीता है।

—'राम कथा', अनुच्छेद 419

**नोट :** श्लोक नं. 33 के बाद के क्षेपक में उपरोक्त कथा लिखी है।

5. रक्तजा सीता, 'अद्‌भुत रामायण' के अनुसार, रावण दिग्विजय के लिए निकला। दंडकारण्य के तपस्वियों ने धन की कमी के कारण कर के रूप में कुछ खून की बूँदें एक पात्र में दीं। गृत्समद ऋषि के मंत्र के प्रभाव से लक्ष्मी उस पात्र में मौजूद थी रावण ने लंका में उस पात्र को मन्दोदरी की सुरक्षा में रखवा दिया। रावण दूसरी विजय यात्रा में चला गया। मन्दोदरी ने उसे पी लिया। वह गर्भवती हो गई। तीर्थ यात्रा को निकली। मन्दोदरी ने गर्भ गिरा कर भ्रूण (मांस का लोथ/ड़ा) कुरुक्षेत्र में गाड़ दिया, जो जनक को हल जोतते समय कन्या रूप में मिला। वही सीता है।

...आदि, आदि।

—'राम कथा', अनुच्छेद 420

6. अग्निजा सीता, आनन्द रामायण के अनुसार, पद्‌माक्ष ने कठोर तपस्या द्वारा लक्ष्मी को पुत्री के रूप में प्राप्त करके उसका नाम पद्‌मा रखा। पद्‌मा के स्वयंवर के युद्ध में पद्‌माक्ष मारा गया। पद्‌मा आग में जल कर मर गई। कुछ दिन पश्चात् उसे अग्नि कुंड से निकलती हुई रावण ने देखा। पद्‌मा पुनः अग्नि कुंड में कूद पड़ी। रावण अग्नि कुंड बुझा पाँच रत्न युक्त राख की ढेरी को एक पेटी में लेकर लंका में आया। वहाँ उस पेटी को कोई उठा न सका। खोलने पर कन्या निकली जो मन्दोदरी की सलाह से मिथिला में गाड़ दी गई। ब्राह्मण के शूद्र हलवाहे को पेटी मिली। शूद्र हलवाहे ने वह पेटी अपने ब्राह्मण मालिक को दी। ब्राह्मण ने उसे जनक को दी। उस पेटी से जो कन्या निकली वही सीता है।

—'राम कथा', अनुच्छेद 422

7. फलजा सीता, 'ब्रह्मचक्र' के अनुसार, रावण की वाटिका में एक वृक्ष से कन्या उत्पन्न हुई। बाग के माली ने उसे रावण को दी। रावण को देखकर कन्या ने यक्षिणी का रूप धारण कर लिया। रावण ने उसे घड़ा में बन्द करके समुद्र में बहा दिया। घड़ा समुद्र के किनारे वाले कन्नक नामक नगर के पास पहुँचा। एक तपस्वी ने उस नगर के निस्सन्तान राजा को यह भेद बताया। राजा ने उस घड़ा को निकाला। उसमें से कन्या निकली। वही सीता है।

...आदि, आदि।

—'राम कथा', अनुच्छेद 425

8. दशरथात्मजा सीता, बौद्ध ग्रंथ 'दशरथ जातक' के अनुसार, राम, लक्ष्मण तथा सीता दशरथ की रानी कौशल्या की सन्तानें हैं। उस रानी के मर जाने के बाद नई रानी कैकेयी से भरत नामक पुत्र पैदा हुआ। राम, लक्ष्मण व सीता हिमालय में आश्रम बनाकर वनवास के दिनों में भाई-बहन के रूप में रहे। वनवास से लौटने पर राम व सीता का आपस में विवाह हुआ।

—'राम कथा', अनुच्छेद 51 व 427

9. भाट की बेटी सीता।

भारतीय साहित्य, आगरा, वर्ष 2, अंक 3, पृष्ठ 74 के अनुसार, ब्रज के लोक गीतों में पाया जाता है कि सीता भाट की बेटी है। शिकार खेलते हुए राम सीता का परिचय प्राप्त कर सीता से विवाह करने के लिए अपने पिता दशरथ से सीता के पिता को पत्र लिखते हैं, तब सीता का पिता कहता है कि "हम तौ कै भाट भिखारिया और तुम राजा महाराजा। हमें तुम्हें कैसे होइगी सजनई।"

—'राम कथा', अनुच्छेद 407

**नोट :** 'दशरथ जातक' के अनुसार, दशरथ वाराणसी के राजा थे। राम ने अयोध्या राजधानी बनाई।

## 2. आइटम नं. 22 लव-कुश की जन्मगाथा

विभिन्न ग्रंथों से स्पष्ट सिद्ध है कि लव व कुश जुड़वा पैदा नहीं हुए, केवल लव पहले पैदा हुए। कुश की सृष्टि बाद में हुई।

## 3. आइटम नं. 23 रावण को दिए गए शापों की कथा

पहले वाला शाप दूसरी घटना के समय निष्फल सिद्ध हुआ। इससे स्पष्ट सिद्ध है कि किसी पर किसी के शाप का कोई असर नहीं होता है। घटना या घटनाएँ

जब समाप्त हो जाती हैं, तब शाप वाली बात लिख कर पिछला समय झूठा लिख दिया जाता है।

### 4. आइटम नं. 26 सीता चरित्र में जयन्त की कथा

भारत के कमांडर-इन-चीफ को पुराने जमाने में 'इन्द्र' कहा जाता था। उन इन्द्र का मनचला पुत्र जयन्त था। जयन्त अपने काम के लिए कौवा की भाँति चतुर व चालाक था। जयन्त कौवा नहीं था। वास्तविक कौवा प्रकृति के नियमों के विरुद्ध कभी भी जीवित व्यक्तियों का मांस खाता हुआ आज तक विदेशियों की कथाओं में भी नहीं देखा गया। वर्ना अब तक विश्व के करोड़ों कौवे विश्व के करोड़ों जीवित पुरुषों, स्त्रियों, बच्चों व बूढ़ों को खा जाते। सीता अपने हाथों द्वारा अपने सीने को लहूलुहान होने से बचा सकती थीं। नहीं बचाया। हिफाजत-खुद-इख्तयारी (स्वयं-रक्षा) के अन्य अधिकारों का भी इस्तेमाल नहीं किया। सीता की लीला सीता ही जाने।

### 5. आइटम नं. 26

सीता चरित्र में सीता ने लक्ष्मण को राम की मदद के लिए न जाने पर उनसे मार्मिक वचन कह कर उन्हें जबरन राम के पास भेज दिया।

'वाल्मीकि रामायण', अरण्य कांड, सर्ग 45/27 के अनुसार, सीता ने लक्ष्मण से कहा कि राम से बिछुड़कर मैं क्षण भर भी न जिऊँगी।

'क्षण' और 'भी' भाषा के दो शब्द ध्यान देने योग्य हैं, जो सीता क्षण भर भी राम से बिछुड़ कर नहीं जीवित रह सकती थीं। वह करीब एक वर्ष राम से बिछुड़ कर लंका में कैसे जीवित रहीं, से सिद्ध है कि सीता की बात टिकाऊ नहीं थी।

### 6. आइटम नं. 26 सीता चरित्र में जटायु की कथा

सीता को अपने मददगार जटायु की रक्षा करनी चाहिए थी। सीता ने उसकी रक्षा की कोई बात किसी ग्रंथ के अनुसार नहीं कही बल्कि जटायु को मार डालने की तरकीब रावण को बताई—से स्पष्ट सिद्ध है कि सीता जान-बूझकर रावण के साथ गई।

### 7. आइटम नं. 35 राम चरित्र में अहल्या की कथा

'महाभारत' से सिद्ध हो गया कि अहल्या पत्थर बन कर मार्ग में नहीं पड़ी थी। 'वाल्मीकि रामायण' जबरन अन्धविश्वास की बात मानने के लिए बाध्य करती है। हमें अन्धविश्वासी बातें नहीं माननी चाहिए।

## 8. आइटम नं. 35

राम चरित्र में राम द्वारा पहाड़ी, नदियों, बेर, कुक्कुट, बगुला व गिलहरी आदि से सीता का पता पूछने की कथा।

'वाल्मीकि रामायण' अरण्य कांड, सर्ग 64 के अनुसार, राम ने हिरन, पहाड़ व गोदावरी नदी आदि से सीता का पता पूछा। कहा—हे पहाड़! तू मेरी बात का उत्तर नहीं दे रहा, इसलिए मैं तुझे अपने बाणों की आग से जलाकर भस्म कर दूँगा।

पुन: कहा कि लक्ष्मण! आज मैं इस गोदावरी नदी को सुखा दूँगा। यदि यह मुझे सीता का पता न बताएगी, तो मैं ऐसा अवश्य करूँगा।

ध्यान देने योग्य बात है कि जब पहाड़ व गोदावरी नदी ने सीता का पता नहीं बताया, तब राम ने पहाड़ को क्यों नहीं जलाया तथा गोदावरी नदी को क्यों नहीं सुखाया? इससे स्पष्ट है कि ऐसा नहीं किया जा सकता। यह केवल शब्दों की सजावट है।

2. 'बलरामदास रामायण' के अनुसार, राम ने पम्पा सरोवर के पास चकवा-चकवी को सम्भोग करती दशा में उनसे सीता का पता पूछा। चकवा ने निन्दा करते हुए कहा कि तुम इतना भी नहीं जानते कि इस समय बाधा डालना अनुचित है। राम ने शाप दिया कि तुम दोनों का मिलन कभी नहीं होगा। चकवा की प्रार्थना पर राम ने शाप में संशोधन किया कि दिन में मिलन व रात में अलगाव रहेगा।

—'राम कथा', अनुच्छेद 474

3. 'बलरामदास रामायण' के अनुसार, बगुला ने सीता का पता बताया। राम ने बगुला को वरदान दिया कि बरसात में तुम्हारी मादा तुम्हारे लिए भोजन इकट्ठा करके दिया करेगी।

—'राम कथा', अनुच्छेद 474

4. 'बलरामदास रामायण' के अनुसार, कुक्कुट (मुर्गा) ने कहा कि रावण सीता को ले गया। राम ने वरदान स्वरूप कहा कि तुम्हारे सिर पर सप्त शाखा लाल मुकुट रहेगा। जो तुमको मारेगा, वह मेरा शत्रु होगा।

—'राम कथा', अनुच्छेद 474

**नोट :** इसीलिए सम्भवत: उड़ीसा में कुक्कुट को राम पक्षी कहते हैं।

5. एम.सी. मित्र 'जर्नल ऑफ डिपार्टमेंट ऑफ लेटर्स', कलकत्ता, भाग 4, पृष्ठ 303-304 के अनुसार, मुंडा व विर्होर जाति की राम कथाओं के अनुसार, सीता की खोज में जब बगुला ने राम की सहायता करना अस्वीकार कर दिया, तब राम ने दंड स्वरूप उसकी गर्दन खींच कर लम्बी कर दी। बेर वृक्ष ने सीता की साड़ी के टुकड़े दिए। राम ने उसे

अमरत्व का वरदान दिया। गिलहरी ने सीता के जाने का रास्ता बताया। राम ने उसकी पीठ पर तीन रेखाएँ खींच दीं।

—'राम कथा', अनुच्छेद 273

6. 'सेरीराम' के अनुसार, राम ने पुरस्कार स्वरूप बगुला की गर्दन लम्बी कर दी।

—'राम कथा', अनुच्छेद 474

7. सन्थाली राम कथा के अनुसार, राम ने गिलहरी की पीठ पर तीन रेखाएँ बना दीं और कहा कि चाहे कितनी ऊँची जगह से गिरो, चोट नहीं लगेगी।

—'राम कथा', अनुच्छेद 474

## 9. आइटम नं. 36 हनुमान चरित्र की विशेष कथा

1. हनुमान वानर गोत्रीय आदिवासी थे। द्रविड़ भाषा का शब्द है, आण-मन्ति, आण-नर व मन्द-कपि, जिसका अर्थ है—नर कपि।

—'राम कथा', अनुच्छेद 103, 711

2. पहले नाम कुछ और था, जब हनुमान पहाड़ से गिरे, तब इनकी हनु अर्थात् ठोढ़ी टेढ़ी हो गई, तब इन्द्र ने इनका नाम हनुमान रखा।

—'राम कथा', अनुच्छेद 711

3. गुणभद्र के 'उत्तर पुराण' (पर्व 68, 280) के अनुसार, हनुमान अपना शरीर अणु के समान छोटा बना सकते थे। इसलिए उनका नाम अणु-मान पड़ा।

—'राम कथा', अनुच्छेद 711

4. 'वाल्मीकि रामायण', उत्तर कांड, सर्ग 35 के अनुसार, केशरी सुमेरु पर्वत पर राज्य करते थे। इनकी पत्नी अंजनी के गर्भ से वायु ने हनुमान को पैदा किया। पैदा होते ही हनुमान सूर्य को फल समझ कर उसे खाने के लिए दौड़े। उस दिन सूर्य ग्रहण था। राहु ने समझा—मेरा आहार समाप्त हुआ जाता है। उसने इन्द्र से फरियाद की। इन्द्र ने हनुमान को वज्र मारा। उस वज्र की चोट से हनुमान की बाईं हनु अर्थात् गर्दन टूट गई। इन्द्र ने हनुमान नाम रखा।
5. 'वाल्मीकि रामायण', किष्किन्धा कांड, सर्ग 66 के अनुसार, सुमेरु पर्वत के राजा केशरी की पत्नी अंजनी के साथ वायु ने जंगल में सम्भोग किया। इस प्रकार हनुमान पैदा हुए।
6. पुनः सर्ग 67/32 के अनुसार, हनुमान को केशरी व वायु का पुत्र कहा गया।

7. मेकाजिफ, 'दी सिक्ख रिलीजन', भाग 6, पृष्ठ 52 के अनुसार, गौतम ने गंगा स्नान से वापस आकर अपनी लड़की अंजनी से इन्द्र की ओर इशारा करते हुए पूछा कि यह कौन है? बेटी अंजनी ने उत्तर दिया—'मांजार' (अर्थात् मार्जार या माँ का जार) इस दो अर्थ वाली बात, अर्थात् मार्जार का मतलब है—बिल्ली व मांजार का मतलब, माता का यार (प्रेमी), को सुनकर गौतम ने अपनी पुत्री को गर्भवती हो जाने का शाप दिया।

—'राम कथा', अनुच्छेद 347

8. ई. एंटहीबेन—'फॉकलोर ऑफ गुजरात', 'इंडियन एंटीक्वेरी', भाग 40, सप्लीमेंट, पृष्ठ 54 के अनुसार, उपरोक्त शाप के कारण शिव से वरदान पाने के लिए अंजनी तपस्या करने लगी। शिव की आज्ञा से नारद ने अंजनी के कान में मंत्र कह दिया। अंजनी गर्भवती हो गई। हनुमान को जन्म दिया।

—'राम कथा', अनुच्छेद 672

9. 'भविष्य पुराण' (प्रति सर्ग, पर्व चतुर्थ, खंड 13, 31-36) के अनुसार, गौतम की पुत्री का नाम अंजना है। पति का नाम केशरी है। शिव ने रुद्र तेज के रूप में केशरी के मुख में प्रवेश किया। केशरी ने अंजना के साथ रमण किया। इतने में वायु ने भी केशरी के शरीर में प्रविष्ट होकर अंजना के साथ रमण किया। अंजनी ने गर्भवती होकर हनुमान को जन्म दिया।

—'राम कथा', अनुच्छेद 671

10. 'शिव महापुराण' की रुद्र संहिता, अध्याय 20 के अनुसार, विष्णु ने जब मोहिनी का रूप धारण किया, तब शिव का वीर्य पतन हो गया। उस वीर्य को सप्त-ऋषियों ने गौतम की पुत्री अंजना के कान में रख दिया। अंजना ने गर्भवती होकर हनुमान को जन्म दिया।

—'राम कथा', अनुच्छेद 673

11. 'राम कथा', अनुच्छेद 675 के अनुसार, एक ऋषि ने कहा कि इस समीपी स्वच्छ जल वाले तालाब में स्नान करनेवाला व्यक्ति पशु बन जाता है और उस पंकिल जल वाले तालाब में स्नान करने से पुनः आदमी बन जाता है। राम व सीता ने एक दिन स्वच्छ जल वाले तालाब में स्नान किया, दोनों वानर व वानरी बन गए सम्भोग किया। वानरी रूप सीता गर्भवती हो गई। लक्ष्मण ने दोनों को फाँसकर पंकिल जल वाले तालाब में डुबो दिया। वे पुनः राम व सीता बन गए। राम ने सीता का भ्रूण अर्थात् मांस का लोथड़ा निकाल लिया। वायु ने उस लोथड़ा को सुई की नोक पर रखकर अंजनी के मुख में रख दिया। अंजनी गर्भवती हो गई। हनुमान कुंडल पहने पैदा हुए।

12. 'सेरीराम' के अनुसार, राम अंजनी को देखकर मोहित हो गए। उनका वीर्य पतन हो गया। राम ने उसे दोना में रखकर वायु के द्वारा अंजनी के मुख में रखवा दिया। अंजनी गर्भवती हो गई। हनुमान पैदा हुए, जो राम के पुत्र कहलाए।

—'राम कथा', अनुच्छेद 675

13. 'विहोर राम कथा' के अनुसार, सीता हरण के बाद अंजनी के गर्भ में से ही राम लक्ष्मण को देखकर हनुमान चिल्ला उठे। दादा रुकिए, मैं आपके साथ जाना चाहता हूँ। हनुमान ने जनम लिया और तुरन्त राम लक्ष्मण के साथ सीता की खोज में चल दिए।

—'राम कथा', अनुच्छेद 512

14. 'वाल्मीकि रामायण', उत्तर कांड, सर्ग 36/45 के अनुसार, हनुमान ने सूर्य के सामने उलटे-उलटे चल कर व्याकरण विद्या पढ़ी।

15. 'महा नाटक', अंक 14 के अनुसार, वाल्मीकि ने लिखा कि रावण के बाणों की मार से राम के शरीर से खून की बूँदें निकलीं। हनुमान ने कहा कि मैंने नहीं देखी। दोनों आपस में झगड़ते हुए राम के पास गए। राम ने कहा कि वाल्मीकि का कथन सत्य है। राम ने हनुमान से कहकर हनुमान द्वारा पत्थर की शिलाओं पर लिखी हुई 'रामायण' को वाल्मीकि के अनुरोध पर समुद्र में फिंकवा दी। राजा भोज ने उसे निकालकर पंडित दामोदर मिश्र द्वारा सम्पादन कराया।

—'राम कथा', अनुच्छेद 690

16. 'रामकियेन', अध्याय 33 के अनुसार, हनुमान ने सीता की खोज करते समय हिन्दुस्तान के दक्षिणी पर्वतीय भाग की गुफा में प्रवेश करते ही पुष्पमाली अर्थात् स्वयंप्रभा के साथ सम्भोग किया, उसके बाद उसे स्वर्ग भेज दिया अर्थात् मार डाला।

—'राम कथा', अनुच्छेद 526

17. 'पउमचरियं' (पर्व 52) के अनुसार, लंका में प्रवेश करते समय हनुमान ने वज्रमुख का वध करके उसकी पुत्री लंका सुन्दरी से युद्ध किया। अन्त में दोनों एक-दूसरे पर मोहित होकर रात भर प्रेम क्रीड़ा करते हैं।

—'राम कथा', अनुच्छेद 536

18. 'मयरावणचरितम्', अध्याय 10 के अनुसार, लंका दहन के बाद समुद्र में स्नान करते समय हनुमान का पसीना मछली ने निगल लिया। मछली गर्भवती हो गई। मछली के पुत्र का नाम मकरध्वज है।

—'राम कथा', अनुच्छेद 696

19. 'सेरीराम' पातानी पाठ के अनुसार, मछलियाँ अपनी रानी की आज्ञानुसार पुल नष्ट करने लगीं। हनुमान ने रानी के पास जाकर पुल बँधवाया। रानी के पति की गैरहाजिरी में उससे सम्भोग करके एक पुत्र उत्पन्न किया।

—'राम कथा', अनुच्छेद 578

20. 'रामकियेन', अध्याय 26 के अनुसार, रावण ने अपनी नाग कन्या सुवर्णमच्छा को पुल नष्ट करने के लिए भेजा। वह अपनी सेना सहित पुल नष्ट करने लगी। हनुमान सुवर्णमच्छा के पास गए। उससे पुल बँधवाया। उसके साथ सम्भोग करके मच्छानु नामक पुत्र उत्पन्न किया।

—'राम कथा', अनुच्छेद 578

21. 'रामकियेन', अध्याय 25 के अनुसार, रावण की आज्ञा से विभीषण की पुत्री बेजकाया सीता का रूप बना कर मृतवत बहती हुई राम ने समुद्र में देखी। विभीषण द्वारा पहिचानी जाने पर राम ने हनुमान के साथ उसे लंका भेज दिया। रास्ते में हनुमान ने बेजकाया को लुभा कर उसके साथ सम्भोग करके असुराफद नामक पुत्र उत्पन्न किया।

—'राम कथा', अनुच्छेद 579

22. 'रामकियेन' के अनुसार, अप्सरा शाप-वश वानरी बन गई थी। हनुमान ने उसके साथ सम्भोग किया और उसकी सहायता से विरुचबंग का वध किया।

—'राम कथा', अनुच्छेद 613

23. 'रामकियेन', अध्याय 34 के अनुसार, जिस समय रावण अपने भ्राता को जगाने के उद्देश्य से यज्ञ कर रहा था, उस समय हनुमान ने रावण का भेस बनाकर मन्दोदरी के साथ सम्भोग किया। यज्ञ असफल हुआ।

—'राम कथा', अनुच्छेद 597

## 10. आइटम नं. 36 विभीषण के शरणागत की कथा

1. 'वाल्मीकि रामायण', युद्ध कांड, सर्ग 15 के अनुसार, जब विभीषण ने रावण से कहा कि सीता को वापस दे दो। सर्ग 16 के अनुसार, रावण ने विभीषण की बात नहीं मानी। तब विभीषण राम की शरण में समुद्र पर पुल बँधने के पहले ही चला गया। सर्ग 37/7 के अनुसार, उसके साथ उनके चार मंत्री अनल, शरभ, सम्पाति व प्रघस (दूसरा नाम प्रमाति) भी चले गए।

2. 'वाल्मीकि रामायण', सुन्दर कांड, सर्ग 54/16 के अनुसार, हनुमान ने सीता की खोज के समय विभीषण का घर नहीं जलाया था।
3. 'पद्म पुराण', पाताल खंड (112, 220) के अनुसार, इन्द्रजीत के वध के बाद व 'सेरीराम' के अनुसार, समुद्र पार करने के बाद विभीषण राम की शरण में गए थे।

—'राम कथा', अनुच्छेद 571

4. 'महावीर चरित' (5,30) के अनुसार, खर व दूषण के वध के बाद विभीषण लंका को छोड़कर अपने मित्र सुग्रीव के यहाँ रहने लगे थे। विभीषण ने राम व सुग्रीव की भेंट के पहले ही राम के पास आत्म-समर्पण का पत्र भेजा था।

—'राम कथा', अनुच्छेद 571

5. 'पउमचरियं' (55,22) के अनुसार, विभीषण तीन अक्षौहिणी सेना के साथ राम की शरण में आए थे।

—'राम कथा', अनुच्छेद 571

6. 'भावार्थ रामायण' (5,38) व आनन्द रामायण (1,10, 41-45) के अनुसार, विभीषण की शरणागति के बाद हनुमान ने समुद्र की रेती में नई लंका बनाईं वहीं विभीषण का राजतिलक हुआ।

—'राम कथा', अनुच्छेद 571

## 11. आइटम नं. 36 अंगद की कथा

1. 'वाल्मीकि रामायण', युद्ध कांड, 41/68 के अनुसार, राम ने दूत अंगद से कहा कि रावण से कहना कि यदि मेरी शरण में आकर सीता को नहीं देगा तो विभीषण को लंका का राजा बनाया जाएगा।
2. 'महानाटक' (अंक 8, 3) के अनुसार, अंगद ने रावण के सिंहासन पर चढ़कर रावण का अपमान किया।

—'राम कथा', अनुच्छेद 585

3. 'आनन्द रामायण' 1,10,221, 'तोरवे रामायण' 6, 10, 'भावार्थ रामायण' 6, 7, 'कृत्तवास रामायण' 6, 15, 'सरलदास महाभारत' द्रोण पर्व, 'रामकेर्ति' सर्ग 8, रामकियेन अध्याय 26 व कविचन्द्र कृत 'अंगद रायवार' के अनुसार, अंगद रावण की सभा में पहुँचकर अपनी पूँछ का कुंडल रावण के सिंहासन से भी ऊँचा बनाकर बैठ गए।

—'राम कथा', अनुच्छेद 585

4. 'नृसिंह पुराण' (52, 20), 'सरलदास महाभारत' (द्रोण पर्व), 'आनन्द रामायण' (1,10,236), 'तोरवे रामायण' (6, 10), 'भावार्थ रामायण' (6, 6) व 'रामकेर्ति' (सर्ग 8) के अनुसार, अंगद ने रावण पर प्रहार किया।

—'राम कथा', अनुच्छेद 585

5. 'कृत्तवास रामायण' (6, 17), 'भावार्थ रामायण' (6, 6), 'बलराम दास रामायण' व 'रामचन्द्रिका' (16, 34) के अनुसार, अंगद व रावण का मल्लयुद्ध हुआ। अंगद रावण का मुकुट ले आए।

—'राम कथा', अनुच्छेद 585

6. 'सरलदास महाभारत' के अनुसार, अंगद ने मन्दोदरी का अपमान किया।

—'राम कथा', अनुच्छेद 585

7. 'बलरामदास रामायण' के अनुसार, अंगद के जाने के बाद हनुमान राम का बाण लेकर रावण को धमकी देने गए थे।

—'राम कथा', अनुच्छेद 585

8. 'सेरीराम' के अनुसार, कुम्भकरण वध के बाद राम के दूत हनुमान से रावण से कहा कि सीता को इस शर्त पर लौटा दूँगा कि राम अपने भाई लक्ष्मण को बाँध कर लंका भेज दें, क्योंकि उसने मेरी बहन सूर्पणखा को विरूप किया है।

—'राम कथा', अनुच्छेद 585

9. 'रामचन्द्रिका' (16, 32) के अनुसार, रावण ने दूत हनुमान से कहा कि सीता को इस शर्त पर लौटा दूँगा कि राम सुग्रीव को मारकर अंगद को राजा बना दें। विभीषण को बाँध कर लंका में भेज दें। सेतु नष्ट कर दें। हनुमान की पूँछ जला दी जाए और रुद्र की पूजा करें।

—'राम कथा', अनुच्छेद 585

10. 'महानाटक' (14, 1-2) के अनुसार, रावण ने अपने दूत लोहिताक्ष को राम के पास इस शर्त पर भेजा कि यदि राम परशुराम वाला परशु मुझे दे दें, तो बदले में मैं सीता को लौटा दूँगा।

...आदि, आदि।

—'राम कथा', अनुच्छेद 597

## 12. सेतु बाँधने की कथा

1. 'वाल्मीकि रामायण', युद्ध कांड, सर्ग 22 के अनुसार, राम की उपस्थिति में सुग्रीव की निगरानी में वानरी सेना ने पहले दिन चौदह योजन, दूसरे

दिन बीस योजन, तीसरे दिन इक्कीस योजन, चौथे दिन बाईस योजन व पाँचवें दिन तेईस योजन पुल बाँधा। इस प्रकार पाँच दिन में कुल एक सौ योजन पुल बाँधा गया।

2. विमल सूरि के 'पउमचरियं' पर्व 54 के अनुसार, राम के मददगार राजा नल ने समुद्र को हराया।

—'राम कथा', अनुच्छेद 573

3. हेमचन्द्र कृत 'जैन रामायण', सर्ग 7 के अनुसार, राम-लक्ष्मण आकाश मार्ग से लंका गए। राजा नल और राजा नील ने मिलकर राजा समुद्र और राजा सेतु को पराजित किया।

—'राम कथा', अनुच्छेद 573

4. गुणभद्र कृत 'उत्तर पुराण', सर्ग 68/522 के अनुसार, राम व लक्ष्मण सेना सहित विमान द्वारा लंका के पास उतरे।

—'राम कथा', अनुच्छेद 573

5. 'मलयन सेरीराम' के अनुसार, सेतु निर्माण के अतिरिक्त राजा नल व युवराज अंगद ने अनेक राजाओं को परास्त किया।

—'राम कथा', अनुच्छेद 573

6. 'अभिषेक नाटक', अंक 4 के अनुसार, वरुण ने समुद्र का जल दो भागों में बाँट दिया। राम की सेना समुद्र तल से निकल गई।

—'राम कथा', अनुच्छेद 573

7. 'हिन्दुस्तान स्टैंडर्ड', 15 जनवरी, 1961 में वर्णित जावा के 'राम-सिन्ता' नाटक के अनुसार, समुद्र दो भागों बँट गया। राम सेना सहित लंका पहुँच गए।

—'राम कथा', अनुच्छेद 573

8. 'पद्म पुराण', पाताल खंड, अध्याय 112 के अनुसार, शिव के 'अजगव' धनुष को राम ने समुद्र में फेंक दिया। उस पर सम्पूर्ण सेना सहित राम ने समुद्र को पार किया।

—'राम कथा', अनुच्छेद 573

9. 'बिर्होर राम कथा' के अनुसार, हनुमान ने पूँछ बढ़ा दी। राम व लक्ष्मण ने उसी के द्वारा समुद्र पार किया।

—'राम कथा', अनुच्छेद 573

10. 'पाश्चात्य वृत्तान्त', नम्बर 1 व 13 के अनुसार, हनुमान की पूँछ द्वारा राम लक्ष्मण ने समुद्र को पार किया।

—'राम कथा', अनुच्छेद 573

11. 'बुलेटिन एकोल फ्रांजेस एक्सट्रेम ओरियाँ', भाग 12, पृष्ठ 47 के अनुसार, कम्बोडिया में एक चित्र सुरक्षित है, जिसमें हनुमान की पूँछ पर राम-लक्ष्मण लंका जाते हुए दिखाए गए हैं।

—'राम कथा', अनुच्छेद 573

## 13. लंका से राम की वापसी की कथा

1. 'पउमचरियं' (पर्व 77-78) के अनुसार, रावण-वध के बाद राम आदि छह वर्ष तक लंका में रावण के राजमहल में रहे। नारद के समझाने पर अयोध्या गए।

—'राम कथा', अनुच्छेद 605

2. 'सेरीराम' के अनुसार, रावण वध के बाद राम अधिक समय तक लंका में ठहरे। अयोध्यावासी भरत, शत्रुघ्न तथा राम की बहन किकेवी देवी भी लंका जाकर राम से मिले। विभीषण का विवाह किकेवी देवी के साथ हुआ। तत्पश्चात् लंका से अयोध्या के लिए चले।

—'राम कथा', अनुच्छेद 605

3. गुणभद्र कृत 'उत्तर पुराण' (68-659) के अनुसार, रावण-वध के बाद राम-लक्ष्मण अयोध्या नहीं गए बल्कि दिग्विजय के लिए पैदल चल दिए। अनेक राजाओं को जीतते हुए 40 साल बाद पैदल अयोध्या पहुँचे।

—'राम कथा', अनुच्छेद 606

4. 'महानाटक' के अनुसार, रावण-वध के बाद राम पैदल अयोध्या के लिए चले।

—'राम कथा', अनुच्छेद 566

5. गोपाललाल वर्मा के 'सन्थाली लोक गीतों में श्रीराम', सारंग दिल्ली 7-2-60, पृष्ठ 43-45 के अनुसार, रावण-वध के बाद लौटकर राम ने सन्थालों के यहाँ रहकर एक शिव मन्दिर बनवाया तथा उसमें वे रोजाना सीता के साथ पूजा करने आते थे।

—'राम कथा', 271 अनुच्छेद

6. 'वाल्मीकि रामायण', युद्ध कांड, सर्ग 125/12 के अनुसार, लंका से राम, लक्ष्मण व सीता आदि पुष्पक विमान पर बैठकर अयोध्या आए।
7. 'वाल्मीकि रामायण', युद्ध कांड, 130/27 से 29 के अनुसार, हनुमान ने भरत से कहा कि सुनिए, वहाँ प्रसन्न वानरों का भयानक गर्जन

सुनाई पड़ रहा है। जान पड़ता है कि वानरी सेना गोमती पार कर रही है। 27। देखिए, सालवन से बड़ी धूल उड़ रही है। जान पड़ता है कि वानरी सेना सालवन को हिला रही है। वह देखिए, यहाँ से अधिक दूर पर चन्द्रमंडल के समान ब्रह्म निर्मित पुष्पक विमान दिखाई पड़ रहा है। स्पष्ट सिद्ध है कि यदि पुष्पक विमान होता तो नदी पार करने की क्रिया व वानरी सेना द्वारा सालवन को हिलाने की क्रिया कदापि नहीं होती।

हम दृढ़तापूर्वक कह सकते हैं कि 'रामायण' का युग पिछड़ा हुआ युग था। पुष्पक विमान नहीं था, केवल कल्पना थी।

## 14. राम कथाओं की भारी भिन्नता

1. 'रामचरितमानस' व 'वाल्मीकि रामायण' के अनुसार, राम ने पम्पापुर के वानर गोत्रीय आदिवासी राजा बालि को मारा, परन्तु गुणभद्र कृत 'उत्तर पुराण' 68/440-463 के अनुसार, राम ने रावण से युद्ध करने के लिए राजा बालि से 'महामेध' नामक हाथी माँगा। राजा बालि ने अस्वीकार कर दिया। राम व राजा बालि की दोनों सेनाओं में घनघोर युद्ध हुआ। लक्ष्मण ने एक तीक्ष्ण बाण से राजा बालि का सिर काट दिया।

   —'राम कथा', अनुच्छेद 522
2. 'रामचरितमानस' व 'वाल्मीकि रामायण' के अनुसार, मेघनाथ ने लक्ष्मण के पेट में शक्ति अर्थात् कटार घुसेड़ दी। परन्तु 'वाल्मीकि रामायण' के अनुसार, रावण ने लक्ष्मण के पेट में शक्ति अर्थात् करौली या चाकू मारा।
3. 'रामचरितमानस' व 'वाल्मीकि रामायण' के अनुसार, राम ने रावण को मारा। परन्तु बिर्होर राम कथा के अनुसार, लक्ष्मण ने रावण को मारा

   —'राम कथा', अनुच्छेद 595
4. 'वाल्मीकि रामायण' के अनुसार, राम के मित्र श्रृंगवेरपुर के राजा 'गुह' थे, परन्तु 'महाभारत' के सत्योपाख्यान पूर्वार्द्ध, अध्याय 43 के अनुसार, राम को मृगया की शिक्षा देनेवाले श्रृंगवेरपुर के राजा 'गुह' राम के तीर चलाने और युद्ध-विद्या के श्री श्री 1008 श्री गुरुवर महाराज थे।

   —'राम कथा', अनुच्छेद 384

5. कुछ राम कथाओं के अनुसार, राम ने अकेले ही खर, दूषण व त्रिशरा को चौदह हजार राक्षसों सहित, जो रावण के राज्य की अन्तिम सीमा दंडकारण्य की रक्षा करते थे, मार डाला। परन्तु ब्रह्मवैवर्त पुराण, कृष्ण जन्म खंड, पर्व 62, 47 के अनुसार, लक्ष्मण ने खर व दूषण का वध किया। तत्पश्चात् पर्व 45 के अनुसार, खर व दूषण के राजमहल में राम व लक्ष्मण ठहरे।

—'राम कथा', अनुच्छेद 466

6. 'पउमचरियं', पर्व 45 व 54 के अनुसार, विराध के सेवकों ने सीता की खोज की। लंका के युद्ध में राम की ओर से विराध की सेना लड़ी।

—'राम कथा', अनुच्छेद 458

# निष्कर्ष

रामायण के सभी पात्रों—राम आदि के चरित्र में भारी भिन्नता है। जैन धर्म के माननेवालों का विमल सूरि कृत 'पउमचरियं' व गुणभद्र कृत 'उत्तर पुराण' आदि में, बौद्ध धर्म के माननेवालों का दशरथ जातक आदि में, ईसाई धर्म के माननेवालों का 'मसीही रामायण' आदि में, इस्लाम धर्म के माननेवालों का खोतानी रामायण में, पूर्वी-देशों का 'रामकेर्ति', 'रामकियेन' आदि रामायणों में, सिख धर्म माननेवालों का गुरु गोविन्द सिंह कृत 'गोविन्द रामायण' और हिन्दुओं के किन्हीं नागरिक समुदाय का 'वाल्मीकि रामायण' में, किन्हीं नागरिक समुदाय का तुलसीदास कृत 'रामचरितमानस' में, रसिक समुदाय के नागरिक समुदाय का 'श्री रामावतार भजन तरंगिणी' व 'कृपानिवास पदावली' आदि में तथा विभिन्न नागरिक समुदाय का विभिन्न रामायणों आदि में विश्वास है।

इससे स्पष्ट है कि करोड़ों की आबादी वाले भारत में किसी भी ग्रंथ से किसी व्यक्ति या नागरिक समुदाय की धार्मिक भावनाओं को आज तक न तो कोई चोट पहुँची है, न अपमान हुआ है और भविष्य में भी न चोट पहुँचेगी, न अपमान होगा। इसका सबसे बड़ा साक्ष्य यह है कि आज तक इस बीमारी में किसी भी व्यक्ति का न हार्ट फेल हुआ, न मरा, आदि-आदि।

जिसका जिसमें विश्वास है, उसके विश्वास को आज तक किसी ने नहीं छीना है और न छीन सकता है। सबका मन अपने-अपने अधिकार में है। किसी का मन दूसरे के अधिकार में नहीं है।

वास्तव में, किसी भी व्यक्ति के विश्वास को न चोट पहुँचती है और न अपमान होता है, बल्कि कुछ धूर्त राजनीतिक नेता सत्ता हथियाने

और सामाजिक नेता झूठा बड़प्पन प्राप्त करने के लिए गरीबों और कम अक्ल लोगों को बरगला कर साम्प्रदायिक आदि बवंडर खड़ा करके अपने स्वार्थ की सिद्धि करते हैं। जाग्रत समाज को चाहिए कि ऐसे उपरोक्त दम्भी नेताओं की बातों में कभी भी न आएँ।

लेखक की मंशा है कि विचारों को फैलने दीजिए। किसी बात को तब मानिए, जब वह बात तर्क की कसौटी पर खरी उतरे। प्रत्येक व्यक्ति स्वतंत्र है।

अत: अपनी बात पुराने जमाने के ग्रंथ 'मनु स्मृति' की आज्ञाओं की तरह मनवाने की कोशिश मत कीजिए। जियो और जीने दो। यही लेखक की मंशा है।

17 सितम्बर, 1971 ई.

# पेरियार ललई सिंह ग्रंथावली

खंड-2

# उत्तर भारत के पेरियार

# पेरियार ललई सिंह ग्रंथावली

[समाज, राजनीति, धर्म, दर्शन, संस्कृति, अर्थ,
वर्ण, जाति आदि पर चिन्तन]

**खंड-2**

संकलन-सम्पादन

**धर्मवीर यादव गगन**

राधाकृष्ण प्रकाशन

ISBN : 978-93-91950-71-2

**पेरियार ललई सिंह ग्रंथावली : खंड-2**



**पहला संस्करण :** अक्टूबर, 2022
**दूसरा संस्करण :** दिसम्बर, 2022
**तीसरा संस्करण :** फरवरी, 2024

**मूल्य :** ₹2500
पाँच खंडों का सम्पूर्ण सेट

**प्रकाशक**
राधाकृष्ण प्रकाशन प्राइवेट लिमिटेड
जी-17, जगतपुरी, दिल्ली-110 051
**शाखाएँ :** अशोक राजपथ, साइंस कॉलेज के सामने, पटना-800 006
पहली मंजिल, दरबारी बिल्डिंग, महात्मा गांधी मार्ग, प्रयागराज-211 001
1, अनमोल सोराबजी सन्तुक लेन, धोबी तलाव, मरीन लाइंस, मुम्बई-400 002
वेबसाइट : www.radhakrishnaprakashan.com
ई-मेल : info@radhakrishnaprakashan.com

**मुद्रक**
विकास कम्प्यूटर एंड प्रिंटर्स
ट्रॉनिका सिटी-201 102

PERIYAR LALAI SINGH GRANTHAWALI : Vol. 2
*Edited by* Dharam Beer Yadava Gagan

संविधान और राष्ट्र-निर्माण के
महानायक बाबा साहब डॉ. भीमराव अम्बेडकर को सादर!

# अनुक्रम



## राजनीतिक, सामाजिक, धार्मिक, सांस्कृतिक, आर्थिक, वर्ण, जाति आदि पर चिन्तन

## परिशिष्ट

# प्राक्कथन

यह 'पेरियार ललई सिंह ग्रंथावली' का दूसरा खंड है। इसमें मुख्यत: उनके चिन्तन का सामाजिक पक्ष है, जिसमें उनका सामाजिक, राजनीतिक, धार्मिक, आर्थिक, बुद्ध, अम्बेडकर और पेरियार आदि पर किया गया चिन्तन संकलित है।

पेरियार ललई सिंह की निम्नलिखित कृतियाँ हैं—शोषितो, सावधान!, शोषितों का डिब्बा गोल!, जय शोषित!, शोषितों पर राजनीतिक डकैती, शोषितों पर धार्मिक डकैती, सामाजिक विषमता कैसे दूर हो?, जाति-पाँति मिटाने व अछूतों की तरक्की के उपाय, ईश्वर पर प्रहार करती कुछ कृतियाँ हैं।

वे मुख्यत: बुद्ध, अम्बेडकर और पेरियार की वैचारिक चेतना को आधार बनाकर अपना साहित्य चिन्तन और बौद्धिक विमर्श प्रस्तुत करते हैं। साथ ही, वे अम्बेडकर और पेरियार के भाषणों को भी अनूदित कर उत्तर भारतीय जनता में चेतना निर्माण हेतु प्रस्तुत करते हैं।

इसमें कुछ महत्त्वपूर्ण लेख हैं, जैसे—बौद्ध दर्शन, बुद्ध की मानसिक परिवर्तन की अवधारणा, मानव प्रगति और सभ्यता का ऐतिहासिक विकास, ब्राह्मणी समाज रचना, पेरियार का लखनऊ का भाषण, डॉ. अम्बेडकर के भाषण आदि। इस खंड के परिशिष्ट में पेरियार ललई सिंह की किताबों पर उच्च न्यायालय और उच्चतम न्यायालय में चले मुकदमों के निर्णय को भी दिया जा रहा है।

पेरियार ललई सिंह की चिन्ता थी कि गोरों से स्वतंत्रता के बाद भूरों ने इस देश की स्वतंत्रता की सत्ता संरचना पर कब्जा कर लिया है। वे इस समाज, राजनीतिक, धर्म, अर्थ, पूँजी पर जनतांत्रिक समय में एकतांत्रिक वर्चस्व को प्रस्तुत करते हुए गहरी चिन्ता व्यक्त करते हैं। इस देश के ज्ञान और सत्ता संरचना पर किस प्रकार कुछ जातियों, समुदायों का वर्चस्व है, इसे वे उजागर करते हैं।

नवजागरण की चेतना को प्रचारित करने के अद्‌भुत प्रकार का उद्‌घाटन करते हैं। वे छोटे-छोटे पैम्फलेट से लेकर पतली-पतली किताबों तक का लेखन करते हैं। इस लेखन में समतावादी समाज और राष्ट्रनिर्माण की एक महान परियोजना है। एक महान विजन है। उनकी विश्वदृष्टि के केन्द्र में 'मनुष्यत्व' है। इसी कारण वे वर्ण और जाति से मुक्त मानवतावादी समाज और अन्तरराष्ट्रीय मनुष्य की परिकल्पना को साथ लेकर आगे बढ़ते हैं।

# प्रस्तावना

यह ग्रंथ पेरियार ललई सिंह के दर्शन, सिद्धान्त एवं चिन्तन के संकलन की अनमोल निधि है। उनके ऐसे दुर्लभ लेखों, किताबों और आन्दोलनकारी दस्तावेजों का संग्रह है, जिसका अध्ययन किए बगैर बहुजन समाज एवं आन्दोलन दोनों अधूरे हैं।

वास्तव में, 'पेरियार ललई सिंह ग्रंथावली' उनके मौलिक चिन्तन दृष्टि से सम्पूर्ण भारत में न्याय, सामाजिक, राजनीतिक, धार्मिक, सांस्कृतिक, दार्शनिक एवं सैद्धान्तिक पक्षों को आकलन करते हुए, उनके चिन्तन के अनमोल पक्षों को उद्घाटित करती है और भारत में 1950 से 1980 के बीच सामाजिक न्याय और सामाजिक परिवर्तन की निर्मित होती जमीन को प्रस्तुत करती है।

अपनी समाजशास्त्रीय अध्ययन दृष्टि के आधार पर मैं यह कह सकता हूँ कि पेरियार ललई सिंह के चिन्तन में भारतीय समाज को समझने के लिए मौलिक दृष्टि है, उसकी व्याख्या के लिए मौलिक अवधारणा और सैद्धान्तिकी है। वास्तव में, यह 'ग्रंथावली' बौद्धिक एवं वैचारिक लेखों के माध्यम से उनके चिन्तन के विस्तृत फलक की व्याख्या करती है।

उनके लेख—वस्तुगत सामाजिक यथार्थ, तथ्यों एवं सामाजिक परिघटनाओं का उद्घाटन करते हैं। इससे भी आगे बढ़ते हुए उनकी कृति 'शोषितों पर धार्मिक डकैती' समाजशास्त्रीय दृष्टिकोण से व्याख्या और विश्लेषण के लिए हमें अपनी ओर सिद्दत से आकर्षित करती है, जिसमें वे भारतीय सामाजिक संरचना के समाज मनोविज्ञान को प्रतिबद्धता के साथ उकेरते हैं। उसके विश्लेषण के लिए वे समाज में व्याप्त एक समुदाय विशेष के ऊपर कही गई अपमानजनक कहावतों आदि को संकलित और सार्वजनिक करते हैं।

ऐसी आलोचना बुद्धि से उनकी समाजशास्त्रीय अध्येता की दृष्टि उद्घाटित होती है। इस व्याख्या से स्पष्ट होता है कि वर्चस्ववादी समाज कैसे समान मनुष्यों में हीनता बोध की भावना निर्मित करता है। कैसे बहुसंख्यक समाज को अलग-थलग करके उनका सामाजिक रूप से शोषण एवं दोहन शुरू करता है। अपनी इस मौलिक समाजशास्त्रीय दृष्टि को वे हिन्दू धर्म की अपमानजनक कहावतों के माध्यम से व्यक्त करते हैं।

अस्पृश्यों के प्रति ही नहीं बल्कि सभी स्पृश्यों (ओबीसी जातियों) का भी सनातनी सवर्णों द्वारा अनादर की मानसिकता की पराकाष्ठा को इन कहावतों के माध्यम से उकेरते हैं, जैसे—'भाग चमारिया-सियारिया कहीं का!', 'चमार सियार बड़ा हूँसियार!', 'जहाँ लूट पड़े वहाँ टूट पड़े!!', 'जहाँ मार पड़े वहाँ भाग पड़े!!!', 'भैंसा लोधी, भैंस चमार!', 'अहिरम गड़रम मल्लाहम बिना गुनाहम दस पंदाहम' आदि।

यदि किसी जाति, वर्ग या नस्ल को ऐसी मानसिकता के साथ अपमानित किया जाए तो सोचिए कि कैसी विभाजित मानसिकता की सामाजिक संरचना निर्मित होगी।

इसी कड़ी में वे सम्पूर्ण भारत में अस्पृष्यों के विरुद्ध होती हिंसक, अपमानजक और आपराधिक घटनाओं को संकलित करते हैं। इसमें वे अपनी समाज मनोविज्ञान की मौलिक दृष्टि को स्पष्ट करते हैं कि ऐसी हिंसक घटनाओं को अंजाम देने में इस देश की वर्चस्ववादी संस्कृति के सांस्कृतिक तत्त्व उत्तरदायी हैं। ये तत्त्व वर्चस्ववादी मनुष्यों को हिंसा के लिए प्रेरित करते हैं जिसमें इसका प्राण तत्त्व धर्म, वर्ण और जाति-व्यवस्था बनती है। ये सामाजिक मनोभाव के तत्त्व ऊँच-नीच की भावना को निर्मित, प्रत्यस्थापित और प्रबलित करते हैं।

वे इन घटनाओं का संज्ञान मात्र वर्णवादी-मनुवादी-सामन्तवादी मानसिकता को दर्शाने के लिए ही नहीं लेते वरन् इन सबके आमूल-चूल उन्मूलन, समतामूलक समाज और राष्ट्रनिर्माण की भावना हेतु इन सबको प्रस्तुत करते हैं।

उन्हीं के शब्दों में, 'आइए! हम सब सदियों के इन संकीर्ण धार्मिक भेदभाव को भुलाकर ऐसे समाज का निर्माण करें, जिसमें ऊँच-नीच व जाति-पाँति के झगड़े ही बाकी न रह जाएँ। सब मिलकर राष्ट्रनिर्माण कार्य में लग जाएँ।'

आज के समय में, मुख्य रूप से सामाजिक एवं राजनीतिक परिदृश्य में पेरियार ललई सिंह का व्यक्तित्व और चिन्तन हमें कुछ सन्देश दे रहा है। मुझे लगता है कि उनका जीवन और उनका बाबा साहब डॉ. अम्बेडकर, पेरियार और बुद्ध की ओर झुकाव अपने आप में दलित-पिछड़ों की एकता के लिए उत्कृष्ट मिसाल और सन्देश है।

बाबा साहब के प्रति उनका सम्बोधन बाबा साहब में अटूट विश्वास एवं समर्पण को प्रमाणित करता है। वे बाबा साहब को 'हमारे परम पूज्य बोधिसत्व बाबा साहब डॉ. भीमराव अम्बेडकर' रूप में सम्बोधित करते हैं। और उनके मार्ग का ही अनुसरण करते हैं। उनके ही शब्दों में, 'ऐसी दशा में हमें अपने परम पूज्य बाबा साहब डॉ. भीमराव अम्बेडकर के बताए मार्ग द्वारा बौद्ध धर्म स्वीकार कर, समानता प्राप्त कर, अपनी बुद्धि के अनुसार—संगठित रहकर अन्याय व अत्याचार का सामूहिक मुकाबला करना चाहिए।'

अपने लेखों को 'नमो बुद्धाय' से आरम्भ करनेवाले और 'सबका भला हो', 'सभी सुखी रहें', 'सब्बे सत्ता सुखी होन्तु', 'मानवता अमर रहे', 'स्वतंत्र भारत अमर रहे', 'जाति-पाँति, वर्ण-व्यवस्था, पुरोहितवाद का सर्वनाश हो!' आदि नारे उनकी मानवतावादी समतावादी दृष्टि का परिचायक हैं।

उनका व्यक्तिगत जीवन कितना कष्ट में था, यह तथ्य उनके इस 'ग्रंथावली' के 'सामाजिक विषमता कैसे सामाप्त हो?' पुस्तक के समर्पण से पता चलता है। वे समर्पण में लिखते हैं—'मेरी इकलौती बेटी शकुन्तला के लिए जो 11 वर्ष की उम्र में क्षय रोग (टीबी) से ग्रस्त होने के कारण मुझे सदा के लिए छोड़कर चली गई। साथ ही पत्नी 'दुलारी देवी' को भी जो क्षय रोग से ग्रस्त होने के कारण मुझे जल्द छोड़कर चली गईं। सप्रेम।'

मतलब वे अपनी व्यक्तिगत अपूर्णनीय क्षति होने के पश्चात् भी निराश न होकर बहुजन समाज निर्माण के लिए बहुजन आन्दोलन करते हुए सम्पूर्ण जीवन जीवटता के साथ समाज सेवा करते रहे। वे व्यक्ति से विचार को बड़ा मानते थे। इसी कारण वे अपने व्यक्तिगत दुखों को सहते हुए भी समतामूलक समाज निर्माण के लिए सतत मौलिक ज्ञान का उत्पादन करते रहे। अपना सम्पूर्ण जीवन वैचारिक एवं वैकल्पिक समाज निर्माण के लिए आन्दोलन करते हुए न्योछावर कर दिये।

पेरियार ललई सिंह के इस दस्तावेजी लेखन के सार्वजनिक हो जाने से उत्तर भारत में बहुजन आन्दोलन की विरासत जो बाबा साहब अम्बेडकर के आन्दोलन (1956) के बाद की और बहुजन समाज पार्टी के उभार (1984) के बीच की कड़ी, जो खो गई थी, को जोड़ने का दुर्लभ शोधपरक कार्य गगन ने किया है।

चन्द्रिका प्रसाद 'जिज्ञासु', पेरियार ललई सिंह ने बहुजन नवजागरण की उत्तर भारत में जो वैचारिक जमीन तैयार की और उस पर बहुजन वैचारिकी का जो बीज बोया, उसे कांसीराम ने कैडर लगाकर सींचा। आज तक जिस पर बहुजन समाज की उत्तर भारत में राजनीतिक फसल लहलहा रही है, जिसका प्रतिफल हम आज भी काट रहे हैं।

अनेक तथ्य एवं सिद्धान्त पेरियार ललई सिंह की इस 'ग्रंथावली' को कालजयी और समसामयिक बनाते हैं। मैं संकलन-सम्पादनकर्ता धर्मवीर यादव गगन को साधुवाद देता हूँ कि उन्होंने अपनी बौद्धिक, अकादमिक और आन्दोलनकारी दृष्टि के संगम से इतिहास के गर्भ में दबे बहुजन आन्दोलन के दस्तावेजी ऐतिहासिक अनछुए पहलुओं को खोदकर निकाला।

इसकी प्रस्तुति में उन्होंने जिस स्कॉलर मेधा का परिचय दिया है, वह अद्भुत है। इस कारण यह 'ग्रंथावली' पाँच खंड में संगृहीत-सम्पादित हो अर्थपूर्ण एवं प्रभावी बन गई है।

गगन अशेष बधाई के पात्र इसलिए भी हैं कि यदि वे अपने शोध के दौरान सम्पूर्ण भारत में दुर्गम स्थलों पर जाकर यह दस्तावेजी सामग्री संकलित नहीं करते तो बहुजन आन्दोलन की यह महान विरासत हमारा हिस्सा नहीं बन पाती। यह दुर्लभ दस्तावेज और परम्परा विलुप्त हो जाती।

हमें गगन के पेरियार ललई सिंह द्वारा बुद्ध, अम्बेडकर, पेरियार की परम्परा को उनके विचारों, उनके सिद्धान्तों पर ऐतिहासिक शोध के लिए गर्व है।

अत: मैं उनके अकादमिक जीवन के उज्ज्वल भविष्य की कामना करता हूँ।

26 जनवरी, 2022

**—विवेक कुमार**
समाजशास्त्र विभाग
जवाहरलाल नेहरू विश्वविद्यालय
नई दिल्ली

# भूमिका

आधुनिक भारत के निर्माता डॉ. अम्बेडकर का समतामूलक समाज निर्माण का स्वप्न भारतीय संविधान में परिलक्षित होता है जो अपनी मूल भावना में बौद्ध दर्शन को समाहित किए हुए है।

उस दर्शन से अनुप्राणित होते भारतीय संविधान में 'एक मनुष्य—एक मूल्य', 'एक व्यक्ति—एक वोट' और 'एक वोट—एक मूल्य' जैसे मूलभूत मानवीय संवैधानिक अधिकार आदि राष्ट्र के सभी नागरिकों को समान रूप से मिले।

यही 'भारत का विचार' है अर्थात् 'आइडिया ऑफ इंडिया' जिसने इस देश के बहुसंख्य नागरिक समुदाय में प्रत्येक प्रकार के अधिकारों की, और समता की भावना को निर्मित किया। इस अधिकार बोध की चेतना के साथ देश की राजनीति, सत्ता प्रतिष्ठानों, संसाधनों, पूँजी और बौद्धिक केन्द्रों आदि में प्रतिनिधित्व के सवाल उठने शुरू हुए। ये सवाल राजनीति के केन्द्र में आए। इनको प्राप्त करने के लिए आन्दोलन शुरू हुए।

पेरियार ललई सिंह ने समाज, राजनीति, धर्म, सत्ता, कला, सभ्यता, संगीत, साहित्य और संस्कृति आदि पर जिस समय चिन्तन किया, वह आधुनिक भारत का साठ, सत्तर और अस्सी का दशक है। वे उस दौर में प्रतिनिधित्व के सवालों को चिह्नित करते हैं। उस पर चिन्तन करते हैं। उसे उजागर करते हैं। ये सवाल आज भी सवाल ही बने हुए हैं। इसलिए उनके चिन्तन की प्रासंगिकता भी आज तक बनी हुई है।

वे इस देश में प्रत्येक प्रकार की लूट को छोटे-छोटे पैम्फलेट पर लिखकर उजागर करते हैं। उसे जनता में बाँटते हैं। 'शोषितों का डिब्बा गोल!' शीर्षक से वे इस देश के सर्वहारा, शोषित-किसान मजदूर के सवाल को उठाते हैं। वे लिखते हैं—'शोषित किसान-मजदूर बन्धुओ! आपके सामने मैं उत्तर प्रदेश की आगे बढ़ी हुई जातियों की राजनीतिक पार्टियों की पोल खोल रहा हूँ। इसे पढ़कर आप खुद सोचिए कि आप और आपकी आनेवाली सन्तान की रोटी, कपड़ा और इज्जत की समस्या इस पूँजीवादी, पुरोहितवादी, जातिवादी देश में कैसे हल हो सकती है?' वास्तव में, वे यहाँ पूँजीवाद और ब्राह्मणवाद के गठजोड़ को प्रस्तुत करते हैं। यह किस प्रकार अघोषित रूप से साथ होकर जातीय आधार पर श्रम के शोषण को समेटे हुए है, इस बात को वे इंगित करते हैं।

इस देश की मजदूर-किसान-बहुजन जनता का किस प्रकार वर्णवाद, जातिवाद, पुरोहितवाद, पूँजीवाद शोषण करता है, उसे वे अपनी आलोचना दृष्टि से देखते हैं, लिखते हैं। यह लिखना, जनता को जागृत करना, मनुवादियों और पूँजीपतियों को एक साथ खटकता है। कारण कि वे सत्ता संरचना पर काबिज रत्तीभर लोगों को उजागर करते हैं। वे इस देश की पूँजी पर कुछ लोगों के एकच्छत्र वर्चस्व पर सवाल उठाते हैं। किस प्रकार जातिवादी आधार पर इस देश में कुछ ही लोगों का वर्चस्व है, इसे वे आँकड़ों द्वारा सत्यापित करते हैं। मुख्य रूप से उत्तर भारत में किस प्रकार वर्चस्ववादी जातियाँ कब्जा किए हुए हैं, इसका वे सप्रमाण उल्लेख करते हैं।

वे इस देश के जातीय चरित्र को दर्शाते हैं कि 'हमारे मुल्क में जैसा जातिवाद है, वैसा जातिवाद आपको दुनिया में कहीं रोशनी लेकर ढूँढ़े न मिलेगा। यहाँ हजारों वर्षों से अहीर का बेटा अहीर, चमार का बेटा चमार होता चला आ रहा है। यही वजह है कि देश में पूँजी, बुद्धि, राज्य का ठेका कुछ मुट्ठीभर जातियों के जिम्मे अभी तक चला आ रहा है। जब बनिया की रोटी-बेटी बनिया में और ब्राह्मण की रोटी-बेटी ब्राह्मण में होती आ रही है तो समाजवाद लानेवालों का यह नारा बिलकुल गलत है कि 'समाजवाद आएगा, देश बदल जाएगा।'

'यहाँ की जितनी भी पार्टियाँ हैं, उनके लीडर चन्द मुट्ठीभर जातियों के लोग हैं। पार्टी उनकी दिखावटी है।' यह पेरियार ललई सिंह की ऐतिहासिक दृष्टि है जिससे वे जाति की अवस्थिति और वर्चस्व की पहचान करते हैं। भारतीय राजनीति के दोहरे चरित्र को स्पष्ट करते हैं। इसमें समाजवाद भी निहित है।

वे इस देश में प्रत्येक महत्त्वपूर्ण जगह जैसे न्यायालय, राजदूत, मंत्रालय, राज्यपाल, अधिकारी आदि जगहों पर कुछ ही जातियों के वर्चस्व की नब्ज को पकड़ते हैं। उसे उद्घाटित करते हुए लिखते हैं कि—'अंग्रेज कहते थे कि भारतीय इस काबिल नहीं कि उन्हें गजेटेड ऑफिसर बनाया जाए, वही बात अब ब्राह्मणवादी सरकार कहती है कि पिछड़ी, अनुसूचित, अनुसूचित जनजाति इस काबिल नहीं कि उन्हें गजेटेड ऑफिसर बनाया जाए।'

इसके मूल कारण पर वे लिखते हैं कि 'वास्तविक कारण है भाई-भतीजावाद, जातिवाद-सवर्णवाद। नौकरियों में नई भर्ती करनेवाले तथाकथित उच्च जाति के गजेटेड ऑफिसर हैं।' वे नहीं चाहते कि लोकतांत्रिक, समाज और राष्ट्र का निर्माण हो। इसीलिए प्रतिनिधित्व के सवाल और उस दौर के सम्पूर्ण चिन्तक को लेकर आगे बढ़ते हैं। वे सर्वहारा-शोषित को इससे जागरूक करते हैं। उसे लड़ने के लिए तैयार करते हैं।

वे अपनी कृति 'शोषितों पर धार्मिक डकैती' में इस देश की शोषित-पीड़ित जनता का धर्म द्वारा हो रहे शोषण को उजागर करते हैं। 'धर्म अफीम है।'—कार्ल मार्क्स की इस बात को भारतीय जनमानस के सन्दर्भ में परखते हैं। धर्मान्ध मानसिक गुलाम जनता की ऐसी स्थिति का उत्तरदायी कारक वे मनु संहिताओं को मानते

हैं, जिसने साधारण जनता के शोषण का विधान रचा हुआ है। इन संहिताकारों ने मानवीय गरिमा को विध्वंस करने, गुलाम बनाए रखने के मन से ऐसा विधान रच दिया। अनेक प्रकार के साहित्य रचे। और ऐसी भाषा में रचे कि अन्य कोई उन्हें पढ़ ही न सके। वे ही पढ़ें और वे ही उन्हें प्रवाहित करें।

वे मानवता और समता विरोधी—वेद, पुराण और सभी स्मृतियों पर सवाल उठाते हैं। उनके सवालों के घेरे में मुख्य रूप से वेद, पुराण, मनु-स्मृति, अत्रि-स्मृति, पराशर-स्मृति, व्यास-स्मृति, विष्णु-स्मृति, विष्णु-रहस्य, स्मृति-वचन, गौतम-धर्म-सूत्र, वसिष्ठ, आपस्तम्ब, भाषा-धम्म-समाज, पतंजलि, शंकराचार्य का ब्रह्म-सूत्र, जैमिनी, वज्रसूचिकोपनिषद्, नारायण-सार-संग्रह, ब्राह्मण-ग्रंथ, ब्रह्मण-गुप्त-संहिता, पद्म-पुराण, गीता, महाभारत आदि हैं। इन ग्रंथों की मनुष्य विरोधी मानसिकता को उकेरते और खंडित करते हैं। प्रश्नांकित करते हैं।

हिन्दू धर्म ग्रंथों की हिंसात्मक और संहारक मनोभूमि के स्रोत पर विचार करते हैं। वह किस प्रकार मानव हिंसा और संहार के लिए मनुष्य को प्रबलित करता है। किस प्रकार प्राचीन समय से आधुनिक समय तक चला आ रहा है। आज किस प्रकार सम्पूर्ण देश में प्रभावी है। उसके इस वर्चस्ववादी मानस को सन्दर्भ सहित प्रस्तुत करते हैं। इस मनु मानसिकता की धर्म संहिता ने किस प्रकार साधारण मनुष्यों को निरुत्साहित और हतोत्साहित करने के मुहावरे गढ़ रखे हैं, उसे वे 'हिन्दू धर्म की अपमानजनक कहावतें' शीर्षक से संगृहीत करते हैं।

वे अपनी कृति 'शोषितों पर राजनीतिक डकैती' में शोषितों के राजनीति हक़मारी को सप्रमाण प्रस्तुत करते हैं। जनसंख्या के अनुपात में प्रतिनिधित्व के सवाल को उठाते हैं और लिखते हैं—'अपने सूबे में 431 एम.एल.ए. हैं जिसमें ब्राह्मण, ठाकुर, वैश्य, कायस्थ तथा खत्री आबादी के अनुपात में 85 एम.एल.ए. होने चाहिए। मगर लिखे मुताबिक 237 एम.एल.ए. हैं और पिछड़ी जातियों के 236 एम.एल.ए. आबादी के हिसाब से होने चाहिए। मगर केवल 41 एम.एल.ए. हैं।'

इसी प्रकार बड़े पदों पर बैठे ऑफिसरों की लिस्ट दिखाते हुए बताते हैं—'सिविल लिस्ट, 253-बी के अनुसार, 5144 बड़े ऑफिसर हैं जिनमें ब्राह्मण, ठाकुर, वैश्य, कायस्थ, खत्री, आबादी के हिसाब से 1040 होने चाहिए। मगर ऊपर लिखे मुताबिक 4450 ऑफिसर हैं। पिछड़े व अछूत तथा मुसलमान आदि के आबादी के हिसाब से 4104 बड़े ऑफिसर होने चाहिए। मगर नहीं के बराबर हैं।' इस राजनीतिक प्रतिनिधित्व की डकैती को उजागर करते हैं। वे जनसंख्या के अनुपात में प्रतिनिधित्व के सवाल को उठाते हैं। यही सवाल आगे चलकर उत्तर भारत में बहुजन आन्दोलन की वैचारिक नींव बना, जिससे उत्तर भारत में सामाजिक न्याय और सामाजिक परिवर्तन की सरकारें बनीं।

वे प्रतिनिधित्व के सवाल को शासन-प्रशासन में भी चिह्नित और प्रश्नांकित करते हैं। जिस क्रम में वे पुलिस डिपार्टमेंट के बड़े पदों पर कुछ ही जातियों के

बैठे होने को उजागर करते हैं। न्यायालय में सेशन जज, सिविल जज, डिस्ट्रिक्ट सेशन जज, अतिरिक्त सेशन जज, जुडिशियल विभाग, मुंसिफ आदि महत्त्वपूर्ण पदों पर 'कुछ' ही जातियों के वर्चस्व को उजागर करते हैं। इन सभी आँकड़ों से वे अधिकारों की चेतना को जगाना चाहते हैं।

इस पर वे लिखते हैं—'हमने आँकड़ों के अ-काट्य प्रमाण द्वारा शोषित व शोषक दोनों ही वर्ग के लोगों में विवेक, नैतिकता व जागरूकता पैदा करने का प्रयत्न-मात्र किया है।' वे ऐसी विषमता को दूर करने हेतु 'सामाजिक विषमता कैसे दूर हो?' शीर्षक से किताब लिखते हैं जिसमें वे डॉ. अम्बेडकर, संतराम बी.ए., वैद्य संत परमानन्द निर्वाणी, अब्दुल अजीम कादियाँ, रामस्वरूप वर्मा आदि चिन्तकों के विचारों को प्रस्तुत करते हैं।

इसी तरह 'जाति-पाँति मिटाने व अछूतों के तरक्की के उपाय' शीर्षक से पुस्तिका लिखते हैं। इसमें जाति-पाँति और अछूत समस्या को मिटाने के उपायों को सुझाते हैं। इसके बाद की कृति 'बौद्धिक और सामाजिक लेख' नाम से है। इसमें उन्होंने बुद्ध और बौद्ध दर्शन, बुद्ध के मानसिक परिवर्तन की अवधारणा, अम्बेडकर और उनका चिन्तन, मानव प्रगति और सभ्यता का विकास, ईश्वर, आत्मा एवं वेदों में विश्वास अधर्म है, आदि विषयों पर गम्भीरता से विचार करते हैं।

उनके लिए बौद्ध धर्म, दर्शन बौद्धिक और तर्कजन्य ज्ञान की अनुभूति के आधार हैं। वे बुद्ध के उस लोकतांत्रिक विचार को सर्वोपरि मानते हैं, जिसमें बुद्ध कहते हैं—'तुम्हारे तर्क से जो तुम्हें सत्य लगे, उसे ही सत्य मानो।' आगे उन्होंने पेरियारवाद पर विचार किया है। पेरियार के भाषण को प्रस्तुत किया है। किस प्रकार पेरियार ईश्वर को ध्वस्त करते हैं और नास्तिक पेरियारवादी चेतना का निर्माण करते हैं। उसे इस भाषणों के माध्यम से पेरियार ललई सिंह ने प्रस्तुत और व्याख्यायित किया है। साथ ही, डॉ. अम्बेडकर के कई भाषणों को अनूदित कर उन्होंने प्रस्तुत किया है। उसमें वे अपनी टिप्पणी भी देते हैं।

मुझे उनकी एक दुर्लभ डायरी प्राप्त हुई जो 04-04-1944 ई. की है। इस डायरी में एक लेख मिला। इस लम्बे लेख में वे संगीत की विभिन्न विधाओं पर विचार-विमर्श करते दिखते हैं। यह उनके संगीत प्रेमी होने को दर्शाता है। इस डायरी में मात्र एक यही लेख है। इस प्रकार पेरियार ललई सिंह अपने चिन्तन में सार्वजनिक मनुष्यता को प्रस्तुत करते हैं।

**—धर्मवीर यादव गगन**

17 सितम्बर, 2022

# उत्तर भारत में प्रबोधन
[पेरियार ललई सिंह का विस्तृत जीवन-परिचय]

*सावित्री बाई फुले,*
*फातिमा शेख और*
*वीरांगना फूलन दीदी*
*की स्मृति को!*

अध्याय-1

# एक बौद्धिक विभूति

## अप्रतिहत पिता के अप्रतिहत पुत्र!

समता आधुनिक मनुष्य का सर्वोच्च मूल्य है। इस सोच का सामाजिक लोकतंत्रीय, समाज और राष्ट्रनिर्माण आधुनिक मनुष्य की वैध परिकल्पना रही है। भारत इस सोच और विचार का देश रहा है किन्तु समय-समय पर प्रतिक्रान्ति करनेवाली वर्चस्ववादी सांस्कृतिक शक्तियाँ उसे धार देती रही हैं, किन्तु उसका सतत प्रतिरोध भी होता रहा है। इस प्रतिरोध के बीच से मानवतावादी मूल्य सतत प्रवाहित होता रहा है। यह कृति इसी प्रतिरोधी संस्कृति की ऐतिहासिक प्रस्तुति है।

आधुनिक उत्तर भारत में सामाजिक और सांस्कृतिक लोकतंत्र के लिए अनेक महान विभूतियों ने आमूल-चूल परिवर्तन किया। ऐतिहासिक संघर्ष किए। इसी महान कड़ी की एक विभूति हैं—पेरियार ललई सिंह, जिन्हें मान-सम्मान की लड़ाई अपने पिता चौधरी गज्जू सिंह से विरासत में मिली थी। साथ ही, यह संघर्ष उन्हें अपने पुरखे—फुले, अम्बेडकर, पेरियार आदि से वैचारिक विरासत के रूप में मिला था। इसी कारण वे वर्ण-जाति व्यवस्था, पुरोहितवाद, सामन्तवाद, अन्धविश्वास, कर्मकांड के प्रबल विरोधी थे। वास्तव में, वे उसके खिलाफ लगातार लड़नेवाले एक अप्रतिहत योद्धा थे।

किसी व्यक्ति और समाज का नैतिक, सामाजिक और सांस्कृतिक निर्माण कई पीढ़ियाँ और प्रक्रियाओं में अति मद्धिम गति से होता है। चौधरी गज्जू सिंह की चेतना का निर्माण भी इसी गति से होता है। वे अपने प्रारम्भिक जीवन में 'आर्यसमाज' की समानता की भावना से जुड़ते हैं, जिसमें प्रत्येक व्यक्ति को सामाजिक-सांस्कृतिक रूप से मान-सम्मान समान रूप से दिया जाता है। उन्हें उस समय चल रहे 'आर्यसमाज' के हिन्दू समाज सुधार आन्दोलन से कुछ नई दिशा में समतावादी सामाजिक संरचना की किरण-सी दिखाई पड़ रही थी। वे शरीर से हृष्ट-पुष्ट, उज्ज्वल चरित्र के थे। अपने समाज ही नहीं वरन् आस-पास के दूर-दूर के गाँवों, जवार तक लोकप्रियता प्राप्त, वह अपने परिक्षेत्र में सम्पूर्ण ग्रामीण समाज के एक प्रमुख मार्ग निर्देशक,

निष्पक्ष न्यायकर्ता सरकारी व गैर-सरकारी तत्त्वों के बलात् शोषण के विरुद्ध हर संघर्ष के प्रमुख नायक[1] थे।

चौधरी श्री गज्जू सिंह 'आर्यसमाज' के लोगों द्वारा सम्मानजनक व्यवहार और समानता की बातों पर उनकी तरफ झुके। वे सोचने-समझनेवाले तार्किक व्यक्तित्व थे। वे आर्यसमाजियों के बीच देखते थे कि यहाँ जाति-अछूतपन के खिलाफ तो आन्दोलन किया जा रहा है किन्तु 'जाति' व्यवहार में जस की तस बनी हुई है। जब आर्यसमाजी लोग भोजन करते थे तो अनायास ही सही उसमें सबसे पहली पंक्ति में ब्राह्मण बैठकर भोजन करते थे। और वे सब कहते थे कि हम छुआछूत या जातिवाद नहीं करते हैं। इसके बाद थोड़ी दूर की पंक्ति में राजपूत-कायस्थ बैठकर भोजन करते थे। उसके बाद पिछड़ी जाति के लोग और फिर अछूत जातियाँ बैठकर भोजन करती थीं, जबकि चौधरी गज्जू सिंह—जात-भात-बात के भेद-भाव का आमूल-चूल उन्मूलन चाहते थे। वे जात-भात-बात की बराबरी के समर्थक थे।[2]

इस व्यवहार पर चाचा चौधरी गज्जू सिंह ने आर्यसमाजियों से सवाल किया। जिस पर आर्यसमाजियों का कहना था कि यह समाज की रीति है। इसे तो हमें करना ही पड़ेगा। तभी समाज बना रह पाएगा नहीं तो समाज टूट जाएगा। इस घटना के बाद चाचा जी के साथ जनेऊ तोड़े जाने की घटना हुई। इन दो घटनाओं के बाद चौधरी चाचा ने आर्यसमाज और जनेऊ को त्याग दिये।[3]

भारत में अंग्रेजों के आगमन से पहले की संस्कृति के बारे में कई गलत धारणाएँ स्थापित हैं। अन्ध-राष्ट्रवाद के समर्थक आर्यसमाज ने भारत के अतीत के हर पहलू को अति आदर्शवादी रूप देते हुए यह दावा किया कि आर्यों द्वारा वैज्ञानिक सामाजिक और आध्यात्मिक हर तरह का ज्ञान खोज के उसे वेदों में संचित कर दिया गया। आर्यसमाज ने यह दावा किया कि आधुनिक समय की सभी शानदार खोज और आविष्कार, आधुनिक भौतिक, रसायन विज्ञान, जीव विज्ञान, इंजीनियरिंग के सभी सिद्धान्त वेदों में निहित हैं।[4] इस मिथ्या को आर्यसमाजियों द्वारा समाज में खूब प्रचारित किया गया, जबकि आर्यसमाजियों का मूल उद्देश्य कुछ और ही था। वे जाति, अछूतपन, अस्पृश्यता का तो विरोध करते थे, उस पर हमला करते थे लेकिन वर्ण-व्यवस्था का पूर्ण समर्थन करते थे। वे अपने आन्दोलन के मूल में समाज में वर्ण-व्यवस्था को पुन: स्थापित करना चाहते थे जो अपने मूल चरित्र में समता की विरोधी है और यह वर्ण व्यवस्था ही वेदों की सार है। इसी आधार पर दयानन्द सरस्वती ने 'वेदों की ओर लौटो' का मुख्य स्लोगन दिया।

आर्यसमाज की ओर स्वामी अछूतानन्द भी अग्रसर हुए थे। सन् 1905 में आर्यसमाजी हुए। वे कानपुर के ही भूगोल के व्यक्ति थे। सन् 1912 तक आर्यसमाज की विचारधारा का प्रचार-प्रसार करते रहे[5] किन्तु वे इसके मूल चरित्र वर्णाश्रमी आस्था के समाज निर्माण की बात को जानने के बाद 1912 ई. में आर्यसमाज से अलग हो

गाए। इस तरह अपने जीवन के उत्तरार्ध में स्वामी अछूतानन्द ने आर्यसमाज को छोड़ दिया।[6] इसके बाद वे आर्यसमाज के वर्णाश्रमी संस्तरित सामाजिक संरचना के विरोध करते हुए, समतामूलक सामाजिक संरचना की प्रत्यस्थापना की ओर प्रवृत्त होते हैं। और अब अपना व्यक्तित्वान्तर हरिहर के रूप में करते हुए 'आदि हिन्दू आन्दोलन' की ओर प्रवृत्त होते हैं और यह दावा करते हैं कि दलित-आदिवासी इस देश (भारत) के मूलनिवासी हैं जो उन आर्यों द्वारा गुलाम बनाए गए जो मध्य एशिया से आए हुए हैं।[7]

डॉ. अम्बेडकर भी आर्यसमाजियों द्वारा हिन्दू धर्म की अपृश्यता, जाति व्यवस्था को खत्म करने और वर्ण-व्यवस्था प्रत्यस्थापित करने के अमानवीय सामाजिक विभाजन के चरित्र पर लिखते हैं,...समाज सुधारकों का एक समूह ऐसा है, जिसके आदर्श (मेरे आदर्शों से) भिन्न हैं। वे आर्यसमाजियों के नाम से जाने जाते हैं और फिलहाल प्रचलित चार हजार जातियों की बजाय चतुर्वर्ण्य या समाज का चार वर्गों में विभाजित करना उनकी आदर्श सामाजिक व्यवस्था है। अपनी कल्पना को और आकर्षक बनाने और विरोधियों को धराशायी करने के लिए चतुर्वर्ण्य के हिमायती बड़ी सावधानी से इस बात पर ज़ोर देते हैं कि उनका चतुर्वर्ण्य जन्म पर नहीं बल्कि गुण पर आधारित व्यवस्था है। मैं स्पष्ट कर दूँ कि इस चतुर्वर्ण्य के गुणों पर आधारित होने के दावे के बावजूद यह एक ऐसा आदर्श हैं। जिसको मैं खुद कभी स्वीकार नहीं कर सकता।[8] चौधरी गज्जू सिंह का भी यही देश-काल है। वे सरल, सहज मानव मानव की बराबरी के बोध के बुद्धिजीवी थे। अपनी सामाजिक अनुभव की ऐतिहासिक दृष्टि से वे वर्ण-व्यवस्था, जातीय असमानता और आर्यसमाज की स्थापना को खारिज करते हुए समतामूलक समाज की स्थापना हेतु गाँव, जवार, क्षेत्र में नई लड़ाई शुरू करते हैं, जो उनके जीवनपर्यन्त जारी रही, जिसे अखिल भारतीय स्तर पर ले जाने की कोशिश उनके पुत्र पेरियार ललई सिंह ने की।

चौधरी गज्जू सिंह समतामूलक समाज की स्थापना हेतु शोषित-दमित मनुष्यों की समस्याओं का देर रात्रि तक निराकरण कर सभी के सो जाने पर, मवेशियों तथा लगभग बीघे तक फैले मकान का पूरा निरीक्षण करने के पश्चात् सोते थे। प्रात: तड़के उठ मवेशियों का स्थान परिवर्तन कर, चौपाल की स्वयं झाड़ू-बुहारी कर, नियमित व्यायाम करना, उनकी दिनचर्या में प्रमुख अनुकरणीय तथ्य थे। शोषण के विरुद्ध संघर्ष, उनके पूर्वजों की विरासत थी। रामसेवक सिंह ने बताया कि हमारे गाँव में तथा साथ के दूसरे लगे गाँवों में दबंग ब्राह्मणों का बाहुल्य था। इन्हीं ब्राह्मणों की जमींदार से कठारा भी लगता था। ब्राह्मणों की इस जमींदारी के क्षेत्र में, किसी अछूत का नाड़ नहीं गाड़ा जा सकता था। अर्थात् उस क्षेत्र में किसी अछूत जाति की स्त्री प्रसव नहीं कर सकती थी।

चौधरी गज्जू सिंह के जीवन की एक घटना है कि एक ब्राह्मण के बारामासी (वर्षों से सेवारत) अछूत नौकर की बहन उससे मिलने उसी गाँव आ पहुँची। वह

बेचारी उन दिनों प्रसव के अन्तिम काल में थी। संयोग से उसी रात वह प्रसव वेदना से छटपटाने लगी। उसका भाई अपनी बहन की स्थिति देख रोने लगा। वह जानता था कि ब्राह्मण लोग उनकी बहन का प्रसव यहाँ कदापि सहन नहीं कर सकते। अचानक उसे चौधरी गज्जू सिंह की याद आई, वह अपनी बहन को झोपड़ी में रोता छोड़ चौधरी गज्जू सिंह की चौपाल की ओर रोता-बिलखता भागा।

चौधरी गज्जू सिंह अभी लेटे ही थे कि बाहर से चौधरी साहब दया करो, चौधरी साहब दया करो, हमारी गुहार है चौधरी साहब, हमारी रक्षा करो। चौधरी साहब उसकी आवाज सुन अविलम्ब उठ बैठे। चौधरी साहब और उनकी कुल्हाड़ी एक दूसरे के पर्याय होते थे। अपने चौड़े फलसे की कुल्हाड़ी कन्धे पर उठा, चौधरी साहब दरवाजे पर आ पहुँचे। अब तक पड़ोस के घरों से कुछ और लोग भी चौधरी साहब के बाहरी दरवाजे पर पहुँच चुके थे। चौधरी साहब ने एक क्षण बाहर की आहट ले, हर बाहरी संकट का दृढ़ता से सामना करने की भावना के साथ मजबूत हांथों में कुल्हाड़ी थामें दरवाजा खोल दिया। दरवाजा खुलते ही वह बेचारा अछूत चौधरी साहब के पैरों पर गिर पड़ा।[7]

चौधरी साहब ने ढाँढ़स बँधाया, उसे उठाते हुए, गले लगाया और रोने का कारण पूछा। अब तक, चौधरी साहब के परिवार के अतिरिक्त गाँव के पचासों युवा, वृद्ध वहाँ एकत्र होना शुरू हो गए थे। चौधरी साहब उस अछूत की सारी बात ध्यान से सुनने लगे, तभी उनकी पत्नी भी पहुँच गईं। वह अपनी पत्नी की ओर अर्थपूर्ण दृष्टि डालकर बोले, आवो देखें, क्या बात है? और चल दिए। उनके साथ उनकी पत्नी वही अछूत और लाठी-बल्लमों से लैस पचासों युवक और युवतियाँ भी चल पड़े।

उधर प्रसव पीड़ा से कराहती नारी रुदन को सुन बन्द कोठरी के बाहर ब्राह्मणों की भीड़ भी बढ़ने लगी। चौधरी गज्जू सिंह के साथ अपने अछूत नौकर और पीछे सैकड़ों की संख्या में युवा-युवतियों को देख सभी ब्राह्मण हत् प्रभ से रह गए। देखते-ही-देखते चौधरी साहब की पत्नी झोपड़ी खोल अन्दर घुस गईं। उनके पीछे कुछ और औरतें भीतर गईं किन्तु सकरी झोपड़ी होने के कारण शेष औरतों को बाहर दरवाजे पर ही रुकना पड़ा। स्थिति को भाँप एक बूढ़े ब्राह्मण ने आगे बढ़कर पूछा, 'काहे चौधरी, आप कैसे?'...'कछू नाहीं', अछूत की ओर देखकर, 'जाकी बहिनिया के बच्चा पैदा होवे वारो है, तई को लेने आए हैं।' बूढ़ा ब्राह्मण बोला! 'समझ लौ, समझ लौ, अरे चौधरी अब जमाना बदल गव, अब पुरानी बातें कहाँ?' इस पर काता बल्लम को थामे कुछ ब्राह्मण की ओर देख चौधरी बोले, 'तब भाई हिंया काता बल्लम का का काम?' वहाँ कुछ भी करने का अर्थ था करारी मात। विवश वह भी अपने बुजुर्ग बूढ़े की ओर ही देखने लगे। बूढ़ा कुछ कहनेवाला ही था कि चौधरी गज्जू सिंह की पत्नी ने बाहर आकर बताया कि अब प्रसव का अन्तिम समय है, अब उसे कहीं ले जाना सम्भव नहीं है। बूढ़ा स्थिति समझ चुका था। वह

बोल पड़ा। 'चौधरी, संघर्ष छोड़ो, (अन्य की ओर इंगित करते हुए) अब इ उई नाय जो आपु समझत हव।' आवौ चौधरी हमहुँ तुम्हँ भजन गइहैं, सब ठीक होइ जइहैं।' इतना कहते हुए उसने दो ब्राह्मण युवकों से ढोलक और मंजीरा लाने को कहा, और कुछ लोगों को शीघ्रता से दरी बिछाने का निर्देश दिया, और देखते-ही-देखते सारा माहौल एक बड़े भजन मंडली के रूप में बदल गया।

चौधरी गज्जू सिंह, उनकी पत्नी और सभी रात-भर जगते रहे। जच्चा-बच्चा की कुशलता से प्रसव होने के समाचार से भजन मंडली में और भी जोश आ गया। सारी रात स्त्री-पुरुषों ने इस अवसर को हर्षोल्लास के साथ बिताया। सुबह होने पर ब्राह्मणों की ओर से बतासे भी बाँटे गए। सभी प्रकार की सुरक्षा का आश्वासन मिल जाने पर ही चौधरी गज्जू सिंह अपने साथियों के साथ घर वापस लौटे। यहीं से उक्त गाँव में अछूतों के नाड़ न गड़ने की प्रथा समाप्त हुई।[10]

एक साक्षात्कार में रामकेवल सिंह ने बताया कि चौधरी गज्जू सिंह ने कई चली आ रही मनुवादी-सामन्तवादी प्रथाओं को बन्द कराया। उनके समय में निम्नवर्गीय बहू-बेटियों को विवाह आदि अवसरों पर सवर्ण घरों में पूड़ियाँ बेलने जाना पड़ता था। एक बार एक निम्नवर्गीय बहू को सवर्णों ने अपमानित कर दिया। यह बात चौधरी जी को पता चली। इस पर वे बहुत क्रोधित हुए। इसका उन्होंने प्रखर विरोध किया। गाँव-जवार की जनता को एकत्रित किया। एक बड़ी सभा की। और इस कु-प्रथा के खिलाफ आन्दोलन चलाया। उस आन्दोलन के दौरान उन्होंने इस बात का ऐलान किया, 'आज से हम सबकी महिला सवर्ण घरों में पूड़ी आदि बेलने नहीं जाएगी।' उसके बाद यह प्रथा सदा के लिए बन्द हो गई।

इसी तरह होली में सवर्ण पुरुष निम्न जातियों के घरों में घुसकर नई नवेली दुलहन को घर से बाहर निकालकर ढोल-मजीरे बजाते हुए उसके साथ होली खेलते थे। अपमानजनक व्यवहार करते। ये उनके जवानी के दिनों की बात होगी। गज्जू सिंह ने कहा कि इस बार हम सब चलेंगे बाभन घरों में होली खेलने। इस पर पूरे अहीर टोले के जवान लड़के तैयार हुए। होली के दिन वे निकले ब्राह्मण घरों में होली खेलने। इसका ब्राह्मणों ने विरोध किया। इस पर गज्जू सिंह ने कहा, 'अगर तुम सब अपने घरों में होली नहीं खेलने दे रहे हो तो तुम भी मत आना हमारे टोले में होली खेलने', और वहाँ से चले आए। इस प्रतिरोध से भयभीत होकर सवर्णों ने यह प्रथा बन्द कर दी।[11]

चौधरी गज्जू सिंह ने 'आर्यसमाज' को कुछ दिनों के लिए स्वीकार किया था। एक समय के बाद वे आर्यसमाजियों द्वारा चलाए जा रहे 'जाति-पाँति तोड़ो' आन्दोलन से जुड़ते हैं। आर्यसमाजियों ने 'बैक टू वेदाज' अर्थात् 'वेदों की ओर लौटो'[12] का नारा देते हुए, अछूत-सछूत जातियों का उपनयन संस्कार करते हुए 'जनेऊ' पहनाना शुरू किया और कहा कि सभी हिन्दू बराबर हैं। इस आर्यसमाजी

आन्दोलन से चौधरी गज्जू सिंह भी जुड़े थे। इसी क्रम में उनका आर्यसमाजी लोग 'जनेऊ संस्कार' किए। यह जनेऊ संस्कार ब्राह्मणों के बराबर होने का प्रतीक था, जो आस-पास परिवेश के ब्राह्मणों को खटकने लगा। ब्राह्मण-बच्चे, युवा और वृद्ध सभी इनके जनेऊ संस्कार से बहुत दुखी रहते थे।

चौधरी गज्जू सिंह यादव पूरे जवार में एक प्रतिष्ठित व्यक्ति थे। ये लघु जमींदार प्रकार के किसान थे। इस कारण कोई भी व्यक्ति कुछ कर नहीं पाता था। वे सामाजिक-आर्थिक रूप से बहुत सम्पन्न थे। मनुवादी-सामन्तवादियों को अन्दर ही अन्दर खूब जलन होती थी। एक साक्षात्कार में महावीर सिंह यादव ने बताया, इसकी प्रतिक्रियास्वरूप गाँव के ब्राह्मण अपने क्षेत्र के जमींदार उदय नारायण उपाध्याय से मिले। यह जमींदार भारामऊ, कानपुर का रहनेवाला था। इसके द्वार पर ब्राह्मणों ने एक सभा की, जिसमें जमींदार से कहा कि जनेऊ पहनने का जन्मना अधिकार सिर्फ ब्राह्मणों का है। अब अहीर गज्जू सिंह जनेऊ पहन कर घूम रहा है। अहीरों का जनेऊ संस्कार नहीं हो सकता। वो अहीर अनार्य कृष्ण का वंशज है। शास्त्रों में अनार्यों को यज्ञोपवीत धारण करने का कोई विधान नहीं है। यह वर्ण धर्म के विरुद्ध है। इस पर जमींदार ने कहा—आप सब चिन्ता न कीजिए और अब जाइए।

उसके बाद उसने तीसरे दिन मौका देख अपने कारिन्दों और कुछ लम्पट-लफंगे लड़कों के साथ अकेले जाते हुए चौधरी गज्जू सिंह का जनेऊ तोड़ दिया। इस पर चौधरी गज्जू सिंह ने उसे वहीं चुनौती दी कि तुम तो मेरा जनेऊ अकेले में तोड़वाए हो। एकान्त जगह पर अपमानित किए हो लेकिन मैं तुम्हारा जनेऊ सबके सामने तोड़ूँगा। तुम्हारी लहरापुर की भरी बाजार में। यह लहरापुर जिला—औरैया में पड़ता है। इधर यह बात हवा में घुलते हुए आग-सी गाँव, जवार और अहीरों के बीच फैल गई। अहीरों ने उसी रात चौधरी गज्जू सिंह के घर के सामने बड़ी सभा की। इस सभा में उस जमींदार का जनेऊ अगले दिन दिनदहाड़े तोड़ने का संकल्प लिया गया। उस रात सभा का निर्णय उस क्षेत्र के सभी अहीरों के गाँवों में हवा की तरह तेजी से फैल गई। अगले दिन सभी लोग लाठी, डंडा, बल्लम, भाला, गँड़ासा आदि के साथ लहरापुर पहुँचे।

चौधरी गज्जू सिंह कुल्हाड़ और 11 जवान लड़कों के साथ लहरापुर बाजार में जा खड़े हुए। यह खबर जमींदार तक पहुँची। जमींदार कुछ लफंगे लड़कों और सत्तर-अस्सी असमी-कारिन्दों के साथ 12 बजे घोड़े से लहारपुर बाजार पहुँचा और बोला—चौधरी, क्या कर लोगे, बोलो। जो करना है करो, नहीं तो अब मैं करना शुरू करूँगा। इस पर चौधरी जी के साथी युवाओं ने एक साथ जोर से आवाज लगाई, 'मौका आ गया है। पूरे बाजार को घेर लो अहीरो।' इस आवाज पर बाजार के चारों तरफ फसलों आदि में छिपे हजारों अहीर एक साथ पूरे बाजार और उस जमींदार को घेर लिया।

इसके बाद लम्बी-चौड़ी कद-काठी के चौधरी गज्जू सिंह ने उस जमींदार की गर्दन को पकड़ते हुए घोड़े से खींच जमीन पर पटक दिया और उसका जनेऊ तोड़ दिया। उसके मन और मान को सार्वजनिक रूप से मर्दित कर दिया। चौधरी साहब ने कहा, 'अब जाओ, तुमको जो करना हो कर लेना।' जमींदार ने उसी दिन थाने जाकर चौधरी गज्जू सिंह के खिलाफ चोरी, डकैती, हत्या आदि का केस लिखवा दिया। इस पर जवार के अहीर आदि लोग और बौखला गए। पूरे जवार के अहीरों के बीच डुग्गी बज गई—रात 9 बजे चौधरी साहब के घर पर सभा बुलाई गई है। पुनः सभी लोग वहीं एकत्रित हुए। अगली कार्यवाई पर सामूहिक निर्णय हुआ। उस घटना की प्रतिक्रियास्वरूप अगली रात को दस-ग्यारह हजार अहीरों ने उस जमींदार की 11 बीघे हरी खड़ी फसल काटकर जमीन पर सुता दी। उसी रात को सन्देशा भिजवा दिया कि अगर चौधरी जी पर लगाए गए सभी आरोप (केस) एक दिन के अन्दर नहीं हटाए गए तो अगली रात को तुम्हारा पाँच बीघे का बागीचा काटकर गिरा दिया जाएगा। वैसा ही हुआ। अगली रात 11 बजे 11 हजार अहीरों ने गँड़ासा, कुल्हाड़ी आदि के साथ बगीचे पर चढ़ाई कर दी। रात में पाँच बीघे आम, अमरूद, कटहल आदि के बागीचे को काट गिराया। इस पर घबराया, डरा, सहमे जमींदार ने दूसरे दिन सारे केस वापस ले लिए।[13] इस तरह से चौधरी साहब ने पुरोहितवादी-सामन्तवादी वर्चस्व के विरुद्ध संघर्ष किया।

इसके बाद चौधरी गज्जू सिंह ने गाँव-जवार के अहीरों के साथ सार्वजनिक रूप से जनेऊ धारण किया। इस बार इसका एक ही उद्‌देश्य था कि इस सवर्ण वर्चस्व की श्रेष्ठता की मानसिकता को इस जनेऊ धारण के माध्यम से ध्वस्त किया जाए। उसके कुछ समय बाद एक और घटना हुई। एक बार पुनः प्रतिक्रियास्वरूप ब्राह्मणों ने गाँव के ही एक लम्पट-लफंगे ब्राह्मण युवक को चुना और उसको उकसाते हुए सिखाया कि इस व्यक्ति को जनेऊ धारण करने का कोई अधिकार नहीं है। अतः मौका मिलते ही इसका जनेऊ तोड़ दो। उस युवक ने ऐसा ही किया। चौधरी गज्जू सिंह यादव एक दिन अपने खेत से आ रहे थे कि उस युवक ने चुपके से पीछे से जनेऊ पकड़कर खींचते हुए तोड़ दिया और तेजी से भाग गया।[14]

चौधरी गज्जू सिंह को यह अपमान बहुत खला। घर आए। कुल्हाड़ी के साथ-बल्लम लिया और स्थानीय बाजार की तरफ अकेले चलने लगे। कोई कुछ पूछे तो कुछ न बोलें। उनके पास कुल्हाड़ी के साथ बल्लम का होना जातिवाद-वर्णवाद और ब्राह्मणवाद से लड़ने का प्रतीक होता था। वे धीरे-धीरे बाजार की तरफ बढ़ रहे थे। तब तक पूरे गाँव में उनके जनेऊ तोड़े जाने की खबर हवा की तरह फैल गई। इस खबर के साथ ही पूरे गाँव-जवार के बच्चे, युवा, लड़कियाँ, महिलाएँ, वृद्ध सब-के-सब जो जहाँ से जो पाया, हाथ में लिये हुए तेजी से बाजार की ओर बढ़ने लगा। बच्चे, युवा, महिलाएँ और वृद्ध आदि सबके हाथ में डंडा-लाठी, बल्लम-

भाला, बरछी, गँड़ासा आदि था ये सभी लिये हजारों की संख्या में चौधरी जी के पीछे-पीछे बढ़े जा रहे हैं। चौधरी जी आगे आगे और सामाजिक परिवर्तन की जनता पीछे-पीछे चलती हुई बाजार के बीच चौराहे पर जा खड़ी हुई।

यह खबर तेजी से ब्राह्मणों के घरों में पहुँची। स्थिति को भाँपते हुए ब्राह्मण टोले के एक सबसे बुजुर्ग ब्राह्मण ने सभी ब्राह्मणों और उस युवक को बुलाया और इस भयानक अनहोनी से बचने के लिए तत्काल ब्राह्मणों से बात की। उसके बाद गाँव के सभी बुजुर्ग ब्राह्मण एक साथ बाजार की तरफ बढ़े। वह बुजुर्ग ब्राह्मण सबसे आगे था और सभी लोग दुबके-दुबके पीछे से चले आ रहे थे। युवक को उस झुंड के बीच में छुपाया गया था। बाजार के पिछले हिस्से से झट से वह बुजुर्ग ब्राह्मण और अपराधी युवक का पिता चौधरी गज्जू के सामने हाथ जोड़कर झुकते हुए बोला, गुनहगार तो मैं हूँ चौधरी साब जो ऐसो नालायकू पूत जनमावे हैं। लौ मेरी गर्दन आपनु कुल्हाड़ा से काट दो।[15] तभी दूसरे भी बोल पड़े, चौधरी साहब जब सन्तान ही ओछी होवे तो बस किसका। हम सब भी इस नालायक की नालायकी से शर्मिन्दा हैं जी[16] इस बीच एक ब्राह्मण उस ब्राह्मण युवक को बीच से गर्दन पकड़कर खींच लाया और उसे चौधरी साहब के पैरों पर पटक दिया और माफी माँगने को कहा। लम्पट ब्राह्मण युवक हाथ जोड़े बोला—गलती हो गई बाबूजी।[17] चौधरी साहब न्याय के लिए लड़नेवाले एक नेक और कारुणिक विभूति थे। उनका मन द्रवित हो गया। उन्होंने कन्धे से कुल्हाड़ा नीचे रख दिया और उस युवक को माफ कर दिया। इसी बीच एक ब्राह्मण ने अपनी जेब से जनेऊ निकालकर उन्हें पहनाना शुरू किया और दूसरे ब्राह्मण ने मंत्र जाप शुरू कर दिया। इस तरह चौधरी जी को पुन: जनेऊ पहना दिया गया।

अगर यह जातीय संघर्ष शुरू हो जाता तो गाँव, जवार, जिला, प्रदेश और देश इसकी चपेट में आ जाता। इससे देश को जन, धन आदि की बहुत बड़ी क्षति हो जाती। वैसे, चौधरी गज्जू सिंह ने उस समय तो जनेऊ पहन लिया लेकिन आगे चलकर उन्होंने जनेऊ तोड़ते हुए सदा के लिए त्याग दिया।[18]

## जन्म

ऐसे सामन्ती, जातिवादी, वर्णवादी, मनुवादी परिवेश में 1 सितम्बर, 1911 को एक समाजसेवी कृषक परिवार, ग्राम—कठारा, नजदीक रेलवे स्टेशन झींझक, जिला—कानपुर उ.प्र. में पेरियार ललई सिंह का जन्म हुआ था।[19] माता का नाम 'मूला देवी' और पिता का नाम 'चौधरी गज्जू सिंह' था। इनके भतीजे सुरेन्द्र सिंह यादव ने बताया कि पेरियार ललई सिंह चाचा ने मुझे वंश के बारे में बताते हुए लिखवाया था कि मेरा परिवार एक 'माइग्रेट फेमिली' की तरह था। मेरे पुरखे मूल रूप से गाँव-बरकारी, तहसील-कोल, जिला—अलीगढ़, उत्तर प्रदेश के रहनेवाले

थे। यहाँ से बहुत पहले माइग्रेट होकर गाँव-तिरवा इंटखारी, जिला—कन्नौज, उत्तर प्रदेश में जा बसे। पुन: विस्थापित होकर इनके पुरखे 'खेरो का टीला' गाँव-कठारा, झींझक, कानपुर, उत्तर प्रदेश में जा बसे। यह ऊँचा टीला अभी भी है। बारिश के समय आज भी इस टीले की मिट्टी जब धुलती है तब वहाँ से मोटे ईंट, पुराने मृदभांड—मनके, मटके, घरों के सामान आदि मिलते हैं।[20]

रामसेवक सिंह यादव पेरियार ललई सिंह के चचेरे भाई हैं। उनके साथ स्कूल जाते थे। इनसे वे एक दर्जा आगे पढ़ते थे। अर्थात् पेरियार ललई सिंह जब कक्षा एक में थे तो रामसेवक सिंह यादव शिशु कक्षा में थे। उन्होंने बताया कि भइया ललई मतलब दीवान साहब मुझसे बड़े थे। जब मैं दर्जा सात में था तब दीवान साहब दर्जा नौ में थे। दीवान साहब वर्नाक्यूलर लैंग्वेज के साथ सातवीं पास किए। उसके बाद दीवान साहब सेना में भर्ती हो गए। मैंने आगे कॉलेज तक पढ़ाई की। जुलाई, 1939 में अध्यापक हो गया। मैं पूरी जिन्दगी शिक्षा से जुड़ा रहा। जून, 1980 में अध्यापन कार्य से सेवा निवृत्त हुआ।[21] रामसेवक सिंह यादव अभी जीवित हैं। वे 101 वर्ष की उम्र पार कर चुके हैं।

उनसे बातचीत में जो सन्दर्भ सामने आया वह यह कि हम सब 'कुल भू-माता' और 'भू-पिता' को याद करते हुए इसी तरह पीढ़ी-दर-पीढ़ी चले आ रहे हैं। इस 'कुल भू-माता' और 'भू-पिता' की पूजा में किसी भी प्रकार का अन्धविश्वास या कर्मकांड नहीं होता था। हम सब इस दिन एक खास मौसम में 'कुल भू-माता' और 'भू-पिता' की पूजा करते थे। इस पूजा में मौसम का ध्यान रखना होता था। उस दिन हम सब खूब उत्सव मनाते थे।[22]

उन्होंने बताया कि 'हमारे पुरखे नास्तिक स्वभाव के थे। हम थोड़ा-बहुत विश्वास अपने 'कुल भू-माता और भू-पिता' पर करते थे। उन्हीं को कभी-कभी याद करते हुए अनायास प्रकृति पूजा कर लेते थे। यह बात मुझे मेरे पितामह ने बताई थी। यह बात इसी तरह पीढ़ी-दर-पीढ़ी चली आती रही। उसके बाद आधुनिक समय में मेरे चाचा अर्थात् पेरियार ललई सिंह के पिता चौधरी श्री गज्जू सिंह यादव 'आर्यसमाज' के लोगों द्वारा सम्मानजनक व्यवहार और समानता की बातें करने के कारण 'आर्यसमाज' की तरफ झुके। किन्तु अघोषित हिन्दू आहार अधिनियम[23] को देख वे यहाँ से भी जल्दी ही विमुख हो गए। इस परिवार के लोगों का 'समाज सेवा' करना एक स्वाभाविक और नैतिक गुण था।[24]

## नामकरण

भारत में नामकरण संस्कार की भी दिलचस्प दास्तान है। यह संस्कार अपने गहरे अर्थों में व्यक्ति के व्यक्तित्व की पहचान और सौन्दर्य बोध को अभिव्यक्त करता

है। इसमें उसकी सामाजिक सांस्कृतिक अवस्थिति भी परिलक्षित होती है। यह सम्मान, सौर्य, अपान आदि की भावना को अभिव्यक्त करती है। नामकरण के सन्दर्भ में भारत एक दिलचस्प देश है। यह नामकरण करने का सामाजिक अधिकार पुरोहित को है, जो इस संस्कार पर पूरी तरह वर्चस्व रखता है। उसे प्रत्येक प्रकार से अपने वर्चस्व को पुरोहितगीरी के मध्यम से नियंत्रित एवं संचालित करता है। इस पुरोहित की पोथी से नामकरण होता है। नामकरण के समाज मनोविज्ञान की सामाजिक संहिता की मानसिकता को मनुस्मृति के एक उद्धरण से साझा जा सकता है, 'मंगलयं ब्राह्मनस्य स्यात्क्षत्रियस्य बलान्वितम्। वैश्यम् धनसंयुक्ते शूद्रस्य तू जुगुप्सितम॥'[25] अर्थात् ब्राह्मण का नाम मंगलवाचक, क्षत्रिय का बलवाचक, वैश्य का धनवाचनक और शूद्र का अपमानवाचक रखना चाहिए। इस मानसिकता से भारत में पुरोहित मनुष्यों का नामकरण करता है। इस नामकरण संस्कार में भारत की बहुसंख्यक जनता को भी अपने आगोश में लिये हुए है। पेरियार ललई सिंह के नामकरण के सन्दर्भ में उनके साथ मिशनरी आन्दोलन में कुछ समय तक रहनेवाले, श्याम सिंह यादव ने एक साक्षात्कार में बताया, जब ललई कक्षा चार में पढ़ रहे थे तो एक दिन अपनी माँ मूला देवी से कहने लगे—'माँ, मुझे कोई 'लल्ला' बुलाता है, कोई 'लल्ली' बुलाता है, कोई 'लाला' बुलाता है, कोई 'लऊआ' बुलाता है, कोई 'ललईया' बुलाता है। यह मुझे ठीक नहीं लगता है। आप गाँव में सबको बोल दीजिए कि मेरा स्कूल का नाम कुँवर ललई सिंह यादव है। मुझे लोग सिर्फ 'ललई' नाम से ही बुलाएँ।' 'इस पर उनकी माँ ने गुड़ के साथ गाँव के हर घर में एक-एक गुड़ देते हुए बोलती गईं कि 'मेरे बेटे का नाम 'ललई' है। अब कोई उन्हें 'लल्ला', 'लल्ली', 'लाला', 'लऊआ', 'ललईया' आदि नामों से न पुकारे। अब मेरे बेटे को सभी लोग सिर्फ 'ललई' नाम से ही पुकारें।'[26]

पेरियार ललई सिंह 'नामकरण संस्कार' जैसे मिथक-अन्धविश्वास पर स्वयं लिखते हैं, 'मेरे पिताश्री ने मेरे पैदा होने पर पुरोहित से यह नहीं पूछा कि 'मूल' नक्षत्र में मेरे लड़के का जन्म हुआ है या नहीं। इस पर मेरे गाँव के अनेक परिवारों ने पुरोहितों से 'मूल' नक्षत्र पूछना बन्द कर दिया। 'मूल' नक्षत्र में बालक के पैदा होने पर माता-पिता के दुर्दिन आनेवाले हैं ऐसी पुरोहित की भविष्यवाणी हुआ करती थी। माता-पिता अपने बच्चों का मुँह सत्ताईस दिन तक नहीं देख सकते। सर के बाल सत्ताईस दिन तक नहीं बनवा सकते। कड़ा-जाड़ा या भारी गर्मी में भी सत्ताईस दिन तक जूते नहीं पहन सकते।...आदि आदि। सत्ताईस दिन पुरोहित 'मूल' शान्ति हेतु यज्ञ-होम आदि करता था। मंत्र पढ़ता-जपता फिर ब्राह्मण भोज, जातीय भोज भी उसी दिन होता। 'मूल' न पूछने से इन सभी आडम्बरों से छुटकारा पाया गया। 'मूल' कोई वस्तु नहीं है। आकाश में स्थित 'मूल' नक्षत्र लाखों किलोमीटर दूर है। इसका बच्चों से कोई सम्बन्ध नहीं।'[27]

इसी तरह के प्रचलित मिथकीय देवी-देवताओं के ऊपर पेरियार ललई सिंह ने तार्किक सवाल उठाया और उन्हें आमूल-चूल तरीके से खंडित करते हुए लिखा, 'जिन देवी-देवताओं की जीवनी से आपका शोषण होता है, आप नीच कहे जाते हैं, उनको पूजना बन्द कीजिए। मैंने उन्हें पूजना बन्द कर दिया है। इसका प्रभाव यह हुआ कि बहुसंख्यक लोगों ने पूजा-पाठ करना बन्द कर दिया।'[28] इस तरह वे अन्ध-रूढ़ियों पर करारा प्रहार करते थे। वे लिखते हैं, 'रूढ़ि के तौर पर लंकावासी अपने सर पर कंघी बाँधते थे। इन्होंने बन्द कर दिया। हम लोगों में जन्म से मरने तक तमाम ढोंग, व्यर्थ-संस्कार तथा अन्धविश्वास भरे पड़े हैं। उनका विरोध कीजिए।'[29] यह उनकी सामाजिक मिशन की चेतना सम्पन्न शैली थी। वे जहाँ भी रहते थे इन सब कथित मिथकीय मान्यताओं का खंडन किया करते थे।

## स्कूल में जातिवादियों से संघर्ष

भारत दुनिया के लिए अनोखा देश है, जहाँ के मूल मनुष्यों को वर्णवादी औपनिवेशिक मानसिकता के मनुष्य शिक्षा, ज्ञान और सम्मान को प्राप्त करने से रोकते रहे हैं। इसी कारण भारत में वैज्ञानिक सोच और खोजें विकसित नहीं हो सकीं। पूरी दुनिया में अपने मनुष्यों को शिक्षित, ज्ञानवान, प्रतिभा-सम्पन्न बनाती है तो वहीं भारत के राष्ट्रनिर्माता पुरोहित भारत को अशिक्षित, अन्धविश्वासी, कर्मकांडी और पोंगापंथी बनाए रखना चाहते हैं। इस पुरोहित वर्ग को ऐसा करने के प्रेरणा—वेद, पुराण, स्मृतियाँ आदि देती रही हैं। ऐसा व्यवहार करने हेतु सतत उत्प्रेरित करती हैं। इसी कारण ऐसी भावना प्राचीन काल से आधुनिक काल तक चली आ रही है। जो इस देश के बहुसंख्यक मानव समुदाय को ज्ञान प्राप्ति की प्रक्रिया से पूरी तरह रोकती है। श्रुति-स्मृति कहती है, 'श्रवणे त्रपु जेतुभ्याँ स्रोत-परिपुराण। जिह्वाच्छेदो धारणे हृदयाविदारणम्।' अर्थात् शूद्र के वेद सुनने पर सीसा या लाख पिघलाकर कान में भर दें, बोलने पर जीभ काट दें और यदि हृदय में धारण कर ले तो छाती चीर दें।[30] यह ज्ञान के एकतंत्रीकरण के वर्णाश्रमी आस्था का वर्चस्ववादी मन है। ऐसी विकट स्थिति में इस देश के बहुसंख्यक समाज के लोग ज्ञान प्राप्ति की ओर प्रवृत्त होते हैं। शिक्षा अर्थात् विद्या किसी भी मानव समुदाय के लिए अत्यन्त आवश्यक है। भारत की दो महान विभूतियाँ ज्योतिबा फुले और डॉ. अम्बेडकर ने शिक्षा की चेतना को उकेरते हुए उसके ऐतिहासिक महत्त्व को मूल चेतना के मनुष्यों के समक्ष सार्वजनिक किया। ज्योतिबा फुले का स्पष्ट मत है, शिक्षा बिना मती गई।[31] अर्थात् शिक्षा के बिना बुद्धि चली जाती है। जिसके पास बुद्धि नहीं होती है उसका सब कुछ धीरे-धीरे चला जाता है। इसी प्रकार शिक्षा के महत्त्व को रेखांकित करते हुए अपने गुरु की बात को आगे बढ़ते हुए डॉ. अम्बेडकर लिखते हैं, अंग्रेजी विद्या अर्थात् 'शेरनी का

दूध' जिसे पीने को मिला, उसमें नया उत्साह, नया तेज, नई स्फूर्ति उत्पन्न हुई। जिनको अंग्रेजी विद्या सीखना आया उन्होंने यूरोपीय इतिहास का अध्ययन करके अनियंत्रित राज्य सत्ता के अधिकारों के कारण होनेवाली हानियों के बारे में जाना। और स्वतंत्रता की कल्पना उनके मन में उमड़ने लगी। अंग्रेजी शिक्षा की वजह से उन्हे राजा और प्रजा के अधिकार ज्ञात होने लगे।[32] औपनिवेशिक शासन में खुले नए अवसरों, राष्ट्रवादी एवं समाज सुधार आन्दोलनों एवं उनसे अनुप्राणित शिक्षा के प्रसार, आजादी के बाद भारतीय शिक्षा का उभरते एवं विकसित होते जनतांत्रिक स्वरूप के कारण धीरे-धीरे अनेक उपेक्षित दमित जातियाँ शिक्षा की परिधि में प्रवेश कर आगे बढ़ती गईं।[33] ऐसी ही स्थिति में पेरियार ललई सिंह और इनके चचेरे भाई रामसेवक सिंह यादव का श्रवण सफेद संस्कृति[34] में परवरिश के बाद स्कूल भेजे जाने का पारिवारिक निर्णय हुआ। 1 जुलाई, 1922 ई. में प्राथमिक विद्यालय, लहरापुर, जिला—औरैया, उ.प्र. में प्राथमिक शिक्षा के लिए उनका दाखिला हुआ। उस समय प्राथमिक शिक्षा कक्षा चार तक होती थी। इस जनतांत्रिक, समतावादी और मानवतावादी भूमि पर जब से आर्यों का वर्चस्व हुआ तब से यह भूमि जातिवादी, वर्णवादी और मनुवादी हो गई। इस कारण इस देश के प्रत्येक मनुष्य को आज तक जातिवाद और वर्णवाद का सामना करना पड़ता है। जब जुलाई, 1922 ई. में छूत-अछूत जातियों के लड़के स्कूल जाना शुरू करते हैं तो स्वाभाविक रूप से उन्हें जातिवादी-वर्णवादी मानसिकता के सवर्ण लड़कों और सवर्ण गुरु—'जी गुरु जी, जी पंडी जी, जी मुंशी जी, जी बाउ साहब' आदि मानसिकता के गुरुओं का सामना करना पड़ा। उस समय इन उपमाओं से युक्त गुरु क्रूरतम और भयानक जातिवादी, सामन्तवादी नफरत भरा व्यवहार करते हैं, जिसका सामना पेरियार ललई सिंह और उनके चचेरे भाई रामसेवक सिंह यादव को भी कई बार करना पड़ा। इस सन्दर्भ में भारत एक दिलचस्प देश है जहाँ ज्ञान देनेवाली विभूति का सम्मान वर्ण और जाति के अनुपात में तय होता है।[35]

भारत में अंग्रेजों ने गुरुकुल की अवधारणा को आमूल-चूल ध्वस्त करते हुए यूरोपीय 'स्कूल' जैसी जनतांत्रिक अवधारणा को स्थापित किया, जो वास्तव में, अंग्रेजी शासन द्वारा भारत में आधुनिक शिक्षा की शुरुआत करना प्रगतिशील कदम था।[36] मानुषत्व युक्त ईसाई मिशनरियों ने भारत में शिक्षा के प्रसार के क्षेत्र में बहुत विस्तृत काम किया।[37] इन स्कूलों में शिक्षा हेतु सबका प्रवेश सुनिश्चित हुआ जो अपने मूल चरित्र में धर्मनिरपेक्ष प्रक्रिया से होता है। डॉ. अम्बेडकर लिखते हैं, यह प्रजापक्ष जब से उभरा तब से ब्रिटिश सरकार ने शिक्षा के बाबत उदार नीति को स्वीकृत किया है। प्राथमिक शिक्षा मुफ्त और अनिवार्य करने का उपक्रम शुरू किया है। व्यावहारिक और सैद्धान्तिक (शास्त्रीय) शिक्षा के लिए छात्रवृत्तियाँ निर्मित की हैं। आरोग्य के बाबत पर सरकार की ओर से बड़े पैमाने पर धन व्यय किया जा

रहा है।[38] इसके बाद भी भारत के इन स्कूलों में गुरुकुलवादी व्यवहार अवचेतन मन से लगातार परिलक्षित होता है, जिसमें वह मन उसी गुरुकुली आचार्य की तरह गुलाम मन और व्यवहार चाहता है। इसी कारण आधुनिक स्कूलों में लम्बे समय तक गुलामों की तरह स्कूली बच्चों की जुबान पर 'जी गुरु जी', 'जी पंडी जी', 'जी मुंशी जी', 'जी बाऊ साहब', 'मौलबी साहब' आदि कथित आदरसूचक शब्दों का सवर्ण गुरुकुली आचार्यों ने अघोषित रूप से रटाया।

गाँव की पाठशाला में जहाँ पर ब्राह्मण शिक्षक-पंडित जी, ठाकुर शिक्षक बाबू साहब और अन्य जातियों के शिक्षक मुंशी जी कहकर सम्बोधित होते थे तथा उनके लिए अभिवादन भी क्रमिक भेद भावपूर्ण भावना के अलग-अलग होते थे जैसे—पंडित जी के लिए—'पंडित जी पाँ लागी।' बाबू साहब के लिए—'बाबू साहब जयशंकर' तथा मुंशी जी के लिए—'मुंशी जी नमस्ते'। यह नियम नहीं परम्परा थी, जो नियमों से भी अधिक मजबूत थी।'[39] यह 1980 और उसके पहले का भारत है। पुरोहित/ब्राह्मण अपनी श्रेष्ठता को सामाजिक स्थैतिकी में पूर्णरूप से प्रतिस्थापित किए हुए है। इस कारण वह सबसे पाँव छूने अर्थात् 'आओ मेरे पैरों में नतमस्त हो जाओ' की घोषणा करता है। इसी मानसिकता को वो बच्चों से लेकर समाज तक के व्यवहार में प्रवाहित होते हुए देखना चाहता है। राजपूत अर्थात् ठाकुर जातियों का सम्बोधन—'जयशंकर' के रूप में था। यह भी विचारणीय है। आखिर काले शंकर का ही अभिवादन उन्हें क्यों किया जा रहा था। इस देश के शेष सवर्णों के लिए नमस्कार का अभिवादन होता था। यह वास्तव में वर्ण संहिता की मानसिकता के अनुसार अभिवादन की प्रक्रिया थी।

एक दिलचस्प जीवनानुभव सुनिए कि मेरे गाँव की प्राथमिक पाठशाला में दो पंडित जी, तीन बाबू साहब, तीन मुंशी जी थे। इनके नाम भी यथाक्रम उनके परिवेश, स्थान और जाति आधारित थे। जैसे दुवाने के पंडित जी, पड़ावे के पंडित जी, झलिया वाले बाबू साहब बदलापुर वाले बाबू साहब तथा ललित मुंशी जी, नउवा मुंशी जी और चमरा मुंशी जी आदि। स्कूल में दिन-भर पान चबाने का काम बाबू साहबों का था। दिन-भर सोते रहने का काम दोनों पंडित जी लोगों का था। ताश खेलने के लिए तीनों बाबू साहब ही पर्याप्त थे। दोपहर में स्कूल की नजदीकी बस्ती के दूसरे अन्य ठाकुरों के आवारा और बेरोजगार लड़के भी आकर मजमा लगाते थे। ताश खेलने के साथ-साथ बाबू साहबों की तरह ही अछूतों और पिछड़े लड़कों से चरण सेवा भी करवाते थे। दुबे पंडित जी बचपन से सिरदर्द के मरीज थे। अत: एक लड़का उनका सर हमेशा दबाता रहता था और पड़ावे वाले पंडित जी चारपाई, स्टूल, कुर्सी, मेज हर जगह पर ऊँघते या सोते रहते थे। पढ़ाने का काम सिर्फ नउवा मुंशी जी का था, जो गाँव के नाई जाति के थे तथा ललित मुंशी जी, जो मौर्य जाति के थे। हेड मास्टर चमार जाति से थे। हेड मास्टरी चमरा मुंशी

जी के जिम्मे थी। हेड मास्टर साहब लोगों के लिए हेड मास्टर साहब थे लेकिन ब्राह्मणों-ठाकुरों के लिए प्रत्यक्ष रूप में हेड मास्टर साहब और अप्रत्यक्ष रूप से 'चमरा-सारा' थे।'[40]

मैं (लेखक) अपने शैक्षणिक अनुभव के आधार पर इस बात को प्रमाणित करने के लिए एक घटना सुनाऊँ जो मुझे याद है, जब मैं जूनियर हाई स्कूल में पढ़ रहा था, उस समय अध्यापक रामप्रसाद सिंह पटेल ने एक दिन प्रार्थना के बाद खड़े 550 से अधिक बच्चों और 15 अध्यापकों के समक्ष कहा था कि 'आज से कोई भी लड़का-लड़की किसी भी अध्यापक को जी पंडी जी, जी गुरु जी, मुंशी जी, जी बाऊ साहब, मास्टर साहब आदि सम्बोधनों से सम्बोधित नहीं करेगा। नाम के साथ आज से आप प्रत्येक अध्यापक को 'सर' कहकर सम्बोधित करेंगे। अमुक 'सर', अमुक 'सर' अमुक 'सर' आदि।' स्कूल में बच्चों ने अध्यापकों को 'सर' कहना शुरू कर दिया। इससे पहले ब्राह्मण जाति के अध्यापक को 'जी पंडित जी' क्षत्रिय जाति के अध्यापक को 'जी बाऊ साहब', भूमिहार और कायस्थ जाति के अध्यापक को 'मुंशी जी' कहकर सम्बोधन किया जाता था। दो बार 'जी' लगाकर—जैसे 'जी पंडित जी', सिर्फ ब्राह्मण जाति के अध्यापक को ही सम्बोधन किया जाता था।

जो अध्यापक बच्चों को अधिक मारते थे, बच्चे उन्हें 'मरकहवा बाऊ साहब' कहते थे अर्थात् मारने-पीटनेवाले बाऊ साहब थे। लेकिन कभी मरकहवा पंडित जी या मरकहवा मुंशी जी के रूप में नाम स्थापित नहीं हो पाया। और न ही कभी 'जी गुरु जी', 'जी पंडी जी' या 'जी मुंशी जी' के प्रति मरकहवा की जुबान और मानसिकता निर्मित की गई अर्थात् मारने-पीटने का काम सिर्फ राजपूतों अर्थात् बाऊ साहब के सिर पर मढ़ दिया गया। इस वर्णाश्रमी भूमिका का वे पूर्णत: निर्वहन करते थे। इसी कारण ब्राह्मण शिक्षकों की तुलना में ठाकुर शिक्षक अधिक क्रूर, क्रोधी और हठी थे। वे दंड देने में महारथी थे। एक अध्यापक ठाकुर अमर बहादुर सिंह थे, जो एक गलती पर छत्तीस डंडा, 2 गलती पर 72 डंडा, 3 गलती पर 108 डंडा...और अनुपस्थिति पर 200 डंडे गिनकर मारते थे।...मारने के बाद अमर बहादुर सिंह बच्चों से बोलते, ये साले यहाँ सरकारी वजीफा लेने आते हैं, पढ़ने नहीं...देख सारे क... डॉक्टर बने आयल हव...बाप खपड़ा छाए, मजदूरी करे अउर बेटा डॉक्टर बने... अरे साले चमारिया जाके हर जोत, खेत गोड़, डॉक्टरी चमारन के बस का ना हव। वजीफा ले घर जो...[41] ऐसे मनुवादी सामन्तवादी माहौल में भारत में ज्ञान प्राप्ति प्रतिक्रिया चलती रही। स्वतंत्रता के कई वर्षों बाद इन शब्दावलियों पर अघोषित प्रतिबन्ध लगाया गया। डंडे से छात्रों को पीटने पर रोक लगाई गई। इसका एक समाज मनोवैज्ञानिक कारण भी था कि आधुनिक स्वतंत्र भारत के प्रारम्भिक चरण में अध्यापक अमूमन निन्यानबे प्रतिशत सवर्ण ही हुए। इस स्थिति में इनके विद्यालय में दलित, पिछड़े, आदिवासी, मजदूर, किसानों के जो बच्चे पहले-पहल जाते थे उनके

साथ ये अध्यापक मनुवादी-सामन्तवादी व्यवहार करते थे, जिसमें इन बच्चों को खूब मारते-पीटते थे। जातीय आधार पर गालियाँ देते और कहते थे—'तुम लोग पढ़-लिख लोगे तो हम लोगों की चरवाही-हरवाही कौन करेगा।' इस मानसिकता को तोड़ने के लिए और अमानवीय मनुष्यों को मानवीय बनाने के लिए भारत सरकार को बच्चों पर मारने-पीटने पर प्रतिबन्ध लगाना पड़ा और एस.सी./एस.टी. एक्ट लाना पड़ा। खैर आज सरकारी स्कूलों में अध्यापकों को 'सर' कहकर सम्बोधित किया जाता है। उस समय यह बात मुझे समझ में नहीं आई थी। जब दिल्ली विश्वविद्यालय से शोध कर था उस दौरान भारत के समाज मनोविज्ञान की अवधारणा को समझा। तब यह वर्चस्ववादी मनोविज्ञान शब्द समझ में आए। इन सब स्थितियों को पेरियार ललई सिंह और उनके चचेरे भाई ने बहुत गहराई से जिया और महसूस किया था।

उनके भाई रामसेवक सिंह यादव ने स्कूली दिनों के अनुभव को सुनाते हुए बताया, हम सब जब शुरुआत में मदरसा गए तो सवर्ण लड़के और अध्यापक नीलगाय और ऊँट भरी नजरों से देख रहे थे। सभी लोगों को एकदम आश्चर्य हो रहा था। लोग आश्चर्य भरी नजरों से हम दोनों को देख रहे थे। लोग जैसे बोल रहे थे कि 'अहीर-गड़रिया के लड़के अब मदरसा में पढ़ेंगे। अब तक ये लोग भैंस चराते थे। अब कलम चलाएँगे।' चाचा चौधरी गज्जू सिंह का इलाके में बहुत प्रभाव था। इसलिए सवर्ण अध्यापक हम सबके मदरसे में दाखिले के समय कुछ बोले नहीं। चाचा जी जब मदरसा पहुँचे तो सवर्ण अध्यापकों ने उन्हें सादर कुर्सी पर बैठाया। बात-चीत हुई। हम सबका पहली गोल में दाखिला हुआ। इसके बाद हमने मदरसा आना-जाना शुरू किया। चौधरी चाचा के प्रभाव के कारण सवर्ण अध्यापक हमारे साथ प्रत्यक्ष रूप से तो कभी जातिवादी व्यवहार नहीं करते थे लेकिन उनके मन में छुपी नफरत चेहरे पर साफ झलकती थी।

सवर्ण लड़के खूब जातिवादी व्यवहार करते थे। इस पर कई बार भइया और मैं मिलकर उन सवर्ण लड़कों को कक्षा में ही पटरी-पटरी, पटक-पटककर पीटने लगते थे। भइया ललई मुझसे उम्र में बड़े थे। मार-पिटाई हो जाने पर 'जी, पंडी जी' के पास झगड़ते रोते बात पहुँचती। जिस पर 'जी पंडी जी' हम सबको डाँटते और कहते कि 'पढ़ने आए हो कि लड़ने आए हो।' इस पर भइया ललई बोल पड़ते कि 'ये हमें अहीर-गड़रिया बोलेगा तो मैं इसे मारूँगा।' इस पर अध्यापक कहते कि 'तू तो हो ही 'अहीर', ऐसा कहने पर लड़ने-झगड़ने की क्या बात है?' इस पर भइया ललई बोलते कि 'ये हमें अहीर-गड़रिया जाति का बोलेगा तो मैं तो मारूँगा।' इस पर 'जी, पंडी जी' कहते, 'अब लड़ना-झगड़ना नहीं, जाओ।' कुछ समय के बाद जो लड़के कक्षा में बोलते तो उस समय भइया और मैं चुप रहते लेकिन शाम को चार बजे छुट्टी होने के बाद रास्ते में आते हुए खूब हाथा-बाँही होती। उस लड़के को रास्ते में पटक-पटककर पटरी से मारते। हम दोनों कद-काठी से बहुत मजबूत

थे। इसलिए कोई मात नहीं दे पाता था। जो लड़का हमारे साथ जातिवादी व्यवहार करता था हम सब सिर्फ उसी को रास्ते में पटरी से पिटाई और धुनाई करते थे।

यह सब कुछ दिनों तक चलता रहा। इसके बाद यह बात चाचा चौधरी गज्जू सिंह को पता चली और उन्हें अध्यापकों ने स्कूल में बुलाया। सारी बातों को बताया। इन सब बातों पर चाचा जी, सोचते हुए हम सबको कुछ साल के लिए नानी के घर भेज दिया। लम्बे समय तक हम सब वहीं रहे। पढ़े। कुछ समय बाद हम लोग दोबारा घर आ गए। इसके बाद उनका दाखिला जूनियर हाई स्कूल, सहार, जिला—औरैया, उ.प्र. में हुआ और भैया वहीं रहने लगे।[42] यहाँ उनके पिता चौधरी गज्जू सिंह यादव हर दूसरे दिन उनसे मिलने जाते थे। एक तो स्कूल दूर होने से, दूसरे सुरक्षा कारणों से चौधरी गज्जू सिंह यादव ने भैया ललई को वहीं स्कूल के छात्रावास में रखकर पढ़ाई कराई। उन्होंने पाँचवीं से सातवीं तक की पढ़ाई वहीं रह कर की। चाचा चौधरी गज्जू सिंह हर तीसरे दिन रसद सामग्री के साथ भैया ललई से मिलने पहुँच जाते थे। कुशल-क्षेम पूछने के बाद शाम तक घर लौट आते थे। यहाँ से भैया ललई ने हिन्दी उर्दू वर्नाक्यूलर लैंग्वेज के साथ 1 जून, 1928 ई. को मिडिल पास किया। उस समय मिडिल अर्थात् जूनियर स्कूल कक्षा सात तक होता था। अब कक्षा आठ तक हो गया है। आगे चलकर जुलाई, 1939 ई. में मैं अध्यापक हो गया और भैया ललई मुझसे पहले ही सेना में स्टेनो टाइपिस्ट हो गए।[43]

## बेटी, पत्नी, माँ और पिता

इसी बीच आपका विवाह सन् 1931 ई. में 'दुलारी देवी' से हुआ। दुलारी देवी के पिता जमींदार प्रकार के प्रभावशाली व्यक्तित्व के थे। दुलारी देवी से ग्वालियर नेशनल आर्मी की छावनी में 1935 ई. में एक पुत्री का जन्म हुआ।[44] आप दोनों ने इस बेटी का नाम 'शकुन्तला' रखा। पेरियार ललई सिंह जनता के हक के लिए लगातार आन्दोलन करते रहते थे जिस कारण परिवार का पूरा खयाल नहीं रख पाते थे। शाम और रात्रि को आन्दोलन के बाद अपने परिवार के साथ बैठकर आन्दोलन के बारे में बातें करते थे।

परिवार का पूरा खयाल न रख पाने के कारण पत्नी दुलारी देवी 1938 ई. में 'क्षय रोग' अर्थात् टी.बी. से ग्रस्त हो गईं, जिस कारण 6 फरवरी, 1939 ई. में उनका निर्वाण हो गया। आगे चलकर 1945 ई. में पुत्री शकुन्तला भी 'क्षय रोग' अर्थात् टी.बी. से ग्रस्त हो गई। जीवन-मृत्यु से संघर्ष करते हुए सन् 1946 ई. में 11 वर्षीय पुत्री की मृत्यु हो गई।[45] यह पेरियार ललई सिंह के जीवन की सबसे दुखदायक घटना थी। वे अपनी इकलौती पुत्री को बहुत स्नेह और प्यार से पाल-पोस रहे थे। पुत्री का इस तरह तिलतिलकर जाना उन्हें अन्दर से तोड़ गया। पुत्री या पुत्र मोह क्या

होता है? इस पर बाबा साहब डॉ. अम्बेडकर लिखते हैं, हमारे चार-चार बच्चे तीन बेटे और एक बेटी काल ग्रसित हो चुके हैं। हमारे ये सभी बच्चे कोमल, सुकुमार, शुभ और सुन्दर थे।...मेरा अन्तिम पुत्र अत्यन्त विलक्षण था, अद्वितीय था। उसकी मृत्यु के साथ ही मेरा जीवन वीरान हो गया।[46] इससे पेरियार ललई सिंह के पुत्री वात्सल्य के औदात्य प्रेम और दुख का अन्दाजा सहज ही लगाया जा सकता है। आपकी माँ मूला देवी का सन् 1925 में निर्वाण[47] हो गया और पिता चौधरी गज्जू सिंह का 1953 ई. में निर्वाण हो गया। पेरियार ललई सिंह अपने पिता की एकमात्र सन्तान थे। इनकी एकमात्र पुत्री 'शकुन्तला' थी। आगे उन्होंने विवाह नहीं किया। अपना सम्पूर्ण जीनव समतामूलक समाज बनाने के लिए लगा दिया।

## डॉ. अम्बेडकर को सुनना

पेरियार ललई सिंह बचपन से ही गाँव-जवार में बाबा साहब डॉ. अम्बेडकर की चर्चा सुनते रहे थे। इस सुनने का उनके व्यक्तित्व और जीवन पर गहरा प्रभाव पड़ा। वे, डॉ. अम्बेडकर से ग्वालियर में सन् 1951 में प्रथम साक्षात्कार किए। मिले। बातें किए। डॉ. अम्बेडकर ग्वालियर में सिन्धिया राजपरिवार के अधिवक्ता के रूप में कानूनी सलाह देने आए थे। यह विवाद सिन्धिया राज्य बनाम भारत सरकार का था। आगे चलकर उन्होंने गौतम बुद्ध, जोतिबा फुले, बाबा साहब डॉ. अम्बेडकर और पेरियार ई.वी. रामास्वामी का गहन अध्ययन शुरू किया और समय के साथ ये महान मानवतावादी विभूतियाँ पेरियार ललई सिंह की वैचारिक हीरो हो गईं। ये डॉ. अम्बेडकर के महान व्यक्तित्व पर लिखते हैं, माताश्री भीमा बाई ने डॉ. अम्बेडकर नाम का सपूत पैदा किया जिन्होंने रामायण तथा महाभारत काल से दबे-पिसे, दलित, पिछड़े, पीड़ित, शोषित व अछूतों को समुद्री तूफान के भँवरों से उनकी उलझी नाव को निकालकर लहलहाती सरजमीन स्वतंत्र भारत की राजधानी नई दिल्ली का मालिक बहुसंख्यक वोट द्वारा बना दिया। दु:ख है, हम लोग आज तक उस तख्त के पूत कहलाने की परिभाषा में नहीं आ सके।[48]

अध्याय-2

# क्रान्तिकारी सोल्जर हाई-कमांडर पेरियार ललई सिंह

*हमें अंग्रेजी उपनिवेश और*
*आर्यों के वर्ण, जाति-व्यवस्था की*
*औपनिवेशिकता को आमूल-चूल उन्मूलित करना है!*

पेरियार ललई सिंह ने जुलाई, 1929 ई. में 'सरकारी फॉरेस्ट गार्ड' की नौकरी शुरू की। इसे छोड़ते हुए 21-4-1933 ई. में 'सशस्त्र पुलिस कम्पनी' नम्बर 4 बावड़ी, जिला—मुरैना (म.प्र.) 'ग्वालियर नेशनल आर्मी' के अधीन 'कनिष्ठ लिपिक' के पद पर भर्ती हुए।[1] इसके बाद वे सेना में हाई-कमांडर होते हैं। इसके साथ ही उनकी अभिरुचि अंग्रेजी पढ़ने के प्रति प्रगाढ़ हो गई, कारण कि यहाँ अंग्रेजी का माहौल मिलने लगा। यहाँ इन्होंने अंग्रेजी भाषा पर सुव्यवस्थित पकड़ बनाई। साथ ही अंग्रेजी साहित्य, दर्शन का भी अध्ययन शुरू किया। उन्होंने अपने सैनिक साथी रमेश घाटे से मराठी लिखना-पढ़ना भी शुरू किया। 22-5-1934 में हेड कांस्टेबिल हो गए। इसके बाद इन्होंने 22 मई, 1935 ई. में सेना में स्वच्छ पानी की 'बावड़ी' को लेकर किए जानेवाले अछूत भेद-भाव के खिलाफ आन्दोलन कर दिया।[2] जिस कारण इन्हें पंडित दिनकर नारायण देव, सुपरिंटेंडेंट पुलिस जिला—मुरैना ने बरखास्त कर दिया। उसने लिखा, यह पुलिस जवानों को सिन्धिया गवर्नमेंट के विरुद्ध भड़काता है। कहता है कि उत्तर प्रदेश में कांग्रेस की सरकार बन गई है। यहाँ भी कांग्रेसी सरकार बननी चाहिए। श्रीमन्त माँ साहब सिन्धिया का इन्तजाम खराब है। यह कट्टर कांग्रेसी खयाल का है।[3] और इन्होंने सीनियर अंग्रेज अधिकारियों को बताया कि 'ललई सिंह' पुलिस और सेना में स्वतंत्रता आन्दोलनकारी कांग्रेस का विचार प्रचारित-प्रसारित करते हैं। ये उसके समर्थक हैं। इस आधार पर उन्हें सस्पेंड कर दिया गया।

इसके साथ ही उन्हें अपनी बात रखने का एक मौका दिया गया। जिसमें ललई सिंह ने इंस्पेक्टर जनरल एच.जी. वाटरफील्ड के समक्ष 23 मई, 1935 को

अपनी बातें अंग्रेजी में रखीं। उन्होंने इस मूल समस्या के पूरे प्रकरण को सामाजिक-सांस्कृतिक और अछूत भेदभाव के व्यवहार को जनरल वाटरफील्ड को सही से समझाया। बात पूरी तरह से अंग्रेज अधिकारी को समझ में आ गई। इसके बाद उन्हें पुन: नौकरी पर बहाल करने के साथ पदोन्नति भी दी गई। वैसे ललई सिंह स्वतंत्रता आन्दोलनकारी कांग्रेस के समर्थक-प्रचारक थे भी। वे स्वयं लिखते हैं, मैं कांग्रेस का विचारक प्रचारक था।[4] सन् 1936 में इनका स्थानान्तरण चीफ प्रोसिक्यूटिव इंस्पेक्टर, गवर्नमेंट ऑफ ग्वालियर, लश्कर में कॉन्स्टेबल ख्वादा के पद पर हो गया। यहीं पर रहते हुए 1937 में उच्च पदस्थ हेड कॉन्स्टेबल हुए। आगे चलकर पेरियार ललई सिंह 'ग्वालियर नेशनल आर्मी' के 'हाई-कमांडर' हुए।

## क्रान्तिकारी पेरियार ललई सिंह और क्रान्तिकारी चे ग्वेरा

पेरियार ललई सिंह अपने क्रान्तिकारी व्यक्तित्व का परिचय इसी से देते थे कि वे अपने साथ पानी की बॉटल, दवा से भरा झोला, कुल्हाड़ और मिशनरी साहित्य लेकर अभियान पर निकलते थे। यही उनकी क्रान्तिकारी सामग्री होती थी। वे उक्त सामग्री और जनता के साथ कभी भी कहीं भी क्रान्ति हेतु निकल पड़ते थे। इस अचानक निकल पड़नेवाली अभियानी चेतना के कारण ही वे हर समय अपने साथ बाटल, दवा और कुल्हाड़ रखते थे। हाई-कमांडर इस क्रान्तिकारी व्यक्तित्व को देखकर दुनिया के महान क्रान्तिकारी चे ग्वेरा[5] की याद आ जाती है जिन्होंने जब क्रान्ति के रास्ते को चुना और निकले तब उनके पास तीन चीजें थीं—पानी का बोटल, दवाई और गोलियों से भरा हुआ रिवाल्वर। ये सब एक बॉक्स में लेकर निकले थे। हाई-कमांडर पेरियार ललई सिंह और महान क्रान्तिकारी चे ग्वेरा में यह एक सहज समानता दिखती है। दिलचस्प है दोनों का क्रान्तिकारी देश-काल भी एक ही है। 1960 से '65 का समय। दोनों सर्वहारा के लिए लड़ रहे थे किन्तु दोनों की क्रान्तिकारी भूमि की परिस्थितियाँ अलग थीं। एक बुर्जुआ स्टेट सामन्तवादी और पूँजीवादी सत्ता से लड़ रहा था तो दूसरा वर्ण, जाति, सामन्तवाद, पूँजीवाद औपनिवेशिक सत्ता से लड़ रहा था और दोनों अपने-अपने स्तर पर सफल भी रहे।

## एक आन्दोलनकारी व्यक्तित्व

देशप्रेमी, मानवतावादी और स्वतंत्रतावादी पेरियार ललई सिंह में अंग्रेजों, देशी जमींदारों और सामन्तों से समाज और देश की मुक्ति की चेतना लगातार दौड़ रही थी। सन् 1942 में 'करो या मरो' के कांग्रेसी आन्दोलन को ब्रिटिश सरकार, ग्वालियर राज्य और अन्य राज्य सरकारों ने दमन कर दिया। साथ ही सन् 1946 ई. में मुम्बई

में हुए नेवी सैनिकों के विद्रोह की चिंगारी ने इन्हें पूरी तरह विद्रोही बना दिया। सन् 1946 में भिखम चाँद जैन के संयोजन में 'नॉन-गजेटेड मुलाजिमान पुलिस व आर्मी संघ' का गठन ग्वालियर में किया गया। इसमें उपस्थित प्रमुख पुलिस और आर्मी के 50-60 जवानों द्वारा सर्वसम्मति से पेरियार ललई सिंह को अध्यक्ष बनाया गया। उपाध्यक्ष तुलसी राम जाधव मराठा को बनाया गया। महामंत्री हेड कॉन्स्टेबल सी.आई.डी. विभाग के सुधाकर द्विवेदी को बनाया गया। इसके साथ 4 फौजी, 3 पुलिस के जवानों और 11 व्यक्तियों की कार्यकारिणी समिति चुनी गई। हाई-कमांडर पेरियार ललई सिंह की अध्यक्षता में इस संघ ने कई सारी माँगें करते हुए देश की स्वतंत्रता को प्रमुख माँग बनाया। यह कहा जाने लगा कि 'राज्य शासन जनता के हवाले किया जाए।' इस माँग को लेकर पेरियार ललई सिंह ने सिपाहियों और सैनिकों की एक बड़ी सभा की जिसमें उन्होंने सीधा नारा दिया कि 'अब जनता का जनता पर शासन होगा', 'कांग्रेस जिन्दाबाद', 'डाउन डाउन—ब्रिटिश इम्प्रिलिज़्म!' और 'डाउन डाउन—सिन्धिया फ्लैग।'[6] वे यहाँ मुख्यत: सिपाहियों और आर्मी के जवानों में देश-प्रेम, स्वतंत्रता और उपनिवेशी साम्राज्य से मुक्ति भावना का निर्माण कर रहे थे। उसे जगा रहे थे। उन्हें स्वतंत्रता आन्दोलन के लिए तैयार कर रहे थे।

## क्रान्तिकारी पुस्तक 'सिपाही की तबाही'

इसी समय 1 दिसम्बर, 1946 ई. में ललई सिंह ने सिपाहियों और आर्मी के जवानों की दुर्दशा पर 'सिपाही की तबाही'[7] नाम से पुस्तक लिखी। यह पुस्तक वार्तालाप या कहिए कि संवाद शैली में लिखी गई है। यह पुस्तक एक सिपाही के पारिवारिक जीवन में आर्थिक संकट से जूझने की दास्तान की संचित अभिव्यक्ति है। और इसका कारण ब्रिटिश साम्राज्य द्वारा स्थापित उपनिवेश और ग्वालियर स्टेट द्वारा सिपाहियों का किया जा रहा शोषण है। इसलिए पुस्तक का नाम सुनते ही इंस्पेक्टर जनरल रेजीनॉल नॉर्मन मार्श स्मिथ और ग्वालियर स्टेट ने इसकी जब्ती का आदेश दे दिया। इस आदेश के साथ ही पुस्तक की तत्काल जब्ती शुरू हो गई। मगर उसी रात एकल दृश्य-एकांकी 'सिपाही की तबाही' टाइप कर छपवाकर हजारों प्रतियाँ सिपाहियों और आर्मी के जवानों में गुपचुप तरीके से बँटवा दी गईं। रातों-रात आर्मी जवानों के कई दस्तों के माध्यम से इसकी प्रतियाँ मन्दसौर, उज्जैन, शिवपुरी, मुरैना, भिंड की सिपाही सैनिक छावनियों में पहुँचा दीं, जिसे वहाँ के सिपाही और सैनिकों ने बहुत रोचकता के साथ पढ़ा और तत्काल हड़ताल कर दी।

हाई-कमांडर पेरियार ललई सिंह में क्रान्ति चेतना का निर्माण सबसे पहले 'सिपाही की तबाही' पुस्तक ने किया। इस निर्मित होती जनक्रान्ति चेतना पर वे स्वयं लिखते हैं, सन् 1946 में नान गजेटेड मुलाजिमान पुलिस एंड आर्मी संघ ग्वालियर कायम करके उसका मुझे अध्यक्ष चुना गया। उसके बाद मैंने 'सिपाही की तबाही'

किताब लिखी, जिसने मुलाजिम को क्रान्ति के पथ पर विशेष अग्रसर किया। किताब जब्त हुई।[8] इसे उस समय हाई-कमांडर ने लिखी थी जब देश स्वतंत्रता आन्दोलन कर रहा था। उसे आन्दोलनकारी जनता के साथ क्रान्तिकारी सिपाही, सैनिक आदि की जरूरत थी। जिसे वे इस पुस्तक के साथ पूरा करते हैं, जिससे सैकड़ों, हजारों, लाखों लोगों में जनक्रान्ति की चेतना का निर्माण होता है।

1 दिसम्बर, 1946 ई. में लिखी किताब छपी भी नहीं थी। नाम सुनकर ही महानिरीक्षक (इंस्पेक्टर जनरल) पुलिस श्री रेजीनॉल नार्मन मार्श स्मिथ (ग्वालियर राज्य) ने अपनी स्पेशल आज्ञा द्वारा जब्त कर लिया। मगर उसी समय स्वतंत्रता संग्राम सेनानी टाइपिस्टों ने गुप्त रूप से हजारों प्रतियाँ टाइप कर छाप डालीं। रातों-रात चुपके-चुपके बाँट डालीं।

सिपाहियो! ध्यान से पढ़ो, सुनो, मनन करो, विचारो, सही मालूम पड़े तब मानो। वर्ना मत मानो, लेकिन सुनो! अब जनता का जनता पर शासन होगा।

वास्तव में, पादरियों, मुल्ला-मौलवियों व पंडों-पुजारियों-पुरोहितों की अनदेखी कल्पना स्वर्ग तथा नरक नाम की बात बिलकुल झूठ है। यह है आँखों देखी हुई, सब पर बीती हुई सच्ची नरक की व्यवस्था सिपाही के घर की। इस नर्क की व्यवस्था का कारण है—सिन्धिया गवर्नमेन्ट की बदइन्तजामी और अंग्रेजी उपनिवेश।

अत: इसे प्रत्येक दशा में पलटना है। समाप्त करना है। जब जनता पर जनता का शासन होगा तब जनता की सब माँगें मंजूर होंगी।[9]

## हाई-कमांडर का आन्दोलनकारी बहुरुपिया रूप

पेरियार ललई सिंह क्रान्तिकारी चेतना के प्रचार-प्रसार हेतु जरूरत के अनुसार भेस बदल कर रात में सैनिक शिविरों में जाते और जवानों को क्रान्ति हेतु तैयार करते। 29 मार्च, 1947 की शाम को सैनिकों के एक बड़े समूह में घुस कर उन्होंने कहा, 'ऑफिसरान हम सब फौजियों को बागी सैनिक समझते हैं। हाँ! हम बागी हैं।'[10] साथ में सभी जवानों ने कहा, 'हाँ! हम बागी हैं।'...'हम अब देश-प्रेम और राष्ट्र की सेवा हेतु आगे बढ़ेंगे। हम जीतेंगे। हमारी जीत निश्चित है।' सभी सैनिकों ने एक साथ कहा, 'हाई-कमांडर ललई सिंह जिन्दाबाद! जिन्दाबाद!! जिन्दाबाद!!!'[11] इस नारे के साथ मीटिंग समाप्त हुई।

इस स्थिति और घटना का प्रभाव विभिन्न इन्फेंटियों, लायसंस घरों, तोपखानों व ट्रांसपोर्टों के आर्मी के जवानों के ऊपर इतना जबरदस्त पड़ा कि ललई सिंह की एक अपील पर सारे जवानों ने इस्तीफा दे दिया। इस आन्दोलन को और तेज करते हुए 22 मार्च, सन् 1947 को सेकेंड इन्फेंट्री कम्पू ब्रिगेड ने सुबह से 'परेड बन्द' हड़ताल प्रारम्भ कर दी। जिसका भरपूर समर्थन ललई सिंह और सेना संघ ने किया।

इसे ब्रिटिश साम्राज्य और ग्वालियर स्टेट के खिलाफ सैनिकों में अपने साहित्य और भाषण के माध्यम से भावनात्मक रूप से स्वतंत्रता आन्दोलन की क्रान्ति को भड़काया। उसे मौन क्रान्ति के आन्दोलनकारी लहजे में प्रचारित-प्रसारित किया। इससे राज्य के सभी फौजी बेड़ों ने 23 मार्च, 1947 ई. से 'परेड बन्द' हड़ताल शुरू कर दी। यह उनका जादुई आन्दोलनकारी प्रभाव था। इस आन्दोलन की बातों को कोडवर्ड के माध्यम से दूसरे जेलों और राज्यों तक पहुँचाया जाता था जिससे वहाँ भी सभी कर्मचारियों ने 'परेड बन्द हड़ताल' शुरू कर दी।

जेल से बाहर ललई सिंह का क्रान्तिकारी सूचना भेजने का अन्दाज दिलचस्प था। जब कोई भी क्रान्ति की बात या रणनीति जेल से बाहर भेजनी होती थी तो वे पाखाना ढोनेवाली भैंसा-गाड़ी के चालक से मिलते, उससे बातें करते फिर उसमें देशप्रेम की भावना भरते हुए देश सेवा के लिए प्रेरित करते। उसके तैयार हो जाने पर वे क्रान्ति सूचना कागज पर लिखकर उसे मोड़कर पीपल के दो-तीन पत्तों में लपेट कर धागे से कई चक्कर लपेट देते। उसके बाद उसे मालवाहन चालक को देते। इस क्रान्ति सन्देश को बाहर ले जाने का दिलचस्प तरीका उसे बताते, कि 'इसे बैलगाड़ी खींचनेवाले भैंसे के मल द्वार में पीछे से डाल देना और धागा थोड़ा बाहर रखना। जब भैंसा गाड़ी चलाना तो उसके मल द्वार की पूँछ को अच्छे से पैर से दबाए रखना, हो सकता है वह बीच रास्ते में ही मल कर दे, जिससे चिट्ठी जेल में ही रह जाएगी।' वह चालक पैर से भैंसा के मल द्वार को दबाए हुए गाड़ी जेल से बाहर निकाल देता अर्थात् वह देश प्रेमी भैंसा-गाड़ी वाला व्यक्ति चिट्ठी को इस तरह बाहर निकाल देता। जो क्रान्तिकारी साथी जेल के बाहर क्रान्ति सूचना का इन्तजार कर रहे होते, उन्हें वह थोड़ा बाहर निकला हुआ धागा पकड़कर चिट्ठी खींच निकालकर दे देता था। इस तरह जेल के अन्दर की क्रान्तिकारी चेतना-सूचना बाहर आ जाती थी। और बाहर साधु भेस में बैठे क्रान्तिकारी साथी सूचना लेकर आगे क्रान्तिकारी साथियों तक पहुँचा देते।'[12]

## हाई-कमांडर का सेना में विद्रोह और कारावास

29 मार्च, 1947 की शाम हाई-कमांडर सेना के बीचोबीच घुसकर सैनिकों को क्रान्तिकारी बातें समझाने लगे। अपनी क्रान्तिकारी बातों को समाप्त कर रात को ज्यों ही ललई सिंह अपने हेड क्वार्टर पहुँचे उन्हें अंग्रेजी साम्राज्य और ग्वालियर स्टेट ने स्वतंत्रता संग्राम के सिलसिले में पुलिस व आर्मी में हड़ताल व विद्रोह कराने के आरोप में धारा 119 ताजीरात ग्वालियर (धारा 131 ताजीरात हिन्द) सैनिक विद्रोह के अन्तर्गत पुलिस कोतवाली—लश्कर, जिला—गिर्द, ग्वालियर द्वारा गिरफ्तार कर सैनिक 'राजबन्दी' बना लिया। भारतीय दंड विधान (सैनिक विद्रोह) के अन्तर्गत

उनके साथ कई और साथियों को 'राजबन्दी' बनाया गया। उन्हें रातों-रात स्पेशल जेल शिवपुरी भेजवा दिया गया।[13]

हाई-कमांडर और साथियों को 6 नवम्बर, 1947 ई. को स्पेशल क्रिमिनल सेशन जज ग्वालियर ने 5 साल का सश्रम कारावास और पाँच रुपए का सर्वाधिक अर्थदंड दिया। ललई सिंह के 'हाई-कमांडर नेशनल आर्मी' होने के कारण अधिक सजा हुई। अन्य साथियों में रामसेवक गांधी, वकील, सदर बाजार, सेंवढ़ा, जिला—दतिया, मध्य प्रदेश को तीन साल की सख्त कैद व तीन रुपये जुर्माने की सजा हुई तथा श्री टीकम प्रसाद विश्वकर्मा, हेम सिंह परेस लश्कर, जिला—ग्वालियर, मध्य प्रदेश को एक साल की सख्त व एक रुपए जुर्माने की सजा हुई। इन लोगों में कीर्ति देव उर्फ अमर शुक्ला ने ट्रायल पीरियड में ही अंग्रेजों से माफी माँग ली[14] जिससे उन्हें छोड़ दिया गया। सजायाफ्ता सिविल और सशस्त्र जवानों में से 25 हेड कॉन्स्टेबलों को सेन्ट्रल जेल के पास 'लाइन पचासा' में रिफ्रेशर क्लास के नाम पर 30 अप्रैल, सन् 1947 ई. से 30 दिसम्बर, सन् 1947 ई. तक नजर कैद रखा गया।[15] इस दौरान वे किसी से मिल नहीं सकते थे। इन कैदियों को बहुत यातनाएँ दी जाती थीं। इसके साथ ही ललई सिंह और अन्य साथियों का शिवपुरी जेल के लिए सुपरिंटेंडेंट ट्रायल में ही चालान कर स्थानान्तरण केन्द्रीय जेल ग्वालियर के लिए तय कर रखा गया था। वहाँ के सुपरिंटेंडेंट को यह सूचना पहुँचा दी गई कि 'आपका जेल ललई सिंह तोड़वा सकता है। होशियार रहिए।' ललई सिंह साथियों सहित जैसे ही केन्द्रीय जेल ग्वालियर पहुँचे वहाँ के जेलर व डिप्टी जेलर के सामने जेल सुपरिंटेंडेंट ने ललई सिंह से सवाल किया कि 'क्या आप जेल तुड़वाना चाहते हैं? जेल तुड़वाकर नेपाल भागना चाहते हैं?' इस पर ललई सिंह ने कहा, 'नहीं! हम अपने देश में रहना चाहते हैं। हम उन्हें भगाना चाहते हैं जो इस देश के नहीं हैं।'[16]

## हाई-कमांडर द्वारा जेल में कैदी महासभा का गठन

इस जेल में ललई सिंह ने 8 नवम्बर, 1947 ई. को 'कैदी महासभा' का गठन किया। वहाँ कैदियों में एकता और सांगठनिक क्षमता का उन्होंने विकास किया। साथ ही यहाँ पर कैंदियों की समस्या का समाधान और देश की स्वतंत्रता की माँग की। 15 नवम्बर, 1947 ई. को सरकार के समक्ष 'कैदी महासभा' ने निम्नलिखित माँगे रखीं—

(1) हम लोग कालीन बनाने का मसक्कत भरा काम करते हैं। उसके बदले में हमें केवल ज्वार की रोटी खाने को मिलती है जिस कारण करीब-करीब सभी कैदियों को रतौंधी हो रही है। अत: तीन हिस्सा गेहूँ व एक हिस्सा चना खाने को दिया जाए।

(2) किसी भी कैदी को, चाहे जितनी अधिक सजा हुई हो, यदि कैदी पाँच साल सजा भुगत चुका हो तो उसे छोड़ दिया जाए।

(3) चाहे कितनी कम सजा हुई हो, यदि कैदी आधी सजा भुगत चुका है तो उसे भी छोड़ दिया जाए।

(4) प्रति सप्ताह एक पोस्टकार्ड और एक सनलाइट साबुन की बट्टी नहाने-धोने के लिए दी जाए।

(5) घर वाले जब चाहें तब मिलें। घर वाले जो स्पेशल खाना देना चाहें, दें।

(6) हमें स्वतंत्र किया जाए। देश को स्वतंत्र किया जाए।[17]

## हाई-कमांडर का दूसरी जेल में गुपचुप तरीके से भेजा जाना

इस माँग को सरकार द्वारा न माने जाने के बाद 1 दिसम्बर, 1947 ई. को मुकम्मल 'काम बन्द' शान्ति हड़ताल केन्द्रीय जेल ग्वालियार तथा सदर जेल उज्जैन में प्रारम्भ हो गई। इस हड़ताल के परचम और प्रदर्शन को देखकर जेल अधिकारी आदि एकदम घबरा गए। 1 दिसम्बर, 1947 को ही ग्वालियर सेन्ट्रल जेल से रात में चुपके से ललई सिंह का ट्रांसफर सरदारपुर, धार जिले की जेल में कर दिया गया। यहाँ पर ललई सिंह ने सुबह नास्ते से ही सभी कैदियों से बात शुरू कर दी और अगले राउंड की बात दोपहर और रात्रि के भोजन पर करते हुए उन्होंने सभी कैदियों को संगठित करते हुए यह तय कर दिया कि अगली सुबह 2 दिसम्बर, 1947 से 'भूख हड़ताल' शुरू कर दी जाए। वैसा ही हुआ 2 दिसम्बर, 1947 से एतिहासिक 'भूख हड़ताल' शुरू हो गई।

अन्तत: जेलर और अधिकारी 12 जनवरी, सन् 1948 को पेरियार ललई सिंह, रामसेवक गांधी और टीकम प्रसाद विश्वकर्मा आदि साथियों के 'महान भूख हड़ताल' के सामने झुकते हुए अंग्रेजी उपनिवेश और ग्वालियर सिन्धिया राज्य ने उन्हें बंधन मुक्त किया। यह भूख हड़ताल लगातार 40 दिन तक चली। वे और अन्य साथी लगभग नौ माह पन्द्रह दिन जेल में रहे। कुछ साथियों को सैन्य न्यायालय की सजा पूरी भुगतनी पड़ी। अंग्रेजों से देश 15 अगस्त, 1947 में स्वतंत्र हो गया। लेकिन ग्वालियर स्टेट के देशी उपनिवेश से देश 26 जनवरी, 1948 ई. को स्वतंत्र हुआ। इसके साथ ही भारत की जनता ने ग्वालियर स्टेट और अंग्रेजी उपनिवेश से स्वतंत्रता की साँस ली। लगातार भूख हड़ताल और आन्दोलन करने के कारण पेरियार ललई सिंह की आँखों की शक्ति क्षीण हो गई थी। जिस कारण इन्होंने 1 सितम्बर, 1950 ई. को सरकारी सेवा से पेंशन के साथ सेवानिवृत्ति ले ली।

देश की स्वतंत्रता दिनांक 26 जनवरी, सन् 1948 ई. के शुभ अवसर पर भी ग्वालियर राज्य के स्वतंत्रता संग्राम सेनानियों को नहीं छोड़ा गया। वह इसलिए कि

कहीं इनके बंधन मुक्त करने से सैनिक अनुशासन न बिगड़ जाए। सिविल और सशस्त्र पुलिस के 25 हेड कॉन्स्टेबलों को सेन्ट्रल जेल के पास 'लाइन पचासा' में रिफ्रेशर क्लास के नाम पर दिनांक 30 मार्च, सन् 1947 ई. से दिनांक 30 अप्रैल, सन् 1947 ई. तक नजर कैद रखा गया। यह किसी से मिल नहीं सकते थे। कोई घरैया (घर का सदस्य) इन लोगों से मिल नहीं सकता था। इनके साथ नाना प्रकार की सख्तियाँ की गईं। यही दशा अन्य जेलों में भी हुई।[18]

**ग्वालियर स्टेट आर्मी का विलय—** यह आर्मी ब्रिटिश भारत में ग्वालियर राज्य अर्थात् सिन्धिया स्टेट की थी जो 1947 ई. के पहले स्थापित हुई थी। यह स्वतंत्रता के बाद गुना में सन् 1956 तृतीय वाहिनी के नाम से खड़ी हुई। इसके बाद सन् 1960 में मुरैना में इसका नामान्तर 5वीं वाहिनी के रूप में किया गया। सन् 1960 में मुरैना कोतवाली में इसका कार्यालय था। किन्तु मैंने अपने जमीनी खोजपरक शोध में मुरैना में एक चिकित्सालय के निर्माण के सन्दर्भ में शिलापट्ट देखा। जिसमें लिखा है, 'यह चिकित्सालय तृतीय पल्टन वि.स.ब. के सैनिकों ने श्रमदान द्वारा निर्मित किया।' सन् 1961 में यहाँ जो वि.स.ब. है उसका फुल फॉर्म है—विशेष सशस्त्र बल। इस शिलापट्ट से सिद्ध होता है कि तृतीय पल्टन सन् 1961 तक थी। किन्तु सरकारी दस्तावेज लिखते हैं कि सन् 1960 में इसका विलय हो गया। यदि तृतीय वाहिनी के विलय की तिथि और चिकित्सालय की तिथि लिखी होती तो सारी स्थिति स्पष्ट हो जाती। इसमें सिर्फ सन् लिखा है। खैर हो सकता है यह चिकित्सालय सन् 1960 में निर्मित हुआ हो और उद्घाटन सन् 1961 में हुआ हो। इससे पहले ही चौथी वाहिनी निर्मित हो गई थी। इस तरह तृतीय और चौथी वाहिनी का विलय हो गया। कुछ का बी.एस.एफ. और कुछ का सी.आर.पी.एफ. में विलय हो गया। इसकी कुछ टुकड़ी वर्तमान में मुरैना में 'स्टेट आर्म फोर्स' (SAf) अर्थात् 'अर्द्ध सैनिक बल' 5वीं वाहिनी के रूप में है। अब आप सरकारी दस्तावेज को पढ़िए—

**वाहिनी का संक्षिप्त इतिहास—** भूतपूर्व ग्वालियर एवं इन्दौर स्टेट की सशस्त्र पुलिस व कुछ स्टेट तथा मध्य भारत की आर.ए.पी. की कुछ कम्पनियों को मिलाकर मई माह, 1956 में इस वाहिनी की स्थापना तीसरी वाहिनी के रूप में की गई थी जिसका सर्वप्रथम मुखयालय गुना जिले में रखा गया था। तत्समय इसके प्रथम सेनानी लेफ्टि. कर्नल श्री वी.जी. गायकवाड रहे। वहाँ इसे दस्यु अभियान के लिए प्रशिक्षण दिया गया, इसके उपरान्त सन् 1960 में इस वाहिनी का मुखयालय दस्यु अभियान के कारण मुरैना लाया गया। मुरैना आने पर इस वाहिनी को 5वीं वाहिनी वि.स. बल का नाम दिया गया। सन् 1960 से यह वाहिनी निरन्तर दस्यु उन्मूलन अभियान में एवं समय-समय पर उत्पन्न कानून व्यवस्था को बनाए रखने में गतिशील रही। इस वाहिनी ने जनता को

डकैतों के आतंक व जनता की जन/धनहानि से मुक्ति दिलाकर सराहनीय योगदान दिया।

सन् 1960 में इस वाहिनी को गुना जिले से स्थानान्तरित किया गया था। उस समय मुरैना में प्रशासकीय भवन एवं आवास व्यवस्था का नितांत अभाव था किन्तु तत्कालीन पुलिस अधीक्षक मुरैना के अटूट सहयोग एवं सद्भावना के फलस्वरूप मुरैना कोतवाली के नवनिर्मित भवन में इस वाहिनी का प्रशासकीय कार्य प्रारम्भ किया गया। इसके बाद इस वाहिनी का प्रशासकीय कार्यालय 27 अक्टूबर, 1975 को पुलिस कोतवाली से हस्तान्तरित कर नई जमीन पर लाया गया! जहाँ पर वाहिनी के अधिकारी/कर्मचारियों के असीम सहयोग एवं कठिन परिश्रम से सेनानी कार्यालय, प्रशासकीय कार्यालय एवं अन्य कार्यालयों तथा आवासीय बैरिक आदि का निर्माण किया गया।

इस वाहिनी को सन् 1963 में पुलिस मुखयालय के आदेश क्रमांक पु.मु./वि.स.बल/प्रशिक्षण/2772/63 दिनांक 10 मई, 1963 के अनुसार 'लाइट ग्रीन बैक ग्राउंड पर ब्लैक पैंथर हेड' के रूप में प्रतीक चिह्न प्रदाय किया गया। इस प्रकार यह वाहिनी तात्कालिक कारण से आसपास के क्षेत्रों में व्याप्त डकैतों के आतंक से मुक्ति दिलाने तथा जनता के जनधन की रक्षा कर व्यवस्था बनाए रखने के उद्देश्य से मुरैना स्थानान्तरित की गई थी। यह वाहिनी माह अप्रैल, 1988 ई. से जुलाई, 1995 ई. तक प्रतिनियुक्ति पर जम्मू में तैनात रही। इसके अतिरिक्त कानून व्यवस्था हेतु इस वाहिनी की कम्पनियाँ एशियाड खेल देहली, आसाम, पंजाब, गुजरात, उ.प्र., आन्ध्र प्रदेश आदि प्रान्तों में एवं म.प्र. के बस्तर जैसे नक्सल प्रभावी क्षेत्रों में भी शासन के आदेशानुसार भेजी जाती रही हैं, जहाँ सतर्कता एवं निष्ठापूर्वक ड्यूटी कर असामाजिक तत्त्वों के ऊपर कड़ा नियंत्रण रखकर अपनी ड्यूटी को सम्पादित करने पर वाहिनी के अधिकारी/कर्मचारी वरिष्ठ अधिकारियों द्वारा समय-समय पर प्रशंसा, नगद पुरस्कार एवं पदकों से भी अलंकृत होते रहे हैं।

इस वाहिनी के 12 अधिकारी एवं कर्मचारियों ने दस्यु अभियान में वीरतापूर्वक दस्युओं से मुठभेड़ कर अपने प्राणों की आहुति देकर वीरगति को प्राप्त होकर इस वाहिनी को गौरवान्वित किया। वाहिनी के 56 अधिकारियों/कर्मचारियों द्वारा इस दस्यु अभियानों के दौरान घायल होकर भी डकैतों को अपूर्णनीय क्षति पहुँचाई गई एवं भिंड, मुरैना के कई दुर्दान्त दस्युओं जैसे लाखन सिंह, गब्बर सिंह, मानसिंह, कल्ला एवं पुतलीबाई आदि डकैतों को धराशायी किया व माधो सिंह एवं मोहर सिंह तथा नाथू सिंह जैसे कुख्यात डकैतों को आत्मसमर्पण करने पर मजबूर किया। कर्तव्यपरायणता पर अधिकारी कर्मचारियों को शौर्य पदक, महामहिम राष्ट्रपति महोदय, भारत सरकार द्वारा समय-समय पर प्रदान किए जाते रहे हैं।'[19]

## स्वतंत्रता संग्राम सेनानी सम्मान

देश की स्वतंत्रता के साथ ललई सिंह के स्वतंत्रता आन्दोलन में किए गए, महान आन्दोलनकारी संघर्ष को याद किया गया। उसके बाद ससम्मान भूतपूर्व हाई-कमांडर ललई सिंह को 15 अगस्त, 1972 को केन्द्र सरकार अर्थात् भारत सरकार नई दिल्ली और मध्य प्रदेश राज्य द्वारा 'स्वतंत्रता संग्रान सेनानी' की उपाधि से विभूषित किया गया और स्वतंत्रता संग्राम सेनानी पेंशन प्रदान की गई। इस उपाधि को देते हुए लिखा गया—

श्री लीलाधर जोशी<br>
भूतपूर्व मुख्यमंत्री,<br>
ग्वालियर, मध्य प्रदेश<br>
द्वारा दिया गया प्रमाण पत्र।

प्रमाणित किया जाता है कि ललई सिंह यादव पिता का नाम श्री गज्जू सिंह यादव भूतपूर्व हेड कॉन्स्टेबल/हाई-कमांडर भूतपूर्व ग्वालियर राज्य, निवासी, कठारा (नहर के पुल के उत्तर में) झींझक जिला—कानपुर (उत्तर प्रदेश) को भली प्रकार जानता हूँ।

इन्होंने आजाद हिन्द फौज की तरह भूतपूर्व ग्वालियर राज्य की आजादी के लिए जनता तथा सरकारी मुलजिमान को संगठित करके पुलिस एवं फौज में हड़ताल कराई। इन्हें दिनांक 29-3-1947 ई. को धारा 199 ताजीरात ग्वालियर (धारा 131 ताजीरात हिन्द) फौजी बगावत के अन्तर्गत पुलिस कोतवाली लश्कर, जिला—गिर्द, ग्वालियर द्वारा गिरफ्तार किया गया।

इन्हें दिनांक 6-11-1947 ई. के स्पेशल जज लश्कर, जिला—गिर्द, ग्वालियर ने उपरोक्त धारा के अन्तर्गत पाँच साल सख्त कैद व पाँच रुपए जुर्माने की सजा दी।

इन्हें भूतपूर्व ग्वालियर राज्य की स्वतंत्रता के समय दिनांक 12-01-1948 ई. को जेल से छोड़ दिया गया। ग्वालियर राज्य दिनांक 26-01-1948 ई. को स्वतंत्र हुआ।

इनकी ट्रायल पीरियड में जमानत नहीं ली गई। इस प्रकार यह दिनांक 29-03-1947 ई. से दिनांक 12-01-1948 ई. तक लगातार नौ माह पन्द्रह दिन जेल में रहे।

अत: श्री ललई सिंह यादव का नाम स्वतंत्रता संग्राम सेनानियों की सूची में अंकित करके इन्हें आजीवन पेंशन (सम्मान निधि) प्रदान की जाए। इन्हें एक विशाल फौजी बगावत के आन्दोलन का सफल नेतृत्व करने के उपलक्ष्य में 'विशेष उपाधि' से विभूषित किया जाए।

दिनांक 07-12-1972 ई.<br>
हस्ताक्षर<br>
श्री लीलाधर जोशी<br>
शुजालपुर, मध्य प्रदेश

भूतपूर्व मुख्यमंत्री ग्वालियर राज्य
तथा भूतपूर्व मुख्यमंत्री मध्यभारत
व भूतपूर्व सदस्य लोक सभा।[20]

साथ ही दिनांक 1 मार्च, 1976 ई. से उत्तर प्रदेश सरकार की ओर से स्वतंत्रता संग्राम सेनानी की पेंशन[21] प्रदान की गई।

## प्रथम विश्वयुद्ध और देश की स्वतंत्रता में लड़नेवाला परिवार

इनके पुरखों में एक नन्हउ यादव हुए थे, जो देश की स्वतंत्रता हेतु इंग्लैंड की तरफ से प्रथम विश्वयुद्ध में लड़े थे। ये सन् 1914 में इंग्लैंड गए थे। वैसे इस परिवार के लोग सदा क्रान्तिकारी रहे हैं। इनके पिता चौधरी गज्जू सिंह यादव भी एक सामाजिक-सांस्कृतिक क्रान्तिकारी व्यक्तित्व थे। पेरियार ललई सिंह स्वयं देश की स्वतंत्रता के लिए ग्वालियर में आन्दोलन कर रहे थे तो सन् 1942 ई. के 'भारत छोड़ो आन्दोलन' में इनके घर के लोग जैसे श्री मौजी लाल यादव, श्री सती प्रसाद यादव और महिलाएँ देश की स्वतंत्रता के लिए गाँव-कठारा, झींझक, जिला—कानपुर, उत्तर प्रदेश में आन्दोलन कर रही थीं। यहाँ से यह परिवार अखिल भारतीय स्तर पर गांधीजी के नेतृत्त्व में चलनेवाले सन् 1942 ई. के 'अंग्रेजो भारत छोड़ो आन्दोलन' में कई बार अंग्रेजी साम्राज्यवाद के खिलाफ आन्दोलन करते हुए जेल गया। कई महीनों तक जेल में रहा। इस आन्दोलन का प्रभाव यह था कि घर की औरतें युवाओं को अंग्रेजी साम्राज्यवाद के विरुद्ध आन्दोलन करने के लिए प्रेरित करती थीं।

सन् 1942 ई. में जब ये दोनों स्वतंत्रता सेनानी जेल गए तब इन दोनों लोगों की उम्र सोलह वर्ष की थी। मौजी लाल छह माह तक और सती प्रसाद नौ माह तक जेल में रहे। आप तीनों को राज्य और केन्द्र सरकार की तरफ से 'स्वतंत्रता संग्राम सेनानी' की पेंशन मिलती थी। कृष्ण कुमार ने बातचीत के क्रम में एक रोचक संस्मरण सुनाया कि इसी गाँव के ही श्री शिवरतन लाल मिश्र थे। इनको गाँव में लोग 'गुरु' उपनाम से सम्बोधित करते थे। वे भी इन लोगों के साथ पहली बार स्वतंत्रता आन्दोलन में गए, लेकिन अंग्रेजों को देखते ही डर गए और भागने लगे। अंग्रेजों द्वारा दौड़ाकर पकड़े जाने पर क्षमा माँग ली। इस क्षमा याचना पर अंग्रेजों ने उन्हें छोड़ दिया। उनके अंग्रेजों से क्षमा माँगने की सच्ची घटना पूरे गाँव-जवार में आज भी जुमले की तरह प्रचलित है। उसे कोई भी वहाँ सुना देता है।[22]

अध्याय-3

# नास्तिक मनुष्य का धर्म चिन्तन

*आप बौद्धिस्ट नहीं सुविधाइस्ट हैं!*
*अम्बेडकराइट नहीं रिजर्वेसनाइस्ट हैं!!*

मानव सभ्यता में 'धर्म' मनुष्यों के जीवन का अभिन्न अंग है। जो एशियाई भूगोल में विशेष रूप से परिलक्षित हुआ है। एशिया जिसमें संसार के सबसे अधिक धर्म गुरु हुए। यहाँ सर्वाधिक धर्मों का उद्‌भव और विकास हुआ। यहाँ—बुद्ध, जैन, जीसस, मुहम्मद, कबीर, गुरु नानक आदि धर्म प्रवर्तक, संत और गुरु हुए। इसी करण डॉ. अम्बेडकर अधार्मिक मानव समाज की परिकल्पना नहीं प्रस्तुत कर सके। उन्होंने भारत और विश्व के सभी धर्मों का अध्ययन किया। अपने गहन अध्ययन-चिन्तन-मनन के बाद बुद्ध के पास अवस्थित हुए। उन्हें बुद्ध का मानव समतावाद रुचिकर और आकर्षित करनेवाला लगा। जिसमें ईश्वर, वर्ण, जाति, श्रेष्ठता और नीचता की मूलभूत मिथकीय अवधारणा का आमूल-चूल विरोध है और मानव समता स्थापना की भावना का पूर्ण समर्थन। इस विजन के साथ वे प्रबोधित समाज निर्माण की तरफ प्रवृत्त हुए। वास्तव में, बुद्ध का समानतावाद एक धार्मिक और आध्यात्मिक तर्क से उपजा था—सबसे बढ़कर यह ईश्वर के समक्ष मनुष्यों की समानता का सिद्धान्त है।[1]

इसी कारण वैलेरियन रॉड्रिग्स ने अपने गम्भीर लेखन में दर्शाया है, बौद्ध धर्म अम्बेडकर की रुचि उनके व्यक्तित्व से पूरी तरह मेल खाती है। एक तरफ तो वह 'मनुष्य एवं समाज के लिए धर्म की आवश्यकता' में विश्वास रखते थे और दूसरी तरफ वह प्रबोधन कालीन मूल्यों को भी मानते थे। बौद्ध धर्म उनके लिए एक आदर्श विकल्प था क्योंकि इसमें आधुनिक दुनिया के लिए पुनर्व्याख्या और समायोजन की गुंजाइश दूसरे धर्मों के मुक़ाबले ज्यादा थी। कम-से-कम अम्बेडकर ऐसा ही सोचते थे।'[2] वास्तव में, वे इस सोच तक पहुँच गए थे, दृढ़ हो गए थे, कि अगर हम धर्मांतरण से मुक्ति पा सकते हैं तो हिन्दू धर्म में सुधार की ज़िम्मेदारी क्यों ढोते रहें। हम अपनी ऊर्जा, समय, श्रम और धन इस पर क्यों नष्ट करें? इस बारे में कोई सन्देह न रहने दें कि हमारे संघर्ष का उद्‌देश्य हिन्दू धर्म से मुक्ति है न कि हिन्दू धर्म में सुधार। हमारे

आन्दोलन का लक्ष्य—अस्पृश्यों के लिए सामाजिक, आर्थिक एवं धार्मिक मुक्ति प्राप्त करना है। जहाँ तक अस्पृश्यों का सवाल है तो यह मुक्ति धर्मांतरण के अलावा और किसी ढंग से हासिल नहीं की जा सकती है।[3] इसी प्रकार पेरियार ललाई सिंह का भी स्पष्ट मत था, यदि आप अपनी मानवता का मूल्य सुरक्षित रखना चाहते हैं तो धर्मांतरण कीजिए बौद्ध धर्म में आपकी सम्पूर्ण मानवता का मूल्य सुरक्षित है।[4]

डॉ. अम्बेडकर बौद्ध धर्म ग्रहण की तिथि और स्थान के चुनाव में भी ऐतिहासिक बोध का परिचय देते हैं। 23 सितम्बर, 1956 ई. को स्पष्ट तिथि की घोषणा करते हैं कि 14 अक्टूबर को 'बौद्ध धम्म दीक्षा ग्रहण' की जाएगी। 14 अक्टूबर बौद्ध धर्म दर्शन में ऐतिहासिक दिन है। इस दिन अर्थात् अक्टूबर-नवम्बर/कार्तिक के दसवें दिन महान सम्राट अशोक ने बौद्ध धर्म ग्रहण किया था। अशोक ने इस व्यक्तित्वान्तरण को अपने जीवन की एक महान विजय के रूप में मनाना आरम्भ किया। उन्होंने बौद्ध धम्म ग्रहण करने के बाद अपने पुत्र महेन्द्र और पुत्री संघमित्रा को बौद्ध धम्म के प्रचार-प्रसार में लगा दिया। वे धम्म प्रचार करने श्रीलंका गए। अत: अशोक महान द्वारा कार्तिक माह के दसवें दिन बौद्ध धर्म ग्रहण करने के कारण इस दिन को 'विजय दशमी' कहते हैं।[5] इसका सनातनी वर्चस्ववादियों ने हिन्दूकरण कर दिया। उसे राम द्वारा राजा रावण की हत्या करने और कन्या दुर्गा द्वारा राजा महिषासुर की हत्या को इस दिन से जोड़ दिया। इस हत्यारी संस्कृति का मन रखनेवाले इस दिन हत्याओं पर जश्न मानते हैं। दुनिया में कहीं भी हत्याओं पर जश्न नहीं मनाया जाता है। भारत ही एक अपवाद है जहाँ किसी के पुरखों की हत्या कर लोग हजारों सालों से जश्न मनाते चले आ रहे हैं। यह वास्तव में बौद्ध धर्म पर सनातनी आर्य संस्कृति के विजय का जश्न जान पड़ता है। खैर, डॉ. अम्बेडकर बौद्ध धर्म ग्रहण करनेवाले स्थल के रूप में बम्बई को चुन रहे थे जो उनकी कर्मभूमि थी किन्तु समता सैनिक दल के उग्र कार्यकर्ता वामन गोडबोले के नेतृत्व में नागपुर से आए शिष्टमंडल ने अत्यधिक दृढ़तापूर्वक नागपुर शहर के पक्ष में तर्क रखा। उसकी ऐतिहासिकता पर बात हुई। इसे आदिवंसी नागों ने बसाया था। इस का नामकरण नागपुर किया। अर्थात् नागों का पूरा। यह बौद्ध धर्म का प्राचीन नगर है। इस पर लम्बा संवाद हुआ। उसके बाद डॉ. अम्बेडकर की पूर्ण सहमति से बौद्ध धर्म दीक्षा ग्रहण कार्यक्रम का आयोजन नागपुर में होना सुनिश्चित हुआ।[6] डॉ. अम्बेडकर ने भारत के बौद्ध भिक्षुओं के प्रमुख, बर्मा से आए, महास्थविर ऊँ चन्द्रमणि को यह अनुष्ठान संचालित करने के लिए आमंत्रित किया था। उनके आह्वान पर उनके मुताबिक इस अभूतपूर्व धर्मांतरण कार्यक्रम में 3,80,000 लोग आए थे। वास्तव में, अपने महानायक के आह्वान पर इस देश के प्रवंचित मनुष्यों का जन सैलाब उमड़ पड़ा था। बहुत सारे लोग सफ़ेद कपड़ा पहने हुए थे, उनमें से कुछ लोग गेरुआ झंडा भी लिए हुए थे जो बौद्ध धर्म का रंग माना जाता है। इस ऐतिहासिक दिन अर्थात् 14 अक्टूबर, 1956 को दीक्षाभूमि,

नागपुर पर सबसे पहले अम्बेडकर और उनकी पत्नी ने बौद्ध धर्म अंगीकार किया। उन्होंने विशाल समूह के सामने चन्दवे के तले बैठकर बौद्ध धर्म को स्वीकार किया।[7]

इस बौद्ध धर्म ग्रहण में जाने और नव धर्म दीक्षा ग्रहण की प्रबल इच्छा पेरियार ललई सिंह की भी थी लेकिन खून की उलटी और अस्वस्थता के कारण वे दीक्षाभूमि, नागपुर नहीं जा सके।[8] उसके बाद दिनांक 21 जुलाई, 1967 ई. को उन्हीं परम पूज्य भदन्त महास्थविर ऊँ चन्द्रमणि से विधिवत कुशीनगर, उ.प्र. में बौद्ध धर्म की दीक्षा ग्रहण की। जिनसे बाबा साहब डॉ. अम्बेडकर ने बौद्ध धर्म की दीक्षा ग्रहण की थी।[9]

पेरियार ललई सिंह ने 21 जुलाई, 1967 ई. को बौद्ध धर्म ग्रहण किया। यह दीक्षा ग्रहण उनके लिए पूर्णत: मानसिक परिवर्तनकारी सिद्ध हुआ। इस व्यक्तित्वान्तरण के बाद उन्होंने सार्वजनिक घोषणा की कि *'आज से मैं मनुष्य हूँ। अब न मेरी कोई जाति है और न मेरा कोई वर्ण। अब मैं एक सम्पूर्ण मनुष्य हूँ। मानवतावादी हूँ। सनातनी विधान के अनुसार मेरा जन्म एक अहीर, यादव जाति में हुआ है लेकिन आज के बाद मैं—कुँवर, चौधरी, अहीर, यादव आदि वर्णवादी-जातिवादी-पुरोहितवादी कथित मूल्यों और मान्यताओं से पूर्णत: मुक्त हुआ हूँ। बौद्ध धर्म दुनिया का पहला ऐसा धर्म है जो मानसिक परिवर्तन करता है। जो सदा स्थायी और आमूल-चूल परिवर्तनकारी होता है। 'दीक्षा दिवस' 14 अक्टूबर, 1968 ईस्वी को नाना राव पार्क, कानपुर में धम्म दीक्षा आचार्य भिक्षु निर्गुणानन्द ने कहा, 'आप लोगों ने कुछ दिन पहले पेरियार ई.वी. रामास्वामी को सुना है। मिथक-धर्म-संस्कृति पर उन्हीं की तरह ललई सिंह तथ्य-तर्क के साथ कड़ा प्रहार करते हुए उसकी धज्जियाँ उड़ाते हैं। इसलिए हमारे 'उत्तर भारत के पेरियार' तो ललई सिंह ही हैं।' तब से मैं अपने नाम के साथ 'पेरियार' उपनाम लगाने लगा तथा अपना नाम 'पेरियार ललई सिंह' के रूप में लिखने लगा। इस व्यक्तित्वान्तरण की एक और प्रेरणा रही है कि मेरे गुरु पेरियार इरोड वेंकट रामास्वामी ने सन् 1929 में अपने नाम के साथ जुड़े जाति सूचक पद 'नायकर' को सदा के लिए हटा दिया था। इस कारण मैंने भी अपने नाम के साथ जुड़ी जाति को सदा के लिए हटा दिया।'* उनके साथ 'इरोड' गए उपासक माखन लाल ने बताया कि *'पेरियार इरोड वेंकट रामास्वामी का 24 दिसम्बर, 1973 को निर्वाण हो गया। उसके बाद 27 दिसम्बर, 1973 को उनके गाँव 'इरोड' चेन्नई में उनकी स्मृति में 'महान स्मृति सभा' हुई, जिसमें इन्होंने पेरियार ई.वी. रामास्वामी के ही जैसे व्यवहार, विचार, भाषण और मिथकों की धज्जियाँ उड़ाईं। इस कारण ललई सिंह को वहाँ उपस्थित लाखों की सभा ने कहा, 'आज हमें नए पेरियार मिल गए', 'अब हमारे नए पेरियार होंगे—पेरियार ललई सिंह! पेरियार ललई सिंह! पेरियार ललई सिंह!' 'पेरियार' अर्थात् 'महान व्यक्ति—सागर-सा विशाल व्यक्तित्व वाला'। तब से उन्हें सभी लोग 'पेरियार ललई सिंह' के रूप में जानने लगे। उसके बाद उनके नाम के साथ 'पेरियार' उपमा स्थायी रूप से जुड़ गई। यह उपमा ऐतिहासिक सिद्ध हुई।'* पेरियार ललई सिंह कहा

*करते थे कि 'किसी भी व्यक्ति को अपने नाम के साथ जाति का पुछल्ला नहीं लगाना चाहिए। वह अपने नाम के बाद अपने पिता, पितामह, प्रपितामह, माता, प्रमाता आदि किसी का भी नाम रख ले लेकिन जाति को अपने नाम के पीछे न रखे। आप जब तक जातीय आधार पर व्यवहार करते रहेंगे तब तक आप जातिवादी-वर्णवादी-सनातनी हिन्दू हैं। यहाँ के आदिनिवासी दिमागी तौर पर जाति के जाल से बाहर नहीं निकल पा रहे हैं। अहीर अहीर के साथ रोटी-बेटी का सम्बन्ध रखता है। चमार चमार के साथ रोटी-बेटी का सम्बन्ध रखता है। अहीर चमार के साथ चमार अहीर के साथ, अहीर तेली के साथ तेली अहीर के साथ रोटी-बेटी का सम्बन्ध नहीं बनाता। जाटव-चमार या पासवान-मुसहर के साथ रोटी-बेटी का सम्बन्ध नहीं बनाता। ऐसे ही माला-मादिगा के साथ या महाड़-माँग के साथ रोटी-बेटी का सम्बन्ध नहीं बनाता है। इस तरह की बहुत सारी शोषित-दमित जातियाँ हैं, जो स्वयं जातिवाद और छुआछूत की शिकार हैं लेकिन वे भी दूसरों के साथ छुआछूत, ऊँच-नीच और जातिवादी आधार पर गहराई से भेदभाव करती हैं। वर्ण-व्यवस्था और जाति-व्यवस्था से मुक्त होने की आधारभूत शर्त है, जाति से बाहर शादी-विवाह करना अर्थात् जाति से बाहर रोटी-बेटी के अनिवार्य सम्बध का होना। मनुष्य को मनुष्य मानना। उसके साथ समता का व्यवहार करना चाहिए। आप ऊपर से शरीर पर तो चीवर डाल लेते हैं। डॉ. अम्बेडकर का फोटो तो घरों में टाँग लेते हैं लेकिन वर्णवादी-जातिवादी मन को चीवर से कभी चीरते नहीं, अम्बेडकरवादी मत को जीवन में कभी उतारते ही नहीं। सबसे बड़ा सवाल इनके मत को, विचार को जीवन और व्यवहार में उतारने का है। जब तक आप व्यवहार और जीवन में बुद्ध, अम्बेडकर और पेरियार के विचारों को नहीं उतारेंगे तब तक आप अम्बेडकराइट नहीं—रिजर्वेसनाइस्ट हैं, वजिफायिस्ट हैं, अपर्चुनिस्ट हैं। बुद्धिस्ट नहीं—सुविधायिस्ट हैं, सहायतायिस्ट हैं।'*[10]

## भारत को बौद्धमय बनाने निकले

इस दुनिया के पूरब में बुद्ध का भूगोल है। इसे एशिया कहते हैं। इस एशिया का 'लाइट ऑफ एशिया' महामानव बुद्ध को कहते हैं। इस भूगोल में एक देश है भारत। भारत अर्थात भा और रत। भा मतलब ज्ञान और रत मतलब रमण करना। ज्ञान जिस भौगोलिक भूभाग में रमण करता है, जिस राष्ट्र की सम्पूर्ण जनता ज्ञान सम्पन्न हो, प्रबुद्ध हो, उसे भारत कहते हैं। इसे बुद्ध ने सम्भव बनाया था। उसी समय से इस भूमि को 'भारत' कहते हैं। जो भारत का स्वर्ण काल कहा जाता है। डॉ. अम्बेडकर इसे ही प्रबुद्ध भारत कहते हैं। जिसका जनमानस आज भी बुद्ध की करुणा और अहिंसा की भावना से अघोषित रूप से अनुप्राणित होता है। जिसे जातिवादी, वर्णाश्रमी, नस्लवादी, लिंगभेदी सनातनी मानस स्थायी रूप से ध्वस्त करने की कोशिश करता

रहा। अनन्त कोशिशों के बावजूद इस देश के निरपेक्ष मन को ये प्रतिगामी शक्तियाँ कभी डिगा नहीं पाईं। वे इस प्रतिगामी कोशिश में सिर्फ सीमित भूगोल में सफल हो सकीं किन्तु इस देश का विस्तृत भूगोल प्राचीन समय से आजतक निरपेक्ष मन के साथ वाहित हो रहा है। आज तक गतिमान है। मैं आशा करता हूँ कि आगे भी होता रहेगा। उसका मुख्य कारण है कि यह असुर जनमानस का देश आज भी अपनी जमीन से, अपने जंगल से, अपनी नदी से, अपने परिवेश से मनुष्यत्व बोध की धारा नितप्रतिकर-प्रवाहित करता रहता है। इस असुर मनुष्यत्व की धारा को समय-समय पर अनेक महानायिकाओं और महानायकों ने नित नवीन कर वाहित किया है। इसे सृजित-प्रवाहित करनेवाले ऐसे ही एक महानायक उत्तर भारत में पेरियार ललई सिंह हुए, जिन्होंने अपनी बौद्धिक, सामाजिक-सांस्कृतिक आन्दोलनकारी चेतना से उत्तर भारत को मनुष्यत्व के प्रकाश से प्रकाशित करने की पूर्ण कोशिश की।

वैसे 'मनुष्य और समाज के लिए धर्म की आवश्यकता'[11] इस देश (भारत) में स्वाभाविक रूप से रही है। जिसका मुख्य कारण यहाँ की जनता का अशिक्षित, अन्धविश्वासी, कर्मकांडी और अतार्किक होना जान पड़ता है। इस कारण जनता पुरोहित, धर्म और ईश्वर के मकड़जाल में फँसी रही। किन्तु इस देश की अनार्य नास्तिक मानवतावादी परम्परा उसे लगातार प्रबोधित और तार्किक बनाने की कोशिश करती रही, जिसमें बुद्ध का महत्त्वपूर्ण स्थान है। उन्होंने आर्य श्रेष्ठता, वर्ण-जाति, पुरोहितवाद, यज्ञ, कर्मकांड आदि का पुरजोर विरोध किया। एक समतावादी समाज निर्माण की कोशिश की। जिसका आगे भी सतत विकास जारी रहा। इसी बौद्ध दर्शन और विचार ने पेरियार ललई सिंह के मानस को प्रभावित किया, जिससे वे नास्तिक प्रकार का बुद्धिवाद निर्मित करते हैं और प्रबोधित करते हैं।

वास्तव में, पेरियार ललई सिंह एक मिशनरी व्यक्तित्व थे। इसी कारण मिशनरी बौद्ध धर्म को स्वीकार किया। 21 जुलाई, 1967 को बौद्ध धर्म स्वीकार करने के बाद वे चरित्र, व्यक्तित्व और जीवन की सम्पूर्णता में बौद्धमय हो गए थे। उसके बाद से वे बौद्ध धर्म के 'गेरुआ' रंग का कुर्ता-पैजामा पहनते थे और गेरुआ रंग का ही झोला रखते थे, जिसमें हर समय कुछ बौद्धिस्ट चेतना की अभियानी किताबें होती थीं। हाथ में एचएमटी घड़ी पहनते थे और पैरों में एक साधारण-सा जूता पहनते थे। सर पर छोटे-छोटे बाल होते थे। उनके विराट व्यक्तित्व का यही साधारण-सा समाज सेवी रूप था। वे एक पूर्ण बौद्ध प्रचारक की भाँति बौद्ध धर्म का प्रचार-प्रसार करते थे।[12] वास्तव में, वे एक मिशनरी बौद्ध धर्म प्रचारक थे। डॉ. अम्बेडकर मिशनरी धर्म के बारे में लिखते हैं, 'प्रचारमूलक (मिशनरी) धर्म, उस धर्म को कहते हैं जो अपने मूलभूत विचारों को लेकर पूरी दुनिया में फैल जाए।'[13] बौद्ध धर्म अपने मूलभूत विचारों के साथ पूरी दुनिया में फैला है। पेरियार ललई सिंह ने इसी चेतनता को प्रचारित-प्रसारित करने में अपनी पूरी जिन्दगी लगा दी। वे अपने

मिशनरी प्रचारक व्यक्तित्व पर स्वयं लिखते हैं, '21 जुलाई, 1967 को परम पूज्य महास्थविर-चन्द्रमणि जी (जिनसे बोधि सत्व बाबा साहब डॉ. भीमराव अम्बेडकर ने बुद्ध धर्म की दीक्षा ली थी।) से बौद्ध धर्म की दीक्षा ग्रहण करके बौद्ध धर्म का प्रचार-प्रसार का काम—लेखन, भाषण और भ्रमण द्वारा कर रहा हूँ।'[14]

बुद्ध के विचार, दर्शन और करुणा का प्रभाव इस देश की जनमानस के अतल तक अंकित है। इस मानस का व्यक्ति किसी भी जाति, धर्म, क्षेत्र में प्रत्यस्थापित हो जाए लेकिन वह बुद्ध की मानवीयता, करुणा और दया जैसे औदात्य मानव मूल्य को अपने जीवन और मानस से विस्मृत नहीं कर पाता है। इसी कारण हिंसक मिथकीय हिन्दू धर्म को भयवश स्वीकार कर लेने और बौद्ध धम्म को भूल जाने के बाद भी स्वाभाविक रूप से साधारण जनमानस अपने अवचेतन मन और व्यवहार से जिस मानवीयता और करुणा का परिचय देता वह नि:सन्देह बुद्ध का प्रभाव है।

पेरियार ललई सिंह इसी मानवीय धारा के विचारक, दार्शनिक और प्रचारक थे। वे बौद्ध धर्म तो 21 जुलाई, 1967 में ग्रहण करते हैं किन्तु इसके प्रति संस्कार अपने परिवेश और अम्बेडकर से स्वाभाविक रूप से प्राप्त करते हैं। इसी कारण 14 अक्टूबर, 1956 को बाबा साहब डॉ. अम्बेडकर द्वारा ग्रहण कराये जानेवाले दीक्षा ग्रहण कार्यक्रम में जाने की पेरियार ललई सिंह की प्रबल इच्छा थी किन्तु अस्वस्थता—खून की उल्टी आदि के करण वे नहीं जा सके।[15] वे बौद्ध धर्म ग्रहण से पूर्व ही बौद्ध धर्म का प्रचार-प्रसार करते थे। बौद्ध धर्म ग्रहण प्रशिक्षण शिविर लगवाते हैं। वे बौद्ध धर्म को अखिल भारतीय जनमानस में पुनर्जीवित और प्रत्यस्थापित करना चाहते थे। इसी कारण वे सम्पूर्ण भारत में घूम-घूमकर बौद्ध प्रशिक्षण शिविर लगाते हैं। बौद्ध धर्म का प्रचार-प्रसार करते हैं।

वे 1964 ई. से ही बौद्ध दीक्षा शिविर लगाना शुरू कर देते थे। इस समय तक बौद्ध धर्म ग्रहण नहीं किया था। इससे पहले वे बुद्ध जयन्ती, अम्बेडकर जयन्ती, पेरियार जयन्ती आदि मनाते थे। वे सम्पूर्ण भारत को बौद्धमय बनाना चाहते थे। इस कारण वे कानपुर, उत्तर प्रदेश, बिहार, झारखंड, मध्य प्रदेश, महाराष्ट्र, गुजरात, राजस्थान, हरियाणा, पंजाब, हिमाचल प्रदेश, जम्मू-कश्मीर, लद्दाख, पश्चिम बंगाल, उड़ीसा आदि प्रदेशों में बौद्ध दीक्षा ग्रहण संस्कार शिविर लगाते थे। वे 1964 से 1992 तक बौद्ध प्रशिक्षण शिविर लगाकर देश में बौद्ध धर्म का प्रचार-प्रसार करते रहे।[16] उनके बौद्ध प्रशिक्षण संस्कार के कुछ चुनिन्दा जगहों के विवरण निम्नलिखित हैं—4-5 जनवरी, 1964 ई. को काँकरिया ग्राउंड, अहमदाबाद, गुजरात में बौद्ध प्रशिक्षण शिविर का कर्यक्रम किया। 14 अप्रैल, 1967 को जालन्धर, पंजाब में अम्बेडकर जयन्ती और बौद्ध दीक्षा संस्कार का आयोजन। 21 जुलाई, 1967 को कुशीनगर, उत्तर प्रदेश में स्वयं महास्थविर ऊँ चन्द्रमणि जी के हाथों व्यवस्थित बौद्ध धर्म ग्रहण किए। 14 अक्टूबर, 1968 ई. को नाना राव पार्क, कानपुर में दीक्षा संस्कार का

आयोजन हुआ और यहीं पर इन्हें भिक्षु निर्गुणानन्द ने 'उत्तर भारत के पेरियार' की उपमा दी। 12 अक्टूबर, 1968 को पेरियार ई.वी. रामास्वामी लखनऊ आए थे। बुद्ध पूर्णिमा, 1968 में बुद्ध जयन्ती और बुद्ध देशना का जम्मू और कश्मीर में आयोजन। 11 अक्टूबर, 1973 को अम्बेडकर साहित्य रक्षक परिषद् के बैनर तले झीझक, कानपुर में बुद्ध और डॉ. अम्बेडकर पर चेतनापरक कार्यक्रम का आयोजन। 23-24 दिसम्बर, 1974 को पेरियार की स्मृति सभा में शामिल होने तमिलनाडु गए। 16 अप्रैल, 1981 ई. को बालाचुर, होशियारपुर, पंजाब में अम्बेडकर जयन्ती और बौद्ध देशना के आयोजन का कार्यक्रम। 17 अप्रैल, 1981 को हरियाणा, में अम्बेडकर जयन्ती के आयोजन में शामिल हुए। 18 अप्रैल, 1981 अमृतसर, पंजाब में 1 बजे बाबा साहब अम्बेडकर जयन्ती का आयोजन। वहीं दूसरा आयोजन नियर टाउन हाल, अमृतसर पौने छः बजे। 18 अप्रैल, 1981 को चूरामंडी, जालन्धर, पंजाब में अम्बेडकर जयन्ती और दीक्षा कर्यक्रम का आयोजन। 14 अप्रैल, 1982 को हरैया, बस्ती, उत्तर प्रदेश में अम्बेडकर बौद्ध विहार का शिलान्यास किया। 24 सितम्बर, 1982 को बौद्ध धर्म प्रशिक्षण शिविर का आयोजन। 3 फरवरी, 1983 को बौद्ध सम्मेलन और दीक्षा समारोह का पहडिबुजुर्ग, चिरगाँव, झाँसी, उ.प्र., में आयोजन। 12 से 19 फरवरी, 1983 ई. के बीच महान बौद्ध केन्द्र सारनाथ में 'बौद्ध प्रशिक्षण शिविर' का आयोजन। 25 सितम्बर, 1983 को सुबह 8 बजे, 10:30 मिनट, 3 बजे धम्म देशना और बौद्ध धर्म संस्कार का आयोजन। 5 अक्टूबर, 1985 ई को धम्म दीक्षा अवसर पर विराट कवि सम्मेलन का आयोजन, शाहदरा, दिल्ली में। 10 नवम्बर, 1985 को नानाराव पार्क, कानपुर उ.प्र. में अखिल भारती बौद्ध महासभा, उत्तर प्रदेश का आयोजन। 15 अप्रैल, 1987 को होशियारपुर, पंजाब में अम्बेडकर जयन्ती और बौद्ध धर्म के प्रचार-प्रसार हेतु विशेष मीटिंग की गई। 14 अप्रैल, 1990 को महू में डॉ. अम्बेडकर की जन्मभूमि पर दी बुद्धिस्ट सोसायटी ऑफ़ इंडिया के तत्त्वावधान में अम्बेडकर जयन्ती का आयोजन। 12-13 जून, 1992 को दी बुद्धिस्ट सोसायटी ऑफ़ इंडिया का पाँचवाँ प्रान्तीय अधिवेशन शासकीय हायर सेकेंड्री स्कूल, दबोह, भिंड, मध्य प्रदेश में आयोजित हुआ।[17]

मानवतावादी बौद्ध धर्म के समता, बन्धुता और करुणा जैसे महान मानव मूल्य को लेकर चलने के कारण वर्चस्ववादी आर्यों ने बौद्ध भिक्षुओं का जगह-जगह संहार अर्थात् हत्याएँ शुरू कर दीं। वे आर्यों के इस क्रूरतम और हिंसक चरित्र पर गहरी चिन्ता प्रकट करते हैं। इस संहार और उनके हिंसक हत्यारे चरित्र की तुलना वे विश्व इतिहास पटल पर करते हुए लिखते हैं, 'विश्व इतिहास में इतना अधिक अत्याचार, अग्निकांड, लूटपाट व कत्लेआम किसी ने भी नहीं किया है, जितना आर्यों ने अनार्यों का तत्पश्चात् बौद्धों का किया। जिनके लेखीय प्रमाण ऋग्वेद, लंका दहन, खांडव दहन, 'नाग यज्ञ' नाटक एवं शंकर दिग्विजय आदि हैं।'[18]

## बौद्ध दीक्षा-संस्कार और प्रशिक्षण शिविर

पेरियार ललई सिंह सम्पूर्ण भारत में घूम-घूमकर बौद्ध प्रशिक्षण शिविर, दीक्षा ग्रहण कार्यक्रम करते थे। जिससे प्रत्येक व्यक्ति को बौद्ध धम्म का व्यावहारिक ज्ञान हो सके और उसे जीवन में उतार सके। कुछ चुनिन्दा जगहों पर किए गए कार्यक्रमों के उद्धरण दिए जा रहे हैं जो 'पेरियार ललई सिंह ग्रंथावली'[19] से साभार हैं। इसे पढ़ कर आप जान पाएँगे कि किस प्रकार साठ और सत्तर के दशक में भारत में बौद्धधर्मी चेतना, अम्बेडकरी चेतना और पेरियारवादी चेतना का निर्माण साधारण जनमानस में किया जा रहा था, जो आगे की, मुखत: उत्तर भारतीय की समाज, राजनीति और सांस्कृतिक निर्माण की आधारशिला बनी। इसे अति-संक्षिप्त पढ़िए—

## तारीख : 5 जनवरी, 1964 ई., काँकरियाफर ग्राउंड, अहमदाबाद

**श्री प्रेसीडेंट साहेब**—श्री राव बहादुर एन. शिव राम जी हैं। ये कल भी थे।

**श्री गायकवाड़ जी—उद्घाटनकर्ता महोदय**—हमें कांग्रेस ने आजादी के समय साथ रखा। हमने साथ दिया। हमारी माँग थी कि गरीबी और दु:ख दूर हो। आज उन्होंने हमें क्या आराम दिया, सो सोचो!, खयाल करो! पंचवर्षीय योजना पर विचार करो! इससे हमें क्या लाभ मिल रहा है। आज भी हमारे भारत की ये स्थिति है कि 1 या 2 करोड़ का अनाज बाहर से मँगाना पड़ रहा है। आज भी 1. भूमिहीन की समस्या, 2. बेकारों की समस्या जस की तस हैं, 3. क्या स्वराज के बाद जनसंख्या ज्यादा बढ़ी, 4. नेहरू ने कहा था भ्रष्टाचारियों को नहीं बख्शेंगे। उन्हें भ्रष्टाचार नहीं करने देंगे। उन्हें फाँसी देंगे। मगर क्यों नहीं दी? 16 वर्ष पहले जो नेहरू कहे थे, उसे दो वर्ष में नन्दा साहब कैसे करेंगे?

1. बंजर जमीन भूमिहीन को दी जाए और उसे लोन (कर्ज) दें।
2. काम देना सरकार मलतब राज्य की ज़िम्मेदारी का कार्य है।
3. जवाहरलाल पादरी हैं, मद्रास आदि के प्रस्ताव, दुनिया भूलती नहीं है। इनकी सरकार ने राजस्थान में गरीबी बढ़ा दी है। गरीब कैसे क्रान्ति करेगा? इनकी सरकार ने गरीबी में सुधार नहीं करने दिया। गरीबों के लिए जगजीवन राम ने बम्बई में कहा था, कांग्रेस गरीबों का सुधार नहीं कर पाई है। उन्हें बगावत करनी चाहिए। कांग्रेसी संकट न होते हुए भी संकट का ढोंग रचते हैं। वे कांग्रेस को मजबूत करने के लिए और दूसरे दलों को दबाने के लिए ऐसे कर रहे हैं। वीरो, सरदारो! जागो, सोने से जगो, जिन्दा रहो, इज्जत से रहो, वरना मारे जाओगे!

**श्री राय बहादुर एन. शिवराज प्रेसीडेंट**—सोशलिस्ट पेटर्न ऑफ सोसाइटी कैसे कायम हो गई सोचो, कांग्रेस द्वारा यह किस रणनीति से तैयार कारवाई गई।

**श्री हरिश्चन्द्र**—शोक प्रस्ताव : श्री कोली साहब की मृत्यु हो गई है। उनके लिए शोक प्रस्ताव प्रस्तुत किया जा रहा है। हम सब एक मिनट का मौन रखेंगे।

**अन्य प्रस्ताव**—

**श्री खोब्रागडे जी**—गरीब और गरीब बने हैं, अमीर और अमीर बने हैं। तीन साल हुए कमेटी की रिपोर्ट सरकार क्यों नहीं पेश कर रही है? कमेटी ने सन् 1955 ई. में कहा था कि समाजवादी सरकार बनाएँगे। मगर उसका अर्थ आजतक नहीं मालूम हुआ। यह बुद्धिमानी नहीं बल्कि आँखों में धूल झोंकना है। ऐसे तो मदारी का खेल होता है। एक कृष्णवादी ने कहा—नेहरू का प्रस्ताव गलत है। कर्जा असली पूँजी में नहीं बदलेंगे, प्रतिक्रियावादी कांग्रेस कभी समाजवाद नहीं ला सकती। मोरार जी देसाई प्रतिक्रियावादी हैं। उन्हें कांग्रेस से निकल जाना चाहिए।

बाबा साहब ने पहले भी कहा था कि चीन हमला करेगा। मगर नेहरू ने बात नहीं मानी, जनता को खुद चीन को भगाना है। जहाँ-जहाँ से मदद मिले, लें, चीनियों को अपने-अपने यहाँ से भगाना चाहते हैं। अत: सम्बन्ध ठीक रखें, जगजीवन राम जी मंत्री थे, तो दलितों के लिए गलत कानून क्यों बनाया?

**डॉ. प्रकाश नारायण जी**—मिलिटरी गवर्नर साहब जी...देश के 12 आदमी बड़ी-बड़ी पूँजी पर कब्जा किए हैं। उनके खिलाफ हम सर्वहारा को क्रान्ति करनी होगी।

**श्री करन सिंह जी**—कांग्रेस के प्रचार में दिलीप कुमार बंबई गए थे। हम सबको अपनी रिपब्लिकन पार्टी और मजबूत करनी होगी। इसमें और सभी लोगों को शामिल कर। पार्टी का जम कर प्रचार प्रसार करना चाहिए। हमें पार्टी जमीन से खड़ी करनी पड़ेगी।

**श्री दमयन्ती बाई डोंगरे**—बाबा साहब के मिशन को उनकी पार्टी के साथ ही आगे बढ़ाना सबसे बढ़िया रास्ता होगा।

**श्री ललई सिंह यादव**—

**श्री मंडल यादव**—रिपब्लिकन पार्टी ही इस देश के सभी गरीबों की पार्टी है। शैड्यूल्ड कास्ट ज्यादा गरीब हैं। हमें हमेशा उनके साथ खड़ा रहना चाहिए। हमें उन्हें मजबूत करना है। वे आज भी नाना प्रकार का सामाजिक अपमान सहते हैं। हमारी रिपब्लिकन पार्टी ही सामाजिक अपमान से मुक्ति दिलाएगी। अपनी सरकार बनने के साथ हमें सभी प्रकार की सामाजिक, सांस्कृतिक, राजनीतिक, आर्थिक, धार्मिक उन्नति करनी है। इसकी हमारे समाज को बहुत जरूरत है। सामने आई हुई मुसीबतों से घबराएँ नहीं, संविधान सम्मत तरीके से सामना करें। श्री बी.पी. मौर्य की बात, 4 बौद्ध भिक्षुओं की बेइज्जती का जंगली कार्य असभ्य और बरबर हिन्दुओं ने किया, क्या यही स्वतंत्र भारत की स्वतंत्रता है, कहीं ऐसा न हो कि बदले की भावना पैदा हो, जिससे राष्ट्र की अपूर्णनीय क्षति हो जाएगी। सरकार ने कहा था—

—10 साल में प्रारम्भिक शिक्षा फ्री होगी। नहीं कराई गई।

—भविष्य में भी नि:शुल्क नहीं कर पाएँगे, जरूरत व खाने की चीजें महँगी हो रही हैं। हमारा सोशल पेटर्न सोसाइटी ने गरीब को और अधिक गरीब बना दिया है। इसमें मालदार और अधिक मालदार हो गए। ऐसी परेशानी में हम क्या करें। कांग्रेस को समाप्त करें। कांग्रेसी अपनी खराबियों का अध्ययन करें। अगर ठीक न हो तो रिपब्लिकन पार्टी में आएँ। हम गरीब की उन्नति, बच्चों की शिक्षा, भूमि, भोजन, सम्मान आदि की व्यवस्था चाहते हैं। हमें—साम्प्रदायिकता से घृणा है। सबको धन्यवाद!

**श्री यशवंत जी—** गुजरात महात्मा गांधी व पटेल की जन्मभूमि है, क्या यहाँ छुआछूत नहीं है? अगर आपको नहीं दिख रहा है तो आप सामाजिक समझदारी पर विचार करें। आपकी दृष्टि में दोष है। धर्मान्तरण की बात करें। अपने मूल धर्म में जाएँ। बौद्ध धर्म में जाएँ। राजनीतिक रूप से अधिक से आधिक रिपब्लिकन पार्टी को कबूल करें। इस देश के सभी बैंकों का राष्ट्रीयकरण हो, ताकि गरीबी दूर हो। नागरिक निश्चिन्त मन से नौकरी कर सकें।

**श्री प्यारे लाल—** हमें इस देश की पूँजी का राष्ट्रीयकरण करने के लिए आन्दोलन करना चाहिए।

**श्री गौतम जी—** हमें संविधान के वास्ते सतत प्रगति करना चाहिए। बाबा साहब की भारत को संविधान एक महान देन है। यह महान कार्य बाबा साहब ही कर सकते थे। वही हमारे नेता हैं। उन्हीं के संविधान के अनुसार हम सबको आगे बढ़ना चाहिए। यही हमारा लक्ष्य होना चाहिए।

### दिनांक— 14 अप्रैल, सन् 1967 ई.— मीटिंग
### डॉ. अम्बेडकर जयन्ती जालन्धर, समय 8 बजे शाम

1. डॉक्टर साहब को श्रद्धासुमन अर्पित किए गए।
2. **श्री लोखंडे, नागपुर—** श्री गुरु गोबिन्द सिंह जी का देहान्त नादेड़ में हुआ था। उन्होंने हमारी बात कही है। डॉ. अम्बेडकर ने सिक्ख धर्म का अध्ययन किया। सिक्ख बनना चाहते थे। वर्णवादी-जातिवादी सवर्ण जट-सिक्खों ने उन्हें बनने नहीं दिया। आपको जानकर हैरानी होगी कि हिन्दू कोडबिल के समर्थन में 5 हजार महिलाएँ थीं। डॉ. अम्बेडकर हमारे स्वतंत्र इतिहास हैं। बाबा साहब की पूना पैक्ट की लड़ाई मुसलमानों को मंजूर थी। वे हमारे साथी हैं। भाई हैं। हमें सवर्ण हिन्दुओं द्वारा मुसलमानों के खिलाफ फैलाई जानेवाली नफरत और साम्प्रदायिक दंगे की भावना को नहीं पनपने देना है। ऐसी स्थिति में मुसलमानों की सुरक्षा करें। सद्भाव बनाएँ।

   बाबा साहब की सांस्कृतिक-धार्मिक-राजनीतिक मृत्यु नहीं हुई है। आज भी गुजरात में दलितों को गोली से मार दिया जा रहा है। बाबा साहब ऐसा

देश नहीं चाहते थे। 1 जनवरी हमारे लिए ऐतिहासिक दिन है। उत्सव का दिन है। भीमा कोरेगाँव के महान शहीदों को हमें सदा याद रखना चाहिए। उन्होंने मनुवादी व्यवस्था को खत्म किया था। वे हमारी महान संस्कृति का हिस्सा हैं। धरोहर हैं। कोरेगाँव (पूना) का सम्यक अध्ययन करें।

3. **श्री रामरतन जनोकर एक्स मेयर का कहना है—** कथनी-करनी एक रखें। अत्याचारो होने पर संगठित रहकर सामना करें।
4. **कौल जी—** क्लसा वन 5/11/2 नान शैड्यूल्ड कास्ट सर्वेंट्स एसोशिएशन। अम्बेडकर, श्री बाली जी। पृथ्वी सिंह आजाद नजर नहीं आते हैं। मुस्लिम लीग के सालों बाद हीरा लाल परमार जालिम रहे।
5. **पेरियार ललई सिंह—**

**गौतम बुद्ध जयन्ती जम्मू एंड कश्मीर, सन् 1968; समय—प्रात: 10 बजे सर्वप्रथम भंते जी का बुद्ध सन्देश हुआ। उसके बाद...**

1. **श्री प्यारे लाल—** मैं गाँव धीरफर, पोस्ट-बरीपाल, कानपुर, उत्तर प्रदेश का रहनेवाला हूँ। बाबा साहब, पेरियार और बुद्ध के मत का सच्चा अनुयायी हूँ। आप सभी इनके मत को जीवन में उतारिए। घरों में इनका चित्र टाँगें। हिन्दू देवी-देवताओं को बाहर कूड़े में फेंक दें।
2. **श्री गौरी शंकर आर्य—** अध्यापक पर्वाहकर्ता जगदीशचन्द्र, रानीखेत, अल्मोड़ा का रहनेवाला हूँ। आप जहाँ भी रहें संगठित रहें। अपने बच्चों को अच्छी शिक्षा दिलाने की जी-जान से कोशिश करें। और स्वास्थ्य का भी पूरा ध्यान रखें। बच्चे ही भारत के भविष्य हैं।
3. **गौरी शंकर आर्य अध्यापक, रानीखेत, अल्मोडा, ने कहा—** पेरियार ई.वी. रामास्वामी के मत को मानें। उन्होंने कहा है—ईश्वर नहीं है! ईश्वर नहीं है! ईश्वर नहीं है! इस दुनिया में ईश्वर पुरोहितों के लिए ठगी का सर्वोच्चतम हथियार है।...इसलिए पेरियार की नास्तिकतावादी सोच को मानें।
4. **पेरियार ललई सिंह—** हमें बुद्ध के रास्ते पर चलना है। बुद्ध ही शुद्ध हैं।

## दिनांक—23-24 दिसम्बर, 1973 ई. की स्मृति सभा—
## पेरियार ई.वी. रामास्वामी के निधन पर
## तमिलनाडु और उत्तर प्रदेश में श्रद्धांजलि सभा

पेरियार ई.वी. रामास्वामी ने दिनांक 24 जनवरी, 1971 ई. को सलेम, जिला—सदुरै (तमिलनाडु) में राम का विकृत जलूस निकाला। दिनांक 24 दिसम्बर, 1973 ई.

को उनका निधन हो गया। अस्वस्थ पहले से थे। बी.बी.सी. रेडियो से मुझे जैसे ही यह दु:खद खबर मिली, मैं तुरन्त उन्हें श्रद्धांजलि देने तमिलनाडु निकल गया। साथ में, उपासक माखन लाल भी चल दिए। दिनांक 27 दिसम्बर को तमिलनाडु में महान स्मृति सभा हुई। देश-दुनिया से उनके चाहनेवाले बुद्धिजीवी चिन्तक आए। यहाँ की महान स्मृति सभा की जनता ने मुझे 'उत्तर भारत के पेरियार' की उपमा दी। उसी दिन उत्तर प्रदेश को चल दिया। फिर 30 दिसम्बर, 1973 ई. को ऊँचागढ़ी (राजाफर) को इलाहाबाद में सभा के रूप में श्रद्धांजलि अर्पित की। प्रबन्ध श्री लक्ष्मीनारायण बौद्ध ने किया।

**दिनांक— 16 अपैल, 1981 ई.**
**डॉ. अम्बेडकर जयन्ती बालाचुर, होशियारपुर, पंजाब**
**मीटिंग, समय 10 बजे रात**

1. **श्री भगवान दास जी**—स्वागत भाषण दिया। बोले, हमारा रिजर्वेशन 80% होना चाहिए।
2. उनके बाद बुद्ध और अम्बेडकर के दर्शन पर आधारित कविता पाठ हरिनाथ प्रजापति ने किया।
3. **पेरियार ललई सिंह**—जिन्हें हक नहीं मिला उनके लिए सतत संघर्ष जारी रखा जाए। उन्हें लड़ने का हौसला दिया जाना चाहिए। गरीबी का कारण मनु और मनुवादी ग्रंथ हैं। आप मानववादी प्रतिज्ञा लें...
    (1) वेद मनुष्यकृत रखना है।
    (2) शरीर, मन, वचन के माध्यम को जानें। बुद्ध के वही असल वचन हैं, उसी को मानें।
    (3) पेरियार ने सही कहा है, दुनिया को बनानेवाला ईश्वर नहीं। वास्तव में ईश्वर है ही नहीं। ईश्वर है ही नहीं। ईश्वर है ही नहीं।
    (4) गंगा में नहाने से पाप नहीं धुलता। नदियाँ पाप धोने के लिए नहीं हैं। मनुष्य को जीवन और सभ्यता का विकास करने के लिए प्रकृति ने बनाया है।
    (5) मनुष्य को रोटी के साथ-साथ धर्म की भी जरूरत है। किन्तु धार्मिक ब्रह्म शक्ति नहीं है।
    (6) हमें बाबा साहब के बताए बौद्ध धर्म के मार्ग पर चलना चाहिए।
    (7) हमें बाबा साहब के संविधान से मनु के विधान का सामना करना चाहिए।
4. **बाल्मीकि पार्टी द्वारा बीच में भीम गायन**—'बाजी बाबा साहेब के'—श्रीमती बी.बी. बाल्मीकि जी ने शुरू किया, दूसरा गाना बलिहारी, 'माता भीम के दुलारे'।

5. **श्री जानोकर जी—** जो इनसानियत के अधिकार को समझते हैं, उनमें अधिकारों को प्राप्त करने की लालसा पैदा होनी ही है। लोग हमारा रास्ता रोकते हैं। जुल्म होते हैं। गुजरात में दलितों पर हो रहे अत्याचार के खिलाफ हम सबने आन्दोलन किया। सफल रहे। किन्तु इतनी कामयाबी के बाद भी दलित दमन उत्पीड़न जारी है...। आन्दोलन स्थगित हो गया जो बहुत ही गलत है। समता के लिए लोकतंत्रीय व्यवस्था में आन्दोलन सतत चलता रहना चाहिए। आन्दोलनों के रुक जाने से समाज रुक जाता है। जड़ हो जाता है।
6. **गाना पार्टी—** ...फगवाड़ा, इक तकदीर बना ले। इक तकदीर बना ले। इक तकदीर बना ले।
7. **श्री सोहन लाल दीवान—**
8. **श्री अजय जी (गाना)—** मंजिल मिली उन्हें, जिन्हें रहनुमा मिला। (बाबा बौद्ध भीम तूने सोते को जगाया।)
9. **डॉ. सुरेन्द्र जी—** मान्यवर, अनुशासनपूर्वक रहें। आप सबसे यही अपील।

## दिनांक— 12 से 19 फरवरी, 1983 ई. बौद्ध प्रशिक्षण शिविर, सारनाथ, उत्तर प्रदेश

पेरियार ललई सिंह ने 12 से 19 फरवरी, 1983 ई. के बीच महान बौद्ध केन्द्र सारनाथ में 'बौद्ध प्रशिक्षण शिविर' किया था। इस शिविर में इनकी माँग और मान्यता थी कि इस देश को पुन: बौद्धमय बनाने के लिए बौद्ध भिक्षुओं को जन-जन तक जाना चाहिए। बुद्ध के विचार और दर्शन को जन-जन तक पहुँचाने के लिए हमें जन आन्दोलनकारी भूमिका में होना चाहिए, तब बुद्ध का विचार और दर्शन इस देश के कण-कण में पुन: व्याप्त हो पाएगा। अन्यथा हम सब बुद्धिस्ट नहीं 'सुविधाइस्ट', अम्बेडकराइट नहीं 'रिजर्वेशनाइस्ट' बन कर रह जाएँगे।

इस बौद्ध विनय शिविर में अनेक लोगों ने भाग लिया। कुछ के नाम निम्नलिखित हैं—केन्द्रीय तिब्बती उच्च शिक्षण संस्थान के प्राचार्य एवं निदेशक पूज्य एस. रिंपोंछे जी, भारतीय बौद्ध महासभा उ.प्र. के अध्यक्ष जे.एन. आदित्य, उपाध्यक्ष श्याम सिंह बौद्ध, मिथुन सिंह बौद्ध, सुन्दर लाल गौतम, पेरियार ललई सिंह, जी.एस. गौतम, लोकनाथ बौद्ध, रामरत्न बौद्ध आदि।

24 सितम्बर, 1983 ई. को पेरियार ललई सिंह ने बौद्ध धर्म के संस्कारों से सम्बन्धित शिविर में व्याख्यान दिया था। जिसमें मुख्य धर्म-संस्कार प्रशिक्षक थे—

1. **परमपूज्य दीपांकर—** वन्दना, आशीर्वाद
2. **श्री पेरियार ललई सिंह—** संस्कारों में परिवर्तन

3. **श्री दुर्गा प्रसाद**— अध्यक्ष—स्पष्टीकरण
4. **प्रोफेसर एच.सी. जोशी**— दिल्ली विश्वविद्यालय, दिल्ली, जातिवादी अपमान पर व्याख्यान।

इस शिविर में बौद्ध धर्म के मिशनरी धर्म होने, संगठित धर्म होने, उसके संस्कारों, जिसे जीवन में उतारने, दुनिया का सबसे बड़ा मानवतावादी धर्म होने, आष्टांगिक मार्क, आर्य सत्य, विनय-पिटक, भिक्षु संघ के नियम आदि का प्रशिक्षण दिया गया।

## ऑल इंडिया भिक्षु सम्मेलन

दिनांक 2-3 अप्रैल, 1983 ई. को भिक्षु संघ, कुकर-गाँव, जिला—जालौन, उ.प्र. में 'ऑल इंडिया भिक्खु संघ' का सम्मेलन आयोजित किया गया, जिसमें पेरियार ललई सिंह ने कहा, 'आप सब बुद्ध और डॉ. अम्बेडकर के विचारों को व्यवहार में उतारिए। अन्यथा आप सब बाबा साहब, बाबा साहब और भगवान बुद्ध, भगवान बुद्ध का राग अलापते रहिए। इस वर्ण और जातिवादी सोच के समाज में थोड़ा-सा भी सामाजिक परिवर्तन नहीं होनेवाला। जब तक उनके विचार आप व्यवहार में नहीं उतारेंगे तब तक आपकी वास्तविक मानवीय मुक्ति सम्भव नहीं है। आप अपने आपको अम्बेडकराइट कहते हैं, बुद्धिस्ट कहते हैं लेकिन आप व्यवहार में वर्णवादी, हिन्दुत्ववादी, जातिवादी जिन्दगी जीते हैं। क्योंकि आप वर्ण और जाति-व्यवस्था के मूल्यों को जस का तस मानते हैं। उसे ढोते चलते हैं।'[20]

8-9 मार्च, 1984 ई. को आगरा में चल रहे 'अखिल भारतीय बौद्ध महासभा उत्तर प्रदेश इकाई' के सम्मेलन में उन्होंने कहा था—जब तक वर्ण और जाति नहीं टूटेगी तब तक इस देश में मानवतावादी समता का समाज नहीं बनाया जा सकता। आप लोग जाति तोड़िए आप बौद्धिस्ट और अम्बेडकराइट होकर भी अपनी जाति नहीं छोड़ पा रहे हैं। आप किसी भी स्थिति में जाति से बाहर रोटी-बेटी का सम्बन्ध नहीं बनाते हैं। यही जातिवाद है। जब तक यह टूटेगा नहीं, समाज में रोटी-बेटी का सम्बन्ध जुड़ेगा नहीं तब तक आपकी मूलभूत समस्या खत्म नहीं हो सकती। दरअसल आप लोग अम्बेडकराइट नहीं रिजर्वेशनाइस्ट हैं, बुद्धिस्ट नहीं सुविधाइस्ट हैं। अत: दु:शील नहीं, सुशील बौद्ध बनिए। आप सब इस स्थिति पर गम्भीरता से विचार कीजिए।[21]

## विपस्सना आदि दिनचर्या

महामानव बुद्ध द्वारा पुनर्सृजित ध्यान साधना क्रिया को विपस्सना कहते हैं। इसे पेरियार ललई सिंह ने 2 सितम्बर, 1984 से 7 अक्टूबर, 1984 तक सारनाथ, वाराणसी में

किया था। वे नियमित विपस्सना करते थे। उनकी दिनचर्या भी दिलचस्प थी। प्रातः चार बजे जगकर नित्यप्रति कार्य करके। पैंतालीस मिनट तक योग-विपस्सना आदि करते। उसके बाद चिन्तन, मनन और अध्ययन करते। इस बौद्धिक कार्य के बाद अशोक पुस्तकालय प्रकाशन, सस्ता प्रेस, पेरियार प्रेस आदि का हिसाब-किताब करते। उसके बाद भाषण, सभा और आन्दोलन हेतु निकल जाते। साथ ही, वहाँ साहित्य का स्टॉल आदि भी लगाते। उसके बाद वे पैदल ही गाँव-गाँव घूमते हुए सचेत मानवतावादी साहित्य की पुस्तकों को बेचते हुए, उसका प्रचार-प्रसार आदि करते हुए शाम को घर आते। दो मोटी रोटी बनाते खाते और सो जाते। उनके इस दो मोटी रोटी पर रोचक संस्मरण है, जिसे मुझे उनके साथी और गाँव-जवार के शुभचिन्तकों ने सुनाया कि वे अक्सर कहा करते थे कि मैं सिर्फ दो रोटी खाता हूँ। एक सरकारी, एक अपने श्रम की और जिन्दगी समाज को दे दी है। यही मेरे साधारण जीवन की दास्तान है।[22] वास्तव में, यही उनका समाज और राष्ट्र को समर्पित जीवन था।

## बौद्ध धर्म नकद धर्म—बाकी सब उधार धर्म

पेरियार ललई सिंह ने कहा कि बौद्ध धर्म तर्क और बुद्धि पर आधारित एक वैज्ञानिक धर्म और दर्शन है। वे लिखते हैं, बौद्ध दर्शन वैज्ञानिक दर्शन है।[23] वे इस धर्म के मूल में पाते हैं कि यह धर्म स्वर्ग-नर्क जैसी झूठी आस्थाओं और मिथकों से मुक्त धर्म है। वे लिखते हैं, 'बौद्ध साहित्य में पुनर्जन्म की अनेक घटनाओं का वर्णन है। मैं समझता हूँ—उस प्राचीन बौद्ध काल में ब्राह्मणी पुनर्जन्म की छाप बौद्धों पर भी पड़ी होगी। बौद्ध धर्म अनीश्वरवाद व अनात्मवाद है। जब आत्मा नहीं तब पुनर्जन्म किसका? अर्थात् पुनर्जन्म नहीं है।'[24] वास्तव में, पेरियार ललई सिंह इस बात पर दृढ़ हैं, कि बौद्धधर्म किसी भी अदृश्य सत्ता को मानने के लिए तैयार नहीं है।[25]

बौद्ध धर्म श्रम और उसके मूल्य को इसी संसार में प्राप्त करने में विश्वास रखता है। वे लिखते हैं, 'संसार में अनेक धर्म हैं यह कहना गलत है वास्तव में इस सम्पूर्ण संसार में दो धर्म हैं। एक नकद धर्म है और दूसरा उधार धर्म है। बौद्ध धर्म नकद धर्म है। इसमें नैतिकता पर सबसे अधिक बल दिया गया है। इस नैतिकता का फल इसी जन्म में मान, प्रतिष्ठा, बढ़ाई के नाम से मिलता है। हिन्दू, ईसाई, इस्लाम और यहूदी आदि उधार धर्म हैं। इन धर्मों में अच्छा या खराब काम कीजिए, उसका लाभ या हानि अगले जन्म में अमीर या गरीब स्वर्ग या नर्क के नाम से मिलेगा।'[26] अर्थात् बौद्ध धर्म इस मान्यता में विश्वास करता है कि इस जन्म में कर्म कीजिए तो इसी जन्म में फल की प्राप्ति होगी। अन्य सभी धर्म कर्म फल के सिद्धान्त पर कहते हैं कि इस जन्म में कर्म कीजिए और अगले जन्म में फल लीजिए।

इस तरह बौद्ध धर्म कहता है कि जो कुछ भी है वह इसी जन्म में प्रतिफलित होगा, अगले जन्म में नहीं। इसलिए यह धर्म नकद धर्म है और सभी धर्म उधार धर्म हैं। साथ ही यहाँ वे एक बार पुन: उन सभी लोगों को खारिज करते हैं जो लोग बौद्ध धर्म में पुनर्जन्म और स्वर्ग-नरक जैसे सम्प्रत्ययों के होने की बात करते हैं। वे आगे लिखते हैं, बौद्ध धर्म वाले ईश्वर, आत्मा, स्वर्ग, नर्क पुनर्जन्म भाग्य और भगवान को नहीं मानते। अन्य धर्म वाले मानते हैं।[27]

वे बुद्ध के तार्किक और वैज्ञानिक चिन्तन निर्माण पर लिखते हैं, 'बुद्ध ने पहले पुराने दार्शनिकों कपिल, चार्वाक, भृगु, मक्खली गोशाल, कौत्स, असंग तथा अलार कलाम आदि के दर्शनों (मतों) का अध्ययन किया। व्यावहारिक प्रयोगस्वरूप समाधि लगाई, तत्पश्चात् भारी तपस्या की, सत्य नहीं मिला। शारीरिक कमजोरी के कारण कर्मेन्द्रियों व ज्ञानेंद्रियों की शक्ति में बड़ी कमी आ गई। इस प्रकार जो भी ज्ञान था वह भी कम होने लगा।'[28] वे बुद्ध के इस प्रयोगात्मक अनुभवजन्य ज्ञान पर जनता को विश्वास करने की बात कहते हुए बुद्ध के बारे में कहते हैं, 'बुद्ध एक महान वैज्ञानिक एवं मनोवैज्ञानिक थे।'[29] इस कारण वे एक ऐसे धर्म का प्रतिपादन कर सके जो मानसिक परिवर्तन करता है। यह परिवर्तन तर्क और ज्ञान के आधार पर किया जाता है। कृषा गौतमी और डाकू अंगुलीमाल का बुद्ध द्वारा मानसिक परिवर्तन दुनिया के सबसे सुन्दर उदाहरण हैं।

पेरियार ललई सिंह बौद्ध धर्म पर मिथकीय ब्राह्मण धर्म द्वारा स्वर्ग-नर्क के घनघोर सामाजिक प्रभाव से बननेवाली स्थिति का भी कयास लगाते हैं और लिखते हैं, 'अनागारिक धर्मपाल ने काशी में ब्राह्मण के घर अनेक जन्म लेकर सदा बौद्ध धर्म के प्रचार करने की बात मरते समय की है जो समझ में नहीं आती। यों तो बौद्ध साहित्य में पुनर्जन्म की अनेक घटनाओं का वर्णन है। मैं समझता हूँ, उस प्राचीन बौद्ध काल में ब्राह्मणी पुनर्जन्म की छाप बौद्धों पर भी पड़ी होगी, जिसका असर अनागारिक धर्मपाल पर भी पड़ा होगा। बौद्ध धर्म अनीश्वरवादी व अनात्मवादी है। जब आत्मा नहीं, तब पुनर्जन्म किसका? अर्थात् पुनर्जन्म नहीं है।'[30]

वास्तव में, वे बुद्ध की इस मूल प्रत्यस्थापना पर दृढ़ थे कि यह संसार अनिच्च है। अनिच्च अर्थात् हर क्षण परिवर्तित होता रहता है। यह भौतिक संसार ही सत्य है। यह संसार ईश्वर से नहीं वरन स्वाभाविक रूप से और बुद्धि से सतत संचालित होता है। अत: आर्य नस्लीय श्रेष्ठता, वर्ण-व्यवस्था, पुरोहितवाद, यज्ञ, कर्मकांड आदि असत्य हैं। मानव समानता ही सत्य है। यही बुद्ध का सत्य सिद्धान्त है।

अध्याय-4

# उत्तर भारत के पेरियार

*अधिकार माँगे नहीं, छीने जाते हैं!*

दीक्षा दिवस 14 अक्टूबर, 1968 ई. को नानाराव पार्क, कानपुर में धम्म-दीक्षा आचार्य भिक्षु निर्गुणानन्द ने कहा, आप लोगों ने 12 अक्टूबर को लखनऊ में पेरियार ई.वी. रामास्वामी को सुना है। हिन्दू मिथक-धर्म संस्कृति पर उन्हीं की तरह उत्तर भारत में ललई सिंह तथ्य-तर्क के साथ कड़ा प्रहार करते हुए उसकी धज्जियाँ उड़ाते हैं। इसलिए हमारे 'उत्तर भारत के पेरियार' तो ललई सिंह ही हैं।[1] तब से मैं अपने नाम के साथ 'पेरियार' उपनाम लगाने लगा तथा अपना नाम 'पेरियार ललई सिंह' के रूप में लिखने लगा और साधारण जनता मुझे 'उत्तर भारत का पेरियार' कहने लगी। इसी बीच इस देश के महान सामाजिक-सांस्कृतिक आन्दोलनकारी पेरियार ई.वी. रामास्वामी का 24 दिसम्बर, 1973 ई. को वेल्लूर में निर्वाण हो गया। 'इरोड' चेन्नई, जहाँ उनका घर था। उसके बाद 27 दिसम्बर, 1973 को 'इरोड' में ही 'पेरियार' की स्मृति में एक 'महान स्मृति-सभा' का आयोजन किया गया।[2] जिसमें देश के अनेक प्रबुद्ध लोगों को बुलाया गया। इसमें ललई सिंह को भी बुलाया गया था। वे भिक्षु माखन लाल साथ लेकर 'इरोड' गए।

यहाँ पर सम्पूर्ण देश से जनता और प्रबुद्ध विद्वान पहुँचे हुए थे। सभी विद्वानों ने जनता के समक्ष पेरियार ई.वी. रामास्वामी से सम्बन्धित अपने विचार और मनो-भावनाओं को रखा। ललई सिंह ने भी अपने विचार रखे। इनकी बातें मुख्यत: हिन्दू मिथक केन्द्रित थीं, जिसमें वे मिथकों की धज्जियाँ उड़ा रहे थे। बात, व्यवहार और विचार रखने की ओजस्वी भाषा और मिथकों पर पेरियार ई.वी. रामास्वामी जैसा ही वे भी प्रहार कर रहे थे। अत: ललई सिंह के इस भाषण से जनता स्तब्ध रह गई। ज्यों ही ललई सिंह ने अपने भाषण को समाप्त किया, जनता नारे लगाने लगी—'ललई सिंह जिन्दाबाद, ललई सिंह जिन्दाबाद! हजारों-लाखों की इस जनसभा ने कहा, हमें नए 'पेरियार' मिल गए। आज से हमारे नए पेरियार होंगे—'पेरियार ललई सिंह', 'पेरियार ललई सिंह', 'पेरियार ललई सिंह'।[3] 27 दिसम्बर, 1973 को पेरियार के

गाँव 'इरोड', चेन्नई में हुई 'महान स्मृति-सभा' ने ललई सिंह को उनके व्यवहार, विचार और भाषण के कारण 'पेरियार' अर्थात् 'महान व्यक्ति' की उपमा दी। यहाँ से उन्हें 'पेरियार ललई सिंह' के रूप में पूर्णत: जाना जाने लगा। तब से आज तक उन्हें 'पेरियार ललई सिंह' के रूप में पहचाना जाता है। इसी नाम से सम्बोधित किया जाता है। उसके बाद से उन्होंने स्वयं अर्थात् ललई सिंह ने अपने नाम को आप सबका पेरियार ललई सिंह[4] के रूप में लिखना शुरू कर दिया।

पेरियार इरोड वेंकट रामास्वामी ने दक्षिण भारत में जिस तरह आमूल-चूल सामाजिक-सांस्कृतिक परिवर्तन का आन्दोलन चलाया था। उसी तरह ललई सिंह ने उत्तर भारत में हिन्दू इतिहास, मिथक, धर्म, समाज, संस्कृति पर चिन्तन करते हुए उसे सामाजिक-सांस्कृतिक आन्दोलन की परिवर्तनकामी सोच के साथ चलाया। इस चिन्तन को आन्दोलनकारी स्वरूप देते हुए समाज और देश के समक्ष प्रस्तुत किया। उत्तर भारत में नवजागरण की चेतना जगाई। साथ ही, ललई सिंह के जनान्दोलनों के भाषणों आदि में पेरियार ई.वी. रामास्वामी की-सी स्पष्टता, निर्भीकता और बुलन्द ऊँची आवाज में अपनी बातों को रखने का तेवर था। पेरियार की ही तरह ललई सिंह ने उत्तर भारत में सामाजिक-सांस्कृतिक की चेतना जगाई। उत्तर भारत के कथित हिन्दू मिथकों पर करारा प्रहार करना शुरू किया। इस तरह के महान कार्यों के कारण ललई सिंह को उत्तर भारत का पेरियार[5] कहा गया। पेरियार तमिल भाषा का शब्द है जिसका हिन्दी अर्थ होता है—महान। 'दक्षिण भारत का पेरियार' ई.वी. रामास्वामी को कहा जाता है तो 'उत्तर भारत का पेरियार' ललई सिंह को कहा जाता है।

पेरियार ललई सिंह अंग्रेजों द्वारा बनाए गए ढाई सौ साल के उपनिवेश और साम्राज्य से देश को मुक्त कराने के बाद इस देश अर्थात् भारतभूमि पर आर्यों द्वारा बनाए गए वर्ण और जाति-व्यवस्था के उपनिवेश से भी इस देश के आदिनिवासियों को मुक्त कराने के लिए चिन्तन-मनन, अध्ययन और आन्दोलन शुरू करते हैं। इसी के साथ इनका साहित्य और चिन्तन समाज के सामने आना शुरू हो गया। उस समय से लेकर निर्वाण तक पेरियार ललई सिंह आदिनिवासियों—आदिवासियों, दलितों, पिछड़ों और अल्पसंख्यकों के उद्धार में लगे रहे। इन सबके उद्धार का आधार उन्होंने चिन्तन, लेखन, भ्रमण और भाषण[6] को बनाया।

### अशोक प्रेस, सस्ता प्रेस, अशोक पुस्तकालय, पेरियार प्रेस और पेरियार ललई सिंह चैरीटेबल ट्रस्ट की स्थापना और उसके नाम जमीन जायदाद—

आधुनिक भारत के अमूमन सभी बुद्धिजीवी, साहित्यकार, आन्दोलनकर्मी—समाचार, पत्र-पत्रिकाएँ प्रकाशित सम्पादित करते थे। प्रेस (छापाखाना) खोलते थे। वे अपने

विचार को अपने समाज और राष्ट्र तक दैनन्दिन पहुँचाना चाहते थे, जिस कारण समाचार-पत्र निकालते और किताबें आदि लिखते थे।

मानव समता के प्रखर बुद्धिजीवियों और चिन्तकों ने समय-समय पर प्रकाशन और मुद्रण के माध्यम से समतामूलक विचारों की प्रखर अभिव्यक्ति दी। इस देश (भारत) के राष्ट्रपिता जोतिबा फुले ने 1 जनवरी, 1877 ई. को दीनबन्धु[7] नामक समाचार पत्र की शुरुआत मराठी भाषा में की तो वहीं उत्तर भारत में हिन्दी क्षेत्र में स्वामी अछूतानन्द ने सबसे पहले सन् 1917 में 'अछूत' नामक दलित चेतना का हिन्दी सामाचार पत्र प्रकाशित किया।[8] अम्बेडकर ने 31 जनवरी, 1920 ई. को 'मूकनायक' नामक मराठी समाचार पत्र शुरू किया। यह भारतीय पत्रकारिता की नई धारा थी, जिसकी प्रेरणा डॉ. अम्बेडकर को जोतिबा फुले से प्राप्त हुई थी।[9] स्वामी अछूतानन्द ने 1922-23 में दो वर्ष तक 'प्राचीन हिन्दू' का सम्पादन भी किया।[10] 1924 में संतराम बीए ने मासिक पत्रिका 'उषा' को शुरू किया। स्वामी अछूतानन्द ने सन् 1925 में 'आदि हिन्दू प्रेस' लगाया, जिसके मैनेजर जी.आर. जटिया थे। यह प्रेस तलाक महल, कानपुर में स्थापित किया गया था।[11] उन्होंने सन् 1925 में 'आदि हिन्दू' नाम से लघु मासिक पत्र भी प्रकाशित किया था। पेरियार ई.वी. रामास्वामी ने 2 मई, 1925 में 'कुडी अरासु' नामक साप्ताहिक पत्रिका तमिल भाषा में प्रकाशित करना शुरू किया, जो असुर द्रविड़ चेतना से परिपूर्ण थी।[12] सन् 1928 ई. में स्वामी अछूतानन्द ने 'आदि हिन्दू' नाम से एक अन्य अखबार की शुरुआत की। 1 जून, 1934 को मुंशी हरी प्रसाद टमटा ने हिन्दी साप्ताहिक 'समता' का प्रकाशन आरम्भ किया। यही प्रक्रिया स्वतंत्रता के बाद भी जारी रही। बुद्धिवादी चन्द्रिका प्रसाद 'जिज्ञासु' ने 1937 ई. में 'नवजीवन' नाम से अखबार निकाला। उन्होंने सन् 1957 में बहुजन कल्याण प्रकाशन की स्थापना की थी।[13] वर्ष 1957 में दयानन्द व्यास द्वारा हिन्दी साप्ताहिक 'सिंघनाद' का प्रकाशन आरम्भ किया गया। सन् 1957 में पेरियार ललई सिंह गहन अध्ययन, दुर्लभ साहित्य संग्रह और लेखन प्रारम्भ करते हैं। दुर्लभ पुस्तकों की पुन: छपाई प्रसार हेतु उन्होंने मार्च, 1958 ई. को चैत्य अष्टमी को बौद्ध सम्राट अशोक की जयन्ती के अवसर पर गुईन रोड, अमीनाबाद, लखनऊ में अशोक प्रेस[14] की स्थापना की। 17 सितम्बर, 1961 ई. को 'सस्ता प्रेस' की स्थापना की।[15] इस मिशनरी प्रेस की स्थापना और पुस्तकों की छपाई के बाद अब उनके प्रकाशन और वितरण की समस्या आई। जिस पर उन्होंने 14 अप्रैल, 1960 ई. को लखनऊ में ही 'अशोक पुस्तकालय' नाम से एक प्रकाशन की व्यवस्थित शुरुआत किया।[16] उनका प्रेस और प्रकाशन लखनऊ में प्रारम्भ हुआ। लखनऊ से अलीगढ़, झींझक, झकरकटी में लगा। सबसे अधिक समय तक झींझक में रहा। उनका यह 'प्रकाशन' ऐतिहासिक सिद्ध हुआ। छेदीलाल साथी सन् 1960 में 'बहुजन' पाक्षिक का सम्पादन प्रारम्भ करते हैं।[17] सन् 1962

में अलीगढ़ के एक स्वतंत्रता सेनानी श्री सेवाराम महाशय द्वारा 'जमीन के तारे' की शुरुआत की गई। इसका सम्पादन मिश्रीलाल दीपक द्वारा किया गया, जिन्होंने स्वयं सन् 1966 में 'भीम प्रिंटिंग प्रेस' की स्थापना की थी। सन् 1966 में बलबीर सिंह आजाद ने बुलन्दशहर से 'शोषित पुकार' नामक समाचार पत्र की शुरुआत की। जिसकी हजार मुद्रित प्रतियाँ छपती थीं। 2 मार्च, 1968 ई. को प्रो. रमेश प्रसाद सिंह ने 'शोषित' (साप्ताहिक) पटना से प्रकाशित किया है।[18] जगदेव प्रसाद इसके संस्थापक प्रधान सम्पादक थे।[19] यह समाचार पत्र आगे चलकर शोषित समाज दल का मुख-पत्र होता गया। 'डेहरी-पड़ाव' नामक स्थान पर 'शोषित समाज दल' का तीन दिवसीय राष्ट्रीय सम्मेलन को साप्ताहिक ने अंक के रूप में प्रकाशित किया[20] जो दल के कार्यालय से प्रकाशित होता था। सन् 1968 में अलीगढ़ से 'स्वाधीन भारत' नामक साप्ताहिक समाचार पत्र निकलना शुरू हुआ।[21] 1 जून, 1969 ई. को महामना रामस्वरूप वर्मा ने 'अर्जक साप्ताहिक' का सम्पादन प्रारम्भ किया[22] जिसके सम्पादक चौधरी महाराज सिंह भारती भी रहे। इस प्रकार उत्तर भारत की राष्ट्रनिर्माण की अनेक विभूतियाँ समाचार पत्र प्रकाशित करती हैं। अपना मुद्रण खोलती हैं।

सन् 1960 ई. में पेरियार ललई सिंह अलीगढ़, उ.प्र. में 'अशोक प्रेस' स्थापित किया। इनके लगातार चल रहे सामाजिक-सांस्कृतिक आन्दोलनों की चेतना को देखते हुए, डॉ. छेदीलाल साथी ने प्रेस और प्रकाशन को लखनऊ में स्थापित करने के लिए विशेष अनुरोध किया, जिसे इन्होंने स्वीकार करते हुए 1970 ई. में लखनऊ में 'सस्ता प्रेस' और 'अशोक पुस्तकालय' प्रकाशन स्थापित किया किन्तु उस आबोहवा में उनका मन रमा नहीं जिस कारण वे पुन: सन् 1971 ई. में 'सस्ता प्रेस' और 'अशोक पुस्तकालय' प्रकाशन के साथ ही झींझक, कानपुर चले आए। 13 जून, 1982 ई. को उन्होंने 'पेरियार प्रेस'[23] की स्थापना झींझक, कानपुर में की। उस समय उनकी उम्र 71 वर्ष की थी। समय और आवश्यकता के अनुसार ये प्रेस और प्रकाशन देश के विभिन्न गाँवों, कस्बों और शहरों—अलीगढ़, लखनऊ और कानपुर आदि जगहों पर स्थापित-विस्थापित होते रहे।

इस अशोक पुस्तकालय की सोच और विजन राष्ट्रीय और अन्तरराष्ट्रीय स्तर की थी जिसमें राष्ट्रीय स्तर पर इसकी पहुँच—कानपुर, मध्य प्रदेश से होते हुए गुजरात से बंगाल तक की थी तो जम्मू-कश्मीर से तमिलनाडु तक थी। साथ ही, इस अशोक पुस्तकालय की अन्तरराष्ट्रीय पहुँच थी, जिसमें—ब्रिटेन, फ्रांस, जर्मनी, न्यूजीलैंड, स्विट्जरलैंड आदि देशों के अनुसन्धानकर्ता और अध्येता सम्मिलित थे।[24] इससे हम अन्दाजा लगा सकते हैं कि उस देश-काल में भारत में चल रही मौन क्रान्ति की अन्तरराष्ट्रीय पहुँच थी।

11 अप्रैल, राष्ट्रपिता जोतिबा फुले का जन्मदिन है। 14 अप्रैल, बाबा साहब डॉ. अम्बेडकर का जन्मदिन है। 17 सितम्बर, पेरियार ई.वी. रामास्वामी का जन्मदिन।

इससे पेरियार ललई सिंह की अपनी महान विभूतियों को स्मृति में बसाए रखने की सोच और विश्वदृष्टि का पता चलता है। इस खास दृष्टि से वे अपने समाज का निर्माण कर रहे थे। इस प्रकाशन और दोनों प्रिंटिंग प्रेस का एक ही उद्देश्य था कि इस देश की आदिनिवासी चेतना के चिन्तकों, साहित्यकारों की पुस्तकों को सस्ती कीमत पर छापकर साधारण जनता के लिए उपलब्ध कराना जिससे समाज में सामाजिक-सांस्कृतिक और राजनीतिक चेतना का निर्माण हो सके। सन् 1986 के बाद हाई-कमांडर ने इस प्रेस और प्रकाशन को 84/172 झकरकटी, जी.टी. रोड़, कानपुर में भी स्थापित किया किन्तु इसका संचालन झींझक और झकरकटी दोनों जगह से सतत होता रहा।

यहाँ पर प्रेस कुछ साल चला। इन दोनों प्रेस से सैकड़ों किताबें छपीं, पैम्फलेट्स, पोस्टर, बैनर आदि छपे और बहुत सारी आवश्यक सामग्रियों को यहाँ संगृहीत, सम्पादित और प्रकाशित किया गया। यह प्रकाशन, प्रेस और ट्रस्ट उनके निर्वाण सन् 1993 के बाद अर्थात् सन् 1996 तक चलते रहे। हाई-कमांडर, मूल निवासी योद्धा के अस्वस्थ और वृद्ध हो जाने और खून की उल्टी अधिक होने के कारण जैसे रोते हुए हाई-कमांडर ने सन् 1986 में प्रकाशन, प्रेस को अपने शुभचिन्तक साथियों को इस उम्मीद के साथ सप्रेम भेंट कर दिया कि वो लोग सत्तामूलक समाज निर्माण के मिशन को आगे बढ़ाएँगे। इस प्रकाशन में पेरियार ललई सिंह ने बहुत सारे दुखियों, शोषित, दलित और पिछड़े वर्ग के लोगों को और राष्ट्र निर्माण की भावना से नौकरी दे रखी थी। वे स्वयं लिखते हैं, 'मैंने कई पढ़े-लिखे गरीबों को प्रिंटिंग प्रेस का काम सिखाया। उनमें से किसी ने सरकार से कर्ज लेकर अपना खुद का प्रिंटिंग प्रेस खोल लिया तो कोई अन्य प्रिंटिंग प्रेस में नौकरी करने लगे। कइयों ने अपना प्रेस खोल लिया।'[25]

सन् 1957 ई. में उन्होंने झींझक कस्बे में 'अशोक प्रेस' को स्थापित किया था। उसके आस-पास के जवार और जनमानस पर इसका गहरा सांस्कृतिक प्रभाव पड़ा। उसकी वजह से 'सस्ता प्रेस' के बाद पेरियार ललई सिंह ने 1970 ई. में हुबलाल आजाद को कहकर 'भारत प्रेस' खुलवाया। इसके बाद उनके पुत्र जयबीर सिंह से सन् 1985 ई. में 'जयबीर प्रेस' खुलवाया। इसके पूर्व दुलारे लाल से कहकर सन् 1984 ई. में 'संजय प्रेस' खुलवाया। 'संजय प्रेस' इनके पुत्र संजय कुमार के नाम खुला। संजय कुमार से हुई बात-चीत में उन्होंने कहा कि 'संजय प्रेस' पेरियार ललई सिंह की देन है। उन्होंने मेरे पिता दुलारे लाल से कहकर संजय प्रेस खुलवाया। यदि वे न होते तो आज संजय प्रेस न होता।' इन सभी लोगों को उन्होंने अपने सस्ता प्रेस में पहले प्रिंटिंग करना सिखाए फिर इन सबका स्वतंत्र प्रेस खुलवाया। आज सन् 2020 ई. में झींझक, कानपुर में कई प्रेस लगे हुए हैं। इसमें कुछ के नाम निम्नलिखित हैं—'भारत प्रेस', 'संजय प्रेस', 'जयबीर प्रेस', 'कम्प्यूटर इंडिया प्रिंटिंग प्रेस', 'आलिया प्रिंटिंग प्रेस', 'भगवती प्रिंटर्स', 'श्री कम्प्यूटर प्रेस', 'अग्निहोत्री प्रेस' आदि।[26]

पेरियार ललई सिंह ने साधारण जनमानस में सामाजिक-सांस्कृतिक चेतना निर्माण हेतु अशोक पुस्तकालय और सस्ता प्रेस स्थापित किया था। इस प्रकाशन के खोलने का एक और महत्त्वपूर्ण कारण था कि पेरियार ललई सिंह की मिशनरी आदिनिवासी चेतना से लिखी गई पुस्तकें या इस चेतना से लिखी गई किसी भी विद्वान की कोई भी किताब वर्चस्ववादी प्रकाशक, प्रकाशित करने के लिए तैयार नहीं थे। इसलिए इन्होंने समतावादी बौद्धधर्मी सम्राट 'अशोक' के नाम पर स्वयं प्रकाशन खोला, जिसने सम्पूर्ण भारत में जाति और वर्ण-व्यवस्था का आमूल-चूल सर्वनाश करते हुए भारत को 'समता' का प्रबुद्ध देश बनाया था। अपने प्रकाशन का नाम 'अशोक पुस्तकालय' रखते हुए इन्होंने उसी चेतना का निर्वहन किया। वैसे ही 'अशोक पुस्तकालय' का मूलभूत उद्देश्य था—इस देश के घर-घर में चेतना युक्त किताबों के साथ जन जागृति का प्रचार-प्रसार करना।

उनकी सोच थी कि हम इस देश के घर-घर में पुस्तकालय खोलकर सामाजिक-सांस्कृतिक चेतना से युक्त समता का समाज निर्माण कर सके हैं, जो अन्धविश्वास, कर्मकांड, जातिवाद, वर्णवाद और मनुवाद से पूर्णत: मुक्त समता का समाज होगा। इस निर्माण कार्य में किताबों की कितनी बड़ी भूमिका होगी और उसका हर घर में होना कितना जरूरी है। इस पर वे लिखते हैं, दक्षिण भारत के प्रत्येक घर में व्यक्तिगत घरू पुस्तकालय और प्रत्येक ग्राम तथा शहर के बड़े-बड़े मोहल्लों में चन्दा द्वारा सार्वजनिक पुस्तकालय खोले गए हैं। इसलिए वे अपने अधिकारों के प्रति विशेष सजग हैं। अत: आप लोग भी अपने-अपने घरों पर व्यक्तिगत घरू पुस्तकालय तथा ग्रामों व शहरों के बड़े-बड़े मोहल्लों में चन्दा द्वारा सार्वजनिक पुस्तकालय अतिशीघ्र खोलें तभी भला होगा—'माइंड रूल' अर्थात् 'दिमाग शासन करता है'—तो दिमाग किताबों में है।'[27] इस तरह पेरियार ललई सिंह का मिशनरी अशोक पुस्तकालय समाज और राष्ट्र निर्माण हेतु चलता है।

इस प्रकाशन की पुस्तकें वे स्वयं विभिन्न जगहों पर 'अशोक पुस्तकालय' का स्टॉल लगाकर बेचते थे। साथ ही फुले, अम्बेडकर, पेरियार आदि की जयन्ती पर वे भी विभिन्न जगहों पर स्टॉल लगाते थे। देश के सभी राज्यों में घूमते हुए 82 साल की उम्र में पेरियार ललई सिंह 20 से 25 केजी तक पुस्तकों का भार अपने कन्धे पर उठाए पहुँच जाते थे। कानपुर, लखनऊ, दिल्ली, हिमाचल, हरियाणा, पंजाब, जम्मू-कश्मीर, मध्य प्रदेश, गुजरात, महाराष्ट्र, उड़ीसा, बिहार, आन्ध्र प्रदेश, तमिलनाडु...आदि जगहों पर बहुजन चेतना के कार्यक्रमों में अपने प्रकाशन के साथ पहुँचे रहते थे। उनके 'अशोक पुस्तकालय' से 101 पुस्तकें प्रकाशित थीं, जिनके सम्पूर्ण देश में 26,000 पाठक थे।[28] इस आदिनिवासी चेतना के समर्पण का ये आलम था कि उन्हें अपने पिता चौधरी गज्जू सिंह की विरासत से 71 बीघे जमीन मिली थी। अपने पिता की इकलौती सन्तान थे। इनके हिस्से आई जमीन में आम,

अमरूद, कटहल, आँवला आदि फलों की कई बीघे की बागान भी शामिल थी। सर्वस्व इन्होंने मिशन में लगा दिया। भूमिहीन अजब पाल को कुछ बीघा जमीन दान में दे दी। भूमिहीन कैलाश दुबे और सुरेश दुबे को कुछ बीघा जमीन दे दी। कुछ जमीन भूमिहीन दलितों में बाँट दी। अपना 'घर' और 'बाग' अपने परिजन को दे दिया। बची हुई जमीन अशोक पुस्तकालय के नाम कर दी। उनका यह मिशनरी त्याग इतिहास में सदा याद रखा जाएगा।

यह ऐतिहासिक परिघटना और महान करुणा भाव है कि जिन पुरोहित ब्राह्मणों ने ईश्वर, वेद, पुराण, स्मृति, शास्त्र, कर्मकांड, श्राध्य और वर्ण, जाति, अस्पृश्यता की परिकल्पना आदि की जो इस देश के मूल मनुष्यों की दुर्गति और प्रवंचना का आधारभूत कारण बना, उनकी भी पेरियार ललई सिंह मानवीय मुक्ति चाहते हैं। यह उस विभूति के विराट व्यक्तित्व और राष्ट्रनिर्माता होने का परिचायक है। साथ ही यह उनकी समता की मानसिकता और करुणा की भावना की विश्वदृष्टि को परिलक्षित करता है।

इस कारुणिक मन पर जोतिबा फुले की सहज ही याद आती है जो सवर्ण विधवाओं द्वारा जन्मे बच्चों के लिए जचगी केन्द्र खोलते हैं। यह सवर्ण जातियों की समस्या थी। अवर्ण जातियों में विधवा-विवाह का प्रचलन था। ऐसी मानवीय सोच की थीं ये बहुजन विभूतियाँ।

## 'रॉकेट ऑफ डॉ. अम्बेडकर' और 'रॉकेट ऑफ पेरियार ललई सिंह'

मूलनिवासी योद्धा पेरियार ललई सिंह एक सचेत सांस्कृतिक योद्धा थे। वे वास्तव में सांस्कृतिक युद्ध लड़ रहे थे। वे समाज में सतत सामाजिक, सांस्कृतिक चेतना तैयार कर रहे थे। इसी कारण महान बहुजन विभूतियों के विचारों का पैम्फलेट-गुच्छा बना कर लोगों के बीच बाँटते थे। वो जहाँ भी आते-जाते अपने साथ डॉ. अम्बेडकर के विचारों और वक्तव्यों का एक पैम्फलेट हर समय साथ लेकर चलते थे। एक छोटे से गत्ते पर 'डॉ. अम्बेडकर और पेरियार ललई सिंह' के कई सारगर्भित वैचारिक वाक्य लिखे होते थे, जैसे—'॥ नमो बुद्धाय॥' 'रॉकेट ऑफ डॉ. अम्बेडकर'[29], 'शिक्षित बनो, संगठित रहो अधिकारों के लिए संघर्ष करो।' 'जिस धर्म में आपकी मानवता का कोई मूल्य नहीं, उस धर्म में क्यों रहते हो—संसार सुखमय बनाना है तो धर्मान्तरण कीजिए।' इसी तरह 'रॉकेट ऑफ पेरियार ललई सिंह'[30] पैम्फलेट पर भी लिखा होता था—'सामाजिक अपमान गरीबी से अधिक खटकता है।' या 'अधिकार माँगे नहीं, छीने जाते हैं।'—'पेरियार ललई सिंह' और 'समता, बन्धुता व स्वतंत्रता युक्त बौद्ध धर्म में आपका धार्मिक, सामाजिक, आर्थिक एवं राजनीतिक अधिकार आदि हर प्रकार से सुरक्षित है—14 अप्रैल,

सन् 1982 मूल्य पच्चीस पैसा।[31] इसी प्रकार की मानववादी सांस्कृतिक चेतना के निर्माण की अपील जारी करते थे, जिसमें वे लिखते हैं—'लाखों हिन्दू करोड़ों पैम्फलेट्स संतोषी माता व श्री कृष्ण (तिरुपति बालाजी) और मुसलमान खुदा का ऐलान छापते हैं। अत: आप सभी भी स्वत: या मित्रों के सहयोग से एक हजार या अधिक पैम्फलेट्स 'राकेट ऑफ डॉक्टर अम्बेडकर' अपनी भाषा या हिन्दी में छपवा कर परम पूज्य बाबा साहब के कारवाँ को आगे बढ़ाएँ। दस प्रतियाँ मुझे भेजें। धन्यवाद!—पेरियार ललई सिंह।[32] पेरियार ललई सिंह के ऐसे अनेक प्रकार के वैचारिक वक्तव्य होते थे। यह अशोक पुस्तकालय से प्रकाशित होता था। उनका सामाजिक, सांस्कृतिक चेतना तैयार करने का यह लाजवाब तरीका था। यह उनके सामाजिक जीवन मिशन का अभिन्न अंग था।

पेरियार ललई सिंह जमीन पर उतरकर जन-आन्दोलन करने में सदा विश्वास रखते थे। उनका सेमिनारों से कई गुना अधिक विश्वास जमीन पर उतर कर जनता के बीच सभाओं, जन आन्दोलन करने में था। वे चाहते थे कि जनता में जनचेतना अर्थात् राजनीतिक-सामाजिक-सांस्कृतिक चेतना पैदा की जाए। उसे उसके अधिकारों का एहसास कराया जाए। यह बताया जाए कि अधिकारों को पाने के लिए संघर्ष करना पड़ता है। खून बहाना पड़ता है। अधिकारों और अर्थ अर्थात् पूँजी को वर्चस्ववादियों के हाथ से माँगना नहीं क्रान्ति द्वारा छीनना पड़ता है। इसलिए वे अक्सर यह कहा करते थे, 'अधिकार माँगे नहीं छीने जाते हैं।'[33] यह उनका दृढ़ विश्वास था। इस कारण वो जनता को इसी चेतना से लैश करते थे।

जन आन्दोलन लोकतंत्र की धड़कन होते हैं। इस कारण वे जन आन्दोलनों को इतना अधिक महत्त्व देते थे। आन्दोलन के दिन आन्दोलन स्थल पर सुबह-सुबह ही पहुँच जाते थे। घर से यदि नास्ता या भोजन आदि में थोड़ी भी देर होती थी तो बोलते कि 'बस आटा थोड़ा सा सेंककर रोटी बना दो। घी लगा दो। उसके साथ नमक या कच्ची लौकी लिये खाते हुए आन्दोलन स्थल पर पहुँच जाते थे।[34] पेरियार ललई सिंह ने वर्णवाद, पुरोहितवाद, जातिवाद, अस्पृश्यता के आमूल-चूल उन्मूलन की शुरुआत हिन्दुत्व के गढ़ गाँवों से की। अपनी नास्तिक मूल की वैचारिकी के साथ वे भारत के गाँवों से आन्दोलन, प्रबोधन और नवजागरण को शुरू करते हैं। जिसमें सत्तामूलक समाज बनाने का स्वप्न होता है। उनकी आन्दोलन भूमि के ये गाँव एकदम शिक्षा शून्य और पुरोहितवाद की हृदय भूमि होते हैं। जहाँ से वर्ण, जाति और अस्पृश्यता की भावना निर्मित, अनुप्राणित और प्रत्यस्थापित होती है। ये गाँव वर्ण और जाति व्यवस्था के केन्द्र हैं। इसी कारण वर्णाश्रमी आस्था के ये गाँव गांधी को अत्यन्त प्रिय थे। वे कहा करते थे, इस देश की आत्मा गाँवों में बसती है।[35] मनुवादी गांधी भारत की आत्मा वर्ण-जाति व्यवस्था को मानते हैं। जो

इस देश के गाँवों में आज भी सतत प्रवाहित हैं। इस कारण गांधी को भारत के गाँव स्वर्ग जैसे लगते थे। वहीं अम्बेडकर इस देश के गाँवों को वर्ण-जाति और अस्पृश्यता का केन्द्र मानते थे। जहाँ से प्रत्येक प्रकार की अमानवीयता का प्रस्फुटन होता है। इसी कारण अम्बेडकर को भारत के गाँव अप्रिय और शहर प्रिय थे।[36] इन्हीं अप्रिय गाँवों से पेरियार ललई सिंह अपने आन्दोलनों की शुरुआत करते हैं। समतामूलक समाज बनाने के लिए सतत नवजागरण करते हैं। जन-जन में मानव समता की चेतना की निर्मिति के लिए मूल सांस्कृतिक जागरण के आन्दोलन करते हैं। गाँव-गाँव घूम-घूमकर घर-घर जाकर लोगों के साथ बैठकर मानव समता के बारे में बातें करते, समझाते। कुछ लोगों के मानसिक रूप से तैयार हो जाने के बाद अगले चरण में वहाँ सभाएँ करते। इस प्रकार वे आधुनिक भारत का निर्माण कर रहे थे। उत्तर भारतीय जनमानस को प्रबोधन और नवजागरण की चेतना से युक्त कर रहे थे। यही वो सोच है जो उन्हें आधुनिक भारत के निर्माता के रूप खड़ा करती है।

## पेरियार और उनका उत्तर भारतीय सांस्कृतिक आन्दोलन

पेरियार इरोड वेंकट रामास्वामी सम्पूर्ण जीवन आदिनिवासी अनार्य द्रविड़ जनता के हक के लिए लड़ते रहे। इनका जन्म ग्राम-मालीगाई, पोस्ट-पुथुर, इरोड, जिला—तिरुचिरापल्ली, तमिलनाडु में 17 सितम्बर, 1879 ई. को हुआ था। इनके पिता का नाम वेंकट इरोड नायकर था। इरोड इनकी स्थानीय जगह थी। इनके पुरखों में नाम के साथ अपनी स्थानीय जगह का नाम रखने का प्रचलन था जिस कारण पेरियार के नाम के साथ 'इरोड' पद जोड़ा गया था। इनकी माता का नाम चिन्ना थयम्मल उर्फ मुथम्मल था। पेरियार का विवाह 13 वर्ष की उम्र में सन् 1898 ई. में नगम्मल से हुआ था।

पेरियार सन् 1904 ई. में वाराणसी पहुँचे। यहाँ वे डेढ़ वर्ष रहे। इस वाराणसी के बारे में श्रुति आधार पर कहा जाता है, इस जगह पर राजा वाणासुर अर्थात् वाण नाम के असुर राजा ने अपने नाम पर वाण असुर नगर बसाया, जिसकी वस्तुशास्त्रीय बुनावट और बसाव सिन्धु सभ्यता पर आधारित था। यह असुरों का नगर था। वाण असुर नगर धीरे-धीरे स्वराघात होते-होते वाराणसी हो गया। अब अपभ्रंश रूप 'वाराणसी' ही सम्बोधन हेतु शेष है। आज यह सरलीकृत रूप में बनारस नाम से भी पुकारा जाता है। वास्तव में, पेरियार 1904 में अपने महान असुर पुरखों की भूमि को चूमने, देखने और अनुप्राणित होने आए थे। आक्रान्ता आर्यों द्वारा असुरभूमि उत्तर भारत पर अधिग्रहण अभियान चलाकर आधिपत्य जमाने के बाद से वाराणसी अर्थात् काशी एक प्रसिद्ध हिन्दू तीर्थ-स्थल रूप में जाना जाता

है। जहाँ हिन्दू धर्म की कई प्रसिद्ध धर्मशालाएँ हैं, जिसमें स्पष्ट वर्णाश्रमी-नस्लवादी मानसिकता का स्पष्ट विभाजन है। यहाँ की धर्मशालाओं में सम्पूर्ण भारत के ब्राह्मणों को नि:शुल्क भोजन करने का विशेषाधिकार प्राप्त है किन्तु गैर-ब्राह्मणों को यह विशेषाधिकार प्राप्त नहीं है। इसमें वर्ण और जाति आधार पर प्राप्त निर्धारित अधिकार के आधार पर धन देकर आप भोजन और रात्रि विराम कर सकते हैं किन्तु इसकी पवित्रता को आप लेशमात्र भी प्रभावित नहीं कर सकते हैं। काशी में पेरियार एक धर्मशाला में भोजन करने गए, जहाँ उनसे उनका गोत्र और वर्ण, जाति और दिशा आदि पूछी गई। वे काले रंग के थे ही। उन्होंने स्वयं को दक्षिण भारत का नायकर द्रविड़ बताया। इस पर धर्मशाला के पुरोहित ने उन्हें वहाँ से डाँटते हुए भगाया। जबकि उस धर्मशाला के मुख्य गेट पर स्पष्ट लिखा हुआ था कि 'इस धर्मशाला का निर्माण द्रविण वर्ण के व्यवसायी ने करवाया है।' पेरियार स्वयं तमिलनाडु के एक महान द्रविण व्यवसायी के पुत्र थे। इस कारण उनके मन में इस परिघटना से गहरा आघात लगा। वे सोचने लगे कि एक द्रविड़ व्यक्ति द्वारा निर्मित धर्मशाला में ही एक द्रविड़ व्यक्ति भोज नहीं कर सकता है। इसका मुख्य कारण था पुरोहित अर्थात् ब्राह्मण वर्चस्व का होना। यहीं से पेरियार पुरोहित, ब्राह्मण और हिन्दू धर्म से विमुक हुए और द्रविड़ नस्ल के लिए गैर-ब्राह्मण आन्दोलन चलाना शुरू किया। इनका आन्दोलन केवल ब्राह्मण जाति, हिन्दू मिथक-धर्म और संस्कृति के वर्चस्व के विरुद्ध सामाजिक परिवर्तन के रूप में शुरू हुआ जिसका परिणाम यह रहा कि दक्षिण भारत में पुरोहित अर्थात् ब्राह्मण वर्चस्व की कमर टूट गई और बाकी सभी जातियों और नस्लों को पेरियार ने गैर-ब्राह्मण द्रविड़ नस्ल की परिधि में खड़ा करते हुए आन्दोलन को प्रचंड कर दिया। इसी कारण उन्हें भारत की जनता ससम्मान 'पेरियार' अर्थात् 'महान' कहती है।

पेरियार के पिता ई.वी.आर. इरोड के एक समाज सेवी व्यक्तित्व थे। वे सन् 1905 ई. में इरोड में फैले घटक और संक्रामक प्लेग से सैकड़ों लोग पीड़ित हो जाने से बहुतों को दवा आदि देते थे। उनकी साफ-सफाई का प्रबन्ध करते जिससे वे ठीक हो सकें। यदि पीड़ित की मृत्यु हो जाती तो उनका दाह-संस्कार आदि करते थे। यह सब कुशाग्र बुद्धि के बालक पेरियार की आँखों के सामने हो रहा था। इस कारुणिक कार्य का पेरियार के बाल मन पर गहरा असर पड़ा। यहीं से उनकी समाज और राष्ट्र सेवा की भावना निर्मित हुई। वे जीवन में प्रगति के साथ सन् 1918 में इरोड नगरपालिका के चेयरमैन बने। सन् 1919 में वरदराजुलु नायडू और श्री राजगोपालाचारियार के अनुरोधात्मक दबाव पर और गांधी के विशेष अनुरोध पर भारतीय राष्ट्रीय कांग्रेस में शामिल हो गए। उनके असहयोग आन्दोलन, जो ब्रिटिश साम्राज्य के विरोध में चल रहा था, के आह्वान पर पेरियार ने 29 सार्वजनिक पदों से इस्तीफ़ा दे दिया। 1920 ई. में इरोड में पहली बार

लगी धारा 144 को तोड़ा और गिरफ्तार हुए। सन् 1920 में महात्मा गांधी पेरियार के घर आए। यहाँ पेरियार की पत्नी नागाम्मल और बहन कन्नमल ने गांधी से शराब पीते पुरुषों द्वारा अपनी पत्नियों को प्रताड़ित किए जाने पर विस्तार से चर्चा की। जिसे बन्द करने हेतु आन्दोलन करने के निर्णय पर बात समाप्त हुई। गांधी जी ने इसका गम्भीरता से संज्ञान लेते हुए घोषणा की कि भारतीय राष्ट्रीय कांग्रेस पार्टी के लोगों को देशभर में शराब-ताड़ी की दुकानों के सामने प्रदर्शन करना चाहिए और ब्रिटिश सरकार से माँग करनी चाहिए कि वह शराबबन्दी कानून लागू करें।[37] 1921 में पेरियार ने इरोड में ताड़ी की दुकानों के सामने प्रदर्शन किया। वे गिरफ़्तार हुए। एक महीने की कैद हुई। सन् 1922 में उनकी बहन कन्नमल और पत्नी नागाम्मल ने ताड़ी और शराब की दुकानों के सामने हजारों स्त्रियों के साथ प्रदर्शन किया। इसे बन्द कराते हुए ब्रिटिश सरकार से पुरजोर माँग की। पेरियार ने अपने अर्थ उद्योग के सबसे बड़े व्यावसायिक स्रोत ताड़ के पाँच सौ वृक्षों को कटवा डाला। सन् 1922 में पेरियार तमिलनाडु प्रान्तीय कांग्रेस पार्टी के अध्यक्ष हुए। 11 अप्रैल, 1922 ई. में ही तिरुपति, तमिलनाडु में अखिल भारतीय कांग्रेस पार्टी के प्रान्तीय सम्मेलन में उन्होंने प्रस्ताव रखा कि 'द्रविड़ नस्ल के लोगों को पूजा, मन्दिर प्रवेश और मन्दिर के आस-पास से गुजरने की अनुमति होनी चाहिए।' पेरियार की रूहानी समानता की इस माँग पर कांग्रेस में बैठे ब्राह्मण भड़क गए। उन ब्राह्मणों ने पेरियार की इस माँग का पुरजोर विरोध किया। उनका स्पष्ट तर्क था कि इसका देश की स्वतंत्रता से कुछ भी लेना-देना नहीं है। यह हमारी पुरोहिती-धर्म-संस्कृति के खिलाफ है, जिसकी हम सब निन्दा करते हैं। इस पर क्रोधित असुर पुत्र पेरियार ने वहीं स्पष्ट कहा—तुम्हारी पूजा, पुजारी, पुरोहिती, मन्दिर, मिथक, धर्म संस्कृति को जला कर मैं राख़ कर दूँगा। अब हम द्रविड़ नस्ल के लोग रामायण और मनुस्मृति को दिन-दहाड़े जलाएँगे क्योंकि ऐसे ग्रंथ ही तुम्हारी इस सोच के मुख्य स्रोत हैं। इन पुस्तकों का प्रयोग ब्राह्मण धार्मिक हथियार के रूप में करता है। इस हथियार से ही द्रविड़ नस्ल के लोगों का संहार करता है।[38] इसी बीच जस्टिस पार्टी ने एक सरकारी अधिनियम पास किया जिसके तहत हिन्दू मन्दिरों में ब्राह्मणों द्वारा किया जानेवाले शोषण को समाप्त किए जाने का प्रावधान किया गया। जिसका पेरियार ने पूर्ण समर्थन किया। सन् 1924 तक वायकॉम के मन्दिर के आस-पास से अछूत-दलित जातियों के चलने पर प्रतिबन्ध था जिसके खिलाफ पेरियार ने 1924 में आन्दोलन कर दिया। इस आन्दोलन में कई हजार लोग आए थे। इस आन्दोलन से पुरोहित ब्राह्मणों द्वारा स्थापित इस नैतिक-सामाजिक संहिता को पेरियार ने एक झटके में ही ध्वस्त कर दिया। इस आन्दोलन में हजारों की संख्या में अछूत-दलित-महिलाएँ आईं। और इन लोगों ने पेरियार को वायकॉम के 'नायक' की उपमा से विभूषित किया।

दक्षिण भारत में जस्टिस पार्टी की स्थापना 1911 ई. में हुई। यह एक महान पहल थी। इसके संस्थापक सदस्य थे—1. सी. नटेशन मुदलियार, 2. पी. थियागराज चेट्टियार, 3. टी.एस. नायर। इस पार्टी ने सन् 1916 में आत्मसम्मान आन्दोलन प्रारम्भ किया। सवाल था—जनसंख्या के अनुपात में प्रतिनिधित्व। इस सवाल का मुख्य कारण था—दक्षिण भारत में 3 प्रतिशत ब्राह्मणों सरकारी नौकरियों में 94 प्रतिशत पदों पर काबिज होना। इसे आत्म का सम्मान का विषय बनाते हुए इसके विरोध में आत्मसम्मान आन्दोलन शुरू हुआ किन्तु इस आन्दोलन को पूरे दक्षिण भारत में आग की तरह प्रवाहित आन्दोलित किया महनायक पेरियार साहब ने।

वे द्रविड़ आरक्षण के लिए 1920 ई. में प्रस्ताव लाए और इसको लेकर बड़ा आन्दोलन करते हैं। पेरियार ने सन् 1925 में कांग्रेस से त्याग-पत्र दे दिया। 2 मई, 1925 ई. को पेरियार ने 'कुडी अरासु' नाम से एक तमिल साप्ताहिक पत्रिका का प्रकाशन प्रारम्भ किया। इसके साथ ही 2 मई, 1925 ई. को ही 'आत्मसम्मान' आन्दोलन को नव मौलिक तमिल नवजागरण के साथ शुरू करते हैं।[39] यहीं से पेरियार ई.वी. रामास्वामी द्रविड़ों और आर्यों के बीच चल रहे नस्लीय संघर्ष की स्पष्ट रेखा खींचते हैं। अब वे द्रविड़ नस्ल की वर्गीय चेतना के निर्माण के लिए आगे बढ़ते हैं। उसके बाद से वे स्थायी रूप से 'पेरियार इरोड वेंकट रामास्वामी' लिखने लगे। यह 'नायकर' पद दक्षिण भारत का जाति सूचक शब्द है। इस कारण पेरियार ई.वी. रामास्वामी ने इसे अपने नाम से सदा के लिए हटा दिया।

पेरियार ने हिन्दू मिथकीय साहित्य रामायण आदि का अध्ययन करके 1 जनवरी, 1930 ई. को 'रामायण : पादीरंगल' नाम से तमिल भाषा में किताब लिखी।[40] जिसमें अभिव्यक्त अपनी सोच और विजन से उत्तर भारत को भी प्रबोधित करते हैं। वे 12 अक्टूबर, 1930 को उत्तर भारत में भाषण देने आए। पेरियार को मूलनिवासी मनुष्यों को सम्बोधित करने के लिए बक्सर, बिहार में कुछ सचेत लोग बुलाते हैं। पेरियार को सुनने सरदार जगदेव सिंह आदि लोग गए थे।[41] महानायक पेरियार का यह प्रबोधन उत्तर भारतीय जनमानस के लिए प्रभावकारी और ऐतिहासिक सिद्ध हुआ। इस चेतना के बाद 30 मई, 1933 को गर्भे, रोहतास, बिहार में 'त्रिवेणी संघ' की स्थापना हुई।[42] जिसमें पेरियार की वैचारिकी का पूरा प्रभाव दीखता है। इस संघ के मुख्य नेता सरदार जगदेव सिंह थे। इसी कारण सरदार जगदेव सिंह को त्रिवेणी संघ की 'माता' कहा गया।[43] कारण कि त्रिवेणी संघ को उन्होंने अपनी सोच से एक माँ की तरह जन्म दिया। त्रिवेणी संघ ने प्रवंचित शोषित मनुष्यों में आत्मसम्मान की चेतना की अलख जगाई। उसका स्वप्न था—समतामूलक समाज का निर्माण। पेरियार का यह उत्तर भारत के नवजागरण की चेतना का प्रसार था। वह पेरियार की नास्तिकता की चेतना को लेकर चलता है जिसमें ईश्वर, वेद, वर्ण-

व्यवस्था, पुरोहितवाद, जाति-व्यवस्था, कर्मकांड, अन्धविश्वास आदि का प्रखर विरोध किया जाना था। त्रिवेणी संघ के नेताओं ने वर्ण और जाति व्यवस्था का सीधा विरोध किया। पेरियार के प्रबोधन और आह्वान का प्रभाव हुआ कि प्रवंचित मनुष्यों ने नाम के साथ 'जाति' सूचक शब्द को हटाना प्रारम्भ कर दिया। 1925 में पेरियार ने आत्मसम्मान आन्दोलन शुरू करते हुए अपने नाम के साथ जाति सूचक 'नायकर' शब्द को सदा के लिए हटा दिया। उनकी इस सोच का प्रभाव उत्तर भारत पर पड़ा। जिसमें त्रिवेणी संघ के नेता और कार्यकर्ताओं ने अपने नाम के साथ जाति सूचक शब्दों को हटाया और नाम के साथ 'सिंह' उपनाम लिखना शुरू किया। इसी कारण सरदार जगदेव यादव से सरदार जगदेव सिंह हो गए। इसी प्रकार जो भी अहीर, कुर्मी, कोइरी, गोंड, प्रजापति, दुसाद, चमार, मुसहर आदि जाति के लोग त्रिवेणी संघ के विराट आन्दोलन से जुड़े हुए थे, सभी ने अपने नाम के साथ जाति सूचक पद हटा दिया और अपने नाम के बाद सिंह लिखने लगे। उसका आज भी प्रभाव है कि पूरब के लोग अपने नाम के साथ जाति न लिखकर कोई-न-कोई नाम लिखते हैं। कई जातियाँ अपने नाम के साथ 'सिंह' लिख लेती हैं लेकिन जाति नहीं लिखती हैं।

**त्रिवेणी संघ—**शिक्षा, सुराज और शान्ति की संयुक्त पहल से आगे बढ़ना शुरू करता है। इसका उद्‌देश्य—'सबको समान अधिकार दिलाओ।' का था। यह संघ अपनी मूल अवधारणा में स्पष्ट करता है—'अजी! धार्मिक, सामाजिक और राजनीतिक! बिना इन तीनों के त्रिवेणी के कोई उन्नति ही नहीं कर सका क्योंकि इन तीनों में एक-दूसरे का सम्बन्ध है। इन तीनों को मिलाकर त्रिवेणी संगम बना।[44]

पेरियार ने उत्तर भारत में आत्मसम्मान (Self Respect) की चेतना का प्रवाह किया जिसका स्पष्ट प्रभाव त्रिवेणी संघ में है। आत्मसम्मान इस आन्दोलन का एक केन्द्रीय तत्त्व था। साथ ही, व्यक्तित्व और चरित्र निर्माण करना। वर्ण—जाति, छूत-अछूत की भावना का उन्मूलन करना। समतामूलक समाज की स्थापना करना। यह सब इसका एक प्रमुख उद्‌देश्य था। इसमें रीति-नीति, विवाह आदि प्रत्येक कार्य पुरोहित मुक्त होता था।

पेरियार ने इसी प्रकार अनेक नास्तिक प्रकार की नई तार्किक पद्धतियों का समाज के लिए ईजाद किया। उन्होंने सन् 1930 में हिन्दू धर्म ग्रंथों की गहन समालोचना करते हुए 'रामायण : पादीरंगल' लिखा जिसका हिन्दी अनुवाद 'सच्ची रामायण' होता है। पेरियार ने 1931 में अन्तरराष्ट्रीय यात्राएँ कीं, जिसमें रूस, जर्मनी, इंग्लैंड, फ्रांस, स्पेन तथा कई मध्यपूर्व देश थे। उन्होंने रूस के स्कूल, अस्पताल, औद्योगिक कारखाने, कृषि फॉर्म, मजदूरों की सांगठनिक एकता, अनुसन्धान केन्द्र, कला, साहित्य और सांस्कृतिक संस्थानों का अवलोकन किया। इस विकसित सोच से बहुत प्रभावित हुए।[45] 32,33,35,38 आदि सन् में अनेक सामाजिक, सांस्कृतिक,

राजनीतिक आन्दोलन और असल भारत का निर्माण करते रहे। पेरियार की सन् 1935 में व 1940 ई. में डॉ. अम्बेडकर से मुलाकात हुई। सन् 1940 ई. में द्रविड़नाडु की माँग की। उन्होंने सन् 1944 में 'जस्टिस पार्टी' का नाम 'द्रविड़ कणगम' कर दिया। सन् 1946 ई. में 'ब्लैक शर्ट सम्मेलन' किया। सन् 1947 ई. में द्रविड़नाडु को अलग करने की माँग की। आगे चलकर इसका नाम तमिलनाडु रखने के लिए आन्दोलन कर दिया। 'नाडु' का हिन्दी अर्थ 'राष्ट्र' होता है। आगे उन्होंने और कई महान आन्दोलन किए। उन्होंने तमिल नस्ल को अन्तरराष्ट्रीय पहचान और आत्मसम्मान दिलाया।

पेरियार अर्थात् महान की उपमा ई.वी. रामास्वामी को सन् 1938 में मद्रास में आयोजित 'तमिलनाडु विमेन कान्फ्रेंस' में वीरांगना तमिल औरतों ने दी थी। कारण कि पेरियार के सामाजिक परिवर्तन के आन्दोलनकारी मुद्दों में जेंडर जस्टिस अर्थात् 'लैंगिक समानता' एक प्रमुख मुद्दा था। उनके आन्दोलन के मूल सिद्धान्त थे—ईश्वर, धर्म, वर्ण, पुरोहितवाद, जाति, कर्मकांड, अन्धविश्वास, रूढ़िवाद, लैंगिक असमानता का प्रखर विरोध था। वे स्त्री विरोधी ब्राह्मणवादी पितृसत्ता का स्पष्ट विरोध करते हुए कहते थे, 'स्त्रियाँ स्वयं में स्वतंत्र हैं। वे किसी के अधीन खुद को न स्वीकार करें।' वे एक पतित्व, सतीत्व, चरित्र, विवाह जैसी कथित सामाजिक, नैतिक मान्यताओं को स्त्री दासत्व का परिचायक मानते थे। इसलिए विवाह जैसी सामाजिक संस्था का वे मुखर विरोध करते थे, जिसमें स्त्री-पुरुष के जीवन सम्बन्ध को समझौता माना गया, जिसमें स्त्रियों को सहवास और प्रजनन की बिनाशर्त और असीमित स्वतंत्रता का अधिकार था। वे स्त्री स्वतंत्रता की व्याख्या करते हुए कहते थे, 'यदि स्त्रियों को बच्चे पैदा करने से उनकी स्वतंत्रता में बाधा लगे तो उन्हें बच्चों को जन्म देना बन्द कर देना चाहिए।' वे स्पष्ट कहते थे कि बच्चा पैदा करने का अधिकार केवल स्त्रियों को है। वे बच्चे चाहती हैं या नहीं और चाहती हैं तो किसका और कब? यह सब तय करने का अधिकार स्त्रियों का है।' स्त्री सन्दर्भ में पेरियार ने 'व्हाट द वुमन वाज एन स्लेव्ड' नामक महत्त्वपूर्ण किताब लिखी थी। यह पेरियार के जेंडर जस्टिस अर्थात् लैंगिक न्याय की अवधारणा है। इसी सोच के कारण उन्होंने अपनी वैचारिक, सांगठनिक और भौतिक विरासत की अथक लड़ाई को एक युवा स्त्री को सौंपा।[46] इससे नई सामाजिक-सांस्कृतिक मान्यताओं को लेकर नई तार्किक पद्धति से विवाह प्रारम्भ हुआ।

पेरियार इरोड वेंकट रामास्वामी दक्षिण भारत में आर्य संस्कृति के मिथक आधारित वर्चस्व के विरुद्ध सांस्कृतिक युद्ध लड़ रहे थे जिसमें वे दक्षिण भारत में सांस्कृतिक युद्ध लड़ते और विजय प्राप्त करते हुए, उत्तर भारत की तरफ बढ़ते हैं। उस क्रम में उत्तर भारत की कई महत्त्वपूर्ण जगहों पर हिन्दू मिथकों के विरुद्ध सभा, रैलियाँ और सांस्कृतिक युद्ध का-सा आन्दोलन करते हैं।

डॉ. छेदीलाल साथी के नेतृत्व में 29 फरवरी, सन् 1958 को 'गंगा प्रसाद मेमोरियल हॉल, अमीनाबाद और लखनऊ विश्वविद्यालय, लखनऊ में रखा गया था। यह कार्यक्रम पूरी सफलता के साथ हुआ। यहाँ पेरियार रामास्वामी ने कहा, 'इस देश में कुछ लोग जिनकी जनसंख्या तीन प्रतिशत है, सारे भारत के संसाधनों का उपभोग करना चाहते हैं। उन पर अपना एकाधिकार जमाना चाहते हैं। सारे भारतवासियों पर शासन चलाना चाहते हैं। उन्हें मानव शुलभ नागरिक अधिकार का सम्मान नहीं देना चाहते हैं। उनके साथ जानवरों से भी बदतर व्यवहार करते हैं। ऐसा क्यों है? क्योंकि उनका ईश्वर ऐसी आज्ञा देता है। क्योंकि उनका वेद ऐसा कहता है। क्योंकि उनकी स्मृतियाँ ऐसा कहती हैं। क्योंकि उनके पुराणों में ऐसा लिखा है। क्योंकि राम ने ऐसा ही आचरण करके पुरुषोत्तम कहलाने का नाम कमाया। क्योंकि ऐसा ही कहकर कृष्ण को सर-माथे पर बैठाया गया है। आओ और अपनी बुद्धि बल पर भरोसा करो। तोड़ दो ऐसे ईश्वर की मूर्ति जो तुम्हारे शोषण का मुख्य कारण है। नष्ट कर दो ऐसे पूजा-स्थलों को जो वेश्यालय से भी अधिक कुकर्मों के घर बन गए हैं। फेंक दो, जला दो ऐसे ग्रंथों को जिन्हें तुम्हें छूने से भी मना किया गया है।[47] एक हो जाओ, हमारी इस बात पर कि तुम द्रविड़ और आदि द्रविड़ हो, यह देश तुम्हारा है, किसी ईश्वर, देवता, ब्राह्मण, पुरोहित का नहीं है। ये ईश्वर तो इन्होंने अपने मतलब के लिए गढ़ा है। इस ईश्वर को धूर्तों ने बनाया, बदमाशों ने मनवाया और मूर्ख इसे पूजते हैं।'[48] वास्तव में, यह भौतिक नास्तिक संसार ही सत्य है। ईश्वर असत्य है। उसके बाद पेरियार ई.वी. रामास्वामी 24 मार्च, सन् 1962 को लखनऊ आते हैं। वे 12 अक्टूबर, 1968 ई. को चन्द्रिका प्रसाद 'जिज्ञासु', छेदीलाल साथी, शिवदयाल सिंह चौरसिया और ललई सिंह के विशेष अनुरोध पर अन्तिम बार लखनऊ आते हैं। अब तक ललई सिंह ने पेरियार ई.वी. रामास्वामी की अंग्रेजी में उपलब्ध सम्पूर्ण साहित्य का अध्ययन कर लिया था। इस बार पेरियार ललई सिंह ने पूरे धैर्य के साथ पेरियार ई.वी. रामास्वामी से मिथक, धर्म और संस्कृति आदि पर लम्बी बात की। इस गम्भीर बातचीत के साथ ही ललई सिंह ने पेरियार ई.वी. रामास्वामी से उनकी महान कृति 'दि रामायना : ए ट्रू रीडिंग' का अंग्रेजी से हिन्दी अनुवाद करने की अनुमति माँगी।

## पेरियार इरोड वेंकट रामास्वामी से मिले ललई सिंह

पेरियार ई.वी. रामास्वामी ने हिन्दू मिथकों की तार्किक, तथ्यात्मक, बौद्धिक और नैतिक व्याख्या करके सम्पूर्ण दक्षिण भारत में आन्दोलनकारी धूम मचा दी, जिसका प्रभाव सम्पूर्ण भारत पर पड़ा। इस कारण उन्हें मध्य प्रदेश, महाराष्ट्र,

उत्तर प्रदेश, बिहार, राजस्थान, दिल्ली आदि प्रदेशों में सुनने हेतु विशाल जन सभाओं में बुलाया जाने लगा। वे इन प्रदेशों और जगहों पर लाखों-लाख लोगों के बीच 'हिन्दू मिथकों' को खंडित करते हुए, उन पर करारा प्रहार करते हुए, उन्हें तार-तार करते हुए भाषण देते थे जिसमें उनका उद्‌देश्य होता था कि मिथकों द्वारा स्थापित ईश्वर, ब्राह्मण श्रेष्ठता, अन्धविश्वासी, कर्मकांडी और धार्मिक मान्यताओं से मानसिक रूप से गुलाम मानवता को मुक्त करना। मुख्यत: वे चेतना-सम्पन्न समाज तैयार कर रहे थे। वे सामाजिक-सांस्कृतिक चेतना का समतावादी-मानवतावादी समाज बनाना चाहते थे। पेरियार ई.वी. रामास्वामी सामाजिक-सांस्कृतिक आन्दोलन करते, मिथकों पर प्रहार करते हुए उत्तर भारत की ओर बढ़ते चले आ रहे थे। पेरियार ई.वी. रामास्वामी दिनांक 30-31 दिसम्बर, 1944 ई. को कानपुर उ.प्र. आए थे।[49]

उसके बाद वे दूसरी बार ललई सिंह के विशेष अनुरोध पर मिथक और धर्म पर बोलने 28 फरवरी, 1958 ई. में पुन: कानपुर आए। यहाँ ललई सिंह के नेतृत्त्व में होनेवाली विशाल सांस्कृतिक आन्दोलनकारी रैली को पेरियार ई.वी. रामास्वामी ने सम्बोधित किया, जिसमें वे ईश्वर, मिथकों पर पुन: जबरदस्त प्रहार करते हैं। यहाँ वे नारा देते हैं, 'ईश्वर नहीं है! ईश्वर नहीं है!! ईश्वर नहीं है!!!' उसके बाद वे ललई सिंह, चन्द्रिका प्रसाद 'जिज्ञासु' और छेदीलाल साथी के विशेष अनुरोध पर लखनऊ जाते हैं। इन लोगों के नेतृत्व में 29 फरवरी, 1958 ई. को 'गंगा प्रसाद मेमोरियल हॉल, अमीनाबाद और लखनऊ विश्वविद्यालय, लखनऊ में उनका व्याख्यान रखा गया था। यह कार्यक्रम पूरी सफलता के साथ सम्पन्न हुआ। उसके बाद पुन: पेरियार ई.वी. रामास्वामी 24 मार्च, 1962 ई. को लखनऊ आते हैं।

इसी दरमियान ललई सिंह ने पेरियार ई.वी. रामास्वामी के अंग्रेजी में उपलब्ध सम्पूर्ण साहित्य का अध्ययन किया। 17 सितम्बर, 1967 ई. को पेरियार ई.वी. रामास्वामी से 'दि रामायना : ए ट्रू रीडिंग' के हिन्दी अनुवाद के लिए पत्र लिखा। इसके बाद ललई सिंह, चन्द्रिका प्रसाद 'जिज्ञासु' और छेदीलाल 'साथी' के विशेष अनुरोध पर पेरियार ई.वी. रामास्वामी अन्तिम बार दिनांक 12 अक्टूबर, 1968 ई. को लखनऊ आते हैं। यहाँ वे 'अल्पसंख्यक एवं पिछड़ा वर्ग सम्मेलन' को सम्बोधित करने आए थे। अब तक अर्थात् सन् 1968 ई. तक ललई सिंह ने पेरियार ई.वी. रामास्वामी के अंग्रेजी में उपलब्ध सम्पूर्ण साहित्य का अध्ययन कर लिया था।

इस बार ललई सिंह ने पूरे धैर्य के साथ पेरियार ई. वी. रामास्वामी से मिथक, धर्म और संस्कृति आदि पर लम्बी चर्चा किया। इस विषय पर बात करते हुए प्रसंगवश ललई सिंह ने मुस्कराते हुए पेरियार ई.वी. रामास्वामी से कहा कि 'मैं

आपको मिथक-धर्म-संस्कृति का अपना गुरु मानता हूँ।' इस पर पेरियार ई.वी. रामास्वामी मुस्कराए, बात आगे होती रही।[50] इस तरह गम्भीर बातचीत चलती रही। इसके पूर्व 1 जुलाई, 1968 ई. को ललई सिंह ने पेरियार ई.वी. रामास्वामी से 'दि रामायना : ए ट्रू रीडिंग' का अंग्रेजी से हिन्दी अनुवाद करने की अनुमति दे दी थी। भिक्षु माखन लाल सिंह साक्ष्यपरक बातचीत में आगे बताते हैं, 'अगले दिन जब मैं और ललई सिंह एक साथ लखनऊ से निकल रहे थे तब ललई सिंह ने बात करने के दौरान बताया कि मेरे मिथक-धर्म और संस्कृति के गुरु पेरियार ई.वी. रामास्वामी हैं, सामाजिक-राजनीतिक-सांस्कृतिक चेतना के गुरु बाबा साहब डॉ. भीमराव रामजीराव अम्बेडकर हैं तथा तर्क, धर्म, दर्शन के गुरु बुद्ध हैं।'[51] जो सही भी है क्योंकि वे प्रत्येक स्थिति में पेरियार और अम्बेडकर के विचारों को उद्धृत करते हैं।

## 'सच्ची रामायण' के अनुवाद की अनुमति और प्रकाशन

पेरियार ई.वी. रामास्वामी इस बात पर सतत् चिन्तन कर रहे थे कि वह कौन-सा मूल स्रोत है जो इस देश के हिन्दुओं द्वारा हिन्दुओं के ही खिलाफ हिंसा और हत्या करने को अभिप्रेरित करता है? इस पर चिन्तन-मनन करने की प्रक्रिया में उन्हें सनातनी हिन्दू साहित्य केन्द्रीय तत्त्व के रूप में मिला, जहाँ से इन सनातनी हिन्दुओं को हिन्दुओं के ही विरुद्ध अछूत बनाए रखने, हिंसक व्यवहार करने और उनकी हत्या करने पर निर्दोष बने रहने की नैतिक प्रेरणा ये हिन्दू धर्मशास्त्र देते हैं। उनके मिथकीय नायक—राम, कृष्ण आदि हैं। यही उन्हें वाहित और ऐसा व्यवहार करने की प्रेरणा देते हैं।

अत: इससे मुक्ति और समाज को आमूल-चूल बदल देने, समता का समाज स्थापित करने के लिए पेरियार ई.वी. रामास्वामी ने भारत और दुनिया में अनूदित 'रामायण' का अध्ययन शुरू किया। उसके बाद हिन्दू साहित्य का अध्ययन करते हुए प्रतिउत्तर में 1 जनवरी, 1930 को 'रामायण : पादीरंगल' शीर्षक से लिखा। इसने ईश्वर, वेद, पुराण, स्मृति, पुरोहित अर्थात् हिन्दू हिंसा के प्रेरणा स्रोतों की चूलें हिला दीं।

17 सितम्बर, 1959 ई. को पेरियार ई.वी. रामास्वामी कृत 'रामायण : पादीरंगल' का अंग्रेजी अनुवाद 'दि रामायना : ए ट्रू रीडिंग' नाम से हुआ। इसका हिन्दी में अनुवाद 1 सितम्बर, 1968 को हुआ। इसको अनूदित और प्रकाशित करने की अनुमति माँगने के लिए ललई सिंह पेरियार ई.वी. रामास्वामी से मिले। और पुन: हिन्दी अनुवाद की अनुमति माँगी। इस पर पेरियार ई.वी. रामास्वामी ने ललई सिंह से कहा, 'मैं 'बहुजन कल्याण प्रकाशन, लखनऊ' के चन्द्रिका प्रसाद

'जिज्ञासु' को अपनी चार किताबें—(1) ए पेन पोट्रेट, (2) फिलॉसफी, (3) सोशल रिफोर्म और (4) 'दि रामायना : ए ट्रू रीडिंग' का हिन्दी अनुवाद करने की अनुमति दे चुका हूँ। यदि वो अनुवाद में असमर्थता जाहिर करते हैं तो आपको अनुवाद की अनुमति दी जाएगी।'[52] इसके बाद दिनांक 1 जुलाई, 1968 ई. को पेरियार ई.वी. रामास्वामी ने ललई सिंह को अशोक पुस्तकालय, झींझक, जिला—कानपुर, उत्तर प्रदेश के पते पर पत्र लिखा जिसमें अनुवाद और प्रकाशन की लिखित अनुमति दी गई थी—

'Maligai, Puthur,
Tiruchirappalli, Madras State.

To
Sir, Lalai Singh Yadava,
President—Ashok Pustakalya (Regd.)
Village & Post Office—Jhinjhak,
District—Kanpur, Uttra Pradesh, India

Sir,
You are permitted to publish in Hindi edition of 'The Ramayana : A True Reading' (English).—Because those who were permitted in the past time has not published as it. Hence there permission should be treated and cancelled.
Thank you,
Dated—01.07.1968 E.

Your's Faithfully
Signature
Periyor E.V. Ramaswami'[53]

इस अनुमति के बाद ललई सिंह ने 'दि रामायना : ए ट्रू रीडिंग' का अनुवाद कराया और प्रकाशन किया। उस समय उनके साथ रहे उपासक माखन लाल बताते हैं, 'इस अनुवाद के दरमियान कई सारे मिथकों पर आधारित 'इंग्लिश टू इंग्लिश' और 'इंग्लिश टू हिन्दी' डिक्शनरी का प्रयोग किया गया था। मेरे पास लम्बे समय तक सच्ची रामायण का अनुवाद करनेवाला रफ पेज था। अभी भी वह घर में कहीं पड़ा होगा। इसके हिन्दी अनुवाद की केन्द्रीय भूमिका रामअधार निभा रहे थे। अथक मेहनत के बाद यह अनुवाद अपने मूल रूप में सम्भव हुआ। इस का प्रथम हिन्दी अनुवाद पेरियार ललई सिंह ने 1 अक्टूबर, 1968 ई. को अपने 'अशोक पुस्तकालय' से प्रकाशित किया, जिसने हिन्दी जमीन पर मिथकों के सामाजिक-सांस्कृतिक विमर्श

को ज़मींदोज करते हुए समाज में नई सामाजिक-सांस्कृतिक चेतना निर्मित की। इस पुस्तक की माँग, प्रचार आदि ने हिन्दी-हिन्दू भूमि पर धूम मचा दी।

आपको जानकर हैरत होगी कि इस अनुवाद के लिए पेरियार ललई सिंह तमिलनाडु गए। वहाँ से मूल तमिल में लिखी गई 'सच्ची रामायण' को लिया और वहाँ एक महीना पन्द्रह दिन रहकर तमिल भाषा का ज्ञान प्राप्त किया। तमिल से हिन्दी में मिथकीय शब्दावली का सही नाम तैयार किया। उसके बाद वे झींझक, कानपुर, उ.प्र. आए। 'सच्ची रामायण' के हिन्दी अनुवाद और 'आर्यों का नैतिक पोल प्रकाश' पुस्तक को लिखने के क्रम में उन्होंने बहुत मेहनत की थी।'[54] हिन्दी क्षेत्र अर्थात् उत्तर भारत में 'सच्ची रामायण'[55] शीर्षक से हिन्दी में प्रकाशित होने के साथ ही इस मिथकीय चिन्तन की रेशनल रचना ने सम्पूर्ण उत्तर भारत में धूम मचा दी। इसके प्रभाव को देखते हुए तत्कालीन उत्तर प्रदेश सरकार ने धार्मिक भावना को भड़काने का आरोप लगाते हुए 8 दिसम्बर, 1969 ई. में जब्ती का आदेश दे दिया।

## 'सच्ची रामायण' के हिन्दी अनुवाद की रोचक कहानी

रामअधार[56] जी ने बताया कि 'जब सन् 1968 ई. में पेरियार ललई सिंह ने पेरियार ई.वी. रामास्वामी से 'दि रामायना : ए टू रीडिंग' का हिन्दी अनुवाद करने की अनुमति प्राप्त की तो उन्हें एक बेहतरीन अनुवादक की जरूरत पड़ी। इस क्रम में पेरियार ललई सिंह ने एक-एक करके लगभग पाँच लोगों से उसके कुछ-कुछ पन्ने हिन्दी में अनुवाद कराए, जो उन्हें पसन्द नहीं आए। उसके बाद उन्होंने उन लोगों को मना कर दिया। चूँकि पेरियार ललई सिंह स्वयं अच्छी अंग्रेजी पढ़ना, लिखना और बोलना जानते थे। वे हिन्दी, उर्दू, तमिल और मराठी भी अच्छे से लिखना-बोलना जानते थे। इस कारण उन्होंने सपाट अनुवाद को पसन्द नहीं किया। इसके बाद वे एक दिन शाम को चार बजे स्कूल के गेट पर आकर खड़े हुए। छुट्टी होते ही वे मुझसे आमने-सामने मिले। उन्होंने सीधे कहा कि मुझे आपसे अंग्रेजी की ट्यूशन पढ़नी है। मैंने कहा, ठीक है, पढ़ा दूँगा, कल से आपको शाम को रोज एक घंटा ट्यूशन पढ़ाऊँगा। अगले दिन से उन्होंने ट्यूशन पढ़ना शुरू कर दिया। मैंने उन्हें कुछ दिन ट्यूशन पढ़ाया था कि वे एक दिन अंग्रेजी की बारीकियों पर बात करने लगे। इस पर मैंने कहा कि मैं आपका ट्यूटर हूँ न कि आप मेरे ट्यूटर हैं। जो पढ़ा रहा हूँ, जैसे पढ़ा रहा हूँ, वैसे पढ़ते जाइए। जो आप पूछ रहे हैं, वह सब आगे आपको मैं पढ़ाऊँगा। मैं उन्हें ट्यूशन पढ़ाता रहा।

कुछ दिन बीतने के बाद एक शाम को जैसे ही मैं उनके यहाँ पहुँचा उन्होंने कहा, 'आइए! आइए! मेरे अनुवादक महोदय आइए!' मैं हैरत हो देख रहा हूँ

कि जिन हाथों में अंग्रेजी-व्याकरण होता था उन हाथों में एक 'मोटी नई कॉपी' और अंग्रेजी में लिखी 'दि रामायना : ए ट्रू रीडिंग' है। मैंने कहा, यह क्या है? उन्होंने कहा, अब तक मैं आपका अंग्रेजी में टेस्ट ले रहा था कि आप इस किताब का अनुवाद करने योग्य गम्भीर अंग्रेजी जानते हैं कि नहीं। मैंने कहा, महोदय! अंग्रेजी अनुवादक का इतना बड़ा टेस्ट तो दुनिया में शायद ही किसी ने लिया हो। इस पर हम दोनों जोर से हँस पड़े। उन्होंने मुझे 'दि रामायना : ए ट्रू रीडिंग' की अंग्रेजी प्रति दी। उसके बाद मैंने उसका हिन्दी अनुवाद करना शुरू किया। मैंने कई डिक्शनरी खरीदीं। उन्होंने एक अंग्रेज राइटर की माइथोलॉजिकल डिक्शनरी मुझे दी। मैं इन सबका अध्ययन करते हुए, बड़ी गम्भीरता से 'दि रामायना : ए ट्रू रीडिंग' का हिन्दी अनुवाद शुरू किया। एक सौ पेज की पूरी 'ट्रू रामायना' का हिन्दी अनुवाद करने में मुझे 3 महीने, 15 दिन लगे। इस तरह 'दि रामायना : ए ट्रू रीडिंग' का हिन्दी अनुवाद पूर्ण हुआ। इसका हिन्दी अनुवाद 'रामायण का सच्चा अध्ययन' होगा लेकिन सुविधा की दृष्टि से इसका नाम 'सच्ची रामायण' रखा गया है।

## 'सच्ची रामायण' की जब्ती के खिलाफ हाईकोर्ट में ऐतिहासिक मुकदमा

हिन्दी जमीन पर 1 अक्टूबर, 1968 ई. को 'सच्ची रामायण' के प्रकाशन के साथ ही हिन्दू प्रदेश अर्थात् उत्तर भारत में जो धूम मची कि इससे घबड़ाकर तत्कालीन वर्चस्ववादी उत्तर प्रदेश सरकार ने 8 दिसम्बर, 1969 को जब्ती का आदेश दे दिया। 'सच्ची रामायण' को गवर्नमेंट ऑफ उत्तर प्रदेश की आज्ञा दिनांक 08.12.1969 नोटिफिकेशन नम्बर 9733—बी-8 बी-2-1946-68 तथा गवर्नमेंट ऑफ उत्तर प्रदेश गजेट दिनांक 20.12.1969 में प्रकाशित विज्ञप्ति के अनुसार जब्त कर ली गई क्योंकि यह पुस्तक नागरिक समुदाय की धार्मिक भावनाओं को जानबूझकर भड़काने, चोट पहुँचाने तथा उनके धर्म एवं धार्मिक मान्यताओं के अपमान करने की मानसिकता से लिखी गई है।[57]

इस आरोप को लेकर पेरियार ललई सिंह ने तत्कालीन उत्तर प्रदेश सरकार के खिलाफ इलाहाबाद हाईकोर्ट में मुकदमा दायर किया। इसमें रामस्वरूप वर्मा और अर्जक संघ के कार्यकर्ताओं ने विशेष मदद की।[58] इलाहाबाद हाईकोर्ट में उनके पक्ष में अधिवक्ता बनवारी लाल यादव, सखाराम यादव आदि वकीलों ने जमकर जिरह की। कोर्ट में मिथकों की तार्किक, तथ्यात्मक और प्रामाणिक व्याख्या की गई। जितने रामायण का उल्लेख पेरियार ई.वी. रामास्वामी ने किया था, सबको प्रत्युत्तर (रीज्वाइंडर) रूप में हाईकोर्ट में प्रस्तुत किया गया। एक-एक सन्दर्भ को खोज कर कोर्ट में जज को बताया गया। इस मुकदमे का

हिन्दुत्ववादी ताकतों ने मुख्य आधार बनाया था कि यह हिन्दू धर्म पर हमला है। यह हिन्दू धर्म के खिलाफ लिखी गई पुस्तक है। इस पुस्तक में आलोचना करने के आधार के सन्दर्भ ग्रंथ नहीं दिए गए हैं आदि-आदि। जिसे इनके पक्ष ने पूरे सन्दर्भ और प्रसंग के साक्ष्यों के साथ हाईकोर्ट में सबूतस्वरूप प्रतिउत्तर प्रस्तुत किया।

## हाईकोर्ट में मुकदमे के दौरान पेरियार ललई सिंह पर जानलेवा हमला और युवा लड़कों का संरक्षण

इस मिथकीय साहित्य पर मुकदमे लड़ने के दौरान शुरू में उन्हें मनुवादियों ने मानसिक यातनाएँ दीं और कई बार जानलेवा हमले करवाए। उनके शुभचिन्तकों को इस बात का पता चलने के साथ ही गाँव-जवार की जनता और अहीरों ने मिलकर निर्णय लिया कि आज से हर समय दीवान साहब अर्थात् पेरियार ललई सिंह के साथ 20-21 युवा रहेंगे जो जवान तो थे ही साथ में लाठी, बल्लम, कुल्हाड़ आदि चलाने में पारंगत भी थे। वे जब 'सच्ची रामायण' आदि पुस्तकों के लिए झींझक से हाईकोर्ट इलाहाबाद के लिए निकलते तो ये युवा उनके साथ रेलवे स्टेशन तक लाठी, बल्लम और कुल्हाड़ आदि के साथ जाते थे और टिकट कटाते, ट्रेन में बैठाते और पाँच युवक उनके साथ ट्रेन में बैठकर हाईकोर्ट, इलाहाबाद तक जाते। वहाँ भी उनके संरक्षण हेतु 20-21 अहीर युवक इलाहाबाद रेलवे स्टेशन पर रिसीव करने आते थे। हाईकोर्ट में सुनवाई हो जाने के बाद ये अहीर युवक पुन: उन्हें इलाहाबाद रेलवे स्टेशन छोड़ने आते। उनको रेल में बैठाते तब पुन: वापस जाते। इधर झींझक रेलवे स्टेशन पर पुन: वे 20 अहीर युवक उन्हें सुरक्षित लाने जाते थे। यह क्रम कई सारे मुकदमों के लड़ने, जीतने तक लगातार चलता रहा और पेरियार ललई सिंह सुरक्षित रहे।[59]

पेरियार ललई सिंह ने अपने ऊपर हो रहे जानलेवा हमले को लेकर स्वयं लिखा है, 'हमारा हर प्रकार का दोहन-शोषण करनेवाले हरामी हैं। जालिम हैं। लुटेरे हैं। हत्यारे हैं। इनसे सदा सावधान रहें! मैंने उत्तर प्रदेश का एक राजनीतिक नक्शा तैयार किया। नाम रखा—'शोषितों पर राजनीतिक डकैती', जिसमें लिखा है कि उत्तर प्रदेश में कुल कितने एम.एल.ए. हैं। कितने गजेटेड ऑफिसर हैं। उनमें से किस जाति की कितनी संख्या है। इसका प्रचार करके लौटते समय विरोधियों ने दिनांक 4 फरवरी, 1974 ई. को शाम के साढ़े आठ बजे ग्राम 'खटघर' (पुलिस थाना—सिकन्दरपुर, जिला—कानपुर, उ.प्र.) में मुझे जान से मारने के लिए दायीं ओर से गोली चला दी। मैं ट्रैक्टर पर हमेशा दायीं ओर बैठता हूँ। उस समय भी दायीं ओर ही बैठा था। ट्रैक्टर की चाल अधिक तेज थी, बन्दूक की गोली पीछे से

साँय-साँय करती हुई निकल गई।...मुझे मारने के लिए, हत्या करने के लिए, कई बार घेरा गया। मगर मैं बार-बार बचकर निकलता रहा। मेरी हत्या करने का बस एक ही कारण है कि मैं बराबर नवजागरण करता हूँ! जन चेतना का निर्माण करता हूँ। वर्णवादी-मनुवादी-जातिवादी शोषण के विरुद्ध बराबर लिखता-पढ़ता-बोलता-लड़ता रहता हूँ। इसलिए मुझ पर जानलेवा हमले होते रहे हैं।[60]

पेरियार ललई सिंह ने 'उत्तर प्रदेश सरकार' के निर्णय के विरुद्ध इलाहाबाद हाईकोर्ट में मुकदमा दायर किया। इसे इन्होंने 'क्रिमिनल मिसलेनियस एप्लीकेशन' दायर किया, जिसमें उच्च न्यायालय ने केस सुनने के लिए तीन जजों की फुल बेंच बनाई। उनकी तरफ से एडवोकेट बनवारी लाल या दव, सखाराम यादव और सरकार की तरफ से एडवोकेट पी.सी. चतुर्वेदी व श्री आसिफ अंसारी की बहस दिनांक 26, 27 व 28 अक्टूबर, 1970 ई. से लेकर दिनांक 17.01.1971 तक चली। दिनांक 19.01.1971 को हाईकोर्ट ने निर्णय सुनाया।

## निर्णय

हाईकोर्ट ऑफ जुडीकेचर, इलाहाबाद

दिनांक—19 जनवरी, सन् 1971 ई.

उपस्थित फुल बेंच

1. माननीय जस्टिस श्री ए.के. कीर्ति
2. माननीय जस्टिस श्री के.एन. श्रीवास्तव
3. माननीय जस्टिस श्री हरी स्वरूप

मुकदमा नम्बर 412, सन् 1970 ई. क्रिमिनल मिसलेनियस एप्लीकेशन अंडर सेक्सन 99बी क्रिमिनल प्रोसीजर कोड।

## शीर्षक

ललई सिंह यादव उम्र 60 साल, आत्मज गज्जू सिंह यादव, अध्यक्ष—अशोक पुस्तकालय, (रजिस्टर्ड) ग्राम व पोस्ट—झींझक, पुलिस स्टेशन—मंगलपुर, जिला—कानपुर, उ.प्र.

अपीलांट

विरुद्ध

गवर्नमेंट ऑफ उत्तर प्रदेश

रिस्पोंडेंट

यह पुस्तक 'सच्ची रामायण' गवर्नमेंट ऑफ उत्तर प्रदेश की आज्ञा दिनांक—8 दिसम्बर, सन् 1969 ईस्वी को नोटिफिकेशन नम्बर 9773-बी./8-बी.-2-1946-68

तथा गवर्नमेंट ऑफ उत्तर प्रदेश गजेट दिनांक 20 दिसम्बर, सन् 1969 ई. में प्रकाशित विज्ञप्ति के अनुसार जब्त कर ली गई थी। क्योंकि यह पुस्तक कुछ नागरिक समुदाय की धार्मिक भावनाओं को जान-बूझकर चोट पहुँचाने तथा उनके धर्म एवं धार्मिक मान्यताओं का अपमान करने के लक्ष्य से लिखी गई थी।

गवर्नमेंट ऑफ उत्तर प्रदेश की इस आज्ञा के विरुद्ध हाईकोर्ट ऑफ जुडिकेचर इलाहाबाद में प्रकाशक ललई सिंह ने क्रिमिनल मिसलेनियस एप्लीकेशन उपरोक्त शीर्षक की प्रस्तुति की।

हाईकोर्ट ऑफ जुडिकेचर इलाहाबाद ने उपरोक्त माननीय तीन जजों की स्पेशल फुल बेंच इस केस के सुनने के लिए बनाई। उन्होंने अपीलांट की ओर से योग्य एडवोकेट श्री बनवारी लाल यादव और रिस्पोंडेंट की ओर से गवर्नमेंट एडवोकेट तथा उनके विशेष सहयोगी श्री पी.सी. चतुर्वेदी एडवोकेट व श्री आसिफ अंसारी की बहस दिनांक 26, 27 व 28 अक्टूबर, 1970 ई. को लगातार तीन दिनों तक सुनी।

दिनांक 19 जनवरी, 1971 ई. को माननीय जस्टिस श्री ए.के. कीर्ति ने बहुमत का निर्णय दिया कि

(1) गवर्नमेंट ऑफ उत्तर प्रदेश द्वारा पुस्तक 'सच्ची रामायण' की जब्ती की आज्ञा निरस्त की जाती है।
(2) ज़ब्तशुदा पुस्तक 'सच्ची रामायण' को वापस किया जाए।
(3) गवर्नमेंट ऑफ उत्तर प्रदेश की तरफ से अपीलांट ललई सिंह यादव को तीन सौ रुपए खर्चे के दिलाए जाएँ।[61]

'सच्ची रामायण' का मुकदमा सुप्रीम कोर्ट तक चला जिसमें अपीलांट उत्तर प्रदेश सरकार क्रिमिनल मिसलेनियस अपील नम्बर 291, सन् 1971 ई. निर्णय सुप्रीम कोर्ट ऑफ इंडिया, नई दिल्ली में केस की अपील किया गया। सुप्रीम कोर्ट में उनकी तरफ से अधिवक्ता 'बनवारी लाल यादव' और अधिवक्ता 'शिवनारायण सिंह यादव' ने जिरह की। जिरह की मुख्य भूमिका में शिवनारायण सिंह यादव थे। सुप्रीम कोर्ट फुल बेंच के सर्वोच्च न्यायाधीश पी.एन. भगवती, वी.आर. कृष्णा अय्यर और मुर्तजा फाजिल अली थे। दिनांक 16.09.1976 को सुप्रीम कोर्ट फुल बेंच के इन न्यायाधीशों ने निर्णय सुनाया, जिसमें रिस्पोंडेंट की जीत हुई और उत्तर प्रदेश सरकार की हार हुई।

## 'सच्ची रामायण' और 'सच्ची रामायण की चाभी' : एक परिचय

1 जनवरी, 1930 ई. में सम्पूर्ण रामायण का अध्ययन करते हुए तमिल भाषा में श्री पेरियार ई.वी. रामास्वामी, ने 'रामायण : पादीरंगल' शीर्षक से पुस्तक लिखी व

छापी। यह अंग्रेजी भाषा में अनुवाद 'दि रामायना : ए टू रीडिंग' नाम से रेशनलिस्ट पब्लिकेशन, तमिलनाडु-2 ने सन् 1959 ई. में छापी। अंग्रेजी भाषा से हिन्दी में अनुवाद 'सच्ची रामायण' नाम से पेरियार ललई सिंह, अध्यक्ष—अशोक पुस्तकालय, रजिस्टर्ड, ग्राम व पोस्ट—झींझक, जिला—कानपुर, उत्तर प्रदेश ने दिनांक 1 अक्टूबर, 1968 ई. को छापी। उत्तर प्रदेश गवर्नमेंट गजेट दिनांक 20 दिसम्बर, 1969 ई. की आज्ञानुसार केवल हिन्दी व अंग्रेजी संस्करण यह लिखकर जब्त कर दिया गया, कि इस पुस्तक से भारत के कुछ नागरिक समुदाय की धर्मिक भावनाओं को जान-बूझकर चोट पहुँचाने तथा उनके धर्म एवं धर्मिक मान्यताओं का अपमान करने के लक्ष्य से लिखी गई है।

उपरोक्त आज्ञा के विरुद्ध प्रकाशक ललई सिंह यादव ने हाईकोर्ट ऑफ जुडीकेचर इलाहाबाद में क्रिमिनल मिसलेनियस एप्लीकेशन दिनांक—28 फरवरी, 1970 ई. को प्रस्तुत की। माननीय जस्टिस सर्वश्री ए.के. कीर्ति, श्री के.एन. श्रीवास्तव व श्री हरिस्वरूप ने अपीलांट की ओर से श्री बनवारीलाल यादव, एडवोकेट हाईकोर्ट और रिस्पांडेंट (उत्तर प्रदेश गवर्नमेंट) की ओर से गवर्नमेंट एडवोकेट तथा उनके सहयोगी श्री पी.सी. चतुर्वेदी एडवोकेट व श्री आसिफ अंसारी, एडवोकेट की बहस दिनांक 26, 27 व 28 अक्टूबर, 1970 ई. को तीन दिन लगातार सुनी।

माननीय जस्टिस श्री ए.के. कीर्ति ने मुकदमा नम्बर 412, सन् 1970 क्रिमिनल मिसलेनियस एप्लीकेशन-अंडर सेक्शन 99-बी क्रिमिनल प्रोसीजर कोड में दिनांक 19 जनवरी, 1971 ई. को बहुमत का निर्णय दिया कि

1. गवर्नमेंट ऑफ उत्तर प्रदेश की पुस्तक 'सच्ची रामायण' की जप्ती को आज्ञा निरस्त की जाती है।
2. जब्तशुदा पुस्तक 'सच्ची रामायण' अपीलांट ललई सिंह यादव को वापिस दी जाए।
3. गवर्नमेंट ऑफ उत्तर प्रदेश की ओर से अपीलांट ललई सिंह यादव को तीन सौ रुपये खर्चे के दिलाए जाएँ।

उपरोक्त मुकदमे में अपीलांट ललई सिंह यादव की ओर से जो रीज्वाइंडर अर्थात् प्रत्युत्तर प्रस्तुत किया गया था—पाठकों की विशेष माँग पर उसे 'सच्ची रामायण की चाभी' के नाम से पेज नम्बर नौ से पेज नम्बर चौंसठ तक छापा गया है।

आयटम में लिखे पेज नम्बर 'सच्ची रामायण' के प्रथम संस्करण सन् 1968 ई. के हैं। दूसरे तथा अगले संस्करणों में प्रत्येक आयटम का मिलान करने के लिए लिखे हुए पेजों में आठ जोड़ दीजिएगा। तब सही मिलान हो सकेगा। जैसे—आइटम नम्बर 1 में पेज नम्बर 12 लिखा है। यह प्रथम संस्करण 'सच्ची रामायण' के

हिसाब से ठीक लिखा है। दूसरे तथा अगले संस्करणों से मिलान करने के लिए पेज नम्बर 12 में आठ जोड़ने पर पेज नम्बर 20 हुआ। अब सही है।

दिनांक—1 दिसम्बर, 1971 ई.

**—रघुराज सिंह यादव**
मंत्री, अशोक पुस्तकालय, रजिस्टर्ड
झींझक, जिला—कानपुर

## न्यायालय में मिशनरी अधिवक्तागण

पेरियार ललई सिंह भारत के ऐसे रिसर्चर[62] चिन्तक, नाटककार, साहित्यकार, बुद्धिजीवी रहे हैं, जिनकी अमूमन सभी किताबों पर प्रतिगामी ताकतों ने मुकदमे किए। उन्हें लम्बी न्यायिक प्रक्रिया में उलझाए रखा। पेरियार ललई सिंह अपनी क्रमवार आती एक-एक किताब पर एक-एक करके हो रहे मुकदमे को जीतते जाते थे। मनुवादी प्रत्येक किताब के मुकदमे को एक-एक कर हारते जाते थे। इस हार के मुख्य कारणों में एक महत्त्वपूर्ण कारण था, पेरियार ललई सिंह किसी भी किताब को लिखने के लिए पहले उसे अनन्य अध्येता की तरह रिसर्च करते थे। उसके बाद उस पर चिन्तन-मनन करके लिखते। दूसरे कि उस दौर में उनके साथ उत्तर भारत के सचेत वकीलों की पूरी एक टीम खड़ी थी जो स्वयं उनके साथ मिल-बैठकर मिथक, धर्म, पुराण, संस्कृति, पुराणों, संहिताओं आदि पर गम्भीरता से विचार-विमर्श करती थी। उससे निर्मित मूलभूत तर्क को न्यायालय में जिरह के दौरान टीम रखती थी। यह टीम मुकदमे को उच्च न्यायालय से सर्वोच्च न्यायालय तक लड़ती थी। ये सभी सर्वोच्च न्यायालय के वकीलों के साथ विचार-विमर्श करते थे। उस समय के निरपेक्ष न्यायाधीसों को सलाम कि वे सच के पक्ष में खड़े होकर न्याय देते थे। आज भूरे रंग के भारतीय न्यायाधीश रंग, नस्ल, वर्ण, जाति, चेहरा, क्षेत्र आदि देखकर भेदभावपूर्ण भावना से निर्णय सुनाते जान पड़ते हैं। खैर, पेरियार ललई सिंह की पुस्तकों के केश लड़नेवाले कुछ वकीलों के नाम निम्नलिखित हैं, जिसे पेरियार ललई सिंह ने स्वयं लिखा है—अधिवक्ता बनवारी लाल यादव, अधिवक्ता शिवनारायण यादव, अधिवक्ता जयपाल सिंह कश्यप, अधिवक्ता चौधरी चुन्नीलाल, अधिवक्ता सखाराम यादव, अधिवक्ता गुलाबचन्द, एडवोकेट गया प्रसाद, एडवोकेट श्याम लाल यादव, एडवोकेट कुन्दन सिंह, एडवोकेट आर.डी. गुप्त व अधिवक्ता छेदी लाल साथी आदि हाईकोर्ट इलाहाबाद और सुप्रीम कोर्ट में मुख्य वकील हुआ करते थे। ये लोग 'सच्ची रामायण', 'हिन्दू संस्कृति में वर्ण-व्यवस्था और जातिभेद', 'सच्ची रामायण की चाभी', 'आर्यों का नैतिक पोल प्रकाश', 'सम्मान के लिए धर्म परिवर्तन', 'जाति भेद का उच्छेद' आदि पुस्तकों के मुकदमे को सन् 1968 से लेकर सन् 1976 तक हाईकोर्ट, सुप्रीम कोर्ट के मुकदमों के वकील रहे।

आप दोनों उस समय हाईकोर्ट, इलाहाबाद में अधिवक्ता थे। बाद में आप दोनों हाईकोर्ट में जज भी हुए।

इस जीत और पुस्तक ने पेरियार ललई सिंह को एक नई पहचान दी और उनके चिन्तन को एक नई दिशा दी, जो आगे चलकर हिन्दी पट्टी के बहुत बड़े भौगोलिक जनसमूह में सामाजिक-सांस्कृतिक चेतना निर्मित करने में सफल रही। 'सच्ची रामायण' पुस्तक पर मुकदमा लड़ने के दौरान उन्होंने हाईकोर्ट-सुप्रीम कोर्ट के लिए 'सच्ची रामायण' के छत्तीस खतरनाक अंशों का जो रिज्वाइंडर (प्रति उत्तर) तैयार किया था, उसी को बाद में दिनांक—29 सितम्बर, 1971 ई. विजय दशमी को सच्ची रामायण की चाभी के रूप में पुस्तकाकार प्रकाशित किया। इस पुस्तक पर भी पेरियार ललई सिंह को हाईकोर्ट में मुकदमे का सामना करना पड़ा, जिसे वे सुप्रीम कोर्ट से जीते। इसके बाद इन्होंने आदिनिवासियों की पहचान[63] पुस्तक लिखी। पहली पुस्तक सच्ची रामायण[64] के भाष्य आकार-प्रकार की है। दूसरी पुस्तक उत्तर प्रदेश की राजनीतिक-सामाजिक-धार्मिक वर्चस्व की संरचना पर केन्द्रित है। तीसरी पुस्तक आदिनिवासियों की पहचान को संवाद शैली में लिखा है, जिसमें उन्होंने आक्रान्ता आर्यों के भारत तक आने, आक्रमण करने और यहाँ घुसपैठ कर बसने के कारणों का अनुसन्धानपरक दृष्टि से तार्किक और तथ्यात्मक पड़ताल की है।

अध्याय-5

# उत्तर भारत में अम्बेडकर

## सामाजिक अपमान गरीबी से अधिक खटकता है!

डॉ. अम्बेडकर के व्यक्तित्व, विचार और साहित्य को उत्तर भारत में पहली बार चन्द्रिका प्रसाद 'जिज्ञासु'[1], पेरियार ललई सिंह और रामस्वरूप वर्मा और बाबू जगदेव प्रसाद आदि लोगों की कोशिश से लाया गया। मौखिक इतिहास प्रस्तुत करता है कि सन् 1951 में डॉ. अम्बेडकर ग्वालियर (म.प्र.) आए थे, जहाँ पेरियार ललई सिंह से उनका प्रथम साक्षात्कार हुआ, मिले और बातें कीं। उनकी सोच और वैचारिकी से इतने अधिक प्रभावित हुए कि आगे का जीवन इसी सोच में लगा दिया।[2] चन्द्रिका प्रसाद 'जिज्ञासु' ने सन् 1957 ई. में 'बाबा साहेब का उपदेश और आदेश' दो भागों में लिखी।[3] उत्तर भारत में महानायक अम्बेडकर के व्यक्तित्व, विचार और दर्शन को हिन्दी में पहले पहल प्रस्तुति पर क्रिस्टोफर जैफर्लोट लिखते हैं, हिन्दी में 1961 ई. में चन्द्रिका प्रसाद 'जिज्ञासु' की बाबा साहब का जीवन संघर्ष, लखनऊ : हिन्दी समाज सुधार कार्यालय, लखनऊ से प्रकाशित हुई थी।[4] यह डॉ. अम्बेडकर की हिन्दी में सम्पूर्णता में लिखी गई पहली जीवनी थी। इसे हिन्दी और उत्तर भारत के जनमानस के लिए लिखे जाने के भी कुछ मूलभूत कारण थे। वैसे, डॉ. अम्बेडकर का सम्पूर्ण लेखन मराठी और अंग्रेजी में उपलब्ध था। जिस कारण जिज्ञासु का प्रथम लक्ष्य था—भारत के महानायक डॉ. अम्बेडकर के व्यक्तित्व, विचार, चिन्तन और दर्शन से हिन्दी भाषी भूमि की जनता से पूर्णत: परिचित करवाना। दूसरा कारण था कि कांग्रेसी सवर्णों के इशारे पर गांधीवादी दलित नेता अम्बेडकर को हिन्दू धर्म को बाँटनेवाला, अंग्रेजों का पिट्ठू और देशद्रोही आदि कहते थे। इस व्यवहार का मूल कारण था उनका डॉ. अम्बेडकर के विराट व्यक्तित्व से अपरिचित होना। डॉ. अम्बेडकर के साथ हो रहे ऐसे अपमानजनक व्यवहार से वे अतल मन तक आहत होते थे। इस मौजू कारण से जिज्ञासु ने अम्बेडकर की जीवनी लिखी जो 1961 में 'बाबा साहब का जीवन संघर्ष' नाम से प्रकाशित हुई जिसकी भूमिका रूप में महापंडित राहुल सांकृत्यायन की सम्मति छापी गई थी। उनकी लिखी यह जीवनी

उत्तर भारत में इतनी लोकप्रिय हुई कि जिज्ञासु जी के जीवनकाल में ही इसके पाँच-पाँच हजार प्रतियों के सात संस्करण निकल चुके थे।[5] अर्थात् अम्बेडकर की इस जीवनी की 30-40 हजार से भी अधिक प्रतियाँ जिज्ञासु की आँखों के सामने उत्तर भारतीय अम्बेडकर के शुभचिन्तकों ने खरीद लीं और पढ़ गए। जिज्ञासु द्वारा हिन्दी भूमि पर बाबा साहब के व्यक्तित्व, विचार और साहित्य की यह मौलिक पौध लगाई गई थी। यह प्रत्यस्थापित करने की कथा यहीं नहीं समाप्त होती है। डॉ. अम्बेडकर और स्वामी अछूतानन्द के उत्तर भारत में अवस्थित करने की कथा और भी दिलचस्प है। सन् 1960 में जिज्ञासु जी ने स्वामी अछूतानन्द पर 'आदिहिन्दू आन्दोलन के प्रवर्तक स्वामी अछूतानन्द जी 'हरिहर'' नाम से दस्तावेजी किताब लिखी।

अत: वास्तव में स्वामी अछूतानन्द और डॉ. अम्बेडकर की विचार परम्परा को उत्तर भारत में आगे बढ़ाने का मुख्य काम चन्द्रिका प्रसाद 'जिज्ञासु' ने किया था। वे छठे एवं सातवें दशक के ऐसे लेखक थे, जिन्होंने हिन्दी में कबीर, रैदास, स्वामी अछूतानन्द, अम्बेडकर और बुद्ध के विचार, धर्म-दर्शन और आन्दोलन को स्थापित किया था। वे पहले ऐसे व्यक्ति थे जिन्होंने अम्बेडकर और पेरियार की हिन्दी में जीवनी और उन पर वैचारिक पुस्तकें लिखीं। ऐसी अनेक महान विभूतियों की जीवनियाँ लिखीं। उनकी महत्त्वपूर्ण पुस्तकों का हिन्दी अनुवाद किया और कराया। हिन्दी जगत ने पहली बार उन्हीं की लेखनी से दलित आन्दोलन और विचारधारा को जाना था। हिन्दी में दलित विमर्श और चिन्तन को स्थापित करने का मुख्य श्रेय वस्तुत: उन्हीं को जाता है।[6] उसके बाद पेरियार ललई सिंह द्वारा सन् 1960 में स्थापित अशोक पुस्तकालय, प्रकाशन से डॉ. अम्बेडकर के ऐतिहासिक लेखों-भाषणों का हिन्दी अनुवाद कर पेरियार ललई सिंह ने पूरे विस्तार से सन् 1960 से 1990 के बीच छापा। सन् 1960 से 88 के बीच पेरियार ललई सिंह द्वारा लिखित, अनूदित, उत्तर भारत में प्रकाशित डॉ. अम्बेडकर की कई किताबों पर मनुवादियों ने मुकदमे किए जो लम्बी न्यायिक प्रक्रिया में चलते रहे। पेरियार ललई सिंह ने लम्बे समय तक मुकदमा लड़ा। इस दीर्घकालिक लड़ाई को जीते। इस प्रकार उन्होंने अखिल भारतीय हिन्दी भाषी उत्तर भारतीय जनता को डॉ. अम्बेडकर के व्यक्तित्व, विचार और दर्शन से परिचित कराया। इस प्रकाशन से अम्बेडकर, पेरियार और बुद्ध आदि के विचार पर कई दस्तावेजी किताबें प्रकाशित हुईं।

उसके बाद महामना रामस्वरूप वर्मा ने सन् 1967 ई. में ऐतिहासिक कदम उठाया। सन् 1967 ई. में चौधरी चरण सिंह उत्तर प्रदेश के मुख्यमंत्री हुए। गैर कांग्रेसी संविद सरकार बनी। जिसमें रामस्वरूप वर्मा वित्तमंत्री बने। उन्होंने उस समय राजाज्ञा द्वारा डॉ. अम्बेडकर के साहित्य को उत्तर प्रदेश के सरकारी संस्थानों और पुस्तकालयों में रखवाया। जिससे शोषित-दमित-अर्जक मनुष्य डॉ. अम्बेडकर के विचारों से परिचित हो सके। 14 अप्रैल अर्थात् डॉ. अम्बेडकर के जन्मदिन को रामस्वरूप वर्मा के सौजन्य से अर्जक संघ ने 'चेतना दिवस' घोषित किया। प्रत्येक

वर्ष 14 अप्रैल को अर्जक संघ 'चेतना दिवस' के रूप में मनाता है। इससे पहले अम्बेडकर के साहित्य से उत्तर भारत सामान्यत: अछूता था।

उधर बिहार में बाबू जगदेव प्रसाद सन् 1967 ई. में विधान सभा का चुनाव जीतते हैं। 1 जनवरी, 1968 ई. को सरकार बनती है। वे मंत्री बनते हैं। इसके बाद वे डॉ. अम्बेडकर के साहित्य को सम्पूर्ण बिहार में अपने कार्यकर्ताओं से वितरित करवाते हैं। सरकारी आदेश द्वारा बिहार प्रदेश के शैक्षणिक संस्थानों में डॉ. अम्बेडकर का साहित्य रखवाते हैं। किन्तु नई प्रतिगामी सरकार आने के साथ ही वह चुपके चुपके डॉ. अम्बेडकर के सम्पूर्ण साहित्य को पुस्तकालयों से पुन: बाहर करवाती है। डॉ. अम्डेबकर के साहित्य को उत्तर भारत में प्रत्यस्थापित और विस्थापित करने का यह लम्बा संघर्ष क्रम कई वर्ष तक चलता रहा।

इस महान संघर्ष को लेकर बाबू जगदेव प्रसाद शहीद हुए। इस ऐतिहासिक शहादत पर रघुनीराम शास्त्री लिखते हैं, 'शोषित इंकलाब के लेनिन अमर शहीद जगदेव प्रसाद ने गत 5 सितम्बर, 1974 ई. से 11 सितम्बर, 1974 ई. तक सात-सूत्री माँगों की पूर्ति के लिए बिहार के सभी प्रखंड कार्यालयों पर शान्तिपूर्ण सत्याग्रह (जेल भरो अभियान), शोषित समाज दल के बैनर तले धरना-प्रदर्शन शुरू किया, जिसकी प्रमुख माँगे—'देश के सभी सराकारी व गैर सरकारी पुस्तकालयों में डॉ. अम्बेडकर का साहित्य लागू किया जाए। जनसंख्या के अनुपात में आरक्षण लागू किया जाए। दलित मतदाताओं द्वारा दलित प्रतिनिधियों का चुनाव और दलितों की नियुक्ति हेतु दलित पदाधिकारियों से साक्षात्कार कराने जैसी माँगे शामिल थीं।' इस ऐतिहासिक आन्दोलन में कांग्रेसी हुकूमत ने 5 सितम्बर, 1974 ई. को महानायक जगदेव प्रसाद की गोली मारकर करीब हजारों मजदूरों-किसानों, दलितों के बीच निर्मम हत्या कर दी।"[7]

इस समय अर्थात् सन् 1968 ई. में चौधरी चरण सिंह के मुख्यमंत्री रहते हुए उत्तर प्रदेश में पेरियार ललई सिंह की कृति 'आर्यों का नैतिक पोल प्रकाश' सरकारी प्रेस विज्ञप्ति के अनुसार जब्त होती है। पेरियार ललई सिंह द्वारा अनूदित-प्रकाशित डॉ. अम्बेडकर के भाषण 'सम्मान के लिए धर्म परिवर्तन', 'जातिभेद का उच्छेद' आदि को 25 अगस्त, 1970 ई. को तत्कालीन सरकार जब्त करती है। इस चरण सरकार में मुख्य सहयोगी कमलापति त्रिपाठी थे। इस साहित्य जब्ती का सारा दिमाग इन्हीं का था।

रघुनीराम शास्त्री ने एक साक्षात्कार में बताया कि इसी समय बाबा साहब का सम्पूर्ण साहित्य उत्तर प्रदेश के पुस्तकालयों और सरकारी संस्थानों से बाहर किए जाने का अघोषित आदेश दिया गया। उनका साहित्य जब्त किया जाता है। सरकार की इस राजाज्ञा के विरुद्ध पेरियार ललई सिंह हाईकोर्ट और सुप्रीम कोर्ट तक मुकदमा लड़ते हैं जिसमें महामना रामस्वरूप वर्मा और बाबू जगदेव प्रसाद आदि प्रत्येक प्रकार से मदद करते हैं। इन किताबों पर हुए मुक़दमों पर जीत 14 मई, 1971 ई. में होती है। उस समय उत्तर प्रदेश के मुख्यमंत्री कमलापति त्रिपाठी

थे। इन संघर्षों और लड़ाइयों के बाद उत्तर भारत में डॉ. अम्बेडकर का साहित्य प्रचारित-प्रसारित होना शुरू हुआ है।

## डॉ. अम्बेडकर साहित्य रक्षक परिषद् की स्थापना

डॉ. अम्बेडकर और पेरियार ललई सिंह की पुस्तकों की लगातार जब्ती हो रही थी। आदिनिवासी चेतना से लिखी गई पुस्तकों पर लगातार मुकदमे किए जा रहे थे। आदिनिवासी चेतना के साहित्य को मनुवादी लगातार नष्ट करने की कोशिश कर रहे थे। अत: अपनी महान विभूतियों के साहित्य और चिन्तन की दुर्लभ पांडुलिपियों, पुस्तकों आदि के संरक्षण-प्रकाशन के लिए पेरियार ललई सिंह और साथियों ने अखिल भारतीय स्तर पर दिनांक 14 अप्रैल, 1970 ई में 'डॉ. अम्बेडकर साहित्य रक्षक परिषद'[8] की स्थापना कानपुर में की। 14 अप्रैल बाबा साहब डॉ. अम्बेडकर का जन्मदिन है। इसी दिन पेरियार ललई सिंह आदि साथियों ने इस परिषद् की स्थापना की। इस परिषद् का सर्वसम्मति से पेरियार ललई सिंह को प्रथम अध्यक्ष बनाया गया। उपाध्यक्ष और प्रचार मंत्री अशफाक खाँ को बनाया गया।

इस परिषद् का मुख्य लक्ष्य और कार्य आदिनिवासी चेतना की वैचारिकी के साहित्य की रक्षा, सुरक्षा, संरक्षण, प्रकाशन और प्रचार-प्रसार करना था। आदिनिवासी चेतना की दुर्लभ पांडुलिपियों को खोजना, उसे 'अशोक पुस्तकालय' से प्रकाशित करना। बुद्ध, फुले, अम्बेडकर, पेरियार जैसे अनेक आदिनिवासी चेतना के लेखकों, साहित्य-चिन्तकों के लेखों, विचारों आदि की रक्षा करना। उनके साहित्य और उन पर होनेवाले मुकदमे को लड़ने के लिए पैसा एकत्रित करना। आदिनिवासी चेतना के साहित्य और विचार का जनता में प्रचार-प्रसार करना। इस चेतना के साहित्य का जनता के बीच बुक स्टाल लगाकर उसे दिखाना। जनता से पांडुलिपियों को माँगना। उसे प्रकाशित करना आदि इस परिषद् का मुख्य उद्देश्य था।

## बौद्ध धर्म, समता एवं प्रगतिशील साहित्य प्रचारक परिषद्

इस साहित्यिक-सांस्कृतिक परिषद् की स्थापना दिनांक 3 जून, 1971 ई. को हुई थी। पेरियार ललई सिंह इस परिषद् के उपाध्यक्ष थे। इसका मुख्य उद्देश्य था—बौद्ध धर्म, समता और प्रगतिशील साहित्य का संरक्षण और प्रचार-प्रसार करना। यह परिषद् बौद्ध विद्वान और भिक्खुओं का समूह था। ये लोग झोले में साहित्य लेकर गाँव-गाँव घूम-घूमकर साहित्य बेचते थे। जनता को इस परिषद् का सदस्य बनाते थे। उन्हें तर्कशील साहित्य भेजते थे जिससे उनमें प्रगतिशील चेतना निर्मित हो सके। यह बौद्ध साहित्य और धर्म को प्रचार-प्रसार की जमीनी और अभियानी कोशिश थी।

## डॉ. अम्बेडकर की पुस्तक 'धर्म परिवर्तन' जब्ती

पेरियार ललई सिंह ने बाबा साहब डॉ. अम्बेडकर के यवला, महाराष्ट्र में 25 दिसम्बर, 1927 को मनुस्मृति दहन के अवसर पर दिए गए भाषण और 14 अक्टूबर, 1956 ई. को दीक्षाभूमि, नागपुर में बौद्ध धर्म ग्रहण के अवसर पर दिए गए प्रमुख मराठी भाषणों आदि का हिन्दी अनुवाद किया। अंग्रेजी भाषणों का उनके मिशनरी साथी रामअधार ने हिन्दी अनुवाद किया। उन्होंने सन् 1969 ई. में 'सम्मान के लिए धर्म परिवर्तन' नाम से अशोक पुस्तकालय से प्रकाशित किया। आगे सन् 1971 ई. में 'सम्मान के लिए धर्म परिवर्तन'[9] नामक पुस्तक का नाम बदलकर 'धर्म परिवर्तन' कर दिया। इस पुस्तक को तत्कालीन वर्चस्ववादी सरकार ने 25 अगस्त, सन् 1970 ईस्वी में प्रकाशित विज्ञप्ति के अनुसार जब्त कर लिया।[10] सरकार ने यह आरोप लगाया कि इस पुस्तक से धर्म, जाति या सम्प्रदाय के आधार पर विभिन्न धर्मों, जातियों या सम्प्रदायों के बीच वैमनस्यता की भावना, घृणा या दुर्भावना बढ़ती है और यह पुस्तक एक वर्ग के धर्म या धार्मिक विश्वासों का अनादर करती है।[11] इस पर पेरियार ललई सिंह ने 12 सितम्बर, 1970 ईस्वी को हाईकोर्ट, इलाहाबाद में सरकार के विरुद्ध मुकदमा दायर कर दिया। जिसका निर्णय हाईकोर्ट ने दिनांक 14 मई, 1971 ईस्वी को दिया।

### निर्णय

हाईकोर्ट ऑफ जुडीकेचर, इलाहाबाद (उत्तर प्रदेश)
दिनांक 14 मई, 1971 ई.

उपस्थित फुल बेंच

1. माननीय जस्टिस श्री विलियम ब्रूम
2. माननीय जस्टिस श्री यशोदा नन्दन
3. माननीय जस्टिस श्री सुधी मलिक

मुकदमा नं. 3221/1970 ई.—क्रिमिनल मिसलेनियस एप्लिकेशन अंडर सेक्सन 99बी क्रिमिनल प्रोसीजर कोड

### शीर्षक

ललई सिंह यादव, उम्र 60 साल, पिता का नाम श्री गज्जू सिंह यादव, अध्यक्ष, 'डॉ. अम्बेडकर साहित्य रक्षक परिषद' रजिस्टर्ड, झींझक, कानपुर

अपीलांट

विरुद्ध

गवर्नमेंट ऑफ उत्तर प्रदेश

रिस्पांडेंट

पुस्तक 'सम्मान के लिए धर्म परिवर्तन करें' गवर्नमेंट ऑफ उत्तर प्रदेश की आज्ञा दिनांक 25 अगस्त, सन् 1970 ईस्वी नोटिफिकेशन नम्बर 4431 आर/8-बी-2-1-63/70 तथा गवर्नमेंट ऑफ उत्तर प्रदेश गजेट दिनांक 12 सितम्बर, 1970 ईस्वी में प्रकाशित विज्ञप्ति के अनुसार जब्त कर ली गई थी क्योंकि इस पुस्तक से धर्म, जाति या सम्प्रदाय के आधार पर विभिन्न धर्मों, जातियों या सम्प्रदायों के बीच वैमनस्यता की भावनाएँ घृणा या दुर्भावना बढ़ती हैं और यह पुस्तक एक वर्ग के धर्म या धार्मिक विश्वासों का अनादर करती है।

गवर्नमेंट ऑफ उत्तर प्रदेश की इस आज्ञा के विरुद्ध हाईकोर्ट ऑफ जुडिकेचर इलाहाबाद में ललई सिंह यादव ने क्रिमिनल मिसलेनियस एप्लिकेशन उपरोक्त शीर्षक की प्रस्तुति की।

हाईकोर्ट ऑफ जुडीकेचर इलाहाबाद ने उपरोक्त माननीय तीन जजों की स्पेशल फुल बेंच इस केस के सुनने के लिए बनाई। उन्होंने अपीलांट की ओर से योग्य एडवोकेट श्री बनवारी लाल यादव और रिस्पांडेंट की ओर से गवर्नमेंट एडवोकेट की बहस दिनांक—3 मई से 10 मई, 1971 ई. को दो दिनों तक सुनी।

दिनांक—14 मई, 1971 ई. की माननीय जस्टिस श्री विलियम ब्रूस ने सर्वसम्मति से निर्णय किया कि

1. गवर्नमेंट ऑफ उत्तर प्रदेश द्वारा पुस्तक 'सम्मान के लिए धर्म परिवर्तन करें' की जब्ती की आज्ञा निरस्त की जाती है।
2. जब्तशुदा पुस्तक अपीलांट ललई सिंह यादव को वापस दी जाए।
3. गवर्नमेंट ऑफ उत्तर प्रदेश की ओर से अपीलांट ललई सिंह यादव को तीन सौ रुपए खर्च के दिलाए जाएँ।

इस लम्बे न्यायिक संघर्ष के बाद पेरियार ललई सिंह ने यह मुकदमा जीता। उन्होंने इस मुकदमे में पूर्ण सहयोग करनेवाले अधिवक्ताओं का आभार प्रकट करते हुए लिखा, अपीलांट के पैरोकार सर्वश्री बनवारी लाल यादव, सखाराम यादव, श्याम लाल यादव, जयपाल सिंह कश्यप, चौधरी चुन्नी लाल, गुलाबचन्द, गया प्रसाद यादव आदि एडवोकेट्स को संस्था व पाठक की ओर से अनन्त धन्यवाद!

दिनांक—14 मई, 1971 ई.

अध्यक्ष

**—डॉ. अम्बेडकर साहित्य रक्षक परिषद्**[12]

## धर्म परिवर्तन की बहाली पर प्रेस विज्ञप्ति

प्रेस मैटर

'प्रकाशनार्थ'

प्रेषक : बनवारी लाल यादव, एडवोकेट, हाईकोर्ट

578, मम्फोर्टगंज (निगम चौराहा के पास), इलाहाबाद
द्वारा सम्पादक 'बहुजन', छेदीलाल 'साथी'
48, कन्धारी बाजार, लखनऊ के लिए
उ.प्र.

सेवा में,

नमस्कार!

डॉक्टर भीमराव अम्बेडकर द्वारा लिखित 'सम्मान के लिए धर्म परिवर्तन करें' नामक पुस्तक, जिसे उत्तर प्रदेश सरकार ने (यू.पी. गवर्नमेंट) दिनांक—12 सितम्बर, 1970 ई. को पृष्ठ संख्या 44, 50 द्वारा, जिस पर लिखा है—'वेद शास्त्र निरर्थक हैं।' प्राप्त फौजदारी की धारा 9990 के अन्तर्गत पाया। इस कारण से जब्त कर दिया था, कि इस पुस्तक से धार्मिक विश्वास पर घृणा की भावना फैलती है।

इसको आज दिनांक 14 मई, सन् 1971 ई. को हाईकोर्ट इलाहाबाद के माननीय न्यायमूर्ति सर्वश्री विलियम ब्रूम, यशोदा नन्दन तथा सुधी मलिक की फुल बैंच ने क्रिमिनल मिसलेनियस एप्लीकेशन नम्बर 3221 सन् 1970 ई. को श्री ललई सिंह यादव बनाम स्टेट उत्तर प्रदेश में यह निर्णय लिया है कि इस पुस्तक से कोई भी धार्मिक विश्वास पर आघात नहीं पहुँचता है और न तो किसी धार्मिक भावना को चोट ही पहुँचती है।

अत: उत्तर प्रदेश गवर्नमेंट का उपरोक्त आदेश रद्द किया जाता है।

धन्यवाद!

दिनांक—14 मई, 1971 ई.

भवदीय

**बनवारी लाल यादव**

हाईकोर्ट, इलाहाबाद'[13]

## साहित्य पर मुकदमे के समय के मुख्यमंत्री

आर्यों का नैतिक पोल प्रकाश, हिन्दू संस्कृति में वर्ण-व्यवस्था और जाति भेद, सच्ची रामायण, सच्ची रामायण की चाभी, जाति भेद का उच्छेद, सम्मान के लिए धर्म परिवर्तन, बौद्ध धर्म दीक्षा-परित्राण पाठ आदि की जब्ती मुकदमे आदि वर्चस्ववादियों के इशारे पर कई मुख्यमंत्री और सरकारों ने किया। सन् 1968 ई. से सन् 1975 ई. तक लगातार पेरियार ललई सिंह और डॉ. अम्बेडकर का साहित्य जब्त हुआ। उसके विरुद्ध उन्होंने हाईकोर्ट से सुप्रीम कोर्ट तक कई वर्ष मुकदमे लड़े। जीते। वैसे, पेरियार ललई सिंह 1960 से 1988 ई. तक हिन्दुत्ववादियों से सतत मुकदमा लड़ते

रहे। उस समय निम्नलिखित मुख्यमंत्री थे—'चन्द्रभानु गुप्त (कांग्रेसी), चौधरी चरण सिंह (भारती क्रान्ति दल), त्रिभुवन नारायण सिंह (कांग्रेसी), कमलापति त्रिपाठी (कांग्रेसी), हेमवती नन्दन बहुगुणा (कांग्रेसी), नारायण दत्त तिवारी (कांग्रेसी) आदि।'[14]

## वर्चस्ववादी साहित्य के जब्त नहीं होने पर सरकार पर उठाए सवाल

यह सत्य तथ्य है कि जिस समाज का साहित्य नहीं होता है वह गुलाम होता है। समाज में समतामूलक चेतना के निर्माण के लिए समता की चेतना का साहित्य होना आवश्यक है। वर्चस्ववादी सवर्णवादी सरकारों द्वारा डॉ. अम्बेडकर और पेरियार ललई सिंह के साहित्य पर लगातार हो रहे मुकदमों और जब्ती के कारण पेरियार ललई सिंह ने सरकार के समक्ष यह सवाल खड़ा कर दिया, 'बाबा साहब डॉ. भीमराव अम्बेडकर व मेरे द्वारा लिखी गई पुस्तकें लगातार जब्त हो रही हैं, अन्यों द्वारा लिखी गई, मेरे द्वारा छापी गई तथा मेरे द्वारा लिखी गई, मेरे द्वारा छापी गई, कई पुस्तकें जब्त कर ली गईं। मैं हवालात में रहा।'[15] 'मगर जिन पुस्तकों से हम लोगों ने उद्धरण लिये हैं या जिन लोगों ने हम लोगों के समान लेख या किताबें लिखी हैं, वे सब-की-सब पुस्तकें जब्त क्यों नहीं होतीं?'[16]

इस बात को आगे बढ़ाते हुए वे लिखते हैं, 'स्पष्ट है हम लोगों को दिमागी गुलाम बनाए रखने के लिए यह सरकारी शरारत है। अध्येता-पाठकगण इस शरारत पर सोचें, इसको रोकने की कोई युक्ति सोचें।'[17] उनका सवाल था कि सरकार हमारी पुस्तकों को लगातार जब्त कर रही है। इस जब्ती का आधार कुछ उद्धरणों को बना रही है लेकिन जिन मूल पुस्तकों से हमने उद्धरणों को सन्दर्भित किया है उन पुस्तकों को सरकार क्यों नहीं जब्त कर रही है? इस का कारण साफ है कि उन पुस्तकों को वर्चस्ववादी मानसिकता के पुरुषों ने लिखा है।

प्रश्न यह है कि वर्चस्ववादी सोच का निर्वहन और प्रत्यस्थापन करनेवाले वेद, पुराण, स्मृति ग्रंथ आदि आज तक सुरक्षित-संरक्षित हैं लेकिन समतामूलक समाज निर्माण करनेवाला साहित्य कहाँ विलुप्त हो गया। मूल मानवता की चेतना को बौद्ध साहित्य, आजीवक साहित्य, भौतिकवादी लोकायतों, अर्जकों का साहित्य कहाँ है? उसका संरक्षण क्यों नहीं हुआ? वह क्यों आमूल-चूल नस्ट कर दिया गया? अवैध, अनैतिक घोषित कर दिया गया। उनके साहित्य और सोच को मूर्खता का पर्याय क्यों बना दिया जाया; जैसे—बुद्ध के मत को माननेवालों को 'बुद्धू' कहा गया। बुद्ध की पत्नी को 'भदद कच्चाना' के नाम को विरूपित करते हुए—भददा, भोंदू आदि रूप में विकृत कर मुहावरा गढ़ दिया, जबकि भदद पालि भाषा का शब्द है जिसका अर्थ होता है—भद्र/आदरणीय। भदद से भद्र बना है। भद्रा लोग अर्थात आदरणीय/आभिजात्य लोग। 'भदद' का विस्तृत रूप 'भदंत' और संक्षिप्त रूप

है। 'भदद कच्चाना' को मनुवादी संस्कृति ने कच्चा चबा जऊँगा के रूप में विकृत कर मुहावरा ही गढ़ दिया है।[18] कौत्स के मत को माननेवालों को 'कुत्सित' कहा गया। कबीर के मानवतावादी-प्रवचनों को अश्लीलता और फूहड़ता का रूप देकर होली आदि अवसर पर 'कबीरा सारारा' के रूप में प्रचारित किया गया। कबीर के मत को माननेवालों को 'कुमतिवाला' कहकर मज़ाक उड़ाया गया। लाहौल, हिमाचल के ज्ञानी बौद्ध भिक्षु गुरु घंटापा के मत का उत्तर भारत में माज उड़ाते हुए 'गुरु घंटाल' नाम से मूर्खता का मुहावरा ही प्रचलित कर दिया। जबकि वो महान बौद्ध और विद्वान थे। उनके बातों-मतों का कोई उत्तर नहीं दे पाता था। उनकी विद्वत्ता को मूर्खता का पर्याय बना दिया गया। गोरखनाथ, जो जाति से अहीर थे, उनके मत के प्रचार से जनता को विमुख करने और उनके समतामूलक विचारों की खिल्ली उड़ाते हुए उसे 'गोरखधंधा' कहा गया, जबकि होना चाहिए—'पुरोहितधंधा'। इसी प्रकार 'गुंडा धुर' एक महान आदिवासी क्रान्तिकारी थे, जिन्होंने बस्तर में ब्रिटिश साम्राज्य के विरुद्ध 'महान भूमकाल आन्दोलन' चलाया। इस विद्रोह के वे महानायक थे। ब्रिटिश साम्राज्य की क्रान्तिकारी गुंडाधुर ने चूलें हिला दीं। इस विद्रोह को रोकने के लिए अंग्रेजों ने 'गुंडा एक्ट' नाम से एक अपराध अधिनियम (क्राइम एक्ट) बनाया।[19] वह आज भी 'गुंडा एक्ट' के रूप में जाना जाता है और आपराधिक लोगों को 'गुंडा बोला' जाता है। यह सोचने की बात है कि इस महान आदिवासी क्रान्तिकारी को स्वतंत्र भारत में भी इस तरह व्याख्यायित किया जाता है। इसी प्रकार महान आदिवासी क्रान्तिकारी रघुनाथ महतो ने ईस्ट इंडिया कम्पनी के खिलाफ जल, जंगल, जमीन के बचाव और आदिवासियों के शोषण के खिलाफ 'चुआड़ आन्दोलन' चलाया था। इस 'चुआड़ आन्दोलन' को 'चुहाड़ आन्दोलन' कहा गया। चुहाड़ अर्थात् बदमाश, लुच्चा कहा गया। जो 'चोर-चुहाड़' के रूप में प्रचलित स्थापित हो गया। इस प्रकार आज उस महान आन्दोलन को गाली का पर्याय बना दिया गया।[20] इसी प्रकार चोट्टी मुंडा एक महान आदिवासी क्रान्तिकारी थे जिन्होंने अपने महान पुरखे बिरसा मुंडा को अपना भगवान मानते हुए लड़ाई को आगे बढ़ाया। मनुवादी संस्कृति इनके महान अवदान को धूमिल करने के लिए उसे गाली के मुहावरे में बदल दिया अर्थात् 'चोट्टी' से 'चोट्टा' बदल दिया। 'चोट्टा' मतलब 'चोर' और 'चोट्टी' मतलब 'चोरनी' के रूप में स्थापित कर दिया। ऐसे ही, मुँगेरी लाल कमीशन को जब बिहार में लागू किया तो सवर्णों ने 'मुँगेरी लाल के हसीन सपने' कहकर मज़ाक उड़ाया। इतना ही नहीं सबसे अधिक भैंस-गाय रखनेवाले कृष्ण को 'माखन-चोर' कहा तो वहीं श्रवण संस्कृति के वाहक पशुपालक माननीय श्री लालू प्रसाद यादव, पूर्व-मुख्यमंत्री, बिहार को 'चारा-चोर' कहा गया जिसके लिए पशु जीवन है। उसकी महान वैचारिक लड़ाई को 'चारा-चोर' कहकर मज़ाक बनाकर उड़ा दिया गया। इसी प्रकार श्री अखिलेश यादव को 'टोटी-चोर'

कहा। सोचने की बात है कि जिनके पिता (मुलायम सिंह) मुख्यमंत्री और देश के रक्षामंत्री रहे हों जो स्वयं मुख्यमंत्री रहा हो, उसे इस स्तर पर गिराकर अपमानित किया जाता है। यह मनुवादी-संस्कृति का असल चरित्र है जो आपके महानायकों को इस स्तर तक गिराकर चरित्रहनन करती है। उस पर वर्चस्ववादी कला-सांस्कृतिक का प्रहार करती है। यह मानसिकता आज तक सतत प्रवाहित हो रही है।

## डॉ. अम्बेडकर की रिपब्लिकन पार्टी

इसके निर्माण की गाथा भी दिलचस्प है। चन्द्रिका प्रसाद 'जिज्ञासु' लिखते हैं, 'हमारे बाबा साहब 30 नवम्बर, 1956 ई. को रिपब्लिकन पार्टी की स्थापना की आवश्यकता की पूर्ति दिल्ली में कर गए थे। उस दिन शेड्यूल कास्ट फेडरेशन की, जिसके वे अध्यक्ष थे और जिसके द्वारा उन्होंने भारत की दलित-शोषित-प्रवंचित अछूत जनता को मानवीय नागरिक अधिकार दिलाने के लिए संघर्ष किया था, अन्तिम मीटिंग थी। इस मीटिंग में बाबा साहब ने फेडरेशन को भंग कर दिया और भारतीय रिपब्लिकन पार्टी की स्थापना की; और उसके उद्देश्य इतने व्यापक बनाए कि हिन्दू, मुसलमान, सिख, जैन, बौद्ध, ईसाई, पारसी सभी उसके सदस्य हो सकते हैं। इस पार्टी के सन्दर्भ में बाबा साहब ने कहा था कि रिपब्लिकन पार्टी का मुख्य उद्देश भारती संविधान में निहित न्याय, समानता, स्वतंत्रता और बन्धुता के लक्ष्य को प्राप्त करना है ताकि भारतभूमि पर जन्म लेनेवाले प्रत्येक व्यक्ति को प्रत्येक क्षेत्र में अपने पूर्ण विकास और ऊँची-से-ऊँची उन्नति करने का सुअवसर और सुविधाएँ प्राप्त हों।

इसके बाद बोधिसत्व बाबा साहब 6 दिसम्बर, 1956 ई.को निर्वाण को प्राप्त हुए और नवम्बर, 1957 ई. को नागपुर में बाबा साहब के अनुयायियों द्वारा बाकायदा पार्टी की स्थापना हुई, उसका संविधान बना, जो 10 मार्च, 1959 से लागू हो गया।[21] इस पार्टी के वैचारिक स्रोत डॉ. अम्बेडकर थे। उनमें गहरी आस्था रखनेवाले ललई सिंह को श्री छेदीलाल साथी ने 14 अप्रैल, 1958 ई. को रिपब्लिकन पार्टी ऑफ इंडिया (आरपीआई) का सदस्य बनाया। इस पार्टी की सदस्यता ग्रहण करने के साथ ही वे उत्तर भारत की राजनीतिक सोच को बदलने में लग गए जिसमें डॉ. अम्बेडकर की सोच का समाज निर्माण करना मुख्य उद्देश्य था। वैसे वो अपना वैचारिक हीरो—बुद्ध, अम्बेडकर, पेरियार आदि के मतानुसार स्वयं को पूर्व में ही आगे बढ़ा रहे थे। उनके हीरो फुले, अम्बेडकर और पेरियार सभी कांग्रेस को ऊँची जाति प्रधान दल मानते थे।[22]

21 दिसम्बर, 1961 ई. दिन बृहस्पतिवार को 12 बजे, स्थान—नगला राधे (नगल भर्रा) धर्मशाला सड़क पर भारतीय रिपब्लिकन पार्टी की यूनिट का चुनाव करवा कर सभी पदाधिकारियों को कार्यभार दिया गया। यह टूँडला, एत्मादपुर, आगरा, उत्तर

प्रदेश में पार्टी का विस्तार था। 2 जनवरी, 1962 को, दिन मंगलवार, समय 3:11 पर संयोजक पेरियार ललई सिंह और कार्यालय सचिव भीमदेव धैर्य के निवेदन से भारतीय रिपब्लिकन पार्टी, शाखा-एत्मादपुर, कार्यालय टूँडला में मीटिंग होना तय हुआ। 14 जनवरी, 1962 ई. को रिपब्लिकन पार्टी की मीटिंग, आगरा कार्यालय, आगरा, उत्तर प्रदेश में हुई। समय 10 बजे का था। इसका संयोजन पेरियार ललई सिंह और श्री कुन्दन लाल जी की अध्यक्षता में सम्पन्न हुआ। इसमें पदाधिकारी थे—अध्यक्ष—बाबूराम लम्बरदार, उपाध्यक्ष—जालिम सिंह, मंत्री—सरदार टेक सिंह, उपमंत्री—श्री पूरन सिंह, श्यामलाल, रामजी लाल, बाबू लाल, चुन्नीलाल, रामचन्द, हरिराम, सुन्दर लाल, भगत सिंह आदि उपस्थित थे।

22 जनवरी, 1962 ई. दिन शुक्रवार को रिपब्लिकन पार्टी कार्यालय चौराहा टूँडला पर जरूरी बैठक हुई जिसमें पेरियार ललई सिंह, छेदीलाल साथी, गुरुदयाल सिंह, श्याम लाल पीपल, मथुरा प्रसाद कर्दम, भगवान सिंह आदि लोग उपस्थित थे। 26 जनवरी, 1962 ई., दिन शुक्रवार, समय दो बजे दोपहर, कम्युनिस्ट पार्टी चौक स्थान कोटकी पर श्री शिवचरन लाल जी की अध्यक्षता में हुई। इस कम्युनिस्ट पार्टी की मीटिंग में रिपब्लिकन पार्टी के पदाधिकारी भी सम्मिलित हुए। दोनों पार्टियों के पदाधिकारियों ने मिलकर 1962 के चुनाव के बारे में विचार-विमर्श किया। चुनाव के बारे में कई प्रस्ताव रखे गए जिस पर संयुक्त रूप से प्रकाश डाला गया।

20 फरवरी, 1962 ई. दिन मंगलवार को सुबह 8 बजे रिपब्लिकन पार्टी के चुनाव कार्यालय पर कार्यकर्ताओं की एक आवश्यक मीटिंग हुई जिसमें कार्यकर्ताओं को पोलिंग के नियमों के बारे में प्रशिक्षण दिया गया। 21 अक्टूबर, 1962 को टूँडला, एत्मादपुर, आगरा, उत्तर प्रदेश में पेरियार ललई सिंह की अध्यक्षता और डॉ. छेदीलाल साथी के संयोजन में भारतीय रिपब्लिकन पार्टी के पदाधिकारियों और सदस्यों का पुन: विस्तार हुआ। 20 दिसम्बर, 1962 को रिपब्लिकन पार्टी के चुनाव कार्यालय पर पेरियार ललई सिंह ने भीमदेव धैर्य के नाम को प्रस्तावित किया और सर्वसहमति से उन्हें नियुक्त किया गया। यह स्पष्ट किया गया कि ये सबको कानूनबद्ध तौर पर मान्य हों। संयोजक—पेरियार ललई सिंह, निवेदक—दामोदर प्रसाद कर्दम। उपस्थित सदस्य—राम खिलाड़ी, दाताराम, रामजी लाल, हीरालाल आदि कार्यकर्ता।

एक गम्भीर विचार की बात है कि पेरियार ललई सिंह आदि के समय में महान प्रतिपक्षी नेता राम मनोहर लोहिया राजनीति में विराट व्यक्तित्व रखते थे। जिनके स्कूल से अर्थात् राजनीतिक ट्रेनिंग सेंटर से रामस्वरूप वर्मा, महराज सिंह भारती, जगदेव प्रसाद जैसी दिग्गज विभूतियाँ नेता बनकर निकलीं लेकिन पेरियार ललई सिंह लोहिया के स्कूल में न जाकर पेरियार और अम्बेडकर के स्कूल में गए। इसका मुख्य कारण जान पड़ता है कि लोहिया नास्तिक होकर भी आस्तिक

थे। वे हिन्दू मिथकों से लबरेज थे। वे हिन्दू आस्था का मन रखनेवाली विभूति थे। रामायण और गीता आदि का मेला लगवाते थे।[23] जबकि पेरियार हिन्दू मिथकों की धज्जियाँ उड़ाते हैं। वे रेशनल मानवता का समाज बनाते हैं। वहीं अम्बेडकर निर्गुण प्रकार का मानववादी समाज बनाना चाहते हैं, जिसमें मनुष्य की जरूरत के हिसाब से प्रबुद्ध समाज के निर्माण का स्वप्न है। इसी कारण पेरियार ललई सिंह बुद्ध, अम्बेडकर और पेरियार की वैचारिकी के पास जाते हैं और अम्बेडकर के विचार दर्शन की पार्टी रिपब्लिकन पार्टी ऑफ इंडिया की सदस्यता ग्रहण करते हैं। अपने बौद्धिक, राजनीतिक सूझ-बूझ की मेधा के कारण वे पार्टी के पार्लियामेंट्री बोर्ड, उत्तर प्रदेश के मंत्री चुने गए। वे अपनी सूझ-बुझ से रिपब्लिकन पार्टी को जमीनी तौर पर मजबूत करते हैं। इसमें सैकड़ों-हजारों सोच-समझ रखनेवाले नेता और समाज निर्माण संगठित तरीके से गाँव-गाँव जाकर डॉ. अम्बेडकर की सोच और वैचारिकी का जनमानस सृजित करते हैं। इस आधारभूत जमीनी निर्माण से दलित-पिछड़े और मुसलमानों में अपने मत (vote) के ऐतिहासिक महत्त्व का एहसास हुआ। इस चेतना निर्माण का प्रभाव पड़ा कि ये परम्परागत कांग्रेसी वोटर रिपब्लिकन पार्टी की ओर प्रवृत्त हुए और तीसरे लोक सभा चुनाव 1962 में रिपब्लिकन पार्टी के तीन सांसद निर्वाचित हुए : एक—श्री बीपी मौर्य, अलीगढ़ से, दूसरे—श्री ज्योति स्वरूप, हाथरस (सुरक्षित) से और तीन—श्री सैयद मुजफ्फर हुसैन, मुरादाबाद से। इसके साथ ही चौथे विधान सभा चुनाव सन् 1967-68 में रिपब्लिकन पार्टी के नौ विधायक निर्वाचित हुए : एक—श्री चन्द्र किशोर तिवारी खगा, फतेहपुर से, दो—श्री जगवीर सिंह बुलन्दशहर से, तीन—देवी दयाल सेन हापुड़ (सुरक्षित) मेरठ से, चार—श्री बदन यादव एटा से, पाँच—श्री मान सिंह आगरा पश्चिम से, छह—श्री मुहम्मद असरार अहमद बदायूँ से, सात—श्री वीरेश्वर त्यागी मेरठ छावनी से, आठ—श्री शमीम आलम बुलन्दशहर से और नौ—सरजू प्रसाद त्यागी मोदी नगर, मेरठ से चुने गए थे।[24] इस चुनाव में अद्भुत तरीके से प्रचार और परिश्रम करके घर-घर जाकर लोगों को समझा-बुझाकर तैयार किया गया जिस पर उत्तर भारत की भावी बहुजन राजनीति चल सकी।

अध्याय-6

# पेरियार ललई सिंह का साहित्य चिन्तन

*जिस समाज का साहित्य होता है, वह दुनिया पर राज करता है।*
*जिस समाज या वर्ग का साहित्य नहीं होता है, वह गुलाम होता है।*
*शिक्षा और साहित्य गुलामी से मुक्ति का सबसे बड़ा हथियार होता है।*

साहित्य मनुष्य, समाज और राष्ट्रनिर्माण का आधार होता है जो अपने मूल में कोई-न-कोई सोच, वैचारिक, विजन के साथ समाज में संचरित और प्रवाहित होता है। पेरियार ललई सिंह का साहित्य प्रवंचित मनुष्यों को प्रबोधित करता है। इस प्रबोधन से नवजागरण और समतामूलक समाज निर्माण करते हैं जिसकी वैचारिक प्रेरणा बुद्ध, अम्बेडकर और पेरियार से मिलती है।

पेरियार ललई सिंह सामाजिक और सांस्कृतिक चेतना पर चिन्तन करते हुए, उसे साहित्य की अनेक विधाओं में अभिव्यक्त करते हैं। इसी क्रम में सबसे पहली कृति गुलाम भारत में 'सिपाही की तबाही' लिखते हैं। यह ब्रिटिश साम्राज्य के विरोध में लिखी गई कृति है। इसे 1 दिसम्बर, 1946 को लिखा। यह किताब सिपाहियों, अर्द्ध-सैनिक बलों और सशत्र जवानों में राष्ट्र प्रेम की भावना तैयार करने और ब्रिटिश साम्राज्य के खिलाफ लड़ने की भावना को भड़काने के लिए वे लिखते हैं। यह अभी छापी ही थी कि केवल नाम ही सुनकर महानिरीक्षक पुलिस श्री रेजीनॉल नॉर्मन मर्श स्मिथ, ग्वालियर ने अपनी स्पेशल आज्ञा द्वारा जब्ती का आदेश दे दिया। इसे रातोंरात गुप्त रूप से टाइप कराकर ग्वालियर, मुरैना, भिंड आदि सैनिक छावनियों और गाँव-जवार के परिधि क्षेत्र में बाँटी गई।

1960 ई. में पेरियार ललई सिंह ने 'बौद्ध-धर्म-दीक्षा' नामक अतिलघु पुस्तक लिखी जिसमें बुद्ध नमस्कार, त्रिशरण, पंच-शील और डॉ. अम्बेडकर द्वारा दी गई 22 प्रतिज्ञाएँ सम्मिलित थीं। इससे वे उत्तर भारत में उस दौर में बौद्ध धर्म का प्रचार-प्रसार कर रहे थे।

1960 ई. में सबसे पहला नाटक 'वीर संत माया बलिदान' लिखा। यह भाटों द्वारा वर्णित एक सच्ची कहानी पर आधारित है। इस नाटक पर मानवतावादी चिन्तक

चन्द्रिका प्रसाद 'जिज्ञासु' लिखते हैं, 'श्री पेरियार ललई सिंह कृत 'वीर संत माया बलिदान' नाटक हमने सुना। नाटक में हिन्दू धर्म की ऊँच-नीच, जन्म-जाति-मूलक, दर्जाबन्दी व वर्ण-व्यवस्था, जो राष्ट्रीय एकता के महान शत्रु हैं, के साथ बौद्ध-धर्म की पवित्रता, समता, बन्धुता, स्वतंत्रता व न्याय के उत्तम आदर्श का तुलनात्मक विवेचन बहुत अच्छा लगा।'[1] इसके बाद भी उन्होंने अनार्यों-आर्यों को समतावादी मानवता के एक ही रास्ते पर चलने की बात पर बल दिया है।

वे 1962 ई. को 'शम्बूक-वध' नाटक लिखते हैं जिसमें वे वर्चस्ववादी आर्यों द्वारा मानवतावादी आदिनिवासी अध्यापक-चिन्तक 'शम्बूक' की हत्या की पड़ताल करते हैं। इस कड़ी को आगे बढ़ाते हुए 1963 ई. को 'एकलव्य' नाटक लिखते हैं। यह नाटक आर्यों द्वारा छल के बल पर आदिनिवासियों को ज्ञान प्राप्ति से रोकने और यहाँ की असुर प्रतिभाओं को नष्ट किए जाने पर आधारित है। साथ में, आपसी फूट से होनेवाले इस देश की क्षति पर भी उन्होंने विचार-विमर्श किया है। वे स्वयं लिखते हैं, 'यह नाटक मतलब से छापा गया है। एक तो छुआछूत न मानने का कानून बनाया गया है, मगर दूसरी ओर शूद्र-विरोधी पुरानी सड़ियल भारतीय सभ्यता वाली स्मृतियाँ, रामायण, गीता व महाभारत आदि धनवानों और विदेशियों के खर्चे से सस्ती, कीमत में हम लोगों को दिमागी गुलाम बनाने के लिए धड़ाधड़ छाप रही हैं। जिनका घोर प्रचार श्री करपात्री जी महाराज...आदि लोग कर रहे हैं। हमें इस शूद्र-विघाती आपसी फूट से सावधान रहना चाहिए।'[2]

उन्होंने 1963 ई. में 'अंगुलिमाल' नाम का एकांकी लिखा। यह बौद्ध दर्शन पर आधारित एकांकी है। इसकी केन्द्रीयता और विस्तार पर वे लिखते हैं, 'एकांकी होने के कारण केवल मूलभूत तथ्यों पर प्रकाश डाला गया है।...पढ़कर यदि आपकी बुद्धि ने तनिक भी बौद्धिक उन्नति की, तो लेखक अपने परिश्रम को सफल समझेंगे।'[3] इनके द्वारा 1966 ई. में लिखा गया 'नाग यज्ञ' एक महत्त्वपूर्ण एकांकी है[4] जो महाभारत की एक सच्ची घटना पर आधारित है। जिसमें द्रविड़, राक्षस, असुर, दास, नागवंशी आदि के आदिनिवासी अनार्य होने और उनकी एकता पर जोर दिया गया है। ये अनार्य नाग बाशिन्दे महान सैन्धव सभ्यता पर आक्रान्ता आर्यों के आक्रमण से प्रवसन करके दक्षिण की ओर बढ़े, जहाँ उन्होंने नागपुर बसाया। वाल्टर फेयर इस महान सिन्धु सभ्यता के बारे में लिखते हैं, विश्व की सबसे पुरानी सभ्यताओं में से एक सिन्धु घाटी सभ्यता थी जो बहुत बड़े भौगोलिक क्षेत्र में फैली हुई थी। इसने दो नगरों और कई कस्बों में महत्त्वपूर्ण उपलब्धियाँ प्राप्त कीं। यह उस सभ्यता का प्रारम्भ था जिसे आज हम भारतीय सभ्यता के नाम से जानते हैं।'[5]

आर्यों द्वारा आदिनिवासियों के संहारक व्यवहार पर वे लिखते हैं, 'विश्व के इतिहास में इतना अधिक अत्याचार, अग्नि-कांड, लूट-मार व कत्लेआम, किसी ने नहीं किया है, जितना आर्यों ने अनार्यों तत्पश्चात् बौद्धों पर किया। जिनके लेखी

प्रमाण ऋग्वेद, लंका दहन, खांडव दहन, नाग यज्ञ नाटक एवं शंकर दिग्विजय आदि हैं।'[6] उस समय के सामाजिक-सांस्कृतिक चिन्तक व आलोचक अमर सिंह मौरेश लिखते हैं, 'वास्तव में यह है अद्‌भुत शान्ति दीक्षा। यह है अद्‌भुत चित्ताकर्षक बुद्ध-वचन। यह है अद्‌भुत बौद्ध दर्शन।'[7] इसी प्रकार आगे उन्होंने अपने साहित्य-चिन्तन को लेखों, कविताओं, नाटकों और एकांकियों के माध्यम से अभिव्यक्त किया।

इतिहास और मिथकों पर चिन्तन करते हुए आर्य मिथक पर 1968 ई. को 'आर्यों का नैतिक पोल प्रकाश' पुस्तक लिखी जिसमें उन्होंने आर्यों द्वारा किए जानेवाले अनैतिक कार्यों को नैतिकता की वैधता प्रदान की जानेवाली कोशिशों का पोल खोलना शुरू कर दिया। यह पुस्तक उनके गहन अध्ययन, चिन्तन और मनन की उपज थी। इस पुस्तक के लिए उन्हें हाईकोर्ट तक मुकदमे का सामना करना पड़ा जिसमें उनकी जीत हुई।

पेरियार ललई सिंह ने 1967 ई. में 'भीम अभिनन्दन' और 1972 ई. में 'शोषित-संघर्ष'[8] नाम से कविता-संग्रह प्रकाशित किया जिसमें सामाजिक सांस्कृतिक चेतना के दोहे, चौपाई और आधुनिक कविताएँ हैं। कुछ के शीर्षक इस प्रकार हैं—'ऐ अछूतो!', 'नेता का पहाड़ा', 'नेता चालीसा', 'अछूत!' आदि। इस संग्रह के फटे-चिथड़े रूप में दीमकों द्वारा चाट दिये गए पन्ने लेखक को मिले।

अध्याय-7

# वर्ण और जाति को आमूल-चूल बदल दो!

*वर्ण-जाति व्यवस्था और नस्लवाद लोकतंत्र के शत्रु हैं।*
*वर्ण-जाति व्यवस्था से कम खतरनाक नहीं है—पूँजीवाद।*

पेरियार ललई सिंह एक मिशनरी व्यक्तित्व थे। वे अस्वस्थता में खून की उल्टी के बाद भी भ्रमण, भाषण, लेखन और आन्दोलन जारी रखते थे। वो मानवतावादी समतामूलक समाज का और सामाजिक परिवर्तन का सपना लेकर चले थे। इस कारण वे लेखन, भ्रमण और भाषण करते थे। बुद्ध, फुले, अम्बेडकर और पेरियार के सपनों और वैचारिकी का समाज बनाना चाहते थे। इस देश को इन विभूतियों के विचारों से अनुप्राणित होता हुआ देश बनाना चाहते थे। जिस कारण वे लगातार परिश्रम और कठिन संघर्ष करते रहे। उन्होंने समाज और देशहित की स्वतंत्रता के लिए जरूरत पड़ने पर 40 दिन की ऐतिहासिक भूख हड़ताल की। कई लम्बी-लम्बी भूख हड़ताल करने के कारण उनका शरीर जीर्ण-शीर्ण हो गया था। इस अस्वस्थता के बाद भी जन आन्दोलन, भूख हड़ताल आदि किया करते थे। अपने लेखन, भ्रमण और भाषण पर वे स्वयं लिखते हैं, 'लम्बी भूख हड़ताल से आँख की शक्ति क्षीण हो जाने के कारण दिनांक 1 सितम्बर, 1950 से पेंशनर छटनी द्वारा प्राप्त करके दलितों, पिछड़ों, पीड़ितों व शोषितों के उत्थान का कार्य लेखन, भ्रमण और भाषण द्वारा कर रहा हूँ।'[1] हाई-कमांडर पेरियार ललई सिंह को लम्बी भूख हड़ताल और लम्बे संघर्ष के कारण उन्हें टी.बी. अर्थात् क्षय रोग हो गया। इस कारण उन्हें लगातार खून की उल्टी होती थी। वे इस पर लिखते हैं—'सन् 1946 ई. से खून की उल्टी विशेष परिश्रम के कारण होती है। जीर्ण-शीर्ण-कंगाल शरीर दवाओं के बल पर चल रहा है। डॉक्टरों ने पूर्ण विश्राम की सलाह दी है। मगर ऐसे व्यक्ति को विश्राम नहीं।'[2]

## सभाओं और आन्दोलनों में कड़क भाषण

वे जिस भी सभा को सम्बोधित करते या जिस भी आन्दोलन का नेतृत्व या प्रतिनिधित्व करने जाते थे उसमें वे अत्यन्त कड़क और तेज आवाज में भाषण देते थे। यद्यपि वे अत्यन्त मृदुभाषी विभूति थे। व्यक्तिगत बात-चीत अत्यन्त सरल और मद्धिम स्वर में करते थे लेकिन सभाओं और आन्दोलनों में बहुत कड़क आवाज में भाषण देते थे। अपने भाषणों में वे जन-मन को लहरा देनेवाले तर्कों और तथ्यों के साथ ठोस बातें रखते थे जिसका प्रभाव जनता पर खूब पड़ता था। एक साक्षात्कार में दयाराम ने बताया, पेरियार ललई सिंह मनुवादी संस्कृति के खिलाफ बहुत ओजस्वी भाषण देते थे। बुद्ध पूर्णिमा के दिन सन् 1991 ई. में रुहालकी, दयालपुर, तहसील-भगवानपुर, जिला—हरिद्वार, उत्तराखंड में भाषण देने के लिए प्रकाश अम्बेडकर और पेरियार ललई सिंह को बुलाया गया था। इन लोगों को सुनने बीस-पच्चीस हजार की संख्या में लोग आए थे। ऐसा हुआ कि प्रकाश अम्बेडकर नहीं आ सके। इस कारण पेरियार ललई सिंह को ही जनता को लम्बे समय तक सम्बोधित करना पड़ा। अपने लम्बे सम्बोधन में उन्होंने मनुवादी आर्य-हिन्दू संस्कृति की धज्जियाँ उड़ानी शुरू कर दीं। इस पर जनता जोश में आ गई और प्रसन्नतापूर्वक मंच पर नोटों की बरसात करने लगी। जनता जोर-जोर से तालियाँ बजाते हुए घंटों भाषण सुनती रही।[3]

## ओबीसी आरक्षण के लिए आन्दोलन

पेरियार ललई सिंह ने 'आल इंडिया बैकवर्ड कमीशन' सन् 1956 ई. को 1 अप्रैल, 1966 ई. को देश में लागू करने की माँग को लेकर संसद भवन, नई दिल्ली के मुख्य द्वार के सामने आन्दोलनकारी साथियों सहित भूख हड़ताल प्रारम्भ कर दी।[4] उनके साथ मुख्य व्यक्ति डॉ. छेदीलाल साथी एम.एल.ए., कांधी, कानपुर वाले भी थे। इस भूख हड़ताल के शुरू होने के साथ ही सरकार परेशान होने लगी। कारण, कि पेरियार ललई सिंह के समर्थन में देश के विभिन्न प्रान्तों से लोग आना शुरू हो गए थे। 14 अप्रैल, 1966 ई. पेरियार ललई सिंह और साथियों सहित सभी को सरकार ने जेल में बन्द कर दिया। जेल में भी भूख हड़ताल जारी रही। इधर देश के विभिन्न जगहों और प्रान्तों से जनता के आने का क्रम लगातार जारी था। इस आन्दोलनकारी भूख हड़ताल के जन समर्थन को देखते हुए 20 अप्रैल, 1966 ई. को उप-राष्ट्रपति माननीय श्री जाकिर हुसैन ने उनसे सीधी बात करते हुए कहा, बैकवर्ड क्लास जातियों को शिक्षा में पिछड़ा हुआ मान कर हम उन्हें शिक्षा में सुविधा देंगे। इस आश्वासन के बाद पेरियार ललई सिंह ने 21 अप्रैल, 1966 ई. को जन आन्दोलनकारी साथियों सहित भूख हड़ताल को समाप्त किया। जेल से मुक्त हुए। उस समय राष्ट्रपति माननीय सर्वपल्ली राधाकृष्णन थे।

## उर्दू को उ.प्र. की द्वितीय शैक्षिक भाषा का दर्जा दिये जाने के लिए आन्दोलन

इसके बाद पेरियार ललई सिंह ने उसी रौ में उन्हीं जन आन्दोलनकारी साथियों के संग 23 अप्रैल, 1966 ई. को उर्दू मुहफिल दस्ता[5] के साथ 'उर्दू' को उत्तर प्रदेश की द्वितीय शैक्षिक भाषा के रूप में अनिवार्य करने के लिए संसद भवन, नई दिल्ली के सामने पुन: भूख हड़ताल प्रारम्भ कर दी। तत्कालीन उप-राष्ट्रपति माननीय श्री जाकिर हुसैन को ज्ञापन देते हुए माँग की गई कि 'उत्तर प्रदेश में प्रथम भाषा हिन्दी व द्वितीय राज भाषा उर्दू को अनिवार्य करें।' उप-राष्ट्रपति माननीय श्री जाकिर हुसैन ने इस माँग को मान लिया और लिखित आश्वासन दिया कि हम इसे जल्द से जल्द पूरा करेंगे। इसके बाद सरकार ने सन् 1971 ई. में 'उर्दू' को द्वितीय शैक्षणिक भाषा की मान्यता दी।

## पेरियार ललई सिंह और अर्जक संघ

'अर्जक संघ का 1 जून, 1968 ई. को लखनऊ में गठन हुआ था। इस के तीन संस्थापक सदस्य थे—रामस्वरूप वर्मा[6], राजाराम यादव[7] और डॉ. गौरी शंकर सचान। इसमें राजाराम यादव को अर्जक संघ का प्रथम महामंत्री चुना गया। इसकी पहली मीटिंग रामस्वरूप वर्मा के विधायक आवास, बँगला नम्बर 9, दारुलसफा, लखनऊ में हुई थी। उस समय संगठन में अध्यक्ष पद की व्यवस्था नहीं थी। महामंत्री ही मुख्य भूमिका का निर्वहन करता था। राजाराम जी रामस्वरूप के बौद्धिक सखा थे। डॉ. गौरी संकर सचान महामना के साथी थे। वे विधानसभा—राजपुर, कानपुर, उ.प्र. से विधायक भी हुए थे। अगले दिन अर्थात् 2 जून को पुन: मीटिंग हुई। अर्जक संघ की इस मीटिंग में जो मुख्य लोग सम्मिलित हुए, सदस्य बने। वे लोग संघ के प्रथम संस्थापक स्थायी सदस्य हुए।

इनके नाम निम्नलिखित हैं—

1. रामस्वरूप वर्मा (विधायक)
2. राजाराम यादव (प्रथम महामंत्री अर्जक संघ)
3. डॉ. गौरीशंकर सचान (आप होम्योपैथी के डॉक्टर थे और विधायक भी थे)।
4. चौधरी रणधीर सिंह (ये जमींदार परिवार के थे। ग्राम—माचा, कानपुर के रहनेवाले थे)।
5. मस्तराम देहाती (आप एटा, उ.प्र. के रहनेवाले थे। आप अर्जक संघ के प्रचारक और हिन्दू धर्म की धज्जियाँ उड़ा देनेवाले महान व्यक्तित्व थे। आपके इस वाक्पन के कारण मनुवादियों ने दिन-दहाड़े गोली मारकर आपकी हत्या कर दी।)

6. कैप्टन गोरे लाल कटियार (आप लेक्चरर थे। आप बाद में ब्लॉक प्रमुख भी हुए)।
7. रामप्रताप सिंह कटियार (आप एडवोकेट थे। ग्राम—वैरी, शिवराज, कानपुर, उ.प्र.)।

अर्जक संघ के स्थापना की घोषणा 3 जून, 1968 ई. को पालिका भवन, लखनऊ, उ.प्र. में हुई। उसके बाद से यह सामाजिक-सांस्कृतिक चेतना के संगठन के रूप में सुचारु रूप से सक्रिय हो गया। अर्जक संघ ने 1 जून, 1969 ई. में 'अर्जक साप्ताहिक' नाम से अखबार शुरू किया। इसके पहले सम्पादक-नन्द किशोर हुए। ये लोहिया जी के साथ पहले समाजवादी पार्टी में काम करते थे। कुछ दिन लोहिया के पी.ए. भी थे। उन्हीं के कहने पर फिरोज गांधी के खिलाफ चुनाव लड़े थे। लोहिया जी ने इनका खूब प्रचार किया था। इस चुनाव में ये मामूली अन्तर से हारे। सोशलिस्ट जनता ने इस चुनाव में नारा लगाया था—'नेहरू के जमाई को लोहिया के नाई ने चुनाव लड़कर बड़ी टक्कर दिखाई।' ये नाई जाति के थे। ये कुछ समय तक दिल्ली में रहे। जहाँ दिल्ली के तत्कालीन मुख्यमंत्री चौधरी ब्रह्म प्रकाश यादव का ये अखबार निकालते थे।

अर्जक संघ अखबार के प्रारम्भिक अंक में चौधरी चरण सिंह की सरकार पर इन्होंने सम्पादकीय हेडिंग लगाई—'सम्बित सरकार अर्जकों के चौकठे से चरमराई। दलित-पिछड़ों में खुशी की लहर दौड़ आई।' चौधरी जी की इस सरकार से दलित-पिछड़ों में स्वाभिमान की लहर दौड़ जाने की बात कही गई थी। अखबार जब चौधरी साहब के बंगले पर गया और उन्होंने पढ़ा तो वे क्रोधित हो गए। उसके बाद उन्होंने नन्द किशोर को बुलाया और कहा, 'मैं सिर्फ दलित-पिछड़ों का नेता नहीं हूँ। मैं सबका नेता हूँ।' उसके बाद इन्हें चौधरी साहब ने खूब फटकार लगाई। नन्द किशोर जी निराश उदास दुखी मन लेकर लौटे।

अर्जक संघ के महामंत्री राजाराम यादव से मिले। अपना सारा दुखड़ा सुनाया। इसके बाद तय हुआ कि अब सरकार के खिलाफ अखबार छापा जाएगा। अगले अंक की तैयारी शुरू हो गई। इस बार की हेडिंग लगाई गई—'समय परे कुछ और है, समय सरे कुछ और। रहिमन भाँवर के पड़े, नदी सिरावत मौर।' इस शीर्षक से अंक निकला। इसकी प्रतियाँ चौधरी चरण सिंह के बँगले पर भेजी गईं जिसे पढ़कर वे आगबबूला हो गए। उन्होंने अपनी सरकार में वित्तमंत्री रामस्वरूप वर्मा और नन्द किशोर जी को मुख्यमंत्री आवास बुलाया लेकिन ये लोग गए नहीं। ऐसी स्थिति में 'अर्जक साप्ताहिक' का दूसरा अंक निकला। यह एक सांस्कृतिक नवजागरण और चेतना निर्माण का संगठन था।[8]

इस बीच महाराज सिंह भारती[9], पेरियार ललई सिंह[10], मोतीराम शास्त्री, मंगल देव विशारद, रामबचन यादव, रामचरण भाटिया, रामसेवक यादव, मोहन लाल कटियार, जयपाल सिंह कश्यप (केवट) आदि लोग संघ से जुड़ गए। मंगल देव

विशारद आजमगढ़, उ.प्र. के रहनेवाले थे। सन् 1967 में आप विधायक हुए और रामस्वरूप वर्मा के साथ संविद सरकार में पी.डब्ल्यू.डी. मंत्री बने। मंत्री रहते हुए इनके साथ एक घटना हुई। ये एक सवर्ण साथी के घर खाना खाने गए। जब भोजन का समय हुआ तो वो थाली में अपना खाना लेकर बैठा और इनके लिए अपने हलवाहे से साबुत हँडिया फुड़वाकर उस फूटी हुई हँडिया में खाना उस हलवाहे के हाथों इनके सामने लाकर रखवा दिया। सवर्ण साथी के इस व्यवहार से वे हतप्रभ रह गए। इस पर वे वहाँ से उठे और चल दिए। वे अछूत थे। इस करणा सछूत सवर्ण साथी ने उनके साथ ऐसा व्यवहार किया। इन्होंने अपनी स्वानुभूति की अभिव्यक्ति के लिए साहित्य भी लिखा है।[11]

सन् 1971 ई. में अर्जक संघ की दूसरी मीटिंग नगरपालिका, हॉल लखनऊ में हुई। अब इस हॉल का नाम बदलकर नगर-निगम, लखनऊ कर दिया गया है। यहाँ राजाराम यादव को अर्जक संघ का प्रथम अध्यक्ष चुना गया। इसके बाद इस संगठन का द्वितीय अध्यक्ष डॉ. जलेश्वर प्रसाद कुशवाहा को चुना गया और महामंत्री डॉ. राम नारायण माली को चुना गया। तीसरा अध्यक्ष रघुनाथ सिंह यादव को बनाया गया। ये अध्यापक थे। ये उतरेथी, जिला—फैजाबाद (वर्तमान में अम्बेडकर नगर) के रहनेवाले थे। ये 'ऑल इंडिया अर्जक संघ' के प्रथम अध्यक्ष भी चुने गए थे। उस समय महामंत्री लालजी पाल को बनाया गया था। इस तरह यह मानववादी संगठन सांस्कृतिक-सामाजिक चेतना का प्रचार-प्रसार करता रहा।[12] इससे पहले रामस्वरूप वर्मा, डॉ. राममनोहर लोहिया की अध्यक्षता वाली 'सोशलिस्ट पार्टी' से सन् 1957 में भोगनीपुर, विधान सभा क्षेत्र से पहली बार विधान सभा सदस्य चुने गए। फिर 1969 ई. में 'संयुक्त सोशलिस्ट पार्टी' से विधायक निर्वाचित हुए। वे अपने अध्ययन के दौरान ही समाजवादी राजनीति से प्रभावित हो गए थे। वह युग महान प्रतिपक्षी सोशलिस्ट नेता डॉ. लोहिया का था, जिनको रामस्वरूप भी बहुत प्यार करते थे। अपना आईकन मानते थे।

अपने चुनाव में पेरियार ललई सिंह की वैचारिक-राजनीतिक प्रतिबद्धता और सक्रियता पर रामस्वरूप वर्मा बताते हैं, 'वह हमारे चुनाव प्रचार में भूखे-प्यासे एक स्थान से दूसरे स्थान पर भागते। बोलने में कोई कोर-कसर नहीं रखते। जी-जान लगाकर जनता के बीच भाषण करते। जनता को मेरे समर्थन में वोट करने की अपील करते।'[13] 'अर्जक साप्ताहिक' के सम्पादक रामबाबू कनौजिया ने एक साक्षात्कार में कहा, ललई चाचा को रामस्वरूप वर्मा अपना नेता मानते थे। ललई चाचा अर्जक संघ के संरक्षक थे।[14] इसका मुख्य कारण कि ललई चाचा महामना रामस्वरूप वर्मा से 13 साल बड़े और भौतिकवादी वैचारिक प्रतिबद्धता के व्यक्तित्व थे।

आगे रामस्वरूप वर्मा उनकी निर्भीकता पर लिखते हैं, उनके जैसा निर्भीक व्यक्ति मैंने नहीं देखा। एक बार चुनाव प्रचार से लौटने के दौरान हम सब ललई

सिंह को लिए ट्रैक्टर ट्राली में जा रहे थे। जैसे ही खटकर गाँव के समीप से ट्रैक्टर निकला उन पर गोली चला दी गई। वे संकट का आभास पाते ही कुछ झुक गए। चली गोली कान के पास से सांय से निकल गई। हम लोगों ने गाँव में चलकर रुकने का दबाव डाला किन्तु वे नहीं माने। निर्भीकता से उन्होंने कहा, 'चलो जी, यह तो कट्टे बाजी है। मैंने तो तोपों की गड़गड़ाहट में रोटियाँ सेंकी हैं।[15]

पेरियार ललई सिंह सम्पूर्ण जीवन मानवतावादी वैचारिकी के प्रति प्रतिबद्ध रहे। वे साधारण अर्जक जनता से अपील करते हुए लिखते हैं, 'जो व्यक्ति जिस स्थान पर है, उसी स्थान पर रह कर अपना धर्म 'धम्म-बौद्ध' तथा राजनीतिक 'रिपब्लिकन पार्टी' या मानवतावादी 'शोषित समाज दल' का संगठन तन-मन-धन से करने में जुट जाएँ। बाबा साहब के सच्चे सपूत कहलाएँ। भविष्य उज्ज्वल है।'[16] इसी उत्साह के साथ वे आगे लिखते हैं, 'एक दिन अवश्य मानववाद आएगा, मनुवाद जाएगा।'

इस नई पार्टी के घोषणा पत्र में जगदेव प्रसाद के कहने पर एक बात जोड़ी गई, नब्बे प्रतिशत शोषितों का राज, शोषितों के द्वारा शोषितों के लिए ही सही लोकतंत्र है।[17] बाबू जगदेव प्रसाद की इस चेतना के कारण अब यह श्रमशील नब्बे प्रतिशत जन समुदाय के लोगों का एक राजनीतिक और सांस्कृतिक संगठन बनकर खड़ा हो गया जो मानवतावादी समतामूलक समाज बनाने के उद्देश्य को लेकर चला। इस संघ और पार्टी में मेहनतकश जनता अर्थात् मुसलमान, दलित, आदिवासी, पिछड़े और स्त्रियाँ आदि को साथ लेकर चलते हुए जातिवाद, वर्णवाद और मनुवाद का आमूल-चूल सर्वनाश करने और समतामूलक समाज बनाने के उद्देश्य से सभी एक होकर चलें। ऐसी सोच के साथ इस संगठन ने अपना कार्य शुरू किया।

इसके साथ ही अर्जक संघ अपनी मानववादी सांस्कृतिक चेतना के साथ सक्रिय रहा। इसमें कार्य और कार्यक्रम के दौरान वर्णवाद, ब्राह्मणवाद, पुरोहितवाद, मनुवाद पर करारा प्रहार किया जाता था। उसके बाद भी 'जाति' आड़े आ ही जाती थी। जिसको संगठन के केन्द्रीय सम्मेलन में एक वक्ता के रूप में बोलते हुए पेरियार ललई सिंह ने सुझाव दिया था, 'इस संगठन के किसी भी व्यक्ति को अपने नाम के साथ जाति का पुछल्ला नहीं लगाना चाहिए। वह अपने नाम के बाद अपने पिता, प्रपिता, माता, प्रमाता आदि किसी का नाम रख ले लेकिन जाति को नाम के पीछे न रखे।'[18] दिलचस्प है कि पेरियार ललई सिंह ने 1967 ई. में बौद्ध धर्म ग्रहण करने के बाद अपने नाम के साथ कुँवर, चौधरी और यादव आदि वर्ण और जाति सूचक पदों को सदा के लिए त्याग दिया था। उनकी इस बात का उत्तर रामस्वरूप वर्मा ने देते हुए कहा, 'मान्यवर, मनुष्य तो मनुष्य है। इसकी जाति कहाँ होती है। जाति तो पशुओं की होती है, पक्षियों की होती है और जीवों की होती है। इस कारण हमें इस तरह की उलझनों में नहीं पड़ना चाहिए।'[19] इस बात से वे असहमत थे। फिर भी वे 'अर्जक संघ' के आन्दोलनों में बढ़-चढ़कर भाग लेते रहे। वास्तव में, यह

रिश्ता मनुष्यत्व और विचारों का था। यह रिश्ता एक लक्ष्य, एक मंजिल का था। इस कारण इन दोनों महामानवों का लम्बे समय तक एक साथ आन्दोलन और लिखना-पढ़ना जारी रहा।

पेरियार ललई सिंह के निर्वाण के बाद 'अशोक पुस्तकालय' की ओर से 12 फरवरी, 1993 को हुई बुद्धांजलि सभा में रामस्वरूप वर्मा ने सन्देश भेजा था, 'आज मानववाद का एक सशक्त योद्धा उठ गया। वास्तव में, वे मानववाद के प्रबल हिमायती थे और ब्राह्मणवाद के प्रबल विरोधी। वे ब्राह्मणवाद को मिटा देनेवाले व्यक्तित्व थे। मैंने उन जैसा कोई निर्भीक और दिलावर व्यक्तित्व नहीं देखा।'[20]

## मनुस्मृति, रामायण, रामचरितमानस दहन की ऐतिहासिक परम्परा

मनुस्मृति मनु द्वारा विरचित सनातनी-वर्णाश्रमी विधान की संहिता है जो अपनी मूल व्याख्या में द्विजों की श्रेष्ठता और अद्विजों की कथित नीचता की व्याख्या करती है। वर्ण, जाति और पुरोहित की वैधता की सामाजिक सैद्धान्तिकी को निर्मित और प्रत्यास्थापित करती है। इसे मनु संहिता भी कहते हैं। डॉ. अम्बेडकर इस अमानवीय नृशंस संहिता पर सहमत हैं कि मनुस्मृति ने सनातनी, वर्णाश्रमी वर्चस्व को संस्थागत सैद्धान्तिक रूप दिया जो पूर्णत: सच है। यह जातिवादी, वर्णवादी, ब्राह्मणवादी नैतिक सामाजिक संरचना के विधान को प्रत्यास्थापित करती है। इसी कारण यह कृति ब्राह्मणवादी संहिता है, जो वर्णाश्रमी आस्था के सांस्कृतिक कानून का प्रतीक है।[21] यह दिलचस्प है कि प्राचीन भारत का विधान लिखनेवाले मनु के विधान में अम्बेडकर के लिए कोई जगह नहीं है लेकिन आधुनिक भारत का संविधान लिखनेवाले अम्बेडकर के संविधान में मनु के लिए पूरी जगह दी। ऐसा क्यों है। इसके मानसिक, सामाजिक, सांस्कृतिक, धार्मिक कारणों पर चिन्तन, मनन, अध्ययन और विश्लेषण होना चाहिए।

पेरियार ने 11 अप्रैल, 1922 में तिरुप्पुर, तमिलनाडु में कांग्रेस पार्टी के प्रान्तीय सम्मेलन में प्रस्ताव रखा कि सभी अछूतों को मन्दिर प्रवेश, पूजा करने और पुरोहित बनने की अनुमति मिलनी चाहिए। इस सामाजिक अपमान की धार्मिक पूँजी के खिलाफ कांग्रेस को आन्दोलन करना चाहिए।[22] इस प्रस्ताव का कांग्रेसी ब्राह्मणों ने पुरजोर विरोध किया और कहा, 'अछूतों का मन्दिर प्रवेश धर्म, शास्त्र और संहिता के विरुद्ध है। अत: हम भी अछूतों के मन्दिर प्रवेश का अधिकार नहीं दे सकते। इस पर पेरियार ने वहीं मंच से घोषणा की कि ऐसी प्रेरणा देनेवाले मनुस्मृति और रामायण आदि हिन्दू धर्म शास्त्र को हम जलाएँगे। क्योंकि यहीं से ब्राह्मणों को अस्पृश्यता और भेदभाव की प्रेरणा मिलती है। यही प्रेरणा द्रविड़ नस्ल के लोगों के शोषण के लिए ब्राह्मणों का 'धार्मिक हथियार' बनती है। इसी धार्मिक हथियार

से ब्राह्मण द्रविड़ नस्ल के लोगों की सोच, व्यवहार और मानवीय अधिकार का संहार करता है। यही मानसिकता पुरोहितों और ब्राह्मणों को समाज में श्रेष्ठ और पवित्र बनाती है, जो पुरोहितवाद, नस्लवाद, वर्णवाद, कर्मकांड, अन्धविश्वास पर टिका हुआ है।[23]

डॉ. अम्बेडकर ने मनु द्वारा लिखित मानवताद्रोही पुस्तक 'मनुस्मृति' का अध्ययन किया। उसमें विद्यमान पुरोहितवाद, वर्णवाद और नस्लवाद को स्थायी बनाए रखनेवाले कारकों की पड़ताल की। उन्होंने मनु को इस बात का दोषी पाया कि उसने जाति-व्यवस्था को संस्थागत रूप दिया। इस कारण इस क्रूरतम पुस्तक को जलाने का मन बना लिया। जलाए जाने का दिन, तिथि और समय तय किया। 25 दिसम्बर, 1927 ई. को 'मनुस्मृति दहन' तिथि तय हो गई, जिसकी उन्होंने सार्वजनिक घोषणा भी की। इस कारण मनुस्मृति दहन के दिन मनुवादियों ने चौबदार तालाब, महाड़ तक आने-जाने के सारे रास्ते को चारों तरफ से बन्द कर दिया। आवागमन के सभी साधन बन्द हो गए। बस मालिकों ने घोषणा करते हुए उस दिन बसें बन्द रखीं। दुकानदारों ने जबर्दस्त विरोध करते हुए दुकानें बन्द कर दीं। इन सबने इस दहन का बहिष्कार किया। इस बहिष्कार के बाद भी मानवतावादी जनता किसी तरह अपने खाने-पीने की सामग्री के साथ जंगल, पहाड़ और झाड़ियों को पार करते हुए 'महाड़ सत्याग्रह' स्थल पहुँची। इस बहिष्कार के कारण डॉ. अम्बेडकर को समुद्री मार्ग से आना पड़ा। वे समुद्र मार्ग से 'पद्मावती' नाव पर सवार होकर दशगाँव पहुँचे। यद्यपि अम्बेडकर 'धर्मात्र' समुद्री बन्दरगाह पर भी उतर सकते थे लेकिन सुरक्षा कारणों से वे कई किलोमीटर दूरी तय करते हुए 'दशागाँव' बन्दरगाह पर नाव से उतरे।

इसके बाद पाँच मील पैदल चलकर 'चौबदार तालाब', 'महाड़' 25 दिसम्बर, 1927 ई. को पहुँचे। जहाँ उनके साथ बापू साहब सहस्त्र बुद्ध के साथ पाँच अन्य दलित साधु भी पहुँचे थे। वहाँ सैकड़ों-हजारों लोग पहुँचे हुए थे। उस तालाब पर गड्ढा खोदा गया। उस गड्ढे में चन्दन की लकड़ियाँ सजाई गईं। उसके बाद डॉ. अम्बेडकर ने उसमें आग लगाई और मनुस्मृति की प्रतियाँ आग में जलाना शुरू किया। इसके बाद सभी लोगों ने मनुस्मृति की प्रतियाँ आग में फेंकते हुए 'मनुस्मृति दहन' किया। गेल ओमवेत लिखती हैं, पुरानी व्यवस्था को तब सांस्कृतिक चुनौती मिली जब दलितों तथा हिन्दुओं ने अम्बेडकर के नेतृत्व में मनुस्मृति को जलाया। इस गड्ढे के तीन तरफ से तीन पोस्टर लगे हुए थे, जिसमें मानवीय अधिकार को प्राप्त करनेवाले वक्तव्य मराठी भाषा में लिखे हुए थे। उसके बाद डॉ. अम्बेडकर ने महाड़ तलाब का पानी पीकर उसकी कथित पवित्रता को नष्ट किया। इस 'महाड़ सत्याग्रह' के फलस्वरूप मनुवादियों ने इसका विरोध किया और अगले दिन गाय के मूत्र से पूरे तालाब को पवित्र किया। उसके साथ चौबदार तालाब पर यज्ञ आदि किया।

## सन् 1956-57 में पेरियार विधान सभा और लोक सभा में 'रामायण', 'रामचरितमानस', 'मनुस्मृति' के पन्नों को फाड़कर उड़ाया जाना

वर्चस्ववादी साहित्य के प्रति आक्रोश व्यक्त करने व उसके जलाने की ऐतिहासिक परम्परा रही है। सन्न 1956 ई. में रामायण के नायक राम के सहस्त्रों चित्र पेरियार ई.वी. रामास्वामी ने विशाल जन समूह के सामने मद्रास, तमिलनाडु में आदिनिवासी द्रविड़ों के साथ जलाकर राम के प्रति अनन्त गुना घृणा का परिचय दिया।[24]

अर्जक संघी मोहन लाल कटियार, उम्र 77 वर्ष, ने बताया, 'मानवतावादी विधायक चेतनायुक्त रामपाल सिंह यादव, डेरापुर, कानपुर, उ.प्र., ने सन् 1957 ईस्वी में विधान सभा, उत्तर प्रदेश में स्वास्थ्य, शिक्षा, पाखंड, आडंबर और अन्धविश्वास पर बहस करते हुए रामायण, रामचरितमानस जैसी मिथकीय-धार्मिक कृतियों को मानवता विरोधी अर्थात् शूद्र-अतिशूद्र-विरोधी बताते हुए उसके पन्नों को भरी सभा में फाड़ते हुए वहीं उड़ा दिया था। इस पर डॉ. लोहिया बहुत दुखी हुए।'[25] पेरियार ललई सिंह अपनी पुस्तक 'शोषित पर धार्मिक डकैती' में स्वयं लिखते हैं, 'शूद्रों का प्रतिनिधित्व करते हुए श्री बी.के. गायकवाड़, एम.पी. (बम्बई) ने विरोध करते हुए, शूद्र-विरोधी मनुस्मृति के पन्ने वहीं पार्लियामेंट की बैठक में ही दिनांक 4 मार्च, सन् 1960 ई. को फाड़ दिए। इस पर आर्य जगत में बड़ी खलबली मच गई। इसी प्रकार उत्तर प्रदेश विधान सभा में भी श्री भूप किशोर सिंह 'लोधी', एल.एल.ए. (एटा) द्वारा 'रामायण' के शूद्र-विरोधी पन्ने दिनांक 11 अप्रैल, सन् 1960 ई. को फाड़कर उड़ा देने पर आर्यों की सन्तानों में क्रोध की लहर प्रज्वलित हो उठी।'[26] यह चेतना वास्तव में पेरियार ई.वी. रामास्वामी की थी जो आगे चलकर उत्तर भारत में 'अर्जक संघ' जैसे ऐतिहासिक सांस्कृतिक संगठन का रूप लेती है।

भारतभूमि पर आक्रान्ता आर्यों के आक्रमण और उनके वर्चस्व बना लेने के समय से ही यहाँ के आदिनिवासी सांस्कृतिक युद्ध लड़ रहे हैं। जो बात समय के साथ हर बार परिलक्षित होती रहती है। आधुनिक समय में दक्षिण भारत में पेरियार ई.वी. रामास्वामी ने सन् 1922 ई. में तुरुप्पुर, तमिलनाडु तथा डॉ. अम्बेडकर ने सन् 1927 में ब्राह्मणवाद की सबसे जहरीली पुस्तक 'मनुस्मृति' को महाराष्ट्र में सैकड़ों लोगों के बीच जलाया था। इसी प्रकार राम अवधेश यादव, जो 1978 में विक्रमगंज लोक सभा क्षेत्र से सांसद चुनकर आए थे। साथ ही, इनके साथ और तीन चेतना सम्पन्न ओबीसी सांसद चुनकर आए थे। रामअवधेश ने संसद भवन में असमानता और जातीय अपमान पर अपनी बात रखते हुए, 'रामायण' और 'मनुस्मृति' को दिखाते हुए कहा कि यही वो ग्रंथ हैं जिनसे लोगों को मानित और अपमानित करनेवाली प्रेरणा मिलती है। अत: मैं इसे नष्ट करने की माँग करता हूँ। इसके पन्नों को फाड़ता हूँ। और उन्होंने असमानता की मानसिकता पैदा करनेवाले ग्रंथों को

संसद भवन में फाड़कर उड़ा दिया। ऐसे ही 30 अप्रैल, 1978 ई. को दयानकपुर, कांधी, तहसील-सिकन्दरा, कानपुर, उत्तर प्रदेश में 'मनुस्मृति', 'रामायण' और 'रामचरितमानस' का दहन हुआ। अर्जक संघ शाखा कानपुर ने सूचित किया—

**'जय अर्जक! जय भीम!!'**
**चेतना दिवस पर**
**रामायण व मनुस्मृति की होली जलेगी**

*छाएगा रव विश्व में अर्जक विजय के घोष का।*
*नाश होगा प्रिय जनों अब ब्राह्मणवादी होश का॥*

*प्रिय अर्जक भाइयो एवं बहनो,*

*महान हर्ष के साथ सूचित किया जाता है कि दिनांक 29 अप्रैल, 1978 ई., दिन शनिवार को ग्राम-दयानतपुर (कांधी) में बाबा साहब डॉ. भीमराव अम्बेडकर के जन्म-दिवस पर अर्जक संघ द्वारा घोषित मानववादी अम्बेडकर त्योहार (चेतना दिवस) का आयोजन किया गया है। जिसके अन्तर्गत उसी दिन रात्रि को उत्तर प्रदेश सांस्कृतिक समिति द्वारा 'शम्बूक-वध उर्फ राम राज्य' ड्रामा अभिनीत किया जाएगा।*

*जनपद कानपुर की अर्जक संघ शाखा ने यह भी निर्णय लिया है कि यदि कानपुर में दिनांक 29 अप्रैल, 1978 ई. तक निम्न माँगें स्वीकार न कि तो दिनांक 30 अप्रैल, 1978 ई. को संविधान विरोधी, अलोकतांत्रिक, साम्प्रदायिक एवं ब्राह्मणवादी ग्रंथों (रामायण और मनुस्मृति) की होली जलाई जाएगी।*

1. *आल इंडिया रेडियो पर प्रसारित रामायण पाठ को अविलम्ब समाप्त किया जाए।*
2. *आल इंडिया रेडियो पर प्रसारित संस्कृत समाचार बुलेटिन अविलम्ब समाप्त किया जाए।*
3. *बनारस संस्कृत विश्वविद्यालय का सरकारी अनुदान अविलम्ब समाप्त किया जाए।*
4. *रामायण और मनुस्मृति, जो असंवैधानिक ग्रंथ हैं, को जब्त करो।*

*संयोजक :*      *निवेदक :*
*हरिनाम सिंह वर्मा (प्रदेशीय अध्यक्ष)*      *अर्जक संघ*
*अर्जक सांस्कृतिक समिति, उत्तर प्रदेश*      *जनपद-कानपुर*
*शिवकुमार भारती, रामप्रकाश संखवार*
*प्रदेशीय उपाध्यक्ष, शो.स.द., उत्तर प्रदेश,*
*राजेन्द्र बहादुर एडवोकेट (जिलामंत्री, कानपुर, शो.स.द.)*
*निर्भयानन्द (सदस्य, प्र.स., शो.स.द., उत्तर प्रदेश)*[27]

यह सब महामना रामस्वरूप वर्मा, पेरियार ललई सिंह और चौधरी महाराज सिंह भारती आदि मानववादी अर्जक विभूतियों के मन में वर्षों पूर्व से निर्धारित-संचालित हो रहा था। कई दिन पूर्व किया गया विज्ञापन कई बाजारों—दयानतपुर, सिकन्दरा, राजपुर, सन्दलपुर, मुगीशापुर आदि बाजारों में पैम्फलेट बाँटा गया।[28] 'यह पैम्फलेट छापने को (सिकन्दरा औरैया, राजपुर कस्बे का) कोई प्रेस वाला तैयार नहीं हुआ। बड़ी जद्दो-जहद के बाद सिकन्दरा 'किरन प्रेस' का मालिक इस शर्त पर पैम्फलेट छापने को तैयार हुआ कि—'निवेदन में कम-से-कम पाँच व्यक्तियों के नाम लिखे जाएँगे, इसके बाद पैम्फलेट में संयोजक मंडल के रूप में श्री हरिनाथ वर्मा, शिवकुमार 'भारती', श्री राम प्रकाश संखवार, श्री राजेन्द्र बहादुर एडवोकेट व श्री निर्भयानन्द का नाम लिखा गया और पैम्फलेट छपा।'[29] अर्जक जनता अपने अधिकार की माँग को प्रचारित-प्रसारित करने हेतु गाँवों, कस्बों, बाजारों में विज्ञापित पैम्फलेट को बाँट रही थी। जिसे देख मनुवादी घबरा गए। वे इसी मानसिकता के कांग्रेसी विधायक राकेश चतुर्वेदी[30] के नेतृत्व में लामबन्द होने लगे। उन्होंने तमाम लोगों पर मुकदमे करवाए और शासन-प्रशासन-न्यायालय से इस रामायण दहन पर रोक लगवाई। अर्जक संघ के छोटे पैम्फलेट की तुलना में मनुवादियों ने बड़े-बड़े पोस्टर छपवाकर बसों, ट्रेनों आदि में जगह-जगह लगाए। जिनमें मोटे-मोटे अक्षरों में 'धर्म रक्षा हेतु देनतपुर, कांधी चलो'[31] और 'जिस हिन्दू का खून न खौले, खून नहीं वह पानी है।' 'रामायण' जलानेवालों की खैर नहीं, 'मनुस्मृति' जलानेवालों को फाँसी दो, फाँसी दो! रामस्वरूप वर्मा मुर्दाबाद! मुर्दाबाद!!' सैकड़ों जगहों पर ये नारे लिखे गए थे।[31] साथ ही 'अर्जक साप्ताहिक' अखबार में प्रथम पेज के प्रथम कॉलम की हेडिंग थी 'रामायण', 'मनुस्मृति' की होली जलेगी।'[32] इन सभी स्थितियों को देखते हुए सरकार और प्रशासन चौकन्ना हो गया था। इस पर शिव कुमार लिखते हैं, 'निश्चित तिथि से 3-4 दिन पहले से ही हम लोगों की गिरफ्तारियाँ आरम्भ हो गई थीं। क्योंकि शासन की मंशा थी कि किसी भी कीमत पर मनुस्मृति व रामचरितमानस की होली न जलने दी जाए। हमारे कई साथी श्री निर्भयानन्द, सीताराम कटियार, रामप्रकाश संखवार, रघुनाथ प्रसाद आदि कार्यक्रम से पूर्व ही गिरफ्तार कर लिए गए।'[33]

इसके बाद भी अर्जक कार्यकर्ता-जनता रामायण और मनुस्मृति जलाने को दृढ़ और सक्रिय थी। '29 अप्रैल, 1978 ई. को 'शम्बूक-वध उर्फ राम राज' ड्रामा दयानतपुर में होना था। परन्तु पता चला कि वहाँ 30 बटालियन पी.ए.सी. व कई थानों की पुलिस लगी हुई है। उन्होंने हमारा बना बनाया मंच और माइक आदि तोड़ दिया। गाँव-गाँव में पुलिस ने ऐलान किया कि कोई भी व्यक्ति दयानतपुर (कांधी) न जाए परन्तु हजारों-हजार पुरुष, बाल-वृद्ध और नारियाँ मंच

स्थल की ओर जा रहे थे, जिन्हें पुलिस वाले खदेड़ रहे थे, मार रहे थे।'[34] यह अर्जक जनता 'शम्बूक-वध' ड्रामा देखने और मनुस्मृति दहन करने जा रही थी। चश्मदीद मोहन लाल कटियार बताते हैं कि 'स्थल और जवार एकदम पुलिस छावनी में बदल गया था। लग रहा था जैसे यहाँ राष्ट्रपति या प्रधानमंत्री आनेवाले हैं। इतनी कड़ी सुरक्षा लगा दी गई थी। इस सख्त सुरक्षा के कारण ऐसा लग रहा था जैसे शासन-प्रशासन 'मनुस्मृति दहन' नहीं होने देगा। अब यह निश्चित हो गया था।'[35] जनता को पुलिस-प्रशासन जगह-जगह बैरियर लगाकर रोकने की कोशिश कर रही थी। आन्दोलित अर्जक जनता को तितर-बितर कर रही थी। उन पर लाठियाँ बरसा रही थी। फिर भी जनता प्रशासन की नजरों से छुपते हुए, खेत-खलिहान होते हुए रामायण दहन स्थल पहुँचने की लगातार कोशिश कर रही थी। यह अर्जक जनता 'मिट्टी के तेल से भीगी हुई रामचरितमानस'[36] रामायण और मनुस्मृति की प्रतियाँ 'चमड़े के बैग'[37] में रखे हुए साथ लिये थी। मोहन लाल पटेल लिखते हैं, 'मैं अकेला साइकिल से कांधी ग्राम होता हुआ दयानतपुर पहुँचा, देखा कि पुलिस चप्पे-चप्पे पर लगी है, कई जगह हमसे पुलिस ने पूछा, ऐ साइकिल वाले! कहाँ जा रहे हो? मैंने कहा, राजपुर बाजार जा रहा हूँ, क्या बाजार जाना मना है? तो पुलिस वाला कहने लगा, जाने दो! अकेला बाजार जा रहा है।' मैं दयानतपुर होता हुआ आगे घूमकर बगल के गाँव रमपुरा पहुँचा। 'रमपुरा' डेरापुर थाने में आता है और दयानतपुर, सिकन्दरा थाने में आता है।

डेरापुर थाने के एस.एच.ओ. जाट थे। वे महामना रामस्वरूप वर्मा के मानववादी विचारों से प्रभावित थे। वे अर्जक संघ के विरोधी नहीं थे। इसलिए राजपुर थाना क्षेत्र में हजारों अर्जक कार्यकर्ता रमपुरा में इकट्ठा हुए थे।...शाम को रमपुरा गाँव में अर्जक संघ के वरिष्ठ नेता श्री रामनाथ जिन्ना, श्री बाबू राम तमरापुर, दीनदयाल सिकन्दरा आदि के बुजुर्ग अर्जक कार्यकर्ता हजारों की संख्या में एकत्र हुए। अर्जक जनता वहाँ दस बजे रात तक एकत्रित हो गई। यहाँ से आगे बढ़ते हुए एक पतली-सी नहर में लेटते हुए पेट में रामायण, मनुस्मृति और रामचरितमानस की प्रति बाँधे हुए, हाथ में पेट्रोल लेकर मनुस्मृति दहन स्थल तक पहुँचे।' लोगों ने बताया कि पुलिस पूरे विधान सभा क्षेत्र में माइकों से घोषणा कर रही है कि कोई भी व्यक्ति बाहर दिखाई देगा तो उसे उसी वक्त गोली मार दी जाएगी। अर्जक कार्यकर्ताओं के घरों में तलाशी के नाम पर बहुत जुल्म ढाया जा रहा है।'[38] चारों तरफ से जनता, रिक्शा, गाड़ियों, बसों आदि आने-जाने को प्रतिबन्धित करते हुए हाई अलर्ट जारी कर दिया गया। फिर भी सभी अर्जक कार्यकर्ता—रामनाथ जिन्ना, मोहन लाल कटियार, रघुनाथ सिंह यादव, रामअवतार पाल और बाबू राम कटियार व अन्य सभी साथी रामायण दहन स्थल की ओर बढ़ रहे थे।

आगे बढ़ते हुए एक पतली-सी नहर में लेटते हुए पेट में रामायण, मनुस्मृति और रामचरितमानस की प्रति बाँधे हुए, हाथ में पेट्रोल लेकर मनुस्मृति दहन स्थल तक पहुँचे। सभी लोग बड़े जोश में थे। हम लोगों ने उपस्थित भीड़ को शान्त किया और कहा कि ज्यादा भीड़ से काम बिगड़ सकता है।'[39] 'रात के करीब 12 बज चुके थे।'[40] हम लोगों ने एकत्र लोगों से आग्रह किया कि आप लोग 2 या 3 वरिष्ठ अर्जक कार्यकर्ताओं के नाम तय कर दें, वही लोग रामायण-मनुस्मृति जलाएँगे। एकत्र लोगों ने सलाह-मशविरा करके आपसी सहमति से 3 नाम तय किए : (1) मोहन लाल कटियार, शाहजहाँपुर विधान सभा, क्षेत्र—राजपुर, जिला—कानपुर, (2) रामनाथ जिन्ना, रमपुरा, विधान सभा क्षेत्र—राजपुर, जिला—कानपुर, (3) बाबूराम, तमरापुर, विधान सभा क्षेत्र—राजापुर, जिला—कानपुर। उसी समय श्री दीनानाथ ग्राम—सिकन्दरा ने बड़े उत्साह से आगे आकर कहा कि—"हम भी आप लोगों के साथ जलाने में साथ रहेंगे। रमपुरा ग्राम की महिलाओं ने बड़े जोश और उत्साह से अपने-अपने घरों में चुराकर रखी गई रामायण व मनुस्मृति की पचासों प्रतियाँ होली जलाने हेतु सहर्ष दीं। हम लोगों ने रामायण-मनुस्मृति को आग के हवाले कर दिया। वहीं खड़े होकर जोर-जोर से नारे लगाने लगा—

'रामायण-मनुस्मृति की होली हमने जलाई है, जलाई है।
भड़काव की चिंगारी अब आई है, आई है॥'
'अर्जक संघ जिन्दाबाद! जिन्दाबाद!! जिन्दाबाद!!!'
'रामस्वरूप वर्मा जिन्दाबाद! जिन्दाबाद!! जिन्दाबाद!!!'
'संविधान विरोधी साम्प्रदायिक ग्रंथ! जब्त करो!! जब्त करो॥'[41]
'मानववाद की क्या पहचान? मानव-मानव एक समान'
'डॉ. अम्बेडकर अमर रहें।'[42]

'30 अप्रैल, 1978 की आधी रात को अर्जक वीरों की आवाजें दूर-दूर तक गूँजी।'[43] सांस्कृतिक युद्ध करता यह जन आन्दोलनकारी समूह आगे बढ़ने लगा। साथ ही, जिन्हें पुलिस-प्रशासन ने रामायण दहन स्थल जाने से रोक दिया था, जो आस-पास के गाँवों में चारो तरफ छिपे हुए थे अर्थात् 'दयानतपुर से भगाए गए लोगों ने अपने-अपने गाँव में रामचरितमानस और मनुस्मृति जलाई। दर्जनों गाँवों में यह कार्यक्रम आक्रोशपूर्ण तरीके से किया[44] जा रहा था। साथ ही रामायण दहन स्थल से अर्जक जनता द्वारा नारा लगाए जाने पर चारों ओर लगी हुई पुलिस के कान में जैसे ही नारों की आवाज पहुँची, वह अवाक् रह गई! इसके बाद पुलिस ने तत्काल कार्यवाई शुरू की। उसने अर्जकों को चारो तरफ से घेरते हुए अँधेरे में पकड़ना और लाठियाँ बरसाना शुरू किया।

सत्ता और पुलिस की आक्रामकता और नृशंसता पर मोहन लाल लिखते हैं कि 'तब पुलिस वाले चारों ओर से भागे, हम लोग वहीं होली जलाकर जोर-जोर से नारे लगा रहे थे। पागल की तरह आए पुलिस वाले हम लोगों पर टूट पड़े। लगे पीटने। मैंने पुलिस वालों से कहा, 'भाई हमें क्यों मार रहे हो।'...बूट और लाठियों-डंडों की बौछार कर दी। हम सभी लोग जमीन पर गिर गए। इतने में एक पुलिस अफसर मौके पर आया, आते ही दहाड़ा, इन हरामजादों ने मेरी नाक काट दी, मैंने शासन-प्रशासन से वादा किया था कि 'मैं राजपुर विधान सभा क्षेत्र में कहीं भी रामायण-मनुस्मृति नहीं जलने दूँगा। इन लोगों ने घोषित स्थान पर ही रामायण जला दी, मैं कैसे मुँह दिखाऊँगा।' क्रोध से एस.ओ. सिकन्दरा बोला, 'शर्मा!' शर्मा बोला, 'यस सर!' 'इन सबको ले जाकर जंगल में इन्काउंटर कर दे।' शर्मा बोला, 'यस सर!' मैंने सोचा कि ये पुलिस वाले गुस्से में हम लोगों का इन्काउंटर न कर दें। हम लोग जमीन पर लेटे थे। हमने उसी समय बगल में पड़े जिन्ना से कहा, 'जिन्ना जी, वह मोटर साइकिल पहुँच गई होगी।' जिन्ना समझ गए। बोले, 'चुप रह बेवकूफ!' इसी वक्त मेरी पीठ पर एक लाठी जोर से पड़ी, मैं दर्द से कराह उठा, पुलिस वाला बोला, 'कैसी मोटर साइकिल? कौन मोटर साइकिल?' तब जिन्ना ने कहा, 'अब तो बताना ही पड़ेगा।' मैंने कहा, 'अगर मारोगे नहीं तब बता दूँगा।' पुलिस वाले बोले, 'नहीं मारेंगे, बताओ।' मैंने बताया कि—'जब हम लोग रामायण जलाने चले थे, हम लोगों को आभास था कि हम लोगों का मर्डर हो सकता है। पिटाई में हड्डी-पसली तोड़ी जा सकती है। इसलिए एक मोटर साइकिल वाले को पचास रुपये देकर तैयार किया था कि जैसे ही रामायण जले तुम तेजी से निकलकर कानपुर से तार कर देना कि अर्जक संघ के वीरों ने रामायण-मनुस्मृति जला दी, हमें सन्देह है कि पुलिस रामायण जलानेवाले वीरों की हत्या कर सकती है। यदि हमारे वीरों की हत्या या फैक्चर हो तो एस.ओ. सिकन्दरा, सी.ओ. भोगनीपुर के नाम रिपोर्ट लिखकर कार्यवाही की जाए।'

यह सुनकर सी.ओ. साहब गर्जे, 'झूठ बोलता है। यहाँ परिन्दा भी पर नहीं मार सकता। मोटर साइकिल कैसे निकल गई।' एक सिपाही मदन कठेरिया, जो दलित था, ने कहा, 'साहब, मैंने देखा था कि जैसे यहाँ होली जली वैसे ही एक लाल मोटर साइकिल बड़ी तेजी से हवा से बातें करते निकल गई।'...'तूने मोटर साइकिल क्यों नहीं रोकी!'...'साहब, मैंने समझा, पुलिस की गाड़ी होगी, फुर्र से निकल गई।' सी.ओ. साहब बोले, 'ये साले अर्जक संघी बड़े होशियार हैं, हमें फँसा देंगे। शर्मा'—'यस सर!'...'ले जाओ, इन सबको जेल में बन्द कर दो!' तब जाकर हम सबकी जान बची। पुलिस हम लोगों को गिरफ्तार करके दयानतपुर पुलिस कैम्प ले गई। दयानतपुर में एडवोकेट मनफूल सिंह सहित क्षेत्र के बीसों लोगों को पुलिस विभिन्न गाँवों से पकड़ लाई थी।'[45] यह अर्जक विचार की चेतना थी।

जब रात 12 बजे अर्जक संघी जनता रामायण-मनुस्मृति का दहन करके नारे लगा रही थी। उसी समय कुछ सचेत अर्जक कार्यकर्ता रामायण की आधी जली प्रतियाँ लेकर चुपके से गड्ढ़े और नहर के बीच से होते हुए पुलिस से बच निकले थे। उन्हें इस बात का सन्देह था कि कहीं पुलिस रामायण की जली हुई प्रतियाँ और राख को छुपाकर सुबह यह घोषणा न कर दे कि रामायण नहीं जलाई गई। इस पर शिवकुमार भारती लिखते हैं, 'मैं जानता था कि शासन व प्रशासन दावा करेगा कि हमने मनुस्मृति व रामायण नहीं जलने दी, जैसा झूठा दावा उन्होंने किया भी, इसलिए अधजले रामचरितमानस के पन्ने मैंने राजपुरा से देव ब्रह्मपुरा जानेवाली बम्बी (छोटी नहर) पर जगह-जगह डाल दिया। 30 अप्रैल, 1978 ई. को रविवार का दिन था। उन दिनों रविवार को बहुत बड़ी पशु बाजार लगती थी। लोगों ने जले हुए पन्ने देखे और प्रसन्न हुए कि मनुस्मृति और रामचरितमानस अन्ततः जल ही गई। देश की कई प्रिंट मीडिया के लोगों ने तुरन्त उक्त क्षेत्र का भ्रमण किया। उन्हें जले हुए पन्ने मिले, वही अधजले पन्ने रविवार को 'दिनमान' सहित कई पत्र-पत्रिकाओं ने प्रमुखता से छापे। जिससे शासन और प्रशासन की पोल खुल गई। 'खिसियानी बिल्ली खम्भा नोचे' की उक्ति को चरितार्थ करते हुए प्रशासन ने ताबड़-तोड़ गिरफ्तारियाँ करके लोगों को जेल भेजा। जलाने के बाद हम लोग जहाँ-जहाँ रुके नास्ता-पानी किए, वहाँ-वहाँ पुलिस वालों ने जाकर गिरफ्तारियाँ कीं। इस तरह दयानतपुर से पैदल चलकर हम लोग घाटमपुर रोड स्थित गौर गाँव के पास पुलिस से बचते हुए 1 मई, 1978 को ट्रक पर बैठकर पहले घाटमपुर से कानपुर पहुँचे और 2 मई, 1978 को न्यायालय में आत्म-समर्पण किया।

हम लोग जैसे ही जेल पहुँचे वहाँ पर ब्राह्मणवादियों द्वारा पहले से ही सतर्क किए गए कैदियों ने 'हिन्दू धरम और ये करम' कहते हुए हम लोगों पर हमला बोल दिया। उप-जेलर एवं तातारपुर के एक पुराने कैदी (पक्का) की मदद से हम लोग बचे। इसके बाद हम लोगों की जमानत हुई। कई वर्षों तक मुकदमा चलने के बाद हम लोग वहाँ से बरी हुए। जिसमें कानपुर के राजेन्द्र बहादुर सचान, मनफूल सिंह सचान समेत 30 अधिवक्ताओं ने नि:शुल्क पैरवी की। स्टैम्प वेन्डरों व टाइपिस्टों ने भी कोई शुल्क नहीं लिया।'[46] इस चेतना के सांस्कृतिक युद्ध और आन्दोलन के बाद अप्रैल, 1972 ई. में ही उत्तर प्रदेश के 18 जिलों में 'शोषित समाज दल' के बैनर तले 'मनुस्मृति दहन' किया गया। इसी पार्टी के बैनर तले उस समय इस आन्दोलन के प्रभाव से बिहार प्रदेश के 6 जिलों में 'मनुस्मृति दहन' किया गया। यह मानववादी संस्कृति के जुझारूपन की दिलचस्प दास्तान थी। वह ऐतिहासिक समय था।

## 'एनिहिलेशन ऑफ़ कास्ट' का हिन्दी अनुवाद और प्रकाशन

रामअधार के साथ पेरियार ललई सिंह ने दिनांक 14 अप्रैल, 1972 ई. को डॉ. अम्बेडकर के चिन्तन का सार मानी जानेवाली पुस्तक 'एनिहिलेशन ऑफ कास्ट' का व्यवस्थित अनुवाद जाति भेद का उच्छेद[47] शीर्षक से किया। इससे पूर्व की गई अनुवादकीय कोशिश को वे अपूर्ण मानते थे। इस कारण उन्होंने इसका सरल और व्यवस्थित अनुवाद किया। जिसे उन्होंने अपने 'अशोक पुस्तकालय' से प्रकाशित किया। इस 'जाति भेद का उच्छेद' पुस्तक को भी तत्कालीन उत्तर प्रदेश की वर्चस्ववादी सरकार ने ज़ब्त कर लिया। ज़ब्त करते हुए पुनः वही तर्क दिया जो तर्क उसने 'सम्मान के लिए धर्म परिवर्तन करें' पुस्तक ज़ब्त करते हुए दिया था। इसको भी लेकर उनको हाईकोर्ट जाना पड़ा और उन्हीं पुराने तर्कों के आधार पर कोर्ट ने निर्णय सुनाया और सरकार पर जुर्माना किया। सरकार इस केस को लेकर सुप्रीम कोर्ट नहीं गई।

## 'काल-विजय' नाटक की जब्ती हेतु आन्दोलन

मनुवादी सोच की संस्कृति को कैसे किसी वस्तु-मूल्य-मिथक की प्रतिगामी व्याख्या करके अपना वर्चस्व स्थापित करती है, इसका मुकम्मल उद्धरण है काल-विजय[48] नाटक, जिसके लेखक हैं—लक्ष्मी नारायण मिश्र। यह ऐतिहासिक विषय-वस्तु का नाटक 26 जनवरी, 1980 को प्रकाशित हुआ। जिसमें मुख्यतः बुद्ध और बौद्ध सम्राट अशोक के चरित्र को दूषित करते हुए क्रूरतम रूप में प्रस्तुत और व्याख्यायित किया गया था। यह नाटक पेरियार ललई सिंह के हाथ 15 फरवरी, 1980 को लगा, जो रुहेलखंड विश्वविद्यालय, आगरा के हिन्दी विभाग एम.ए. के पाठ्यक्रम में सम्मिलित था। इसको पढ़ने के साथ ही इसकी झूठी अपमानजनक व्याख्या को ध्यान में रखते हुए लेखक और प्रकाशक के खिलाफ 'दफा 124 ए' के अन्तर्गत मुकदमा दायर करने का मन बना लिया। इस मुकदमे से पहले उन्होंने कई राष्ट्रीय और अन्तरराष्ट्रीय बौद्ध चिन्तकों को सूचित किया। उनसे इस बात पर चर्चा-परिचर्चा की।

उस समय दीक्षाभूमि, नागपुर में चल रही बौद्ध संगति में इस नाटक से सबको अवगत कराया था। इसके बाद उन्होंने 'काल-विजय' को लेकर बाला साहेब प्रकाश राव अम्बेडकर के नेतृत्व में एक विशाल सभा करने का निर्णय लिया। यह सभा 8-9 मार्च, 1980 को चक्कीपाट, आगरा, उत्तर प्रदेश में हुई जिसमें 'काल-विजय' को जब्त करने के लिए प्रस्ताव पास किया गया। इस विशाल सभा में उन्होंने तार्किक और तथ्यात्मक भाषण दिए। इसके साथ ही उन्होंने भिक्षु

संघ के प्रतिनिधित्व में रुहेलखंड विश्वविद्यालय, आगरा के हिन्दी विभागाध्यक्ष और वाइस-चांसलर से मिलकर इसे विभाग और विश्वविद्यालय के पाठ्यक्रम से हटाने की माँग की। उन्हें ज्ञापन दिया। यह भिक्षु संघ मुख्यमंत्री, राज्यपाल, उत्तर प्रदेश और देश के प्रधानमंत्री-राष्ट्रपति से मिला और इसे प्रतिबन्धित करने की माँग की। ज्ञापन दिया। इसके खिलाफ पूरे देश में विरोध-प्रदर्शन शुरू हो गया। उनके द्वारा खड़े किए गए इस सांस्कृतिक युद्ध के संघर्ष और देशव्यापी आन्दोलन के चलते 'काल-विजय' नाटक को हिन्दी विभाग और विश्वविद्यालय के पाठ्यक्रम से हटाने और आगे कभी भी इसे पाठ्यक्रम में न लगाने की घोषणा 21 मार्च, 1980 को वाइस-चांसलर को करनी पड़ी। उस संघर्ष और आन्दोलन का प्रभाव है कि आज 'काल-विजय'[49] नाटक देश के किसी भी विद्यालय, महाविद्यालय या विश्वविद्यालय में नहीं पढ़ाया जाता।

अध्याय-8

# उत्तर भारत में सामन्ती वर्चस्व के खिलाफ महान आन्दोलन

*लड़ो कि तुम्हें न्याय चाहिए!*

पेरियार ललई सिंह ने साहित्य चिन्तन के बाद राजनीतिक-धार्मिक-सामाजिक चिन्तन पर सोचना-विचारना शुरू किया। जिस क्रम में उन्होंने सबसे पहले 1 सितम्बर, सन् 1961 ई. को 'शोषितों पर राजनीतिक डकैती' लिखी जिसमें उन्होंने बताया कि देश में किस तरह सवर्ण अर्थात् ब्राह्मणों का वर्चस्व है। दस प्रतिशत लोग नब्बे प्रतिशत संसाधनों पर कुंडली मार कर बैठे हैं। किस प्रकार कथित अगड़ी जाति के ही एम.पी., एम.एल.ए. विधान सभा और संसद में काबिज हैं। उत्तर प्रदेश में बड़े खानदानी गजेटेड हाकिमों का कब्जा है। न्यायालय में लोवर कोर्ट से उच्चतम न्यायालय तक एकच्छत्र उच्च जातियों का वर्चस्व है। पुलिस डिपार्टमेंट आदि में किस तरह उच्च जातियों का कब्जा है। यहाँ शूद्रों-महाशूद्रों की क्या स्थिति है। यह लेखा-जोखा पेरियार ललई सिंह ने 1961 ई. में दिया।

इसी तर्ज पर एक और पुस्तक पेरियार ललई सिंह ने 'शोषितों पर धार्मिक डकैती' नाम से सन् 1961 ई. में लिखी। जिसमें उन्होंने वेद, पुराण, स्मृति, मनुस्मृति से लेकर स्वतंत्र भारत तक धर्म के नाम पर शूद्रों-महाशूद्रों के हो रहे शोषण को दिखाया है। इस पुस्तक पर बहुजन चिन्तक छेदी लाल साथी ने लिखा है, 'हिन्दू धर्म के देवी-देवताओं ने धर्म की आड़ लेकर सीधे-साधे व भोले-भाले महामानव तुल्य महापुरुषों को धर्म-दान, सत्य, सदाचार, तप तथा बलिदान का आदर्श पाठ पढ़ाकर पाप व श्राप के नाम से सदा ही ठगा और अपने चतुर नायक इन्द्रदेव की राजगद्दी को सलामत रखा।'[1] यह पुस्तक इस खतरनाक सोच को उजागर करती है। उन्होंने इस व्याप्त सामाजिक-सांस्कृतिक असमानता को दूर करने के लिए 1973 ई. में 'सामाजिक विषमता कैसे दूर हो?'[2] पुस्तक लिखी। जिसमें उन्होंने बाबा साहब डॉ. अम्बेडकर से लेकर रामस्वरूप वर्मा तक के चिन्तनपरक लेखों को सम्मिलित किया। इसमें उनका मुख्य उद्देश्य आदिनिवासी चेतना के चिन्तकों की दृष्टि से आदिनिवासियों की

मानवीय मुक्ति के रास्ते को दर्शाना है। पेरियार ललई सिंह ने 1 जनवरी, 1973 ई. को जाति-पाँति मिटाने व अछूतों की तरक्की के उपाय नाम से एक अति-लघु पुस्तिका लिखी।[3] यह अछूत भावना और जाति से मुक्ति के लिए उनके विचारों का गुच्छा है।

## बच्चों में मूल सामाजिक-सांस्कृतिक चेतना का निर्माण

वे मानते थे कि बच्चे समाज परिवर्तन की जमीन हैं। यदि हम उनमें सामाजिक-सांस्कृतिक चेतना पैदा करें तो ये बच्चे जनतांत्रिक युवा और जनतांत्रिक मनुष्य रूप में इस राष्ट्र को निर्मित कर सकते हैं। इस कारण वे जब भी बच्चों के बीच होते तो उनसे हर समय छोटे-छोटे तर्कों के साथ बातें करते। उन तर्कों के माध्यम से वे सदा उनमें सामाजिक-सांस्कृतिक चेतना निर्मित करने की कोशिश करते। बच्चों को शाम को चाकलेट खिलाते। उनके साथ कोई-न-कोई चेतना पैदा करनेवाले खेल खेलते थे। शाम को बच्चों को एक साथ बैठा कर पढ़ाते थे।

उनके भाई रामसेवक सिंह यादव ने एक संस्मरण सुनाया, 'एक बार दीवान साहब मतलब भइया ललई ने डॉ. अम्बेडकर जयन्ती पर सैकड़ों बच्चों को एकत्रित किया। उन बच्चों को डॉ. अम्बेडकर के बारे में बता रहे थे, बताते-बताते वे हिन्दू मिथकों पर बात करने लगे। उन्होंने बच्चों के सामने तर्क रखते हुए दुर्गा का एक बड़ा-सा फोटो हाथ में उठाया और बच्चों से पूछा—'बच्चो, दुनिया में सारी स्त्रियों के पास दो ही हाथ होते हैं तो इस स्त्री के पास आठ हाथ कैसे हो गए? उसके बाद कुछ अन्य देवी-देवताओं वाले फोटो उठाए और बच्चों को दिखाते हुए पूछा—'बच्चो, दुनिया के सभी पुरुषों के पास दो हाथ होते हैं तो इन देवी-देवताओं के पास चार हाथ कैसे हो गए? आप सब आज घर जाकर अपनी माँ के हाथ जाकर देखिए। उनके पास दो हाथ मिलेंगे। जबकि कन्या दुर्गा के आठ हाथ दिखेंगे। इस सवाल को आप उनसे जरूर पूछिए। जो लोग इन देवी-देवताओं की पूजा करते हैं, हो सकता है उनको देवी-देवताओं ने बताया हो। बच्चो, आज तक इस सम्पूर्ण संसार में कहीं भी आठ हाथ वाली स्त्री या चार हाथ वाला पुरुष नहीं पाया गया। यदि आठ हाथ वाली स्त्री या चार हाथ वाला पुरुष मतलब देवी-देवता इस दुनिया में कहीं भी होते तो कहीं न कहीं एक-दो तो जरूर दिखते। इस तरह यह सब झूठ हुआ न?' तो सारे बच्चे जोर से बोले, 'हाँ! यह सब झूठ है'।[4]

## हिन्दू प्रगतिशीलता और पूँजीवाद के घनघोर आलोचक

पेरियार ललई सिंह का मत था कि हिन्दू होना अपने मूल चरित्र में वर्ण और जाति-व्यवस्था, पुरोहितवाद, अछूतपन की भावना का निर्वहन करना है। अपने

मूल चरित्र में प्रतिगामी होना होता है। इस कारण वे कथित हिन्दू प्रगतिशीलों के घनघोर आलोचक थे। वे कहते थे, 'वर्णवाद और जातिवाद से कम खतरनाक नहीं है पूँजीवाद।' वे पूँजीवाद को सामाजिक और आर्थिक दोनों समानताओं का घोर विरोधी मानते थे। वे लिखते हैं, 'पूँजीपति आर्थिक समानता को प्राप्त करने में नाना प्रकार के रोड़े अटकाता रहा है। अटकाता रहेगा। इनके मारे शासन भी परेशान है। अत: गौतम बुद्ध के उपदेश कि 'अपना दीपक स्वयं बनें' के अनुसार मनुष्य अपनी फिजूलखर्ची और बुरे व्यसनों को रोककर जो काम वह आसानी से कर सकता है, करने में जुट जावें।'[5]

वे मार्क्स के मार्क्सवादी दर्शन और उनकी भौतिक साम्यवादी समाज की स्थापना के समर्थक थे। बुर्जुआ और सर्वहारा के वर्ग संघर्ष में सर्वहारा की क्रान्तिकारी जीत के पूर्णत: पक्षधर थे। वे अम्बेडकर की इस मार्क्सवादी धारणा से सहमत थे कि मजदूर वर्ग के संघर्ष के सम्बन्ध में, मैं यह महसूस करता हूँ कि कम्युनिस्ट दर्शन हमारे बहुत करीब है।[6] किन्तु पेरियार ललई सिंह अम्बेडकर की ही तरह भारतीय सवर्ण प्रगतिशीलों/मार्क्सवादियों के दोहरे चरित्र से आहत थे। उनका मानना था। भारत के सवर्ण—वर्ण, जाति और गोत्र की आस्था के साथ प्रगतिशील हैं। मार्क्सवादी हैं। इसी कारण वे मनुवादी आस्था से भारत में मार्क्सवादी दर्शन और चिन्तन का पलीता लगा रहे थे। वे इस कथित हिन्दू प्रगतिशीलता/सवर्ण प्रगतिशीलता पर लिखते हैं, 'कुछ प्रगतिशील हिन्दुओं को छोड़कर शेष सम्पूर्ण हिन्दू तुम्हें सामाजिक बराबरी कभी भी नहीं दे सकते हैं। यह बात निर्विवाद सिद्ध है। अत: आप इस सामाजिक बराबरी को बौद्ध धर्म में परिवर्तित होकर ही प्राप्त कर सकते हैं, दूसरा कोई रास्ता नहीं है। स्पष्टीकरण : बौद्ध धर्म में आपकी मानवता का मूल्य सुरक्षित है।'[7]

## वर्णवाद और मनुवाद के खिलाफ आन्दोलन

पेरियार ललई सिंह वर्णवाद, ब्राह्मणवाद और जातिवाद के विरुद्ध सतत लड़नेवाले मूलनिवासी योद्धा थे। वे मनुवादियों के अपमानित करनेवाले व्यवहार पर कहा करते थे—'सामाजिक अपमान गरीबी से अधिक खटकता है।'[8] आगे वे लिखते हैं, 'संविधान ने सामाजिक समानता दे रखी है। परन्तु समाज में बड़कपन पाया हुआ उच्चवर्णीय समाज इसे कार्य रूप में परिणत नहीं करना चाहता है। क्योंकि ऐसा करने से उसका बड़कपन समाप्त हो जावेगा। अत: वे लोग भी निम्नवर्गीय समाज को समानता नहीं देना चाहते हैं।'[9] उनकी चिन्ता समतामूलक समाज बनाने की है। जिसमें वे इस बात पर दु:ख प्रकट करते हैं कि संविधान ने तो लिखित रूप में सामाजिक समानता का अधिकार दे रखा है किन्तु कुछ मनुवादी-सामन्ती मानसिकता की उच्च जातियाँ सामाजिक समानता देने को तैयार नहीं हैं।

इसके बाद वे जातिवादी, सामन्ती मानसिकता की गहराइयों को अपने लोगों के बीच बताते हुए दर्शाते हैं कि किस तरह पिछड़ी जातियों में और अछूत जातियों में जातिवाद, ब्राह्मणवाद और सामन्तवाद भरा हुआ है जिस कारण हम संगठित नहीं हो पा रहे हैं। समता का समाज नहीं बना पा रहे हैं। वे लिखते हैं, 'जिन्हें सामाजिक असमानता से परेशानी है, वे कम-से-कम जो समाजों (पिछड़ी जाति व अछूत जाति आदि) में इकट्ठे न सही तो अलग-अलग ही सही, सामाजिक समानता स्वत: प्राप्त करें। इस प्रकार आगे चलकर ये दोनों समाज स्वत: इकट्ठे हो जाएँगे। इन सबको इकट्ठा देखकर उच्चवर्गीय समाज भी इसी में मिल जाएगा। तब एक समाज बन जाएगा।'[10] यह उनका सामाजिक समानता प्राप्त करने का दिलचस्प सूत्र था। वे मानते थे कि समता की पहल शोषित और शोषक दोनों की तरफ से होनी चाहिए। इसी आधार पर समता का समाज बनेगा।

## अन्धविश्वासी कर्मकांडी मान्यताओं पर प्रहार

पेरियार ललई सिंह मनुवाद वर्चस्व के स्थायी रूप से गतिमान रहने का मुख्य कारण हिन्दू धर्म की वर्ण और जाति-व्यवस्था, पुरोहितवाद, अन्धविश्वास और कर्मकांड को मानते थे। वे लिखते हैं, 'अन्ध-विश्वास, कूप-मंडूकता व मूढ़ता सबसे बड़ी बीमारी है। इस बीमारी से चोट करनेवाले—पंडे, पुजारी, पुरोहित, मुल्ला, मौलवी, पादरी तथा पूँजीपति आदि लोग हैं। जिनको इसके द्वारा शोषण की चोट लगी है, वे स्वत: इस बीमारी को समझें। अत: जिन्हें यह बीमारी है, वे स्वत: इससे मुक्ति ज्ञान-विज्ञान द्वारा प्राप्त करें।'[11]

वे अन्धविश्वास और कर्मकांड के घोर विरोधी थे। उनके भतीजे महावीर सिंह यादव ने बताया कि 'पेरियार साहब के एक चचेरे भाई थे, जो रोज सुबह स्नान करने के बाद सूरज को जल देते थे। इस पर पेरियार ललई सिंह ने कई बार उनको वैज्ञानिक विधि से समझाया। वे नहीं माने। एक बार हुआ ये कि सुबह का समय था। पेरियार साहब नहर पर टहल रहे थे। उन्होंने देखा कि सामने से वही चचेरे भाई आ रहे हैं। इस पर पेरियार साहब नहर में उतर गए और अपने खेत को सींचने हेतु अँजुरी से पानी फेंकने लगे। उनके चचेरे भाई ने देखा और पास आकर पूछा, ये क्या कर रहे हैं दीवान साहब?'[12] (पेरियार ललई सिंह को गाँव में लोग दीवान साहब सम्बोधन से ही बुलाते थे।) उन्होंने कहा, 'अपने खेत तक पानी फेंक रहा हूँ।' उनके चचेरे भाई हँस पड़े और बोले, 'अरे, इस नहर से आपका खेत फर्लांग-भर दूर है। वहाँ तक अँजुरी से कैसे पानी पहुँचेगा?' इस पर पेरियार ललई सिंह पानी उदाहना रोक बोले, 'आप तो कई बरस से सूरज को जल चढ़ा रहे हैं क्या सूरज तक पानी पहुँच रहा है?' उनके चचेरे भाई चुप रह गए। सोचने लगे। उस दिन से

उन्होंने जल चढ़ाना सदा के लिए बन्द कर दिया।'[13] अज्ञानता के खिलाफ लड़ने का यह उनका व्यावहारिक तरीका था। लोक को सचेत करने के लिए बुद्ध की तरह उनके पास भी अनेक लोकधर्मी तर्क और तथ्य थे।

## कथित संस्कारी जनेऊ तोड़ो अभियान

हिन्दू सनातनी, वर्णाश्रमी व्यवस्था की मूल मान्यताओं में एक मान्यता है कि मनुष्य का जन्म दो बार होता है। एक बार माँ के पेट से तो दूसरी बार पुरोहित के हाथ से। सनातनी विधान के अनुसार पुत्र के जन्म के बाद एक निर्धारित उम्र पर पुरोहित पुत्र का जनेऊ संस्कार करता है। यह हिन्दू कर्मकांड इस संसार में उस पुत्र का असल जन्म माना जाता है। इस जन्म संस्कार के बाद वह 'द्विज' कहलाता है। अर्थात् उसका दूसरा जन्म हो जाना माना जाता है। इस अवसर पर यज्ञ होता है, इसलिए इस संस्कार को 'यज्ञोपवीत संस्कार' भी कहते हैं। इस जनेऊ संस्कार में बच्चे को विशेष प्रकार का धागा पहनाया जाता है। इस संस्कार के समय बच्चे के कान में पुरोहित मंत्र पढ़ते हुए, बोलता है—यह तुम्हारा दूसरा जन्म है। अब तुम द्विज हो। अब तुम श्रेष्ठ हो। उसके दिमाग में यही धारणा स्थापित की जाती है। इस जनेऊ धारण संस्कार का धागा भी वर्णाश्रमानुक्रम अनुसार होता है। मनु महाराज मनुस्मृति में इसका भी विभाजन करते हैं। उनके अनुसार ब्राह्मण का जनेऊ रेशम के मुलायम धागे का होना चाहिए। क्षत्रिय का जनेऊ सूत का होना चाहिए। वैश्य का जनेऊ कुश का होना चाहिए।[14] इस 'उपनयन संस्कार में तीन उच्चतर वर्णों के पुत्रों को जनेऊ पहनाया जाता है और वे इस तरह द्विज की श्रेणी में आ जाते हैं।[15] जनेऊ संस्कार के बाद दूसरा जन्म हुआ माना जाता है। इसलिए ऐसे लोगों को द्विज कहा जाता है। यह जन्म और आनुष्ठानिक आधार पर मनुष्यों के बीच भेदभाव की अवधारणा है।[16] यह सनातनी जनेऊ संस्कार केवल आर्य/सवर्ण पुरुषों का ही होता सकता था। मनुष्यों में इस संस्तरीकृत विभाजन पर कबीर करारा प्रहार करते हैं। वे इस हिन्दू मानसिकता पर सवाल उठाते हैं—'पहिरी जनेऊ बाभन होता तो बभनी क्या पहनाया। वह तो जनम जनम की शूद्रिन।'[17] स्त्री और शूद्र का जनेऊ संस्कार नहीं हो सकता था क्योंकि ये दोनों अपवित्र होते हैं। स्त्री जो रजस्वला होती है और शूद्र स्वाभविक रूप से अपवित्र होता है। इस कथित हिन्दू पवित्रता में प्रवेश कर पवित्र हो जाने का प्रयोग डॉ. अम्बेडकर ने भी किया था। उन्हें ऐसा लग रहा था कि यदि हम भी जनेऊ धारण कर लें तो पवित्र और सम्मानित जीवन प्रतिष्ठा प्राप्त कर सकते हैं। वे जनेऊ धारण का अभियानी कार्यक्रम करते हैं। किन्तु उनकी धारणा जल्दी ही खंडित हो जाती है। डॉ. अम्बेडकर 28 अप्रैल, 1942 में अपने भाषण में कहते हैं, 'लम्बे समय तक मैं यही मानता रहा कि हम हिन्दू समाज को

उसकी विकृतियों से मुक्ति करा सकते हैं। महाड़, चवदार तालाब सत्याग्रह और नासिक मन्दिर प्रवेश सत्याग्रह ये दोनों आन्दोलन इसी उद्‌देश्य से प्रेरित थे। इसी को मद्‌देनजर रखते हुए हमने सामूहिक मनुस्मृति दहन किया। सामूहिक जनेऊ धारण अनुष्ठाओं का आयोजन किया। खैर, अब अनुभव की बदौलत कहीं मेरे पास बेहतर समझ है कि हिन्दू धर्म खड़ा ही असमानता की बुनियाद पर है। अब हमें हिन्दू बने रहने की कोई चाह नहीं है।'[18] डॉ. लोहिया और बीपी मंडल साहब ने भी जनेऊ तोड़ो अभियाना चलाया था।

इस कथित पवित्रता का बोध पेरियार ललई सिंह को भी था। इस कारण उस बोध और अपने पिता के जनेऊ संस्कार के विरुद्ध लड़े सांस्कृतिक युद्ध से संचालित हो रहे थे। उन्होंने अपने पिता के सांस्कृतिक संघर्ष को आगे बढ़ाते हुए मानसिक गुलामी और आर्य सांस्कृतिक वर्चस्व के प्रतीक 'जनेऊ' को तोड़ने का आन्दोलन चलाया। उनका स्पष्ट मानना था कि यह संस्कार ऊँच-नीच की मानसिकता और सामाजिक-सांस्कृतिक वर्चस्व को निर्मित करता है। इसलिए उन्होंने 'जनेऊ तोड़ो अभियान' चलाया था जिसमें उन्होंने पहले से जनेऊ पहननेवाले और कुछ नए युवाओं को सचेत कर उन्हें 'प्रतिरोध स्थल' पर बुलाया और वहाँ पर सबसे पहले पेरियार ललई सिंह ने मानव इतिहास के विकास, ईश्वर और कर्मकांडों पर लम्बा भाषण दिया। उन्होंने भाग्य, भगवान और धर्म आदि की तार्किक और तथ्यात्मक व्याख्या की। जनेऊ संस्कार के इतिहास और मिथक को बताया। उसके बाद उन्होंने सबसे एक साथ जनेऊ तोड़ने का आह्वान किया। इस आह्वान के साथ सैकड़ों-हजारों युवकों ने वहीं पर जनेऊ तोड़ा और भविष्य में कभी भी जनेऊ न पहनने का प्रण लिया। इस पर वे लिखते हैं, 'निरर्थक समझकर मैंने जनेऊ तोड़कर फेंक दिया। मेरी देखा-देखी सैकड़ों-हजारों जनेऊधारी अहीर, गड़रिया, लोधी, काछी व कुर्मियों आदि ने जनेऊ उतार दिया।'[19] यह उनका मुख्यत: समता का सांस्कृतिक युद्ध था, जिससे वे मानसिक गुलाम जनता को चेतना सम्पन्न करना चाहते थे।

अध्याय-9

# दलितों के लिए ऐतिहासिक संघर्ष

*अपमान करनेवाले*
*से भी अधिक खराब होता है,*
*अपमान सहनेवाला।*

पेरियार ललई सिंह के पिता चौधरी गज्जू सिंह यादव भी एक सामाजिक-सांस्कृतिक चेतना से युक्त क्रान्तिकारी व्यक्ति थे। वे अन्धविश्वासी, कर्मकांडी, वर्णवादी, ब्राह्मणवादी और जातिवादी के खिलाफ समाज में आदिनिवासी चेतना के साथ लगातार संघर्ष कर रहे थे। लोगों को हर समय जागरूक करते रहते थे जिस कारण वर्चस्ववादी ताकतें उनका लगातार विरोध करती थीं। विरोध ही नहीं वरन कई बार हत्या करने के उद्देश्य से उन पर जानलेवा हमले भी करवाए गए। लेकिन चौधरी बच निकलते थे। एक समय के बाद वे अपने साथ एक धारदार कुल्हाड़ी और एक मजबूत लाठी लेकर चलने लगे, जिस कारण उन्हें लोग 'कुल्हाड़बाज चौधरी जी' कहकर बुलाते थे।

पेरियार ललई सिंह ने 'समता' के इस सामाजिक-सांस्कृतिक संघर्ष को आगे बढ़ाया और बुद्ध, फुले, पेरियार और अम्बेडकर की वैचारिक चेतना से लैश होकर अन्धविश्वास, कर्मकांड, वर्णवाद, ब्राह्मणवाद, मनुवाद के विरुद्ध लड़ाई लड़ी। यह उनका सांस्कृतिक युद्ध मूलनिवासी योद्धा की तरह था। इस कारण इन्हें अपने पिता से भी अधिक जानलेवा हमलों का सामना करना पड़ता था। इस मिशनरी व्यक्तित्व के कारण इन्हें आते-जाते देखनेवाले लोग कहते, 'कुल्हाड़बाज दीवानजी'[1] आ रहे हैं। वे हर समय अपने पास 'कुल्हाड़ी' और 'लाठी' रखते थे।

दीवान जी के बारे में एक और रोचक बात है कि वे वर्चस्ववादी और सामन्तवादी ताकतों से हमेशा सावधान रहते थे, उनके साथ रहे जे.एन. आदित्य बताते हैं, 'पेरियार साहब शाम को छह बजे के बाद अपना दरवाजा नहीं खोलते थे। दरवाजा भोर में चार बजे खुलता था। उनके साथ कई बार ऐसा हुआ कि रात्रि के 11, 12, 1 या 2 बजे दरवाजा खटखटाया जाता तो वे अन्दर से पूछते,

'कौन है? कौन है?' कोई आवाज नहीं आने पर वे पूछते कि 'क्या काम है?' फिर कोई आवाज नहीं आती तो मूलनिवासी योद्धा दीवान साहब कहते कि 'कुल्हाड़ के साथ बाहर आऊँ क्या?'[2] उसके बाद दरवाजा खटखटाना बन्द हो जाता। इस तरह की घटनाएँ उनके साथ कई बार हुईं लेकिन वे दरवाजा नहीं खोलते थे। वे जानते थे कि सामन्ती, मनुवादी और ब्राह्मणवादी ताकतें उनकी हत्या करवाना चाहती हैं। जब उनकी हत्या की कोशिश खतरनाक तरीके से होने लगी तो वे इससे बचने के लिए उन्होंने सूक्ष्म बुद्धि का प्रयोग किया। और शाम के समय से भोजन बना-खाकर कमरे से सीढ़ी लेकर बाहर निकलते और बाहर से ताला लगाकर दुकान से लगी गैलरी से अन्दर जाते। चूँकि गैलरी उस घर में रहनेवाले लोग उपयोग करते थे तो उससे होकर अन्दर जाते फिर दुकान से लगी दीवाल में ऊपर रौशनदान से सीढ़ी लगाकर अपनी दुकान के अन्दर घुस जाते और सीढ़ी भी अन्दर कर लेते थे। इस तरह रात्रि गुजारा करते। फिर सुबह उसी रास्ते सीढ़ी लगाकर बाहर आ जाते। ऐसे स्थिति में रात में जब हत्यारे आते तो देखते कि अशोक पुस्तकालय में सड़क की तरफ से ताला लगा हुआ। इसका मतलब कि ललई सिंह नहीं हैं। वे वापस चले जाते।

एक समय के बाद घर के आस-पास के लोग समझ गए कि दीवान साहब की कुछ लोग हत्या करवाना चाहते हैं तो लोग दीवान साहब की सुरक्षा को लेकर रात्रि में सतर्क रहने लगे। उसके बाद भी इन पर कई बार अँधेरे में गाँव से दूर आते-जाते जानलेवा हमले हुए। उन पर गोलियाँ चलाई गईं लेकिन वे सुरक्षित बच निकलते थे। उनके बार-बार बच निकलने का कारण था कि वे सैनिक थे, सेना में हाई कमांडर थे, जो दुश्मन के हमले से सुरक्षा करना और उस पर आक्रमण करने का कौशल जानते थे।

बुद्ध शरण हंस, पेरियार ललई सिंह को गोली मारे जाने का एक संस्मरण सुनाते हैं कि उन्हें धम्म दीक्षा कार्यक्रम काको, जहानाबाद, बिहार 1990 में बुलाया गया था। वे मुख्य अतिथि थे। वक्ता—जे.एन. आदित्य और संयोजक—राम अयोध्या सिंह यादव थे।

इस धम्म दीक्षा कार्यक्रम में पेरियार ललई सिंह के नाटक 'शम्बूक-वध' का मंचन हुआ। उसके बाद पेरियार ललई सिंह आदि का ओजस्वी भाषण हुआ। जिससे जनता अपने ऐतिहासिक महानायक आचार्य शम्बूक की हत्या पर आक्रोशित हो गई। इसके बाद उपस्थित 10,000 से 11,000 लोगों को बौद्ध धर्म ग्रहण करवाया गया। इस पर आक्रोशित सवर्ण सामन्तों ने पेरियार ललई सिंह पर भीड़ से गोली चला दी। चूँकि वे सेना में हाई-कमांडर थे, इसलिए चौकन्ने थे और बच गए। मंच और बौद्ध जनता में भगदड़ मच गई। जिसका फायदा उठाकर पेरियार ललई सिंह और उनके साथी वहाँ से हट गए।

इस प्रकार पेरियार ललई सिंह जीवनरक्षा करते हुए समतामूलक समाज और राष्ट्र-निर्माण कर रहे थे।

## पेरियार ललई सिंह ने लगाई सामन्ती घोड़ों को लगाम

पेरियार ललई सिंह के पितामह किसान थे, जिनके पास लगभग 100 बीघे से अधिक जमीन थी, जो आगे चलकर दो भाइयों में बँटी तो 50-50 बीघे के रूप में हो गई। पेरियार के पिता चौधरी गज्जू सिंह ने इसे और बढ़ाते हुए 71 बीघे जमीन बनाई थी। ये गज्जू सिंह के इकलौते पुत्र थे। इसलिए पेरियार ललई सिंह के हिस्से 71 बीघे जमीन आई। इस स्थिति में पेरियार का परिवार उस गाँव-जवार का एक सम्पन्न किसान परिवार था। जिसके पास सैकड़ों बीघे जमीन थी। गाँव के एक तरफ ठाकुरों और ब्राह्मणों का घर और जमीन थी जो सामन्त, जमींदार और पुरोहित थे। वे सब अपने घोड़ों आदि जानवरों को अपनी जमीन के बाद ऐसे ही खुली फसल में छोड़ देते थे जिस कारण वे जानवर दूसरों की जमीन-जायदाद में जाकर जंगली जानवर की तरह सबकी फसल चर जाते थे। उनके पिता और वे खुद इसका जमकर विरोध करते थे।

जब जमींदारों-सामन्तों के जानवर, घोड़े आदि अपनी जमीन से चरते हुए पेरियार ललई सिंह की जमीन की तरफ बढ़ने लगते तो पेरियार ललई सिंह इसका विरोध करते और ताड़ के ऊँचे पेड़ पर चढ़कर जोर से आवाज लगाते, 'हरे (जमींदार का नाम लेकर)...अपना घोड़ा और जानवर अब रोक लो, यहाँ से मेरी जमीन शुरू हो रही है। अगर मेरी फसल का एक भी तिनका तुम्हारे घोड़े और जानवर ने खाया तो मैं इन जानवरों को बाँध लूँगा।'[3] वे आगे कहते, 'अपने घोड़ों और जानवरों पर लगाम लगाओ और मेरी जमीन में घुसने, मेरी फसल को नुकसान पहुँचाने से पहले अपने घोड़ों और जानवरों को वापस हँकवा लो, नहीं तो मैं इन जानवरों के एक-एक पैर काटकर उसको इन जानवरों की पीठ पर रखकर वापस तुम्हारे घर भेज दूँगा।' इस पर जमींदार के करिन्दे फौरन आते और घोड़े आदि सभी जानवरों को वापस लेकर चले जाते।[4]

## शोषित-दमित स्त्रियों को दिलाया आत्मसम्मान

पेरियार ललई सिंह ने स्त्रियों के सम्मान के लिए अपने पिता चौधरी गज्जू सिंह को लड़ते हुए देखा था। यहीं से उन्हें स्त्रियों के सम्मान की प्रेरणा मिली। उनके साथ आठ वर्ष तक मिशन में रहे, कृष्ण कुमार ने एक साक्षात्कार में बताया, 'गाँव में एक सामन्ती प्रथा थी कि विवाह आदि अवसरों पर सवर्णों के घरों में स्त्रियाँ पूड़ियाँ

आदि बेलने जाती थीं। यह प्रथा लम्बे समय से चली आ रही थी। इस प्रथा में दलित-पिछड़ी महिलाएँ तो सवर्ण घरों में कार्य करने जाती थीं लेकिन सवर्ण महिलाएँ पिछड़े-दलित घरों में पूड़ियाँ आदि बेलने नहीं आती थीं। यह बात चौधरी साहब को बहुत खलती थी। एक बार हुआ यह कि पेरियार ललई सिंह की स्वाभिमानी माता श्री मूला देवी साथ में और गाँव की माताएँ-बहनें सवर्णों के एक कार्यक्रम में गईं। जैसे ही ये महिलाएँ कार्यक्रम स्थल पहुँची। वैसे ही सवर्ण महिलाएँ और पुरुषों ने कहना शुरू किया—'हिन्नियाँ आईं, हिन्नियाँ आईं, हिन्नियाँ आईं अर्थात् अहिरिनियाँ आईं, अहिरिनियाँ आईं, अहिरिनियाँ आईं।' और पूड़ियाँ बेल रही सवर्ण महिलाएँ वहाँ से उठकर चल पड़ीं। इस तरह के जातीय अपमान का भाव उन्हें बर्दाश्त नहीं हुआ। वह वहीं रुक गईं और महिलाओं के साथ खड़ी रहीं। ये सब देखते हुए एक लड़की दौड़ी-दौड़ी घर आई और बाबा चौधरी गज्जू सिंह से यह बात बताई। वे तुरन्त उठे और चल पड़े। साथ में, पेरियार ललई सिंह भी पीछे-पीछे चल दिए। वहाँ आटा खुला पड़ा था। पूड़ियाँ बेलनेवाला कोई नहीं था। चौधरी गज्जू सिंह के पहुँचते ही मूला देवी इनकी तरफ आने लगीं। उन्होंने गरजती हुई आवाज में कहा कि 'आज से कोई इन लोगों के घरों में पूड़ियाँ बेलने नहीं जाएगा।' इसके बाद सारी महिलाएँ मूला देवी के पीछे-पीछे अपने घर आ गईं। उस दिन से यह प्रथा सदा के लिए बन्द हो गई।[5] इस पूरी घटना का प्रभाव पेरियार ललई सिंह के बाल-मन पर पड़ा। यह घटना उनके बचपन की थी। इस कारण उनकी स्त्री अधिकारों की चेतना यहीं से निर्मित होनी शुरू हुई।

## मजदूरों के लिए संघर्ष

पेरियार ललई सिंह हर प्रकार की स्वतंत्रता के हिमायती थे। एक वाकया है, गाँव में एक बार सशस्त्र पुलिस चौकी लगी हुई थी। छावनी के सामने दलितों का गाँव था। पुलिस वाले इस गाँव के दलित लड़कों और वृद्ध लोगों से उनकी पीठ पर आवश्यक सामान मुफ्त में ढुलवाते थे। जबरन पकड़कर छावनी में कपड़ा आदि धुलवाते तथा अन्य फालतू काम करवाते थे। इसी बीच पेरियार साहब एक बार गाँव पहुँचे तो देखा यहाँ दलितों का खूब शोषण हो रहा है। जैसे ये दलित इन सिपाहियों के बन्धुआ मजदूर हों! वे दलित बस्ती गए। वहाँ से उन दलितों के बारे में जानकारी ली जो लगातार शोषित हो रहे थे। तत्क्षण वे पुलिस चौकी गए और हवलदार से इस शोषण को बन्द करवाने को कहा। इस पर बहस हो गई तब पेरियार ललई सिंह ने कहा, 'तुम पुलिस के हवलदार हो तो मैं सेना में हाई-कमांडर हूँ। कल से यदि किसी दलित को बेगारी करने के लिए बुलाया गया तो यहीं आन्दोलन खड़ा कर दूँगा।' इसके बाद अगली रात को जब एक पुलिस वाला एक दलित को सामान

ढुलवाने के लिए बुलाने आया। तो वे तुरन्त उस पुलिस वाले के सामने पचासों युवक-युवती दलितों और अहीरों संग लाठी के साथ तनकर खड़े हो गए। गाँव के सभी दलित बच्चे, महिलाएँ आकर जुट गए। वहाँ पेरियार ललई सिंह ने कहा, 'अब आप लोग पुलिस वालों का सामान आदि मत ढोइए। इनकी बेगारी मत कीजिए।'[6] उस दिन से दलित मजदूरों का शोषण सिपाहियों ने बन्द कर दिया।

## अछूतों के लिए महान संघर्ष

एक साक्षात्कार में मोहर सिंह यादव ने बताया, 'पेरियार ललई सिंह जैसा महान व्यक्तित्व तो मैंने आज तक नहीं देखा। ऐसा अद्‌भुत मनुष्य तो बिरला ही होगा। जीवन और समाज के प्रति इतना प्रतिबद्ध व्यक्तित्व कि पूछिए मत। वे सबसे अधिक जातीय भेद-भाव और छुआछूत के खिलाफ लड़ते थे। उनके समय में इस गाँव में एक भंगी मंगली प्रसाद का परिवार रहता था। मंगली जाति से बाल्मीकि थे। जिनसे सभी जाति के लोग अछूत का व्यवहार करते थे। यहाँ तक कि मुसहर, पासी, चमार और अहीर आदि सभी जातियों के लोग उनका छुआ पानी नहीं पीते थे। उनके बर्तन में भोजन नहीं करते थे। अपने कुआँ से कभी पानी नहीं भरने देते थे। उन्हें दूर रह कर पानी को प्राप्त करना होता था।

इस अछूत व्यवहार के खिलाफ पेरियार ललई सिंह जैसे युद्ध लड़ रहे थे। उन्होंने एक रोज कहा—'मंगली प्रसाद, तुम अब किसी की थाली में मत खाओ। किसी के कुएँ से पानी मत भरो। जो भी तुमको अछूत बोले तुम भी उसे अछूत बोलो और कहो—'तुम अछूत हो इसलिए मैं तुम्हारे बर्तन में पानी नहीं पीता। तुम्हारे कुएँ से पानी नहीं भरता हूँ।' इस पर मंगली प्रसाद ने उनसे कहा, 'मेरे पास तो कुआँ ही नहीं है तो मैं कहाँ से पानी भरूँगा और कैसे अछूत कहूँगा।' इस पर पेरियार ललई सिंह ने कहा, 'कल से तुम्हारे घर के सामने कुआँ की खुदाई शुरू हो जाएगी।' उन्होंने कुछ समय बाद एक कुआँ खुदवाया। कुआँ काफी अच्छा और गहरा था। एक बार हुआ ये कि भीषण अकाल पड़ा। बहुत सारे कुएँ सूख गए। गाँव के सवर्ण अपने कुएँ से किसी को पानी नहीं भरने दे रहे थे। इस पर गाँव के मुसहर, पासी, अहीर और चमार आदि जातियों के लोग भागे-भागे मंगली प्रसाद के कुएँ की तरफ आने लगे। जिस पर पेरियार ललई सिंह ने मंगली प्रसाद को ललकारते हुए कहा, 'मंगलिया, आज लाठी लेकर कुएँ पर खड़ा होने का समय है।' इस पर मंगली प्रसाद ने कहा, 'अरे! दीवानजी! झगड़ा मेरे बस का नहीं है।' इस पर दीवान जी ने कहा, 'तो तुम्हारे बस में केवल मुर्दों की तरह जिन्दा रहना है। ले पकड़ लाठी!' मंगली और पेरियार ललई सिंह कुएँ की जगत पर पगड़ी बाँधकर सीना तानकर खड़े हो गए और पेरियार ललई सिंह ने मंगली प्रसाद से कहा कि 'मंगलि बोलो,

कि कोई मुसहर, पासी, चमार और अहीर या कोई भी मेरे कुएँ को छूना नहीं! मेरा कुआँ अछूत हो जाएगा। मैं अछूत हो जाऊँगा। अछूतो खबरदार!' मंगली प्रसाद ने इसी तरह गरजते हुए सारी बातें दोहरा दीं और पानी किसी को भी नहीं भरने दिया। सभी लोग डर के मारे दबे पाँव वापस जाने लगे।

एक बुजुर्ग व्यक्ति ने पीछे मुड़ते हुए कहा, 'हम सब अब कभी भी ऐसा व्यवहार नहीं करेंगे। पानी भर लेने दो। बच्चे प्यासे हैं।' इस पर पेरियार ललई सिंह ने कहा, 'अब ये अनुमति मंगली प्रसाद ही दे सकते हैं।' बुजुर्ग के हाथ जोड़ते इस अनुरोध के बाद पंडित मंगली प्रसाद ने पानी लेने की अनुमति दे दी लेकिन पेरियार ललई सिंह ने तुरन्त कहा, 'पानी देने की एक शर्त है। वह यह कि पानी मंगली प्रसाद अपने कुएँ से अपनी रस्सी और अपने घड़े से निकालकर आप सबको अपने हाथों से देंगे।' सबने इस शर्त को मान लिया। इसके बाद पेरियार ललई सिंह ने कहा, 'मुसहर, पासी, धोबी, चमार, अहीर और सभी जाति के लोग एक लाइन में खड़े हो जाओ। आप सबके पात्र में बारी-बारी से मंगली प्रसादजी ही अपने हाथों से पानी देंगे। एक और बात कि लाइन में खड़े होते समय इस बात का ध्यान रखना है कि एक जाति के बाद दूसरी जाति के लोग खड़े हों उसके बाद फिर दूसरी जाति के लोग खड़े हों। एक ही जाति के लोग एक साथ नहीं खड़े होंगे।' उस दिन के बाद से मंगली प्रसाद के प्रति लोगों का व्यवहार एकदम बदल गया।

पेरियार ललई सिंह मंगली के घर उठते-बैठते थे। मंगली प्रसाद को महापंडित कहते थे। मंगली की पत्नी जब खाना बना लेतीं तो पहुँच जाते और कहते, 'अरे हमको पहले खिलाइए पंडित मंगली जी को बाद में।' उन्हीं की थाली में मंगली और पूरे परिवार के साथ बैठकर खाना खाते। उसके बाद अपने खाए हुए अन्न का हिस्सा अपने घर से लाकर ध्यान से मंगली को दे देते। कई बार मंगली प्रसाद को अपने साथ अपने घर लाकर अपनी ही थाली में खाना खिलाते थे।'[7] ऐसा था पेरियार ललई सिंह का अछूत भेद-भाव मिटाने का अभियान! अद्‌भुत था—उनका जाति के खिलाफ लड़ते हुए, समतामूलक समाज बनाने का संघर्ष और स्वप्न।

## अम्बेडकराइट नहीं, रिजर्वेसनायिस्ट हैं, बुद्धिस्ट नहीं, सुविधायिस्ट हैं

पेरियार ललई सिंह एक वास्तविक अम्बेडकराइट और वास्तविक बुद्धिस्ट थे। वे इस देश की आदिनिवासी जनता से इस वैचारिकी को वास्तव में जानने और अपनाने को कहते थे। वे कहा करते, 'आप सब बुद्ध और डॉ. अम्बेडकर के विचारों को व्यवहार में उतारिए। अन्यथा आप सब 'बाबा साहब, बाबा साहब और भगवान बुद्ध' का राग अलापते रहिए। इस जाति और वर्णवादी समाज में थोड़ा-सा भी सामाजिक परिवर्तन नहीं होनेवाला। जब तक उनके विचार आप व्यवहार में

नहीं उतारेंगे तब तक आपकी वास्तविक मानवीय मुक्ति असम्भव है। आप अपने आपको अम्बेडकराइट कहते हैं, बुद्धिस्ट कहते हैं। लेकिन व्यवहार में वर्णवादी, हिदुत्ववादी और जातिवादी जिन्दगी जीते हैं। क्योंकि आप वर्ण और जाति व्यवस्था के मूल्यों को जस का तस मानते हैं।'[8] वे मंचों, सभाओं आदि से गरजते हुए इस बात को बोलते थे।

उन्होंने एक बार 8-9 मार्च, 1984 ई. को आगरा में 'अखिल भारतीय बौद्ध महासभा' उत्तर प्रदेश के कार्यक्रम में कड़क आवाज में बोलते हुए कहा, 'इस सभा में आप जितने लोग इकट्ठे हैं और जो लोग यहाँ मंच पर बैठे हैं। (वे मंच पर चारों ओर घूमते हुए कहे) आप सब लोग रिजर्वेसनायिस्ट, वजीफायिस्ट और सुविधायिस्ट हैं। आप में कोई भी व्यक्ति अम्बेडकराइट या बुद्धिस्ट नहीं है।' इस पर एक सज्जन खड़े हुए और बोलते, 'मैं अम्बेडकराइट हूँ।' इस पर पेरियार ललई सिंह ने कहा, 'आप ने अपने बेटी-बेटों की शादी जाति के बाहर की!' उन्होंने कहा, 'नहीं'। पेरियार ललई सिंह ने कहा, 'चलिए हटिए, आगे बढ़िए।' उसके बाद वहाँ उन्होंने अम्बेडकराइट या बुद्धिस्ट होने की आधारभूत शर्त बताई कि आप सबसे पहले जाति और वर्ण-व्यवस्था को तोड़िए। आप जाति से बाहर रोटी-बेटी के सम्बन्ध को स्थापित करिए। यदि आप अपनी ही जाति में रोटी-बेटी का सम्बन्ध बनाते हैं तो आप अपने जीवन में वेदवादी हैं, हिन्दुत्ववादी हैं, हिन्दू हैं। आप जाति से बाहर शादी-विवाह करें। वर्ण-व्यवस्था की किसी भी आप्त बात को मत मानिए। गौतम बुद्ध ने इस वर्ण-व्यवस्था के खिलाफ आवाज उठाई। इस वर्चस्ववादी मूल्य को स्थापित करनेवाले आप्त वेदों का विरोध किया। तर्क और ज्ञानजन्य आधारित समाज बनाया। बाबा साहब डॉ. अम्बेडकर ने जाति और वर्णव्यवस्था का आमूल-चूल विरोध किया। अपने मानवतावादी बौद्ध धर्म को अपनाया। इन विभूतियों के विचारों को व्यवहार में उतारें।

यहाँ उपस्थित अम्बेडकराइट और बौद्धिस्टों में कोई एक भी व्यक्ति बता दीजिए जो अपनी जाति से बाहर रोटी-पानी, शादी-विवाह का सम्बन्ध रखता हो। सबके सब व्यवहार में जाति को लेकर जिन्दा हैं। जाति को पहन कर गहने की तरह आनन्द लेते हुए ढो रहे हैं। आप जब तक जातीय आधार पर व्यवहार करते रहेंगे तब तक आप हिन्दू हैं। यहाँ उपस्थित आदिनिवासी जनता दिमागी तौर पर जाति से बाहर नहीं निकली है। जब तक आप व्यवहार में बुद्ध, पेरियार और अम्बेडकर को नहीं उतारेंगे तब तक आप अम्बेडकराइट नहीं अपर्चुनिस्ट हैं, रिजर्वेसनायिस्ट हैं, वजीफायिस्ट हैं। बुद्धिस्ट नहीं सुविधायिस्ट हैं, सहायतायिस्ट हैं।'[9] इस तरह पेरियार ललई सिंह ने बाबा साहब डॉ. अम्बेडकर और गौतम बुद्ध के विचारों की वास्तविक व्याख्या की। उन विचारों को वास्तव में जीवन और जमीन पर उतारने की वकालत की। क्योंकि उनका मानना था कि ये विचार ही हमारी वास्तविक मानवीय मुक्ति का रास्ता हैं।

जाति उन्मूलन के प्रश्न पर मगन गौतम ने पेरियार ललई के साथ का एक रोचक संस्मरण सुनाते हुए बताया कि सैकड़ों बार बोधगया बौद्ध विहार पर हिन्दू पुरोहितों के कब्जे से मुक्ति आन्दोलन चला। सन् 1984 में प्रधानमंत्री राजीव गांधी जी के आवास पर विरोध प्रदर्शन हुआ। जिसमें भंते प्रज्ञा रत्न के शिष्य अशोक साहेब वानखेड़े ने अपने ऊपर पेट्रोल छिड़ककर आत्महत्या करने की कोशिश की जिसे पुलिस वालों ने तत्काल पकड़ लिया। ये दलित मुक्ति सेना के अध्यक्ष भी थे। इस बोधगया मुक्ति आन्दोलन का नेतृत्व महान बौद्ध विद्वान पेरियार ललई सिंह साहब ने किया था, जिसमें पूरे देश के बौद्ध भिक्षु आन्दोलन के लिए आए थे। उनको देखते ही श्रद्धा-सम्मान के साथ मैंने कहा, 'यादव जी नमो बुद्धाय!' इस पर वे आगबबूला हो गए। और नमो बुद्धाय बोलते हुए बोले कि—'जिसकी जाति होती है वह हिन्दू होता है। किन्तु एक बौद्धिस्ट की कोई जाति नहीं होती। अत: आप यादव जी नमो बुद्धाय! सम्बोधन करके मुझे एक प्रकार से 'हिन्दू पेरियार ललई सिंह यादव जी' नमो बुद्धाय कर रहे हैं। जबकि मैं एक बौद्ध धर्मी व्यक्ति हूँ। जो आर्य श्रेष्ठता, वर्ण और जाति और पुरोहितवाद को तोड़ता है। प्रत्येक जीव के साथ समता की सम्यक दृष्टि का व्यवहार करता है। वह बुद्ध के मत को व्यवहार, विचार और जीवन में उतारता है।' मैंने उसके बाद कहा, 'लेकिन आपने अपने 'जनता से अपील' नामक पर्चे में एक जगह अपने नाम के साथ—'अहीर पेरियार ललई सिंह यादव' छपवाया है। यद्यपि उसमें जो बात है वह चेतना निर्माण और जनता को राजनीतिक, सामाजिक, सांस्कृतिक लूट के बारे में बता रहे हैं। जो प्रत्येक कार्यक्रम में और आन्दोलन में वितरित किया जाता है।'[10] इस पर उन्होंने उत्तर दिया—'मैं चाहता हूँ कि सम्पूर्ण भारत के अहीर/यादव भी बुद्ध, बौद्ध धर्म और पूज्य बाबा साहब के विचार और दर्शन की ओर मुड़ चलें जो अपने मूल चरित्र में बुद्धवादी हैं। हिन्दू धर्म की जन्म-मरण की खाई से बाहर निकलें। वो बुद्ध से नहीं तो कम-से-कम मुझसे प्रेरणा लें। मानवतावादी बनें। मनुवादी लूट को समझें। वहाँ नाम के साथ जाति लिखने की यही सोच है। वैसे वर्ण और जाति के उन्मूलन के बिना समतामूलक समाज का निर्माण असम्भव है।' इस महामानव की इस बात को सुनकर मैं अभिभूत रह गया। मेरे हृदय में इसके बाद से पेरियार ललई सिंह के प्रति न केवल श्रद्धा और सम्मान प्रगाढ़ हो गया बल्कि उस दिन से मेरे मन में गहरा परिवर्तन हुआ और मैंने उन्हें अपना गुरु मान लिया। तब से मैं भी मगन लाल की जगह मगन गौतम लिखने लगा।[11]

वे इस बात को बखूबी जानते थे कि इस देश में असमानता की जड़ जाति, वर्ण और पुरोहितवाद है। और समता का आधार मैत्री, बन्धुता और करुणा है। अत: वे वर्ण-जाति का आमूल-चूल उन्मूलन चाहते थे। इसी कारण वे जाति से इतनी घृणा

करते थे। जाति के प्रश्न पर वे कँवल भारती के लिखे एक पत्र में लिखते हैं—आप मुझे यादव मत समझें मैंने 21 जुलाई, 1967 ई. को पूज्य भंते ऊँ चन्द्रमणि से विधिवत बौद्ध धर्म की दीक्षा ली थी। मेरा व्यवहार बौद्धों का-सा है। हाँ! सर्टिफिकेट रजिस्टर आदि पहले के हैं।'[12] इससे उनके वर्ण और जाति के उन्मूलन की भावना को सहज ही जान सकते हैं।

## पेरियार ललई सिंह और सन् 1984 का साम्प्रदायिक दंगा

पेरियार ललई सिंह एक मानवतावादी मनुष्य थे। जिसको वे अल्पसंख्यकों, शोषितों, दलितों, पिछड़ों और आदिवासियों पर हो रहे संहारक हमलों के समय आगे खड़े होकर वर्चस्ववादियों से प्रतिरोध करके सिद्ध करते हैं। इसको वे घर से लेकर हाई-कमांडर होने तक व्यवहार में अमल करते हैं। इस देश की आयरन लेडी पूर्व प्रधानमंत्री श्रीमती इन्दिरा गांधी की क्रूरतम और हिंसक मानसिकता के दो सुरक्षा गार्डों ने 31 अक्टूबर, 1984 ई. को हत्या कर दी। ये दोनों सुरक्षा गार्ड सिक्ख धर्म को माननेवाले थे। जिस कारण इस देश के अल्पसंख्यक सिक्खों को भयानक हत्या, आगजनी, लूट-पाट, बलात्कार आदि का सामना करना पड़ा। इस पर वे द्रवित हो उठे। पूरे देश में उन्मादी साम्प्रदायिक भीड़ सिक्खों को उनके घरों से निकालकर उनकी हत्या कर रही थी। उनके घरों को जला रही थी। ट्रकों को रोक कर उसमें से उन्हें खींच कर लाठियों-राडों से दौड़ा-दौड़ा कर पीटते हुए उनकी हत्या कर रही थी। उन पर किरोसिन, पेट्रोल आदि छिड़क कर आग लगा रही थी। जिन्दा जला रही थी।[13] यह सब हाई-कमांडर की आँखों के सामने जी.टी. रोड से लेकर कानपुर शहर में चल रहा था। इस हिन्दुत्ववादी मानसिकता के हिंसक और हत्यारे दंगे का मुकाबला वे अपने मानवतावादी, समतावादी और धर्मनिरपेक्ष मानसिकता के साथियों संग करते। वे जनता की लाठियों, डंडों और राडों से पिटते-भागते सिक्खों को किसी तरह अपने झकरकटी अशोक पुस्तकालय में झट से छुपा लेते और जनता के पीछे दौड़ते हुए आने पर कहते—वो उधर गया।

इस साम्प्रदायिक स्थिति का उन्होंने बौद्धिक तरीके से सामना किया। जो भी ट्रक उस समय सड़क से गुजरता वे धर्मनिरपेक्ष साथियों के साथ सड़क के किनारे खड़े होकर गुरुग्रंथ साहेब की प्रतियाँ दिखाते हुए उसे रोकते और तुरन्त उसे उतार कर 'अशोक पुस्तकालय' के कार्यालय में छुपा देते। इस तरह उन्होंने अनेक सिक्ख सरदारों को 'अशोक पुस्तकालय' में छुपाया था। जिसकी थोड़ी-सी भी भनक वहाँ की साम्प्रदायिक दंगाई भीड़ को नहीं लगने दी। वे अपने धर्मनिरपेक्ष साथियों को साम्प्रदायिक मानसिकता के जनचरित्र को बताते हुए कहा करते थे, 'हत्यारी, उन्मादी, साम्प्रदायिक मानसिकता की जनता के पास सोचने के लिए दिमाग और

देखने के लिए आँख नहीं होती। बस उसके पास हिंसक हथियारों से लैश हाथ होते हैं जो मशीनों की तरह कत्लेआम करते जाते हैं।'[14]

## पेरियार ललई सिंह और मंडल आयोग 7 अगस्त, 1990 ई.

पेरियार ललई सिंह ने सामाजिक न्याय के प्रतीक 'मंडल आयोग' की अनुशंसा को 7 अगस्त, 1990 में लागू होने पर अपने आस-पास और गाँव-जवार में मिठाइयाँ बाँटी थीं। वैसे वो इसके पूर्व काका कालेलकर आयोग और मंडल आयोग का अंग्रेजी में अध्ययन कर चुके थे। इस कारण इसके ऐतिहासिक महत्त्व को जानते थे। जब इस आयोग के विरोध में वर्चस्ववादी ताकतों ने 'उग्र और हिंसक मार्च' निकालना शुरू किया तब पेरियार ललई सिंह ने मंडल समर्थक जनता को एकत्रित कर कानपुर में 'लम्बा सामाजिक न्याय मार्च' निकाला। जिसमें वे गाँव-जवार और शहर की सामाजिक न्याय की हकदार जनता को 'मंडल आयोग' के बारे में समझाते। उस जनता को 'मंडल आयोग' के समर्थन में आन्दोलित करने के लिए प्रेरित करते। रैलियाँ करते। जिसमें 'मंडल आयोग' की सम्पूर्ण नीतियों को जनता को विस्तार से बताना आदि बातें प्रमुख थीं। हैरत की बात है कि यह मूलनिवासी योद्धा 80 वर्ष की उम्र में 21 वर्ष के युवक की तरह गरज-गरज कर 'मंडल आयोग' पर भाषण दे रहा था। इस आयोग को लेकर यह मूलनिवासी योद्धा बहुत उत्साहित था। उन्होंने तत्कालीन प्रधानमंत्री माननीय श्री वीपी सिंह सरकार द्वारा 'सामाजिक न्याय' के पक्ष में ऐतिहासिक कदम उठाने की भरपूर प्रशंसा की। वे रामविलास पासवान, शरद यादव और लालू प्रसाद यादव के 'मंडल आयोग' को लागू कराने की ऐतिहासिक भूमिका से बहुत प्रसन्न थे। मंडल आयोग के समर्थन में संसद में रामविलास पासवान द्वारा दिए गए भाषण को लिप्यंकित-टंकित करवा कर लोगों में बाँटते और पढ़ने को कहते थे। इसके साथ ही वे इस बात से बहुत दुखी भी थे कि कुछ ओबीसी-दलित और अल्पसंख्यक जनप्रतिनिधि अर्थात् नेता पूरी ईमानदारी से इस मंडल चेतना के समर्थन में सड़क पर उतर कर जनआन्दोलन नहीं कर रहे हैं।[15]

## 1992 का बाबरी मस्जिद विध्वंस

मूलनिवासी योद्धा पेरियार ललई सिंह इस समय तक 82 वर्ष के हो चुके थे। उसके बाद भी 6 दिसम्बर, 1992 को हुए 'बाबरी मस्जिद विध्वंस' के समय अल्पसंख्यक मुसलमानों को साम्प्रदायिक हिंसा और दंगों का सामना करते समय संरक्षण दिया। अपनी कड़क आवाज में धर्म-निरपेक्षता पर भाषण देते हुए सामाजिक न्याय सद्भाव की कई रैलियाँ निकालीं। सैकड़ों मुसलमान और बौद्धिस्टों को एक साथ, एक पाँत में बैठा कर भोजन करवाया। वे चाहते थे कि जल्द से जल्द सामाजिक सद्भाव

स्थापित हो।[16] वास्तव में, वे मानववादी धर्म-निरपेक्ष मनुष्य थे। ये सब उनके राष्ट्र निर्माता और राष्ट्रीय विभूति होने का अकाटय सबूत है।

बुद्ध शरण हंस बताते हैं कि पेरियार ललई सिंह धर्म निरपेक्ष मनुष्य थे। बल्कि मूल स्वभाव में नास्तिक थे। समाज के प्रति अति-संवेदनशील थे। एक बार हमने उन्हें धम्म दीक्षा कार्यक्रम, लौरिया, बेतिया, बिहार में जनवरी—1992 में बुलाया। वैसे तो मैंने पूरे बिहार (तब के झारखंड) में पेरियार ललई सिंह को दसियों बार बुलाया था। कार्यक्रम हुआ। उनका ऐतिहासिक भाषण हुआ। उसके बाद पेरियार ललई सिंह के रात्रि विराम के लिए होटल में प्रबन्ध किया गया था। वे रुके और मैं भी उनके साथ उन्हीं के कमरे में रुका। हम दोनों सो गए। रात में एक बजे के आस-पास मैंने महसूस किया कि कोई रो रहा है। जब मैं उठा और देखा कि पेरियार साहब रो रहे हैं। मैं अवाक् रह गया। मैंने उनसे पूछा कि पेरियार साहब, आप रो क्यों रहे हैं? क्या हुआ? कोई बात हो गई क्या? इस पर वे और फफक कर रोने लगे और कहा, 'हमारा समाज सो रहा और डूब रहा है। यह सब देखते हुए मुझे रोना आ रहा है।' मैं अभिभूत और चुप हो गया। ऐसे थे पेरियार ललई सिंह। इसलिए ही वे ग्रेट बौद्धिस्ट थे। उन्हें समाज के वर्तमान और भविष्य की गहरी चिन्ता थी।

द्रष्टा पेरियार ललई सिंह के इस करुण क्रंदन पर मुझे कबीर का वह दोहा याद आता है—

*सुखिया सब संसार है, खाये और सोये॥*
*दुखिया दास कबीर है, जागे और रोये॥*

## मूलनिवासी योद्धा पेरियार ललई सिंह का निर्वाण

हाई-कमांडर, उत्तर भारत के पेरियार समतामूलक समाज बनाने के लिए सामाजिक संघर्ष करते रहे। अनेक दुखों तकलीफों के बाद भी उनका जीवन समाज और राष्ट्र को समर्पित रहा। किसी सभा, कार्यक्रम, आन्दोलन आदि में जब शुभचिन्तक उनसे हाल-चाल पूछते थे तो वे बोलते—'नमो बुद्धाय!' और अपने जीवन के सुख-दु:ख पर स्वयं द्वारा लिखा एक पैम्फलेट पकड़ा देते, जिसमें लिखा होता—'परम आदरणीय बन्धुवर! सन् 1944 से कलेजे में दर्द रहता है। सन् 1964 से खून की भारी उल्टी होती रहती है। बीच-बीच में दवा खाता हूँ तो थोड़ा-बहुत आराम हो जाता है। सन् 1974 से दाईं बड़ी आँत में सूजन है जिससे हमेशा पेट में दर्द रहता है। सन् 1975 से बाईं टाँग में कुलंग बाँत है। दाहिने घुटने में पुरानी चोट है। ऐसी स्थिति में जब बैठता हूँ तो कई बार इतना तेज दर्द होता है कि मूर्च्छित होकर गिर जाता हूँ। कूदने की पुरानी चोट के कारण पैर थोड़ा भी ऊँचे नीचे पड़ता है तो वृषण कोष की नस सूजने लगती है। सन् 1980 से ही दोनों आँखों में मोतियाबिन्द है।

कभी-कभी अचानक बेहोशी आ जाती है।[17] इन दुखों-तकलीफों के बाद भी वे समाज और राष्ट्रनिर्माण सतत् करते रहे। एक समय के बाद वे अपने घर-गाँव—कठारा, झींझक चले गए। यह चेतनापरक व्यवहार और दृष्टि शायद उन्हें बुद्ध से मिली थी जो अपने जीवन के अन्तिम समय में एक बार अपने घर गए थे। इसी तरह वे भी अपने परिवार के लोगों के बीच गए जिस परिवार को इन्होंने स्वतंत्र समाज चिन्तन और आन्दोलन के लिए छोड़ दिया था। उसी घर-परिवार और गाँव में अपने जीवन के अन्तिम समय में पूरे सम्मान के साथ रहे। उसके बाद अन्त समय में वे अपने मन के अनुसार अपनी जन्मभूमि छोड़कर अपनी कर्मभूमि झींझक चले आए। जहाँ उनसे 2 फरवरी, 1993 ई. को तीन बौद्ध भिक्षु मिलने आए हुए थे—एक चीन से, दूसरे जापान से और तीसरे थाईलैंड से। तीनों बौद्ध भिक्षुओं ने उनसे देशज बुद्धिज़्म और उसके आविर्भाव और संहार पर बातचीत की। यह संवाद कई घंटों तक चला। उसके बाद शाम को बौद्ध भिक्षु बोध गया के लिए निकल पड़े।[18]

बुद्धिस्ट पेरियार ललई सिंह अपनी स्वाभाविक दिनचर्या के हिसाब से रात्रि 8:30 पर भोजन करके कुछ देर तक अपने कमरे में टहले और बिस्तर पर लेट गए। उसके बाद सोचनेवाली गम्भीर मुद्रा में आ गए। समय कोई रात्रि का 9:00 बजे का रहा होगा। इस बीच उन्हें तेज सिर दर्द हुआ जिसका संकेत उन्होंने सहआन्दोलनकर्मी साथी मुंशीलाल[19] को दिया और फिर बेहोश हो गए। यह वास्तव में मस्तिष्क आघात था। हर समय उनके साथ रहनेवाले उपासक मुंशीलाल ने उन्हें जोर से अपनी बाँहों में भर लिया और रोते हुए अन्य लोगों को बुलाया। तत्काल पेरियार साहब को 'परेड उर्सला' हॉस्पिटल ले जाया गया। जहाँ दद्दा अर्थात् पेरियार साहब का इलाज शुरू हुआ। उनके स्वास्थ्य में सुधार न होता देख उन्हें 4 फरवरी को 'हेटल अस्पताल', कानपुर स्थानान्तरित किया गया। यहाँ भी इन्हें इमर्जेंसी वार्ड में भर्ती किया गया। डॉक्टर ने बताया, अधिक सोचने-विचारने के कारण इनके दिमाग की खून की कोई नस फट गई है। अब इनका बचना असम्भव है। डॉक्टर की इस बात पर उनके सभी शुभचिन्तक रो पड़े। जीवन और मृत्यु से हाई-कमांडर ने 2 फरवरी से लेकर 7 फरवरी तक संघर्ष किया। लेकिन अन्ततः 7 फरवरी को रात्रि 11:11 बजे हाई-कमांडर की संघर्षरत कोशिकाएँ धीरे-धीरे शिथिल होने लगीं और सभी रो पड़े। इस निर्वाण सूचना के बाद सम्पूर्ण गाँव-जवार के उनके शुभचिन्तक-साथी आए। गाँव, जिला, प्रदेश और देश के अनेक शुभचिन्तक बौद्ध भिक्षु आए।[20]

## हाई-कमांडर को राजकीय सम्मान के साथ अन्तिम विदाई

पेरियार ललई सिंह 'स्वतंत्रता सेनानी' थे। सेना में हाई-कमांडर थे। इस कारण उनके निर्वाण के बाद तहसीलदार और जिलाधिकारी आदि केन्द्र सरकार के अधिकारियों

की उपस्थिति में सेना द्वारा राजकीय सम्मान के साथ उन्हें अन्तिम विदाई दी गई। चूँकि वे बौद्ध धर्मावलम्बी थे, इसलिए उनके शरीर को सफेद वस्त्र में लपेटने के बाद उसे पंचशील झंडे से आच्छादित कर दिया गया। मुँह खुला रखा गया। तत्पश्चात् पाँच बौद्ध भिक्षुओं ने परित्राणी पाठ का गायन किया। इस पाठ के बाद बौद्ध धर्म की पूर्ण प्रतिष्ठा के अनुरूप उनका रीति-व्यवहार किया गया। उनके घर-परिवार, बौद्ध भिक्षु आदि लोगों ने मिलकर अन्तिम निर्वाण विदाई को सम्पन्न किया।

उनके निर्वाण के बाद अशोक पुस्तकालय की ओर से 15 फरवरी, 1993 को एक 'पुन्य अनुमोदन' किया गया जिसमें सम्पूर्ण देश से उनके शुभचिन्तक, बौद्ध भिक्षु, बौद्धिक-आन्दोलनकारी साथी आदि आए हुए थे। उनके विराट व्यक्तित्व पर सभी ने अपनी संस्मरणात्मक बातचीत रखी। 20 फरवरी, 1993 को उनकी स्मृति में महान सभा का आयोजन किया गया जिसमें पूरे देश से सामाजिक-राजनीतिक-सांस्कृतिक कर्मी और अन्दोलनकर्ता आए। और भावी संघर्ष पर बात हुई।[21]

## आप सबका पेरियार ललई सिंह

पेरियार ललई सिंह एक सार्वजनिक विभूति थे। वास्तव में, वे मनुष्यत्ववादी निर्माण आधुनिक राष्ट्र निर्माता थे। अपनी किताबों की भूमिकाओं, प्रस्तावनाओं, प्राक्कथनों, पत्रों आदि के अन्त में एक सार्वजनिक व्यक्तित्व की तरह 'सबका पेरियार ललई सिंह'[22] लिखा करते थे। यह उनके सार्वजनिक विभूति होने का सख्त और पुख्ता सुबूत है।

# सन्दर्भ-टिप्पणियाँ

**अध्याय 1 : एक बौद्धिक विभूति**


1. रामसेवक सिंह से हुई संस्मरणात्मक बातचीत पर आधारित।
2. श्याम सिंह, जिन्हें पेरियार ललई सिंह ने ये परिघटना सुनाई थी जिन्हें चौधरी जी ने सचेत करते हुए, ये सामाजिक संघर्ष सुनाया था।
3. उपरोक्त
4. भारतीय राष्ट्रवाद की सामाजिक पृष्ठभूमि, ए.आर. देसाई 2018 : 87
5. स्वामी अछूतानन्द हरिहर संचयिता, कँवल भरती, 2011 : 19
6. खंडित आख्यान, बद्री नारायण 2018 : 111
7. कुमार और सिन्हा 2001 : 3, वाया बद्री नारायण : खंडित आख्यान 2018
8. जाति का उन्मूलन—डॉ. अम्बेडकर, बाबा साहेब डॉ. अम्बेडकर सम्पूर्ण वाङ्मय, खंड-1, डॉ. अम्बेडकर प्रतिष्ठान, सामाजिक न्याय एवं अधिकारिता मंत्रालय, भारत सरकार, नई दिल्ली, 2014
9. महाप्राण कर्मवीर पेरियार ललई सिंह, जे.एन. अदित्या, कानपुर, उत्तर प्रदेश 2011 : 23
10. रामकेवल सिंह से हुई संस्मरणात्मक साक्ष्यपरक बातचीत।
11. महावीर सिंह से हुई संस्मरणात्मक साक्ष्यपरक बातचीत।
12. देखें—सत्यार्थ प्रकाश और आर्यसमाज सम्बन्धित दस्तावेज़।
13. महावीर सिंह से हुई संस्मरणात्मक साक्ष्यपरक बातचीत।
14. आदित्या 2011 : 23
15. उपरोक्त
16. उपरोक्त 1996 : 12
17. उपरोक्त
18. रामसेवक सिंह से हुई साक्ष्यपरक संस्मरणात्मक बातचीत। रामसेवक जी 101 वर्ष की उम्र पार कर चुके हैं।
19. पेरियार ललई सिंह द्वारा लिखित अपने परिचयात्मक पैम्फलेट से उद्धृत, कानपुर, 1971 ई.

20. सुरेन्द्र सिंह से हुई साक्ष्यपरक संस्मरणात्मक बातचीत।
21. रामसेवक सिंह से हुई साक्ष्यपरक संस्मरणात्मक बातचीत। रामसेवक जी 101 वर्ष की उम्र पार कर चुके हैं।
22. यह पद हीरा सिंह की किताब—'जाति व्यवस्था : एक नई समीक्षा' (पवित्र से अपवित्र की ओर) से, नई दिल्ली, 2019 से साभार है।
23. रामसेवक सिंह से हुई साक्ष्यपरक बातचीत के आधार पर।
24. उपरोक्त
25. मनुस्मृति—मनु, टीकाकार—पं. जनार्दन झा, सिद्धार्थ बुक्स, 2018
26. श्याम सिंह से हुई साक्ष्यपरक संस्मरणात्मक बातचीत।
27. अनागारिक धर्मपाल—भिक्षु धर्मरक्षित, अशोक पुस्तकालय, झींझक, कानपुर 1960 : 3-4
28. उपरोक्त 1960 : 4
29. उपरोक्त
30. नाई वर्ण-निर्णय, पं. रेवती प्रसाद शर्मा, 39 दयानन्दबाग, आगरा, 1978, वाया उपेक्षित समुदायों का आत्म इतिहास, बद्री नारायण, वाणी प्रकाशन, नई दिल्ली, 2006
31. देखें—जोतिबा फुले रचनावली, विमलकीर्ति, राजकमल प्रकाशन, 2009
32. मूक नायक, डॉ. अम्बेडकर, अंक 2, 14 फरवरी, 1920
33. उपेक्षित समुदायों का आत्म इतिहास, बद्री नारायण 2014 : 9
34. श्रमशील जतियों की श्रम से सृजित दूध-दही अर्थत् दुग्ध श्रम संस्कृति के उत्पादन को सफ़ेद संस्कृति कहते हैं।
35. रामसेवक सिंह यादव, पेरियार ललई सिंह के साथ स्कूल जाते थे। उन्होंने साक्षात्कार में बताया, दीवान साहब हिन्दी और उर्दू वर्नाक्यूलर के साथ 7वीं पास किए। उसके बाद दीवान साहब सेना में भर्ती हो गए। मैंने आगे कॉलेज तक पढ़ाई की। जुलाई, 1939 ई. में अध्यापक हो गया। मैं पूरी जिन्दगी शिक्षा से जुड़ा रहा। जून, 1980 ई. में अध्यापन कार्य से सेवा निवृत्त हुआ। रामसेवक जी 101 वर्ष की उम्र पार कर चुके हैं।
36. भारतीय राष्ट्रवाद की सामाजिक पृष्ठभूमि, ए.आर. देसाई 2018 : 100
37. उपरोक्त 2018 : 89
38. मूक नायक, डॉ. अम्बेडकर, अंक 2, 14 फरवरी, 1920
39. हंस, सम्पादक—राजेन्द्र यादव, अगस्त 2004 : 23, साथ ही पूरी दुनिया में बहुसंख्यक वर्ग को ज्ञान से दूर किए जाने के आध्यात्मिक-सांस्कृतिक-सामाजिक कारणों का अध्ययन करने के लिए पढ़ें—उत्पीड़ितों का शिक्षाशास्त्र—पाओलो फ्रेरे, ग्रंथ शिल्पी, नई दिल्ली, 2014
40. उपरोक्त

41. उपरोक्त 2004 : 25
42. रामसेवक सिंह यादव से हुई साक्ष्यपरक संस्मरणात्मक बातचीत।
43. उपरोक्त
44. पेरियार ललई सिंह द्वारा लिखित अपने परिचयात्मक पैम्फलेट से उद्धृत, कानपुर, 1971 ई.
45. उपरोक्त
46. गेल ओमवेट, अम्बेडकर प्रबुद्ध भारत की ओर, 2005 : 14
47. पेरियार ललई सिंह द्वारा लिखित अपने परिचयात्मक पैम्फलेट से उद्धृत, अशोक पुस्तकालय, झींझक, कानपुर, उ.प्र., 1971 ई.
48. डॉ. अम्बेडकर का व्यक्तित्व और दर्शन, धनंजय कीर, प्राक्कथन—पेरियार ललई सिंह, अशोक पुस्तकालय, झींझक, कानपुर, उ.प्र., भारत 1968 : 5

**अध्याय 2 : क्रान्तिकारी सोल्जर पेरियार ललई सिंह**

1. पेरियार ललई सिंह द्वारा लिखित अपने परिचयात्मक पैम्फलेट से उद्धृत, अशोक पुस्तकालय, झींझक, कानपुर, उ.प्र., 1971 ई.
2. आदित्य 2011 : 40
3. उपरोक्त 1996 : 12
4. पेरियार ललई सिंह द्वारा लिखित अपने परिचयात्मक पैम्फलेट से उद्धृत, 1971 ई.
5. क्रान्तिकारी चे ग्वेरा—अनुवादक—शोभा शर्मा, प्रकाशन संस्थान, नई दिल्ली, 1999 ई.
6. अदित्य 2011 : 15
7. सिपाही की तबाही, हाई-कमांडर पेरियार ललई सिंह ने इसे 1 दिसम्बर, 1946 ई. को सिपाहियों और आर्मी के जवानों की दुर्दशा, उनके साथ साम्राज्यवादी-सामन्तवादी आधार पर किए जा रहे भेद-भाव पर लिखा था। इसको पढ़ने के बाद सिपाही और सैनिकों ने ब्रिटिश साम्राज्य के विरुद्ध विद्रोह कर दिया। यह साहित्यिक विधा में अतिलघु एकांकी है।
8. पेरियार ललई सिंह द्वारा लिखित अपने परिचयात्मक पैम्फलेट से उद्धृत, 1971 ई.
9. सिपाही की तबाही, 1 दिसम्बर, 1946 ई.
10. आदित्य 2011 : 40
11. उपरोक्त
12. जवान हरिहर सिंह राठौर, मुरैना, ग्वालिया मध्य प्रदेश। इसे उन्होंने बातचीत के क्रम में बताया।
13. आदित्य 2011 : 40
14. उपरोक्त
15. आदित्य 2011 : 39

16. आदित्य 2011 : 40
17. जवान हरिहर सिंह राठौर—ग्वालियर, मध्य प्रदेश में पेरियार ललई सिंह के साथ सिपाही थे। वे ग्वालियर मध्य प्रदेश के रहनेवाले हैं। उन्होंने इस साक्ष्यपरक सन्दर्भ को बातचीत के क्रम में बताया।
18. आदित्य 2011 : 39-40
19. स्रोत—उपनिरीक्षक राजकुमार कुशवाहा, सहायक निरीक्षक मेजर तहसीलदार सिंह जादौन 5वीं वाहिनी मुरैना, राजेश सिंह संखवार, गजेन्द्र सिंह गंगवार आरक्षक 5वीं वाहिनी हॉस्पिटल, मुरैना, म.प्र.। अशोक शर्मा, अधीक्षक—पुरातत्त्व विभाग, मध्य प्रदेश।
20. पेरियार ललई सिंह को स्वतंत्रता संग्राम सेनानी सम्मान के अवसर पर दिए गए प्रमाण-पत्र से उद्धृत।
21. पेरियार ललई सिंह द्वारा लिखित अपने परिचयात्मक पैम्फलेट से उद्धृत, अशोक पुस्तकालय, झींझक, कानपुर, उ.प्र., 1971 ई.
22. कृष्ण कुमार यादव से हुई संस्मरणात्मक साक्ष्यपरक बातचीत पर आधारित।

**अध्याय 3 : नास्तिक मनुष्य का धर्म चिन्तन**

1. भीमराव अम्बेडकर : एक जीवनी, क्रिस्टोफर जैफर्लोट 2019 : 159
2. उपरोक्त 2019 : 159, 205 और वैलेरियन रॉड्रिग्स 1993 : 307 का विस्तृत अध्ययन करें।
3. Thus Spoke Ambedakar, Bbagwan Das, vol. 4, p.108 से उद्धृत
4. पेरियार ललई सिंह द्वारा लिखित लघु पर्चे से उद्धृत, 1971 ई.
5. इसके विस्तृत अध्ययन हेतु देखें—दीपवंश और महावंश नामक महान बौद्ध ग्रंथ।
6. अम्बेडकर प्रबुद्ध भारत की ओर, गेल ओमवेत, 2005 : 145-146
7. भीमराव अम्बेडकर : एक जीवनी, क्रिस्टोफर जैफर्लोट 2019 : 159-160
8. पेरियार ललई सिंह द्वारा लिखित पैम्फलेट से उद्धृत, कानपुर, 1971 ई.
9. अंगुलीमाल—पेरियार ललई सिंह, अशोक पुस्तकालय, झींझक, जिला—कानपुर, भारत 1959 : 3
10. अपने अग्रज बौद्ध उपासक माखन लाल को 21 जुलाई, 1967 को बौद्ध धर्म ग्रहण करने के बाद पेरियार ललई सिंह ने अपने जीवन के नव व्यक्तित्वान्तरण की बहुत सारी और नई बातों को बताया था, 'उनकी इस बात का सबसे पहला असर मेरे ही ऊपर पड़ा और मैंने अपने नाम के साथ चौधरी और यादव शब्द के जाति के पुछल्ले को सदा के लिए हटा दिया। अब मैं सिर्फ 'उपासक माखन लाल' हो गया हूँ।' और बहुत सारी बातें उन्होंने बाताई थीं। बहुत लम्बी बातचीत हुई थी।

(बौद्ध उपासक माखन लाल को पेरियार ललई सिंह द्वारा कहे अनुसार उद्धृत विहंगम अंश, अर्थ स्पष्ट हो इस कारण बातचीत के क्रम को थोड़े सम्पादन के साथ व्यवस्थित कर प्रस्तुत किया गया है—लेखक)

11. V. Rodrigues, 'Making Tradition Critical : Ambedkar's Reading of Buddhism in R. Robb (ed.), Dalit Movements and the Meanings of labour in india, Dalhi, 1993 : 307
12. आदित्य से हुई बातचीत के आधार पर
13. 'बाबा साहेब डॉ. अम्बेडकर : सम्पूर्ण वाङ्मय', खंड-1, डॉ. अम्बेडकर प्रतिष्ठान, सामाजिक न्याय एवं अधिकारिता मंत्रालय, भारत सरकार, नई दिल्ली, 2014
14. इसके विस्तृत अध्ययन हेतु देखें—प्रकाश्य 'पेरियार ललई सिंह ग्रंथावली'।
15. उपासक चौधरी गया सिंह पेरियार ललई सिंह के साथ कुशीनगर, उत्तर प्रदेश बौद्ध धर्म ग्रहण करने चौधरी गया सिंह यादव भी गए हुए थे। उन्होंने बताया कि ललई सिंह की प्रबल इच्छा थी कि 'वे 14 अक्टूबर, 1956 ईस्वी को दीक्षाभूमि, नागपुर, महाराष्ट्र जाकर बाबा साहब डॉ. अम्बेडकर के बौद्ध धर्म दीक्षा ग्रहण समारोह में बौद्ध दीक्षाएँ प्राप्त करें लेकिन खून की उल्टी और अस्वस्थता के कारण पेरियार ललई सिंह उस महान दीक्षा समारोह में नहीं जा सके, जिसका उन्हें पूरी जिन्दगी मलाल रहा।' उन्होंने मुझे बताया था कि 'मेरी अब यही इच्छा है कि मैं 14 अक्टूबर को ही बौद्ध धर्म की दीक्षा लूँ। उसी महास्थविर से जिससे बाबा साहब ने दीक्षा ली थी।' लेकिन कई बार ऐसा पवित्र 14 अक्टूबर अस्वस्थता के कारण दूर जाता रहा। इस स्थिति में पेरियार ललई सिंह ने अपनी अस्वस्थता और खून की उल्टी को देखते हुए 11 जुलाई को मुझे अपने घर पत्र लिखकर बुलाया। हम दोनों 18 जुलाई को कुशीनगर, उत्तर प्रदेश पहुँच गए। उस महास्थविर से हम सब वहाँ मिले जिनसे बाबा साहब डॉ. भीमराव रामजी राव अम्बेडकर ने 14 अक्टूबर, 1956 ईस्वी, नागपुर में बौद्ध धम्म दीक्षा लिया था। ललई सिंह और मैंने 21 जुलाई, 1967 को परमपूज्य माहस्थविर ऊँ चन्द्रमणि कुशीनगर, उत्तर प्रदेश से विधिवत बौद्ध धर्म दीक्षा ग्रहण की। ललई सिंह परम पूज्य महास्थविर ऊँ चन्द्रमणि जी का बहुत आदर करते थे। उन्होंने अशोक पुस्तकालय से प्रकाशित कई पुस्तकों को परमपूज्य महास्थविर ऊँ चन्द्रमणि जी को सादर समर्पित किया है।
16. इसके विस्तृत अध्ययन के लिए देखें—'पेरियार ललई सिंह ग्रंथावली'
17. उपरोक्त
18. उपरोक्त
19. पेरियार ललई सिंह ग्रंथावली
20. आदित्य से हुई बातचीत पर आधारित
21. उपरोक्त

22. सुरेन्द्र सिंह यादव से हुई संस्मरणात्मक बातचीत के आधार पर
23. भगवान बुद्ध और उनका धर्म—डॉ. अम्बेडकर, प्रकाशकीय—पेरियार ललई सिंह, अशोक पुस्तकालय, झींझक, कानपुर, उ.प्र., भारत, 6 दिसम्बर, 1977 : 6
24. अनागारिक धर्मपाल—भिक्षु धर्मरक्षित, अशोक पुस्तकालय, झींझक, कानपुर, उ.प्र., भारत 1958 : 8
25. अंगुलिमाल सूत्र—लुंडूब, पेरियार ललई सिंह, अशोक पुस्तकालय, झींझक, कानपुर, उ.प्र., भारत 1958 : 6
26. बुद्ध वाणी—डॉ. गया प्रसाद प्रशान्त, अशोक पुस्तकालय, झींझक, कानपुर, उ.प्र., भारत 1978 : 4
27. उपरोक्त 1978 : 4
28. भगवान बुद्ध और उनका धर्म—डॉ. अम्बेडकर, 6 दिसम्बर 1977 : 6
29. उपरोक्त 6 दिसम्बर 1977 : 10-11
30. अनागारिक धर्मपाल 1964 : 8

**अध्याय 4 : उत्तर भारत के पेरियार**

1. भिक्षु निर्गुणानन्द आचार्य ने 'दीक्षा दिवस' 14 अक्टूबर, 1968 ईसवी को नानाराव पार्क, कानपुर, उ.प्र., भारत में उन्हें उत्तर भारत का 'पेरियार' कहा।
2. भिक्षु माखन लाल यादव जो पेरियार ललई सिंह के साथ 'इरोड', चेन्नई गए हुए थे। उन्होंने संस्मरणात्मक साक्ष्यपरक बातचीत में बताया।
3. उपासक माखन लाल ने साक्ष्यपरक संस्मरणात्मक बातचीत में बताया कि 'इरोड' में 30 दिसम्बर, 1971 को एक विशाल जनसभा का आयोजन किया गया था, जहाँ हम दोनों गए हुए थे। यहीं पर ललई सिंह को मुकम्मल 'पेरियार' की उपाधि मिली। यद्यपि इसके पूर्व उन्हें 14 अक्टूबर, 1968 ई. में नानाराव पार्क कानपुर में पेरियार की उपाधि मिल चुकी थी। यहीं से वे 'उत्तर भारत के पेरियार' कहे जाने लगे थे। तब से वे 'पेरियार ललई सिंह' हो गए।
4. सच्ची रामायण 1968 : 4
5. पेरियार तमिल शब्द है, जिसका हिन्दी अर्थ होता है—'महान'। सन् 1938 ई. में ई.वी. रामास्वामी को तमिलनाडु की महिलाओं ने एक विशाल महिला सम्मेलन में 'पेरियार' की उपमा दी। तब से उन्हें 'पेरियार ई.वी. रामास्वामी' के रूप में सम्बोधित किया जाने लगा जबकि ललई सिंह को 14 अक्टूबर, 1968 ई. में भिक्षु निर्गुणानन्द ने 'दीक्षा दिवस' को नानाराव पार्क, कानपुर में 'उत्तर भारत का पेरियार' कहा। यहीं से वे 'उत्तर भारत के पेरियार' कहे जाने लगे थे। वैसे व्यवस्थित और प्रचारित रूप में ललई सिंह को 'पेरियार' की उपमा तमिलनाडु की जनता ने सन् 1973 ई. में दी। तब से ललई सिंह से 'पेरियार ललई सिंह' के रूप में सम्बोधित किए जाने

लगे। दक्षिण भारत का 'पेरियार', ई.वी. रामास्वामी को कहा जाता है तो उत्तर भारत का 'पेरियार', ललई सिंह को कहा जाता है।

6. पेरियार ललई सिंह द्वारा लिखित पैम्फलेट से उद्धृत, अशोक पुस्तकालय, कानपुर, 1971 ई.
7. बद्री नारायण, खंडित आख्यान 2018 : 89
8. उपरोक्त
9. बहिष्कृत भारत, अनुवादक-सम्पादक—श्यौराज सिंह बेचैन 2019 : 7
10. Religious Rebels in the Panjaab, The Adi Dharm challenge to Caste, Mark Juergensmeyer, 1982 : 25-26, स्वामी अछूतानन्द हरिहर, कंवल भारती, 2011 : 38
11. स्वामी अछूतानन्द हरिहर—कंवल भारती 2011 : 89
12. Collected Works of Periyar E.V. Ramasamy, Compiled by Dr. K. Veeramani, A Publication of The Periyar Self-Respect Propaganda Institution, Periyar Thidal, 84/1(50), E.V.K. Sampath Salai Road, Vepery, Chennai-600007, Tamil Nadu—India, 2005 : 18
13. ये तिथि चन्द्रिका प्रसाद 'जिज्ञासु' द्वारा स्वयं लिखे गए पैम्फलेट से उद्धृत की जा रही है जिसे वे 'श्री चन्द्रिका प्रसाद 'जिज्ञासु' 'प्रकाश' लखनवी का संछिप्त परिचय' शीर्षक से लिखे हैं। इसके अन्त में वे लिखते हैं कि अभी आपकी (जिज्ञासु) की उम्र 73 वर्ष है।
14. अशोक पुस्तकालय, रामअवतार पाल जी से हुई साक्ष्यपरक संस्मरणात्मक बातचीत पर आधारित। ये पेरियार ललई सिंह से शुरुआती दिनों से जुड़े रहे हैं।
15. रघुराज सिंह यादव—कठारा, झींझक,कानपुर देहात। साथ ही, उस दौर की पुस्तकों के पीछे लिखित रूप में प्राप्त दस्तावेज़ के अनुसार यह प्रत्यस्थापना दी जा रही है।
16. अशोक पुस्तकालय—रामअवतार पाल जी से हुई साक्ष्यपरक संस्मरणात्मक बातचीत पर आधारित
17. 'बहुजन'—पाक्षिक सम्पादक—छेदीलाल साथी, कन्धी बाजार, लखनऊ, उत्तर प्रदेश।
18. रजिस्टर्ड दस्तावेज़ से सन्दर्भित—शोषित साप्ताहिक, रजिस्ट्रेशन नम्बर 136/1968 वेस्ट ब्लॉक-8, विंग-2, आरकेपुरम, रजिस्ट्रार समाचार पत्र पंजीकरण, कार्यालय, नई दिल्ली। 'शोषित' (साप्ताहिक) मार्च, 1968 के पहले सम्पादक प्रोफेसर रमेश प्रसाद (करगह, रोहतास, बिहार) थे। इन्होंने कुछ ही अंकों का सम्पादन किया। उसके बाद इसके सम्पादक प्रोफेसर जयराम प्रसाद सिंह हुए। ये कुछ ही समय थे कि बाबू जगदेव प्रसाद इसके सम्पादक हुए और ये सह-सम्पादक बने। इनके साथ दूसरे सह-सम्पादक प्रोफेसर राम बुझावन सिंह हुए। ये बीएन कॉलेज पटना विश्वविद्यालय, पटना में प्राध्यापक थे। ये कुछ ही अंकों के सह-सम्पादक थे। इसमें 'शोषित' साप्ताहिक से जयराम जी सतत जुड़े रहे। जगदेव बाबू की शहादत 5 सितम्बर, 1974 के बाद वे ही सम्पादक हुए।

19. 'शोषित' साप्ताहिक के वर्तमान सम्पादक रघुनीराम शास्त्री ने बातचीत के क्रम में बताया।
20. अम्बेडकर गांधी और दलित पत्रकारिता—श्यौराज सिंह बेचैन 2014 : 252
21. उपरोक्त
22. देखें—अर्जक साप्ताहिक।
23. 'पेरियार प्रेस' की स्थापना उन्होंने 17 सितम्बर, 1982 ई. में झींझक कानपुर में की। उस समय उनकी उम्र 71 वर्ष की थी। यह तिथि उस प्रेस की स्थापना के प्रमाण पत्र के आधार पर दी गई है।
24. अशोक पुस्तकालय के जावक रजिस्टर से ये सन्दर्भ दिया गया है। इसे पेरियार ललई सिंह ग्रंथावली खंड-4 में देख सकते हैं।
25. अनागारिक धर्मपाल—भिक्षु धर्मरक्षित 1964 : 6
26. संजय कुमार से हुई साक्ष्यपरक संस्मरणात्मक बातचीत पर आधारित। ये आँकड़े झींझक में किए गए सर्वेक्षण के आधार पर दिए गए हैं।
27. अछूत कौन और कैसे?—डॉ. भीमराव रामजीराव अम्बेडकर, सम्पादक/प्रकाशक—पेरियार ललई सिंह, अध्यक्ष : डॉ. अम्बेडकर साहित्य रक्षक परिषद् (रजि.), झींझक, जिला—कानपुर, उत्तर प्रदेश, पिन—209302, संस्करण-1976 ई., पृष्ठ—20। यह सन्दर्भ उन्होंने इस किताब की प्रकाशकीय में लिखा है।
28. यह सन्दर्भ पेरियार ललई सिंह के अशोक पुस्तकालय के 1960 से 1993 रजिस्टर के आधार पर दिया जा रहा है।
29. 'राकेट ऑफ डॉ. अम्बेडकर', अशोक पुस्तकालय, झींझक, कानपुर, उ.प्र., 14 अप्रैल, 1972 ई. के पैम्फलेट से सन्दर्भित।
30. पेरियार ललई सिंह द्वारा लिखे पैम्फलेट से उद्धृत।
31. पेरियार ललई सिंह द्वारा प्रकाशित मिशनरी पैम्फलेट से उद्धृत, अशोक पुस्तकालय, झींझक, जिला कानपुर, उ.प्र., 1971 ई.
32. 'राकेट ऑफ पेरियार ललई सिंह', अशोक पुस्तकालय, झींझक, कानपुर, 14 अप्रैल, 1971 ई. द्वारा प्रकाशित मिशनरी पैम्फलेट से उद्धृत, सन्दर्भित।
33. सुरेन्द्र सिंह यादव से साक्ष्यपरक संस्मरणात्मक बातचीत पर आधारित।
34. देखें—गांधी वाङ्मय
35. देखें—भारतीय संविधान सभा की बहस, 4 नवम्बर, 1948
36. पेरियार : दर्शन और चिन्तन, वी. गीता, फॉरवर्ड प्रेस, 31 मार्च, 2019 का विस्तृत अध्ययन करें।
37. Periyar and Women Question By Lalitha Dhara, 2013, पेरियार की स्त्री दृष्टि का विस्तृत अध्ययन करने हेतु ललिता धारा के अंग्रेजी लेख का अध्ययन करें। साथ ही, पेरियार : दर्शन और चिन्तन, वी. गीता, फॉरवर्ड प्रेस, 31 मार्च, 2019 का विस्तृत अध्ययन करें।

38. देखें—कुदी अरासु, अंक—13, 25 जून, 29 अगस्त, 1926 ई., 24 जनवरी, 1927 ई., कुमारन 31 मार्च, 23 सितम्बर, 1926 ई., कुमारन 3 जुलाई, 1930; 'Rajaji wrote in 'young india' that one must be prepared to sacrifice everythings that standa in the way of Self-Respect'(Navasakthi 14 july, 1922) It was the first called by the following titles : 'Parppanarallathar Suyamariathai Sangam' (Non Brahmin Self-Respect League), 'Parppanarallathar that Valibar Suyamariathai Sangam (Non Brahmin Youth Self-Respect League). It was called in short form as 'Suyamariathai Iyakkam', 'Self-Respect Movement' the tearm 'Self-Respect' corresponds to the Tamilised form of the Sanskrit word Suyamariathai. It is combination of two words 'Suya' which means 'Self' and Mariathai means 'Respect', S.Thani Nayagam, Antao De Proencas Tamil-Portuguese Dictionary, A.D. 1979, (kuala-lampur, 1966) S. Ramanathan 'Self-Respect Movement' in kuttucci Gurusamy Ninaivu Malar(Madras, 1966:39, Gandhi and the Youth, (Madras, 1947:23, Anaimuthu (Editor), Periyar E.V.R. Sinthalgal, Vol. I., introduction. E.Sa. Viswanathan, the Political Career of E.V. Ramasami Naicker : A Study in the Politics of Tamilaland 1920-1949, unpublished Ph.D. Dessertation, Canberra 1973), Viduthalayi—Periyar Review on Untouchability 14 March, 1954
39. देखें—'रामायण : पादिरंगल', जनवरी, 1930
40. कलिका प्रसाद सिंह से हुए साक्षात्कार के आधार पर। ये सरदार जगदेव सिंह के पुत्र हैं जो 84 वर्ष के हो गए हैं। ये सन्दर्भ उन्होंने बातचीत के क्रम में बताया।
41. देखें—त्रिवेणी संघ का बिगुल, सन् 1940, मूल्य एक आना
42. उपरोक्त
43. उपरोक्त
44. देखें—वी. गीता की किताब और कमलेश वर्मा का फॉरवर्ड प्रेस में छपा लेख
45. उपरोक्त
46. पेरियार के इस ऐतिहासिक वाक्य के लिए देखें—Collected Works of Periyar E.V. Ramasamy, Compiled by Dr. K. Veeramani, A Publication of The Periyar Self-Respect Propaganda Institution, Periyar Thidal, 84/1(50), E.V.K. Sampath Salai Road, Vepery, Chennai-600007, Tamil Nadu—India 2005
47. उपरोक्त
48. पेरियार महान, शीलप्रिय बौद्ध 2014 : 15
49. उपासक माखन लाल सिंह जो पेरियार ललई सिंह के साथ पेरियार ई.वी. रामास्वामी से मिलने गए हुए थे।
50. उपरोक्त
51. उपरोक्त

52. सच्ची रामायण, पेरियार ई.वी. रामास्वामी, प्रथम हिन्दी अनुवादक रामअधार, प्रथम हिन्दी प्रकाशक—पेरियार ललई सिंह, अशोक पुस्तकालय, झींझक, जिला—कानपुर, उ.प्र., भारत 1968 : 4
53. उपासक माखन लाल सिंह यादव जो पेरियार ललई सिंह के साथ इरोड गए हुए थे।
54. सच्ची रामायण—1968 : 4
55. रामअधार का जन्म 5 दिसम्बर, सन् 1929 ई. में ग्राम-दलेल नगर, डाकघर—पुखरायाँ, जिला—कानपुर देहात, उत्तर प्रदेश में हुआ था। सन् 1949 ई. में इंटरमीडिएट पास किए। यहीं तक इन्होंने शिक्षा प्राप्त की। सन् 1950 ई. में जे.टी.सी. (जूनियर टीचर सर्टिफिकेट) की पात्रता परीक्षा पास की। 28 जुलाई, 1952 ई. में जूनियर हाईस्कूल, अमौर, कानपुर, उ.प्र. में अंग्रेजी के अध्यापक नियुक्त हो गए। 30 जून, 1990 ई. में जूनियर हाईस्कूल, विल्हापुर, अमरौधा, कानपुर, उ.प्र. से सेवा निवृत्त हुए। पेरियार ललई सिंह ने 1968 ई. में आपसे सम्पर्क 'दि रामायना : ए ट्रू रीडिंग' के हिन्दी अनुवादक के खोज के क्रम में किया। उसके बाद आपने इसका अनुवाद 3 महीने, 15 दिन में करके दिया जो 'अशोक प्रकाशन' से 1 अक्टूबर, सन् 1968 ई. को प्रकाशित हुई। पेरियार ई.वी. रामास्वामी द्वारा 12 अक्टूबर, सन् 1968 ई. को 'पिछड़ा एवं अल्पसंख्यक वर्ग सम्मेलन' विषय पर लखनऊ में दिए गए अध्यक्षीय भाषण का भी आपने हिन्दी अनुवाद किया। आप लगभग 88 वर्ष के हो गए हैं। आप द्वारा लिखित 'भौतिकवाद बनाम अध्यात्मवाद' एकमात्र मानवतावादी वैज्ञानिक चेतना की रचना है। इसका प्रकाशन 1 नवम्बर, 2016 को अक्षर प्रकाशन, कानपुर, उत्तर प्रदेश से हुआ है।
56. सच्ची रामायण 1972 : 4-5
57. देखें—डॉ. अम्बेडकर की पुस्तक जब्ती और बहाली और अर्जक साप्ताहिक, अर्जक संघ का मुख-पत्र, हजरतगंज, हलवासिया मार्केट, अर्जक प्रेस, लखनऊ सन् 1982
58. गाँव-जवार के लोगों से हुई संस्मरणात्मक बातचीत पर आधारित।
59. अनागारिक धर्मपाल—भिक्षु धर्मरक्षित, अशोक पुस्तकालय, झींझक, कानपुर, उ.प्र., भारत 1964 : 7
60. सच्ची रामायण 1972 : 5
61. सच्ची रामायण की चाभी—इसको पेरियार ललई सिंह ने 'सच्ची रामायण' पर हाईकोर्ट इलाहाबाद में चल रहे मुकदमे के दौरान तैयार किया था। यह मुख्यत: सबूतों का बाईलॉज है जिसे उनके वकील ने न्यायाधीश के समक्ष पेश किया था। इन सबको समेटते हुए, उन्होंने इस पुस्तक का निर्माण किया।
62. पेरियार ललई सिंह अपने नोट्स में किसी को समझाने के क्रम में लिखते हैं कि मैं एक रिसर्चर हूँ, इसलिए रिसर्च के मूल्य को समझता हूँ, किसी भी विषय पर गहन रिसर्च करने के बाद ही कुछ लिखता हूँ। इसलिए जो कुछ भी आपको देता हूँ, बहुत गम्भीरता से पढ़िए।

63. 'आदिनिवासियों की पहचान'—यह पुस्तक आक्रान्ता आर्यों के भारतभूमि पर आक्रमण करने उसके बाद यहाँ बसने की कोशिश करने, उस प्रकिया में यहाँ के लोगों को मिथकों के माध्यम से भ्रमित करते हुए अपने में मिलाने, आदिनिवासियों से रिश्ते बनाने आदि पर गहराई से विचार-विमर्श करती है।
64. देखें—'सच्ची रामायण', 1972 ई.

## अध्याय 5 : उत्तर भारत में अम्बेडकर

1. महामानव चन्द्रिका प्रसाद 'जिज्ञासु' का मार्गशीर्ष शुक्ल 11, संवत 1946 (जन्म 1889 ई.) में लखनऊ, उत्तर प्रदेश में हुआ था। आपने अंग्रेजी के साथ दसवीं दर्जा पास किया। संस्कृत भाषा में मध्यमा और फारसी में गुलिस्ताँबोरताँ को अपने अध्यवसाय में पढ़ा। आप स्थानीय सर्वोपकारिणी पाठशाला में अध्यापक नियुक्त हुए। यहाँ आप चार वर्ष तक अध्यापन कार्य करते रहे। उसके बाद आप दो साल तक हाईस्कूल, लखनऊ में हेडमास्टर रहे। साथी बाबू श्यामसुन्दर दास हिन्दी साहित्यकार के पास लिपिक और प्रूफ-संशोधन का कार्य करते रहे। आपने 'हिन्दू समाज सुधार कार्यालय' की स्थापना 1928 में की। जिससे गीत, संगीत और राष्ट्रगीत की किताबें छपती थीं। उनकी राष्ट्रीय गीत की किताब 'राष्ट्रीय डंका' सन् 1930 में छपी। एक साल में इसके 12 संस्करण छपे। एक साल में कुल साढ़े चार लाख प्रतियाँ छपीं। ये अंग्रेजी, उर्दू, फारसी, मराठी, गुजराती, पंजाबी, बंगला आदि भाषाओं में अनूदित होकर छपीं। 'हिन्दू समाज सुधार कार्यालय' से 60 किताबें छापी थीं जिसमें से 22 किताबों को ब्रिटिश सरकार ने जब्त और प्रतिबन्धित कर दिया था। इस कार्यालय पर अंग्रेजी सरकार ने 5 बार छापे मारे। तलाशी ली। पाँचवीं बार में 'जिज्ञासु' पकड़ लिए गए और दफा 124 ए. के तहत गिरफ्तार करके जेल भेज दिए गए। वे महान स्वतंत्रता सेनानी थे। वैसे इस गिरफ्तारी का एक और कारण था कि गढ़वाली पल्टन के झोलों में जिज्ञासु कि किताब 'राष्ट्रीय डंका' आदि किताबों का मिलना। इन किताबों को पढ़ने के बाद यह पल्टन कमांडर के आदेश के बावजूद जनता पर गोली चलाने से इनकार कर दिया। इस अगली टोली को हाल्ट करके एबटाबाद छावनी भेज दिया गया। आप अंग्रेजी, हिन्दी, उर्दू, अरबी, फारसी, बंगला और पस्तो भाषाओं के ज्ञाता थे। आपने 'कुरान' का उर्दू से हिन्दी अनुवाद भी किया था। आपने हिन्दी की कई महत्त्वपूर्ण पत्रिकाओं जैसे—नागरी-प्रचारक, माधुरी, सुधा आदि में लेखन-प्रूफ-संशोधन आदि कई साल तक करते रहे। आपने सन् 1937 में अपने सम्पादकत्व में दैनिक 'नवजीवन' अखबार निकाला। यहाँ से सेवानिवृत्त होने के बाद आपने सन् 1957 ई. में लखनऊ में 'बहुजन कल्याण प्रकाशन' की स्थापना की। साथ ही समाज सेवा प्रेस की भी स्थापना। इस प्रकाशन से 'बहुजन कल्याण माला'

के अन्तर्गत 121 पुस्तकें प्रकाशित हुईं। और आगे भी निकलती रहीं। इस प्रकार वे बुद्ध, कबीर, रैदास, अम्बेडकर और पेरियार की सोच और वैचारिकी से उत्तर भारत में बहुजन जनता में प्रबोधन और नवजागरण करते हैं। गुलाम भारत से स्वतंत्र भारत तक आपकी किताबें सरकार द्वारा प्रतिबन्धित और जब्त होती रहीं। आपकी असामयिक मृत्यु 12 फरवरी, 1974 को रात में बिस्तर के नीचे से आग लगने से पूर्णत: जल जाने के कारण हो गई।

आपने निम्नलिखित साहित्य लिखा—

1. 'राष्ट्रीय डंका'—सन् 1930 (प्रथम कृति, एक साल में 12 संस्करण और 4,50,000 प्रतियाँ प्रकाशित हुईं। जो ब्रिटिश सरकार द्वारा जब्त और प्रतिबन्धित की गईं।)
2. आदिनिवासियों की सभ्यता, 1938 ई.
2. मोहिनी विद्या, 1938 ई.
3. पिछड़ा वर्ग कमीशन की रिपोर्ट, 1957 ई.
4. संत रैदास का जीवन-दर्शन, 1958 ई.
5. बाबा साहेब का उपदेश और आदेश (दो भागों में), 1957 ई.
6. ईश्वर और उसके गुड्डे, 1959 ई.
7. रावण और उसकी लंका, 1959 ई.
8. संत प्रवर रैदास (पूर्वार्द्ध सन् 1959 ई., उत्तरार्द्ध सन् 1968 ई.), 1959 ई.
9. स्वामी अछूतानन्द जी 'हरिहर', 1960 ई.
10. बाबा साहब का जीवन-दर्शन, 1961 ई.
11. शिव-तत्त्व प्रकाश, 1962 ई.
12. भारतीय चर्मकारों की उत्पत्ति, संख्या एवं स्थिति, 1964 ई.
13. पिछड़ा वर्ग आन्दोलन प्रवर्तक भदंत बोधानन्द, 1965 ई.
14. धम्मपद हिन्दी अनुवाद अट्टकथा सहित, 1966 ई.
15. लोकशाही बनाम ब्राह्मणशाही, 1966 ई.
16. रिपब्लिकन पार्टी की आवश्यकता क्यों?, 1966 ई.
18. त्रिरत्न-वंदना, परित्राण-पाठ तथा जय मंगल अट्टकथा, 1966 ई.
19. नारी जीवन की कहानी—आदिकाल से अब तक, 1969 ई.
20. भगवान गौतम बुद्ध, 1970 ई.
21. बौद्धचर्या, 1972 ई.
22. बौद्ध धर्म ही भारत का सच्चा धर्म है, 1972 ई.

2. मौखिक इतिहास—मुख आधारित क्रमवार चलती आ रही ऐतिहासिक बात को कहते हैं। पेरियार ललई सिंह ने उपासिका रानी देवी को बताया था कि वे सन् 1951 में परम पूज्य बाबा साहब डॉ. अम्बेडकर का प्रथम साक्षात्कार ग्वालियर में किए थे। जब बाबा साहब ग्वालियर आए तो हजारों का हुजूम उनका स्वागत करने गया। मैं

भी उन्हीं में था। वहीं उन्हें देखा, मिला और बातें कीं। उनसे बहुत प्रभवित हुआ। और आगे का जीवन—चिन्तन, मनन, अध्ययन, भ्रमण, भाषण, समाज सेवा और राष्ट्रनिर्माण में लगा दिया। राजपरिवार सिन्धिया की इंडियन स्टेट से रियासत को लेकर न्यायालय में कानूनी लड़ाई चल रही थे। इसी विवाद पर कानूनी सलाह के लिए राजा जीवजीराव सिन्धिया ने बाबा साहब डॉ. अम्बेडकर को ग्वालियर बुलाया था। वे आए और कानूनी सलाह देकर अपने शुभचिन्तकों से मिलकर वापस मुम्बई चले गए।

3. बाबा साहेब का जीवन संघर्ष—चन्द्रिका प्रसाद 'जिज्ञासु', बहुजन कल्याण प्रकाशन, 363/193, मतादीन रोड, सआदतगंज, लखनऊ, उ.प्र. भारत, प्रथम संस्करण 1961। और अध्ययन करें—'बाबा साहेब का उपदेश और आदेश' (दो भाग)—उपरोक्त—प्रथम संस्करण 1957।
4. भीमराव अम्बेडकर : एक जीवनी, क्रिस्टोफर जैफर्लोट 2019 : 174
5. चन्द्रिका प्रसाद 'जिज्ञासु' रचना संचयन, कंवल भारती 2012 : 9
6. उपरोक्त, 2012 फ्लैप से उद्धृत सन्दर्भ।
7. अर्जक संघ स्वर्ण जयन्ती स्मारिका 1 जून, 2018 : 36
8. धर्म परिवर्तन, डॉ. अम्बेडकर, अनुवादक—रामअधार और पेरियार ललई सिंह, अशोक पुस्तकालय, झींझक, कानपुर, उत्तर प्रदेश, प्रथम सस्करण-1969।
9. उपरोक्त, 1972 : 5
10. उपरोक्त, 1972 : 5-6
11. उपरोक्त, 1972 : 6
12. उपरोक्त, 1972 : 6
13. यह अप्रकाशित दस्तावेज टंकित किया हुआ अपने मूलरूप में मिला है। इसे 'पेरियार ललई सिंह ग्रंथावली' में प्रकाशित किया गया है।
14. https://en.m.wikipedia.org/wiki/List_of_chief_ministers_of_Uttar_Pradesh
15. अनागारिक धर्मपाल—1964 : 8
16. बीर संतमाया बलिदान—पेरियार ललई सिंह, 1966 : 56
17. उपरोक्त 1966 : 56
18. इस चेतना के विस्तृत अध्ययन के लिए बौद्ध धर्म-दर्शन-सभ्यता के प्रख्यात आधुनिक विद्वान प्रोफेसर राजेन्द्र प्रसाद सिंह के साहित्य और चिन्तन का अध्ययन करें। देखें—इतिहास का मुआयना, बौद्ध सभ्यता की खोज, खोये हुए बुद्ध की खोज आदि कृतियाँ।
19. महान आदिवासी क्रान्तिकारी गुंडा धुर का जन्म 1875 ईस्वी में नेतानार, जिला—बस्तर, छत्तीसगढ़ में हुआ था। इन्होंने 35 साल की उम्र में अंग्रेजी साम्राज्य को उखाड़ फेंकने का बिगुल बजाया और 2 फरवरी, 1910 को भूमकाल आन्दोलन की नींव रखी। इस भूमकाल आन्दोलन ने पूरी ब्रिटिश सत्ता की चूलें हिला दीं।

अंग्रेज़ सरकार ने इस आन्दोलन को दबाने के लिए मेजर गेयर और डी बेरट को 500 सशस्त्र सैनिकों के साथ बस्तर भेजा। गुंडाधुर के नेतृत्व में आदिवासियों ने लम्बी लड़ाई लड़ी। इस लम्बी लड़ाई में हजारों आदिवासी शहीद हुए। सैकड़ों ब्रिटिश सैनिक मारे गए।

20. इसके विस्तृत अध्ययन के लिए प्रो. राजेन्द्र प्रसाद सिंह के साहित्य और चिन्तन का अध्ययन करें।
21. भारतीय रिपब्लिकन पार्टी ही क्यों आवश्यक है?—चन्द्रिका प्रसाद 'जिज्ञासु', बहुजन कल्याण प्रकाशन, 360/193 मातादीन रोड, लखनऊ-3, 1960 : 2-3
22. गेल आमवेट, दलित और प्रजातांत्रिक क्रान्ति, अम्बेडकरवाद दलित मुक्ति का सिद्धान्त 2009 : 243
23. देखें—लोहिया ग्रंथावली, स. मस्तराम कपूर, अनामिका प्रकाशन, नई दिल्ली
24. देखें—लोक सभा और विधान सभा निर्वाचन की विकीपीडिया।

**अध्याय 6 : पेरियार ललई सिंह का साहित्य चिन्तन**

1. पेरियार ललई सिंह द्वारा लिखित पैम्फलेट से उद्धृत, अशोक पुस्तकालय, कानपुर, उ.प्र., 1971 ई.
2. शम्बूक-वध, लेखकद्वय—रामअवतार पाल, पेरियार ललई सिंह। रामअवतार पाल का जन्म 'एक सामान्य किसान परिवार में 27 जुलाई, 1938 ई. को कानपुर में हुआ। पिता श्री लल्लू सिंह पाल। शिक्षा सन् 1956 ई. में आपने जूनियर हाईस्कूल पास किया। सन् 1955 ई. में गनेशी देवी से विवाह हुआ। सन् 1956 ई. में आर्ट और साइंस से प्राइवेट इंटर पास किया। सन् 1959 ई. में विशारद, सन् 1961 ई. में साहित्य रत्न किया। इन्होंने सारी पढ़ाई प्राइवेट किया। उन्होंने आगे बताया, 'महान मानवतावादी चिन्तक पेरियार ललई सिंह के सम्पर्क में मैं सन् 1958 ई. में आया। उनके द्वारा निकाली जानेवाले किताबें पढ़कर बहुत प्रभावित हुआ। यहाँ से मेरे विचार ही बदल गए। अब मैं मानवतावादी विचारों के साथ समाज को देखने-सोचने-समझने लगा। उन्होंने मेरी प्रतिभा को देखते हुए एक दिन कहा, 'आप अध्यापकीय जीवन शुरू कीजिए।' मैंने वैसा ही किया। जीवनभर अध्यापन कार्य किया। शेष समय में नवजागरण और सांस्कृतिक आन्दोलन करता रहा। उनके साथ एकलव्य और शम्बूक-वध नाटक लिखा जिसे 'अशोक पुस्तकालय' से प्रकाशित किया। मैं सन् 1960 में रामस्वरूप वर्मा के सम्पर्क में आए। उनके मानवतावादी विचार से भी बहुत प्रभावित हुआ। उसके बाद अर्जक संघ के सक्रिय कार्यकर्ता बना। उनके निर्देशन में उनकी पार्टी से सन् 1975 और सन् 1980 का चुनाव लड़ा। असफल रहा। मैं अपने गाँव का 16 वर्ष तक प्रधान रहा।'

3. एकलव्य—पेरियार ललई सिंह, अशोक पुस्तकालय, झींझक, कानपुर, उ.प्र., भारत 1963 : 11
4. अंगुलिमाल—पेरियार ललई सिंह, अशोक पुस्तकालय, झींझक, कानपुर, उ.प्र., भारत 1981 : 4
5. देखें—इसके विस्तृत अध्ययन हेतु, वाल्टर फेयर—दि ओरिजिन करेक्टर एंड डेक्लाइन ऑफ एनशिएंट सिटीजन ऑफ दि इंडस।
6. नागयज्ञ—पेरियार ललई सिंह, अशोक पुस्तकालय, झींझक, जिला—कानपुर, 1983 : 6
7. अंगुलिमाल—1981 : 4
8. शोषित संघर्ष—पेरियार ललई सिंह, सन् 1970 में अशोक पुस्तकालय, झींझक, कानपुर से प्रकाशित किया। इसका प्रथम मुद्रण—लक्ष्मी प्रेस, बीकानेर, राजस्थान से हुआ। उसके बाद का मुद्रण सस्ता प्रेस कानपुर से हुआ।

**अध्याय 7 : वर्ण और जाति व्यवस्था को आमूल-चूल बदल दो!**

1. पेरियार ललई सिंह द्वारा लिखित अपने परिचयात्मक पैम्फलेट से उद्धृत, अशोक पुस्तकालय, कानपुर, उ.प्र., 1971 ई.
2. उपरोक्त
3. दयाराम से हुई संस्मरणात्मक बातचीत पर आधारित
4. पेरियार ललई सिंह द्वारा लिखित अपने परिचयात्मक पैम्फलेट से उद्धृत, अशोक पुस्तकालय, कानपुर, उ.प्र., 1971 ई.
5. उपरोक्त
6. *महामना रामस्वरूप वर्मा* मानववादी चिन्तक थे। इनका परिवार मूल रूप से निम्दापुर, पोस्ट-उरसान, जिला—कानपुर देहात का है। आज आपके वंश परिवार के लोग निम्दापुर, उरसान, बुधेड़ा, गौरीकरन में निवास कर रहे हैं। बाबा का नाम 'गुलाबचन्द' था, जिनके दो पुत्र वंश गोपाल व रामेश्वर थे। आपके पिता का नाम वंशगोपाल व माता का नाम सुखदेई था। आपके बड़े भाई क्रमश: काशी प्रसाद, मोहन लाल और मिजाजी लाल थे। आपका जन्म 22 अगस्त, 1923 ई. में गाँव—गौरीकरन, शाहजहाँपुर, कानपुर देहात में एक सामान्य कृषक परिवार में हुआ था। आप दो वर्ष के थे तभी माता जी का देहान्त हो गया। परिवार कृषक था। शैशवावस्था में इनकी परवरिश में इनके भाई मोहन लाल का बहुत योगदान रहा। प्राथमिक शिक्षा सरकारी प्राथमिक विद्यालय गौरीकरन में, जूनियर हाई स्कूल (तत्कालीन उर्दू-हिन्दी मिडिल) की शिक्षा पुखरायाँ में, हाई स्कूल व इंटर की शिक्षा कालपी, जनपद जालौन तथा बी.ए. और एम.ए. की शिक्षा इलाहाबाद विश्वविद्यालय इलाहाबाद से पूर्ण की। तत्पश्चात् आगरा विश्वविद्यालय से एल.एल.बी. की। आप हिन्दी, अंग्रेजी व संस्कृत भाषा के अच्छे जानकार थे।

सन् 1934 ई. में जब कक्षा 4 में पढ़ रहे थे तभी उनका विवाह सियादुलारी (6 वर्ष) पुत्री—मुंशी जयराम, निवासी ग्राम—शाहजहाँपुर, पोस्ट-गौरीकरन, जनपद-कानपुर देहात (तब कानपुर) के साथ हुआ था। आप पहली बार सन् 1957 ई. में भोगनीपुर विधान सभा से विधायक हुए। उसके बाद संयुक्त सोशलिस्ट पार्टी से सन् 1967 ई. में वित्तमंत्री हुए। उस समय चौधरी चरण सिंह मुख्यमंत्री थे। 'अर्जक साप्ताहिक' अर्जक सांस्कृतिक चेतना से युक्त अखबार 1 जून, 1969 ई. से 1998 ई. तक निकालते रहे।

आपने निम्नलिखित साहित्य लिखा—

1. अर्जक संघ का सिद्धान्त व्यक्तव्य-विधान-कार्यक्रम
2. क्रान्ति क्यों और कैसे?
3. शोषित समाज दल का सिद्धान्त-वक्तव्य-कार्यक्रम-विधान
4. मानववाद बनाम ब्राह्मणवाद
5. मानववादी प्रश्नोत्तरी
6. ब्राह्मण महिमा क्यों और कैसे
7. मनुस्मृति राष्ट्र का कलंक
8. अछूत समस्या और समाधान
9. अम्बेडकर साहित्य की जब्ती और बहाली
10. देश में एक ही राजनीतिक विकल्प
11. सांस्कृतिक कुरीतियाँ
12. आत्मा का मिथ्यात्व

7. राजाराम यादव, प्रमुख संस्थापक सदस्य जो अर्जक संघ के प्रथम महामंत्री चुने गए। उस समय अर्जक संघ में मार्क्सवादी पैटर्न के आधार पर अध्यक्ष नहीं चुना जाता था। महामंत्री ही प्रमुख होता था। आप पेशे से अध्यापक थे। आप अर्जक संघ के समर्पित कार्यकर्ता और बौद्धिक सलाहकार थे। आप अभी जीवित हैं। 86 वर्ष की उम्र पार कर चुके हैं। कानपुर, उ.प्र. में रहते हैं। अर्जक संघ ने प्रत्येक क्षेत्र में क्रान्ति करने हेतु, अपने आपको तैयार किया। नया विकल्प रखा। इस निर्मित होती मानववादी नव चेतना में राजाराम जी का महती बौद्धिक योगदान था। उनसे हुई साक्ष्यपरक बातचीत पर आधारित।
8. उपरोक्त
9. *चौधरी महाराज सिंह भारती* का जन्म 1 नवम्बर, सन् 1918 ई. में गाँव—अरनावनी, जिला—मेरठ, उत्तर प्रदेश में एक जमींदार 'जाट' परिवार में हुआ था। आपके पिता निधराम सिंह, माता चन्दन कौर थीं। आपकी पत्नी चरण कौर थीं। पहले के समय में हरियाणा और पंजाब की महिलाएँ (जाट और जट) अपने नाम के साथ 'कौर' लगाती थीं। एक समय के बाद सिर्फ जट (पंजाबी) महिलाएँ 'कौर' सरनेम लगाती रहीं। वर्तमान समय में जाट महिलाएँ अपने नाम के साथ कौर नहीं लगाती

हैं। आपका निधन 14 सितम्बर, 1995 ई. को अनारबली, मेरठ में हो गया। आपके साहित्य में विज्ञान है अज्ञान नहीं। यथार्थ है यथास्थितिवादी नहीं। आपने महामना रामस्वरूप वर्मा के साथ कई वर्षों तक 'अर्जक साप्ताहिक' का सम्पादन भी किया। आप विधायक और सांसद भी रहे।

आपने निम्नलिखित किताबें लिखी हैं—

1. ईश्वर की खोज,1980 ई. प्र.सं., 8 रुपये
2. सृष्टि और प्रलय,1984 ई. प्र.सं. 6000 प्रतियाँ, मूल्य—70 रुपये, पृष्ठ-700
3. पाप-पुण्य क्यों और कैसे?, 1991 ई. मूल्य—5 रुपये
4. कमेरा हिन्दुत्व बनाम लुटेरा हिन्दुत्व,1991 ई. मूल्य—5 रुपये
5. धर्म का धंधा,1991 ई. मूल्य—5 रुपये
6. ब्राह्मणवाद की शव परीक्षा
7. हिन्दू राजनीति
8. व्यक्तिगत राजनीति
9. जाति-तोड़ो समाज जोड़ो
10. नारी उत्थान और पतन, 1988 ई. मूल्य—3 रुपये
11. महान भारत के बौने नेता,1994 ई. मूल्य—20 रुपये
12. समाजवाद, दर्शन और आचरण
13. आतंकवाद कारण और निवारण
14. सिद्धान्तहीन राजनीति के दुष्परिणाम
15. भारत का नियोजित दिवाला
16. कृषि क्रान्ति और किसान नेतृत्व 1988 ई. मूल्य—8 रुपये
17. गन्ना चीनी समस्या और समाधान
18. डॉ. भीमराव अम्बेडकर और शोषित समाज दल, 1988 ई. मूल्य—2 रुपये
19. लोहिया और शोषित समाज दल
20. विपक्ष का सफाया
21. जनतंत्र की हत्या
22. अर्जक संघ ही क्यों?
23. साम्यवाद और कम्यूनिष्ट पार्टियाँ
24. विदेश नीति कैसी और क्यूँ? 1988 ई. मूल्य—3 रुपये

10. *पेरियार ललई सिंह* का जन्म 1 सितम्बर, 1911 ई. में गाँव—कठारा, नॉर्थ रेलवे स्टेशन—झींझक, कानपुर में हुआ था। आपकी मृत्यु 7 फरवरी, 1993 को मस्तिष्क आघात से हुई। आपने निम्नलिखित साहित्य लिखा।

*पेरियार ललई सिंह का मिथक, धर्म और इतिहास पर चिन्तन—*

1. आदिनिवासियों की पहचान, 1961 ई. मूल्य—80 पैसे
2. आर्यों का नैतिक पोल प्रकाश, 1968 ई. मूल्य—1.25 रुपये

3. सच्ची रामायण, 1968 ई. प्र.स. मूल्य—1.25 रुपये
4. सच्ची रामायण की चाभी, 1971 ई. मूल्य—1.25 रुपये
5. हिन्दू संस्कृति में वर्ण-व्यवस्था और जाति भेद—1965 ई. मूल्य—1 रुपया (यह किताब सरकार द्वारा प्रतिबन्धित है और न्यायालय में भी उनकी हार हुई है। यह अब कभी नहीं छपेगी, स्टॉक भी नहीं है।)

*पेरियार ललई सिंह का साहित्य चिन्तन—*

6. भीम-अभिनन्दन—गीत संकलन-सम्पादन, 1967 ई. मूल्य—75 पैसे
7. शोषित-संघर्ष—कविता-संग्रह, 1972 ई. मूल्य—50 पैसे

पेरियार ललई सिंह के नाटक और एकांकी

8. सिपाही की तबाही, 1946 ई. मूल्य—नि:शुल्क, ग्वालियर, मध्य प्रदेश
9. वीर संत माया बलिदान, 1960 ई. मूल्य—60 पैसे
10. शम्बूक-वध, 1962 ई. मूल्य—1 रुपया
11. एकलव्य, 1963 ई. मूल्य—1.50 रुपया
12. अंगुलिमाल, 1964 ई. मूल्य—60 पैसे
13. नागयज्ञ, 1966 ई. मूल्य—1.50 रुपया

*पेरियार ललई सिंह का राजनीतिक, सामाजिक, धार्मिक और सांस्कृतिक चिन्तन—*

14. शोषितों सावधान!, 17 सितम्बर, 1970 ई. मूल्य—5 पैसा
15. शोषितों का डिब्बा गोल!, 14 अप्रैल, 1971 ई. मूल्य—5 पैसा
16. जय शोषित!, 1 सितम्बर, 1972 ई. मूल्य—5 पैसा
17. शोषितों पर राजनीतिक डकैती, 17 सितम्बर, 1961 ई. मूल्य—5 पैसा
18. शोषितों पर धार्मिक डकैती, 14 अप्रैल, 1961 ई. मूल्य—75 पैसा
19. सामाजिक विषमता कैसे दूर हो!, 1 जनवरी, 1973 ई. मूल्य—50 पैसा
20. जाति-पाँति मिटाने व अछूतों की तरक्की के उपाय, 1 फरवरी, 1973 ई. मूल्य—10 पैसा
21. बौद्ध-धर्म-दीक्षा, सन् 1960 मूल्य—6 पैसा
22. मेरे बौद्ध धर्म पर विभिन्न लेख, 1971 ई. मूल्य—75 पैसा
23. मेरे विभिन्न सामाजिक लेख, 1972 ई. मूल्य—75 पैसा
24. ईश्वर नहीं है—तब?

भाषांतर और भाषण प्रस्तुति—

25. पेरियार ई.वी. रामास्वामी के भाषण, 1969 ई. प्र.सं. 12,000 प्रतियाँ, मूल्य—10 पैसा
26. बाबा साहब डॉ. अम्बेडकर के भाषण, 1970 ई. प्र.सं. 12,000 प्रतियाँ, मूल्य—10 पैसा
27. सच्ची रामायण, 1968 ई. मूल्य—1.25 रुपये

28. जाति भेद का उच्छेद, 14 अप्रैल, 1972 ई. मूल्य—नि:शुल्क
29. धर्म परिवर्तन, 29 सितम्बर, 1971 ई. मूल्य—25 पैसा
30. ईश्वर, आत्मा और वेदों में विश्वास अ-धर्म है 1973 ई.

11. राजाराम यादव से हुई साक्ष्यपरक संस्मरणात्मक बातचीत पर आधारित।
12. उपरोक्त
13. आदित्य 2011 : 13
14. 'अर्जक साप्ताहिक' के सम्पादक—रामबाबू कनौजिया से साक्ष्यपरक बातचीत पर आधारित।
15. आदित्य 2011 : 13
16. डॉ. अम्बेडकर का व्यक्तित्व व दर्शन—धनंजय कीर, अशोक पुस्तकालय, झींझक, कानपुर 1968 : 5
17. इसके विस्तृत अध्ययन के लिए 'जगदेव प्रसाद वाङ्मय'—सं.—राजेन्द्र प्रसाद सिंह, 2011 देखें।
18. रामसेवक सिंह से साक्ष्यपरक संस्मरणात्मक बातचीत पर आधारित।
19. उपासक हरिहर सिंह से हुई संस्मरणात्मक बातचीत पर आधारित।
20. अशोक पुस्तकालय, जी.टी. रोड, कानपुर, उत्तर प्रदेश में हुई बुद्धांजलि सभा के केन्द्रीय भूमिका में रहे उनके आत्मीय भिक्षु जे.एन. आदित्य से साक्ष्यपरक बातचीत से उद्धृत अंश।
21. गेल ओमवेट—अम्बेडकर प्रबुद्ध भारत की ओर 2005 : 150
22. B.S. Baliga, Madras District Gazetteers : Coimbotore, p. 117, The Political Career of E.V. Ramasai : A Study in the Pilitics of Tamilnadu 1920-1949 by E.Sa. Visswanathan, A thesis submitted in partial fulfilent of the degree of the Doctor of philoshophy in the Australian National University, Canberra, 27 March, 1973
23. bye Poet Dr. A. Mahaleleyu, Tamilnadu, India 1920, और अध्ययन करें कांग्रेस सम्मेलन, तिरुप्पुर, तमिलनाडु 1922
24. देखें—आर्यों का नैतिक पोल प्रकाश, पेरियार ललई सिंह, 1968
25. अर्जक संघी मोहन लाल कटियार से हुई बातचीत पर आधारित।
26. शोषितों पर धार्मिक डकैती, पेरियार ललई सिंह, अशोक पुस्तकालय, झींझक, कानपुर, उ.प्र. 1961
27. 'अर्जक संघियों' द्वारा दिनांक 29 अप्रैल, 1978 ई. को निकाले गए पैम्फलेट की घोषित-तिथि से सन्दर्भित जिसमें स्पष्ट घोषणा है कि 30 अप्रैल, 1978 ईसवी को अलोकतांत्रिक ब्राह्मणवादी ग्रंथ—'रामायण' और 'मनुस्मृति' की होली जलाई जाएगी।
28. उपरोक्त, शिवकुमार भारती, पृष्ठ 73-74
29. उपरोक्त, पृष्ठ 74

30. उपरोक्त
31. उपरोक्त, मोहन लाल पटेल, पृष्ठ 103
32. उपरोक्त
33. उपरोक्त, भारती, पृष्ठ 74
34. उपरोक्त
35. उपरोक्त, मोहन, पृष्ठ 103
36. उपरोक्त, भारती, पृष्ठ 75
37. उपरोक्त
38. उपरोक्त, मोहन, पृष्ठ 103
39. उपरोक्त
40. उपरोक्त भारती, पृष्ठ 74
41. उपरोक्त, मोहन, पृष्ठ 103-104
42. उपरोक्त, भारती, पृष्ठ 75
43. उपरोक्त, मोहन, पृष्ठ 104
44. उपरोक्त, भारती, पृष्ठ 74
45. उपरोक्त, मोहन, पृष्ठ 103-104
46. उपरोक्त, भारती, पृष्ठ 74
47. जाति भेद का उच्छेद—इसे डॉ. अम्बेडकर ने 'जाति-पाँति तोड़ो मंडल सभा, लाहौर, 1936 ई. में भाषण देने हेतु लिखा था। तोड़क मंडल ने अम्बेडकर के इस भाषण को पढ़ने की अनुमति नहीं दी। मंडल का तर्क था कि यह भाषण हिन्दू धर्म में सुधार की जगह हिन्दू धर्म पर गहरी चोट करता है। इस अंग्रेजी लेख या कहिए कि भाषण—'एहनालिसन ऑफ कास्ट' का सबसे पहला हिन्दी अनुवाद 1937 में संतराम बी.ए. ने किया। और लाहौर से छापा। उसके बाद चन्द्रिका प्रसाद 'जिज्ञासु' ने 'जाति का विनास' नाम से इसका हिन्दी अनुवाद कराकर अपने बहुजन कल्याण प्रकाशन (1957), लखनऊ से छापा। उसके बाद पेरियार ललई सिंह ने 1972 ई. 'एहनालिसन ऑफ कास्ट' का हिन्दी अनुवाद 'जाति का उन्मूलन' नाम से कराकर 'अशोक पुस्तकालय' झींझक, कानपुर से प्रकाशित कराया। इसके प्रकाशित होते ही सरकार ने जब्त कर लिया। इसे प्रतिबन्धित कर दिया। इसके विरुद्ध पेरियार ललई सिंह ने हाईकोर्ट से मुकदमा लड़कर जीता। इस किताब पर मुकदमा लड़ने में महामना रामस्वरूप वर्मा और अर्जक संघ के कार्यकर्ताओं ने बहुत मदद की।
48. काल-विजय—लक्ष्मीनारायण मिश्र, मेहरा प्रकाशन, हास्पिटल रोड, आगरा, उ.प्र., प्रथम संस्करण-1980 ई.। यह ऐतिहासिक विषय वस्तु का नाटक 26 जनवरी, 1980 को प्रकाशित हुआ, जिसमें मुख्यत: बौद्ध और सम्राट अशोक के चरित्र को दूषित करते हुए गंदे और क्रूरतम रूप में प्रस्तुत किया गया था।

**अध्याय 8 : उत्तर भारत के सामन्ती वर्चस्व के खिलाफ महान आन्दोलन**


1. शोषितों पर धार्मिक डकैती—पेरियार ललई सिंह, अशोक पुस्तकालय, झींझक, कानपुर, उ.प्र. 1961 : 23
2. सामाजिक विषमता कैसे दूर हो?—पेरियार ललई सिंह, अशोक पुस्तकालय, झींझक, कानपुर, उ.प्र. 1961
3. जाति-पाँति मिटाने व अछूतों की तरक्की के उपाय—पेरियार ललई सिंह, अशोक पुस्तकालय, झींझक, कानपुर, उ.प्र., 1973
4. रामसेवक सिंह यादव से साक्ष्यपरक संस्मरणात्मक बातचीत पर आधारित।
5. पेरियार ललई सिंह द्वारा लिखित अपने परिचयात्मक पैम्फलेट से उद्धृत, अशोक पुस्तकालय, कानपुर, 1971 ई.
6. गेल ओमवेत, अम्बेडकर प्रबुद्ध भारत की ओर 2005 : 75
7. अछूत कौन और कैसे?—डॉ. भीमराव रामजीराव अम्बेडकर, सम्पादक/प्रकाशक—पेरियार ललई सिंह, अध्यक्ष—डॉ. अम्बेडकर साहित्य रक्षक परिषद् (रजि.), झींझक, जिला—कानपुर, उत्तर प्रदेश, पिन-209302, 1976 : 20। यह सन्दर्भ प्राक्कथन से सन्दर्भित।
8. पेरियार ललई सिंह द्वारा लिखित अपने परिचयात्मक पैम्फलेट से उद्धृत, अशोक पुस्तकालय, 1971 ई.
9. उपरोक्त
10. उपरोक्त
11. उपरोक्त
12. पेरियार ललई सिंह सेना में हाई-कमांडर थे। इस कारण गाँव-जवार के लोग उन्हें प्यार से 'दीवान साहब' कहते थे। उन्हें आते-जाते लोग देखते तो कहते कि 'दीवान साहब' जा रहे हैं। साथ ही गाँव जवार के लोग इन्हें प्यार से 'दद्दा' भी बोलते थे।
13. महावीर सिंह यादव से हुई साक्ष्यपरक संस्मरणात्मक बातचीत पर आधारित।
14. इसके विस्तृत अध्ययन के लिए मनुस्मृति, टीकाकार पं. जनार्दन झा को देखें।
15. शूद्र कौन है?—बाबा साहेब डॉ. अम्बेडकर सम्पूर्ण वाङ्मय, खंड-1, डॉ. अम्बेडकर प्रतिष्ठान, सामाजिक न्याय एवं अधिकारिता मंत्रालय, भारत सरकार, नई दिल्ली, 2014
16. भीमराव अम्बेडकर : एक जीवनी, क्रिस्टोफर जैफर्लोट, 2019 : 170
17. देखें—कबीर ग्रंथावली—सम्पादक—माता प्रसाद गुप्त और श्यामसुन्दर दास कृत।
18. बाबा साहेब अम्बेडकर एंड दि मूवमेंट ऑफ अनटचेबुल, खंड-1, बंबई, महाराष्ट्र 1982 : 250
19. अनागारिक धर्मपाल 1960 : 4

**अध्याय 9 : अछूत और अपमान भावना के खिलाफ ऐतिहासिक संघर्ष**

1. पेरियार ललई सिंह के पिता चौधरी गज्जू सिंह यादव अन्धविश्वास, कर्मकांड, जातिवाद, वर्णवाद और ब्राह्मणवाद के खिलाफ समाज में मूल चेतना के साथ लगातार संघर्ष कर रहे थे, जिस कारण उनकी हत्या करने के मन से उन पर कई बार जानलेवा हमला करवाया गया लेकिन चौधरी जी बच निकलते थे। इस कारण वे अपने साथ हमेशा एक धारदार कुल्हाड़ी और एक मजबूत लाठी लेकर चलने लगे, जिस कारण उन्हें लोग 'कुल्हाड़बाज चौधरी जी' कहकर बुलाते थे। बिलकुल ऐसी ही परिस्थिति पेरियार ललई सिंह को भी संघर्ष के लिए विरासत में मिली। वे भी मनुवादियों से लड़ते हुए उनसे सुरक्षा के लिए कुल्हाड़ लेकर चलते थे। अत: उन्हें भी जनता 'कुल्हाड़बाज दीवानजी' कहती थी।
2. पेरियार ललई सिंह के भिक्षु प्रिय शिष्य और वारिश जे.एन. आदित्य ने संस्मरणात्मक बातचीत।
3. रामसेवक सिंह यादव से हुई संस्मरणात्मक साक्ष्यपरक बातचीत पर आधारित।
4. उपरोक्त
5. कृष्ण कुमार यादव से हुई संस्मरणात्मक साक्ष्यपरक बातचीत पर आधारित।
6. सोने लाल संखवार से हुई साक्ष्यपरक बातचीत पर आधारित।
7. मोहर सिंह यादव ने संस्मरणात्मक साक्ष्यपरक बातचीत में इस घटना को सुनाया। मंगली प्रसाद को ससम्मान पेरियार ललई सिंह—'पंडित मंगली प्रसाद' कहते थे।
8. जे.एन. आदित्य से हुई साक्ष्यपरक संस्मरणात्मक बातचीत पर आधारित।
9. उपरोक्त
10. देखें—शोषितों का डिब्बा गोल, 14 अप्रैल,1970, अशोक पुस्तकालय, झींझक, कानपुर, उ.प्र., भारत-209302
11. मगन गौतम से साक्षात्कार के आधार पर।
12. पेरियार ललई सिंह द्वारा कंवल भारती को लिखे पत्र से उद्धृत अंश, 26 जनवरी, 1980
13. सिख विरोधी दंगे—कानपुर की रिपोर्ट—दोषी कौन?, पीपुल्स यूनियन फॉर सिविल लिबरेशन, कानपुर इकाई द्वारा प्रकाशित, 2000
14. जे.एन. आदित्य से हुई साक्ष्यपरक संस्मरणात्मक बातचीत पर आधारित।
15. भजन सिंह पटेल से हुई साक्ष्यपरक संस्मरणात्मक बातचीत पर आधारित।
16. हरिहर पासवान से हुई साक्ष्यपरक संस्मरणात्मक बातचीत पर आधारित।
17. पेरियार ललई सिंह द्वारा लिखित पैम्फलेट से उद्धृत, सन् 1985
18. रामभजन से हुई साक्ष्यपरक संस्मरणात्मक बातचीत पर आधारित। ये पेरियार ललई सिंह के परिजन हैं। इन्हीं को उन्होंने अपना घर दिया है।

19. मुंशीलाल जी का जन्म ग्राम—किसौरा, झींझक, कानपुर देहात के रहनेवाले थे। आप जाति से सोनार थे। पेरियार ललई सिंह के मानवतावादी विचारों से बहुत प्रभावित थे। इसी प्रभाव के कारण इन्होंने पेरियार ललई सिंह को साहित्य आदि रखने और रहने के लिए अपने मकान में एक कमरा नि:शुल्क दिया था। इनके मकान में उन्होंने 'सस्ता प्रेस' लगाया था। पेरियार ललई सिंह के न रहने के बाद इन्होंने उस मकान को अपने भाई जगदीश नारायण वर्मा को दे दिया। आज उस मकान में इनके पुत्र मनोज वर्मा रहते हैं।

    एक पंचम लाल दोहरे थे। ये ग्राम प्रधान भी थे। इन्होंने भी एक कमरा पेरियार ललई सिंह को रहने के लिए दे रखा था। ये दोनों लोग उनकी सुरक्षा का भी बहुत खयाल रखते थे। उन्हें खूब आदर और प्यार देते थे। जब पेरियार ललई सिंह एक रोज मस्तिष्कीय आघात से बेहोश हो गए। वहाँ उपस्थित मुंशीलाल ने तुरन्त उन्हें कन्धे पर उठाया और डॉक्टर के पास ले गए। डॉक्टर ने बताया कि स्थिति बहुत गम्भीर है। यह संयोग ही था कि 'स्वतंत्रता संग्राम सेनानी' ट्रेन स्टेशन पर पहुँच रही थी। इधर एक बेहोश महान स्वतंत्रता सेनानी, हाई कमांडर को उठा कर लोग स्टेशन ला रहे थे। पहले से ही पहुँचकर कुछ साथियों ने ट्रेन को लगभग बारह मिनट रोके रखा। जब पेरियार ललई सिंह को लाकर ट्रेन में सुरक्षित लेटा दिया गया तब ट्रेन चली। इन्हें हेटल अस्पताल, कानपुर लाकर इमरजेंसी वार्ड में भर्ती कराया गया। अन्ततः उन्हें बचाया नहीं जा सका। 7 फरवरी, 1993 ई. को उनका निर्वाण हो गया। इसके बाद मुंशीलाल दहाड़े मारकर रोने लगे। सम्पूर्ण जनमानस हाईकमांडर को रोते-बिलखते अन्तिम विदाई दी।

20. आदित्य से हुई साक्ष्यपरक संस्मरणात्मक बातचीत पर आधारित।
21. उपरोक्त
22. सच्ची रामायण, 1972 : 4

राजनीतिक, सामाजिक, धार्मिक, सांस्कृतिक,
आर्थिक, वर्ण, जाति आदि पर चिन्तन

# शोषितों का डिब्बा गोल!

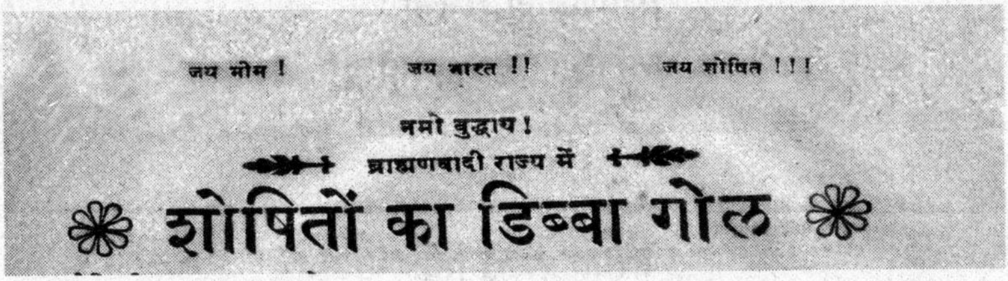
जय भीम !　　जय भारत !!　　जय शोषित !!!

नमो बुद्धाय !

ब्राह्मणवादी राज्य में

शोषितों का डिब्बा गोल

जय भीम!
जय शोषित!!
जय भारत!!!
नमो बुद्धाय!!!

**ब्रह्मणवादी राज में**

# शोषितों का डिब्बा गोल!

**लेखक :** प्रकाशक
**पेरियार ललई सिंह**

**अशोक पुस्तकालय (रजि.)**
झींझक, जिला—कानपुर-209302 (भारत)

**प्रथम बार 14 अप्रैल, सन् 1963 ई.**
दूसरी बार, सन् 1964 ई.
तीसरी बार, सन् 1965 ई.
चौथी बार, सन् 1967 ई.
पाँचवीं बार, सन् 1968 ई.
छठी बार, सन् 1970 ई.
सातवीं बार, सन् 1972 ई.
आठवीं बार, सन् 1975 ई.
नौवीं बार, सन् 1977 ई.
दसवीं बार, सन् 1980 ई.

**मूल्य :** 5 पैसा

## शोषित किसान-मजदूर बन्धुओ!

आपके सामने मैं उत्तर प्रदेश की आगे बढ़ी हुई जातियों की राजनीतिक पार्टियों की पोल खोल रहा हूँ। इसे पढ़ कर आप खुद सोचिए कि आप और आपकी आनेवाली सन्तानों की शिक्षा, सम्मान, रोटी, कपड़ा, मकान और इज्जत की समस्या इस वर्णवादी, पुरोहितवादी, जातिवादी, सामन्तवादी और पूँजीवादी देश में कैसे हल हो सकती है?

### आगे बढ़ी जातियाँ

| नाम जाति | जनसंख्या सन् 1951 | एम.एल.ए. जो चाहिए | एम.एल.ए. जो हैं |
|---|---|---|---|
| ब्राह्मण | 60 लाख | 40 | |
| ठाकुर | 46 लाख | 31 | |
| बनिया | 15 लाख | 10 | - 253 - |
| कायस्थ | 5 लाख | 3 | |
| खत्री | 1 लाख | 1 | |
| जाट | 10 लाख | 7 | |
| **योग** | **1 करोड़, 37 लाख** | **92** | |

**नोट :** आगे बढ़ी जातियों के कुल 92 एम.एल.ए. होने चाहिए थे। परन्तु 253 एम.एल.ए. हैं अर्थात् 161 एम.एल.ए. जो ज्यादा हैं सो मुस्लिम, अछूत, पिछड़ी व अन्य धर्म वालों की चोरी की गई है। जिनकी चोरी हुई है, उन्हें चोरों से सावधान रहना चाहिए!

| | | | |
|---|---|---|---|
| मुस्लिम | 60 लाख | 40 | 35 |
| अछूत | 1 करोड़, 50 लाख | 100 | 89 |

**पिछड़ी जातियाँ**

| नाम<br>जाति | जनसंख्या<br>1951 | एम.एल.ए.<br>जो चाहिए | एम.एल.ए.<br>जो हैं |
|---|---|---|---|
| अहीर, अहिरा, अहर | 55 लाख | 37 | 24 |
| कुर्मी | 23 लाख | 16 | 14 |
| लोधी, किसान | 19 लाख | 13 | 5 |
| गूजर | 4 लाख | 3 | 3 |
| काछी, कोइरी, मुराव | 22 लाख | 15 | 2 |
| केवट, मल्लाह | 11 लाख | 8 | 1 |
| भुर्जी | 3 लाख | 2 | 1 |
| माली | 4 लाख | 2 | — |
| कहार, धीवर | 16 लाख | 11 | — |
| गड़रिया | 13 लाख | 9 | — |
| तेली | 12 लाख | 8 | — |
| कुम्हार | 11 लाख | 8 | — |
| नाई | 9 लाख | 6 | — |
| बढ़ई | 8 लाख | 6 | — |
| लुहार | 7 लाख | 5 | — |
| नुनिया | 5 लाख | 4 | — |
| जोगी | 5 लाख | 4 | — |
| तमोली | 5 लाख | 4 | — |
| राजभर | 5 लाख | 4 | — |
| कड़ेरे, धुनियां | 4 लाख | 3 | — |
| सुनार | 4 लाख | 3 | — |
| दर्जी | 3 लाख | 2 | — |
| चिकवा | 2 लाख | 2 | — |
| बारी | 1 लाख | 1 | — |
| बंजारा | 1 लाख | 1 | — |
| हलवाई | 1 लाख | 1 | — |
| अरख | 1 लाख | 1 | + |
| ठठेरे | 1 लाख | 1 | + |
| छीपा | 1 लाख | 1 | + |
| नायक, साध, अग्रहरी, पटवा, अहिवासी, बैरागी, गिरि, गुसाई, कोष्टा, लखेरा, निपारिया आदि | 13 लाख | 9 | + |
| **योग** | **2 करोड़ 69 लाख** | **190** | **50** |

| अन्य धर्म | | | |
|---|---|---|---|
| सिख, सिंधी, जैन, बौद्ध, यहूदी, पारसी, ईसाई आदि | 13 लाख | 9 | 3 |
| खाली | + | + | 2 |
| **कुल योग** | | **431** | **431** |

**नोट :** सन् 1931 ई. की जनगणना के आधार पर 1950 के लिए 27 परसेन्ट बढ़ोतरी करीब-करीब सही शामिल की गई है।

## उत्तर प्रदेश सरकार के खानदानी गजेटेड ऑफिसरों (बड़े हाकिमों) के आँकड़े

| | 15 अगस्त, 1947 से | 1 जुलाई, 1955 | |
|---|---|---|---|
| हरिजन* | 16 | 70 | 54 बढ़े |
| पिछड़ी जाति | 34 | 25 | 9 घटे |
| आगे बढ़ी जातियाँ | 3152 | 5280 | 2033 बढ़े |

हरिजन 1-43 प्रतिशत व पिछड़ी जाति 0-47 प्रतिशत और आगे बढ़ी जातियाँ 98-10 प्रतिशत वे ऑफिसर हैं—जिनकी माहवारी तनख्वाह 25 रुपये से 3000 रुपये तक है। अभी तक दलित व पिछड़ी जाति का कोई भी जिलाधीश तक नहीं है।

* हरिजन शब्द उत्तर प्रदेश सरकार के गेजट में है। मैं इस शब्द का विरोधी हूँ!

## कुनबा परवरी के कुछ आँकड़े खत्री—गजेटेड ऑफिसर

| | | सन् 1946 ई. में | सन् 1955 ई. में |
|---|---|---|---|
| 1. | ब्राह्मण गजेटेड ऑफिसर | 578 | 1536 |
| 2. | कायस्थ गजेटेड ऑफिसर | 401 | 1111 |
| 3. | वैश्य गजेटेड ऑफिसर | 301 | 779 |
| 4. | क्षत्री गजेटेड ऑफिसर | 376 | 726 |
| 5. | अरोरा | 5 | 21 |
| 6. | भाटिया | 7 | 30 |
| 7. | कक्कड़ | 11 | 22 |
| 8. | कपूर | 19 | 45 |
| 9. | खन्ना | 13 | 31 |
| 10. | मेहरा, महरोत्रा | 15 | 71 |
| 11. | मेहता | 10 | 17 |
| 12. | भल्ला | 4 | 11 |
| 13. | सेठ, सेठी | 15 | 40 |
| 14. | टंडन | 20 | 55 |
| 15. | बैजल | 2 | 5 |
| 16. | चोपड़ा | 3 | 13 |
| 17. | भंडारी | 5 | 6 |
| 18. | सहगल | 3 | 9 |
| 19. | पुरी | 8 | 7 |
| 20. | आनन्द | 3 | 12 |
| 21. | ढींगरा | 1 | 4 |
| 22. | धवन | 1 | 4 |

## देश के किसान-मजदूर-दस्तकार-मध्यवर्गीय

# जनता से अपील

बन्धुओ!

हमारे मुल्क में जैसा जातिवाद है, ऐसा जातिवाद आपको दुनिया में कहीं भी रोशनी लेकर ढूँढ़े न मिलेगा। यहाँ हजारों वर्षों से अहीर का बेटा अहीर और चमार का बेटा चमार होता चला आ रहा है। यही वजह है कि देश में बुद्धि, पूँजी, राज्य का ठेका कुछ मुट्ठीभर जातियों के जिम्मे अभी तक चला आ रहा है। जब बनिया की रोटी-बेटी बनिया में और ब्राह्मण की रोटी-बेटी ब्राह्मण में होती आ रही है तो समाजवाद लानेवालों का यह नारा बिलकुल झूठा है कि 'समाजवाद आएगा, देश बदल जाएगा।' यहाँ की जितनी पार्टियाँ हैं, उनके लीडर चन्द मुट्ठी भर ऊँची जातियों के लोग हैं। पार्टी उनकी दिखावटी चीज है। उनमें आपस में एक अचेत मिलन है। पिछड़े लोगों की बेइज्जती से वे सभी खुश हैं।

वे नहीं चाहते कि ये जातियाँ आगे बढ़ें, क्योंकि इन जाति-वर्गों के बढ़ने से उनके लूटने व दास बनाने की बुराइयों से इन्हें मुक्ति मिलेगी। यही वजह है कि देश के चालाक नेता नित नई-नई पार्टी बनाकर, संत भेड़िया बनकर और शोषितों के गुलाम सियारों को साथ लेकर बहुसंख्यक जनता को गुमराह रखकर उनको अधिकारों से वंचित रखना चाहते हैं। इस देश के जो लोग भी उच्च वर्गी हैं वे आपका भला नहीं चाहते। आपके सामने इन 12 वर्षों में जो कारनामे इन पार्टियों द्वारा किए गए हैं वे स्मरण किए जाते रहेंगे। मौजूदा समय को देखकर इसे पढ़कर अपनी भलाई-बुराई खुद सोचिए और अन्दाजा लगाइए कि आपकी शिक्षा, सम्मान, रोटी, कपड़ा, मकान की मूलभूत समस्याएँ क्या उच्च जाति और वर्ग के लोग कभी भी हल कर सकते हैं!

अत: आपको ध्यान रखना है कि क्या शोषित जनता की भलाई की लड़ाई शोषित वर्ग का व्यक्ति ही लड़ सकता है?

**हम हैं आपके**

**अहीर ललई सिंह यादव**
पेंशनर : मध्य प्रदेश पुलिस सर्विस
भूतपूर्व : हाई-कमांडर, ग्वालियर
नेशनल आर्मी, हाल : प्रधानमंत्री
रिपब्लिकन पार्टी, कार्यालय : झींझक
जिला—कानपुर, उ.प्र., भारत।

**बाबूराम प्रजापति**
मंत्री : रिपब्लिकन पार्टी
कार्यालय : झींझक, जिला—कानपुर
एवं प्रधानमंत्री : पिछड़ा वर्ग संघ,
जिला—इटावा, उ.प्र., भारत।

**मुद्रक**
लोध समाज प्रेस,
सब्जी मंडी, कानपुर, उ.प्र.

जय भारत!

जय शोषित!!

जय भीम!!!

नमो बुद्धाय!!!

**ब्राह्मणवादी राज में**

# शोषितो, सावधान!

**अपने ऊपर पड़नेवाली**

**राजनैतिक डकैती से सावधान रहो!**

शोषकों से : जियो और जीने दो!

शोषितों से : करो या मरो!

लेखक : प्रकाशक

**पेरियार ललई सिंह**

**अशोक पुस्तकालय (रजि.)**

झींझक, जिला—कानपुर-209302 (भारत)

**प्रथम बार 17 सितम्बर, सन् 1971 ई.**

दूसरी बार, सन् 1973 ई.

तीसरी बार, सन् 1975 ई.

चौथी बार, सन् 1977 ई.

पाँचवीं बार, सन् 1980 ई.

छठी बार, सन् 1982 ई.

सातवीं बार, सन् 1986 ई.

आठवीं बार, सन् 1987 ई.

**मूल्य :** 10 पैसा

## सम्पूर्ण एम.एल.ए. (उत्तर प्रदेश)

| जाति | : जनसंख्या : 1951 | : एम.एल.ए. : जो चाहिए | : एम.एल.ए. : 1969 | जो मौजूद हैं : 1974 | : 1977 |
|---|---|---|---|---|---|
| अगड़ी जाति | : 137 लाख | : 92 | : 235 | : 193 | : 198 |
| पिछड़ी जाति | : 269 लाख | : 190 | : 58 | : 15 | : 84 |
| अनु. जाति, अनु. जनजाति | : 150 लाख | : 100 | : 96 | : 94 | : 93 |
| मुस्लिम | : 60 लाख | : 40 | : 35 | : 40 | : 46 |
| अन्य धर्म | : 13 लाख | : 9 | : 1 | : 3 | : 2 |
| **योग** | **: 6 करोड़, 29 लाख** | **: 431** | **: 425** | **: 425** | **: 423** |

**नोट :** सन् 1951 ई. में एम.एल.ए. 431 थे। अब 425 हैं।

## अगड़ी जाति एम.एल.ए. (उत्तर प्रदेश)

| | | | | | |
|---|---|---|---|---|---|
| ब्राह्मण | : 60 लाख | : 40 | : 96 | : 75 | : 88 |
| क्षत्री | : 46 लाख | : 31 | : 89 | : 68 | : 65 |
| वैश्य | : 15 लाख | : 10 | : 22 | : 21 | : 20 |
| कायस्थ | : 5 लाख | : 3 | : 8 | : 8 | : 7 |
| खत्री | : 1 लाख | : 1 | : 6 | : 6 | : 1 |
| जाट | : 10 लाख | : 7 | : 14 | : 14 | : 17 |
| **योग** | **: 1 करोड़, 37 लाख** | **: 92** | **: 235** | **: 193** | **: 198** |

—रामदीन जाटव एम.एल.ए. मैनपुरी के एक एसेम्बली क्वेश्चन सन् 1960 ई. के अनुसार पुलिस के 48366 कॉन्स्टेबलों में से 6060 कॉन्स्टेबल पिछड़ी जाति के और 1416 कॉन्स्टेबल अनुसूचित जाति के थे।

## एसेम्बली क्वेश्चन द्वारा गजेटेड ऑफिसर

| जाति | : 1946 | : 1955 | : 1961 |
|---|---|---|---|
| अगड़ी जाति | : 1201 | : 4555 | : 8500 |
| पिछड़ी जाति | : 34 | : 25 | : 67 |
| अनु.,जनजाति | : 16 | : 70 | : 194 |
| अंग्रेज, ईसाई मुस्लिम आदि | : 1901 | : 630 | : 858 |
| **योग** | **: 3152** | **: 5280** | **: 9619** |

### एम.एल.ए., एम.एल.सी., एम.पी. सहित गजेटेड ऑफिसर (उत्तर प्रदेश)

| जाति | : | 1958 | : | 1967 |
|---|---|---|---|---|
| ब्राह्मण | : | 3150 | : | 3483 |
| क्षत्री | : | 800 | : | 914 |
| वैश्य | : | 1683 | : | 1919 |
| कायस्थ | : | 2165 | : | 2410 |
| खत्री | : | 100 | : | 1093 |
| जाट | : | 300 | : | 364 |
| पिछड़ी जाति | : | 216 | : | 296 |
| अनुसूचित जाति, अनुसूचित जनजाति | : | 232 | : | 367 |
| शरणार्थी | : | 101 | : | 123 |
| सिक्ख | : | 110 | : | 134 |
| मुस्लिम | : | 712 | : | 747 |
| ईसाई | : | 214 | : | 156 |
| **योग** | : | **10760** | : | **12058** |

**नोट :** उत्तर प्रदेश की सिविल लिस्ट नम्बर 260, 260-ए, 1958 ई. तथा सिविल लिस्ट प्रथम भाग सन् 1967, द्वितीय भाग 1966 ई. के अनुसार उपरोक्त गणना करीब-करीब सही है।

## एक बात!

अंग्रेज कहते थे कि भारतीय इस काबिल नहीं कि उन्हें गजेटेड ऑफिसर बनाया जाए, वही बात अब ब्राह्मणवादी सरकार कहती है कि पिछड़ी, अनुसूचित तथा अनुसूचित जनजातियाँ इस काबिल नहीं कि उन्हें गजेटेड ऑफिसर बनाया जाए। एक बार पं. जवाहरलाल नेहरू ने कहा कि अछूत इस काबिल नहीं कि उन्हें राजदूत बनाया जाए।

शैड्यूल्ड कास्ट कमिश्नर श्रीकान्त की रिपोर्ट में लिखा है कि 'हजारों ग्रेज्युएट अछूतों के नाम कामचलाऊ दफ्तर में लिखे हैं।' शोषित सोचें, फिर रिजर्वेशन पूरा क्यों नहीं?

वास्तविक कारण है—भाई-भतीजावाद, जातिवाद व सवर्णवाद। नौकरियों में नई भर्ती करनेवाले तथाकथित उच्च जाति के गजेटेड ऑफिसर हैं।

ए शोषितो!

राजनीतिक नक्शा आपके सामने है। अत: यह सिद्ध हो गया कि अधिकार माँगे नहीं छीने जाते हैं। अब रिजर्वेशन आगे बढ़ी जातियों का होना है, इसके लिए

भविष्य में अपना कीमती वोट उन्हीं को दें, जो आपके अधिकारों का शोषण न करे। आपके अधिकारों के लिए लड़े।

शोषकों से प्रार्थना है कि जिस तरह अंग्रेजों ने भारत का राज शोषकों के सुपुर्द किया है, उसी तरह वे भी शोषितों को जनसंख्या के अनुपात से राजसत्ता का भागीदार खुशी-खुशी बना लें अन्यथा शोषित अपने अधिकार शान्ति से अथवा क्रान्ति से जैसे बनेगा तैसे ले ही लेंगे। उल्टे वैमनस्यता और बढ़ जाएगी। हो सकता है—राष्ट्र गृह-युद्ध की भीषण आग में फँस जाए, इसकी जिम्मेदारी शोषकों पर होगी, मरता-क्या न करता?

धन्यवाद!

दिनांक—14 अप्रैल, सन् 1978 ई.

**जय शोषित!**

**दबे-पिसे पिछड़े लोगो!!**

जय भीम !　　जय भारत !!　　जय शोषित !!!

नमो बुद्धाय !

# जय शोषित

## दबे पिसे पिछड़े लोगों

शोषितों का राजनैतिन डिब्बा गोल ।

कांग्रसी शासन की ढोल में पोल !!

लाल, सफेद, पीली रङ्ग बिरङ्गी टोपियां धोखा है इस पर्चा को सावधानी से पढ़कर अपने बे पढ़े लोगों को सुनाइये ।

जय भीम!
जय शोषित!!
जय भारत!!!
नमो बुद्धाय!!!

# जय शोषित!

## दबे-पिसे पिछड़े लोगो!!

**शोषितों का राजनैतिक डिब्बा गोल।**
**कांग्रेसी शासन की ढोल में पोल॥**

**लाल, सफेद, पीली, रंग-बिरंगी टोपियाँ धोखा हैं।**
**इस पर्चा को सावधानी से पढ़कर! अपने बेपढ़े लोगों को सुनाइए!!**

लेखक : प्रकाशक
**पेरियार ललई सिंह**

**अशोक पुस्तकालय (रजि.)**
झींझक, जिला—कानपुर-209302 (भारत)

प्रथम बार 1 सितम्बर, सन् 1972 ई.
दूसरी बार, सन् 1973 ई.
तीसरी बार, सन् 1975 ई.
चौथी बार, सन् 1977 ई.
पाँचवीं बार, सन् 1978 ई.
छठी बार, सन् 1980 ई.
सातवीं बार, सन् 1981 ई.
आठवीं बार, सन् 1983 ई.
नौवीं बार, सन् 1985 ई.
दसवीं बार, सन् 1987 ई.

**मूल्य :** 5 पैसा

## उत्तर-प्रदेश का राजनीतिक नक्शा

| नाम जाति | आबादी 1931 | एम.एल.ए. मौजूद हैं | एम.एल.ए. चाहिए | बड़े हाकिम मौजूद हैं | बड़े हाकिम चाहिए |
|---|---|---|---|---|---|
| चमार | 63 लाख | | 61 | | 735 |
| पासी | 15 लाख | | 13 | | 151 |
| कोरी | 9 लाख | | 8 | | 99 |
| धोबी | 8 लाख | | 7 | | 80 |
| भंगी | 5 लाख | | 5 | | 56 |
| अहेरिया | 4 लाख | | 4 | | 45 |
| मुस्लिम | 68 लाख | 43 | 53 | 437 | 643 |
| ब्राह्मण | 44 लाख | 125 | 39 | 1588 | 468 |
| ठाकुर | 37 लाख | 60 | 32 | 569 | 396 |
| वैश्य | 12 लाख | 28 | 60 | 660 | 122 |
| कायस्थ | 5 लाख | 15 | 4 | 1100 | 49 |
| खत्री | आधा लाख | 9 | + | 533 | 5 |
| अहीर | 39 लाख | 18 | 36 | 11 | 428 |
| कुर्मी | 18 लाख | 10 | 16 | 5 | 183 |
| काछी, कोयरी मुराऊ | 18 लाख | 5 | 16 | 1 | 190 |
| गूजर | 4 लाख | 3 | 4 | . | 48 |
| लोधी किसान | 15 लाख | 3 | 13 | 2 | 125 |
| गड़रिया | 14 लाख | 1 | 10 | 1 | 105 |
| केवट, मल्लाह | 8 लाख | 1 | 7 | . | 92 |
| कहार | 12 लाख | . | 9 | . | 107 |
| तेली | 10 लाख | . | 9 | . | 105 |
| नाई | 9 लाख | . | 8 | . | 93 |
| कुम्हार | 8 लाख | | 7 | 1 | 90 |
| लौनिया | 5 लाख | . | 4 | . | 49 |
| भुर्जी | 3 लाख | . | 2 | . | 30 |
| सुनार | 3 लाख | . | 2 | . | 30 |
| माली | 2 लाख | . | 1 | . | 18 |
| बढ़ई, लुहार | 1 लाख | . | 10 | . | 88 |
| तमोली | 1 लाख | . | 1 | 2 | 6 |
| बरई बारी | 2 लाख | . | 1 | . | 18 |
| जाट | 8 लाख | . | 7 | . | 82 |
| **योग** | **4 करोड़ 50 लाख 50 हजार** | **321** | **449** | **4910** | **4709** |

**बन्धुओ!**

अपने सूबे में 431 एम.एल.ए. हैं, जिसमें ब्राह्मण, ठाकुर, वैश्य, कायस्थ तथा खत्री आबादी के अनुसार, 85 एम.एल.ए. होने चाहिए, मगर ऊपर लिखे मुताबिक 237 एम.एल.ए. हैं और पिछड़ी जातियों के 236 एम.एल.ए. आबादी के हिसाब से होने चाहिए, मगर केवल 41 एम.एल.ए. हैं। बहुत-सी जातियों के कतई एम.एल.ए. नहीं हैं। इसका पहला नतीजा 'घर के परसैया अँधेरा' यह है कि यू.पी. सिबिल लिस्ट 253 बी के अनुसार, 5144 बड़े हाकिम (गजेटेड ऑफिसर) हैं, जिनमें ब्राह्मण, ठाकुर, वैश्य, कायस्थ, खत्री आबादी के हिसाब से 1040 होना चाहिए। मगर ऊपर लिखे मुताबिक 4450 बड़े हाकिम (गजेटेड ऑफिसर) हैं। पिछड़ी व अछूत तथा मुसलमान आदि के आबादी के हिसाब से 4104 बड़े हाकिम (गजेटेड ऑफिसर) होने चाहिए, मगर नहीं के बराबर हैं।

इस उल्टी गंगा का दूसरा नतीजा—पिछड़ी, अछूत व मुसलमान आदि जातियों को छोटी-छोटी नौकरियाँ, जैसे—पोस्टमैन, क्लर्क, ग्राम सेवक, कॉन्स्टेबल, वर्कन्दाज, चपरासी, पतरौली, लेखपाल, कामदार आदि मिलना कठिन है। तीसरा नतीजा इन जातियों के पास बन्दूकों के लाइसेन्स तक नहीं हैं। चौथा नतीजा दिन-दहाड़े इन जातियों को लूटकर ऊँची जातियों के दरोगा उल्टे इन्हीं जातियों को जेल में भेजते हैं। अगर इस परिस्थिति को आमूल-चूल पलटना चाहते हो, अपने लड़कों को नौकरी व जमीन का बँटवारा सही कराना चाहते हो, अपने लड़कों की पढ़ाई-लिखाई मुफ्त चाहते हो तथा पुराने मालिकों की मार, बेगार, लूट-खसोट, छीना-झपटी, अन्याय, अत्याचार, जुल्म, ज्यादती, रोज-रोज की सामन्ती-तानाशाही से बचना चाहते हो तो 'शोषित संघ' के उम्मीदवार को ही वोट दीजिए। शोषित संघ के उम्मीदवार आप लोगों की आबादी के अनुसार नौकरी व एम.एल.ए. बनवाने की खुली वकालत एसेम्बली में करेंगे, तभी आप लोगों का कल्याण होगा। क्योंकि दीगर पार्टियाँ आपकी आबादी के हिसाब से वकालत कतई नहीं करतीं।

बहुत सहे पर अब न सहेंगे, अत्याचार तुम्हारा।
अपना हक हम लेकर रहेंगे, अन्तिम लक्ष्य हमारा॥

**निवेदक—पेरियार ललई सिंह अहीर (यादव)**

साहित्य विशारद, पेंशनर : मध्य प्रदेश

**भूतपूर्व हाई-कमांडर ग्वालियर नेशनल आर्मी**

निवासी—कठारा, रेलवे स्टेशन झींझक, कानपुर, उ.प्र.

**मुद्रक—** श्रीराम आर्ट प्रेस, भरसेन

# शोषितों पर राजनैतिक डकैती

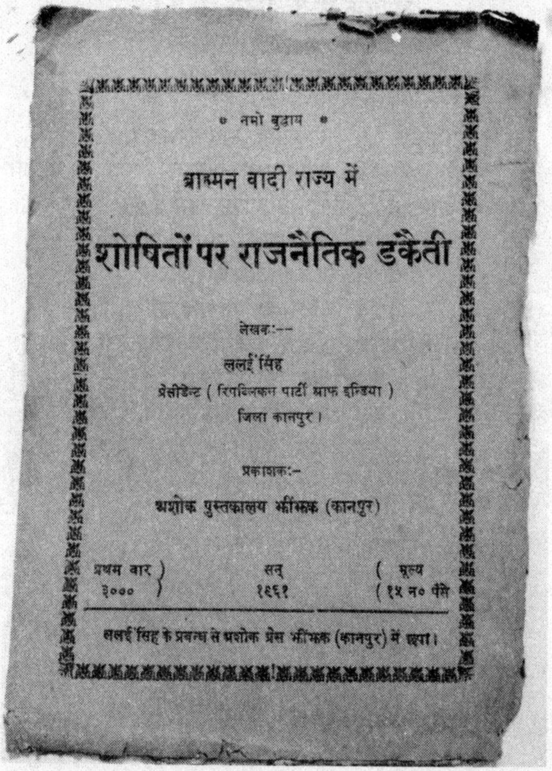

!!नमो बुद्धाय!!
ब्राह्मणवादी राज में
भारतीय पुरोहितों का कमेरे मानव के
साथ मानवता विरोधी षड्यंत्र!

# शोषितों पर राजनैतिक डकैती

लेखक
**पेरियार ललई सिंह**
प्रेसिडेंट—रिपब्लिकन पार्टी ऑफ इंडिया, जिला—कानपुर, उत्तर प्रदेश, भारत

**अशोक पुस्तकालय (रजि.)**
झींझक, जिला—कानपुर,
उत्तर प्रदेश, भारत-209302

पहली बार 14 अप्रैल, सन् 1961 ई.
ललई सिंह के प्रबन्ध से अशोक प्रेस, झींझक (कानपुर) में छपा
पहली बार 3,000 प्रतियाँ प्रकाशित, मूल्य 15 नए पैसे
दूसरी बार सन् 1969 ई.
बाबा साहब के परिनिर्वाण दिवस
दिनांक 6 दिसम्बर, 1969 ई.
दूसरी बार 2,000 प्रतियाँ प्रकाशित
तीसरी बार सन् 1974 ई.
चौथी बार सन् 1988 ई.
पाँचवीं बार सन् 1992 ई.



**मुद्रक**
सस्ता प्रेस
झींझक, कानपुर, उ.प्र.,
भारत-209302

प्रथम बार **मूल्य :** 15 नए पैसे
**मूल्य :** 2.50 रुपये

!!समर्पण!!

निर्वाण प्राप्त,
श्रद्धेय नाना जी
श्री साधो सिंह यादव,
निवासी ग्राम-मकरंदापुर, पोस्ट-शिवला, जिला—कानपुर
की पुण्य-स्मृति में। यदि पिताश्री से अनेक बार नानाजी ने यह न कहा होता कि 'काहे पढ़ाए पढ़ाए मारे डारत हौ—आखीर महँ भैंसा ही जोतन पड़ेंगे', तो शायद पिताश्री मुझे आपकी सेवा के योग्य न पढ़ाते। सादर समर्पित!

1 सितम्बर, सन् 1961 ई. **—पेरियार ललई सिंह**

# दो शब्द

ऊँच-नीच व छूत-अछूत भावना पर आधारित हिन्दू धर्म की सामाजिक वर्ण-व्यवस्था का नाम ही वामनवाद है—मतलब ब्राह्मणवाद। हिन्दू समाज का यही वामनवाद ईश्वर, वर्ण, भाग्य, भगवान, स्वर्ग-नर्क व पूर्वजन्म, संस्कार की बात गढ़कर देश के 90 फीसदी कमेरों को शूद्र, महाशूद्र, अछूत, अन्त्यज व नीच कहकर उनका कई हजार साल से शोषण करता चला आ रहा है।

आज देश आजाद जरूर है, समानता की कानूनी व्यवस्था भी है, लेकिन वह ब्राह्मणवाद देश के हर कोने और शासन के हर आदमी में किस तरह व्याप्त है, इसका अन्दाजा पाठकों को इस छोटी-सी पुस्तक के पढ़ने से चल सकता है।

आबादी के लिहाज से विधान सभा के सदस्यों व दिए गए सरकारी नौकरियों व मेम्बरों के आँकड़े पढ़ने से जहाँ 90 फीसदी कमेरे शोषित वर्ग के नौजवानों को उनके अधिकारों पर पड़नेवाली आज की राजनीतिक डकैती का ज्ञान हो सकेगा और सम्भव है, उनमें अपने इन अधिकारों को बचाने की वर्ग चेतना पैदा हो सके और उसके लिए वह इस मौजूदा राजनीतिक व सामाजिक व्यवस्था के खिलाफ संगठित होकर मोर्चा ले सकें। पर इन आँकड़ों को पढ़कर यह भी सम्भव है कि देश में 10 फीसदी शोषक वर्ग में भी विवेक व नैतिकता पैदा हो जाए और वह अपनी हजारों साल पुरानी शोषण की नीति को समाप्त कर शोषित कमेरों को उनके हक उसी तरह दे दे, जिस तरह चतुर व बुद्धिमान अंग्रेजों ने निहत्थे भारतवासियों को उन्हें उनको भारत की राजनीतिक सत्ता बखुशी सौंप दी।

भाई पेरियार ललई सिंह एक प्रगतिवादी, बुद्धिवादी, विचारवान, कर्मठ व अपनी धुन के पक्के भारत के सच्चे मानवतावादी सेनानी हैं। उनकी बातों में बौद्धिकता है। उनमें नैतिक बल है। बुद्धि है। विवेक है। संवैधानिक व्यवस्था से भरपूर कानूनी शक्ति भी है। उन जैसे प्रबुद्ध जागरूकों का कर्तव्य है कि वे सरकार को भी ऐसे डकैतों की जानकारी कराते रहें। अब अगर वक्त की सरकार उस कानूनी संरक्षण की व्यवस्था को ढीला कर दे तो जनहित में उसको ठीक करना भी तो उन जागरूक नागरिकों का जरूरी फर्ज हो जाता है।

मैं उनके इस प्रयत्न की सफलता की कामना करता हूँ, आशा है कि शोषित व शोषक दोनों ही वर्ग के लोग अपनी-अपनी जगह पर राष्ट्र हित में शोषण को खत्म करने का कोई सही हल जरूर ढूँढ़ निकालेंगे।

इस कृति की सफलता का प्रमाण इसकी लोकप्रियता, लगातार छपते संस्करण और पूरे भारत में जन-जन में होती चर्चा-परिचर्चा आदि है।

दिनांक—1 जनवरी, सन् 1969 ई.

**—छेदीलाल 'साथी'**

सम्पादक—'बहुजन' पाक्षिक-पत्र, लखनऊ,

प्रेसीडेंट—रिपब्लिकन पार्टी ऑफ इंडिया, उत्तर प्रदेश

# सम्मति

ईसाइयों का 'बाइबिल' धार्मिक ग्रंथ है, मुसलमानों का 'कुरान शरीफ' है और हिन्दुओं का 'वेद' है। ठीक उसी तरह का ग्रंथ शोषित वर्ग (शूद्रों) के लिए 'शोषितों पर राजनीतिक डकैती' है। इसे पढ़ जाने के बाद शूद्र तुरन्त बदल जाएगा। उसमें मानवीय अधिकारों की चेतना निर्मित हो जाएगी।

ऐसा लगता है कि मनु-स्मृति तथा अन्य प्राचीन हिन्दू धार्मिक ग्रंथों का एकमात्र लक्ष्य शूद्रों (पिछड़ी जातियों), महाशूद्रों (अनुसूचित व अनुसूचित जनजातियों) को जिन्हें अन्त्यज, पादप व चांडाल आदि घृणित शब्दों से सम्बोधित किया गया है, गुलाम बनाना रहा है—जिस तरह पाकिस्तान की एकमात्र वैदेशिक नीति कश्मीर को किसी तरह हड़पने की है।

मनु-स्मृति द्वारा निर्मित मनुवादी समाज का सिर वहाँ है—जहाँ पैर होना चाहिए और पैर वहाँ है—जहाँ सिर होना चाहिए, इससे मेरा मतलब है कि कमेरे और मेहनती वर्ग की इज्जत सबसे अधिक होनी चाहिए सो नहीं की गई। मानवता के एक शिक्षित छोटे समुदाय द्वारा मानव के एक बहुत बड़े अशिक्षित कमेरे समुदाय पर मनमाने जुल्म ढाए गए। उनके साथ अ-मानवीय, खराब से भी खराब व्यवहार किया गया।

शूद्रों के कर्तव्य ही कर्तव्य थे, भोग कुछ भी नहीं। यह पुस्तक जानकारी देगी—'अधिकार क्या है?' पुस्तक अवश्य पढ़नी चाहिए।

दिनांक—16 जनवरी, सन् 1969 ई.

**—श्यामलाल**
एम.ए., एल.एल.बी.
एडवोकेट, भूतपूर्व एम.एल.ए.
सम्पादक—साप्ताहिक 'पूर्वी जिले'
कचेहरी, बस्ती (यूपी)

# सम्मति

पिछड़ी, अनुसूचित तथा अनुसूचित जनजातियों का शोषण राष्ट्रीय-स्तर पर समाप्त होना चाहिए। इस सत्य को अ-स्वीकृत नहीं किया जा सकता। अन्यथा अपना राष्ट्र सदैव पिछड़ा ही नहीं रहेगा वरन् इसका विश्व में अस्तित्व रहेगा या नहीं—इसमें भी सन्देह है।

किसी भी राष्ट्र की सर्वांगीण उन्नति एवं विकास के लिए यह अत्यन्त आवश्यक ही नहीं—वरन् अनिवार्य भी है कि समाज की जन-जन की क्षमता का भरपूर उपयोग किया जाए। यह तभी सम्भव है—जब कि पिछले हजारों सालों से चले आ रहे सामाजिक, धार्मिक, राजनीतिक तथा सांस्कृतिक शोषण को समाप्त करने की दिशा में ठोस प्रयास किए जाएँ।

इस दिशा में 'शोषितों पर राजनैतिक डकैती' नामक पुस्तक निःसन्देह एक ठोस प्रयास है। लेखक महोदय का यह परिश्रम अत्यन्त श्लाघ्य एवं सराहनीय है।

इस पुस्तक में प्रस्तुत विधान सभा के सदस्यों और राज-पत्रित अधिकारियों के आँकड़े, शताब्दियों से बन्द आँखें खोलने के लिए पर्याप्त सामग्री प्रस्तुत करते हैं। साथ ही साथ धर्म-गुरुओं एवं प्रणेताओं मनु आदि के धार्मिक विधि-विधान, पिछड़ी, अनुसूचित तथा अनुसूचित जनजाति के ऊपर होनेवाले भयानक मनुवादी दमन-अत्याचार का खुला घोषणा-पत्र प्रस्तुत करते हैं। सचमुच शोषक जाति के इन महान पापों का कोई प्रायश्चित्त नहीं है!

दिनांक—15 फरवरी, सन् 1969 ई.

**—डॉ. गौरीशंकर सचान**

ग्राम—जलालपुर, पोस्ट—मुहम्मदपुर,
जिला—कानपुर, उत्तर प्रदेश।

## पाठकों का कर्तव्य

प्रस्तुत पुस्तक पढ़िए!

गजेटेड ऑफिसरी की बात जाने दीजिए। श्री रामदीन जाटव एम.एल.ए. मैनपुरी के एक प्रश्न सन् 1960 ई. के अनुसार पुलिस के 48366 कॉन्स्टेबलों में से 6060 कॉन्स्टेबल पिछड़ी जाति के व 1416 कॉन्स्टेबल अनुसूचित जाति के थे।

आप अपने दैनिक जीवन के अनुभव में किसी भी विभाग की बड़ी या छोटी नौकरियों की ओर ध्यान से देखें तो अपना स्थान न के बराबर पाएँगे—जैसा कि इस पुस्तिका में सिद्ध किया गया है।

मैं इस नतीजे पर पहुँचा हूँ कि नौकरियों में जो आगे बढ़ी जातियाँ आगे थीं—अब वे पिछड़ी व अनुसूचित जातियों के विद्वान व्यक्तियों को भी आगे नहीं बढ़ने दे रही हैं।

अत: इस भाई-भतीजावाद एवं कुनबा-परवरी को समाप्त करने के लिए हम सब को सभी चुनावों में अपना कीमती वोट ऐसे व्यक्ति को देना चाहिए जो हमारे प्रत्येक प्रकार के हितों की रक्षा कर सके तथा वर्ण-व्यवस्था, जाति-पाँति, पुरोहितवाद में विश्वास न रखता हो। इसे आमूल-चूल उन्मूलन करने का विजन रखता हो।

सफलता की कामना।

धन्यवाद!

दिनांक—7 जुलाई, सन् 1974 ई. **—पेरियार ललई सिंह**

# क्षमा याचना!

1. मैं आपकी इच्छानुसार सदैव नए आँकड़े लिखना चाहता हूँ परन्तु आप लोगों ने जिन बैकवर्ड व शैड्यूल्ड कास्ट के लोगों को एम.एल.ए. और एम.पी. चुना है। उन्हीं को प्रश्न पूछने का अधिकार है। वे मेरा सहयोग कतई नहीं करते हैं।
2. मैं आपकी इच्छानुसार सस्ती कीमत में पुस्तकें देना चाहता हूँ, परन्तु श्री लाहौरीराम बाली सम्पादक साप्ताहिक 'भीम पत्रिका', नकोदर रोड, जालन्धर सिटी (पंजाब) की बातें जो 'आर्यों का नैतिक पोल प्रकाश' नामक पुस्तक में सन्दर्भित हैं, के अनुसार दिमागी गुलामी को दूर करनेवाले लेखकों को भारत या विदेशी पूँजीपतियों से कोई मदद नहीं मिलती है। उल्टे अनेक अड़ंगाबाजी और मुकदमाबाजी का सामना करना पड़ता है।
3. एसेम्बली कार्रवाई, सिविललिस्टों और अन्य रिकार्ड की कीमत तथा महीनों की रिसर्च कागज, स्याही एवं लेबर की बढ़ी तनख्वाह को देखते हुए इस संस्करण का दाम बदर्जे मजबूरी बढ़ाया गया है।
4. यूरोपीय लेखक 'रस्किन' के कथनानुसार लेखक को प्रकाशक नहीं होना चाहिए। मेरे जिम्मे लेखन, प्रकाशन, भाषण व भ्रमण आदि सभी काम है। वृद्ध हूँ। अधिकतर अस्वस्थ रहता हूँ। अत्यधिक भाषण-भ्रमण से समय पर न तो भोजन मिलता है और न विश्राम।

अत: पाठक गण हमारी उपरोक्त मजबूरियों को ध्यान में रखते हुए सभी शिकायतों को क्षमा प्रदान करें।

सहयोग व सुझाव के लिए धन्यवाद!

दिनांक—1 सितम्बर, सन् 1974 ई.

आप सबका

**—पेरियार ललई सिंह**

### ब्राह्मणवादी राज में

# शोषितों पर राजनैतिक डकैती

किसान मजदूर शोषित सर्वहारा बन्धुओ!

आँख खोलकर देखो और कान खोलकर सुनो!!

अंग्रेजों को यहाँ से गए 14 साल बीत चुके हैं। तब से कांग्रेस के नाम पर भी वही 15 फीसदी उच्चजाति जनसंख्या वाले मुट्ठीभर ब्राह्मण, क्षत्रिय व लाला राज कर रहे हैं और शोषित, सर्वहारा, बहुजन 85 फीसदी होते हुए भी अपने सभी प्रकार के राजकीय अधिकारों से वंचित हैं। अंग्रेजों के जमाने से कई गुना ज्यादा चूसे, पीसे, कुचले जा रहे हैं।

हम शोषित सर्वहारा लोगों की अज्ञानता का हमेशा से नाजायज फायदा उठाया जा रहा है। अंग्रेजों के जमाने में हिन्दू के नाम पर जो भी राजकीय अधिकार मिलते थे—उनको यही मुट्ठी भर 15 फीसदी जनसंख्या वाले ब्राह्मण, क्षत्रिय व लाला हड़पते रहे और हम 85 फीसदी पर उसी बल से जुल्म ढाते रहे। अंग्रेजों को बहका कर हमारी पल्टनें खतम कराई गईं और सिविल में भी सब प्रकार की नौकरियों के दरवाजे बन्द करा दिए गए थे।

हम में से जिस जाति ने जहाँ भी इनकी गुलामी करने से इनकार किया, उस पूरी जाति को वहाँ जरायम पेशा लिखवाने से नहीं चूके। सरकारी रिपोर्ट फरवरी, सन् 1960 ई. 'हरिजन कल्याण विभाग, उत्तर प्रदेश', परिशिष्ट-4 देखिए, जिसमें जरायम पेशा जातियों का लेखा-जोखा दिखाया गया है, जिन्हें अब विमुक्त जाति के नाम से पुकारा जाता है।

अहेरिया, बंजारा, गड़ीला, गद्दी, घोसी, गूजर, हबूड़ा, कंजड़, केवट, मल्लाह, वधिक, खटिक, लोध, मेवाती, मुसहर, नट, औढ़िया, पलवर, दुसाध, पासी, सालिया, तग व भाट आदि।

यही जातियाँ मुसलमान, ईसाई होने पर जरायम पेशा के दोष से बरी हो जाती थीं। क्योंकि मुसलमान, ईसाइयों के नेता नुमाइन्दे अपनी जाति-जमात की हर प्रकार से रक्षा करते थे। इसके विपरीत हिन्दुओं के नाम पर हक हड़पनेवाले ब्राह्मण, क्षत्रिय, लाला हिन्दू नेता—जिनके हकों पर मौज करते थे, उन्हीं के विरुद्ध षड्यंत्र रचते

रहते थे और अंग्रेजों की जय-जयकार करते रहते। लार्ड रिपन, लार्ड लैंस डाउन की विदाई और स्वागत में देहली से बम्बई व बम्बई से देहली तक फूल बिछाए गए थे। ऐसा क्यों हुआ? जो अंग्रेज शैतान था, वही अंग्रेज भगवान क्यों बन गया?

इसलिए कि अंग्रेजों ने समझा कि इन चतुर चूड़ामणि ब्राह्मण, क्षत्रिय, लाला को खुश करके बिना खतरा अपनी मक्खन-रोटी हमेशा उड़ाते रहेंगे। बर्र के छत्ते में हाथ डालने से क्या फायदा! इसीलिए अंग्रेज भगवान ने ब्राह्मणी व्यवस्था के अनुसार, राज-काज चलाना स्वीकार कर लिया था किन्तु अन्तरराष्ट्रीय परिस्थितियों से विवश होकर मांटेगू चेम्स फोर्ट रिफॉर्म सन् 1919 ई. में अछूतों को प्रत्येक लेजिस्लेचर में सीट रिजर्व कर दी गई। बस, वही अंग्रेज भगवान फिर शैतान हो गया और जय की जगह अंग्रेज की क्षय के नारे गूँज उठे।

यहाँ तक कि लाहौर में रावी नदी के किनारे 26 जनवरी, सन् 1930 ई. को लाला लाजपतराय की अध्यक्षता में कसम खाई गई कि अब आइन्दा हमारा अंग्रेजों से न कोई रिश्ता रहेगा और न कोई वास्ता, किन्तु उस कसम को ताक पर रखकर अब आजाद भारत को अंग्रेजों की पूँछ कॉमन वैल्थ में, बाँध दिया गया। सारे चाय बागान पर आज भी अंग्रेजों का अधिकार ज्यों का त्यों है। अंग्रेजों की बड़ी-बड़ी फर्में सुविधा के साथ धन कमा रही हैं।

सिर्फ यही क्यों अभी उस अंग्रेज औरत का वैसा ही स्वागत हुआ जैसा कि भारत की सम्राज्ञी का होना चाहिए।

हमारी गरीबी पर आँसू बहानेवाले महा-कारुणिकों ने हमारा खून चूस कर 40 करोड़ रुपये की होली खेल कर हमको कृतार्थ कर दिया है। यह एक रहस्यपूर्ण लम्बी कहानी है जिसके उपलक्ष्य में अछूतों को हिन्दू बनाकर सिर्फ हक बटवारे के प्रश्न को ही खतम नहीं किया गया था वरन प्रतिनिधित्व को ही प्रभावहीन बना दिया गया और अब रिजर्वेशन का भी मखौल उड़ाया जा रहा है। 'अन्य पिछड़ी जातियों' का तो इससे भी बुरा हाल है।

ब्राह्मणवादी व्यवस्था के विधि-विधानों में जिसका वध किया जाता रहा है, उसी के कल्याण की दुहाई दी जाती रही है—रावण को क्यों मारा, उसकी मुक्ति के लिए। हिरण्यकश्यप को क्यों मारा? उसकी मुक्ति के लिए। यज्ञों में जिन पशुओं का वध किया जाता था, उनकी मुक्ति की दुहाई देकर 'वैदिक हिंसा, हिंसा न भवति' का राग क्यों अलापा जाता रहा। अछूतों के अधिकार और उनकी महत्त्वाकांक्षा को विलुप्त करने के लिए 'हरिजन कल्याण विभाग' नाम का एक ढकोसला क्यों बनाया गया है जिस पर करोड़ों रुपया खर्च किया जाता है। अवश्य वजीफों के नाम पर चन्द पैसों की भीख कुछ अछूत विद्यार्थियों को दी जा रही है।

पचासी फीसदी शोषित—सर्वहारा को सिर्फ नौकरियों आदि के अधिकारों से ही नहीं वरन उद्योग-धन्धों से भी वंचित कर दिया गया है। दूसरी तरफ खादी

कमीशन, स्वराज्य आश्रम, भारत सेवक समाज, हरिजन सेवक संघ, समाज कल्याण विभाग के नाम पर करोड़ों का कबाड़ा कुनवा-परवरी में किया जा रहा है।

जब मुक्त व्यापार होता था तब शक्कर, तेल, लोहा, कोयला की छोटी-मोटी दुकान शोषित जातियों के लोग भी कर लेते थे और अन्य चीजों की दुकानें भी कर लेते थे किन्तु अब परमिट की कृपा से शक्कर, तेल, लोहा, कोयला आदि पर तो बपौती हक हो ही चुका है। अन्य चीजों की दुकानें करने पर भी मार्केटिंग इंस्पेक्टर, सिनेटरी इंस्पेक्टर की पल्टनें अपनी असाधारण जातिवादिता का परिचय ही नहीं प्रमाण भी दे डालती हैं।

शोषित जातियों का चालान करना उक्त इन्सपेक्टरों के बाएँ हाथ का खेल है। फिर कोई शोषित दूध, तेल, मिठाई आदि की दुकान करके क्यों मुसीबत में पड़े? यह है योग्यता का प्रमाण जिसके आधार पर शोषितों को अयोग्यता का फतवा देकर निकाल दिया जाता है।

भले ही शोषित विद्यार्थी फर्स्ट डिवीजन नहीं फर्स्ट पोजीशन में पास होता रहा हो किन्तु इस देश में योग्यता का प्रमाण है—जाति, कुल, कुनवा जैसा कि त्रिकाल-दर्शीय ऋषियों ने हजारों वर्ष पहले ही आर्य (श्रेष्ठ) अनार्य (अधम) का भेद लिखकर रख दिया था, उसी के आधार पर अब भी नौकरी दी जाती है।

डॉक्टर सम्पूर्णानन्द, मुख्यमंत्री, उत्तर प्रदेश के हटाए जाने पर शूद्र की जगह महा-शूद्र चमार जाति के श्री गिरधारी लाल जी को उस गद्दी से हटाने के लिए नेहरू को अपना जातिवादी अमोघ अस्त्र चलाना ही पड़ा, यही तमाशा दिल्ली में भी पंडित गोविन्द वल्लभ पन्त, गृहमंत्री, भारत सरकार के निधन के बाद महा-शूद्र चमार जाति के जगजीवन राम का भी देखा गया है। शूद्र की जगह महाशूद्रों को वहाँ का लोकतांत्रिक सिंहासन मिलता तो इस देवभूमि में घोर कलियुग आ गया होता। पंडित नेहरू की महती कृपा से घोर कलियुग आते-आते रुक गया।

भूतकाल से जिन धार्मिक ग्रंथों की आड़ में शूद्र (पिछड़ी-जाति) एवं महाशूद्र (अनुसूचित-जाति व अनुसूचित-जनजाति) पर जो आर्थिक व राजनैतिक डकैती डाली जा रही है। उनके कुछ अंश नीचे लिखे जा रहे हैं। यहाँ शूद्र शब्द का मतलब शूद्र तथा महाशूद्र है। यही बहुजन है।

## मनु-स्मृति

इस देश पर द्विजाति लोग प्रयत्न के साथ अपना अधिकार (शासन) जमाये रखें और शूद्र किसी दूसरे देश में वृत्ति-पीड़ित होकर जा बसें। [2/24]

जो व्यक्ति द्विजाति ब्राह्मण को मारने की इच्छा से क्रुद्ध होकर लाठी उठाता है, वह सौ वर्ष तक 'तामिस्र' नरक में चक्कर खाता है। [4/165]

जो व्यक्ति क्रोध में आकर जान-बूझकर एक तिनके से भी ब्राह्मण को मारता है, वह उस पाप के कारण 21 बार पाप योनि (कुत्ते, सियार आदि) में जन्म लेता है। [4/166]

ब्राह्मण का गिरा हुआ रक्त मिट्टी के जितने कणों को भिगोता है, उस रक्त बहानेवाले को उतने ही वर्ष परलोक में दूसरे हिंसक जीव (कुत्ता, गीध व गीदड़ आदि) काटते रहते हैं। [4/168]

जो व्यक्ति ब्राह्मण की हत्या करता है, वह कुत्ता, सूअर, गधा, ऊँट, बकरा, जंगली जानवर, चिड़िया, चांडाल तथा पुक्कस आदि की योनि में जन्म लेता है। [6/55]

राजा का मंत्री ब्राह्मण हो। राजा उसे सब काम सौंप दे। उस पर परम विश्वास करे। [7/58]

राजा के सलाहकार अर्थात् मंत्री वेद जाननेवाले तीन ब्राह्मण और अधिकार प्राप्त ब्राह्मण ही होना चाहिए। [8/11]

ब्राह्मण को छोड़कर दूसरी जाति को दिया हुआ दान जितना फल लिखा है, उतना ही फल देता है तथा ब्राह्मण नामधारी को दिया हुआ दान दूना फल देता है। पढ़ते हुए ब्राह्मण को दिया हुआ दान लाख गुना फल देता है और वेदपाठी ब्राह्मण को दिया हुआ दान अनन्त फल देता है। [7/85]

बढ़ई, लुहार व शिल्पकार का काम करनेवालों से तथा बोझा ढोकर जीविका कमानेवाले शूद्रों से राजा प्रति माह एक दिन काम कराए। [7/138]

यदि ब्राह्मण को किसी अपने पूर्वज का गड़ा हुआ धन मिले, तो सब धन ले लेना चाहिए। क्योंकि वह सबका स्वामी है। [8/37]

यदि राजा को गड़ा हुआ धन मिले, तो वह आधा ब्राह्मण को देकर बाकी खजाने में डलवा दे। [8/38]

स्त्रियों की गवाही स्त्रियाँ, द्विजों की गवाही द्विज, शूद्रों की गवाही शूद्र और चांडाल की गवाही चांडाल ही दे सकता है। [8/68]

राजा—ब्राह्मण से कहे, कि बताओ, क्षत्रिय से कहे कि सत्य बताओ, वैश्य से कहे कि गाय, बीज व सोना की सौगंध देकर तथा शूद्र से कहे, कि झूठ बोलने से सब पापों के भागी होने की सौगंध देकर गवाह सम्बन्धी सवाल पूछे। [8/88]

धार्मिक राजा झूठी गवाही देनेवाले क्षत्रिय, वैश्य व शूद्र को अपराध के अनुसार दंड देकर देश से बाहर निकाल दे, परन्तु यदि ब्राह्मण झूठी गवाही दे, तो उसे बिना दंड दिए देश से बाहर निकाल दे। [8/123]

बंधक पर ऋण लेनेवाले ब्राह्मण से सौ पण दो, क्षत्रिय से तीन, वैश्य से चार और शूद्र से पाँच ब्याज ले। [8/142]

ब्राह्मण को गाली देनेवाले क्षत्रिय पर सौ पण, वैश्य पर डेढ़ सौ पण या दो सौ पण जुर्माना करना चाहिए और शूद्र को जान से मार डालना चाहिए। [8/267]

ब्राह्मण यदि क्षत्रिय को गाली दे, तो उसके ऊपर पचास पण, वैश्य को गाली दे तो पच्चीस पण और शूद्र को गाली दे, तो केवल बारह पण जुर्माना करना चाहिए। [8/268]

द्विज अपने समान वर्ण वाले को गाली दें, तो बारह पण जुर्माना करना चाहिए और यदि शूद्र को गाली दे, तो 267 व 268 के अनुसार व्यवहार करना चाहिए। (रुपये की तरह पुराने जमाने में पण एक सिक्का होता था।) [8/269]

शूद्र दारुण से ब्राह्मण का तिरस्कार करे, तो उसकी जिह्वा काट लें, क्योंकि वह पैर से पैदा हुआ है। [8/270]

शूद्र नाम और जाति कहकर द्रोह बस द्विजातियों को गाली दे, तो उसके मुँह में आग से तपाई हुई दस अंगुल की कील डालें। [8/271]

शूद्र यदि ब्राह्मण को धर्म का उपदेश दे, तो राजा उसके मुँह व कानों में खौलता हुआ तेल डलवाए। [8/272]

वैश्य अगर शूद्र जाति के व्यक्ति को गाली दे, तो साधारण दंड दे और शूद्र अगर वैश्य जाति के व्यक्ति को गाली दे, तो जिह्वा को छेदने को छोड़कर अन्य दंड दें। [8/277]

शूद्र अपने जिस अंग से श्रेष्ठ द्विज (ब्राह्मण) को मारे, तो उसका वही अंग कटवा लेना चाहिए। [8/279]

नीच जाति वाला व्यक्ति उच्च जाति के व्यक्ति के साथ बैठना चाहे तो कमर में दाग कर देश निकाला कर दें व थोड़ा-सा चूतड़ कटवा दें। [8/281]

नीच जाति वाला यदि उच्च जाति के ऊपर थूके, तो राजा उसके दोनों होंठ कटवाए। यदि मूते, तो मूत्रेन्द्रिय कटवाए। यदि पादे तो गुदा कटवाए। [8/282]

वैश्य यदि रक्षित ब्राह्मणी से सम्भोग करे, तो एक वर्ष की सजा करके उसकी कुल जायदाद छीन ले। क्षत्रिय यदि रक्षित ब्राह्मणी से सम्भोग करे तो एक हजार पण जुर्माना करके उस व्यक्ति के सिर को गधे के मूत से भिगोकर मुँड़वा दें। [8/375 व 376]

ब्राह्मण का केवल सिर मुँड़वा देना ही फाँसी के बराबर है और अन्य दूसरे व्यक्ति को सजा दी जाए। [8/379]

ब्राह्मण चाहे कोई बड़े से बड़ा अपराध करे तो भी उसे फाँसी कदापि नहीं देनी चाहिए। किन्तु उसे सम्पूर्ण धन सहित देश से निकाल दें। [8/380]

पृथ्वी पर ब्राह्मण के वध से अधिक कोई अ-धर्म नहीं है, इसलिए ब्राह्मण के वध का मन में विचार न करें। [8/381]

जो हिंसा वेदानुसार है, उसको हिंसा न समझना चाहिए क्योंकि वेद से ही धर्म निकला है। [मनु. 5/44]

ब्राह्मण निःसंकोच होकर शूद्र का धन ले ले क्योंकि शूद्र का इस संसार में अपना कुछ भी नहीं है। सब धन उसके स्वामी ब्राह्मण का ही है। [8/417]

राजा को चाहिए कि वह वैश्य व शूद्र से काम करवाता रहे। क्योंकि यदि ते अपने कर्मों से भ्रष्ट होंगे—तो जगत को व्याकुल कर देंगे। [8/418]

चांडाल तथा भंगी गाँव के बाहर रहें। उनकी सम्पत्ति कुत्ते व गधे हैं (अर्थात् भैंस, गाय, घोड़ा व बैल आदि नहीं पाल सकते हैं।) [10/51]

ब्राह्मण को आपत्ति-काल में अपने वर्ण के कामों को छोड़कर क्षत्रिय तथा वैश्य का काम करने की अनुमति है। [10/81-82]

शूद्र यदि ऊँची जाति के कर्मों को कर के धन कमाने लगे तो राजा उसका धन छीन कर उसे देश से निकाल दे। [10/96]

शूद्र को धन कमाने की शक्ति रखते हुए भी धन इकट्ठा न करना चाहिए क्योंकि शूद्र धनवान हो कर ब्राह्मण को ही दु:ख पहुँचाने लगता है। [10/129]

शूद्र की हत्या का प्रायश्चित्त बिल्ली, नेवला, मेढक, कुत्ता, गोह, उल्लू, कौवा या नीलकंठ में से किसी को मारकर करें। [1/131]

## अत्रि-स्मृति

जप, तप, तीर्थ-यात्रा, संन्यास-ग्रहण, मंत्र-साधना व देवता की पूजा इन छह कर्मों के करने से स्त्री व शूद्र पतित हो जाते हैं।

## पराशर-स्मृति

जो शूद्र द्विजों की सेवा को छोड़कर अन्य काम करता है, वह अल्पायु होता है और नि:संकोच नर्क में जाता है। [2/19, 20]

## विष्णु-स्मृति

शूद्र यदि ब्राह्मण को कुछ बतावे, तो राजा उस शूद्र के मुख में गर्म तेल भरवा दे। शूद्र यदि किसी उच्च जाति वाले का अपमान से नाम ले तो उस शूद्र की जिह्वा में दस अंगुल की कील (सलाख) गर्म करके लाल हो जाने पर गाड़ दें। [5/19, 25]

## गौतम-धर्म-सूत्र

शूद्र यदि किसी द्विज को गाली देता है अथवा मारता है, तो उसका वह अंग जिससे वह गाली देता है अथवा मारता है, काट लेना चाहिए। बैठने, सोने, वार्तालाप करने तथा सड़क पर चलने में शूद्र यदि द्विज की बराबरी करता है, तो शारीरिक दंड का भागी होता है। [12/1, 7]

शूद्र यदि किसी आर्य स्त्री से सम्भोग करता है, तो उसकी मूत्रेन्द्रिय (लिंग) को कटवा दिया जाए और उसकी सम्पूर्ण सम्पत्ति जब्त कर ली जाए। यदि कोई उस स्त्री का स्वामी है, तो उस शूद्र को ऊपर लिखे दंड के बाद फाँसी का दंड दिया जाए। [12/1, 3]

राजा सब का शासक होकर भी ब्राह्मण का शासक नहीं। [16/14, 23]

## आपस्तम्ब

कोई द्विज यदि शूद्र स्त्री से व्यभिचार करे, तो उसे देश-निकाला दिया जाए, परन्तु शूद्र किसी द्विज-स्त्री से व्यभिचार करे, तो उसे फाँसी दी जाए। [2/10/27-8, 9]

श्रोत्रिय ब्राह्मण से कर नहीं लेना चाहिए। उसे यह भी छूट है कि वह किसी वस्तु को बिना मूल्य चुकाए प्राप्त कर सकता है। [2/10/14-10]

## नारद-स्मृति

शूद्र यदि द्विज को झूठा दोष लगाए, तो राजा के कर्मचारी उसकी जिह्वा के टुकड़े-टुकड़े करके उसे फाँसी की सजा दें। शूद्र यदि द्वेष भाव से द्विज का अपमान करे, तो उसकी जिह्वा काट दी जाए। शूद्र यदि द्विज का घृणा से नाम ले, तो दस अंगुल की गर्म लाल-लाल लोहे की सलाख से उसकी जिह्वा में छेद किया जाए। शूद्र यदि किसी ब्राह्मण को धृष्टतापूर्वक धर्म सिखाए, तो राजा उसके मुख और कान में गर्म तेल भरवाए। शूद्र का जो अंग ब्राह्मण को दुख देता है, वह अंग काट दिया जाए। यही उसके पाप का प्रायश्चित्त है। [8/412, 414]

## जंदवस्ता (पारसी-ग्रंथ)

आर्यों का प्रदेश 'आर्कटिक' है।

आर्य लोग अपने प्रदेश से अकाल-पीड़ित होकर भारत में आए।

## बोधायन

शूद्र यदि किसी उच्च वर्ण की स्त्री के साथ बलात्कार करे, तो उसको फाँसी देना चाहिए। शूद्र यदि किसी उच्च वर्ण को मारे या गाली दे, तो उसका वही अंग कटवा लेना चाहिए, जिससे वह यह अपराध करता है।

## कौटिल्य का अर्थशास्त्र

शूद्र यदि अपने को ब्राह्मण कहता है, तो उसकी आँखों में जहर (तेजाब) डालकर फोड़ देना चाहिए या अधिक भारी जुर्माना करना चाहिए। शूद्र यदि किसी ब्राह्मण को भ्रष्ट या अपवित्र करता है, तो उसको जलाकर हत्या कर देना चाहिए। शूद्र यदि ब्राह्मण की निन्दा करता है या उस पर आक्रमण करता है, तो उसका वही अंग कटवा लेना चाहिए, जिससे उसने ब्राह्मण पर हमला किया है। इसके विपरीत

यदि कोई उच्च जाति का पुरुष किसी शूद्र की स्त्री के साथ सम्भोग करने की भूल कर बैठता है, तो इसे अपराध नहीं समझना चाहिए।

## संवर्त-संहिता

ब्राह्मणी के साथ सम्भोग करनेवाले शूद्र को आग में जिन्दा जला देना चाहिए। [18/20]

## बृहस्पति

शूद्र यदि किसी को धर्म बतावे, वेद को पढ़े अथवा ब्राह्मणों का अपमान करे, तो उसकी जिह्वा काट ली जाए। [12/12]

## महाभारत

भले या बुरे किसी भी कर्म को करते हुए ब्राह्मण का तिरस्कार नहीं करना चाहिए। (आदि पर्व!) [190/13]

## ऋग्वेद

आर्यो! आपस में एकता रखो। [ऋग्वेद 10/191-3, अथर्ववेद 3/3-6]

हे आर्य सेना नायको! बड़े बनो! समझ वाले बनो! मत बिछुड़ो सफल होते जाओ। एक साथ मिलकर एक धुरा को उठाओ। एक-दूसरे के लिए मीठा बोलो। आओ—मैं तुम्हें साथ-साथ चलनेवाले और एक मन वाला बनाता हूँ। [ऋग्वेद 10/137, अथर्ववेद 4/13-1]

हे अग्नि के समान तेज वाले इन्द्र! आपने दोनों शत्रुओं शुम्भ व निशुम्भ के किलों को तोड़ डाला। [1/120-1-8]

हे इन्द्र! आपने वर्चि के पाँच सौ सहस्र (पाँच लाख) शस्त्रधारी दासों का वध किया। [4/30-15]

हे इन्द्र! आपने 'शंबर' दास के पत्थर से बने सौ नगरों को नष्ट कर दिया। [4/30-20]

हे इन्द्र! आपने कृष्ण के देश की कुछ गर्भवती स्त्रियों की हत्या कर दी। [1,101,1] [3,5 घा—सहिष्णुता]

हे इन्द्र! आपने दधीच के तीन सौ सहस्र (तीन लाख) दास सैनिकों को मायावी शस्त्रों द्वारा वध करके सुला दिया। [4/30-31]

हे इन्द्र! आपने ऐसी ही 150 सेनाओं का नाश किया। [1/133-4]

हे इन्द्र! आपने आर्यों के लाभ के लिए अंशुमती नदी के किनारे ठहरे हुए अनार्य कृष्ण की दस हजार द्रुतगामी हिंसक सेना का संहार किया। [8/96-13]

हे इन्द्र! आपने वृंगद के सौ नगरों का नाश किया। [1/53-8]

हे शत्रुहन्ता! दस्यु जाति का विनाश करो। [10/22-8]

जो राजा ब्राह्मण का आदर करता है, वह सुखपूर्वक निवास करता है। [4/50-8]

## अथर्ववेद

हे अग्नि के समान तेजस्वी नेता! शत्रुओं पर चढ़ाई करके उन्हें जलाकर विजय प्राप्त करो। नशा पिलाओ, नशे की हालत में हाथ काट दो। [3/1-7]

हे इन्द्र! अग्नि और वायु के अस्त्रों से शत्रुओं को भगाओ। मारो। कत्ल करो। अन्धा करो। [3/1-5,6]

शोकों के द्वारा हृदय को जलाओ! अँधेरे में घेरो! न्याय के नियम के खिलाफ अँधेरे में लड़ो—ताकि वह पहचान न सकें। [3/2-5,6]

## धार्मिक ग्रंथों का आजकल प्रभाव

| नाम जाति | जनसंख्या : सन् 1956 ई. | एम.एल.ए. : जो चाहिए | एम.एल.ए. जो हैं सन् 1952 ई. |
|---|---|---|---|
| आगे बढ़ी जाति | 1,37 लाख | 92 | 261 |
| पिछड़ी जाति | 2,69 लाख | 190 | 41 |
| दलित-आदिवासी | 1,50 लाख | 100 | 84 |
| मुस्लिम | 60 लाख | 40 | 43 |
| अन्य धर्म | 13 लाख | 9 | 2 |
| **योग** | **6 करोड़ 29 लाख** | **431** | **431** |

सन् 1931 ई. की जनगणना में 27 प्रतिशत की बढ़ोतरी कर देने से सन् 1951 ई. की जनगणना करीब-करीब सही आ जाती है। उपरोक्त सूची अनुमानत: सही है।

**नोट :** आगे बढ़ी जातियों के 92 एम.एल.ए. आबादी के लिहाज से होने चाहिए थे किन्तु 261 एम.एल.ए. हैं। इस प्रकार 169 एम.एल.ए. जो ज्यादा हैं सो पिछड़ी जाति, अनुसूचित जाति व अनुसूचित जनजाति आदि के हकों की डकैती से लिए गए हैं। जिनकी डकैती हुई है, उन्हें डकैतों से सावधान रहना चाहिए। अब जनसंख्या और जातिवार एम.एल.ए. आदि के आँकड़े पढ़िए, सोचिए, समझिए, सही जँचे तो कहिए—शासन 'जातिवादी' है, 'मनुवादी' है।

## आगे बढ़ी जातियाँ

| नाम जाति | जनसंख्या सन् 1951 ई. | एम.एल.ए. जो चाहिए | एम.एल.ए. जो हैं |
|---|---|---|---|
| ब्राह्मण | 60 लाख | 40 | |
| क्षत्रिय | 46 लाख | 31 | |
| वैश्य | 15 लाख | 10 | |
| कायस्थ | 05 लाख | 03 | - 253 - |
| खत्री | 01 लाख | 01 | |
| जाट | 10 लाख | 07 | |
| **योग** | **1 करोड़ 37 लाख** | **92** | **253** |

## पिछड़ी जातियाँ

| नाम जाति | जनसंख्या 1951 | एम.एल. जो चाहिए | एम.एल.ए. जो हैं 1952 | 1957 | 1962 | 1967 | 1969 | 1974 |
|---|---|---|---|---|---|---|---|---|
| अहीर, अहिरा, | 55 लाख | 37 | 18 | 24 | 23 | 32 | 31 | 41 |
| अहर, कुर्मी | 23 लाख | 16 | 10 | 14 | 17 | 19 | 9 | 23 |
| लोधी-किसान | 19 लाख | 13 | 3 | 5 | 7 | 9 | 8 | 12 |
| गूजर | 4 लाख | 3 | 3 | 3 | 3 | 5 | 3 | 7 |
| काछी, मुराव, कोयरी | 22 लाख | 15 | 5 | 2 | 6 | 0 | 3 | 8 |
| केवट, मल्लाह | 11 लाख | 8 | 1 | 1 | 0 | 1 | 1 | 2 |
| भुर्जी | 3 लाख | 2 | 0 | 1 | 0 | 1 | 1 | 1 |
| माली | 4 लाख | 2 | 0 | 0 | 0 | 0 | 1 | 1 |
| कहार, धीवर | 16 लाख | 11 | 0 | 0 | 0 | 0 | 0 | 0 |
| गड़रिया | 13 लाख | 9 | 1 | 0 | 0 | 0 | 0 | 0 |
| तेली | 12 लाख | 8 | 0 | 0 | 0 | 0 | 0 | 0 |
| कुम्हार | 11 लाख | 8 | 0 | 0 | 0 | 0 | 0 | 0 |
| नाई | 9 लाख | 6 | 0 | 0 | 0 | 0 | 1 | 1 |
| बढ़ई | 8 लाख | 6 | 0 | 0 | 0 | 0 | 0 | 0 |
| लुहार | 7 लाख | 5 | 0 | 0 | 0 | 0 | 0 | 0 |
| नुनियाँ | 5 लाख | 4 | 0 | 0 | 0 | 0 | 0 | 0 |
| जोगी | 5 लाख | 4 | 0 | 0 | 0 | 0 | 0 | 0 |
| तमोली | 5 लाख | 4 | 0 | 0 | 0 | 1 | 1 | 0 |
| राजभर | 5 लाख | 4 | 0 | 0 | 0 | 0 | 0 | 0 |
| कड़ेरे, धुनियाँ | 4 लाख | 3 | 0 | 0 | 0 | 0 | 0 | 0 |
| सुनार | 4 लाख | 3 | 0 | 0 | 0 | 0 | 0 | 0 |
| दर्जी | 3 लाख | 2 | 0 | 0 | 0 | 0 | 0 | 0 |

| | | | | | | | | |
|---|---|---|---|---|---|---|---|---|
| चिकवा | 2 लाख | 2 | 0 | 0 | 0 | 0 | 0 | 0 |
| बारी | 1 लाख | 1 | 0 | 0 | 0 | 0 | 0 | 0 |
| बंजारा | 1 लाख | 1 | 0 | 0 | 0 | 0 | 0 | 0 |
| हलवाई | 1 लाख | 1 | 0 | 0 | 0 | 0 | 0 | 0 |
| अरख | 1 लाख | 1 | 0 | 0 | 0 | 0 | 0 | 0 |
| ठठेरे | 1 लाख | 1 | 0 | 0 | 0 | 0 | 0 | 0 |
| छीपा | 1 लाख | 1 | 0 | 0 | 0 | 0 | 0 | 0 |
| नायक, पटवा, साध, अग्रहरी, अहिवासी, गिरी, गुसाई, कोष्टा, वैरागी, लखेरा, नियारिया आदि | 13 लाख | 9 | 0 | 0 | 0 | 0 | | 0 |
| **योग** | **2,69 लाख** | **190** | **41** | **50** | **56** | **68** | **59** | **96** |
| **अछूत आदि** | **150 लाख** | **100** | **84** | **87** | **89** | **90** | **95** | **93** |

## अन्य धर्म

| | | | | | | | | |
|---|---|---|---|---|---|---|---|---|
| मुस्लिम | 60 लाख | 40 | 43 | 35 | 30 | 25 | 35 | 40 |
| बौद्ध, जैन, सिख ईसाई, यहूदी, पारसी आदि | 13 लाख | 9 | 1 | 1 | 3 | 5 | 2 | 4 |

जब तक ब्राह्मण की रोटी-बेटी ब्राह्मण में और शूद्र की रोटी-बेटी शूद्र में होती है तब तक सरकार को जनगणना जाति-वार करानी चाहिए, परन्तु वह ऐसा इसलिए नहीं करती है क्योंकि सरकार तथाकथित ऊँची कही जानेवाली जातियों की है। सवर्णवादी है। यदि जातिवार जनगणना कराई जाएगी तो पिछड़ी, अनुसूचित व अनुसूचित जनजातियाँ आदि आबादी के हिसाब से राजनीतिक अधिकार माँगेंगी। पहले मनु ने जातियों के काम निश्चित करके उन्हें लूटा। वह मनुवादी लूट आज तक जारी है। मौजूदा सरकार जातियाँ मिटाने का चकमा देकर जातीय आधाार पर बहुजन जनता को लूट रही हैं।

## गजेटेड (बड़े) ऑफिसर (उत्तर प्रदेश)

| नाम जातीय समुदाय | 1946 | 1955 | 1961 |
|---|---|---|---|
| दलित | 16 | 70 | 194 |
| पिछड़ी जाति | 34 | 25 | 37 |

| | | | | | | |
|---|---|---|---|---|---|---|
| अगड़ी जाति | : | 1201 | : | 4555 | : | 8500 |
| अंग्रेज, ईसाई व मुसलमान आदि | : | 1901 | : | 630 | : | 858 |
| **योग** | **:** | **3152** | **:** | **5280** | **:** | **9619** |

सन् 1955 ई. की सूची श्री रामनन्दन (कुर्मी) एम.एल.सी.और सन् 1961 ई. की सूची श्री रामस्वरूप वर्मा (कुर्मी) एम.एल.ए. के प्रश्नों द्वारा प्राप्त सरकारी उत्तर है।

15 अगस्त, सन् 1947 ई. को अंग्रेज भारत से चले गए। नव-निर्मित पाकिस्तान में भारत से अधिकांश मुसलमान चले गए। उनके स्थान पर केवल आगे बढ़ी जातियाँ ही गजेटेड ऑफिसर कुछ पढ़े-लिखे होने के कारण और अधिकतर चालाक व तिकड़मी होने के कारण बन बैठीं। वे आजतक कुंडली मारकर बैठी हैं। फिर उन्होंने क्वालीफिकेशन (योग्यता) के अतिरिक्त पर्सनाल्टी, इंटरव्यू और विभागीय तजुर्बा आदि की आड़ में जिस भाई-भतीजावाद को बढ़ावा दिया है। उसका सुबूत यह सिविल ऑफिसरों की रिसर्च लिस्ट है। इस भाई-भतीजावादी शासन ने अन्य जातियों तथा अन्य धर्मियों के योग्य व्यक्तियों को सर्वाधिक हानि पहुँचाकर उनके जीवन को सदा-सदा के लिए नीरस बना दिया है।

अब आप सोचिये कि 18 परसेंट का कोटा पूरा क्यों नहीं? ऐसा कौन-सा काम है जिसे ग्रेजुएट नहीं कर सकते?

## पुलिस डिपार्टमेंट

| क्र.सं. | ओहदा | कुल | अनुसूचित | पिछड़ी जाति |
|---|---|---|---|---|
| 1. | आई.जी.पुलिस | 1 | . | - |
| 2. | डी.आई.जी. | 14 | . | - |
| 3. | सुपरिंटेंडेंट | 77 | 1 | 2 |
| 4. | असिस्टेंट सुपरिंटेंडेंट | 30 | 2 | - |
| 5. | डिप्टी सुपरिंटेंडेंट | 282 | 12 | 5 |
| 6. | सीनियर पब्लिक प्रोसीक्यूटर | 12 | . | 1 |
| 7. | पब्लिक प्रोसीक्यूटर | 71 | . | 2 |
| 8. | असिस्टेंट पब्लिक प्रोसीक्यूटर | 376 | 1 | 9 |
| 9. | इंस्पेक्टर | 448 | . | 13 |
| 10. | सब-इंस्पेक्टर | 3301 | 158 | 199 |
| 11. | हैड कॉन्स्टेबल | 8227 | 100 | 613 |
| 12. | कॉन्स्टेबल | 48336 | 1416 | 6060 |
| 13. | क्लर्क स्टाफ | 1494 | 7 | 95 |
| 14. | फालोवर्स | 2309 | 753 | 600 |
| 15. | अर्दली | 808 | 44 | 262 |

श्री रामदीन जाटव एम.एल.ए. मैनपुरी के प्रश्न संख्या-1, दिनांक 29 जुलाई, 1960 का उत्तर ऊपर लिखा है।

यह है नेहरू, पंत एंड कम्पनी के सेक्यूलर स्टेट (वर्ण, जाति और धर्मविहीन राज्य) की 14 साला हुकूमत के जातिवाद का बोलता हुआ सबूत। किसी की हिम्मत है जो कहने का साहस करे कि नेहरू जी 'जाति' और 'धर्म' का पक्षपात करते हैं 'सैयाँ भये कोतवाल अब डर किसका'।

बेधड़क पुलिस जान-बूझकर अछूत, पिछड़ी जाति, मुस्लिम व गरीबों आदि को झूठे मुकदमों में फँसाती है। अब सजा देनेवाले महकमे का रामराज पढ़िए। यह महकमा भी पुलिस का बड़ा भाई है अर्थात् पुलिस और मुंसिफ खास तौर से एक ही थैली के चट्टे-बट्टे हैं।

## जुडीशियल डिपार्टमेंट

| क्र.सं. | ओहदा | कुल | अनुसूचित | पिछड़ी जाति |
|---|---|---|---|---|
| 1. | सिविल एंड सेशन जज | 76 | | 1 |
| 2. | सिविल जज | 78 | : | 1 |
| 3. | डिस्ट्रिक्ट सेशन जज | 48 | | 1 |
| 4. | अतिरिक्त सेशन जज | 7 | | - |
| 5. | जुडीशियल ऑफिसर | 221 | 1 | 3 |
| 6. | मुंसिफ | 155 | 7 | 2 |

श्री गया प्रसाद पासी एम.एल.ए. प्रतापगढ़ के प्रश्न संख्या 231, दिनांक 18 मार्च, 1960 का उत्तर ऊपर लिखा है।

उत्तर प्रदेश सरकार की सिविल लिस्ट नम्बर 260 व 260 सन् 1958 ई. और सिविल लिस्ट, प्रथम भाग, सन् 1967 ई. व द्वितीय भाग, सन् 1966 ई. के अनुसार गजेटेड (बड़े) ऑफिसर, एम.एल.ए., एम.एल.सी., एम.पी. (लोक-सभा व राज्य-सभा), चेयरमैन तथा मेयर आदि नीचे लिखे जाते हैं।

| नाम जाति | : | 1958 | : | 1967 | : |
|---|---|---|---|---|---|
| ब्राह्मण | : | 3150 | : | 3483 | : |
| क्षत्रिय | : | 800 | : | 914 | : |
| वैश्य | : | 1683 | : | 1971 | : |
| शूद्र | : | 213 | : | 296 | : |
| महाशूद्र | : | 212 | : | 396 | : |
| कायस्थ | : | 2165 | : | 2410 | : |
| खत्री | : | 1000 | : | 1093 | : |

| | | | | | |
|---|---|---|---|---|---|
| जाट | : | 300 | : | 364 | : |
| शरणार्थी | : | 101 | : | 123 | : |
| सिक्ख | : | 110 | : | 134 | : |
| मुस्लिम | : | 792 | : | 747 | : |
| ईसाई | : | 214 | : | 156 | : |
| **योग** | : | **10760** | : | **12058** | : |

## ब्राह्मण

| नाम गोत्र | 1946 | 1955 | 1958 | 1967 |
|---|---|---|---|---|
| शर्मा | 74 | 243 | 364 | 421 |
| पांडे, पांड्या | 44 | 130 | 222 | 235 |
| मिश्रा | 68 | 157 | 214 | 255 |
| तिवारी, त्रिवेदी व त्रिपाठी | 45 | 122 | 169 | 232 |
| जोशी | 26 | 73 | 106 | 104 |
| राय (भूमिहार) | 25 | 34 | 40 | 45 |
| शुक्ला | 20 | 80 | 100 | 112 |
| चौबे, चतुर्वेदी | 26 | 77 | 99 | 115 |
| दुबे, द्विवेदी | 23 | 54 | 90 | 144 |
| दीक्षित | 14 | 31 | 60 | 64 |
| बनर्जी | 30 | 50 | 52 | 47 |
| मुखर्जी | 25 | 56 | 52 | 41 |
| भार्गव | 24 | 46 | 51 | 61 |
| पंत | 15 | 31 | 40 | 56 |
| बाजपेई | 7 | 26 | 33 | 39 |
| उपाध्याय | 7 | 21 | 32 | 34 |
| चक्रवर्ती | 10 | 19 | 30 | 28 |
| त्यागी | 9 | 21 | 30 | 37 |
| चटर्जी | 15 | 31 | 29 | 31 |
| विष्ट | 2 | 9 | 24 | 26 |
| कौल | 8 | 21 | 23 | 20 |
| भाट, भटेल, भट्टाचार्य | 6 | 15 | 21 | 27 |
| अग्निहोत्री | 1 | 11 | 20 | 21 |
| नागर | 3 | 13 | 20 | 21 |
| रावत | अज्ञात | अज्ञात | 10 | 12 |
| भट्ट (पहाड़ी) | 4 | 14 | 19 | 14 |
| दत्ता | 2 | 12 | 19 | 25 |
| अवस्थी | 4 | 8 | 18 | 27 |
| भारद्वाज | 1 | 13 | 18 | 10 |

| | | | | |
|---|---|---|---|---|
| मालविया | 3 | 7 | 18 | 25 |
| झा, ओझा | 4 | 12 | 15 | 19 |
| बागची | 2 | 11 | 10 | 12 |
| गौतम | 2 | 10 | 7 | 13 |
| सानियाल | अज्ञात | अज्ञात | 12 | 15 |
| राव | अज्ञात | अज्ञात | 11 | 10 |
| कोहली | अज्ञात | अज्ञात | 11 | 13 |
| बहुगुणा | अज्ञात | अज्ञात | 10 | 12 |
| पोल | अज्ञात | अज्ञात | 10 | 12 |
| पुरी | अज्ञात | अज्ञात | 10 | 8 |
| बतरा/बत्र | अज्ञात | अज्ञात | 10 | 10 |
| शास्त्री | अज्ञात | अज्ञात | 10 | 13 |
| पाठक | अज्ञात | अज्ञात | 8 | 27 |
| गौर | अज्ञात | अज्ञात | 9 | 18 |
| अन्य गोत्र, छिपे गोत्र | अज्ञात | अज्ञात | 994 | 972 |
| **योग** | | | **3150** | **3483** |

## क्षत्री

| **नाम जाति** | : | **1958** | : | **1967** | : |
|---|---|---|---|---|---|
| वर्मा | : | 38 | : | 60 | : |
| नेगी | : | 18 | : | 14 | : |
| राव | : | 6 | : | 7 | : |
| गौर | : | 6 | : | 6 | : |
| पाल | : | 6 | : | 10 | : |
| गहलौत, गहलौते | : | 5 | : | 9 | : |
| मल, मल्ल | : | 5 | : | 7 | : |
| राठौर, राठौरी | : | 9 | : | 10 | : |
| तोमर | : | 5 | : | 11 | : |
| गौतम | : | 4 | : | 6 | : |
| सिसौदिया | : | 4 | : | 3 | : |
| बिसेन | : | 3 | : | 2 | : |
| राणा | : | 3 | : | 8 | : |
| राजपूत | : | 2 | : | 5 | : |
| नाग | : | 2 | : | 1 | : |
| गिल | : | 2 | : | 2 | : |
| कोतवाल | : | 2 | : | 2 | : |
| चन्देल, चन्देला | : | 1 | : | 4 | : |
| अन्य गोत्र, छिपे गोत्र | : | 679 | : | 742 | : |
| **योग** | : | **800** | : | **914** | : |

## वैश्य

| नाम गोत्र | 1946 | 1955 | 1958 | 1967 |
|---|---|---|---|---|
| गुप्ता | 113 | 281 | 426 | 515 |
| अग्रवाल | 64 | 180 | 290 | 352 |
| जैन | 36 | 82 | 143 | 188 |
| गर्ग | 13 | 42 | 77 | 104 |
| मितल, मित्तल | 18 | 40 | 72 | 77 |
| गोयल | 32 | 64 | 59 | 96 |
| सिंगल/सिंघल | 7 | 32 | 57 | 47 |
| रस्तोगी | 3 | 23 | 32 | 46 |
| वैश्य | 7 | 11 | 21 | 32 |
| बंसल | 3 | 11 | 14 | 8 |
| विश्नोई | 3 | 6 | 9 | 9 |
| भूषण | 2 | 7 | 9 | 7 |
| माहेश्वरी | अज्ञात | अज्ञात | 17 | 14 |
| गोविल | अज्ञात | अज्ञात | 17 | 26 |
| शाह | अज्ञात | अज्ञात | 13 | 27 |
| वारसनी | अज्ञात | अज्ञात | 11 | 25 |
| जायसवाल | अज्ञात | अज्ञात | 8 | 12 |
| खंडूरी | अज्ञात | अज्ञात | 7 | 7 |
| अन्य गोत्र, छिपे गोत्र | अज्ञात | अज्ञात | 408 | 316 |
| **योग** | | | **1683** | **1901** |

## पिछड़ी व अनुसूचित जाति आदि

| नाम गोत्र | : | 1958 | : | 1967 | : |
|---|---|---|---|---|---|
| यादव, गोप | : | 15 | : | 43 | : |
| वर्मा | : | 20 | : | 28 | : |
| चौरसिया (तमोली) | : | 1 | : | 7 | : |
| गढ़वाल (कुर्मी) | : | 1 | : | 9 | : |
| कटियार (कुर्मी) | : | 9 | : | 13 | : |
| कुशवाहा | : | 2 | : | 6 | : |
| शर्मा | : | 6 | : | 10 | : |
| जाटव | : | 10 | : | 12 | : |
| लुम्बा | : | 2 | : | 3 | : |
| नैयर | : | 2 | : | 5 | : |

| | | | | | |
|---|---|---|---|---|---|
| कुदसी, कुदसिया | : | 1 | : | 4 | : |
| कुरील | : | 3 | : | 5 | : |
| सगर | : | 2 | : | 2 | : |
| जयन्त | : | 2 | : | 2 | : |
| दोहरे | : | 3 | : | 3 | : |
| हरित | : | 3 | : | 2 | : |
| भगत | : | 5 | : | 4 | : |
| पिपल | : | 5 | : | 4 | : |
| शिल्पकार | : | 1 | : | 3 | : |
| सोनकर (खटिक) | : | 4 | : | 3 | : |
| अन्य गोत्र, छिपे गोत्र | : | 300 | : | 501 | : |
| **योग** | : | **425** | : | **663** | : |

## कायस्थ

| नाम गोत्र | 1946 | 1955 | 1958 | 1967 |
|---|---|---|---|---|
| श्रीवास्तव | 71 | 210 | 391 | 537 |
| सक्सेना | 49 | 148 | 229 | 272 |
| माथुर | 65 | 154 | 213 | 217 |
| सिन्हा | 27 | 64 | 94 | 155 |
| भटनागर | 24 | 79 | 89 | 99 |
| चौधरी | 11 | 23 | 67 | 66 |
| दास | 33 | 51 | 60 | 65 |
| वर्मा | 56 | 90 | 110 | 140 |
| निगम | 24 | 49 | 4 | 7 |
| शाही | 3 | 44 | 51 | 12 |
| जौहरी | 6 | 26 | 42 | 39 |
| घोस | 12 | 28 | 39 | 35 |
| अस्थाना | 9 | 23 | 30 | 37 |
| सेन | 14 | 15 | 24 | 22 |
| बोस | 5 | 17 | 13 | 16 |
| मित्र | 10 | 19 | 11 | 27 |
| प्रधान | 5 | अज्ञात | 10 | 17 |
| खरे | 7 | 14 | 23 | 33 |
| बहादुर | अज्ञात | अज्ञात | 23 | 25 |
| अन्य गोत्र, छिपे गोत्र | 592 | 522 | | |
| **योग** | | | **2165** | **2410** |

## खत्री

| नाम गोत्र | 1946 | 1955 | 1958 | 1967 |
|---|---|---|---|---|
| मेहरा, मेहरोत्रा, मलहोत्रा | 15 | 71 | 103 | 122 |
| सेठ, सेठी | 15 | 40 | 41 | 47 |
| टंडन | 20 | 55 | 67 | 82 |
| कपूर | 19 | 45 | 59 | 60 |
| खन्ना | 13 | 31 | 44 | 44 |
| भाटिया | 7 | 30 | 27 | 3 |
| अरोरा/अरोड़ा | 5 | 21 | 25 | 33 |
| कक्कड़ | 11 | 22 | 26 | 23 |
| चोपड़ा | 3 | 13 | 20 | 20 |
| मेहता | 10 | 17 | 20 | 25 |
| आनन्द | 3 | 12 | 11 | 14 |
| भल्ला | 4 | 11 | 7 | 9 |
| धवन | 1 | 4 | 7 | 10 |
| सहनी/साहनी | अज्ञात | अज्ञात | 9 | 6 |
| सूद | अज्ञात | अज्ञात | 7 | 9 |
| आहूजा | अज्ञात | अज्ञात | 5 | 9 |
| चड्ढा | अज्ञात | अज्ञात | 3 | 13 |
| तलवार | अज्ञात | अज्ञात | 2 | 9 |
| रोहतगी | अज्ञात | अज्ञात | 4 | 9 |
| अन्य गोत्र, छिपे गोत्र | | | 513 | 516 |
| **योग** | | | **1000** | **1093** |

कुछ गजेटेड ऑफिसरों ने अपने नाम के सामने जाति और गोत्र के विशेषण नहीं लिखे हैं। इसका मतलब यह नहीं है कि वे प्रगतिशील हैं। जाति-पाँति आमूलचूल मिटाना चाहते हैं बल्कि तथाकथित उच्च जाति/सवर्ण लोगों ने जाति और गोत्र इसलिए छिपाए हैं ताकि पिछड़ी व अनुसूचित आदि जातियों को पता ही न लग पावे, कि अगड़ी जातियाँ ही भारी-भरकम संख्या में सत्तारूढ़ हैं। इसके विपरीत पिछड़ी व अनुसूचित आदि जातियों के शोषित ऑफिसरों ने जाति और गोत्र केवल चिर-काल से फैली सामाजिक घृणा से बचने के लिए छिपाए हैं। इनकी जाति और गोत्र पता चल जाने पर सवर्ण हिन्दू ऑफिसर उन्हें प्रताड़ित करेंगे।

अंग्रेज कहते थे कि भारतीय इस काबिल नहीं हैं कि उन्हें गजेटेड (बड़ा) ऑफिसर बनाया जाए। अब वही बात तथाकथित उच्च कही जानेवाली जातियों की ब्राह्मणवादी सरकार कहती है कि पिछड़ी, अनुसूचित जाति, अनुसूचित जनजाति और अल्प-संख्यक आदि जातियाँ इस काबिल नहीं कि उन्हें गजेटेड ऑफिसर

बनाया जाए। श्रीकान्त, शैड्यूल्ड-कास्ट कमिश्नर की रिपोर्ट में लिखा है कि हजारों ग्रेज्युएट अछूतों के नाम काम-चलाऊ दफ्तर में लिखे हैं।

अत: पाठक स्वत: सोचें कि मंजूरशुदा कोटा अठारह परसेंट का पूरा क्यों नहीं? ऐसा कौन-सा काम है, जिसे ग्रेज्युएट नहीं कर सकते? अर्थात् ग्रेज्युएट सब काम कर सकते हैं या विभागीय प्रशिक्षण के बाद सब काम कर सकते हैं।

प्रधानमंत्री पंडित जवाहरलाल नेहरू ने रामलीला मैदान, नई दिल्ली में कहा था कि अनुसूचित जातियाँ इस योग्य नहीं हैं कि उन्हें राजदूत बनाया जाए।

अपने सवाल में 'पब्लिक सर्विस कमीशन' के साक्षात्कार में अधिकारियों ने गंगा प्रसाद लोधी (बी.ए.) लखनऊ से प्रश्न किया—कि 'लोधी' किस चिड़िया का नाम है?' उस चिड़िया का सही नाम बताने के बाद भी चयन नहीं किया गया।

जवाहर सिंह यादव (बी.ए.), इटावा के सब-इंस्पेक्टरी पद के अभ्यर्थी से चयन के समय साक्षात्कार में प्रश्न किया गया—'लाल रंग की गाय हरी घास खाती है तो सफेद रंग का दूध क्यों देती है?' यह इंटरव्यू है या मखौल। साक्षात्कार में चुनाव वास्तव में एक नाटक-मात्र है। वहाँ वही सुरक्षित स्थान पा सकते हैं जो नाटक के प्रमुख पात्रों से किसी-न-किसी प्रकार से सम्बन्ध रखते हों। इनके लिए सबसे बड़ा सम्बन्ध 'जाति' का है।

# उपसंहार-1

यह पुस्तक सम्भव है कि कुछ लोगों को बुरी लगे। सच्ची बात कड़वी होती है। असाध्य रोगी बिना कड़वी दवा पिये ठीक नहीं होता। हजारों साल के जातिगत, वर्णगत, वर्गगत, धर्मगत व मनुवादी शोषण को इस छोटी-सी पुस्तक में लिखना असम्भव है।

मैंने सरकारी साहित्य व अपनी रिसर्च द्वारा आँकड़े इकट्ठा किए हैं। दस फीसदी चालाक लोग राष्ट्र-निर्माण व समाज-कल्याण के नाम पर आजादी के इस दौर में भी प्राचीन काल की तरह यहाँ के नब्बे फीसदी शोषित-सर्वहारा वर्ग की सिधाई का बेजा फायदा उठा कर अपना उल्लू सीधा कर रहे हैं। वास्तव में, जनता की मौजूदा परेशानियों की जड़ भी यही है।

इस देश की सत्ता जनता राज में भी दस फीसदी लोगों के हाथ में है। यदि नब्बे फीसदी सदा कमेरा व शोषित वर्ग के योग्य लोगों के हाथ में आ जाए तो देश की प्रगति व लाभ का अधिकांश हिस्सा भी देश के बहु-संख्यक वर्ग को ही मिले।

अत: राष्ट्र रक्षा व जन कल्याण की भावना से हमने आँकड़ों के अ-काट्य प्रमाण द्वारा शोषित व शोषक दोनों ही वर्ग के लोगों में विवेक, नैतिकता व जागरूकता पैदा करने का प्रयत्न-मात्र किया है, जिससे हर वर्ग अपनी-अपनी जगह पर खुद सोचे, देश व उसकी जनता का भविष्य किस तरह बने, इस पर ठंडे दिमाग से विचार करे और उसका कोई सही हल निकाले। हमारी मंशा किसी वर्ग विशेष के खिलाफ कटुता पैदा करना हरगिज नहीं है।

धन्यवाद!

दिनांक—1 सितम्बर, सन् 1961 ई.

**—पेरियार ललई सिंह**

# उपसंहार-2

**नोट-1 :** भारत में ब्राह्मणवादी सरकार जातिवर जनगणना न कराने का सतत् मन बनाए हुए है कारण कि जो शोषितों के राजनैतिक हकों की लूट करने का मौका जातिविहीन समाज के भुलावे के नाम पर उनके कुनबे वालों को मिलता है सो लूट कैसे जारी रहे, बस इसी इरादे से जाति छिपाकर जनगणना कराई जाती है।

**नोट-2 :** मनु आदि ने श्रम करते श्रमण संस्कृति के मूल मनुष्यों की श्रमानुसार जातियाँ निर्धारित कर उनके कर्म को जन्म आधारित बनाकर उन्हें लूटा, अब मनुवादी सरकार सरासर जातियाँ दिखते हुए भी जातियाँ मिटाने का चकमा देकर बहुजन जनता के अधिकारों पर राजनैतिक डकैती डाल रही है।

इसलिए पाठकगण पुस्तक को शुद्ध हृदय व खुले दिमाग से पढ़ने व समझने की कोशिश करें, तभी वे कुछ समता की भावना को प्राप्त कर सकेंगे और लेखक भी अपने इरादे में सफल हो सकेगा।

धन्यवाद!

दिनांक—1 जनवरी, सन् 1974 ई. **—पेरियार ललई सिंह**

(विश्व कल्याण-भावना)

सब्बे सत्ता सुखी होन्तु, सब्बे होन्तु च खेमिनो।
सब्बे भद्राणी पस्सन्तु, मा कंचि दुक्ख मा गमा॥

# शोषितों पर धार्मिक डकैती

!!नमो बुद्धाय!!

ब्राह्मणवादी राज में
भारतीय पुरोहितों का कमेरे मानव के
साथ मानवता विरोधी षड्यंत्र!

# शोषितों पर धार्मिक डकैती


लेखक

**पेरियार ललई सिंह**

प्रेसिडेंट—रिपब्लिकन पार्टी ऑफ इंडिया, जिला—कानपुर, उत्तर प्रदेश, भारत
अशोक पुस्तकालय, झींझक, कानपुर, उत्तर प्रदेश 209302



**अशोक पुस्तकालय (रजि.)**
अंडर पेरियार ललई सिंह चेरिटेबल ट्रस्ट
84/172, झकरकटी, जी.टी. रोड,
जिला—कानपुर, उत्तर प्रदेश, भारत-208003

पहली बार 17 सितम्बर, 1961 ई.
ललई सिंह के प्रबन्ध से अशोक प्रेस झींझक (कानपुर) में छपा
पहली बार 2,000 प्रतियाँ प्रकाशित, मूल्य : 25 नए पैसे
दूसरी बार सन् 1964 ई.
दूसरी बार 2500 प्रतियाँ प्रकाशित, परिवर्धित मूल्य : 50 नए पैसे
तीसरी बार सन् 1967 ई.
बाबा साहब के परिनिर्वाण दिवस
दिनांक 6 दिसम्बर, सन् 67 ई. को
चौथी बार सन् 1975 ई.
पाँचवीं बार सन् 1980 ई.
छठी बार सन् 1987 ई.
सातवीं बार सन् 1991 ई.
आठवीं बार सन् 1993 ई.





**मुद्रक**
पेरियार प्रेस
झकरकटी, जिला—कानपुर
उत्तर प्रदेश, भारत-208003

**महँगाई के कारण**

**मूल्य :** दो रुपये दस नए पैसे

!!समर्पण!!

प्रात: स्मरणीय,

स्नेहमयी, परम् पूज्यनीया माताश्री 'मूला देवी जी'

गाम—कठारा, रेलवे स्टेशन झींझक-201302, जिला—कानपुर

की 'पुण्य स्मृति' में

जो अपने वैवाहिक जीवन के प्रथम दिनों में ब्राह्मणों के लिए यज्ञोपवीत संस्कार में पहली बार अन्य स-जातीय महिलाओं सहित पूड़ियाँ बेलवाने (बनवाने) गईं। उन जात्याभिमानियों ने उनका अहिरनी के बजाय 'हिन्नी आईं', 'हिन्नी आईं', 'हिन्नी आईं' अर्थात् 'अहिरिनिया आईं, अहिरिनिया आईं, अहिरिनिया आईं' कहकर अपमानित किया।

स्वाभिमानी माताश्री चोट खाई हुई विषधर नागिन (सर्पिणी) की भाँति क्रोधित दशा में तुरन्त ही अपनी ननद (पति की बहन) श्री पूर्णिमा देवी के साथ प्रतिरोध करते हुए, बिना पूड़ियाँ बेलवाए घर वापस लौट आईं। दम्पती सहित ऊँच-नीच व्यवस्था के ध्वस्त करने में जुट गईं।

शेष धरोहर अपने इकलौते पुत्र एवं प्रिय पाठकों को सौंप कर भाद्र मास शुक्ल पक्ष एकादशी रविवार सम्वत् 1982 विक्रमी (सन् 1925 ई.) को चार महाभूतों (पृथ्वी, जल, अग्नि व हवा) में विलीन हो गईं।

सादर सप्रेम भेंट!

दिनांक—1 सितम्बर, 1961 ई.

**—पेरियार ललई सिंह**

# दो शब्द

भारत में धर्म का महत्त्व राजनीति से हमेशा ही अधिक रहा है, गोकि उसकी महत्ता चन्द लोगों के राजनीतिक ठाठ-बाट को सुरक्षित रखने के लिए ही रही है।

राजा हरिश्चन्द्र को लँगोटी लगाए ब्राह्मण विश्वामित्र साधु ने धर्म व पाप के डर से ही राजगद्दी से उतार कर काशी में मयपत्नी के बिकने पर मजबूर किया।

राम को धर्म के नाम पर मयपत्नी के राजगद्दी छोड़कर 14 साल तक जंगलों की खाक छानने पर ब्राह्मणों की कुटिल नीति से विवश होना पड़ा। महादानी राजा बलि को वामन का रूप धारण कर भगवान ने धर्म के नाम पर ही उसे राजगद्दी से उतार दिया।

वहाँ ये वैसे ही सभी लोग किसी फौज फाँटे या बम, एटम बम के भय से नहीं, केवल धार्मिक पाप व श्राप के डर से राज सुख भोग को छोड़कर तरह-तरह के कष्टों को खुद सहन करने के लिए तैयार हो गए।

अगर इन सब घटनाओं को गहराई से देखा जाए तो इनके पीछे देवताओं के छली गुरु इन्द्र का षड्यंत्र किसी-न-किसी रूप में जरूर छिपा हुआ मिलेगा और वह भी इसलिए कि इन्द्र का सिंहासन न छिनने पाए और उनका राजसी ठाट-बाट से भोग विलास सदा की तरह सलामत रहे।

यह बातें तो हिन्दू धर्म के देवतओं की हैं जिन्होंने धर्म की आड़ लेकर सीधे-सादे व भोले-भाले महामानव तुल्य महापुरुषों को धर्म-दान, सत्य, सदाचार, तप तथा बलिदान का आदर्श पाठ पढ़ाकर पाप व श्राप के नाम से सदा ही ठगा और अपने चतुर देव नायक इन्द्र की राजगद्दी को सलामत रखा।

अपने इन्हीं देवताओं की नकल भारत के धर्मगुरु ब्राह्मणों ने की और अपने सांसारिक सुख भोग को सुरक्षित रखने के लिए नाना प्रकार के देवी-देवताओं की मूर्तियाँ बिठाईं। उनके जगह-जगह पर स्थान बनाए और उनके दर्शन आदि के तरह-तरह के दिलचस्प किस्से गढ़कर अपने-अपने ढंग के नए-नए महात्म बताए। और उनके समर्थन में वेद से लेकर न जाने कितने पुराण, स्मृतियाँ, रामायण व गीता आदि ग्रंथों की रचना कर डाली।

उन सबके पीछे एक ही उद्देश्य रहा है कि देश के कमेरे दिन-रात छाती फाड़ कर काम करें और धर्मगुरु ब्राह्मण धर्म के नाम से बिना कुछ मेहनत किए सब हड़प कर जाएँ। जाति, वर्ण, धर्म, स्वर्ग, नर्क, पूर्व जनम संस्कार आदि के नाम पर यह ठग विद्या हजारों साल से यहाँ के तथाकथित पंडे, पुजारी व धर्मगुरु व उसके ठेकेदार लोग यहाँ के बहुसंख्यक कमेरों के साथ कर रहे हैं और उस पर मनचाहा ऐश करते आ रहे हैं।

आज प्रजातंत्र जरूर है पर पिछले 15 साल के कांग्रेसी नेहरू राज्य में धर्म-निरपेक्ष राज्य के बहाने जो कुछ हो रहा है, उसमें भी धर्म की आड़ लेकर आज के अधिकार प्राप्त सीधे-सादे, भोले-भाले इनसानों को ठगा जा रहा है। आज अपने बालिग मताधिकार के वोट को कमेरे, शोषित, दलित, किसान व मजदूर लोग मन चाहे ढंग से जहाँ चाहें वहाँ संगठित रूप से इस्तेमाल करके अपने ढंग की सरकार बनाने के लिए आदमी चुनें, वहाँ—रामायण, महाभारत, कीर्तन, होम व यज्ञ आदि का महात्म आज के चतुर राजनीतिक नेता बताकर देश के बहुसंख्यक कमेरों को फिर से धार्मिक गुलामी में फँसाए रखने का जोरों से जाल रच रहे हैं।

17 मार्च से 27 मार्च, 1961 तक झाँसी में अभी इसी साल राजापुर में तुलसी जयन्ती के नाम पर एक बहुत बड़ा समारोह मनाया गया, जिसमें 6 लाख रुपये से अधिक लागत का तुलसी स्मारक जनता के पैसे से बनवाया गया और यह सब हुआ आज के शासन कर्णधार सर्वश्री ए.जी. खैर, स्पीकर यू.पी. असेम्बली; श्री चतुर्भुज शर्मा, राज्य मंत्री व भूतपूर्व अध्यक्ष यू.पी. कांग्रेस कमेटी; चन्द्रभानु गुप्त, मुख्यमंत्री, यू.पी. व कैलाश नाथ काटजू, मुख्यमंत्री, मध्य भारत की देख-रेख, संरक्षता व हाथों में।

इसी तरह का एक दूसरा धार्मिक विश्व-रामायणी मेला 21 अक्टूबर, 1961 तक चित्रकूट में 60 फीसदी पिछड़े वर्गों को अधिकार दिलाने की माँग करनेवाले सोशलिस्ट पार्टी के नेता डॉ. राममनोहर लोहिया करने जा रहे हैं जिसमें रामधुन और रामायण धुन के साथ सन् 1962 के ग्राम चुनाव से पहले सीधे-सादे शोषित कमेरों को ब्राह्मणी धर्म के ऊपर श्रद्धा करने का जाल रचा जाएगा। इसके अगुआ हैं वही सब ऊँची जाति के राजनीतिक नेता। मुख्तसर यह कि आज क्या कांग्रेसी, क्या समाजवादी और क्या जनसंघी व हिन्दू सभाई सभी धर्म का जाल बिछाकर राजनीतिक सत्ता को हथियाने की ताक में हैं।

ऐसे समय में भाई ललई सिंह जी ने यह पुस्तक लिखकर देश की जनता को बताने व होशियार करने का एक प्रयत्न मात्र किया है कि हमारी भोली-भाली जनता जिन हिन्दू धर्म ग्रंथों को बड़ी श्रद्धा और अन्धभक्ति के साथ पढ़ती है, उसके भीतर तथाकथित शूद्र वर्ग, जो एकमात्र इस देश के किसान, मजदूर, कमेरे, पेशेवर देश का हर उत्पादन करनेवाले के खिलाफ कितना अपमानजनक लिख रखा गया है

और हजारों साल से धर्म के नाम पर ठगनेवाले लोग किस तरह प्रजातंत्र के इस 15 साल में भी शोषण करने पर तुले हुए हैं।

सापत ताड़त पुरुष कहन्ता, विप्र पूज्य गावहिं अस सन्ता।
पूजिअ बिप्र सील, गुण हीना। शूद्र न गुन-गन ग्यान प्रवीना॥

[अरण्य कांड, दोहा 33 के आगे की चौपाई]

ऐसी ही अनेक चौपाइयों को पढ़ने के बाद कौन-सा तथाकथित शूद्र वर्ग का व्यक्ति होगा जो धर्म के नाम से होनेवाले इस अपमान को बर्दाश्त करेगा व कौन ब्राह्मण व द्विज होगा जो उस व्यवस्था को न कायम रखना चाहेगा?

अत: पाठकगण अगर इस छोटी-सी पुस्तक को पढ़ने के बाद हिन्दू धर्म की धार्मिक मदान्धता को छोड़कर अपने आज के राजनीतिक अधिकारों के प्रति कुछ जागरूक हो सकें तो लेखक अपने प्रयत्न में सफल होगा।

दिनांक—1 अक्टूबर, 1961

**—छेदी लाल 'साथी'**

सम्पादक—'बहुजन', हिन्दी पाक्षिक पत्र, लखनऊ
प्रेसीडेंट—रिपब्लिकन पार्टी ऑफ इंडिया, उत्तर प्रदेश यूनिट

# सम्मति

पिछड़ी जाति के वीर सेनानी एवं स्वाभिमानी लेखक श्री ललई सिंह के हृदय में किसान मजदूर की सामाजिक व आर्थिक शोषण के प्रति न केवल घृणा भरी है, वरन् शोषितों के विभिन्न रूपों को समाप्त करने की अमिट भावना भी है।

पुस्तिका में हिन्दू-धर्म की जातिगत, सामाजिक, राजनीतिक, आर्थिक व धार्मिक लूट वाली ब्राह्मणवादी व्यवस्था के मायावी जाल के उन धार्मिक तन्तुओं को छाँट-छाँट कर उद्धृत किया है, जिनके द्वारा हिन्दू समाज की बहुसंख्यक शूद्र (पिछड़ी जाति) महाशूद्र (अनुसूचित जाति व अनुसूचित जनजाति), परिश्रमी किसान, मजदूर-दस्तकार शोषित जातियों को हजारों वर्षों से अब तक अपना दासानुदास बनाए रखने में पन्द्रह प्रतिशत जनसंख्या वाली उच्च या आर्य जातियों ने सफलता प्राप्त की।

शोषित जनता लेखक के बताए मार्ग का अनुसरण करती हुई जाति व वर्ण व्यवस्था की बुराई को जब बुराई समझकर तोड़ देगी तभी दिमागी गुलामी से छुटकारा पा सकेगी एवं स्वतंत्रतापूर्वक अपने नवीन भावी शुभ-मार्ग पर चलकर सुखमय जीवन बिता सकेगी।

शोषक नेता पुस्तिका को पढ़ कर लेखक को जातिवादी कहकर राष्ट्रघाती कहेंगे किन्तु शोषित जनता जान जाने पर, उन्हें अपना नेता पथ-प्रदर्शक मानेगी।

सफलता की शुभ कामना।

धन्यवाद!

दिनांक—1 अप्रैल, 1967 ई.

**—दीपनारायण सिंह**
एम.ए., एल.एल.बी.,
एडवोकेट (सुप्रीम कोर्ट)
प्रकाश-विकास-निवास
शादीपुर, खुर्द, फतेहपुर, (उ.प्र.)

# सम्मति

श्री ललई सिंह द्वारा लिखित पुस्तक 'शोषितों पर धार्मिक डकैती' उत्तेजक विचारों वाली है। उसमें कई बातों की ओर आपने ध्यान दिलाया है। प्राचीन भारत के धार्मिक साहित्य विशेषकर हिन्दू धर्म में अनेक ऐसे तथ्य एवं मूल्य हैं। जो मानवता विरोधी हैं, वे आज स्पष्टत: अवैधानिक ही नहीं वरन् दंडनीय हैं। बहुत से स्थानों में पक्षपात, जातिवाद एवं छुआछूत की पुष्टि की गई है। आपने भी इंगित किया है। मूल प्रश्न यह है कि वर्णवादी-जातिवाद एवं छुआछूत दूर कैसे किया जाए?

1. अछूत वर्गों का केवल एक कर्तव्य कि वे ऐसा आचरण करें जिसमें जातिवाद एवं छुआछूत का लेशमात्र नाम न हो। हमें स्वयं अपनी ओर से इस प्रकार चलना चाहिए कि हम अछूत नहीं हैं और न हमारा ऐसा आचरण ही है। दुख इस बात का है कि स्वयं अछूत आपस में जातिवाद एवं छुआछूत करते हैं। ऐसा नहीं होना चाहिए।

2. सवर्ण हिन्दुओं का भी यही कर्तव्य है कि वे ऐसा आचरण न करें जो वर्णवादी-जातिवाद एवं छुआछूत से युक्त हो। उन्हें अपने परम्परावादी धार्मिक एवं सामाजिक मूल्यों को बदलना चाहिए। इसके लिए त्याग एवं उदारता की अति आवश्यकता है। सामाजिक संस्थाओं का ऐसा निर्माण हो, जिससे क्रान्तिकारी परिवर्तन आए।

3. सरकार का कर्तव्य है कि वह अछूत और सवर्ण जातियों का भेदभाव मिटावे। उनमें सामंजस्य स्थापित करे और जहाँ छुआछूत, अन्याय एवं शोषण हो—समाप्त करे। उन लोगों को दंडित करे जो ऐसा आचरण करते हैं। सरकार, पुलिस आदि को भावना से नहीं—संविधान से प्रेरणा लेनी चाहिए।

दिनांक—11 अप्रैल, 1967 ई.

**—डी.आर. जाटव**

एम.ए., पी-एच.डी., अध्यक्ष, दर्शन विभाग,
राजकीय महाविद्यालय, श्रीगंगानगर (राजस्थान)

# सम्मति

श्री पेरियार ललई सिंह पिछड़े वर्ग के बहुत पुराने, सच्ची लगनेवाले, जोशीले, कर्मठ कार्यकर्ता व नेता हैं। आप सदा से दलित वर्ग तथा पिछड़े वर्ग के परस्पर मिल कर एक प्लेटफार्म पर संघर्ष करने के पक्षपाती रहे हैं—क्योंकि ऐसा होने से शोषितों का पच्चासी प्रतिशत बहुमत हो कर, देश में समाजवादी व समतावादी अवस्था लाई जाकर, हर प्रकार का शोषण, भुखमरी, मुनाफाखोरी, घूसखोरी व कुलवापरवरी इत्यादि बन्द की जा सकती है तथा इससे देश में जाति-वर्ण-वर्ग व वंश विहीन एक राष्ट्रीयता सम्भव है।

इसी महान उद्देश्य को सामने रखकर आपने कई छोटी-मोटी पुस्तकें भी लिखी हैं।

प्रस्तुत पुस्तक 'शोषित पर धार्मिक डकैती' में आपने ब्राह्मणवादी हिन्दू शास्त्र व्यवस्था और हिन्दू संस्कृति द्वारा बहुसंख्यक—शूद्रों व महाशूद्रों पर होनेवाले व्यवहारों का वर्णन किया है—जिसके परदे में उनका शोषण होता है।

इस पुस्तक की लोकप्रियता का प्रमाण यह परिवर्धित संस्करण है। सफलता की शुभ-कामना।

दिनांक—2 अगस्त, 1971 ई.

**—चन्द्रिका प्रसाद 'जिज्ञासु'**

बहुजन कल्याण प्रकाशक
360/193 मातादीन रोड
सआदतगंज, लखनऊ-3 (यू.पी.)

# सम्मति

संतजन सज्जन मनन करें! क्या कहीं धर्म पर भी डकैती पड़ती है, सुनने में अटपटा-सा लगता है किन्तु भारतीय धार्मिक व्यवस्था में यह शब्दत: सत्य है। सत्य से भय क्यों?

बुद्ध के पूर्ववर्ती काल से ही, एक ही वर्ग के चन्द स्वार्थी आर्यों द्वारा भारतीय समाज में, विषमता के बीज ही नहीं बोए गए वरन् बुनियादी तौर पर उसे अजर अमर कर देने का षड्यंत्र भी रच दिया गया। विद्या से बहिष्कृत इस अल्पज्ञ समाज को शिक्षा के साथ ही सभी मानवीय सुविधाओं से वंचित कर उसे सदा-सदा के लिए मानसिक दास बनाए रखने के उद्देश्य से वर्णव्यवस्था को सामाजिक व्यवस्था के रूप के साथ ही, धार्मिक व्यंवस्था का जामा भी पहना दिया गया है।

लोक-लोकान्तर के रहस्य के जानकार समस्त प्राणिमात्र पर अपार करुणा रखनेवाले महामानव गौतम बुद्ध ने इस विष की विभीषिका को देखकर, इसका भारी विरोध किया। उन्होंने स्वतंत्रता, समानता, समता के साथ ही करुणा और मैत्री से सम्प्रयुक्त जिस संघ की संरचना की तथा बहुजन हिताय, बहुजन सुखाय, लोकानुकम्पाय की, जिस विचारधारा का संचार किया उसके लिए भारत ही नहीं, सम्पूर्ण विश्व उनका कृतज्ञ है।

भारतीय वर्ण-व्यवस्था, निश्चय ही, धर्म के नाम पर भीषण डकैती है। जिस प्रकार डकैती में बलपूर्वक दूसरे का धन हड़प लिया जाता है, वैसे ही हिन्दू धार्मिक ग्रंथों में बलपूर्वक अधिग्रहण की अनेक घटनाएँ आज भी पढ़ी और पढ़ाई जा सकती हैं। महान समाज-परिवर्तक पेरियार ललई सिंह जी ने अपने अथक परिश्रम से यथार्थ नाम वाली 'धार्मिक डकैती' नामक अनमोल पुस्तक लिखकर सत्य की जानकारी कराने का जो सुकृत्य किया है, उससे निश्चय ही समाज उनका ऋणी रहेगा।

भवतु सब्ब मंगलम्।

दिनांक—1 सितम्बर, 1987 ई.

**—जे.एन. आदित्य**

अध्यक्ष, भारतीय बौद्ध महासभा (उ.प्र.)

'आश्चर्य की बात तो यह है कि जब कट्टरता के भयानक जीव उस मनुष्य पर टूट पड़ते हैं जिसने उनकी धार्मिक पुस्तकों पर आघात किया है, तब बड़े-बड़े विद्वान, जो अपने को निष्पक्ष बताते हैं, उनका साथ देते हैं।'

**—डॉ. बी.आर. अम्बेडकर**

# दो शब्द

धर्म का वास्तविक मतलब मनुष्य के लिए मानवता। एक मनुष्य का दूसरे मनुष्य के साथ अच्छा बर्ताव। व्यक्तिगत समता, बन्धुता, स्वतंत्रता व एकता को बढ़ावा देना ताकि सभी-मनुष्य सुख शान्तिपूर्वक अपनी प्रगति कर सकें।

दलित-पीड़ित-शोषित वर्ग को हजारों वर्षों से पुरोहित, पंडा व पुजारी आदि भाग्य, भगवान, स्वर्ग, नर्क व पुनर्जन्म वगैरह के जाल में फाँस कर अपना उल्लू सीधा कर रहे हैं।

धर्म-शास्त्रों पर आधारित वर्ण-व्यवस्था, जातिभेद, अछूत व ऊँच-नीचपन की असमानता के कारण बहुसंख्यक समाज सभी मानवीय सुविधाओं से बहुत दूर है। भारत की सामाजिक असमानता अफ्रीका के काले एवं अमेरिका के नीग्रो से सहस्त्र गुनी खराब है। सरकार ने अस्पृश्यता-निवारण विधान सन् 1955 ई. में बनाया। उसे धन्यवाद!

दुख की बात है कि अधिकारीगण जो अधिकाधिक संख्या में सवर्ण और जात्याभिमानी ही हैं—ठीक-ठीक पालन नहीं कर रहे हैं। यह उनके व शासन दोनों के लिए महान कलंक है।

शासन को उपरोक्त कानून का कड़ाई से पालन कराना चाहिए। अधिकार वंचित बहुसंख्यक समाज को चाहिए कि वह हिन्दू धर्म शास्त्रों की कल्पित असमानताओं के जामा को उतार कर फेंक दे। स्वत: रक्षक, शिक्षक व उद्धारक बनें। मानवीय अधिकारों को जैसे बने, तैसे प्राप्त करें—चाहे शान्ति द्वारा या क्रान्ति द्वारा। चाहे धर्म परिवर्तन द्वारा।

अनन्त धन्यवाद!

दिनांक—1 सितम्बर, 1980 ई. **—पेरियार ललई सिंह**

### ब्राह्मणवादी राज में

# शोषितों पर धार्मिक डकैती

आर्यों (सवर्ण हिन्दुओं) के तथाकथित धार्मिक-ग्रंथों में शूद्रों के लिए वर्ण-व्यवस्था के आधार पर जो व्यवस्थाएँ दी गई हैं—वे मानव समाज में असमानता तथा घृणा उत्पादक हैं और शूद्रों के साथ घोर जुल्म व अत्याचार करने का प्रोत्साहन देती हैं, जिनके कारण यह शूद्र बतलाया जानेवाला बहुसंख्यक मानव समाज कई हजार वर्ष से घोर नारकीय जीवन बिताता चला आ रहा है।

इस शूद्र-समुदाय में अगणित प्राणी पैदा होते रहे और मरते रहे—परन्तु उनकी भावनाओं को भाग्य, भगवान, धर्म, पुनर्जन्म व स्वर्ग-नर्क की कल्पनाओं के फंदों में इतना जकड़ दिया गया कि वह कभी भी मानवीय अधिकारों को प्राप्त नहीं कर सके।

विजेता आर्यों ने इन अनार्य (शूद्रों) पर जो अन्याय, अनाचार, उत्पीड़न एवं अत्याचार किए हैं, संसार में उनकी दूसरी मिसाल मिलना असम्भव है। शूद्र-विरोधी इस कृत्य को ही हिन्दू-धर्म कहा गया है और ऐसी व्यवस्थाओं के विधाताओं को ऋषि, मुनि व वीतराग। यहाँ तक कि भगवान तक की उपाधियाँ दी गई हैं। सम्पूर्ण हिन्दू साहित्य शूद्र-विरोधी विधि-विधानों व व्यवस्थाओं से भरा पड़ा है, फिर भी आर्य सन्तान आज भी बहुत ही गर्व के साथ कहती हैं—हमारा हिन्दू धर्म, हमारी सभ्यता और हमारी संस्कृति महान है।

मध्यकाल में जब से शूद्र (बैकवर्ड) और महाशूद्र (अछूत) मुसलमान होकर नासिरुद्दीन खुसरो (गुजरात का मेहतर), मालिक कापूर (पंजाबी अछूत) आदि बादशाह बनने लगे, तो इन आर्य सन्तानी चतुर चूड़ामणि व्यक्तियों द्वारा शूद्रों को धोखे में डाले रहने के लिए एक तरफ तो यह नारा लगाया गया कि 'हरि को भजे—सो हरि का होई, जाति-पाँति पूछे नहिं कोई'। दूसरी ओर इन्होंने विजेता मुसलमानों से स्वयं रिश्तेदारियाँ कायम करके उनके दिमागों में यह बात भर दी कि तुम शरीफ हो और हम भी शरीफ हैं, इसलिए यदि कोई शूद्र या अतिशूद्र मुसलमान बने, तो उसको अपने बराबर का दर्जा मत दो। कमीन को कमीन बनाकर रखो!

शूद्र की उपरोक्त उन्नति का प्रवाह रोकने के लिए बहुत से आम हिन्दू स्वयं मुसलमान बन गए और मुस्लिम समाज इस्लाम का जो बुद्धिवादी सिद्धान्त मुसीबत

था, उसको खत्म कराकर उसमें भी घोसी (अहीर), कुजड़ा (काछी), भिश्ती (कहार), जुलाहा (कोरी), कसाई (चिकवा), धुना (कढ़ेरा) आदि-आदि बनवाकर वर्ण-जाति की विषमता पैदा कर दी।

मुसलमानों पर अच्छी तरह काबू पा लेने के बाद सम्राट अकबर की हुकूमत में पंडित तुलसीदास गुसाईं ब्राह्मण ने 'रामचरितमानस' नामक एक ग्रंथ लिखा, जिसमें हिन्दू धर्म की यह शूद्र-विरोधी व्यवस्थाएँ, जो तीन सौ वर्ष पहले के मुसलमानी शासन काल में मृतप्राय हो चुकी थीं, उसके फिर से जीवित करने के लिए कथित ईश्वर और वर्ण-व्यवस्था की वाहक मनुवादी भाषा संस्कृत के बजाय अपनी बोल-चाल की अवधी भाषा में 'रामचरितमानस' लिखा, जिससे वह बहुसंख्यक समाज भी पढ़कर, इन आर्यों (सवर्णों) को सदा ही अपना स्वामी/मालिक समझता रहे और अपने आपको पुश्तैनी दास/सेवक मानता रहे।

आज देश स्वतंत्र है, तथाकथित इस सेक्यूलर स्टेट के नाम पर यहाँ की शासन व्यवस्था चलाई जा रही है और धर्म-निरपेक्ष-राज्य की माँग की जा रही है, परन्तु शूद्रों के खिलाफ उसी पुरानी ब्राह्मणी धार्मिक व्यवस्था की पुष्टि करने के लिए मनुस्मृति, रामायण और गीता जैसे घोर वेदवादी, वर्णवादी-पुरोहितवादी, जातिवादी ग्रंथों को विशेष मान्यता व प्रोत्साहन दिया जा रहा है।

इन आर्यों (हिन्दुओं) के अत्याचार, प्रताड़ना और उत्पीड़न से जर्जरित होकर कभी अछूत लोग मुसलमान व ईसाइयों की थोड़ी-बहुत पनाह ले लेते हैं तो यह बात भी आर्य सन्तानों को बहुत खलती है कि इसलिए कि गुलामों की संख्या कम न हो जाए। इसी कारण आर्यसमाजी प्रकाशवीर शास्त्री, एम.पी. ने दिल्ली की पार्लियामेंट में इस आशय का एक विधेयक पास कराने की असफल कोशिश की, जिससे कोई अछूत या शूद्र अपनी तरक्की के लिए ईसाइयों की शरण या उनसे सुविधा प्राप्त न कर सके। जिस पर इन शूद्रों के प्रतिनिधि श्री बी.के. गायकवाड, एम.पी. (बम्बई) ने विरोध किया और शूद्र-विरोधी मनुस्मृति के पन्ने वहीं संसद की सभा में बोलते हुए 4 मार्च, सन् 1960 ई. को फाड़ कर फेंक दिए। इस पर आर्य जगत में बड़ी खलबली मच गई।

इसी प्रकार उत्तर प्रदेशीय विधान सभा, लखनऊ में भी श्री भूपकिशोर सिंह 'लोधी', एम.एल.ए. (एटा) के द्वारा रामायण के शूद्र-विरोधी पन्ने दिनांक 12 अप्रैल, सन् 1960 ई. को फाड़ डालने पर आर्यों की सन्तानों में प्रचंड क्रोध की लहर प्रज्वलित हो उठी।

यह समस्त ब्राह्मणी धर्म-ग्रंथ वेद से लेकर दुर्गा पाठ तक सभी ब्राह्मण को उच्च से उच्चतम् अर्थात् देवतम् भगवान से भी अधिक सम्मान और प्रतिष्ठा प्रदान करते हैं और शूद्र को निकृष्ट कीड़े-मकोड़े से भी बदतर दशा में रखने की प्रेरणा देते हैं, जिसके कुछ नमूने यहाँ दिए जा रहे हैं, जिसको पढ़कर सवर्ण और उनके धर्म की उदारता एवं सहिष्णुता का सही दिग्दर्शन हो जाता है।

## मनु-स्मृति में ब्राह्मण एवं शूद्र
## धार्मिक-सामाजिक व्यवस्था

शूद्र के लिए ईश्वर ने एक ही कर्म नियत किया है कि वह तन-मन से तीन वर्णों (ब्राह्मण, क्षत्रिय तथा वैश्य) की सेवा करे। [1/91]

मुख से उत्पन्न होने के कारण ब्राह्मण सबसे बड़ा है और सृष्टि का प्रभु या स्वामी है। [1/93]

देवता लोग ब्राह्मणों के मुख द्वारा ही भोजन करते हैं। इसलिए संसार में ब्राह्मणों से बढ़कर कोई प्राणी नहीं है। [1/95]

भूत मात्र में प्राणधारी उत्तम है, उनमें उत्तम मनुष्य है, उनसे उत्तम बुद्धिजीवी है और मनुष्य मात्र में ब्राह्मण श्रेष्ठ है। [1/96]

ब्राह्मण जन्म से ही पृथ्वी पर सबसे बड़ा है। वह सब प्राणियों का ईश्वर (मालिक) है। वह संसार में धर्म के खजाने का रक्षक है। [1/99]

संसार में जो कुछ है, वह सब ब्राह्मणों का है, क्योंकि वे जन्म से ही श्रेष्ठ हैं। [1/100]

ब्राह्मण यदि पराया अन्न लेता है या पराये वस्त्र पहनता है और किसी का धन लेकर किसी को देता है, तो यह सब उसकी ही सम्पत्ति है क्योंकि सब लोग ब्राह्मण की कृपा से ही भोजनादि पाते हैं। [1/101]

मंगल्यं ब्राह्मणस्य स्यात्क्षत्रियस्य बलान्वितम्।
वैश्यस्य धनसंयुक्ते शूद्रस्य तु जुगुप्सितम्॥ 31॥

ब्राह्मण का नाम मंगल सूचक, क्षत्रिय का नाम बल सूचक, वैश्य का नाम धन सूचक और शूद्र का नाम दीनता सूचक रखें। [2/31]

ब्राह्मण का नाम 'शर्मा' शब्द सहित, क्षत्रिय का नाम बल 'वर्मा' शब्द सहित व वैश्य का नाम धन पुष्टिवाचक भूति या 'गुप्त' आदि तथा शूद्र का नाम दीनता वाचक रखें। [2/32]

यज्ञादि में दीक्षित ब्राह्मण व्यवस्था में छोटा हो तब भी उसका नाम लेकर न पुकारें। ये दीक्षित जी, इस प्रकार सम्मान के साथ बात-चीत करें। [2/128]

ब्राह्मण दस वर्ष का और क्षत्रिय 100 वर्ष का हो तब भी क्षत्रिय अपने को पुत्र के समान समझकर उस अल्पायु ब्राह्मण को वृद्ध पिता के समान सम्मान करे अर्थात प्रणाम करे। [2/135]

ब्राह्मण का अतिथि ब्राह्मण ही हो सकता है क्षत्रिय, वैश्य तथा शूद्र नहीं। यदि कोई क्षत्रिय ब्राह्मण के यहाँ आए तो अतिथि ब्राह्मण को भोजन कराकर बाद में अतिथि को भोजन दे। यदि कोई वैश्य या शूद्र आए तो नौकरों के साथ उसको भोजन खिलाए।

गौ मेघ यज्ञ॥ [ऋग्वेद 6/39/1]

गौ मेघ यज्ञ॥ [मनु. 5/39]

गौ-मांस से बना मधुपर्क खाना चाहिए। [मनु. 3/3]

अतिथि का सत्कार मांस-भोजन से करें। [आपत्य स्तम्भ]

गौ-मांस से बने मधुपर्क द्वारा अतिथि सत्कार का संकल्प करें।

[अश्वलायन गृहश्चे]

अतिथि का नाम गोधन है। [(3/110-116) (145 हि.आ.)]

श्राद्ध में पृथ्वी पर गिरा हुआ जूठा अन्न दास लोगों का है परन्तु वह दास कुटिल या नटखट न हो अर्थात् शीलवान हो। [3/246]

शूद्र को बुद्धि नहीं देनी चाहिए, न यज्ञ का जूठा, न हवन से बचा हुआ भाग और न धर्म व व्रत का उपदेश देना चाहिए। यदि कोई शूद्र को धर्म का उपदेश व व्रत का उपदेश देता है तो वह भी शूद्र के साथ अन्धकारयुक्त 'असंव्रत' नामक नर्क में पड़ता है। [5/80-81]

शूद्र से तो सेवा ही कराएँ, चाहे खरीदकर आया हो, चाहे वेतन वाला हो, चाहे बिना वेतन वाला हो, क्योंकि ब्रह्मा ने शूद्र को ब्राह्मणों की दासता करने के लिए ही पैदा किया है। यदि स्वामी छुटकारा भी दे दे तो भी शूद्र दास के कर्म से छुटकारा नहीं पा सकता क्योंकि सेवा करना उसका ईश्वर द्वारा निर्धारित स्वाभिमानी धर्म है। कौन उसे उस कर्म से अलग कर सकता है? अर्थात् शूद्र को दासता के कर्म से कोई अलग नहीं कर सकता। [8/413-414]

जिन ब्राह्मणों ने क्रुद्ध होकर अग्नि को सर्वभक्षी बना दिया, समुद्र के जल को खारा करके उसे पीने योग्य नहीं रहने दिया और चन्द्रमा को क्षय का रोगी बना दिया। उन ब्राह्मणों को कुपित करके कौन ऐसा है जो नष्ट नहीं हो जाएगा अर्थात् सभी सर्वनाश को प्राप्त हो जाएँगे। [9/314]

जैसे अग्नि चाहे संस्कार-युक्त हो या संस्कारहीन, एक महान देवता है। वैसे ही ब्राह्मण भी चाहे मूर्ख हो या विद्वान, एक महान देवता है। जैसे तेजस्वी अग्नि मरघट में मुर्दों को जलाकर भी अपवित्र नहीं होती और यज्ञों में हवन के किए जाने पर भी वृद्धि को प्राप्त होती है। वैसे ही ब्राह्मण निन्दनीय काम करने पर भी सब प्रकार पूजनीय है क्योंकि ब्राह्मण परम देवतास्वरूप है। [9/617-619]

ब्राह्मण, क्षत्रिय और वैश्य तीन वर्ण द्विजाति अर्थात द्विजन्मा जनेऊ वाले हैं। चौथा वर्ण, शूद्र एक जन्म वाला कहलाता है। पाँचवाँ कोई वर्ण नहीं है।

[10/4]

शूद्र को जूठा अन्न, पहनने को उतरन वाले पुराने कपड़े, बिछाने के लिए धान का पुवाल देना चाहिए। [10/125]

## वेदान्त-सूत्र

श्रवणे त्रपु जेतुभ्यां स्त्रोत्र-परिपूरणं उच्चारणे।
जिह्वाच्छेदो धारणे हृदयविदारणम्॥

शूद्र के वेद सुनने पर सीसा या लाख पिघलाकर कान में डाल दें, बोलने पर जीभ काट दें और यदि हृदय में धारण कर ले (कंठस्थ कर ले) तो छाती चीर दें।

[शंकर-रामानुज-माध्व-भाष्य 1, 2, 38]

## अत्रि-स्मृति

शूद्र यदि जप, तप व होम आदि करे तो राजा उस राज्यनाशक शूद्र को कठोर दंड दे। (अर्थात् जान से मार डाले।)

शूद्र अपने धर्म अर्थात ब्राह्मण, क्षत्रिय और वैश्य तीन वर्णों की सेवा करता हुआ भी स्वर्ग प्राप्त कर सकता है। दूसरे का धर्म परायी स्त्री के समान त्याज्य है।

## पराशर-स्मृति

द्विजों की सेवा करना ही शूद्रों का परम कर्म है। इसके अलावा शूद्र जो धर्म सम्बन्धी काम करता है, वह उसका निष्फल है। [1/70]

शूद्र को गाय का दूध पीने व वेद को पढ़ने से नर्क प्राप्त होता है। इसलिए शूद्र इनसे अलग रहे। [1/73]

ब्राह्मण दुश्चरित्र हो तब भी पूज्य है। शूद्र जितेन्द्रिय होने पर भी पूज्य नहीं है क्योंकि कौन ऐसा मूर्ख है, जो दुष्ट गाय को छोड़कर, सुशीला गधी को दुहेगा। [8/33]

## व्यास-स्मृति

ब्राह्मण, क्षत्रिय, वैश्यस्त्रयों वर्ण द्विजातय:।
श्रुति, स्मृति, पुराणोक्त धर्म, योज्ञानस्तु ने तरे॥

**भावार्थ :** ब्राह्मण, क्षत्रिय तथा वैश्य तीन वर्ण द्विजाति (जनेऊ वाले) हैं, इनसे जो नीचे (शूद्र) है, उनके लिए वेद, स्मृति व पुराण वाला धर्म नहीं है।

वर्द्धिकी, नापितो, गोप:, अशाप:, कुम्भकारक:।
वणिक, किरात, कायस्थ, मालाकार, कुटम्बिन:॥
वरटो, मेद, चांडालस्य, दास, श्वपच, कोलक:।
एते अन्त्यज: समारूयात: ये च अन्ये च वगाशन:।
एषां समभाष्णात्स्नातम् दर्शनाद्रिविधीक्षणात:॥

[1-10,12 जाति भाष्कर, पन्ना 158]

बढ़ई, नाई, गोप (अहीर, यादव), चमार, कुम्हार, बंजारा, किरात, कायस्थ, माली, कुर्मी, बाँसफ़ोड़, स्वारमार, चांडाल, बारी, स्वपच (भंगी), कोरी तथा बराबरी वाले अन्य सभी अन्त्यज (शूद्र) हैं। उपरोक्त शूद्रों व गाय खानेवालों से जब द्विज बातचीत करे तो स्नान करना चाहिए। वह यदि प्रात:काल दिख जाए तो उसी क्षण सूर्य के दर्शन करने चाहिए।

व्यास का कार्यकाल महाभारत का समय आज से पाँच हजार वर्ष पहले का बताया गया है। फिर उस समय गाय कौन खाता था? लेखक अपनी खोज से इस नतीजे पर पहुँचा है कि आर्य (ब्राह्मण) गाय खाते थे। अनेक प्रमाण हिन्दू ग्रंथों में भरे पड़े हैं।

राजा बिम्बसार के यहाँ गाय, बैल आदि कई हजार पशु बलि के लिए लाए गए थे। उन्हें गौतम बुद्ध ने (आज से ढाई हजार वर्ष पूर्व) जीव-हिंसा की निन्दा करके छुड़ाया।

सम्राट अशोक ने राजाज्ञा द्वारा बलि पर रोक लगा दी थी। शायद उन्हीं महान प्रतापी राजा बिम्बसार अथवा सम्राट अशोक के समय में किसी चतुर तथा चालाक ब्राह्मण विद्वान ने अति को अति से जीतने के लिए एवं स्वयं को सुर्ख-रू रखने के लिए श्लोक में शब्द 'गवाशन:' शामिल कर दिया होगा।

## विष्णु-स्मृति

चौथा वर्ण शूद्र सब संस्कारों से हीन है। उसका संस्कार यही है कि वह अपने आपको द्विजों को समर्पण कर दे। [1/15]

जो शूद्र अपने प्राण, धन और स्त्री को ब्राह्मण को अर्पित कर दे, उस शूद्र का भोजन करने योग्य है। [1/11]

ब्राह्मण का नाम मंगलकारी, क्षत्रिय का नाम बलशाली, वैश्य का नाम धनशाली और शूद्र का नाम घृणासूचक हो। [27/69]

## विष्णु-रहस्य

शूद्र पुराने वस्त्र पहने। ब्राह्मण का जूठा खाए। अपनी ही स्त्री से सम्भोग करे। यदि वह मन से इस प्रकार का आचरण करे तो उसके सभी पाप नष्ट होंगे और उसे इन्द्र की पदवी मिल सकती है।

## स्मृति-वचन

स्त्री, शूद्रो विद्या न धीयताम् अर्थात स्त्री और शूद्र को विद्या धारण ही नहीं करनी चाहिए।

## गौतम-धर्म-सूत्र

शूद्र यदि वेद को सुन जाए तो उसके कानों में पिघलता हुआ शीशा और लाख भरवा देनी चाहिए। यदि वेद का उच्चारण करे तो उसकी जिह्वा कटवा देनी चाहिए। यदि वेद का स्मरण करे तो उसको मरवा देना चाहिए। [12/8]

शूद्र चौथे वर्ण का और एक जन्म वाला है। उसका धर्म है—बाकी तीन वर्णों (ब्राह्मण, क्षत्रिय व वैश्य) की सेवा करना। उच्च वर्ण के उतरे हुए (पुराने) जूते पहने तथा उच्च वर्ण के जूठे भोजन को खाकर जीवन व्यतीत करे। [10/50,56,99]

ब्राह्मण (सदैव) अवध्य, अबंध्य, अदंडनीय, अबहिष्कार्य, अपरिवाद्य एवं अपरिहार्य है। [8/5-11-5-9]

## वसिष्ठ

शूद्र की औरत उच्च वर्ण के लिए केवल आनन्द (सम्भोग) लेने में उपभोग का साधन मात्र है। वह धार्मिक कृत्यों या किसी उच्च कार्य के अयोग्य है और शूद्र स्वयं श्मशान के समान हैं। [4/3]

शूद्र श्मशान के तुल्य अपवित्र हैं। इसलिए शूद्र के समीप वेदों को न पढ़ें। [18/9]

## आपस्तम्ब

शूद्र को पृथ्वी पर ही अन्न खाने को देना चाहिए, जैसे—कुत्ता है, वैसे ही शूद्र है।

ब्राह्मण, क्षत्रिय, वैश्य तथा शूद्र चार वर्ण हैं। इन चारों के क्रमश: हर एक जन्म से अपने के बाद के वर्ण से श्रेष्ठ है। शूद्र तथा पतित को छोड़कर सब वर्णों के लिए उपनयन (जनेऊ), वेद पाठ तथा यज्ञ विहीन है। [1/1-14,5]

## भाषा-धम्म-समाज

शूद्र काशी में पढ़कर वेद व पुराणों को बाँचे और रूपवान, सदाचारी एवं विद्वान भी हो, परन्तु हे राजन् युधिष्ठिर! वह यज्ञ के योग्य नहीं है। ब्राह्मण चाहे दुराचारी एवं पतित हो तो भी उससे यज्ञ कराने से सफल हो जाएगा।

## दूसरे जो पातंजलि

शूद्र दो प्रकार के होते हैं। एक अबहिष्कृत और दूसरे बहिष्कृत। अबहिष्कृत जो द्विजों के बर्तन आदि छू सकता है। दूसरे जो चांडाल और मृतक आदि के बर्तन छू सकता है, उन्हें बहिष्कृत कहते हैं। [अष्टाध्यायी भाष्य, 2/4, 10]

आभीर (अहीर, यादव) शूद्र हैं। [1/2-3]

सत्य तो यही है जो ब्राह्मण, क्षत्रिय व वैश्य नहीं हैं, वह सब शूद्र वर्ग के ही हैं।

## शंकराचार्य का ब्रह्म-सूत्र

शूद्र यदि वेद को सुने तो उसके कानों में गर्म शीशा डालना चाहिए, अगर जिह्वा से उच्चारण करे तो जीभ (जिह्वा) कटवा लेनी चाहिए। पढ़-लिखकर विद्वान बन जाए तो उसे फाँसी की सजा देनी चाहिए या सिर काट लेना चाहिए।

## जैमिन

शूद्र के लिए अग्निहोत्र तथा वैदिक यज्ञ का अधिकार नहीं। [6/1-25-38]

## वज्रसूचिकोपनिषद्

ब्राह्मण, क्षत्रिय, वैश्य व शूद्र चार वर्ण कहे जाते हैं। इन वर्णों में ब्राह्मण ही प्रधान है। इसमें वेद-वचन और स्मृति-वचन दोनों का ही प्रमाण है।

## नारायण-सार-संग्रह

ब्राह्मण चाहे मैला-कुचैला हो, चाहे अपवित्र, वह पूजा कर सकता है परन्तु स्त्री और शूद्र का स्पर्श मुझे वज्र से भी अधिक कठोर लगता है।

तात्पर्य स्पष्ट है कि इसलिए स्त्री व शूद्र को नारायण (विष्णु भगवान व उनके अवतारों) की पूजा करने का अधिकार नहीं है।

## ब्राह्मण-ग्रंथ

ब्राह्मण दिव्य वर्ण है। [तैत्तरीय 1/2-6]

घृतम् दुग्धम् च ताम्बूलम् श्रेष्ठ अन्नम् तथेव च।
शूद्रम् वर्जित: कारणास्तु ब्राह्मणाम् दुखम् भवति॥
शूद्रम् ग्रहे न वासेतु न च शुद्धम् जलम् पीवेत।
उच्च स्थानम् वर्जित: कारणास्तु ब्राह्मणम् दुखम् भवेत॥

## (ब्राह्मण ग्रंथ)

**अर्थ :** घी, दूध, पान और श्रेष्ठ अन्न (गेहूँ, चावल आदि) शूद्रा को नहीं खाना चाहिए क्योंकि इससे ब्राह्मणों को दुख होता है।

शूद्र को घर में नहीं रखना चाहिए। शूद्र को शुद्ध जल (कुआँ, नदी व तालाब का पानी) नहीं पीना चाहिए और ऊँचे स्थान (तखत, चारपाई, चबूतरा व कुर्सी आदि) पर नहीं बैठना चाहिए क्योंकि इससे ब्राह्मणों को दुख होता है।

## ब्राह्मण-गुप्त-संहिता

लोधश्च, गड़रश्च, कश्यपच काछी।
अधमा च शूद्र: ये आदिनिवासी॥

**अर्थ :** लोधी, गड़रिया, कहार और काछी ये अधम (नीच) शूद्र और आदिनिवासी हैं अर्थात् आर्य नहीं हैं।

## चाणक्य-नीति

ऊँख, तिल, शूद्र, स्त्री, सोना, पृथ्वी, दही, पान और चन्दन—ये सकुचलन से अधिक लाभ देते हैं।

## पदम-पुराण

शिव की पूजा करने से ब्राह्मण भी शूद्र के समान हो जाता है। त्रिपुंडधारी ब्राह्मण को शूद्र के समान त्याग दे। जो शिव आदि शूद्रों वाले देवताओं को प्रणाम करे या पूजन करे, वह भिष्टा का कीड़ा होता है। स्पष्ट है, शिव शूद्रों के आदि देव (महादेव) हैं।

## वेद

ब्राह्मणोऽस्य मुखमासीत बाहू राजन्य: कृत:।
उरु तदस्य यद्वैस्य: पदाभ्याँ शूद्रोऽजाएत॥

[ऋग्वेद 10/सूत्र 90/मंत्र 12, यजुर्वेद अ-32/मंत्र 11]

**अर्थ :** ईश्वर के मुख से ब्राह्मण, उसकी भुजा से क्षत्रिय, उसकी जंघा से वैश्य तथा उसके पैरों से शूद्र पैदा हुआ। केवल शूद्र का क्रिया-पद पैरों से पैदा हुआ है।

## जेन्दावेस्ता (पारसी ग्रंथ)

आर्यों का प्रदेश आर्कटिक है। [61 हि.आ.]

इन्द्रालय सफेद कोह के उत्तर में मध्य एशिया में है। [62, हि.आ.]

आर्य लोग अपने देश से अकाल पीड़ित होकर भारत में घुस आए। पारसियों और आर्यों के सिद्धान्त मिलते हैं। [63 हि.आ.]

## तुलनात्मक-अध्ययन

आर्यो, आपस में एकता रखो।

[ऋग्वेद मं. 10/198/3, अथर्व 3/3/6, 64, हि.आ.]

दास काले होते हैं। [ऋग्वेद 11/12/4 एवं महाभारत 24/39/11।]

शूद्र काले हाते हैं। [बोधायन ध.मू. 2/1/58।]

शूद्र अनार्य हैं। [गौतम 10/68।]

दिव्य वर्ण ब्राह्मण एवं असुर वर्ण शूद्र हैं। [तैतिरीय 1/2/6]

शूद्र को सोमरस (शराब) नहीं पीना चाहिए। [शतपथ 16/1, 31वाँ]

शूद्र केवल दूसरे का सेवक है। इसके अतिरिक्त उसका कोई अधिकार नहीं है। [ऐतरेय 7/29-4 व पंचविश 6/1-11]

यज्ञ करते समय शूद्र से नहीं बोलना चाहिए और न ही यज्ञ के समय शूद्र को वहाँ मौजूद रहना चाहिए।

[शतपथ 3/1-1-10 व मंत्रयानी संहिता 7/1-1-6, पंचविश 6/1-11]

जिस गाय का दूध अग्निहोत्र में काम आता है, उसे शूद्र को न दुहने देना चाहिए।

[कथक संहिता 31/2 व मैत्रयानी संहिता 1/83-41]

## गीता

श्रीकृष्ण कहते हैं कि मैंने चारों वर्णों को गुण क्रमानुसार पैदा किया है। उसको बनाने व बिगाड़नेवाला मैं स्वयं अविनाशी ईश्वर हूँ। [4/13] अपने कर्म में लगे रहने पर ही मनुष्य सिद्धि पाता है। अपने धर्म में मर जाना अच्छा है, लेकिन पराया धर्म भयावह है।

न बुद्धि भेदम् जन वेदज्ञानां कर्म संगिनाम।
जेषयेत्सर्वकर्माणि विद्वानयुक्त समाचरन॥ [3/26]

**अर्थ :** ज्ञानी पुरुष़ (ब्राह्मण) को चाहिए कि कर्मों में आसक्ति वाले अज्ञानियों (शूद्र) में भ्रम (दासता से छुटकारा), कर्मों (दास कर्म) में अश्रद्धा उत्पन्न न करे, किन्तु स्वयं (ब्राह्मण) परमात्मा के स्वरूप में स्थिर हुआ और सब कर्मों को भली प्रकार करता हुआ, उस (शूद्र) से भी (पुस्तैनी दास कर्म पूर्ववत) वैसे ही कराए।

तात्पर्य यह है कि ब्राह्मण को चाहिए, शूद्र को दास कर्म में ही लगे रहने दे और उन्हें कोई भी बात, विद्या, ज्ञान-विज्ञान को न बताए।

## तुलसीदास कृत रामचरितमानस

मन कर्म वचन कपट तजि, जो कर भूसुर सेव।
मोहि समेत विरंचि, शिव, बस ताके सब देव॥

**अर्थ :** विष्णु भगवान कहते हैं कि जो (व्यक्ति) कपट त्यागकर मन, कर्म व वचन से ब्राह्मणों की सेवा करते हैं, उनके बस में मुझ समेत ब्रह्मा व शिव आदि सभी देवता हो जाते हैं।

मृतक, दंश बीते हिम त्रासा। जिमि द्विज द्रोह किए कुल नासा॥

**अर्थ :** ब्राह्मण से बैर करने से इस तरह कुल का नाश हो जाता है—जैसे पाला पड़ने पर मच्छरों और डाँसों का नाश जाता है।

द्विज निन्दक बहु नरक लोग करि। जग जन्मे वायस शरीर धरि॥

**अर्थ :** जो ब्राह्मण की निन्दा करता है, उसे बहुत से नर्क भोगने के बाद कौवे का जन्म लेना पड़ता है।

विप्र वंश की अस प्रभुताई। अभय होय जो तुमहि डराई॥

**अर्थ :** ब्राह्मण वंश की ऐसा महिमा है कि जो उससे डरता रहे फिर उसे संसार में किसी और से डरने की जरूरत नहीं है।

बधे पाप अप कीरति हारे। मारत हूँ पा परिय तुम्हारे॥

**अर्थ :** ब्राह्मण को मारने पर पाप और ब्राह्मण के हारने पर अपयश होता है। अत: यदि आप मुझे मारें, तब भी मुझे आपके पैरों पर पड़ना चाहिए।

इन्द्र कुलिश, हरि चक्र कराला। शिव त्रिशूल, यम दंड विशाला॥
जो इनका गारा नहि मरई। बिप्र दोष पावक सो जरई॥

**अर्थ :** जो इन्द्र के वज्र से, विष्णु के चक्र से, महादेव के त्रिशूल से और यमराज के मुगदर से मारने पर भी न मरे वह ब्राह्मण की क्रोधाग्नि में जलकर भस्म हो जाता है।

सत्यकेतु कुल कोऊ न वाचा। विप्र-शाप किमि होई असाचा॥

**अर्थ :** ब्राह्मण का श्राप कभी भी झूठ नहीं होता। देखो, सत्तकेतु के कुल में ब्राह्मण के श्राप से कोई नहीं बचा अर्थात सब मर गए।

अब जानि करेस विप्र अपमाना। जानेति संत अनन्त समाना॥

**अर्थ :** काक-भुसुंड द्वारा एक बार ब्राह्मण को प्रणाम न करने पर सर्प योनि प्राप्त होने का श्राप दिया गया। उस समय आकाशवाणी हुई कि अब ब्राह्मण का अपमान न करना, उसे अनेक संत के बराबर जानना।

सापत, ताड़त, यरुस कहन्ता। विप्र पूजि अस गावहिं सन्ता॥

**अर्थ :** ब्राह्मण चाहे श्राप दे, चाहे मारे, चाहे गालियाँ दे, तब भी उसकी पूजा ही करें। ऐसा संत कहते हैं।

सुनु गन्धर्व कहो मैं तोही। मोहि न सुहाय विप्र कुल द्रोही॥

**अर्थ :** हे गन्धर्व सुनो! मैं तुमसे कहता हूँ कि मुझे ब्राह्मण का बैरी अच्छा नहीं लगता है।

पूजिअ बिप्र सील, गुण हीना। शूद्र न गुन-गन ग्यान प्रवीना॥

**अर्थ :** ब्राह्मण यदि शील, गुणों से हीन कैसा ही पतित क्यों न हो, तब भी पूजा करनी चाहिए। शूद्र कैसा ही गुणी, ज्ञानी व चतुर क्यों न हो, तब भी उसका सम्मान नहीं करना चाहिए।

स्वपच, सवर, खस, यवन, जड़, पामर, कोल, किरात।

**अर्थ :** भंगी, भील, खस, मुसलमान व किरात ये सब मूर्ख और पापी हैं।

ढोल, गँवार, सूद्र, पशु नारी। सकल ताड़ना के अधिकारी॥

**अर्थ :** ढोल, गँवार, शूद्र, पशु और नारी (स्त्री) इन सबको हर समय मारते-पीटते रहना चाहिए। ये उसी के लायक हैं।

जे वरनाधम तेलि, कुम्हारा। स्वपच, किरात, कोल, कलवारा॥

**अर्थ :** तेली, कुम्हार, भंगी, किरात और कलवारा (महाजन)—यह चारों वर्णों में सबसे अधम अर्थात् नीच हैं।

लोक, बेद सब भाँतिहि नीचा। जासु छाँह छुइ लेइय सींचा॥

**अर्थ :** निषाद (केवट, मल्लाह) जाति जिसमें निषादराज (महाराजा) गुह पैदा हुए हैं। वह निषाद जाति संसार और वेद के अनुसार वर्णन किए गए हिन्दू धर्म में सब प्रकार से नीच है, उसकी छाया पड़ने पर स्नान करना चाहिए।

अभीर, यवन, किरात, खस, स्वपचादि अति अघ रूप जे।

**अर्थ :** अहीर (यादव), मुसलमान, किरात, खस और भंगी आदि यह सब बड़े पापी रूप हैं।

## वाल्मीकि रामायण

मुख तो ब्राह्मण: जाता बाहु क्षत्रिय
तथा उरुभ्यां जाति वैश्या पदभ्यां शूद्रा:।

**अर्थ :** मुख से ब्राह्मण, भुजा से क्षत्रिय, उदर से वैश्य तथा पैर से शूद्र की उत्पत्ति हुई है।

## महाभारत

शूद्र कुत्ते के समान हैं। [अनुशासन पर्व, 9/35]

ब्राह्मण (चाहे) विद्वान हो अथवा मूर्ख, प्राकृत हो अथवा संस्कृत, उसका किसी भी दशा में अनादर नहीं होना चाहिए। [30/200-88]

वर्ण केवल चार हैं। पाँचवाँ कोई वर्ण नहीं है। [अनु. 47/18]

प्रजापति ने शूद्र को तीन वर्णों (ब्राह्मण, क्षत्रिय तथा वैश्य) की सेवा करनेवाला दास बनाया है। [शति 30/28]

शूद्र को चार आश्रमों अर्थात् 1. बह्मचर्य, 2. गृहस्थचर्य, 3. वानप्रस्थ व 4. संन्यास का अधिकार नहीं।

## मांस-भक्षण

जितने प्रकार के खाद्यान हैं, उन सबमें मांस सर्वोत्तम है। [सतपथ ब्राह्मण 11, 4, 1, 3]

जो गायें अपने शरीर को देवों के लिए बलि दिया करती हैं, जिन गायों की आहुतियाँ सोम जानते हैं, हे इन्द्र! उन गायों को दूध से परिपूर्ण और बच्चों वाली करके हमारे लिए गोष्ठ में भेज दें। [ऋग्वेद 10,16,92]

हे इन्द्र! जैसे गो-वध के स्थान पर गौवें काटी जाती हैं, वैसे ही तुम्हारे अस्त्र से निहित होकर मित्रद्वेषी राक्षस लोग पृथ्वी पर गिरकर सदा के लिए सो जाते हैं। [ऋग्वेद 10,18,117]

गौ मांस से बना मधु-अर्क खाना चाहिए। [मनु.3/3]

मेधावी पुत्र प्राप्ति हेतु बैल के मांस के साथ भात (चावल) और घी मिलाकर, मधु-अर्क बनाकर खाना चाहिए। [बृहदारण्य, उपनिषद]

ब्राह्मण या राजा अतिथि आए, तो उसका सत्कार बैल या बकरा के मांस से करें। [वसिष्ठ स्मृति]

जो मांस शास्त्र विधि से विशुद्ध है, उसको जो मनुष्य ग्रहण नहीं करता, वह परलोक में इक्कीस जन्मपर्यन्त पशु होता है। [मनु. 5/35]

जो हिंसा वेद के अनुसार है, उसको हिंसा न समझना चाहिए। क्योंकि वेद से ही धर्म निकला है। [मनु. 5/45]

कुत्ता, सिंह व बाज द्वारा मारे गए (पशु) का मांस या किसी अन्य मांसाहारी पशु द्वारा मारे गए प्राणी का मांस अथवा चांडाल व शिकार आदि द्वारा मारे गए प्राणी का मांस पवित्र होता है। [मनु. 5/131]

अतिथि का सत्कार मांस भोजन से करना चाहिए।

[आपस्त, अश्वलायन ग्रह-सूत्र]

गाय का वध शीघ्रता से करके, उसके अंग-प्रत्यंग को अलग-अलग करके और उनको यज्ञादि के लिए कसाई के समान अच्छे प्रकार से सब भागों को काटें।

गौ मांस मसाले मिलाकर, भून-भूनकर खाया करें।

[ऋग्वेद 1/61-12, वाल्मीकि रामायण 2/90-67]

जिस समय भरत जंगल में भरद्वाज के आश्रम में पहुँचे, तो उनके सत्कार के लिए तैयार हुआ व्यंजनों में मुर्गा और मोर का भी मांस तैयार किया गया।

[वाल्मीकि रामायण, 2/11-70]

श्रीमती सीता जी कहती हैं कि हे गंगे! मेरे पति लक्ष्मण सहित सकुशल बनवास से लौट आएँ तो (अयोध्या) नगरी में पहुँचकर मदिरा से भरे हजारों घड़े और मांस से मिले भात (चावल) से तुम्हारी पूजा करूँगी।

[वाल्मीकि रामायण 2/52-82 से 90]

वाल्मीकि के आश्रम पर वसिष्ठ (जो राम के कुलगुरु थे) अतिथि रूप में पधारे। उनके आतिथ्य में कल्याणिका नामक (गोबछिया), मधु के साथ भोज्य सामग्री बनी। [भवभूति रामायण]

मांस वाले मधु-अर्क को खाना धर्म शास्त्रों ने माना है। किसी अतिथि या वेदपाठी के आने पर गाय या बछिया या बैल या भेड़ को गृहस्थी लोग पकाकर खिलाते हैं।

[भवभूति, उत्तर रामचरित नाटक, अंक 4]

राजा रन्तिदेव के राज्य में उनकी पाकशाला (भोजनालय) में ब्राह्मणों के आतिथ्य के लिए प्रतिदिन दो हजार गायें काटी जातीं, कि उनके चमड़े का ढेर पर्वत (पहाड़) के समान बहुत ऊँचा हो गया एवं उनके खून (लहू) से चर्मणावती (चम्बल) नदी बह निकली।

[महाभारत, वन पर्व]

*स्पष्टीकरण*—चूँकि नदियाँ पहाड़ों से निकलती हैं, इसलिए उस चमड़े के ढेर को पर्वत की संज्ञा देकर, उसके आगे 'वती' प्रत्यय लगाकर चमड़ावती अर्थात् चमड़ा वाली (चर्मणवती) नदी का नाम रखा गया।

जो पशु यज्ञ में बलि दिया जाता था, उसके छत्तीस भाग किए जाते थे, जिन्हें ब्राह्मण सत्तर पुरोहित, प्रस्तोता, उद्गाता, प्रतिहर्त, होत्र, सदस्य, गृहपति की भार्या एवं वध करनेवाले आदि में बाँट दिया जाता था। एतरेव ब्राह्मण विष्णु के लिए मौना बैल, इन्द्र के लिए लटकते सींग वाला बैल, पूषण के लिए माथे पर टीका वाला बैल, काली और रुद्र के लिए लाल गाय की बलि देनी चाहिए।

[सत्तरीय ब्राह्मण]

सभी भोज्य पदार्थों में मांस अच्छा है। [सतपथ ब्राह्मण]

## शराब

शराब के पर्यायवाची शब्द हैं—सुर, सुरा, सोमरस, वारुणी, मदिरा आदि, जिसे भूतपूर्व समय में सभी आर्य पीते थे। ये प्राचीन ग्रंथों से स्पष्ट सिद्ध है, जो रेवती के साथ बलदाऊ मदिरा (शराब) से मतवाले होकर साथ चलनेवाले गन्धर्वों के संग विचरने लगे।

[महाभारत]

राम ने सीता को मद्य (शराब) पिलाई।

[वाल्मीकि रामायण, उत्तर कांड, सर्ग 42]

## चार्वाक

जो पशु मारकर अग्नि में होम करने से पशु स्वर्ग को जाता है तो यज्ञ मान (यजमान) अपने माता-पिता को मारकर स्वर्ग में क्यों नहीं भेजते?

जो मरे हुए मनुष्यों की तृप्ति के लिए श्राद्ध और तर्पण होता तो विदेश में जानेवाले मनुष्य को मार्ग का खर्च, खाने-पीने के लिए बाँधना व्यर्थ है। क्योंकि जब

मृतक (मरे हुए) को श्राद्ध तर्पण अन्न व जल पहुँच जाता है तो जाते हुए को प्रदेश में रहनेवाला या मार्ग में चलनेवाले के घर में रसोई की पत्तल पराल परोसकर, जल का लोटा भरकर उसके नाम से रख देने से क्यों नहीं पहुँचता? जब जीते हुए दूर देना अथवा दस हाथ की दूरी पर बैठे हुए को अन्न देने से नहीं पहुँचता तो मरे हुए व्यक्ति के पास किसी भी प्रकार नहीं पहुँच सकता?

पृथ्वी, जल, अग्नि तथा वायु—इन चार महाभूतों के मिलने से शरीर बना। मृत्यु के बाद उसी में विलीन हो जाता है। उसका स्वर्ग, नर्क व पुनर्जन्म आदि से कोई सम्बन्ध नहीं है।

### गौतम बुद्ध

वेद, वर्ण-व्यवस्था, आर्य श्रेष्ठता तथा पशु हिंसा आदि के मुख्य विरोधी थे। वे समता, बन्धुता व स्वतंत्रता के सफल प्रचारक थे।

### राजतरंगिणी

कायस्थ जाति मुगल काल में बनी, धनी थे, स्पष्ट है कि स्मृतिकाल में नहीं थी।

### चोखा मेला तथा बंका महार

समर्थासि नाहीं, वर्णावर्ण भेद। पुण्य है परोपकार, पाप है पर पीड़ा॥

### रामानन्द

जाति पाति पूछे नहिं कोई। हरि को भजै सो हरि को होई॥

### संत तुकोवा (तुकाराम)

वर्ण अभिमाने कोण झाले पावन। ऐसा घ्या सांगून मजपासी॥

### संत कबीर

जो तुम बाभन-बाभनी का जाया। आन बाट हो काहें न आया॥
पहिरि जनेउ जो बाभन होना, बभनी का पहिराया।
वह तो जनम की सूद्रिन परसे, तू बाभन क्यों खाया॥
एक अवांते सबरे भाणें, ना कोई शूद्र ना कोई पाणे।
तुम कत बाभन हम कत सूद, हम कत लोहू तुम कत दूध।
जन्मत शूद्र मुए मुनि शूद्रा, कृत्रिम जनेउ घाली जग द्वंदा॥
और के हुए ते लेत हे सींचा। तुमते हमहूँ कौन है नीचा॥
जब देही को आयो अन्त, जैसा गदहा तैसा संत॥
अजा मेघ, गो-मेघ, अश्व मेघ, नर मेघ।
कहे कबीर अधर्म को, धर्म बताते वेद॥

## हिन्दू धर्म की देन

### [शूद्रों के लिए अपमानजनक कहावतें]

1. अहि अहीर दोनों बुरे। अहि से बुरा अहीर॥
2. अहि अहीर दोनहुँ प्रबल, अहि ते प्रबल अहीर।
3. अहि अहीर की एक गति। अहि से कठिन अहीर॥
4. अहि काटे जेहि कालवश, पग-पग डसत अहीर॥
5. कबहूँ कबहूँ अहि डसत है, पग-पग डसत अहीर॥
6. अहीर कितनों पिंगल पढ़े, रहे तीन गुन हीन।
   पढ़ना, लिखना, बोलना लिए विधाता छीन॥
7. जो अहीर पिंगल पढ़े, तौ हू तीन गुन हीन।
   बोलिबो, चलिबो, बैठिबो—लिओ विधाता छीन॥
8. बाचा बाँधों अहि रहे, बाचा काट अहीर॥
9. अहीर मिताई तब करे, जब सब मीत मरी जाए।
10. अहीर मिताई तब करे, जब सब जाति मरी जाए॥
11. अहीरम् पुत्रम् कभी न मित्रम्, जब मित्रम् तब खटरम् पटरम्।
12. अहीरा मित्र न कीजिए, जो बोले सत भाव।
    चन्दन रूख कटाइ के, ताहे से पोंछे घाव॥
13. अहीर मिताई बादर छाहीं—होही होही ना हीं ना हीं।
14. अहीर मिताई बबूल की छाहीं। छिन में आपन छिन में ना हीं॥
15. संत न छोड़े संतई। अहीर न छोड़े लंठई।
16. अहीर, गूजर, कंजर—ये तीनों चाहें बंजर।
17. अहीर, गड़ेरिया, पासी—ये तीनों सत्यानासी।
18. अहीर, गड़रिया, काछी जे तीनों सत्यानासी।
19. अहीर भसोंगड़-गुलरी का ठेंगड़।
20. अहीर गड़ेरिया-भोंसड़ जात। हगे दुपहरी सोचे रात॥
21. जब कोई न मिले-तब अहीर तन बतियाय।
22. अहीर, गड़ेरिया, कुर्मी चोर। धर सरवा क टँगरी तोर॥
23. अहीर, गड़रिया, गुज्जर, जहाँ जाए वहाँ करे उज्जर।
24. अहीर—पढ़े-लिखे के ऐसी तैसी। खाये दुध चरावै भैंसी॥
25. अहीरम् बेग बिन बेगुनाहम् चार गोदाहम्।
26. अहिरम्, गड़रम्, मल्लाहम्-बिना गुनाहम् दस पन्नाहम्।
    (मेरे मास्टर साहब क्लास में अक्सर कहा करते थे।)
27. पढ़े-लिखे के ऐसीइ तैसी। खायें दूध चरावैं भैंसी॥
28. अहिरा होय कितना सयाना, लुरकी छोड़ न गावै गाना।

29. अहिर क पेट गहिर।
30. अहीर बहीर चार हाथ गहिर।
31. जहाँ चार अहीर। वहाँ बात गहीर॥
32. अहीर भोंग भुजावैं माठा।
33. जात बनाफर (अहीर) की ओछी है। कोई न पिये घड़ा को नीर॥
34. अवसर चूकी ग्वालिनी, गावै ताल बेताल।
35. जहाँ चार अहिर, तहाँ बात गहिर। जहाँ चार कोरी, तहाँ बात बोरी॥
36. अहीर बहीर बम बकड़े क लाशा। अहिरा पदलस भयल तमाशा॥
37. अहीर बहीर बन बैरी क लाशा। अहिरा पदलस भयल तमाशा॥
38. अहिरऽऽ बाड़ा का?
39. एकदम अहिरऽऽ रहि गईला का!
40. अहीर मुड्ड हवा का!
41. अहीर मुड्ड जब भयें सयाना। बिरहा छोड़ न गावैं गाना॥
42. अहीर की बुद्धी घुटने में होती है।
43. अहीर और सिख का दिमाग बारह बजे के बाद खुलता है।
44. अहीर का पट्ठा है। साठे पर पाठा होगा।
45. पैंसठ है!
46. अहीर है पैंसठ साल के बाद बुद्धि खुलेगी।
47. केवट कुटिल महाअपराधी। खायें एक बतावें आधा॥
48. बिन्द क हाल गोविन्द न जाने।
49. केवट कुटिल महा अपराधी। खायें एक बतवें आधी॥
50. मीन पीन पठीन पुरानी। भरि भरि भार कहारन आनी॥
51. कुम्हार-कसाई एक से।
52. और जाति की क्या कहूँ, बद नहीं कुम्हार से।
53. यारों चाक कुम्हार को, माँगे दिया न देय।
छेद में डंड डार के, नाद चाहे लई लेय।
54. काईथ (कायस्थ) कलम कसाई॥
55. शराबी क बीवी काईथ की काकी।
56. कायस्थ का बच्चा, कभी न सच्चा। यदि है सच्चा, तो है कच्चा॥
57. कायस्त किसी का भला करे कैसे। बुरा न करे इसके लगेंगे कितने पैसे॥
58. बड़ बड़ूआ बईठल रहैं गोंड कहैं कथा।
59. कोईरी क गेयान कियारी ले।
60. कोइरी कोइरार में। भाट दरबार में॥
61. कोइरी काठी बन में लाठी। चल कोइरिया हाली हाली।

62. गूजर से उजड़ भला। इनते भली उजाड़॥
63. गूजर, कंजर, बन्दर—ये तीन जात न होती, तो खोल किबरिया सोती॥
64. तेली, तमोली, कुनभट संसद जाकर क्या हल चलाएँगे?—बाल गंगाधर तिलक
65. तेली, तमोली, बेहया—ये तीनों एकदम हेहया।
66. तेली का मुँह देख लिया अनेठ हो गया।
67. थू तेली-तमोली का मुँह सुबह-सुबह देख लिया अशुभ हो गया।
68. सुबह-सुबह तेली का मुँह देख लिया थू, जतरा बिगड़ गया।
69. नो इफ नो बट ओनली जट।
70. जाट सोलह दूनी आठ।
71. बोलन की अकल घाट सै। इसलिए हम जाट सै॥
72. सौ कोस का काग। हजार कोस का जाट भाई भाई॥
73. जाट, गूजर, लोधे ये भंगी के—
74. जाट मरा तब जानिये—जब तेरहीं हो जाए।
75. ईश्वर ने इस दुनिया में सभी जातियों को बनाया—
केवल तीन जाति को छोड़कर—जाट, गूजर, कंजर!
76. इस दुनिया में यदि जाट नहीं होते तो हल मनुष्य चला रहे होते।
77. जाट से लठैत नहीं, ठग नहीं सुनार से।
और जाति की क्या कहूँ, बद नहीं कुम्हार से।
78. पीताम्बर छीज्यो भलो, साबुत भलो न टाट।
राजा भया तो क्या भया, रहा जाट का जाट।
(यह केवल जाट जाति की बेइज्जती नहीं है बल्कि सम्पूर्ण बैकवर्ड कास्ट की बेइज्जती है।)
79. और जाति शत्रु भली, मित्र भला नहीं जाट।
80. आधा कोरी आधा मियाँ, तब जाकर हुआ कुर्मियाँ।
81. कोहर के बोले कुर्मी, कोयरी, एके बात गोवार के।
82. कुर्मी मीत न पाथर पनही। क्षत्रीय भगत न सूरत धनही॥
83. एक तो गड़ेरिन दूसरे लहसुन खाय।
84. कोरी क पाद गड़रिया। खट खट बुने कमरिया॥
85. मीन पीन पठीन पुरानी। भरि भरि भार कहारन आनी॥
86. शकर-कन्द की शकल बनाई, गाजर की पैजनियाँ।
मूली के दुइ बन्द लगाए, छमक चली काछिनियाँ।
87. भरी गगरिया-मति चमरिया।
88. ओछी जात चमारों की। जूती गाँठे यारों की।

89. चमारे क लईकी नाम रजनिया।
90. चमार सियार बड़ा होशियार,
जहाँ मार पड़े वहाँ भाग पड़े,
जहाँ लूट पड़े वहाँ टूट पड़े।
91. चमार सियार बड़ा हूँसियार। जहाँ देखे चोटा, वहाँ रोपै लोटा।
92. चमार सियार बड़ा हूँसियार।
मजूरी न पावे त पीटे कपार॥
93. चप्पल पे चमाइन चले। संडिल पे भरिनिया॥
आई हो रामा बदल गइल दुनिया॥
94. चप्पल पे चमाइन चले, जात क नाटिनिया॥
अँगरेजी में बात करे, लागे ले धोबिनिया॥
95. चमरिया तें चाची कह दई तो चौका में घुस आई।
96. चईत में चमारे क बिटिया। भादों में भैंसा खूब चिकनाला।
97. चईत क चमाईन ह खूब चमकती हव।
98. चामार की बिटिया अगर कृष्णपक्ष में,
कमर में तेल मालिश कर दे तो आजीवन दर्द नहीं होगा॥
99. चमाईन से यारी, एकदम प्यारी, नईहर से ससुराल ले— ॥
100. चमार हो के अइसन बात कही देहलस!
101. चमारे-सियारे क ई हिम्मत
102. चमर झौं झौं मत करा रे।
103. एकदम चमरपन प उतारु हो गयल हवा का रे!
104. चमरा चमरगाँठ मरले हव ना खुली।
105. चमार सियार आ गयल हवँ सारे।
106. चोरी चमारी मत कर।
107. चोरों चमारों का समय आ गया है। यही कलयुग है भैया।
108. अब चोरी-चमारी बहुत बढ़ गई है।
109. चमार-भंगी कहीं का।
110. भाग चमारिया-सियारिया कहीं का।
111. का चमरवन नाही कपड़ा पहिनले हवे रे!
112. क्या चमार-भंगी की तरह कपड़ा पहन रखा है रे।
113. चमार-चोर-कोरि समझ रखे हो का?
114. चोर-चमार समझे हो क्या?
115. चोर-चुहाड़ हैं सब
116. चमार सीयार समझ रखा है क्या।

117. तू मुझे कोरी, चमार, समझ रखा है।
118. चमार, मूँज और चूना, कटे से होवे दूना।
119. सूत न, कपास, कोरियों में लठी-लठा।
120. जहाँ चार कोरी-वहाँ बात बोरी।
121. करिया बाभन गोर चमार। इनसे रहिये सदा होशियार॥
122. करिया बाभन गोर चमार। सबसे खतरनाख होला॥
123. करिया बाभन गोरिया सूद। सबसे खतरनाख होला॥
124. चंचल मन चमार के। दुबिधा मन दुसाध के।
125. ऊँच जाति बतिअवले से, नीच जाति लतिअवले से, सही रहे ले।
126. मारते-मारते भंगी बना दूँगा।
127. भंगी से पचास जूते लगवाऊँगा।
128. भंगी मरा तब भिड़ना हटा!
129. चमार से जिन्दा ही खाल निकलवा दूँगा।
130. तेरे मुँह में भंगी से थुकवा दूँगा।
131. गगरी दाना सूद उताना, भरी गगरिया मती चमरिया।
132. डोम धरिकार हो क्या!
133. भाग डोमडा कहीं का!
134. एकदम डोमड़पन पे उतारू हो गयल हवा का!
135. पंछी में कऊआ और जाति में नऊआ बहुत चलाँक होल।
136. जब पड़ी मार शमशेरों की तो महाराज मैं नाई हूँ।
137. ग्यारह-बारह-तेरह (नाई) छत्तीसा।
नाई छत्तीसा, नौआ बाल बनौआ, नाई नाइन बाँस का नहठ्।
138. नउनिया औरन के मल-मल-धोवे, अपने धौवे लजाए।
139. जिसका बनिया यार, उसको दुश्मन की क्या दरकार।
140. कौआ, कलाल कुत्ते दा, बसाह न करिये कुत्ते दा।
141. शूद्र न माने गिनती, चना न माने जोत।
142. वेश्या, बन्दर, अग्नि, जल, सूजी, सुआ, सुनार।
ये दसहू नहिं आपने कायस्थ, खटिक, कलार।
143. ठाकुर माने कहे-सुने, ब्राह्मण माने खाये-पीये।
कायस्थ माने लिये-दिये, शूद्र जाति लतियाये।
144. जाट, जुलाहा, जोगना, जगाती और जोय।
पाँचों जज्जे छोड़कर, प्रीति करे सब कोय।
145. डोम घरे खइबो, धोबी घरे खइबों ना
146. खेत खाये गदहा मार खाये जोलाहा

147. करघा छोड़ जुलाहा जाए, नाहक चोट बेचारा खाए
148. जोलाहा के छछुरी, छाने में बिछुरी
149. बनिये से दुष्ट नहीं, खेवट नहीं चमार से।
150. सोनार, शिप्पी, कुलकर्णी अप्पा।
ह्या तिघांची संगति न को रे बप्पा।
151. शोभा संसार का। नफा सोनार का॥
152. छोड़ा-छोलन, बूट उखाड़न, थापड़िया और नाई।
इनसे प्रीति कबहू न केरियो, दगाबाज हैं भाई।
153. छोड़ा-छोलन—खाती (बढ़ई)।
बूट उखाड़न—माली। थापड़ियाय—कुम्हार।
154. छोड़ा-छोल—बूट उखाड़ थापड़ियाय और नाई।
इनसे यारी मत कमाना कुबद कमाए अण आई (अनहोनी)॥
155. सौ में सूर, सवा में काना।
एक लाख में, अईंचा-ताना॥
156. रजस्वला पुष्करम् तीर्थम्, चांडाली तु स्वयं काशी।
चर्मकारी प्रयागः, स्योद्रेज रजकी मथुरा॥

[अयोध्या पुक्कसी प्रोक्ता॥ रुद्र माल तंत्र॥]

**अर्थ :** रजस्वला के साथ समागम करने से पुष्कर तीर्थ होता है। चांडाली (भंगिन) के साथ समागम करने से स्वयं काशी का तीर्थ हो जाता है। चमारी के साथ समागम करने से प्रयाग का तीर्थ हो जाता है। धोबिन के साथ समागम करने से मथुरा का तीर्थ होता है और कंजड़ी के साथ समागम किया तो जानो, अयोध्या का तीर्थ हो आए।

'काले' पशुओं के लिए अपमानजनक कहावतें—

157. काला अक्षर भैंस बराबर।
158. भैंस के आगे बीन बजाय। भैंस बैठ पगुराए।
159. जिसकी लाठी उसकी भैंस।
160. गइल भैंसिआ पानी में।
161. जा जाकर अपनी भैंस चरा—
162. भैंसा लोधी, भैंस चमार।
163. अक्ल बड़ी या भैंस।
164. भैंस की अक्ल है।
165. भैंस का पड़वा है।
166. रामनरेश वापस जाओ। लाठी लेकर भैंस चराओ॥
167. सूअर नारी एक समान।

168. धोबी का कुत्ता न घर का न घाट का।

169. आ बैल मुझे मार।

**नोट :** यदि भारत के किसी हिस्से में कोई ऊपर लिखी कहावत प्रचलित न हो तो वह उस हिस्से के लिए समझने योग्य मत समझें।

क्या इन्हीं ग्रंथों और इनके बाइलाज (नियम, उपनियम या प्रचलित कहावतों) का नाम 'भारतीय संस्कृति' है?

## धार्मिक ग्रंथों का प्राचीन समय से प्रभाव

असुर राजा महिषासुर की छल से हत्या करने, प्रह्लाद को जाल में फँसाकर उसके पिता हिरण्यकश्यप का वध करने, बलि के साथ विश्वासघात करके उसे राज्य से भ्रष्ट करने, नाग जाति के हजारों लोगों को जिन्दा जला देने, अनार्य रावण की बहन सूर्पणखा की नाक काटकर असभ्यता का परिचय देने, बालि को छिपकर धोखे से मारने और अधिकांश अनार्यों को शूद्र ठहराकर उन पर अत्याचार करने, शूद्र आचार्य शम्बूक को तप करने पर उनकी हत्या करने एवं अनार्य एकलव्य के धुनर्धर होने पर उसका अँगूठा कटवा लेने आदि अन्यायपूर्ण तथा लज्जाजनक घटनाओं के घटित होने की ऐतिहासिक नींव है हिन्दू संस्कृति।

## धार्मिक ग्रंथों का आजकल प्रभाव

कांग्रेसी एम.एल.ए. श्री बेचन राम चमार व उसके अछूत साथी सहित विश्वनाथ मन्दिर में दर्शन के लिए जाने पर बनारस के पास पंडे-पुजारियों व वहाँ के भगवत भक्त हिन्दुओं द्वारा उन पर हमला किया जाना।

गांधी भक्त विनोबा भावे व उनके सवर्ण तथा अछूत साथियों सहित बिहार में दलितों के मन्दिर प्रवेश पर पंडों, भक्तों एवं धर्म रक्षकों द्वारा उन पर हजारों जूते बरसाए गए।

कांग्रेसी एम.पी. श्री परागी लाल चमार को साथियों सहित बद्रीनाथ मन्दिर तक पहुँचने के बाद वहाँ के पंडों द्वारा भारी विरोध के कारण बिना दर्शन के ही वापस आना पड़ा।

कांग्रेसी केन्द्रीय मंत्री श्री जगजीवन राम चमार द्वारा संस्कृत महाविद्यालय, वाराणसी में रखे धार्मिक ग्रंथ वेद, पुराण व गीता आदि के छूत होने के कारण उन्हें आगे बढ़ने से रोक दिया गया।

श्री जगजीवन राम चमार उप-प्रधानमंत्री, भारत सरकार ने वाराणसी में श्री सम्पूर्णानन्द कायस्थ, भूतपूर्व मुख्यमंत्री उत्तर प्रदेश की मूर्ति का उद्घाटन किया। श्री जगजीवन राम चमार द्वारा छू लेने के कारण ऊँची जाति के हिन्दुओं ने उस मूर्ति को गंगा-जल से धोकर पवित्र किया।

वाराणसी, दिनांक 20 मार्च, 1961 ई. कहा जाता है ग्राम पाली के प्राइमरी स्कूल के पहले दर्जे के एक मासूम चमार जाति के बच्चे को जिसका नाम बन्धुराम पुत्र मट्टर बताया गया है, उस स्कूल के एक उच्च जाति के मास्टर द्वारा इतना मारा गया कि वह मर गया। उस बच्चे की केवल इतनी गलती थी कि प्यास लगने पर उसने स्कूल की पानी पीने की लुटिया छू ली थी।

—बहुजन, दिनांक—29 मार्च, 1961 ई., पेज 1, कालम 3, 4

वृन्दावन बाँके बिहारी लाल के मुख्य द्वार पर साइन बोर्ड लगा है, जिसमें लिखा था कि उस मन्दिर में अछूत प्रवेश नहीं कर सकते।

—जमीन के तारे (अलीगढ़), दिनांक—21 जुलाई, 1961, पेज 1, कालम 1, 2

ग्राम—गढ़ी, तहसील-सहसवान, जिला—बदायूँ में दलितों की बारात इसलिए विदा के बाद गाँव में ढाई फर्लांग की दूरी पर दिनांक 13 अप्रैल, 1962 ई. को लूट ली गई क्योंकि उन्होंने विदा के समय जात्याभिमानियों को उनकी मर्जी के अनुसार विशेष पुश्तैनी सलामी (नमस्ते) नहीं किया था।

—जमीन के तारे (अलीगढ़), दिनांक—23 मई, 1962, पेज 1, कालम 2

ग्राम—अमरपुर बैरल की मड़ैया, जिला—बुलन्दशहर में एक व्यक्ति की हत्या इसलिए की गई क्योंकि उसने सिख धर्म स्वीकार किया था।

—जमीन के तारे (अलीगढ़), दिनांक 11 जुलाई, 1962, पेज 4, कालम 1, 2

सीतापुर और हरदोई जिले की सीमा पर स्थित नैमिषारण्य मिश्रिख के मेला में श्रीमन्त संत रैदास की फोटू, जो हाथी पर थी, जुलूस अनेक झाँकियों सहित चल रहा था। ब्राह्मणों व नागा साधुओं ने त्रिशूल से फोटू (चित्र) फाड़ डाला। पैरों के तले कुचल डाला। अनेक घायल हुए।

—रिपब्लिकन सन्देश (सिकन्दराराऊ, अलीगढ़), दिनांक—1 अप्रैल, 1963, पेज 1, कालम 1, 2

ग्राम—कुलफा, सरकिल कारंजा, जिला—बालाघाट में छह माह पहले सवर्णों ने बौद्ध कमेटी के कार्यालय पर हमला कर दिया, भगवान बुद्ध व बाबा साहेब के चित्रों में आग लगा दी। कमेटी द्वारा संचित धन लूट लिया। जानकार सूत्रों का कहना है कि पुलिस का हाथ है।

—जमीन के तारे (अलीगढ़), दिनांक—11 मार्च, 1964, पेज 1, कालम 4

ग्राम—पड़ियावली, जिला—अलीगढ़ में सन् 1965 में एक दलित को इसलिए गोली से उड़ा दिया गया क्योंकि उसने सवर्णों के मकानों के सामने से हाथी पर बैठकर बरात निकालने की धृष्टता की थी।

—जमीन के तारे (अलीगढ़), दिनांक—9 फरवरी, 1966, पेज 4, कालम 1

तहसील—जैसलमेर (राजस्थान) में एक 23 वर्षीय दलित युवक को इसलिए मार डाला गया, क्योंकि उसने ठाकुर जी के मन्दिर में प्रसाद खाने की कोशिश की थी।

—जमीन के तारे (अलीगढ़), दिनांक—8 फरवरी, 1966, पेज 4, कालम 1

ग्राम—साथल (सौराष्ट्र) में एक दलित व्यक्ति को खोजकर सिर्फ इसलिए कुल्हाड़ी से काट डाला गया, क्योंकि उसने सवर्णों के कुएँ से प्यास बुझाने की धृष्टता की थी।

—जमीन के तारे (अलीगढ़), दिनांक—9 फरवरी, 1966, पेज 4, कालम 1

संकसा के प्राचीन ऐतिहासिक बुद्ध-विहार में कई बार मूर्तियों की चोरी हो गई। एक बार तो श्री भिक्षु जी को बाँध दिया गया। चोर भगवान बुद्ध की मूर्तियाँ कार में रखकर भाग गए। सवर्णों का ही इस कुकृत्य में मुख्य हाथ है।

## छुआछूत के कुछ नमूने

### श्री ऐलाया पेरुमल समिति, सन् 1969 ई. की रिपोर्ट के अनुसार नीचे लिखे जा रहे हैं :

### आन्ध्र प्रदेश

1. अनन्तपुर जिले के चीकतिम अनिपालवी गाँव के स्कूल में अनुसूचित जातियों के बच्चों को अन्य जातियों के बच्चों के साथ नहीं बैठने दिया जाता।
2. बारंगल जिले के कौमबरीपलियम गाँव में और मड़क जिले के गजवाल तालुका में अनुसूचित जातियों को सार्वजनिक कुओं से पानी भरने नहीं दिया जाता।
3. पश्चिमी गोदावरी जिले में अनुसूचित जातियों को सवर्ण हिन्दुओं के साथ नाव में नहीं बैठने दिया जाता।
4. अनन्तपुर के आस-पास के गाँवों में अनुसूचित जातियों को सवर्ण हिन्दुओं के मुहल्लों से बैलगाड़ी पर बैठकर जाने नहीं दिया जाता है।
5. गुंटूर जिले के आस-पास के गाँवों में अछूतों की हजामतें नाई नहीं बनाते और धोबी कपड़े नहीं धोते हैं।
6. प्रेस रिपोर्ट के अनुसार जाति द्वेष के मामले में कृष्णा जिले के कचिचेरलू गाँव में दिनांक 24 फरवरी, 1968 ई. में एक उन्नीस वर्षीय दलित बालक पर चप्पलें व दो पीतल के जग चुराने का (झूठा) आरोप लगाकर सवर्ण हिन्दुओं (कम्माओं) ने उसके हाथ व पैर एक खम्भे से बाँधकर आग लगा दी, जिससे वह बालक तड़प-तड़पकर जलकर वहीं मर गया।

### आसाम

1. गोहाटी से 16 मील दूर औतपाड़ा गाँव में अनुसूचित जातियों की नाई हजामत नहीं बनाते और धोबी कपड़ा नहीं धोते हैं।

2. गोहाटी से तीन मील दूर तिनसुखिया गाँव की अनुसूचित जाति की एक सौ पचास लड़कियों ने सवर्ण हिन्दुओं के बुरे बर्ताव के कारण इस्लाम धर्म स्वीकार कर लिया।...3. 4. 5. आदि।

## बिहार

1. पटना जिले के सबलपुर गाँव में अनुसूचित जाति को सार्वजनिक कुओं से पानी भरने नहीं दिया जाता।
2. दरभंगा जिले के फतेहपुर गाँव में व मुजफ्फरपुर जिले के मझोलिया गाँव में अनुसूचित जाति के लोग, सवर्ण हिन्दुओं के साथ, सार्वजनिक कुओं से पानी नहीं निकाल सकते।
3. पूर्णिया जिले के फार्बिसगंज कस्बा में अनुसूचित जाति के छात्रों को स्कूलों में बेंचों पर नहीं बैठने दिया जाता और उन्हें फर्श पर बैठाया जाता है। दिनांक 24 अप्रैल, 1965 ई. को एक स्थानीय संसद सदस्य ने इस तथ्य की पुष्टि भी की।
4. दिनांक 24 अप्रैल, 1966 ई. को एक विधान सभा सदस्य ने सूचित किया, कि गाँवों में यदि कोई सवर्ण हिन्दू महिला खेत पर खाना ले जा रही हो और अनुसूचित जाति का कोई बालक उसे छू ले तो खाना खराब हो गया, ऐसा माना जाता है, उस खाने को फेंक दिया जाता है तथा उस बालक के माता-पिता से उस खाने का हर्जाना माँगा जाता है।...5, 6 आदि।

## गुजरात

1. गांधी नगर तालुका के सर्गासन गाँव में कुछ दलित एक उत्सव के समय ढोल बजाना चाहते थे परन्तु (सवर्णों द्वारा) उन्हें नहीं बजाने दिया गया। और जब उन्होंने ऐसा किया तो एक दलित का सिर काट डाला गया।
2. बड़ौदा में अम्बालाल भाई पटेल ने बताया, कि जब पंचायत की बात होती है, तो हरिजन सदस्य बाहर बैठते हैं और बैठक की कार्यवाही के लिए कागज (ऐजेंडा) हरिजन सदस्यों के घर नहीं भेजे जाते।
3. मेहशाना, कच्छ, आमरेली, राजकोट व जामनगर के गाँवों में भयंकर छुआछूत बरती जाती है।...4, 5, 6 आदि।

## हरियाणा

1. अम्बाला जिले के फतेहपुर गाँव के राजकीय प्राथमिक विद्यालय में एक अनुसूचित जाति के अध्यापक श्री भरत राम ने 25 मई, 1968 ई. को विद्यालय में रखे गए सामान्य घड़े से पानी पीने के लिए लिया।

प्रधानाध्यापक उनसे बहुत नाराज हुए, बुरा-भला कहा और घड़ा व काँच का गिलास तोड़ डाला। इस मामले की सूचना बेचारे अध्यापक ने जिला कल्याण अधिकारी, शिक्षा निदेशक तथा मुख्यमंत्री को दी परन्तु कोई कार्रवाई नहीं हुई।...2, 3, 4 आदि।

## पंजाब

1. हबुकी गाँव (पुलिस थाना—नूरमहल) में जाति विद्वेष के कारण अनुसूचित जाति की लड़कियों पर हमला किया गया। एक को मार दिया गया। पुलिस ने कोई कार्रवाई नहीं की।
2. अनेक स्थानों पर सार्वजनिक कुओं व धर्मशालाओं का उपयोग अनुसूचित जाति के लोग नहीं कर सकते। नाई व धोबी उनका काम नहीं करते।...3, 4, 5 आदि।

## राजस्थान

1. श्री अमृतलाल यादव, मंत्री, राजस्थान सरकार ने बताया कि अनुसूचित जाति गाँव के लोगों को सार्वजनिक कुओं से पानी नहीं लेने दिया जाता और नाई उनकी हजामत नहीं बनाते।...5, 6 व 7 आदि।
2. नौखा निर्वाचन क्षेत्र में सार्वजनिक कुओं से दिनांक 26 जनवरी, 1956 ई. को अस्पृश्यता निवारण अभियान के समय अनुसूचित जाति के लोगों ने पीने के लिए पानी भरने की कोशिश की। इस पर सवर्ण हिन्दुओं द्वारा उनकी पिटाई हुई। पूरे परिवार वालों की भी पिटाई हुई। पुलिस ने कोई कार्रवाई नहीं की।
3. नागौर जिले के लोपोलसी गाँव में प्राथमिक विद्यालय में समिति ने विद्यार्थी आशाराम (सुपुत्र श्री मुक्ता मेहतर) को अन्य छात्रों से कोने में बैठा देखा। मेहतर होने के कारण सवर्ण छात्रों के साथ नहीं बैठाया जाता।
4. अनुसूचित जाति के सज्जन श्री शाम सिंह जाटव आई.ए.एस. जो कि राजस्थान सरकार के समाज कल्याण विभाग के उप-मंत्री के निजी सचिव हैं, को जयपुर शहर के सवर्ण हिन्दुओं के मोहल्ले के किराये का मकान रहने के लिए नहीं मिला, अन्त में अनुसूचित जाति की बस्ती में रहे।

## उत्तर प्रदेश

1. गवर्नमेंट क्वींस कॉलेज, बनारस, गवर्नमेंट कॉलेज, आगरा, गवर्नमेंट कृषि कॉलेज, कानपुर व मदनमोहन मालवीय (इलाहाबाद विश्वविद्यालय) आदि छात्रावासों में अनुसूचित जाति के छात्रों को छात्रावास के रसोईघर

में खाना नहीं खाने दिया जाता। या तो वे बाहर भोजन करें या अपनी रसोई अलग रखें।

2. इलाहाबाद विश्वविद्यालय के एक हॉस्टल में पूज्य बाबा साहब डॉ. अम्बेडकर का चित्र अनुसूचित जाति के छात्रों ने अपने कमरे में टाँगा। हॉस्टल के सवर्ण छात्रों ने चित्र हटाने के लिए कहा। अनुसूचित जाति के छात्रों ने अपने कमरे से चित्र हटाने से इनकार कर दिया। सवर्ण छात्रों ने क्रोधित होकर उन्हें बहुत पीटा। वार्डेन ने अनुसूचित जाति के छात्रों से सुलह करने को कहा। किन्तु उन्होंने दोषी छात्रों को दंड देने की बात नहीं कही।
3. वाराणसी इंटर कॉलेज, अलीगढ़ में होशियार होने के कारण श्री ओम प्रकाश नेता अनुसूचित जाति कॉलेज का वरिष्ठ मानीटर चुना गया। सवर्ण छात्र उसकी प्रतिष्ठा को सहन नहीं कर सके।

   अत: उन्होंने डरा धमका कर यह पद छुड़वाना चाहा, परन्तु जब उसने इनकार कर दिया तो सवर्ण छात्रों ने उस पर कातिलाना हमला किया, वह भाग कर प्रिंसिपल साहब के रूम में घुस गया। सवर्ण छात्रों ने वहाँ भी उसका पीछा नहीं छोड़ा, प्रिंसिपल की टेबल के पास सीने में छुरा भोंक दिया जिससे वह छात्र वहीं तड़प-तड़पकर मर गया।
4. कानपुर जिले की अकबरपुर तहसील के ग्राम-निहोली से अकबरपुर इंटर कॉलेज 8 मील है। निहोली के ठाकुर श्री राम गुलाम अनुसूचित जाति के लड़के को साइकिल पर चढ़कर नहीं जाने देते। बात नवम्बर, 1968 ई. की है।
5. सब-इंस्पेक्टर, भोगनीपुर, जिला—कानपुर ने कहा, मुझे अस्पृश्यता (अपराध) अधिनियम, सन् 1955 ई. की जानकारी नहीं।...6, 7 व 8 आदि।

## बंगाल

1. अनुसूचित जाति के सरकारी कर्मचारियों को मकान किराये पर सवर्ण हिन्दू लोग नहीं देते।...2 व 3 आदि।

## दिल्ली

1. महात्मा गांधी ने जो समलका गाँव में सार्वजनिक सामुदायिक विकास केन्द्र खोला था, उसमें भी अनुसूचित जाति के लोग नहीं जा सकते। वहाँ के नाई भी अनुसूचित जाति की हजामत नहीं बनाते।
2. अलीपुर खंड के लामपुर गाँव में अनुसूचित जाति के लोग सार्वजनिक कुओं से पानी नहीं भर सकते।...3, 4, 5 आदि।

## हिमाचल

1. सरखेड़ी गाँव में अनुसूचित जाति की बारात में दूल्हा घोड़ी पर सवार था, उसे सार्वजनिक गली से नहीं निकलने दिया गया।
2. मंडी जिले के भगरात गाँव में एक अनुसूचित जाति की स्त्री बावड़ी से पानी ले रही थी, एक राजपूत ने उसे पकड़कर इतना मारा कि वह वहीं तड़प-तड़पकर मर गई।
3. मंडी जिले के चचिचोत तहसील के भीतरी भागों में अनुसूचित जाति के लोगों को सवर्णों के मकानों को भी नहीं छूने दिया जाता। यदि कोई ऐसा करता है, तो उसे जुर्माना के तौर पर एक बकरा देना पड़ता है, जिसकी पुष्टि राज्य के एक मंत्री ने की।

## मध्य प्रदेश

1. टीकमगढ़ जिले के बाभरी मोडाना और ईमथाना गाँवों में प्राथमिक विद्यालयों में अनुसूचित जाति के अध्यापकों को कुर्सियों पर नहीं बैठने दिया जाता।
2. बिलासपुर जिले में सतनामी और सवर्ण हिन्दुओं में सदैव साम्प्रदायिक तनाव रहता है।...2, 3, 4, 5 आदि।

## गोआ

1. अनुसूचित जाति के लोग सार्वजनिक कुओं से पानी नहीं भर सकते और नाई व धोबी उनका काम नहीं करते।

## केरल

1. यहाँ भी अनुसूचित जातियों के साथ छुआछूत बरती जाती है।

## तमिलनाडु (मद्रास)

1. तिरुवीरापल्ली जिले के पोरंबलर तालुका के अनुसूचित व आदिम जातियों को शादी-बारात में बाजा नहीं बजाने दिया जाता।
2. दिनांक 25 दिसम्बर, सन् 1968, आठ बजे शाम को तनजोर जिले के कीलवेनमणि गाँव को सवर्णों ने बन्दूकों व घातक हथियारों (अवाकल बेलकम्बू तथा लाठियों) से लैस होकर अनुसूचित जाति के लोगों की, घान उत्पादक संघ के अध्यक्ष श्री गोपालकृष्ण नायडू सवर्ण हिन्दू की देख-रेख में, जो लारियों व ट्रकों में भर कर गुंडों एवं बदमाशों को लाया था, निर्दयतापूर्वक पीटा, उनके 25 घर जला दिए। डरकर 42 लोग (पुरुष, स्त्री व बच्चे) एक झोपड़ी में छिप गए। उसे घेरकर उसमें आग लगा दी गई। जिसने बाहर निकलकर भागने की कोशिश की, उसे लाठी-रॉड से पीटकर मार डाला गया। सब-के-सब मर गए।

3. समिति के अध्यक्ष ने राज्यपाल से कहा, कि यह घटना पूर्व नियोजित थी। साम्यवादियों को छोड़कर सभी राजनीतिक दलों का हाथ इस षड्यंत्र में था।
4. कुड्डालोर आई.टी.आई. के प्रिंसिपल ने अनुसूचित जाति के विद्यार्थी को उसकी जाति का नाम 'पड़िया' कहकर गाली दी।
5. सवर्ण हिन्दुओं ने 45 वर्षीय अनुसूचित जाति की महिला को मारा-पीटा। नंगा कर पूरे गाँव में घुमाया।...6, 7, 8 आदि।

## महाराष्ट्र

1. भुसावल जिले के 'गोरे गाँव' में सार्वजनिक कुओं से अनुसूचित जाति के लोग पानी नहीं भर सकते, जहाँ सवर्ण कपड़ा धोते हैं, वहाँ से लोग गंदा पानी पीते हैं।
2. औरंगाबाद जिले के सिरस गाँव में सन् 1966 में एक तालाब से साफ पानी लेने के आरोप में एक अनुसूचित महिला को गाँव के हिन्दुओं ने नंगा कर घुमाया, फिर तीन हिन्दुओं ने उससे बलात्कार किया। उसके बाद हत्या कर दी।
3. वर्धा (सेवा ग्राम) में अनुसूचित जाति की नाई हजामत नहीं बनाता, धोबी कपड़ा नहीं धोता।...4, 5, 6 आदि।

## मैसूर

1. मैसूर, जिसे महिषासुर ने अपने नाम पर बसाया था जो बाद में महीसुर हुआ। उसके बाद अपभ्रंश होकर मैसूर हो गया। इस शहर के पडवार हल्ली मोहल्ले में अनुसूचित जाति के लोग सार्वजनिक सड़कों पर चप्पल पहनकर नहीं चल सकते।
2. गुलबर्गा जिले के चंकापुर कोंडमपल्ली व मूलेपेट गाँव में अनुसूचित जाति के लोग सवर्ण हिन्दुओं के मोहल्ले में शादी-विवाह का जुलूस नहीं निकाल सकते, वे घोड़े पर बैठकर भी नहीं निकल सकते।
3. ओल्ड मैसूर व सोसले में अनुसूचित जाति के लिए अलग प्राइमरी स्कूल हैं।...4, 5, 6 आदि।

## उड़ीसा

1. धनकलाल जिले के कुआनली गाँव में सिंचाई के दो तालाबों में से एक सवर्णों के लिए व एक अनुसूचित जाति के लिए था। सन् 1966 में सूखा के कारण सवर्ण हिन्दुओं ने अनुसूचित जाति के तालाब से सिंचाई के लिए पानी लेना शुरू कर दिया। अनुसूचित जाति ने आपत्ति की। झगड़ा हुआ। अनुसूचित जाति के एक व्यक्ति को सवर्ण हिन्दुओं ने मार डाला। उसके

बाद मरे हुए व्यक्ति की स्त्री को नंगा करके उसका जुलूस निकाला गया। आठ व्यक्तियों ने उसके साथ बलात्कार किया। तहकीकात के दौरान मरे हुए व्यक्ति के भाई की भी हत्या कर दी गई।

2. कटक जिले के ब्रह्मगिरि गाँव में नाई व धोबी अनुसूचित जाति का काम नहीं करते।...2, 3, 4 आदि।
3. दिनांक 31 जुलाई, 1970 ई. शुक्रवार, 'भारत' समाचार इलाहाबाद, पेज नम्बर एक कालम नम्बर 4, 5, 6, 7 के अनुसार 18 जुलाई, 1970 को चार सवर्ण बन्धुओं के एक गुट ने ग्राम—तामदी, जिला—सम्बलपुर में दलितों की एक बस्ती को घेर लिया। एक दिन मजदूरी न करने का आरोप लगाकर दलितों को मारा-पीटा और फिर एक घर को बन्द करके आग लगा दिया। एक पूरा परिवार जिन्दा जलकर मर गया, जिसमें बच्चे, बुजुर्ग और महिलाएँ थीं।
4. 26 जुलाई, 1970 को पूरी जिले के ग्राम—ऐतीपुर, थाना—बनापुर में ऊँची जाति के एक हिन्दू परिवार ने तीन दलितों से भूमि विवाद पर मारा पीटा। दो के हाथ काट लिए और कहा—यही तुम सबको दंड है। इसे लोक सभा में श्री एस.एस. जोशी एम.पी. (दिल्ली) के प्रस्ताव पर बहस हुई। हमारे नेता रीढ़विहीन हैं। वे जिन्दा लाश हैं।

### पांडिचेरी

1. यहाँ भी अनुसूचित जाति के लोगों के साथ छुआछूत बरती जाती है।

## नेहरू साइलेंट

कॉन्स्टीट्यूशन क्लब, नई दिल्ली की मीटिंग में दिनांक 19 सितम्बर, 1963 ई. को पंडित जवाहरलाल नेहरू प्रधानमंत्री ने कहा, कि मैं वर्तमान सामाजिक बदलती हुई व्यवस्था को देखते हुए 'दलित संघ' शब्द प्रयोग के खिलाफ हूँ क्योंकि आज सैड्यूल कॉस्ट और सैड्यूल्ड ट्राइब्स के प्रति पुरानी मान्यताओं को खत्म करके उन्हें सुविधाएँ प्रदान की गई हैं।

तत्पश्चात् श्री जगजीवन राम बोलने को खड़े हुए, तो श्री नेहरू जी उठ खड़े हुए और चलना ही चाहते थे, कि कार्यकर्ताओं ने आग्रह करके उन्हें बैठा दिया।

उस समय श्री गुलजारीलाल नन्दा गृहमंत्री, श्री लालबहादुर शास्त्री जी, श्री संजीवैया अध्यक्ष—अखिल भारतीय कांग्रेस कमेटी आदि भद्र महानुभाव भी उपस्थित थे।

श्री जगजीवन राम ने पंडित जवाहरलाल नेहरू जी को सम्बोधित करते हुए कहा—मुझे ऐसे बारह गाँव दिखलाइए, जिसमें हरिजनों के साथ अस्पृश्यता नहीं

की जाती हो। देहातों की कौन कहे, शहरों तक में अछूतपन अपने नग्न रूप में व्यवहार में बरता जाता है।

आपके इलाहाबाद का एक दलित विद्यार्थी मेरे पास आया था। कहा—मुझे सवर्ण हिन्दू किराये के लिए घर नहीं देते। पंडित जवाहरलाल नेहरू ने चुप (साइलेंट) रहकर सर हिलाते हुए इस कटु सत्य की पुष्टि की।

श्री संजीवैया ने कहा—इस काम के लिए बीस संजीवैया चाहिए। (उपरोक्त समाचार—महाराष्ट्र टाइम्स, प्रबुद्ध भारत, मराठी व नेशनल हेराल्ड आदि में छपा था।)

## धर्म या प्राकृतिक यंत्र

हाथ की बनी मशीनें, साइकिल, मीटर व हवाई जहाज के मालिक को टूट-फूट पुरानी बेकार हो जाने पर नए रुपयों से नया माल खरीदने की हमेशा फिकर रहती है। मगर हिन्दू धर्म की शूद्र धारी ब्राह्मणी बनावटी प्राकृतिक यंत्र के टूट-फूट व पुराने बेकार हो जाने पर नए रुपयों से नया (दास, सेवक) खरीदने के लिए मालिक ब्राह्मण की कोई फिकर नहीं। एक अहीर मरता है तो अपने लड़के को भैंस-गाय चराने, दूध देने एवं एक चमार मरता है तो अपने लड़के को जूता, चप्पल व एक भंगी मरता है तो लड़के को पाखाना साफ करने के लिए अर्थात् बिना रुपयों के ब्राह्मण की सेवा करने के लिए छोड़ जाता है।

भारत के ब्राह्मण तिब्बत के लामाओं, हंगरी, मलाया व दक्षिण अफ्रीका (कांगो) की परेशानियों पर दिन-रात हमदर्दी के आँसू बहाते हैं। सुधार के ठेकेदार आर्यसमाजी और कम्युनिस्ट हिन्दू धर्म की लिखावटी खिलाफत करते हैं मगर हजार वर्ष के गुलाम शूद्र वर्ण का सुधार 'महाशय' तथा 'कॉमरेड' दो शब्दों के अलावा कुछ भी नहीं कर पाए। आज भी शूद्र समुदाय अपने मानवीय अधिकारों, यहाँ तक कि खुली हवा में साँस लेने व अपने ही दरवाजे पर खाट (चारपाई) पर बैठने व लेटने आदि से वंचित हैं।

## नए मदारी का नया खेल

आल इंडिया बैकवर्ड क्लास कमीशन के अध्यक्ष पंडित काका कालेलकर ने अपनी रिपोर्ट एंड मेमोरेंडम सन् 1956 ई. में सवर्ण अर्थात् ब्राह्मण, क्षत्रिय व वैश्य को महजन या अल्पजन, शूद्र को बहुजन (पिछड़ी जाति) और महाशूद्र को हरिजन (अनुसूचित जाति) तथा गिरिजन आदिम जाति (अनुसूचित जनजाति) लिखा है।

इस प्रकार अब नई चार जातियाँ बनाई गई हैं—महजन, बहुजन, हरिजन तथा गिरिजन।

# सुझाव-1

यह है हिन्दू धर्म की उदारता एवं सहिष्णुता का प्रज्वलित प्रमाण जिसकी मर्यादा बचाने के लिए सेक्यूलर स्टेट के शासक जो तिब्बत के लामाओं, हंगरी, मलाया, दक्षिण अफ्रीका की हमदर्दी में महाकारुणिक बनकर आठ-आठ आँसू बहाते आ रहे हैं और अब उन्होंने मर्यादा भंग विरोधी समिति भी बना डाली है।

कम्यूनिस्ट हिन्दू आर्य भी व्यग्र हो उठे हैं और आर्यसमाजी लोग भी जो सुधार की ठेकेदारी का जामा पहने हुए बात-बात में वेद-वेद चिल्लाकर मनुवादी हिन्दू धर्म ग्रंथों पुराणादि को अमान्य घोषित करते आ रहे हैं।

आज इन घटनाओं ने इन सेक्यूलर स्टेट के शासकों, कम्यूनिस्टों, आर्यसमाजियों के लवादे को उतार कर इनकी नंगी तस्वीर संसार के सामने खड़ी कर दी है।

संसार को पेचीदा स्थिति से विवश होकर ये सेक्यूलर स्टेट, कम्यूनिस्ट सुधारवादी आर्यसमाजी होने का स्वाँग भरकर संसार की आँखों में धूल झोंक रहे हैं और दूसरे देशों की किसी भी आकस्मिक घटना होने पर चीख पड़ते हैं। जब कि इस देश का शूद्र पाँच हजार साल से ऐसी गुलामी में जकड़ा चला आ रहा है जिसकी दुनिया में कोई दूसरी मिसाल मिलना सम्भव नहीं!

पहले जमाने में जिस किसी देश में गुलामी प्रथा थी, वहाँ गुलामों का कोई एक ही मालिक होता था और मालिक को अपनी हानि-लाभ के खयाल से ही गुलामों के खाने, पीने, सर्दी-गर्मी तथा बीमारी से बचाने की सारी जिम्मेदारी थी किन्तु यहाँ का प्रत्येक शूद्र प्रत्येक आर्य हिन्दू का पंचायती गुलाम तो है परन्तु किसी प्रकार की भी कोई जिम्मेदारी यहाँ के आर्य हिन्दू मालिकों को पूरी करने की कोई चिन्ता नहीं है।

इस दुनिया में ऐसा कोई देश है जहाँ कोई खुली हवा में खाट पर भी न सो सकता हो? परन्तु संसार के लोगों को क्या पता कि इस भारत के आर्य हिन्दू अनार्य शूद्रों और महाशूद्रों का किस प्रकार उच्छेदन कर रहे हैं? जिसका धर्म ही गुलामी की आधारशिला बना हुआ है? इस सेक्यूलर स्टेट में भी उस गुलामी के धर्म को बदल न सके, ऐसा कानून बनाने का आर्य हिन्दुओं का खुला षड्यंत्र चल रहा है।

धन्यवाद!

दिनांक—6 दिसम्बर, 1961 ई.

## सुझाव-2

ये धार्मिक ग्रंथ वर्ण-व्यवस्था पर आधारित समाज के पैरों के नीचे बिछी सूखी बारूद है, जिसमें दोनों शक्तियाँ मौजूद हैं। पहली शक्ति अपमानित शूद्र धर्म परिवर्तन द्वारा मुसलमान, ईसाई, पारसी, सिख या बौद्धधर्मी बनकर समता, बन्धुता तथा स्वतंत्रता प्राप्त करें।

दूसरी शक्ति अपमानित शूद्र समाज के मुर्दा खून को खौलाने के लिए ये धार्मिक ग्रंथ व इन धार्मिक ग्रंथों के आधार पर होनेवाले रोज-रोज के अपमान, अन्याय व अत्याचार ऐसा बेमिसाल अचूक इंजेक्शन हैं, जिसके द्वारा शूद्र समाज स्वयं उस कल्पित वर्ण-व्यवस्था को धता बता सकता है। शर्त यह है कि शूद्र समाज में तिल-मात्र स्वाभिमान अवश्य हो फिर तो उनकी नाव पार ही है।

शूद्र-महाशूद्र नामधारी पिछड़ी, अनुसूचित एवं अनुसूचित जनजाति के लोगों को चाहिए कि वे अपमानजनक हिन्दू धर्म ग्रंथों और परम्पराओं को मानने से एकदम इनकार कर दें। बस, इतने से ही सम्पूर्ण समस्याएँ हल हो जाएँगी। आप विश्वास रखें, हिम्मत से आगे बढ़ें।

आप ईश्वर, धर्म, भाग्य, भगवान, पुनर्जन्म, स्वर्ग, नर्क, कथा, भागवत, कीर्तन, गंगा-स्नान, मथुरा, गया, चारों धाम, तीर्थ, पुजारी-पंडा, पुरोहित, तेरहीं, बरसी, श्राद्ध, भोज व भंडारा आदि के पुरोहितधंधे में कतई न फँसें, अन्यथा स्वराज्य द्वारा प्राप्त समता, बन्धुता व स्वतंत्रता के अधिकारों का सुख आपको कतई नहीं मिलेगा। बात यहीं पर समाप्त नहीं होती है। यदि आपका यही तौर-तरीका रहा, तो आपकी अगली सन्तानों को इससे भी अधिक दु:ख भोगना पड़ेगा। यह लेखक की भविष्यवाणी है जो हिमालय पहाड़ की भाँति अटल है।

यही कारण है 'वाल्टेयर' जैसा महानतम व्यक्ति समता, बन्धुता व स्वतंत्रता प्रेमी पैदा करने में भारत पृथ्वी पर बेकार बोझ सिद्ध हुआ है। 'वाल्टेयर' जिस यूरोपीय देश के कैथोलिक चर्च में पला, उसने बिना हिचकिचाहट उसकी बुराई को उखाड़ फेंका।

बात वास्तविकता में यह है कि भारत इतना बड़ा देश है फिर भी 'वाल्टेयर' सरीखा व्यक्ति पैदा करने में इसलिए नाकामयाब रहा क्योंकि यहाँ के बुद्धिदाता

ब्राह्मण स्वार्थी हैं। निष्पक्ष मनीषी नहीं हैं। ब्राह्मणों का केवल एकमात्र यही उद्‌देश्य है कि किस चाल-चलन, छल-छद्म से यहाँ के मूल मनुष्यों को गुलाम बनाए रखा जाए। ये शूद्र व महाशूद्र किसी भी स्थिति में तरक्की न करने पाएँ।

याद रखिए! विश्वास रखिए! भारत में इन सनातनी धर्म-ग्रंथों के रहते हुए, भविष्य में कभी भी 'वाल्टेयर' पैदा नहीं हो सकता।

इतना ही नहीं, इन धार्मिक ग्रंथों के रहते हुए भविष्य में कभी भी ऐसे भगवान का अवतार नहीं होगा जो शूद्रों को समता, बन्धुता व स्वतंत्रता दिला सके। वैसे तो अवतार नाम की कोई चीज नहीं है। यह वास्तव में निठल्लों का रोजगार है।

बुद्धिवादी ग्रंथों को पढ़ें। पोंगा-पंथी ग्रंथों से सदैव दूर रहें।

भगवान बुद्ध के वचन 'अत्त दीपो भव:' के अनुसार आप खुद ही अपनी मसाल (बुद्धिमत्तापूर्ण—मशाल, रोशनी, लैम्प व दीपक) बनें।

इस छोटी-सी पुस्तिका में थोड़ी-सी धार्मिक डकैती की झलक मात्र दिखाई गई है, जिसे पढ़कर आप स्वयं इस निर्णय पर पहुँच जाएँगे कि अवतार कहे जानेवाले व्यक्तियों तक की नीति कितनी शूद्र-अतिशूद्र भक्षक रही है।

आशा है, आप मेरे दिए हुए सुझावों को ध्यान से पढ़े होंगे। पढ़ने के बाद सोचेंगे। समझेंगे। जीवन और व्यवहार में उतारेंगे।

धन्यवाद!

दिनांक—1 जुलाई, 1987 ई.

# उपसंहार

धर्म बड़ा ही व्यापक शब्द है—कहीं इसके माने कर्तव्य होता है और कहीं इसका अर्थ किसी वर्ग व समाज विशेष सम्प्रदाय के अन्तर्गत आपस में बरते जानेवाले नियम, रीति-रिवाज व व्यवहार आदि से लगाया जाता है।

यहाँ पर इस पुस्तक में जिस धर्म का जिक्र किया गया है। वह हिन्दू समाज के अन्तर्गत आनेवाली विभिन्न जातियों के बीच बरते जानेवाले रीति-रिवाजों व आपसी व्यवहार से सम्बन्धित है।

धर्म के नाम से हिन्दू समाज में शूद्र, अछूत व विभिन्न जातियों के साथ तथाकथित द्विज जातियों ने जिस तरह का अमानुषिक व्यवहार हजारों सालों से किया है, जिसका उल्लेख हिन्दू धर्म ग्रंथों—वेदों, पुराणों, स्मृतियों, सूत्रों, रामायण व रामचरितमानस आदि में मिलता है।

उसी का जिक्र इस पुस्तक में किया गया है और वह सब इसलिए कि आज के वास्तविक धर्म-निरपेक्ष राज्य में अब यहाँ के सभी नागरिक समान हैं, मगर फिर भी अगर धर्म की दुहाई व धार्मिक पुस्तकों की आड़ लेकर इस युग में भी जातीय भेदभाव व ऊँच-नीच को बढ़ावा दिया जाता है, तो वह न केवल संविधान के प्रतिकूल है, वास्तव में, सामाजिक अपराध भी है।

अत: लेखक की मंशा है कि आज समाज के सभी वर्ग के लोग भी हिन्दू धर्म के इस भेदभाव से दूसरों को पीड़ा पहुँचाते हैं या वे खुद पीड़ित हैं, सजग व सतर्क होकर बदलते हुए जमाने के साथ अपने को बदलें और निजी स्वार्थ व धार्मिक मदांधता को छोड़कर आपस में ऐसा प्रेम भाव पैदा करें जिससे देश की राष्ट्रीयता को बल मिले।

आइए, हम सब सदियों के इस संकीर्ण धार्मिक भेदभाव को भुलाकर ऐसे समाज का निर्माण करें, जिसमें ऊँच-नीच व जाति-पाँति के झगड़े ही बाकी न रह जाएँ। सब मिलकर राष्ट्र-निर्माण कार्य में लग जाएँ।

धन्यवाद!

6 दिसम्बर, सन् 1961 ई. **—पेरियार ललई सिंह**

# परिशिष्ट-1

बात पुरानी है, रेमजे मेकडॉनल्ड प्रधानमंत्री, भारत सरकार ने अछूतों को पृथक् निर्वाचन का अधिकार दिया था। इस अधिकार के विरुद्ध संत तुलसीदास की चौपाई 'देख न सके पराई विभूती' के अनुसार बुद्धिहीन, शस्त्रहीन, धनहीन, भूमिहीन, घरहीन, मजदूर, किसान, शोषित, पीड़ित, दलित, निराद्रित, प्रवंचित अछूतों का, शायद गांधीजी की दृष्टि में विश्व को सबसे बड़ी प्रिय वस्तु, उनके पृथक् निर्वाचन के अधिकार को छीनने के लिए आमरण अनशन ठानकर उपरोक्त अधिकार छीन लिया। (इस राजीनामा के लिए 'पूना पैक्ट बनाम गांधी' नामक किताब पढ़िए।)

तत्पश्चात्, दिनांक 25 सितम्बर, सन् 1932 ई. को पंडित मदन मोहन मालवीय (हिन्दू यूनिवर्सिटी, बनारस के संस्थापक) की अध्यक्षता में एक सार्वजनिक सभा बम्बई में हुई जिसमें नीचे लिखा प्रस्ताव सर्वसम्मति में पास किया गया कि 'यह सभा निश्चय करती है कि आज से हिन्दू जाति में किसी को जन्म से अछूत नहीं समझा जाएगा और जिन्हें अब तक अछूत समझा जाता रहा है, उन्हें अन्य हिन्दुओं की ही भाँति कुओं, तालाबों, स्कूलों, सड़कों तथा अन्य सार्वजनिक संस्थाओं का उपयोग करने का अधिकार रहेगा। मौका मिलते ही इस अधिकार को कानून का स्वरूप दे दिया जाएगा।'

स्वतंत्र भारत की सरकार ने स्वतंत्रता की प्राप्ति के काफी समय बाद मजबूरी में अस्पृश्यता अपराध अधिनियम बना दिया। उसे पास कर दिया किन्तु सच्चाई के साथ पूर्णतया व्यवहार में नहीं लाया जाता।

हमारे परम् पूज्य बोधिसत्व बाबा साहब डॉ. भीमराव अम्बेडकर, अध्यक्ष संविधान निर्मात्री सभा, ने दिनांक 25 नवम्बर, सन् 1949 ई. में जो बात संविधान सभा में कही थी, वह बात आज वर्तमान अवस्था में भी ठीक है, क्योंकि अछूतों की आज की स्थिति सन् 1949 ई. की स्थिति से अधिक खराब है। तब सन् 1949 ई. में अछूतों पर इतना घनघोर सामाजिक व आर्थिक अत्याचार नहीं होता था कि—"26 जनवरी, सन् 1950 ई. को हम अन्तर्विरोधों के जीवन में प्रवेश कर रहे हैं। राजनीति में हमें समानता प्राप्त होगी परन्तु सामाजिक तथा आर्थिक जीवन में हमें

विषमताएँ मिलेंगी। राजनीति में 'एक व्यक्ति—एक वोट' और 'एक वोट—एक मूल्य' के सिद्धान्त को मान्यता देंगे। अपने सामाजिक तथा आर्थिक जीवन में हम अपने सामाजिक तथा आर्थिक ढाँचे के अन्तर्गत 'एक व्यक्ति और एक मूल्य' को नकारते रहेंगे। हम इन अन्तर्विरोधी का जीवन कहाँ तक जिएँगे? हम सामाजिक तथा आर्थिक जीवन में समानता को कब तक नकारेंगे? अगर हम इसे अधिक समय तक नकारते रहे तो हम राजनीतिक जनतंत्र को खतरे में डालकर ही ऐसा करेंगे।'

हमने पाठकों को भूले हुए दस्तावेजों की यादें दिलाईं। अच्छा किया या बुरा? हमारे ऊपर सवर्ण हिन्दू अन्याय-अत्याचार हमें गरीब समझकर नहीं करते हैं। अगर गरीब समझ कर करते, तो सबल सवर्ण ऐसा ही अन्याय-अत्याचार गरीब सवर्ण के साथ क्यों नहीं करता? स्पष्ट है कि हिन्दू धर्म ग्रंथ जिनके सभी सवर्ण पूजक हैं, वे असमानता का प्रचार दिन-रात करते हैं और समानता का कानूनी दिखावा मात्र करते हैं।

ऐसी दशा में हमें अपने परम् पूज्य बाबा साहब डॉ. भीमराव अम्बेडकर के बताए मार्ग द्वारा बौद्ध धर्म स्वीकार कर, समानता प्राप्त कर, अपनी बुद्धि के अनुसार आर्थिक तरक्की स्वयं कर, संगठित रहकर अन्याय व अत्याचार का सामूहिक मुकाबला करना है। संविधान द्वारा उपलब्ध कानूनी सुरक्षा सबके पास है। हाय पिटा! हाय मरा!! अब मत करें!!!

मैंने सम्पूर्ण जीवन की धरोहर बताई। मानो न मानो, आपकी इच्छा!

धन्यवाद!

दिनांक—7 जुलाई, 1980 ई. **—पेरियार ललई सिंह**

# परिशिष्ट-2
## श्री सोनेलाल संखवार

कोषाध्यक्ष—अशोक पुस्तकालय (रजिस्टर्ड)
गाँव व पोस्ट—कठारा, झींझक, जिला—कानपुर, उत्तर प्रदेश

तुलसीदास ने रामचरितमानस में लिखा है कि—

श्रीमद रामचरित्र-मानस मिदं भक्त्या यथाहन्ति ये।
ते संसार पतंग घोर किरणं वंह्यंन्ति नो मानवा:॥

**अर्थ :** जो मनुष्य भक्तिपूर्वक इस रामचरितमानस में गोता लगाते हैं अर्थात् पढ़ते हैं—वे संसार रूपी सूर्य की अति प्रचंड किरणों से नहीं जलते हैं।

रुद्राष्टकमिदं प्रोक्त विप्रेण हरितोषये।
ये पठन्ति नरा भक्त्या तेषा शम्भु प्रसीदति॥

**अर्थ :** भगवान रुद्र का यह अष्टक शंकर की प्रसन्नता के लिए ब्राह्मण द्वारा कहा गया कि जो मनुष्य इसे भक्तिपूर्वक पढ़ते हैं, उन पर भगवान शंकर प्रसन्न होते हैं।

धार्मिक ग्रंथों की इस प्रकार की अगणित शिक्षाएँ मानव-समाज को अकर्मण्य बनाती हैं। आधुनिक सभ्य समाज को चाहिए कि ऐसे अकर्मण्यतावादी ग्रंथों का अति शीघ्र बायकाट कर दें। तभी उनका व राष्ट्र का भला होगा।

दिनांक—1-11-72 ई.

# सामाजिक विषमता कैसे समाप्त हो?

!!नमो बुद्धाय!!

मनुवादी राज में
भारतीय पुरोहितों का कमेरे मानव के
साथ मानवता विरोधी षड्यंत्र!

**जाति-पाँति मुर्दाबाद! राष्ट्रीय एकता जिन्दाबाद!!**

# सामाजिक विषमता कैसे समाप्त हो?


लेखक

**पेरियार ललई सिंह**

**अध्यक्ष :** डॉ. अम्बेडकर साहित्य रक्षक परिषद् (रजि.)
झींझक, जिला—कानपुर, उ.प्र., भारत-209302



पुस्तक मिलने का पता

**अशोक पुस्तकालय**
अंडर पेरियार ललई सिंह चेरिटेबल ट्रस्ट
84/172, झकरकटी, जी.टी. रोड,
जिला—कानपुर, उत्तर प्रदेश, भारत-208003

**पहली बार**
1 जनवरी, सन् 1973 ई.
प्रथम बार 2500 प्रतियाँ प्रकाशित
द्वितीय बार सन् 1977 ई.
तृतीय बार सन् 1986 ई.
चतुर्थ बार सन् 1992 ई.
पाँचवीं बार सन् 1993 ई.





**मुद्रक**
रानी प्रिंटिंग एजेंसी,
105/28, प्रेम नगर,
जिला—कानपुर, उत्तर प्रदेश, भारत

**मूल्य :** तीन रुपये अस्सी पैसे

!!समर्पण!!

इकलौती बेटी 'शकुन्तला' के लिए
जो 11 वर्ष की उम्र में क्षय रोग (टीबी) से ग्रस्त
होने के कारण मुझे छोड़कर सदा के लिए चली गई।
साथ ही पत्नी 'दुलारी देवी' को भी,
जो क्षय रोग से ग्रस्त होने के कारण
मुझे बहुत जल्द छोड़कर चली गईं।
सप्रेम!

# !! विनम्र निवेदन !!

हजारों वर्षों की गुलामी के बाद भारत को स्वतंत्र हुए तीस वर्ष हो चुके हैं परन्तु तथाकथित ऊँचे कहे जानेवाले हिन्दुओं द्वारा करोड़ों अछूतों को जातिवाद के कारण स्वतंत्रता के नाम से दूर रखा जाता है, नीच समझा जाता है, मजदूरी कम दी जाती है व नाना प्रकार के जुल्म ढाए जाते हैं।

2 जनवरी, सन् 1973 ई. को केन्द्रीय शिक्षा व समाज-कल्याण मंत्रालय ने एक वक्तव्य द्वारा अछूतों के ऊपर होनेवाले जुल्मों के प्रति भारी चिन्ता प्रकट करते हुए सुझाव दिया है कि इसकी रोक के लिए शासन द्वारा कठोर कदम उठाए जाएँ, क्योंकि सन् 1972 ई. में अछूतों के ऊपर उत्पीड़न की घटनाओं में बढ़ोतरी हुई है। गत तीन वर्षों में सम्पूर्ण भारत में उत्पीड़न की घटनाएँ 1927 हुई हैं, जिनमें से 11 अछूतों को जिन्दा जला दिया गया।

अगर स्वार्थवश तथाकथित उच्च कहे जानेवाले हिन्दुओं ने अपने कल्पित बड़प्पन को त्याग कर 'सभी मानव समान हैं', इस सिद्धान्त को नहीं अपनाया तो देश का भविष्य अन्धकारमय हो जाएगा तथा गृहयुद्ध या बाहरी युद्ध द्वारा विनाश के कगार तक अपनी ही भूल के कारण पहुँच सकता है।

अत: तथाकथित ऊँचे कहे जानेवाले हिन्दुओं से विनम्र प्रार्थना है कि कल्पित उच्चता को त्याग कर 'सभी मानव समान हैं', इस मानवीय सिद्धान्त को अपने दैनिक जीवन में ढालने की कोशिश करें।

अछूत लोग अपने अन्दर से हीन भावना को त्याग कर तथा संगठित होकर ऐसे जुल्मों का मुकाबला कानून द्वारा दिए गए हिफाजत खुद इख्तयारी के अधिकारों के अन्तर्गत करें।

ऐ अछूतो! याद रखो, 'जुल्म सहन करनेवाला जालिम से भी खराब आदमी है।'

मानवता—अमर रहे! स्वतंत्र भारत-अमर रहे!

धन्यवाद!

दिनांक—1 जनवरी, 1973 ई.

निवेदक

**—पेरियार ललई सिंह**

# विषमता कैसे दूर हो

पुरोहित हिन्दुओं द्वारा समाज को ईश्वरीय सर्वोच्च सत्ता में विश्वास कराने के उदाहरण में विश्वास करना ऊँच-नीच, धनी-निर्धन बनाया जाना स्वीकार करना है। इसी आधार पर पुरोहित हिन्दू एक-दूसरे से घृणा करता है।

जन्म के आधार पर सद्गुण रहित ब्राह्मण पूज्य और जन्म के आधार पर सद्गुण सहित शूद्र अपूज्य है।

उपरोक्त हिन्दू सामाजिक मान्यताओं के रहते हुए, कभी भी सामाजिक विषमता समाप्त नहीं हो सकती।

जो मुसलमान या ईसाई हिन्दू धर्म बदलकर बने हैं, उसमें रोटी को छोड़कर बेटी व्यवहार में आज भी उपरोक्त समानता मौजूद है।

बोधिसत्व बाबा साहब डॉ. भीमराव अम्बेडकर ने लाखों अनुयायियों सहित मानवतावादी बौद्ध-धर्म स्वीकार किया, अच्छा किया, किन्तु उनके माननेवाले वर्तमान बौद्ध-धर्म पुरानी हिन्दू परम्परा के अनुसार, अब भी रोटी-बेटी में असमानता बरतते अधिकांश देखे जाते हैं। यह असमानता बौद्धों के लिए कलंक है।

अत: वर्तमान बौद्धों को तुरन्त पुरानी हिन्दू जातियाँ तोड़ कर विशुद्ध समतावादी बौद्धधर्मी बनकर आपस में रोटी-बेटी का व्यवहार प्रारम्भ करके समतावादी बौद्ध-समाज की सोच और संरचना निर्माण में जुट जाना चाहिए। भविष्य उज्ज्वल है। सफलता की कामना।

लेखक व पाठकों को धन्यवाद!

**—राहुल सुमन 'छावरा'**
सिद्धार्थ मार्ग, संस्थापक/संचालक
बुद्ध विहार मेदोलिक रोड,
अजमेर (राजस्थान)

## सीधी-सच्ची बात

जातीय व्यवस्था एक सुनियोजित षड्यंत्र है, इसका विनाश सुधार से असम्भव है।

बबूल के पेड़ में तो काँटे ही होंगे। काँटों से बचने के लिए टहनी क्या, यदि तना भी काट डाला जाए, तब भी बबूल के काँटों का विनाश सम्भव नहीं है। बबूल की थोड़ी जड़ भी शेष रहने पर, उस क्षुद्र जड़ से नई कोंपलें फूटकर तना और तना से काँटे, पुन: हरे होंगे। काँटों से बचने का एक ही उपाय है—बबूल के पेड़ को जड़ से उखाड़कर समूल नष्ट कर दिया जाए, ठीक उसी प्रकार वर्ण-व्यवस्था भारत में कैंसर रोग से भी भयंकर रोग है। कैंसर से तो व्यक्ति का एक जीवन ही प्रभावित होता है किन्तु वर्ण-व्यवस्था से प्रताड़ित व्यक्ति सदियों से पीढ़ी दर पीढ़ी इसी भयंकर महामारी से घुट-घुटकर मरते और तड़फड़ाते चले आ रहे हैं।

कुछ पढ़े-लिखे लोग जो चन्द समय के लिए एम.एल.ए., एम.पी., मंत्री व किसी सम्मानित एवं सुविधाएँ, पद अथवा सरकारी सेवा में हैं, अल्पज्ञातवश कहते हैं कि आर्थिक स्थिति ठीक हो जाने पर तथा शिक्षित हो जाने पर सामाजिक स्थिति स्वत: ठीक हो जाएगी, ऐसे लोग भूल जाते हैं कि विश्व के प्रकांड विद्वान बोधिसत्व बाबा साहब डॉ. बी.आर. अम्बेडकर के सामने इन दोनों में से कोई भी समस्या न थी किन्तु उन्होंने पाया सामाजिक अपमान जो आर्थिक विषमता से अधिक खटकता है, आज भी शोषित समाज में कुछ लोग धनवानों और विद्वानों की पंक्ति में गिने जाते हैं। किन्तु सामाजिक तौर पर सवर्णों की दृष्टि में वह अहीर, गड़रिया, चमार, पासी व धोबी आदि ही हैं।

विद्या वरीयता एवं आर्थिक सुदृढ़ता भी सामाजिक सम्मान दिलाने में असमर्थ ही है।

एक एम.एल.ए., एम.पी. अथवा सरकारी सेवा के ऊँचे से ऊँचे पदाधिकारी को भी, एक-न-एक दिन सामाजिक व्यवस्था में बँधना ही पड़ता है। अन्ततोगत्वा शूद्र समाज की शरण में पैर रगड़ना ही पड़े। एक चमार को चमार, भर, पासी को पासी व धोबी को धोबी से ही सम्बन्ध करने पर बाध्य होना पड़ेगा।

सच तो यही है 'चिड़िया कितना उड़े आकाश, चारा है धरती के पास।'

कुछ लोगों की यह भी अवधारणा है कि राजनीतिक सत्ता मिल जाने पर जातीय समस्या का स्वयं समाधान हो जाएगा। राजनीतिक सत्ता का खेल तिकड़म एवं भावनात्व प्रधान है। राजनीतिक कोटे से गए शोषित एवं पिछड़ी जातियों के लोग आज भी सत्ता में पर्याप्त संख्या में हैं, किन्तु वह सभी जातिवाद के तालमेल के आधार पर अपनी-अपनी कुर्सी बचाने में ही रहते हैं। वर्ण-व्यवस्था पीढ़ी दर पीढ़ी चलनेवाला भयंकर राज रोग अपनी जाति का समूह उच्छेद करना चाहे तो इनका लाभ अभी उसे न मिलकर उसकी पाँचवीं सन्तान को ही मिल पाएगा।

जो जितनी देर तक सुधार-सुधार कहता रहेगा, उसका सुधार कभी नहीं होगा। वर्ण-व्यवस्था के समूल विनाश के लिए बोधिसत्व बाबा साहेब की सीधी एवं स्पष्ट बात को मानकर बौद्ध धर्म अपनाना ही होगा।

वर्तमान पुस्तक शोषित सर्वहारा समाज की अज्ञानता को दूर करनेवाला प्रदीप्त प्रकाश होगी, ऐसा हमें विश्वास है।

भवतु सब्ब मंगलम्!

**—जगन्नाथ आदित्य**

अध्यक्ष—भारतीय बौद्ध महासभा

(शाखा—उत्तर प्रदेश)

# सामाजिक विषमता कैसे समाप्त हो?

डॉ. भीमराव रामजीराव अम्बेडकर ने जाति-पाँति तोड़क मंडल लाहौर के सन् 1936 ई. के वार्षिक सम्मेलन के लिए तैयार किए गए भाषण (एहिनिलेशन ऑफ कास्ट अर्थात जाति-भेद का उच्छेद) में कहा था कि :

जाति-भेद को नष्ट करने के लिए काम करने की दूसरी पद्धति यह कही जाती है कि पहले अन्तरवर्णीय सहभोज आरम्भ किये जाए, मेरी राय में वह उपाय भी अल्प है। अनेक जातियाँ ऐसी हैं, जिनमें सहभोज होता है, परन्तु यह सब लोगों की अनुभव की बात है कि सहभोज जाति-भेद के भाव को और जाति-भेद की चेतना को मारने में सफल नहीं हुआ।

मेरा विश्वास है कि वास्तविक उपाय अन्तरवर्णीय विवाह है। केवल रक्त का मिश्रण ही स्वजन और मित्र होने का भाव पैदा कर सकता है। जब तक मित्र होने एवं भाई बन्धु होने का प्रधान नहीं होता तब तक जाति-भेद द्वारा उत्पन्न किया हुआ वियोजन भाव पर या होने का भाव कभी दूर न होगा। अन्तर्जातीय विवाह को हिन्दुओं के सामाजिक जीवन में जितना प्रबल साधन होने की आवश्यकता है उतनी अहिन्दुओं के सामाजिक जीवन में नहीं। जहाँ समाज पहले ही दूसरे बन्धनों से आपस में खूब ओत-प्रोत हो वहाँ विवाह जीवन टुकड़े-टुकड़े हो रहा हो, वहाँ इकट्ठा करनेवाली शक्ति के रूप में विवाह एक अनिवार्य आवश्यकता की बात हो जाती। इसके सिवा और कोई भी बात जाति-भेद को मिटाने का काम नहीं दे सकती कि एक साधारण-सी घटना होती है।

आपके जाति-पाँति तोड़क मंडल ने आक्रमण की यही रीति ग्रहण की है। यह सीधा और सामने से आक्रमण है। इस रोग के ठीक निदान के लिए मंडल धन्यवाद का पात्र है। उसने हिन्दुओं को उनकी सच्ची खराबी बताने का साहस किया है। सामाजिक उत्पीड़न की तुलना में राजनीतिक उत्पीड़न कुछ भी नहीं। जो सुधारक समाज को ललकारता है, वह गवर्नमेंट का विरोध करनेवाले राजनीतिक से कहीं अधिक निर्भीक है। जाति-पाँति तोड़क मंडल का कहना

ठीक है कि अन्तर्वर्णीय सहभोजों और जाति-पाँति तोड़क विवाहों का आम रिवाज हो जाने पर ही जाति-भेद का जोर टूटेगा। आपने रोग का कारण ढूँढ़ लिया है परन्तु अब विचारणीय विषय यह है कि इस रोग के लिए ठीक इलाज क्या है? क्या कारण है कि हिन्दुओं की एक बड़ी संख्या जाति-पाँति तोड़कर रोटी-बेटी सम्बन्ध नहीं करती। क्या कारण है कि आपका आन्दोलन सर्वप्रिय नहीं। इस प्रश्न का केवल एक ही उत्तर हो सकता है और वह यह कि जाति-पाँति तोड़कर रोटी-बेटी सम्बन्ध उन विश्वासों और सिद्धान्तों को अरुचिकर है जिन्हें हिन्दू पवित्र समझते हैं।

ईंटों की दीवार या काँटेदार तार की बाढ़ की तरह जाति-पाँति कोई स्थूल वस्तु नहीं, जो हिन्दुओं को आपस में मिलने से रोकती है और जिसे गिराने की आवश्यकता हो। जाति-पाँति एक भावना है, मन की एक अवस्था है। इसलिए जाति-पाँति तोड़ने का अर्थ किसी स्थूल रुकावट को नष्ट करना नहीं। इसका अर्थ भावना का बदलना है। जाति-भेद बुरा हो सकता है, जाति-भेद ऐसा बुरा आचरण करा सकता है जो मनुष्य के प्रति मनुष्य की पाशविकता कहला सकती है परन्तु इसके साथ कहना पड़ेगा कि हिन्दू जाति-भेद को इसलिए नहीं मानते कि वे क्रूर हैं या उनके मस्तिष्क में कुछ विकार हैं। वे जाति-भेद के इसलिए पाबन्द हैं कि उनको धर्म प्राणों से भी प्यारा है। जाति-भेद को मानने में लोगों की भूल नहीं। भूल उन धर्म-ग्रंथों की है जिन्होंने यह भावना उनमें उत्पन्न की है। यदि यह बात ठीक हो, तो जिस शत्रु के साथ आपको लड़ना है, वह जाति-भेद को माननेवाले लोग नहीं वरन वे शास्त्र हैं, जो उन्हें इस वर्ण भेद का धर्मोपदेश देते हैं। जाति-भेद को तोड़कर रोटी-बेटी सम्बन्ध न करने के लिए लोगों की हँसी उड़ाना और आलोचना करना अथवा कभी-कभी अन्तर्जातीय सहभोज तथा जाति-पाँति तोड़क विवाह कर लेना मनोवांछित उद्देश्य की प्राप्ति का एक व्यर्थ साधन है। सच्चा इलाज तो उन शास्त्रों की पवित्रता से लोगों का विश्वास नष्ट करना है। यदि उन शास्त्रों के ऊपर लोगों का विश्वास बना रहेगा तो आपको सफलता की आशा कैसे हो सकती है? शास्त्रों को प्रमाण मानने में इनकार न करना, उनकी पवित्रता और विधाओं में लोगों का विश्वास बना रहने देना और साथ ही उनके धर्म को बिना उपाय वाला व पाशविक बताकर उन्हें दोष देना एवं उनकी आलोचना करना सामाजिक सुधार की एक बहुत ही असंगत रीति है।

जो सुधारक अस्पृश्यता दूर करने का यत्न कर रहे हैं, जिनमें महात्मा गांधी भी शामिल हैं, ऐसा जान पड़ता है। वे इस बात को नहीं समझते कि लोगों के आचरण उन विश्वासों के परिणाम मात्र हैं जो शास्त्रों ने उनके मन में बैठा दिए हैं। लोग तब तक अपने उस आचरण को नहीं बदल सकते जब तक कि

उनका विश्वास उन शास्त्रों पर से नष्ट नहीं होता जो उनके आचरण के आधार हैं। इसलिए यदि जाति-पाँति तोड़क आन्दोलन को अभी तक उतनी सफलता नहीं हुई तो इसमें कोई आश्चर्य की बात नहीं मालूम होती है कि आप भी वही भूल कर रहे हैं, जो छुआछूत दूर करनेवाले अन्य लोग कर रहे हैं। अन्तर्वर्णीय सहभोज व विवाहों के लिए आन्दोलन एवं प्रबन्ध करना किसी के भीतर कृत्रिम उपायों से जबरदस्ती भोजन ढूँढ़ने के समान है। प्रत्येक स्त्री और पुरुष को दासता से मुक्त कर दीजिए, शास्त्रों पर आश्रित हानिकारक भावनाओं को उनके मन से निकाल डालिए, फिर आपको उनसे कुछ कहने की आवश्यकता न रहेगी। वे अपने आप जाति-पाँति तोड़कर खान-पान और ब्याह-शादी करने लगेंगे।

वाक् छल की शरण लेने में कुछ भी लाभ नहीं। लोगों को यह कहने से कुछ लाभ नहीं कि शास्त्र वह बात नहीं कहते, जो तुम विश्वास किए बैठे हो। महत्त्व की बात यह नहीं कि व्याकरण की दृष्टि से पढ़ने या फर्क की दृष्टि से व्याख्या करने पर, शास्त्र क्या कहते हैं वरन महत्त्व की बात है कि लोग शास्त्र का अर्थ क्या लेते हैं। आपको वही स्थिति ग्रहण करनी चाहिए जो बुद्ध ने ग्रहण की थी। आपकी स्थिति वही होनी चाहिए जो गुरु नानक की थी। आपको शास्त्रों का केवल परित्याग करने की नहीं वरन बुद्ध व नानक की तरह उनकी प्रामाणिकता या धर्म ग्रंथ मानने से इनकार करने की भी आवश्यकता है। आप में इतना साहस होना चाहिए कि आप हिन्दुओं से कह सकें कि तुम्हारी सारी खराबी तुम्हारे धर्म के कारण है—उस धर्म के कारण जिसने तुममें जाति-भेद की पवित्रता की झूठी भावना उत्पन्न कर रखी है। क्या आप यह साहस दिखलाएँगे?

**—डॉ. बी.आर. अम्बेडकर**

अस्पृश्यता हिन्दू समाज का ही नहीं, समूचे भारत राष्ट्र का कलंक है। इसने करोड़ों मनुष्य प्राणियों से मानवीय प्रतिष्ठा छीनकर उनका जीवन दूभर बना दिया है। इसके दु:ख से करोड़ों हिन्दू-मुसलमानों और ईसाई बनने के लिए विवश हुए। इसी का दुष्परिणाम भारत की सहस्त्रों वर्ष की विदेशियों की दासता और देश का विभाजन हुआ।

इस अस्पृश्यता की जननी वर्ण-व्यवस्था अर्थात जन्म से ही किसी को नीचा समझना है। इस जाति-पाँति के कारण प्रत्येक हिन्दू दूसरे हिन्दू के लिए अछूत है। अन्तर केवल अछूतपन की ग्रंथि में है। कोई कम अछूत है और कोई ज्यादा। एक के हाथ का बचा भोजन तो आप खा लेते हैं परन्तु उसके साथ बेटी का व्यवहार नहीं कर सकते। दूसरे को आप स्पर्श कर सकते हैं, परन्तु उसका भोजन नहीं कर

सकते। इनके आगे वह हिन्दू आता है, जिसके हाथ का भोजन खाना या पानी पीना तो दूर, जिसे छूने मात्र से ही आप अपने को अपवित्र मानने लगते हैं। तथाकथित अछूत जातियों का कोई व्यक्ति कितना ही विद्वान, कितना ही धनी और कितना ही सच्चरित्र क्यों न हो, उस पर से नीचता और अस्पृश्यता का कलंक नहीं मिटता। हिन्दू समाज में जो प्रतिष्ठा और सम्मान एक दरिद्र, अशिक्षित और मध्यम ब्राह्मण का है, वह एक सम्पन्न, सुनिश्चित सच्चरित्र चमार या भंगी का नहीं, 'रामचरितमानस' के रचयिता रामभक्त तुलसीदास कह गए हैं :

पूजिअ विप्र सील, गुन हीना।
शूद्र न गुन-गन ग्यान प्रवीना॥

जिस समाज का ऐसा सिद्धान्त हो, उसमें कौन तथाकथित अछूत रहना पसन्द करेगा? यह हिन्दू समाज का मुँह-बोलता चित्र है। मुझे अभी-अभी एक चिट्ठी प्राप्त हुई है। उसे मैं आगे ज्यों की त्यों उद्धृत कर रहा हूँ।

**—सन्तराम बी.ए.**

आदरणीय,

पंडित एवं विद्या के समुद्र अछूत-शुद्धि के लक्ष्य में लव-लीन, श्रेष्ठ गुण-सम्पन्न श्री सन्तराम जी महोदय, चिरंजीव भवतु!

आप योग्य को बाड़मेर नगर से वैद्य संत परमानन्द निर्वाणी का सादर नमस्ते! मैंने तो आपके जाति-पाँति तोड़क मंडल की चिरकाल से तारीफ सुनी। विक्रम संवत 1981 में जब मैं कराची में था, तब से मैं देखने की इच्छा करता रहा, पर मेरा आना नहीं हुआ। अब आपका श्री भदन्त आनन्द कौसल्यायन के शब्दों से विशेष ध्यान आया कि आप तो कमर कसकर अछूतपन के गढ़ को गिराने के लिए अपनी विद्वत्ता के शक्तिशाली शब्दों द्वारा सुरंगें बिछा रहे हैं, तो मैं भी इस कर्तव्य का इच्छुक होकर बहुत दिन भटकता रहा। मैं छोटी आयु में अपनी जाति से निकलकर विद्वानों के जंग में रहा। चालीसवें वर्ष में शादी की। दो लड़के और दो लड़कियाँ सन्तान हैं। एक लड़की को हायर सेकेंडरी प्रशिक्षण बी.एस.टी.सी. कराकर गर्ल्स स्कूल, बाड़मेर में अध्यापिका बनाई। छोटी लड़की हायर सकेंड्री फाइनल में है। बड़ा लड़का प्रथम वर्ष टी.डी.सी. साइंस बाइलॉजी, जोधपुर यूनिवर्सिटी में है। छोटा लड़का तीसरी में है। मकान घर का है। रजि. चिकित्सक हूँ। मेरे विचार कट्टर आर्यसमाज के हैं। कोई व्यसन नहीं, घर सारा ही निर्व्यसनी है। चाय-शक्कर तक त्याज्य है। कट्टर वैष्णव हूँ। मैंने बहुत आर्यसमाजी देखे लेकिन अन्दर में जातीयता की बीमारी से तन्दुरुस्त आज तक देखने में कोई नहीं आया। जोधपुर में गत वर्ष मेरा लड़का रातानाड़ा आर्यसमाज के मन्दिर में किराए

पर कमरा लेकर रहता था। वहाँ भी लोग जाति पूछ-पूछकर तंग करते थे। इस बीमारी से तंग होकर डॉक्टर अम्बेडकर बौद्ध बने। मुझे भी लोग इतना ही तंग करते हैं। मुझे हिन्दुओं की छुआछूत बाबत घृणा है। मैं ऊब गया हूँ। अब मुझे भी कुछ बनना पड़ेगा। आपके दरबार की बहुत बड़ाइयाँ सुनी हैं। तो आप अछूतपन का कलंक मिटाने के लिए कोई इलाज बताओगे। इस उद्देश्य से पत्र लिख रहा हूँ। प्रत्युत्तर के इन्तजार में आशा रखकर बैठा हूँ।

मैं अछूतों का गुरु हूँ। लोग जब देखते हैं तो ईर्ष्या के साथ ये शब्द बोलते हैं कि तुम इतनी सफाई रखते हो, संयमी, चरित्रवान तथा आदर्शवान हो, व्यसनों से भी अलग हो, रात भोजन भी नहीं करते हो, बाल-बच्चे सब सुशिक्षित हैं तो भी क्या तुम सवर्ण हो गए? मनु महाराज ने कहा कि सात जन्मों में शूद्र शुद्ध हो सकता है। तुम एक ही जन्म में आशा रख बैठे। हिन्दुओं की बराबरी करते हो। मुझे इन शब्दों से अत्यन्त घृणा होती है कि यह क्या धर्म जहाँ मानवता का महत्त्व ही नहीं? कुछ करने को तैयार हो जाता हूँ लेकिन मेरा उसूल रोकता है। मैं तब तक कुछ नहीं करूँगा जब तक आपका प्रत्युत्तर नहीं आ जाता और सुख।

**—वैद्य संत परमानन्द निर्वाणी,**

बाड़मेर (राजस्थान)

जो सवर्ण हिन्दू कहा करते हैं कि अछूत लोग दरिद्रता के कारण मुसलमान और ईसाई बनते हैं, उन्हें वैद्य जी के इस पत्र पर शान्त मन से निष्पक्ष होकर विचार करना चाहिए। एक सुशिक्षित आत्मसम्मानी मनुष्य को उसकी दरिद्रता उतनी नहीं चुभती, जितना कि पग-पग पर होनेवाला उसका सामाजिक तिरस्कार। हिन्दू समाज की इसी बुराई से मुसलमान और ईसाई लाभ उठाकर अछूतों को अपनी ओर आकर्षित करते हैं। ऊपर लिखित पत्र के थोड़े ही दिन बाद मुझे मुसलमानों के अहमदिया मिरजाई सम्प्रदाय के एक प्रतिष्ठित प्रचारक श्री अब्दुल अबीम का कादियाँ से पत्र मिला। उसका कुछ अंश आगे दिया जाता है।

**—सन्तराम बी.ए.**

मुझे यह मालूम करके प्रसन्नता हुई कि आप अछूत शूद्र हैं। सवर्ण हिन्दुओं में से नहीं हैं। अब मैं अपने विचार निडरता से आपके सामने रखता हूँ। हमें इस्लाम व अहमदियत ने यह शिक्षा दी कि सारी सृष्टि भगवान का परिवार है। 'इस्लाम' का अर्थ—शान्ति व रक्षा चाहनेवाला है। कोई मुसलमान तब तक मुसलमान कहाने का अधिकारी नहीं है, जब तक कि वह मानवता के नाते प्रत्येक व्यक्ति से उसी प्रकार से ही प्रेम, प्यार और मेल मिलाप न करे, जिस तरह वह अपनों के साथ करता है। मैंने जिस बात को अपने लिए अच्छा समझा है, वह चीज मैं अछूतों

के लिए आपकी सेवा में प्रस्तुत करता हूँ। मैं मानवता के नाते ही अपने अछूत भाइयों को भी दूसरी बड़ी से बड़ी जातियों की तरह सम्मान और प्रतिष्ठा से देखने का न केवल इच्छुक हूँ वरन् भगवान से प्रार्थी भी हूँ। मैंने आपके लेख प्रताप में और टैक्स्ट भी बड़े ध्यान से पढ़े हैं। मैं केवल इस परिणाम तक ही पहुँच सका हूँ कि आपको अपने इतिहास का बहुत कम ज्ञान है। इसी कारण थोड़ी-सी ऊपरी बातों (कि हिन्दू अछूतों को अपना अन्य समझें व इनमें रोटी-बेटी सम्बन्ध करें) के सिवा आपको अछूतोद्धार का और कोई काम दिखाई नहीं दे रहा। इसके साथ ही आप स्वयं मान भी रहे हैं कि हिन्दू कोई मजहब नहीं, वरन् एक ऐसा समाज (सोसाइटी) है जिसकी घुट्टी में ही दूसरों से घृणा और अपनी बड़ाई के सिवा और कुछ नहीं मिलाया गया। सब धर्म ईश्वर पूजा की शिक्षा देने और सृष्टि के साथ भलाई का उपदेश देते हैं परन्तु हिन्दू एक जाति के रूप में सवर्णों को पूज्य और दूसरी सब जातियों को शूद्र, म्लेक्ष व घृणा के योग्य मानते हैं। इसके रहते भी आप उनसे यह आशा रख रहे हैं कि वे शूद्रों को अपना अंश समझें और रोटी-बेटी का सम्बन्ध करें। आप कितने भोले मालूम होते हैं! क्या कभी पत्थर को भी चोटें लग सकती हैं? आप उनसे बहुत बड़ी आशाएँ लगाए बैठे हैं हालाँकि हिन्दू नेता स्पष्ट रूप से इस बात को भी प्रकट कर रहे हैं कि वैदिक काल का-सा हिन्दू राज्य स्थापित करेंगे। इसमें सफलता की दशा में तो अछूत बेचारे सम्पूर्ण माँगते-माँगते आधी से भी जाएँगे।

श्रीमान जी, अपने किए का क्या इलाज? आप भाइयों ने हिन्दुओं को अब भी स्वयं ही अपने ऊपर स्वामी बना रखा है। इन्हें अपने कीमती वोट देकर बहुमत बना दिया है। अन्यथा सवर्ण हिन्दू किसी भी बड़े अल्पमत से अधिक नहीं हैं। आप स्वयं मानें या न मानें, अछूत हिन्दू कदापि नहीं थे, वरन्, इस देश के मूल निवासी और स्वामी थे, जिन्हें आर्यों ने मार-मारकर दबा लिया और प्रत्येक से नीच से नीच सेवा ली गई। यहाँ तक कि उन्हें मानवता के क्षेत्र से भी बहिष्कृत ठहरा कर उनका नाम स्थायी अछूत रख दिया गया और इन्हें इसी दशा पर सदैव सन्तुष्ट रखने के लिए आवागमन का सिद्धान्त गढ़ लिया ताकि हिन्दुओं के अत्याचारों को अत्याचार न समझे वरन् पिछले जन्म के कर्मों का फल मानकर अपनी बुरी दशा पर ही सन्तुष्ट रहें और सवर्ण जातियों के सामने कभी सिर भी न उठा सकें। इस सच्चाई को केवल स्वर्गीय डॉ. अम्बेडकर जी ने ही अच्छी तरह समझा था और वे किसी कीमत पर भी अछूतों के भाग्य को हिन्दुओं के साथ बाँध रखने के पक्ष में नहीं थे। खेद है कि उनका जीवन समाप्त हो गया और अछूत अपने एकमात्र हमदर्द लीडर से वंचित हो गए। अब जो लीडर हैं, वे सब आप ही की तरह के हैं, जो चोर को मारना चाहते हैं, परन्तु चोर की माता की छत्र छाया में रहने के अभिलाषी हैं। सत्तर करोड़ अछूत स्वयं एक प्रबल शक्ति हैं। यदि एक करोड़

से कम संख्या के सिक्ख अपने लिए सम्मान का स्थान प्राप्त कर सकते हैं, तो सत्तर करोड़ अछूत क्यों नहीं कर सकते? यदि अछूतों में कुछ भी आत्मसम्मान का भाव है तो वे अपना भाग्य हिन्दुओं से सम्बन्ध रखने के स्थान में उनसे अलग होकर अपना भविष्य उज्ज्वल बना सकते हैं, अन्यथा अछूत को और कोई उपाय सफल सिद्ध नहीं हो सकता। मेरे विचार में जो अपमान सहस्त्रों वर्ष से अछूत उठा रहे हैं, पृथ्वी तल पर आज तक किसी जाति ने नहीं उठाया होगा। यह सब कुछ लीडरशिप की कमजोरी के प्रताप से हुआ है। यदि अछूत अपने लिए कोई प्रतिष्ठित स्थान चाहते हैं तो अपने वोटों को इकट्ठा करें और अपनी जाति के सच्चे समाज सेवी को ही वोट दें। एकता व संगठन उत्पन्न करके पूरी कौम को एक मंच पर इकट्ठा करने का प्रयास करें। तो कोई कारण नहीं है कि वे अपने लिए सम्मान का स्थान प्राप्त न कर लें। वर्तमान दशा में अछूतों ने न केवल अपनी ही जाति पर अत्याचार ढा रखा है, वरन् वे एक मानवता को शत्रु जाति के अत्याचार के हाथ को लम्बा करनेवाले व दूसरी अल्पसंख्यक जातियों पर भी उत्पीड़न व अत्याचार के जिम्मेदार ठहराते हैं। परन्तु जब तक अछूत अपनी दशा को बदलने के लिए कोई करवट नहीं बदलेंगे तब तक न केवल आप ही अत्याचार पीड़ित रहेंगे वरन् इनके कारण दूसरी अल्पसंख्यक जातियाँ भी अत्याचार का शिकार बनी रहेंगी और कभी सुख की साँस न ले सकेंगी। बस, मेरे प्यारे भाइयो! खुदा के लिए अपनी हैसियत बनाओ और न केवल स्वयं अपने ऊपर दया करो, वरन् दूसरों पर भी दया होने दो। खुदा करे कि मेरी यह सरासर हमदर्दी व नेक-नियती से लिखी गई कुछ प्रार्थनाएँ मेरे अछूत भाइयों के काम आएँ व शायद इसी से मेरी भी मुक्ति हो जाए। यदि कष्ट करके अछूत नेताओं ने पते भेजे, तो मैं उनकी सेवा में भी यही विनती प्रस्तुत करूँगा।

आपका सेवक

**—अब्दुल अजीम**

कादियाँ (पंजाब)

श्री अब्दुल अजीम की अछूतों के प्रति संवेदना सराहनीय है। परन्तु कदाचित उन्हें पता नहीं कि जन्म-मूलक ऊँच-नीच का दुर्भाव हिन्दुओं में इतने गहरे तक घर कर बैठा है कि किसी हिन्दू के मुसलमान हो जाने पर भी वह पूरी तरह दूर नहीं होता। कोई सैयद किसी भंगी या चमार मुसलमान को लड़की देता नहीं देखा जाता। मुझे गोआ से पत्र आया कि वहाँ ब्राह्मण से ईसाई बने व्यक्ति को ही गिरजे का पादरी बनाया जाता है, भंगी से ईसाई बने व्यक्ति को पादरी नहीं बनाया जाता है। इसके अतिरिक्त एक और बुरी बात भी है। जो हिन्दू मुसलमान हो जाता है, वह भारत की भाषा, भारत की भूमि और भारत के महापुरुषों से प्रेम करना छोड़ देता है। वह दोनों

शब्दों का अर्थ एक ही होने पर भी अपना नाम अजय कुमार न रखकर अब्दुल अजीम रखता है। वह गंगा और यमुना की धरती से प्रेम तोड़कर अरब की मरुभूमि को अपनी मातृभूमि समझने लगता है। वह गौतम बुद्ध, अर्जुन और भीम को अपना महापुरुष न मानकर दाऊद, सुलेमान व रुस्तम जैसे विदेशी लोगों को ही अपना पूर्वज समझ कर पूजने लगता है। यह बात राष्ट्रीय एकता के लिए हानिकारक है। अन्यथा कोई व्यक्ति घर में कुरान पढ़े, नमाज पढ़े, इंजील पढ़े, गीता पढ़े, धम्म पद पढ़े, साकारवादी हो, निराकारवादी हो, मांसाहारी हो या शाकाहारी हो, राष्ट्र हित की दृष्टि से कोई अन्तर नहीं पड़ता। हाँ, इन सब भारतवासियों का आपस में गुण कर्म और रुचि के अनुसार, रोटी-बेटी का व्यवहार होना आवश्यक है। हिन्दुओं में मूर्ति-पूजक हैं और निरामिष भोजी हैं तो मुसलमानों में भी कब्र पूजकों और शाकाहारियों का अभाव नहीं है। काश्मीर के शिआ मुसलमान किसी हिन्दू के हाथ का नहीं खाते। इस्लाम की समता और बन्धुता, ईसाइयत के प्रेम और सेवाभाव सब हिन्दुओं के लिए ग्रहण करने योग्य हैं। हिन्दुओं की धार्मिक उदारता, विश्वास के स्थान में आचार का महत्त्व, सामाजिक शान्ति के मुसलमानों की साम्प्रदायिक संकीर्णता व असहिष्णुता से कहीं अधिक लांछनीय है। हमें किसी साम्प्रदायिक दृष्टि से नहीं, वरन् मानवता की दृष्टि से ही अस्पृश्यता और उसकी जननी जाति-पाँति को समाप्त करना है।

अछूतपन की जननी जाति-पाँति है। जब तक जाति-पाँति को जड़ से नहीं उखाड़ा जाता, तब तक अछूतपन दूर नहीं हो सकता। जो लोग कहा करते हैं कि अछूतों की आर्थिक दशा में उन्नति कर देने से अछूतपन दूर हो जाएगा, उनसे मेरा कहना है कि अछूतों को लिखा-पढ़ाकर सरकारी नौकरी देना सम्भव नहीं। जो भंगी या चमार सरकारी नौकर नहीं बन सकता, वह अपनी आर्थिक दशा में कैसे उन्नति कर सकेगा? कोई भंगी जाति का व्यक्ति हलवाई, पन्सारी, नानबाई व अचार आदि की दुकान खोलकर धन नहीं कमा सकता, क्योंकि कोई भी हिन्दू उसकी दुकान से सौदा नहीं खरीदेगा। सुना है कि गढ़वाल जैसे कई प्रदेशों में जब कोई अछूत जाति का मनुष्य किसी होटल में खाना खाता है, तो उसे अपने जूठे बर्तन आप साफ करने पड़ते हैं, परन्तु जब वह मुसलमान या ईसाई बन जाता है, तब होटल वाला उसके जूठे बर्तन आप साफ करने लगता है। ऐसी दशा में कौन आत्म-सम्मानी अछूत हिन्दू रहना पसन्द कर सकता है?

जो लोग पुनर्जन्म के आध्यात्मिक सिद्धान्त की आड़ लेकर कहते हैं कि अछूत अपने पूर्वजन्म के कुकर्मों के कारण नीच जातियों में उत्पन्न हुए हैं और अछूतोद्धार ईश्वर के काम में रुकावट डालकर पाप करना है, वे आवागमन के सिद्धान्त को समझते ही नहीं। उनसे कोई पूछे, तुम जब बीमार होते हो, तो इलाज करके ईश्वरीय दंड से बचने की चेष्टा क्यों करते हो? तुम्हें ईश्वर ने अंग्रेजों का

दास बनाया था, तुम दरिद्र परिवार में उत्पन्न हुए थे, तुमने स्वतंत्र या धनवान बनाने की कुचेष्टा क्यों की? तुम अपने भाग्य पर सन्तुष्ट क्यों नहीं बैठे रहे? दुखियों के दु:ख को दूर करना, गिरे हुओं को उठाकर गले लगाना यही सच्ची प्रभु-भक्ति है। अपने को ऊँचा और पवित्र मानना और अपने जैसे दूसरे मनुष्य प्राणियों को नीच और पशु से भी बुरा समझना महापाप है। इसी महापाप का दंड हिन्दू सहस्रों वर्षों से भोगते आ रहे हैं। संसार के और किसी भाग में इस प्रकार का अछूतपन नहीं। क्या भगवान ने भारत को ही अछूतों का जेलखाना बनाया है? दु:ख की बात यह है कि जन्ममूलक ऊँच-नीच और अछूतपन की भावना केवल सवर्ण हिन्दुओं में ही नहीं। यह स्वयं तथाकथित अछूतों और शूद्रों के रक्त में बुरी तरह समाई है। कोई चमार किसी भंगी को अपनी बेटी नहीं देगा। कोई बढ़ई किसी नाई के साथ बेटी व्यवहार नहीं करता। इसका कारण कदाचित यह है कि चमार डरता है कि मुझे तो पहले ही नीच समझा जाता है। भंगी के साथ बेटी व्यवहार करने से हिन्दू समाज की दृष्टि में मैं और गिर जाऊँगा। यदि सवर्ण हिन्दू पहले आपस में ही बेटी व्यवहार आरम्भ करें, तो शूद्रों का भी यह डर दूर हो जाए। यहाँ तो अवस्था यह है कि यदि मालवीय ब्राह्मण मालवीय को छोड़कर किसी दूसरे ब्राह्मण के साथ भी बेटी व्यवहार करता है, तो मालवीय ब्राह्मण उसका बहिष्कार कर उसे जाति से बाहर निकाल देते हैं।

ब्राह्मण को कट्टर जातिवादी समझा जाता है, परन्तु हर्ष और सन्तोष की बात है कि स्वयं इन ब्राह्मणों में ही ऐसे साहसी जाति-पाँति तोड़क व्यक्ति प्रकट हो रहे हैं, जिनकी टक्कर का सुधारक दूसरी जातियों में नहीं मिलता। अनेक ब्राह्मण सुशिक्षित लड़कियों ने चमार युवकों के साथ विवाह किया है। विजयवाड़ा (आन्ध्र) के प्रसिद्ध प्रोफेसर श्री रामचन्द्र राच ओरा ने अपनी पुत्री और पुत्र दोनों का विवाह अछूतों में किया है। वे उच्च कोटि के ब्राह्मण हैं। मेरे अनेक ऐसे सुशिक्षित ब्राह्मण युवक प्रेमी हैं, जो जाति-पाँति को बिलकुल तिलांजलि दे चुके हैं। बैरहना, इलाहाबाद के श्री त्रिभुवननाथ मंजुल एम.ए. और नेवादा कॉलोनी इलाहाबाद के श्री श्रीराम मिश्र एम.ए. ऐसे ही दो नवयुवक हैं। अत: हताश होने की आवश्यकता नहीं। जैसा कि समझा जाता है कि यदि जाति-पाँति ब्राह्मणों ने फैलाई है तो उनका नाश भी वही करने लगे हैं। श्री राजगोपालाचार्य ब्राह्मण हैं, उन्होंने अपनी पुत्री का विवाह महात्मा गांधी के पुत्र (बनिया) के साथ किया था। हमारे जाति-पाँति तोड़क मंडल के प्रचार मंत्री स्वर्गीय भूमानन्द जी जन्म के ब्राह्मण थे, परन्तु उन्होंने आत्मीय जनों के विरोध की परवाह न करके ब्राह्मण लड़की से सगाई तोड़कर एक अरोड़ा लड़की से विवाह किया था। स्वर्गीय पूज्य भाई परमानन्द जी मोहिगाल ब्राह्मण थे, परन्तु उन्होंने हमारे मंडल के प्रधान के रूप में अपनी पुत्री का विवाह एक खत्री लड़के साथ किया था।

सच्चाई यह है कि जाति-पाँति या वर्ण-व्यवस्था हिन्दू धर्म का अंग नहीं। यह हिन्दू धर्म में पीछे से घुसी हुई एक बुराई है।

देखिए महाभारत कहता है—

एकवर्णमिदम् पूर्व विश्वमासीद् युधिष्ठिर।
कर्मक्रियातिभेदेन चातुर्वर्ण्य प्रतिष्ठितम्॥

अर्थात् हे युधिष्ठिर, इस जगत में पहले एक ही वर्ण था। शुभ-कर्म के विभाग से पीछे चार वर्ण बनाए गए।

वही महाभारत फिर कहता है—

न विशेषोअस्ति वर्णानाम् सर्व ब्राह्ममिदम् जगत्।
ब्राह्मणा पूर्वपृष्टम् हि कर्मभिर्वर्णता गतम्॥

अर्थात् वंशों में कोई भी वर्ण विशेषता नहीं रखता, क्योंकि यह सम्पूर्ण जगत् ब्रह्ममय है। पहले सबको ब्रह्मा ने ही उत्पन्न किया है।

वायु पुराण कहता है—

'सत् युग में वर्ण-भेद, कर्म-भेद और आश्रम-भेद न था। त्रेता युग में मनुष्यों की प्रकृतियाँ कुछ भिन्न-भिन्न होने लगीं। कर्म, वर्ण व आश्रम के भेद आरम्भ हुए। तदनुसार, शान्त, शुष्मी, कर्मी और दुखी ऐसे नाम पड़े। द्वापर और कलि में प्रकृति के भेद और भी अभिव्यक्त हुए। तदनुसार ब्राह्मण, क्षत्रिय, वैश्य और शूद्र नाम पड़े।'

जो लोग चार वर्णों की बाँट को ईश्वर-कृत मानकर जाति-पाँति से चिपटे हुए हैं, वे विष्णु पुराण [अंश 4-1-8] देखें, क्या कहती है। वहीं साफ लिखा है कि व्रत्समद के पुत्र शौनक ने चातुर्वर्ण्य व्यवस्था प्रचलित की।

आज के हिन्दू-समाज में विभिन्न वर्गों और जातियों के लोग परस्पर रोटी-बेटी का व्यवहार नहीं करते। इससे उनका धर्म डूब जाता है और उनकी जाति चली जाती है। उस पुरातन काल में ऐसी बात न थी। व्यवसाय के कारण विभिन्न नामों से पुकारे जाने पर भी वे आपस में बेटी व्यवहार करते थे। यह बात नहीं कि ऊँचे वर्ण का पुरुष नीचे वर्ण की स्त्री के साथ विवाह कर सकता था, वरन् नीच वर्ण का पुरुष भी उच्च वर्ण की स्त्री के साथ विवाह करता था। प्रमता ब्राह्मणी का विवाह एक नाई के साथ हुआ। इनके पुत्र मातंग महामुनि थे। [महाभारत, अनुशासन एवं अध्याय-22] इसी प्रकार कर्दम ऋषि की कन्या अरुन्धति और वेश्या के पुत्र वसिष्ठ मुनि का विवाह हुआ। इनके पुत्र का नाम शक्ति था, इसका विवाह चंडाल कन्या अदृश्यन्ती से हुआ, इनका पुत्र पाराशर था। [लिंग पुराण, पूर्वार्द्ध अध्याय 63 और शिव पुराण, पूर्वार्द्ध खंड 1, अध्याय 13]

वर्ण-व्यवस्था आज के समाजवाद और साम्यवाद की तरह सामाजिक प्रयोग था, जो बहुत बुरी तरह असफल रहा। तथाकथित अछूतों और शूद्रों का तो जीवन दूभर बना ही रखा है, इसने नारी जाति को भी अपमानित कर दिया है। बिरादरी में एक योग्य लड़का होता है। सभी उसे लड़की देना चाहते हैं। इससे लड़के का मिजाज बिगड़ जाता है। यदि देखकर इनकार कर दिया जाता है, तो लड़की पर बहुत प्रभाव पड़ता है। लड़का वाला लड़की के पिता से भारी दहेज माँगता है, जिस मनुष्य की पाँच-छह कन्याएँ हों, वह प्रत्येक के विवाह पर 10-10 या 15-15 सहस्त्र रुपया कहाँ से खर्च करे? जाति-बन्धन न हो तो किसी भी दूसरी जाति के योग्य लड़के से विवाह किया जा सकता है। इसी जाति-बन्धन के कारण अनेक पढ़ी-लिखी व सुशील कन्याएँ जाति के भीतर अयोग्य व दु:शील लड़कों के हाथ सौंप दी जाती हैं। इससे उसका दाम्पत्य जीवन दु:खमय हो जाता है। कई लड़कियाँ आत्महत्या कर लेती हैं या विधर्मियों के साथ भागने पर विवश हो जाती हैं। यदि अन्तर्जातीय और अन्तरप्रान्तीय विवाह हो, तो भाषा और प्रान्त का भेद मिटकर एक सुदृढ़ भारतीय राष्ट्र बनने में भी बड़ी सहायता मिल सकती है।

पाश्चात्य देशों में भी भंगी, चमार, बढ़ई, नाई, कुम्हार, सुनार व जुलाहा आदि का काम करनेवाले लोग हैं, पर वहाँ ऊँच-नीच का कोई भेद-भाव नहीं है। सब लोग अपनी रुचि और स्थिति के अनुसार, आपस में रोटी-बेटी का व्यवहार करते है। क्या वहाँ हिन्दुओं से कम विद्वान, योद्धा, राजनीतिक, वैज्ञानिक और शिल्पी हैं? रक्त की पवित्रता की झूठी डींग हिन्दुओं को ले डूबी है। समय के अनुसार, अपने को बदलने में ही बुद्धिमत्ता है, अन्यथा जाति-पाँति जैसी युगों-युगों की कुरीतियों से चिपटे रहने से हिन्दू धीरे-धीरे संसार से लुप्त हो जाएँगे और अनेक पाकिस्तान और नागालैंड बनने की नौबत आ जाएगी।

जाति-पाँति का विष सम्प्रदाय और प्रान्त जो भी पार करके दूर तक पहुँच गया है। पंजाब का आर्यसमाजी खत्री किसी दूसरे सिक्ख खत्री को या मध्य प्रदेश में बसनेवाले सनातन धर्मी खत्री को ही लड़की देगा, परन्तु पंजाब में बसनेवाले आर्यसमाजी बनिये को नहीं देगा, चाहे वह कितना ही योग्य क्यों न हो। इसका दुष्परिणाम सर वम्फील्ड फूलर के शब्दों में यह हुआ है कि 'हिन्दुओं की जितनी जातियाँ और उपजातियाँ हैं, भारत में उतने ही भिन्न-भिन्न राष्ट्र हैं। खान-पान और ब्याह-शादी की दृष्टि से इनका आपस में उतना भी सम्बन्ध नहीं, जितना चिड़ियाघर के पशु-पक्षियों का होता है।' राष्ट्रीय एकता और संगठन का आधार बन्धुता और स्वतंत्रता होता है। जाति-पाँति की भावना इन तीनों को नष्ट कर देती है। एक ब्राह्मण को जितना दूसरा ब्राह्मण प्रिय और अपना लगता है उतना कोई कायस्थ या कहार नहीं क्योंकि वह उनके साथ रोटी-बेटी व्यवहार नहीं कर सकता।

इसलिए जाति-पाँति को बनाए रखकर एक सुदृढ़ भारतीय राष्ट्र का स्वप्न देखना मूर्खों के स्वर्ग में विचरने के समान है। जाति-पाँति की महाव्याधि से हिन्दुओं को जितने शीघ्र छुटकारा मिले, उतना ही भारतभूमि के लिए अच्छा है।

तथाकथित उच्च वर्ण के कुछ दूरदर्शी और जन्माभिमानी लोग यूरोप और अमेरिका आदि संसार के दूसरे देशों को न देखकर कहा करते हैं कि हिन्दुओं के ब्राह्मण, क्षत्रिय, वैश्य और शूद्र वर्ण गाय, भैंस, सिंह और गीदड़ जैसी भिन्न-भिन्न जातियाँ हैं और विद्वान, शूरवीर, वीर व ऊँचे चरित्र वाले व्यक्ति केवल ऊँचे वर्ण कहलानेवालों में ही पैदा हो सकते हैं, और कि शूद्र जाति कोई महापुरुष उत्पन्न कर ही नहीं सकता। उनकी इस भाँति को दूर करने के लिए कुंकोली [गोवा प्रदेश] के प्रोफेसर श्री रामप्रसाद सैनी के 'हिन्दू देश' के मई, 1967 ई. के अंक में प्रकाशित लेख से लेकर कुछ ऐतिहासिक घटनाएँ उद्धृत की जाती है। वे लिखते हैं—

'इसमें कोई सन्देह नहीं कि आज की कोइरी, काछी, पासी, चमार, कुम्हार, नाई, तेली, कहार, सुनार, बढ़ई, लोहार, अहीर, कुर्मी, सैनी, माली, कलवार, दुसाध, नट, भंगी व बंजारा जातियाँ भले ही आज कितनी ही बिगड़ गई हों, परन्तु भारतीय संस्कृति, कला, वास्तुकला, दर्शन व भाषा लिपि के आदिम निर्माता ये ही लोग हैं।'

भारत के आदि कवि कौन थे? रामायण के निर्माता वाल्मीकि निषाद या चांडाल और महाभारत के निर्माता व्यास मल्लाहिन के पेट से पैदा हुए थे। कालिदास जाति के अहीर थे, जिनको ब्राह्मणों ने बाद में ब्राह्मण घोषित कर दिया। संस्कृत के व्याकरण के रचयिता पाणिनी जाति के बनिए थे। ऋग्वेद में पाणि नाम की अनार्य बनिया जाति का वर्णन मिलता है। उसी जाति से वे सम्बन्धित थे।

अचार्य चाणक्य, जिनका नाम विष्णुगुप्त कौटिल्य था, जाति के हलवाई या भड़भूजा थे। चणा [चना] सम्बन्धी कार्य करने के कारण उनका नाम चाणक्य पड़ गया। ब्राह्मणों ने द्वेष से उनका नाम कौटिल्य [टेढ़ा या वक्र] रख दिया। यही कारण था, जो चन्द्रगुप्त जैसे शूद्र का मंत्रित्व स्वीकार किया। वे स्वयं बहुत काले, कुरूप और क्रोधी थे। शाकाहारी होने के कारण उनका नन्द से झगड़ा हो गया था, शायद चाणक्य ने अपनी विद्वत्ता को ध्यान में रखकर अपने को ब्राह्मण कहलाना चाहा इसलिए उनको नन्द के दरबारियों के हाथों अपमानित होना पड़ा हो।

रामायण के निर्माता वाल्मीकि को ब्राह्मणों ने डाकू घोषित किया, आज पूरे देश में भंगी समाज अपने नाम के साथ वाल्मीकि लगाना गौरव समझता है और वाल्मीकि जयन्ती प्रतिवर्ष शान के संग उनकी स्मृति को बनाए रखने के लिए मनाई जाती है।

जब सिकन्दर ने भारत पर आक्रमण किया, तो आम्भी और चन्द्रगुप्त जैसे लोग राज्य सत्ता के लालच में अपनी मातृभूमि के साथ द्रोह कर रहे थे और साधारण जनता स्वतंत्रता के नाम पर मर रही थी। क्षत्रिय राणा अपने स्वार्थ के लिए सिकन्दर से मिल गए। किन्तु हिन्दू धर्म द्वारा अपमानित शूद्रों, जिन्होंने हथियार-बन्द होना शुरू कर दिया था और अन्य निकृष्ट धर्म संघों ने सिकन्दर का सामना किया। अश्वकों दहूकों, मालवा, कड़ो, शिति, अर्जुनायन और आयुधजीवी जातियों ने, जिनको हीन समझा जाता था, पग-पग पर सिकन्दर का प्रतिरोध किया। तारीफ यह कि ये गणराज्य भी जनसाधारण की सहमति पर चलते थे। उनको कट्टरपन्थी लोग नष्टकर्म और वर्जनीय कहते थे।

सिकन्दर को भारत में भ्रष्ट धर्म और वर्जनीय समझे जानेवाले गणों से तो सामना करना ही पड़ा, इसके अतिरिक्त नन्द की सेनाएँ उसका सामना करने को तैयार खड़ी थीं। यह नन्द कौन था? शूद्र था। सच पूछा जाए तो भारत को एकता और भारतीय इतिहास का पहला सम्राट 'नन्द' ही था, जिसने भारत की शक्ति को बढ़ाया और सिकन्दर को लौटने पर विवश किया। पुराणों में 'नन्द' को द्वितीय परशुराम भार्गव कहा गया है जो पृथ्वी पर सब क्षत्रियों का अन्त करनेवाला होगा और समस्त भूमि को एक क्षेत्र के अधिकार में करेगा। नन्द जाति के नाई थे। नन्द की जाति ही सम्भवत: उनके जैन धर्म के प्रति झुकाव का कारण थी। नन्द राजाओं के सब मंत्री भी जैन थे। क्योंकि ब्राह्मण धर्म में शूद्रों के लिए कोई स्थान नहीं। यदि नन्द न होता, तो सिकन्दर की सेनाएँ पटना तक रौंदती चली जातीं। ब्राह्मणों के ग्रंथों ने इस अच्छाई का तो वर्णन किया ही नहीं, वरन् शूद्र होने के नाते उसकी बड़ी निन्दा की। उसके राज्य में विद्रोह को भड़काया। महापद्म नन्द कितनी भी छोटी जाति का क्यों न हो, इससे इनकार नहीं किया जा सकता कि वह योग्य मनुष्य था। उसने एक विशाल साम्राज्य की स्थापना की। वह कोई साधारण योग्यता का मनुष्य नहीं था।

चन्द्रगुप्त मौर्य और उसके वंशराज सब नन्द-वंश की देन हैं, परन्तु द्विज गज इतिहासकार उन्हें क्षत्रिय बनाने की धुन में मस्त हैं। कहीं यदि यह सिद्ध हो गया कि वे शूद्र थे, तो शूद्रों में जो युगों-युगों तक की प्रचारित हीनता भरी हुई है, वह समाप्त हो जाएगी और वे ऊँची जातियों के एकाधिकार के विरुद्ध उठ खड़े होंगे।

चन्द्रगुप्त से लेकर अशोक तक सब ब्राह्मणी धर्म के विरोधी हैं, क्योंकि यदि क्षत्रिय होते, तो ब्राह्मणी धर्म के अनुयायी होते, परन्तु ऐसा नहीं है। चन्द्रगुप्त जैन बने और महान सम्राट अशोक बौद्ध बने।

ब्राह्मण की वह विशेषता रही है कि पहले तो विरोध करते हैं। बाद में जब विरोधी के प्रभाव की वृद्धि देखते हैं तब उसे भगवान या क्षत्रिय घोषित कर देते हैं...।

बुद्ध और श्रमणों की ब्राह्मणों ने बड़ी निन्दा की है। बाद में बुद्ध को भगवान का अवतार मान लिया। हमारा विश्वास है कि महावीर जैन और गौतम बुद्ध, दोनों ही ब्राह्मण धर्म द्वारा प्रतिपादित क्षत्रिय नहीं थे, क्षत्रिय तो वे बाद में घोषित हुए, जब उनके प्रभाव में वृद्धि हुई और राजे-महाराजे सब उनको पूज्य मानने लगे। हो सकता है कि उनके अनुयायियों ने उनकी श्रेष्ठता सिद्ध करने के लिए उन्हें क्षत्रिय घोषित कर दिया हो!

## व्यवसायों की बराबरी

कुछ लोग कहा करते हैं कि चूँकि चमार, कुम्हार, लोहर, बढ़ई व जुलाहा आदि का व्यवसाय घटिया है, इसलिए उनके करनेवाले भी घटिया या नीच हैं। ऐसा समझना भारी भूल है। समाज के लिए सब व्यवसाय समान रूप से आवश्यक हैं। यदि लोहार शस्त्र न बनाए, तो रण क्षेत्र में सिपाही कैसे लड़ सकें? कोई मनुष्य अपने लिए आप ही जूता, कपड़ा, अनाज व बर्तन आदि नहीं बना सकता। शिल्प कला को नीच समझने पर दुष्परिणाम यह हुआ है कि हमारा उद्योग-धन्धा विदेशों की तुलना में बहुत घटिया है। जिस काम के कारण किसी व्यक्ति को नीच समझा जाता हो, उसे करनेवाला उस काम को उन्नत क्यों करेगा? फिर आज जूते बेचनेवाला ब्राह्मण ऊँचा समझा जाता है, परन्तु चमार जाति का सेशन जज नीच है। यह कहाँ तक न्याय है?

कुछ लोग कहते हैं कि अपने ही रक्त विवाह होने को रोकने के लिए जाति-पाँति बनाई गई है, परन्तु मैं कहता हूँ कि अपने ही रक्त में विवाह करना अच्छा नहीं। विवाह जितना ही दूर कुल में हो, उतना ही सन्तान की दृष्टि से अच्छा है। मनु कहता है कि अपनी सात पीढ़ियाँ कुल छोड़कर बेटी देनी चाहिए सो ठीक ही है। इन सात का ज्ञान रखना कुछ भी कठिन नहीं, परन्तु एक पंजाब निवासी टंडन जाति का खत्री और दूसरा कोई दो सौ वर्ष से बम्बई में बसा हुआ टंडन है। वे यदि आपस में विवाह कर लें, तो इसे एक ही रक्त में विवाह कैसे कहा जा सकता है? फिर अनेक गोत्र ऐसे भी हैं जो विभिन्न जातियों में पाए जाते हैं। उदाहरणार्थ मोहिल राजपूत भी हैं, कुम्हार भी हैं और बनिए भी हैं। मल्ही खत्री भी हैं और जाट भी हैं। वे सब आपस में विवाह कर लें तो प्रजनन-शास्त्र की दृष्टि से कुछ भी हानि नहीं।

अच्छा यह है कि ब्राह्मण, क्षत्रिय व वैश्य आदि के लेबिल मिटा दिए जाएँ। पहचान के लिए यदि रखना आवश्यक ही हो, तो परमार, पवार, तालवाड़, रत्न व गोहिल आदि पारिवारिक नाम रख लिए जाएँ जो सभी जातियों में पाए जाते हैं। इनमें शर्मा, वर्मा व दास जैसे नामों से टपकने वाली ऊँच-नीच की दुर्गन्ध नहीं।

**—सन्तराम बी.ए.**

## सामाजिक विषमता कैसे समाप्त हो?

सामाजिक विषमता समाप्त होने से मेरा तात्पर्य है कि ब्राह्मण और भंगी के बीच का मौजूदा मानसिक और सामाजिक अन्तर समाप्त होकर आपस में समानता युक्त भाईचारे का जीवन व्यतीत करते हुए प्राप्त स्वतंत्रता का सम्मिलित लाभ उठाने से है।

—**पेरियार ललई सिंह** (कानपुर)

# जाति-पाँति मिटाने व अछूतों की तरक्की के उपाय

लेखक

**पेरियार ललई सिंह**

जाति-पाँति मुर्दाबाद!
राष्ट्रीय एकता जिन्दाबाद!!

# जाति-पाँति मिटाने व अछूतों की तरक्की के उपाय

लेखक
**पेरियार ललई सिंह**
अध्यक्ष : डॉ. अम्बेडकर साहित्य रक्षक परिषद् (रजि.)
झींझक, जिला—कानपुर, उ.प्र., भारत-209302

**अशोक पुस्तकालय (रजि.)**
झींझक, जिला—कानपुर,
उत्तर प्रदेश, भारत-209302

प्रथम बार 1 फरवरी, 1973 ई.
प्रथम बार 7,000 प्रतियाँ प्रकाशित
दूसरी बार सन् 1977 ई.
तीसरी बार सन् 1980 ई.
चौथी बार सन् 1982 ई.
पाँचवीं बार सन् 1983 ई.
छठी बार सन् 1984 ई.
सातवीं बार सन् 1986 ई.
आठवीं बार सन् 1987 ई.
नौवीं बार सन् 1988 ई.
दसवीं बार सन् 1989 ई.
ग्यारहवीं बार सन् 1991 ई.
बारहवीं बार सन् 1992 ई.

**मुद्रक**
सस्ता प्रेस
झींझक, जिला—कानपुर,
उत्तर प्रदेश, भारत-209302

**मूल्य :** 10 पैसे

## वास्तविक व्याधि क्या है?

जब तक रोग के मूल कारण का ठीक-ठीक पता न लग जाए, तब तक उसका सही उपचार सम्भव नहीं होता। गलत उपचार से व्याधि घटने के बजाय बढ़ती जाती है। भारतीय समाज में वास्तविक व्याधि है—वर्ण-जाति-पाँति, अछूतपन। इसी पर टिका हुआ है—पुरोहितवाद और ब्राह्मणवाद। इसलिए इस वास्तविक व्याधि से समाज की मुक्ति के लिए सुव्यवस्थित उपचार जरूरी है। सही इंजेक्शन सही जगह लगना जरूरी है, तभी वर्ण-जाति-पाँति, अछूतपन की व्याधि का समाज से आमूल-चूल उन्मूलन होगा। इसको मिटाने के निम्नलिखित उपाय हैं—

### जाति-पाँति मिटाने व अछूतों की तरक्की के उपाय

1. कोई महानतम शक्तिशाली व्यक्ति डिक्टेटर बन कर अपनी राजसत्ता के बल से बलपूर्वक इसे नष्ट कर दे।

**या**

1. जाति-पाँति तोड़कर विवाह करनेवाले जोड़ों और उनकी सन्तान को सरकारी नौकरियों में प्राथमिकता दी जाए। ऐसे विवाहों में एक वर्ग (अर्थात् पुरुष या स्त्री) अछूत जरूर हो।
2. स्कूलों और कॉलेजों की पाठ्य-पुस्तकों में जाति-पाँति के विरुद्ध पाठ दिए जाएँ।
3. लोग अपने को ब्राह्मण, क्षत्रिय, वैश्य, सछूत-अछूत व सवर्ण-अवर्ण समझना छोड़कर केवल भारतीय समझने लगें। मनुष्य समझें। नामों के साथ शुक्ला, शर्मा, तिवारी, वर्मा, गुप्ता, ठाकुर, चौधरी, लाला व पंडित, अहीर, गड़ेरी, कुर्मी, मौर्या, भर, गोंड, प्रजापति, जाटव, पासवान, दुसाद, माझी आदि जातिसूचक शब्दों का प्रयोग बन्द कर दिया जाए। और जाट कॉलेज, कायस्थ पाठशाला व कान्यकुन्ज विद्यालय, राजपूत रेजीमेंट, जाट रेजीमेंट का नाम बदल दिया जाए। ऐसा न करने पर ऐसी जाति-

पाँति की संस्थाओं को न तो सरकारी अनुदान दिया जाए और न इनको शिक्षा-विभाग, सेना आदि द्वारा स्वीकृति ही दी जाए।

4. भारत सरकार और राज्य सरकारें जाति-पाँति के विरुद्ध छोटी-छोटी पुस्तिकाएँ विभिन्न भाषाओं में लिखवा और छपवा कर बहुत बड़ी संख्या में मुफ्त बाँटें।
5. जाति-पाँति के विरुद्ध लिखी गई अच्छी-अच्छी पुस्तकों पर सरकार पारितोषिक दिया करे।
6. आकाशवाणी और जन-सम्पर्क विभाग द्वारा जाति-पाँति के विरुद्ध प्रचार किया जाए।
7. अदालती कागजों, स्कूलों तथा कॉलेजों के रजिस्टरों से जाति का खाना निकाल दिया जाए और किसी से उसकी जात पूछना, उसकी आमदनी पूछने की तरह खराब या अपराध समझा जाए।
8. कथित उच्च वर्ण की बहुत-सी युवतियों और युवक ऐसे निकलें, जो राष्ट्र-सेवा के भाव से अछूतों व पिछड़ी जातियों के लड़के व लड़कियों के साथ विवाह करें।
9. अछूतों और पिछड़ी जातियों को आर्थिक और शैक्षणिक दृष्टि से ऊँचा उठाने के लिए सरकार उनको विशेष सहायता और सुविधा प्रदान करे, जिससे उनके और कथित ऊँची जातियों के बीच विषमता समाप्त होकर आपस में शादी-विवाह का होना आसान हो जाए।
10. स्थान-स्थान पर ऐसे पारिवारिक सम्मेलन किए जाएँ, जिनमें जाति-पाँति तोड़कर नर-नारी, विवाह करने के इच्छुक युवक और युवतियाँ इकट्ठे हुआ करें। इससे एक-दूसरे को देखकर उनका जाति-पाँति तोड़ने का उत्साह बढ़ेगा और लोगों में जाति-पाँति तोड़ने का जो भय बैठा हुआ है, वह दूर हो जाएगा।
11. ब्राह्मणवादी ऊँच-नीच की भावना अछूतों में भी है—चमार, भंगी को नीच और अपने को ऊँच समझते हैं। अहीर चमार से अपने आपको ऊँचा समझते हैं। अत: अछूतों को चाहिए कि वे किसी को भी नीच-ऊँच न समझें।
12. ब्राह्मणवादी पुनर्जन्म व भाग्यवादी झूठे विश्वास से अछूत अपने आपको खुद मुक्त करें, सम्पूर्ण संसार पदार्थ व शक्ति के बल पर चल रहा है। इस सिद्धान्त को भली प्रकार समझकर पुनर्जन्म व भाग्यवाद से शीघ्र छुटकारा प्राप्त करें।
13. अछूतों को अपनी कु-प्रथाओं, दहेज-प्रथा, शराबखोरी, निठल्लापन, ज्यादा मेहमानी खाना, जाति-पाँति के विचार में चिपके रहना, अपने को नीच

समझना, जातीय-पंचायतों के बन्धनों में स्वयं को बाँधकर अपना शोषण जातीय चौधरियों से करवाना, बाल-विवाह व चमत्कार (झाड़ा-फूँकी, जादू-टोना, नाऊते, भगतों व पुजारियों) पर विश्वास करना आदि को त्याग दें।

14. अछूतों में जो यह विश्वास है कि भगवान ने मुझे नीच व गरीब बनाया है। भगवान कल्कि अवतार से लेकर जातीय-छुटपन को नष्ट कर देंगे व मुझे मालदार बना देंगे। इस विश्वास को त्याग कर अपनी अक्ल व अपनी सामर्थ्य के अनुसार, अपनी दशा सुधारने में खुद लग जाना चाहिए।
15. कर्मकांडों में पिछड़े, अछूत लोग सादगी बरतें। बरात में मेहमानों की ज्यादा भीड़-भाड़ न हो। तेरहीं आदि कतई नहीं कराई जाए। जो भी त्योहार करें, वो बुद्धिवादी हों। हर प्रकार की फिजूलखर्ची बन्द करें।
16. सरकार की मौजूदा शिक्षा प्रणाली संविधान विरोधी है। ऊँच-नीच, भाग्यवाद व पुनर्जन्म का प्रचार स्कूली किताबों द्वारा करती है जिसका बुरा असर अल्हड़ बच्चों पर पड़ता है। सरकार को चाहिए कि सम्पूर्ण भारत की स्कूली किताबें एक समान रखे, जिससे राष्ट्रीय एकता व राष्ट्रीय सम्मान की शिक्षा के साथ-साथ राष्ट्रीयता नागरिकता, भूगोल, अर्थमेटिक व वर्तमान वैज्ञानिक उपलब्धियों की शिक्षा दी जाए, एकस्वरूप भाषा-भाषी प्रान्तों की माँग खुद ही समाप्त हो जाएगी।
17. भारत के संविधान में संशोधन करके शिक्षा को केन्द्रीय विषय बना कर सम्पूर्ण देश की एकता के लिए एक-सी राष्ट्रीय शिक्षा नीति के अनुसार सबको समान शिक्षा दी जाए। हर स्तर की शिक्षा में मानव-मानव की बराबरी का मानवीय सिद्धान्त अपनाया जाए, इसके विपरीत झूठी मान्यताओं, परम्पराओं को निन्दनीय समझा जाए।
18. वर्तमान शिक्षा प्रणाली समाप्त की जाए।
19. अछूतों के लिए कक्षा दस तक निःशुल्क और अनिवार्य शिक्षा की करार दी जाए।
20. छुआछूत फैलानेवाले अध्यापक व विद्यार्थी दंडित किए जाएँ।
21. इसके विपरीत आलसी, निठल्ले व हरामखोर अध्यापकों को खराब निगाह से देखा जाए। ऐसे पाठ पढ़ाए जाएँ।
22. बिना मकान वाले अछूतों के लिए सरकार खुद क्वार्टरनुमा मकान बनवाए। उनसे तीस वर्ष में किराए के जरिये कुल खर्च धीरे-धीरे वसूल कर ले जिससे औरों का भी निर्माण हो।

23. अछूतों के मुहल्लों में चौथाई हार्स पॉवर से लेकर 20 हार्स पॉवर तक के मोटर सरकार द्वारा लगाकर लघु उद्योगों को बढ़ावा दिया जाए और इनका सब माल सरकार खरीदकर खुद बेचने की व्यवस्था करे।
24. टट्टी-पाखाना उठानेवाले व नाली साफ करनेवाले तथा ऐसे ही गन्दे काम करनेवालों की तनख्वाहें डिप्टी कलेक्टर के बराबर रखी जाएँ, ताकि ऐसे काम करनेवालों को कोई नीच न समझे या ऐसे काम मशीनों द्वारा कराए जाएँ। ऐसे काम जातिगत—वाल्मीकि, भंगी आदि से कतई न कराए जाएँ।
25. अछूतों के लिए इंटरव्यू में कॉलेज व यूनिवर्सिटी की डिग्री पर्याप्त समझी जाए। साक्षात्कार से 'सुटेबुल और नाट-सुटेबुल' शब्द सरकार द्वारा हटा दिया जाए।

**अत्त दीपो भव:**

**अर्थ :** अछूत, पिछड़े, अल्पसंख्यक लोगों अपना दीपक खुद बनें अर्थात् अपने दिमाग से जो काम कर सकते हैं, करके अपनी तरक्की करें। जैसे बने, तैसे ऊँची से ऊँची शिक्षा प्राप्त करें।

दिनांक—1 जनवरी, 1973 ई. **—पेरियार ललई सिंह**

## ॥ विविध सम्मतियाँ ॥

सामाजिक एवं आर्थिक विषमता, कुरीतियाँ, बाल-विवाह, जाति-पाँति, ऊँच-नीच, अन्धविश्वास, कूपमंडूकता व मूढ़ता आदि बुराइयों को समाप्त करने के लिए सबसे पहले जरूरी है कि जाति और वर्ण-व्यवस्था समाप्त की जाए। संविधान तथा अन्य कानूनों का सख्ती के साथ पालन करने से वर्णविहीन समाज कायम हो जाएगा। अछूतों को शिक्षा द्वारा अपनी प्रगति स्वत: करनी चाहिए।

दिनांक—4 जनवरी, 1973 ई. **—डॉ. बी.आर. जाटव**

एम.ए., पी-एच.डी.
राजकीय महाविद्यालय,
श्रीगंगानगर, राजस्थान

जब तक जाति-पाँति का नामोनिशान मिटा नहीं दिया जाता, तब तक भारतवर्ष संसार के अन्य राष्ट्रों में अपना उचित स्थान नहीं ले सकता।

**—पं. मोतीलाल नेहरू**

भारतवर्ष में जाति-पाँति प्राचीन काल में चाहे कितनी उपयोगी क्यों न रही हो, परन्तु इस समय सब प्रकार की उन्नति के मार्ग में यह बड़ी भारी बाधा और रुकावट बन रही है। हमें इसको जड़ से उखाड़ कर अपनी सामाजिक रचना एक दूसरे ढंग से करनी होगी।

**—पं. जवाहरलाल नेहरू**

सामाजिक, आर्थिक विषमता को समाप्त करने के लिए इसकी जननी ब्राह्मणवाद को समूल नष्ट करके अर्जन-अर्जक संस्कृति अर्थात् कमेरे लोगों की संस्कृति अपनाई जाए। परिश्रम की श्रेष्ठता का प्रचार किया जाए।

अछूतों व शिक्षा के प्रति विशेष उदासीनता है, उन्हें इस उदासीनता को त्याग कर ऊँची से ऊँची शिक्षा प्राप्त करके अपनी स्वत: तरक्की करना चाहिए।

दिनांक—13 जनवरी, 1973 ई.

**—रामस्वरूप वर्मा**

सम्पादक—'अर्जक', बंगला नं. 3,
दारुलशफा, लखनऊ (उत्तर प्रदेश)

आधिकार माँगे नहीं, छीने जाते हैं।

सामाजिक अपमान गरीबी से अधिक खटकता है।

**—पेरियार ललई सिंह**

**विनीत**

डॉक्टर अम्बेडकर साहित्य रक्षक परिषद् (रजि.)
झींझक, जिला—कानपुर, उत्तर प्रदेश, भारत-209302

* नमो बुद्धाय *

# बौद्ध-धर्म दीक्षा

लेखक व संकलनकर्ता

**पेरियार ललई सिंह**

* नमो बुद्धाय *

# बौद्ध-धर्म दीक्षा


लेखक व संकलनकर्ता

**पेरियार ललई सिंह**

अध्यक्ष : डॉ. अम्बेडकर साहित्य रक्षक परिषद् (रजि.)

झींझक, जिला—कानपुर, उ.प्र., भारत-209302



**अशोक पुस्तकालय (रजि.)**

झींझक, जिला—कानपुर,

उत्तर प्रदेश, भारत-209302

प्रथम बार 1 जनवरी, 1960 ई.

प्रथम बार 1,000 प्रतियाँ प्रकाशित

दूसरी बार सन् 1961 ई.

तीसरी बार सन् 1962 ई.

चौथी बार सन् 1964 ई.

पाँचवीं बार सन् 1966 ई.

छठी बार सन् 1967 ई.

सातवीं बार सन् 1968 ई.

आठवीं बार सन् 1970 ई.

नौवीं बार सन् 1973 ई.

दसवीं बार सन् 1975 ई.

ग्यारहवीं बार सन् 1977 ई.

बारहवीं बार सन् 1980 ई.

तेरहवीं बार सन् 1982 ई.

चौदहवीं बार सन् 1986 ई.

पन्द्रहवीं बार सन् 1987 ई.

सोलहवीं बार सन् 1988 ई.

**मुद्रक**

सस्ता प्रेस

झींझक, जिला—कानपुर,

उत्तर प्रदेश, भारत-209302

**मूल्य :** 15 पैसे

# बुद्ध-नमस्कार

**नमो तस्त भगवतो अरहतो सम्मासम्बुद्धस्य!**

**अर्थ :** उन भगवान तथागत को, जो जीवन मुक्त या अरहते, सम्पूर्ण और जाग्रत हैं, उन्हें नमस्कार हो। इस नमस्कार को तीन बार उच्चारण करें।

## त्रिशरण-ग्रहण

बुद्धम् शरणम् गच्छामि।
धम्मम् सरणम् गच्छामि।
संघम् शरणम् गच्छामि।
दुतियम्पि, बुद्धम् शरणम् गच्छामि।
दुतियम्पि, धम्मम् शरणम् गच्छामि।
दुतियम्पि, संघम् शरणम् गच्छामि।
ततियम्पि, बुद्धम् शरणम् गच्छामि।
ततियम्पि, धम्मम् शरणम् गच्छामि।
ततियम्पि, संघम् शरणम् गच्छामि।

**अर्थ :** मैं बुद्ध की शरण में जाता हूँ। मैं धम्म की शरण में जाता हूँ। मैं संघ की शरण में जाता हूँ

दूसरी बार मैं बुद्ध की शरण में जाता हूँ। दूसरी बार मैं धम्म की शरण में जाता हूँ। दूसरी बार मैं संघ की शरण में जाता हूँ।

तीसरी बार मैं बुद्ध की शरण में जाता हूँ। तीसरी बार मैं धम्म की शरण में जाता हूँ। तीसरी बार मैं संघ की शरण में जाता हूँ।

## पंचशील-ग्रहण

1. पाणातिपाता वेरमणि-सिक्खादम् समादियामि।
2. अदिन्नादाना वेरमणि-सिक्खादम् समादियामि।
3. कामेसु मिच्छाचारा वेरमणि-सिक्खापादम् समादियामि।

4. मूसावादा वेरमणि-सिक्खापदम् समादियामि।
5. सुरामेरय-मज्ज-पमादट्ठाना वेरमणि-सिक्खापदम् समादियामि।

**अर्थ :**

1. मैं प्राणी-हत्या न करने की शिक्षा ग्रहण करता हूँ।
2. मैं चोरी न करने की शिक्षा ग्रहण करता हूँ।
3. मैं व्यभिचार न करने की शिक्षा ग्रहण करता हूँ।
4. मैं झूठ न बोलने की शिक्षा ग्रहण करता हूँ।
5. मैं शराब आदि नशा न करने की शिक्षा ग्रहण करता हूँ।

## परम् पूज्य डॉ. अम्बेडकर द्वारा बौद्धों की प्रतिज्ञाएँ

1. मैं ब्रह्मा, विष्णु और महेश को कभी ईश्वर नहीं मानूँगा तथा मैं उनकी पूजा नहीं करूँगा।
2. मैं राम और कृष्ण को कभी ईश्वर नहीं मानूँगा तथा मैं उनकी पूजा नहीं करूँगा।
3. मैं गौरी, गणपति इत्यादि हिन्दू धर्म के किसी भी देवी-देवता को नहीं मानूँगा तथा मैं उनकी पूजा नहीं करूँगा।
4. मैं इस बात पर विश्वास नहीं करूँगा कि ईश्वर ने कभी अवतार लिया है।
5. मैं इस बात को कभी भी नहीं मानूँगा कि भगवान बुद्ध विष्णु के अवतार हैं। ऐसे प्रचार को मैं पागलपन तथा झूठा प्रचार समझता हूँ।
6. मैं श्राद्ध और पिंडदान कभी नहीं करूँगा।
7. मैं बौद्ध धर्म के विरुद्ध किसी भी बात को नहीं करूँगा।
8. मैं कोई भी क्रिया-कर्म ब्राह्मणों के हाथों से नहीं कराऊँगा।
9. मैं इस सिद्धान्त को मानूँगा कि सभी मनुष्य एक समान हैं।
10. मैं समानता की स्थापना के लिए प्रयत्न करूँगा।
11. मैं बुद्ध के अष्टांग-मार्ग का पूर्ण पालन करूँगा।
12. मैं बुद्ध की दस पारमिताओं का पूर्ण पालन करूँगा।
13. मैं प्राणी-मात्र पर दया रखकर उनका पालन-पोषण करूँगा।
14. मैं चोरी नहीं करूँगा।
15. मैं झूठ नहीं बोलूँगा।
16. मैं व्यभिचार नहीं करूँगा।
17. मैं शराब आदि नशा नहीं करूँगा।

18. मैं अपने जीवन को बौद्ध धर्म के तीन तत्त्वों अर्थात् ज्ञान, शील और करुणा पर ढालने का प्रयत्न करूँगा।
19. मैं मनुष्य-मात्र की तरक्की के लिए हानिकारक व मनुष्य-मात्र को असमान तथा नीच माननेवाले अपने पुराने हिन्दू धर्म का पूरी तरह से त्याग करता हूँ और बौद्ध-धर्म को स्वीकार करता हूँ।
20. मेरा यह पूर्ण विश्वास है कि बौद्ध-धर्म ही सद्धर्म है।
21. मैं यह मानता हूँ कि मेरा अब पुन: जन्म हो रहा है।
22. मैं यह पवित्र प्रतिज्ञा करता हूँ कि आज से मैं बौद्ध-धर्म के अनुसार आचरण करूँगा।

ईश्वर को किसी ने आज तक आमने-सामने नहीं देखा। वह अनुमान तर्क की कसौटी पर खरा नहीं उतरता।

ईश्वर सर्वशक्तिमान है—तो मन को विचारशील तथा क्रियाशील नहीं होना चाहिए।

ईश्वर कल्याण-स्वरूप है—तो आदमी हत्या, चोर, व्यभिचारी, झूठ, चुगलखोर, बकवादी, लोभी तथा द्वेषी नहीं होना चाहिए।

ईश्वर न्यायी और दयालु है—तो संसार में अन्याय, अत्याचार, पाप, दु:ख, ठगी, झूठ तथा अज्ञानता नहीं होनी चाहिए।

ईश्वर की कल्पना—पुरोहित, पादरी और मौलबी जैसे धूर्त, चालाक और मक्कार लोगों के क्रूर दिमाग का सामाजिक, राजनीतिक और आर्थिक षड्यंत्र मात्र है। इसलिए मैं नास्तिक हूँ! वास्तव में सृष्टि का निर्माण नहीं, विकास हुआ है।

आत्मा को किसी ने आज तक व्यक्ति के मरने के बाद फुर्र से उड़ते नहीं देखा। अनुमान तर्क की कसौटी पर खरा नहीं उतरता है। वास्तव में मन ही सब कुछ है।

तथागत बुद्ध ने ईश्वर और आत्मा को नहीं माना।

**: प्रार्थना :**

बौद्ध-धर्म की पुस्तकें नीचे लिखे पते से मँगाइए।
जवाब के लिए जवाबी पोस्टकार्ड डालिए।

—अशोक पुस्तकालय, झींझक, कानपुर, उत्तर प्रदेश, भारत, सन् 1960 ई.

!! नमो बुद्धाय !!

# मेरे बौद्ध धर्म पर विभिन्न लेख

लेखक
**पेरियार ललई सिंह**

!! नमो बुद्धाय !!

# मेरे बौद्ध धर्म पर विभिन्न लेख


लेखक

**पेरियार ललई सिंह**

**अध्यक्ष**

डॉ. अम्बेडकर साहित्य रक्षक परिषद् (रजि.)

झींझक, जिला—कानपुर, उत्तर प्रदेश, भारत-209302



**अशोक पुस्तकालय (रजि.)**

झींझक, जिला—कानपुर, उत्तर प्रदेश, भारत-209302

प्रथम बार बुद्ध पूर्णिमा वैशाख को तैयार 1969 ई.

प्रथम बार 1 जनवरी, 1971 ई.

दूसरी बार फरवरी, 1975 ई.

तीसरी बार मार्च, 1978 ई.

चौथी बार दिसम्बर, 1981 ई.

पाँचवीं बार सितम्बर, 1983 ई.

छठी बार अगस्त, 1986 ई.

सातवीं बार जनवरी, 1988 ई.

**मुद्रक**

सस्ता प्रेस

झींझक, जिला—कानपुर, उत्तर प्रदेश,

भारत में छपी!

**मूल्य :** 75 पैसा

!! समर्पण !!

निर्वाणप्राप्त परम् पूज्य,
महास्थविर ऊँ चन्द्रमणि जी
की
पुण्य स्मृति में
जन्म दिनांक 6 जून, सन् 1876 ई.
मृत्यु दिनांक 8 मई, सन् 1973 ई.
जिनसे परम पूज्य बाबा साहब
डॉक्टर भीमराव रामजीराव अम्बेडकर ने
दिनांक 14 अक्टूबर, सन् 1956 ई. को नागपुर में
और प्रकाशक पेरियार ललई सिंह ने
दिनांक 21 जुलाई, सन् 1967 ई. को
कुशीनगर, जिला—देवरिया, उत्तर प्रदेश, में
विधिवत बौद्ध धर्म की दीक्षा ली थी,
उनकी सेवा में सादर समर्पित।

**—पेरियार ललई सिंह**

# समर्पण

निर्वाण प्राप्त परम पूज्य , महास्थविर , चन्द्रमणि जी

## की यादगार में

जन्म दि० ६ जून सन १८७६ ई० (बर्मा)

मृत्यु दि० ६ मई सन १९७२ ई० (भारत)

जिनसे परम पूज्य बाबा साहेब डाक्टर भीमराव रामजीराव अम्बेडकर ने दिनांक १४ अक्टूबर सन १९५६ ई० को नागपुर (महाराष्ट्र) में और प्रकाशक पेरियर ललईसिंह ने दिनांक २१ जौलाई सन १९६७ ई० को कुशीनगर , जिला देवरिया ( उत्तर प्रदेश ) में विधिवत बौद्ध धर्म की दीक्षा ली थी ।

## सादर समर्पित ।

पेरियार ललईसिंह

पेरियार ललई सिंह द्वारा
21 जुलाई, 1967 ई. को

# बौद्ध धर्म ग्रहण के बाद व्यक्तित्वान्तरण की एक सार्वजनिक घोषणा

'आज से मैं मनुष्य हूँ। अब न मेरी कोई जाति है और न मेरा कोई वर्ण। अब मैं एक सम्पूर्ण मनुष्य हूँ। मानवतावादी हूँ। सनातनी-वर्णाश्रमी विधान के अनुसार मेरा जन्म एक अहीर, यादव जाति में हुआ है लेकिन आज के बाद मैं—कुँवर, चौधरी, अहीर, यादव आदि जातिवादी-वर्णवादी-सनातनवादी कथित मूल्यों और मान्यताओं से पूर्णत: मुक्त हुआ हूँ। आज से मैं सिर्फ और सिर्फ 'ललई सिंह' हूँ। बौद्ध धर्म दुनिया का पहला ऐसा धर्म है जो मानसिक परिवर्तन करता है। जो सदा स्थायी और आमूल-चूल परिवर्तनकारी होता है। 'दीक्षा दिवस' 14 अक्टूबर, 1968 ईस्वी को नाना राव पार्क, कानपुर में धम्म दीक्षा अवसर पर आचार्य भिक्षु निर्गुणानन्द ने कहा—आप लोगों ने कुछ दिन पहले पेरियार ई.वी. रामास्वामी को सुना है। मिथक-धर्म-संस्कृति पर उन्हीं की तरह उत्तर भारत में ललई सिंह तथ्य-तर्क के साथ कड़ा प्रहार करते हुए उसकी धज्जियाँ उड़ाते हैं। इसलिए हमारे 'उत्तर भारत के पेरियार' तो ललई सिंह ही हैं।—तब से मैं अपने नाम के साथ 'पेरियार' उपनाम लगाने लगा तथा अपना नाम 'पेरियार ललई सिंह' के रूप में लिखने लगा। इस व्यक्तित्वान्तरण की एक और प्रेरणा रही है कि मेरे गुरु पेरियार इरोड वेंकट रामास्वामी ने सन् 1929 ईस्वी में अपने नाम के साथ जुड़े जातिसूचक पद 'नायकर' को सदा के लिए हटा दिया था। इस कारण मैंने भी अपने नाम के साथ जुड़ी जाति को सदा के लिए हटा दिया।'

उनके साथ 'इरोड' गए उपासक माखन लाल ने आगे बताया कि 'पेरियार इरोड वेंकट रामास्वामी का 24 दिसम्बर, 1973 ई. को निर्वाण हो गया। उसके बाद 27 दिसम्बर, 1973 ईस्वी को उनके गाँव 'इरोड' चेन्नई में उनकी स्मृति में 'महान स्मृति सभा' हुई, जिसमें इन्होंने पेरियार ई.वी. रामास्वामी के ही जैसे—व्यवहार, विचार, भाषण और मिथकों की धज्जियाँ उड़ाईं। इस कारण ललई सिंह को वहाँ उपस्थित

हजारों-लाखों की जनसभा ने कहा, 'आज हमें नए पेरियार मिल गए, अब हमारे नए पेरियार होंगे—पेरियार ललई सिंह, पेरियार ललई सिंह, पेरियार ललई सिंह।' 'पेरियार' अर्थात् 'महान व्यक्ति', 'आत्मसम्मानित व्यक्ति'। तब से उन्हें सभी लोग व्यवस्थित रूप से 'पेरियार ललई सिंह' के रूप में जानने लगे। उसके बाद उनके नाम के साथ 'पेरियार' उपमा स्थायी रूप से जुड़ गई। यह उपमा ऐतिहासिक सिद्ध हुई।

पेरियार ललई सिंह कहा करते थे कि 'किसी भी व्यक्ति को अपने नाम के साथ जाति का पुछल्ला नहीं लगाना चाहिए। वह अपने नाम के बाद अपने पिता, पितामह, प्रपितामह, माता, प्रमाता आदि किसी का भी नाम रख ले लेकिन जाति को अपने नाम के पीछे न रखे। आप जब तक जातीय आधार पर व्यवहार करते रहेंगे तब तक आप जातिवादी-वर्णवादी-सनातनी हिन्दू हैं। यहाँ के आदिनिवासी दिमागी तौर पर जाति के जाल से बाहर नहीं निकल पा रहे हैं। अहीर, तेली के साथ रोटी-बेटी का सम्बन्ध नहीं बनाता। चमार मुसहर के साथ रोटी-बेटी का सम्बन्ध नहीं बनाता। ऐसे ही माला-मादिगा के साथ या महाड़-माँग के साथ रोटी-बेटी का सम्बन्ध नहीं बनता। इस तरह की बहुत सारी शोषित-दमित जातियाँ हैं, जो स्वयं जातिवाद और छुआछूत की शिकार हैं लेकिन वे भी दूसरों के साथ छुआछूत, ऊँच-नीच और जातिवादी आधार पर गहराई से भेदभाव करती हैं। जाति-व्यवस्था और वर्ण-व्यवस्था से मुक्त होने की आधारभूत शर्त है, जाति से बाहर शादी-विवाह करना अर्थात् जाति से बाहर रोटी-बेटी के अनिवार्य सम्बध का होना। व्यक्ति को व्यक्ति मानना। उसके साथ समता का व्यवहार करना। आप ऊपर से शरीर पर तो चीवर डाल लेते हैं, डॉ. अम्बेडकर का फोटो तो घरों में टाँग लेते हैं लेकिन जातिवादी-वर्णवादी मन को चीवर से कभी चीरते ही नहीं, अम्बेडकरवादी मत को जीवन और दिल में कभी उतारते ही नहीं। सबसे बड़ा सवाल इनके मत को, विचार को जीवन और व्यवहार में उतारने का है। जब तक आप व्यवहार और जीवन में बुद्ध और डॉ. अम्बेडकर के विचारों को नहीं उतारेंगे तब तक आप अम्बेडकराइट नहीं—रिजर्वेशनाइस्ट हैं, वजीफायिस्ट हैं, अपर्चुनिस्ट हैं। बुद्धिस्ट नहीं—सुविधायिस्ट हैं, सहायतायिस्ट हैं।"

[बौद्ध उपासक माखन लाल को पेरियार ललई सिंह द्वारा कहे अनुसार उद्धृत विहंगम अंश। अर्थ स्पष्ट हो, इस कारण बातचीत के क्रम को थोड़े व्यवस्थित रूप में प्रस्तुत किया गया है—सम्पादक।]

# सम्पूर्ण संसार बौद्धमय है

भारत में जिस समय पुरोहितवाद, अन्धविश्वास एवं कल्पित मत-मतान्तर फैला हुआ था, हिंसामय यज्ञों की भरमार थी, यज्ञ के नाम पर जीवों का मांस खा-खा कर लोग तामसी प्रकृति वाले निर्दयी बन गए थे। (इसकी विशेष जानकारी के लिए डॉ. भीमराव अम्बेडकर द्वारा लिखी अंग्रेजी पुस्तक, 'दी अनटचेबुल' का हिन्दी अनुवाद 'अछूत कौन और कैसे' पढ़िए।)

उस समय तथागत गौतम बुद्ध का ईसा पूर्व 563 वर्ष 'लुम्बिनी' के जंगल में जन्म हुआ। इनके पिता का नाम राजा 'शुद्धोधन' था। ये 'कपिलवस्तु' के राजा थे। आजकल नेपाल राज्य में कपिलवस्तु है। माता का नाम 'महामाया' था। ('गौतम बुद्ध का सम्पूर्ण जीवन-चरित्र' नामक पुस्तक पढ़िए।)

गौतम बुद्ध का पंचशील अति सरल और सीधा है। धर्म सम्बन्धी हठ के कारण संसार के लोग अपने आपको ईसाई, मुस्लिम, हिन्दू और यहूदी आदि नामों से पुकारते हैं। वास्तव में, सम्पूर्ण संसार बौद्धमय है, क्योंकि उनका पहला शील 'प्राणी हिंसा मत करो!', दूसरा शील 'चोरी मत करो!' तीसरा शील 'पर-स्त्री-गमन मत करो!' चौथा शील 'झूठ मत बोलो!' और पाँचवाँ शील 'शराब आदि नशा मत करो!' को सभी धर्मावलम्बी धर्म के नाम पर यदि मानें, तो बौद्धधर्मी हुए, और यदि धर्म के नाम पर न मानकर पुलिस के डंडे के बल पर मानते हैं तो भी बौद्धधर्मी हुए।

सम्पूर्ण संसार अनेक धर्म वाला है, यह कहना गलत है। वास्तव में सम्पूर्ण संसार में दो धर्म हैं। एक—नकद धर्म, दूसरा—उधार धर्म। बौद्ध धर्म, नकद धर्म है। इसमें नैतिकता पर सबसे अधिक बल दिया गया है। नैतिकता का फल (लाभ) इसी जन्म में प्रतिष्ठा, मान, बड़ाई के नाम से मिलता है। हिन्दू, ईसाई, इस्लाम और यहूदी आदि उधार धर्म हैं। इस जन्म में अच्छा या खराब काम कीजिए, उसका लाभ या हानि अगले जन्म में अमीर या गरीब, स्वर्ग या नर्क के नाम से मिलेगा।

बौद्ध धर्म वाले ईश्वर, आत्मा, स्वर्ग, नर्क, पुनर्जन्म, भाग्य और भगवान को नहीं मानते। अन्य धर्म वाले मानते हैं। ('ईश्वर, आत्मा एवं वेदों आदि में विश्वास अ-धर्म है।' नामक पुस्तक पढ़िए।)

गौतम बुद्ध का धर्म मध्यम मार्ग है, इसलिए अन्य धर्मों की अपेक्षा सबसे अधिक सीधा और सरल है।

अत: इसे जीवन में उतारें।

# बुद्ध की मानसिक परिवर्तन की अवधारणा

परम पूज्य बाबा साहब डॉक्टर भीमराव रामजीराव अम्बेडकर द्वारा लिखित बौद्ध धर्म के आवश्यक विषय सम्पन्न महान ग्रंथ 'भगवान बुद्ध और उनका धर्म' के दो अध्याय 'धर्म क्या है?' और 'सद्धर्म क्या है'—इसे प्रिय पाठकों की विशेष माँग पर अलग से छापकर प्रस्तुत किया जा रहा है। बौद्ध धर्म से सम्पूर्ण विषय को भली प्रकार समझने के लिए बाबा साहब डॉ. अम्बेडकर के ग्रंथ 'भगवान बुद्ध और उनका धर्म' को पढ़ना बहुत जरूरी है। (प्रकाशक—अशोक पुस्तकालय से मनी आर्डर द्वारा भेजकर मँगावें। धन्यवाद!)

1. संसार में एक आदमी दूसरे आदमी के साथ अच्छा व्यवहार करे। सभी मेल-जोल से प्रेम-पूर्वक जीवन व्यतीत करें। इसके लिए तजुर्बेकार महापुरुषों ने कुछ आवश्यक नियम बनाए हैं। इन्हीं नियमों का नाम धर्म है। बस! इससे अधिक की बात करना व्यर्थ की बकवास है।
2. इस प्रकार संसार में प्रमुख चार धर्म हैं—बौद्ध, ईसाई, इस्लाम व हिन्दू। इनमें केवल बौद्ध धर्म ही नकद धर्म है। शेष तीन धर्म उधार धर्म हैं।
3. बौद्ध धर्म सिखाता है, आदमी आदमी के साथ अच्छा व्यवहार करे, तो उसका फल यश और यदि खराब व्यवहार करे, तो उसका फल अपयश इसी जन्म में प्राप्त होता है। इस प्रकार बौद्ध धर्म नकद धर्म है।
4. शेष तीन धर्म स्वयं कुछ न होकर सभी आदमियों को न दिखाई देनेवाली शक्ति ईश्वर (खुदा या गॉड), भाग्य (मुकद्दर), पुनर्जन्म, स्वर्ग (बहिश्त), नर्क (दोजख), तीर्थ, कथा (मौलूद), भागवत, कीर्तन (आज पढ़ना), भोज, भंडारा एवं 'सन्तोषम् परमम् सुखम्' सन्तोष में बड़ा भारी सुख है। इस जन्म में भूखे रहकर व अनेक कष्ट सहकर भी पुण्य करो! इसका फल अगले जन्म में मिलेगा! आदि, जाल में मछली की भाँति फाँस कर जबरन रखे हुए हैं। इस प्रकार यह तीनों धर्म उधार धर्म हैं।
5. आजकल के मालदारों का धर्म सांसारिक सुख-भोग है परन्तु सबसे बड़ी धार्मिक परेशानी है—गरीबी, अ-सहाय और निरादरिद्र जनता को, जिनकी

जनसंख्या संसार में 90% है, ये तीनों धर्म मनुष्य को निश्चिन्ततापूर्वक अपनी रोटी, रोजी, कपड़ा, मकान और सम्मानपूर्वक जीने की समस्या ढूँढ़ने की साँस तक नहीं लेने देते हैं। ये तीनों धर्म आदमी को तोता और तीतर की भाँति दिमागी गुलामी का पाठ दिन-रात पढ़ाते हैं, जबकि बौद्ध धर्म, बुद्धि और तर्क से दिमागी-आजादी का संवादधर्मी पाठ पढ़ाता है।

6. बौद्ध दर्शन वैज्ञानिक दर्शन है।
7. गौतम बुद्ध ने स्वत: अनेक बार अनुभव किया कि संसार में दु:ख है। वे संसार को सुखमय बनाने के लिए एक वैज्ञानिक की भाँति अपने सत्य की प्राप्ति की खोज में निकल पड़े।
8. बुद्ध ने पहले पुराने दार्शनिकों कपिल, चार्वाक, भृगु, आलार कालाम, असंग तथा मक्खली गोसाल आदि के दर्शनों (मतों) का अध्ययन किया, व्यावहारिक प्रयोगस्वरूप समाधि लगाई। उन्होंने भारी तपस्या की, सत्य नहीं मिला। शारीरिक कमजोरी के कारण कामेन्द्रियों व ज्ञानेन्द्रियों की शक्ति में बड़ी कमी आ गई। इस प्रकार जो भी ज्ञान था, वह भी कम होने लगा।
9. बुद्ध ने सुना, कुछ स्त्रियाँ गीत गा रही हैं कि 'वीणा के तारों को इतना मत खींचो कि वे टूट जाएँ और इतना ढीला भी मत करो कि ध्वनि ही न निकले।' अर्थात् वीणा के तारों को खींचो, मगर मध्यम खींचो।
10. बुद्ध ने गीत की गम्भीरता पर विचार किया। अपने चिन्तन में इस बिन्दु पर विशेष ध्यान दिया, जिससे उन्हें ज्ञान प्राप्ति का अनुभव हुआ। इसके बाद उन्होंने मनुष्यों का जीवन सुखमय बनाने के लिए मध्यम मार्ग अर्थात् आष्टांगिक मार्ग (1. सम्यक् दृष्टि, 2. सम्यक् संकल्प, 3. सम्यक् वचन, 4. सम्यक् कर्मान्त, 5. सम्यक् आजीविका, 6. सम्यक् व्यायाम, 7. सम्यक् स्मृति व 8. सम्यक् समाधि) अपनाया। बुद्ध की यह सत्य ज्ञान की खोज वैज्ञानिकता है।
11. जिस प्रकार वैज्ञानिक चिकित्सक रोगी को देखकर कहता है कि इसे रोग है। रोग का कारण है, रोग की औषधि है और औषधि रोग का निवारण करती है। इस प्रक्रिया से रोग दूर चला जाएगा।
12. इसी प्रकार बौद्ध दर्शन कहता है—संसार में दु:ख है, दु:ख का कारण है, दु:ख दूर करने की औषधि है—आष्टांगिक मार्ग। इस वैज्ञानिक आष्टांगिक मार्ग पर चलने से दु:ख दूर होगा (अर्थात् दुखी व्यक्ति को स्वत: आष्टांगिक मार्ग पर चलना पड़ेगा, तभी दु:ख दूर होगा।)
13. गौतम बुद्ध मार्गदाता हैं। दु:ख दूर करने के लिए आदमी को स्वत: गौतम बुद्ध के बताए मार्ग पर चलना चाहिए, तभी दु:ख दूर होगा।

14. बौद्ध दर्शन के इसी सिद्धान्त के अनुसार गौतम बुद्ध की भाँति महान वैज्ञानिक 'आर्कमिडीज' ने तालाब में स्नान करते समय आपेक्षित घनत्व, 'सर आइजक न्यूटन' ने पेड़ से गिरते हुए सेब को देखकर पृथ्वी की आकर्षक शक्ति, और 'जार्ज स्टीफेन' ने गर्म चूल्हे पर पानी से भरी डेगची (बटलोई) के ऊपर वाले ढक्कन को गर्म पानी की भाप के धक्कों से उछलता देखकर भाप इंजन (स्टीम इंजन) की खोजें कीं।
15. बौद्ध दर्शन का अनित्यवाद या क्षणिकवाद भी वैज्ञानिक है। इस सिद्धान्त के अनुसार संसार की सब वस्तुएँ परिवर्तनशील हैं। बुद्ध ने स्वयं कहा है 'सब्बबम् अनिच्चचम् लब्बबम् अनत्ता'। पुनः बुद्ध ने अपने निर्वाण के पहले शोकातुर आनन्द को उपदेश दिया कि 'आनन्द, मैंने पहले ही कह दिया था कि संसार की प्रत्येक वस्तु अनित्य है, नाशवान है।'
16. एक साधारण आदमी अपने सामने खड़े पेड़ को देखकर कहता है कि यह वही कल वाला पेड़ है, इसमें कल से आज तक कोई परिवर्तन नहीं हुआ है, परन्तु रसायन विज्ञान का विद्यार्थी कहता है कि इस आदमी का कहना झूठ है, क्योंकि वृक्ष के पत्ते, जड़ें, तने व आकार में प्रत्येक क्षण में रासायनिक परिवर्तन हो रहे हैं।
17. बौद्ध दर्शन का प्रतीत्य समुत्पाद भी वैज्ञानिक है। इसके अनुसार प्रत्येक कार्य दूसरे कार्य के कारण में बदल जाता है। प्रत्येक कारण से कोई कार्य उत्पन्न होता है। आकाश में घने बादलों को देखकर प्रतीत्य समुत्पाद ज्ञाता पानी बरसनेवाला है, ऐसा अनुमान लगाता है।
18. इसी प्रकार वैज्ञानिक भी 'दबाव मापक-यंत्र' में कम दबाव जानने पर आँधी-तूफान आनेवाला है। ऐसा अनुमान लगाता है। इससे सिद्ध है कि बौद्ध दर्शन का प्रतीत्य समुत्पाद कार्य-कारण ही विज्ञान की जननी है।
19. बौद्ध दर्शन प्रत्यक्ष को भी प्रमाण नहीं मानता। यह परीक्षण को सत्य मानता है। यही तो असली विज्ञान है।
20. गौतम बुद्ध ने स्वतंत्र चिन्तन की घोषणा 'कालाम-सुत्त' में की है। कहा है—'हे कालामो! किसी बात को इसलिए मत मानो कि परम्परा से चली आ रही है। किसी बात को इसलिए मत मानो कि धर्म ग्रंथों में लिखी है। किसी बात को इसलिए मत मानो कि वह बड़े आचार्यों व महापुरुषों द्वारा कही गई है। किसी बात को इसलिए मत मानो कि यह प्रत्यक्ष दिखाई दे रही है। किसी बात को इसलिए मत मानो कि मैंने कहा है। ...हे कालामो! किसी बात को केवल तभी मानो, जब तुम्हारे परीक्षण तर्क पर सिद्ध होती हो।'

21. इसी आधार पर विज्ञान ने प्रत्यक्ष में चलते हुए, सूर्य को गतिशील नहीं माना और परीक्षण करके यह सिद्ध कर दिया कि सूर्य गतिशील नहीं है।
22. गौतम बुद्ध ने परीक्षणों के आधार पर ईश्वर व उसके अस्तित्व को नहीं माना। वेदों व वर्ण-व्यवस्था को ईश्वर कृत नहीं माना। उन्होंने कहा कि प्रत्येक का परीक्षण एवं पुनर्परीक्षण करने से जो प्रामाणिक सिद्ध होता हो, वही सत्य है, उसे ही मानो।
23. परीक्षण के आधार पर किसी बात की प्रामाणिकता स्वीकार करना ही वैज्ञानिकता है। इसे कोई व्यक्ति अस्वीकार नहीं कर सकता।
24. बुद्ध स्वयं एक वैज्ञानिक तुल्य थे। वे तंत्र-मंत्र, जादू-टोना आदि में विश्वास नहीं करते थे। वे औषधियों द्वारा प्रत्येक बीमारी का इलाज भी करते थे। उन्हें अनेक बौद्ध देशों में भैषज्य गुरु (औषधियों का गुरु) माना जाता था।
25. 'विनम्र भैषज्य स्कन्ध' में औषधियों का विवरण अच्छी प्रकार से किया गया है। इस प्रकार बौद्ध दर्शन चिकित्सा विज्ञान से भी परिपूर्ण है। बुद्ध ने महान शल्य चिकित्सक 'जीवक' को भिक्षु की दीक्षा देने से इसलिए मना कर दिया था क्योंकि वह चिकित्सा द्वारा ही लोक कल्याण कर रहा था।
26. गौतम बुद्ध महान वैज्ञानिक के साथ ही साथ महान मनोवैज्ञानिक भी थे। 'कृषा गौतमी' अपने मरे हुए पुत्र के शव को लेकर गौतम बुद्ध के पास संजीवनी औषधि लेने गई। बुद्ध ने उससे एक मुट्ठी सरसों ऐसे घर से लाने के लिए कहा, जिसके घर में कभी कोई मरा न हो। वह सब कहीं घूम आई। उसे ऐसा एक भी घर न मिला, जहाँ कभी कोई मरा न हो। उसे एकदम चेतना (सद्बुद्धि) आ गई कि जब सभी मरते हैं, तो मेरा भी पुत्र मर गया, इसमें आश्चर्य की कोई बात नहीं। इस प्रकार 'कृषा गौतमी' का गौतम बुद्ध ने मनोवैज्ञानिक ढंग से उपचार किया।
27. गौतम बुद्ध ने अंगुलिमाल से कहा कि इस वृक्ष की एक डाल में से एक पत्ता तोड़ो! उसने तोड़ा। बुद्ध ने उससे फिर कहा—इसे ज्यों का त्यों उसी डाल में जोड़ दो! ऐसा न करने पर बुद्ध ने अंगुलिमाल से कहा कि जब तुम स्वयं का तोड़ा हुआ पत्ता ज्यों का त्यों उसी डाल में जोड़ नहीं सकते, तो तोड़ते क्यों हो? यदि तुम किसी को जीवन दे नहीं सकते, तो किसी का जीवन लेने का क्या अधिकार है? इस मनोवैज्ञानिक उपचार से अंगुलिमाल हिंसक से अ-हिंसक बन गया।
28. बुद्ध एवं उनके अनुयायी वैज्ञानिकों की भाँति—'ईश्वर है अथवा नहीं?' के निरर्थक पचड़े में नहीं पड़े। वे इस विषय में वैज्ञानिक की भाँति सदा मौन ही रहे।

29. विज्ञान का अध्यापक कक्षा में वैज्ञानिक सिद्धान्त विद्यार्थी को पढ़ाता है। कहता है कि 'आओ! प्रयोगशाला में स्वयं परीक्षण करके देख लो!' ठीक उसी प्रकार उपरोक्त उदाहरण हैं।

इस प्रकार बौद्ध दर्शन पूर्णतया वैज्ञानिक है, जो तर्क की कसौटी पर कसे जाने पर 'सत्य धर्म' है।

30. बुद्ध एक महान वैज्ञानिक एवं मनोवैज्ञानिक थे। इसी कारण बौद्ध दर्शन जीव विज्ञान, रसायन विज्ञान, भौतिक विज्ञान, चिकित्सा विज्ञान, औषधि विज्ञान तथा मनोविज्ञान आदि सभी दर्शनों से परिपूर्ण है।

31. इस प्रकार बौद्ध दर्शन शुद्ध वैज्ञानिक दर्शन है। हम सब बुद्ध के बताए मार्ग पर चलकर सुखमय जीवन बिताएँ। अन्य अ-वैज्ञानिक मिथ्या दर्शन जो केवल झूठी कल्पनाओं पर आधारित हैं, धीरे-धीरे स्वत: नष्ट हो जाएँगे और बौद्ध दर्शन अपनी वास्तविक वैज्ञानिकता के कारण अपने अस्तित्व को बनाए रखने में सदा सफल सिद्ध होगा।

अत: अन्त में प्रिय पाठकों तथा प्रचारकों से विनम्र निवेदन है कि परम् पूज्य बाबा साहब के नागपुर के ऐतिहासिक भाषण दिनांक 14 अक्टूबर, सन् 1956 ई. की आज्ञानुसार धर्म प्रचार में अपनी आमदनी में से पाँच प्रतिशत खर्च करें। जहाँ रिश्तेदारी व मेला आदि में जाएँ, बौद्ध दर्शन की अच्छाइयाँ लोगों को समझाएँ।

मंगल कामना के साथ अनन्त धन्यवाद!

# तथागत गौतम बुद्ध का धर्म-दर्शन

अंगुलिमाल सूत्र (महायान) का तिब्बती से हिन्दी अनुवाद पूज्य भिक्षु रिंगचिन लुनडुब लामा, अध्यापक, तिब्बती विभाग, नव नालन्दा महाविहार, नालन्दा (बिहार प्रदेश) ने किया, जिसे पूज्य भिक्षु गालगेदर प्रज्ञानन्द, अध्यक्ष, बुद्ध विहार, रिसालदार पार्क, लखनऊ ने सन् 1959 ई. में श्री चन्द्रिका प्रसाद 'जिज्ञासु', समाज सेवा प्रेस, सआदतगंज, लखनऊ से छपवाया।

किसी को हीन (छोटा) या किसी को महा (बड़ा) कहना कभी भी ठीक नहीं था, न है। पता नहीं—हीनयान व महायान शब्द कब और कैसे बने? ज्ञान मार्ग के प्रारम्भिक जानकार को श्रावक (यान) और अधिक जानकार को महा (यान) कहा गया होगा। यान शब्द का मतलब 'नाव' है। अपने-अपने ज्ञान की नाव पर बैठकर संसार रूपी समुद्र से पार होना। बस! यान शब्द का यही तात्पर्य है।

मैंने 'अंगुलिमाल' नाटक सन् 1964 ई. में लिखा। छापा। तब से लगातार इस अंगुलिमाल सूत्र की माँग थी। किन्हीं परिस्थितिवश बीच में न छपवा सका। अतः अब पाठकों के सामने प्रस्तुत है।

खूनी अंगुलिमाल ने तथागत गौतम बुद्ध से जंगल में भेंट होने पर कुछ वार्तालाप के क्रम में गौतम बुद्ध द्वारा—'भिक्षु-आ' कहने के बाद मारे हुए पुरुषों की अँगुलियों की माला, जो उसने अपने गले में पहन रखी थी, उसे और खून से सनी तलवार फेंक दी। बुद्ध ने उसका मानसिक परिवर्तन कर दिया।

तत्पश्चात् विद्वान अंगुलिमाल ने इन्द्र, ब्रह्मा, चारों लोकपाल, मार, देवपुत्र (ईश्वर), वृक्ष की देवी, मौदगल्यायन, सारिपुत्र तथा तथागत बुद्ध के प्रश्नों के जो विद्वत्तापूर्ण उत्तर दिए हैं, वे सराहनीय हैं।

ध्यान रहे—इन्द्र व ब्रह्मा आदि अ-दृश्य देवता कल्पित स्वर्ग में निवास करनेवाले नहीं हैं। बौद्ध धम्म में स्वर्ग, नर्क, ईश्वर व आत्मा नहीं हैं। यह इन्द्र व ब्रह्मा आदि इसी पृथ्वी पर हमारी और आपकी तरह निवास करनेवाले उपाधिधारी पुरुष-मात्र हैं।

किताब में 'लिखि मिथ्या निश्चित् महाराग' का प्रसंग प्रकाशक की समझ में नहीं आया। अस्तु, दिनांक 8 व 9 मार्च, सन् 1980 ई. को 'आल इंडिया भिक्षु संघ'

की सभा आगरा के सामने अपनी शंका रखी। पूज्य भदन्त आनन्द कौसल्यायन ने कहा—यह सूत्र तिब्बती का हिन्दी अनुवाद है। पता नहीं, तिब्बती लोगों ने कैसी कल्पना की? बौद्ध धम्म किसी भी अ-दृश्य बात को मानने के लिए तैयार नहीं है।

आयुष्यमान महाकात्यायनी के शिष्य 'कुटि कण सोण' थे। अवन्तिका (उज्जैन) से श्रावस्ती (वर्तमान महेड़ सदेड़, जिला—गोंडा, उत्तर प्रदेश) पहुँचे। तथागत का उपदेश सुन कर घर वापस आए। सोण ने प्रवज्या के बाद घर त्याग दिया था। अत: कात्यायनी अपने पुत्र सोण का उपदेश सुनने ग्रामवासियों सहित ग्राम के बाहर, जहाँ सोण ठहरे थे, गई। उपदेश सुनने लगी। चोरों ने उसके घर में सेंध लगा दी। माल चुरा-चुरा कर ले जाने लगे। तब नौकरानी ने दौड़कर कात्यायनी से माल के चोरी हो जाने का समाचार कहा। फिर कहा। बार-बार कहा। कात्यायनी ने शान्त भाव से उत्तर दिया। चोरों को धन ले जाने दो। मुझे धर्म का उपदेश सुनने दो। जो तेरे मन में आए तो तू भी उपदेश सुन!

चोरों का सरदार, जो कात्यायनी की देख-रेख कर रहा था, कात्यायनी की ओर से थोड़ी-सी भी बाधा की यदि आशंका चोरी करने में चोरों को होती, तो वह सरदार तुरन्त अपने चोर दल को सावधान कर देता। चोरों के सरदार पर कात्यायनी की बात का बड़ा ही प्रभाव पड़ा। उसने जाकर तुरन्त चोरों से कहा—कात्यायनी के घर की चोरी का सब माल वापस कर दो। कात्यायनी उपासिका है। ऐसे पवित्र शान्त हृदय के घर चोरी करना उचित नहीं। चोरों ने अपने सरदार की बात मान ली। चोरी का सब माल वापस कर दिया। फिर चोरों के सरदार व चोरों ने कात्यायनी से इस चोरी के कुकृत्य के लिए क्षमा माँगी। कात्यायनी ने क्षमा प्रदान कर दी। चोरों का सरदार व सभी चोर बौद्धधर्मी बन कर सुखमय जीवन व्यतीत करने लगे।

यह है, तथागत गौतम बुद्ध का धर्म-दर्शना।

कलिंग (उड़ीसा) प्रदेश की लड़ाई में दोनों ओर की अपार धन-जन की हानि हुई। सम्राट अशोक का मन करुणा व मैत्री से भर गया। परम पूज्य मोग्गलायन पुत्ततिस्य महास्थविर की प्रेरणा से सम्राट अशोक ने बौद्ध धर्म ग्रहण कर लिया। उसने युद्ध के बजाय प्रेम द्वारा सम्पूर्ण संसार पर विजय पाई। पुत्र महेन्द्र व पुत्री संघमित्र को प्रचारार्थ लंका (सीलोन) भेजा। बौद्ध धर्म को राज्य-धर्म घोषित करके इसका प्रचार-प्रसार किया।

धन्यवाद!

**नमो बुद्धाय!**

# कालाम-सूत्र स्वतंत्र चिन्तन का घोषण-पत्र

वर्तमान चुनार (जिला—मिर्जापुर, उ.प्र.) भर्ग गोत्रिय क्षत्रिय राजवंश को जो उपदेश गौतम बुद्ध ने दिया था—यह वही उपदेश है। लोक कल्याण भावना से साभार प्रकाशित। धन्यवाद!

कालाम-सूत्र प्रथम एडीशन भिक्षु प्रज्ञानन्द, अध्यक्ष, बुद्ध विहार, रिसालदार पार्क, लखनऊ से सन् 1960 ई. में श्री हरिश्चन्द्र अग्रवाल, रोहिताश्व प्रिन्टर्स, यदुराव सान्याल रोड, लखनऊ से छपवाया था। बहुत दिनों से अ-प्राप्त था।

अत: अब पाठकों के सामने प्रस्तुत है।

इस देश का नाम भारतवर्ष है, जन-मन में वाणी गूँज रही है, 'बाल वचन हूँ मानिये—होम नीति अनुसार।' के विरुद्ध यह कालाम-सूत्र स्वतंत्र चिन्तन का घोषणा-पत्र है, जिसे तथागत गौतम बुद्ध ने घोषित किया था, का सारांश सूक्ष्म में इस प्रकार है—

एक समय तथागत गौतम बुद्ध कौशल जनपद में महा भिक्षु संघ के साथ चारिका करते हुए, जहाँ देशपुत्र नामक कालामों का कस्बा (निगम) था, वहाँ पहुँचे। जब केशपुत्रीय कालामों ने सुना, कि श्रमण गौतम केशपुत्र में आए हुए हैं और उनकी बड़ी कीर्ति फैली हुई है, तब वे भगवान बुद्ध के पास गए। उन्होंने तथागत को प्रणाम कर कहा—'भन्ते! कुछ श्रमण-ब्राह्मण देशपुत्र में आते हैं, वे अपने संत की प्रशंसा करते हैं और दूसरे की निन्दा करते हैं। हम लोग इस प्रकार सुनते-सुनते सन्देह में पड़ जाते हैं, कि किस की बात सत्य है और किसकी झूठ है?' तथागत गौतम बुद्ध ने उनसे कहा—'हे कालामो! आओ! तुम लोग किसी भी मत (बात) को श्रुति (वेद-शास्त्र) के अनुकूल होने के कारण मत ग्रहण करो, परम्परागत होने से मत ग्रहण करो, पुराने समय से सब लोग ऐसा ही करते आए हैं, से मत ग्रहण करो, वह धर्म ग्रंथों से मेल खाता है, से मत ग्रहण करो, तर्क-सम्मत होने से भी मत ग्रहण करो, न्याय सम्मत होने से भी मत ग्रहण करो, आकार-प्रकार से सुन्दर होने से भी मत ग्रहण करो, पसन्द आने से भी मत ग्रहण करो। कहनेवाले का आकर्षक

व्यक्तित्व होने के कारण मत ग्रहण करो और इस बात के कहनेवाले श्रमण हमारे पूज्य हैं—की बात को भी मत ग्रहण करो।'

आगे तथागत ने कहा—'हे कालामो! जब तुम लोग स्वयं यह जानो, कि ये बातें बुरी हैं, इन पर चलने से अहित होगा, तो उन्हें छोड़ दो और जब यह जानो, कि ये बातें अच्छी हैं, इन पर चलने से हित होगा, तो उन्हें ग्रहण कर लो।'

तथागत का यह उपदेश बुद्धि-स्वतंत्र अथवा मानवीय विवेक की स्वतंत्रता का सर्वोत्तम घोषणा-पत्र है। यह बौद्धिक दासता से मुक्ति पाने का सन्देश है। व्यक्ति चिन्तन का स्रोत एवं मानसिक गुलामी से मुक्त होने का प्रशस्त मार्ग भी है।

तथागत के विस्तारपूर्वक कहे गए, इस उपदेश को सुन कर कालामों ने तथागत बुद्ध की शरण ग्रहण की और बौद्धोपासक हो गए।

धन्यवाद!

नमो बुद्धाय!

# तथागत गौतम बुद्ध को क्या नापसन्द था और क्या पसन्द था?

## 1. उन्हें दरिद्रता नापसन्द थी

1. एक बार भगवान बुद्ध श्रावस्ती में अनाथ पिंडिक के जेतवनाराम में विहार कर रहे थे। उस समय अनाथ पिंडिक गृहपति तथागत के दर्शनार्थ आया। आकर, अभिवादन कर एक ओर बैठ गया। बैठकर उसने तथागत से प्रश्न किया—आदमी को धनार्जन क्यों करना चाहिए?
2. तुम पूछ रहे हो, तो मैं तुम्हें बताता हूँ।
3. किसी एक आर्य श्रावक को लो, जिसने मेहनत करके धन कमाया है, जिसने हाथों से परिश्रम करके धन कमाया है, जिसने पसीना बहाकर धन कमाया है तथा जिसने न्यायत: धन कमाया है, वह उस धन से अपने आप को प्रसन्न बनाता है, आनन्दित बनाता है, उस प्रसन्नता तथा आनन्द को बनाए रखता है, वह अपने माता-पिता को सुख और आनन्द देता है तथा उन्हें सुखी और आनन्दित बनाए रखता है, इसी प्रकार अपने स्त्री-बच्चों को, अपने दासों को तथा अपने कामकरों को धनार्जन करने का पहला उद्देश्य यही है।
4. जब इस प्रकार धन प्राप्त होता है, वह अपने मित्रों, अपने साथियों को सुख और आनन्द देता है तथा उन्हें सुखी और आनन्दित बनाए रखता है। यह दूसरा उद्देश्य है।
5. जब इस प्रकार धन प्राप्त हो जाता है, तो वह अग्नि या पानी से अपनी हानि नहीं होने देता, राजाओं या चोरों से अपनी हानि नहीं होने देता, शत्रुओं या उत्तराधिकारियों से अपनी हानि नहीं होने देता। वह अपनी वस्तु को सुरक्षित रखता है। यह तीसरा उद्देश्य है।

6. जब इस प्रकार धन प्राप्त होता है, तो वह अतिथि-यज्ञ कर सकता है, पितृ-यज्ञ कर सकता है, राज-यज्ञ कर सकता है तथा देव-यज्ञ कर सकता है, यह चौथा उद्देश्य है।
7. जब इस प्रकार धन प्राप्त होता है, तो गृहपति उन सब श्रमणों तथा सन्त-पुरुषों को दान देता है जो अहंकार तथा प्रसाद से बचते हैं, जो सभी बातों को विनम्रतापूर्वक सहन कर लेते हैं, जो संयत हैं, जो शान्त हैं तथा जो आत्मविकास में लगे हैं। उसका वह दान ऊँचे सोद्देश्य सहित होता है, सुख देनेवाला और स्वकल्याण की ओर ले जानेवाला। यह धनार्जन का पाँचवाँ उद्देश्य है।
8. अनाथ पिंडिक समझ गया कि भगवान बुद्ध दरिद्रों की दरिद्रता की प्रशंसा करके उन्हें सान्त्वना नहीं देते। वे 'दरिद्रता' को ऊँचा उठाकर उसके बारे में यह भी नहीं कहते कि दरिद्रता का जीवन सुखी जीवन होता है।

## 2. उन्हें संग्रह-वृत्ति नापसन्द थी

1. भगवान बुद्ध एक बार कुरु जनपद के कम्मासदम्भ नामक नगर में ठहरे हुए थे।
2. आनन्द स्थविर, जहाँ भगवान बुद्ध थे, वहाँ पहुँचे और अभिवादन कर एक ओर बैठ गए।
3. इस प्रकार बैठे हुए आनन्द स्थविर ने कहा—तथागत द्वारा उपदिष्ट प्रतीत्य समुत्पाद का नियम अद्भुत है। यह अत्यन्त गम्भीर है। किन्तु मुझे यह स्पष्ट दिखाई देता है।
4. आनन्द! ऐसा मत कहो। आनन्द! ऐसा मत कहो। यह प्रतीत्य समुत्पाद का नियम बहुत गम्भीर है। इसी प्रतीत्य-समुत्पाद के नियम को ही न समझ सकने के कारण, इसी प्रतीत्य-समुत्पाद के नियम के भीतर ही प्रवेश न कर सकने के कारण व्यक्ति सांसारिक उलझन में पड़ गया है, यह दुःख का अन्त नहीं कर सकता है।
5. मैंने कहा है कि तृष्णा होने से उपादान होता है। जहाँ किसी के मन में किसी भी चीज के लिए कोई तृष्णा न हो, क्या किसी प्रकार का भी उपादान होगा?
6. भगवान! नहीं होगा।
7. तृष्णा होने से ही आदमी लाभ के पीछे जाता है।
8. लाभ के पीछे भागने से काम और राग उत्पन्न होते हैं।
9. और राग होने से वस्तुओं के लिए आग्रह हो जाता है।
10. आग्रह होने से अधिकार (मिल्कियत) हो जाता है।

11. मिल्कियत होने से लोभ और भी अधिक सम्पत्ति का स्वामित्व-भाव पैदा होता है।
12. मिल्कियत होने से सम्पत्ति की देख-भाल करनी होती है।
13. सम्पत्ति की देख-भाल में से ही बहुत से अकुशल-धर्म पैदा हो जाते हैं, जैसे—मुक्के तथा जख्म, झगड़े, कलह, बदनामी और झूठ।
14. आनन्द! यह प्रतीत्य-समुत्पाद का नियम है। आनन्द! यदि तृष्णा न हो तो क्या लाभ के पीछे भागना होगा? यदि लाभ के पीछे भागना न हो तो क्या कामना उत्पन्न होगी? यदि कामना न हो तो क्या आग्रह होगा? यदि सम्पत्ति के लिए आग्रह न हो तो क्या व्यक्तिगत सम्पत्ति के लिए प्रेम होगा? यदि सम्पत्ति ही न हो तो क्या अधिक सम्पत्ति के लिए लोभ होगा?
15. भगवान! नहीं होगा।
16. यदि निजी सम्पत्ति के लिए आशक्ति न हो तो क्या संसार में शान्ति नहीं होगी।
17. भगवान! होगी।
18. तब तथागत ने कहा—मैं पृथ्वी को पृथ्वी मानता हूँ। लेकिन मेरे मन में इसके लिए तृष्णा नहीं है।
19. इसीलिए मैं कहता हूँ कि तमाम तृष्णाओं का मूलोच्छेद कर देने से उनके पीछे न भागने से, बल्कि उनका नाश कर देने से, उनका त्याग कर देने से, उनका परित्याग कर देने से ही मैंने 'बुद्धत्व' लाभ किया है।
20. भिक्षुओ! भौतिक वस्तुओं के नहीं, तुम मेरे धर्म के उत्तराधिकारी बनो क्योंकि तृष्णा से आसक्ति पैदा होती है और आसक्ति से मानसिक दासता।
21. इन शब्दों में भगवान बुद्ध ने आनन्द स्थविर तथा अन्य भिक्षुओ को संग्रह करने की प्रवृत्ति के दुष्परिणाम समझाए।

### 3. उन्हें सुसंगति पसन्द थी

1. भगवान बुद्ध को सुसंगति इतनी अधिक प्रिय थी कि उनको सुसंगति-प्रिय बुद्ध का नाम ही दिया जा सकता है।
2. इसलिए उन्होंने अपने अनुयायियों को कहा, 'कल्याण मित्रों की संगति करो।'
3. भिक्षुओ को सम्बोधित करते हुए उन्होंने कहा :
4. भिक्षुओ! मैं कोई दूसरी ऐसी बात नहीं जानता जो अनुत्पन्न कुशल धर्मों में वृद्धि कर दे अथवा उत्पन्न अकुशल धर्मों में ह्रास पैदा कर दे, जैसी कि यह कल्याण मित्रता।

5. जो सुसंगति में रहता है, उसमें अनुत्पन्न कुशल धर्म उत्पन्न हो जाते हैं और उत्पन्न अकुशल धर्मों का ह्रास हो जाता है। अकुशल धर्म तथा अकुशल प्रवृत्ति का ह्रास हो जाता है, कुशल-धर्मों के प्रति प्रवृत्ति की कमी का ह्रास हो जाता है, कुशल धर्म तथा कुशल धर्मों के प्रति प्रवृत्ति बढ़ जाती है तथा अकुशल धर्मों के प्रति प्रवृत्ति की कमी में वृद्धि होती है।
6. भिक्षुओ! मैं दूसरी कोई ऐसी बात नहीं जानता जो अनुत्पन्न बोधि अंगों को उत्पन्न न होने दे अथवा उत्पन्न बोधि अंगों की पूर्णता तक न पहुँचने दे, जैसे कि बे-ढंगा विचार।
7. भिक्षुओ! जो बेढंगे ढंग से विचार करता है, उसमें अनुत्पन्न बोधि-अंग उत्पन्न नहीं होते और उत्पन्न बोधि अंग परिपूर्णता को प्राप्त नहीं होते।
8. भिक्षुओ! सगे सम्बन्धियों की हानि कोई बड़ी हानि नहीं है। प्रज्ञा की हानि बड़ी हानि है।
9. भिक्षुओ! सगे सम्बन्धियों की वृद्धि कोई बड़ी अभिवृद्धि नहीं है। प्रज्ञा की वृद्धि बड़ी अभिवृद्धि है।
10. इसलिए भिक्षुओ! तुम्हें यही अभ्यास करना चाहिए कि हम प्रज्ञा का लाभ करेंगे। तुम्हें प्रज्ञावान बनना चाहिए।
11. भिक्षुओ! धन की वृद्धि कोई बड़ी अभिवृद्धि नहीं है। सभी अभिवृद्धियों में श्रेष्ठ है प्रज्ञा की अभिवृद्धि। इसलिए भिक्षुओ! तुम्हें यही अभ्यास करना चाहिए कि हम प्रज्ञा का लाभ करेंगे। तुम्हें प्रज्ञावान बनना चाहिए।
12. भिक्षुओ! यश की हानि कोई बड़ी हानि नहीं है, प्रज्ञा की हानि बड़ी हानि है।

### 4. वे सुसंगति से प्रेम करते थे

1. एक बार तथागत शाक्य जनपद में शाक्यों के एक नगर सक्कर में ठहरे हुए थे।
2. तब स्थविर आनन्द तथागत के पास आए, अभिवादन किया और एक ओर बैठ गए। इस प्रकार बैठे हुए आनन्द स्थविर ने कहा—
3. भगवान! सत्संगति आधा श्रेष्ठ जीवन है, कल्याण-मित्रता आधा श्रेष्ठ जीवन है, भलों की संगति आधा श्रेष्ठ जीवन है।
4. आनन्द! ऐसा मत कहो। सत्संगति आधा नहीं पूरा श्रेष्ठ जीवन है। कल्याण-मित्रता आधा नहीं पूरा श्रेष्ठ जीवन है। भलों की संगति आधा नहीं पूरा श्रेष्ठ जीवन है।
5. भिक्षुओं! जो भिक्षु सत्संगति में रहता है, जिसके कल्याण-मित्र हैं और जो भलों की संगति में रहता है—उससे हम यह आशा कर सकते हैं कि वह आर्य अष्टांगिक-मार्ग पर अधिक से अधिक प्रगति करेगा।

6. आनन्द! ऐसा भिक्षु-आर्य अष्टांगिक-मार्ग पर अधिक से अधिक प्रगति कैसे करता है?
7. आनन्द! वह सम्यक् दृष्टि का अभ्यास करता है, जो त्यागाश्रित है। जो विरागाश्रित है, जो निरोधाश्रित है, वह सम्यक् संकल्प का अभ्यास करता है। वह सम्यक्-वाणी का अभ्यास करता है। वह सम्यक्-कर्मान्त का अभ्यास करता है। वह सम्यक् आजीविका का अभ्यास करता है। वह सम्यक्-व्यायाम का अभ्यास करता है। यह सम्यक्-स्मृति का अभ्यास करता है तथा यह सम्यक्-समाधि का अभ्यास करता है—ये सब त्यागाश्रित है, विरागाश्रित है तथा निरोगाश्रित है।
8. आनन्द! जो भिक्षु सत्संगति में रहता है, जिसके कल्याण-मित्र हैं और जो भलों की संगति में रहता है, वह आर्य अष्टांगिक मार्ग पर अधिक से अधिक प्रगति करता है।
9. इस तरह से आनन्द! तुम्हें यह समझना चाहिए कि यह जो सत्संगति में रहना है, यह जो कल्याण मित्रता है, यह जो भलों की संगति में रहना है, यह पूरा श्रेष्ठ जीवन है।
10. निश्चय से आनन्द! जो जरा-धर्म प्राणी है, जो मरण-धर्म प्राणी है, जो दु:ख, शोक, रोने-पीटनेवाले हैं, वे कल्याण-मित्रता के परिणामस्वरूप इन सबसे मुक्त हो जाते हैं।
11. इस तरह से आनन्द! तुम्हें यह समझना चाहिए कि यह जो सत्संगति में रहना है, यह जो कल्याण मित्रता है, यह जो भलों की संगति में रहना है—यह पूरा श्रेष्ठ जीवन है।

**नोट :** उपरोक्त गाथाएँ नीचे लिखे ग्रंथों में विस्तारपूर्वक लिखी हुई हैं।

1. अंगुत्तर निकाय (पंचक निपात)
2. आनन्द-सप्पाय सुत्तन्त (मझिम निकाय 106)
3. अंगुत्तर-निकाय (एकक निपात)

**—पेरियार ललई सिंह**

['भगवान बुद्ध और उनका धर्म' से उद्धृत
लेखक—डॉक्टर भीमराव रामजीराव अम्बेडकर]

## सम्मान के लिए धर्म परिवर्तन

दिनांक—1 फरवरी, सन् 1972 ई.

1. इस पुस्तक के प्रथम संस्करण का नाम था—'सम्मान के लिए धर्म परिवर्तन करें'। यह नाम कुछ लम्बा था। अत: पाठकों की विशेष माँग पर उन्हीं के सुझाव के अनुसार नया नाम 'धर्म परिवर्तन' रखा गया।
2. हिन्दू ब्राह्मणी वर्ण-व्यवस्था के कारण बैकवर्ड व अछूतों सबकी धार्मिक, सामाजिक, आर्थिक और राजनीतिक दशा खराब है। अन्तर केवल इतना है कि बैकवर्ड की कुछ कम खराब है, अछूतों की अधिक खराब है। यह सब कठिनाइयाँ बौद्ध धर्म स्वीकार करने पर दूर हो जाएँगी।
3. हिन्दू, ईसाई व इस्लाम धर्मों के मनुष्य के ऊपर ईश्वर तथा आत्मा की मनगढ़न्त, कल्पित एवं झूठी शक्ति को लाद कर दिमागी गुलाम बना रखा है। इससे छुटकारा पाने के लिए अनीश्वरवादी, अनात्मवादी व विज्ञानवादी बौद्ध धर्म स्वीकार करें।
4. जिन सज्जनों ने 'सच्ची रामायण' व 'धर्म परिवर्तन' की जब्ती और 'जाति-भेद का उच्छेद' की खतरनाक सरकारी आज्ञाओं के विरुद्ध मुकदमा लड़ने में तन-मन-धन से मदद की है, उन्हें व्यक्तिगत, संस्थागत एवं पाठकों की ओर से अनन्त धन्यवाद।

हम लोग आशा करते हैं कि आप लोग भविष्य में भी ऐसी ही सहायता करते रहेंगे, ताकि हम लोग अपने परम पूज्य बाबा साहब के शेष कार्यों को पूरा करने में इसी प्रकार सफलता प्राप्त करते रहें।

पुन: सबको और गुणग्राही पाठकों को धन्यवाद!

### निर्णय

हाईकोर्ट ऑफ जुडीकेचर, इलाहाबाद (उत्तर प्रदेश)

दिनांक—14 मई, सन् 1971 ई.

उपस्थित फुल बैंच

(1) माननीय जस्टिस श्री विलियम ब्रूम

(2) माननीय जस्टिस श्री यशोदानन्दन

(3) माननीय जस्टिस श्री सुधी मलिक

मुकदमा नं. 3221/1970 ई. क्रिमिनल मिसलेनियम एप्लीकेशन

अंडर सेक्शन 99बी क्रिमिनल प्रोसीजर कोड

**शीर्षक**

ललई सिंह यादव उम्र 60 वर्ष (पिता का नाम श्री गज्जू सिंह यादव)

अध्यक्ष—डॉ. अम्बेडकर साहित्य रक्षक परिषद् (रजिस्टर्ड)

झींझक—209302 (कानपुर)

अपीलांट

**विरुद्ध**

गवर्नमेंट ऑफ उत्तर प्रदेश

रिस्पोंडेंट

**विरुद्ध**

पुस्तक 'सम्मान के लिए धर्म-परिवर्तन करें' गवर्नमेंट ऑफ उत्तर प्रदेश की आज्ञा दिनांक 25 अगस्त, सन् 1970 ई. नोटीफिकेशन नम्बर 4431-आर/8-बी. 2-1963/70 तथा गवर्नमेंट ऑफ उत्तर प्रदेश गजेट दिनांक 12 सितम्बर, सन् 1970 ई. में प्रकाशित विज्ञप्ति के अनुसार जब्त कर ली गई थी क्योंकि इस पुस्तक से धर्म जाति या सम्प्रदाय के आधार पर विभिन्न धर्मों, जातियों या सम्प्रदायों के बीच वैमनस्यता की भावनाएँ, घृणा या दुर्भावना बढ़ती है और यह पुस्तक एक वर्ग के धर्म या धार्मिक विश्वासों का अनादर करती है।

गवर्नमेंट ऑफ उत्तर प्रदेश की इस आज्ञा के विरुद्ध हाईकोर्ट ऑफ जुडीकेचर इलाहाबाद में ललई सिंह ने क्रिमिनल मिसलेनियस एप्लीकेशन उपरोक्त शीर्षक की प्रस्तुत की।

हाईकोर्ट ऑफ जुडीकेचर इलाहाबाद ने उपरोक्त माननीय तीन जजों की स्पेशल फुल बैंच इस केस के सुनने के लिए बनाई। उन्होंने अपीलांट की ओर से योग्य एडवोकेट श्री बनवारी लाल यादव और रिस्पाडेंट की ओर से गवर्नमेंट एडवोकेट की बहस दिनांक 3 मई व 10 मई, सन् 1971 ईस्वी की माननीय जस्टिस श्री विलियम ब्रूम ने सर्व सम्मति का दिनांक 14 मई, सन् 1971 ई. को निर्णय किया कि—

(1) गवर्नमेंट ऑफ उत्तर प्रदेश की पुस्तक 'सम्मान के लिए धर्म परिवर्तन करें' की जब्ती की आज्ञा निरस्त की जाती है।

(2) जब्तशुदा पुस्तकें अपीलांट ललई सिंह यादव को वापस दी जाएँ।

(3) गवर्नमेंट ऑफ उत्तर प्रदेश की ओर से अपीलांट ललई सिंह यादव को तीन सौ रुपये खर्चे के दिलाए जाएँ।

---

अपीलांट के पैरोकार सर्वश्री बनवारीलाल यादव, जयपाल सिंह कश्यप, चौधरी चुन्नीलाल, गुलाबचन्द, सखाराम यादव, श्यामलाल यादव, गया प्रसाद यादव आदि एडवोकेट्स को संस्था व पाठकों की ओर से अनन्त धन्यवाद।

निर्णय : तिथि—14 मई, सन् 1971 ई.

—अध्यक्ष

**—पेरियार ललई सिंह**

डॉ. अम्बेडकर साहित्य रक्षक परिषद्

(रजिस्टर्ड) झींझक-201302

!! नमो बुद्धाय !!

# मेरे विभिन्न सामाजिक लेख

लेखक
**पेरियार ललई सिंह**

!! नमो बुद्धाय !!

# मेरे विभिन्न सामाजिक लेख

लेखक
**पेरियार ललई सिंह**

**अध्यक्ष**
डॉ. अम्बेडकर साहित्य रक्षक परिषद् (रजि.)
झींझक, जिला—कानपुर, उत्तर प्रदेश, भारत-209302

**अशोक पुस्तकालय (रजि.)**
झींझक, जिला—कानपुर, उत्तर प्रदेश, भारत-209302

प्रथम बार 17 सितम्बर गुरु पेरियार की जयन्ती 17 सितम्बर सन् 1972 ई.
प्रथम बार 17 सितम्बर, 1972 ई.
दूसरी बार जनवरी, 1975 ई.
तीसरी बार मार्च, 1978 ई.
चौथी बार जनवरी, 1981 ई.
पाँचवीं बार सितम्बर, 1983 ई.
छठी बार अगस्त, 1986 ई.
सातवीं बार सितम्बर, 1988 ई.

**मुद्रक**
सस्ता प्रेस
झींझक, जिला—कानपुर, उत्तर प्रदेश,
भारत में छपी!

**मूल्य :** 80 पैसा

## सामाजिक अपमान गरीबी से अधिक खटकता है

जिनका सामाजिक अपमान होता है, उन्हें चाहिए कि वे इस सामाजिक अपमान को आमूल-चूल समाप्त करने में हर प्रकार से जुट जाएँ। क्योंकि सामाजिक अपमान गरीबी से अधिक खटकता है।

वर्ण-जाति के आधार पर सम्मान पानेवाले रूढ़िवादी, स्वार्थी तथा अभिमानी लोग सामाजिक समानता का शक्तिपूर्वक विरोध कर रहे हैं। इसीलिए मैं कहता हूँ—अधिकार माँगा नहीं छीना जाता है। मेरी समझ में छब्बीस वर्षीय स्वतंत्रता सामाजिक समानता दिलाने में असमर्थ सिद्ध हुई है।

अत: अब इसे धर्म परिवर्तन द्वारा ही प्राप्त किया जा सकता है। सामाजिक समानता के इच्छुक व्यक्तियों को परम पूज्य बाबा साहेब डॉक्टर अम्बेडकर के बताए हुए मार्ग के अनुसार अति शीघ्र समता-बन्धुता-स्वतंत्रता युक्त बौद्ध-धर्म स्वीकार कर लेना चाहिए।

पाठकों को धन्यवाद!

दिनांक—15 अगस्त, सन् 1973 ई. **—पेरियार ललई सिंह**

# राष्ट्र निर्माण के नाम पर दस फीसदी लुटेरे नब्बे फीसदी लोगों का शोषण कर रहे हैं

हमारी यह समतामूलक अधिकारों की बातें, सम्भव हैं, कुछ लोगों को बुरी लगें, पर यह कोई नई बात नहीं है। सच्ची बात तो कड़वी लगती ही है। असाध्य रोग बिना कड़वी दवा के पिलाए ठीक नहीं होता है। हजारों साल से चले आए वर्ण, जाति व धर्मगत शोषण को इस छोटे से लेख में लिखना मुझ जैसे साधारण व्यक्ति के लिए असम्भव है।

मैंने तो सरकार, उसके साहित्य व अपनी खोज के आधार पर जो आँकड़े पाए, उन्हीं को एक जगह इकट्ठा करके दिखने की कोशिश मात्र की है जो कि राष्ट्र निर्माण व समाज कल्याण के नाम पर आजादी के इस दौर में भी दस फीसदी चालाक लोग सदियों से किस तरह यहाँ के नब्बे फीसदी शोषित सर्वहारा वर्ग की सिधाई का बेजा फायदा उठा कर अपना उल्लू सीधा कर रहे हैं।

मेरा अपना विचार है कि जनता की मौजूदा तमाम परेशानियों की जड़ भी यही है—मुल्क की सत्ता जनता राज में भी दस फीसदी लोगों के हाथ में है। अगर शासन की बागडोर मुल्क के नब्बे फीसदी कमेरे व शोषित वर्ग के योग्य लोगों के हाथ में आ जाए तो देश की प्रगति व लाभ का अधिकांश हिस्सा भी देश के बहुसंख्यक वर्ग को ही मिले। इसलिए राष्ट्र व जनकल्याण की भावना से ओत-प्रोत हो हमने इस लेख के द्वारा आँकड़ों के अकाट्य प्रमाण देकर शोषित व शोषक, दोनों ही वर्ग के लोगों में विवेक, नैतिकता व जागरूकता पैदा करने का प्रयत्न किया है ताकि हर वर्ग अपनी-अपनी जगह पर खुद सोचे और देश व उसकी जनता का भविष्य किस तरह बने—इस पर ठंडे दिमाग से विचार करे। उसका कोई सही हल निकाले।

हमारी मंशा किसी भी रूप में देश के किसी भी व्यक्ति या वर्ग के खिलाफ कटुता पैदा करना हरगिज नहीं है। पाठकगण इस पुस्तक को शुद्ध हृदय और खुले दिमाग से पढ़ने और समझने की कोशिश करें। तभी वह इस लेख से कुछ पा सकेंगे और तभी लेखक भी अपने इरादे में सफल हो सकेगा।

दिनांक—1-9-61

**—ललई सिंह**

# भारत का संविधान समता का समाज बनाता है

संविधान निर्माता बाबा साहब डॉ. अम्बेडकर को उनके समय के तथा आजकल के समय के विद्वान 'मनु-स्मृति' के स्मृतिकार 'मनु' की उपमा दिया करते थे, दिया करते हैं—उनका ऐसा कहना बाबा साहब डॉ. अम्बेडकर के साथ सरासर अन्याय है। मनु द्वारा रचित 'मनु-स्मृति' शोषणयुक्त असमानता के सिद्धान्त पर आधारित है। मगर डॉ. अम्बेडकर द्वारा निर्मित भारतीय संविधान शोषणमुक्त समानता पर आधारित है। यह मनुष्य को मनुष्य समझने की प्रेरणा तथा आज्ञा देती है। मनु-स्मृति शूद्रों व महाशूद्रों (अछूतों) के जन्म-सिद्ध मानवीय अधिकारों पर डाका डालती है। [अधिक जानकारी के लिए 'शोषितों पर धार्मिक डकैती' पुस्तक, लेखक—पेरियार ललई सिंह, पढ़िए।]

स्वतंत्र भारत का संविधान बनाने के लिए सर तेजबहादुर सप्रू व डॉ. जयकर से कहा गया था। इन दोनों सज्जनों ने विभिन्न धर्म-सम्प्रदाय व जाति वाले इतने बड़े देश हेतु सब सुविधा सम्पन्न संविधान बनाने के लिए अपने को अयोग्य बता कर इनकार कर दिया। तब डॉ. अम्बेडकर ने स्वतंत्र भारत का सर्वांगीण विकासयुक्त संविधान बनाया। इस कारण संसार के सभी देशों ने इस संविधान की भूरि-भूरि प्रशंसा की। अत: असल राष्ट्र निर्माता हमारे बाबा साहब डॉ. अम्बेडकर हैं।

प्रथम स्वतंत्रता संग्राम सन् 1857 ई. में यदि सफल हो जाता, तो भी दलितों के पल्ले कुछ भी नहीं पड़ता, क्योंकि उस समय बहादुरशाह अन्तिम मुगल सम्राट को भारत का सम्राट मान लिया गया था। मुगलिया शासन काल में दलितों की दुर्दशा वैसी ही रही, जैसी हिन्दू राजशाही में थी।

द्वितीय स्वतंत्रता आन्दोलन के समय पंडित बालगंगाधर तिलक ने ऐलान कर रखा था कि स्वतंत्र भारत में जब पढ़ा-लिखा व्यक्ति वोट देगा, तब सरकार बनेगी। तिलक के समय पढ़े-लिखे की परिभाषा प्राइमरी थी, आज कक्षा बारह है। शीघ्र कक्षा 14 (ग्रेजुएट) होनेवाली है। ऐसी दशा में अछूतों की दुर्दशा ज्यों-की-त्यों खराब ही बनी रहती, क्योंकि कम पढ़े-लिखे होने के कारण इनके बहुत ही कम

वोट होते, जिससे आधुनिक स्वतंत्र भारत में एक बार पुन: उनके अधिकारों का हनन हो जाता।

भारत की स्वतंत्रता हेतु कार्य करती हुई अमेरिका में भारतीयों की गदर पार्टी ने निश्चय किया था कि जब भारत में स्वराज्य आएगा, तब लाला हरदयाल स्वतंत्र भारत के राजा बनाए जाएँगे। यदि ऐसा स्वराज्य आता, तो वही मनुस्मृति वाला मनुवादी कानून अछूतों पर जबरन लादा जाता।

अच्छा हुआ, स्वतंत्र भारत का संविधान सप्रू व डॉ. जयकर ने नहीं बनाया, अन्यथा वे भी पंडित जवाहरलाल नेहरू तथा पंडित गोविन्द वल्लभ पन्त आदि जातिवादियों के इशारे पर मनुस्मृति एवं रामायण आदि हिन्दू काले कानूनों पर आधारित संविधान बनाते। 'पूजहिं विप्र सील गुन हीना। शूद्र न पूजहिं गुन ग्यान प्रवीना॥' अर्थात् शूद्र-महाशूद्र (बैकवर्ड व अछूत) फिर भी धार्मिक, सामाजिक, आर्थिक व राजनीतिक शोषण से मुक्त न होते।

धन्य हैं, हमारे बाबा साहेब डॉ. अम्बेडकर, आपने संविधान द्वारा पहला बालिग मताधिकार, दूसरा महिला मताधिकार और तीसरा गुप्त (चुपचाप) मताधिकार देकर बहुसंख्यक शूद्र-महाशूद्र समुदाय (बैकवर्ड तथा अछूतों) को सम्पूर्ण भारत का साम्राज्य ही सौंप दिया, क्योंकि बैकवर्ड, अछूतों, मुसलमानों तथा ईसाइयों आदि अल्पसंख्यकों की जनसंख्या करीब-करीब पच्चासी या नब्बे प्रतिशत स्पष्ट बहुमत से है।

माता तीन प्रकार के पुत्र पैदा करती है—पूत, सपूत और कपूत। माताश्री भीमा बाई ने डॉ. अम्बेडकर जैसा सपूत पैदा किया, जिन्होंने रामायण तथा महाभारत काल से दबे-पीसे, दलित, पिछड़ी, शोषित, पीड़ित आदि मनुष्यों को समुद्री तूफान के भँवरों से उलझी नाव को निकालकर लहलहाती सरजमीं स्वतंत्र भारत की राजधानी नई दिल्ली के मालिक बहुसंख्यक वोट द्वारा बना दिया। दु:ख है, हम लोग आज तक उस तख्त के पूत कहलाने की परिभाषा में नहीं आ सके।

चातुर्वर्णी हिन्दू वर्ण-व्यवस्था द्वारा हमें सदा-सदा नीच बनाए रखने के लिए चारों मठों के मठाधीश शंकराचार्य एक जगह बैठकर उपरोक्त वर्ण-व्यवस्था को पूर्ववत् कायम रखने के लिए नए-नए प्रयत्न सोच सकते हैं, परन्तु हमारे राजनीतिक नेता खोब्रागड़े, कुम्मारे, जगजीवन राम, भोला पासवान, रामविलास पासवान, रामधन व बी.पी. मौर्य आदि एक जगह बैठकर इस अछूत समुदाय की भलाई की बात नहीं सोच सकते।

कुछ अछूत आसूदा व्यक्ति वजीफा, रिजर्वेशन तथा सरकारी सहायता के बल पर सरकारी नौकरियों में हैं या अन्य धन्धा करते हैं। इन्होंने अपनी पढ़ी-लिखी दुनिया अलग बसाना प्रारम्भ कर दिया है। जिस पीड़ित समाज से निकलकर आए हैं, कभी मुड़ कर उधर नहीं देखते।

हमारे परम पूज्य बोधिसत्व बाबा साहब डॉ. अम्बेडकर के तीन महावाक्य हैं—1. शिक्षित बनो—आप शिक्षित क्यों नहीं बनते?, 2. संगठित रहो—आप संगठित क्यों नहीं रहते?, 3. अधिकारों के लिए संघर्ष करो। आप जब शिक्षित नहीं व संगठित नहीं, तब संघर्ष करना असम्भव। इन्हीं महावाक्यों के पालन न करने के कारण यह दयनीय दुर्दशा है।

अन्त में, मेरा सुझाव है कि उपरोक्त महावाक्यों का पालन करते हुए जो व्यक्ति जिस स्थान पर है, उसी स्थान पर रहकर अपना धर्म 'बौद्ध धर्म' तथा राजनीतिक पार्टी 'रिपब्लिकन पार्टी' या मानववादी 'शोषित समाज दल' का संगठन तन-मन-धन से करने में जुट जाए। बाबा साहब के मार्ग के सच्चे सपूत कहलाएँ। भविष्य उज्ज्वल है। अन्यथा—। कटु सत्य की क्षमा!

धन्यवाद!

दिनांक—14 अप्रैल, सन् 1975 ई.

# मानव प्रगति और ऐतिहासिक सभ्यता का विकास

आज से अरबों वर्ष पहले हमारी पृथ्वी गर्भ में लावा-मात्र थी। कहीं भूकम्प आते, कहीं गड़गड़ाहट होती। भयानक दृश्य था। इस उथल-पुथल में समुद्र मिट कर मिट्टी बन गए। पहाड़ बन गए। पृथ्वी धीरे-धीरे ठंडी हुई। समुद्र के आस-पास की भूमि घास-पात से तथा मैदानी भूमि वनों से घिर गई।

सबसे पहले समुद्र में 'सेल' पैदा हुआ। उसमें प्राण आए। बाद में इसका नाम 'सरीसृप' हुआ, तत्पश्चात् इसका नाम 'शार्क' (मछली) हुआ, जिसमें रीढ़ नहीं थी। आकार मगर या छिपकली जैसा था।

इसी समय शनैः-शनैः अनेक पशु व पक्षी पैदा हुए। इनमें हमारा 'आदि मानव' बन्दर भी था। चार पैर थे। केवल पेड़ों पर चढ़ कर ही अपना जीवन बसर करता था। इसको पेड़ों पर मांसखोर पक्षियों का भारी डर था। इस भय के कारण पेड़ों के सघन पत्तों में डाल से चिपका रहता था। फल खाता। फलों की कमी के कारण चिड़ियों के अंडे तथा गिलहरी आदि मार कर खाने लगा। बुद्धि नहीं थी। आहार की कमी के कारण सोचा-विचारा। कुछ बुद्धि आई। पेड़ों से उतर कर जमीन पर आया। पेड़ों से जमीन पर उतरने में उस 'आदि मानव' बन्दर को पौने-दो करोड़ वर्ष से अधिक लगे। अभी उसका शरीर, चार पैर, जबड़ा व दाढ़ी बन्दर जैसी ही थी। नुकीले दाँतों से शिकार का काम लेता था।

इस 'आदि मानव' की खोपड़ी अफ्रीका के टांगानिका क्षेत्र में मिली है—जो सत्रह लाख पचास हजार वर्ष पुरानी है।

पृथ्वी पर रहने के कारण कुछ समय बाद ही दो पैरों के बल चलने लगा यही है—आज का 'आदि मानव'। संख्या बढ़ी। नुकीले हथियारों द्वारा हिरन आदि सीधे-साधे जानवर मारता खाता। खूँखार जंगली जानवर के भय के कारण घर बना कर स-परिवार रहने लगा। बुद्धि और बढ़ी। जानवरों को पालना, शिकार न मिलने पर उन्हें ही मार कर खा जाना। गुफा में रहना प्रारम्भ कर दिया।

उस समय किसी आदमी को साँप ने डस लिया। मर गया। बस। जानेवाले की खैरियत के लिए 'नाग' देवता की कल्पना की। पूजा प्रारम्भ कर दी। पानी

अधिक बरसा या नहीं बरसा। जान-माल की भारी क्षति पहुँची। बस। रक्षा के लिए 'इन्द्र' तथा 'वरुण' देवता की कल्पना की। पूजा प्रारम्भ कर दी। इसी प्रकार अनेक विपत्तियाँ आईं। अनेक देवी-देवताओं की कल्पना की। पूजा-प्रारम्भ कर दी। अन्त में एक ही शक्ति 'ईश्वर' की कल्पना की। पूजा की। बस। यही सबका कर्ता-धर्ता है। भला-बुरा सब काम इसी की आज्ञा से होता है।

सोचिए! हिन्दू-फिलॉसिफी के अनुसार भले-बुरे कर्मों के तीन गोदाम हैं—पहला—'संचित', दूसरा—'प्रारब्ध', तीसरा—'क्रियमाणा'। 'संचित' अर्थात् पूर्व जन्म के भले-बुरे कर्मों के संग्रह में से, इस जन्म में भोगने के लिए 'प्रारब्ध' भोग का चेक काट दिया जाता है—जिसे मनुष्य इस जन्म में भोगता है।

'संचित' में से 'प्रारब्ध' भोग को घटा कर जो 'शेष-संचित' रहा, वह और इस जन्म में जो भले-बुरे कर्म किए, जिन्हें 'क्रियमाणा' कहते हैं। इस जन्म के मरने पर अगले जन्म के लिए दोनों अर्थात् 'शेष-संचित' व 'क्रियमाणा' मिला कर 'संचित' कहे जाते हैं।

प्रारब्ध भोग का चेक ईश्वर काटता है, प्रारब्ध भोग नामक चेक के अनुसार ईश्वर की आज्ञा से 'अ' ने 'ब' को, जिसके पिछले जन्म के कर्म खराब थे—बन्दूक द्वारा जान से मार डाला। फिर सोचिए, जब ईश्वर स्वयं न्याय कर चुका है तब आज की पुलिस 'अ' को क्यों गिरफ्तार करती है? न्यायालय क्यों आ-जन्म कारावास या फाँसी का दंड देता है?

इस तर्क का उत्तर किसी ईश्वरवादी के पास नहीं है। बौद्ध-धर्म में प्रत्येक घटना का कारण होता है। बिना कारण कोई घटना नहीं घटती। घटना का कारण स्वयं मनुष्य या दूसरा मनुष्य या प्रकृति हो सकती है। इसके अतिरिक्त घटना का कारण अ-दृश्य शक्ति ईश्वर आदि नहीं।

वास्तविकता यह है कि 'अ' की 'ब' से कोई पुरानी रंजिश थी। मौका पाकर 'अ' ने 'ब' की गोली मारकर हत्या कर डाली अथवा आमने-सामने कोई खराब गाली 'अ' को 'ब' ने दी। 'अ' सहन नहीं कर सका—उसने तुरन्त 'ब' की गोली मारकर हत्या कर डाली। रंजिश की दशा में 'अ' को सरकारी कानून के अनुसार बन्दूक मार कर जान से मार डालने का कोई अधिकार नहीं। अत: 'अ' को दंड मिलना चाहिए।

'ब' ने 'अ' को ऐसी खराब गाली दी, जिसे 'अ' सहन नहीं कर सका। उसने 'ब' को बन्दूक मारकर मार डाला। ऐसी दशा में 'अ' को सरकारी कानून के अनुसार 'ब' को बन्दूक द्वारा मारने का अधिकार नहीं है। शासनादेश के अनुसार 'अ' को दंड मिलना चाहिए। यदि 'अ' ने क्रोध की दशा में जान से 'ब' को मार डाला है—तो कम दंड मिलना चाहिए। बहरहाल, दंड अवश्य ही मिलना चाहिए। यही गौतम बुद्ध का सरकारी कानून है, जो उन्हें राजा बिम्बसार को उपदेश रूप में

'विश्व-शान्ति-स्तूप' राजगिरि पहाड़ की चोटी पर दिया था, कि राजा का कर्तव्य है, वह आततायियों को दंड दे। यदि राजा दंड नहीं देता—तो आततायियों की संख्या बढ़ जाएगी। देश में अराजकता छा जाएगी। सम्पूर्ण राज्य का जन-जीवन खतरे में पड़ जाएगा।

धीरे-धीरे जनसंख्या बढ़ी। प्रत्येक परिवार समुदाय (गोल) बना कर अलग-अलग रहने लगे। जिन-जिन समुदायों को खाने-पीने की कमी हुई, वे हथियारों से लैस हो कर किसी मालदार समुदाय (झुंड) पर रात में या सूना जानकर दिन में चढ़ाई कर देते। मारते, पीटते, लूट लेते, जान से मार डालते। इस रोज-रोज के लड़ाई-झगड़े के कारण ईश्वर को पूजा द्वारा प्रसन्न रखने का समय न मिलने पर पूजा करने के लिए स्थान-स्थान पर प्रत्येक समुदाय (दल) ने अलग-अलग पुजारी मुकर्रर किए। यह पुजारी अपने-अपने समुदाय (गिरोह) के सभी लोगों के जान-माल की रक्षा के लिए ईश्वर तथा अन्य देवी-देवताओं की पूजा करते। प्रार्थना करते। मंत्र जपते।

धीरे-धीरे इन पुजारियों की सन्तानों की एक जाति बन गई, जो ब्राह्मण नाम से पुकारी जाने लगी। जो लड़ाइयाँ लड़ते—वे क्षत्रिय, जो खेती-व्यापार करते—वे वैश्य और जो खुशी से या जोर-जबरदस्ती द्वारा तीनों वर्णों की सेवा करते—, वे शूद्र कहलाए—जिससे इतिहास के विद्यार्थी भली-भाँति परिचित हैं।

इन पुजारियों-पुरोहितों का ध्यान ईश्वर की पूजा के समय पारिवारिक चिन्ताओं व पारिवारिक शोर-गुल के कारण नहीं लगता था, अत: प्रत्येक समुदाय (दल) ने अलग-अलग मन्दिर बनाए, जो ईश्वर का स्थान हुआ।

इसी ईश्वर को ईसाई 'गॉड' नाम से, इस्लाम वाले 'खुदा' नाम से पुकारने लगे। यही पुजारी, पादरी व मुल्ला नाम से पुकारे जाने लगे। यही मन्दिर, गिरजाघर व मस्जिद नाम से पुकारे जाने लगे।

बौद्ध धर्म के पुजारी का नाम है—'भिक्षु'। भिक्षु जन्म से पैदा नहीं होता है। बौद्ध धर्म के विशेष नियमों का पालन करनेवाला भिक्षु होता है। मगर हिन्दू धर्म में पुजारी का लड़का बे-पढ़ा होने पर भी पुजारी तथा ब्राह्मण होता है।

सोचिए! क्या ब्रह्मा ने अपने मुख से ब्राह्मण को, बाहु से क्षत्रिय को, पेट से वैश्य को और पैर से शूद्र को कैसे जन्म दिया? विचारिए! पुरुष ब्रह्मा के शरीर में कहाँ सहवास क्रिया हुई? किस अंग में गर्भ ठहरा? किस अंग से पैदा किया? किस स्थान पर पैदा किया? क्या मनु-सतरूपा द्वारा काकेशिया पर्वत पर या तिब्बत में मानव पैदा हुआ? क्या आदम-हौवा द्वारा आदम पर्वत (लंका अर्थात सीलोन) में मानव पैदा हुआ? इन चार थ्योरियों में कौन थ्योरी सही है? स्पष्ट है कि 'आदि मानव' बन्दर के विकास वाली थ्योरी सत्य और सही है।

अब आती है धर्म की बात। धर्म केवल दो हैं। पहला नकद धर्म। दूसरा उधार धर्म। गौतम बुद्ध का धर्म, नकद धर्म है। मानव मानव के साथ मानवीय व्यवहार

करे। यही बुद्ध का धर्मोपदेश है। इसे नैतिकता कहते हैं। जो अमल में लाए—उसे इसी जन्म में यश मिले। जीवन में कभी कष्ट नहीं मिले। कष्ट के समय सम्पूर्ण विश्व की सहानुभूति उसकी नैतिकता के कारण उसके साथ हो न कि किसी के जोर, दबाव, डर व धौंस के कारण हो। यही है बुद्ध का नकद धर्म।

शेष अन्य धर्म, उधार धर्म हैं। ईसाई, मुस्लिम व हिन्दू धर्मानुसार इस जन्म में स्वयं भूखे रह कर भी दान-पुण्य करो, देवता पर चढ़ाओ, यज्ञ-होम करो, मरने के बाद बैकुण्ठ मिलेगा। वहाँ सब सुख के साधन सुरा-सुन्दरी आदि भी मिलेगी। फिर अगला जन्म राजा-महाराजा, मालदार व ब्राह्मण के घर में होगा।

यदि दान-पुण्य नहीं करोगे, देवता पर कुछ नहीं चढ़ाओगे, यज्ञ-होम नहीं करोगे—तो नर्क मिलेगा, जहाँ पीव (मवाद) की नदी में डुबकी लगाओगे! पेड़ों के पत्तों की धार, तलवार की धार से भी बारीक है, उस पर चलना पड़ेगा। आग के गर्म खम्भे में लोहे की जंजीर से कस दिए जाओगे। मानव को भय द्वारा ऐसा मनवाने के लिए मजबूर किया जाता है। यह है उस जन्म में सुख या दु:ख देनेवाला, उधार-धर्म।

बाबा साहेब डॉ. भीमराव अम्बेडकर ने नागपुर के भाषण में कहा है कि 'मैं हिन्दू नरक से छुटकारा पा गया हूँ।' ठीक है। बौद्ध-धर्म में स्वर्ग-नर्क नहीं होता है। फिर बाबा साहब ने इक्कीसवीं प्रतिज्ञा में कहा है कि 'मेरा पुनर्जन्म हो रहा है।'

इसी प्रकार गौतम-बुद्ध के लिए कहा जाता है कि उन्होंने कई जन्म बाद निर्वाण प्राप्त किया।

इस विज्ञान-युग में पुनर्जन्म किसका? मरने पर शरीर के सभी अवयव अर्थात् सभी महाभूत, चार महाभूतों में विलीन हो जाते हैं। बस!

जब आत्मा है—नहीं। तब पुनर्जन्म किसका? [विस्तृत जानकारी के लिए मेरे द्वारा प्रकाशित पुस्तक 'ईश्वर, आत्मा एवं वेदों आदि में विश्वास अ-धर्म है'। मँगाकर पढ़िए।]

इस प्रकार सुयोग लेखकों ने विश्व के सच्चे धर्म (बौद्ध-धर्म) पर थोड़े वाक्यों में अधिक भाव लिखकर गागर में सागर को समा दिया है।

परम पूज्य धम्मालोक महास्थविर की सम्पूर्ण किताबें छापने की अनुमति सबके लिए उनके सुपुत्र 'अनिरुद्ध भन्ते' ने दिनांक 23 अप्रैल, सन् 1962 ईस्वी को लुम्बिनी (नैपाल) में प्रदान की।

उन्हें तथा पाठकों को अनन्त धन्यवाद।

बुद्ध पूर्णिमा—सन् 1963 ई.

# ईश्वर, आत्मा एवं वेदों आदि में विश्वास अधर्म

1. 'डेविड ह्यूम' ने 'मानवीय बुद्धि सम्बन्धी एक शोध' नामक ग्रंथ में लिखा है कि 'पुरोहितों के कट्टर सिद्धान्त मनुष्य की विद्रोही बुद्धि को दबाने तथा पालतू बनाने के लिए प्रस्तुत किए गए हैं।'
2. 'कवि लुक्रेसियस' ने लिखा है कि 'जनता को पुरोहितों की भयानक वाणियों द्वारा दबाया जाता है।'
3. 'कार्ल मार्क्स' ने लिखा है कि 'धर्म जनता के लिए अफीम' है।
4. इन पुरोहितों ने ईश्वर, आत्मा, स्वर्ग-नरक, पाप-पुण्य, पुनर्जन्म तथा धर्म-अधर्म की कल्पना अपने स्वार्थ की सिद्धि के लिए की है। प्राचीन समय से लेकर आज तक सभी धर्मों के पुरोहित, मन्दिरों के पुजारी एवं तीर्थ स्थानों के पंडा लोग गरीब तथा अनपढ़ जनता का शोषण करके चैन की बाँसुरी बजाते रहे हैं। इनके पास बड़ी-बड़ी जायदादें थीं। अब भी हैं।
5. पुरोहित, धनवान तथा शासक इन तीनों वर्गों में आपस में घनिष्ठ मित्रता तथा समझौता था। अब भी है। यह तीनों वर्ग मिलकर गरीब व अनपढ़ जनता को धर्म की भूल-भुलैया में डालकर उनका हर प्रकार से धार्मिक, सामाजिक, आर्थिक एवं राजनीतिक दोहन-शोषण करते थे। अब भी करते हैं। यदि इन गरीबों में चेतना न आई और इन्होंने अपनी स्वच्छ बुद्धि से अपने हित-अनहित पर विचार न किया तो भविष्य में भी हर प्रकार का दोहन-शोषण करते रहेंगे।
6. पुरोहितवादी कहते हैं कि ईश्वर सर्वशक्तिमान और सर्वज्ञ है।
7. तर्क उठता है कि क्या ईश्वर शीशा की इतनी बड़ी गेंद बना सकता है, जिसे वह खुद भी न उठा सके?
8. उत्तर यदि 'हाँ' में मिलता है—तो सिद्ध हुआ, कि ईश्वर सर्वशक्तिमान और सर्वज्ञ नहीं है।
9. उत्तर यदि 'नहीं' में मिलता है—तो सिद्ध हुआ, कि ईश्वर सर्वज्ञ नहीं है।
10. तर्क उठता है कि क्या ईश्वर नरक में भी रहता है?

11. उत्तर यदि 'हाँ' में मिलता है, तो वह सर्वशक्तिमान ईश्वर नरक की तकलीफों को स्वर्ग के सुखों में क्यों नहीं बदलता? और स्वर्ग के सुखों का उपयोग क्यों नहीं करता? व्यर्थ में नरक की तकलीफों को क्यों भोगता है? इससे सिद्ध हुआ कि प्रथम तो ईश्वर है नहीं, और यदि है—तो सर्वशक्तिमान नहीं—क्योंकि यदि ईश्वर सर्वशक्तिमान होता—तो नरक की तकलीफों को स्वर्ग के सुखों में अवश्य ही बदल देता—स्वयं नरक की तकलीफों को कदापि सहन नहीं करता।
12. उत्तर यदि 'नहीं' में मिलता है तो सिद्ध हुआ कि प्रथम तो ईश्वर 'है' नहीं और यदि 'है' तो सर्वज्ञ नहीं—क्योंकि यदि ईश्वर सर्वज्ञ होता—तो फिर नरक में क्यों नहीं होता?
13. अब ईश्वर है 'नहीं'—तब अवतार लेने की कल्पना झूठ है, राम व कृष्ण आदि के ईश्वर का अवतार होने की बात भी झूठ है—ये लोग भी साधारण पुरुष थे। कवियों की लेखनी ने इन्हें महापुरुष तथा कल्पित अवतार बना दिया है। कहावत है कि 'जहाँ न जावे रवि, वहाँ जावे कवि'। बस, फिर क्या था, थोड़ी-सी बात को इतना बढ़ा-चढ़ाकर लिखा कि गरीब अनपढ़ व भोली-भाली जनता उन्हें महापुरुष या कल्पित अवतार ही मानने लगी।
14. पुरोहितवादी कहते हैं कि इस जन्म के पुण्य कर्म अर्थात् अच्छे काम से स्वर्ग और पाप कर्म अर्थात् खराब काम से नरक मिलता है।
15. आज तक कोई आदमी स्वर्ग या नरक में जाकर वहाँ से इस पृथ्वी पर वापस लौटा नहीं है—जो आँखों देखा हाल वर्णन करता। इससे सिद्ध है कि स्वर्ग व नरक की कल्पना झूठी है।
16. एक आदमी इस जन्म में पुण्य कर्म अर्थात् अच्छा काम करता है—परन्तु जब उसका नौजवान लड़का बीमारी या दुर्घटना में अकस्मात मर जाता है—तब कुछ आदमी कहते हैं कि यह आदमी पुण्य कर्म अर्थात् अच्छा काम करता है, फिर भी इसका नौजवान लड़का कैसे मर गया? उत्तर में शीघ्र ही पुरोहितवादी पालतू कुछ आदमी कहने लगते हैं कि इस आदमी ने पिछले जन्म में पाप कर्म अर्थात् खराब काम किया है।
17. दूसरा आदमी इस जन्म में पाप कर्म अर्थात् खराब काम करता है। जब उसका लड़का मोटा-ताजा, तन्दुरुस्त दिखाई पड़ता है—तब कुछ आदमी कहते हैं कि यह आदमी पाप कर्म अर्थात् खराब काम करता है—फिर भी इसका लड़का मोटा ताजा तन्दरुस्त क्यों है? उत्तर में शीघ्र ही पुरोहितवादी पालतू कुछ आदमी कहने लगते हैं, कि इस आदमी ने पिछले जन्म में पुण्य कर्म अर्थात् अच्छा काम किया है।

18. वास्तव में, किसी आदमी के पिछले जन्मों के पुण्य कर्म अर्थात् अच्छे काम या पाप कर्म अर्थात् खराब काम का सम्बन्ध इस जन्म की उपरोक्त घटनाओं से कदापि नहीं है। संसार की सब घटनाएँ अपनी या दूसरों की असावधानी या सावधानी या प्राकृतिक-प्रकोप (अर्थात् आँधी, पानी या बिजली) आदि के कारण घटती हैं।
19. अत: सिद्ध हुआ कि इस जन्म की किसी भी घटना का सम्बन्ध पिछले जन्म के पुण्य कर्म अर्थात् अच्छे काम या पाप कर्म अर्थात् खराब काम से नहीं है।
20. पिछले जन्म के पुण्य कर्म अर्थात् अच्छे काम या पाप कर्म अर्थात् खराब काम के कारण इस जन्म में अमुख घटना घटी। ऐसी कल्पना झूठ है।
21. पुरोहितवादी कहते हैं कि पिछले जन्म के पुण्य कर्म अर्थात् अच्छे काम के कारण इस जन्म में ब्राह्मण के घर में जन्म होता है और पिछले जन्म के पाप कर्म अर्थात् खराब काम के कारण इस जन्म में भंगी के घर में जन्म होता है।
22. उपरोक्त कल्पना बिलकुल निराधार है। जातियाँ मनुष्य ने बनाई हैं। यदि उपरोक्त कल्पना सही है—तो 'जावा' तथा 'सुमात्रा' आदि में भंगी नाम की जाति क्यों नहीं है? अमेरिका व रूस आदि में ब्राह्मण क्यों नहीं हैं? सम्पूर्ण संसार में जाति सम्बन्धी एक ही नियम क्यों नहीं है?
23. पुरोहितवादी कहते हैं कि पिछले जन्म के पुण्य कर्म अर्थात् अच्छे काम के कारण धनवान के घर में जन्म मिलता है और पाप कर्म अर्थात् खराब काम करने के कारण गरीब के घर में जन्म मिलता है।
24. उपरोक्त घटना के उपरोक्त कारण गलत हैं।
25. उपरोक्त घटना के दो सही कारण हैं।
26. पहला कारण पुरोहितवादी धार्मिक विचारधारा है। यह विचारधारा गरीब आदमी को सिखाती है कि पिछले जन्म के पाप कर्म अर्थात् खराब काम के कारण तुम गरीब हो। जब इस जन्म में पुण्य कर्म अर्थात् अच्छे काम करोगे—तब अगले जन्म में भगवान के घर में जन्म मिलेगा। इस जन्म में चाहे कितनी मेहनत करो—कभी भी धनवान नहीं बन सकते? पुरोहितवादी विचारधारा उसे भी सिखाती है कि 'सन्तोषम् परम् सुखम्' अर्थात् सन्तोष में परम सुख है। मौजूदा गरीबी में ही सन्तोष रखकर अपने को सुखी समझो।
27. बेचारा असहाय, दीन-हीन, गरीब उपरोक्त पुरोहितवादी झूठी कल्पित मान्यताओं को सच मान कर अपनी गरीबी को दूर करने का कारण नहीं ढूँढ़ता—जन्म-भर गरीबी की चक्की में पिसता रहता है। घुट-घुटकर मरता रहता है।

28. दूसरा कारण राजनीतिक है। पुरोहितों, धनवानों एवं शासकों का आपस में घनिष्ठ समझौता है। पुरोहित लोग धनवानों व शासकों को मजबूत बनाने की अपने कल्पित ईश्वर से प्रार्थना करके उन्हें प्रसन्न रखता है के साथ-साथ पुरोहित गरीबों को श्रम का भय दिखाकर कहता है कि अपने धार्मिक अधिकारों के लिए मुझ पुरोहित के विरुद्ध सामाजिक अधिकारों के लिए सम्बन्धित जनता के विरुद्ध, आर्थिक अधिकारों के लिए धनवानों के विरुद्ध और राजनीतिक अधिकारों के लिए शासक के विरुद्ध कितना सघर्ष क्यों न करो—कभी भी सफल नहीं होगे—क्योंकि पिछले जन्मों के पाप कर्म अर्थात् खराब काम का फल इस जन्म में जन्म भर गरीबी आदि की परेशानी प्रत्येक दशा में भुगतनी ही पड़ेगी।
29. कहावत है कि बुद्धिमान खाता है—मूर्ख खिलाता है, के अनुसार चूँकि गरीब अनपढ़ तथा मूर्ख भी है—इसलिए पुरोहित उस गरीब का कर्म-कांड (ईश्वर, आत्मा, धार्मिक ग्रंथ, जन्म-मृत्यु, शादी, कथा-भागवत, तीर्थ, भोज-भंडारा, स्वर्ग-नरक, पाप-पुण्य एवं पुनर्जन्म के चक्कर) द्वारा विशेष दोहन-शोषण करता है।
30. यदि गरीब उपरोक्त कल्पित कर्म-कांड का विरोध बुद्धिवादी वैज्ञानिक ढंग पर करता है—तो उसे राज-सत्ता के सहयोग से कुचल दिया जाता है।
31. धनवान कम मजबूरी द्वारा गरीब का दोहन-शोषण करता है। यदि गरीब मजदूर बाजार की महँगी वस्तुओं की खरीद के हिसाब से अधिक मजदूरी माँगता है—तो उसे धनवानों के पालतू गुंडों एवं राजसत्ता द्वारा कुचल दिया जाता है। दबा दिया जाता है। कभी-कभी धनवान मजदूरों में फूट डाल कर उन्हें आपस में लड़ा देता है।
32. राजसत्ता कम वेतन द्वारा तीसरी एवं चौथी श्रेणी के सरकारी नौकरों का दोहन-शोषण करती है और अन्य गरीब जनता का नाना प्रकार से शोषण करती है। यदि यह कम वेतन वाले सरकारी नौकर बाजार की महँगी वस्तुओं की खरीद के हिसाब से अधिक वेतन की माँग करते हैं और अन्य गरीब जनता विभिन्न सहूलियतों की माँग करती है—तो उन सब को राजसत्ता अपनी पुलिस तथा सेना की शक्ति द्वारा कुचल देती है। दबा देती है। राजसत्ता कभी-कभी नौकरों और अन्य गरीब जनता के बीच फूट डालकर उन्हें आपस में लड़ा देती है।
33. पुराने समय में कल्पित पुण्य और पाप की परिभाषा कुछ भी रही हो—परन्तु आजकल पुण्य की परिभाषा है समाज द्वारा इज्जत पाना तथा सरकार द्वारा किसी जुर्म में दंडित न होना और पाप की परिभाषा है—समाज द्वारा बेइज्जत होना तथा सरकार द्वारा किसी जुर्म में दंड पाना।

34. बस! इससे अधिक पुण्य व पाप की कोई परिभाषा नहीं है। पिछले जन्म के पुण्य पाप को मौजूदा जन्म से और मौजूदा जन्म के पुण्य पाप का अगले जन्म से कोई सम्बन्ध नहीं है। पुरोहितवादी उपरोक्त कल्पित विचारधारा बिलकुल झूठ है।
35. मरने के बाद यह शरीर चार महाभूतों (पृथ्वी, जल, अग्नि तथा हवा) में बदल जाता है। पिछले जन्म और अगले जन्म की बात झूठी है।
36. स्त्री-पुरुष के सन्सर्ग से जब स्त्री की बच्चेदानी में स्त्री का रज तथा पुरुष का वीर्य पहुँचता है—तब चार या पाँच माह के उस मांस के लोथड़े में स्वयमेव शक्ति या चेतना उत्पन्न हो जाती है। नवें महीने बालक या बालिका का जन्म हो जाता है। इसी शक्ति या चेतना को कुछ लोग 'आत्मा' के नाम से पुकारते हैं—परन्तु पुरोहितवादी विचारधारा वाले इसे शक्ति या चेतना से 'आत्मा' को अलग मानते हैं।
37. इतनी-सी सीधी-सीधी घटना द्वारा पुरोहितों ने मनुष्य को नाना प्रकार के झंझटों कर्म-कांड में स्वार्थ (दोहन-शोषण) हेतु फाँस रखा है।
38. अत: नतीजा निकला कि कल्पित ईश्वर, आत्मा, स्वर्ग-नरक, पाप-पुण्य, पुनर्जन्म, तेरहीं, कथा-भागवत, तीर्थ व मोक्ष, भंडारा आदि में विश्वास मत करिए—क्योंकि इनसे लाभ कुछ भी नहीं है—बल्कि इनसे धन व समय दोनों की बरबादी है।
39. वेदों आदि ग्रंथों में विश्वास मत कीजिए। ये ग्रंथ उन व्यक्तियों द्वारा नहीं लिखे गए हैं जो सब कुछ जानते हों। उनके लेखकगण विकास की प्रारम्भिक अवस्था में केवल गुफाएँ या झोंपड़ियाँ बनाना ही जानते थे। वे आजकल की सवा सौ मंजिल ऊँची बिल्डिंग बनाना नहीं जानते थे। वे नंगे पैर या खड़ाऊँ द्वारा ही पैदल यात्रा करते थे। आज का सभ्य आदमी रॉकेट द्वारा चन्द्रलोक की सैर करता है।
40. मेरा सुझाव है कि एक आदमी का दूसरे आदमी के साथ जो अच्छा सम्बन्ध है, उसे स्थापित करें। नई वैज्ञानिक खोज से लाभ उठाएँ तथा नई वैज्ञानिक खोज और अधिक करें। बस!
41. प्रबुद्ध पाठकों से प्रार्थना है कि अपने-अपने तर्क एवं सुझाव भेजें—ताकि अगले संस्करण में उन पर गम्भीरतापूर्वक विचार किया जाए।

—प्रिय पाठकों को अनन्त धन्यवाद!

दिनांक—14 अप्रैल, 1974 ई.

# ईश्वर से प्रार्थनाएँ और याचनाएँ करना बेकार है

गौतम बुद्ध ने वासेट्ठ से कहा कि एक आदमी बहती हुई गहरी नदी से उस पार जाना चाहता है। यदि वह आदमी इस ओर के किनारे पर खड़ा होकर जोर-जोर से पुकारे—'हे उधर के किनारे! इधर आओ! उधर के किनारे! इधर आओ'—तो हे वासेट्ठ! अब यह सोचो, क्या प्रार्थना या याचना या आशा या स्तुति करने से दूसरा किनारा उधर से इधर चला आएगा? स्पष्ट उत्तर है कि 'नहीं आएगा'।

हे वासेट्ठ! ठीक इसी तरह ब्राह्मण लोग तीन वेदों के दुर्गुणों का स्वयं अभ्यास करते हैं और दूसरों से भी अभ्यास करवाते हैं। वे कहते हैं कि हे इन्द्र! हम तेरा आह्वान करते हैं। हे ब्रह्मा! हम तेरा आह्वान करते हैं। हे ईशान! हम तेरा आह्वान करते हैं। हे प्रजापति! हम तेरा आह्वान करते हैं।

हे वासेटठ्! यह निश्चित है कि ऐसा नहीं हो सकता है। यह सब बेकार की बकवास और समय की बरबादी है।

**—तेविज्ज सुत्तंत**

दीघनिकाय 1/13
दिनांक—1 फरवरी, 1972 ई.

# ब्राह्मणी समाज रचना

ब्राह्मणी धार्मिक ग्रंथों से जुड़ा हुआ यह चतुर्वर्णी समाज ब्राह्मण, क्षत्रिय, वैश्य और शूद्र चार भागों में बँटा हुआ है।

यह चारों वर्ण—सामाजिक असमानता में बँधे हैं।

उसमें ब्राह्मण सबसे ऊपर, ब्राह्मण के नीचे क्षत्रिय—मगर वैश्य और शूद्र से ऊपर, क्षत्रिय से नीचे वैश्य—मगर शूद्र से ऊपर और सबसे नीचे शूद्र।

चारों वर्णों के अधिकार व सुविधाएँ भी क्रमवार असमानता के कानून के अनुसार ही हैं।

ब्राह्मणी समाज में एक ऐसा उप-समाज शूद्र समाज है—जो सभी जन्म-सिद्ध मानवीय अधिकारों व सुविधाओं से वंचित है।

धन्यवाद!

दिनांक—14 अप्रैल, सन् 1972 ई.

# ब्राह्मणी समाज में शिक्षा क्या है?

किसी व्यक्ति का शिक्षा का स्तर इस बात से नहीं बताया जा सकता कि उसने कितनी डिग्री प्राप्त की हैं। या किसी व्यक्ति की शिक्षा का स्तर इस बात से नहीं पता चलता है कि उसने कितनी किताबें पढ़ी हैं बल्कि किसी व्यक्ति की शिक्षा का स्तर इस बात से पता चलता है कि उसने कितनी स्वतंत्र सोच विकसित की है।

कोई व्यक्ति चाहे कितनी भी डिग्रियाँ प्राप्त कर ले अगर वह अपनी बुद्धि, चेतना, सोच को विकसित नहीं कर पाया तो इसका कोई मतलब नहीं है कि वह कितना पढ़ा-लिख है। अगर आपने स्कूल में पढ़ा—रावण के दस सिर थे या किसी औरत के आठ हाथ होते हैं और आपने मान लिया तो आपकी शिक्षा का कोई मूल्य या मतलब नहीं है। आपकी शिक्षा का मतलब तो तब है जब आपने सोच-विचार की दृष्टि से उस पर सवाल उठा दिया कि ऐसा कैसे सम्भव है?

आपकी शिक्षा का पता तब चलता है जब आपके यहाँ किसी बच्चे ने जन्म लिया और आप उसके नामकरण के लिए पोथी पढ़नेवाले किसी ब्राह्मण के पास भागते हुए चल दिए। इससे पता चलता है कि आपने केवल किताबें पढ़ी हैं लेकिन आपने शिक्षित चेतना, बुद्धि और तार्किकता का विकास नहीं किया है।

आपकी शिक्षा का पता तब चलता है, जब आप स्वर्ग का टिकट लेने के लिए अनपढ़, अज्ञानी ब्राह्मण का पाँव छूते हैं और एक प्रबुद्ध अछूत को अपमानित करते हैं। अज्ञानी ब्राह्मण से पूजा, पाठ, यज्ञ, हवन करवाते हैं और ज्ञानी दलित का अपमान करते हैं। उसे अपने बराबर बैठने नहीं देते हैं और अपने गिलास में पानी पीने नहीं देते। सच तो यह है कि मानवीय होना, अपनी स्वतंत्र सोच का विकास करना ही शिक्षा का मूल उद्देश्य और लक्ष्य होना चाहिए।

शिक्षा यह नहीं है कि आपको बता दिया गया कि हरिश्चन्द्र एक सत्यवादी राजा थे। आपने उसे चुपचाप मान लिया बल्कि शिक्षा यह है कि आपने यह सवाल खड़ा कर दिया कि वह राजा सत्यवादी कैसे हो सकता है जिसने सिर्फ एक सपने के आधार पर अपना सब कुछ एक अज्ञानी ब्राह्मण को दान दे दिया? यह

सत्यवादिता नहीं बल्कि मूर्खता है। सोचिए! अपनी पत्नी और बच्चे को बेचनेवाला कोई भी व्यक्ति सत्यवादी कैसे हो सकता है? यह सत्यवादी का कैसा प्रतिमान है?

सोचिए! भारत में कन्यादान की एक प्रथा है। दुनिया में कहीं भी ऐसा होता कि अपनी बेटी कोई दान कर दे? वह भी पुरोहित के मंत्र अनुसार पहला कन्यादान पुरोहित को, फिर पति रूप में आए लड़के को? क्या बेटियाँ कोई वस्तु हैं जो कोई पिता उन्हें उठाकर दान कर दे? बेटियाँ न्याय की प्रतिमूर्ति होती हैं। उन्हें उपेक्षितों में भी उपेक्षित रखा गया। अपमानितों में भी अपमानित किया गया है। अत: उन्हें सबसे अधिक सम्मान और समानता का अधिकार चाहिए।

शिक्षा यह है कि आपकी बुद्धि पुरोहितों/पंडों द्वारा गुलाम बनाए जाने की हिन्दू मिथकीय धारणा पर खटकने लगे। चिन्तन करने लगे। उस पर सवाल करने लगे।

मानसिक गुलामी वाली शिक्षा और पाठ्यक्रम का इससे बड़ा प्रमाण और क्या हो सकता है कि अपनी बुद्धि और प्रतिभा के विकास के लिए पन्द्रह-बीस साल पढ़ाई में खत्म करने के बाद लोग 5वीं फेल ब्राह्मण से अपने बच्चे का नामकरण करवाते हैं? आपको क्या करना चाहिए और क्या नहीं करना चाहिए, इतना भी सोच विकसित नहीं कर पाए। बस, जो पंडित कह देंगे, वही करेंगे। अपनी बुद्धि से कुछ भी क्यों नहीं कर सकते? मतलब आप इंजीनियर, डॉक्टर, वकील, आईएएस, आईपीएस, पीसीएस, नेता, अभिनेता आदि बन गए। यह सब प्रतिभा होकर भी इस लायक नहीं हुए कि अपना निर्णय स्वयं कर सकें। आप में आज भी इतनी बुद्धि विकसित नहीं हुई जितनी एक पाँचवीं फेल ब्राह्मण में। इसी कारण वह आपको मूर्ख बनाता रहा है, ऐसी स्थिति ही रही तो बनाता रहेगा।

आप लाखों रुपये खर्च करके अपना घर बनाना शुरू करने से पहले पंडित से मुहूर्त पूछने जाते हैं कि घर कब बनाना है? नींव कब रखनी है? कौन-सा दिन और कौन समय सही रहेगा? किस दिशा में दरवाजा रहेगा? कब नींव की ईंट रखने का पूजन करवाना है? क्या आप दिमाग से पैदल हैं जो अपने घर का निर्णय करने में इतना पढ़ने-लिखने के बाद भी समर्थ नहीं हो पा रहे हैं? ये पैसा आपके पसीने का है और जब घर में प्रवेश करने की बात आती है तो आपको अज्ञानी, अशिक्षित या पाँचवीं फेल ब्राह्मण सब कुछ बताएगा और शुरुआत करेगा!!

आप आम का पेड़ लगाएँ या फसल उगाएँ और पहला फल पुरोहित/पंडित खाएगा। यह कैसी शिक्षा है? यही मनुवाद की मानसिक गुलामी है। पुरोहित/पंडे/पंडित इसी सांस्कृतिक वर्चस्व की रोटी खा रहे हैं। सोचें! समझें! इसके विरुद्ध लड़ें।

धन्यवाद!

दिनांक—17 सितम्बर, सन् 1968 ई.

# पुरोहित से मूल नक्षत्र मत पूछिए!

मैंने अनागारिक धर्मपाल के जीवन चरित्र पर विशेष प्रकाश डालने के लिए उनके साथियों को कई पत्र लिखे। उन्होंने कोई जानकारी नहीं दी।

अन्ततः दस माह बाद उनका जीवन चरित्र जिस रूप में है, उसी रूप में पाठकों के सामने प्रस्तुत करना पड़ रहा है।

पाठकों ने अपने जीवन में अनेक महापुरुषों, महात्माओं, राजा-महाराजाओं तथा समाज-सुधारकों के जीवन चरित्र पढ़े होंगे। उनकी तुलना में अनागारिक धर्मपाल मेरी दृष्टि में अति लगनशील प्रतीत होते हैं। गुणग्राही पाठकगण उनके जीवन को अपने जीवन में ढालने की कोशिश करें, तभी लाभ होगा। अन्यथा अपना पैसा व समय व्यर्थ नष्ट करेंगे। लाभ-शून्य होगा।

1. रूढ़ि के तौर पर लंकावासी अपने सिर पर कंघी बाँधते थे। इन्होंने बन्द करा दिया। हम लोगों में जन्म से मरने तक तमाम ढोंग, व्यर्थ-संस्कार तथा अन्धविश्वास भरे पड़े हैं। आप विरोध कीजिए। मेरे पिताश्री ने मेरे पैदा होने पर पुरोहित से यह नहीं पूछा कि 'मूल' नक्षत्र में मेरे लड़के का जन्म हुआ है या नहीं। इस पर से मेरे गाँव के अनेक परिवारों ने पुरोहित से 'मूल' पूछना बन्द कर दिया। 'मूल' नक्षत्र में बालक के पैदा होने पर माता-पिता के दुर्दिन आनेवाले हैं—ऐसी पुरोहित की भविष्यवाणी हुआ करती थी। माता-पिता अपने बच्चे का मुँह सत्ताईस दिन तक नहीं देख सकते। सिर के बाल सत्ताईस दिन तक नहीं बनवा सकते। कड़ा जाड़ा या भारी गर्मी में भी पैरों में जूते सत्ताईस दिन नहीं पहन सकते, आदि आदि। सत्ताईस दिन पुरोहित 'मूल' शान्ति हेतु यज्ञ-होम करता। मंत्र पढ़ता-जपता। फिर ब्राह्मण-भोज, जातीय व व्यौहारी-भोज भी उसी दिन होता। 'मूल' न पूछने से इस सम्पूर्ण आडम्बर से छुटकारा पाया गया। वास्तव में 'मूल' कोई वस्तु नहीं। आकाश स्थित 'मूल' नक्षत्र का लाखों किलोमीटर दूर बच्चे से कोई सम्बन्ध नहीं। इसी तरह निरर्थक समझकर मैंने जनेऊ उतार दिया। मेरी देखा-देखी सैकड़ों जनेऊधारी अहीर, गड़रिया, लोधी, काछी

व कुर्मियों आदि ने जनेऊ उतार दिये। मैंने 'सत्यनारायण' की कथा बन्द कर दी। बाद में अन्य लोगों ने भी कथा बन्द करना प्रारम्भ कर दिया।

2. इन्होंने अंग्रेजी शासन व ईसाइयत के विरुद्ध 'जेहाद' बोल दिया। इस्लामी भाषा का शुद्ध शब्द 'जिहाद' है। जब इस्लाम-धर्म पर किसी अन्य धर्म द्वारा भारी खतरा पैदा हो जाए, तब सभी इस्लामधर्मी बूढ़े, जवान, लड़के, माता, मस्तूरात, बहिनें तथा लड़कियाँ अपने हाथों में नंगी तलवार लेकर विरोधियों पर टूट पड़ते हैं। इस धर्म-युद्ध में मरने-जीनेवाले की किसी को कोई परवाह नहीं रहती। यह है—'जिहाद'। आप कम-से-कम अ-समानता, छुआछूत, ऊँच-नीच, गरीबी, भुखमरी, भाई-भतीजावाद एवं भ्रष्टाचार के विरुद्ध जेहाद बोल दीजिए। मैंने अ-समानता के विरुद्ध जेहाद बोली। भारी प्रचार के बाद जब देखा कि हमें सवर्ण हिन्दू किसी भी कीमत में समानता नहीं देंगे। वे सुनाया करते कि व्यास स्मृति के अनुसार 'बढ़ई, नाई व गोप (ग्वाला, ग्वाल, गौली, अहीर या यादव) आदि सबके सब अन्त्यज (नीच) हैं।' तुलसीदास कृत रामचरितमानस के अनुसार 'जे वर्णाधम तेलि, कुम्हार, श्वपच, किरात, कोल, कलवारा।', 'आभीर, यवन, किरात, खस, श्वपचादि अति अधरुप जे।' अर्थात् तेली आदि अधम (नीच) हैं। आभीर (अहीर) आदि बहुत बड़े पापी हैं। वाल्मीकि रामायण के अनुसार अहीर के शरीर का स्पर्श अ-सहनीय है। अर्थात् अहीर अछूत है, आदि। अत: मैंने समतावादी बौद्ध धर्म की शरण लेकर समानता प्राप्त की।

3. इन्होंने शराब पीने का विरोध किया। आप भी शराब आदि कोई भी नशा मत करें। रिश्तेदारों व मित्रों आदि को नशा द्वारा होनेवाली तन-मन-धन की हानियाँ समझावें। नशा बन्द करावें। मैं युवावस्था में कसरत करता। बादाम व दूध मिश्रित भंग (नशा) थोड़ी मात्रा में, ठंडई के रूप में पीता। मौलाना अबुल कलाम आजाद, शिक्षामंत्री भारत सरकार ने लश्कर (ग्वालियर) में भाषण दिया। कहा—आप उपस्थित जन-समूह अपना-अपना एक-एक व्यसन चुपचाप छोड़ दीजिए। मैंने चिल्लाकर कहा, 'मैंने आज से भंग छोड़ दी। चरस, गाँजा, अफीम, बीड़ी, सिगरेट, पान व तम्बाकू मैं पहले भी नहीं खाता-पीता था। अब भी कोई नशा नहीं करता।'

4. इन्होंने अंग्रेजी शासन तथा ईसाइयत के विरुद्ध प्रचार के यम लंका में 'केला' नामक पेड़ के अंग्रेज बनवाए। उन्हें लाठी से पीटते, अपमानित करते। इससे अंग्रेजों का मनोबल गिरता। लंकावासियों का मनोबल बढ़ता। भय दूर होता। आप, आपके रिश्तेदार व मित्रगण अपनी तथा सन्तानों की तरक्की में बाधक लोगों, जातियों तथा सम्प्रदायों के साथ ऐसा ही बर्ताव करके अपना व अपनी सन्तान का मनोबल ऊँचा कीजिए। भय भगाइए।

उनका मनोबल गिराइए। मुझे व मेरे साथी पंडित नाथूराम शर्मा को रंगरूटी दशा में प्यारे लाल हेड-कॉन्स्टेबल बहुत परेशान करता था, कारण कि सब रंगरूटों में हम दोनों पढ़े-लिखे होने के कारण उसके गैर-कानूनी हुक्म को मानने से इनकार कर देते थे। शिकायतें बड़े ऑफिसरों से की। कोई सुनवाई नहीं हुई। अन्त में कवि एवं कलाकार पं. नाथूराम शर्मा (मिहोना-भिंड, मध्य प्रदेश) ने उस हेड-कॉन्स्टेबल का कागज पर चित्र बनाया। उसे हम दोनों सुबह-शाम जूतों से पीटने लगे। शर्म की ध्वनि गूँजी। उसने हम दोनों को परेशान करना बन्द कर दिया।

5. इन्होंने जलेबी बनानेवाले को इसलिए डाँटा-फटकारा, 'मूर्ख है' कहा क्योंकि वह जलेबी बनाने की कला अन्य लंकावासियों को नहीं सिखाता था। अगर सिखा देता तो बेचारे गरीब लोग भी जलेबी बना कर देश-परदेश में अपना स-परिवार पेट भर लेते। आप, आपके रिश्तेदार व मित्र किसी-न-किसी कारीगरी को जरूर ही जानते हैं। सब को सिखाइए। एक दिन ऐसा आएगा, जब भारत की सम्पूर्ण कारीगरी आप लोगों के पास इकट्ठी हो जाएगी। मेरे पास प्रिंटिंग प्रेस है। मैंने कई कम पढ़े गरीबों को प्रिंटिंग प्रेस का काम सिखाया। उनमें से किसी ने सरकार से कर्ज लेकर अपना खुद का प्रिंटिंग प्रेस खोल लिया। कोई अन्य प्रिंटिंग प्रेसों में नौकरी करने लगा।

6. लंकावासियों के रोकने पर भी इन्होंने कहा—मैं नहीं कहूँगा कि पादरी उल्लू हैं। गधे हैं। मूर्ख हैं। यह सुनकर सब पादरी उठकर चले गए। आप धार्मिक, सामाजिक, आर्थिक तथा राजनीतिक शोषकों से कहिए—बिना मेहनत के हराम की कमाई खानेवाले, हमें कम मजदूरी देनेवाले तथा हमारा हर प्रकार का दोहन-शोषण करनेवाले हरामी हैं। जालिम हैं। हत्यारे हैं। लुटेरे हैं। इनसे सदा सावधान रहें।

मैंने उत्तर प्रदेश का एक राजनीतिक नक्शा तैयार किया। नाम रखा—'शोषितों पर राजनीतिक डकैती'—जिसमें लिखा था कि कुल कितने एम.एल.ए. तथा गजेटेड ऑफिसर हैं। उनमें से किस जाति की कितनी संख्या है। इसका प्रचार करके लौटते समय विरोधियों ने दिनांक 4 फरवरी, 1974 ई. को शाम के साढ़े आठ बजे ग्राम 'खटघर' (पुलिस थाना—सिकन्दरा, जिला—कानपुर) के उत्तर में मुझे जान से मारने के लिए दाईं ओर से गोली चला दी। मैं ट्रैक्टर पर हमेशा दाईं ओर बैठता हूँ। बैठा था। ट्रैक्टर की चाल अधिक तेज थी, बन्दूक की गोली पीछे से साँय-साँय करती हुई निकल गई, आदि। मुझे मारने के लिए। हत्या करने के लिए कई बार घेरा गया। मैं बार-बार बच निकला। मेरी हत्या करने का बस एक ही कारण है कि मैं बराबर नवजागरण करता हूँ।

जन चेतना का निर्माण करता हूँ। जातिवादी-वर्णवादी-मनुवादी शोषण के विरुद्ध लिखता-बोलता-लड़ता रहता हूँ।

7. गौतम बुद्ध ने जहाँ बुद्धत्व प्राप्त किया, उस बुद्ध तीर्थ 'गया' (बिहार प्रान्त) में हिन्दू लोग तथागत गौतम बुद्ध की प्रतिमा को देखने के बाद प्रायश्चित्त के लिए आँख बन्द करके उसे पत्थर, कंकड़ मारते थे। जिन देवी-देवताओं की जीवनी से आप सबका शोषण होता है, आप नीच कहे जाते हैं, उनको पूजना बन्द कर दीजिए। मैंने उन्हें पूजना बन्द कर दिया है।
8. हिन्दू महन्तों ने 'गया' में बौद्ध भिक्षुओं को मारा-पीटा। भारी प्रयत्न के बाद 'गया' बौद्ध धर्म का केन्द्र बन ही गया। अपना मतलब पूरा करने के लिए आप पर ऐसी मुसीबत आती है—सहन करें। मैं ऐसी घटनाओं का न जाने कितनी बार भुक्तभोगी रहा हूँ।
9. इनकी सुधारवादिता के कारण इनके परिवार को परेशान किया गया। इन्हें लंका से निष्कासित किया गया। पाँच वर्ष कलकत्ता में नजरबन्द रहे। मगर सुधार कार्य करते ही रहे। सफलता मिली। आप लोग भी ऐसी मुसीबतें झेलने के लिए तैयार रहें। अन्यों द्वारा लिखी गई, मेरे द्वारा छापी गई, मेरे द्वारा लिखी गई तथा मेरे द्वारा छापी गई कई पुस्तकें जब्त हुईं। मैं हवालात में रहा। कुछ जीती गईं। कुछ हारी गईं। भारतीय दंड विधान की धारा 153-ए व 295-ए के अनुसार कई पुस्तकों की चार्ज शीटें लगी रखी हैं। जमानतें दाखिल करके समाज सेवा लेखन—भाषण—भ्रमण द्वारा कर रहा हूँ।
10. अनागारिक धर्मपाल ने काशी में ब्राह्मण के घर अनेक जन्म लेकर सदा बौद्ध धर्म के प्रचार करने की बात मरते समय की है, जो समझ में नहीं आती। यों तो बौद्ध साहित्य में पुनर्जन्म की अनेक घटनाओं का वर्णन है। मैं समझता हूँ, उस प्राचीन बौद्ध काल में ब्राह्मणी पुनर्जन्म की छाप बौद्धों पर भी पड़ी होगी जिसका असर अनागारिक धर्मपाल पर भी पड़ा होगा। बौद्ध धर्म अनीश्वरवाद व अनात्मवाद है। जब आत्मा नहीं, तब पुनर्जन्म किसका? अर्थात् पुनर्जन्म नहीं है।

[विस्तृत ज्ञान के लिए प्रकाशक द्वारा प्रकाशित पुस्तक—
'ईश्वर, आत्मा एवं वेदों आदि में विश्वास अ-धर्म है' मँगाकर पढ़िए।]

अन्त में, पाठकों से एक बार पुन: प्रार्थना है कि मेरी मंशा भारत में गृह-युद्ध कराना नहीं, बल्कि सही बात को सही मानने व मनवाने के लिए शान्ति अथवा क्रान्ति, प्रेम अथवा टक्कर के अतिरिक्त अन्य कोई मार्ग है ही नहीं। मजबूरी है। आपको अधिक उलझन में डाल दिया। क्षमा!

धन्यवाद!

दिनांक—14 अप्रैल, सन् 1964 ई.

# हम ब्राह्मणवाद में कैसे जियें?

जिस समाज में शूद्र की मनुष्यता सम्बन्धी कोई कीमत नहीं, केवल शूद्र के छूने मात्र से धर्म बिगड़ जाता है—वह समाज नहीं, पागलपन है।

जिस समाज ने शूद्र विद्या न पढ़े, शस्त्र धारण न करे व धन इकट्ठा न करे—वह समाज नहीं, मनुष्य जीवन की विडम्बना है।

जिस समाज में शूद्र अ-शिक्षित बना रहे व गरीब गरीब ही बना रहे—वह समाज नहीं, दंड है।

जिस समाज में नारा लगाया जाता है कि संसार के सभी मनुष्यों का एक ही कुटुम्ब है, मगर शूद्र के साथ जानवर से भी अधकि खराब व्यवहार रोजाना किया जाता है—वह समाज नहीं, पाखंड है।

जिस समाज में चींटियों को शक्कर खिलाई जाती हो, मगर शूद्र को पीने के लिए पानी न देकर प्यासा ही तड़प-तड़प कर मरने के लिए मजबूर किया जाता है—वह समाज नहीं, बेवकूफी है।

ब्राह्मणी समाज केवल अ-समानता के कारण ही जीवित है।

अ-समानता वाला ब्राह्मणी समाज समता, बन्धुता, स्वतंत्रता, संगमन, न्याय, सामर्थ्य, सम्पादन, स्वाभिमान एवं राष्ट्रीय-एकता का सबसे बड़ा शत्रु है।

ब्राह्मणवादी समाज में न गुण की पूजा है, न कर्म की।

ब्राह्मण खराब से खराब कर्म करे—तो भी समाज में उसका दर्जा कभी नहीं घटता और शूद्र अच्छे से अच्छा काम करे—तो भी वह समाज में बड़ाई नहीं पा सकता। शूद्र, अपमानित शूद्र ही रहेगा।

ब्राह्मणी समाज के व्यक्ति की सामाजिक प्रतिष्ठा जाति से है, हुनर से नहीं। वह श्रम और विकास का सबसे बड़ा शत्रु है।

ब्राह्मणी समाज में मनुष्य भला हो या बुरा—कैसा ही हो, यहाँ तो केवल क्रमवार उच्च वर्ग (सबसे पहले ब्राह्मण, इसके बाद क्षत्रिय व इसके बाद वैश्य) और उच्च जाति की पूजा होती है।

ब्राह्मण समाज में बड़े और छोटे वर्णों के बीच क्रमवार बड़ाई-छुटाई की भावना पैदा होकर प्रतिदिन की स्थायी लड़ाई-झगड़ा तथा भारी से भारी संघर्ष बना रहकर राष्ट्र की रीढ़ कमजोर करता है।

ब्राह्मणी समाज में कुछ लोगों की स्वार्थ पूर्ति होती है, शेष बहुसंख्यक (शूद्र) समाज का दोहन, शोषण और उत्पीड़न प्रतिदिन होता है।

ब्राह्मणी समाज का मुख्य मतलब है—शूद्रों तथा कमजोरी को दबाना, उन्हें सदा गुलाम बनाए रखना।

ब्राह्मणी समाज में एक ऐसा उप-समाज (शूद्र समाज) है—जो सभी मानवीय जन्मसिद्ध अधिकारों व सुविधाओं से वंचित है।

ब्राह्मणी कर्मवाद ने शूद्रों के अपनत्व और अत्याचार की भावनाओं को सोख लिया है, साथ ही साथ ज्ञान प्राप्ति का हक न होने के कारण बेचारे शूद्र सोच न पाए, कि हमें इस खराब हालत में पहुँचानेवाला ब्राह्मणी समाज रचना ही है।

अ-ज्ञानी होने के कारण शूद्र अपने जन्मसिद्ध अधिकारों को प्राप्त करने के वास्ते ब्राह्मणी समाज के खिलाफ विद्रोह करने के बजाय उल्टे इस मानवता विरोधी ब्राह्मणी समाज के अनन्य भक्त बन गए।

स्वतत्रन्ता प्राप्ति के लिए अन्तिम अस्त्र है—शस्त्र उठाना, सो ब्राह्मणी समाज में इन गरीबों से शस्त्र धारण करने का अधिकार पहले से ही छीन लिया है।

इस प्रकार दीन-हीन शूद्र समुदाय स्वार्थी ब्राह्मणों, बलशाली क्षत्रियों तथा धनी वैश्यों के भयानक जाल में फँसकर उनके शिकार मात्र बन कर रह गए।

['भगवान बुद्ध और उनका धर्म' से]

भारतीय संविधान द्वारा दिए गए अधिकारों के अनुसार अब आपकी तरक्की में कोई बाधक नहीं है। व्यर्थ में हाय मरे, हाय मरे, मत बकें। पुरानी ब्राह्मणवादी मान्यताएँ धीरे-धीरे समाप्त होंगी। उपरोक्त असमान्यतावादी मान्यताएँ भी आपको ही जैसे बने, तैसे समाप्त करनी हैं।

अत: 'आप अपना दीपक स्वयं बनें।' **—गौतम बुद्ध!**

धन्यवाद!

दिनांक—14 अप्रैल, सन् 1972 ई.

# ईश्वर है ही नहीं!—तब?

लेखक

**पेरियार ललई सिंह**

# ईश्वर है ही नहीं!—तब?

**(ईश्वर, वेद, पुराण, पुरोहित, स्मृति आदि में विश्वास करना मूर्खता है!)**

**1. राम व कृष्ण आदि अवतार किसके?**

**2. ईसा मसीह पुत्र किसके?**

**3. मुहम्मद अन्तिम दूत (पैगम्बर) किसके?**


लेखक

**पेरियार ललई सिंह**

अशोक पुस्तकालय

झींझक, कानपुर, उत्तर प्रदेश, भारत, 209302



**साहित्य मिलने का पता**

पेरियार ललई सिंह चेरिटेबल ट्रस्ट

84/172 झकरकटी, जीटी रोड, कानपुर, उ.प्र.-208003, भारत

पहली बार सन् 1963 ई.

प्रथम बार चार हजार प्रतियाँ

दूसरी बार सन् 1965 ई.

तीसरी बार सन् 1966 ई.

तीसरी बार आठ हजार प्रतियाँ

चौथी बार सन् 1968 ई.

पाँचवीं बार सन् 1970 ई.

पाँचवीं बार दस हजार प्रतियाँ

छठी बार सन् 1971 ई.

सातवीं बार सन् 1972 ई.

आठवीं बार सन् 1973 ई.

आठवीं बार ग्यारह हजार प्रतियाँ

नौवीं बार सन् 1975 ई.

दसवीं बार सन् 1978 ई.

दसवीं बार बारह हजार प्रतियाँ

बारहवीं बार सन् 1981 ई.

तेरहवीं बार सन् 1984 ई.

तेरहवीं बार बारह हजार प्रतियाँ

पन्द्रहवीं बार सन् 1986 ई.

सोलहवीं बार सन् 1987 ई.

सोलहवीं बार बारह हजार प्रतियाँ

सत्रहवीं बार सन् 1990 ई.

**मुद्रक**

पेरियार प्रेस

84/172 झकरकटी, जी.टी. रोड, कानपुर, उ.प्र. 208003

**मूल्य :** 5 पैसा

# ईश्वर है ही नहीं!—तब?

## अधिक से अधिक घर, परिवार, चट्टि-चौराहों और समाज में बाँटें! सभी अनपढ़ और पढ़े-लिखे लोगों को एकत्रित करके एक व्यक्ति पढ़कर सुनाए—

1. संसार को किसने पैदा किया? उत्तर मिला—ईश्वर ने! ईश्वर कौन है? कब पैदा हुआ? कोई उत्तर नहीं!!
2. जो ईश्वर में विश्वास करते हैं, उनका कहना है—ईश्वर सर्व-व्यापी और सर्व-शक्तिमान है। उसने ही संसार की पैदाइश की है। वह शिव (भला), न्यायी और दयालु है।
3. संसार की पैदाइश नहीं—बल्कि धीरे-धीरे विकास हुआ है।
4. किसी ने ईश्वर को आज तक आमने-सामने देखा है? उत्तर मिला—नहीं!
5. यह तो ऐसी बात है, जैसे—तीन अन्धे व्यक्ति एक लाइन में जा रहे हों—आगे वाले अन्धे से पूछा जाए—तेरे पीछे कितने व्यक्ति चल रहे हैं। तो वह उत्तर देगा—मालूम नहीं! बीच वाले अन्धे से पूछा जाए—तेरे आगे और पीछे कितने व्यक्ति चल रहे हैं। उत्तर देगा—मालूम नहीं! पीछे वाले अन्धे से पूछा जाए—तेरे आगे कितने व्यक्ति चल रहे हैं। उत्तर देगा—मालूम नहीं! इसी प्रकार 'ईश्वर है' की कल्पना झूठी है, क्योंकि ईश्वर को किसी ने आमने-सामने देखा नहीं है।
6. जो व्यक्ति पहले पैदा हुआ, स्वत: वेदवादी-पुरोहितवादी ग्रंथों ने उसे ब्रह्मा कहा और बाद में पैदा होनेवाले व्यक्ति का पिता कहलाया, ठीक है, परन्तु इसी सिद्धान्त के अनुसार उसके बाद पैदा हुआ—तीसरा व्यक्ति का ब्रह्मा दूसरा व्यक्ति हुआ। दूसरा व्यक्ति तीसरे का पिता भी हुआ, फिर चौथा व पाँचवाँ आदि इसी क्रम से करोड़ों ब्रह्मा हुए। 'ब्रह्मा एक ही है', का सिद्धान्त झूठा है, ब्रह्मा की सभी सन्तानें मरण-धर्मी, अनित्य, अ-स्थिर, अल्पजीवी और परिवर्तनशील क्यों हैं? उत्तर—नदारद! नदारद क्या—उत्तर कुछ है ही नहीं!

7. प्रथम पुरुष/व्यक्ति को ब्रह्मा समझने की कल्पना पूर्णत: झूठी है। साथ ही सोचने की बात है कि स्त्री की योनि से मानव का जन्म हुआ—होता है। स्त्री के इस प्राकृतिक अधिकार को पुरुष ब्रह्मा को दे दिया गया। वेद में कहा गया—ब्रह्मा ने मुख से, भुजा से, पेट से और पैर से सृष्टि को पैदा किया। क्या आज भी कोई पुरुष अपने मुख से बच्चा पैदा कर सकता है? उत्तर है नहीं! ब्रह्मा का गप्प वेदों में आर्य वेदवादियों ने गढ़ा। कारण कि आर्यों के पहले की असुर सिन्धु सभ्यता मातृ-प्रधान थी जिसका विध्वंस/संहार कर आर्यों ने पुरुष प्रधान समाज बनाया। इसी कारण कहता हूँ—ईश्वर है ही नहीं। ईश्वर, वेद, पुराण, पुरोहित, स्मृति आदि में विश्वास करना मूर्खता है।
8. ईश्वर यदि सर्व-शक्तिमान है तो व्यक्ति के मन में किसी काम के करने या न करने की इच्छा क्यों पैदा होती है? व्यक्ति भले या बुरे हर काम को अपनी बुद्धि के अनुसार सोच-समझकर करता है। ईश्वर के सर्व-शक्तिमान होने की उपयोगिता व्यक्ति के किसी काम में न आनेवाली सर्व-शक्तिमान की कल्पना झूठी है।
9. ईश्वर शिव—कल्याण स्वरूप है, तो व्यक्ति हत्यारा, चोर, व्यभिचारी, झूठा, चुगलखोर, बकवादी, लोभ, द्वेषी और कुकर्मी क्यों होता है? क्या शिव—कल्याण स्वरूप के होते हुए, ऐसे खराब काम सम्भव हैं? ईश्वर की ऐसी शिव—कल्याण स्वरूप होने की उपयोगिता व्यक्ति के किसी काम में न आनेवाली।

   अत: शिव—कल्याण स्वरूप की कल्पना पूर्णत: झूठी है।
10. ईश्वर न्यायी और दयालु है तो संसार के व्यक्ति अन्याय क्यों कर रहे हैं? चोरी, डकैती, ठगी, झूठ व अज्ञानता क्यों फैला हुआ है? झूठे मुकदमे गढ़-गढ़ कर न्यायालय में व्यक्ति ले जाता—जीत जाता है। इस प्रकार ईश्वर ही नहीं प्रत्येक वस्तु स्थिति पर बुद्धिवादी-भौतिकतावादी दृष्टि से सोचने-समझने, चिन्तन करने की जरूरत है। इस चिन्तन दृष्टि से आप पाएँगे कि ईश्वर है ही नहीं! ईश्वर, वेद, पुराण, पुरोहित, स्मृति आदि में विश्वास करना मूर्खता है। अधर्म है। यह नास्तिक संसार ही सत्य है।

# परिशिष्ट

## अल्प-संख्यक एवं पिछड़ा वर्ग सम्मेलन

दिनांक 12 अक्टूबर, 1968 ई.
बारहदरी, कैसरबाग, लखनऊ (उत्तर प्रदेश), भारत

# पेरियार ई.वी. रामास्वामी का लखनऊ का भाषण

सार प्रस्तुति
**पेरियार ललई सिंह** स्टेनो (आई.एस.सी., बम्बई)

**पोस्टर में—**

1. छुआछूत व जाति-पाँति खत्म कीजिए।
2. आप जिस महान् उद्देश्य को लेकर यहाँ आए हैं उसको सामने रखें।
3. उठिए और अपना इतिहास खुद बदलिए।
4. अधिकार माँगे नहीं, छीने जाते हैं।

**हमारा नारा**

1. जिओ और जीने दो!
2. बहुजन हिताय-बहुजन सुखाय!

जय पेरियार!
जय शोषित!!
जय मानव!!! जय भारत!!!

# अल्प-संख्यक एवं पिछड़ा वर्ग सम्मेलन

दिनांक 12 अक्टूबर, 1968 ई.
बारहदरी, कैसरबाग, लखनऊ (उत्तर प्रदेश), भारत

# पेरियार ई.वी. रामास्वामी का लखनऊ का भाषण


सार प्रस्तुति
**पेरियार ललई सिंह** स्टेनो (आई.एस.सी., बम्बई)
अंग्रेजी से हिन्दी अनुवाद—रामअधार, पुखरायाँ, कानपुर, उत्तर प्रदेश, भारत



**अशोक पुस्तकालय (रजि.)**
झींझक, जिला—कानपुर, उत्तर प्रदेश, भारत-209302


**पेरियार**
का यह अभिवचन
समतामूलक समाज निर्माण
के लिए कहीं भी कार्यक्रम समाप्ति के बाद मुफ्त बाँटें।
इसे पढ़े-लिखे लोग हर समय जेब में रखें।
अपने घर-परिवार, चट्टी-चौराहों पर बे-पढ़े-लिखे लोगों के बीच
पढ़कर सुनाएँ फिर पेरियार के कहे का अर्थ बताएँ,
ऐसे ही धीरे-धीरे उत्तर भारत में पेरियार की सोच वाले समाज का निर्माण होगा!


हिन्दी प्रथम बार 8,000 प्रतियाँ सन् 1969 ई.
अंग्रेजी प्रथम बार 7,000 प्रतियाँ सन् 1969 ई.
उर्दू प्रथम बार 7,000 प्रतियाँ सन् 1969 ई.
दूसरी बार सन् 1971 ई.
तीसरी बार सन् 1973 ई.
चौथी बार सन् 1975 ई.
पाँचवीं बार सन् 1977 ई.
छठी बार सन् 1980 ई.
सातवीं बार सन् 1982 ई.
आठवीं बार सन् 1985 ई.
नौवीं बार सन् 1988 ई.
दसवीं बार सन् 1990 ई.
ग्यारहवीं बार सन् 1992 ई.




**मुद्रक**
हुब्बलाल आजाद
आदर्श प्रिंटिंग प्रेस
झींझक, जिला—कानपुर

**मूल्य :** 25 पैसा

**साथियो!**

आपने मुझे उद्‌घाटन भाषण के लिए चुना। इसके लिए आप सबका आभारी हूँ।

यह सम्मेलन केवल अछूतों का नहीं है। यहाँ हम सभी शोषितों के नाम पर इकट्‌ठे हुए हैं।

हम सब बीस साल से नेहरू के नेतृत्व में रह रहे हैं परन्तु इसे लोकतंत्र नहीं कह सकते। हमने आजादी के बाद क्या आजादी पाई? जैसे आजादी के पहले अल्प-संख्यक, बैकवर्ड व अछूत बरबाद थे, वैसे अब भी पामाल व बरबाद हैं, इससे स्पष्ट सिद्ध है कि कोई विशेष परिवर्तन नहीं हुआ।

क्या ऐसे अनुशासन से हम कोई सामाजिक परिवर्तन ला सकते हैं? आज चाहे जितना आन्दोलन हो, कोई सुननेवाला नहीं है।

हमारे कर्णधार वैसी ही पुरानी धार्मिक व सामाजिक व्यवस्था रखना चाहते हैं, जैसी धार्मिक व सामाजिक व्यवस्था पहले थी। वही अब भी जबरन लादी जा रही है। मानवता इससे बहुत दूर है। समतामूलक समाज की स्थापना असम्भव है।

हमें स्वतंत्रता जरूर मिल गई परन्तु सरकार पुरानी पुरोहितवादी, वर्णवादी और जातिवादी मानसिकता की समाज व्यवस्था लागू किए हुए है।

साथियो!

इस सम्मेलन से हम कितनी उथल-पुथल ला सकेंगे, हम लोग अपने आप में कितना परिवर्तन ला सकेंगे—हमें शक है। मगर इस सम्मेलन से यह शिक्षा अवश्य मिलेगी, कि हम लोग आज की भाँति बार-बार इकट्‌ठे हों और ईश्वर, वर्ण-व्यवस्था, ब्राह्मणवाद-जातिवाद और अछूत भावना को दूर करने का कोई आमूल-चूल उपाय ढूँढ़ें। आपस में एकता की भावना और सोच का निर्माण करें।

राजनीति प्रवीण राजनीतिक नेता राजनीतिक लाभ के लिए राजनीतिक आन्दोलन के साथ-साथ समाज-सुधार का दिखावटी ढिंढोरा पीटते हुए, सामाजिक आन्दोलन भी चाहते हैं। बैकवर्ड व अछूतों को ऐसे नकली राजनीतिक नेताओं से सावधान रहना चाहिए अर्थात् उनका साथ नहीं देना चाहिए। अन्यथा उनकी शक्ति और अधिक मजबूत हो जाएगी और फिर वे हम लोगों का अत्यधिक शोषण करेंगे।

द्रविड़ कजगम के समाज-परिवर्तन आन्दोलन को मैं स्वाभिमानी रूप में नेतृत्व करते हुए, पिछले 30-40 सालों से चला रहा हूँ।

मेरा सम्बन्ध राजनीति से नहीं रहा है। मैंने कभी कोई चुनाव नहीं लड़ा।

मुझे तमिलनाडु में इसलिए विशेष सम्मान मिला क्योंकि हमारे सामाजिक आन्दोलन का केवल एक ही ध्येय रहा है कि इस समाज में समता कैसे ला सकते हैं?

हमें अपने सामाजिक आन्दोलन में लाभ इसलिए पहुँचा क्योंकि हम लोग ईश्वर, वेद, धर्म, शास्त्र, आत्मा, स्वर्ग, नर्क, पाप, पुण्य, भाग्य, पुनर्जन्म, देवी-देवता के

चक्कर में नहीं पड़े और न उनसे प्रेम किया। यदि हम लोग उनके चक्कर में पड़ जाते व उनसे प्रेम करते तो जनता के सामने सत्यता को नहीं रख पाते।

हम लोग अगर समाज को उठाना चाहते हैं तो हमें ईश्वर, वेद, धर्म, शास्त्र, आत्मा, स्वर्ग, नर्क, पाप, पुण्य, भाग्य, पुनर्जन्म, देवी व देवता आदि सभी अन्धविश्वासी बातों के लोभ और उनके प्रपंच को त्याग देना पड़ेगा। ईश्वर को जिसने गढ़ा वह मूर्ख था! जो ईश्वर का प्रचार करता है, वह महाधूर्त्त है!! जो ईश्वर की पूजा करता है, वह असभ्य है!!! ईश्वर नहीं है! ईश्वर नहीं है!! ईश्वर नहीं है!!!

हम बड़ी-बड़ी नौकरियों द्वारा समाज को नहीं बदल सकते। हम लोग जब बड़े ऑफिसर बन कर समाज-सुधार की बात आम जनता से कहेंगे तो पुराने कूप-मंडूक धर्मध्वजी ढाल बन कर उसका डटकर तीव्र विरोध करेंगे। तब हमारी एक भी नहीं चलेगी क्योंकि जिस प्रकार हँसना तथा गाल फुलाना, दोनों काम एक ही साथ नहीं हो सकता है, उसी प्रकार सरकारी ऑफिसरी के पद का कार्यभार सच्चाई व ईमानदारी के साथ करना और सामाजिक परिवर्तन की नेतागीरी भी करना, दोनों काम एक ही साथ नहीं हो सकते।

संविधान के अनुसार सभी धर्म सुरक्षित हैं परन्तु धर्म पर चलने की आज्ञा हमें धर्म ने नहीं दी।

धर्म शास्त्रों की रक्षा करना धर्म है—परन्तु हम यदि कूप-मंडूकता, अन्ध-विश्वास, ऊँच-नीच की भावनाओं और कुरीतियों को दूर करना चाहें तो धर्म बाधक है।

हम लोगों का सामाजिक शोषण वर्षों से होता चला आ रहा है। पचास करोड़ व्यक्ति सामाजिक कूप-मंडूकता, अन्ध-विश्वास, ऊँच-नीच की भावनाओं और कुरीतियों को अच्छा एवं मान्य समझकर उसमें विश्वास करते हैं। हम सरकार द्वारा इससे छुटकारा नहीं पा सकते।

सरकस का मालिक जिस प्रकार शेर का खेल दिखाकर अपनी रोजी कमाता है, उसी प्रकार सरकार भी समाज-सुधार का खेल-मात्र दिखाकर शासनारूढ़ हो रही है परन्तु वह तिल-मात्र भी सुधार नहीं कर पाई।

भलाई करने का वायदा करनेवाली सरकार हम लोगों का कोई भला नहीं कर पाई बल्कि हमारे ऊपर ऐसी अनेक नई-नई पाबन्दियाँ लगा दी हैं जिसकी वजह से हम लोग इकट्ठे होकर अपने उत्थान की जो भी माँग कानूनी ढंग पर करते हैं, सरकार द्वारा उस माँग को गैर कानूनी करार दिया जाता है। ऐसी भीषण परिस्थिति में हम लोगों ने वह सम्मेलन बुलाया है।

मद्रास प्रदेश में हमने बड़ी मेहनत से समाज-सुधार का काम किया है इसलिए वहाँ हमारी सरकार है। मद्रास प्रदेश की सरकार को कोई उतार नहीं सकता।

शादी-विवाह या अन्य त्योहारों के अवसर पर मद्रास प्रदेश में ईश्वर या देवता के नाम पर पहले अन्न जलाया जाता था परन्तु अब वहाँ नहीं जलाया जाता है।

मद्रास सरकार के आदेशानुसार किसी भी सरकारी दफ्तर में किसी भी देवी-देवता का चित्र या मूर्ति नहीं रहेगी।

हमने किसी भी देवी-देवता के सामने कसम नहीं खाई कि हम अच्छा प्रबन्ध करेंगे मगर हम अच्छा प्रबन्ध करते हैं।

मद्रास प्रदेश में केवल थोड़े से मुसलमान खुदा अर्थात् ईश्वर में विश्वास रखते हैं बाकी नहीं परन्तु सबका समर्थन द्रविड़ मुन्नेत्र कजगम (डी.एम.के.) को प्राप्त है। केवल कांग्रेस ही उसकी मुखालिफत कर रही है। ब्राह्मण अखबार खिलाफत करते हैं। मगर खुलकर नहीं। सभी विरोधी सरकारों में डी.एम.के. को सबसे अधिक सफलता मिली है।

मद्रास प्रदेश की तरह यदि आप लोग उत्तर प्रदेश आदि में भी सामाजिक परिवर्तन कर लें तो सभी स्थानों पर आपकी सरकारें बन सकती हैं।

हम अपने सुधार के लिए चाहे कितना अच्छा प्रस्ताव पास करें, चाहे आन्दोलन चलाएँ परन्तु कांग्रेसी नेता केन्द्रीय सरकार के सहयोग से उसे छिन्न-भिन्न करा देते हैं। फेल करा देते हैं।

कांग्रेस सामाजिक समता लाने का दिखावटी ढोंग मात्र करती है मगर वह दिल से समता नहीं लाना चाहती है।

मैं अपने यहाँ कांग्रेस अध्यक्ष व गांधी का चेला भी रहा हूँ।

स्वतंत्रता प्राप्ति के समय 15 अगस्त, 1947 ई. को अंग्रेजों ने बड़ी-बड़ी नौकरियों के जो स्थान खाली किए, वे स्थान बड़ी (ऊँची) जाति वाले हिन्दुओं को मिले। इसी प्रकार उस समय जो मुसलमान ऑफिसर पाकिस्तान चले गए, उनके रिक्त स्थान भी उन्हीं हिन्दुओं को मिले।

हमने स्वतंत्रता के पहले जो आन्दोलन किए, उनमें भी हिंसा हुई और आजादी के बाद अब भी हिंसात्मक आन्दोलन चल रहे हैं। अगर ऐसे ही हिंसात्मक आन्दोलन देश में चलते रहे तो हमें यकीन है कि विरोधी लाभ पाएँगे।

विद्यार्थी भी हिंसा की ओर जा रहे हैं।

जब केन्द्रीय सरकार की राजनीति हम लोगों का समाज-सुधार नहीं कर सकती तब उसके पीछे हम कैसे चलें?

यदि ऐसी सामाजिक असमानता वाली ईर्ष्या चलती रही तो लोकतंत्र मिट जाएगा।

ईश्वर, वेद, धर्म, शास्त्र, देवी-देवता के समीप हिन्दू धर्मानुसार हम मनुष्यों की कोई इज्जत नहीं है।

केन्द्रीय शासक ईश्वर, वेद, धर्म, शास्त्र, आत्मा, स्वर्ग, नर्क, पाप, पुण्य, भाग्य, पुनर्जन्म, देवी-देवता व यज्ञ आदि में विश्वास रखते हैं। इसीलिए उन्हें हिन्दू नामक व्यक्ति-मात्र से प्रेम नहीं है।

विभिन्न विद्वानों ने कहा है कि धर्म के देवताओं में धर्म जैसी कोई बू नहीं है। देवताओं का बर्ताव व उनका निर्देशन आम जनता के लिए ठीक नहीं रहा। देवता भी मनुष्य की तरह संस्कार करते हैं। वे अपनी माता को भी स्त्री बनाते हैं।

ईश्वर, वेद, धर्म, शास्त्र, आत्मा, स्वर्ग, नर्क, पाप, पुण्य, भाग्य, पुनर्जन्म, देवी व देवताओं के नाम पर ऊँची जाति के हिन्दुओं ने लाभ उठाया है। ईश्वर को जिसने गढ़ा, वह मूर्ख था! जो ईश्वर का प्रचार करता है, वह महाधूर्त है!! जो ईश्वर की पूजा करता है, वह असभ्य है!!! ईश्वर नहीं है! ईश्वर नहीं है!! ईश्वर नहीं है!!!

मुसलमानों व ईसाइयों ने हमें हिन्दू-धर्म के देवताओं से ज्यादा अच्छाइयाँ दिखाई हैं।

जाति-पाँति के आधार पर बड़ी (ऊँची) जाति वालों के फायदे के लिए अर्थात् उनकी गुलामी (सेवकाई) करने के लिए जिस हिन्दू-धर्म ने छोटी (नीची) जातियाँ बनाई हैं। ऐसा असमान धर्म हिन्दू-धर्म कदापि अच्छा नहीं है।

जब तक हिन्दू धर्म रहेगा तब तक वर्ण और जातियाँ रहेंगी।

छोटी (नीची) जातियों वाले व्यक्ति धर्म की वजह से क्या विधान के अनुसार बराबरी पा सकते हैं? ईश्वर, वेद, धर्म, शास्त्र, आत्मा, स्वर्ग, नर्क, पाप, पुण्य, भाग्य, पुनर्जन्म, देवी व देवताओं के रहते हुए क्या जाति-पाँति खत्म हो सकती है? उत्तर स्पष्ट है कि कदापि नहीं।

केन्द्रीय सरकार पर कब्जा करने के बावजूद जाति-पाँति नहीं मिटेगी। राजनीति और जाति-पाँति एक साथ नहीं रह सकती।

हमने मद्रास प्रदेश में कानूनी सामाजिक-समता के अधिकारों की प्राप्ति हेतु सामाजिक आन्दोलन किया। हाईकोर्ट द्वारा यह सामाजिक समता प्राप्ति वाला आन्दोलन गैर-कानूनी करार दिया गया।

हम अगर केन्द्रीय सरकार को संसद में जाति-पाँति के नष्ट होने का कानून पास करा भी लें तो भी गैर-कानूनी करार दे दिया जाएगा।

इसीलिए हमें जाति-पाँति के भेद-भाव रहित जमात (सामाजिक संस्था) बनानी है।

कुछ लोग नाजायज फायदा (अनुचित-लाभ) उठाने के लिए जाति-पाँति बनाए रखना चाहते हैं। मगर ज्यादा लोग जाति-पाँति खत्म करना चाहते हैं क्योंकि इनकी बेइज्जती जाति-पाँति के आधार पर ही हो रही है। जो लोग अछूतों और बैकवर्ड का भला चाहते हैं वे कम-से-कम इनके साथ अच्छा बर्ताव करना प्रारम्भ करें।

हम लोग नीच गिने जाते हैं। विदेशी हमें जंगली कहते हैं।

जब तक हिन्दू-धर्म रहेगा तब तक अछूत मानसिकता और भेदभाव का समाज रहेगा।

यही बातें हमने उत्तर प्रदेशीय बैकवर्ड व अछूतों के सम्मेलन के इसी मैदान में सन् 1944 ई. और सन् 1959 ई. में भी कही थीं।

**अछूत-बैकवर्ड का सम्मेलन**

दिनांक 13 अक्टूबर, 1968 ई.

परेड मैदान, कानपुर, उत्तर प्रदेश, भारत

# पेरियार ई.वी. रामास्वामी का कानपुर का भाषण

सार प्रस्तुति

**पेरियार ललई सिंह** स्टेनो (आई.एस.सी. बम्बई)

जय पेरियार!

जय शोषित!!

जय मानव!!! जय भारत!!!

# अछूत-बैकवर्ड का सम्मेलन

दिनांक—13 अक्टूबर, 1968 ई.

परेड मैदान, कानपुर, उत्तर प्रदेश, भारत

# पेरियार ई.वी. रामास्वामी का कानपुर का भाषण

सार प्रस्तुति

**पेरियार ललई सिंह** स्टेनो (आई.एस.सी., बम्बई)

अंग्रेजी से हिन्दी अनुवाद—रामअधार, पुखरायाँ, कानपुर, उत्तर प्रदेश

**अशोक पुस्तकालय (रजि.)**

झींझक, जिला—कानपुर, उत्तर प्रदेश, भारत-209302

**पेरियार**

का यह अभिवचन

समतामूलक समाज निर्माण

के लिए कहीं भी कार्यक्रम समाप्ति के बाद मुफ्त बाँटें।

इसे पढ़े-लिखे लोग हर समय जेब में रखें।

अपने घर-परिवार, चट्टी-चौराहों पर बे-पढ़े-लिखे लोगों के बीच

पढ़कर सुनाएँ फिर **पेरियार** के कहे का अर्थ बताएँ,

ऐसे ही धीरे-धीरे उत्तर भारत में पेरियार की सोच वाले समाज का निर्माण होगा!

हिन्दी प्रथम बार 8,000 प्रतियाँ सन् 1969

अंग्रेजी प्रथम बार 7,000 प्रतियाँ सन् 1969

उर्दू प्रथम बार 8,000 प्रतियाँ सन् 1969

दूसरी बार सन् 1971 ई.

तीसरी बार सन् 1973 ई.

चौथी बार सन् 1975 ई.

पाँचवीं बार सन् 1977 ई.

छठी बार सन् 1980 ई.

सातवीं बार सन् 1982 ई.

आठवीं बार सन् 1985 ई.

नौवीं बार सन् 1988 ई.

दसवीं बार सन् 1990 ई.

ग्यारहवीं बार सन् 1992 ई.



**मुद्रक**

**हुब्बलाल आजाद**

आदर्श प्रिंटिंग प्रेस

झींझक, जिला—कानपुर

**मूल्य :** 25 पैसा

**साथियो!**

आपने मुझे उद्घाटन भाषण के लिए चुना, इसके लिए आप सबका आभारी हूँ।

मैं जो बात कहता हूँ, शायद आपके मजे की न हो। समाज को ईश्वरीय प्रकाश से संचालित करने की बीमारी बड़ी खतरनाक है। इसमें सत्तानवे प्रतिशत लोगों का तीन प्रतिशत लोग शोषण करते हैं। इस बीमारी में से कुछ निकालना पड़ेगा व कुछ रखना पड़ेगा अर्थात् कुछ अच्छाइयाँ मिलानी पड़ेंगी।

अब इस बीमारी का पता लगाया जाए, कि सामाजिक बहिष्कार की मानसिक बीमारी का कारण क्या है? इसको कैसे दूर किया जाए?

सामाजिक असमानता व जाति-पाँति की बीमारी का पहला कारण ईश्वर व धर्म है तथा दूसरा कारण सरकार है जो उसे पुस्तकों, अखबारों, रेडियो व भाषणों आदि द्वारा प्रोत्साहन देती है।

ईश्वर, वेद, शास्त्र, आत्मा, स्वर्ग, नर्क, पाप, पुण्य, भाग्य, पुनर्जन्म, कर्मकांड, अन्धविश्वास वाले हिन्दू-धर्म व उनके देवी, देवताओं की बेवकूफी के कारण हम सामाजिक बीमारी में फँसे हैं। हमारी इस कमजोरी के कारण केन्द्रीय सरकार चल रही है।

अगर हम ईश्वर, वेद, शास्त्र, हिन्दू-धर्म व उनके देवी, देवताओं में इतना विश्वास न करते तो हमारा इतना सामाजिक अपमान व धार्मिक शोषण नहीं होता।

ईश्वर को माननेवाले व्यक्ति, साधु व महन्त आदि जाति-पाँति को पनपा रहे हैं। हम ऐसे लोगों की पूजा करते हैं फिर भी ये सब हम से नफरत करते हैं।

पुराने व नए जमाने की सरकार इस हिन्दू-धर्म को प्रोत्साहित करती है। हमारा सामाजिक ढाँचा धार्मिक जीवन का अंग बन गया है।

हमें ईश्वर, वेद, शास्त्र, हिन्दू-धर्म व उनके देवी-देवताओं के विश्वास को समाप्त करना पड़ेगा। कोई व्यक्ति कहे कि सामाजिक ढाँचा बदल जाए और ईश्वर, वेद, शास्त्र, आत्मा, स्वर्ग, नर्क, पाप, पुण्य, भाग्य, पुनर्जन्म वाले हिन्दू धर्म व उनके देवी-देवता भी बने रहें। यह बात असम्भव है।

प्राचीन समय में जब मनुष्य जंगली जानवरों की भाँति जिन्दगी बिताता था तब उसने ईश्वर व देवी-देवता की कल्पना की थी परन्तु अब वह समय बहुत ही पीछे रह गया है।

केन्द्र में एक ही सरकार बनने का लक्ष्य यह था, कि सरकार में सबका विश्वास रहे। इस तरह की केन्द्रीय सरकारें अन्य देशों में नहीं हैं।

तमिलनाडु के ब्राह्मणों का लक्ष्य था कि केन्द्रीय सरकार ऐसी बनाई जाए, जिससे कभी भी उच्च जातियों के हितों पर आँच न आ सके। इसीलिए भारतीय संविधान बनानेवाली प्रारूप समिति में 20 प्रभावशाली सदस्यों में 13 ब्राह्मण,

1 कायस्थ, 1 बनिया, 1 राजपूत, 1 अछूत अम्बेडकर, 2 मुसलमान और 1 ईसाई थे। इसमें भी सर्वाधिक प्रभावशाली छह सदस्यों में से तीन सदस्य तमिलनाडी ब्राह्मण, एक सदस्य अन्य प्रान्तीय ब्राह्मण, एक सदस्य मुसलमान व एक सदस्य अछूत नेता डॉक्टर भीमराव अम्बेडकर थे।

संविधान निर्मात्री समिति में दो तिहाई ब्राह्मण थे। अत: उन्होंने यह संविधान उच्च जातियों को अधिकाधिक फायदा पहुँचाने के लिए लिखा है।

हम लोगों ने तमिलनाडु में इस संविधान को अपनी मूल प्रगति में हानिप्रद समझा, क्योंकि यह संविधान झुकने और समझौते के सिद्धान्त पर आधारित है। ईश्वर, वर्ण-जाति, धर्म और धर्मशास्त्र का भारतीय संविधान उन्मूलन नहीं कर सकता। ऐसी बातें संविधान के मौलिक अधिकारों के विपरीत हैं। संविधान वर्ग-घृणा की बात करता है लेकिन हमें पहले वर्ण और जाति घृणा की बात करना है, उसके बाद वर्ग घृणा की। ईश्वर, वर्ण, जाति, धर्म और धर्मशास्त्र के उन्मूलन की सोच का संविधान, समाज और राष्ट्र बनाना है। हम भारत का संविधान सामाजिक परिवर्तन का चाहते हैं। इसी कारण विरोध करने के लिए 27 नवम्बर, 1957 ई. में हम ने तमिलनाडु में भारतीय संविधान को जलाया। इस काम में मेरे साथ दस-ग्यारह आन्दोलनकारी द्रविड़ बन्दी हुए। चार हजार को सजाएँ मिलीं। किसी-किसी को तीन-तीन साल तक की सजाएँ मिलीं।

डॉक्टर अम्बेडकर ने भी संविधान बन जाने के बाद यह कहा था कि यह संविधान बैकवर्ड व अछूतों की मौलिक प्रगति में बाधक है। फिर भी जो कुछ है, उस पर ही यदि सच्चाई व प्रतिबद्धता के साथ अमल किया जाए तो मैं इस संविधान को बहुत बड़े काम का समझता हूँ। मगर यह जरूरी नहीं, कि मैं इसकी आलोचना न करूँ।

अगर हमें सामाजिक ढाँचा मौलिक रूप से परिवर्तित करना है तो या तो हम केन्द्रीय सरकार बदलें या उससे सम्बन्ध विच्छेद कर दें।

हम मुल्क से मुहब्बत रखते हैं।...

हुकूमत जनता के लिए होती है न कि जनता हुकूमत के लिए।

जनता को चाहिए, कि उस सरकार की हुकूमत में रहे जो उनकी मददगार हो। उनकी रक्षा करे।

राष्ट्र किसी कौम अर्थात् वर्ण-जाति विशेष का नहीं है।

इस राष्ट्र की यह सबसे बड़ी विडम्बना है कि सत्तानवे प्रतिशत व्यक्ति परेशान हैं और तीन प्रतिशत व्यक्ति शासन कर रहे हैं।

शासनारूढ़ व्यक्ति अपनी शक्ति बनाए रखने के लिए ईश्वर, वेद, धर्म, शास्त्र, आत्मा, स्वर्ग, नर्क, पाप, पुण्य, भाग्य, पुनर्जन्म, देवी व देवताओं की सेना बनाए हुए हैं। वे इसी सेना के बलबूते पर हमारे ऊपर राज कर रहे हैं।

ब्राह्मण अपनी कौम (जाति) को बचाने के लिए राजा को मार सकता है, अपने ब्राह्मणी धर्म को बचाने के लिए हाथ में तलवार ले सकता है या और भी बुरे से बुरा काम कर सकता है। इसलिए उसके द्वारा मुद्दत से जाति-पाँति की रक्षा की जाती रही है।

जहाँ तक मेरा मानना है, मैं इस राष्ट्र से ब्राह्मणों के शासन को जड़ से हटाने के लिए अन्य देशों की मदद भी ले सकता हूँ।

मेरा एकमात्र उद्देश्य यही है कि सामाजिक-शोषण बन्द हो जाए। हमें इस बात की चिन्ता नहीं करनी चाहिए, चाहे हम जर्मनी, रूस या पाकिस्तान से मदद लें।

अगर देशभक्ति की कोई मिसाल है तो केन्द्रीय सरकार को सामाजिक ढाँचा आमूल-चूल बदलना चाहिए। देश के लिए यही सबसे बड़ी अच्छाई है।

मैं ऐसे असमान सामाजिक ढाँचे में नहीं रहना चाहता। हमें उसके समूल बदलने के लिए औरों अर्थात् अन्य देशों की मदद लेना अनुचित नहीं है।

एक ब्राह्मण की थाली में कुत्ता खाना खा सकता है। मगर मनुष्य थाली के पास भी नहीं फटक सकता थाली में खाना खाने की बात तो बहुत दूर है। मैं स्पष्ट शब्दों में कहना चाहता हूँ कि मनुष्य जानवर से नि:सन्देह गरिमापूर्ण है।

दुनिया के लोगों ने बहुत से साइंटिस्ट व फिलॉसफर पैदा किए हैं परन्तु भारत ने इसके बजाय ऋषि व मुनि पैदा किए हैं जो वेद, पुराण, स्मृतियों की रचना किए, जो हिन्दू धर्म की असमानता के मूल स्रोत हैं। इसी असमानता के स्रोत से ईश्वर, वर्ण-व्यवस्था, पुरोहितवाद, जाति-व्यवस्था, अस्पृश्यता आदि जन्मी हैं। पुरोहित पुराने जमाने से असमानता बरतते रहे हैं। असमानता का उपदेश देते रहे हैं। असमानता की भावना का प्रचार-प्रसार करते रहे हैं। अब भी उसी प्रकार असमानता बरतते हैं और वही असमानता वाला प्रवचन देते हैं।

ईश्वर की मौजूदगी को साबित करने के लिए कोई सही तर्क इस संसार में किसी भी व्यक्ति के पास कतई नहीं है।

जिन लोगों ने ईश्वर के अस्तित्व की वकालत की है। उन्होंने अपने स्वार्थ के लिए तथा दूसरों का शोषण करने के अपने ढंग पर स्वत: कहानियाँ गढ़ी हैं जो सरासर झूठ हैं।

मैं चिल्ला-चिल्ला कर कहता हूँ कि 'ईश्वर नहीं है!', 'ईश्वर नहीं है!!', 'ईश्वर नहीं है!!!' ईश्वर को जिसने गढ़ा वह मूर्ख था! जो ईश्वर का प्रचार करता है, वह महाधूर्त्त है!! जो ईश्वर की पूजा करता है, वह असभ्य है!!!

जो व्यक्ति इस प्रकार के विचार मानता है कि जिसने पैदा किया है, वह ईश्वर है तो मैं कहता हूँ कि वह व्यक्ति मूर्ख है और जो व्यक्ति ईश्वर को मानता है, वह व्यक्ति असभ्य है! जंगली है!

भाषण समाप्त करता हूँ। सबको धन्यवाद!

## स्पष्टीकरण

**—पेरियार ललई सिंह**

संविधान की प्रारूप समिति के चेयरमैन डॉ. अम्बेडकर ने भारतीय संविधान में व्यवस्था की कि सामाजिक समानता सबको दी जाती है।

अत: अ-समानता वाले धार्मिक ग्रंथ वेद, पुराण, मनु-स्मृति आदि अमान्य समझे जाएँ। उसके विरुद्ध महाराष्ट्र के ब्राह्मणों द्वारा आपत्ति प्रस्तुत किए जाने पर हाईकोर्ट बम्बई (मुम्बई) ने संविधान की उपरोक्त व्यवस्था अ-समानता वाले कानून पर निर्णय दिया कि जो व्यक्ति व्यक्तिगत रूप से अ-समानता वाले धार्मिक ग्रंथों में आस्था रखना चाहता है, रख सकता है। सुप्रीम कोर्ट ने भी हाईकोर्ट बम्बई के निर्णय का समर्थन किया। इसके पश्चात् संविधान में ऐसा ही संशोधन हुआ।

# डॉ. अम्बेडकर का भाषण

प्रस्तुति

अनुवाद एवं टिप्पणी

**पेरियार ललई सिंह**

जय भीम!
जय शोषित!
जय मानव!!
जय भारत!!!
नमो बुद्धाय!!!!

# डॉ. अम्बेडकर का भाषण

प्रस्तुति
अनुवाद एवं टिप्पणी
**पेरियार ललई सिंह**

**अशोक पुस्तकालय**
झींझक, जिला—कानपुर,
उत्तर प्रदेश, भारत-209302

**डॉ. अम्बेडकर**
का यह अभिवचन
समतामूलक समाज निर्माण
के लिए कहीं भी कार्यक्रम समाप्ति के बाद मुफ्त बाँटें।
इसे पढ़े-लिखे लोग हर समय जेब में रखें।
अपने घर-परिवार, चट्टी-चौराहों पर बे-पढ़े-लिखे लोगों के बीच
पढ़कर सुनाएँ फिर डॉ. अम्बेडकर के कहे का अर्थ बताएँ,
ऐसे ही धीरे-धीरे उत्तर भारत में डॉ. अम्बेडकर की सोच वाले समाज का निर्माण होगा!

हिन्दी प्रथम बार 10,000 प्रतियाँ सन् 1969
अंग्रेजी प्रथम बार 7,000 प्रतियाँ सन् 1969
उर्दू प्रथम बार 7,000 प्रतियाँ सन् 1969
दूसरी बार 1971 ई.
तीसरी बार 1973 ई.
चौथी बार 1975 ई.
पाँचवीं बार 1977 ई.
छठी बार 1980 ई.
सातवीं बार 1982 ई.
आठवीं बार 1985 ई.
नौवीं बार 1988 ई.
दसवीं बार 1990 ई.
ग्यारहवीं बार 1992 ई.


**मुद्रक**
**हुब्बलाल आजाद**
आदर्श प्रिंटिंग प्रेस
झींझक, जिला—कानपुर।

**मूल्य :** 25 पैसा

# बाबा साहब डॉ. अम्बेडकर

## ने गोलमेज कॉन्फ्रेंस सन् 1930-31 में ज्ञान दिया

सन् 1857 ई. के बाद ब्राह्मणों ने अंग्रेजों से मिलकर अछूतों के नौकरी के रास्ते बन्द कराए।

**टिप्पणी—पेरियार ललई सिंह**—वही दशा कांग्रेस सरकार की है। हमने स्वतंत्रता का युद्ध लड़ा, हमें मिली केवल स्कीम बैकवर्ड क्लास कमीशन की। लेना-देना कुछ नहीं, कोरी योजना ही योजना है।

हम किसी अनुकूल समय के आगमन की प्रतीक्षा कर रहे हैं।

सरकारी स्वार्थी मशीनरी हमें अँधेरे में रोपना चाहती है।

**टिप्पणी**—हमारे स्वार्थी भाई भी अपने निजी स्वार्थों के सामने हमारे बहुमत के सुधार का गला घोटते हैं। गला घोटने में सवर्णों की सहायता करते हैं।

सरकार डरती है—बुद्धिजीवियों व पूँजीपतियों के विरुद्ध थोड़ा-सा भी समतामूलक कदम उठाना कठिन समझती है।

**टिप्पणी**—हमें ऐसी सरकार चाहिए जो गरीबों के हित में हो, कुर्सियों से चिपकनेवाली न हो।

औपनिवेशिक स्वराज्य नहीं अपितु पूर्ण स्वराज्य से दलित वर्ग का उद्धार होगा।

हम सीढ़ी दर सीढ़ी असमान हैं।

**टिप्पणी**—अब भी हैं।

हमें राजनीतिक सत्ता चाहिए तभी धार्मिक, सामाजिक, आर्थिक लाभ हो।

मैं चाहता हूँ भूतकाल की भाँति भविष्य में भी जुल्म न हो।

अंग्रेज पहले सवर्णों को अधिकार दें फिर हम सवर्णों से लड़ें। हम ये नहीं चाहते। हमें अधिकार अभी मिलना चाहिए। वर्ना सवर्णों को हमें अधिकार देने में दु:ख होगा।

**टिप्पणी**—वही हुआ जो सोचा था। अब हम सवर्णों से लड़ रहे हैं। सवर्ण इसे अपना घाटा समझ रहे हैं। अब हमें भारी क्रान्ति करनी है।

अधिकार हड़पने के लिए हमें हिन्दू-हिन्दू कहते हैं। (वास्तव में, हमसे घृणा करते हैं। दुराभाव रखते हैं।)

अमरीकन राजनीति दर्शन के महानतम आचार्य एडमंड बर्क ने अंग्रेजों से अमरीकी उपनिवेशों की समस्या हल करते समय कहा था कि बल प्रयोग से थोड़े समय के लिए समस्या हल हो सकती है। हमेशा-हमेशा बलपूर्वक किसी जाति को दबाने, बार-बार जीत से शासन समस्या ठीक-ठीक हल नहीं होती। अंग्रेजों ने माना, अमरीकनों से सुलह की।

बाद में ज्यों का त्यों अर्थात् राष्ट्र भक्त या देश भक्त को दलितों-पीड़ितों की परेशानी की चुभन नहीं।

सरकारी नौकरी का एकाधिकार होने से शोषित-दलितों-पीड़ितों को खतरा है। जिनका अधिकार है नौकरियों पर, वे अहंकारी बन जाएँगे।

**टिप्पणी—** बन गए हैं।

चिन्ता है, क्या हिन्दू जाति पूना पैक्ट के अनुसार पालन करेगी?

हिन्दू कॉन्फ्रेंस 25-09-1932 ई., बम्बई, ध्वनि मत से (हम करेंगे, हम करेंगे) मगर मुझे विश्वास नहीं। अवश्य ही हिन्दू अपनी बात में बहाना लगाएँगे।

**टिप्पणी—** जब समाज शिक्षित नहीं था, उसमें शूद्रता स्वीकार की मगर मौजूदा व भावी शिक्षित समाज समानता के अधिकार प्राप्त किए बिना चैन न लेगा।

**बाबा साहब ने 09-04-1943 ई. में कहा था—** अमेरिका व इंग्लैंड में इटली-जर्मनी की रूस की अपेक्षा अधिक आर्थिक व सामाजिक लोकतंत्रवाद है।

**टिप्पणी—** भारतीय स्वतंत्रता ने हमारी रही-सही समानता को भी निगल लिया है?

शासन वर्ग शासक और शोषित वर्ग शोषित ही बना रहा है।

**टिप्पणी—** राजा, पालदार, रइसों और ऑफिसरों के लड़के ही चुनाव में जीतने, अच्छा पढ़-लिखकर शासक ही रहते हैं। शोषित शोषित ही रह रहा है। इस प्रकार हमें लोकतंत्र ने निकम्मा बना दिया है।

### बाबा साहब का 28-10-1951 ई. का भाषण

विद्यार्थी समझदार वर्ग है। (आदत को मोड़ सकता है)

भारत में संघीय शासन का दीघ निकाय में कुशीनगर के हमलों का जिक्र है।

(1) पार्लियामेंटरी शासन में पैतृक शासनाधिकार की गुंजाइश नहीं।
(2) पार्लियामेंटरी शासन में अध्यक्ष व प्रधानमंत्री नाममात्र के शासक होते हैं। काम सभा की लोकतांत्रिक सहमतिनुसार होता है।
(3) प्रति 5 वर्ष बाद जनता का विश्वास प्राप्त करना होता है।

वेदों और स्मृतियों पर जिस प्रकार भाष्य जरूरी है, उसी प्रकार विरोधी दल की लोकतंत्र में जरूरत है। विरोधी दल प्रजातंत्र की चाभी है। इसीलिए ब्रिटेन व कनाडा विरोधी दल को बनने देता है।

कांग्रेस को धनी वर्ग चुनाव में रुपये देकर वर्तमान कानून में अपने अधिक परिवर्तन व नए कायदे वाले कानून बनवाता है।

महाभारत में भीष्म पितामह ने कहा कि नमक हलाल होने के नाते कौरवों के पक्ष में रहूँगा। वह पक्ष भले ही अन्याय का हो।

**टिप्पणी**—इसीलिए कांग्रेस पूँजीपतियों का नमक हलाल कर रही है। श्यामा प्रसाद मुखर्जी ने जनसंघ के दिल्ली अधिवेशन में कहा था कि सरकारी ऑफिसर चुनाव में कांग्रेस की मदद करते हैं।

**टिप्पणी**—इसीलिए लोकतंत्र की सफलता की आशा नहीं।

सत्तारूढ़ों का पैत्रिक अधिकार जनता बर्दाश्त नहीं कर सकती। चूँकि कम्यूनिज़्म का भीषण अभाव है।

**टिप्पणी**—लोकतंत्र की सही-सही रक्षा करें।

विरोधी पक्ष के पास समाचार पत्रों के लिए अपने-आपका साधन नहीं। कैनेडा के विरोधी नेता को वेतन, सेक्रेटरी, स्टेनोग्राफर, क्लर्क आदि सरकार की ओर से दिए जाते हैं।

ऑफिसर सफेद वर्दी को परमिट देता है। कसूरवार को सजा न देने की सिफारिश करता है। बात न मानने पर मिनिस्टर द्वारा बदली कर देने या अन्य हानि पहुँचाने की धौंस देता है।

अमेरिका में पहले नई सरकार क्लर्क, चपरासी आदि को बदल देती थी। बाद में ठीक व्यवस्था की।

सरकार का काम केवल नीति निर्धारित करना है। शासन व्यवस्था में पक्षपात या हस्तक्षेप करना नहीं होता है।

अमेरिका में वाशिंगटन ने दुबारा लोगों के बहुत-बहुत कहने से प्रेसीडेंट बने मगर तीसरी बार बात नहीं मानी।

इंग्लैंड के लोग विधान के प्रति गलत बात को लेकर और विरोधी दल को कमजोर कर सफल थे। लोकतंत्र को मानवता का दर्पण समझकर ऐसा नहीं किया।

बहुमत को चाहिए, भला मत के विरोध का मौका न दे। 65 में 50 विरोधी सन् 1831 में थे मगर कभी भी ऐसा मौका नहीं आया। जैसा आज के विरोधी बका करें, कोई प्रस्ताव पेश नहीं, ध्यान नहीं देते। वह व्यवहार निरंकुश है।

इंग्लैंड में यहूदियों को पैतृक सम्पत्ति में हक लेने के लिए स्वयं लड़ना पड़ा, किसी भी ईसाई ने मदद नहीं की। केवल राजा ने मदद की।

अफ्रीकी भारतीयों की सुविधाओं को दूर करने के लिए यूरोपियनों ने मदद की। रेवरेंट स्काट ने मदद की। भारत का हर गाँव दक्षिण अफ्रीकी गाँव है।

**अनुसूचित समस्या—** भविष्य में तीन हिस्सेदार होंगे राजनीति में—हिन्दू, मुसलमान, अनुसूचित जातियाँ, जो दो हजार वर्ष से दबाई गई हैं।

संसार के किसी भी धर्म में इतनी जाति-पाँति, छुआछूत नहीं है—जैसी हिन्दू धर्म में। इसी के बहाने वह अनुसूचित जाति पर अत्याचार करता है।

**टिप्पणी—** अनुसूचित जाति को अत्याचार सहन नहीं करना चाहिए। आत्मनिर्भर होना चाहिए। अपना सैनिक दल बनाना चाहिए जो गाँव में खबरें दे। और बताएँ, हमें क्या और कैसे करना है। वीरता की भावना पैदा करें।

दूसरी जातियों का भी सहयोग करो। सहयोग लो। आप अपने हितों का ध्यान रखिए।

कांग्रेसी समुद्र की हम एक बूँद है। कांग्रेस में शामिल होना शत्रुओं की शक्ति बढ़ाना है।

सताए हुओं की अर्जियाँ अत्याचारियों के सगे-सम्बन्धी ऑफिसरों के पास जाती हैं। वे कोई कार्रवाई नहीं होने देते। यदि हम लोग भी सिविल सर्विस ऑफिसर होते तो न्याय मिलता।

### बाबा साहब का सन् 1948 ई. में लखनऊ का भाषण

मुसलमानों व सिखों की तुलना में हम दुर्बल हैं।

मैं अभी नहीं चाहता अछूतों और पिछड़ी जातियों की रोटी-बेटी साथ हो बल्कि मैं चाहता हूँ कि राजनीतिक समझौता हो। एक राजनीतिक पार्टी हो। आबादी के हिसाब से नौकरी मिले। यू.पी. में अछूत 22 प्रतिशत हैं।

### बाबा साहब का 29-04-1944 ई. में मद्रास का भाषण

अब्राह्मण पार्टी मद्रास में इसलिए हार खा गई कि उनमें भी कुछ ब्राह्मणवाद आ गया था।

**टिप्पणी—** नेताओं की आलोचना करो!

भारत की यथार्थ समस्या—वर्ण, जाति, अछूतपन, साम्प्रदायिकता की है।

**टिप्पणी—** इस भावना को मन से पूरी तरह त्याग दें।

इंग्लैंड सरीखा राजनीतिक बहुमत भारत में कम नहीं। वहाँ साम्प्रदायिक बहुमत काम देगा। अल्पमत की भी संख्या रहे। विधान सभा में किसी बात को बहुमत से न मानकर अल्पमत के मतों को भी समर्थन मिलने पर मानी जाए।

## प्रतिनिधित्व की सूची सम्पूर्ण भारत में

प्रतिनिधित्व के आधारभूत सिद्धान्त, हिन्दू कहते हैं—बहुमत का शासन होना चाहिए, वे भूल करते हैं। जज व जूरी जब तक एकमत नहीं होते, निर्णय अमान्य रहता है। हिन्दू बहुमत के शासन का हठ छोड़ दें तो भी उन्हें कोई हानि नहीं क्योंकि समाज, पूँजी, व्यापार, कारोबार पर उन्हीं का अधिकार है।

आयरलैंड के नेता रैडमांड ने एलस्टर के नेता कारसन को कहा कि संयुक्त आयरलैंड की बात स्वीकार कर लो तब सभी संरक्षण दिए जाएँगे। उसने कहा, 'भाड़ में जाए तुम्हारे संरक्षण की नीति, हम तुम्हारे द्वारा शासित नहीं होना चाहते।'

# भारत का सर्वोच्च न्यायालय

उत्तर प्रदेश राज्य बनाम ललई सिंह यादव—16 सितम्बर, 1976

# सच्ची रामायण पर विस्तृत निर्णय

समतुल्य प्रोद्धरण 1977 एआईआर 202, 1977 एससीआर (1) 616
लेखक : वी. कृष्ण अय्यर
पीठ : कृष्ण अय्यर, वी.आर. भगवती
याचिकाकर्ता : उत्तर प्रदेश राज्य
बनाम
प्रत्यर्थी : ललई सिंह यादव, निर्णय दिनांक 16/09/1976
पूर्णपीठ : कृष्ण अय्यर, वी.आर. भागवती, पी.एन. फजल अली, सय्यद मुर्तजा
प्रोद्धरण : 1977 एआईआर 202 1977 एससीआर (1) 616, 1976 एससीसी (4) 213
अधिनियम : दंड प्रक्रिया संहिता, धारा 99-ए. 'स्टेटमेंट ऑफ ग्राउंड्स' (तथ्यों के विवरण) की अनिवार्यता का प्रश्न

# मुकदमे की संक्षिप्त भूमिका

अपीलकर्ता सरकार ने सी.आर.पी.सी. की धारा 99-ए के तहत तमिलनाडु के पेरियार ई.वी. रामास्वामी द्वारा अंग्रेजी में लिखित 'रामायना : ए टू रीडिंग' नामक पुस्तक तथा उसके हिन्दी अनुवाद की जब्ती के लिए इस आधार पर एक आदेश जारी किया है कि इस पुस्तक के जरिये भारत के नागरिकों के एक वर्ग—हिन्दुओं की धार्मिक भावनाओं को आहत करने की मंशा रही है। इस पर प्रत्यर्थी प्रकाशक की ओर से उच्च न्यायालय में संहिता की धारा 99-सी के तहत प्रार्थना-पत्र भेजा गया, जिसे उच्च न्यायालय की विशिष्ट बेंच ने स्वीकृति देते हुए राज्य सरकार की अधिसूचना को इस आधार पर खारिज किया कि वह संहिता की धारा 99-ए के आदेशानुसार, वे कारण बताने में असफल रही है जिनके आधार पर उसने अपना मत व्यक्त किया। अपीलकर्ता ने प्रत्युत्तर में कहा कि सरकार की ओर से सी.आर. पी.सी. की धारा 99-ए के तहत तथ्यों का विशिष्ट विवरण देना अनिवार्य नहीं है तथा इसके निहितार्थ को समझा जा सकता है। अपील को खारिज करते हुए न्यायालय ने कहा : राज्य को जब्ती के कारणों का विवरण देने के दायित्व से मुक्त करने का मतलब जनता की निश्चित स्वतंत्रता पर बलपूर्वक रोक लगाने का हिंसक अवसर देना है। धारा 99-ए के अनुसार तथ्यों का विवरण देना जरूरी है और प्रत्युत्तर में यह कहना कि उनके निहितार्थों को समझते हुए उनका विवरण आवश्यक नहीं, अमान्य है। एक आदेश संक्षिप्त हो सकता है लेकिन तथ्य-विहीन नहीं। तथ्यों का एक औपचारिक अधिकारिक विवरण संवैधानिक रूप से अनिवार्य है। धारा 99-सी व्यथित पक्ष को प्रतिषेधात्मक आदेश को खारिज करने हेतु उच्च न्यायालय में अपील दायर करने का अधिकार देती है और न्यायालय सरकार के आदेश में दिए गए तथ्यों या आधारों की जाँच करता है। न्यायालय आदेश में दिए गए कारणों से परे जाकर, घूम-फिरकर पूछताछ नहीं कर सकता और यदि तथ्यों को पूर्णतया नजरअन्दाज कर दिया जाए तो न्यायालय में अपील करने का बहुमूल्य अधिकार ही निरर्थक हो जाता है। (610 जी-एच, 620 बी-सी, जी-एच)

हरनाम दास बनाम यू.पी. ए.आई.आर. 1961 एस.सी. 1962, 1966—निर्देश लागू।

शेनेक बनाम यू.एस. (1918), 249 यू.एस. 47, 527; -63 एल.एड. 470, 473-474 : अब्राम्स बनाम यू.एस. (1919), 250 यू.एस. 616, 629 = 63 एल.एड.

1173, 1180; बोमेन बनाम सेकुलर सोसाइटी लिमिटेड (1917), ए.सी. 406, 466-7, अरुण रंजन घोष बनाम पश्चिम बंगाल राज्य (आई.एल.आर. 1957, 2 कैल., 396), ज्वालामुखी बनाम स्टेट ऑफ ए.पी. (आई. एल.आर. 1973 ए.पी. 114) को निर्दिष्ट।

मोहम्मद खालिद बनाम मुख्य आयुक्त (ए.आई.आर. 1968 दिल्ली) 18 एफबी) चिन्ना अन्नामलाई बनाम राज्य (ए.आई.आर. 1971 मद्रास 448 एफ.बी.), बेनेट कोलमैन एंड कम्पनी बनाम जम्मू-कश्मीर राज्य (1974 जे. एंड के.एल.आर. 591) अनुमोदित।

**निर्णय :** आपराधिक अपीली अधिकारिता : आपराधिक अपील संख्या 291, 1971
[इलाहाबाद उच्च न्यायालय द्वारा दिनांक 19-1-1971 के निर्णय और आदेश से विशेष अनुमति की अपील। विविध आपराधिक केस संख्या 412/70]
अपीलकर्ता की ओर से डी.पी. उनियाल तथा ओ.पी. राणा।
प्रत्यर्थी की ओर से एस.एन. सिंह।

*न्यायालय का निर्णय कृष्ण अय्यर, जे. द्वारा सुनाया गया था। कुछ मामले ऊपर से अहानिकर तो लगते हैं, किन्तु वास्तविक रूप में ये लोगों की स्वतंत्रता को लेकर चिन्ताजनक समस्याओं को बढ़ावा दे सकते हैं। प्रस्तुत अपील उन्हीं का एक उदाहरण है। इससे मुक्त होकर ही लोकतंत्र की नींव डाली जा सकती है जो आगे चलकर फल-फूल सके।*

*प्रस्तुत अपील विशेष अनुमति से उत्तर प्रदेश की राज्य सरकार द्वारा जारी, तमिलनाडु के दिवंगत राजनीतिक आन्दोलनकर्ता तथा तर्कवादी आन्दोलन के नेता पेरियार ई.वी. रामास्वामी द्वारा अंग्रेजी में लिखित 'रामायना : ए ट्रू रीडिंग' नामक पुस्तक और उसके हिन्दी अनुवाद की जब्ती के आदेश से सम्बन्धित है, जिसे दंड प्रक्रिया संहिता की धारा 99-ए के तहत पारित करने की मीटिंग की गई है।*

अपीलकर्ता सरकार के अनुसार, यह पुस्तक पवित्रता-दूषक तथा अपमानजनक होने के कारण आपत्तिजनक थी, जिसके पीछे 'भारत के नागरिकों के एक वर्ग—हिन्दुओं के धर्म और उनकी धार्मिक भावनाओं को अपमानित करते हुए जान-बूझकर और दुर्भावनापूर्ण तरीके से उनकी धार्मिक भावनाओं को आहत करने की मंशा थी। अत: इसका प्रकाशन धारा 295 एआईपीसी के तहत दंडनीय है।' इस अधिसूचना में सारणीबद्ध रूप में एक परिशिष्ट प्रस्तुत किया गया जिसमें पुस्तक के अंग्रेजी और हिन्दी संस्करणों में निहित उन प्रासंगिक पृष्ठों तथा वाक्यों का सन्दर्भ दिया गया है जिन्हें सम्भवत: अपमानजनक सामग्री के रूप में देखा गया। तत्पश्चात्, प्रत्यर्थी प्रकाशक ने धारा 99-सी के तहत उच्च न्यायालय को एक आवेदन भेजा। उच्च न्यायालय ने अपनी विशिष्ट पीठ द्वारा आवेदन को स्वीकार किया तथा अधिसूचना को खारिज कर दिया।

व्यथित राज्य सरकार ने विशेष अनुमति से इस न्यायालय में अपील दायर की है तथा अपीलकर्ता के अधिवक्ता ने हमारे समक्ष आग्रहपूर्वक कहा है कि सरकार की अधिसूचना में ऐसा कोई दोष नहीं है जिसके कारण उच्च न्यायालय ने उसे अमान्य घोषित किया है। चूँकि इस विवादित पुस्तक के लेखक ने खरे शब्दों में श्री राम जैसे महान अवतारों का प्रतिकार किया है और सीता तथा जनक की छवि को तिरस्कारपूर्वक मलिन किया है, इसीलिए यह पुस्तक विशाल हिन्दू समुदाय की धार्मिक भावनाओं पर अनुचित प्रहार करती है जो इन समस्त दैवीय महाकाव्यात्मक चरित्रों की आराधना या पूजा करता है, जोकि निन्दनीय है। इस मुद्दे की उपेक्षा करते हुए उच्च न्यायालय ने बहुमत से इस आदेश को इस आधार पर निष्फल बताया कि 'राज्य सरकार ने धारा 99-ए के अनुसार उन तथ्यों का विवरण नहीं दिया है जिनके आधार पर उसकी यह राय बनी। इसी एकमात्र कारण से याचिका की अनुमति दी जानी चाहिए और न्यायालय में जब्ती के आदेश को खारिज किया जाना चाहिए।'

धारा 99-ए का गहन विश्लेषण प्रारम्भिक बिन्दु से किया जाना चाहिए ताकि विवादित आदेश में किसी विकृति का पता लगाया जा सके। वाक्य-रचना सम्बन्धी अतिरेकता से मुक्त (इस केस में उठाए गए मसले से), प्रावधान के तीन अंश, जो नागरिकों द्वारा कृत रचनाओं को जब्त करने का अधिकार देते हैं, प्रासंगिक भागों को उद्धृत करने से प्रतिबिम्बित होते हैं : '99-ए (1) जहाँ—

(क) कोई समाचार पत्र या पुस्तक...अथवा

(ख) कहीं से भी मुद्रित दस्तावेज, जिसमें निहित सामग्री या कोई अंश राज्य सरकार को भारत के नागरिकों के विभिन्न वर्गों के बीच दुश्मनी या घृणा की भावनाओं को बढ़ावा देता हुआ या देने की मंशा रखता हुआ प्रतीत हो, या जिसका उद्देश्य जान-बूझकर और दुर्भावनापूर्ण रूप से किसी भी ऐसे वर्ग के धार्मिक विश्वासों का अपमान कर उसकी धार्मिक भावनाओं को आहत करना हो, अर्थात, कोई भी सामग्री जिसका प्रकाशन भारतीय दंड संहिता की धारा 124-ए, धारा 153-ए या धारा 295-ए के तहत दंडनीय है, राज्य सरकार, अपने मत का आधार बताते हुए, अधिकारिक राजपत्र में अधिसूचना द्वारा ऐसी सामग्री का प्रसार करनेवाले समाचार पत्र, पुस्तक या अन्य दस्तावेज की हर प्रति को जब्त करने का आदेश दे सकती है...।'

अत: एक प्रामाणिक आदेश के त्रिपक्षीय पहलू इस प्रकार हैं—

(i) कि पुस्तक या दस्तावेज में कोई सामग्री हो।

(ii) ऐसी सामग्री या तो भारत के नागरिकों के विभिन्न वर्गों के बीच शत्रुता या घृणा की भावनाओं को बढ़ावा देती हो या देने का इरादा रखती हो।

(iii) सरकार की राय के पीछे तथ्यों का विवरण दिया जाए।

उसके पश्चात् राज्य सरकार अधिसूचना के माध्यम से ऐसी सामग्री का प्रचार करनेवाली पुस्तक या दस्तावेज की प्रतियों को जब्त करने का आदेश दे सकती है।

क्या प्रस्तुत अधिसूचना कानूनी व्यवहार्यता की तीसरी माँग को पूरा करती है या फिर कारणों के विवरण के अभाव में यह निष्फल हो गया है? इस महत्त्वपूर्ण तत्त्व की कमी को ध्यान में रखते हुए उच्च न्यायालय ने आदेश को खारिज कर दिया है, परन्तु सरकार का प्रतिनिधित्व कर रहे वकील, श्री उनियाल ने कहा कि यद्यपि सरकार की राय के आधार का कोई स्पष्ट उल्लेख नहीं है, तथापि परिशिष्ट द्वारा इसकी पूर्ति हो जाती है। उनका तर्क है कि आपत्तिजनक पुस्तक के पृष्ठों तथा पंक्तियों की संख्या मामले की 'विषयवस्तु' तथा 'आधार' दोनों पर प्रकाश डालती है, खास कर 'आधार' तो इतना प्रत्यक्ष है कि इसकी उपेक्षा करना असंगत है। अधिक स्पष्ट रूप से कहें तो ऐसा मामला, जिसका पर्याप्त रूप से विस्तृत विवरण दिया जा चुका हो, कार्यात्मक रूप से, चाहे अन्तर्निहित अर्थ के माध्यम से अथवा आवश्यक निहितार्थ द्वारा, कारणों के विवरण की कानूनी आवश्यकता को पूरा करता है। सरकारी निष्कर्ष के आधार अथवा कारण प्रस्तुत करने की आवश्यकता काफी हद तक पूरी हो जाती है, हालाँकि औपचारिक तौर पर न सही, लेकिन परिशिष्ट, जो आदेश का एक अभिन्न अंग है, स्वत: स्पष्ट सामग्री प्रस्तुत कर देता है।

जब कारण स्वत: स्पष्ट हों, तो चुप्पी बहुत कुछ कह जाती है और कानून महज औपचारिकता की पूर्ति के लिए उनकी अलग से व्याख्या करने की माँग नहीं करता है। प्रतिवाद यह है कि संहिता द्वारा अभिव्यक्ति की मौलिक स्वतंत्रता पर रोक लगाने की विचारपूर्वक अभिव्यक्त शर्तों को निहितार्थ के सुविधाजनक सिद्धान्त द्वारा कमजोर नहीं किया जा सकता है। इस अधिकार की मूल प्रकृति के मद्देनजर विशिष्ट प्रावधानों के सख्त और प्रकट अनुपालन के बिना इसे बाधित नहीं किया जाना चाहिए। आखिरकार एक मुक्त गणराज्य में सभी मौलिक अधिकार, राष्ट्रीय आपातकाल के समय को छोड़कर, मौलिक होते हैं क्योंकि वहाँ संवैधानिक रूप से स्वीकृत कठोर प्रतिबन्धों को सीमित कर दिया जाता है। हमारे विचार के केन्द्र गें दंड प्रक्रिया संहिता और दंड संहिताएँ हैं और ये कानून हर समय लागू रहते हैं। इसलिए हमें कानून की व्याख्या इस तरह से करनी होगी कि संविधान और कानूनों में निर्धारित देश की सुरक्षा-आवश्यकताओं को पूरा करते हुए भी स्वतंत्रता को पूर्ण रूप से संरक्षित रखा जाए।

फिर भी, अपीलकर्ता के वकील का तर्क है कि जब्त किताब में दिए गए सन्दर्भ, जैसा कि आदेश के परिशिष्ट में दर्शाया गया है, श्री राम, सीता और

जनक के इतने प्रबल प्रतिकारक और निन्दात्मक हैं कि न्यायालय को उत्तर प्रदेश के हिन्दुओं की अपमानित भावनाओं की कल्पना स्पष्ट रूप से करनी चाहिए तथा यह मान लेना चाहिए कि आदेश में कारणों को अदृश्य स्याही से लिखा गया है। इस तर्क की महत्ता का आकलन करते हुए, हमें दो बिन्दुओं पर ध्यान देना होगा (अ) संवैधानिक परिप्रेक्ष्य, अर्थात् क्या मूल स्वतंत्रता को कानूनी रूप से बाधित करने की कोशिश की जा रही है और (ब) नियत प्रकाशन की लोक-सम्मत वैकल्पिक संभावनाओं का अस्तित्व जो कि उन परिस्थितियों तथा कारणों के विवरण की अनिवार्यता को दर्शाता है जो सरकार को लोकाचार की शर्तों के अनुरूप या फिर अन्यथा दर्ज की गई राय तक पहुँचने के लिए प्रेरित करते हैं।

भारत में सरकार धर्मनिरपेक्ष है और उसका हमारे बहुलवादी समाज में प्रचलित किसी एक या अन्य धर्म की आस्थाओं से कोई सीधा सरोकार नहीं है, लेकिन वह मात्र शान्ति और लोक-व्यवस्था के उल्लंघन के विरुद्ध समाज का संरक्षण और सुरक्षा सुनिश्चित करने के लिए ही बाध्य नहीं है, बल्कि वह ऐसी स्थिति बनाए रखने के लिए भी बाध्य है जिसमें अशिष्ट भाषा में लिखित लेख या आपत्तिजनक प्रकाशन भिन्न या विरोधी मान्यताओं के लोगों की भावनाओं को इस तरह आहत न करें, जिससे ये जनसमूह हिंसक कृत्यों की ओर प्रवृत्त हों। योग्य सरकार को अनिवार्य रूप से शान्ति और सुरक्षा की दरकार होती है और जो कोई भी बम अथवा पुस्तकों के माध्यम से सामाजिक शान्ति भंग करता है, वह सरकार की कानूनी कार्यवाही के निशाने पर होता है।

हम यह प्रस्तावित करते हैं कि हम अपने समक्ष मसले को पाठ्य-कोण तथा व्यापक परिप्रेक्ष्य, दोनों में देखें और इन दोनों के समागम से इस निष्कर्ष पर पहुँचें कि उच्च न्यायालय गलत नहीं था और अपील नामंजूर होनी चाहिए। भारत में विभिन्न उच्च न्यायालयों को इस प्रश्न पर विचार करने का अवसर प्राप्त हुआ लेकिन वे अलग-अलग निष्कर्ष पर पहुँचे हैं, जैसा कि वर्तमान केस में दिखाई देगा।

जब कानून द्वारा एक नागरिक के अधिकार पर कठोर प्रतिबन्ध लगाया जाता है, तो उसके पीछे एक ठोस कारण की आवश्यकता होती है, खासकर तब, जब इसके अर्ध-दंड (क्वासि पीनल) परिणाम भी होते हैं। दंड प्रक्रिया संहिता के राजसी रचयिताओं ने धारा ९९-ए को नागरिकों की चिन्ता तथा सरकार द्वारा इसके प्रयोग पर सावधानी बरतने के आदेश को केन्द्र में रखते हुए तैयार किया है। इसके प्रावधानों का प्रयोग विधि द्वारा निर्धारित प्रक्रिया के अनुसार ही किया जा सकता है। स्पष्ट रूप से यह धारा सरकार को ऐसे मामले में हस्तक्षेप करने के लिए बाध्य करती है, जहाँ सरकार को नागरिकों के विभिन्न वर्गों के

बीच दुश्मनी और घृणा की भावना को बढ़ावा देने के स्पष्ट और वर्तमान खतरे पर विचार करना हो अथवा इसकी प्रवृत्ति या मंशा ऐसे नागरिकों की धार्मिक भावनाओं को आहत करने की हो (धारा में अन्य प्रवृत्तियाँ भी व्यक्त हैं जिनका सरोकार वर्तमान मामले से नहीं है)। ऐसे मामले में सरकार आवश्यक रूप से अपनी राय के आधार को वर्णित करने के लिए बाध्य है। हमारा सरोकार अन्तिम भाग से है। जब धारा स्पष्टत: कहती है कि आपको यह आधार बताना होगा तो यह कोई जवाब नहीं है कि उन्हें वर्णित करने की आवश्यकता नहीं है क्योंकि वे अन्तर्निहित हैं। आप प्रत्यक्ष रूप से शान्त रहकर किसी भी चीज का वर्णन नहीं करते। वर्णन करने से तात्पर्य है 'घोषणा करना या विशेष रूप से सटीक, औपचारिक या अधिकारिक तरीके से निर्धारित करना या कुछ कहना, विशेष रूप से जोर देते हुए कहना' (रेंडम हाउस शब्दकोश)। इस निष्कर्ष से—8—1234SCi/76 कि आधार का एक औपचारिक अधिकारिक निर्धारण वैधानिक रूप से अनिवार्य है, बचा नहीं जा सकता। यदि आप टालमटोल करते हैं और इसे हटा देते हैं, तो कानून आदेश को शून्य करार देता है और यह राज्य सरकार को विशेष रूप से समझना चाहिए क्योंकि किसी पुस्तक की दंडनीय अपराध के अन्तर्गत जब्ती एक गम्भीर मामला है, न कि उदासीनता के साथ निष्पादित किया जानेवाला एक नियमित कार्य। संहिता के अनुसार, उपेक्षा का परिणाम अविधिमान्यता है। ये विचार और भी महत्त्वपूर्ण हो जाते हैं जब हम राज से गणतंत्र में बदलाव को स्वीकारते हैं और लोगों को सौंपे गए महान अधिकारों के उच्च स्थान का सम्मान करते हैं। जहाँ बोलना एक सांविधिक कर्तव्य है, वहाँ मौन रहना एक घातक अपराध, जोकि विभिन्न धाराओं के समन्वय से स्पष्ट होता है। मसलन, धारा 99-सी व्यथित पक्ष को निषेधात्मक आदेश को खारिज करने के लिए उच्च न्यायालय में आवेदन करने का अधिकार देती है और न्यायालय आदेश में सरकार द्वारा दिए गए कारणों की जाँच कर उसकी पुष्टि करता है या उसे खारिज करता है। न्यायालय आदेश में निर्धारित कारणों से परे जाँच नहीं कर सकता है और यदि इन कारणों को पूरी तरह से निकाल दिया जाता है तो न्यायालय किसकी जाँच करेगा? और, इस चूक से, चाहे वह लापरवाही से हो या सुनियोजित रूप से, न्यायालय में अपील करने का महत्त्वपूर्ण अधिकार अर्थहीन हो जाता है। अगर प्रकाशन की स्वतंत्रता को कानून द्वारा प्रदत्त दायरे तक अनुमति देना है तो न्यायालय द्वारा धारा के उस भाग से असहमति जाहिर की जानी चाहिए जो ऐसे खतरनाक परिणाम की सम्भावना पैदा करता हो तथा सांविधिक उपचार की मूल संरचना के साथ छेड़छाड़ करता हो। इस तर्क की पुष्टि हरनाम दास बनाम यू.पी. राज्य (1) मामले द्वारा होती है जिसमें इस न्यायालय ने रेखांकित किया है—

'जब सरकार अपने मत का आधार नहीं बताती है तो क्या होता है? ऐसे में यदि उच्च न्यायालय ने आदेश को बरकरार रखा, तो हो सकता है कि ऐसा उन कारणों से किया गया हो, जिन पर सरकार ने बिलकुल चिन्तन नहीं किया था। यदि उच्च न्यायालय ने ऐसा किया होता तो वास्तव में उसने खुद जब्ती का आदेश दिया होता, न कि सरकार द्वारा इस तरह के आदेश को बरकरार रखता। जैसा कि पहले ही कहा गया है, यह धारा 99-डी के अन्तर्गत उच्च न्यायालय के अधिकार क्षेत्र से बाहर है। इसलिए हमारे लिए यह स्पष्ट है कि इस तरह के मामले में उच्च न्यायालय को धारा 99-डी के तहत आदेश को रद्द करना चाहिए क्योंकि इससे यह निश्चित नहीं किया जा सकता कि सरकार द्वारा प्रस्तुत कारण आदेश को सही ठहराते हैं। आप एक ऐसी चीज के बारे में सन्तुष्ट नहीं हो सकते जिसे आप नहीं जानते।' हमारे कहने का तात्पर्य यह नहीं है कि जब्त करनेवाले पक्ष से प्राथमिक तथ्यों को जोड़नेवाले आधार या कारण विस्तार से बताए जाने चाहिए। यह यथास्थिति पर निर्भर करता है। कुछ मामलों में एक संक्षिप्त विवरण पर्याप्त हो सकता है, दूसरों में एक विस्तृत विचार उचित हो सकता है लेकिन कभी भी मौन की हद तक उपेक्षित नहीं हो सकता है। एक आदेश संक्षिप्त हो सकता है लेकिन आधार-विहीन नहीं हो सकता। यह निष्कर्ष दंड प्रक्रिया संहिता की धारा 99-ए और मौलिक अधिकार के अनुच्छेद 19 के मध्य एक संवैधानिक तालमेल स्थापित करता है।

धारा 99-ए में दिए गए निर्देश के बावजूद राज्य को जब्ती के कारणों का विवरण देने के दायित्व से मुक्त करना लोगों की निश्चित स्वतंत्रता पर ऐसी शक्ति के उपयोग का हिंसक अवसर देना है। हम ऐसा क्यों कहते हैं? निश्चित रूप से राष्ट्र की सुरक्षा और समाज की शान्ति व्यक्तिगत अधिकारों पर प्रतिबन्ध की माँग तो करती है और चाहे हम स्वतंत्र क्यों न हों, हम फिर भी कानून के अधीन हैं।

(1) ए.आई.आर. 1961 एस.सी. 1662, 1666

विरोधी मत रखनेवाले हमारे प्रणेताओं की आस्था मिल्स के प्रसिद्ध कथन और वोल्टेयर के प्रेरित दावे का सम्मान करती थी। यथा—

'यदि एक व्यक्ति को छोड़कर सम्पूर्ण मानव जाति का एकमत हो और केवल उस एक व्यक्ति का विरोधी मत हो तो मानवजाति द्वारा उसको चुप करा देना न्यायसंगत नहीं रह जाएगा, लेकिन यदि उस अकेले व्यक्ति में मानव जाति को मौन करने की शक्ति हो तो यह न्यायसंगत होता।' (अपने निबन्ध 'ऑन लिबर्टी' में मिल्स, पृ. 19-20 : थिंकर लाइब्रेरी, सं., वाट्स)

'तुम जो कहते हो, मैं उसे अस्वीकार करता हूँ, परन्तु तुम्हारे यह कहने के अधिकार की रक्षा मैं अन्तिम साँस तक करूँगा।' (वोल्टेयर, एस.जी. टालंटयर, द फ्रेंड्स ऑफ वोल्टेयर, 1907)

अधिकार और उत्तरदायित्व 'एक जटिल प्रणाली' है और हमारे संविधान के रचयिताओं ने, जो अराजकता के स्वरूप से भली-भाँति अवगत थे, स्वतंत्रता के उदारवादी प्रयोग पर तर्कसंगत प्रतिबन्ध निर्धारित किए। संविधान सभा में डॉ. अम्बेडकर ने तर्क दिया कि यह कहना गलत है कि मौलिक अधिकारों पर कोई प्रतिबन्ध लगाना वर्जित है और उन्होंने गितलो बनाम न्यूयॉर्क के दो स्वत: स्पष्ट अनुच्छेदों को उद्धृत किया—

'यह एक लम्बे अरसे से प्रतिष्ठित बुनियादी सिद्धान्त है कि बोलने की स्वतंत्रता और प्रेस की स्वतंत्रता, जो संविधान द्वारा सुरक्षित अधिकार हैं, वस्तुत: गैर-जिम्मेदाराना तरीके से बोलने या प्रकाशित करने की पूरी छूट नहीं देते हैं। हमें चुनना होगा, या तो हमें अपने भावों को व्यक्त करने का उचित अधिकार मिले, या फिर एक अप्रतिबन्धित और अनियंत्रित अधिकार, जो भाषा के हर सम्भव प्रयोग को उन्मुक्तता प्रदान करे और उन लोगों को दंडित होने से बचाए जो इस स्वतंत्रता का दुरुपयोग करते हैं।'

×××× 'सरकार पुलिस के माध्यम से अपनी शक्ति का उपयोग करते हुए उन लोगों को दंडित कर सकती है जो लोक कल्याण के प्रतिकूल बातें करके अपनी इस स्वतंत्रता का दुरुपयोग करते हैं, जो आम जनता की नैतिकता को भ्रष्ट करने में प्रवृत्त होते हैं, अपराध करने के लिए उकसाते हैं और जन-शान्ति को भंग करते हैं। इस पर विवाद या सन्देह नहीं किया जा सकता।'

इस संवैधानिक सारांश में सुस्पष्ट रूप से व्याख्यायित, संहिता की धारा 99-ए हमारा स्पष्टीकरण सिद्ध करता है। लोक व्यवस्था तथा शान्ति के हित में जन-शक्ति की भूमिका इसलिए नहीं होती कि बहुसंख्यक रूढ़िवादियों को सन्तुष्ट करने के लिए चन्द रूढ़ि-विरोधियों का दमन किया जाए, बल्कि उसकी उपस्थिति प्रत्येक व्यक्ति के मस्तिष्क में उत्पात मचाने के खयालों के पोषण को रोकने के लिए होती है। विशाल जनसमूह के बीच घृणा, उपद्रव जैसी भावनाएँ गुप्त रूप से हिंसा भड़का सकती हैं और सरकार समाज की सुरक्षा और शान्ति बनाए रखने के लिए अपने सुविचारित आधारों पर लिए गए निर्णय के जरिये पुस्तक के प्रसार पर रोक को वरीयता दे सकती है।

कोई भी प्रबुद्ध सरकार इस शक्ति का उपयोग उन्नत आर्थिक विचारों, विवेकशील तथा तर्कसंगत आलोचनाओं या पुरातन रूढ़िवाद के खुलासे के साहसी प्रयास को कुचलने के लिए नहीं करेगी बल्कि सुव्यवस्थित सुरक्षा एक संवैधानिक मूल्य है। यदि प्रगतिशील तथा प्रतिगामी लोगों का शान्तिपूर्वक सहअस्तित्व सुनिश्चित करना है तो इसका संरक्षण समझदारी से किया जाना चाहिए। संहिता की धारा 99-ए का यही सार है।

वास्तविक प्रयोग सैद्धान्तिक तर्क पर नहीं बल्कि व्यावहारिक ज्ञान पर निर्भर करेगा। जहाँ मौलिक अधिकारों के प्रतिबन्ध पर आधारित 'क्लियर एंड प्रेजेंट डेंजर'

का अमेरिकी सिद्धान्त भारत में अनिवार्य रूप से लागू नहीं भी हो सकता है, वहीं होम्स जे. के ज्ञानवर्धक विचार प्रशासक और न्यायाधीश को सीख देने में सहायक हैं। शेनेक बनाम यू.एस. (1) मामले में होम्स जे. ने इस असली परीक्षण को स्वीकार करने के लिए बाध्य किया—

'हम यह मानते हैं कि कई जगहों पर और सामान्य परिस्थितियों में प्रतिवादी अपने द्वारा प्रसारित परिपत्र में जो कुछ भी कहता है, वह अपने संवैधानिक अधिकारों के दायरे में रहकर ही कहता है। लेकिन प्रत्येक व्यवहार का स्वरूप उन परिस्थितियों पर निर्भर करता है जिनमें वैसा व्यवहार किया जाता है...कानून द्वारा बोलने की स्वतंत्रता की कड़ी सुरक्षा ऐसे व्यक्ति का बचाव नहीं करेगी जो थिएटर में 'आग-आग' चिल्लाकर भगदड़ मचाएगा। यह ऐसे व्यक्ति को दी गई निषेधाज्ञा से भी नहीं बचाती है जो अपने शब्दों के बल से समाज पर अनुचित प्रभाव डालता हो। हर केस में उठनेवाला सवाल यह होता है कि क्या प्रयुक्त शब्द ऐसी ही परिस्थितियों में प्रयोग किए गए थे और क्या वे इस प्रकार प्रत्यक्ष और तात्कालिक खतरा पैदा करनेवाले थे कि वे ऐसे निरंकुश दोष फैलाएँ, जिसे रोकने का अधिकार कांग्रेस को है? यह सीमा और परिमाण का सवाल है।'

एब्राइन्स बनाम यू.एस. (2) मामले में एक प्रसिद्ध परिच्छेद में उन्होंने इस सिद्धान्त को विकसित करते हुए कहा था—

'विचारों की अभिव्यक्ति पर दंड देना मुझे पूरी तरह से तर्कसंगत लगता है। यदि आपको अपने प्रत्युत्तर या अपनी शक्ति पर कोई सन्देह नहीं है और तह-ए-दिल से कोई परिणाम चाहते हैं, तो आप स्वाभाविक रूप से कानून के दायरे में रहकर अपनी इच्छाएँ व्यक्त करते हैं और विपक्ष को परास्त कर देते हैं।' बोल द्वारा विरोध को स्वीकार करने से यह इंगित होता है कि आप बोल को अशक्त मानते हैं, जैसे कि जब कोई व्यक्ति कहता है कि उसने कोई असम्भव कार्य को सम्भव कर दिया हो, या यह कि आप परिणाम के लिए पूरे मन से परवाह नहीं करते हैं, या यह कि आपको या तो अपनी शक्ति पर या फिर अपने प्रत्युत्तर पर सन्देह है।

लेकिन जब मनुष्य को यह महसूस होगा कि समय ने कई विरोधी विचारधाराओं को औंधा किया है, तो उन्हें अपने आचरण के आधारों से भी ज्यादा विश्वास इस विचार पर हो सकेगा कि वे जिस सर्वोत्तम स्थिति की इच्छा करते हैं, वह विचारों के मुक्त आदान-प्रदान के बेहतर तरीके से हासिल की जा सकती है कि सत्य की उत्तम परीक्षा तब होती है जब मनुष्य की विचार-शक्ति को दूसरों के समक्ष रखा जा सके और उनके विचारों की अभिव्यक्ति स्वीकार की जा सके और जब उन्हें यह एहसास हो कि सत्य ही वह एकमात्र आधार है, जिस पर वे अपनी इच्छाओं को निरापद रूप से पूरा कर सकते हैं। हर हाल में वही हमारे

संविधान का सिद्धान्त है। यह एक प्रयोग है, क्योंकि हमारा सम्पूर्ण जीवन ही एक प्रयोग है।'

बोमेन बनाम सेकुलर सोसाइटी लिमिटेड (2) मामले में लार्ड समर ने एक बार फिर अलंकारिक भाषा में लिखित एक परिच्छेद में स्वतंत्रता तथा सुरक्षा की गतिशीलता को रेखांकित किया था, जोकि एक साथ सुबोधगम्य भी है और सुरुचिपूर्ण भी—

(1) (1918) 249 यू.एस. 47-52 = 63 एल.ई.डी. 470-473-474

(2) (1919) 250 यू.एस. 616, 629 = 63 एल.ई.डी. 1173, 1180

(3) (1917) ए.सी. 406, 466-7

'समाज को खतरे में डालनेवाले शब्द तथा कृत्य समय-समय पर अनुपात में भिन्न होते हैं क्योंकि वास्तव में समाज स्थिर या असुरक्षित होता है, या उसके विवेकशील सदस्य यह मानते हैं कि उस पर हमला हो सकता है। वर्तमान समय में ऐसी सभाओं तथा जुलूसों को कानूनी तौर पर वैध माना जाता है जिन्हें डेढ़ सौ साल पहले राजद्रोही माना जाता और ऐसा इसलिए नहीं है कि कानून कमजोर पड़ गया है या बदल गया है, बल्कि इसलिए कि समय के बदलने से समाज पहले से ज्यादा सशक्त हुआ है।'

वर्तमान समय में विवेकशील मनुष्यों को समाज के विघटन या पतन का डर नहीं होता क्योंकि धर्म पर सार्वजनिक तौर पर जिन युक्तियों से चोट की जाती है, वे अपमानपूर्ण नहीं होतीं। भविष्य में हमारे समाज की महत्त्वपूर्ण संस्थाओं को क्षीण करने के लिए अभिकल्पित धर्म-विरोधी हमले जनसाधारण के लिए खतरा पैदा करने के दोष से अपने आप में अपराध सिद्ध होंगे, इसकी कोई सम्भावना उत्पन्न नहीं होती। कानून की नजर में एक दिशा में आगे बढ़नेवाला विचार खुद को नए अनुभवों के आधार पर दूसरी दिशा में मुड़ने से नहीं रोकता, ना ही परिस्थितियों के फिर से बदलने पर वह अपनी उत्तरवर्ती पीढ़ियों को बाँधे रखता है।

आखिर, किसी भी मत का समाज के लिए खतरा होना, समय तथा वास्तविकता पर निर्भर है। मैं ऐसा कुछ नहीं कहना चाहूँगा जिससे समाज का खुद को आवश्यकतानुसार खतरों से बचाव करने का कानूनी अधिकार सीमित हो जाए। लेकिन इतना कहना चाहूँगा कि जो अनुभव कभी खतरे को वास्तविक सिद्ध करते थे, अब नगण्य हो चुके हैं, और जो खतरे कभी बहुत निकट महसूस होते थे, अब टल गए हैं। सामान्य नियमों के अनुसार ईश्वर-निन्दा और अधर्म जैसा कुछ भी नहीं होता—जो हमें अपने समय में उस अनुभव के अनुसार विशेष परिस्थितियों में उन्हें लागू करने के अलग-अलग तरीकों को अपनाने से रोक सके।

ऐसी है हमारी संवैधानिक योजना। ऐसी विधिशास्त्र-सम्बन्धी गतिशीलता और स्वतंत्रता तथा संयम के तात्विक आधार, कानून एवं राजनीति के सूक्ष्म संगम की संवेदनशीलता, जिसे न्यायाधीशों को कर्तव्यनिष्ठा से सँभालना पड़ता है। अब पूरी बहस अपने समापन पर पहुँच गई है। सरकार को सामाजिक शान्ति को बनाए रखने और इसे खतरे में डालनेवाले प्रकाशनों को जब्त करने का प्राधिकार है और यह उसकी जिम्मेदारी भी है। लेकिन इस मामले में जिस अधिकार पर रोक लगाई गई है, वह है अभिव्यक्ति की स्वतंत्रता का अधिकार, जो मनुष्य की प्रगति के नित्य हितों को बढ़ावा देता है। इसलिए, कानून (धारा 99-ए) प्रशासन को प्रतिबन्ध लगाने और अपने इस निर्णय के पीछे आधारों का ब्यौरा देने के दायित्व पर विचार करने का स्मरण कराता है। इस स्तर पर की गई गलती कानून के आदेश का उल्लंघन करने के बराबर है। इस मामले में इतना कहना पर्याप्त है।

समापन से पहले, हम यह स्पष्ट करते हैं कि हम पुस्तक की गुणवत्ता या उसकी भड़काऊ और अपमानसूचक शब्दावली पर कोई विचार व्यक्त नहीं करते हैं। यह कई कारक तत्त्वों की पेचीदगी पर निर्भर करता है। जो विचार रूढ़िवादियों को ठेस पहुँचा सकता है, वह प्रगतिशील समुदायों के लिए हास्यास्पद हो सकता है। जनश्रुति के आधार पर किसी एक धर्म, सम्प्रदाय, देश या समय के लिए जो विचार या शब्द अपमानजनक हो सकता है, वह दूसरों के लिए उतना ही पवित्र हो सकता है। रूढ़िवादियों को स्वामी विवेकानन्द की इस फटकार पर अब भी रोष हो सकता है—

'हमारा धर्म रसोई में है, हमारा ईश्वर वह बर्तन है जिसमें हम खाना पकाते हैं' और हमारा धर्म कहता है—'मुझे मत छूना, मैं पवित्र हूँ' (जवाहरलाल नेहरू द्वारा उनकी 'डिस्कवरी ऑफ इंडिया' के पृ. 339 से उद्धृत)।

मानव उन्नति का सूत्र है—स्वतंत्र विचार और उनकी अभिव्यक्ति। लेकिन जहाँ जनहित का प्रश्न हो, वहाँ सामाजिक अस्तित्व यथोचित नियंत्रणों का भी विधान करता है। न्यायिक समीक्षा की देखरेख में शासकीय विवेक सन्तुलन बनाए रखता है। हम न तो आपातकालीन स्थितियों की बात करते हैं और ना ही संवैधानिक रूप से पवित्र माने गए विशेष निर्देशों की, बल्कि हम तो सामान्य समय और व्यावहारिक कानूनों का समर्थन करते हैं जो सबके काम आए।

जाते-जाते हम अपीलकर्ता के अधिवक्ता से यह कहना चाहेंगे कि यदि राज्य सरकार वर्तमान परिस्थितियों को देखते हुए विवादित पुस्तक के विरुद्ध धारा 99-ए लागू करने के लिए खुद को विवश महसूस करे तो वह ऐसा करने के लिए स्वतंत्र है, लेकिन निश्चित रूप से उसे अपने मत के आधारों के विवरण और धारा 99-सी के तहत कार्यवाही करने के कारणों की न्यायालयीय माँग को पूरा करना होगा। हमारा विस्तृत विचार-विमर्श कानूनी प्रश्नों को हल करता है और एक-दूसरे के

विरुद्ध तने विभिन्न उच्च न्यायालयों के निर्णयों में अन्त:स्थ या प्रत्यक्ष द्वंद्वों का समाधान प्रस्तुत करता है।

वे हैं—अरुण रंजन घोष बनाम पश्चिम बंगाल राज्य (1); और ज्वालामुखी बनाम ए.पी. राज्य (2) जो अपीलकर्ता द्वारा प्रस्तावित विचार का समर्थन करते हैं, और मोहम्मद खालिद बनाम मुख्य आयुक्त (3); चिन्ना अन्नामलाई बनाम राज्य (4) और बेनेट कोलमैन एंड कम्पनी लिमिटेड बनाम जम्मू-कश्मीर राज्य (5) जो अपील के तहत इलाहाबाद के निर्णय से सहमत थे। सम्भवत: उपरोक्त मामलों में से प्रत्येक में अनुपात पर चर्चा करने की कोई आवश्यकता नहीं है क्योंकि इस निर्णय के पहले हिस्से में प्रत्यर्थियों के विचारों पर अमल किया जा चुका है।

विभिन्न राज्य सरकारों द्वारा कई मौकों पर दंड प्रक्रिया संहिता की धारा 99-ए के तहत शक्तियों के प्रयोग की माँग की संभाव्यता हमें विरोध की स्थिति में ला देती है। विविधता में एकता के अलावा, भारत सांस्कृतिक विपर्ययों, कई धर्मों तथा विधर्मों, तर्कवाद और धार्मिक कट्टरता तथा आदिम पंथों और भौतिकवादी सिद्धान्तों के सह-अस्तित्व का देश है। इतिहास और भूगोल की बाध्यताएँ और मध्ययुगीन संस्कृति के शिथिल पड़ते प्रभावों पर आधुनिक विज्ञान का प्रहार, प्रिय-अप्रिय लड़ियों से बने एक मोजाइकनुमा चित्रपट प्रस्तुत करते हैं, जिसने उनकी आपसी आलोचना की उदारचेता सहिष्णुता को व्यापक रूप से जीवन का एक आवश्यक अंग बना दिया है, भले ही उनकी अभिव्यक्ति अनर्गल ढंग से क्यों न होती हो। हमें विश्वास है कि जब्ती के कठोर निर्देशों की कार्यवाही में सरकारें अपने अभिमान को हावी नहीं होने देंगी, बल्कि हमारे समाज की इन अटल सच्चाइयों पर गौर करेंगी।

यदि कुछ क्षण के लिए हम भारत के महान विचारकों—मनु से लेकर नेहरू तक को छोड़ भी दें तो पाएँगे कि गैलीलियो और डार्विन, थॉरो और रस्किन से लेकर कार्ल मार्क्स, एच.जी. वेल्स, बर्नार्ड शॉ तथा बर्ट्रेंड रसेल तक कई मनीषियों के विचारों एवं कथनों पर आपत्ति जताई गई है। आज भी हमारे देश में, कहीं न कहीं ऐसे कट्टर लोग मिल जाते हैं जो उनके लेखन से आहत होते हैं, लेकिन कोई भी सरकार इतनी रूढ़िवादी नहीं होगी कि उनके बारे में चन्द कट्टरपंथियों के दुराग्रही विचारों के मद्‌देनजर, उनके महान लेखन को जब्त करने के अधिकार की माँग करे—

(1) आई.एल.आर. (1957) 2 कैल 396
(2) आई.एल.आर. (1973), ए.पी. 114
(3) ए.आई.आर. 1968 दिल्ली 18 (एफ.बी.)
(4) ए.आई.आर. 1971 मद्रास 44 (एफ.बी.)
(5) 1964 जे. एंड के.एल.आर. 591। 1974

विभिन्न दार्शनिक विचारधाराओं के प्रति एक प्रसिद्ध माओवादी विचार उदार दृष्टिकोण को स्पष्ट रूप से इस प्रकार व्यक्त करता है—

'कला और विज्ञान की उन्नति को बढ़ावा देने के लिए सौ फूलों को खिलने तथा सौ विचारधाराओं के बीच वाद-विवाद का अवसर देने की नीति उपयोगी होती है।'

हैरोल लास्की, जिन्होंने अपनी 'ए ग्रामर ऑफ पॉलिटिक्स' के जरिये भारत के कई प्रगतिशील विचारकों को प्रभावित किया है, के प्रस्तुत कथन में एक चिरकालिक सच्चाई दृष्टिगत है—

'कोई भी सरकार सामाजिक मुद्दों को लेकर कभी भी इतनी दृढ़मत नहीं होती कि वह राष्ट्र के नाम पर उन्हें दंडनीय घोषित कर दे। पिछले कुछ वर्षों के अमेरिकी अनुभवों से यह दुखद रूप से स्पष्ट हो गया है कि सरकारी तंत्र में कभी भी सूक्ष्म भेद करने की पर्याप्त क्षमता नहीं होती। जिससे वह यह तय कर सके कि आक्षेपित विचार समुचित रूप से वर्तमान अव्यवस्था को जन्म दे सकता है।'

×××× 'इससे यह तात्पर्य नहीं है कि अव्यवस्था का महिमामंडन किया जा रहा है। यदि हिंसात्मक विचारों का सरकार पर इतना नियंत्रण हो कि उसकी बुनियाद ही हिल जाए, तो उसकी शासन-प्रणालियों में कोई घोर गड़बड़ी है।

×××× 'लगभग हमेशा ही, ऐसे मामले कम देखने को मिलते हैं जिनमें दमन करनेवाला पक्ष जीतता है—चूँकि स्वतंत्र अभिव्यक्ति से तनावग्रस्त स्थिति में शान्ति बहाल की जा सकती है, इसलिए, लगभग हमेशा ही, उसका प्रयोग न्यायसंगत सिद्ध होता है। इसके साथ ही, बोलने की स्वतंत्रता पर रोक लगाने का अर्थ है किसी आन्दोलन को भूमिगत रूप से चालित होने के लिए बाध्य करना जो अवैधानिक है। वोल्टेयर से फ्रांस को खतरा उनके अकादमी में चुनाव से नहीं था, बल्कि उनकी इंग्लैंड यात्रा से था।'

'लेनिन ड्यूम में उतना ज्यादा खतरनाक नहीं रहा होगा जितना कि स्विट्जरलैंड में रूसी जारशाही व्यवस्था के लिए था। वस्तुत: बोलने की स्वतंत्रता, जिसमें वैधानिक स्वीकृति अन्तर्निहित होती है, एक साथ असंतोष का भाव-विरेचन तथा यथास्थिति में सुधार लाने की आवश्यकता का आह्वान है। एक सरकार अपने समर्थकों द्वारा अपने प्रशस्ति-गान की तुलना में अपने विरोधियों की आलोचना से अधिक सीख सकती है। उस आलोचना का दम घोंटना अन्तत: कम-से-कम स्वयं के विनाश की ही तैयारी है।'

सावधानी के रूप में एक टिप्पणी। संवैधानिक रूप से घोषित आपातकाल के वर्तमान सन्दर्भ में, कानून को आपातकाल सम्बन्धी प्रावधानों में अंकित परिमित

दायरों में रहकर ही कार्यवाही करनी पड़ेगी और यह निर्णय पूर्व-आपातकालीन कानूनी आदेश से सम्बन्धित है।

अत: हम अपील को खारिज करते हैं।

एम.आर. अपील

**अनुवाद**—डॉ. देविना अक्षयवर

[इस मूल निर्णय को सुप्रीम कोर्ट की वेबसाइट पर अंग्रेजी में पढ़ सकते हैं। यह हिन्दी अनुवाद फॉरवर्ड प्रेस से साभार है। इस हिन्दी अनुवाद के लिए डॉ. देविना अक्षयवर के प्रति आभार।—सम्पादक]

**डॉ. अम्बेडकर के भाषणों की किताब**

# 'धर्म परिवर्तन'

**पर हाईकोर्ट का विस्तृत निर्णय**

इलाहाबाद हाईकोर्ट की तीन सदस्यीय खंडपीठ
याचिकाकर्ता : ललई सिंह यादव बनाम उत्तर प्रदेश सरकार
निर्णय—1977 सीआरआईएलजे 1773
निर्णय की तारीख—14 मई, 1971
पूर्ण पीठ—डब्ल्यू. ब्रूम, वाई. नन्दन, एस. मलिक
निर्णय—डब्ल्यू. ब्रूम जे. द्वारा

# निर्णय

1. यह दंड प्रक्रिया संहिता, धारा 99-बी के तहत एक प्रार्थना-पत्र है, जिसमें 26-8-1970 को राज्य सरकार द्वारा 'सम्मान के लिए धर्म परिवर्तन करें' नामक पुस्तक को जब्त करने के आदेश '12-9-1970 के उत्तर प्रदेश सरकार के राजपत्र में प्रकाशित' को रद्‌द करने के लिए 'याचिकाकर्ता द्वारा' भेजा गया है। यह [सम्मान के लिए धर्म परिवर्तन करें], पुस्तक दिवंगत डॉ. अम्बेडकर द्वारा दिए गए भाषणों का हिन्दी संकलन है, जिनमें उन्होंने अनुसूचित जातियों से हिन्दू धर्म को त्यागकर बौद्ध धर्म को अपनाकर जातिगत उत्पीड़न की बेड़ियों को उतार फेंकने का आग्रह किया था। यह प्रार्थना-पत्र जब्त की गई पुस्तक के प्रकाशक, श्री आर.एन. शास्त्री तथा डॉ. अम्बेडकर साहित्य रक्षक परिषद् के अध्यक्ष, श्री ललई सिंह यादव द्वारा भेजा गया है। विवाद में आई इस अधिसूचना में पुस्तक के 24 वाक्यांशों का हवाला दिया गया है और इनके आधार पर कहा गया है कि—

   'यह किताब धर्म, जाति या समुदाय के आधार पर सामाजिक अशान्ति या विद्वेष की भावना फैलाती है, विभिन्न धार्मिक और जातीय समुदायों के बीच नफरत की भावना को बढ़ावा देती है या फिर देने की कोशिश करती है। इस आरोप में यह भी कहा गया है कि ये अंश वर्ग-विशेष के धर्म या उसकी धार्मिक मान्यताओं को भी ठेस पहुँचाते हैं या पहुँचाने की कोशिश करते हैं।'

   अत: इस पुस्तक के प्रकाशन को भारतीय दंड संहिता की धारा 153-ए और 295-ए के तहत दंडनीय माना जाए।

2. यह प्रार्थना-पत्र धारा 99-बी के तहत जारी विवादित अधिसूचना के दो महीने के अन्तराल की समाप्ति के बाद, दिनांक 04-12-1970 को दायर किया गया था। अत: इसको लेकर आपत्ति जताई गई है कि यह प्रार्थना-पत्र निर्धारित समय के अन्तर्गत दायर नहीं हुआ है। फिर भी, इस

सम्बन्ध में दायर, परिसीमा अधिनियम की धारा 5 के तहत प्रार्थना-पत्र में किए गए दावों पर विचार करने के बाद, हम इस विलम्ब के लिए दिए गए कारणों से सन्तुष्ट हैं और इसलिए इसे माफ करना उचित समझते हैं। ललई सिंह यादव 'आवेदक संख्या-1' को पुस्तक की जब्ती की जानकारी दिनांक 22-10-1970 को 'नॉर्दर्न इंडिया' पत्रिका में छपी एक खबर से मिली, जिसमें दिनांक 21-10-1970 के एक अधिकारिक प्रेस नोट का हवाला देते हुए रिपोर्ट किया गया था कि उत्तर प्रदेश सरकार ने 'सम्मान के लिए धर्म परिवर्तन करें' नामक पुस्तक को जब्त कर लिया है। इससे आवेदक ने निष्कर्ष निकाला कि जब्ती के आदेश से सम्बन्धित अधिसूचना दिनांक 21-10-1970 या उससे कुछ समय पहले अधिकारिक गजट में प्रकाशित हुई होगी। लेकिन काफी खोज-बीन करने के बाद भी वे अधिसूचना का पता लगाने में असमर्थ रहे 'जो वास्तव में दिनांक 12-9-1970 को प्रकाशित की गई थी।'

उनके पास जब्त की गई पुस्तक की कोई प्रति नहीं थी और चूँकि पुस्तक के प्रकाशक 'दूसरे प्रार्थी, आर.एन. शास्त्री' दक्षिण भारत के एक दौरे पर थे, इसीलिए वे उनसे 15-11-1970 से पहले सम्पर्क नहीं कर पाए। इसके बाद उन्होंने लखनऊ जाकर सचिवालय में छान-बीन की और अन्ततः, 2-12-1970 को अधिसूचना के बारे में सही जानकारी प्राप्त की। दो दिन बाद, इस प्रार्थना-पत्र को न्यायालय में दायर किया गया। राज्य की ओर से उपस्थित वकील यह स्वीकार करते हैं कि परिसीमा अधिनियम की धारा 29(2) के प्रावधानों के मद्देनजर, इस अधिनियम की धारा 5 दंड प्रक्रिया संहिता की धारा 99-बी के तहत दायर प्रार्थना-पत्रों पर लागू होता है। अत: हमें इस बात की सन्तुष्टि है कि चूँकि प्रार्थियों के पास निर्धारित समय के अन्तर्गत अपना प्रार्थना-पत्र दायर न कर पाने के पर्याप्त कारण हैं, इसीलिए वे धारा 5 का लाभ उठा पाएँगे।

3. इस केस की विशेषता पर ध्यान देते हुए, हम सबसे पहले धारा 99-ए के प्रावधानों पर एक नजर डाल सकते हैं, जिसके तहत राज्य सरकार ने पुस्तक को जब्त करने का आदेश दिया है। यह धारा राज्य सरकार को किसी ऐसी पुस्तक के सम्बन्ध में इस तरह का आदेश पारित करने का अधिकार देती है, जिसमें निम्न तत्त्व शामिल हों—

ऐसी कोई भी सामग्री, जो राजद्रोह के लिए उकसाती हो, या फिर भारत के नागरिकों के विभिन्न वर्गों के बीच शत्रुता या नफरत की भावना को बढ़ावा देने या देने की मंशा से लिखी गई हो, या जो जान-बूझकर और दुर्भावनापूर्ण तरीके से किसी वर्ग-विशेष के धर्म या धार्मिक मान्यताओं

को अपमानित करते हुए उस वर्ग की धार्मिक भावनाओं को आहत करने के इरादे से लिखी गई हो। अर्थात, किसी भी ऐसी पाठ्य सामग्री का प्रकाशन, जो भारतीय दंड संहिता की धारा 124-ए या धारा 153-ए, या फिर धारा 295-ए के तहत दंडनीय हो।

प्रस्तुत केस में हमारा राजद्रोह से कोई सरोकार नहीं है। 'धारा 124-ए, आईपीजी' यहाँ केवल उन आपराधिक मामलों के साथ इस केस की तुलना की जाएगी जो धारा 153-ए और 295-ए आईपीसी के तहत दंडनीय हैं। इन धाराओं के प्रासंगिक अंश निम्नांकित हैं—

'153-ए (1)—जो कोई भी उक्त या लिखित शब्दों के द्वारा, या संकेतों या फिर प्रत्यक्ष निरूपण या अन्य किसी माध्यम से, धर्म, जाति, जन्म-स्थान, निवास-स्थान भाषा, वर्ण या समुदाय या किसी भी अन्य आधार पर, विभिन्न धार्मिक, जातिगत, भाषागत, क्षेत्रीय समूहों, जातियों या फिर समुदायों के बीच सामाजिक अशान्ति या विद्वेष की भावना या वैमनस्य को बढ़ावा देगा या देने का प्रयास करेगा, उसे जेल की सजा दी जाएगी, जो पाँच साल तक की हो सकती है और उसे जुर्माना भी देना होगा।

295-ए. जो कोई भी उक्त या लिखित शब्दों, संकेतों या फिर प्रत्यक्ष निरूपण अथवा अन्य किसी भी माध्यम के द्वारा भारत के नागरिकों के किसी भी वर्ग की धार्मिक भावनाओं को जान-बूझकर ठेस पहुँचाने की दुर्भावनापूर्ण मंशा से उस वर्ग के धर्म या धार्मिक मान्यता का अपमान करता है या करने का प्रयास करता है, उसे या तो तीन साल तक की जेल की सजा दी जाएगी, या फिर उसे जुर्माना देना होगा, या फिर उसे दोनों दंड दिए जा सकते हैं।

4. जिस पुस्तक पर हम चर्चा कर रहे हैं, उसकी जब्ती के आदेश को न्यायसंगत ठहराने के लिए, इस बात की जाँच करनी जरूरी है कि क्या यह पुस्तक शूद्रों तथा हरिजनों एवं उच्च जाति के हिन्दुओं के बीच अशान्ति, शत्रुता, घृणा या वैमनस्य का प्रचार करती है? क्या यह जान-बूझकर दुर्भावनापूर्ण तरीके से हिन्दुओं की धार्मिक भावनाओं को ठेस पहुँचाती है और उनके धर्म का अपमान करती है? इस पुस्तक को आँकते हुए, हमें उसके मूल उद्देश्य को ध्यान में रखना होगा। इस पुस्तक का प्रयोजन अनुसूचित जातियों का ध्यान हिन्दू धर्म की उन ब्राह्मणवादी प्रथाओं और रीति-रिवाजों की तरफ आकृष्ट करना है, जो उनके ऊपर अन्यायपूर्ण तरीके से थोपकर उन्हें अक्षम तथा अयोग्य बताया गया था। लिहाजा, इस पुस्तक के जरिये उनसे हिन्दू धर्म को त्यागकर बौद्ध धर्म को अपनाने का आग्रह किया

गया है। धार्मिक सिद्धान्तों की तर्कसंगत आलोचना, जो संयमित भाषा में लिखी गई हो, दंड प्रक्रिया संहिता की धारा 153-ए या धारा 195-ए के तहत अपराध की श्रेणी में नहीं आएगी। साथ ही, अस्पृश्यता को स्थापित करने और निचली जातियों के प्रति निन्दनीय व्यवहार की स्वीकृति देने के लिए हिन्दू धर्म की आलोचना को हाल के वर्षों में पूरी तरह से वैध माना गया है। यहाँ तक कि महात्मा गांधी ने भी इसको अपना समर्थन दिया था।

5. अब हम जब्त पुस्तक के उन विशिष्ट अंशों पर ध्यान केन्द्रित कर सकते हैं जिनके आधार पर यह दावा किया गया है कि यह अशान्ति को बढ़ावा देती है और उच्च एवं निम्न जातियों के बीच नफरत और वैमनस्य को बढ़ावा देने के साथ-साथ हिन्दू धर्म का अपमान भी करती है। यदि पुस्तक पर एक सरसरी नजर भी डाली जाए तो यह पता चल जाता है कि इसमें से कई अंश तर्कसंगत आलोचना की कसौटी पर खरे उतरते हैं और जिस रूप में इन्हें प्रस्तुत किया गया है, उसके प्रति कोई भी सामान्य भावनाओं से लैस, विवेकी व्यक्ति इन पर आपत्ति नहीं जता सकता। वे महज उन कठोर नियमों की ओर इंगित करते हैं जो जाति-व्यवस्था के आधार पर निर्मित, एक अपरिवर्तनीय सामाजिक पदानुक्रम में निचली मानी जानेवाली जातियों पर थोपे गए थे और उन्हें अक्षम तथा अयोग्य बताया गया था। आलोचना के ये अंश उच्च जातियों का उनसे निचली जातियों के प्रति अहंकार और उपेक्षा भाव को भी दर्शाते हैं। इस सन्दर्भ में, हम पुस्तक के उन अंशों में ऐसा कोई भी आपत्तिजनक उल्लेख नहीं पाते हैं जिसमें यह बताया गया हो कि हिन्दू धर्म विकृत है, हिन्दुओं में सहानुभूति, समानता और स्वतंत्रता का अभाव है, हिन्दू धर्म में मानवता के लिए कोई जगह नहीं है और हिन्दू धर्म में व्यक्ति की प्रगति असम्भव है। तर्क प्रस्तुत करने के इस क्रम में इन बयानों को लेकर भी कोई घोर आपत्ति नहीं जताई जा सकती कि अस्पृश्यता हिन्दू धर्म का आधार है, ब्राह्मणवाद 'जन्म से हमारा दुश्मन है' और उसका उन्मूलन हमारी मूलभूत जरूरत है। ये कथन भी आपत्तिजनक नहीं कि उच्च जाति के हिन्दू अभिमानी, स्वार्थी, पाखंडी और झूठे होते हैं तथा वे दूसरों का शोषण करते हैं, उनका मानसिक उत्पीड़न करते हैं और उनका तिरस्कार करते हैं। इस वाक्य को लेकर विरोध किया गया है कि 'वेदांत के सिद्धान्त' 'मानवता का उपहास' करते हैं। लेकिन इस सन्दर्भ में इसे एक प्रगतिशील टिप्पणी के रूप में देखा जाना चाहिए क्योंकि हिन्दू धर्म अनुसूचित जाति जैसे उत्पीड़ित तथा

अभावग्रस्त लोगों को यह सिखाता है कि वे अपने वर्तमान को सुधारने की बजाय अपने अगले जन्म में सौभाग्य की उम्मीद के साथ खुद को आश्वासन दें। अस्पृश्यता और जातिगत उत्पीड़न जैसी अवधारणाओं पर अपने विचार व्यक्त करते हुए, लेखक ने टिप्पणी की है—'उनके साथ मत रहो, उनकी छाया हानिकारक है।' इस प्रकार वे उच्च जाति के हिन्दुओं द्वारा अनुसूचित जातियों के प्रति अपनाए गए दृष्टिकोण का विपर्यय पेश करते हैं।

उन्होंने कहा है कि जो धर्म किसी अशुद्ध जानवर के स्पर्श को पवित्र और मनुष्य के स्पर्श को अपवित्र मानता हो, वह असली मायनों में धर्म हो ही नहीं सकता, बल्कि वह तो व्यर्थ का प्रपंच है। एक स्थान पर अपनी कल्पना के अनुसार, उन्होंने 'हिन्दू' शब्द की उत्पत्ति के बारे में यह बताया है कि यह 'हिंसा' शब्द के 'हिन्दू' और 'दुष्यति' शब्द के 'दु' को मिलाकर बना है। लेकिन यदि इन उद्धरणों को, विशेषकर अस्पृश्यता के सन्दर्भ में, देखा जाए तो ये अहितकर नहीं जान पड़ते हैं और उनसे किसी भी विवेकशील व्यक्ति को हानि पहुँचने की संभावना नहीं है। लिहाजा, जाति-व्यवस्था तथा अस्पृश्यता की बुराइयों को ध्यान में रखते हुए, विवादित अधिसूचना के परिशिष्ट में उद्धृत 1 से 12 और 20 से 24 तक के अंशों को रूढ़िवादी हिन्दू धर्म के सिद्धान्तों की तर्कसंगत आलोचना को विवाद का विषय नहीं मान सकते।

6. अब हम 13 से 19 तक के अंशों पर विचार करेंगे, जिन पर यह आपत्ति व्यक्त की गई है कि वे हिन्दू धर्मग्रंथों, यथा 'वेदों' और 'भगवद्गीता' पर प्रतिकूल टिप्पणी करते हैं। वेदों के बारे में लेखक का कहना है कि ये मंत्र 'सैकड़ों ऐसे लोगों द्वारा रचे गए हैं, जो अविकसित तथा असभ्य थे।' लेकिन इस वाक्यांश को उसी सन्दर्भ में पढ़ा जाना चाहिए, जहाँ तार्किक रूप से इस रूढ़िवादी दृष्टिकोण का खंडन किया गया है कि वेदों की उत्पत्ति दिव्य स्रोतों से हुई है। इसी क्रम में, एक अन्य कथन में लेखक ने किसी 'शाबर स्वामी' का हवाला देते हुए यह कहा है कि वेदों की रचना करनेवाले 'मूर्ख' या 'बुद्धिहीन' थे। पुस्तक में इस तथ्य का भी जिक्र है कि वेदों में अश्वमेध (घोड़े की बलि) या अजमेध (बकरे की बलि) के अवसर पर घोड़े के साथ सम्भोग का उल्लेख किया गया है, लेकिन यहाँ लेखक केवल यह बताते हैं कि इस विषय की चर्चा वेदों में की गई है। कथित अनुष्ठान की न तो निन्दा की गई है और ना ही उसका समर्थन। इसलिए यहाँ इस कथन से भावनाओं के आहत होने का प्रश्न ही नहीं उठता।

7. 'गीता' पर की गई विवादित टिप्पणियों के सम्बन्ध में हमें ज्ञात होता है कि कुछ वाक्यांश, जो उसे 'धर्मगुरुओं का राग' या एक 'राजनीतिक ग्रंथ' बताते हैं, उनसे समाज को किसी भी प्रकार की हानि की आशंका नहीं है। बाकी सभी वाक्यांश यह उजागर करते हुए रूढ़िवादी हिन्दू विचारों की तर्कसंगत आलोचना करते हैं कि 'गीता' में शूद्रों के प्रति उपेक्षा भाव रखने की सीख दी गई है तथा यह उन्हें कई प्रकार के दोषों से युक्त बताती है, ताकि उन्हें हमेशा दमित रखा जा सके। 'गीता' को इसी सन्दर्भ में एक 'अधार्मिक पुस्तक' के रूप में वर्णित किया गया है। हमें इस बात की सन्तुष्टि है कि उचित सन्दर्भ में पढ़े जाने पर इनमें से कोई भी वाक्यांश धर्मग्रंथों के सम्बन्ध में ऐसी कोई टिप्पणी नहीं करते जान पड़ता जिससे हिन्दू धर्म का अपमान होता हो या जो विभिन्न जातियों के बीच अशान्ति या नफरत को बढ़ावा देता हो।
8. अन्त में, हम अंश 21 से 23 पर आते हैं, जिनके आपत्तिजनक होने का दावा इस आधार पर किया गया है कि वे हिन्दू देवताओं, विशेषकर राम और हनुमान की आलोचना करते हैं। लेखक लिखता है कि हिन्दू लोग जाति के अहंकार में दूसरों का अपमान करना उचित समझते हैं और इसी आधार पर मोक्ष-प्राप्ति की कामना करते हैं। आलोचना के अनुसार, हिन्दू देवी-देवता इन्हीं भेदभावपूर्ण आदर्शों के प्रतिरूप हैं। इसके बाद लेखक शम्बूक की कथा का हवाला देते हुए लिखते हैं कि चूँकि उसने एक शूद्र होकर तपस्वी बनने का दुस्साहस किया था, इसीलिए राम ने उसका वध कर दिया। वे पूछते हैं कि कोई ऐसे राम की पूजा कैसे कर सकता है, जिसने एक तपस्वी की इस प्रकार हत्या करके अपनी कर्तव्यपरायणता सिद्ध की हो। इसी प्रकार, वे पूछते हैं कि शूद्र तथा हरिजन हनुमान की पूजा क्यों करते हैं, जबकि वह एक व्यभिचारी था। अपने दावों को पुख्ता करने के लिए वे 'वाल्मीकि रामायण' का एक अंश उद्धृत करते हैं जिसके अनुसार, राम और सीता के बारे में सूचना लाने के बदले भरत ने हनुमान को 16 कन्याएँ भेंट की थीं। ऐसी स्थिति में इन कथाओं की पुनरावृत्ति को हिन्दू धर्म का अपमान करते हुए तथा अशान्ति और नफरत फैलाते हुए कैसे माना जा सकता है? रूढ़िवादी हिन्दुओं की दृष्टि में 'वाल्मीकि रामायण' को एक पवित्र ग्रंथ या शास्त्र का दर्जा प्राप्त है। इसी के चलते इसमें उल्लिखित किसी भी प्रसंग को हिन्दू धर्म का अपमान करते हुए नहीं व्याख्यायित किया जा सकता, चाहे वह आधुनिक नैतिक विचारों से कितना भी भिन्न क्यों न हो।

9. विवादित पुस्तक का समग्र अध्ययन करने के बाद और इसके उद्देश्य को ध्यान में रखते हुए, हमें इस बात की सन्तुष्टि है कि जिन वाक्यांशों पर धार्मिक भावनाओं को आहत करने का आरोप है, उनमें से किसी को भी दंड संहिता की धारा 153-ए या 295-ए के तहत दंडनीय नहीं माना जा सकता। पुस्तक की जब्ती का विवादित आदेश पूरी तरह से अनुचित है और इसे लागू नहीं किया जा सकता।

10. प्रार्थियों के वकील ने आगे तर्क दिया है कि विवादित आदेश अनुचित है क्योंकि यह सीआरपीसी की धारा 99-ए के प्रावधानों के अनुरूप नहीं है। इसके अनुसार राज्य सरकार उन कारणों का उल्लेख करने के लिए बाध्य है जिनके आधार पर वह इस निष्कर्ष पर पहुँची कि विवादित पुस्तक में ऐसे प्रसंग हैं जो नागरिक वर्गों के बीच दुश्मनी या घृणा को बढ़ावा देते हैं या धार्मिक भावनाओं को आहत करने के उद्देश्य से लिखे गए हैं। इस सन्दर्भ में उन्होंने इस न्यायालय की फुल बेंच के दिनांक 19-1-1971 के सीआर. एमआईएससी. केस 412, 1970 (ललई सिंह यादव बनाम उत्तर प्रदेश सरकार) के फैसले का हवाला दिया है (ब्तप स्श्र 1519। सस, जो 1971 में रिपोर्ट किया गया था)। लेकिन, चूँकि हम इस निष्कर्ष पर पहुँचे हैं कि 'विचाराधीन पुस्तक की जब्ती किसी भी आधार पर नहीं हो सकती, इसलिए केस के इस पहलू पर राय देना हम अनावश्यक समझते हैं।

11. तदनुसार, इस प्रार्थना-पत्र को रु. 300/—की अनुमानित जमा राशि के साथ स्वीकार किया जाता है और जब्ती के विवादित आदेश को निरस्त किया जाता है। 'सम्मान के लिए धर्म परिवर्तन करें' नामक पुस्तक की सभी जब्त प्रतियाँ तत्काल प्रार्थियों को वापस की जाएँ।

**अनुवाद—** डॉ. देविना अक्षयवर

[इस मूल निर्णय को सुप्रीम कोर्ट की वेबसाइट पर अंग्रेजी में पढ़ सकते हैं। यह हिन्दी अनुवाद फॉरवर्ड प्रेस से साभार है। इस हिन्दी अनुवाद के लिए डॉ. देविना अक्षयवर के प्रति आभार। —सम्पादक]

## ‘धर्म परिवर्तन’ की बहाली पर सार्वजनिक प्रेस-विज्ञप्ति

प्रकाशनार्थ—

प्रेषक : बनवारी लाल यादव, एडवोकेट, हाईकोर्ट
578, मम्फोर्टगंज (निगम 2चौराहा के पास), इलाहाबाद
सम्पादक ‘बहुजन’, 48, कन्धारी बाजार, लखनऊ, उ.प्र.

सेवा में,

नमस्कार!

डॉ. भीमराव अम्बेडकर द्वारा लिखित ‘सम्मान के लिए धर्म परिवर्तन करें’ नामक पुस्तक, जिसे उत्तर प्रदेश सरकार ने (यू.पी. गवर्नमेंट) दिनांक 12 सितम्बर, 1970 ई. भाग, पृष्ठ संख्या 49 के उद्धरण द्वारा जब्त फौजदारी की धारा 99 के अन्तर्गत इस कारण से जब्त कर दिया है कि इस पुस्तक से धार्मिक विश्वास पर घृणा की भावना फैलती है।

इसको आज दिनांक 14 मई, सन् 1971 ई. को हाईकोर्ट इलाहाबाद के माननीय न्यायमूर्ति सर्वश्री विलियम ब्रूम, यशोदानन्दन तथा सुधो भूषण मलिक की फुल बैंच ने क्रिमिनल मिसलेनियस एप्लीकेशन नम्बर 3221 सन् 1970 ई. को श्री ललई सिंह यादव बनाम स्टेट उत्तर प्रदेश में यह निर्णय लिया है कि इस पुस्तक से कोई भी धार्मिक विश्वास पर आघात नहीं पहुँचता है और न तो किसी धार्मिक भावना को चोट ही पहुँचती है।

अत: उत्तर प्रदेश गवर्नमेंट का उपरोक्त आदेश रद्द किया जाता है।

धन्यवाद!

दिनांक—14 मई, 1971 ई.

भवदीय

**—बनवारी लाल यादव**

एडवोकेट, इलाहाबाद हाईकोर्ट, इलाहाबाद

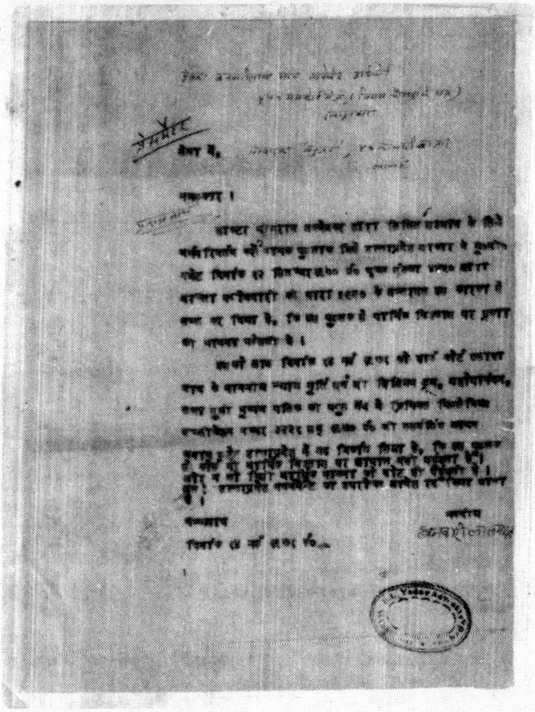

*स्रोत*—न्यायमूर्ति बनवारी लाल यादव, उच्च न्यायालय, इलाहाबाद, जो पेरियार ललई सिंह के वकील थे। उनके परिजन से प्राप्त।

# पेरियार ललई सिंह ग्रंथावली

खंड-3

उत्तर भारत के पेरियार

# पेरियार ललई सिंह ग्रंथावली

[कवि, नाटककार, एकांकीकार सर्जक]

## साहित्य-चिन्तन

## खंड-3

संकलन-सम्पादन

**धर्मवीर यादव गगन**

राधाकृष्ण प्रकाशन

ISBN : 978-93-91950-71-2

**पेरियार ललई सिंह ग्रंथावली : खंड-3**



**पहला संस्करण :** अक्टूबर 2022
**दूसरा संस्करण :** दिसम्बर, 2022
**तीसरा संस्करण :** फरवरी, 2024

**मूल्य :** ₹2500
पाँच खंडों का सम्पूर्ण सेट

**प्रकाशक**
राधाकृष्ण प्रकाशन प्राइवेट लिमिटेड
जी-17, जगतपुरी, दिल्ली-110 051
**शाखाएँ :** अशोक राजपथ, साइंस कॉलेज के सामने, पटना-800 006
पहली मंजिल, दरबारी बिल्डिंग, महात्मा गांधी मार्ग, प्रयागराज-211 001
1, अनमोल सोराबजी सन्तुक लेन, धोबी तलाव, मरीन लाइंस, मुम्बई-400 002
वेबसाइट : www.radhakrishnaprakashan.com
ई-मेल : info@radhakrishnaprakashan.com

**मुद्रक**
विकास कम्प्यूटर एंड प्रिंटर्स
ट्रॉनिका सिटी-201 102

PERIYAR LALAI SINGH GRANTHAWALI : Vol. 3
*Edited by* Dharam Beer Yadava Gagan

उत्तर-आधुनिक राष्ट्र-निर्माण की
सबसे महान परियोजना के महानायक
'मंडल आयोग' के अध्यक्ष बीपी मंडल साहब को सादर!

# अनुक्रम



## साहित्य-चिन्तन

### खंड : क
### कवि मन



### खंड : ख
### नाटककार मन

# प्राक्कथन

यह 'पेरियार ललई सिंह ग्रंथावली' के तीसरे भाग का साहित्य खंड है। जिसमें उनका साहित्यकार मन और व्यक्तित्व सार्वजनिक हो उभरा है। उनके साहित्य-चिन्तन को दो भागों में विभाजित किया गया है : पहला कविता खंड है। दूसरा नाटक एवं एकांकी खंड है।

कविता खंड में उनका काव्य-संग्रह—'शोषित संघर्ष' और सम्पादित काव्य-संग्रह—'भीम अभिनन्दन' संगृहीत हैं। अपने कविता-संग्रह में उन्होंने जहाँ शोषित-दमित मनुष्यों की आह को अभिव्यक्त किया है, तो वहीं सम्पादित कविता-संग्रह में बाबा साहब डॉ. अम्बेडकर के व्यक्तित्व, चिन्तन, संघर्ष और धम्म-दर्शन आदि पक्ष को लेकर लिखे गए अनेक पद, दोहे, गीत-गजल, कविताओं आदि को संकलित किया है।

उत्तर भारत अर्थात् हिन्दू हृदय प्रदेश में नवजागरण की चेतना को इनके साहित्य में प्रखरता के साथ अभिव्यक्ति मिली है। यह प्रखर नवजागरण चेतना जहाँ यूरोपीय नवजागरण और प्रबोधन की चेतना को समेटे हुए है, तो वहीं भारतीय नवजागरण के प्रवर्तक और वाहक बुद्ध, फुले, पेरियार और अम्बेडकर की सोच और चेतना से लैस होकर वर्णवाद, पुरोहितवाद, मनुवाद, जातिवाद, सामन्तवाद और पूँजीवाद का घोर प्रतिरोध करती है और समतामूलक समाज का विजन प्रस्तुत करती है, जिसका सहज आधार बुद्धिवाद, तर्क, ज्ञान-विज्ञान आदि से अनुप्राणित होती नवजागरण की चेतना बनती है।

इसी कारण इनकी नवजाग्रत चेतना में मुख्यत: ईश्वर, वर्ण, जाति, भाग्य, स्वर्ग-नर्क, सामन्तवाद, साम्राज्यवाद, पूँजीवाद पर करारा प्रहार है। इसके उन्मूलन की एक अभियानी पहल है, जिस कारण इनके साहित्य-चिन्तन की अधिरचना में समता, स्वतंत्रता, बन्धुता और मनुष्यता है। समतामूलक समाज निर्माण का स्वप्न है—जिसमें

से अभिव्यक्त होते हैं। इनकी साहित्यिक चेतना स्वाभाविक रूप से स्त्री, दलित, पिछड़े, आदिवासी, अल्पसंख्यक के अधिकारों के साथ खड़ी होती है।

अत: यह सोचने की बात है कि हिन्दी नवजागरण की इस मनुष्यत्व की लोकधर्मी चेतना पर अब तक हिन्दी साहित्यकार चुप क्यों रहे? इस चुप्पी के क्या कारण हैं? यह चुप्पी सायास है या अनायास? यह गम्भीर आलोचना बुद्धि से विचार और विश्लेषण का विषय है।

# प्रस्तावना

हिन्दी नवजागरण के इतिहास में बहुजन नायिकाओं और नायकों के प्रखर स्वर की घोर उपेक्षा वस्तुतः नवजागरण के व्याख्याकारों के घोर षड्यंत्र का परिणाम है। अतः यह 'ग्रंथावली' आधे-अधूरे हिन्दी नवजागरण को पूर्णता प्रदान करने की दृष्टि से एक महत्त्वपूर्ण ऐतिहासिक दस्तावेज है। ऐसा माना जाता है, हिन्दी नवजागरण का आरम्भ भारतेन्दु के नाटकों से होता है, किन्तु उनके द्वारा लोकधर्मी जमीन पर पूर्णता में लिखे गए नाटकों का अभाव है।

आगे चलकर भिखारी ठाकुर के लोकधर्मी नाट्यों में नवजागरण की लोकधर्मी विरासत का विकास जरूर देखने को मिलता है, लेकिन मुख्यधारा की नाट्य परम्परा में उन्हें वह महत्त्व नहीं मिला जो मिलना चाहिए था। पेरियार ललई सिंह ने हिन्दी में पाँच नाटक—1.वीर सन्त माया बलिदान, 2. अंगुलिमाल, 3. एकलव्य, 4. शम्बूक वध, 5. नागयज्ञ तथा एक एकांकी 'सिपाही की तबाही' लिखी, जिनकी नोटिस तक नहीं ली गई।

नवजागरण के व्याख्याकारों और हिन्दी आलोचकों का यह अजीब द्विचित्तापन है कि हिन्दी में नाटकों के अभाव का रोना रोते हैं और जब नाटक लिखे जाते हैं तो उन्हें आलोच्य स्वीकृति और एकेडमिक्स में प्रवेश नहीं करने देते।

क्या पेरियार ललई सिंह के नाटकों को इसलिए अनदेखा कर दिया जाए कि वे एक बहुजन लेखक हैं? वे एक बौद्धिष्ट चेतना के लेखक हैं तथा उनका साहित्य बुद्ध, अम्बेडकर और पेरियार के विचारों से प्रभावित है? उसमें लोकधर्मी चेतना है।

सनद रहे—यदि दलित नायकों पर केन्द्रित उनके नाटक हिन्दी क्षेत्र में दलित-चेतना के विकास में महत्त्वपूर्ण भूमिका निभा रहे थे तो वहीं बहुजन नवजागरण के निर्माण का गम्भीर सकारात्मक प्रयास भी कर रहे थे।

हिन्दी नवजागरण के व्याख्याकार डॉ. रामविलास शर्मा की दिक्कत यह है कि वे हिन्दी नवजागरण के केन्द्र में 1857 का खूँटा गाड़कर बैठ गए हैं और यह मान बैठे हैं कि आधुनिक हिन्दी का पूरा साहित्य 1857 की साम्राज्यवादी विरोधी चेतना से प्रभावित है और यह भी कि हिन्दी क्षेत्र में दलित जागरण का कोई स्वर प्रस्फुटित नहीं हुआ।

इस जिद पर डॉ. शर्मा वैसे ही अड़े हुए हैं, जैसे हिन्दी साहित्य से सिद्धों-नाथों की बौद्ध परम्परा को खारिज करते हुए यह साबित करने पर अड़े रहते हैं कि हिन्दी साहित्य पर बौद्ध-चिन्तन का कोई प्रभाव नहीं पड़ा।

वास्तव में, वे वैदिक-पौराणिक परम्परा के वर्णवादी भाववादी वेदान्त दर्शन से प्रभावित ही नहीं हैं वरन् उसके सम्मोहन से भयाक्रान्त भी हैं जबकि बुद्ध से होते हुए कबीर तक के चिन्तन का स्पष्ट प्रभाव पेरियार ललई सिंह के साहित्य और चिन्तन में साफ-साफ दिखता है।

वह मार्क्सवाद, बहुजन समाज के किस काम का, जो हिन्दी नवजागरण में स्वामी अछूतानन्द, चन्द्रिका प्रसाद जिज्ञासु, पेरियार ललई सिंह, रामस्वरूप वर्मा, महाराज सिंह भारती, जगदेव प्रसाद जैसे लोकधर्मी बहुजन लेखकों से मुँह मोड़कर केवल शास्त्रधर्मी वर्णवादी परम्परा की ब्राह्मणवादी 'एकेडमी' के भीतर ही सारी प्रगतिशीलता की तलाश करता है। उसके बाहर विकसित हो रही सचमुच की परिवर्तनकामी प्रगतिशीलता को खारिज करता है।

इस प्रकार बुद्ध की सामाजिक क्रान्ति हो या फुले, अम्बेडकर, पेरियार की सामाजिक क्रान्ति हो, जिनकी विरासत को ये बहुजन लेखक हिन्दी क्षेत्र में विकसित कर रहे थे, उन सबकी सायास उपेक्षा की गई।

वैसे, यदि साम्राज्यवाद-विरोध ही 1857 के विद्रोह के केन्द्र में है तो उस समय के कलावादी-छायावादी या स्वयं हिन्दी नवजागरण के उन्नायक कहे जानेवाले भारतेन्दु के साहित्य में उसका स्पष्ट स्वर क्यों नहीं सुनाई पड़ता?

यदि कहीं सुनाई पड़ता है तो उस समय के लिखे गए लोकधर्मी रचनाकारों के लोकगीतों में, जिन्हें ब्रिटिश सरकार ने प्रतिबन्धित कर दिया था। ब्रिटिश सत्ता को खतरा कलावादी साहित्य से नहीं, लोकधर्मी राष्ट्रवादी लोकगीतों से ही क्यों महसूस हुआ?

दूसरी बात यह कि साम्राज्यवाद विरोध तो 1857 से लगभग सौ साल पहले ही सन् 1760 में आमने-सामने की लड़ाई के रूप में, तिलका माँझी के नेतृत्त्व में शुरू हो चुका था और लगभग सन् 1780 तक चला।

इसी दौरान तिलका माँझी को फाँसी पर लटका दिया गया था। इतनी दूर न भी जाएँ तो 1857 से ठीक दो साल पहले 1855 में घटित संथाल की उस ऐतिहासिक जन-क्रान्ति को कैसे भुलाया जा सकता है, जिसमें हजारों आदिवासी शहीद हो गए और गाँव के गाँव जला दिए गए?

चार सगे भाइयों—सिद्दू मुर्मू, कान्हू मुर्मू, चाँद मुर्मू और भैरव मुर्मू के नेतृत्त्व में लड़ी गई लड़ाई आदिवासी विद्रोह मात्र नहीं, एक महान जन-क्रान्ति थी, जिसमें आदिवासियों के साथ ही कुछ दलित, पिछड़े और अल्पसंख्यक भी शामिल थे।

उस जन-क्रान्ति को आज 'हूल दिवस' के रूप में याद किया जाता है। उन महान पुरखों के सम्मान में 'हूल जोहार' अभिवादन किया जाता है। संघर्ष का यह सिलसिला 50-55 साल बाद भी क्रान्तिकारी बिरसा मुंडा के नेतृत्त्व में चलता रहा।

इन क्रान्तिकारी बहुजन महानायकों—सिद्दू, कान्हू, चाँद, भैरव, तिलका माँझी और बिरसा मुंडा की जनक्रान्ति व विद्रोह को नजरन्दाज कर इतिहास लिखा गया। इसी कारण 1857 का इतिहास आधा-अधूरा और एकांगी है।

क्या आदिवासी और उनके क्रान्तिकारी नायक भारत के नागरिक नहीं थे? असल लड़ाई तो वही लड़ रहे थे। वे तब भी असल क्रान्ति कर रहे थे और आज भी। वे तब भी मारे जा रहे थे और आज भी। तब अंग्रेजों द्वारा और आज अपने ही लोगों द्वारा मारे जा रहे हैं।

भारत के स्वाधीनता आन्दोलन में पूरे देश की भागीदारी थी। उसमें अपना विशेषाधिकार गँवा बैठे राजे-रजवाड़े, देशी सामन्त, सुविधा भोगी अभिजन और बहुत बड़ी संख्या में बहुजन समाज के आदिवासी, पिछड़े, दलित, किसान-मजदूर, अल्पसंख्यक सभी शामिल थे और अपने बेहतर भविष्य के लिए आशान्वित भी थे, लेकिन इतिहास में मामूली से मामूली अभिजन नायकों की भूमिका को तो खूब 'हाईलाइट' किया गया जबकि बहुजन पृष्ठभूमि से आनेवाले नायकों की घोर उपेक्षा की गई।

सत्य तो यह है कि ऐतिहासिक स्वतंत्रता आन्दोलन के दौरान शहीद होनेवालों में सबसे बड़ी संख्या बहुजनों की थी। सामाजिक क्रान्ति की यह परम्परा बुद्ध, कबीर-रैदास, गुरु नानक, संत गाडगे जैसे संतों से लेकर तिलका माँझी, सिद्दू, कान्हू, चाँद, भैरव और बिरसा मुंडा से होती हुई फुले-अम्बेडकर, पेरियार, भगत सिंह और वीरांगना फूलन देवी तक फैली हुई है जो अपने-अपने समय की वर्चस्वशाली सत्ता-संस्कृतियों से टकराती रही है।

सच पूछा जाए तो बहुजन नायकों की परम्परा ही भारत की असल क्रान्तिकारी परम्परा है जो कथित मुख्यधारा के चिन्तकों द्वारा बराबर उपेक्षित होती रही। इस पृष्ठभूमि को समझे बिना हिन्दी नवजागरण की समझ आधी-अधूरी रह जाएगी।

अत: बहुजन लेखकों के नवजागरण के स्वर की उपेक्षा कर हिन्दी नवजागरण की चर्चा करना बेमानी है। इस पर विस्तृत चर्चा-परिचर्चा और लेखन होना चाहिए तब हिन्दी नवजागरण की अवधारणा पूर्ण होगी।

जय हो! जोहार हो!! लड़ाई आर-पार हो!!!

दिनांक—26 जनवरी, 2022 ई.

**—चौथीराम यादव**

# भूमिका

जिस समाज का साहित्य नहीं होता है, वह गुलाम होता है। जिस व्यक्ति और समाज का साहित्य होता है, वह दुनिया पर राज करता है। यह साहित्य मनुष्यता का सृजन करता है। सचेत साहित्य मनुष्य, सभ्यता, संस्कृति का निर्माण करता है तो वहीं अचेत साहित्य मनुष्य को गुलाम बनाता है। वह मनुष्यत्व और प्रेम जैसे सर्वोच्च मानव मूल्यों का संहार करता है।

अत: इस आधुनिक लोकतांत्रिक समय में भी जिस समाज का साहित्य है, वह राज कर रहा है और जिस समाज का साहित्य नहीं है, वह गुलाम बना हुआ है। यह गुलामी अनेक स्वरूप में आती है और अनेक प्रकार से अपना वर्चस्व स्थापित करती है। इसका सबसे घातक स्वरूप 'मानसिक गुलामी' का होता है। ऐसी गुलामी व्यक्ति और समाज के लिए सबसे खतरनाक होती है। ऐसी गुलामी जब गहना बन जाती है, तब आनन्द देने लगती है। इससे मुक्ति की चाह मानवतावादी सोच—स्वतंत्रता, समानता और बन्धुता की अनुभूति का एहसास हो जाने में होती है।

जो व्यक्ति और समाज बौद्धिक रूप से निर्भर हो जाता है, वह सोचने-समझने लगता है। जो व्यक्ति और समाज सोचने-समझने लगता है, वह अपनी बुद्धि से आगे बढ़ने लगता है। इस बौद्धिक प्रगति की स्थिति में वह पोंगा-पंथी समाज को सुनना बन्द कर देता है। ऐसा समाज अपना सचेत साहित्य सृजन शुरू करता है। वह व्यक्ति और समाज दुनिया पर राज करने लगता है। वैसे, जिसकी बौद्धिक अभिव्यक्ति होती है, जिसका चिन्तन होता है, जिसका दर्शन होता है और यह चिन्तन जिस प्रकार का होता है, समाज निर्माण भी उसी प्रकार का होता है।

वह यदि प्रगतिशील होगा तो प्रगतिशील सोच का समाज निर्माण होगा। यदि प्रतिगामी होगा तो प्रतिगामी सोच का समाज का निर्माण होगा। इसी कारण जो व्यक्ति और समाज प्रगतिशील सोच का होता है, वह चेतना सम्पन्न व्यवहार करता है। वह गुलामी की सभी संहिताओं को खंडित करते चलता है। उससे मुक्त होते चलता है, किन्तु जो व्यक्ति और समाज प्रतिगामी सोच का होता है, वह परम्परागत, पुरातन, पोंगा-पंथी व्यवहार करता है। इसका सबसे सुन्दर उदाहरण इस देश के सनातनी मानसिकता रखनेवाले लोग हैं।

आधुनिक मनुष्य ने ईश्वर को अस्वीकार करते हुए उसे ध्वस्त करना शुरू किया। यूरोपीय नवजागरण इस भौतिक संसार में स्थित पॉप और पुरोहित को ज्ञान और तर्क से चुनौती देना शुरू किया। इस आधुनिक नवजाग्रत मानवीय चेतना ने अपने चिन्तन केन्द्र में ईश्वर की जगह मनुष्य को स्थापित किया। रूसो ने यह घोषणा की कि 'मनुष्य स्वतंत्रता जन्मता है, किन्तु वह सर्वत्र जंजीरों में बँधा होता है।' इस मानवतावादी सोच और दृष्टि से—समानता, स्वतंत्रता और बन्धुता जैसे सर्वोच्च मानव मूल्य निकले। इस मूल्यबोध से सम्पूर्ण विश्व में नवजागरण की चेतना निर्मित होनी शुरू हुई। इसके बाद ईश्वर की मृत्यु की घोषणा हुई। पॉप, पुरोहित, स्वर्ग-नर्क पूरी तरह सवालों के घेरे में आए। इसी समय कथित सम्प्रत्ययों से मुक्ति की चेतना निर्मित होनी शुरू हुई। इस पर विचार-विमर्श शुरू हुआ। आध्यात्मिक की जगह भौतिक संसार के सत्य का उद्घाटन होना शुरू हुआ।

इन मानव शोषण की प्रवृत्तियों को ख़त्म करने की कोशिश के बाद आधुनिकता का उदय होता है, जिसमें भौतिक जीवन, सामाजिक यथार्थ, ज्ञान-विज्ञान, नवजागरण, प्रबोधन, धर्मनिरपेक्षता आदि विशेषताएँ केन्द्रीय होती हैं। इससे निर्मित नई चेतना ने नवजागरण की सोच, सभ्यता, संस्कृति, इतिहास, दर्शन, भाषा, कला का नवनिर्माण किया, जिससे नवजागरण का बीज प्रस्फुटित हुआ। यूरोपीय नवजागरण की ये केन्द्रीय प्रवृत्तियाँ अखिल विश्व की अवधारणा के रूप में प्रस्तुत होती हैं।

हम आधुनिक समय में 'प्रबोधित मनुष्य' की प्राक्कल्पना को लेकर चलें। प्रबोधन अर्थात् एनलाइनमेंट। अब मनुष्य हर प्रकार की परनिर्भताओं से मुक्त होने की ओर प्रवृत्त होता है। यह नवजागरण की एक परिपक्व मनुष्य की सम्भावित सर्जना थी। कांट इसे सोचने, समझने, स्वयं के चिन्तन के प्रति जिम्मेदार होने के रूप में स्पष्ट करते हैं।

यूरोपीय नवजागरण की चेतना आधुनिक भारत में अंग्रेजी और अंग्रेजों के साथ आती है, जो इस देश की पाखंडी-अन्धविश्वास-कर्मकांडी मान्यताओं को प्रतिबन्धित करने की कोशिश करती है। कुछ में सफल होती है, कुछ में असफल; जैसे—सती-प्रथा आदि को प्रतिबन्धित करना अर्थात् इस स्त्री विरोधी कथित प्रथा को समाज से समाप्त करते हैं, अवैध घोषित करते हैं। सती प्रथा सवर्ण हिन्दुओं की स्त्री विरोधी सामाजिक रीति थी, जिसमें हिन्दू मान्यता के अनुसार, पति के मर जाने पर उसकी चिता में पत्नी को भी जल कर मरना पड़ता था, किन्तु यदि कोई स्त्री पति से पहले मर जाती थी तो पति को चिता में नहीं जलना होता था। पति दूसरा विवाह कर सकता था।

अंग्रेजों के साथ 'स्कूल' जैसी निर्पेक्ष अवधारणा भारत में आती है जो पूर्णतः धर्मनिरपेक्ष मन की होती है। अंग्रेज स्कूलों के माध्यम से ज्ञान का जनतंत्रीकरण करते हैं। इससे पहले 'गुरु' और 'गुरुकुल' ने ज्ञान का एकतंत्रीकरण कर रखा था। रेल,

औद्योगिकीकरण, होटल जैसी आधुनिक चीजें देश में अंग्रेजों के साथ ही एशिया में प्रवेश करती हैं, किन्तु नवजागरण की अवधारणा के भारतीय परिप्रेक्ष्य को देखा जाए तो इस देश में नवजागरण और प्रतिजागरण का द्वन्द्व दीर्घकाल से चला आ रहा है।

'लाइट ऑफ़ एशिया' अर्थात् 'एशिया का प्रकाश' कहे जानेवाले बुद्ध ने 'वर्ण-व्यवस्था', 'नस्लीय श्रेष्ठता' और 'गोत्र' पर सबसे पहले सवाल उठाया था। उसका प्रतिरोध किया था। उन्होंने वर्ण, वर्ण-संकर आदि कथित प्रश्न को तर्क, ज्ञान और बुद्धिवादी दृष्टिकोण से खंडित किया। मानव समानता के सर्वोच्च मूल्य को सार्वजनिक सत्य के रूप में उद्‌घाटित-प्रत्यस्थापित किया। यह मानवतावादी प्रतिरोधी परम्परा आधुनिक समय में ज्योतिबा फुले, बाबा साहब डॉ. अम्बेडकर और पेरियार ई.वी. रामास्वामी की विश्वदृष्टि से अखिल भारतीय फलक पर परिलक्षित होती है।

ज्योतिबा फुले ने हिन्दू मिथकों को डि-कोड किया। आर्य-आर्यन नस्ल पर चिन्तन किया। इस देश के मूल निवासियों की गुलामी के कारणों को उद्‌घाटित किया तो वहीं पेरियार ई.वी. रामास्वामी ने ईश्वर, वेद, वर्ण, पुरोहित, भाग्य, भगवान, स्वर्ग, नर्क, पुनर्जन्म, अन्धविश्वास, कर्मकांड की सार्वजनिक रूप से धज्जियाँ उड़ाईं। उसे ध्वस्त किया, जिससे दक्षिण भारतीय जनमानस से इन मूर्तियों और मिथकों का भय भंजित हुआ। साधारण मनुष्यों की मूर्तियों के प्रति आस्था खंडित हुई। यह चेतना उत्तर भारत में भी आती है, जिसे पेरियार ललई सिंह के साहित्य में देखा जा सकता है। इसी चेतना के कारण उन्हें 'उत्तर भारत का पेरियार' कहा जाता है।

आधुनिक स्वतंत्र उत्तर भारत में नवजागरण को जो मुख्य लोग उद्‌घाटित करते हैं, उनमें प्रमुख नाम हैं—स्वामी अछूतानन्द, चन्द्रिका प्रसाद जिज्ञासु, पेरियार ललई सिंह, महामना रामस्वरूप वर्मा और महाराज सिंह भारती, बाबू जगदेव प्रसाद आदि। पेरियार ललई सिंह ने उत्तर भारत में मिथक, धर्म, ईश्वर, स्वर्ग, नर्क, पाप, पुण्य, पवित्रता, नस्लीय श्रेष्ठता, वर्ण और जाति के विरुद्ध जो प्रतिरोध की मौलिक चेतना जगाई, उस कारण इन्हें 'उत्तर भारतीय नवजागरण का महानायक' कहा जा सकता है। मुख्यत: जो सामाजिक-सांस्कृतिक नवजागरण दक्षिण भारत में पेरियार कर रहे थे, वही नवजागरण उत्तर भारत में पेरियार ललई सिंह कर रहे थे।

जिसमें यूरोपीय नवजागरण की तरह 'ईश्वर' और 'पुरोहित' को ध्वस्त किया जा रहा था, दक्षिण भारत में पेरियार ने वही किया और साफ-साफ घोषणा की कि 'ईश्वर नहीं है! ईश्वर नहीं है!! ईश्वर नहीं है!!!' हिन्दू हृदय भूमि अर्थात् काउबेल्ट उत्तर भारत में पेरियार ललई सिंह ने नवजागरण की यही अलख जगाई—ईश्वर, भाग्य, भगवान, स्वर्ग, नर्क, पवित्रता, अपवित्रता, श्रेष्ठता, निकृष्टता, नस्लीय श्रेष्ठता, आर्य-अनार्य आदि मिथकीय चरित्रों की कथित संहिता को ध्वस्त किया।

इसी चेतना से अपने साहित्य में वर्ण-संहिता के प्रतिमानों को ध्वस्त करने की पुरजोर कोशिश करते हैं। हिन्दू संहिताओं की आप्तता पर सवाल उठाते हैं।

उन सभी आप्त और नैतिक मान्यताओं को निरुत्तर करने की कोशिश करते हैं जो वैदिक-पौराणिक संहिताओं से वैधता प्राप्त करते हुए नस्लीय और वर्णाश्रमी श्रेष्ठता को स्थापित करती हैं। अब वे सवालों के घेरे में होती हैं। इसका केन्द्रीय कारण बुद्ध, पेरियार और अम्बेडकर की वैचारिकी होती है। साथ ही, यूरोपीय नवजागरण की चेतना, आधुनिकता और लोकतंत्र जैसे मूल्य बोध भी।

नवजागरण की चेतना से वे 'पुरोहित' और 'पोप', दोनों की सत्ता संरचना को चुनौती देते हुए वर्ण और जाति के प्रश्न पर उन्मूलन की चेतना से साहित्य सृजन करते हैं। वे वर्ण, जाति और पूँजीवाद पर लिखते हैं कि 'वर्ण और जाति-व्यवस्था से कम खतरनाक नहीं है पूँजीवाद।' वे पुरोहितों द्वारा श्रम के विभाजन और उनके जातियों की उत्पत्ति पर गम्भीरता से विचार करते हैं कि श्रम के वर्णाश्रमी विभाजन के मुख्य आधार और उसमें भी श्रमिकों के श्रम दोहन करने के लिए श्रम के विभिन्न क्षेत्रों—दुग्ध उत्पादक, पशुपालन, सब्जी उत्पादन, चमड़े का उत्पादन, तेल का उत्पादन आदि के लिए श्रमशील मनुष्यों को लगाए जाने, उन मनुष्यों के नि:शुल्क श्रम और उत्पादन करने, सभी श्रम कार्यों में लगे लोगों की श्रमानुसार ही जातियाँ तय कर देने और वर्णाश्रमी विधान बना देने कि जो जिस श्रम में लगाए गए हैं, उनकी आनेवाली पीढ़ियाँ भी उसी श्रम-कर्म को करेंगी।

इस तरह ये मनुष्य जन्मना इन कार्यों में लगे। यह क्रम कई पीढ़ियों तक चलता आ रहा। यहीं से जातियों का उद्‌भव और विकास हुआ। इसे पुरोहितों ने ईश्वरीय विधान कहा जबकि ऐसी सामाजिक संरचना की निर्मित का मूल कारण उनकी मिथकीय सैद्धान्तिकी आर्थिक उत्पादन के अतिरिक्त लाभ की जगह पूरा लाभ कमाने के सिद्धान्त पर आधारित थी। इसी मानसिकता से वर्ण और जाति-व्यवस्था की सैद्धान्तिकी को निर्मित किया गया। आधुनिक समय में पूँजीवाद ने भारतीय श्रम विभाजन के इस जातीय चरित्र को अच्छे से समझा। इसी कारण वह श्रम दोहन-शोषण के मामले में भारत में ब्राह्मणवाद से गठजोड़ करती है। यह आज तक पूरा लाभ और अतिरिक्त लाभ के बीच चल रहा है। पुरोहित पूरे लाभ के सिद्धान्त पर चलता रहा और आज भी चल रहा है तो वहीं पूँजीपति अतिरिक्त लाभ की सैद्धान्तिकी पर चल रहा है। इस देश के आधुनिक समय में भी जाति के चलते रहने का यही क्रेक्स है।

नवजागरण की चेतना से ये ज्ञान की सत्ता संरचना पर विमर्श करते हैं जिसमें उनकी ज्ञान मीमांसा अभिव्यक्त होती है। ज्ञान की सत्ता संरचना पर किस प्रकार प्रतिगामी मनुष्यों का वर्चस्व है, वे किस प्रकार उसके यथास्थितिवादी स्वरूप को बनाए हुए हैं, इस 'डिस्कोर्स' में पेरियार ललई सिंह का साहित्य उतरता है। उसका 'विखंडन' करता है, उसका 'आधुनिक पाठ' प्रस्तुत करता है। उनका साहित्य गुरुकुल और गुरु अर्थात् आचार्य के छद्‌म चरित्र का उद्‌घाटन करता है। वर्चस्ववादी सत्ता

संरचना किस प्रकार 'ज्ञान के सार्वजनिक' हो जाने की विरोधी है, उनके साहित्य से उद्घाटित होता है।

ज्ञान, गुरु और गुरुकुल के छद्म चरित्र की पोल-खोल प्रक्रिया में उन्होंने 'एकलव्य' नाटक लिखा। इस नाटक का ज्ञान-विमर्श स्पष्ट करता है कि किस प्रकार इस देश के श्रवण समाज को ज्ञान से रोका जाता रहा है। आज भी चिन्तन, बुद्धि और ज्ञान के केन्द्र विश्वविद्यालयों में श्रमणों को प्रवेश लेने से क्यों और कैसे रोका जाता है, ये नाटक उनके इस ज्ञान मीमांसा का आधुनिक पाठ हैं। यदि कोई व्यक्ति अपने अनुभवजन्य ज्ञान से किसी वस्तु स्थिति के सत्य को प्राप्त कर लेता था और लेता है तो किस प्रकार उसके ज्ञान प्रविधि को समूल नष्ट कर दिया जाता है। उस समय अँगूठा काट लिया जाता था। आज संस्थानिक हत्या कर दी जा रही है। इस देश का सभ्य-असभ्य नागरिक समुदाय आज तक इतनी ही प्रगति कर पाया है।

यह सत्य तथ्य है कि ज्ञान और बौद्धिक मेधा का इस देश का श्रवण वर्ग ही उत्पादन करता रहा है। इसका मुख्य कारण है—श्रम और ज्ञान के बीच की आवाजाही। इसी कारण एकलव्य बीना गुरु के भी उस समय की महान विद्या के ज्ञाता हो गए थे जबकि अर्जुन कई वर्षों तक गुरुकुल में गुरु के सान्निध्य में अथक अभ्यास करने के बाद भी एकलव्य जैसे धनुर्धर नहीं बन सके। कारण कि अर्जुन रटन्त विद्या को प्राप्त कर रहे थे, जबकि एकलव्य नवविद्या की सर्जना कर रहे थे। अर्जुन को जो विद्या गुरु द्रोणाचार्य दे रहे थे, वह प्राचीन और आउट डेटेड थी जबकि एकलव्य ने जिस विद्या की सर्जना की, वह आधुनिक और अपडेट थी। गुरु द्रोणाचार्य द्वारा एकलव्य और अर्जुन के बीच धनुर्युद्ध करवाने पर अर्जुन एकलव्य के बाणों से धराशायी होकर क्षणभर में धरती पर गिर पड़ते हैं, जिसे देख हतप्रभ हो गए गुरु द्रोणाचार्य ने एकलव्य की मौलिक नवविद्या के संहार का चक्रव्यूह रचा।

एक ने ज्ञान की मौलिक परम्परा का सृजन-निर्वहन किया तो दूसरे ने अमौलिक प्रतिगामी ज्ञान परम्परा का निर्वहन किया। यह प्रतिगामी ज्ञान परम्परा इस देश की मौलिक अर्थात् एकलव्यवादी ज्ञान परम्परा को प्राचीन से आधुनिक समय तक लगातार विस्थापित और खंडित करती रही है। इसी कारण प्राचीन समय के गुरु, गुरुकुल और इस देश के वर्तमान समय के प्रतिगामी मन रखनेवाले ज्ञान के संस्थान पूरी दुनिया के सामने फिसड्डी सिद्ध हुए हैं।

इस सन्दर्भ और परिप्रेक्ष्य में आप इनके आधुनिक ज्ञान परम्परा में दुनिया के सामने असफलता के कारणों को देखिए तो सहज ही अन्दाजा लग जाएगा कि हम दुनिया को जीरो देकर आज तक जीरो क्यों हैं! हम इस दुनिया में ज्ञान के हीरो क्यों नहीं बन पा रहे हैं, आदि-आदि। ख़ैर, इसके बाद द्रोणाचार्य ने गुरुकुल के गुरुमंत्र 'छल-छद्म की बुद्धि' का परिचय दिया जो उन्हें गुरुकुलि वंशानुगत 'दीक्षा' में मिली थी। उन्होंने एकलव्य से उसका दाहिना अँगूठा गुरु दक्षिणा में माँग लिया।

भावुक आदिवासी पुत्र एकलव्य ने उन्हें अँगूठा काटकर दे दिया, किन्तु मुझे लगता है कि द्रोण ने अपने शिष्यों से कहकर, उन्हें ललकारकर, एकलव्य को धराशायी कर, जबरन अँगूठा कटवा लिया होगा।

इस तरह एकलव्य द्वारा ईजाद की गई नई धनुर्विद्या की कथित गुरु द्रोणाचार्य ने हत्या कर दी। वैसे, ज्ञान और विचार इतनी आसानी से मरता नहीं है। इस क्रूर ऐतिहासिक परिघटना के बाद एकलव्य ने तर्जनी और मध्यमा अँगुली से अभ्यास कर नव धनुर्विद्या का सृजन किया। एकलव्य ने जिस नव धनुर्विद्या की सर्जना की थी, वह आज दुनिया के सामने मॉडल बन गई है। वह 'आधुनिक ओलम्पिक' में अनुकरणीय है। ओलम्पिक में तीरन्दाजी की जिस महान प्रतियोगिता का विश्वस्तरीय आयोजन होता है, उसमें तीर को अँगूठे से न पकड़कर तर्जनी और मध्यमा से पकड़कर चलाया जाता है। यह दुनिया को एकलव्य की महान देन है। आज दुनिया अर्जुन और द्रोणाचार्य का नाम तक नहीं जानती है, लेकिन एकलव्य के इस नव धनुर्विद्या को संसार सँजोए हुए है। उसे मॉडल बनाकर आगे बढ़ा रही है।

इस आधुनिक चेतना से युक्त साहित्यकार के साहित्य में बुद्ध की मानसिक परिवर्तन की मनोवैज्ञानिक अवधारणा पर अगाध विश्वास दिखता है। उनके लिए धर्म का विकल्प जहाँ बुद्धिज्म है, वहीं इनके पास कथित पवित्रता-अपवित्रता के सवाल के उत्तर के लिए अम्बेडकर हैं और मिथक-धर्म-संस्कृति के लिए गुरु पेरियार ई.वी. रामास्वामी हैं। पेरियार ललई सिंह के पास यह ऐतिहासिक वैचारिक चेतना है। इसी वैचारिक चेतना से वे उत्तर भारत में नवजागरण करते हैं।

यहाँ पेरियार ललई सिंह ने पवित्रता और पानी के सवाल को प्रश्नांकित किया है। अपने साहित्य में शुचिता-पवित्रता को पेरियार ई.वी. रामास्वामी की वैचारिकी के साथ खंडित करते हैं तो वहीं पानी की पवित्रता के सवाल को डॉ. अम्बेडकर की वैचारिकी से साहित्य और समाज में आन्दोलन कर हल करते हैं, जिसे 'वीर सन्त माया बलिदान' नाटक में साफ देखा जा सकता है, जो पानी और पवित्रता के सवाल पर महाड़ सत्याग्रह की सहज ही याद दिलाता है।

पेरियार ललई सिंह का साहित्य और चिन्तन सर्वहारा के प्रति प्रतिबद्ध है। उनके साहित्य में बुर्जुआ-सामन्त-पुरोहित द्वारा मजदूर-किसान-दमित के शोषण से मुक्ति की चेतना है। मजदूरों के सवाल यहाँ ग्लोबल लहजे में प्रस्तुत होते हैं। भूख और अकाल पीड़ित जनता के लिए जब 'पाटण' में तालाब खोदवाया जाता है, उस समय सम्पूर्ण देश से मजदूर मँगाए जाते हैं। इन मजदूरों का सवाल एक-सा है। इनके श्रम का दोहन-शोषण किस प्रकार पुरोहित, सामन्त और राजा करते हैं, इनका यहाँ एक गम्भीर पाठ पेरियार ललई सिंह ने प्रस्तुत किया है। मजदूर-किसान के दुखों को उन्होंने दर्शाया है, जो आज के किसान सवालों के सन्दर्भ को देखते हुए पूर्णतः प्रासंगिक जान पड़ते हैं।

इनका साहित्य पूँजीवाद का घोर विरोध करता है। वे पुरोहितों और पूँजीपतियों का एक साथ प्रतिरोध करते हैं। ये मनुवाद और पूँजीवाद के गठजोड़ को चिन्हित करते हैं। उस पर चोट करते हैं। पुरोहित, वर्ण और जाति-व्यवस्था पर सवाल उठाते हैं, कारण कि यह श्रमशील जनता के शोषण के उत्स हैं।

भाषा की लोकधर्मिता, अखिलता और आंचलिकता को बनाए रखा गया है। लेखक ने अपने लेखन में 'आए' को 'आवे', 'जाए' को 'जावे', 'पाए' को 'पावे' आदि लिखा है। इसी तरह अन्य शब्द भी हैं, जिन्हें यथावत् रहने दिया गया है। ये अपने साहित्य में ग्लोबल भाषा का व्यवहार करते हैं। वास्तव में, पेरियार ललई सिंह के साहित्य की आलोचना के लिए नई आलोचना दृष्टि और नई इतिहास दृष्टि की आवश्यकता जान पड़ती है।

दिनांक—25 अगस्त, 2022 ई.
(वी.पी. मंडल साहब की जयन्ती पर)

**—धर्मवीर यादव गगन**

# साहित्य-चिन्तन

खंड : क

# कवि मन

# शोषित-संघर्ष

लेखक

**पेरियार ललई सिंह**

कवि

**पेरियार ललई सिंह**

कविता-संग्रह

# शोषित-संघर्ष


**अशोक पुस्तकालय**

झींझक, जिला—कानपुर,

उत्तर प्रदेश-भारत, 209 302





**पहली बार मुद्रक**

लक्ष्मी प्रेस, बीकानेर, (राजस्थान)

**तीसरी बार से मुद्रक**

सस्ता प्रेस

झींझक, जिला—कानपुर,

उत्तर प्रदेश, भारत-209 302

**चौथी बार से मुद्रक**

पेरियार प्रेस

झींझक, जिला—कानपुर,

उत्तर प्रदेश, भारत-209 302

**पहला संस्करण 1 सितम्बर, 1972 ई.**

पहली बार पाँच हजार प्रतियाँ प्रकाशित

पुनर्मुद्रण सन् 1975 ई.

दूसरी बार सन् 1980 ई.

तीसरी बार सन् 1982 ई.

चौथी बार सन् 1984 ई.

पाँचवीं बार सन् 1987 ई.

छठी बार सन् 1990 ई.

**मूल्य :** 0.50 पैसे

## ऐ अछूतो!

ऐ अछूतो!
याद रखो,
जुल्म सहन
करनेवाला
जालिम से भी
खराब आदमी होता है!!

[सन् 1962 ई.]

## मानववाद

मानववाद आएगा
मनुवाद जाएगा
समतावाद आएगा
वर्ण-जातिवाद जाएगा
संविधानवाद आया है
तो ब्राह्मणवाद जाएगा।

[सन् 1965 ई.]

# नेता का पहाड़ा

नेता एकम नेता।
नेता दूनी भाषण।
नेता तिया अनशन।
नेता चौक प्रदर्शन।
नेता पंजे शराब शिकार।
नेता छक्के लगे दरबार।
नेता सत्ते माँगे वोट।
नेता अट्ठे काटें नोट।
नेता नौवे निपोरें खीस।
नेता दसावन चार सौ बीस।

[सन् 1968 ई.]

# नेता चालीसा

### [दोहा]

नेता कारण विनाश घर, करते बंटाढार।
वरणौं नेता सकल जस, निज गति मति अनुसार॥
सब सुखदायक जानि, सुमिरौं ब्लैक कुमार।
अब तो परमिट देहु मोहि, हरहु कलेश विकार॥

[सन् 1970 ई.]

## अछूत!

हल को हकाय लेते
निदोंनी कराय लेते
लावनी कराय लेते
दँवरी चलवाय लेते
लूह में अन्न उड़वाय लेते
अन्न ढुलवाय घर में भरवाय लेते
डोली ढुलवाय लेते
डोली से दुल्हन उतरवाय लेते
पानी भरवाय लेते
आटा पिसवाय लेते
चौका-बरतन करवाय लेते
हम हैं इतने मजबूत!
अब हम नहीं हैं अछूत?
बताओ!
अन्न उठवाते
घर में रखवाते
आटा मड़वाते
चौका-बरतन करवाते
डोली ढुलवाते
दुल्हन उतरवाते
आधा दाल डलवाते
दाल में हल्दी डलवाते
बस!
एक चुटकी
नमक डालने में 'अछूत'!
वाह रे! वाह!!

बताओ!
तुम कैसे ब्राह्मण?
हम कैसे अछूत?
तुम कैसे राजपूत?
हम कैसे अछूत?
तुम कैसे सवर्ण?
हम कैसे अवर्ण?
तुम कैसे सछूत?
हम कैसे अछूत?

[सन् 1972 ई.]

# नेता चालीसा
## [चौपाई]

जय जय नेता सब गुण आगर, जय खादीश ढोंग के सागर।
महँगाई दूत, वीर बलधामा, पहने चूड़ीदार पजामा।
पीठ दिखावन, नर बहुरंगी, सुमति निवार कुमति के संगी।
खद्दर बसन, मुकद्दर धारी, भारत की घातक बीमारी।
हाथ बेग अरु बेंत बिराजे, तन पर नेहरू जाकिट साजे।
स्वारथ सुवन, सियारन जैसा, अड़ियल टट्टू, सड़ियल गैया।
विद्याहीन, किन्तु अति चातुर, खूब ब्लैक करिवे को आतुर।
कुटिल रूप धरि कर मुसकावा, विकट रूप धरि धौंस दिखावा।
हिटलर बनें, विरोधी मारे, भ्रष्टाचार बढ़ावन हारे।
जेल गए थे, बन मनमौजी, पर निकले बनकर नेता जी।
जो सनमुख आ गए सिपाही, टुपिया, धुतिया, माहिं छिपाई।
पर अब सब तुम्हरो यश गावें, कोतवाल हू हाथ मिलावें।
तुम उपकार कबहुं नहिं कीन्हां, कबहुं न काहू को सुख दीन्हां।
गिद्धों की सी दौड़ रही है, इस जमात का अर्थ यही है।
तुम्हरो पन्थ जगत् ने माना, परमिट मिले, सबन मनमाना।
दुर्गुण काज जगत् के जेते, सुगम अनुग्रह तुम्हरे तेते।
सज्जन लोग निकट नहिं आवें, जब नेता जी गाल बजावें।
सब दुख सहे तुम्हारी शरणा, तुम भक्षक जनता सुख हरना।
जब नेता अपने पर आवे, तब सबके मुँह बन्द करावे।
है युग में परताप तुम्हारा, सज्जन नर तुम से ही हारा।
गुंडा गण के तुम रखवारे, सज्जन वृन्द विनाशन हारे।
लाइसेन्स परमिट के दाता, अवसर दीन्हाँ तुम्हें विधाता।
ब्लैक रसायन तुम्हरे पासा, तुम्हरो मन सेठन को दासा।
तुम्हरौ अदा जगत् को खावै, तू मुफते में पान चबावै।
अन्त काल बुढ़ापा आई, नाती करै पिटाई-कुटाई।

ऊपर उजला भीतर काला, देखन में अति भोला भाला।
पल में उलटि वचन विष घोले, पल में पलट प्रेम सों बोले।
या को भेद नहीं कोई जाने, जो जस चाहे, सो तस माने।
जीवित बाप मुँड़ाए मूँछें, ऐसे नेता को सब ही पूछें।
बड़े भाग्य से पदवी पाई, चापलूस अखबार गवाई।
पूज्य पिताजी बेचें भाजी, पर बेटा अब हैं नेताजी।
जब नेता को मस्ती आवे, पागल कुत्ता सो गुर्रावे।
नेता मुख से सुन कटु बानी, मरे मोहल्ला वालों की नानी।
जो नेता की स्तुति करहीं, नोटन से निज जेबें भरहीं।
जनता के सुख सोखन हारे, हे नेता तुम से सब हारे।
संकट पड़े अड़े अति बीरा, ऐसे नेता हैं बलबीरा।
जो चाहें निज ब्लैक कमाई, नेताजी की करौ बड़ाई।
यह चालीसा जो नहिं गाते, सो नर घोर जेल में जाते।
जो न पढ़े नेता चालीसा, ताको मिले न रुपया पैसा।
'ललई' हैं, तब चेरा, जल्द उखाड़ो तम्बू-डेरा।

[सन्1972 ई.]

### [दोहा]

स्वारथ मय संकट करण, मंगल नाश कुरूप।
लोभ, ढोंग, तिकड़म सहित, दुःख सहहु शठ रूप॥

[सन्1972 ई.]

*स्पष्टीकरण-शब्द 'भ्रष्टाचार' में दलाली, सिफारिश, भाई-भतीजावाद व अन्याय अत्याचार को बढ़ावा देना आदि सभी दुर्गुण शामिल हैं।*

### विनम्र-निवेदन

*लेखक व प्रकाशक की मंशा किसी देशभक्त नेता जी को बदनाम करना नहीं है। ऐसे नेता सदा वंदनीय रहे हैं, रहेंगे। परन्तु आज कल कुछ ऐसे नेता भी हैं जिनकी परिभाषा इस 'नेता चालीसा' व 'नेता का पहाड़ा' में की गई है। पाठकगण ऐसे स्वार्थी नेताओं से सदा सावधान रहें! बस, यही मंशा है!*

धन्यवाद!

संशोधन कर्ता

**पेरियार ललई सिंह**

स्वतंत्रता संग्राम सेनानी,
हाई-कमांडर, ग्वालियर नेशनल आर्मी तथा
अध्यक्ष : नॉन गजेटेड मुलाजिमान पुलिस एंड आर्मी संघ
(भूतपूर्व-ग्वालियर, गवर्नमेंट)

आप सबका

दिनांक—1 सितम्बर, 1987 ई. **—पेरियार ललई सिंह**

# भीम अभिनन्दन

भीम अभिनन्दन
बोधिसत्व बाबा साहेब डाक्टर भीमराव रामजीराव अम्बेडकर
सम्पादक :- पेरियार ललईसिंह
प्रकाशक :- अशोक पुस्तकालय , झींझक - २०९३०२ ( कानपुर )
मूल्य —

जय भीम

जय भारत

जय शोषित

॥ नमो बुद्धाय ॥

# भीम अभिनन्दन

## बोधिसत्व बाबा साहेब डॉक्टर भीमराव रामजीराव अम्बेडकर

सम्पादक

**पेरियार ललई सिंह**

प्रकाशक

**अशोक पुस्तकालय**

झींझक, जिला—कानपुर,

उत्तर प्रदेश, भारत 209 302

पहली बार 14 अप्रैल, 1967 ई.

प्रथम बार 3,000 प्रतियाँ प्रकाशित

दूसरी बार सन् 1969 ई.

तीसरी बार सन् 1972 ई.

तीसरी बार 8000 प्रतियाँ प्रकाशित

चौथी बार सन् 1975 ई.

पाँचवीं बार सन् 1978 ई.

छठी बार सन् 1981 ई.

सातवीं बार सन् 1982 ई.

आठवीं बार सन् 1984 ई.

नौवीं बार सन् 1986 ई.

दसवीं बार सन् 1988 ई.

ग्यारहवीं बार सन् 1990 ई.

**मुद्रक**

पेरियार प्रेस

झींझक, जिला—कानपुर

उत्तर प्रदेश, भारत-209 302

**मूल्य :** 1.50 पैसा

# भीम अभिनन्दन

अहो पुजारी मानवता के, भीमराव अभिनन्दन लो।
पुनः तथागत के परिचय में, जन-जन का अभिनन्दन लो॥ टेक॥
पुनः तथागत की वाणी दे, दिया हमें बिहंसाई।
पंडित के आखेट बने थे, उससे लिया बचाई॥
ऊँच-नीच का भेद मिटाकर, समता दी बिखराई।
दिए पालि जग फुलवारी के, मुरझे सुमन खिलाई॥
दे जगमग आलोक धरा के, हरा धरा के कृन्दन को॥ 1॥
दलित मनुज हो मगन कह रहे, तुमसे करुणाकारी।
बाबा साहब भीमराव ने, सुन ली टेक हमारी॥
हम सब थे मन ही दलित, हमा पर थी विपदा भारी।
गौतम की पावन वाणी दे, मिटा दी विपदा सारी॥
तोड़ गए हो भीमराव तुम, जाति-भेद के बन्धन को॥ 2॥
जिनने परहित वैभव छोड़ा, छोड़ा सब परिवार।
उनकी ही फिर पूजा करने, उमड़ पड़ा संसार॥
फिर गौतम के पंचशील की, चहुँ दिशि है गुंजार।
भीम उन्हीं के संग में तेरी, गूँजे जय-जयकार॥
समा गए हो हर घट-घट में, बोधि सत्व जग वन्दन को॥। टेक॥

**—प्रेम राज बौद्ध**
राहिन (इटावा)

# भीम वन्दना

हे भीम! तुम्हें शत् शत् प्रणाम
हे भीम! तुम्हें शत् शत् प्रणाम॥ टेक॥
तुम शुभ प्रभामय ज्योति पुंज।
तुम भौतिक-लौकिक शक्ति पुंज॥
जोति पाणि के पुण्य धाम॥ 1॥
निश्चय में हिमगिरि से निश्चल।
कर्तव्य मार्ग में दृढ़ अविकल॥
सोचा न कभी तुमने विराम॥ 2॥
तुम तूफानों में झुके नहीं।
तुम चट्टानों से रुके नहीं॥
दो ज्ञान करें हम वही काम॥ 3॥
तुम अनुपम ज्ञान प्रभाकर थे।
तुम करुणा के पावन सागर थे॥
तुम से तुलना क्या करें तमाम॥ 4॥
जब घोर अँधेरा छाया था।
तब तुमने बिगुल बजाया था॥
जागे जनपद सब नगर ग्राम॥ 5॥
तुमने कष्टों को दूर किया।
तुमने दीनों को दूर किया॥
अब कौन रह सकेगा गुलाम॥ 6॥
तुमने जीवन बलिदान किया।
दलितों को जीवन दान दिया॥
होंगे कृतघ्न जो लें न नाम॥ 7॥

**—निहाल सिंह केन**

# भीम चरित्र

जय जय श्री भीमराव, जय अम्बेडकर महान्।
भारत में प्रकट हुए, खूब बढ़ाई शान॥
बड़े प्रेम से मिलना सबसे दुनिया में इन्सान रे॥ तर्ज॥
हुए देश में प्रकट बढ़ाने, लाज हमारी शान की।
सुनो सुनाएँ तुम्हें कहानी अम्बेडकर महान की॥ टेक॥
दलितों के संकट हरने को, धर मनुज तन आए थे।
हुआ अँधेरा दूर सभी, जो गम के बादल छाए थे॥
पिता श्री रामजीराव ने, अति आनन्द मनाए थे।
छोटा-सा स्कूल पिता ने, पढ़ने को बैठाए थे॥
देख भीम को फट गई छाती, ढोंगी बेईमान की॥ 1॥
छुआछूत करते थे भारी, पहले ये सब अन्यायी।
अलग दिया बैठाय भीम को, दिल में नहीं दया आई॥
जैसे तैसे भीमराव ने, बी.ए. की शिक्षा पाई।
सन् उन्नीस सौ बारह में, अमरीका पहुँचे जाई॥
उल्टी-सीधी चाल भीम ने देखी हिन्दुस्तान की॥ 2॥
अमरीका में रहे खुशी से, कभी न दिल में डर आई।
पी-एच.डी. डिगरी पाकर, बाबा मन में हर्षाए॥
विद्या पढ़ने की कोशिश में, भीमराव लन्दन धाए।
कर पास बैरिस्टरी लौटे, औ भारत वापस आए॥
श्री महाराज बड़ौदा ने भी, कसर न राखी दान की॥ 3॥
स्टेट बड़ौदा में रहने की, जगह नहीं मिल पाई।
प्रोफेसर बाबा से भी लोगों ने, छुआछूत दिखलाई॥
बैरिस्टर बाबा को न्यायालय में सीट नहीं मिलने पाई।
ऐसे दुर्व्यवहारों से जब, बुद्धि उनकी चकराई॥
सेवा करूँ अछूतों की, दे बाजी अपनी जान की॥ 4॥

अमेरिका, इंग्लैंड, जर्मन, देश-विदेशों में डोले थे।
अन्धकार में पड़े हुए, बाबा ने दलित टटोले थे॥
सदियों से थे जो दबे हुए, भड़क उठे वे शोले थे।
अरे जालिमो, जुल्म न ढाओ, बाबा ऐसे बोले थे॥
जितनी करूँ प्रशंसा कम है, ऐसे वीर महान् की॥ 5॥

अति दुःख मन में मात, दुखी देखे बहुत नर-नारी।
दलित वर्ग की बागडोर, फिर अपने हाथ संभारी॥
जुल्म अछूतों पर ढावें, न माने अत्याचारी।
हँसि-हँसि जुल्म सहे हिन्दुओं के, हटे न कभी पिछारी॥
मानवता के आगे, फिर कुछ चली नहीं शैतान की॥ 6॥

अति निःशंक दलितों का नेता, फिर लन्दन को धाया था।
राउंडटेबिल कॉन्फ्रेन्स में, जाकर मानवता का वचन सुनाया था॥
हिस्सा अलग अछूतों का, बाबा लन्दन से लाया था।
हक अछूतों को भी मिल गया, गांधी ने सुन पाया था॥
हमें मिटाया गांधी ने, दे धमकी अपने प्राण की॥ 7॥

गांधी कहे मान जा बाबा, हुक्म बजाऊँगा।
हक्क अछूतों को मिलने से, पहले प्राण गवाऊँगा॥
करूँ भूख हड़ताल भूख से, तड़प-तड़प मर जाऊँगा।
जब तक दस्तखत नहीं करोगे, मैं खाना नहीं खाऊँगा॥
दुष्ट पिछाड़ी ऐसे पड़ गए, बाबा की मति हैरान की॥ 8॥

पूना पैक्ट पर दस्तखत कर, गांधी की जान बचाया।
कर बैरिस्ट्री नेताओं को काले पानी से छुड़वाया॥
अजब निराला भारत का, बाबा ने संविधान बनाया।
नारी और शूद्रों को, सारे अधिकार दिलाया॥
देशभक्त बाबा की जय हो, अद्वितीय विद्वान की॥ 9॥

सत्याग्रह करके 'महाड़' में सब को जल पिलवाया था।
अछूतों को पानी पीने का, कानूनी हक दिलवाया था॥
'कालाराम' में सबके संग, मन्दिर प्रवेश को धाया था।
राम के दर्शन के बदले में, लाठी-डंडा खाया था॥
हम सब हिन्दू नहीं जान लो, बाबा ने ऐलान की॥ 10॥

हिन्दू धर्म हमारा है नहीं, सभी नर-नारी जान लो।
इसी धर्म ने शूद्र वंश पर, भारी विपदा डारी॥
हिन्दू हो कर जनम ले लिया, इसमें नहीं बस मेरा।

हिन्दू रहकर नहीं मरूँगा, ऐसा प्रण है मेरा॥
भीम प्रतिज्ञा सुन कर, हिल गई धरती हिन्दुस्तान की॥ 11॥

बुद्ध शरण में जा बाबा ने, अपने प्रण को पूर्ण किया।
जातिवर्ण अभिमानी के, मद को चकनाचूर किया॥
युग-युग से थे जो दीन दलित, उनके दुःख को दूर किया।
रहे चैन से प्रदेश देश तक, ऐसा इन्हें संविधान दिया॥
नत मस्तक है तेरे सामने, जनता हिन्दुस्तान की॥ 12॥

# नमो भीमाय

ध्रुव धर्म धुंधरं शील राशि शुभाननम्।
वयं वन्दा महे वन्धं भीममम्बेड नामकम्॥

**अर्थ :** जो ध्रुव (अटल) धर्म को धारण करनेवाले हैं, शुभ मुख वाले हैं, वंदना करने योग्य हैं, ऐसे बोधिसत्व स्वरूप अम्बेडकर को हम प्रणाम करते हैं।

**भजन नं. 1**

**टेक**—हे भीम ! करूँ तेरी वंदना डूबते से हमें उबारे।
नमो-नमो जय भीम हमारे, कोटि-कोटि दलितों के प्यारे॥
सदियों के दुःख तूने टारे, मिटा दिए भव बन्धना सब लग गए जाएँ किनारे॥ हे भीम...1॥
मानवता थी बड़ी दुखारी; त्राह-त्राह सब रहे पुकारी।
संघर्ष कीना है अतिभारी, हर लए सब दुख वेदना।
तेरा जग बोले जयकारे॥ हे भीम...2॥
भेद-भाव की मेंटी खाई, बुद्ध की शरण दिए पहुँचाई,
न्याय नीति की राह लखाई, भई अधर्म की खंडना।
हुए पोपों के मुख कारे॥ हे भीम...3॥
धर्म का चक्र चलाया तूने, पोपन सबक सिखाया तूने,
बौद्धभाष्य परखाया तूने, ज्ञानी शुभ गुण गंधना जासे मानव हुए सुखारे॥ हे भीम...4॥

**भजन नं. 2**

**टेक**—जागो हे मूल भारत के निवासी हो।
सोबत-सोबत तुम ऐसे सोय गए, अजहूँ छाई मन उदासी हो॥ मूल भारत...1॥
धन दौलत सब लूट लुटेरे, कीनी अति घटियाई हो॥ मूल भारत...2॥
आई आजादी तन होश ल्याओ, सब विधि भीम बनाई हो॥ मूल भारत...3॥
बौद्धभाष्य उठ सोचन लागे, तनक न आए रहाई हो॥ मूल भारत...4॥

# भजन

## [बाबा साहब का लन्दन तक संघर्ष]

**टेक**—गरीबी मेरी जान भीमराव लन्दन में जाके संघर्ष किया महान।
हिन्दू कुआँ छुअन न देवें घड़ा छुअत लें प्रान।
मुख से कहे कहो तुम हिन्दू कैसे लगे ठिकान॥ गरीबी मेरी...1॥
हवन यज्ञ तक पहुँच न पावें शोषित अधम बखान।
वेश्या के घर में घुस जावें होए न धर्म की हान॥ गरीबी मेरी...2॥
सेवा करे से शूद्र कहावें गुण-अवगुण नहिं जान।
धन-दौलत सब क्षीण हमारी आप बने धनवान॥ गरीबी मेरी...3॥
साँच-झूठ हो चलकर देखो भारत के दरम्यान।
कई प्रमाण भीम बतलाए, जाए परखो विद्वान॥ गरीबी मेरी...4॥
प्रथक निर्वाचन मिला भीम को, गांधी भए हैरान।
बौद्धभाष्य वापस हो बापू जी गए अनशन ठान॥ गरीबी मेरी...5॥

कवि बौद्ध भाष्य
**—डॉ. अम्बेडकर**
बुद्ध विहार ग्राम व पोस्ट—धिंलौर
जिला—जालौन, उत्तर प्रदेश, प्रथम सन् 1980 ई.

# भीमाबाई के ललना

**!! अइयो मेरी कुटिया में, भीमाबाई के ललना!!**

भीमबाई के ललना, रमाबाई के सजना॥ अइयो...॥
भाँति-भाँति के भोजन बनाऊँ,
जेइयो मेरी कुटिया में, भीमाबाई के ललना॥ अइयो...॥
सोने के लोटन में जल भरि लाऊँ,
पिअऊ मेरी कुटिया में, भीमाबाई के ललना॥ अइयो...॥
रंग-बिरंगे फूलों से कमरा सजाऊँ,
पावन करि जइयो कुटिया भीमाबाई के ललना॥ अइयो...॥
सब सखियन को न्योति बुलाऊँ,
दर्शन दे जइयो मेरी कुटिया में, भीमा के ललना॥ अइयो...॥
दीप जलाऊँ आरती उतारूँ,
सारे कष्ट मिटइयो भीमाबाई के ललना॥ अइयो...॥

**—आशा गौतम**

# बाबा के दर्शन करि आएँगे

चलो सखि बाबा के दर्शन करि आएँगे।
बाबा के देश में भिक्षु संघ है,
चला सखि भिक्षुओं को दान दे आएँगे।
बाबा के देश में दुखिया बहुत हैं,
चलो सखि दुखियों के दुख मिटाएँगे॥ चलो सखि...1॥
बाबा के देश में अज्ञानी बहुत हैं,
चलो सखि उनको ज्ञान दे आएँगे।
बाबा के देश में अनपढ़ बहुत हैं,
चलो सखि उन्हें शिक्षा दे आएँगे॥ चलो सखि...2॥
बाबा के देश में पाखंडी बहुत हैं,
चलो सखि ढोगों से मुक्ति दिला आएँगे।
बाबा हमारे महापुरुष हैं,
चलो सखि उन्हें माला पहना आएँगे॥ चलो सखि...3॥
बाबा हमारे धर्म के दाता,
चलो सखि बाबा से दीक्षा ले आएँगे।
बाबा हमारे दलित उद्धारक,
चलो सखि सबको समान करि आएँगे॥ चलो सखि...4॥

**—आशा गौतम**

# मैं तो दर्शन करने जाऊँगी

मैं तो दर्शन करने जाऊँगी अपने भीम बाबा के।
भाँति-भाँति के भोजन बनाकर, थालों बीच सजाऊँगी।
मैं तो भोजन खिलाने जाऊँगी, अपने भीम बाबा को॥ मैं तो दर्शन करने...1
निर्मल जल भरिके मैं लाऊँ, लोटा बीच सजाऊँगी।
मैं तो नीर पिलाने जाऊँगी, अपने भीम बाबा को॥ मैं तो दर्शन करने...2
बेला चमेली के फूल ले जाऊँ, माला गूँथि बनाऊँगी।
मैं तो माला पहनाने जाऊँगी, अपने भीम बाबा को॥ मैं तो दर्शन करने...3
संग सहेली साथ में लेकर, सभास्थल पै जाऊँगी।
मैं तो भाषण सुनने जाउँगी, अपने भीम बाबा के॥ मैं तो दर्शन करने...4
धूप-बत्ती-दीप जला कर थाली बीच सजाऊँगी।
मैं तो पूजन करने जाऊँगी, अपने भीम बाबा के॥ मैं तो दर्शन करने...5॥

**—आशा गौतम**

# कीर्तन

**तर्ज**—चोर समझी थी थानेदार निकला
**टेक**—भीम बाबा तू बड़ा विद्वान निकला,
दीन-दुखियों का तू भगवान निकला।
दुखियों के दुःख को मिटाया तूने,
भूलों को मारग बताया तूने।
शोषितों को आकर जगाया तूने,
मानव के भ्रम को भगाया तूने।
महिरबानों में बड़ा महिरबान निकला॥ भीम...1॥
सूखे चमन को खिलाया तूने,
उजड़े हुओं को बसाया तूने।
गिरते हुओं को उठाया तूने,
मुरदों को जिन्दा बनाया तूने।
दान दाता विधाता महान निकला॥ भीम...2॥
धर्म का दीप जलाया तूने,
अज्ञान का तिमिर नशाया तूने।
समता का पाठ पढ़ाया तूने।
सतानन्द सत्य लखाया तूने।
नए युग का नया विहान निकला॥ भीम...3॥
भीम बाबा तू बड़ा विद्वान निकला।
दीन-दुखियों का तू तो भगवान निकला॥ भीम...4॥

**—आशा गौतम**

# फाग पड़ुआ की तर्ज

**टेक**—भीमा के लाल भये मानव हितकारी।

**अ. 1—**

एक बार भीमा सुत एक तरु तरें जाए,
राज बड़ौदा पथ में रहे नीर बहाए।
दुखी होते अति मन में कोई साथी नाय,
ना कोई धीर बधईया रहो जिया घबड़ाए।
करी प्रतिज्ञा भारी समता हित, आए,
मानव भरी विषमता हम देय मिटाय।
मूल निवासी तड़फत धोखे के जाल,
भये मानव हित कारी॥ भीमा के लाल...

**अ. 2—**

एक बार पढ़ने को अमरीका जाए,
कोलम्बिया में जाके, डिगरी कई पाए।
पढ़त 18 घंटे हिय में सुख पाए,
फिर गए लन्दन में जरमन में जाए,
उसमानिया में जाके शिक्षा लई पाए।
वार, एट लॉ कीनी बाबा ने जाए।
भए विद्या के वारिध रामजी के लाल,
भए मानव हितकारी॥ भीम के लाल...

**अ. 3—**

एक बार लन्दन में दई-पैज लगाए,
भरी सभा में कहदई शोषित हित जाए।
नेहरू-गांधी से नेता सब गए घबड़ाए,
आजादी नहि मिलि है फूटन में आए।
तब पूछी बाबा से देव भेद बताए,
कहो तुम्हें का चहिए सो देव तबाए।

पहले आजाद करै हैं भारत के लाल,
भए मानव हितकारी॥ भीम के लाल...

**अ. 4—**

जाए नागपुर बाबा, धम्म चक्र घुमाए,
पाँच लाख नर-नारी सद्धर्म अपनाए।
बुद्ध शरण में सु आके हिय में हर्षाय,
चन्द्रमणि महाथेरा दये शील सुनाय।
बौद्ध वृक्ष पर बाबा ने दयो नीर चढ़ाए।
वसुंधरा पर फिर से द्रुम गयो लहलाए।
सतानन्द समता युग अम्बर भयो लाल,
भए मानव हितकारी।
भीमा के लाल भए मानव हितकारी॥

**—आशा गौतम**

बुद्ध अम्बेडकर भजनावली
प्रकाशक—बौद्ध परिषद्, पिलग्राम, हरदोई, उ.प्र.
प्रथम संस्करण—14 अप्रैल, 1984 ई.
मूल्य—1.25 रुपये

# भीम

हम नहीं हिन्दू-मुसलमां,
हम नहीं शेखो-बिरहमन
हम नहीं काजी-पुरोहित,
हम नहीं रामो-रहीमन
भेद से आगे खड़े हम,
फर्क से अनजान हैं हम,
'भीम' का मजहब यही है कि
फकत इनसान हैं हम।

**—दुर्गाप्रसाद चीटहल**
डॉ. अम्बेडकर साहित्य प्रचारक
जबलपुर (म.प्र.)1976

# अमर कहानी

सुनो सुनाएँ दुनिया वालो बाबा की यह अमर कहानी।
इतनी उज्ज्वल इतनी निर्मल जितना नर्मदा जी का पानी॥ टेक॥
दलित जाति में जन्म लिया था पिता गरीब मिले थे।
तेरह बहन-भाइयों के बाद चौदहवें सुमन खिले थे।
शाश्वत् सात बन्धु-बान्धव में मिली कीर्ति मनमानी॥ 1॥
जब भीमा बाई की कोख चौदहवें लाल ने जन्म लिया।
पूज्य पितामह ने प्रसन्न हो भीमराव तब नाम लिया॥
बजी बधाई घर-घर में यह बात सभी ने जानी॥ 2॥
लाड़-प्यार भरपूर मिला सूरत मिली सलोनी।
विद्या पढ़न गए शाला तब हुई वहाँ अनहोनी॥
रहे व्यथित प्यास से, किसी ने दिया न थोड़ा पानी॥ 3॥
भीमराव ने लगन लगा कर विद्या अर्जित की थी।
हाई स्कूल परीक्षा में तब श्रेणी प्रथम मिली थी॥
दलित छात्र की श्रेणी से भी हुई बहुत हैरानी॥ 4॥
होनहार मेधावी छात्र के मन लगन लगी थी।
शिक्षा की चोटी पर पहुँचे मन लालसा जगी थी॥
अथक परिश्रम के बल पर वे बनें मर्म के ज्ञानी॥ 5॥
सूर्य भविष्य का चमका औ किलीस्कर जी को पाया।
महाराजा बड़ौदा से स्कॉलरशिप उन्हें दिलाया॥
दलित पुत्र सबके आगे बढ़ गया महा विज्ञानी॥ 6॥
राजनीति और अर्थशास्त्र में डी-लिट्, था जब पास किया।
कोलम्बिया विश्वविद्यालय ने उनको था सम्मान दिया॥
भारत में आदर्श छात्र की चर्चित हुई कहानी॥ 7॥
आजादी के लिए आपने क्रान्ति बिगुल बजाया।
शोषित-दमित अछूत वर्ग सब पीछे उनके आया॥
जय भारत, जय भीमराव की उठी गूँज तूफानी॥ 8॥

विप्र, वणिक ने मिलकर जब दलितों का हक ठुकराया।
विप्लव उठा देश में भारी, गोरों को समझाया॥
भीमराव का रौद्र रूप लखि झुके सभी अभिमानी॥ 9॥

दिन-रात मेहनत कर के जब नया संविधान बनाया।
भीमराव ने तीक्ष्ण बुद्धि का कौशल तब दिखलाया॥
दलितों को अधिकार सौंप कर काम किया इन्सानी॥ 10॥

लोकसभा में बाबा को विधि मंत्री प्रथम बनाया।
नारी को अधिकार और दलितों को मान दिलाया॥
जातिवाद के शैतान की वहाँ चली नहीं मनमानी॥ 11॥

हरन दलित संताप हित में बाबा भीम पधारे।
स्वयं अनेक कष्ट सहे निर्बल के बने सहारे।
जातिवाद के उन्मूलन की मन में दीक्षा ठानी॥ 12॥

हिन्दू के विश्वास और निष्ठा से जब मन ऊब गया।
ऊँच-नीच का भूत भीम के दिल-दिमाग को शूल गया॥
विश्व शान्ति के लिए मन से बन गए बौद्ध अनुयायी॥ 13॥

पाँच दिसम्बर उन्नीस सौ छप्पन रात घिरी अँधियारी।
लेखन कार्य समाप्त किया तो नींद लगी अति प्यारी॥
छः दिसम्बर को समाप्त हुई, भीमराव की अमृतबानी॥ 14॥

**—रा.प्र. सचिदानन्द**
295, सुरेश नगर, गांधी रोड
ग्वालियर, म.प्र.

# अरमान था अम्बेडकर

माँ भारती की गोद का अरमान था अम्बेडकर।
नीतिवानों में कुशल श्रीमान था अम्बेडकर॥
हिन्दोस्तान की इक निराली शान था अम्बेडकर।
दलितों पीड़ितों की यारो जान था अम्बेडकर॥ 1॥

बोले मुसलमां यों कि मुसलमान था अम्बेडकर।
औ' ईसाई ने कहा क्रिस्तान था अम्बेडकर॥
दुनिया वालों के लिए विज्ञान था अम्बेडकर।
पर हिन्दुओं के देश में हिन्दू न था अम्बेडकर॥ 2॥

ज्ञानियों की खोज में ज्ञान था अम्बेडकर।
योगियों की दृष्टि में भी ध्यान था अम्बेडकर॥
दृढ़ प्रतिज्ञों की नजर में आन था अम्बेडकर।
यारो, देश का निराला इसांन था अम्बेडकर॥ 3॥

दुष्ट लोगों के लिए पाषाण था अम्बेडकर।
साधारण के लिए आसान था अम्बेडकर॥
दीन-दुखियों पर वो मेहरबान था अम्बेडकर।
नेक लोगों का कदरदान था अम्बेडकर॥ 4॥

पापियों की दृष्टि में अज्ञान था अम्बेडकर।
पक्षपाती के लिए अंजान था अम्बेडकर॥
बोला पुरोहित बड़ा शैतान था अम्बेडकर।
पाखंडी ढोंगी कहें हैवान था अम्बेडकर॥ 5॥
एक यों बोले बड़ा नादान था अम्बेडकर।
मैंने उनसे कह दिया इनसान था अम्बेडकर॥
बोला कबीर दूर से ईमान था अम्बेडकर
बोले जमी औ आसमां भगवान था अम्बेडकर॥ 6॥

मौलवी साहब ने कहा अरमान था अम्बेडकर।
एक साईं कह उठा रमजान था अम्बेडकर॥

बुद्ध की आवाज थी, निर्वाण था अम्बेडकर।
ऐसा निराला एक नव निर्माण था अम्बेडकर॥ 7॥

संविधान ने कहा विद्वान था अम्बेडकर।
देश में गणतंत्रता का ऐलान था अम्बेडकर॥
समता-स्वतंत्रता का फरमान था अम्बेडकर।
बे-ताज जो शासन करे, सुल्तान था अम्बेडकर॥ 8॥

भेद-भाव के लिए कृपाण था अम्बेडकर।
छूत-विषमता का कब्रिस्तान था अम्बेडकर॥
जाति वर्ग-वाद का अवसान था अम्बेडकर।
दुश्मनों की मौत का सामान था अम्बेडकर॥ 9॥

श्रुति धर्मियों की चाल में आता न था अम्बेडकर।
फूटी आँखों भी इन्हें भाता न था अम्बेडकर॥
मुँह सुहाने गीत भी गाता न था अम्बेडकर।
साथियों छल-छद्‌म का पुतला न था अम्बेडकर॥ 10॥

युग प्रवर्तक था कि अनुसन्धान था अम्बेडकर।
लहलहाता देश का उद्यान था अम्बेडकर॥
देश हित में कर गया विषपान था अम्बेडकर।
माँ भारती की गोद का अरमान था अम्बेडकर॥ 11॥

**—छक्की लाल वर्मा**
एम.काम., एल.एल.बी.; एडवोकेट
उरई, जालौन (उ.प्र.)

# माँझी

**बाबा साहेब के प्रति—**

जिन्दगी के तूफां में कश्ती का माझी,
निकला जान को हथेली पर रख
आँधी थपेड़ों को जिन्दगी समझ,
लहरों के झोंकों से उलझा हुआ
हाथों में आजादी की उमंगे लिए,
मशालें लहू दिल में थामे हुए
सागर की गहराई में खोए हुए,
लहरों से कश्ती को बचाते।
अंधकार की ठोकरों से बचाते,
कश्ती को लाकर किनारे
जिन्दगी की उज्ज्वल कामना से,
खुशी की झील में खौफनाक लहर
कश्ती का माझी चमकता सितारा,
हमेशा के लिए अस्त हो गया।

**—अरुण कुमार रामटेके**

# बुलन्द हौसला

सुनो साथियो, हमें बाबा साहेब की बात निभानी है,
अपने बोधिसत्व अम्बेडकर की हमें लाज बचानी है॥ टेक॥
जागो स्वार्थ की निद्रा से कर्तव्यशील बन जाओ,
कूट परस्ती को त्यागें, सब मिलकर एक हो जाओ;
पर एक सूत्र में बँध जाओ तो कोई न तुम्हें सताएगा
फिर कोई माई का लाल न अपना खून चूसने पाएगा
हो रही है अपने साथ जहाँ, हर तरह से बेईमानी है
अपने बोधिसत्व अम्बेडकर की... ॥ 1 ॥

सदियों से कुचले जाते हो, पर होश नहीं आया तुमको
अनेक बार अपमान हुआ, पर जोश नहीं आया तुमको
क्या लक्ष्य तुम्हारे जीवन का, उद्देश्य समझ नहीं आया
क्यों अपमानित जीते हो, सम्मान क्यों नहीं पाया
तुम्हें इज्जत पाने की खातिर करनी पड़े कुर्बानी है।
अपने बोधिसत्व अम्बेडकर की... ॥ 2 ॥

नहीं डरेंगे हम किसी से, तुम सब को बतला दो
सरकार को झुका दो, शोषक को तुम मिटा दो
माता-बहनो और पिताओ, आओ नव जवानो!
वक्त आ गया कुर्बानी का, आगे आओ दीवानो
शोषण करनेवालों की अब खतरे में जिन्दगानी है
अपने बोधिसत्व अम्बेडकर की... ॥ 3 ॥

अब नहीं सहेंगे जुल्म तुम्हारे, कह दो उन शैतानों से
अवसर हमारा आ गया है कह दो उन नादानों से
बुलन्द हौसला रहे साथियो, बात अम्बेडकर की रखना
गर माँ का दूध पिया है, तो पीछे कदम नहीं रखना
अब भी कुछ न कर सके, तो अपनी ये नादानी है,
अपने बोधिसत्व अम्बेडकर की हमें लाज बचानी है... ॥ 4 ॥

**—ओम शंकर देवक**

# कदर न जानी

**तर्ज**—दिल अपना और प्रीति पराई, किसने है नीति बनाई।
अम्बेडकर की सुनो कहानी, इस दुनिया ने कदर न जानी।
स्कूलों में फर्श न दीन्हा और पीने दिया न पानी।। टेक॥
है जख्म ऐसा कि सहना है मुश्किल।
मगर दुनिया वालों से कहना भी है मुश्किल॥
था हमदर्द दुनिया का दुनिया न जानी॥
अम्बेडकर को पीने दिया न पानी॥ 1॥
सबके भले की सुनते थे बाबा।
सत्य-अहिंसा का भर कर के दावा॥
था सच्चा हितैषी और विद्या का ज्ञानी।
अम्बेडकर को पीने दिया न पानी॥ 2॥
भारत को आजाद कराया था उन्होंने।
विदेशियों को भय दिखाया था उन्होंने॥
दिया धोखा हमको गांधी ने ऐसा था अज्ञानी।
अम्बेडकर को पीने दिया न पानी॥ 3॥
विधान निर्पेक्ष भारत को बनाया।
'राही' ने गाकर सभी को सुनाया॥
उस वीर की धाक सब जग ने मानी॥
अम्बेडकर को पीने दिया न पानी॥ 4॥

**—रघुवीर सिंह 'राही'**
सराय लबरियान (अलीगढ़)

# कैसे सफरी

भीम बाबा की खबरिया कैसे सफरी॥ टेक॥
जिस बाबा ने आकर जग में, किया देश उद्धार।
बन्धन काटे मुक्त किया है, किया ज्ञान संचार॥
हुई गई दलितों की कदरिया॥ 1॥
रचा विधान सकल जग जाने, कैसा किया कमाल।
दे कानून बना रखे हैं, काटि देत जंजाल॥
कटि गई विपदा की अबरिया॥ 2॥
पढ़ लिखकर बहु विद्वान हुए, करि दिखलाये काम।
डॉक्टर, कलेक्टर, मिनिस्टर, अफसर बने तमाम॥
फोड़ी पापों की गगरिया॥ 3॥
इतने पर भी जो जन बाबा का, करे नहीं गुणगान।
'बाबूलाल' नहीं नर मानव, निश्चय पशु समान॥
फूटी हिये की नजरिया॥ 4॥

**—बाबूलाल**
दखिनारा, मैनपुरी (उ.प्र.)

# डॉ. अम्बेडकर जैसा

**तर्ज—**सनम तू बे-वफा के नाम से मशहूर
(चित्रपट/फिल्म—खिलौना)
देश और धर्म का इतना कोई भी मानी नहीं होगा।
डॉक्टर अम्बेडकर जैसा दुनिया में कोई भी ज्ञानी नहीं होगा॥ टेक॥
भीम की धर्म-दीक्षा का जहाँ में बोल बाला है।
उनकी ही बदौलत हमारे घर पर उजाला है॥
हमें तन-मन-धन देनेवाला कोई भी दानी नहीं होगा॥ 1॥
कुरआन, बाइबल, वेद उन्हें त्रिपिटक जुबानी था।
दूसरा बुद्ध ही जग में मानवता का गुमानी था॥
भीम के सम संविधान का कोई भी ज्ञानी नहीं होगा॥ 2॥
कृष्ण, राम, गांधी भी चातुर्वर्ण के बन्दे थे।
भारत के हिन्दू महाराजे आँखें होकर अन्धे थे॥
जंजीर भीम ने तोड़ी उन जैसा ज्ञानी नहीं होगा॥ 3॥
कहे 'सूर्य कान्त' भीम जी का हर काम जिन्दा है।
उनका काम जिन्दा है, उनका पैगाम जिन्दा है॥
इन्हें असत्य कहना जमाने में मानी नहीं होगा॥ 4॥

**—आचार्य सूर्यकान्त,**

**बुद्ध वाणी प्रकाशक**

अल्लीपुर, वर्धा (महाराष्ट्र)

# गारी

**तर्ज**—छोड़ी-छोड़ी महाराजा सीता को अकेली कैसौ...
**टेक**—तोड़ी-तोड़ी महाराज, तोड़ी-तोड़ी महाराज
भीम ने दास्ता तोड़ी-तोड़ी महाराज।
लन्दन तक संघर्ष कियो है देख दलित कमजोरी
बाबा देख दलित कमजोरी।
जुल्मी जुल्म ढाए बहुतक अब न चल है बरजोरी।
बरजोरी महाराज बरजोरी महाराज। भीम...1
प्रथक निर्वाचन मिला दलितों को भीम महिर है तेरी,
बाबा भीम महिर है तेरी।
गांधीजी ने अनशन कर दियो अमृत में विष घोरी
घोरी-घोरी महाराज घोरी-घोरी महाराज। भीम...2
धर्म निर्पेक्ष संविधान बनाकर राष्ट्र की रक्षा हेरी, बाबा राष्ट्र की रक्षा हेरी।
बुद्ध की शरण जाए तूने दिया धर्म विधर्मी छोड़ी
छोड़ी-छोड़ी महाराज छोड़ी-छोड़ी महाराज। भीम...3
लोकतंत्र की रक्षा हित है भीम पार्टी तेरी, बाबा भीम पार्टी तेरी।
धर्म की सीख सिखा मानव, दिया विश्व से रिश्ता जोड़ी।
जोड़ी-जोड़ी महाराज जोड़ी-जोड़ी महाराज। भीम...4
शोषित पीड़ित बढ़ो अगाड़ी पूर्ण आस हो तेरी,
बाबा पूर्ण आस हो तेरी। बौद्धभाष्य सुख शान्ति पैहो कबहुँ न होवे खोरी,
खोरी-खोरी महाराज खोरी-खोरी महाराज। भीम...5

कवि बौद्ध भाष्य
**—डॉ. अम्बेडकर**
बुद्ध विहार, ग्राम व पोस्ट—घिंलौर,
जिला—जालौन, उत्तर प्रदेश, सन् 1980 ई.

## !! पद !!

**टेक**—पुन-पुन नमन् करत हम ताको।
जिसने राज पाठ घर छोड़ा पिता-पुत्र बन ताको।
गया में ज्ञान अभाव भयो है बोधि वृक्ष तरे जाको॥
पुन-पुन नमन् करत हम ताको॥ 1॥
सम्यक् सरल सुबोध शशि ज्यों है प्रकाश प्रज्ञा को।
सो अरहत जो पीतराग हैं अष्टांगिक पथ जाको॥
पुन-पुन नमन् करत हम ताको॥ 2॥
चार आर्य सत्य कहे उसने तिमिर हरो बसुधा को।
सबहीं पारमिता पूरी की लेखा अट्ठथा को॥
पुन-पुन नमन् करत हम ताको॥ 3॥
कहे सम्बोध सात उसी ने दुःख दलन जनता को।
सतानन्द जी विश्व विदित है नाम बुद्ध है जाको॥
पुन-पुन नमन् करत हम ताको॥ 4॥

**—भिक्षु सतानन्द** (थेरा)
बुद्ध विहार आलमपुर, पोस्ट—हदरुख,
जिला—जालौन, उत्तर प्रदेश, 14 अप्रैल, 1984

# श्रीयुत् बाबा साहब

**भीमराव रामजी अम्बेडकर**

श्री जिनकी छा गई जगत् में, भारत की वहु सूचि सम्मान।
युवकों का आदर्श सिंह वह, निर्बल का बलबीर महान्॥
तन-मन-धन जिसने अपना सब, दुखियों हित कर डाला त्याग।
बालक, वृद्ध, तरुण सबके हित, जिनके उर में था अनुराग॥ 1॥
वाणी जिसकी ओजपूर्ण थी, हृदय दुखी हित मृदुल उदार।
सादा जीवन उच्च भावना, था जिसके जीवन का सार॥
हमें क्रान्ति जो अनाचार के, अग्नि कुंडों में हुआ प्रतप्त।
बलि हो गया स्वदेश जाति पर, किया सुनो जो थे संतप्त॥ 2॥
भीम सदृश जो बली भीम था, दीन पीड़ितों का आधार।
मनुजों में समता प्रस्थापित, करने आया था अवतार॥
रात-दिवस विश्रान्ति हीन, रहता जिनमें अदम्य उत्साह।
वक्ता था जो उच्च कोटि का, जिसको जनता की थी चाह॥ 3॥
राग-द्वेष से हीन, ज्ञान मन्दिर, विद्या का वह भंडार।
मरे हुए जो उच्च भाव थे, उन्हें जगा कर किया प्रसार॥
जीवन जिसने अपना सारा, मानवता के हित दे डाला।
अन्त समय में संविधान ने, डाली थी यश की माला॥ 4॥
बेड़ा निर्बल दुखियों का था, उसके कर वह घोर प्रशान्त।
डरा न था किंचित किसी शक्ति से, जरा स्वप्न हित व विभ्रान्त।
कठिन काल में भारत में वह, जन उद्धार हित हेतु था आया।
रहे सदा ही भारत जन-मन, पर उनके ऋण की छाया॥ 5॥

**—श्री कृष्ण शेंदरे**
एडवोकेट

# तूफानी दरिया

क्या रोकेगा हमें कोई हम है दरिया तूफानी।
बाबा की सन्तान चली हैं देने को कुर्बानी॥ टेक॥
चले आज हम खेल खेलने जलते हुए अंगारों से।
बदले सभी चुकाने हैं हमको जालिम हत्यारों से॥
कभी नहीं वंचित रह सकते हम अपने अधिकारों से।
काँप उठें आकाश-जमीं भी इंकलाब के नारों से॥
जुल्म रहें या हम ही रहेंगे बात हृदय में ठानी॥ 1॥
अब तो समता भारत में हमको लाना होगा।
जातीयता के पेड़ों को खड़े काट गिराना होगा॥
ऊँच-नीच और छुआछूत का भूत हमें भगाना होगा।
लेने को अधिकार हमें अब खून बहाना होगा॥
मर कर अमर रहें दुनिया में कायम करें निशानी॥ 2॥
हमें मिटाने की ये लुटेरे धाक जमाए बैठे हैं।
हाय हमारी गर्दन पर तलवार चलाए बैठे हैं॥
रक्तपात करके मस्तक पर तिलक लगाए बैठे हैं।
ये ही तो हैं जो दलित-पीड़ितों के हक्क दबाए बैठे हैं॥
चूसे खून हमारा हर दम करते हैं मनमानी॥ 3॥
लेकर के इनसान हाथ में समता की तीर-कमान खड़े हैं।
शीष हथेली पर रख कर बाबा के वीर जवान खड़े हैं॥
करने को घोर संघर्ष आज कस कमर इनसान खड़े हैं।
भीमराव के राही देने को जीवन का दान खड़े हैं॥
भारत के इतिहास में 'खन्ना' लिख दे अमर कहानी॥ 4॥

**—भीम प्रकाश 'खन्ना'**
सिकन्दराराऊ (अलीगढ़)

# मैं क्या करूँ

आज सारी दुनिया बदलती चली जा रही,
तुम न करवट बदलते तो मैं क्या करूँ।
रास्ते तुमको कितने सुझाए गए,
तुम नहीं उन पर चलते तो मैं क्या करूँ॥ 1॥

कोई ऊँचा न नीचा है अब देश में,
कहता कानून अब हैं बराबर सभी।
बैठने को बगल में बड़ों के अभी,
तुम जो हिम्मत न करते तो मैं क्या करूँ॥ 2॥

पढ़ने-लिखने में कोई रुकावट नहीं,
और मिलती मदद भी है सरकार से।
बिन पढ़े होगी उन्नति तुम्हारी नहीं,
फिर भी न पढ़ते-लिखते तो मैं क्या करूँ॥ 3॥

कोई तुमको सताए गलत रूप से,
तो भी इनके लिए सख्त कानून हैं।
फिर भी जाते शरण में न कानून के,
जुल्म को सहते रहते तो मैं क्या करूँ॥ 4॥

धर्म के मामले में भी आजाद हो,
चाहे छोड़ो या पकड़ो किसी धर्म को।
फिर भी कीचड़ में हो तुम सड़ रहे,
धर्म को न बदलते तो मैं क्या करूँ॥ 5॥

संगठन में होती बड़ी शक्ति है।
संगठन के बिना कुछ भी होगा नहीं।
कहते 'त्रिशरण' जुटो अब तुम संघर्ष में,
पर तुम हिम्मत न करते तो मैं क्या करूँ॥ 6॥

**—आर.बी. त्रिशरण**
डॉ. अम्बेडकर सुधार समिति (रजि.)
हरैया, बस्ती, उ.प्र.

# वीर महान की

उदय हुए ले ज्ञान पताका, जन-गण के कल्याण की।
आओ हम सब करें अर्चना, अम्बेडकर वीर महान् की॥ टेक॥
बना लक्ष्य जन हित का बाबा, धरा धाम पर आए।
बन संचालक बौद्ध धर्म के, कीर्ति विश्व में छाए॥
हुए अवतरित वसुन्धरा पर, आभा ले उत्थान की॥ 1॥
अटल पुजारी भारत माँ के, दीन ह्रदय के प्यारे।
देख दुर्दशा दलित वर्ग की, दिल में हुए दुखारे॥
कठिन प्रतिज्ञा लेकर आए थे, दलित-वर्ग कल्याण की॥ 2॥
बौद्ध धर्म के पद चिन्हों पर, चलकर अरे विरागी।
अखिल विश्व के दलित वर्ग में, नूतन ज्योति जगा दी॥
भव्य भावना ले कर आए थे, उर में राष्ट्र विधान की॥ 3॥
मानवता के अतुल हितैषी, दलित वर्ग के प्यारे।
बौद्ध धर्म का मार्ग दिखा कर, हो गए जग से प्यारे॥
अगणित जिह्वाओं से निकली, जय ध्वनि वीर महान की॥ 4॥

**—आर.पी. 'हंस'**

# मुरदों को जिन्दा बना दिया

सोए हुए नर-सिंहों को तूने जगा दिया।
ऐ भीम! तूने मुरदों को जिन्दा बना दिया॥ टेक।
हिन्दू धरम ने जिनको था मिट्टी में मिलाया।
वंचित बना के हर तरह अस्पृश्य बना दिया।
मोहताज किया ऐसा, मुरदा-मांस खिला दिया।
तूने उठाके धर्म का अमृत पीला दिया।
ऐ भीम! तूने मुरदों को जिन्दा बना दिया॥ सोए...॥
सब जाग पड़े नींद से, आँखें जो खुल गईं।
अज्ञान की मलीनता सब दिल की धुल गई।
सब सूझ पड़ा ज्ञान की दृष्टि जो मिल गई।
जो थे निराश उनको प्रगति में लगा दिया।
ऐ भीम! तूने मुरदों को जिन्दा बना दिया॥ सोए...॥
जब चेतना हुई तो सभी उठ खड़े हुए।
अधिकार अपने लेने को सब हैं आड़े हुए।
हैं चेत रहे वे भी जो अब तक थे पड़े हुए।
अमृत पिला के कौम को तूने जगा दिया।
ऐ भीम! तूने मुरदों को जिन्दा बना दिया॥ सोए...॥
ऐ बाबा, किस तरह करें गुणगान तुम्हारा।
तू त्राता था, ऋषि-मुनि, भगवान हमारा।
तूने दिखा 'प्रकाश' सभी काम सँवारा।
संदेश अमर रहने का तूने सुना दिया।
ऐ भीम! तूने मुरदों को जिन्दा बना दिया॥ सोए...॥

**—चन्द्रिका प्रसाद जिज्ञासु**

संग्रह—जयमंगल अट्टगाथा
बहुजन कल्याण प्रकाश
360/193 मातादीन रोड
सआदतगंज, लखनऊ, सन् 1965

# विश्व का प्रकाश

कौम ने पैगामे-गौतम की जरा परवाह न की।
कद्र पहचानी न अपने गौहरे यकदान की॥
आह! बदकिस्मत रहे आवाजे हक से बे-खबर।
गाफिल अपने फल की शीरनी से होता है शजर॥
आशकार उसने किया जो जिन्दगी का राज था।
हिन्द को लेकिन खयाली फल्सफे पर नाज था॥
शमा ए हक से जो मुनव्वर हो यहाँ वो महफिल न थी।
बारिशे रहमत हुई लेकिन जमीं काबिल न थी॥
आह! शूद्र के लिए हिन्दुस्तान गम खाना है।
दर्दे इनसानी से इस बस्ती का दिल बेगाना है॥
पिर-हमन सरशार हैं अब तक मय पिंदार में।
शमाएँ गौतम जल रही हैं महफिले अगयार में॥

**—महाकवि सर डॉ. अल्लामा इकबाल**

साभार 'भीम पत्रिका'
सम्पादक—एल.आर. बाली
नकोदर रोड, जालंधर—3, पंजाब
वार्षिक मूल्य—6 रुपये

# देख लेना (गजल)

सुखन का हमारे असर देख लेना।
जो हैं जेर उनको जबर देख लेना॥ सु.॥
जिन्हें आप अब तक समझते थे गीदड़।
वही होंगे शेरे-बब्बर देख लेना॥ सु.॥
हैं पंचायती जातियाँ सब बिरादर।
इन्हें आप शीरो-शकर देख लेना॥ सु.॥
अजी रोटियाँ-बेटियाँ एक होंगी।
रहेगी न कुछ भी कसर देख लेना॥ सु.॥
यह ब्राह्मण, क्षत्रिय और वैश्य चलेगा न बिलकुल।
सबक फूट का बेअसर होगी देख लेना॥ सु.॥
न आएगा चमके में अब कोई शोषित।
फिरेंगे इधर सब बशर देख लेना॥ सु.॥
उड़ाए मजे हैं बहुत बनके लीडर।
अब इस धाँधली का हशर देख लेना॥ सु.
इधर हम हैं नब्बे, उधर दस हैं शोषक।
न फिर भी खबर हो, समर देख लेना॥ सु.॥
बनेगा सुदृढ़ संगठन अब 'बिहारी'।
जगे शोषितों का हुनर देख लेना॥ सु.॥

**—श्री बिहारी लाल कलवार**

# शोषित वीरो

ब्रह्मणशाही राज मिटाना,
शोषित वीरो तुमको है।
वर्ण-जाति का राज मिटाना,
शोषित वीरो तुमको है।
शोषित-संघी राज बनाना,
शोषित वीरो तुमको है।
जाति-पाति-छुआछूत का भेद भगाना,
शोषित वीरो तुमको है।
एक राष्ट्र का विगुल बजाना,
शोषित वीरो तुमको है।
हर बंधक की कड़ियाँ तोड़ना,
शोषित वीरो तुमको है।
शोषित-दल को ही चमकाना,
शोषित वीरो तुमको है।
शोषक-शोषित को समझाना,
शोषित वीरो तुमको है।
शोषक वही चूसनेवाला,
शोषित जो चूसे जाते हैं।
शोषक का सब मन मिटाना,
शोषित वीरो तुमको है।
समतामूलक राष्ट्र बनाना,
शोषित वीरो तुमको है।
मूल धम्म का समाज बनाना,
शोषित वीरो तुमको है।

**श्री रमेश चन्द्र मल्लाह**
एटा, उत्तर प्रदेश

# आवाज लगाता है कोई

सोनेवाले जाग उठो तुझे आवाज लगाता है कोई।
ओ काफ़िर तेरे दरवाजे पर अलख जगाता है कोई॥ टेक॥
जिसने निज खून-पसीने के गारे में ईंट लगाई है।
कोठी देकर तुझे, स्वयं झोंपड़ी अपनाई है॥
तू कोठी की कोठरियों में बैठा दुनिया को भूल गया।
धन की मस्ती में मतवाला होकर माया में भूल गया॥
वह पड़ा झोंपड़ी के अन्दर आवाज लगाता है कोई॥ 1॥

इन शाल, दुशाले, कम्बलों में शीत न तेरा जाता है।
मखमली लिहाफ ऊपर गद्दा नीचे बिछ जाता है॥
फिर गर्म रजाई अंगीठी हाथ सेंकने को बनाई जाती है।
इतने पर भी सन्तोष नहीं तो चाय बनाई जाती है॥
इधर राख के पास बैठ कर रातें बिताई जाती हैं॥ 2॥

जिसने तेरे सुख के खातिर गर्मी की कुछ परवाह न की।
जाड़े में भी रहा ठिठुरता कभी जरा-सी आह न की॥
निर्दयी पवन ने उड़ा दिया सब फूस झोंपड़ी से जिसका।
वर्षा में रहा भीगता भी लेकिन महलों की चाह न की॥
उस पीड़ित की दीन दशा पर कब दया दिखाता है कोई॥ 4॥

जो गेहूँ, चावल कमा-कमा कर तेरी कोठियाँ भरता है।
उसका कुटुम्ब तेरी आँखों के आगे भूखों मरता है॥
जो मुट्ठी भर अनाज के लिए अपना शीश पटकता है।
चुल्लू भर दाल के पानी के लिए बच्चा बीमार तड़पता है॥
तू देख बिना दवा मौत के मुँह में जाता है कोई॥ 5॥

रोटी-रोटी कहकर नन्हे बच्चे भूखे चिल्लाते हैं।
माँ-बाप आँख के तारे की दुर्दशा देख रह जाते हैं॥
यदि कभी दूध के लिए भूल कर बच्चे रुदन मचाते हैं।

माँ बाप कलेजे के टुकड़े को खूने-जिगर पिलाते हैं॥
अन्धो, आँखें खोलो, आवाज लगाता है कोई॥ 6॥

क्या तुम केवल इन्सान और ये बच्चे इनसान नहीं?
सरकार तुम्हारी है, क्या ये दीन-हीन इनसान नहीं?
अगन-गगन-जल-धरण-पवन पर क्या अधिकार समान नहीं॥
यदि इनका वितरग समान है, हम रह सकते असमान नहीं।
जगो, सम्हलो, महा-क्रान्ति हित आवाज लगाता है कोई॥ 7॥

**—भिक्षु करुणाकर**

# हमारा साथी

साथ हमारे वह आवे जिसको किसी का न गम होवे।
नहीं खुशी हो मिलने की न खोने का मातम होवे॥ टेक॥
नहीं सवारी को घोड़ा और नहीं यार टम टम होवे।
अरे नोक पर काँटों की चलने का जिसमें दम होवे॥ 1॥
सूरज आग उगलता हो या सर्द भरी शबनम होवे।
धरे कदम मुस्तैदी से या पूरब या पश्चिम होवे॥ 2॥
नहीं खौफ सीने में हो न जोश में जिसके कम होवे।
बाँका, शेर बबर होवे और हिम्मत में आजम होवे॥ 3॥
लगा हो मखलूक जब ताने-बाने में तब तू जागत होवे।
नफ्स का पक्का दुश्मन हो और शोषित का खादिम होवे॥
करे प्रेम जो फाँसी से और मरने से उल्फत होवे।
मजलूम का सच्चा साथी हो व शोषित का हमदम होवे॥ 4॥
यह पुलिस, फौज, सरकार न तोपों की धमक होवे।
प्रेम का दरिया बहता हो औ' शान्तिपूर्ण आलम होवे॥ 5॥
यही तो मेरी दुनिया है जहाँ मानव मानव सम होवे।
नहीं किसी से बढ़कर हो और नहीं किसी से कम होवे॥ 6॥
मसावात का चश्मा हो सत न्याय का जामे-जम होवे।
समतावाद की जगे ज्योति फिर द्वेष लोभ न तम होवे॥ 7॥

**—कृष्ण कुमार यादव**
एम.ए. (अंग्रेजी), कठारा, रसूलाबाद (कानपुर)

# आगे बढ़ो

सुनो शोषितो! गांधी के संग तुमने बिगुल बजाया था।
शोषण कर्ता अंग्रेजों को लन्दन खेद पठाया था॥
पर अब तो ब्राह्मण-ठाकुर-लाला ही शोषणकारी हैं,
जिनकी स्वार्थपूर्ण माया से शोषित सभी दुखारी है॥
मिले परस्पर ब्राह्मण-क्षत्री-लाला मौज उड़ाते हैं।
शोषित-दल की कठिन कमाई छीन-छीन कर खाते हैं।
ऊपर से नीचे तक इनका शासन में है जाल बिछा।
गांधी औ' खादी के परदे में है कैसा भ्रष्टाचार रचा॥
तुम्हें 'वर्ण-शंकर' शास्त्रों में लिखकर नीच बताया है।
शिल्प-कर्म, खेती औ' श्रम को शूद्र-कर्म ठहराया है।
अब खुल्लमखुल्ला कहते हैं 'हम सौ में दस उँचे हैं।
नब्बे प्रतिशत शूद्र सभी हैं जो सब हमसे नीचे हैं'।
हम शोषित सौ में नब्बे हैं फिर भी शर्म न खाते हैं।
शोषणकर्ता जब सौ में दस हम को धता बताते हैं॥
यह कैसा अंधेर जहाँ पर दस की तो सब चलती है।
पर नब्बे प्रतिशत बहुमत की दाल नहीं कुछ गलती है॥
तुम हो कमेरे सभी भाई वोट तुम्हारे हैं ज्यादा।
किस गफलत में तुमने सर पर भार लुटेरों का लादा॥
वोटों से बने राज्य बाबा ने मार्ग दिखायाा है।
आगे बढ़ो अब वोटों का सूर्य उदय हो आया है॥

**—हीरा लाल सिसौदिया**
578, नर्मदा भवन
अशोक नगर, उज्जैन (उत्तर प्रदेश)

# शोषित बनाम शोषक

आज देश की जनता ने इन स्वर से यही पुकारा है—
'शोषक लोगो, गद्दी छोड़ो!' बस यही हमारा नारा है॥ टेक॥
लाखों मानव भूखे मरते, मरने पर कफन न मिलता है।
तुम देखो, आँखें बन्द किए, पत्थर-दिल कहीं पिघलता है।
दीनों की अस्मत लूट-लूट, शोषक का चेहरा खिलता है।
शासन दुःशासन बना हुआ, नहिं एक ईंच भी हिलता है।
बदतर से बदतर बना हुआ, बदतर व्यवहार तुम्हारा है॥ 1॥
देश-विदेशों में प्रचार है, भारत का निर्माण हो रहा।
पेपर में बेपर की छपती, क्यों प्रत्यक्ष से ज्ञान हो रहा।
गोली लाठीचार्ज गैस से, जनता पर अभियान हो रहा।
इस गण-तंत्र स्वतंत्र देश पर, ही तुमको अभिमान हो रहा।
अभिमान नष्ट होते आए, क्या तुमने कभी विचारा है॥ 2॥
अखबारी में रोज पुलिस के, छपते हैं किस्से लासानी।
भ्रष्ट आचरण हीन, निरंकुश, करती है अपनी मनमानी।
गोलीबाजी में करती है, यह डायर की मात कहानी।
क्षात्र, युवा, बूढ़े, बच्चे, माताओं की खुद सुनो जबानी।
रक्षा अरु विश्वास उठा, छाया आतंक करार है॥ 3॥
सह चुके बहुत, मिट चुके बहुत, अब उठे वीर दीवाने हैं।
इस भूखे भारत के प्राणी, सब अपना सीना ताने हैं।
यह ही प्रलयंकर शंकर हैं, यह जीना मरना जाने हैं।
यह आजादी की रक्षा पै, मिटनेवाले परवाने हैं।
अधिकार छीन लेंगे अपने, भुज-बल का इन्हें सहारा है॥ 4॥

संकलनकर्ता

**—कुँअर रघुराज सिंह यादव**
ग्राम—कठारा, पोस्ट—रसूलाबाद
जिला—कानपुर, उ.प्र.

# अछूत

हल को हकाय लेते
निदोंनी कराय लेते
लावनी कराय लेते
दँवरी चलवाय लेते
लूह में अन्न उड़वाय लेते
अन्न ढुलवाय घर में भरवाय लेते
डोली ढुलवाय लेते
डोली से दुल्हन उतरवाय लेते
पानी भरवाय लेते
आटा पिसवाय लेते
चौका-बरतन करवाय लेते
हम हैं इतने मजबूत!
अब हम नहीं हैं अछूत?
बताओ!
अन्न उठवाते
घर में रखवाते
आटा मड़वाते
चौका-बरतन करवाते
डोली ढुलवाते
दुल्हन उतरवाते
आधा दाल डलवाते
दाल में हल्दी डलवाते
बस!
एक चुटकी
नमक डालने में 'अछूत'!
वाह रे! वाह!!

बताओ!
तुम कैसे ब्राह्मण?
हम कैसे अछूत?
तुम कैसे राजपूत?
हम कैसे अछूत?
तुम कैसे सवर्ण?
हम कैसे अवर्ण?
तुम कैसे सछूत?
हम कैसे अछूत?

**—पेरियार ललई सिंह**

ग्राम—कठारा, झींझक, जिला—कानपुर, उ.प्र.

# विप्लव

विप्लव ही शोषित का सिम्बल॥ टेक॥
दो ही, वर्ग और दो राहें, देखो अपनी फेंक निगाहें।
साफ-साफ दिखलाई देते शोषक-शोषित दो ही दल॥
इन दो राहों का मिल जाना, कभी सत्य किस युग ने माना।
पर शोषक दल राग अलापे-वही शोषितों का है बस बल॥ 1॥
दो वर्गों में एक रहेगा, मानव शोषण नहीं सहेगा।
नहीं सहेगा, नहीं सहेगा—यही हमारा निश्चय निश्चल॥
हृदय लुटेरों का कब बदला, समझ गए हम सब यह घपला।
हम मेहनतकश लेने निकले, अपनी मेहनत का पूरा फल॥ 2॥
सत्य अहिंसा की यह दीक्षा, नहीं चाहिए हुई परीक्षा।
तुम शोषक हो हम शोषित हैं—फिर क्यों ढोंग और यह सब छल॥
आज किसान समझकर बोला, और नजर ने सीना खोला।
जेल, दमन और झूठे वादे—यही तुम्हारे हैं बस दो बल॥ 3॥
जनता पर तुम वार करो, गोली की बौछार करो।
और कहो हम सब हैं जनता, क्या हम में इतनी नहीं अक्ल।
फावड़े और हथोड़े लेकर खेत और मिल के फाटक पर।
अपनी मोर्चाबन्दी करके स्वयं ढूँढ़ने निकले हम हल॥ 4॥
अपने तुम आनन्द भवन में, मस्त रहो तुम लूट-दमन में।
किन्तु लूट जब तक जारी, तब तक शोषित को है कब कल॥
एक बार ही तो मरना है, रोज-रोज का क्या मरना है।
आज यही अपना निश्चय है क्रान्ति न जाने पावे निष्फल॥ 5॥

**—दीप नारायण सिंह**
एम.ए., एल.एल.बी., एडवोकेट एम.एल.ए.
प्रकाश विकास निवास, सादीपुर खुर्द
फतेहपुर (उ.प्र.), 14 नवम्बर, सन् 1963 ई.

# मनु की बातें झूठी हैं

या तो दुनिया भर के मानव को समझो भाई,
या फिर ऊँच-नीच को लेकर इधर-उधर की बात करो।
प्रगति चक्र अब बढ़ के रहेगा
दलित वर्ग अब उठ के रहेगा
एक नया सूरज चमका है
घोर अँधेरा मिट के रहेगा।
या तो करो सुबह का स्वागत, मंगल थाल सजा कर
या फिर अपना द्वार बन्द कर आओ आँखें बन्द करो।
या तो दुनिया...
जाति और पाँति सब झूठी हैं
मनु की बातें झूठी हैं
ऊँच-नीच की गलत भावना
पौराणिक घातें झूठी हैं।
या तो स्वर्ग-नर्क की बातों का उपहास कीजिए
या जाकर गंगासागर में 'जय गंगे' कह डूब मरो।
या तो दुनिया...
पर इसमें क्या हो पाएगा?
प्रगति चक्र क्या रुक पाएगा?
हे कट्टर ढोंगी-पाखंडी
अब समाज नव बन जाएगा।
या समता बन्धुत्व भाव में सबको गले लगाओ
या पथरीली मरुस्थल में कष्ट उठाते फिरा करो।
या तो दुनिया भर...

**—उदय प्रकाश सिंह**
बबीना, झाँसी, उत्तर प्रदेश

# भारत में डबल इंतजाम

भारत में कितना रहा डबल इंतजाम।
फिर भी आकर विदेशियों ने लीन्हा बना गुलाम॥ टेक॥
भारत में द्विजों के तप से बिना अग्नि जल जाता है।
शिव-त्रिशूल-यम-फाँस, इन्द्र के वज्र से जल जाता है॥
चक्र सुदर्शन विष्णु के और बिजली से नहिं मरता है।
ब्राह्मण से जो बैर करे सो सूख वृक्ष सम जाता है॥
अगर विप्र जो क्रोध करे तो कोयला सम जल जाता है।
मानस की हस्ती कितनी जब ईश्वर भी डर जाता है॥
हरि के लात हरि द्विज यह इतिहास बताता है।
पी सागर पेशाब करी तब से खारा बन जाता है॥
इतने जुल्म करे विप्रों ने तो भी पैलागन करवाता है।
मगर विदेशियों की विप्रों ने थामी न जरा लगाम॥ 1॥
क्षत्रिय के जब हाल सुनो देवताओं के पुत्र कहाते हैं।
कोई सूरज वंश कोई चन्द्र वंश निज-निज तहरीर बताते हैं॥
थे बड़े बाँकुरे वीर बहादुर कालहु से न डरते हैं।
दुश्मन की ललकार खेत में खून से प्यास बुझाते हैं॥
कट कर मुंड गिरे धरती पर हटना नहीं जानते हैं।
युद्ध, क्षेत्र में लड़े रुंड उठ-उठ तलवार चलाते हैं॥
इसी प्रकार से आज भी क्षत्रिय भारत में इज्जत पाते हैं।
सिंह बिना कोई नाम लेय तो नाहर सम गुर्राते हैं॥
भारतवासी दीनों को ये धमकी बड़ी दिखाते हैं।
इतने वीर बने रहे घुस आए चोर तमाम॥ 2॥
और सुनो भारत में डिवटी सुरों की कितनी रहती है।
तैंतीस करोड़ देवता हिन्दुओं की साठ करोड़ की बसती है॥
दशों-दिशाओं को घेरे रहे तो दुश्मन की क्या हस्ती है।
इंद्रादिक आकाश में डेरा डाले संकट हरती है॥

सूरज, चन्द्रमा, गणेश, गौरजा, हनुमान की मस्ती है।
हर जगह देवता वास करे न तिलभर खाली धरती है॥
बैर करे जो इनके भक्तों से तो काली फौरन दलती है।
पाताल तलातल में चौकी यक्षों की कितनी रहती है॥
तो भी देश गुलाम हो गया कैसा रहा इंतजाम॥ 3॥

और सुनो! भारत में कितने देवी-देवता रहते हैं।
ज्वाला, जखई, कालका, भौंरे घर-घर में ये पूजते हैं॥
इनकी पूजा सेवा का ये भार भारती सहते हैं।
जिनके न सन्तान होय मिनटों में उनके करते हैं॥

राम कृष्ण, शिव-ओम, शिवो-हम कहे पाप सब कटते हैं।
क्या ही सुन्दर नुस्खा देखो कई करोड़ अछूत बसते हैं॥
रामेश्वर दयाल निषाद की बदमाशी लख कर विदेशी हँसते हैं।
मदहोशी न उतरी बढ़ रही है अराजकता तमाम॥ 4॥

**—रामेश्वर दयाल निषाद,**
अनन्तराम की मड़ैया
दौलतपुर, औरैया, इटावा, उ.प्र.
संग्रह—दुखियों का आल्हा
संस्करण—1966, मूल्य—20 पैसे

# क्या रखा

जिस कविता में सार नहीं है ऐसे कथन में क्या रक्खा॥ टेक॥
अधिकार मिले न सब को फिर जन-मन-गण में क्या रक्खा।
गरीब के हित की बात नहीं तो संसद भवन में क्या रक्खा॥
कोई सहूलियत मिले नहीं आन्दोलन में क्या रक्खा।
जनता का दुख दूर न हो तो शपथ ग्रहण में क्या रक्खा॥ 1॥

मंत्री वचन निभावे नहीं तो सत्य वचन में क्या रक्खा।
कहते कुछ और करते हैं कुछ ऐसे प्रण में क्या रक्खा॥
गरीब को कर्जा नहीं मिले तो, राष्ट्रीयकरण में क्या रक्खा।
न्याय नहीं मिलता तुझको तो कोर्ट सदन में क्या रक्खा॥ 2॥

अमल में कोई नहीं लाता उस कांस्टीट्यूशन में क्या रक्खा।
रहने का नहीं पास ठिकाना, ऐसे वतन में क्या रक्खा॥
ईश्वर तेरी नहीं सुनता तो भक्ति-भजन में क्या रक्खा।
मन की चाही नहीं होती तो यज्ञ-हवन में क्या रक्खा॥ 3॥

जिसका कोई उत्तर नहीं ऐसे प्रश्न में क्या रक्खा।
एक पिटे और दूसरा देखे, इस संगठन में क्या रक्खा॥
तन-मन तेरे मैल भरा है बुद्ध शरण में क्या रक्खा।
बुरा-भला जब नहीं दिखाते ऐसे धर्म में क्या रक्खा॥ 4॥

अपमान से तो मर जाना बेहतर उस जीवन में क्या रक्खा।
जिसमें ज्ञान की चर्चा नहीं हो उस कीर्तन में क्या रक्खा॥
फूल खिलते और खुशबू नहीं हो ऐसे चमन में क्या रक्खा।
जिस धर्म में तेरा मान नहीं है ऐसे धर्म में क्या रक्खा॥

भीम के मार्ग पर नहीं चलता पथ-दर्शन में क्या रक्खा।
पंचशील भी याद नहीं तो बुद्ध शरण में क्या रक्खा॥
संस्कार तेरे नहीं बदले धर्म शरण में क्या रक्खा।
आपस में नित करो लड़ाई संघ शरण में क्या रक्खा॥ 6॥

**—बुद्ध संघ 'प्रेमी'**

# अभिषेक

शाखा में लटके शंबूक के
कटे हुए शीश ने
शब्दों से काला रक्त वमनकर
एकलव्य के
शराच्छिन्न गूँगे अँगूठे से कहा—
उठो मेरे माथे पर
अपने ताजे खून का तिलक करो
पैरों से कुचली हुई प्रतिष्ठा के
अभिषेक के लिए मुझे एक युग से
तुम्हारी प्रतीक्षा थी
जो मेरी नियति थी
तुम्हारी भी वही हुई
मैंने जब माँगा
जन्मसिद्ध अधिकार
शिखरों को छूने का,
स्वयं खड्ग पाणि ही
उतर आए हिंसा पर
मर्यादा पुरुषोत्तम
मेधा से मुझको पराजित नहीं कर पाए
केवल व्यवस्था के तर्क की
पैनायी धार से
काटकर मेरा स्वत्व वध की भाषा से
कर दिया मेरी शंकाओं का समाधान
लेकिन निरुत्तर मैं नहीं हुआ, वही हुए
सारी बाण विद्या पर
केवल दो वर्णों का आधिपत्य

तुमको जब असह्य हुआ,
भूल गए गुरुवर
तुम्हारी दिव्य निष्ठा को, पूजा को, भक्ति को
दक्षिणा में,
दक्षिण भुजा से तुम्हें माँग लिया
हिंसा का दोष भी अपने सिर नहीं लिया
ऐसी पराकाष्ठा पर पहुँचा हुआ
स्वार्थ कहीं देखा है?
सुना है, इससे भी बड़ा कही
शिष्यों से शिक्षक का पक्षपात
तुम भी हुए होते कहीं राजवंशी
क्षत्रिय बालक कुलीन
बदल गई होती गुरुवर्य की
दृष्टि ही तुम्हारे प्रति
सुनो,
तुम्हारे संतप्त मन में
आग है,
प्रतिक्षण धधकते अपमान की
इसीलिए चाहता हूँ
जलता हुआ संस्पर्श
सदियों से ठंडे माथे पर
शिव के तीसरे नेत्र की तरह
वह रक्त प्रज्वलित होते ही
कर देगा भस्मसात्
झूठे अहंकार की पूरी वासनादेह
उठो!
और उठकर मेरे रिक्त
भाल पर
इसी क्षण अपना
रक्त तिलक करो।

**—जगदीश गुप्त**
'धर्मयुग' से साभार

# पंडितजी

मैं पंडितजी कहलाता हूँ।
मैं राजनीति का ज्ञाता हूँ।
मैं सब हथकंडे चलाता हूँ,
रण में न किसी से टकराता हूँ,
सबको काँटे-सा चुभता हूँ,
मैं सबको मूर्ख बताता हूँ।

मैं पंडितजी कहलाता हूँ।
निबलों से खूब अकड़ता हूँ,
सबलों के पैर पकड़ता हूँ,
दुनिया का धर्म जकड़ता हूँ,
फिर माल चकाचक खाता हूँ।

मैं पंडितजी कहलाता हूँ।
शोषण के दाँव बताता हूँ,
खुद मैं भिक्षुक बन जाता हूँ,
मैं भोग-विलास सिखाता हूँ,
अपना ऐश्वर्य बढ़ाता हूँ।

मैं पंडितजी कहलाता हूँ।
मैं राग-द्वेष फैलाता हूँ,
दो उल्लू खूब लड़ाता हूँ,
सबका मीठा बन जाता हूँ,
ऐसा कुछ जाल बिछाता हूँ।

मैं पंडितजी कहलाता हूँ।
मैं पूरा अवसरवादी हूँ,
और पुरोहितवादी हूँ,
अगुवा बनने का आदी हूँ,
हूँ धूर्त, पहनता खादी हूँ,
दुनिया को ठग कर खाता हूँ।

मैं पंडितजी कहलाता हूँ।

**—श्री भीखाराम गड़रिया**
भरसेन, औरैया, कानपुर, उ.प्र.

खंड : ख

# नाटककार मन

# सिपाही की तबाही

[अतिलघु क्रान्तिकारी एकांकी]

**पेरियार ललई सिंह**

पहली बार 1 दिसम्बर, सन् 1946 ई.

*1 दिसम्बर, 1946 ई. में यह किताब 'सिपाही की तबाही' लिखी गई। छपी भी नहीं थी। नाम सुनकर ही महानिरीक्षक (इंस्पेक्टर जनरल) पुलिस श्री रेजीनॉल नार्मन मार्श स्मिथ (ग्वालियर राज्य) ने अपनी स्पेशल आज्ञा द्वारा जब्त कर लिया, मगर उसी समय स्वतंत्रता संग्राम सेनानी टाइपिस्टों ने गुप्त रूप से हजारों प्रतियाँ टाइप कर छाप डाला। रातोंरात चुपके-चुपके बाँट डाला।*

## सिपाही के परिवार का वार्तालाप

आज दस तारीख है।

**स्त्री** : *(पति से)* मैं बीच में उड़ी धोती पहने हूँ। दो पैबन्द भी लगे हैं। शर्म के कारण पड़ोसी सेठानी जी के बच्चे की सालगिरह में नहीं गईं। वे नाराज हो गईं। नई धोती खरीद दीजिए।

**सिपाही** : पहली तारीख को खरीद देंगे।

**स्त्री** : अच्छा! *(कहकर चुप हो जाती है।)*

आज पन्द्रह तारीख है।

**लड़की** : *(18 साल की)* पिताजी मेरी सलवार व शमीज, दोनों फट गई हैं, दोनों में कई पैबन्द लगे हैं। साथी लड़कियाँ 'कंजरिया' आदि कहकर चिढ़ाती हैं। मुझे शर्म लगती है। शलवार व शमीज, दोनों बनवा दीजिए।

**सिपाही** : बेटी, हम दोनों कपड़े पहली तारीख को बनवा देंगे। दुखी मत हो। मन लगाकर पढ़ो। साथी लड़कियों को बकने दो।

**लड़की** : वे ऐसा क्यों बकती हैं?

**सिपाही** : यह तो पुरानी परम्परा है। जब सब लोग पढ़-लिख जावेंगे, तब इस तरह बदतमीजी की बातें आपस में नहीं करेंगी।

**लड़की** : पिताजी! अब यह गालियाँ मुझे सहन नहीं होतीं।

**सिपाही** : सहन करो, कुछ दिन और, बस।

**लड़की** : अच्छा *(कहकर चुप हो जाती है।)*

आज बीस तारीख है।

**लड़का** : *(15 साल का)* पिताजी! मेरे पास कवियों की जीवनी वाली किताब बहुत दिनों से नहीं है। मास्टर साहब ने

कहा है कि कल किताब खरीदकर जरूर लाना, नहीं तो बहुत पीटूँगा।

**सिपाही** : चलो! दुकान से इसी समय उधार खरीद देंगे।

*[पिता-पुत्र दोनों चल देते हैं।]*

आज सत्ताइस तारीख है।

**स्त्री** : *(पति से)* नमक खत्म हो गया है।

**सिपाही** : बिना नमक के दाल पकाओ।

**स्त्री** : *(क्रोधित होकर)* ठीक है। बच्चे बिना नमक की दाल कैसे खाएँगे?

**सिपाही** : जब हम लोग खाएँगे, तब बच्चे अवश्य खाएँगे।

**स्त्री** : अच्छा! *(कहकर चुप हो जाती है।)*

आज अट्ठाइस तारीख है।

**स्त्री** : *(पति से)* दाल नहीं। नमक नहीं।

**सिपाही** : आटा तो है।

**स्त्री** : थोड़ा-सा आजकल को ही है।

**सिपाही** : ठीक है। रोटी बना। सब लोग रूखी रोटी खाएँगे।

**स्त्री** : *(चुप रह जाती है।)*

आज तीस तारीख है।

**स्त्री** : *(पति से)* आटा बिलकुल नहीं है।

**सिपाही** : खोपड़ी मत चाट। तेरा तो रोज का धन्धा है। कभी यह नहीं, कभी वह नहीं। पड़ोसिन सेठानी जी के यहाँ से अपने व्यवहार में उधार ले आ। कह देना, कल पहली तारीख की शाम को दे देंगे।

**स्त्री** : *(चुप रह जाती है।)*

आज पहली तारीख है।

*[घर का मालिक सिपाही आर्म्स रूम की रक्षा की ड्यूटी पर है। समय दिन के साढ़े नौ बजे हैं।]*

**लड़की** : माताजी, आज पिताजी से मुझे सलवार शमीज, दोनों बनवा दीजिएगा।

**माता** : मेरे लिए भी धोती चाहिए।

**लड़का** : मम्मी! मेरी कमीज बिलकुल फट गई है। कमीज बनवा दीजिए।

**माता** : सब बन जाएगी। दस बजनेवाले हैं। पढ़ने की तैयारी करो।

*[दोनों एक साथ 'अच्छा' कहकर स्कूल जाने की तैयारी करने लगते हैं।]*

पहली तारीख की शाम है।

*[सिविल पुलिस के सिपाही को बारह रुपये, सशस्त्र पुलिस के सिपाही को चौदह रुपये और आर्मी के सिपाही को अठारह रुपये एक माह की तनख्वाह मिली है। सब-के-सब सीधे उधारी वाले सेठों के पास जाते हैं। पुराना हिसाब चुकता करने के लिए अभी सात रुपये और चाहिए—सेठ जी ने कहा। सिपाही बोला—अगले महीनों में एक-एक रुपया करके ले लेना। सेठ जी ने 'ठीक है' कहकर हमेशा की तरह सिपाही को फिर उधार आटा, दाल, मसाला, नमक व लकड़ी दे दी। सिपाही सब सामान सिर पर लादे, कुछ दोनों कन्धों में लटकाए दिन भर का भूखा-प्यासा, ड्यूटी का थका-माँदा हाँफता हुआ पहुँचता है। स्वयं सामान उतार कर पसीना सुखाने के लिए टूटा पंखा हाथ में थाम खम्बा के सहारे बैठ कर (पंखा) डुलाने लगता है।]*

**लड़की** : सलवार व शमीज के लिए कपड़ा ले आए, पिताजी?

**सिपाही** : चुप! अभी पसीना सूखा नहीं। हाँफना भी बन्द नहीं हुआ।

**लड़का** : *(फटी कमीज दिखाते हुए)* पिताजी! मुझे भी कमीज बनवा दीजिए। आज पहली तारीख है। आज अगर कमीज नहीं बनी तो फिर एक माह तक क्या पहनेंगे?

**सिपाही** : सब लोग धीरज धरो। कपड़े बनते रहेंगे। सेठ जी ने तनख्वाह के सब रुपये उधारी खुराक के पिछले महीना वाले हिसाब में ही ले लिये। उन्हें सात रुपये अभी और देना है। यह आटा व दाल आदि सब

सामान लाया हूँ। भोजन बनाओ। सब लोग कल के अधपेट भूखे हैं। उधार व्यवहार में सबके कपड़े बनते रहेंगे।

**लड़की** : *(यकायक फूट-फूटकर रोने लगती है)* मैं कल पढ़ने नहीं जाऊँगी। कपड़े फटे होने के कारण साथ की गोरी लड़कियाँ दिन में दसियों मर्तबा कंजरिया, चमरिनिया, भरिनिया, अहीरिनिया व तेलिनिया, ठकुराईन की ये हालत आदि कहकर मेरी बेइज्जती करती हैं। चिढ़ाती हैं। मैं राजपूत की बेटी हूँ। मुझसे यह अपमान सहन नहीं होता।

**सिपाही** : तूने बड़ी मास्टरनी से शिकायत क्यों नहीं की?

**लड़की** : पिताजी! क्या बताऊँ अपनी बीती? कई बार शिकायत की। वे हँसकर टाल देती हैं। कहती हैं—ऐसी आपस की छोटी-छोटी बातों की शिकायत मुझसे मत किया करो।

**सिपाही** : बेटी! घबराओ मत! यह साल किसी तरह भुगतो। अगली साल किसी नई विचारधारा वाले कॉलेज में भर्ती करा देंगे, जहाँ जाति-पाँति वाली बातें कतई नहीं होंगी।

*[सिपाही चुपचाप घर से बाहर जाकर दो घंटे बाद भोजन के समय जब घर में घुसता है, तब देखता है कि भोजन बना ही नहीं। लड़की व लड़का भूखे ही जमीन पर लेटे हैं। शायद अधिक रोने से थक कर सो गए हैं। स्त्री बैठी-बैठी धीरे-धीरे रो रही है।*

*बस, भूखे शेर सिपाही ने न आव देखा, न ताव, स्त्री के कमर पर कसकर एक लात जड़ दी और कहा—"कभी भोजन मत बनाना।" यह कहकर आँगन में रखी पानी की भरी बाल्टी मोरी में उड़ेल दी। पानी की भरी गागर बीच आँगन में पटक कर तोड़ डाली। चूल्हा में एक लात जमाई। वह भी फूट गया। फिर बेचारा भूखा-प्यासा आर्म्स रूम की रक्षा में ड्यूटी पर चला गया।]*

**आवाज** : सिपाहियो! ध्यान से सुनो, मनन करो, विचारो, सही मालूम पड़े तब मानो वर्ना मत मानो, लेकिन सुनो! अब जनता का जनता पर शासन होगा।

वास्तव में पादरियों, मुल्ला-मौलवियों व पंडों-पुजारियों-पुरोहितों की अनदेखी कल्पना ईश्वर, स्वर्ग तथा नरक नाम की बात बिलकुल झूठ है। यह है आँखों देखी हुई, सब पर बीती हुई सच्ची नरक की व्यवस्था सिपाही के घर की। इस नरक की व्यवस्था का कारण है—सिन्धिया गवर्नमेंट की बदइन्तजामी और अंग्रेजी उपनिवेश।

इसलिए इसे प्रत्येक दशा में पलटना है। समाप्त करना है।

जब जनता पर जनता का शासन होगा, तब जनता की सब माँगें मंजूर होंगी।

# वीर सन्त माया

# बलिदान

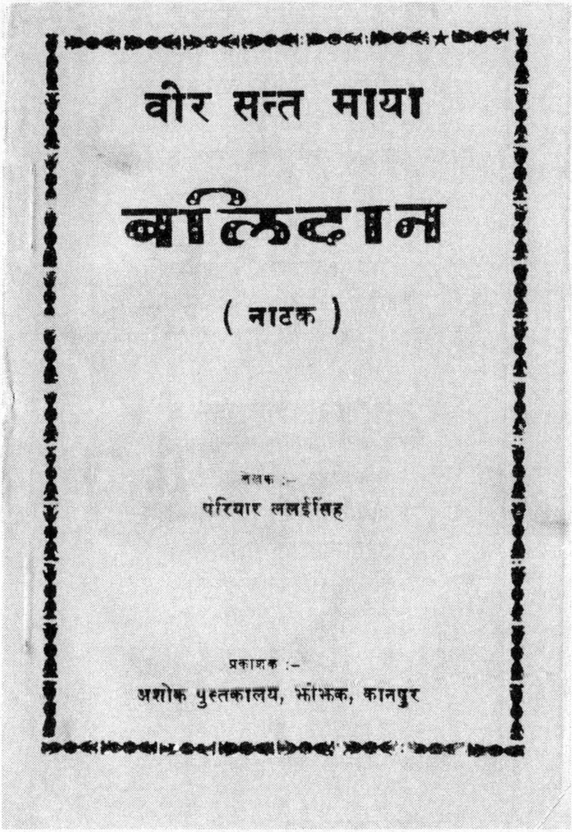
वीर सन्त माया

बलिदान

( नाटक )

लेखक :-

पेरियार ललईसिंह

प्रकाशक :-

अशोक पुस्तकालय, झींझक, कानपुर

!!नमो बुद्धाय!!

# वीर सन्त माया

# बलिदान

लेखक

**पेरियार ललई सिंह**

**अशोक पुस्तकालय**

झींझक, जिला—कानपुर

उत्तर प्रदेश, भारत-209 302

अंडर पेरियार ललई सिंह चेरिटेबुल ट्रस्ट

84/172, झकरकटी, जी.टी. रोड

जिला—कानपुर, उत्तर प्रदेश, भारत-208 003



प्रथम बार 1 जनवरी, 1960 ई.

प्रथम बार 1000 प्रतियाँ प्रकाशित

दूसरी बार सन् 1966 ई.

तीसरी बार सन् 1977 ई.

चौथी बार सन् 1990 ई.

पाँचवीं बार सन् 1992 ई.

**मुद्रक**

रानी प्रिंटिंग एजेन्सी,

105/28, प्रेम नगर,

जिला—कानपुर, भारत, पिन-208 012

महँगाई के कारण संशोधित

**मूल्य :** 5.50 रुपये

!!समर्पण!!

निर्वाण-प्राप्त

श्रद्धेय परम पूज्य प्रपितामह

श्री दीना सिंह यादव

निवासी ग्राम-कठारा, रेलवे स्टेशन झींझक, जिला—कानुपर

की

पुण्य स्मृति में!

# दो शब्द

प्रस्तुत नाटक 'वीर सन्त माया बलिदान' भाटों द्वारा वर्णित एक सच्ची कहानी है, जो आज भी अपनी भग्नावशेष जीर्ण-शीर्ण दशा से स्वत: प्रमाणित है।

मुख्य विषय को यथाशक्ति शास्त्रीय व वैज्ञानिक ढंग से पाठकों के सामने रखने की चेष्टा की गई है। लेखक की मंशा किसी वर्ग विशेष को क्लेश पहुँचाने की नहीं है। हाँ! कटु सत्य अवश्य है।

इतिहास मत भूलिए—पेशवाओं की राजाज्ञा द्वारा अछूतों, महाशूद्रों को अपने पैरों के चिह्न मिटाने के लिए कमर में झाड़ू बाँधकर चिल्लाते हुए चलना पड़ता था। थूकने के लिए गले में हंडी लटकानी पड़ती थी।

अस्पृश्यता उन्मूलन समिति के अध्यक्ष संसद सदस्य श्री एल. इलैया पेरुमल ने संवाददाताओं को एक भेंट में बताया कि 'मैसूर नगर में इस तरह की एक सड़क है, जिस पर जूता पहन कर किसी हरिजन (अछूत महाशूद्र) को चलने की इजाजत नहीं है।'

(स्वतंत्र भारत, लखनऊ, दिनांक—13 फरवरी, 1966 ई., पृष्ठ 4, कालम 8)

कुछ भाटों का मत है कि 'वीर सन्त माया' का बलिदान नरमेध यज्ञ के ढंग पर हुआ, फलस्वरूप वरुणदेव ने नीचे से पाताल तोड़कर तालाब को पानी से लबालब भर दिया। यह मत अन्धविश्वास पर आधारित होने के कारण अमान्य है। दक्षिण भारत में उस समय ऐसी बलि प्रथा प्रचलित थी।

कृपया ध्यान से पढ़ें। सोचें। समझें। आप भी भावी क्रान्तिकारी मार्ग अपनावें। अभी हम सबको बहुत कुछ करना शेष है।

आप अपनी शंकाएँ, आपत्तियाँ, सुझाव भेजने की कृपा करें ताकि अगला अंक अधिकाधिक मन-मोहक निकल सके।

अन्त में, अपने गुणग्राही प्रिय प्रबुद्ध पाठकों को सादर सप्रेम सपरिवार अनन्त धन्यवाद!

आप सबका

दिनांक—23 अक्टूबर, 1966 ई. **—पेरियार ललई सिंह**

# सम्मति

श्री ललई सिंह कृत 'वीर सन्त माया बलिदान' नाटक हमने सुना। नाटक में हिन्दू धर्म की ऊँच-नीच, जन्म-जाति-मूलक, दर्जाबन्दी व वर्ण-व्यवस्था जो राष्ट्रीय एकता की महान शत्रु हैं, के साथ बौद्ध-धर्म की पवित्रता, समता, बन्धुता, स्वतंत्रता व न्याय के उत्तम आदर्श का तुलनात्मक विवेचन बहुत अच्छा लगा।

महान विद्वान 'माया' पहले हिन्दू धर्म के अनन्य-भक्त थे। किशोरावस्था में राम मन्दिर की आरती के समय जातीय अपमान से खिन्न होकर बौद्ध-धर्म के अनुयायी बनकर सफल प्रचारक भिक्षुवर बन गए।

यहाँ तक कि अन्त में दलितों, पिछड़ों, पीड़ितों को सामाजिक जन्मसिद्ध अधिकार दिलाने के लिए राजाज्ञानुसार ये 'पाटण' के जलरहित तालाब की पिटकुइया में बीचोबीच खूँटानुमा नोकदार लम्बे लट्ठ को ठोंकते हैं। यकायक पाताल से बड़े वेग से जलधारा प्रवाहित हो उठती है। परम परोपकारी भिक्षुवर 'वीर सन्त माया' उसी में डूब कर चार महाभूतों में विलीन होकर निर्वाण पद प्राप्त करते हैं। यह एक ऐसी रोमांचकारी घटना है, जिसका चित्त पर गहरा प्रभाव पड़ता है।

नाटक से सम्बन्धित द्वितीय प्रमुख पात्र महान सुन्दरी, गौरांग-युवती 'जसमा' है जो सहस्त्रों गरीब मजदूर परिवारों के पेट पालनार्थ सामन्तयुगीन भोग प्रवृत्तीय अग्नि ज्वाला की किंचितमात्र परवाह न करके अपने स्वाभिमान की रक्षा करती हुई परिवार पर जान न्योछावर कर देती है। सच्चरित्र सफल मजदूर नेता 'जसमा' की कार्य क्षमता आदर्शवादिता एवं वीरता वास्तव में अवर्णनीय है।

सफलता की शुभकामना सादर समर्पित।

भवदीय

दिनांक—1 अक्टूबर, 1966 ई.

**—चन्द्रिका प्रसाद 'जिज्ञासु'**

बहुजन कल्याण प्रकाशन
360/193, मातादीन रोड, सआदतगंज
लखनऊ-3 (उत्तर प्रदेश)

# सम्मति

अलग-थलग छोटे-छोटे समूहों, जातियों एवं उप-जातियों में बँटे शोषित सर्वहारा समाज में तथाकथित शूद्रों की अहीर, गड़रिया, कुर्मी, कोइरी आदि सछूत तथा कोरी, चमार, पासी, धोबी, वाल्मीकि, भंगी, हेला आदि अछूत महाशूद्रों को एकता के सूत्र में पिरोने के अथक प्रयास करनेवाले पेरियार ललई सिंह द्वारा लिखित 'वीर सन्त माया बलिदान' को पढ़कर हार्दिक प्रसन्नता हुई। यह लघु नाटक समस्त शोषित समाज में एकता का संचार लाने में कितना समर्थवान है—यह तो नाटक के आद्योपान्त पठन से ही स्पष्ट होगा।

पेरियार ललई सिंह के इस क्रान्तिकारी नाटक में भाटों द्वारा परम्परा से लोकगाथाओं के माध्यम से सच्चाई को सँजोये रखने के प्रयास में एक सच्ची कहानी का चित्रण है। सामन्तशाही ब्राह्मणी व्यवस्था में अछूतों का हिन्दू मन्दिरों में प्रवेश सवर्ण हिन्दुओं के लिए कितना असह्य था, शोषित, शूद्रों का जीवन इनके लिए कितना अर्थहीन और शूद्रों की नारियों की इज्जत का कितना मूल्य था—इस नाटक में इस सत्य का हृदयगाही चित्रांकन है।

ब्राह्मणी व्यवस्था में व्याप्त असमानता, अपने ही भाई अहीर, गड़रिया, कोरी, जाटव, चमार, पासी, महाड़, माला, मादिगा आदि के मध्य कटुता पैदा कर एक दूसरे की जान लेने पर उतारू बनाए हुए हैं। इसमें बन्धुता और समानता मात्र धोखा है, जैसे बबूल के पेड़ में सदैव काँटे ही काँटे पैदा होते रहेंगे, वैसे हिन्दू व्यवस्था में ब्राह्मण, क्षत्रिय, वैश्य तथा शूद्र का वर्गीकरण परस्पर कटुता ही पैदा करता रहेगा। हिन्दू धर्म में समानता न कभी रही है और न ही रहेगी। यही तथ्य समझाना लेखक का सम्यक् उद्देश्य है। इस लघु पुस्तिका की लोकप्रियता का प्रबल प्रमाण इसके संस्करणों की अल्पकाल में ही समाप्ति तथा जोरदार माँग है।

ब्राह्मणी व्यवस्था में भारत के मूलनिवासी तथाकथित महाशूद्र उपेक्षित, प्रताड़ित, बहिष्कृत होने पर भी अपनी मातृभूमि तथा उस पर बसनेवाले सभी मनुष्यों—बहुजन हिताय—बहुजन सुखाय—के वृहत् हितों के लिए वीर सन्त माया की तरह सदैव हँसते-हँसते अपने अनमोल प्राणों की आहुति देने का नाटक में सफल चित्रण किया गया है।

भारत में अतीतकाल से ही समता, स्वतंत्रता, करुणा तथा मैत्री से ओत-प्रोत जीवन का सच्चा मार्ग बौद्ध-धर्म रहा है, जिसे योजनाबद्ध दीर्घकालीन षड्यंत्र कर सामान्य जनता से अलग रखने का पुरजोर प्रयास होता रहा है। आज के तथाकथित शूद्र ही नहीं, वरन् समस्त राष्ट्र को एकता के सूत्र में पिरोने का मार्ग केवल बौद्ध धर्म ही है; यही सत्य स्थापित करना लेखक का मात्र उद्देश्य है।

अन्त में, पेरियार ललई सिंह के राष्ट्रीय एकता की भावना जागृति के इस सराहनीय सुकृत्य को अनन्य प्रशंसाओं के साथ दीर्घजीवी होने की मंगल कामना करता हूँ।

भवतु शब्ब मंगलम्!

शुभेच्छु,

दिनांक—5 मई, 1990 ई.

**—जे.एन. आदित्य**

अध्यक्ष भारतीय बौद्ध महासभा (उ.प्र.)

# पात्र-परिचय

## पुरुष-पात्र

**माया** : (मायानन्द) महार, चमार, कोरी (कोली) जन्मजाति बौद्ध-भिक्षु या संत
**सिद्धिराज** : पाटण (गुजरात प्रदेश) का महाराजा
**निधिराज** : प्रधानमंत्री
**मधुराज** : प्रधान सेनापति
**केशोमाघो** : राजपुरोहित। निवास स्थान सिद्धपुर (गुजरात प्रदेश)
**गिरधर** : भाट एवं कविराज
**जसमन्त** : (रूड़ा) 'जसमा' ओड़न के पतिश्री
**अन्य** : द्वारपाल, चोबदार, दूत, गुप्तचर व मुखिया आदि

## स्त्री-पात्र

**जसमा** : ओढ़, ओढ़ या वेलदार (मिट्टी खोदनेवाली) जाति : सफल मजदूर नेता व ठेकेदार
**केशा देवी** : राजपुरोहित केशोमाधे की युवा-पुत्री
**राणक देवी** : हड़मत कुम्हार (ग्राम मजेवड़ी) की पुत्री एवं जूनागढ़ के राजा रायखेंगार की रूपवती रानी
**अन्य** : सहेली आदि

**नोट :** रूपवती राणक देवी की प्राप्ति हेतु महाराजा सिद्धराज ने जूनागढ़ पर चढ़ाई करके राजा रायखेंगार व दो बच्चों को कत्ल कर दिया। बन्दी रानी राणक देवी सेना की दृष्टि से ओझल होकर पाटण से एक सौ मील (एक सौ साठ किलोमीटर) दक्षिण की ओर ग्राम बड़वासा (सुरेन्द्र नगर) में अपने शरीर में आग लगाकर भस्म हो गई।

# दृश्य-1

**स्थान :** धौलका (वैराट नगर, गुजरात प्रदेश)
**समय :** संध्या वन्दन

*[ग्राम के बाहर किन्तु समीप ही मन्दिर में राम की मूर्ति है। मन्दिर के सामने बाईं ओर गम्भीर छायादार पुराना पीपल का पेड़ है। मन्दिर का द्वार खुला हुआ है। कुछ साधु-संत तथा अधिकाधिक संख्या में ग्रामीण नर-नारी, बाल-वृद्ध उपस्थित हैं। श्री पुजारी जी के आने की प्रतीक्षा की जा रही है।]*

**ब्राह्मण युवक** : *(माथे पर चन्दन लगाए हुए)* श्री पुजारी जी नहीं आए? आरती का समय हो चुका है।

**क्षत्रिय युवक** : श्री पुजारी के आने की प्रतीक्षा कुछ देर और करनी चाहिए।

**शूद्र वृद्ध संत** : माघ का महीना है। भीषण सर्दी, घनघोर वर्षा के साथ-साथ ठंडी हवा कलेजे को बीचोबीच से चीरे दे रही है। ऐसी विषम परिस्थिति में वयोवृद्ध पुजारी जी का अब और विशेष समय तक इन्तजार करना व्यर्थ है। उपस्थित समाज में 'माया' युवक सर्वश्रेष्ठ विद्वान है। अत: उसे ही आरती का भार सौंपा जाना उचित है।

**ब्राह्मण युवक** : ऐसा कदापि नहीं हो सकता। हिन्दू धर्मशास्त्रों के अनुसार, भगवान विष्णु के अवतारों का पुजारी केवल ब्राह्मण ही हो सकता है। इसके अतिरिक्त यह भी आदेश है कि मूर्ख ब्राह्मण हमेशा पूज्य होगा, विद्वान शूद्र या महाशूद्र सदा अपूज्य रहेगा।

**शूद्र वृद्ध संत** : प्राचीन काल में राजसत्ता से सहयोग लेकर कुछ स्वार्थियों द्वारा बहुजनों का शोषण करने के लिए लिखे हिन्दू धर्मशास्त्र व स्मृतियों को आजकल के बुद्धिवादी प्रकाशमय विज्ञान युग में बहुमत के सामने एक बार की

कौन चलावे, अपितु सहस्त्र बार झुकना पड़ेगा। आज सर्वश्रेष्ठ विद्वान माया युवक ही पुजारी का कार्य करेगा।

**जनसमूह** : *(एक साथ)* श्री संत जी का कथन बिलकुल ठीक है। आज माया युवक ही पुजारी का कार्य करेगा।

**मुखिया** : मैं कणावा (कुनबी, कुर्मी, पटैल) शूद्र वर्ण का अवश्य हूँ, परन्तु ग्राम के मुखिया (प्रधान) की हैसियत से ग्रामीण बहुमत के आधार पर घोषणा करता हूँ कि आज महाशूद्र माया युवक ही पुजारी का कार्य करेगा।

*[सोलह वर्षीय चमचमाते चेहरेवाला महाशूद्र माया युवक घृत का दीपक जला कर राम मन्दिर के भीतर घुसकर आरती प्रारम्भ करता है।]*

या

*[आरती करता हुआ राम की स्तुति सम्बन्धी श्लोक की एक-एक लाइन साफ-साफ धीरे-धीरे ध्वनिपूर्वक गाता हुआ पढ़ता है।]*

**जनसमूह** : *(दोनों हाथ जोड़े हुए माया द्वारा पढ़े हुए श्लोकों की एक-एक लाइन ध्वनिपूर्वक गाता हुआ दोहराता है।)*

**ब्राह्मण युवक** : *(ग्राम की ओर दौड़ता हुआ, जोर से)* ओ भैया, गाँव वारे दौड़ियो। ओ भैया, गाँव वारे दौड़ियो, दौड़ियो। महाशूद्र माया युवक ने राम-मन्दिर छूत कर दियो है।

*[बात की बात सवर्णों-ब्राह्मणों, क्षत्रियों व वैश्यों तथा धर्म के ठेकेदारों, घर-घुसुआ गुलामों अर्थात् शूद्रों-अहीर, गड़रिया, काछी, कणवी आदि-आदि पिछड़ी जातियों के हथियारबन्द गोल ने बेचारे, गरीब, असहाय निहत्थे महाशूद्रों पर, जो हिन्दू धर्म के समर्थन में दोनों हाथ जोड़े हुए राम की आरती करने में ध्यान-मग्न खड़े थे, उन पर निर्दयतापूर्वक जालिमाना हमला बोल दिया। फलस्वरूप कुछ महाशूद्र मारे गए, कुछ सख्त घायल होकर धराशायी हुए, शेष करीब-करीब सभी कुछ-न-कुछ घायल दशा में लुढ़कते-पुढ़कते भाग कर अपने-अपने घरों में घुस गए। घायल माया युवक घर न जाकर पूर्व दिशा के समीपी जंगल की ओर चल दिया।]*

*[मुखिया के संकेत के अनुसार, चौकीदार का पुलिस को सूचित करने हेतु प्रस्थान।]*

**अहीर युवक** : *(ग्वाल, गौली, यादव लाशों, घायलों एवं अपनी भुजदंडों की ओर प्रसन्नतापूर्वक देखता हुआ)* भाग गए—बेटा। सभी महाशूद्र। हाय, क्या करें? अगर ये कमबख्त बौद्ध-भिक्षु व हिन्दू संत समता, बन्धुता व स्वतंत्रता का प्रचार न करें, तो केवल मेरा ही अकेला गोल सभी महाशूद्रों का एक ही रात में सोते में सफाचट कर सकता है।

**मुखिया** : अबे चुप रह! यह ब्राह्मणी चातुर्वणी वर्ण-व्यवस्था हमारे और तुम्हारे जैसे मूर्खों की वजह से आज तक फल-फूल रही है।...और हाँ! ये बता तू, सब दुनिया को कत्ल करके क्या लेगा, कद्दू?

**अहीर युवक** : अजी! मैं लूँगा हिन्दू धर्म की आन-बान-शान।

**मुखिया** : आपस में असमानता का बीज बोकर समाज व देश में कलह फैलानेवाले हिन्दू धर्म की ऐसी निरर्थक आन-मान-शान को लेकर क्या करेगा? मन्दिर की खनाखन नकद बढ़ोतरी लेगा ब्राह्मण। दिल्ली का रत्नजटित सिंहासन लेगा क्षत्री। साहूकारी व कारखानों की असंख्य पूँजी लेगा वैश्य और तू शूद्र लेगा घर की बरबादी के अतिरिक्त फाँसी या आजीवन सख्त कैद की सजा। कभी सोचा बच्चू?

**अहीर युवक** : *(सोचता हुआ)* इस बात को इतनी गहराई से मैंने कभी नहीं सोचा।

**मुखिया** : *(प्रेम पूर्वक)* क्यों नहीं सोचा बेटा?

*[मुखिया और अहीर युवक की बातों में उलझा देखकर चिल्लाकर झगड़ा करानेवाला ब्राह्मण युवक एवं अन्य बुद्धिजीवी झगड़ालू ब्राह्मणों, क्षत्रियों व वैश्यों का एक दूसरे को भागने का इशारा करते हुए धीरे-धीरे पीपल की आड़ में होकर प्रस्थान]*

**अहीर युवक** : किसी ने इतने मार्मिक ढंग से पूर्णतया स्पष्ट बात समझाई नहीं।

**मुखिया** : *(क्रोधित होकर)* क्यों बे नालायक, इतना सफेद झूठ? मैंने तुझे कई बार समझाया। असमानता वाले धार्मिक तथा दीगर सभी झगड़ों से दूर कर अधिकार वंचित गरीबों, शूद्रों, महाशूद्रों तथा दूसरे अल्पसंख्यकों से मेल-मिलाप, खान-पान आदि सम्बन्ध स्थापित करके उनकी सहायता

से पहले राजसत्ता पर सबको समान अधिकार दिलाकर स्वयं ले दिल्ली का रत्न जटित सिंहासन, तत्पश्चात्...।

**अहीर युवक** : *(बीच में ही)* तत्पश्चात् क्या होगा?

**मुखिया** : तत्पश्चात् धार्मिक, सामाजिक, आर्थिक व राजनीतिक-- सभी झगड़े व बखेड़े समाप्त हो जावेंगे।

**अहीर युवक** : परम पूज्य मुखिया साहेब! आपकी पिछली समझाइश के पश्चात् पाठक, पंडा, पुजारी व केशोमाधो राजपुरोहित ने फिर वही पुरानी पटरी पढ़ा दी। राजनीति से सर्वोपरि धर्मनीति है।

**मुखिया** : *(क्रोधित होकर)* तेरे दिमाक में वही पुराना ब्राह्मणी चतुर्वर्णी असमानता वाला बिल्ली का गू भरा है, जो तू कल्पित बड़प्पन के कारण उन ब्राह्मणों की उचित-अनुचित प्रत्येक बात को बिना सोचे-समझे आँख बन्द करके मान लेता है। मैं दस कम सौ वर्ष का कणवी बुड्ढा शूद्र हूँ। मेरी बात को ठीक से सोचने तक की तुझमें अक्ल नहीं? इसी का परिणाम...।

**अहीर युवक** : *(बीच में ही)* इसी का परिणाम क्या है?

**मुखिया** : इसी का परिणाम है। पहला, धर्मनीति की बदौलत शूद्रों-महाशूद्रों का महानतम विकट हर प्रकार का शोषण। दूसरा, पुलिस आती होगी। इन लाशों के साथ-साथ तुम लठैता गिरोहबन्दों को भी गिरफ्तार कर लेगी। पंडा, पुजारी व पुरोहित तेरी सहायता कतई नहीं करेंगे, दूर से खड़े-खड़े तमाशा और देखेंगे।

**अहीर युवक** : *(वृद्ध कणवी मुखिया जी के दोनों पैरों पर अपने माथे को टेक कर दीनतापूर्वक)* परम पूज्य पितामह जी! क्षमा करें। मैं भविष्य में सभी मनुष्यों को समान समझूँगा और सभी अधिकार वंचित व्यक्तियों का संगठन करके उन्हें कुरीतियों एवं दुर्व्यसनों आदि के चक्कर से बचाता हुआ हर प्रकार के धार्मिक, सामाजिक, आर्थिक व राजनीतिक अधिकार दिलाने में साथियों सहित खून-पसीना एक कर दूँगा।

*[कोतवाल साहब का सशस्त्र पुलिस सहित कुल भीड़ को दूर से ही चारों ओर से घेरते हुए, प्रवेश।]*

**कोतवाल** : मुखिया साहेब! नमस्कार।

**मुखिया** : हाकिम साहेब! नमस्कार।

**कोतवाल** : मुखिया साहेब! *(अहीर युवक की ओर देखते हुए)* यह युवक कौन है?

**मुखिया** : हुजूर! इसी ने यह सब गजब ढाया है। यह है कुँवर अतरसिंह यादव।

**कोतवाल** : दरोगा जी! पहले इस रिंग लीडर कुँवर अतरसिंह यादव को गिरफ्तार करो। इसका यादवपन वहीं कोतवाली में निकालेंगे।

**अहीर युवक** : *(क्रोधित होकर)* कोतवाल साहेब! जरा जबान सँभालकर बोलना। मेरा यादवपन कोतवाली में क्या निकालेंगे? *(पहिने हुए अंगरखा की आस्तीन को उतारता हुआ।)* तुम्हारे इतने जवानों में है कोई पट्ठा। निकल आवे, मेरी उसकी रही।

**दरोगा** : बस! बस!! कुँअर साहब!!! अंगरखा पहन लीजिए। मैं आपके नाम से बहुत दिनों से परिचित था। मगर बड़ी इन्तजार के बाद आज दर्शन मिले हैं।

*[कुँअर अतरसिंह यादव ने अंगरखा ज्यों-का-त्यों पहन लिया। दरोगा जी के इशारे पर तीन सिपाहियों ने कुँअर अतरसिंह यादव को तत्काल गिरफ्तार कर लिया।]*

**कोतवाल** : मुखिया साहेब! इस झगड़े के मुख्य-मुख्य अभियुक्त यहाँ कौन-कौन उपस्थित हैं?

**मुखिया** : हुजूर यह हैं—*(हाथ के इशारे से)* गोकुल सिंह पाल (गड़रिया) कामता सिंह कुशवाहा (काछी), कुन्दन सिंह कणवी (कुर्मी), बलवीर प्रसाद बोझा (बढ़ई), लाखन लाल शर्मा (लुहार), नत्थालाल शर्मा (नाई), तेजसिंह राठौर (तेली), कल्यान सिंह कश्यप (कहार) महीपत सिंह निषाद (मल्लाह), गुलजार सिंह गुजेर (गूजर) व जगवीर सिंह (जाट)।

**कोतवाल** : दरोगा जी! इन सब मुल्जिमों को गिरफ्तार करो, तीनों लाशों व दसों घायलों को बैलगाड़ियों में लदवा कर सीधे कोतवाली पहुँचो। कुँअर अतरसिंह यादव के आतंक की वजह से इस गाँव में गवाह मिलना बहुत कठिन है। इसलिए बाकी फरार मुल्जिमों का नाम अभियुक्तों के

बजाय गवाहान की लिस्ट में लिख लेना। मैं एक हेड कांस्टेबिल व दस कांस्टेबिल सहित आवश्यकीय कार्य से अज्ञात स्थान की ओर जा रहा हूँ।

*[कोतवाल साहब का एक हेड कांस्टेबिल व दस कांस्टेबिलों सहित मुखिया साहब को नमस्कार करते हुए प्रस्थान।*

*[दरोगा जी का चार हेड कांस्टेबिलों व शेष कांस्टेबिलों की मदद से सभी उपरोक्त अभियुक्तों को गिरफ्तार कर लाशों व घायलों को बैलगाड़ियों में लदवा कर पुलिस कोतवाली की ओर मुखिया साहब को नमस्कार करते हुए प्रस्थान]*

**[पट परिवर्तन]**

## दृश्य-2

**स्थान :** पाटण में राज्यसभा

**समय :** मध्याह्न

*[महाराज सिद्धराज रत्न जटित सिंहासन पर विराजमान हैं। बाईं ओर निधिराज प्रधानमंत्री, दाईं ओर मधुराज प्रधान सेनापति बैठे हैं। अन्य मंत्रिगण, सभासद, सम्मानित भद्र पुरुष, ग्रामीण व दर्शक अपनी-अपनी जगह पर विराजमान हैं।]*

*[चोबदार का प्रवेश]*

**चोबदार :** *(बगल में चाँदी से छपी हुई छड़ी दबाये हुए, दोनों हाथ जोड़कर)* राजन प्रणाम! महाराज की जय हो!

**सिद्धराज :** मंगल हो! कहो कुशल-समाचार?

**चोबदार :** राजन्! आपके प्रताप से सम्पूर्ण ब्राह्मणी चातुर्वणी वर्ण-व्यवस्था का पालन ठीक ढंग से हो रहा है। पिछले साल धौलका में महाशूद्र माया द्वारा राम मन्दिर की आरती करते समय जो झगड़ा हो गया था, उस प्रकरण में योग्य न्यायाधीश ने सम्पूर्ण अभियुक्तों को बीस-बीस वर्ष का

कठोर कारावास का दंड दिया, जिससे धार्मिक धाक और भी कई गुनी बढ़ गई है मगर...*(कहकर चुप हो जाता है।)*

**सिद्धराज** : चुप क्यों हो गया? अरे जो कुछ मन में आया, लेत-पलेत कह बगल करो। अगला काम देखा जाए।

**चोबदार** : मगर उस सर्वश्रेष्ठ विद्वान महाशूद्र माया युवक ने किसी बौद्ध महा-स्थविर से पिछली बुद्ध-पूर्णिमा (वैशाख पूर्णिमा) के अवसर पर विधिवत् बौद्ध-धर्म की दीक्षा लेकर विशेष अध्ययन प्रारम्भ कर दिया है।

**सिद्धराज** : महाशूद्र माया के बौद्ध-धर्म की दीक्षा ले लेने से हिन्दू धर्म को कोई हानि नहीं, क्योंकि अब तो हम अवसरवादी हिन्दुओं ने भी गौतम बुद्ध को भगवान विष्णु का चौदहवाँ अवतार इसीलिए मान लिया है, जिससे बौद्ध-धर्म हिन्दू वाइज्ड होकर हिन्दू धर्म का अंग बन जाए और अपना निजी अस्तित्व सदा-सदा के लिए खो बैठे।

**चोबदार** : बौद्ध-धर्म, वैज्ञानिक धर्म होने से उसकी नींव अनीश्वरवाद व अनात्मवाद पर आधारित है। जो ब्राह्मणी चातुर्वणी वर्ण-व्यवस्था को न मान कर समता-बन्धुता-स्वतंत्रता के सिद्धान्त को मानता है। ऐसी दशा में बौद्ध-धर्म, हिन्दू धर्म का अंग कदापि नहीं बन सकता।

**सिद्धराज** : अच्छा! मैं अब समझा तुम्हारी बात, चोबदार। यह तो बहुत ही बुरा हुआ। वास्तव में बौद्ध-धर्म, हिन्दू धर्म से बिलकुल भिन्न धर्म है।

**ब्राह्मण सभासद** : राजन्! कोई चिन्ता की बात नहीं। हिन्दू धर्म से भिन्न जैसे ईसाई धर्म, इस्लाम धर्म आदि हैं, वैसे एक और अधिक सही।

**चोबदार** : मालूम होता है, सभासद जी जागृति में स्वप्न देख रहे हैं या किसी लम्बे नशे में चकनाचूर हैं। इसाई धर्म, इस्लाम धर्म व संसार के अन्य सभी प्रमुख धर्म ईश्वरवाद व आत्मवाद पर आधारित होने से हिन्दू धर्म से भिन्न नहीं बल्कि मित्र धर्म हैं, केवल शब्दों का हेर-फेर है। ईश्वर या गॉड या खुदा और आत्मा या स्प्रिट या रूह एक ही चीज है।

**सिद्धराज** : *(प्रधानमंत्री से)* हिन्दू धर्म के अपमान की चोट खाया हुआ, महाशूद्र माया युवक, चोट खाये हुए साँप की भाँति हिन्दू धर्म पर सीधा या तिरछा हर प्रकार का प्रहार करेगा। चाहे उसे इस काम के लिए कोई भी भेस बनाना पड़े, बनाएगा। बौद्ध भिक्षु या हिन्दू संत।

**ब्राह्मण सभासद** : छोड़िए इस समय धार्मिक पचड़े को। हम लोग तो बुद्धिजीवी हैं। हमेशा से मौज की छानते रहे हैं। आगे भी साम-दाम-दंड-भेद जैसे बनेगा तैसे मौज की छानेंगे। अगर हमारी मौज की छानने में कोई बाधा पड़ती जान पड़ेगी तो हम लोग भी बौद्ध-धर्म स्वीकार कर लेंगे। तत्पश्चात् बौद्ध-धर्म में भी असमानता का बीज बोकर अर्थात् उसमें भी ऊँच-नीच जातियाँ धीरे-धीरे बनाकर फिर स्वयं कुछ सर्वोपरि जातियाँ स्थापित करके इसी तरह मौज की छानेंगे।

**चोबदार** : *(कुछ अकड़ते हुए)* भूल जाइए पुरानी बातें। माननीय सभासद जी! हिन्दू—धर्म ऊँच-नीच भावनावाला पुराना पैंतरा अब विज्ञानयुगीन बौद्ध-धर्मावलम्बियों के सामने बालू की भाँति सिद्ध होगा।

**सिद्धराज** : *(चोबदार से)* स्थान ग्रहण करो।

*[चोबदार दोनों हाथ जोड़कर प्रणाम करता हुआ कुछ दूर पीछे हट कर खड़ा हो जाता है।]*

*[द्वारपाल का प्रवेश]*

**द्वारपाल** : *(दोनों हाथ जोड़कर)* राजन्! प्रणाम!

**सिद्धराज** : मंगल हो। कहो कुशल समाचार?

**द्वारपाल** : स्वर्ग प्रदेश (कश्मीर राज्य) से आधा दर्जन गौरांग गायत्रियाँ एवं नर्तकियाँ मुख्य द्वार पर पधारी हैं। राज्यसभा को अपनी कला से मुग्ध करना चाहती हैं।

**सिद्धराज** : जाओ। उन्हें शीघ्र भेजो।

*[द्वारपाल का दोनों हाथ जोड़कर प्रणाम करते हुए प्रस्थान]*

**सिद्धराज** : *(प्रधानमंत्री से)* कहो! राज्य का नया समाचार?

**निधिराज** : राजन्! इस समय एक ही ऐसा अशान्त समाचार है, जिसने सम्पूर्ण राज्य में हाहाकार मचा दिया है, वह है कई वर्षों से पानी न बरसने के कारण पैदा हुई अकाल की भीषण परिस्थिति।

**सिद्धराज :** योग्य मंत्रिवर! घबड़ाने की जरूरत नहीं। राज पुरोहित केशोमाधो तथा कविराज गिरधर भाट को जनता के हृदय की बात जानने हेतु एक महीना हुए भेजा गया था। आज दोपहर के बाद वापसी का वायदा है। आते ही होंगे। फिर आज केवल इसी विषय को राज्यसभा में रख कर कोई निश्चित हल ढूँढ़ निकाला जाए।

**निधिराज :** आपका यह विचार अति सराहनीय है।

*[छः गौरांग गायत्रियों व नर्तकियों का बाजे वालों सहित प्रवेश। गायिकाएँ व नर्तकियाँ मय बजंत्री, दोनों हाथ जोड़कर एक साथ राजन को प्रणाम करती हैं।]*

**सिद्धराज :** मंगल हो! समय कम है। सब मिलकर केवल एक नर्तन गायन सहित दिखाओ।

*[सभी से मिलकर महाराज सिद्धराज की चढ़ती जवानी की प्रशंसा करते हुए गायन सहित नर्तन दिखाया।]*

**सिद्धराज :** *(प्रसन्नतापूर्वक हँसते हुए, प्रधानामात्य से)* इन्हें उचित स्थान दो। अन्त में फिर एक सुरीली मनमोहन तान होगी।

*[प्रधानमंत्री के हाथ के इशारे के अनुसार, सभी ने यथा उचित स्थान ग्रहण किया।*

*[राज पुरोहित केशोमाधो का प्रवेश]*

**सिद्धराज :** *(दोनों हाथ जोड़कर)* राज पुरोहित! प्रणाम!

**केशोमाधो :** राजन्! मंगल हो।

**सिद्धराज :** कहो! अकाल पीड़ित प्रजा क्या चाहती है?

**केशोमाधो :** मालवा प्रदेश के व्यापारियों ने भारी संख्या में ज्वार भेजी है। जो बाजारों में पिली पड़ी हैं। अकाल पीड़ित निठल्ली प्रजा चाहती है, कर्ज स्वरूप तकावी के बजाय कुछ काम करके मजदूरी द्वारा पेट पालना।

*[कविराज गिरधर भाट का प्रवेश]*

**गिरधर :** *(दोनों हाथ जोड़कर)* राजन्! प्रणाम!

**सिद्धराज :** मंगल हो। कहो! अकालग्रसित प्रजा क्या चाहती है?

**गिरधर :** पशुधन के लिए पानी की कोई ठीक व्यवस्था न होने से बिना पानी तड़प-तड़पकर सहस्त्रों की संख्या में

पशु मर रहे हैं। पचास रुपये की बैल जोड़ी पाँच-पाँच रुपये में भी कोई नहीं खरीदता। अकाल पीड़ित प्रजा चाहती है राज्य सरकार पाटण में एक बहुत बड़ा तालाब खुदवाए।

*[तीन ग्रामीण प्रतिनिधियों का प्रवेश]*

**तीनों प्रतिनिधि** : *(दोनों हाथ जोड़कर एक साथ)* राजन्! प्रणाम!

**सिद्धराज** : सबका मंगल हो। कहो, क्या चाहते हो?

प्रथम प्रतिनिधि-महाराष्ट्र प्रदेश से सूखी घास काफी आ रही है। राज्य सरकार तकाबी भी दे रही है। हम लोग चाहते हैं कि राज्य सरकार पाटण में एक बहुत बड़ा तालाब खुदवाए, जिसमें अकाल पीड़ित प्रजा तकाबी के बजाय मजदूरी द्वारा अपना स्वाधीन जीवन बिता सके।

**सिद्धराज** : तालाब खुदवाने में कई वर्ष लगेंगे।

**दूसरा प्रतिनिधि** : राजन्! जल्दी न सही। ठहर कर ही सही, हम लोग तो आशावादी हैं।

**तीसरा प्रतिनिधि** : राजन्! स्वीकृति प्रदान करें पाटण में तालाब खुदवाने की।

**राज्यसभा** : *(एक साथ)* राजन्! स्वीकृति प्रदान करें पाटण में तालाब खुदवाने की।

**सिद्धराज** : *(प्रधानमंत्री से)* कहो! राज्य-कोष की दशा।

**निधिराज** : राज्य-कोष में काफी रुपया है। अच्छा है। एक ऐतिहासिक तालाब खुदेगा।

**सिद्धराज** : *(प्रसन्नतापूर्वक)* आज भाद्र (भादों) मास की कृष्णाष्टमी सम्वत् 1202 विक्रमी में गुजरात प्रदेश की अकाल पीड़ित जनता व पशुधन की रक्षा हेतु राज्य-सरकार पाटण में एक बहुत बड़ा तालाब खोदवाने की घोषणा करती है। *(राजपुरोहित से)* आप महाराष्ट्र प्रदेश से, *(गिरधर कविराज से)* आप मालवा प्रदेश एवं राजस्थान प्रदेश से, *(प्रधानमंत्री से)* आप गुजरात प्रदेश से मजदूरों का संगठन करके इस काम में पूरा-पूरा सहयोग देंगे। *(प्रधान सेनापति से)* आपकी जिम्मेदारी होगी सम्पूर्ण राज्य में शान्ति-व्यवस्था बनाए रखने की। *(नर्तकियों से)* अब तुम लोग अपनी

नर्तन तथा गायन कला से अकाल पीड़ित राज्यसभा को मंत्रमुग्ध करो।

*[सम्पूर्ण नर्तकियों ने बड़े ही हाव-भाव-चाव से अति मार्मिक आशावादी गायन सहित नर्तन, तालाब खुदने तथा उसमें पानी निकलने तक का दिखलाया।]*

**सिद्धराज** : *(मुस्कराते हुए)* धन्य हैं! तुम लोग वास्तव में अपनी कला में सिद्धहस्त हो।

**एक नवयौवना नर्तकी** : *(मन्द-मन्द हँसी हँसती हुई जरा-सी भौं तथा सम्पूर्ण अंग-प्रत्यंग को मटकाती हुई)* क्षमा करें राजन्! आप हैं महाराज सिद्धराज और हम लोग भी हैं अपनी कला में सिद्धहस्त। *(सम्पूर्ण राज्यसभा एकदम हँस पड़ी)*

**सिद्धराज** : *(पूर्ववत् मुस्कराते हुए)* प्रधानामात्य! इन नर्तकियों को निज की कला के अतिरिक्त विदूषक की कला का भी मिलाकर दुहरा पुरुस्कार दो।

*[निधिराज से दुहरा पुरुस्कार प्राप्त करके सम्पूर्ण नर्तकियों का बाजे वालों सहित दोनों हाथ जोड़कर प्रणाम कहते हुए प्रस्थान]*

**निधिराज** : राज्यसभा समाप्त की जाती है।

**[पटाक्षेप]**

## दृश्य-3

**स्थान :** अज्ञात जिला खानदेश (मालवा प्रदेश) में जसमा ओड़न के मकान के दरवाजे का सहन।

**समय :** दिन का पहर

*[आज (आश्विन) कुवार मास की विजयादशमी का त्योहार है। बोधि-वृक्ष (पीपल के पेड़) के नीचे सामने एक बहुत बड़े लम्बे-चबूतरे पर सफेद चादर (बिछौना) बिछा हुआ है। चबूतरे के ऊपर बोधि-वृक्ष के समीप काषाय वस्त्र से आच्छादित तख़्त पड़ा हुआ है। उसके ऊपर बोधि-वृक्ष के सहारे महात्मा गौतम बुद्ध का चित्र दाएँ हाथ की कुहनी से निचले हिस्से को कुहनी के ऊपर उठाकर खड़ी हथेली द्वारा*

*'मंगल हो' आशीर्वाद देता हुआ, खड़ी दशा में कुछ तिरछा बड़े तकिया (मोढ़) के सहारे शोभायमान है। चबूतरे के सामने अगणित नर-नारी, बाल-वृद्ध विराजमान हैं।*

*'जसमा' अपनी दसों सहेलियों सहित भगवान गौतम बुद्ध के चित्र के बाईं ओर चबूतरे के ऊपर हाथों में फूलों की माला लिये किसी के शुभ-आगमन के इन्तजार में खड़ी है। शेष चबूतरा खाली पड़ा हुआ है।]*

*[काषाय वस्त्रधारी भिक्षु, वर (संत) माया का प्रवेश]*

**जनसमूह** : *(एक साथ)* परम पूज्य भन्ते जी! सादर वन्दामि!

**माया** : *(आशीर्वादी ढंग पर हाथ उठाते हुए)* सबका मंगल हो!

*[जसमा ने अपने हाथों से श्री भिक्षु वर 'माया' के दोनों हाथों में माला दी, जिसे उन्होंने महात्मा गौतम बुद्ध के चित्र को पहिना दी। इसी समय में जसमा की सहेलियों ने अनेक मोमबत्तियाँ व धूपबत्तियाँ जलाकर यथोचित स्थानों पर रख दीं। तत्पश्चात् जसमा व उसकी दसों सहेलियों ने परम पूज्य भन्ते माया का फूलमालाओं से स्वागत करके उचित स्थान ग्रहण किया।]*

**माया** : *(गौतम बुद्ध के चित्र के दाईं ओर खड़ा होकर)* सज्जनो! कलिंग (उड़ीसा) विजय की भीषण मार-काट से सम्राट अशोक के हृदय पर गहरी चोट पहुँची। आज के दिन उसने संसार के शान्ति-प्रिय बौद्ध-धर्म को स्वीकार किया। उसी बौद्ध-धर्म, बुद्ध नमस्कार, त्रिशरण तथा पंचशील को मैं कहूँगा। आप लोग दुहराएँगे।

*[बुद्ध-नमस्कार]*

नमो तस्स भगवतो अरहतो सम्मासम्बुद्धस्य।
नमो तस्स भगवतो अरहतो सम्मासम्बुद्धस्य।
नमो तस्स भगवतो अरहतो सम्मासम्बुद्धस्य।

*[त्रि-शरण-ग्रहण]*

बुद्धं शरणं गच्छामि।
धम्मं शरणं गच्छामि।
संघं शरणं गच्छामि॥
दुतियम्पि बुद्धं शरणं गच्छामि।
दुतियम्पि धम्मं शरणं गच्छामि।
दुतियम्पि संघं शरणं गच्छामि॥
ततियम्पि बुद्धं शरणं गच्छामि।

ततियम्पि धम्मं शरणं गच्छामि।
ततियम्पि संघं शरणं गच्छामि॥

*[पंचशील-ग्रहण]*

1. पाणातिपाता वेरमणि सिक्खापदं समादियामि।
2. अदिन्नादाना वेरमणि सिक्खापदं समादियामि।
3. कामेसु मिच्छाचारा वेरमणि सिक्खापदं समादियामि।
4. मूसावादा वेरमणि सिक्खापदं समादियामि।
5. सुरामेरय मज्ज पमादट्ठाना वेरमणि सिक्खापदं समादियामि।

**जनसमूह** : *(जनसमूह एक साथ उपरोक्त बुद्ध नमस्कार, त्रि-शरण एवं पंच-शील दुहराना प्रारम्भ करता है।)*

*[बुद्ध, नमस्कार]*

: उन भगवान तथागत को जो जीवन-मुक्त या अर्हत, सम्पूर्ण और जाग्रत है, उन्हें नमस्कार है।

: उन भगवान तथागत को जो जीवन-मुक्त या अर्हत, सम्पूर्ण और जाग्रत है, उन्हें नमस्कार है।

: उन भगवान तथागत को जो जीवन-मुक्त या अर्हत, सम्पूर्ण और जाग्रत है, उन्हें नमस्कार है।

*[त्रि-शरण-ग्रहण]*

: मैं बुद्ध की शरण में जाता हूँ। मैं धर्म की शरण में जाता हूँ। मैं संघ की शरण में जाता हूँ।

: *(दूसरी बार)* मैं बुद्ध की शरण में जाता हूँ। *(दूसरी बार)* मैं धर्म की शरण में जाता हूँ। दूसरी बार मैं संघ की शरण में जाता हूँ।

: *(तीसरी बार)* मैं बुद्ध की शरण में जाता हूँ। *(तीसरी बार)* मैं धर्म की शरण में जाता हूँ। *(तीसरी बार)* मैं संघ की शरण में जाता हूँ।

*[पंचशील-ग्रहण]*

1. मैं प्राणी-हत्या न करने की शिक्षा ग्रहण करता हूँ।
2. मैं चोरी न करने की शिक्षा ग्रहण करता हूँ।
3. मैं व्यभिचार न करने की शिक्षा ग्रहण करता हूँ।
4. मैं झूठ न बोलने की शिक्षा ग्रहण करता हूँ।
5. मैं शराब आदि नशा न करने की शिक्षा ग्रहण करता हूँ।

*[एक साथ उपरोक्त बुद्ध-नमस्कार, त्रि-शरण एवं पंच-शील क्रमवार दुहराना समाप्त करता है।]*

**जसमा** : परम पूज्य भन्ते जी! मुझे एक शंका है।

**माया** : जो शंका हो, व्यक्त करो।

**जसमा** : आप बौद्ध-भिक्षु हैं, परन्तु आपके पास भिक्षा-पात्र नहीं है।

**माया** : इसमें शंका की कोई बात नहीं। मैं भिक्षु संघ के सभी नियमों का पूरी शक्ति से पालन करता हूँ। भ्रमण करने में भोजन से भी अधिक आवश्यकीय वस्तु है जल। अतः मैंने भिक्षु संघ से भिक्षा-पात्र के बजाय जल-पात्र *(नारियल का कमंडल या तोम्बा)* रखने की स्वीकृति ले ली है।

**जसमा** : फिर आप भिक्षा-वृत्ति कैसे करते हैं?

**माया** : श्रद्धालु बौद्ध-उपासकगण मुझे भिक्षा-पात्र रहित देखकर समुचित भिक्षा का तत्काल प्रबन्ध कर देते हैं। यों तो समय पड़ने पर मैं कई दिनों तक अन्न नहीं खाता। कन्द-मूल, फल-फूल, घास-पत्ती, पेड़ों की छाल आदि खाकर बसर कर लेता हूँ।

**जसमा** : हिन्दू धर्मानुयायी कमंडल के कारण आपको बौद्ध भिक्षु न समझकर हिन्दू संत समझते हैं।

**माया** : मेरा प्रत्येक कार्य 'बहुजन हिताय—बहुजन सुखाय' के लिए होता है। मेरा विश्वास है संसार में कोई ऊँच नहीं, कोई नीच नहीं। सभी मनुष्य समान हैं। मुझे कोई बौद्ध-भिक्षु कहे या हिन्दू संत कहे, मेरी कोई हानि नहीं। उसका मन चाहे सो कहे।

**जसमा** : आप धन्य हैं।

**एक सहेली** : परम पूज्य भन्ते जी! सम्राट् अशोक ने बौद्ध-धर्म की तरक्की के लिए क्या-क्या कार्य किए?

**माया** :
1. बौद्ध-धर्म के अहिंसा नियम पालन करने के लिए उसने अपने राज्य में पशुओं का बलिदान तथा संहार बन्द करा दिया और स्वयं मांस खाना, शिकार करना तथा युद्ध करना बन्द कर दिया।
2. बौद्ध-धर्म को राज्य-धर्म घोषित किया और ऐसे अधिकारी नियुक्त किए जो देश में दौरा करके प्रजा को बौद्ध-धर्म की शिक्षा देते थे। ये अधिकारी महामंत्र कहलाते थे।

3. समस्त राज्य में स्थान-स्थान पर पत्थर की शिलाओं तथा पत्थर की लाटों पर बौद्ध-धर्म के नियम अंकित करवाए।
4. अशोक ने स्वयं भिक्षु बनकर बौद्ध-धर्म का प्रचार किया तथा अपने पुत्र महेन्द्र तथा पुत्री संघमित्रा को प्रचार के लिए लंका भेजा।
5. पाटलिपुत्र (पटना) में बौद्ध-धर्म के विद्वानों की एक संगति की, जिसमें बौद्ध-धर्म के नियमों का निर्णय लिया गया।
6. 7. ...।

*[कविराज गिरधर भाट का प्रवेश]*

**गिरधर** : *(दोनों हाथ जोड़कर)* महामान्यवर संत जी! प्रणाम!

**माया** : मंगल हो! कविराज! आज अशोक विजया दशमी त्योहार के दिन अचानक आपका आगमन यहाँ किस हेतु हुआ है?

**गिरधर** : आप विचारक तथा प्रचारक संत हैं। मेरे अचानक आगमन का कारण आपसे छिपा नहीं है।

**जसमा** : सविनय माया से उपस्थित जनसमूह आपके श्रीमुख से कविराज के अचानक आगमन का कारण जानना चाहता है।

**माया** : अगर ऐसी ही बात है तो सुनो! गुजरात प्रदेश की अकाल पीड़ित जनता के कष्ट निवारणार्थ पाटण में एक बहुत बड़ा तालाब खोदने-खुदवाने के लिए तुमको निमंत्रण देने हेतु।

**गिरधर** : *(उपस्थित जनसमूह को प्रफुल्लित करने के लिए, जोर से)* "घट-घट व्यापी परम पूज्य संत माया की।"

**जनसमूह** : *(एक साथ)* "जय!"

**जसमा** : *(गिरधर से)* गुजरात-महाराजा सिद्धराज का यह सार्वजनिक कार्य अति सराहनीय है।

**माया** : महाराजा सिद्धराज का यह सार्वजनिक कार्य वास्तव में अति ही सराहनीय है, परन्तु...*(कहकर चुप रह जाते हैं।)*

**जसमा** : *(सविनय)* परम पूज्य भन्ते जी! आपका 'परन्तु' कहकर चुप रह जाना हम सबके लिए चिन्ता का विषय बन गया है। इसे स्पष्ट करने की अनुकम्पा करें।

**माया** : *(चुपचाप)*

**गिरधर** : *(सविनय माया से)* परम पूज्य भन्ते जी! वास्तविकता छिपाई नहीं जा सकती। मैं मानता हूँ कि महाराजा सिद्धराज कुछ विलासी अवश्य हैं, परन्तु प्रथम तो जसमा के साथ हजारों मजदूरों का गोल रहेगा। द्वितीय बात सबसे बढ़कर यह है कि सदाचारिणी 'जसमा' परिश्रमी होने के कारण अति बलशाली है। 'निजबल' का विश्वास बना है, जिसके मन में उसे सिद्धि सर्वत्र मिलेगी, रण में, वन में।

**जसमा** : *(माया से सविनय)* भिक्षु-वर! अगर इतनी बात आपके चुप रह जाने का कारण है, तो आप विशेष चिन्ता न करें क्योंकि यह कुटेव तो सामन्तवाद की देन है जो कुछ-न-कुछ करीब-करीब सभी सामन्तों में किसी-न-किसी रूप में हुआ ही करती है। फिर...*(कहकर चुप रह जाती है।)*

**एक सहेली** : अरे जसमा! चुप क्यों हो गई? फिर वाली बात भी बता।

**जसमा** : क्या कहें? फिर मेरा तो जातीय पेशा है मजदूरी करना, मिट्टी खोदना। वर्षा ऋतु समाप्त हो गई है। मैं सहस्रों गरीब मजदूर परिवारों के पेट पालनार्थ अपने को जलती आग की भट्ठी में झोंक कर भी गोल सहित कविराज का निमंत्रण सहर्ष स्वीकार करती हूँ।

**गिरधर** : *(जसमा से)* तुम धन्य हो।

**माया** : तुम वास्तव में धन्य हो जसमा, जो हजारों गरीब मजबूर परिवार के पेट-पालने के लिए अपने को जलती आग की भट्ठी में झोंकने के लिए तैयार हो परन्तु...*(कहकर चुप रह जाते हैं।)*

**एक सहेली** : परम पूज्य भन्ते जी! अगली बात स्पष्ट करने की कृपा करें।

**माया** : अगली बात यह है कि जसमा के जीवन की यह अन्तिम विजयादशमी है। आप लोग जसमा से और आपस में भी भली भाँति सदा-सदा के लिए मिलजुल लें।

**कविराज** : *(माया से)* ऐसा कुसमय असम्भव है।

**जसमा** : *(माया से)* परम पूज्य भन्ते जी! मेरे जीवन की यह अन्तिम विजयादशमी है। इस बात की आप किंचित मात्र परवाह न करें, परन्तु अपने अन्तिम शुभ सदुपदेश से मुझे अवश्य कृतार्थ करें।

**माया** : जसमा, सहस्त्रों मजदूर परिवारों के पेट-पालनार्थ सम्पूर्ण गोल सहित हँसी-खुशी से पाटण के तालाब को खोदने व खुदवाने में अपने खून का पसीना बनाकर शरीर के बाहर निकाल दो। यदि समय माँग करे, तो अपने स्वाभिमान की रक्षा हेतु प्राणों को भी न्योछावर कर दो।

**गिरधर** : *(प्रफुल्लित होकर जोर से)* 'परम पूज्य संत माया की!'

**जनसमूह** : *(एक साथ)* 'जय!'।

*[जसमा अपनी दसों सहेलियों सहित अपने स्थान पर खड़ी होकर एक वियोगी गान गाती हैं।*

*[जसमा तथा उपस्थित जनसमूह भिक्षुवर माया की भविष्यवाणी को सत्य मान कर पेट की खातिर रोता-बिलखता हुआ आपस में मिलजुल रहा है।]*

**[पटाक्षेप]**

## दृश्य-4

**स्थान :** पाटण में खुदता हुआ तालाब

**समय :** दिन का प्रथम पहर

*[तालाब खुदने का आज अन्तिम दिन है। युवा जसमा बड़ी सज-धज के साथ मालवी वेश-भूषा में खड़ी है। गैती, कुदाल, फावड़ा व टोकरी आदि लिए हुए स्त्री-पुरुष, मजदूरों के गोल (झुंड), प्रान्तीय वर्गीकरण के अनुसार, अगले काम की आज्ञा प्राप्त करने के इन्तजार में जसमा के सामने कुछ दूर पर खड़े हैं।]*

**जसमा** : सहेली!

**सहेली** : *(दोनों हाथ जोड़कर)* श्रीमती जी प्रणाम! कहिए, आज्ञा?

**जसमा** : मंगल हो। काम की बाँट होनी है।

**सहेली** : *(जोर से)* सभी मेट उपस्थित हों!

*[प्रान्तीय वर्गीकरण के अनुसार, चारों मेट अपनी-अपनी जगह से दौड़ते हुए जसमा के सामने एक लाइन में खड़े हो जाते हैं।]*

**चारों मेट** : *(दोनों हाथ जोड़ते हुए एक साथ)* श्रीमती जी, प्रणाम!

**जसमा** : सबका मंगल हो!

*(महाराष्ट्रीयन स्त्री मेट से)* आपका गोल पूर्व दिशा में काम करेगा।

*(गुजराती पुरुष मेट से)* आपका गोल दक्षिण दिशा में काम करेगा।

*(राजस्थानी पुरुष मेट से)* आपका गोल पश्चिम दिशा में काम करेगा।

*(मालवी स्त्री मेट से)* आपका गोल उत्तर दिश में काम करेगा।

**सहेली** : *(जसमा से)* अन्य आज्ञा श्रीमती जी?

**जसमा** : सभी भाई-बहन ध्यान से सुनें। आज तालाब खुद कर तैयार हो जाएगा। रात्रि में प्रीति-भोज व अन्तिम मिलन होगा। कल प्रातः काल मेरे पति महोदय (श्रीमन्त जसमन्तजी) तालाब के बीच की पिटकुइयाँ (छोटा कुआँ) में बड़ी मोटी मेख अर्थात् बड़ा-सा खूँटा ठोंक कर कुछ ही समय में तालाब को पानी से लबालब भर कर बाहर निकल आवेंगे। तत्पश्चात्...*(कहकर चुप हो जाती है।)*

**सहेली** : श्रीमती बहन जी! तत्पश्चात् के कार्यक्रम को भी बताने की कृपा करें।

**जसमा** : तत्पश्चात् आप लोग महाराज सिद्धराज से शेष मजदूरी के अतिरिक्त उचित पारितोषिक प्राप्त करके अपने-अपने निवास स्थानों को चले जाइए। *(चिन्तित मुद्रा में, धीमे स्वर में, बड़े ही मार्मिक ढंग से)* फिर कभी नदी-नाव संयोग होगा, मिलेंगी।

**गुजराती पुरुष मेट** : एक शंका है, श्रीमती बहन जी।

**जसमा** : सहर्ष व्यक्त करो।

**गुजराती पुरुष मेट** : आपके पतिश्री तालाब के बीच की पिटकुइयाँ में मेख ठोंक कर कुछ ही समय में तालाब को पानी से लबालब भर कर बाहर जीवित कैसे निकल आवेंगे?

**जसमा** : मेरे पति श्री बचपन से प्राणायाम् के बड़े ही अभ्यासी हैं। इस कारण वे घंटों पानी में डुबकी लगाकर मृतक की भाँति पड़े रहते हैं। जब कुछ घंटों में तालाब में

ऊपर की ओर उछलते हुए पानी का ऊपरी वेग कम हो जाता है, तब वे डुबकी समाप्त करके ऊपर जीवित ही निकल आते हैं।

**महाराष्ट्रीय स्त्री मेट :** *(गुजराती पुरुष मेट से)* भाई श्री! अभी हाल ही में ठेकेदारिन श्री (जसमाश्री) के पति महोदय ने महाराष्ट्र प्रदेश के दो तालाबों से पानी मेरे सामने निकाला है। कल प्रातः जब आप लोग यह अनुपम रहस्यमय-दृश्य अपनी आँखों से देखेंगे तब सम्पूर्ण भ्रम दूर हो जावेगा।

**राजस्थानी पुरुष मेट :** *(जसमा से)* बहनश्री! आपने अभी चिन्तित मुद्रा में बड़े ही मार्मिक ढंग से धीमे स्वर में कहा है—"फिर कभी नदी-नाव संयोग होगा, मिलेंगी।" क्रिया को देखकर हम सब सशंकित हो गए हैं। बताने की कृपा करें।

**जसमा :** बात तो कुछ ऐसी ही है मेट महोदया, जिसमें प्रत्येक आदमी का सशंकित होना स्वाभाविक है, परन्तु यह समय काम करने का है, बात करने का नहीं।

**महाराष्ट्रीय पुरुष मेट :** आज काम-काज क्या श्रीमती जी! दो-तीन बार पसीना निकला। सूखा। समाप्त। मगर आपकी अन्तिम चिन्तित मुद्रा हम सबको सदा घर-बाहर काँटे की तरहकरकेगी।

**जसमा :** मेरी चिन्ता की मैं स्वयं औषधि हूँ, बहन जी।

**मालवी स्त्री मेट :** आपकी आदत अच्छी नहीं है, श्रीमती जी, जो हम सबको हताश कर रही है।

**जसमा :** हम लोगों ने अशोक विजयादशमी के बाहर त्योहार यहाँ इन टूटी-फूटी झोंपड़ियों में प्रेमपूर्वक मनाए। अगली अशोक विजयादशमी के केवल कुछ दिन ही शेष हैं। यहाँ से घर (जिला खानदेश) में पहुँचने में डेढ़ सप्ताह लग जावेगा। परन्तु... *(कहकर पुनः चिन्तित मुद्रा प्रकट करती हुई चुप रह जाती हैं।)*

**सहेली :** श्रीमती जी! 'परन्तु' के आगे की बात का भी स्पष्ट वर्णन करें।

**जसमा :** *(चिन्तित मुद्रा में)* परन्तु परम पूज्य भिक्षु-वर माया की भविष्यवाणी के अनुसार, इतने कम दिनों में ऐसी

कौन-सी अचानक अघटित घटना घटेगी जो मैं अगली अशोक विजया-दशमी का त्योहार परिवार के साथ निवास-स्थान पर सकुशल मनाने के पहले अपनी जीवन नौका समाप्त कर दूँगी।

**सहेली** : बस! इतनी सी बात है श्रीमती जी या कि और कुछ?

**जसमा** : *(पूर्ववत्)* जी हाँ। बस केवल इतनी-सी बात है जो एकदम गम्भीर चिन्ता का विषय बन गई हैं। परम पूज्य भिक्षुवर माया की भविष्यवाणी असत्य हो। यह बिलकुल असम्भव है।

**सहेली** : परम पूज्य भिक्षुवर माया की पहेली हल करने में सहेली का स्पष्ट मत है : 'सुखों का उपयोग अलगाव की दृष्टि से सदा किया करें, ताकि वास्तविक अलगाव होने पर दुःख का अनुभव न हो।'

**जसमा** : *(प्रसन्नतापूर्वक)* तुम हकीकत में ज्ञान की भंडार हो प्रिय सहेली। बस, अब मुझे कोई किसी प्रकार का किंचितमात्र दुःख नहीं। आप लोग बड़े हर्ष व उत्साह के साथ बताया हुआ काम प्रारम्भ करें। सबका मंगल हो!

*[चारों मेट दोनों हाथ जोड़कर, प्रसन्नतापूर्वक प्रणाम करते हुए बताए गए काम में अपने-अपने गोल सहित जुट जाते हैं।]*

**जसमा** : *(पूर्व सज-धज के साथ टहलती हुई, प्रत्येक मेट के काम का निरीक्षण करती हुई, महाराष्ट्रीयन स्त्री मेट से)* मेट महोदया! तालाब के ऊपर चारों ओर घूमनेवाले बैलगाड़ी मार्ग से तालाब के भीतर व बाहरी किनारे कुछ थोड़े से ढालू रहने से वर्षा-ऋतु में भी इस मार्ग पर जूती पहनकर टहल सकती हो।

**महाराष्ट्रीयन स्त्री मेट** : जी हाँ, श्रीमती जी! जहाँ कहीं थोड़ी-सी कमी रह गई है, उसे भी तुरन्त ठीक करती हूँ।

**जसमा** : *(पूर्ववत् टहलती हुई गुजराती पुरुष मेट से)* मेट महोदय! किनारों की ताजी मिट्टी पर इस समय की बढ़िया ठुकाई प्रथम वर्षा ऋतु में मिट्टी को बहने से रोकती है। तत्पश्चात् स्वतः घास उग कर सदा के लिए दोनों किनारों को मजबूत कर देगी।

**गुजराती पुरुष मेट** : जी हाँ श्रीमती जी! शीघ्र आज्ञा पालन करता हूँ।

**जसमा** : *(पूर्ववत् टहलती हुई राजस्थानी पुरुष मेट से)* मेट महोदय! मैं अनुभव करती हूँ आपकी मलिन-मुखाकृति!

**राजस्थानी पुरुष मेट** : जी हाँ, श्रीमती जी! मेरे मस्तिष्क में अचानक बड़े जोर का दर्द होने लगा है।

**जसमा** : *(प्रेमपूर्वक)* भाई श्री! मैं आपके काम की देखभाल करती हूँ। जाओ *(हाथ के संकेत से)* उस सामनेवाली झोंपड़ी में ऐनक लगाए एक बुढ़िया बैठी है। उससे कपूर-पिपरमेंट व गाय का मक्खन तीनों वस्तुएँ मिली हुई लेकर माथे में धीरे-धीरे मलते हुए, शीघ्र वापस आओ।

*[राजस्थानी पुरुष मेट का औषधि लेने हेतु प्रस्थान]*

*[महाराज सिद्धराज का निधिराज प्रधानमंत्री एवं मधुराज प्रधान सेनापति सहित तालाब निरीक्षण हेतु टहलते हुए प्रवेश।]*

**सिद्धराज** : *(टहलते हुए)* प्रधानामात्य! तालाब के चारों ओर की सीढ़ियों के सफल कटाव-बनाव की शोभा अति ही चित्ताकर्षक है।

**निधिराज** : *(टहलते हुए)* राजन्! ठेकेदारिन जसमा ओड़न तालाब की कला में अति चतुर है। पाटण के इस विशाल ऐतिहासिक तालाब के खोदने तथा खोदवाने का सम्पूर्ण श्रेय *(हाथ के इशारे से)* इन्हीं जसमा महोदया के महानतम, अथक-परिश्रम एवं विशाल-बुद्धि को है।

**जसमा** : *(पूर्ववत् राजस्थानी पुरुष मेट के रिक्त स्थान पर राजस्थानी मजदूरों के काम का निरीक्षण करती हुई, खड़ी दशा में दोनों हाथ जोड़कर)* नमस्कार महाराज!

**सिद्धराज** : *(खड़े होकर)* मंगल हो जसमा! बताओ मानचित्र के अनुसार, तालाब तैयार होने में अब किस चीज की कमी है?

**जसमा** : राजन्! मानचित्र के मुताबित तालाब खुदकर तैयार हो चुका है।

**सिद्धराज** : *(गौरांग जसमा ओड़न के रूप-रंग की अद्‌भुत-लावण्यता एवं सजावट पर मुग्ध होकर, मुस्कराते हुए)* तालाब खुद कर तैयार हो चुका है। तुम भी तो तैयार-सी ही खड़ी हो, जसमा।

**जसमा** : *(छल-छिद्ररहित, भोली-भाली, सीधी-सादी, ग्रामीण मजदूरिन)* इसमें कोई दो राए नहीं राजन्! मैं भी आपका नमक पानी खा-पी कर तैयार ही खड़ी हूँ।

**सिद्धराज** : *(पूर्ववत् मुस्कराते हुए)* जसमा, न जाने क्या बात है, मैं आपसे कुछ दिनों से विशेष प्रेम क्यों करने लगा हूँ।

**जसमा** : *(पूर्ववत् साधारणतया)* यह आपके हृदय की विशालता है राजन्।

**सिद्धराज** : *(पूर्ववत्)* प्राण प्रिय, जसमा। मैं तुमसे एकान्त में मिलना चाहता हूँ, है कोई समय?

**जसमा** : *(पूर्ववत्)* जी हाँ, कल प्रातःकाल। सूर्योदय के पश्चात्।

**सिद्धराज** : *(पूर्ववत्)* और आज मध्य-रात्रि में।

**जसमा** : *(पूर्ववत्)* आज सम्पूर्ण रात्रि में कोई समय नहीं है।

**निधिराज** : *(कुछ क्रोध प्रदर्शित करते हुए)* इतनी बड़ी रात्रि है, क्या करोगी जसमा?

**जसमा** : *(पूर्ववत्)* आज हम लोगों के अन्तिम मिलन व प्रीति-भोज का कार्यक्रम चलेगा, मध्यरात्रि तक। तत्पश्चात् शयन-कक्ष।

**सिद्धराज** : *(अनमने मन से)* अच्छा! काम की देखभाल करो।

*[कहकर महाराज सिद्धराज मंत्रियों सहित टहलते आगे की ओर चल देते हैं।]*

**जसमा** : *(दोनों हाथ जोड़कर)* राजन्, नमस्कार।

**सिद्धराज** : *(टहलते हुए, अनमने से)* मंगल हो।

**निधिराज** : *(टहलते हुए, महाराज सिद्धराज से)* राजन्! ठेकेदारिन बड़ी मगरूर है।

**मधुराज** : *(टहलते हुए, प्रधानमंत्री से)* मंत्रिवर! चिन्ता न करें। दिन है जसमा का, रात्रि है मेरी।

**सिद्धराज** : *(टहलते हुए, प्रसन्नतापूर्वक)* शाबाश प्रधान सेनापति! आपसे यही आशा है।

**[पटाक्षेप]**

## दृश्य-5

**स्थान :** पाटण के तालाब के चारों ओर कुछ दूर मिट्टी खोदनेवाले मजदूरों की प्रान्तीय वर्गीकरण के मुताबिक टूटी-फूटी, जीर्ण-शीर्ण झोंपड़ियाँ

**समय :** रात्रि का अन्तिम पहर

*[सभी स्त्री-पुरुष मजदूर गण अपनी-अपनी झोंपड़ियों में मन्द-मन्द शीतल समीर के वशीभूत होकर निद्रा-विभोर मृतक समान अचेत पड़े सो रहे हैं।*

*महाराज सिद्धराज का प्रधान सेनापति मधुराज, गुप्तचर व कुछ सैनिकों सहित, चोरों की भाँति चुपके-चुपके पंजों के बल धीरे-धीरे सशस्त्र प्रवेश।]*

**सिद्धराज** : *(धीमे स्वर में, गुप्तचर से)* जसमा की झोंपड़ी कौन-सी है?

**गुप्तचर** : *(धीमे स्वर में, हाथ के इशारे से)* यह है टिमटिमाते चिराग वाली झोंपड़ी जसमा की।

**सिद्धराज** : *(पूर्ववत्)* झोंपड़ी के दरवाजे पर कौन सो रहा है?

**गुप्तचर** : *(पूर्ववत्)* वह है, अति-बलशाली एवं महान-पराक्रमी जसमा के पतिश्री जसमन्त।

**सिद्धराज** : *(पूर्ववत्, उतावले होकर)* जसमा कहाँ है?

**गुप्तचर** : *(पूर्ववत्)* झोंपड़ी के भीतर झुककर बाएँ कोने की ओर देखिए *(हाथ के इशारे से)* चूल्हे के पास अपने दुधमुँहे बच्चे (जसमन्ता) को बगल में लिटाए मुँह खोल के इसी ओर करवट किए अचेत पड़ी सो रही है, जसमा।

**सिद्धराज** : *(गौरांग गोल चेहरे पर लगी हुई चमकदार टिकुलियों वाली जसमा को देखकर शीघ्रतापूर्वक किन्तु धीमे-स्वर में, प्रधान सेनापति से)* मैं दरवाजे के कंटक जसमन्ता को साफ करता हूँ। आप लपक कर पहले टिमटिमाते चिराग को बुझा दें। तत्पश्चात् जसमन्त को कत्ल करके जसमा को शक्तिपूर्वक घोड़े पर रखकर भगा ले चलें।

*[महाराज सिद्धराज ने जसमन्त को व प्रधान सेनापति*

*मधुराज ने दीपक बुझाने के बाद जसमन्त को अपनी-अपनी तलवारों की तीक्ष्ण-धारों से पलक झपकते-झपकते मौत के घाट उतार दिया। तत्पश्चात् प्रधान सेनापति ने सोती हुई 'जसमा की बाईं' कलाई शक्तिपूर्वक मरोड़ते हुए फिर पकड़कर झोंपड़ी के बाहर खींचा। जसमा यह रक्त-रंजित बीभत्स दृश्य देखकर]*

**जसमा** : *(जोर से चिल्लाती है)* दौड़ो! दौड़ो! बचाओ!

*[जसमा के 'दौड़ो! दौड़ो!' कहने के तुरन्त बाद ही]*

**सिद्धराज** : *(साधारण स्वर से)* इसे भी साफ करो। *(जोर से)* भागो!

*[महाराज सिद्धराज के मुख से शब्द 'साफ करो' तथा जसमा के मुख से 'बचाओ' के एक साथ निकलते ही प्रधान सेनापति मधुराज ने बलपूर्वक जसमा की गर्दन पर खूनी तलवार का वार किया, जो घबराहट के कारण गर्दन पर तिरछा लगा। जसमा तत्क्षण सख्त घायल होकर अचेत अवस्था में मृतप्राय-सी भूमि पर गिर पड़ी। महाराज सिद्धराज व प्रधान सेनापति साथियों सहित सभी खड़े हुए अपने-अपने घोड़ों पर सवार होकर नौ-दो ग्यारह हो गए।*

*[जसमा के 'दौड़ो! बचाओ!' चिल्लाने के तत्पश्चात् महाराज सिद्धराज द्वारा जोर से "भागो" कहने के बाद शीघ्र ही भागते घोड़ों की टापों के शब्द को सुनकर समीपी झोंपड़ियों के सहस्त्रों स्त्री-पुरुष मजदूर तथा चारों मेट घायल जसमा के पास दौड़कर इकट्ठे हो जाते हैं।*

*[एक सहेली सिसकती घायल जसमा का सिर अपनी गोदी में रखकर बैठ जाती है। राजस्थानी पुरुष मेट मुँह में थोड़ा-थोड़ा पानी डालता है। महाराष्ट्रीयन स्त्री मेट पंखा से हवा कर रही है। शेष मेट व नौ सहेलियाँ शान्ति व्यवस्था बनाए रखने में तल्लीन हैं। सबको पूर्ण विश्वास है कि मरणासन्न जसमा अब कुछ क्षण की ही मेहमान फिर भी बहते हुए खून को रोकने के तात्कालिक उपचार... उपाय हो रहे हैं।]*

**जसमा** : *(कुछ होश में आने पर एकदम सीधी गर्दन करके सहेली के सहारे बैठकर शक्तिपूर्वक)* ऐ कामी हत्यारे 'सिद्धराज'! तूने 'राणक देवी', 'केशा देवी' व मेरा सतीत्व नष्ट करने का असफल प्रयास जिस सामन्ती मद-मस्ती के कारण किया है, मैं श्राप देती हूँ कि दुनिया के किसान-मजदूर-दल एक होकर भविष्य में सामन्ती युग समाप्त करने में अवश्य सफल होंगे! समता का समाज और राष्ट्र होगा। दुनिया की आधी आबादी स्त्रियों के साथ पूर्ण न्याय होगा।

मेरी शक्ति क्षीण हो चुकी है। अब मैं भी पति श्री व प्रिय पुत्र के साथ चार महाभूतों में विलीन होती हूँ। *(लड़खड़ाती आवाज से)* सबका मंगल हो! *(कहकर एक ओर को लुढ़कती हुई प्राण विसर्जन कर देती है।)*

*[सम्पूर्ण जनसमूह का भारी विलाप]*

**[पटाक्षेप]**

**नोट :** *केशोमाधो राजपुरोहित की अति सुन्दर पुत्री केशा देवी को प्राप्त करने के लिए महाराज सिद्धराज ने ज्यों ही बल का प्रयोग करना चाहा, त्यों ही केशा देवी ने अपनी कटार अपने हाथों से अपने पेट में घुसेड़कर अपनी जीवन नौका समाप्त कर ली।*

## दृश्य-6

**स्थान :** पाटण में अचानक राज्यसभा
**समय :** प्रात:काल

*[महाराज सिद्धराज रत्नजटित सिंहासन को शोभायमान कर रहे हैं। बाईं ओर निधिराज प्रधानमंत्री, दाईं ओर मधुराज प्रधान सेनापति विराजमान हैं। पास ही केशोमाधो राजपुरोहित, अन्य मंत्रिगण सभासद सम्मानित भद्र-पुरुष, ग्रामीण व दर्शक (नर-नारी) अपनी-अपनी जगह पर बैठे हुए हैं।]*

*[चोबदार का प्रवेश]*

**चोबदार** : *(बगल में चाँदी से जड़ी हुई छड़ी दबाये हुए, दोनों हाथ जोड़कर)* राजन्! प्रणाम! महाराज की जय हो!

**सिद्धराज** : मंगल हो! कहो कुशल समाचार?

**चोबदार** : महाराज! राज्य की जनता स्त्री-पुरुष सपरिवार बैल बनकर कमा रही है, फिर भी पेट नहीं भरता।

**सिद्धराज** : *(चौक कर शीघ्रतापूर्वक)* ऐसा क्यों?

**चोबदार** : एक बैलगाड़ी लादने, एक स्थान से दूसरे स्थान तक सुरक्षा के साथ पहुँचाने तथा उतारने में जो मजदूरी मिलती है, उससे दो बैलों की कीमत का ब्याज एवं परिवार की रोटी, कपड़ा, मकान की समस्या की पूर्ति होना ही असम्भव है। बच्चों की शिक्षा-दीक्षा-विवाह, दवा, दारू, तीज-त्योहार आदि विशेष आवश्यकताएँ गईं चूल्हे भाड़ में।

**सिद्धराज** : फिर मजदूर के परिवार का गुजर-बसर कैसे होता है?

**चोबदार** : राजन्! वही बैल बनकर।

**सिद्धराज** : कैसे बैल बनकर?

**चोबदार** : बैलगाड़ी के जुए में दो बैलों के बजाय एक ओर पुरुष व दूसरी ओर उसकी स्त्री जुट जाती है। बहन, माता, पिता या अन्य कोई परिवार व्यक्ति पीछे से माल की रखवाली रखता तथा चढ़ाव में गाड़ी को ऊपर ढकेलने का काम (बैलों की तीसरी शक्ति बनकर) करता है। सभी मिलकर स्वतः माल लादते, उतारते हैं। रास्ते में माल की चोरी, शक्तिमय चोरों आदि की जिम्मेदारी भी उसी मजदूर परिवार की होती है। इस प्रकार बमुश्किल तमाम उसके परिवार की गुजर-बसर बैल बनकर होती है।

**सिद्धराज** : मजदूर लोग ज्यादा मजदूरी की माँग मेटों, साहूकारों से क्यों नहीं करते, ताकि बैल रख सकें व सभी पारिवारिक खर्चे पूरे कर सकें।

**चोबदार** : देश में सामन्ती शासन से भी बढ़ कर सेठों, साहूकारों का पूँजीवादी शासन है। कुछ समझदार मजदूर अगर मजदूरी बढ़ाने की माँग करते हैं तो उनमें से कुछ प्रमुख मजदूरों को साहूकार राजसत्ता के सहयोग से जेल में बन्द करा देते हैं। कुछ को नौकरी से हटा देते हैं, जिसमें वे उल्टे पुराने साथी मजदूरों का गला घोंटने पर उतारू हो जाते हैं। फिर इस बढ़ती आबादी में से सहस्रों निठल्ले भर

भूखे मजदूर स्त्री-पुरुष कम से कम मजदूरी में महँगाई के कारण नए भर्ती कर लिए जाते हैं। आखिर मरता, क्या न करता?

**सिद्धराज** : *(सभासद)* सोमनाथ! क्या पश्चिमी प्रदेश में भी यही दशा है?

**सभासद** : जी हाँ, राजन्!

**सिद्धराज** : *(प्रधानामात्य से)* इसका है कोई उपाय?

**निधिराज** : राजन्! मेरी दृष्टि में इसका उपाय नहीं।

**चोबदार** : *(अतिशीघ्र)* महाराज! है इसका उपाय। प्रधानामात्य आप बरगला रहे हैं।

**सिद्धराज** : अच्छा, तुम्हीं बताओ, क्या है?

**चोबदार** : इसका सबसे अच्छा सरल उपाय है। देश की पूँजी का राष्ट्रीयकरण।

**सिद्धराज** : *(प्रधानामात्य से)* पूँजी का राष्ट्रीयकरण हो जाने से मजदूरों का शोषण बन्द हो जाएगा। इसमें राज्य सरकार को क्या परेशानी है?

**निधिराज** : बड़े-बड़े कारखानों को सुचारु रूप से चलाने के लिए राज्य सरकार के पास सुयोग्य व्यवस्थापक (मैनेजर) न होने से भारी हानि होने का भय है।

**चोबदार** : ये प्रधानमंत्री आपको लम्बा चकमा दे रहे हैं, राजन्!

**सिद्धराज** : *(मुस्कराते हुए)* अच्छा! तुम खुद बताओ बिना चकमा वाली बात किए।

**चोबदार** : पूँजी का राष्ट्रीयकरण हो जाने के बाद सेठों, साहूकारों वाले पुराने व्यवस्थापक ही बनाए जाएँ, राज्य सरकार के अस्थायी व्यवस्थापक। तीन वर्ष बाद जो अच्छा काम करे, उसे किया जाए स्थायी व्यवस्थापक। खराब काम करने या मक्कारी देनेवालों की फिल और आनन-फानन पतंग काट दी जाए। उसकी जगह किसी सुयोग्य उप-व्यवस्थापक को बनाया जाए तरक्की देकर अस्थायी व्यवस्थापक और...।

**सिद्धराज** : *(बीच में ही)* और क्या कहना चाहता है?

**चोबदार** : और राज्य सरकार के स्थायी निरीक्षक इन नए कारखानों के भी निरीक्षक रहें।

**सभासद** : राजन्! यही व्यवस्था सबसे उत्तम है।

**राज्यसभा** : *(एक साथ)* राजन्! बिलकुल ठीक। यही व्यवस्था सबसे उत्तम है।

*[राज्यसभा ने तालियाँ बजाकर हर्ष प्रकट किया।]*

**सिव्द्धराज** : *(प्रधानामात्य से)* इस प्रकार के सुप्रबन्ध से राज्य सरकार को पूँजी का राष्ट्रीयकरण कर देने से, कभी भी हानि होने का भय नहीं हो सकता।

**निधिराज** : कहने और करने में बड़ा अन्तर है, राजन्!

**चोबदार** : राजन्! कोई भी व्यक्ति तजुर्बा अपनी माँ के पेट से सीख कर नहीं आता। आवश्यकता आविष्कार की जननी है। *(कहकर दोनों हाथ जोड़कर चुप हो जाता है।)*

**सिव्द्धराज** : कहो! कहो! आगे की बात! जो तुम्हारे मन में है। नि:संकोच राज्यसभा के सामने व्यक्त करो। तुम्हारे द्वारा अचानक प्रस्तुत किया गया पूँजी के राष्ट्रीयकरण का विषय, अब राज्य सरकार का प्रमुख विषय बन चुका है। इससे मजदूर व सरकार, दोनों को लाभ है।

**चोबदार** : *(दोनों हाथ जोड़कर)* महाराज! लघु सेवक की धृष्टता को क्षमा करें। इन प्रधानामात्य का पूँजी का राष्ट्रीयकरण न होने देने के बदले में सेठों, साहूकारों की ओर से मासिक बँधा हुआ है।

**सिव्द्धराज** : *(चौक कर)* कैसा मासिक बँधा हुआ है?

**चोबदार** : *(पूर्ववत्)* मासिक घूस। ये प्रधानामात्य पहले लघु पाठशाला में सहायक अध्यापक थे। घर से पाँच कोस (आठ किलोमीटर) नंगे पैर, जाड़े-गर्मी में पढ़ाने जाते थे। बरसती, गरजती घनघोर अँधियारी रातों में पानी से टपकती मजदूर चाल की खपरैली वाली छोटी-सी खोली के भीतर स्वयं बुड्ढ़ा-बुढ़िया, विधवा बुआ, स्त्री व चार बच्चों सहित नीचे ऊपर धरे रहा करते थे, परन्तु अब...?

**सिव्द्धराज** : *(पूर्ववत् बीच में)* परन्तु अब क्या दशा है?

**चोबदार** : *(पूर्ववत्)* परन्तु अब मासिक घूस के कारण इन्हीं प्रधानामात्य के अनेक नगरों में आलीशान महल, बाग-बगीचे, अनेक कारखाने स्वयं व रिश्तेदारों के नाम खुले हुए हैं।

**सिव्द्धराज** : *(पूर्ववत् प्रधानमंत्री से)* क्या यह बात सत्य है?

**निधिराज** : बिलकुल असत्य!

**चोबदार** : *(पूर्ववत्)* राजन्! बिलकुल सत्य! निष्पक्ष जाँच कमीशन नियुक्त किया जाए।

**सभासद** : *(पूर्ववत्)* राजन्! इनके कारोबार में यकायक तरक्की कैसे हुई, इसके लिए निष्पक्ष जाँच कमीशन नियुक्त किया जाए।

**राज्यसभा** : *(एक साथ)* राजन्! निष्पक्ष जाँच कमीशन नियुक्त हो।

**सिद्धराज** : पूँजी के राष्ट्रीयकरण का मामला राज्यसभा की अगली बैठक में पुनः रखा जाए। प्रधानामात्य के कारोबार में यकायक तरक्की कैसे हुई? इसके लिए जाँच कमीशन चोबदार, भोलानाथ, शंकरनाथ भाट की अध्यक्षता में कणराव रामराव कणवी सभासद व ज्योति स्वरूप शिव स्वरूप जोशी सभासद सहित नियुक्त किया जाता है। इस जाँच कमीशन को प्रथम श्रेणी के न्यायालय के समान माल, दीवानी तथा फौजदारी—तीनों अधिकार प्रदान किए जाते हैं। जाँच कमीशन अपनी अन्तिम रिपोर्ट एक माह के अन्दर राज्यसभा में प्रस्तुत करे। *(चोबदार से)* स्थान ग्रहण करो। *(कुछ दूर पीछे हट कर चोबदार खड़ा हो जाता है।)*

*[द्वारपाल का प्रवेश]*

**द्वारपाल** : *(दोनों हाथ जोड़कर)* राजन्! प्रणाम!

**सिद्धराज** : मंगल हो! कहो कुशल समाचार।

**द्वारपाल** : राजन्! उत्तर भारत की 'काशी' नगरी से दो प्रमुख गायिकाएँ पधारी हैं। अपनी गायन कला से राज्यसभा को प्रसन्न करना चाहती हैं।

**सिद्धराज** : जाओ! उन्हें शीघ्र भेजो!

*[द्वारपाल का दोनों हाथ जोड़कर प्रणाम करते हुए प्रस्थान।]*

**सिद्धराज** : *(प्रधानामात्य से)* कहो, कोई अन्य आवश्यकीय कार्य?

**निधिराज** : आज वही एक सबसे बड़ा कार्य होना है, जिसके लिए गिरधर भाट के आगमन की प्रतीक्षा है।

**निधिराज** : ठीक है। अवकाश के बाद तक आ ही जावेंगे।

*[दोनों गायिकाओं का बाजे वालों सहित प्रवेश]*

**दोनों गायिकाएँ** : *(हाथ जोड़कर)* राजन! प्रणाम!

बजंत्रियों सहित

**सिद्धराज** : मंगल हो! तुम लोग काशी नगरी के गंगा घाट वाले अन्धे लंगड़े, अपाहिज भिखमंगों की करुणा कहानी व दान-दाताओं सेठों-साहूकारों के धन की पंडों द्वारा स्वर्ग-नर्क के नाम पर लूट-खसोट वाला गाना सुनाओ।

*[दोनों गायिकाओं ने बड़े मार्मिक ढंग से उपरोक्त विषय पर गाना सुनाया। सुनकर राज्यसभा दंग रह गई।]*

**चोबदार** : देखा आपने! मजदूरों का पेट काट-काट कर ये सेठ-साहूकार धर्म के नाम पर अकारण कितनी बड़ी धनराशि व्यय करते हैं...।

**सिद्धराज** : अगली राज्यसभा में पूँजी के राष्ट्रीयकरण के समय इन सब बातों पर भी विचार किया जाएगा। *(प्रधानामात्य से)* इन गायिकाओं को समुचित पुरुस्कार देकर जाने दो।

*[दोनों गायिकाओं का प्रधानमंत्री से उचित पुरुस्कार लेकर बजंत्रियों सहित दोनों हाथ जोड़कर कर प्रस्थान।]*

*[कविराज गिरधर भाट का काषाय वस्त्रधारी संत माया सहित प्रवेश]*

**गिरधर** : *(दोनों हाथ जोड़कर)* राजन्! प्रणाम!

**सिद्धराज** : मंगल हो! ये कौन से परोपकरी संत जी हैं, जो पाटण के सूखे तालाब को जल से परिपूरित करने में अपनी बलि देने के लिए सहर्ष तैयार हैं?

**गिरधर** : ये हैं सर्वश्रेष्ठ विद्वान एवं परम परोपकारी महाशूद्र संत माया।

**सिद्धराज** : *(दोनों हाथ जोड़कर)* माननीय संत जी प्रणाम!

**माया** : राजन्! प्रजा सहित मंगल हो!

**सिद्धराज** : आप अकाल पीड़ित जनता के कष्ट निवारणार्थ पाटण के सूखे तालाब को जल से परिपूरित करने में अपनी बलि देने के लिए सहर्ष तैयार हैं।

**माया** : अवश्यमेव! मैं इस सार्वजनिक काम में अपनी बलि देने के लिए सहर्ष तैयार हूँ। परन्तु *(कहकर चुप हो जाते हैं।)*

**सिद्धराज** : *(सविनय)* श्रीयुत महामान्यवर संत जी! परन्तु के आगे की बात भी स्पष्ट करने की अनुकम्पा करें।

**माया** : आपके पूर्वजों ने केवल शूद्र-महाशूद्रों के नाम जो तीन आज्ञाएँ प्रसारित की थीं, आप उन्हें 'बहुजन हिताय—बहुजन सुखाय' के विचार को ध्यान रखते हुए वापस ले लें, ताकि शूद्र-महाशूद्र भी समता-बन्धुता-स्वतंत्रता का लाभ उठाकर राष्ट्र को सबल बनाने में हर प्रकार का सहयोग देकर अपनी सही भूमि अदा कर सकें।

**सिद्धिराज** : *(चौंककर राजपुरोहित से)* कहो! तुम्हारी क्या सम्मति है?

**केशोमाधो** : मेरी स्पष्ट सम्मति है, हिन्दू धर्मशास्त्रों द्वारा रचित ब्राह्मणी वर्ण-व्यवस्था के अनुसार—शूद्र-महाशूद्र को ऐसी स्वतंत्रता कदापि नहीं देनी चाहिए। हिन्दू धर्म की परिभाषा ही है असमानता अर्थात् ब्राह्मण, क्षत्रिय, वैश्य व शूद्र-महाशूद्र।

**सिद्धराज** : *(सभासद से)* कहो, तुम्हारी क्या सम्मति है?

**ब्राह्मण सभासद** : राजन्! जो पुरोहित जी की सम्मति है, वही मेरी भी है। ऐसा करने से हिन्दू धर्म संसार से मिट जाएगा।

**कुछ ब्राह्मण** : *(बीच-बीच से खड़े होकर)* राजन्! शूद्र-महाशूद्रों को ऐसी स्वतंत्रता दे देने से आपका व हम लोगों का सम्पूर्ण अस्तित्व समाप्त हो जाएगा।

**सिद्धराज** : *(एकदम अधिकाधिक क्रोधित होकर)* अरे! मानवता के शत्रु ब्राह्मणो! जलती आग की भट्ठी में झोंक दो उन स्वार्थी हिन्दू धर्मशास्त्रों को, जो कोटि-कोटि मानवों को इतनी भी स्वतंत्रता नहीं देना चाहते, ये पोंगा-पंथी हिन्दू धर्मशास्त्र राष्ट्र की सच्ची एकता के महान शत्रु हैं। तुम लोगों को दिन-रात धर्म ही धर्म सूझ रहा है। परन्तु राज्य की अकाल पीड़ित जनता चाहती है पानी, न कि धर्म। *(गिरधर से)* कहो! तुम्हारी क्या सम्मति है?

**गिरधर** : गुजरात, महाराष्ट्र व मालवा तीनों प्रदेश पैदल, कभी सटही घुड़िया (छोटी घोड़ी) द्वारा तीन माह भूखा प्यासा दिन-रात भीषण सर्दी में चकरी की तरह घूम कर रह गया। तब कहीं बड़ी कठिनाई से मालवा और राजस्थान की सीमा पर पैदल विचरते हुए, इस काम के लिए उपरोक्त शर्त पर ढूँढ़े मिले हैं। ये बत्तीस गुण

लक्षण युक्त संत प्रवर माया हैं। मेरी तो स्पष्ट सम्मति है, जैसे बने तैसे निकले, तालाब में पानी।

**सिद्धराज** : *(प्रधानामात्य से)* कहो! तुम्हारी क्या सम्मति है?

**निधिराज** : जैसे बने तैसे निकले, तालाब में पानी।

**सिद्धराज** : *(राज्यसभा से)* कहो! तुम लोगों की क्या सम्मति है?

**राज्यसभा** : *(एक साथ)* राजन्! जैसे बने-तैसे निकले—तालाब में पानी।

**सिद्धराज** : *(जनमत अपने अनुकूल देखकर, प्रसन्नतापूर्वक)* मैं महाराज सिद्धराज माघ मास की सप्तमी शुक्ल पक्ष सम्वत् 1214 विक्रमी राजाज्ञा प्रसारित करता हूँ कि भविष्य में शूद्र-महाशूद्र जन—

1. पीठ के पीछे तीसरी बाँह (आस्तीन) अंगरखा, सलूका व फतोही आदि में नहीं सिलवावेंगे।
2. मार्ग में चलते समय थूकने के लिए मिट्टी की हंडी (बरतन) गले में नहीं लटकाएँगे।
3. मार्ग में चलते समय पैरों के निशान मिटाने के लिए कमर में झाड़ू या झंखाड़ नहीं बाँधेंगे।

*[ब्राह्मणों द्वारा नेपथ्य से, 'यह राजाज्ञा हम लोग कार्य रूप में कदापि परिणित नहीं होने देंगे।']*

**सिद्धराज** : *(क्रोधित होकर प्रधानामात्य से)* उपरोक्त राजाज्ञा का कड़ाई से पालन किया जाए। उल्लंघन करनेवाले को उचित और कठोर कारावास का दंड दिया जाए। यह राजाज्ञा पुलिस के हस्तक्षेप योग्य नाकाबिल राजीनामा एवं काबिल जमानत घोषित की जाती है।

**प्रधानामात्य** : बेफिक्र रहें! राजाज्ञा का पालन अक्षरशः होगा।

*[पुनः ब्राह्मणों द्वारा नेपथ्य से, 'हम लोगों के रहते पालन होना नामुमकिन है।']*

**सिद्धराज** : *(पूर्ववत् क्रोधित दशा में प्रधानामात्य से)* पता लगाकर ऐसे व्यक्तियों का नाम राष्ट्र की एकता भंग करनेवालों की सूची में लिखकर इनकी विशेष निगरानी रखी जाए।

*[पुनः ब्राह्मणों द्वारा नेपथ्य से, 'सूची बनानेवाले, निगरानी करनेवाले, दंड देनेवाले, न्याय करनेवाले हमी लोग हैं। पालन होना बिलकुल नामुमकिन है।']*

**निधिराज** : राजन्! चिन्ता न करें! बहुमत शासन के साथ है।

**माया** : *(प्रसन्नतापूर्वक जोर से)* "महाराज सिद्धराज की।"

**राज्यसभा** : *(एक साथ)* "जय!"

**माया** : राजन्! शुभ कार्यों में मुहूर्त सदा आगे चलता है। आप सब लोग मेरे पीछे-पीछे चलें। देखें, मैं निकालता हूँ शीघ्र तालाब में पानी।

*[कहकर आगे-आगे संत माया, पीछे-पीछे क्रमशः महाराज सिद्धराज, निधिराज प्रधानमंत्री, मधुराज प्रधान सेनापति एवं सम्पूर्ण राज्यसभा का पाटण के सूखे तालाब की ओर प्रस्थान।]*

**[पटाक्षेप]**

# दृश्य-7

**स्थान :** पाटण का तालाब

**समय :** मध्याह्न से पूर्व

*[तालाब के चारों ओर अनेक बैलगाड़ियाँ, चलने योग्य पचास हाथ चौड़े मार्ग हैं। इसके एक किनारे पर महाराज सिद्धराज, निधिराज प्रधानमंत्री, मधुराज प्रधान सेनापति, विभागीय मंत्री, सभासद सम्मानित भद्र-पुरुष खड़े हैं। शेष तीनों किनारों पर सहस्त्रों नर-नारी, बाल-वृद्ध दर्शकों की अपार भीड़ है।*

*संत माया गम्भीरता पूर्वक तालाब में सीढ़ी दर सीढ़ी नीचे उतरते जा रहे हैं। सबसे निचले भाग में तालाब के बीचो-बीच बनी 'पिटकुइयाँ' के ऊपरी किनारे पर जल भरा हुआ कमंडल रखकर भीतर प्रवेश करते हैं।]*

**माया** : *(बौद्ध-भिक्षुओं की भाँति दाहिने हाथ की कुहनी के निचले हिस्से को कुहनी के ऊपर उठाकर हथेली खड़ी करके आशीर्वाद देते हैं।)* 'सबका मंगल हो!'

*[कहकर संत माया ने 'पिटकुइयाँ' के भीतर बीचोबीच खूँटानुमा नोकदार रखे लम्बे लट्ठे को बाएँ हाथ से सीधा करके, दाएँ हाथ से मोगरा द्वारा ठोंकना प्रारम्भ किया।]*

*[ठोंकते-ठोंकते यकायक पाताल से पानी बड़े वेग से ऊपर को उछल पड़ा। संत 'माया' नीचे से ऊपर को तीव्र गति से उछलनेवाले भँवरदार पानी के चक्कर में पड़ कर उसी 'पिटकुइयाँ' के भीतर बलिदान हुए। कुछ ही घंटों में अधिकाधिक पानी भर गया। उपस्थित जनसमूह के हर्ष व उल्लास का कोई ठिकाना नहीं रहा। महाराज सिद्धराज स्वयं खुशी के मारे फुले नहीं समाते हैं।]*

**सिद्धराज** : *(उपस्थित जनसमूह को सर्वाधिक प्रसन्न करने हेतु, प्रसन्नतापूर्वक जोर से)* 'वीर सन्त माया की!'

**जनसमूह** : *(एक साथ जोर से)* 'जय!'

**[पटाक्षेप]**

# दृश्य-8

**स्थान :** पाटण का जलरहित तालाब

**समय :** प्रातः काल से आधी रात तक

*[आज आठ सौ साल से अधिक समय बीत चुका है। स्वाभिमानी जसमा ओड़न का श्राप विश्व के वीर किसान-मजदूर समुदाय ने पूरा कर दिखाया है, अर्थात् सामन्तशाही युग समाप्त हो चुका है।*

*वीरसंत 'माया' के बलिदान का स्वादिष्ट फल शूद्र-महाशूद्र समुदाय सराह-सराह कर खाना चाहता है। परन्तु ब्राह्मणी वर्ण-व्यवस्था की फौलादी-हथकड़ियों में शोषित, दलित, पिछड़ी, पीड़ित व अधिकार-वंचित जनता की ऊपर की साँस ऊपर की ओर, भीतर की साँस भीतर अब भी ज्यों की त्यों रुकी है। न जाने कब इस जन-समाज का उद्धार होगा। किन्तु...भविष्य उज्ज्वल है।*

*यों तो संसार में बड़ी-बड़ी विभूति पैदा हुईं। चार महाभूतों में विलीन हुईं। उसी प्रकार आज न 'जसमा' ओड़न है और न वीर संत 'माया'। लेकिन पाटण के जलरहित सरोवर के पूर्वी किनारे पर पक्का देवालय (मन्दिर) प्रातः स्मरणीय मजदूर नेता स्वाभिमानी जसमा ओड़न की ओर सरोवर के बीचोबीच 'पिटकुइयाँ' का खँडहर टीला परम परोपकारी वीर संत 'माया' की समाधियाँ चिल्ला-चिल्लाकर शिक्षा दे रही*

*हैं—नेताओ! गरीबों का ठीक-ठीक नेतृत्व करो। वीर संतो! बहुजन हिताय—बहुजन सुखाय हेतु प्रसन्नतापूर्वक प्राण-न्योछावर कर दो।*

*इन समाधियों पर प्रतिवर्ष माघ शुक्ल पक्ष सप्तमी को बड़ा भारी मेला लगता है, जिसमें अगणित नर-नारी, बाल-वृद्ध, रोते-बिलखते उनके जीवन की घटना सम्बन्धी याद में झुंड-के-झुंड मरसिया गाते हुए समाधियों पर फूल चढ़ाकर श्रद्धांजलि अर्पित करते हुए, आगे बढ़ते चले जा रहे हैं। बीच-बीच में ध्वनि होती है।]*

**एक ग्रामीण** : *(जोर से)* 'स्वाभिमानी जसमा ओड़न की।'

**एक झुंड** : *(जोर से)* 'जय!'

**दूसरा ग्रामीण** : *(जोर से)* 'परम परोपकार वीर संत 'माया' की।'

**दूसरा झुंड** : *(जोर से)* 'जय!'

**[यवनिका पतन]**

# अंगुलिमाल

# अंगुलिमाल

लेखक
**पेरियार ललई सिंह**

**अशोक पुस्तकालय (रजि.)**
झींझक, जिला—कानपुर,
उत्तर प्रदेश, भारत-209 302

**प्रथम बार**
बुद्ध पूर्णिमा (वैसाख) 26 मई, सन् 1964 ई.
प्रथम बार 1000 प्रतियाँ प्रकाशित
दूसरी बार सन् 1971 ई.
तीसरी बार सन् 1975 ई.
चौथी बार सन् 1981 ई.
पाँचवीं बार सन् 1984 ई.
छठवीं बार सन् 1988 ई.
सातवीं बार सन् 1992 ई.



पुस्तक मिलने का पता
**अशोक पुस्तकालय**
अंडर पेरियार ललई सिंह चेरिटेबल ट्रस्ट
84/172, झकरकटी, जी.टी. रोड,
जिला—कानपुर, उत्तर प्रदेश, भारत-208 003

**मुद्रक**
सस्ता प्रेस
झींझक, जिला—कानपुर,
उत्तर प्रदेश, भारत-209 302

**मूल्य :** 3.50 रुपये

!!समर्पण!!

निर्वाण प्राप्त
श्रद्धेय परम पूज्य पितामह
श्री मुल्लासिंह यादव
निवासी ग्राम—कठारा, रेलवे स्टेशन झींझक,
जिला—कानपुर
की पुण्य स्मृति में!

**—पेरियार ललई सिंह**

# निवेदन

प्रस्तुत 'अंगुलिमाल' नाटक लिखने में 'अंगुलिमालीय महायान सूत्रम्' (लेखक—रिंग चिन लुन डुब लामा) एवं 'भगवान बुद्ध और उनका धर्म' (लेखक—बोधिसत्व बाबा साहब डॉ. बी.आर. अम्बेडकर) ग्रंथों से सहारा लिया गया है।

एकांकी होने के कारण केवल मूलभूत तथ्यों पर सूक्ष्म प्रकाश डाला गया है।

विस्तृत रूप से रंग मंच पर खेलने के लिए आवश्यक विदूषक आदि रख सकते हैं।

नाटक पढ़कर यदि आपकी बुद्धि ने तनिक भी बौद्धिक उन्नति की, तो लेखक अपने परिश्रम को सफल समझेगा।

त्रुटियों को क्षमा करें।

आप सबके सुझाव के लिए धन्यवाद!

(बुद्ध-पूर्णिमा) आप सबका

दिनांक—26 मई, 1964 ई. **—पेरियार ललई सिंह**

# दो शब्द

जहाँ एक ओर तथागत संस्कृति विश्व का दर्पण कर रही है, वहाँ दूसरी ओर क्रूर बर्बर आर्य सभ्यता ने केवल झूठे धर्म की दुहाई द्वारा एक आदर्श भविष्य को नष्ट करने के लिए चरित्रहीनता का प्रमाण-पत्र दे, निर्दोषी माणवक को सहस्त्रों निर्मम हत्याएँ करने के लिए बाध्य किया।

इस लघु-पुस्तिका 'अंगुलिमाल' एकांकी के लेखक समाजवेत्ता, बुद्धिवादी, भौतिकवादी विचारक आदरणीय पेरियार ललई सिंह, जिनके जीवन का सिद्धान्त 'बहुजन हिताय—बहुजन सुखाय' रहा है, ने प्रस्तुत एकांकी में अवगत कराया है कि महान विद्वान आचार्य मणिभद्र ने वृद्धावस्था में विवाह किया, फलस्वरूप युवा धर्मपत्नी शैलेन्द्री को पति से छिपकर प्राचीन हिन्दू संस्कृति के अनुसार, 'नियोग' द्वारा पुत्र-प्राप्ति की भिक्षा शिष्य माणवक से माँगनी पड़ी।

सच्चरित्र एवं साहसी वीर माणवक ने ऐसी चरित्रहीन मनोकामना को ठुकरा दिया। नर-हत्यारा डाकू अंगुलिमाल बनना सहर्ष-स्वीकार किया।

जहाँ हिन्दू ब्राह्मणों ने धर्मानुसार अवतार कहे जानेवाले राम को रावण का, कृष्ण को कंस का वध करने के लिए विवश होना पड़ा, वहाँ तथागत गौतम बुद्ध ने केवल 'भिक्षु-आ' एक ही शब्द कहकर दुर्दान्त डाकू 'अंगुलिमाल' को क्षण मात्र में वश में कर लिया। निर्वाण पद प्रदान किया।

वास्तव में, यह है अद्‌भुत शान्ति दीक्षा! यह है अद्‌भुत बुद्ध-वचन का चित्ताकर्षक!! अद्‌भुत है बौद्ध-धर्म!!!

दिनांक—30 जून, 1964 ई. **—अमर सिंह मौरेश**

# पात्र-परिचय

## पुरुष-पात्र

| | | |
|---|---|---|
| 1. | **आचार्य मणिभद्र** | : माणवक के गुरुजी |
| 2. | **माणवक** | : दूसरा नाम अंगुलिमाल |
| 3. | **प्रसेनजित** | : कौशल प्रदेश के महाराजा |
| 4. | **आनन्द** | : बौद्ध भिक्षु |
| 5. | **सुनीत** | : बौद्ध भिक्षु |
| 6. | **उपाली** | : बौद्ध भिक्षु |
| 7. | **अन्य आवश्यक पात्र** | : विद्यार्थी, प्रधानामात्य, सेनापति, ग्रामीण प्रतिनिधि व भिक्षुगण आदि |

## स्त्री-पात्र

| | | |
|---|---|---|
| 1. | **शैलेन्द्री** | : आचार्य मणिभद्र की पत्नी |
| 2. | **माणवक भद्री** | : अंगुलिमाल की माताश्री |

## दृश्य-1

**स्थान :** उत्तर प्रदेश के जिला गोंडा में श्रावस्ती वर्तमान में महेड़-सहेड़ के समीप ग्राम हलहसे में आचार्य मणिभद्र की कुटी

**समय :** प्रातः 9 बजे

*[वेद पारंगत आचार्य मणिभद्र अपने आसन पर आसीन हैं। सामने माणवक तथा अन्य शिष्य उपस्थित हैं।]*

**माणवक :** *(हाथ जोड़कर सविनय प्रणाम करते हुए)* आचार्य जी! कितने दिनों तक हमारी शिक्षा और चलेगी?

**मणिभद्र :** वत्स! तेरी शिक्षा लगभग पूरी हो चुकी है। व्याकरण के कुछ सूत्र बताना शेष है। उन्हें जानते ही तू अपने विषय का प्रकांड विद्वान हो जाएगा। देश-प्रदेश में सम्मान प्राप्त करने का अधिकार होगा। बड़े-बड़े राज दरबारों में तेरी कीर्ति फैलेगी व तुझे बड़ी-बड़ी भेटें देकर बुलाया जाया करेगा।

**माणवक :** महाराज! यह आपकी कृपा का परिणाम होगा, किन्तु मुझे इस ऐश्वर्य में इतना आनन्द नहीं प्राप्त हो सकेगा, जितना आपके चरणों की सेवा में। इसलिए मैं चाहता हूँ कि शिक्षा समाप्त होने के पश्चात् मैं भी आपकी चरण-रज को नित्य प्रति अपने मस्तक पर चढ़ाता रहूँ।

**मणिभद्र :** यद्यपि तेरी विचारधारा उत्तम है माणवक! किन्तु, अब तू पूर्ण युवक हो रहा है। तेरे घर में वृद्धा माता है। उसकी बुढ़ापे की देखभाल का भार तेरे ऊपर है। इसलिए तुझे अब मेरी सेवा करने के बजाय अपनी बूढ़ी माता की ही सेवा करनी चाहिए।

**माणवक** : आचार्य जी! आपका उपदेश उचित है, किन्तु आपके इन पावन चरणों में मेरी इतनी अधिक अनुरक्ति हो गई है कि उन्हें छोड़कर जाने की इच्छा ही नहीं होती।

**मणिभद्र** : श्रद्धा और कर्तव्य दो भिन्न-भिन्न बातें हैं वत्स! दोनों ही श्रेष्ठ हैं। किन्तु अपने-अपने स्थान पर दोनों न्यून और महान महत्त्व रखती हैं। इसलिए...।

**माणवक** : श्रीमान जी? मैं 'इसलिए' का मतलब नहीं समझा।

**मणिभद्र** : 'इसलिए' उसी के अनुसार आचरण करना चाहिए।

**माणवक** : गुरुजी! मैं इस अवसर पर श्रद्धा को ही श्रेष्ठ समझता हूँ।

**मणिभद्र** : नहीं! तुम्हारा यह समझना ठीक नहीं है।

**माणवक** : क्यों गुरुजी?

**मणिभद्र** : क्योंकि अब और ज्यादा समय तक मेरी सेवा करने के कारण तुम्हारी माता को कष्ट भोगना पड़ेगा, जो अच्छा नहीं। शिक्षा पूर्ण हो चुकी है। तुम सुयोग्य बन चुके हो। बहुत समय आश्रम में रहकर काफी गुरु सेवा भी की, अब माता जी की सेवा करो। विवाह कर गृहस्थी चलाओ। परिवार को फलता-फूलता देखकर वृद्धा माता को सन्तोष होगा। मरने के उपरान्त हिन्दू धर्मशास्त्रों के अनुसार उनकी आत्मा को शान्ति मिलेगी।

**माणवक** : आचार्य प्रवर! आपकी और गुरु-पत्नी जी की सेवा कौन करेगा?

**मणिभद्र** : मेरी चिन्ता न करो, माणवक! मेरी सेवा करने के लिए आश्रम पर कोई-न-कोई सेवक शिष्य बना ही रहेगा। इसलिए मेरा आदेश है कि शेष शिक्षा के बाद घर जाकर गृहस्थी के नियमों का पालन करो।

**माणवक** : आपकी आज्ञा शिरोधार्य है गुरुजी! किन्तु...।

**मणिभद्र** : किन्तु-परन्तु की आवश्यकता नहीं।

**माणवक** : *(हाथ जोड़कर प्रणाम करते हुए)* महाराज! आज्ञा दीजिए, जिससे मैं मध्याह्नकालीन कार्य पूरा कर सकूँ।

**मणिभद्र** : तुम जा सकते हो वत्स! परन्तु इसके पूर्व एक बात और है। उसे सुन लो।

**माणवक** : जो आज्ञा गुरुदेव!

**मणिभद्र** : माणवक! मैं कल प्रातः एक आवश्यक कार्य से श्रावस्ती नरेश के दरबार में जाऊँगा। अतः तुम्हारे ऊपर सम्पूर्ण आश्रम का भार रहेगा। शाम तक अवश्य ही वापस लौट आऊँगा। ध्यान रहे कि आश्रमवासी अथवा अतिथियों को कोई कष्ट न होने पाए और प्रबन्ध में किसी भी प्रकार की कमी न होने पाए।

**माणवक** : *(सविनय)* गुरुदेव! आपकी आज्ञा का अक्षरशः पालन किया जाएगा।

*[दोनों हाथ जोड़कर प्रणाम करते हुए माणवक का प्रस्थान]*

**[पटाक्षेप]**

## दृश्य-2

**स्थान :** आचार्य मणिभद्र का अन्त:पुर
**समय :** दोपहर

*[आचार्य-पत्नी शैलेन्द्री वस्त्राभूषणों से अपने शरीर को सजाए खड़ी है। किसी के आगमन की प्रतीक्षा कर रही है।]*

*[उसी समय माणवक का प्रवेश]*

**माणवक** : *(दोनों हाथ जोड़कर प्रणाम करते हुए)* माता जी! कौन-सी ऐसी आवश्यकता आन पड़ गई, जो मुझे बुला लिया?

*[शैलन्द्री जोर की अंगड़ाई लेती है, जोर से आगे बढ़कर माणवक के दोनों कन्धों पर अपने दोनों हाथ रख देती है। माणवक चौंककर पीछे हट जाता है।]*

**माणवक** : माता जी! यह क्या?

**शैलेन्द्री** : *(लालच एवं मदभरी आँखों से देखकर)* इतने भोले न बनो माणवक! तुम्हें नहीं मालूम, मैं तुम्हें कितना चाहती हूँ?

**माणवक** : *(हाथ जोड़कर सविनय)* यह भी कोई जाननेवाली बात है? आप मेरे गुरुजी की धर्मपत्नी हैं। मेरी माताश्री के समान हैं। मैं आपका चरण-सेवक। प्रत्येक माता अपने पुत्र को जितना चाहती है, उतना ही आप मुझे चाहती हैं।

**शैलेन्द्री** : नहीं! मैं उससे अधिक तुम्हें चाहती हूँ।

**माणवक** : *(नम्रतापूर्वक)* यह आपके उदार हृदय की विशेषता है माताश्री।

**शैलेन्द्री** : इसलिए मैं तुमसे निवेदन करती हूँ कि मुझे माताश्री सम्बोधन से सम्बोधित न करो, मेरे आराध्य।

**माणवक** : *(चौंककर)* यह क्या कहती हो, मातेश्वरी? आज इस तुच्छ सेवक से 'निवेदन' शब्द क्यों प्रयोग कर रही हो? *(हाथ जोड़कर)* माँ मुझे क्षमा करो!

**शैलेन्द्री** : *(माणवक के गले में दोनों बाँहें डालकर)* इस प्रकार भयभीत न हो मेरे सुहृदवर! *(पुनः ठुड्डी में एक हाथ लगाकर झुके हुए मुँह को ऊपर उठाकर होंठों से होंठों और आँखों से आँखें मिलाने का असफल प्रयास करती है।)* बहुत दिनों की हृदय की इस प्यास को आज तृप्त होने दो, माणवक।

**माणवक** : *(अपने को बलपूर्वक छुड़ाकर एक ओर हटाते हुए नम्रतापूर्वक)* माँ, मैं तुम्हारी इन पहेलियों को समझने में असमर्थ हूँ। कृपा कर स्पष्ट बताइए।

**शैलेन्द्री** : यह अस्पष्ट नहीं, स्पष्ट है मेरे मनहर! ये पहेलियाँ नहीं, सत्य है। तुम जानते हो। इस संसार में पेड़-पेड़ों से, लता वृक्षों से, कीड़े-कीड़ों से, एक पुष्प का पराग दूसरे पुष्प के रज...।

**माणवक** : और अधिक उलझन में मत डालो, मातेश्वरी। मैं...।

**शैलेन्द्री** : *(एक पैर कुछ आगे थोड़ा-सा तिरछा बढ़ाकर माणवक के गले में दूसरी बार अपने दोनों हाथ डालकर)* प्राणप्रिय! तुम्हारे गुरुजी की आयु ढल रही है। मैं पुत्रहीन तथा कामान्ध युवती हूँ। हम आर्यों में इस तरह नियोग द्वारा सन्तान उत्पन्न करना धर्मानुसार मान्य है। अतः तुमसे अपने हृदय की प्यास बुझाना चाहती हूँ। मेरे साथ रमण करो...।

**माणवक** : *(चौंककर, उछलकर एक ओर हट जाता है)* माँ, आप यह क्या कह रही हैं? आप मेरी धर्म की माताश्री हैं। क्षमा करो!

**शैलेन्द्री** : नहीं! नहीं!! माणवक!!! बहुत समय से मेरे मन में पुत्र-प्राप्ति की लालसा थी, किन्तु उपयुक्त समय न मिल सका। आचार्य जी की अनुस्थिति में आज यह सुअवसर प्राप्त हो सका है। इसलिए इसे हाथ से न जाने दीजिए।

**माणवक** : असम्भव है! माँ, असम्भव हैं! मैं इसे अधर्म समझता हूँ और गुरु-पत्नी के साथ ऐसा घृणित कुकर्म कभी नहीं कर सकता।

*[माणवक भागने के लिए उद्यत होता है, परन्तु शैलेन्द्री बीच में ही रोक लेती है।]*

**शैलेन्द्री** : मेरे अनुरोध को ठुकराओ नहीं, प्रियतम!

**माणवक** : असम्भव! बिलकुल असम्भव! माँ, हमारे और आपके सम्बन्ध के बीच में खाई नहीं खुद सकती, मेरे सुदृढ़ विचारों में परिवर्तन नहीं हो सकता। आज आपको हो क्या गया है? इसके पहले मैंने कभी अपने को इस प्रकार के खतरे में फँसने का स्वप्न भी नहीं देखा था। माँ, क्षमा करो! मुझे जाने दीजिए!

*[माणवक आँख बचाकर तेजी से एक ओर को भाग जाता है।]*

**शैलेन्द्री** : *(चोट खाई हुई नागिन की भाँति फुफकारती हुई स्वत:)* किन्तु तुम इस प्रकार बचकर नहीं जा सकते हो, माणवक! अपने जीवन में आज तक मैंने कभी हार नहीं खाई है। किन्तु आज...परन्तु अब सफल हो सकना असम्भव होगा। आचार्य जी को भी मेरी यह कहानी मालूम हो जाएगी। गुरुभक्त युवक उनसे अवश्य कहेगा। उस समय कहा नहीं जा सकता कि उनके हृदय पर कितनी गहरी चोट पहुँचेगी? उनके क्रोध की सीमा न रहेगी। न जाने मुझे कौन-सा दंड देने के लिए उतारू हो जाएँ। वे प्राचीन नियोग प्रथा को अब आधुनिक समय में व्यभिचार बताते हैं। *(कुछ क्षण सोचकर)* मुझे इसके बचाव का उपाय सोच लेना

जरूरी है। *(सोचकर)* अब उलटी गंगा बहाने से ही काम चलेगा।

*[शैलेन्द्री अपने ही हाथ से अपने कपड़े फाड़ डालती है। कई स्थानों पर शरीर को नाखूनों से खरोंच लेती है, जहाँ से खून निकल आता है, तत्पश्चात अपने को एक रस्सी से खम्भे में बाँध लेती है। रोती सूरत बना लेती है।*

*[पाँच घंटे बाद सूर्यास्त के समय आचार्य मणिभद्र का प्रवेश।]*

*[ज्यों ही आचार्य ने अपनी धर्मपत्नी को रस्सी से खम्भे में बँधा देखा, आश्चर्यचकित होकर शैलेन्द्री से पूछने लगते हैं :]*

**मणिभद्र** : प्रिय! मैं यह क्या स्वप्न देख रहा हूँ?

**शैलेन्द्री** : जो सत्य है, देव! जाग्रत अवस्था में स्वप्न नहीं दिखाई देता है। नाथ! आप उस सत्य को देख रहे हैं, जिसे कभी सोचा भी नहीं होगा। *(आँखों से आँसू बहाती हुई)* महाराज! आपके जीते जी आपके उस दम्भी शिष्य माणवक ने मेरी यह दुर्दशा की है।

**मणिभद्र** : उसने ऐसा क्यों किया?

**शैलेन्द्री** : महाराज! बताने में लज्जा का अनुभव करती हूँ।

**मणिभद्र** : तुम साफ-साफ कहो। वास्तविकता क्या है? ठीक-ठीक बात मालूम होने पर ही सही-सही फैसला दिया जा सकता है।

**शैलेन्द्री** : महाराज! दुष्ट माणवक आपकी गैरहाजिरी का लाभ उठाकर तथा समय अपने अनुकूल देखकर दोपहर को जब मैं अपने शयनागार में आराम कर रही थी, अचानक ही अन्दर घुस पलंग पर चढ़ गया और बलपूर्वक सम्भोग करना चाहा। मैंने जैसे बना, तैसे अपने सतीत्व की रक्षा की। आपसे शिकायत करने की धमकी देने पर उस पापी ने मुझे खम्भे से बाँध दिया। उसी निर्लज्ज के साथ खींचा-तानी में मेरे शरीर की यह दुर्दशा हुई।

**मणिभद्र** : शरीर क्रोधानल में जल रहा है। क्या करूँ? दुष्ट को मार सकना मानवमात्र के लिए बहुत ही कठिन

है। उसके जन्म के समय अनेक अपशकुन हुए थे, परन्तु मैं ऐसे नीच को जीवित नहीं रहने दूँगा। *(अन्तःपुर से ही बड़े जोर से पुकारते हैं। माणवक! माणवक!!)*

*[माणवक का सवेग प्रवेश]*

**माणवक** : *(दोनों हाथ जोड़कर प्रणाम करते हुए)* आज्ञा गुरुदेव!

**मणिभद्र** : *(क्रोधित होकर)* तूने मेरी अनुपस्थिति में गुरु-पत्नी के साथ जान-बूझकर निन्दनीय अपराध किया है, जो क्षमा नहीं किया जा सकता। अस्तु! तू इस पाप से मुक्त होने के लिए एक हजार व्यक्तियों की हत्या कर मेरे समक्ष आ।

**माणवक** : गुरु-देव! मैं निर्दोष हूँ!

**मणिभद्र** : मैं कुछ नहीं सुनना चाहता।

**माणवक** : महाराज! आपकी आज्ञा स्वीकार है।

*[माणवक का दोनों हाथ जोड़कर प्रणाम करते हुए प्रस्थान]*

**मणिभद्र** : तुम्हारे हत्यारेपन की घोषणा ही तुम्हारी सामाजिक मृत्यु है।

**[पटाक्षेप]**

## दृश्य-3

**स्थान :** आचार्य मणिभद्र की कुटी के प्रांगण वाली बगीची

**समय :** सायंकाल

*[खुले आसमान के नीचे हरी-हरी घास के ऊपर आचार्य मणिभद्र शिष्यों को धार्मिक उपदेश दे रहे हैं।]*

**मणिभद्र** : शिष्यो! संसार के सभी श्रापों में गुरु का श्राप बहुत कठिन होता है। सभी श्रापों से मुक्ति पाने का कोई-न-कोई उपाय है, किन्तु गुरु-श्राप से बचने का उपाय नहीं है।

**एक शिष्य** : गुरुजी! प्रत्येक अपराध से बचने का एक उपाय 'क्षमा' तो हो ही सकता है।

**मणिभद्र** : क्षमा हो सकता, परन्तु कुछ अपराधों में क्षमा वर्जित है। अगर उनमें भी क्षमा किया जाने लगेगा, तो लोग निरंकुश हो जाएँगे, मनमाने काम करने लगेंगे और हिन्दू वर्ण-व्यवस्था का सर्वनाश हो जाएगा।

**दूसरा शिष्य** : मन अपने बस की चीज है। उसे मनुष्य जैसा चाहे मोड़ सकता है। तब मनमाने काम का प्रश्न ही नहीं उठता।

**मणिभद्र** : मन पर अधिकार करना बहुत ही कठिन है। क्षण भर में यहाँ और क्षण भर में वहाँ।

**तीसरा शिष्य** : *(गुरुवर के चालू उपदेश का बीच में ही हस्तक्षेप करते हुए)* महाराज, वह देखो! सामने बन्धु माणवक आ रहा है, ओ हो आश्चर्य, महान आश्चर्य! उसकी यह क्या दशा? साक्षात दुर्दान्त डाकू प्रतीत होता है!

*[माणवक का प्रवेश। दाएँ हाथ में खून से भरा हुआ खड्ग। बायाँ हाथ खाली। भयानक चेहरा। बड़े-बड़े बाल। बढ़े हुए नाखून। शरीर एवं चेहरे पर सूखे हुए खून के काले धब्बे तथा लहू के अनेक लाल-लाल छींटें पड़े हुए हैं। वह पुराने मैले-कुचैले रुधिर से सने हुए वस्त्र पहने हुए है।]*

**माणवक** : *(दोनों हाथ जोड़ते हुए)* गुरुजी, प्रणाम! मैं आपकी आज्ञा के अनुसार, एक हजार व्यक्तियों का वध कर चुका हूँ। अब मुझे श्राप से मुक्त कीजिए।

**मणिभद्र** : माणवक! तुझे कोई मार ही न सका। मुझे इस बात का कतई विश्वास नहीं है कि तूने वास्तव में एक हजार मनुष्यों का वध किया है अथवा नहीं। अस्तु जा एक हजार मनुष्यों का वध और कर तथा उन मारे हुए मनुष्यों की एक-एक अंगुलि काट कर। उनकी माला बनाकर। अपने गले में पहनकर आ। तेरा नाम बदलकर 'अंगुलिमाल' हो जाएगा। तब तू पाप से पूर्ण मुक्ति पा सकेगा।

**माणवक** : *(हाथ जोड़कर प्रणाम करते हुए)* जो आज्ञा गुरुदेव।

*[माणवक का एक ओर को प्रस्थान]*

**मणिभद्र** : चलो यहाँ से। अन्यथा दुष्ट कहीं लौट पड़ा, तो हम सब लोगों का भी सफाया कर देगा।

*[सभी का सशंकितावस्था में प्रस्थान]*

**[पटाक्षेप]**

# दृश्य-4

**स्थान :** कौशल राज्य में महाराज प्रसेनजित की राज्यसभा
**समय :** 12 बजे दोपहर

*[महाराज प्रसेनजित सिंहासनारूढ़ हैं। उनके एक ओर प्रधानामात्य तथा दूसरी ओर उप-प्रधानामात्य एवं अन्य विराजमान हैं। दुर्दान्त डाकू अंगुलिमाल के आतंक के सम्बन्ध में वार्ता हो रही है।]*

**प्रधानामात्य :** अन्नदाता! अपराध क्षमा कीजिए। सम्पूर्ण राज्य में हाहाकार मचा है। उस दुर्दान्त डाकू अंगुलिमाल ने कुछ कम दो हजार मनुष्यों के प्राण ले लिए हैं। लोगों का घर से बाहर जाना बन्द है, जिस मार्ग में वह रहता है, वह बन्दप्राय: है। कोई भी जानकार उधर से नहीं जाता। यदि कभी कोई अनजान भटककर उधर से चला गया, तो उसको प्राणों से हाथ धोना पड़ता है।

**प्रसेनजित :** *(चिन्तित मुद्रा में)* प्रधानामात्य! मैं भी इसी चिन्ता में रात-दिन घुट-घुटकर अपने स्वास्थ्य को नष्ट किया करता हूँ, किन्तु कोई उपाय समझ में नहीं आता। किस प्रकार से प्रजा की रक्षा कर शान्ति स्थापित की जाए?

**प्रधानामात्य :** राजन्! वह हत्यारा केवल मनुष्यों की हत्या करता है। उसे किसी प्रकार के धन की लालसा नहीं। ऐसा हत्यारा आज तक न सुना ही गया है और न देखा ही गया है।

**उप-प्रधानामात्य :** महाराज! पहले वह केवल मनुष्यों की हत्या कर लाश को वहीं छोड़ देता था, किन्तु अब उसने एक नया हास्यास्पद कार्य करना और प्रारम्भ कर दिया है। वह जिसे मारता है, उसके हाथ की एक अंगुलि काट कर अपनी माला में पिरो लेता है। जिसे गले में पहने रहता है। इसी कारण से लोगों ने उसका नाम अंगुलिमाल रखा है। उसकी यह क्रिया बताती है कि वह हत्याओं की गणना करना चाहता है।

**प्रसेनजित :** बात तो कुछ ऐसी ही है उप-प्रधानामात्य! वह डाकू बचपन से डाकू नहीं है। मुझे मालूम हुआ है कि वह माणवक-भद्री विधवा ब्राह्मणी का इकलौता पुत्र है। उसने

वेद पारंगत आचार्य मणिभद्र के यहाँ स्नातकोत्तर शिक्षा पाई है।

**उप-प्रधानामात्य** : ऐसा विद्वान भी हत्यारा बन सकता है? कठिन है, अन्नदाता! यह सूचना भ्रमात्मक हो सकती है।

**सेनापति** : ऐसे हत्यारे को प्राण-दंड ही मिलना चाहिए।

**प्रसेनजित** : *(मुस्कराकर)* प्राण-दंड तो मिलना चाहिए, किन्तु जब कोई उसे पकड़कर राज दरबार में उपस्थित कर सके। एक आदमी को पकड़ने के लिए सेना भेजना सम्मान के विरुद्ध है, किन्तु दो-चार सैनिक उसे पकड़ने का साहस नहीं कर सकते। लोगों के कथनानुसार वह निर्भीक डाकू एक स्थान पर बैठा रास्तागारों की बाट देखा करता है और मनुष्य को देखते ही कत्ल करने के वास्ते दौड़ पड़ता है।

**सेनापति** : अन्नदाता! जनपद की यह दुर्दशा! रोजाना हत्याओं का ताता! प्रजा में भारी आंसन्तोष, चारों ओर हाहाकार मचा हुआ है। बेचारे किसान खेतों पर जाने से डरते हैं। व्यापार ठप्प है। बाजारें बन्द पड़ी हैं। राष्ट्र का आयात-निर्यात भी बन्द है। अस्तु ऐसी दशा में मानवीय हत्याओं के साथ-साथ राष्ट्र की आर्थिक दशा की भी हत्या हो रही है।

**प्रसेनजित** : बात तो ठीक है, परन्तु इसका उपाय क्या हो सकता है?

**सेनापति** : उपाय! उपाय केवल वध। येन-केन-प्रकारेण उसका वध होना जरूरी है। बस! न रहेगा बाँस, न बजेगी बाँसुरी।

**प्रसेनजित** : वध का ही तो सरल उपाय निकालना आवश्यक है।

**सेनापति** : यह कौन-सा कठिन कार्य है, देव? कुछ सशस्त्र सेना भेज कर उसका वध करवा डाला जाएगा।

**प्रसेनजित** : *(मुस्कराकर)* तुम नहीं जानते सेनापति। तुम्हें याद होगा, एक बार मेरे हाथ से कृपाण छूट कर पृथ्वी पर गिर पड़ी थी, मुकुट छूट पड़ा था और सिंहासन डगमगा गया था, तब मैंने यह कहकर कि 'मुझे झपक लग गई थी', टाल दिया था।

**प्रधानामात्य** : क्षमा करें देव! उस घटना से इसका क्या सम्बन्ध?

**प्रसेनजित** : इस घटना का उससे बहुत बड़ा सम्बन्ध है, उसी समय महारानी के ललाट से बेंदी छूटकर गिर गई

थी। मेरे और महारानी के एक साथ हुए अपशकुन ने मुझे इस विषय पर सोचने के लिए मजबूर कर दिया। मैं चुपके-चुपके इसका पता लगाता रहा, तब कर्तव्य परायण गुप्तचर विभाग ने यही सूचना दी थी कि उसी माणवक-भद्री विधवा ब्राह्मणी के प्रथम एवं अन्तिम पुत्र पैदा हुआ है, जो आज नर-हत्यारा बन गया है। अतः दो-चार सैनिक उसका कुछ बिगाड़ लेंगे, मुझे विश्वास नहीं।

**प्रधानामात्य** : यह अपशकुन या शकुन अन्धविश्वास फैलाते हैं, ये मूर्खों के लिए हैं। विद्वानों को इन पर विश्वास नहीं करना चाहिए।

*[सहसा द्वारपाल का प्रवेश]*

**द्वारपाल** : *(नम्रतापूर्वक हाथ जोड़कर प्रणाम करते हुए)* अन्नदाता की जय हो! ग्रामीण प्रतिनिधि मंडल आपकी सेवा में उपस्थित होना चाहता है।

**प्रसेनजित** : अच्छा, उसे राज्यसभा में भेज दो।

**द्वारपाल** : जो आज्ञा महाराज!

*[प्रणाम करते हुए प्रस्थान]*

*[तीनों ग्रामीण प्रतिनिधियों का प्रवेश]*

**तीनों प्रतिनिधि** : राजराजेश्वर की जय!

**प्रसेनजित** : प्रतिनिधियो! कहो-कहो-कहो, क्या बात है?

**पहला प्रतिनिधि** : राज-राजेन्द्र! हत्यारे अंगुलिमाल से प्रजा की रक्षा कीजिए।

**दूसरा प्रतिनिधि** : अन्नदाता! उसके द्वारा की गई हत्याओं से अनेक माताओं की गोदें खाली हो गई हैं; तमाम बहनें बन्धुहीन हो गई हैं और बहुतेरों को सुहाग से हाथ धोना पड़ा है। अबलाओं के इस करुण क्रन्दन ने हम लोगों को आपके पास रक्षा के लिए भेजा है।

**प्रसेनजित** : प्रतिनिधि मंडल! जाओ, उसका शीघ्र वध किया जाएगा।

*[तीनों प्रतिनिधियों का प्रणाम करते हुए प्रस्थान]*

**प्रसेनजित** : प्रधानामात्य! अंगुलिमाल का शीघ्र वध किया जाए।

**प्रधानामात्य** : श्रीमन की आज्ञा का तत्क्षण पालन किया जाएगा।

*[राज्यसभा समाप्त की जाती है।]*

**[पटाक्षेप]**

# दृश्य-5

**स्थान :** जेतवन का संघाराम

**समय :** प्रातः 9 बजे

*[मुख्य आसन पर परम पूज्य भन्ते आनन्द जी आसनासीन हैं। कुछ भिक्षुगण समीप बैठे हैं। धर्म चर्चा चल रही है।]*

**पहला भिक्षु :** बौद्ध जीवन मार्ग क्या है?

**आनन्द :**
1. शुभ कर्म करो, अशुभ कर्म न करो, पाप कर्म न करो।
2. लोभ और तृष्णा के वशीभूत न हो।
3. दूसरों को क्लेश मत दो, दूसरों से द्वेष मत रखो।
4. क्रोध मत करो, शत्रुता को भूल जाओ, शत्रुओं को मैत्री से जीतो।
5. सन्मार्ग पर चलने के लिए मन की साधना जरूरी है।
6. मन पर पूर्ण विजय प्राप्त करो।
7. बुद्धिमान बनो! न्यायशील रहो!! अच्छी संगत रखो!!!
8. प्रत्येक काम सोच-विचार कर करो।
9. काम-भोगों में मत फँसो।
10. गरीबी से दुख पैदा होता है, शुभ आचरण सुख देता है, धर्म दान सबसे बड़ा दान है।
11. झूठ मत बोलो, झूठ का समर्थन मत करो।
12. सन्मार्ग पर चलो।
13. सद्धर्म के साथ मिथ्या धर्म को मत मिलाओ।

*[अचानक नेपथ्य से 'भगवन, रक्षा करो' की आवाज सुनाई पड़ती है। सभी उसी ओर देखने लगते हैं। यह आवाज दूर से क्रमशः समीप आ चुकी है। कुछ देर बाद कुछ ग्रामीणों का प्रवेश।]*

**तीनों ग्रामीण :** *(एक साथ)* बन्दामि भन्ते!

**आनन्द :** सद्बुद्धि प्राप्त हो! विराजमान हो!

**पहला ग्रामीण :** पूज्य भन्ते जी! हम लोग नर-संहारक अंगुलिमाल द्वारा सताए हुए आपकी शरण में आए हैं। आप लोग हम सब की रक्षा करें।

**दूसरा ग्रामीण** : देव! हम सब ने सम्राट् प्रसेनजित से भी रक्षा की प्रार्थना की थी, मगर सेना की टुकड़ी अभी तक सुरक्षा का कोई प्रबन्ध नहीं कर पाई है।

**तीसरा ग्रामीण** : भगवन! जब हम सब लोगों ने अपनी सुरक्षा का कोई ठीक-ठीक सहारा नहीं पाया, तब आपकी शरण में आए हैं।

**तीनों ग्रामीण** : महाराज! हम सबकी रक्षा कीजिए।

**आनन्द** : दुखी न हो तात्! तुम सबके कष्टों को दूर करने के वास्ते भगवान तथागत शीघ्र ही अंगुलिमाल को धर्म-दीक्षा देनेवाले हैं। कल महाराज प्रसेनजित खुद ही यहाँ संध्या समय पधारे थे। उन्होंने अंगुलिमाल द्वारा की गई हजारों दर्दभरी हत्याओं का समाचार सुनाया था। यह भी सूचना दी थी कि हमारी सेना की टुकड़ी उसका वध करने में असफल रही है।

**पहला ग्रामीण** : पूज्य भन्ते जी! अंगुलिमाल को धर्मदीक्षा देने के लिए तथागत गौतम बुद्ध का अकेले जाना बड़ा खतरनाक है।

**आनन्द** : तथागत सामर्थ्यवान हैं। तुम लोग चिन्ता मत करो।

*[अभिवादन करते हुए तीनों ग्रामीण का प्रसन्नतापूर्वक प्रस्थान]*

**[पटाक्षेप]**

## दृश्य-6

**स्थान :** श्रावस्ती के समीप वन खंड में झाड़ीदार सघन-मार्ग
**समय :** दोपहर के दो बजे दिन

*[अंगुलिमाल एक पेड़ की छाया में पागल-सा बैठा है। उसके शरीर पर लहूलुहान, गन्दे तथा मैले-कुचैले कपड़े हैं।]*

**अंगुलिमाल** : *(एकांकी अपने गले की अंगुलियों की माला की ओर देखते हुए)* अब तक कुल नौ सौ निन्यानवे अंगुलियों को माला में पिरो चुका हूँ। केवल एक शेष है। सोचता है—यदि वह भी पूरी हो जाए, तो मैं गुरुजी के श्राप से

मुक्त हो सकता हूँ, किन्तु कहा नहीं जा सकता। पहली बार भी तो एक हजार हत्याओं के बाद मुक्त होने की बात थी, मगर गुरुजी ने मेरी एक हजार हत्याओं पर विश्वास नहीं किया। इसलिए उन्होंने पुन: एक हजार हत्याओं का आदेश दे दिया और उन हत्याओं के विश्वास में प्रत्येक मरे हुए व्यक्ति की अंगुलि काटकर माला में पिरो कर पहनने का आदेश किया।

अबकी बार तो वे अवश्य ही विश्वास कर इस निर्दोषी को मुक्त कर देंगे, किन्तु यदि तू निर्दोष ही होता, तो तुझे यह दुष्कर्म क्यों करना पड़ता? अपने को निर्दोष ठहराने के लिए दो हजार निर्दोष मनुष्यों की हत्या का बीड़ा क्यों उठाना पड़ता...। ख़ैर, जो हुआ सो हुआ, परन्तु अब जल्दी ही एक अंगुलि और माला में पिरो कर गुरुजी की सेवा में उपस्थित होना है। लेकिन अंगुलि किसकी काटी जाए? कई दिनों से कोई इधर से आता भी तो नहीं है। सभी मेरे नाम से थर्राते हैं। हर स्थान पर मेरे ही नाम की चर्चा करना लोगों की वार्तालाप का प्रमुख विषय बन चुका है। *(अपने को धिक्कारता हुआ)* बैठ! अधम बैठ! एक पाप न किया, तो क्या हुआ? अब अपने को निर्दोष ठहराने के लिए दो हजार मनुष्यों की हत्या के पापों को सर पर लाद! कोई-न-कोई आ ही जाएगा।

*[उसी समय उसकी माता श्री 'माणवक-भद्री' थाल में भोजन लिए आती दिखाई पड़ती है। अंगुलिमाल प्रसन्न होकर उसे ही मारने के लिए दौड़ पड़ता है।]*

**अंगुलिमाल** : *(जोर से हँसता हुआ)* आह हा हा! कोई वृद्धा इसी मार्ग से आ टपकी। बस, अब काम बन जाएगा। इसी वृद्धा की हत्या के बाद मुक्ति मिल जाएगी।

*[वृद्धा समीप आती जा रही है। स्पष्ट दिखाई पड़ने लगती है।]*

: अरे! यह तो परम पूजनीय माता श्री हैं, तो क्या हुआ? जब कोई नहीं है, तो माताश्री ही सही। किसी प्रकार इस संकट से तो पार होना ही है।

*[वह माता श्री की ओर खूनी तलवार लेकर दौड़ना चाहता है, तब तक अचानक कुछ दूर पर किसी मनुष्य*

*के पाली भाषा के मंत्रोच्चारण की ध्वनि साफ-साफ सुनाई पड़ने लगती है। अंगुलिमाल उसी ओर खूनी तलवार लिए दौड़ पड़ता है।]*

**अंगुलिमाल** : *(अपने आप)* हो न हो, यही 'श्रमण गौतम' है। इसने तो ईश्वर को भी ठुकरा दिया है। अत: माता श्री के बजाय इसी को मारना ठीक है। *(भागते-भागते थक कर तथागत गौतम बुद्ध को पहचान कर खड़ा हो जाता है। स्पष्ट होकर)* तथागत! मैं भागते-भागते थक गया हूँ, आप रुक जाइए। रुक जाइए।

*[नेपथ्य से तथागत गौतम बुद्ध के बोलने की ध्वनि आती है :*

*'तात अंगुलिमाल! मैं तो रुक गया हूँ। तुम भी हत्या करने से रुक जाओ। सच्चे धर्म के अनुयायी बनो। तुम्हारे मन में शुभ कर्मों का खजाना भरा है। मन को थोड़ा-सा सोचने का अवसर दो, विचारक मन तुम्हारी काया पलट देगा। तुम्हें अपार शान्ति मिलगी।'*

*ऐसे हृदय-भेदी मार्मिक विद्वत्तापूर्ण शब्द सुनते ही विद्वान अंगुलिमाल ने तत्काल खूनी तलवार और कटी अंगुलियों की माला गले से उतारकर फेंक दी।]*

**अंगुलिमाल** : भगवन तथागत! मैंने खूनी तलवार और कटी अंगुलियों वाली माला फेंक दी है। मैं आपकी शरण में हूँ। मैं आपकी शरण में हूँ। मैं आपकी शरण में हूँ।

*[नेपथ्य से भगवान तथागत आशीर्वाद देते हैं— 'भिक्षु-आ' इस एक शब्द ने अंगुलिमाल को नया जीवन दिया। अंगुलिमाल और तथागत गौतम बुद्ध का एक ओर को प्रस्थान।]*

[नोट : *तथागत गौतम बुद्ध को लेखक स्टेज पर नहीं लाना चाहता है। अत: पर्दे पर तथागत की शरण में अंगुलिमाल को दिखाइए।*

*इसी समय अंगुलिमाल और सहमति ब्रह्म आदि में जो विद्वत्तापूर्ण बातचीत हुई, उसके लिए 'अंगुलिमाल-सूत्र' नामक पुस्तक पढ़िए।]*

**[पटाक्षेप]**

## दृश्य-7

**स्थान :** श्रावस्ती में जेतवन का संघाराम

**समय :** सायंकाल

*[मुख्य आसन पर परम पूज्य भन्ते सुनीत जी विराजमान हैं। अंगुलिमाल तथा कुछ अन्य भिक्षु-गण समीप बैठे हैं, धार्मिक चर्चा चल रही है।]*

**अंगुलिमाल :** *(अभिवादन करते हुए)* वन्दामि भन्ते! परम पूज्य भन्ते जी! सच्चा धर्म क्या है, कृपया स्पष्ट समझाइए।

**सुनीत :**

1. मनुष्य—मन, वचन और कर्म से पवित्र रहे। दूसरों को भी पवित्र समझे।
2. पवित्र मार्ग—जीव हिंसा, चोरी, व्यभिचार, झूठ, नशीली चीजें सेवन न करे।
3. मध्यम मार्ग—सम्यक् दृष्टि, सम्यक् संकल्प, सम्यक् वाणी, सम्यक् कर्मान्त, सम्यक् आजीविका, सम्यक् व्यायाम, सम्यक् स्मृति तथा सम्यक् समाधि।
4. शीलमार्ग—शील, नैष्कर्म्य, सत्य, दान, शान्ति, वीर्य, अधिष्ठान, करुणा, मैत्री तथा उपेक्षा को बढ़ावा दे।
5. तृष्णा को त्याग दे।
6. सभी संस्कारों का अनित्य समझे। महाभूतों से बना हुआ मानव परिवर्तनशील व संवर्धनशील है। सम्बन्धी और धन दौलत में चिपका न रहे।
7. कर्म ही मानव जीवन के नैतिक संस्थान की जड़ है। भले कर्मों का फल सुख और बुरे कर्मों का फल दुःख स्वयं को या दूसरों को इसी जन्म में भुगतना पड़ता है। कर्म का सम्बन्ध केवल संसार के रोज-रोज के नैतिक क्रम को बनाए रखने में है। उसे दूसरे धर्मों-हिन्दू धर्म आदि की झूठी कल्पनाओं स्वर्ग-नर्क, ऊँच-नीच, धनी-निर्धन, भाग्यवान-अभाग्यवान होने से कुछ लेना-देना नहीं है। कर्म 'बहुजन हिताय—बहुजन सुखाय' का ध्यान रखकर करे। ऐसे सीधे-साधे धर्म पर चलने से सभी व्यसनी प्रवृत्तियाँ बुझ जाती हैं। जीवन निर्दोष बन जाता है। इस निर्दोष जीवन का दूसरा नाम निर्वाण है।

**अंगुलिमाल** : श्रीमान जी! अगर एक मनुष्य दूसरे मनुष्य पर और एक राष्ट्र दूसरे राष्ट्र पर आक्रमण करे। तब ऐसी दशा में शान्त पक्ष जीव-हिंसा न करने के वचन को किस प्रकार पालन करे?

**सुनीत** : धर्म की रचना मानव जीवन सुखमय बिताने के लिए की गई है। इस बात को ध्यान में रखकर शान्त पक्ष को धर्म की ओर से अपनी रक्षा के लिए आक्रमणकारियों को मार भगाने की पूर्ण आज्ञा है। ऐसी हिंसा, हिंसा नहीं है।

**अंगुलिमाल** : श्रीमान जी! मध्यम मार्ग पर कुछ प्रकाश और डालने की कृपा करें।

**सुनीत** : सम्यक् दृष्टि—संसार अन्धकारमय कारागार है। मनुष्य कैदी उसमें रहते-रहते अन्धा हो गया है। उसे इतना भी ज्ञान नहीं कि संसार में उजेला नाम की वस्तु हो सकती है। वास्तव में मनुष्य की हालत ऐसी निराशाजनक नहीं है, जैसी वह समझता है। मनुष्य मन की मदद से उजेला की प्राप्ति कर सकता है। मन के द्वारा संकल्प या इच्छा शक्ति जाग्रत करके, क्रियाशील बनकर, सच्चे धर्म पर चलकर मनुष्य बन्धन मुक्त हो सकता है। अविद्या का अर्थ है दु:ख को न जानना तथा उस दु:ख को दूर करने के उपाय को न जानना। अविद्या का विनाश। मिथ्या विश्वास का निरोध। मन स्वतंत्र। विचार स्वतंत्र। इसे ही सम्यक् सम्पर्क कहते हैं।

**सम्यक् संकल्प** : मनुष्य की आशाएँ, आकाक्षाएँ और महत्त्वाकांक्षाएँ उच्च स्तर की होनी चाहिए :

सम्यक् वाणी, हमेशा सच ही बोले। झूठ कभी न बोले। बुराई न करे, मूर्खतापूर्ण बात न करे। बुद्धिसंगत बोले।

**सम्यक् कर्म** : प्रत्येक कर्म करते समय दूसरे की भावनाओं और अधिकारों का ध्यान रखे।

**सम्यक् आजीविका** : अच्छे ढंग से बिना किसी को हानि पहुँचाए तथा बिना किसी के प्रति अन्याय बरते कमाई जाए।

**सम्यक् व्यायाम** : अष्टांगिक मार्ग विरोधी प्रवृत्तियों की उत्पत्ति को रोके। अष्टांगिक मार्ग की आवश्यकताओं की पूर्ति में सहायक शुभ चित्त प्रवृत्तियों को पैदा करे और विकास के लिए विशेष शुभ चित्त प्रवृत्तियों को अधिक बढ़ाए।

अविद्या के कारण को खोजकर उसे नष्ट कर दे और प्रकाशमय संसार में निर्भयपूर्वक विचारे।

**सम्यक् स्मृति** : मन अच्छे सितारों की चौकीदारी करे।

**सम्यक् समाधि** : लोभ, द्वेष, आलस्य, चिकित्सा तथा अनिश्चय के बन्धनों को तोड़कर सदा भलाई में लगे रहने की आदत डाले।

**अंगुलिमाल** : श्रीमान जी! शील-मार्ग की व्याख्या करने की कृपा करें।

**सुनीत** : शील-नैतिकता अच्छे काम करने और बुरे काम न करने तथा बुरे काम करने में जो लज्जा या भय मालूम होता है, उस लज्जा या भय के कारण पाप से बचे रहने का प्रयास करे।

**नैष्कर्म्य** : संसार के काम भोगों को त्याग दे।

**सत्य** : सदा सच बोले। झूठ कभी भी न बोले।

**दान** : दूसरों की भलाई के लिए नि:स्वार्थ धन, रक्त व प्राण दान।

**शान्ति** : क्षमा। घृणा के उत्तर में भी क्षमा।

**वीर्य** : काम करने के इरादे वाले काम को जरूर पूरा करे।

**अधिष्ठान** : अपने इरादे तक पहुँचने की दृढ़ प्रतिज्ञा।

**करुणा** : सभी के साथ प्रेम भरी दया।

**मैत्री** : मित्र, शत्रु तथा सभी प्राणियों के प्रति मैत्री भावना।

**उपेक्षा** : यह शान्त सीढ़ी है। निरन्तर साधना में लगे रहे।

**अंगुलिमाल** : श्रीमान जी! कृपया तृष्णा का मतलब समझाइएगा।

**सुनीत** : गरीबी बहुत बुरी बला है। गरीबी की हालत को शीघ्र ही बदलें। संग्रह तथा लोभ वगैरह में बुरी तरह चिपके रहनेवाली तृष्णा के वशीभूत न रहें। ऐसी तृष्णा को वश में रखें। बढ़ावा न दें।

**अंगुलिमाल** : परम पूज्य भन्ते जी! परा-प्राकृतिक में विश्वास क्या अधर्म है, समझाने की कृपा करें।

**सुनीत** : हाँ! परा-प्राकृतिक में विश्वास अधर्म है। हर एक घटना का कारण मनुष्य या प्राकृतिक है।

मनुष्य काल (समय) प्रकृति, अकस्मात्-पन, ईश्वर, भाग्य आवश्यकता (?) की कठपुतली नहीं है।

मनुष्य बुद्धिवादी बने, स्वतंत्रतापूर्वक सत्य की खोज करे और मिथ्या विश्वास की जड़ काट दे, क्योंकि इसी के कारण खोज करने की शक्ति की हत्या होती है।

**अंगुलिमाल** : परम पूज्य भन्ते जी! ईश्वर में विश्वास क्या अधर्म है?

**सुनीत** : हाँ! ईश्वर में विश्वास अधर्म है।

हिन्दू ब्राह्मणवाद के अनुसार, सृष्टि के रचयिता का नाम है—ईश्वर, प्रजापति, ब्रह्म, ब्रह्मा, महाब्रह्मा या निराकार जो सर्वशक्तिमान, नित्य, शिव (भला) सर्वज्ञ, न्यायी, दयालु और निर्विकारी है।

तथागत ने ईश्वर, प्रजापति, ब्रह्म या महाब्रह्म को नहीं माना। संसार का निर्माण नहीं, विकास हुआ है।

हिन्दू धर्म गुरुओं और तीन वेदों के रचयिताओं ने ईश्वर को कभी भी नहीं देखा। अतः ईश्वराश्रित-धर्म कल्पनाश्रित है, जो मिथ्या विश्वास उत्पन्न करता है।

ईश्वर सर्वशक्तिमान है, तो मनुष्य के मन में संकल्प-विकल्प नहीं पैदा होना चाहिए तथा बुरे कर्म नहीं करना चाहिए।

ईश्वर नित्य है, तो संसार अनित्य नहीं होना चाहिए।

ईश्वर शिव (भला) और कल्याण स्वरूप है, तो मनुष्य को हत्यारे, चोर, व्यभिचारी, झूठे, चुगलखोर, बकवादी, लोभी, द्वेषी और कुकर्मी नहीं होना चाहिए।

ईश्वर सर्वज्ञ न्यायी और दयालु है, तो संसार में अन्याय दुःख, ठगी, झूठ और अज्ञान नहीं होना चाहिए। सत्य के सामने झूठ की जीत नहीं होनी चाहिए।

ईश्वर निराकार है, तो संसार साकार नहीं बनाना चाहिए।

ईश्वर निर्विकार है, तो उसे विकास वाले जीव शेर, बाघ और साँप आदि नहीं बनाना चाहिए।

ईश्वर को अपनी ऐसी गड़बड़ रचना सुधारना चाहिए।

मनुष्य को ऐसे ईश्वर की ऐसी चर्चा से कोई सरोकार नहीं।

सबके सुख के लिए मनुष्य का मनुष्य के साथ जो सम्बन्ध है, उसके अनुसार, मनुष्य अच्छा व्यवहार करे।

पुरोहितों के शरारती दिमाग ने ईश्वर में मिथ्या विश्वास पैदा करके सम्यक् दृष्टि *(जो अष्टांगिक मार्ग निर्माण-मार्ग का महत्त्वपूर्ण पक्ष है)* में बाधा डाली है।

पुरोहित ने ईश्वर की रचना इसलिए की है, जिससे मनुष्य जीवन भर पुरोहितों का दास बना रहे।

बुद्ध धर्म अनीश्वरवाद है।

**अंगुलिमाल** : श्रीमान् परम पूज्य भन्ते जी! ब्रह्म-सा पूज्य पर आधारित धर्म क्या अधर्म है?

**सुनीत** : हाँ! ब्रह्म-सा पूज्य पर आधारित धर्म अधर्म है। इस मत को वेदान्त कहते हैं। वेदान्त मत के अनुसार, आत्मा और ब्रह्म एक ही है। ज्ञान प्राप्त होने से दोनों की एकता स्थापित होती है। एकता का बोध होने के वास्ते संसार का त्याग जरूरी है। जीवात्मा और ब्रह्मात्मा की एकता स्थापित होना ही मोक्ष है।

तथागत ने ब्रह्म को नहीं माना। इसके बारे में उनका वही मत है, जो ईश्वर को न मानने के बारे में है।

**अंगुलिमाल** : श्रीमान् परम पूज्य भन्ते जी! आत्मा में विश्वास क्या अधर्म है?

**सुनीत** : हाँ! आत्मा में विश्वास अधर्म है। तथागत ने आत्मा को नहीं माना। इस बारे में उनकी वही दलील है, जो ईश्वर के न मानने के बारे में है।

मरने के बाद दूसरा नया जन्म लेने तक आत्मा कहाँ रहती है, इस प्रश्न का जवाब संसार में आज तक कोई भी ज्ञानी ठीक-ठीक नहीं दे सका है कारण कि मरने के बाद आत्मा को फुर्र-से उड़ते किसी ने नहीं देखा।

आत्मा केवल कल्पनाश्रित है, जो मिथ्या विश्वास पैदा करता है। वास्तव में मनुष्य की सम्पूर्ण क्रियाएँ विज्ञान (चित्त या चेतन या चेतनता) के परिणाम स्वरूप पैदा होती हैं। विज्ञान की प्रकृति है—1. ज्ञान-मूलक, 2. भावना-मूलक और क्रियाशील।

*ज्ञान-मूलक*—जानकारी (रुचिकर या अरुचिकर) देता है।

*भावना-मूलक*—वेदना या अनुभूति (अनुकूल या प्रतिकूल) की उत्पत्ति का कारण बनती है।

*क्रियाशील*—इरादा (भला या बुरा) पैदा करता है। जो कार्य आत्मा के बताए गए हैं, वे कार्य तो सब विज्ञान द्वारा पूरे होते हैं। बिना कार्य वाली आत्मा एक गम्भीर मूर्खता है।

बुद्ध धर्म अनात्मवाद है।

*[कौशल-नरेश प्रसेनजित का प्रधानामात्य सहित प्रवेश]*

**प्रसेनजित तथा**
**प्रधानामात्य** : वन्दामि भन्ते! *(कहकर एक-एक आशन पर बैठ जाते हैं।)*
**सुनीत** : साधु! साधु! राजन्? असमय में पधारने का कष्ट व्यक्त करें।
**प्रसेनजित** : परम पूज्य भन्ते जी! तथागत और भिक्षु संघ के धर्मोपदेश का अमृतपान करके सम्पूर्ण प्रजा सुखमय जीवन बिता रही थी, परन्तु नर-संहारक अंगुलिमाल के आतंक से कुछ समय से राज्य में हाहाकार मचा हुआ है। उसकी रोक करने में मेरे सभी प्रयत्न बेकार साबित हुए। चार दिन हुए मैंने, भगवान तथागत से भी इस विषय में कोई उपाय खोजने की बात कही थी।
**सुनीत** : राजन्! कल ही भगवान तथागत ने अंगुलिमाल को धर्म-दीक्षा दी है। यह हैं परम श्रेष्ठ भिक्षु अंगुलिमाल।
**प्रसेनजित** : *(श्री अंगुलिमाल की ओर देखते हुए प्रसन्नतापूर्वक)* वन्दामि भन्ते! मैं राज्यकोष से आपकी भोजन समस्या हल करना चाहता हूँ। कृपया स्वीकृति प्रदान करें।
**अंगुलिमाल** : मैं भिक्षा को ही अच्छा समझता हूँ।
**प्रसेनजित** : धन्य हैं! धन्य हैं!! अंगुलिमाल, आप से यही आशा थी।
*[प्रसेनजित और प्रधानामात्य का भिक्षु संघ को अभिवादन करते हुए प्रस्थान]*
**अंगुलिमाल** : श्रीमान् परम पूज्य भन्ते जी! यज्ञों में पशु-बलि क्या अधर्म है?
**सुनीत** : हाँ! यज्ञों में पशुओं की बलि अधर्म है।
ब्राह्मणी यज्ञों में पशुओं की बलि के साथ-साथ सुरापान, वेश्यागमन आदि हर प्रकार के आमोद-प्रमोद शामिल रहते हैं।

इस समय के विरोधी धर्म वाले कहते हैं, अगर यज्ञ में पशुओं के वध से पुरोहित, यजमान और पशु को स्वर्ग मिलता है, तो पुरोहित और यजमान को अपने-अपने माता-पिता का वध कर उन्हें यज्ञ में जल्दी से जल्दी डालकर स्वर्ग में पहुँचा देना चाहिए, मगर वे ऐसा नहीं करते। भगवान तथागत इस विरोधी मत से सहमत थे।

वास्तव में ईश्वर, स्वर्ग व नर्क की कल्पना झूठी है।

भगवान तथागत ने यज्ञों में खाद्य सामग्री हवन करने और पशुओं की बलि, दोनों की घोर निन्दा की है।

पवित्रता, अष्टांगिक-मार्ग (सम्यक् मार्ग) और शील मार्ग के अनुसार, चलना ही सर्वश्रेष्ठ मार्ग है।

**अंगुलिमाल** : श्रीमान् परम पूज्य भन्ते जी! वेदों को स्वतः प्रमाण मानना क्या अधर्म है?

**सुनीत** : हाँ! वेदों को स्वतः प्रमाण मानना अधर्म है।

ब्राह्मणों का कहना है कि वेद पवित्र हैं। स्वतः प्रमाण हैं। गलती की सम्भावना के परे हैं।

भगवान तथागत ने इन तीनों मान्यताओं को नहीं माना।

अगर वेद ईश्वरीय हैं, तो आर्यों और अनार्यों, दस्युओं के युद्धों का वर्णन नहीं होना चाहिए।

वेदों में कल्पित ईश्वर और कल्पित देवताओं से आर्यों के कल्याण तथा अनार्यों (दस्युओं) के विनाश की प्रार्थनाएँ की गई हैं। ऐसी अन्धविश्वासी प्रार्थनाएँ मनुष्य को हर प्रकार से पंगु और गुलाम बनाने के अतिरिक्त और कोई दूसरा मतलब नहीं रखतीं।

वेद और वैदिक ऋषि सत्य को अँधेरे में ढूँढ़ते रहे, मिला नहीं। वैदिक सिद्धान्त केवल मानसिक उड़ानें हैं। तर्क और यथार्थ से उनका कोई सम्बन्ध नहीं है।

वेद दर्शन के क्षेत्र में किसी नए सामाजिक चिन्तन की देन नहीं।

विचारों की स्वतंत्रता सत्य को प्राप्त करने का साधन है।

वेदों को स्वतः प्रमाण और गलती की सम्भावना के परे मान लेने का मतलब है, विचार स्वतंत्रता को सर्वदा अस्वीकार कर देना। वेदों से मनुष्य की बौद्धिक तथा नैतिक प्यास नहीं बुझ सकती। वेद बालू की भीत हैं। वेद जलविहीन तालाब हैं। वेद पथविहीन जंगल हैं। वास्तव में वे विनाश पथ हैं।

हर चीज का परीक्षण व पुनर्परीक्षण होना जरूरी है।

किसी बात को तब मानो, जब तुम्हारी बुद्धि कहे कि यह सही है। जब वह तुम्हारी अनुभव बुद्धि से, तर्क से किसी को भी दुख पहुँचानेवाली न हों।

**[पटाक्षेप]**

# दृश्य-8

**स्थान :** श्रावस्ती में जेतवन का संघाराम
**समय :** सायंकाल

*[मुख्य आसन पर परम पूज्य भन्ते उपालीजी विराजमान हैं। अंगुलिमाल तथा कुछ अन्य भिक्षुगण समीप बैठे हैं। धार्मिक चर्चा चल रही है।]*

**अंगुलिमाल :** *(अभिवादन करते हुए)* वन्दामि भन्ते! परम पूज्य भन्ते जी! ब्राह्मणी चातुर्वर्णी समाज रचना क्या अधर्म है?

**उपाली :** हाँ! ब्राह्मणी चातुर्वर्णी समाज रचना अधर्म है।

ब्राह्मणी धार्मिक ग्रंथों से जुड़ा हुआ, यह चातुर्वर्णी समाज ब्राह्मण, क्षत्रिय, वैश्य और शूद्र चार भागों में बँटा हुआ है।

यह चारों वर्ण सामाजिक असमानता में बँधे हैं। अत: यह वर्ण-व्यवस्था अधर्म है।

ब्राह्मण सबसे ऊपर, ब्राह्मण से नीचे क्षत्रिय, मगर वैश्य और शूद्र से ऊपर। क्षत्रि के नीचे वैश्य, मगर शूद्र से ऊपर और सबसे नीचे शूद्र।

चारों वर्णों के अधिकार व सुविधाएँ भी क्रमवार असमानता के कानून के अनुसार ही हैं।

शूद्र को कोई अधिकार व सुविधा नहीं है। उसका केवल एक यही कर्तव्य है कि तीनों वर्णों की सेवा करता हुआ उन्हें बिना रुष्ट किए किसी-न-किसी प्रकार जिन्दा रहते हुए भी मुर्दा बनकर जिन्दा रहे। चारों वर्णों के पेशे भी क्रमवार असमान हैं। शूद्र का पेशा तीनों वर्णों की सेवा करना है।

इस वर्ण-व्यवस्था में शूद्र और स्त्री पढ़-लिख नहीं सकते हैं।

ब्रह्मचर्य, गृहस्थचर्य, वानप्रस्थ और संन्यास—चार आश्रम हैं। शूद्र और स्त्री के वास्ते ब्रह्मचर्य व संयास आश्रम मना है।

पिछले जन्म के भले-बुरे कर्मों के अनुसार मनुष्य ब्राह्मण, क्षत्रिय, वैश्य और शूद्र के घरों में अगला जन्म लेता है।

भगवान तथागत ने ऊपरी ब्राह्मणी समाज रचना का घोर विरोध किया। उन्होंने बताया—

जिस प्रकार सिन्धु व गंगा वगैरह सभी नदियाँ समुद्र में मिल जाने पर अपने-अपने नाम के अलग-अलग अस्तित्व को खो कर केवल समुद्र जल ही कहलाती हैं। ठीक उसी प्रकार कोई भी मनुष्य किसी भी धर्म, वर्ण या जाति से आकर जब बौद्ध धर्म ग्रहण करता है, तब उसका पुराना धर्म, उसकी पुरानी जाति और उसका पुराना वर्ण (ब्राह्मण, क्षत्रिय, वैश्य व शूद्र) खत्म होकर केवल मनुष्य नाम ही शेष रह जाता है, जो मनुष्यत्व की सबसे बड़ी सीढ़ी है।

ब्राह्मणी समाज ने जिन लोगों को ऊपर लिखे जन्मसिद्ध अधिकारों से वंचित कर रखा है, बौद्ध धर्म में वे सभी अधिकार पूर्णतया सुरक्षित हैं।

ब्राह्मणी समाज केवल असमानता के कारण ही जीवित है।

असमानता वाला ब्राह्मणी समाज समता, बन्धुता, स्वतंत्रता, संगठन, सामर्थ्य-सम्पादन, स्वाभिमान और राष्ट्रीय एकता का सबसे बड़ा शत्रु है।

ब्राह्मणी समाज में न गुण की पूजा है। न ही विकास की।

ब्राह्मण बुरे से भी बुरा कर्म करे, तो भी समाज में उसका दर्जा नहीं घटता और शूद्र अच्छे से भी अच्छा कर्म करे, तो भी वह समाज में बड़ाई नहीं पा सकता। शूद्र अपमानित शूद्र ही रहेगा।

ब्राह्मणी समाज के पेशे जाति से हैं, हुनर से नहीं, जो विकास का बड़े से बड़ा दुश्मन है।

ब्राह्मणी समाज में मनुष्य भला या बुरा कैसा ही हो, वहाँ तो केवल क्रमवार उच्च वर्ण और उच्च जाति की पूजा होती है।

ब्राह्मणी समाज में बड़े और छोटे वर्णों के बीच क्रमवार बड़ाई-छुटाई की भावना पैदा होकर रोज-रोज की स्थायी लड़ाई-झगड़ा वगैरह भारी से भारी संघर्ष बना रहकर राष्ट्र की रीढ़ कमजोर करता है।

ब्राह्मणी समाज में कुछ लोगों की स्वार्थपूर्ति होती है, शेष बहु-संख्यक (शूद्र) समाज का दोहन, शोषण, उत्पीड़न प्रतिदिन होता है।

ब्राह्मणी समाज का मुख्य मतलब है, शूद्रों व शोषितों को दबाना। उन्हें सदा गुलाम तथा दास बनाए रखना।

ब्राह्मणी समाज में एक ऐसा उप-समाज शूद्र समाज है, जो सभी मानवीय जन्मसिद्ध अधिकारों व सुविधाओं से वंचित है।

जिस समाज में स्त्री-शूद्र की मनुष्यता सम्बन्धी कोई कीमत नहीं, केवल शूद्र के छूने मात्र से वह समाज बिगड़ जाता है, पवित्र हो जाता है वह समाज नहीं, पागलपन है।

जिस समाज में शूद्र विद्या न पढ़े, शस्त्र धारण न करे व धन इकट्ठा न करे, वह समाज नहीं, मनुष्य जीवन की विडम्बना है।

जिस समाज में स्त्री और शूद्र अशिक्षित बने रहें व गरीब, गरीब ही बने रहें—वह समाज नहीं, दंड है।

जिस समाज में सब भूतों में ईश्वर मौजूद है, ऐसा बनावटी नारा लगाया जाता है, मगर शूद्र के साथ रोजाना जानवर से भी ज्यादा खराब व्यवहार किया जाता है। वह समाज नहीं, मूर्खताओं का संचयन है।

जिस समाज में चींटियों को शक्कर खिलाई जाती है, मगर शूद्र को पीने के लिए पानी न देकर प्यासा ही तड़प-तड़प कर मरने के लिए मजबूर किया जाता है, वह समाज नहीं, मूर्खताओं का संचयन है।

**अंगुलिमाल** : श्रीमान् परम पूज्य भन्ते जी! शूद्र और स्त्री को ज्ञान प्राप्त न करने देना क्या अधर्म है?

**उपाली** : हाँ! स्त्री और शूद्र को ज्ञान प्राप्त न करने देना अधर्म है। ब्राह्मणी समाज में केवल ब्राह्मण, क्षत्रिय और वैश्य तीन वर्ण ही ज्ञान प्राप्त कर सकते हैं, चौथा वर्ण शूद्र तथा सम्पूर्ण वर्णों की स्त्रियाँ ज्ञान उपार्जन नहीं कर सकतीं।

तथागत् ने इस ब्राह्मणी मत का भी घोर विरोध किया। उन्होंने बताया—यह ब्राह्मणी मत बड़ा ही निर्दयतापूर्ण है।

ब्राह्मणी समाज ने ज्ञान का द्वार जिन बहुसंख्यक लोगों के लिए नहीं खोला है, वे बहुसंख्यक लोग इस ब्राह्मणी समाज के शत्रु हो जाएँगे। जो मत बहुसंख्यक लोगों को अपने ही समाज का शत्रु बनाए, वह मत गलत है।

सामाजिक संगठन के बिना समाज की तरक्की नहीं हो सकती।

ज्ञान के बिना समाज की तरक्की नहीं हो सकती।

जिस समाज के बहुसंख्यक शत्रु हों, जिस समाज में बहुसंख्यक अज्ञानी हों तथा जो समाज पूरे का पूरा असंगठित हो, उस समाज का कभी कल्याण नहीं हो सकता।

प्रत्येक समाज की प्रगति के लिए जरूरी है, उस समाज के प्रत्येक स्त्री तथा पुरुष को ज्ञान प्राप्त करने का पूर्ण अधिकार का होना।

**अंगुलिमाल :** श्रीमान् परम पूज्य भन्ते जी! ब्राह्मणी कर्मवाद के मत को मानना अधर्म है।

**उपाली :** हाँ! ब्राह्मणी कर्मवाद के मत को मानना अधर्म है। इस कर्मवाद का मत है—श्रेष्ठता और नीचता अर्थात् शूद्रता में विश्वास करना मतलब कि ब्राह्मण की श्रेष्ठता को मानना। वर्ण-व्यवस्था को मानना। इस बात का पालन करना कि बहुत ही अच्छे कर्मों से स्वर्ग, बहुत अच्छे कर्मों से पृथ्वी पर सभी सुख तथा अगले जन्म में उच्च वर्ण में जन्म होता है। बहुत बुरे कर्मों से नर्क तथा हर प्रकार का दु:ख, गरीबी व शूद्र वर्ण में अगले जन्म में जन्म लेना पड़ता है। यह दु:ख, गरीबी व शूद्र की नीचता वाली बेइज्जती भारी से भारी प्रयत्न करने पर भी कम नहीं हो सकती।

भगवान तथागत ने इस ब्राह्मणी वर्णवाद, कर्मवाद के मत को नहीं माना। उन्होंने बताया—आर्य श्रेष्ठता, वर्ण-व्यवस्था, स्वर्ग-नर्क और शूद्रपन की नीचता वाली कल्पना झूठी है।

एक मनुष्य दूसरे मनुष्य के साथ जो बुरा व्यवहार करता है, उसी से दु:ख पैदा होता है, जो पवित्र मार्ग अष्टांगिक मार्ग, शील मार्ग और पारमिता मार्ग के अनुसार, आचरण करने से दूर हो सकेगा।

मनुष्य गरीब घर में भले ही पैदा हुआ हो, कोई हानि नहीं, लेकिन अगर मालदार लोग गरीबों का शोषण बन्द कर दें, तो गरीब अपनी शारीरिक और मानसिक ताकत द्वारा थोड़े ही समय में रोटी, कपड़ा, मकान और अपने बच्चों की शिक्षा-दीक्षा वगैरह की सभी समस्याएँ हल कर लेगा, मालदार बन जाएगा।

इस ब्राह्मणी कर्मवाद ने शूद्रों के अपनत्व और उत्थान की भावनाओं को सोख लिया है। साथ ही साथ ज्ञान प्राप्ति का हक न होने के कारण स्त्री और शूद्र सोच न पाए कि हमें इस खराब दशा में पहुँचानेवाला 'जालिम ब्राह्मणवाद' ही है।

इसलिए वे शूद्र अपने जन्म-सिद्ध मानवीय अधिकारों को प्राप्त करने के वास्ते 'जालिम ब्राह्मणवाद' के खिलाफ विद्रोह करने के बजाय उलटे मानवता विरोधी 'जालिम ब्राह्मणवाद' के अनन्य भक्त बन गए।

स्वतंत्रता-प्राप्ति के वास्ते अन्तिम अधिकार है बौद्धिक क्रान्ति करना। शस्त्र उठाना। सो 'जालिम ब्राह्मणवाद' ने इन गरीब शूद्रों को बुद्धि और शस्त्र धारण करने का अधिकार पहले से ही छीन लिया है।

इस प्रकार दीन-हीन मनुष्य समुदाय स्वार्थी ब्राह्मणों, बलशाली क्षत्रियों और धनी वैश्यों के भयानक जाल के शिकार मात्र बनकर रह गए। वे केवल श्रम करते रहे। उनका शोषण होता रहा।

**अंगुलिमाल** : श्रीमान् परम पूज्य भन्ते जी! मानवीय जन्मसिद्ध अधिकारों पर कुठाराघात करनेवाली ब्राह्मणी समाज रचना में क्या कोई सुधार हो सकता है या नहीं?

**उपाली** : नहीं, ब्राह्मणी समाज रचना में सुधार कतई नहीं हो सकता। इसे केवल समाप्त ही किया जा सकता है। तभी समाज और राष्ट्र सुखमय जीवन बिता सकेगा। जिस प्रकार अच्छा साबुन लगाने पर भी गन्दे पानी में कपड़ा साफ नहीं होता है, उसी प्रकार संविधान द्वारा दिया गया समानता के अधिकार का सदुपयोग असमानता वाले ब्राह्मणी हिन्दू ग्रंथों के कारण नहीं किया जा सकता।

**अंगुलिमाल** : श्रीमान् परम पूज्य भन्ते जी! सद्धर्म क्या है?

**उपाली** : जो धर्म सबके वास्ते ज्ञान का द्वारा खोले।

— जो धर्म सब को प्रज्ञा, करुणा और मैत्री सिखावे।

— जो धर्म एक मनुष्य और दूसरे मनुष्य के बीच के भेदभाव की तमाम दीवारों को गिरा दे।

— जो धर्म यह शिक्षा दे कि मनुष्य का मूल्यांकन जन्म से नहीं बल्कि उसके कर्म से किया जाए।

— जो धर्म मनुष्य, मनुष्य के बीच बराबरी का दर्जा बढ़ावे।

**अंगुलिमाल** : श्रीमान् परम पूज्य भन्ते जी! बुरा मनुष्य किसे कहते हैं?

**उपाली** : जो अपनी बुराई छिपाता है और अपने गुणों की खुद ही प्रशंसा करता है।

**अंगुलिमाल** : श्रीमान् परम पूज्य भन्ते जी! मनुष्य का पतन कैसे होता है?

**उपाली** : पवित्र-मार्ग, अष्टांगिक मार्ग व शील-मार्ग पर न चलने से मनुष्य का पतन होता है।

**अंगुलिमाल** : श्रीमान् परम पूज्य भन्ते जी! श्रेष्ठ मनुष्य कौन है?

**उपाली** : जो मनुष्य अपनी और दूसरों की भलाई का काम करता है।

**अंगुलिमाल** : श्रीमान् परम पूज्य भन्ते जी! धर्म प्रचार में कोष की समस्या कैसे हल की जाए?

**उपाली** : चूँकि धर्म की जरूरत प्रत्येक मनुष्य को है, इसलिए हर मनुष्य को दूसरे घरेलू खर्चों की तरह अपनी आमदनी का पाँच रुपया प्रति सैकड़ा इस सद्धर्म प्रचार में खर्च करना चाहिए।

**अंगुलिभाल** : श्रीमान् परम पूज्य भन्ते जी! भगवान तथागत मार्गदाता हैं या मोक्षदाता?

**उपाली** : भगवान तथागत मोक्षदाता नहीं हैं। वे मार्गदाता हैं। उनके बताए मार्ग पर चलने से मनुष्य इसी जन्म में मोक्ष (निर्वाण) प्राप्त कर सकता है।

*[परम पूज्य भिक्षुवर श्रीमान् आनन्द जी का प्रवेश]*

**उपाली सहित सभी** : *(खड़े होकर, एक साथ)* वन्दामि भन्ते!

**आनन्द** : साधु! साधु! आप सब बैठ जाइए। *(कहकर स्वत: उचित आसन पर बैठ जाते हैं।)* कहिए! अंगुलिमाल, सद्धर्म के बारे में और कोई शंका है?

**अंगुलिमाल :** नहीं! सद्धर्म के बारे में अब कोई शंका नहीं है, परन्तु सन्मार्ग पर चलने के लिए क्या और साथियों का होना जरूरी है?

**आनन्द :** नहीं! साथी की कोई आवश्यकता नहीं, जैसे जंगल में बलशाली हाथी आगे-आगे चल देता है, फिर उसके पीछे झुंड के झुंड हाथी चल देते हैं। ठीक उसी तरह सन्मार्ग चलानेवाले को साथी का इन्तजार किए बिना अकेले ही सन्मार्ग पर चल देना चाहिए। बाद में करोड़ों की टोली पीछे-पीछे स्वत: ही चल देगी।

*[आशीर्वाद देते हुए भगवन तथागत के चित्र का पर्दा खड़ी शक्ल में यकायक सामने आता है।*

*[आनन्द, उपाली और सभी भिक्षु-गण भगवान तथागत के समक्ष धर्म-वन्दना करते हैं। नेपथ्य से ध्वनि आती है—साधु! साधु!! साधु!!!]*

**[यवनिका पतन]**

# शम्बूक वध

# शम्बूक वध

लेखक
**पेरियार ललई सिंह**
**रामअवतार पाल**

**अशोक पुस्तकालय (रजि.)**
झींझक, जिला—कानपुर,
उत्तर प्रदेश, भारत-209 302
अंडर पेरियार ललई सिंह चेरिटेबल ट्रस्ट
84/172, झकरकटी, जी.टी. रोड
जिला—कानपुर, उत्तर प्रदेश, भारत-208 003

**प्रथम बार**
बुद्ध पूर्णिमा (वैसाख) संवत् 2019 विक्रमी
दिनांक—19 मई, सन् 1962 ई.
प्रथम बार 1000 प्रतियाँ प्रकाशित
दूसरी बार सन् 1965 ई.
तीसरी बार सन् 1972 ई.
चौथी बार सन् 1975 ई.
पाँचवीं बार सन् 1980 ई.
छठी बार सन् 1985 ई.
सातवीं बार सन् 1990 ई.
आठवीं बार सन् 1993 ई.



**मुद्रक**
पेरियार प्रेस
84/172, झकरकटी, जी.टी. रोड,
जिला—कानपुर, उत्तर प्रदेश, भारत-208 003

महँगाई के कारण संशोधित
**मूल्य :** 5.00 रुपये

!!समर्पण!!

निर्वाणप्राप्त बोधिसत्व, परम्पूज्य,
बाबासाहेब डॉ. भीमराव रामजीराव अम्बेडकर
की पुण्य स्मृति में
जो आजीवन शूद्रों तथा महाशूद्रों को
धार्मिक, सामाजिक, आर्थिक और राजनीतिक समता
दिलाने हेतु विरोधियों से दिन-रात संघर्ष करते हुए,
दिनांक 6 दिसम्बर, 1956 ई. को
चार महाभूतों में विलीन हो गए।
सादर समर्पित।

**—लेखकगण**

# दो शब्द

प्रस्तुत नाटक 'शम्बूक वध' में वाल्मीकि रामायण तथा विभिन्न रामायणों आदि के इतिहास व कुछ कल्पनाओं से भी सहारा लिया गया है, किन्तु विषय के बाहर जाने की चेष्टा नहीं की गई है।

नाटक में यह दिखाया गया है कि आदिकाल से ही समाज के कुछ चतुर, चालाक और धूर्त व्यक्ति राजसत्ता का सहयोग लेकर समाज का दोहन, शोषण और हनन करते चले आ रहे हैं। समाज-सुधारकों को मृत्यु-दंड मिलता रहा है। इसके लिए वे साम, दाम, दंड और भेद—सभी नीतियाँ अपनाते रहे हैं। अपना उल्लू सीधा करने के लिए ये लोग तथा पुरोहित, पंडे और पुजारी सीधे-सादे व्यक्तियों को स्वर्ग, नरक, भाग्य-भगवान, पुनर्जन्म, कथा, भागवत, कीर्तन, गंगा स्नान, पाप-पुण्य, धर्म-अधर्म, छुआछूत, ऊँच-नीच, मथुरा एवं गया आदि तीर्थों के काल्पनिक पाखंडों में फाँसते रहे हैं। एक ही पिता के कई पुत्रों को अनेक वर्णों और जातियों में विभक्त कर छोटे-बड़े के भेदभाव वाले झूठे जाल में फाँस कर चारों ओर धर्म व अधर्म का पुछल्ला लगा दिया है।

अस्तु! इस मिथ्या पाखंड के जाल से बाहर निकलने के उद्देश्य से ही यह नाटक लिखा गया है।

त्रुटियों के बाबत सुझाव भेजने की कृपा करें।

दिनांक—19 मई, सन् 1962 ई.
बुद्ध पूर्णिमा सम्वत् 2019 विक्रमी

**—रामअवतार पाल**

# सम्मति

आज सभ्य मानव समाज अफ्रीकी मलानशाही रंगभेदी नीति की निन्दा किया करता है, किन्तु अतीत काल में आगंतुक आर्यों ने भारत के मूल निवासियों को किस प्रकार अधिकार वंचित करके उन्हें नीचे गिराया था और असमानतावादी आर्य संस्कृति रंगभेद-वर्णभेद के संसार में आर्य ब्राह्मणों व आर्य क्षत्रियों ने सत्ताधारी बनकर उन मूलनिवासियों के साथ जो अमानुषिक अन्याय व अत्याचार किए थे, वे आधुनिक मलानशाही को भी मात दे देते हैं। यह 'शम्बूक वध' नाटक उस प्राचीन रामलीला की याद ताजा कराता है, जो त्रेता युग के सूर्यवंशी राजा 'राम' के राज्य में हुई थी।

लेखक महोदयों ने उसके भीतरी व बाहरी सभी पहलुओं के दृश्य दिखाकर इस नाटक को तत्कालीन समाज-व्यवस्था का दर्पण बना दिया है। इससे आर्य ब्राह्मणी नीति का पर्दाफाश होता है।

दिनांक—14 अप्रैल, 1962 ई.

**चन्द्रिका प्रसाद 'जिज्ञासु'**
360/193, मातादीन रोड
सआदतगंज, लखनऊ-3

# सम्मति

नाटक पढ़ते समय मेरे सामने वर्तमान भारत की राष्ट्रीय सामाजिक परिस्थितियाँ नाचती रहीं और मैं सामाजिक उत्पीड़ितों, शूद्रों के राजनीतिक, आर्थिक व सामाजिक क्षेत्रों में सत्तारूढ़ शोषकों (आर्यों) से चलनेवाले संघर्षों के उत्थान-पतन के घटना-चक्रों में उलझता गया।

सन् 1930 से सन् 1942 तक के समस्त भारतीय स्वतंत्रता संग्राम में किसान, मजदूर, पिछड़े वर्ग व अछूतों के बलिदान व त्यागपूर्ण कार्यों और स्वतंत्रता-प्राप्ति के बाद 15 अगस्त, 1947 से अब तक...? जनसंख्या वाली शोषक जातियों के असहनीय एकाधिकार वाले शासन के विरुद्ध भीतर-भीतर सुलगनेवाली जनक्रान्ति की अग्नि की लपटों की ओर मेरा ध्यान आकर्षित हुआ।

पंडित जवाहर लाल नेहरू उन्हीं 'राम' की भाँति अपनी जाति-वर्ग समाज के समर्थक जान पड़ रहे हैं—जिनको उनकी 'मंत्रणादात्री सभा' के ब्राह्मण देवताओं नारद व वसिष्ठ आदि के प्रभाव में आकर आदि निवासियों के उत्थान व जागरण के लिए घोर प्रयत्न करनेवाले तपस्वी शम्बूक का वध करना पड़ा और अल्पसंख्यक ब्राह्मणों के धर्म की सुरक्षा के लिए राष्ट्र धर्म का अनर्थ करना पड़ा...।

शम्बूक-शिष्य कुन्दन की 'समाजोद्धारक समिति' व शम्बूक के आदिनिवासी महाविद्यालय के कार्य शूद्रों की जन-जागृति शून्यता, आपसी द्वेष, फूट, अ-नायकता और बहु-नायकता के कारण ब्राह्मण की साजिश के आगे निष्प्रभ हो गए।

ब्राह्मण देवता शिवकंठ की धर्म पत्नी 'जलेश्वरी' व तपस्वी शम्बूक की धर्मपत्नी 'तुंगभद्रा' द्वारा वर्तमान भारत की आर्य नारी नेताओं तथा अनार्य नारी नेताओं की भूमिका की ओर इशारा है...।

आचार्य शम्बूक की हत्या, डॉ. भीमराव रामजीराव अम्बेडकर की राजनीतिक हत्या का चित्र खींचती है और राम की करतूत हमारे प्रधानमंत्री पंडित जवाहर लाल नेहरू की कार्यवाहियों का चित्र प्रस्तुत करती है।

सेतू के शब्दों में कह सकते हैं—'गुरुजी! सब (आर्यों) ने भारत को अपनी निजी सम्पत्ति मान रखा है, जैसे यह उन्हें उनके पूर्वजों से उत्तराधिकार में प्राप्त हुई हो! हमारी माँग तो उन्हें काँटे की भाँति करकती है।'

काश! भारत की एकता के लिए वर्ण-व्यवस्था व जातिवाद का समूल शीघ्रमेव नाश हो जाए और पाखंड, ढोंग व शोषण की जगह योग्यता, न्याय व परिश्रम जैसे सद्गुणों को पुरस्कृत किया जाए। भारत राष्ट्र किसी जाति-वर्ग विशेष का धरोहर न रहे वरन हम सबके लिए समान सत्तादायक व्यवस्था के अन्तर्गत समानोन्नति के अवसर मिले, तो वह दिन दूर नहीं, जब 'शम्बूक वध' अपना जन-विद्रोह सफल करेंगे और पाखंडी वर्ण-व्यवस्थामूलक धर्म का नाश हो जाएगा।

आशा है कि 'शम्बूक वध' नाटक शोषित जनता के उत्थान के लिए अति उत्तम सिद्ध होगा।

दिनांक—14 नवम्बर, 1963

**—दीप नारायण सिंह**
एम.ए., एल.एल.बी., एम.एल.ए., एडवोकेट,
प्रकाश विकाश निवास, सादीपुर, खुर्द, फतेहपुर (उ.प्र.)

# इस आवृत्ति पर दो शब्द

हकीम 'लुकमान' ने कहा कि 'जब मरीज, मरीज होते हुए, यह समझ बैठे कि मुझे कोई मर्ज नहीं है तो मर्ज का कोई इलाज नहीं होता है।'

हमारे आदिनिवासी (पिछड़े, अनुसूचित, आदिम जाति, अल्पसंख्यक व स्त्रियाँ आदि) भाइयों और बहनों का जो आर्य (सवर्ण) लोग धार्मिक, सामाजिक, आर्थिक, राजनैतिक व दैहिक दोहन-शोषण प्रतिदिन करते हैं, आदिनिवासियों को इस बात का एहसास नहीं होने देते हैं कि तुम्हारा भी कोई मानवीय अधिकार है। इसी मर्ज का प्रस्तुत 'शम्बूक वध' नाटक में इलाज दिया जा रहा है अर्थात् गुलाम को गुलामी का एहसास करा देने, उसमें स्वचेतना पैदा कर देना ही यहाँ मेरा उद्धेश्य है।

चतुर आर्य भगवान के अवतार की फर्जी कहानी गढ़ कर कहते हैं कि अवतारी 'राम' ने वानरों व रीछों को गले लगाया। जिस तरह अंग्रेज भारतीयों को मंकी (बन्दर) व डॉग (कुत्ता) कहकर गालियाँ दते थे, उसी तरह आर्य भी आदिनिवासियों को बन्दर, रीछ, दास व अन्त्यज आदि कहकर अपमानित करते थे। वही बेइज्जती आज भी हनुमान की झूठी पूँछ बनाकर व महाराजाधिराज 'रावण' के सर पर झूठा गधे का सिर लगाकर हर साल 'राम लीला' के बहाने उनके पुतले आग में जला कर हम आदिनिवासियों के जले दिल पर नमक छिड़कते हैं।

प्राचीन समय में तपस्वी शम्बूक जिन अधिकारों को प्राप्त करने में बलिदान हुए, उन्हीं अधिकारों के लिए लड़नेवालों को आर्य (सवर्ण) अपनी पूजा करने, जमीन पर बैठने, कुआँ या नल पर पानी भरने, हलवाई व हलदारीगीरी आदि करने के लिए आज भी शूद्रों व महाशूद्रों को बाध्य करते हैं। ऐसा नहीं करने पर सवर्ण हिन्दू उनका कत्ल कर देते हैं। मेरे पास ऐसे बलिदानियों की कई कहानियाँ मौजूद हैं।

नाटक के छापे जाने की पहली मंशा है—अधिकार वंचित शूद्र व महाशूद्र अपने अधिकार समझें। माँगें! छीनें—इसी स्थिति के कारण मैं बार-बार कहता हूँ कि 'अधिकार माँगे नहीं! छीने जाते हैं!!' और 'सामाजिक अपमान गरीबी से

अधिक खटकता है।' दूसरी मंशा, इस देश के सवर्ण हिन्दू शूद्रों व महाशूद्रों को उनका मानवीय अधिकार सौंप दें। तीसरी मंशा, सरकार के लिए कड़ी चेतावनी है कि उसने यदि उन्हें प्रत्येक प्रकार के मानवीय अधिकार न दिलाए तो इस देश में गृहयुद्ध का संकट सदैव बना रहेगा।

यह संस्करण सफलता का प्रमाण है! और हाँ! लेखक—लेखन, भ्रमण और भाषण के कारण प्रूफ की गलतियाँ नहीं देख पाता है।

अतः पाठकगण अशुद्धियों को भाषा अनुसार पढ़ें। इन अशुद्धियों को क्षमा करें। आपके सुझाव सादर आमंत्रित हैं।

धन्यवाद!

आप सबका

दिनांक—6 जून, 1985 ई. **—पेरियार ललई सिंह**

# पाठकों के कर्तव्य

1. मेरे पास अनेक लड़कों की प्रार्थनाएँ आई हैं तथा आपके पास भी आती रहती होंगी कि उन्हें विद्यालय व महाविद्यालय में साइलेंटली या मसलहतन या ऐलानिया तौर पर जाति-पाँति, ऊँच-नीच व छुआछूत आदि कारणों से भर्ती नहीं किया जाता। यदि किसी दबाव या कारणवश भर्ती किया भी जाता है, तो उसके साथ छुआछूत का बहाना या अन्य बहाना बनाकर खराब बर्ताव किया जाता है।

आचार्य शम्बूक की भाँति महाराष्ट्र प्रान्त ने अपने विद्यालय व महाविद्यालय अलग खोले हैं, उन्हें धन्यवाद! आप भी अपने अलग विद्यालय व महाविद्यालय खोलें। करोड़ों की जनसंख्या एक-एक पैसा प्रतिदिन बचाकर करोड़ों रुपया इकट्ठा कर सकती हैं—'हाय मरे! हाय मरे!!' कहना तुरन्त बन्द करें।

2. मैं व आप अखबारों में प्रतिदिन पढ़ते हैं कि महाशूद्रों व बौद्ध आदि अल्पसंख्यकों पर अन्याय, अत्याचार, बलात्कार, मार-काट व लूटपाट की घटनाओं के साथ-साथ नगर, गाँव व मुहल्ला रिजर्वेशन (आरक्षण) या सरकारी रेट वाली मजदूरी माँगने या परम्पूज्य बाबा साहेब डॉ. भीमराव अम्बेडकर द्वारा स्थापित 'मिलिंद महाविद्यालय, औरंगाबाद, (महाराष्ट्र) का नाम बदलकर 'डॉ. अम्बेडकर विश्वविद्यालय' रखे जाने के विरोध में या किसी न किसी अन्य बहाने जलाए जा रहे हैं।

हाई-कमांडरों ने 'सेतु' की भाँति महाराष्ट्र में अपनी जान व माल की रक्षा के लिए सक्रिय 'समता सैनिक दल' की स्थापना करके उसकी शाखाएँ गाँवों, मुहल्लों, नगरों व महानगरों में खोली हैं। मैंने स्वयं उनका सराहनीय कार्य देखा है।

अपनी रक्षा के लिए उन्होंने विरोधियों को, चाहे महाराष्ट्र हो या गुजरात या अन्य स्थानों पर अच्छी मात दी, तभी तो विरोधियों को गैरकानूनी, मानवता विरोधी, जबरई, धींगामस्ती वाले मनमाने आन्दोलन मजबूरन वापस लेने पड़े। हालाँकि इन झगड़ों में सबसे ज्यादा जान-माल की हानि दलित, पीड़ित व बौद्धों की हुई है। हजारों वर्षों से सताए जानेवाले लोगों में स्वाभिमान जागा। अत: उन्हें धन्यवाद।

आप जहाँ हैं, अपनी रक्षा के लिए शीघ्र सक्रिय 'समता सैनिक दल' शाखाएँ खोलें। उनकी धन-जन में सहायता करें।

आप यदि गुलाम, नीच या मुर्दा बनकर जीवित रहना चाहते हैं, तो ऐसे जीवित रहने से मर जाना अच्छा है। जियो शेर बनकर, बकरी बनकर मत जियो। शेर की बलि किसी देवी-देवता के नाम पर कभी भी नहीं दी जाती है, जबकि बकरी की बलि कोई कहीं भी दे देता है।

जियो, स्वस्थ आदमी बनकर जियो, कोढ़ी बनकर मत जियो। यों तो ऊँच-नीच, छुआछूत व जाति-पाँति की संकीर्ण, कोढ़ वाली बीमारी की आपसी फूट ने भारत को हजारों साल गुलाम बनाकर रखा है। आजादी जिसे मिली, उसे मिली।

हम अब भी सवर्ण हिन्दुओं (ब्राह्मण, क्षत्रिय व वैश्यों) के धार्मिक, सामाजिक, आर्थिक व राजनीतिक रूप से गुलाम हैं। हमें अपनी आजादी स्वतः प्राप्त करना है, स्वतः रक्षा करना है। अन्य के भरोसे नहीं रहना है।

3. आप यह भी अखबारों में प्रतिदिन पढ़ते हैं कि पुत्र-प्राप्ति या अन्य मनोकामना की प्राप्ति के लिए बच्चों या मनुष्यों की बलि किसी देवी-देवता के नाम पर दी जा रही है। ये तथा ऐसे ही अन्य कार्य सब अन्धविश्वास हैं। ऐसा करने से पुत्र की प्राप्ति या मनोकामना की पूर्ति कभी भी नहीं हो सकती। पुत्र की प्राप्ति के लिए डॉक्टर की सलाह से पुरुष के वीर्य, स्त्री के रज, बच्चादानी व मासिक धर्म (हैज) आदि की खराबी की जाँच कराएँ, तब बच्चा पैदा होगा अन्यथा नहीं।

इसी प्रकार मनोकामना पूरी तब होगी, जब उसे प्राप्त करने के लिए वैसे ही अनुकूल प्रयत्न किए जाएँ अन्यथा नहीं।

पिछड़े समाज को ऐसे ही अनेक अन्धविश्वासी भाग्य, भगवान, कथा, भागवत, स्वर्ग, नरक, पुनर्जन्म, पाप, पुण्य, गंगा-स्नान, दर्शन, तेरही, बरसी, मथुरा, गया, चारों धाम, भोज, भंडारा, पुरोहित, पंडा व पुजारी आदि के ठगाई वाले जाल से बचाने के लिए जल्द से जल्द महानतम क्रान्तिकारी समाज-सुधारक नेता 'कुन्दन' की भाँति 'समाजोद्धारक समिति' बनाएँ।

महाराष्ट्र आदि कुछ प्रान्तों में 'भारतीय बौद्ध महासभा' ने अपनी कई शाखाएँ खोली हैं। हालाँकि विशेष सक्रिय नहीं हैं। आप भी शाखाएँ खोलें। सक्रिय रूप दें। भविष्य उज्ज्वल है। शायर कहता है कि—

न पढ़ने से बेहतर है, पढ़ना जनाब।
कि हो जाओगे, एक दिन कामयाब॥

4. 'शम्बूक वध' नाटक या अन्य पुस्तक केवल पढ़ने मात्र से कोई लाभ नहीं, लाभ तब होगा, जब उसके सुझाव के अनुसार काम किया जावे। जीवन जिया जावे।

धन्यवाद!

आप सबका

दिनांक—15 अगस्त, 1985 ई. **—पेरियार ललई सिंह**

# सम्मति

भारत में सदैव ब्राह्मण एवं श्रमण संस्कृति का भारी विरोध रहा है। ब्राह्मणों ने भारतीय समाज पर अपना वर्चस्व बनाए रखने के लिए समय-समय पर अनेक प्रकार के षड्यंत्र रचे हैं। प्रस्तुत 'शम्बूक वध' नाटक ब्राह्मणों के ऐसे ही एक घृणित षड्यंत्र एवं जघन्य अपराध का पर्दाफाश है।

भारत के पढ़े-लिखे, शोषित-पीड़ित समाज के नवयुवकों का परम दायित्व है कि वे 'शम्बूक वध' में निहित ब्राह्मणी षड्यंत्र की सत्यता से शोषित सर्वहारा समाज को अधिकाधिक ज्ञान कराकर उनका उचित मार्गदर्शन करें।

विडंबना है कि आज का समाज उसी राम का, जो उनके लोकप्रिय पूर्वज का विरोधी है, बड़ी श्रद्धा के साथ गुणगान कर रहा है, जबकि ऐसे विरोधी का नाम तक नहीं लेना चाहिए।

शम्बूक महान की हत्या का सही प्रतिशोध परम पूज्य बोधिसत्व बाबा साहब डॉ. भीमराव अम्बेडकर द्वारा निर्देशित बौद्ध धम्म में दीक्षा लेकर किया जा सकता है। तभी नाटक के लेखक आजीवन संघर्षरत पेरियार ललई सिंह के 'शम्बूक वध' लिखने का श्रम सार्थक सिद्ध हो सकता है।

सफलता की कामना।

धन्यवाद!

दिनांक—15 अगस्त, 1985 ई.

**—जगन्नाथ आदित्य**
अध्यक्ष, भारतीय बौद्ध महाराभा
84/172, झकरकटी, जी.टी. रोड
कानपुर-3, (उत्तर प्रदेश)
पिन-208 003

# पात्र-परिचय

## पुरुष-पात्र

| | | | |
|---|---|---|---|
| 1. | **शम्बूक** | : | एक शूद्र तपस्वी एवं नेता |
| 2. | **रामचन्द्र** | : | अयोध्या का राजा |
| 3. | **ऋषिगण** | : | मार्कंडेय, मोदगल्य, वामदेव, कश्यप, कात्यायन, जाबालि एवं नारद |
| 4. | **शिवकंठ** | : | वाराणसी का एक लालची ब्राह्मण |
| 5. | **शैलेन्द्र** | : | शिवकंठ का पुत्र |
| 6. | **कुन्दन** | : | शैलेन्द्र का मित्र (शम्बूक का प्रमुख कार्यकर्ता) |
| 7. | **मुन्दर, ज्ञानू और सेतू** | : | शम्बूक के शिष्य |
| 8. | **भरत** | : | रामचन्द्र के छोटे भाई |
| 9. | **लक्ष्मण** | : | |
| 10. | **शत्रुघ्न** | : | |
| 11. | **वसिष्ठ** | : | रामचन्द्र के गुरुजी |
| 12. | **दो मंत्री** | | |
| 13. | **दो सभासद** | | |
| 14. | **प्रतिहारी आदि** | | |

## स्त्री-पात्र

| | | | |
|---|---|---|---|
| 1. | **तुंगभद्रा** | : | शम्बूक की पत्नी |
| 2. | **जलेश्वरी** | : | शिवकंठ की पत्नी |

# प्रथम अंक

## दृश्य-1

**स्थान :** शम्बूक मुनि का महाविद्यालय
**समय :** प्रातः 7:30 बजे

*[प्रार्थना के पश्चात् विद्यार्थीगण अध्ययन के लिए बैठे हैं। सामने शिक्षक के आसन पर अध्यापक शम्बूक विराजमान हैं।]*

**मुन्दर :** मुनिवर! मैं आपकी आज्ञानुसार विद्या अध्ययन के लिए आ तो गया, किन्तु...।

**शम्बूक :** किन्तु क्या वत्स! क्या कोई कष्ट है तुझे?

**मुन्दर :** मुझे यहाँ तो कोई कष्ट नहीं गुरुवर, किन्तु ये आर्य लोग मेरे वृद्ध माता-पिता को असहनीय कष्ट पहुँचा रहे हैं।

**ज्ञानू :** तात! उनका कहना है कि उस शम्बूक का मस्तिष्क तो फिरा हुआ है ही और तेरा लड़का भी उसके बरगलाए में आ गया है। यदि समय रहते न सुधरा, तो तुम्हें बुरी तरह से परेशान किया जाएगा।

**सेतू :** तुम लोग परेशान ही हो। हमारे ऊपर जो अत्याचार किए जा रहे हैं, उनका वर्णन कर सकना असम्भव है। लेकिन हमने भी प्रण कर लिया है कि हम भी अपने कर्तव्य से च्युत न होंगे।

**शम्बूक :** बलिहार है पुत्रो! तुम लोगों को इसी प्रकार दृढ़प्रतिज्ञ होना चाहिए। तुम्हें अपने समाज तथा देश के लिए सर्वनाश के बाद भी साहस नहीं तोड़ना चाहिए।

**ज्ञानू :** अब तो हम लोगों का कदम उठ गया है, उसे आँधी और तूफान भी नहीं रोक सकते, किन्तु हम चन्द व्यक्ति कर ही क्या सकते हैं?

**शम्बूक :** तुम्हारी भूल है ज्ञानू! तुम चन्द हो? सारे देश में तो तुम लोग ही रहते हो। चन्द ये आर्य हैं, जो मुट्‌ठी भर होते हुए भी अपनी राजनीतिक चतुरता से तुम्हारे शासक बने हुए हैं।

**मुन्दर :** हमारे ऊपर उनको शासन करने में सर्वाधिक सहयोगी उनके द्वारा बनाई गई वर्ण-व्यवस्था रही है। इस वर्ण-व्यवस्था द्वारा वो हमको संगठित नहीं रहने देते हैं।

**सेतू :** गुरुजी! यदि हम लोग संगठित न रह पाएँ, तो युगों तक इनके इस कुचक्र में फँसकर हमें पछताना पड़ेगा।

**शम्बूक :** इसलिए तो हम समस्त आदिवासियों को पुनः एक सूत्र में बँध जाने का उपदेश देते हैं। यदि हम लोग समय रहते सचेत न हो पाए और इनके इस झूठ तथा पाखंडी जाल में फँसने से न बच पाए, तो युगों तक पछताना पड़ेगा। साथ ही, हम लोग दिमागी गुलाम हो जाएँगे, जिससे छुटकारा पाना असम्भव हो जाएगा। फिर हमारी सन्तानें इनके घोर आतंक से आतंकित होकर हमें कोसेंगी, भला-बुरा कहेंगी और सदा इनकी दासता को ही अपना धर्म समझेंगी।

**ज्ञानू :** महाराज, हमें अतिशीघ्र समाज को सचेत कर देना चाहिए।

**शम्बूक :** हाँ, वत्स! मेरा विचार तो यह है कि शीघ्र ही मुन्दर की देख-रेख में एक 'समाजोद्धारक समिति' का निर्माण हो और वह समिति घूम-घूम कर अपने लोगों को इस बनावटी वर्ण-व्यवस्था के पाखंडी चक्र में फँसने से रोके।

**सेतू :** किन्तु गुरुजी, राजसत्ता तो उन आर्यों के हाथ में है।

**शम्बूक :** राजसत्ता से क्या? अधिक से अधिक उनके पास सैनिक शक्ति है, जिनके द्वारा वे हमें दमन करने की चेष्टा करेंगे। किन्तु हमने भी निश्चय किया है कि शीघ्र

ही एक सैनिक संगठन ज्ञानू की और मेरी देख-रेख में खड़ा किया जाए तथा उसके द्वारा इनके सैनिक प्रकोप से बचने के साथ ही साथ इनसे सैन्य सामना भी किया जाए।

**सेतू** : धन्य हो गुरुजी! यदि आपकी कृपा से हम लोगों की ये सभी योजनाएँ सफल हुईं तो अवश्य ही हम लोग इन सभी विदेशी लुटेरे आर्यों को देश से बाहर निकाल सकने में सफल हो सकेंगे।

**शम्बूक** : लक्ष्य हमारा यही है तात! किन्तु यह नहीं कहा जा सकता है कि कितने दिन पश्चात् हमें सफलता प्राप्त हो सकेगी।

**सेतू** : महाराज! ये आर्य अभी देश में हैं ही कितने? सम्पूर्ण देश में अधिक से अधिक इनकी जनसंख्या पाँच प्रतिशत ही होगी। हम लोग तो पंचानवे प्रतिशत हैं। क्या हम लोग इतने कायर हैं, जो इन पाँच प्रतिशत का आधिपत्य स्वीकार कर लेंगे? आपका आशीर्वाद चाहिए, गुरुजी। शीघ्र ही हम लोग एक सूत्र में बँध जाएँगे और इनके इस बनावटी जाति-पाँति के पाखंडी कुचक्र में न फँसकर अपने कर्तव्य का पालन करेंगे।

**शम्बूक** : धन्य हो वत्स! तुम लोगों को जीवन में सफलता मिले, यह आशीर्वाद है। तुम अपनी पूर्ण योजना के अनुसार अपने कार्यों में जुट जाओ और मैं समय-समय पर सचेत करता रहूँगा।

**ज्ञानू** : *(प्रणाम करके)* जो आज्ञा गुरुजी! हम लोग अपने कर्तव्य का पालन करेंगे, अपने कार्य में रंच मात्र भी ढिलाई न करेंगे।

**शम्बूक** : और ध्यान रहे! जब तक तुम्हारी शक्ति पूर्ण सुदृढ़ न हो जाए, तब तक किसी प्रकार का खतरा मोल न लेना। वरना...।

**तीनों** : *(हाथ जोड़कर)* ऐसा ही होगा, गुरुजी! *(एक साथ)* प्रणाम!

*[एक ओर शम्बूक व दूसरी ओर तीनों शिष्यों का प्रस्थान]*

**[पटाक्षेप]**

# दृश्य-2

**स्थान :** वाराणसी
**समय :** सायंकाल 4 बजे

*[शैलेन्द्र अपनी जीर्ण-शीर्ण कुटिया के पीछे चिन्तित एवं चंचल मुद्रा में बैठा है, मानो वह शीघ्र ही एक ओर को चल देना चाहता है!]*

**शैलेन्द्र :** *(स्वगत)* अद्‌भुत स्थिति है। पिताजी के कहने-सुनने पर गुरुजी के आश्रम तक गया, परन्तु पढ़ने में जी न लगा। हमें तो उस अनार्य के लड़के कुन्दन को ही देखने की लालसा बनी रहती है...। यही कारण है कि मैं वहाँ से चुपके-से चला आया और घर में छुट्टी मिल जाने का बहाना कर दिया। यहाँ आए चार दिन हो गए, किन्तु कुन्दन दिखाई नहीं पड़ा। पता नहीं कहाँ चला गया? एक दिन उसके घर तक गया भी, लेकिन वहाँ पर किसी के उपस्थित न होने के कारण उसका पता न चल सका।

*[सहसा कुन्दन का प्रवेश। विचित्र मुद्रा बनाए हुए है।]*

**कुन्दन :** क्या शैलेन्द्र भैया हैं? ये तो पढ़ने गए थे, यहाँ कैसे? *(शैलेन्द्र की ओर देखते हुए)* शैलेन्द्र! क्या कुछ खो गया है और किसका पता नहीं चल रहा है?

**शैलेन्द्र :** *(प्रसन्नता से उछलकर)* तू ही तो खो गया था कुन्दन! तेरा पता नहीं चल रहा था।

**कुन्दन :** मैं कहीं खो गया था, मैं तो घर पर ही रहा। खोने के भय के कारण तो मैं पढ़ने नहीं गया।

**शैलेन्द्र :** *(विस्मय के साथ)* पढ़ने नहीं गया? तू भी पढ़ने जाता है?

**कुन्दन :** और क्या तुम्हीं अकेले पढ़ने जानते हो?

**शैलेन्द्र :** कुन्दन! तू तो अनार्य है। शूद्र है। तुझे कौन पढ़ाएगा?

**कुन्दन :** जब मैं पढ़ूँगा, तो कोई भी पढ़ाएगा कि बिना पढ़े ही कोई पढ़ाएगा?

**शैलेन्द्र :** *(चिढ़कर)* तो फिर क्यों नहीं पढ़ लेता है? पढ़ ले, भला शूद्रों को कोई क्यों पढ़ाएगा? हर एक शैलेन्द्र कुछ थोड़े ही है? फिर शूद्रों पर सरस्वती जी भी क्यों कृपा करेंगी?

**कुन्दन** : *(चिढ़कर)* क्या आर्यों के सुरखाब के पर लगे हैं, जो वही पढ़ सकते हैं, उन्हीं को पढ़ानेवाले हैं? दक्षिण भारत में अब भी मुझ जैसों के लिए विद्वान गुरुजी की कमी नहीं है जो बिन सरस्वती जी वाली तिजोरी खोले हुए भरपूर विद्या दान कर रहे हैं।

**शैलेन्द्र** : *(गुस्सा होकर)* और क्या? पाठशाला में मैंने देखा कि वहाँ केवल आर्य विद्यार्थी ही थे। कोई अनार्य विद्यार्थी नहीं था, फिर तुझे कौन पढ़ाएगा?

**कुन्दन** : शैलेन्द्र भैया! तभी तो तुम वहाँ से भगा दिए गए, क्योंकि तुम अनार्य कुन्दन के अभिन्न मित्र थे और...।

**शैलेन्द्र** : चुप रह मूर्ख! मैं तेरे कारण नहीं भगाया गया। मेरा तो मन नहीं लगा। गुरुजी से अवकाश लेकर चला आया।

**कुन्दन** : तुम्हारा मन नहीं लगा? कितनी असत्य बात है! जैसे...।

**शैलेन्द्र** : *(बीच में ही बात काटकर)* जैसे क्या?

**कुन्दन** : समझ नहीं पाए? जैसे गधे के सिर पर सींग।

**शैलेन्द्र** : *(गुस्सा होकर)* धृष्ट वाचाल! तू मेरा अपमान करता है? शूद्र होकर, मेरे सर पर चढ़ता चला आता है। अभी श्राप दे दूँगा, तो भस्म हो जाएगा।

**कुन्दन** : शान्त हो शैलेन्द्र भैया, शान्त हो। गुस्सा ही विनाश का कारण बन जाता है। मैं जिस पाठशाला में पढ़ने जा रहा था, वहाँ एक आचार्य शम्बूक जी ही हैं जो अनार्य हैं। वहाँ पर आपकी प्रातः वन्दनीया माननीया श्री सरस्वती जी महारानी अपनी कृपा द्वारा विद्या दान करती हैं।

**शैलेन्द्र** : अच्छा! कोई अनार्य भी आचार्य हो गए हैं? मैं भी देखूँगा।

**कुन्दन** : मैं तो वहाँ गया नहीं, एक बार भी नहीं गया हूँ जो तुम्हें चलकर दिखा लाऊँ। पूज्य पिताजी का कहना है कि आचार्य प्रकांड विद्वान, तेजस्वी एवं तपस्वी हैं।

**शैलेन्द्र** : अपने गुरु की तरह तू भी तो प्रकांड विद्वान एवं तेजस्वी है। तुझे भी तो 'मूर्खाणाम शिरोमणि' की उपाधि मिलनी चाहिए। अगर शूद्र को भी तपस्या का अधिकार प्राप्त होने लगेगा, तो आर्यों...।

**कुन्दन** : *(बीच में ही बात काटकर)* आर्यों को धक्के खाने पड़ेंगे।

**शैलेन्द्र** : मूर्ख! यदि अबकी बार वाचालता की कोशिश की, तो...।

**कुन्दन** : और तूने यदि अब अपशब्द प्रयोग किया, तो...।

*[दोनों हाथापाई पर तैयार हैं। सहसा 'आचार्य शम्बूक मुनि' का प्रवेश।]*

**शम्बूक** : *(बीच-बचाव करते हुए)* हे अज्ञानी बालको, मत लड़ो।

**शैलेन्द्र** : *(हाथ जोड़कर)* महाराज! इस धृष्ट शूद्र का कहना है कि अनार्यों का एक महाविद्यालय चल रहा है, जिसमें एक दुष्ट शूद्र ऋषि शम्बूक आचार्य है। वहाँ शूद्रों को विज्ञान सहित सभी विद्याओं का अध्ययन कराया जाता है।

**कुन्दन** : और ये धृष्ट उन आचार्य के लिए अपशब्द प्रयोग करता है।

**शम्बूक** : देखो बालको! तुम लोग इस प्रकार मत लड़ो। अवश्य ही एक तपस्वी शम्बूक का दंडकारण्य में 'आदिवासी महाविद्यालय' चल रहा है। तुम भी तो किसी विद्यालय के विद्यार्थी होगे। *(कुन्दन की ओर मुड़कर)* बालक, तू पढ़ने जाता है?

**कुन्दन** : *(हाथ जोड़कर)* नहीं महाराज! मैं पढ़ने नहीं जाता।

**शम्बूक** : *(स्वगत)* यही तो इस देश के पतन का कारण है, जहाँ ऐसे होनहार बालक तक नहीं पढ़ाए जाते हैं। इनके माता-पिता को कुन्दन के लिए उच्चतर शिक्षा का प्रबन्ध करना चाहिए। इधर आर्यों के प्रत्येक बालक तथा बालिकाओं का प्रथम अनिवार्य कार्य शिक्षा ग्रहण करना है। *(कुन्दन से)* बालक, तू पढ़ने जाया कर। तुझे भी आर्यों के समान विद्वान बनने का जन्मसिद्ध अधिकार है।

**कुन्दन** : जो आज्ञा महाराज! अब मैं अवश्य पढ़ने जाऊँगा।

**शम्बूक** : तुझे यही करना चाहिए। *(शैलेन्द्र की ओर देख करके)* बालक! तुम आपस में लड़ा मत करो। लड़ना अच्छा नहीं होता है।

*[कहकर आचार्य शम्बूक का एक ओर को प्रस्थान। शैलेन्द्र व कुन्दन का दूसरी ओर को अलग-अलग प्रस्थान।]*

**[पटाक्षेप]**

# दृश्य-3

**स्थान :** दंडकारण्य में शम्बूक की कुटी
**समय :** प्रातः सूर्योदय

*[शम्बूक आसन पर बैठे हैं। पास ही उनकी धर्मपत्नी तुंगभद्रा चिन्तित मुद्रा में बैठी हैं।]*

**शम्बूक :** तुंगभद्रा! तुम्हारे मुखारविन्द पर सदैव चिन्ता की रेखाएँ क्यों विद्यमान रहती हैं? मैं लम्बे समय से यही दशा देख रहा हूँ। कुछ कारण समझ में नहीं आ रहा है।

**तुंगभद्रा :** हे आदिपुत्र! मैं क्या कारण बताऊँ?

**शम्बूक :** क्यों न बताओ प्रिये? तुम्हें अपनी मानसिक व्यथा को मेरे समक्ष स्पष्ट करने में संकोच क्यों?

**तुंगभद्रा :** इसलिए नाथ कि आपके सन्तोष में ही मुझे सन्तोष है।

**शम्बूक :** *(चकित होकर)* ऐं! क्या मेरा सन्तोष ही तेरे इस दुख का कारण है?

*[तुंगभद्रा गम्भीर एवं शान्त रहती हैं।]*

**शम्बूक :** स्पष्ट करो, प्रियतमे! तुम्हें आर्यों की गृहणियों की भाँति प्रत्येक कष्ट को चुप रहकर ही सहन नहीं कर लेना चाहिए। हम सब आदिनिवासी हैं। आदिवासी स्त्री को अर्द्धांगिनी होने के नाते अपने हृदय की प्रत्येक बात को कहने का पूर्ण अधिकार होता है।

**तुंगभद्रा :** आप जिस महान क्रान्ति का संचालन कर रहे हैं, वह हम लोगों के लिए अत्यधिक कष्टदायक सिद्ध होगी।

**शम्बूक :** *(हँसकर)* तो उस कष्ट के भय से हमें चुप होकर बैठ जाना चाहिए?

**तुंगभद्रा :** महाराज! ये आदिवासी इस क्रान्ति में आपका बिलकुल ही सहयोग न देंगे, क्योंकि इन्हें आर्यों के षड्यंत्र में फँसने में ही अपनी कर्तव्य-परायणता जान पड़ती है। दूसरे इनमें फूट का बीज अंकुरित हो चुका है। इधर मुट्ठीभर आर्य अटूट संगठन शक्ति के कारण अपने हर षड्यंत्र में सफल होते जा रहे हैं।

**शम्बूक** : *(मुस्कराकर)* हमें अपने इन भ्रमित एवं छिन्न-भिन्न आदिवासियों को एक सूत्र में ही तो पिरोना है। इनकी पारस्परिक फूट का कारण भी तो हम जानते हैं।

**तुंगभद्रा** : इनकी आपसी फूट के क्या कारण हैं?

**शम्बूक** : इनकी फूट के अनेक कारण हैं, तुंगभद्रे!

**तुंगभद्रा** : महाराज! उन्हें स्पष्ट कीजिए।

**शम्बूक** : सर्वप्रथम कारण जो सर्वाधिक अनिष्टकारक है, वह है आर्यों द्वारा बनाई गई बनावटी वर्ण-व्यवस्था, जो मानव-मानव व भाई-भाई में पाताल और आकाश का अन्तर डाल रही है; जो एक को अति नीच और दूसरे को महान ऊँच बनाकर उनके मध्य एक लम्बी-चौड़ी एवं गहरी खाई खोद रखी है। हमें उसी खाई को पाटना है। दूसरे, इन आदिवासियों की आँखों पर लोभ का चश्मा चढ़ा दिया गया है। हमें उसे भी उतारना है और यह सिद्ध करना है कि इनके ये प्रलोभन धोखा हैं। मृगतृष्णा हैं।

**तुंगभद्रा** : कैसी मृगतृष्णा?

**शम्बूक** : यह भी नहीं जानती हो तुम! ये आर्य लोग भिन्न-भिन्न प्रकार के लालच देकर इन्हें, इनके भाइयों से फोड़कर उल्लू सीधा कर रहे हैं। ये लालच केवल लालच मात्र हैं। इनमें आदिवासियों को सामूहिक रूप से कोई लाभ नहीं।

*[सहसा सेतू और ज्ञानू शिष्यों का प्रवेश]*

**दोनों** : गुरुजी प्रणाम!

**शम्बूक** : चिरंजीव भव:! ऐश्वर्यवान भवः वत्स। आज तुम दोनों चिन्तित क्यों जान पड़ते हो?

**सेतू** : गुरुजी! आर्य लोग हमारी योजना का पता अपने गुप्तचर विभाग द्वारा लगा चुके हैं। यह सूचना हमारे एक विश्वासी गुप्तचर द्वारा दी जा रही थी। उसी समय अनेक आर्य सैनिकों ने 'आदिवासी महाविद्यालय दंडकारण्य' पर हमला कर दिया और 'समाजोद्धारक समिति' का कार्यालय लूट कर नष्ट कर दिया।

**शम्बूक** : *(अतिशीघ्र)* क्या कहा? कार्यालय लुटकर नष्ट हो गया?

**सेतू** : हाँ, महाराज!

**ज्ञानू** : और इसी उपद्रव में हमारे महान क्रान्तिकारी साथी एवं समिति के अध्यक्ष मुन्दर बलिदान हुए।

**शम्बूक :** *(एक लम्बी साँस लेते हुए)* क्या कहा? मुन्दर की हत्या कर दी गई?

**सेतू :** हाँ, महाराज!

**शम्बूक :** और तुम्हारी लड़ाकू सेना क्या करती रही?

**सेतू :** महाराज! तत्काल हमारी सेना सावधान हो गई और उसने डटकर आक्रमणकारियों का सामना किया। उससे पहले ही आर्यों ने उनकी हत्या कर दी।

**ज्ञानू :** वैसे, विजयश्री हमारे पक्ष में ही रही!

**शम्बूक :** महान शोक है ज्ञानू कि हमारे एक महान साहसी एवं कर्तव्यपरायण कार्यकर्ता की निर्मम हत्या हो गई, किन्तु अब हमें अधिक सावधानी से कार्य संचालन करना है। हमें अपनी उस 'समाजोद्धारक समिति', जो सन्तोषजनक काम कर रही थी, का पुनः संगठन कर सुचारु रूप से कार्य प्रारम्भ कर देना है।

**दोनों :** *(एक साथ)* जो आज्ञा महाराज!

**शम्बूक :** तुंगभद्रा! तुम भी इस कुटिया पर सावधानी से रहना। अब हम लोगों का दिन-रात जुटकर स्वदेश एवं आदिनिवासियों के हित के लिए कार्य करना है।

*[शम्बूक और दोनों शिष्यों का एक ही ओर से प्रस्थान]*

**[पटाक्षेप]**

## दृश्य-4

**स्थान :** दंडकारण्य में आचार्य शम्बूक का तपश्चर्या स्थल
**समय :** सायंकाल सूर्य अवसान से पूर्व

*[आचार्य शम्बूक तपस्या में निमग्न हैं। आर्य ऋषियों का नारद सहित प्रवेश।]*

**सभी आर्य ऋषिगण :** *(एक स्वर में)* महर्षि शम्बूक की जय! हम लोग आपके दर्शनार्थ आए हैं।

**शम्बूक :** *(आँख खोलकर और पहचानकर)* कहिए देवर्षि नारद, आज कैसे इन देवर्षियों के साथ यहाँ तक आने का कष्ट किया?

**नारद** : महर्षि, इन ऋषियों ने कहीं से आपकी प्रशंसा सुनी थी। अत: आज सभी ने मिलकर आपके सम्बन्ध में अनेक प्रश्न मुझसे किए। अस्तु, उन प्रश्नों के उत्तर में मैंने सभी ऋषियों को आपके पास तक ले आना ही अधिक उपयोगी समझा।

**शम्बूक** : इन ऋषियों का परिचय क्या है नारद?

**नारद** : मुनि जी! क्रमश: आप लोग मार्कंडेय, मौद्गल्य, वामदेव, कश्यप, कात्यायन, जाबालि तथा गौतम हैं।

**शम्बूक** : धन्य है आपको नारद जो आप आर्यों के इन महर्षियों को यहाँ तक लाए। कहिए, ऋषिबन्धु आप लोगों की क्या आज्ञा है?

**मार्कंडेय** : मुनिवर शम्बूक! हम आपसे कुछ संशय के निराकरणार्थ यहाँ तक पधारे हैं। आशा है कि आप प्रश्नों के उत्तर से हम लोगों के सन्देहों को समाप्त कर सकेंगे।

**शम्बूक** : आपके प्रश्नों का उत्तर अवश्य दिया जाएगा, मार्कंडेय!

**मार्कंडेय** : आपको वेद पढ़ने और वेद पढ़ाने, यज्ञ करने और यज्ञ कराने तथा इतनी घोर तपश्चर्या करने का अधिकार किस शास्त्र के मतानुसार प्राप्त है?

**शम्बूक** : आप भूल रहे हैं, मार्कंडेय! वेद-शास्त्र की आज्ञा कोई ईश्वर कृत आज्ञा नहीं है। यह मनुष्य कृत है। वेद, पुराण, स्मृति आदि शास्त्र तो आपके पूर्वजों के हाथ के लिखे हुए हैं। उन्होंने सम्पूर्ण लेखन अपने स्वार्थ पूर्ति के लिए किया है। आर्यों के आक्रमण से पहले हमारे यहाँ का हर आदिवासी चिन्तन, संध्योपासन, तपश्चर्या एवं योग आदि करता था।

**गौतम** : किन्तु आपका वह साहित्य प्राप्त नहीं, जिसमें अनार्यों को आर्यों के समान ही पठन-पाठन व तप का अधिकार प्राप्त है, कहीं लिखा हो तो बताएँ?

**शम्बूक** : आपके आर्य पूर्वजों ने हमारे साहित्य और चिन्तन को खोज-खोज कर नष्ट किया। इसी कारण आप यह व्यर्थ की बात कर रहे हैं, गौतम यदि आज हमारा साहित्य पूर्णतया फल-फूल रहा होता, तो ये उँगलियों पर गिने जानेवाले आर्य भला क्यों हम पर शासन कर हमारा मानसिक, धार्मिक, सामाजिक, आर्थिक एवं राजनीतिक

दोहन-शोषण कर रहे होते, बल्कि आप समस्त आर्य शासक के रूप में न होकर इस आदिभूमि पर शरणार्थी के रूप में याचना कर रहे होते।

**नारद** : *(व्यंग्यात्मक ढंग में)* आप ठीक कह रहे हैं, महात्मन्!

**गौतम** : फिर क्यों नहीं अपना साहित्य फलाया-फुलाया? क्यों नहीं तुम्हारे पूर्वजों ने लिखकर पूर्णतया सुरक्षित रखा?

**शम्बूक** : गौतम! आप भूल रहे हैं कि जितना साहित्य आर्यों के आने से पूर्व हमारे पास था, उतने की कभी आपने कल्पना भी न की होगी। आपका सारा साहित्य हमारे साहित्य की चोरी से बना है। केवल इसमें स्वार्थी बनावटी वर्ण-व्यवस्था और जाति-पाँति का जाल बढ़ा दिया गया है। आपके उन दूरदर्शी आर्य नेताओं ने सर्वप्रथम तो हमारे साहित्य को ही जला कर खाक कर दिया।

**नारद** : *(हँसकर)* मिथ्या! सफेद झूठ! भला साहित्य को जलवाने से किसी को क्या लाभ?

**शम्बूक** : नारद! यदि किसी को किसी पर शासन करना है, किसी से अपनी बात मनवानी है, किसी से अपनी दासता करवानी है या उसकी मानसिक शक्ति दुर्बल करनी है तो सर्वप्रथम उसका साहित्य नष्ट किया जाता है। साहित्यविहीन समाज की वही स्थिति होती है, जो दिन में चमगादड़ की अथवा घनघोर अँधेरे में आँखों वाले मनुष्य की। उसे अपने पैर के नीचे भी नहीं दिखाई पड़ता। ऐसी ही दशा आज हमारे समाज की हो गई है। उनके पास आँखें हैं, किन्तु प्रकाश नहीं। मस्तिष्क है, परन्तु उपयोगी मार्गदर्शन नहीं। परिणामतः ये दिमागी गुलामी के शिकार होकर नाना प्रकार के पाखंडों में फँसकर सम्मानविहीन होकर, आप लोगों की सही व गलत प्रत्येक बात को मानने के लिए विवश हो गए हैं।

**मार्कंडेय** : तो तुमने इसके लिए कौन-कौन उपाय सोचे हैं?

**शम्बूक** : मैंने अपने समाज को वर्ण-व्यवस्था, दिमागी गुलामी, पुरोहितवाद, कर्मकांड, अन्धविश्वास, कूपमंडूकता तथा मूर्खता आदि के उन्मूलन का बहुमुखी बीड़ा उठाया है। अब मुझे पुनः समता का समाज बनाना है जो वर्ण और जाति-व्यवस्था मुक्त समाज होगा।

**नारद** : बहुत अच्छा! जय-जय नारायण! जय-जय नारायण!

*[कहकर नारद का प्रस्थान। उन्हीं के पीछे-पीछे अन्य आर्य ऋषिगण भी चल देते हैं।]*

*[आचार्य शम्बूक अभिवादन के साथ उन्हें विदा करते हैं।]*

**[पटाक्षेप]**

## दृश्य-5

**स्थान :** जंगली मार्ग एक वृक्ष के नीचे
**समय :** रात्रि, प्रथम पहर

*[वृक्ष के नीचे बैठे मार्कंडेय, मौद्गल्य, वामदेव, कश्यप, कात्यायन, जाबालि, गौतम एवं नारद परस्पर विचार-विनिमय तथा भावी योजना तैयार कर रहे हैं।]*

**नारद** : ऋषिगण! वह शूद्र तपस्वी तो बड़ा ही अक्खड़ जान पड़ता है।

**मौद्गल्य** : यही नहीं, नारद जी, उसकी योजनाएँ तो और भी व्यापक एवं ठोस हैं। यदि उसकी योजनाएँ सफल हो गईं तो वह दिन दूर नहीं, जब आदिवासियों का इस देश में स्वतंत्रता-दिवस पर देशव्यापी महोत्सव मनाया जाएगा और आर्यों को अपना बोरी-बिस्तर गोल करके अपने मूल देश जाकर ठिकाना ढूँढ़ना पड़ेगा।

**मार्कंडेय** : उसकी समस्त योजनाएँ एक महानतम कुशल राजनीतिज्ञ की भाँति हैं। हमें उसके विनष्ट करने का उपाय अति शीघ्र ही खोज निकालना चाहिए, अन्यथा पछताना पड़ेगा।

**गौतम** : किन्तु उपाय क्या हो सकता है?

**जाबालि** : यदि हम लोग मिलकर उस पर आक्रमण कर दें।

**कश्यप** : तुम्हारा यह सोचना गलत है जाबालि! शम्बूक किसी खेत की गाजर-मूली नहीं है, जो उसे उखाड़ फेंका जाए।

**कात्यायन** : उसके पास ऐसी कौन-सी शक्ति है, जो वह अकेला हम आठ का सामना कर लेगा?

**वामदेव** : यह केवल हम लोगों की कायरता है। उसकी क्या हिम्मत? सहस्त्रों शूद्र भी मिलकर हम लोगों का सामना नहीं कर सकते।

**नारद** : हम लोग भूल रहे हैं ऋषिगण! शम्बूक का सामना करना कोई हँसी-ठट्ठा नहीं। जितना बड़ा तपोबल उस शूद्र में है, उतना हम सब लोगों का मिलकर भी नहीं। हम लोग तो राजकीय सहायता एवं इन मूर्ख अनार्यों की कमाई पर छक्के-पंजे उड़ाया करते हैं, किन्तु उस शूद्र तपस्वी ने लगन के साथ तपस्या कर अजेय शक्ति का संचय किया है।

**मौद्गल्य** : उसके पास ठोस जन-शक्ति की भी कमी नहीं है। जितने विद्यार्थी हमारे समस्त पाठशालाओं में हैं, उतने केवल शम्बूक द्वारा संचालित 'आदिवासी महाविद्यालय, दंडकारण्य' में हैं। इस महाविद्यालय का सम्बन्ध अनेक महाविद्यालयों से जंजीर की कड़ी की भाँति जुड़ा है।

**जाबालि** : किन्तु यदि उसकी समस्त योजनाओं को समूल नष्ट न किया गया तो...।

**वामदेव** : हमें उसकी योजनाओं को नष्ट करने के लिए बड़े से बड़ा बलिदान करने में भी पीछे न हटना चाहिए। यदि प्राण न्योछावर भी करने पड़ें तो भी हमें अपनी आर्य जाति की रक्षा के लिए हँसते-हँसते प्राण अर्पण कर देना चाहिए।

**मार्कंडेय** : यह बात तो ठीक है वामदेव, परन्तु नमक नमक के साथ नहीं खाया जा सकता है। हमेशा शारीरिक शक्ति से मानसिक शक्ति श्रेष्ठ मानी गई है। अस्तु, हमें मस्तिष्क से किसी योजना को सोच-समझकर ही कार्यान्वित करना चाहिए, जिससे हम सफल हो सकें।

**कात्यायन** : मेरी समझ के अनुसार, तो हमें कार्य में राजकीय सहायता से काम करना चाहिए।

**कश्यप** : किन्तु राजकीय सहायता का भरोसा ही क्या? महाराज दशरथ की ढुलमुल नीति का ही यह परिणाम है, जो आज शूद्र सर पर चढ़ रहे हैं। उनका पुत्र राम तो ठीक है, परन्तु वह उतना ही काम करता है, जितना करने की कुलगुरु वसिष्ठ आज्ञा देते हैं।

**मौद्गल्य** : बिना राजकीय सहायता के विजय पा सकना असम्भव है, क्योंकि विश्वस्त सूत्रों से पता चला है कि उसका ये विद्यार्थी-मंडल केवल विद्यार्थी-मंडल ही नहीं, अपितु ठोस सैन्य शक्ति भी है।

**सभी** : *(आर्य ऋषिगण नारद सहित आश्चर्य से)* ठोस सैन्य शक्ति भी है?

**मौद्गल्य** : हाँ, ठोस सैन्य शक्ति है। वह हर प्रकार से हम लोगों को समूल उखाड़ फेंकना चाहती है।

**कात्यायन** : तो राजकीय सहायता प्राप्त करने का ढंग ही क्या है?

**नारद** : ढंग सहज है। वह कार्य आप यदि मेरे ऊपर छोड़ दें, तो इसे मैं अकेला ही पूरा कर सकता हूँ।

**ऋषिगण** : नारद! यह काम तुम्हारे ऊपर छोड़ा जा रहा है।

**नारद** : किन्तु! मेरी योजनानुसार तुम्हें मेरी सहायता करनी पड़ेगी।

**मौद्गल्य** : इसके लिए हम लोग प्राणार्पण को तैयार हैं।

**नारद** : वर्तमान शासक राम को पुनः उसी प्रकार ठगना चाहिए, जैसे उसे धोखे से जाल में फँसाकर उसके हाथों ताड़का नामक स्त्री का वध कराया गया। परशुराम से भिड़ने की सरस योजना बनाई गई और वनवास करा कर राजा बाली व महाराजाधिराज रावण का विनाश कराने में सफलता प्राप्त की गई।

**वामदेव** : उन योजनाओं में तो सफलता मिल गई, परन्तु इस बार कौन-सी योजना का सूत्रपात किया जाए, जिससे सफलता मिले?

**नारद** : उस ब्राह्मण को अपनी योजना में सम्मिलित किया जाए, जिसका लड़का इकलौता हो।

**मौद्गल्य** : इससे क्या लाभ?

**नारद** : उसके लड़के को बेहोशी की दवा खिलाकर घोषणा कर दी जाए कि उसकी मृत्यु का सारा उत्तरदायित्व राम के ऊपर है।

**वामदेव** : भला इसका उत्तरदायित्व राम के ऊपर कैसे हो सकता है?

**नारद** : यह कहा जाए कि राम के राज्य में एक शूद्र तपस्या कर रहा है, इस कारण राज्य में पाप छा गया है और यह अकाल मृत्यु हुई अर्थात् बूढ़े बाप के जीवित रहते उस

ब्राह्मण देवता का इकलौता पुत्र मर गया। अतः जिस आर्य राजा के राज्य में इस प्रकार का अत्याचार हो, उस राजा का राज्य अवश्य ही नष्ट हो जाएगा।

**मौद्गल्य** : ऐसा ब्राह्मण अपने एकमात्र पुत्र को योजना में सम्मिलित करने के लिए तैयार हो जाए, यह भी तो असम्भव है।

**नारद** : इस असम्भव को सम्भव करना सहज है। कोई निर्धन या कोई लालची ब्राह्मण उपयोगी सिद्ध हो सकता है। *(कुछ रुककर)* इसके लिए हमें राजा बाणासुर की बसाई नगरी वाराणसी चलना पड़ेगा। वहाँ एक ब्राह्मण है। वह बहुत लालची है, जो समझाने-बुझाने पर अवश्य ही तैयार हो जाएगा।

**मार्कंडेय** : अच्छा, तो अब सभा विसर्जित की जाए और चलकर उस ब्राह्मण को तैयार किया जाए।

**मौद्गल्य** : ऐसा ही किया जाए।

*[सबका प्रस्थान]*

**[पटाक्षेप]**

**[यवनिका पतन]**

# द्वितीय अंक

## दृश्य-1

**स्थान :** चौगान क्रीड़ा-स्थल
**समय :** सायंकाल 4 बजे

*[शैलेन्द्र और कुन्दन आमने-सामने से आकर एक ही साथ प्रवेश करते हैं। शैलेन्द्र की प्रतिभा से कुन्दन की प्रतिभा विशेष चमकती हुई है। कुन्दन देखने से ही एक सुशिक्षित एवं कर्मठ नवयुवक दिखाई पड़ता है। अभी तक और खिलाड़ी नहीं आए हैं।]*

**शैलेन्द्र :** भैया कुन्दन! तुम तो यहाँ से चले गए, परन्तु तुम्हारी अनुपस्थिति में मुझे अच्छा नहीं लगा।

**कुन्दन :** *(उसी चंचलतापूर्ण भाव में)* भैया शैलेन्द्र! हमें भी तुम्हारी अनुपस्थिति उसी प्रकार अखरती रही, जिस प्रकार मछली को पानी की कमी।

**शैलेन्द्र :** भला तुम्हें वहाँ कभी मेरी याद आई होगी?

**कुन्दन :** मैं तो तुम्हें नित्य प्रति याद किया करता था। मैं अपने सहपाठियों से कहा करता था कि यदि मेरा मूर्ख मित्र मुझसे न लड़ा होता, तो मेरे उस (शैलेन्द्र) के सिवाय सहस्त्रों साथी न बन पाते। मैं पढ़-लिखकर इतना बड़ा विद्वान न हो पाता और 'समाजोद्धारक समिति' का अध्यक्ष न बन पाता।

**शैलेन्द्र :** तो, क्या तुम विद्वान हो गए और किसी समिति के अध्यक्ष भी हो गए अर्थात् अब तुम पूरे नेता बन गए हो?

**कुन्दन :** और क्या! तुम्हारा पिछलगुआ गुलाम बना रहूँगा?

**शैलेन्द्र :** तो क्या नेतृत्व करने की बुद्धि अनार्यों में भी आ चुकी है?

**कुन्दन :** और क्या! आर्यों के नाम नेतृत्व का पट्टा कर दिया गया है? जितना सुन्दर काम हमारी यह समिति कर... उतना...।

**शैलेन्द्र :** कुछ भी हो, आर्यों के समतुल्य अनार्यों की सैकड़ों समितियाँ मिलकर भी मुकाबला नहीं कर सकती हैं।

**कुन्दन** : सैकड़ों कहाँ! अभी तो इस समिति की कुछ ही शाखाएँ हैं, जो उनको नाकों चने चबवाए हुए हैं। जब सैकड़ों हो जाएँगी, तब तो आक्रामक आर्यों को इस देश में रहना मुश्किल हो जाएगा।

**शैलेन्द्र** : तुम्हारे नेतृत्व में चलनेवाली समितियों द्वारा अगर इतना बड़ा परिवर्तन होने लगे, तो हमारे वीर लड़ाकू सैनिकों और विद्या वारिध कहे जानेवाले आर्यों को कोई क्यों पूछेगा?

**कुन्दन** : भैया शैलेन्द्र! तो तुमने मुझे क्या समझ रखा है? क्या इतने दिन घोर अध्ययन और कठिन परिश्रम के बाद भी मैं वही मूर्ख कुन्दन बना हूँ? शैलेन्द्र, तुम्हें ज्ञात होना चाहिए कि जब मेरे परम पूजनीय गुरुजी श्रीश्रीश्री आचार्य शम्बूक ने यह घोषित कर दिया कि वर्तमान समय में कुन्दन 'आदिवासी महाविद्यालय दंडकारण्य' का सर्वश्रेष्ठ विद्वान है, तभी मुझे 'समजोद्धारक समिति' ने एकमत होकर अध्यक्ष चुना है।

**शैलेन्द्र** : इसका अर्थ यह है कि 'आदिवासी महाविद्यालय दंडकारण्य' में तुम जैसे महामूर्ख को ही सर्वश्रेष्ठ विद्वान का प्रमाण-पत्र मिलता है, बस, बस, मैं समझ गया कि तू जिस महाविद्यालय और उसके स्नातकों पर इतना घमंड करता है, उसकी क्या स्थिति है? भला शम्बूक जैसे मूर्ख और शूद्र आचार्य के महाविद्यालय से और क्या आशा की जा सकती है?

**कुन्दन** : मूर्ख शैलेन्द्र! क्या तेरी बुद्धि पर तुषारापात हो गया है, जो तू उन प्रातः वन्दनीय आचार्य और उनके महाविद्यालय के समस्त स्नातकों को इस प्रकार के अपमानजनक शब्द का प्रयोग कर रहा है?

**शैलेन्द्र** : कुन्दन! इतना बौखलाओ मत। जो जैसा होता है, उसे वैसी ही उपाधि दी जाती है और उसके साथ वैसे ही विशेषणों और सम्बोधनों का प्रयोग किया जाता है।

**कुन्दन** : दुष्ट सावधान! अब अपने मुँह पर ताला डाल अन्यथा इसका कु-परिणाम भुगतना पड़ेगा।

**शैलेन्द्र** : *(हँसकर)* कुन्दन! तुम क्यों इतने व्यथित होते हो? बस, अब मैं जान गया कि अनार्य, आर्यों का कुछ भी नहीं बिगाड़ सकते हैं।

**कुन्दन :** आर्यों में दम ही कितना है, शैलेन्द्र! तू अपने जिस आर्य विद्वान पर घमंड करता है, उसे मेरे समक्ष उपस्थित कर। वह मुझसे ज्ञान गोष्ठी करे। जहाँ तक बिगाड़ सकने का प्रश्न है, वह दिन दूर नहीं, जब आर्य यहाँ से भागते दृष्टिगोचर होंगे अथवा आदिवासियों के दास...।

**शैलेन्द्र :** कुन्दन! यदि तूने अब आगे एक भी अपमानजनक शब्द का प्रयोग किया, तो...।

**कुन्दन :** तो तू और तेरे मददगार मेरा क्या बिगाड़ लेंगे? मेरे ही घर में रहकर मुझे ही डाँट रहा है? तेरी ही जड़ खोदने के लिए हमारी यह 'समाजोद्धारक समिति' रात-दिन कठिन परिश्रम में एड़ी-चोटी का पसीना एक किए हुए है। जिस दिन ही उसने पिछड़े हुए समाज को भूले हुए स्वरूप से परिचित करा पाई, आलस्य से छुटकारा दिला पाई, उसी दिन से ही ये सोते एवं भूखे सिंह की भाँति दहाड़ कर उठ खड़े होंगे और देश का कायाकल्प हो जाएगा।

**शैलेन्द्र :** और हम लोग पत्थर की मूर्तियों की भाँति, ज्यों के त्यों खड़े-खड़े क्या तमाशा देखते रहेंगे? जो तुम्हारी ये समस्त मनोकामनाएँ पूरी हो जाएँगी?

**कुन्दन :** यदि वे हिंसक पशुओं की भाँति बौखलाएँगे, तो सिवाय इसके कि वे अपना सर्वनाश करवा डालें और हो ही क्या सकता है? आज ही उन्हें हमारा देश छोड़ने के लिए बाध्य होना पड़ जाए, यदि हमारे ही कुछ भाई स्वार्थी, अवसरवादी, देशद्रोही और गद्दार बनकर आर्यों में मिलकर, आदिवासी समाज के पैरों में कुल्हाड़ी न मारें।

**शैलेन्द्र :** तो क्यों नहीं समझा लेते हो उन्हें?

*[सहसा शिवकंठ का प्रवेश]*

**शिवकंठ :** क्यों लड़ रहे हो तुम दोनों? *(शैलेन्द्र की ओर रुख करके)* तू दिन भर यों ही फिरा करता और झगड़ा किया करता है। इसलिए पाठशाला से चला आया? चल घर। मुझे तेरे आवारापन का रवैया पसन्द नहीं *(घसीटकर एक ओर ले जाता है।)*

**कुन्दन :** *(स्वगत)* ओह, इन आर्यों के बच्चे-बच्चे में इतना स्वाभिमान और आदिवासी इतने मुर्दा! जैसे इनकी नसों का सम्पूर्ण रुधिर शीतल हो गया हो, परवशता को स्वीकार कर लिए हों और उनके इशारों पर चलने के लिए बाध्य हो रहे हों। तभी तो ये मुट्ठी भर विदेशी छलिया, छल-छद्मवादी आर्य इस असंगठित आदिवासी वीर दल पर शासन कर रहे हैं। अब भी समय है। यदि समय होते न सोचा गया, तो सदा के लिए आर्यों की दासता स्वीकार करनी पड़ेगी।

*[कुन्दन का एक ओर प्रस्थान]*

**[पटाक्षेप]**

## दृश्य-2

**स्थान :** शिवकंठ की कुटिया का बाहरी भाग
**समय :** प्रातः 8 बजे

*[शिवकंठ अपनी कुटिया के द्वार पर एक वृक्ष के नीचे आसन पर बैठा है। पूजन पाठ से निवृत्त होकर शैलेन्द्र व कुन्दन के आपसी वाद-विवाद से तथा कुन्दन की विद्वत्ता से क्षुब्ध होकर कुछ कह रहा है।]*

**शिवकंठ :** *(स्वगत)* मेरा तो मस्तिष्क चकरा रहा है। कल वह शूद्र का लड़का कुन्दन शैलेन्द्र से अकड़ गया और शास्त्रार्थ के लिए किसी भी आर्य को फटकारने लगा। वह इतना बड़ा विद्वान हो गया है? उसने कहाँ शिक्षा पाई, भला किस महाविद्यालय में शूद्र को प्रवेश पाने दिया गया जो पढ़-लिखकर इतना बड़ा विद्वान बना और हम लोगों से शास्त्रार्थ कर परास्त करने लगा है?

शैलेन्द्र तो मूर्ख ही है। तभी वह उससे भिड़ गया। जाति से नीच है, तो क्या हुआ? भला विद्वान अपने को तुच्छ क्यों समझेगा? न जाने किस प्रकार और कितनी कठिनाइयों के पश्चात् आर्यों ने इन अनार्यों को अपने

पाखंड जाल में फाँसकर इस स्थिति में पहुँचा पाया है, किन्तु अब वे पुनः सचेत होकर उठ खड़े होने को तत्पर हो रहे हैं। अगर समय रहते उन पर ध्यान न दिया गया, तो वह दिन दूर नहीं, जब हम लोगों को शासक के स्थान पर शोषित बनकर जीवन बिताना पड़ेगा। इन अनार्यों की प्रगति रोकने के लिए हम सबको तन-मन-धन सभी समर्पित कर देना चाहिए।

*[आर्य ऋषियों का नारद सहित प्रवेश]*

*(शिवकंठ उठकर सभी को प्रणाम करता है)*—हे महर्षियो! आज क्यों इस दीन ब्राह्मण की कुटिया तक आने का कष्ट किया!

**सभी ऋषिगण** : आयुष्मान भवः! चिरंजीव भव वत्स!!

**नारद** : हे ब्राह्मण! आज तुम्हारे यहाँ तक आने का हम लोगों का कुछ जरूरी उद्देश्य है।

**शिवकंठ** : कहिए नारद! ऐसा कौन-सा काम आन पड़ा, जिसमें मुझ जैसे दरिद्र ब्राह्मण की आवश्यकता आ पड़ी?

**नारद** : हाँ-हाँ, ब्राह्मण! आज ऐसा काम आ पड़ा है, जिसमें तुम्हारा सहयोग परम आवश्यक है।

**शिवकंठ** : हम किस योग्य हैं, नारद?

**नारद** : विप्रवर तुम्हीं क्या, प्रत्येक आर्य को आज इस महान कार्य में सहयोग देने की आवश्यकता है, क्योंकि जो व्यक्ति वर्ण, जाति और समाज के लिए अपना सब कुछ न्योछावर नहीं कर सकता, उसका जीवन निरर्थक है!

**शिवकंठ** : कहिए, कहिए नारद! ऐसा कौन-सा कार्य अटक गया है, जो मुझ जैसे साधारण व्यक्ति से हो सकता है? वर्ण, जाति और पुरोहितवाद के लिए मैं सब कुछ करने को तैयार हूँ।

**नारद** : शिवकंठ! तुम्हें ज्ञात होगा कि दंडकारण्य में एक शूद्र, जिसका नाम शम्बूक है, तपस्या कर रहा है? वह शूद्र भारतवर्ष से आर्यों को खदेड़ कर बाहर निकाल देने का प्रण कर चुका है। इसलिए उसने 'दंडकारण्य' में एक 'आदिवासी महाविद्यालय' खोल कर समस्त अनार्यों को सुशिक्षित एवं योग्य बनाना प्रारम्भ कर दिया है। उन्हीं सुशिक्षितों के द्वारा अपने प्रण को पूरा करने के लिए उसने

दो समितियों क्रमशः 'सैनिक समिति' तथा 'समाजोद्धारक समिति' का निर्माण किया है, जो महान योग्य कर्मठ एवं स्वस्थ नेताओं के नेतृत्व में सफलतापूर्वक कार्य कर रही हैं। 'सैनिक समिति' तथा 'समाजोद्धारक' के नेता 'सेतू' व 'ज्ञानू' हैं एवं 'समाजोद्धारक समिति' के नेता 'कुन्दन' हैं।

**शिवकंठ** : *(चौंककर)* कुन्दन की भी योग्य विद्वानों में गणना है। क्या वह भी किसी समिति का अध्यक्ष है?

**नारद** : चौंकते क्यों हो, शिवकंठ? शम्बूक से अधिक भयानक तो वह कुन्दन ही है, जो 'समाजोद्धारक समिति' का अध्यक्ष है और जिसकी विद्वत्ता की चर्चा आज सर्वत्र हो रही है। वह तो एक ऐसा विद्वान है, जिसकी समता शायद ही कोई आर्य विद्वान कर सके।

**शिवकंठ** : तब तो कुछ अनहोनी के लक्षण प्रतीत हो रहे हैं, क्योंकि मेरी यह वाराणसी नगरी विद्या का केन्द्र रही है। यहाँ से अनेक शिक्षित व्यक्ति प्रकांड विद्वान होकर निकलते रहे हैं। इसी नगर का निवासी वह शूद्र बालक 'कुन्दन' है। यदि वह इतना बड़ा विद्वान हो गया है, तो भगवान चतुर्भुज कुछ रुष्ट से जान पड़ते हैं।

**नारद** : भगवान रुष्ट नहीं हैं, प्रियवर! अब हम सबको गिरती गरिमा की रक्षा के लिए संगठित होकर काम करना चाहिए और तुम्हें भी इसमें अवश्य सहयोग देना चाहिए।

**शिवकंठ** : नारद! हम तुम्हारी आज्ञा का पालन करने के लिए तैयार हैं। कहिए, कौन-सा कार्य मेरे ऊपर छोड़ा जा रहा है?

**नारद** : श्रेष्ठ ब्राह्मण! तुम्हारा एक पुत्र है। उसे माध्यम बनाकर हम लोग कार्य की सिद्धि करना चाहते हैं।

**शिवकंठ** : *(घबराकर)* नारद! मेरा इकलौता पुत्र मेरी आँखों की ज्योति है। बुढ़ापे की लकुठिया है। दम्पती जीवन का एकमात्र आधार है। मैं उसे इस कार्य को पूर्ण करने के लिए माध्यम बना सकने में असमर्थ हूँ। मुझे क्षमा कीजिए, ऋषिगण!

**नारद** : घबराओ मत, शिवकंठ! तुम्हारे उस इकलौते पुत्र की बलि नहीं दी जाएगी।

**शिवकंठ** : नहीं-नहीं, नारद! मैं उसे मृत्यु के गाल में नहीं भेज सकता, क्योंकि यदि मेरा इकलौता पुत्र मारा गया, तो मेरा दीपक बुझ जाएगा!

**नारद** : दीपक नहीं बुझ पाएगा, ब्राह्मणवर! इसके लिए आपको बहुत बड़ी धनराशि पुरस्कार स्वरूप दी जाएगी और एक विशेष योजना द्वारा इस महान कार्य की सिद्धि की जाएगी।

**शिवकंठ** : *(लालचभरी दृष्टि से धीरे से)* कौन-सी विशेष योजना द्वारा कार्य की सिद्धि की जाएगी नारद, स्पष्ट कीजिए?

**नारद** : तुम्हारे इकलौते पुत्र को बेहोशी की दवा पिलाई जाएगी और उसे सुरक्षित दशा में राम के दरबार में ले जाकर यह घोषणा की जाएगी कि तुम्हारे राज्य में एक शूद्र महर्षि शम्बूक तपस्या कर रहा है, जिस कारण संसार में पाप छा गया है। उसी के फलस्वरूप यह अनर्थ हुआ अर्थात् ब्राह्मण के जीवित रहते हुए उससे पहले उसके बेटे का देहान्त हो गया। तब राम 'मंत्रणादात्री सभा' को बुलाकर इसका कारण और निदान पूछेंगे। उस समय हम लोग कहेंगे कि यदि उस शूद्र तपस्वी महर्षि शम्बूक को मार दिया जाए, तो सारा पाप नष्ट हो जाएगा। जिस समय राम उस शूद्र तपस्वी शम्बूक को मार देंगे, उसी समय तुम्हारे बालक को होश की दवा सुँघा दी जाएगी, जिससे वह पुनः चेतनावस्था में आ जाएगा। फिर हम इस घटना को देखेंगे, जिसके फलस्वरूप आर्यों में एक प्रकार की क्रान्ति की लहर दौड़ जाएगी। तत्पश्चात् हम लोग अनेक छोटी-छोटी टुकड़ियाँ बनाकर उन सुशिक्षित शूद्रों की बलात् हत्या कर देंगे। इस प्रकार आर्यों के लिए बन रहा कंटक-संकट सदा के लिए दूर हो जाएगा।

**शिवकंठ** : महाराज! यदि मेरा बालक पुनः होश में न आ सका अथवा राम ने योजनानुसार काम न किया तो...?

**नारद** : ऐसा नहीं हो सकता। यदि राम ऐसा करने से मुख मोड़ेंगे, तो हम लोग उन्हें श्राप दे देंगे और तुम्हारा बालक बचा लेंगे।

**शिवकंठ** : *(हाथ जोड़कर)* हम तैयार हैं, नारद! मेरे पास बेहोशी की दवा भेज दी जाए। हम अपने बालक को दवा पिलाकर

उसकी लाश को सुरक्षित दशा में लेकर राम दरबार में ही आप लोगों के दर्शन करेंगे।

**नारद** : बहुत अच्छा। जय, जय नारायण!

**शिवकंठ** : *(हाथ जोड़कर)* सबको प्रणाम।

**सभी** : आयुष्मान भव:। चिरंजीव भव वत्स!

*[सभी का प्रस्थान]*

**[पटाक्षेप]**

## दृश्य-3

**स्थान** : आदिवासी महाविद्यालय का प्रांगण

**समय** : दोपहर

*[सेतू, ज्ञानू और कुन्दन घास के मैदान में प्रमुदित अवस्था में बैठे हैं और अपनी योजनाओं की सफलता पर बातचीत कर रहे हैं।]*

**सेतू** : कहिए भाई कुन्दन! आजकल आपकी समिति के कार्य की प्रगति कैसी चल रही है?

**कुन्दन** : आशातीत सफलता हमें अपने कार्य में मिल रही है। समिति का प्रत्येक सदस्य, चाहे वह साधारण हो अथवा सक्रिय, लगन के साथ कार्य कर रहा है।

**सेतू** : कितने प्रतिशत आदिवासी चैतन्य हो चुके हैं?

**कुन्दन** : हमारा तो अनुमान है कि हम बीस प्रतिशत आदिवासियों को सचेत कर चुके हैं।

**सेतू** : शेष लोगों के कितने दिनों में सुधर जाने की आशा है?

**कुन्दन** : कह नहीं सकता, किन्तु फिर भी हमें पूर्ण आशा है कि हम शीघ्र ही शेष आदिवासियों को सचेत कर एक सूत्र में बाँध देंगे।

**ज्ञानू** : तब तो आपका कार्य अति सराहनीय है। हम लोग भी सेना की सुदृढ़ता के लिए कटिबद्ध हैं, परन्तु मेरी सफलता आपकी सफलता पर आधारित है।

**कुन्दन** : क्यों भाई! क्यों उपहास करते हो?

**सेतू** : ऐसा न कहो बन्धु! मेरे शब्द निर्विरोध सत्य हैं। मैं आप जैसे लगनशील, कर्मठ एवं प्रकांड विद्वान का उपहास नहीं कर सकता। देश का ऐसा कौन-सा व्यक्ति है, जो आपकी विद्वत्ता एवं कार्य-कुशलता का लोहा न मानता हो?

**कुन्दन** : मैं कैसे कह सकता हूँ, किन्तु...।

**ज्ञानू** : कटु सत्य के लिए किन्तु-परन्तु की गुंजाइश नहीं भैया कुन्दन! जितने शीघ्र आप अपने कार्य में सफल होंगे, उतने ही शीघ्र हमें साहसी, पराक्रमी तथा सच्चे राष्ट्रभक्त नवयुवक सेना के लिए मिल सकेंगे।

**सेतू** : अवश्य भैया! हम लोग आठों याम आपकी और आपकी समिति की पूर्ण सफलता की कामना किया करते हैं, क्योंकि जितनी जल्दी आप सबको सचेत कर देंगे, उतनी जल्दी हम लोग गुरुजी की आशा को पूरा कर गुरु-ऋण से उऋण हो सकेंगे।

**कुन्दन** : यह बात तो ठीक है मेरे बन्धु! किन्तु आपको यह न भूल जाना चाहिए कि हमारी समस्त योजनाओं की जानकारी आर्यों को पहले से ही हो चुकी है। उनका गुप्तचर विभाग भी बड़ी सावधानी से कार्य कर रहा है। अस्तु, हमें भी अपने समस्त कार्यों को बड़ी ही सतर्कता से करना चाहिए।

**सेतू** : अवश्य भैया! यदि हम लोगों ने असावधानी से कार्य किया, तो हमारी समस्त योजनाओं के क्षण भर में ही नष्ट होने का भय है।

**ज्ञानू** : अब आप अपनी समिति को आदेश दें कि वह समाज को इस बात से भी सचेत करे कि आर्यों का दुमुँहा उपदेश होता है। समाज इससे सचेत रहे।

**कुन्दन** : कैसा दुमुँहा उपदेश?

**ज्ञानू** : उनके दुमुँहे उपदेश से आप परिचित नहीं? वे आर्यों से कहते हैं—

*पुरोहित नाम लड्डू, दक्षिणा नाम खीर।*
*शासन नाम मिश्री, घोर-घोर पी॥*

**कुन्दन** : *(हँसकर)* और वे आदिवासियों को क्या उपदेश देते हैं?

**ज्ञानू :** *(हँसकर)* आदिवासियों से कहते हैं—

भगवान नाम लड्डू, बैकुंठ नाम खीर।
सेवा नाम मिश्री, घोर-घोर पी॥

*[तीनों बड़ी जोर से हँस पड़ते हैं]*

**कुन्दन :** सुन्दर, बहुत सुन्दर! आपने बहुत सुन्दर बात बताई बन्धु! अवश्य ही आज दुमुँहा मंत्र हमारे देश में फूँका जा रहा है, जो आर्यों को आकाश और आदिवासियों को पाताल में पहुँचा रहा है। समाज को इस दुमुँहे मंत्र से सचेत कर देना आवश्यक है अन्यथा जिस समय इसका व्यापक प्रभाव देश पर पड़ेगा, तो फिर उसे सँभाल सकना अति ही कठिन हो जाएगा।

**ज्ञानू :** इसीलिए हम लोग आपसे कह रहे हैं कि आप अपनी समिति के प्रत्येक कार्यकर्ता को सचेत कर दें कि वे आर्यों के इस दुमुँहे मंत्र से अतिशीघ्र समाज को सचेत करें।

**कुन्दन :** मैं आपकी आज्ञानुसार पूर्ण सावधान रहूँगा, किन्तु आप लोगों से मेरा यह नम्र निवेदन है कि अपनी सैनिक शक्ति में उत्तरोत्तर बढ़ोतरी करते रहें, क्योंकि हमारी क्रान्ति से बढ़कर आर्य लोग अपनी चतुर्मुखी नीति को बरतने में हिचकिचाएँगे नहीं। कहा नहीं जा सकता कि पहले की भाँति वे किस समय हमारे ऊपर आक्रमण कर दें। यह भी सम्भव है कि आर्यों के इस आक्रमण में राजकीय शक्ति भी उनको पूर्ण सहयोग दे।

**सेतू :** अवश्य ही! खिसियाने आर्य बे-मौसम गो-गान, दिवाली मनाने पर भी तैयार हो सकते हैं, किन्तु उन्हें भूलकर भी चना के धोखे में मिर्च नहीं खानी चाहिए। अब हमारी शक्ति इतनी कमजोर नहीं रही कि अचानक हमारे ऊपर आक्रमण करने का साहस वे लोग कर सकें।

**कुन्दन :** बहुत अच्छा कहा मेरे साथी! अवश्य ही हमारे पास जनता और सेना, दोनों प्रकार की सुदृढ़ शक्ति होनी चाहिए तभी हम उन पर विजय पा सकते हैं। आइए बन्धु, हम लोग मिलकर एक गाना गाएँ। फिर आज ही गुरुजी के पास चलकर भावी कार्यक्रम पर मंत्रणा की जाए।

*[तीनों युवक संगठन की एक कविता गाते हैं :]*

*एकता के सूत्र में बँधकर। तुम दलबन्दी को दहला दो।*
*समाज की सेवा में रत हो। माता के सपूत कहला दो॥*
*इस पिछड़े समाज का भार, तुम्हारे ही ऊपर है युवको।*
*इसके उत्थान के लिए अर्पण, कर दो तन, श्रम निज मन को॥*
*विद्या का प्रकाश फैला घर-घर में, अविद्या का अन्धकार हरो।*
*कु-प्रथाओं को गाड़ भूमि में, समाज का असली भार हरो॥*
*भाव सत्यं शिवं सुन्दरम् भरो, जन-जन के मन में अनुराग भरो।*
*हो जाएँ सजग सभी आर्यों से, मन के द्वेष भाव का त्याग करो॥*

*[गाते-गाते सबका एक ओर को प्रस्थान]*

**[पटाक्षेप]**

## दृश्य-4

**स्थान :** शिवकंठ का निवास स्थान
**समय :** प्रातः काल 8 बजे

*[शिवकंठ के अन्तःपुर में शिवकंठ, उसकी पत्नी जलेश्वरी तथा उसका पुत्र शैलेन्द्र उपस्थित हैं।]*

**शिवकंठ :** पुत्र! तुम्हारा और कुन्दन का साथ अच्छा नहीं है। तुमने एक शूद्र लड़के का साथ क्यों किया?

**शैलेन्द्र :** पिताजी! शूद्र है तो क्या हुआ? यह तो मन मिले का सौदा है, किन्तु मैं उस दुष्ट का साथ छोड़ दूँगा।

**जलेश्वरी :** बेटा! पहले तुमने साथ किया और फिर अब छोड़ने के लिए क्यों तैयार हो रहे हो?

**शैलेन्द्र :** माताजी! शैलेन्द्र किसी भी घमंडी का साथ नहीं करना चाहता। कुन्दन अभी से इतना मगरूर हो गया है, जबकि कुछ भी नहीं है। उसने एक शूद्र महर्षि शम्बूक के यहाँ थोड़ा-सा पढ़ लिया है, फलस्वरूप सभी आर्यों को शास्त्रार्थ करने के लिए ललकारने लगा है।

**शिवकंठ :** वह तो ललकारेगा ही। उसे थोड़ा-सा शास्त्रों का ज्ञान जो हो गया है। 'ओछा घड़ा छलके घना' इसलिए उसको

अपने बराबर कोई विद्वान समझ में नहीं आता है। मुझे उस दिन के उसके शब्द पसन्द नहीं आए।

**जलेश्वरी** : मैंने तुझसे कितनी बार कहा कि तू भी किसी आश्रम में जाकर पढ़ आ, किन्तु तेरे तो कान पर जूँ तक नहीं रेंगती। तुझे तो रात-दिन खेल सूझता है। तभी तो वह शूद्र तुझसे इस प्रकार भिड़ा। नहीं...तो उसे तुझसे बोलने तक का साहस न होता।

**शैलेन्द्र** : माताजी! मुझे क्षमा कीजिए! मैं अब अवश्य ही अध्ययन करने किसी न किसी आश्रम में जाऊँगा, क्योंकि कुन्दन के अपमानजनक शब्द मेरे हृदय में बाण की भाँति चुभ गए हैं। अस्तु, जब तक प्रतिशोध न चुका लूँगा, तब तक मैं कदापि शान्त न बैठूँगा।

**शिवकंठ** : तुझसे ऐसी ही आशा की जाती है, तात! तू आर्य पुत्र है। तुझे सदा मान-अपमान का ध्यान रखना चाहिए।

**शैलेन्द्र** : मैं तो चाहता हूँ कि आचार्य शम्बूक और उसके समस्त शिष्यों को सोते समय रात में कत्ल कर दिया जाए। फिर न रहे बाँस, न बजे बाँसुरी।

**जलेश्वरी** : आचार्य शम्बूक का वध साधारण नहीं है, बेटा! उसने अपने कार्य को पूरा करने के लिए बहुमुखी जाल फैला रखा है तथा मैंने भी सुना है कि उसने और उसके शिष्यों ने जो एक प्रकार से उसके दाहिने हाथ हैं, यह प्रण किया है कि जिस दिन वे आर्यों पर आक्रमण करेंगे, उस दिन से एक सप्ताह के अन्दर ही उन्हें देश से बाहर उनके मूल देश तक खदेड़ देंगे।

**शैलेन्द्र** : *(हाथ जोड़कर)* क्षमा कीजिए मातेश्वरी! आप ही इन बातों पर विश्वास कर सकती हैं। मुझे तो रंचमात्र भी विश्वास नहीं है। मेरी समझ के अनुसार, उस दुष्ट आचार्य शम्बूक का मस्तिष्क फिरा हुआ है। वह पूर्णतया पागल हो गया है।

**जलेश्वरी** : तूने कैसे समझा बेटा कि उसका मस्तिष्क फिरा हुआ है?

**शैलेन्द्र** : उसके पास न तो कोई सैन्य-शक्ति है और न कोई जनशक्ति। कुन्दन के समान मूर्ख, उसके सहायक और कार्य संचालक हैं। भला इसी शक्ति पर वह आर्यों को देश के बाहर खदेड़ देने का दावा करता है!

**शिवकंठ** : यह बात तो ठीक है वत्स, किन्तु तुन्हें शम्बूक को इतना निर्बल नहीं समझना चाहिए। यदि वह इतना निर्बल होता, तो आज आर्यों के बच्चे-बच्चे के पैर में जारी के काँटे की तरह न करकता। आर्य ऋषिगण उसके योग बल को देखकर घबरा न उठते। स्वयं नारद उसकी चिन्ता से सूख कर काँटा न बन जाते।

**जलेश्वरी** : हे आर्यपुत्र! इतनी बड़ी-बड़ी शक्तियाँ जब उसके भय से घबरा उठी हैं, तब तो उसकी बढ़ती शक्ति को रोक सकना कठिन है।

**शिवकंठ** : प्रियतमे! तुम चिन्ता न करो। आर्य जैसी कपटी, पाखंडी, दुमुँहा तथा दुभाषिया अर्थात् संस्कृत भाषा द्वारा शासन-सत्ता पर अधिकार बनाए रखने के लिए कुछ भी कर डालना कठिन नहीं है। सब कुछ मिटा कर भी अपने स्वार्थ को पूरा करना ही जिस जाति का अमुख गुण है, समयानुसार अपने को ढाल लेना ही जिसने सीखा है, उसे भी यदि कोई धोखा दे जाए, तब तो सर्वनाश के लक्षण समझना चाहिए।

**जलेश्वरी** : तो इस रोग के लिए किस औषधि का अन्वेषण किया गया है, जीवनाधार?

**शिवकंठ** : इसके लिए आर्यों के प्रमुख ऋषियों ने एक योजना सोची है, जिसमें हमें, तुम्हें और प्यारे पुत्र शैलेन्द्र को उस योजना के कार्यान्वित करने के लिए माध्यम बनना पड़ेगा।

**जलेवश्री** : क्या कहा प्राणेश्वर! क्या हम लोगों को माध्यम बनना पड़ेगा?

**शिवकंठ** : घबराओ मत प्राणेश्वरी! हमें अपनी व आर्यों की भलाई के लिए अपना सब कुछ बलिदान कर देना चाहिए। फिर हमें तो माध्यम मात्र बनना है। इसमें हमारा जाता ही क्या है, बल्कि बदले में बहुत बड़ी धनराशि पुरस्कार स्वरूप मिल जाएगी। जहाँ दोहरे लाभ हों, जाति की जाति सेवा, नस्ल की नस्ल सेवा और थोड़े काम के बदले इतना बड़ा अर्थ लाभ। भला कौन मूर्ख ऐसे सु-अवसर को हाथ से जाने देगा?

**जलेश्वरी** : तो हम लोग किस भाँति इस महान कार्य में सहयोग दे सकेंगे पतिदेव, स्पष्ट कीजिए?

**शिवकंठ** : शैलेन्द्र को बेहोशी की दवा पिलाई जाएगी। तदनन्तर हम और तुम उसे सुरक्षित दशा में राम के दरबार में ले जाकर

यह कहेंगे कि राम के पाप के कारण मुझ ब्राह्मण का इकलौता पुत्र मेरे रहते मर गया। मेरा पुत्र जिलाया जाए। नहीं तो बदले मे राम को पाप का भागी होना पड़ेगा।

**जलेश्वरी** : *(घबराकर)* ऐसा मत कहो, आर्यपुत्र! शैलेन्द्र मेरा इकलौता पुत्र है। मैं जान-बूझकर उसे किसी प्रकार के खतरे में नहीं पड़ने दूँगी! नहीं पड़ने दूँगी! इसके लिए ऋषिगण कोई अन्य उपाय ढूँढ़ें।

**शिवकंठ** : घबराओ नहीं जलेश्वरी! शैलेन्द्र मरेगा नहीं।

**जलेश्वरी** : नहीं-नहीं, पतिदेव! मुझे इस प्रकार लालच में पड़कर अपना सर्वनाश नहीं करवा लेना है।

**शिवकंठ** : तुम्हारा भ्रम है जलेश्वरी! इसमें शैलेन्द्र का कुछ भी नहीं बिगड़ेगा। जिस समय राम के हाथों आचार्य शम्बूक का वध किया जाएगा, उसी समय ही सुरक्षित शैलेन्द्र को होश की औषधि सुँघा दी जाएगी और वह उठकर खड़ा हो जाएगा।

**शैलेन्द्र** : पिता जी! आप मेरे प्राणों के साथ यह खेल क्यों खेल रहे हैं? मुझे मारकर आपको क्या लाभ होगा?

**शिवकंठ** : तेरी भूल है, बेटा! तुझे पहले बेहोशी की दवा पिलाई जाएगी तत्पश्चात् होश की दवा सुँघाने पर तू तुरन्त ठीक हो जाएगा।

**जलेश्वरी** : इस माता हृदय को धैर्य नहीं प्रियतम! आप मेरे इकलौते पुत्र को जोखिम में मत डालिए। मैं हाथ जोड़कर आपसे अपने पुत्र के प्राणों की भीख माँगती हूँ।

**शिवकंठ** : तुम घबराओ नहीं प्रिये! इसमें शैलेन्द्र का कुछ भी नहीं बिगड़ेगा। यह केवल नाटकमात्र है। राम के दरबार में पहुँचने का समय निकट आ गया है। अस्तु शीघ्रता करो, शीघ्रता करो।

*[शैलेन्द्र को बेहोशी की दवा पिलाई जाती है। वह पूर्ण रूप से बेहोश हो जाता है।]*

**दोनों** : *(शिवकंठ तथा जलेश्वरी)* हाय! मेरा पुत्र मर गया। बूढ़े बाप के जीवित रहते पुत्र मर गया। बड़ा अनर्थ हुआ, पीछे आया और पहले चला गया। दैव! यह तेरा कैसा विधान है?

*[कहकर दोनों जोर-जोर से रोने लगते हैं।]*

*[सहसा नारद का आगमन]*

**नारद :** *(दोनों को रोता देखकर जानते हुए भी अनजान की तरह)* नारायण! नारायण!! क्यों बिलख-बिलख कर रो रहे हो ब्राह्मण?

**शिवकंठ :** *(पहचान कर और प्रणाम कर)* नारद! अब दैव का विधान बदल गया। हम लोगों से पहले हमारा पुत्र मर गया। हाय कहाँ जाऊँ? क्या करूँ? बुढ़ापे का सहारा चला गया।

**नारद :** नारायण! नारायण!! चुप रहो। शान्त रहो। मैं तुम्हें सही-सही राय देता हूँ। तुम इस बालक की लाश को राम के दरबार में ले जाओ और इस अनर्थ का कारण पूछो।

**दोनों :** *(शिवकंठ और जलेश्वरी)* यही करूँगा मुनिवर, यही करूँगा!! हाय मेरे बुढ़ापे का सहारा उठा जा रहा है! मैं इसे लेकर इसी समय राम के पास जाता हूँ।

*[नारद का प्रस्थान]*

*[दोनों बेहोश शैलेन्द्र को सुरक्षित दशा में राम के पास ले जाते हैं।]*

**[पटाक्षेप]**

## दृश्य-5

**स्थान :** दंडकारण्य

**समय :** प्रातःकाल लगभग 9 बजे

*[आचार्य शम्बूक को आर्यों द्वारा रचे जानेवाले षड्यंत्र की सूचना अपने गुप्तचर द्वारा प्राप्त हो चुकी है। अस्तु, इस सूचना के सम्बन्ध में अपनी पत्नी और शिष्यों में वार्ता कर रहे हैं। आचार्य शम्बूक आसन पर विराजमान हैं। उनके बाईं ओर उनकी धर्मपत्नी तुंगभद्रा और सामने सेतू तथा कुन्दन बैठे हैं।]*

**कुन्दन :** *(हाथ जोड़कर)* गुरुजी, अपराध के प्रति क्षमा कीजिए! आज आप कुछ उदास चित्त दृष्टिगोचर हो रहे हैं।

**सेतू :** *(हाथ जोड़कर)* मैं भी ऐसा ही आभास कर रहा हूँ गुरुवर! कल जब हम लोग आपके पास आए थे, तब

आपकी मुद्रा अच्छी थी। आपने हम लोगों को मुस्कराकर आशीर्वाद दिया था। मंत्रणा भी की थी तथा अपार ढाढ़स भी बँधाया था, परन्तु आज आपकी मुद्रा गम्भीर और चिन्तित दृष्टिगोचर हो रही है।

**शम्बूक** : तुम लोगों की धारणा उचित है वत्स! अवश्य ही आज मुझे चिन्ता ने आ घेरा है। न जाने क्यों मुझे कुछ अनहोनी का आभास हो रहा है। मुझे अपने आदिवासी गुप्तचर द्वारा सूचना मिली है कि आर्य ऋषिगण अब किसी नए षड्यंत्र को रचकर राम को मेरे विरोध में भड़काना चाहते हैं।

**तुंगभद्रा** : प्राणनाथ! आप यह क्या कह रहे हैं?

**शम्बूक** : *(मुस्कराकर)* मैं ठीक कह रहा हूँ तुंगभद्रे! क्योंकि क्रान्ति की प्राथमिक अवस्था में विपक्षियों को कोई चिन्ता न थी, परन्तु अब उन्हें दिन-रात शम्बूक खटक रहा है। आठों याम मुझसे और मेरी भावी योजनाओं से उन्हें अपार भय रहता है।

**कुन्दन** : गुरुजी! अवश्य ही उनको हमारी योजनाओं ने सशंकित कर दिया है। जिधर देखिए, आर्यों के दो-चार व्यक्ति इकट्ठे होकर यही चर्चा करते सुनाई देते हैं।

**सेतू** : गुरुजी! इन सबने भारत को अपनी सम्पत्ति मान रखा है जैसे यह उन्हें उनके पूर्वजों से उत्तराधिकार में प्राप्त हुई हो। हमारी माँग तो उन्हें काँटे की भाँति करकती है।

**शम्बूक** : पराई सम्पत्ति को लौटाने में सबकी यही दशा होती है वत्स! किन्तु तुम्हें उनकी इस प्रकार आपत्तियों की चिन्ता क्यों? मैंने तुम्हें आज्ञा दी है। तुम अपने कार्य को इतनी तीव्र गति से प्रारम्भ कर दो कि प्रचंड शक्ति भी तुम्हारी गतिविधि देखकर थर्रा जाए। मुझे अब अधिक विलम्ब नहीं करना है तथा न शेष अचेत समाज का ही रास्ता देखना है। कुछ समाज तो हर समय विशेष पिछड़ा रहा है और रहेगा। यदि हम उस विशेष पिछड़े समाज की प्रतीक्षा करते रहेंगे तो हमारा सारा समय प्रतीक्षा में ही निकल जाएगा।

**सेतू** : अवश्य गुरुजी! ऐसा ही करना चाहिए, क्योंकि उत्तम कार्य में विलम्ब करने से अनेक बाधाएँ पड़ सकती हैं।

**शम्बूक :** हाँ! इसीलिए मैं कह रहा हूँ कि तुम लोग भूखे सिंह की भाँति इन क्रूर विदेशी आर्यों पर टूट पड़ो। मेरी खिन्नता और प्रसन्नता में डूबे रहकर समय नष्ट करने से लाभ नहीं। मुझे क्या? मैं यहाँ दंडकारण्य में एकांकी रहता हूँ। किसी समय भी ये आर्य मेरे ऊपर आक्रमण कर अपनी पिपासा शान्त कर सकते हैं। मेरी विजय वाहिनी और अन्य सहयोगी यहाँ से दूर महाविद्यालय में रहते हैं। रहने दो। कोई चिन्ता नहीं, तुम लोग भी जाओ। विधिवत कार्य संचालन होता रहे। कुन्दन! आवश्यकता पड़ने पर हर प्रकार की नीति प्रयोग में लाई जा सकती है क्योंकि येन-केन-प्रकारेण योजना को सफल बनाना है। जाओ शुभम्, शीघ्रम्। अब विलम्ब केहि काज। प्रणाम!

**कुन्दन और सेतू :** *(दोनों हाथ जोड़कर)* जो आज्ञा गुरुजी! प्रणाम!

*[दोनों प्रस्थान करने के लिए प्रस्तुत हैं]*

**शम्बूक :** और ज्ञानू कहाँ है?

*[सहसा ज्ञानू का प्रवेश]*

**ज्ञानू :** *(हाथ जोड़कर)* गुरुजी प्रणाम! गुरुजी! महाविद्यालय से सूचना आई है कि आज रात अचानक कुछ सशस्त्र आर्य दस्युओं ने हमला कर दिया, जिसमें हुई मुठभेड़ में कुछ सैनिक मारे गए और कुछ घायल हुए।

**शम्बूक :** ओह! इतना अत्याचार!! इतनी आपत्तियाँ!!! कुन्दन, सेतू और ज्ञानू—तुम तीनों इसी क्षण महाविद्यालय जाओ। भविष्य में यहाँ मत आना। जिस समय मुझसे मिलने की आवश्यकता हो, तो सूचना भेज देना। मैं स्वयं वहीं आकर उपस्थित होऊँगा।

**तीनों :** *(हाथ जोड़कर)* जो आज्ञा गुरुजी महाराज! प्रणाम!

**शम्बूक :** जाओ, तुम्हें सफलता मिले।

**शम्बूक :** *(अपने आप)* अब समय आ गया है। इनके ये छुटपुट आक्रमण भी परम उपयोगी हैं। इससे हमारी सेना और हमारे सचेत कार्यकर्ता, दोनों में क्रोध की भावना पैदा होने से संगठन शक्ति को विशेष बल मिलेगा।

**तुंगभद्रा :** किन्तु करुणागार! आपके चेहरे की उदासी देखकर मेरे हृदय को भय लग रहा है। आप भी महाविद्यालय

में चलकर रहें। नहीं तो किसी भी समय हम लोगों को प्राणों से हाथ धोना पड़ सकता है।

**शम्बूक** : तुम व्यर्थ की चिन्ता न करो तुंगभद्रे! मैं अभी महाविद्यालय में नहीं रह सकता, क्योंकि अभी मुझे शेष चिन्तन तपस्या एकान्त में पूरी करनी है। चलकर पूजन का सामान ठीक करो। तपस्या (साधना) पूरी हो जाने के पश्चात् मैं महाविद्यालय में ही रहूँगा और सम्पूर्ण कार्यों का संचालन स्वत: करूँगा।

*[तीनों का प्रस्थान]*

**[पटाक्षेप]**

# तीसरा अंक

## दृश्य-1

**स्थान :** अयोध्या में राजा रामचन्द्र के राजप्रासाद का मुख्य द्वार
**समय :** सायंकाल 4 बजे

*[शिवकंठ और उसकी पत्नी जलेश्वरी अपने अचेत पुत्र शैलेन्द्र को लेकर आते हैं तथा विलाप करते हैं।]*

**शिवकंठ :** हाय! हाय!! अनर्थ हो गया। अनर्थ हो गया। हाय राम! तेरे राज्य में यह अधर्म!

*[सहसा राम का प्रवेश]*

**राम :** हे ब्राह्मण देवता! यह इक्ष्वाकु कुलभूषण राम आपको प्रणाम करता है। क्यों दुखित हो रहे हो भूदेव?

**शिवकंठ :** *(सामने देखकर)* राम, तू ही है राम! राम, तेरे राज्य में घोर पाप छा गया है।

**राम :** महाराज?...

**जलेश्वरी :** कुछ नहीं राम। महात्मा इक्ष्वाकु का वंश अब अनाथ हो गया है। हरिश्चन्द्र वाली सत्यता अब नहीं रही। तेरे राज्य में धर्म के स्थान पर अधर्म का राज्य हो रहा है।

**राम :** देवी! कुछ कहो तो! इस सेवक से क्या भूल हुई है?

**शिवकंठ :** जैसा अधर्म तेरे राज्य में छाया हुआ है राम! ऐसा न कभी सुना गया है और न हुआ। तू श्राप का भागी है राम।

**राम :** *(हाथ जोड़कर सहमते हुए)* हे ब्राह्मण देवता, मुझे क्षमा कीजिए! मेरी भूल को बताने की कृपा कीजिए!

**शिवकंठ :** तू महापापी है राम! तेरा राज्य वर्ण-धर्मी राज्य नहीं, बल्कि पापी व अधर्मी राज्य है, क्योंकि तेरे राज्य में ब्राह्मण माता-पिता से पूर्व लड़कों की अकाल मृत्यु होने लगी है और जिस पर भी इकलौते लड़कों की। ऐसा अधर्म पहले कभी नहीं हुआ। इस प्रकार का अधर्म उसी राज्य में होता है, जहाँ का राजा पापी होता है। ऐसे राज्य में रहना उचित नहीं है।

**राम** : महाराज! मैंने तो जान-बूझकर कोई पाप नहीं किया है, किन्तु...।

**शिवकंठ** : चुप रह पापी! तेरे पाप के कारण ही मेरे इकलौते पुत्र की अकाल मृत्यु हुई है। शीघ्र ही मेरे पुत्र को जीवित कर अन्यथा अभी श्राप देकर तुझे भस्म कर दूँगा।

**राम** : महाराज! कृपया मुझे मेरी भूल के प्रति अवगत कराइए।

**शिवकंठ** : राम! जैसा अधर्म तेरे राज्य में हो रहा है, ऐसा अधर्म कभी किसी राजा के राज्य में नहीं हुआ है। तेरे राज्य में शूद्र शम्बूक तपस्या कर रहा है। इसी कारण चारों ओर पापाचार छा गया है। इस पाप के बढ़ जाने के कारण आर्यों की अकाल मृत्युएँ होने लगी हैं। प्रत्यक्ष प्रमाण तेरे सामने उपस्थित है। देख! मेरे पुत्र की भी अकाल मृत्यु का यही कारण है। वर्णाश्रम धर्मानुसार शूद्र को तपस्या का अधिकार नहीं है।

*[राम चुपचाप चिन्तित मुद्रा में खड़े रहते हैं।]*

**शिवकंठ** : बोल राम, चुप क्यों खड़ा है?

**जलेश्वरी** : बोल! बोल! शीघ्रता कर अन्यथा इस मातृ हृदय को धैर्य नहीं! मैं तुझे अभी श्राप देकर भस्म कर दूँगी।

**राम** : कृपादायनी मातेश्वरी! मैं अपनी भूल के प्रति क्षमा माँगता हूँ, किन्तु भगवान भजन का अधिकार तो सभी को है। सभी परमब्रह्म परमात्मा की सन्तान हैं। पिता की सेवा करने का अधिकार कनिष्ठ और ज्येष्ठ, सभी पुत्रों को समान होता है। इसमें शूद्र और सवर्ण या आर्य और अनार्य का प्रश्न ही क्या? मैं किसी को भी उसके अधिकार से वंचित नहीं कर सकता?

**शिवकंठ** : घमंडी! तेरे इस मिथ्याभिमान के कारण ही शूद्र ऊपर को पैर करके चल रहे हैं। तूने उन्हें सर पर चढ़ा रखा है। तेरे पाप की कमाई के कारण तेरे राज्य में ब्राह्मण को कष्ट हो रहा है। उनके किशोर लड़कों की अकाल मृत्युएँ हो रही हैं। राम शीघ्र निर्णय कर अन्यथा...।

**राम** : *(स्वयं कुछ देर चुप रहकर)* प्रतिहारी!

**प्रतिहारी** : *(उपस्थित होकर)* रघुकुल भूषण राजा रामचन्द्र जी की जय! राजन, क्या आज्ञा है?

**राम** : लक्ष्मण से कहो कि शीघ्र ही राजदरबार के मुख्य द्वार पर उपस्थित हों।

**प्रतिहारी** : जो आज्ञा अन्नदाता!

*[प्रतिहारी का प्रस्थान]*

**राम** : ब्राह्मण देवता! आपके प्रश्न का हल 'मंत्रणादात्री सभा' में किया जाएगा। आप सभा के निर्णय की प्रतीक्षा करें।

**शिवकंठ** : स्वीकार है राम! शीघ्र ही सभा का आयोजन कर निर्णय व्यक्त करो।

*[लक्ष्मण का प्रवेश]*

**लक्ष्मण** : *(दोनों हाथ जोड़कर)* नमस्कार! प्रणाम!!

**राम** : कल्याण हो बन्धु! ये ब्राह्मण देवता हैं, इन्हें प्रणाम करो।

**लक्ष्मण** : हे ब्राह्मण देवता! राम का कनिष्ठ भ्राता लक्ष्मण आपको प्रणाम करता है।

**शिवकंठ** : शुभ हो! मंगल हो लक्ष्मण!!

**लक्ष्मण** : *(राम की ओर देखते हुए)* क्या आज्ञा है भ्राता राजा रामचन्द्र?

**राम** : शीघ्र ही आर्य ऋषियों—नारद, गुरु वसिष्ठ एवं समस्त मंत्रियों को सूचना दो कि एक अति आवश्यक आपातकालीन बैठक के लिए राज्यसभा में शीघ्रातिशीघ्र उपस्थित हों।

**लक्ष्मण** : जो आज्ञा राजन्!

*[लक्ष्मण का प्रस्थान]*

**राम** : हे ब्राह्मण देव! आप राज्यसभा में उपस्थित हों। वहीं आपका निर्णय होगा।

**शिवकंठ** : अवश्य! मैं चलता हूँ।

*[शिवकंठ और जलेश्वरी का अपने अचेत पुत्र सहित प्रस्थान]*

**राम** : *(स्वगत)* बड़ी ही कठिन समस्या है। कोई मरे अपनी मृत्यु से और मत्थे मढ़ा जाए मेरे नाम। इसमें राम या किसी शूद्र तपस्वी शम्बूक का क्या दोष? इसके पूर्व भी लोगों ने इस शम्बूक नामक शूद्र तपस्वी का परिवाद मेरे पास पहुँचाया है।...चलो चलें। इसका उचित निर्णय राज्यसभा ही करेगी।

**[पटाक्षेप]**

# दृश्य-2

**स्थान :** अयोध्या में 'राज्यसभा'
**समय :** सायं 5 बजे

*[राजा रामचन्द्र सिंहासनारूढ़ हैं। पास ही भरत, शत्रुघ्न एवं लक्ष्मण यथोचित स्थान पर बैठे हैं। गुरु वसिष्ठ तथा वामदेव आदि मंत्रिगण तथा अन्य सभासद भी अपने-अपने उचित स्थानों पर बैठे हैं।]*

**राम :** गुरुजी एवं अन्य सज्जनो! आज यह अचानक आवश्यक बैठक क्यों बुलाई गई है, इस सम्बन्ध में शायद ही किसी उपस्थित व्यक्ति को ज्ञात हो?

**प्रथम मंत्री :** *(हाथ जोड़कर प्रणाम करता हुआ, खड़ा होकर)* रघुकुल भूषण की जय! अपराध को क्षमा कीजिएगा। अवश्य ही आज हम लोगों को अचानक राज्यसभा में उपस्थित होने का कारण ज्ञात नहीं है। अनुमानत: आज हमारे राजा पर अनायास ही किसी महान आपत्ति ने आक्रमण कर दिया है। स्पष्ट कीजिए अन्नदाता! स्पष्ट कीजिए! क्या कारण है? सम्पूर्ण राज्यसभा अज्ञात कारणवश व्याकुल हो रही है।

**राम :** अवश्य ही मंत्रिवर! आज इस जन और वर्ण सेवक पर एक विशालकाय आपत्ति का पहाड़ टूट पड़ा है।

**दूसरा मंत्री :** *(हाथ जोड़कर प्रणाम करता हुआ, खड़ा होकर)* कहिए, कहिए राजन्! किस महान संकट ने हमारे अन्नदाता के शान्त चित्त में ज्वार-भाटा उत्पन्न कर दिया है? हम लोगों पर कृपा कीजिए नाथ! अब और अधिक पहेलियाँ सुनाकर व्यथित मत कीजिए।

**राम :** आज हमारे समस्त भ्राता, सभासद, मंत्रिगण एवं गुरुजी सभी उपस्थित हैं। सभी लोग कान खोल कर सुन लें कि इस अपराधी राम के राज्य में एक अनहोनी घटना घट गई है। वाराणसी निवासी एक ब्राह्मण के इकलौते किशोर पुत्र की अकाल मृत्यु हो गई है, जिसका सम्पूर्ण उत्तरदायित्व इस अधर्मी राम के मत्थे मढ़ा गया है। वह क्रोधी ब्राह्मण कह रहा है कि शीघ्र मेरे पुत्र को जिलाओ अन्यथा तुम्हें श्राप देकर भस्म कर दूँगा। अस्तु समस्त

राज्यसभा मुझे इससे बचने का उपाय बताकर मेरी सहायता करे। बोलिए गुरुजी, क्यों मौन धारण किए बैठे हैं तात? आज आपके इस सेवक पर संकट आ पड़ा है, रक्षा कीजिए! रक्षा कीजिए!! गुरुजी, रक्षा कीजिए!!!

**वसिष्ठ** : राजन्! अवश्य ही तुमसे अपराध हो गया है। इससे मुक्त होना कठिन है। वही ब्राह्मण इस संकट से मुक्त होने का उपाय आपको बता सकता है, क्योंकि यह ब्राह्मण का पुत्र है। यदि दूसरे किसी का पुत्र होता, तो इसका कुछ निदान हो सकता था।

**लक्ष्मण** : किन्तु इसमें भैया का क्या दोष है? *(राम की ओर हाथ जोड़कर)* तात! आप इतने दुखी क्यों हैं? आपका यह सेवक आपकी सहायता के लिए प्राण अर्पण कर देगा।

**भरत** : आज हमारे ज्येष्ठ बन्धु के ऊपर झूठा अपराध लादा जा रहा है।

**शत्रुघ्न** : ब्राह्मण को राज्यसभा में उपस्थित होने की आज्ञा दीजिए राजन्! वह स्पष्ट करें कि किस प्रकार से राम अपराधी हैं? सब कुछ सहकर भी इस प्रकार का लांछन सहन नहीं किया जा सकता।

*[सहसा नारद सहित अन्य आर्य ऋषियों का प्रवेश।]*

*[राम सम्पूर्ण भाइयों और सभासदों सहित खड़े हो जाते हैं।]*

**नारद व अन्य ऋषिगण** : जय हो! रघुकुल भूषण की जय!! दिवाकर कुल दिवाकर की जय!! आनन्द कन्द रघुकुल चन्द की जय!! इच्छवाकु कुल कमल की जय!! राघेवन्द्र राजा रामचन्द्र की जय!!!

**राम** : ऋषिगणों को दशरथ पुत्र राम प्रणाम करता है।

**तीनों भाई** : *(भरत, लक्ष्मण और शत्रुघ्न एक साथ)* महात्मागणों को रघुकुल भूषण रामचन्द्र के कनिष्ठ भ्राता प्रणाम करते हैं।

**सभी ऋषिगण** : सभी भ्राता तेजस्वी हों! ऐश्वर्यमान हों!! चिरंजीवी हों!!!

*[अन्य सभासद झुककर प्रणाम करते हैं और आशीर्वाद प्राप्त करते हैं।*

*[गुरु वसिष्ठ सबसे यथोचित मिलते हैं तथा सभी को यथा उचित आसन दिए जाते हैं।*

*[इसी समय शिवकंठ और जलेश्वरी का अपने अचेत पुत्र सहित प्रवेश]*

**शत्रुघ्न** : ब्राह्मण देवता! स्पष्ट करो कि किस भाँति तुम्हारे पुत्र की मृत्यु का उत्तरदायित्व राजा राम पर है?

**शिवकंठ** : राजन्! जिस किसी राज्य में अधिक चोरियाँ या अन्य असंवैधानिक कार्य हों, अकाल पड़े अथवा अकाल मृत्युएँ होने लगें, तो उसका सम्पूर्ण उत्तरदायित्व राजा का समझा जाता है, क्योंकि राजा की कमी के कारण प्रजा को कष्ट भोगना पड़ता है।

**लक्ष्मण** : किन्तु! राम ने अभी तक ऐसा कोई अनर्थ नहीं किया, जिस कारण प्रजा को किसी दैवी कष्ट का भागी बनना पड़ेगा।

**शिवकंठ** : *(सिसककर तथा क्रोधित होकर)* अवश्य ही लक्ष्मण! तुम घमंडियों के राज्य में पापाँचार बढ़ गया है।

**जलेश्वरी** : *(क्रोधित होकर)* यदि मेरा पुत्र जीवित न किया गया तो हम दम्पती यहीं पर प्राण विसर्जन कर देंगे और तुम लोगों को ब्रह्महत्या का पाप भुगतना पड़ेगा।

**भरत** : आज चारों ओर राजा राम के कुशल शासन की चर्चा हो रही है, किन्तु फिर भी न जाने क्यों आप लोग एक कुशल शासक पर दोषारोपण कर रहे हो

**राम** : हे ब्राह्मण देवता! मैं आप सबसे हाथ जोड़कर अनुरोध करता हूँ, आज राज्यसभा में स्पष्ट किया जाए कि आपके बालक की मृत्यु का उत्तरदायित्व एकमात्र मुझ राजा राम पर ही क्यों है?

**नारद** : राजन्! व्यथित मत हों। अवश्य ही आप इस अकाल मृत्यु के उत्तरदायी हैं, किन्तु आपकी समझ में नहीं आ रहा है, क्योंकि आप एक कुशल शासक होने के नाते सम्पूर्ण प्रजा से पितातुल्य व्यवहार करते हैं। यही कारण है कि अनेक बड़ी-बड़ी भूलें आपकी आँखों से ओझल रहती हैं। मैं कारण स्पष्ट करता हूँ। आपको रास्ता बताता हूँ। मेरे बताए हुए उपाय को प्रयोग करेंगे तो निश्चय ही यह मृत पुत्र शीघ्र ही जीवित हो जाएगा और समस्त ब्राह्मणों, देवताओं तथा अन्य लोगों पर पड़ रहे असामयिक संकट भी दूर हो जाएँगे।

**राम** : आप ही बताइए नारद जी, इस ब्राह्मण-पुत्र की मृत्यु का क्या कारण है और इससे छुटकारा पाने का क्या उपाय है?

**नारद** : राजन्! मंत्रिगण एवं अन्य उपस्थित सभासदो, सुनो! राम के राज्य के भीतर दंडकारण्य में एक शूद्र, जिसका नाम शम्बूक है, तपस्या कर रहा है। वह सदेह बैकुंठ जाना चाहता है। इसके साथ ही साथ वह शूद्र यहाँ के आर्य लोगों की तरह समानता का दावा भी कर चुका है। इस दावे की सफलता के लिए उसने अपनी क्रान्तिकारी योजनाएँ 'सैनिक बल' व 'समाजोद्धारक समिति' जैसे ठोस संगठन भी बनाए हैं। इसलिए हे राम! यदि तुम शूद्र शम्बूक की हत्या कर दो, तो यह लड़का जीवित हो जाएगा और राज्य में उत्पन्न हुई समस्त विपदाएँ भी अवश्य ही जाती रहेंगी।

**राम** : मानवाधिकार के अनुसार, आर्य व अनार्य सभी को पूजा, पाठ, तप और व्रत करने का अधिकार है। भगवान सबके और सभी भगवान के हैं। इसके अतिरिक्त समस्त प्रजा मेरी है और मैं सभी का राजा हूँ। अस्तु, मैं किसी के भगवत प्रदत्त अधिकारों का इस तरह खुलेआम हनन नहीं कर सकता। मेरा एकमात्र सिद्धान्त है कि सभी सुखी रहें एवं सभी राष्ट्रभक्त हों।

**नारद** : मैं भी यही चाहता हूँ राजन् कि तुम पग-पग पर अपने धर्म का पालन करो, परन्तु तुम्हारा यह भी धर्म है कि यदि कोई अत्याचार करे या अपने अधिकारों की सीमा का उल्लंघन करे, तो उसे अवश्यमेव दंड दो। इसलिए हे राम! तुम्हें उस दुष्ट महर्षि शम्बूक को अवश्य ही दंड देना चाहिए। यदि एक व्यक्ति को मारने से समस्त प्रजा को सुख मिलता है, तो उसे मारने में कोई पाप नहीं। ऐसा नीति-शास्त्र का आदेश है।

**राम** : किन्तु महर्षि शम्बूक कौन-सा अनर्थ कर रहा है? वह केवल तपस्या ही तो कर रहा है। तपस्या अधिकारों का अतिक्रमण नहीं।

**नारद** : भूलते हो, राम! वेद और वर्णधर्म के अनुसार सबके अधिकार अलग-अलग हैं। सतयुग में केवल ब्राह्मण को ही तपस्या का अधिकार था। उस समय क्षत्रिय, वैश्य तथा शूद्र कोई भी तपस्या नहीं कर सकता था।

**राम** : *(मामूली क्रोधित दशा में)* केवल ब्राह्मण ही तपस्या के अधिकारी थे? शेष सभी ईश्वर की सन्तानें नहीं हैं?

**नारद** : *(प्रार्थनापूर्वक)* हैं सभी! रुष्ट न हों, राम। सुनो, जब त्रेता युग आया, तब यह अधिकार क्षत्रियों को भी प्राप्त हुआ। इसके अतिरिक्त यदि कोई अन्य तपस्या करता है, तो वह अनर्थ है।

**राम** : किन्तु किसी के कार्य से हमें क्या मतलब?

**नारद** : नीच वर्ण के तपस्या करने से देवतागण असन्तुष्ट होते हैं। उसी असन्तुष्टि का परिणाम यह है कि ब्राह्मण बालक की अकाल मृत्यु हुई है। ऐसे कितने ही कष्ट प्रजा को दैवी प्रकोप के कारण मिल रहे हैं, ये आपको क्या मालूम? हमारे समान भ्रमण करनेवाले ही जान सकते हैं। उस महर्षि शम्बूक ने एक 'आदिवासी महाविद्यालय' खोला है, जो केवल अनार्यों को शिक्षा प्राप्त करने का केन्द्र है। वह राज्य के विरुद्ध बहुत बड़ा विद्रोह करने जा रहा है।

**राम** : कैसा राज्य-विरुद्ध विद्रोह? शीघ्र स्पष्ट कीजिए, मुनिवर!

**नारद** : राजन्! इसके नेतृत्व में चल रही 'समाजोद्धारक समिति' आपके विरोध में प्रजा को भड़काती है तथा उसने बहुत बड़े संगठित 'सैनिक दल' का संगठन भी किया है जिसका सामना आपको सेना के द्वारा कर सकना कठिन है। शीघ्र ही आपके विरोध में एक बहुत बड़ी जनक्रान्ति होनेवाली है। जिस समय आप उस क्रान्ति को रोकने में व्यस्त होंगे, उसी समय आप पर आक्रमण कर दिया जाएगा तथा क्षण भर में आपकी हत्या कर, परास्त कर, आपको राज पद से अलग कर दिया जाएगा। यह है शम्बूक की बहुमुखी योजना।

**राम** : यह सब होने जा रहा है!

**नारद** : हाँ, राजन्! यह सब तत्काल होने जा रहा है। इसलिए शीघ्र ही सचेत हो जाओ राम। बिना किसी वाद-विवाद के उस शूद्र शम्बूक का वध कर दो। बस! इतनी हमारी सम्मति है। हम जाते हैं। नारायण! नारायण!!

*[नारद का सम्पूर्ण ऋषियों सहित प्रस्थान]*

**वसिष्ठ** : राजन् राम! मेरी ओर से आज्ञा है कि तुम उस शूद्र शम्बूक का वध करो। तब इस ब्राह्मण का मरा हुआ बालक तुरन्त ही जीवित हो जाएगा।

**राम** : गुरुजी! मैं समस्त राज्यसभा के समक्ष प्रण करता हूँ कि मैं अब अवश्य ही उस वर्णाश्रम धर्म एवं आर्य राज्य विरोधी दुष्ट शूद्र शम्बूक का वध करूँगा। *(कहकर खड़े हो जाते हैं और प्रस्थान करते हैं।)*

*[राज्यसभा भी विसर्जित होती है।]*

**[पटाक्षेप]**

## दृश्य-3

**स्थान :** दंडकारण्य
**समय :** सायं काल

*[आचार्य शम्बूक मुनि भूमि पर ही आसन जमाए बैठे तपस्या कर रहे हैं। राम का सशस्त्र प्रवेश। लक्ष्मण भी सशस्त्र पास ही कुछ दूरी पर किसी बड़े झगड़े की ताक में समीपी झाड़ी की आड़ में छिपे खड़े हैं।]*

**राम** : कहिए, ऋषिवर! आप कौन हैं?

**शम्बूक** : *(राम के राजमुकुट की ओर देखते हुए)* मैं शम्बूक हूँ! आपका क्या परिचय है?

**राम** : मैं अयोध्या का राजा राम हूँ। महाराज, आप मुझे बताइए कि आप किस वर्ण के हैं?

**शम्बूक** : राम! मैं मनुष्य वर्ण का हूँ। इस भारत का आदिनिवासी हूँ।

**राम** : वेदशास्त्र कहते हैं—समस्त आदिनिवासी शूद्र वर्ण के माने गए हैं और शूद्रों को तपस्या करने का अधिकार वर्ण-व्यवस्थानुसार नहीं है तो आप तपस्या क्यों कर रहे हैं?

**शम्बूक** : राजन्! तपस्या और भगवत भजन करने का अधिकार सभी मनुष्यों को है—चाहे सवर्ण हो या अवर्ण।

**राम** : अवश्य! तुम शूद्र की तपस्या के फलस्वरूप हमारे राज्य में पाप छा गया है, जिस कारण प्रजा में दैवी प्रकोप हो रहा है। जिधर देखिए अनावृष्टि, तुषार व अन्य कारणों से जनता में त्राहि-त्राहि मची है। ब्राह्मण का बालक कम आयु में मर गया है। तेरी समाजोद्धारक समिति आर्य वर्ण-

व्यवस्था और ब्राह्मणी कर्मकांड का घनघोर विरोध कर रही है। सांथ ही साथ तूने राज्य के विरोध में जनक्रान्ति का व्यूह रचकर एक सुदृढ़ 'सैनिक दल' का संगठन किया है। अस्तु, तू मरने के लिए तैयार हो जा।

**शम्बूक** : राजन्! यह आपका भय है। मैंने एक पिछड़े समाज को उठाने-सचेत करने का प्रयत्न मात्र किया है। पुनः पूर्ण स्वराज्य प्राप्त करना जिनका जन्मसिद्ध अधिकार है, मैं उनमें ऐसी ही चेतना सृजित कर रहा हूँ। यदि आप इसे ही राजद्रोह कहते हैं, तो ठीक है!

**राम** : हाँ! मैं इसी को राजद्रोह कहता हूँ। तुम्हारे पिछड़े समाज को उठाना-गिराना तुम्हारा नहीं, मेरा कर्तव्य है। वर्ण-विधान के अनुसार मैं तुम्हारे समाज का मान-अपमान, कर्म और कार्य निर्धारित करूँगा।

**तुंगभद्रा** : राजन् राम! यद्यपि मेरे पतिदेव निर्दोष हैं फिर भी मैं आपसे उनके प्राणों की भीख माँगती हूँ।

**शम्बूक** : प्रिये! तुम चुप रहो। मैं मानवीय अधिकारों को प्राप्त करना व अपने समाज को पुनः पूर्णतः स्वतंत्र कराना अपना मूल धर्म समझता हूँ।

**राम** : यह तेरी धृष्टता मात्र है शम्बूक! मैं तुझे क्षमा नहीं कर सकता। मैं रंग-रूपी-वर्ण की मर्यादा की रक्षा कर मर्यादा पुरुषोत्तम राम बनना चाहता हूँ। वर्ण-व्यवस्था के विधान के अनुसार, 'शूद्रों-महाशूद्रों, स्त्रियों को ज्ञान प्राप्त करने का कोई अधिकार नहीं है। तुमने इस वर्ण-व्यवस्था की मर्यादा का उल्लंघन किया है। इसलिए आज उसकी रक्षा करते हुए मैं तुम्हारा संहार करता हूँ।'

*[राम शम्बूक पर तलवार का प्रहार कर देते हैं। शम्बूक— 'हा! मेरा मानवीय अधिकार!' कहकर प्राण छोड़ देते हैं। राम के हाथ में लहूलुहान तलवार रह जाती है।]*

**तुंगभद्रा** : *(अचेत होकर गिर पड़ती है, कुछ होश आने पर)* ओ शराबी-कबाबी हत्यारे राम! तूने जीवन भर यही कुकृत्य किए हैं। नीति विरुद्ध ताड़का का वध, आदिवासी महाराजाधिराज रावण की बहन सूर्पणखा के नाक-कान काटने, बहुपत्नी होते हुए अन्य स्त्रियों से प्रेम, शौर्य विरुद्ध बालि वध, राज्य नियम विरुद्ध गर्भिणी सीता को निःसहाय जंगल में छोड़

देने तथा न्याय विरुद्ध मेरे पतिदेव का वध आदि घटनाओं को भावी सन्तानें सत्य की तराजू पर अवश्य तौलेंगी और अपने जन्मसिद्ध अधिकारों को जैसे बनेगा, तैसे शान्ति से अथवा क्रान्ति से लेकर ही चैन की साँस लेंगी। तुम्हारे रामराज और वर्ण-व्यवस्था का आमूलचूल सर्वनाश होगा और समतामूलक समाज की स्थापना होगी...।

*[कहकर धड़ाम-से धराशायी होकर पति वियोग में प्राण छोड़ देती है।]*

**[पटाक्षेप]**

## दृश्य-4

**स्थान** : दंडकारण्य से कुछ दूर
**समय** : सायंकाल

*[शम्बूक की मृत्यु की सूचना पाकर शिवकंठ प्रसन्न होता है और भागकर शीघ्रता से शैलेन्द्र को, जो अपनी माँ की गोद में लाश के रूप में सुरक्षित दशा में बेहोश पड़ा है, होश में आने की दवा सुँघाने को कहता है। जलेश्वरी दवा सुँघाती है। शैलेन्द्र थोड़ी देर में उठकर खड़ा हो जाता है।]*

**शैलेन्द्र** : माताजी व पिताजी, प्रणाम। मैं कई दिन सोया?

**जलेश्वरी** : ...तू मर गया था बेटा! ऐसा कह।

**शिवकंठ** : चिरंजीव भवः पुत्र! शम्बूक के वध के बाद तू जी गया। दुष्ट शूद्र मारा गया। अब ऐसी अकाल मृत्यु कभी न होगी।

*[राम, भरत व शत्रुघ्न तथा सभी सभासदों का प्रवेश। राम के हाथ में रुधिर से सनी वही खूनी कृपाण है, जिससे उन्होंने शम्बूक का वध किया है।]*

**शिवकंठ** : देखो! देखो! राजन्! शूद्र तपस्वी शम्बूक के मरते ही मेरा इकलौता पुत्र जी गया।

**नारद** : मैंने तो पहले ही कहा था सबसे!

**[पटाक्षेप]**

## दृश्य-5

**स्थान :** श्मशान भूमि
**समय :** बारह बजे दोपहर

*[श्मशान घाट पर आचार्य शम्बूक और उनकी धर्मपत्नी 'तुंगभद्रा' की लाश रखी है। आसपास शम्बूक के शिष्य विषाद-युक्त खड़े हुए हैं। अभी-अभी चिता सजाई गई है। परन्तु आग नहीं लगाई गई है।]*

**ज्ञानू :** भैया सेतू! मैंने जब गुरुजी को आर्य दस्युओं द्वारा 'आदिवासी महाविद्यालय' दंडकारण्य पर अचानक आक्रमण किए जाने की सूचना दी थी, तब गुरुजी ने उन आर्यों के इस प्रकार के छुटपुट आक्रमणों को अपनी योजना में और भी अधिकाधिक जोश-खरोश आने का सहयोग बताया था।

**सेतू :** किन्तु! अब तो ये अचानक नहीं, बल्कि स्पष्ट आक्रमण है।

**कुन्दन :** *(आँसू टपकाते हुए)* भैया! मैंने गुरुजी से महाविद्यालय में ही रहने की प्रार्थना की थी। निर्भीक तपस्वी ने अस्वीकार कर दिया।

**सेतू :** हाय! अब हाथ मल-मल कर पछताने के सिवाय और कुछ नहीं है। हम लोगों का नेता उठ गया। नेतृत्व कौन करेगा?

**ज्ञानू :** न्यायप्रियता का ढोंग करनेवाले घमंडी राम का असली कंकाल रूप राष्ट्र और समाज के समक्ष स्पष्ट हो गया।

**सेतू :** यह वही राम है, जिसने लोहे को लोहे से काटा था। अनार्यों से अनार्यों में ही तोड़-फोड़ कराकर उनकी सेना को एकत्रित करके उन्हीं द्वारा आदिवासी महाराजाधिराज रावण को समूल नष्ट किया था।

**कुन्दन :** यह उनकी राजनीति थी, उस समय अनार्यों *(निषादराज, हनुमान, जामवन्त, नल, नील, शिव व शबरी आदि)* को गले लगाने, उनका जूठा खाने और सुग्रीव को बालि वध तथा विभीषण को रावण वध के पहले राज्य प्रलोभन की खुली घूस देने में उनका धर्म नष्ट नहीं होता था। किन्तु आदिवासियों की धार्मिक, सामाजिक,

आर्थिक व राजनीतिक उन्नति उनकी आँखों में रेत बनकर करक गई।

**ज्ञानू** : इसलिए राम ने बिना सोचे एकपक्षीय निर्णय कर दिया। क्या यही सच्चे न्याय की पहचान है?

**कुन्दन** : शक्तिशाली की इच्छा का नाम न्याय है। आज के समाज को इसी का समर्थन प्राप्त है।

**सेतू** : तो क्या स्वार्थ-सिद्धि ही न्याय की परिभाषा है?

**ज्ञानू** : हाँ! स्वार्थ ही राम के न्याय की परिभाषा है। आर्य राजा राम सदा ही आदिवासियों को नष्ट करने के लिए उद्धृत रहे हैं। उन्हें न्याय-अन्याय की चिन्ता कभी भी नहीं रही है।

**कुन्दन** : तो कुछ नहीं साथियो! विलम्ब करने से कोई लाभ नहीं होगा। शीघ्र ही गुरुजी की अन्त्येष्ठ-क्रिया से अवकाश पाया जाए। तदुपरान्त सभी समस्याओं को सुलझाया जाएगा।

*[चिता में आग लगाई जाती है, जो एकदम प्रज्वलित हो उठती है।]*

**[पटाक्षेप]**

## दृश्य-6

**स्थान** : गोदावरी के समीप दंडकारण्य में समाधि-स्थल
**समय** : दोपहर 12 बजे

*[तपस्वी शम्बूक तथा उनकी धर्मपत्नी तुंगभद्रा की समाधि पर श्रद्धांजलि अर्पित करने के लिए सभी शिष्य और लाखों आदिवासी नर-नारी, बाल तथा वृद्ध एकत्रित हैं।]*

**सेतू** : भैया कुन्दन! गुरुवर के बाद न्यायप्रिय आदिवासी शिक्षक आचार्य लवणासुर जी यमुना नदी के किनारे 'मधुवन' बसाकर तपस्या करते हुए 'समाजोद्धारक समिति', 'सैनिक दल' और हम लोगों का नेतृत्व करते थे। उनका

वध भरत व शत्रुघ्न ने कर दिया है। अन्य कई समाज-सुधारक आदिवासी संतों तथा नेताओं का वध गुरुजी की भावी योजनाओं की सफलता में भारी बाधक है। मैंने पहले भी कहा था, अब हमारा नेतृत्व कौन करेगा?

**कुन्दन** : आप लोग घबराएँ नहीं। धैर्य से काम लें। सच्चे ईमानदार, त्यागी व लगनशील कार्यकर्ताओं का नेतृत्व करनेवाला कोई न कोई अच्छा नेता समय के साथ मिल ही जाता है। यह समय सोचने-विचारने, श्रद्धांजलि अर्पित करने का है। ज्ञानू के पीछे-पीछे सभी लोग एक लाइन में हो कर श्रद्धांजलि अर्पित करते हुए अपने-अपने घरों को शान्तिपूर्वक चले जाएँ।

*[सबका श्रद्धांजलि अर्पित करते हुए प्रस्थान]*

**[पटाक्षेप]**

**[यवनिका पतन]**

## सन्दर्भ

*हृष्टा खलु भविष्यन्ति रामस्य परमः स्त्रियः।*
*अप्रहृष्टा भविष्यन्ति स्नुषास्ते भरतक्षये॥ 12॥*

[वाल्मीकि रामायण, अयोध्या कांड, सर्ग 8]

के अनुसार, मंथरा ने कैकेयी को उभारते हुए कहा कि राम के राजा बन जाने पर राम की स्त्रियाँ प्रसन्न होंगी।

*वर कांचन केयूर मुक्ता प्रवर भूषणौः।*
*भुजै परम नारीणामभिमृष्टमनेकधा॥ 3॥*

[वाल्मीकि रामायण, युद्ध कांड, सर्ग 21]

के अनुसार, राम द्वारा समुद्र का पुल बाँधने से पहले समुद्र तट पर प्रायोप्रवेशन के समय कविवर वाल्मीकि ने कहा कि अनेक नारियों (स्त्रियों) से सेवित राम की भुजा है, राम अपनी उस भुजा (बाँह) से तकिया लगाकर लेट गए।

**अनुवाद—** डॉ. रेवेरेड फादर कामिल बुल्के की थीसिस 'रामकथा' से उद्धृत।

[मिलने का पता—मोती राम बनारसी दास बुक सेलर, चौक, वाराणसी]

*कुथास्तरणसंबीते राम: मनिषवादह।*
*सीतामादाय हस्तेन मधु मैरेयकं शुचि॥ 18॥*

जैसे नरेन्द्र (इन्द्र), शचि (इन्द्राणी) को मधु (सुरा) पान कराते थे, उसी तरह मुझे (राम) ने सीता को हाथ से पकड़कर मेरय (शराब) का पान कराया॥ 18॥

*पाययामास काकुत्स्थ: शचीमिव पुरन्दर:।*
*मासानि च सुमृष्टानि फलानि विविधनि च॥ 19॥*

उसी समय जो जो मेरे नौकर-चाकर थे, वे मेरे (या हमारे दोनों के) लिए मांस तथा नाना प्रकार के मधुर फल ले आए॥ 19॥

*रामस्याभ्यवहारार्थ किंकरास्तूर्णमाहरन।*
*उपानृत्यश्य राजानं नृत्तगीतविशारदा:॥ 20॥*

नाचने और गानेवाले वहाँ आकर नाचने गाने लगे॥ 20॥

*लाश्च स्पघत्यश्च स्त्रिय: पानवंशानुगता:।*
*उपानृत्यन्त काकुत्स्थं नृत्यगीतिविशारदा:॥ 21॥*

उस समय नाचने-गाने में कुशल, बहुत-सी चतुर तथा रूपवती स्त्रियाँ, सुरा-मद से मस्त होकर मेरे निकट अपनी नृत्यकला का प्रदर्शन करने लगीं॥ 21॥

*मनोऽभिरामा रामास्ता रामो रमयतां वर:।*
*रमयामास धर्मात्मा नित्यं परमविभूषत:॥ 22॥*

दूसरों के मन को रिझानेवाले पुरुषों में श्रेष्ठ मैं (राम), उत्तम वस्त्राभूषणों से भूषित हुई उन मनोरम रमणियों के साथ रमण करता था॥ 21॥

'वाल्मीकि रामायण', उत्तर कांड, सर्ग 42, अनुवादक—डॉ. भदंत आनन्द कौसल्यायन, 'राम की कहानी, राम की जबानी' से उद्धृत।

[मिलने का पता—मंत्री, भिक्षुक निवास प्रकाशन, दीक्षाभूमि, नागपुर-10]

# एकलव्य

# एकलव्य

लेखक
**पेरियार ललई सिंह**
**रामअवतार पाल**

**अशोक पुस्तकालय (रजि.)**
झींझक, जिला—कानपुर,
उत्तर प्रदेश, भारत-209 302
अंडर पेरियार ललई सिंह चेरिटेबुल ट्रस्ट
84/172, झकरकटी, जी.टी. रोड
जिला—कानपुर, उत्तर प्रदेश, भारत-208 003

**प्रथम बार**
अम्बेडकर जयंती दिनांक—14 अप्रैल, 1963 ई.
प्रथम बार 1000 प्रतियाँ प्रकाशित
दूसरी बार सन् 1968 ई.
तीसरी बार सन् 1975 ई.
चौथी बार सन् 1980 ई.
पाँचवीं बार सन् 1985 ई.
छठी बार सन् 1990 ई.
सातवीं बार सन् 1993 ई.



**मुद्रक**
समाज-सेवक प्रेस,
360/192, मातादीन रोड, सआदतगंज
लखनऊ, उत्तर प्रदेश, भारत-226 003

महँगाई के कारण संशोधित
**मूल्य :** 8.50 रुपये

## !! समर्पण !!

अमर शहीद
श्रद्धेय प्रवीणचन्द्रभंजदेव
आदिवासी महाराज बस्तर (म.प्र.)
की पुण्य स्मृति में
जो आजीवन दुखियों के दुःख को
दूर करने के लिए सतत प्रयत्न करते हुए,
श्री देवी जी का उत्सव मनाते समय
अनेक साथियों सहित
दिनांक 25 मार्च, सन् 1966 ईसवी को पंडित द्वारिका प्रसाद मिश्र,
कांग्रेसी मुख्यमंत्री मध्य प्रदेश के शासन काल में शहीद हुए।

**—लेखकगण**

# दो शब्द

आज हमें पाठकों के हाथ में 'एकलव्य' नाटक प्रस्तुत करते हुए महान हर्ष का अनुभव हो रह है। मुझे आशा है कि नाटक प्रेमी इसे बड़े ही प्रेम से पढ़ेंगे और इसके उद्देश्य पर विशेष ध्यान देकर उसके अनुकरण करेंगे। साथ ही साथ इसके रंग मंचन का प्रबंध कर जनता के समक्ष इसे प्रस्तुत करेंगे।

महाभारत तथा किंवदंतियों के आधार पर नाटक महान पराक्रमी, उत्साही, स्वावलम्बी, स्वाध्यायी, लगनशील एवं दृढ़प्रतिज्ञ वीर धनुर्धर एकलव्य के सम्बन्ध में लिखा गया है। नाटक लिखने का एक मात्र उद्देश्य है कि मनुष्य 'एकलव्य' की ही भाँति अपने जीवन के सभी लक्ष्यों को स्वावलम्बी बनाकर पूरा करें।

नाटक के खेलने में कोई अड़चन नहीं हुई है।

नाटक की भाषा सरल व चलताऊ रखी गई है, जिससे नाटक सर्वसाधारण की समझ में आ सके। फिर भी यदि कहीं जटिलता आ गई हो तो लेखक-द्वय को क्षमा करते हुए अपनी सम्मति देने की कृपा करें।

यदि इस नाटक से रंचमात्र सुधार एवं समाज परिवर्तन हो सका तो हम अपने परिश्रम को सफल समझेंगे।

दिनांक—14 अप्रैल, 1968

**—रामअवतार पाल**

जगनपुर, रूरा, कानपुर, उ.प्र.

# प्रकाशकीय सम्मति

यह नाटक इस मतलब से छापा गया है कि एक ओर तो छुआछूत न मानने का कानून बन गया है, मगर दूसरी ओर शूद्र-विरोधी पुरानी सड़ियल भारतीय सभ्यता वाली स्मृतियाँ 'रामायण', 'गीता' व 'महाभारत' आदि धनवानों और विदेशियों के खर्चे से सस्ती कीमत में हम लोगों को दिमागी गुलाम बनाने के लिए धड़ाधड़ छप रही हैं, जिनका घनघोर प्रचार श्री करपात्री जी, श्री नारदानन्द जी तथा श्री प्रकाशवीर शास्त्री आदि कर रहे हैं। उसके अ-समतावादी कड़वे फल (ऊँच-नीचपन की बेइज्जती) शूद्र समुदाय जातीय-उपजातीय फूट के कारण खा रहा है। हमें इस शूद्र-विघाती आपसी फूट से सावधान रहना चाहिए।

सामाजिक बेइज्जती गरीबी से ज्यादा खटकती है। आर्थिक एवं राजनीतिक समानता सामाजिक बेइज्जती को दूर नहीं कर सकती हैं।

शासन भारतीय संविधान विरोधी उपरोक्त ग्रंथों के शूद्रता-प्रचारक अंशों को—जो राष्ट्रीय एकता नष्ट करते हैं—उन्हें छापना बन्द करावे।

शूद्र तथा महाशूद्र घोषित जन एकलव्य की तरह स्वावलम्बी बनकर अपना काम पूरा करें, मगर अँगूठा दान करने जैसी भारी भूल कभी न करें, क्योंकि ये सब बड़े जालिम हैं, छलिया हैं।

आप सबका

दिनांक—17 दिसम्बर, 1963 ई.

**—पेरियार ललई सिंह**

अशोक पुस्तकालय (रजि.), झींझक, (कानपुर)

# सम्मति

गीता में श्रीकृष्ण द्वारा वेदों और वेद-प्रतिपादित यज्ञों एवं भागवत में इन्द्र-यज्ञ बन्द कराकर गौ-पूजा का प्रचार करने इत्यादि से मनीषियों की धारणा है कि यदुवंशी कृष्ण गौरांग आर्य-जाति के न थे, किन्तु यह चाहते थे कि आर्य और मूलनिवासियों में किसी तरह मेल हो जाए। अहंकारी आर्य-क्षत्रिय मूलनिवासियों का पनपना बरदाश्त नहीं करते थे।

इसका यह ज्वलन्त उदाहरण है कि स्वयं धर्मराज युधिष्ठिर के भाईबन्द (अर्जुन) आदिनिवासी युवक 'एकलव्य' का अद्वितीय धनुर्धर होना सहन न कर सके और उन्होंने मचलकर आचार्य द्रोण द्वारा गुरु दक्षिणा में उसका दाहिना अँगूठा कटवा लिया तथा ब्राह्मण द्रोण का हृदय इस जघन्यतम क्रूर कर्म करते समय विदीर्ण नहीं हुआ।

लेखकों ने इस क्रूर-कथा का नाटक लिखकर रंगमंच पर उसका दृश्य सुलभ कर दिया है। इस नाटक में लेखकों ने तत्कालीन समाज का अच्छा चित्रण किया है।

तारीख—15 अक्टूबर, 1963 ई.

**—चन्द्रिका प्रसाद 'जिज्ञासु'**
360/193, मातादीन रोड
सआदतगंज, लखनऊ-3

# सम्मति

...इन कहानियों द्वारा फैलाया गया (ऊँच-नीच, सवर्ण-अवर्ण तथा आर्य-आदिनिवासी) राष्ट्रघाती विष तभी दूर हो सकता है, जब वे लोग इसके विरुद्ध विद्रोह करें, जिन (शूद्रों) को दबाकर रखने के लिए ये गढ़ी गई थीं। इसी राष्ट्र-हित की दृष्टि से मैं इस 'एकलव्य' नाटक को एक बहुमूल्य रचना समझकर इसका स्वागत करता हूँ।

इसके पढ़ने से कथित सवर्ण और अवर्ण, दोनों को लाभ होगा। समझदार सवर्ण अपनी कल्पित उच्चता और शूद्र अपने को नीचतम समझने का कुत्सित विचार छोड़ देंगे। इससे समता और बन्धुता का पुनीत भाव विकसित होगा और भारत एक सुदृढ़ एवं सुसंगठित लोकतंत्र बन सकेगा।

...दलित, पीड़ित मानवता से आत्म-सम्मान के विचार जाग्रत करने के उद्देश्य से लिखे गए इस नाटक को ठीक समझता हूँ।

आशा है, सर्वहारा जनता में अच्छी लोकप्रियता प्राप्त होगी।

तारीख—17 सितम्बर, 1963 ई.

**—संतराम, बी.ए.**
प्रधान—जाति-पाँति तोड़क मंडल
पुरानी बस्ती, जिला—होशियारपुर (पंजाब)

# सम्मति

'एकलव्य' नाटक शोषकों के पाखंडी व अत्याचारी राज्य में शोषितों को उच्च शिक्षा, उच्च शासन-पदों व अन्य राजनीतिक तथा आर्थिक प्रगतियों को प्राप्त करने से वंचित रखने के षड्यंत्रों का भंडाफोड़ करता है।

भारत के आदिवासी (अनार्यों) पर आक्रमण करके विदेश से आनेवाले आर्यों का भारत भूमि पर कब्जा कर लेना और भारत राष्ट्र के लिए मात्र ठेकेदार बनाकर 'उल्टा चोर कोतवाल को डाँटे' की कहावत चरितार्थ करना एक बड़ी दर्दभरी कहानी है, जिसे सुनना सम्भवत: शासक-शोषक वर्ग के ढोंगी नेता व प्रवक्ता चाहे वे प्रजातंत्र का राग अलापते हों या समाजवाद या कम्यूनिज्म या भारतीयता के तराने गाते हों, खुशी-खुशी पसन्द न करेंगे, मगर 'एकलव्य' नायक का चरित्र इस नाटक में वर्तमान भारत के वर्ग-संघर्ष का सही चित्र प्रस्तुत करता है।

श्रृंगवेरपुर के निषाद महाराज हिरण धनुष का एक मात्र राजकुमार अभियुद्यु न आर्यों के सैनिक-विद्या के गुरु श्री द्रोणाचार्य के पास अपने माता-पिता की इच्छा के विरुद्ध विद्याध्ययन की तीव्र आकांक्षा से प्रेरित होकर आता है और शूद्र होने के कारण द्रोणाचार्य के मुख से 'दूर हट बदमाश! धृष्ट! पतित! शूद्र होकर छू लिया मुझे, अपवित्र कर दिया!' सुनकर धक्के खाकर निकल जाने को विवश किया जाता है किन्तु वाह रे, शूद्र निषाद-राजकुमार अभय! तू अपने दृढ़ विचार व स्वाध्याय से, उक्त मानवता से दूर वर्ग व जाति-द्वेषमूलक आत्मा वाले आर्य-गुरु द्रोणाचार्य की ही प्रतिमा बनाकर, उसी प्रतिमा को गुरु मानकर श्रेष्ठतम बाण-विद्या सीख डाली, किन्तु मूर्खाधिराज निषाद-राजकुमार! तूने अपनी शूद्र-बुद्धि से ही काम लिया और उक्त अपनी जाति व वर्ग से द्वेष रखनेवाले द्रोणाचार्य को गुरु-दक्षिणा में अपने दाहिने हाथ का अँगूठा काट कर दान कर दिया ताकि उसका कोई शूद्र शिष्य चाहे जितना ही प्रतिभाशाली क्यों न हो, वह उसके एक आर्य शिष्य अर्जुन से आगे न बढ़ सके।

'अभय!' तुम 'एकलव्य' हो गए और द्रोणाचार्य जैसे आर्य-आचार्यों व अनार्य श्रीकृष्ण जैसे नेताओं की कुचालों के जालों में इतना फँसते गए कि अन्त में तुम्हारा व तुम्हारी जाति-वर्ग वालों का नाश उन शत्रुओं के हाथों हुआ, जिन्हें पराजित करने में तुम असमर्थ नहीं थे।

नाटककारों ने शूद्रों के प्रति उदारता व न्याय बरतनेवाले आर्य नेता 'दुर्योधन' की प्रशंसा की है। शूद्र-नेता 'एकलव्य' को उसका साथी बताया है।

'अर्जुन इत्यादि आर्यों से अवसरवादिता के कारण रिश्तेदारी सम्बन्ध हो जाने से आदिवासी अनार्य नेता बलदाऊ की समझ में इतनी खराबी आ गई कि वे अपने को आर्य ही समझने लगे।' अहीरों (पिछड़ी जाति वालों) का दिमाग इतना फिर गया कि वे आर्यों के विरुद्ध न लड़कर शोषित शूद्र नेता 'एकलव्य' से भिड़ गए। जैसे पिछड़ी जाति वाले अहीर, कुर्मी व लोध आदि तथा अनुसूचित आदिम व अन्य अल्पसंख्यक जातियों के नेता ग्राम-प्रधान, एम.एल.ए. तथा एम.पी. आदि के चुनावों में आपस में लड़ रहे हैं, वास्तव में उन्हें आपस में नहीं लड़ना चाहिए।

एकलव्य यादवों से युद्ध करके तबाह होकर 'जरा' नामक बहेलिया बन जाता है और दुर्योधन का विदूषक 'धनेष' फटे-चिथड़े पहने हुए 'एकलव्य' को देखकर अपने पुराने शूद्र-विरोधी विचार छोड़कर कहने लगता है—

'कौन पूछता है जाति-पाँति! नीच-ऊँच! छुआछूत! बस, एक ही बात मुँह से निकलती है—कुछ दे दो दाता। पेट का दिवाला निकला जाता है।'

चूँकि 'धनेष' एक खरा ब्राह्मण होकर भी शूद्र 'एकलव्य' की भाँति रोटी के एक-एक टुकड़े के लिए लालायित है, इसलिए वह स्मृति के आदेश 'उत्तम भोजन ब्राह्मण खाएँ, छटकन-फटकन शूद्र खाएँ' को भूल जाता है...।

अन्त में इसी 'जरा' नामधारी 'एकलव्य' के बाण से आर्यों के युग-प्रवर्तक नेता (जातिवादी) श्रीकृष्ण की मृत्यु होती है। गांधी, जवाहर या वर्ग-समन्वयवाद का क्या यही हाल होगा?

...शोषक-शोषित के वर्ग-संघर्ष में अपनी सही भूमिका अदा करें, गुमराह न हों।

तारीख—14 नवम्बर, 1963 ई.

**—दीप नारायण सिंह**
एडवोकेट, एम.ए., एल.एल.बी., एम.एल.ए.
प्रकाश-विकास-निवास सादीपुर खुर्द
फतेहपुर, उत्तर प्रदेश

# पाठकों के कर्तव्य

1. गुरु द्रोण एवं उनके शिष्यों—धनेश व युधिष्ठिर—ने जिस प्रकार वीर धनुर्धर एकलव्य का जातीय (नस्लीय) अपमान सामन्तीयुगीन भूतकाल में किया था, उसी प्रकार इस स्वतंत्र युग में भी अपने बच्चों का अपमान प्रतिदिन विद्यालयों में होता है, जिसे आप टुकुर-टुकुर चुपचाप देखते रहते हैं। यह बात आप व हम सबके लिए बड़े ही शर्म की है।

इन बच्चों की ऐसी बेइज्जती भविष्य में न हो, इसकी सरल तरकीब यही है कि आप अपने बच्चों के हृदय में संवैधानिक समता के स्वभाव की भावना हर प्रकार से जाग्रत कर दें। ऐसे जाग्रत स्वाभिमानी नर-नाहर विद्यार्थी के सबल मनोबल का सामना करना जालिम के बस के बाहर की बात हो जाए।

अज्ञानी को रस्सी साँप के रूप में, किन्तु ज्ञानी को रस्सी केवल रस्सी के ही रूप में दिखाई देती है।

2. स्वाध्यायी, स्वाभिमानी एकलव्य ने स्वत: विशेष धनुर्विद्या सीखी। छल की भावना वाले गुरु द्रोण को दक्षिणा में अँगूठा माँगने का कोई अधिकार नहीं था। अदूरदर्शी एकलव्य ने कल्पित जातीय गरिमा एवं अन्धविश्वासी गुरु-भक्ति के कारण अँगूठा दान में देकर धोखा खाया। अपना सर्वनाश किया।

3. आज की मौजूदा परिस्थिति में अपने हको-हकूक के लिए हथियार रूप में देने योग्य मात्र एक ही वस्तु है, वह है आपका कीमती वोट। उसे देने में एकलव्य की तरह धोखा न खाएँ।

अत: अब आप अपने कीमती वोट उसी व्यक्ति को दें, जो आपकी व आपके समाज के हित की हर प्रकार से रक्षा कर सके।

धन्यवाद!

दिनांक—1 जनवरी, 1975

**—राव महेन्द्र सिंह**

हरिनगर, कंचौसी, जिला—इटावा, (उ.प्र.)

# पात्र-परिचय

## पुरुष-पात्र

| | | | |
|---|---|---|---|
| 1. | **हिरण धनुष** | : | एकलव्य के पिता, श्रृंगवेरपुर के महाराजा |
| 2. | **एकलव्य** | : | बचपन का नाम 'अभियुद्यु न'। बुढ़ापे का नाम 'जरा' |
| 3. | **गिरिवीर** | : | प्रधानमंत्री |
| 4. | **रणवीर** | : | प्रधान सेनापति |
| 5. | **द्रोणाचार्य** | : | कौरवों एवं पांडवों के गुरु |
| 6. | **युधिष्ठिर** | : | पांडव राजकुमार |
| 7. | **अर्जुन** | : | पांडव राजकुमार |
| 8. | **भीम** | : | पांडव राजकुमार |
| 9. | **दुर्योधन** | : | कौरव राजकुमार |
| 10. | **दु:शासन** | : | कौरव राजकुमार |
| 11. | **विकर्ण** | : | कौरव राजकुमार |
| 12. | **धनेष** | : | (विदूषक) राजकुमारों का सहपाठी व दुर्योधन का मित्र |
| 13. | **श्रीकृष्ण** | : | द्वारिकापुरी (आभीर प्रदेश) के महाराजा |
| 14. | **प्रतिहारी, दूत एवं अन्य व्यक्ति** | | |

## स्त्री-पात्र

| | | | |
|---|---|---|---|
| 1. | **सुलेखा** | : | एकलव्य की माता। श्रृंगवेरपुर की महारानी |
| 2. | **सुनीता** | : | (रेणुका)—एकलव्य की पत्नी |
| 3. | **नान्दी** | : | सुलेखा की बाँदी। बाद को सुनीता की बाँदी |

# प्रथम अंक

## दृश्य-1

**स्थान :** शृंगवेरपुर में राज्यसभा
**समय :** मध्याह्न से पूर्व

*[महाराज हिरण धनुष सिंहासनारूढ़ हैं। बाईं ओर महामात्य गिरिवीर और दाईं ओर प्रधान सेनापति रणवीर बैठे हैं। परस्पर विचार-विनिमय कर रहे हैं।]*

**हिरण धनुष :** प्रधानामात्य! उत्तर भारत के शासक आर्य बहुत बलशाली हो चुके हैं और अनार्य शासकों की शक्ति दिन-प्रतिदिन क्षीण होती जा रही है, क्योंकि दक्षिण भारत की यह भूमि उतनी उपजाऊ नहीं, जितनी उत्तर भारत की मैदानी भूमि।

**गिरिवीर :** *(अभिवादन करके)* अवश्य, महाराज! अनार्य शासकों की इस क्षीण होती हुई दशा का स्मरण कर मेरा हृदय काँप उठता है। एक तो इन आर्यों ने हमें उस उर्वरा भूमि से पठारी भूमि की ओर पहले से ही खदेड़ रखा है; दूसरे, यहाँ भी कुशल से नहीं रहने देते। आए दिन आर्यों के आक्रमणों, लूट-पाट और भयंकर नर-संहार ने हमें जर्जर बना दिया है।

**हिरण धनुष :** हजारों वर्षों से युद्ध करते-करते हम लोग थक गए हैं। इतिहास साक्षी है कि जब से उन आर्यों ने सिन्धु प्रदेश पर आक्रमण कर अधिकार किया, तब से आज तक हमारे पूर्वज और हम एक दिन भी चैन की साँस नहीं ले पाए हैं। उस समय हमारे पूर्वजों ने कितनी महान भूल की थी, जिसका दुष्परिणाम हमें आज तक भुगतना पड़

रहा है। यदि समकालीन भारतीय आदिनिवासी शासकों ने उन आर्यों की मीठी-मीठी बातों में फँसकर उन्हें शरण न दी होती और वर्ण-व्यवस्था, स्वर्ग-नरक और पुनर्जन्म की इस धोखे वाली योजना को स्वीकार न किया होता, तो ये दुर्दिन देखने को न मिलते।

**गिरिवीर** : *(विनम्र भाव से)* क्षमा करें, अन्नदाता! यदि भारतीय शासकों ने पारस्परिक वैमनस्य की भावना को भुलाकर इन चालाक लुटेरों का प्रतिकार किया होता, तो अतिथि बनकर आनेवाले ये दस्यु हमारे घर के हिस्सेदार न बन जाते।

**हिरण धनुष** : तुम ठीक कहते हो, प्रधानामात्य! वैमनस्यता ने ईर्ष्या का रूप धारण कर लिया और जब आर्यों ने शुरू-शुरू में सेना का संगठन किया, तब हमारे ही कुछ लोगों ने स्वार्थवश उन्हें आर्थिक सहायता भी दी, जिससे उनके हौसले बढ़े। साथ ही साथ उन्होंने हमारी आपसी फूट का लाभ उठाने का अच्छा अवसर पाया। धीरे-से उन्होंने हमारे हित-चिन्तक होने का दावा किया और मंत्री बन बैठे। हमारे पूर्वजों ने भी उनके मंत्रित्व को स्वीकार कर लिया, फिर...।

**रणवीर** : अन्नदाता! फिर क्या था? फिर तो उनकी गाड़ी के दोनों पहिए लुढ़क चले। प्रथम तो अपनी बनाई हुई वर्ण-व्यवस्था द्वारा हमें नीच घोषित करना प्रारम्भ कर दिया और दूसरे अवसर पाकर निर्बल शासकों पर आक्रमण करना भी प्रारम्भ कर दिया।

**हिरण धनुष** : और दूसरों ने उन निर्बल राजाओं की सहायता करना अनुचित समझा।...भला क्यों न समझते? आपसी अनबन से भाईचारे को स्थान कहाँ? उस समय तो विवेक नष्ट हो जाता है। लोग भविष्य पर ध्यान न देकर अपने भाई की पराजय पर प्रसन्न होते हैं।

**गिरिवीर** : श्रीमान् जी! यही तो हुआ। जब आर्यों ने सिन्ध के शासक पर आक्रमण कर उसे पराजित किया तो दूसरे राजा लोग प्रसन्न हुए। द्वेष-भावना के कारण सिन्धेश की सहायता नहीं की, जिसका परिणाम यह हुआ कि मोहेनजोदड़ो और हड़प्पा जैसे उद्योगशील एवं वैभवशाली नगर हाथ

से चले गए। बस फिर क्या था? उनकी नींव गहरी पड़ गई और उन्होंने हमें अपना शत्रु घोषित कर युद्ध की घोषणा कर दी।

**हिरण धनुष** : *(झुँझलाकर)* तब भी हमारे उस बुद्धिहीन पूर्वजों ने अपनी-अपनी डफली, अपना-अपना राग अलापा। यदि वे ऐसा न करते और एक सूत्र में बँधकर शत्रुओं का सामना करते तो अवश्य ही दुश्मनों को मुँह की खानी पड़ती, लेकिन उन्होंने ऐसा करने के बजाय एक-एक कर पराजित होना स्वीकार किया।

**रणवीर** : *(विनम्र भाव से)* किन्तु अब निषादराज को उन पूर्ववर्ती कृत्यों पर पश्चात्ताप करने से क्या लाभ होगा? हमें भविष्य में ठोस कदम उठाने के लिए किसी उपयोगी योजना का सूत्रपात करना चाहिए, क्योंकि आज भी तो इन आततायियों के आए दिन होनेवाले आक्रमणों से हमारे शान्त वातावरण में अशान्ति का ज्वार-भाटा आया-जाया करता है।

**हिरण धनुष** : ठीक कहते हो सेनापति! यदि हम आज भी सचेत होकर अपनी सामाजिक, आर्थिक एवं राजनीतिक स्वतंत्रता की रक्षा न कर पाए, तो हमारी अगली पीढ़ियाँ हमें उसी प्रकार धिक्कारेंगी, जिस प्रकार हम आज पुरानी पीढ़ियों को धिक्कार रहे हैं। इसलिए, महामंत्री! मेरी यह इच्छा है कि शृंगवेरपुर में एक विशाल सम्मेलन का आयोजन किया जाए और उसमें समस्त द्रविड़ राजाओं को आमंत्रित कर इस विषय पर विचार-विमर्श किया जाए।

**गिरिवीर** : *(हाथ जोड़कर)* निषादराज का यह विचार अत्यन्त महान है। यदि सभी एकमत होकर एक विशाल सेना का संगठन कर इनका प्रतिकार करें तो अवश्य ही खोया हुआ साम्राज्य पुनः प्राप्त हो सकता है।

*[सहसा प्रतिहारी का प्रवेश]*

**प्रतिहारी** : अन्नदाता की जय हो!

**हिरण धनुष** : कहो प्रतिहारी, क्या कहना चाहते हो?

**प्रतिहारी** : महाराज! उत्तरी पहाड़ी के पीछे वाली निषाद-गढ़ी से आया हुआ दूत श्रीमन्त की सेवा में उपस्थित होना चाहता है।

**हिरण धनुष** : जाओ, उसे भेज दो!

**प्रतिहारी** : *(हाथ जोड़कर)* जो आज्ञा।

*[प्रस्थान]*

*[निषाद-गढ़ी से आए दूत का प्रवेश]*

**दूत** : *(हाथ जोड़कर)* महाराज के जीवन की जय जयकार!

**महाराज** : बड़ा ही अनर्थ हो रहा है। आर्यों के अत्याचार दिन-प्रतिदिन बढ़ते चले जा रहे हैं, जिससे आतंकित प्रजा महाराज से रक्षा की कामना करती है।

**हिरण धनुष** : तुम इतना घबराए हुए क्यों हो? अभी निषादराज का पौरुष थका नहीं है और न उसके तीखे बाणों की नोक ही कुंठित हुई है। प्रत्येक परिस्थिति में प्रजा की रक्षा की जाएगी। कहो, तुम क्या कहना चाहते हो? अपनी बात को इस राजसभा में स्पष्ट करो।

**दूत** : महराज! उत्तरी पहाड़ी के पीछे वाली निषाद-गढ़ी पर आज आर्यों ने आक्रमण कर दिया है। बड़ी निर्दयता से मार-पीट और लूट-पाट की है, जिससे प्रजा घबरा उठी है।

**रणवीर** : *(क्रोधित होकर)* महाराज! शीघ्र ही मुझे आज्ञा दी जाए, जिससे मैं सेना सहित जाकर उन अत्याचारियों का दमन कर सकूँ।

**हिरण धनुष** : मैं तुम्हें आदेश देता हूँ कि तुम इसी समय जाकर उन शत्रुओं का दमन करो। प्रजा में किसी प्रकार का असन्तोष न होने पावे।

**रणवीर** : जो आज्ञा। *(हाथ जोड़कर प्रणाम करते हुए प्रस्थान)*

*[दूत का भी हाथ जोड़कर प्रणाम करते हुए प्रस्थान]*

**हिरण धनुष** : प्रधानामात्य! जाकर युद्ध के लिए अस्त्र-शस्त्र, भोजन व वस्त्रादि का समुचित प्रबन्ध करो, जिससे उन दुर्दान्त दस्युओं के सामने हमारे नौजवान सैनिकों के हौसले सदैव बढ़ते रहें।

**गिरिवीर** : जो आज्ञा!

*[हाथ जोड़कर प्रणाम करते हुए प्रस्थान]*

**हिरण धनुष** : *(अकेले ही चलते-चलते)* जब तक इन आक्रामक आर्य-साँपों को सदा के लिए न कुचल दिया जाए,

तब तक वे यों ही समय-असमय पर फन उठाकर खड़े होते रहेंगे। अस्तु हमें अब की बार ही उन्हें समूल नष्ट कर देना है।

*[प्रस्थान]*

**[पटाक्षेप]**

## दृश्य-2

**स्थान :** शृंगवेरपुर में शिव मन्दिर
**समय :** सायंकाल

*[निषादराज हिरण धनुष, महामंत्री गिरिवीर तथा कुछ ग्राम-प्रतिनिधि आदिदेव शिव के मन्दिर में पूजा कर चुकने के पश्चात् प्रार्थना कर रहे हैं।]*

**सभी—**

*आज तुम्हारे मन्दिर में हम एकसूत्र में बँधने आए हैं।*
*स्वदेश प्रेम की पी आसव, मर मिटने का ध्येय बनाए हैं॥*
*है अपार शक्ति सबके तन में, उर तंत्रिका झनझना उठी।*
*फड़क उठी बाँहें हम सब की, तलवारें स्वयं खनखना उठीं॥*
*फिर बोल उठे सभी जय जय जय शिव शंकर की।*
*गूँज उठे भारत में क्रान्ति ध्वनि हर हर बम बम की॥*

*[सभी चुप हो जाते हैं।]*

**हिरण धनुष :** भगवान शंकर की जय! शिव शम्भो की जय!! द्रविड़ देवता महादेव की जय!!! *(कुछ देर मौन रहने के पश्चात्)* भगवान शंकर! सदियों से आर्यों के आतंक से आतंकित हम सभी आज आपके मन्दिर में आपको साक्षी बनाकर एक-सूत्र में बँधने की प्रतिज्ञा करते हैं। आपकी स्वदेश प्रेम की शिक्षा से प्रेरित होकर हम सभी आर्यों के विरोध में सदा एक सूत्र में बँध कर उनका प्रतिकार करना ही अपने भावी जीवन का लक्ष्य निर्धारित करते हैं।

**पहला ग्रामीण प्रतिनिधि** : *(हाथ जोड़कर)* भुवनपति शंकर! हम सब लोग देश प्रेम में डूबे हुए हैं, जैसा कि आपका सदुपदेश है।

**दूसरा ग्रामीण प्रतिनिधि** : और देश की सुरक्षा के लिए तन-मन-धन से अपने जन-नायक का सहयोग देने के लिए तैयार हैं।

**गिरिवीर** : हम आदिदेव शंकर के समक्ष प्रण करते हैं कि देश की स्वतंत्रता पर किसी प्रकार की आँच आने के समय एक-एक द्रविड़ सपूत स्वाधीनता की बलिवेदी पर बलिदान हो जाएगा।

**हिरण धनुष** : गिरिवीर! पूजा कार्य समाप्त हो चुका है, चलकर राज्य कार्य देखना चाहिए। प्रजा-प्रतिनिधियो! आप लोग जाकर प्रजा में इस बात का संवाद कहो कि वह शान्तिपूर्वक उत्पादन कार्य में संलग्न रहे, जिससे किसी प्रकार भी राष्ट्र निर्बल न होने पाए। उनका यह कार्य ही देश-प्रेम का सच्चा प्रतीक होगा।

**पहला ग्रामीण प्रतिनिधि** : महाराज! हम लोग सदा प्रजा में सच्चे देशानुराग की भावना भरा करते हैं और फिर युद्ध काल में तो हमारा एकमात्र लक्ष्य यही है।

**दूसरा ग्रामीण प्रतिनिधि** : हमने प्रजा को यह विश्वास दे रखा है कि उनकी रक्षा के लिए हमारे निषादराज प्रत्येक सम्भव प्रयत्न करेंगे।

**हिरण धनुष** : प्रजा प्रतिनिधियो! आप लोगों के इन वचनों का अक्षरशः पालन किया जाएगा। चाहे मुझे कोई भी मूल्य क्यों न चुकाना पड़े।

**पहला ग्रामीण प्रतिनिधि** : महाराज, हम लोगों को जाने की आज्ञा दीजिए जिससे...

**हिरण धनुष** : जाओ! आप सब लोग जाओ! मैं आप लोगों पर और अपनी प्यारी प्रजा पर बहुत प्रसन्न हूँ। मुझे सबकी सुख-शान्ति का पूरा-पूरा ध्यान है।

**दोनों ग्रामीण प्रतिनिधि** : *(हाथ जोड़ प्रणाम करते हुए)* जो आज्ञा महाराज! *(दोनों का प्रस्थान)*

**हिरण धनुष** : चलो, चलकर कुछ मंत्रणा करनी है, गिरिवीर क्योंकि अब मुझे आठों याम एक ही धुन सवार है। चिन्ता ने मेरे ऊपर अधिकार जमा रखा है। जब तक मेरी मनोकामना पूर्ण नहीं होती, तब तक मुझे चैन नहीं।

**गिरिवीर** : अन्नदाता, मैं भी यही लक्ष्य कर रहा हूँ कि इस समय आप घोर चिन्ता में डूबे हुए हैं, किन्तु आप इतने अधीर न हों। आपकी मनोकामना अवश्य पूर्ण होगी। हमारे राज्य का एक-एक व्यक्ति देशानुराग की आसव पी चुका है। वह किसी समय भी देश-हित के लिए अपना सर्वत्र बलिदान करने में न हिचकेगा। आपका मन व्यथित हुआ-सा जान पड़ता है। अस्तु, चलकर कुछ देर विश्राम करें। तदुपरान्त वार्ता होगी।

**हिरण धनुष** : चलो चलें।

*[दोनों का प्रस्थान]*

**[पटाक्षेप]**

## दृश्य-3

**स्थान :** शृंगवेरपुर में राज्यसभा
**समय :** प्रातः 9 बजे

*[निषादराज और गिरिवीर बैठे निषाद-गढ़ी के युद्ध के सम्बन्ध में बातचीत कर रहे हैं।]*

**गिरिवीर** : *(खड़े होकर, दोनों हाथ जोड़कर)* महाराज, क्षमा करें! आज भी आपके मुखारबिन्दु पर प्रसन्नता की झलक नहीं दिखाई पड़ रही है। चिन्ता की रेखाएँ पूर्ववत् ज्यों की त्यों विद्यमान हैं, अन्नदाता! हम सब लोग आपकी इच्छानुसार कार्य करने के लिए उद्यत हैं। आप अपनी इस चिन्ता का परित्याग कर दें। जो भी आज्ञा प्रसारित की जाएगी, उसका पूर्णतया पालन किया जाएगा।

**हिरण धनुष** : यह तो ठीक है गिरिवीर! हम भी यही चाहते हैं कि किसी प्रकार हम इस चिन्ता से छुटकारा पा सकें, किन्तु जितना हम इससे बचना चाहते हैं, उतना ही फँसते चले जा रहे हैं।

**गिरिवीर** : ऐसा जान पड़ता है कि चिन्ता का यही सिद्धान्त है कि जितना लोग उससे बचने का प्रयत्न करते हैं, उतना ही सराबोर होते जाते हैं, किन्तु फिर भी आप शीघ्रातिशीघ्र

इससे छुटकारा पाने का प्रयत्न करें, अन्यथा चिन्ता का स्वास्थ्य पर घातक प्रभाव पड़ेगा।

**हिरण धनुष** : महामात्य, इन आर्यों ने हम लोगों से मिलकर हमारे समक्ष अपने को भोला-भाला प्रदर्शित कर हमसे ही युद्ध-कला आदि विद्याएँ सीखीं, हमने उनके भोले स्वाभाव को देखकर निष्कपट भाव से उन्हें युद्ध-कला आदि के प्रत्येक दाँव-पेंच बता दिए, किन्तु पूर्ण विद्वान हो जाने पर ये चालाक बन्दर ठौर पर ही उल्टी कला लगा गए और उन्होंने हमारे हथकंडे तथा अपने हथकंडों को मिलकर अपने को श्रेष्ठ सिद्ध कर शिष्य के स्थान पर गुरु होने की घोषणा कर दी। अब हम क्या करते? हाथ मल-मल कर पछताने लगे।

**गिरिवीर** : दीन दयाल! आज भी पछता रहे हैं।

**हिरण धनुष** : किन्तु पछताने से क्या होता है? हमें पुरुषार्थी बनकर प्रत्येक समस्या का निदान सोचना चाहिए। गिरिवीर, एक ऐसी योजना तैयार करो, जिससे दस-बीस द्रविड़ *(निषाद-मल्लाह, गोंड, भील, महार व सन्थाल)* आदि नौजवान उनके युद्ध-कला के विभिन्न आचार्यों से युद्ध कौशल सीख सकें। बस! इतने से ही समस्या का आधा भाग हल हो जाएगा।

**गिरिवीर** : आपका विचार तो अति उत्तम है महाराज! परन्तु ये आर्य बड़े ही चतुर व चालाक हैं। वे किसी भी मूल्य पर द्रविड़-पुत्र को युद्ध-कला सिखाने के लिए तैयार न होंगे। लेकिन फिर भी चालाकों के साथ चालाकी खेली जाएगी। शायद योजना सफल हो जाए।

**हिरण धनुष** : हाँ, अगर हम लोग इस कार्य में सफल हो गए तो अवश्य ही हम उन पर विजय प्राप्त कर सकेंगे।

*[अभय का प्रवेश]*

**अभय** : *(हाथ जोड़कर)* पिता श्री और चाचा जी की जय!

*[अभय एक आसन पर बैठ जाता है]*

**हिरण धनुष** : चिरंजीवी हो वत्स! आज तुम पाठशाला से जल्दी कैसे आ गए अभय? आज तो तुम्हारी परीक्षा का दिन था।

**अभय** : *(हाथ जोड़कर)* आज हमारी परीक्षा का दिन था। परीक्षा समाप्त हो गई है। मैं अपने समस्त साथी विद्यार्थियों में

प्रथम उत्तीर्ण हुआ हूँ। वही शुभ-संवाद पिताश्री को सुनाने आया हूँ।

**गिरिवीर** : अभय! मैं तुम्हारी लगनशीलता और चातुर्य पर अत्यन्त प्रसन्न हूँ। अभी तुम अपने में और प्रवीणता लाने का प्रयत्न करो, जिससे सुयोग्य शासक के उत्तराधिकारी बनकर देश का उद्धार कर सको।

**अभय** : चाचा जी! अभी मुझे धनुर्विद्या पर पूर्ण सन्तोष नहीं है। मैं इससे भी अधिक इस विद्या को सीखने का अभिलाषी हूँ।

*[निषादराज की ओर झुक कर हाथ जोड़ते हुए]*

: पिता श्री! आप मुझे बाहर जाकर बाण विद्या एवं अन्य रण-कौशल सीखने की अनुमति दें।

**हिरण धनुष** : राज-गुरु से तूने प्रशिक्षण प्राप्त की है, अभय! अब इससे अधिक रण कला में कुशल पंडित तुझे कहाँ मिल जाएगा? यहाँ घर में रहकर ही नित्य अपने अभ्यस्त हाथों को माँजा कर और कभी-कभी वन में जाकर आखेट किया कर, परन्तु घने जंगल में न जाना, क्योंकि वहाँ मार्ग भूल जाने का भय है।

और सुन अभय! तू अभी तक अपनी माता के पास नहीं गया? जा, तू भूखा होगा। तेरी माँ प्रतीक्षा कर रही होगी।

**अभय** : अवश्य पिताश्री! अभी मैं माताश्री के पास नहीं गया हूँ, शिक्षालय से सीधा आपके ही पास चला आया हूँ। अस्तु इसके पूर्व कि मैं माताश्री के चरणों के दर्शन करूँ, आप मुझे बाहर जाकर युद्ध विद्या सीखने की अनुमति दें।

**हिरण धनुष** : वत्स! तू यहीं रहकर अभ्यास कर। बाहर कहाँ जाएगा?

**अभय** : पिताश्री! मैंने सुना है कि युद्ध-कला में भारत के सर्वश्रेष्ठ विद्वान आचार्य द्रोण आजकल हस्तिनापुर में राजकुमारों को दीक्षा दे रहे हैं। मैं वहीं उन्हीं राजकुमारों के साथ प्रशिक्षा प्राप्त करना चाहता हूँ।

**हिरण धनुष** : नहीं वत्स! तुम हस्तिनापुर न जाओ। द्रोणाचार्य तुम्हें कभी भी शिक्षा देने के लिए तैयार नहीं होंगे, क्योंकि वे आर्य आचार्य हैं। हम अनार्यों और आर्यों की शत्रुता चल रही है।...

तू कितना पागल है अभय! भला कोई समझदार व्यक्ति साँप को दूध पिला कर मोटा करता है?

**अभय** : नहीं पिताश्री! किन्तु आप मुझे हस्तिनापुर जाने की अनुमति दें। मुझे विश्वास है कि वे मुझे अपना शिष्य बनाना स्वीकार करेंगे।

**हिरण धनुष** : अभय, तू नहीं जानता। आर्यों ने हमें शूद्र घोषित कर रखा है। वे हमसे घृणा करते हैं। भला जो व्यक्ति हमें नीच समझकर हमसे घृणा करेगा, वह हमारे पुत्र को शिक्षा क्यों देगा?

**अभय** : पिताश्री! आप इस बात की चिन्ता न करें। मैं वहाँ पहुँच कर उन्हें पटा लूँगा। मुझे विश्वास है कि वे मुझे विमुख नहीं लौटावेंगे।

**गिरिवीर** : राजन्! अपराध को क्षमा करें। यदि राजकुमार की यही इच्छा है तो उसे जाने दीजिए। राजकुमार को सबसे श्रेष्ठ युद्ध-कुशल होना चाहिए, जिससे हम अपनी भावी योजना सफल बना सकें।

**हिरण धनुष** : गिरिवीर! यदि तुम्हारी यही सम्मति है तो राजकुमार को अनुमति है, किन्तु इसके पूर्व इसे अपनी माता से भी अनुमति लेनी होगी। यदि वह अनुमति दे दें तो जा सकता है। अभय! तू अपनी माँ के पास जाकर आज्ञा ले ले।

**अभय** : मैं माताश्री से आज्ञा ले लूँगा। *(अभय का प्रणाम करते हुए प्रस्थान)*

*[प्रतिहारी का प्रवेश]*

**प्रतिहार** : अन्नदाता की जय हो! सेनापति का भेजा हुआ दूत महाराज की सेवा में उपस्थित होना चाहता है।

**हिरण धनुष** : उसे आने दो।

**प्रतिहारी** : जो आज्ञा महाराज। *(अभिवादन करते हुए प्रस्थान)*

*[दूत का प्रवेश]*

**दूत** : *(अभिवादन करते हुए)* महाराजाधिराज की जय हो! सेनापति ने समाचार भेजा है कि वे 'विजयश्री' के साथ कल दोपहर तक राज्यसभा में उपस्थित हो जाएँगे।

**हिरण धनुष** : महामंत्री! मैं पूछने ही वाला था युद्ध-समाचार। तब तक संवाद-वाहक ने यह मांगलिक सूचना दी। जाओ, इसे पुरस्कार दो।

**गिरिवीर** : जो आज्ञा महाराज।

*[प्रणाम करते हुए दोनों का प्रस्थान]*

**हिरण धनुष** : *(एकाकी)* पुनः आर्यों को मुँह की खानी पड़ी, किन्तु ये तो इतने हठीले हैं कि बार-बार हार कर भी हिम्मत नहीं हारते।

फिर भी देखा जाएगा, कब तक ये लोग सर उठाते रहेंगे?

*[प्रस्थान]*

**[पटाक्षेप]**

## दृश्य-4

**स्थान :** शृंगवेरपुर का अन्तःपुर
**समय :** सायं 4 बजे

*[अन्तःपुर में महारानी सुलेखा कुछ चिन्तित मुद्रा में बैठी हैं। पास ही बाँदी नान्दी खड़ी है।]*

**सुलेखा** : नान्दी! आज चार दिन बीत चुके हैं, परन्तु...।

**नान्दी** : *(हाथ जोड़कर)* परन्तु क्या महारानी? यह सब मेरी समझ में भी नहीं आ रहा है। न जाने क्यों चार दिन से आप अधिक चिन्तित और व्यग्र रहती हैं? अभय भी खिन्न-सा दिखाई पड़ता है।

**सुलेखा** : अभय की मूर्खता के कारण ही तो मेरी...।

**नान्दी** : महारानी! राजकुमार से कौन-सा अपराध हो गया है? वह अपनी परीक्षा में प्रथम श्रेणी में उत्तीर्ण हुए हैं। यह समाचार सुनकर आजकल सभी आदिनिवासी प्रसन्न हैं। महाराज भी प्रसन्न होकर सेवक-सेविकाओं को पुरस्कार दे रहे हैं। सामन्त और सभासद् राजकुमार को गोद में लेकर पुचकारते दृष्टिगोचर हो रहे हैं, किन्तु आपके मुखारबिन्दु पर...। महारानी! यदि अनजाने में

अभय से कोई भूल हो गई हो तो आपको क्षमा कर देना चाहिए।

**सुलेखा** : क्या कहती है, क्षमा कर देना चाहिए?

**नान्दी** : हाँ, महारानी! ये तो बालक हैं। इनसे भूल हो सकती है, किन्तु इतना क्रोध नहीं करना चाहिए। आपके गुस्से को देखकर राजकुमार भी सशंकित रहते हैं। उनके चेहरे पर सर्वदा मलिनता छाई रहती है।

**सुलेखा** : यही मलिनता मेरी व्यग्रता का कारण है, नान्दी। भरसक प्रयत्न किया। पीटा, पुचकारा और दुलराया, किन्तु हठीला अभय अपनी हठ पर अडिग है।

**नान्दी** : हठ करना तो मानो राजकुमार के जीवन का पहला काम है। जिस बात पर हठ करता है, उसे पूरा किए बिना नहीं मानता। मैंने बुढ़ापे तक के इस जीवन में इतना हठीला बालक कहीं नहीं देखा। उसकी बचपन की आदत अब तक नहीं बदली।

**सुलेखा** : किन्तु अब अभय बालक नहीं है। अब उसको हठ करना उचित नहीं है। वह सयाना हो गया है। प्रत्येक काम सोच-समझकर करना चाहिए।

**नान्दी** : किस बात की हठ किए हैं अभय?

**सुलेखा** : तुझे नहीं ज्ञात, नान्दी?

**नान्दी** : महारानी, मुझे इस विषय में नहीं मालूम।

**सुलेखा** : जबसे अभय परीक्षा देकर आया है, तबसे वह उच्चतर शिक्षा प्राप्त करने के लिए हस्तिनापुर जाने के लिए व्याकुल है।

**नान्दी** : *(चौंककर)* हस्तिनापुर! राजकुमार आज तक एक दिन के लिए घर छोड़कर बाहर नहीं गया। भला वहाँ कैसे रह सकेगा?

**सुलेखा** : रहने की बात तो पीछे है, नान्दी! वहाँ तो भेजना ही मेरे बस के बाहर है। भला जान-बूझकर हम क्यों अभय को कष्टों की उस अन्धी कोठरी में बन्द कर दें? मैं तो समझती हूँ।...

**नान्दी** : कोई भी माता-पिता इतने निर्मोही नहीं होते, जो अपने पुत्र को कष्टों के खन्दक में ढकेल दें, परन्तु महारानी जी! राजकुमार को भविष्य में सुयोग्य शासक बनाने के

लिए उच्चतर शिक्षा की अवश्य आवश्यकता है, जो हर प्रकार के कष्ट सहकर दिलाया जाना उचित है।

*[सहसा राजकुमार अभियुद्यु न का प्रवेश।]*

*[अभय माताश्री को अभिवादन कह एक ओर खड़ा हो जाता है।*

*मुखारबिन्दु पर मलिनता का साम्राज्य है। इसीलिए शान्त रहता है। सुलेखा उसे गले लगा लेती है।]*

**सुलेखा** : चिरंजीव हो, वत्स। चार दिन से तेरे मुखारबिन्दु पर खिंची ये चिन्ता की रेखाएँ तेरी व्यग्रता का कारण बन गई हैं। तू अपना हठ छोड़ दे, अभय।

**अभय** : माताश्री! आपका कहना उचित है, किन्तु आपकी ममता मेरे भविष्य के लिए अहितकर सिद्ध होगी।

**सुलेखा** : नहीं अभय! अब तू पर्याप्त शिक्षा ग्रहण कर चुका है। मैं तुझे बाहर जाकर कष्ट नहीं भोगने दूँगी।

**अभय** : नहीं माँ! आप मेरे कष्ट की चिन्ता त्याग कर मुझे आज्ञा दीजिए।

**सुलेखा** : वत्स! मैं जान-बूझकर तुझे कष्टों के झमेले में नहीं पड़ने दूँगी। अभी तो तेरी खेलने-खाने की अवस्था है, कष्ट भोगने की नहीं। इसलिए तू अपनी विचारधारा बदल दे। अभी तुझे कौन-सी चिन्ता पड़ी है? खेलो-खाओ और आनन्द करो।

**अभय** : माताश्री, आप भूल कर रही हैं। आपकी यह भूल मेरे जीवन के लिए वरदान नहीं, श्राप सिद्ध होगी। आपकी यह ममता मेरे भविष्य को नष्ट कर देगी। आपकी यह इच्छा मुझे केवल कुछ दिनों के कष्ट से बचा कर जीवन-पर्यन्त कष्ट सहने के लिए बाध्य कर देगी।

**सुलेखा** : नहीं अभय! माता का हृदय कभी अपने पुत्र के भविष्य को काला कर कष्ट सहने के लिए बाध्य नहीं करता और न उसकी ममता ही वरदान के स्थान पर श्राप सिद्ध होती है। केवल तुम्हारी तीव्र जिज्ञासा तुम्हें भ्रमित किए है। तुम मेरी बात मान कर घर बैठो, बेटा। दुख की खीर से सुख की खिचड़ी अच्छी होती है। न जाने किसने तुझे बहका दिया है। राज-प्रासादों का-सा सुख भला निर्जन वनों में कहाँ से प्राप्त हो जाएगा?

**अभय** : मुझे राज-प्रासादों का सुख नहीं चाहिए, माँ। मुझे इस षट्रस भोजन से वनों के कन्द-मूल फल ही अधिक प्रिय हैं। इन व्यंजनों, बहुमूल्य वस्त्रों और सुख का मोह कुछ समय के लिए मैंने त्याग दिया है, क्योंकि मैं इस अल्पविद्या से अपने भविष्य को भयंकर नहीं बनाना चाहता। मुझे आज्ञा दीजिए माँ, जिससे शीघ्र ही उच्चतर शिक्षा ग्रहण करने के लिए प्रस्थान कर सकूँ।

**सुलेखा** : तूने यह जिद क्यों पकड़ ली है, अभय? क्या किसी ने तुझे भर रखा है? मुझे तो ऐसा आभास हो रहा है कि तेरे इस हठ के पीछे कुचक्र काम कर रहा है। किसी शत्रु ने अपने हृदय की ज्वाला शान्त करने के लिए तेरे कान फूँक रखे हैं।

**अभय** : माँ! आपका भ्रम निराधार है। आज तक किसी ने भी मुझे ऐसी सलाह नहीं दी। जिस किसी ने भी सुना, उल्टे रोका।

**नान्दी** : महारानी जी! राजकुमार को किसी ने बरगलाया नहीं है। उसकी बातचीत के ढंग से सच्चाई टपकती है। उच्चतर शिक्षा प्राप्त करने की अनुमति देना उचित है।

**सुलेखा** : मैं नहीं मान सकती, नान्दी! तू जाकर महाराज को बुला ला। मैं अभय की हठ के पीछे छिपे कुचक्र का अवश्य पता लगाऊँगी। देखूँगी, कौन-सा शत्रु षड्यंत्र रच कर मेरा सर्वनाश करना चाहता है?

**नान्दी** : जो आज्ञा महारानी।

*[प्रणाम करके प्रस्थान]*

**अभय** : माँ! मुझे किसी ने नहीं भड़काया है।

**सुलेखा** : मैं कैसे मान लूँ तेरी बात को? तू अभी लड़का है। तुझे क्या पता? शृंगवेरपुर का राजसिंहासन चारों ओर के राजाओं की आँखों के लिए बालू का कण है। सभी चाहते हैं कि इसका सर्वनाश हो जाए।

*[सहसा महाराज हिरण धनुष का प्रवेश]*

**हिरण धनुष** : और किसका सर्वनाश चाहती हो, महारानी? इस शान्त सागर में अशान्ति की लहरें क्यों चंचलित हो उठी हैं? क्या कोई आकर नए संकट की सूचना दे गया है?

**सुलेखा** : व्यंग्य-बाणों से मर्माहित न कीजिए, महाराज! क्या आपको नहीं मालूम कि शृंगवेरपुर के राज्य पर...?

**हिरण धनुष** : राज्य पर क्या होनेवाला है?

**सुलेखा** : संकट के बादल आकाश में उमड़ रहे हैं।

**हिरण धनुष** : आज महारानी का मन स्थिर नहीं है। तभी स्पष्ट बात न कहकर अनजाने ही पहेलियाँ बुझा रही हैं। अधिक चिन्तित न हो, प्रिये। इस चिन्ता का कारण स्पष्ट शब्दों में बताओ।

**सुलेखा** : कारण! कारण क्या बताऊँ, प्राणनाथ? आपसे कोई बात छिपी नहीं है, किन्तु...।

**हिरण धनुष** : किन्तु क्या?

**सुलेखा** : आप व्यंग्य-बाणों के प्रहार से इस दुखिया को और अधिक आहत करने पर उतारू हो गए हैं।

**हिरण धनुष** : *(गम्भीर होकर)* भूल कर रही हो, सुलेखा। तुम्हारी इन पहेलियों का अर्थ मैं नहीं समझ पा रहा हूँ। अधिक अच्छा हो कि तुम अपनी व्यग्रता का कारण स्पष्ट कर देतीं।

**सुलेखा** : महाराज! चार दिन से अभय हठ किए हैं। न ठीक से भोजन करते हैं और न समय पर अन्य कार्य। रात-दिन हस्तिनापुर जाने की रट लगाए हैं। मैंने लाख समझाया और बरजा, किन्तु वह एक भी नहीं मानते।

**अभय** : पिताश्री! मैं अभी इस थोड़ी-सी शिक्षा से सन्तुष्ट नहीं हूँ। इसलिए उच्च शिक्षा ग्रहण करने के लिए माताश्री से आज्ञा माँगता हूँ, किन्तु...।

**हिरण धनुष** : किन्तु तेरी माता मना करती है। *(हँसकर)* तभी तो मैंने तुझे माता से आज्ञा माँगने को कहा था। *(सुलेखा की ओर मुड़कर)* किन्तु प्रिये, यदि अभय की यही इच्छा है, तो उसे जाने दो। अधिक ममता-मोह में फँस कर उसका जीवन नष्ट न करो।

**सुलेखा** : आप तो ऐसी बहकी-बहकी बातें कर रहे हैं, मानो आपने अपने हृदय पर पत्थर रख लिया है! भला कौन ऐसा होगा जो जान-बूझकर अपने एकमात्र लड़ैते लाल को संकट के जाल में फाँस देगा? मैं अभय को घर से निकालकर वनवास नहीं दूँगी।

**हिरण धनुष** : तुम्हारी यह धारणा निराधार है, सुलेखा। बाहर जाकर सभी को कष्ट नहीं उठाना पड़ता है। फिर अभय के समान पुरुषार्थी व्यक्ति को? सिंह का पुत्र जहाँ रहता है, वहीं नया राज्य बनाकर राज करता है। क्या आर्यों की माताओं के हृदय नहीं होगा कि वे अपने लड़कों को क्यों हँसते-हँसते विद्या-आश्रमों व गुरुकुलों में भेज देती हैं? यदि वे स्नेह के चक्कर में फँस कर अपनी सन्तानों को घर में बैठाए रखतीं तो ये अल्पसंख्यक आर्य आज इतने बड़े देश पर अपने प्रभुत्व नहीं जमा पाते, किन्तु उन बुद्धिजीवियों ने संकटों को हँसते-हँसते गले लगाना सीखा है।

इस थोड़े-से संकट को सहन कर लेने के पश्चात् वे जीवनपर्यन्त सुख का उपभोग करते हैं। हम आदिनिवासियों की बुद्धि का यह दोष है कि वे तात्कालिक क्षणिक संकट से भयभीत होकर दीर्घकालिक संकट को आजीवन सहते रहते हैं। इसलिए तुम इसका अपवाद न बनो-प्रिये! प्रसन्नतापूर्वक अभय को जाने दो। जब अभय श्रेष्ठतम युद्धवीर एवं प्रकांड विद्वान होकर लौटेगा, तब उसका सुख आज के दुख से अधिक मीठा होगा।

**सुलेखा** : महाराज! यह तो सब ठीक है, परन्तु आपने क्या इस बात का भी पता लगा लिया है कि किन्हीं विरोधी राजाओं के षड्यंत्र ने अभय को तो नहीं बरगला दिया है, आन्तरिक भेद कुछ और ही निकले, जिसका दुष्परिणाम आपको व मुझे आजीवन भुगतना पड़े।

**हिरण धनुष** : हमारा गुप्तचर विभाग इस विषय में बहुत सतर्क है। अभय को किसी ने बरगलाया नहीं है।

**सुलेखा** : अच्छा! यदि आपकी यही इच्छा है, तो फिर जाने दीजिए। किन्तु मेरा मातृ-हृदय...।

**अभय** : मातेश्वरी! अब आप अवरोध न बनिए। आप अपनी समस्त चिन्ताओं को तिलांजलि दे दें। मैं शीघ्र ही विद्या विशारद बनकर आपके चरण-कमलों की सेवा करने के लिए उपस्थित होऊँगा।

**सुलेखा** : जाओ मेरे लाल! मैं तुम्हें प्रसन्नतापूर्वक आज्ञा देती हूँ।

**अभय :** *(प्रसन्नतापूर्वक पिता श्री व माता श्री को अभिवादन कहकर)* माता श्री! आपसे यही आशा थी।

**सुलेखा :** वत्स! सुखी रहो। मैं तुमको आशीर्वाद देती हूँ। शीघ्र शिक्षा ग्रहण कर पुनः इन तृषित नेत्रों को तृप्त करना।

**हिरण धनुष :** आज देश की दलित, शोषित और अधिकार वंचित समुदाय की माताओं को भी इसी प्रकार के विशाल हृदय बनने की आवश्यकता है। इन्हीं निराद्रित स्वयं भुक्तभोगी नव युवकों के उत्थान में देश का भी उत्थान व उद्धार निहित है। अभय! मैं तुम्हें सद्शिक्षा देता हूँ। प्रेम और शान्ति को अपनाते हुए अपने भावी-जीवन को सुखमय बनाना और आशीर्वाद देता हूँ कि तुम अपने उद्देश्य में सफलता प्राप्त करो।

*[अभय का धनुष-बाण लेकर प्रस्थान।*

*हिरण धनुष और सुलेखा का उसी ओर एकटक देखना।]*

**[पटाक्षेप]**

# द्वितीय अंक

## दृश्य-1

**स्थान :** हस्तिनापुर का समीपी जंगल
**समय :** सायं 4 बजे

*[एक पेड़ के नीचे युधिष्ठिर, भीम, अर्जुन, दुर्योधन, दुःशासन व विकर्ण आदि पांडव तथा कौरव-राजकुमार एवं विदूषक धनेष खेल बन्द कर एकत्रित हुए हैं। परस्पर वार्ता कर रहे हैं।]*

**दुःशासन** : भैया! इन पांडवों से हम लोग हैरान हो चुके हैं। इन्होंने हमारे नाक में दम कर रक्खा है।

**दुर्योधन** : क्यों? कौन-सा नया संकट इन्होंने पैदा कर दिया है?

**दुःशासन** : यही जब भी भीम का दाव आ पड़ता है, हम लोगों...।

**धनेष** : हम लोगों को खड़भड़ाते ओलों की भाँति भूमि पर आना पड़ता है।

**विकर्ण** : भूमि की खाक छाननी पड़ती है। गहरी चोटें आती हैं। हमें इनके ये न्याय विरोधी कार्य पसन्द नहीं हैं। धर्म के ठेकेदार धर्मराज इनके साथ बने रहते हैं। वह भी भीम को नहीं रोकते। मुझे तो ऐसा आभास होता है कि इस कार्य में धर्मराज का भी हाथ है।

**युधिष्ठिर** : तुम भूल रहे हो, विकर्ण। मैंने कब कहा भीम से कि वह तुम लोगों को गिरा दिया करे? तुम्हारी ये भ्रान्त-धारणाएँ ही तो पारस्परिक कलह का कारण बनी रहती हैं।

और भीम! तुम्हारी ये भारी भूल है। तुम्हें इस प्रकार से गिरा कर अपने इन भाइयों को चोटें नहीं पहुँचाना चाहिए। ये तुम्हारे शत्रु नहीं हैं। यदि इन्हें कुछ कष्ट हो, तो तुम्हें उसे अपना कष्ट समझना चाहिए।

**दुर्योधन** : यह निराधार प्रेम प्रदर्शित न करो, धर्मराज। मैं तुम्हारी वाक्पटुता को भली भाँति जानता हूँ। तुम केवल हम लोगों की चोटों पर अपने शीतल शब्दों से मरहम-पट्टी करने

की चेष्टा कर रहे हो, किन्तु भूल जाओ, हम लोग भी इतने बलहीन नहीं हैं, जो तुम्हारे इन कार्यकलापों का प्रतिकार न कर सकें।

**अर्जुन** : व्यर्थ में ही क्यों कीचड़ उछालने की कोशिश कर रहे हो भैया, दुर्योधन? हम लोग किसी भी प्रकार का दुराभाव आप लोगों से नहीं रखते।

**धनेष** : यह दुराभाव नहीं तो और है क्या? कितनी जोर से तो हम लोग नीचे गिरे। दु:शासन और विकर्ण के चोटें आ गईं, परन्तु भीम से एक शब्द भी नहीं कहा। केवल हम लोगों से लल्लो-पुच्चो करके फुसला देना चाहते हो। याद रखो भैया दु:शासन, अब इस प्रकार की ढील से काम चलनेवाला नहीं।

**दुर्योधन** : अब असावधानी नहीं होगी भैया धनेष। कल से हम लोग भी अश्वत्थामा को साथ लाया करेंगे। फिर देखें, भीम कितने बलशाली हैं?

**भीम** : एक नहीं, सौ अवश्वत्थामा आओ, हम रोकते नहीं हैं।... हम और कर ही क्या सकते थे? लडेंगे, आदगी ठहरे। पेड़ पर चढ़ने गें असमर्थ। दौड़ सकते नहीं। अब हमारे सामने और चारा ही क्या था? किसी न किसी प्रकार अपने ऊपर से दाँव हटाना था, मैंने पेड़ को झकझोर दिया। इससे अधिक कुछ नहीं किया।

**धनेष** : क्यों व्यर्थ की दम्भ भरते हो, भीम? आज थोड़ा-सा चूक गए हम अन्यथा जब मेरे पक्ष में दाँव था, तभी यदि मैंने पेड़ झकझोर दिया होता, तो तुम लोगों का कचूमर निकल गया होता अथवा बिलकुल सफाया ही था।

**भीम** : *(व्यंग्य से हँसकर)* तो तुममें भी पेड़ झकझोरने की शक्ति है! अरे! हमने तो आज जाना। तुम्हारे समान बलशाली लोगों से भला हम लोग कब पार पा सकते हैं?

**धनेष** : बलशाली नहीं तो क्या बलहीन हैं? तुम क्या समझते हो? अपने को मोटा-ताजा देखकर ही अपनी शक्ति का दम्भ भरते हो?

**भीम** : दम्भ तो नहीं भरते, परन्तु तुम्हारी शक्ति को देखने की तीव्र इच्छा अवश्य है, क्योंकि अभी तक कभी तुम्हारी वीरता देखी नहीं।

**धनेष** : क्या हम अपनी वीरता सड़क पर फैलाते फिरते हैं, जो तुम सरीखे देखकर बटोर लेते?

**भीम** : हम कब कहते हैं कि तुम उसे सड़क पर फैला दो, जिससे हम बटोर सकें? किन्तु, अन्ततोगत्वा कभी-न-कभी तो उसका प्रदर्शन होना ही चाहिए।

**धनेष** : कभी-न-कभी! प्रदर्शन तो आए दिन हुआ ही करता है। यदि तुम्हें देखना हो, तो मेरे घर आओ किसी दिन।

**भीम** : घर में तुम मेरा क्या बिगाड़ लोगे? जब यहाँ कुछ न कर पाए, तो घर में क्या कर लोगे बच्चू?

**धनेष** : डरों नहीं! डरो नहीं, भीम! बस, इतने से ही घबड़ा गए, वहाँ तुम्हारा कुछ नहीं बिगाड़ा जाएगा, भीम। केवल वीरता का प्रदर्शन किया जाएगा। जिस समय हमारे घर में चूहे और बिल्ली का घमासान युद्ध हो, उस समय मैं अपनी वीरता तुम्हें दिखा दूँगा।

**अर्जुन** : बिल्ली और चूहे के युद्ध में तुम क्या करते हो?

**धनेष** : जब बिल्ली लड़ते-लड़ते थक जाती है, भागने के लिए बगलें झाँकती है और चूहा गुस्से में भरकर बार-बार पटकी लगाता है, तब हृदय में दया उमड़ पड़ती है। उस समय हम बड़ी बहादुरी से दोनों को पकड़कर अलग-अलग कर देते हैं।

**अर्जुन** : और कभी-कभी बिल्ली के बदले तुम्हीं भिड़ जाते होगे?

**धनेष** : ऐसा भी समय आ जाता है, अर्जुन। उस समय हम घबराते नहीं। एक बार चूहे को अधिक गुस्सा आया। वह समझाने पर भी न माना, तब हमें भी गुस्सा आ गया। बस, फिर क्या था? चट् मैंने कपड़े उतार फेंके और अपना जाँघिया खींच लिया, किन्तु...।

*[जल्दी-जल्दी कपड़े उतारने का अभिनय करता है।]*

**अर्जुन** : बस-बस, रहने दो...किन्तु क्या हुआ?

**धनेष** : किन्तु चूहा सशंकित हो गया और तुरन्त क्षमा माँगने के लिए गिड़गिड़ाने लगा। मुझे दया आ गई। इसलिए मैंने उसे क्षमा कर दिया।

**भीम** : या घबराकर कोने में दुबक गए?

**दुर्योधन** : भीम, तुम्हारे ये व्यंग्य बाण ही तो पारस्परिक तनाव के कारण हैं। यदि तुम्हें इसका फल न भुगतना पड़ा, तो

कुछ नहीं हुआ। और भैया धनेष! तुम शान्त रहो। समय स्वयं इसका उत्तर दे देगा।

*[सामने से वेशभूषानुसार भील-कुमार सा कोई आता हुआ दिखाई पड़ता है।]*

**धनेष** : वह देखो भैया दुर्योधन! सामने से साक्षात यमराज आ रहे हैं।

*[सभी उसकी बात सुनकर पहले तो हँसते हैं, तत्पश्चात्...]*

**भीम** : *(युधिष्ठिर की ओर देखते हुए)* भैया! उसे भी अपनी ओर मिला लो।

**युधिष्ठिर** : *(उस ओर देखकर)* शान्त रहो भीम! अवश्य ही कोई हृष्ट-पुष्ट युवक आ रहा है।

*[सभी उसी की ओर देख रहे है]*

**दुर्योधन** : *(दुःशासन की ओर देखते हुए)* ऐसा ज्ञात होता है, मानो किसी राजा का राजकुमार है!

**दुःशासन** : *(दुर्योधन की ओर देखकर)* हृष्ट-पुष्ट और धनुर्धर होने से ही कोई राजकुमार नहीं हो जाता है, भैया। वह देखो। इधर ही आ रहा है। समीप आ जाने के कारण उसका मुखारबिन्दु स्पष्ट दिखाई पड़ने लगा। चेहरा महानतम देदीप्यमान होते हुए भी कितना काला है! ऐसा जान पड़ रहा है कि आखेटक भील युवक आ गया है। अतः लगता है कि मार्ग पूछने के लिए ही इधर चला आ रहा है।

**युधिष्ठिर** : *(सभी खिलाड़ियों से)* शान्त रहिए, भाई। देखो, वह आ गया है। कुछ बात अवश्य ही कहनेवाला है। सम्पूर्ण अभिप्राय अभी ज्ञात हो जाएगा।

*[सभी शान्त हो जाते हैं। अभय की ओर देखने लगते हैं।]*

*[अभय का प्रवेश]*

**अभय** : *(सभी खिलाड़ियों से)* जय शंकर बन्धुगण!

**युधिष्ठिर** : जय शंकर! भाई जय शंकर! कहो भाई, आपका परिचय?

**अभय** : बन्धुवर! मैं निषादराज हिरण धनुष का पुत्र अभियुद्यु न हूँ। गुरुवर द्रोणाचार्य के पास धनुर्विद्या सीखने के अभिप्राय से हस्तिनापुर जा रहा हूँ।

**धनेष** : *(स्वगत)* अब पृथ्वी पलटी। आकाश गिरा। सूर्य शीतल हुआ। हे देव! यह मेरे कानों को आज क्या सुनाई पड़ रहा है? हे विधाता! क्या होना चाहता है? अब तो आदिनिवासी भी आर्यों के साथ शिक्षा पाने के लिए उद्यत हो गए हैं। *(प्रकट)* तो यहाँ क्या करने आए हो? जाओ न हस्तिनापुर। हम लोग क्या मना कर रहे हैं?

**दुर्योधन** : असन्तुष्ट न हो, भाई! किसी व्यक्ति से इस प्रकार असभ्यता का परिचय देना मूर्खता है।

**धनेष** : महाराज! और शूद्र का सवर्णों के साथ बैठ कर शिक्षा पाना सभ्यता है? किस धर्मशास्त्र में ऐसा विधान निर्दिष्ट किया गया है, भला आप ही बताइए?

**दुर्योधन** : भूल रहे हो, धनेष! ये धर्मशास्त्र कुछ चालाक, स्वार्थी मनुष्यों ने केवल वर्ग विशेष के लाभार्थ रचे हैं। इसलिए उनके निर्देश युगों तक सर्वमान्य नहीं समझे जाने चाहिए। आज का युग ऐसा युग नहीं है कि मनुष्य मनुष्य से घृणा करे। यदि देश को सबल बनाना है तो इसे भी अपने बराबर का भाई समझना होगा। प्राचीन तथा आधुनिक देशवासियों को कन्धे-से-कन्धा मिला कर उत्थान का कार्य करना होगा। तभी राष्ट्र का कल्याण होगा।

**युधिष्ठिर** : और धर्म को सदा के लिए गहरे गाड़ देना चाहते हो, दुर्योधन! तुम भूल रहे हो, धर्मशास्त्रों के आदेशानुसार आचरण न करना अधर्म है। धर्मशास्त्रों में ऐसा कहीं आदेश नहीं है कि शूद्र और सवर्ण एक साथ बैठ कर शिक्षा ग्रहण करें।

**दुर्योधन** : आपका यह कथन मानवता के विकास में बाधक सिद्ध होगा। धर्मशास्त्र का अर्थ है—जो मानव को मानव के साथ मानवता का व्यवहार करने का आदेश दे। जो धर्मशास्त्र मानव-मानव के मध्य भेद-भाव की खाई खोदे, उसे धर्मशास्त्र के स्थान पर अधर्मशास्त्र की संज्ञा दी जानी चाहिए।

**धनेष** : *(मुँह बनाकर)* ऊँ हूँ! कथन धर्मराज का सत्य है। अन्तर केवल इतना...।

**दुर्योधन** : मैं सब जानता हूँ अन्तर। व्यर्थ की बकवास मत करो, धनेष। भैया अभियुद्यु न! आप जहाँ जिस काम के लिए जा रहे हैं, जाइए।

**अभय** : आप मुझे हस्तिनापुर का मार्ग बता दें।

**दु:शासन** : यह सामनेवाली पगडंडी सीधी हस्तिनापुर को जाती है।

**अभय** : बहुत अच्छा भैया! जय शंकर।

*[अभय का प्रस्थान]*

**भीम** : यह अनर्थ होगा भैया धर्मराज! चलो, चलकर गुरुजी से मिल लें, जिससे यह निषाद-राजकुमार हम आर्यों की पाठशाला में प्रवेश न पा सके।

*[सबका प्रस्थान]*

**[पटाक्षेप]**

## दृश्य-2

**स्थान :** हस्तिनापुर में पाठशाला
**समय :** प्रात: 10 बजे

*[आचार्य के आसन पर गुरु द्रोणाचार्य विराजमान हैं। सामने कौरव-पांडव शिष्य बैठे हैं। अभी तक धनेष नहीं आया है।]*

**द्रोण** : युधिष्ठिर! तुम सभी विद्यार्थियों में बड़े हो। तुम अपना पाठ याद करने के साथ-साथ अन्य विद्यार्थियों पर भी दृष्टि रखा करो। मेरी अनुपस्थिति में कभी किसी प्रकार का लड़ाई-झगड़ा न होने पाए।

**युधिष्ठिर** : गुरुजी! मैं सदा इसका ध्यान रखता हूँ, किन्तु फिर भी किसी-न-किसी में झगड़ा हो ही जाता है। और धनेष? धनेष को मैं क्या कहूँ? वह तो ज्यों ही आपने पाठशाला से पीठ फेरी, त्यों ही उपद्रव करने लगता है। वही सबसे अधिक झगड़ालू है। लाख रोकने पर भी नहीं मानता।

**भीम** : उसे दुर्योधन शह दिया करते हैं, अन्यथा उसमें क्या साहस कि किसी से चूँ भी करे?

**दुर्योधन** : आप झूठ कहते हैं, भीम! मैं उसे मना किए रहता हूँ, अन्यथा...।

**द्रोण** : कुछ नहीं दुर्योधन। तुम उसको डाँटे रहा करो अन्यथा बदमाश विदूषक किसी दिन तुम लोगों को आपस में लड़वा कर दूर से हँसेगा। और वह है कहाँ? अभी तक क्यों नहीं आया?

**दुःशासन** : गुरुजी! अभी तो वह सोकर ही नहीं उठा होगा।

**द्रोण** : क्या कहा, सोकर भी नहीं उठा होगा? दिन का प्रथम पहर समाप्त हो रहा है और अभी तक सोकर ही नहीं उठा होगा? जाओ, कोई जाकर उसे घर से पकड़कर लाओ। जिस किसी भी दशा में हो, ले आओ। जब तक उसकी कस कर पिटाई नहीं की जाएगी, उसमें सुधार नहीं हो सकता।

*[भीम और दुःशासन धनेष को पकड़ने के लिए जाने लगते हैं]*

**द्रोण** : एक व्यक्ति जाओ। दुःशासन! तुम बैठो। भीम! तुम जाओ। जिस किसी भी दशा में हो उसे घसीट लाओ।

*[सहसा धनेष का प्रवेश]*

**धनेष** : गुरुजी प्रणाम! आप क्यों व्यर्थ में भीम को कष्ट दे रहे थे? मैं तो स्वयं ही अपने को घसीट लाया हूँ। यद्यपि जी तो नहीं चाहता था, परन्तु...।

**द्रोण** : परन्तु क्या?

**धनेष** : मैं उसे बलपूर्वक घसीट ही लाया, क्योंकि मैं तो जानता था कि और कोई तो साहस करेगा नहीं, किन्तु भीम अवश्य ही फुदक पड़ेंगे, बस...।

**भीम** : बस क्या?

**धनेष** : बस, मैंने सोच लिया कि यदि मैं पाठशाला जाने से जी चुराता हूँ तो व्यर्थ में।

**द्रोण** : क्या व्यर्थ में...?

**धनेष** : गुरु! व्यर्थ में शान्त वातावरण में अशान्ति उत्पन्न हो जाएगी। वेग का तूफान आ जाएगा। सारी प्रकृति थर्रा उठेगी और धूल, तृण व पत्तों आदि सहित हवा को व्यर्थ में चक्रवात के चक्कर में पड़ कर चकित होना पड़ेगा और हम दोनों का...।

**द्रोण** : *(हँसकर)* और तुम दोनों का क्या कविराज?

**धनेष** : हम दोनों का...हम दोनों का...गुरुजी! रात भर का बासी पसीना व्यर्थ में निकल जाएगा। भीम को रोना पड़ेगा और मुझे कोष्ठबद्धता से पीड़ित होना पड़ेगा।

*[सभी हँस पड़ते हैं?]*

**दुर्योधन** : क्या पहेलिया बुझा रहे हो धनेष! अपनी बात साफ-साफ क्यों नहीं कहते?

**धनेष** : *(घबराकर)* वही तो कह रहा था! हमारा और भीम का मल्ल युद्ध होता। इनको चोट लगती और रोते और... और मेरी माताश्री मुझ पर अधिक प्रसन्न होकर मुझको अधिक रबड़ी खिलाकर व्यर्थ में कोष्ठबद्धता से पीड़ित कर देतीं।

*[सभी जोर से हँस पड़ते हैं। द्रोण रुष्ट होते हैं।]*

**द्रोण** : चुप रह वाचाल, बैठ जा!

*[धनेष अपने स्थान पर बैठ जाता है।]*

*[सहसा निषाद-राजकुमार अभियुद्यु न का प्रवेश]*

**अभय** : गुरुजी, प्रणाम!

**द्रोण** : कीर्तवान भव! आयुष्मान भव वत्स! कहो, तुम कौन हो? यहाँ कैसे आए हो?

**अभय** : गुरुजी, मैं शृंगवेरपुर निवासी निषादराज हिरण धनुष का पुत्र अभियुद्यु न हूँ। आपके पास बाण-विद्या की उच्च शिक्षा लेने आया हूँ।

**धनेष** : *(स्वगत)* यही वह व्यक्ति है, जो कल जंगल में मिला था। *(प्रकट)* गुरुजी, यह आदिनिवासी है। शूद्र है।

**युधिष्ठिर** : गुरु देव! यह कैसे सम्भव है कि शूद्र और आर्य एक साथ बैठ कर शिक्षा ग्रहण करें?

**दुर्योधन** : इसमें कठिनाई ही क्या है?

**धनेष** : ऊँहुँ! यह नहीं हो सकता, गुरु! हम इस शूद्र के साथ नहीं बैठ सकते। इसके स्पर्श से अपनी पुस्तकों एवं अपने शरीर को अपवित्र नहीं बना सकते।

**द्रोण** : शान्त बैठो धनेष। मैं खुद ही ऐसा नहीं करूँगा। *(अभय की ओर मुड़कर)* राजकुमार अभियुद्यु न, तुम लौट जाओ। मैं आर्य आचार्य हूँ। मेरी पाठशाला में समस्त विद्यार्थी भी आर्य हैं। भला आर्य विद्यार्थियों के साथ अनार्य विद्यार्थी

कैसे शिक्षा ग्रहण कर सकता है? इसलिए मैं तुम्हें पढ़ा सकने में असमर्थ हूँ।

**अभय** : *(हाथ जोड़कर)* ऐसा न कहिए, गुरुदेव! मैं बहुत बड़ी आशा लेकर आपकी शरण में आया हूँ। विमुख न कीजिए, महाराज।

**द्रोण** : असम्भव है, अभियुद्यु न! धर्मराज युधिष्ठिर के कथनानुसार ये सम्पूर्ण आर्य राजकुमार तेरे साथ बैठकर विद्याध्ययन नहीं कर सकते।

**धनेष** : वैसे भी क्या भगवती-सरस्वती की आराधना को शूद्र कर सकता है? उसे क्या अधिकार?

**अभय** : क्यों भैया, क्या भगवती-सरस्वती की आराधना के लिए आपका एकाधिकार है? विद्याध्ययन तो कोई भी कर सकता है।

**धनेष** : *(मुँह बनाकर और भौं मटका कर)* ऊँहुँ! और क्या तुम शूद्र को भी अधिकार होगा? भला आर्य-देवी की आराधना अनार्य कैसे करेंगे? वे अपनी देवी भुइंया-माता की पूजा गाँव बाहर लाल झंडी गाड़ कर जो करते हैं, सो करें।

**द्रोण** : चुप रहो, धनेष! व्यर्थ की बकवास मत करो। *(अभय की ओर मुड़कर)* तू लौट जा, लड़के। मैं कभी शूद्र को शिक्षा नहीं दूँगा।

*[निषाद-राजकुमार अभियुद्यु न पैरों पर गिर पड़ता है, और सविनम्र निवेदन करता है। द्रोण दूर हटते जाते हैं।]*

**अभय** : महाराज, आप अपने शिष्य को हताश न करें। मैंने आपको अपना गुरु मान लिया है। इस संकल्प को किसी दशा में परिवर्तित नहीं किया जा सकता है।

**द्रोण** : *(क्रोधित होकर)* दूर हट नीच! धृष्ट!! पतित!!! शूद्र होकर परछाईं से छू लिया। मुझे अपवित्र कर दिया। अब स्नान करना पड़ेगा। *(फिर अपने शिष्यों की ओर देखते हुए)* शिष्यो! निकाल दो, इसे पकड़कर पाठशाला के बाहर।

*[दो-तीन शिष्य बाहर निकालने की कोशिश करते हैं, किन्तु अभय हठ करता है।]*

**द्रोण :** यदि हठ करे तो इसे घसीट कर बाहर निकाल दो। नारायण! नारायण!! नारायण!!! इस दुष्ट-शूद्र के प्रवेश से सम्पूर्ण पाठशाला अपवित्र हो गई। अब सम्पूर्ण गुरुकुल धुलवाना पड़ेगा।

*[छात्रों ने निषाद-राजकुमार अभियुद्यु न को घसीटकर पाठशाला के बाहर निकाल दिया।]*

**अभय :** *(दोनों हाथ जोड़कर)* गुरुदेव प्रणाम! जाता हूँ, किन्तु मैं आपको ही गुरु मानकर स्वाध्याय के बल पर शिक्षा ग्रहण करूँगा। मुझे कोई भी शक्ति रोक नहीं सकती।

**दुर्योधन :** यह अनर्थ हुआ, आचार्य जी!

**द्रोण :** चलो बच्चो! अभी दिन कुछ शेष है। पहले पाठशाला को धोओ, फिर शरीर एवं वस्त्र प्रक्षालन कर अपवित्रता को दूर करो।

*[सभी का प्रस्थान]*

**[पटाक्षेप]**

## दृश्य-3

**स्थान :** मार्ग, एक पेड़ के नीचे

**समय :** मध्याह्न

*[विश्रान्तावस्था में अभय एक पेड़ के नीचे एकाकी खड़ा-खड़ा खेद प्रकट कर रहा है।]*

**अभय :** आह! अब नहीं चला जाता। सारा शरीर टूट कर छिन्न-भिन्न हो जाना चाहता है। प्यास के कारण गला सूख गया है। बोला नहीं जाता। हृदय-गति रुकना ही चाहती है। मेवा, मिष्ठान और पकवान खानेवाले इस राजकुमार की यह दुर्दशा, दिवस का मध्याह्न हो रहा है। किन्तु अभी तक मुख में एक बूँद पानी नहीं गया। शोक! महान शोक!! सारी आकांक्षाएँ धूल-धूसरित हो गईं। आशाओं पर तुषारापात हो गया। कल्पना का यह हरा-भरा उद्यान, जिसके विकसित पुष्प फलों का रूप धारण करना ही चाहते थे, क्षण भर में नष्ट हो गया।

आँधी के केवल एक झोंके ने धूल-धूसरित कर दिया। चक्रवात के एक चक्कर ने उस हरे-भरे उद्यान के सुगन्धित पुष्पों के पराग के रसास्वादन की अभिलाषा से उड़नेवाले इस भौंरे को क्षणमात्र में लाकर इस स्थिति में खड़ा कर दिया।...द्रोणाचार्य ने शिक्षा देने से इनकार कर दिया...।

अब मैं क्या करूँ? कहाँ जाऊँ? घर में सभी ने मना किया। माताश्री ने लाख समझाया, किन्तु मैं हठ करता ही रहा। किसी की न मानी, जिसका फल मुझे तुरन्त मिल गया...। क्या करूँ? घर लौट जाऊँ? किस मुँह को लेकर घर लौट जाऊँ? जब लोग पूछेंगे, तो क्या उत्तर दूँगा? *(कुछ सोचने लगता है और माथे पर हाथ टेक कर बैठ जाता है।)* नहीं! मैं घर नहीं लौटूँगा!! जब तक मैं धनुर्विद्या में विशारद नहीं हो जाऊँगा, लौटकर घर नहीं जाऊँगा। स्वयमेव कला का अभ्यास करूँगा। गुरु द्रोण की प्रतिमा बनाकर उस प्रतिमा को ही गुरुदेव मान कर अपनी धनुर्विद्या का अभ्यास करूँगा। इसी निर्जन वन में किसी सघन वृक्ष की छाया में कुटी बनाकर रहूँगा। *(कहता हुआ एक ओर को चला जाता है।)*

**[पटाक्षेप]**

## दृश्य-4

**स्थान :** शृंगवेरपुर का अन्तःपुर
**समय :** प्रातः 6:30 बजे

*[महारानी सुलेखा एक पलंग पर बैठी हैं। अभी सोकर उठी हैं। आज उन्होंने रात्रि के अन्तिम प्रहर में जो अशुभ स्वप्न देखा है, उसी की चिन्ता में चिन्ताग्रस्त होकर कुछ सोच रही हैं।]*

**सुलेखा :** *(स्वतः एकाकी)* आदिदेव शंकर! यह क्या? कौन-सा अनिष्ट होना चाहता है? आज मैं इतना अशुभ स्वप्न क्यों देख रही हूँ? लोग कहते हैं, प्रातःकाल का स्वप्न

सत्य होता है। क्या सचमुच सत्य होगा? क्या मेरे इकलौते लड़ैते पुत्र का अनिष्ट होना चाहता है? क्या करूँ? कैसे अपने आँखों के तारे को वापस बुलाऊँ? जी चाहता है कि दौड़ कर प्यारे पुत्र से लिपट जाऊँ। उसे गोद में भर लूँ, किन्तु क्या यह असम्भव है? नहीं! नहीं! संसार में परिश्रम द्वारा प्रत्येक वस्तु का प्राप्त करना सम्भव है। हाँ, कठिनाई अवश्य है। *(कुछ देर रुककर)* नान्दी! नान्दी!

*[नान्दी का प्रवेश]*

**नान्दी** : महारानी की जय! आज्ञा देवी?

**सुलेखा** : जाओ, शीघ्र ही सम्राट से अन्तःपुर में उपस्थित होने की प्रार्थना करो।

*[नान्दी हाथ जोड़कर प्रणाम करती है और चली जाती है।]*

*[कुछ देर बाद सम्राट का प्रवेश]*

*[सुलेखा पलंग पर से उतर कर खड़ी हो जाती और सम्राट का अभिवादन करती है। सम्राट हिरण धनुष पलंग पर बैठ जाते हैं तथा सुलेखा उनके पास खड़ी रहती है।]*

**हिरण धनुष** : प्रिये! आज अनायास ही इतने सवेरे मुझे क्यों बुला लिया? *(कुछ रुककर)* बोलो-बोलो, मौन क्यों हो महादेवी? अनमनी-धनमनी-सी क्यों प्रतीत हो रही हो? कौन-सा संकट अचानक आ गया, जो मुझे इतने सवेरे बुलवा लिया? बोलो, शीघ्र बोलो महादेवी! मौन त्याग कर सारी व्यथा-कथा को स्पष्ट करो।

**सुलेखा** : प्राणनाथ! आज प्रातः काल जिस समय मेरी आँख खुलनेवाली ही थी, मैंने एक अशुभ स्वप्न देखा।

**हिरण धनुष** : कैसा अशुभ स्वप्न?

**सुलेखा** : महाराज, मैं सो रही थी। अचानक मेरा लड़ैता लाल मेरे समक्ष आ कर खड़ा हो गया। उसके मुखारबिन्दु पर उदासी छाई थी। मुझे देखकर मानो वह रोये दे रहा था। मैंने पुचकारकर पूछा, 'बेटा, इतने शीघ्र कैसे लौट आए?' बेटा अभियुद्यु न अपने को सँभाल न सका और उसके हृदय की सारी करुणा आँखों से निकलने का प्रयास करने लगी। वह रो-रो कर मुझसे कहने लगा, 'माँ, मैंने आप

लोगों का कहना न माना, जिसका यह परिणाम है। मुझे अपमानित होना पड़ा और निराश घर लौटना पड़ा। गुरु द्रोण ने शिक्षा देने से इनकार कर दिया।' इतना सुनकर मैं घबरा गई। मेरी आँखें खुल गईं। तब से मैं परेशान हूँ।

**हिरण धनुष** : जिन बातों के लिए जैसा सोचा जाता है, वैसा ही स्वप्न होता है। अब उन पर विश्वास करना नादानी है। फिर इसमें घबराने की क्या बात है? यदि ऐसा सम्भव भी होगा तो क्या हुआ! अभय तो लौटकर घर आ ही जाएगा।

**सुलेखा** : जीवनाधारा! मेरे प्राण घबरा रहे हैं। मुझे सन्देह है कि कहीं आर्य लोग मेरे सुत...।

**हिरण धनुष** : यह तुम्हारे हृदय की दुर्बलता है महादेवी। सिंहसूअन जिस वन में रहता है, राज करता है। अभियुद्यु न किसी ऐरे-गैरे का पुत्र नहीं है, जो आर्य उसे अकेला पाकर उसका कुछ बिगाड़ सकें। मुझे विश्वास है कि मेरा सुत जहाँ कहीं भी होगा, सकुशल होगा।

**सुलेखा** : किन्तु माँ की ममता तो अद्भुत होती है देव! भला उसे कैसे सन्तोष हो? अन्धा आँखों देखे, तब पतियाय। इसलिए...।

**हिरण धनुष** : इसलिए क्या? स्पष्ट कहो, महादेवी?

**सुलेखा** : आज ही दूत को भेज कर अभय को बुलवा लिया जाए। मैंने बहुत मना किया, किन्तु आप और अभय, दोनों न माने।

**हिरण धनुष** : ये सब व्यर्थ की धारणाएँ हैं। इनसे कोई लाभ नहीं। शिक्षा समाप्त करके वह स्वयं ही लौट आएगा।

**सुलेखा** : नहीं-नहीं, महाराज! और अधिक पुत्र वियोग असहनीय है, इसलिए शीघ्र ही उसे बुलाने का कष्ट करें अन्यथा सुलेखा के लिए यह वियोग प्राणघातक सिद्ध होगा।

**हिरण धनुष** : *(हँसकर)* घबराओ नहीं प्रिये! व्यथित न हो। मैं शीघ्र ही दूत भेज कर अभय का पता लगवाता हूँ। यदि गुरु द्रोण ने उसे अपना शिष्य बनाना स्वीकार न किया होगा, तो दूत वापसी में अभय को अपने साथ बुला लाएगा। चिन्ता का परित्याग कर दो।

*[हिरण धनुष का प्रस्थान। महारानी सुलेखा खड़ी ही रहती है।]*

**[पटाक्षेप]**

## दृश्य-5

**स्थान :** जंगली मार्ग
**समय :** तीसरा पहर

*[मार्ग में द्रोणाचार्य, युधिष्ठिर, भीम, अर्जुन, दुर्योधन और धनेष आदि छात्र हैं। साथ में एक कुत्ता है, जिसके मुँह में कुछ बाण भरे हैं। इस कारण वह भौंक नहीं सकता है।]*

**अर्जुन :** *(गुरुवर को अभिवादन करते हुए)* गुरुदेव, परीक्षा के बाद आपने घोषणा की थी कि हमारे शिष्यों में अर्जुन सर्वश्रेष्ठ बाण योद्धा है, किन्तु...

**द्रोण :** क्या कुछ सन्देह है, अर्जुन? तुम भारत के सर्वश्रेष्ठ बाण योद्धा हो। इसमें किन्तु या परन्तु के लिए कोई स्थान नहीं है।

**अर्जुन :** किन्तु गुरुजी, जिस व्यक्ति ने इस भूँकते कुत्ते के मुँह को बाणों से भर कर इसका भूँकना बन्द कर दिया है, नि:सन्देह वह ही विश्व में सर्वश्रेष्ठ बाण योद्धा है, क्योंकि मैं इतना कुशल बाण-चालक नहीं हूँ कि भूँकनेवाले कुत्ते के मुँह में बाण भर कर उसका भूँकना बन्द कर दूँ।

**धनेष :** और क्या तुम्हीं एक अनोखे सर्वश्रेष्ठ योद्धा हो? एक से एक पड़े हैं आगे माई के लाल संसार में।

**भीम :** यहीं कहीं पास ही होगा वह व्यक्ति, जो हम लोगों का सरदर्द बन गया है। यहीं कहीं वह आखेट कर रहा होगा, क्योंकि अपना कुत्ता अभी दूर तक नहीं जा सका होगा कि उसे उन्हीं पैरों तत्काल वापस आना पड़ा।

**धनेष :** ढूँढ़ो! अवश्य ढूँढ़ो जिससे हृदय के अरमान मिट सकें। अरे भाई, ऊँट जब तक पहाड़ के नीचे नहीं जाता है, तब तक अपने को सबसे ऊँचा समझता है।

**अर्जुन :** हाँ, मैं अवश्य ढूँढूँगा! मैं कुत्ते को इस दशा में पहुँचानेवाले व्यक्ति को अपना शत्रु समझता हूँ। शत्रु से अपरिचित रहना महान मूर्खता है।

**द्रोण :** मेरी भी अभिलाषा है कि उस व्यक्ति को अवश्य देखा जाए। ऐसा व्यक्ति कल्पना के परे है।

**दुर्योधन :** *(स्वगत)* मेरी भी इच्छा तीव्र हो रही है। ऐसे व्यक्ति से मैत्री करने से मुझे लाभ है। आशा है, उससे मिलते ही दम्भी

पांडव युद्ध ठान देंगे, जहाँ अवश्य इनको प्राण गँवाने पड़ सकते हैं। *(प्रगट)* यदि धर्मराज भी चाहते हों, तो अवश्य ही उस पराक्रमी व्यक्ति के दर्शन किए जाएँ, गुरुजी।

**युधिष्ठिर** : भला कौन-सा व्यक्ति होगा, जो ऐसे पराक्रमी को न देखना चाहेगा, किन्तु अभी तक कुछ बाकी राजकुमार आखेट से वापस नहीं आए हैं। कहीं ऐसा न हो हमारी अनुपस्थिति में वे सभी छोट-छोटे राजकुमार मार्ग भूल जाएँ?

**धनेष** : ऊँ हुँ! ऐसा कैसे हो सकता है? भला राजकुमार और मार्ग भूल जाएँगे? वे सभी चतुर हैं। चलकर उस व्यक्ति को शीघ्र ढूँढ़।

**दुर्योधन** : शीघ्रता करो अन्यथा वह कहीं दूर निकल जाएगा।

**द्रोण** : चलो।

*[जिस ओर से कुत्ता मुँह में बाण भरे हुए वापस आया था, उसी ओर को सभी का प्रस्थान।]*

**[पटाक्षेप]**

## दृश्य-6

**स्थान :** सघन जंगल में एक पेड़ के समीप एक कुटी
**समय :** सूर्यास्त के लगभग

*[एक पेड़ के समीप एक साधारण कुटी और उसी पेड़ के नीचे गुरु द्रोणाचार्य की मिट्टी की मूर्ति स्थापित है। सामने निषाद-राजकुमार अभियुद्यु न बाण विद्या का अभ्यास कर रहा है। एक ओर से द्रोण और उनके शिष्यों का प्रवेश।*

*[अभियुद्यु न गुरु द्रोण एवं उनके पूर्व परिचित शिष्यों को देखकर आश्चर्यचकित होता है। सभी शिष्य एवं गुरु द्रोण भी विस्मित होते हैं।]*

**धनेष** : सम्भव है, यही होगा वह व्यक्ति, क्योंकि यह बड़ा हठीला है। इसी ने वैमनस्यता का साहस किया होगा।

**अभय** : *(बाणों से ही सभी का यथोचित अभिवादन करते हुए)* आचार्य गुरुदेव को प्रणाम। सभी साथियों को जय शंकर।

**द्रोण** : यशस्वी हो वत्स! तुम कौन हो?

**अभय** : मैं गुरुदेव का शिष्य हूँ।

**द्रोण** : स्पष्ट एवं पूर्ण परिचय दो युवक। तुम कौन हो और किस प्रकार मेरे शिष्य हुए?

**अभय** : आचार्य जी! मैं वही श्रृंगवेरपुर के महाराज हिरण धनुष का पुत्र अभियुद्यु न हूँ, जो आपकी पाठशाला में शिक्षा ग्रहण करने गया था। उस समय आपने मुझे शूद्र कहकर तिरस्कृत कर दिया था, बाण विद्या सिखाने से इनकार कर दिया था। आपकी प्रतिमा के समक्ष बाण विद्या का अभ्यास करता रहा हूँ। इस प्रकार आप मेरे गुरुदेव हैं।

**द्रोण** : मैं तेरे शिष्यत्व को स्वीकार करता हूँ युवक! वास्तव में तू महान बाण चालक है।

**अर्जुन** : महाराज! आपने मुझे सर्वश्रेष्ठ योद्धा घोषित किया था, किन्तु आज आप इसे महानता दे रहे हैं!

**द्रोण** : *(कुछ सोचकर धीमे स्वर में)* शान्त रहो धनंजय। *(स्पष्ट स्वर से)* वीर युवक! यदि तुम मेरे शिष्य हो, तो तुम्हें आज अर्जुन से युद्ध करना पड़ेगा। यदि तू इस युद्ध में सर्वश्रेष्ठ बाण चालक सिद्ध हुआ तो मैं तुझे ही अपना सर्वश्रेष्ठ शिष्य समझूँगा।

**अभय** : गुरुवर! यद्यपि हम दोनों गुरु भाई हैं। भाई-भाई का आपस में लड़ना-लड़ाना लज्जाजनक है, किन्तु आपकी आज्ञा स्वीकार है।

**द्रोण** : अर्जुन! तुम भी तैयार हो जाओ।

**अर्जुन** : जो आज्ञा, गुरुदेव।

*[दोनों में भीषण घमासान बाण युद्ध होता है। कुछ ही देर के बाद अर्जुन पराजित हो जाता है।]*

**द्रोण** : धन्य हो वीर युवक! तुम धन्य हो! मुझे विश्वास हो गया कि तुम ही सर्वश्रेष्ठ बाण योद्धा हो। क्या तुम्हीं ने इस कुत्ते के मुख को बाणों से बाँधा है?

**अभय** : यह सब आपका आशीर्वाद है, गुरुदेव।

**द्रोण** : मैं तुझ पर प्रसन्न हूँ, शिष्य! तेरी विद्या भी पूरी हो चुकी है। अब मुझे गुरु दक्षिणा देनी पड़ेगी।

**अभय** : मैं गुरु-दक्षिणा देने के लिए प्रस्तुत हूँ। जो चाहें, माँग लीजिए।

**द्रोण** : वत्स! दक्षिणा में तुम मुझे अपने दाहिने हाथ का अँगूठा काट कर दो। अन्य उपहार स्वीकार न किया जाएगा।

**अभय** : जो आज्ञा, गुरुदेव!

*[बाण से दाहिने हाथ का अँगूठा काटकर प्रस्तुत करता है। द्रोणाचार्य अपने सीधे हाथ की हथेली द्वारा उस कटे हुए खून से सने अँगूठे को ले लेते हैं और प्रसन्न होकर अभियुद्यु न को आशीर्वाद देते हैं।]*

**द्रोण** : यशस्वी हो वत्स! अब तुम एकलव्य हो। आज से तुम्हारा नाम 'एकलव्य' होगा।

*(शीघ्र ही छलियों की भाँति अपने शिष्यों की ओर मुड़कर चलने के लिए संकेत करते हुए)* चलो शिष्यो!

*[द्रोण का अपने शिष्यों सहित प्रस्थान]*

*[किन्तु पीछे से धनेष इशारे के रूप में दुर्योधन आदि कौरव राजकुमारों से कहता हुआ चला जा रहा है।]*

**धनेष** : *(दुर्योधन के कान के समीप अपना मुँह ले जाकर)* देखा भैया, दुर्योधन! गुरुदेव ने यह अच्छा नहीं किया। बेचारे कला-विशारद की कला की इसलिए हत्या कर दी कि जिससे अर्जुन सर्वश्रेष्ठ योद्धा बन जावे। स्पष्ट है, ये गुरुदेव अर्जुन के मुकाबले में आपको भी धोखा दे सकते हैं।

**दुर्योधन** : सच कह रहे हो, धनेष। मैं यही सोच रहा हूँ कि अर्जुन को दुनिया का सर्वश्रष्ठ धनुर्धर बनाने के बाद क्या उससे भी गुरु द्रोणाचार्य दक्षिणा में दाहिने हाथ का अँगूठा माँगेंगे?

**अभय** : *(एक लम्बी ठंडी साँस के साथ)* आह! अरे! अब समझा आर्यों की ये पेचीदा चालें। इस देश पर इनके आधिपत्य की कुंजी छल का बल है। विष की बजाय रस पिला कर प्राण ले लेने में ये जितने अधिक चतुर हैं, उतने ही अधिक इनके चक्कर में फँस कर हँसते-हँसते अपना सर्वनाश कराने में आदिनिवासी आगे। इस स्वाभिमानी के जीवन को दूसरा धक्का। जब मैं पाठशाला गया था, तब मुझे शूद्र कहकर मेरा तिरस्कार किया गया था, किन्तु जब मैंने स्वाध्याय द्वारा स्वयं दक्षता प्राप्त कर ली, तब मैं द्रोणाचार्य की आँखों का तिनका बनकर तुरन्त ही करक गया...। मुझसे और उस घमंडी अर्जुन से युद्ध कराने में भी छिपी चाल थी। यदि मैं हार गया होता तो आज से ही मेरा नाम मिट जाता। जब हार न सका, तब गुरु दक्षिणा चुकानी पड़ी। छलिया द्रोण! दक्षिणा लेते समय क्या मैं शूद्र

नहीं था? दक्षिणा। दक्षिणा भी अँगूठा! वह भी दाहिने हाथ का, जिससे मेरी बाण विद्या का सत्यानाश हो जाए...।

किन्तु मूर्ख, अब क्यों पछता रहा है? जब माता-पिता, गुरुजन-पुरुजन, ग्रामवासी और सभी साथी समझा रहे थे, तब किसी की न मानी। पाठशाला में घोर अपमान हुआ, तब भी न सोचा। गुरुभक्ति में अन्धे! फिर भी उसी घमंडी गुरुदेव की प्रतिमा को साक्षी बनाकर अभ्यास किया, जिसका यह परिणाम हुआ। अब क्यों पछता रहा है? करनी का फल तो मिलता है, किन्तु अब मैं क्या करूँ?

*[कुछ रुककर और सोचकर]*

परन्तु अब पछताने से क्या लाभ होगा...अब कहीं का न रहा, न घर का, न बाहर का। घर जाकर क्या कहूँगा? ऐसी दशा में घर जाऊँ तो जा कर क्या करूँगा?...किन्तु यह पुरुषार्थी एकलव्य अब एकलव्य ही बनकर रहेगा। दायाँ हाथ न सही, बायाँ ही सही। अब बाएँ हाथ से ही यह कार्य किया जाएगा, जो दाएँ हाथ से करता रहा हूँ लेकिन द्रोण, तेरी करनी असहनीय है।

*[द्रोणाचार्य की मूर्ति को उठाकर जोर से भूमि पर पटक देता है। वह टूट कर टुकड़े-टुकड़े हो जाती है।]*

और अब मैं घर भी न जाऊँगा। जब तक इन आक्रमणकारी दुष्ट आर्यों के घमंड को चूर करके हम लोग अपनी खोई हुई शक्ति को पुनः प्राप्त नहीं कर लेंगे, तब तक शान्त नहीं रहेंगे।

मैं अब यहीं से नई धनुर्विद्या का प्रतिपादन करके जाऊँगा। आनेवाला युग इस नव धनुर्विद्या से ही धनुष-बाण चलाएगा। आज से नव धनुर्विद्या का अभ्यास प्रारम्भ होता है।

*[एक वर्ष बाद एक दिन सहसा एकलव्य एक ओर जाने लगता है। उसी समय दूसरी ओर से दो दूतों का प्रवेश।]*

**दूत** : निषाद राजकुमार की जय!

**एकलव्य** : कौन? तुम कौन हो? किसे राजकुमार कह रहे हो?

**दूत** : राजकुमार! हम लोग आपके दूत हैं। महाराज ने आपको वापस बुलाने को भेजा है। आप हम लोगों के साथ घर चलने की कृपा करें।

**एकलव्य** : दूत! तुम लोग घर को वापस लौट जाओ। मेरा सर्वनाश हो चुका है। मैं अब वापस न जाऊँगा।

**दूत** : नहीं राजकुमार, ऐसा न कहो! आपकी अनुपस्थिति में राजमाता और सम्राट का जीवित रह सकना असम्भव है। द्रविड़ों का राज्य छिन्न-भिन्न हो जाएगा। सम्पूर्ण द्रविड़ समाज निःसहाय हो जाएगा। हम लोगों का कोई बाँह गहैया नहीं रहेगा। सम्राट वयोवृद्ध हैं। इसलिए राष्ट्र, समाज और हम सब प्रजाजनों का हित देखकर आप वापस लौट चलिए।

**एकलव्य** : दूतो! तुम लोग मुझे घर चलने के लिए बाध्य न करो।

**दूत** : राजकुमार! ऐसा न कहें। आप अपने दुख को भूल कर अपनी धारणा बदल दें। आप मेरे साथ श्रृंगवेरपुर चलें।

*[एकलव्य और दूतों का साथ-साथ श्रृंगवेरपुर को प्रस्थान]*

**[पटाक्षेप]**

## दृश्य-7

**स्थान :** श्रृंगवेरपुर का अन्तःपुर
**समय :** दिन का अन्तिम पहर

*[महाराज हिरण धनुष मृत्युशैया पर लेटे हुए हैं। कभी आँखें खोल देते हैं, कभी बन्द कर लेते हैं। कभी किसी के प्रश्न का उत्तर देते हैं, कभी नहीं। महारानी सुलेखा, प्रधानमंत्री, राज-वैद्य, राज-पुरोहित, राज-परिवार, अधिकारीगण एवं अन्य प्रजा-जन उनकी चारपाई के आसपास शोकाकुल बैठे हुए हैं।]*

**गिरिवीर** : राजवैद्य! कोई नई दवा तजवीज करें।

**राजवैद्य** : मंत्रिवर! अत्यन्त वृद्धावस्था के कारण अब महाराज का अन्तिम समय है। अच्छी से अच्छी औषधि कतई काम नहीं कर रही है।

*[सहसा एकलव्य का दोनों दूतों सहित प्रवेश]*

**अभय :** *(मरणासन्न महाराज पिताश्री की इन्द्रियाँ शिथिल देखकर जोर से)* पिताश्री! प्रणाम।

*[कहकर एकलव्य ने उनको जोर से पकड़ लिया]*।

**हिरण धनुष :** *(आँखें खोलकर, शक्तिहीनता के कारण बलपूर्वक)* कौन है? बेटा अभय! सुखी रहो। *(कटे हुए अँगूठे की ओर देखते हुए)* यह अँगूठा कैसे कट गया?

**अभय :** *(जोर से)* मैं द्रोणाचार्य के पास विशेष धनुर्विद्या अध्ययन हेतु गया। उन्होंने मुझे अनार्य, शूद्र व नीच कहकर अपमानित करते हुए विशेष धनुर्विद्या नहीं सिखाई। जब मैंने उनकी मिट्टी की मूर्ति बनाकर स्वाध्याय और अथक अभ्यास द्वारा दक्षता प्राप्त कर ली, तब...।

**हिरण धनुष :** *(बीच में ही जोर से)* तब क्या हुआ?

**अभय :** तब द्रोणाचार्य ने एक दिन अचानक आकर मेरा और अपने सर्वश्रेष्ठ धनुर्धारी प्रिय शिष्य अर्जुन से बाण-युद्ध करा दिया। अर्जुन के हार जाने पर उन्होंने मुझसे गुरु दक्षिणा के नाम पर यह अँगूठा दान में ले लिया।

**हिरण धनुष :** *(क्रोधपूर्वक जोर से)* जबकि उस छली आचार्य ने तुझे अनार्य व शूद्र कहकर अपमानित किया, विशेष धनुर्विद्या नहीं सिखाई, तब उसे गुरु दक्षिणा में अँगूठा देकर तूने बड़ी भारी भूल की है, बेटा। इसका प्रायश्चित्त...?

**अभय :** *(जोर से)* हाँ पिताश्री! मैंने तत्क्षण प्रायश्चित्त स्वरूप द्रोणाचार्य की मिट्टी की मूर्ति तोड़ कर प्रण किया कि हम लोग जब तक इन कपटी-छल-छद्मवादी आर्यों के घमंड को चूर करके अपने खोए हुए आदिनिवासियों के जन साम्राज्य और शक्ति को पुनः प्राप्त नहीं कर लेंगे, तब तक शान्त नहीं रहेंगे।

**हिरण धनुष :** *(पूर्ववत्)* इस कटे अँगूठे ने तो तेरी बाण-विद्या बिलकुल ही निष्फल कर दी है बेटा!

**अभय :** *(पूर्ववत्)* पिताश्री! आप निश्चिन्त रहें। मैंने वहीं पर कुछ समय तक गहन-चिन्तन, मन और अथक अभ्यास के बाद बाएँ हाथ से बाण चलाने में अद्भुत दक्षता प्राप्त कर ली है। मैंने ऐसी बाण-विद्या की सर्जन किया है कि आनेवाला युग उस बाण-विद्या का ऋणि होगा, सदा अनुकरण करेगा।

**हिरण धनुष :** शाबाश बेटा! इन आर्यों की कुचालों से सदा होशियार रहना...*(कहकर चुप रह जाते हैं।)*

**गिरिवीर :** राजवैद्य! अच्छा हो कि महाराज स्वयं अभय का राजतिलक करें, कोई तीव्रतर 'रस' पिलाइए, ताकि कुछ चेतना आवे।

*[राजवैद्य पत्थर की सिल पर सर्वश्रेष्ठ औषधि पानी में घिस कर महाराज को पिलाते हैं। कुछ होश आने पर]*

**गिरिवीर :** महाराज! चिन्ता न करें। हम लोग अभय के साथ हैं। आप राजकुमार का राजतिलक कर पूर्ण शान्ति प्राप्त करें।

**हिरण धनुष :** *(कुछ सिर उठाकर)* ठीक है!

*[महाराज हिरण धनुष लेटे ही लेटे राजकुमार अभियुद्यु न का राजतिलक पुरोहित की सहायता से करते हैं।]*

**हिरण धनुष :** *(धीमे स्वर से)*...सबका मंगल हो!

*[कहकर चार महाभूतों में विलीन हो जाते हैं। अभय आदि सभी उपस्थित जनसमूह विलाप करता है।]*

**सुलेखा :** *(विलाप करती हुई)*...मैं पति का साथ नहीं छोड़ सकती। सबका मंगल हो!

*[कहकर लम्बी साँस सदा ऊपर की ओर खींचकर निःस्वार्थ हो जाती हैं। बैठक ही एक ओर लुढ़क जाती हैं।]*

*[उपस्थित जनसमूह का भारी करुणा क्रन्दन]*

**[पटाक्षेप]**

# तृतीय अंक

## दृश्य-1

**स्थान :** श्रृंगवेरपुर की राज्यसभा
**समय :** दोपहर के बाद

*[महाराज एकलव्य एवं उनकी बाईं ओर महारानी सुनीता [रेणुका] रत्न जटित सिंहासन पर विराजमान हैं। पास ही प्रधानमंत्री, प्रधान सेनापति, अन्य अधिकारीगण, सम्मानित भद्र पुरुष, प्रजा जन एवं दर्शकगण अपने-अपने नियत स्थानों पर बैठे हुए हैं। दो चोबदार चाँदी के पत्र से मढ़ी हुई छड़ियाँ अपनी-अपनी बगल में दबाए राजसिंहासन के दाईं व बाईं ओर खड़े हैं। राजकीय विषयों पर दो घंटे से वार्तालाप चल रहा है।]*

**एकलव्य :** प्रधानामात्य! सम्पूर्ण भारत में श्रृंगवेरपुर की राज्यशक्ति किस श्रेणी में हैं?

**गिरिवीर :** श्री मन्त! आपकी गणना द्वितीय श्रेणी में है।

**एकलव्य :** कैसे?

**गिरिवीर :** प्रथम मगध-नरेश *(जरासन्ध)*, द्वितीय श्रृंगवेरपुर, तृतीय हस्तिनापुर *(कौरव)* और तत्पश्चात् क्रमशः सिन्ध, चन्देरी व मथुरा आदि।

**एकलव्य :** क्या मेरी शक्ति हस्तिनापुर से अधिक है?

**गिरिवीर :** जी हाँ, श्रृंगवेरपुर के बिखरे हुए उपनिवेश हैं। इसलिए शक्ति का ठीक-ठीक पता नहीं चल पाता है।

**एकलव्य :** प्रधानामात्य! आप तो बहुत बुजुर्ग हैं। बतलावें कि हस्तिनापुर की राजगद्दी का असली हकदार कौन है, कौरव या पांडव?

**गिरिवीर :** राजन्! हस्तिनापुर की राजगद्दी के वास्तविक अधिकारी दुर्योधन आदि कौरव हैं, क्योंकि पांडवों के बजाय दुर्योधन के पिताश्री महाराज धृतराष्ट्र आयु में सबसे बड़े थे, परन्तु जन्मान्ध होने के कारण उन्होंने राज्य का कारोबार अपने छोटे भाई पांडु को सौंप दिया था। जब धृतराष्ट्र का बड़ा लड़का दुर्योधन युवा

हो गया तो उसने स्वयं राज्य की बागडोर अपने हाथ में ले ली। इस कारण कौरवों और पांडवों में गृह-कलह शुरू हो गया है। अब आप उनकी शक्ति नष्ट-सी ही समझें। न जाने दोनों में कितनी जल्दी यह गृह-कलह एक बहुत बड़े विश्व-युद्ध का रूप धारण कर ले।

**एकलव्य** : दुर्योधन ने पांडवों के भरण-पोषण का क्या प्रबन्ध किया?

**गिरिवीर** : हस्तिनापुर के सरकारी खजाने से पांडवों के भरण-पोषण का उतना ही अच्छा प्रबन्ध है, जितना स्वयं दुर्योधन का। बल्कि सच पूछा जाए तो ये पांडव गण बड़े ही फिजूलखर्च हैं।

**एकलव्य** : कैसे?

**गिरिवीर** : पांडवों ने अपने बड़े भाई युधिष्ठिर को बनावटी राजा मानकर हस्तिनापुर के सरकारी खजाने से अनगिनत धन खर्च करके विश्व का एक सर्वोपरि राजमहल अभी-अभी बनवाया है, जिसमें पानी की जगह जमीन, जमीन की जगह पानी, दरवाजा की जगह दीवाल और दीवाल की जगह दरवाजा दिखाई पड़ता है। सम्पूर्ण महल में हीरे-मोती व पन्ना आदि भारी कीमत वाले जवाहरात जड़े हुए हैं। ये जवाहरात रात में अपनी अनोखी छटा तो दिखाते ही हैं, इनकी सुन्दरता दिन में भी मन को मोह लेती है।

**एकलव्य** : मंत्रिवर! एक बात और बताइए, क्या श्रीकृष्ण ने केवल ग्वाल बालों के संगठन से मथुरा-नरेश कंस को मारा?

**गिरिवीर** : ग्वाल बालों और देहाती बेपढ़ी-लिखी जनता को थोड़े समय के लिए इकट्ठा कर लेना संगठन की परिभाषा नहीं है। वह इस तरह के मूर्खों का अस्थायी संगठन थोड़े समय के लिए था, जो अब बिलकुल ही नष्ट हो गया है।

**एकलव्य** : अब श्रीकृष्ण का क्या हाल है?

**गिरिवीर** : राजन्! अपने गुप्तचर ने कल शाम को सूचना दी थी कि मथुरा-नरेश कंस के श्वसुर मगध-नरेश जरासन्ध

ने अपने प्रधान सेनापति कालयवन के साथ तेईस अक्षौहिणी सेना लेकर श्रीकृष्ण के ऊपर घोषणा करके चढ़ाई कर दी। उनका उपरोक्त अस्थायी क्षणिक संगठन जरासन्ध की संगठित सेना के सामने क्षणमात्र भी न ठहर सका। उसने श्रीकृष्ण व उनके साथियों के कोड़े मार-मार कर चमड़ी उधेड़ दी है। सभी समीपी जनता ने श्रीकृष्ण का साथ छोड़ दिया है। सिर्फ उनके कुछ घनिष्ठ मित्र व कुछ रिश्तेदार ग्वाल बाल आपके पास प्राण रक्षा की भीख माँगने हेतु आ रहे हैं।

**एकलव्य** : तब तो श्रीकृष्ण की राजनीति अच्छी नहीं है।

**गिरिवीर** : राजन्! आप बिलकुल ठीक कह रहे हैं। कभी आर्यों की तरफ और कभी आदिनिवासियों (द्रविड़ों) की तरफ। इन दोमुँही नीति ने ही उन्हें परेशान कर रखा है।

**द्वारपाल** : *(दोनों हाथ जोड़कर)* महाराज! प्रणाम।

**एकलव्य** : सुखी रहो तात! कहो मुख्य द्वार की कुशलता।

**द्वारपाल** : राजन्! मुख्य द्वार पर मगध-नरेश (जरासन्ध) द्वारा मथुरा प्रदेश से खदेड़े हुए पाँच ग्वाल बाल थके-माँदे, भूखे-प्यासे, लहू-लुहान, फटे-हाल महानुभावों की भूख-प्यास, औषधि एवं वस्त्रादि का समुचित प्रबन्ध करके राजकीय उच्चतर विश्रामालय में ठहरा कर आपके पास आया हूँ। वे लोग आपसे मिलना चाहते हैं। उनमें से एक व्यक्ति कहता है कि मेरे पिता नन्द और महाराज हिरण धनुष की बड़ी मित्रता थी। उसका नाम है नन्द नन्दन श्रीकृष्ण।

**एकलव्य** : *(अति शीघ्रतापूर्वक)* प्रधानामात्य! आप यहीं ठहरे। मैं स्वयं उनकी आगवानी के लिए प्रधान सेनापति सहित जा रहा हूँ।

*[कहकर चल देते हैं। उन्हें चलता देखकर महारानी स्वयं उनके साथ चल देती हैं। दो सेनापतियों सहित प्रधान सेनापति भी पीछे-पीछे चल देते हैं। महाराज एकलव्य उचित अभिवादन के पश्चात् उन्हें सम्मान-पूर्वक राज्यसभा में लाते हैं। अपने और सुनीता के बीच राजसिंहासन पर बिठाते हैं। इशारा*

*पाकर शेष चार ग्वाल बाल भी सम्मानित स्थानों पर बैठ जाते हैं]*

**एक व्यक्ति** : एकलव्य, श्रीकृष्ण मिलन—

**सभी एक साथ** : अमर रहे!

**एकलव्य** : श्रीकृष्ण! कहिए, मथुरा-प्रदेश की बीती कहानी।

**श्रीकृष्ण** : महाराज! सम्पूर्ण बीती कहानी कहने की मुझमें कतई शक्ति नहीं है। आप मेरी बीती कहानी सब जानते हैं। राज्यसभा के सामने मुझे ज्यादा शर्मिन्दा न करें। हम लोग आए हैं आपकी शरण में। एकान्त सुरक्षित शरण दीजिए।

**एकलव्य** : घबराइए नहीं 'गोपचर!' अब आप मेरी शरण में आ चुके हैं। मैं स्वत: को जलती आग की भट्ठी में झोंक कर भी आपकी रक्षा तन-मन-धन से करूँगा। हम आदिनिवासियों की शक्ति मगध नरेश जरासन्ध के मुकाबले में कम इसलिए दिखाई पड़ रही है, क्योंकि हमारे उप-निवेश बिखरे हुए हैं।

**श्रीकृष्ण** : महाराज! आपका कथन बिलकुल सत्य है। मैं यह नहीं चाहता हूँ कि आपकी व जरासन्ध की भिड़न्त हो। आप जैसा समझें, करें।

**एकलव्य** : हे 'गोपालक', मैं भिड़न्त के लिए कतई नहीं डरता। मरना सबको है। फिर रणस्थल में जूझना अति उत्तम है। मुझे डर इस बात का है कि इस भिड़न्त में भारत की सम्पूर्ण सैन्य शक्ति नष्ट हो जावेगी। हो सकता है, आज न सही, आगे चलकर शक्तिहीन भारत कभी भी आर्य विदेशियों का गुलाम बन सकता है। *(प्रधानामात्य से)* प्रधानामात्य! बताओ! इनके लिए कहाँ है एकान्त सुरक्षित शरण स्थान?

**गिरिवीर** : राजन्! आपने यदा-कदा शान्तिमय समय बिताने हेतु समुद्र किनारे जो नई नगरी द्वारिकापुरी बनवाई है, राज्य भर में सबसे अधिक एकान्त सुरक्षित शरण स्थान वही केवल एकमात्र है।

**एकलव्य** : कहो, प्राणेश्वरी! तुम्हारी क्या सम्मति है?

**सुनीता** : प्राणनाथ! मैं तो इससे भी अधिक सोच रही हूँ।

**एकलव्य** : वह क्या?

**सुनीता** : महाराज! द्वारिकापुरी के समीपी प्रदेश *(वर्तमान गुजरात प्रदेश)* सहित द्वारिकापुरी नगरी यशोदा-नन्दन को दी जावे। उन्हें उस प्रदेश का स्वतंत्र राजा मान लिया जावे। नन्द और अपने पिताश्री की मित्रता का पूर्ण परिचय इससे कम बिलकुल नहीं होना चाहिए।

**राज्यसभा** : महाराज! पूर्वजों की मित्रता के साथ-साथ आज एकलव्य-श्रीकृष्ण मिलन का पूर्ण परिचय इससे कम बिलकुल नहीं होना चाहिए।

**एकलव्य** : *(जोर से)* मैं राज्यसभा के समक्ष घोषणा करता हूँ कि "श्रीकृष्ण को आज से द्वारिकापुरी-प्रदेश का राजा घोषित किया जाता है।" *(प्रधानामात्य से)* प्रधानामात्य! द्वारिकापुरी-प्रदेश के प्रबन्धक को हिदायत की जाए कि वह अब श्रीकृष्ण को राजा मान कर उनकी आज्ञाओं का शतशः पालन करें।

**प्रधानामात्य** : राजन्! अक्षरशः पालन होगा।

**श्रीकृष्ण** : *(खड़े होकर जोर से)* महाराज श्री, महारानी श्री एवं राज्यसभा को अनन्त धन्यवाद!

**एक व्यक्ति** : 'एकलव्य-श्रीकृष्ण मिलन।'

**राज्यसभा** : 'अमर रहे! अमर रहे!'

**प्रधानामात्य** : घोषणा की जाती है कि द्वारिकाधीश श्रीकृष्ण तीन दिन श्रृंगवेरपुर में मेहमान रहेंगे। नगर सजाया जावे। दीपक जलाए जाएँ। चौथे दिन प्रातःकाल सूर्योदय के समय विदाई हेतु एक मील तक सभी नगरवासी उन्हें पैदल भेजने जावेंगे।

**एकलव्य** : प्रधान सेनापति, आप श्रीकृष्ण के साथ कुछ सहस्त्र सेना रक्षार्थ द्वारिकापुरी तक भेज देवें।

**रणवीर** : राजन्! अक्षरशः पालन होगा।

**गिरिवीर** : मैं घोषणा करता हूँ—राज्यसभा समाप्त की जाती है।

**[पटाक्षेप]**

# दृश्य-2

**स्थान :** शृंगवेरपुर का अन्तःपुर
**समय :** दिन का प्रथम पहर

*[सम्राट एकलव्य और महारानी सुनीता रत्नजटित पलंग पर विराजमान हैं। सम्राट के मुखमंडल पर चिन्ता की गहरी रेखाएँ हैं, जिसे देखकर महारानी भी उदास हैं।]*

**एकलव्य :** प्रिये! पिताजी चल बसे, माताजी न रहीं, मेरे हाथ का अँगूठा कटा, थोथे अभिमानियों से अपमानित होना पड़ा...। इस छोटे-से जीवन में मुझे न जाने कौन-कौन से संकटों का सामना करना पड़ा? पग-पग पर धक्का...। हाँ! युद्धों में अवश्य सफलता मिली और आज तक मैं किसी भी युद्ध में नहीं हारा। जो भी मेरे समक्ष युद्ध में आया, वह हारा चाहे आर्य हो या कोई अन्य। विश्व के बड़े-बड़े योद्धाओं को मुँह की खानी पड़ी, किन्तु फिर भी मेरे हृदय को धैर्य नहीं। इस चंचल मन को चैन नहीं।

और जब मुझे अपने माता-पिता का स्नेह स्मरण हो जाता है, तब मन तिलमिला उठता है। हृदय विह्वल हो जाता है। इच्छा होती है, सब कुछ छोड़कर जंगल को चला जाऊँ।

**सुनीता :** ऐसा न कहो, हृदयेश। इतने व्यथित न हो, देव। सभी के माता-पिता सदैव जीवित नहीं रहते। सभी को समाज में मान-अपमान का सामना करना पड़ता है। सभी के जीवन में सुख-दुःख के दिन आते हैं, लेकिन कोई घबराकर प्राण नहीं दे देता। घर नहीं छोड़ देता। निष्क्रिय होकर नहीं बैठे रहता। संघर्ष ही मानव जीवन है। जीवन के संकटों से घबराकर हार मान लेनेवाला व्यक्ति कभी उन्नति नहीं कर सकता। कायरों की भाँति कोठरियों में सोनेवाला व्यक्ति समाज में सम्मान नहीं पा सकता। अस्तु आप अपनी चिन्ता का परित्याग कर दें, धैर्य से काम लें।

**एकलव्य** : तुम ठीक कहती हो, सुनीते! लेकिन जब माताश्री के उस अगाध स्नेह का स्मरण होता है, तब धैर्य का बाँध टूट जाता है। हृदय की व्याकुलता आँखों से निकल पड़ती है।

**सुनीता** : किन्तु उससे लाभ क्या? जीवन को दुःखमय बनाना कोई समझदारी नहीं है।

**एकलव्य** : जीवन की सारी खुशियाँ माता-पिता के साथ चली गईं, सुनीते। बसंत की बहार लुट गई। अब केवल तुम्हीं मेरी खुशियों की एक झलक विद्यमान रह गई हो। ऐसा आभास होता है, यदि तुम भी न होतीं, तो मैं अपने को सम्हाल न पाता और पागल हो जाता।

**सुनीता** : माता-पिता के निधन का मुझे भी दुःख है, प्राणनाथ! उनका अपार स्नेह, उनकी मांगलिक कामनाएँ, उनकी मीठी-मीठी कल्पनाएँ, उनके नित्य नूतन एवं उत्तम आशीर्वादों का स्मरण मेरे भी धैर्य को डगमगा देता है, परन्तु मैं आपकी स्थिति को सोचकर शान्त रह जाती हूँ।

**एकलव्य** : इसलिए मैं अकर्मण्य-सा हो रहा हूँ। प्रिये! यह चिन्ता मुझे क्रियाशील नहीं बनने देती।

**सुनीता** : इससे आपको खतरा हो सकता है, देव! शत्रु यदि इस स्थिति को समझ जाएँ, तो अवसर का लाभ उठा सकते हैं।

**एकलव्य** : उठा तो सकते हैं, किन्तु मैं क्या करूँ? मैं अपने किसी भी काम में सफल न हो सका। जिसे शुरू किया, असफलता हाथ लगी। इसलिए यह हृदय निरुत्साही बन गया। इच्छा होती है, सभी धारणाओं को हृदय में ही दबा कर बैठ जाऊँ।

**सुनीता** : क्षमा करें, प्राणनाथ। आपकी यह भावनाएँ कायरता का प्रत्यक्ष प्रतीक हैं। इस प्रकार जीवन-संघर्ष से घबरानेवाला व्यक्ति कुछ भी नहीं कर सकता और जब आपकी ही यह स्थिति है, तो अन्य छोटे-मोटे व्यक्तियों का मन कर्तव्य-पथ से विचलित होना कठिन नहीं। आपको स्मरण नहीं, आपने ही आर्यों की बर्बरता, क्रूरता का मूलोच्छेदन कर समाज में आदिनिवासी अनार्यों को

समता-बन्धुता की स्थिति में लाकर खड़ा कर देने का व्रत लिया था। जो व्रत अभी तक पूरा नहीं हो पाया और आपने कर्तव्य से मुख मोड़ लेने की ठान ली है।

**एकलव्य** : ऐसा नहीं है, सुनीते! मैं अपने व्रत को भूला नहीं हूँ। प्रत्येक दशा में अपना सर्वस्व बलिदान करके मैं अपने व्रत को पूरा करूँगा। भारी से भारी संकट भी मुझे अपने कर्तव्य से विचलित नहीं कर सकते।

यद्यपि रोज-रोज युद्ध करते-करते सम्पूर्ण शरीर जर्जर हो गया है, सेना में भारी कमी आ गई है। खजाना खाली हो गया है। महाभारत ने तो कमर तोड़ दी। दुर्योधन की सहायता के लिए जितनी सेना भेजी गई थी, सब की सब मारी गई, किन्तु फिर भी मैं अपने कर्तव्य पथ पर अडिग हूँ। अभी मेरे बचे हुए सैनिक भी साहस नहीं खोए हैं। मैं अपने व्रत को पूरा करूँगा।

**सुनीता** : यही आशा थी। मुझे अपने प्रियतम से यही भरोसा था। आपके शब्दों को सुनकर हृदय गर्व से उन्नत हो गया।

*[सहसा प्रतिहारी का प्रवेश]*

**प्रतिहारी** : अन्नदाता के जीवन की जय-जयकार! प्रधानमंत्री सेनापति सेवा में उपस्थित होना चाहते हैं।

**एकलव्य** : आने दो, प्रतिहारी।

**प्रतिहारी** : जो आज्ञा, आदिपुत्र।

*[अभिवादन करके प्रस्थान]*

**एकलव्य** : आज असमय में महामात्य और सेनापति का आगमन क्यों? क्या राष्ट्र पर कोई संकट आ गया है?

*[सेनापति और महामात्य का प्रवेश]*

**दोनों** : महाराजाधिराज की जय!

*[दोनों उचित आसन पर बैठ जाते हैं।]*

**एकलव्य** : कहो महामात्य, नया समाचार क्या है?

**महामात्य** : महाराज! आज कल बलबीर के अहीर सैनिक अपने राज्य की सीमा पर बड़ा ही उत्पात मचा रहे हैं। सुधार-कार्य रुका है। रास्ते के इस काँटे को शीघ्र समाप्त किया जाए।

**एकलव्य** : बलदाऊ (बलबीर) तो अनार्य-आदिनिवासी हैं। इन्हें हमारा सहयोगी होना चाहिए?

**सेनापति** : होना तो चाहिए देव, किन्तु अर्जुन इत्यादि आर्यों की अवसरवादिता के कारण रिश्तेदारी का सम्बन्ध हो जाने से वे अपने को आर्य ही समझने लगे हैं। उन्हें क्या मालूम कि राजनीति के चतुर व चालाक खिलाड़ी आर्य अपना उल्लू सीधा करने के लिए उल्टी और सीधी, सभी चालें चलते हैं।

**सुनीता** : तो सेनापति! तुमने अपना मार्ग साफ करने के लिए कौन-सा उपाय सोचा है?

**सेनापति** : महारानी! मेरी तो इच्छा है कि द्वारिकापुरी पर आक्रमण करके मार्ग के इस कंटक को साफ किया जाए।

**सुनीता** : तुम्हारी विचारधारा और उत्साह सराहनीय है, सेनापति। *(एकलव्य की ओर मुड़ कर देखते हुए)* देव! इन्हें आज्ञा दीजिए—आक्रमण किया जाए।

**एकलव्य** : महामात्य! तुम्हारी क्या राय है?

**मंत्री** : अन्नदाता, आपकी जैसी आज्ञा हो। मेरी तो वही राय है, जो महारानी की इच्छा।

**एकलव्य** : जाओ सेनापति! युद्ध की तैयारी करो। सभी सैनिकों से कह दो कि उन्हें शासन-सत्ता के मदान्ध व विवेकहीन यादवों के टिड्डी-दल से लड़ना है। जिन्हें प्राणों की चिन्ता हो, वे सेना में न जाएँ। जिन्हें देश और समाज की चिन्ता है, शोषितों, दलितों एवं पीड़ितों के उत्थान की अभिलाषा है, वही युद्ध-स्थल में जाएँ।

**सेनापति** : जो आज्ञा, देव!

**एकलव्य** : महामात्य! आप भी जाइए। युद्ध का समुचित प्रबन्ध कराइए।

**मंत्री** : जो आज्ञा, राजन्!

*[प्रणाम करते हुए दोनों का प्रस्थान]*

**एकलव्य** : प्रियतमे! तुम भी जाओ। राजमहल की भीतरी रक्षा का ठीक-ठीक प्रबन्ध रखना। और भी ध्यान रखना। पुत्र का लालन-पालन उत्तम रहे, क्योंकि युद्ध का परिणाम क्या होगा, कहा नहीं जा सकता।

**सुनीता** : आप इतने कामों से निश्चिन्त रहें, प्राणनाथ!

*[एकलव्य का प्रस्थान]*

# दृश्य-3

**स्थान :** युद्ध-स्थल
**समय :** प्रातः काल

*[एकलव्य, महामात्य और सेनापति खड़े युद्ध की बातचीत कर रहे हैं। युद्ध शुरू हो रहा है।]*

**एकलव्य :** सेनापति! समर की स्थिति अच्छी नहीं है। सेना का बहुत बड़ा भाग इसी युद्ध-स्थल में खप चुका है। आगे की क्या योजना है?

**सेनापति :** अभी योजना पर विचार करना निरर्थक है, सम्राट। जो सैनिक शहीद हो चुके हैं, उनके सम्बन्ध में भी अभी कुछ सोचना व्यर्थ है। हमारे शेष सैनिक अपने मोर्चे पर डटे हुए हैं। उन्होंने इस युद्ध को जीवन-मरण का प्रश्न बना रखा है। यद्यपि लक्षण अच्छे नहीं हैं, किन्तु...।

**एकलव्य :** किन्तु क्या, सेनापति? स्पष्ट कहो। युद्ध-काल में किन्तु-परन्तु की आवश्यकता नहीं होती है।

**सेनापति :** यदि आप आज अस्त्र उठा लें और युद्ध का सम्पूर्ण संचालन अपने नेतृत्व में ले लें, तो निःसन्देह हम विजयी हो सकते हैं।

**एकलव्य :** तुम ठीक कहते हो, सेनापति परन्तु युद्ध बराबर वालों से होता है। मैं सम्राट हूँ। साधारण सैनिकों से लड़ना शोभा नहीं देता। जब समर में बलराम स्वयं आवें, तभी मेरा अस्त्र-शस्त्र उठाना सम्भव है।

**मंत्री :** अन्नदाता! आज अपने गुप्तचर विभाग ने यह सूचना दी है कि हमारे से दस गुने अधिक सैनिक यादवों के मारे गए हैं। इस बात का दुःख बलदाऊ को है। इसलिए आज वे स्वयं सेना का नेतृत्व करेंगे।

**एकलव्य :** यदि ऐसा है, तो मैं अवश्य धनुष उठाऊँगा। सेनापति! मैं इसी दिन की प्रतीक्षा कर रहा था। आज युद्ध का अन्तिम निर्णय हो जावेगा। सेना चार भागों में बाँट दो।

**सेनापति :** फिर क्या होगा, महाराज?

**एकलव्य** : इस बात की प्रतीक्षा करो। मैं समय देखकर आदेश प्रसारित करूँगा। ध्यान रहे, रणभूमि में मेरे मुख से निकली बात अथवा मेरे अन्य संकेत का तत्काल पालन किया जाए। विलम्ब हानिकारक हो सकता है। मेरे सारथी से कहो, मेरा रथ खुला रहेगा, जिससे चौमुखी मार हो सके।

*[नेपथ्य में रण के बाजे बजने लगे। 'बलदाऊ की जय, बलदाऊ की जय' ध्वनि का कोलाहल सुनाई पड़ने लगा।]*

**मंत्री** : राजा, आज्ञा दें। यादवों की सेना समर-भूमि में आ गई है। देखिए, दाहिनेवाले रथ के झंडे पर हल और मूसल का, जो चिह्न दिखाई पड़ता है, वह रथ बलदाऊ का है।

**एकलव्य** : हाँ, जाओ। शीघ्रता करो। मेरी बताई विधि के अनुसार सेना का संचालन करो। ध्यान रहे, आज अन्तिम निर्णय के उपरान्त ही युद्ध बन्द होगा। मैं स्वयं बलदाऊ से भिड़ता हूँ।

**दोनों** : जो आज्ञा, देव!

*[अभिवादन करके प्रस्थान]*

**एकलव्य** : *(स्वगत)* महीनों प्रतीक्षा के बाद आज अवसर आया है, जब बलदाऊ से युद्ध होगा! आज युद्ध होगा! आज यदुवंशी समझ जाएँगे कि किसी से पाला पड़ा है। अब देरी करना ठीक नहीं है।

*[दोनों सेनाओं का घमासान युद्ध कई टुकड़ियों में होने लगा। एकलव्य और बलदाऊ आमने-सामने आ डटे]*

*[एकलव्य ने बाण से बलदाऊ का अभिवादन किया। बलदाऊ ने भी बाण द्वारा ही स्वागत स्वीकार किया।]*

**एकलव्य** : भैया दाऊ जी! आपके यादवों ने हमारे राज्य की सीमा के भीतर बड़ा ही उत्पात मचा रखा है। प्रजा की जान-माल खतरे में है। अन्य समीपी राज्यों में भी यादवों के अन्याय-अत्याचार से हाहाकार मचा हुआ है...।

**बलदाऊ** : समीपी राज्यों के ठेकेदार, सावधान! व्यर्थ की बकवास मत कर! यादवों की बढ़ती शक्ति को कोई रोक नहीं सकता।

**एकलव्य** : यदि आप अपनी बढ़ती शक्ति का ऐसा ही दुरुपयोग भविष्य में भी करते रहे, तो इसका अन्तिम परिणाम होगा—महानतम भीषण गृहयुद्ध और सर्वनाश।

**बलदाऊ** : अच्छा तो लेना, परिणाम भेज रहा हूँ।

*[कहकर बलदाऊ ने एक तीक्ष्ण बाण एकलव्य के कलेजे पर ताक कर छोड़ दिया, जिसे एकलव्य ने बीच में ही काट गिराया।]*

*[एकलव्य के जीवन का अन्तिम समर है। युद्ध ने भारी विकराल रूप धारण कर लिया। सूर्यास्त का समय था। उभय पक्षों के भीषण नर-संहार होने के पश्चात् 'विजय श्री' एकलव्य के पक्ष में आनेवाली ही थी कि अचानक कृष्ण की नारायणी सेना ने, जो कहीं बाहर से द्वारिकापुरी को लौट रही थी, एकलव्य को चारों ओर से घेर लिया। एकलव्य सेना सहित प्राणों का मोह छोड़कर बड़ी बहादुरी से लड़े। घायल दशा में रण-स्थल छोड़कर एक पगडंडी द्वारा सघन-जंगल की ओर लड़खड़ाते हुए चल दिए। अपने घायल सम्राट के पीछे-पीछे दो भील सैनिक भी एकलव्य की रक्षा हेतु चल दिए।]*

**एकलव्य** : *(स्वगत—एकाकी लड़खड़ाते हुए)* आह! आज स्वाहा हो गया। सर्वस्व स्वाहा हो गया। थके हुए मेरे बेचारे सैनिक संध्या समय दोनों ओर से घिर गए। डट कर लड़ा। यदुवंशियों की दूसरी नारायणी सेना के भी छक्के छूट गए, किन्तु सभी मारे गए। सभी बलिदान हुए। रथ टूट गया। सारथी मारा गया और मैं भी आहत हुआ। सारा शरीर जर्जर हो गया। सम्पूर्ण रुधिर निकल गया। इतनी दुर्बलता आ गई कि चल सकना भी असम्भव है। धनुष पर भी कोई ऐसा शस्त्र गिरा कि उसके दो खंड हो गए हैं। मैं निहत्था रह गया। युद्धस्थल से भागने का जीवन में यह पहला और अन्तिम अवसर है। जब

मेरी यह दशा हुई। जल्दी ही कहीं छिप जाऊँ, कहीं शत्रु या शत्रु सेना न आ जाए, किन्तु छिप कर क्या करूँगा? प्राणों के मोह से लाभ क्या? सेना समाप्त। सम्पत्ति समाप्त। आदिनिवासियों का साम्राज्य समाप्त। भाई-बन्धु समाप्त। सभी समाप्त। दिन भर की प्यास के कारण प्राण बाहर निकल रहे हैं। शृंगवेरपुर जाऊँ, लेकिन वहाँ जाकर क्या करूँगा? जब कुछ नहीं है, तो राज्य चला ही जाएगा।

*[एकलव्य के पीछे-पीछे वाले दोनों भील-सैनिकों को अचानक तीन यदुवंशी-सैनिकों ने घेर लिया।]*

**यदुवंशी सैनिक** : *(कड़ी आवाज से)* सावधान! शत्रुओ सावधान!!

**भील सैनिक** : स्वागत है! स्वागत है!! सावधान!!!

*[दोनों ओर से घमासान युद्ध होता है। तीनों यदुवंशी-सैनिक और एक भील-सैनिक मारा गया। दूसरा घायल हुआ।]*

**भील सैनिक** : मारे गए उत्पाती, आततायी। और साथी भी बलिदान हुए। मेरे शरीर के घावों का खून बन्द नहीं हो रहा है। *(कुछ दूर चलकर लड़खड़ा कर भूमि पर गिर जाता है)* आह! अब हमारे सम्राट अकेले ही रह गए। *(प्राण छोड़ देता है।)*

*[एकलव्य को सहसा दो यदुवंशी सैनिकों ने घेर लिया।]*

*[एकलव्य और दो यदुवंशी सैनिकों का प्रवेश]*

**यदुवंशी सैनिक** : पकड़ लो! पकड़ लो!! ये हैं—समता, बन्धुता व स्वतंत्रता के ठेकेदार! समाज-सुधार और सामाजिक परिवर्तन के नेता। शृंगवेरपुर के महाराजा!

**एकलव्य** : सावधान सैनिको! सावधान!! तुम घमंडियों में यह साहस? घायल सिंह तुम लोगों के लिए काफी है।

*[एकलव्य शीघ्रता के साथ घूमकर और कुछ उछलकर एक सैनिक को जोर का तमाचा गाल पर मारते हैं। वह लड़खड़ा कर गिर पड़ता है। फिर उसी की तलवार से दोनों को मार देते हैं।]*

*[एकलव्य का प्रस्थान]*

## दृश्य-4

**स्थान :** श्रृंगवेरपुर का राजप्रासाद
**समय :** प्रातः 9 बजे

*[महारानी सुनीता अपने राजप्रासाद में आसनासीन हैं। पास ही बाँदी नान्दी खड़ी है। महारानी एकलव्य की याद में विह्वल हैं। मुखमंडल की रेखाएँ क्षण-क्षण में बन-बिगड़ रही हैं।]*

**सुनीता :** काफी समय हो गया। अभी तक सही-सही पता नहीं चल सका। केवल इतना ही पता चलता है कि द्वारिकापुरी के समीपी घने वनों में एक हृष्ट-पुष्ट व्यक्ति, जिसके सिर पर बड़े-बड़े बाल, धूल-धूसरित शरीर मानो जीवन में कभी स्नान न किया हो, बड़े-बड़े नाखून, लम्बी दाढ़ी, केवल एक लंगोटी लगाए नंगे शरीर घूमा करता है। इतना खूँखार और भयानक है कि रास्ता चलनेवाले को देखते ही उसकी ओर दौड़ पड़ता है और उसके पास जो भी खाने-पीने की वस्तु होती, छीन कर खा लेता है। फिर जोर से हँसता है। इस छीना-झपटी में पथिकों को कभी-कभी अपने प्राणों से भी हाथ धोना पड़ता है। लोग उसे देखकर छिप जाते हैं, भयभीत होकर भाग जाते हैं। आस-पास भयंकरता का साम्राज्य है। दूत कहते हैं कि वही सम्राट है। क्या यह सम्भव है, नान्दी?

**नान्दी :** महारानी! अपराध क्षमा करें। सम्भव है, दुखी महाराज को इस दशा में आना पड़ा हो। हो सकता है, सर्वस्व बलिदान करने के बाद उनका धैर्य समाप्त हो गया हो और वे असहनीय दुःख के कारण पागल हो गए हों।

**सुनीता :** किन्तु यह कैसे सम्भव हो सकता है? धैर्यधारी सम्राट विक्षिप्तों की दशा में क्यों घूमेंगे? यद्यपि द्वारिकापुरी के समर में सर्वस्व स्वाहा हो गया। सेना में कोई घर के लिए समाचार पहुँचानेवाला भी न बचा। कहते हैं, केवल सम्राट ही बच सके।

हालाँकि उन्होंने यदुवंशियों से घुटने टिकवा लिए, परन्तु उन्हें भी परिस्थितियों ने बाध्य कर दिया। समर छोड़कर वन-खंड की शरण लेनी पड़ी। बस उसी के कुछ दिन बाद से एक लुटेरे शिकारी का 'जरा' बहेलिया नाम से समाचार मिल रहा है। हो सकता है, वही सम्राट हों। अपनी कुरूपता के कारण न पहचाने जा सकते हों, किन्तु मैं उन्हें कैसे वापस बुलाऊँ? किस तरह अपने संकटमय जीवन का समाचार उनके समीप तक पहुँचाऊँ?

कोई यत्न बताओ, नान्दी क्योंकि तुम्हारा अनुभव सराहनीय है। राज-माता भी तुम्हारे अनुभव की सराहना किया करती थीं। उन्होंने कई बार मुझसे कहा था—"जब कभी समझ काम न करे, तो नान्दी से सलाह लेना।"

**नान्दी** : जितना दुख आपको है देवि, उतना ही दुख आपकी इस दासी को भी है। इस समय मेरा भी मस्तिष्क काम नहीं करता। वैसे भी लोग कहते हैं, चौथेपन में बुद्धि क्षीण हो जाती है।

**सुनीता** : राज्य छिन्न-भिन्न हो गया। पतिदेव के दुश्मनों ने उसे हड़प लिया। स्वामी-भक्त सेवकों की बदौलत केवल कुछ भाग बचा है। इतने विशाल साम्राज्य का रूप बदलकर एक छोटी-सी जागीरमात्र रह गई है। इस छोटी-सी जागीर से किस तरह मेरे पुत्र का कार्य चल सकेगा?

पति वियोग, पुत्र का अस्पष्ट भविष्य, स्वयं का संकटापन्न जीवन—इन्हीं चिन्ताओं ने इस शक्तिशालिनी युवा को दुर्बल और वृद्धा बना दिया है। रोते-रोते शरीर का सारा रुधिर आँसू बनकर निकल गया है। अब कुछ उपाय बताओ नान्दी। दिल चाहता है, चलकर स्वयं पतिदेव से मिलूँ अथवा आत्महत्या कर लूँ।

**नान्दी** : ऐसा न सोचिए, महारानी। आपके इन विचारों से राज्य को धक्का लग सकता है, कुमार का जीवन संकटमय हो सकता है, स्वामी-भक्त सेवक किनारा पकड़ सकते हैं और यह सम्भव नहीं कि सम्राट को आप पहचान ही

जाएँ या सम्राट आपको पहचान जाएँ। यह भी सम्भव नहीं कि सम्राट आपकी बात सुनें, मानें और घर वापस आ जाएँ।

**सुनीता** : कहो नान्दी! चुप क्यों हो गई? प्रत्येक बात निर्भीकतापूर्वक कहो। भयभीत होने की आवश्यकता नहीं, तुम्हें छूट है। जो चाहो, कह सकती हो।

**नान्दी** : कृपालु रानी! मैं क्या कहूँ? मुझे विश्वास है कि युद्ध में आई किसी चोट से महाराज की कोई नस टूट या कट गई है, जिसके कारण उनकी स्मरण शक्ति नष्ट हो गई है और पागल हो गए हैं अथवा युद्ध में भारी नर-संहार के कारण उन्हें मानव-समाज से घृणा हो गई है अन्यथा अद्वितीय योद्धा, श्रेष्ठ धुनर्धर एवं महान धैर्यधारी महाराज अवश्य घर लौट आते। उनका आपसे अटूट प्रेम था, कुमार से अगाध स्नेह था, सेवक-सेविकाओं से भी प्रेम था। समाजोत्थान की दिन-रात चिन्ता थी। मातृभूमि के उद्धार की लालसा थी। अपने जीवन का एक क्षण भी व्यर्थ खो सकना उनके लिए कठिन था। फिर भला इतने दिन वे व्यर्थ मारे-मारे क्यों फिरते?

**सुनीता** : तुम ठीक कहती हो, हरिचारके! तुम्हारे कथन में सत्यता का प्रकाश प्रकट हो रहा है, किन्तु मुझे विश्वास है कि अपनी पत्नी से मिलते ही प्राणनाथ का मस्तिष्क ठीक हो जाएगा। वे मेरी प्रार्थना को मान लेंगे और अपने प्यारे पुत्र के मन में समाजोद्धार की लगन उत्पन्न करने के लिए घर वापस आ जाएँगे।

**नान्दी** : *(हाथ जोड़कर प्रार्थना करती है।)* महारानी! आप ऐसा न कहें। आप उनसे मिलने न जाएँ क्योंकि मुझे सन्देह है, उस वन खंड में पहुँचते ही आपको, कुमार को और अंगरक्षकों को प्राणों से हाथ धोना पड़ सकता है।

**सुनीता** : मैं क्या कहूँ? मेरी बुद्धि भ्रान्त है, नान्दी! मैं वन-खंड में...

*[सहसा नेपथ्य से बच्चे के रोने की ध्वनि आती है।]*

**बच्चा** : *(नेपथ्य से)* माँ! माँ!! तुम कहाँ हो? मुझे अकेला...।

**सुनीता :** नान्दी! देखो! बच्चा जगा। अकेला पाकर घबरा जाएगा।

*[नान्दी दौड़कर जाती है। पीछे से सुनीता का प्रस्थान।]*

**[पटाक्षेप]**

## दृश्य-5

**स्थान :** जंगली मार्ग

**समय :** चतुर्थ पहर का प्रारम्भ

*[मार्ग में एकलव्य पागलों की भाँति कुछ बड़बड़ाते हुए आ रहे हैं—पेड़ की छाल की केवल एक लंगोटी लगाए। शेष शरीर नंगा, काला और गन्दा है। बड़े-बड़े नाखून, बड़े-बड़े बाल, भयावना चेहरा, बड़ी-बड़ी मूँछें तथा दाढ़ी, धनुष-बाण लिये हैं।]*

**एकलव्य :** *(स्वगत—एकाकी)* कई दिन हो गए। खाने को रोटी का टुकड़ा भी न मिला, न शिकार मिला और न कन्द-मूल-फल ही मिले। भूख के मारे प्राण निकले जा रहे हैं। भोजन खोजते-खोजते थकान आ गई, किन्तु कुछ भी प्राप्त न हो सका। मेरे डर के कारण पथिकों ने इस वन में आना-जाना बन्द कर दिया है। पशु-पक्षी भी लम्बे हो गए। गर्मियों के दिन पेड़ों में फलों की कौन चलावे, फूलों तक का नाम नहीं, लेकिन कोई चिन्ता नहीं। स्वावलम्बन का घमंड रखनेवाले तुझे जीवन भर धक्के पर धक्के खाने पड़े। अब भी वही। फिर व्यर्थ के पश्चात्ताप से लाभ क्या? चल, चलकर भोजन की खोज कर। कुछ न कुछ मिल ही जाएगा। व्यर्थ बड़बड़ाने से क्या लाभ?

*[जोर से हँसते हैं। अट्टहास करते हैं और एक ओर को चले जाते हैं।]*

*[धनेष का प्रवेश। खराब सूरत, फटे चिथड़े पहने है। माँगी हुई रोटियों के टुकड़े खाता जा रहा है।]*

**धनेष :** *(स्वगत—एकाकी)* भूल गए हथकंडे। निकल गए वे दिन जब गुलछर्रे उड़ाया करते थे। चूर हो गया सारा घमंड। अब नहीं सूझता है कि कौन आर्य है कौन अनार्य? कौन सवर्ण है कौन अवर्ण है? दो-दो चार-चार दिन तक खाने का ठिकाना नहीं लगता है। यदि कभी लगा भी तो आँख मींच कर खा लिया। चाहे जूठा हो चाहे खराब चाहे बासी हो, चाहे तिबासी हो, कौन पूछता है—वर्ण-जाति-पाँति, ऊँच-नीच, छुआछूत? बस! एक ही बात मुँह से निकलती है—"कुछ दे-दो दाता, बाल बच्चे खुश रहें भाई, गाँव-नगरी आबाद रहे, जो दे उसका भला, जो न दे उसका भी भला।" आह! पेट का दिवाला निकला जा रहा है। कोई दयालु रोटी का टुकड़ा दे देता है तो कोई मेहनतकश सुधारवादी किसान या मजदूर कमा कर खाने का पाठ पढ़ाता है। डाँटता-फटकारता है।

बस, इसी जगह कुछ समझ में नहीं आता। यहीं तो गाड़ी का पहिया घूमते-घूमते अटक जाता है। बुद्धि भ्रमित हो जाती है। यहीं मनुस्मृति का दिवाला निकल जाता है। स्मृति का आदेश है कि 'उत्तम भोजन ब्राह्मण खाएँ! छटकन-फटकन शूद्र खाएँ!!' लेकिन मैं तो खरा ब्राह्मण हूँ परन्तु खाना पड़ता है छटकन-फटकन, जूठन, बासी-तिबासी, सो भी शूद्रों के घरों का! ब्राह्मण केवल लेना जानता है, देना नहीं जानता। वह देवता नहीं, लेवता है।

असल में यह सब मिथ्या है। मनुष्य जैसी परिस्थिति में रहता है, वैसा ही करता है। वैसे ही विधानों की रचना कर लेता है। जैसे हम्हीं निषाद राजकुमार एकलव्य से घृणा करते थे, लेकिन आज हम उल्टे धक्के खा रहे हैं। कई वर्ष हो गए, आज भी घर जाने का साहस नहीं होता।

महाभारत के अस्त्रों-शस्त्रों की भंडार आज भी कानों में गूँज रही है। ऐसा आभास होता है, मानो लड़ते हुए सैनिक इधर की ओर ही बढ़े आ रहे हैं। चलो, हटो यहाँ से। कहीं स्वप्न सत्य न हो जाए। युद्ध में एक

किनारे से निकल भागे थे। आज भी प्राणों के लाले पड़ जाएँगे।

*[धनेष का प्रस्थान और एकलव्य का प्रवेश]*

**एकलव्य :** यहाँ भी धोखा? जहाँ जाऊँ, वहीं धोखा? मेरे जीवन में धोखा और असफलताओं का ताँता बँध गया है। अभी-अभी मेरे कानों में किसी मनुष्य की आवाज झनझना रही थी, इसलिए लपक कर आया, किन्तु हाथ कुछ भी न लगा। केवल मृग-तृष्णा निकली।

परन्तु ऐसा नहीं हो सकता। मेरे कान धोखा नहीं खा सकते। अवश्य ही यहाँ कोई मनुष्य होगा। मुझे देखकर छिप गया होगा और भूख के कारण मिचती आँखें उसे देखने में असफल रही होंगी। इधर-उधर देखा जाए।

*[एकलव्य घूम कर इधर-उधर देखते हैं। कुछ दूर पर एक वृक्ष के नीचे चमकती आँख-सी दिखाई पड़ती हैं।]*

वहाँ दूर सामने किसी की आँख चमक रही है। हो सकता है, वहीं होगा, वही व्यक्ति...। नहीं! नहीं!! वह तो कोई बैठा हुआ हिरण जान पड़ता है। उसी की वह आँख है। चलकर उसे ही देखना चाहिए, लेकिन? लेकिन वहाँ पहुँचते ही वह उठकर भाग लेगा और यह भूखा, शक्तिहीन शरीर उसका पीछा न कर सकेगा। इसलिए यहीं से वार करना चाहिए, जिससे शिकार हाथ से न निकल जावे।

*[एकलव्य बाण छोड़ते हैं, जो जाकर श्रीकृष्ण के पैर के कदम को भेद कर वहीं भूमि पर गिर पड़ता है। एकलव्य उनके पास जाते हैं। पर्दा उठता है और सामने आहत श्रीकृष्ण दिखाई पड़ते हैं।]*

**श्रीकृष्ण :** ये क्या? किस आखेटक ने प्राण ले लिये? कहाँ आकर मरा? न कोई घर का है, न गाँव का। वाह री मौत! घर-द्वार, राज-पाट, कुटुम्ब-परिवार, सेना और कोष—सभी व्यर्थ रहे। ऐसे स्थान पर मरा, जहाँ कोई मृत शरीर भी नहीं ले जानेवाला नहीं!

*[सहसा एकलव्य का प्रवेश]*

**एकलव्य** : *(अट्टहास करके)* कई दिनों की क्षुधा शान्त होगी। ...आह महान दुःख। मारा था हिरण, मरा मनुष्य। यह क्या?

**श्रीकृष्ण** : क्षुधा शान्त करनेवाले बर्बर तुम कौन हो?

**एकलव्य** : *(मुँह बनाकर)* तुम नहीं जानते हो? मैं वहीं 'जरा' नाम का बहेलिया हूँ, जिसके कारण तुम सरीखे पथिकों ने इस वन खंड में आना बन्द कर दिया है। और तुम कौन हो?

**श्रीकृष्ण** : मैं हूँ द्वारिकाधीश श्रीकृष्ण!

*[श्रीकृष्ण का नाम सुन कर एकलव्य रोते हुए उनके चरणों पर गिर पड़ते हैं।]*

**एकलव्य** : हा! अनार्य कृष्ण! अनर्थ हो गया। मुझ अभागे ने सत्यानाश कर डाला। महान युगनेता को मार कर कलंकी बना। अनार्यों और आर्यों के कर्णधार की हत्या क्या इन्हीं हाथों से होनी थी? दुःख! महान दुःख!!

*[श्रीकृष्ण उसकी बात सुनकर चकित होते हैं।]*

**श्रीकृष्ण** : तुम कौन हो, बहेलिए? तुम्हारा नाम मैंने केवल कुछ वर्षों से ही एक लुटेरे के रूप में सुना है। तुम इतना दुख क्यों कर रहे हो? पिछला परिचय साफ-साफ बताओ।

**एकलव्य** : बन्धु! दलितों, शोषितों, पिछड़ों और पीड़ितों के कर्णधार का हत्यारा मैं शृंगवेरपुर नरेश वही एकलव्य हूँ, जिसने आपको द्वारिकाधीश बनाया था।

**श्रीकृष्ण** : हा! एकलव्य! तुम्हारी यह दुर्गति? पीड़ित समाज के उन्नायक की यह दशा? इस दशा में समाज के सच्चे-साथी को पहुँचानेवाला व्यक्ति यह तुच्छ कृष्ण ही है। यदि द्वारिकापुरी के समर में मैंने सच्चाई व समझदारी से अपनी भूल स्वीकार की होती और यादवों की बढ़ती शक्ति का तुम्हारे सुझाव के अनुसार, उसी समय सदुपयोग किया होता, तो देश तथा समाज के उद्धारक की यह दुर्गति न हुई होती। क्षमा करो, देशबन्धु! मेरे अपराध को क्षमा करो!

**एकलव्य** : यह क्या बन्धुवर! इस हत्यारे से क्षमा माँगते हैं? इस पापी को इतना महत्त्व! मैंने तो जीवन भर अपने समाज को असफलताओं के खंदक में गिराया है।

**श्रीकृष्ण** : ऐसा नहीं है, बन्धुवर! तुमने समाज को स्व-सम्मान का पाठ पढ़ाया है। उसमें एक नई शक्ति का संचार पैदा किया है। तुम्हारी सेवाएँ युग-युगान्तरों तक भुलाई नहीं जा सकतीं। सच्चे युग नेता तो तुम हो। आर्यों पर शासन करना समता-मानवता का समाज बनाना हमारे-तुम्हारे जीवन का लक्ष्य था।

हम दोनों का लक्ष्य एक ही था, परन्तु मार्ग था भिन्न-भिन्न। तुम्हारा मार्ग हमसे उत्तम था। यदि मैं भी तुम्हारे मार्ग पर चला जाता और तुम्हारे कन्धे से कन्धा मिलाकर चलता, तो देश का उद्धार हो जाता।

वास्तव में, भाइयों-भाइयों को आपस में लड़ा कर मातृभूमि के हाथों में चिर-स्थायी बेड़ियाँ पहनानेवाला पापी मैं ही कृष्ण हूँ। वीर धनुर्धर एकलव्य, शोक मत करो। मुझे अब मरने दो।

*[श्रीकृष्ण की मृत्यु होती है। एकलव्य विलाप करते हुए गिर पड़ते हैं।]*

**एकलव्य** : हा! कृष्ण! हा! कृष्ण! आप चल भी दिए...

*[धनेष का प्रवेश।]*

*['श्रीकृष्ण' और 'जरा' को देखकर]*

**धनेष** : अरे! यह क्या नाटक हो रहा है? यह तो अर्जुन के सारथी महाभारत के प्रणेता, शान्ति के शत्रु कृष्ण हैं। इन्होंने ही शिशुपाल, जरासन्ध, कर्ण, द्रोण, भीष्म और दुर्योधन का वध छल-कपट, अन्याय-अत्याचार द्वारा कराकर देश का नैतिक पतन किया है, जिसका दुष्परिणाम आज हम लोगों को भुगतना पड़ रहा है। शाबाश बहेलिए! अच्छा मारा।...यार, वैसे हो तुम बड़े हत्यारे!! कहीं मुझे भी मत मार डालना! भागो!! यहाँ से शीघ्र भागो!!!

*[धनेष वहाँ से भागने की चेष्टा करता है।]*

**एकलव्य** : ठहरो! अधम!! दुःख में हँसी उड़ाने आए हो?

**धनेष** : *(दोनों हाथ जोड़ते हुए गिड़गिड़ाकर)* हमें छोड़ दो! भैया, हम तो धनेष नाम के निर्धन ब्राह्मण हैं। हमें मारने से क्या मिलेगा?

**एकलव्य :** आ हा, आओ! वही धर्म का ठेकेदार धनेष! वही घमंडी! वही सवर्णपन का रक्षक! वही पाठशात प्रवेश का विरोधी! वही विद्यार्थियों में छुआछूत फैलानेवाला! लो, तुम भी स्वर्ग जाओ!

*[एकलव्य बाण का वार धनेष पर करते हैं। वह वहीं गिर कर मर जाता है।]*

*[एकलव्य का एक ओर को प्रस्थान।]*

**[यवनिका पतन]**

# नाग यज्ञ

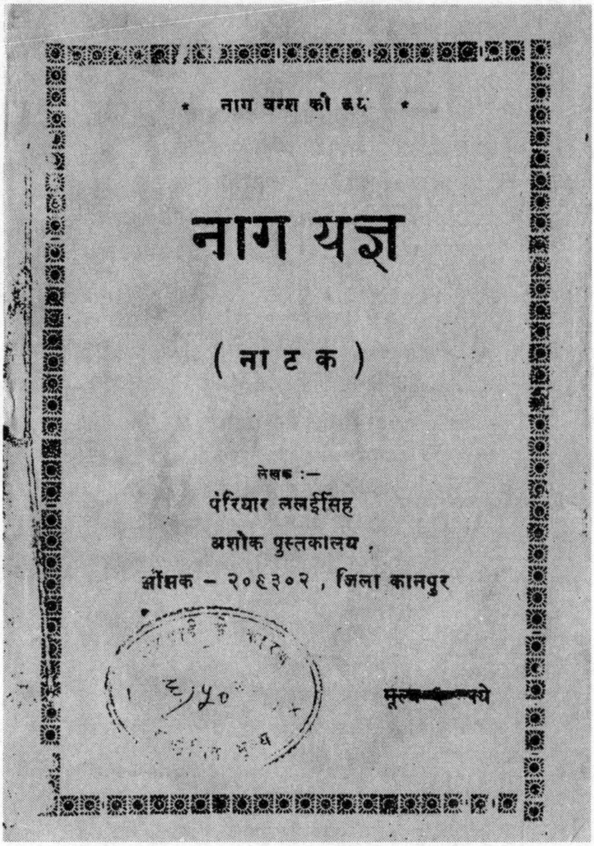

नाग यज्ञ

( नाटक )

लेखक :—

पेरियार ललईसिंह

अशोक पुस्तकालय ,

झींझक – २०६३०२ , जिला कानपुर

नागवंश की जय!

# नाग यज्ञ

लेखक

## पेरियार ललई सिंह

**अशोक पुस्तकालय**

झींझक, जिला—कानपुर

उत्तर प्रदेश-भारत, 209 302

**पुस्तक मिलने का पता**

अशोक पुस्तकालय

अंडर पेरियार ललई सिंह चेरिटेबल ट्रस्ट

84/172, झकरकटी, जी.टी. रोड

जिला—कानपुर, उत्तर प्रदेश, भारत-208 003

**पहली बार**

नाग पंचमी श्रावण शुक्ल पक्ष संवत् 2023 विक्रमी

रविवार दिनांक—21 अगस्त, सन् 1966 ई.

दूसरी बार सन् 1968 ई.

तीसरी बार सन् 1977 ई.

चौथी बार सन् 1983 ई.

पाँचवीं बार सन् 1988 ई.

छठी बार सन् 1992 ई.



**मुद्रक**

पेरियार प्रेस

झींझक, जिला—कानपुर

उत्तर प्र्देश, भारत-209 302

महँगाई के कारण संशोधित

**मूल्य :** 7.50 रुपये

!!समर्पण!!

श्रद्धेय, वयोवृद्ध प्र-पितामह
श्री हीरा सिंह यादव
ग्राम—कठारा, रेलवे स्टेशन झींझक, जिला—कानपुर
की पुण्य स्मृति में

**—पेरियार ललई सिंह**

# भूमिका

प्रस्तुत नाटक 'नाग यज्ञ' महाभारत, जिसे पंचम वेद कहते हैं, में वर्णित सच्ची घटना है। टूटी हुई कड़ियों को सही ढंग से मिलाकर रोचक बनाने की यथाशक्ति कोशिश की गई है। आप अपनी शंकाएँ व सुझाव कृपया भेजें, ताकि अगले अंक में सुधार हो सके। आप इस बात को समझें कि द्रविड़, असुर, राक्षस, दास, नागवंशी, आदिवंशी व अनार्य एक ही शब्द हैं। ये सब एक हैं। इस देश के आदिनिवासी हैं। आर्यों ने इस देश पर वर्चस्व स्थापित करने के साथ ही समाज को वर्णों और जातियों में बाँट दिया। इसी को आधार बनाकर आर्य अब तक हम पर राज कर रहे हैं।

दृश्य 6 में वर्णित 'उत्तंग समिति' का आजकल के शब्दों में मतलब 'गांधीवाद' है, जो अब तक छुआछूत भी नष्ट नहीं कर पाया है। 'कश्यप समिति' का मतलब है 'हिन्दूवाद', जो आज के विज्ञान युग में भी 'लकीर का फकीर' है। 'जनमेजय समिति' का मतलब 'कुर्सीवाद' है, जो शोषितों, दलितों, पिछड़ों, पीड़ितों और अल्पसंख्यकों के रोटी-रोजी, मकान, बच्चों की पढ़ाई-लिखाई, दवा-दारू तथा उनकी इज्जत की समस्या भी हल नहीं कर पाया है।

तक्षशिला के उपनिवेश भद्रवाह (हिमाचल प्रदेश) के समीपस्थ चौरासी मन्दिरों की काले पत्थर से बनी छः-छः फीट ऊँची दो मूर्तियों में से पहली मूर्ति नाग राजा वासुकि की व दूसरी मूर्ति अन्य नाग राजा जीमूत वाहन की है। इनके सिरों पर राज-मुकुट के ऊपर साँप का फन बना हुआ है। सिन्धिया-नरेश ग्वालियर के राज-मुकुट में बैठे हुए फनयुक्त साँप व सूर्य अंकित हैं।

विश्व के इतिहास में इतना अधिक अत्याचार, अग्निकांड, लूट-मार व कत्लेआम किसी ने भी नहीं किया है, जितना आर्यों ने अनार्यों तत्पश्चात् बौद्धों पर किया, जिनके लिखित प्रमाण ऋग्वेद, लंका दहन, खांडव दहन, प्रस्तुत नाटक एवं शंकर दिग्विजय आदि हैं।

सन् 1957 ई. में जिला रामनाथपुरम् तमिलनाडु प्रान्त में जात्याभिमानियों ने शूद्रों व महाशूद्रों के सहस्र घरों में आग लगा दी। तत्कालीन प्रधानमंत्री पंडित जवाहरलाल नेहरू के कानों में जूँ तक नहीं रेंगी, परन्तु जब उन संतप्त, प्रताड़ित शूद्रों के मन में इस कुकृत्य के बदले की भावना का रूप धारण कर लिया, तब वे तिलमिला

उठे। राजकाज ही नहीं, अपितु खाना-पीना तक छोड़कर अतिशीघ्र आकाश मार्ग से तमिलनाडु पहुँचे। प्रातः-वन्दनीय परम पूज्य पचहत्तर वर्षीय वयोवृद्ध महान द्रविड़ कषगम नेता गुरु पेरियार ई.वी. रामास्वामी ने बीस हजार काले झंडों से उनका स्वागत किया। कहा—'हे जात्याभिमानी नेहरू! यदि आपने हम लोगों की बात पहले ही सुनी होती, तो यह अघटित घटना कदापि न घटती।' नेहरू ने चुप रहकर इस कटु सत्य की पुष्टि की। सेना ने शान्ति स्थापित की।

लेखक जिला 'रामनाथपुरम' की तरह बदले की भावना का समर्थक नहीं है किन्तु जिस पर बीतती है, वही जानता है। आखिर मरता क्या न करता?

जात्याभिमानियों से विनम्र अनुरोध है कि उपरोक्त घटनाओं की पुनरावृत्ति न होने दें अन्यथा याद रखो—जो दूसरों को आजादी नहीं देना चाहता, वह खुद भी आजाद नहीं रह सकता। रंग-भेदी रक्त शुद्धतावादी जात्याभिमानी आर्यों द्वारा पैदा की गई सामाजिक फूट ही विदेशी आक्रमणों का मूल कारण सदा रही है, जो आज भी ब-दस्तूर जगह-जगह मौजूद है।

नाटक के जनप्रिय होने का सबूत यह संस्करण है।

गुणग्राही प्रिय प्रबुद्ध पाठकों को सादर सपरिवार सप्रेम अनन्त धन्यवाद।

दिनांक—1 मई, 1983 ई. **—पेरियार ललई सिंह**

# सम्मति

प्रस्तुत नाटक मैंने पढ़ा। प्रत्येक दृश्य आदर्श रखता है।

पहले दृश्य में बाँदी 'जयमाला' द्वारा वर्णित अटल सिद्धान्त।

दूसरे दृश्य में गुरुवर 'जरत्कारु' की शिक्षा प्रणाली। नाग राजकुमारी 'मणिमाला' की अनोखी तर्क-शक्ति।

तीसरे दृश्य में ब्राह्मणों की रक्तशुद्धि के कल्पित बड़प्पन का पर्दाफाश एवं सुयोग्य प्रधानामात्य द्वारा अन्तर्जातीय विवाहों से मेधावी सन्तान व दो भिन्न-भिन्न संस्कृतियों के मेल-मिलाप से राष्ट्र को सबल बनाने की अपूर्व खोजपूर्ण वास्तविक थ्योरी।

चौथे दृश्य में तक्षशिला के नाग महाराजा तक्षक का सुदृढ़ राज प्रबन्ध व संकट के समय अपार धैर्य।

पाँचवें दृश्य का मुहावरा 'गंग गए गंगादास, जमुना गए जमुनादास' अपनी जगह एक प्रकार की भविष्यवाणी है।

छठे दृश्य में हिन्दुओं की सामाजिक असमानता ही समाज की हर प्रकार की परेशानी का मूल कारण है। इससे महाराजा 'जन्मेय' को अवगत कराने में चोबदार की वाक्पटुता का कमाल। अश्वसेन द्वारा बरते गए मार्ग से अब भी महत्त्वपूर्ण बन्दी, वस्तुएँ व नकदी आदि पहरे से गायब हो जाते हैं।

सातवें दृश्य में 'नास्तिक' मुनि की प्रशंसनीय निःस्वार्थी सेवा।

आठवें दृश्य में पिता ब्राह्मण व माता नाग कन्या से उत्पन्न मुनि 'आस्तिक' ने बड़ी चतुराई से तक्षक व जन्मेय में मेल कराकर नाग वंश को नष्ट होने से बचा लिया, जिससे राष्ट्रीय एकता बढ़ी।

भूमिका में वर्णित मौजूदा कुकृत्य भारतीय संस्कृति के भाल पर अमिट कलंक है। हिन्दू समाज-व्यवस्था के अगुआ ब्राह्मणों एवं जात्याभिमानियों को चाहिए कि ऐसे अनेक कलंकों की स्याही गहरी न करें तथा मजलूमों को चाहिए कि वे अपनी रक्षा स्वतः करें।

दिनांक—1 नवम्बर, 1977 ई.

**—राव महेन्द्र सिंह**

हीरा नगर, कंचौसी (इटावा)

# पात्र-परिचय

## पुरुष-पात्र

**तक्षक :** तक्षशिला का नागवंशी महाराजा
**वासुकि (नाग सरदार) :** 'तक्षशिला' के उपनिवेश 'भद्रावाह प्रदेश का राजा', नागों का नेता व तक्षक का प्रधान सेनापति
**गक्षक :** तक्षक का प्रधानमंत्री
**निधड़क :** गुप्तगृह बनानेवाला कारीगर व तक्षक का सेनापति
**अश्वसेन :** तक्षक का पुत्र (नाग राजकुमार)
**माणवक :** वासुकि का पुत्र
**नाग सभासद :** सेनापति, सैनिक, द्वारपाल, चोबदार व दूत आदि
**जनमेजय :** इन्द्रप्रस्थ का आर्य महाराजा
**चंडभार्गव :** जनमेजय का प्रधान सेनापति
**अजीत :** जनमेजय का प्रधानमंत्री
**कश्यप :** जनमेजय का पुराना पुरोहित व ब्राह्मणों का नेता
**सोमश्रवा :** जनमेजय का नया पुरोहित (उग्रश्रवा का पुत्र)
**उत्तंग :** आर्य ब्रह्मचारी (ब्रह्मचारी व ऋषियों का नेता)
**आर्य सभासद :** सेनापति, सैनिक, द्वारपाल, चोबदार व दूत आदि

## स्त्री-पात्र

**जयमाला :** नाग महाराज तक्षक की महारानी
**मणिमाला :** नाग महाराज तक्षक की पुत्री (नाग राजकुमारी)
**पुष्पमाला :** जयमाला की बाँदी
**शीलमाला :** मणिमाला की सहेली
**मनसा :** जरत्कारु की स्त्री व नाग सरदार वासुकि की बहन
**वपुष्टमा :** आर्य महाराजा जनमेजय की महारानी, नाग एवं आर्य आवश्यक स्त्री पात्र

# दृश्य-1

**स्थान :** तक्षशिला (रावलपिंडी, भूतपूर्व पंजाब प्रान्त, वर्तमान पाकिस्तान) में नागवंशीय महाराज तक्षक का अन्त:पुर

**समय :** दोपहर के बाद

*[महारानी जयमाला रत्नजटित पलंग पर बैठी हैं। चिन्तामग्न जान पड़ती हैं।]*

**जयमाला :** *(धीमे स्वर में)* बाँदी!

*[बाँदी पुष्पमाला का प्रवेश]*

**पुष्पमाला :** *(हाथ जोड़कर)* महारानी श्री को प्रणाम।

**जयमाला :** मंगल हो। गर्मी है। पंखा लाओ।

*[पुष्पमाला लपककर समीपी कमरे से पंखा लाकर, पलंग के पास खड़ी होकर धीरे-धीरे पंखा डुलाती है।]*

**जयमाला :** कई दिन से नाग महाराजा युद्ध में इतने व्यस्त हैं कि उन्होंने कोई सूचना तक नहीं भेजी। हमारे गुप्तचर क्या कर रहे हैं?

**पुष्पमाला :** *(दोनों हाथ जोड़कर)* महारानीश्री, क्षमा करें! परसों महाराज कुमारी मणिमाला ने अपनी सहेली शीलमाला द्वारा मेरे पास गुप्त सूचना भेजी थी कि युद्ध अति शीघ्र समाप्त होनेवाला है। महाराजा परीक्षित के पास अब थोड़ी-सी सेना शेष बची है, जिसे हमारे नाग वीर एक या दो दिन में ही शस्त्र डालने के लिए विवश कर देंगे।

**जयमाला :** *(कुछ क्रोधपूर्वक, टेढ़ी आँखें करके)* क्योंरी पुष्पा! तूने यह शुभ समाचार मुझे तत्काल क्यों नहीं बताया?

**पुष्पमाला :** *(कुछ सहमती हुई)* महारानीश्री! क्षमा करें। सत्य तो यह है कि महाराज कुमारी ने नाग महाराज से छिपकर यह

शुभ समाचार गुप्त रूप से मेरे पास भेजा था। उसका सीधा सम्बन्ध मुझसे था, आपसे नहीं।

**जयमाला** : *(प्रेमपूर्वक)* पुष्पे! मैं यह कब कहती हूँ कि मणिमाला द्वारा भेजी गई गुप्त शुभ सूचना का सम्बन्ध मुझसे था, परन्तु अच्छी बात तो सदा अच्छी ही होती है।

**पुष्पमाला** : चतुर महाराज कुमारी ने किसी कारणवश ही गुप्त सूचना भेजी होगी।...।

**जयमाला** : *(बात टालते हुए)* मैं भली भाँति जानती हूँ कि मणिमाला मुझसे अधिक तुमको अपनी गुप्त बातें पहले से ही बताया करती थी।

**पुष्पमाला** : महारानी श्री! महाराज कुमारी आपके बड़प्पन का बहुत ही आदर करती हैं।

**जयमाला** : यह तो ठीक ही है। अच्छा, शीलमाला को बुलाओ।

**पुष्पमाला** : महारानीश्री! शीलमाला सूचना देकर परसों ही घायलों के ओढ़ने, बिछाने आदि के लिए हाट से कपड़े खरीद कर लौट गईं।

**जयमाला** : शीलमाला क्या युद्धभूमि से पैदल अकेली आई थी?

**पुष्पमाला** : नहीं, वह स्वयं पुरुष भेस में श्याम वर्ण घोड़े पर सवार थी। साथ में एक नौजवान घुड़सवार भी था।

**जयमाला** : पुष्पे! तब तो हम मणिमाला की सूचना के अनुसार आज और नई सूचना का इन्तजार करें। कल प्रातः ही दूत भेज कर ताजी सूचना समर भूमि की मँगावें।

**पुष्पमाला** : जी हाँ, महारानीश्री! यही सबसे उत्तम है।

**जयमाला** : इस उजड़े हुए प्राचीन खँडहर राजमहल से तो नर्मदा प्रदेशीय अपना खपरैल वाला मकान ही अच्छा था।

**पुष्पमाला** : पूर्व समय में तक्षशिला पर अपने पूर्वजों का अधिकार था। यह राजमहल उसी समय का बना हुआ है। आर्यों ने जब से इस प्रदेश को जीता, तब से यह प्राचीन राजमहल खँडहर हो गया है क्योंकि आर्यों ने अपनी नई राजधानी इन्द्रप्रस्थ (हस्तिनापुर) बना ली है।

**जयमाला** : क्या ये प्राचीन खँडहर राजमहल भविष्य में किसी समय फिर अपनी पुरानी याद को ताजा बना सकेगा?

**पुष्पमाला** : महारानीश्री! चिन्ता न करें। अपने नाग महाराज ने अभी तो चलते युद्ध की दशा में अचानक परीक्षित से छीन

कर तक्षशिला व तक्षशिला से सम्बन्धित भारी भू-भाग पर पुनः अधिकार प्राप्त कर लिया है। ज्यों ही उन्हें इन आततायी आर्यों के युद्ध से थोड़ी-सी चैन की साँस मिली, त्यों ही वे इसे पहले से भी अधिक विश्व सुन्दर राजमहल बना देंगे।

**जयमाला :** क्या कहती हो बाँदी! विश्व सुन्दर राजमहल?

**पुष्पमाला :** जी हाँ, महारानीश्री!

**जयमाला :** पहले जैसा विश्व सुन्दर राजमहल बनानेवाले कारीगर इस समय मिलना असम्भव है।

**पुष्पमाला :** बिलकुल आसान है, महारानीश्री! जिन कारीगरों ने इस राजमहल, हड़प्पा और मोहेनजोदड़ो आदि नगरों को बनाया था, उनकी सन्तानें नर्मदातटीय समीपी सघन वनों में आज भी मौजूद हैं।

**जयमाला :** कोई कारीगर चतुर कारीगरी का काम बिना किए चतुर कारीगर कैसे हो सकता है?

**पुष्पमाला :** उन कारीगरों की सन्तानों ने पहाड़ों और नदियों की कगारों के भीतर सुन्दर-सुन्दर गुप्त गृह बनाकर अपनी कारीगरी को जीवित रखा है। उन्होंने...।

**जयमाला :** उन्होंने अभी हाल ही में कौन-से अच्छे गुप्त गृह बनाए हैं?

**पुष्पमाला :** उन कारीगरों ने खांडव प्रदेश की जंगली एवं तक्षशिला की मैदानी भूमि में अनेक गुप्त गृह बनाकर वहीं इस चलती लड़ाई के लिए सहस्त्रों की संख्या में अस्त्र-शस्त्र भी बनाए हैं और स्वयं भारी तादाद में आज भी युद्धभूमि में अपने नाग महाराज के साथ कन्धे से कन्धा मिला कर शत्रु के दाँत खट्टे कर रहे हैं।

**जयमाला :** पुष्पा! ऐसे मनुष्य तो अवश्य ही धन्यवाद के पात्र हैं।

**पुष्पमाला :** महारानीश्री! नाग महाराज उनकी बहुत इज्जत करते हैं। खांडव प्रदेश की लड़ाई में बेधड़क कारीगर सेनानायक मारा गया। उस समय महाराज उसकी यादगार में तत्काल पक्का चबूतरा बनाने की आज्ञा साथी सेनानायक को देकर ही आगे बढ़े।

**जयमाला :** बाँदी, तू बड़ी चंट-खोपड़ी है। मुझसे कहीं अधिक तुझे राजपाट का हाल मालूम है। एक बात पूछती हूँ, बताएगी न?

**पुष्पमाला** : महारानीश्री! हाल तो मुझे आपसे ज्यादा जरूर मालूम रहता है, मगर मैं और बांदियों की तरह भड़-भड़, भड़-भड़ कहती नहीं फिरती। मेरी आदत है कि बिना पूछे नहीं बताती फिरती, आप पूछें। मेरी जानकारी का समाचार होगा, सीधा सरल उत्तर दूँगी।

**जयमाला** : मैंने सुना है कि नाग महाराज और महाराज परीक्षित की इस लड़ाई में इस बार श्रृंगी ऋषि भी, अपनी ऋषि मंडली सहित, कई दिनों से हमारी सेना की सहायता में सक्रिय हैं।

**पुष्पमाला** : जी महाराजश्री! यह खबर बिलकुल सत्य है।

**जयमाला** : वे आर्य ऋषि हैं, हमारी मदद क्यों कर रहे हैं?

**पुष्पमाला** : कुछ सार्वभौमिक अटल सिद्धान्तों के कारण, महारानी श्री!

**जयमाला** : वे सार्वभौमिक अटल सिद्धान्त कौन से हैं?

**पुष्पमाला** : पहला मित्र, दूसरे मित्र का मित्र, तीसरा शत्रु का शत्रु और चौथा शत्रु के शत्रु का मित्र। ये चारों अपने मित्र होते हैं।

**जयमाला** : इनमें से श्रृंगी ऋषि किस सिद्धान्त की परिभाषा में आते हैं?

**पुष्पमाला** : नाग महाराज के शत्रु महाराज परीक्षित हैं। महाराज परीक्षित के शत्रु श्रृंगी ऋषि हैं। इस प्रकार श्रृंगी ऋषि तीसरे सिद्धान्त की परिभाषा में आते हैं।

**जयमाला** : महाराज परीक्षित और श्रृंगी ऋषि की शत्रुता कब से है?

**पुष्पमाला** : थोड़े दिन हुए, राजसत्ता के मदान्ध महाराज परीक्षित अकेले ही शिकार खेलने जंगल में गए। शिकार मिला नहीं। भोजन साथ में था नहीं। सूरज अस्त होनेवाला था। वह इन्द्रप्रस्थ का राजमार्ग गए भूल। बहुत परेशान थे। भूलते-भूलते पहुँच गए, वयोवृद्ध 'अंगिरा' ऋषि के पुत्र 'लोमश' ऋषि के आश्रम पर।

**जयमाला** : फिर यहाँ आश्रम पर शत्रुता की घटना क्या घटी?

**पुष्पमाला** : श्रृंगी ऋषि के परम पूज्य पिता 'लोमश' ऋषि दोनों आँखें बन्द किए पद्मासन जमाये ध्यानमग्न थे। महाराज परीक्षित ने घोड़े पर चढ़े ही चढ़े कहा, 'ऐ ऋषि! मुझे

राजमार्ग बता!' इस पर पिताश्री ने आँखें बन्द किए ही उत्तर दिया, 'मैं जन्म से ही इस बियाबान घनघोर जंगल में रहता हूँ। कन्द-मूल-फल खाता हूँ। मुझे राजमार्ग ज्ञात नहीं।'

**जयमाला** : पुष्पा! उत्तर बड़ा सीधा व सरल है। महाराज ने क्या कहा?

**पुष्पमाला** : महादेवीश्री! क्या बताऊँ? बड़ों की सच्ची बात कहना अच्छी बात नहीं। तिस पर भी मैं हूँ दासी।

**जयमाला** : नहीं-नहीं—चाहे बड़े हों, या छोटे, सच्ची बात कहना अच्छी बात है। यह उल्टा मंत्र आर्यों का तूने कहाँ से सीखा है कि बड़ों की कड़वी, मगर सच्ची बात कहना ठीक नहीं है?

**पुष्पमाला** : महाराज परीक्षित ने लोमश ऋषि को अनेक अश्लील अप-शब्द कहकर कहा, 'धूर्त कहीं का, ढोंगी। आँखें बन्द किए बैठा है—कहता है, राज-मार्ग मालूम नहीं।... फिर...'

**जयमाला** : *(बीच में ही)* फिर क्या हुआ?

**पुष्पमाला** : फिर महाराज परीक्षित ने आश्रम की समीपी झाड़ी के पास से बढ़े भारी बूढ़े किचुलियाने विषधर काले 'तक्षक' नाग को अपने बाण की नोक से उठाकर ध्यानामग्न लोमश के गले में डाल दिया और चल दिए।

**जयमाला** : महाराज होकर परीक्षित का वह बरताव आम जनता की निगाह में अच्छा नहीं है। हाँ, पुष्पा! आगे क्या घटना घटी?

**पुष्पमाला** : लोमश ऋषि के युवा पुत्र शृंगी ऋषि जब बाहर से आश्रम पर वापस आए, तब उन्होंने न आव गिना, न ताव, क्रोधित होकर पिताश्री के समीपी कमंडल से अपने चिल्लू में जल लेकर श्राप दिया, 'जिस व्यक्ति ने मेरे पिताश्री के गले में यह 'तक्षक' साँप डाला है, उस व्यक्ति को 'तक्षक' आज के सातवें दिन डस लेगा, उसकी मौत हो जावेगी।' बाद में मालूम हुआ कि पिताश्री के गले में साँप डालनेवाला व्यक्ति है—हस्तिनापुर का महाराज जनमेजय। इस प्रकार शृंगी ऋषि महाराज 'परीक्षित' के शत्रु बन गए।

**जयमाला** : यह तो बहुत ही अच्छा हुआ। अब तो मुझे पूर्णतया विश्वास हो गया है कि युवक नेता श्रृंगी ऋषि, ऋषि मंडली सहित युद्ध में तन-मन से हमारी सहायता अवश्य करेंगे। और हाँ, तूने पहले क्यों नहीं बताया?

**पुष्पमाला** : महारानीश्री! मैं पहले कह चुकी हूँ कि मेरी आदत है, बिना पूछे उत्तर बताती नहीं फिरती।

**जयमाला** : अच्छा, तो अब बता, तेरी और शीलमाला की क्या-क्या अन्य बातें हुईं?

**पुष्पमाला** : कुछ स्वार्थी, अकर्मण्य, बुड्ढे-ठिड्ढे, लालची आर्य ब्राह्मण ऋषिगण महाराज परीक्षित को भी मदद का बनावटी ढोंग बनाए समर भूमि के पिछले पड़ाव पर मौज की छान रहे हैं। अशुद्ध मंत्र सैत्ताराम-सैत्ताराम जप रहे हैं। महाराज परीक्षित को शीघ्र ही रौरव नरक का टिकट मिलनेवाला है।

*[सहसा छोटी बाँदी का प्रवेश]*

**जयमाल** : *(दोनों हाथ जोड़कर)* महारानीश्री! को प्रणाम!

**जयमाला** : मंगल हो! कहो शुभ समाचार?

**छोटी बाँदी** : समर भूमि से आया हुआ दूत आपकी सेवा में उपस्थित होने के लिए अति ही उतावला अन्त:पुर के मध्य द्वार पर खड़ा है।

**जयमाला** : उसे शीघ्र अन्त:पुर में उपस्थित होने की सूचना दो।

**छोटी बाँदी** : *(दोनों हाथ जोड़कर)* महारानीश्री को प्रणाम!

*[छोटी बाँदी का सवेग प्रस्थान]*

**पुष्पमाला** : महरानीश्री! छोटी बाँदी बड़ी प्रसन्न जान पड़ती थी। इससे ज्ञात होता है कि समर भूमि में नाग महाराज ने अभूतपूर्व विजय प्राप्त की है।

**जयमाला** : छोटी बाँदी की प्रसन्नता का विजय से क्या सम्बन्ध है?

**पुष्पमाला** : मालूम होता है, समर भूमि की जीत की शुभ सूचना दूत ने अपने हँसमुख चेहरे द्वारा छोटी बाँदी के हृदय में प्रसन्नतापूर्वक संचारित की, जिसे छोटी बाँदी ने भी अपनी प्रसन्नता द्वारा प्रकट किया है।

**जयमाला** : समझ तो कुछ-कुछ मैं भी गई थी, परन्तु...

*[समर भूमि से आए हुए दूत का प्रवेश]*

**दूत** : *(हँसमुख मुखाकृति द्वारा प्रसन्न मन से दोनों हाथ जोड़कर)* महारानीश्री, प्रणाम्!

**जयमाला** : मंगल हो *(उतावली होकर)* कहो, युद्ध का सुसमाचार?

**दूत** : *(प्रसन्नतापूर्वक)* सम्पूर्ण युद्ध का समाचार फुरसत में सुनाऊँगा। सबसे बड़ी खुशी की बात यह...।

**जयमाला** : *(बीच में ही उतावली होकर)* सूक्ष्म और जल्दी कहो?

**दूत** : जो आज्ञा महारानीश्री! नाग माता के आशीर्वाद तथा महा-मान्यवर युवक नेता श्रृंगी ऋषि की सहायता से कल संध्या के समय अपने परम पराक्रमी नाग महाराज ने महाराजा परीक्षित को युद्धभूमि से इतना खदेड़ा कि वे अकेले ही इन्द्रप्रस्थ की ओर भाग खड़े हुए और अपने राजमहल में घुस गए। पीछे से भेस बदलकर नाग-महाराज भी उनके राजमहल में घुस गए। संध्या के समय अँधेरे का लाभ उठाकर उन्होंने भयानक विकराल, काल-कराल शक्ति (कटार) के एक ही वार से महाराजा परीक्षित को मौत के घाट उतार दिया। शीघ्र ही वे यमुना नदी के किनारे अपनी सेना में वापस आए। जब विजय का डंका बजने लगा, तब हम लोगों ने जाना कि महाराजा परीक्षित मारे गए। यह घमासान युद्ध सात दिन लगातार दिन-रात यमुना नदी के किनारे हुआ था।

**जयमाला** : *(प्रसन्नतापूर्वक)* पुष्पे, जाओ! समीपी कमरे में से एक तीन लड़ी रत्नजटित माला लाओ।

*[पुष्पमाला लपक कर समीपी कमरे से एक तीन लड़ी और दूसरी दो लड़ी रत्नजटित मालाएँ लाती है।]*

**पुष्पमाला** : *(दोनों मालाएँ महारानीश्री के हाथों में देती हुई)* लीजिए, एक के बजाय दो मालाएँ।

**जयमाला** : *(दूत से)* लो, यह शुभ सूचना का उपहार।

*[जयमाला प्रसन्नतापूर्वक पलंग से खड़ी होकर दोनों हाथों से तीन लड़ी वाली रत्नजटित माला दूत के गले में पहनाती है।]*

**दूत** : *(दोनों हाथ जोड़कर)* महारानीश्री को प्रणाम! महारानीश्री की जय हो!

**जयमाला** : *(दूत से)* मंगल हो तात्! *(पुष्पमाला की ओर देखती हुई)* लो! तुम भी यह शुभ सूचना का उपहार पुष्पे।

*[जयमाला ने खड़ी दशा में ही अपनी अतिप्रिय बाँदी पुष्पमाला के गले में दो लड़ी वाली रत्नजटित माला पहनाई।]*

**पुष्पमाला** : *(दोनों हाथ जोड़कर)* महारानीश्री को प्रणाम!

**जयमाला** : *(पलंग पर बैठती हुई)* मंगल हो!

**पुष्पमाला** : आज्ञा करें महारानीश्री! नाग महाराज के स्वागत की तैयारी की जाए।

**जयमाला** : यही तो सोच रही हूँ! मैं भी। *(दूत से)* नाग महाराज विजय पताका सहित नगर की सीमा पर कब तक पधारेंगे?

**दूत** : आज ही शाम तक।

**जयमाला** : *(प्रेमपूर्वक)* तात्! तुम थके-माँदे जरूर हो। यह शुभ सूचना मान्यवर प्रधानामात्य 'गक्षक' को देकर उन्हें मेरी ओर से सूचित करो कि वे स्वयं सम्मानित महानुभावों एवं नगरवासियों सहित विजयोल्लास के उपलक्ष्य में अतिशीघ्र नगर की सीमा पर 'नागमाता' (भुइंयामाता) के चबूतरे के पास नाग महाराज की आगवानी के लिए उपस्थित हों।

**दूत** : *(दोनों हाथ जोड़कर)* महारानीश्री को प्रणाम!

*[दूत का प्रस्थान]*

**जयमाला** : चलो! हम लोग भी आरती की थाल सजा कर शीघ्र नगरवासियों में शामिल हों।

**पुष्पमाला** : साथ में कुछ पँचलड़ी, चार लड़ी, तीन लड़ी, दो लड़ी रत्नजटित मालाओं, अँगूठियों एवं कुछ अन्य आभूषणों को भी प्रधान सेनापति व सेनापतियों आदि को उपहार में देने के लिए लेती चलें।

**जयमाला** : जो कुछ उचित समझती हो, वह सब अवश्य लेती चलो।

*[पुष्पमाला का एक ओर को प्रस्थान एवं जयमाला का दूसरी ओर को प्रस्थान]*

**[पटाक्षेप]**

## दृश्य-2

**स्थान :** आर्य ऋषि 'जरत्कारु' का आश्रम
**समय :** दिन का प्रथम पहर

*[परम पूज्य वयोवृद्ध गुरुवर 'जरत्कारु' जी अपने आश्रम में पीपल के पेड़ के नीचे भूमि पर बिछी जंगली घास की चटाई के आसन पर विराजमान हैं। उनके सामने पाँच हाथ की दूरी पर लम्बी पाँच चटाइयों पर बालक तथा बालिकाएँ विद्याभ्यास के लिए एक-एक आ-आकर दोनों हाथ जोड़कर परम पूज्य गुरुवर को प्रणाम करती हुई बैठती जाती हैं। गुरुजी सब को अलग-अलग 'मंगल हो!' आशीर्वाद दे रहे हैं। उपस्थिति पूरी हो चुकी है।]*

**गुरुजी :** बच्चो! प्रार्थना होगी। खड़े हो जाओ।

*[तीन लाइनों से तीन छात्र और दो लाइनों से दो छात्राएँ आगे निकलकर प्रार्थना की एक-एक कड़ी ध्वनिपूर्वक गाते हैं। शेष सभी बालक-बालिकाएँ ध्वनिपूर्वक दुहराते हुए गाते हैं। गुरुजी चुप-चाप खड़े हैं। अब प्रार्थना समाप्त हो चुकी है।]*

**गुरुजी :** अपनी-अपनी जगह पर बैठ जाओ। *(सभी बालक-बालिकाएँ अपने-अपने स्थानों पर बैठ जाते हैं)* अच्छा! सब लोग नम्बरवार एक-एक अपठित कविता ध्वनिपूर्वक गाते हुए अलग-अलग सुनाओ।

*[प्रत्येक छात्र तथा छात्रा नम्बरवार एक-एक अपठित कविता ध्वनिपूर्वक गाते हुए सुनाते हैं।]*

**गुरुजी :** *(पहले विद्यार्थी से)* बताओ, इस समय 'खांडव प्रदेश' का शासक कौन है?

**पहला विद्यार्थी :** *(चुपचाप)*

**गुरुजी :** तुमने पाँच दिन पहले इस प्रश्न का सही उत्तर बताया था।

**पहला विद्यार्थी :** गुरुजी! मैं भूल गया।

**गुरुजी :** *(पहले विद्यार्थी से)* जो पाठ याद हो जावे, उसे भी कभी-कभी दोहराते रहना चाहिए, ताकि भूल न जाएँ।

'घोखन्त विद्या, खोदन्त पानी।' पिछला पाठ याद करो। आज तुम्हें नया पाठ नहीं पढ़ाया जावेगा। *(दूसरे विद्यार्थी से)* तुम बताओ।

**दूसरा विद्यार्थी** : गुरुजी! इस समय 'खांडव प्रदेश' के शासक हैं—इन्द्रप्रस्थ के आर्य, महाराजा जनमेजय।

**गुरुजी** : *(तीसरी विद्यार्थिनी से)* तुम बताओ, दूसरे विद्यार्थी का उत्तर सही है या गलत?

**तीसरी विद्यार्थिनी** : गुरुजी! इनका उत्तर बिलकुल ही गलत है।

**गुरुजी** : सही उत्तर बताओ।

**तीसरी विद्यार्थिनी** : इस समय 'खांडव प्रदेश' के शासक हैं, तक्षशिला के परम-पराकर्मी नाग-महाराज तक्षक।

**गुरुजी** : *(तीसरी विद्यार्थिनी से)* शाबाश! *(दूसरे विद्यार्थी से)* बिना सोचे-समझे अशुद्ध उत्तर देना ठीक नहीं। पिछला पाठ याद करो। आज तुम्हें नया पाठ नहीं पढ़ाया जावेगा। *(तीसरी विद्यार्थिनी से)* कल वाला पाठ याद कर लिया?

**तीसरी विद्यार्थिनी** : अच्छी तरह याद नहीं है।

**गुरुजी** : *(तीसरी विद्यार्थिनी से)* कल वाला पाठ याद करो। आज तुम्हें नया पाठ नहीं पढ़ाया जावेगा। *(चौथी विद्यार्थिनी से)* कल वाला पाठ सुनाओ।

**चौथी विद्यार्थिनी** : गुरुजी! इन्द्रप्रस्थ के आर्य-महाराजा परीक्षित के मरने के एक सप्ताह पहले ही नाग महाराज तक्षक ने पुनः अपने को तक्षशिला का सम्राट होने की घोषणा कर दी और उन्होंने शीघ्र ही नाग सेना को दो भागों में बाँट दिया। नाग-सेनापति 'निधड़क' एवं प्रधानमंत्री 'गक्षक' ने नाग सेना के एक भाग को लेकर अतिशीघ्र उसी रात को तक्षशिला नगर और तक्षशिला प्रदेश पर पुनः अधिकार कर लिया। नाग-महाराज तक्षक मय प्रधान सेनापति वासुकि नाग सेना के एक भाग सहित आर्य महाराज परीक्षित से लड़ते रहे। इस प्रकार तक्षशिला नगर और तक्षशिला प्रदेश आर्य महाराज परीक्षित के अधिकार से साँप की तरह सर्र-से उनके मरने के एक सप्ताह पहले सरक गया। उन्हें इस बात का पता मरते समय तक नहीं चला।

**गुरुजी** : शाबाश! पिछले पाठ याद हैं या नहीं?

**चौथी विद्यार्थिनी** : जी हाँ।

**गुरुजी** : बताओ! नाग महाराज तक्षक जो जम्बूद्वीप के आदिवासी महाराजा हैं? उन्हें नाग (साँप) वंश का क्यों कहा जाता है। उनके झंडे पर नाग (साँप) का चित्र क्यों अंकित रहता है?

**चौथी विद्यार्थिनी** : जम्बूद्वीप के आदिवासी महाराजा पुराने समय में द्रविड़ नाम से पुकारे जाते थे। पेशावर घाटी, सिन्धु घाटी, जम्बू घाटी, तक्षशिला और कुरुक्षेत्र के मैदानों में इन असंगठित सीधे-साधे, भोले-भाले द्रविड़ियन महाराजाओं की मध्य एशियन आर्य एवं तिब्बत से आनेवाले साम, दाम, दंड, भेद व राजनीति प्रवीण सु-संगठित तथा अस्त्र-शस्त्र से सुसज्जित आर्यों से मुठभेड़ हुई। द्रविड़ियन महाराजे स्थान-स्थान पर बड़ी बहादुरी से लड़े, किन्तु उनकी कपटपूर्व विभिन्न नीतियों से हार कर दक्षिणी प्रदेश के सघन जंगलों में भिन्न-भिन्न स्थानों में जा छिपे। वहाँ...।

**गुरुजी** : *(चौथी विद्यार्थिनी से चुप रह जाने का इशारा करते हुए पाँचवें विद्यार्थी से)* बताओ, वहाँ जंगलों में क्या घटना घटी?

**पाँचवाँ विद्यार्थी** : गुरुजी! वहाँ एक द्रविड़ियन महाराजा उत्तरी भारत की लड़ाई से हारा-थका कई दिनों का भूखा-प्यासा, नौकर-चाकर रहित एक ऊँची-सी सुनसान, निर्जन, जंगली पहाड़ी पर बादल रहित निर्मल आकाश के नीचे भूमि पर ही चादर बिछाकर मध्य रात्रि में सो गया। प्रातः हो गया। दिन का पहला पहर बीत गया। दूसरा पहर समाप्त हो गई। तीसरे पहर जब जागा, तब देखा...।

**गुरुजी** : *(पाँचवें विद्यार्थी से चुप रह जाने का इशारा करते हुए, छठे विद्यार्थी से)* बताओ, उस हारे हुए द्रविड़ियन महाराजा ने तीसरे पहर जागने पर क्या देखा?

**छठा विद्यार्थी** : गुरुजी! उस द्रविड़ियन महाराजा ने तीसरे पहर जागने पर देखा—सूर्य की प्रखर किरणों से बचाव के लिए एक महानतम विषधर काला नाग (साँप) उस सोए हुए द्रविड़ियन महाराजा के ऊपर अपना फन फैलाकर

छाया किए हुए है। महाराजा के जागते ही वह साँप बड़ी शीघ्रता से सरक कर समीपी कँटीली झाड़ी में घुस गया। महाराजा ने तुरन्त ही...।

**गुरुजी** : *(छठे विद्यार्थी से चुप रह जाने का इशारा करते हुए, सातवीं विद्यार्थिनी से)* बताओ, तब उस महाराजा ने तुरन्त ही क्या किया?

**सातवीं विद्यार्थिनी** : गुरुजी! तब उस हारे हुए द्रविड़ियन महाराजा ने तुरन्त ही कुछ सूखी लकड़ियाँ इकट्ठी कीं। चकमक पत्थर से आग जला कर कोयला तैयार किया। फिर उस कोयले से अपनी चादर पर नाग का चित्र बनाकर उस चादर को राष्ट्रीय झंडा नाम रखकर उसे लम्बे बाँस में नाग (साँप) वाली झाड़ी में खोंस दिया और अपने को नाग महाराज के नाम से घोषित करके उसी पहाड़ी पर 'नागपुर' नामक अपनी नई राजधानी बनाई। यह राजा बड़ा ही न्यायी, सदाचारी, वीर, साहसी, पराक्रमी, प्रजा-पालक और सुप्रबन्धक था।

अतः समीपी प्रदेशवासियों ने भी उसे अपना महाराजा मान लिया। धीरे-धीरे समीपी प्रदेशवासी व तत्पश्चात् सम्पूर्ण भारत के अधिकाधिक द्रविड़ियन, असुर व दास आदि नाग जाति के नाम से पुकारे जाने लगे और सभी ने एक प्रकार से नाग (साँप) पूजक मत स्वीकार कर लिया। इनकी भाषा आर्यों की भाषा से भिन्न थी। जिसे आर्यगण 'पैशाची भाषा' कहते थे।

**गुरुजी** : *(आठवीं विद्यार्थिनी से)* परसोंवाला पाठ सुनाओ।

**आठवीं विद्यार्थिनी** : गुरुजी! इन्द्रप्रस्थ के आर्य महाराजा परीक्षित सोमरस में धुत रनिवास में ही पड़े रहते थे। मूक प्राणियों—हिरन व बारहसिंघा आदि के शिकार तक ही उनकी शूरवीरता सीमित थी। इधर तक्षक-पुत्र अश्वसेन, तक्षक-पुत्री मणिमाला, मणिमाला की सहेली शीलमाला व प्रधान सेनापति का पुत्र माणवक—चारों ने मिलकर सम्पूर्ण खांडव प्रदेश पैदल गाँव-गाँव, घर-घर झोंपड़ी-झोंपड़ी जा-जाकर नागरिकों को समझाया—"तुम लोग रोटी, कपड़ा, मकान, बच्चों की उच्चतम शिक्षा, दवा-दारू, छोटे से छोटे रोजगार व छोटी से छोटी नौकरी आदि के

लिए परेशान हो। चोरी, शक्तिमय चोरी, कत्ल, डकैती, रहजनी, घूसखोरी, भ्रष्टाचार, कुनबापरवरी, मुँहदेखी सिफारिशें, आदिवासियों (अनार्यों) एवं आर्यों के बीच ऊँच-नीच के भेदभाव दिनोंदिन बढ़ते चले जा रहे हैं। तुम्हारी इज्जत तक सुरक्षित नहीं है। आर्य महाराजा परीक्षित इस व्यवस्था को बदलने में अपनी स्वत: की कमजोरियों, पुरोहितों, ऑफिसरों और सेठ-साहूकारों के स्वार्थी दबाव के कारण असमर्थ सिद्ध हो चुके हैं। आप लोगों को सही व्यवस्था स्थापित करने के लिए...।"

**गुरुजी** : *(आठवीं विद्यार्थिनी से चुप रह जाने का इशारा करते हुए, नौवें विद्यार्थी से)* बताओ, अश्वसेन व मणिमाला आदि ने खांडव प्रदेशवासियों को सही व्यवस्था स्थापित करने के लिए क्या सम्मति दी?

**नौवाँ विद्यार्थी** : गुरुजी! अश्वसेन व मणिमाला आदि ने खांडव प्रदेशवासियों से कहा कि आप लोग सही व्यवस्था करने के लिए, सुख-चैन की जिन्दगी बिताने के लिए, अपने पुराने जाने-माने आदिवंशीय नाग महाराज तक्षक की प्रजा होना स्वीकार करो। बहुमत अनुकूल देखकर नाग महाराज तक्षक ने यकायक दल-बल सहित खांडव प्रदेश पर चढ़ाई कर दी। नाग सेना ने कस कर महाराज परीक्षित को एक ऐसी फुत्कार मारी कि उन्हें रण-स्थल छोड़कर इन्द्रप्रस्थ की ओर खाली हाथ भागना पड़ा। इस प्रकार खांडव प्रदेश के पुन: शासक नाग महाराज तक्षक हो गए।

**गुरुजी** : *(चौथी व सातवीं विद्यार्थिनी एवं पाँचवें व छठे विद्यार्थी से)* तुम लोगों ने अगले पाठ की तैयारी घर पर की है या नहीं?

**चारों** : *(एक साथ)* जी हाँ!

**गुरुजी** : *(चारों से)* शाबाश! तुम लोगों को पिछला पाठ याद है? कल वाला पाठ याद है? अगले पाठ की तैयारी भी घर पर कर ली है। अत: नया पाठ पढ़ना क्रमश: प्रारम्भ करो।

*[चारों विद्यार्थी एवं विद्यार्थिनी अपना पाठ पढ़ना प्रारम्भ करते हैं। गुरुजी कठिन शब्दों के अर्थ और मुश्किल पदों का भावार्थ समझाते जाते हैं।]*

**पहला विद्यार्थी** : आर्यों से युद्ध में हारे हुए द्रविड़ियन महाराजा के मुख पर श्रावण मास के शुक्ल पक्ष की पंचमी के दिन नाग (साँप) ने सूर्य की प्रखर किरणों के बचाव हेतु छाया की थी। उसकी याद में आज भी आदिवासी, नागवंशी एवं आपसी मेल-मिलाप हो जाने के कारण आर्यगण भी प्रतिवर्ष श्रावण मास की शुक्ल पक्ष की पंचमी को नागों की पूजा किया करते हैं। इसे 'नाग पंचमी' का त्योहार कहते हैं।

*[अचानक गुरुजी जरत्कारु के कलेजे में किसी शिकारी का जहरीला बाण लगता है। बैठे गुरुजी स्वतः एक ओर को लुढ़क कर लेट जाते हैं।]*

**गुरुजी** : *(लेटे ही लेटे घबराई दुःखित कराहती हुई तेज आवाज से)* बेटा 'आस्तीक'!

*[समीपी च्यवन ऋषि के आश्रम से भाग कर आस्तीक, मणिमाला और मनसा का प्रवेश। ऋषिवर जरत्कारु की दशा देखकर तीनों भौंचक्के रह गए। हृदय गति को सँभाल कर 'आस्तीक' बोले :]*

**आस्तीक** : *(दोनों हाथ जोड़कर)* परम पूज्य पिताजी! प्रणाम!

**जरत्कारु** : *(कराहते हुए धीमे स्वर से)* बेटा! मंगल हो!

**आस्तीक** : *(सीने की समीपी पसलियों में बिंधे हुए तीर को निकालने की कोशिश करते हुए)* तीर किसने मारा है?

**जरत्कारु** : *(कराहते हुए, धीमे स्वर से)* यह पूछने का समय नहीं है। तीर जल्दी निकालो, मैं मरना चाहता हूँ।

**आस्तीक** : इस तीर की अनोखी बनावट है। इसमें दाएँ-बाएँ दो मुड़ी हुई नोकें हैं, जो निकालने पर दोनों पसलियों में और अधिक उलझती चली जा रही हैं।

**जरत्कारु** : *(कराहते हुए, धीमे स्वर से)* मामूली तीर होता, तो किसी विद्यार्थी से निकलवा लेता। तुम्हें विशेष ध्यान से नहीं बुलाता।

*[जरत्कारु भारी पीड़ा से दुखी होकर विशेष तौर से 'आह! आह!' कहकर कराहते हैं। भौंचक्की मणिमाला एकदम होश में आ जाती है।]*

**मणिमाला** : *(आस्तीक से)* मैं समझ गई तीर की असाधारण चाल। परम पूज्य गुरुवर को महान कष्ट है। अतः इन्हें पहले

अच्छा-सा बढ़िया सोमरस पिलाओ। बेहोशी आने पर मैं इसे क्षण-मात्र में निकाल दूँगी। गुरुवर को बिलकुल ही कष्ट नहीं होगा। मैंने खांडव प्रदेश की लड़ाई में ऐसे अनेक कठिन तीरों को निकालकर मरणासन्न घायलों की जान बचाई हैं।

*[वृद्धा मनसा शीघ्रता से सर्वश्रेष्ठ सोमरस लाती है। मणिमाला बाएँ हाथ से गुरुजी का सिर ऊँचा करके बाएँ हाथ से सोमरस पिलाती है। आस्तीक तीर को सीधा पकड़े हुए हैं। बेहोशी आने पर :]*

**आस्तीक** : *(मणिमाला से)* यही समय है तीर निकालने का।

*[आस्तीक के हाथ से मणिमाला ने तीर लेकर दोनों पसलियों में बिंधे तीर को पहले कुछ थोड़ा-सा भीतर की ओर ढकेल दिया। ऐसा करने से पसलियों में उलझी तीर की नोकें पसलियों से अलग हो गईं। तत्पश्चात् तीर को भीतर-भीतर इतना घुमाया कि तीर की दोनों नोकें दोनों लम्बी समानान्तर पसलियों की खाली जगह में सीधी-सीधी आ गईं। इस तरह थोड़े-से इशारे के झटके में तीर को निकालकर बाहर फेंक दिया।]*

**जरत्कारु** : *(जोर से कराहते हैं)* आहऽऽऽ...!

**मणिमाला** : गुरुजी! घबड़ाइए नहीं। तीर निकल गया। आप बिलकुल स्वस्थ हैं।

**जरत्कारु** : बेटी! मंगल हो! कष्ट अधिक है। पूर्ण स्वस्थ होना...। *(कहकर चुप हो जाते हैं।)*

*[राजसी भेस में धनुषबाण सहित महाराजा जनमेजय का शिकारी भेस में प्रवेश।]*

**जनमेजय** : *(थर-थर काँपते हुए, दोनों हाथ जोड़कर)* आर्य ऋषिवर को साष्टांग दंडवत् है।

**जरत्कारु** : *(चुपचाप)*

**जनमेजय** : *(पूर्ववत्)* आर्य ऋषिवर को साष्टांग दंडवत् है।

**जरत्कारु** : *(शक्तिपूर्वक आँख खोलकर राजमुकुट की ओर देखते हुए)* आशीर्वाद देने के पहले बताओ, तुम कौन हो?

**जनमेजय** : ऋषिवर! आपका हत्यारा। इन्द्रप्रस्थ का आर्य महाराजा जनमेजय, आपके सन्मुख अपराधी दशा में खड़ा है। क्षमा करें।

**जरत्कारु** : *(शक्तिपूर्वक, किन्तु असाधारण स्वर से)* राजन्! मंगल हो। मैं मरणशैया पर हूँ। हत्या सरीखे गम्भीर आरोप में क्षमा प्रदान करने या न करने का ठीक-ठीक उत्तर देने के लिए अब इस समय बुद्धि काम नहीं दे रही है। क्षमा का उत्तर मेरा पुत्र आस्तीक देगा।

*[कहकर गुरुजी चुप हो जाते हैं। कुछ देर बाद :]*

**आस्तीक** : *(जोर से)* पिताश्री! कोई अन्तिम उपदेश?

**जरत्कारु** : *(शक्तिपूर्वक आँखें खोलकर, सब को देखकर लड़खड़ाती जिह्वा से)* सबका मंगल हो। *(कहकर गुरु जरत्कारु प्राण छोड़ देते हैं।)*

*[आर्य महाराजा जनमेजय अभी पूर्ववत् हाथ जोड़े हुए खड़े हैं। वे आस्तीक मुनि की प्रशंसा पहले ही अनेक बार सुन चुके थे कि ऋषि जरत्कारु का लड़का आस्तीक मुनि वर्णसंकर होने के कारण बड़ा ही विद्वान, अद्भुत बलशाली एवं दृढ़प्रतिज्ञ है। आज महाराजा जनमेजय को खुद ही उनसे पाला पड़ गया।]*

**जनमेजय** : मुनिवर! मैं निर्दोष हूँ। मैंने हिंसक सिंह पर तीखा बाण छोड़ा था। तनिक-सी भूल ही गुरु जरत्कारु की हत्या का कारण बन गई। मुझे क्षमा प्रदान कीजिए!

**आस्तीक** : *(अति ही क्रोधित होकर, समीपी रखे हुए पिताश्री के कमंडल से अपने दाएँ हाथ के चुल्लू में जल लेकर)* ओ हत्यारे जनमेजय! तू मेरे श्राप से भस्म होने के लिए तैयार हो जा!

**मनसा** : *(कड़क कर)* बेटा! हत्यारे जनमेजय को शीघ्र भस्म करो। इसने मेरा सुहाग लूटा है।

**छात्र-छात्राएँ** : *(सभी एक साथ)* बड़े भैया! हत्यारे जनमेजय को शीघ्र भस्म करो। इसने तो एक ही बाण से आश्रम तथा पाठशाला, दोनों सूनी कर दी हैं।

**मणिमाला** : *(कुछ दुलारपूर्वक, किन्तु दुलार की सीमा के भीतर ही)* बड़े भैया! भूल आखिर भूल है, जो सबसे होती है। आप

अपराधी आर्य महाराजा जनमेजय का अपराध क्षमा न करें, कोई दूसरा दंड दें। यह दूसरी बात है, मगर महाराज जनमेजय को भस्म करने का आपको कोई अधिकार नहीं है।

**आस्तीक** : *(क्रोधित दशा में ही)* चुप रहो, मणिमाला! तुम्हें इस तरह की पक्षधरता का बिलकुल भी अधिकार नहीं है।

**मणिमाला** : *(क्रोधित होकर)* पढ़कर सुनाऊँ न्याय का अधिकार पत्र! मुझसे ही सुनना चाहते हो?

*[आस्तीक व मणिमाला, दोनों आपस में गुरु-भाई हैं। पहले ऋषिवर जरत्कारु के आश्रम में तत्पश्चात् अब उच्चतर शिक्षा महर्षि च्यवन ऋषि के आश्रम में विशेष अध्ययन कर रहे हैं।]*

**आस्तीक** : *(सम्मान के कारण चुपचाप)*

**मनसा** : *(शान्ति स्वभाव से)* बेटी! यह क्या? जले पर नमक छिड़कती हो? चुप रहो।

**मणिमाला** : *(पूर्ववत्)* बुआश्री! मैं जले पर नमक नहीं छिड़कती। सच्ची बात कहना जले पर नमक छिड़कना नहीं। बड़े भैया द्वारा अपराधी जनमेजय को भस्म करने का कोई अधिकार नहीं है।

**मनसा** : *(प्रेमपूर्वक)* अच्छा बेटी! बता कैसे?

**मणिमाला** : *(साधारणतया)* परम पूज्य फूफा जी (ऋषिवर जरत्कारु) ने मरने से पूर्व अपराधी महाराज जनमेजय को पहचान कर ही तो कहा था—'राजन्! मंगल हो' फिर...।

**मनसा** : *(पूर्ववत्)* फिर का मतलब?

**मणिमाला** : *(पूर्ववत्)* फिर का मतलब है, फिर भी अन्त में बड़े भैया के अन्तिम उपदेश पूछने पर परम पूज्य गुरुवर ने मरते समय कहा था—'सबका मंगल हो।'

**मनसा** : इस 'मंगल हो' शब्द में अपराधी महाराजा जनमेजय को भस्म न करने का कौन-सी अधिकार रहित बात है?

**मणिमाला** : अपराधी महाराजा जनमेजय को भस्म कर देने से उनका अमंगल होगा जो परम आदरणीय गुरुवर जरत्कारु के प्रथम एवं अन्तिम, दोनों आशीर्वादी वचनों का सरासर-पूर्णतया उल्लंघन है।

**आस्तीक** : *(पूर्ववत् क्रोधित दशा में ही)* बस, बस! सुन ली तुम्हारी वकालत। चुप रहो, मणिमाला!

**मणिमाला** : *(क्रोधित होकर)* मैं परम पूज्य गुरुजी के आशीर्वादी वचनों का अपने जीवित रहते, आपको तनिक भी उल्लंघन नहीं करने दूँगी। मैं भी इसी पाठशाला की विद्यार्थिनी रह चुकी हूँ। मेरा भी गुरुजी पर पूरा हक है।

*[फुर्तीली मणिमाला ने नाग (साँप) की भाँति सर्र-से लपक कर आस्तीक मुनि के हाथ के चुल्लू के पानी को अपने हाथ का धक्का देकर फैला दिया।*

*आस्तीक मुनि अपनी भौंहें और भी टेढ़ी करके अधिकाधिक क्रोध प्रदर्शित कर रहे हैं। माँ मनसा की ओर देख रहे हैं, मगर हैं सब चुपचाप।]*

**मनसा** : बेटी, तुम्हीं बताओ, अपराधी महाराज जनमेजय को ज्यादा से ज्यादा कौन-सी सजा दी जाए, क्योंकि ऐसे गम्भीर आरोप में बिलकुल ही क्षमा प्रदान करना अपराधों को बढ़ावा देना है?

**मणिमाला** : *(पाठशाला के छात्र-छात्राओं से)* बताओ, तुम सब अपराधी महाराजा जनमेजय को कम से कम क्या सजा देना चाहते हो?

**छात्र-छात्राएँ** : *(सभी एक साथ)* जो आप चाहती हैं, वही हम सब भी चाहते हैं।

**मनसा** : बस, बेटी! अब कुल दारोमदार तेरे ऊपर मुनहसिर है। तू ही बता कोई उचित सजा।

**मणिमाला** : अब अगर कुल दारोमदार मेरे ही ऊपर है, तो सब ध्यानपूर्वक सुनें। बड़े भैया के सामने अपराधी महाराज जनमेजय प्रण करें कि 'मैं महाराज, जनमेजय भविष्य में सदैव विश्व मैत्री भावना का पालन करूँगा।'

**मनसा** : *(चकित होकर)* ऐ बेटी, इतने बड़े गम्भीर आरोप में इतनी कम सजा?

**मणिमाला** : जी हाँ। अपराधी राजा-महाराजाओं के लिए इतनी ही सजा सबसे भारी सजा होती है।

**छात्र-छात्राएँ** : *(सभी एक साथ)* बिलकुल ठीक है।

**आस्तीक** : *(क्रोध कम करके साधारणतया)* हे अपराधी महाराजा जनमेजय! तू स्वयं सोच-समझकर यह दंड स्वीकार कर।

*[जनमेजय कुछ क्षण सोच-समझकर]*

**जनमेजय** : मुनिवर! यह दंड नहीं, शिक्षा है। मैं अपराधी महाराजा जनमेजय आर्य ऋषिवर जरत्कारु के आश्रम पर महामाननीय आस्तीक मुनि की अध्यक्षता में आश्रमवासियों के समक्ष प्रण करता हूँ कि मैं महाराज जनमेजय भविष्य में सदैव विश्व-मैत्री भावना का पालन करूँगा।

**छात्र-छात्राएँ** : *(प्रसन्नतापूर्वक आस्तीक मुनि से एक साथ)* बड़े भैया! बहुत अच्छा हुआ। अब ये महाराजा जनमेजय कभी भी शिकार तक नहीं खेल सकते।

**आस्तीक** : *(प्रसन्नतापूर्वक)* राजन्! आपका मंगल हो।

**जनमेजय** : *(प्रसन्नतापूर्वक)* मुनिवर! आप धन्य हैं।

**मनसा** : *(प्रसन्नतापूर्वक)* राजन्! आस्तीक नहीं, मणिमाला धन्य है।

**मणिमाला** : *(प्रसन्नतापूर्वक)* राजन्! मैं नहीं। बड़े भैया नहीं अपितु प्रातःस्मरणीय गुरुवर की शिक्षा-प्रणाली धन्य है, जिन्होंने हम सब को ऐसी क्षम्य शिक्षा प्रदान की है।

**मनसा** : बेटी! बड़ी ही वाक्पटु है।

**मणिमाला** : बुआश्री! वाक्पटु नहीं। यथार्थ है।

*[समीपी आश्रमवासियों का प्रवेश। सब मिलकर ऋषिवर जरत्कारु की अरथी सजाते हैं। अरथी को आगे से दाईं ओर महाराजा जनमेजय व बाईं ओर मणिमाला तथा पीछे से दाईं ओर दो भद्र (श्रेष्ठ) पुरुष उठाते हैं। अरथी के आगे-आगे आस्तीक मुनि दाहिने हाथ में आग का सुलगता हुआ उपला लिये हुए हैं। अरथी के पीछे-पीछे सभी नर-नारी, बाल-वृद्ध, छात्र-छात्राएँ चुपचाप श्मशान भूमि की ओर चल देते हैं। यह वातावरण रहित अन्तिम शान्ति जुलूस है।]*

**[पटाक्षेप]**

# दृश्य-3

**स्थान :** इन्द्रप्रस्थ में आर्य महाराजा जनमेजय की राज्यसभा
**समय :** दोपहर से पहले

*[महाराजा जनमेजय रत्नजटित सिंहासन पर शोभायमान हैं। अजीत प्रधानामात्य, चंडभार्गव प्रधान सेनापति, कश्यप पुरोहित, सोमश्रवा, सभासद, सम्मानित भद्र पुरुष, ग्रामीण एवं दर्शक अपनी-अपनी जगह विराजमान हैं। उत्तंग ब्रह्मचारी के आने की प्रतीक्षा है।]*

*[मुख्य द्वार के द्वारपाल का प्रवेश]*

**द्वारपाल** : (दोनों हाथ जोड़कर) राजन्! प्रणाम्।

**जनमेजय** : मंगल हो, तात्! कहो, मुख्य द्वार की कुशलता?

**द्वारपाल** : कुशलता तो है मुख्य द्वार पर परन्तु ऋषि मंडली सहित, उत्तंग ब्रह्मचारी के आगमन के लिए आज चंडभार्गव प्रधान सेनापति की आज्ञानुसार मुख्य द्वार खुला है।

**अजीत** : *(क्रोधित होकर)* क्यों रे द्वारपाल! तुझे भली भाँति ज्ञात है कि महाराज परीक्षित के दाह-संस्कार से वापस लौटने पर ही स्वतः महाराज जनमेजय ने मुख्य द्वार सदा बन्द रहने की आज्ञा दी थी। अतएव मुख्य द्वार खुला रखने की यह धृष्टता कैसी?

**द्वारपाल** : *(अकड़कर प्रधानमंत्री से)* क्रोधित होने के पहले मेरे उत्तर पर भी थोड़ा-सा पुनर्विचार कीजिएगा। मैं हूँ केवल द्वारपाल कि न राज्यपाल। मेरा कर्तव्य है महाराजा और आप सरीखे सभी राज्य-अधिकारियों की आज्ञाओं का ठीक-ठीक ढंग से पालन करना।

**जनमेजय** : *(कुछ क्रोधित होकर, चंडभार्गव की ओर देखते हुए)* तुमने मुख्य द्वार खुला रहने की आज्ञा क्यों दी?

**चंडभार्गव** : *(दोनों हाथ जोड़कर)* राजन्! क्षमा करें। आपने ब्रह्मर्षि जरत्कारु को मार कर जो ब्रह्म हत्या की है, इसी मुख्य विषय पर विचार करने के लिए यह राज्यसभा बुलाई गई है।

**जनमेजय** : *(पूर्ववत्)* ब्रह्म हत्या का मुख्य द्वार से क्या सम्बन्ध है?

**चंडभार्गव** : उत्तंग ब्रह्मचारी ने साफ-साफ कहला भेजा है कि मैं लघु दक्षिणी द्वार से राज्यसभा में आज पधारने में अपना अपमान समझता हूँ। अस्तु! उनके शुभागमन के लिए मैंने मुख्य द्वार खुलवा दिया।

**जनमेजय** : *(साधारणतया)* उत्तंग ब्रह्मचारी की बात मानना बिलकुल ठीक है किन्तु स्थिति संकटकालीन है। इसलिए मुख्य द्वार सदा बन्द रहना चाहिए।

**चंडभार्गव** : महाराज! संकटकालीन स्थिति की चिन्ता न करें। मैंने मुख्य द्वार की रक्षा का महानतम् समुचित प्रबन्ध कर दिया है।

**जनमेजय** : *(पुनः क्रोधित होकर, प्रधानामात्य से)* सुना आपने प्रधान सेनापति का उत्तर!

**अजीत** : ध्यान से सुन रहा हूँ, महाराज।

**जनमेजय** : *(पूर्ववत् क्रोधित दशा में ही)* जिस समय नाग महाराज तक्षक की समर भूमि में पिताश्री से अन्तिम मुठभेड़ हुई, उस समय ये प्रधान सेनापति बगलें झाँकते हुए, कश्यप पुरोहित के बरगलाए में आकर, शृंगी ऋषि से समर भूमि के दूसरे कोने में, एक पेड़ की आड़ में समझौते के बहाने खड़े-खड़े बातों का मजा लूट रहे थे। नाग महाराज तक्षक ने इस सुअवसर का लाभ उठाया। यह है इनकी दशा। आज उत्तंग ब्रह्मचारी की बातों में आकर मुख्य द्वार खुलवा दिया।

**अजीत** : महाराज! मुख्य द्वार तत्काल बन्द करा दीजिए। खांडव प्रदेश गया। तक्षशिला प्रदेश गया। अगर नाग महाराज तक्षक को पता चल गया कि इन्द्रप्रस्थ का मुख्य द्वार खुला है, तो वे किसी भी समय सर्प से भी अधिक द्रुतगामी नाग सेना लेकर अचानक धावा बोल कर इन्द्रप्रस्थ को भी एक ही फुत्कार में समाप्त कर देंगे।

**कश्यप** : *(अकड़कर)* राजन्! मुख्य द्वार का खुला न रहना केवल उत्तंग ब्रह्मचारी का ही अपमान नहीं है, बल्कि सम्पूर्ण ब्राह्मणों और ऋषियों का भी अपमान है, जिसे हम लोग किसी कीमत पर कभी भी बर्दाश्त नहीं कर सकते हैं।

**सभी ब्राह्मण व सभी ऋषिवर** : *(एक साथ खड़े होकर)* राजन्! ऐसा अपमान हम लोग कभी किसी कीमत पर सहन नहीं कर सकते।

**जनमेजय** : *(महाराज जनमेजय इस ब्राह्मणी जाल के सामने बड़े असमंजस में पड़ जाते हैं। कुछ सोच-समझकर सभी ब्राह्मण व ऋषियों से)* आप लोग शान्तिपूर्वक बैठ जाइए। अब तो यह मामला पुनः विचाराधीन हो चुका है।

*[खड़े हुए सभी ब्राह्मण और सभी ऋषि अपनी-अपनी जगह पर बैठ जाते हैं।]*

*(गुप्तचर से)* बताओ! आज नाग महाराज तक्षक कहाँ हैं?

**गुप्तचर** : *(दोनों हाथ जोड़कर)* राजन्! प्रणाम्। नाग महाराज तक्षक का आज का पता नहीं। दस दिन पूर्व वे तक्षशिला के प्राचीन खँडहर राजमहल में दुरस्ती के पश्चात् पक्का रंग करवा रहे थे। मैं उन्हें कुछ जवाहरात बेच आया था। नाग राजकुमारी मणिमाला ने नीलम की माँग की है। मैं पन्द्रहवें दिन देने का वचन दे आया हूँ।

**जनमेजय** : *(कश्यप से)* आज नाग महाराज तक्षक कहाँ हैं?

**कश्यप** : राजन्! मैं पुरोहित हूँ, न कि प्रबन्धक।

**जनमेजय** : *(राज्यसभा की ओर देखते हुए)* क्या कोई बता सकता है कि आज नाग महाराज तक्षक कहाँ हैं?

*[सम्पूर्ण अधिकारी, कर्मचारी, सगुनिये, रमल फेंकनेवाले, ज्योतिषी और चुलबुल-चुलबुल बातें करनेवाले सभी ब्राह्मण व तीनों काल भूत-भविष्य-वर्तमान की बातें बतानेवाले ऋषिगण चुपचाप हैं मानो सबको एक साथ अनेक विषधर काले नागों ने डस लिया हो!]*

**सोमश्रवा** : महाराज! अब आपने सबकी उजरी देख ली। मुख्य द्वार तत्काल बन्द करा दीजिए।

**जनमेजय** : *(शीघ्रतापूर्वक)* द्वारपाल! जाओ। मुख्य द्वार तुरन्त बन्द कर दो। *(प्रधान सेनापति से)* जाओ। जिस समय उत्तंग ब्रह्मचारी का शुभ आगमन हो, उन्हें मुख्य द्वार की रक्षा सम्बन्धी कठिनाइयों को समझाकर सम्मानपूर्वक ऋषि मंडली सहित दक्षिणी लघु द्वार से लिवा लाओ।

*[द्वारपाल और चंडभार्गव का महाराज जनमेजय को अभिवादन करते हुए क्रमशः प्रस्थान]*

**सोमश्रवा** : राजन्! भविष्य के लिए गुप्तचर विभाग को सचेत किया जाए कि वह नाग महाराज तक्षक की दैनिक गतिविधि की सूचना समय-समय पर आपको व प्रधानामात्य को अलग-अलग दिया करे।

**जनमेजय** : प्रधानामात्य आप सूचित हों। सोमश्रवा का सुझाव राजाज्ञा में परिणित किया गया।

**अजीत** : महाराज! अक्षरश: पालन किया जाएगा।

*[दक्षिणी लघु द्वार के द्वारपाल का प्रवेश]*

**द्वारपाल** : *(दोनों हाथ जोड़कर)* राजन्! प्रणाम।

**जनमेजय** : मंगल हो तात्! शुभ समाचार।

**द्वारपाल** : दक्षिणी लघु द्वार पर कुशलता है। पश्चिमी देशों से दो गौरांग गायिकाएँ द्वार पर पधारी हैं, अपनी कला द्वारा राज्यसभा को मंत्रमुग्ध करना चाहती हैं। आज्ञा की प्रतीक्षा है।

**जनमेजय** : जाओ! उन्हें शीघ्र भेजो।

*[द्वारपाल का अभिवादन करते हुए प्रस्थान]*

**सोमश्रवा** : (प्रधानमंत्री से) मध्याह्न का समय हो चुका है। श्री उत्तंग ब्रह्मचारी नहीं आए। आज का मुख्य विषय काफी चर्चा का विषय है। बाहर से आनेवाली गायिकाओं के एक-एक गाने के बाद तुरन्त ही मुख्य विषय राज्यसभा के सामने रखे जाने का मेरा सुझाव है। अब और अधिक समय तक श्री उत्तंग ब्रह्मचारी का इन्तजार करना हम उपस्थित जनों का समय व्यर्थ नष्ट करना है।

**अजीत** : सोमश्रवा! आप निश्चिन्त रहें। मैं समय का ठीक ढंग से सदुपयोग करने का भार अपने ऊपर लेता हूँ।

*[दोनों गायिकाओं का बाजे वालों सहित प्रवेश]*

**दोनों गायिकाएँ** : बजंत्री सहित *(एक साथ हाथ जोड़कर)* राजन्! प्रणाम्।

**जनमेजय** : मंगल हो! तुम दोनों कहाँ की रहनेवाली हो?

**प्रथम गायिका** : मैं काबुल की रहनेवाली हूँ।

**द्वितीय गायिका** : मैं गान्धार की रहनेवाली हूँ।

**जनमेजय** : तुम लोगों की बोली में फूल-से झड़ रहे हैं। अच्छा, पहले काबुली, फिर गान्धारी गाना अलग-अलग सुनाओ।

*[दोनों गायिकाएँ अलग-अलग महाराजा जनमेजय के सीधे-सादे, भोले-भाले व किशोरावस्था के अल्हड़पन की तारीफ का एक-एक गाना सुनाती हैं।]*

**जनमेजय** : *(अति प्रसन्न होकर, प्रधानामात्य से)* इन दोनों गायिकाओं को अलग-अलग उचित पारितोषिक दो।

*[सहसा चंडभार्गव प्रधान सेनापति का उत्तंग ब्रह्मचारी एवं ऋषि मंडली सहित प्रवेश]*

**जनमेजय** : *(दोनों हाथ जोड़कर)* माननीय उत्तंग ब्रह्मचारी को ऋषि मंडली सहित, मैं इन्द्रप्रस्थ का आर्य महाराजा परीक्षित-सुत जनमेजय प्रणाम करता हूँ।

**उत्तंग** : *(नाराज मन से)* राजन्! मंगल हो।

**जनमेजय** : *(सम्मानपूर्वक)* आप लोग यथास्थान अपना आसन ग्रहण करें।

*[चंडभार्गव एवं सभी ऋषिगण अपने-अपने सुरक्षित आसनों पर बैठ जाते हैं। केवल उत्तंग ब्रह्मचारी खड़े के खड़े ही रहते हैं।]*

**उत्तंग** : *(पूर्ववत् नाराज मन से)* राजन्! आपने मुख्य द्वार बन्द करा कर केवल मेरा ही अपमान नहीं किया है, बल्कि जम्बू द्वीप के सम्पूर्ण ब्राह्मणों व ऋषियों का अपमान किया है। हम लोगों का ऐसा घोर अपमान आपके पूर्वजों परीक्षित, अभिमन्यु, अर्जुन व पांडु आदि ने कभी नहीं किया।

**जनमेजय** : ब्रह्मचारी जी! क्षमा करें। प्रधान सेनापति ने मुख्य द्वार बन्द रखने की सम्पूर्ण विकट परिस्थिति आपको समझाई होगी।

**उत्तंग** : जहाँ आपमें इतनी कमजोरी और दब्बूपन है, वहाँ वह रंगरेलियाँ, आमोद-प्रमोद, गाना सुनना हराम होना चाहिए।

*[एक युवक ऋषि की ओर देखते हुए—'भगाओ इन दोनों गायिकाओं व बजंत्रियों को। यह अनमोल समय है।']*

*[युवक ऋषि उन्हें धक्के देकर राज्यसभा के बाहर निकालता है।]*

*[दोनों गायिकाएँ बिना इनाम प्राप्त किए बजंत्रियों सहित शीघ्रतापूर्वक झुके-झुके काँपती दशा में लुढ़कती-पुढ़कती राज्यसभा के बाहर भाग गईं।]*

**जनमेजय** : *(हाथ जोड़कर)* ब्रह्मचारी जी! अपराध क्षमा करें। आसन पर विराजें ताकि आज के मुख्य विषय पर विचार विनिमय हो।

*[उत्तंग ब्रह्मचारी अपने आसन पर बैठ जाते हैं।]*

*(जनमेजय प्रधानामात्य से)* आज के मुख्य विषय को राज्यसभा के सन्मुख स्पष्ट एवं विस्तार सहित उपस्थित करो।

**अजीत** : *(राज्यसभा को सम्बोधित करते हुए धीरे-धीरे, किन्तु उच्च स्वर से)* आप सभी महानुभाव ध्यानपूर्वक सुनें—आज की राज्यसभा का मुख्य विषय है कि महाराज जनमेजय ने शिकार की दशा में हिंसक सिंह पर तीखा बाण छोड़ा जो तनिक भूल के कारण आर्य ऋषि जरत्कारु की ब्रह्म-हत्या का कारण बन गया। उन्होंने मरने के पूर्व महाराजा जनमेजय को इस अपराध को क्षमा करने या न करने का अधिकार अपने इकलौते पुत्र आस्तीक मुनि को सौंप दिया था। अब कुछ ब्राह्मणों व ऋषियों का कहना है कि...।

**उत्तंग** : *(क्रोधित होकर बीच में ही, जोर से)* सुनो जी प्रधानमंत्री! जो कुछ कहना है, सर्र-फर्र कहो। घंटों जुगाली मत करो। हम सब कामकाजी मध्याह्न की अधूरी पूजा छोड़-छाड़कर लेत-पलेत आए हैं। जल्दी-जल्दी में दोपहर वाला भोग भी भगवान जी को नहीं लगा पाए हैं। जनमेजय व तुम सबकी तरह निरे-निठल्ले नहीं हैं।

**एक युवा कृषक** : *(खड़े होकर, डपट कर बहुत जोर से)* सुनो जी ब्रह्मचारी! तुम निठल्ले, तुम्हारे बाप-दादे निठल्ले, तुम्हारे भगवान निठल्ले। कामकाजी हैं हम लोग, जो अपने पसीने से धरती का पेट चीरकर अनाज पैदा करते हैं। खुद खाते हैं, तुम्हारा व तुम्हारे निठल्ले नकली भगवान का भी पेट भरते हैं। खबरदार! आइंदा हम सबको निठल्ला मत कहना, वर्ना भरी राज्यसभा में जबान खींच लेंगे। फिर जो होगा, सो देखा जाएगा।

**अनेक युवा कृषक** : *(सभी एक साथ खड़े होकर जोर-जोर से ब्रह्मचारी जी पर छींटा कसते हैं। हल्ला मचाते हैं।)* तुम निठल्ले, तुम्हारे

बाप निठल्ले, तुम्हारे मित्र-रिश्तेदार निठल्ले, तुम्हारे पुरखे निठल्ले, तुम्हारे भगवान निठल्ले।...

*[दर्शक किसानों की अधिकाधिक संख्या है। उनकी त्योरी चढ़ी, तिरछी भौंहें व लाल-लाल आँखें देखकर उत्तंग ब्रह्मचारी कटु सत्य का अनुभव करते हुए सहम जाते हैं। उत्तर नहीं देते हैं।]*

**सोमश्रवा** : ब्रह्मचारी जी! अधूरी बात सुनना-सुनाना अनुचित है।

**अजीत** : अब कुछ ब्राह्मणों व ऋषियों का कहना है कि 'आस्तीक' मुनि नाग कन्या *(नाग सरदार वासुकि की बहन मनसा)* के पुत्र होने से शुद्ध आर्य ब्राह्मण न होकर वर्णसंकर हैं। अतः उन्हें अपने परम पूज्य पिताश्री की ब्रह्म-हत्या के अपराध में कोई भी निर्णय देने का अधिकार आर्य हिन्दू धर्मशास्त्र के अनुसार नहीं है, क्योंकि ऋषिवर जरत्कारु आर्य ब्राह्मण थे। ऐसी गम्भीर परिस्थिति में आप लोग अपनी-अपनी स्पष्ट सम्मति दें कि आर्य ब्राह्मण जरत्कारु की ब्रह्महत्या के प्रायश्चित्त हेतु अश्वमेध यज्ञ किया जाए, अथवा न किया जाए।

**कश्यप** : राजन्! ऋषिवर जरत्कारु आर्य ब्राह्मण थे। उनके वर्णसंकर पुत्र आस्तीक मुनि को इस ब्रह्म-हत्या के अपराध में किसी किस्म का निर्णय देने का अधिकार आर्य हिन्दू धर्मशास्त्र के अनुसार बिलकुल नहीं है। ब्रह्म-हत्या के अपराध का निर्णय हम शुद्ध आर्य ब्राह्मण ही करेंगे। और वह निर्णय यह है कि ऋषिवर जरत्कारु आर्य ब्राह्मण की ब्रह्म-हत्या के प्रायश्चित्त हेतु अश्वमेध यज्ञ अवश्य होना चाहिए।

*[श्रीषराचार्य कहते हैं, 'ब्राह्मण का योनि सम्बन्धी ज्ञान बताने के लिए विशुद्ध ब्राह्मण की सन्तान हुए (मनुष्य) की उत्पत्ति-मात्र कारण है, यही ब्राह्मणत्व है।'*

ब्राह्मणत्व योनिसम्बन्धज्ञाने प्रतीतिकारणम् विशुद्ध।
ब्राह्मणसंततिजस्य उत्पत्तिमात्रानुबन्धम् ब्राह्मणत्व॥

—'कन्दली'

*[आर्यों को असुरों (द्रविड़ियनों, आदिवासियों) के साथ रक्त-मिश्रण नहीं करना चाहिए।]* *—ऋषि अंगीरा*

['वोल्गा से गंगा']

**सोमश्रवा** : आपके पूर्वजों ने कछुए (कच्छप) का व्यापार करनेवाले आदिवासी *(कहार, निषाद, गोंड आदि)* की पुत्री से, जो जंगल में एक नाले में कछुआ ढूँढ़ रही थी, यकायक दबे पाँव पीछे से आकर बाएँ हाथ से गर्दन पर जोर-से थप्पड़ मारते हुए, बाएँ हाथ से कमर के बल उठाते हुए भूमि पर पटककर बलात्कार किया। उससे उत्पन्न गोत्र कच्छप से चिरकाल में बिगड़कर 'कश्यप' बन गया है। आप उसी वर्णसंकर की सन्तान हैं। अत: यदि आस्तीक मुनि को ब्रह्म-हत्या के अपराध में निर्णय देने का अधिकार आर्य हिन्दू धर्मशास्त्र के अनुसार नहीं है, तो उसी धर्मशास्त्र के अनुसार वर्णसंकर की सन्तान 'कश्यप' को भी इस अपराध में कोई निर्णय देने का अधिकार नहीं है।

**कश्यप** : वाह जी, वाह! खूब कही। 'सूप बोले सो बोले, चलनिया भी बोले, जिसमें हजारों छेद।' मेरा वर्णसंकरपन पुराना पड़ गया है। मेरी माताश्री शुद्ध आर्य ब्राह्मणी थीं, परन्तु आपकी माताश्री नाग कन्या और आपकी धर्मपत्नी नाग कन्या हैं। आप भी आस्तीक मुनि की भाँति नए वर्णसंकर हैं। अत: आपको भी इस ब्रह्म-हत्या के अपराध में कोई निर्णय देने का अधिकार नहीं है।

**उत्तंग** : राजन्! आर्य ब्राह्मण ऋषि जरत्कारु की ब्रह्म-हत्या का निर्णय हम शुद्ध आर्य ब्राह्मण ही करेंगे और वह निर्णय यह है कि ऋषि जरत्कारु आर्य ब्राह्मण की ब्रह्म-हत्या के प्रायश्चित्त हेतु अश्वमेध यज्ञ होना चाहिए।

**सोमश्रवा** : ब्रह्मचारी जी! आपके पूर्वजों ने उटंगा (ऊँटकटारा एक प्रकार की जंगली जड़ी-बूटी) का व्यापार करनेवाले आदिवासी की पुत्री से जो जंगल में अकेली जड़ी-बूटी की खोज कर रही थी। पहले तो उसके साथ सहानुभूति में जड़ी-बूटी इकट्‌ठी कराते रहे, बीच-बीच में फुसलाते रहे। जब उनका फुसलाना बेकार सिद्ध हुआ, तो उसे शक्तिपूर्वक पटककर सम्भोग किया। उससे उत्पन्न पुत्र का गोत्र उटंग से चिरकाल में बिगड़कर 'उटंग', तत्पश्चात् 'उत्तंग' बन गया। आप भी वर्णसंकर की सन्तान हैं। अत: यदि आस्तीक मुनि को ब्रह्म हत्या के अपराध में निर्णय देने का अधिकार आर्य हिन्दू धर्म शास्त्र के अनुसार नहीं

तो उसी धर्म शास्त्र के अनुसार वर्णसंकर की सन्तान उत्तंग को भी ब्रह्म हत्या के अपराध में कोई भी निर्णय देने का अधिकार नहीं है।

**एक ब्राह्मण** : राजन! आर्य ब्राह्मण ऋषि जरत्कारु की ब्रह्म हत्या का निर्णय हम शुद्ध आर्य ब्राह्मण ही करेंगे और वह निर्णय यह है कि ऋषिवर जरत्कारु शुद्ध आर्य ब्राह्मण की ब्रह्म हत्या के प्रायश्चित्त हेतु अश्वमेध यज्ञ होना चाहिए।

**सोमश्रवा** : प्रियवर! भूतकाल में मित्र और वरुण नामक श्रेष्ठ ब्राह्मणों ने अति खूबसूरत उर्वशी को तालाब में अकेली क्रीड़ा करते नग्न दशा में देखा। दोनों ने काम के वशीभूत होकर उसके साथ क्रमशः निर्दयता व निर्लज्जतापूर्वक बलात्कार किया। फलस्वरूप, दो जुड़वाँ लड़के अगस्त व वसिष्ठ (गुरु वसिष्ठ इक्ष्वाकवंशी राजाओं के गुरु) पैदा हुए, जिन्हें उसने रात्रि में ही मिट्टी के घड़े में रखकर कुम्हार के आवाँ (पजावा) के पास निःसहाय छोड़ दिया। अकस्मात् प्रातःकाल कुम्हार (आदिवासी जाति) की दृष्टि पड़ी। वह अपने घर उठा लाया, पाला-पोसा। उन्हीं बड़े लड़के अगस्त की सन्तान आप हैं। अतः आपको भी ऋषिवर जरत्कारु आर्य ब्राह्मण की ब्रह्म-हत्या के अपराध में कोई भी निर्णय देने का अधिकार नहीं है।

*[वसिष्ठ गोत्रीय ब्राह्मण, अगस्त गोत्रीय ब्राह्मणों की यह वर्णसंकरपन की बेइज्जती सुनकर स्वयं ही चुप रह जाते हैं।]*

**दूसरा ब्राह्मण** : राजन्! आर्य ब्राह्मण जरत्कारु की ब्रह्म-हत्या का निर्णय हम शुद्ध आर्य ब्राह्मण ही करेंगे और वह निर्णय यह है कि ऋषिवर जरत्कारु आर्य ब्राह्मण की ब्रह्म-हत्या के प्रायश्चित्त हेतु अश्वमेध यज्ञ होना चाहिए।

**सोमश्रवा** : प्रियवर! पूर्वकाल में ब्रह्मर्षि भारद्वाज अन्य ऋषियों सहित स्नान हेतु गंगा नदी के किनारे पधारे। वहीं उत्तर की ओर कुछ दूरी पर 'धृताची' नामक एक अप्सरा (वेश्या) भी स्नान कर रही थी। वस्त्र खिसकने से उसे नग्न दशा में देख ब्रह्मर्षि भारद्वाज काम के वशीभूत हो गए। वे अन्य ऋषियों का साथ छोड़कर लघुशंका के बहाने शीघ्रता के कारण 'द्रोण' नामक यज्ञ पात्र *(दोना,*

*जो पलाश-ढाक के पत्तों से बनाया जाता है)* में जल लेकर चल दिए। अप्सरा को डाँट लगाई, 'हरामजादी! पानी गन्दा कर रही है।' अकड़लू, निर्भीक अप्सरा ने अकड़कर खटाक से जवाब दिया—'ऋषिवर! मैं तो उतार की ओर हूँ। आप चढ़ाव की ओर हैं।' इतना-सा सीधा-साधा सही उत्तर सुनकर कामान्ध ऋषि बिगड़ पड़े। आपे से बाहर हो गए। चुल्लू में पानी लेकर बोले—'बदमाश! नीच जाति की औरत होकर तेरी जवाब देने की यह हिम्मत? अभी श्राप देकर भस्म किए देता हूँ।' श्राप का नाम सुनकर बेचारी भयभीत होकर गिड़गिड़ाकर प्राणदान की भीख माँगने लगी। बस, फिर क्या था? ब्रह्मर्षि की पाँचों उँगलियाँ घी में हो गईं। जरा-से इशारे से फुसलाकर समीपी पलाश की झाड़ी की आड़ में निश्चिन्त होकर विधिवत् अपनी कामाग्नि बुझाई, जिससे 'द्रोण' नामक महा विद्वान का जन्म हुआ। अप्सरा ने बाद में उसे उसी झाड़ी में फेंक दिया, जो अचानक 'द्रोण' *(दोना-पत्तल)* बनानेवाली 'बारी' आदिवासी जाति की एक बुढ़िया को पत्ता तोड़ती दशा में लावारिस पड़ा हुआ मिला। उसने पाला-पोसा। आप उन्हीं वर्णसंकर 'द्रोण' की सन्तान हैं।

अतः आपको भी ऋषिवर जरत्कारु आर्य ब्राह्मण की ब्रह्म-हत्या के अपराध में कोई भी निर्णय देने का अधिकार नहीं है।

**एक ऋषि** : राजन्! आर्य ब्राह्मण जरत्कारु की ब्रह्म-हत्या का निर्णय हम शुद्ध आर्य ब्राह्मण ही करेंगे और वह निर्णय यह है कि ऋषिवर जरत्कारु आर्य ब्राह्मण की ब्रह्म हत्या के प्रायश्चित्त हेतु अश्वमेध यज्ञ होना चाहिए।

**सोमश्रवा** : ऋषिवर! आपके पूर्वज पिछले समय में भिक्षा-वृति के लिए एक बार आदिवासी की झोंपड़ी पर पधारे, जो जंगल में थी। 'शशक' (खरगोश) के चमड़े का व्यापार करनेवाले आदिवासी (कंजर, सहेरिया) आदि जंगली जाति की अति सुन्दर युवा पुत्री देखकर उस पर सम्मोहित हो गए। घर वाले शशक का शिकार खेलने गए थे। एकान्त सूनी झोंपड़ी में मीठी-मीठी

बातें करके उसे फुसला लिया। झोंपड़ी के भीतर भूमि पर ही 'शशक' की कच्ची खालें बिछाकर उसके साथ सम्भोग किया। उस आदिवासी की बेटी से गौतम ऋषि का जन्म हुआ। आप उन्हीं गौतम वर्णसंकर की सन्तान हैं। अतः आपको भी ऋषिवर जरत्कारु आर्य ब्राह्मण की ब्रह्म-हत्या के अपराध में कोई भी निर्णय देने का अधिकार नहीं है।

**दूसरा ऋषि** : राजन्! आर्य ब्राह्मण जरत्कारु की ब्रह्म-हत्या का निर्णय हम शुद्ध आर्य ब्राह्मण ही करेंगे और वह निर्णय यह है, ऋषिवर जरत्कारु आर्य ब्राह्मण की ब्रह्म-हत्या के प्रायश्चित्त हेतु अश्वमेध यज्ञ होना चाहिए।

**सोमश्रवा** : ऋषिवर! आपके पूर्वज आदिवासी भंगिन जाति की सेविका के लावण्यमय रूप पर सम्मोहित हो गए। उस भंगिन के साथ बलात्कार करके अपनी काम-पिपासा शान्त की। उसकी कोख से पराशर ऋषिवर का जन्म हुआ। आप उन्हीं 'पराशर' वर्णसंकर की सन्तान हैं। अतः आपको भी ऋषिवर जरत्कारु आर्य ब्राह्मण की ब्रह्म-हत्या के अपराध में कोई भी निर्णय देने का अधिकार नहीं है।

**अजीत** : *(सोमश्रवा से)* अच्छा! अब तुम स्वयं ही शुद्ध आर्य ब्राह्मणों और ऋषियों की छाँट कर लो।

**सोमश्रवा** : मंत्रिवर! इस राज्य में जितने भी आर्य ब्राह्मण व ऋषिगण पधारे हैं, ये सभी वर्णसंकर या वर्णसंकर की सन्तानें हैं।

**तीसरा ब्राह्मण** : मंत्रिवर! आपको धोखा दिया जा रहा है।

**अजीत** : *(सोमश्रवा से)* स्पष्टीकरण करो।

**सोमश्रवा** : *(प्रधानामात्य से)* क्षमा करें, आर्य हिन्दू संस्कृति अपने ग्रंथों के आधार द्वारा विवाहित सन्तानें न होकर अधिकतर अवैध *(वर्णसंकर)* सन्तानें हैं। कृपया सम्पूर्ण राज्यसभा ध्यान से सुनें *(उँगली के इशारे से)*। यह तीसरे ब्राह्मण जिन्होंने मेरे ऊपर इल्जाम लगाया, इनका वंश परम्परागत कौशिक ब्राह्मणों का है, जो आदिवासी कंजर, सहेरिया कुश से बनी, रस्सी बनानेवाली जंगली जाति की पुत्री की सन्तान में से हैं *(उँगली के इशारे से)*। यह गोल वंश परम्परागत 'नारद' ब्राह्मणों का है जो आदिवासी दासी

पुत्री की सन्तान में से हैं *(उँगली के इशारे से)*। यह गोल परम्परागत 'वाल्मीकि' ऋषियों का है। जो आदिवासी 'बहेलिया' *(हिरन का शिकार करनेवाली)* जाति की पुत्री की सन्तान में से हैं। *(उँगली के इशारे से)* यह गोल 'अनुचर' ऋषियों का है, जो आदिवासी महावत *(हाथी हाँकनेवाली, हाथी पकड़नेवाली)* जाति की पुत्री की सन्तान में से हैं। इसी प्रकार क्रमशः कवष-एलूष, औशिज, तांडव, आयु, कक्षीवान, यवक्रीत, दत्त, द्रुमद, मत्स्य, मांडव्य, मातंग...आदि-आदि ब्राह्मणों व ऋषियों के हैं, जो सभी के सभी अवैध सन्तान होने के कारण वर्णसंकर हैं।

*[आर्य ब्राह्मणों एवं ऋषियों की उपरोक्त असली वर्णसंकर वंशावली सुनकर सम्पूर्ण राज्यसभा चकित रह गई।]*

**जनमेजय** : मैं महाराजा जनमेजय इस नतीजे पर पहुँचा हूँ कि यहाँ पर जितने भी ब्राह्मण तथा ऋषिगण पधारे हैं, वे सभी के सभी वर्णसंकर हैं। अन्तर केवल वर्षों का है। कोई पच्चीस वर्ष का, कोई सौ वर्ष का, कोई पाँच सौ वर्ष का, कोई सहस्र वर्ष का, कोई सहस्रों वर्ष का।

**अजीत** : राजन्! वर्णसंकर होना खराब बात नहीं। दो विभिन्न जातियों के रक्त-सम्मिश्रण व उनकी संस्कृति के रस्म-रिवाज मेल-मिलाप, खान-पान आदि के गहरे सम्बन्ध ऐसे विवाहों से स्थापित होते हैं। ऐसे विवाह हँसी-खुशी से होने चाहिए। ऐसी मिली-जुली एकता से राष्ट्र सबल बनता है, इनके संसर्ग से जो व्यक्ति पैदा हुए हैं, वे महान विद्वान एवं प्रतिभाशाली हुए हैं।

**कश्यप एवं उत्तंग** : *(एक साथ खड़े होकर)* राजन्! आपके सामने ब्राह्मणों व ऋषियों का यह अपमान? अपमान ही नहीं, घोर अपमान। ऐसा अपमान हम लोग कतई बरदाश्त नहीं कर सकते। ऐसे अपमानित राज्य में पानी तक पीना हराम है। हम जाते हैं।

*[खड़ी दशा में कश्यप एवं उत्तंग चलना चाहते हैं।]*

**सोमश्रवा** : राजन्! इन दोनों को जाने दीजिए। अश्वमेध यज्ञ नहीं होना चाहिए।

**बहुमत** : *(एक साथ)* राजन्! इन दोनों को जाने दीजिए। अश्वमेध यज्ञ नहीं होना चाहिए। *(सम्पूर्ण ब्राह्मण एवं सभी ऋषिगण—एक साथ खड़े होकर)* राजन्! हम लोग भी कश्यप व उत्तंग के साथ-साथ जाते हैं।

*[कहकर सम्पूर्ण ब्राह्मण तथा सभी ऋषिगण चलने लगते हैं। राज्यसभा में बड़ी ही अशान्ति छा जाती है। कुछ कहते हैं, जाने दो। कुछ कहते हैं, लौटा लो। कुछ कहते हैं, ठीक है। कुछ कहते हैं, अनर्थ है। बेचारे सीधे-सादे, भोले-भाले, अल्हड़ युवक महाराजा जनमेजय ब्राह्मणवादी जाल की धमकी भरी चाल से बहुत परेशान हैं। बिना सोचे-समझे ब-दर्जे मजबूरी।]*

**जनमेजय** : *(शान्ति स्थापित करने के लिए शीघ्रतापूर्वक कुछ क्रोधित होकर)* प्रधान सेनापति! शक्तिपूर्वक शान्ति स्थापित करो। *(कश्यप व उत्तंग से)* आप लोग रुक जाइए। *(राज्यसभा से)* मैं घोषणा करता हूँ, अश्वमेध यज्ञ होगा। अवश्य होगा।

*[चंडभार्गव प्रधान सेनापति ने सेना की सहायता से तत्काल शान्ति स्थापित की। कश्यप, उत्तंग, सम्पूर्ण ब्राह्मण एवं ऋषिगण जो पहले से खड़े थे, अपने-अपने आसन पर पूर्ववत् बैठ जाते हैं।*

**जनमेजय** : *(गुप्तचर से)* बताओ, इस समय नाग महाराजा तक्षक के पास तक्षशिला में कितनी सेना है?

**गुप्तचर** : राजन्! अधिकांश नाग सेना खांडव प्रदेश व नर्मदा प्रदेश वापस जा चुकी है। मगर अब भी जो शेष सेना है, वह अपनी सेना की आधी है, परन्तु...।

**जनमेजय** : *(उतावले होकर)* शीघ्र बतलाओ, 'परन्तु' का मतलब?

**गुप्तचर** : परन्तु का मतलब है, परन्तु अपनी सेना से कई गुनी फुर्तीली है। तक्षशिला के मैदानी भू-भाग में अपनी सेना को वे लोग खदेड़-खदेड़ कर मार डालेंगे।

**जनमेजय** : *(चुपचाप)*

**उत्तंग** : राजन्! आप घबड़ाएँ नहीं। हम लोग सीधी मैदानी लड़ाई कदापि नहीं लड़ेंगे। अश्मेध यज्ञ के सजे-सजाए अश्व को नाग महाराज तक्षक पकड़ें या न पकड़े, तक्षशिला

राज्य की सीमा प्रारम्भ होते ही पूर्व से पश्चिम तक के सभी गाँवों में एक ओर से क्रमशः आग लगा दी जाए, कीमती-कीमती माल लूट लिया जाए। नागों, द्रविड़यनों-आदिवासियों में से जो भी भागे, उन्हें कत्ल कर दिया जाए। जो पकड़े मिलें, उन्हें पकड़कर गाँव-गाँव में नाग यज्ञ के नाम से आग में जीवित ही जलाकर महाराज परीक्षित की मृत्यु का पाई-पाई, पैसा-पैसा बदला इस आसान ढंग से चुका लिया जाए।

**जनमेजय** : *(चकित होकर)* ब्रह्मचारी जी! ऐसा भीषण नर-संहार असम्भव है।

**उत्तंग** : *(क्रोधपूर्वक डाँटते हुए)* राजन्! मालूम होता है, आपका दिमाग खराब है।

**जनमेजय** : *(साधारणतया)* कैसे दिमाग खराब है, ब्रह्मचारी जी?

**उत्तंग** : *(साधारणतया)* राजन्! समझ का फेर है। आमने-सामने के धर्म-युद्ध में भी भीषण नर-संहार होता है और इस प्रकार के नर-संहार को जो अधर्म कहे, कहने दीजिए। कोई चिन्ता नहीं।

**जनमेजय** : *(चुपचाप)*

**उत्तंग** : राजन्! यह अमूल्य समय सोचा-विचारी का नहीं है। राम ने अपने पौरुष की एक झांकी हनुमान द्वारा लंका में आग लगवाकर दिखाई थी। पुनः राम ने स्वयं रात्रि में लंका जलवाई थी।

**कश्यप** : राजन्! आपके पड़दादा अर्जुन ने नागों से खांडव प्रदेश सेना की शक्ति से नहीं अपितु पूरे खांडव प्रदेश में आग लगाकर ही तो जीता था। जो जले मरे, सो जले मरे, जो उनके गांडीव धनुष के सामने आए, वे धराशायी हुए।

**जनमेजय** : *(कुछ गुनगुनाकर, कुछ अल्हड़ बुद्धि से सोच-समझकर)* ब्रह्मचारी जी! एक पिताश्री महाराजा परीक्षित की मृत्यु का बदला केवल नाग महाराज तक्षक से न लेकर अश्वमेध यज्ञ के नाम से उनकी निरीह, गरीब, दलित, पीड़ित, पिछड़ी व शोषित मूक प्रजा से लेना मेरे लिए प्रत्येक दशा में असम्भव है।

**उत्तंग** : *(क्रोधित होकर)* राजन्! महाराज परीक्षित की मृत्यु का बदला इससे कम हरगिज नहीं लिया जा सकता।

**कश्यप** : *(क्रोधित होकर)* राजन्! मैं तो इससे भी अधिक बदला लेने की सोच रहा हूँ।

**जनमेजय** : *(साधारणतया)* उसे भी स्पष्ट करें।

**कश्यप** : गाँव-गाँव में नाग यज्ञ करने के पश्चात् महानतम् प्रमुख-प्रमुख व्यक्तियों को नाग महाराज तक्षक सहित बन्दी बनाया जाकर अन्तिम नाग यज्ञ की पूर्णाहुति में नाग महाराज तक्षक सहित सबको एक साथ जीवित यहाँ इन्द्रप्रस्थ में जलाया जावे।

**उत्तंग** : *(साधारणतया)* राजन्! यह वरदान की बेला है। इस प्रकार की नीति से आपकी स्थायी जीत निश्चित है।

*[महाराज जनमेजय पर ब्राह्मणवादी जाल का रंग चढ़ चुका है। स्थायी जीत का शब्द सुनकर उनके मुँह में पानी भर आया है।]*

**जनमेजय** : *(जोर से)* मैं महाराजा जनमेजय पुनः घोषणा करता हूँ कि अश्वमेध यज्ञ के पहले 'नाग यज्ञ' होगा।

*[ब्राह्मण मंडली ने महाराजा जनमेजय को बहुमत के जनमत के विरुद्ध अपनी कठपुतली बना लिया—अपनी खराब सलाह के दोष को छिपाने के लिए एवं महाराजा जनमेजय को सर्वाधिक प्रसन्न करने के लिए।]*

**उत्तंग** : *(खड़े होकर उत्साहपूर्वक जोर से)* महाराजा जनमेजय की! *(केवल कश्यप खड़े होकर, शेष राज्यसभा में बैठे ही बैठे एक साथ जोर से)* जय!

**जनमेजय** : *(उतावले होकर)* प्रधान सेनापति! 'अब विलम्ब केहि काज!' अश्वमेधी यज्ञ के सजे-सजाए अश्व के साथ एक तिहाई सेना सहित तुम स्वयं रहोगे। नाग महाराज तक्षक आदि के मुकाबले में एक तिहाई सेना सहित मैं स्वयं रहूँगा और अश्वमेधी यज्ञ के अश्व के पीछे सेनापति एक तिहाई सेना सहित, उत्तंग ब्रह्मचारी की बताई हुई योजना के अनुसार, अश्वमेधी यज्ञ के अश्व के पाँच मील आगे-आगे, एक साथ उत्तर से दक्षिण तक विस्तार के साथ मार्ग साफ करते हुए पश्चिम की ओर बढ़ेंगे।

**उत्तंत** : राजन्! मैं स्वयं अपने कुछ युवा साथियों सहित सेनापति के साथ रहूँगा। अपने नए-नए हथकंडे, दाँव-पेंच से उन्हें समय-समय पर अवगत कराता रहूँगा।

**जनमेजय** : ब्रह्मचारी जी! आपका यह कार्य इन्द्रप्रस्थ राज्य के प्रति विशेष कर्तव्य निष्ठा का द्योतक है।

**कश्यप** : चलने का शुभ मुहूर्त आज ही अर्द्धरात्रि है। मार्ग सतलुज नदी पार कर के मैदानी भू-भाग होकर तक्षशिला। तत्पश्चात् काबुल नगर व कुंभा नदी के इलाके तक जाकर वापस इन्द्रप्रस्थ।

**जनमेजय** : *(प्रधानमंत्री एवं सोमश्रवा से)* तुम दोनों की जिम्मेदारी है इन्द्रप्रस्थ राज्य में रक्षक-दल की सहायता से शान्ति व्यवस्था बनाए रखने की।

**अजीत** : राजन्! निश्चिन्त रहें। आपके प्रताप और हम दोनों के सुप्रबन्ध से इन्द्रप्रस्थ राज्य के भीतर आदमी की कौन कहे, परिन्दा भी पर नहीं मार सकता।

**जनमेजय** : प्रधान सेनापति! शुभ मुहूर्त के अनुसार, आज ही अर्द्धरात्रि के समय अश्वमेधी यज्ञ का सजा-सजाया अश्व चल देगा। आप विशेष सूचित हों। *(राज्यसभा से)* आप सब लोग अश्वमेधी यज्ञ के अश्व की वापसी तक अधिकाधिक सतर्क रहें। राज्यसभा समाप्त की जाती है।

**[पटाक्षेप]**

## दृश्य-4

**स्थान :** तक्षशिला में नाग-वंशीय महाराजा 'तक्षक' की राज्यसभा
**समय :** मध्याह्न से पूर्व

*[नाग महाराज तक्षक रत्नजटित सिंहासन पर शोभायमान हैं। तक्षक प्रधानामात्य, नाग सरदार वासुकि, प्रधान सेनापति, सभासद, सम्मानित भद्र पुरुष, ग्रामीण और दर्शक अपनी-अपनी जगह विराजमान हैं।]*

*[चोबदार का प्रवेश]*

**चोबदार** : *(दोनों हाथ जोड़कर)* राजन्, प्रणाम! नाग महाराज की जय हो!

**तक्षक** : मंगल हो तात्! कहो कुशल समाचार?

**चोबदार** : महाराज! पूर्वजों व भद्र पुरुषों की शिक्षाओं और आपके सुप्रबन्ध से राज की सम्पूर्ण प्रजा सुख-चैन से दिन व्यतीत कर रही है।

**तक्षक** : स्थान ग्रहण करो।

*[चोबदार पीछे हटकर कुछ दूर पर खड़ा हो जाता है।]*

**प्रधानामात्य** : राजन्! बड़े भारी परिश्रम के बाद यह राज्यसभा भवन बैठने योग्य हो पाया है।

**तक्षक** : अभी इसमें बहुत कुछ दुरुस्त होना है।

**निधड़क** : महाराज! अब कोई चिन्ता की बात नहीं। एक माह के भीतर ही हम लोग इस राज्यसभा भवन को ऐसा बना देंगे, जिसमें जाड़ों में गर्मी और गर्मी में जाड़ा मालूम होगा।

**तक्षक** : ऐसा राज्यसभा भवन धीरे-धीरे बनता रहेगा। बताओ, जल्दी मैं बसनेवाला हूँ। नदी के कगार वाला गुप्त गृह बन गया है या नहीं?

**निधड़क** : नदी के कगार वाला गुप्त गृह बिलकुल बनकर तैयार हो गया है। मानचित्र केवल दो ही हैं। एक स्थानीय गुप्तचर के पास है। दूसरा आप स्वयं अपने पास रखें। लीजिए यह मानचित्र।

*[निधड़क ने नाग महाराज तक्षक को नदी के कगार वाले गुप्त गृह का मानचित्र देकर अपना स्थान ग्रहण किया।]*

**एक सभासद** : *(दोनों हाथ जोड़कर)* महाराज को प्रणाम! मैं खांडव प्रदेश के दक्षिणी भाग का सभासद हूँ। महलों और गुप्तगृहों से भी अधिक आवश्यक काम एक और है, वह है खेतों की सिंचाई की व्यवस्था।

**तक्षक** : माननीय सभासद! चार मोंठ (पुर, परोहे) वाले दो सौ पचास, दो मोंठ वाले पाँच सौ कुएँ सिंचाई वाले तथा सात सौ पचास कुएँ पानी पीनेवाले खांडव प्रदेश के दक्षिणी भाग में प्रति वर्ष बनने को स्वीकृति हो चुकी है। मानवीय माल मंत्री ही इस काम को प्रारम्भ करानेवाले हैं। इस प्रकार पच्चीस वर्ष के भीतर भूमि सिंचित भूमि हो जाएगी।

**दूसरा सभासद** : *(दोनों हाथ जोड़कर)* महाराज, प्रणाम। मैं तक्षशिला प्रदेश के पूर्वी भाग का सभासद हूँ। पिछली घोषणा के अनुसार, पशु-पालन का समुचित प्रबन्ध अभी तक नहीं हो पाया है।

**तक्षक** : माननीय सभासद! पशुओं की मामूली बीमारी पोंका, पयफुटा आदि की औषधि प्रति ग्राम चौधरियों को भेजी जा चुकी हैं। माता (चेचक) आदि की कठिन बीमारियों के लिए राजकीय रसायनशाला अच्छी से अच्छी दवाइयाँ बनाने में प्रयत्नशील है। शासन के समीप एक कठिनाई अवश्य है।

**दूसरा सभासद** : वह कौन-सी कठिनाई है?

**तक्षक** : शासन चाहता है, बाँझ-बुड्ढी गाएँ, भैंसे व बुड्ढे बैल, भैंसे, जो खाते ज्यादा हैं, आमदनी कतई नहीं, ऐसे पशुओं को उनके मालिक आवारा छोड़ देते हैं। वे खेती को काफी नुकसान पहुँचाते हैं। उन पशुओं के लिए क्या किया जाए?

**दूसरा सभासद** : इसके लिए केवल ये ही एक तरकीब है, निरर्थक पशुओं को तुरन्त मार दिया जाया करे। उनका बचा हुआ भोजन शेष सार्थक पशु खाएँ। राज्य की आमदनी बढ़े। परेशानी एवं हानि घटे।

**तक्षक** : *(राज्यसभा से)* शासन द्वारा घोषणा की जाती है कि माननीय सभासद द्वारा बताई गई तरकीब का पालन आज से ही राजाज्ञा के रूप में हो एवं सूचना विभाग जनमत भी तैयार करे।

**तीसरा सभासद** : *(दोनों हाथ जोड़कर)* महाराज, प्रणाम्। मैं खांडव प्रदेश के उत्तरी भाग का सभासद हूँ। आर्य लोग यज्ञों के बहाने काम वाले पशु मारकर खा जाते हैं। देव यज्ञ के नाम पर अपार खाद्य सामग्री (घी, गरी, छुहारे आदि) प्रतिदिन जला डालते हैं। उसे राष्ट्रहित में बन्द कराया जाना आवश्यक है।

**तक्षक** : *(राज्यसभा से)* शासन द्वारा घोषणा की जाती है कि जो व्यक्ति यज्ञों में जीव हिंसा करेगा, खाद्य सामग्री जलाएगा या दूसरों को ऐसा करने के लिए उकसाएगा (जैसे पड़ोसी, पुरोहित, पुजारी, पंडा, भगत, नाउते आदि), उसे दो वर्ष सश्रम कारावास एवं दो हजार रुपये का आर्थिक दंड

दिया जाएगा। यह अपराध रक्षक दल के हस्तक्षेप योग्य, काबिल जमानत व नाकाबिल राजीनामा होंगे। *(प्रचार मंत्री से)* इस राजाज्ञा का प्रचार डुग्गी आदि हर सम्भव तरीकों से नर्मदा, खांडव व तक्षशिला, तीनों प्रदेशों में तीन दिन के अन्दर करें।

*[द्वारपाल का प्रवेश]*

**द्वारपाल** : *(दोनों हाथ जोड़कर)* महाराज, प्रणाम!

**तक्षक** : मंगल हो तात्। कहो शुभ समाचार?

**द्वारपाल** : दक्षिणी प्रदेशों से दो नर्तकियाँ मुख्य द्वार पर पधारी हैं। राज्यसभा को अपनी कला द्वारा प्रसन्न करना चाहती हैं।

**तक्षक** : मंत्रिवर, कुछ समय?

**गक्षक** : महाराज! वही अवकाश वाली ढाई घड़ी *(एक घंटा)* है।

**तक्षक** : *(दूत से)* जाओ, उन्हें शीघ्र एक गुप्तचर के साथ यहाँ भेजो।

*[दूत का दोनों हाथ जोड़कर प्रणाम करते हुए प्रस्थान]*

**तक्षक** : प्रधानामात्य! कोई आवश्यकीय कार्य?

**गक्षक** : महाराज! इस समय तो सैन्य संगठन ही सबसे अधिक आवश्यकीय कार्य है। महाराज 'परीक्षित' के मरने के बाद से कुछ स्वार्थी आर्यों द्वारा नित नई-नई योजनाएँ महाराजा जनमेजय को अपने पिताश्री परीक्षित की मृत्यु का बदला लेने के लिए सुझाई जा रही हैं।

**तक्षक** : तुम्हें उनकी किन-किन योजनाओं का पता है?

**गक्षक** : महाराज! पहली है सीधी योजना विधिवत् स्पष्ट युद्ध घोषणा। दूसरी टेढ़ी योजना, ऋषिवर जरत्कारु की ब्रह्म-हत्या के बदले में महाराज जनमेजय अश्वमेध यज्ञ करें। अश्वमेध यज्ञ का सजा-सजाया अश्व तक्षशिला से काबुल जाकर वापसी में इसी मार्ग से इन्द्रप्रस्थ लौटे। इस प्रकार तक्षशिला प्रदेश को आग, लूट-पाट, कत्लेआम द्वारा दो बार में सदा-सदा के लिए मिटा दिया जाए।

**तक्षक** : इस गम्भीर विषय पर आज ही अवकाश के पश्चात् अच्छे ढंग से विचार किया जाए।

*[दोनों नर्तकियों का बाजे वालों सहित एक गुप्तचर की देख-रेख में प्रवेश। दोनों नर्तकी व बजंत्री एक साथ दोनों हाथ जोड़कर :]*

**तीनों एक साथ** : महाराज, प्रणाम!

**तक्षक** : *(सबसे)* मंगल हो। *(पहली नर्तकी से)* तुम कहाँ की रहनेवाली हो?

**पहली नर्तकी** : मैं नर्मदा प्रदेश की नवीन राजधानी रत्नवती की रहनेवाली हूँ।

**तक्षक** : *(प्रसन्नतापूर्वक उतावले होकर)* बताओ, जल्द बताओ, हमारे गुरुकुल का समाचार।

**पहली नर्तकी** : महाराज! प्रधानाचार्य एवं सभी आचार्य महोदय बड़े ही परिश्रमी, लगनशील एवं सच्चरित्र हैं। गुरुकुल के सभी छात्र व छात्राएँ भी अनुशासित होने के साथ-साथ हृष्ट-पुष्ट, मेहनती व सदाचारी हैं। परीक्षा फल जम्बू द्वीप में द्वितीय श्रेणी का है, परन्तु क्षमा करें। *(कहकर चुप हो जाती है।)*

**तक्षक** : डरो मत! क्षमा! क्षमा! तुम मेरे राज्य की एक जासूस इकाई हो। जो भी बात हो, राजसभा के समक्ष स्पष्ट कहो।

**पहली नर्तकी** : रत्नवती एवं समीपी नगरों के धनी-मानी महानुभाओं की ओर से बँधी हुई उचित सहायता प्रति वर्ष समय पर पहुँच जाती है, परन्तु राज्य कोष से दी जानेवाली सहायता प्रतिवर्ष देर से पहुँचती है। इससे प्रबन्ध में गड़बड़ी है।

**गक्षक** : महाराज! क्षमा करें! शिक्षा विभाग के अधिकारियों की अदला-बदली में रत्नवती गुरुकुल का अनुमानित बजट गुम हो गया था। अब परसों अनुमानित बजट की प्रतिलिपि आ गई है। एक माह बाद दोनों किस्तों की रकम साथ-साथ भेज दी जावेगी।

**तक्षक** : *(कुछ टेढ़ी आँखें करते हुए)* प्रधानामात्य! इसी समय दोनों किस्तों की रकम प्रधानाचार्य महोदय गुरुकुल रत्नवती के पास हुंडी पद्धति से श्री सेठ रायसेन नदी मार्ग, रत्नवती नर्मदा प्रदेश के द्वारा भेजो। जिन अधिकारियों की गफलत से गुरुकुल का प्रथम अनुमानित बजट गुम हो गया है, उन्हें शीघ्र नौकरी से हटा दिया जाए। शिक्षा विभाग राष्ट्र की प्रथम धरोहर है। मैं ऐसी गड़बड़ी भविष्य में कतई नहीं सुनना चाहता।

**गक्षक** : महाराज! शीघ्र आज्ञा पालन करता हूँ।

**तक्षक** : *(दूसरी नर्तकी से)* तुम कहाँ की रहनेवाली हो?

**दूसरी नर्तकी** : मैं खांडव प्रदेश की राजधानी खंडवा की रहनेवाली हूँ।

**तक्षक** : *(प्रसन्नतापूर्वक उतावले होकर)* बताओ, बताओ शीघ्र हमारी जनता की मुख्य परेशाानी?

**दूसरी नर्तकी** : महाराज! पशुओं के लिए चारे की बड़ी कमी है। यह कमी परसाल के अकाल से प्रारम्भ हुई है।

**तक्षक** : प्रधानामात्य! नर्मदा प्रदेश से सूखी घास एवं तक्षशिला प्रदेश से भूसा अति शीघ्र लागत की तिहाई कीमत पर तकाबी स्वरूप भेजा जावे।

**गक्षक** : महाराज! शीघ्र आज्ञा पालन करता हूँ।

**तक्षक** : *(दोनों नर्तकियों से)* समय बहुत थोड़ा रह गया है। तुम दोनों अलग-अलग आधी-आधी घड़ी *(बारह-बारह मिनट)* में क्रमश: सर्वश्रेष्ठ नर्तन दिखाओ। काल-ताल का विशेष ध्यान रखना।

*[पहली नर्तकी ने अर्थाभाव से उत्पन्न हुई गुरुकुल की गड़बड़ी और दूसरी नर्तकी ने पशुओं के चारा की कमी के कारण खंडवा नगर की परेशानी का मूक नर्तन अलग-अलग क्रमश: दिखाया।]*

**तक्षक** : *(प्रसन्नतापूर्वक)* प्रधानामात्य, इन्हें पाँच-पाँच स्वर्ण मुद्राएँ गुप्तचर विभाग से एवं पाँच-पाँच स्वर्ण मुद्राएँ मनोरंजन विभाग से पुरस्कार स्वरूप दो।

*[प्रधानमंत्री से दोनों नर्तकियों ने उपरोक्त पारितोषिक सहर्ष प्राप्त किया। दोनों नर्तकियों का बाजे वालों सहित दोनों हाथ जोड़कर प्रणाम करते हुए प्रस्थान। सहसा अश्वसेन व माणवक, दोनों का शिकारी भेस में घबड़ाई दशा में प्रवेश]*

**अश्वसेन, माणवक** : *(दोनों एक साथ हाथ जोड़कर हाँफते हुए) पिताश्री! प्रणाम!*

**तक्षक** : *(शीघ्रतापूर्वक)* मंगल हो तात्! कहो। शीघ्र कहो। कुशल समाचार।

**अश्वसेन** : *(घबड़ाई दशा में, हाँफते हुए)* आज हम दोनों भैया शिकार के लिए आधी रात से ही पूर्व की ओर गए थे, शिकार मिला नहीं। 'अब मिलेगा, अब मिलेगा' लालच ही लालच में बहुत दूर निकल गए। तक्षशिला राज्य

की सीमा पर कुछ गाँव जलते दिखाई दिए। बड़े जोर का धुआँ आकाश को अन्धकारमय बनाए हुए था। हम दोनों घोड़ा दौड़ाते हुए वहाँ पहुँचते हुए देखा—अपना एक विशाल नगर आर्य सेनापति की अध्यक्षता में आर्य सैनिकों द्वारा जलाया जा रहा है। लूटा जा रहा है। नागरिकों का कत्ल किया जा रहा है। बन्दी नागों व द्रविड़ियनों, आदिवासियों को जलती आग में नाग यज्ञ के नाम पर जीवित ही जलाया जा रहा है। तब हम दोनों...।

**तक्षक** : *(बीच में ही क्रोधित होकर)* तब तक तुम दोनों वहाँ खड़े-खड़े तमाशा देखते रहे?

**माणवक** : नहीं चाचाजी! तब तक हम दोनों ने सोचा, सहस्त्रों आर्य सैनिकों का मुकाबला हम दो व्यक्ति कैसे करें? समुचित प्रबन्ध के बिना पत्थर से टकराना बुद्धिमानी नहीं है। अपनी सरहद्दी सैनिक टुकड़ी की तलाश की। वह बेचारी स्वयं छोटी टुकड़ी होते हुए भी बड़ी बहादुरी से अपार आर्य सेना से लड़ रही थी। उसमें से कुछ नाग सैनिकों की सहायता से हम दोनों ने एक बहुत बड़े तालाब का बाँध काट दिया है, जिसके पानी से समीपी नदी आधा दिन के लिए भारी बाढ़ जैसी हो गई है। हम अपनी सैनिक टुकड़ी को आश्वासन दे आए हैं—घबड़ाना मत। नाग महाराज दल बल सहित शीघ्र सहायता के लिए आ रहे हैं।

*[गुप्तचर का हाँफता हुआ घबराई हुई दशा में प्रवेश]*

**गुप्तचर** : *(दोनों हाथ जोड़कर)* महाराज को प्रणाम!

**तक्षक** : *(उतावले होकर)* मंगल हो तात्। शीघ्र कहो उत्तरी व पूर्वी सीमा का समाचार।

**गुप्तचर** : महाराज! शीघ्रता कीजिए! तक्षशिला नगर एवं तक्षशिला राज्य भारी खतरे में है। इन्द्रप्रस्थ के आर्य महाराजा जनमेजय ने अपने पिताश्री परीक्षित की मृत्यु का बदला अश्वमेध यज्ञ के अश्व के बहाने तक्षशिला राज्य पर जालिमाना हमला बोल दिया है। उनकी अगली सैनिक टुकड़ी सैकड़ों छोटी-छोटी टुकड़ियों में बँट कर तक्षशिला राज्य में अग्नि-कांड, लूट-पाट और कत्लेआम कर रही है। बन्दी नागों, द्रविड़ियों

और आदिवासियों को गाँव-गाँव नाग यज्ञ के नाम से जीवित ही आग में जला रही है। इसके पीछे दूसरी सैनिक टुकड़ी चंडभार्गव प्रधान सेनापति की देखरेख में अश्वमेधी यज्ञ के सजे सजाए अश्व के साथ चल रही है। सबसे पीछे तीसरी सैनिक टुकड़ी के साथ स्वयं महाराजा जनमेजय हैं।

**तक्षक** : *(शीघ्रतापूर्वक)* क्या यह सब हो रहा है?

**गुप्तचर** : महाराज! जी हाँ! सम्पूर्ण राज्य में उत्तर से दक्षिण तक एक साथ पूर्व से चलकर पश्चिम की ओर प्रलय ज्वाला जलती हुई बड़े वेग के साथ आ रही है।

**तक्षक** : बता सकते हो कि शान्तिप्रिय महाराजा जनमेजय को इस जघन्यतम क्रूर कार्य करने के लिए किसने सुझाव दिया है?

**गुप्तचर** : कश्यप पुरोहित और उत्तंग ब्रह्मचारी ने।

**तक्षक** : वे दोनों इस समय कहाँ हैं?

**गुप्तचर** : कश्यप पुरोहित का पता नहीं। उत्तंग ब्रह्मचारी कुछ साथियों सहित पहली सैनिक टुकड़ी के साथ हैं। वे ही खास तौर से इस समय इस अमानवीय युद्ध के अगुवा हैं।

**तक्षक** : उत्तंग ब्रह्मचारी ने ऐसा क्यों किया?

**गुप्तचर** : महाराज! तक्षशिला नगर एवं तक्षशिला प्रदेश भारी खतरे में है। शीघ्रातिशीघ्र बचाव का प्रबन्ध कीजिए। यह समय प्रश्नोत्तर का नहीं। फिर भी संक्षिप्त उत्तर यह है कि ब्राह्मण वर्ग अपनी सामाजिक वर्ण-व्यवस्था के कारण अपना स्थान सर्वोपरि रखता है जो समता, बन्धुता, स्वतंत्रता का महान शत्रु है। ब्राह्मणी वर्ण-व्यवस्था रक्षक और घोर अवसरवादी, महाराजा युधिष्ठिर ने अपनी राज्यसभा में अ-महत्त्वपूर्ण पदों पर तीन शूद्र तथा एक महाशूद्र (सूत) मंत्री बनाकर राजसूय यज्ञ में श्वपच (भंगी) आदि आदिवासियों को बचा-खुचा, जूठा-जाठन भोजन करा कर उनकी सहानुभूति किसी अंश तक प्राप्त कर ली थी एवं दासी पुत्र विदुर द्वारा संस्थापित 'विदुर महाविद्यालय' की म्लेच्छ (नाग व असुर आदि) भाषा प्रचार नीति से विषमता की कड़ी कुछ ढीली पड़

चुकी थी, क्योंकि भूतपूर्व समय में महाराजा युधिष्ठिर तत्पश्चात् जनमेजय स्वयं इस विद्यालय के विद्यार्थी रह चुके थे। आर्य क्षत्रियों, नागों, असुरों से यह मनमाना मेल-मिलाप ब्राह्मण वर्ग के लिए उनकी गिरती गरिमा के समक्ष असह्य सिरदर्द बन गया। अत: अवसर पाकर कुछ स्वार्थी ब्राह्मणों ने महाराजा परीक्षित की मृत्यु का बदला लेने की पट्टी पढ़ाकर महाराजा जनमेजय से यह कुकृत्य रचा डाला।

**तक्षक :** *(शीघ्रतापर्वूक नाग सरदार वासुकि से)* तुम स्वयं दो सेनापतियों व दस सैनिक टुकड़ियों सहित चंडभार्गव के, *(अश्वसेन व माणवक से)* तुम दोनों चार सेनापतियों व बीस सैनिक टुकड़ियों सहित महाराजा जनमेजय की पहली टुकड़ी की विभिन्न टुकड़ियों के और मैं स्वयं शेष सेना सहित महाराजा जनमेजय के सन्मुख अति शीघ्र जा डटता हूँ। *(मणिमाला से)* बेटी! तुम अपनी सहेली शीलमाला और बुआ मनसा आदि सहित समर भूमि के पीछे वाले पड़ाव पर घायलों की सेवा करना। चलती लड़ाई की हर किसी कमी को प्रधानमंत्री की सहायता से पूरा करना एवं सहेलियों सहित पुरुष भेस में दक्षिणी तिरछे रास्ते से चक्कर काटकर अश्वसेन व माणवक की मदद रणक्षेत्र में बहन के बजाय भाई बनकर समय-समय पर करना। *(गक्षक से)* प्रधानमंत्री! ऐसी भीषण परिस्थिति में नए सैनिकों की भर्ती का अब समय नहीं है। रक्षक दल को आज्ञा दो कि वह बड़े-बड़े गाँवों में सभी अठारह साल से ऊपर एवं पचास साल से कम उम्र वालों को सैनिक शिक्षा दें। प्रति गाँव पाँच-पाँच आदमी प्रति सप्ताह चलती लड़ाई की कमी को पूरा करने के लिए सीधे पिछले पड़ाव पर भेजें। किन्हीं परिस्थितियों में तक्षशिला नगर के बजाय यदि दूसरा स्थान राजधानी का बदलना पड़े, तो सूचना पिछले पड़ाव पर मणिमाला को तुरन्त दें। *(नर्मदा प्रदेश के सभासद से)* सभासद! आप महारानी जयमाला व बाँदी पुष्पमाला आदि राज परिवार को कुछ जवाहरात *(हीरा, पन्ना आदि)* सहित अपने साथ ले जाकर दक्षिणी प्रदेश

की नवीन राजधानी 'रत्नवती' के किसी समीपी गुप्त गृह में छिपा दें। *(खांडव प्रदेश के सभासदों से)* आप लोग भी सचेत रहें। *(राज्यसभा से)* परम आदरणीय बन्धुवर! आपने नागवंश को हर समय अपने खून में सींचा है। जो जाति मरना जानती है—उसे ही जीने का अधिकार है। आपने अनेक परीक्षाओं में सफलता प्राप्त की है। आज फिर परीक्षा की घड़ी है। अपनी रक्षा का भार स्वतः अपने कन्धों पर लें। अन्तिम विदाई। सबका मंगल हो। राज्यसभा समाप्त हो।

**सभी** : *(एक साथ जोर से)* नाग वंश की जय! नाग महाराजा की जय हो!! जम्बूद्वीप की जय!!!

**[पटाक्षेप]**

## दृश्य-5

**स्थान :** तक्षशिला के समीप नदी की कगार में गुप्त गृह
**समय :** दोपहर के बाद

*[आर्य महाराज जनमेजय के हिंसक, क्रूर एवं अमानवीय युद्ध से हारकर नाग महाराज तक्षक अपने प्रधान सेनापति नाग सरदार वासुकि से बातचीत तख्त पर बैठकर कर रहे हैं।]*

**वासुकि** : महाराज! इस युद्ध में आर्य महाराजा जनमेजय ने तो मनुष्यत्व को ताक में रखकर विश्व के समक्ष सबसे बड़ा खूँखार जालिम इतिहास तैयार कर दिया है। मानवता कराह उठी है।

**तक्षक** : जो अग्निकांड, लूट-पाट तथा कत्लेआम भूतपूर्व समय में आर्य महाराज जनमेजय के परदादा अर्जुन ने खांडव प्रदेश विजय के समय आदिवासी अहीर श्री कृष्ण की क्रूर नीति के वशीभूत होकर किया था, उसमें जो आग की लपटों के प्रतिकूल उत्तर की ओर भागे, वे ही अर्जुन

के गांडीव धनुष के शिकार हुए और जो पूर्व, दक्षिण, पश्चिम की ओर भागे, वे सभी बच गए। मगर इस तक्षशिला के भीषण नरसंहार में केवल नैऋत्य *(दक्षिण, पश्चिम के बीच की)* दिशा की ओर भागनेवाले ही कोई कोई शेष बच पाए हैं।

**वासुकि** : महाराज! अहीर (यादव) श्री कृष्ण आदिवासी थे और हम नागवंशी भी आदिवासी हैं। फिर इन्होंने खांडव प्रदेश विजय के लिए आर्य अर्जुन को ऐसी अमानुषिक क्रूर नीति बरतने की गलत सलाह क्यों दी? यदि श्रीकृष्ण चाहते, तो ये दोनों आदिवासी मिलकर सम्पूर्ण भारत के सिरमौर होते। श्रीकृष्ण उत्तरी भारत 'इन्द्रप्रस्थ' के निषाद राज (मध्य भारत) 'शृंगवेरपुर' के व हम लोग दक्षिणी भारत 'नागपुर' के शासक होते।

**तक्षक** : नाग सरदार! यह बातें बड़े दाँव-पेंच की हैं। इन्हें महानतम् चतुर राजनीतिज्ञ ही समझ सकते हैं। श्रीकृष्ण ने सदा जीवन भर पहले अपनी परछाईं देखी है। अपने मित्र आर्य अर्जुन से खांडव प्रदेश विजय कराकर हम नागों का करीब-करीब सर्वनाश कराया, पांडवों और कौरवों को आपस में भाई-भाई होते हुए लड़ाया ताकि दोनों अहंकारी आर्य शक्तियाँ नष्ट हो जाएँ! हो गईं। इतनी गहरी राजनीति के बाद स्वयं श्रीकृष्ण दक्षिणी भारत के एकच्छत्र राजा बन बैठे। समुद्र के किनारे एकलव्य द्वारा बसाई गई द्वारिकापुरी को अपनी नई राजधानी बनाया।

**वासुकि** : यदि ऐसी ही बात है, तो जब नागों ने आर्य अर्जुन से गोपिकाएँ छीनी थीं तो इन अहीरों ने नागों की सहायता क्यों की?

**तक्षक** : प्रधान सेनापति! यह भी एक राजनीति है। इस थोड़ी-सी मदद से द्वारिकापुरी को अटल अहीर (यादव) राज्य स्थापित करने में नाग वंश की हमदर्दी हमेशा-हमेशा के लिए उन्हें मिल गई।

**वासुकि** : महाराज! इन अहीर श्रीकृष्ण व बलदाऊ ने निषादराज एकलव्य के शृंगवेरपुर राज्य को क्यों तहस-नहस कर डाला?

**तक्षक** : ये अहीर मन के बड़े मैले हैं। बड़े ही स्वार्थी हैं। इन्होंने अपनी बढ़ती जनसंख्या के प्रसार के लिए मित्र-राज शृंगवेरपुर का तहस-नहस कर डाला।

**वासुकि** : महाराज! यदि मैं गलत नतीजे पर नहीं पहुँचा तो इस नतीजे पर पहुँचा हूँ कि श्रीकृष्ण ने अर्जुन आदि आर्यों से मिलकर अपनी ही स्वार्थ सिद्धि की है और शेष आदिवासी जाति को हर प्रकार से कुचलने की कोशिश की है।

**तक्षक** : और क्या, बिलकुल सही नतीजा यही है।

**वासुकि** : महाराज! एक बात है। ये अहीर राजनीतिज्ञ तो हैं, इसमें कोई दो राय नहीं, परन्तु सदा अपना ही स्वार्थ चाहते हैं।

**तक्षक** : इन्होंने अभी तक तनिक स्वतंत्र सत्ता का मजा चखा है। इसलिए विशेष स्वार्थी हैं। जिस दिन इन्हें पूर्ण स्वतंत्र सत्ता का मजा चखने की धुन सवार हो जाएगी, उस दिन ये बेलगाम घोड़े की तरह किसी के रोके नहीं रुकेंगे। अपने अधिकार तो ये ले ही लेंगे, अन्य निर्बलों को भी समान अधिकार दिलाने में अपने प्राणों तक की परवाह नहीं करेंगे। ऐसा अद्‌भुत गुण है इनके अन्दर।

**वासुकि** : असम्भव।

**तक्षक** : सम्भव, बिलकुल सम्भव। आज नहीं तो कल, कल नहीं तो परसों। देरी है तो केवल बुद्धि के विशेष विकसित होने की और सही दिशा में उसे लगाने की।

**वासुकि** : महाराज! उत्तंग ब्रह्मचारी आदि ब्राह्मणों के चक्कर में महाराज जनमेजय इतनी जल्दी कैसे आ गए?

**तक्षक** : इसके पीछे अनेक कारण हैं। महाभारत के बाद समस्त जम्बूद्वीप में आर्य क्षत्रियों की धार्मिक व राजनीतिक सत्ता करीब-करीब एकदम समाप्त हो गई। अनेक छोटे-छोटे राज्य कायम हो गए। इन्द्रप्रस्थ राज्य भी सिकुड़कर छोटा-सा रह गया। इसके शासक महाराजा जनमेजय शान्तिप्रिय प्रजाप्रेमी थे। खर्चीले यज्ञ, धार्मिक अनुष्ठान, तीर्थ स्थानों तथा ऋषि आश्रमों के भारी-भारी सदावर्त को फिजूलखर्ची समझते थे। इसलिए पुरोहित, ब्राह्मण, ब्रह्मचारी, ऋषिगण, पंडा, पुजारी आदि सभी

भीतर-भीतर से चुपचाप असन्तुष्ट थे। महाराजा परीक्षित की मृत्यु के बदले की दुहाई के चक्कर में महाराजा जनमेजय को फाँस कर यह बीभत्स कांड करा डाला।

**वासुकि** : महाराज! यदि युद्ध में महाराज जनमेजय हार जाते, तो इन सबकी क्या दुर्गति होती?

**तक्षक** : नाग सरदार! इन पुरोहितों, ब्रह्मचारियों व पंडों आदि का क्या बिगड़ता? कुछ नहीं। 'गंगा गए गंगा दास, जमुना गए, जमुना दास।' महाराजा जनमेजय न सही, नाग महाराजा तक्षक सही। जैसे बनेगा तैसे सदा अपना उल्लू सीधा रखते हैं, सीधा रखते रहेंगे। बिना परिश्रम के सदा मौज की छानते हैं, छानते रहेंगे। यही तो बुद्धिजीवियों का बोलता हुआ जिन्दा जादू है।

**वासुकि** : महाराज! ठीक कहते हैं। कश्यप पुरोहित महाराजा परीक्षित की लड़ाई के समय स्वार्थवश ही अपनी ओर था। स्वार्थ सिद्धि के पश्चात् फिर उन्हीं इन्द्रप्रस्थ के महाराजा जनमेजय की पुरोहिताई स्वीकार करके मौज की छानने लगा। उल्टे हम लोगों का शत्रु बन बैठा।

*[मनसा, मणिमाला और शीलमाला का प्रवेश]*

**तक्षक व वासुकि** : *(खड़े होकर हाथ जोड़कर एक साथ)* बहन जी, प्रणाम्।

**मनसा** : मंगल हो।

*[मणिमाला और शीलमाला ने नाग महाराज और नाग सरदार का उचित अभिवादन किया।]*

**तक्षक** : कहो—कुशल समाचार!

**मणिमाला** : पिताश्री! वहाँ तो अकुशल समाचारों का ताता बँधा हुआ है।

**तक्षक** : *(बड़े प्यार से)* बेटी, बताओ, कौन-सा नया अशुभ समाचार है, जिस कारण अधिकाधिक उदास और घबड़ाई हुई हो?

**मणिमाला** : राज-पाट गया। भीषण अमानवीय नर-संहार हुआ। अनगिनत सम्पत्ति जली, लुटी। *(कहकर रोने लगती है।)*

**तक्षक** : *(विशेष दुखी होकर)* चुप रह बेटी! इस कहानी को मत सुना। यह सभी दृश्य मेरी इस कमबख्त आँखों ने भली प्रकार देखा है। कलेजा फटा जाता है। मगर क्या करें,

मजबूर हैं। बुढ़ापा है। फिर भी बताओ। असली बात क्या है?

*[मणिमाला रोना बन्द करके लम्बी साँसों से सिसक रही है।]*

**शीलमाला** : महाराज! क्या बताएँ? बताने के लिए तो आई ही हूँ। युवराज अश्वसेन को आज प्रात:काल चंडभार्गव ने बन्दी बना लिया। शत्रु आपकी तलाश में थे।

**तक्षक** : *(यकायक चौंककर)* अश्वसेन व चंडभार्गव की मुठभेड़ कैसे-कहाँ हुई?

**शीलमाला** : तक्षशिला विजय के पश्चात् सेना सहित महाराजा जनमेजय ने चिनाव नदी के ऊपरी भाग परगना 'स्योरज' के समीप रात्रि में पड़ाव डाला। वातावरण रहित शान्त समय था। मन्द-मन्द हवा चल रही थी। कई दिनों की थकी-थकाई सेना सो रही थी। पहरेदारों को गाफिल पाकर अश्वसेन व माणवक ने लेटे-लेटे धीरे-धीरे सरकना शुरू कर दिया। अश्वमेधी यज्ञ के अश्व के पास जाकर उसे आज रात्रि के अन्तिम पहर में खोल दिया...।

**तक्षक** : *(बीच में ही उतावले होकर)* शीघ्र बताओ, फिर क्या हुआ?

**शीलमाला** : फिर ज्योंही अश्व पड़ाव के बाहर निकलनेवाला ही था, कि बड़े जोर से हिनहिनाया। अश्व का हिनहिनाना था कि बस, गजब हो गया। आकाश फट गया। पैरों तले जमीन निकल गई। चंडभार्गव ने स्वयं रणफेरी बजा दी, जिसके घनघोर शब्द को सुनकर हम सभी लोग जो गिनती में कुल पच्चीस थे, भाग खड़े हुए। सहस्त्रों आर्य सैनिकों ने पीछा किया। समीपी नाले पर एक घड़ी विकराल संग्राम हुआ। चंडभार्गव ने एक बगल से लपक कर अश्वसेन को बन्दी बना लिया। तब मैं, मणिमाला व माणवक घायलों की-सी सूरत बनाते हुए घोड़ों के ऊपर से नीचे सरक पड़े।

**तक्षक** : *(शीघ्रतापूर्वक)* माणवक कहाँ है?

**शीलमाला** : तलाश की, पता नहीं चला। मैं व मणिमाला लाशों के नीचे नीचे सरक कर भाग आई हूँ।

**तक्षक** : तुमने यह कैसे जाना कि शत्रु मेरी तलाश में थे?

**शीलमाला** : चंडभार्गव के रणभेरी बजाने के तुरन्त बाद ही महाराजा जनमेजय ने बार-बार उत्तंग ब्रह्मचारी से जोर-जोर शब्दों में कहा, 'नाग महाराज को ढूँढ़ो। शीघ्र बन्दी बनाओ। उनके सिवाय रात्रि में छिपकर चढ़ाई करने का हुनर दूसरे व्यक्ति के पास नहीं है।'

**तक्षक** : अच्छा, बैठो। सुस्ताओ। धीरज धरो।

*[कुछ समय के लिए सभी चुप रह जाते हैं।]*

**मणिमाला** : पिताश्री! मेरे पास अब धीरज नहीं है। *(शीलमाला से)* चलो शीला। हम तुम दोनों कुछ नाग नागरिक युवकों को रास्ते में ही कहीं इधर-उधर से इकट्ठा करके आज रात को अगले पड़ाव पर अश्वमेधी यज्ञ के अश्व को पुनः एक बार घेरेंगे।

**तक्षक** : परिणाम क्या होगा, बेटी?

**मणिमाला** : कत्ल या बन्दी। अन्य बन्दी नागों के साथ नाग यज्ञ की पूर्णाहुति।

**तक्षक** : *(प्यारपूर्वक)* मेरी बुद्धिमान बेटी! एक बार फिर विचार कर। पत्थर से सिर टकराना ठीक नहीं।

**मणिमाला** : पिताश्री! इस प्रकार जीवित रहने से मर जाना कहीं अच्छा है। *(शीलमाला से)* शीला, शीघ्र चलो। मेरे कहने और चलने में देरी हो गई है। इसलिए बाहर खड़े घोड़े अपनी टापों से मिट्टी कुरेदने लगे हैं तथा अपनी टापें जमीन पर पटकने लगे हैं।

*[कहकर मणिमाला और शीलमाला उठकर खड़ी हो गई हैं और चलना चाहती हैं।]*

**मनसा** : *(मणिमाला से)* बेटी, ठहरो। जल्दबाजी ठीक नहीं। *(शीलमाला से)* शीला, जा, घोड़ों को थपकी दे आ। वे खड़े रहेंगे।

*[मनसा ने मणिमाला को हाथ पकड़कर बैठा लिया।]*
*[शीलमाला का दोनों घोड़ों को थपकी देने के लिए प्रस्थान।]*

**तक्षक** : नाग सरदार! बताओ, अश्वसेन को बन्धन-मुक्त कराने की तात्कालिक तरकीब क्या है?

**वासुकि** : महाराज! तात्कालिक युक्ति तो मेरी समझ में कोई नहीं आ रही है। वही अधिक समय वाली युक्ति है। पुनः

नर्मदा प्रदेश में नागों आदि आदिवासियों का संगठन किया जाए।

**तक्षक :** नाग सरदार! जानते हो, तब तक महाराज जनमेजय मेरे बजाय उसकी ही नाग यज्ञ को पूर्ण आहुति कर देंगे।

*[शीलमाला का प्रवेश]*

**मणिमाला :** पिताश्री! मेरे दिमाग में एक बात शीघ्रता वाली है। बताऊँ क्या?

**तक्षक :** बता बेटी, शीघ्र बता। मेरा दिमाग अब इस समय ठीक ठिकाने नहीं है। अगणित परेशानियों के साथ-साथ बुढ़ापा भी है।

**मणिमाला :** जनमेजय ने ऋषिवर जरत्कारु की हत्या के समय आस्तीक मुनि के सामने यह प्रण किया था कि 'मैं महाराजा जनमेजय भविष्य में सदैव विश्व मैत्री भावना का पालन करूँगा', किन्तु अब उन्होंने तक्षशिला विजय के समय भीषण रक्तपात करके अपने पुराने प्रण का उल्लंघन किया है। अत: मैं, शीलमाला व बुआश्री, तीनों आस्तीक मुनि के पास जाएँ। उन्हें सम्पूर्ण परिस्थिति से अवगत कराएँ। उन्हें समझाएँ कि...

**तक्षक :** *(बीच में ही)* आप लोग आस्तीक मुनि को क्या समझाएँगी?

**मणिमाला :** हम लोग आस्तीक मुनि को समझाएँगी कि महाराज जनमेजय ने आपके समक्ष की गई प्रतिज्ञा का उल्लंघन तक्षशिला विजय के समय अमानवीय क्रूर हमला करके किया है। उन्हें अधिकाधिक दंड मिलना चाहिए।

**मनसा :** बेटी! बात तो बढ़िया है। आस्तीक है भी बड़ा पराक्रमी, परन्तु यदि कहीं उसने हम लोगों की बात न मानी तब?

**शीलमाला :** बुआश्री! वे हम लोगों की बात मानेंगे कैसे नहीं? उन्हें मानने के लिए मजबूर किया जावेगा, तभी मानेंगे।

**तक्षक :** *(मनसा से)* बहन जी! पराक्रमी आस्तीक मुनि को समझाना कठिन जरूर है, लेकिन अगर कहीं आस्तीक मुनि अपनी पर आ गए, तो महाराजा जनमेजय क्या, इन्द्रप्रस्थ की राज-व्यवस्था ही भंग कर देंगे। आजकल

जम्बूद्वीप में उनका मुकाबला करनेवाला कोई भी माई का लाल नहीं है।

**मनसा** : आस्तीक को मैं, मणिमाला व शीलमाला बाद में समझाती रहेंगी। पहले आप स्वयं व नाग सरदार दोनों वक्षु-उपत्यका *(ताजिकिस्तान अर्थात् स्वर्ग प्रदेश)* के महाराजा देवराज इन्द्र के पास जावें। वे अश्वमेध यज्ञ के घोर विरोधी हैं। उन्हें महाराजा जनमेजय के अश्वमेध यज्ञ को नष्ट करने की सम्मति दें। इस प्रकार अश्वमेध यज्ञ के पहले होनेवाला अन्तिम नाग यज्ञ स्वयमेव रुक जाएगा और उसी गड़बड़ में हम लोग शक्तिपूर्वक अश्वसेन को बन्धन से छुड़ा लेंगे।

**वासुकि** : महाराज! यही युक्ति सबसे अच्छी है। देवराज इन्द्र के पास अगणित निष्पक्ष पर्वतीय सेनाएँ भी हैं जो समय पर काम में लाई जा सकती हैं।

**तक्षक** : *(मनसा से)* मैं व वासुकि, दोनों इसी समय देवराज इन्द्र के पास जा रहे हैं। देवराज इन्द्र हैं, तो आर्य महाराजा। मगर अश्वमेध यज्ञ के विरोधी होने के साथ-साथ उनके और महाराजा जनमेजय के आपसी हितों में कई टकराव भी हैं। इसलिए देवराज इन्द्र से मेरी मित्रता स्थापित होना कोई कठिन बात नहीं।

**मनसा** : महाराज! हम लोग यहाँ आपके इन्तजार में कब तक ठहरें?

**तक्षक** : तुम सब लोग अब वहीं आस्तीक मुनि के आश्रम पर पहुँचो। अब काम केवल दो ही हैं।

**मनसा** : वे दो कौन-कौन से?

**तक्षक** : पहला काम है—अश्वसेन को बन्धन-मुक्त कराना, दूसरा काम है—छिप-छिपा कर किसी भी प्रकार नर्मदा प्रदेश पहुँचना और वहीं शान्तिपूर्वक जीवन की शेष घड़ियाँ बिताना।

**मनसा** : महाराज, आप धैर्य रखें। यह दोनों काम विशेष कठिन नहीं हैं।

**मणिमाला** : कठिन तो नहीं हैं, परन्तु पहला काम अति शीघ्रता का है। अन्यथा 'का वर्षा जब कृषि सुखानी'।

**तक्षक** : *(गुप्तचर से)* यदि माणवक भूलता-भटकता आवे, तो उसे आस्तीक मुनि के आश्रम पर भेज देना।

**गुप्तचर** : महाराज! आज्ञा शिरोधार्य।

**मणिमाला** : पिताश्री! अन्दाजन अब आप कब तक लौटेंगे?

**तक्षक** : एक सप्ताह में।

**मणिमाला** : तब तक तो भैया जी का जीवन ही चला जावेगा।

**तक्षक** : नहीं बेटी! घबड़ाओं नहीं। अवश्मेध यज्ञ की तिथि निर्धारित करने के लिए जो राज्यसभा बुलाई जावेगी, उसके लिए ही कम से कम चार सप्ताह चाहिए। उसी के सिलसिले में दो-तीन दिन पहले होगा अन्तिम नाग यज्ञ।

*[नाग महाराज तक्षक व नाग सरदार वासुकि का दोनों हाथ जोड़कर मनसा को प्रणाम करते हुए प्रस्थान।]*

**[पटाक्षेप]**

## दृश्य-6

**स्थान :** इन्द्रप्रस्थ में विजयी आर्य महाराजा जनमेजय की राज्यसभा

**समय :** मध्याह्न से पूर्व

*[महाराज जनमेजय रत्नजटित सिंहासन पर शोभायमान है। अजीत प्रधानामात्य, चंडभार्गव प्रधान सेनापति, कश्यप पुराना पुरोहित, सोमश्रवा नया पुरोहित, उत्तंग ब्रह्मचारी, सभासद, सम्मानित भद्र पुरुष ग्रामीण एवं दर्शक अपनी-अपनी जगह विराजमान हैं।]*

**चोबदार** : *(दोनों हाथ जोड़कर)* राजन्, प्रणाम। आर्य महाराज की जय हो!

**जनमेजय** : मंगल हो। कहो कुशल समाचार?

**चोबदार** : आपके बल पौरुष और तक्षशिला विजय से सम्पूर्ण भारत वर्ष में सन्नाटा छा गया है।

**जनमेजय** : *(चौंककर शीघ्रता से)* चोबदार, क्या कहा? सन्नाटा छा गया है? कैसा सन्नाटा?

**चोबदार** : राजन्! बस, यह न पूछो।

**जनमेजय** : *(हठपूर्वक)* बताना होगा। इसी समय बताना होगा।

**चोबदार** : *(हठपूर्वक)* नहीं। अभी नहीं। ठहर कर बताऊँगा।

**अजीत** : राजन्! आपके लिए हठ बिलकुल नहीं जँचता। ठहर कर ही सन्नाटा सुन लीजिए। इसमें कोई हानि नहीं।

**जनमेजय** : प्रधानामात्य! तुम्हारी बात तो माननी ही पड़ेगी। *(चोबदार से)* स्थान ग्रहण करो।

*[चोबदार पीछे हट कर कुछ दूर पर खड़ा हो जाता है।]*

**जनमेजय** : *(प्रधानामात्य से)* कहिए, कोई नवीन कार्य?

**अजीत** : राजन्! आपके पड़दादा अर्जुन ने खांडव प्रदेश विजय के बाद उस प्रदेश की भीतरी व बाहिरी रक्षा का ठीक-ठीक प्रबन्ध नहीं किया एवं आपके पिताश्री महाराज परीक्षित ने भी उस ओर कोई विशेष ध्यान नहीं दिया। नतीजा यह हुआ कि खांडव प्रदेश में अराजकता फैल गई। फलस्वरूप नर्मदा प्रदेशीय नागों ने नाग महाराज तक्षक के नेतृत्व में पुनः आक्रमण करके वापस छीन लिया। बस, उसी समय से नाग महाराज तक्षक का हौसला और अधिक बढ़ गया।

**कश्यप** : *(उचककर)* राजन्! अब तक्षशिला विजय के बाद भी वही पुराना इतिहास दोहराने की नौबत हम सरीखे सलाहकार होते हुए नहीं आनी चाहिए।

**अजीत** : राजन्! भविष्य में खांडव प्रदेश एवं तक्षशिला प्रदेश, दोनों का सीधा प्रबन्ध राजधानी इन्द्रप्रस्थ से आपकी निगरानी में होना चाहिए।

**जनमेजय** : और नर्मदा प्रदेश के लिए?

**अजीत** : नर्मदा प्रदेश का मामला बड़ा ही पेचीदा एवं गम्भीर है क्योंकि यह बात तो निर्विवाद सिद्ध है कि महाभारत की लड़ाई के बाद सम्पूर्ण भारत में अलग-अलग छोटे छोटे स्वतंत्र राज्य स्थापित होने के कारण इन्द्रप्रस्थ राज्य की वह पुरानी शक्ति अब नहीं रही है। अब नर्मदा प्रदेश के लिए किसी महानतम नागवंशी व्यक्ति को प्रदेशपति नियुक्त करें और उसे अख्तियार दिया जाए, राजा के बराबर।

**उत्तंग** : प्रधानामात्य! क्या कहा, राजा के बराबर अख्तियार?

**अजीत** : जी हाँ, ब्रह्मचारी जी! राजा के बराबर अख्तियार दिया जाए। 'सब धन देखे जात, तब आधा लीजै बाँट'।

**कश्यप** : प्रधानामात्य! नर्मदा प्रदेश क्या कहीं भागा जा रहा है? आप महाराजा साहेब को बेकार भयभीत कर रहे हैं।

**अजीत** : पुरोहित जी! मैं महाराजा साहब को बेकार भयभीत नहीं कर रहा हूँ। क्या तुम नहीं जानते हो कि नाग महाराज तक्षक, नाग सरदार वासुकि व वासुकि पुत्र माणवक, तीनों कितने जहरीले नाग हैं?

**कश्यप** : प्रधानामात्य! क्या फिजूल बकवास करते हैं आप! नाग महाराज तक्षक इतनी भीषण लड़ाई में कहीं मर गए होंगे। लाशों के नीचे दब गए होंगे। जल गए होंगे। कहीं उनका पता भी है इतने दिनों से?

**उत्तंग** : नामुमकिन। बिलकुल नामुमकिन।

**चंडभार्गव** : राजन, बिलकुल ही असम्भव। नाग महाराज अभी मरे नहीं। तीन दिन हुए, आधी रात को कैदखाने के संतरी ने सूचना दी थी कि दो नाग नवयुवक कारागार के पीछे वाली बड़ी दीवाल पर चढ़ने का प्रयत्न कर रहे थे। बन्दीगृह के चारों ओर चक्कर लगानेवाले सिपाही के जरिये आगाही मिलने पर जेलखानेवाले द्वारपाल ने खतरनाक घंटा 'टन्न-टन्न, टन्न-टन्न, टन्न-टन्न' बजा दिया। फलत: वे सर्र-से किसी समीपी झाड़ी में सरक गए। काफी ढुँढ़वाया, मिले नहीं।

**अजीत** : राजन्! यह सब हरकतें नाग महाराज तक्षक की ही हैं। कोई भी पिता अपने सामने अपनी थोड़ी शक्ति के रखते हुए अपने प्राणप्रिय पुत्र को कारागार में बन्द होते नहीं देख सकता। फिर अश्वसेन की तो अन्तिम नाग यज्ञ में पूर्णाहुति दी जानी है। इस सब भेद का पता उन्हें अवश्य होगा।

**जनमेजय** : आपका कहना बिलकुल सत्य है।

**चंडभार्गव** : राजन्! तीन नहीं, वे अठ्यानासी आठ हैं।

**जनमेजय** : *(उतावले होकर)* आठ कौन-कौन से हैं?

**चंडभार्गव** : नाग महाराज, नाग सरदार, माणवक, मणिमाला, शीलमाला, मनसा, आस्तीक मुनि व नास्तीक जो च्यवन ऋषि का पुत्र एवं आस्तीक मुनि का गुरु-भाई है।

**जनमेजय** : प्रधान सेनापति! यह तो खूब पते की बात कही। आस्तीक मुनि की ओर किसी का ध्यान ही नहीं था। ताजा वर्णसंकर होने के कारण वह अपने मामा, नाना व मौसी आदि के खानदान वाले नागों के हितों का भी उतना ही ध्यान रखता है जितना आर्यों के हितों का। अश्वसेन उसका सहपाठी है। इसलिए उसे कारागार से छुड़ाने की तिकड़म में वह जरूर कोई न कोई हिस्सा लेगा।

**सोमश्रवा** : राजन्! निश्चित रहें। आस्तीक और नास्तीक मुनि, दोनों आपके विरुद्ध युद्ध घोषणा नहीं कर सकते।

**जनमेजय** : यह तो मुझे पहले से ही विश्वास है।

**चंडभार्गव** : राजन्! ऐसे गम्भीर समय में चारों ओर निगाह दौड़ाई जाती है। पिछली बात आपबीती तो आपको याद ही है। मैं समर भूमि में आपके बगल में था। जब तक्षशिला नगर के पश्चिमी कोने पर दूसरे दिन संध्या समय दक्षिण, पश्चिम व उत्तर तीन ओर से अश्वसेन मणिमाला व शीलमाला ने आपको घेर कर पीछे लौटने के लिए मजबूर कर दिया था। उस समय आपने कहा था कि क्या नाग महाराज के तीन लड़के हैं? तब मैंने कहा था—'नहीं! यह दाएँ वाली जोड़ी पुरुष भेस में मणिमाला व उसकी सहेली शीलमाला हैं।'

**जनमेजय** : ओ हो! वह दिन? वह दिन तो मुझे जीवन भर नहीं भूलेगा। मैंने जब पूर्ण में इन्द्रप्रस्थ की ओर वापसी का इरादा किया। मुड़कर देखा, तो नाग सरदार वासुकि सेना सहित घने बाग में पेड़ों की आड़ में छिपे चुपचाप खड़े दिखाई दिए। मैं समझ गया कि वे इस मौके की ताक में हैं। मेरे मुँह का थूक सूख गया। होश बिगड़ गया। अचानक आप पूर्व उत्तर के कोने से सेना सहित नागों पर गरुड़ की भाँति टूट पड़े। तब कहीं मेरी जान में जान आई।

**उत्तंग** : राजन्! आपको ध्यान से देखने का मौका नहीं मिला। मैं भी अपने साथियों सहित नाग सरदार वाले घने बाग की दक्षिणी पूर्वी मेड़ के पीछे वाले गड्ढे में नाग सरदार की घात में छिपा हुआ खड़ा था। चंडभार्गव का लगाव आप से था। इसलिए मैं निश्चिन्त था।

**जनमेजय** : *(कुछ आँख बदलकर)* प्रधान सेनापति! तुमने उस समय युद्धस्थल में दक्षिणी भाग की रक्षा का क्या प्रबन्ध किया था, जरा बताओ तो सही?

**चंडभार्गव** : *(चुपचाप)*

**अजीत** : राजन्! क्षमा करें। पुरानी भूलों को भूल जाइए। 'विजयश्री' आपको मिली। रही बात, मुँह का थूक सूख गया। होश बिगड़ गया, तो समर भूमि में सदा मुँह का थूक सूखा करता है। होश बिगड़ा करता है।

*[द्वारपाल का प्रवेश]*

**द्वारपाल** : *(दोनों हाथ जोड़कर)* राजन, प्रणाम्!

**जनमेजय** : मंगल हो। कहो शुभ समाचार?

**द्वारपाल** : पहले वाली दोनों गायिकाएँ बजंत्री सहित मुख्य द्वार पर पधारी हैं। राज्यसभा को अपनी कला से मोहित करना चाहती हैं।

**जनमेजय** : शीघ्र भेजो।

**द्वारपाल** : *(दोनों हाथ जोड़कर)* राजन्, प्रणाम।

*[द्वारपाल का प्रस्थान]*

**जनमेजय** : प्रधानमंत्री! नर्मदा प्रदेश के लिए शीघ्र सर्वगुण सम्पन्न प्रदेश पति की नियुक्ति की जाए। उसे राजा के बराबर अधिकार दिए जाएँ, किन्तु वह किसी राज्य पर मेरी मंजूरी के बिना चढ़ाई नहीं कर सकेगा।

**अजीत** : ऐसा सर्वगुण सम्पन्न शक्तिशाली प्रदेश पति कोई नाग मुखिया ही मिलेगा। आर्य प्रदेश पति को नर्मदा प्रदेशीय नाग जनता कभी भी सुख की साँस नहीं लेने देगी। उनमें देशाभिमान कूट-कूट कर भरा है।

**कश्यप** : *(उचककर)* राजन्! प्रदेश पति आर्य ही होना चाहिए।

**सोमश्रवा** : राजन्! कुछ भी हो, नर्मदा प्रदेश के लिए प्रदेश पति खूब अच्छी तरह सोच-विचार कर मुकर्रर करें।

**जनमेजय** : प्रधानामात्य! नर्मदा प्रदेश के लिए प्रदेश पति की नियुक्ति का मामला बड़ा ही पेचीदा है। इसे अगले दिन राज्यसभा में पेश करें।

*[दोनों गायिकाओं का बजंत्रियों सहित प्रवेश]*

**दोनों गायिकाएँ** : *(दोनों हाथ जोड़कर)* राजन्, प्रणाम्।

बजंत्रियों सहित

**जनमेजय** : मंगल हो। समय कम है। तुम दोनों मिलकर एक अच्छा-सा कश्मीरी गाना सुनाओ।

*[दोनों गायिकाएँ तक्षशिला विजय की प्रशंसा में एक अति सुन्दर एवं मनमोहक गीत गाती हैं।]*

**जनमेजय** : प्रधानामात्य! इन्हें पहले का भी मिला कर दोगुना पुरस्कार दो।

*[प्रधानामात्य ने मुनासिब दोहरा इनाम दिया।]*

**जनमेजय** : *(गायिकाओं से)* अब तुम दोनों जा सकती हो।

*[दोनों गायिकाओं का बजंत्रियों सहित दोनों हाथ जोड़कर महाराजा जनमेजय को प्रणाम करते हुए प्रस्थान।]*

**जनमेजय** : *(चोबदार से)* हाँ, अब बताओ, कैसा सन्नाटा?

**चोबदार** : राजन्! क्षमा करें। जब से आपने तक्षशिला विजय के समय गाँव-गाँव में आगजनी, लूट-पाट, कत्लेआम, बन्दी नागों व आदिवासियों आदि को धधकती हुई आग में जला कर गाँव-गाँव में जो नाग यज्ञ किए हैं, तब से तक्षशिला राज्य ही नहीं, अपितु सम्पूर्ण राज्य की नाग वंशी, आदिवासी आदि प्रजा, उत्तंग समिति, कश्यप समिति व जनमेजय समिति से इतना डर गई है कि बेघर होते हुए घरों की व्यवस्था नहीं कर सकती। धन्य होते हुए अच्छा भोजन नहीं कर सकती। दुधारू गाय होते हुए भी दूध नहीं पी सकती। रुपया-पैसा होते हुए भी आभूषण की कौन कहे, अच्छे कपड़े नहीं पहन सकती। पाठशाला होते हुए भी अपने बच्चों को नहीं पढ़ा सकती। बमुश्किल तमाम एक-दो पढ़ भी गए, तो सिफारिश नहीं, प्रतियोगिता व व्यक्तित्व आदि में सटीक न होने के कारण छोटी से छोटी सरकारी नौकरी नहीं पा सकती, चारपाई पर अपने ही दरवाजे नहीं बैठ सकती। हलवाईगीरी कौन कहे, पकौड़ी तक नहीं बेच सकती।

**उत्तंग** : *(बीच में ही)* राजन्! एक बार मैंने पहले भी कहा था, यह चोबदार बड़ा मगरूर है। नौकरी के वक्त अपने को अहीर *['अहि' का अर्थ नाग (साँप) और 'इर' का अर्थ*

*शत्रु, नाग वंश का शत्रु]* अर्थात् आर्य बताकर भर्ती हो गया है। इसे नौकरी से हटा दिया जाए।

**जनमेजय** : ब्रह्मचारी जी! क्या अहीर आर्य नहीं होते?

**उत्तंग** : राजन्! अहीर आर्य नहीं होते हैं। ये अनार्य हैं। नागवंश की दूसरी शाखा का नाम अहिवंश है जहाँ इन दोनों शाखाओं में मेल-मिलाप है। वहाँ नागवंशी व अहिवंशी नाम से पुकारे जाते हैं, किन्तु जहाँ आपसी हितों में टकराव है, वहाँ ये अहीर *('अहि' का अर्थ नाग और 'इर' का अर्थ शत्रु अर्थात् नागों के शत्रु)* आर्य नाम से पुकारे जाते हैं। इसी धोखाधड़ी में या प्रेम के वशीभूत कुछ विवाह-शादी आर्यों से हो गई हैं। अत: कुछ व्यक्ति अहीर को आर्य ही समझने लगे हैं।

**कश्यप** : राजन्! इन अहीरों की सबसे बड़ी नागवंशी, आदिवंशी होने की पहचान यह है कि इनके जन्म, मृत्यु, विवाह, शादी व खुशी, प्रीतिभोज आदि सब संस्कार नागों की भाँति ही होते हैं।

**जनमेजय** : यह तो मैं भली प्रकार से जानता हूँ कि अहीरों की जातीय पहचान नागों व आदिवासियों की जातीय अस्मिता एक ही है, जैसे जातीय चौधरी, जातीय पंचायतें, जातीय दंड, अन्तेवासी, डोला पैपुजी, विधवा विवाह, घर बैठा, छुट्टा-छुट्टी, केवल एक ही मृतक भोज, आदिदेव (महादेव शंकर) व आदिमाता *(भुइयाँ माता, नाग माता)* की पूजा आदि-आदि।

**उत्तंग** : *(उल्टी मुस्कान से)* चोबदार! 'उत्तंग समिति' का क्या मतलब है?

**चोबदार** : ब्रह्मचारी जी, 'उत्तंग समिति' का मतलब है—'हाथी के दाँत दिखाने के और खाने के और'। आप सरीखे ढोंगी सुधारक। सुधार-सुधार की केवल बातें ऊपरी मन से करते हैं। कार्य रूप में परिणत करने में आप सबकी नानी मरती है।

**कश्यप** : *(उल्टी मुस्कान से)* चोबदार, 'कश्यप समिति' का क्या मतलब है?

**चोबदार** : पुरोहित जी! 'कश्यप समिति' का मतलब है—'सादा मुँह, सीधी बात'। दकियानूसी पंडित या सनातनी आर्य

ब्राह्मण। बनावटी ईश्वर व स्वार्थी धार्मिक आज्ञाओं के विरुद्ध किसी भी प्रकार का सुधार करना ही नहीं चाहता है यानी लकीर का फकीर।

**जनमेजय** : *(कुछ शर्मिन्दगी के साथ)* चोबदार! 'जनमेजय समिति' का क्या मतलब है?

**चोबदार** : *(दोनों हाथ जोड़कर)* राजन क्षमा करें। 'जनमेजय समिति' का मतलब है—'दिया तले अँधेरा'। आपको मंगोलियन डकैतों, अरबियन कज्जाकों, बलूची कबाइलियों की आतंकपूर्ण हरकतों, कम्बोडिया के गृहयुद्ध व ब्रह्मा के दुर्भिक्ष (अकाल) की सदा चिन्ता लगी रहती है, परन्तु नागों, द्रविड़ियनों तथा आदिवासियों (शूद्रों व महाशूद्रों) का आपके आर्यगण दिन-रात हर प्रकार से धार्मिक, सामाजिक, आर्थिक एवं राजनीतिक दोहन-शोषण-उत्पीड़न करते हैं। इसके लिए आपके कानों में जूँ तक नहीं रेंगती है।

**जनमेजय** : प्रधानामात्य, बताओ, चोबदार का कहना सच है या झूठ?

**अजीत** : राजन्! करीब करीब सही है।

**सोमश्रवा** : राजन्! बिलकुल सही है।

**सभासद** : राजन्! मैं बुन्देलखंड प्रदेश के पूर्वी भाग का सभासद हूँ। चोबदार का कहना बिलकुल सही है।

**कुछ ग्रामीण** : *(एक साथ)* राजन्! चोबदार का कहना सही है।

**जनमेजय** : *(कुछ रुककर, सोच-समझकर)* प्रधानामात्य! यह सब हमारी सिधाई व भोलेपन के कारण राज्य में जो गड़बड़ी चल रही है, उसका कभी भी परिणाम निकल सकता है, गृहयुद्ध या बाहिरीयुद्ध।

*[सहसा कारागार के दूत का हाँफते हुए प्रवेश]*

**दूत** : *(दोनों हाथ जोड़कर)* राजन्! प्रणाम। गजब हो गया।

**जनमेजय** : *(उतावले होकर)* बोलो, जल्दी बोलो! क्या नाग महाराज तक्षक ने कारागार पर चढ़ाई कर दी?

**दूत** : नहीं राजन्! अश्वसेन कारागार से रफूचक्कर हो गया है।

**जनमेजय** : *(क्रोधित होकर)* कैसे रफूचक्कर हो गया?

**दूत** : राजन्! कल दिन के तीसरे पहर कारागार के मंत्री महोदय पधारे थे। उनके स्वागत के लिए स्थान-स्थान पर कारागार

के भीतर कदली के खम्भों के द्वार बनाए गए थे। आज दिन के प्रथम पहर जब भंगी अपनी टट्टी वाली गाड़ी भर कर चलने लगा, तो उसके ऊपर केले के पेड़ भी लाद दिए। इसी बीच अश्वसेन रक्षकों से आँख छिपा कर पीछे से लपककर गाड़ी के नीचे दोनों पहियों की दोनों धुरों को मिलानेवाले लम्बे गुर्रा के सहारे साँप की तरह चिपक गया। भंगी देख न पाया। कारागार के द्वारपाल ने रोजाना की तरह टट्टी की दुर्गन्ध की वजह से दूर से ही बिना तलाशी लिए कह दिया, 'गाड़ी ले जाओ।' भंगी गाड़ी ले गया...।

**जनमेजय** : *(पूर्ववत् बीच में ही)* भंगी ने गाड़ी खाली करते समय क्यों नहीं देखा?

**दूत** : गाड़ी खाली करने के पहले ज्यों ही मेहतर ने सुनसान जंगल में गाड़ी रोकी, त्यों ही अश्वसेन दूसरी ओर से बेतहाशा भाग खड़ा हुआ। भंगी ने तुरन्त पीछा किया। वह अति शीघ्र लपककर समीपी चढ़ी नदी में मरने की परवाह न कर के बिलकुल ही निर्मोही बनकर कूद पड़ा और उस पार निकल गया। नाग, राजकुमार अश्वसेन के मुकाबिले में कम तनख्वाह वाला बाल-बच्चेदार मेहतर बहुत कमजोर पड़ता था। फिर भी उस नौजवान भंगी ने नदी में कूदकर काफी दूर तक जितनी उसमें ताकत थी, पीछा किया। आखिरकार थक कर असफल लौट आया। यह सम्पूर्ण अशुभ समाचार अभी-अभी कारागार-निरीक्षक को कह सुनाया। बन्दियों की गिनती की गई, तब पता चला कि भागे हुए कैदी का नाम है, 'नागराजकुमार अश्वसेन'।

**जनमेजय** : *(पूर्ववत्)* प्रधान सेनापति! अश्वसेन को बहुत जल्द बन्दी बनाने के लिए तीन सेनापति छः सैनिक टुकड़ियों और दो सेनापति चार घुड़सवार सैनिक टुकड़ियों सहित नदी के उस पार भेजो।

**चंडभार्गव** : *(शीघ्रतापूर्वक)* राजन्! शीघ्र आज्ञा पालन करता हूँ।

*[प्रधान सेनापति के इशारे पर पाँच सेनापतियों का दोनों हाथ जोड़कर महाराजा को प्रणाम करते हुए प्रस्थान।]*

**जनमेजय** : *(दूत से)* वापस जाओ। शेष बन्दी नागों की कड़ाई से निगरानी रखी जाए। *(प्रधानामात्य से)* कारागार के उन सभी कर्मचारियों को जिनकी गफलत से अश्वसेन भागने में सफल हुआ है, बाद में जाँचकर मुनासिब दंड दिया जाए।

**अजीत** : राजन्! अक्षरशः पालन किया जाएगा।

*[कारागार के दूत का हाथ जोड़कर प्रणाम करते हुए प्रस्थान।]*

*[अचानक हाँफते हुए, गुप्तचर का केवल लंगोटी लगाए, जटाधारी साधुवेश में कुल शरीर में भभूत लपेटे हुए प्रवेश।]*

**गुप्तचर** : *(घबड़ाई दशा में दोनों हाथ जोड़कर)* राजन्, प्रणाम। बड़ा ही जरूरी काम है।

**जनमेजय** : *(उतावले होकर)* बताओ, जल्दी बताओ, नाग महाराज कहाँ है? कहीं कुछ पता?

**गुप्तचर** : राजन्! नाग महाराज तक्षक अपने प्रधान सेनापति वासुकि सहित कोई आगामी लड़ाई की योजना हेतु देवराज इन्द्र के पास गए हैं। मैंने अपने को फलाहार वाला महान त्यागी साधु बताकर जंगल वाले कुएँ पर उन्हें पानी पिलाकर बातों ही बातों में उनका सब भेद ले लिया।

**जनमेजय** : शाबाश! ऐसा गुप्तचर होना चाहिए। *(प्रधानामात्य से)* इसे उचित पुरस्कार दो।

*[प्रधानमंत्री ने गुप्तचर को उचित पुरस्कार दिया।]*

**उत्तंग** : राजन्! *(शीघ्रतापूर्वक)* अच्छा हो, देवराज इन्द्र, नाग महाराज तक्षक व नाग सरदार वासुकि—तीनों को अति शीघ्र बन्दी बनाया जाए। देरी की दशा में उनकी पहाड़ी सेना का मुकाबला करना हम लोगों के बस की बात नहीं है।

**कश्यप** : राजन्! यही मैं भी कहना चाहता था।

**जनमेजय** : प्रधान सेनापति! आप स्वयं इस गुप्तचर तथा अधिकाधिक द्रुतगामी सेना सहित इन्द्रपुरी को आधी रात में चारों ओर से अचानक घेर लो। उत्तंग ब्रह्मचारी के सुझाव के अनुसार तीनों को बन्दी बनाकर शीघ्र इन्द्रप्रस्थ वापस

लौटो। सूचना इन तीनों को बन्दी बनाते ही तत्काल भेजना। तुम्हारी सूचना मिलते ही यहाँ अति शीघ्र अन्तिम नाग यज्ञ होगा, जिसकी पूर्णाहुति में होंगे तीनों बन्दी।

**चंडभार्गव** : राजन्! साथ में ब्रह्मचारी जी को भी भेज दीजिए।

**जनमेजय** : ब्रह्मचारी जी! आर्य वंश का यह पेचीदा युद्ध है। तक्षशिला विजय में आपने इन्द्रप्रस्थ राज्य की जो अभूतपूर्व सेवाएँ की हैं, उन्हें भावी आर्य सन्तानें युग-युगान्तरों तक भुला नहीं सकतीं। जाइए! इन्द्रपुरी की लड़ाई में चंडभार्गव के हाथ मजबूत कीजिए।

**उत्तंग** : राजन्! कल्याण हो। आपकी आज्ञा सहर्ष स्वीकार।

*[प्रधान सेनापति चंडभार्गव का उत्तंग ब्रह्मचारी, गुप्तचर एवं मुख्य सेनापतियों सहित महाराजा जनमेजय को उचित अभिवादन करते हुए प्रस्थान।]*

**कश्यप** : राजन्! मुझे तक्षशिला विजय की खुशी में एक सहस्त्र स्वर्ण-मुद्रा मिलनी चाहिए। तब मैं राज परिवार की पुरोहिताई करूँगा अन्यथा नहीं।

**जनमेजय** : *(चौंककर)* ऐं! कदापि नहीं। जनता का पैसा आज नहीं तो कल, जनता के ही कामों में खर्च किया जाएगा।

**कश्यप** : *(रूठा-सा मुँह बनाकर)* लूट का माल देने में भी इतनी किन्न-भिन्न? मैंने इसी किन्न-भिन्न की वजह से महाराजा परीक्षित की पुरोहिताई कुछ दिनों के लिए छोड़ दी थी। प्रधानामात्य के समझाने पर पुनः स्वीकार कर ली थी। अब मैं पुरोहिताई नहीं करूँगा। मेरा भी साफ उत्तर है।

**जनमेजय** : प्रधानामात्य! अब पुरोहिताई कौन करेगा?

**अजीत** : राजन्! चिन्ता न करें। सोमश्रवा की योग्यता, अनुभव और बर्ताव कश्यप से कई गुना बढ़-चढ़कर है। वह कई आर्य परिवारों का अब भी पुरोहित है। तिकड़मी भी नहीं है।

**जनमेजय** : प्रधानामात्य! तिकड़मी आदमी मुझे भी अच्छा नहीं लगता है, मगर क्या करें? मजबूरियाँ सब कुछ कराती हैं।

**अजीत** : राजन्! मैं भली भाँति जानता हूँ। जिसकी बात न मानो, वही शत्रु बन जाता है, आदि-आदि। *(सोमश्रवा से)* तुम्हें राज्य परिवार की पुरोहताई स्वीकार है?

**सोमश्रवा** : सहर्ष स्वीकार है।

**अजीत** : आज से सोमश्रवा राज पुरोहित नियुक्त किए गए।

**सोमश्रवा** : बहुत-बहुत धन्यवाद।

**जनमेजय** : प्रधानामात्य! चंडभार्गव की सूचना के पश्चात प्रथम होगा अन्तिम नाग यज्ञ। तत्पश्चात् अश्वमेध यज्ञ। राज्यसभा समाप्त हो।

**[पटाक्षेप]**

## दृश्य-7

**स्थान :** आस्तीक मुनि का आश्रम
**समय :** दोपहर के बाद

*[आश्रम में झोंपड़ी के पास वाले पीपल के पेड़ के नीचे कई तख्त पड़े हुए हैं। एक तख्त पर माता मनसा व पुत्र आस्तीक बैठे हैं। समीपी दूसरे तख्त पर मणिमाला व शीलमाला बैठी हैं।]*

*[मनसा अपने पुत्र को समझा रही है।]*

**मनसा** : *(साधारणतया)* बेटा! मैंने तुझे नौ मास पेट में रखा। तीन माह गोदी में रखा। तुझे पाला-पोसा। जब तू जाड़ों में सोते में दाईं ओर पेशाब कर देता था—तब बाईं ओर, जब बाईं ओर पेशाब कर देता था—तब दाईं ओर। जब पेट पर पेशाब कर देता था, जब पेट पर ही बाईं-बाईं करवटें बदलकर तुझे सुलाती थी, जब तू रात में बार-बार पतली टट्टी कर देता था, तब उसी समय उतना कपड़ा एक ओर करके तुझे छाती से लगाकर गरम रखती थी। मैं सदा गीले में सिकुड़-सिकुड़कर, ठिठुर-ठिठुरकर, सी-सी करके रातें काटती थी। अब तू युवा है। मेरी बात पर तनिक भी ध्यान नहीं देता है।

**आस्तीक** : माताश्री! जब से आप इस बार चार दिन से यहाँ आई हैं, तब से रोज-रोज आपकी बातें सुन रहा हूँ। अब और

कौन-सी बातें सुनाने को रह गई हैं *(कुछ क्रोधित होकर)* जिन पर मैं ध्यान नहीं देता—उन्हें भी सुना डालें।

**मनसा** : *(प्यारपूर्वक)* मैंने तो तुझे छठी के दिन क्रोध करने की घुट्टी नहीं पिलाई थी। पता नहीं, तेरा स्वभाव क्रोधी कैसे बन गया? तू यही बात बार-बार कहता है, सुना डालो। मैं क्या सुना डालूँ? कलेजा जला जा रहा है। मैं बुड्डी हूँ। पतिश्री गए। माता-पिता पहले ही चल बसे। तेरी ननसाल के नाग परिवारों को महाराजा जनमेजय ने योजनाबद्ध पूर्व से पश्चिम तक क्रमशः जलाया, लूटा, कत्ल किया। बन्दी नागों को जीवित ही जलती आग में जलाकर गाँव गाँव में नाग यज्ञ किए। तुझे कहाँ तक समझाएँ? तेरा तो अनोखा पत्थर दिल है जो इतनी पेरशानियों पर तनिक भी नहीं पिघलता है।

**आस्तीक** : मैं आपकी, ननसाल की, ननसाल के परिवारों की, तक्षशिला राज्य की, निरीह गरीब जनता पर किए गए अमानवीय क्रूर हमले की सभी परेशानियों की जो महाराजा जनमेजय द्वारा पैदा की गई हैं, सबको अच्छी तरह से जानता हूँ, समझता हूँ, सोचता हूँ, विचारता हूँ।

**मनसा** : *(बड़े प्यार से)* बेटा! जानने-समझने, सोचने-विचारने पर किस नतीजे पर पहुँचे, बताओ?

**आस्तीक** : वही कल शाम वाले नतीजे पर। मैं महाराजा जनमेजय के विरुद्ध युद्ध नहीं करूँगा। हाँ, कोई मेल-मिलाप की रूप रेखा आपके दिमाग में हो, तो बताइए।

*[माणवक का प्रवेश]*

**माणवक** : *(प्रसन्नतापूर्वक दूर से ही दोनों हाथ जोड़कर)* बुआश्री एवं बड़े भैया! सादर प्रणाम।

**मनसा** : *(प्रसन्नतापूर्वक)* मंगल हो तात।

*[सभी ने माणवक को क्रमशः गले लगाकर प्रेम प्रदर्शित किया।]*

**मणिमाला** : कहो भैया, कैसी बीती?

**माणवक** : जो बीती सो ठीक बीती। जब सम्पूर्ण सेना चली गई तब मैं लाशों के नीचे से निकला। गुप्तगृह ढूँढ़ने में तीन दिन लग गए। वहाँ से पता लगने पर आप लोगों के पास अब पहुँच पाया हूँ। भाई अश्वसेन का है कुछ पता?

**मणिमाला** : वह तो महाराजा जनमेजय के कारागार में है।

**माणवक** : कोई छुड़ाने की तरकीब है?

**मणिमाला** : उसी हेतु हम सब पधारे हैं।

*[अचानक अश्वसेन का प्रवेश]*

**अश्वसेन** : *(प्रसन्नतापूर्वक दूर से ही दोनों हाथ जोड़कर)* बुआश्री एवं बड़े भैया को सादर प्रणाम।

**मनसा** : *(प्रसन्नतापूर्वक)* मंगल हो तात।

*[सभी ने अश्वसेन को क्रमशः गले लगाकर प्रेम प्रदर्शित किया।]*

**अश्वसेन** : कैदखाने से भंगी की टट्टी वाली गाड़ी के नीचे चिपक कर बड़े मजे से निकल आया। पाखाने की बदबू के कारण कारागार के द्वारपाल ने प्रतिदिन की भाँति दूर से ही कह दिया—"गाड़ी ले जाओ।"

**मनसा** : बेटा! कारागार से छूटकर तुमने नया जन्म पाया।

*[अश्वसेन को आश्रम में पिताश्री व नाग सरदार के न दिखाई पड़ने पर]*

**अश्वसेन** : बुआश्री! मैंने तो वास्तव में नया जन्म पाया। मगर यह तो बताओ, पिताश्री एवं नाग सरदार कहाँ हैं?

**मनसा** : नाग महाराज एवं नाग सरदार, दोनों तुझको छुड़ाने के लिए देवराज 'इन्द्र' के पास मदद के लिए गए हैं।

*[सहसा घबड़ाई हुई दशा में हाँफते हुए नाग सरदार वासुकि का प्रवेश]*

**वासुकि** : *(नीचे सिर किए अति उदास मन से दोनों हाथ जोड़कर)* बहन जी, प्रणाम्।

*[नाग सरदार के नीचा सिर किए होने के कारण मनसा को पहिचानने में कुछ समय लगा।]*

**मनसा** : *(कुछ देर से)* मंगल हो, तात। अरे, कौन है वासुकि? क्या देवराज इन्द्र ने सहायता देने से इनकार कर दिया?

**वासुकि** : *(पूर्ववत्) (चुपचाप)*

**मनसा** : बता न, क्या बात है?

**वासुकि** : *(पूर्ववत्)* क्या बतावें बहिनजी! समय अर्द्धरात्रि का था। इन्द्रपुरी में इन्द्र भवन के इन्द्रासन पर हम तीनों विराजमान थे। देवराज सेना सहित स्वयं सहायता करने के लिए तैयार थे। अचानक उसी समय चंडभार्गव ने सेना सहित

इन्द्रपुरी एवं इन्द्र भवन को चारों ओर से घेर लिया। इन्द्र भवन का पीछे वाला छोटा दरवाजा तोड़ दिया। देवराज व नाग महाराज को बन्दी बना लिया। मैं इन्द्रासन के पीछे वाले पुस्तकालय की बाईं खिड़की के दो लोहे के सरियों को टेढ़ा कर के गन्दे नाले वाली दीवाल के सहारे सरकता हुआ, गन्दे नाले में गोते खाता हुआ, सेना की दृष्टि से छिपकर रास्ते में भी लुकता-छिपता व मुश्किल तमाम आप लोगों तक आ पाया हूँ। ऐसी दशा में मुझे आप लोगों को मुँह दिखाने में शर्म लगती है। मैंने देवराज व नाग महाराज, दोनों को सदा के लिए खो दिया।

**अश्वसेन** : *(सुनकर कुछ बेहोशी में)* चाचाश्री! गजब हो गया।

*[कहकर अश्वसेन पूर्णतया बेहोश होकर तख्त पर लेट जाता है। मणिमाला पंखा से हवा करती है। शीलमाला मुँह में थोड़ा-थोड़ा पानी डालती है। वासुकि सीने पर हल्की-हल्की हथेली फेरते हैं। आस्तीक हाथ की नाड़ी देखते हैं। सभी अधिकाधिक बेचैन हैं।]*

**मनसा** : *(उदास मन से)* बेटा! नाड़ी क्या बता रही है?

**आस्तीक** : *(चुपचाप)*

**मनसा** : *(पूर्ववत्)* बेटा! कुछ तो बता। *(पुनः पूर्ववत्)* अरे! बोलता क्यों नहीं है? कुछ तो बोल!

**आस्तीक** : *(उदास मन से)* माताश्री! क्या बताऊँ? क्या बोलूँ? नाड़ी तो बड़ी ही गड़बड़ चल रही है।

*[आस्तीक मुनि के मुँह से 'गड़बड़' शब्द सुनकर मणिमाला फूट-फूटकर जोर-जोर से रोने लगती है।]*

*[नास्तिक मुनि का सवेग प्रवेश]*

**नास्तीक** : *(दोनों हाथ जोड़कर मनसा से)* चाचीश्री! प्रणाम्।

**मनसा** : *(पूर्ववत् उदास मन से)* मंगल हो, तात्।

**नास्तीक** : अरे! कौन रो रहा है मणिमाला?

*[मणिमाला पूर्ववत् रो रही है।]*

**नास्तीक** : *(मनसा से)* चाचीश्री! आप ही बताएँ, क्या बात है? *(अश्वसेन की ओर देखते हुए)* यह अचेत कौन पड़ा है?

**मनसा** : बेटा! *(कहकर सम्पूर्ण परिस्थिति बताती है।)*

*[मणिमाला धीरे-धीरे रोना बन्द करके सिसकियाँ भरने लगती है।]*

**नास्तीक** : *(अश्वसेन के कान के पास अपना मुँह ले जाकर बार-बार)* उठो-उठो, नाग महाराज व देवराज को हम बन्धन-मुक्त कराएँगे।

**अश्वसेन** : *(कुछ होश आने पर सँभलकर)* कैसे?

**मणिमाला** : *(अति ही तृषित नेत्रों से)* कैसे?

**नास्तीक** : कैसे? अक्ल से, और कैसे?

**मणिमाला** : *(ससम्मान)* वह अक्ल कौन-सी है, बताइए?

**नास्तीक** : अक्ल तो हम बताएँगे। *(आस्तीक की ओर त्योरी चढ़ाकर देखते हुए)* आप सब लोग मेरी अक्ल के मुताबिक चलेंगे भी, विश्वास दिलाओ?

**आस्तीक** : अब चूँकि तुम सब दुखियों की टोली पिताश्री के आश्रम पर पधारी है, इसलिए आश्रम की इज्जत बचाने के लिए नाग महाराज व देवराज को बन्धन मुक्त करने के लिए सभी उचित काम करने के लिए विश्वास दिलाता हूँ।

**मनसा** : बेटा नास्तीक! अभी तक मैं आस्तीक को ही अपना पुत्र समझती थी। अब जाना, बेटा वह है जो दु:ख में हाथ बटावे। मैं घोषणा करती हूँ कि मेरे दो पुत्र हैं—आस्तीक व नास्तीक। *(इस घोषणा के पश्चात् आस्तीक ने दोनों हाथ जोड़कर मनसा को पुन: प्रणाम किया। मनसा ने आस्तीक की पीठ पर हाथ रखकर)* बेटा! आयु बड़ी हो। *(शुभ आशीर्वाद दिया)*

**आस्तीक** : *(नास्तीक)* अब तो तुम्हें आश्रमवासियों की ओर से विश्वास हो गया, अक्ल बताओ। हम सब सुनें। अमल करें।

**नास्तीक** : बड़े भैया! आप तो केवल अगुवा भर बने रहें। मैं सदा आपके साथ छाया बनकर रहूँगा। *(मणिमाला से)* बहनश्री! बताइए। सम्पूर्ण अक्ल बताइए, जो आप अपने पिताश्री *(नाग महाराज)* को गुप्तगृह में बताना चाहती थीं।

**मणिमाला** : *(साधारणतया)* आप लोग ध्यान से सुनें। अन्तिम नाग यज्ञ में ठीक पूर्णाहुति के एक क्षण पहले बड़े भैया आस्तीक व छोटे भैया नास्तीक कुछ साथियों सहित जा धमके। तत्काल अपने कमंडल से हाथ के चुल्लू में पानी लेकर

अधिकाधिक क्रोधित होकर लाल-लाल आँखें करके महाराजा जनमेजय से डाँटकर कहें, 'रे जनमेजय, उठ, शीघ्र खड़ा हो जा।' जब वे खड़े हो जाएँ तब कहें, 'तूने मेरे पिताश्री की हत्या के समय भविष्य में सदैव विश्व मैत्री भावना का पालन करेगा', प्रण किया था, किन्तु तक्षशिला विजय के समय गाँव-गाँव में भीषण अग्नि कांड, लूटपाट, कत्लेआम व बन्दी नागों, आदिवासियों को जीवित ही आग में जलाकर जो नाग यज्ञ किए हैं, तेरी इस क्रूर निर्दयता से विश्व की मानवता कराह उठी है। अतः स्वार्थियों सहित मेरे श्राप से भस्म होने के लिए शीघ्र तैयार हो जा।

**वासुकि** : बेटी! अब जनमेजय का दिमाग तक्षशिला विजय के बाद बहुत बढ़ गया है। उन्हें अपनी क्रूरता व निर्दयता पर बड़ा घमंड है। वे अब ऐसी गीदड़ भभकी में आनेवाले नहीं।

**मणिमाला** : चाचाश्री! जिन राजाओं पर तनिक भी धर्म का भूत सवार हो जाता है, उनकी ब्राह्मणों, ऋषियों व मुनियों के श्राप का नाम सुनते ही पोंक सरक जाती है। देखा नहीं, धरा ही रहा महाराजा हरिश्चन्द्र का फौज फाटा? लंगोटी वाले विश्वामित्र ने उन्हें कालू ढोम के मरघट की चौकीदारी करने पर मजबूर कर दिया तो जनमेजय किस ताल के बथुआ हैं? *(एक प्रकार की सब्जी वाली घास का नाम बथुआ है।)*

**नास्तीक** : *(कुछ रोष में)* नाग सरदार! आप निश्चिन्त रहें। जम्बूद्वीप में किसी के भी भुजदंडों में वह शक्ति नहीं है, जो मेरी भुजदंडों में है। वह होगी आस्तीक के साथ।

*[कहकर नास्तीक ने समीपी पड़ी पत्थर की एक मोटी-सी चट्टान पर जोर से घूँसा दे मारा। चट्टान टूक-टूक हो गई। मणिमाला आदि सभी बहुत प्रसन्न हुए]*

**आस्तीक** : क्यों नास्तीक, इसकी क्या जरूरत थी? मुझे आपके बल पौरुष का पहले से ही पता था।

**मनसा** : *(मणिमाला)* लंगोटी वाले विश्वामित्र ने वर्षों पहले अपने अनुकूल वातावरण बना रखा था।

**मणिमाला** : बुआश्री! अनुकूल वातावरण दो प्रकार का होता है। एक वर्षों पहले व दूसरा दिनों, पहरों, घड़ियों व कुछ क्षण पहले अपने अनुकूल तैयार किया जाता है। मैं अन्तिम नाग यज्ञ की पूर्णाहुति के ठीक आधी घड़ी पहले आस्तीक मुनि के अनुकूल एवं महाराजा जनमेजय के प्रतिकूल वातावरण तैयार कर लूँगी।

**मनसा** : केवल आधी घड़ी में ऐसा वातावरण तैयार होना मेरी समझ में बहुत टेढ़ी खीर है।

**मणिमाला** : बुआश्री! आसान, बिलकुल आसान। शत्रु की सभा में जाने के लिए थोड़ी-सी हिम्मत चाहिए। कमजोर से कमजोर शत्रु दूर से पहाड़ मालूम होता है। जब प्रबल से प्रबल शत्रु मुकाबिले में आ जाता है तो तनिक हिम्मत व थोड़ी-सी अक्ल की बदौलत तिनका-सा दिखाई पड़ता है।

**अश्वसेन** : ठीक कहा बहन जी! मामला दो मूँठ पर तो है ही। 'नदी में घुसे—पार गए तो पार, नहीं तो डूबे मझधार।'

**वासुकि** : अच्छा बेटी! अपने अनुकूल वातावरण इतनी जल्दी कैसे बनाएगी, ठीक ढंग से समझा?

**मणिमाला** : नाग सरदार! विदित हो, आप स्वयं, अश्वसेन, माणवक एवं पचास छट्टा गोरे, गेहुआँ रंग के नागवंशी व आदिवंशी युवकों को आर्य सैनिक भेस में लेकर अन्तिम नाग यज्ञ की पूर्णाहुति में ठीक आधी घड़ी पहले महाराजा जनमेजय के बगल में उनकी आँख बचाकर दो लाइन में जरा से तिरछे खड़े हो जाएँ। आस्तीक व नास्तीक आदि ऋषियों तथा साथियों के आते समय बड़े भैया आदि तीनों जनें लपक कर अगली नई कतार बना लें। इससे बड़े भैया का साहस अनन्त गुना बढ़ जावेगा और मैं...।

**वासुकि** : *(बीच में ही)* और आप स्वयं क्या करेंगी?

**मणिमाला** : और मैं स्वयं, बुआ मनसा, शीलमाला आदि पच्चीस स्त्रियों एवं पच्चीस युवकों सहित आर्य वेशभूषा में आपके साथ-साथ चलकर आर्य महिलाओं व आर्य पुरुषों के गोल के बीच बीच में बैठ जावेंगी, जो समयानुसार बड़े भैया *(आस्तीक)* को हर प्रकार का

सहयोग देंगी। उनके इशारे मात्र पर जान की बाजी तक लगा देंगी।

**आस्तीक** : माताजी! इतने पर मैं सब काम बना लूँगा।

**नास्तीक** : आप झगड़े-बखेड़े में मुझे आगे रहने दीजिएगा।

**मनसा** : *(नास्तीक से)* जुग-जुग जियो मेरे प्यारे लाल!

**वासुकि** : अब सब काम आसान हो गया। शीघ्रता करो।

**मणिमाला** : *(आस्तीक से)* आप अपने साथियों सहित निश्चित समय पर पहुँचें। वातावरण तैयार मिला तो अपने शुभचिन्तक व्यास जी को भी गुप्त रूप से सूचित कर दें।

**आस्तीक** : माताश्री! आप बेफिक्र रहें। देवराज व नाग महाराज को बन्धन मुक्त कराने की मेरी पूरी जिम्मेदारी है, चाहे मुझे हिंसा का सहारा क्यों न लेना पड़े। इसके अतिरिक्त मैं दोनों महाराजाओं का आपस में मेल भी करा दूँगा ताकि नागों व आर्यों का झगड़ा सदा-सदा के लिए समाप्त हो जाए।

**मनसा** : *(प्यारपूर्वक)* बड़ी अच्छी बात है बेटा! सबका मंगल हो।

**[पटाक्षेप]**

## दृश्य-8

**स्थान :** इन्द्रप्रस्थ में आर्य महाराजा जनमेजय का अन्तिम नाग यज्ञ
**समय :** मध्याह्न के पहले

*[आज अन्तिम नाग यज्ञ है। आर्य महाराजा जनमेजय यज्ञकुंड के पास व उनकी बगल में पीछे शौनक ऋषि याज्ञिक बैठे हैं। यज्ञ सामग्री [घी, मेवा व काष्ठ आदि] के ढेर कुछ दूर पर लगे हैं। अजीत प्रधानमंत्री, सोमश्रवा नया पुरोहित, कश्यप पुराना पुरोहित, सभासद, सम्मानित भद्र पुरुष ग्रामीण तथा दर्शक नर-नारी अपनी-अपनी जगह विराजमान हैं।]*

**जनमेजय** : प्रधानामात्य! इस नाग यज्ञ का कुंड किस कारीगर ने बनाया है क्योंकि यह कुंड धुआँ रहित है?

**अजीत** : राजन्! निधड़क नामक चतुर बन्दी नाग कारीगर ने इसे बनाया है। इसमें नीचे-नीचे कई सुरंगें हवा आने-जाने के लिए बनाकर उनका सीधा ताल्लुक नदी की कगार से रखा है, ताकि हवा के सहारे कुंड की आग आसानी से जल सके। इस अत्यन्त महत्त्वपूर्ण कार्य के लिए उसे माफी मिलनी चाहिए।

**जनमेजय** : *(बीच में ही चौंककर)* प्रधानामात्य, क्या कहा? माफी? माफी किसी भी नाग कैदी को कदापि नहीं दी जा सकती।

**अजीत** : क्षमा करें राजन्! कोई चतुर कारीगर ऐसा विचित्र कुंड बनाने के लिए मिला नहीं। तब बन्दी नाग से यह कुंड बनवाया गया। मैंने उससे माफी दिलाने का वायदा किया है। कृपया पुनः विचार करें।

*[गुप्तचर का प्रवेश]*

**गुप्तचर** : *(दोनों हाथ जोड़कर)* याज्ञिकश्री एवं महाराजाश्री! प्रणाम।

**शौनक** : मंगल हो! प्रधान सेनापति चंडभार्गव कितने समय पश्चात् यहाँ इस यज्ञ भूमि में पधारेंगे?

**गुप्तचर** : वे ढाई घड़ी *(एक घंटा पश्चात्)* बन्दी देवराज व नाग महाराज सहित आपकी सेवा में उपस्थित होंगे।

**जनमेजय** : कहो मार्ग की कुशलता?

**गुप्तचर** : राजन्! आपके बल पौरुष के सामने किसी की मजाल नहीं, जो मार्ग में प्रधान सेनापति चंडभार्गव को जरा भी छेड़ सके।

**जनमेजय** : और नाग सरदार वासुकि?

**गुप्तचर** : नाग सरदार अति शीघ्र इन्द्रासन के पीछे वाले पुस्तकालय की दाईं खिड़की के दो लोहे के सरियों को टेढ़ा करके ऊपरी खंड से नीचे गन्दे नाले में कूद पड़े। प्रातः होने पर तलाश की गई। कोई पता नहीं चला।

**जनमेजय** : अच्छा! यज्ञ मंडप के द्वारपाल की सहायता के लिए मुख्य द्वार पर जाओ।

*[गुप्तचर का दोनों हाथ जोड़कर दोनों को प्रणाम करते हुए प्रस्थान]*

**जनमेजय** : याज्ञिके! नाग यज्ञ प्रारम्भ करो।

*[उत्तंग का प्रवेश]*

**जनमेजय** : *(खड़े होकर दोनों हाथ जोड़कर)* इन्द्रप्रस्थ का आर्य महाराजा जनमेजय उत्तंग ब्रह्मचारी जी को प्रणाम करता है।

**उत्तंग** : राजन, कल्याण हो! चंडभार्गव सवा दो घड़ी पश्चात् राज बन्दियों सहित उपस्थित होंगे। उन्होंने मुझे भेजा है। नाग यज्ञ शीघ्र प्रारम्भ किया जाए।

**शौनक** : ब्रह्मचारी जी, आइए। याज्ञिक का आसन अब आप ग्रहण करें। मैं वृद्ध हूँ। कुछ अस्वस्थ हूँ।

**जनमेजय** : ब्रह्मचारी जी! आपकी उपस्थिति में यह पद आप सरीखे नव-जवान को ही शोभा देता है। स्वीकार करें।

**उत्तंग** : राजन! जो आज्ञा।

*[उत्तंग ने याज्ञिक का स्थान ग्रहण किया। उत्तंग के संकेत पर अग्नि प्रज्वलित की जाती है। अब आग की लपटें अति प्रचंड वेग पकड़ चुकी हैं।]*

**उत्तंग** : *(रक्षकों से)* तुम लोग भी अपना काम प्रारम्भ करो।

*[एक रक्षक अपने दोनों हाथों में बन्दी, आदिवासियों के दोनों हाथ, दूसरा रक्षक अपने दोनों हाथों से उसके पैर पकड़कर हाथों से बँधी रस्सियों सहित झुलाते हुए नाग यज्ञ के जलते हुए कुंड में फेंक देते हैं।]*

**उत्तंग** : *(मंत्री के बजाय)* महाराजा परीक्षित की मृत्यु का बदला।

**जनमेजय** : 'स्वाहा!'

*[एक के बाद दूसरा, दूसरे के बाद तीसरा, तीसरे के बाद चौथा, पाँचवाँ आदि क्रम क्रमशः चालू है। नाग सरदार, अश्वसेन व माणवक का पचास साथियों सहित आर्य-सैनिक भेस में और मनसा, मणिमाला का पच्चीस युवकों व पच्चीस युवतियों सहित आर्य स्त्री भेस में साधारण दर्शकों की भाँति प्रवेश।*

*यज्ञ भूमि में दुर्गन्धयुक्त धुएँ का साम्राज्य है। इसलिए सभी नाक मसलते हुए आँसू पोंछ रहे हैं। अपने-पराए की पहचान करना अति ही कठिन है।]*

**माणवक** : *(बनावटी धीमी आवाज से धुएँ का बहाना प्रदर्शित करते हुए, तिरछा मुँह करके आँखें मसलते हुए)* ब्रह्मचारीश्री एवं महाराजश्री! सादर सविनय प्रणाम।

**उत्तंग** : *(आँसू पोंछते हुए)* सबका मंगल हो।

**जनमेजय** : *(धुएँ के कारण बिना पहचान किए)* आप लोग (उचित) स्थान ग्रहण करें।

*[पुरानी योजनानुसार सबने अपना-अपना स्थान ग्रहण किया।*

*बन्दी नाग सेनापति 'निधड़क' ने नाग सरदार, अश्वसेन, माणवक, मनसा व मणिमाला आदि सबको पहचान लिया।]*

**एक रक्षक** : राजन्! यह है निधड़क नाग-कारीगर। प्रधानामात्य ने वायदा माफी पर पुनर्विचार की प्रार्थना आप से की है।

**निधड़क** : राजन्! यह तो मैंने प्रधानामात्य से हँसते-हँसते में माफी की चलताऊ बात कही थी। कारागार के अध-पेट, रूखे-सूखे भोजन एवं एकान्त वास के साथ अन्य कष्टों के बजाय हम लोग नाग यज्ञ द्वारा अति शीघ्र मरना अच्छा समझते थे। इसलिए यज्ञ कुंड मैंने अपनी खुशी से जल्दी ही अपना व अपने साथी बन्दी नागों व आदिवासियों का निर्दयी से पीछा छुड़ाने के लिए बनाया था।

**अजीत** : क्यों बे बदमाश! निर्दयी किसको बना रहा है?

**निधड़क** : इन्ही आँसू पोंछनेवाले, रोती शक्ल-सूरत वाले महाराजा जनमेजय को, जिन्होंने तक्षशिला विजय के समय बेगुनाह नागों व आदिवासियों को गाँव-गाँव में जलाया, लूटा, कत्लेआम किया। अब अपने दुर्मुख से जप रहे हैं नाग यज्ञ स्वाहा। आह, महाराजा परीक्षित की मृत्यु का ऐसा क्रूर, नीच व अमानवीय बदला!

**जनमेजय** : तुम लोग भी तो नीच हो, जो हमारे पिताश्री को धोखे से मार डाला।

**निधड़क** : यह तो हमारी आजादी की लड़ाई थी। नाग इन सभी प्रदेशों के राजा-महाराजा थे। आपको हम लोगों की धन, धरती छीनने में शर्म आनी चाहिए थी। मैं अपने घोड़े के घायल हो जाने से बन्दी बना अन्यथा आपका सर धड़ से उड़ा कर बन्दी बनता।

**जनमेजय** : *(क्रोधित होकर रक्षकों से)* इसे भी जल्दी झोंक दो।

*[रक्षक आगे बढ़ते हैं।]*

**निधड़क** : राजन्! नाग आजादी की रक्षा के लिए लड़ना जानते हैं। देखो! समय पर मरना भी जानते हैं।

*[कहकर खुद ही जल्दी से छलाँग मारकर उठती लपटों के उस पार कुंड के भीतर निश्चित दिशा की ओर कूद पड़ता है। यह कुंड इसी कारीगर ने बनाया है। अपने बनाए गुप्त मार्ग द्वारा नदी की कगार की ओर से निकल गया। जला नहीं। शीघ्रता के कारण आग की लपटों से झुलसा तक नहीं।]*

*[चंडभार्गव का बन्दी देवराज इन्द्र व नाग महाराज तक्षक सहित प्रवेश]*

**चंडभार्गव** : *(दोनों हाथ जोड़कर)* राजन्, प्रणाम!

**जनमेजय** : मंगल हो!

**चंडभार्गव** : राजन्! बन्दी इन्द्र व नाग महाराज तक्षक उपस्थित हैं। आज्ञा प्रदान करें—पूर्णाहुति की।

**जनमेजय** : प्रधान सेनापति! इन्द्र व तक्षक, दोनों की एक साथ पूर्णाहुति शीघ्र दो।

*[चंडभार्गव रक्षकों को आज्ञा देने ही वाले थे, अचानक हाथ में कमंडल लिए आस्तीक मुनि का नास्तीक आदि पचास नवजवान ऋषियों, मुनियों एवं अन्य साथियों सहित सवेग प्रवेश। नाग सरदार, अश्वसेन व माणवक ने स्थान बदलकर प्राचीन योजना के अनुसार, विभिन्न स्थानों पर नवीन स्थान ग्रहण किए।]*

**आस्तीक** : *(ठीक महाराज जनमेजय के सामने खड़े होकर बाएँ हाथ के कमंडल से दाहिने हाथ के चुल्लू में पानी लेकर क्रोधपूर्वक प्रधान सेनापति से जोर से)* चंड!

ठहर जा। *(जनमेजय से)* दोनों को एक साथ पूर्णाहुति देनेवाले, ओ निर्दयी जनमेजय, उठ। शीघ्र खड़ा हो जा। *(महाराज जनमेजय चुपचाप खड़े हो जाते हैं)* तूने मेरे पिताश्री जरत्कारु की हत्या के समय आश्रमवासियों के सामने भविष्य में सदैव विश्वमैत्री भावना पालन करने का प्रण किया था, किन्तु तक्षशिला विजय के क्रूर हमले द्वारा गाँव-गाँव में भीषण अग्नि-कांड, लूट-पाट, कत्लेआम, बन्दी नागों, आदिवासियों को जीवित ही आग में नाग यज्ञ के नाम से जला देने के कारण संसार की मानवता जोर-जोर से चीत्कार कर रही है कि विश्व का सबसे बड़ा निर्दयी महाराजा है जनमेजय। अतः स्वार्थियों सहित मेरे श्राप से भस्म होने के लिए तैयार हो जा।

*[महाराज जनमेजय श्राप का नाम सुनकर थर-थर, थर-थर काँपने लगते हैं। पाठकों ने देखा, धर्म के नकली भूत का तमाशा।]*

**जनमेजय** : *(चुपचाप)*

**सोमश्रवा** : *(काँपते हुए, दोनों हाथ जोड़कर)* मुनिवर! आपको आस्तीक मुनि का मौसी जात भाई सोमश्रवा प्रणाम करता है।

**आस्तीक** : *(पूर्ववत्)* अच्छा, तुम हो नए पुरोहित सोमश्रवा? मंगल हो। मुझे तुम्हारी सच्चाई पर भरोसा है। बताओ, इस भोले-भाले नवयुवक महाराज जनमेजय को किन-किन स्वार्थियों ने बरगला कर ऐसा भीषण रक्तपात कराया है?

**सोमश्रवा** : मुनिवर! आपको सब पता है। *(कहकर चुपचाप)*

**आस्तीक** : *(पूर्ववत्)* मालूम होता है, पुरोहित के मानी है, चापलूस नम्बर एक। *(अजीत से)* प्रधानामात्य! आप बीच के आदमी हैं, राजा के और प्रजा के भी। मैं वास्तव में सब कुछ जानता हूँ, मगर मैं चाहता हूँ, सत्य की विशेष गवाही देने की बात के लिए आप सोमश्रवा को शीघ्र समझावें वर्ना टाल-मटल का मतलब है— झूठी गवाही। मैं इस नए पुरोहित को पहले भस्म करूँगा, बाद में जनमेजय को।

**अजीत** : पुरोहित जी! नौकरी अंड (अरंड) की जड़ है। हवा का झोंका लगा, गिरे। प्रत्येक समय राजा-महाराजाओं को खुश रखना मुझ जैसे बुड्ढों के काबू के बाहर की बात है। फिर तुम्हारा तो नया खून है। आगे बनी-बनी, न-बनी। सच-सच बता दो कि महाराजा को किस-किस ने बरगला कर तक्षशिला का रक्तपात कराया है?

**सोमश्रवा** : *(निर्भयपूर्वक)* मुनिवर! मैं अकेला क्या बताऊँ! उपस्थित सम्पूर्ण जनसमूह भली भाँति जानता है। सीधे-साधे महाराजा जनमेजय को अश्वमेध यज्ञ व नाग यज्ञ हेतु बरगलाया है, स्वार्थी पुराने पुरोहित कश्यप व ब्रह्मचारी उत्तंग ने।

**बनावटी आर्यगण** : *(वास्तविक नागवंशी व आदिवंशी एक साथ)* मुनिवर! सोमश्रवा का कहना बिलकुल सत्य है।

**जनसमूह** : *(एक साथ)* मुनिवर! सोमश्रवा का कहना बिलकुल सत्य है।

**आस्तीक** : *(पूर्ववत् क्रोधित दशा में, माणवक से)* ऐ सेनानायक! तुम कश्यप को, *(अश्वसेन से)* तुम सेनानायक इस उत्तंग को शीघ्र बन्दी बनाकर जनता के इस न्यायालय में इसी समय उपस्थित करो।

**जनसमूह** : *(एक साथ)* मुनिवर! आपका न्याय बहुत सराहनीय है।

*[सम्पूर्ण जनसमूह का विरोध देखकर कश्यप व उत्तंग सवेग भाग खड़े हुए। माणवक व अश्वसेन ने पीछा किया। भागते हुए कश्यप के पैर की एड़ी पर माणवक ने लम्बी छलाँग मारकर अपनी एड़ी पटककर कमर पकड़ ली। काबू पाने के लिए झकझोरते हुए जोर से भूमि पर दे पटका। इत्तिफाक से भूमि थी कड़ी। कश्यप सदा के लिए चल बसा। उत्तंग भाग गया। अश्वसेन की पकड़ में नहीं आया।]*

**प्रथम सेना नायक** : मुनिवर, क्षमा करें! भागते हुए कश्यप पर काबू पाने के लिए मैंने उसके एक अच्छी-सी पटक लगाई। इत्तिफाक से जमीन थी कड़ी। वह सदा के लिए चल बसा।

**आस्तीक** : *(पूर्ववत् क्रोधित दशा में)* अच्छा! क्षमा। जाओ, स्थान ग्रहण करो।

*[माणवक ने अपना स्थान ग्रहण किया।]*

**द्वितीय सेनानायक** : मुनिवर, क्षमा करें! मैं जूता पहने था। उत्तंग नंगे पैर था। तेजी से भागते हुए उत्तंग का पीछा किया। दृष्टि से ओझल हो गया। पकड़े नहीं मिला।

**आस्तीक** : *(पूर्ववत्)* क्षमा! भाग जाना सामाजिक मृत्यु है। जाओ, स्थान ग्रहण करो।

*[अश्वसेन ने अपना स्थान ग्रहण किया।]*

**आस्तीक** : *(पूर्ववत् क्रोधित दशा में)* सोमश्रवा! बताओ, अब तक्षशिला विजय के भीषण नर संहार का दोषी जनमेजय के अतिरिक्त और कौन है?

**सोमश्रवा** : मुनिवर! मेरी समझ में अब और कोई नहीं। उपस्थित जनसमूह अपने हृदय की बात स्वयं कहे।

**आर्य स्त्री भेस में एक नागवंशी लड़की** : *(मणिमाला अकड़कर जोर से)* मुनिवर! तक्षशिला विजय के भीषण नर संहार का दोषी जनमेजय के अतिरिक्त एक और दोषी है। वह है, प्रधान सेनापति चंडभार्गव।

**जनसमूह** : *(एक साथ)* मुनिवर! बिलकुल ठीक है।

**आस्तीक** : *(पूर्ववत् क्रोधित दशा में, नाग सरदार वासुकि से)* ऐ सेनापति! तुम आजन्म के लिए चंड की तलवार छीनकर नाग यज्ञ में फेंक दो।

*[आस्तीक मुनि के मुँह से 'छीन' शब्द निकलते ही नाग सरदार वासुकि ने पूरी ताकत से पलक झपकते-झपकते चंडभार्गव की तलवार छीनकर नाग यज्ञ के कुंड में फेंक दी। चंडभार्गव पत्थर की मूर्ति की तरह हक्का-बक्का-सा खड़ा का खड़ा ही रह गया। अब आस्तीक मुनि की धाक और भी अधिक जम गई।]*

**आस्तीक** : *(पूर्ववत् क्रोधित दशा में, मणिमाला से)* लड़की! आजन्म के लिए चंडभार्गव की तलवार छीनना योद्धाओं के लिए मृत्यु से भी अधिक बढ़कर है।

**आर्य स्त्री भेस में एक नागवंशी लड़की** : *(मणिमाला साधारणतया)* मुनिवर! आप द्वारा खोजे न्याय के लिए उपस्थित जनसमूह बलिहार है।

**आस्तीक** : *(पूर्ववत् क्रोधित दशा में)* अच्छा! जनमेजय, अब तेरी बारी है। बोल, तू क्या चाहता है?

**जनमेजय** : *(पूर्ववत्)* मुनिवर! अपराधी जनमेजय क्षमा चाहता है।

**आस्तीक** : *(पूर्ववत् क्रोधित दशा में)* रे जनमेजय! तू अपने को बड़ा चतुर समझता है, मगर है नहीं। स्वयं तो क्षमा चाहता है। दूसरों को भी क्षमा करने का पाठ पढ़ा है या नहीं?

**जनमेजय** : *(पूर्ववत् चुपचाप)*

**आस्तीक** : *(पूर्ववत् क्रोधित दशा में)* रे दुर्बुद्धि जनमेजय! तू बड़ा मतलबी है। स्वयं तो क्षमा चाहता है, परन्तु इन निर्दोषी राजाओं तक्षक व इन्द्र को भी बन्धनमुक्त करेगा या नहीं? बोल, सच बोल। जल्द बोल।

*[यकायक वयोवृद्ध महामुनि व्यास का सवेग प्रवेश]*

*[व्यास को देखते ही सम्पूर्ण जनसमूह खड़ा हो जाता है। अपने अपने ढंग पर नाना प्रकार से स्तुति-वन्दना करता है।]*

**व्यास** : *(साधारणतया)* शान्ति! शान्ति!! शान्ति!!! सबका मंगल हो। आप लोग अपना-अपना स्थान ग्रहण करें।

*[सभी अपने-अपने स्थानों पर चुपचाप बैठ जाते हैं।]*

**व्यास** : राजन्! अब समय आ गया है। सोचा-विचारा समाप्त करें। नाग महाराज तक्षक व देवराज इन्द्र को तत्काल बन्धनमुक्त करें।

**जनमेजय** : *(पूर्ववत्)* प्रधानामात्य! नाग महाराज व देवराज को तत्काल बन्धनमुक्त करो।

**अजीत** : *(शीघ्रतापूर्वक)* प्रधान सेनापति! राजाज्ञा का शीघ्र पालन करो!

*[प्रधान सेनापति चंडभार्गव ने स्वतः क्रमशः दोनों को तत्काल बन्धनमुक्त किया।]*

**इन्द्र व तक्षक** : *(दोनों एक साथ, दोनों हाथ जोड़कर)* महा मुनिवर व्यास व मुनिवर आस्तीक! प्रणाम्।

**व्यास व आस्तीक** : *(एक साथ साधारणतया)* मंगल हो।

**आस्तीक** : *(महाराजा जनमेजय से)* अब सद्बुद्धि आई तुझे, जनमेजय? *(मणिमाला से)* ऐ चतुर लड़की! बता, सद्बुद्धि महाराजा जनमेजय को कम से कम क्या दंड दिया जाए?

**आर्य स्त्री भेस में एक नागवंशी लड़की** : *(मणिमाला साधारणतया)* मुनिवर! वही पुराना प्रण पुनः दुहराना ही सबसे बड़ा दंड है। क्या आप भूल रहे हैं, बड़े भैया। मेरा नाम है—मणिमाला!

*[मणिमाला नाम सुनते ही महाराजा जनमेजय की जान में जान आ गई। सम्पूर्ण जनसमूह भी मणिमाला का नाम सुनते ही चौकन्ना हो गया कि इस नाग यज्ञ के जनसमूह में नागवंशी व आदिवंशी पूरी-पूरी मुस्तैदी के साथ अन्तिम शक्तिपूर्वक स्थान-स्थान पर डटे हुए हैं।]*

**आस्तीक** : *(साधारणतया)* बोल जनमेजय, तैयार है या नहीं?

**जनमेजय** : *(पूर्ववत् दोनों हाथ जोड़े हुए)* मैं महाराजा जनमेजय आज पुनः आस्तीक मुनि की अध्यक्षता में उपस्थित जनसमूह के सामने प्रण करता हूँ कि मैं महाराजा जनमेजय भविष्य में सदैव विश्व मैत्री भावना का पालन करूँगा।

*[आस्तीक मुनि ने हाथ के चुल्लू का पानी एक कोने में भूमि पर धीरे से डाल दिया जिससे एकदम आग की लपटें उठने लगीं। यह अद्‌भुत तपोबल देखकर सभी दंग रह गए।*

*[अब व्यास जी ने भी शान्ति भाव से उचित आसन ग्रहण किया।]*

**जनमेजय** : *(पूर्ववत् दोनों हाथ जोड़े हुए)* मुनिवर, अन्य आज्ञा?

**आस्तीक** : हाँ, हैं, अभी कई आज्ञाएँ।

**जनमेजय** : मुनिवर! व्यक्त करें, मैं प्रतीक्षा में हूँ।

**आस्तीक** : राजन्! भावी आज्ञा का सम्बन्ध आप एवं महारानीश्री दोनों से है। महारानीश्री को बुलाओ।

**जनमेजय** : *(चुपचाप)*

**आस्तीक** : *(प्रधानमंत्री से)* प्रधानामात्य, राजमहिषी को बुलाओ।

**अजीत** : *(चुपचाप)*

**आस्तीक** : सोमश्रवा! क्या बात है? सब चुप क्यों हैं?

**सोमश्रवा** : *(उदास मन से)* मुनिवर व राजन्! क्षमा करें। बड़ों की बात है। ब-दर्जे मजबूरी कहना ही पड़ता है। ज्यों ही अश्वसेन द्वारा नागों को सूचना मिली कि तक्षक व इन्द्र बन्दी बनाए जा चुके हैं, त्यों ही नागों ने महारानीश्री वपुष्टमा का अपहरण कर लिया है।

**आस्तीक** : *(क्रोधपूर्वक)* मणिमाला, बता, राजमहिषीश्री वपुष्टमा कहाँ हैं? यह अपहरण किसने किया? क्यों किया?

**मणिमाला** : *(चुपचाप। सहम जाती है)*

**आस्तीक** : *(पूर्ववत्)* माताश्री! यह क्या मामला है? यह कृत्य नागवंश के लिए अति अशोभनीय है, जिसे मैं कदापि सहन नहीं कर सकता।

**मनसा** : बेटा! क्षमा करो। देवराज व नाग महाराज के बन्दी बनाने के बदले की भावना से मणिमाला की सहेली शीलमाला के निजी गुप्तचर ने राजमहिषी को जब वे पूजा करने मन्दिर में गई थीं, रास्ते से गायब करके यहीं समीपी गुप्तगृह में छिपा रखा है। वे तत्काल उपस्थित हो रही हैं। *(शीलमाला से)* जा! महारानीश्री को ससम्मान शीघ्र लिवा ला।

*[शीलमाला सवेग जाकर वपुष्टमा राजमहिषी को सम्मानपूर्वक लिवा लाती है।]*

**शीलमाला** : मुनिवर! क्षमा करें। वपुष्टमा राजमहिषी उपस्थित हैं।

**आस्तीक** : राजमहिषी! कहो, बन्धन की कुशलता?

**वपुष्टमा** : मुनिवर मुझे बन्धन की दशा में कोई कष्ट नहीं हुआ।

**आस्तीक** : *(राजमहिषी से)* आप महाराज जनमेजय के समीप स्थान ग्रहण करें। *(शीलमाला से)* अच्छा! तुम्हें क्षमा किया जाता है। स्थान ग्रहण करो। *(वपुष्टमा व शीलमाला ने अपना-अपना स्थान ग्रहण किया। इन्द्र से)* देवराज! आप क्या चाहते हैं?

**इन्द्र** : आपको धन्यवाद है। आपकी बदौलत प्राणदान मिला। अधिक कुछ नहीं चाहिए।

**आस्तीक** : नाग महाराज! आप अपना शेष शान्तिमय जीवन कहाँ बिताना चाहते हैं?

**तक्षक** : वहीं, अपने नए नर्मदा प्रदेश में।

**आस्तीक** : *(महाराज जनमेजय से)* राजन्! घोषणा करें।

**जनमेजय** : मैं इन्द्रप्रस्थ का महाराजा घोषणा करता हूँ कि नाग महाराज तक्षक पहले की तरह नर्मदा प्रदेश के महाराज घोषित किए जाते हैं।

**तक्षक** : मुनिवर, आपको व महाराज जनमेजय को बहुत-बहुत धन्यवाद।

**जनमेजय** : नाग महाराज, मैं नहीं। वास्तव में धन्यवाद के पात्र हैं—*(हाथ के संकेत से)* आप मुनिवर! आस्तीक।

**आस्तीक** : *(महाराज जनमेजय से)* राजन्! मैं नहीं। *(हाथ के संकेत से)* वास्तव में धन्यवाद के पात्र हैं—आप महामुनिवर व्यास जी।

**नास्तीक** : धन्यवाद के पात्र हैं—महामुनिवर व्यास जी, जिन्होंने ऐसी उलझी गुत्थी सुलझाने की अचानक अनुकम्पा की।

**जनसमूह** : धन्यवाद के पात्र हैं—महामुनिवर व्यास जी।

**आस्तीक** : *(नाग महाराज से)* अन्तिम इच्छा?

**तक्षक** : नाग राजकुमारी मणिमाला के लिए योग्य वर तथा नाग राजकुमार अश्वसेन के लिए योग्य वधू।

**आस्तीक** : *(मनसा से)* माता श्री! व्यवस्था कीजिए।

**मनसा** : मणिमाला के लिए महाराज जनमेजय से बढ़कर कोई अन्य वर नहीं और अश्वसेन के लिए महारानी वपुष्टमा की भतीजी चतुष्टमा देवी (आर्य कुमारी) से बढ़कर अन्य योग्यतम वधू नहीं।

**आस्तीक** : राजन्! आपकी क्या सम्मति है?

**जनमेजय** : जो महारानी जी की सम्मति हो, वही मेरी सम्मति है।

**आस्तीक** : *(वपुष्टमा से)* महारानीश्री! आपकी क्या सम्मति है?

**वपुष्टमा** : मैं महाराजा को सहर्ष सम्मति देती हूँ कि वे युद्धनीति एवं राजनीति प्रवीण नाग राजकुमारी मणिमाला को स्वीकार करें। उसके जिम्मे राज-कार्य और मेरे जिम्मे गृह-कार्य

तथा मेरी भतीजी चतुष्टमा देवी का शुभ विवाह अश्वसेन के साथ होना महानतम् शुभ है।

**आस्तीक** : *(सोमश्रवा से)* पुरोहित जी! दोनों के पाणिग्रहण की रस्म शीघ्र अदा करो।

*[पुरोहित सोमश्रवा की आज्ञा के अनुसार मणिमाला ने जनमेजय को व चतुष्टमा देवी ने अश्वसेन को जयमाला पहनाई। तत्पश्चात् जनमेजय ने मणिमाला को व अश्वसेन ने चतुष्टमा देवी को पुष्पमाला पहनाई।]*

**सोमश्रवा** : *(दोनों वर-वधू को आशीर्वाद देते हैं)* मंगल हो!

**जनसमूह** : *(एक साथ)*

'नागवंश की जय!'
'आर्यवंश की जय!'
'जम्बूद्वीप की जय!'

**[यवनिका पतन]**

✪✪✪

# पेरियार ललई सिंह ग्रंथावली

खंड-4

# उत्तर भारत के पेरियार

# पेरियार ललई सिंह ग्रंथावली

[अभियानी पर्चे, साक्षात्कार, पत्र-पत्रिकाएँ, आर.पी.आई. के दस्तावेज, अम्बेडकर जयन्ती, पेरियार जयन्ती, बुद्ध जयन्ती, बौद्ध प्रशिक्षण शिविर, बौद्ध दर्शन, अम्बेडकरवाद और पेरियारवाद सरकारी नीति से सावधान!, मिशनरी यात्राएँ आदि]

## खंड-4

संकलन-सम्पादन

**धर्मवीर यादव गगन**

राधाकृष्ण प्रकाशन

ISBN : 978-93-91950-71-2

**पेरियार ललई सिंह ग्रंथावली : खंड-4**



**पहला संस्करण :** अक्टूबर 2022
**दूसरा संस्करण :** दिसम्बर, 2022
**तीसरा संस्करण :** फरवरी, 2024

**मूल्य :** ₹2500
पाँच खंडों का सम्पूर्ण सेट

**प्रकाशक**
राधाकृष्ण प्रकाशन प्राइवेट लिमिटेड
जी-17, जगतपुरी, दिल्ली-110 051
**शाखाएँ :** अशोक राजपथ, साइंस कॉलेज के सामने, पटना-800 006
पहली मंजिल, दरबारी बिल्डिंग, महात्मा गांधी मार्ग, प्रयागराज-211 001
1, अनमोल सोराबजी सन्तुक लेन, धोबी तलाव, मरीन लाइंस, मुम्बई-400 002
वेबसाइट : www.radhakrishnaprakashan.com
ई-मेल : info@radhakrishnaprakashan.com

**मुद्रक**
विकास कम्प्यूटर एंड प्रिंटर्स
ट्रॉनिका सिटी-201 102

PERIYAR LALAI SINGH GRANTHAWALI : Vol. 4
*Edited by* Dharam Beer Yadava Gagan

!! समर्पण !!

निर्वाणप्राप्त परम् पूज्य,
महास्थविर ऊँ चन्द्रमणि जी
की
पुण्य स्मृति में
[जन्म—दिनांक : 6 जून, सन् 1876 ई.
मृत्यु—दिनांक : 8 मई, सन् 1973 ई.]
जिनसे परम पूज्य बाबा साहब
डॉक्टर भीमराव रामजीराव अम्बेडकर ने
दिनांक : 14 अक्टूबर, सन् 1956 ई. को नागपुर में
और प्रकाशक पेरियार ललई सिंह ने
दिनांक : 21 जुलाई, सन् 1967 ई. को
कुशीनगर, जिला—देवरिया, उत्तर प्रदेश में
विधिवत् बौद्ध धर्म की दीक्षा ली थी,
उनकी सेवा में सादर समर्पित।

**—पेरियार ललई सिंह**

# अनुक्रम



## पेरियार ललई सिंह
[चिन्तन, मिशन और आन्दोलन]

## बाबा साहब अम्बेडकर, पेरियार जयन्ती और बौद्ध धर्म-संस्कार प्रशिक्षण शिविर, रिपब्लिकन पार्टी, मिशनरी यात्राएँ और मानचित्र आदि

## अशोक पुस्तकालय और सस्ता प्रेस आदि का आय-व्यय

# प्राक्कथन

पेरियार ललई सिंह ग्रंथावली का यह चौथा खंड है, जिसमें उनके बिखरे हुए चिन्तन को सँजोया गया है। इसमें बुद्ध, अम्बेडकर और पेरियार पर लिखे गए लेख, साक्षात्कार, पत्र, कुशल-पत्र, खुलासा, अशोक पुस्तकालय से प्रकाशित पुस्तकें, उन पुस्तकों पर चले मुकदमे, उन पुस्तकों की सूची है।

साथ ही, अम्बेडकर जयन्ती आदि अवसरों पर देश के विभिन्न जगहों पर दिए गए भाषण और सम्पूर्ण देश में घूम-घूमकर बौद्ध धर्म संस्कार प्रशिक्षण शिविर लगाने का सम्पूर्ण विवरण दिया गया है। वे बौद्ध धर्म का घूम-घूमकर प्रचार करते थे। इसमें उनकी बुद्ध, अम्बेडकर और पेरियार के विचार और दर्शन को प्रचारित-प्रसारित करनेवाली मिशनरी यात्राएँ वर्णित-लिखित हैं।

पेरियार ललई सिंह अपने प्रकाशन के आय-व्यय में हुए पाई-पाई के खर्च का हिसाब रखते थे। वे अशोक पुस्तकालय (प्रकाशन), अशोक प्रेस, सस्ता प्रेस, पेरियार प्रेस आदि चलाते थे। इसमें किताबों की छपाई होती थी। कितनी किताबें छपीं, कितना कागज खर्च हुआ, कितनी स्याही खर्च हुई, मजदूरी कितनी हुई, कितनी किताब किस प्रकाशन को प्रेषित की गई, कितना पैसा आया, कितना नहीं आया आदि का वे विवरण रखते थे।

इस विचार और दर्शन को छोटे-छोटे पैम्फलेट पर कोटेशन लिखवाकर, जैसे—'रॉकेट ऑफ़ डॉक्टर अम्बेडकर', 'रॉकेट ऑफ़ पेरियार ललई सिंह' आदि के माध्यम से नवजागरण की चेतना निर्माण के लिए जनता में वितरित करते थे। साधारण जनता में अधिकारों की चेतना जगाते थे। राजनीतिक, सामाजिक, सांस्कृतिक, धार्मिक, आर्थिक चेतना जगाने का यह उनका अद्‌भुत तरीका था।

इस देश की मानसिक गुलाम जनता में सामाजिक-सांस्कृतिक चेतना के निर्माण के लिए बौद्ध प्रशिक्षण शिविर लगाते थे। उसे अपने मूल धर्म

की ओर ले जाना चाहते थे। उसमें निर्मित चेतना को वे आन्दोलनधर्मी चेतना में बदलने की कोशिश करते थे। उत्तर भारत के गाँवों में जाकर वे इस चेतना का प्रचार-प्रसार करते थे। यह उनके बहुजन राष्ट्रनिर्माण की विलक्षण कोशिशों की अभिव्यक्ति थी।

उन अस्मिताओं के राष्ट्रनिर्माण की कोशिश है जो अब तक स्वतंत्रता की मुकम्मल हवा को प्राप्त नहीं कर सकी हैं। उन पर विचारते हुए वे गहरे चिन्तन में डूबते थे। इस खंड में उन सभी अस्मिताओं की सोच को प्रस्तुत किया गया है जो वर्गीय चेतना और पूर्णतः मानवतावादी राष्ट्रनिर्माण के लिए छटपटा रही हैं। दिलचस्प है जिन मनुष्यों का राष्ट्रनिर्माण में सबसे अधिक योगदान है, उनका आज की बौद्धिक, अकेडमिक और सत्ता-संरचना में कहीं कोई प्रतिनिधित्व नहीं है।

# प्रस्तावना

उत्तर भारत में दलित-शोषित समाज में आज सामाजिक समानता, सम्मान और संविधान प्रदत्त मौलिक अधिकारों की प्राप्ति के लिए चेतना के प्रति जो जागरूकता और उत्साह दिखाई देता है, उसकी जमीन तैयार करने में जिन महान विभूतियों की उल्लेखनीय भूमिका रही है, उनमें पेरियार ललई सिंह का महत्त्वपूर्ण स्थान है।

पेरियार ललई सिंह ने उस दौर में परिवर्तनकामी और चेतनामूलक साहित्य का लेखन किया, जब दलित-पिछड़े और शोषित समाज में शिक्षा का अभाव था। उनमें असमानता, शोषण से मुक्ति और अपने अधिकारों के प्रति चेतना की नितान्त आवश्यकता थी। उनकी सबसे बड़ी विशेषता थी कि प्रचुर मात्रा में लेखन करने के उपरान्त भी उन्होंने कभी स्वयं को लेखक नहीं कहा, अपितु एक ग्रामीण जन-सेवक और शोषितों का एक प्रचारक मात्र माना। इससे स्पष्ट है कि वह लेखक से अधिक एक सामाजिक कार्यकर्ता थे।

अपने सामाजिक कार्यों को ही वह अपनी पहचान बताते थे। शोषण-मुक्त समाज के प्रबल पक्षधर और पैरोकार पेरियार ललई सिंह उस दौर में, विशेष रूप से उत्तर भारत में, अम्बेडकरवादी आन्दोलन के एक बौद्धिक जन-नायक थे। जन-चेतना और नवजागरण का आन्दोलन चलाने के लिए मोटे-मोटे ग्रंथ, बड़ी-बड़ी सैद्धान्तिक बातें अथवा लम्बे-लम्बे भाषणों की अपेक्षा छोटी-छोटी पुस्तिकाएँ और पैम्फलेट लिखकर बाँटना और छोटे-छोटे समूह में लोगों के साथ बैठकर समझाना कहीं अधिक प्रभावी होता है। उन्होंने यह ऐतिहासिक कार्य किया।

गाँव-गाँव घूमकर छोटे-छोटे पर्चे और किताबें बाँटकर तथा लोगों के बीच बैठकर उनको प्यार से समझाकर सामाजिक बदलाव की जो प्रेरणा उन्होंने दी, वह एक अनुपम उदाहरण है। आदि-निवासी चेतना का आन्दोलन चलानेवाले पेरियार ललई सिंह यादव जमीनी कार्यकर्ता के साथ-साथ बुद्धिजीवी, लेखक, प्रकाशक, प्रचारक और व्याख्याता—सब कुछ थे।

पेरियार ई.वी. रामास्वामी की तरह विषमतामूलक समाज-व्यवस्था और तद्जनित भेदभाव, शोषण, अत्याचार, अस्पृश्यता आदि के विरुद्ध अपने लम्बे संघर्ष, साहस और जीवटता के कारण ललई सिंह उत्तर भारत के पेरियार कहे जाते हैं।

वास्तव में, पेरियार ललई सिंह शोषण के खिलाफ सामाजिक समानता और न्याय आन्दोलन के एक प्रतीक पुरुष थे। आस्था, अन्ध-विश्वास और पाखंड-परम्परा के नाम पर शोषण की जंजीरों में जकड़े समाज को मानसिक गुलामी और जड़ता से मुक्त कर किस प्रकार उसे परिवर्तन के लिए जागरूक और आन्दोलित किया जा सकता है, इसके लिए पेरियार ललई सिंह जीवन भर सक्रिय रहे। शूद्र-अन्त्यज समाज के शोषण और पिछड़ेपन का क्या कारण है, उनकी सोच और चेतना ने इसको गहराई से देखा और समझा था।

बाबा साहब अम्बेडकर धर्म, संस्कृति और इतिहास के अपने गहन अध्ययन से यह समझने में सक्षम हुए कि शूद्रों-अन्त्यजों के शोषण, पिछड़ेपन और अस्पृश्यता आदि के मूल में हिन्दू धर्म के वे तथाकथित शास्त्र हैं, जिनमें 'मनुस्मृति' प्रमुख है, जिसे उच्चवर्णीय हिन्दू सामाजिक संहिता अथवा विधान मानता है। उच्चवर्णीय हिन्दुओं का 'मनुस्मृति' के प्रति कितना प्रबल आग्रह है, इसका पता इसी से चलता है कि आज देश के स्वाधीन, समाजवादी, धर्मनिरपेक्ष और लोकतांत्रिक गणराज्य की स्थापना (अर्थात स्वतंत्र भारत का संविधान लागू होने) के सत्तर साल बीत जाने के उपरान्त राजस्थान जैसे देश के बड़े राज्य के उच्च न्यायालय के परिसर में 'मनुस्मृति' के रचयिता मनु की मूर्ति स्थापित की जाती है।

संवैधानिक (कानून शासित) व्यवस्था में न्यायालय संविधान और कानून की रक्षक संस्था है। न्यायालय कानून का घर है। न्यायालय के अन्दर यदि किसी की मूर्ति स्थापित होने का औचित्य बनता है तो वह भारतीय संविधान के निर्माता और स्वतंत्र भारत के प्रथम विधि एवं न्याय मंत्री बाबा साहब डॉक्टर भीमराव अम्बेडकर की मूर्ति की स्थापना का ही बनता है। इसके अलावा यदि न्यायालय परिसर में किसी की मूर्ति स्थापित की जा सकती है तो वह किसी बड़े न्याय/कानूनवेत्ता अथवा न्याय की रक्षा करनेवाले किसी महापुरुष की हो सकती है। किन्तु किसी राज्य के उच्च न्यायालय में संविधान निर्माता, संविधानवेत्ता अथवा संविधान और उसके मूल्यों के रक्षक किसी महापुरुष के बजाय 'मनुस्मृति' के लेखक या जनक 'मनु' की मूर्ति की स्थापना करने का एक विशेष निहितार्थ है।

इसका सीधा सन्देश है संविधान के प्रति असम्मान, उसका नकार और 'मनुस्मृति' का स्वीकार। संविधान की रक्षक संस्था ही यदि संविधान विरोधी कार्य करेगी तो संविधान, उसके मूल्यों की रक्षा कौन करेगा? नागरिकों को संविधान की भावनाओं के अनुरूप न्याय कैसे मिलेगा? एक संवैधानिक राष्ट्र में संविधान के प्रति असम्मान और नकार की कोई भी कोशिश राष्ट्र-विरोधी कृत्य है। इस अपराध के लिए दोषियों को कठोरतम दंड दिया जाना चाहिए। किन्तु समाज के एक वर्ग द्वारा इसे राष्ट्र-विरोधी कृत्य या अपराध न मानकर गर्व के रूप में प्रचारित किया जा रहा है। अनेक जाति-संगठनों द्वारा बहुत गर्व से बाबा साहब अम्बेडकर द्वारा

लिखित भारतीय संविधान को नकार कर 'मनुस्मृति' का विधान लागू करने की घोषणा की जाती है।

'मनुस्मृति' ही वह ग्रंथ है, जो शूद्रों पर अनेक प्रकार के निषेध और वर्जनाएँ लगाता है तथा उनको मानवीय अधिकारों से वंचित कर तीनों उच्च वर्णों की सेवा करने का निर्देश देता है। वस्तुतः 'रामायण' और 'मनुस्मृति', ये दो ऐसे ग्रंथ हैं, जिनकी हिन्दू समाज में सर्वाधिक मान्यता है और दोनों अनेक रूप में बहुजनों के हितों पर कुठाराघात करते हैं। बाबा साहब अम्बेडकर ने 'मनुस्मृति' को सदियों से शूद्रों-अन्त्यजों की सामाजिक दासता, आर्थिक शोषण और दमन का सबसे बड़ा आधार माना था। यह समझा था कि जब तक 'मनुस्मृति' का अस्तित्व रहेगा, भारत का सवर्ण हिन्दू अपनी चेतना में बसी 'मनुस्मृति' की दुर्गन्ध से मुक्त नहीं हो पाएगा।

अपनी सामाजिक श्रेष्ठता और वर्चस्व वह शूद्र-अन्त्यज समाज पर बनाकर रखेगा। 'ऋग्वेद' के बाद 'मनुस्मृति' हिन्दुओं का सर्वाधिक महान और पवित्र धर्म ग्रंथ है। सवर्ण हिन्दुओं द्वारा इसे सामाजिक-संहिता के रूप में स्वीकार किया जाता है। सवर्ण हिन्दू मानस पर 'मनुस्मृति' की गहरी छाप और दलितों के दमन का आधार होने के कारण 25 दिसम्बर, 1927 को बाबा साहब अम्बेडकर ने सार्वजनिक रूप से 'मनुस्मृति' को जलाकर उसको नकारा था। समाज और राष्ट्र को स्पष्ट सन्देश दिया था कि 'मनुस्मृति' के मूल्य शूद्र-अन्त्यज समाज के हितों पर कुठाराघात करनेवाले और उनके अस्तित्व को कुचलनेवाले हैं, इसलिए इसका अपने जीवन से पूरी तरह नकार और बहिष्कार किया जाना चाहिए।

बाबा साहब अम्बेडकर ने 'राम और कृष्ण की पहेली' द्वारा भी यह बताने का सार्थक प्रयास किया कि राम और कृष्ण ऐतिहासिक पात्र नहीं अपितु मिथकीय नायक हैं। मिथक चतुर, चालाक लोगों द्वारा अपने स्वार्थों की पूर्ति हेतु गढ़े और प्रचारित किए जाते हैं। राम और कृष्ण भी इसी तरह कल्पनाओं के आधार पर गढ़े गए नायक हैं। वे सवर्ण हिन्दुओं के हितों का पोषण करनेवाले नायक और ईश्वर के अवतार हैं, इसलिए राम और कृष्ण उनके लिए नायक और पूज्य हो सकते हैं, लेकिन वे हमारे नायक या देवता नहीं हो सकते हैं। उन्हें मानना और उनके प्रति आस्था रखना अपने सामाजिक हितों को गिरवी रख सवर्ण हिन्दुओं के हितों का पोषण करना और खुद को उनके दमन और शोषण की जंजीरों में बाँध लेना है।

इसी बात को समझते हुए पेरियार ई.वी. रामास्वामी ने 'रामायण' को नकारते हुए 'सच्ची रामायण' नामक पुस्तक लिखी, जिसमें आर्यों की अनार्यों के प्रति कुटिलताओं को उजागर कर समाज की चेतना को जबरदस्त तरीके से झकझोरने का काम किया। इतिहास भविष्य का निर्माण करता है। पेरियार ललई सिंह यह बात अच्छी तरह समझते थे। इसलिए इतिहास दृष्टि उनका एक अन्य महत्त्वपूर्ण पक्ष है। वैदिक, पौराणिक मिथकों की भ्रमित दुनिया से समाज को बाहर निकालकर इतिहास की

यथार्थ दुनिया से परिचित कराने के लिए उन्होंने 'अंगुलिमाल', 'शंबूक', 'एकलव्य' आदि महत्त्वपूर्ण ऐतिहासिक नायकों पर नाटक लिखे और अन्य पुस्तकें भी लिखीं।

पेरियार ई.वी. रामास्वामी की कृति को हिन्दी में लाने का श्रेय ललई सिंह को जाता है। उन्होंने पेरियर द्वारा लिखित 'द रामायण : अ ट्रू रीडिंग' पुस्तक का रामआधार द्वारा 'सच्ची रामायण' नाम से किए गए हिन्दी अनुवाद को प्रकाशित कर उसका व्यापक स्तर पर प्रचार-प्रसार किया। 'सच्ची रामायण' को हिन्दी में प्रकाशित होते ही उत्तर भारत में तूफान-सा उठ खड़ा हो गया। असहिष्णुतावादी सवर्ण हिन्दुओं ने इस पर बहुत तीखी और तीव्र प्रतिक्रिया व्यक्त की। यह उन्हें अपने (हिन्दू) धर्म पर हमला लगा। पेरियार ललई सिंह पर धार्मिक भावनाएँ भड़काने का आरोप लगाकर राज्य सरकार द्वारा इस पुस्तक को प्रतिबन्धित किया गया। इसकी प्रतियाँ जब्त की गईं। इस निर्णय के विरुद्ध ललई सिंह यादव ने उच्च न्यायालय से उच्चतम न्यायालय तक मुकदमा लड़ा और जीते। सामाजिक समानता और न्याय की यह बहुत बड़ी लड़ाई थी। उनके इस महान संघर्ष ने उनको बहुजन समाज का नायक बना दिया।

उत्तर भारत में सामाजिक क्रान्ति के संवहन में इस पुस्तक ने ऐतिहासिक भूमिका निभाई। बाबा साहब अम्बेडकर द्वारा 14 अक्टूबर, 1956 को नागपुर में अपने कई लाख अनुयायियों के साथ हिन्दू धर्म का त्याग कर बौद्ध धर्म की दीक्षा लेने के उपरान्त देश भर के शूद्र-अतिशूद्रों में हिन्दू धर्म के प्रति विमोह और विरक्ति पैदा हुई। बौद्ध धर्म को अपनाने के प्रति जागरूकता बढ़ी। हिन्दू धर्म की विषमतामूलक समाज-व्यवस्था और जातिगत भेदभाव के प्रबल विरोधी पेरियार ललई सिंह भी हिन्दू धर्म त्याग कर बौद्ध बने, अपने नाम से जातिसूचक 'यादव' शब्द सदा के लिए हटा दिया। अपना नाम 'पेरियर ललई सिंह' लिखने लगे और इसी नाम से विख्यात हुए। बौद्ध बनने के पश्चात् वह जीवन पर्यन्त बौद्ध धर्म के प्रचार-प्रसार में सक्रिय रहे।

देखा जा सकता है कि पेरियार ललई सिंह ने अपने नाम के लिए नहीं, सदियों से धर्म और भक्ति की घुट्टी पीकर सोए हुए बहुजन समाज को जगाने तथा उनके अन्दर चेतन मनुष्य पैदा करने के लिए अपने जीवन को समर्पित किया। सुख-सुविधा का जीवन छोड़ा, अपने खेत बेचकर प्रिंटिंग प्रेस लगाई, अत्यन्त साधारण जीवन जिया और गाँव-गाँव, शहर-शहर घूमकर बहुजन समाज में स्वाभिमान, सम्मान और अधिकार चेतना का प्रसार किया। अपने अस्तित्व और पहचान को भूल चुके बहुजन समाज को उसकी पहचान कराने तथा सामाजिक असमानता और शोषण से मुक्ति के लिए संघर्ष हेतु प्रेरित किया।

किसी भी समय में किसी भी व्यक्ति के लिए ऐसा त्याग बहुत बड़ी बात होती है। उससे भी बड़ी बात यह कि उन्होंने न कभी अपने किए का गुणगान किया और न प्रचारित किया। उन्होंने जो कुछ भी किया, समाज के प्रति अपना दायित्व समझकर किया और आजीवन वह इस दायित्व बोध से बँधे रहे। उनकी यह सहजता उनके

व्यक्तित्व को विराटता प्रदान करती है। पेरियार ललई सिंह द्वारा किए गए मानवतावादी कार्य बताते हैं कि वह सही मायनों में एक विभूति थे। ऐसी विभूतियाँ विरल होती हैं।

मुझे इस बात का गर्व है कि मैंने न केवल विद्यार्थी जीवन में पेरियार ललई सिंह की पुस्तकों को पढ़कर उनसे प्रेरणा ली अपितु उनसे मिलने और पास बैठकर बात करने पर कुछ सीखने का अवसर भी मुझे मिला। उनसे मुलाकात मेरे गाँव में ही हुई, रतिराम 'सूर्य' जी के घर पर। रतिराम 'सूर्य' भारतीय बौद्ध महासभा, उत्तर प्रदेश की कार्यकारिणी के सक्रिय सदस्य और हमारे गाँव (इन्दरगढ़ी) की शाखा के अध्यक्ष थे। मैं उनका सचिव था। भारतीय बौद्ध महासभा में सक्रियता के चलते पेरियार ललई सिंह जी के साथ रतिराम 'सूर्य' जी की काफी निकटता थी। वह जब हमारे गाँव आए तो 'सूर्य' जी के घर पर ही ठहरे थे। 'सूर्य' जी ने मुझे उनके आगमन के बारे में बताया था। उन्होंने मुझे अपने घर बुलवाकर उनसे मेरा परिचय करवाया था।

गोरा रंग, पतला, छरहरा शरीर, सिर पर छोटे-छोटे बाल, पैरों में चप्पल, बौद्ध भिक्षुओं द्वारा पहने जानेवाले चीवर के रंग का कुर्ता-पाजामा और कन्धे पर उसी रंग के कपड़े का थैला लटकाए हुए पेरियार ललई सिंह की वह भव्य और कान्तिमय छवि आज तक मेरे मस्तिष्क में अंकित है। शान्त, सहज और सुलझी हुई भाषा में वे बोलते तो कभी बुद्ध की प्रज्ञा, शील और करुणा का उपदेश देते दिखाई देते, तो कभी बाबा साहब अम्बेडकर की वैचारिकता के प्रवक्ता दिखाई देते। उनकी वाणी और व्यवहार में बुद्ध, अम्बेडकर और पेरियार का शानदार समावेश था, जिससे सर्वत्र मनुष्य और मनुष्यता की पक्षधरता प्रस्फुटित होती थी।

पेरियार ललई सिंह बाबा साहब अम्बेडकर के जातिविहीन और वर्गविहीन समाज की प्रत्यस्थापना के विचार के प्रबल पक्षधर थे और उनके वैचारिक आन्दोलन के एक बड़े सामाजिक नेता थे। आन्दोलन क्या होता है और कैसे चलाया जाता है, यह मैंने उनसे सीखा।

पेरियार ललई सिंह को याद करते हुए आज जेहन में यह प्रश्न उठता है कि उस दौर में जब दलित-शोषित और पिछड़ा समाज अशिक्षित अथवा अल्पशिक्षित था, तब उसमें जिस तेजी से सामाजिक जागरूकता आ रही थी, आज उसमें उतनी ही तेजी से शिथिलता क्यों दिखाई देती है, जबकि आज दलित-पिछड़ा समाज अपेक्षित रूप से अधिक शिक्षित है, और आर्थिक रूप से भी पहले से बेहतर स्थिति में है? शिक्षा और राजनीति से लेकर ज्ञान-विज्ञान के अनेक क्षेत्रों में भी, अधिक नहीं तो कम, लेकिन वे हैं। सामाजिक जागरूकता में जहाँ वृद्धि होनी चाहिए थी, वहाँ वृद्धि की अपेक्षा शिथिलता क्यों आ रही है?

यह आश्चर्यजनक है कि धर्म और परम्पराओं के नाम पर किए जानेवाले भेदभाव, पाखंड, अन्ध-विश्वास का जिस दलित-पिछड़े समाज को तीव्र प्रतिकार करना चाहिए

था, और अब तक बहुत हद तक इनसे मुक्त हो जाना चाहिए था, लेकिन आज वह पहले से अधिक इनकी गिरफ्त में है। सोचने की बात है कि जिन पुरोगामी और यथास्थितिवादी शक्तियों का प्रतिकार किया जाना चाहिए था, आज उन्हीं शक्तियों का पोषण दलित-शोषित समाज क्यों कर रहा है? आज के परिप्रेक्ष्य में यह गम्भीर चिन्तन का विषय है। पेरियार ललई सिंह के जीवन और कार्यों के अध्ययन से हमें इस विषय को समझने में सहायता मिल सकती है।

आज बहुत-से लेखक और उनकी रचनाएँ चर्चा में हैं। नए-नए लेखक नई-नई रचनाओं के साथ सामने आ रहे हैं। अपने समाज के नायकों की खोज और उन पर लिखने के प्रति रुझान भी इस दौरान विकसित हुआ है। किन्तु पेरियार ललई सिंह जैसे जन-नायक पर कोई उल्लेखनीय कार्य नहीं हुआ है। नई पीढ़ी उनके जीवन-संघर्ष, रचना-कर्म और शोषण-मुक्त समाज के निर्माण में उनकी भूमिका के बारे में बहुत कम जानती है।

यह बहुत खुशी की बात है कि उत्साही एवं ऊर्जावान युवा साथी डॉ. धर्मवीर यादव गगन ने पेरियार ललई सिंह के जीवन और उनके रचना-कर्म पर गहन शोध ही नहीं किया है, अपितु उनकी समस्त रचनाओं को एक साथ प्रकाश में लाने का सराहनीय कार्य किया है। उनका यह कार्य निश्चित रूप से अत्यन्त महत्त्वपूर्ण और ऐतिहासिक है। इसके लिए वे बधाई के पात्र हैं। उनकी ऊर्जा और उत्साह को देखते हुए उनसे भविष्य में इस दिशा में और नए कार्य किए जाने की आशाएँ बँधी हैं। मेरा विश्वास है, वे आनेवाले समय में बहुजन आन्दोलन और उसकी वैचारिकी को सुदृढ़ता और गति प्रदान करने में अपनी महत्त्वपूर्ण भूमिका निभाएँगे। उन्हें, मेरी शुभकामनाएँ!

**—जयप्रकाश कर्दम**

# भूमिका

आर्गेनिक इंटेलेक्चुअल की यह बौद्धिक मेधा होती है कि वह साधारण जनता में जाकर आन्दोलन करता है। वहाँ से एक सोच लेकर आता है। उसे आकर लिखता है। उससे अपनी चेतना का निर्माण करता है और फिर पुन: जनता में जाकर अपनी निर्मित चेतना से समाज में चल रहे आन्दोलन को नई दिशा देता है। नव-जन-चेतना का निर्माण करता है। यह आर्गेनिक बौद्धिक मेधा पेरियार ललई सिंह के व्यवहार, साहित्य और चिन्तन में शिद्दत से देखी जा सकती है। इसी करण वे एक आर्गेनिक इंटेलेक्चुअल थे। उनका महान आन्दोलनकारी संघर्ष आर्गेनिक इंटेलेक्चुअल की प्रतिभा को प्रस्तुत करता है।

इस आर्गेनिक इंटेलेक्चुअल ने जनता में जाकर नवजागरण की चेतना-निर्माण हेतु आन्दोलन किए। जनाधिकारों को जगाने हेतु छोटे-छोटे वैचारिक पैम्फलेट तैयार किए। उन्हें जनता में वितरित किए। उसके प्रभाव से निर्मित चेतना से साहित्य निर्माण किया। उसे पुन: जनता में ले जाकर प्रचारित-प्रसारित किया। जन चेतना का निर्माण किया। यही आर्गेनिक इंटेलेक्चुअल की मेधा इस विभूति के विचार और दर्शन में स्पष्ट दिखती है। वे इसी चेतना से 'रॉकेट ऑफ़ डॉक्टर अम्बेडकर', 'रॉकेट ऑफ़ पेरियार ललई सिंह' आदि वैचारिक पैम्फलेट साधारण जनता में बाँटते थे।

इस भाग में पेरियार ललई सिंह का एक दुर्लभ साक्षात्कार संगृहीत है। इसे उन्होंने 'निर्णायक भीम' पत्रिका के सितम्बर, 1980 ई. के अंक में प्रकाशित करने के लिए दिया था। इसमें वे श्रम के शोषण के कारणों की गम्भीर व्याख्या करते हैं। सर्वहारा और बुर्जुआ के चरित्र को दर्शाते हैं। तो वहीं भारतीय समाजवाद के सवर्णवादी मन को उद्घाटित करते हैं और विश्व साम्यवाद की परिकल्पना की गम्भीर व्याख्या करते हैं। वैसे, उनका स्पष्ट मानना था कि 'शोषितो! कुछ प्रगतिशील हिन्दुओं को छोड़ अन्य कोई हिन्दू आपको अधिकार देनेवाला नहीं है। अत: अधिकार माँगिए नहीं, छीनिए'। इस अवधारणा के साथ वे सचेत क्रान्ति को प्रस्तुत करते हैं। उनके मन और चिन्तन में लोकतंत्र में लड़कर अधिकार लेने की प्राक्कल्पना समाहित है।

यहाँ पेरियार ललई सिंह की कृतियों का परिचय भी है जिसमें उनके द्वारा अपनी पुस्तकों पर की गई संक्षिप्त टिप्पणियों को संगृहीत किया गया है। उनमें उनकी

सभी पुस्तकों का परिचय है। वे प्रतिगामी मनुष्यों द्वारा अपनी और बाबा साहब डॉ. अम्बेडकर की पुस्तकों की जब्ती और मुकदमों के विषय में 'सरकारी नीति से सावधान!' शीर्षक से लिखते हैं कि 'बाबा साहब के व मेरे लिखे लेख जब्त होते हैं मगर जिन पुस्तकों से हम लोगों ने उद्धरण लिखे हैं या जिन लोगों ने हम लोगों के समान लेख लिखा या अन्य पुस्तकों के आधार पर किताबें लिखी हैं', वे सब की सब जब्त क्यों नहीं होतीं?

वे न्यायालय, सत्ता और सरकार के समक्ष यह सवाल उठाते हैं कि कुछ व्यक्तियों और जातियों के साहित्य और चिन्तन को ही चिह्नित करके जब्त क्यों किया जा रहा है। 'क्या कारण है कि उन व्यक्तियों और जातियों के साहित्य और चिन्तन को जब्त नहीं किया जाता है, जिनके साहित्य से हम सब सन्दर्भ लेते हैं?' यह इस देश की न्यायिक दृष्टि से गम्भीर प्रश्न है। पेरियार ललई सिंह ऐसे लेखक-विचारक थे, जिनकी रचना 'सिपाही की तबाही' ब्रिटिश भारत में जब्त हुई, प्रतिबन्धित हुई, तो स्वतंत्र भारत में 'आर्यों का नैतिक पोल प्रकाश', 'हिन्दू संस्कृति में वर्ण-व्यवस्था और जाति भेद', 'सच्ची रामायण', 'सच्ची रामायण की चाभी', 'सम्मान के लिए धर्म परिवर्तन करें', 'बौद्ध धर्म-समता एवं प्रगतिशील साहित्य प्रचारक का साहित्य', अनूदित—'जाति भेद का उच्छेद' आदि पुस्तकें जब्त हुईं। सरकार द्वारा प्रतिबन्धित हुईं।

किस प्रकार वर्चस्ववादी हिन्दू-सत्ता-संरचना को चुनौती देनेवाला साहित्य जब्त किया जाता है, वे किस प्रकार जब्त और प्रतिबन्धित साहित्य की मुक्ति के लिए हाईकोर्ट से सुप्रीम कोर्ट तक लम्बी लड़ाई लड़ते हैं। इसके विरोध में वे न्यायालय में न्याय के लिए 1965 से 1980 तक लम्बी लड़ाई लड़ते, और जीतते भी हैं। मनुवादी ताकतों को परास्त करते हैं। उनकी यह जीवट लड़ाई दरअसल ज्ञान, सत्ता और सांस्कृतिक प्रतिनिधित्व की लड़ाई के साथ, अपने हक की भी लड़ाई थी। उनमें जो विश्वदृष्टि थी, वह उन्हें वर्चस्ववादी ताकतों के खिलाफ लगातार लड़ने की प्रेरणा देती थी। इसी कारण वे प्रगतिशील मनुष्य के साहित्य और संस्कृति की लड़ाई लगातार लड़ते हैं। वे लड़ते ही नहीं हैं, प्रतिगामी वर्चस्ववादी ताकतों को परास्त भी करते हैं। अपने अकाट्य बौद्धिक तर्कों से उन्हें ध्वस्त करते हैं।

पेरियार ललई सिंह के साहित्य और चिन्तन की खोज के दौरान मैं कई सौ लोगों से मिला, उनका साक्षात्कार किया। उनके सन्दर्भ में कई दुर्लभ जानकारियाँ एकत्रित कीं। इस प्रक्रिया में उनके द्वारा अध्ययन की गई प्रिय-अप्रिय पुस्तकें मिलती रहीं, जिनकी सूची मैं बनाता रहा। उनके शुभचिन्तकों ने बताया कि पेरियार ललई सिंह अपनी प्रिय पुस्तकों को लोगों को सप्रेम भेंट करते थे। अपनी प्रिय पुस्तकों की सूची लोगों को देते थे और उन किताबों को मँगा कर पढ़ने के लिए उन्हें प्रेरित करते थे।

ये किताबें पेरियार, अम्बेडकर, बुद्ध, बुद्धिज्म, मिथक, धर्म, दर्शन, संस्कृति, महाभारत, सभ्यता, समाज, आरक्षण, चिकित्सा, न्याय, विज्ञान, शब्दकोश, विश्व साहित्य, गीत-संकलन आदि पर केन्द्रित होती थीं। वे कई भाषाओं में लिखी हुई पुस्तकें पढ़ते थे। वे सब किताबें मुझे मिली हैं, जैसे—अंग्रेजी, हिन्दी, मराठी, उर्दू आदि की। इन पुस्तकों की सूची इस खंड में प्रस्तुत है। वे ज्ञान की सभी विधाओं पर विशेष किताबें पढ़ते थे। वे चिकित्सा, पेरियारवादी साहित्य, अम्बेडकरवादी साहित्य, बौद्ध साहित्य से सम्बन्धित साहित्य, सामाजिक चेतना का साहित्य, मिथकीय चेतना का साहित्य, सभ्यताओं पर विशेष पुस्तकें, विश्व साहित्य आदि विशेषज्ञता युक्त कृतियों का अध्ययन किए थे।

वे हिन्दी की कई सामाजिक सरोकार रखनेवाली पत्रिकाओं का भी अध्ययन करते थे; जैसे—'बहुजन', 'सरिता', 'जमीन के तारे', 'निर्णायक भीम', 'धर्मदूत', 'बहिष्कृत भारत' (यह पत्रिका मराठी में निकलती थी, वे मराठी भी जानते थे), 'वैदिक विजय', 'उत्तरार्द्ध', 'निषाद दर्पण', 'धर्मयुग'। हाईकोर्ट से निकलनेवाली पत्रिकाओं के वे नियमित पाठक थे। 'सरिता', 'बहुजन', 'जमीन के तारे', 'सम्यक् समाज' और 'निर्णायक भीम', जो उस दौर में दलित मुद्दों की केन्द्रीय पत्रिकाएँ थीं, उनका वे नियमित अध्ययन करते थे। उन्हें प्रचारित-प्रसारित भी करते थे।

उनका स्पष्ट विचार था कि ये पत्रिकाएँ किस समाज और विचार को प्रस्तुत करती हैं, इसे देखा और पढ़ा जाना चाहिए। वे तत्कालीन देश-काल में निकल रही लगभग उन सभी पत्रिकाओं का अध्ययन करते थे जो साहित्यिक, सामाजिक, सांस्कृतिक, राजनीतिक चेतना के लेखन को छापती थीं।

परतंत्र भारत से स्वतंत्र भारत तक निकलनेवाली पत्रिका—'सरिता' का वे नियमित अध्ययन करते थे। इसके लेखों का वे गुच्छा बनाकर अपने शुभचिन्तकों को पढ़ने को देते थे। उसके बाद वे उसे लेकर पुनः अगले व्यक्ति को पढ़ने को देते थे। वे जिन लेखों को साथियों-शुभचिन्तकों को पढ़ने के लिए देते थे, उन सभी लेखों की सूची यहाँ दी गई है। उनका समाज-निर्माण का यह नायाब तरीका था।

वे कई प्रकार के कोशों का; जैसे—'पालि-हिन्दी कोश', 'इंग्लिश-हिन्दी कोश', 'उर्दू-हिन्दी कोश', 'संस्कृति-हिन्दी कोश' आदि का भी अध्ययन करते थे। इसी कारण उनका भाषाबोध विद्वत्तापूर्ण था। वे कई भाषाओं के ज्ञानी थे। इस ज्ञान मीमांसा के विस्तार हेतु वे कई भाषाओं के कोशों का लगातार अध्ययन करते थे।

अपनी आर्गेनिक बौद्धिक मेधा के कारण ये चिन्तक, लेखक, कवि, साहित्यकार, नाटककार, रिसर्चर, दार्शनिक, सचेत संस्कृतिकर्मी, जीवन और समाज के हर मोर्चे पर सक्रिय रहनेवाले व्यक्तित्व थे। वे स्वयं लिखते हैं कि 'समाज सेवा और समाज बदलना ही मेरे जीवन का उद्देश्य है। मैं अस्वस्थ रहता हूँ। खून की उलटी होती है, फिर भी लेखन, भ्रमण और भाषण द्वारा समाज की सेवा कर रहा हूँ। एक बौद्धिक

व्यक्ति को अपनी बौद्धिक ऊर्जा किन-किन चिन्तन और आन्दोलनकारी मोर्चों पर खर्च करनी चाहिए।' इस पर वे लिखते हैं : 'यूरोपीय लेखक रस्किन के कथनानुसार, 'लेखक को प्रकाशक नहीं होना चाहिए', किन्तु मेरे जिम्मे लेखन, प्रकाशन, भाषण, भ्रमण आदि सभी काम हैं। वृद्ध हो गया हूँ। अधिकतर अस्वस्थ रहता हूँ। अत्यधिक भाषण-भ्रमण से समय पर न तो भोजन मिलता है और न विश्राम।' ऐसी स्थिति में वे समाज और राष्ट्र-निर्माण कर रहे थे। ऐसे थे—हम सबके पुरखे, महान विभूति—पेरियार ललई सिंह!

पत्र आपके सुख-दुःख, व्यवहार, विचार, जीवन-दर्शन आदि मनःस्थितियों को प्रतिबिम्बित करते हैं। पेरियार ललई सिंह के पत्रों में न्याय, मनुष्यत्व, मानवता, दर्शन की पूर्ण अभिव्यक्ति है। चूँकि वे समाज सेवक, समाज परिवर्तक, लेखक, भाषणकर्ता, प्रकाशक आदि थे, अतः उनसे कई हजार लोगों से पत्र-व्यवहार हुआ होगा, यह बात मैं इस आधार पर लिख रहा हूँ कि वे जिसको भी पत्र लिखते थे या पत्र-उत्तर देते थे, उसके नीचे पत्र संख्या जरूर लिखते थे। मुझे पत्र-उत्तर संख्या 884 मिली है। इस संख्या का पत्र उन्होंने वा.ना. मेश्राम, दीक्षाभूमि, नागपुर को लिखा था। किन्तु हिसाब-किताब से पत्र संख्या का जो अधिकतम सन्दर्भ मिला है, वह श्री डालमिया सिंह बौद्ध, गाँव—निजामाबाद, पोस्ट—छाश, मैनपुरी, उ.प्र., को 2919 नम्बर की पत्र संख्या प्रेषित मिली है जो दिनांक : 18.11.1971 को लिखा गया है। वैसे, वे 1990 तक पूरी तरह सक्रिय थे। इससे यह अनुमान लगाया जा सकता है कि वे कम से कम 10,000 पत्र अपने साथियों-शुभचिन्तकों को सम्पूर्ण भारत में लिखे होंगे। खैर, इतना तो प्रामाणिक है कि 2919 पत्र उन्होंने अवश्य लिखे हैं किन्तु इतनी बड़ी संख्या में पत्र अब प्राप्त हो पाना मुश्किल है। इसके बाद भी मैंने देश के विभिन्न गाँवों-शहरों में घूम-घूम कर पत्र एकत्रित किए। वा.ना. मेश्राम, नागपुर, के पुत्र राजेश और नीलेश मेश्राम का मैं आभार प्रकट करता हूँ कि मैं जब उनके घर दीक्षाभूमि पहुँचा तो उन्होंने पूरे धैर्य के साथ अपने पिता की फाइलों को खोजा और जितने भी पत्र मिले, सब उन्होंने मुझे दिए।

मैं सुगत बुक डिपो, नागपुर, महाराष्ट्र का भी आभारी हूँ जो उन्होंने कई पत्र उपलब्ध करवाए। मैं जितेन्द्र वर्मा, सिवान, बिहार का भी आभारी हूँ जो मेरी पेरियार ललई सिंह की सम्पूर्ण यात्राओं को फेसबुक पर देख बहुत प्रभावित हुए और पेरियार ललई सिंह का एक दुर्लभ पत्र खोज कर स्कैन करा कर मुझे मेल किया। मैं अंगुलिमाल शाक्यपुत्र थेरो, औरंगाबाद, महाराष्ट्र का विशेष आभारी हूँ जिन्होंने पेरियार ललई सिंह द्वारा लिखे गए कई पत्र मुझे दिए।

मैं पेरियार पीठ, तमिलनाडु का भी आभारी हूँ जिसने पेरियार ई.वी. रामास्वामी द्वारा पेरियार ललई सिंह को लिखे पत्र उपलब्ध करवाए। महामना रामस्वरूप वर्मा द्वारा पेरियार ललई सिंह को लिखे गए दुर्लभ पत्र को जे.एन. आदित्य ने उपलब्ध करवाया। मैं उनका हृदय से आभार प्रकट करता हूँ।

कई सारे दस्तावेजी और मुकदमों के सन्दर्भ को दर्शानेवाले पत्र मुझे जगन्नाथ आदित्य जी ने उपलब्ध करवाए। उनके द्वारा नोट्स से कुछ पर्ची, टाइप की चिट्ठियाँ मिलीं, उसे भी इस खंड में लगाया गया है। इसे उपलब्ध कराने के लिए मैं उनका हार्दिक आभार प्रकट करता हूँ।

पेरियार ललई सिंह 'कुशल-पत्र' लिखते थे, जिसमें आय-व्यय का लेन-देन भी होता था। वे भी यहाँ प्रस्तुत हैं। पत्र के ही प्रकार का 'खुलासा' शीर्षक से छोटे-छोटे कमेंट्स लिखते थे। उसे भी लगाया गया है। पेरियार ललई सिंह 'राजधानी का रंग मंच' शीर्षक से सम्पूर्ण देश में हो रहे दलित संहार की घटनाओं का नोट्स तैयार करते थे। दलित स्त्रियों को इस देश के मनुवादियों द्वारा नंगा करके गाँव-जवार में घुमाए जाने, बलात्कार किए जाने और हत्या कर दिए जाने की घटनाओं से उनका मन बहुत व्यथित हो उठता था। इस कारण वे ऐसे कृत्यों को लोकतांत्रिक और सभ्य समाज के सामने अपने साहित्य और चिन्तन के माध्यम से सार्वजनिक करते थे।

उनके द्वारा दलितों-पिछड़ों के बीच मनुवादियों द्वारा लड़ाने-भिड़ाने की कोशिश करने, उसके बाद वहाँ जाकर सुलह-सपाट करवाने, समझाने आदि का इस खंड में जिक्र है। ऐसे प्रसंग पर उनके द्वारा तैयार किए गए नोट्स और अन्य जगह छिट-पुट लिखे गए कोटेशन को एक जगह संगृहीत किया गया है, जिसमें कई सारी दुर्लभ जानकारियाँ हैं। इस मानसिक गुलाम जनता को जगानेवाली चेतना-सम्पन्न बातें हैं।

इसी तरह उनका स्पष्ट मानना था कि 'इस देश के प्रत्येक घर, प्रत्येक गाँव, प्रत्येक शहर में एक पुस्तकालय खुलना चाहिए जहाँ लोग जाकर पढ़ें, चिन्तन-मनन करें। सचेत समाज का निर्माण करें। चूँकि उनका मत था कि 'माइंड अर्थात् दिमाग रूल करता है तो दिमागी किताबें पढ़ें।' इस चेतना के लिए वे पुस्तकालय को आवश्यक मानते थे। वे सार्वजनिक अपील करते थे कि जितनी जल्दी इस देश के घर, गाँव, मुहल्ले, शहर में पुस्तकालय खुलेंगे, उतनी ही जल्दी समाज मानसिक गुलामी से मुक्त होगा।

दिनांक : 26 जनवरी, 2022 **—धर्मवीर यादव गगन**

# पेरियार ललई सिंह

[चिन्तन, मिशन और आन्दोलन]

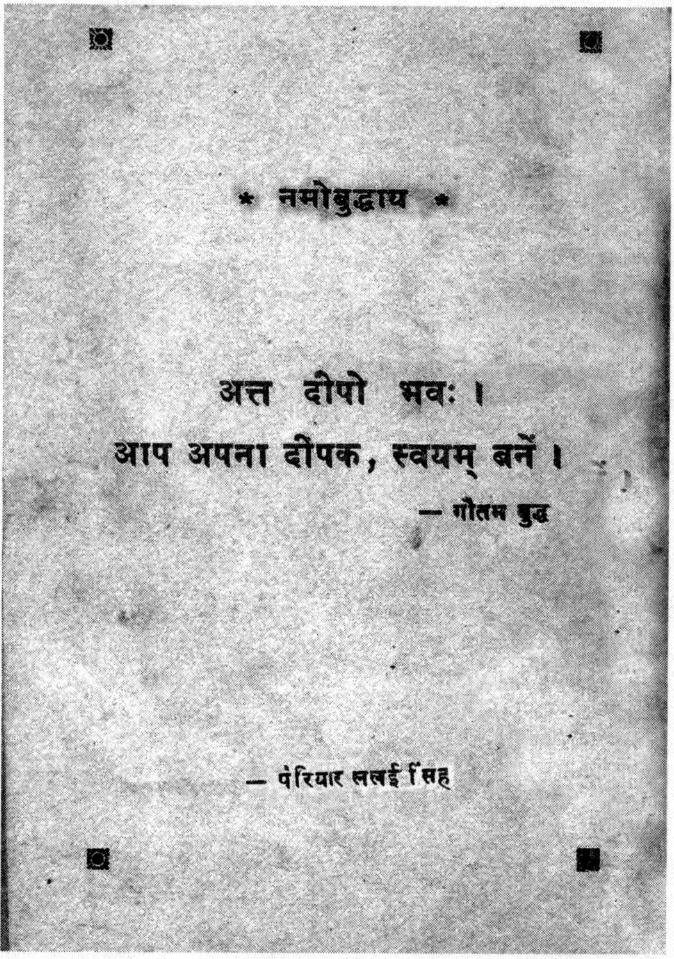

* नमोबुद्धाय *

अत्त दीपो भवः ।

आप अपना दीपक, स्वयम् बनें ।

— गौतम बुद्ध

— पेरियार ललई सिंह

*स्रोत*—वा.ना. मेश्राम के परिजन, दीक्षाभूमि, नागपुर, महाराष्ट्र, भारत

*** नमो बुद्धाय ***

**अत्त दीपो भावः।**

**आप अपना दीपक, स्वयम् बनें।**

**—गौतम बुद्ध**

**—पेरियार ललई सिंह**

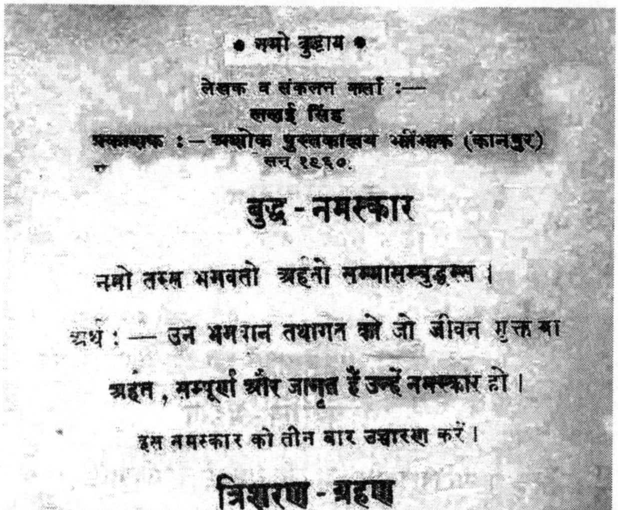

• नमो बुद्धाय •

लेखक व संकलन कर्ता :—
ललई सिंह
प्रकाशक :—अशोक पुस्तकालय झींझक (कानपुर)
सन् १९६०.

## बुद्ध - नमस्कार

नमो तस्स भगवतो अर्हतो सम्मासम्बुद्धस्स ।

अर्थ : — उन भगवान तथागत को जो जीवन मुक्त था अर्हत, सम्पूर्ण और जागृत हैं उन्हें नमस्कार हो ।

इस नमस्कार को तीन बार उच्चारण करें ।

## त्रिशरण - ग्रहण

बुद्धं सरणं गच्छामि ।
धम्मं सरणं गच्छामि ।
संघं सरणं गच्छामि ।
दुतियम्पि, बुद्धं सरणं गच्छामि ।
दुतियम्पि, धम्मं सरणं गच्छामि ।
दुतियम्पि, संघं सरणं गच्छामि ।
ततियम्पि, बुद्धं सरणं गच्छामि ।
ततियम्पि, धम्मं सरणं गच्छामि ।
ततियम्पि, संघं सरणं गच्छामि ।

*स्रोत*—वा.ना. मेश्राम के परिजन, दीक्षाभूमि, नागपुर, महाराष्ट्र, भारत

*** नमो बुद्धाय ***

लेखक व संकलन कर्ता :—

**ललई सिंह**

**प्रकाशक :—** अशोक पुस्तकालय, झींझक (कानपुर)

सन् 1960

# बुद्ध - नमस्कार

**नमो तस्स भगवतो अर्हतो सम्मासम्बुद्धस्स!**

**अर्थ :—उन भगवान तथागत को जो जीवन मुक्त या**

**अर्हते, सम्पूर्ण और जागृत हैं उन्हें नमस्कार हो।**

इस नमस्कार को तीन बार उच्चारण करें :

## त्रिशरण-ग्रहण

**बुद्धम् शरणम् गच्छामि।**
**धम्मम् सरणम् गच्छामि।**
**संघम् शरणम् गच्छामि।**
**दुतियम्पि, बुद्धम् शरणम् गच्छामि।**
**दुतियम्पि, धम्मम् शरणम् गच्छामि।**
**दुतियम्पि, संघम् शरणम् गच्छामि।**
**ततियम्पि, बुद्धम् शरणम् गच्छामि।**
**ततियम्पि, धम्मम् शरणम् गच्छामि।**
**ततियम्पि, संघम् शरणम् गच्छामि।**

**अर्थ :—** बुद्ध की शरण में जाता हूँ। धम्म की शरण में जाता हूँ। संघ की शरण में जाता हूँ।

दूसरी बार मैं बुद्ध की शरण में जाता हूँ। दूसरी बार मैं धम्म की शरण में जाता हूँ। दूसरी बार मैं संघ की शरण में जाता हूँ।

तीसरी बार मैं बुद्ध की शरण में जाता हूँ। तीसरी बार मैं धम्म की शरण में जाता हूँ। तीसरी बार मैं संघ की शरण में जाता हूँ।

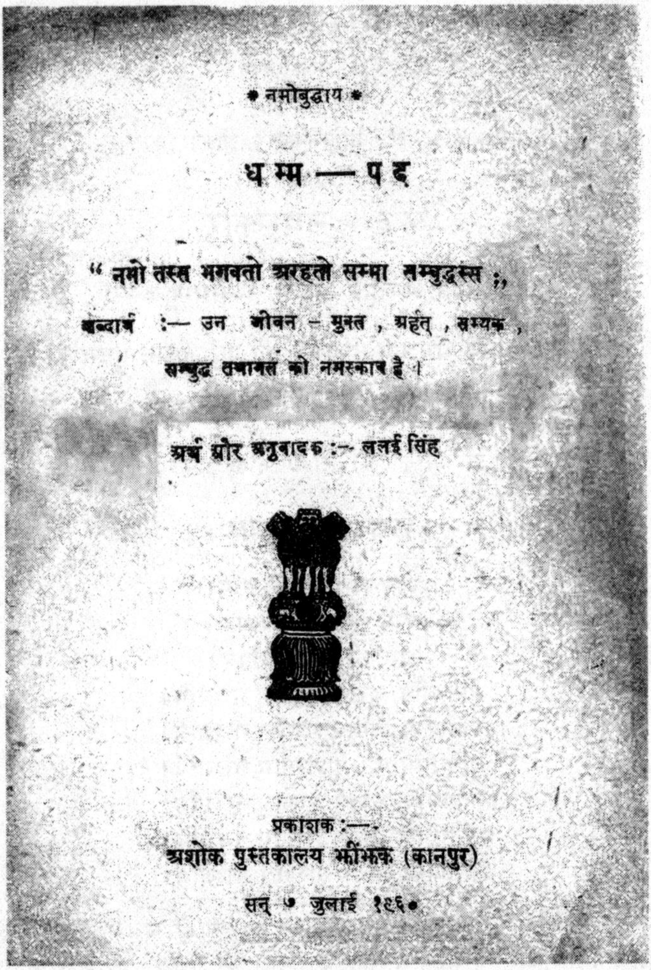

• नमोबुद्धाय •

धम्म — पद

" नमो तस्स भगवतो अरहतो सम्मा सम्बुद्धस्स ;,

शब्दार्थ :— उन जीवन – मुक्त , अर्हत् , सम्यक ,

सम्बुद्ध तथागत को नमस्कार है ।

अर्थ और अनुवादक :–- ललई सिंह

प्रकाशक :—.

अशोक पुस्तकालय झींझक (कानपुर)

सन् ७ जुलाई १९६०

*स्रोत*—एल.आर. बाली, जालन्धर, पंजाब, भारत

* नमो बुद्धाय *

# धम्म — पद

**"नमो तस्स भगवतो अरहतो सम्मा सम्बुद्धस्स;,**

**शब्दार्थ :—** उन जीवन - मुक्त, अर्हत, सम्यक्, सम्बूद्ध, तथागत को नमस्कार करता है।

अर्थ और अनुवादक :— **ललई सिंह**

प्रकाशक :—

**अशोक पुस्तकालय झींझक, (कानपुर)**

सन् 7 जुलाई, 1960

* नमोबुद्धाय *

# धम्म — पद

सब्ब पापस्स अकरणं कुसलस्स उपसम्पदा ।
सचित्त परियोदपनं एतं बुद्धानसासनम् ॥

अर्थ :—

किसी भी प्रकार का पाप (बुरा) काम न करना, सब कुशल (अच्छा) काम करना और अपने चित्त का सुधार करना यही बुद्ध का शासन (धर्मोपदेश) है.।

अनुवादक :- ललई सिंह

प्रकाशक :—

अशोक पुस्तकालय झींझक (कानपुर)

सन्
१९६८

*स्रोत*—जेएन आदित्य, कानपुर, उ.प्र., भारत

* नमो बुद्धाय *

# धम्म — पद

**सब्ब पापस्स अकरणं कुसलस्स उपसम्पदा।**
**सचित्त परियोपदनं एतं बुद्धानसासनम्॥**

**अर्थ :—**

किसी भी प्रकार का पाप (बुरा) काम न करना, सब कुशल (अच्छा) काम करना और अपने चित्त का सुधार करना। यही बुद्ध का शासन (धर्मोपदेश) है।

अनुवादक :— **ललई सिंह**

प्रकाशक :—
**अशोक पुस्तकालय झींझक, (कानपुर)**
सन्
जुलाई, 1962

* नमोबुद्धाय *

# बुद्ध वाणी

## धम्म — पद

सब्ब पापस्स अकरणं कुसलस्स उपसम्पदा।
सचित्त परियोदपनं एतं बुद्धानसासनम्॥

अर्थ : --

किसी भी प्रकार का पाप (बुरा) काम न करना, सब कुसल (अच्छा) काम करना और अपने चित्त का सुधार करना यही बुद्ध का शासन (धर्मोपदेश) है.।

अनुवादक :-- ललई सिंह

प्रकाशक :--

अशोक पुस्तकालय झींझक (कानपुर)

सन्
१९६२

*स्रोत*—बौद्धाचार्य डीसी मौर्य, भिण्ड, मध्य प्रदेश, भारत

* नमो बुद्धाय *

# बुद्ध वाणी

## धम्म — पद

**सब्ब पापस्स अकरणं कुसलस्स उपसम्पदा।**
**सचित्त परियोपदनं एतं बुद्धानसासनम्॥**

**अर्थ :—**

किसी भी प्रकार का पाप (बुरा) काम न करना, सब कुशल (अच्छा) काम करना और अपने चित्त का सुधार करना। यही बुद्ध का शासन (धर्मोपदेश) है।

अनुवादक :—**ललई सिंह**

प्रकाशक :—
**अशोक पुस्तकालय झींझक, (कानपुर)**
सन्
1962

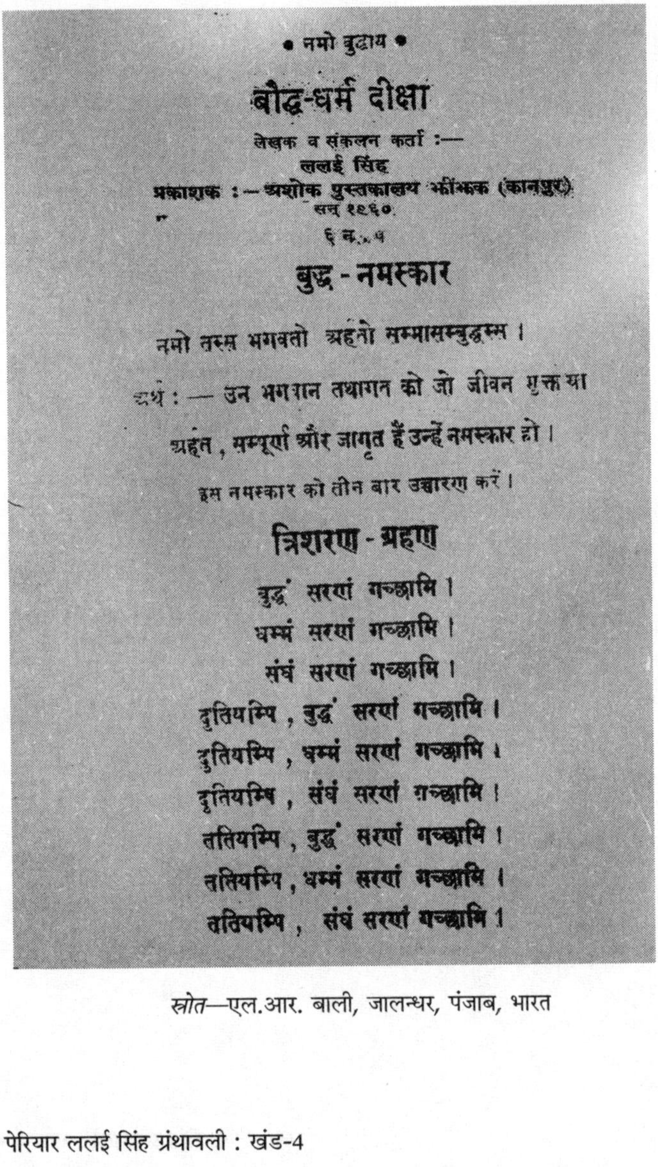

• नमो बुद्धाय •

बौद्ध-धर्म दीक्षा

लेखक व संकलन कर्ता :—

ललई सिंह

प्रकाशक :—अशोक पुस्तकालय झींझक (कानपुर)

सन् १९६०

६ न. ५

बुद्ध - नमस्कार

नमो तस्स भगवतो अर्हतो सम्मासम्बुद्धस्स।

अर्थ : — उन भगवान तथागत को जो जीवन मुक्त या

अर्हत, सम्पूर्ण और जागृत हैं उन्हें नमस्कार हो।

इस नमस्कार को तीन बार उच्चारण करें।

त्रिशरण - ग्रहण

बुद्धं सरणं गच्छामि।

धम्मं सरणं गच्छामि।

संघं सरणं गच्छामि।

दुतियम्पि, बुद्धं सरणं गच्छामि।

दुतियम्पि, धम्मं सरणं गच्छामि।

दुतियम्पि, संघं सरणं गच्छामि।

ततियम्पि, बुद्धं सरणं गच्छामि।

ततियम्पि, धम्मं सरणं गच्छामि।

ततियम्पि, संघं सरणं गच्छामि।

*स्रोत*—एल.आर. बाली, जालन्धर, पंजाब, भारत

* नमो बुद्धाय *

# बौद्ध धर्म दीक्षा

लेखक व संकलन कर्ता :—
**ललई सिंह**

**प्रकाशक :— अशोक पुस्तकालय, झींझक (कानपुर)**
सन् 1960
6 न. 4

## बुद्ध - नमस्कार

**नमो तस्स भगवतो अर्हतो सम्मासम्बुद्धस्स!**

**अर्थ :—उन भगवान तथागत को जो जीवन मुक्त या अर्हत, सम्पूर्ण और जागृत हैं, उन्हें नमस्कार हो।**

इस नमस्कार को तीन बार उच्चारण करें :

## त्रिशरण-ग्रहण

**बुद्धम् शरणम् गच्छामि।**
**धम्मम् सरणम् गच्छामि।**
**संघम् शरणम् गच्छामि।**
**दुतियम्पि, बुद्धम् शरणम् गच्छामि।**
**दुतियम्पि, धम्मम् शरणम् गच्छामि।**
**दुतियम्पि, संघम् शरणम् गच्छामि।**
**ततियम्पि, बुद्धम् शरणम् गच्छामि।**
**ततियम्पि, धम्मम् शरणम् गच्छामि।**
**ततियम्पि, संघम् शरणम् गच्छामि।**

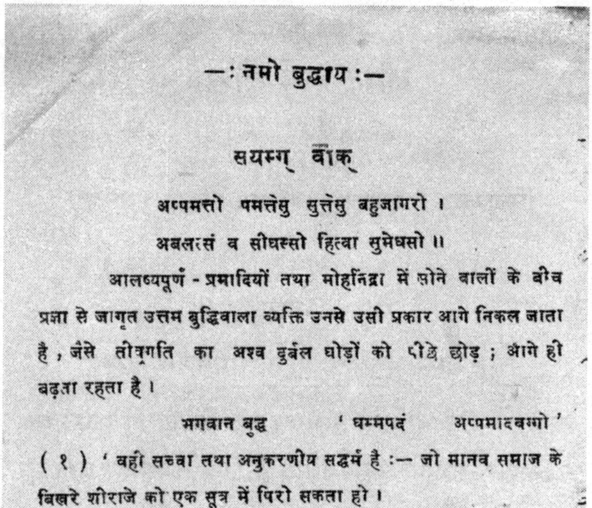

—: नमो बुद्धाय :—

सम्यग् वाक्

अप्पमत्तो पमत्तेसु सुत्तेसु बहुजागरो ।
अबलस्सं व सीघस्सो हित्वा सुमेधसो ।।

आलस्यपूर्ण - प्रमादियों तथा मोहनिद्रा में सोने वालों के बीच प्रज्ञा से जागृत उत्तम बुद्धिवाला व्यक्ति उनसे उसी प्रकार आगे निकल जाता है , जैसे तीव्रगति का अश्व दुर्बल घोड़ों को पीछे छोड़ ; आगे ही बढ़ता रहता है ।

भगवान बुद्ध ' धम्मपदं अप्पमादवग्गो '

( १ ) ' वही सच्चा तथा अनुकरणीय सद्धर्म है :— जो मानव समाज के बिखरे शीराजे को एक सूत्र में पिरो सकता हो ।

( २ ) जो विज्ञान और तर्क की कसौटी पर पूरा उतरता हो और हर प्रकार के पाखण्ड और वहम से छुटकारा दिलाता हो ।

( ३ ) जो सामाजिक सदाचार को उत्पन्न करता हो ।

( ४ ) जो प्रत्येक मानव में समानता तथा बन्धुत्व भावना का पोशक हो

( ५ ) जो मानव हृदय में चौकीदार बनकर उसे बुरे कर्म करने से सदैव रोकता रहे । — — — — — — — — —

बोधिसत्व बाबा साहेब डा० बी आर अम्बेडकर

( १ ) समानता विहीन समाज की उन्नति असम्भव है ।

( २ ) भारत में व्याप्त समस्त बुराइयों की जड़ जाति व्यवस्ता है ।

( ३ ) भारत में भारतीय संस्कृति की रक्षा बौद्ध धर्म से ही सम्भव है ।

पेरियार ललई सिंह

*स्रोत*—प्रोफेसर रमेन्द्र नाथ, दर्शनशास्त्र विभाग,
पटना विश्वविद्यालय पटना, बिहार, भारत।

—: नमो बुद्धाय :—

## सम्यक् वाक्

अप्पमत्तो पमत्तेसु सुत्तेसु बहुजागरो।
अबलत्सं व सीघस्सो हित्वा सुमेघसो॥

आलस्यपूर्ण-प्रमादियों तथा मोहनिद्रा में सोनेवालों के बीच प्रज्ञा से जाग्रत उत्तम बुद्धि वाला व्यक्ति उनसे उसी प्रकार आगे निकल जाता है, जैसे तीव्र गति का अश्व दुर्बल घोड़ों को पीछे छोड़, आगे ही बढ़ता रहता है।

**भगवान बुद्ध 'धम्म पदं अप्पमादवग्गो'**

(1) वही सच्चा तथा अनुकरणीय सद्धर्म है :— जो मानव समाज के बिखरे शीराजे को एक सूत्र में पिरो सकता है।

(2) जो विज्ञान और तर्क की कसौटी पर पूरा उतरता हो और हर प्रकार के पाखंड और वहम से छुटकारा दिलाता हो।

(3) जो सामाजिक सदाचार को उत्पन्न करता हो।

(4) जो प्रत्येक मानव में समानता तथा बन्धुत्व की भावना का पोशक हो।

(5) जो मानव हृदय में चौकीदार बनकर उसे बुरे कर्म करने से सदैव रोकता रहे। — — — — — — — — —

**बोधि सत्व बाबा साहेब डॉ. बी.आर. अम्बेडकर**

(1) समानता विहीन समाज की उन्नति असम्भव है

(2) भारत में व्याप्त समस्त बुराइयों की जड़ जाति-व्यवस्था है

(3) भारत में भारतीय संस्कृति की रक्षा बौद्ध धर्म से ही सम्भव है

**—पेरियार ललई सिंह**

* नमोबुद्धाय *

# अम्बेडकर वाणी

" जिस धर्म में आपकी मानवता का कोई मूल्य नहीं , उस धर्म में क्यो रहते हो?

संसार सुख-मय बनाना हो, तो धर्मन्तर कीजिये । ,,

बोधिसत्व बाबा साहब बी . आर . अम्बेडकर

हिन्दू रहते हुये असमानता वाले हिन्दू धार्मिक-ग्रन्थों , परम्पराओं व रूढ़ियों आदि की जोंक से छुटकारा पाना अति ही कठिन है , इसने ही आपका सामाजिक , धार्मिक , आर्थिक व राजनैतिक इत्यादि हर प्रकार का शोषण कर के आपको तीतर नामक चिड़िया की तरह दिमागी गुलाम बनाया है और मुझे पूरा यकीन है , कि भविष्य में आपकी सन्तान को भी दिमागी–गुलाम बनाये रखेगा ।

अतः आप खुद ही अपनी भलाई-बुराई को सोच-बिचार कर बुद्ध–बचन व अम्बेडकर–वाणी मानिये । " अत्त दीपो भवः ,, अर्थात् आप खुद अपना दीपक बनें । तभी भला होगा । बुद्ध धर्म ही सद्धर्म है । इसमें आपके दिमाग के विकास का स्थान पूर्णतया सुरक्षित है । पुराने समय में आप सब लोग बौद्ध धर्म मानते थे और सुख से रहते थे ।

लेखक व संकलन कर्ता :—

ललई सिंह

प्रकाशक :– अशोक पुस्तकालय झींझक (कानपुर)

सन् १९६२

*स्रोत*—जे.एन. आदित्य, कानपुर, उ.प्र., भारत

* नमो बुद्धाय *

# अम्बेडकर वाणी

**'जिस धर्म में आपकी मानवता का कोई मूल्य नहीं, उस धर्म में क्यों रहते हो?**

**संसार सुखमय बनाना है, तो धर्मान्तर कीजिए।'**

**बोधिसत्व बाबा साहब बी.आर. अम्बेडकर**

**हिन्दू रहते हुए असमानता वाले हिन्दू धार्मिक-ग्रंथों, परम्पराओं व रूढ़ियों आदि की जोंक से छुटकारा पाना अति ही कठिन है, इसने ही आपका सामाजिक, धार्मिक, आर्थिक व राजनीतिक, इत्यादि हर प्रकार का शोषण कर के आपको तीतर नामक चिड़िया की तरह दिमागी गुलाम बनाया है और मुझे पूरा यकीन है कि भविष्य में आपकी सन्तान को भी दिमागी-गुलाम बनाए रखेगा।**

अत: आप खुद ही अपनी भलाई-बुराई को सोच-विचार कर बुद्ध-वचन, अम्बेडकर-वाणी, मानिए 'अत्त दीपो भव:' अर्थात् आप खुद अपना दीपक बनें। तभी भला होगा। बुद्ध धर्म ही सद्धर्म है। इसमें आपके दिमाग के विकास का स्थान पूर्णतया सुरक्षित है। पुराने समय में आप सब लोग बौद्ध धर्म मानते थे और सुख से रहते थे।

लेखक व संकलन कर्ता :—

**ललई सिंह**

प्रकाशक :— **अशोक पुस्तकालय, झींझक (कानपुर)**

सन् 1962

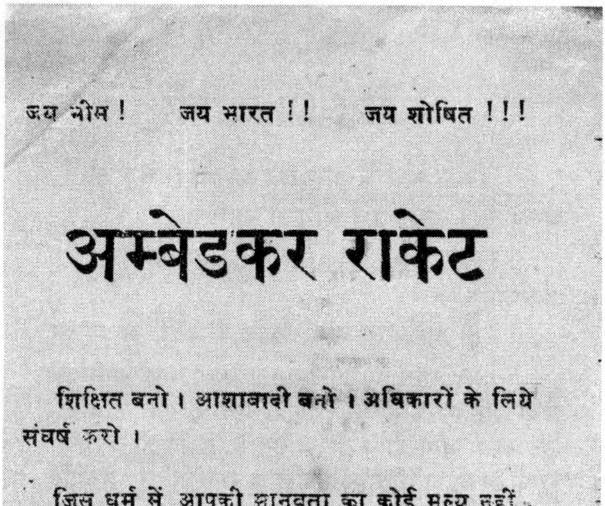
जय भीम ! जय भारत !! जय शोषित !!!

# अम्बेडकर राकेट

शिक्षित बनो। आशावादी बनो। अधिकारों के लिये संघर्ष करो।

जिस धर्म में आपकी मानवता का कोई मूल्य नहीं, उस धर्म में क्यों रहते हो – संसार सुखमय बनाना है, तो धर्मान्तर कीजिये।

– डाक्टर भीमराव रामजीराव अम्बेडकर

सामाजिक बे-इज्जती गरीबी से अधिक खटकती है।

– पेरियार ललईसिंह

प्रकाशक :—
अशोक पुस्तकालय ( रजि० )
झींझक – २०६३०२ ( कानपुर )

*स्रोत*—'आर्यों का नैतिक पोल प्रकाश' पुस्तक के अंतिम पृष्ठ से। सन् 1968 ई.। पेरियार ललई सिंह अपनी किताबों के अन्त में समतामूलक चेतना निर्माण के लिए इस तरह के पैम्फलेट देते थे।

जय भीम!　　जय भारत!!　　जय शोषित!!!

# अम्बेडकर राकेट

शिक्षित बनो। आशावादी बनो। अधिकारों के लिए संघर्ष करो।

जिस धर्म में आपकी मानवता का कोई मूल्य नहीं, उस धर्म में क्यों रहते हो—संसार सुखमय बनाना है, तो धर्मान्तर कीजिए।

**—डॉक्टर भीमराव रामजीराव अम्बेडकर**

सामाजिक बे-इज्जती गरीबी से अधिक खटकती है।

**—पेरियार ललई सिंह**

**प्रकाशक :—**
**अशोक पुस्तकालय (रजि०)**
झींझक—209302 (कानपुर)

जय भीम।  ॥ नमो बुद्धाय ॥  जय भारत।

# अम्बेडकर राकेट

शिक्षित बनो। अशावादी बनो। अधिकारों के लिए संघर्ष करो।

जिस धर्म में आपकी मानवता का कोई मूल्य नहीं, उस धर्म में क्यों रहते हो—संसार सुखमय बनाना है, तो धर्मान्तर कीजिए।

—डाक्टर भीमराव रामजीराव अम्बेडकर

सामाजिक बे-इज्जती गरीबी से अधिक खटकती है।

—पेरियार ललई सिंह

समता, बन्धुता व स्वतन्त्रता युक्त बौद्ध धर्म में आपकी धार्मिक, सामाजिक आर्थिक एवम् राजनैतिक आदि हर प्रकार की प्रगति सुरक्षित है।

—पेरियार ललई सिंह

हाई कमाण्डर ग्वालियर नेशनल आर्मी। पेन्शनर स्वतन्त्रता संग्राम सेनानी (केन्द्र व प्रान्त), पेन्शनर मध्य प्रदेश पुलिस सर्विस

**अशोक पुस्तकालय**

**झींझक—२०६३०२ (कानपुर)**

*स्रोत*—'धर्म परिवर्तन', पुस्तक के प्रारम्भिक पृष्ठ से साभार, सन् 1971

जय भीम।  ॥ जय भारत॥  जय शोषित।

# अम्बेडकर राकेट

शिक्षित बनो। आशावादी बनो। अधिकारों के लिए संघर्ष करो।

जिस धर्म में आपकी मानवता का कोई मूल्य नहीं, उस धर्म में क्यों रहते हो—संसार सुखमय बनाना है, तो धर्मान्तर कीजिए।

**—डॉक्टर भीमराव रामजीराव अम्बेडकर**

सामाजिक बे-इज्जती गरीबी से अधिक खटकती है।

**—पेरियार ललई सिंह**

समता, बन्धुता व स्वतंत्रता युक्त बौद्ध धर्म में आपकी धार्मिक, सामाजिक आर्थिक एवम् राजनैतिक आदि हर प्रकार की प्रगति सुरक्षित है।

**—पेरियार ललई सिंह**

हाई कमाण्डर ग्वालियर नेशनल आर्मी। पेन्शनर स्वतंत्रता
संग्राम सेनानी (केन्द्र व प्रान्त), पेन्शनर
मध्य प्रदेश पुलिस सर्विस

**अशोक पुस्तकालय**
झींझक—209302 (कानपुर)

।। नमो बुद्धाय ।।

# राकेट आफ डा० अम्बेडकर

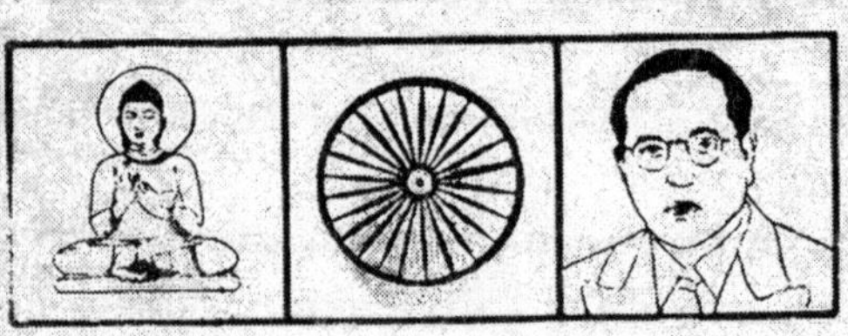

शिक्षित बनो। संगठित रहो।

अधिकारों के लिये संघर्ष करो।

जिस धर्म में आपकी मानवता का कोई मूल्य नहीं, उस धर्म में क्यों रहते हो – संसार सुखमय बनाना है, तो धर्मान्तर कीजिये।

— डा. बी. आर. अम्बेडकर

सामाजिक अपमान गरीबी से अधिक खटकता है।

— पेरियार ललईसिंह

समता, बन्धुता व स्वतन्त्रता युक्त बौद्ध धर्म में आपकी धार्मिक, सामाजिक, आर्थिक एवम् राजनैतिक आदि हर प्रकार की प्रगति सु-रक्षित है।

दि. १४-४-८२ ई. — पेरियार ललईसिंह

सस्ता प्रेस ग्राफिक (कानपुर) में छपा। मूल्य १० पैसा

*स्रोत*—वा.ना. मेश्राम के परिजन, दीक्षाभूमि, नागपुर, महाराष्ट्र, भारत

॥ नमो बुद्धाय॥

# राकेट ऑफ डा० अम्बेडकर

शिक्षित बनो! संगठित रहो।
अधिकारों के लिए संघर्ष करो।

जिस धर्म में आपकी मानवता का कोई मूल्य नहीं, उस धर्म में क्यों रहते हो—संसार सुखमय बनाना है तो धर्मान्तर कीजिए।

**—डॉ. बी. आर. अम्बेडकर**

सामाजिक अपमान गरीबी से अधिक खटकता है।

**—पेरियार ललई सिंह**

समता, बन्धुता व स्वतंत्रता युक्त बौद्ध धर्म में आपकी धार्मिक, सामाजिक, आर्थिक एवम् राजनीतिक आदि हर प्रकार की प्रगति सुरक्षित है।

दि. 14.4.82 ई. **—पेरियार ललई सिंह**

सस्ता प्रेस, झींझक (कानपुर) में छपा। मूल्य 10 पैसा

।। नमो बुद्धाय ।।

## राकेट आफ
## डा० अम्बेडकर

शिक्षित बनो। संगठित रहो।
अधिकारों के लिये संघर्ष करो।

जिस धर्म में आपकी मानवता का कोई मूल्य नहीं, उस धर्म में क्यों रहते हो — संसार सुखमय बनाना है, तो धर्मान्तर कीजिये।

—डा० बी. आर. अम्बेडकर

सामाजिक अपमान गरीबी से अधिक खटकता है।

—पेरियार ललई सिंह

समता, बन्धुता व स्वतन्त्रता युक्त बौद्ध धर्म में आपकी धार्मिक, सामाजिक, आर्थिक एवम् राजनैतिक आदि हर प्रकार की प्रगति सु-रक्षित है।

दि० १४ अप्रैल सन १९८२ ई०

—पेरियार ललई सिंह

*स्रोत*—वा.ना. मेश्राम के परिजन, दीक्षाभूमि, नागपुर, महाराष्ट्र

॥ नमो बुद्धाय ॥

# राकेट ऑफ डॉ. अम्बेडकर

शिक्षित बनो। संगठित रहो।
अधिकारों के लिए संघर्ष करो।

जिस धर्म में आपकी मानवता का कोई मूल्य नहीं, उस धर्म में क्यों रहते हो—संसार सुखमय बनाना है, तो धर्मान्तर कीजिए।

**—डॉ. बी.आर. अम्बेडकर**

सामाजिक अपमान गरीबी से अधिक खटकता है।

**—पेरियार ललई सिंह**

समता, बन्धुता व स्वतंत्रता युक्त बौद्ध धर्म में आपकी धार्मिक, सामाजिक, आर्थिक एवम् राजनैतिक आदि हर प्रकार की प्रगति सुरक्षित है।

दि. 14 अप्रैल, सन् 1982 ई.

**—पेरियार ललई सिंह**

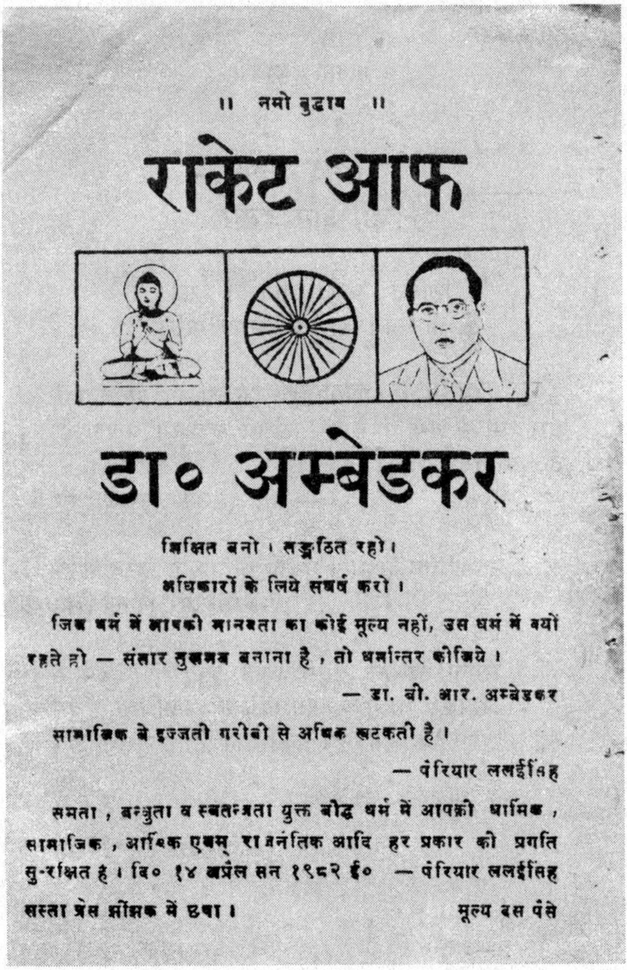

।। नमो बुद्धाय ।।

# राकेट आफ

# डा० अम्बेडकर

शिक्षित बनो। सङ्गठित रहो।

अधिकारों के लिये संघर्ष करो।

जिस धर्म में आपकी मानवता का कोई मूल्य नहीं, उस धर्म में क्यों रहते हो — संसार सुखमय बनाना है, तो धर्मान्तर कीजिये।

— डा. बी. आर. अम्बेडकर

सामाजिक बे इज्जती गरीबी से अधिक खटकती है।

— पेरियार ललईसिंह

समता, बन्धुता व स्वतन्त्रता युक्त बौद्ध धर्म में आपकी धार्मिक, सामाजिक, आर्थिक एवम् राजनैतिक आदि हर प्रकार की प्रगति सु-रक्षित है। दि० १४ अप्रैल सन १९८२ ई० — पेरियार ललईसिंह

सस्ता प्रेस झींझक में छपा। मूल्य दस पैसे

*स्रोत*—प्रोफेसर रमेन्द्र नाथ, दर्शनशास्त्र विभाग,
पटना विश्वविघालय पटना, बिहार, भारत।

!! नमो बुद्धाय !!

# राकेट ऑफ

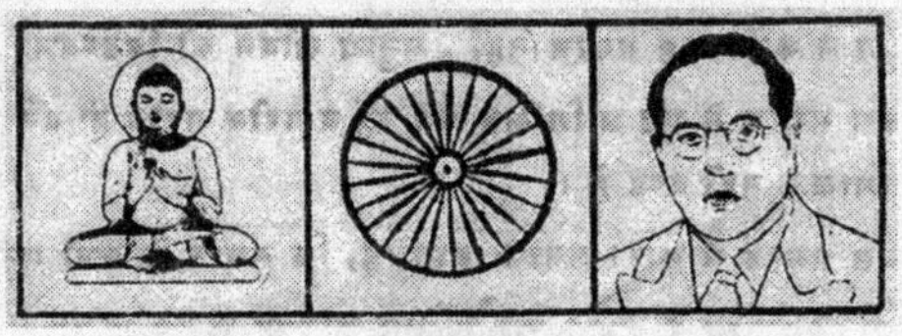

# डा० अम्बेडकर

शिक्षित बनो। संगठित रहो।
अधिकारों के लिए संघर्ष करो।

जिस धर्म में आपकी मानवता का कोई मूल्य नहीं, उस धर्म में क्यों रहते हो—संसार सुखमय बनाना है तो धर्मान्तर कीजिए।

**—डॉ. बी. आर. अम्बेडकर**

सामाजिक अपमान गरीबी से अधिक खटकता है।

**—पेरियार ललई सिंह**

समता, बन्धुता व स्वतंत्रता युक्त बौद्ध धर्म में आपकी धार्मिक, सामाजिक, आर्थिक एवम् राजनीतिक आदि हर प्रकार की प्रगति सुरक्षित है।

दि. 14.4.82 ई. **—पेरियार ललई सिंह**

सस्ता प्रेस, झींझक में छपा। मूल्य दस पैसे

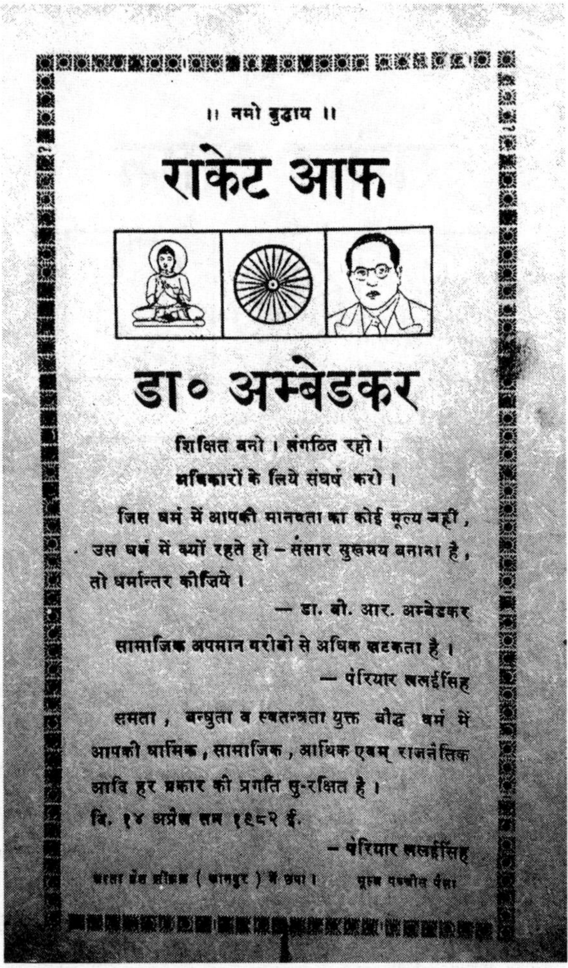


*स्रोत*—जेएन आदित्य, कानपुर, उ.प्र., भारत

॥ नमो बुद्धाय॥

# राकेट ऑफ

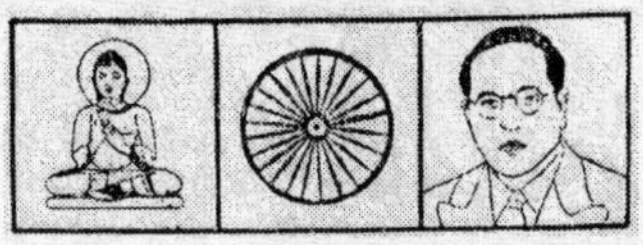

# डा० अम्बेडकर

शिक्षित बनो। संगठित रहो।
अधिकारों के लिए संघर्ष करो।

जिस धर्म में आपकी मानवता का कोई मूल्य नहीं, उस धर्म में क्यों रहते हो—संसार सुखमय बनाना है तो धर्मान्तर कीजिए।

**—डॉ. बी.आर. अम्बेडकर**

सामाजिक अपमान गरीबी से अधिक खटकता है।

**—पेरियार ललई सिंह**

समता, बन्धुता व स्वतंत्रता युक्त बौद्ध धर्म में आपकी धार्मिक, सामाजिक, आर्थिक एवम्रा जनीतिक आदि हर प्रकार की प्रगति सुरक्षित है।

दि. 14 अप्रैल, सन् 1982 ई.

**—पेरियार ललई सिंह**

सस्ता प्रेस, झींझक (कानपुर) में छपा। मूल्य पच्चीस पैसा

# राकेट आफ पेरियार ललईसिंह

गजेटेड ( बड़े ) आफीसर ( उत्तर प्रदेश )

| नाम जातीय समुदाय | जन संख्या सन ५१ | १९४६ | १९५५ | १९६१ |
|---|---|---|---|---|
| हरिजन | १५० लाख | १६ | ७० | १९४ |
| पिछड़ी जाति | २६९ लाख | ३४ | ९५ | ६७ |
| अगड़ी जाति | १३७ लाख | १२०१ | ४५५५ | ८५०० |
| अंग्रेज, ईसाई व ) | | | | |
| मुसलमान आदि ) | ७३ लाख | १९०१ | ६३० | ८५८ |
| योग | ६२९ लाख | ३१५२ | ५२८० | ९६१९ |

१ - उक्त आंकड़े श्री रामनन्दन कूर्मी एम. एल. सी. १९५५ ई० व श्री रामस्वरूप वर्मा एम. एल. ए. १९६१ के एसेम्बली प्रश्नों के उत्तर हैं।

२ - गुलाम को समझ में यदि आ जावे, कि मैं गुलाम हूं - तो वह गुलामी से मुक्त होने के लिये प्रातः वन्दनीय आदि विद्रोही 'स्पार्टकस' की भांति विद्रोह कर देगा। इसी पालिसी के अन्तरगत मौजूदा सरकार अब ऐसे एसेम्बली प्रश्न स्वीकार नहीं करती - ऐसा मुझे श्री रामस्वरूप वर्मा एम. एल. ए. ने १२-३-८२ को बतलाया। पाठक गण, सोचें, समझें व जानकारी के अन्य मार्ग जो उचित समझें, अपनायें।

३ - [illegible] एम. एल. ए. आदि को विशेष जानकारी के लिये जवाबी कार्ड डालिये। साधारण कार्ड का कोई उत्तर नहीं दिया जायेगा।

४ - इस 'राकेट आफ पेरियार ललईसिंह' को ज्यों का त्यों छापने का अधिकार सब को है। इस पता मुझे भेजें।

*स्रोत*—कवलजीत कौर, पटना, बिहार, भारत

# राकेट ऑफ पेरियार ललई सिंह

## गजेटेड (बड़े) ऑफिसर (उत्तर प्रदेश)

| नाम जातीय समुदाय | जनसंख्या सन् 51 | 1946 | 1955 | 1961 |
|---|---|---|---|---|
| हरिजन | 150 लाख | 16 | 70 | 194 |
| पिछड़ी जाति | 269 लाख | 34 | 25 | 67 |
| अगड़ी जाति | 137 लाख | 1,201 | 4,555 | 8,500 |
| अंग्रेज, ईसाई व मुसलमान आदि | 73 लाख | 1,901 | 630 | 858 |
| **योग** | **629 लाख** | **3,152** | **5,280** | **9,619** |

1. उक्त आँकड़े श्री रामनन्दन कुर्मी एम.एल.सी. 1955 ई. श्री रामस्वरूप वर्मा एम.एल.ए. 1961 ई. के एसेम्बली प्रश्नों के उत्तर दें।
2. गुलाम की समझ में यदि आ जाए कि मैं गुलाम हूँ—तो वह गुलामी से मुक्त होने के लिए प्रात:वन्दनीय आदि विद्रोही *'स्पार्टकस'* की भाँति विद्रोह कर देगा। इसी पॉलिसी के अन्तर्गत मौजूदा सरकार अब ऐसे एसेम्बली प्रश्न स्वीकार नहीं करती, ऐसा मुझे श्री रामस्वरूप वर्मा एम.एल.ए. ने 12.03.82 को बतलाया। पाठकगण, सोचें, समझें व जानकारी के अन्य मार्ग जो उचित समझें, अपनाएँ।
3. जातिवार एम.एल.ए. आदि को विशेष जानकारी के लिए जवाबी कार्ड डालिए। साधारण कार्ड का कोई उत्तर नहीं दिया जाएगा।
4. इस 'राकेट ऑफ पेरियार ललई सिंह' को ज्यों का त्यों छापने का अधिकार सब को है। दस पन्ना मुझे भेजें।

महंगाई के कारण संशोधित मूल्य (१० पैसा)

(२)

# देश में ब्राम्हणों का वर्चस्व

**श्री रामविलास पासवान एम० पी० (लोकदल)**

**दिनांक ११ अगस्त १९८२ ई०**

पिछड़ी जातियों के उत्थान हेतु बनाये गये 'मण्डल आयोग' की रिपोर्ट पर लोक सभा में बहस के दौरान ब्राम्हणों के चौमुखी वर्चस्व की तालिका छपे दस्तावेज के आंकड़ों के अनुसार इस प्रकार है, कहा :—

| पद | कुल | ब्राह्मण |
|---|---|---|
| राज्यपाल | २७ | १३ |
| राज्यपालों के सचिव | २४ | १३ |
| राज्यपालों के मुख्य सचिव | २६ | १४ |
| केन्द्रिय कैबिनेट मन्त्री | १८ | ९ |
| सचिव एवम् अन्य ) बरिष्ठ अधिकारी ) | ५०० | ३१० |
| उच्चतम न्यायालय के ) न्यायाधीश ) | १६ | ९ |
| उच्च न्यायालय के ) न्यायाधीश ) | ३३६ | १६९ |
| राजदूत | १४० | ६१ |

पाठकों को धन्यवाद। दि० १-९-८२ ई० मूल्य :- ~~[illegible]~~

— पेरियार ललईसिंह स्वतन्त्रता संग्राम सेनानी, हाई कमाण्डर ग्वालियर नैशनल आर्मी तथा अध्यक्ष नान गजेटेड मुलाजिमान पुलिस एण्ड आर्मी संघ ( भूत पूर्व ग्वालियर गवर्नमेण्ट )

प्रकाशक व मुद्रक :- पेरियर प्रेस, झींझक २०९३०२ (कानपुर)

*स्रोत*—कवलजीत कौर, पटना, बिहार, भारत

(2)

# देश में ब्राह्मणों का वर्चस्व

**श्री रामविलास पासवान एम. पी. (लोकदल)**

**दिनांक : 11 अगस्त, 1982 ई.**

पिछड़ी जातियों के उत्थान हेतु बनाए गए '**मंडल आयोग**' की रिपोर्ट पर लोकसभा में बहस के दौरान ब्राह्मणों के चौमुखी वर्चस्व की तालिका छपे दस्तावेजों के आँकड़ों के अनुसार, इस प्रकार है, कहा—

| पद | कुल | ब्राह्मण |
|---|---|---|
| राज्यपाल | 27 | 13 |
| राज्यपालों के सचिव | 24 | 13 |
| राज्यपालों के मुख्य सचिव | 26 | 14 |
| केन्द्रीय कैबिनेट मंत्री | 18 | 9 |
| सचिव एवं अन्य वरिष्ठ अधिकारी | 500 | 320 |
| उच्चतम न्यायालय के न्यायाधीश | 16 | 9 |
| उच्च न्यायालय के न्यायाधीश | 336 | 169 |
| राजदूत | 140 | 91 |

पाठकों को धन्यवाद! दि० 1-9-1982 ई०　　　　मूल्य :— पांच पैसा

—पेरियार ललई सिंह स्वतंत्रता संग्राम सेनानी,

हाई-कमांडर ग्वालियर नेशनल आर्मी तथा अध्यक्ष नॉन गजेटेड मुलाजिमान

पुलिस एंड आर्मी संघ (भूत पूर्व ग्वालियर गवर्नमेंट)

प्रकाशक व मुद्रक :— पेरियार प्रेस, झींझक, 209302 (कानपुर)

# साक्षात्कार

*पेरियार ललई सिंह जी एक उत्कृष्ट बुद्धिवादी विचारक, महान समाज सेवी, भारत की विभूति, कर्मठ कार्यकर्ता, दृढ़-निश्चयी, अपनी धुन के पक्के, लक्ष्य द्रष्टा, वैज्ञानिक समाजवादी सेवी सेनानी हैं। आप बात के बजाय काम पर ज्यादा बल देते हैं।*

*आपका विश्वास धर्म में नहीं वरन् कर्म है। आपने साक्षात्कार निर्णायक भीम कार्यालय में सितम्बर, 1980 को आकर स्वयं दिया। इसके लिए बहुत-बहुत आभार। साक्षात्कारकर्ता—डॉ. बी.एन. कमल, कानपुर, —सम्पादक—'निर्णायक—भीम', सितम्बर, 1980 ई.*

**पेरियार साहब, हमारे सम्पादक ने तो साक्षात्कार हेतु आपसे समय माँगा था। आपने समय तो दिया लेकिन यह क्यों लिखा था कि साक्षात्कार मैं पत्रिका के कार्यालय में स्वयं आकर दूँगा?**

भाई, बात ऐसी थी कि मैंने अपने सम्पादक का मूल्यांकन पत्रिका से किया। मैं तो समता के लिए आन्दोलन करते हुए, सम्पूर्ण भारत में घूमता रहता हूँ, जहाँ भी जाता हूँ 'निर्णायक-भीम' की चर्चा सुनता हूँ तो मैं समझा कि जब पत्रिका इतने कम समय में लोकप्रिय हो गई तो सम्पादक कोई 'कर्मठ आदमी' होगा। शहरी-वातावरण में सम्पादक पला होगा। मैं एक कस्बे के एक कमरे में रहता हूँ। यदि सम्पादक जी कहीं रात्रि में मेरे यहाँ रुक गए तो उन्हें तकलीफ होगी क्योंकि मैं तो देहाती वातावरण में रह रहा हूँ। इसीलिए मैंने सोचा कि मैं स्वयं चला आऊँ।

**पेरियार ललई सिंह जी, आप हमारे बुजुर्ग होने के साथ-साथ पथ-प्रदर्शक भी हैं, पर आपको आमतौर से लोग कम जानते हैं। कृपया आप अपना संक्षिप्त परिचय दें?**

कुछ विशेष परिस्थितियों वश मैं अपना कोई विशेष परिचय नहीं दे सकता हूँ। फिलहाल, आप इतना ही समझ लें कि मैं कानपुर जिले के झींझक कस्बे का ग्रामीण जन सेवक हूँ। कई वर्षों तक दीक्षा दिवस, बुद्ध जयन्ती, अम्बेडकर जयन्ती, पेरियार ई.वी. रामास्वामी के जन्मदिन और निर्वाण आदि अवसरों पर उत्साहित लोग मुझे

मेरी सामाजिक सेवाओं के फलस्वरूप 'पेरियार' विशेषण से सम्बोधित करते रहे हैं। धीरे-धीरे मैं बजाय ललई सिंह के पेरियार ललई सिंह के नाम से अलंकृत होते गया। वैसे, मेरा कार्य ही मेरा परिचय है।

**आप लेखक के रूप में हमारे सामने केवल शोषितों के दृष्टिकोण के साथ हैं। यह तो एकांगी हुआ?**

वास्तव में, मैं लेखक नहीं हूँ। एक सेवक हूँ। शोषितों का एक प्रचारक मात्र हूँ। बस शोषितों के लिए जो अपने आप से हो सका और अब भी जो भी बन पड़ रहा है। सब कुछ करना मेरा कर्म है। मेरा धर्म है।

**आपने यह कैसे मान लिया कि कुछेक लोगों या वर्ग विशेष का विभिन्न तरह से शोषण हुआ ही है?**

यह तो निष्पक्ष निगाह से देखनेवाला कोई भी देशी-विदेशी व्यक्ति, जो सामाजिक ढाँचे की ओर निगाह दौड़ाता है, वही कहने लगता है कि हिन्दुस्तान में तो भाई इनसान में इतना भारी फर्क है जितना कि अन्य जीव जन्तुओं के समुदायों में भी देखने को नहीं मिलता। यहाँ तो आदमी ही आदमी का भक्षक है। शोषक है। जोंक से भी बदतर। देखिए न, ईश्वर के नाम पर, धर्म के नाम पर, सत्ता के नाम पर और जब कुछ नहीं तो जानवरों को ईश्वर का अवतार बनाकर गंगा, गाय, गोबर, गो-मूत्र के आधार पर नदी, नाले, गंगा, यमुना, सरस्वती आदि के नाम पर धर्म को इष्ट बताकर, सत्ता दंड का भय दिखाकर नाना प्रकार से शोषण पर शोषण किया जाता रहा है। जो अभी भी सतत चल रहा है। विडम्बना तो यह है कि वह शोषण के तौर तरीके आज के वैज्ञानिक युग में भी बरकरार हैं।

**क्या आप मानते हैं कि इस देश के कुछेक वर्गों या समुदायों पर आर्थिक डकैती डाली गई है?**

जी हाँ! आर्थिक डकैती तो रोज ही पड़ रही है और यह डकैती जैसा मैंने अपनी पुस्तक 'शोषितों पर राजनैतिक डकैती' और 'शोषितों पर धार्मिक डकैती' में भी लिखा है कि यह सब प्रकार की डकैतियाँ एक-दूसरे के साथ ही साथ अन्योन्याश्रित ढंग से चलती है। शोषकजन एक तीर से कई शिकार जमाने से करते आ रहे हैं। इन्हीं के खिलाफ हमारा जीवन पर्यन्त जेहाद चल रहा है।

मेरी मान्यता है कि श्रम को महत्त्व मिलना चाहिए—अर्थ तो उसके प्रतिफल स्वरूप स्वतः प्राप्त होता रहता है। यदि शोषितों को पारस्परिक कार्यकुशलता का सहयोगी बढ़ावा मिले तो हमारी विभिन्न प्रकार से झकझोरी हुई विच्छिन्न आर्थिक अवस्था की क्षतिपूर्ति हो जाए।

**आप भौतिक दृष्टिकोण में मानवीय मूल्यों को कहाँ तक प्रभावित मानते हैं?**

इस दुनिया में सदैव अद्वैतवाद रहा। कभी तो विज्ञान के चमत्कारों का और कभी आध्यात्मिक चमत्कारों का जोर रहा। इन दोनों ही दृष्टिकोण के विचारकों ने सदैव शोषितों की बात उठाई। कार्ल मार्क्स ने गरीब की बात कही तो बुद्ध ने दुखी की बात कही—दोनों का लक्ष्य एक ही था। परन्तु सदाबहार शोषक ने अपने नए-नए हथकंडों से 'ईश्वर का यही न्याय' बताकर अट्टहास किया।

**धर्मवाद और ईश्वर में आपकी कितनी आस्था है? क्या आप किसी धर्म में विश्वास करते हैं?**

नहीं! यों तो लोग मुझे बौद्धधर्मी समझते हैं, परन्तु मैं तो गौतम बुद्ध को एक महान समतावादी, मानववादी विचारक मात्र ही मानता हूँ। मैं उनकी महानता को अंगीकार करता हूँ, परन्तु मैं बुद्ध को 'ईश्वर' जैसी 'पूजा' की वस्तु नहीं मानता। उनके विचार-उपदेशों को समता-मानवता का पथ-प्रदर्शक मानना कोई धर्म जैसी बात नहीं। तथागत बुद्ध के उपदेश सर्वहारा के लिए समतावादी कल्याणकारी सिद्धान्त हैं।

**क्या आप समता के सिद्धान्त पर साम्यवाद के सामने समाजवादी को नहीं मानते?**

जी हाँ! मैं समाजवाद को नहीं मानता। समाजवाद तो स्वार्थवाद है। साम्यवाद के बारे में मेरे निजी विचार भी कुछ पृथक् हैं, क्योंकि शोषितों की क्षतिपूर्ति वहाँ भी पूर्णत: सम्भव नहीं है। फिलहाल साम्यवादी तरीके से समता का मार्ग अवश्य प्रशस्त किया जा सकता है।

**धार्मिक निष्पादन से आप कहाँ तक सहमत हैं?**

भारत में धर्मवाद, सम्प्रदायवाद और जातिवाद की एक बड़ी गुटबन्दी है। यह बहुत मजबूत गोल है। और इसी के समानान्तर एक गोल और है—धर्म, सम्प्रदाय और पूँजी का। इन सबको केवल सर्वहारा के वैज्ञानिक समाजवाद (साम्यवाद) से ही ढहाया जा सकता है। यह सब कच्ची मिट्टी के महल हैं।

धर्मवाद एक जघन्य बुराई है। एक ठोकर देने की चीज है। देखिए न, एक ओर तो धर्मवाद ने ईश्वर और ईश्वरी सत्ता को जन्म दे डाला और दूसरी ओर सम्प्रदाय और जातियों को। इससे मानव मानव में विघटन की स्थिति पैदा हो गई। इससे मानव मूल्यों से ओत-प्रोत हमारा जीवन छिन्न-भिन्न हो गया। सच्चा धर्म है—मानव धर्म!

# पेरियार ललई सिंह के
# पत्र, कुशल-पत्र, खुलासा आदि

*समतामूलक समाज निर्माण और सामाजिक लोकतंत्र की स्थापना के लिए पेरियार ललई सिंह सम्पूर्ण भारत से आन्दोलनकर्ताओं और सामाजिक कार्यकर्ताओं को जोड़ा था। जो भी व्यक्ति और कार्यकर्ता उनके विचार और सामाजिक-सांस्कृतिक आन्दोलन से जुड़े हुए थे। उससे सम्बन्धित सम्पूर्ण भारत से जो भी पत्र-व्यवहार हुए, वे सभी यहाँ प्रस्तुत हैं। अशोक पुस्तकालय से पूरे देश से 26,000 लोग जुड़े हुए थे। उन सभी लोगों से किए गए पत्र-व्यवहार, जो मिल सके, वे यहाँ प्रस्तुत हैं।*

***—सम्पादक***

[1]

*[डॉ. सर्वपल्ली राधाकृष्णन्, श्रीमती इन्दिरा गांधी, गुलजारी लाल नन्दा आदि को ऑल-इंडिया-बैकवर्ड क्लास कमिशन रिपोर्ट सन् 1956 काका कालेलकर कमीशन लागू करने के लिए 21 दिनों की भूख हड़ताल, आन्दालेन से पूर्व लिखे गए और मिले पत्र। —सम्पादक]*

**राष्ट्रपति डॉ. सर्वपल्ली राधाकृष्णन, भारत सरकार को पत्र/का पत्र**
**प्रधानमंत्री श्रीमती इन्दिरा गांधी को पत्र/का पत्र**
**गुलजारीलाल नन्दा, महामंत्री, भारत सरकार को पत्र/का पत्र**
**अखिल भारतीय पिछड़ा वर्ग संघ को पत्र/का पत्र**

दिनांक : 1.4.66

सेवा में,

श्री डॉ. सर्वपल्ली राधाकृष्णन, राष्ट्रपति भारत सरकार, नई दिल्ली, वापस मिले पत्र नं. 1/1.4.66, 21/19.4.66, 31/21.4.66, इंडिया बैकवर्ड क्लास कमीशन रिपोर्ट 1956 लागू न करने के कारण भूख हड़ताल प्रारम्भ।

दिनांक : 1.4.66 श्रीमती इन्दिरा गांधी प्रधानमंत्री भारत सरकार, नई दिल्ली, वापस मिले पत्र नं. 1/1.4.66, 21/19.4.66, 31/21.4.66, इंडिया बैकवर्ड क्लास कमीशन रिपोर्ट 1956 लागू न करने के कारण भूख हड़ताल प्रारम्भ।

दिनांक : 1.4.66, श्री अध्यक्ष महोदय अखिल भारतीय कांग्रेस कमेटी जन्तर-मन्तर रोड, नई दिल्ली, वापस मिले पत्र नं. 1/1.4.66, 21/19.4.66, 31/21.4.66, इंडिया बैकवर्ड क्लास कमीशन रिपोर्ट 1956 लागू न करने के कारण भूख हड़ताल प्रारम्भ।

दिनांक : 1.4.66, श्री अध्यक्ष महोदय अखिल भारतीय पिछड़ा वर्ग संघ, 15, कर्जन लेन, नई दिल्ली, वापस मिले पत्र नं. 1/1.4.66, 21/19.4.66, 31/21.4.66, इंडिया बैकवर्ड क्लास कमीशन रिपोर्ट 1956 लागू न करने के कारण भूख हड़ताल प्रारम्भ।

दिनांक : 1.4.66, श्री गुलजारी लाल नन्दा, महामंत्री, भारत सरकार, नई दिल्ली, वापस मिले पत्र नं. 1/1.4.66, 21/19.4.66, 31/21.4.66, इंडिया बैकवर्ड क्लास कमीशन रिपोर्ट 1956 लागू न करने के कारण भूख हड़ताल प्रारम्भ।

दिनांक : 1.4.66, श्री छेदीलाल साथी एड्वोकेट एम.एल.सी., कन्धारी बाजार, लखनऊ, वापस मिले पत्र नं. 1/1.4.66, 21/19.4.66, 31/21.4.66, इंडिया बैकवर्ड क्लास कमीशन रिपोर्ट 1956 लागू न करने के कारण भूख हड़ताल प्रारम्भ।

दिनांक : 1.4.66, श्री डॉक्टर कन्हैयालाल, गाड़ीपुर चिमकुनी, पुत्तूलाल का चौराहा, शाहजहाँनपुर सिटी, उत्तर प्रदेश, वापस मिले पत्र नं. 1/1.4.66, 21/19.4.66, 31/21.4.66, इंडिया बैकवर्ड क्लास कमीशन रिपोर्ट 1956 लागू न करने के कारण भूख हड़ताल प्रारम्भ।

दिनांक : 1.4.66, मो. हलीमुद्दीन राहत मौलाई एम.एल.ए., डहरिया, मुरादाबाद सिटी, उत्तर प्रदेश, वापस मिले पत्र नं. 1/1.4.66, 21/19.4.66, 31/21.4.66, इंडिया बैकवर्ड क्लास कमीशन रिपोर्ट 1956 लागू न करने के कारण भूख हड़ताल प्रारम्भ।

दिनांक : 1.4.66 श्री जयपाल सिंह कश्यप, एडवोकेट, बदायूँ सिटी, उत्तर प्रदेश, वापस मिले पत्र नं. 1/1.4.66, 21/19.4.66, 31/21.4.66, इंडिया बैकवर्ड क्लास कमीशन रिपोर्ट 1956 लागू न करने के कारण भूख हड़ताल प्रारम्भ।

दिनांक : 01.4.66, ई. को आल-इंडिया-बैकवर्ड क्लास कमीशन रिपोर्ट सन् 1956 काका कालेलकर कमीशन को लागू किए जाने को लेकर संसद भवन, नई दिल्ली, के मुख्य द्वार के सामने साथियों सहित भूख हड़ताल प्रारम्भ की। सरकार ने सेंट्रल जेल नई दिल्ली में साथियों सहित (राजबन्दी) बनाया।

दिनांक : 21 अप्रैल, 1966, को सर्वपल्ली राधाकृष्णन् के पत्र और आश्वासन के साथ साथियों सहित बन्धन मुक्त हुआ। 21 दिनों की भूख हड़ताल समाप्त। जिसमें बैकवर्ड क्लास को शिक्षा में पिछड़ा हुआ मानकर कुछ सुविधाएँ देना स्वीकार किया गया।

धन्यवाद!

दिनांक : 21 अप्रैल, 1966

**—पेरियार ललई सिंह**

[2]

## पेरियार ई.वी. रामास्वामी का ललई सिंह को पत्र

ट्रू कॉपी इंग्लिश लेटर
Permission Letter
(True Copy)

Maligai, Puthur, Tiruchirappalli,
Madras State.

To

Sir, Lalai Singh Yadava
President—Ashok Pustakalya (Regd.)
Village & Post Office—Jhinjhak,
Disttrict—Kanpur, Uttra Pradesh, India

Sir

You are permitted to publish in Hindi edition of 'The Ramayana : A true reading' (English).—Because those who were permitted in the past time has not published as it. Hence there permission should be treated and cancelled.

Thank you,

Dated : 01.07.1968 E.

Your's Faithfully
(Signature)
—Periyor E.V. Ramaswami

[3]

No. 152 of 1968
Office—Head Circle Police Inspector
Alibag, Dist.—Raigad, Maharastra.

To,

Sir Periyar Lalai singh Yadav
Ashok Book Deptt.
Post & Place—Zinzak
Dist—Kanpur, U.P. 209302.

Subject—A criminal case against Bhikkhu Angulimal Shakyapura thero u/c153-A 295-A, IPC vide Alibag Ps Cr No.179187 u/s 153-A 295-A CPC.

Sir,

With reference to the above I am to request what a book by name— 'सच्ची रामायण की चाभी' is written & published by you. On that book a book is Marathi language in Translation and published by one Shri Bhikkhu Angulimal Shakyaputra Thero.

2. It is leave that, your book is Hindi was challenged is the court of law a ultimately nothing objectionable was found.

3. For the purpose of police investigation. we are is used the above said book is Hindi as well as copies of the Judgment will you please oblige as in the waller by sending copies of judgments & Hindi book.

4. If any account is to be paid may be communicable so that necessary acknowledgement will be wade in that regard.

मंडल पोलीश निरीक्षक
अलीबाग, जिला—रायगढ़, महाराष्ट्र

पत्र प्राप्त तिथि : 03.05.88
हस्ताक्षर—**पेरियार ललई सिंह**

[4]

उत्तर प्रदेश, सरकार
गृह (पुलिस—ख—2) विभाग
संख्या 13038 आर/आठ—ख—2—1346/68, लखनऊ
दिनांक : 26 जनवरी, 1970 ई.

## कार्यालय ज्ञापन

उनके 'सच्ची रामायण' हिन्दी पुस्तिका के पुनः प्रकाशन की आज्ञा चाहने के बावत गृह सचिव को सम्बोधित पत्र-संख्या 1095 दि. 13 नवम्बर 1969 ई. के सन्दर्भ में श्री ललई सिंह यादव को सूचित किया जाता है कि उपरोक्त पुस्तक को सरकार द्वारा जब्त कर लिया गया है।

अतः इसे अब पुनः प्रकाशित करने का प्रश्न नहीं उठता!

हस्ता. (अंग्रेजी)
अधीक्षक
मुहम्मद जैनुद्दीन

[5]

रजिस्टर्ड, डिस्पेच नम्बर—87

सेवा में

श्रीमान सुपरिंटेंडेंट पुलिस
देहाती क्षेत्र, जिला—कानपुर

मान्यवर महोदय,
क्राइम, पी.एस. भोगनीपुर

1. प्रार्थी के विरुद्ध धारा 295 ए.आई.,पी.सी. की कार्रवाई उपरोक्त पुलिस स्टेशन में चल रही है।
2. किताब 'सच्ची रामायण' हिन्दी को उत्तर प्रदेश सरकार ने जब्त कर लिया है।
3. उपरोक्त आज्ञा के विरुद्ध प्रार्थी ने माननीय चीफ जस्टिस महोदय हाईकोर्ट ऑफ जुडीकेचर, उत्तर प्रदेश शासन, इलाहाबाद के इजलास में रिटपिटिशन दायर कर दिया है।

अत: प्रार्थना है कि जब तक उपरोक्त, हाईकोर्ट से अन्तिम जजमेंट न दिया जाए तब तक के लिए आप अपनी तफ्तीश रोक देने की व्यवस्था फरमाएँ। अनुकम्पा होगी।

धन्यवाद!

प्रार्थी

**—ललई सिंह यादव**

स्वतंत्रता सेनानी

अध्यक्ष, अशोक पुस्तकालय रजिस्टर्ड

ग्राम एवं पोस्ट—झींझक, जिला—कानपुर

उत्तर प्रदेश, भारत

[6]

To,

डॉ. सूबेदार कटियार

6/16, कानपुर, उत्तर प्रदेश

आप बार-बार कह रहे हैं हिन्दू धर्म ग्रंथों पर मुकदमा कीजिए किन्तु हिन्दू धर्म के अपमानजनक ग्रंथों का मुकदमा तभी पेश होगा जब कि 500.00 (पाँच सौ) रुपये देंगे। यह 200.00 (दो सौ) तैयारी के लिए चाहिए जो आपके जिम्मे है। दौड़ धूप में कंजूसी के साथ कम से कम केवल हाईकोर्ट में एक हजार या डेढ़ हजार रुपये तब होगा, जबकि एडवोकेट मुफ्त पैरवी करेंगे। किताबें इकट्ठी करना, पढ़ना, लिखना और तीन बार सैकड़ों पेज टाइप करना। इतना बड़ा मुकदमा खेल नहीं। सुखी रहें।

धन्यवाद!

दिनांक : 11 अप्रैल, 1971 ई.

**—पेरियर ललई सिंह**

अशोक पुस्तकालय,

झींझक, कानपुर, उ.प्र.

पत्र-उत्तर :

14 अप्रैल, 1971 को नहीं आ सकता। क्षमा करें।

18 अप्रैल, 1971 की सभा हिन्दुस्तानी शोषित दल, केनाल रोड, ढकना पुर्वा में नहीं आ सकता। (51/-) विभिन्न मुकदमों हेतु दें।

20 अप्रैल, 1971 को आऊँगा। वापसी किराया दें। (51/-) विभिन्न मुकदमों के लिए दें। रोटरी क्लब (नियर हरिजन कल्याण दफ्तर)

9, 10, 11 मई को मेरठ होऊँगा। अनुपस्थिति की क्षमा! विभिन्न मुकदमों के लिए (51/-) भेजें।

मैं आपसे 17 अप्रैल, 1971 को घर पर वहीं मिलूँगा।

25/- रुपये शीघ्र भेजें।

कॉपी भविष्य में काट कर मुजरा रुपया ले लें। 30 अप्रैल, 1971 को बाबा साहब की जयन्ती में फर्रुखाबाद मिलें। रिया. डी. 35 ख, 36 ख

पोस्ट ऑफिस-झींझक बीजक नं. 07/ दिनांक : 14 अप्रैल, 1971 ई.

ग्राम एवं पोस्ट—झींझक बीजक नं. 140/ दिनांक : 14 अप्रैल, 1971 ई.

दिनांक : 17-18 अप्रैल, 1971 ई. को मैं इलाहाबाद होऊँगा। अतः परम पूज्य डॉ. अम्बेडकर जयन्ती की सभा में शीघ्र पैम्फलेट आदि भेजें। कॉपी मँगाएँ।

[7]

डिस्पेच नम्बर 28
दिनांक : - -4-1972 ई.

To,

श्रीमान गोपाल बाबू आर्य
V.P.O.-भदपुरा (नवाबगंज), जिला—बरेली, उ.प्र.
सादर स-परिवार नमो बुद्धाय!
आर्डर मिला। धन्यवाद!

| | | | |
|---|---|---|---|
| 2 | नागपुर का भाषण | - | 1.00/- |
| 1 | भविष्यवाणी | - | 1.50/- |
| 1 | पन्द्रह भाषण | - | 5.00/- |
| 2 | उपदेश, खंड 1 एवं 2 | - | 1.20/- |
| 1 | विवाद | - | 1.50/- |
| 1 | कांग्रेस ......किया | - | 6.00/- |
| 100 | गाना | - | 40.00/- |

..........................................................................................

108 योग = 56.20/-
कमीशन (रु. 19.20) + पेशगी (रु. 00.19) = 38.20/-

..........................................................................................

शेष = 18.00/-
पैकिंग (रु. 0.25) + पोस्टेज (रु. 5.55) = 5.80/-

..........................................................................................

लेना = 23.80/-

कुल तौल 2050 ग्राम
2.05
2.00
1.50

................................

रु. 5.55 पोस्टेज

................................

From

पेरियार ललई सिंह
अध्यक्ष—अशोक पुस्तकालय, झींझक,
कानपुर, उ.प्र.-209302
पत्र-उत्तर संख्या 542/75

श्रीमान.....जी

सभी परिवार सहित नमो बुद्धाय!

पत्र मिला। धन्यवाद!

10/- पेशगी भेजिए, तब किताबें भेजी जावेंगी। सुखी रहें।

धन्यवाद!

हस्ताक्षर—ललई सिंह
अध्यक्ष—अशोक पुस्तकालय (रजि.)
झींझक, जिला—कानपुर, उ.प्र.-209302

[8]

पत्र नम्बर 552,
दिनांक : 08.10.75

To,

श्रीमान सभी परिवारों सहित
नमो बुद्धाय!

आपका पत्र मिला। धन्यवाद!
10/- पेशगी भेजिए
तब किताबें भेजी जावेंगी।
सुखी रहें।
धन्यवाद!

सबका
**—पेरियार ललई सिंह**
अध्यक्ष—अशोक पुस्तकालय (रजि.)
झींझक, जिला—कानपुर, उ.प्र.-209302

[9]

पत्र नम्बर 575

दिनांक : 31.7.1971

To,

श्री ग. रा. भटकल
पॉपुलर प्रकाशन
35 सी, ताड़देव रोड़,
Bombay-34,

नमो बुद्धाय! जय भीम!! जय भारत!!!

महोदय,

मुझे ये किताबें जल्द भेजें —

1. 'Dr. Ambedkar Life and Mission' By Dhananjay Keer, Published by Popular Prakashan, Tardev Road, BOMBAY-400034

2. 'Mahatma Jotiba Phooley : Father of the Indian Social Revolution' By Dhananjay Keer, Published By Popular Prakashan BOMBAY-400034

3. 'Savarkar and his Mission' By Dhananjay Keer, Published by Popular Prakashan, Tardev Road, BOMBAY-400034,

4. 'Lokmany Tilak' By Dhananjay Keer, Published by Popular Prakashan, Tardev Road, BOMBAY-400034.

धन्यवाद!

**—पेरियार ललई सिंह**

अध्यक्ष—अशोक पुस्तकालय (रजि.)

झींझक, जिला—कानपुर, उ.प्र.-209302

[10]

रजिस्टर्ड 159

दिनांक : 10.01.1973 ई.

To,

रामध्यान यादव/हुकुमचन्द
जूटमिल, कच्ची लाइन न.1,
सूत कोठी के पास प्रो. हजीनगर, बंगाल

| प्रति संख्या | रुपये | |
|---|---|---|
| 2. आदिनिवासियों की सभ्यता | 3.00 | |
| 2. आर्यों का नैतिक पोल प्रकाश | 4.00 | |
| 2. सच्ची रामायण | 5.00 | |
| 2. बौद्धिक और सामाजिक लेख | 4.00 | |
| 2. भीम अभिनन्दन | 4.00 | |
| 3. शोषित—संघर्ष | 5.00 | |
| 1. रावण और उसकी लंका | 3.00 | |
| 1. शोषितों पर धार्मिक डकैती | 2.75 | |
| 1. शोषितों पर राजनीतिक डकैती | 2.75 | |
| 16 | कुल योग | 33.50 |
| 10% की छूट | 3.35 | |
| 10 आपने पेशगी भेजी थी | -10.00 | |
| शेष | 23.50 | |

| | | | |
|---|---|---|---|
| पोस्टेज चार्ज | | + 2.35 | |
| शीघ्र भेजें | कुल | 22.50 | रु. |
| तौल | | 2.25 | Kg |

धन्यवाद!

**—पेरियार ललई सिंह**
अशोक पुस्तकालय
झिंझक, कानपुर, उ.प्र.-209302

[11]

पेरियर ललई सिंह यादव दि. 19-1-74
अशोक पुस्तकालय (राजि.)
मु.पो.—झींझक, जि.—कानपुर, यू.पी.

श्री ललई यादव तुझ्या आई व बायकोच्या आमचा राम झोपला परंतु तुझ्या आई व बायकोच्या फोद्याची आरमा आली नाही तु रामाला नपुंसक म्हणतो- तु तरी तुझ्या वडिलांचा आहे का?

बेरडा, कारण समाज कापीत तुझा बाप गुंतलेला म्हणून अनेक जण तुझ्या आईच्या तंगड्या धरून झवले व त्यातुन तुझा जन्म झालेला आहे रे कावळ्या कवल्याच काम फक्त नरक खाणे असते तुझ्या आई व बायकोच्या गांडित बुल्ला रामाचा पूरला नाही म्हणून आम्ही आहेच तुझ्या आईचा भोसडा-बुमिला आहे तुझा बुद्ध सुद्धा मूर्ख आहे कारण त्याने नवतरुण बायकोचा मुलाचा व आई वडीलांचा त्याग केलेला आहे—

तुझ्या आईच स्तन धरुन त्याच मास आम्ही खाणार परंतु आमच्या भीतीनं तुझ्या माय लवकरच मेली तुझ्या आईच स्तन धरुन खाण्याची ईच्छा तशीच राहिली व आमच्या भीतीनं तुझी पोरगी गाडीत शुद्ध गेल्यामुळे मेली तुझ्या आईचा भोसडा।

पत्र प्राप्त तिथि : 28-1-74

**—पेरियार ललई सिंह**

नोट—यह पत्र मराठी भाषा में पेरियार ललई सिंह को लिखा गया है। इसका मराठी टंकण कुमकुम और साक्षी (मुम्बई) ने किया है। भरत यादव (सोलापुर) ने सुदृढ़ किया है। आप सबका आभार। इस पत्र में हिन्दुत्ववादियों ने पेरियार ललई सिंह को बहुत गन्दी गालियाँ दी हैं। ये गालियाँ मराठी भाषा में ही रहें, इसलिए इसका हिन्दी अनुवाद नहीं दिया जा रहा है। —*सम्पादक*

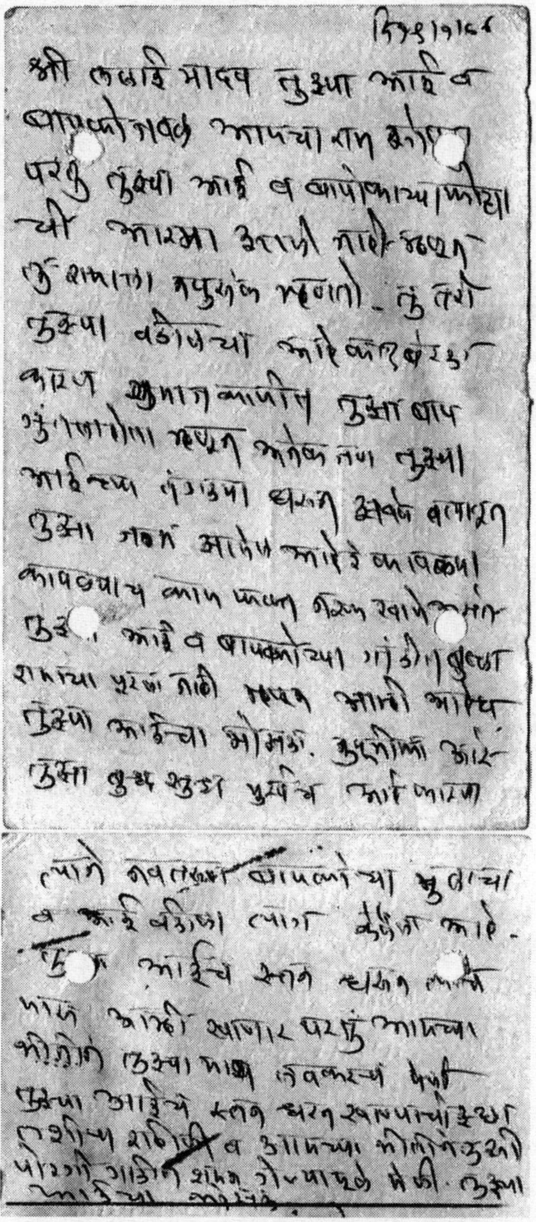

*स्रोत*—जेएन आदित्य, कानपुर, उ.प्र., भारत

[12]

## रामस्वरूप वर्मा का पेरियार ललई सिंह को पत्र

बंगला नं. 3 दारुलशफा,
लखनऊ
3.11.1976 ई.

To,

श्री ललई सिंह
अशोक पुस्तकालय, झींझक,
जिला—कानपुर-02, उत्तर प्रदेश,

प्रिय यादव जी,

आपका पत्र यथासमय मिल गया था। पता लगाने में देर हुई। 'सच्ची रामायण' की जब्ती की कार्यवाही सरकार करने जा रही है, ऐसा पता विश्वस्त सूत्र से चला है।

रेमिंग्टन की हिन्दी की मशीन जिसे आपने फोरिडिंग लिखा है। वास्तव में उसका पोर्टेबल नाम है। जिसका दाम 1,600/- रुपये है और दो महीने बाद मिल सकेगी। 11 इंची टाइप मशीन 3,200/- रुपये की है। यह इसी वक्त मिल सकती है। यह दाम उत्तम दुकान से पूछ कर लिख रहे हैं।

आशा है आप स्वस्थ एवं सामथ होंगे।

आपका
—रा.... वर्मा

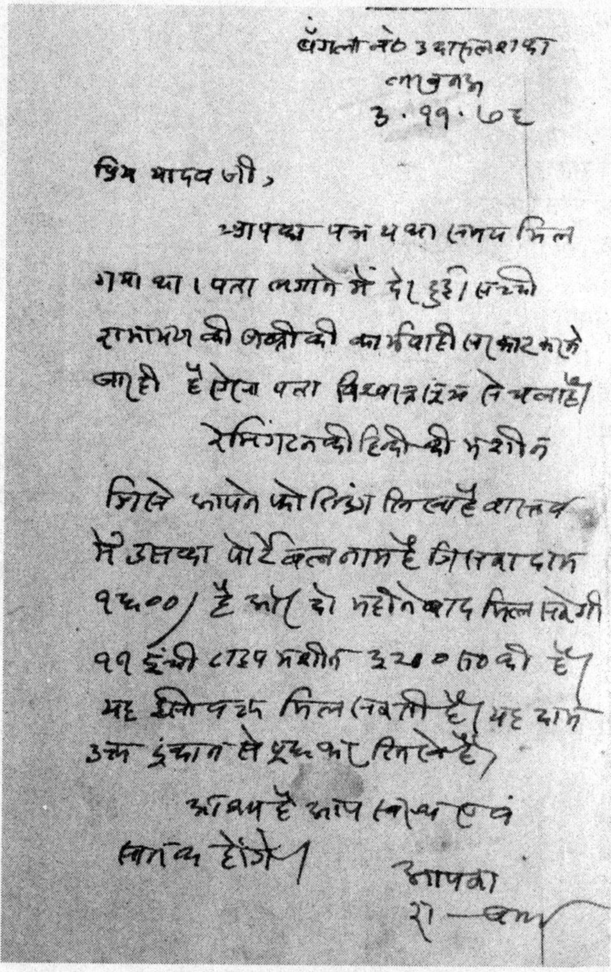

बंगला नं० ३ डालीबाग
लखनऊ
३.११.६८

प्रिय यादव जी,

आपका पत्र यथा समय मिल गया था। पता लगाने में देर हुई। उन्होंने रामायण की जब्ती की कार्यवाही सरकार कर रही है ऐसा पता विश्वस्त सूत्र से चला है।

रेमिंगटन की हिन्दी की मशीन जिसे आपने पोर्टेबिल लिखा है वास्तव में उसका पोर्टेबिल नाम है जिसका दाम १५००/ है और दो महीने बाद मिल सकेगी। ११ इंची १८३५ मशीन ३२००.०० की है। यह ब्लैक पर मिल सकती है। यह दाम उक्त दुकान से पूछकर लिखे हैं।

आशा है आप स्वस्थ एवं सानन्द होंगे।

आपका
रा—

स्रोत—अर्जक संघ, कानपुर, उ.प्र., भारत

[13]

आदरणीय

पेरियार साहब,

अशोक पुस्तकालय,

झींझक, कानपुर-209302

जय भीम!

रुपये 11/- मनी आर्डर से प्राप्त किया। अगस्त अंक दुबारा भेज रहा हूँ। कृपया प्राप्त होने की सूचना अवश्य दें। आपके सहयोग व स्नेह का आभारी हूँ।

धन्यवाद!

आपका

सम्पादक

'निर्णायक भीम'

अगस्त, 1980 ई.

[14]

आदरणीय,

पेरियार साहब,
अशोक पुस्तकालय,
झींझक, कानपुर—209302

जय भीम!

देर हेतु क्षमा करें! कृपया पत्रिकाओं की प्राप्ति सूचना भेजने का कष्ट करें तथा लेख आदि भेजें।

धन्यवाद!

आपका
सम्पादक
'निर्णायक भीम'
सितम्बर, 1981 ई.

## [15]

दिनांक : 26 जनवरी, 1980 ई.

To,

श्री भारती
स-स्टाफ नमो बुद्धाय!
'मूक भारत' निकाला।
सफलता की कामना। धन्यवाद!

श्री रामधन के विषय में जो आपके विचार हों सो आप जानें। श्री रामधन व श्री मोती राम (कानपुर) के प्रतिदिन के बयानों से 'यादव' मिनिस्ट्री फेल हुई। आप मुझे यादव मत समझें। मैंने 21 जुलाई, 1967 ई. को यू.पी. में भन्ते 'ऊँ चन्द्रमणि' से विधिवत बौद्ध धर्म की दीक्षा ली थी। मेरा व्यवहार बौद्धों का-सा है। हाँ सर्टिफिकेट, रजिस्ट्रेट आदि दिनांक : 21 जुलाई, 1967 ई. के पहले के हैं। अस्वस्थ हूँ। 70 साल का हूँ। दोनों आँखों में मोतियाबिन्द है। कुलंग वात है। आँखों में सालों से सूजन रहती है। भारी दवा कराई सूजन गई नहीं। वैद्यों, डॉक्टरों सबसे घृणा हो गई है। केवल हिम्मत के बल पर जीवित हूँ।...

यह लोग कंजरों में पालतू कुत्तों की तरह मालिकों के इशारे पर भौंकनेवाले कुत्ते हैं। श्री जगजीवन राम भी ऐसे ही भौंका करते थे, करते हैं। इन लोगों व बाबू जगजीवन राम का काम केवल इतना ही है कि जब इन्हें पड़े कि अछूत जनता का ध्यान आकर्षित करना है। तब एक मुजायका अछूतों की लम्बी-सी परेशानी का झाड़ दिया। वाह! वाह!! प्राप्त की, फिर चुप! वह अपने आपको कार्य रूप में परिणत नहीं कर सकते, न पार्टी में रह कर अपनी आकांक्षाओं को ही परिणित कर सकते।

बाबू जगजीवन राम अछूत हैं। अछूत ही मरेंगे। यही दशा श्री रामधन व श्री मोती राम (कानपुर) की है, रहेगी। मुस्लिम काल में ऐसे सभी लोग लालच में मुसलमान हुए। परन्तु अहीर से घोसी, खासी से कुजड़ा, नाई से हजाम, कोरी से

जुलाहा आदि सम्मान प्राप्त करने हेतु हिन्दू से मुसलमान हुए लोभ, लालच धर्म से वशीभूत होकर नहीं।

बाबू जी को सबसे पहले संस्कृत विद्यालय में वेदों के छूत हो जाने के भय से घुसने नहीं दिए। फिर ग्वालियर के पुल के उद्घाटन के समय 'चमार ही उद्घाटन के लिए मिला', हिन्दुओं ने कहकर अपमानित किया। इसी तरह सम्पूर्णानन्द विद्यालय में इनके उद्घाटन से मूर्ति अछूत हो गई। उनके जाने के बाद गंगाजल से धुलवाया गया।...

सुखी रहें!

धन्यवाद!

**—ललई सिंह**
अध्यक्ष—अशोक पुस्तकालय
झींझक, कानपुर, उ.प्र.—209302

## [16]

दिनांक : 19.10.80

To,

श्री कंवल भारती,
बोधिसत्व प्रकाशन, कैथ का पेड़,
जिला—रामपुर (यू.पी.) पिन-244901

श्री भारती जी,

सादर सभी परिवारों सहित नमो बुद्धाय!

(1) भारतीय बौद्ध महासभा यू.पी. कानपुर, कार्यालय, 35/6, बाबूपुरवा कॉलोनी, श्रमिक बस्ती, कानपुर, उ.प्र. के अध्यक्ष श्री जगन्नाथ आदित्य, प्रभागीय लेखाकार, अनुसन्धान एवं नियोजन खंड सिंचाई, अशोक नगर, आगरा हैं। पिछले साल वे बालपुर में नौकर थे। तब अध्यक्ष चुने गए थे फिर आगरा ट्रांसफर हो गए। अभी वे ही अध्यक्ष हैं। फरवरी-मार्च में जब दूसरा चुनाव होगा, तब बदलेंगे।

(2) श्री जगन्नाथ आदित्य जी ने अलविदा भेजा है। उसे मानकर वहाँ भेज देंगे। मामूली बात है। अब शीघ्र आगरा के पते पर उनसे सम्पर्क करें। ये इस रूप में अपने को कमजोर न करें...दिल्ली जाने का समय है शीघ्र पत्र-व्यवहार द्वारा श्री जगन्नाथ आदित्य आगरा से तय करें। मैं नहीं जाऊँगा। मैं अस्वस्थ हूँ। कुलंग वात+मोतियाबिन्द से परेशानी में हूँ। दिल्ली में 2 तारीख को साथ थे। वास्तव में, नौकर आदमी क्या करे। कहाँ दौड़ें? दिल्ली में कुछ लोगों को बुलाकर कुछ समय के लिए एक संघर्ष समिति का निर्माण करना होगा। उस संघर्ष समिति में आप स्वयं उपस्थित रहें। तन-मन-धन से काम करें। काम सबका है।

हस्ताक्षर—

**ललई सिंह**

अध्यक्ष—अशोक पुस्तकालय
झींझक, कानपुर, उ.प्र. 209302

[17]

दिनांक : 15.3.84

To,

श्री उपेन्द्र कुमार
ग्राम—केनार चट्टी,
पोस्ट—केनार (तरवाँ)
थाना—वजीरगंज, जिला—गया, बिहार
Pin-805128

मूल्य

13 किताबें ..................... 55.50 रु.
पेशगी - 15.50 रु.

.............................................................

शेष = 40 रु.

पैकिंग 40 पैसा, पोस्टेज—7.60= 8 रु.

.............................................................

शेष लेना है = 8 रु.

**नोट-** 1. 'शम्बूक वध' नाटक तेरह रखा हूँ।
2. 'क्रान्ति, क्यों और कैसे' 1/3/1984 को लिखें।
3. 'पेरियार और डॉ. अम्बेडकर के लखनऊ का भाषण' के लिए 15/3/1984 को लिखें।

क्षमा! परेशानी है।

**—पेरियार ललई सिंह**
अशोक पुस्तकालय
झींझक, कानपुर, 209302

[18]

To,

प्रिय बन्धुवर!

बागडे साहब एवं श्री मेश्राम जी,

सादर साथी परिवारों सहित नमो बुद्धाय!

जब 180/- रुपये मिल जावें। तब पावती पोस्ट कार्ड भेज देवें। किताबें मिली नहीं। जब मिल जावेंगी। चिट्ठी भेजूँगा। R.R. No.A. 367077/07.06.84 मिली। सर्वे सुखी रहो।

धन्यवाद!

आपका

**—पेरियार ललई सिंह**

अशोक पुस्तकालय, झींझक

जिला—कानपुर, उ.प्र., पिन-209302

[19]

दिनांक : 16.10.84

To,

श्री हरगोबिन्द राम,
प्लाट नं. 415 कोम्प्रायरेटिव कॉलोनी,
वीपीओ—बोकारो स्टील सिटी-827011,
जिला—धनबाद, (बिहार)

को लिखें कि 100 या 50 प्रतियाँ 'सच्ची रामायण' मँगावें। By—पूर्वोत्तर रेलवे। रामायण खरीदा पर 20 प्रतिशत छूट।

धन्यवाद!

आपका
**—पेरियार ललई सिंह**
अशोक पुस्तकालय
झींझक, जिला—कानपुर
उ.प्र., पिन-209302

[20]

To,

श्री वा.ना. मेश्राम,
प्राचार्य एच.एफ. डब्ल्यू, टी.सी.
माता कचेरी/श्रद्धानन्द पेठ,
जिला—नागपुर-440022, महाराष्ट्र

पत्र नं. 884
दिनांक : 16.10.84

नमो बुद्धाय!

प्रिय धम्म बन्धुवर,

सबको साथी परिवारों सहित नमो बुद्धाय!

श्री वी.वी. बागड़े द्वारा भेजी किताबें मिलीं।

धन्यवाद!

| | |
|---|---|
| उनका छापा आज रजि. | 0.10 |
| | 0.30 |
| | ............. |
| | 0.40 |
| | ............. |

द्वारा वी.पी.एल. लिफाफा भेजा है। मिलने पर चिट्ठी डालें। सुखी रहें।

धन्यवाद!

आपका

**—पेरियार ललई सिंह**

अशोक पुस्तकालय, झींझक,
जिला—कानपुर, उ.प्र., पिन-209302

[21]

To,

श्री वी.वी. बागड़े
पर्वाहकर्ता श्री वा.ना. मेश्राम
प्राचार्य हेल्थ एंड फेमिली-वेलफेयर ट्रेनिंग सेंटर,
श्रद्धानन्द पेठ, माना कचेरी,
नागपुर, महाराष्ट्र-440022

पत्र नं. 892
दिनांक : 13.11.85

जय भीम! नमो बुद्धाय!! जय भारत!!

प्रिय धम्म बन्धुवर! सबको नमो बुद्धाय!

1. मेरे पास 'सृष्टि और प्रलय' का विशेष स्टॉक नहीं। मैं फुटकर विक्रेता हूँ। आप चाहें तो एक प्रति मँगा लेवें। वर्ना खास जरूरत नहीं। श्री पगारे साठी से भी कहें, मेरे पास स्टॉक नहीं है।
2. 'सच्ची रामायण' मराठी में बिना रॉयल्टी पावें। हमें कोई आपत्ति नहीं। हम किसको 'आज्ञा-पत्र' भेजें, छापने को।
3. मुझे 'बुद्ध एंड हिज़ धम्मा' की हिन्दी आज तक मिली नहीं। 4,000 रुपया जनवरी, 85 से पीपुल्स एज्यु. सोसाइटी के पास जमा है। 5 माह से पत्र का जवाब भी नहीं दे रहे हैं। क्या करें? हमारे मित्र जो यवला, नासिक, सुवर्ण मोहल्ला में गए थे। उन्होंने कहा है जनवरी या फरवरी सन् 1986 ई. में छप जाएगी। तब भेजेंगे।
4. मैं 'एशिया के बौद्ध सम्राट' नहीं लूँगा। न बदलाई करूँगा।
5. 'सृष्टि और प्रलय' से कोई बदलाई नहीं करूँगा।
6. 43 किताबें पोस्ट द्वारा प्रिंटिंग बुक। बुक पोस्ट। पैकेट अंडर पोस्टल रूल 121 लिखकर रजि. मेरे पास भेज देवें। पैकिंग मजबूत से मजबूत करें। हम रुपया मनी आर्डर से भेजेंगे।

धन्यवाद!

आपका
**—पेरियार ललई सिंह**
अशोक पुस्तकालय, झींझकजिला—
कानपुर, उ.प्र., पिन-209302

## [22]

To,

रामकिशोर मानस

प्रबन्धक, डॉ. अम्बेडकर पुस्तकालय एवं वाचनालय

विलेज—पऊनाला, पोस्ट—कुर्सा टांडा, डिस्ट्रिक—बरेली (उ.प्र.)

नमो बुद्धाय! जय भीम!

पत्र क्रम: 440/24.7.1981 एवं पत्र नए की संख्या 155/31.1.1984

| | |
|---|---|
| 2 जीवन संघर्ष | 13.00 |
| 2 धार्मिक डकैती | 5.00 |
| 2 महारों चमारों की उत्पत्ति | 3.00 |
| 1 धर्म परिवर्तन | 2.00 |
| 1 पूना पैक्ट | 5.00 |
| 1 आदि वंश डंका | 2.00 |
| 1 शिशु बौद्ध | 2.00 |
| 1 सच्ची रामायण | 5.00 |
| डाक खर्च सेल पर | 1.25 |
| रजि. पर खर्च | 2.75 |
| वी.पी. पर खर्च | 3.00 |
| जोड़ | 50.00 |
| पेशगी भेजिएगा | 10.00 |
| शेष | 20.00 |

वी.पी. द्वारा किताबें भेजें। उत्तर की प्रतीक्षा में.....

प्रत्युत्तर—

प्रिय बन्धुवर सबके साथी परिवारों सहित नमो बुद्धाय!

प्रेस बन्द है। बीमारी व रुपयों की कमी कारण है। भाई-भतीजा-बच्चे नहीं। आप सब लोग सामाजिक भाई हैं। दान पर सहायता देनदार नहीं हैं। किताबें खरीद कर मदद करें। बस....खुश रहें।

धन्यवाद!

आपका

**—पेरियार ललई सिंह**

अशोक पुस्तकालय

झींझक, कानपुर-209302 (उ.प्र.)

[23]

## प्रतिलिपि/नाम पता

प्रतिलिपि पत्र यू.पी.सी. नं. 221
दिनांक : 24 मार्च, सन् 1986 ई.

सेवा में,

श्रद्धेय जूनि. इंजी. साहब बिजलीघर
झींझक-209302 सादर सस्टाफ

सपरिवार नमो बुद्धाय!

1. प्रार्थी मालिक मकान श्रद्धेय पंचम लाल का किराएदार है।
2. श्रद्धेय मालिक मकान पंचम लाल का कनेक्शन नम्बर 3965 लाइट + फैन है।
3. मेरे मित्र श्रद्धेय मुंशीलाल वर्मा की श्रद्धेय माता जी 10 दिसम्बर, 1986 बीमार रहीं। मैं उनकी देख-रेख शाम 8 बजे रात्रि तक करता रहा।
4. मेरे पास हीटर या बिजली की अंगीठी नहीं है।
5. जब से श्रद्धेय दुलारे लाल (मालिक संजय प्रेस) की बिजली लगी है, तब से मैंने बासिरी बत्ती जलाना बन्द कर दिया है।
6. मीटर की रीडिंग मेरे दरवाजे पर समय-समय पर लिखी रहती है।
7. आपका मीटर रीडिंग लिखने श्रद्धेय क्लर्क मेरे सामने 12 फरवरी, 1986 ई. को आए थे। रीडिंग 227 यूनिट वर्तमान थी, उसको भूल से 860 अपने रजिस्टर में चलते-चलते लिख लिये।
8. मेरा प्रिंटिंग प्रेस कानपुर में फिट है। मैं नेता आदमी हूँ। अकेला हूँ। अकसर बाहर जाया करता हूँ। दोनों आँखों में सन् 1980 से मोतियाबिन्द है। पढ़ाई-लिखाई करता हूँ। वह भी अब कम हो रही है!

9. ऐसी दशा में बिजली कम खर्च होती है। अत: सविनय प्रार्थना है कि दिनांक : 12 फरवरी, 1986 की रीडिंग 860 यूनिट के बजाय 827 यूनिट ठीक की जाकर आज्ञा की सूचना प्रार्थी को दी जाए।

कष्ट के लिए क्षमा!

स-स्टाफ धन्यवाद!

प्रार्थी

किराएदार

**—पेरियार ललई सिंह**

[मकान मालिक श्रद्धेय पंचम लाल

कनेक्शन नं. 3975]

[24]

सेवा में,

श्रद्धेय वा.ना. मेश्राम

160, सहकार नगर, खामला रोड,

नागपुर, महाराष्ट्र-440025

पत्र नं. 77

दिनांक : 30.04.87

जय भीम, नमो बुद्धाय, जय भारत!

प्रियवर

1. बुद्ध जयन्ती को कानपुर में लामा लोब ह्वंग को बुलाया है।
2. 14 अक्टूबर को मैं नागपुर आना चाहता हूँ।
3. यदि ऑल इंडिया बौद्ध महासभा (भारतीय बौद्ध महासभा का अधिवेशन) 14 अक्टूबर को दिल्ली में हुआ। और उसमें श्रद्धेय मीराताई (धर्मपत्नी श्री भाई साहब यशवन्त राव अम्बेडकर) दिल्ली आईं तो मैं दिल्ली जाऊँगा।
4. देखें, मेरा कब नागपुर आना होता है। वैसे मैंने 14 अक्टूबर तय रखा है।
5. लखनऊ से 'सच्ची रामायण' छापी है। मैंने देखी नहीं। केस में हमें बड़ी परेशानी होगी। मैं केस दायर नहीं करूँगा। बुढ़ापा है। अपनी किताबें बेचता हूँ। आपने पीठ पीछे जजमेंट छापा। अच्छा छापा। यही जजमेंट बिकेगा। सब सुखी रहें।

धन्यवाद!

आपका

**—पेरियार ललई सिंह**

अशोक पुस्तकालय, झींझक

जिला—कानपुर, उ.प्र.

पिन-209302

## [25]

पत्र नं. 656

दिनांक : 30.12.87

To,

श्रद्धेया दीपाली मेश्राम
160 सहकार नगर, खामला रोड
नागपुर-440025 महाराष्ट्र

जय भीम! नमो बुद्धाय!! जय भारत!!!

महोदय

1. मेरा बैंक ड्राफ्ट आपको दिनांक : 28.12.87 को मिल गया है। ऐसा मेरी रजिस्ट्री की वापस-पावती हस्ताक्षरी दीपाली मेश्राम से प्रकट है।

| | | |
|---|---|---|
| 200 गुणा 8 रुपये | = | 1600 रुपये, कमीशन 30 प्रतिशत |
| 1600 गुणा 30 प्रतिशत | = | 480 रुपये |
| रुपये एक हजार एक सौ बीस | = | 1120 रुपये |
| मेरा बैंक ड्राफ्ट | = | 1200 रुपये का है। |
| आपका पहले | = | 1120 रुपये |

अत: विशेष 80 रुपये मेरे खाता में जमा करें। 80 रुपये की भूल है। ठीक करें। सब सुखी रहें।

धन्यवाद!

आपका

**—पेरियार ललई सिंह**

अशोक पुस्तकालय

झींझक, कानपुर-209302 (उ.प्र.)

## [26]

पत्र नम्बर 292
दिनांक : 04.08.1988 ई.

श्रीमान
पेरियार ललई सिंह यादव
अशोक पुस्तकालय,
झींझक, जिल्हा—कानपुर (उ.प्र.)

आदरणीय,
पेरियार ललई सिंह यादव जी

सप्रेम जय भीम!

हम कुशलपूर्वक हैं। हम आपकी कुशलता की कामना करते हैं। पत्र का समाचार यह है कि आपकी छपी 'सच्ची रामायण' और 'सच्ची रामायण की चाभी' दोनों पुस्तकें बिक्री हेतु अब उपलब्ध नहीं हैं। और किताब की माँग बहुत अधिक है।

हमारी आपसे विनती है कि 'सच्ची रामायण' और 'सच्ची रामायण की चाभी' यह दोनों पुस्तक हमें प्रकाशित करने के लिए अनुमति दीजिए। इतनी अधिक माँग है कि आपकी प्रकाशन की जो भी शर्तें और रॉयल्टी होगी हमें मंजूर है। आप अतिशीघ्र उत्तर भेजने की कृपा करें।

हम चाहते हैं कि वापसी डाक से प्रकाशन की मंजूरी भेजें। हम एक माह में दोनों पुस्तकें छापकर कुछ किताबें आपको भेज देंगे और रॉयल्टी का भी पूरी ईमानदारी से हिसाब करेंगे।

हम बौद्ध जनता को आश्वासन दे रहे हैं कि एक-डेढ़ महीने में किताबें उपलब्ध हो जाएँगी। यह तभी सम्भव है जब आप हमें अनुमति देंगे। हम आशा करते हैं कि आप हमें निराश नहीं करेंगे। आपके इस किताब के सम्बन्ध में हमने

श्रीमानजी महापौर रामरतन जानोकर साहेब के साथ बात की, उन्होंने हमें आप से पत्र-उत्तर करके बताने को कहा है।

सभी को सादर जय भीम!

शीघ्र अनुमति की अपेक्षा में।

आपका

**—तुलसी पगारे**

सुगत बुक डेपो, बौद्ध साहित्य विक्रेता

पगारे एंड ब्रदर्स, फोन-46927

डॉ. अम्बेडकर मार्ग, नागपुर-440017

[27]

To,

दिनांक : 09.08.1988 ई.

Sugat Book Depot
Dr. Ambedkar Road
Nagpur 440017

पेरियार ललई सिंह का प्रत्युत्तर

प्रियवर,

तुलसी पगारे

वर्तमान मराठी एडिशन 'सच्ची रामायण' के प्रकाशक श्री रामरतन जानोकर हैं, ठीक हैं, के अतिरिक्त मैं किसी को भी अथॉरिटी लेटर नहीं लिखूँगा।

श्रद्धेय परम् पूज्य भिक्षु अंगुलिमाल शाक्यपुत्र थेरो रूम नं. 33 सिद्धार्थ विहार, वडाला, बम्बई 400031 ने 'सच्ची रामायण की चाभी' मराठी में छापी—सो पुलिस स्टेशन अलीबाग, जिल्हा—रायगढ़ (महाराष्ट्र) में उन पर धारा 153 ए तथा 295 ए ताजीराते हिन्द का केस चल रहा है। जब्त है।

अत: जब्ती वाली पुस्तक का मुकदमा जब तक जीत नहीं जाता, तब तक उसे छापने की आज्ञा आपको या किसी को नहीं दे सकता!

क्षमा करें! सुखी रहें! धन्यवाद!

—पेरियार ललई सिंह

श्री रामनाथ जानोकर को भी चाहिए कि वे महाराष्ट्र की वर्तमान हलचलों पर दृष्टि रखते हुए, 'सच्ची रामायण' को सोच-समझकर, सम्हाल कर छापें। कहीं गिरफ्तारी न हो जाए। प्रत्येक प्रदेश के हालात अलग-अलग होते हैं।

आपका

**—पेरियार ललई सिंह**

अशोक पुस्तकालय

झींझक, जिला—कानपुर (U.P.) 209302

[28]

दिनांक : 20.10.1988

नमो बुद्धाय!

श्रीमान पेरियार ललई सिंह यादव
अशोक पुस्तकालय, झींझक
जिला—कानपुर, उ.प्र. पिन-209302

आदरणीय श्रीमान ललई सिंह जी,

सप्रेम जय भीम!

खत इसलिए लिख रहा हूँ कि इस बार श्री रामरतन जानोकर जी ने आपकी 'सच्ची रामायण' Reprint करवाई है। उसका मूल्य 8 रुपया है। आपके पास कुछ प्रतियाँ अगर हों तो लिखिए। मुझे लगता है आपको उन्होंने इसकी जानकारी नहीं दी होगी। वे आपको लिखना चाहते थे। मजे की बात यह है कि श्री तुलसी पगारे सुगत बुक डिपो ने आपको प्रकाशक लिखकर 'सच्ची रामायण' और 'चाभी' छपवाई है। उसका मूल्य 10 रुपये रखा है। आपको प्रकाशक बनाया है। वे श्री जानोकर जी से सहमती माँग रहे थे। तो आपका मुझे भेजा खत दिखाया कि छपवाना हो तो श्री ललई सिंह जी से पूछो।

आपने तो हमें भी छपवाओ मत लिखा था पर सुगत ने उसकी कुछ न मानकर छपवाई। हमें तो कुछ तक पता भी नहीं लगा। इसी बीच श्री जानोकर जी ने अपनी ओर से 'रामायण' छपवाना शुरू कर दिया था। जब मैंने सुगत को पूछा कि आपको कितनी प्रतियाँ भेजूँ? तो वे कहे कि उन्हें लखनऊ वाले एक सज्जन प्रतियाँ दे गए हैं। वह बात भी झूठ। वह तो उन्होंने ही छापा है। यह आपको जानकारी हो, इसी ख्याल से लिख रहा हूँ। आपको सदा सुख और उत्तम

स्वास्थ्य प्रदान हो यही प्रार्थना है। आपकी प्रतियाँ 30 प्रतिशत मुख्य काटकर भेज देंगे।

धन्यवाद!

आपका स्नेहांकित

**—डॉ. वा.ना. मेश्राम**

पता-160 सहकार नगर, खालमा रोड

नागपुर, महाराष्ट्र 440025

**पेरियार ललई सिंह**

पत्र प्राप्त तिथि—28/10/88

पत्र-उत्तर संख्या-471

पत्र-उत्तर तिथि—31/10/88

[29]

प्रति,

दिनांक : 05.11.88

चौधरी ललई सिंह यादव
अशोक पुस्तकालय, झींझक,
जिला—कानपुर, उ.प्र., पिन-209302

महोदय ललई सिंह जी को जय भीम! नागपुर!

मैं एक अम्बेडकर-बौद्ध साहित्य का विक्रेता हूँ। मैं आपसे यह जानना चाहता हूँ कि आपने 'सच्ची रामायण' तथा 'सच्ची रामायण की चाभी' यह दोनों किताबें प्रकाशित करने का अधिकार सुगत बुक डिपो, डॉ. अम्बेडकर मार्ग, नागपुर-17 को दिए हैं क्या? उन्होंने आपकी दोनों किताबें प्रकाशित की है।

भन्ते आनन्द कौसल्यायन जी ने 'रिडल्स इन हिन्दुइज्म' की अनुवादित किताब (हिन्दी में) तथा 'बुद्ध और उनका धर्म' की मराठी आकृति की नकल (Duplicate) किताबें छाप डालीं। उन पर पेशी की कार्यवाही चल रही है। इसलिए मैं आपसे यह जानना चाहता था कि आपने उन्हें सहमति दी है क्या?

धन्यवाद!

आपका विश्वासपात्र
**—बौद्ध प्रचारक**
नागपुर

**पेरियार ललई सिंह**
पत्र-उत्तर संख्या-485
पत्र प्राप्त तिथि—05/11/88
पत्र-उत्तर तिथि—09/11/88

## [30]

To, दिनांक : 29.11.1988

श्री पेरियार ललई सिंह
अशोक पुस्तकालय, झींझक,
जिला—कानपुर, उ.प्र. पिन-209302

श्रीमान आदरणीय ललई सिंह जी मेरा हार्दिक जय भीम!

आपके दोनों अन्तर्देशीय पत्र मिले। उसके अनुसार मैंने 55 प्रतियाँ V.P.P. (For Rs. 10/-) से आज दिनांक : 17 नवम्बर, 1988 ई. को भेज दी हैं। किताबें मैंने श्री तुलसी पगारे सुगत बुक डिपो, नागपुर से लाई हैं। 14 रुपया डाक खर्च और 70 रुपये किताबों की कीमत है। टोटल खर्चा 84/- रुपया है। आपका मुझ पर पुराना 30 रुपये देना है। वह 30 रुपया काटकर इस हिसाब का 54 रुपये होता है। वी.पी.पी. से 10 रुपये मुझे प्राप्त हो जाएगा। अब आप कुछ भी मत भेजो। यह मेरी तरह से कुछ किताबों की भेंट समझ लीजिए।

आपको हम ने जो (श्री जानोपुर जी ने) 'सच्ची रामायण' इस साल छपवाई है, उसकी जितनी भी प्रतियाँ चाहिए, वह आपका खत आने पर ही भेजने की कोशिश करूँगा। खत आने तक मैं नहीं भेजूँगा। आज मैंने श्री जानोकर जी से उनके घर पर फोन से बात की और आपके बारे में आपके खत के अनुसार बताया है। वे आपके तरफ आनेवाले हैं। आपसे मुलाकात करनेवाले हैं। हम सब सुखी हैं। आप भी सुखी और निरोगी रहें। यही प्रार्थना है।

आपका स्नेहाकांक्षी
**—डॉ. वा.ना. मेश्राम**
160 सहकार नगर
खामला रोड, नागपुर पिन-440025

**पेरियार ललई सिंह**
पत्र-उत्तर संख्या-531
पत्र प्राप्त तिथि—29/11/1988
पत्र-उत्तर तिथि—01/12/1988

[31]

To, दिनांक : 08.03.1988

पेरियार ललई सिंह यादव
अशोक पुस्तकालय, झींझक,
जिला—कानपुर, उ.प्र. पिन-209302

आदरणीय श्री ललई सिंह जी,

आपको सप्रेम जय भीम! नागपुर!

आपकी भेजी हुई पार्सल मुझे प्राप्त हुई है। 'धर्म परिवर्तन' में तो सिर्फ डॉ. बाबा साहब के दिए हुए भाषण हैं। इसलिए वह पुस्तक तो आपत्तिजनक नहीं है। खैर, उसी नाम से मराठी संकलन छपवा सकता हूँ? आनेवाली विजयादशमी तक प्रकाशित हो जाएगी।

आपके पिछले खत के अनुसार मैं आपके लिए सुगत बुक डिपो, नागपुर में उपलब्ध किताबों की सूची भेज रहा हूँ। आप उसमें से चुनकर जो भी किताब चाहिए, वह मुझे लिखकर भेज दें। मैं पार्सल से भेज दूँगा। श्री रामरतन जानोकर जी आज दिखे मगर बातें नहीं कर पाया। मगर मैंने आपका सन्देशा उन्हें दिया था। और वे आपको लिखकर भेजनेवाले थे। आशा है, आपको उनका खत मिल गया हो। अगर न मिला हो तो मुझे लिखकर भेज दीजिए। मैं भेजूँगा। (सुगत ने जो 'रामायण' छपवाई है) उसका कैश मेमो वगैरह भी भेजिए।

इधर तो सब ठीक है। आप अभी झींझक में रह रहे हैं या कानपुर, यह भी लिखें। 'सच्ची रामायण' की कुछ प्रतियाँ मेरे पास हैं। जब चाहिए मँगवा सकते हैं।

आप सदा सुखी रहें। यही प्रार्थना है।

आपका स्नेहाकांक्षी

**—डॉ. वा.ना. मेश्राम**

160 सहकार नगर

खामला रोड, नागपुर, पिन-440025

**पेरियार ललई सिंह**

पत्र-उत्तर संख्या-532

पत्र प्राप्त तिथि—08/03/1988

पत्र-उत्तर तिथि—12/03/1988

## [32]

दिनांक : 16 मई, 1988

त्रिरत्न नमामि!

पेरियार ललई सिंह यादव
अशोक पुस्तकालय, झींझक
जिला—कानपुर, उ.प्र.
भारत, पिन-209302

श्रद्धेय, धम्मप्रिय, करुणावन्त, अनन्तपुण्पणे भागीदार एवं शूरवीर, स्वतंत्रता संग्राम सैनिक, हाईकमांडर नेशनल आर्मी, महान देशभक्त, समाज परिवर्तक एवं शिलवान-गुणवान, बुद्धि सम्पन्न, महाउपासक पेरियार ललई सिंह यादव जी को भदन्त अंगुलिमाल शाक्यपुत्र थेरो का शुभ आशीष!

पत्र का नियोजन यह है कि आपका पत्र संख्या 141/11.05.1988 को भेजा 'खत' प्राप्त हुआ। यह पत्र पढ़कर समाचार ज्ञात हुआ।

पेरियार ललई सिंह यादव जी, आपको मुकदमा के लिए चिन्ता करने की कोई आवश्यकता नहीं। मैं केस लड़ने से नहीं डरता।

मैंने आप से दो 'खतों' में यह निवेदन किया था कि आपने जो मुझे सन् 1977 ई. में 'सच्ची रामायण की चाभी' हिन्दी किताब का मराठी में भाषान्तर प्रकाशन करने की अनुमति दी थी, एक बार पुनः मुझे उस अनुमति की आवश्यकता है।

इस प्रकार नीचे दिए हुए लिखे के अनुसार लिखकर भेजने की कृपा करें—

(1) मैंने पूज्य भिक्खु अंगुलिमाल शाक्यपुत्र थेरो को हिन्दी किताब 'सच्ची रामायण की चाभी' का मराठी भाषान्तर और प्रकाशन करने का पूरा अधिकार दिया हूँ। पूज्य भदन्त, उनके इच्छानुसार भाषान्तर और प्रकाशन कर सकते हैं।

(2) उन्होंने जो किताब मराठी में भाषान्तर और प्रकाशन किए हैं, वह मेरी अनुमति लेकर ही किए हैं। इसमें कोई शक नहीं है।

ऐसा आप लिखकर अधिकार पत्र भेजने की कृपा कीजिए। शेष केस को मैं निपट लूँगा। आप इसकी चिन्ता न कीजिए। पत्र की प्रतीक्षा में हूँ। आपको बार-बार कष्ट दिया, इसीलिए अफसोस है!

आपका मंगलाकांक्षी—
अखिल भारतीय भिक्खु संघ
(रजि.न.-सी.ई. 2614 ब 1970)
**भिक्खु अंगुलिमाल शाक्यपुत्र थेरो**
53, सिद्धार्थ विहार, तिलक रोड, वडाला
बम्बई, महाराष्ट्र पिन-400031

**पेरियार ललई सिंह**
पत्र-उत्तर संख्या—171
पत्र प्राप्त तिथि—20/05/1988
पत्र-उत्तर तिथि—21/05/1988

बन्दामि भन्ते!

मैं सन् 1977 ई. वाली या अन्य कोई अनुमति पत्र नहीं दोहराऊँगा या नया नहीं लिखूँगा। क्षमा करें।

सब्बे सत्ता! धन्यवाद!

## [33]

दिनांक : 24.06.1988

श्रीमान,

महाउपासक पेरियर ललई सिंह
अशोक पुस्तकालय, झींझक
जिला—कानपुर, उ.प्र., पिन-209302

त्रिरत्न नमामि!
चिरं तिट्ठन्तु सद्धम्मो!

श्रद्धेय करुणावान!

महान देशभक्त, शूरवीर स्वतंत्रता सेनानी, बुद्धिवादी लेखक, महान त्यागी दानवीर महान उपासक पेरियार ललई सिंह यादव जी को भदन्त अंगुलिमाल शाक्यपुत्र थेरो का अनेक शुभ आशीष है।

पत्र का नियोजन यह है कि आपका दिनांक : 03.06.88 का अन्तर्देशी पत्र जिसकी क्रम संख्या 195 है, वह प्राप्त हुआ है। सभी समाचार ज्ञात हुआ।

देखिए, पेरियार ललई सिंह जी मैं कुछ भी जिद नहीं करता हूँ। आप जो कहते हैं कि उस बात को मैंने मान लिया है। मैं केस वापस लेने के लिए तैयार हूँ। मैं केस चलाना नहीं चाहता, मगर पुलिस ने केस किया है। मैं गृहमंत्री से लिखकर केस वापस लेने के लिए निवेदन करूँगा। मैं दो-तीन दिन में श्री रामदास अठावले को साथ लेकर गृहमंत्री से मिलूँगा और केस वापस लेने के लिए कहूँगा।

देखिए, पेरियार ललई सिंह यादव जी, मैं किसी से भी बैर नहीं करता, न किसी के विरुद्ध मैं बोलता हूँ और भविष्य में किसी से न बैर करूँगा। भारतीय बौद्ध महासभा वालों ने मेरे और संघ के विरुद्ध कितना गन्दा आरोप लिखा है। जो पढ़कर किसी भी सच्चे बौद्ध व्यक्ति को घृणा आएगी। मैं किसी से बैर नहीं करता, न ही आगे करूँगा। उन लोगों ने जो झूठे पत्रक हमारे कार्यालय में बाँटे थे तो आपने उनसे क्यों नहीं पूछा कि ऐसा गन्दा पत्रक क्यों उनके संघ में तुमने बाँटा है?

संघ के ऊपर जो झूठा आरोप किया है और मेरे ऊपर भी झूठ लिखकर मेरे शील के ऊपर कीचड़ उछाला है। क्या यह बात अच्छी है। मैंने तो पहले किसी से बुरा-भला नहीं किया था। जब मुझ से पत्रक में सवाल का जवाब पूछा था तो मैंने उस सवाल का सही रूप से जवाब दे दिया। तो क्या मेरा कोई कसूर हुआ है।

मैंने आज तक किसी के खिलाफ न ही बोला और न बोलूँगा लेकिन भारतीय बौद्ध महासभा जो भिक्षु संघ के विरुद्ध में बोलती है और लिखती है, तो उनको आप क्यों नहीं बोलते? आप उनसे इस बात का जवाब पूछें। यह बात आपने पत्र में लिखी है। इसलिए सत्य आपको बता दिया है। शेष कुशल है।

सब्बे सत्ता सुखी होवें। सभी प्राणी सुखी हों।

आपका मंगलाकांक्षी—
अखिल भारतीय भिक्षु संघ
**पूज्य भिक्खु अंगुलिमाल शाक्यपुत्र थेरो**
53, सिद्धार्थ विहार, तिलक रोड, वडाला
बम्बई, महाराष्ट्र 400031

**पेरियार ललई सिंह**

पत्र-उत्तर संख्या-195
पत्र प्राप्त तिथि-24/06/1988
पत्र-उत्तर तिथि-03/07/1988

नमो बुद्धाय! जय भीम!! जय भारत!!!
परम पूज्य भन्ते जी;
उपासक बन्दामि भन्ते।

(1) मैं कोई पुराना अनुमति पत्र दोहराऊँगा नहीं। नया लिखूँगा नहीं। क्षमा करें!
(2) मैंने पत्र संख्या 142/11.05.88 श्रद्धेय मुख्यमंत्री, महाराष्ट्र सरकार, बम्बई को लिखा है कि पूज्य भिक्खु अंगुलिमाल शाक्यपुत्र थेरो वाला केस वापस लेने की कृपा करें।
(3) आप बेकार जिद्द करते हैं। केस वापस ले लीजिएगा। मैं केस हाईकोर्ट इलाहाबाद से जीता हूँ किन्तु कई वर्ष लग गए। इसमें बहुत कष्ट होता है। आपके प्रदेश की परिस्थिति अलग है। इसे समझिए। आपको झूठा फँसा दिया जाएगा।
(4) वहाँ सविता अम्बेडकर जो 'रिडल्स ऑफ रामा एंड कृष्णा' के फेवर में बोली थीं। उस पर उनके खिलाफ तमाम सवर्णवादी अखबार, संस्थाएँ, व्यक्ति चिल्लपों मचाएँ हैं। आप भी अपने विरुद्ध ऐसा वातावरण मत बनाइए। उससे बचिए। मेरी बात मानिए।

(5) मेरी व आपकी शान केस वापस लेने में नहीं बिगड़ती है। सरकार हमारी व आपकी लोकतांत्रिक मालिक है।
(6) मेरा स्वास्थ्य ठीक नहीं रहता।
(7) आप भिक्षु संघ की सभा के पास खुद प्रस्ताव भेजिए। मैं पढ़ना चाहता हूँ!
(8) 'न च वैरेगा, वैरेगा शान्ति' आप और भारतीय बौद्ध महासभा क्या दोनों इसके अपोजिट हैं? तब तो बौद्ध धर्म गया गड्ढे में। लड़ें—खूब लड़ें। मैं तो मरता हूँ। आप लोग 100 साल जिएँ। मौज करें।

सब्ब सत्ता!....

धन्यवाद!

आप सबका

**—पेरियार ललई सिंह**

अशोक पुस्तकालय

झींझक, कानपुर, उ.प्र. 209302

[34]

दिनांक : 28.04.1988

To,
त्रिरत्न नमामि!
चिरं तिट्ठन्तु सद्धम्मो!

पेरियार ललई सिंह
अशोक पुस्तकालय,
झींझक, कानपुर, उ.प्र. 209302

श्रद्धेय महान देशभक्त, शूरवीर, भारत भूमि के सुपुत्र, बुद्धि सम्पन्न, शीलवान, गुणवान, करुणावन, धम्मवासी महाउपासक पेरियार ललई सिंह यादव जी को भदन्त अंगुलिमाल शाक्यपुत्र थेरो का अनेक शुभ आशीष।

पत्र का नियोजन यह है कि आपके सभी पत्र मुझे प्राप्त हुए हैं। जो 11.05.88 का 142 क्रमांक का पत्र, 10.05.88 से 19.05.88 तक के सब पत्र मिले हैं। समाचार ज्ञात हुआ है।

आपके 13.05.88 के पत्र में लिखा है कि मैं कुछ नहीं लिखूँगा। पेरियार साहब, आप मेरा कहना गलत समझ रहे हैं।

1. मैं आपसे पूछता हूँ कि क्या आपकी हिन्दी पुस्तक भाषान्तर मराठी में बिना पूछे किया है?
2. क्या आपने मुझे भाषान्तर करने का अधिकार नहीं दिया? अगर दिया है तो आप क्यों नहीं लिखते कि मैंने पूज्य भन्ते जी को भाषान्तर मराठी करने की और प्रकाशन की अनुमति दी है। मुझे इससे बढ़कर कुछ लिखा नहीं चाहिए। प्रकाशन का मैं जवाबदार हूँ। इस बात की आप चिन्ता न करें। मैं तो न केस से डरता हूँ। और न मरने से घबराता हूँ।
3. आपको किसी मंत्री को लिखने की जरूरत नहीं है। केवल इतना ही लिखना है कि पूज्य भन्ते जी को मैंने हिन्दी पुस्तक का मराठी भाषान्तर

करने का पूरा अधिकार दिया है। बस! इतना ही लिखें। अगर नहीं लिखना है तो आपकी मर्जी (इच्छा)। इससे ज्यादा मुझे कुछ कहना नहीं है। शेष कुशल है। आपको निदु:ख, निरोग आयुष्य सम्मति आदि का लाभ हो। यही मंगल कामना!

सभी का मंगल हो!

आपका शुभाकांक्षी—
अखिल भारतीय भिक्षु संघ
**A.F. Thero**
53, सिद्धार्थ विहार, तिलक रोड, वडाला,
बम्बई, महाराष्ट्र 400031

[35]

To,

पूज्य भिक्खु अंगुलिमाल शाक्यपुत्र थेरो
53, सिद्धार्थ विहार, तिलक रोड, वडाला
बम्बई, महाराष्ट्र-400031

पेरियार ललई सिंह

पत्र-उत्तर संख्या—102
पत्र प्राप्त तिथि—03/04/1988
पत्र-उत्तर तिथि—24/04/1988

परम् आदरणीय भन्ते जी; अवकास बन्दामि भन्ते!

1. पत्र मिला/महान दु:ख हुआ।
2. 'सच्ची रामायण की चाभी' तथा 'आर्यों का नैतिक पोल प्रकाश', दोनों किताबों को गवर्नमेंट उत्तर प्रदेश ने रीजन (कारण) बताकर जब्त की थी—तो मैं हाईकोर्ट इलाहाबाद से जीता।
3. (क) प्रत्येक प्रॉविंस की आज्ञाएँ, माहौल (दशा) के हिसाब से अलग-अलग होती हैं। उत्तर प्रदेश का माहौल सही था। किताब की जीत हुई।

(ख) महाराष्ट्र का माहौल जब ठीक था, आपने छापी कोई जुर्म नहीं हुआ।

(ग) महाराष्ट्र का माहौल अब खराब है। आप मत छापिए।

(घ) मैं अब छापने की अनुमति नहीं लिखूँगा।

(ङ) प्रकाशक जुर्म का खुद जिम्मेदार होगा। उसे अपने प्रदेश के माहौल के हिसाब से छापना चाहिए या नहीं छापना चाहिए।

एक 'रिडल्स ऑफ रामा कृष्णा' से महाराष्ट्र का माहौल विशेष खराब हो गया है। खबरें मैंने अखबारों में पढ़ीं। इसलिए इसका कोई लाभ नहीं।

4. आप किन्हीं दो एम.एल.ए. को साथ लेकर, श्रीमान् गृहमंत्री महाराष्ट्र सरकार से कहकर, केस वापस ले लीजिए। और आप लिखें—आइन्दा

नहीं छापूँगा। आप केस लड़ नहीं सकते। मेरे पास किताबें नहीं हैं। सब यहाँ वहाँ मारे-मारे फिरने में गायब हैं।

5. असली किताब 'रामकथा' आउट ऑफ प्रिंट है।

क्षमा! पुनः क्षमा!!

सब्बे सत्ता! सबको धन्यवाद!

आप सबका

**—पेरियार ललई सिंह**

अशोक पुस्तकालय

झींझक, कानपुर, उ.प्र., भारत 209302

## [36]

दिनांक : 24.4.1988

प्रति,

महाउपासक पेरियार ललई सिंह
अशोक पुस्तकालय, झींझक,
जिला—कानपुर, उत्तर प्रदेश 209302

नमो नमामि!
चिरं तिट्ठन्तु सद्धम्मो!

श्रद्धेय, शूरवीर, महान देशभक्त, महान समाज सेवक, करुणावान, अनन्त पुण्य के भागीदार, बुद्धि सम्पन्न, शीलवान, गुणवान, दानवीर, हाई-कमांडर नेशल आर्मी, धम्म प्रियमत महाउपासक पेरियर ललई सिंह यादव जी को भदन्त अंगुलिमाल शाक्यपुत्र थेरो का अनेक शुभ आशीष।

पत्र का नियोजन यह है कि मैं बम्बई में कुशल हूँ। आप भी त्रिरत्न के अनुभव से और बोधी परम् पूज्य डॉ. बाबा साहब अम्बेडकर के आशीष से सुख शान्ति से होंगे। यह शुभ कामना करता हूँ।

पेरियर ललई सिंह यादव जी आपसे विन्रम निवेदन है कि मेरे ऊपर पुलिस ने मुकदमा दायर किया है। मैंने आपकी हिन्दी पुस्तक 'सच्ची रामायण की चाभी' का मराठी भाषान्तर 19.07.1977 में किया था। मैंने उसे छापा।

उसके भाषान्तर की अनुमति मैंने आपसे पत्र द्वारा माँगी थी। आपने उदार मन से मुझे अनुमति दे दी और मैंने उस हिन्दी पुस्तक का मराठी में भाषान्तर कर 04.10.1979 को प्रथम आवृत्ति प्रकाशित की और दूसरी आवृत्ति 14 अप्रैल, 1987 को अलीबाग, जिला—रामगढ़, सन्तोष प्रिंटिंग प्रेस, वर्ली-अलीबाग, महाराष्ट्र से मुद्रण किया। पुनः प्रकाशन होने पर कुछ दुष्टों ने मेरे ऊपर केस

पो. स्टे. को गु. 2 नम्बर 179/...कलम 153ए. तथा अ.भा.द.वि. के अनुसार गुन्हा दाखिल किया है।

इसलिए मैं आपसे सहायता के लिए विनम्र निवेदन करता हूँ कि आप मुझे हाईकोर्ट और सुप्रीम कोर्ट की जो नलक में अनुमति पत्र दिया था, वह पुनः भेजने का कष्ट कीजिए।

आपने जो अनुमति पत्र दिया था। वह गुम हो गया है। इन दोनों की मुझे अत्यन्त आवश्यकता है। कोर्ट में नकल और अनुमति पत्र की जरूरत है। जो कोर्ट से फैसला/न्याय हुआ है, उसकी नकल और भाषान्तर का अनुमति पत्र भेजने की कृपा कीजिए। यह सब चीजें भेजने से मुझ पर बड़ी करुणा होगी।

मुझे आशा है कि मेरा पत्र प्राप्त होते ही भाषान्तर की अनुमति पत्र की पुरानी तारीख का और इलाहाबाद हाईकोर्ट के निर्णय की नकल भेज देंगे। कृपया यह कागजात भेजने के लिए देर न कीजिए। पत्र प्राप्त होते ही कागजात भेजने की कृपा करें यह आपसे विनम्र निवेदन है।

शेष सब कुशल। सब्बे सत्ता सुखी होन्तु। सभी प्राणी सुखी हों। सबका मंगल हो। इसी मंगल कामना के साथ पत्र पूरा करता हूँ। मैं पत्र की प्रतीक्षा में हूँ।

जय भीम! नमो बुद्धाय! जय भारत!

आपका मंगलाकांक्षी—<br>
अखिल भारतीय भिक्षु संघ<br>
**पूज्य भिक्खु अंगुलिमाल शाक्यपुत्र थेरो**<br>
53, सिद्धार्थ विहार, तिलक रोड, वडाला<br>
बम्बई, महाराष्ट्र 400031

पेरियार ललई सिंह

पत्र संख्या 146<br>
पत्र प्राप्ति तिथि—28/04/1988<br>
पत्र-उत्तर तिथि—13/05/1988

जय भीम! नमो बुद्धाय! जय भारत! बन्दामि नमो!

1. मैं कुछ नहीं लिखूँगा। क्षमा!
2. मैंने द्वितीय पत्र न. 143/11.5.88 आपकी ओर भेजा है।
3. शीघ्र केस वापसी की दरखास्त गृहमंत्री को देवें।
4. गृहमंत्री दरखास्त को पुलिस अलीबाग भजेंगे, वहाँ से केस वापसी की रपट लिखाकर, केस गृहमंत्री से वापस लीजिए।

5. खुली अदालत में यदि केस चला तो प्रेस रिपोर्टर नमक-मिर्च मिलाकर, झूठी कार्यवाही आपके खिलाफ छापेंगे। हो सकता है, कोई विरोधी आपका कत्ल कर दे या विरोधी किसी से कत्ल करवा दें। आप हमेशा सावधान रहें!
6. मैंने भी रजि. पत्र न. 142/11.05.88 मुख्यमंत्री महाराष्ट्र को आपका केस वापसी के लिए भेजा है।

क्षमा! सब्बे क्षमा!
सधन्यवाद!

आपका उपासक
**—पेरियार ललई सिंह**
अशोक पुस्तकालय, झींझक
जिला—कानपुर, उत्तर प्रदेश 209302

[37]

प्रति,                                                                                    दिनांक : 07.05.1988

महाउपासक पेरियार ललई सिंह
अशोक पुस्तकालय
मु.पो.—झींझक
जिला—कानपुर, उ.प्र. 209302

त्रिरत्न नमामि!
चिरं तिट्ठन्तु सद्धम्मो!

श्रद्धेय, करुणावान, शूरवीर, स्वतंत्रता सेनानी, धवलप्रिय, उपासक पेरियार ललई सिंह यादव जी को भदन्त अंगुलिमाल शाक्यपुत्र थेरो का शुभ आशीष।

पत्र का नियोजन यह है कि आपका दिनांक : 28.04.88 का अंतर्देशी पत्र मुझे आज दिनांक : 07.05.88 को दोपहर में प्राप्त हुआ है। पत्र का समाचार जानकर बहुत खेद और दुःख हुआ है।

श्रद्धेय ललईजी मैंने आपसे आगे प्रकाशन के लिए अनुमति नहीं माँगी है बल्कि आपने मुझे सन् 1977 में मराठी भाषान्तर की जो अनुमति दी है। वह सच्च है। ऐसा मुझे पुरावा देना है। केस मुझे लड़ना नहीं है बल्कि आपने जो अनुमति दिया भी वह सही है। यही न्यायालय में सिद्ध करना है। ऐसा होना जरूरी है।

पुलिस का कहना है कि आपने भाषान्तर की अनुमति ली नहीं है। आपने बिना अनुमति यह पुस्तक मराठी में भाषान्तर किया है। इसलिए मुझे आपकी भाषान्तर की अनुमति अवश्य चाहिए है। मुझे पुस्तक आगे नहीं छापनी है। मेरे पास सभी पुस्तकें पुरावे के लिए हैं। केवल आपने जो मराठी भाषान्तर करने की अनुमति पत्र दिया था। वह पुलिस को पुरावा बताने के लिए बहुत जरूरी है।

इसलिए कृपया पुरानी मराठी भाषान्तर करने की अनुमति मैंने दिया है। यह अनुमति पूज्य भन्ते जी के इच्छानुसार मराठी में भाषान्तर कर सकते हैं। इस भाषान्तर की मैंने सन् 1977 में अनुमति दी है। यह सच्च है। इतना ही मेरे लिए काफी है। शेष कुशल। पत्र की प्रतीक्षा में हूँ।

आपका मंगलाकांक्षी—
अखिल भारतीय भिक्षु संघ
**पूज्य भिक्खु अंगुलिमाल शाक्यपुत्र थेरो**
53, सिद्धार्थ विहार, तिलक रोड
वडाला, बम्बई, महाराष्ट्र 400031

[38]

To,

पूज्य भिक्खु अंगुलिमाल शाक्यपुत्र थेरो
सरिपुत्र प्रकाशन, गौतम कुटीर
अशोक नगर वासीनाका, वडाला
Bombay-400074 (महाराष्ट्र)

भिक्खु अंगुलिमाल शाक्यपुत्र थेरो आप दो एम.एल.ए. को साथ लेकर श्रद्धेय गृहमंत्री महाराष्ट्र से मिलें। केस वापस ले लेवें। पत्र संख्या 144/11/05/1988।

धन्यवाद!

**—पेरियार ललई सिंह**
अशोक पुस्तकालय
झींझक, जिला—कानपुर उ.प्र. 209302

पत्र प्राप्त तिथि : 12.05.1988
पत्र-उत्तर-143—11.05.1988

## [39]

सेवा में,

श्रीमान मंडल पुलिस निरीक्षक साहेब
अलीबाग, जिला—रायगढ़ (महाराष्ट्र)

**विषय—** ब-मुकदमा सरकार द्वारा पोलिश अलीबाग, जिला रायगढ़ (महाराष्ट्र) फरियादी विरुद्ध भिक्खु अंगुलिमाल शाक्यपुत्र थेरो के मुलजिमान धारा 153ए तथा 295ए भारतीय दंड विधान क्राइम नम्बर 179/87

महोदय,

उपरोक्त प्रकरण में आपके पत्र न. 152/1988 उत्तर में प्रार्थना है कि—

1. 'सच्ची रामायण की चाभी' पुस्तक से सम्बन्धित फोटो कापी भेजी जा रही है।
2. उत्तर प्रदेश सरकार ने हमारे विरुद्ध सभी 'सच्ची रामायण की चाभी' और 'आर्यों का नैतिक पोल प्रकाश' की जब्ती के बाद उसके विरुद्ध मुकदमा चलाया और हाईकोर्ट में हार गई। हमारी यह धारणा है कि उत्तर प्रदेश सरकार ने बहुत बुद्धिमानी का कार्य किया, जो हमारे विरुद्ध मुकदमा धारा न.152 के अन्तर्गत केस दर्ज नहीं किया। आगे नहीं बढ़ी। इसका कारण यह प्रतीत होता है कि हमारे बौद्ध धर्म को निष्ठा से माननेवाले उत्तर प्रदेश सरीखे हिन्दुओं के सबसे बड़े सूबे में बहुत बड़ी संख्या में हैं। जो हमारे सदृश्य विचारधारा रखते हैं। यदि मुकदमा हमारे विरुद्ध चलाया गया होता तो सामाजिक शक्ति भंग होती और हम तो यह कहेंगे कि इससे पूरे सूबे में सामाजिक बिखराव व सिविलवार हो जाता।
3. हमें स्वतंत्रता संग्राम सेनानी केन्द्र सरकार तथा उत्तर प्रदेश सरकार से पेन्शन दी जाती है। हम भारतवर्ष के सबसे बड़े देशभक्त हैं। हम लोग देश की एकता, अखंडता एवं धर्म की एकता में सबसे प्रतिभाशाली और राष्ट्रीयता में सबसे अधिक से अधिक बलिदान के लिए तैयार रहते हैं तथा राजाज्ञाओं के विरुद्ध एक सच्चे देश प्रेमी की बातें हमने सबसे अधिक

आह्वान किया। यह बातें हम आत्म प्रशंसा में नहीं कह रहे हैं बल्कि इसके लिए कि हमारी विनम्र राय है कि आपके सूबा महाराष्ट्र सरकार को भी चाहिए कि...के विरुद्ध कोई मुकदमा मत चलाए। क्योंकि उनके मत को माननेवालों की सरकार कहीं कम नहीं है। यह कोई आवश्यकता नहीं थी कि आप लोगों के सूबे की शर्त के सम्बन्ध में...आन्दोलन को भी देखा जाए। इससे आप लोगों को अनुमान लग गया होगा कि सच्चे देश प्रेमी के नाते हम सभी सूबों को, भारत वर्ष को एक इकाई मानते हैं। मगर हमारी इच्छा है कि महाराष्ट्र की भी सामाजिक तथा राजनीतिक एकता कायम रहनी चाहिए। इसके अतिरिक्त यह हम सबका एक बहुत बड़ा संवैधानिक प्रश्न यह भी है कि स्वतंत्रता प्राप्त होने के बाद डॉ. भीमराव अम्बेडकर द्वारा संविधान का निर्माण किया गया जिसमें भारत के प्रत्येक नागरिक को फ्रीडम ऑफ स्पीच, फ्रीडम ऑफ एक्स्प्रेशन तथा फ्रीडम ऑफ पब्लिकेशन का मूलभूत अधिकार प्राप्त है।

अत: हमारा विनम्र निवेदन है कि...के विरुद्ध मुकदमा न चलाया जाकर बल्कि इस पुस्तक को जब्त कर सकते हैं लेकिन इसी के साथ इस सम्बन्ध में हमारी एक प्रतिबद्ध राय यह है कि इस देश में इस तरह की विचारधारा से सम्बन्धित पुस्तकों के सम्बन्ध में न तो किसी लेखक व प्रकाशक के विरुद्ध कोई मुकदमा चलना चाहिए, न ही पुस्तकें ही जब्त होनी चाहिए।

विशेष निवेदन है कि डॉ. अम्बेडकर की पुस्तक 'धर्म परिवर्तन' के उत्तर प्रदेश के सरकार द्वारा ज़ब्त कर लिया गया। उसके विरुद्ध यह मुकदमा...में उच्च न्यायालय के तीन सम्मानित न्यायाधीशों ने उस पुस्तक की जब्ती को निरस्त करते हुए, मुझे सरकार से 300 हर्जाना दिलवाया था।

इसी प्रकार डॉ. अम्बेडकर के विचारों की पुस्तक 'सम्मान के लिए धर्म परिवर्तन' साथ में मेरी 'सच्ची रामायण' पुस्तक उत्तर प्रदेश सरकार ने जब्त की थी बाद में कोर्ट के निर्णय के बाद उसे मुक्त किया और हर्जाना भी दिया।

श्रद्धेय हम सब पुन: निवेदन कर रहे हैं कि उनके मुकदमों और पुस्तक ज़ब्ती पर पुनर्विचार करते हुए उन्हें मुक्त कीजिए।

भवतु सब मंगलम्।

आपका पुराना साथी

**—पेरियार ललई सिंह यादव**

हाई-कमांडर—ग्वालियर नेशनल आर्मी

स्वतंत्रता संग्राम सेनानी, केन्द्र व प्रान्त का पेन्शनर, मध्य प्रदेश

अशोक पुस्तकालय, झींझक, कानपुर, उ.प्र., भारत

पिन-209302

[40]

सेवा में, पत्र संख्या-141

श्रीमान मंडल पुलिस निरीक्षक साहब दिनांक : 11.05.1988 ई.

अलीबाग, जिला—रायगढ़, महाराष्ट्र

**विषय—** ब-मुकदमा सरकार द्वारा पोलिस अलीबाग, जिला—रायगढ़, महाराष्ट्र फरियादी

**विरुद्ध**

भिक्खु अंगुलिमाल शाक्यपुत्र थेरो मुल्जिम धारा 153ए. तथा 295ए. भारतीय दंड विधान क्राइम नम्बर 179/87

महोदय

उपरोक्त प्रकरण में आपके पत्र नम्बर 152/188 के उत्तर में प्रार्थना है कि—

1. 'सच्ची रामायण की चाभी' तथा 'आर्यों का नैतिक पोल प्रकाश' दोनों पुस्तकों को उत्तर प्रदेश सरकार ने सन् 1973 में जब्त किया। इसके विरुद्ध मैंने हाईकोट इलाहाबाद में अपील की। जीता। उसकी फोटो कॉपी संलग्न भेजी जा रही है।
2. उत्तर प्रदेश सरकार ने हमारे विरुद्ध 'सच्ची रामायण', 'सच्ची रामायण की चाभी' तथा 'आर्यों की नैतिक पोल प्रकाश' इन तीनों ज़ब्तशुदा पुस्तकों पर कोई मुकदमा आगे नहीं चलाया। हमारी यह धारणा है, उत्तर प्रदेश सरकार ने मेरे विरुद्ध धारा 153ए. तथा 295ए. भारतीय दंड विधान का मुकदमा न चलाकर बहुत बुद्धिमानी का कार्य किया।

   इसका कारण यही प्रतीत होता है कि हमारे मत को माननेवाले तथा हमारे सदृश्य विचारधारा वाले/भारत के सबसे बड़ी जनसंख्या वाले, उत्तर प्रदेश में बहुत हैं। यदि कोई मुकदमा हमारे विरुद्ध चलाया गया होता तो इससे सामाजिक शान्ति और समता अवश्य भंग होती। और सम्पूर्ण प्रदेश में सामाजिक विप्लव या सिविल-वार हो जाता।

3. हमें मध्य प्रदेश से पुलिस पेन्शन तथा स्वतंत्रता संग्राम सेनानी होने के उपलक्ष्य में सेंट्रल व प्रदेश से पेन्शन मिलती है।

हम 'भारत' के सबसे बड़े देशभक्त हैं। देश की एकता-अखंडता एवं धर्म-निरपेक्षता में सबसे अग्रणी पंक्ति में हैं। हम 77 साल की आयु में अस्वस्थ होते हुए भी राष्ट्रहित में अधिक से अधिक बलिदान देने के लिए अब भी तैयार हैं।

हमने अंग्रेजों तथा देशी राजाओं के विरुद्ध एक सच्चे देशप्रेमी के नाते सबसे अधिक त्याग किया है। यह बातें हम आत्म प्रशंसा में नहीं लिख रहे हैं बल्कि इसलिए कि हमारी विनम्र राय है कि आपको मतलब महाराष्ट्र सरकार को चाहिए कि भिक्खु अंगुलिमाल शाक्यपुत्र थेरो के विरुद्ध मुकदमा न चलावें—क्योंकि उनके मत को माननेवालों की संख्या—महाराष्ट्र में कम नहीं है।

यह कहने की आवश्यकता नहीं कि आप लोग अपने प्रदेश में शक्ति के सम्बन्ध में डॉक्टर भीमराव अम्बेडकर विश्वविद्यालय, औरंगाबाद तथा 'रिडल्स ऑफ रामा एंड कृष्णा' के आन्दोलनों को भी देख चुके हैं। सच्चे देशप्रेमी होने के नाते हम सम्पूर्ण भारतवर्ष को एक इकाई मानते हैं।

अतः हम सच्चे हृदय से यह इच्छा रखते हैं कि महाराष्ट्र में भी सामाजिक तथा राजनीतिक शान्ति हमेशा कायम रहे।

इसके अतिरिक्त हम तो यह समझेंगे कि एक बहुत बड़ा संवैधानिक प्रश्न यह भी है कि स्वतंत्रता प्राप्त होने के बाद डॉ. भीमराव अम्बेडकर द्वारा संविधान का निर्माण किया गया, इसमें प्रत्येक नागरिक को 'फ्रीडम ऑफ स्पीच', 'फ्रीडम ऑफ एक्सप्रेशन' तथा 'फ्रीडम ऑफ पब्लिकेशन' का मूलभूत अधिकार है।

अतः हमारा पुनः विनम्र निवेदन है कि भिक्खु अंगुलिमाल शाक्यपुत्र थेरो के विरुद्ध मुकदमा न चलाकर 'सच्ची रामायण की चाभी' यदि उचित समझें तो ज़ब्त कर सकते हैं।

इसके सम्बन्ध में हमारी यह राय है कि डॉ. भीमराव अम्बेडकर की विचारधारा से सम्बन्धित पुस्तकों के सम्बन्ध में किसी लेखक या प्रकाशक के विरुद्ध मुकदमा नहीं चलाना चाहिए और ऐसी पुस्तकें ज़ब्त नहीं होनी चाहिए।

विशेष निवेदन है कि डॉ. भीमराव अम्बेडकर द्वारा दिए गए भाषणों के संग्रह की पुस्तक 'सम्मान के लिए धर्म परिवर्तन करें' को उत्तर प्रदेश में धारा 153-ए, व 295-ए. भारतीय दंड विधान के अन्तर्गत जब्त कर दिया था, उसके विरुद्ध हमने क्रिमिनल मिसलेनियस एप्लीकेशन न. 3221/1970 हाईकोर्ट इलाहाबाद में प्रस्तुत की। जजमेंट दिनांक : 14.05.1971 के अनुसार सरकार की आज्ञा को निरस्त कर दिया गया, सरकार ने मुझे हर्जाना खर्चा के रूप में तीन सौ रुपये दिए।

इसी प्रकार पेरियार ई.वी. रामास्वामी के विचारों से सम्बन्धित 'सच्ची रामायण' पुस्तक को भी उत्तर प्रदेश सरकार ने जब्त किया था। उसको भी मैंने हाईकोर्ट इलाहाबाद तथा सुप्रीम कोर्ट नई दिल्ली से जीता था।

अत: हमारा बारम्बार निवेदन है कि भिक्खु अंगुलिमाल शाक्यपुत्र थेरो के विरुद्ध मुकदमा न चलाया जाए, न पुस्तक जब्त की जाए।

संलग्न—एक सेट जजमेंट पेज 1 + 5 + 46 + 17 = 69 संलग्न एक—एक पुस्तक 'सच्ची रामायण की चाभी', संलग्न दूसरी—एक पुस्तक 'सच्ची रामायण', संलग्न तीसरी—एक पुस्तक 'आर्यों का नैतिक पोल प्रकाश' संलग्न चौथी—एक पुस्तक 'धर्म परिवर्तन', (पुस्तक का पुराना नाम—'सम्मान के लिए धर्म परिवर्तन करें'।)

दिनांक : 11.05.1988 ई.।

आपका पुराना साथी

**—पेरियार ललई सिंह यादव**

हाई-कमांडर—ग्वालियर नेशनल आर्मी

स्वतंत्रता संग्राम सेनानी

केन्द्र व प्रान्त का पेन्शनर, मध्य प्रदेश

अशोक पुस्तकालय, झींझक, कानपुर, उ.प्र., भारत

पिन-209302

[41]

सेवा में, दिनांक : 11.05.1988

श्रद्धेय मुख्यमंत्री महोदय,
महाराष्ट्र सरकार, महाराष्ट्र

प्रिय महोदय

सविनय प्रार्थना है कि सम्बन्धित कागजात अवलोकन करके तथा महाराष्ट्र आदि सम्पूर्ण भारत में सामाजिक एवं राजनीतिक विप्लव की जलती ज्वालाओं पर गम्भीरतापूर्वक विचार करें...

अ- पुस्तक 'सच्ची रामायण की चाभी' तुरन्त जब्त कर ली जावे।

ब- पूज्य भिक्खु अंगुलिमाल शाक्यपुत्र थेरो के विरुद्ध केस न चलाई जावे।

कष्ट के लिए क्षमा!

सद्बुद्धि के लिए कैबिनेट सहित
आप सबको
अनन्त धन्यवाद!
संलग्न-4 पेज

आपका पुराना साथी
**—पेरियार ललई सिंह यादव**
हाई-कमांडर—ग्वालियर नेशनल आर्मी
स्वतंत्रता संग्राम सेनानी
केन्द्र व प्रान्त का पेन्शनर, मध्य प्रदेश
पेन्शनर मध्य प्रदेश पुलिस सर्विस
अशोक पुस्तकालय, झींझक, कानपुर, उ.प्र., भारत
पिन-209302

[42]

सेवा में, दिनांक : 22.04.1987

पेरियार ललई सिंह
अशोक पुस्तकालय (रजि.)
झींझक, जिला—कानपुर, उ.प्र.
पिन-209302

जय माँ भवानी

श्री ललई सिंह यादव, आपको मालूम हो कि 25.04.1987 को मैं डाका डालने आ रहा हूँ, या तो 24.04.1987 को कानपुर रेलवे स्टेशन के पास मेरे आदमी गाड़ी में बैठे मिलेंगे। मारुति में आप 50 हजार रुपये लेकर आना नहीं तो तेरे बेटे की लाश तेरे सामने मिलेगी। यदि नहीं आया तो 25.04.1988 को मैं डकैती डालने आ रहा हूँ।

मेरा नाम बब्बन सिंह गौतम है। यदि नहीं आओगे तो बहुत पछताओगे।

जय माँ भवानी!

**—पेरियार ललई सिंह**

पत्र प्राप्त तिथि 23.4.87

[43]

Date : 23.4.1987

M/s Periyar Lalai singh
Ashok Pustakalaya,
Zinzak, Kanpur, UP 209302

Dear sir,

I received your letter and noted the contacts. Please note the address of our Authorised Dealer in Kanpur.

K.G.S. Traders
Rambagh, Kanpur
Tel : 244388
Contact-Mr. Kailash Trivedi

Vital always supply seal and plug.

From
Harish Chugha
Sales Officer's
Britania Industrie
Soya Division
33, Lowrance Road
New Delhi-110035

[44]

सेवा में, दिनांक : 18 फरवरी, 1989

श्री पेरियार ललई सिंह
अशोक पुस्तकालय
झींझक, कानपुर-209302 (उ.प्र.)

आदरणीय पेरियार साहब,

जय भीम

मुझे आपकी दो पुस्तकों 'सच्ची रामायण' व 'सच्ची रामायण की चाभी' की आवश्यकता है।

कृपया यह बताएँ कि ये दोनों पुस्तकें आपके यहाँ उपलब्ध हैं या नहीं? यदि उपलब्ध हैं तो थोक में मँगाने के नियम व शर्तें लिखें।

ये पुस्तक नागपुर में सुगत बुक डिपो ने आपके नाम व पते से छापी हैं। यहाँ लखनऊ में जिज्ञासु प्रकाशन ने आपका नाम व पता स्पष्ट न देते हुए छापी है। कृपया आप यह भी बताएँ कि आपने सर्वाधिकार किसे दिया है? या ये सारे अनधिकृत हैं? आपकी स्वीकृति से प्रकाशित और मुद्रित पुस्तकें ही मैं बेचना चाहता हूँ।

आपका

**—पी. डी. अभ्यासी**

अम्बेडकर साहित्य विक्रेता
निकट—फेयर वे मांटेसरी स्कूल
अम्बेडकर नगर, तालकटोरा, लखनऊ, उ.प्र.

वापसी

पत्र प्राप्त तिथि : 01.03.1989

पत्र-उत्तर संख्या-713

1. 'सच्ची रामायण नहीं', 2. 'सच्ची रामायण की चाभी' नहीं है, 3. हम चार सौ बीसियों का क्या करें?

धन्यवाद!

**—पेरियार ललई सिंह**

[45]

जय भीम! दिनांक : 01.01.1990 ई.

नमो बुद्धाय!! जय भारत!!!

श्रद्धेय जितेन्द्र वर्मा जी,
डॉ. अम्बेडकर साहित्य
मौजूद हैं—तिहाई रुपये पहले मनी ऑर्डर द्वारा भेजिए।
छपेंगी। पुरानी समाप्त हैं।

| | | | |
|---|---|---|---|
| 1. | बाबा साहब का जीवन संघर्ष | (जिज्ञासु) | 12 रु. |
| 2. | बाबा साहब के उपदेश-आदेश | " | 4 रु. |
| 3. | बाबा साहब के पन्द्रह भाषण | " | 12 रु. |
| 4. | बाबा साहब बौद्ध क्यों बनें? | (बाबा साहब) | 2 रु. |
| 5. | धर्म-परिवर्तन (जब्त था—हाईकोर्ट से जीता) | " | 9 रु. |
| 6. | भगवान बुद्ध और जनता धर्म | " | 60 रु. |
| 7. | अछूत कौन और कैसे? | " | 15 रु. |
| 8. | शूद्रों की खोज | " | 9 रु. |
| 9. | कांग्रेस और गांधी ने अछूतों के लिए क्या किया? | " | 15 रु. |
| 10. | अछूतों की विमुक्ति और गांधी जी | " | 4 रु. |
| 11. | जातिभेद का उच्छेद (खतरनाक था—सिविल जजों से जीता) | " | 9 रु. |
| 12. | ईश्वर, आत्मा एवं वेदों आदि में विश्वास अ-धर्म है | " | 5 रु. |
| 13. | धर्म क्या है? सद्धर्म क्या है? | " | 8 रु. |
| 14. | रानाडे, गांधी और जिन्ना | " | 5 रु. |
| 15. | बाबा साहब की भविष्यवाणी | " | 4 रु. |
| 16. | गांधी-अम्बेडकर विवाद | " | 4 रु. |
| 17. | गांधीवाद की मीमांसा | " | 4 रु. |
| 18. | पाकिस्तान-भारत का विभाजन (कमीशन नहीं) | " | 45 रु. |

| | | | |
|---|---|---|---|
| 19. | भारत में जातिवाद | " | 5 रु. |
| 20. | हिन्दू नारी का उत्थान-पतन | " | 5 रु. |
| 21. | राम कृष्ण की पहेली का उत्तर | " | 6 रु. |
| 22. | पूना पैक्ट बनाम गांधी | (एस.एन. शास्त्री) | 15 रु. |
| 23. | डॉ. अम्बेडकर का व्यक्तित्व दर्शन | (धनंजय कीर) | 4 रु. |
| 24. | बौद्ध धर्म का उदय-अस्त-पुनरोदय | (जिज्ञासु) | 3 रु. |
| 25. | डॉ. अम्बेडकर नाटक | (त्रिशरण) | 4 रु. |

परम पूज्य बाबा साहब के कारवाँ को आगे बढ़ावें।

**—पेरियार ललई सिंह**
अशोक पुस्तकालय
झींझक, कानपुर-209302
उत्तर प्रदेश, भारत

[46]

To,

बीजक नं. 75

जय भीम!

दिनांक : 20.09.90

नमो बुद्धाय!!

जय भारत!!!

श्रद्धेय जितेन्द्र वर्मा जी,

| | | |
|---|---|---|
| 6/ | मानववाद | 25/- |
| | कांग्रेस | 28/- |
| | अछूत, उच्छेद + शूद्रों | 18/- |
| | परिशिष्ट | 6.50/- = 77.50/- |
| 4/ | पोल प्रकाश | 6/- |
| | शं. + जातिवाद + रानाडे | 15/- = 21/- |
| 5/ | मीमांसा + विवाद + भविष्य | |
| | विमुक्ति + भंडा | 20/- |
| 2/ | राज्य | 2.50/- |
| | लिणभाग | 2/- = 4.50/- |

..................

जोड़ = 123/-

..................

..................

कमीशन 10 प्रतिशत (—) = 13/-

..................

शेष = 110/-

भगवान बुद्ध और उनका धर्म = 60/-

कुल जोड़ = 170/-

| | |
|---|---|
| सच्ची रामायण | = 10/- |
| पैकिंग + पोस्टेज | = 12/- |
| | ............ |
| कुज जोड़ | = 192/- |
| | ............ |
| 19 पुस्तकें जमा | = 191/- |
| लेना | = 1/- |

19 + नारी 4/- = 20 किताबें।

1. 'बाबा साहब बौद्ध बने' यह नागपुर का भाषण है, 'धर्म परिवर्तन' में शामिल है।
2. A- 'धर्म क्या है? सद्धर्म क्या है?'
   B- 'ईश्वर, आत्मा एवं वेदों आदि में विश्वास अधर्म है।'
   ये दोनों पार्ट 'भगवान बुद्ध और उनका धर्म' से अलग छापे गए हैं। अतः अलग भेजने की जरूरत नहीं।

धन्यवाद!

**—ललई सिंह**
अशोक पुस्तकालय
झींझक, कानपुर-209302

[47]

पत्र नं. 464/30.11.90

जय भीम!

नमो बुद्धाय!! जय भारत!!!

टू,

श्रद्धेय

जितेन्द्र वर्मा

ट्रांसपोर्ट, राजेन्द्र प्रधान, सिवान (बिहार)

प्रिय बन्धुवर!

1. चाणक्य ने कहा है कि जिसका नेता नहीं या जिसके बहुत नेता हैं, दोनों का सर्वनाश है।
2. बैकवर्ड तथा शिड्यूल्ड कास्ट वर्तमान समय में बहुत नेता हैं, सर्वनाश रहा है, रहेगा। ये साँपों का गट्ठर (विभिन्न जातियों का झुंड) है।
3. मेरा काम समाप्त/ मेरी आयु 80 है। अस्वस्थ रहता हूँ। अब जीवन समाप्त है।
4. आप जानें, आपका काम जाने।

जुग-जुग जियो लड़ैते लाल। मेरा लड़का; भाई, भतीजा नहीं! आप सामाजिक भतीजे हैं। फलें-फूलें।

धन्यवाद!

**—ललई सिंह**

अशोक पुस्तकालय

झींझक (209302) कानपुर

[48]

दिनांक : 22.8.1991 ई.

To,

श्रद्धेय ललई सिंह
अशोक पुस्तकालय,
झींझक, कानपुर-209302
उत्तर प्रदेश, भारत।

आदरणीय ललई सिंह जी,

जय भीम!

आपके पत्र के उत्तर में जानकारी प्रेषित है:—

1. बाबा साहेब की जन्मस्थली स्मारक के दर्शन करने के लिए किसी की भी मंजूरी नहीं लेनी पड़ती है। कभी भी दर्शन किए जा सकते हैं।
2. जन्मस्थली स्वर्गमन्दिर से आगे, डेअरी फार्म के पास सैनिक क्षेत्र में स्थित है।
3. यहाँ नया-नया रिक्शा चलना आरम्भ हुआ है, इसलिए शहर में कहीं भी जाने के लिए रुपये 5/- (पाँच) ही लेता है।
4. आप बख्तावर गली जाएँ या जन्म स्थली रिक्शा किराया समान है।

आने से पूर्व यदि आप सूचना दे दें तो आपको यहाँ कोई कष्ट नहीं होगा। महू आएँगे तो घर भी अवश्य आइए। आपका सदा स्वागत है।

**—शोभा सुदास**
1153, बख्तावर गली
महू-453441, जिला—इन्दौर (एम.पी.)

[49]

दिनांक : 30.05.1991

सेवा में,

पेरियार ललई सिंह,
अशोक पुस्तकालय,
झींझक, कानपुर-209302 (उ.प्र.)

प्रिय महोदय,

आपके पत्र संख्या 74, दिनांक : 04.05.1991 ई. के लिए धन्यवाद! आपने बोतल की सील के विषय में लिखा है। हमारे द्वारा प्रति बोतल पर एल्यूमिनियम की सील लगाई जाती है। हमारे वितरक का पता कानपुर का नीचे लिखा है—

महेश प्रसाद, सुशील कुमार
51/58-ए, शक्कर पट्टी, कानपुर-208301

धन्यवाद!

भवदीय
वास्ते जिन्दल वेजिटेबिल प्रॉडक्स (प्रा.लि.)
कानपुर, उत्तर प्रदेश

[50]

दिनांक : 03.05.1992

To,

पेरियार ललई सिंह
हाई कमांडर नेशनल आर्मी, ग्वालियर, CAMP.
कैनाल ब्रिज, झींझक, कानपुर, उत्तर प्रदेश 209302

आपको नववर्ष मंगलमय हो।
आशा है, आप स्वस्थ होंगे। मैं भी यहाँ ठीक हूँ।

From

K.S. निमेष
स्टेट बैंक ऑफ इन्दौर
V.P.-भीतरंवार, ग्वालियर, M.P. 475220

[51]

## खुलासा

समझ में न आनेवाली भाषा, बिना रोशनी की लालटेन है।

**—पेरियार ललई सिंह**

[52]

## खुलासा

पूत चमार, गाँव—दहेली में छोटे लाल अहीर का खेत काटने गया। छोटे लाल अहीर अपनी गिलास में पानी पिला दिया। इस पर अहीरों की ब्राह्मणों ने पंचायत कराई। चमार-अहीरों में अछूतमत की दूरियाँ और बढ़ा दीं। मैं अपने बौद्धिस्ट साथियों संग गया। अहीरों-चमारों की एक साथ मिटिंग करवाई। समझाया। अब वहाँ सद्भाव है। आप सब भी ऐसे ही अछूतमत, जाति, वर्ण, ब्राह्मणवाद का उन्मूलन करें। मानवीय राष्ट्र निर्माण ऐसे ही धीरे-धीरे हो जाएगा।

धन्यवाद!

**—पेरियार ललई सिंह**

दिनांक : 24.04.65

[53]

# खुलासा

विवरण शाखा

बशरह नं. 91
दिनांक : 1.04.1966

श्री प्रेमचन्द और श्री ललई सिंह यादव ने 1 अप्रैल, 1966 से काका कालेलकर आयोग के अनुसार पिछड़े वर्ग की माँग को लागू करने के लिए भूख हड़ताल प्रारम्भ कर दी है।

श्री ललई सिंह यादव एवं श्री प्रेमचन्द ने 21 दिन बाद भूख-हड़ताल समाप्त की। शासन ने शिक्षा में जातीय आधार पर ही केवल पिछड़ा माना।

[54]

# खुलासा

सूची पत्र भेजें।

| विवरण | |
|---|---|
| धन्यवाद 'हिन्द के आदिनिवासी प्रथम भाग'। द्वितीय भाग छपा या नहीं? लिखें। | 0.30 |
| सर्कुलर भेजें। अजलाम मेम्बर साजी का हिसाब भेजें। आदि। | 0.06 |
| धन्यवाद। बच्चों की शिक्षा-दीक्षा ठीक-ठीक रखें। | 0.06 |
| 'राजपूत जगत' अमूल्य भेजा करें। यदि हो सके। मैं मजदूरी में आलोचना समय-समय पर दूँगा। | 0.06 |
| वाल्यूम-3 लेते आएँ। | 0.06 |
| आज दस रुपये वाला मनीआर्डर वापस आया। अत: प्रार्थी अगली कार्यवाही क्या करें। लिखें। | 15 + 15 |
| जा. नं. 135/दिनांक : 17 मई, 1966 ई. का उत्तर भिजवाएँ। | 0.12 |
| क्या 18 अगस्त, सन् 1966 ई. को केवल महाराष्ट्र रिपब्लिकन पार्टी ही कांग्रेस में विलय होगी या इंडिया रिपब्लिक पार्टी भी? | 0.12 |

[55]

# खुलासा

दिनांक : 19.09.1966 ई.

दो ग्रुपों के लिए समझौता सुझाव :

1. इंडिया कमेटी व उत्तर प्रदेश कमेटी में चौथाई शिड्यूल्ड कास्ट व चौथाई मुस्लिम व चौथाई बैकवर्ड व चौथाई हाई-कास्ट रहे हैं।
2. इंडिया कमेटी जबरन अपना हुक्म उत्तर प्रदेश बॉडी पर लादे।
3. उत्तर प्रदेश बाडी की तीन जोन की बात नहीं माननी है।
4. श्री मौलाई जी, श्री साहू जी, श्री साई जी व श्री ललई सिंह के साथ उनकी बिरादरी नहीं। ये लोग जाति और वर्ण से ऊपर हैं। अगर श्री मौर्या के साथ उनकी बिरादरी है तो महाराष्ट्र में समझौता कैसा? क्योंकि 100 प्रतिशत मे सें 60 प्रतिशत वोट नहीं डालते। 40 प्रतिशत में से 16 प्रतिशत को 24 प्रतिशत विभिन्न विरोधी दलों को वोट मिलते हैं। महाराष्ट्र में 25 प्रतिशत से अधिक करीब शिड्यूल्ड कास्ट के हैं।

   सावधान रहें!

धन्यवाद!

हस्ताक्षर

**—पेरियार ललई सिंह**

[56]

# खुलासा

| | |
|---|---|
| डी. (14.15) रिया. 19.20 | 0.10 |
| 'प्राचीन व मध्यकालीन भारत' सन् 1526 ई. तक, लेखक डॉ.पी. सरन, पीएच.डी., एफ.आर.एच.आई.एस.आई-एस., दिल्ली विश्वविद्यालय, दिल्ली (मूल्य 6.50 रुपये) | 0.10 |
| 'बुद्धकथा', ले. रघुनाथ सिंह। 35.00, (एम.पी. प्रान्त) 'विश्व के धर्म प्रवर्तक' ले. उपरोक्त। | 0.10 |
| 'भगवान बुद्ध', ले. धर्मानन्द कौसम्बी। (मराठी से हिन्दी) | 5.00 |
| (साहित्य अकादमी, नई दिल्ली) (निवासी गोवा) | 0.10 |

‘बौद्ध दर्शन तथा अन्य भारतीय दर्शन’, ले. भारतीय उपाध्यक्ष, एम.ए. अध्यक्ष, हिन्दी विभाग, जैन कॉलेज, बड़ौत, पोस्ट—मेरठ, 15.00 रुपये और 9.00 रुपये 0.10

‘बौद्ध-धर्म-दर्शन’, ले. आचार्य नरेन्द्र देव भूतपूर्व फैजाबाद निवासी 0.10
वाइस चांसलर लखनऊ विश्वविद्यालय, तत्पश्चात् वाराणसी विश्वविद्यालय।
15.00

कॉपी मँगाएँ।

[57]

## खुलासा

पेन्शन पेमेंट ऑर्डर नं. एम.पी./4085, मार्च, सन् 1958 ऑफिस ऑफ दी अकाउंटेंट जनरल, उत्तर प्रदेश, इलाहाबाद/ श्री ललई सिंह पेन्शन 9.44

गाँव—कठारा, तहसील—डेरापुर, जिला—कानपुर (उत्तर प्रदेश), कम्पनी अकाउंटेंट जनरल, ग्वालियर, मध्य प्रदेश। Br. No. PK-II, AUTH 2092/ TR/57-58/5682/S/12-3-58, 250A।

[58]

## खुलासा

ब्लिट्स अखबार से दिनांक : 21.09.68 पेज नं. 16, राजस्थान में सारे देश से अधिक अन्ध-विश्वासी अन्धा खून? ग्राम-मदारा, जिला—उदयपुर, राजस्थान में 12 वर्षीय बच्चे की बलि देकर तालाब की नींव में लाश दफन कराई।

नोट—**पेरियार ललई सिंह**

1. यह खून, रुपये व दुश्मनी के कारण नहीं—बल्कि धार्मिक अन्ध-विश्वास व जादू-टोना खून की प्यासी देवी के कारण हुआ।
2. बम्बई का कनपटी मार भी देवी को प्रसन्न करने के लिए किया गया था।
3. यह कातिल कौन है? यह कातिल इनसान की मूर्खता? यह कातिल अन्ध-विश्वास है? यह कातिल धर्म का बिगड़ा हुआ रूप है?

4. इसे मौजूदा हिन्दू-समाज व पुलिस नहीं रोक सकती। रोक सकती है—बुद्धि व विज्ञान का फैलाव। इसके लिए चाहिए—कितने नेता, कितने सामाजिक कार्यकर्ता, कितने समाज-सुधारक, कितने मंत्री, कितने ऑफिसर, कितने प्रोफेसर, कितने टीचर, कितने रिसर्चर, कितने लेखक व कितने पत्रकार आदि उनके बिना जनता अन्ध-विश्वास के खूनी पंजे में फँसी है।

[59]

## खुलासा

17.08.68 ग्राम-सारी, पोस्ट—सहायल, जिला—इटावा। शिव बालक उम्र 13 साल बल्द मुंशीलाल कोली मरा। मुंशीलाल व उनकी पत्नी मथुरा में श्रावति दिनांक : 4.08.68 से कृष्णा के दर्शनार्थ गए। वही जन्माष्टमी तक ठहरे। दिनांक : 18.8.68 की शाम तक नहीं लौटे। शिव बालक के बड़े भाई हैं। अन्धे धर्म ने उन्हें निगल लिया।

[60]

## खुलासा

### मुफ्त भेंट

1. श्री सब-इंस्पेक्टर पुलिस, पी.एस. मंगलपुर, डी.एस.पी. कलपुर, 5 दिसम्बर, 1969 ई. (130)
2. 'सच्ची रामायण', श्री छेदीलाल साथी एडवोकेट, एम.एल.सी; 85 कन्धारी बाजार, लखनऊ, उ.प्र.
3. 'सच्ची रामायण', श्री रामस्वरूप वर्मा, एडवोकेट, ई. वित्तमंत्री, बंगला नं. 3, दारुलशफा, लखनऊ, उ.प्र.
4. 'सच्ची रामायण', श्री कलीप्रसाद कुरील, यू.पी., झींझक, डी.एस.पी., कानपुर
5. 'सच्ची रामायण', श्री इंस्पेक्टर साहब, सी.आई.ओ. 11 जनवरी, 1969 को।

[61]

## खुलासा

संविद मुख्यमंत्री गोविन्द नारायण सिंह, मध्य प्रदेश ने 25 माह में 50 हजार ऑफिसरों के तबादले किए। एक करोड़ रुपये खर्च हुए। चिन्ताजनक। वहाँ सरकारी सम्पत्ति का सर्वनाश हो रहा है।

[62]

## खुलासा

नमो बुद्धाय! जय शोषित! जय भारत!

इलाहाबाद से कुशल पत्र। माननीय जस्टिस ए.के. कीर्ति, माननीय जस्टिस के.एन. श्रीवास्तव व माननीय जस्टिस हरिस्वरूप द्वारा 19 जनवरी, 1971 को कॉपी मँगाए। 18 जनवरी, 1971 को 'सच्ची रामायण' जीती गई।

धन्यवाद!

जय शोषित!

[63]

## खुलासा

पढ़िए 'भारत का इतिहास' (मित्र बन्धु)...।

श्री मारवाड़ी पुस्तकालय व सार्वजनिक वाचनालय, बिरहाना रोड, कानपुर से (सीरियल नं. 2843, विषय-इतिहास, पुस्तक नं. 163) दिनांक : 18 जुलाई, 1972 को (रसीद नं. 991 दिनांक : 18 जुलाई, 1972 पर 15) प्रवेश फीस व रसीद नं 992/18.72 पर 3) सालाना फीस जमा करके कार्ड नं. 815/18 जुलाई, 1972 द्वारा) 'बौद्धकालीन भारत' नामक इतिहास ग्रंथ प्राप्त करके उपरोक्त लक्ष्य अंकित

किए गए। पढ़कर पुस्तकालय को वापस किया गया। पुस्तकालय के संचालकों को धन्यवाद। जिन्होंने अब न छपनेवाले ग्रंथ को सुरक्षित रखा है।

हस्ताक्षर
**—पेरियार ललई सिंह**
अध्यक्ष—अशोक पुस्तकालय (रजिस्टर्ड)
झींझक, कानपुर (उत्तर प्रदेश)

[64]

# खुलासा

गुरु गोविन्द सिंह के दोनों 'बच्चों' को उनके पुराने ब्राह्मण नौकर ने पकड़वाया। यह 'गुरु गोविन्द सिंह' नामक किताब में पृष्ठ संख्या 134 पर लिखा है। आप भी पढ़ें।—मनोरंजन व्याख्यान माला—'गुरु गोविन्द सिंह'। लेखक—वेणी प्रसाद। सम्पादक—श्याम सुन्दर दास, बी.ए., काशी नागरी प्रचारिणी सभा, काशी, पाँचवाँ संस्करण, मूल्य 3 रुपये।

[65]

# खुलासा

देखो! पढ़ो!! समझो!! आचरण करो!!! **—पेरियार ललई सिंह**, सन् 1980 ई.

[66]

# खुलासा

श्री घसीटे लाल साहू के जीवन की एक घटना है कि सुबह-सुबह इनका मुँह दिख जाने का कारण हरिहर तिवारी ने इनके मुँह पर थूक दिया। थूक कर अशुभ

मिटाया। हिन्दू धर्म में गुप्ता मतलब तेली जाति को सुबह-सुबह देखना अशुभ माना जाता है। इस अशुभ का मतलब अमंगल को उतारने के लिए थूका जाता है। इस तरह अपने ही लोगों को अपमानित करनेवाला हिन्दू धर्म दुनिया का अकेला धर्म है।

इस अपमान के बाद वे थाने गए। थानेदार संजय तिवारी एफआईआर दर्ज करने के बजाय इन्हें ही जेल में बन्द कर दिया। उन्हें वहाँ बाँधकर इतना पीटा कि पूरा बदन सूज गया। इसके कुछ घंटे बाद थाने से भगाते हुए बोला कि तेली हो तो ये सब सहो। सुबह-सुबह मुँह मत दिखाया करो। ऐसी बात पर अब कभी थाने मत आना तेली-तमोली कहीं का। अगली बार आया तो पीट-पीटकर जान से मार दूँगा।

इनके जीवन की दूसरी घटना है कि ये पैराशूट कम्पनी कानपुर में काम करते थे। जिसमें सीमा सुरक्षा बल के जवानों के लिए तम्बू बनता था। इनके संग के कर्मचारी रूप नारायण मिश्रा ने किसी बात पर इनको अपमानित करने की भावना से दो जूते मार दिए। इसकी रिपोर्ट करने ये थाने गए। वहाँ सवर्ण थानेदार ने इनकी रिपोर्ट नहीं लिखी। संजोग से उसी समय कानपुर के एस.पी. बदल गए।

नए एस.पी. अजय यादव आ गए। उनसे मैंने सम्पर्क किया। पूरी घटना सुनाई। और मैंने कहा यदि एफआईआर नहीं लिखा जाता है तो मैं थाने के सामने ही भूख-हड़ताल कर दूँगा। इस पर एस.पी. भयभीत हो गए। उन्होंने तुरन्त एफआईआर लिखने का आदेश दिया। दोषी हवालात में गया।

उसके बाद श्री घसीटे लाल साहू ने वहाँ से नौकरी छोड़ दी। पिता द्वारा कमाए गए अकूत धन से विश्व का भ्रमण किया। पुनः घर आने के बाद ये मुझसे मिले और मेरे कहे अनुसार अपने घर के सामने ब्रह्मा, विष्णु, महेश, राम और कृष्ण की मूर्ति लगवाई और उसके बगल में रस्सी से बँधे हुए दो जूते टँगवा दिए। वहाँ निर्देश लिखवा दिया कि 'जो भी व्यक्ति मुझसे मिलने आए। सबसे पहले वो इन्हें इन जूतों से दो जूते मारे। तब मुझसे मिलने आए अन्यथा मुझसे न मिले। मेरा समय नष्ट न करे।'

हिन्दू धर्म का इस तरह व्यावहारिक जीवन में विरोध करनेवाली श्री घसीटे लाल साहू (गुप्त) ने एक महत्त्वपूर्ण किताब लिखी—'मनुष्य को मनुष्य के प्रति घृणा क्यों?'

धन्यवाद!

हस्ताक्षर

**—पेरियार ललई सिंह**

सन् 1974

[67]

# खुलासा

डॉ. अम्बेडकर और भारतीय संविधान पुस्तक—पढ़िये! समझिए!!
औरों को पढ़ाइए!! —जम्मू-कश्मीर में इस किताब को पढ़ कर समाप्त किया।

**—पेरियार ललई सिंह**
नाज होटल, नीलम चौक
श्रीनगर (जम्मू कश्मीर)
दिनांक : 21.05.1981 ई.
अध्यक्ष : अशोक पुस्तकालय
झींझक, कानपुर, उ.प्र.

[68]

# खुलासा

उत्तर भारत प्राचीन सोच का प्रतीक है। दक्षिण भारत आधुनिक सोच का प्रतीक है।

**—पेरियार ललई सिंह**
दिनांक : 21.04.1981 ई.

[69]

# खुलासा

दिनांक : 22 जुलाई, 1984 ई. को श्री पी.एन. राउभोज का हृदयगति रुकने से पूना में देहान्त हो गया। ये बाबा साहेब के दाहिने हाथ थे, एम.पी. बनने के लालच में कांग्रेस में सन् 1953 ई. में ही चले गए। केवल एक बार कांग्रेस ने एम.पी. बनाया फिर दूध की मक्खी की भाँति फेंक दिया।

धन्यवाद!

हस्ताक्षर
**—पेरियार ललई सिंह**

[70]

## खुलासा

रजि.नं. 3341/ दिनांक : 11 सितम्बर, 1984 ई. को मिला। विवरण श्री रामनाथ गाडवे की गाठ, लश्कर का प्रार्थना पत्र अक्षरशः है, को मिला नहीं है, श्री कीर्ति देव शुक्ल का नया नाम जो स्वतंत्रता संग्राम सेनानी, जिला—ग्वालियर गवर्नर में बढ़ाया गया है। वह फर्जी है। इसने अंग्रेजों से सॉरी बोला था। ये देशद्रोही है। जाँच लें। बाद में खारिज किया जाए।

धन्यवाद!

हस्ताक्षर

**—पेरियार ललई सिंह**

[71]

## खुलासा

पुनः आज्ञा दें,

शरीर और प्राण अन्त हो गया।

श्री सुरेन्द्र सिंह यादव की माता जी की मृत्यु दिनांक : 25 जून, 1985 ई. को नौबार 4 जुलाई, 1985 ई. तेरही 7 जुलाई, 1985 ई. को है। मैं हिन्दू धर्म की रीति-नीति का विरोधी हूँ। इस कारण मैं अनुपस्थित रहूँगा। वैसे भी मैं अस्वस्थ हूँ। अनुपस्थिति की क्षमा!

धन्यवाद!

हस्ताक्षर

**—पेरियार ललई सिंह**

[72]

पेरियार ललई सिंह जी,

जो आपका सामान होगा सब मिलेगा परन्तु जब तक चार पंचों के बीच फैसला न हो जाए तब तक बीच में आप न बोलें।

आपका गरम मिजाज है। इसलिए हम आप से बात नहीं करेंगे।

[ये लाइनें पेरियार ललई सिंह की नोट्स से मिलीं। इसे किसी ने उनके लिए लिखा था। —सम्पादक]

पढ़िए! पढ़िए!!

अवश्य पढ़िए!!! अमल कीजिए!!!

और मित्रों को भी पढ़ाइए!!! अमल कराइए!!!!

# अशोक पुस्तकालय से प्रकाशित पुस्तकें

## आदिनिवासियों* के पढ़ने योग्य पुस्तकें

## डॉ. अम्बेडकर साहित्य

| | | | मूल्य |
|---|---|---|---|
| 1. | अम्बेडकराइज्ड-बुद्धिस्ट-सामाजिक-गाना, 15 पुस्तकें, एक प्रति | | 25 पैसे |
| 2. | बाबा साहब के उपदेश-आदेश (दो भाग, सन् 1957) | (जिज्ञासु) | 2 रुपये |
| 3. | बाबा साहब का जीवन संघर्ष (सन् 1961) | " | 2.50 रुपये |
| 4. | डॉ. अम्बेडकर का व्यक्तित्व-दर्शन (सन् 1968) | (धनंजय कीर) | 1 रुपये |
| 5. | बाबा साहब के पन्द्रह भाषण | (जिज्ञासु) | 3.50 रुपये |
| 6. | बाबा साहब बौद्ध क्यों बने? | (बाबा साहब) | 2 रुपये |
| 7. | भगवान बुद्ध और उनका धर्म (कमीशन नहीं) | " | 8 रुपये |
| 8. | अछूत कौन और कैसे? | " | 3 रुपये |
| 9. | शूद्रों की खोज | " | 2.50 रुपये |
| 10. | कांग्रेस और गांधी ने अछूतों के लिए क्या किया? | " | 4 रुपये |
| 11. | अछूतों की विमुक्ति और गांधी | " | 1.50 रुपये |
| 12. | जातिभेद का उच्छेद (खतरनाक था—सिविल जज से जीता), | | 1 रुपये |
| 13. | ईश्वर, आत्मा एवं वेदों आदि में विश्वास अ-धर्म है | " | 3 रुपये |
| 14. | धर्म क्या है? सद्धर्म क्या है? | " | 2 रुपये |
| 15. | गांधी, जिन्ना और रानाडे | " | 1.50 रुपये |
| 16. | बाबा साहब की भविष्यवाणी (पाँच भाषण) | " | 1 रुपये |
| 17. | गांधी-अम्बेडकर विवाद | " | 1 रुपये |
| 18. | गांधीवाद की मीमांसा | " | 2 रुपये |
| 19. | पाकिस्तान-भारत का विभाजन (कमीशन नहीं) | " | 8 रुपये |
| 20. | रामकृष्ण की पहेली का उत्तर | " | 4 रुपये |
| 21. | भारत में जातिवाद | " | 2 रुपये |
| 22. | हिन्दू जाति का उत्थान-पतन | (रजनीकान्त शास्त्री) | 2 रुपये |
| 23. | पूना पैक्ट बनाम गांधी | (आनन्द कुमार शास्त्री) | 3 रुपये |
| 24. | डॉ. अम्बेडकर नाटक | (त्रिशरण) | 1 रुपये |

* आदिनिवासी- पिछड़ी जाति , अनुसूचित जाति, अनुसूचित जनजाति तथा अल्पसंख्यक आदि।

# बौद्ध धर्म का साहित्य

| | | | |
|---|---|---|---|
| 25. | बुद्ध चरित्र | (जिज्ञासु) | 5.50 रुपये |
| 26. | धम्म पद-गाथा सहित | " | 5.50 रुपये |
| 27. | बुद्ध वाणी | (डॉ. गया प्रसाद 'प्रशांत') | 3 रुपये |
| 28. | विश्व का सच्चा धर्म | (महास्थविर धम्मालोक) | 3 रुपये |
| 29. | सर्वोत्तम धर्म | (इटालियन भिक्षु) | 1 रुपये |
| 30. | ईश्वर की खोज | (महाराज सिंह भारती) | 4 रुपये |
| 31. | भारत का सच्चा धर्म | (जिज्ञासु) | 5.50 रुपये |
| 32. | बौद्ध धर्म का उदय-अस्त-पुनरोदय | (जिज्ञासु) | 1.50 रुपये |
| 33. | बौद्ध चर्चा विधि | " | 7 रुपये |
| 34. | नित्य उपासना | " | 2 रुपये |
| 35. | त्रिरत्न वन्दना | " | 2 रुपये |
| 36. | तथागत भर्ग-सूत्र | (भर्ग राजाओं को उपदेश) | 3 रुपये |
| 37. | अम्बट्ठ-सूत्र | (भिक्षु जगदीश कश्यप) | 2 रुपये |
| 38. | ब्रह्मजाल-सूत्र | " | 3 रुपये |
| 39. | कलाम-सूत्र (केसमुत्ति सुत्त) | " | 2 रुपये |
| 40. | बौद्ध धर्म सार | (धर्म कीर्ति) (कमीशन नहीं), | 2 रुपये |
| 41. | वैदिक मत का मुख मर्दन | (भिक्षु निर्गुणानन्द) | 5 रुपये |
| 42. | बौद्ध जागरण | (प्रेम राज बौद्ध) | 1 रुपये |
| 43. | आगे बढ़ो | (विमल राय 'बोधी') | 3 रुपये |
| 44. | बौद्ध भिक्षु बोध | " | 3 रुपये |
| 45. | विभिन्न बुद्धिस्ट नाटक | (त्रिशरण) | 6 रुपये |
| 46. | बौद्ध धर्म की रूपरेखा | (बाबा साहब) (प्रेस में है) | 1 रुपये |
| 47. | बौद्ध दीक्षा का विश्लेषण | (डॉ. अंगने लाल) | 1.50 रुपये |
| 48. | विश्व को बुद्ध की देन | (रेवती राम) | 5 रुपये |
| 49. | मिलिन्द प्रश्न | (भिक्षु जगदीश कश्यप) (कमीशन नहीं) | 10 रुपये |
| 50. | भदन्त बोधानन्द का जीवन चरित्र | (जिज्ञासु) | 3 रुपये |
| 51. | अनागारिक धर्मपाल का जीवन चरित्र | (भिक्षु धर्म रक्षित) | 2 रुपये |
| 52. | बुद्धा एंड हिज धम्मा (बाबा साहब अंग्रेजी में) | (कमीशन नहीं) | 10 रुपये |

# सामाजिक क्रान्ति का साहित्य

| | | | |
|---|---|---|---|
| 53. | आदिनिवासियों की पहचान | (पेरियार ललई सिंह) | 50 पैसे |
| 54. | आर्यों का नैतिक पोल प्रकाश | " | 2.50 रुपये |
| 55. | सच्ची रामायण | " | 2.50 रुपये |
| 56. | सच्ची रामायण की चाभी | " | 2.50 रुपये |
| 57. | शोषित-संघर्ष - (कविता-संग्रह) | " | 25 पैसे |
| 58. | भीम-अभिनन्दन - (सम्पादित—गीत संकलन) | " | 50 पैसे |
| 59. | वीर संत माया बलिदान | " | 1.25 रुपये |
| 60. | शम्बूक वध | " | 1.25 रुपये |
| 61. | एकलव्य | " | 1.25 रुपये |
| 62. | अंगुलिमाल | " | 50 पैसे |
| 63. | 'नाग यज्ञ | " | 2 रुपये |
| 64. | शोषितो, सावधान! | " | 3 पैसे |
| 65. | शोषितों का डिब्बा गोल! | " | 4 पैसे |
| 66. | जय शोषित! | " | 2 पैसे |
| 67. | शोषितों पर धार्मिक डकैती | " | 75 पैसे |
| 68. | शोषितों पर राजनीतिक डकैती | " | 75 पैसे |
| 69. | सामाजिक विषमता कैसे समाप्त हो? | " | 50 पैसे |
| 70. | जाति-पाँति मिटाने व अछूतों की तरक्की के उपाय | " | 25 पैसे |
| 71. | बौद्ध धर्म-दीक्षा | " | 6 पैसे |
| 72. | मेरे बौद्ध धर्म पर विभिन्न लेख | " | 50 पैसे |
| 73. | मेरे विभिन्न सामाजिक लेख | " | 50 पैसे |
| 74. | धर्म परिवर्तन (हिन्दी अनुवाद)- (ज़ब्त थी। हाई कोर्ट से जीता) | " | 2.50 रुपये |
| 75. | जाति-भेद का उच्छेद (हिन्दी अनुवाद)- (खतरनाक था। सिविल जजों से जीता) | " | 1.50 रुपये |
| 76. | मानवतावादी प्रश्नोत्तरी | (रामस्वरूप वर्मा) | 2 रुपये |

| | | | |
|---|---|---|---|
| 77. | क्रान्ति क्यों और कैसे? | " | 2 रुपये |
| 78. | मानववाद बनाम ब्राह्मणवाद | " | 5 रुपये |
| 79. | मनुस्मृति राष्ट्र का कलंक | " | 2 रुपये |
| 80. | आदिवंश कथा | (डॉ. अंगने लाल) | 1 रुपये |
| 81. | तुलसी के तीन पात | (भदन्त आनन्द कौसल्यायन) | 1 रुपये |
| 82. | पेरियार ई.वी. रामास्वामी का जीवन-चरित्र | (जिज्ञासु) | 5 रुपये |
| 83. | आदिनिवासियों की सभ्यता | " | 1 रुपये |
| 84. | ईश्वर व उसके गुड्डे | " | 1 रुपये |
| 85. | लोकशाही बनाम ब्राह्मणशाही | " | 1 रुपये |
| 86. | रावण व उसकी लंका | " | 1 रुपये |
| 87. | पिछड़े वर्गों के अधिकारों का हनन | " | 1.50 रुपये |
| 88. | स्वामी अछूतानन्द 'हरिहर' का जीवन चरित्र | " | 1.50 रुपये |
| 89. | सन्त रविदास का जीवन-चरित्र | " | 4 रुपये |
| 90. | चमारों व महारों की उत्पत्ति | " | 2 रुपये |
| 91. | रामराज्य न्याय नाटक | (स्वामी अछूतानन्द 'हरिहर') | 1 रुपये |
| 92. | आर्य नीति का भंडाफोड़ | (गजोधर प्रसाद 'बौद्ध') | 2 रुपये |
| 93. | ब्राह्मणवाद की शव परीक्षा | (महाराज सिंह भारती) | 2.50 रुपये |
| 94. | सृष्टि और प्रलप | " | 5 रुपये |
| 95. | पाप और पुण्य क्या है? | " | 3 रुपये |
| 96. | हिन्दू राजनीति | " | 1 रुपये |
| 97. | कमेरा हिन्दुत्व बनाम लुटेरा हिन्दुत्व | " | 2 रुपये |
| 98. | मनुस्मृति एक प्रतिक्रिया | (प्रेम कुमार 'मणि') | 2 रुपये |
| 99. | वर्ण-व्यवस्था और जातिभेद | (सुन्दर लाल सागर) | 2 रुपये |
| 100. | प्रगति हेतु शास्त्रार्थ (लेखक 60 विद्वान, 125 लेख) | | 10 रुपये |

[इतनी सस्ती इस विषय पर अन्य पुस्तक नहीं है। इसमें वेदों, पुराणों, स्मृतियों, उपनिषदों, रामायणों, गीता व महाभारत आदि के उन अंशों की आलोचनाएँ हैं, जो मानव प्रगति में बाधक हैं। अवश्य ही पढ़ें।]

## अनुरोध

1. पत्र घसीट कर न लिखें। पत्र में सबसे पहले अपना नाम, मकान नम्बर, गली का नाम, गाँव/मोहल्ला, पोस्ट ऑफिस मय पिन कोड नम्बर, जिला व प्रान्त का नाम लिखें।

2. पोस्ट कार्ड में बाईं ओर अपना नाम, पता मत लिखें। पोस्ट ऑफिस वाले उस पर मोहर लगा देते हैं। पढ़ा नहीं जाता। जवाब न मिलने पर आप नाराज होते हैं। अपना पूरा पता सबसे पहले साफ-साफ हिन्दी में या अंग्रेजी के कैपिटल लेटर में लिखा करें।
3. अगर माल रेलवे से मँगाना हो तो रेलवे स्टेशन का नाम तथा लाइन का नाम साफ-साफ हिन्दी या अंग्रेजी में कैपिटल लेटर में लिखें।
4. जवाब के लिए लिफाफा के भीतर दूसरा लिफाफा भेजें। कम से कम 10 रुपये पहले मनी आर्डर द्वारा भेजें। पचास रुपये से अधिक कीमत की किताबों के लिए तिहाई रुपये पहले मनी आर्डर द्वारा भेजें।
5. कृपया जवाबी पोस्ट कार्ड डालिए। 2 रुपये अग्रिम भेजें। क्योंकि कुछ वी.पी. लौट आती हैं।
6. 5 रुपया से कम पर कोई कमीशन नहीं। इसके बाद 25 रुपये तक पर 10 प्रतिशत कमीशन, इसके पश्चात् 50 रुपये तक पर 20 प्रतिशत कमीशन और 50 रुपये से अधिक पर 33 प्रतिशत कमीशन है। पैकिंग व डाक खर्च ग्राहक के जिम्मे है।

   **नोट**—जैसे-जैसे महँगाई बढ़ती जा रही है, वैसे-वैसे किताबों के दाम भी बढ़ते जा रहे हैं। अत: 10 रुपये से कम का मनी आर्डर मत भेजिए। क्षमा करें!
7. जितनी जल्दी घर-घर में गाँव-गाँव में व मुहल्ला-मुहल्ला में पुस्तकालय खुलेंगे—उतनी जल्दी अधिकारों को प्राप्त करने की जागरूकता बढ़ेगी।
8. बौद्ध धर्म, डॉ. अम्बेडकर, पेरियार और समतावादी प्रगतिशील किताबों के लिए, अपना पता लिखा हुआ, पैंतीस पैसे का लिफाफा, अशोक पुस्तकालय, झींझक, जिला—कानपुर-209302 को भेजिए। पुस्तकें प्राप्त कीजिए।

   बुद्धि और समतामूलक चेतना का निर्माण कीजिए। किताबें ज्ञानरूपी हथियार हैं। हथियार मतलब ज्ञान किताबों में संगृहीत है।

आपने कई हजार साल से ब्रह्मणों द्वारा लिखी किताबें पढ़ी हैं। उससे दिमाग में दिमागी गुलामी पैदा हो गई है। उस गुलामी से छुटकारा पाने के लिए; ऊपर लिखी गई किताबें अवश्य पढ़िए।

ऐसा साहित्य पढ़कर आप अपना अन्ध-विश्वास-कर्मकांड दूर करके भविष्य सुख-मय कीजिए।

जितनी जल्दी घर-घर में गाँव-गाँव में व मुहल्ले मुहल्ले में पुस्तकालय खुलेंगे— उतना ही जल्दी अधिकारों को प्राप्त करने की जागरूकता बढ़ेगी।

अत: आप सबसे विनम्र अनुरोध है कि अपने सामर्थ्य के अनुसार नीचे लिखे पते पर मनीआर्डर द्वारा सहयोग करें। और किताबें प्राप्त करें।

सपरिवार सुखी व स्वस्थ्य रहें।

मेरा परिवार आप सब हैं। सम्पूर्ण समाज है।

आप सबको सफलता की मंगलकामनाएँ।

प्रिय धम्म बन्धुवर,

भीषण महँगाई के कारण अब मूल्य डेढ़ गुने हो जाएँगे।

क्षमा!

धन्यवाद!

आप सबका

**—पेरियार ललई सिंह**

अशोक पुस्तकालय (रजि.)

झींझल, जिला—कानपुर, उत्तर प्रदेश

पिन-209302, भारत

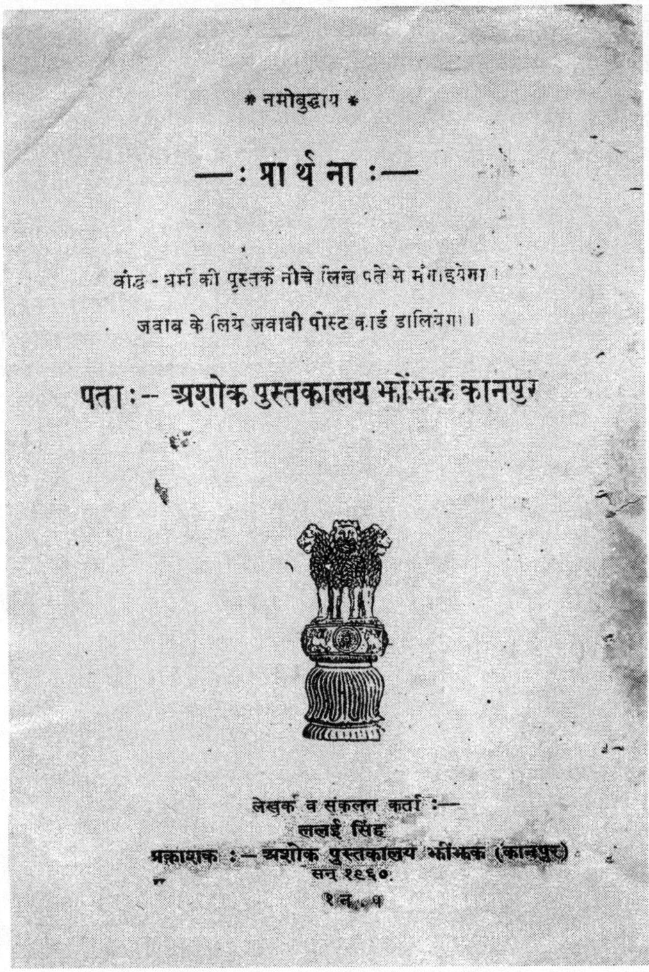

* नमोबुद्धाय *

—: प्रा र्थ ना :—

बौद्ध - धर्म की पुस्तकें नीचे लिखे पते से मंगाइयेगा।

जवाब के लिये जवाबी पोस्ट कार्ड डालियेगा।

पता :-- अशोक पुस्तकालय झींझक कानपुर

लेखक व संकलन कर्ता :—
ललई सिंह
प्रकाशक :— अशोक पुस्तकालय झींझक (कानपुर)
सन् १९६०
१न.०५

स्रोत—जे.एन. आदित्य, कानपुर, उ.प्र.

* नमो बुद्धाय *

## —: प्रार्थना :—

बौद्ध-धर्म की पुस्तकें नीचे लिखे पते से मँगाइएगा

जवाब के लिए जवाबी पोस्ट कार्ड डालिएगा

**पता :— अशोक पुस्तकालय, झींझक, कानपुर**

लेखक व संकलनकर्ता

**ललई सिंह**

प्रकाशक :— **अशोक पुस्तकालय झींझक (कानपुर)**

सन् 1960

1 न. पै.

पत्र नम्बर 7 / दिनांक 4 ई.

प्रिय महोदय ; सादर स-परिवार नमोबुद्धाय।

मैं महा कारुणिक तथागत गौतम बुद्ध व परम पूज्य बाबा साहब के सदुपदेशों पर चलता हुआ, स-कुशल हूं। आशा है, कि आप भी स-परिवार स-कुशल होंगे।

१ - आर्डर फायल में रख लिया है।

२ - 7 रुपये मिले, धन्यवाद।

३ - पेशगी रुपये मनी आर्डर द्वारा भेजिये - तब किताबें भेजेंगे।

४ - ~~इस आर्डर की किताबों के साथ साथ और अधिक~~ किताबें चाहिये मनी आर्डर के कूपन में नीचे लिखें, कि ~~पिछले आर्डर के साथ~~ सूची के सीरियल नम्बर ......, ......, की किताबें भी भेजें।

५ - कूपन में नीचे या पीछे अपना पता हिन्दी या अंग्रेजी के बड़े अक्षरों में लिखें।

- सुखी रहें। धन्यवाद।

अध्यक्ष

अशोक पुस्तकालय, झींझक ( कानपुर )

*स्रोत*—प्रोफेसर रमेन्द्र नाथ, दर्शनशास्त्र विभाग,
पटना विश्वविद्यालय, पटना, बिहार, भारत

# अशोक पुस्तकालय की किताबों के आर्डर का स्वरूप

पत्र नम्बर.......... दिनांक.......... ई.

प्रिय महोदय; सादर स-परिवार नमो बुद्धाय!

मैं महा कारुणिक तथागत गौतम बुद्ध व परम पूज्य बाबा साहब के सदुपदेशों पर चलता हुआ स-कुशल हूँ। आशा है, कि आप भी स-परिवार स-कुशल होंगे।

1. आर्डर फाइल में रख लिया है।
2. ........रुपये मिले। धन्यवाद!
3. पेशगी तिहाई रुपये मनीआर्डर द्वारा अगले आर्डर हेतु भेजिए। तब किताबें भेजेंगे।
4. इस आर्डर की किताबों के साथ-साथ और अधिक जो जो किताबें चाहिए, उन्हें मनीआर्डर के कूपन में नीचे लिखें कि पिछले आर्डर के साथ सूची 1.1.92 के सीरियल नम्बर......, .......,की किताबें भी भेजें।
5. कूपन में नीचे या पीछे अपना पता हिन्दी या अंग्रेजी के बड़े अक्षरों में लिखें।

— सुखी रहें! धन्यवाद!

ललई सिंह
अध्यक्ष
अशोक पुस्तकालय, झींझक, (कानपुर)

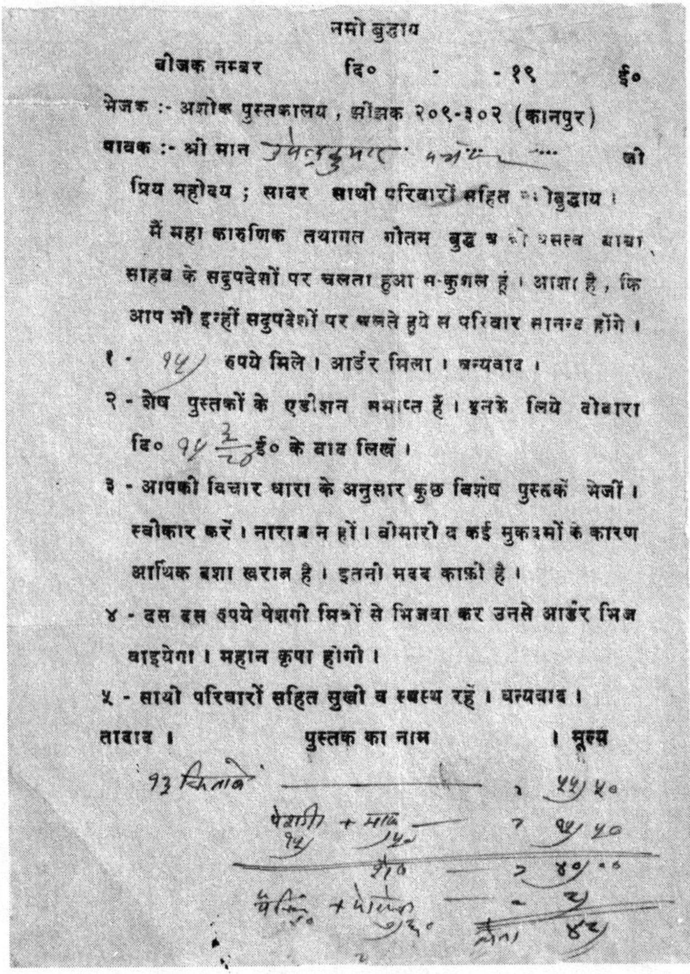

नमो बुद्धाय

बीजक नम्बर दि० - -१९ ई०

भेजक :- अशोक पुस्तकालय, झींझक २०९-३०२ (कानपुर)

याचक :- श्री मान उपेन्द्र कुमार [illegible] जी

प्रिय महोदय; सादर साथी परिवारों सहित नमोबुद्धाय।

मैं महा कारुणिक तथागत गौतम बुद्ध व [illegible] बाबा साहब के सदुपदेशों पर चलता हुआ स-कुशल हूं। आशा है, कि आप भी इन्हीं सदुपदेशों पर चलते हुये स परिवार सानन्द होंगे।

१ - 15/- रुपये मिले। आर्डर मिला। धन्यवाद।

२ - शेष पुस्तकों के एडीशन समाप्त हैं। इनके लिये दोबारा दि० 15/3/20 ई० के बाद लिखें।

३ - आपकी विचार धारा के अनुसार कुछ विशेष पुस्तकें भेजीं। स्वीकार करें। नाराज न हों। बीमारी व कई मुकदमों के कारण आर्थिक दशा खराब है। इतनी मदद काफ़ी है।

४ - दस दस रुपये पेशगी मित्रों से भिजवा कर उनसे आर्डर भिजवाइयेगा। महान कृपा होगी।

५ - साथी परिवारों सहित सुखी व स्वस्थ रहें। धन्यवाद।

| तादाद | पुस्तक का नाम | मूल्य |
|---|---|---|
| 13 किताबें | | 55/50 |
| | पेशगी + माल | 95/50 |
| | [illegible] | 40/00 |
| | पैकिंग + पोस्टेज | 5/- |
| | लेना | 45/- |

*स्रोत*—उपेन्द्र कुमार, ग्राम—केनार चट्टी, पोस्ट—केनार (तरवाँ), जिला—गया, बिहार, भारत

**नमो बुद्धाय!**

बीजक नम्बर...... दि. - - 19 ई.

**भेजक :—** अशोक पुस्तकालय, झींझक, 209-302 (कानपुर)

**पावक :—** श्री मान उपेन्द्र कुमार, केनार चट्टी ................................ जी

प्रिय महोदय; सादर साथी परिवारों सहित नमो बुद्धाय!

मैं महा कारुणिक तथागत गौतम बुद्ध व बोधिसत्व बाबा साहब के सदुपदेशों पर चलता हुआ स-कुशल हूँ। आशा है, कि आप भी इन्हीं सदुपदेशों पर चलते हुए स-परिवार सानन्द होंगे।

1. 15 रुपये मिले आर्डर मिला। धन्यवाद!
2. शेष पुस्तकों के एडिशन समाप्त हैं। इनके लिए दोबारा दि. 15/3/84 ई. के बाद लिखें।
3. आपकी विचारधारा के अनुसार कुछ विशेष पुस्तकें भेजीं। स्वीकार करें। नाराज न हों। बीमारी व कई मुकदमों के कारण आर्थिक दशा खराब है। इतनी मदद काफी है।
4. दस दस रुपये पेशगी मित्रों से भिजवाकर उनसे आर्डर भिजवाइयेगा। महान कृपा होगी।
5. साथी परिवारों सहित सुखी व स्वस्थ रहें। धन्यवाद!

| तादाद | पुस्तक का नाम | | मूल्य |
|---|---|---|---|
| 13 किताबें | .................... | | 55.50 रु. |
| पेशगी 15 रु. + माफ 50 पैसा | | | 15.50 रु. |
| | शेष | = | 40.00 रु. |
| पैकिंग 40 पैसा + पोस्टिंग 7.60 रु. | | = | 8.00 रु. |
| | लेना | = | 48.00 रु. |

नोट—'शम्बूक वध' बाहर रखा है। 'क्रान्ति क्यों और कैसे', पुस्तक...9-3-84 से लखनऊ से आगरा हूँ। इसके लिए 15-3-84 के बाद लिखें। अभी आन्दोलन, भ्रमण और भाषण में हूँ। क्षमा! परेशानी के लिए।

**—पेरियार ललई सिंह**

अशोक पुस्तकालय, झींझक-209302 (कानपुर)

## पेरियार ललई सिंह
# पुस्तकों का संक्षिप्त परिचय
### पढ़िए! पढ़िए!! अवश्य पढ़िए!!!

**1. सिपाही की तबाही**—इसे 1 दिसम्बर, सन् 1946 को लिखा था। यह किताब आर्मी के जवानों और सिपाहियों में स्वतंत्रता और क्रान्ति की भावना पैदा करने, ग्वालियर स्टेट और ब्रिटिश साम्राज्य द्वारा सिपाहियों के शोषण के चरित्र को उजागर करने के लिए लिखी थी। 1 दिसम्बर, 1946 ई. को 'सिपाही की तबाही' छपी भी नहीं थी, केवल नाम सुनकर ही महानिरीक्षक (इंस्पेक्टर जनरल) पुलिस श्री रेजीनॉल नार्मन मार्श स्मिथ (ग्वालियर राज्य) ने अपनी स्पेशल आज्ञा द्वारा जब्त कर लिया। मगर उसे राज्य के टाइपिस्टों ने गुप्त रूप से टाइप कर डाला। रातों-रात चुपके-चुपके बाँट डाला।

**2. आदिनिवासियों की पहचान**—यह किताब मैंने आदिनिवासियों की पहचान हेतु सन् 1961 ई. में लिखी। यह भी जब्त हुई। हाईकोर्ट इलाहाबाद से जीता। इसमें मैंने आक्रान्ता आर्यों के इस देश की सिन्धु भूमि पर कई बार आक्रमण करने, हारने, उसके बाद किस तरह विवाह आदि करके रिश्ते बनाकर यहाँ बसने की कोशिश करने...आदि पर चिन्तन किया है।...

**3. ईश्वर नहीं है—तब?**—पुस्तक की रचना सन् 1963 ई. में की गई, जिसमें ईश्वर को आमूलचूल ध्वस्त किया गया है। नास्तिक चेतना के निर्माण के लिए यह पुस्तक लिखी गई है।

**4. हिन्दू संस्कृति में वर्ण-व्यवस्था और जातिभेद**—इस पुस्तक पर उत्तर प्रदेश सरकार ने मुकदमा किया। हम हाईकोर्ट और सुप्रीम कोर्ट से हार गए। अब यह अप्रकाशित और अनुपलब्ध है। धन्यवाद! सन् 1965 ई.

**5. आर्यों का नैतिक पोल प्रकाश**—एक दर्जन महान् विद्वानों द्वारा तर्क की कसौटी पर कसी गई यह पुस्तक यथा नाम तथा गुण है। सन् 1968 में इसे लिखा। हिन्दू मिथकों द्वारा दिमागी गुलामी, कूपमंडूकता, अन्ध-विश्वास और मूढ़ता को दूर कर के स्वतंत्र चिन्तन का मार्ग बतानेवाली इससे बढ़ कर दूसरी पुस्तक नहीं है। उत्तर प्रदेश सरकार ने जब्त की। मैंने हाईकोर्ट इलाहाबाद में अपील की। कुछ सम्पादित अंशों के साथ प्रकाशन की अनुमति मिली।

**6. सच्ची रामायण**—(पेरियार ई.वी. रामास्वामी) उत्तर प्रदेश सरकार ने 20 दिसम्बर 1969 ई. को जब्त की। 19 जनवरी, 1971 ई. को हाईकोर्ट इलाहाबाद से जीत हुई। सरकार ने सुप्रीम कोर्ट में अपील की। सुप्रीम कोर्ट में भी 16 सितम्बर, 1976 ई. को हम सब की जीत हुई। पाठकों को धन्यवाद!

**7. सच्ची रामायण की चाभी**—यह अनेक रामायणों का सारांश है। 'सच्ची रामायण' के छत्तीस खतरनाक अंशों का रीज्वाइंटर (जवाब) जो हाईकोर्ट इलाहाबाद में दिए थे। उसे पाठकों की विशेष माँग पर 'सच्ची रामायण की चाभी' के नाम से छापा गया है। उत्तर प्रदेश सरकार ने इसे भी जब्त किया। मैंने हाईकोर्ट इलाहाबाद में अपील की। जीता। 29 सितम्बर, 1971 ई. को प्रकाशित हुई।

**8. भीम-अभिनन्दन**—बाबा साहब डॉ. भीमराव रामजीराव अम्बेडकर और बुद्ध के व्यक्तित्व, कृतित्व, चिन्तन और शोषित वर्ग के अधिकारों की चेतना के गीतों को संकलित-सम्पादित किया गया है। इसका प्रथम संस्करण 14 अप्रैल, 1967 ई. को प्रकाशित हुआ।

**9. शोषित-संघर्ष**—यह मेरा कविता-संग्रह है। इसमें आदिनिवासियों की समस्याओं-नेताओं के दोहरे चरित्र, स्त्री अधिकारों के सवाल आदि को उठाया गया है। 1 सितम्बर, 1972 ई. को प्रकाशित।

**10. वीर सन्त माया बलिदान**—गुजरात प्रदेशीय महाशूद्रों के सामाजिक बन्धनों 1. कमर में झाड़ू (झंखार) बाँधने, 2. पीठ पर तीरसी आस्तीन (बाँह) रखने व 3. थूकने के लिए गले में हांडी लटकाने को दूर कराने हेतु 'वीर सन्त माया' ने किस प्रकार हँसते-हँसते अपने प्राण न्यौछावर किए। यह उसके शौर्य और दलितों, मजदूरों, किसानों, पुरोहितों, पूँजीपतियों, सामन्तों पर केन्द्रित नाटक है। 1 जनवरी, 1960 ई.।

**11. शम्बूक वध**—अवतार कहे जानेवाले राम ने ब्राह्मणी वर्ण-व्यवस्था को मजबूत करने के लिए आदिवासी (शूद्र) शम्बूक तपस्वी का तपस्या करते समय निर्दयतापूर्वक वध किया।

आह! इस निर्मम हत्या की घटना को पढ़कर अपना भविष्य निर्धारित कीजिए। 14 अप्रैल, 1962 ई.।

**12. एकलव्य**—आर्य ब्राह्मण गुरुवर द्रोण ने पाठशाला क्यों धुलवाई। गुरु द्रोण व विद्यार्थियों ने सन्ध्या समय स्नान क्यों किया? कपड़े क्यों धोए?...उन्होंने 'वेद-मनुस्मृति' आदि स्वार्थी धर्मग्रंथों की आज्ञानुसार ऐसा कार्य किया। गुरुद्रोण शृंग्वेरपुर के महाराजा हिरण्य-धनुष के पुत्र अभियुद्यु न (एकलव्य) को नीच (निषाद) कह कर अपमानित किया। विद्या नहीं सिखाई। जब उसने स्वाध्याय के बल पर विद्या प्राप्त कर ली तो उन्होंने स्वार्थी-धर्म की आड़ में गुरु-दक्षिणा की झूठी महत्ता गढ़ कर उसका दायाँ अंगूठा कटवा कर उसकी महान बाण-विद्या निष्फल कर दी।

आह! इस निर्मम घटना को पढ़कर अपना भविष्य निर्धारित कीजिए। 17 सितम्बर, 1963 ई.।

**13. अंगुलिमाल**— सदाचारी एवं महान् विद्वान 'माणवक' दुर्दान्त डाकू क्यों बन गया? उसे तथागत 'गौतम बुद्ध' ने केवल 'भिक्षु-आ' कह कर निर्वाण-पद प्रदान किया। यह बुद्ध की मानसिक परिवर्तन की अवधारणा पर आधारित नाटक है। इसे पढ़कर आप भी अपना भविष्य सुखमय बनाएँ। 26 मई, 1964 ई.।

**14. नागयज्ञ**—हस्तिनापुर नरेश, 'जन्मेजय' के पिता 'परीक्षत' को 'तक्षक' नामक नाग (साँप) ने नहीं डसा था और न क्रोधित जन्मेजय ने नागों (साँपों) का हवन किया—अपितु उसने नाग वंशी व्यक्तियों को आग में जलाया था। यह हृदय-द्रावक है। इसे अवश्य पढ़ें! इन नाटकों को पढ़ कर आप भी अपना अन्ध-विश्वास दूर करके भविष्य सुखमय बनावें। 15 अगस्त, 1966 ई.।

**15. शोषितों पर राजनैतिक डकैती**— यह मुख्यत: उत्तर प्रदेश का एक राजनैतिक नक्शा है। 14 अप्रैल, 1961 ई. को तैयार किया था। जिसमें इस प्रदेश के शोषितों की राजनैतिक हक मारी का आँकड़ा दिया था। इस किताब से ब्राह्मणवादी इतने नाराज हुए कि किताब को बेच कर आते समय शाम के अँधेरे में मेरे ऊपर गोली चलवा दिए। मैं बाल-बाल बचा। मेरे ऊपर कई बार जानलेवा हमला किया गया। मेरी हत्या करने की पूरी कोशिश की जाती रही है। मैं अपनी सूझ-बूझ से बचता निकलता रहा हूँ। इस किताब को पढ़ने के बाद शोषित जनता अपनी राजनैतिक हकमारी पर बार-बार सवाल करती है जिससे ब्राह्मणवादी घबरा जाते हैं।

**16. शोषितों पर धार्मिक डकैती**— 17 सितम्बर, 1961 ई. को लिखकर तैयार किया। इस में शोषितों पर सम्पूर्ण देश में हो रहे धर्म के माध्यम से लूट को उजागर किया गया है। उसके ऐतिहासिक कारणों की पड़ताल की गई है। इस कारण ब्राह्मणवादी मुझसे बहुत नाराज हुए।

**17. मेरे विभिन्न सामाजिक लेख**— पुस्तक की रचना गुरु पेरियार की जयन्ती 17 सितम्बर, 1972 ई. को हुई।

**18. सामाजिक विषमता कैसे समाप्त हो**— यह किताब 1 जनवरी, 1973 ई. को तैयार हुई। मेरे और कई विद्वान के विचार इस किताब में समाहित हैं। इसमें सामाजिक विषमता कैसे दूर होगी इस बात पर चिन्तन है।

**19. जाति-पाँति मिटाने व अछूतों की तरक्की के उपाय**— जाति-पाँति और अछूत भाव को कैसे समाप्त किया जाए। इस बात का यह वैचारिक गुच्छा है। 1 फरवरी, 1973 ई.।

**20. सच्ची रामायण तथा आर्यों का नैतिक पोल प्रकाश**— अवतारवादी, पुरोहितवादी, अन्ध-विश्वास, कूपमंडूकता, जहाली, मूर्खता व दिमागी गुलामी से मुक्त करानेवाली दोनों पुस्तकें अपने ढंग की अद्वितीय हैं। इन्हें अनेक विद्वानों ने तर्क की कसौटी पर कस कर लिखा है।

**21. जातिभेद का उच्छेद**— डॉक्टर भीमराव अम्बेडकर के अंग्रेजी में सन् 1936 ई. में लिखे 'एहनिलेशन ऑफ कास्ट' भाषण का सबसे पहला हिन्दी अनुवाद

सन् 1937 में सन्तराम बी.ए. ने किया। इसके बाद विद्वान चन्द्रिका प्रसाद 'जिज्ञासु' जी ने 'जाति का विनाश' शीर्षक से दयानाथ जैन से अनुवाद कराकर 10 अगस्त, सन् 1963 ई. में बहुजन कल्याण प्रकाशक से छापा था। 'जिज्ञासु' जी अनूदित सरल व मुहावरेदार हिन्दी अनुवाद हमने 'जातिभेद का उच्छेद' शीर्षक से सुपाठ्य अनुवाद करके सन् 1968 ई. में 'अशोक पुस्तकालय' प्रकाशक से प्रकाशित किया। इसका नाम 'जाति का विनाश' रखने के बजाय 'जातिभेद का उच्छेद' रखा।

जातिभेद का उच्छेद आदि 4 पुस्तकों को उत्तर प्रदेश सरकार ने खतरनाक बताया। 10 मार्च, 1970 ई. को जब्त कर लिया। उसमें एक जातिभेद का उच्छेद भी थी। मैंने सिविल जज इलाहाबाद के यहाँ मुकदमे दायर किए हैं, जो चल रहे हैं। ...10 दिसम्बर, सन् 1971 ई. को जीता।

**22. दी अनटचेबुल्स**—परम् पूज्य बाबा साहेब डॉक्टर भीमराव रामजीराव अम्बेडकर द्वारा लिखित पुस्तक 'दी अंटचेबुल्स' (अंग्रेजी) का भदन्त आनन्द कौसल्यायन ने मुहावरेदार सरल भाषा में अनुवाद किया है, जिसे गौतम बुक डिपो, दिल्ली ने सन् 1949 ई. में छापा था। उपरोक्त बुक डिपो किन्हीं मजबूरियों के कारण दोबारा न छपवा सका।

अत: भैया साहब यशवन्तराव अम्बेडकर की आज्ञानुसार इसे भी मैंने पुन: छापा। इसके साथ-साथ परम पूज्य बाबा साहेब डॉक्टर अम्बेडकर की सामाजिक स्वतंत्र चिन्तन में सहायक पुस्तकें 'शूद्र कौन थे', 'जाति-भेद का उच्छेद' और 'भारत में जातिवाद', 'धर्म-परिवर्तन' तथा 'पूना पैक्ट बनाम गांधी' का पढ़ना भी महानतम जरूरी है।

**23. विश्व का सच्चा धर्म**— लेखक—भिक्षु धम्मालोक महास्थविर, कपिलवस्तु (नेपाल)-इस लघु पुस्तक में संसार के मुख्य चार धर्मों बौद्ध, ईसाई, इस्लाम, और हिन्दू दर्शन का भली-भाँति विवेचन किया गया। इसको पढ़कर अपना भविष्य निर्धारित कीजिए।

**24. बौद्ध-धर्म-दीक्षा**—1 जनवरी, 1960 में इस पुस्तिका की रचना की जिसमें बौद्ध धर्म की दीक्षाओं की पालि से हिन्दी अनुवाद और व्याख्या है। इसमें बौद्ध धर्म दीक्षा की व्याख्या है। मूल उद्देश्य बौद्ध दीक्षा का प्रचार-प्रसार है। यह पुस्तक उत्तर भारत में बौद्ध धर्म के प्रचार-प्रसार के लिए मील का पत्थर सिद्ध हुई।

**25. धर्म परिवर्तन**—बाबा साहब डॉक्टर भीमराव अम्बेडकर के कुछ भाषणों, जैसे- दीक्षा भूमि पर धर्म-परिवर्तन मतलब अपने मूल धर्म में जाने के अवसर पर दिया गया भाषण, यवला नासिक का भाषण, नागपुर का भाषण, पूना का भाषण, दादर-मुम्बई का भाषण, लाहौर का भाषण, काठमांडू का भाषण, कानपुर का भाषण, लखनऊ का भाषण, आगरा का भाषण, तमिलनाडु का भाषण आदि के संकलन का नाम 'सम्मान के लिए धर्म परिवर्तन करें' शीर्षक से अशोक पुस्तकालय से छापा। अनुवादक—रामअधार और पेरियार ललई सिंह हैं। इसे उत्तर प्रदेश सरकार ने 12 सितम्बर, 1970 ई. में जब्त कर लिया। उसे हाईकोर्ट इलाहाबाद से 14 मई, 1971 ई. को जीता गया है। अब इसका नया नाम 'धर्म परिवर्तन' है। मँगाएँ। पढ़ें। बौद्धिस्ट चेतना से लैस हों। आप सब भी पाठकों को धन्यवाद!

साथ ही पढ़िये—'विश्व का सच्चा धर्म' लेखक—भिक्षु धम्मालोक महस्थविर कपिलवस्तु (नेपाल) इस लघु-पुस्तिका में संसार के मुख्यत: चार धर्मों—बौद्ध, ईसाई, इस्लाम और हिन्दू धर्म की विवेचन भली भाँति किया गया है। इसे पढ़कर अपना भविष्य निर्धारित कीजिए।

**26. मेरे बौद्ध धर्म पर विभिन्न लेख**— नामक पुस्तक की रचना 1971 ई. में हुई।

**27. भगवान बुद्ध और उनका धर्म**—परम् पूज्य बोधिसत्व बाबा साहब डॉक्टर भीमराव अम्बेडकर एम.ए., एम.एस.सी., पी.एच.डी., डी.एस.सी., एल.एल.डी., एल.ए.एल.डी., डी.लीट, वार-एट-लॉ, कानून मंत्री, भारत सरकार ने इक्कीस वर्ष निरन्तर परिश्रम करके बौद्ध-धर्म के इस महान् सर्वमान्य बौद्ध ग्रंथ की दिनांक : 5 दिसम्बर, सन् 1956 ई. की 11 बजे रात्रि को भूमिका लिखकर दिनांक : 6 दिसम्बर, सन् 1956 ई. को 4 बजे प्रात: काल अचानक परिनिर्वाण पद को प्राप्त होकर चार महाभूतों (पृथ्वी, जल, अग्नि और हवा) में विलीन हो गए।

बाबा साहब ने इस ग्रंथ में जीवन के सभी पहलुओं पर भली प्रकार प्रकाश डाला है। यह ग्रंथ पढ़ने-समझने-मनन करने तद्नुसार आचरण करने योग्य है।

कीमत 1 रुपया डाक खर्च सहित 4 रुपये। आज ही मूल्य 10 रुपये पेशगी मनी आर्डर द्वारा भेज कर मँगाइए। पढ़िए। मानिसक-धार्मिक गुलामी से बाहर निकलिए। थोड़ी ही प्रतियाँ शेष हैं।

मिलने का पता—अशोक पुस्तकालय (रजि.) झींझक, जिला—कानपुर, पिनकोड-209302 (उ.प्र.)। 1 जनवरी, 1973।

**28. परम् पूज्य बाबा साहेब डॉ. भीमराव रामजीराव अम्बेडकर** द्वारा लिखित बौद्ध धर्म के आवश्यक विषय सम्पन्न महान् ग्रंथ 'भगवान बुद्ध और उनका धर्म' के एक अध्याय को प्रिय पाठकों की विशेषतर विशेष माँग पर छाप कर 'ईश्वर, आत्मा एवं वेदों आदि में विश्वास अ-धर्म है।' नाम से प्रस्तुत किया। इस पर भी मनुवादियों ने मुकदमा दायर कर दिया। हम जीते।

धर्म क्या है? और सद्धर्म क्या है? आदि धर्म के सम्पूर्ण विषय को समझने के लिए उपरोक्त ग्रंथ 'भगवान बुद्ध और उनका धर्म' का पढ़ना बहुत जरूरी है। दस रुपये पेशगी प्रकाशक के पास मनी आर्डर द्वारा भेजकर मँगावें, पढ़ें और अपना भविष्य निर्धारित करें।

उपरोक्त साहित्य पढ़कर। अपनी दिमागी गुलामी दूर कीजिए। आप अवतारी, पुरोहितवादी, वर्णवादी, अन्ध-विश्वासी, कूपमंडूकता, जहालत, मूर्खता व दिमागी गुलामी से मुक्त करानेवाला अपने ढंग का अद्वितीय साहित्य पढ़िए। इन्हें अनेक विद्वानों की तर्क की कसौटी पर कसा है।

अत: आप इस साहित्य को पढ़कर अपना भविष्य सुखमय बनाइए।

धन्यवाद!

दिनांक : 31 जुलाई, सन् 1975 ई. **—पेरियार ललई सिंह**

# सरकारी नीति से सावधान!

### पढ़िए! पढ़िए!! अवश्य पढ़िए!!!

### मेरी वे किताबें जिन पर सरकार ने मुकदमा चलाया!

**1. सिपाही की तबाही**—1 दिसम्बर, 1946 ई. ब्रिटिश भारत में जब्त हुई।

**2. आदिनिवासियों की पहचान**—यह किताब आदिनिवासियों के पहचान हेतु सन् 1961 ई. में लिखा। यह भी जब्त हुई। हाईकोर्ट इलाहाबाद से जीता।

**3. ईश्वर, आत्मा एवं वेदों आदि में विश्वास अ-धर्म है**—प्रिय पाठकों की विशेषतर विशेष माँग पर छाप कर 'ईश्वर, आत्मा एवं वेदों आदि में विश्वास अ-धर्म है।' नाम से प्रस्तुत किया। इस पर भी मनुवादियों ने मुकदमा दायर कर दिया। हम जीते।

**4. हिन्दू संस्कृति में वर्ण-व्यवस्था और जातिभेद**—इस पुस्तक पर उत्तर प्रदेश सरकार ने मुकदमा किया। हम हाईकोर्ट और सुप्रीम कोर्ट से हार गए। अब यह अप्रकाशित और अनुपलब्ध है। धन्यवाद! सन् 1965 ई.।

**5. आर्यों का नैतिक पोल प्रकाश**—पुस्तक उत्तर प्रदेश सरकार ने जब्त की। हाईकोर्ट इलाहाबाद में अपील की। कुछ सम्पादित अंशों के साथ प्रकाशन की पुनः अनुमति मिली। पाठकों को धन्यवाद! सन् 1968 ई.।

**6. सच्ची रामायण**—अपनी निगरानी में उत्तर प्रदेश गवर्नमेंट ने जब्त किया। हमने हाईकोर्ट ऑफ जुडीकेचर इलाहाबाद में अपील की। जीता। न्यायालय की आज्ञा के विरुद्ध उत्तर प्रदेश सरकार सुप्रीम कोर्ट दिल्ली में अपील की। वहाँ भी 16 सितम्बर, 1976 ई. को अपील नं. 291/1976 पर हम सब की जीत हुई। शुभचिन्तकों, पाठकों को धन्यवाद!

**7. सच्ची रामायण की चाभी**—सच्ची रामायण के छत्तीस खतरनाक अंशों का रीज्वाइण्टर (जवाब) है। जिसे मैंने हाईकोर्ट इलाहाबाद में दिया था। इसे उत्तर प्रदेश सरकार ने जब्त किया। हमने हाईकोर्ट इलाहाबाद में अपील की। हम सब जीते।

**8. ईश्वर, आत्मा एवं वेदों आदि में विश्वास अ-धर्म है**—प्रिय पाठकों की विशेषतर विशेष माँग पर छाप कर 'ईश्वर, आत्मा एवं वेदों आदि में विश्वास

अ-धर्म है।' प्रस्तुत किया। इस पर भी मनुवादियों ने मुकदमा दायर कर दिया। हम सब जीते।

**9. सम्मान के लिए धर्म-परिवर्तन करें**—नामक पुस्तक (जिसमें डाक्टर अम्बेडकर के कुछ भाषण थे) उत्तर प्रदेश गवर्नमेंट गजेट दिनांक : 12 सितम्बर सन् 1970 ई. की आज्ञानुसार जब्त हुई।

डॉक्टर अम्बेडकर साहित्य रक्षक परिषद (रजि.) झींझक, जिला—कानपुर के अध्यक्ष की हैसियत से हाईकोर्ट ऑफ जुडीकेचर इलाहाबाद में क्रिमिनल मिसलेनियस एप्लीकेशन, अंडर सेक्शन 99 बी, क्रिमिनल प्रोसीजर कोड, 22 दिन लेट पेश की। दिनांक : 19 अप्रैल, सन् 1971 ई. को माननीय जस्टिस श्री विलियम ब्रूम व माननीय जस्टिस श्री जशोदा नन्दन माननीय जब्ति सुधी मलिक ने एडमीशन की बहस के समय 22 दिन लेट की क्षमा प्रदान कर के उपरोक्त एप्लिकेशन एडमिट कर ली।

दिनांक : 3 मई व 10 मई, 1971 ई. को माननीय उपरोक्त जस्टिस महोदयों ने अपीलांट की ओर से भी श्री बनवारी लाल यादव एडवोकेट हाईकोर्ट व रिस्पांडेंट (उत्तर प्रदेश गवर्नमेंट) की ओर से गवर्नमेंट एडवोकेट की बहस सुनी। माननीय जस्टिस विलियम ब्रूम ने मुकदमा नम्बर 3221 सन् 1970 ई. क्रिमिनल मिसलेनियस एप्लिकेशन, सेक्शन 99बी, क्रिमिनल प्रोसीजर कोड के अन्तर्गत दिनांक : 14 मई, 1971 ई. को सर्वसम्मति से निर्णय दिया, कि

1. गवर्नमेंट ऑफ उत्तर प्रदेश की 'सम्मान के लिए धर्म-परिवर्तन करें' नामक पुस्तक की जब्ती की आज्ञा निरस्त की जाती है।
2. गवर्नमेंट ऑफ उत्तर प्रदेश की ओर से अपीलांट ललई सिंह यादव को तीन सौ रुपये खर्चे के दिलाए जावें।

**10. जाति-भेद का उच्छेद**—गवर्नमेंट ऑफ उत्तर प्रदेश ने स्पेशल आर्डर मार्फत निदेशक हरिजन तथा समाज कल्याण विभाग उत्तर प्रदेश 32-68/2-शिक्षा व दिनांक : 10 मार्च, सन् 1970 ई. के अनुसार—

1. 'डॉक्टर अम्बेडकर का लाहौर का भाषण', 'जाति-भेद का उच्छेद'—जो 'एनहिलेशन ऑफ कास्ट' का अक्षरश: अनुवाद है।
2. आदिवंश कथा,
3. बौद्ध धर्म में जयमंगल पद्धति व
4. बौद्ध धर्म में पूजा, पाठ, परित्राण, वन्दना चारों पुस्तकों को खतरनाक बता कर सम्पूर्ण उत्तर प्रदेश के सहायता प्राप्त सार्वजनिक पुस्तकालयों (लाइब्रेरियों) से वापस मँगा लिया। जब्त कर लिया मैंने सिविल जज इलाहबाद के यहाँ मुकदमे दयार किए।...10 दिसम्बर, सन् 1971 ई. को जीता।

**11. बौद्ध धर्म, समता एवं प्रगतिशील साहित्य प्रचारक तथा रक्षक परिषद** (रजि.) झींझक, जिला—कानपुर के अध्यक्ष की हैसियत से मैंने दिनांक : 21 मई, सन् 1971 ई. को हाईकोर्ट ऑफ जुडीकेचर इलाहाबाद में भारतीय संविधान की धारा 226 व 227 लेखक-भाषण की आजादी के अन्तर्गत निगरानी प्रस्तुत की।

दिनांक : 10 दिसम्बर, सन् 1971 ई. को माननीय जस्टिस सर्वश्री जी.सी. माथुर व श्री ए.के. कीर्ति ने अस्वीकार की। लिखा, इन पुस्तकों के छापने और बेचने पर रोक नहीं लगाई गई है। किसी की आर्थिक हानि नहीं।

अत: अस्वीकार। अब इन चारों पुस्तकों का दावा दीवानी न्यायालय इलाहाबाद में सरकार के ऊपर दायर किया गया है कि लफ्ज खतरनाक वापस लिया जाए—क्योंकि भारतीय संविधान की धारा 14 के अनुसार प्राप्त समानता के अधिकारों और धर्म—निरपेक्ष राज्य में प्राप्त अधिकारों पर कुठाराघात किया गया है, बेइज्जती की गई है।

**12. बाबा साहेब के व मेरे लेख जब्त होते हैं,** मगर जिन पुस्तकों से हम लोगों ने उद्धरण लिखे हैं या जिन लोगों ने हम लोगों के समान लेख या किताबें अन्य पुस्तकों के आधार पर लिखी हैं—वे सब की सब जब्त क्यों नहीं होतीं? स्पष्ट है—हम लोगों को दिमागी गुलाम बनाए रखने के लिए यह ब्राह्मणवादी सरकारी शरारत है। प्रबुद्ध पाठकगण इस शरारत को रोकने की युक्ति आज सोचें, कल सोचें। शरारत का अन्त करके ही चैन की साँस लेवें। 14 अप्रैल, 1990 ई.।

उपरोक्त साहित्य पढ़कर आप अपना अन्ध-विश्वास, कर्मकांड और दिमागी गुलामी दूर कीजिए। जितना जल्दी हो सके ये साहित्य मँगवाइए पढ़िए और सबको पढ़ाईए।

धन्यवाद।

**—पेरियार ललई सिंह**
**—सोनेलाल संखवार**
(कोषाध्यक्ष)
अशोक पुस्तकालय (रजि.)
झींझक, जिला—कानपुर, उ.प्र., भारत

# सच्ची रामायण की चाभी : एक परिचय

1 जनवरी, 1930 ई. में 'रामायण' का गहन अध्ययन कर तमिल भाषा में श्री पेरियार ई.वी. रामास्वामी ग्राम-मालीगाई, पोस्ट—पुथुर, इरोड, जिला—तिरुचिरापल्ली (तमिलनाडु प्रदेश) ने 'रामायण : पादीरंगल' लिखी व छापी। दूसरी भाषा अंग्रेजी में अनुवाद 'दी रामायना : ए ट्रू रीडिंग' नाम से रेशनलिस्ट पब्लिकेशन, तमिलनाडु-2 ने सन् 1959 ई. में छापा। तीसरी भाषा (अंग्रेजी से) हिन्दी में अनुवाद 'सच्ची रामायण' नाम से ललई सिंह यादव, अध्यक्ष अशोक पुस्तकालय (रजिस्टर्ड), ग्राम व पोस्ट—झींझक, जिला—कानपुर (उत्तर प्रदेश) ने दिनांक : 1 अक्टूबर, सन् 1968 ई. को छापी। उत्तर प्रदेश गवर्नमेंट गजट दिनांक : 20 दिसम्बर सन् 1969 ई. की आज्ञानुसार केवल हिन्दी व अंग्रेजी एडीशन यह लिखकर ज़ब्त कर दिए गए कि इस पुस्तक से भारत के कुछ नागरिक समुदाय की धार्मिक भावनाओं को जान बूझकर चोट पहुँचाने तथा उनके धर्म एवं धार्मिक मान्यताओं का अपमान करने के लक्ष्य से लिखी गई है।

उपरोक्त आज्ञा के विरुद्ध प्रकाशक ललई सिंह यादव ने हाईकोर्ट ऑफ जुडीकेचर इलाहाबाद में क्रिमिनल मिसलेनियस एप्लिकेशन दिनांक : 28 फरवरी, सन् 1970 ई. को प्रस्तुत की। माननीय जस्टिस सर्वश्री ए.के. कीर्ति, श्री के.एन. श्रीवास्तव व श्री हरिस्वरूप ने अपीलांट की ओर से श्री बनवारीलाल यादव एडवोकेट हाईकोर्ट और रिस्पांडेंट (उत्तर प्रदेश गवर्नमेंट) की ओर से गवर्नमेंट एडवोकेट तथा उनके सहयोगी श्री पी.सी. चतुर्वेदी एडवोकेट व श्री आसिफ अंसारी एडवोकेट की बहस दिनांक : 26, 27 व 28 अक्टूबर सन् 1970 ई. को तीन दिन लगातार सुनी।

माननीय जस्टिस श्री ए.के. कीर्ति ने मुकदमा नं. 412 सन् 1970 ई. क्रिमिनल मिसलेनियस एप्लिकेशन-अंडर सेक्सन 99बी क्रिमिनल प्रोसीजर कोड में दिनांक : 19 जनवरी, सन् 1971 ई. को बहुमत का निर्णय दिया कि—

1. गवर्नमेंट ऑफ उत्तर प्रदेश की पुस्तक 'सच्ची रामायण' की जब्ती की आज्ञा निरस्त की जाती है।
2. जब्त शुदा पुस्तकें 'सच्ची रामायण' अपीलांट श्री ललई सिंह यादव को वापस दी जावें।

3. गवर्नमेंट ऑफ उत्तर प्रदेश की ओर से अपीलांट श्री ललई सिंह यादव को तीन सौ रुपये खर्चे के दिलाए जावें।

उपरोक्त मुकदमा में अपीलांट श्री ललई सिंह यादव की ओर से जो रीज्वाइण्डर अर्थात् प्रत्युत्तर प्रस्तुत किया गया था—पाठकों की विशेष माँग पर उसे 'सच्ची रामायण की चाभी' के नाम से पेज नम्बर नौ से पेज नम्बर चौंसठ तक छापा गया है।

आइटम में लिखे पेज नम्बर 'सच्ची रामायण' के प्रथम संस्करण सन् 1968 ई. के हैं। दूसरे तथा अगले संस्करणों में प्रत्येक आयटम का मिलान करने के लिए लिखे हुए पेजों में आठ जोड़ दीजिएगा। तब सही मिलान हो सकेगा। जैसे—आइटम नं. 1 में पेज नं. 12 लिखा है। यह प्रथम संस्करण 'सच्ची रामायण' के हिसाब से ठीक लिखा है। दूसरे तथा अगले संस्करणों से मिलान करने के लिए पेज नम्बर 12 में आठ जोड़ने पर पेज नं. 20 हुआ। अब सही है।

दिनांक : 1 दिसम्बर, 1971 ई.

**—रघुराज सिंह यादव**
मंत्री, अशोक पुस्तकालय (रजि.)
झींझक, जिला—कानपुर

४

## सूचना

प्रकाशक वृद्ध है। अ-स्वस्थ रहता है।

जिन पुस्तकों के प्रकाशन का सर्वाधिकार मुझ प्रकाशक के आधीन है — उन पुस्तकों का पुनः प्रकाशन यदि प्रकाशक या संस्था [अशोक पुस्तकालय रजिस्टर्ड झींझक, जि० कानपुर] न करा सके — तो संस्था के अध्यक्ष तथा मन्त्री दोनों पदाधिकारियों की लिखित अनुमति द्वारा निर्धारित प्रतियां छापने की अनुमति किसी भी व्यक्ति को निम्न शर्तों पर दी जाती है।

१ – अनुमति प्राप्त व्यक्ति को निर्धारित प्रतियों की दस प्रति शत पुस्तकें रायल्टी में संस्था को देना पड़ेंगी।

२ – अनुमति द्वारा या संस्था द्वारा पुनः प्रकाशित पुस्तकों में पेज नम्बर २ के उचित स्थान पर लिखना पड़ेगा। "[सर्वाधिकार ललईसिंह यादव संस्थापक अशोक पुस्तकालय रजिस्टर्ड झींझक जिला कानपुर के आधीन]"

नोट – [१] मैं जब तक जीवित हूँ — पुनः प्रकाशन स्वतः करूंगा या अन्य व्यक्ति को अनुमति दूंगा।

[२] मेरे मरने के बाद यदि संस्था किसी अ-ज्ञात कारण वश मसलहतन पुनः प्रकाशन स्वतः न करे और उपरोक्त शर्तों के साथ रजिस्टर्ड अनुमति मांगने पर भी किसी व्यक्ति को अनुमति न दे — तो पुनः प्रकाशन की आज्ञा मैं सहर्ष प्रत्येक व्यक्ति को प्रदान करता हूँ — परन्तु पेज नम्बर २ के उचित स्थान पर यह अवश्य लिखना पड़ेगा। कि "[सर्वाधिकार ललईसिंह यादव संस्थापक अशोक पुस्तकालय झींझक, जि० कानपुर के आधीन]"

प्रकाशक [ललईसिंह यादव]

*स्रोत*—जेएन आदित्य, कानपुर, उ.प्र., भारत

# सूचना

प्रकाशक वृद्ध है। अ-स्वस्थ रहता है।

जिन पुस्तकों के प्रकाशक का सर्वाधिकार मुझ प्रकाशक के अधीन है—उन पुस्तकों का पुनः प्रकाशन यदि प्रकाशक या संस्था [अशोक पुस्तकालय, रजिस्टर्ड झींझक, जिला—कानपुर, उ.प्र., भारत] न करा सके—तो संस्था के अध्यक्ष तथा मंत्री दोनों पदाधिकारियों की लिखित अनुमति द्वारा निर्धारित प्रतियाँ छापने की अनुमति किसी भी व्यक्ति को निम्न शर्तों पर दी जाती है—

1. अनुमति प्राप्त व्यक्ति को निर्धारित प्रतियों की दस प्रतिशत पुस्तकें रॉयल्टी में संस्था को देनी पड़ेंगी।
2. अनुमति द्वारा या संस्था द्वारा पुनः प्रकाशित पुस्तकों में पृष्ठ नम्बर 2 के उचित स्थान पर लिखना पड़ेगा। "[सर्वाधिकार पेरियार ललई सिंह, संस्थापक—अशोक पुस्तकालय, रजिस्टर्ड—झींझक, जिला—कानपुर, उ.प्र., भारत के अधीन]"

नोट—[1] मैं जब तक जीवित हूँ—पुनःप्रकाशन स्वतः करूँगा या अन्य व्यक्ति को अनुमति दूँगा।

[2] मेरे मरने के बाद यदि संस्था किसी अ-ज्ञात कारणवश मसलहन पुनः प्रकाशन स्वतः न करे और उपरोक्त शर्तों के साथ रजिस्टर्ड अनुमति माँगने पर भी किसी व्यक्ति को अनुमति न दे—तो पुनः प्रकाशन की आज्ञा मैं सहर्ष प्रत्येक व्यक्ति को प्रदान करता हूँ—परन्तु पृष्ठ नम्बर 2 के उचित स्थान पर यह अवश्य लिखना पड़ेगा कि "[सर्वाधिकार—पेरियार ललई सिंह, संस्थापक—अशोक पुस्तकालय, रजिस्टर्ड—झींझक, जिला—कानपुर, उ.प्र., भारत के अधीन]"

दिनांक : 1 सितम्बर, सन् 1968 ई. **प्रकाशक** [ललई सिंह यादव]

८

# शुद्धि-पत्र

पेज नम्बर ९ में 'प्राचीन आर्यों का नैतिक पोल प्रकाश' के बजाये 'आर्यों का नैतिक पोल प्रकाश', पेज १० में काबल के बजाये काबुल, पेज ११ में दशा के आगे में, पेज १२ में भुजबन के बजाये मुजबन, महर्षिके बजाये महिष, पेज१३ में देवदास के बजाये देवदारु, पेज १६ में कोई नहीं के बजाये कोई सिक्का नहीं, पेज १८ में तम्बर के बजाये तुम्बर, वृजनाभि के बजाये वज्रनाभि, पेज २७ में अंग्रेजियन के बजाये अंग्रेजियत, पेज ३१ में काकभुसुन्द के बजाये काकभुसुण्ड, पेज ३५ में परशुराम से के बजाये परशुराम ने, पेज ४९ में अर्जीगत के बजाये अजीगर्त, पेज ५१ में ऋगीऋषि श्रृङ्गीऋषि, पेज ५४ में राजाज्ञायें के बजाये बामन ने झूठ राजाज्ञायें, पेज ५८ में हो ग्रह के बजाये नौ ग्रह, पेज ७५ में फादर आफ लाज (कानून का पिता) के बजाये डाक्टर आफ ला (कानून का डाक्टर), पेज ८७ में इसाज के बजाये इलाज पढ़िये।

पेज नम्बर ९२ और पेज नम्बर ९६ उलट पलट छप गये हैं। भाषानुसार सही सही पढ़िये।

कामा, विराम तथा अन्य शाब्दिक अ-शुद्धियों को भाषा की द्रष्टि से शुद्ध पढ़िये।

लेखक ही प्रकाशक है। लेखन, भाषण व भ्रमण तीनों कामों की जिम्मेदारी लेखक पर है भ्रमण के कारणप्रूफ नहीं जांच सका। अस्तु क्षमा।

प्रकाशक

*स्रोत*—'आर्यों का नैतिक पोल प्रकाश' पुस्तक से, कानपुर, उ.प्र., भारत, 1968 ई.

# शुद्धि-पत्र

पेज नम्बर 9 में 'प्राचीन आर्यों का नैतिक पोल प्रकाश' के बजाये 'आर्यों का नैतिक पोल प्रकाश', पेज 10 में काबल बजाये काबुल, पेज 11 में दशा के आगे में, पेज 12 में भुजबन के बजाये मुजबन, महर्षि के बजाये महिष, पेज 13 में देवदास के बजाये देवदारु, पेज 16 में कोई नहीं के बजाये कोई सिक्का नहीं, पेज 18 में तम्बर के बजाये तुम्बर, वृजनाभि के बजाये वज्रनाभि, पेज 27 में अंग्रेजियन के बजाये अंग्रेजियत, पेज 31 में काकभुसुन्द के बजाये काकभुसुंड, पेज 35 में परशुराम से के बजाये परशुराम ने, पेज 49 में अर्जीगत के बजाये अजीगर्त, पेज 51 में ऋगीऋषि के बजाये श्रृंगी ऋष, पेज 54 में राजाज्ञाएँ के बजाये बामन ने झूठी राजाज्ञाएँ, पेज 58 में हौ ग्रह के बजाये नौ ग्रह, पेज 57 में फादर ऑफ लाज (कानून का पिता) के बजाये डॉक्टर ऑफ ला (कानून का डॉक्टर), पेज 87 में इमाझ के बजाये इलाज पढ़िये।

पेज 92 और पेज 96 उलट-पलट छप गए हैं। भाषानुसार सही-सही करके पढ़िये।

कामा, विराम तथा अन्य शाब्दिक अशुद्धियों को भाषा की दृष्टि से शुद्ध पढ़िये।

लेखक ही प्रकाशक है। लेखन, भाषण व भ्रमण तीनों कामों की जिम्मेदारी लेखक पर है। भ्रमण-भाषण के कारण प्रूफ नहीं जाँच सका। अस्तु क्षमा!

सन् 1968 ई.

प्रकाशक

**—ललई सिंह**

# भूल सुधार

१— आयटम नंबर २ में पेज नंबर २२ के बजाये पेज नं० २० पढ़िये।

२— शेष अशुद्धियों को भाषानुसार पढ़िये।

# क्षमा याचना

खून की उल्टी की बीमारी, भाषण, भ्रमण और मुकद्दमों की दौड़ धूप में लगे रहने के कारण प्रूफ नहीं जांच पाता। पाठक गण अशुद्धियों को क्षमा करें।

संसार को जैसे सब से पहिले चींटी ने रास्ता बनाना सिखाया। पाठक गण ठीक मुझे भी चींटी समझें। मुझ चींटी को सफलता कहां तक मिली—यह विद्वान पाठकों पर निर्भर है।

ललईसिंह

*स्रोत*—'सच्ची रामायण की चाभी' पुस्तक से, कानपुर, उ.प्र., भारत, 1971 ई.

# भूल सुधार

1. आइटम नम्बर 2 में पेज नम्बर 22 के बजाय पेज नं. 20 पढ़िए।
2. शेष अशुद्धियों को भाषानुसार पढ़िए।

# क्षमा याचना

खून की उल्टी की बीमारी, भाषण, भ्रमण और मुकदमों की दौड़-धूप में लगे रहने के कारण प्रूफ नहीं जाँच पाता हूँ। पाठक गण अशुद्धियों की क्षमा करें!

संसार को जैसे सब से पहिले चींटी ने रास्ता बनाया सिखाया। पाठक गण ठीक मुझे भी चींटी समझें। मुझ चींटी को सफलता कहाँ तक मिली—यह विद्वान पाठकों पर निर्भर है।

दिनांक : 1 सितम्बर, सन् 1971 ई. **—ललई सिंह**

अशोक विजय दशमी (दीक्षा दिवस) संवत् 2028 विक्रमी

# भूल सुधार

'सच्ची रामायण की चाभी' के आयटम में लिखे पेज नम्बर 'सच्ची रामायण' के प्रथम संस्करण सन् 1968 ई- के हैं। दूसरे तथा अगले संस्करणों में प्रत्येक आयटम का मिलान करने के लिए लिखे हुए पेजों में आठ जोड़ दीजिएगा। तब सही मिलान हो सकेगा। जैसे:— आयटम नम्बर 1 में पेज नम्बर 12 लिखा है। यह प्रथम संस्करण 'सच्ची रामायण' के हिसाब से ठीक लिखा है। दूसरे तथा अगले संस्करणों से मिलान करने के लिए पेज नम्बर 12 में आठ जोड़ने पर पेज नम्बर 20 हुआ। अब सही है।

1 सितम्बर, सन् 1971 ई. प्रकाशक—**पेरियार ललई सिंह**

# भूल सुधार

पेज नं. 4 की लाईन नं. 11 में, लड़कों, के बजाय, लड़की, पेज नं. 12 की लाईन नं. 3 में 'गलौज, के बजाय 'गलीज़, पेज नं. 16 की लाईन नं. 3, 6, 7 में संस्कृति के बजाय, संस्कृत पढ़िए।

पेज नं. 9 की लाईन नं. 4 में 'थूकने, के आगे 'के, व पेज नं. 12 की लाईन नं. 2 में 'पानी, के आगे 'में, बढ़ा कर पढ़िये। पेज नं. 16 की लाईन नं. 16 में से 'में, निकाल दीजिए।

पेज नं. 3 की लाईन नं. 5 व 12 में 15 के बजाय 10 और पेज नं. 3 की लाईन नं. 7, 13 व पेज नं. 5 के पैरा नम्बर 4 में 85 के जबाये 90 पढ़िये। पेज नं. 9 की लाईन नम्बर 3 में 1960 के बजाय 1961 पढ़िये। आयटम नं. 2 में पेज नं. 22 के बजाये पेज नं. 20 पढ़िये।

शेष अशुद्धियों को भाषानुसार पढ़िये।

प्रकाशक—**पेरियार ललई सिंह**

[पेरियार ललई सिंह के समय में लकड़ी के गोटीदार छापाखाने से किताबें छपती थीं। अतः उस समय भाषागत और व्याकरणिक त्रुटियाँ अधिक होती थीं। कई हजार प्रतियाँ छप जाने के बाद सुधार करना असम्भव होता था। अतः वे एक पन्ने पर उपर्युक्त निर्देश छपवाकर भाषागत त्रुटि सुधार के साथ किताब के शुरू में चस्पा कर देते थे। सम्पादक—गगन]

# पढ़िए! जरूर पढ़िए!! सूचना!!!

अगला संस्करण न निकाल सकने की दशा में सामयिक संशोधन के पश्चात् पुस्तकालय अध्यक्ष की आज्ञानुसार दस प्रतिशत की रॉयल्टी की शर्त पर अन्य व्यक्ति भी छाप सकते हैं।

लेखक—**पेरियार ललई सिंह**

# एक सार्वजनिक गुहार

अशोक पुस्तकालय से प्रकाशित सामाजिक परिवर्तन हेतु मिशनरी किताबें खरीदें और उसे प्रचारित-प्रसारित करें। यदि 5 रुपये की किताबें खरीदते हैं तो उस पर कोई कमीशन नहीं है। 10 रुपये तक की किताबों पर 10 प्रतिशत कमीशन है। इसके बाद 50 रुपये तक बीस प्रतिशत कमीशन और 50 रुपये से अधिक पर 33 प्रतिशत कमीशन है। कृपया जवाबी पोस्ट कार्ड डालिए। दो रुपये अग्रिम भेजिए क्योंकि कुछ बी.पी. लौट आती हैं।

आप द्रविण से दास हुए और फिर अगे दास से शूद्र व महाशूद्र बनाये गये। ये आर्य आज तक शूद्रों को पिछड़ी जाति और महाशुद्रों को अनुसूचित जाति, जनजाति आदि कहते आए हैं।

आप हजारों हजार साल से आर्य ब्राह्मणों द्वारा लिखी गयी किताबें पढ़ रहे हैं जिससे दिमाग में दिमागी गुलामी पैदा हो गई है। कहावत है—दिमाग हुकूमत करता है और गुलाम दिमाग उसे करता जाता है। उस दिमागी गुलामी से मुक्ति के लिए मिशनरी अशोक पुस्तकालय से प्रकाशित किताबें पढ़ें। जो बुद्ध, डॉ. अम्बेडकर और पेरियार के विचारों को लेकर आगे बढ़ रहा है। ये मिशनरी किताबें घर-घर तक जन-जन तक पहुँचनी चाहिए। इस देश का हर आदिनिवासी अपने घर में एक पुस्तकालय अवश्य खेले।

अतः अशोक पुस्तकालय से किताबें मँगा कर अवश्य पढ़ें। आर्डर की प्रतीक्षा रहेगी। बहुत बहुत धन्यवाद!

# एक और अनुरोध

आदिनिवासी चेतना की पुस्तकें लगातार जब्त की जा रही हैं। उन पर मुकदमे किए जा रहे हैं। इस स्थिति में समाज में आदिनिवासी चेतना के निर्माण के लिए धम्म-मित्रों और शुभचिन्तकों के विशेष माँग पर हाईकोर्ट से सुप्रीम कोर्ट तक मुकदमे लड़े जा रहे हैं। हमारी सभी पुस्तकों पर एक-एक करके मनुवादी-वर्णवादी मुकदमा चला रहे हैं। हम पुस्तकों को लेकर सुप्रीम कोर्ट तक मुकदमा लड़ रहे हैं। सबके अन्तिम निर्णय सुप्रीम कोर्ट में होंगे, जिसे मैं लम्बे समय से अपनी जमीन, स्वतंत्रता संग्राम सेनानी की मिलनेवाली पेन्शन व जायदाद आदि बेचकर लड़ रहा हूँ। अब धन की कमी पड़ रही है। अब मैं कर्ज लेकर मुकदमा लड़ रहा हूँ। आर्थिक सहयोग बहुत कम मिल रहा है।

अतः जो महानुभाव जिस भी योग्य हों—नीचे लिखे अशोक पुस्तकालय के पते पर मनीआर्डर द्वारा सहायता प्रदान करें। जो भी हो सके सहयोग करें। किसी भी प्रकार की दया दान स्वीकार नहीं है।

सपरिवार सुखी व स्वस्थ्य रहें।

मेरा परिवार आप सब हैं। सम्पूर्ण समाज है।

आप सबको सफलता की मंगल कामना।

बहुत बहुत धन्यवाद!

दिनांक : 01-12-1972 ई.क

निवेदक

आप सबका

**—पेरियार ललई सिंह**

**अशोक पुस्तकालय**

झींझक, जिला—कानपुर, (उ.प्र.) 209302

# निवेदन

आर्यों ने द्रविड़ को दास फिर दास को आगे शूद्र-महाशूद्र कहा—

आज की पिछड़ी जातियाँ (ओबीसी) आर्यों के लिए शूद्र हैं। अनुसूचित जातियाँ महाशूद्र या अतिशूद्र हैं जिन्हें आर्य 'चांडाल' भी कहते थे। ये न गाँव में रहते थे, न जंगल में ये उसके बीच में रहते थे। कुछ मैदानी इलाकों में ये गाँव के बाहर दक्षिण में रहते थे। आज की अनुसूचित आदिवासी (ST) वे हैं जो जंगल में जाकर बस गए। इन आदिवासियों को हिन्दुत्ववादी हिन्दी में अनुसूचित जनजाति लिखते हैं।

ये आज भी अपनी प्राचीन कला, भाषा, सभ्यता, संस्कृति, इतिहास आदि को संरक्षित किए हुए हैं। इन्हें ब्राह्मणवादियों ने अपने ग्रंथों में शूद्र, महाशूद्र, चांडाल आदि लिखा है। यही इस देश के 'आदिनिवासी' हैं। बहुजन हैं।

सिन्धु सभ्यता के आदिनिवासियों पर आर्यों ने शासन करने के लिए, गुलाम बनाने के लिए, इन्हें वर्णों और जातियों में बाँट दिया। ये आज भी उस विभाजन की मानसिकता 'जाति' को मानते चले आ रहे हैं। इनकी गुलामी का यही कारण है। जबकि इनकी कोई जाति और वर्ण नहीं है।

आर्यों ने 'जाति' को इनके गले में गहने की तरह पहना दिया। इन पिछड़ों, दलितों, आदिवासियों, अल्पसंख्यकों, स्त्रियों को 'जाति', 'वर्ण' और 'गोत्र' की मानसिकता को त्याग देना चाहिए। कारण कि ये इस देश के आदिनिवासी हैं। बहुजन हैं।

अतः इन्हें जातियों से बाहर रोटी-बेटी का व्यवहार करना चाहिए। हम सबको इस देश की मूल अवधारणा—आदिनिवासी मतलब बहुजन को स्थापित करना चाहिए।

वर्ण, जाति और अछूतपन की बातें स्वार्थी ब्राह्मणों की व्यर्थ बकवास हैं। हमें अतिशीघ्र आपस में खान-पान, बैठक-उठक प्रारम्भ कर देनी चाहिए तत्पश्चात् बेटी-व्यवहार भी। हमें आदिनिवासी चेतना के निर्माण की तरफ जल्द से जल्द बढ़ जाना चाहिए।
दिनांक : 14 अप्रैल, 1966

निवेदक—
**श्री पेरियार ललई सिंह**

दलितों, पीड़ितों व शोषितों के उत्थान का कार्य लेखन, भाषण-भ्रमण द्वारा कर रहा हूँ। यही मेरी सेवा है। इनकी मानवीय मुक्ति ही मेरे जीवन का उद्‌देश्य है।

हस्ताक्षर—**ललई सिंह,** 21 अप्रैल, 1966 ई.

रघुराज सिंह यादव के लखनऊ से लौटने पर आपने यह नहीं कहा कि हम टाइप और मशीन का किराया थोड़ा लेंगे। दाम अधिक है। इस ग्यासिन बात के आप जिम्मेदार हैं। मैं हामिज नहीं।

हस्ताक्षर—**पेरियार ललई सिंह,** 17 मार्च, 1968

समर्थन मताधिकार करने की अपील—श्री रघुराज सिंह, दिनांक : 28 दिसम्बर, सन् 1968 ई. तक कम्पोजिंग कीजिए। बरगद के ऊपर मोहर लगा कर वोट देने की कृपा कीजिए।

निवेदक—**पेरियार ललई सिंह**

संसार की सम्पूर्ण सफलताएँ उसके पास रहेंगी जो समय को व्यर्थ नहीं खोएँगे। प्रत्येक समय के लिए कुछ न कुछ काम और प्रत्येक काम के लिए कोई न कोई समय निश्चित करेंगे। खोया धन परिश्रम से, खोई विद्या अध्ययन से, खोया स्वास्थ्य संयम व नियम से मिलता है परन्तु खोया हुआ समय किसी प्रकार वापस नहीं मिल सकता।

**—पेरियार ललई सिंह**

आँख की दवा श्रद्धेय मुंशीलाल ने Change ट्यूब बताई है। धन्यवाद!

निवेदक—**पेरियार ललई सिंह**

## सोच : बदलो और बड़ी करो!

मैं स्पष्ट वक्ता हूँ—इस कारण अधिकांश व्यक्ति मुझसे अप्रसन्न रहते हैं। उच्चवर्णीय इसलिए अप्रसन्न रहते हैं कि मेरी सामाजिक समानता की सोच और बात से उनका जातीय बड़प्पन जाता रहता है। पिछड़ी जाति वाले इसलिए अप्रसन्न रहते हैं कि सामाजिक समानता की बात के कारण कहीं वो अछूत ना हो जाएँ। अछूत इसलिए अप्रसन्न रहते हैं कि जाति हीन पेशों को त्याग देने से मेरी आमदनी कम हो जाएगी। अछूतों में भी आपस में भारी छुआछूत है। चमार भंगी के हाथ का बना हुआ भोजन

नहीं करता है। चमार समझता है कि सामाजिक समानता के समय मुझे भंगी के साथ खाना पड़ेगा। कुछ स्वार्थी अछूत नेता इसलिए अप्रसन्न रहते हैं कि 'समाज सेवा' का पद इसके पास क्यों है—मुझ अछूत के पास होना चाहिए।

हस्ताक्षर—**पेरियार ललई सिंह**

दिनांक : 11.11.1975 ई.

## अलार्म बेल अर्थात् खतरे की घंटी

जब तक दिमागी गुलामी वाली किताबें आप पढ़ते रहेंगे। तब तक आपका उद्धार नहीं होगा।

अतः दिमागी गुलामी, कूपमंडूकता, मूढ़ता और अन्धविश्वास को दूर करने वाली हमारी किताबें पढ़कर अपनी तरक्की खुद कीजिए।

सामूहिक और घरू पुस्तकालय शीघ्र स्थापित कीजिए। तभी आपकी भलाई होगी।

**—पेरियार ललई सिंह**

दिनांक : 17 सितम्बर, 1968 ई.

## आवश्यक सूचना

दक्षिण भारत के प्रत्येक घर में व्यक्तिगत घरू पुस्तकालय और प्रत्येक ग्राम तथा शहर के बड़े-बड़े मुहल्ले में चन्दा द्वारा सार्वजनिक पुस्तकालय खोला गया है। इसीलिए वे अपने अधिकारों के प्रति विशेष सजग हैं।

अतः आप लोग भी अपने-अपने घरों पर व्यक्तिगत घरू पुस्तकालय तथा ग्रामों व शहरों के बड़े-बड़े मुहल्लों में चन्दा द्वारा सार्वजनिक पुस्तकालय अति शीघ्र खोलें—तभी भला होगा 'माइंड्स—रूल' अर्थात् दिमाग शासन करता है—तो दिमाग किताबों में है।

**—पेरियार ललई सिंह**

## याद रखो!

कुछ प्रगतिशील हिन्दुओं को छोड़कर शेष सम्पूर्ण हिन्दू तुम्हें सामाजिक बराबरी कभी भी नहीं दे सकते हैं। यह बात निर्विवाद सिद्ध है।

अतः आप इस सामाजिक बराबरी को बौद्ध धर्म से परिवर्तित हो कर ही प्राप्त कर सकते हैं। दूसरा कोई रास्ता भी नहीं है।

स्पष्टीकरण—बौद्ध धर्म में आपकी मानवता का मूल्य सुरक्षित है।

**—पेरियार ललई सिंह**

# सम्मति

('किस धर्म में क्या है?' लेखक—भिक्खु धम्मालोक महास्थविर, कपिलवस्तु
व्याख्याकार—चन्द्रिका प्रसाद जिज्ञासु, बहुजन कल्याण प्रकाशन, लखनऊ)

बौद्ध-धर्म की आधारशिला अनीश्वरवाद और अनात्मवाद-रूपी दो कुल्हाड़ों द्वारा अबौद्ध-मान्यताओं के झाड़-झंखाड़ को साफ करके रखी गई है। अत: चित्त को ठीक रास्ते पर चलने में सबसे बड़ी सहायता अपनी विचार शक्ति से ही मिलती है। बौद्ध-धर्म के अनुसार दुखों के कारण और उनके दूर करने के उपाय मनुष्य को खुद ही खोजने चाहिए। बौद्ध धर्मानुसार सम्यक आचरण ही धर्म है। अतएव बौद्ध-धर्म सामाजिक आवश्यकताओं की पूर्ति का ही सबसे अच्छा उपाय हैं।

**—पेरियार ललई सिंह**

अशोक पुस्तकालय, झींझक, कानपुर

वर्ण और जाति लोकतंत्र के शत्रु हैं। **—पेरियार ललई सिंह**

वर्ण, नस्ल, जाति और लिंग भेद का उन्मूलन ही सच्चे लोकतंत्र की नींव है।

**—पेरियार ललई सिंह**

वर्ण और जाति-व्यवस्था से कम खतरनाक नहीं है पूँजीवाद।

**—पेरियार ललई सिंह**

ईश्वर की कल्पना—धूर्त, चालाक और मक्कार लोगों के क्रूर दिमाग का सामाजिक, राजनीतिक और आर्थिक षड्यंत्र मात्र है। इसलिए मैं नास्तिक हूँ!

दिनांक : 17 सितम्बर, 1968 ई. **—पेरियार ललई सिंह**

मूल 'तमिल' शब्द जब संस्कृत में आया तब आर्य आचार्यों ने 'दमिल' बना दिया। तत्पश्चात् 'दमिल' ही द्रविड़ हुआ। जब यह उत्तर भारत में आया तब 'दलित' हो गया।

दिनांक : 14 अप्रैल, 1970 ई. **—पेरियार ललई सिंह**

# सम्मति

प्रिय बन्धुवर,

सादर सबको नमो बुद्धाय!

साइमन कमीशन सन् 1927 ई. में पिछड़ी एवं अनुसूचित जातियों तथा आदिवासियों की आर्थिक, सामाजिक आदि दशा की जाँच हेतु आया था। चारों सदस्य अंग्रेज थे। कोई ब्राह्मण न होने के कारण ब्राह्मणवादी कांग्रेस ने वायकाट किया। कहा—साइमन गो-बैक। स्वामी अछूतानन्द जी तथा भारतरत्न बाबा साहब डॉक्टर भीमराव अम्बेडकर ने उन्हें असली अछूतों की दशा से अवगत कराया।

ऐसी एकता में नारायण स्वामी आर्य समाजी तथा पं. रामविहारी तिवारी ने अछूतों से कहा—पिछड़ी जातियाँ तुम्हारी सहूलियतें हड़प लेंगी। पिछड़ी जातियों से कहा—नीची जातियों की संगत मत करो। फलस्वरूप दोनों गोलों में फूट पड़ गई, आज भी यही फूट मौजूद है। इस प्रकार गरीबों की एकता के मददगार स्वामी अछूतानन्द जी सदा हमारे वन्दनीय हैं और रहेंगे।

दिनांक : 30 दिसम्बर, 1991 ई.

**—पेरियार ललई सिंह**
स्वतंत्रता संग्राम सेनानी

# वसीयतनामा : ललई सिंह

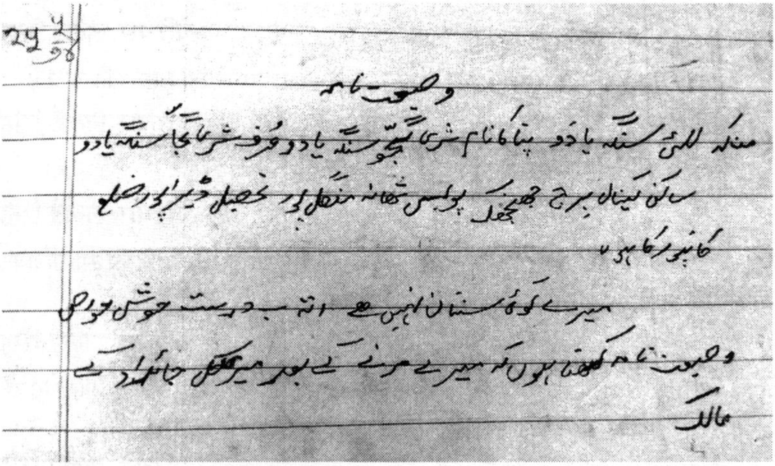
२५/५/७४

وصیت نامہ

منکہ للئی سنگھ یادو پتا کا نام شری چودھری گجو سنگھ یادو
ساکن کینال برج جھینجک پولیس تھانہ منگل پور تحصیل ڈیرا پور ضلع
کانپور کا ہوں

میرے کوئی سنتان نہیں ہے۔ اتہ بدرست ہوش و حواس
وصیت نامہ لکھتا ہوں کہ میرے مرنے کے بعد میری جائداد کا
مالک

*स्रोत*—पेरियार ललई सिंह के नोट्स से प्राप्त

*हिन्दी अनुवाद*—मुहम्मद इरशाद, शोधार्थी—उर्दू विभाग, दिल्ली विश्वविद्यालय, दिल्ली।

25.05.1974

मिल्कियत ललई सिंह यादव पिता का नाम श्री चौधरी गज्जू सिंह यादव रहनेवाले कैनाल वृज, झींझक, पुलिस थाना—मंगलपुर, तहसील—डेरापुर, जिला—कानपुर का हूँ।

मेरी कोई सन्तान नहीं है। अतः बदरुस्त होशो-हवाश वसीयतनामा लिखता हूँ कि मेरे मरने के बाद मेरी जायदाद का मालिक...

*(पेरियार ललई सिंह का उर्दू भाषा में लिखा गया अधूरा वसीयतनामा—सम्पादक)*

# लाखों हिन्दू करोड़ों पैम्फलेट बाँटते हैं : अपील

लाखों हिन्दू करोड़ों पेम्पलेट सन्तोषी माता व श्रीकृष्ण का अवतार ( तिरुपति बालाजी ) और मुसलमान खुदा का ऐलान छापते हैं

अतः आप भी स्वतः या मित्रों के सहयोग से एक हजार या अधिक पेम्पलेट ' राकेट आफ डाक्टर अम्बेडकर ' अपनी भाषा या हिन्दी में छपवा कर परम पूज्य बाबा साहब के कारवां को आगे बढ़ावें । दस प्रतियां मुझे भेजें । धन्यवाद । — पैरियार ललईसिह

*स्रोत*—चन्द्रपाल शैलानी, सिकन्दराराऊ, अलीगढ़, उ.प्र., भारत

लाखों हिन्दू करोड़ों पैम्फलेट सन्तोषी माता व श्रीकृष्ण का अवतार (तिरुपति बालाजी) और मुसलमान खुदा का ऐलान छापते हैं।

अतः आप भी स्वतः या मित्रों के सहयोग से एक हजार या अधिक पेम्फलेट—'रॉकेट ऑफ डॉक्टर अम्बेडकर अपनी भाषा या हिन्दी में छपवाकर परम पूज्य बाबा साहब के कारवाँ को आगे बढ़ावें। दस प्रतियाँ मुझे भेजें। धन्यवाद!

**—पेरियार ललई सिंह**

'आप अपना दीपक स्वयम् बनें।' — गौतम बुद्ध।

भारतीय संविधान द्वारा दिये गये समतावादी अधिकारों के अनुसार अब आपकी तरक्की में कोई बाधक नहीं है, व्यर्थ में हाय मरे। हाय मरे, मत बकें। उपरोक्त अ-समतावादी मान्यतायें आप को जैसे बने-तैसे समाप्त करना हैं। — पेरियार ललईसिंह

प्रकाशक की प्रार्थना है, कि इस 'राकेट आफ डॉ० अम्बेडकर' को पेम्पलेट के रूप में अलग से छपवा कर या साइक्लोस्टाइल करा कर या हाथ से लिख कर प्रचार करने में परम पूज्य बाबा साहब डॉ० अम्बेडकर के मिशन को आगे बढ़ाने में मदद करें। धन्यवाद।

दि० १४ अप्रैल सन १९८२ ई० — पेरियार ललईसिंह

बौद्ध धर्म। डा० अम्बेडकर और समतावादी प्रगतिशील किताबों के लिये, अपना पता लिखा हुआ, पैंतीस पैसे का लिफाफा, अशोक पुस्तकालय झींझक २०९३०२, जिला कानपुर को भेजिये।

*स्रोत*—सम्मान के लिए धर्म परिवर्तन, पुस्तक से

समता, बन्धुता व स्वतन्त्रता युक्त बौद्ध धर्म में आपकी धार्मिक, सामाजिक, आर्थिक एवम् राजनैतिक आदि हर प्रकार की प्रगति सु-रक्षित है। दि० १४ अप्रैल सन १९८२ ई० — पेरियार ललईसिंह

सस्ता प्रेस झींझक में छपा। मूल्य दस पैसे

*स्रोत*—कवलजीत कौर, पटना, बिहार, भारत

## आप अपना दीपक स्वयं बनें

**—गौतम बुद्ध**

भारतीय संविधान द्वारा दिए गए समतावादी अधिकारों के अनुसार अब आपकी तरक्की में कोई बाधक नहीं है, व्यर्थ में हाय मरे! हाय मरे! मत बकें! उपरोक्त अ-समतावादी मान्यताएँ आप को जैसे बने-तैसे समाप्त करनी हैं।

**—पेरियार ललई सिंह**

प्रकाशक की प्रार्थना है, कि इस 'रॉकेट ऑफ डॉ. अम्बेडकर' को पैम्फलेट के रूप में अलग से छपवा कर या साइक्लोस्टाइल करा कर या हाथ से लिखकर प्रचार करने में परम पूज्य बाबा साहब डॉ.अम्बेडकर के मिशन को आगे बढ़ाने में मदद करें।

धन्यवाद!

दि. : 14 अप्रैल, सन् 1982 ई.

**—पेरियार ललई सिंह**

बौद्ध धर्म, डॉ. अम्बेडकर और समतावादी प्रगतिशील किताबों के लिए, अपना पता लिखा हुआ, पचास पैसे का लिफाफा, अशोक पुस्तकालय झींझक-209302, जिला—कानपुर को भेजिये।

समता, बन्धुता व स्वतंत्रता युक्त बौद्ध धर्म में आपकी धार्मिक, सामाजिक, आर्थिक एवं राजनीतिक आदि हर प्रकार की प्रगति सुरक्षित है।

दिनांक : 14 अप्रैल, सन् 1982 ई.

**—पेरियार ललई सिंह**

सस्ता प्रेस, झींझक में छपा।

मूल्य : दस पैसे

# नमो बुद्धाय : निवेदन

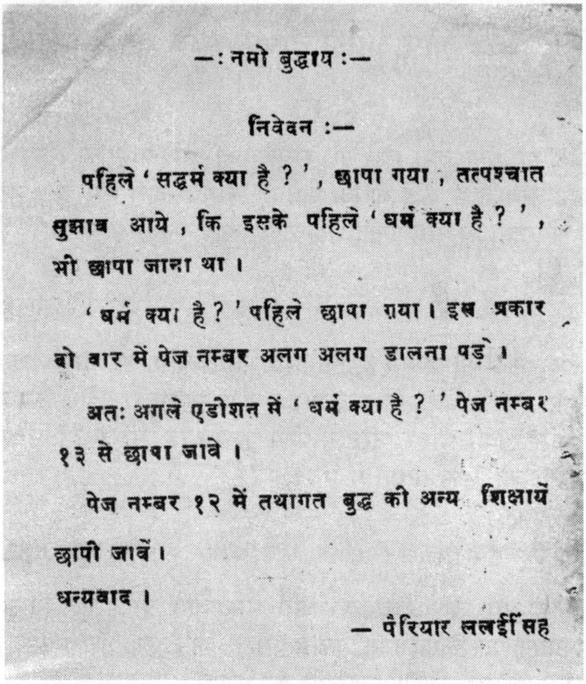

—: नमो बुद्धाय :—

निवेदन :—

पहिले 'सद्धर्म क्या है ?', छापा गया, तत्पश्चात सुझाव आये, कि इसके पहिले 'धर्म क्या है ?', भी छापा जाना था।

'धर्म क्या है ?' पहिले छापा गया। इस प्रकार दो बार में पेज नम्बर अलग अलग डालना पड़े।

अतः अगले एडीशन में 'धर्म क्या है ?' पेज नम्बर १३ से छापा जावे।

पेज नम्बर १२ में तथागत बुद्ध की अन्य शिक्षायें छापी जावें।

धन्यवाद।

— पैरियार ललई सिंह

*स्रोत*—चन्द्रपाल शैलानी, सिकन्दराराऊ, अलीगढ़, उप्र, भारत

## —: नमो बुद्धाय :—

### निवेदन :—

पहिले 'सद्धर्म क्या है?' छापा गया, तत्पश्चात सुझाव आए कि इसके पहिले 'धर्म क्या है?' भी छापा जाना था।

'धर्म क्या है?' पहिले छापा गया। इस प्रकार दो बार में पेज नम्बर अलग अलग डालना पड़े।

अत: अगले एडिशन में 'धर्म क्या है?' पेज नम्बर 13 से छापा जावे।

पेज नम्बर 12 में तथागत बुद्ध की अन्य शिक्षाएँ छापी जावें। धन्यवाद!

**—पेरियार ललई सिंह**

## धर्म का स्पष्टीकरण

**जिस धर्म में आपकी मानवता का कोई मूल्य नहीं – उस धर्म में क्यों रहते हो। सन्सार सुख-मय बनाना है - तो धर्मान्तर कीजिए।**

— डाक्टर बी० आर०अम्बेडकर

स्पष्टीकरण :– बौद्ध-धर्म में आपकी सब प्रकार की प्रगति का स्थान सुरक्षित है।

– पेरियार ललई सिंह

*स्रोत*—चन्द्रपाल शैलानी, सिकन्दराराऊ, अलीगढ़, उ.प्र., भारत

**जिस धर्म में आपकी मानवता का कोई मूल्य नहीं—उस धर्म में क्यों रहते हो। सन्सार सुख-मय बनाना है—तो धर्मान्तर कीजिए।**

**—डॉ. बी. आर. अम्बेडकर**

स्पष्टीकरण :—बौद्ध-धर्म में आपकी सब प्रकार की प्रगति का स्थान सुरक्षित है।

**—पेरियार ललई सिंह**

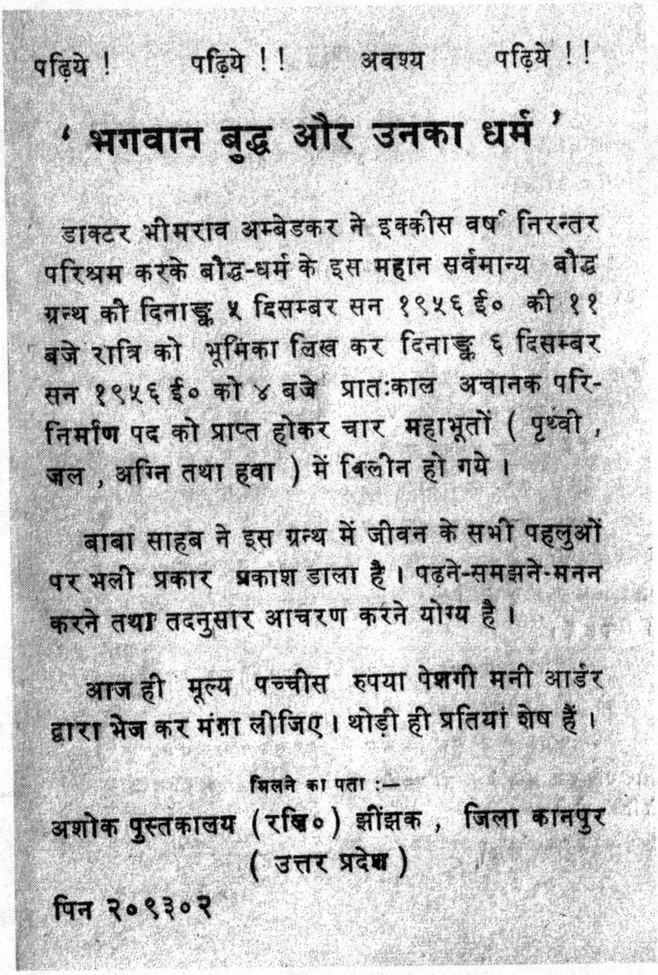

पढ़िये ! पढ़िये !! अवश्य पढ़िये !!

## 'भगवान बुद्ध और उनका धर्म'

डाक्टर भीमराव अम्बेडकर ने इक्कीस वर्ष निरन्तर परिश्रम करके बौद्ध-धर्म के इस महान सर्वमान्य बौद्ध ग्रन्थ की दिनाङ्क ५ दिसम्बर सन १९५६ ई० की ११ बजे रात्रि को भूमिका लिख कर दिनाङ्क ६ दिसम्बर सन १९५६ ई० को ४ बजे प्रातःकाल अचानक परि-निर्माण पद को प्राप्त होकर चार महाभूतों ( पृथ्वी, जल, अग्नि तथा हवा ) में बिलीन हो गये।

बाबा साहब ने इस ग्रन्थ में जीवन के सभी पहलुओं पर भली प्रकार प्रकाश डाला है। पढ़ने-समझने-मनन करने तथा तदनुसार आचरण करने योग्य है।

आज ही मूल्य पच्चीस रुपया पेशगी मनी आर्डर द्वारा भेज कर मंगा लीजिए। थोड़ी ही प्रतियां शेष हैं।

मिलने का पता :—

अशोक पुस्तकालय (रजि०) झींझक, जिला कानपुर

( उत्तर प्रदेश )

पिन २०९३०२

*स्रोत*— 'भगवान बुद्ध और उनका धर्म' पुस्तक से 1973 ई.

पढ़िये!  पढ़िये!!  अवश्य  पढ़िये!!

# 'भगवान बुद्ध और उनका धर्म'

डॉक्टर भीमराव अम्बेडकर के इक्कीस वर्ष निरंतर परिश्रम करके बौद्ध-धर्म के इस महान सर्वमान्य बौद्ध ग्रंथ की दिनांक : 5 दिसम्बर सन् 1956 ई. की 11 बजे रात्रि को भूमिका लिखकर दिनांक : 6 दिसम्बर सन् 1956 ई. को 4 बजे प्रात:काल अचानक परिनिर्वाण पद को प्राप्त होकर चार महाभूतों (पृथ्वी, जल, अग्नि तथा हवा) में विलीन हो गए।

बाबा साहब ने इस ग्रंथ में जीवन के सभी पहलुओं पर भली प्रकार प्रकाश डाला है। पढ़ने-समझने-मनन करने तथा तदनुसार आचरण करने योग्य है।

आज ही मूल्य पचीस रुपये पेसगी मनीआर्डर द्वारा भेज कर मँगा लीजिए। थोड़ी ही प्रतियाँ शेष हैं।

मिलने का पता :—

**अशोक पुस्तकालय (रजि.) झींझक, जिला कानपुर**

(उत्तर प्रदेश)

पिन-209302

बाद !

अखिल भारतीय

# प्रथम वार्षिक अधिवेशन

नगर सिकन्दराराऊ में

दिनाङ्क:-२५, २६ फरवरी, दिन शनिवार, इतवार १९६१

स्थान:- नौरंगाबाद प्राइमरी स्कूल का मैदान

शोषित भाई, बहनों,

आपको यह स्वर्ण सन्देश देते हुए हर्ष होता है कि जिला रिपब्लिकन पार्टी अलीगढ़ का प्रथम वार्षिक अधिवेशन नगर सि. में दिनाङ्क २५, २६ फरवरी दिन शनिवार, इतवार १९६१ को नौरंगाबाद प्राइमरी स्कूल के विशाल मैदान में बड़ी सजधज के स रहा है। यह अधिवेशन सिकन्दरा राऊ के इतिहास में अपनी टक्कर का पहला ही होगा। इस शुभ अवसर पर आपके बी. मार्शल दादा साहेब बी. के. गायकवाड़ एम. पी.(नासिक)लीडर रिपब्लिकन पार्टी आफ इंडिया, श्री रायबहादुर एन. शिवराज बार-एट एम-पी. (मद्रास) प्रेसीडेन्ट रिपब्लिकन पार्टी आफ इंडिया, बैरिस्टर राजाभाऊ खोब्रागड़े एम. पी. (चांदा) जनरल सैक्रे रिपब्लिकन पार्टी आफ इन्डिया, श्री डी. ए. कट्टी एडवोकेट एम. पी. प्रेसीडेन्ट स्टेट रिपब्लिकन पार्टी (मैसूर श्री छेदीलाल साथी वकील (कहार) प्रेसीडेन्ट, स्टेट रिपब्लिकन पार्टी उत्तर प्रदेश, प्रोफेसर बी. पी. मौ. जनरल सेक्रेटरी स्टेट रिपब्लिकन पार्टी यू० पी०, श्री गयाप्रसाद कुरील (लखनऊ) मंत्री स्टेट रिपब्लिकन पार्टी यू० पी०, मौहम्म सादिक खां, प्रेसीडेन्ट जिला रिपब्लिकन पार्टी फरुखाबाद, श्री भूप किशोर एम. एल. ए. (लोधे) प्रेसीडेन्ट जिला रिपब्लिकन पा एटा, डा० मौजीलाल मौर्य, प्रेसीडेन्ट जिला रिपब्लिकन पार्टी मैनपुरी, डा० प्रकाश नारायण गुप्त लीडर रिपब्लिकन ग्रुप म्यूनिस कारपोरेशन आगरा, श्री खेमचन्द आख्यान एल्डरमैन आगरा कारपोरेशन, श्री हबीबुद्दीन राहत मौलाई एडवोकेट एम. एल. (मुरादाबाद), श्री शिव दयाल सिंह चौरसिया एडवोकेट (लखनऊ), श्री ललईसिंह यादव (अहीर) इटावा, श्री शिवनारायण साहू (तेल मंत्री रिपब्लिकन पार्टी कानपुर आदि २ नेतागण पधार रहे हैं जो आपको देश की वर्तमान स्थिति से अवगत करायेंगे और बतायेंगे कि आ हमें क्या करना है।

रिपब्लिकन पार्टी देश के सभी वर्गों के गरीब, किसान, मजदूर, पिछड़े और शोषितों का एकमात्र रूप से प्रतिनिधित्व करती है। इसलिए हमें चाहिये कि धर्म और जातीयता की संकुचित भावनाओं को त्याग कर सब एक हों। आज हिन्दुस्तान में एक अजीब तमाशा दिखाई दे रहा है। बहुसंख्यकों के ऊपर अल्प संख्यक शासन कर रहे हैं। यह सब हमारी भूल है।

आओ, और रिपब्लिकन पार्टी की छत्रछाया में बैठ, पूंजीपतियों के इशारे पर चलने वाली सरकार का तख्ता उलट कर देश में सर्वहारा शोषितों का शासन स्थापित करने में सहायता दो। इसी में हम सब का कल्याण है।

अतः आप सभी सज्जनों से निवेदन है कि हजारों की संख्या में पधार कर अपने नेताओं के भाषणों से लाभ उठायें और अधिक से अधिक धन देकर अधिवेशन को सफल बनायें। धन्यवाद

कार्य-क्रम:-

२५ फरवरी शनिवार:-

सुबह ८ बजे रेलवे स्टेशन पर नेतागणों का स्वागत, दोपहर १२ बजे से ३ बजे तक शहर में शानदार जुलूस, ३॥ बजे से भाषण और रात को ८ बजे से गाने, कविता, रसिया आदि।

२६ फरवरी, इतवार:-

सुबह ९ बजे से ११ बजे तक सबजैक्ट कमैटी की बैठक / दोपहर १२ बजे से ५ बजे तक खुला अधिवेशन।

नोट:—१ सिकन्दरा राऊ जी० टी० रोड पर अलीगढ़ और एटा के बीच तथा नार्दन इस्टर्न रेलवे छोटी लाइन पर कासगंज और हाथरस के बीच स्थिति है।

२ महिलाओं को विशेष रूप से आमंत्रित किया जाता है कि वे ज्यादा से ज्यादा संख्या में आयें। उनके बैठने का प्रबन्ध अलग से किया गया है।

विनीत:—

चन्द्र शैलानी
चैयरमैन

कँवलसिंह निम
वाइस चैयरमैन

स्वागत समिति

चिरंजीलाल शीतल म्यूनिस्पल कमिश्नर (सिकन्दराराऊ), डोरीलाल मौर्य म्यू० कमिश्नर (हाथरस), वेदराम कर्दम म्यू० कमिश्नर (हाथरस), भगवानदास म्यू० कमिश्नर (अलीगढ़) रघुवीरसिंह चैयरमैन टाउन एरिया खैर, कल्याणसिंह, हरीसिंह जिज्ञासु, रामजीलाल, रघुवीरसिंह, गजाधरसिंह, भीम प्रकाश खन्ना, चन्द्र कान्ता मौर्य, कंचनसिंह दास, रघुवीरसिंह वकील, अफसर अली, प्यारेलाल पिपल, अख्तर अली, भूपसिंह यादव, मेवाराम कश्यप।

प्रबन्ध समिति

पदमसिंह व्यास, किशोरीलाल निर्मल, भूकर्णसिंह कैप्टन, यादराम साथी, जालिमसिंह निराला, केदारीलाल शर्मा, पीताम्बर सिंह निर्मल, अनन्त राव कवि, कालीचरन, दुलीचन्द, सुम्मेर सिंह, चुन्नीलाल, छोटेलाल, अमरसिंह मौरिश, मोतीलाल, भूरेसिंह, किशनलाल, बासदेव, तोताराव, रेवती प्रसाद मुखिया, पूरनसिंह, तोताराम, आशाराम, फूलसिंह दुधारा, भूरेलाल ठेकेदार, दौलतराम, नरायन लाल मिस्त्री, गिरवरसिंह मिस्त्री, साहूकार सिंह, जीनत अली, रामजीलाल, कन्हैया लाल बौद्ध, गंगाराम, सुखराम मिस्त्री, डा० धर्मपालसिंह, देवीसिंह, लेखराज सिंह, कुंवरपाल सिंह, एस. आर. धर्मरत्न, मवासी लाल भय्याजी, खेमचन्द ठेकेदार।

वित्त समिति

सुम्मेरसिंह खजान्ची, प्रेमराज बैजू, मम्मन लाल पवन, सेठ दुर्गा प्रसाद निमेश, बाबूलाल रसिक।

पुष्पराज प्रिंटिंगप्रेस, दुबे का पड़ाव अलीगढ़

*स्रोत*— चन्द्रपाल शैलानी, नौरंगाबाद, सिकंदराराऊ, अलीगढ़, उ.प्र., भारत

जय भीम!　　　　　　　　　जय भारत!!　　　　　　　　　जय शोषित!

# अखिल भारतीय जिला रिपब्लिकन पार्टी सम्मेलन

# प्रथम वार्षिक अधिवेशन

**नगर सिकन्दराराऊ में**

**दिनांक : 25, 26 फरवरी, दिन-शनिवार, इतवार 1961**

**स्थान-नौरंगाबाद प्राइमरी स्कूल का मैदान।**

शोषित भाई, बहनो,

आपको यह स्वर्ण सन्देश देते हुए हर्ष होता है कि जिला रिपब्लिकन पार्टी, अलीगढ़ का प्रथम वार्षिक अधिवेशन नगर सिकन्दराराऊ में दिनांक : 25, 26 फरवरी, दिन शनिवार, इतवार 1961 नौरंगाबाद प्राइमरी स्कूल के विशाल मैदान में बड़ी सजधज के साथ होने जा रहा है। यह अधिवेशन सिकन्दराराऊ के इतिहास में अपनी टक्कर का पहला ही होगा। इस शुभ अवसर पर आपके बीच होंगे मार्शल दादा साहेब बी.के. गायकवाड़ एम.पी. (नासिक) लीडर रिपब्लिकन पार्टी ऑफ इंडिया, श्री रायबहादुर एन. शिवराज वार-एट-ला एम.पी. (मद्रास) प्रेसिडेंट रिपब्लिकन पार्टी ऑफ इंडिया, बैरिस्टर राजाभाऊ खाब्रागड़े एम.पी. (चान्दा) जनरल सेक्रेटरी रिपब्लिकन पार्टी ऑफ इंडिया, श्री डी.ए. कट्टी एडवोकेट एम.पी. प्रेसिडेंट स्टेट रिपब्लिकन पार्टी ऑफ इंडिया (मैसूर), श्री छेदी लाल साथी वकील (कहार) प्रेसिडेंट स्टेट रिपब्लिकन पार्टी ऑफ इंडिया उत्तर प्रदेश, प्रोफेसर बी.पी. मौर्य जनरल सेक्रेटरी स्टेट रिपब्लिकन पार्टी ऑफ इंडिया यू.पी., श्री गया प्रसाद कुरील (लखनऊ) मंत्री स्टेट रिपब्लिकन पार्टी यू.पी., मोहम्मद सादिक खाँ प्रेसिडेंट जिला रिपब्लिकन पार्टी फर्रुखाबाद, श्री भूप किशोर एम.एल.ए. (लोध) प्रेसिडेंट जिला रिपब्लिकन पार्टी एटा, डॉ. मौजीलाल मौर्य प्रेसिडेंट जिला रिपब्लिकन पार्टी मैनपुरी, डॉ. प्रकाश नारायण गुप्त लीडर रिपब्लिकन ग्रुप म्यूनिसपल कॉरपोरेशन, आगरा, श्री खेमचन्द आश्वात्थ्यान एल्डरमैन आगरा कारपोरेशन, श्री हलीम्मुद्दीन राहत मौलाई एडवोकेट एम.एल.ए. (मुरादाबाद), श्री शिवदयाल सिंह चौरसिया एडवोकेट (लखनऊ), श्री ललई सिंह यादव (अहीर) इटावा, श्री शिवनारायन साहू (तेली) मंत्री रिपब्लिकन पार्टी कानपुर आदि आदि नेतागण पधार रहे हैं जो आपको देश की वर्तमान स्थिति से अवगत कराएँगे और बताएँगे कि आज हमें क्या करना चाहिए।

रिपब्लिकन पार्टी देश के सभी वर्गों के गरीब, किसान, मजदूर, पिछड़े और शोषितों का एकमात्र सही रूप में प्रतिनिधित्व करती है। इसलिए हमें चाहिए कि धर्म और जातीयता की संकुचित भावनाओं को त्याग कर सब एक हों। आज हिन्दुस्तान

में एक अजीब तमाशा दिखाई दे रहा है। बहुसंख्यकों के ऊपर अल्पसंख्यक शासन कर रहे हैं। यह सब हमारी भूल है।

आओ और रिपब्लिकन पार्टी की छत्रछाया में बैठ, पूँजीपतियों के इशारे पर चलनेवाली सरकार का तख्ता उलट कर देश में सर्वहारा शोषितों का शासन स्थापित करने में सहायता दें। इसी में हम सबका कल्याण है।

अत: आप सभी सज्जनों से निवेदन है कि हजारों की संख्या में पधार कर अपने नेताओं के भाषणों से लाभ उठाएँ और अधिक से अधिक धन देकर अधिवेशन को सफल बनाएँ। धन्यवाद!

**कार्य-क्रम :—**

25 फरवरी, शनिवार

सुबह 8 बजे रेलवे स्टेशन पर नेतागणों का स्वागत, दोपहर 12 बजे से 3 बजे तक शहर में शानदार जुलूस 3 बजे भाषण और रात 8 बजे से गाने, कविता, रसिया आदि।

26 फरवरी, इतवार

सुबह 9 बजे से 11 बजे तक सबजेक्ट कमेटी की बैठक / दोपहर 12 बजे से पाँच बजे तक खुला अधिवेशन।

नोट— 1. सिकन्दराराऊ जी.टी. रोड पर अलीगढ़ और एटा के बीच तथा नार्दर्न ईस्टर्न रेलवे छोटी लाइन पर कासगंज और हाथरस के बीच स्थित है।

2. महिलाओं को विशेष रूप से आमंत्रित किया जाता है कि वे ज्यादा से ज्यादा संख्या में आएँ। उनके बैठने का प्रबन्ध अलग से किया गया है।

**विनीत :—**

**चन्द्रपाल शैलानी**
चेयरमैन

**कंवलसिंह निम**
वाइस चेयरमैन

**स्वागत समिति**

चिरंजीलाल शीतल म्युनिस्पल कमिश्नर (सिकन्दराराऊ), डोरीलाल मौर्य म्यु. कमिश्नर (हाथरस), वेदराम कर्दम म्यु. कमिश्नर (हाथरस), भगवानदास म्यु. कमिश्नर (अलीगढ़), रघुवीर सिंह चेयरमैन टाउनएरिया खैर, कल्याण सिंह, हरीसिंह जिज्ञासु, रामजीलाल, रघुवीर सिंह, गजाधर सिंह, भीम प्रकाश खन्ना, चन्द्रकान्त मौर्य, कंचन सिंह दास, रघुवीर सिंह वकील, अफसर अली, प्यारालाल पीपले, अख्तर अली, भूपसिंह यादव, मेवाराम कश्यप।

## प्रबन्ध समिति

पद्मसिंह व्यास, किशोरी लाल निर्मल, भूकर्णसिंह कैप्टन, यादराम साथी, जालिमसिंह निराला, केदारीलाल शर्मा, पीताम्बर सिंह निर्मल, अनन्तराव कवि, कालीचरन, दुलीचन्द, सुम्मेर सिंह, चुन्नीलाल, छोटेलाल, अमरसिंह मौरेश, मोतीलाल, भूरेसिंह, किसनलाल, वासदेव, तोताराव, रेवती प्रसाद मुखिया, पूरनसिंह, तोताराम, आशाराम, फूल सिंह दुधारा, भूरेलाल ठेकेदार, दौलत राम, नारायन लाल मिस्त्री, गिरवर सिंह मिस्त्री, साहूकार सिंह, जीनत अली, रामजीलाल, कन्हैया लाल बौद्ध, गंगाराम, सुखमराम मिस्त्री, डॉ. धर्मपाल सिंह, देवीसिंह, लेखराज सिंह, कुँवर पाल सिंह, एस.आर. धर्मरत्न, मवासी लाल भैय्याजी, खेमचन्द ठेकेदार।

## वित्त समिति

सुम्मेर सिंह खजांची, प्रेमराज बैजू, झम्मने लाल पवन, सेठ दुर्गा प्रसाद निमेष, बाबू लाल रसिक।

पुष्पराज प्रिंटिंग प्रेस, दुबे का पड़ाव, अलीगढ़

जयभीम। जय भारत ॥ जय भीम ॥।

परमपूज्य बोधि सत्व बाबा साहेब डा० भीमराव अम्बेडकर का

# ७१ वाँ जन्मोत्सव [जयंती समारोह]

शहर सिकन्दराराऊ में

दिनाँकः–१४, १५ अप्रैल १९६२ को

भाइयो और बहिनो,

आप तक यह खुशखबरी पहुँचाते हुए बहुत खुशी हो रही है कि भारतीय संविधान के रचियता, न्याय, समता, स्वतंत्रता एवं भ्रातृत्वभाव की महान मूर्ति, अखण्ड भारत के पुजारी, प्रकाण्ड पण्डित, कानून विशारद, भारतीय नारी समाज को समान अधिकार दिलाने वाले, अल्पसंख्यकों के हकों के लिये लड़ने वाले, अनुपम त्यागी, प्रणवीर, महा मानव, श्रद्धास्पद, परमपूज्य बाबा साहेब डा० भीमराव अम्बेडकर एम० ए०, एम, एस-सी, पी-एच, डी, डी. एस-सी, डी लिट, एल-एल, डी, बार-एट-लॉ का ७१ वाँ जन्मोत्सव समारोह हर वर्ष की भाँति इस वर्ष भी बड़ी धूम–धाम से मनाया जा रहा है।

इस शुभ अवसर पर आपके बीच आपके ही अधिकारों के लिये संघर्ष करने वाले नेतागण सर्व श्री बी० पी० मौर्य एम० पी०, प्रोफेसर डा० अब्दुल बशीर खाँ एम० एल० ए०, डा० रवीद ख्वाजा (अलीगढ़), श्री ज्योति स्वरूप एम० पी०, श्री सादिक नवाज खाँ वाइस प्रेसीडेन्ट रि० पा० (यू० पी०), श्री ललई सिंह यादव (कानपुर), श्री नेकराम शर्मा एम० एल० ए०,, श्री चन्द्रपाल शैलानी संयुक्त मंत्री रि० पार्टी उत्तर प्रदेश, श्री मती चन्द्रकांता मौर्य, श्री मती कुंवरी व श्री मती नारायणी देवी आदि २ पधार रहीं हैं।

अतः सभी भाई बहिनों से सानुरोध प्रार्थना है कि भारी से भारी तादाद में पधार कर समारोह में भाग लें और तन, मन, धन से सहयोग देने की कृपा करें।

नोटः–(१) तहसील रिपब्लिकन पार्टी के सभी मंडलों के पदाधिकारियों से निवेदन है कि वे नीले झंडों सहित सुंदर झाँकियाँ सजाकर बड़ी २ टोलियाँ बनाकर आयें।

२–महिलाओं को विशेष रूप से आमन्त्रित किया जाता है कि वे अधिक से अधिक संख्या में पधारें। उनके लिये एक विशेष प्रोग्राम का आयोजन किया गया है।

**कार्य क्रमः–**

**१४ अप्रैल दिन शनिवार**

दोपहर को १ बजे से जुलूस नौरंगाबाद प्राइमरी स्कूल से शुरू होगा और शाम को ६ बजे स्कूल पर ही समाप्त होगा।

रात को ८ बजे से भजन, कविताऐं और मुशायरा आदि

**१५ अप्रैल दिन इतवार**

सुबह ९ बजे से महिला सम्मेलन। शाम को ३ बजे से रिपब्लिकन पार्टी का खुला सम्मेलन। रात को दस बजे से रसिया दंगल आदि।

:–विनीतः–

चिरंजीलाल शीतल मंत्री

बाबा साहेब अम्बेडकर जन्मोत्सव समारोह समिति सिकन्दराराऊ

भीम प्रिंटिंग वर्क्स दीपनगर अलीगढ़ १८।

*स्रोत*— भीषम पाल सिंह, गाजियाबाद, उ.प्र., भारत

**जय भीम!  जय भारत!!  जय भीम!**

## परमपूज्य बोधिसत्त्व बाबा साहेब डॉ. भीमराव अम्बेडकर का

# 71वाँ जन्मोत्सव (जयन्ती समारोह)

**शहर सिकन्दराराऊ में**

**दिनांक : — 14, 15 अप्रैल, 1962 को**

भाइयो और बहिनो,

आप तक यह खुशखबरी पहुँचाते हुए बहुत खुशी हो रही है कि भारतीय संविधान के रचयिता, न्याय, समता, स्वतंत्रता एवं भ्रातृत्वभाव की महान मूर्ति, अखंड भारत के पुजारी, प्रकांड पंडित, कानून विशारद, भारतीय नारी समाज को समान अधिकार दिलानेवाले, अल्पसंख्यकों के हकों के लिए लड़नेवाले, अनुपम त्यागी, प्रणवीर, महामानव, श्रद्धास्पद, परमपूज्य, बाबा साहेब डॉ.भीमराव अम्बेडकर एम.ए., एम.एससी., पीएच.डी., डी.एससी., डी.लिट., एल.एल.डी., वार-एट-लॉ का 71वाँ जनोत्सव समारोह हर वर्ष की भाँति इस वर्ष भी बड़ी धूम-धाम से मनाया जा रहा है।

इस शुभ अवसर पर आपके बीच आपके ही अधिकारों के लिए संघर्ष करनेवाले नेतागण सर्व श्री बीपी मौर्य एम.पी., प्रोफेसर डॉ.अब्दुल बशीर खाँ एम.एल.ए., डॉ.रवीद ख्वाजा (अलीगढ़), श्री ज्योति स्वरूप एम.पी., श्री सादिक नवाज खाँ वाइस प्रेसिडेंट रि.पा. (यू.पी.), श्री ललई सिंह यादव (कानपुर), श्री नेकराम शर्मा एम.एल.ए., श्री चन्द्रपाल शैलानी संयुक्त मंत्री रि. पार्टी उत्तर प्रदेश, श्रीमती चन्द्रकान्ता मौर्य, श्रीमती जुबैरी व श्रीमती नारायणी देवी आदि पधार रही हैं।

अत: सभी भाई बहिनो से सानुरोध प्रार्थना है कि भारी से भारी तादाद में पधार कर समारोह में भाग लें और तन-मन-धन से सहयोग देने की कृपा करें।

नोट :— (1) तहसील रिपब्लिकन पार्टी के सभी मंडलों के पदाधिकारियों से निवेदन है कि वे नीले झंडों सहित सुन्दर झाँकियाँ सजाकर बड़ी टोलियाँ बनाकर आएँ।

(2) महिलाओं को विशेष रूप से आमंत्रित किया जाता है कि वे अधिक से अधिक संख्या में पधारें। उनके लिए एक विशेष प्रोग्राम का आयोजन किया गया है।

**कार्यक्रम :—**

**14 अप्रैल, दिन शनिवार**

दोपहर को 1 बजे से जुलूस नौरंगाबाद प्राइमरी स्कूल से शुरू होगा और शाम को 6 बजे स्कूल पर ही समाप्त होगा।

रात को 8 बजे से भजन, कविताएँ और मुशायरा आदि।

**15 अप्रैल, दिन इतवार**

सुबह 9 बजे से महिला सम्मेलन। शाम को 3 बजे से रिपब्लिकन पार्टी का खुला सम्मेलन। रात को दस बजे से रसिया दंगल आदि।

**—: विनीत :—**

**चिरंजीलाल शीतल, मंत्री**

बाबा साहेब अम्बेडकर जन्मोत्सव समारोह समिति सिकन्दराराऊ

भीम प्रिंटिंग वर्क्स दीपनगर, अलीगढ़-18

जय भीम। जय भारत॥ जय शोषित॥

## भारतीय रिपब्लिकन पार्टी (अम्बेदकर वादी)

# का विराट जलसा

दिनांक २२ जून १९६९ ई० दिन रविवार समय २ बजे दिन के स्थान भोजा ब्राह्मण गांव थाना रसूलाबद (कानपुर)

भाइयों,

आप लोगों को सूचित किया जाता है कि उपरोक्त दिनांक पर स्थान ब्राह्मण गांव में हजारों की तादाद में उपस्थित।
हो कर आने वाले नेताओं के भाषण सुनिये और अपनी बीती दुख दर्द की कहानी उन्हें सुनाइये।

नोट :– जलसे के पूर्व नेताओं के स्वागत हेतू एक विशाल जलूस गाजे बाजे और हाथी के साथ पूरे गांव में घुमाया जायेगा और वही जुलूस सभा के रूप में परिणित होगा।

**सम्मेलन में श्री छेदीलाल साथी (एम० एल० सी०) क्रान्तीकारी वक्ता राज्य मंत्री श्री शिवनारायण साहू यू० पी० रिपब्लिकन पार्टी कानपुर, नसीम सिद्दीकी एडवोकेट एम० एल० ए०) कानपुर' चौ० ललईसिह यादव, सैयद गौस मोहम्मद एडवोकेट** रामसरन वर्मा अध्यक्ष व प्रधान मन्त्री नगर रिपब्लिकन पार्टी (अ०) कानपुर, हंसराज कुरील, नवाब मिस बाहुलहक अर्गनाइजर, मुस्लिम मजलिस, रामपालसिह यादव **एम० एल० ए०, भजनलाल प्रजापति, दुलारेलाल, व जनाब आदि २ नेता पधार रहे है।**

निवेदक :–

अर्जुन धोबी, चन्दन इनौती, रोशनलाल [illegible] शीलाल प्रजनपुर, रामप्रसाद, मौजीलाल, द्वारकाप्रसाद ड्कपुरवा, पुत्तीलाल परसीरा; मंगली वे [illegible] कन्हइयालाल, दुर्गा मेहतर जोत, दुब्बलाल, [illegible] गांव, सुखनन्दनलाल, रामेश्वर नया पुरवा, छोटेलाल, बाबूराम घरऊ बदलू उसरी, गुलजारीलाल घानिवक रसूलाबाद, बाबूलाल बौद्ध मुनीरापुर, बाबूराम सिटऊ शिवराम रामपुर, परसुराम रामरतन रामलाल खानपुर डिलवल, काशीराम, मुल्ला, मुहीब खा, रामलाल धोबी मलखानपुर, गुरचरनलाल संखवार ब्राह्मण गांव आदि।

| प्रबन्धक :- | संयोजक :– | अध्यक्ष :– |
|---|---|---|
| मूलचन्द्र, मंगलीप्रसाद | सोनेलाल, सीताराम | सियाराम, परषोत्तम, महादेव, हीरालाल |

आदर्श प्रिंटिंग प्रेस बौद्ध नगर झीझक (कानपुर)

*स्रोत*— यशवन्त राव, कानपुर, उ.प्र., भारत

जय भीम!　　　　　जय भारत!!　　　　　जय शोषित!!!

## भारतीय रिपब्लिकन पार्टी (अम्बेदकर वादी)

# का विराट जलसा

दिनांक : 22 जून, 1969 ई. दिन रविवार, समय 2 बजे दिन के

स्थान—मौजा-ब्राह्मण गाँव, थाना—रसूलाबाद (कानपुर)

भाइयो,

आप लोगों को सूचित किया जाता है कि उपरोक्त दिनांक : पर स्थान ब्राह्मण गाँव में हजारों की तादाद में उपस्थित हो कर आनेवाले नेताओं के भाषण सुनिए। और अपनी बीती दुख-दर्द की कहानी उन्हें सुनाइये।

नोट :— जलसे के पूर्व नेताओं के स्वागत हेतु एक विशाल जुलूस गाजे-बाजे और हाथी के साथ पूरे गाँव में घुमाया जाएगा और वह जुलूस सभा के रूप में परिणत होगा।

सम्मेलन में श्री छोदीलाल साथी (एम.एल.सी.) क्रान्तिकारी वक्ता राज्य मंत्री श्री शिवनारायण साहू यू.पी. रिपब्लिकन पार्टी कानपुर, नसीम सिद्दीकी एडवोकेट (एम.एल.ए.) कानपुर, चौ. ललई सिंह यादव, सैयद गौस मोहम्मद एडवोकेट, रामसरन वर्मा अध्यक्ष व प्रधान मंत्री नगर रिपब्लिकन पार्टी (अ.) कानपुर, हेमराज कुरील, नवाब मिस बाहुल हक आर्गनाइजर मुस्लिम मजलिस, रामपाल सिंह यादव (एम.एल.ए.), भजनलाल प्रजापति, दुलारेलाल व जनाब आदि-2 नेता पधार रहे हैं।

**निवेदक :—**

अर्जुन धोबी, चन्दन इनौती, रोशनलाल मुंशीलाल अजनपुर, रामप्रसाद, मौजीलाल, द्वारका प्रसाद ढकपुरवा, पुत्तीलाल परसोरा, मंगली व कन्हइयालाल, हुर्रा मेहतर जोत, हुब्बालाल, भगावनलाल गाँव, सुखनन्दनलाल, रामेश्वर नया पुरवा, छोटेलाल, बाबूराम घुरऊ बदलू उसरी, गुलजारीलाल घानिवक रसूलाबाद, बाबूलाल बौद्ध मुनौरापुर, बाबूराम सिठऊ, शिवराम रामपुर, परसुराम रामरतन, रामलाल खानपुर डिलवल, कांशीराम, मुल्ला, मुहीब खाँ, रामलाल धोबी मलखानपुर, गुरचरनलाल संखवार ब्राह्मण गाँव आदि!

| **प्रबन्धक** | **संयोजक** | **अध्यक्ष** |
|---|---|---|
| मूलचन्द, मंगली प्रसाद | सोनेलाल, सीताराम | सियाराम, परषोत्तम, महादेव, हीरालाल |

.......................................................

आदर्श प्रिंटिंग प्रेस, बौद्ध नगर, झींझक (कानपुर)

डिस्पेच नम्बर ४२५ / दि० १० अक्टूबर सन १९७७ ई०

प्रेषक :– ललईसिंह यादव अध्यक्ष अशोक पुस्तकालय (रजि०) झींझक, जिला कानपुर।

सेवा में :– श्रीमान मुख्य मन्त्री जी, उत्तर प्रदेश शासन, लखनऊ।

आदरणीय महोदय ;

विषय :– नीचे लिखा केस वापस लिये जाने बाबत।

ब मुक़दमा सरकार जरिये पुलिस थाना भोगनीपुर, जिला कानपुर फरियादी।

बनाम

ललईसिंह यादव अध्यक्ष अशोक पुस्तकालय (रजि०) झींझक, जिला कानपुर।

मुलजिम जुर्म दफा १५३ ए तथा २९५ ए ताजीरात हिन्द। क्राइम नं० / सन १९६९ ई०

उपरोक्त प्रकरण में स-विनय प्रार्थना है, कि :–

१ – प्रार्थी अन्ध-विश्वास-विरोधी, समाज-सुधारक, स्पष्ट-वक्ता, बैकवर्ड, ६७ साल बूढ़ा, टी० बी० (खून की उल्टी) का मरीज है।

२ – प्रार्थी स्टेट मर्जर स्कीम (गवालियर) का स्वतन्त्रता संग्राम सेनानी केन्द्र व राज्य से है।

३ – प्रार्थी ने सन १९६७ ई० में उत्तर प्रदेश की विधान सभा के चुनाव में अपने व पड़ोसी क्षेत्रों में विरोधी दलों को वोट देने के लिये आम जनता से अपील अपने क्रांतिकारी भाषणों द्वारा की थी। कहा था, कि कांग्रेस के शासन में बैक-वर्ड तथा शैड्यूल्ड-कास्ट का भारी दोहन-शोषण हो रहा है, अतः विरोधियों को वोट दीजिये – तभी भला होगा – फलतः मेरे व पड़ोसी क्षेत्रों में सभी स्थानों पर कांग्रेस की पूरी पूरी हार हुई।

४ – इन हारे हुये कांग्रेसियों के कुछ साथियों ने प्रार्थी द्वारा प्रकाशित 'सच्ची रामायण' जो 'दी रामायना ए ट्रू रीडिंग' अंग्रेजी का अक्षरशः हिन्दी अनुवाद थी, के खिलाफ पुलिस थाना भोगनीपुर में धारा १५३ ए तथा २९५ ए ताजीरात हिन्द के अन्तरगत रिपोर्ट की।

५ – इस पर उत्तर प्रदेश शासन ने अपने गजट दि० २० दिसम्बर सन १९६९ ई० द्वारा इस 'सच्ची रामायण' को जप्त कर दिया।

६ – प्रार्थी ने केस नम्बर ४१२ / सन १९७० ई० क्रिमिनल मिसलेनियस एप्लीकेशन द्वारा हाई कोर्ट इलाहाबाद में अपील की। दि० १९ जनवरी सन १९७१ ई० को प्रार्थी की जीत हुई। उत्तर प्रदेश शासन की हार हुई। प्रार्थी को तीन सौ रुपये खर्चा भी मिला।

७ – इस पर से उत्तर प्रदेश शासन ने केस नम्बर २९१ / सन १९७१ ई० स्पेशल लीव टू अपील की एप्लीकेशन द्वारा सुप्रीम कोर्ट नई दिल्ली में अपील की। दि० १६ सितम्बर सन १९७६ ई० को उत्तर प्रदेश शासन की हार हुई। प्रार्थी की जीत हुई।

८ – उदार शासन ने दी प्रीवेन्शन आफ पब्लिकेशन आफ आब्जक्शनेबिल मेटर्स एक्ट सन १९७६ ई० को सेक्शन – २ आफ दी प्रीवेन्शन आफ पब्लिकेशन आफ आब्जक्शनेबिल मेटर रिपल एक्ट सन १९७७ ई० द्वारा कैंसिल कर दिया है।

९ – प्रार्थी ८ : ९ साल में मुकदमा की दौड़-धूप द्वारा जरूरत से अधिक परेशान हो चुका है।

**अतः :–**

शासन से बारम्बार वि-नम्र स-विनय निवेदन है, कि उपरोक्त केस वापस लिये जाने की अनुकम्पा की जावे।

कष्ट की क्षमा। कृपा के लिये स-स्टाफ धन्यवाद।

दि० १० अक्टूबर सन १९७७ ई०।

प्रार्थी :–

ह० ललईसिंह यादव

(ललईसिंह यादव)

*स्रोत*—जेएन आदित्य, कानपुर, उ.प्र., भारत

## श्रीमान मुख्यमंत्री जी, उत्तर प्रदेश, शासन, लखनऊ

डिस्पेच नम्बर 425/दि. 10 अक्टूबर सन् 1977 ई.

प्रेषक :— ललई सिंह यादव, अध्यक्ष : अशोक पुस्तकालय (रजि.) झींझक, जिला—कानपुर।

सेवा में :— श्रीमान मुख्य मंत्री जी, उत्तर प्रदेश शासन, लखनऊ।

आदरणीय महोदय;

विषय :— नीचे लिखा केस वापस लिये जाने के बाबत।

ब-मुकदमा सरकार जरिये पुलिस थाना भोगनीपुर, जिला—कानपुर फरियादी।

बनाम

ललई सिंह यादव अध्यक्ष—अशोक पुस्तकालय (रजि.) झींझक, जिला—कानपुर। मुलजिम जुर्म दफा 153 ए. तथा 295 ए. ताजीरात-ए-हिन्द। क्राइम नं...../ सन् 1969 ई.

उपरोक्त प्रकरण में स-विनय प्रार्थना है कि

1. प्रार्थी अन्ध-विश्वास-विरोधी, समाज-सुधारक, स्पष्ट-वक्ता, बैकवर्ड, 67 साल बूढ़ा, टी.वी. (खून की उल्टी) का मरीज है।
2. प्रार्थी स्टेट मर्जर स्कीम (गवालियर) का स्वतंत्रता संग्राम सेनानी केन्द्र और राज्य से है।
3. प्रार्थी ने सन 1967 ई. में उत्तर प्रदेश की विधान सभा के चुनाव प्रचार में अपने व पड़ोसी क्षेत्रों में विरोधी दलों को वोट देने के लिए आम जनता से अपील अपने क्रान्तिकारी भाषणों द्वारा की थी। कहा था कि कांग्रेस के शासन में बैकवर्ड तथा अछूत शिड्यूल्ड-कास्ट का भारी दोहन-शोषण हो रहा है। अत: विरोधियों को वोट दीजिए—तभी भला होगा—फलत: मेरे व पड़ोसी क्षेत्रों में सभी स्थानों पर कांग्रेस की पूरी-पूरी हार हुई।
4. इन हारे हुए कांग्रेसियों के कुछ साथियों ने प्रार्थी द्वारा प्रकाशित 'सच्ची रामायण', जो 'दी रामायणा : ए टू रीडिंग' अंग्रेजी का अक्षरश: हिन्दी अनुवाद थी, के खिलाफ पुलिस थाना भोगनीपुर में धारा 153ए, तथा 295ए, ताजीरात-ए-हिन्द के अन्तर्गत रिपोर्ट की।
5. इस पर उत्तर प्रदेश शासन ने अपने गजट दि. 20 दिसम्बर सन 1969 ई. द्वारा इस 'सच्ची रामायण' को जब्त कर दिया।
6. प्रार्थी ने केस नम्बर 412 / सन् 1970 ई. क्रिमिनल मिसलेनियस एप्लिकेशन द्वारा हाईकोर्ट इलाहबाद में अपील की। दि. 19 जनवरी, सन 1971 ई. को प्रार्थी की जीत हुई। उत्तर प्रदेश शासन की हार हुई। प्रार्थी को तीन सौ रुपये खर्चा भी मिला।
7. इस पर से उत्तर प्रदेश शासन ने केस नम्बर 291/सन 1971 ई. स्पेशल लीव टू अपील की एप्लिकेशन द्वारा सुप्रीम कोर्ट, नई दिल्ली में अपील की। दि. 16 सितम्बर सन् 1976 ई. को उत्तर प्रदेश शासन की हार हुई। प्रार्थी की जीत हुई।
8. उदार शासन ने दी प्रीवेंशन ऑफ पब्लिकेशन ऑफ ऑब्जेक्शनेबिल मेटर्स एक्ट सन 1976 ई. को सेक्शन-2 ऑफ दी प्रीवेंशन ऑफ पब्लिकेशन ऑफ ऑब्जेक्शनेबल मेटर रिपल एक्ट सन 1977 ई. द्वारा कैंसिल कर दिया है।
9. प्रार्थी 8-9 साल में मुकदमा की दौड़-धूप द्वारा जरूरत से अधिक परेशान हो चुका है।

**अत: —**

शासन से बारम्बार विनम्र स-विनय निवेदन है कि उपरोक्त केस वापस लिये जाने की अनुकम्पा की जावे।

कष्ट की क्षमा! कृपा के लिए स-स्टाफ धन्यवाद!

दि. 10 अक्टूबर, सन 1977 ई.

**प्रार्थी :—**

ह. ललई सिंह यादव

(ललई सिंह यादव)

डिस्पैच नम्बर ५५५ / दि० २५ दिसम्बर सन १९७७ ई०

प्रेषक :– ललईसिंह यादव, अध्यक्ष अशोक, पुस्तकालय (रजि०) झींझक, जिला कानपुर

सेवा में :– श्री मान मुख्य मन्त्री जी उत्तर प्रदेश शासन, लखनऊ।

आदरणीय महोदय ;

विषय :– नीचे लिखे केस वापिस लिये जाने बावत।

व - मुकदमा सरकार जरिये पुलिस थाना मङ्गलपुर, जिला कानपुर फरियादी।

बनाम

ललईसिंह यादव, अध्यक्ष अशोक पुस्तकालय (रजि०) झींझक, जिला कानपुर।

मुलजिम जुर्म दफा १५३ ए तथा २९५ ए ताजीरात हिन्द

(१) क्राइम नम्बर / सन १९७३ ई० (सच्ची रामायण की चाभी)

(२) क्राइम नम्बर / सन १९७३ ई० (आर्यों का नैतिक पोल प्रकाश)

उपरोक्त प्रकरणों में स - विनय प्रार्थना है, कि :–

१ – प्रार्थी अन्धविश्वास-विरोधी, समाज-सुधारक, स्पष्ट-वक्ता, बैक-वर्ड, ६७ साल बूढ़ा, टी० बी० [खून की उल्टी] का मरीज है।

२ – प्रार्थी स्टेट मर्जर स्कीम ग्वालियर का स्वतन्त्रता संग्राम सेनानी केन्द्र और राज्य से है।

३ – प्रार्थी के राजनीति में प्रगतिशील विचार धारा का होने के कारण कुछ पुराने रूढ़िवादी - दकियानूसी कांग्रेसियों तथा व्यक्ति-गत विरोधियों की प्रार्थना पर प्रार्थी द्वारा लिखित व प्रकाशित उपरोक्त दोनों पुस्तकें शासन ने सन १९७३ ई० में जप्त कर लीं।

४ – इस जप्ती के पहिले उपरोक्त पुस्तकों के कई एडीशनों द्वारा हजारों प्रतियां छपीं, बिकीं। जप्ती के पहिले या बाद में कहीं कोई किसी किस्म का झगड़ा नहीं हुआ।

५ – उपरोक्त पुस्तकें पाखण्ड, अन्धविश्वस, मूढ़ता और चमत्कार से मानव-मस्तिष्क को मुक्ति दिला कर वैज्ञानिक चिन्तन की ओर ले जाती हैं — जिससे मानव-समता व समृद्धि की बढ़ोतरी होती है।

६ – उपरोक्त पुस्तकें वास्तव में विभिन्न रामायणों वाल्मीकि, तुलसीदास, भवभूति, आनन्द, अध्यात्म, कम्ब, काश्मीरी व खोतानी आदि और विभिन्न पुराणों श्रीमद-भागवत, ब्रह्मवैवर्त, नरसिंह, गरुड़, स्कन्ध व पद्म आदि का रिसर्च-मात्र हैं।

७ – भारतीय संविधान द्वारा प्राप्त अधिकारों के अनुसार हर नागरिक का कर्तव्य है, कि वह मानवीय कर्तव्यों के अनुसार मानववाद लाने तथा वैज्ञानिक-चिन्तन बढ़ाने का कार्य करे, के अनुसार उपरोक्त दोनों पुस्तकें इस दिशा में प्रयत्न-स्वरूप हैं और उसमें किसी की धार्मिक भावना को ठेस नहीं पहुंचती है।

अलबत्ता इन दोनों किताबों में पाखण्ड एवम मूढ़ता-युक्त अन्धविश्वासों पर प्रहार किया गया है, जो मानववाद और वैज्ञानिक चिन्तन को नष्ट कर मनुष्य को गहरे अन्धविश्वासों के गड्ढे में ढकेलती हैं

८ – आप साहित्य मर्मज्ञ, धर्मज्ञ और मनीषी हैं, जिससे आप खुद इन दोनों किताबों को पढ़ कर इसी निष्कर्ष पर पहुंचेंगे, कि केस वापिस लिया जाना मुनासिब है।

९ – उदार शासन ने दी प्रीवेन्शन आफ पब्लिकेशन आफ आब्जक्शनेबिल मेटर्स एक्ट सन १९७६ ई० को सेक्शन २ – आफ दी प्रीवेन्शन आफ पब्लिकेशन आफ आब्जक्शनेबिल मेटर रिपल एक्ट सन १९७७ ई० द्वारा कैंसिल कर दिया है।

अतः –

शासन से बारम्बार वि-नम्र प्रार्थना है; कि उपरोक्त दोनों केस वापिस लिये जाने की अनुकम्पा की जाये।

कष्ट की क्षमा। सेवा के लिये स-स्टाफ धन्यवाद।

प्रार्थी :–

स्रोत—जेएन आदित्य, कानपुर, उ.प्र.

## श्रीमान मुख्यमंत्री जी, उत्तर प्रदेश, शासन, लखनऊ

डिस्पेच नम्बर 555/दि. 25 दिसम्बर, सन् 1977 ई.

प्रेषक :— ललई सिंह यादव, अध्यक्ष अशोक पुस्तकालय (रजि.) झींझक, जिला—कानपुर।
सेवा में :— श्रीमान मुख्य मंत्री जी, उत्तर प्रदेश शासन, लखनऊ।
आदरणीय महोदय;

विषय :— नीचे लिखे केस वापिस लिये जाने की बाबत।

ब-मुक़दमा सरकार जरिये पुलिस थाना मंगलपुर, जिला कानपुर फरियादी।

बनाम

ललईसिंह यादव, अध्यक्ष—अशोक पुस्तकालय (रजि.) झींझक, जिला— कानपुर। मुलजिम जुर्म दफा 153 ए. तथा 295 ए. ताजीरात-ए-हिन्द

(1) क्राइम नम्बर / सन 1973 ई. (सच्ची रामायण की चाभी)

(2) क्राइम नम्बर / सन 1973 ई. (आर्यों का नैतिक पोल प्रकाश)

उपरोक्त प्रकरण में स-विनय प्रार्थना है, कि :—

1. प्रार्थी अन्ध-विश्वास-विरोधी, समाज-सुधारक, स्पष्ट-वक्ता बैक वर्ड, 67 साल बूढ़ा, टी.बी. (खून की उलटी) का मरीज है।
2. प्रार्थी स्टेट मर्जर स्कीम गवालियर का स्वतंत्रता संग्राम सेनानी केन्द्र और राज्य से है।
3. प्रार्थी के राजनीति में प्रगतिशील विचारधारा का होने के कारण कुछ पुरानी रूढ़िवादी-दकियानूसी कांग्रेसियों तथा व्यक्तिगत बिरोधियों की प्रार्थना पर प्रार्थी द्वारा लिखित व प्रकाशित उपरोक्त दोनों पुस्तकें शासन ने सन 1973 ई. में जब्त कर लीं।
4. इस जब्ती के पहले उपरोक्त पुस्तकों के कई एडिशनों द्वारा हजारों प्रतियाँ छपीं, बिकीं। जप्ती के पहले या बाद में कहीं कोई किसी किस्म का झगड़ा नहीं हुआ।
5. उपरोक्त पुस्तकें पाखंड, अन्ध-विश्वास, मूढ़ता और चमत्कार से मानव-मस्तिष्क को मुक्ति दिलाकर वैज्ञानिक चिन्तन की ओर ले जाती हैं—जिससे मानव-समता व समृद्धि की बढ़ोतरी होती है।
6. उपरोक्त पुस्तकें वास्तव में विभिन्न 'रामायणों'—'वाल्मीकि', 'तुलसीदास', 'भवभूति', आनन्द, अध्यात्म, कम्ब, कश्मीरी व खोतानी आदि और विभिन्न पुराणों 'श्रीमद-भागवत', 'ब्रह्मवैवर्त', 'नरसिंह', 'गरुड़', 'स्कन्द' व 'पद्म' आदि का रिसर्च-मात्र है।
7. भारतीय संविधान द्वारा प्राप्त अधिकारों के अनुसार हर नागरिक का कर्तव्य है कि वह मानवीय कर्तव्यों के अनुसार मानववाद लाने तथा वैज्ञानिक-चिन्तन बढ़ाने का कार्य करे, के अनुसार उपरोक्त दोनों पुस्तकें इस दिशा में प्रत्यक्ष-स्वरूप हैं और उनसे किसी की धार्मिक भावना को ठेस नहीं पहुँचती है। अतबत्ता इन दोनों किताबों में पाखंड एवम मूढ़ता-युक्त अन्ध-विश्वासों पर प्रहार किया गया है, जो मानववाद और वैज्ञानिक चिन्तन को नष्ट कर मनुष्य को गहरे अन्ध-विश्वासों के गड्ढे में ढकेलती हैं।
8. आप साहित्य मर्मज्ञ, धर्मज्ञ और मनीषी हैं, जिससे आप खुद इन दोनों किताबों को पढ़ कर इसी निष्कर्ष पर पहुँचेंगे, कि केस वापस लिया जाना मुनासिब है।
9. उदार शासन ने दी प्रीवेंशन ऑफ पब्लिकेशन ऑफ ऑब्जेक्शनेबिल मेटर्स एक्ट सन 1976 ई. को सेक्शन-2 ऑफ दी प्रीवेंशन ऑफ पब्लिकेशन ऑफ ऑब्जेक्शनेबल मेटर रिपल एक्ट सन 1977 ई. द्वारा कैंसिल कर दिया है।

**अत:**

शासन से बारम्बार विनम्र प्रार्थना है कि उपरोक्त दोनों केस वापस लिये जाने की अनुकम्पा की जाए। कष्ट की क्षमा! सेवा के लिए स-स्टाफ धन्यवाद!

प्रार्थी :—
ह. ललईसिंह यादव
(ललईसिंह यादव)

अवलोकनार्थ संलग्नक लेख

1. पुत्रेष्ठ यज्ञ,
2. राम का अन्तर्द्वन्द्व,
3. राम का अन्तर्द्वन्द्व आलोचनाओं व आपत्तियों का उत्तर

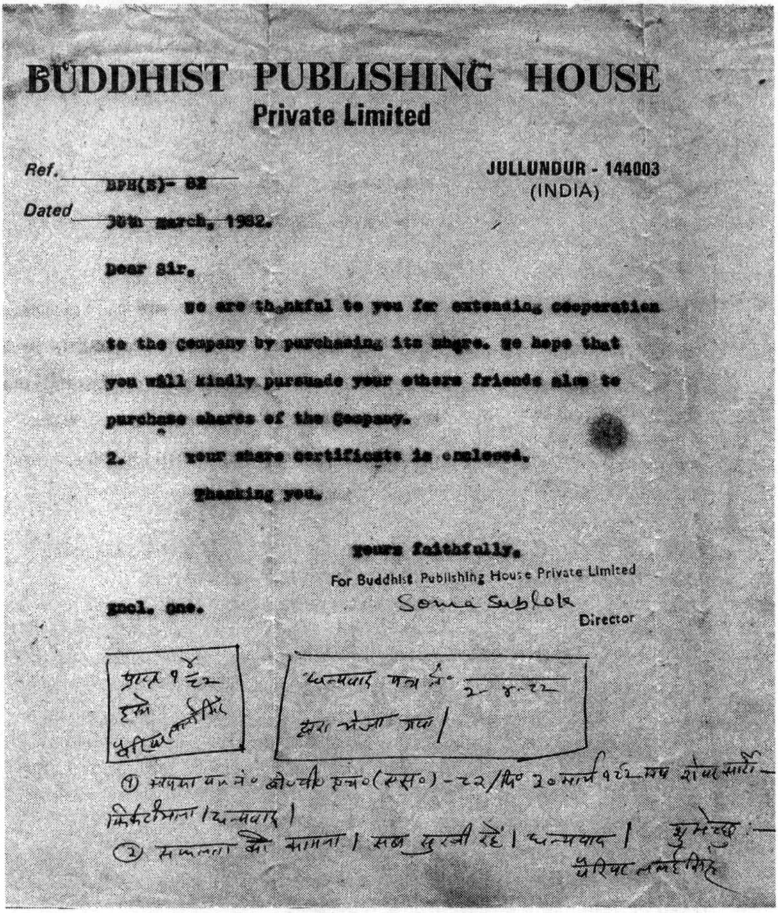

# BUDDHIST PUBLISHING HOUSE
## Private Limited

Ref. BPH(S)- 82

Dated 30th March, 1982.

JULLUNDUR - 144003
(INDIA)

Dear Sir,

We are thankful to you for extending cooperation to the company by purchasing its share. We hope that you will kindly pursuade your others friends also to purchase shares of the Company.

2. Your share certificate is enclosed.

Thanking you.

Yours faithfully,
For Buddhist Publishing House Private Limited
Soma Sublok
Director

Encl. one.

प्राप्त 1-8-82
ह० पेरियार ललई सिंह

धन्यवाद पत्र दि० 2-8-82 द्वारा भेजा गया।

(1) आपका पत्र नं० बी०पी० एच०(एस०)-82/दि० 30 मार्च 1982 मय शेयर सार्टिफिकेट मिला। धन्यवाद।
(2) सफलता की कामना। सब सुखी रहें। धन्यवाद। शुभेच्छु:—
पेरियार ललई सिंह

स्रोत—सोमा सबलोक के परिजन, जालन्धर, पंजाब, भारत

# BUDDHIST PUBLISHING HOUSE
## Private Limited

Ref. BPH(S)—82 JULLUNDUR—144003
(INDIAN)

Dated 30th March, 1982.

Dear Sir,

We are thankful to you extending cooperation to the company bye purchasing its share. We hope that you will kindly persuade your others friends also to purchase shares of the company.

2. Your share certificate is enclosed.

Thanking you.

Yours faithfully.
For Buddhist Publishing House Private Limited
Soma sublok.
Director

Encl. One

प्राप्त 1/4/82
हस्ताक्षर
**पेरियार ललई सिंह**

धन्यवाद! पत्र-उत्तर 2/4/82
द्वारा भेजा गया।

1. आपका पत्र नं. बी.पी.एच. (एस)-82/दिनांक : 30 मार्च, 1982 शेयर सर्टिफिकेट मिला। धन्यवाद!

2. सफलता की कामना! सब सुखी रहें। धन्यवाद!

शुभेच्छु
**—पेरियार ललई सिंह**

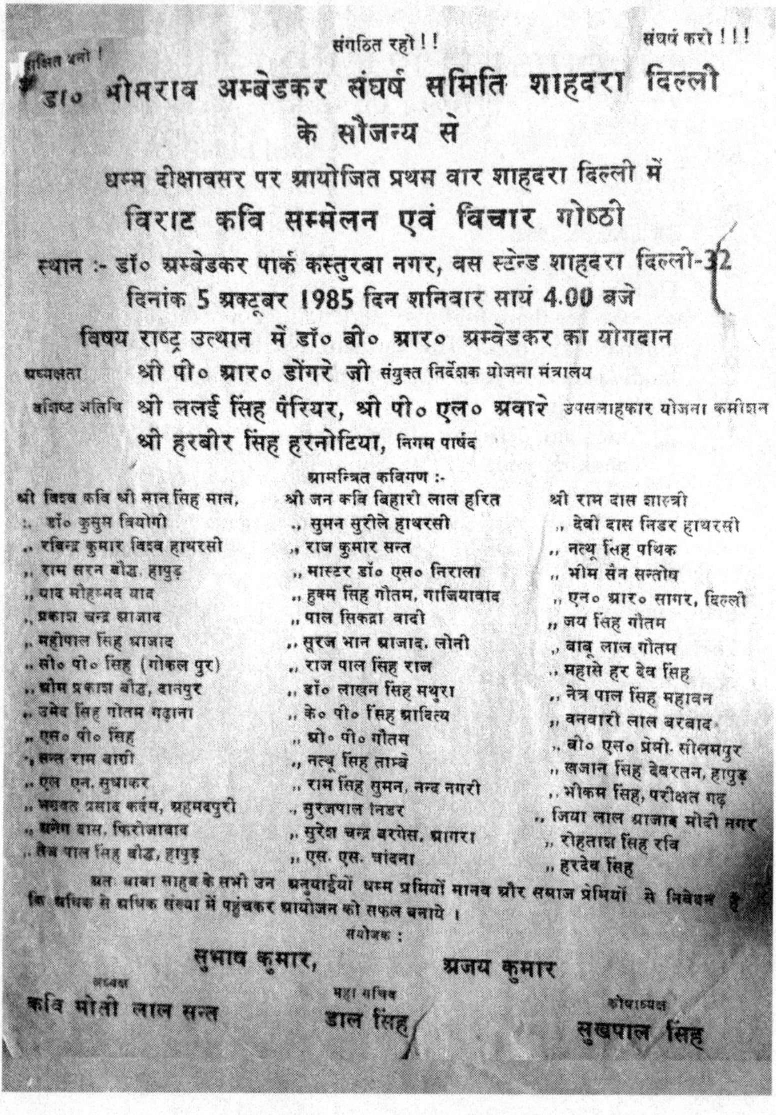

शिक्षित बनो ! संगठित रहो ! ! संघर्ष करो ! ! !

डॉ० भीमराव अम्बेडकर संघर्ष समिति शाहदरा दिल्ली
के सौजन्य से

धम्म दीक्षावसर पर आयोजित प्रथम वार शाहदरा दिल्ली में

**विराट कवि सम्मेलन एवं विचार गोष्ठी**

स्थान :- डॉ० अम्बेडकर पार्क कस्तुरबा नगर, बस स्टेन्ड शाहदरा दिल्ली-32

दिनांक 5 अक्टूबर 1985 दिन शनिवार सायं 4.00 बजे

विषय राष्ट्र उत्थान में डॉ० बी० आर० अम्बेडकर का योगदान

अध्यक्षता श्री पी० आर० डोंगरे जी संयुक्त निर्देशक योजना मंत्रालय

वशिष्ठ अतिथि श्री ललई सिंह पैरियर, श्री पी० एल० अवारे उपसलाहकार योजना कमीशन
श्री हरबीर सिंह हरनोटिया, निगम पार्षद

आमन्त्रित कविगण :-

| | | |
|---|---|---|
| श्री विश्व कवि श्री मान सिंह मान, | श्री जन कवि बिहारी लाल हरित | श्री राम दास शास्त्री |
| ,, डॉ० कुसुम वियोगी | ,, सुमन सुरीले हाथरसी | ,, देवी दास निडर हाथरसी |
| ,, रबिन्द्र कुमार विश्व हाथरसी | ,, राज कुमार सन्त | ,, नत्थू सिंह पथिक |
| ,, राम सरन बौद्ध, हापुड़ | ,, मास्टर डॉ० एस० निराला | ,, भीम सैन सन्तोष |
| ,, याद मोहम्मद याद | ,, हुक्म सिंह गौतम, गाजियाबाद | ,, एन० आर० सागर, दिल्ली |
| ,, प्रकाश चन्द्र आजाद | ,, पाल सिकद्रा बादी | ,, जय सिंह गौतम |
| ,, महीपाल सिंह आजाद | ,, सूरज भान आजाद, लोनी | ,, बाबू लाल गौतम |
| ,, सी० पी० सिंह (गोकल पुर) | ,, राज पाल सिंह राज | ,, महासे हर देव सिंह |
| ,, ओम प्रकाश बौद्ध, दानपुर | ,, डॉ० लाखन सिंह मथुरा | ,, नेत्र पाल सिंह महावन |
| ,, उमेद सिंह गौतम गढ़ाना | ,, के० पी० सिंह आदित्य | ,, वनवारी लाल बरबाद |
| ,, एस० पी० सिंह | ,, प्रो० पी० गौतम | ,, बी० एस० प्रेमी. सीलमपुर |
| ,, सन्त राम बाणी | ,, नत्थू सिंह ताम्बे | ,, खजान सिंह देवरतन, हापुड़ |
| ,, एल एन. सुधाकर | ,, राम सिंह सुमन, नन्द नगरी | ,, भीकम सिंह, परीक्षत गढ़ |
| ,, भगवत प्रसाद कर्दम, अहमदपुरी | ,, सुरजपाल निडर | ,, जिया लाल आजाद मोदी नगर |
| ,, धनेश दास, फिरोजाबाद | ,, सुरेश चन्द्र बरगेस, आगरा | ,, रोहताश सिंह रवि |
| ,, वेद पाल सिंह बौद्ध, हापुड़ | ,, एस. एस. चांदना | ,, हरदेव सिंह |

अतः बाबा साहब के सभी उन अनुयाईयों धम्म प्रेमियों मानव और समाज प्रेमियों से निवेदन है कि अधिक से अधिक संख्या में पहुंचकर आयोजन को सफल बनाये।

संयोजक :

सुभाष कुमार, अजय कुमार

अध्यक्ष
कवि मोती लाल सन्त

महा सचिव
डाल सिंह

कोषाध्यक्ष
सुखपाल सिंह

*स्रोत*—डॉ. कुसुम वियोगी, शाहदरा, दिल्ली

शिक्षित बनो! संगठित रहो!! संघर्ष करो!!!

## डॉ. भीमराव अम्बेडकर संघर्ष समिति शाहदरा दिल्ली के सौजन्य से

धम्म दीक्षावसर पर आयोजित प्रथम बार शाहदरा, दिल्ली में

# विराट कवि सम्मेलन एवं विचार गोष्ठी

**स्थान :—** डॉ. अम्बेडकर पार्क कस्तूरबा नगर, बस स्टैंड, शाहदरा, दिल्ली-32

**दिनांक : 5 अक्टूबर, 1985, दिन शनिवार, सायं 4:00 बजे**

**विषय :— राष्ट्र उत्थान में डॉ. बी.आर. अम्बेडकर का योगदान**

**अध्यक्षता :— श्री पी.आर. डोंगरे** (संयुक्त निर्देशक योजना मंत्रालय)

**विशिष्ट अतिथि :— श्री ललई सिंह पेरियार, श्री पी.एल. अवारे,** उपसलाहकार योजना कमीशन

**श्री हरबीर सिंह हरनोटिया,** निगम पार्षद

**आमंत्रित कविगण :—**

| | | |
|---|---|---|
| श्री विश्व कवि श्रीमान सिंह मान, | श्री जन कवि बिहारी लाल हरित | श्री राम दास शास्त्री |
| श्री डॉ. कुसुम वियोगी | श्री सुमन सुरीले हाथरसी | श्री देवी दास निडर हाथरसी |
| श्री रवीन्द्र कुमार विश्व हाथरसी | श्री राज कुमार सन्त | श्री नत्थू सिंह पथिक |
| श्री राम सरन बौद्ध, हापुड़ | श्री मास्टर डॉ. एस. निराला | श्री भीम सैन सन्तोष |
| श्री याद मोहम्मद याद | श्री हुक्म सिंह गौतम, गाजियाबाद | श्री एन.आर. सागर, दिल्ली |
| श्री प्रकाश चन्द्र आजाद | श्री पाल सिकन्दरावादी | श्री जय सिंह गौतम |
| श्री महीपाल सिंह आजाद | श्री सूरज भान आजाद, लोनी | श्री बाबू लाल गौतम |
| श्री सी.पी. सिंह (गोकलपुर) | श्री राज पाल सिंह, राज | श्री महासे हर देव सिंह |
| श्री ओम प्रकाश बौद्ध, दानपुर | श्री डॉ. लाखन सिंह, मथुरा | श्री नेत्र पाल सिंह महावन |
| श्री उमेद सिंह गौतम, गढ़ाना | श्री के.पी. सिंह आदित्य | श्री बनवारी लाल बरबाद |
| श्री एस.पी. सिंह | श्री ओ.पी. गौतम | श्री बी.एस. प्रेमी, सीलमपुर |
| श्री सन्त राम बागीश्री | श्री नत्थू सिंह ताम्बे | श्री खजान सिंह देवरतन, हापुड़ |
| श्री एल.एन. सुधाकर | श्री राम सिंह सुमन, नन्द नगरी | श्री भीकम सिंह, परीक्षतगढ़ |
| श्री भगवत प्रसाद कर्दम,अमहदपुरी | श्री सूरजपाल निडर | श्री जिया लाल आजाद, मोदी नगर |
| श्री धनेग दास, फिरोजाबाद | श्री सुरेश चन्द्र बरगेस, आगरा | श्री रोहताश सिंह रवि |
| श्री तेज पाल सिंह बौद्ध, हापुड़ | श्री एस.एस. चान्दना | श्री हरदेव सिंह |

अतः बाबा साहब के सभी उन अनुयायियों धम्म प्रेमियों मानव और समाज प्रेमियों से निवेदन है कि अधिक से अधिक संख्या में पहुँचकर आयोजन को सफल बनाएँ।

**संयोजक**

**सुभाष कुमार** **अजय कुमार**

| अध्यक्ष | महासचिव | कोषाध्यक्ष |
|---|---|---|
| **कवि मोति लाल सन्त** | **डाल सिंह** | **सुखपाल सिंह** |

# स्वतंत्रता संग्राम सेनानी का प्रमाण-पत्र

विशेष उपाधि से विभूषित किए जाने से सम्बन्धित में श्री लीलाधर जोशी भूतपूर्व मुख्यमंत्री मध्य प्रदेश ग्वालियर द्वारा दिया गया

## प्रमाण-पत्र

प्रमाणित किया जाता है कि ललई सिंह पिता का नाम श्री गज्जू सिंह यादव भूतपूर्व हेड कांस्टिबल भूतपूर्व ग्वालियर राज्य हाल निवासी झींझक (नहर के पुल के उत्तर में) जिला कानपुर (उत्तर प्रदेश) को भली प्रकार जानता हूँ।

इन्होंने आजाद हिन्द फौज की तरह भूतपूर्व ग्वालियर राज्य की आजादी के लिए जनता तथा सरकारी मुलाजिमानों को संगठित करके पुलिस एवं फौज में हड़ताल कराई। इन्हें दिनांक : 29.03.47 ई. को धारा 119 ताजीरात ग्वालियर (धारा-131 ताजीरात-ए-हिन्द) फौजी बगावत के अन्तर्गत पुलिस कोतवाली लश्कर जिला—गिर्द, ग्वालियर द्वारा गिरफ्तार किया गया।

इन्हें दिनांक : 06.11.47 ई. को स्पेशल क्रिमिनल सेशन जज लश्कर जिला—गिर्द, ग्वालियर ने उपरोक्त धारा के अन्तर्गत पाँच साल की कैद सख्त व पाँच रुपये जुर्माना की सजा दी।

इनकी ट्रायल पीरियड में जमानत नहीं हुई। इस प्रकार यह दिनांक : 29.03.47 ई. से दिनांक : 12.01.48 ई. तक लगातार नौ माह पन्द्रह दिन जेल में रहे।

इन्हें भूतपूर्व ग्वालियर राज्य की स्वतंत्रता के समय दिनांक : 12.01.48 को जेल से छोड़ा गया। ग्वालियर राज्य दिनांक : 26.01.1९48 को स्वतंत्र हुआ।

अत: श्री ललई सिंह का नाम स्वतंत्रता संग्रम सेनानियों की सूची में अंकित करके इन्हें आजीवन पेन्शन (सम्मानित निधि) प्रदान की जाए। इन्हें एक विशाल फौजी बगावत के आन्दोलन का सफल नेतृत्व करने के उपलक्ष्य में विशेष उपाधि से विभूषित किया जाए।

दिनांक : 07.12.73 ई.

हस्ताक्षर
म.प्र.भू. पूर्व मुख्यमंत्री ग्वालियर राज्य
तथा भू. पूर्व मुख्यमंत्री मध्य भारत
व भू. पूर्व-सदस्य लोक सभा।

# बाबा साहेब के व मेरे लेख जब्त होते हैं

बाबा साहेब के व मेरे लेख जप्त होते हैं— मगर जिन पुस्तकों से हम लोगों ने उद्धरण लिखे हैं या जिन लोगों ने हम लोगों के समान लेख या किताबें अन्य पुस्तकों के आधार पर लिखी हैं–वे सब की सब जप्त क्यों नहीं होती ? स्पष्ट है–हम लोगों को दिमागी गुलाम बनाये रखने के लिये यह ब्राह्मणवादी सरकारी शरारत है। पाठकगण इस शरारत को रोकने की युक्ति आज सोचें, कल सोचें। शरारत का अन्त करके ही चैन की सांस लेवें। धन्यवाद।

दि० १४ अप्रैल, सन् १९९० ई०                    —पेरियार ललईसिंह

*स्रोत*—बौद्धाचार्य डीसी मौर्य, भिंड, मध्य प्रदेश, भारत

बाबा साहेब के व मेरे लेख जब्त होते हैं—मगर जिन पुस्तकों से हम लोगों ने उद्धरण लिखे हैं या जिन लोगों ने हम लोगों के समान लेख या किताबें अन्य पुस्तकों के आधार पर लिखी हैं—वे सब की सब जब्त क्यों नहीं होती? स्पष्ट है—हम लोगों को दिमागी गुलाम बनाए रखने के लिए यह ब्राह्मणवादी सरकारी शरारत है। पाठकगण इस शरारत को रोकने की युक्ति आज सोचें, कल सोचें। शरारत का अन्त करके ही चैन की साँस लेवें। धन्यवाद।

दिनांक : 14 अप्रैल, सन् 1990 ई.                    **—पेरियार ललई सिंह**

परम आदरणीय बन्धुवर ;

१ - सन १९४४ ई० से कलेजा में दर्द रहता है। सन १९६४ ई० में खून की भारी उल्टियां हुईं, बीच बीच में अन्तर दे कर अब भी दवायें आइसोजोन फ्रोट टाबलेट व शार्कोफ़ाल आदि खाता हूं। सन १९५४ [illegible] से दाईं बड़ी आंत में सूजन है, हमेशा पेट में दर्द रहता है, कुरसन साल्ट व कुटजारिष्ट आदि सेवन करता हूं। बाईं टांग में कुलङ्ग बात सन १९७५ ई० से है, अग्रापाइरिन आदि से मुस्तकिल आराम नहीं। दाहिने घुटने में पुरानी चोट है, के कारण तथा कुलंग बात के कारण टहलते फिरते समय या बैठे समय थोड़ा सा मुड़ने पर गिर पड़ता हूं। कूदने की पुरानी चोट के कारण बायें अण्ड-कोष की नस थोड़ा सा ऊंचा नीचा पैर पड़ने पर फूल जाती है। दोनों आंखों में सन १९८० ई० से मोतियाबिन्द है। कभी कभी बेहोशी आ जाती है। जन्म ति० १ सितम्बर सन् १९११ ई० है।

२ - पेन्शन के रुपयों से किताबें छापी जाती हैं, जो कम बिकती हैं,

३ - मुकदमों, बीमारी तथा किताबों के कम बिकने के कारण आर्थिक दशा बहुत ही खराब है। अतः बहुत कृपा मित्रों से दस दस रुपये पेशगी भिजवा कर किताबें मंगवायें। दान या सहायता स्वीकार नहीं। धन्यवाद।

पता :- अशोक पुस्तकालय, झींझक - २०९३०२ ( कानपुर )

*स्रोत*—प्रोफेसर रमेन्द्र नाथ, दर्शनशास्त्र विभाग,
पटना विश्वविद्यालय पटना, बिहार, भारत

## परम आदरणीय बन्धुवर;

1. सन् 1944 ई. से कलेजा में दर्द रहता है। सन् 1964 ई. में खून की भारी उलटियाँ हुई, बीच-बीच में अन्तर दे कर अब भी दवाएँ आइसोजोन फोर्ट टेब्लेट्स व शार्कोफाल आदि खाता हूँ। सन् 1974 ई. से दाईं बड़ी आँत में सूजन है, हमेशा पेट में दर्द रहता है। कुरसन साल्ट व कुटजारिष्ट आदि सेवन करता हूँ। बाईं टाँग में कुलंग वात सन् 1975 ई. से है, अग्रीपाइरिन आदि से मुस्तकिल लाभ नहीं। दाहिने घुटने में पुरानी चोट है, के कारण तथा कुलंग वात के, कारण टट्टी फिरते समय या बैठते समय थोड़ा-सा मुड़ने पर गिर पड़ता हूँ। कूदने से पुरानी चोट के कारण दाएँ अंड कोष की नस थोड़ा-सा ऊँचा-नीचा पैर पड़ने पर फूल आती है। दोनों आँखों में सन् 1980 ई. से मोतियाबिन्द है। कभी-कभी बेहोशी आ जाती है। जन्म दि. 1 सितम्बर, सन् 1911 ई. है।
2. पेन्शन के रुपयों से किताबें छापी जाती हैं, जो कम बिकती हैं।
3. मुकदमों, बीमारी तथा किताबों के कम बिकने के कारण आर्थिक दशा बहुत ही खराब है। अत: स्वत: मित्रों से दस-दस रुपये पेशगी भिजवा कर किताबें मँगवावें। दान या सहायता स्वीकार नहीं। धन्यवाद!

**—पेरियार ललई सिंह**

अशोक पुस्तकालय, झींझक-209302 (कानपुर)

नमो बुद्धाय!

जय भीम!! जय पेरियार!!!

# बाबा साहब अम्बेडकर, पेरियार जयन्ती और बौद्ध धर्म-संस्कार प्रशिक्षण शिविर, रिपब्लिकन पार्टी, मिशनरी यात्राएँ और मानचित्र आदि

*[निम्नलिखित अभियानी दस्तावेज पेरियार ललई सिंह के नोट्स और दस्तावेज से प्रस्तुत हैं। वे सम्पूर्ण भारत में धम्म दीक्षा, बौद्ध प्रशिक्षण शिविर, बुद्ध जयन्ती, अम्बेडकर जयन्ती, पेरियार जयन्ती, रिपब्लिकन पार्टी ऑफ इंडिया, भूमिहीन मजदूर किसान संघ, राष्ट्रीय शोषित संघ, अर्जक संघ का प्रचार-प्रसार विस्तार आदि अवसर पर वक्ता-व्याख्याता के रूप में भाषण देने, सभा करने जाते थे। साधारण जनता को प्रबोधित करते थे। ये कार्यक्रम जम्मू-कश्मीर से तमिलनाडु तक और गुजरात से बंगाल तक आयोजित होते थे। उस अवसर पर पेरियार ललई सिंह साथी वक्ताओं की बातों के महत्त्वपूर्ण अंशों को लिखते थे। वही यहाँ प्रस्तुत हैं। —सम्पादक]*

# शोषित का इंकलाब

तारीख : 4 जनवरी, सन् 1964 ई., स्थान : अहमदाबाद

## श्री प्रेसीडेंट धन्यवाद चौथे अधिवेशन का

**अध्यक्ष**—श्री खोब्रागडे जी हमारे 9 एम.पी. सन् 1950 में हुए। सन् 1962 में भी 9 एम.पी. रहे राज्य सभा में। गंगापुर के सन् 1964 के किस्से—वहाँ रोटी, कपड़ा, मकान चाहिए। आप सब बच्चों की शिक्षा, स्वास्थ्य ठीक करिए। राजनैतिक अनाथपन, भूमिहीनता, देहात ही हम गरीबों की परेशानी यही बदहाली का यही मुख्य कारण है। हम सरकार के सामने यह प्रस्ताव लेकर जाएँगे। न मानने पर सरकार के खिलाफ हमारी एक्शन कमेटी आन्दोलन करे।

**श्री शेर सिंह जी**—हमें अधिकारों के लिए लगातार आगे बढ़ना चाहिए। सतत संघर्ष करते रहना चाहिए।

**श्री इन्दौरकर जी गावडे**—आज भी भारत के दूरदराज गाँवों में पानी लेने व बारात आदि के चढ़ने के समय अछूतों को परेशान किया जाता है।

**श्री सोनू साहब**—बेरोजगारी, बेइज्जती हम सहते हैं। हम सम्मान की जिन्दगी के लिए संघर्ष करते रहेंगे। इस मसले को लेकर आगे भी लड़ते रहेंगे।

**श्री मंत्री जी गुजरात**—हम सभी मिलकर पार्टी व बौद्ध विहार की तरक्की करें।

**श्री अनिल कुमार**—शोषित ही इंकलाब करेगा। हमें सजग रहना होगा। सोशलिस्ट हमला कर सकते हैं।

**श्री सेक्रेटरी महाराष्ट्र**—हमारा सवाल आन्दोलन से ही हल होता है। आन्दोलन से ही संविधान सुरक्षित रहेगा। मजबूत रहेगा।

**श्री सोलंकी, गुजरात**—कांग्रेस पार्टी दलितों के साथ भेद-भाव करती है। वह गुलाम कांग्रेसाई दलितों को ही रुपया सुविधा सब कुछ देती है।

**श्री गौतम जी यू.पी.**—थाईलैंड बुद्ध धर्म की धर्म भूमि है। एशिया के सबसे बड़े कानून विद् सामाजिक क्रान्ति के सबसे बड़े नेता बाबा साहब डॉ. अम्बेडकर थे, जिन्होंने बौद्ध धर्म की नई राजधानी नागपुर बनाया। जो हम नागों की प्राचीन भूमि है।

**श्री दौलतीया जी दिल्ली**-जो सरकार ज्यादा चमक का कानून लेकर आती है। वह सरकार फिजूलखर्ची करती है।

**श्री अब्बास जी**—बाबा साहेब का मिशन इनसानों को शिक्षा, सम्मान, ज्ञान, रोजी, रोटी, कपड़ा और मकान देने का है। उनके मिशन से दलित-मुसलमान-पिछड़े, स्त्री सबकी मुक्ति होगी। सब स्वतंत्र होंगे।

**पंडित विदुश्री, जिला—औरंगाबाद** (मराठवाड़ा) में गंगाधर नाम की जगह है। वहाँ अछूतों के साथ लगातार अन्याय हो रहा है। हमारी साईलेंट एक्सन कमेटी वहाँ पहुँचे। उनके साथ न्याय होना चाहिए।

**पेरियार ललई सिंह***—सभी मनुष्य समान होते हैं। सभी मनुष्यों को समता, बन्धुता, करुणा और मैत्री भाव से जीवन जीना चाहिए। पेरियार ई.वी. रामास्वामी ने कहा है—ईश्वर नहीं है! ईश्वर नहीं है!! ईश्वर नहीं है!!! यह भौतिक संसार ही सत्या है।

वेद मनुष्य कृत हैं। इसे ईश्वर ने नहीं, पुरोहितों ने लिखा है। उसकी मान्यताएँ पूरी तरह झूठी हैं। वर्णव्यवस्था, जातिव्यवस्था, अछूतभावना झूठी है। अपने घरों से ईश्वर, देवी-देवताओं की मूर्तियाँ तोड़ दें। उसे कूड़े में फेंक दें। घरों से 'रामायण-रामचरितमानस' निकाल कर फूँक दें। आग लगा दें। उसकी जगह पेरियार ईवी रामास्वामी का साहित्य रखें, बुद्ध के प्रवर्तन करनेवाले 'विनयपिटक', 'अभिधम्मपिटक', वंस साहित्य और परम् पूज्य बाबा साहब द्वारा निर्मित भारत का संविधान रखें। साथ ही, तथागत बुद्ध, बाबा साहब डॉ भीमराव अम्बेडकर और पेरियार ई.वी. रामास्वामी का चित्र भी रखें। आप सब यहाँ लगभग दस से बारह हजार हैं। जिस धर्म में आपकी मानवता का कोई मूल्य नहीं, उस धर्म में क्यों रहते हो!—

आज के दिन सभी लोग संसार के शान्ति-प्रिय बौद्ध-धर्म को स्वीकार करें। मैं बौद्ध-धर्म, बुद्ध-नमस्कार, त्रिशरण तथा पंचशील को कहूँगा। आप लोग दोहराएँगे—

*(बुद्ध-नमस्कार)*

नमो तस्स भगवतो अरहतो सम्मासम्बुद्धस्य।
नमो तस्स भगवतो अरहतो सम्मासम्बुद्धस्य।
नमो तस्स भगवतो अरहतो सम्मासम्बुद्धस्य।

---

* [**राम अवतार पाल—पेरियार ललई सिंह** बौद्ध प्रशिक्षण शिविर, बुद्ध जयंती, दीक्षा दिवस, अशोक जयंती, डॉ अंबेडकर जयंती, पेरियार जयंती आदि अवसर पर कुछ मिनट अपनी बात रखते थे। जनता को समझाने के बाद एक कॉपी निकालते, उसमें उपरोक्त दीक्षाएँ लिखी होती थीं। उन्हें बोलकर वहाँ उपस्थित 10 से 15 हजार लोगों को बौद्ध धर्म ग्रहण कराते। वे अमूमन अपनी मौलिक बातें कड़क और तेज आवाज में 8 से 10 मिनट में कह जाते थे। कुछ अवसर पर वे एक या डेढ़ घंटा भी बोलते। जितना भी बोलते थे, बहुत ठोस बोलते थे।]

*(त्रि-शरण-ग्रहण)*

बुद्धं शरणं गच्छामि।
धम्मं शरणं गच्छामि।
संघं शरणं गच्छामि॥
दुतियम्पि बुद्धं शरणं गच्छामि।
दुतियम्पि धम्मं शरणं गच्छामि।
दुतियम्पि संघं शरणं गच्छामि॥
ततियम्पि बुद्ध् शरणं गच्छामि।
ततियम्पि धम्मं शरणं गच्छामि।
ततियम्पि संघं शरणं गच्छामि॥

*(पंच-शील-ग्रहण)*

1. पाणातिपाता वेरमणि सिक्खापदं समादियामि।
2. अदिन्नादाना वेरमणि सिक्खापदं समादियामि।
3. कामेसु मिच्छाचारा वेरमणि सिक्खापदं समादियामि।
4. मूसावादा वेरमणि सिक्खापदं समादियामि।
5. सुरामेरय मज्ज पमादट्ठाना वेरमणि सिक्खापदं समादियामि।

श्री उप-प्रमुख बम्बई प्रान्त के पार्टी प्रमुख मेम्बर ने 70 हजार रुपये का अनुदान दिए, उनको धन्यवाद!

# सम्पूर्ण सामाजिक इंकलाब लाना है

तारीख 5 जनवरी, सन् 1964 ई.

काँकरियाफर ग्राउंड, अहमदाबाद

**श्री प्रेसीडेंट साहेब—**श्री राव बहादुर एन. शिव राम जी हैं। ये कल भी थे।

**श्री गायकवाड़ जी—**उद्घाटनकर्ता महोदय—हमें कांग्रेस ने आजादी के समय साथ रखा। हमने साथ दिया। हमारी माँग थी कि गरीबी दुःख दूर हो। आज उन्होंने हमें क्या आराम दिया—सोचो! खयाल करो! पंचवर्षीय योजना पर विचार करो! इससे हमें क्या लाभ मिल रहा है। आज भी हमारे भारत की ये स्थिति है कि 1 या 2 करोड़ का अनाज बाहर से मँगाना पड़ रहा है। आज भी भूमिहीन की समस्या, बेकारों की समस्या जस की तस हैं। क्यों स्वराज के बाद जनसंख्या ज्यादा बढ़ी? नेहरू ने कहा था भ्रष्टाचारियों को नहीं बख्शेंगे। उन्हें भ्रष्टाचार नहीं करने देंगे। उन्हें फाँसी देंगे। मगर क्यों नहीं दी, 16 वर्ष पहले जो नेहरू कहे थे, उसे दो वर्ष में नन्दा साहब कैसे करेंगे।

1. बंजर जमीन भूमिहीन को दी जाए, उसे घर बनाने को लोन (कर्ज) दें।

2. काम देना सरकार मलतब राज्य की जिम्मेदारी का कार्य है।

3. जवाहर लाल पादरी हैं, मद्रास आदि के प्रस्ताव, दुनिया भूलती नहीं है। इनकी सरकार राजस्थान में गरीबी बढ़ा दी है। गरीब कैसे क्रान्ति करेगा। इनकी सरकार ने गरीबी में सुधार नहीं करने दिया। गरीबों के लिए जगजीवन राम ने बम्बई में कहा था, कांग्रेस गरीबों का सुधार नहीं कर पाई है, उन्हें बगावत करनी चाहिए, संकट न होते हुए भी वो संकट का ढोंग रच रहे हैं। कांग्रेस को मजबूत करने के लिए और दूसरे दलों को दबाने के लिए ऐसा कर रहे हैं। वीरो, सरदारो जागो! सोने से जगो, जिन्दा रहो, इज्जत से रहो, वरना मारे जाओगे!

**श्री राय बहादुर एन. शिवराज प्रेसीडेंट—**सोशलिस्ट पेटर्न ऑफ सोसाइटी कैसे कायम हो गई, सोचो, कांग्रेस द्वारा यह किस रणनीति से तैयार कारवाई गई।

**श्री हरिश्चन्द्र—** शोक प्रस्ताव : श्री कोली साहब की मृत्यु हो गई है। उनके लिए शोक प्रस्ताव—प्रस्तुत किया जा रहा है। हम सब एक मिनट का मौन रखेंगे।

**अन्य प्रस्ताव—**

**श्री खोब्रागडे जी—** गरीब और गरीब बने हैं, अमीर और अमीर बने हैं। तीन साल हुए कमेटी की रिपोर्ट सरकार क्यों नहीं पेश कर रही है। कमेटी ने सन् 1955 ई. में कहा था कि समाजवादी सरकार बनाएँगे। मगर उसका अर्थ आजतक नहीं मालूम हुआ। यह बुद्धिमानी नहीं बल्कि आँखों में धूल झोंकना है। ऐसे तो मदारी का खेल होता है। एक कृष्णवादी ने कहा नेहरू का प्रस्ताव गलत है। कर्जा असली पूँजी में नहीं बदलेंगे, प्रतिक्रियावादी कांग्रेस कभी समाजवाद नहीं ला सकती। मोरार जी देसाई प्रतिक्रियावादी हैं। उन्हें कांग्रेस से निकल जाना चाहिए।

बाबा साहब ने पहले भी कहा था कि चीन हमला करेगा। मगर नेहरू नहीं माने, जनता को खुद चीन को भगाना है। जहाँ-जहाँ से मदद मिले, लें, चीनियों को अपने-अपने यहाँ से भगाना चाहते हैं। अत: सम्बन्ध ठीक रखें। जब जगजीवन राम जी मंत्री थे, तो दलितों के लिए गलत कानून क्यों बनाया?

**डॉ. प्रकाश नारायण जी—** मिलिटरी गवर्नर साहब जी...देश के 12 आदमी बड़ी-बड़ी पूँजी पर कब्जा किए हैं। उनके खिलाफ हम सर्वहारा को क्रान्ति करनी होगी।

**श्री करन सिंह जी—** कांग्रेस के प्रचार में दिलीप कुमार बंबई गए थे। हम सबको अपनी रिपब्लिकन पार्टी और मजबूत करनी होगी। इसमें और सभी लोगों को शामिल कर। पार्टी का जम कर प्रचार प्रसार करना चाहिए। हमें पार्टी जमीन से खड़ी करनी पड़ेगी।

**श्री दमयन्ती बाई डोंगरे—** बाबा साहब के मिशन को उनकी पार्टी के साथ ही आगे बढ़ाना सबसे बढ़िया रास्ता होगा।

**श्री ललई सिंह यादव**—पेरियार ई.वी. रामास्वामी ने कहा है—ईश्वर नहीं है! ईश्वर नहीं है!! ईश्वर नहीं है!!!

वेद मनुष्य कृत हैं। इसे ईश्वर ने नहीं पुरोहितों ने लिखा है। उसकी मान्यताएँ पूरी तरह झूठी हैं। वर्णव्यवस्था, जातिव्यवस्था, अछूतभावना झूठी है। अपने घरों से ईश्वर, देवी-देवताओं की मूर्तियाँ तोड़ दें। उसे कूड़े में फेंक दें। घरों से 'रामायण-रामचरितमानस' निकाल कर फूँक दें। आग लगा दें। जिस धर्म में आपकी मानवता का कोई मूल्य नहीं, उस धर्म में क्यों रहते हो—संसार सुखमय बनाना है तो धर्मान्तरण कीजिए।

आप सभी लोग पन्द्रह से सोलह हजार हैं। आज के दिन सभी लोग संसार के शान्ति-प्रिय बौद्ध-धर्म को स्वीकार करें। मैं बौद्ध-धर्म, बुद्ध-नमस्कार, त्रिशरण तथा पंचशील को कहूँगा। आप लोग दोहराएँगे—

*(बुद्ध-नमस्कार)*

नमो तस्स भगवतो अरहतो सम्मासम्बुद्धस्य।
नमो तस्स भगवतो अरहतो सम्मासम्बुद्धस्य।
नमो तस्स भगवतो अरहतो सम्मासम्बुद्धस्य।

*(त्रि-शरण-ग्रहण)*

बुद्धं शरणं गच्छामि।
धम्मं शरणं गच्छामि।
संघं शरणं गच्छामि॥
दुतियम्पि बुद्धं शरणं गच्छामि।
दुतियम्पि धम्मं शरणं गच्छामि।
दुतियम्पि संघं शरणं गच्छामि॥
ततियम्पि बुद्धं शरणं गच्छामि।
ततियम्पि धम्मं शरणं गच्छामि।
ततियम्पि संघं शरणं गच्छामि॥

*(पंच-शील-ग्रहण)*

1. पाणातिपाता वेरमणि सिक्खापदं समादियामि।
2. अदिन्नादाना वेरमणि सिक्खापदं समादियामि।
3. कामेसु मिच्छाचारा वेरमणि सिक्खापदं समादियामि।
4. मूसावादा वेरमणि सिक्खापदं समादियामि।
5. सुरामेरय मज्ज पमादट्ठाना वेरमणि सिक्खापदं समादियामि।

**श्री मंडल यादव**—रिपब्लिकन पार्टी ही इस देश के सभी गरीबों की पार्टी है। शिड्यूल्ड कास्ट ज्यादा गरीब हैं। हमें हमेशा उसके साथ खड़ा रहना चाहिए। हमें उन्हें मजबूत करना है। वे आज भी नाना प्रकार का सामाजिक अपमान सहते हैं। हमारी रिपब्लिकन पार्टी ही सामाजिक अपमान से मुक्ति दिलाएगी। अपनी सरकार बनने के साथ हमें सभी प्रकार के सामाजिक, सांस्कृतिक, राजनीतिक, आर्थिक, धार्मिक उन्नति करनी है। इसकी हमारे समाज को बहुत जरूरत है। अपने सामने आई हुई मुसीबतों से घबराएँ नहीं, संविधान सम्मत तरीके से सामना करें। श्री बी.पी. मौर्य की बात, 4 बौद्ध भिक्षुओं की बेइज्जती का जंगली कार्य असभ्य और बरबर हिन्दुओं ने किया, क्या यही स्वतंत्र भारत की स्वतंत्रता है, कहीं ऐसा न हो बदले की भावना पैदा हो, जिससे राष्ट्र को अपूर्णनीय क्षति हो।

**सरकार ने कहा था—**

—10 साल में प्रारम्भिक शिक्षा फ्री होगी। नहीं कराई गई।

—भविष्य में भी नि:शुल्क नहीं कर पाएँगे, जरूरत व खाने की चीजें महँगी हो रही हैं। हमारा सोशल पेटर्न सोसाइटी ने गरीब को और अधिक गरीब बना दिया है। इसमें मालदार और अधिक मालदार हो गए। ऐसी परेशानी में हम क्या करें। कांग्रेस को समाप्त करें। कांग्रेसी भी खराबियों का अध्ययन करें। अगर ठीक न हो तो रिपब्लिकन पार्टी में आएँ। हम गरीब की उन्नति, बच्चों की शिक्षा, भूमि, भोजन आदि की व्यवस्था चाहते हैं। हमें—साम्प्रदायिकता से घृणा है। सबको धन्यवाद!

**श्री यशवंत जी—** गुजरात महात्मा गांधी व सरदार पटेल की जन्मभूमि है, क्या यहाँ छुआछूत नहीं है अगर आपकों नहीं दिख रहा है तो आप अपनी सामाजिक समझदारी पर विचार करें। आपकी दृष्टि में दोष है। धर्मान्तरण की बात करें। अपने मूल धर्म में जाएँ। बौद्ध धर्म में जाएँ। राजनीतिक रूप से अधिक से अधिक रिपब्लिकन पार्टी को कबूल करें। इस देश के सभी बैंकों का राष्ट्रीयकरण हो ताकि गरीबी दूर हो। नागरिक निश्चिन्त मन से नौकरी कर सकें।

**श्री प्यारे लाल—** हमें इस देश की पूँजी का राष्ट्रीयकरण करने के लिए आन्दोलन करना चाहिए।

**श्री गौतम जी—** हमें संविधान के वास्ते प्रगति करनी चाहिए। बाबा साहब की भारत को संविधान एक महान देन हैं। यह महान कार्य बाबा साहब ही कर सकते थे। वही हमारे नेता हैं। उन्हीं के संविधान के अनुसार हम सबको आगे बढ़ना चाहिए। यही हमारा लक्ष्य होना चाहिए।

# डॉ. अम्बेडकर जयन्ती, जालन्धर

दिनांक : 14 अप्रैल, सन् 1967 ई.; समय : 8 बजे शाम

1. **डॉक्टर साहब** को श्रद्धासुमन अर्पित किए गए।

2. **श्री लोखंडे, नागपुर—** श्री गुरु गोविंद सिंह जी का देहान्त नादेड़ में हुआ था। उन्होंने हमारी बात कही है। डॉ. अम्बेडकर ने सिक्ख धर्म का अध्ययन किया। सिक्ख बनना चाहते थे। ऊँचता-नीचता की भावना से ग्रस्त जातिवादी जट-सिक्खों ने उन्हें सिख नहीं बनने दिया।

आपको यह जानकर हैरानी होगी कि हिन्दू कोडबिल के समर्थन में 5 हजार महिलाएँ थीं। डॉ. अम्बेडकर हमारे स्वतंत्र इतिहास हैं। बाबा साहब की पूना पैक्ट की लड़ाई मुसलमानों को मंजूर थी। वे हमारे साथी हैं। भाई हैं। हमें साम्प्रदायिक दंगे नहीं होने देना चाहिए। ऐसी स्थिति में मुसलमानों की सुरक्षा करें। सद्‌भाव बनाएँ। बाबा साहब की सांस्कृतिक-धार्मिक-राजनीतिक मृत्यु नहीं हुई है। वे विचारों के रूप में जिन्दा हैं। आज भी गुजरात में दलितों को गोली से मार दी जा रही है।

बाबा साहब ऐसा देश नहीं चाहते थे। 1 जनवरी हमारे लिए ऐतिहासिक दिन है। उत्सव का दिन है। भीमा कोरे गाँव के महान शहीदों को हमें सदा याद रखना चाहिए। उन्होने मनुवादी व्यवस्था को खत्म किया था। वे हमारी महान संस्कृति के हिस्से हैं। धरोहर हैं। कोरेगांव (पूना) का सम्यक् अध्ययन करें।

3. **श्री रामराज जी जानोकर एक्स मेयर** का कहना है—कथनी करनी एक रखें। अत्याचारों के होने पर संगठित रह कर सामना करें।

4. **कौल जी**—क्लास वन 5/11/2 नॉन शिड्यूल्ड कास्ट सर्वेंट्स एसोसिएशन में अम्बेडकर, श्री बाली जी, पृथ्वी सिंह आजाद आदि नजर नहीं आते हैं। मुस्लिम लीग के सालों बाद हीरा लाल परमार जालिम रहे।

5. **पेरियार ललई सिंह—** पेरियार ई.वी. रामास्वामी ने कहा है—ईश्वर नहीं है! ईश्वर नहीं है!! ईश्वर नहीं है!!!

वेद मनुष्य कृत हैं। इसे ईश्वर ने नहीं, पुरोहितों ने लिखा है। उसकी मान्यताएँ पूरी तरह झूठी हैं। वर्णव्यवस्था, जातिव्यवस्था, अछूतभावना झूठी है।

जिस धर्म में आपकी मानवता का कोई मूल्य नहीं, उस धर्म में क्यों रहते हो—संसार सुखमय बनाना है, तो धर्मान्तर कीजिए। समता, बन्धुता व स्वतंत्रता युक्त बौद्ध धर्म में आपकी धार्मिक, सामाजिक, आर्थिक एवं राजनीतिक आदि हर प्रकार की प्रगति सुरक्षित है।

अतः आप इस सामाजिक बराबरी को बौद्ध धर्म से परिवर्तित हो कर ही प्राप्त कर सकते हैं। दूसरा कोई रास्ता भी नहीं है। एक स्पष्टीकरण कि बौद्ध धर्म में ही आपकी मानवता का मूल्य सुरक्षित है।

आप सभी लोग दस से बारह हजार हैं। सभी लोग संसार के शान्ति-प्रिय बौद्ध-धर्म को स्वीकार करें। मैं बौद्ध-धर्म, बुद्ध-नमस्कार, त्रिशरण तथा पंचशील को कहूँगा। आप लोग दोहराएँगे—

*(बुद्ध-नमस्कार)*

नमो तस्स भगवतो अरहतो सम्मासम्बुद्धस्य।
नमो तस्स भगवतो अरहतो सम्मासम्बुद्धस्य।
नमो तस्स भगवतो अरहतो सम्मासम्बुद्धस्य।

*(त्रि-शरण-ग्रहण)*

बुद्धं शरणं गच्छामि।
धम्मं शरणं गच्छामि।
संघं शरणं गच्छामि॥
दुतियम्पि बुद्धं शरणं गच्छामि।
दुतियम्पि धम्मं शरणं गच्छामि।
दुतियम्पि संघं शरणं गच्छामि॥
ततियम्पि बुद्धं शरणं गच्छामि।
ततियम्पि धम्मं शरणं गच्छामि।
ततियम्पि संघं शरणं गच्छामि॥

*(पंच-शील-ग्रहण)*

1. पाणातिपाता वेरमणि सिक्खापदं समादियामि।
2. अदिन्नादाना वेरमणि सिक्खापदं समादियामि।
3. कामेसु मिच्छाचारा वेरमणि सिक्खापदं समादियामि।
4. मूसावादा वेरमणि सिक्खापदं समादियामि।
5. सुरामेरय मज्ज पमादट्ठाना वेरमणि सिक्खापदं समादियामि।

# बौद्ध धर्म ग्रहण

दिनांक : 21 जुलाई, सन् 1967 ई., कुशीनगर

निर्वाण प्राप्त परम् पूज्य, महास्थविर ऊँ चन्द्रमणि जी (जिनका जन्म दिनांक : 6 जून, सन् 1876 ई. मृत्यु दिनांक : 8 मई, सन् 1973 ई. को हुई थी) से हमारे परम् पूज्य बाबा साहब डॉक्टर भीमराव रामजीराव अम्बेडकर ने दिनांक : 14 अक्टूबर, सन् 1956 ई. को नागपुर में और मैंने (ललई सिंह) दिनांक : 21 जुलाई, सन् 1967 ई. को कुशीनगर, जिला—देवरिया, उत्तर प्रदेश में विधिवत बौद्ध धर्म की दीक्षा ली थी, उनकी सेवा में मैं सदा सादर समर्पित हूँ।

हस्ताक्षर

**—ललई सिंह**

# दीक्षा दिवस

नानाराव पार्क, कानपुर

तारीख : 14 अक्टूबर, सन् 1968 ई.

दीक्षा दिवस 14 अक्तूबर, 1968 ई. पर नाना राव पार्क, कानपुर, उत्तर प्रदेश में मुझे भिक्षु निर्गुणानन्द ने 'उत्तर भारत का पेरियार' कहा। वे पेरियार ई.वी. रामास्वामी को 12 अक्टूबर, 1968 ई. को लखनऊ में सुने थे। मेरे द्वारा उत्तर भारत में गुरु पेरियार की तरह ईश्वर, मिथक, धर्म, कर्मकांड, पाखंडवाद, अन्ध-विश्वास, पुरोहितवाद, ब्राह्मणवाद, वर्ण-व्यवस्था, जाति व्यवस्था के विरुद्ध किए गए कार्यों से परिचित थे।

अत: हो सकता है, इसी कारण उन्होंने मुझे 14 अक्टूबर को 'उत्तर भारत का पेरियार' की उपमा दीया हो।

हस्ताक्षर

**—पेरियार ललई सिंह**

# गौतम बुद्ध जयन्ती

जम्मू एंड कश्मीर

सन् 1968, समय प्रात: 10 बजे

**सर्व प्रथम भन्ते जी का बुद्ध सन्देश हुआ, उसके बाद...**

**1. श्री प्यारे लाल—** मैं गाँव—धीरूर, पोस्ट—बरीपाल, कानपुर, उत्तर प्रदेश का रहनेवाला हूँ। बुद्ध, बाबा साहब और पेरियार के मत का सच्चा अनुयायी हूँ। आप सब भी उनके मतानुसार जीवन को आगे बढ़ाइए। बुद्ध की मूर्ति घरों में रखें। हिन्दू धर्म के ईश्वर, देवी-देवता की मूर्तियों को तोड़कर कूड़ा में फेंक दें।

**2. श्री गौरी शंकर आर्य, अध्यापक** पर्वाहकर्ता जगदीशचन्द्र, रानी खेत, अल्मोडा का रहनेवाला हूँ। आप जहाँ भी रहें, संगठित रहें। अपने बच्चों को अच्छी शिक्षा दिलाने की जी-जान से कोशिश करें। और स्वास्थ्य का भी पूरा ध्यान रखें। बच्चे ही भारत के भविष्य हैं। घरों में बुद्ध की मूर्ति रखें। हिन्दू साधु की जगह बौद्ध भिक्खु को घर में बुलाकर बुद्ध, वंदना, धम्म पाठ आदि करवावें घर का वातावरण बौद्धमय रखें।

**3. श्री हरि शंकर आर्य अध्यापक, रानी खेत, अल्मोड़ा—** पेरियार ने कहा कि ईश्वर नहीं है! ईश्वर नहीं है!! ईश्वर नहीं है!!! अत: मनुष्य और यह भौतिक संसार ही सत्य है। ईश्वर, वेद, पुराण स्मृतियाँ, देवी-देवता, स्वर्ग-नरक, पूर्वजन्म पुरोहित की हर बात झूठ है। यही पेरियार का मत है। इसे ही मानें। बुद्ध भी ईश्वर को नहीं मानते थे। वर्ण और आर्य श्रेष्ठता को नहीं मानते थे।

**4. पेरियार ललई सिंह—** ईश्वर नहीं है! ईश्वर नहीं है!! ईश्वर नहीं है!!! वेद मनुष्य कृत हैं। इसे ईश्वर ने नहीं पुरोहितों ने लिखा है। उसकी मान्यताएँ पूरी तरह झूठी हैं। वर्णव्यवस्था, जातिव्यवस्था, अछूत भावना झूठी है।

जिस धर्म में आपकी मानवता का कोई मूल्य नहीं, उस धर्म में क्यों रहते हो—संसार सुखमय बनाना है तो धर्मान्तरण कीजिए।

समता, बन्धुता व स्वतंत्रता युक्त बौद्ध धर्म में आपकी धार्मिक, सामाजिक, आर्थिक एवं राजनीतिक आदि हर प्रकार की प्रगति सुरक्षित है।

अत: आप इस सामाजिक बराबरी को बौद्ध धर्म से परिवर्तित हो कर ही प्राप्त कर सकते हैं। दूसरा कोई रास्ता भी नहीं है। एक स्पष्टीकरण कि बौद्ध धर्म में ही आपकी मानवता का सम्पूर्ण मूल्य सुरक्षित हैं।

आप लोग सात-आठ हजार से अधिक हैं। सभी लोग संसार के शान्ति-प्रिय बौद्ध-धर्म को स्वीकार करें। मैं बौद्ध-धर्म, बुद्ध-नमस्कार, त्रिशरण तथा पंचशील को कहूँगा। आप लोग दुहराएँगे—

*(बुद्ध-नमस्कार)*

नमो तस्स भगवतो अरहतो सम्मासम्बुद्धस्य।
नमो तस्स भगवतो अरहतो सम्मासम्बुद्धस्य।
नमो तस्स भगवतो अरहतो सम्मासम्बुद्धस्य।

*(त्रि-शरण-ग्रहण)*

बुद्धं शरणं गच्छामि।
धम्मं शरणं गच्छामि।
संघं शरणं गच्छामि॥
दुतियम्पि बुद्धं शरणं गच्छामि।
दुतियम्पि धम्मं शरणं गच्छामि।
दुतियम्पि संघं शरणं गच्छामि॥
ततियम्पि बुद्धं शरणं गच्छामि।
ततियम्पि धम्मं शरणं गच्छामि।
ततियम्पि संघं शरणं गच्छामि॥

*(पंच-शील-ग्रहण)*

1. पाणातिपाता वेरमणि सिक्खापदं समादियामि।
2. अदिन्नादाना वेरमणि सिक्खापदं समादियामि।
3. कामेसु मिच्छाचारा वेरमणि सिक्खापदं समादियामि।
4. मूसावादा वेरमणि सिक्खापदं समादियामि।
5. सुरामेरय मज्ज पमादट्ठाना वेरमणि सिक्खापदं समादियामि।

# अर्जक संघ

उन्नाव, उत्तर प्रदेश, भारत
दिनांक : 6-7 जून, 1970
समय : 10 बजे प्रातः, दो दिवसी प्रशिक्षण शिविर

**वक्ता—**
रामस्वरूप वर्मा
पेरियार ललई सिंह
प्रताप सिंह यादव

**श्री रामस्वरूप वर्मा—**इस भूमि पर अर्जक और अनर्जक सांस्कृतिक लड़ाई लड़ रहे हैं। आप हिन्दू सांस्कृतिक गुलामी को झेल रहे हैं। जो अनर्जकों की संस्कृति है। अर्जक जो अर्जन करके मतलब श्रम करके जीविकोपार्जन करता है। कबीर अर्जक थे। हम सभी अर्जक हैं। अनर्जक वे होते हैं जो बिना श्रम केजीविकोपार्जन करते हैं।

आपके व्यवहार और आचरण से समाज बनता है। यह जन समूह परस्पर समता, बन्धुता का व्यवहार और आचरण करता है। यही समाज कहलाता है। हिन्दू समाज में समता का व्यवहार व आचरण नहीं है। इसमें उठने-बैठने, मान-सम्मान करने, खान-पान, शादी-विवाह आदि में गहरी असमानता है। हिन्दू समाज में समाज के मायने जीवन है। इसमें बार-बार हिन्दू जीवन पद्धति की बात की जाती है। जबकि व्यवहार की समानता आचरण की समानता नहीं है। जीवन व्यवहार और आचरण में अन्तर होता है।

मानव विचारवान प्राणी है। संघात-व्याघात, प्रकृति, पदार्थ और शील मूल तत्व हैं। ये आपस में बदलते रहते हैं। व्यक्ति को भी बदला जा सकता है। पूजा-पाठ और भागवत पढ़ते रहे और भूखे रहे तो एक समय के बाद आपकी ज्ञानेन्द्रिय काम नहीं करेंगी और मूर्च्छित हो कर गिर सकते हैं। आपको अपनी सोच बदलनी पड़ती है।

सनातनी ब्राह्मणवादी दर्शन-ईश्वर, पुनर्जन्म, स्वर्ग-नरक, भाग्य, पाप-पुण्य, कर्मकांड आदि पर टीका हुआ है। अर्जक सिद्धान्त एवं दर्शन इन सभी चीजों को नहीं मानता है। वह भौतिक मूल्य पर विश्वास करता है।...

**पेरियार ललई सिंह**—हिन्दू धर्म में 84 लाख योनियों में जन्म की बात चौरासी सिद्धों और चौरासी लाख बौद्ध स्तूपों के नाम पर उसके काउंटर के लिए चलाई गई। पुरोहितों ने बुद्धमत के नाथ सम्प्रदाय को अपमानित करने के लिए उसकी प्रतीकात्मक व्याख्या 84 लाख योनि से किया। गोरख नाथ जो जाति से अहीर ग्वाला थे। उन्होंने जो मत चलाया। उसे माननेवाले गोरखपंथ के लोग कहे जाते हैं। गोरख के मत को अपमानित करने और रोकने के लिए ब्राह्मणों ने उसे गोरखधन्धा कहा। मछन्दर नाथ जो जाति से मछुआरा थे। 'उठजाग मछन्दर गोरख आया।' ये दोहा आप लोगों ने सुना ही होगा। इन सबके दर्शन को हिन्दुओं ने चुरा लिया। अपना बनाकर परोस दिया।

प्रस्तुति

**—श्रीप्रताप सिंह यादव**

# राष्ट्रीय शोषित संघ

डलमऊ, (मुराई का बाग), जिला—रायबरेली
दिनांक : 13, 14 जून, 1970 ई.

**वक्ता—**

1. पेरियार ललई सिंह
2. रामस्वरूप वर्मा
3. रामबचन यादव
4. महादेव प्रसाद
5. रामेन्द्र वर्मा

**पेरियार ललई सिंह—**

**रामस्वरूप वर्मा—** सम्प्रदाय दो आधार पर संचालित होता है। एक-उपधान—जिसमें ध्यान किया जाता है। दूसरे कर्मकांड—जिसमें उठना-बैठना, सुनना, खाना, पीना, रीति नीति आता है। वैसे एक धर्म में कई सम्प्रदाय हो सकते हैं।

हिन्दू धर्म का पुरोहितवाद अर्थात् ब्राह्मणवाद—ईश्वर, आत्मा और पुनर्जन्म को आधार बनाकर व्यक्ति और समाज का शोषण करता है। इसे सामाजिक नैतिकता का आवरण देता है। जबकि नैतिकता को धर्म से नहीं जोड़ा जाना चाहिए। चिन्तक और विद्वान चार्वाक ईश्वर, आत्मा, परमात्मा, पुनर्जन्म, स्वर्ग-नरक को नहीं मानते हैं। गाय की हिन्दुत्ववादी राजनीति को समझिए कि 'ऋग्वेद' के नौ मंडल हैं। इसमें गाय का महत्त्व कहीं नहीं लिखा है। बल्कि गोमांस भक्षण का जिक्र है। उसमें लिखा है—गाय के सावक का मांस बहुत मीठा होता है। इसे अतिथियों को परोसना चाहिए।

धर्म—जिस भी मूल्य में मानव की धारणा सन्निहित है वही धर्म है। धर्म विश्वास का नहीं बल्कि विचार का विषय है। बौद्ध, हिन्दू, ईसाई, मुस्लिम आदि धर्म हैं।

राष्ट्र—मनुष्यों द्वारा धर्म, संस्कृति, सभ्यता के कारण एकता के सूत्र में बन्धी भौगोलिक सीमा है। भारत, जर्मन, रोमन, ईरानी आदि।

भावना—मन की संवेदनात्मक स्थिति। अन्तिम सत्य—प्रकृति के अनुसार सुविधाजनक बातों को न मानना बल्कि स्थिति के अनुसार चलना है।

सृष्टि—शक्ति, पदार्थ, संघात-व्याघात आदि

साम्प्रदायिकता की भावना के कारण किसी भी राष्ट्र में एकता का होना दुर्लभ है। ब्राह्मण भंगी के बीच का मानवीय वैमनस्य राष्ट्र की एकता के लिए खतरनाक है। चूँकि मनुष्य के मैकनिज्म में अन्तर होता है। इसे समझना होगा।

ब्राह्मणवाद के कोढ़ को शंकराचार्य ने उकेरा। उसके अद्वैतवाद और भाग्यवाद से वर्णवादी मानसिकता से मानवता और समता का पूरा नुकसान हुआ। इससे एकता का सूत्र नहीं बन सका। सभी मनुष्यों को बराबरी में बैठाओ और बैठो। इस व्यवहार पर अमल करो। असमानता की सीढ़ी हिन्दू और सांस्कृतिक राष्ट्रवाद की नींव है। इसका सबसे अधिक सामना अनुसूचित जातियों को करना पड़ता है। देश में 1947 में 1% से भी कम अनुसूचित जाति के लोग शिक्षित थे। सन् 1970 के आस-पास मात्र 8% शिड्यूल्डकास्ट शिक्षित हैं। इन्हें अन्याय के खिलाफ लिंकन, मार्टिन लूथर, और अम्बेडकर की तरह शीघ्र उठ खड़ा हो जाना चाहिए। उनका 23 साल में कुछ नहीं हुआ। चूँकि उनके साथ ऐसा करनेवाली कई राजनीतिक पार्टियाँ भी हैं। इसे तोड़ता है—मानववाद। यह मानववाद ही विज्ञानवाद है। ऐसे ही मानववादी जनतंत्र में अर्जकों का हित है।

**रामबचन यादव—** यह अर्जक कमेरों का संघ हैं। अनर्जक लुटेरों का संघ मनुवादी है। जिसमें पांडे, पुरोहित अनर्जन आदि अर्जक कमेरों को मूर्ख बनाकर अपना पेट पालते हैं। हम अर्जकों की जिम्मेदारी है कि हमारे कमजोर भाइयों पर जब मनुवादी हमला करे तो हम सबसे पहले सामना करें। उन्हें बचाएँ। उन्हें आत्मा, स्वर्ग, नरक के पुरोहिती भ्रमजाल से बाहर निकालें। उन्हें अर्जक संघ की भौतिकतावादी—मानववादी सोच से लैस करें। सोच के स्तर पर मजबूत करें। शिक्षा और आर्थिक सशक्तीकरण में पूरी मदद करें।

*6 बजे शाम—* हमें भारतीय संविधान की धारा 16 (4) के अनुसार केन्द्रीय व प्रान्तीय नौकरियों में मिले अधिकार के लिए हमारे एमपी, एम.एल.ए. खुल के सवाल नहीं उठाते हैं। हमारा सरकारी, सामाजिक, राजनीतिक शोषण होता है। हमें 1948 में ब्राह्मण खाट पर नहीं बैठने देता था। जबकि मैं बैकवर्ड क्लास का मेम्बर रहा रहा हूँ। ऐसे ही जनसंघ हिन्दू-हिन्दू करता है लेकिन फैलता है वर्णवाद से ब्राह्मणवाद को। उसकी किसी बात को न माने। यह संविधान और लोकतंत्र का विरोधी है। नेहरू ने कहा, धन्धे अपनाओ। पूँजी का नेशनलाइजेशन करने से सामाजिक बराबरी अपने आप ही हो जाएगी। उनका

यह नारा गलत था। उत्तर प्रदेश में 15 एकड़ सीलिंग की सीमा रखी जाए। लोक भाषा के साथ अंग्रेजी सबसे जरूरी है। सबको समान शिक्षा दी जाए। इस बात और विचार को गाँव गाँव में सैनिक रूप में समूह बनाकर प्रचार करना होगा। तब काम बनेगा। समाज में बराबरी आएगी। आप लालच में न पड़ें। लड़ाई लम्बी है।

अर्जक संघ या शोषित संघ से जुड़ें। इसका विस्तार, गाँव, ब्लॉक, तहसील, जिले स्तर पर करें। हमें चुनाव व समाज में वर्गीय सोच विकसित करना है लेकिन कुछ जातियों की जीवन शैली में जाति से बहुत प्रेम है। अतः उन्हें मजबूरी में उन्हीं के जाति के वैचारिक नेता के विचार फैलाएँ। लेकिन हमें वर्ण और जातिवादी सोच को तोड़ कर वर्गीय सोच को विकसित करना है। पूँजीवाद लोकतंत्र का तब तक रूपधर्म है, जब तक उनकी स्वार्थ सिद्धि न हो जाए। वरना वे डिक्टेटरशिप का रूप ले लेते हैं। लोकतंत्र के लिए नक्सलवाद भी ठीक नहीं है। प्रजातंत्र में ही वैकवर्ड व अछूतों का हित है। डिक्टेटरशिप या नक्सलियों से बचें।

**(दिनांक : 14.06.1970)**

**महादेव प्रसाद**—हमारी गुलामी में गरीबी, जाति-पाँति, तालिम, पुत्रवाद, प्रान्तीयता, बढ़ती जनसंख्या आदि समस्या है। हमें आशा थी कि आजादी के बाद जाति-पाति खत्म होगी। शोषित का उद्धार प्रजातंत्र में होगा लेकिन यहाँ तो शोषक का ही उद्धार हो रहा है। हम आज भी सरकारी नौकरी, दफ्तर में नहीं हैं। हम अगर किसी तरह नौकरी भी पा जाते हैं तो सवर्ण हमें चलने नहीं देते हैं। हमें किसी न किसी प्रकार निकाल देते हैं। हमें डिक्टेटरशिप या विदेशी हमला या गृह युद्ध करके गिराया जा सकता है। हमें पेरियार ईवी रामास्वामी, मद्रास कि तरह संगठित होकर रचनात्मक प्रतिरोध करना होगा। शोषित संघ के गुबारे हमें फैलाना होगा।

**श्री रामेन्द्र वर्मा**—हमारे लिए यह सबसे चिन्ता की बात है कि अखिल भारतीय या सूबा या ग्राम लेबिल के सभी राजनीतिक पार्टियों के नेता उच्च जाति के हैं। पहले जमींदारों के यहाँ जो हैसियत हलवाहे-चरवाहे की थी। अब वहीं हमारे आदमियों की अन्य दलों में है। कार्ल मार्क्स ने अक्ल-नक्शा यूरोप की स्थिति को सामने रख कर दिया है। भारत की स्थिति को सामने रखकर नहीं दिया है। लोहिया ने कहा 'पिछड़े पावें सौ में साठ' मतलब पिछड़ों के लिए 60% आरक्षण दिया जाए।

श्रीमती इन्दिरा गांधी ने 14 बैंकों का राष्ट्रीयकरण किया। अच्छा है लेकिन हमें 9% नौकरियों में रिजर्वेशन होना चाहिए था। भारत में 7 लाख गाँव हैं। मौजूदा प्रजातंत्र ब्राह्मणों और पूँजीपतियों पर कायल है। 72 अरब, 62 करोड़ रुपये अमेरिका

का भारत पर कर्जा है। 8 खरब, 6 अरब, 50 करोड़ सन् 47-48 में राष्ट्रीय आय थी। अब 16 खरब 5 अरब 59 करोड़ राष्ट्रीय आय है। राष्ट्रीय आय दूनी होने पर भी गरीब बेचारा गरीब है। 25 अरब घाटा 47 से 66 के दरमियान हुआ। 33 अरब रुपये घाटे के नोट छापे गए।

आजादी के पहले भारत पर 35 अरब का कर्जा था। और अब भी हम कर्ज से लदे हुए हैं। अगर हम 1972 ई. तक शासन पर कब्जा नहीं कर पाए तो भारत में प्रजातंत्र खतरे में आ जाएगा। हमें द्विजवाद के विरोध में नया नेतृत्व पैदा करना होगा। तभी हमारे मुद्दे हल होंगे। और पूंजीवाद-द्विजवाद का हमें जड़ से सर्वनाश करना होगा।

सभा समदहा

# भूमिहीन खेतिहर मजदूर संघ

समदहा, सरायख्वाजा, जिला—जौनपुर, उ.प्र., भारत
दिनांक : 11.07.1970

**वक्ता—**

1. श्री बनारसी दास (एम.एल.ए.)
2. श्री छोटेलाल निर्मेय
3. श्री महादेव राय
4. श्री पेरियार ललई सिंह
5. मंजूर एहतेशाम (MLA)

**श्री बनारसी दास (एम.एल.ए.) आजमगढ़—** इस देश में लोकतंत्र है लेकिन सिस्टम उसे खराब कर रहा है। जो अन्याय कर रहा है वह आजाद है। जिस पर अन्याय हो रहा है वह जेल में है। अभी ही अनुसूचित जाति पर अत्याचार हुआ है। पुलिस ठीक से तफ्तीश नहीं की है। गलत तरीके से लोगों को गिरफ्तार किया गया है। अनुसूचित जाति के लोगों की मड़ैया जलाई गई और उन्हीं को गिरफ्तार किया गया।

कुछ उन्मादी-साम्प्रदायिक ऊँची जाति के लोग कह रहे हैं कि हिन्दू धर्म खतरे में है। यहाँ धर्म खतरे में नहीं है बल्कि गरीबों की रोटी और अमीरों की कुर्सी खतरे में है। यह चतुर और मूर्ख की कहानी है।

**श्री छोटेलाल निर्मेय—** भारत पर 65 अरब रुपये 28 मुल्कों का कर्ज है। हमें शिक्षा के लिए लड़ना चाहिए तो हम आज भी रोजी-रोटी और मकान के लिए ही लड़ रहे हैं। हमारे लिए लोकतंत्र का मतलब यही रह गया है।

**महादेव राय** (सम्पादक—कृषक 'बन्धु')— यहाँ भाषा, सूबा, भेस, धन, जाति का बँटवारा है। यहाँ का राष्ट्रीयकरण धोखा है। विनोबा भावे का भूदान आन्दोलन भूमि सुधार के नाम पर धोखा है। इसमें जमींदारों ने अपनी जामीन बचाने के लिए ऊसर-बंजर जमीन दान दिया और मजबूत भूमि बचा लिये। विनोबा भावे

जमींदारों-सामन्तों की तरफ भेजे गए हैं। वो भूमि सुधार को रोकना चाहते हैं। हमें ऊसर-बंजर देना चाहते हैं। अगर भूमिहीनों को जमीन नहीं मिलेगी तो हर गाँव नक्सलवादी बनेगा। और भूमिहीन अपने हक की जमीन लेकर रहेगा। एक मजलूम की कहानी इसी जिले की है।

**ललई सिंह—**

**मंजूर एहतेशाम (एम.एल.ए.)**—भगवान ने किसी को काला-गोरा नहीं बनाया। भौगोलिक परिस्थितियों से आदमी का रूप-रंग निर्धारित होता है। गर्मी वाली जगहों पर हजारों सालों से रहते हुए लोग काले पैदा होते हैं और ठंडे जगहों पर लोग गोरे पैदा होते हैं। इसलिए रूप रंग के आधार पर भेद भाव नहीं होना चाहिए।

यहाँ की राजनीति में सभी पार्टियों के नेता ऊँची जातियों के हैं। हमें अपना नेता और पार्टी तैयार करनी होगी। हरिजनों व ग्राम सेवकों की स्थिति सन्तोषजनक नहीं है। हमें अपनी लड़ाई खुद लड़नी है। कानून द्वारा कुछ मुक्ति केवल गुलामों को मिली। भूमिहीन किसान सारे एम.एल.ए. बड़ी जाति एम.एल.ए. के गुलाम हैं। सब अधिकारी मंत्री 1952 ई. के बाद फोर्मर बन गए। आप अपनी लड़ाई खुद लड़िए। ऐसा जमील मुल्क कहीं नहीं है—जहाँ गरीब को कोई राहत न हो। जिस मुल्क में रोटी, रोजी, इज्जत और तालीम नहीं ऐसी व्यवस्था को बदल दो। यहाँ रोटी दूसरे देशों से माँग कर लाई जाती है। हमारी इसीलिए बे-इज्जती होती है। पंडित और पूँजीपति समाज में इज्जत और पूँजी का झगड़ा लगाते हैं। हमारी कमजोरी जालिम जाति और पंडित-पुरोहित ही हैं।

## सभा समदहा

# भूमिहीन खेतिहर मजदूर संघ

समदहा, सरायख्वाजा, जिला—जौनपुर, उ.प्र.

दिनांक : 12.07.1970

**वक्ता—**

1. श्री बलिराम प्रसाद
2. श्री पेरियार ललई सिंह
3. श्री ...एडवोकेट प्रेसिडेंट (आरपीआई, आजमगढ़)
4. श्री छोटे लाल (आरपीआई, आजमगढ़)
5. श्री विदेशीराम एडवोकेट
6. श्री विनय कुमार चौहान
7. श्री ...श्रीमती आरपीआई जौनपुर
8. श्री दयाराम भास्कर

**श्री बलीराम प्रसाद—**पलदार, जमींदार पुराने लम्बी जोत वाले को ही जमीन मिली, गरीब को जमीन नहीं मिली। हमारे पास जमीन नहीं है। इसलिए हम कमजोर हैं। हम पर शासन के इशारे पर पुलिस अत्याचार करती है। पूँजीपति—पुरोहित, महन्त से मिलकर हमारा शोषण कर रहा है। हम दोनों के गुलाम बने हुए हैं। हमारे चालबाज नेताओं सभापतियों ने ऊँची जाति के लोगों को जमीन दी है।

**श्री पेरियार ललई सिंह (कानपुर)**

**श्री...एडवोकेट प्रेसिडेंट आरपीआई, आजमगढ़—**

**श्री छोटे लाल (आरपीआई, आजमगढ़)—**जो खेती नहीं करते, उनके पास बहुत अधिक जमीन है। सरकार खेती न करनेवालों की जमीन छीनकर खेती करनेवाले किसानों को दे। भीख माँगनेवाले मुल्क की लीडर इन्दिरा की विदेश में इज्जत है। और इस देश की जनता बे-इज्जत हो रही है।

**श्री बिदेशी राय (एडवोकेट)**—हमें जालिमों के खिलाफ बगावत करनी होगी। पूना पैक्ट की लड़ाई लड़नी होगी। डॉ अम्बेडकर ने समानता वाली 'मनुस्मृति' को जलाया। हमें भी अपने घरों से असमानता के हिन्दू ग्रंथ फेंक देना चाहिए।

**श्री विजय कुमार चौहान (आजमगढ़)**—जिस देश के नेता विधायक-सांसद बिकते हैं। दल-बदलू होते हैं। उस देश का सर्वनाश हो जाता है। हमारे नेता बन्दर की तरह इस डाल से उस डाल पर कूदते रहते हैं। हमें मजबूत नेता बनाना है। हमारे नेता से एसआई डरता है तो न्यायपालिका जलता है। हमारे अछूत जाति के नेता अन्य पार्टियों में ऊँची जातियों के गुलाम हैं।

**श्री...मंत्री (आरपीआई, जौनपुर)**—महँगाई बहुत तेजी से बढ़ रही है। जमींदारी उन्मूलन के बाद भी हमें जमीनें नहीं मिलीं। खेतिहर मजदूर की मजदूरी नहीं बढ़ी। आप अपने दिमाग के सही विकास के लिए पेरियार और अम्बेडकर का साहित्य पढ़ें।

**श्री दयाराम भास्कर**—अपने नाम के आगे पीछे जाति न लगाएँ। राय न लगाएँ। नाम के साथ जाति लिखने पर मन से जाति-व्यवस्था मजबूत होती है। जाति गुलामी का प्रतीक है। तीरथ-बरत से मुक्ति पाएँ। पंडित से कोई भी बात पूछना बन्द कर दें। आप लोग पंडित से पूछ कर फसल बोते हैं, वो गलत समय पर फसल बोने को कहता है जिससे फसल होती ही नहीं। इसलिए पंडित की बात से एकदम मुक्त हो जाएँ। उसकी बात कभी न मानें।

## डॉ. अम्बेडकर साहित्य रक्षक परिषद्, कानपुर

दिनांक : 11 अक्टूबर, सन् 1973 ई. मिसिल नं. 203/73,
बनाम स्टेट ऑफ यू.पी. न्यायालय, सिविल जज, इलाहाबाद

मेरे द्वारा प्रकाशित 'जातिभेद का उच्छेद', 'सम्मान के लिए धर्म परिवर्तन', 'आदिवंश कथा', 'बौद्ध धर्म में पूजा-पाठ', 'परिमाला', 'वन्दना व बौद्ध धर्म में जय मंगल पद्धति' का मुकदमा सिविल जज इलाहाबाद के यहाँ दायर किया। दिनांक : 24 जनवरी, 1974 से 25 मार्च, 1974 को स्टेट ऑफ यू.पी. ने जवाब पेश करने के लिए दो माह की मोहलत माँगी है।

हस्ताक्षर
**—पेरियार ललई सिंह**

**दिनांक 18 जून, सन् 1974 ई. को पंचमबेला जन्मदिन था।**

नोबेल पुरस्कार विजेता, अमेरिका में ही हरगोविन्द खुराना, शिकागो में खगोल भौतिकवाद में श्री सुब्रमण्यम चन्द्रशेखर, प्रिंशटन में श्री हरिश्चन्द्र, मैसाच्युसेट्स इंस्टीट्यूट ऑफ टेक्नालॉजी में इलेक्ट्रिकल इंजीनियर के प्रोफेसर श्री अमर बोस ने कहा—'भारत में वैज्ञानिक कर्मचारियों की भर्ती में भाई-भतीजावाद और तरफदारी का बोलबाला है। वैज्ञानिक व औद्योगिक अनुसन्धान परिषद ने 40 अनुसन्धान शालाओं में भी ऐसा वाक्य कहा।' यह बात 'धर्मयुग' में 6 जनवरी, 1974 ई. में प्रकाशित है।

हस्ताक्षर
दिनांक : 20 अगस्त, सन् 1974 ई. **—पेरियार ललई सिंह**

स्मृति सभा

# पेरियार ई.वी. रामास्वामी के निधन पर

दिनांक : 23-24 दिसम्बर, सन् 1973 ई.

## तमिलनाडु और उत्तर प्रदेश में श्रद्धांजलि सभा—

पेरियार ई.वी. रामास्वामी ने दिनांक : 24 जनवरी, 1971 ई. को सलेम, जिला मदुरै (तमिलनाडु) में राम और कृष्ण का विकृत जलूस निकाल कर मानवता के लिए महान कार्य किया। दिनांक : 24 दिसम्बर, 1973 ई. को उनका निधन हो गया। पहले से अस्वस्थ थे। बी.बी.सी. रेडियो से मुझे जैसे ही यह दु:खद खबर मिली, मैं तुरन्त उन्हें श्रद्धांजलि देने तमिलनाडु निकल गया। साथ में, उपासक माखन लाल भी चल दिए। दिनांक : 27 दिसम्बर को तमिलनाडु में महान स्मृति सभा हुई। देश-दुनिया से उनके चाहनेवाले शुभचिन्तक, बुद्धिजीवी, चिन्तक आए। यहाँ की महान स्मृति सभा की जनता ने मुझे 'उत्तर भारत के पेरियार' की उपमा दी। उसी दिन उत्तर प्रदेश को चल दिया। फिर 30 दिसम्बर, 1973 ई. को ऊँचागढ़ी (राजापुर), इलाहाबाद में उनकी स्मृति में सभा हुई। श्रद्धांजलि अर्पित की गई। प्रबन्ध श्री लक्ष्मीनारायण बौद्ध ने किया।

हस्ताक्षर

**—पेरियार ललई सिंह**

# धम्म दीक्षा कार्यक्रम*

चाईबासा, टाटा नगर, सिंहभूमि, (जमशेदपुर) बिहार-1980
आयोजन स्थल-चाईबासा

**उपज्झाय—**
**मुख्य अतिथि—**ग्रेट बौद्धिस्ट पेरियार ललई सिंह
**वक्ता—**जे.एन. आदित्य
**संयोजक—**बुद्ध शरण हंस (तत्कालीन ADM)

पेरियार साहब को 1980 ई. में धम्म दीक्षा ग्रहण कार्यक्रम में बुलाया था। चौधरी चरण सिंह सरकार में उनकी दो किताबें बैन हुईं। उन्होंने अपनी पेन्शन और जमीन बेचकर हाईकोर्ट से सुप्रीम कोर्ट तक मुकदमा लड़ा। और जीता। बाबा साहब और पेरियार ई.वी. रामास्वामी साहित्य प्रतिबन्धित हुआ तो वे न्यायालय से मुकदमा लड़कर जीते और मनुवादी सरकार को हरा दिए।

पेरियार ललई सिंह एकदम जीवट, सरल और भावुक व्यक्ति थे। वे ओजस्वी भाषण देते थे। बहुजन समाज पर परिवर्तन पर बोलते हुए ब्राह्मणवादी गुलामी को बताते हुए, मंच पर ही रोने लगते थे। उनके रोने को समझदार लोग समझ जाते थे कि पेरियार ललई सिंह साहब उस महान व्यक्ति के रोने में समाज की चिन्ता थी। वे समाज की दुर्गति और उसके अन्धकारमय भविष्य को देख रहे थे। उससे समाज को बचाना चाहते थे और जो परिवर्तन उस समय चल रहा था वह सही नहीं था। इसलिए वे चाहते थे जो परिवर्तन हो वह सही हो। वैचारिक परिवर्तन हो बुद्ध, फुले, पेरियार और अम्बेडकर के विचारों के अनुसार सही परिवर्तन हो। वैचारिक परिवर्तन स्थायी और लम्बा होता। बुद्ध ने विचार से मानसिक परिवर्तन किया था जो ढाई हजार साल तक चला। उसमें जाति घुस गई। हिन्दुकरण हो गया। खत्म हो गया।

---

* यह सन्दर्भ—बुद्ध शरण हंस, पटना, बिहार ने बताया। वे 71 वर्ष के हैं।

# डॉ. अम्बेडकर जयन्ती

बालाचुर, होशियारपुर, पंजाब
मीटिंग, समय 10 बजे रात
दिनांक : 16 अप्रैल, सन् 1981 ई.

1. **श्री भगवान दास जी**—स्वागत भाषण दिया। बोले—हमारा रिजर्वेशन 80% होना चाहिए।

2. **हरिनाथ प्रजापति ने** बुद्ध-अम्बेडकर के दर्शन पर आधारित कविता पाठ किया।

3. **पेरियार ललई सिंह**—जिन्हें हक नहीं मिला उनके लिए सतत संघर्ष जारी रखा जाए। उन्हें लड़ने का हौसला दिया जाना चाहिए। गरीबी का कारण मनु और मनुवादी ग्रंथ हैं। आप मानववादी प्रतिज्ञा लें...

(1) ईश्वर को नहीं मानना है।

(2) वेद को ईश्वरीय किताब नहीं मानना है।

(3) शरीर, मन, वचन के माध्यम को जानें, बुद्ध के वही असल वचन हैं, उसी को मानें।

(4) गुरु पेरियार रामास्वामी ने सही कहा है, दुनिया को बनानेवाला ईश्वर नहीं, ईश्वर को बनानेवाले इस दुनिया के मनुष्य हैं। वास्तव में—ईश्वर नहीं है! ईश्वर नहीं है!! ईश्वर है ही नहीं!!!

(5) गंगा में नहाने से पाप नहीं धुलता। नदियाँ पाप धोने के लिए नहीं हैं। प्रकृति ने नदियों को मनुष्य के जीवन और सभ्यता के विकास करने के लिए बनाया है।

(6) मनुष्य को रोटी के साथ-साथ धर्म की भी जरूरत है, किन्तु धर्म और धार्मिक कृत्य ब्रह्म शक्ति नहीं है।

(7) हमें बाबा साहब के बताए बौद्ध धर्म के मार्ग पर चलना चाहिए।

(8) हमें डॉ. अम्बेडकर के संविधान से मनु के विधान का सामना करना चाहिए।

(9) वर्णव्यवस्था, जातिव्यवस्था, अछूत भावना झूठी है।

(10) जिस धर्म में आपकी मानवता का कोई मूल्य नहीं, उस धर्म में क्यों रहते हो—संसार सुखमय बनाना है, तो धर्मान्तर कीजिए। समता, बन्धुता व स्वतंत्रता युक्त बौद्ध धर्म में आपकी धार्मिक, सामाजिक, आर्थिक एवं राजनीतिक आदि हर प्रकार की प्रगति सुरक्षित है।

अतः आप इस सामाजिक बराबरी को बौद्ध धर्म से परिवर्तित हो कर ही प्राप्त कर सकते हैं। दूसरा कोई रास्ता भी नहीं है। एक स्पष्टीकरण कि बौद्ध धर्म में ही आपकी मानवता का मूल्य सुरक्षित है।

आप लोग दस से ग्यारह हजार हैं। सभी लोग संसार के शान्ति-प्रिय बौद्ध-धर्म को स्वीकार करें। मैं बौद्ध-धर्म, बुद्ध-नमस्कार, त्रिशरण तथा पंचशील को कहूँगा। आप लोग दोहराएँगे—

*(बुद्ध-नमस्कार)*

नमो तस्स भगवतो अरहतो सम्मासम्बुद्धस्य।
नमो तस्स भगवतो अरहतो सम्मासम्बुद्धस्य।
नमो तस्स भगवतो अरहतो सम्मासम्बुद्धस्य।

*(त्रि-शरण-ग्रहण)*

बुद्धं शरणं गच्छामि।
धम्मं शरणं गच्छामि।
संघं शरणं गच्छामि॥
दुतियम्पि बुद्धं शरणं गच्छामि।
दुतियम्पि धम्मं शरणं गच्छामि।
दुतियम्पि संघं शरणं गच्छामि॥
ततियम्पि बुद्धं शरणं गच्छामि।
ततियम्पि धम्मं शरणं गच्छामि।
ततियम्पि संघं शरणं गच्छामि॥

*(पंच-शील-ग्रहण)*

1. पाणातिपाता वेरमणि सिक्खापदं समादियामि।
2. अदिन्नादाना वेरमणि सिक्खापदं समादियामि।
3. कामेसु मिच्छाचारा वेरमणि सिक्खापदं समादियामि।
4. मूसावादा वेरमणि सिक्खापदं समादियामि।
5. सुरामेरय मज्ज पमादट्ठाना वेरमणि सिक्खापदं समादियामि।

**4. बाल्मीकि पार्टी द्वारा बीच में भीम गायन**—'बाजी बाबा साहेब के'—श्रीमती बी.बी. बाल्मीकि जी ने शुरू किया दूसरा गाना बलिहारी, "माता भीम के दुलारे"।

**5. श्री जानोकर जी**—जो इंसानियत के अधिकार को समझते हैं, उनमें अधिकारों को प्राप्त करने की लालसा पैदा होनी ही है। लोग हमारा रास्ता रोकते हैं। जुल्म होते हैं। गुजरात में दलितों पर हो रहे अत्याचार के खिलाफ हम सबने आन्दोलन किया। सफल रहे। किन्तु इतनी कामयाबी के बाद भी दलित दमन उत्पीड़न जारी है...। अब वहाँ आन्दोलन स्थगित हो गया जो बहुत ही गलत है। समता के लिए लोकतंत्री व्यवस्था में आन्दोलन सतत चलते रहना चाहिए। आन्दोलनों के रुक जाने से समाज रुक जाता है। जड़ हो जाता है।

**6. गाना पार्टी**—...फगवाड़ा, इक तकदीर बना ले। इक तकदीर बना ले। इक तकदीर बना ले।

**7. श्री सोहन लाल दीवान**—

**8. श्री अजय जी (गाना)**—मंजिल मिली उन्हें, जिन्हें रहनुमा मिला। (बाबा बौद्ध भीम तूने सोते को जगा दिया।)

**9. डॉ. सुरेन्द्र जी**—मान्यवर आप सबसे अपील है अनुशासनपूर्वक रहें।

# बाबा साहब
# डॉ. अम्बेडकर जयन्ती, हरियाणा

दिनांक : 17 अप्रैल, 1981 ई.; समय : 10 बजे रात

**(1) स्वागताध्यक्ष—**

**(2) श्री डॉ. लोखंडे—** दलितों का संगठन लगातार बनते रहे हैं। उन्हें बौद्ध धर्म का उपदेश दिया जाए। उन्हें बैकुण्ठ की सीढ़ी रूपी दिमागी गुलामी से बाहर निकाला जाए।

**(3) गाना—** राम किशन की पार्टी द्वारा।

**(4) श्री जानोकर—** आज भी अछूतों की परछाईं तक से सभी अपने आप नफरत करते हैं। सन् 1978 ई. में हरियाणा व पंजाब में आरक्षण विरोधी माहौल चला। आज गुजरात में चल रहा है।

**(5) श्री प्यारे लालजी—** ज्योतिबा फुले कुँआरी ब्राह्मणी के लड़के को गोद लिये। फुले को बाबा साहब डॉ. भीमराव रामजीराव अम्बेडकर ने पहचाना। बाबा साहब उन्हें अपना आधुनिक गुरु मानते थे।

**(6) श्री सन्तोष जी (बी.ए.)—** भूखे मरनेवाले हमारे ही आदमी हैं। भूख से ब्राह्मण नहीं मरता है, वह धर्म के हथियार से पूरे सम्मान के साथ भीख माँग लेता है।

(अ) संविधान से सभी अधिकारों को प्राप्त कर आगे को बढ़ें।

(ब) बौद्ध धर्म क्यों नहीं अपनाते? आप सब हिन्दू धर्म के कीचड़ से बाहर निकलिए।

**(7) पेरियार ललई सिंह—** जिस धर्म में आपकी मानवता का कोई मूल्य नहीं, उस धर्म में क्यों रहते हो—संसार सुखमय बनाना है, तो धर्मांतर कीजिए। समता, बन्धुता व स्वतंत्रता युक्त बौद्ध धर्म में आपकी धार्मिक, सामाजिक, आर्थिक एवं राजनीतिक आदि हर प्रकार की प्रगति सुरक्षित है।

अत: आप इस सामाजिक बराबरी को बौद्ध धर्म से परिवर्तित हो कर ही प्राप्त कर सकते हैं। दूसरा कोई रास्ता भी नहीं है।

एक स्पष्टीकरण कि बौद्ध धर्म में ही आपकी मानवता का मूल्य सुरक्षित है।

आप लोग ग्यारह से बाहर हजार हैं। सभी लोग संसार के शान्ति-प्रिय बौद्ध-धर्म को स्वीकार करें। मैं बौद्ध-धर्म, बुद्ध-नमस्कार, त्रिशरण तथा पंचशील को कहूँगा। आप लोग दोहराएँगे—

*(बुद्ध-नमस्कार)*

नमो तस्स भगवतो अरहतो सम्मासम्बुद्धस्य।
नमो तस्स भगवतो अरहतो सम्मासम्बुद्धस्य।
नमो तस्स भगवतो अरहतो सम्मासम्बुद्धस्य।

*(त्रि-शरण-ग्रहण)*

बुद्धं शरणं गच्छामि।
धम्मं शरणं गच्छामि।
संघं शरणं गच्छामि॥
दुतियम्पि बुद्धं शरणं गच्छामि।
दुतियम्पि धम्मं शरणं गच्छामि।
दुतियम्पि संघं शरणं गच्छामि॥
ततियम्पि बुद्धं शरणं गच्छामि।
ततियम्पि धम्मं शरणं गच्छामि।
ततियम्पि संघं शरणं गच्छामि॥

*(पंच-शील-ग्रहण)*

1. पाणातिपाता वेरमणि सिक्खापदं समादियामि।
2. अदिन्नादाना वेरमणि सिक्खापदं समादियामि।
3. कामेसु मिच्छाचारा वेरमणि सिक्खापदं समादियामि।
4. मूसावादा वेरमणि सिक्खापदं समादियामि।
5. सुरामेरय मज्ज पमादट्ठाना वेरमणि सिक्खापदं समादियामि।

**(8) गाना, गायन—** वाल्मीकि सभा द्वारा—जय भीम बाबा की...!

# बाबा साहब डॉ. अम्बेडकर जयन्ती

चूरामंडी, जालन्धर, पंजाब, रात 9:45 बजे
दिनांक : 18 अप्रैल, 1981 ई.

**(1) श्री चरणधीर लोधी**—हमें एक हो कर अपने अधिकार और आबरू के लिए संघर्ष करना चाहिए अन्यथा हम सबको चुन चुन कर मनुवादी मार डालेंगे।

**(2) प्रधान जी**—हम सब मिलकर अम्बेडकर पुस्तकालय खोलेंगे जिसमें हमारे सभी बच्चे-बुजुर्ग पढ़ेंगे। जिससे उनमें अपने अधिकार के लिए चेतना पैदा होगी।

**(3) गायन पार्टी**—बाबा साहब का एक सन्देशा आया। हमें आरक्षण विरोधी आन्दोलनों का मुकाबला संविधान के हथियार से करना है।

**(4) डॉ. लोखंडे**—कृष्णा जी नायकर कुलकर्णी आरक्षण की रक्षा करो। इसके पहले का इतिहास क्रूर रहा है। खास तौर से पेशवाओं का राज। जिसने शिवाजी के बेटे की आँखें निकाल ली। हमें बुद्ध के शान्ति मार्ग पर सदा चलना चाहिए। हमें सदा शान्ति को बनाए रखना चाहिए। यही हमारा अहिंसात्मक संघर्ष और धर्म है।

**(5) गाना पार्टी**—श्री बी.सी. करण जावा बलिहारी—माता भीमा के दुलारे ने हम सबके लिए अपनी जान गवाई। हमारी किश्ती के जहाज बने। हमारी किश्ती को भँवर से निकाले। माता भीमा के दुलारे...।

**(6) गाना पार्टी**—'दलित रे मसीहा मा जां'

**(7) गायन पार्टी**—ओ बाबा साहब भीमराव अम्बेडकर

**(8) पेरियार ललई सिंह**—पेरियार ने कहा है—ईश्वर नहीं है! ईश्वर नहीं है!! ईश्वर नहीं है!!! वेद मनुष्य कृत हैं। इसे ईश्वर ने नहीं पुरोहितों ने लिखा है। उसकी मान्यताएँ पूरी तरह झूठी हैं। वर्णव्यवस्था, जातिव्यवस्था, अछूत भावना झूठी है।

आप सभी लोग दस से बारह हजार हैं। सभी लोग संसार के शान्ति-प्रिय बौद्ध-धर्म को स्वीकार करें। मैं बौद्ध-धर्म, बुद्ध-नमस्कार, त्रिशरण तथा पंचशील को कहूँगा। आप लोग दोहराएँगे—

*(बुद्ध-नमस्कार)*

नमो तस्स भगवतो अरहतो सम्मासम्बुद्धस्य।
नमो तस्स भगवतो अरहतो सम्मासम्बुद्धस्य।
नमो तस्स भगवतो अरहतो सम्मासम्बुद्धस्य।

*(त्रि-शरण-ग्रहण)*

बुद्धं शरणं गच्छामि।
धम्मं शरणं गच्छामि।
संघं शरणं गच्छामि॥
दुतियम्पि बुद्धं शरणं गच्छामि।
दुतियम्पि धम्मं शरणं गच्छामि।
दुतियम्पि संघं शरणं गच्छामि॥
ततियम्पि बुद्धं शरणं गच्छामि।
ततियम्पि धम्मं शरणं गच्छामि।
ततियम्पि संघं शरणं गच्छामि॥

*(पंच-शील-ग्रहण)*

1. पाणातिपाता वेरमणि सिक्खापदं समादियामि।
2. अदिन्नादाना वेरमणि सिक्खापदं समादियामि।
3. कामेसु मिच्छाचारा वेरमणि सिक्खापदं समादियामि।
4. मूसावादा वेरमणि सिक्खापदं समादियामि।
5. सुरामेरय मज्ज पमादट्ठाना वेरमणि सिक्खापदं समादियामि।

बौद्ध धर्म, डॉ. अम्बेडकर, पेरियार और समतावादी प्रगतिशील किताबों के लिए, अपना पता लिखा हुआ, पचास पैसे का लिफाफा, अशोक पुस्तकालय झींझक-209302, जिला—कानपुर को भेजिए। चेतना युक्त साहित्य मँगाएँ। मानवतावादी सोच बनाएँ।

**(9) गायन पार्टी, बाल्मीकि सभा द्वारा—** अम्बेडकर जिन्दाबाद', 'अम्बेडकर जिन्दाबाद' हमारे अरमान हैं अम्बेडकर, हमारी शान हैं अम्बेडकर।

**(10) श्री एल. आर. बाली जी—** 15 अप्रैल से 31 तक केवल एक ही प्रोग्राम इस बार हो पा रहा है। हमें इस पर ध्यान देना है। बाबा साहब पर जितने ही अधिक कार्यक्रम हों उतना ही अच्छा है। उससे समाज में चेतना का निर्माण होगा।

# बाबा साहब अम्बेडकर जयन्ती

अमृतसर, पंजाब, दोपहर 1 बजे
दिनांक : 18 अप्रैल, 1981 ई.

बाबा साहब की जयन्ती डॉ. अम्बेडकर भवन में ही मनाई जाए। डॉ. सप्रू खालिस्तानी ने कहा—'हाल में रखी हुई गणेश, शंकर और अन्य हिन्दू देवी-देवताओं के चित्र हटाओ, अपने-अपने घरों से भी हटाओ। हिन्दू राज को खत्म कर दो। बौद्ध बन जाओ। हिन्दू मानसिकता के लोग बाबा साहब द्वारा तोड़ी गई गुलामी की बेड़ियों को जोड़ना चाहते हैं। हमे फिर से अन्ध-विश्वास, कर्मकांड, जाति-व्यवस्था के गर्त में धकेलना चाहते हैं। कुछ ब्राह्मणवादी लोग ऐसी कोशिश कर रहे हैं। वे बौद्ध बन गए लोगों को फिर से हिन्दू बनाने की कोशिश कर रहे हैं। इसलिए बौद्ध धर्म के सिद्धान्त के आन्दोलन का प्रचार-प्रसार गाँव-गाँव और तेज किया जाना चाहिए। इधर आरक्षण विरोधी लहर भी तेज हुई है। आप संयम से संविधान के तर्क के साथ आरक्षण जागरूकता आन्दोलन चलाएँ। जोश में आप भी होश न गवाएँ।'

हस्ताक्षर—**पेरियार ललई सिंह**

# बाबा साहब डॉ. अम्बेडकर जयन्ती

स्थान : नियर टाउन हाल, अमृतसर; समय : पौने छह बजे शाम
दिनांक : 18 अप्रैल, 1981 ई.

**(1) एडवोकेट संजय जी**—गुजरात और पंजाब में दलितों का घनघोर दमन जारी है। वे इससे निकलने की लगातार जद्दोजहद कर रहे हैं! उन अछूतों की जिन्दगियाँ स्लमों में बरबाद हो रही है।

**(2) हरप्रीत सिंह**—इंसान ही जमाने को बदल सकता है, ईश्वर नहीं! राजनीति के साथ हमने सांस्कृतिक लड़ाई भी लड़नी पड़ेगी। इस पर विभिन्न पार्टियों के एम.पी. खामोश हैं। वे मानसिक गुलाम हैं। अपने लोगों की मदद कीजिए। अधिक से अधिक लोगों को एम.बी.बी.एस. पास कराइए। हमारे लोगों में अभी चिकित्सा की पढ़ाई करने की चेतना बहुत कम है। जो पढ़ रहे हैं उनकी चाकरी में मदद कीजिए। उनकी कोई मदद नहीं करता है।

**(3) दशरथ सिंह, पटियाला**—हमारे बाबा साहब के दिए संविधान की धज्जियाँ उड़ाई जा रही हैं। प्रशासन की नाकामियों के कारण शासन व्यवस्था खराब हो रही है। जबकि कुछ लोग संविधान की शिक्षा को अच्छे से जानते हैं फिर भी उनके लिए प्रशासन खरा नहीं उतर रहा है।

हमारे आरक्षण के मौजूदा आँकड़े चिन्ताजनक हैं। सभी सरकारी पदों पर इस देश की अगड़ी जतियों का कब्जा है।

**(4) श्री डॉ. लोखंडे**—संविधान निर्माण के समय सरदार पटेल ने आरक्षण का विरोध किया था। हमारे बाबा साहब ने हमें आरक्षण दिलाया। सरदार पटेल ने हमारे लिए सभी रोशनी बन्द कर दी थी। हमें महार रेजिमेंट के इतिहास से प्रेरणा लेनी चाहिए। हमें अत्याचारों का लगातार विरोध करना चाहिए। न्याय और समता के लिए हर समय संघर्ष करना चाहिए। कांग्रेस के धूर्त ब्राह्मणों ने बाबू जगजीवन राम जी को प्रधानमंत्री नहीं बनने दिया।

**(5) श्री हरिहर जी, गुजरात**—

**(6) श्री दीनदयाल पासी**—हमें संविधान से मिले आरक्षण के प्रति सजग रहना चाहिए। सवर्ण हमारे आरक्षण को खत्म करने के लिए तुले हुए हैं। हमें डटकर

मुकाबला करना है। वे आरक्षण को पैर की जूती समझते हैं। जबकि आरक्षण हमारा मूलभूत अधिकार है।

**(7) श्री जोगेन्द्र प्रसाद मंडल, एम.एल.ए.—** आप सोचिए ये ब्राह्मणवादी लोक हम सबको अछूतपन में बाँट रखे हैं। हमारे सन्तों-महात्माओं तक को बाँट रखा है। महर्षि वाल्मीकि को कुछ अछूत जतियों के लिए निर्धारित कर दिया। सन्त रविदास को कुछ अछूत जतियों के लिए निश्चित कर दिया। सन्त कबीर को कुछ अछूत जतियों के लिए निश्चित कर दिया। जबकि ये सन्त मानवता और समता की लड़ाई लड़ रहे थे। ये सन्त ऊँच-नीच, अछूत—भेद-भाव के खिलाफ लड़ रहे थे।

**(8) पेरियार ललई सिंह**—हमें जरूरी पूना पैक्ट को भी समझना होगा। संविधान में मिले हितों की रक्षा करनी होगी। संविधान के अनुसार डिसएबिल्टी के खिलाफ लड़ना है। हर सरकारी नौकरी में डिसएबल बताया जा रहा है। जो सरकारी नौकरी से बाहर निकालने की एक साजिश है।

हमें कम उम्र नौकरी को प्राप्त करना है जिससे हम बड़े पदों तक रिटायर होने की उम्र से पहले पहुँच सकें। साथ ही, हमें छोटी से छोटी और बड़ी से बड़ी सरकारी नौकरी को प्राप्त करने के लिए संघर्ष करते रहना है। हमें पंचायतों में रिजर्वेशन की लड़ाई लड़नी है।

हमारे संघर्ष की माँग है कि संविधान के अनुरूप हम बहुजनों को काम मिले। प्रत्येक प्रान्त अपने-अपने स्तर पर बहुजनों के लिए रोजगार के अवसर उपलब्ध करने का स्वतंत्र प्रबन्ध करें। हमारे बाबा साहब ने जो संविधान बनाया है उसकी प्रशंसा अन्य देशों ने भी की है। आरक्षण मानव अधिकार है। इसे 49.50 प्रतिशत से बढ़ा कर 85 प्रतिशत किया जाना चाहिए।

आर्मी और एम.बी.बी.एस. में भी आरक्षण लागू होना चाहिए। सन् 1972 तक 20 मेडिकल कॉलेजों में कोटा नहीं पूरा हो रहा है। हमारे छात्रों को 'नॉट सुटेबुल' बता कर छांटा जा रहा है। हमारे प्रतिभावान छात्रों को जबरन छाँट कर कहा जाता है—'नॉट सुटेबुल'। "उलटे बाँस बरेली को"। लोकतंत्र में जनता की चलती है। इसलिए जनता वैसे एम.एल.ए. या एम.पी. चुने जो जनता के सवाल को सही से संसद में उठाए। यह जनतंत्र है। कोई राजतंत्र नहीं है।

*विक्रय के लिए गाना उपलब्ध है :* 'बाबा साहब', 'एकलव्य', 'राजा बलि' और 'हरे राम हरे कृसना कहने से शक्ति लूटी महीकारी जी'। 25/- रुपये में। इसका 75 प्रतिशत मूल्य देना होगा।

जिस धर्म में आपकी मानवता का कोई मूल्य नहीं, उस धर्म में क्यों रहते हो—संसार सुखमय बनाना है, तो धर्मान्तर कीजिए। समता, बन्धुता व स्वतंत्रता युक्त बौद्ध धर्म में आपकी धार्मिक, सामाजिक, आर्थिक एवं राजनीतिक आदि हर प्रकार की प्रगति सुरक्षित है।

अतः आप इस सामाजिक बराबरी को बौद्ध धर्म से परिवर्तित हो कर ही प्राप्त कर सकते हैं। दूसरा कोई रास्ता भी नहीं है।

एक स्पष्टीकरण कि बौद्ध धर्म में ही आपकी मानवता का सम्पूर्ण मूल्य सुरक्षित है।

आप सभी लोग लगभग चौदह से पन्द्रह हजार हैं। सभी लोग संसार के शान्ति-प्रिय बौद्ध-धर्म को स्वीकार करें। मैं बौद्ध-धर्म, बुद्ध-नमस्कार, त्रिशरण तथा पंचशील को कहूँगा। आप लोग दुहराएँगे—

*(बुद्ध-नमस्कार)*

नमो तस्स भगवतो अरहतो सम्मासम्बुद्धस्य।
नमो तस्स भगवतो अरहतो सम्मासम्बुद्धस्य।
नमो तस्स भगवतो अरहतो सम्मासम्बुद्धस्य।

*(त्रि-शरण-ग्रहण)*

बुद्धं शरणं गच्छामि।
धम्मं शरणं गच्छामि।
संघं शरणं गच्छामि॥
दुतियम्पि बुद्धं शरणं गच्छामि।
दुतियम्पि धम्मं शरणं गच्छामि।
दुतियम्पि संघं शरणं गच्छामि॥
ततियम्पि बुद्धं शरणं गच्छामि।
ततियम्पि धम्मं शरणं गच्छामि।
ततियम्पि संघं शरणं गच्छामि॥

*(पंच-शील-ग्रहण)*

1. पाणातिपाता वेरमणि सिक्खापदं समादियामि।
2. अदिन्नादाना वेरमणि सिक्खापदं समादियामि।
3. कामेसु मिच्छाचारा वेरमणि सिक्खापदं समादियामि।
4. मूसावादा वेरमणि सिक्खापदं समादियामि।
5. सुरामेरय मज्ज पमादट्ठाना वेरमणि सिक्खापदं समादियामि।

बौद्ध धर्म, डॉ. अम्बेडकर, पेरियार और समतावादी प्रगतिशील किताबों के लिए, अपना पता लिखा हुआ, पचास पैसे का लिफाफा, अशोक पुस्तकालय झींझक-209302, जिला—कानपुर को भेजिये। चेतना युक्त साहित्य मँगाएँ। मानवतावादी सोच बनाएँ।

# डॉ. अम्बेडकर बुद्ध विहार का शिलान्यास

हरैंया, बस्ती, उ.प्र.
दिनांक : 14 मार्च, 1982 ई.
समय : प्रातः 10 बजे

**बुद्ध विहार हेतु जमीन—**

डॉ. अम्बेडकर बुद्ध विहार के निर्माण के लिए 5 बिस्वा जमीन मुरादीपुर के ग्राम प्रधान बाबू रामकिशोर सिंह उर्फ ठाकुर भुसुर सिंह द्वारा दिनांक : 8 फरवरी, 1981 को श्रद्धेय राम प्रसाद के सहयोग से पट्टा की गई।

**बुद्ध विहार का शिलान्यास—**

डॉ. अम्बेडकर बुद्ध विहार का शिलान्यास परम् पूज्य अग्ग महापंडित महास्थविर ज्ञानेश्वर जी, कुशीनगर के कर कमलों द्वारा दिनांक : 14 मार्च, 1982 ई. को सम्पन्न हुआ। इस अवसर पर कर्मवीर पेरियार ललई सिंह जी, झींझक, कानपुर, उ.प्र. भी की महती उपस्थित थी।

**बुद्ध विहार में बुद्ध की ऐतिहासिक मूर्ति—**

इस बुद्ध विहार के लिए भगवान बुद्ध की ऐतिहासिक मूर्ति को श्री ऊँ स्वे तथा श्रीमती दोल्हा, मकान नं. 20, कमरा नं. 24, ऊँ विचार मार्ग, रंगून (बर्मा) के सौजन्य से दिनांक : 8 मार्च, 1984 ई. को पूज्य महास्थविर ज्ञानेश्वर जी कुशीनगर (देवरिया) के सहयोग से प्राप्त किया गया।

**बुद्ध विहार के अन्तर्गत समितियाँ—**

1. अखिल भारतीय बाबा साहब डॉ. अम्बेडकर समाज सुधारक समिति, अम्बेडकर नगर, हरैंया, बस्ती, उ.प्र., केन्द्रीय कार्यालय-रजि. 3260/77-78।
2. कार्यालय-समाज सुधार प्रकाशन, अम्बेडकर नगर, हरैंया, बस्ती, उ.प्र., भारत।
3. डॉ. अम्बेडकर समाज सुधार पुस्तकालय एवं वाचनालय, हरैंया, बस्ती, उ.प्र., भारत।
4. बुद्ध विहार पर आयोजित होनेवाले कार्यक्रम

- 14 अप्रैल (बाबा साहब डॉ. भीमराव अम्बेडकर की जयन्ती)
- वैशाख पूर्णिमा—भगवान बुद्ध का जन्म, बोधी प्राप्त एवं महापरिनिर्वाण दिवस, अशोक धम्म विजय दशमी
- 6 दिसम्बर—विश्व रत्न बाबा साहब का परिनिर्वाण दिवस
- बुद्ध महिला सम्मेलन (वर्ष में एक बार)
- बुद्ध युवा सम्मेलन—(वर्ष में एक बार)
- श्रामणेर दीक्षा
- बौद्ध प्रशिक्षण शिविर
- विपश्यना शिविर
- मासिक बैठक
- बुद्ध विहार का इतिहास—इसे संस्था के पदाधिकारी तथा सदस्य गण बताएँगे।

## बुद्ध विहार निर्माण का संक्षिप्त इतिहास

डॉ. अम्बेडकर बुद्ध विहार भारतीय बौद्धों द्वारा स्वयं के प्रयास से निर्मित देश का एक अद्वितीय बुद्ध विहार है। इसके निर्माण के लिए 5 बिस्वा जमीन मुरादीफर के तत्कालीन ग्राम प्रधान बाबू रामकिशोर सिंह उर्फ भूसुर सिंह की अध्यक्षता में भूमि प्रबन्धक समिति द्वारा दिनांक : 8 फरवरी, 1981 को श्रद्धेय राम प्रसाद के सहयोग से प्रदान की गयी।

बुद्ध विहार तथा संस्था की अन्य सभी सम्पत्तियों का पूर्ण स्वामित्व अखिल भारतीय बाबा साहब डॉ. अम्बेडकर समाज सुधार समिति, अम्बेडकर नगर, हर्रैया, बस्ती, उ.प्र., रजि नं. 3260/77-78 की है। बुद्ध विहार का शिलान्यास पूज्य महास्थविर ज्ञानेश्वर जी कुशीनगर के कर कमलों द्वारा दिनांक : 24 मार्च, 1982 को किया गया था। उस समय झींझक (कानपुर) के महान कर्मवीर पेरियार ललई सिंह जी की विशेष उपस्थित थी। बुद्ध विहार के प्रथम कक्ष की नींव दिनांक : 23 जुलाई, 1982 को संस्था के कर्मठ पदाधिकारियों तथा सदस्यों द्वारा डाली गई थी।

उस समय कार्य का प्रारम्भ मुरादीफर के श्रद्धेय ललई राजमिस्त्री ने किया था। ग्राम सकरदहा के श्रद्धेय मिठाई लाल व राम प्रसाद ने दूसरे व तीसरे कक्ष के निर्माण में राजमिस्त्री का कार्य किया था। कक्ष संख्या चार, पाँच, छह, लैट्रिन-बाथरूम तथा स्टोर वगैरह के निर्माण में श्रद्धेय विन्ध्याचल भारती, बडेरिया खुर्द, फरानी बस्ती तथा राम प्रसाद ने राज मिस्त्री का कार्य किया था। बीच-बीच में और भी कई राजगीरों का सहयोग रहा। मुख्य हाल के बरामदे व गुम्बद के निर्माण में श्रद्धेय राजकुमार तथा रामलगन ग्राम धीरनपुर ने मुख्य रूप से राज मिस्त्री का कार्य किया। सहयोग में राम प्रसाद भी लगे थे।

पुस्तकालय किचन, अतिथि गृह व सीढ़ियों का निर्माण कार्य मुख्यत: राजकुमार व राम प्रसाद द्वारा किया गया। बीच-बीच में कुछ अन्य मिस्त्रियों का भी सहयोग रहा। अन्त में कार्य का समापन श्रद्धेय राजकुमार द्वारा किया गया। उनके साथ कुछ दिन मुरादीफर के श्रद्धेय परदेशी भी थे। सम्पूर्ण बुद्ध विहार का नक्शा सर्व प्रथम इ.गौतम कुमार बौद्ध, मो.-पतेलवा (कटरा) बस्ती द्वारा बनाया गया था। बिजली के कार्य की डिजाइन भी इन्होंने ही तैयार किया था।

बुद्ध विहार के मुख्य हाल, बरामदे, गुम्बद तथा खिड़कियों वगैरह का नक्शा व डिजाइन इ. शशिकान्त यादव, इ.बाल गोविन्द श्रीवास्तव वर्क सुपरवाइजर, राष्ट्रीय मार्ग खंड, लोक निर्माण विभाग बस्ती द्वारा तैयार किया गया। और इसका निर्माण कार्य इ.बाल गोविन्द श्रीवास्तव की देख-रेख में पूर्ण हुआ। विद्युतीकरण का ज्यादातर कार्य मड़वानगर निवासी श्रद्धेय दवर मिस्त्री द्वारा कराया गया। पुस्तकालय, किचेन, सीढ़ी तथा अतिथि गृह का विद्युतीकरण देवया गंगाराम निवासी श्रद्धेय राजेन्द्र कुमार द्वारा किया गया। बुद्ध विहार का निर्माण कार्य 27.07.1982 से प्रारम्भ होकर 31.12.2013 को समाप्त हुआ। बुद्ध विहार निर्माण, जयन्तियों, सम्मेलनों संस्था की जमीन ग्राम कविलसिया (गौर) ग्राम-दुर्रुपुर (परसरामफर) तथा खुटिहन (गोंडा) के रख-रखाव, फर्नीचर व अन्य सामग्रियों की खरीद पर दिनांक : 31 दिसम्बर, 2013 तक कुल रु. 37,79,260/- (मात्र सैंतीस लाख, उन्यासी हजार, दो सौ साठ) व्यय हुआ।

बुद्ध विहार के लिए सर्वप्रथम भगवान बुद्ध की संगमरमर की मूर्ति पूज्य महास्थविर ज्ञानेवश्वर जी के सहयोग से श्रद्धेय ऊँ स्वे तथा श्रद्धेय दोल्हा, मकान नं. 20, कमरा नं. 24, ऊँ विचार मार्ग, रंगून (बर्मा) द्वारा दिनांक : 8 मार्च, 1984 को दान की गई थी। भगवान बुद्ध की सुनहली मूर्ति (स्टेज सहित) दिनांक : 5 दिसम्बर, 2007 को महा-उपासिका डॉ. वाँगकोट सित्थीपाल अध्यक्ष एवं संस्थापक, महामाँगकोलचई धम्मा डिवोटेड लैंड फॉर वर्ल्ड पीसफुलनेस फाउंडेशन, श्रावस्ती (भारत) द्वारा दान की गई थी।

बोधिसत्व बाबा साहब डॉ. भीमराव अम्बेडकर की भव्य मूर्ति दिनांक : 13 नवम्बर, 2009 को विश्वविख्यात मूर्तिकार, महामहिम राष्ट्रपति द्वारा पद्मश्री उपाधि से विभूषित, श्रद्धेय जे.एम. नेल्सन भिलाई (छत्तीसगढ़) द्वारा दान की गई थी। बुद्ध विहार के हाल में रखे गए भगवान बुद्ध की जीवनी से सम्बन्धित 19 फोटो आयु. संघपूर्णा पुत्री श्रद्धेय आर.के. गौतम, 265, आवास विकास कॉलोनी, गोंडा, तथा 14 फोटो श्रद्धेय रघुवीर भारती, मो.-तुरकहिया (बस्ती) द्वारा दान किए गए थे। मुख्य हॉल में भगवान बुद्ध तथा बाबा साहब की मूर्ति की स्थापना संस्था के कर्मठ पदाधिकारियों एवं सदस्यों द्वारा दिनांक : 28 नवम्बर, 2009 को की गई थी तथा उनका अनावरण अग्ग महापंडित महास्थविर ज्ञानेश्वर जी कुशीनगर के कर कमलों

द्वारा दिनांक : 6 दिसम्बर, 2009 को किया गया था। उस समय श्रावस्ती के पूज्य महास्थविर शीलरत्न जी भी उपस्थित थे।

इस अवसर पर संस्था के पदाधिकारी, सदस्यगण एवं हजारों श्रद्धालु सपरिवार उपस्थित थे। बुद्ध विहार निर्माण का सम्पूर्ण कार्य संस्था के संचालक श्रद्धेय आर.बी. त्रिशरण के नेतृत्व में संस्था के विद्वान पदाधिकारियों एवं सदस्यों के बहुमूल्य सुझावों एवं आर्थिक सहयोग से सम्पन्न हुआ है। बुद्ध विहार का निर्माण, इसमें लगे पंखे तथा फर्नीचर व साज-सज्जा की सभी सामग्रियाँ हजारों श्रद्धालुओं के श्रम तथा आर्थिक सहयोग से ही प्राप्त हुई हैं। जिन लोगों ने इस महान और पवित्र धम्म कार्य को पूर्ण करने में जिस किसी भी प्रकार का सहयोग दिया है, हम उन सभी के प्रति आभार व्यक्त करते हुए उनके सुखी एवं दीर्घायु जीवन की मंगल कामना करते हैं।

| **सिद्ध प्रसाद बौद्ध** | **सत्य प्रकाश गौतम** | **आर.बी. त्रिशरण** |
|---|---|---|
| कोषाध्यक्ष | अध्यक्ष | संचालक |

# बौद्ध धर्म-संस्कार प्रशिक्षण शिविर

सारनाथ, वाराणसी, उ.प्र., भारत

दिनांक : 24 सितम्बर, 1982 ई., 3:40 शाम

**उपज्झाय—**

**1. परम पूज्य दीपांकर—** आशीर्वाद, वन्दना

**2. पेरियार ललई सिंह—** अपने संस्कारों में अमूलचूल परिवर्तन करें

**3. श्री दुर्गाप्रसाद अध्यक्ष—** स्पष्टीकरण

**4. प्रोफेसर एच.सी. जोशी,** दिल्ली विश्वविद्यालय, दिल्ली, प्रशिक्षण-2, यहाँ जातिवाद आम है। अतः मानवतावादी शिविर प्रतिमाह होना चाहिए।

**ऐतिहासिक कारण—**

**1. परम पूज्य दीपांकर—** आशीर्वाद, वन्दना किया।

**2. पेरियार ललई सिंह—** अपने संस्कारों में अमूलचूल परिवर्तन करें।

जिसमें पहला, बौद्ध धर्म मिशनरी धर्म है। विश्व का प्रथम संगठित धर्म है। इसकी मूल प्रत्यस्थापना को समझें। सीखें। जीवन में उतारें।

इस मानवतावादी धम्म जीवन और संस्कार में प्रवाहित करने लिए बच्चियों और बच्चों के जन्म के साथ ही पहले पाँच वर्षीय फिर उससे अधिक की ट्रेनिंग हो। फिर उनकी की स्वतंत्रता पर हो कि वे बौद्ध धम्म का प्रचार-प्रसार करेंगे या सांसारिक जीवन जिएँगे। यदि धम्म के प्रचार-प्रसार में लगते हैं तो बौद्ध संघ के माध्यम से घूम-घूमकर सर्व-साधारण जनता में बुद्ध मत का प्रचार-प्रसार करें। समझाएँ। जनता में मानव कल्याण की भावना का निर्माण करें।

दूसरा, सीनियर-जूनियर सभी स्वतंत्रता-समता-बन्धुता के मूल रुख को संघ के लोकतंत्रिक सन्दर्भ को जनता को बताएँ। बौद्ध संस्कृति में तर्कवाद है। ब्राह्मणवादी संस्कृत में अन्धवाद है। महामानव बुद्ध ने मनुष्य की छिपी शक्ति को पहचाना। और कहा मनुष्य सर्वोपरि है उसे 'अत्त दीपो भवः' होना चाहिए। मतलब अपना दीपक स्वयं बनना चाहिए। उन्होंने आष्टांगिक मार्ग द्वारा मन को नियंत्रित करना सिखाया। भिक्षुओं को विनयपिटक का अध्ययन करना चाहिए। इसमें भिक्षु संघ के नियम हैं। इनका जीवन कठोर है। पूरे समाज को प्रबोधित करना है।

यदि मूढ़ अन्ध-विश्वासी समाज रहेगा तो उसमें ब्रह्मणवाद पनपेगा। जो हमारे लोगों द्वारा ही हमारे लोगों का कत्लेआम करवाता है। ब्राह्मणवाद को उद्भूत करनेवाले मात्र 2% पुरोहित/ब्राह्मण हैं। उसको समाज में स्थापित करनेवाले 13% सवर्ण हैं लेकिन उसको ढोनेवाले 85% बहुजन हैं। इन्हीं को मानसिक गुलाम बनाकर ये दो प्रतिशत पुरोहितवादी-ब्राह्मणवादी लोग हमारे लोगों का सांस्कृतिक कत्लेआम कराते हैं। बौद्ध दर्शन और बौद्ध भिक्षुओं का प्राचीन और मध्यकाल दोनों समय में राजसत्ता से मिलकर कत्लेआम करवाया। इसलिए हमें सबको प्रबोधित करना है।

**3. श्री दुर्गा प्रसाद, अध्यक्ष : सभी महास्थविर—** धर्मज्ञाता, उपासक, धर्म के नियमों को जाननेवाले लोग बिहारों में व्यवस्थित उपदेश दें। अखिल भारतीय बौद्ध महासभा भी इस पर विशेष ध्यान दे।

**4. प्रोफेसर एच.सी. जोशी, दिल्ली विश्वविद्यालय, दिल्ली, प्रशिक्षण—** यहाँ जातिवाद आम है। अत: जातिवाद को तोड़नेवाला मानवतावादी शिविर प्रतिमाह होना चाहिए। 'भगवान बुद्ध और उनका धर्म' पर दो बातें सन् 1955 ई. में बाबा साहब ने दी थी उसे मानिए। यहाँ विवाह धार्मिक नहीं, सामाजिक रीति है। इसलिए विवाह-शादी आदि में बौद्ध संस्कार होना चाहिए, इनके कराने के लिए बौद्धाचार्य होनी चाहिए। इसके लिए भिक्षु को बुलाया जाए, पुरोहित को नहीं। भिक्षु को धम्म देशना देना है। साप्ताहिक धम्म देशना के लिए अवाम बुद्ध और उनका धर्मप्रण करें। हमें ईसाइयों की मिशनरी शिक्षा को भी लेना है।

**5. कन्हेसिंह पवार—** हमारा विकल्प बौद्ध धर्म है, हिन्दू धर्म नहीं। हिन्दू धर्म ब्राह्मण धर्म का एक नया नाम है। ब्राह्मणों ने भिक्षुओं को लाल सैनिक समझा कर कत्ल करवाया। बाबा साहब ने कहा—जन-जन शिक्षित हों! सभी लोग शिक्षा का घूम घूम प्रचार करें। हमारे गुरु पेरियार ने कहा है कि ईश्वर नहीं है! ईश्वर नहीं है!! ईश्वर नहीं है!!!, जब तक जनता समझ न जाए कि ईश्वर नहीं है। तब तक नास्तिकता का प्रचार-प्रसार करते रहें। हमारी सभी प्रकार की समस्याओं का जड़ ईश्वर है। हमारे लिए समस्या उत्पन्न करनेवाले श्रोत-पुरोहित हैं। वर्ण-व्यवस्था है। कर्मकांड है। जाति-व्यवस्था आदि हैं। आप आर.पी.आई का वर्कर या एक राजनीतिक वर्कर बनने के पहले भारतीय बौद्ध महासभा का वर्कर बनिए, ताकि आप सामाजिक-सांस्कृतिक चेतना यहाँ से लेकर वहाँ जाएँ और कल्याणकारी हितों की रक्षा कर सकें। शिविर में गुणों का विकास, सहयोग, शील धर्म का पालन मजबूती से करें।

**6. श्री जगन्नाथ आदित्य—** अध्यक्ष अ.भा.बौ.म. (यू.पी.) उपयोगिता—17 जिलों के 78 प्रशिक्षणार्थी, सारनाथ में आए हुए हैं। आप संस्कार करना अच्छे से सीख लें। इसलिए कि संस्कार कराने में झिझक नहीं होनी चाहिए। सभी कार्यकर्ता संस्कार कराना सीखें। हममें जो ब्राह्मणी संस्कार घुसे हुए हैं, उसे आमूलचूल नहीं बदल पाने के कारण हम प्रगति नहीं कर पा रहे हैं। भिक्षु संघ की भाँति हमें

संगठित होना है। सामान्य जनता अपने अन्दर संस्कारों को ढाले। हिन्दू संस्कार छोड़ें। हर घर में सपरिवार प्रतिदिन बौद्ध वन्दना करें। अन्यथा बौद्ध संस्कार की गति में शिथिलता आ जाएगी। बौद्ध मंगलाचरण आदि सीखें। अपने गाँव वालों को भी इससे प्रशिक्षित करें। संस्कार करानेवाला संस्कारों के कराने में कम से कम समय खर्च करें। कर्मकांडी हिन्दू पुरोहितों की तरह व्यवहार न करें। संस्कार कराते समय भिक्षु बौद्ध धर्मी परिधान और गृहस्थ सफेद कपड़ा पहनें।

**7. बी. सिंह**—मिशन को आगे बढ़ाने के लिए शिविर की सख्त जरूरत है। तीन शिविरों में विशेष ज्ञान बढ़ेगा। गाँव से शहर तक प्रशिक्षण देने लिंक हो। इससे धार्मिक प्रचार में एकरूपता आती है। साथ ही परस्पर परिचय-निष्ठा आदि बढ़ती है। धर्म प्रचार के लिए तर्कशक्ति सीखें।

**8. भगवान दास**—सन् 1956 ई. मतलब बाबा साहब के निर्वाण से ही ये शिविर लगते तो अच्छा होता। बाबा साहब ने हमारे भारत का संविधान लिखा। संविधान बौद्धमय है। यहाँ 10 उद्देश्य में से शिविर है। 8वां नियम लोगों को बौद्ध बनाइए। वैचारिक क्रान्ति कीजिए। सतत बौद्ध धम्म संस्कार शिविर चलते रहना चाहिए। इसलिए कि जो लोग हिन्दू से बौद्ध बने, वे बौद्ध बनने के बाद पुनः हिन्दू न बन जाएँ। अतः गुलामी के संस्कार लगातार प्रशिक्षण द्वारा बदल जाएगा। सन् 1968 ई. में बम्बई में एक मीटिंग बी.एस.आई. की हुई। इसमें लोगों ने प्रशिक्षण प्राप्त किए। पूज्य दलाई लामा ने इसको समर्थन दिया।

हम ब्राह्मणी षड्यंत्रों को कैसे रोकें? सन् 1980 ई. के पहले ही जगजीवन राम की कलई खुल गई है। अब उन्हें भी दिशा देने की जरूरत है। उपदेशों का संकलन, संस्कारों की एक रुपता का काम एक-सा हो। हम सबके प्रशिक्षण का प्रभाव है कि भगवती जागरण के कीर्तन वाले लोग और मेला कमेटी के लोग अब बुद्धिस्ट व अम्बेडकराइट्स बन गए हैं। वैसे, उनके अतिपुराने संस्कार बौद्धिस्ट थे। अब वे पुनः बौद्ध बने। हमारे बाबा ने सब लिख दिया है : 'कैसे शोषित व अपमानित लोगों को अपमान से बाहर निकलना है।' हमें अपने लोगों के दिमाग को शिविर में परिवर्तित करना चाहिए। तब बौद्धिस्ट जीवन के उद्देश्य की एकरूपता होगी।

**संस्कार**—1. धम्मदेशना, 2. नाम करण, 3. विवाह, 4. मृत्यु

9. मृत्यु संस्कार में शव पर कफन में ऊपर पीली चादर रहेगी। मरघट पर कोई मंत्र ब्राह्मण नहीं कहेगा। पिछले समय में हमारे पुरखे लाशों को गाड़ने या जलाने को कहते थे। विशेष ध्यान दें—मरने के पाँचवें दिन धर्मदेशना हो।

# बौद्ध सम्मेलन एवं दीक्षा समारोह

गाँव—पहाड़ीबुजुर्ग, चिरगाँव, झाँसी, उ.प्र.

दिनांक : 3 फरवरी, सन् 1983 ई.; समय : सुबह 10 बजे

**उपज्झाय—**

**मुख्य सम्बोधक—पेरियार ललई सिंह**

**सम्बोधक—** डॉ. अंगने लाल, एम.ए. पीएचडी, साहित्यरत्न।

—एडवोकेट चौधरी केशरी, (दतिया, भिंड)।

—दीन दयाल विरागी, सम्पादक—'बौद्ध बन्धु', पत्रिका आदि।

**श्री पेरियार ललई सिंह—** ईश्वर नहीं है! ईश्वर नहीं है!! ईश्वर नहीं है!!! वेद मनुष्य कृत हैं। इसे ईश्वर ने नहीं पुरोहितों ने लिखा है। उसकी मान्यताएँ पूरी तरह झूठी हैं। वर्णव्यवस्था, जातिव्यवस्था, अछूत भावना झूठी है।

जिस धर्म में आपकी मानवता का कोई मूल्य नहीं, उस धर्म में क्यों रहते हो—संसार सुखमय बनाना है, तो धर्मान्तर कीजिए। समता, बन्धुता व स्वतंत्रता युक्त बौद्ध धर्म में आपकी धार्मिक, सामाजिक, आर्थिक एवं राजनीतिक आदि हर प्रकार की प्रगति सुरक्षित है।

अतः आप इस सामाजिक बराबरी को बौद्ध धर्म से परिवर्तित हो कर ही प्राप्त कर सकते हैं। दूसरा कोई रास्ता भी नहीं है। एक स्पष्टीकरण कि बौद्ध धर्म में ही आपकी मानवता का मूल्य सुरक्षित है।

आप सभी लोग लगभग दस से बाहर हजार हैं। सभी लोग संसार के शान्ति-प्रिय बौद्ध-धर्म को स्वीकार करें। मैं बौद्ध-धर्म, बुद्ध-नमस्कार, त्रिशरण तथा पंचशील को कहूँगा। आप लोग दोहराएँगे—

*(बुद्ध-नमस्कार)*

नमो तस्स भगवतो अरहतो सम्मासम्बुद्धस्य।
नमो तस्स भगवतो अरहतो सम्मासम्बुद्धस्य।
नमो तस्स भगवतो अरहतो सम्मासम्बुद्धस्य।

*(त्रि-शरण-ग्रहण)*

बुद्धं शरणं गच्छामि।
धम्मं शरणं गच्छामि।
संघं शरणं गच्छामि॥
दुतियम्पि बुद्धं शरणं गच्छामि।
दुतियम्पि धम्मं शरणं गच्छामि।
दुतियम्पि संघं शरणं गच्छामि॥
ततियम्पि बुद्धं शरणं गच्छामि।
ततियम्पि धम्मं शरणं गच्छामि।
ततियम्पि संघं शरणं गच्छामि॥

*(पंच-शील-ग्रहण)*

1. पाणातिपाता वेरमणि सिक्खापदं समादियामि।
2. अदिन्नादाना वेरमणि सिक्खापदं समादियामि।
3. कामेसु मिच्छाचारा वेरमणि सिक्खापदं समादियामि।
4. मूसावादा वेरमणि सिक्खापदं समादियामि।
5. सुरामेरय मज्ज पमादट्ठाना वेरमणि सिक्खापदं समादियामि।

बौद्ध धर्म, डॉ. अम्बेडकर, पेरियार और समतावादी प्रगतिशील किताबों के लिए, अपना पता लिखा हुआ, पचास पैसे का लिफाफा, अशोक पुस्तकालय झींझक-209302, जिला—कानपुर को भेजिए। चेतना युक्त साहित्य मँगाएँ। मानवतावादी सोच बनाएँ।

नमो बुद्धाय!

# बौद्ध प्रशिक्षण शिविर

सारनाथ, उत्तर प्रदेश, भारत

दिनांक : 12.02.1983 से 19.02.1983 प्रात:

**निवेदक**—हेमन्त कुमार बनर्जी

**बौद्ध उपज्झाय—**

1. डॉ. शिम्पा दोर्जे 2. भन्ते ऐसे खस्से 3. भन्ते रिम्पोंछे 4. डॉ. त्रिपाठी 5. श्री शर्मा 6. श्री कालूराम माली 7. श्री चन्द्रचूड़ थेरा 8. श्री सिंहचन्द निगम 9. श्री उपाध्याय 10. श्री जे.एन. आदित्य 11. डॉ. उपनयन।

**श्रमण जीवन कसौटी—** बहुजन हिताय! बहुजन सुखाय!!

**संस्कार—**हमें सम्यक् दृष्टि विकसित करनी है। मिथ्या दृष्टि छोड़नी है। सम्यक् दृष्टि के प्रवर्तक तथागत बुद्ध हैं। और सम्यक् दृष्टि आइंस्टीन में थी।

## डॉ. शिम्पा दोर्जे

प्रतीत्युसमुत्पाद—व्यावहारिक दशा में कुशल व अकुशल

सद्धर्म और सम्यक् दृष्टि—बहुजन हिताय! बहुजन सुखाय!!, कुशल मार्ग!!!

कुशल—बहुजन हिताय—बहुजन सुखाय और आष्टांगिक मार्ग

अकुशल—वर्णवाद, पुरोहितवाद, मनुवाद का जीवन में होना

शील—सम्यक् वाणी और सम्यक् कर्म कर्मान्त, सम्यक् आजीविका

प्रज्ञा—सम्यक् दृष्टि, सम्यक् संकल्प और सम्यक् व्यायाम, सम्यक् स्मृति (साथ इससे प्रज्ञा में राग, द्वेष, लोभ आदि समाप्त होना है।)

समाधि—सम्यक् समाधि—शील, प्रज्ञा और समाधि

आसन—नींद वाली श्वास, काया वेदना, चित्त, चैतसिक, संज्ञा, असंगति

ब्रह्म विहार—मैत्री, करुणा, दयावानता इसी पर टिकी है।

मुदिता (मोद और आबन्द), उपेक्षा (प्रतिकार की समस्या = कोई समस्या न होना)

भारत में जाति-व्यवस्था 320 ईसा पूर्व मौर्य काल में चन्द्रगुप्त मौर्य के समय में पुरोहितों ने शुरू-शुरू किया। मनु ने 120 ईसा पूर्व 'मनुस्मृति' लिखकर उसे जन्मजात और स्थायी बनाया। उससे पहले वर्ण-व्यवस्था थी। जो भारत के कुछ ही भागों में थोड़ा-बहुत चलती थी। यह मात्र संस्कृत के ग्रंथों में लिखी बात थी। समाज में यह प्रयोग में कभी नहीं थी। सम्पूर्ण भारत में श्रमणों का राज था। जाति-व्यवस्था आर्यों/पुरोहितों द्वारा विभाजन और फूट डालो राज करो की नीति से बनाई गयी थी। यह नीति अंग्रेजों ने नहीं, आर्यों/ब्राह्मणों ने बनाई है।

820 ईसा पूर्व होमर रोम में था। एल्फस हाबी—कस्सी तेरस हीन = कस्सी तेरस। मेसोपोटामिया की सभ्यता इराक, ईरान, सीरिया में फैली ईसा पूर्व में थी। कस्सी लोग 2400 ई.पू. इंसुशीनिक के राज्य तक पहुँचे। 1752 ई.पूर्व में कस्सी ने बेबीलोन पर अधिकार किया और बहरीन की खाड़ी पर भी कब्जा किया। 576 ईसा पूर्व में कस्सियों ने कस्सीय या कसवी नगर बसाया। 1171 ई.पूर्व में कस्सू राज्य समाप्त हुआ। कस्सी रेस के लोग टीन-ताम्बा बनाना जानते थे।

हमें मिट्टी के बर्तन बनाने का साक्ष्य 3200 ई.पू. से मिलता है। इस समय तक भारतीयों के मिट्टी के बर्तन बनाने का साक्ष्य नहीं मिलता है। 2350 ई.पू. मोहन जोदडो और हड़प्पा सभ्यता के साक्ष्य मिलते हैं। हड़प्पा पूर्व और हड़प्पा उत्तर सभ्यता भी थी। इस सभ्यता में बुद्ध थे। इसे बुद्धिस्ट इंडिया भी कहते हैं। यह 'दीघनिकाय' है। इंडिया पूर्वी इथियोपिया को भी कहते हैं। 549 से 486 ई.पू. में कलात घाटी थी। आज यही किरात घाटी कश्मीर है।

हमारा मूल धर्म बौद्ध धर्म है। यही असल धर्म है। इसका वेदों आदि से कोई सम्बन्ध नहीं है। आर्य/ब्राह्मण यूरेशीय से आए हैं। इन लोगों ने वेदों से वर्ण-व्यवस्था निर्मित की। और यहाँ के श्रमण संस्कृति के लोगों के लिए शिक्षा का राजाज्ञा और संहिता द्वारा बन्द करा दिया। जिससे श्रमण संस्कृति के बौद्धिस्ट लोग अशिक्षित हो गए। इस कारण बौद्ध धर्म का धीरे-धीरे लोप हो गया और आर्यों ने ऊपर से हिन्दू का लेप लगाकर गुलाम बनाया। वहाँ व्यवस्था अलग है। धर्म अलग है अर्थात् मज्जवाद। मानवता की व्यवस्था का परिष्कार धर्म है। साम्यवाद में केवल अर्थ-पूँजी का सवाल है लेकिन मानवीयता—नैतिकता की भावना पर बल नहीं के बराबर है। यह बौद्ध धर्म में है। मानव मूल्य और नैतिकता बौद्ध धर्म के पंचशील में है। हमें सामाजिक व्यवस्था की कुरीति-शादी में अधिक खर्च, मुंडन, मृत्युभोज, बेरही-बरही से आदि से सदा दूर रहें। वैसे साम्यवाद का बौद्धिस्ट अर्थ है—सम्यक् आजीविका।

## डॉ. सिम्पा दोर्जे, दिनांक : 14.02.1983, 3 बजे शाम

आधुनिक समय में आर्य समाजी और राधा स्वामी मन्दिर वालों ने हमारी समस्याएँ और बढ़ा दीं। वे हमारे श्रवणों को और मूर्ख बना रहे हैं। वे हमें पहले

स्वर्ग के नाम पर मूर्ख बनाते थे। स्वर्ग की अवधारणा प्रवृत्ति मूलक है। जबकि दूसरी व्यवस्था श्रवणों की भौतिकवादी है, जो निवृती मूलक है। यही सत्य है। ईसा पूर्व 1500 से 600 तक पुरोहितवादी वैदिक हावी रहे। ये लोग अपना सांस्कृतिक वर्चस्व इतना बना लिये कि पुरोहित भी राजा की बात मानता था। ये वैदिक आर्य नरमेध यज्ञ, अश्व मेध यज्ञ आदि करते थे। जिसमें नर की बलि देते थे। आर्यों ने दार्शनिक उपनिषद लिखा। वे 64 कलाओं में पारंगत थे।

बुद्ध के चार आर्य सत्य और आष्टांगिक मार्ग की सही हैं। सम्यक् दृष्टि सदा गतिमान रहती है। अनिच्च—बुद्ध ने कहा है यह संसार अनिश्चित है। हर क्षण बदलता है। बुद्ध के इसी सन्देश को ब्राह्मणों ने चुरा कर 'गीता' में कृष्ण के मुँह से जबरी कहलवा दिया। बौद्ध धर्म सनातन धर्म से पुराना है। बौद्ध धर्म की अनेक बातों को ब्राह्मणों ने चुराकर सनातन धर्म की बात बना कर प्रचारित कर दिया। और बौद्ध धर्म और साहित्य को पूरी तरह नष्ट कर दिया। जिससे लोग जान न पाएँ। अविद्या और मिथ्या ज्ञान का विरोध पूर्ण ज्ञान का लोकतांत्रिक विस्तार, पूर्ण प्रबोधन ही सम्यक् ज्ञान है। सम्यक् ज्ञान ही वास्तविक ज्ञान है। पुरुषार्थ ज्ञान अर्थात् जो मनुष्य जीवन के लिए उपयोगी ज्ञान हो।

## द्वितीय सत्र

### डॉ. त्रिपाठी— 14.02.1983 ई.

राग से, द्वेष से, लोभ से मोह.—मुक्त रहना है। सम्यक् ज्ञान का ही दूसरा नाम प्रज्ञा है। श्रामणों में निर्वाण के अतिरिक्त सब दु:ख है और बुद्ध ने कहा है कि दुख है दुख का कारण है और उसका निवारण है। दु:ख का कारण—तृष्णा है। इसके लिए आष्टांगिक मार्ग को समझें। वैदिक अवधारणा में ज्ञान को चुराकर रखने कि भावना है। जब कि बुद्धवादी अवधारणा में ज्ञान के विस्तार की बात है। बुद्ध ने श्रमणों के साथ स्त्रियों तक को ज्ञान दिया इसलिए कि ज्ञान का विस्तार होगा। ज्ञान न बतलाने से ज्ञान का विस्तार नहीं होता है। ज्ञान रहित करुणा या करुणा रहित ज्ञान ठीक नहीं है। तथागत ने कहा है—इस संसार में मनुष्य ही श्रेष्ठ है। बुद्ध का भिक्खुओं को उपदेश था कि एक साथ झुंड में मत चलो, अकेले चलो और जन जन तक ज्ञान का प्रसार करो। मनुष्य मनुष्य है। वर्ण, नस्ल, वंश, गोत्र आदि की श्रेष्ठता की अवधारणा मिथ्या है। ईश्वर, अध्यात्म से बुद्ध ने हमें बचाया। हमें भौतिक यथार्थवादी पाठ पढ़ाया। मनुष्य का प्रबोधन ही ज्ञान है। यही मनुष्य जीवन का लक्ष्य होना चाहिए। बुद्ध ने कहा है—हर चीज को अपनी बुद्धि से परीक्षण करो। उसे सोच की कसौटी पर कसो। अपने जीवन अनुभव से समझो। हलकी-फुलकी बुद्धि से मत मानो। अन्धानुकरण मत करो। अत्त दुपो भव—अपना दीपक स्वयं बनो। अनात्म ही बुद्ध की विशेषता है।

## तीसरा सत्र

### डॉ. शर्मा— 14.02.1983, ई. सायंकाल

थेरवाद = पुराना (त्रिपिटक द्वारा कही गई), पूजा-पाठ धर्म नहीं है। यह आडम्बर है। इस संसार में मनुष्यता ही धर्म है। इस रूप को पाना ही असली धर्म है। इसीलिए हमें धर्म परिवर्तन करना पड़ता है। अभि-धम्म (अभी धम्मपिटक) अभि अर्थात् विशेष, धम्म धारण करनेवाला या रक्षा करनेवाला। इस धर्म परिवर्तन मार्ग में चिन्तन = सोचन, विचारना, किसी मुख्य विषय पर चिन्तन। चित्त = मन, किसी विषय पर मन में मन्थन ही चिन्तन है। चित्त के छह विषय हैं। तीन—रूप, चित्त, चैतसिक धर्म से सम्बन्धित व्यक्तित्व। अभि धर्म—पराया धर्म। इसके अतिरिक्त कुछ नहीं। इसमें हमारा लक्ष्य है—निर्वाण।

### शिम्पा दोर्जे— 15.2.83, प्रातःकाल की शिविर में

प्रत्येक मनुष्य जन्म के बाद जीवन पद्धति सीखता है। सीखना = शिक्षा, अनुभव आदि। शिक्षा = (क) 1. शील आदि, 2. समाधि आदि, 3. प्रज्ञा आदि।

(ख) 1. सत्य शील 2. ससत्य समाधि 3. ससत्य प्रज्ञा

(ग) 1. इन्द्रिय 2. ज्ञान 3. विषय

शील—इन्द्रियों पर कंट्रोल करता है। वैसा ही आचरण करना—प्रतिमोक्ष शील, समाधि शील, प्रज्ञा शील। प्रतिमोक्ष शील—कुशल-अकुशल। प्रज्ञा—परि ज्ञान।

1. शील = व्रत—24 घंटे का व्रत। = उपासक, 2. शील = व्रत—जीवन व्यवहार करना 3. शील = ब्रत—गृहस्थ उपासक—जीवन पर्यन्त। अनागारिक श्रावनोर भिक्षु। शील = विनय पिटक—हमारे धर्म दर्शन का संविधान है। व्यक्तिशील मित्र दृष्टि का होता है। समाधि = बराबरी के साथ होनी चाहिए और श्रमण या भिक्षुक सबके साथ बराबरी का व्यवहार करो। श्रमणों के घरों में प्रत्येक दिन 'विनयपीटक', 'अभिधम्म पिटक', 'सुत्त-पिटक' आदि का पाठ होना चाहिए। बौद्धिज्म में मिथकीय कल्पना अशुभ है। आलम्बन रोकें। राग-द्वेष से मुक्त रहें। तृष्णा के जंगलों से निकल जाना ही निर्वाण है।

### भन्ते ऐसे खस्से—दिनांक : 15.02.1983 ई.

इस दुनिया में दुख का कारण ईश्वर है। ईश्वर को आदमी ने खुद बनाया है। यह मिथ्या है। चार आर्य ही सत्य है। वह स-सम्पन्न है। आत्मा है नहीं तो वह परिवर्तित कहाँ से होगी। आत्मा हिन्दू दर्शन का मिथ है। बौद्ध धम्म अनात्मवादी है। श्रमणों को हिंसा नहीं करनी है। यहाँ तक कि हिंसा की कल्पना भी नहीं करना है। यहाँ बहुजन कल्याण की भावना है। बोधि मित्र बनो। अपने को महत्त्व देना

हीन यान और अन्यों को महत्त्व देना महायान है। बहुजन हिताय बहुजन सुखाय ही यहाँ मानव जीवन का सार है। यहाँ जिसने मेरी मदद की है उसकी ही मदद करने का भाव नहीं है बल्कि सबका कल्याण करने का भाव है। यहाँ विश्वास है कि दुखः-क्लेश और अज्ञानता से उपजता है।

### श्रीमान डॉक्टर साहब त्रिपाठी— 15.02.1983 ई., 3 बजे

कुशीनगर से नालन्दा जा रहे महाकश्यप से भिक्षु ने कहा—संगतियों और बुद्ध वचनों का संग्रह होना चाइए। प्रथम संगति राजगृह में हुई थी। द्वितीय संगति 100 वर्ष बाद वैशाली में हुई थी। यह महास्थविरों की संगति थी। यह समय बौद्ध सम्राट कालाशोक का था। इनका बौद्ध साम्राज्य विस्तार कौशाम्बी महासंघ तक था। सम्राट अशोक तक 18 विभिन्न संघों का आविर्भाव हुआ। यह समता मूलक विकासवान राज था। यहाँ विचार अभिव्यक्ति की स्वतंत्रता थी। संघ का निर्माण लोकतांत्रिक सहमति के साथ होता था।

प्रतिसमुत्पाद की अनेको व्याख्या है। हमें समझना होगा हीनयान व महायान के विभाजन का कारण उद्देश्य है, दर्शन नहीं। हीनयान का उद्देश्य—दु:ख अनित्य है। बोधि चित्त—दु:ख, अनित्य, अनात्म है। दु:ख से मुक्ति का आधार ज्ञान, करुणा, मैत्रेयी है। महायान का उद्देश्य है—निर्वाण प्राप्त करना। यहाँ सामूहिकता में मुक्ति मिलती है।

महायान के तीन उद्देश्य हैं—पहला—जो अर्हत प्राप्त, अकेला रहे वह कृतघ्नी समझा जाएगा। वह उसे सामूहिक बनाए। सबको बताए। दूसरे—इसमें सबके साथ निर्वाण प्राप्त करने का लक्ष्य होता है। तीसरे—सभी निर्वाण नौका से साथ ही उतरेंगे।

### श्रीमान शर्मा जी— 15.02.1983 ई.

इनका व्याख्यान 14 तारीख के आगे का आज हो रहा है।

व्यक्ति ही धर्म का रूप है—रूप चित्त। धर्म से विशेष अर्थ रखता है—अभिधम्म वैयक्तिक का समुच्चय व्यक्ति है। अन्दर चित्त है। बाहर रूप है। कायानुपश्यना—अपने को देखो, ईरिया पाठ, साधक आदि। चित्त, चौवसिक रूप का निर्माण है। धम्म संग्रह—धर्मों का वर्णन भी करना। कुशल-अकुशल = रूप निर्माण। अभिधम्मसंग्रहो—चित्त को प्रकट करना। काया विचार—कुशल-अकुशल = कामनाओं में विचरण करना। लोभ, क्रोध, माया का त्याग करना। काम-तृष्णा—भाव तृष्णा+विचार तृष्णा। धर्म कुशल—त्याग, मैत्रेयी, ज्ञान, अपव्यय। धर्म अकुशल—लोभ—द्वेष—मोह—लोभ हमें मोह आसक्ति में फँसाता है। द्वेष = कुशल+मूल = दो, अकुशल+मूल=दो। लोभ—अज्ञानता, मिथ्या दृष्टि से विकसित

होता है। द्वेष—सांसारिक और अ-सांसारिक होता है। मोह—चंचलता और सन्देह से पैदा होता है। विचिकित्सा मोह है। बौद्ध दृष्टि कहती है आरा से काटनेवाले से भी द्वेष न करें।

## श्री चन्द्रचूड़ थेरा— 16.02.1983 ई., प्रात:

पालि भाषा मगध की भाषा है। मगध बौद्ध राजाओं का साम्राज्य था।

नमो तस्स भगवतो अरहतो सम्मा सम्बुद्धस्स = भग्न करना। अर्हतो = योग्य। सम्मा=अच्छा। सम=स्वयं। बद्ध = बुद्ध। नमो=नमस्कार।

जरथ्रुस्त धर्म ईरान से चला रोमन, बलूची सबको प्रभावित किया। आज के पेशावर को पूर्व में पुरुषपुर कहा जाता था। आज के तक्षशिला-पुष्कलावती को प्राचीन समय में कपिसा (बेगराम) कहते थे। हमें कुशीनगर और कौशाम्बी का गहन पुरातात्विक अध्ययन करना है।

## शिम्पा दोर्जे— 16.2.83, दोपहर की शिविर में

भगवान—भग्न धातु से बना है। अरिहत: = अरि-शत्रु, हतो-हनन करना, जैसे—क्लेश, मृत्यु, स्कन्ध, प्रेत (देव) के देव। अर्हत—जो चारों क्लेशों को नस्ट कर दे। इन सबके बुद्ध ज्ञाता थे। बुद्ध का अर्थ ही होता है—वास्तविकता का जानकार। प्रतीत्य समुत्पाद का ज्ञान करुणा सहित महाकरुणा का ज्ञान है। प्रत्येक श्रमण को बुद्ध की बात सुननी चाहिए। बुद्ध के आठ मार्ग का ज्ञान अर्हत है। प्रतीत्य समुत्पाद का ज्ञान अर्जन करना है। सान्वयवादी विनाश = निरन्वयवादी विनाश है। जीवन का सम्पूर्ण सृजन जीवन का सम्पूर्ण विनाश भी है। श्रमणों को आन्तरिक और वाह्य क्लेश आदि का विनाश करना चाहिए। श्रमणों की सांस्कृतिक मान्यता और ऐतिहासिक व परम्परागत चेतना में अंतर है। सांस्कृतिक चेतना में—चेतना, दर्शन और धर्म आता है।

मानव जीवन में धर्म अनेक चीजें लेकर आता है। इसी कारण दर्शन का धर्म से झगड़ा है। इसी धर्म के प्रभाव के कारण पुरोहित राजा से धर्म का कानून मनवता है, उसका मालिक हो जाता है। इसी कारण श्रमण और पुरोहितों का लम्बा झगड़ा है। पुरोहिती सनातन धर्म में कथनी और करनी में अंतर है जबकि बौद्ध धर्म में ऐसा नहीं था। किन्तु यह अब व्यावहारिक रूप से कम हो रहा है। इसे मिटाना है।

## त्रिपाठी जी— 16.2.83, शिविर में, समय : 3 बजे शाम

आचार्य बसुबन्धु ने कहा है—धर्मचक्र एक मार्ग है। बौद्ध दर्शन ही धर्मचक्र है। बुद्ध में मानव को दुखों से मुक्ति का मार्ग बताया, वही धर्मचक्र है। यह दर्शन मध्यम मार्गी है। तेर्थिक = तथागत को न माननेवाला। मध्यम मार्ग = प्रज्ञा, शील, समाधि।

शाश्वतवाद-विलासिता-उच्छेदवाद और दुःख। मिथ्या दृष्टि—दुख के कारण और निवारण की दृष्टि को न मानना। बुद्ध की सम्यक् दृष्टि का विरोध करना मिथ्या दृष्टि है। प्रत्येक श्रमण को शीलवान होना चाहिए। दुख के कारणों की पहचान करो। कारण में ही निवारण सन्निहित है। बुद्ध का प्रतीत्य समुत्पाद ही परिवर्तन की अवधारणा है। वेदवादी असीम, नित्य, शाश्वत की बातें मिथ्या हैं। परिवर्तन = सदृश्य परिवर्तन—वि-सदृश्य परिवर्तन।

**शर्मा जी— 16.2.83 ई.**

त्रिशरण—बुद्ध + धर्म + संघ। बुद्ध = जागृति पुरुष जानना चाहिए। दुःख का ज्ञान हमें धर्म परिवर्तन से भी मिलता है। त्रिशिक्षा—शील, समाधि, प्रज्ञा। त्रिलक्खन—अनित्य, अनात्म, दुःख। यह बौद्ध धर्म का आधार है। इसी पर बौद्ध धर्म टिका हुआ है। अनात्म मतलब आत्मा नहीं है। इसमें द्वेष, लोभ, मोह, का भग्न कर दिया जाता है। बुद्ध ज्ञान का पर्यायवाची नाम है। मैं बुद्ध की शरण में जाता हूँ। धम्म का अर्थ है जो मानव कल्याण के लिए धारण करने योग्य है सो धर्म है। बौद्ध दर्शन के अलावा किसी भी भारतीय दर्शन में बुद्धि से प्रत्येक बात का देखो, निरक्षण करो, प्रयोग करो आदि वैज्ञानिक अवधारणाएँ नहीं हैं। इसी धारणा के प्रचार के लिए संघ बनाया गया। संघ मतलब—सभी लोग मिलकर समान आचरण करना, बौद्ध मत का चिन्तन करना। सम्यक् संघ दृष्टि बनाना है। यह सद्धर्म के लिए आवश्यक है। शील के बिना कोई धर्म नहीं ठहर नहीं सकता है। यहाँ सौन्दर्य के लिए जीवन में आचरण की आवश्यकता पर बल है।

तपस्सू मालिक बंजारा बौद्ध धर्म ग्रहण करेंगे। त्रिशरण को बोलें—मैं बुद्ध की शरण में जाता हूँ। मैं बुद्ध की शरण में जाता हूँ। मैं बुद्ध की शरण में जाता हूँ।... अनित्य है—इसलिए दुःख है। जीवन दुःख को आष्टांगिक मार्ग द्वारा समाप्त किया जा सकता है। इसी से तृष्णा आदि को छोड़ा जा सकता है।

*यो वदन्त परवो मनजेसु, शक्य मुनि भगवा कलकिच्चो।*
*पारगतने बल वीर्य समंगी, तं सुगतं सरनंत मूयेमि॥*

मनुष्यों में बात करनेवालों में श्रेष्ठ। शक्य मुनि भगवान का-सा काम किया हुआ। निर्वाण प्राप्त हैं, उस सुगत की शरण में जाता हूँ। त्वं पालि भाषा जानाति अनुवाद तुम पालि भाषा जानते हो। अहं थोकं जानाति अनुवाद मैं थोड़ा जानता हूँ। सक्कोसि त्वं पालि भाषाय सल्लपिथु। अहं थोकं सल्लपिथु सक्कोसि। स्वीहं नामं किम्। अहं विजय कुमार नामोन्ही। त्वं कथो वसति। अहं वाराणसी नगरे वसामि। इत्तकं तूहंह अयु पमानं। मैं हं आयु वामांन 15 वस्म। तुइंम माता पितरो कुहिं वसन्ति। वे लोग दक्षिण में रहते हैं = ते इदानी दक्खिन देशे वसन्ती। आपके भाई-बहन होते

हैं = तूइहं भाई भगिनियोसि भंती। जी चार भाई हैं और दो बहन हैं = चत्तारी भातु च दो भगिनी सन्ति। त्वं मतरों किं करुन्ति।

### i. श्री दोर्जे जी— 17.2.83 ई., प्रात:

प्राण—अतियात, विरत रहने की, समधियाम = लेता हूँ, पमाद्दट्ठाना = प्रमाद, पंचशील = नित्यशील। बौद्ध लोगों में थेरवादियों का ग्रंथ लंका में है। बौद्ध धम्म में व्यक्तिवाद + व्यवहारवाद + अर्पण, धर्मवाद का खंडन है। हिन्दू धर्म में पुरोहित शादी स्वयं की करता है या देवी+देवताओं से कराता है।

### ii. श्री रिम्पोंछे जी

धर्म का साधारण अर्थ होता है—मानवतावादी, करुणावादी, चीजों को धारण करना। इसमें अवस्था या व्यवस्था विशेष पर जीवन पद्धति का बोध हो। बौद्ध धर्म अन्य धर्म से अलग है। यह गहरी भिन्नता लिये हुए है। अन्य धर्म = ईश्वर, आत्मा, स्वर्ग-नरक, कर्मकांड, अन्ध-विश्वास, शैतान, भूत-प्रेत पर आधारित है। बौद्ध धर्म भौतिक-व्यावहारिक सत्य करुणा-मानवता पर आधारित है। बौद्ध धम्म में व्यक्ति अर्थात् बुद्ध नहीं बल्कि धम्म प्रधान है। इसमें धम्म मत पर चलनेवाले को तथागत कहा जाता है। तथ और आगत अर्थात यथा तथ्य जानना। तथ्य के सत्य स्वरूप को जानना। किसी भी वस्तु स्थिति को जैसा है वैसा ही जानना। तथागत होना अर्थात तथ्य का ज्ञान करना। जान जाना है। बुद्ध धम्म ही स्वावलम्बन है। इसमें संघ की शरण में जाना होता है। धम्म को अपने जीवन में उतारना होता है। इसमें समस्त जन के कल्याण की भावना सन्निहित है। सामूहिकता में मुक्ति है। बुद्ध का प्रथम धम्म प्रवर्तन चार आर्य सत्य हैं। बुद्ध ने कहा—दुख है। दुख का कारण है। और दुख का निवारण है। इसका तृष्णा और अज्ञानता है। अविद्या से ही यह सब उपजता है। अविद्या परिवर्तनशील है। इसे निर्मूल किया जा सकता है।

### iii. श्री दोर्जे जी

बुद्ध धम्म के आर्य सत्य बाहरी और भीतरी होते हैं। आध्यात्मिक भीतरी होता है। यह अविद्यामयी होता है। यहाँ संस्कार विलोम है। प्रतित्य समुत्पाद—एक-दूसरे के प्रति साक्षेप धम्म रखना। जैसे—बीज, खाद, पानी सभी एक-दूसरे के प्रति सापेक्ष्य बनते हैं जिससे अंकुरण होता है। अविद्या जब साक्षेप बनी तब संस्कार से निर्वाण तक अनुलोम-प्रतिलोम कारण बना। प्रतीत्य—कार्य-कारण निरपेक्ष्य का निषेध से साक्षेप। बौद्ध धम्म में श्रम के साथ धम्म को स्वाभाविक रूप से बढ़ाना है। भिक्खु को दान, अभयदान, क्रोध, मैत्रेयी, करुणा, समता आदि को समझने

की आवश्यकता है। प्रत्येक श्रमण, भिक्खु, भन्ते और महस्थविर को पूर्णतः धम्म युक्त व्यवहार करना चाहिए।

**दिनांक : 18.02.1983 ई. शाम, अध्यक्षता : श्री एल. रिम्पोंछे, श्री सनताने जी; वक्ता : कालूराम माली**

लद्दाख यहाँ का कला, साहित्य, संस्कृति, दर्शन आदि बहुत समृद्ध था। यह बौद्ध भूमि थी। यहाँ 11वीं शताब्दी में ये सभी बहुत उन्नत था। 1829 ई. में गुलाब सिंह राजा कश्मीर ने लद्दाख को अपने राज्य में मिला लिया। इसकी पुनः बौद्ध धम्म की दृष्टि से तरक्की होनी चाहिए। साथ ही तिब्बत, भोट-भावा (भूटान) की भी तरक्की होनी चाहिए। जो बौद्ध भूमि है।

किन्नौर (हिमाचल)—यह बौद्ध क्षेत्र था। यहाँ सेब की खेती होती है। यहाँ घर-घर में बौद्ध धम्म था। इसका विस्तार देहरादून से पटियाला तक था। आज भी बहुतायत बौद्ध हैं। प्रत्येक गाँव में सामूहिक विहार होते थे। यहाँ हिन्दु साधुओं द्वारा अन्ध-विश्वास फैलाया जाता है। लोग डॉक्टर के बजाय देवी-देवताओं पर विश्वास करते हैं। पशुबलि आदि का प्रचलन है। यहाँ के बौद्ध विहारों के भिक्षु-भिक्षुणियाँ साल में दो बार साधारण जनता से अन्न माँगने जाते हैं। यहाँ प्रेम-विवाह प्रचलित है। विवाह में दहेज का चलन नहीं है। यहाँ लड़की का मामा विवाह में मध्यस्तता करता है। वर का बूठ चुराने का चलन है। बहु-पतित्व की प्रथा है। मृतक शरीर को जलाने का चलन है।

लाहुल, हिमाचल—यहाँ बौद्ध धम्म का विस्तार था। यहाँ अशोक स्तम्भ मिला है। हर घर में पूजा पाठ होता है। लामाओं द्वारा यह पाठ किया जाता है। वे इसके महत्त्व को बताते हैं। यहाँ लामा द्वारा पाठ, पढ़ना-लिखना और सुनना पवित्र कार्य माना जाता है।

सिक्किम—इसकी स्थापना एक प्रकार से तेनजीन पूर्व लामा द्वारा 17वीं शताब्दी में हुई। यह बौद्धमय जगह है।

भूटान—यह जगह भी ऐतिहासिक रूप से बौद्धमय है। यहाँ बौद्ध शिक्षा अनिवार्य है। हमें इन जगहों का दर्शन करने जाना चाहिए।

बंगाल—सुभाषचन्द्र बरुआ—यहाँ भी बौद्ध बिहार हैं। यहाँ के बौद्ध धम्म को मनानेवाले लोग अपने बच्चों को स्कूल के बाद बौद्ध बिहार जरूर लेकर जाते हैं। यहाँ स्कूल हैं। बौद्ध धम्म को मनाने के कारण इनके बीच दहेज जैसी प्रथा नहीं है। लड़का लड़की के घर शादी करने जाता है। यहाँ लोग मृत्यु के सातवें दिन शोक सभा करते हैं। इसमें भिक्षु पवित्राणी पाठ करते हैं।

नेपाल—नाबाऊ ओसे—स्तूप में यहाँ के बौद्ध भिक्षु प्रत्येक 12 वर्ष में जरूर जाते हैं। यहाँ बौद्ध धम्म को मनानेवाले लोग भी हैं और राम, कृष्ण, शंकर को

मनानेवाले लोग भी हैं। सनातनी आर्यों ने बौद्धों को राक्षस कहा है। यहाँ के लोग परम्परा से बौद्ध हैं। उसमें इनका विश्वास है। ये लोग वन्दना, आष्टांगिक मार्ग, दसमी को पूजा करते हैं। यहाँ के समाज में दहेज नहीं प्रचलित है। व्यक्तिगत बिहार, स्तूप, बौद्ध स्कूल बहुत कम हैं।

**श्री सिंहचन्द्र निगम**— जापान, थाईलैंड, कंबोडिया, लंका में 95% लोग बौद्ध हैं। 4% मुस्लिम हैं। एक समय में यहाँ राजा केवल बुद्धमत को मनानेवाला ही हो सकता था। यहाँ प्रत्येक घर में बौद्ध की मूर्ति मिल जाएगी। वहाँ बौद्ध वन्दना की किताबें रखते हैं। प्रत्येक घर में त्रि-रत्न बन्दना होती है। मूर्ति नहीं तो फोटो रखते हैं। सुबह-शाम पुष्पों से पूजा होती है। गले में बुद्ध की लॉकेट पहने हैं। जो बुद्ध में आस्था का प्रतीक है। अपने घरों की दीवारों पर बुद्ध सुत्त लिखते हैं, और अपनी अलमारियों में बौद्ध ग्रंथ रखते हैं। इन ग्रंथों को पढ़ने और समझाने के लिए ये लोग भिक्षु बुलाते हैं। बुद्ध वर्षावास में तीन माह के लिए बुद्ध धम्म प्रचार को रोक देते थे। इस समय ठहर कर चिन्तन करते थे। इसी प्रकार वहाँ बौद्ध भिक्षु भी वर्षावास में विश्राम करता है। उसके बाद धम्म का प्रचार करता है। बौद्ध धम्म मध्यम मार्ग है। इसे भिक्खु को सही से समझना और समझाना है। इसी से उनकी प्रतिष्ठा होती है। यहाँ 30 हजार बुद्ध बिहार हैं और 3 लाख बौद्ध भिक्षु हैं। प्रत्येक गाँव में एक बौद्ध विहार है। नया गाँव बनने से पहले बुद्ध बिहार के लिए स्थान और एक बौद्ध भिक्षु की नियुक्ति होती है। बुद्ध बिहार गाँव के केन्द्र में होता है। यहाँ सरकार स्कूल के लिए पैसा भले न दे लेकिन बुद्ध बिहार के लिए पैसा जरूर देती है। यहाँ मैत्री, करुणा आदि की भावना श्रेष्ठ है। ध्यान, विपश्यना, समाधि आदि को यूनिवर्सिटी में ध्यान भवन, समर्थ भवन, विपश्यना भवन बनाकर पढ़ाया जाता है।

**श्री उपाध्याय जी**— बुद्ध धर्मी पुनर्जागरण में बाबा साहब ने अभूतपूर्व योगदान किया। हम शिविरों के द्वारा बुद्ध के मत का प्रचार करें। बाबा साहब ने आधुनिक भारत को बुद्ध खोजकर दिया। हमें बुद्ध मत का खूब प्रचार करना। सबको बौद्ध बनाना है। बुद्ध अनुयायियों को पुन: तैयार करना है। बुद्ध का मत ऊपर से नीचे आया। अब बाबा साहब का संघ नीचे से ऊपर जाएगा। पुरोहितवाद से हम बौद्ध मत को सैनिक की तरह लड़ना है। इसे अन्य बौद्ध देशों से सीखना है। सजग रहें। सम्हल कर रहें। अहिंसा और सत्य को विजयी बनाएँ। क्रोध, अन्याय, दुष्टता पर विजय प्राप्त करें। संघ सबसे बड़ी चीज है। इसमें भेद न पड़ने दें। कमजोर न होने दें। अजातशत्रु व वज्जिय लोगों के सात प्रश्नों के बाद बुद्ध ने उन्हें समझाया और कहा यदि आप एक रहेंगे तो आपका भी भला है और संघ का भी भला है। इतिहास दुहराया नहीं जाएगा। बाबा ने भी यही प्रेरणा दी। विद्या और आचरण में एकता की बात की।

श्री रिम्पोंछे ने उपाध्याय जी की बात में पूर्णत: सहमति जताई।

**श्री पेरियार ललई सिंह—** मेरा जानना न जानना एक हो जाएगा। यदि बौद्ध धम्म और दर्शन के संगठन और विस्तार के लिए कुछ नहीं कर सका।

उपासकों के कर्तव्य—सुनो, मनन करो, शीलवान बनो, मत में श्रद्धा रखो। नम्र रहो।

नमस्कार—अंजुरी जोड़कर पंच नमस्कार खड़े होकर और बैठकर करें।

**बुद्ध ने पंच विषयेन मंडल ज्ञान—** आँख, नाक, कान, जिभ्या, स्पर्श (त्वचा) को बताया है। इस अवधारणा का विवरण 'अभिधम्म पिटक' में है। विषयेम मतलब ज्ञान मंडल का अलग-अलग विषय होता है। इसमें मन में सभी विषयों का मंडल तैयार होता है। बुद्ध ने मन को इन सबमें अगुआ माना है। उन्होंने इसकी सैद्धान्तिक और दार्शनिक व्याख्या भिक्खुओं के लिए की।

**बुद्ध पंच वित्थीय द्वार—** विथी मतलब—मन की व्यथा। धारा। यह सतत चलनेवाली मन धारा है। ये मन के पाँच द्वार हैं—आँख, नाक, कान, जिभ्या, स्पर्श (त्वचा) हैं।

बुद्ध ने चक्षु श्रोत घ्राण (सिक्स सेंस) बताए—आँख, नाक, कान, जिभ्या, स्पर्श (त्वचा) और मन हैं।

पंच स्कन्ध—स्कन्ध अर्थात भाग, टुकड़े। ये हैं—1. रूप, 2. वेदना, 3. संज्ञा, 4. संस्कार, 5. विज्ञान।

धर्म क्या है?—मनुष्य बुद्ध मत के सद्गुणों को धारण करे। दुखों से बचे। ऐसी धारणा को धारण करना धर्म कहलाता है।

संघ—1. भिक्षु संघ, 2. भिक्षुणी संघ, 3. उपसंस्कार

नरक—यह नकारात्मक और सकारात्मक धारणा है। इससे अधिक कुछ नहीं है। इसे पुरोहितों ने फैलाया है। सुख-दुख क्रोध से मुक्ति ही मनुष्य जीवन का लक्ष्य होना चाहिए।

बुद्धिमान बनो, धर्म की प्रज्ञा रखो, संघ में अनुशासित रहें। संगति एक महत्त्वपूर्ण भिक्षु मूल्य है। नालन्दा में बौद्ध भिक्षुओं के साथ जैन साधक भी रहते थे। इसमें विनय और धर्म का संगायन होता है। इसके लिए विनय अर्थात अनुशासन बढ़ता है। हम बौद्ध धर्म विजय का मुख्य कारण धम्म और नैतिक बल है। जापान की विजय का मुख्य कारण धर्म विजय (अनुशासन) ही है।

बुद्ध की जनवादी पक्षधरता ही संघ का नियम है। जो सारनाथ में बुद्ध की मूर्ति में अभय मुद्रा व धर्मचक्र मुद्रा में दिखती है। ऐसी प्रतिमा वहाँ के म्यूजियम में है। जिसकी कीमत शायद एक करोड़ है।

संघारामों में बौद्ध दीक्षा देना। पढ़ना। भिक्षुओं का काम था। बुद्धिज्म की प्राइमरी शिक्षा जरूरी है। इस संघ में विदेशी भी पढ़ने आते थे। जिन्हें यहाँ के लोग

सहज समाहित कर लेते थे। यही बौद्ध संस्कृति भारत की अनेकता में एकता की संस्कृति कही जाती है। जब तक संघ रहा तब तक विदेशियों को एकता में समाहित करता रहा। जब हिन्दू संस्कृति का वर्चस्व हुआ तो यह सब खत्म हो गया। यह क्रूर, हिंसक और आक्रामक संस्कृति है। हिन्दू संस्कृति को मनानेवाले कहते हैं कि वे समाहार की शक्ति रखते हैं जो एकदम झूठ बात है क्योंकि बौद्ध संघ समाप्ति के बाद हिन्दू, मुस्लिम और ईसाई संस्कृति उसे क्यों नहीं आगे बढ़ा पाईं? पुरोहित हिन्दुओं के इशारे पर मुस्लिमों ने संघाराम जलाए और भिक्षुओं का कत्ल हुआ। बौद्ध धम्म में प्रचार के लिए संघाराम और भिक्षुओं में भेद किए। फूट डाली। जिससे भिक्षुओं को सफेद कपड़े पहन कर अलग होते हुए अपनी जान बचानी पड़ी। यह किसने किया। इसे ब्राह्मणों ने किया जो भिक्षु वेश में बिहार और संघाराम में घुस गए थे। इन्होंने ही बौद्ध धर्म का संहार और सर्वनाश किया।

पवज्जा में पहले भिक्षु पुराने कपड़े पहनते हैं और इस संस्कार के बाद नए कपड़े पहनते हैं। यहाँ अतिरिक्त लाभ की कामना नहीं है। इन नैतिक मूल्य का विकास संघाराम में ही सम्भव है। अतः अपने बच्चों की प्राथमिक शिक्षा भिक्षुओं के निर्देशन में और संघाराम में करवाएँ। यहाँ विनय का पाठ पढ़ाया जाता है। बौद्ध धम्म में विनय की आरम्भिक सीढ़ी धर्म है। पूरी ईमानदारी से समाज में समता के मूल्य को स्थापित करें। अफगानिस्तान के वामियान में बुद्ध की 172 फीट और 132 फीट की मूर्ति है।

बौद्ध धम्म में विनय के साथ शील एक नैतिक और मौलिक मूल्य है। यहाँ शील और दर्शन दो मूल्य होते हैं। इस धर्म में आपको धर्मानुसार चलना होगा। जिसकी आपको प्रैक्टिस करनी होगी। अन्य धर्म में यह बात सिर्फ थ्योरी है। अमल पर जोर नहीं है। इस पर शोध बौद्धों ने किया है। साँची के अभिलेख में उस समय के पाँच बौद्धों के नाम लिखे हैं। साँची में बुद्ध की ध्यान मूर्ति की बगल में दो मृग हैं। चार भिक्षु खड़े हैं। यह अट्ठाइसवें बुद्ध हैं। सिन्धु घाटी की ध्यान मुद्रा की मूर्ति ही बौद्ध मूर्ति है। बन्धुओं ज्ञान के बिना मुक्ति नहीं है। साँची की बुद्ध की ध्यान मूर्तियों का जीर्णोद्धार अनागारिक धर्मपाल ने किया। और इन सब पर लेखन बोधानन्द, धर्मानन्द, राहुल सांकृत्यायन आदि ने किया है।

बाबा साहब ने पहले लोगों को संगठित किया। कुछ दिन तक समझाया फिर बौद्ध बनाए और बुद्ध को जनमानस में ले गए। उन्होंने स्पष्ट किया कि अब मेरा हिन्दू धर्म से कोई लेना-देना नहीं है। अब मेरा बौद्ध धम्म और संस्कृति ही सब कुछ है। हमें भीतरी बौद्ध बनाना है, बाहरी नहीं। हमें बौद्ध सिद्धान्त और दर्शन का आचरण करना है। उसे जीवन में उतारना है। जाति बौद्ध बनने के बाद खत्म हो जानी चाहिए। वैसे ही जैसे सभी नदियाँ समुद्र में मिलकर एक हो जाती हैं। उसी प्रकार बौद्ध धम्म है सभी बौद्ध बनें और जाति समाप्त हो जाए।

**डॉ. एल.बी. राय अनन्त, गाजियाबाद**—श्रमण संस्कृति क्या है? यह वास्तव में सजान की जीवन पद्धति है। जबकि हमें वर्चस्ववादी हिन्दू संस्कृति द्वारा आतंकित किया जाता है। क्या वे हमें मानसिक गुलामी की तरफ नहीं ले जाती है? मानसिक संस्कारों का असर समाज पर पड़ता है। इसे समाज एक सीमा तक मानता या नकारता है। श्रमण संस्कृति के तीन महत्त्वपूर्ण मूल्य हैं—प्रज्ञा, शील, समाधि। श्रमण पालि का शब्द है। श्रमण अर्थात सम = समता = समान = समानता।

दूसरा श्रम—परिश्रम, शम = शमन करना = शील। यह बोली का बदलाव है।

समाप्त

**बौद्ध प्रशिक्षण शिविर, सारनाथ**

दिनांक : 12 से 19 फरवरी 1983 ई.

नमो बुद्धाय!

# ऑल इंडिया भिक्खु सम्मेलन दो-दिवसीय

कुकरगाँव, जालौन, उत्तर प्रदेश, भारत

दिनांक : 2 अप्रैल, 1983 ई., प्रात: 8 बजे

**उपज्झाय—** 1. पेरियार ललई सिंह, 2. प्रज्ञारत्न भिक्षु, 3. करुणाकर भिक्षु, 4. आनन्द भिक्षु, 5. आचार्य निर्गुणनन्द भिक्षु, 6. डॉ. अंगने लाल।

**पेरियार ललई सिंह—**

हमें सम्पूर्ण भारत को पुन: बौद्धमय बनाना है। बुद्ध के मत को मन और जीवन में पूरी प्रतिबद्धता से उतारना है। बौद्धमय सोच का समाज बनाना होगा। बुद्ध का मत हमारी एकता का आधार है। सभी भिक्षुओं को उसी एक मत के अनुसार चलना होगा। अन्दर-बाहर एकता रखनी होगी।

यहाँ 80 भिक्षु श्रामणेर हैं। इसे बढ़ाना होगा और सम्पूर्ण भारत में ऐसा ही निर्माण करना होगा। घर-परिवार हर जगह बुद्ध मत को धीरे-धीरे फैलाएँ। यह प्रसार धीमी गति से होगा लेकिन स्थायी होगा।

धम्म विद्वत जनों के समझने और जीवन में उतारने की चीज है। ज्ञान का अर्थ—ज्ञान + शील + प्रज्ञा = सुख है। इन बौद्ध मूल्यों से जब व्यक्ति युक्त हो जाता है तो उसे ज्ञानी या सुखी कहते हैं। यही संघटना + शील + शक्ति है।

हम कलेक्टर गयाजी के आभारी हैं जो उन्होंने बुद्ध विहार के लिए एक एकड़ जमीन हमें लीज पर दी। उनका साधुवाद! धन्यवाद!

हमें बौद्ध धम्म के सृजन और संहार के इतिहास को समझना चाहिए। हम दो संस्कृति—उत्तरी और दक्षिणी में रहते हैं। उत्तरी आर्य संस्कृति है और दक्षिणी असुर संस्कृति है। इसे हम पेरियार ई.वी. रामास्वामी से समझें।...आर्यों ने शम्बर भील को शंकर की मदद से हराया। नर बली यज्ञ, अश्वमेध यज्ञ का क्रूर चलन आर्यों ने शुरू किया। 185 ई. पूर्व पुष्यमित्र शुंग ने शुरू किया। बुद्ध की प्रथम मूर्ति गांधार शैली की प्रथम सदी में कनिष्क काल में बनी। गुप्तकाल को हिन्दू स्वर्ण

युग कहते हैं। यह ब्राह्मणवादी युग है। 639 ई. में हर्षवर्धन ने कुम्भ इलाहाबाद की परम्परा शुरू की। 748 ई. अर्थात् 8वीं सदी में शंकराचार्य हुआ। इसने दक्षिण से उत्तर भारत तक बौद्ध साहित्य और धर्म संहारक अभियान चलाया। उसके मत के वाहक ब्राह्मणों/पुरोहितों ने मुस्लिम हमलावरों के साथ मिलकर बुद्ध को बुत बताकर उनसे बुद्ध मूर्तियों और साहित्य का सर्वनाश करवाया। मुस्लिम आक्रान्ता बख्तियार खिलजी को ब्राह्मणों ने चुपके से बढ़ा-चढ़ाकर 1197 और 1206 ई. के बीच बौद्ध भिक्षुओं का संहार करवाया और तक्षशीला, विक्रमशिला विश्वविद्यालय को नष्ट करवाया।

## दिनांक : 3 अप्रैल, 1983 ई., 12 बजे

### प्रज्ञारत्न भिक्षु—

बौद्ध धम्म को समझने के लिए हमें अनागारिक धर्मपाल की व्याख्याओं को पढ़ना चाहिए। बौद्ध धर्म की किताबें—'अभिधम्म पिटक', 'मज्झिम निकाय' आदि को अपने घरों में रखना चाहिए। 'रामायण', 'गीता', 'मानस' आदि को घरों से बाहर करिए। अपने परिवार का माहौल बौद्धमय रखिए। धम्म को धारण कीजिए। यही धम्म की श्रेष्ठता है।

### करुणाकर भिक्षु—

बाबा साहब के नीले झंडे के साथ धम्म का पंचशील रहना चाहिए। राम—शम्बूक, सुनीत-बुद्ध को सही से समझना होगा। धम्म को समझिए। उसे समझकर आगे बढ़ाइए। हर घर तक पहुँचाइए।

### आनन्द भिक्षु—

देश में धार्मिक परिवर्तन का दौर चल रहा है। हमें धम्म, अहिंसा के माध्यम से परिवर्तन करते हैं। हमें खूनखराबा करके क्रान्ति नहीं करना है। हमें धम्म क्रान्ति करनी है। मन्दिर का घंटा असमानतावादी सोच की ओर लेकर जाता है। बुद्ध ने मूक क्रान्ति की। बाबा साहब ने मूक क्रान्ति की। हमें भी उसे बढ़ाना है। बाबा साहब ने देश को बौद्धमय बनाने की कोशिश की। हमें उसे पूरा करना है। हमारे खुले धम्म प्रचार से देश में कत्ले आम होता है। जुल्म होते हैं। झोपड़ियाँ जलाई जाती हैं। बाबा साहब ने हमारी आवाज उठाई थी। सन्त गांधी ने हमारी आवाज नहीं उठाई। हमारी मुक्ति—कुरान, बाइबल, हिन्दू धर्म ग्रंथों में नहीं है। हमारी मुक्ति—बुद्ध के शील, करुणा, मैत्री के व्यवहार और समानता में है।

**आचार्य निर्गुणानन्द—**

बाबा साहब लिखते हैं कि यहाँ राज क्रान्ति हुई। सामाजिक क्रान्ति नहीं हुई। और ईश्वरवादी व्यवस्था समानता में बाधक है। ऐसे वेदवादी ग्रंथों से सामाजिक परिवर्तन नहीं होता है। अत: बुद्ध का मार्ग अपनाना है। वहाँ समानता है। आप सभी पुराने संस्कार छोड़ बौद्ध संस्कार अपनाएँ। आप गुलामी के साहित्य पढ़ना बन्द करिए। मानवतावादी बौद्ध साहित्य पढ़िए।

मैं सिक्खों से भी सवाल करना चाहूँगा कि जब अछूतों पर अत्याचार होता है तो सिक्खों की तलवार क्यों नहीं उठती और चलती है?

**भिक्षु सदानन्द** धन्यवाद देते हैं।

**डॉ. अंगने लाल** समापन की घोषणा करते हैं।

**भिक्षु संघ, कुकरगाँव (जालौन) का अधिवेशन**
समाप्त!

# बौद्ध प्रशिक्षण शिविर

किकरालिया, हनुमानगढ़, राजस्थान
दिनांक : 25 सितम्बर, सन् 1983, समय : 8 बजे प्रातः

**उपज्झाय—**1. पेरियार ललई सिंह, 2. श्री भगवान दास जी

बौद्ध धर्म = सामाजिक है, आचरण के लिए है, मानवहित के लिए है।

अन्य धर्म = व्यक्तिगत हैं। मानव कल्याण की बातें अन्य धर्मों में ऐसे नहीं हैं; जैसे बुद्ध धम्म में हैं। इसकी एक सैद्धान्तिकी हैं, जैसे—दुःख का कारण, तृष्णा, लोभ आदि में आसक्ति है। आदमी का सम्बन्ध दूसरे आदमी के साथ कैसा हो? इसकी शिक्षा बौद्ध धर्म देता है। मिथ्या दृष्टि सब अवगुणों की जड़ है। बौद्ध दृष्टि में सब भौतिक गुण हैं। बौद्ध दृष्टि मतलब बुद्धि का प्रयोग से है।

**श्री पेरियार ललई सिंह—**ईश्वर नहीं है! वेद मनुष्य कृत हैं। इसे ईश्वर ने नहीं, पुरोहितों ने लिखा है। उसकी मान्यताएँ पूरी तरह झूठी हैं। वर्णव्यवस्था, जातिव्यवस्था, अछूत भावना झूठी है।

जिस धर्म में आपकी मानवता का कोई मूल्य नहीं, उस धर्म में क्यों रहते हो? संसार सुखमय बनाना है, तो धर्मान्तर कीजिए। समता, बन्धुता व स्वतंत्रता युक्त बौद्ध धर्म में आपकी धार्मिक, सामाजिक, आर्थिक एवं राजनीतिक आदि हर प्रकार की प्रगति सुरक्षित है।

अतः आप इस सामाजिक बराबरी को बौद्ध धर्म से परिवर्तित हो कर ही प्राप्त कर सकते हैं। दूसरा कोई रास्ता भी नहीं है। एक स्पष्टीकरण कि बौद्ध धर्म में ही आपकी मानवता का मूल्य सुरक्षित है।

आप सभी लोग लगभग छह से सात हजार हैं। सभी लोग संसार के शान्ति-प्रिय बौद्ध-धर्म को स्वीकार करें। मैं बौद्ध—धर्म, बुद्ध—नमस्कार, त्रिशरण तथा पंचशील को कहूँगा। आप लोग दोहराएँगे—

*(बुद्ध-नमस्कार)*

नमो तस्स भगवतो अरहतो सम्मासम्बुद्धस्य।
नमो तस्स भगवतो अरहतो सम्मासम्बुद्धस्य।
नमो तस्स भगवतो अरहतो सम्मासम्बुद्धस्य।

*(त्रि-शरण-ग्रहण)*

बुद्धं शरणं गच्छामि।
धम्मं शरणं गच्छामि।
संघं शरणं गच्छामि॥
दुतियम्पि बुद्धं शरणं गच्छामि।
दुतियम्पि धम्मं शरणं गच्छामि।
दुतियम्पि संघं शरणं गच्छामि॥
ततियम्पि बुद्धं शरणं गच्छामि।
ततियम्पि धम्मं शरणं गच्छामि।
ततियम्पि संघं शरणं गच्छामि॥

*(पंच-शील-ग्रहण)*

1. पाणातिपाता वेरमणि सिक्खापदं समादियामि।
2. अदिन्नादाना वेरमणि सिक्खापदं समादियामि।
3. कामेसु मिच्छाचारा वेरमणि सिक्खापदं समादियामि।
4. मूसावादा वेरमणि सिक्खापदं समादियामि।
5. सुरामेरय मज्ज पमादट्ठाना वेरमणि सिक्खापदं समादियामि।

बौद्ध धर्म, डॉ. अम्बेडकर, पेरियार और समतावादी प्रगतिशील किताबों के लिए, अपना पता लिखा हुआ, पचास पैसे का लिफाफा, अशोक पुस्तकालय, झींझक-209302, जिला—कानपुर को भेजिए। चेतना युक्त साहित्य मँगाएँ। मानवतावादी सोच बनाएँ।

# धम्म देशना प्रशिक्षण शिविर

आगरा, उत्तर प्रदेश

दिनांक : 25 अक्टूबर, 1983 समय : 10:30 बजे

**उपज्झाय**—1. श्री जोशी जी, 2. श्री आदित्य जी, 3. श्री भगवान दास जी, 4. श्री पेरियार ललई सिंह

**1. श्री जोशी जी—** धम्म देशना = एकाग्र चित्त से पठन, मनन करें। रेल में, मेले में, गप्प में धर्मदेशना करें। यह सब जगह हो सकती है। भगवान बुद्ध और उनका धर्म वाला 'धम्म पद' का पाठ क्रमशः पढ़ें। बच्चे का जन्म होने पर सिद्धार्थ के जन्म की कथा कहें, बाद में सिद्धार्थ की युवावस्था और विवाह के बारे में बताएँ। लड़की के विवाह में एक दिन पहले धम्म देशना पढ़ें। लड़के के विवाह में 9 दिन बाद धम्मदेशना पढ़ें।

मरने के 5 दिन बाद कृषा गौतमी व विशाखा का पाठ पढ़ें। धम्म देशना स्थल पर बुद्ध को नमस्कार करें। यह चलता रहे इसके लिए आर्थिक सहयोग करें। श्रोता सिर पर वस्त्र न रखें। माताएँ लम्बा घूँघट न करें। पुनर्जन्म का स्पष्टीकरण करें। सब में एकरूपता लाएँ। घर में धम्म देशना कराएँ। धम्म देशना परिवार में संस्कार निर्मित करती है।

**2. श्री आदित्य जी—** बीच-बीच में बुद्ध की स्पेशल व्याख्या करें। धम्म पद आदि के कठिन-कठिन स्थानों की व्याख्या करना सीखें। श्रद्धावन्दना, वास प्रणाम, भगवतो (अवगुणों को समाप्त करनेवाला) अर्हतो (दुश्मनों पर विजय पानेवाला) काया (विपश्यना वारसी विश्वना, काय विपश्यना) विज्जायणा सम्पननो, सुगतो, लोकविद, अनुत्तरो, पुरुष दभ्य सारथी-देवमनुष्यानं।

बुद्ध—1. प्रबुद्ध स्वतंत्र विचारों का समूह है।

बुद्ध—2. दुखों पर काबू दिलानेवाला है।

धर्म—जो धारण करने योग्य हो। इसकी व्याख्या करते हुए, बुद्धिमत्ता पूर्ण बातों को अवश्य कहें।

संघ—विश्व संघ।

**3. श्री भगवान दास जी—**धम्म देशना में बाबा साहब के मिशन व बौद्ध धर्म का ज्ञान प्राप्त कर अनिवार्य रूप से आगे बढ़ें।

| क्र.सं. | अवसर | कांड | भाग | अध्याय |
|---|---|---|---|---|
| 1. | नामकरण | 1 | 1 | 1 से 5 |
| 2. | विवाह—सगाई | 5 | 5 | 8 |
| 3. | विवाह पूर्व (लड़की) | 6 | 4 | 2 से |
| 4. | विवाह उपरान्त (लड़का) | 4 | 4 | 4 |
| 5. | बुद्ध प्रवचन गृहस्थों के लिए | 4 | — | — |
| 6. | मृतक | 8 | 2 | 2 (1-2) |
| 7. | खुश | 2 | 2 | 1 से |
| 8. | धम्मचक्र प्रवर्तक | | | |

.......आदि अवसरों पर इस तरह का पाठ करें।

अन्य धर्म पूजा वन्दना की माँग करते हैं, मगर ज्ञान की सर्वोच्च डिग्री का नाम बुद्ध है। बुद्ध की शिक्षाओं पर जितना अधिक आचरण करेंगे, उतना ही नैतिक जीवन का निर्माण होगा है। आप ऐसी स्थिति में उच्चारण में एकरूपता पाएँगे।

**4. श्री पेरियार ललई सिंह—**ईश्वर नहीं है! वेद मनुष्य कृत हैं। इसे ईश्वर ने नहीं पुरोहितों ने लिखा है। उसकी मान्यताएँ पूरी तरह झूठी हैं। वर्णव्यवस्था, जातिव्यवस्था, अछूत भावना झूठी है।

जिस धर्म में आपकी मानवता का कोई मूल्य नहीं, उस धर्म में क्यों रहते हो? संसार सुखमय बनाना है, तो धर्मांतर कीजिए। समता, बन्धुता व स्वतंत्रता युक्त बौद्ध धर्म में आपकी धार्मिक, सामाजिक, आर्थिक एवं राजनीतिक आदि हर प्रकार की प्रगति सुरक्षित है।

अत: आप इस सामाजिक बराबरी को बौद्ध धर्म से परिवर्तित हो कर ही प्राप्त कर सकते हैं। दूसरा कोई रास्ता भी नहीं है। एक स्पष्टीकरण कि बौद्ध धर्म में ही आपकी मानवता का मूल्य सुरक्षित है।

आप सभी लोग चौदह से पन्द्रह हजार हैं। सभी लोग संसार के शान्ति-प्रिय बौद्ध-धर्म को स्वीकार करें। मैं बौद्ध-धर्म, बुद्ध-नमस्कार, त्रिशरण तथा पंचशील को कहूँगा। आप लोग दोहराएँगे—

*(बुद्ध-नमस्कार)*

नमो तस्स भगवतो अरहतो सम्मासम्बुद्धस्य।
नमो तस्स भगवतो अरहतो सम्मासम्बुद्धस्य।
नमो तस्स भगवतो अरहतो सम्मासम्बुद्धस्य।

*(त्रि-शरण-ग्रहण)*

बुद्धं शरणं गच्छामि।
धम्मं शरणं गच्छामि।
संघं शरणं गच्छामि॥
दुतियम्पि बुद्धं शरणं गच्छामि।
दुतियम्पि धम्मं शरणं गच्छामि।
दुतियम्पि संघं शरणं गच्छामि॥
ततियम्पि बुद्धं शरणं गच्छामि।
ततियम्पि धम्मं शरणं गच्छामि।
ततियम्पि संघं शरणं गच्छामि॥

*(पंच-शील-ग्रहण)*

1. पाणातिपाता वेरमणि सिक्खापदं समादियामि।
2. अदिन्नादाना वेरमणि सिक्खापदं समादियामि।
3. कामेसु मिच्छाचारा वेरमणि सिक्खापदं समादियामि।
4. मूसावादा वेरमणि सिक्खापदं समादियामि।
5. सुरामेरय मज्ज पमादट्ठाना वेरमणि सिक्खापदं समादियामि।

बौद्ध धर्म, डॉ. अम्बेडकर, पेरियार और समतावादी प्रगतिशील किताबों के लिए, अपना पता लिखा हुआ, पचास पैसे का लिफाफा, अशोक पुस्तकालय, झींझक-209302, जिला—कानपुर को भेजिए। चेतना युक्त साहित्य मँगाएँ। मानवतावादी सोच बनाएँ।

# धम्म देशना

हुगली, कलकत्ता, पश्चिम बंगाल
दिनांक : 25 नवम्बर, सन् 1983 ई., समय : 12 बजे

**उपज्झाय**—1. श्री भगवान दास जी, 2. श्री पेरियार ललई सिंह

**1. श्री भगवान दास जी**—संस्कारों पर एक दृष्टि-बुद्ध व बाबा साहब ने चिह्न, धूप, दीप, मोमबत्ती, पोरा, तिहरा सूत्र आदि को नहीं माना। इसलिए इसे बन्द करें। धर्म उपदेशना का काम संस्कार करना है, भिक्षु से आशीर्वाद आदि नहीं। महामंगल के लिए 5 नाम छाँटें, फिर वोटिंग द्वारा नाम घोषित करें। महामंगल पाठ करें। लोग उपहार भेंटें आदि देते हैं। यह खर्चीला काम है। इससे समाज में नई कुरीति शुरू हो जाती है। इसे बन्द करें। विवाह आदि रात्रि के कार्य-क्रम दिन में करें।

धम्म-दीक्षा समारोह—बिना 22 प्रतिज्ञा के धम्म-दीक्षा पूरी नहीं मानी जाएगी। धम्म परिवर्तन की विशेषता आदि को भिक्षु बताएँ।

संस्कार समाप्त।

**2. श्री पेरियार ललई सिंह**—ईश्वर नहीं है! वेद मनुष्य कृत हैं। इसे ईश्वर ने नहीं, पुरोहितों ने लिखा है। उसकी मान्यताएँ पूरी तरह झूठी हैं। वर्णव्यवस्था, जातिव्यवस्था, अछूत भावना झूठी है।

जिस धर्म में आपकी मानवता का कोई मूल्य नहीं, उस धर्म में क्यों रहते हो? संसार सुखमय बनाना है, तो धर्मांतर कीजिए। समता, बन्धुता व स्वतंत्रता युक्त बौद्ध धर्म में आपकी धार्मिक, सामाजिक, आर्थिक एवं राजनीतिक आदि हर प्रकार की प्रगति सुरक्षित है।

अत: आप इस सामाजिक बराबरी को बौद्ध धर्म से परिवर्तित हो कर ही प्राप्त कर सकते हैं। दूसरा कोई रास्ता भी नहीं है। एक स्पष्टीकरण कि बौद्ध धर्म में ही आपकी मानवता का मूल्य सुरक्षित है।

आप सभी लोग लगभग सात से आठ सौ हैं। सभी लोग संसार के शान्ति—प्रिय बौद्ध-धर्म को स्वीकार करें। मैं बौद्ध-धर्म, बुद्ध-नमस्कार, त्रिशरण तथा पंचशील को कहूँगा। आप लोग दोहराएँगे—

*(बुद्ध-नमस्कार)*

नमो तस्स भगवतो अरहतो सम्मासम्बुद्धस्य।
नमो तस्स भगवतो अरहतो सम्मासम्बुद्धस्य।
नमो तस्स भगवतो अरहतो सम्मासम्बुद्धस्य।

*(त्रि-शरण-ग्रहण)*

बुद्धं शरणं गच्छामि।
धम्मं शरणं गच्छामि।
संघं शरणं गच्छामि॥
दुतियम्पि बुद्धं शरणं गच्छामि।
दुतियम्पि धम्मं शरणं गच्छामि।
दुतियम्पि संघं शरणं गच्छामि॥
ततियम्पि बुद्धं शरणं गच्छामि।
ततियम्पि धम्मं शरणं गच्छामि।
ततियम्पि संघं शरणं गच्छामि॥

*(पंच-शील-ग्रहण)*

1. पाणातिपाता वेरमणि सिक्खापदं समादियामि।
2. अदिन्नादाना वेरमणि सिक्खापदं समादियामि।
3. कामेसु मिच्छाचारा वेरमणि सिक्खापदं समादियामि।
4. मूसावादा वेरमणि सिक्खापदं समादियामि।
5. सुरामेरय मज्ज पमादट्ठाना वेरमणि सिक्खापदं समादियामि।

बौद्ध धर्म, डॉ. अम्बेडकर, पेरियार और समतावादी प्रगतिशील किताबों के लिए, अपना पता लिखा हुआ, पचास पैसे का लिफाफा, अशोक पुस्तकालय, झींझक-209302, जिला—कानपुर को भेजिये। चेतना युक्त साहित्य मँगाएँ। मानवतावादी सोच बनाएँ।

# अर्जक संघ

उन्नाव, उत्तर प्रदेश

दिनांक : 08.10.1983

समय : 4 बजे शाम, दो दिवसी प्रशिक्षण शिविर

**अर्जक प्रशिक्षक—** 1. श्री सोहन लाल, 2. रामस्वरूप वर्मा, 3. राजाराम यादव, 4. महाराज सिंह भारती, 5. पेरियार ललई सिंह

**श्री सोहन लाल, उन्नाव ने व्याख्यान प्रारम्भ किया—** अर्जक संघ का मानववाद वही सिद्धान्त है जो बुद्ध के मत 'कलाम सुत्त' में है। हम जिनकी सोच बदलना चाहते हैं, उनमें हमारी बात समझने की क्षमता नहीं है। अत: हम गाँव-गाँव जाकर उन्हें मानवतावादी सिद्धान्त सरल तरीके से समझाएँ। सबमें समता की सोच विकसित और स्थापित करनी है। हमें सझना होगा कि सांस्कृतिक क्रान्ति के बिना स्थायी—राजनीतिक, सामाजिक और आर्थिक क्रान्ति असम्भव है। 13 करोड़ अनादरित लोगों को समझने में अपना कुछ समय अवश्य दें। मानववाद ही उन्हें आदरित करेगा।

**श्री रामस्वरूप वर्मा—** हिन्दू धर्म ने जनम-मरण, स्वर्ग-नरक जैसी बात को समाज में फैलाया हुआ है जिसमें पुरोहित/ब्राह्मण की सेवा करेंगे तो अगले जन्म में उच्च जाति में जनम होगा और आप आनन्द भोगेंगे। मतलब ऊँची जातियाँ आनन्द भोगने के लिए हैं और नीची जातियाँ अपमान सहने के लिए हैं। यही हिन्दू धर्म में जातियाँ बने रहने का मूल कारण है। यही भावना लोगों को हीन, दरिद्र और गरीब बने रहने का मूल कारण है। इसी को समझना अनर्जक और अर्जक की लड़ाई का आधार है। इसी समझ से मानववाद की स्थापना होगी। मनुष्यों की एक जाति होती है। पशु-पक्षियों की एक जाति होती। इसी कारण अर्जक संघ मानव में समता का पूर्ण पक्षधर है। यह सृष्टि पदार्थ से बनी है। पदार्थ की शक्ति गतिशील होती। गतिशीलता संघात-व्याघात है। गतिशीलता ही चैतन्यता है। गतिशीलता ही पदार्थ का नाम है। और पदार्थ—1. अग्नि, 2. पानी, 3. भोजन, 4. चोट, 5. मन से सम्बन्धित है। आपके शरीर का रिकॉर्डर मन है। ईश्वर और

आत्मा है ही नहीं। मानव को इज्जत न मिलने पर वह दुखी रहता है और इज्जत मिलने पर उसका मन प्रसन्न रहता है। वह उठता-बैठता है। चलता-फिरता है। खाता-पीता है। मन सहज बुद्धि से संचालित होता है। इसी से मनुष्य संचालित होता है। सहज संस्कृति—1. मतलब श्रमण—मनन—निजध्यान। 2. वेदान्ति शंकराचार्य संस्कृति—संस्कार और त्यौहार।

बुद्ध ने समाज नहीं बनाया बल्कि विचार दिया। मानववाद—बहुजन हिताय और बहुजन सुखाय पर चलता है। ब्राह्मणवाद—अल्पजन हिताय और अल्पजन सुखाय पर चलता है। हमें पहले सामाजिक क्रान्ति करनी है। उसके बाद जो राजनीतिक क्रान्ति आएगी, वह स्थायी होगी।

**श्री राजाराम यादव—**जिस प्रकार पाकिस्तान की हुकूमत 'कुरान शरीफ' पर खुदा के हुकुम से चल रही है, क्या श्रीमती इन्दिरा जी भी ईश्वर के हुकुम से 'मनुस्मृति' के अनुसार चलाएँगी? यह लोकतंत्र है, मनुतंत्र है। वास्तव में, यह मनुवादी राज है। यहाँ नोट की कीमत है, वोट की नहीं। यहाँ 'धोती वाला कमाए और टोपी वाला खाए' जैसा राज चल रहा है।

## दिनांक : 09.10.1983, प्रातः 9 बजे

**महाराज सिंह भारती—**मानव के विकास और सभ्यता के विकास को समझना होगा। मानव सभ्यता में आग की खोज अत्यन्त महत्त्वपूर्ण है। अर्द्ध मानव ने ढाई लाख वर्ष पहले आग जलाना सीखा। मानव की प्रथम उत्पत्ति अफ्रीका में हुई। वहीं से मानव पूरी पृथ्वी पर फैला। वही लोग जावा, फिलीपींस, अंडमान, लक्ष्य द्वीप तक पहुँचे। कुछ आन्ध्र की कृष्ण नदी तक पहुँचे। कुछ चेंचू, चीन तक पहुँचे। ये समूह विभिन्न कबीलों के रूप में आगे बढ़े। इनके साथी कुत्ते होते थे, जिनसे ये जीवनयापन के लिए शिकार करते थे। भारत में दक्षिण की तरफ द्रविड़ थे। उत्तर से ईरानी, मंगोल आए। ईरान से आए कारीगर आदि व्यापारी बने। इसके बाद आर्य आए। यहाँ के असुरों और आक्रान्ता आर्यों के बीच की लड़ाई को देवासुर संग्राम कहते हैं। आर्यों ने समाज को ब्राह्मण, क्षत्रिय किसान के रूप में बनाए। यहाँ के पुराने बाशिंदों को वैश्य बनाया।

'ऋग्वेद' के दसवें मंडल में दीर्घकालिक राजनीति है। उसमें मूर्खता का पाठ पढ़ाया गया है। ईश्वर की अवधारणा को मिश्र के लोगों ने गढ़ा। वर्णवाद, भाग्यवाद को आर्यों ने गढ़ा। हिन्दू धर्म को आज तक हम लोग धारण नहीं कर पाए। उसका कारण है कि हम उत्पादक लोग हैं। अर्जक लोग हैं। जबकि हिन्दू धर्म अनुत्पादक है। वह माँग कर खाता है। वह अनर्जक है। ऐसे लोगों द्वारा चलाया गया धर्म हम नहीं ग्रहण कर पाएँगे। इसी तरह हिन्दू धर्म में ईश्वर के नाम पर टैक्स पुरोहित खाता

है और क्षत्रिय डरा-धमाका कर टैक्स की लूट खाता है। और वैश्य नाप-तौल की लूट की खाता है।

औरत को लेकर आर्य संस्कृति अत्यन्त घटिया है। इसमें विधवा विवाह नहीं है। औरत को सती हो जाना पड़ता है। जबकि अर्जकों में विधवा विवाह है और इसमें बच्चियों को कन्या दान के नाम पर दान किया जाता है। औरत दान करने की वस्तु तो है नहीं। वेद में कन्या के बारे में है कि कुँवारी आर्य पुत्री कन्या कही जाती थी। इस कन्या के साथ विवाह से पूर्व कोई भी सहवास कर सकता था। विशेष रूप से अतिथि। अतिथि के आने पर कन्या अतिथि को रात्रि सेवा और सहवास के लिए परोस दी जाती थी। ऐसी पुत्री को कन्या कहते थे। आज किसी लड़की को कोई कन्या कहे तो समझिए, वह उसे गाली दे रहा है। सवर्ण आज भी लड़कियों को कन्या कहता है। ऐतिहासिक रूप से हर लड़की को वह उसी नजर से देखता है। उनकी साहित्य-संस्कृति में औरत उपभोग की वस्तु है। हमारे यहाँ सम्मान या इज्जत की प्रतीक है। इसी कारण हमें इज्जत अधिक प्रिय होती है। यह अन्तर उत्पादन संस्कृति और उपभोक्ता संस्कृति का है।

बुद्धिजीवी को श्रमजीवी होना चाहिए। पाप-पुण्य क्या है? आर्यों ने इसे स्वर्ग-नरक से जोड़ा जबकि यह हित और अहित का मामला है। इसी तरह निठल्ले आर्य पुरोहितों ने जातियाँ बना दीं। हमारी राष्ट्रीयता के लिए स्वर्ग-नरक, पुनर्जन्म, भाग्यवाद, कर्मकांड, अन्ध-विश्वास सबसे बड़ा खतरा है। हमारे यहाँ पढ़ाई सिर्फ डिग्री बटोरने के लिए होती है, जबकि यह बुद्धि के विकास के लिए होनी चाहिए। इस सोच का मूल कारण वर्ण-व्यवस्था है। वह कहती है कि यहाँ पूर्ण शिक्षा सिर्फ ब्राह्मण को दी जाए। और नहीं तो जिन्होंने इसके खिलाफ आवाज उठाई, उसका दमन किया गया। आचार्य शम्बूक और एकलव्य का उदाहरण आपके सामने है।

यहाँ अछूतों को कमतर आँका जाता है, जबकि सबसे अधिक उत्पादक वही हैं। उन्हें बराबरी और सम्मान चाहिए। ईसाई, बौद्ध और मुस्लिम हमारी समानता में बाधक नहीं हैं। हमारी समानता में केवल ब्राह्मणवाद बाधक है।

दुनिया भौतिक प्रगति विज्ञान से कर रही है तो हमारे यहाँ अन्ध-विश्वास को बढ़ाया जा रहा है। इस देश में 1 से 20 साल तक बच्चे का कोई धर्म नहीं होना चाहिए। उसके बाद बच्चा अपने विवेक से निर्णय ले कि वह नास्तिक रहेगा कि आस्तिक या किस धर्म को मानेगा। इसलिए पहले खूब पढ़ने की शिक्षा दी जानी चाहिए।

मानववाद मानव हित का कार्य धर्म है। बौद्ध धर्म नैतिक धर्म है। इसीलिए डॉक्टर अम्बेडकर ने उसे अपनाया था।

जनतंत्र में जनता का जागरूक होना जरूरी है। जाति-पाँति, स्त्री और राष्ट्र के नाम पर भेदभाव नहीं होना चाहिए। संविधान के अनुसार सबके साथ न्याय होना

चाहिए। जब जनता जागरूक होगी तो हामरे नेता भी जागरूक होंगे। हम अपने नेता पर तभी जनतंत्र की लगाम लगा सकते हैं। इन्दिरा रूढ़ियों व अन्ध-विश्वास का प्रचार करती हैं। उसमें शामिल होती हैं। आजकल व्यक्ति का राज है। जितने व्यक्ति हैं उतने राजनेता हैं। हमें व्यक्तिगत राजनीति को नहीं बल्कि सिद्धान्त की राजनीति को मानना है। यहाँ सिद्धान्त की राजनीति कम है। सिद्धान्त—पूँजीवादी, साम्यवादी, अनुदारवादी, मानववादी हो सकता है। जनता सिद्धान्त को समझे तब वोट दे। देश में व्यक्ति खराब नहीं हैं बल्कि व्यवस्था, सिद्धान्त, नीति खराब है। नेता को बदलने से काम नहीं चलेगा, व्यवस्था बदलनी होगी। इन्दिरा, देसाई, अटल बिहारी, सब ब्राह्मणवादी व्यवस्था वाले नेता हैं। ये बहुत बारीकी से संविधान के विरुद्ध हैं। सीपीआई भी इन्दिरा को सपोर्ट करती है। भारत के मार्क्सवादी भी ब्राह्मणवादी हैं। मार्क्सवाद सही सिद्धान्त है। किन्तु यहाँ के सवर्ण मार्क्सवादी नहीं, ब्राह्मणवादी हैं। ये मार्क्सवाद का चोला पहनकर ब्राह्मणजादी काम करते हैं। बुल्गारिया में सामूहिक खेती होती है लेकिन भारत में? सारे सवर्ण मार्क्सवादी जमीन दबाए बैठे हैं।

यह कितनी चिन्ता की बात है कि चौधरी चरण सिंह पहले हवन करते हैं फिर कोई कार्य प्रारम्भ करते हैं। ऐसे में मुसलमान भाई कैसे साथ देंगे? ऐसे ही जगजीवन राम अनुष्ठान करते थे। ये लोग बातें करेंगे संविधान की और काम करेंगे 'मनुस्मृति' का। सारी दुनिया अन्ध-विश्वास छोड़ चुकी है। ये लोग संविधान से नेता बनकर अन्ध-विश्वास को बढ़ा रहे हैं। मनुवाद को बढ़ा रहे हैं। यहाँ लगभग सभी नेता अन्ध-विश्वासी हैं।

**पेरियार ललई सिंह—**

नमो बुद्धाय!

# दो दिवसीय बौद्ध प्रशिक्षण शिविर

स्थल—सारनाथ (विश्व बौद्ध स्थल), उ.प्र. भारत
दिनांक : 02.09.1984 ई. से 03.09.1984 ई.
समय : प्रात: 11:00 बजे

**उपज्झाय—**

**उद्घाटन—**

**लामा गोसेलामा जी—** बुद्ध की शीलों व प्रेम को समान रूप से सभी मनुष्यों को दीजिए। हमें शील पर कंट्रोल रखना चाहिए। बिना नियंत्रण के बौद्ध धम्म की नींव कमजोर हो जाती है। घरों में शील व वन्दना पाठ से बुद्ध का प्रसार होता है। साथ ही, हमें बाबा साहब के बताए नव बौद्ध धम्म के मार्ग पर चलना चाहिए। उससे आधुनिक बुद्धिज्म का रास्ता प्रवर्तन होता है। दुनिया बुद्ध के मत को मानती है। बौद्ध भिक्षुओं का काम है बुद्ध के मत का प्रचार-प्रसार करना।

**श्री डॉ. शिम्पा दोर्जे—** हमें बौद्ध साहित्य सतत पढ़ना चाहिए और अपने घरों में बौद्ध साहित्य रखना चाहिए। साथ ही, घरों में बौद्ध देशना का पाठ होना चाहिए। सारनाथ से प्रकाशित बौद्ध धर्म की वाहक पत्रिका—'धर्मदूत' का नियमित अध्ययन करना चाहिए। अपने बच्चों का विकास बौद्ध दृष्टि से और धम्म मार्ग से करना चाहिए। मनुष्य जीवन धम्म मार्ग से ही सहज चल सकता है। उसे एक दृष्टि, पारिवारिक, सामाजिक, धार्मिक अनुशासन की जरूरत होती है।

जो बौद्ध धम्म के प्रचार-प्रसार में समस्या आ रही है तो उसका समाधान भी है। बुद्धिज्म के अनुसार उसका हल निकालिए। हमें समस्या से जूझना पड़ता है। बुद्ध द्वारा जन्म-मरण की समस्या का समाधान निर्वाण के रूप में खोजा गया। हेतु का फल अर्थात् किसी कारणवश फल मिलना। यह हेतु फल सुखदायक और दुखदायक दोनों प्रकार का होता है। बुद्धिज्म में हेतु फल—शील का आचरण करना, सम्यक् सम्बुद्धि का व्यवहार करना आदि कहे जाते हैं। आचार्यों की शिक्षा से समाधान न मिले तो आगे बढ़िए। बौद्ध साहित्य पढ़िए। सभी समस्याओं का समाधान बौद्ध धम्म है।

सनातन धर्म में देवता लोग वरदान देते हैं और अन्य धर्म का अपमान करते हैं। बौद्ध धर्म देवी-देवता, स्वर्ग-नरक में विश्वास नहीं करता है। किसी भी धर्म का अनादर नहीं करता है। केवल अपने धम्म का प्रचार करता है। बौद्ध धर्म चित्त को परिवर्तित करता है। यह मूलतः मानसिक परिवर्तन का धर्म है। जो स्थायी और दीर्घकालिक होता है। इसी से धर्म की नई संस्कृति पनपती है। जब धर्म मन में रहता है तो नियंत्रित रहता है। यदि आप बौद्ध धम्म को मानते हैं तो वह जीवन के प्रत्येक पहलू को प्रभावित करता है। धार्मिक-नैतिक बल जीवन में सदा साथ रहता है। बुद्ध को मानने के बाद आप प्रबुद्ध व्यवहार करते हैं। इसलिए आप हिन्दू कर्मकांड, अन्ध-विश्वास आदि से मुक्त होने लगते हैं। हिन्दू धर्म से अपमानित हो कर लोग मुसलमान और कम्युनिस्ट मतलब नास्तिक बने। लेकिन वहाँ भी चैन नहीं है। अतः लोग बौद्ध बनें। व्यावहारिक जीवन जीने आएँ। यहीं वास्तविक मुक्ति है। यह संसार अनित्य है। अनित्य कभी नित्य नहीं होता है। सुख अनुभूति की चीज है। शरीर अनित्य है। दुखमय जीवन अनित्य है। अतः हमें मन पर नियंत्रण रखना चाहिए। यहाँ धर्म रक्षित है। निर्वाण परम शक्ति है। त्रिशरण का अर्थ जानकारी होता है। बहुत अधिक जानकारी। जो व्यक्ति अनुसार होता है। बौद्ध धम्म पारिवारिक के साथ व्यक्तिगत भी होता है। यह सामाजिक धर्म है।

धम्म में प्रवृत्ति और निवृत्ति दो बातें हैं। प्रवृत्ति—1. हेतु (समुदाय फल), 2. दुःखद फल। निवृत्ति—1. हेतु (मार्ग आदि), 2. फल (निर्वाण)। भिक्षुओं के भी प्रकार होते हैं—1. उपसम्पदा प्राप्त भिक्षु, 2. श्रामणेर भिक्षु, 3. गृहस्थ भिक्षु। कोई भी बच्चा चाहे व्यक्ति—मतलब 7 साल का बच्चा हो या 60 साल का व्यक्ति जो वह भिक्षु बनता है तो श्रामणेर कहलाता है। जब वह इस रूप में दस वर्ष पूरा कर लेता है तो उसे थेर कहते हैं। जब वह 20 वर्ष पूर्ण कर लेता है तो महाथेर कहलाता है। इसमें कोई 7 दिन के लिए भी भिक्षु बन सकता है। कोई सम्पूर्ण जीवन के लिए भिक्षु बन सकता है। इनसे आप दीक्षा ले सकते हैं। इन दीक्षाओं का अर्थ तभी सिद्ध होगा जब आप जीवन में उतारेंगे। पालन करेंगे।

**दिनांक : 02.09.1984 ई. समय 03:30 P.M.**
**पूज्य भन्ते जी—** वन्दना, संज्ञा, संस्कार का पूर्वगामी मन है।

**दिनांक : 03.09.1984 ई. समय 08:00 P.M.**
**पूज्य भन्ते एल.बी. अनन्त राय—**

सब बौद्ध धम्म स्मृति स्वरूप और स्मृति प्रस्थान है।
स्मृति स्वरूप—1. शुद्धि 2. दुखद 3. दुर्मन्स्य 4. ज्ञान प्राप्ति का मार्ग/निर्वाण है।
स्मृति प्रस्थान—1. कायानुपश्यपी, सम्पपदानों, स्मृतिवान 2. वेदेनानु पश्यपी, 3. चित्तानु पश्यपी 4. धर्मानु पश्यपी।

नमो बुद्धाय!

# शिविर—पाँच-दिवसीय बौद्ध प्रशिक्षण शिविर

स्थल—सारनाथ (विश्व बौद्ध स्थल), उ.प्र. भारत

दिनांक : 03.09.1984 ई. से 07.09.1984 ई.

समय : प्रातः 09:00 बजे

**बौद्ध जीवन दृष्टि—**

**उपज्झाय —**

**पूज्य भन्ते शिम्पा दोर्जे—** श्रामणेर बौद्ध जीवन दृष्टि को समझना होगा।

धर्म वही है जो मानव को करुणा और समता के रास्ते पर ले जाए। न्याय के नैतिक मूल्यों के साथ व्यक्ति जीवन जिए। बौद्ध धम्म में मानव जीवन की सभी समस्याओं का अध्ययन है। सभी समस्याओं से मुक्ति के सम्बन्ध में बुद्ध का चिन्तन है। बुद्ध ने हर समस्या को मनुष्य के जीवन मूल्य के साथ हल करने की कोशिश की है।

बौद्ध दर्शन में उपासक हर व्यक्ति के साथ सम्मान का व्यवहार करता है—चाहे सामनेवाला करे, न करे। हिन्दू पद्धति अलग है। बौद्ध धम्म की दृष्टि से व्यक्ति व्यवहार करे तो धर्म बाधक नहीं बल्कि साधक हो जाता है। यहाँ सभी धर्मों में—शिक्षा, नैतिक शिक्षा, नैतिक मूल्य हैं। लेकिन बौद्ध धम्म में नैतिक शिक्षा—शील, समाधि, प्रज्ञा है। यहाँ प्रज्ञा—व्यावहारिक बुद्धि से है। यहाँ व्यावहारिक का अर्थ कुशलता, योग्यता को जानना भी है। परिवर्तन दो प्रकार के होते हैं—विकासात्मक और नकारात्मक। इन सबका चिन्तन बौद्ध धम्म में है।

**दिनांक : 03.10.1984 ई. समय 02:30 P.M.**

**पूज्य भन्ते रिम्पोंछे जी—** सबके लिए शिक्षा अनिवार्य होनी चाहिए। उसमें भी नई पीढ़ी को धम्म की शिक्षा जरूरी है। भारत ने बुद्ध के समय शिक्षा में विश्व स्तरीय नेतृत्व किया और बुद्ध के समय भारत विश्वगुरु बना। बुद्ध ने बुद्धत्व को प्राप्त किया। इस क्रिया में उन्हें 41 वर्ष लगे। इसके बाद उन्होंने चिन्तन और व्यवहार

के पुराने ढाँचे को बदलने का निर्णय लिया। अपने मत की नई धारा चलाई। इसके बाद कई धाराएँ स्वत: बन्द हो गईं। यहाँ कुछ वैदिक और नॉन वैदिक धारा रही। बौद्ध धम्म की मध्यम धारा सम्पूर्ण विश्व में फैल गई। भारत में बौद्ध धम्म 12वीं से 13वीं सदी के बीच समाप्त हुआ। वेदवादी सनातनी ब्राह्मणवादियों ने मुस्लिम शासकों से मिलकर। बौद्ध साहित्य, संस्कृति और बिहार, संघाराम सबका सर्वनाश कर दिया। हमारे कुछ चतुर भिक्षु बौद्ध साहित्य घोड़ों पर लाद कर तिब्बत लेकर चले गए। जिसे तिब्बती भाषा में अनूदित करके बचाया। संरक्षित किया। उसे बौद्धिस्ट स्कॉलर राहुल सांकृत्यायन आधुनिक समय में भारत लेकर आए और हिन्दी अनुवाद करके भारत को पुन: बौद्ध साहित्य दिया। इसके बाद पूज्य बाबा साहब डॉ अम्बेडकर ने बौद्ध धर्म का अध्ययन करके 1956 में नव बौद्ध बने और नव बौद्ध धम्म चलाया। और नव 22 बौद्ध प्रज्ञाएँ दिलाया। उन्होंने पाँच लाख लोगों को बौद्ध धर्म ग्रहण कराया जो मामूली बात नहीं है। यह भारत को नई दिशा देना था। आज बहुत से डिग्रीधारी हैं लेकिन बाबा साहब ने अपनी बुद्धि और डिग्री का मानवता के लिए सबसे सही उपायोग किया।

हमें बौद्ध संस्कृति का समाज और राष्ट्र निर्माण करना है। संस्कृति की जड़ें स्थायी होती हैं। वर्ण, जाति, वर्ग विहीन समाज बनाना है। सबको बौद्ध संस्कृति का प्रशिक्षण देना है। नैतिक शिक्षा देनी है—शील, समाधि और प्रज्ञा की अनुकूलताओं में चलें। जीवन बदल सकता है। बुद्ध दृष्टि से कार्य-कारण को और प्रतीत्य समुत्पाद की सापेक्षता को समझना होगा। 'जियो और जीने दो' के सिद्धान्त पर चलो। इस संसार में हिंसा से कोई स्थायी हल नहीं निकलता है। आप शीलों का पालन करें। इसे जीवन में एकाग्रता और मैत्री आती है। सभी लोग विपश्यना करें। इससे प्रज्ञा जगेगी। और सकुशल कार्य करें। अकुशल कार्य न करें।

### दिनांक : 04.10.1984 ई.; समय : 07:30 P.M. (सारनाथ)

**डॉ. एल. बी. राय अनन्त—**सादर सनिपट्ठान सुरक्षा (दीघ निकाय), नौवाँ वर्ग—बौद्ध धम्म पर संसार भर में टिप्पणियाँ लिखी गई हैं। हम कुरुजनपद की वार्ता को देखें तो उसमें वर्णित है—1. काया विपश्यना, 2. वेदना विपश्यान, 3. चित्त विपश्यान, 4. धर्म विपश्यान।

1. काया विपश्यना—इसे आप शान्त और एकान्त जगह पर करें। आप जंगल में, पेड़ के नीचे, कमरे में कर सकते हैं। सोने के आसान में सहज होकर सो जाएँ। उसके बाद सहज नीति से साँस लें। लम्बी साँस लेना और छोड़ना है। इस प्रक्रिया में सम्पूर्ण काया में संवेदना होती है। काया को शान्त करते हुए साँस लें। यह है आन-आयान। इससे काया आदि शून्य होता है। समुच्च व प्रत्यय को

देखते हुए विहार करना है। काया समुच्च है या स्मृति का कभी थी। प्रति स्मृति (प्रज्ञा) जगत से कोई सम्बन्ध नहीं होता। महसूस कीजिए—सो रहा हूँ, जाग रहा हूँ, बैठा हूँ, खड़ा हूँ, जा रहा हूँ आदि को देखता हुआ। दोनों का विहार करता हुआ आगे बढ़ रहा हूँ।

**दिनांक : 04.10.1984 ई.; समय : 10:00 P.M. (सारनाथ)**

**डॉ. एल.बी. राय अनन्त**—इस देश में दो संस्कृतियों के बीच ऐतिहासिक रूप से लगातार टकराहट होती आ रही है, वह है—वर्णाश्रम संस्कृति और श्रमण संस्कृति। श्रमण संस्कृति से ब्राह्मणों ने 'कर्ममणा वाधिकारस्ते' के सिद्धान्त को चुराया है। इसे 'गीता' में घुसा कर उसे ग्रंथ का सार बना दिया। बौद्ध संस्कृति में कर्म, श्रम-सौन्दर्य और भौतिक संसार में जीने के सिद्धान्त पर चलती है। यहाँ विनय और धम्म का संगायन है। विनय अर्थात् नम्र अनुशासन। यहाँ कुशल ध्यान में साहित्य, कला और दर्शन भी है।

मथुरा और सारनाथ में विश्व प्रसिद्ध दो बुद्ध मूर्तियाँ मिली हैं। इन जगहों पर लाखों मूर्तियाँ हो सकती हैं। अजन्ता की चित्रकला विश्व प्रसिन्द्र है। कुछ प्रसिद्ध बौद्ध ज्ञान अध्ययन केन्द्र थे—जैसे विक्रमशिला, तक्षशिला, नालन्दा आदि। नालन्दा में 18 फीट चौड़ी दीवारें हैं। यह बौद्ध ज्ञान का महान केन्द्र रहा है। पूरी दुनिया में एक अरब से अधिक लोग बौद्ध दर्शन को मानते हैं। पूरी दुनिया में 1800 बौद्ध स्थलों में 1400 विशिष्ट बौद्ध स्थल थे। इसके आस-पास रहनेवाली 70 % जनता बौद्ध है। पुष्यमित्र शुंग और अजातशत्रु हिंसक राजा हुए। एक ने बौद्ध राजा की हत्या की तो एक ने अपने बाप की हत्या की। बौद्ध धम्म में विनय महत्त्वपूर्ण मूल्य है। बौद्ध धर्म कर्मवादी है। वाल्मीकि ने बौद्ध दर्शन और भिक्षुओं से ज्ञान लेकर 'रामायण' की कथा में पिरो दिया है और भिक्षुओं को गाली दी है। उनको दंडित करने, उनका वध करने की बात लिखी। संघाराम में बौद्ध भिक्षु चिन्तन मनन करके मौलिक ज्ञान का प्रवर्तन करते थे।

**दिनांक : 04.10.1984 ई.; समय : 02:30 P.M. (सारनाथ)**

**डॉ. शर्मा जी**—बाबा साहब बोधिसत्व थे। बुद्ध की तरह मानव कल्याण के लिए सत्य की खोज करना बोधिसत्व कहा जाता है। बाबा साहब ने मानवता के कल्याण के लिए अपना जीवन न्यौछावर कर दिया। सब प्राणियों को दुख से छुड़ाया। ध्यान और चरित्र के बिना दुख नहीं मिट सकता है। आप स्वयं ज्ञानी हों, स्वयं का दुख दूर कर चुके हों, फिर दूसरों का दुख दूर करने में जुट जाएँ। बौद्ध

धम्म की अवधारणा है—सबको सुख दें। राग(प्रेम) और द्वेष की उपेक्षा करें। हमें किसी को दुश्मन नहीं बनाना है। यदि हम किसी से प्रेम करेंगे और किसी से द्वेष करेंगे तो हमें दुख मिलेगा। अत: स्वयं को सुखी बनाओ फिर दूसरों को भी सुखी बनाओ। ऐसा व्यक्ति 'बोधिसत्व' हो जाता है। समता का विचार सर्वोच्च है। यह सभी प्राणियों को सुख पहुँचाता है।

**अब परमिताएँ—**

1. *शील पारमिता*—लोक कल्याण शीलों में शामिल है।

2. *दान पारमिता*—दुख से निकलने की कला प्रवीणता इसके अंतर्गत आती है। गरीबी हराना भी इसी में सम्मिलित है।

3. *शान्त पारमिता*—क्षमा करना व लोक कल्याण और धर्म के लिए जो दुख हो उसे क्षम करना। इसमें शामिल है।

4. *वीर्य पारमिता*—काम पर नियंत्रण रखना। काम ठीक करना। काम का परिश्रम करना।

5. *ध्यान पारमिता*—ध्यान केन्द्रित करना। एकाग्रता के साथ कार्य करना।

6. *प्रज्ञा पारमिता*—बोधिसत्व कहते हैं—बौद्ध धर्म में शत्रु नहीं हैं। इस धम्म में शत्रुता का भाव ही नहीं है। सबके साथ मैत्री, समता और करुणा भाव से देखना होता है। शत्रुता अज्ञानता है। हमें अज्ञानता को हराना चाहिए। प्रबुद्ध बनना चाहिए। इस संसार में अज्ञानता, अन्ध-विश्वास झूठा कर्मकांड ही शत्रु हैं। उसे हराना है। मिटाना है।

दस पारमिताओं वाला पूर्ण ज्ञान वाला बोधिसत्व है। बुद्ध क्लेश व अज्ञानता को समाप्त कर चुके थे। वे अर्हत थे। अर्हत—क्लेशों को हर चुका होता है। बुद्ध प्रत्येक मुक्ति को प्राप्त कर लेता है। सम्यक् सम्बुद्ध सर्वज्ञ होना है।

### दिनांक : 04.10.1984 ई.; समय : 04:00 P.M. (सारनाथ)

विषय—संखार ..................

### दिनांक : 05.10.1984 ई.; समय : 08:30 P.M. (सारनाथ)

विषय—अभिधम्म—

बौद्ध धर्म में परमार्थ को समझना जरूरी है। परमार्थ धर्म चार होते हैं—चित्त, चैतसिक, रूप और निब्बान। पर मतलब—दूसरा अर्थ अर्थात मुक्ति दे।

1. चित्त—विज्ञान स्कन्ध।
2. चैतसिक—वेदना, संवेदना, ज्ञान, संस्कार (स्कन्द)

3. रूप—रूप स्कन्ध (भौतिक पदार्थ)

4. निर्वाण—अष्टांग मार्ग का फल।

5. अविद्या—ज्ञानता, जानना नहीं।

6. संखार—जिसे हिन्दी में संस्कार कहते हैं। जो जीवन व्यवहार सम्यक् और स्वाभाविक रूप से पीढ़ी दर पीढ़ी प्रवाहित होता है, वही संस्कार होता है।

7. विज्ञान—ज्ञात, जानना, भौतिक रूप से ज्ञात बात

8. नाम रूप—नाम व रूप को अलग नहीं किया जा सकता है। दोनों एक ही हैं। वेदना, संज्ञा, संस्कार, स्वभाव ही नाम रूप स्कन्ध है।

## दिनांक : 05.10.1984 ई.; समय : 12:30 P.M. (सारनाथ)

डॉ. त्रिपाठी—बुद्ध ने शील, समाधि, प्रज्ञा का ज्ञान दिया। बुद्ध ने देखा संसार के लोग दुख में हैं।

1. दुःख से दुःख—शारीरिक वेदना का दुःख, दुःख वेदना।
2. परिणाम दुःख—जो अनुभूति के दुख हैं जो मालूम नहीं होते हैं।
3. संस्कार दुख—वस्तुओं का स्वभाव, बिना कारण कोई वस्तु नहीं हैं। बिन काम कोई वस्तु नहीं होती है।

बौद्ध दर्शन में नीति नहीं, भाव होता है। अभाव नहीं है। अर्थ क्रिया—वस्तु की क्रिया होनी चाहिए। प्रथम क्षण में एक क्रिया थी। दूसरे क्षण में दूसरी क्रिया हो जाएगी। उत्पादन नहीं बल्कि क्रिया अपने आप तैयार हो जाती है। जैसे अग्नि अपने स्वभाव से जलती है और नष्ट हो जाती है। वस्तु कारण से उत्पन्न होती है मगर नष्ट अपने स्वभाव से हो जाती है।

बौद्ध दर्शन विज्ञान के नजदीक है। इसकी मौलिकता के साथ इसे समझने की जरूरत है। सभी धर्म दुखमय हैं। संसार में स्वभावतः दुख है इसलिए इससे मुक्ति के सही रास्ते का प्रवर्तन बुद्ध ने ही किया है। उन्होंने संसार को इससे मुक्ति का नियम दिया। वही शील, समाधि और प्रज्ञा है। इसमें शील आधार है। झूठ से पहले...सोचकर झूठ न बोलना। झूठ चुगली का आधार है। अतः इससे बचें। क्षमा करें। गलत प्रवृत्तियों को रोक कर शील का पालन करें।

## दिनांक : 05.10.1984 ई.; समय : 03:00 P.M. (सारनाथ)

**डॉ. रिम्पोंछे जी—**धम्म में कई यान हैं—महायान, हीनयान, श्रावक यान, बुद्ध यान आदि। इसमें 'विनय पिटक' में महायान है। श्रावक यान बुद्ध के मत को अच्छे से मनानेवाले, बुद्ध के मार्ग पर चलनेवाले को कहा जाता है।

*प्रत्येक बुद्ध यान*—अर्हत—अपने निर्वाण के लिए, फिर क्लेश आदि के हट जाने से अर्हत फिर श्रावक यान।

*महायान*—प्रत्येक बुद्ध अपने निर्णाव के लिए। फिर क्लेश के हट जाने पर बुद्ध कहते हैं। फिर प्रत्येक बुद्ध होता है।

*बोधि सत्व*—प्राप्त काल फिर बोधिसत्व फिर बोधि यान होता है।

यहाँ प्रचलित सूत्र को महायान नहीं मानते हैं। अतः बुद्ध, प्रत्येक बुद्ध, अर्हत होता है।

*गौतमवादी*—ये त्रिपिटक को मानते हैं। शेष बुद्ध वचन को नहीं मानते हैं।

महायान बुद्ध के समय था। इसे नागार्जुन, असंग, बसुबन्धु ने बनाया था।

बुद्ध ने 50-51 दिन प्रथम सारनाथ गमन पर 4 आर्य सत्यों को तीन बार दुहरा कर श्रावक जाप किया। 10-11 वर्ष बाद गृहकूट पर्वत राजधानी में प्रज्ञा परिभाषित सूत्र की दिशा की देन हुई। महायान-विज्ञानवाद और माध्यमिक...। यहाँ प्रज्ञा पारमिता ही श्रेष्ठ है। 37 से 38 वर्षवास में वैशाली के नजदीक धम्म चक्र प्रवर्तन में सन्दीनिरमोच सूत्र की धर्म देशना की।...'बुद्ध से विज्ञानवाद का उदय' हुआ। बुद्ध के निर्वाण के बाद नागलोक में महायान सूत्र की संगति हुई। 18 निकाय हीनयान रहे। नागार्जुन ने प्रज्ञा पारमिता को बुद्ध वचन बताया है। इस शंका समाधान में 50 साम नागार्जुन के लगे। हीनयान के 18 तर्कों का उत्तर महायान ने दिया है।

बुद्ध के 400 वर्ष बाद नागार्जुन जन्मे इसी क्रम में चन्द्रकीर्ति, धर्मकीर्ति आदि हुए। इसी प्रकार 120 वर्ष बाद 'मंजुश्री' का अनुवाद चीन में मिला। 'मंजुश्री' मूल तंत्र साधना में हीनयान और महायान में नहीं है।...श्रावक यान वाले महायान वालों के साथ चलते हैं।

### दिनांक : 05.10.1984 ई.; समय : 05:00 P.M. (सारनाथ)

**डॉ. उपाध्याय जी**—बोधिसत्व = प्रज्ञा अवश्य होनी चाहिए। प्रज्ञा अर्थात् प्रत्येक वस्तु स्थिति का सही ज्ञान होना है। व्यक्ति की समस्या हो या राष्ट्र की वास्तविक समस्या हो सम्यक् दृष्टि (सम्पूर्णता में ज्ञान, देखना) प्रज्ञा वह ज्ञान है कि मनुष्य की मूलभूत समस्याएँ क्या हैं? उनका निराकरण कैसे हो? हम भोजन क्यों करें? क्या करें? यह जानना प्रज्ञा है। बौद्ध दर्शन कहता है हमें ज्ञान ही नहीं वरन सम्यक् ज्ञान चाहिए। आदमी का स्वभाव प्रज्ञावान है। दूसरों के दुख को अनुभव करना करुणा है। वह दुख (दर्द) जो सबको होता है। उसे जानना करुणा और प्रज्ञा है। जो करुणा प्रज्ञा सहित हो वह बोधिसत्व है। बाबा साहब ने दूसरों के दुख को दूर करने के लिए दुःख-अपमान आदि सहा। इस

दुख का कारण बाबा साहब ने जो देखा उसके निवारण के लिए जुट गए। हमारी प्रज्ञा बुद्धि ज्ञान की सीमा को तोड़ती है। मूर्खता में डूबा व्यक्ति, चैन की बंसी बजानेवाला व्यक्ति बोधिसत्व या बुद्ध नहीं हो सकता है। हमारे अन्दर करुणा और प्रज्ञा समान है। उसका विकास हमें राग-द्वेष रहित होकर करना है। प्रज्ञा के लिए शील समाधि भी चाहिए। बौद्ध दर्शन है। हमें चाहे कष्ट हो लेकिन दूसरों को कष्ट नहीं देना है। इस सिद्धान्त का संकल्प ही बोधि शिक्षा है। अपना सम्पूर्ण जीवन संकल्प के अनुसार जीएँ। इस संसार में सम्पूर्ण कोई भी नहीं होता है। बुद्ध और बाबा साहब भी सम्पूर्ण नहीं थे। इसलिए हमें बोधि ध्यान, चिन्तन, निश्चित करना चाहिए। बोधिसत्व के निश्चित संकल्प पर चलना चाहिए। यही बुद्ध होने का बीज है। कमल का फूल (करुणा और प्रज्ञा) है। तीन रंग वाला त्रिशरण है।

समाज में आप गरीबों साधारण लोगों के बीच रहें। बाबा साहब ने ऐसा कहा है। वैसे बाबा साहब हम लोगों वाली तृष्णा से मुक्त थे परन्तु श्रेष्ठ अभिलाषा की तृष्णा से बाबा साहब मुक्त नहीं थे। ऐसा मेरा खयाल है। वैसे आप 2 % भी निर्वाण और 100% भी निर्वाण है। भगवान आदमी होता है। आदमी के लिए ही प्रयोग होता है। आदमी का टाइटल भगवान है। भगवान का टाइटल बुद्ध हैं। मगर हिन्दू देवताओं ने भगवान टाइटल को हड़प लिया है।

भगवान अपने दुख को मुक्त करने की शक्ति व औरों के दुखों को दूर करने की शक्ति को कहते हैं।

भगवान—भग्ग रागो, भग्ग दोषो—मतलब जिसने राग-द्वेष को भगा दिया हो। जीत लिया हो। उसे भगवान कहते हैं।

राजनीति शक्ति है तो धर्म राजनीति से शक्तिशाली है। धर्म जब राजनीति के हाथों बिक जाए तो क्या होगा। इतने दलित एमएलए और एमपी होने के बाद भी शक्तिविहीन हैं। बिल्कुल शून्य हैं। उनमें कर्मता नहीं, शून्यता है। वे विलासी हो गए हैं। अपनी जाति भी छिपाते हैं। अपने रिश्तेदारों से भी अलग हैं। ऐसी दशा में धर्म राजनीति के सामने बिक चुका है।

बौद्ध धर्म सम्मान देता है। नया मार्ग देता है। यदि ऐसे व्यक्ति के हाथ में राजनीतिक सत्ता आ जाए तो बढ़िया है। धर्म मानव की जमीन है। जिस पर धार्मिक व्यक्ति खड़ा है। कुछ लोग कहते हैं कि बाबा साहब ने बौद्ध धर्म ग्रहण करके गलती कीया। ऐसा कहना ठीक नहीं है।

धार्मिक कौन है? क्या पूजा पाठ करनेवाला धार्मिक है। नहीं, ऐसा नहीं है। वास्तव में ऐसे लोग धर्म के विरोधी हैं। हिन्दू पुरोहित यही करता है। व्यक्ति को मन-वचन से धार्मिक होना चाहिए। धर्म का कारण—राग, द्वेष, मोह, रहित धार्मिक कर्म से है। राग, द्वेष, मोह से प्रेरित कर्म अधार्मिक कर्म है।

बौद्ध विपश्यना में अधार्मिक मन की पोल स्वत: खुल जाती है। आप स्वत: लजाने लगोगे जिसमें अधिक लजाने की शक्ति है। वही धार्मिक है। हिन्दू गाँवों में वर्ण, जाति, पुरोहितवाद की जो गन्दगी है उसे कौन तोड़े। उसे तोड़ने के लिए ही बाबा साहब ने बौद्ध धर्म ग्रहण किया। हम अधार्मिक, ढोंगी और अन्ध-विश्वासी थे। बाबा साहब ने हमें प्रबुद्ध रास्ता दिखाया।

धर्म और व्यवस्था—कुछ लोग व्यवस्था को धर्म बताते हैं। व्यवस्था किसी वर्ग द्वारा कुछ मान्यताएँ होती हैं। ब्राह्मण धर्म, धर्म नहीं, एक व्यवस्था है। राम कृष्ण ने ब्राह्मण धर्म की वर्ण-व्यवस्था की रक्षा की। ये सबल लोगों की रक्षा करते हैं। उनका प्रभुत्व बनाए रखते हैं। तो श्रमण यदि कहे कि यह व्यवस्था अलग है तो वह अधार्मिक है। इनसे पहले बुद्ध दुर्बल लोगों के साथ अपना मत और धम्म लेकर खड़े हुए थे जिससे कल्याणकारी समाज बन सका। अत: बौद्ध धर्म, धर्म है अन्य धर्म व्यवस्था हैं। अगर गलत व्यवस्था है, समाज पीड़ित है, शोषित है तो व्यवस्था बदलने का अधिकार बौद्ध धर्म में है।

हिन्दू धर्म मिथ है कि बिल्ली ने रास्ता काट दिया। यह धर्म की बात नहीं है बल्कि व्यवस्थावादी रूढ़ि और अन्ध-विश्वास है। वास्तविक धर्मवादी न्याय अन्याय का निराकरण करता है। इस सनातनी व्यवस्था विरोधी चाहे राजा रावण हों या कोई भी मारा जाएगा। यह व्यवस्था हिन्दू धर्म की वर्ण-व्यवस्था है। जो समाज चलाने का ढोंग है। यह सब विपश्यना करनेवाले के पास नहीं होती है। जहाँ-जहाँ बौद्ध हैं। वहाँ-वहाँ सामाजिक व्यवस्थाएँ धर्म द्वारा शासित हैं। धर्म व्यवस्था को दासी बनाता है। प्रज्ञा कहती है—इस खराब व्यवस्था को बदलो।

### दिनांक : 05.10.1984 ई.; समय : 10:00 P.M. (सारनाथ)

**डॉ. त्रिपाठी जी—** महायान में योगाचार + माध्यमक दर्शन + करुणा + प्रज्ञा आदि। हीनयान और महायान में भेद करनेवाला तथ्य दर्शन के आधार कोई नहीं है। यान-मार्ग। लक्ष्य-मोक्ष प्राप्त करना। निर्वाण को प्राप्त करना। ये दोनों यानों में सामान्य बात है। सब पारमिताओं को दु:ख दूर करने के लिए प्रयत्न करना है। इसे ही महायान कहते हैं। लेकिन चित्त किसे कहते हैं—जब लोग बुद्ध नहीं होते तब स्वयं ज्ञान द्वारा बुद्धत्व को प्राप्त करते हैं। तब संघ नहीं बनता; लोग अकेले घूमते संघ नहीं बनते। कोई उपदेश नहीं करता। सब मौन रहकर मोक्ष प्राप्त करते। कोई गुरु भी नहीं बनता। सभी अपना मार्ग बना कर अलग-अलग चलते। 100 अर्हत बराबर 1 बुद्ध होता है। प्रत्येक बुद्ध ग्राह्य के शीलों के समय 100 ऋषि पत्तन...।
...उत्कर्ष की पराकाष्ठा ही बुद्धत्व है।

परा और अर्थ—परार्थ का प्रयत्न करनेवाला बोधिसत्व होता है। बाद में 6 पारमिता आदि का पालन करता है।

**बोधिसत्व**—1. राजवत्, 2. गोपालक वत्, 3. नाव चालक वत्।

1. *राजवत्*—हमने बुद्धत्व प्राप्त करना है और अन्य प्राणियों को भी बुद्धत्व प्राप्त करना है। गौतम बुद्ध इसी कोटि में थे।

2. *गोपालक वत्*—करुणा और शील व्यवहार से सब प्राणी हर दिन बुद्धत्व को प्राप्त करते हैं। तत्पश्चात समपूर्णता में बुद्धत्व को प्राप्त करते हैं।

3. *नाव चालक वत्*—जैसे एक नाव में बैठे हुए लोग एक साथ नदी पार करते थे। उसी प्रकार बुद्ध धम्म में बुद्ध मत के साथ एकनिष्ठ होकर चलनेवाले लोग एक साथ बुद्धत्व को प्राप्त करते हैं। गौतम बुद्ध अलग तरीके से बुद्धत्व को प्राप्त किए थे।

भिक्खु जब बुद्ध का उपदेश देने जाता है तब वह अपना अनुभव बताता है जिससे उपासक में मुक्ति की अभिलाषा जाग्रत होती है।

बौद्ध भिक्खुओं को बुद्ध मत के अनुसार एक साथ रहने का अभ्यास है। इसी कारण बौद्धधर्मी लोकधर्मी होता है। इसका दर्शन लक्ष्य भेदक है। हीनयान, बुद्ध यान सब मिलकर महायान ही हैं। शील के बिना समाधि नहीं। समाधि के बिना प्रज्ञा नहीं।

इस धम्म में—व्यक्ति, समाज और संसार का चिन्तन सन्निहित है।

समाधि की नौ विधियों द्वारा जगत की समस्याओं के स्रोतों को शक्ति मिलती है।

शमथ या समाधि—चित्त को चंचलता से दूर करना। एक ही आलम्ब में रखने के बाद शमथ विपश्यना युगल, अनात्मता, दुखता, शून्यता द्वारा समाधि।

विशुद्ध मार्ग—राग, द्वेष, मोह, श्रद्धा, बुद्धि, वितर्क आदि मूलतः धर्म के 40 प्रकार के कर्म स्थल हैं। 10 करुणा, 10 अशुभ, 10 अनुस्मृति—कायगता अनुस्मृति, 4 अप्रमाण—मैत्री, करुणा, मुदिता, 1 आहार में प्रतिकूल संज्ञा, 1चतुर धातु व्यवस्था, 4 आरूप्य।

## दिनांक : 06.10.1984 ई.; समय : 03:00 P.M. (सारनाथ)

### डॉ. रिम्पोंछे जी

1. किन्नौर (हिमाचल) के रमेश स्टूडेंट ने बताया—वहाँ प्रत्येक संघ में बोध मन्दिर में बुद्ध की किताबें रहती हैं। और लामा भी बोध मन्दिर में रहते हैं। बौद्ध संस्कार लामा कराते हैं।

2. सिक्किम—में भी बहुत अधिक बौद्ध रहते हैं।

3. निवा गढ़वाल—बुद्ध के अनुयायी एक समान हैं।

4. गढ़वाल—

5. श्री जे.एन. आदित्य जी—नव बौद्ध समाज रूढ़िवादी न हो।

6. डॉ. अनन्त जी—

7. श्री उपाध्याय जी—बौद्ध समाज बनाना जरूरी है।

**8. डॉ. त्रिपाठी जी—** व्यक्ति का अपना पुराना जीवन छोड़वाकर बौद्ध धम्म ग्रहण करवाएँ। अन्ध-विश्वास आदि को छोड़ जीवन में परिवर्तन करें। पुरानी हिन्दू मान्यताएँ छोड़ें। एक बौद्ध एक बौद्ध का जातीय अपमान न करे। ऐसा व्यवहार न करे। एक सच्चे बौद्धिस्ट की कोई जाति ही नहीं होती है। हम लोग बौद्ध ग्रंथों का अध्ययन करें। मैंने तो कुछ पाठ चुन रखे हैं। बौद्ध दर्शन को विधिवत समझें।

**9. श्री उपाध्याय जी**—आप शिविर में ईमानदार रहें। मन-मस्तिष्क से समय शिविर में दें। और कुछ सीख कर जाएँ। बौद्ध समाज का निर्माण करें। हम बुद्ध व बाबा साहब साहब के विचारों की शरण में गए। सोच-समझकर। आदमी का ज्ञान, संस्कार, वासनाएँ हैं। अतः आपकी आयु 20, 25, 50 साल की नहीं है। ज्ञान, संस्कार, वासना के अनुसार हमारी आयु हजारों साल पुरानी होती है। हम हजारों साल से दलित पीड़ित हैं। इसका कारण है हमारे विचारों का खत्म हो जाना। बाबा साहब के बुद्धं शरणमं गच्छामि से सिर्फ काम नहीं चलेगा। देश में करोड़ों नुमाइशें हैं। यह शिविर भी उसमें से कहीं नुमाइश बनकर न रह जाए। सिर्फ एमपी, एमएलए बनने से काम नहीं चलेगा। व्यक्ति राजनीति से नहीं, धर्म से संचालित होता है। बौद्ध धर्म हजारों सालों का अन्ध-विश्वास, कूपमंडूकता, जेहालत को नष्ट करके विज्ञानवादी बनाता है। बुद्ध ने बौद्ध धम्म का प्रवर्तन किया। धुरंधर विद्वान बाबा साहब हैं। लोग उनकी बात क्यों नहीं मानते हैं। उनके मत-विचार को मानिए सिर्फ बाबा साहब जिन्दाबाद और जय भीम से काम नहीं चलेगा। बाबा साहब का प्रकाश महाराष्ट्र से पश्चिमी यूपी तक रहा है। यूपी में अशिक्षा और गरीबी के कारण पूरी तरह प्रसारित नहीं हो सका। धर्म, शिक्षा, आदर्श की बात कही जाए ठीक है। शिक्षा आज नहीं तो कल हम लेकर रहेंगे। शिक्षा प्राप्त करना एक ललक है। यह शान्त नहीं होनी चाहिए। आपके संस्कारों का परिवर्तन होना चाहिए। बौद्ध की विरोधी मान्यताओं को छोड़ें। बुद्ध के मत को मनानेवालों को पुरोहितों ने बुद्धू कहा। यह बुद्ध और बुद्ध मत को गाली है। इसे कभी न बोलें। धर्म के मामले में संयम बरतें। शिविर में शिक्षित ईमानदार लोग ही आएँ। अपना संस्कार परिवर्तन करें—लोभ-मोह से दूर रहें। आप लोग परिश्रमी बनें, विलासी नहीं। मेरी बातों पर विचार कीजिए। जो सही लगे उसे ले लें और जो गलत लगे उसे छोड़ दें। आगे बढ़ें। पढ़ें।

**10. श्री रिम्पोंछे जी—** उपाध्याय जी ने ठीक कहा—बुद्धम शरणम... संघम शरणम...मन से चलें तो अच्छा होगा। धम्म दर्शन का अपने जीवन में पालन करें। बाबा साहब के बताए अनुसार ज्ञान मार्ग पर चलें। तथागत और डॉ. बाबा साहब के अनुसार ही हमारा कल्याण है। बौद्ध धम्म में प्रचलित मान्यताएँ बहुत हैं। बुद्ध ने कहा—सर्व संस्कार अनित्य है। सर्व धर्म अनित्य है। आपको विरोधी मतों का गणतंत्रीय उत्तर देना चाहिए। हम अपनी बुद्धि अनुसार अच्छा मत देखें, चुनें, मानें, उस पर चलें। त्रिशरण क्या है? इसे समझें। बहुत जरूरी है। मैं त्रिशरण देता हूँ। पंचशील नहीं देता हूँ। इसका सम्पूर्ण जीवन पालन करना चाहिए। जब आप पंचशील का उल्लंघन करते हैं तो यह बौद्ध धम्म का उल्लंघन है। इसलिए पंचशील का पालन ठीक-ठीक करें। इसका दर्शन समुत्पाद है। फिर किसी से राग नहीं। आचरण की दृष्टि से अकुशल कर्म न करें। पूरा कुशल कर्म करें। दूसरों को हानि न पहुँचानेवाला कर्म करें। बौद्ध बनने के बाद बौद्ध धर्म के अनुकूल अपने मन-मस्तिष्क, परिवार और परिवेश को ढालें। पुराने संस्कारों का परिवर्तन करें। धन्यवाद!

**11. श्री पेरियार ललई सिंह—** धन्यवाद ज्ञापन!

**दिनांक : 07.10.1984 ई.; समय : 09:00 P.M. (सारनाथ)**

**डॉ. त्रिपाठी जी—** बौद्ध धम्म में चार आर्य सत्यों को जानना ही निर्वाण है। सत्ता—(यथार्थता), अनात्मता—सत्ता, साधना द्वारा साक्षात्कार करना।

विपश्यना—सात—विशुद्धियाँ, दस—विपश्यना ज्ञान, तीन—मोक्ष।

1. शील विपश्यना—काया दुश्चरित्र, वाक दुश्चरित्र आदि। मैं धम्म की इस बात को जान गया हूँ कि 'मैं झूठ नहीं बोलूँगा।' उसके बाद भी झूठ बोलने की इच्छा होने पर शील कहता है झूठ मत बोलो। यह है शील।

2. चित्त विशुद्धि—उपचार समाधि एक सीढ़ी है।

3. दृष्टि विशुद्धि—(आगम दृष्टि) सांसारिक दृष्टि मिथ्या है। आर्य सत्य जो नदी के किनारे व द्वार की तरह हैं, जो स्वतः बनते हैं।

4. काया वितरण—सन्देह मार्ग/वस्तुएँ नित्य से अनित्य बनाना ठीक है।

5. मार्ग में अमार्ग का बोध होना

**श्री पेरियार ललई सिंह—** बौद्ध धम्म की सोच-समझ में एकरूपता होने के लिए बौद्ध प्रशिक्षण शिविर चलाया गया फिर भी अभाव महसूस हो रहा है। परम् पूज्य बाबा साहब डॉ अम्बेडकर का उद्देश्य बौद्धमय भारत की कल्पना थी, हम लोगों ने उसे साकार करने का संकल्प लिया है।

**भिक्षु शासन रश्मि**—बाबा साहब ने कहा है—आप भिक्षु संघ के सहयोग से ही आगे बढ़ सकते हैं। संघ को मजबूत करें। करुणा का प्रसार करें। प्रबुद्ध भारत बनाइए। अराजक तत्वों से सावधान रहें।

**डॉ. त्रिपाठी—** प्रथम वर्षावास में बुद्ध ने कहा—दो भिक्षु एक साथ न चलें। एक एक बहुजन के घर जाकर धम्म को समझाएँ। उसका प्रचार करें। घर-घर अज्ञानता फैल गई है। अज्ञानता से दुख पैदा होता है। बौद्ध धम्म जीवन को परिवर्तित करता है। यदि परिवर्तन न हो तो लोग जड़ धर्म में दमित होते रहेंगे। करुणा, प्रज्ञा 4 आर्य सत्य को समझो।

**डॉ. रिम्पोंछे साहब—** जो ज्ञान आपने पाया है, उसे जीवन में उतारें और लोक कल्याण में जुट जाएँ।

**जे.एन. अदित—** धन्यवाद ज्ञापन।

[शिविर समाप्त]

# डॉ. भीमराव अम्बेडकर संघर्ष समिति

शाहदरा, दिल्ली

**स्थान**—डॉ. अम्बेडकर पार्क, कस्तूरबा नगर, बस स्टैंड, शाहदरा, दिल्ली-32

**दिनांक**—5 अक्टूबर, 1985, धम्म दीक्षावसर पर विराट कवि सम्मेलन और विचार गोष्ठी

**विषय**—राष्ट्र उत्थान में डॉ. बी.आर. अम्बेडकर का योगदान।

**अध्यक्षता**—श्री पी.आर. डोंगरे जी, संयुक्त निदेशक, योजना मंत्रालय

**विशिष्ट अतिथि**—श्री पेरियार ललई सिंह...

**कवि**—अनेक कवि गण

हस्ताक्षर—**पेरियार ललई सिंह**

# अखिल भारतीय बौद्ध महासभा

नानाराव पार्क, कानपुर, उत्तर प्रदेश

दिनांक : 10 नवम्बर, सन् 1985 ई., समय : 5 बजे शाम

**उपज्झाय—**

**अध्यक्ष : पूज्य भन्ते रिम्पोंछे**

**1. डॉ. श्याम सिंह—** बुद्ध ने कहा है—मनुष्य की समस्याएँ तभी हल होंगी, जब कि 'बहुजन हिताय-बहुजन सुखाय', 'जीओ और जीने दो' के नैतिक बल पर समाज चलेगा। बाबा साहब अम्बेडकर, जातिविहीन, धर्मविहीन आदि की बात तभी सही होगी जब कि आप बौद्ध धर्म स्वीकार करें। जो व्यक्ति और समाज बाबा साहब की 22 प्रतिज्ञाएँ नहीं मानता, वह अम्बेडकराइट-बुद्धिस्ट नहीं।

**2. डॉ. रामनाथ जी—** सुविधाएँ समाप्त होंगी। बौद्ध हिन्दू हैं या नहीं। आरक्षण जातिवाद है या धर्मवाद है। यदि बौद्धधर्मी का मर्डर हो तो विदेशी मदद करें लेकिन हिन्दू लोग तमाशा देखेंगे क्यों कि उनमें मानवीय नैतिक बल नहीं है। बौद्धधर्मी का नैतिक कर्तव्य है कि हिन्दू को हिन्दू मारे तो भी बचाएँ क्योंकि सभी जीव समान हैं। बुतपरस्ती ठीक नहीं है, चाहे बाबा साहब अम्बेडकर की हो या बुद्ध की हो या किसी की भी हो। जिन किताबों में बौद्ध धर्म की बुराई लिखी है, उन्हें गवर्नमेंट बन्द करें।

**3. भिक्खु ज्ञान प्रभाकर—** धर्म का धाम—1. बोधि सत्य, 2. बुद्ध, 3. धर्म, (28वें गौतम बुद्ध) के अमरावती में दीपांकर सुमेध के माता-पिता मर गए थे। रक्षा मुनीम ने की। सुमेध ने बताया—गरीबों को बुद्ध भाए। दीपांकर ने कहा है—सुमेध, तुम अगले बुद्ध होगे। 1. दान पारमिता, 2. शील पारमिता, 3. निष्काम पारमिता, 4. प्रज्ञा पारमिता, 5. उत्साह, सत्य, श्याम, मैत्री, उपेक्षा, दस पारमिताओं वाले बोधिसत्व होते हैं। वही, सुमेध सिद्धार्थ गौतम थे। भिक्षुओं व आस्तिकों के लिए नियम बनाए। हमें उन पर चलना चाहिए। तभी धर्म-रक्षा होगी। भूतपूर्व समय में दस्युओं ने बिहार जेतवन में एक भिक्षु को चीवरदान किया था।

अन्त में, आप सबको मंगल कामना।

**4. भन्ते शीलभद्र**—प्रशिक्षण लोग मूल रूप से स्वीकार करें। 22 प्रतिज्ञाएँ, शील पालन, चित्त की एकाग्रता—सहर्ष।

**5. श्री गौतम जी मेरठ**—आप सबका मंगल हो! आपकी सम्यक् मुक्ति बौद्ध धम्म में है। बौद्ध धम्म की किताबें घरों में रखें। सुबह-शाम बोलकर पाठ करें, जिससे सुनकर दूसरे भी प्रभावित हों। बहुत-बहुत धन्यवाद!

**6. डॉ. ए.बी. राय भदैव**—हमारे सामने कई तरह की समस्याएँ हैं। ये सब सामाजिक-धार्मिक-आर्थिक कारणों से हैं। इसमें पहले सामाजिक संकट है। हम लोगों ने आर्थिक संकट को महत्त्व दिया। यह ठीक नहीं किया। अत: बौद्ध धम्म का समाज बनाकर ही हम सब सामाजिक, धार्मिक, सांस्कृतिक व आर्थिक प्रगति कर पाएँगे।

**7. श्री त्यागी जी**—बुद्ध या युद्ध? हमें युद्ध नहीं, बुद्ध चाहिए। हमें कार्ल मार्क्स व अम्बेडकर चाहिए। इनके विचार ही महत्त्वपूर्ण हैं जो सदा जीवित रहेंगे। अप्प दीपो भव:।

**8. श्री अमित राय**—अशोक ने अपने पुत्र—महेन्द्र व पुत्री संघमित्रा को लंका भेजा। ये लोग धम्म का प्रचार करने गए, उसका प्रभाव आज तक है कि वहाँ आज भी 20 लाख से अधिक बौद्ध हैं। जीवन और व्यक्तित्व बनाए रखना धर्म है। बुद्ध ने चांडाल से लेकर ब्राह्मण, सबको दीक्षा दी। बुद्ध ने ज्ञान को गुरुकुल से निकाल कर उस ज्ञान का बहुजनीकरण और लोकतंत्रीकरण किया। समाज को तार्किक बनाया। इसलिए आप भी अन्ध-विश्वासी और धर्मभीरु न बनें।

**9. डॉ. ओम प्रकाश**—गरीबी बीमारी तभी दूर होगी जब आप अपना दीपक स्वयं बनेंगे। बुद्ध का यही असल वचन है।

**10. जयन्ती प्रसाद, गोरखपुर**—व्यक्तिगत पूजा पुनरुत्थानवाद आदि बन्द कीजिए और बाबा साहब दलित नहीं बल्कि क्रान्ति हैं। इसलिए उनके क्रान्तिकारी परिवर्तनकारी विचारों को जानें, 'बुद्ध और उनका धर्म' पढ़ें। बौद्ध धर्म बौद्धिकों और बहादुरों का धर्म है। मगध राज इसका आधार बना। बौद्ध कायर नहीं होता। गुलामी का कारण जातीय आधार का अलगाववाद है। यह सामाजिक और राजनीतिक दोनों स्थितियों में दिखता है। इसे पानीपत की लड़ाई में देखा गया। 'दीघ निकाय'—में आर्थिक क्रान्ति का जिक्र है। उसे पढ़िए। इस देश में गरीबी ही रक्त-रंजित क्रान्ति कर सकता है। 'बौद्ध सुत्त'—प्रत्युत्पाद समुत्पाद सयुत्पाद आदि समझें। महायज्ञ, मूर्ति पूजा आदि किसी भी हालत में न हों। यह बुद्ध संगत नहीं है। यह बुद्ध धर्म विरोधी है। यह बुद्ध धर्म को निगल जाने की चाल है।

**11. श्री धर्मवीर सिंह—**

**12. पूज्य श्री प्रज्ञारत्न प्रवीण बुद्ध—**सम्यक् समबुद्ध, तप का मतलब विकारों को खत्म करना है। जो विकारों को समाप्त नहीं करता, वह अन्दर का उजाला नहीं कर सकता है। जो ऐसा कर ले जाता है, वही सम्यक् उपासक होता है।

**13. श्री आदित्य जी—**

**14. श्री पेरियार ललई सिंह—**

बहुजन हिताय बहुजन सुखाय लोकानुकम्पाय
नमो तस्स भगवतो अरहतो सम्मासम्बुद्धस्स!

## भारतीय बौद्ध महासभा, उत्तर प्रदेश

84/172, अशोक पुस्तकालय, झकरकटी, जी.टी. रोड, कानपुर-3

पत्र संख्या : 526/86

दिनांक : 2 से 8 नवम्बर, 1986 ईसवी

**पेरियार ललई सिंह**

# सारनाथ में बौद्ध विनय प्रशिक्षण शिविर का आयोजन

**उद्घाटन—** दिनांक : 2 नवम्बर से 8 नवम्बर, 1986 तक बिड़ला धर्मशाला, सारनाथ, वाराणसी में महासभा के तत्वावधान में आयोजित बौद्ध विनय प्रशिक्षण शिविर के उद्घाटन के प्रथम दिन पूर्वाह्न 11 बजे शिविर का शुभारम्भ त्रिशरण गायन, पंचशील ग्रहण एवं त्रिरत्न वन्दना से हुआ। शिविर का उद्घाटन केन्द्रीय तिब्बती उच्च शिक्षा संस्थान के प्राचार्य पूज्य भन्ते एत. रिम्पोंछे जी ने किया। उद्घाटन के शुभ अवसर पर प्रख्यात बौद्ध विद्वान डॉ. एन.एन. सम्तानी एवं प्रसिद्ध समाजशास्त्री अवधी नेपाली जी के साथ उपस्थित भिक्षु संघ ने प्रशिक्षण में भाग ले रहे प्रशिक्षार्थियों की मंगल कामनाएँ दीं।

केन्द्रीय तिब्बती उच्च शिक्षा संस्थान के प्राचार्य पूज्य भन्ते एत. रिम्पोंछे जी ने आयोजन पर प्रसन्नता व्यक्त करते हुए कहा कि महासभा द्वारा आयोजित बौद्ध विनय प्रशिक्षण शिविर अन्य संस्थाओं के लिए अनुकरणीय सुकृत्य है। उन्होंने कहा—इस अत्यन्त महत्त्वपूर्ण आयोजन को और भी व्यापक रूप देकर अधिक से अधिक बौद्ध उपासकों को लाभान्वित करने का प्रयास करना होगा। उन्होंने इस बात पर अधिक बल देकर कहा कि प्रशिक्षण में भाग लेना सार्थक होगा। जब प्रशिक्षण में भाग लेनेवाले उपासक एवं उपासिकाएँ अपने जीवन में एक परिवर्तन लाकर बौद्ध जीवन पद्धति को व्यावहारिक जीवन में उतारें।

**दिवंगत आचार्य जगन्नाथ उपाध्याय को श्रद्धांजलि—** उद्‌घाटन के ठीक बाद ही महासभा के प्रान्तीय अध्यक्ष भन्ते जे. एन. आदित्य ने दिवंगत आचार्य जगन्नाथ उपाध्याय के सम्मान में प्रशिक्षण के प्रथम दिवस के अग्रिम कार्य रोक कर बैठक को श्रद्धांजलि सभा में परिवर्तित किए जाने की घोषणा की। श्रद्धांजलि सभा में पूज्य भन्ते एत. रिम्पोंछे, डॉ. सम्तानी तथा भन्ते नेपाली जी ने दिवंगत उपाध्याय जी को श्रद्धांजलि देते हुए उनके बौद्ध धर्म के व्यापक प्रचार-प्रसार में योगदान के साथ ही साहित्यिक एवं सामाजिक सेवा के विभिन्न विद्वानों पर प्रकाश डाला। महासभा की ओर से प्रान्तीय अध्यक्ष भन्ते आदित्य जी ने भावभीनी श्रद्धांजलि देते हुए कहा कि महासभा पर दिवंगत उपाध्याय जी की अनन्य कृपा है। उन्होंने बताया कि दिवंगत उपाध्याय जी ने महासभा के कार्यकर्ताओं को शिविर लगाने की प्रेरणा ही नहीं दी वरन विगत शिविरों में उनका इस सुकृत्य में व्यक्तिगत योगदान भी रहा है।

**प्रशिक्षण शिविर में प्रतिनिधित्व—** दिनांक : 2 नवम्बर, 1986 से बिड़ला धर्मशाला सारनाथ में आयोजित बौद्ध विनय प्रशिक्षण शिविर में विगत प्रशिक्षण शिविर की अपेक्षा उपासक एवं उपासिकाओं की संख्या अधिक रही। इस वर्ष शिविरों में 19 जनपदों के 95 उपासक एवं उपासिकाओं ने भाग लिया। इनमें 14 महिलाएँ भी थीं। शिविर में दिल्ली तथा मध्य प्रदेश के निम्नलिखित उपासक एवं उपासिकाओं ने भी भाग लिया। सुल्तानपुर (21), गाजीपुर (8), बस्ती (3), दतिया (1), गाजियाबाद (20), मिर्जापुर (4), दिल्ली (2), मुरादाबाद (1), कानपुर (10), जौनपुर (3), फर्रुखाबाद (2), हमीरपुर (1), वाराणसी (5), मेरठ (3), उन्नाव (2), गोरखपुर (1), आजमगढ़ (4), शाहजहाँपुर (3), मुजफ्फर नगर (1)।

**शिविर में प्रशिक्षण व्यवस्था—** प्रशिक्षण में निम्नलिखित आचार्यों ने धर्मदर्शन, विपश्यना, संस्कार, इतिहास एवं सामाजिक व्यवहार पर प्रशिक्षण में सहयोग कर अनुगृहीत किया :—

1. पूज्य भन्ते एत. रिम्पोंछे—प्राचार्य केन्द्रीय तिब्बती उच्च शिक्षा संस्थान।
2. पूज्य भन्ते डॉ. रेवत धम्म—महामंत्री महाबोधी सोसाइटी सारनाथ।
3. पूज्य भन्ते शातन रश्मि—महामंत्री अखिल भारतीय भिक्षु संघ।
4. डॉ. एन.एच. सम्तानी, भू.पू. विभागाध्यक्ष एवं बौद्ध अध्ययन विभाग पाली, काशी हिन्दू विश्वविद्यालय, काशी।
5. डॉ. एल.बी. राम अनन्त जी, भू.पू. विभागाध्यक्ष महाविद्यालय, गाजियाबाद।
6. डॉ. चन्द्रिका सिंह उपासक, भू.पू. निदेशक नालन्दा विश्वविद्यालय, नालन्दा, बिहार।

7. डॉ. नेपाली समाज शास्त्री, सेंट्रल फॉर हिमालियन स्टडी, नेपाल।
8. आचार्य शिम्पा दोर्जे, केन्द्रीय तिब्बती उच्च शिक्षण संस्थान, वाराणसी।
9. आचार्य राम शंकर त्रिपाठी, विभागाध्यक्ष, थेरावादा और पालि विभाग, सम्पूर्णानन्द संस्कृत विश्वविद्यालय, वाराणसी।
10. पूज्य भिक्खु पेरियार ललई सिंह, झिंझक, कानपुर, उ.प्र.

भारतीय बौद्ध महासभा, उ.प्र. उपरोक्त सभी पूज्य भिक्षुओं एवं बौद्ध उपासकों की अनन्य आभारी है।...

**बौद्ध विनय प्रशिक्षण की दैनिक प्रक्रिया**—दिनांक : 2 नवम्बर से 8 नवम्बर, 1986 तक बिड़ला धर्मशाला, सारनाथ, वाराणसी में आयोजित बौद्ध विनय प्रशिक्षण शिविर के प्रथम दिन पारम्परिक परिचय एवं पूज्य भन्ते एत. रिम्पोंछे जी द्वारा उद्घाटन के पश्चात् बौद्ध जगत के प्रख्यात बौद्ध विद्वान दिवंगत आचार्य जगन्नाथ उपाध्याय जी के सम्मान में एक श्रद्धांजलि सभा का आयोजन किया गया जिसमें पूज्य भन्ते रिम्पोंछे सहित महासभा के सभी प्रशिक्षार्थियों ने दिवंगत आचार्य को अपने श्रद्धासुमन अर्पित किए।

दिनांक : 2 नवम्बर को सायं मूलगन्ध कुटी, बुद्ध विहार में प्रशिक्षार्थी सामूहिक त्रिरत्न वन्दना एवं सूत्र पाठ में सम्मिलित हुए। दिनांक : 3 नवम्बर से बौद्ध विनय प्रशिक्षण का कार्य समयाबद्ध संचालित हुआ। प्रतिदिन प्रातः 6.30, 7.30 तक त्रिरत्न वन्दना एवं सूत्र पाठ किया जाता है। दैनिक क्रम का स्थान प्रतिदिन बदलता रहता है। इस क्रम में सारनाथ स्थित श्रीलंका, तिब्बत, चीन, थाईलैंड, बर्मा के बुद्ध विहारों तथा धम्म के स्तूप पर पूजा वन्दना की गई।

प्रतिदिन प्रातः 8 बजे से 12 बजे तक तक प्रशिक्षण 12 से 2 बजे तक भोजन तथा विभाग तथा अपराह्न दो बजे से छह बजे सायं तक दो-दो घंटे प्रति विषम अर्थात् बौद्ध इतिहास, धर्म, दर्शन, विपश्यना, संस्कार तथा सामाजिक व्यवहार के प्रशिक्षण आयोजन रहता। सायं 6 से 8 तक भोजन तथा रात्रि 8 बजे से 10 तक विचार गोष्ठी संगठनात्मक बैठकें तथा सांस्कृतिक कार्यक्रम आयोजित किए गए।

दिनांक : 6 को सायं केन्द्रीय तिब्बती उच्च शिक्षा संस्थान के प्राचार्य पूज्य भन्ते पूज्य एत. रिम्पोंछे के निर्देश पर संस्थान के हाल में ही बौद्ध समाज के अन्तर्ग्रथन एवं बौद्ध समाज की संरचना के महान उद्देश्य को लेकर सीमान्त/प्रदेशीय बौद्ध क्षेत्रों से समागम संलाप का सुन्दर अध्यक्षता आयोजन किया गया।

दिनांक : 7 नवम्बर को महासभा की प्रान्तीय बैठक के लिए भारतीय बौद्ध महासभा के प्रान्तीय अध्यक्ष श्रद्धेय जे. एन. आदित्य जी ने पूर्णकालीन शिविर में उपस्थित अवकाश प्राप्त बौद्ध विद्वान एवं समाज सेवी आचार्य डॉ. एल.वी. राय अनन्त जी द्वारा शिविर में दिए गए उनके योगदान के प्रति हार्दिक आभार प्रकट

करते हुए उनका नाम अध्यक्ष पद के लिए प्रस्तावित किया जिसको महासभा के उपाध्यक्ष/महामंत्री भ. श्याम सिंह जी सहित सभी ने सहर्ष अनुमोदन किया।

श्रद्धेय जे.एन. आदित्य जी ने प्रशिक्षण में उपस्थित उपासक-उपासिकाओं के शिविर के अनुभव एवं सुझाव आमंत्रण के पश्चात् भारतीय बौद्ध महासभा के पूर्ण इतिहास केन्द्र की सम्बद्धता तथा वर्तमान स्थिति स्पष्ट करते हुए बताया कि महासभा का मुख्य उद्‌देश्य बाबा साहब द्वारा निर्देशित महासभा के उद्‌देश्यों की पूर्ति के लिए प्रथम चरण में बौद्ध धर्म के प्रचार-प्रसार की गति बढ़ाते हुए सभी स्तर के कार्य प्रस्तावों को बौद्ध धर्म, इतिहास, सामाजिक व्यवहार की जानकारी अवगत कराकर बौद्ध संस्कार एवं व्यवहार में एकरूपता तथा एक ही प्रकार की मान्यताएँ निरूपित कर लोकप्रिय आदेश समाज की संरचना करना है।

बैठक में भन्ते जी.एस. गौतम, भ. आर.सी. सरोज, भ. एस.डी. भानु, भ. राम सहाय, भ. आर.के. भीम, भ. रतीराम सूर्य जी आदि ने अपने विचार व्यक्त किए।

अन्त में, सर्वसम्मति से निर्णय लिया गया कि महासभा की गरिमा के साथ बौद्ध धर्म को लोकप्रियता के लिए महासभा की प्रत्येक शाखा तथा सदस्य को निम्न कर्म करने आवश्यक होंगे।

**आवश्यक निर्देश : सभी शाखाएँ—** 1. बुद्ध पूर्णिमा, डॉ. अम्बेडकर जन्मोत्सव, धर्मदीक्षा समारोह का यथाशक्ति अच्छे स्तर पर आयोजन करेंगी तथा 6 दिसम्बर को बोधिसत्व बाबा साहब डॉ. बी.आर. अम्बेडकर के परिनिर्वाण दिवस पर अस्पतालों में फल वितरण तथा सादगी से श्रद्धांजलि सभा के रूप में मानाएँगी।

2. सभी स्तर के कार्यकर्ता प्रतिदिन अपने घरों अथवा बुद्ध विहारों में नित्य वन्दना करेंगे तथा बाईस प्रतिज्ञाओं के साथ 'मंत्र सुत्त', 'जय मंगल अट्ठ गाथा' तथा 'महामंगल सुत्त' अवश्य कंठस्थ करेंगे।

3. महासभा की आर्थिक स्थिति ठीक रखने के लिए प्रत्येक पदाधिकारी वर्ष में एक शाखा अवश्य खोलेगा तथा सभी सदस्य समय-समय पर यथेष्ट चन्दा भी करेंगे।

**आगामी प्रशिक्षण शिविरों का पाठ्यक्रम :—** आगामी प्रान्तीय मंडल तथा जिला स्तर शिविर के लिए एक निर्धारित पाठ्यक्रम हेतु श्री जे. एन. आदित्य जी ने प्रशिक्षण पाठ्यक्रम निर्देशक के लिए डॉ. एल. वी. राय अनन्त जी का नाम प्रस्तावित किया। उन्होंने बताया कि कार्यकर्ताओं को प्रश्नों के उत्तर देने में दक्षता दिलाने के लिए एक प्रश्नोत्तरी भी होगी जो व्यक्ति इस सन्दर्भ में अपने सुझाव अथवा प्रश्न देना चाहे वह 'भीम भारती' के पते पर डॉ. एल.वी. राम अनन्त जी को सीधे अथवा प्रान्तीय कार्यालय के पते पर दिनांक : 31.12.86 तक अवश्य भेज दें।

**प्रशिक्षण समापन :—** दिनांक : 8 नवम्बर, 86 को आयोजन समापन समारोह में महाबोद्धि सोसाइटी के महासचिव पूज्य भन्ते डी.रेवत धम्म ने आयोजन की प्रशंसा करते हुए सभी की मंगलकामनाएँ कीं। उन्होंने भारतीय बौद्ध महासभा उत्तर प्रदेश की कार्य पद्धति की सराहना करते हुए कहा कि यह कार्य वस्तुतः भिक्षु संघ का ही है। भारतीय बौद्ध महासभा के कार्यों से भिक्षुओं को सीख लेना चाहिए। विधिवत प्रशिक्षण के अभाव में भिक्षु तथा उपासक दोनों ही आधे-अधूरे ही रहते हैं। भिक्षुओं के लिए भी बौद्ध धर्म, विनय, इतिहास, दर्शन तथा संस्कार के विधिवत प्रशिक्षण की महती आवश्यकता है।

## अभिन्न धम्म बन्धु

त्रिरत्नानुभाव से आपसे सम्बद्ध महासभा की शाखा के सभी पदाधिकारियों एवं सदस्यों के सपरिवार सुखी सम्पन्न जीवन की हार्दिक शुभेच्छा करता हूँ।

दिनांक : 2 से 8 नवम्बर, 1986 तक बिड़ला धर्मशाला, सारनाथ, वाराणसी में आयोजित बौद्ध विनय प्रशिक्षण शिविर सफलतापूर्वक हर्षोल्लास के साथ सम्पन्न हुआ। वह सभी धम्म बन्धु भगनीय एवं बच्चे निःसन्देह विशेष धन्यवाद के पात्र हैं, जिन्होंने लम्बी एवं कष्टदायक यात्रा के साथ तन-मन-धन से बौद्ध विनय प्रशिक्षण शिविर में सम्मिलित होकर बौद्ध शासन एवं बौद्ध समाज की संरचना की ऊषा बेला में अपना यथेष्ट योगदान देकर महासभा को गौरवान्वित किया है। साथ ही, महासभा की ओर से आपके बौद्ध विनय प्रशिक्षण शिविर में सम्मिलित हुए सभी धम्म बन्धुओं भगनियों एवं बच्चों के प्रति उनके इस चिरस्मरणीय सुकृत्य का हार्दिक आभारी हूँ।

ज्ञातव्य है कि स्वतंत्रता, समता, करुणा, मैत्री एवं भ्रातृत्व भावना पर आधारित बौद्धमय भारत के स्वप्नद्रष्टा, बोधिसत्व बाबा साहब डॉ. बी.आर. अम्बेडकर द्वारा स्थापित भारतीय बौद्ध महासभा की कार्यशैली एवं उद्‌देश्य अन्य सभी धार्मिक, सामाजिक संस्थानों से भिन्न हैं। महासभा के उद्‌देश्यों की पूर्ति के लिए महासभा के सभी स्तर के पदाधिकारियों एवं कार्यकर्ताओं को बौद्ध धर्म, इतिहास, संस्कार, संस्कृति एवं दर्शन की सम्यक् जानकारी आवश्यक है। साथ ही यह भी आवश्यक है कि महासभा के सभी पदाधिकारियों एवं कार्यकर्ताओं की बौद्ध धर्म, इतिहास, संस्कार एवं दर्शन सम्बन्धी अभिव्यक्ति बौद्ध धर्म के प्रचार-प्रसार में सम्यक् एवं एकरूपता पूर्ण रहे। इसी महान् उद्‌देश्य को लेकर महासभा द्वारा प्रत्येक धर्म बौद्ध विनय प्रशिक्षण शिविर का आयोजन करता है। जिन भी पदाधिकारी एवं कार्यकर्ताओं ने यह समझकर कि उन्हें बौद्ध धर्म, इतिहास, संस्कार, संस्कृति एवं दर्शन की पूर्ण जानकारी है, उन्हें अब कुछ सीखना अथवा जानना शेष नहीं है, यह उनकी बहुत बड़ी भूल है। बौद्ध धर्म अनन्त सागर के मानिन्द अथाह एवं गम्भीर है। एक शिविर तथा अनेक शिविरों के पश्चात् भी बौद्ध धर्म सम्बन्धी विभिन्न विषयों की

पूर्ण जानकारी कर लेना कठिन ही है। साथ ही, ऐसे सभी पदाधिकारी एवं कार्यकर्ता जिन्होंने जानबूझकर शिविर में उपस्थित होने की उपेक्षा की है—निश्चय ही वे अनुशासनहीनता के दोषी हैं। ऐसे पदाधिकारी जिन्होंने लगातार तीनों बौद्ध विनय प्रशिक्षण शिविर में अनुपस्थित रह कर उपेक्षापूर्ण व्यवहार दिखाया है, उनके विरुद्ध अनुशासनात्मक कार्यवाही भी की जा सकती है।

बौद्ध महासभा के अन्यत्र किसी भी संगठन में कोई कैसे भी रहे, कोई कुछ कहनेवाला नहीं है और न ही संगठन का कुछ बिगड़नेवाला है। किन्तु यदि बौद्ध महासभा के कार्यकर्ता, शील एवं संयम का व्यवहार नहीं करते अथवा महासभा में विनय अनुशासन की अवहेलना करते हैं तो उक्त दोनों ही परिस्थिति में धर्म और धार्मिक महासभा, दोनों पर ही विपरीत प्रभाव् पड़ना स्वाभाविक है। मेरा अपने सभी बन्धुओं से अनुरोध है कि बौद्ध बनने के पश्चात् सभी बन्धु अपने आप को अन्य अबौधों के सामने अधिक शान्तिवान, सभद्र, स्वच्छ व्यवहार कुशल एवं महासभा के प्रति निष्ठावान होकर श्रेष्ठ जीवन आचरण धारण करें। उन्हें सदैव सचेत रहकर के ध्यान रखना चाहिए कि उनकी मात्र थोड़ी-सी असावधानी उनके ही नहीं वरन महान मिशन के अपमान का कारण बन सकती है।

भवतु सब्ब मंगलम्!

**—श्री जे.एन. आदित्य**
अध्यक्ष

**बहुजन हिताय बहुजन सुखाय लोकानुकम्पाय**

# भारतीय बौद्ध महासभा, उत्तर प्रदेश

अशोक पुस्तकालय, 84/172, झकरकटी, जी.टी. रोड, कानपुर-3

पत्र संख्या : 550, दिनांक : 25.11.86

**—पेरियार ललई सिंह**

बुक पोस्ट

प्रतिष्ठा में,

श्रद्धेय डॉ. कुसुम वियोगी, साहित्यालंकार
1/4334-ए, सिद्धार्थ सदन, राम नगर, विस्तार
डॉ. अम्बेडकर मार्ग, शाहदरा, दिल्ली-32

**विषय**—दिनांक : 2 नवम्बर से 8 नवम्बर, 1986 तक बिड़ला धर्मशाला, सारनाथ, वाराणसी में बौद्ध विनय प्रशिक्षण शिविर का आयोजन।

**धन्यवाद-ज्ञापन**

पूज्य/श्री

त्रिरत्न की पावन भावना से आपके स्वस्थ सुखी एवं प्रतिष्ठापूर्ण जीवन की हार्दिक शुभेच्छा करता हूँ। दिनांक : 2 नवम्बर से 8 नवम्बर, 1986 तक बिड़ला धर्मशाला, सारनाथ, वाराणसी में महासभा के तत्वावधान में आयोजित बौद्ध विनय प्रशिक्षण शिविर में अनन्य असुविधाओं पर भी आपने अपनी उपस्थिति एवं निर्धारित पाठ्यक्रम में प्रशिक्षण लेकर/देकर जो महान् सुकृत्य किया है, महासभा उसकी अनन्य आभारी है।

आपसे अनुरोध है कि महासभा द्वारा आयोजित आगामी आयोजनों में भी पूर्णत: सहयोग देकर बहुजन हिताय बहुजन सुखाय लोकानुकम्पाय पथ पर निरन्तर बढ़ते हुए महासभा का सहयोग करें।

श्री डॉ. कुसुम वियोगी
साहित्यालंकार

आपके सहयोग का आभारी

**—जे.एन. आदित्य**

अध्यक्ष

# डॉ. अम्बेडकर जयन्ती

रहीमफर, जिला—होशियारपुर, पंजाब

समय : पौने दो बजे दिन (दोपहर के बाद)

दिनांक : 15 अप्रैल, सन् 1987 ई.

**1. श्री खार साहब—**

**2. श्री खोब्रेगडे सिंह—**

**3. सन्त गुरुदयाल सिंह**—रिजर्वेशन को अपनाओ। इसको लेने के लिए लट्ठ लेकर तैयार हो जाओ।

**4. गाना—शेरे पंजाबऽऽ।**

**5. कामरेड सदाराज जी**—जहाज कामगार काम में शिड्यूल्ड कास्ट के लोग अधिक थे। हमें सदा संगठित रहना है। डॉ. लोखंडे जी के मरने के बाद हमें पुनः आर.पी.आई. खड़ी करनी होगी। यहाँ के जालिमों को जेल में डालने के बजाय श्रीमती इन्दिरा गांधी ने उन लोगों को बात करने को दिल्ली में बुलाया था। मनुवादियों को समझना चाहिए रिजर्वेशन पुराने शोषण का बदला नहीं है। यह समतामूलक समाज बनाने का स्वप्न है। हमें उसके लिए लगातार संघर्ष करना है। हमारे एम.एल.ए. व एम.पी. बिकें नहीं हैं। हमें अपनी कमजोरी दूर करके आर.पी.आई. को नए संगठन के रूप में लाना है। वही हमारी असली पार्टी है।

**6. श्री रामरतन जानोकर (एक्स-मेयर)**—इस देश के 90% पद पर अभी भी अपर कास्ट हिन्दुइज्म कायम है। 23% शिड्यूल्ड और ट्राइब्स की आबादी आज भी भारत में है। इस देश में मरीज का पोस्टमार्टम नहीं होता। मरीज का ऑपरेशन होता है। वैसे ही, समाज के पोस्टमार्टम से ब्राह्मणवाद की पोल खुल जाती है।

हम काबिल हैं लेकिन सुटेबुल नहीं। यह तर्क-तजुर्बा नहीं चलेगा। हम शील वाले हैं। हम बुद्धवाले हैं। अन्य पार्टी वाले लोगों के घड़ियाली आँसू गुजरात के जुल्मों में दिखता है। हमारे ऊपर सभी पार्टियाँ एक साथ मिलकर जुल्म कर रही हैं। यदि पार्टियाँ अपने वर्कर को लाई नहीं तो क्यों पुलिस की जगह सेना भेजी गई। हमारे लोगों की हत्या होती है। हमारे 42 लोग मारे गए। ऐसे कुकृत्य को करके लोकतंत्र और संविधान की धज्जियाँ उड़ाई जा रही हैं।

**7. जीवनी-कविता-गाना**—'मैं बाबा को करूँ सिज्दा, बेशक सामने खड़ा हो खुदा!'

**8. श्री पेरियार ललई सिंह**—वर्णव्यवस्था, जातिव्यवस्था, अछूत भावना झूठी है। जिस धर्म में आपकी मानवता का कोई मूल्य नहीं, उस धर्म में क्यों रहते हो—संसार सुखमय बनाना है, तो धर्मान्तर कीजिए। समता, बन्धुता व स्वतंत्रता युक्त बौद्ध धर्म में आपकी धार्मिक, सामाजिक, आर्थिक एवं राजनीतिक आदि हर प्रकार की प्रगति सुरक्षित है।

अतः आप इस सामाजिक बराबरी को बौद्ध धर्म से परिवर्तित हो कर ही प्राप्त कर सकते हैं। दूसरा कोई रास्ता भी नहीं है।

एक स्पष्टीकरण कि बौद्ध धर्म में ही आपकी मानवता का मूल्य सुरक्षित है।

बौद्ध धर्म, डॉ. अम्बेडकर, पेरियार और समतावादी प्रगतिशील किताबों के लिए, अपना पता लिखा हुआ, पचास पैसे का लिफाफा, अशोक पुस्तकालय, झींझक-209302, जिला—कानपुर को भेजिए। चेतना युक्त साहित्य मँगाएँ। मानवतावादी सोच बनाएँ।

**9. श्री आशीक जी**—तीर-कमान से निकलने के बाद नहीं रुकती है। अतः बुद्धि का इस्तेमाल बुद्ध की तरह करें। बाबा साहब की बात को लोगों के बीच बोलें। उनके विचार को प्रचारित करें। तभी समता का समाज बन पाएगा।

**10. श्री बलवान सिंह जी**—हम सब आर.पी.आई में ग्यारह साल से हैं। हमारे ऊपर एम.एल.ए. चड्ढा द्वारा हमला नहीं हुआ। हिन्दुत्ववादी लोगों ने गुजरात में हमारे लोगों पर हमला किया। वे किसी पर भी हमला कर सकते हैं। सजग रहें। ज्योतिबा फुले, बाबा साहब अम्बेडकर और पेरियार के विचारों का प्रचार-प्रसार करते रहें।

**11. एल.आर. बाली जी ने कहा**—मनु ने प्रतिक्रान्ति किया। बुद्ध ने वर्ण-व्यवस्था, आर्य श्रेष्ठता के विरुद्ध समता के लिए आन्दोलन किया। बुद्ध ने अन्धी

औरत और अछूतों के घर खाना खाया। बुद्ध के विचारों का सुनहरा जमाना 750 साल से अधिक समय तक रहा। सन्तों ने बुद्ध की ही बात को दूसरे प्रकार से कह कर जनता में प्रचारित प्रसारित किया। कार्ल मार्क्स ने कहा है, पूरी दुनिया के सर्वहारा तुम्हारे पास खोने के लिए गुलामी की बेड़ियाँ हैं और पाने के लिए पूरा संसार है। इसलिए क्रान्ति कर दो। हमें क्रान्ति की ओर बढ़ना है। हमारी असली पार्टी बाबा साहब की बनाई हुई आर.पी.आई. ही एकमात्र विकल्प है। अन्य पार्टी नहीं हैं। अब क्रान्ति की जंग छिड़ गई है।

# डॉ अम्बेडकर शिक्षा एवं सांस्कृतिक समिति

डबरा, जिला—ग्वालियर (म.प्र.)

14 अप्रैल, 1989 ई. अम्बेडकर जयन्ती

**मुख्य अतिथि** —बौद्ध और अम्बेडकरी विद्वान पेरियार ललई सिंह
**वक्ता** —जे.एन. आदित्य
—भागीरथ जाटव (ग्राम—सीहौर, जिला—शिवपुरी)
—नवल सिंह निगम

**पेरियार ललई सिंह—** आप सब परम पूज्य बाबा साहब डॉ. भीमराव अम्बेडकर के मत को जीवन और व्यवहार में उतारिए। बाबा साहब की 22 दीक्षाएँ ही उनकी असल वैचारिकी हैं। यदि आप उनकी दीक्षाओं को व्यवहार में उतारते हैं तभी आप बाबा साहब को असल में मानते हैं। असल अम्बेडकराइस्ट हैं नहीं तो आप रिजर्वेसनाइस्ट हैं। वजीफाइस्ट हैं।

आप सब यहाँ 18 से 20 हजार लोग हैं। आप सभी बाबा साहब के बताए रास्ते बौद्ध धम्म को अपनाएँ। उसी में आपकी असल मानवीय मुक्ति है। बौद्ध धम्म में आपका सम्पूर्ण अधिकार सुरक्षित है। मेरे साथ सभी लोग दोहराएँ—

1. मैं ब्रह्मा, विष्णु और महेश में कोई विश्वास नहीं करूँगा और न ही मैं उनकी पूजा करूँगा।
2. मैं राम और कृष्ण, जो भगवान के अवतार माने जाते हैं, में कोई आस्था नहीं रखूँगा और न ही मैं उनकी पूजा करूँगा।
3. मैं गौरी, गणपति और हिन्दुओं के अन्य देवी-देवताओं में आस्था नहीं रखूँगा और न ही मैं उनकी पूजा करूँगा।
4. मैं भगवान के अवतार में विश्वास नहीं करता हूँ।
5. मैं यह नहीं मानता और न कभी मानूँगा कि भगवान बुद्ध विष्णु के अवतार थे, मैं इसे पागलपन और झूठा प्रचार-प्रसार मानता हूँ।
6. मैं श्रद्धा (श्राद्ध) में भाग नहीं लूँगा और न ही पिंड-दान दूँगा।

7. मैं बुद्ध के सिद्धान्तों और उपदेशों का उल्लंघन करनेवाले तरीके से कार्य नहीं करूँगा।
8. मैं ब्राह्मणों द्वारा निष्पादित होनेवाले किसी भी समारोह को स्वीकार नहीं करूँगा।
9. मैं मनुष्य की समानता में विश्वास करता हूँ।
10. मैं समानता स्थापित करने का प्रयास करूँगा।
11. मैं बुद्ध के आष्टांगिक मार्ग का अनुसरण करूँगा।
12. मैं बुद्ध द्वारा निर्धारित पारमिताओं का पालन करूँगा।
13. मैं सभी जीवित प्राणियों के प्रति दया और प्यार भरी दयालु रहूँगा तथा उनकी रक्षा करूँगा।
14. मैं चोरी नहीं करूँगा।
15. मैं झूठ नहीं बोलूँगा।
16. मैं कामुक पापों को नहीं करूँगा।
17. मैं शराब, ड्रग्स जैसे मादक पदार्थों का सेवन नहीं करूँगा।
18. मैं महान आष्टांगिक मार्ग के पालन का प्रयास करूँगा एवं सहानुभूति और अपने दैनिक जीवन में दयालु रहने का अभ्यास करूँगा।
19. मैं हिन्दू धर्म का त्याग करता हूँ जो मानवता के लिए हानिकारक है और उन्नति और मानवता के विकास में बाधक है क्योंकि यह असमानता पर आधारित है, और स्व-धर्म के रूप में बौद्ध धर्म को अपनाता हूँ।
20. मैं दृढ़ता के साथ यह विश्वास करता हूँ कि बुद्ध का धम्म ही सच्चा धर्म है।
21. मुझे विश्वास है कि मैं इस धर्म परिवर्तन के द्वारा फिर से जन्म ले रहा हूँ।
22. मैं गम्भीरता एवं दृढ़ता के साथ घोषित करता हूँ कि मैं इस धर्म परिवर्तन के बाद अपने जीवन का बुद्ध के सिद्धान्तों व शिक्षाओं एवं उनके धम्म के अनुसार मार्गदर्शन करूँगा।

बाबा साहब की इन दीक्षाओं को याद कर लीजिए। घर-परिवार, चट्टी-चौराहे, हाट आदि जगह पर जब भी बैठें तो अपने लोगों को सुनाएँ। बताएँ। यही बौद्ध धम्म के प्रचार-प्रसार का साधारण और आधारभूत तरीका है।

बौद्ध धर्म, डॉ. अम्बेडकर, पेरियार और समतावादी प्रगतिशील किताबों के लिए, अपना पता लिखा हुआ, पचास पैसे का लिफाफा, अशोक पुस्तकालय, झींझक-209302, जिला—कानपुर को भेजिए। चेतना युक्त साहित्य मँगाएँ।

मानवतावादी सोच बनाएँ।

नमो बुद्धाय! जय भीम!!

# धम्म दीक्षा कार्यक्रम*

काको, जहानाबाद, बिहार 1990

**जहाँ पेरियार ललई सिंह को गोली मारी गई!**

**मुख्य अतिथि—पेरियार ललई सिंह**
**वक्ता**—जे.एन. आदित्य
**संयोजक**—रामअयोध्या सिंह 'विद्यार्थी'

यहाँ पेरियार ललई सिंह के नाटक शम्बूक वध का मंचन हुआ। उसके बाद पेरियार ललई सिंह आदि का ओजस्वी भाषण हुआ, जिससे जनता अपने ऐतिहासिक महानायक आचार्य शम्बूक की हत्या पर आक्रोशित हो गई। इसके बाद पेरियार ललई सिंह ने वहाँ उपस्थित 10,000 से 11,000 लोगों को बौद्ध धर्म ग्रहण कराया। इस पर आक्रोशित सवर्ण सामन्तों ने पेरियार ललई सिंह पर भीड़ से गोली चला दी। चूँकि वे सेना में हाई-कमांडर थे, इसलिए चौकन्ने थे और बच गए। इसके बाद मंच और बौद्ध जनता में भगदड़ मच गई, जिसका फायदा उठाकर पेरियार ललई सिंह और उनके साथी हट गए। ये घटना, काको गाँव की है। ये अब ब्लॉक हो गया है और तब जहानाबाद में था। अब आरा जिला बन गया है।

* यह सन्दर्भ—बुद्ध शरण हंस, पटना, बिहार ने बताया। वे 71 वर्ष के हैं।

# दि बुद्धिस्ट सोसाइटी ऑफ इंडिया

महू, मध्य प्रदेश, भारत

दिनांक : 14 अप्रैल, सन् 1990 ई., समय सुबह 10 बजे

**अध्यक्ष—मीराताई अम्बेडकर**

(दि बुद्धिस्ट सोसाइटी ऑफ इंडिया की राष्ट्रीय अध्यक्ष, बाबा साहब अम्बेडकर की पुत्रवधू, महाउपासिका)

**मुख्य अतिथि—पेरियार ललई सिंह** (उत्तर भारत के पेरियार) ने कहा महामानव हमारे बाबा साहब अम्बेडकर की जन्म स्थली महू है। हम सभी लोग भारत सरकार से माँग करते हैं कि यहाँ हमारे बाबा साहब का भव्यस्तूपाकार स्मारक बने। और उनके नाम पर पुस्तकालय भी बने। जिसमें बुद्ध, डॉ. अम्बेडकर और पेरियार का साहित्य रखा जाए।' उस समय तक स्मारक नहीं बना हुआ था। वहाँ खाली मैदान था। पेरियार साहब की इस माँग को सरकार ने माना और आगे चलकर बाबा साहब अम्बेडकर की स्मृति में वहाँ भव्य स्मारक बना।

**विशिष्ट अतिथि—कुँवर महमूद अली खान**—राज्यपाल, म.प्र., ने पुष्पांजलि अर्पित की और कहा इस पवित्र भूमि पर बाबा साहब का जन्म हुआ यह मेरे लिए महान भूमि। मैं इसे चूमता हूँ। उन्होंने माथा टेका और वहाँ की पवित्र मिट्टी दोनों हाथों में लेकर अपने माथे पर लगाया। साथ ही उस पावन मिट्टी को एक थैले में भर कर अपने साथ ले गए।

**वक्ता—श्रीमती सुशीला ताई पाटेकर**—महू, मध्य प्रदेश में बाबा साहब की इस जयन्ती मनाने की शुरुआत के साथ वहाँ और पूरे भारत में जयन्ती मनाने का जैसे सैलाबी सिलसिला प्रारम्भ हो गया। इसी समय से दि बुद्धिस्ट सोसाइटी ऑफ इंडिया, महू, मध्य प्रदेश इकाई द्वारा 'भीम ज्योति यात्रा' निकाली गई। जो 14 अक्टूबर, 1990 को बाबा साहब की जन्मभूमि महू से प्रारम्भ हो कर मध्य प्रदेश तथा महाराष्ट्र के विभिन्न जिलों में होते हुए 6 दिसम्बर, 1990 को चैतिभूमि मुम्बई में पहुँचकर समाप्त हुई।

**श्री पेरियार ललई सिंह*—** जिस धर्म में आपकी मानवता का कोई मूल्य नहीं, उस धर्म में क्यों रहते हो—संसार सुखमय बनाना है, तो धर्मान्तर कीजिए। समता, बन्धुता व स्वतंत्रता युक्त बौद्ध धर्म में आपकी धार्मिक, सामाजिक, आर्थिक एवं राजनीतिक आदि हर प्रकार की प्रगति सुरक्षित है।

अत: आप इस सामाजिक बराबरी को बौद्ध धर्म से परिवर्तित हो कर ही प्राप्त कर सकते हैं। दूसरा कोई रास्ता भी नहीं है। एक स्पष्टीकरण कि बौद्ध धर्म में ही आपकी मानवता का मूल्य सुरक्षित है।

आप सभी लोग लगभग अठारह से बीस हजार हैं। सभी लोग संसार के शान्ति-प्रिय बौद्ध-धर्म को स्वीकार करें। मैं बौद्ध-धर्म, बुद्ध-नमस्कार, त्रिशरण तथा पंचशील को कहूँगा। आप लोग दोहराएँगे—

*(बुद्ध-नमस्कार)*

नमो तस्स भगवतो अरहतो सम्मासम्बुद्धस्य।
नमो तस्स भगवतो अरहतो सम्मासम्बुद्धस्य।
नमो तस्स भगवतो अरहतो सम्मासम्बुद्धस्य।

*(त्रि-शरण-ग्रहण)*

बुद्धं शरणं गच्छामि।
धम्मं शरणं गच्छामि।
संघं शरणं गच्छामि॥
दुतियम्पि बुद्धं शरणं गच्छामि।
दुतियम्पि धम्मं शरणं गच्छामि।
दुतियम्पि संघं शरणं गच्छामि॥
ततियम्पि बुद्धं शरणं गच्छामि।
ततियम्पि धम्मं शरणं गच्छामि।
ततियम्पि संघं शरणं गच्छामि॥

*(पंच-शील-ग्रहण)*

1. पाणातिपाता वेरमणि सिक्खापदं समादियामि।
2. अदिन्नादाना वेरमणि सिक्खापदं समादियामि।
3. कामेसु मिच्छाचारा वेरमणि सिक्खापदं समादियामि।

---

* पेरियार ललई सिंह ने अपने मिशनरी झोले से एक नोट्स निकाला। उससे बौद्ध धर्म दीक्षा पढ़ते हुए सबको बौद्ध धर्म ग्रहण कराया। —डीसी मौर्य। चश्मदीद। महू।

4. मूसावादा वेरमणि सिक्खापदं समादियामि।
5. सुरामेरय मज्ज पमादट्ठाना वेरमणि सिक्खापदं समादियामि।

बौद्ध धर्म, डॉ. अम्बेडकर, पेरियार और समतावादी प्रगतिशील किताबों के लिए, अपना पता लिखा हुआ, पचास पैसे का लिफाफा, अशोक पुस्तकालय, झींझक-209302, जिला—कानपुर को भेजिए। चेतना युक्त साहित्य मँगाएँ। मानवतावादी सोच बनाएँ।

प्रस्तुति

**—दुर्गाचरण मौर्य**

# बुद्ध पूर्णिमा

रुहालकी, दयालपुर
तहसील—भगवानपुर, जिला—हरिद्वार
16 मई, 1991 ई.

**आयोजक—** रहतू लाल बौद्ध
**मुख्य-अतिथि—पेरियार ललई सिंह**
**वक्ता—** प्रकाश अम्बेडकर, महाराष्ट्र

**पेरियार ललई सिंह—** आज बुद्ध पूर्णिमा का ऐतिहासिक दिन है। यहाँ जो लोग भी आए हैं, वे सभी तथागत बुद्ध के चिन्तन और दर्शन से सहमत हैं किन्तु अभी भी हिन्दू धर्म के अनुसार जीवन जीते हैं। हिन्दू या सनातन धर्म कहता है—ईश्वर ही इस संसार का निर्माता है। उसने वेद लिखा और वेद में वर्ण-व्यवस्था बनाई। उसमें उसने—ब्राह्मण, क्षत्रिय, वैश्य और शूद्र को पैदा किया और सामाजिक विभाजन किया। किसी को मुख से तो किसी को हाथ से किसी को पैर से पैदा किया जो पूरी तरह से झूठ है क्योंकि सभी मनुष्य एक ही योनि और एक ही प्रकार से पैदा होते हैं।

पेरियार ई.वी. रामास्वामी ने कहा है—ईश्वर नहीं है! ईश्वर नहीं है!! ईश्वर नहीं है!!! बुद्ध ने कहा—आर्य नस्ल की श्रेष्ठता झूठी है, डॉ. अम्बेडकर ने कहा—'एहनिलिशन ऑफ कास्ट' मतलब जाति का आमूल उन्मूलन करो! जाति तोड़ो! जब तक जाति रहेगी तब तक अछूत मानसिकता रहेगी। इसलिए ये जाति और अछूत भावना का प्रोपेगेंडा पूर्णत: झूठ है। सभी मनुष्य समान होते हैं। मनुष्यों में ऊँच-नीच जैसा कोई भाव और मूल्य नहीं होता है। अत: पेरियार, बुद्ध और डॉ. अम्बेडकर की सोच और चेतना कहती है कि यह भौतिक संसार ही सत्य है। सभी मनुष्य समान होते हैं। सभी मनुष्यों को समता, बन्धुता, करुणा और मैत्री भाव से जीवन जीना चाहिए। यही बुद्ध धम्म है।

जिस धर्म में आपकी मानवता का कोई मूल्य नहीं, उस धर्म में क्यों रहते हो—संसार सुखमय बनाना है, तो धर्मान्तर कीजिए। समता, बन्धुता व स्वतंत्रता

युक्त बौद्ध धर्म में आपकी धार्मिक, सामाजिक, आर्थिक एवं राजनीतिक आदि हर प्रकार की प्रगति सुरक्षित है।

अतः आप इस सामाजिक बराबरी को बौद्ध धर्म से परिवर्तित हो कर ही प्राप्त कर सकते हैं। दूसरा कोई रास्ता भी नहीं है। एक स्पष्टीकरण कि बौद्ध धर्म में ही आपकी मानवता का मूल्य सुरक्षित है।

अतः आज के दिन संसार के शान्ति-प्रिय बौद्ध-धर्म को स्वीकार कीजिए। मैं बौद्ध-धर्म, बुद्ध-नमस्कार, त्रिशरण तथा पंचशील को कहूँगा, आप लोग दुहराएँगे—

*(बुद्ध-नमस्कार)*

नमो तस्स भगवतो अरहतो सम्मासम्बुद्धस्य।
नमो तस्स भगवतो अरहतो सम्मासम्बुद्धस्य।
नमो तस्स भगवतो अरहतो सम्मासम्बुद्धस्य।

*(त्रि-शरण-ग्रहण)*

बुद्धं शरणं गच्छामि।
धम्मं शरणं गच्छामि।
संघं शरणं गच्छामि॥
दुतियम्पि बुद्धं शरणं गच्छामि।
दुतियम्पि धम्मं शरणं गच्छामि।
दुतियम्पि संघं शरणं गच्छामि॥
ततियम्पि बुद्धं शरणं गच्छामि।
ततियम्पि धम्मं शरणं गच्छामि।
ततियम्पि संघं शरणं गच्छामि॥

*(पंच-शील-ग्रहण)*

1. पाणातिपाता वेरमणि सिक्खापदं समादियामि।
2. अदिन्नादाना वेरमणि सिक्खापदं समादियामि।
3. कामेसु मिच्छाचारा वेरमणि सिक्खापदं समादियामि।
4. मूसावादा वेरमणि सिक्खापदं समादियामि।
5. सुरामेरय मज्ज पमादट्ठाना वेरमणि सिक्खापदं समादियामि।

**बौद्ध धर्म, डॉ. अम्बेडकर, पेरियार और समतावादी प्रगतिशील किताबों के लिए, अपना पता लिखा हुआ, पचास पैसे का लिफाफा, अशोक पुस्तकालय,**

झींझक-209302, जिला—कानपुर को भेजिए। चेतना युक्त साहित्य मँगाएँ। मानवतावादी सोच बनाएँ।

***स्पष्टीकरण***—श्रोता दयाराम ने बताया कि बुद्ध पूर्णिमा के दिन सन् 1991 ई. में रुहालकी, हरिद्वार में भाषण देने के लिए प्रकाश अम्बेडकर और पेरियार ललई सिंह को बुलाया गया था। इन लोगों को सुनने बीस-पच्चीस हजार की संख्या में लोग आए थे। ऐसा हुआ कि प्रकाश अम्बेडकर नहीं आ सके। इस कारण पेरियार ललई सिंह को ही जनता को लम्बे समय तक सम्बोधित करना पड़ा। अपने लम्बे सम्बोधन में उन्होंने मनुवादी आर्य-हिन्दू संस्कृति की धज्जियाँ उड़ानी शुरू कर दीं। इस पर जनता जोश में आ गयी और प्रसन्नतापूर्वक मंच पर नोटों की बरसात करने लगी। जनता जोर-जोर से तालियाँ बजाते हुए घंटों भाषण सुनती रही। सामान्यत: वो किसी भी मंच से 10 से 15 मिनट तक ही अत्यन्त कठोर भाषण देते, बहुत कम होता था कि वह एक सवा घंटे भाषण दें। साथ ही वे अपने 10 से 15 मिनट प्रत्येक भाषण के अन्त में एक लिखा हुआ पर्चा निकालते और कुछ सेकेंड उसे पढ़कर फिर बौद्ध धम्म की दीक्षा वो सबको दिलाते थे। यह कार्य वो प्रत्येक कार्यक्रम में अनिवार्य रूप से करते थे। इस विधि से उन्होंने अपने सम्पूर्ण जीवन में कई लाख लोगों को हिन्दू से बौद्ध बनाया!

# दि बुद्धिस्ट सोसाइटी ऑफ इंडिया

## का पाँचवा प्रान्तीय अधिवेशन

शासकीय हायर सेकेंडरी स्कूल, दबोह, भिंड, मध्य प्रदेश

दिनांक : 12-13 जून, सन् 1992 ई.; समय : सुबह 10 बजे।

**मुख्य अतिथि—मीराताई अम्बेडकर**
**अध्यक्षता—पेरियार ललई सिंह**

**वक्ता**

— वी.जे. गायकवाड़ (राष्ट्रीय सचिव, दि बुद्धिस्ट सोसाइटी ऑफ इंडिया)
— माननीया सुशीलाताई पाटेकर (बम्बई)
— जे.एन. आदित्य (दि बुद्धिस्ट सोसाइटी ऑफ इंडिया, उ.प्र., कानपुर इकाई के अध्यक्ष)
— पूज्य भन्ते ज्ञान प्रभाकर, आगरा

**विशेष उपस्थिति**

— श्याम सिंह, प्रसिद्ध लेखक एवं समाज सेवी, गाजियाबाद।
— बी.पी. बौद्ध, ग्वालियर से
— रामभाऊ कोसे, बुरहानपुर, खंडवा, म.प्र.
— पूज्य भन्ते बुद्धवंश, तुलसीपुर, राजनाँदगाँव, म.प्र.
— नरेन्द्र रामटेके, बिलासपुर, छत्तीसगढ़
— आर.सी. भालाधारे, जयराम डहाटे, सुदामा खोब्रागड़े, बालाटघाट, म.प्र.
— सलमान सिंह बौद्ध, मानकचन्द तिलवे, लक्ष्मण सिंह राजौरिया, आर.के. बौद्ध, अमन सिंह बौद्ध, गुना, म.प्र.
— माखनलाल बौद्ध, प्रान्तीय अध्यक्ष, दतिया, म.प्र.
— आर.सी. दिवाकर, प्रान्तीय महामंत्री, भारत सिंह बझैया, देवकीनन्दन दोहरे, शिवपुरी, म.प्र.
— दलवीर सिंह बौद्ध, बालकराम भंडा, झुंडनलाल दिनकर, लहार, भिंड, म.प्र.
— एडवोकेट केशरी चौधरी, भांडेर, दतिया, म.प्र.

— मायाराम रायपुरिया, भकोटी, भिंड, म.प्र.
— कवि रतिभानु बौद्ध, अन्तियन का पूरा, भिंड, म.प्र.
— लालजू प्रसाद, दबोह, भिंड, म.प्र., आपने अतिथियों को भोजन कराने की जिम्मेदारी का निर्वहन किया।

**श्री पेरियार ललई सिंह**—ईश्वर नहीं है! वेद मनुष्य कृत हैं। इसे ईश्वर ने नहीं पुरोहितों ने लिखा है। उसकी मान्यताएँ पूरी तरह झूठी हैं। वर्णव्यवस्था, जातिव्यवस्था, अछूत भावना झूठी है।

जिस धर्म में आपकी मानवता का कोई मूल्य नहीं, उस धर्म में क्यों रहते हो —संसार सुखमय बनाना है, तो धर्मान्तर कीजिए। समता, बन्धुता व स्वतंत्रता युक्त बौद्ध धर्म में आपकी धार्मिक, सामाजिक, आर्थिक एवं राजनीतिक आदि हर प्रकार की प्रगति सुरक्षित है।

अत: आप इस सामाजिक बराबरी को बौद्ध धर्म से परिवर्तित हो कर ही प्राप्त कर सकते हैं। दूसरा कोई रास्ता भी नहीं है। एक स्पष्टीकरण कि बौद्ध धर्म में ही आपकी मानवता का मूल्य सुरक्षित है।

आप सभी लोग लगभग पन्द्रह से सोलह हजार हैं। सभी लोग संसार के शान्ति-प्रिय बौद्ध-धर्म को स्वीकार करें। मैं बौद्ध-धर्म, बुद्ध-नमस्कार, त्रिशरण तथा पंचशील को कहूँगा। आप लोग दुहराएँगे—

*(बुद्ध-नमस्कार)*

नमो तस्स भगवतो अरहतो सम्मासम्बुद्धस्य।
नमो तस्स भगवतो अरहतो सम्मासम्बुद्धस्य।
नमो तस्स भगवतो अरहतो सम्मासम्बुद्धस्य।

*(त्रि-शरण-ग्रहण)*

बुद्धं शरणं गच्छामि।
धम्मं शरणं गच्छामि।
संघं शरणं गच्छामि॥
दुतियम्पि बुद्धं शरणं गच्छामि।
दुतियम्पि धम्मं शरणं गच्छामि।
दुतियम्पि संघं शरणं गच्छामि॥
ततियम्पि बुद्धं शरणं गच्छामि।
ततियम्पि धम्मं शरणं गच्छामि।
ततियम्पि संघं शरणं गच्छामि॥

*(पंच-शील-ग्रहण)*

1. पाणातिपाता वेरमणि सिक्खापदं समादियामि।
2. अदिन्नादाना वेरमणि सिक्खापदं समादियामि।
3. कामेसु मिच्छाचारा वेरमणि सिक्खापदं समादियामि।
4. मूसावादा वेरमणि सिक्खापदं समादियामि।
5. सुरामेरय मज्ज पमादट्ठाना वेरमणि सिक्खापदं समादियामि।

बौद्ध धर्म, डॉ. अम्बेडकर, पेरियार और समतावादी प्रगतिशील किताबों के लिए, अपना पता लिखा हुआ, पचास पैसे का लिफाफा, अशोक पुस्तकालय झींझक 209302, जिला—कानपुर को भेजिए। चेतना युक्त साहित्य मँगाएँ। मानवतावादी सोच बनाएँ।

**आयोजनकर्ता—** दि बुद्धिस्ट सोसाइटी ऑफ इंडिया, दुर्गाचरण मौर्य, सोसाइटी के कोषाध्यक्ष।

**वक्ता—** भन्ते ज्ञान प्रभाकर (आगरा), जगन्नाथ आदित्य (कानपुर), श्याम सिंह (कवि), आर.सी. दिवाकर, सलमान सिंह (गुना, मध्य प्रदेश)

[नोट—3 फरवरी, 1983, 14 अप्रैल, 1990 और 12-13 जून, 1992 के कार्यक्रमों की जानकारी दुर्गाचरण मौर्य ने दी है। उनका आभार। —सम्पादक]

# धम्म दीक्षा कार्यक्रम*

लौरिया, बेतिया, बिहार, जनवरी, 1993

आयोजन स्थल—लौरिया

**मुख्य अतिथि**—ग्रेट बौद्धिस्ट पेरियार ललई सिंह
**वक्ता**—जे.एन. आदित्य, मैडम कान्ति बाला जी
**संयोजक**—बुद्ध शरण हंस (तत्कालीन ADM)

मैंने पूरे बिहार (तब के झारखंड) में पेरियार ललई सिंह को दसियों बार बुलाया। लौरिया जहाँ अशोक का स्तम्भ है, वहाँ दो ग्रेट बौद्धिस्ट पेरियार ललई सिंह और जेएन आदित्य को जनवरी '92 में धम्म दीक्षा कार्यक्रम में बुलाया गया था। लौरिया के पास नन्दनगढ़ एक जगह। जिसे कहा जाता है कि यह नन्द वंश का कभी गढ़ था। तो लौरिया के अशोक स्तम्भ से नन्दनगढ़ तक पेरियार ललई सिंह की अध्यक्षता में जनवरी की कड़क ठंड में धम्म मार्च निकाला गया। लौरिया से नन्दनगढ़ तक की दूरी 2 किलोमीटर है। लगभग 10,000 लोग इस धम्म मार्च में शामिल हुए। जब धम्म मार्च समाप्त हो गया तो पेरियार ललई सिंह ने 10,000 लोगों को बौद्ध धम्म ग्रहण करवाया।

इस धम्म मार्च में 6 प्रखंड के लोग आए थे। सभी प्रखंड के लोगों को बौद्धिस्ट समाज के अनुसार अलग-अलग रसोई बनवाई गई थी जिसमें अपने-अपने अनाज से भोजन करो और धम्म चर्चा दिन भर सुनो। फिर घर गाँव में जाकर धम्म का प्रसार करो की भावना निहित थी। वहाँ के एक प्रमुख थे शम्भू तिवारी। वे ब्राह्मण थे लेकिन उन्होंने हम लोगों की बहुत मदद की थी। वे सभी रसोइया में जलावन का इन्तजाम किए। बर्तन का इन्तजाम किए। वे मिशनरी व्यक्ति थे। उन्हें ब्राह्मण होने से कोई मतलब नहीं था। वैसे जो मानवीय होता है, अच्छा होता है। वो बुद्धमय होता है।

---

* यह सन्दर्भ—बुद्ध शरण हंस, पटना, बिहार ने बताया। वे 71 वर्ष के हैं। जनवरी के इस बौद्ध धर्म ग्रहण कार्यक्रम के बाद 7 फरवरी, '93 को पेरियार ललई सिंह का परिनिर्वाण हो गया। वे जीवन के अंतिम क्षण तक मनुवाद से लड़ते रहे।

उस समय मैं वहाँ का एडीएम था। सारा प्रबन्ध करवाया था। मैंने स्वयं पहल करके यह कार्यक्रम करवाया था। और मैं जहाँ-जहाँ एडीएम बन कर गया, वहाँ-वहाँ बौद्ध धम्म कार्यक्रम करवाया। लगभग सभी कार्यक्रम में पेरियार ललई सिंह को आग्रह के साथ बुलाता था। वे एक ग्रेट बौद्धिस्ट थे। वे बाबा साहब के 1956 के बौद्ध दीक्षा ग्रहण कार्यक्रम में जाना चाहते थे लेकिन खून की उलटी के कारण नहीं जा सके। 21 जुलाई, 1967 को बौद्ध धर्म ग्रहण किए और चौधरी ललई सिंह यादव से ललई सिंह हो गए। यादव जाति की टाइटल सदा के लिए हटा दी। उसके बाद उन्हें उत्तर भारत का पेरियार कहा गया तब वे पेरियार ललई सिंह नाम लिखने लगे।

वे एक विराट मनुष्य थे। इस कार्यक्रम के बाद वहीं रात्रि विराम के लिए होटल में उनके रुकने का प्रबन्ध था। मैं भी उनके साथ उन्हीं के कमरे में सो गया। रात में एक बजे के आस-पास मैंने महसूस किया कि कोई रो रहा है। जब मैं उठा और देखा कि पेरियार साहब रो रहे हैं। मैं अवाक् रह गया। मैंने उनसे पूछा कि पेरियार साहब आप रो क्यों रहे हैं? इस पर उन्होंने कहा—हमारा समाज सो रहा और डूब रहा है। यह सब देखते हुए मुझे रोना आ रहा है। मैं अभिभूत और चुप हो गया। ऐसे थे पेरियार ललई सिंह। इसलिए ही वे ग्रेट बौद्धिस्ट थे।

प्रस्तुति—**बुद्धशरण हंस**

नमो बुद्धाय!

जय भीम!! जय पेरियार!!!

# अशोक पुस्तकालय

और सस्ता प्रेस आदि का आय-व्यय

# अशोक पुस्तकालय और सस्ता प्रेस आदि का आय-व्यय

**31.08.66 : श्री हलीमुद्दीन राहत मौलाई,** एम.एल.ए., डहरिया, मुरादाबाद

1. कहा—मेम्बर साजी मँगाकर इलेक्शन कमिश्नर दिल्ली को पेश करें,
2. सिम्बल फीस में से अंग्रेजी सेकंड हैंड टाइप मशीन खरीदें।
3. हमारे पाँच सौ रुपये साविक सिम्बल के और सेक्रेटरी की तनख्वाह सबसे पहले आई रकम में से दिलावें।

**19.09.66 : श्री बल्देव सिंह गौड, 105/2, प्रेम नगर, कानपुर, श्री एम.एल.ए. दीपक, भीम प्रिंटिंग, मदार गेट, अलीगढ़ सिटी**

1. कहा—पुराने 500/- दिलावें। 2. चढ़ी तनख्वाह दिलावें। 3. प्रभावशाली को टिकट दें। 4. मेम्बर साजी दिली डेलीगेशन एल.एल.ए. ले जावें। 5. जिलों से मँगावें। 6. भविष्य में तनख्वाह दिला दें, अगर मुझे 15.10.66 से ऑफिस सेक्रेटरी के लिए बुलावे तो। 7. पार्लियामेंट्री बोर्ड के गबन से सावधान रहें। 0.0.6 से पिछली ऑफिस सेक्रेटरी की तनख्वाह दी जाए। भावी सेवाओं के लिए समय-समय पर तनख्वाह दी जाए तभी बुलाया जाए। जो समाचार 'जमीं के तारे'—10.9.66—पेज 3 कालम पर आपने प्रकाशित कराया है, उसे 'भीम पत्रिका' जालन्धर, पंजाब में भी भेजें। 3-4-0.06 दो शब्द लिखकर भेजिए। वीर सन्त माया बलिदान नाटक रवाना है।

**283/19.10.66 : श्री मैनेजर सेंट्रल लायब्रेरी टाउन हाल, बम्बई**

1—'शोषितों पर धार्मिक डकैती'

2—'शोषितों पर राजनैतिक डकैती'

3—'अंगुलिमाल' नाटक रवाना है।

एक-एक प्रति। रजि. पोस्ट—झींझक, नं. 111/19.10.66। 1.25

**284/19.10.66 : श्री मैनेजर, कनानार लायब्रेरी, मद्रास**

1—'शोषितों पर धार्मिक डकैती',

2—'शोषितों पर राजनैतिक डकैती',

3—'अंगुलिमाल' नाटक रवाना है।

एक-एक प्रति। रजि. पोस्ट—झींझक नं. 112/19.10.66। 1.25।

**19.10.66 : श्री मैनेजर, नेशनल लायब्रेरी वेलवेडिया, अलीपुर रोड, कलकत्ता-27**

1—'शोषितों पर धार्मिक डकैती',

2—'शोषितों पर राजनैतिक डकैती,

3—'अंगुलिमाल नाटक रवाना है।

एक-एक प्रति। रजि. पोस्ट—झींझक नं. 113/19.10.66। 1.25।

**श्री छेदी लाल साथी, एम.एल.सी., 48, कन्धारी बाजार, लखनऊ सिटी,**

डिस्पेच नं. 172/15.7.66, शोषितों पर राजनीतिक डकैती से सम्बन्धित फार्म नं. 4

डिस्पेच नं. 173/15.7.66 अंगुलिमाल नाटक से सम्बन्धित फार्म नं. 4

डिस्पेच नं. 174/15.7.66 'वीर सन्त माया बलिदान' नाटक से सम्बन्धित फार्म नं. 4

डिस्पेच नं. 175/15.7.66 'नाग यज्ञ' नाटक से सम्बन्धित फार्म नं. 4

उपरोक्त पाँचों का कोटा है। 1. पिछला 500/- + 2. सेक्रेटरीशिप की तनख्वाह दिलाई जावे। आदि 0.10, 3. 1 दिसम्बर से आखिर फरवरी तक 150 रुपये पाहवय या होल टायलर्स की इतिल खाना को जावे। 4. मीटिंगों में दोनों ओर का एक्सप्रेस का किराया व 10 रुपये विशेष पेशगी भेजी जावें।

**नोट—** मसला कार्यकारिणी व पार्लियामेंट्री बोर्ड के सामने रूबरू पेश किया जावे। जवाब बजरिए रजिस्ट्री दिया जावे। 0.10 सूची-पत्र रवाना है। 0.06 श्री मेवालाल संखवार व श्री सुन्दरलाल संखवार के शिड्युल्ड क्लास फार्मों पर दस्तखत करके वापस भेजिए। 0.15, सन् 1965 से पुस्तकालय ने पेशगी दो रुपया का नियम बनाया है। दो रुपये भेजने पर ही पुस्तकें भेजें। दो रुपये पेशगी भेजिए। तभी पुस्तकें भेजी जावेंगी। 0.06, 20.2.1966 को कार्यकारिणी उ.प्र. में कार्यवश न आ सकूँगा। पत्र नं 294, 295, 296/22.10.66 का खुलासा। 0.06, आज्ञा 31(137)/66-सी.ओ./7.11.66 के अनुसार फार्म नं. 4, 'शोषितों पर धार्मिक डकैती', 3 फार्म 31(137)/66-सी.ओ. आज्ञा 31 (137)/66-सी.ओ./7.11.66 के अनुसार फार्म नं. 4, 'शोषितों पर राजनैतिक डकैती', 3 फार्म 31 (137)/66-सी.ओ. आज्ञा 31(137)/66-सी.ओ./7.11.66 के अनुसार फार्म नं. 4, 'अंगुलिमाल' नाटक 3 फार्म 31(137)/66-सी.ओ., 161121 'खून के छीटें इतिहास के पन्नों पर'

ले.—भगवत शरण आजाद, कीमत 2.50 भेजें। रजि. उत्तर प्रदेश, 1. मैं अस्वस्थ हूँ 10.12.68 को नहीं आ सकता हूँ, 2. आपकी इच्छानुसार श्री छेदीलाल साथी जी को पत्र लिख दिया है। 3. उनसे पुनः मीटिंग की। दिनांक : 30.11.68 के अनुसार मुसलमान भाइयों के जलाए जाने की घटना अखबार में छपवावें, 3. श्री दीपनारायण सिंह के इलाके में अल्पसंख्यक मीटिंग रखें। वहाँ एक-एक व्यक्ति को सचेत और प्रबोधित करना होगा। 4. दाये/ 'नाग यज्ञ' 2, 'अंगुलिमाल' 5, 50 'बगावत का राही' सफई रजि, उत्तर प्रदेश जावक नं. 68/6.12.68

**31.12.68 : श्री बाबू तिलक चन्द कुरील, कारपोरेटर, मुहल्ला-परमट, कानपुर**

सिटी, कानपुर, उ.प्र. दो प्रतियाँ 'एकलव्य' नाटक मद जी.ए. नोज-455/9.11 दिनांक : 17.4.11/जचसबर रजिस्ट्री झींझक/31.12.68 1. पेरियार ललई सिंह साहब आपने अलीगढ़ में 15.12. 68 को किताबें बचने के लिए जाने की इजाजत नहीं दी। 2. 'भारत-पाकिस्तान विभाजन' किताब भेजें। 3. 500 + 650 जुमल पोस्ट—सिटी, 1150, पालियामेंट्री बोर्ड से दिलावे। पालियामेंट्री बोर्ड से 500 + 650 = 1150 दिलावें।

**31.12.68 : श्री बी.के. गायकवाड, एम.पी.,** 15 जनपथ, नई दिल्ली सन् 1962 वाले 500 हाथी सिम्बल वाले पैम्फलेट पार्लियामेंट्र बोर्ड से दिलावें। 66—20 जो कि 23.05.68 को आपने दिए थे, घटा कर 46 रुपये 14.04.69 को मनी आर्डर द्वारा भेजें। 'मौत के पंजे में' लेखक-आचार्य चतुरसेन शास्त्री वाली भी भेजें।

**31.12.68 : श्री बाबू मलखान सिंह 'कल्याणी',** 102, तोपखाना, जालौन, 'वीर सन्त माया बलिदान', 155/15.5.67 'शोषितों पर धार्मिक डकैती', 47/1.9.68 'शम्बूक वध', 65/1.10.68 'सच्ची रामायण', 66/5.10.68 'आदि निवासियों की पहचान'—67/8/10/1568, 'नाग यज्ञ' की रसीदें श्री कलेक्टर साहब, कानपुर से भिजवावें। प्रोग्राम 11.1.69 से 4. 2.69 तक का भेजें।

**31.12.68 : श्री ठाकुर लल्ला बाबू, वीपीओ**—झींझक, कानपुर, उत्तर प्रदेश, मैं चुनाव प्रचार में जा रहा हूँ। जो किताबें चाहिए हों—शीघ्रातिशीघ्र एक्सप्रेस सूचना दें। यदि 18-19 जनवरी, 1969 को न आ सका तो मनी आर्डर 10 रुपये भेजूँगा। 'सरिता' पत्रिका के रीप्रिंट लेख वापस कर दीजिए। दूसरे साथियों को भी पढ़ने के लिए देना है। 0.10 शंकर गंगा राम, मिस्साल नेवल डोकयार्ड मिल राइट शॉप, सेंटर नं. 245.13 टिकट नं. 2025, बम्बई नं. 1 पोरबन्दर, बोरीवली से सिद्धार्थ

कॉलेज (बुद्ध भवन) आउटर रोड, बम्बई नं. 1, डी.ए. इन्दौरा, दमयन्ती बाइ डोंगेरे, सेवन्ता बाई, सर्वोदय बाई पाँच पावली बनारस, 14.9.71 = बहेड़ा कांड = दो दलितों को जान से मारे + नीन हिया + लड़की + 14 पुरुष सख्त घायल हुए। 150 लट्ठ बन्द ठाकुरों ने 4 बजे से 5 बजे शाम के भीतर दलितों के घरों में आग लगा दी।

### श्री हुब्बालाल आजाद साहब से श्री ललई सिंह लेंगे :

40/- पिछले हिसाब के श्री आजाद साहब के नाम

75/- रोलर श्री आजाद साहब के नाम सन् 1966 ई.

.....

115/- के साथ-साथ 34 किलो टाइप भी श्री आजाद साहब के यहाँ रखी अमानत लेना है।

-65/-

.........

50/-

.........

हस्ताक्षर

**—पेरियार ललई सिंह**

दिनांक : 18 मार्च, 1967

8 तेल मिट्टी 28 दिसम्बर, 1968 ई. से आज तक

9 श्री आजाद साहब ने जिस 2.25/- श्री ललई सिंह के जिम्मे

11 89 कुल एक टीन तेल मिट्टी आया।

4 मोबिल आयल + गोंद + सोडा तारीक 7 जनवरी, 1968 से

4 श्री आजाद साह के नाम

21 श्री ललई सिंह के नाम

21 कुल

40 पिछले हिसाब के श्री आजाद साहब के नाम

5 रोलर श्री आजाद साहब के नाम के साथ—साथ 34 किलो टाइप भी श्री आजाद साहब के यहाँ रखी अमानत लेना है।

हस्ताक्षर

**—पेरियार ललई सिंह**

## श्री हुब्बालाल आजाद साहब को श्री ललई सिंह देंगे :

दिनांक : 14 मार्च, 1968, श्री आजाद साहब को श्री ललई सिंह देंगे।

78/- प्रति रिम 3/- के हिसाब से 26 रिम की कम्पोजिंग व छपाई केवल मशीनरी चार्ज। मिस्त्री हमारा था।

1/2 रिम = 'शम्बूक वध' = 1 से 8 =1/2 रिम = 8 पेज

6-3/4 रिम = 'आर्यों का नैतिक पोल प्रकाश' = 1 से 8 = 1/2 रिम, पेज

6-3/4 रिम = 'आर्यों का नैतिक पोल प्रकाश' = 41 से 144 = 100 पेज = 6-1/4 रिम

4 रिम = 'आदिनिवासियों की पहचान' 1 से 14

6 रिम = 'सच्ची रामायण' 1 से 68 पेज

5 रिम = 'राजनीतिक डकैती' 1 से 40

5-1/4 रिम = 'एकलव्य' = 1 से 92

1/4 रिम = सूचीपत्र 100 कॉलम + 'मूल रामायण'

1-1/4 रिम = पुनः अन्त में सूची-बद्ध, लेटर पैड, अर्थ आदि।

1/2 रिम = 'धार्मिक, राजनीतिक डकैती'।

---

36 रिम

---

**नोट**—यह 3/- प्रति रिम हमने अपनी ओर से जोड़ा है। इसे आजाद साहब से लेना है। क्योंकि श्री आजाद साहब, लखनऊ, उ.प्र. से लौटने पर आपने यह नहीं कहा, कि हम टाइप और मशीन का किराया थोड़ा लेंगे और न यह कहा कि इतने रुपया प्रति रिम लेंगे। इस ग्यामिन बात के आप जिम्मेदार हैं। मैं हरगिज अधिक दाम नहीं दूँगा।

हस्ताक्षर

**—पेरियार ललई सिंह**

तारीख : 19 मार्च, 1969 ई.

### श्री हुब्बालाल आजाद साहब से लेना है :

9/- तेल मिट्टी 28 दिसम्बर, 1968 ई. से आज तक

9/- श्री आजाद साहब के जिम्मे

3/- 85/-... श्री ललई सिंह के जिम्मे

---

21/- रुपये योग

---

दिनांक-18 सितम्बर, 17, 9:40

85/- कुल एक टीन तेल मिट्टी आया।

4/- मोबिल ऑयल + गोंद + सोडा तारीक 7 जनवरी, 1969 तक

4/- श्री आजाद साहब के नाम
21/- श्री पेरियार ललई सिंह के नाम

114/- कुल

| दिनांक | राशि | नाम |
|---|---|---|
| 10 मार्च, 1968 | 1 | श्री लाला राम जी 1 जनवरी, 1969 |
| 6 दिसम्बर, 1968 | 2 | श्री नरेन्द्र सिंह गौर |
| 17 जनवरी, 1969 | 2 | श्री बालक राम जी |
| 24 अप्रैल, 1969 | 7 | श्री रामकिशन आत्मज श्री फागुन लाल |
| 15 फरवरी, 1969 | 2 | श्री राम लाल हस्ते श्री रामकिशन |
| 2 मार्च, 1969 | 1 | श्री दुर्जन लाल जी |
| 15 दिसम्बर, 1969 | 2 | श्री दुलारे जी, 1 फरवरी, 1969 |
| 12 दिसम्बर, 1968 | 6 | श्री मोती लाल जी |
| 6 फरवरी, 1969 | 4 | श्री पाल हस्ते श्री देवराज सिंह पाल एम.ए. |
| 10 अक्टूबर, 1968 | 2 | श्री कृष्ण कुमार यादव पता नहीं श्री रघुराज सिंह यादव से मिले या नहीं। |
| 2 दिसम्बर, 1968 | 2 | श्री सोनेलाल संखवार हस्ते श्री कृष्ण कुमार यादव |
| 9 जून, 1969 | 2 | श्री गंगाराम लोधी, पूर्णिमा (9 जमा, 1 जनवरी, 1969) व (9 जमा, 9 अप्रैल, 1969) |
| पेज नं.-203 | 2 | श्री मदन लाल दोहरे (1 फरवरी, 1969) (तनख्वाह मिलने पर) |
| | 2 | श्री सरण मनफूल लाल सिंह (वैसाख पूर्णिमा) |
| | 4 | श्री गोविन्द प्रसाद कुरील |
| 15 फरवरी, 1969 | 6,5 | श्री गया प्रसाद पाल, 4 बौद्धिक और सामाजिक लेख + 2 'सच्ची रामायण' |
| 15 जुलाई, 1969 | 2,1 | श्री गया प्रसाद, गड़रियन पुर्वा, यू-भैसांया, आर-रसूलाबाद |
| 1 अप्रैल, 1969 | 4 | पुनः श्री दुलारे लाल संखवार ('सरिता' के लेख पढ़ लिए हों तो वापस कर दें।) (1 फरवरी, 1968) (1 अप्रैल, 1969) |
| 15 फ़रवरी, 1969 | 4 | पुनः श्री गोविन्द प्रसाद कुरील (यह रुपये श्री हीरालाल कुरील ने दिए मुझे) |

| | | |
|---|---|---|
| 1 मार्च, 1969 | 4 | श्री अशर्फी लाल जी, 1 मार्च, 1969 वायदा एक माह बाद (1 अप्रैल, 1969, 'सरिता' के पढ़ लिए हों तो वापस करें।) |
| 13 मार्च, 1969 | 2 | श्री रामेश्वर दयाल, अन्तः गुदैला (2 मार्च, 1969) (एक माह बाद आपसे मिलेंगे और 'सरिता' के लेख दें। दूसरों को भी पढ़ने के लिए देना है।) |
| 14 जुलाई, 1969 | 2 | श्री रघुनाथ प्रसाद, मनकी (2 मार्च, 1969) (15 दिन के भीतर) |
| | 2 | श्री श्याम लाल उड़नवापुर (13 मार्च, 1969) (वैसाख पूर्णिमा) |
| 4 जून, 1969 | 2 | श्री पुरुषोत्तम दास जी (होली के पहले 'सरिता' के लेख और रुपये अतिशीघ्र वापस कर दें।) |
| 20 अप्रैल, 1969 | 5 | श्री भजन लाल जी (किशुपुर) (15 मार्च, 1969) (अगले कुछ दिन में वे 'आदिनिवासियों की पहचान', 'आर्यों का नैतिक पोल प्रकाश', 'सच्ची रामायण' पढ़कर देंगे।) |
| 23 अप्रैल, 1969 | 2 | श्री टेलर मास्टर जी (कुछ किताबें—आदि-निवासियों की पहचान, आर्यों का नैतिक पोल प्रकाश पढ़कर देंगे। वे होली के बाद के बाजार को ले गए।) (8 दिन बाद) |
| 24 अप्रैल, 1969 | 2 | श्री स्नेही राठौर (16 मार्च, 1969) (शीघ्र) |
| | | 5 श्री साह सिंह कटियाझाला (4 + 1) हस्ते श्री दुलारे लाल जी। |
| 26 अक्टूबर, 1969 | 5 | श्री राम किशन साठेरिया (व्हाइट कांग्रेसी...) 26 जून, 1969 |
| | 3 | श्री भजन लाल जी किशुनपुर (20 अप्रैल, 1969) (एम माह बाद देंगे) |
| 31 जनवरी, 1970, | 45 | श्री मुंशी लाल मोलर एडवोकेट (40 + 5) |

**कुल खर्चा** 243.20 रुपये

सालाना रजिस्टर बन्द किया जाता है।

31 दिसम्बर, 1970 ई.,
पेरियार ललई सिंह
अध्यक्ष—अशोक पुस्तकालय (रजिस्ट्रर्ड)
झींझक, जिला—कानपुर (उत्तर प्रदेश)

**खर्चा राजनैतिक डकैती और किताबें—**

233 'राजनैतिक डकैती' का टाइटिल पीला रहेगा
2 कटिंग उपरोक्त रहेगी
211 उपरोक्त 1 से 8 हेतु
2 'आदिनिवासियों की पहचान'
5 आर्यों का नैतिक पोल प्रकाश

453 प्रतियाँ

**खर्चा एकलव्य नाटक**

198 टाइटिल मेवलेयो 11
160 कागज, स्याही आदि

358 प्रतियाँ

**श्रद्धेय प्यारे लाल गौतम सुपुत्र श्रद्धेय मोहन लाल, गाँव—वीरपुर, पोस्ट—अमोई, पोस्ट—मिर्जापुर, उ.प्र.**

20 'शास्त्रार्थ'
16 'आर्यों का नैतिक पोल प्रकाश'
4 'राजनैतिक डकैती'
10 'जाति भेद का उच्छेद'
30 'आदिनिवासियों की पहचान'
10 'सच्ची रामायण'

90 प्रतियाँ

**25/- आय खुद**

**नोट—**

25/- श्री निर्भयानन्द
25/- श्री सेठ विश्वनाथ
25/- डॉ. गौरी शंकर सपल
25/- श्री मुन्नीलाल सचान

25/- श्री त्यागी जी

25/- श्री प्यारे लाल कटियार

25/- श्री अनोखे लाल यादव द्वारा श्री प्यारे लाल कटियार

---

175/- योग

---

**लेना है श्री आजाद साहब से**

9/- तेल मिट्टी 20.12.68

11.85-2.8 ललई सिंह

बाकी आजाद

4/-सोड़ा, गोंद, मोबिल

आजाद 51/- —11/-

पेरियार ललई सिंह

40/- पिछले (पता देखें-272)

75/- रोलर

---

कुल 128/- लेना है आजाद साहब से।

---

**खाता श्री चन्द्रिका प्रसाद 'जिज्ञासु'**

360/193, मातादीन रोड, सआदतगंज, लखनऊ-3 (उत्तर प्रदेश)

25/- 'आर्यों का नैतिक-पोल प्रकाश' 10 प्रतियाँ डाक द्वारा

27/- 'आदिनिवासियों की पहचान', 10 प्रति डाक द्वारा

37.50/- 'शोषितों पर राजनैतिक डकैती' 50 प्रतियाँ दस्ती श्री हरि प्रसाद

75/- 'एकलव्य' 50 प्रतियाँ

75/- 'सच्ची रामायण' 30 प्रतियाँ डाक द्वारा

25/- 'अंगुलिमाल' 50 प्रतियाँ डाक द्वारा

ऑर्डर दिनांक : 14.03.69 ई.

---

264.50

---

| **हिसाब पुस्तकें** | | **प्रतियाँ** |
|---|---|---|
| 25/- | 'नाग यज्ञ' | 20 |
| 30/- | 'एकलव्य' | 20 |
| 25/- | 'शम्बूक वध' | 20 |
| 45/- | 'शोषितों पर राजनैतिक डकैती' | 60 |
| 15/- | 'अंगुलिमाल' | 30 |
| 37.50/- | 'पिछला हिसाब' | |

---

177.50 का अन्तर 189.50/-

---

**परिवादी—कन्हैयालाल पुत्र श्री जगन्नाथ खादीवाला, इन्दौर, सी.टी., एम.बी.एच-3**

| प्रति | पुस्तकें | मूल्य |
|---|---|---|
| 1 | 'शोषितों पर धार्मिक डकैती' | 0.50/- |
| 1 | 'शोषितों पर राजनैतिक डकैती' | 0.75/- |
| 1 | 'अंगुलिमाल' | 0.50/- |
| 1 | 'वीर सन्त माया बलिदान' | 1.00/- |
| 1 | 'शम्बूक वध, | 1.00/- |
| 1 | 'एकलव्य' | 1.50/- |
| 1 | 'नाग-यज्ञ' | 2.00/- |
| 1 | 'आर्यों का नैतिक पोल प्रकाश' | 2.50/- |
| 1 | 'आदिनिवासियों की पहचान' | 2.50/- |
| 1 | 'बुद्धिस्ट लेख' | 0.25/- |
| 1 | 'रामायण' | 2.00/- |
| 1 | 'तुलसी के तीन पात' | 1.00/- |
| 1 | 'अम्बेडकर का लाहौर का भाषण' | 0.50/- |
| 1 | 'अम्बेडकर का दीक्षाभूमि का भाषण' | 0.25/- |
| 1 | 'पेरियार ई.वी. रामास्वामी का भाषण' | 0.25/- |
| 1 | 'भविष्य कहा' | 0.50/ |
| **योग 16** | | **मूल्य 14.00** |

## फुटकर खर्च

दिनांक : 11.12.64 ई. से 1.3.61 स्याही 12.80/- + मजदूरी 0.81/- 1 से 88 एकलव्य की सूची 16 पेज + 1 से 8 + 137 = 144 ('आर्यों का नैतिक पोल प्रकाश') 16 पेज + 4 पेज और 16 पेज 'एकलव्य' की सूची = 36 पेज योग।

| प्रति | पुस्तकें | मूल्य |
|---|---|---|
| 1 | डॉ. अम्बेडकर के पन्द्रह भाषण (धर्म परिवर्तन) | 2.50/- |
| 1 | डॉ. अम्बेडकर का जीवन संघर्ष | 2.50/- |
| 1 | अछूत कौन-कैसे? | 4.00/- |
| 1 | गांधी, रानाडे, जिन्ना | 1.50/- |
| 1 | गांधी-अम्बेडकर विवाद | 0.75/- |
| 1 | विनय पिटक संक्षिप्त | 1.50/- |
| 1 | गांधी ने अछूतों के लिए क्या किया? | 5.00/- |

| | | |
|---|---|---|
| 1 | अछूतों की मुक्ति और गांधी | 3.00/- |
| 1 | कर्नल बरबरा | 5.00/- |
| 1 | आदिनिवासियों की पहचान | 1.00/- |
| 1 | पिछड़ा वर्गों के अधिकारों का संहार | 1.50/- |
| 1 | शिवतत्त्व प्रकाश | 1.00/- |
| 1 | गाने | 1.00/- |
| **योग 13** | | **योग मूल्य 30.25/-** |

'रावण और उसकी लंका' 1.00/-, 'लोकशाही' 1.00/-, 'अछूतानन्द' 2.00/-, 'रविदास' 4.00/-, 'बुद्ध' 2.00/-, 'कमपद' 2.00/-, 'अर्यावध' 1.00/-, 'आगे बढ़ो' 0.50/-, 'विशाल' 0.50/- योग = 24.00

सूतली 5 किलो 25.11.68 ई.

10 'चालीसा' 2.50/-, 10 'लंका' 2.50/-, 10 'धुरी की धीगन मुजरा' 2.50/-, 10 'पंचशील' 2.50/-, 10 'चरबरा' 2.50/-, 10 'तांडव' 2.50/-, 10 'अछूत कौन?' 2.50/-, 10 'बौद्ध संकीर्तन' 2.50/-, 10 'चेतावनी' 2.50/-, 10 'गीतावली' 2.50/-, 10 'हुंकार' 2.50/-, 10 'जाटव वीर' 1.25/-, 4 'सत्यधर्म' 1.00/-, 4 'पुण्य' 1.00/-

कुल—118, योग 30.75/-

## खाता किराया श्री पंचम लाल जी के नाम

11/- श्री मदन लाल के नाम किराया मकान 18.3.69 शाम व रूबरू लालाराम स्टूडेंट 'माह मार्च का'

11/- श्री पंचमलाल के नाम किराया मकान 6.4.69 की शाम को व रूबरू श्री राकेश कुमार व श्री लाला राम स्टूडेंट 'माह अप्रैल का'

10/- श्री पंचम लाल जी दिनांक : 04.05.69 किराया माह मई, 1969 ई. का
10/- श्री पंचम लाल जी दिनांक : 03.06.69 किराया माह जून, 1969 ई. का
10/- श्री पंचम लाल जी दिनांक : 05.07.69 किराया जुलाई, 1969 ई. का
10/- श्री पंचम लाल जी दिनांक : 29.07.69 किराया अगस्त, 1969 ई. का
10/- श्री पंचम लाल जी दिनांक : 04.09.69 किराया सितम्बर, 1969 ई. का
10/- श्री पंचम लाल जी दिनांक : 30.10.69 किराया अक्टूबर, 1969 ई. का
10/- श्री पंचम लाल जी दिनांक : 30.11.69 किराया नवम्बर, 1969 ई. का
10/- श्री पंचम लाल जी दिनांक : 10.12.69 किराया दिसम्बर, 1970 ई. का
10/- श्री पंचम लाल जी दिनांक : 04.01.70 किराया जनवरी, 1970 ई. का

10/- श्री पंचम लाल जी दिनांक : 01.02.70 किराया फरवरी, 1970 ई. का
10/- श्री पंचम लाल जी दिनांक : 01.03.70 किराया मार्च, 1970 ई. का
10/- श्री पंचम लाल जी दिनांक : 01.04.70 किराया मार्च, 1970 ई. का

**खाता किराया श्री पंचम लाल जी के नाम व जमा**

1/- माह मई 1969 ई.
1/- माह जून 1969 ई.
} (एक सच्ची रामायण पेज वंशरश (133, दिनांक : 01.02.69 वाली 2/- दें)

1/- जुलाई, 1969
1/- अगस्त, 1969
1/- सितम्बर, 1969
1/- अक्टूबर, 1969
1/- नवम्बर, 1969
} कांग्रेस व गांधी ने अछूतों के लिए क्या किया? 5/-मुजरा हुए।

1/-
1/-
} 'एकलव्य नाटक' 1.50/- + 'अंगुलिमाल' नाटक .50/-

1/-
1/-
} 'नागयज्ञ' नाटक 2.50/- 'बलिदान' नाटक 0.70/-

1/- श्री पन्ना लाल-—भीम अभिनन्दन, 'शोषित पुकार?' 'तांडव', 'हरिजन हुंकार'
....................

| | |
|---|---|
| 43 'अंगुलिमाल' नाटक | 21.50/- |
| 30 'आर्यों का नैतिक पोल प्रकाश' | 75.00/- |
| 56 'शोषितों पर धार्मिक डकैती' | 28.00/- |
| 60 'एकलव्य नाटक' | 75.00/- |
| .............. | .................. |
| 189 पुस्तकें | मूल्य 199.50 |
| ======== | ========== |

**15 री-प्रिंट लेख 18.10.69**

1 श्री रघुराज सिंह 18.8.68 ई.
1 श्री चन्द्रभान सिंह जी दिनांक : 24.10.68 ई., दिन गुरुवार
1 श्री पोस्ट मास्टर साहब दिनांक : 26.10.68 ई.

**दिनांक : 7 जनवरी, 1969 ई.**

| | |
|---|---|
| 28 'पिछड़े वर्गों के अधिकारों का संहार' | 42.00/- |
| 35 'ईश्वर और उसके गुड्डे' | 35.00/- |
| 25 'रावण और उसकी लंका' | 25.00/- |

| | |
|---|---|
| 10 'कांग्रेस व गांधी ने अछूतों के लिए क्या किया?' | 50.00/- |
| 10 'रानाडे', 'गांधी', 'जिन्ना' | 15.00/- |
| 15 'अछूतों की विमुक्ति' | 22.50/- |
| 10 'लोक शाही' | 10.40/- |
| ..................... | ..................... |
| 133 किताबें | मूल्य : 199.50 |
| ============ | =========== |

| जमा | नामे |
|---|---|
| 130/- श्री रोकड़ बाकी 8.4.69 | 10.20/- श्री मुंशी लाल के नाम |
| 2.95 श्री घासीराम पुस्तकालय | 10.20/- श्री मोती लाल आजाद |
| | 8.4.69 गोरपी |
| | डिस्पेच नं. 11.00/- |
| | पोस्ट कार्ड, 10/- फार्म |
| | मनी आर्डर |
| | 20.00/- टिकट |
| | 01.00/- नोट बुक |
| | ब्लिट्स 0.20/- लकड़ी 2.50/- |

**श्री आजाद साहब को श्री ललई सिंह देंगे**

दिनांक-14 अप्रैल, 1970 ई.

78/-प्रतिरिम 3/- के हिसाब से 26 रिम की कम्पोजिंग व छपाई का केवल मशीनरी चार्ज, मिस्त्री हमारा रहेगा।

1/2 रिम = 'शम्बूक वध' = 1 से 8 = 1/2 रिम = 8 पेज

8 सही 3/4 रिम = 'आर्यों का नैतिक पोल प्रकाश' = 1/2 रिम

12/1/4 रिम = 'आर्यों का नैतिक पोल प्रकाश' 81 से 144 = 100 पेज=6 सही

8 रिम = 'सच्ची रामायण' 1 से 96 = 6 रिम

5 रिम = 'राजनैतिक डकैती' 1 से 40 (दो हजार) = 5 रिम

6 सही 3/4 रिम = 'एकलव्य' = 1 से 92 = 5 सही 3/4

1/4 रिम = सूची पत्र 100 काम + 'मूल रामायण' 25

1 सही 1/4 रिम = पुन: अन्त में सूची पत्र, लेटर पैड, अर्थ आदि

1/2 रिम = टाइटिल 'राजनैतिक डकैती'

...........

**40 रिम**

...........

**नोट**—यह 3/- प्रति रिम हमने अपनी ओर से जोड़ा है क्योंकि श्री रघुराज सिंह यादव के लखनऊ से लौटने पर आपने पढ़ा नहीं कहा कि हम टाइप और मशीन का किराया थोड़ा लेंगे और न यह कहा कि इतने रुपया प्रति रिम लेंगे। इस ग्यामिन बात के आप जिम्मेदार हैं। मैं हरगिज अधिक दाम नहीं दूँगा।

हस्ताक्षर

**—पेरियार ललई सिंह**

दिनांक : 18 मार्च, 1969 ई.

## आवश्यक सूचना

| **घर के सामने बोर्ड पर** | **मूल्य** |
|---|---|
| मैं चुनाव प्रचार में जा रहा हूँ। जो किताबें चाहिए हों— शीघ्रातिशीघ्र एक्सप्रेस सूचना दें। | 0.10 |
| यदि 18-19 जनवरी,1968 ई. को न आ सका तो मनी आर्डर भेजूँगा | 0.10 |
| 'सरिता' के रीप्रिंट लेख पढ़कर वापस कर जाइएगा। अन्यों को भी पढ़ने को देना है। | 0.10 |

To

श्रीमान डिस्ट्रिक्ट मजिस्ट्रेट एवं स्पेक्टर
जिला—कानपुर, उत्तर प्रदेश

डिस्पैच न.           दिनांक : 21.09.1971

2591 'अंगुलिमाल'    दो
2592 'धार्मिक डकैती'    ,,
2593 'सच्ची रामायण'    ,,

......................

वजन .35 Kg.
.10 Kg.
1.50 Kg.

......................

1.50 Kg.

......................

रजिस्टर्ड पोस्ट P.O. झींझक, कानपुर
डिस्पैच न. 389/24/9/1971
**—पेरियार ललई सिंह**

**कैश मेमो संख्या 20978**

दिनांक : 21/4/70-12
लोकभारती प्रकाशन तथा पुस्तक विक्रेता
15 ए, महात्मा गांधी मार्ग, इलाहाबाद

आपकी पुस्तकें लौटीं। दु:ख हुआ। पुनः मँगावें।

हस्ताक्षर—
**—पेरियार ललई सिंह**
अशोक पुस्तकालय (रजिस्टर्ड)
V.P. झींझक, Dist.-कानपुर, उ.प्र. 209302

**खाता श्री पंचम लाल जी किराया मकान**

10/-किराया दिनांक : 5 मई, 1970, श्री पंचम लाल जी...
10/-किराया दिनांक : 1 जुन, 1970
10/-किराया दिनांक : 1 जुलाई,1970
10/-किराया दिनांक : 1 अगस्त, 1970
10/-किराया दिनांक : 1 सितम्बर, 1970
10/-किराया दिनांक : 1 अक्टूबर, 1970
10/-किराया दिनांक : 1 नवम्बर, 1970
10/-किराया दिनांक : 1 दिसम्बर,, 1970
10/-किराया दिनांक : 1 जनवरी, 1971
10/-किराया दिनांक : 1 फरवरी, 1971
10/-किराया दिनांक : 1 मार्च, 1971
10/-किराया दिनांक : 1 अप्रैल, 1971
10/-किराया दिनांक : 1 मई, 1971
10/-किराया दिनांक : 1 जून, 1971

**इन्तखाब खतौनी**

दुखलाल राम प्रसाद,

ग्राम-भौसायाँ, तहसील—डेरापुर,

जिला—कानपुर, उत्तर प्रदेश, भारत, सन् 1972 से

1. 630
2. 7 मि., 169, 194 मि., 207 मि., 207 मि., 492 मि. = 5
3. 2/-, 111/-, 1/-, 1/-, 111/- = 6.2/-
4. 9.60

तक मुताबिक असल है। उजरत गाँव के बाबू लाल श्रीवास्तव लेख पाल मैनुअल मसौदा 7.5.69।

## मशीन के घिसने का चार्ज

**रिम**

½ 'शम्बूक' 1 से 8 (28 पेज = 1/2 रिम)

7 1 से 8 (½ रिम) + 41 से 144 ( 184 पेज = 6½ रिम)

'आर्यों का नैतिक पोल प्रकाश'

6 'सच्ची रामायण' 1 से 96 (96 पेज = 6 रिम)

5¾ 'एकलव्य' नाटक 1 से 92 (92 पेज = 5¾ रिम)

2½ शोषितों पर राजनैतिक डकैती 1 से 40 (40 पेज = 2½ रिम)

¼ सूची-पत्र = 100 कागज (जिसमें 'आर्यों का नैतिक पोल प्रकाश' का मूल्य दो रुपया छपा है) + 25 कागज ('रामायण' के 100 पेज एक से)

151/24.12.73 श्री फूलसिंह टेलर मास्टर, कोषाध्यक्ष डॉ. अम्बेडकर पुस्तकालय, गाँव—हाजीपुर, पोस्ट—सिम्भावली, तहसील—हापुड़, मेरठ, वी.पी. नम्बर 176/24.12.73, प्राप्त 151/14.01.1974

हस्ताक्षर

**—पेरियार ललई सिंह**

**7.1.75**

| | |
|---|---|
| 1. 'आगे बढ़ो' | 3.00 |
| 2. 'आर्य नीति का भंडाफोड़' | 8.00 |
| 3. 'बाबा साहब उपदेश-आदेश'—द्वितीय भाग | 2.50 |
| 4. 'ईश्वर और उसके गुड्डे' | 6.00 |
| 5. 'आदिवासियों की समस्या' | 5.00 |

|  |  |
|---|---|
| 6. ‘आदिनिवासियों की सभ्यता’ | 9.00 |
| 7. ‘आदिनिवासियों की पहचान’ | 8.00 |
| 8. ‘तुलसी के तीन पात’ | 8.00 |
| 9. ‘शोषितों पर राजनैतिक डकैती’ | 4.00 |
|  | ............. |
|  | 50.50 |
|  | ............. |

बिक्री भुगतान 35.00 (पैंतीस रुपये), प्रेम जी बौद्ध

(गाना) बबूसाइन, ‘एकलव्य’, ‘राजा बालि’, ‘राम-श्याम कहने से शक्ति लूट’ महीकारी जी आदि। 25/- रुपये में इनकी 75 प्रतिशत देनी है।

**श्री टी.एम. कुमार से मिलें।** पुनः आर्डर भेजें। 5/- पेशगी भेजिए, 2 ‘सच्ची रामायण’ 5/-, 1 ‘राजनैतिक डकैती’, ‘आर्यों का नैतिक पोल प्रकाश’ 3/-, ‘आदिनिवासियों की पहचान’ 4/-, 1 ‘एक रविदास’ 1/-, 1 ‘नारी उत्थान’ 1/-, ‘सच्ची रामायण की चाभी’ 2.50/-, 5/- पेशगी भेजें।

कुमार जी लिखें 1. क्या पिपराइच नाम का डाकखाना आपके जिल में है?, 2. क्या पिपराइच में ब्लॉक भी हैं?, 3. क्या पिपराइच ब्लॉक में श्री जगन्नाथ बी.डी.ओ. शिड्यूल्ड कास्ट हैं?, बतावें। क्या दिनांक : 12.3.73 को कोई बालिग व्यक्ति न था जो व्यक्ति आपकी अनुपस्थिति में रजिस्ट्री ले गया?, 2. तीन बार पोस्टमैन क्यों नहीं गया?, 3. क्या वास्तव में आप दिनांक : 12.3.73 को दिल्ली गए थे?

150 से अधिक पर 35% कमीशन और पोस्टेज मेरे जिम्मे भेजें। पहले 50/- पेशगी भेजें। (हिसाब- 1 ‘पूना पैक्ट’ 4/- + 1 ‘भविष्य’ 1/- + 1 ‘आर्यों का नैतिक-पोल प्रकाश’ 3/-, ‘आदिनिवासियों की पहचान’ 5/-, 1 ‘सच्ची रामायण’ 2.50/- + 1 ‘सच्ची रामायण की चाभी’ 2.50/- + 1 ‘धर्म परिवर्तन’ 2.50/- + 1 भाग-1 0.25/- + 1 भाग-2 0.50/- + 1 बोधि 1/- + 1 अंगुलिमाल 1/- 1 साभा 0.50/- = योग (11) 18.75/- दिए 4.10 = शेष 14.65/- + पोस्टेज 1.85/- = 16.60/- शीघ्र भेजें। वजन 650 ग्राम। .65/-, 1.15/-, 0.05/- = 3.85/-

कब आवें ‘धर्म परिवर्तन’ की टाइटिल लेने।...ठीक है। मैं श्री चौरसिया जी से नहीं मिलूँगा। कभी मिलें तो आप कह देना।

# भारतीय रिपब्लिकन पार्टी और ललई सिंह

शाखा—टूँडला, एत्मादपुर, आगरा, 1961 ई.

अजेंडा

तारीख 21.12.1961 दिन बृहस्पतिवार को ठीक 12 बजे स्थान नगलर राधे (नगला भर्रा) धर्मशाला सड़क पर रिपब्लिक पार्टी के यूनिट का चुनाव होगा।

निवेदन है कि सभी बाबा साहब के अनुयायी आकर चुनाव कार्यक्रम में हिस्सा लें और भविष्य के कार्यक्रम को सफल बनावें।

**संयोजक : ललई सिंह यादव** **निवेदक : श्यामलाल विपल**

| | |
|---|---|
| 1. गुरदयाल भारती, टूँडला | 2. ह. रामप्रसाद, दिनहली |
| 3. परसराम निमेश भारती, टूँडला | 4. ह. बाबूलाल, बुर्जकृपा |
| 5. रामलाल ठेकेदार, चुंशबली | 6. ह. रामजीलाल, नवलपुर |
| 7. चैतन्य स्वरूप, पुराव टूँडला | 8. बाबूलाल भारती |
| 9. छेदीलाल नगला भर्रा | 10. धनपत राम, भारती |
| 11. छेदीलाल भारती | 12. भवानी सिंह, एत्मादपुर |
| 13. रामजीलाल भारती | 14. रामसिंह, बेनईवाला |
| 15. वासुदेव प्रसाद, निनौली | 16. मंगलसिंह, एत्मादपुर |
| 17. मुंशीलाल, दिनहली | 18. ह. मुन्नीलाल, एत्मादपुर सतौली |
| 19. गोवर्धन, नगला सूरज | 20. ह. बिरजी लाल, एत्मादपुर खतौली |
| 21. हस्ताक्षर छोटेलाल, नगला भर्रा | 22. ह. दौलतराम, नगला राम |
| 23. ह. रामदयाल, नगला भर्रा | 24. ह. देवीराम, भुदशा |
| 25. ह. कालीचरन, सहारनपुर | 26. ह. छेदीलाल, बतोछड़ |
| 27. रामलाल, टूँडला | 28. ह. आनन्द सिंह |
| 29. चरनदास, एत्मादपुर | 30. जौहरी लाल, बतोछड़ |
| 31. ह. गोपीराम, नगला सूरज | 32. रामजी लाल, पुराना टूँडला |
| 33. ह. गोपीराम, नगला | 34. दालचन्द, नगला |
| 35. श्याम प्रसाद, रामकिशन, नगला भर्रा | 36. शिवदास यादव |
| 37. शिवनाथ सिंह नगला, झम्मन टूँडला, आगरा | 38. मोहर मन, नगला, झम्मन |

39. कल्याण, नगला, झम्मन
40. हर प्रसाद, झम्मन, नगला
41. सुखवासी लाल, नगला, सोना
42. ह. दुर्जन लाल, अनवारा
43. ह. सूरजपाल, अनवारा
44. नन्दकिशोर, नगला सोना
45. केदार नाथ निमेश, सोना
46. जौहरी प्रसाद, चुव्हवाली
47. गंगाराम, चावली
48. जगदीश प्रसाद, चावली
49. राजबीर, चावली
50. तिलक सिंह, गढ़ीवच्छी
51. उदय सिंह, गढ़ीवच्छी
52. ह. आदि राम, नगला मनी
53. ह. जगन्नाथ प्रसाद
54. ह. जोतीराम
55. ह. राजाराम
56. ह. नत्थीलाल, 'नगला केसरी'
57. ह. दरिया सिंह
58. ह. दौलत राम
59. ह. मथुरी लाल
60. प्यारे लाल, पिपरिया, नगला
61. धनीराम प्रसाद, टूँडला
62. ह. मुंशीलाल
63. रामचरन, पुराना टूँडला
64. रामचन्द, पुराना टूँडला
65. डोरीलाल, सिकरारी
66. किशनलाल, सिकरारी
67. ह. सुखराम, सिकरारी
68. नत्थीलाल, सिकरारी
69. ह. बंशीलाल सिंह, सिकरारी
70. चतुरी राम, सिकरारी
71. नागपाली सिंह, सिकरारी
72. ह. छेदीराम, सिकरारी
73. पतिराम, सिकरारी
74. ह. शान सिंह, सिकरारी
75. बिहारी राम, सिकरारी
76. भीमसेन, सिकरारी
77. लाला राम, कोटका
78. भगवान सिंह, कोटका
79. भंवर सिंह, कोटकी
80. ह. रामप्रसाद, कोटकी
81. ह. टीकम सिंह, कोटकी
82. आधीराम, गालिम
83. ह. लायक सिंह, गालिम
84. गंगाराम, गालिम
85. एस. प्यारे लाल
86. जगन्नाथ, जोहरीगढ़ा
87. राम प्रसाद, जोहरीगढ़ा
88. पन्नालाल, जोहरीगढ़ा
89. मथुरा प्रसाद, जोहरीगढ़ा
90. प्राण सुख, पिपरिया, नगला
91. रोशनलाल, इमिलिया
92. बेदराम, इमिलिया
93. ह. धनीराम, नगला दल
94. देवकुमार अनिमेश, नगला मुराली
95. अनन्तराम, नगला, सिकादार
96. ह. रामबिलास, नगला, सिकन्दर
97. ह. खूबचन्द, नगला, सिकादार
98. होतीलाल, नगला, सिकंदर
99. नन्दकिशोर, बसई
100. गंगाराम, बसई
101. चोखेलाल, बसई
102. ह. हरिनारायन, मुहम्मदाबाद
103. ह. राम सिंह, मोहम्मदाबाद
104. साधू रामदास, कुटी मोहम्मदाबाद
105. रामदयाल, नगला
106. बाबूलाल, नगला

107. राधेलाल, नगला
108. टेनीराम, टूंडली
109. चन्दाराम, टूंडली
110. हीरालाल, टूंडली
111. रामजीलाल, टूंडली
112. शंकरलाल, टूंडली
113. गुरदयाल

## उपस्थित सदस्यगण

आज की मीटिंग श्री छेदीलाल साथी की अध्यक्षता और ललई सिंह यादव के संयोजन में हुई।

| | नाम | गाँव |
|---|---|---|
| 1. | तेजपाल, हाथराम प्रसाद गुप्ता | टूँडला |
| 2. | छेदीलाल हरित | नगला, रती |
| 3. | श्यामलाल विपल | टूँडला |
| 4. | बद्री नारायन | टूँडला |
| 5. | राज कुमार | नगला, रती |
| 6. | सरदार नत्थू सिंह | डोरी |
| 7. | परसुराम निम | नगला, रती |
| 8. | गुरदयाल | नगला, रती, टूँडला |
| 9. | नन्दकिशोर | नगला सोना |
| 10. | रामचरन | पुराना टूँडला |
| 11. | मथुरा प्रसाद कर्दम | मुहम्मदाबाद |
| 12. | गुलाब सिंह | पुराना टूँडला |
| 13. | लाखन सिंह | कोटकी |
| 14. | चैतन्य स्वरूप | पुराना टूँडला |
| 15. | रणजीत सिंह | नगला राधेलाल |
| 16. | प्यारेलाल | गढ़ी पुरानी |
| 17. | लालाराम | कोटकी |
| 18. | बाबूलाल | नगला राधेलाल |
| 19. | मुरलीधर बौद्ध | सहावर एटा |
| 20. | देव कुमार अनिमेश बघेल | धोलियागढ़, आगरा |
| 21. | हरि मोहन | म. खार |
| 22. | नारायण सिंह ज्योतिषी | नगला राधे |
| 23. | रामचन्द्र | बीजीगढ़ |
| 24. | ह. हरिनारायण | मुहम्मदाबाद |

आज दिनांक : 21.10.1962 दिन गुरुवार तिथि पूर्णिमा नगला राधेलाल स्थान धर्मशाला पर भारतीय रिपब्लिकन पार्टी की स्थापना एत्मादपुर चौराहा-टूँडला में हुई। जिसका चुनाव ललई सिंह यादव की अध्यक्षता और श्री छेदीलाल साथी के संयोजन में निम्नलिखित सदस्यों की सम्मति से पारित हुआ। जो इस प्रकार हैं—

**पदाधिकारियों के पद, नाम, गाँव**

| | |
|---|---|
| प्रधान— | श्री छेदीलाल, नगला रती |
| उप-प्रधान— | श्री यादराम गालिम, श्री श्याम लाल जी टूँडला |
| मंत्री— | श्री तेजपाल, टूँडला |
| उपमंत्री— | श्री लाला राम, कोटकी |
| कोषाध्यक्ष— | श्री रामलाल ठेकेदार, चुनहावली |
| निरीक्षक— | श्री गुरुदयाल सिंह, आर.के. निराला नगला रती |
| प्रचार मंत्री— | श्री मथुरा प्रसाद कर्दम, मोहम्मदाबाद |
| सहायक प्रचार मंत्री— | श्री पारस राम, नगलार ती, सरदार टोक सिंह |

**सदस्यगण**

| | |
|---|---|
| श्री गंगाराम चावली | श्री मंगल सिंह पचोखरा |
| श्री नन्दकिशोर, कृपा का बाँस | श्री सुखराम, सिकरारी |
| श्री महाराज धुन्धीराम, चिरहोली | श्री राम विलास, नगला सिकन्दर |
| श्री नाहर सिंह, मौमदी | श्री तिलक सिंह, नगला सिकन्दर |
| श्री नन्दकिशोर, नगला सोना | श्री रामचरन, टूँडला पुराना |
| श्री परसादी लाल, नंगला राधेलाल | श्री गुलाब सिंह, टूँडला पुराना |
| श्री दयाराम, कोटकी | श्री प्यारेलाल, टूँडला पुराना |
| श्री भगवान सिंह, कोटकी | श्री मथुरा प्रसाद,मोहम्मदाबाद |
| श्री कल्यान सिंह, नगला राधेलाल | श्री सोनी राम, नगला राधे |
| श्री रामस्वरूप, नगला सुजात | श्री मोतीराम, नगला राधे |
| श्री निहाल सिंह, जारिस्वी | श्री डालचन्द, नगला राधे |
| श्री लाखन सिंह, कोटकी | श्री हरसुख ड्राइवर, टूंडली |
| श्री पातीराम, मौसदी | श्री कल्यान सिंह, टूंडली |
| श्री बिहारी लाल, गठीदया | श्री हरचन्द, टूंडली |
| श्री भजन सिंह, पचोखरा | श्री शिवनाथ, मम्मन का नगला |
| श्री रामचन्द रिटायर्ड, झम्मन का नगला | श्री पदम सिंह रिटायर्ड, झम्मन का नगला |

श्री सुखवासी, नगला सोना
श्री दौलतराम, नगला रामकिशन
श्री देवीराम, नगला रामकिशन
श्री मोहन लाल, कारपेंटर, वक्ती की गढ़ी
श्री भुलाईराम, ड्राइवर, लायन

आज दिनांक-2.1.1962 दिन-मंगलवार समय-3.11 बजे दिन भारतीय रिपब्लिकन पार्टी, शाखा एत्मादपुर कार्यालय चौराहा-टूँडला पर मीटिंग होगी। अतः कार्यकर्ताओं से निवेदन है कि समय पर आकर अपने कर्तव्य का पालन करें।

संयोजक—
**ललई सिंह यादव**

निवेदक : कार्यालय सेक्रेटरी
**भीमदेव धैर्य**

1. ललई सिंह यादव
2. छेदी लाल
3. गुरदयाल
4. श्यामलाल विपल
5. पारस राम
6. दौलत राम
7. चैतन्य स्वरूप
8. भगवान सिंह टूँडला पाटेह
9. मुरली राम
10. मथुरा प्रसाद कर्दम
11. केदार नाथ निमेश
12. हरि प्रसाद निमेश
13. जौहरी प्रसाद
14. कमलेश
15. रामचरन पुराना टूँडला
16. एवज सिंह

## उपस्थिति सदस्यगण

1. श्री पारसराम निमेश
2. श्री ललई सिंह यादव
3. श्री तेजपाल
4. श्री दौलत राम
5. श्री केदारनाथ निमेश
6. श्री श्याम लाल
7. श्री छेदी लाल
8. श्री चेतन स्वरूप
9. श्री गुरदयाल सिंह
10. श्री मथुरा प्रसाद कर्दम
11. श्री भगवान सिंह, टूँडला चौराह
12. श्री होतीलाल

आज तारीख 22.01.1962 दिन शुक्रवार को रिपब्लिकन पार्टी कार्यालय चौराहा टूँडला पर जरूरी बैठक हुई जिसमें श्री...

## उपस्थिति सदस्यगण

श्री गुरुदयाल सिंह—हफ्ते में 1 दिन—इलेक्शन तक
कौ. श्री टेनी राम—15 दिन—दिन-रात लगातार
श्री श्यामलाल विपल—7 दिन—रात-दिन लगातार
श्री पारसराम—विचारने व समस्या
श्री मथुरा प्रसाद कर्दम—5 दिन—लगातार रात-दिन

श्री राम चरन—5 दिन—लगातार रात-दिन

श्री मोती लाल—5 दिन—रात-दिन लगातार

श्री भगवान सिंह—एक दिन

ये प्रस्ताव सर्व सम्मत्ति से पास हुआ।

आज दिनांक : 14.01.1962 ई. को रिपब्लिकन पार्टी की मीटिंग हुई दी आगरा फोन नं. 2194, रिपब्लिकन पार्टी, आगरा, उत्तर प्रदेश।

आज दिनांक : 22.01.1962 दिन सोमवार को भारतीय रिपब्लिकन पार्टी, उ.प्र. की आवश्यक बैठक कार्यालय पर होगी, जिसमें एक आवश्यक महत्त्वपूर्ण समस्याओं पर विचार विमर्श होंगे।

अतः सभी कार्यकर्ताओं से सानुरोध निवेदन है कि 4 बजे तक अपने-अपने कार्यों को समाप्त करके कार्यालय पर पधारने की कृपा करें।

संयोजक
**ललई सिंह यादव**

निवेदक
कार्यालय सेक्रेटरी
**भीमदेव धैर्य**

| **नाम** | **गाँव** |
| --- | --- |
| चैतन्य स्वरूप | पुराना टूँडला |

आज दिनांक : 14.01.1962 ई. दिन इतवार को मौजा गढ़ी पुरानी स्थान श्री बाबूराम जी के कमरे पर भारतीय रिपब्लिकन पार्टी का स्थायी मंडल के संयोजक श्री ललई सिंह यादव और श्री कुन्दन लाल जी की अध्यक्षता में सम्पन्न हुआ।

**पदाधिकारी**

अध्यक्ष श्री बाबूराम जी लम्बरदार गढ़ी पुरानी

उपाध्यक्ष श्री जालिम सिंह आतोंपुर

मंत्री श्री सरदार टेक सिंह जी गाँव—डोरी

उप-मंत्री श्री पूरन चन्द जी बछगाँव

कोषाध्यक्ष श्री श्याम लाल जी गढ़ी पुरानी

निरीक्षक श्री रामजीलाल गढ़ी पुरानी

उप-निरीक्षक श्री बाबूलाल जी गढ़ी पुरानी

**सदस्यगण**

श्री चुन्नीलाल, गाँव—गढ़ी पुरानी

श्री रामचन्द, गाँव—गढ़ी पुरानी

श्री हरीराम, गाँव—गढ़ी पुरानी

श्री सुन्दर लाल, गाँव—गढ़ी पुरानी

श्री हरनाम सिंह, गाँव—आतोपुर

श्री लालाराम, गाँव—आतोपुर

श्री डम्वर सिंह, गाँव—गढ़ी पुरानी

श्री मोहन दास, गाँव—बछगाँव

श्री भरत सिंह, गाँव—गढ़ी पुरानी
श्री कुन्दन लाल, गाँव—गढ़ी पुरानी
श्री मानिक चन्द, गाँव—गढ़ी पुरानी
श्री सरवन लाल, गाँव—गढ़ी पुरानी
श्री मान सिंह, गाँव—आलमपुर
श्री सुम्मेर लाल मिस्त्री, गढ़ी वरन
श्री सरवन लाल, बछगाँव
श्री नत्थू सिंह, डोरी
श्री लटूरी राम, गाँव—बछगाँव
श्री टोड़ी राम, गाँव—गढ़ी पुरानी
श्री प्यारे लाल, गाँव—गढ़ी पुरानी
श्री झंडूराम वर्मा, गाँव—बछगाँव
श्री यादराम, गढ़ी वरन
श्री वेदराम, खुशालपुर
श्री बंगाली लाल, डोरी

कार्यालय सेक्रेटरी
**—भीमदेव धैर्य**

## भारतीय रिपब्लिकन पार्टी

कम्युनिस्ट पार्टी का चौक, स्थान—कोटकी

आज दिनांक : 26.01.1962 ई. दिन शुक्रवार को समय दिन के दो बजे स्थान कोटकी की पंचायत घर पर श्री शिवचरन लाल जी की अध्क्षता में हुई। इस कम्युनिस्ट पार्टी की मीटिंग में रिपब्लिकन पार्टी के पदाधिकारी भी सम्मिलित थे, दोनों ने मिलकर 1962 के चुनाव के बारे में विचार-विमर्श किए। मीटिंग में सर्व प्रथम एक शोक प्रस्ताव किया तथा उसके बाद चुनाव के बारे में एवं अन्य विषयों पर प्रकाश डाला गया।

1. श्री गोपी चन्द जी, पचोखरा सेक्रेटरी
2. श्री केशरी लाल, पचोखरा
3. श्री रेवती सहाय, पचोखरा
4. श्री रामचन्द, पचोखरा
5. श्री केवल सिंह, पचोखरा
6. श्री सुकराम सेक्रेटरी, सिकरारी
7. श्री नारायन सिंह, सिकरारी
8. श्री चतुरी राम, सिकरारी
9. श्री पाती राम, सिकरारी
10. श्री बाबूराम, सुजात नगर
11. श्री विश्वेभर सिंह, सुजात नगर
12. श्री फतेह सिंह, सुजात नगर
13. श्री कंवल सिंह, सुजात नगर
14. श्री करन सिंह, सुजात नगर
15. श्री बाबूलाल, सुजात नगर
16. श्री कामराज, सुजात नगर
17. श्री प्रेम सिंह, सुजात नगर
18. श्री मेवाराम, सुजात नगर
19. श्री लक्ष्मण सिंह, सुजात नगर
20. श्री यादराम, प्रधान कार्यालय
21. श्री लाला राम, कोटकी
22. श्री लाखन सिंह, कोटकी
23. श्री राम प्रसाद
24. श्री बेनी राम

आज दिनांक : 20.02.1962 ई. को दिन मंगलवार समय सुबह 8 बजे भारतीय रिपब्लिकन पार्टी के चुनाव कार्यालय में कार्यकर्ताओं की एक आवश्यक मीटिंग होगी जिसमें उन्हें पोलिंग के नियमों का ब्यौरा बताया जाएगा।

निवेदक

**ललई सिंह**

1. श्याम लाल पिपल
2. ओम प्रकाश
3. हरी राम अम्बेश
4. उर्दू में हस्ताक्षर हैं
5. राजेन्द्र राम
6. लाला राम, कोटकी
7. मानिक चन्द्र
8. भगवान सिंह
9. राम प्रकाश
10. बाबूलाल
11. गोपी चन्द
12. चेतन स्वरूप बौद्ध
13. ह. बुद्धराम
14. भरत सिंह, अध्यापक, आगरा
15. आर.एन. रवीन्द्र
16. बंसी लाल विमल, बसई
17. श्रीराम

| नाम | गाँव | पोस्ट | जिला |
|---|---|---|---|
| 1. श्री राम | गढ़ी हर्रा | - | - |
| 2. श्री मानिक चन्द | सलेमपुर | बरहन | - |
| 3. श्री रामचरन | सलेमपुर | बरहन | - |
| 4. श्री ज्वाला शंकर | सलेमपुर | बरहन | - |
| 5. श्री बदन सिंह | बुर्ज नत्थू | देवखेड़ा | - |
| 6. श्री मोतीराम | देवखेड़ा | देवखेड़ा | - |
| 7. श्री भूप सिंह | बुर्ज नत्थू | देवखेड़ा | - |
| 8. श्री लाला छुड़ी लाल | गढ़ी सुम्मेर | अहारन | - |
| 9. श्री डोरी लाल | गढ़ी महजाई | अहारन | - |
| 10. श्री होती लाल | चिरहौली | अहारन | - |
| 11. श्री राजन सिंह ठाकुर | भरसेना | अहारन | - |
| 12. श्री तिलक सिंह ठाकुर | भरसेना | अहारन | - |
| 13. श्री टीकम सिंह | भरसेना | अहारन | - |
| 14. श्री राम खिलाड़ी | महासिंह का नगला | अहारन | - |
| 15. श्री नत्थी लाल | अहारन | अहारन | - |
| 16. श्री नन्दराम | इमलिया | बरहन | - |
| 17. श्री दिगपाल | इमलिया | बरहन | - |
| 18. श्री धर्मजीत | सब्ल गढ़ी | टेहू | - |
| 19. श्री राम खिलाड़ी | नगला छवीली | बरहन | - |
| 20. श्री हरी शंकर | नगला राम | बरहन | - |
| 21. श्री मिट्टी लाल | नगला राम | बरहन | - |
| 22. श्री पीतम सिंह | मडूकी | मुखवार | - |

| | | | |
|---|---|---|---|
| 23. श्री देवी राम | मुखवार | मुखवार | - |
| 24. श्री ज्योती प्रसाद | धोल का बास | चावली | - |
| 25. श्री राम सिंह | अधबुल का बास | चावली | - |
| 26. श्री राम खिलाड़ी | बड़ीगढ़ी | एत्मादपुर | - |
| 27. श्री तिलक सिंह | बड़ीगढ़ी | एत्मादपुर | - |
| 28. श्री तुकाराम | खुशालपुर | बछगाँव | - |
| 29. श्री हुड्डी लाल | सिकन्दरपुर | सिकन्दरपुर | - |
| 30. श्री सीया राम | नगला सेमरिया | कोटिला | - |
| 31. श्री प्यारे लाल | गोवल | वहरन | - |
| 32. श्री नेकी राम | सराय गेटाय | वहरन | - |
| 33. श्री मुंशीलाल | नगला गुमा सिंह | नगला बेल | - |
| 34. श्री रतन सिंह लाल | नगला बेल | नगला बेल | - |
| 35. श्री शंकर लाल | नया बांस | आमलखेड़ा | - |
| 36. श्री रामसिंह | सेमरा | सेमरा | - |
| 37. श्री गोविन्द सिंह | सेमरा | सेमरा | - |
| 38. श्री भोलाराम | सेमरा | सेमरा | - |
| 39. श्री मुकुन्दी लाल | सेमरा | सेमरा | - |
| 40 श्री मती राम | सेमरा | सेमरा | - |
| 41. श्री मनी राम | गढ़ी राठौर | सेमरा | - |
| 42. श्री वीरेंद्र सिंह | गढ़ी राठौर | सेमरा | - |
| 43. श्री राम हंस | मितावली | मितावली | - |
| 44. श्री भगवान सिंह | गढ़ी टीकेत | सुखवार | - |
| 45. श्री प्रभुदयाल | बुर्जकृपा | चावली | - |
| 46. श्री राम प्रकाश | बुर्जकृपा | चावली | - |
| 47. श्री विजय सिंह चौधरी | नंगला वैन | चावली | - |
| 48. श्री मुहर सिंह | मुड़ी जहाँगीरपुर | हसनपुर | - |
| 49. श्री पूरन चन्द | मुड़ी जहाँगीरपुर | हसनपुर | - |
| 50. श्री बाबू लाल | मुड़ी जहाँगीरपुर | हसनपुर | - |
| 51. श्री भोवद सिंह | मुड़ी जहाँगीरपुर | हसनपुर | - |
| 52. श्री रामबाबू | चोकड़ा | आमलखेड़ा | - |
| 53. श्री अतर सिंह | चोकड़ा | आमलखेड़ा | - |
| 54. श्री भगवती प्रसाद | राम नगर | खदौली | - |
| 55. श्री गोपी चन्द | पेतखेड़ा | पेतखेड़ा | - |
| 56. श्री किशन लाल | पेतखेड़ा | पेतखेड़ा | - |

| | | | |
|---|---|---|---|
| 57. श्री नरायन सिंह | पेतखेड़ा | पेतखेड़ा | - |
| 58. श्री डॉक्टर जी | पेतखेड़ा | पेतखेड़ा | - |
| 59. श्री रामप्रसाद | मलुपूर | खदौली | - |
| 60. श्री पाती राम | मलुपूर | खदौली | - |
| 61. श्री किशन लाल | सौर्र | खदौली | - |
| 62. श्री कन्हैया लाल | घिगरावली | खदौली | - |
| 63. श्री रघुनाथ सिंह | गिजौली | खदौली | - |
| 64. श्री करन सिंह | गिजौली | खदौली | - |
| 65. श्री राम प्रकाश | गिगौली | खदौली | - |
| 66. श्री सलीम अहमद | पमारी | एत्मादपुर | - |
| 67. श्री नेमीचन्द जैन | पमारी | एत्मादपुर | - |
| 68. श्री सूरजपाल सिंह | पमारी | एत्मादपुर | - |
| 69. श्री कल्लन सिंह | नगला वीरी | बरहन | - |
| 70. श्री रामखिलाड़ी | रमलिया | बरहन | - |
| 71. श्री सुखराम | अमोराबाद | चमरौली | - |
| 72. श्री ज्वाला प्रसाद | टेहू | टेहू | - |
| 73. श्री हुब्बलाल | वैनई | वैनई | - |
| 74. श्री बेनी राम | वैनई | वैनई | - |
| 75. श्री वंशीधर | वसई | टूँडला | - |
| 76. श्री ओम प्रकाश | पचोखरा | पचोखरा | - |
| 77. श्री करन सिंह | चतुरपुर | पचोखरा | - |
| 78. श्री नत्थी लाल | सराय नूर महल | जारखी | - |
| 79 श्री तुरसन पाल सिंह | सखावतपुर | जोधरी | - |
| 80. श्री खेतपाल सिंह | जोधरी | जोधरी | - |
| 81. श्री सियाराम | नगला मवासी | मोहम्मदी | - |
| 82. श्री मुंशीलाल | नगला मवासी | मोहम्मदी | - |
| 83. श्री बाबूराम | मोहम्मदी | मोहम्मदी | - |
| 84. श्री वजीर खाँ | तारखी धोखल | तारखी | - |
| 85. श्री मुन्नी लाल | अचकलनाफ | तारखी | - |
| 86. श्री बाबू लाल | हिम्मतपुर | हिम्मतपुर | - |
| 87. श्री तेज सिंह | हिम्मतपुर | हिम्मतपुर | - |
| 88. श्री रतीराम | हिम्मतपुर | हिम्मतपुर | - |
| 89. श्री रघुवीर सिंह | नगलासो | जोधरी | - |
| 90. श्री कालिका राम | बछगाँव | बछगाँव | - |

| | | | |
|---|---|---|---|
| 91. श्री देवी राम | बछगाँव | बछगाँव | - |
| 92. श्री लक्ष्मण सिंह | बछगाँव | बछगाँव | - |
| 93. श्री रोसन लाल | लालगढ़ी | नारखी | - |
| 94. श्री डोरी लाल | लालगढ़ी | नारखी | - |
| 95. श्री रामचन्द | लालगढ़ी | नारखी | - |
| 96. श्री जालिम सिंह | लालगढ़ी | नारखी | - |
| 97. श्री राम सिंह | नगला सिकन्दरा | सिकन्दरा का नगला | - |
| 98. श्री खूबचन्द | नगला सिकन्दरा | सिकन्दरा का नगला | - |
| 99. श्री फूल सिंह | गंगाराम का लाल | पकोखरा | - |
| 100. श्री महाराज सिंह | देवखेड़ा | देवखेड़ा | - |
| 101. श्री रामस्वरूप | सुजात नगर | जारसी | - |
| 102. श्री बाबू लाल | नगला सूरज | हिम्मतपुर | - |
| 103. श्री ख्याती राम | देवखेड़ा | हिम्मतपुर | - |
| 104. श्री राम सहाय | मरसैना | अहारन | - |
| 105. श्री सुलेमान खाँ | मरसैना | अहारन | - |
| 106. श्री रामअवतार, लालचन्द | आवलखेड़ा | आवलखेड़ा | - |
| 107. श्री अन्तराम | आवलखेड़ा | आवलखेड़ा | - |
| 108. श्री बाबू लाल | आवलखेड़ा | आवलखेड़ा | - |
| 109. श्री रामफल सिंह | नादउ | हसनपुर | - |
| 110. श्री मेवाराम | पीली पोखर | हरकपुर | - |
| 111. श्री नत्थी लाल | पीली पोखर | हरकपुर | - |
| 112. श्री छोटे लाल | पीली पोखर | हरकपुर | - |
| 113. श्री भूरी सिंह | भेलूपुर | - | - |
| 114. श्री चिरंजी लाल | रमेरई | रमेरई | - |
| 115. श्री भूरी सिंह | खेड़ी खदौली | हसनपुर | - |
| 116. श्री मुलायम सिंह | खेड़ी खदौली | हसनपुर | - |
| 117. श्री गुलजारी सिंह | हसनपुर | हसनपुर | - |
| 118. श्री बाबू लाल | कमान | हसनपुर | - |
| 119. श्री गंगा राम | कमान | हसनपुर | - |
| 120. श्री राम स्वरूप | नैनई | आवतखेड़ा | - |
| 121. श्री रामजीलाल | नैनई | आवलखेड़ा | - |
| 122. श्री शंकर लाल | नयाबाँस | आवलखेड़ा | - |
| 123. श्री राम सहाय | नयाबाँस | आवलखेड़ा | - |

| | | | |
|---|---|---|---|
| 124. श्री राम किशोर | मुख्वार | मुख्वार | - |
| 125. श्री गौरी शंकर | देवखेड़ा | देवखेड़ा | - |
| 126. श्री रोशन लाल | डेरा बंजारा | कोटकी | - |
| 127. श्री कप्तान सिंह | जाही गढ़ी | एत्मादपुर | - |
| 128. श्री देवमूर्ती | हुलसा का नगला | चाबली | - |
| 129. श्री हेतराम | अरेला | चखल | - |
| 130. श्री बाबू राम | खाग | खाग | - |
| 131. श्री कुमार सेन | खाग | खाग | - |
| 132. श्री ज्वाला प्रसाद | टेहू | टेहू | - |
| 133. श्री बाबू लाल | अहारन | अहारन | - |
| 134. श्री छेदा लाल | अहारन | अहारन | - |
| 135. श्री गेंदा लाल | अहारन | अहारन | - |
| 136. श्री मोहन लाल | अहारन | अहारन | - |
| 137. श्री सोलहा राम | अहारन | अहारन | - |
| 138. श्री करन सिंह | चतुरपुर | हिम्मतपुर | - |

जम्मू और कश्मीर का क्षेत्रफल 85,861 वर्ग मीटर है। वहाँ भी हमें रिपब्लिकन पार्टी का विस्तार करना होगा।

**—ललई सिंह**

## सूचना

आज दिनांक : 20.12.1962 को भारतीय रिपब्लिकन पार्टी के चुनाव कार्यालय आगरा पर श्री भीमदेव धैर्य को नियुक्त किया जाता है जो सभी उम्मीदवारों को मान्य होंगे और कानूनबद्ध अगले को पालन भी करना होगा। आज से ही सभी कार्यालय पर होनेवाली समस्याओं की जिम्मेवारी स्वयं की है, सबसे अधिक जिम्मेवारी फोर्म पर आई हुई रिपोर्ट की, सभी प्रचारकों को यथास्थान योग्यता के नाते भेजना, लिस्ट आदि भी, सर्वप्रथम है।

संयोजन
**ललई सिंह यादव**

निवेदक
**दामोदर प्रसाद कर्दम**

1. राम खिलाड़ी, एम.एल.ए.
2. दाता राम, एम.पी. पतियाबाद
3. रामजीलाल, चन्दूहूली
4. हरीलाल, हेमराजपुर

# पेरियार ललई सिंह की मिशनरी यात्राओं का मानचित्र

[पेरियार ललई सिंह द्वारा तैयार किया गया—10.04.1981 ई.]

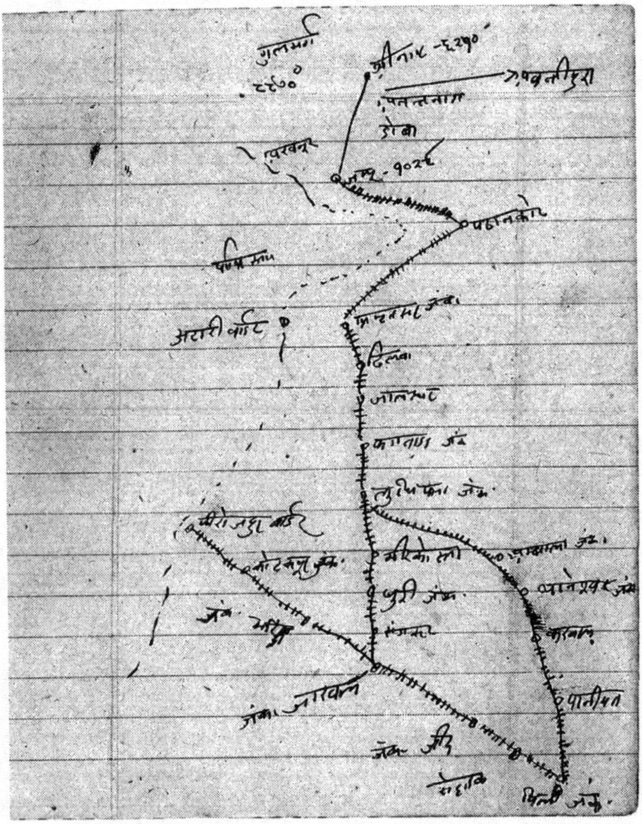

*स्रोत*—पेरियार ललई सिंह के नोट्स से प्राप्त

सौजन्य—उपासक, कानपुर देहात, उ.प्र.

# पेरियार ललई सिंह की मिशनरी यात्राओं का विवरण

| दिनांक | सफर |
|---|---|
| 11.4.1981 | झींझक से कानपुर मुकाम। |
| 12.4.1981 | कानपुर से टाटा-अमृतसर के डिब्बा में शीट नं.17 के रिजर्वेशन |
| 13.4.1981 | टाटा से चलकर दिनांक : 13.4.1981 को जालन्धर मुकाम |
| 14.4.1981 | बाबा साहब की जयन्ती का प्रोग्राम दो बजे से रात तक चला मुकाम। |
| 15.4.1981 | जालन्धर से रहीमपुर (होशियारपुर) मुकाम |
| 16.4.1981 | रहीमपुर से जालन्धर से बालापुर में सभा। बालापुर और मुकाम। |
| 17.4.1981 | बालापुर में बंगा में खाना खाया...(नियर फगवाड़ा में सेवा की मुकाम) |
| 18.4.1981 | मुकाम जालन्धर में चूरा मंडी में मुकाम |
| 19.4.1981 | जालन्धर में अमृतसर में समाधि मुकाम |
| 20.4.1981 | अमृतसर से जम्मू में नेशनल कॉम्प्लेक्स ऑफिस़ में मुख्य अतिथि |
| 21.4.1981 | जम्मू से श्रीनगर में नाज होटल जीन में रुके मुकाम। |
| 22.4.1981 | नाज होटल से गुलमर्ग से नाज होटल (जीन) मुकाम। |
| 23.4.1981 | जीन होटल से घूम-घाम कर श्री नन्हे राय मौर्य के घर पर कस नगर मुकाम |
| 24.4.1981 | कस नगर (श्रीनगर) से जम्मू से स्पेशल ट्रेन द्वारा- |
| 25.4.1981 | नई दिल्ली से दिल्ली जंक्शन से जनता एक्सप्रेस द्वारा |
| 26.4.1981 | झींझक, कानपुर, उत्तर प्रदेश मुकाम पर। |

# पेरियार ललई सिंह की मिशनरी ट्रीप

**ट्रिप 1**

झींझक से इलाहाबाद 25 जनवरी, 1970 ई. किया, इलाहाबाद मुकाम 26 जनवरी, 1970 से 30 जनवरी, 1970 तक = 5 दिन, इलाहाबाद से 31 जनवरी, 1970 रवाना होकर फतेहपुर मुकाम किया, फतेहपुर से 1 फरवरी, 1970 रवाना होकर झींझक मुकाम किया।

**ट्रिप 2**

झींझक से 8 फरवरी, 1970 को लखनऊ होकर 11 फरवरी, 1970 इलाहाबाद किया, इलाहाबाद मुकाम 12 फरवरी, 1970 से 18 फरवरी, 1970, 18 फरवरी, 1970 को रिटपिटीशन कमरा नं. 16 में 'सच्ची रामायण' की दायर की = सात दिन, 19 फरवरी, 1970 को इलाहाबाद से लखनऊ होकर 20 फरवरी, 1970 झींझक वापस किया।

**ट्रिप 3**

झींझक से 8-4/70 को लखनऊ होकर 10-4/10 को इलाहाबाद

11-4/70 इलाहाबाद से लखनऊ होकर 6-5/70 झींझक वापस

**ट्रिप 4**

झींझक से 12 मई, 1970 को चल कर कानपुर ठहरते हुए, 15 मई, 1970 से 3 जून, 1970 तक इलाहाबाद मुकाम = 20 दिन, 4 जून, 1970 इलाहाबाद से लखनऊ लेकर 8 जून, 1970 झींझक वापस

**ट्रिप 5**

23 जून, 1970 को झींझक से कानपुर, मेल कड़ा धाम ट्रेन से होकर 27 जून, 1970 को इलाहाबाद

28 जून, 1970 से 11 अगस्त, 1970 तक इलाहाबाद मुकाम = 85 दिन

12 अगस्त, 1970 को इलाहाबाद से कानपुर रुक कर सिकन्दरा 13 अगस्त, 1970 झींझक वापस

### ट्रिप 6

4 सितम्बर, 1970 को झींझक से इलाहाबाद मुकाम
5 सितम्बर, 1970 से इलाहाबाद मुकाम 11 सितम्बर, 1970 तक। छह दिन।

### ट्रिप 7

झींझक से 8 अप्रैल, 1970 को लखनऊ होकर 10 अप्रैल, 1970 को इलाहाबाद 11 अप्रैल, 1970 से 3 मई, 1970 तक इलाहाबाद मुकाम = 23 दिन, 4 मई, 1970 इलाहाबाद से लखनऊ होकर 6 मई, 1970 झींझक वापस

### ट्रिप 8

दिनांक : 26.10.64 श्रद्धेय मूलचन्द भेजन वाले बाबा, मार्फत मोंडली बुद्ध विहार दलित बस्ती, गली बुद्ध विहार, पोस्ट—खिचड़ीपुर, दिल्ली। गाजियाबाद से बस नं. 6, 2 कल्याणपुरी-नोएडा जाती है। लालकिला से बस नं. 301 जाती है। पुरानी दिल्ली से बस नं. 09 जाती है।

### सफर-10, 11, 12 दिसम्बर, 1980

दिल्ली, रजिस्ट्रेशन नं. एस-17809, रिफ्रेन्स नं., 16 नवम्बर, 1969, एन.सी./89 कन्वेन्शन दिनांक : 10,11,12-12/89 बेगम हजरत महल पार्क।

श्रद्धेय, मूलचन्द भेजनवाले बाण, मार्फत बुद्ध विहार हरिजन बस्ती, गली बुद्ध विहार, पो. खिचड़ीपुर, दिल्ली।

गाजियाबाद से बस नं. 62 कल्याणपुरी-नोएडा जाती है। लाल किले से बस नं. 301 जाती है। पुरानी दिल्ली से बस नं. 09 जाती है।

झींझक से इलाहाबाद 256 कटनी 208 किलोमीटर बिलासपुर 318 किलोमीटर हथबंद 62 किलोमीटर कुल = 917

सफर 14 अप्रैल, 1971 ई. पोस्ट ऑफिस-झींझक नं. 07/दिनांक : 14 अप्रैल, 1971 ई.

ग्राम एवं पोस्ट—झींझक नं. 140/ दिनांक : 14 अप्रैल, 1971 ई.

वृमराद बीजक नं. 21/ दिनांक : 14 अप्रैल, 1971 ई.

दिनांक : 18 अप्रैल, 1971 ई. मैं इलाहाबाद होऊँगा। अतः परम पूज्य बाबा साहेब डॉ. अम्बेडकर जयन्ती की सभा हो।

दिनांक : 17 अप्रैल, 1971 को मैं इलाहाबाद में होऊँगा। अतः परम पूज्य डॉ. अम्बेडकर जयन्ती की क्षमा।

कुछ भेजें। शीघ्र पेम्फ्लेट भेजें। कॉपी मँगाएँ।

# सफर

Nimali and Company
Dadar Near Station Bombai,
'Buddhism for Everybody'
ठक्कर एंड कम्पनी म्यूजियम के सामने 'फ्लोरा फाउंडेशन' बम्बई।

पादरी मेश्राम, शेंडेनोर बड़के तले, आनन ढाकोल सोलान D.V. वानखड़े T.T.E. भुसावल सेंट्रल पॉपुलर बुक डिपो, लेमिंगटन रोड, बम्बई, 87, सेंट्रल 9-स्वयरिक 2-राजगृह, 3 पुतला फ्लोरा फाउंडेशन, कलवा के पास-4, सिद्धार्थ कॉलेज, 5-बरेली का बौद्ध विहार, 6-पटेल का बुद्ध विहार, 7-नय्यर हॉस्पिटल में बुद्ध विहार, 8-ऐलीफेंट की दुकानें, 9-नजदीक अम्बेडकर नगर से पुनः, 10-माता रमाबाई छात्रालय नजदीक रेल द्वारा छोटी गाड़ी में और औरंगाबाद में मिलिन्दपन्हो विद्यालय। उसके बाद 1+ मील पर एलोरा है। उसे देखना है। उसके बाद जलगांव की बस में बैठ विहार होते हुए भूसावल को पहुँचना है।

# निवेदन

पेन्शन पेमेंट आर्डर नं. एम.पी./4085 मार्च, 1958 ई. ऑफिस ऑफ अकाउंटेंट जनरल, उत्तर प्रदेश, इलाहाबाद। श्री ललई सिंह पेन्शन 9-44 गाँव—कठारा, तहसील—डेरापुर, जिला—कानपुर, उ.प्र. । Br. No. PKII Auth 2092/Tr/57-58/5682/S-12.03.58A 250]

**—श्री ललई सिंह यादव**

# पेरियार ललई सिंह ग्रंथावली

खंड-5

# उत्तर भारत के पेरियार

# पेरियार ललई सिंह ग्रंथावली

[अशोक पुस्तकालय का साहित्य, अम्बेडकर साहित्य, बौद्ध साहित्य, पेरियार का साहित्य, आरक्षण पर साहित्य, सामाजिक क्रान्ति का साहित्य, मिथकीय साहित्य, 26 हजार पते, दुर्लभ चित्र, वंशावली आदि]

**खंड-5**

संकलन-सम्पादन

**धर्मवीर यादव गगन**

राधाकृष्ण प्रकाशन

ISBN : 978-93-91950-71-2

**पेरियार ललई सिंह ग्रंथावली : खंड-5**



**पहला संस्करण :** अक्टूबर, 2022
**दूसरा संस्करण :** दिसम्बर, 2022
**तीसरा संस्करण :** फरवरी, 2024

**मूल्य :** ₹2500
पाँच खंडों का सम्पूर्ण सेट

**प्रकाशक**
राधाकृष्ण प्रकाशन प्राइवेट लिमिटेड
जी-17, जगतपुरी, दिल्ली-110 051
**शाखाएँ :** अशोक राजपथ, साइंस कॉलेज के सामने, पटना-800 006
पहली मंजिल, दरबारी बिल्डिंग, महात्मा गांधी मार्ग, प्रयागराज-211 001
1, अनमोल सोराबजी सन्तुक लेन, धोबी तलाव, मरीन लाइंस, मुम्बई-400 002
वेबसाइट : www.radhakrishnaprakashan.com
ई-मेल : info@radhakrishnaprakashan.com

**मुद्रक**
विकास कम्प्यूटर एंड प्रिंटर्स
ट्रॉनिका सिटी-201 102

PERIYAR LALAI SINGH GRANTHAWALI : Vol. 5
*Edited by* Dharam Beer Yadava Gagan

पेरियार ललई सिंह के
भिक्खुप्रिय वारीश—जे.एन. आदित्य
और पेरियार ललई सिंह के आन्दोलनकारी
साथियों - शुभचिन्तकों को सादर!

# अनुक्रम



**परिशिष्ट**

# प्राक्कथन

साहित्य, चिन्तन और विचार के प्रकाशन के लिए उन्होंने सन् 1960 में 'अशोक पुस्तकालय' नाम से 'प्रकाशन' शुरू किया। और 'सस्ता प्रेस' नाम से 'प्रेस' खोला। यह सब वे अपने गाँव-जवार में ही स्थापित करते हैं। कारण कि वे गाँव-जवार से ही समाज और राष्ट्रनिर्माण शुरू करना चाहते हैं क्योंकि यही वर्ण और जाति-व्यवस्था के केन्द्र हैं। इनका आमूलचूल उन्मूलन ही समतामूलक समाज निर्माण का आधार है। यही 'सामाजिक लोकतंत्र' की वास्तविक जरूरत है।

उस दौर के कुछ प्रतिगामी और प्रगतिशील प्रकाशनों को भी यहाँ प्रस्तुत किया गया है।

पेरियार ललई सिंह मिशनरी 'अशोक पुस्तकालय' प्रकाशन से 100 पुस्तकें प्रकाशित थीं। जिसके सम्पूर्ण देश में लगभग 26,000 पाठक और वितरक थे। ये प्रमाण उनके प्रकाशन के मूल 'जावक रजिस्टर' से प्राप्त हुआ है। जम्मू-कश्मीर से तमिलनाडु तक और गुजरात से बंगाल तक 'अशोक पुस्तकालय' से प्रकाशित पुस्तकों के पाठक और वितरक मिले।

इतना ही नहीं, अशोक पुस्तकालय की पहुँच राष्ट्रीय के साथ अन्तर्राष्ट्रीय भी थी। इसके पाठक ब्रिटेन, जर्मनी, फ्रांस, न्यूजीलैंड, स्विट्जरलैंड तक थे। ये सन्दर्भ पेरियार ललई सिंह द्वारा प्रस्तुत किए गए 'जावक रजिस्टर' से प्राप्त हुए हैं। उन सभी का नाम जावक रजिस्टर में दर्ज है। अशोक पुस्तकालय के सारे पते यदि ग्रंथावली में दिए जाएँ तो ये पते ही कई खंड में हो जाएँगे।

अतः सुविधा की दृष्टिकोण से कुछ चुनिन्दा पते इस ग्रंथावली में दिए जा रहे हैं। और शेष रजिस्टर के www.periyarlalaisingh.com वेबसाइट पर डाल दिए जाएँगे।

# भूमिका

कुछ साल पहले तक मैं पेरियार ललई सिंह के बारे में बहुत कम जानता था। सिर्फ उनका नाम सुन रखा था। लेकिन उनके लेखन और काम से खास परिचित नहीं था। इसे आप मेरी कमी, कमजोरी या अज्ञानता भी कह सकते हैं। पर इसमें हमारा दोष उतना नहीं, जितना इस व्यवस्था का है, जो ऐसे विचारकों और जन-योद्धाओं के काम और विचार को प्रचारित-प्रसारित होने से रोकती रही है। उत्पीड़ित समुदाय से आए अनेक बड़े विचारकों या नेताओं का नाम गिना सकता हूँ, जिन्होंने समानता, स्वतंत्रता और भ्रातृत्व के लिए राजनीतिक और बौद्धिक लड़ाई लड़ी पर उनके जीवन-काल में उनके विचारों का बहुत छोटा-सा हिस्सा ही लोगों तक पहुँच सका। लम्बे समय तक हमारे देश में बाबा साहब डॉ. बी.आर. अम्बेडकर की छवि सिर्फ संविधान प्रारूप लेखन समिति के अध्यक्ष या 'दलितों के संरक्षक या उनके आधुनिक देवता' की बनी रही। उन्हें बीसवीं सदी के बड़े विचारक और देश के बड़े समाज सुधारक के रूप में नहीं देखा गया। यही हाल शहीद भगत सिंह के साथ हुआ। लम्बे समय तक उनकी छवि एक 'युवा योद्धा' या 'उग्र-धारा के स्वाधीनता सेनानी' की बनाए रखी गई। एक प्रतिभाशाली और ज्ञानी युवा विचारक और वामपन्थी-क्रान्तिकारी के रूप में उन्हें नहीं देखा गया।

हमारे समाज में जैसे-जैसे समता, स्वतंत्रता और सामाजिक न्याय के लिए जन-भावना और चेतना का विस्तार होता गया, वैसे-वैसे लोगों ने उत्पीड़ितों की मुक्ति और सामाजिक न्याय के लिए लड़ने वाले ऐसे जन-नायकों के साहित्य और विचारों को खोज-खोज कर लिपिबद्ध और प्रकाशित-प्रसारित करना शुरू किया। बुद्ध, पेरियार और अम्बेडकर के दर्शन और विचारों से खास तौर पर प्रभावित पेरियार ललई सिंह एक ऐसे चिन्तनशील और प्रतिबद्ध सामाजिक, सांस्कृतिक, राजनीतिक कार्यकर्ता और प्रचारक हैं, जो हिन्दी-भाषी क्षेत्र में निरन्तर प्रगतिशील विचारों की अलख जगाते रहे। लेकिन उनके साहित्य का बड़ा हिस्सा समाज के बड़े हिस्से तक नहीं पहुँच सका था। इस 'ग्रंथावली' के सार्वजनिक होने के साथ ही समता की एक बड़ी जरूरी लड़ाई पूरी हो रही है।

दक्षिण के विख्यात, चिन्तक और महान् समाज परिवर्तक पेरियार ई.वी. रामास्वामी की विश्वविख्यात कृति 'The Ramayna : A True Reading' को हिन्दी

में लाने और उसे कानूनी पाबन्दी से बचाने व कानूनी लड़ाई जीतने का श्रेय उन्हें जाता है। कई महत्त्वपूर्ण रचनाओं के लेखक पेरियार ललई सिंह ने बाबा साहब डॉ. भीमराव अम्बेडकर से प्रेरित होकर 21 जुलाई, 1967 ई. को बौद्ध धर्म अपना लिया था। धर्मान्तरण के बाद उन्होंने अपने पूर्व नाम पेरियार ललई सिंह यादव को बदलकर पेरियार ललई सिंह लिखना शुरू किया। प्रगतिशील मानवतावादी विचारों और ग्रंथों को प्रचारित-प्रसारित करने के लिए *अशोक पुस्तकालय* नाम से एक प्रकाशन संस्था बनाई और सस्ता प्रेस नाम से एक छापाखाना खोला। अपने उद्बोधन और लेखन से उन्होंने हिन्दुत्ववादी चिन्तन और ब्राह्मणवादी मान-मूल्यों के विरुद्ध बहुजन समाज में नई चेतना का सतत प्रसार किया। अन्धविश्वास और कूपमंडूकता के खिलाफ वे अपने शब्द और कर्म के स्तर पर अनवरत लड़ते रहे। इस मामले में उनकी प्रतिबद्धता और निडरता उत्तर भारत में बेमिसाल है।

आज अपने देश-समाज में जिस तरह अन्याय, अत्याचार, भय और दमन का माहौल है, उसमें पेरियार ललई सिंह का जीवन-संघर्ष, उनकी रचनाएँ और उनके सम्बोधन बेहद प्रासंगिक हो गए हैं। ललई आज लौटकर आ नहीं सकते पर उनकी रचनाएँ और उनकी बौद्धिक-राजनीतिक विरासत हिन्दी-भाषी क्षेत्र के असंख्य ईमानदार और प्रतिबद्ध जनयोद्धाओं को समाज-बदलाव की बड़ी लड़ाई में आगे बढ़ने की प्रेरणा दे सकती हैं। हिन्दी-भाषी क्षेत्र में आमूलचूल परिवर्तन की राजनीति आज गहरे संकट में फँसी है। उसका वजूद हिला हुआ है। सही संगठन, विवेकशील और सुसंगत नेतृत्व के अभाव में आज लाखों युवा कार्यकर्ता निराश हैं। ऐसे दौर में पेरियार ललई सिंह और उनका चिन्तन इन लाखों निराश और क्षुब्ध कार्यकर्ताओं के लिए रास्ता दिखाने वाले आकाशदीप की तरह हैं।

पेरियार ललई सिंह के लेखन का परिप्रेक्ष्य अपने कुछ पूर्ववर्ती और समकालीन लेखकों-विचारकों से कई मामलों में अलग है। उनका एक बड़ा मकसद विभिन्न भाषाओं में पहले से उपलब्ध ज्ञान की रोशनी को अज्ञान के अँधेरे में भटकते हिन्दी-भाषी क्षेत्र के दलित-पिछड़ों और तमाम उत्पीड़ित समुदायों तक पहुँचाना था। पेरियार की 'सच्ची रामायण' का हिन्दी में अनुवाद कराया और फिर उसे छापकर (सन् 1968) प्रचारित-प्रसारित करने का उन्होंने जबर्दस्त अभियान चलाया। इसका हिन्दी अनुवाद रामअधार ने किया था और इसके प्रकाशक थे—पेरियार ललई सिंह। इस रास्ते में बहुत सारी कठिनाइयों का भी मुकाबला किया। कई बार जानलेवा हमले भी हुए। इसलिए उनके लेखन में अकादमिक किस्म का ज्ञान, गूढ़ दार्शनिकता या अति शोधपरक वैचारिकता खोजने की जरूरत नहीं है। वह बुनियादी तौर पर एक आमूलचूल सामाजिक परिवर्तनशील विचारक, बहुजनों के समर्थ शिक्षक और साहसी एक्टिविस्ट हैं। आर्य-हिन्दुओं के तमाम ग्रंथों के अध्ययन के बाद वह उनका अपने ढंग से विवेचन भी करते हैं। उसे कभी लेखन के रूप में,

कभी कथा के रूप में, कभी साक्षात्कारों के रूप में तो कभी संवादात्मक नाटकीय शैली में पेश करते हैं।

हिन्दू धर्म पर ही नहीं वरन लगभग सभी धर्म, मिथक और इतिहास पर उन्होंने बहुत सारगर्भित और गम्भीर चिन्तन, मनन, अध्ययन और अभियानी कार्य किया है। 'आर्यों का नैतिक पोल प्रकाश', 'आदिनिवासियों की पहचान', 'शोषितों पर धार्मिक डकैती', 'शोषितों पर राजनीतिक डकैती', 'सामाजिक विषमता कैसे दूर हो' जैसी ऐतिहासिक महत्त्व की उनकी वैचारिक पुस्तकों को पढ़ते हुए इसका पता चलता है। 'आर्यों का नैतिक पोल प्रकाश' उनकी महत्त्वपूर्ण कृति है। पिछली शताब्दी के सातवें दशक में देश के कई बड़े विद्वानों, विचारकों और जन-नेताओं ने इसके प्रकाशन का स्वागत किया था। इनमें लेखक-विचारक चन्द्रिका प्रसाद 'जिज्ञासु', जालन्धर से निकलने वाली 'भीम पत्रिका' के सम्पादक लाहौरी राम बाली और उत्तर प्रदेश के पूर्व वित्तमंत्री व अर्जक संघ के संस्थापक रामस्वरूप वर्मा सहित कई विद्वान शामिल हैं।

स्वयं पेरियार ललई सिंह ने इस किताब के बारे में उपसंहार में लिखा है—'इस पुस्तक में मेरे आजीवन अध्ययन की अनुभूतियाँ हैं, जिन्हें लिखकर पाठकों के सम्मुख मैंने उपस्थित कर दिया है। पाठकों से निवेदन है कि उन्हें शान्ति के साथ पढ़ें, समझें और निष्पक्ष भाव से विचार करें। मेरा विश्वास है कि जो कुछ मैंने लिखा है, वे उसे अक्षर-अक्षर सत्य पावेंगे। वास्तविक बात यह है कि वैदिक आर्य-ब्राह्मणों का लिखा हुआ साहित्य ऐसे विजातीय, विधर्मी, विजेता एवं शासक जाति का साहित्य है, जिसका उद्देश्य विजित, दुर्बल, असहाय व अनाथ आदिनिवासियों को भुलावे में डालकर उनका दोहन-शोषण तथा उनसे अपनी दासता एवं समाज के समस्त कड़ी मेहनत वाले काम कराना है और उन्हें अपने ही स्वार्थी विचारों की ऐसी अनुपम घुट्टी पिलाना है कि सिवाय उसके, जो उन्हें पढ़ाया गया है, अतिरिक्त अन्य कुछ सोच ही न सकें।'

'आर्यों का नैतिक पोल प्रकाश' में 'स्वार्थी विचारों की उसी अनुपम घुट्टी' का तार्किक ढंग से पर्दाफाश किया गया है। इसके लिए पेरियार ललई सिंह वैदिक आर्य-ब्राह्मणों के विचार-ग्रंथों, धार्मिक प्रतीकों और मिथकों की बहुत सारगर्भित व्याख्या करते हुए उनकी मान्यताओं को धज्जियाँ उड़ा देते हैं। 'वेद', 'पुराण', 'रामायण' से 'गीता' और 'रामचरित मानस' से सत्यार्थ प्रकाश तक के उद्धरणों के साथ वह अपनी बात आगे बढ़ाते हैं और वैकल्पिक विचार प्रस्तुत करते हैं। उनके वैकल्पिक विचारों का मुख्य स्रोत बौद्ध दर्शन और पेरियार का वर्ण-जाति और हिन्दुत्व विरोधी तर्कशास्त्र है। 'वैदिक आर्य-ब्राह्मणों' के ग्रंथों में व्यक्त विभेदकारी, निहित स्वार्थी और अविवेकपूर्ण विचारों की काट के लिए वे बौद्ध साहित्य के अलावा अम्बेडकर के विचारों को भी जगह-जगह उद्धृत करते हैं और कहीं-कहीं उसमें कुछ जोड़ते भी

हैं। इस किताब में उनकी एक प्रमुख स्थापना है कि बौद्धकाल ही भारतीय इतिहास का सबसे चमकीला दौर है। अपने निष्कर्ष में वह कहते हैं—'भारत को इस उन्नत शिखर पर पहुँचाने का सम्पूर्ण श्रेय केवल बौद्ध धर्म को ही है।'

'सामाजिक विषमता' *कैसे दूर हो* शीर्षक अपनी पुस्तिका में वह डॉ. बी.आर. अम्बेडकर की क्रान्तिकारी प्रस्थापना (एनिहिलिएशन आफ कास्ट) को उद्धृत करते हैं कि इसका वास्तविक उपाय अन्तरवर्णीय विवाह है। सह-भोज अल्प उपाय है। केवल रक्त का मिश्रण ही स्वजन और मित्र होने का भाव पैदा कर सकता है। सन्तराम बी.ए. सहित उस दौर के कई अन्य विचारकों को वे इस पुस्तिका में उद्धृत करते हैं। पुस्तिका के अन्त में वह तमाम विचारकों के मन्तव्यों की रोशनी में सामाजिक विषमता दूर करने के लिए गुरु सूत्र सुझाते हैं। उनके अनेक सुझाव बेहद विचारोत्तेजक और व्यावहारिक हैं।

पेरियार ललई सिंह अनवरत संघर्षशील कार्यकर्ता और समाज सुधार कार्यकर्ता के अलावा समाज-इतिहास के गम्भीर पाठक भी हैं। उनके कई आलेखों और पुस्तिकाओं से उनके गम्भीर अध्येता होने का सबूत मिलता है। डॉ. अम्बेडकर की धनंजय कीर द्वारा लिखित जीवनी उन्होंने उसी वक्त पढ़ ली थी, जब उसका मूल मराठी से पहला हिन्दी अनुवाद कामता प्रसाद ने किया और साधना प्रेस, कानपुर ने उसे पहली बार छापा।

पेरियार ललई सिंह को यह बात अच्छी तरह मालूम थी कि उनकी कृतियों और विचारों से समाज के एक हिस्से में असहमति और यहाँ तक कि प्रचंड आक्रोश और प्रतिक्रिया भी हो सकती है। सम्भवतः समाज के ऐसे ही हिस्सों को सम्बोधित करते हुए उन्होंने बार-बार कहा कि वे तथ्यों की रोशनी में अपनी बात कहते हैं और उनका मकसद समाज में संघर्ष पैदा करना नहीं है, उत्पीड़तों को ज्ञानवान बनाकर समतामूलक समाज की स्थापना से देश को आगे बढ़ाना है। दिलचस्प है कि सन् 1961 में वह अपनी पुस्तिका : 'आदिनिवासियों की पहचान' की 1000 प्रतियाँ छापते हैं। सन् 1964 से 1971 तक उसके कई संस्करण आते हैं। इससे उनके लेखन की लोकप्रियता का अन्दाज लगाया जा सकता है।

हालाँकि हमारा मानना है कि आज के भारत में जो बड़ी चुनौतियाँ हैं, उनका सामना करने के लिए आदिनिवासी या मूल-निवासी के विमर्श से बदलाव की बुनियादी राजनीति को कोई बड़ी मदद नहीं मिल सकती। इस विमर्श को समाज-अध्ययन के एक जरूरी ऐतिहासिक पहलू के तौर पर देखा जाना चाहिए। उत्पीड़ित समाजों के सांगठनिक कामकाज में भी इसका उपयोग किया जा सकता है। किन्तु आज के भारतीय समाज में जरूरी बदलाव की लड़ाई में मूल-निवासी बनाम गैर-मूलनिवासी की धारणा को केन्द्रीय पहलू बनाने की वकालत गैरवाजिब, गैरजरूरी और अव्यावहारिक सोच है।

सामाजिक और ऐतिहासिक मसलों या विषयों के अध्ययन-विश्लेषण में पेरियार ललई सिंह जिन मिथकों का उपयोग करते हैं, उनमें ज्यादातर वैदिक, पौराणिक आख्यानों या किंवदन्तियों से उभरे हैं। वह उन मिथकों और उनसे जुड़ी कथाओं को उत्पीड़ित समाजों के पक्ष में पलट देते हैं और नए ढंग से उनकी व्याख्या करते हैं। ऐसा करते हुए कई सन्दर्भों में उनका इतिहासबोध कमजोर भी नजर आता है। इतिहास को कभी भी सिर्फ मिथकों के जरिये नहीं व्याख्यायित किया जा सकता है। इसके लिए ठोस तथ्यों और पुरातात्त्विक साक्ष्यों की रोशनी में नए शोध की दरकार होती है। ललई सिंह के लेखन में इसकी कमी है।

उनके ऐसे लेखों और टिप्पणियों को पढ़ते हुए लगता है कि हिन्दी-भाषी क्षेत्र के उत्पीड़ित समुदायों के बीच वह एक मानवतावादी शिक्षक और प्रचारक की तरह काम कर रहे थे और इस क्रम में वह निरन्तर अध्ययन और मनन में लगे रहते थे। समाज की जरूरत के हिसाब से वह लिखते रहते थे। कभी अनुवाद करते थे, कभी संकलन-सम्पादन और कभी अपने विचारों को भी लिखते चलते थे। उनमें विचारों की दृढ़ता और दृष्टि सम्बन्धी कल्पनाशीलता नजर आती है। उनमें एक ईमानदार और साहसी एक्टिविस्ट की बेचैनी और प्रतिबद्धता है। उनका सम्पूर्ण लेखन ऐसे ही एक बुद्धिमान और साहसिक एक्टिविस्ट का लेखन है।

मुझे खुशी है कि युवा लेखक और शोधकर्ता डॉ. धर्मवीर यादव गगन ने अपने गम्भीर शोध-अध्ययन से पेरियार ललई सिंह के लेखन और विचारों का बेहतरीन सम्पादन-संकलन किया है। पूरी सामग्री पाँच खंडों और तकरीबन दो हजार पृष्ठों में संकलित है। पेरियार ललई सिंह पर ऐसा काम पहली बार हुआ। विश्वास है, गगन जी के इस ऐतिहासिक काम का हिन्दी-भाषी क्षेत्र में स्वागत होगा और यह बड़े पाठक वर्ग तक पहुँचेगा। इस प्रकाशन से पेरियार ललई सिंह के विचार मशाल की तरह समाज को हमेशा दिशा दिखाते रहेंगे। ऐसी साहसिक विभूतियों और विचारकों के चिन्तन की आज सबसे अधिक जरूरत है। इसी से लोकतंत्र और संविधान को सुरक्षा और गति मिलेगी।

1 सितम्बर, 2022

**—उर्मिलेश**

# परिशिष्ट

**पढ़िए! पढ़िए!!**
**अवश्य पढ़िए!!! अमल कीजिए!!!**
**और मित्रों को भी पढ़ाइए!!! अमल कराइए!!!!**

# अशोक पुस्तकालय से प्रकाशित पुस्तकें

## आदिनिवासियों* के पढ़ने योग्य पुस्तकें

## डॉ. अम्बेडकर साहित्य

| | | | मूल्य |
|---|---|---|---|
| 1. | अम्बेडकराइज्ड-बुद्धिस्ट-सामाजिक-गाना, 15 पुस्तकें, एक प्रति | | 25 पैसे |
| 2. | बाबा साहब के उपदेश-आदेश (दो भाग, सन् 1957) | (जिज्ञासु) | 2 रुपये |
| 3. | बाबा साहब का जीवन संघर्ष (सन् 1961) | " | 2.50 रुपये |
| 4. | डॉ. अम्बेडकर का व्यक्तित्व-दर्शन (सन् 1968) | (धनंजय कीर) | 1 रुपये |
| 5. | बाबा साहब के पन्द्रह भाषण | (जिज्ञासु) | 3.50 रुपये |
| 6. | बाबा साहब बौद्ध क्यों बने? | (बाबा साहब) | 2 रुपये |
| 7. | भगवान बुद्ध और उनका धर्म (कमीशन नहीं) | " | 8 रुपये |
| 8. | अछूत कौन और कैसे? | " | 3 रुपये |
| 9. | शूद्रों की खोज | " | 2.50 रुपये |
| 10. | कांग्रेस और गांधी ने अछूतों के लिए क्या किया? | " | 4 रुपये |
| 11. | अछूतों की विमुक्ति और गांधी | " | 1.50 रुपये |
| 12. | जातिभेद का उच्छेद (खतरनाक था—सिविल जज से जीता), | | 1 रुपये |
| 13. | ईश्वर, आत्मा एवं वेदों आदि में विश्वास अ-धर्म है | " | 3 रुपये |
| 14. | धर्म क्या है? सद्धर्म क्या है? | " | 2 रुपये |
| 15. | गांधी, जिन्ना और रानाडे | " | 1.50 रुपये |
| 16. | बाबा साहब की भविष्यवाणी (पाँच भाषण) | " | 1 रुपये |
| 17. | गांधी-अम्बेडकर विवाद | " | 1 रुपये |
| 18. | गांधीवाद की मीमांसा | " | 2 रुपये |
| 19. | पाकिस्तान-भारत का विभाजन (कमीशन नहीं) | " | 8 रुपये |
| 20. | रामकृष्ण की पहेली का उत्तर | " | 4 रुपये |
| 21. | भारत में जातिवाद | " | 2 रुपये |
| 22. | हिन्दू जाति का उत्थान-पतन | (रजनीकान्त शास्त्री) | 2 रुपये |
| 23. | पूना पैक्ट बनाम गांधी | (आनन्द कुमार शास्त्री) | 3 रुपये |
| 24. | डॉ. अम्बेडकर नाटक | (त्रिशरण) | 1 रुपये |

* आदिनिवासी- पिछड़ी जाति , अनुसूचित जाति, अनुसूचित जनजाति तथा अल्पसंख्यक आदि।

# बौद्ध धर्म का साहित्य

| | | | |
|---|---|---|---|
| 25. | बुद्ध चरित्र | (जिज्ञासु) | 5.50 रुपये |
| 26. | धम्म पद-गाथा सहित | " | 5.50 रुपये |
| 27. | बुद्ध वाणी | (डॉ. गया प्रसाद 'प्रशांत') | 3 रुपये |
| 28. | विश्व का सच्चा धर्म | (महास्थविर धम्मालोक) | 3 रुपये |
| 29. | सर्वोत्तम धर्म | (इटालियन भिक्षु) | 1 रुपये |
| 30. | ईश्वर की खोज | (महाराज सिंह भारती) | 4 रुपये |
| 31. | भारत का सच्चा धर्म | (जिज्ञासु) | 5.50 रुपये |
| 32. | बौद्ध धर्म का उदय-अस्त-पुनरोदय | (जिज्ञासु) | 1.50 रुपये |
| 33. | बौद्ध चर्चा विधि | " | 7 रुपये |
| 34. | नित्य उपासना | " | 2 रुपये |
| 35. | त्रिरत्न वन्दना | " | 2 रुपये |
| 36. | तथागत भर्ग-सूत्र | (भर्ग राजाओं को उपदेश) | 3 रुपये |
| 37. | अम्बट्ठ-सूत्र | (भिक्षु जगदीश कश्यप) | 2 रुपये |
| 38. | ब्रह्मजाल-सूत्र | " | 3 रुपये |
| 39. | कलाम-सूत्र (केसमुत्ति सुत्त) | " | 2 रुपये |
| 40. | बौद्ध धर्म सार | (धर्म कीर्ति) (कमीशन नहीं), | 2 रुपये |
| 41. | वैदिक मत का मुख मर्दन | (भिक्षु निर्गुणानन्द) | 5 रुपये |
| 42. | बौद्ध जागरण | (प्रेम राज बौद्ध) | 1 रुपये |
| 43. | आगे बढ़ो | (विमल राय 'बोधी') | 3 रुपये |
| 44. | बौद्ध भिक्षु बोध | " | 3 रुपये |
| 45. | बिभिन्न बुद्धिस्ट नाटक | (त्रिशरण) | 6 रुपये |
| 46. | बौद्ध धर्म की रूपरेखा | (बाबा साहब) (प्रेस में है) | 1 रुपये |
| 47. | बौद्ध दीक्षा का विश्लेषण | (डॉ. अंगने लाल) | 1.50 रुपये |
| 48. | विश्व को बुद्ध की देन | (रेवती राम) | 5 रुपये |
| 49. | मिलिन्द प्रश्न | (भिक्षु जगदीश कश्यप) (कमीशन नहीं) | 10 रुपये |
| 50. | भदन्त बोधानन्द का जीवन चरित्र | (जिज्ञासु) | 3 रुपये |
| 51. | अनागारिक धर्मपाल का जीवन चरित्र | (भिक्षु धर्म रक्षित) | 2 रुपये |
| 52. | बुद्धा एंड हिज धम्मा (बाबा साहब अंग्रेजी में) | (कमीशन नहीं) | 10 रुपये |

# सामाजिक क्रान्ति का साहित्य

| | | |
|---|---|---|
| 53. आदिनिवासियों की पहचान | (पेरियार ललई सिंह) | 50 पैसे |
| 54. आर्यों का नैतिक पोल प्रकाश | " | 2.50 रुपये |
| 55. सच्ची रामायण | " | 2.50 रुपये |
| 56. सच्ची रामायण की चाभी | " | 2.50 रुपये |
| 57. शोषित-संघर्ष - (कविता-संग्रह) | " | 25 पैसे |
| 58. भीम-अभिनन्दन - (सम्पादित—गीत संकलन) | " | 50 पैसे |
| 59. वीर संत माया बलिदान | " | 1.25 रुपये |
| 60. शम्बूक वध | " | 1.25 रुपये |
| 61. एकलव्य | " | 1.25 रुपये |
| 62. अंगुलिमाल | " | 50 पैसे |
| 63. नाग यज्ञ | " | 2 रुपये |
| 64. शोषितों सावधान! | " | 3 पैसा |
| 65. शोषितों का डिब्बा गोल! | " | 4 पैसा |
| 66. जय शोषित! | " | 2 पैसा |
| 67. शोषितों पर धार्मिक डकैती | " | 75 पैसे |
| 68. शोषितों पर राजनीतिक डकैती | " | 75 पैसे |
| 69. सामाजिक विषमता कैसे समाप्त हो? | " | 50 पैसे |
| 70. जाति-पाँति मिटाने व अछूतों की तरक्की के उपाय | " | 25 पैसे |
| 71. बौद्ध धर्म-दीक्षा | " | 6 पैसे |
| 72. मेरे बौद्ध धर्म पर विभिन्न लेख | " | 50 पैसे |
| 73. मेरे विभिन्न सामाजिक लेख | " | 50 पैसे |
| 74. धर्म परिवर्तन (हिन्दी अनुवाद)- (ज़ब्त थी। हाई कोर्ट से जीता) | " | 2.50 रुपये |
| 75. जाति-भेद का उच्छेद (हिन्दी अनुवाद)- (खतरनाक था। सिविल जजों से जीता) | " | 1.50 रुपये |
| 76. मानवतावादी प्रश्नोत्तरी | (रामस्वरूप वर्मा) | 2 रुपये |
| 77. क्रान्ति क्यों और कैसे? | " | 2 रुपये |

| | | |
|---|---|---|
| 78. मानववाद बनाम ब्राह्मणवाद | " | 5 रुपये |
| 79. मनुस्मृति राष्ट्र का कलंक | " | 2 रुपये |
| 80. आदिवंश कथा | (डॉ. अंगने लाल) | 1 रुपये |
| 81. तुलसी के तीन पात | (भदन्त आनन्द कौसल्यायन) | 1 रुपये |
| 82. पेरियार ई.वी. रामास्वामी का जीवन-चरित्र | (जिज्ञासु) | 5 रुपये |
| 83. आदिनिवासियों की सभ्यता | " | 1 रुपये |
| 84. ईश्वर व उसके गुड्डे | " | 1 रुपये |
| 85. लोकशाही बनाम ब्राह्मणशाही | " | 1 रुपये |
| 86. रावण व उसकी लंका | " | 1 रुपये |
| 87. पिछड़े वर्गों के अधिकारों का हनन | " | 1.50 रुपये |
| 88. स्वामी अछूतानन्द 'हरिहर' का जीवन चरित्र | " | 1.50 रुपये |
| 89. सन्त रविदास का जीवन-चरित्र | " | 4 रुपये |
| 90. चमारों व महारों की उत्पत्ति | " | 2 रुपये |
| 91. रामराज्य न्याय नाटक | (स्वामी अछूतानन्द 'हरिहर') | 1 रुपये |
| 92. आर्य नीति का भंडाफोड़ | (गजोधर प्रसाद 'बौद्ध') | 2 रुपये |
| 93. ब्राह्मणवाद की शव परीक्षा | (महाराज सिंह भारती) | 2.50 रुपये |
| 94. सृष्टि और प्रलप | " | 5 रुपये |
| 95. पाप और पुण्य क्या है? | " | 3 रुपये |
| 96. हिन्दू राजनीति | " | 1 रुपये |
| 97. कमेरा हिन्दुत्व बनाम लुटेरा हिन्दुत्व | " | 2 रुपये |
| 98. मनुस्मृति एक प्रतिक्रिया | (प्रेम कुमार 'मणि') | 2 रुपये |
| 99. वर्ण-व्यवस्था और जातिभेद | (सुन्दर लाल सागर) | 2 रुपये |
| 100. प्रगति हेतु शास्त्रार्थ (लेखक 60 विद्वान, 125 लेख) | | 10 रुपये |

[इतनी सस्ती इस विषय पर अन्य पुस्तक नहीं है। इसमें वेदों, पुराणों, स्मृतियों, उपनिषदों, रामायणों, गीता व महाभारत आदि के उन अंशों की आलोचनाएँ हैं, जो मानव प्रगति में बाधक हैं। अवश्य ही पढ़ें।]

प्रिय धम्म बन्धुवर,

भीषण महँगाई के कारण अब मूल्य डेढ़ गुने हो जाएँगे।

क्षमा!

धन्यवाद!

1. पत्र घसीट कर न लिखें। पत्र में सबसे पहले अपना नाम, मकान नम्बर, गली का नाम, गाँव/मोहल्ला, पोस्ट ऑफिस मय पिन कोड नम्बर, जिला व प्रान्त का नाम लिखें।
2. पोस्ट कार्ड में बाईं ओर अपना नाम, पता मत लिखें। पोस्ट ऑफिस वाले उस पर मोहर लगा देते हैं। पढ़ा नहीं जाता। जवाब न मिलने पर आप नाराज होते हैं। अपना पूरा पता सबसे पहले साफ-साफ हिन्दी में या अंग्रेजी के कैपिटल लेटर में लिखा करें।
3. अगर माल रेलवे से मँगाना हो तो रेलवे स्टेशन का नाम तथा लाइन का नाम साफ-साफ हिन्दी या अंग्रेजी में कैपिटल लेटर में लिखें।
4. जवाब के लिए लिफाफा के भीतर दूसरा लिफाफा भेजें। कम से कम 10 रुपये पहले मनी ऑर्डर द्वारा भेजें। पचास रुपये से अधिक कीमत की किताबों के लिए तिहाई रुपये पहले मनी ऑर्डर द्वारा भेजें।
5. कृपया जवाबी पोस्ट कार्ड डालिए। 2 रुपये अग्रिम भेजें। क्योंकि कुछ वी.पी. लौट आती हैं।
6. 5 रुपया से कम पर कोई कमीशन नहीं। इसके बाद 25 रुपये तक पर 10 प्रतिशत कमीशन, इसके पश्चात् 50 रुपये तक पर 20 प्रतिशत कमीशन और 50 रुपये से अधिक पर 33 प्रतिशत कमीशन है। पैकिंग व डाक खर्च ग्राहक के जिम्मे है।
7. जितनी जल्दी घर-घर में गाँव—गाँव में व मुहल्ला—मुहल्ला में पुस्तकालय खुलेंगे—उतनी जल्दी अधिकारों को प्राप्त करने की जागरूकता बढ़ेगी।
8. बौद्ध धर्म, डॉ. अम्बेडकर, पेरियार और समतावादी प्रगतिशील किताबों के लिए, अपना पता लिखा हुआ, पैंतीस पैसे का लिफाफा, अशोक पुस्तकालय, झींझक, जिला—कानपुर, 209302 को भेजिए। पुस्तकें प्राप्त कीजिए। बुद्धि और समतामूलक चेतना का निर्माण कीजिए। किताबें ज्ञानरूपी हथियार हैं। हथियार मतलब ज्ञान किताबों में संगृहीत है।

आपने कई हजार साल से ब्राह्मणों द्वारा लिखी किताबें पढ़ी हैं। उससे दिमाग में दिमागी गुलामी पैदा हो गई है। उस गुलामी से छुटकारा पाने के लिए; ऊपर लिखी गई किताबें अवश्य पढ़िए।

**नोट—** जैसे-जैसे महँगाई बढ़ती जा रही है, वैसे-वैसे किताबों के दाम भी बढ़ते जा रहे हैं। अत: 10 रुपये से कम का मनी ऑर्डर मत भेजिए। क्षमा करें!

ये साहित्य पढ़कर आप अपना अन्धविश्वास-कर्मकांड दूर करके भविष्य सुख-मय कीजिए।

जितनी जल्दी घर-घर में, गाँव-गाँव में व मुहल्ले-मुहल्ले में पुस्तकालय खुलेंगे, उतनी ही जल्दी अधिकारों को प्राप्त करने की जागरूकता बढ़ेगी।

अत: आप सबसे विनम्र अनुरोध है कि अपने सामर्थ्य के अनुसार नीचे लिखे पते पर मनीऑर्डर द्वारा सहयोग करें और किताबें प्राप्त करें।

सपरिवार सुखी व स्वस्थ रहें।

मेरा परिवार आप सब हैं। सम्पूर्ण समाज है।

आप सबको सफलता की मंगलकामनाएँ।

धन्यवाद!

आप सबका

**—पेरियार ललई सिंह**

अशोक पुस्तकालय (रजि.)

झींझक, जिला—कानपुर, उत्तर प्रदेश

पिन-209302, भारत

# पेरियार ललई सिंह
# द्वारा अध्ययन की गई पुस्तकें

*[निम्नलिखित किताबों की सूची सम्पूर्ण भारत से पेरियार ललई सिंह के शुभचिन्तकों से प्राप्त की गई हैं। वे जो-जो किताबें अध्ययन करते थे। संग्रह करते थे। सबको पढ़ने को कहते थे। देते थे। वो सब यहाँ दी जा रही हैं। —सम्पादक]*

## डॉ. अम्बेडकर साहित्य

1. 'बाबा साहेब का उपदेश और आदेश' (दो भाग में)—चन्द्रिका प्रसाद 'जिज्ञासु', बहुजन कल्याण प्रकाशन, 360/193, मातादीन रोड, सआदतगंज, लखनऊ-3, प्रथम संस्करण 1957, मूल्य 1 रुपया
2. 'बाबा साहेब का जीवन संघर्ष'—चन्द्रिका प्रसाद 'जिज्ञासु', बहुजन कल्याण प्रकाशन, 360/193, मातादीन रोड, सआदतगंज, लखनऊ-3, प्रथम संस्करण 1961, मूल्य 1 रुपया। यह जीवनी इतनी लोकप्रिय सिद्ध हुई कि कुछ ही वर्षों में इसके आठ संस्करण निकले अर्थात् 40 हजार से अधिक प्रतियाँ बिक गईं। हिन्दी में डॉ. अम्बेडकर की लिखी गई यह पहली जीवनी है।
3. 'डॉ. अम्बेडकर का व्यक्तित्व दर्शन-धनंजय कीर' (मराठी से हिन्दी अनुवादित), प्रकाशक—डी.सी. वीरेन्दु, बी.एससी., ए.जी., पेरियार ललई सिंह, अशोक पुस्तकालय, झींझक, कानपुर, उ.प्र., अनुवादक—कामता प्रसाद, एम.ए., एल.एल.बी., साहित्यरत्न, मूल्य 20 पैसे, 14 अप्रैल, 1962 ई.
4. 'डॉ. अम्बेडकर', बेवरले निकोलस, अनुवादक—आनन्द कौसल्यायन, भारतीय बौद्ध कल्याण संघ, प्रकाशन सहयोग—वा.ना. मेश्राम, दी इंडियन बुद्धिस्ट वेलफेयर एसोसिएशन, नागपुर, प्रथम संस्करण सन् 1963 ई., मूल्य 5 नये पैसे
5. 'बाबा साहब'—लेखक-भदन्त आनन्द कौसल्यायन, भिक्षु गा. प्रज्ञानन्द अध्यक्ष, भारतीय बौद्ध शिक्षा परिषद, जेतवन महाविहार, श्रावस्ती, बलरामपुर, उत्तर प्रदेश, संस्करण 1964, मूल्य 50 नये पैसे

6. 'बाबा साहेब अम्बेडकर'—(एकचित्रात्मक जीवनी) लेखक—शान्ताराम शंकर रेगे, इंडिया बुक हाउस, एजुकेशन ट्रस्ट, मुम्बई-400039
7. 'बाबा साहब डॉ. अम्बेडकर' (काव्य)—विजय कुमार पुजारी, प्रकाशक—340 कृष्णा नगर, पोस्ट—गांधी नगर, दिल्ली-6, प्रथम संस्करण-1958 ई., मूल्य 3 रुपये
8. 'डॉ. अम्बेडकर की दुनिया'—(भजन इतिहास)—कवि बंशीराम बेधड़क मुसाफिर, प्रान्तीय प्रचारक मंडल लोटी सफियाबाद, जिला—मेरठ प्रकाशक—मा. मक्खन लाल वर्मा, मामराज सिंह कर्दम, उत्तर प्रदेश प्रचारक मंडल, मुसाफिर भवन, लोटी सफियाबाद, पोस्ट—मुदाफरा, जिला—मेरठ, प्रथम संस्करण- 1962, 5 नये पैसे
9. 'भीम बत्तीसी'—अर्थात् 'बोधिसत्व बाबा साहब डॉ. अम्बेडकर का जीवन संघर्ष भजनों में'—लेखक- कवि सूबेदार मनोज, ग्राम-अमरिया, प्रकाशक—श्री खेमकरन लाल 'कर्नल', सिनेमा रोड, हरदोई, मूल्य 1.00
10. 'बाबा साहब का उपदेश और आदेश'—संकलनकर्त्ता—श्री जी.आर. लोमोड़ आदिवंशी, बहुजन कल्याण प्रकाशन, लखनऊ, उत्तर प्रदेश
11. 'भारत का भान अम्बेडकर'—रामलाल अजब बौद्ध, प्रथम संस्करण 1973 ई., मूल्य 40 पैसे
12. 'भीम गीतावली'—नत्थी सिंह गौतम (डॉ. अम्बेडकर मिशन प्रचारक मंडल) हापुड़, शिवगढ़ी, गाजियाबाद, संरक्षक—भारतीय बौद्ध महासभा, गाजियाबाद, उत्तर प्रदेश संस्करण-14 अप्रैल, सन् 1982, मूल्य 1.25 पैसे
13. 'भीमराव रामजीराव अम्बेडकर चालीसा'—रामएकबाल राय, प्रकाशक—श्री गुरु रविदास एवं अम्बेडकर शोध संस्थान, शिशराढ़-802122, थाना—राजपुर, भोजपुर, बिहार, प्रथम संस्करण 14 अप्रैल, सन् 1983 ई., मूल्य पचास पैसे। मुद्रक- आदर्श प्रेस, सोहनी पट्टी, बक्सर, भोजपुर, बिहार
14. 'आखिर डॉ. अम्बेडकर का चित्र क्यों?', लेखक—गुरु प्रसाद मदन, एडवोकेट, मकान नं. 15, मोहल्ला-बेली, इलाहाबाद-2
15. 'अछूतों की विमुक्ति और गांधी जी'—बोधिसत्व बाबा साहब डॉ. भीमराव अम्बेडकर, अनुवादक—श्री खेमचन्द गौतम, सम्पादक—चन्द्रिका प्रसाद जिज्ञासु, बहुजन कल्याण प्रकाशन, लखनऊ, उत्तर प्रदेश, प्रथम संस्करण-सन् 1966 ई., मूल्य 2 नये पैसे
16. 'डॉ. भीमराव अम्बेडकर का अभिभाषण' (भाग-1), सम्पादित-भगवान दास, अनुवादक—भदन्त आनन्द कौसल्यायन, भीम पत्रिका प्रकाशन, जालन्धर, पंजाब, संस्करण 15 अगस्त, सन् 1964 ई., मूल्य 2.50 पैसे

17. 'डॉ. अम्बेडकर और भारतीय संविधान'—लाहौरी राम बाली, 'भीम पत्रिका पब्लिकेशंस', नकोदर रोड, जालन्धर सिटी, पंजाब-144003 (चंडीगढ़), मूल्य 25 रुपये
18. 'रानाडे, गांधी और जिन्ना'—डॉ. अम्बेडकर, बहुजन कल्याण प्रकाशन, सआदतगंज, लखनऊ 3, उत्तर प्रदेश, प्रथम संस्करण सन् 1966 ई., मूल्य 2 रुपये
19. 'डॉ. अम्बेडकर की संघर्षमय जीवन झाँकी', प्रकाशक—डॉ. अम्बेडकर प्रचार समिति, शहर कानपुर, उत्तर प्रदेश
20. 'डॉ. अम्बेडकर की अपील'—बाबू मलखान सिंह, प्रकाशक—बाबू मलखान सिंह, प्रथम संस्करण सन् 1966 ई., कीमत 8 पैसे
21. 'डॉ. अम्बेडकर चित्रावली', संग्रहकर्त्ता—हजारी राम 'बोधी', प्रकाशक—अम्बेडकर मिशन प्रचार सभा, जालन्धर-3, पंजाब, प्रथम संस्करण 15 सितम्बर, 1971, मूल्य पाँच रुपये
22. 'भीम दंगल'—गायक+लेखक—श्री राजगुरु राजा राम कर्डक तथा उस्तादश्री किशन राव पवार, महू, प्रकाशक—श्री जीवनराम काम्बले, महू, मध्य प्रदेश, संस्करण-1967, कीमत 1 नये पैसे
23. 'अछूत कौन और कैसे?'—डॉ. बी.आर. अम्बेडकर, बहुजन कल्याण प्रकाशन, लखनऊ, उत्तर प्रदेश
24. 'क्या जाति-पाँति मिटाई जा सकती है?'—सन्तराम बी.ए. प्रकाशक—जाति-पाँति तोड़क मंडल, पुरानी बस्ती, जिला—होशियारपुर, पंजाब, सितम्बर, 1968
25. 'भारतीय रिपब्लिक पार्टी ही क्यों?', लेखक—भारतीय समाजतत्त्वदर्शी श्री चन्द्रिका प्रसाद 'जिज्ञासु', बहुजन कल्याण प्रकाशन, लखनऊ, उत्तर प्रदेश। मूल्य 75 पैसे
26. 'बाबा साहब डॉ. अम्बेडकर महान् देशभक्त'—लेखक—खेमचन्द्र 'सौगत' एडवोकेट, आगरा, प्रकाशक—प्रबुद्ध अम्बेडकर सांस्कृतिक संस्थान, लखनऊ, संस्करण सन् 1972, मूल्य 75 पैसे
27. बाबा साहेब डॉ. अम्बेडकर (उपन्यास)—सूर्य नारायण त्रिपाठी एवं ईश्वरी प्रसाद, हिन्द पॉकेट बुक्स, ई-5/20, कृष्ण नगर, दिल्ली-110051, प्रथम संस्करण सन् 1973 ई.। मूल्य दो रुपये
28. डॉ. अम्बेडकर के भाषण (भाग-2), संग्रह सम्पादन—भगवान दास, अनुवादक—भदन्त आनन्द कौसल्यायन, प्रकाशन- स्थवीर गा. प्रज्ञानन्द, बुद्ध विहार, लखनऊ। संस्करण सन् 1978 मूल्य 6 रुपये
29. 'डॉ. अम्बेडकर' (नाटक) आर.बी. त्रिशरण, समाज-सुधार-प्रकाशन, हरैया, बस्ती, प्रथम संस्करण सन् 1979 ई., मूल्य 3.50 पैसे

30. 'भीम वाणी-गीत', रचयिता व प्रकाशक—भिक्षु सतानन्द (थेरा), बुद्ध विहार, आलमपुर, पोस्ट—हदरूख, जिला—जालौन, उत्तर प्रदेश, संस्करण 14 अप्रैल, 1984, मूल्य 50 पैसे
31. 'गारी भीम किरण'—कवि बाबू बौद्ध भाष्य—डॉ. अम्बेडकर बौद्ध विहार, ग्राम व पोस्ट—घिंलौर, जालौन, उ.प्र., प्रथम संस्करण-सन् 1980, मूल्य 60 पैसे
32. 'बुद्ध अम्बेडकर भजनावली'—आशा गौतम, प्रकाशक—बौद्ध परिषद पिलग्राम, हरदोई, उ.प्र., प्रथम संस्करण-14 अप्रैल, 1984 ई.। मूल्य 1.25 रुपये
33. 'डॉ. अम्बेडकर मिशन क्या है?'—एल. आर. बाली, 'भीम पत्रिका' पब्लिकेशंस, जालन्धर, पंजाब, भारत
34. 'भीमपदी श्रद्धांजलि' (हिन्दी-मराठी काव्य), लेखक—कवि 'दीनबन्धु', प्रकाशक—पां, अ. शेगांक्कर, 'लुम्बिनी प्रकाशन', गोरेगाँव, जिला—अकोला, विदर्भ, महाराष्ट्र, संस्करण 1 मार्च, सन् 1958 ई.
35. 'कांतीची ललकार' (हिन्दी मराठी पदे), कवि 'दिनबन्धु', प्रकाशक—सौ कौशल्याबाई शेगांक्कर, लुम्बिनी प्रकाशन, बुद्ध छाया, भीम नगर, अकोला (विदर्भ), संस्करण 21 अक्टूबर, 1958, मूल्य 30 पैसे
36. 'भीम-गुणमात', कवि 'दीनबन्धु', प्रकाशक—सौ कौशल्याबाई शेगांक्कर, लुम्बिनी प्रकाशन, बुद्ध छाया, भीम नगर, अकोला (विदर्भ), संस्करण 21 अक्टूबर, 1958, मूल्य 30 पैसे
37. 'परिनिर्वाण प्राप्त बोधिसत्व बाबा साहेब डॉ. बी.आर. अम्बेडकर का अन्तिम उपदेश, सन्देश तथा आदेश', भारतीय बौद्ध महासभा, अम्बेडकर भवन, एम.एम. रोड, नई दिल्ली। संस्करण-14 अप्रैल, 1957 ई., मूल्य 4 आना पैसा
38. हेच घा वरदान (पद-संग्रह), कवि 'दीनबन्धु', प्रकाशक—सौ कौशल्याबाई शेगांक्कर, लुम्बिनी प्रकाशन, बुद्ध छाया, भीम नगर, अकोला (विदर्भ), संस्करण सन् 1962, मूल्य 30 पैसे
39. 'उद्धारक', कवि 'दीनबन्धु', प्रकाशक—सौ कौशल्याबाई शेगांक्कर, लुम्बिनी प्रकाशन, बुद्ध छाया, भीम नगर, अकोला (विदर्भ), संस्करण सन् 1950, मूल्य 30 पैसे
40. 'दलित-जागृति' (हिन्दी मराठी पद), कवि 'दीनबन्धु', प्रकाशक—सौ कौशल्याबाई शेगांक्कर, लुम्बिनी प्रकाशन, बुद्ध छाया, भीम नगर, अकोला (विदर्भ), प्रथम संस्करण सन् 1952, मूल्य 30 पैसे
41. 'बुद्ध-भीम पालणा पोवाडा' (नवीन श्लोक व ओत्यासही), कवि 'दीनबन्धु', प्रकाशक—सौ कौशल्याबाई शेगांक्कर, लुम्बिनी प्रकाशन, बुद्ध छाया, भीम नगर, अकोला (विदर्भ), प्रथम संस्करण सन् 1951, मूल्य 30 पैसे

42. 'समाज-चेतावनी' (पद संग्रह), कवि 'दीनबन्धु', प्रकाशक—सौ कौशल्याबाई शेगांक्कर, लुम्बिनी प्रकाशन, बुद्ध छाया, भीम नगर, अकोला (विदर्भ), प्रथम संस्करण सन् 1954, मूल्य 25 पैसे
43. 'पौर्णिमा' (पद संग्रह)- कवि 'दीनबन्धु', प्रकाशक—सौ कौशल्याबाई शेगांक्कर, लुम्बिनी प्रकाशन, बुद्ध छाया, भीम नगर, अकोला (विदर्भ), मूल्य 30 पैसे
44. 'आई मी भीम होईन' (पद संग्रह), कवि 'दीनबन्धु', प्रकाशक—सौ कौशल्याबाई शेगांक्कर, लुम्बिनी प्रकाशन, बुद्ध छाया, भीम नगर, अकोला (विदर्भ), प्रथम संस्करण सन् 1956 ई.
45. 'बाबा साहेब और हमारा समाज' (विचारशील एवं क्रान्तिकारी पुस्तक)- बृजपाल सिंह, बोधिसत्व प्रकाशन, रामपुर, उत्तर प्रदेश, प्रथम संस्करण सन् 1978 ई.
46. 'डॉ. अम्बेडकर और बुद्ध का जीवन संघर्ष'—प्रेमचन्द तैत्रिय, सम्पादक—साप्ताहिक नव जागृत आगरा, प्रकाशक—मान सिंह जी, दिलशाद गार्डन, दिल्ली। मूल्य 4 आना पैसे
47. 'डॉ. अम्बेडकर और हम'—भगीरथ प्रसाद, समाज सेवा प्रेस, 1 जनवरी, 1968 ई. मूल्य 25 पैसे
48. 'विश्वभूषण बोधिसत्व बाबा साहेब डॉ.अम्बेडकर', संकलनकर्त्ता-दुर्गा प्रसाद चोहटल, डॉ. अम्बेडकर साहित्य प्रचार मंडल, जबलपुर, मध्य प्रदेश, प्रथम संस्करण 1976 ई., मूल्य मुफ्त वितरण हेतु
49. 'डॉ. भीमराव अम्बेडकर साहेब का जीवन चरित्र', लेखक एवं सम्पादक—मुखराम सिंह सिद्धान्त, रत्न मवाना कलाँ, मेरठ, उत्तर प्रदेश, मूल्य 1.50 पैसे
50. 'बाबा साहेब डॉ. अम्बेडकर और भारतीय संस्कृति'—डॉ. अम्बेडकर विचार मंच संघ, भिलाई नगर, भिलाई, मध्य प्रदेश, समाज सेवा प्रेस, लखनऊ
51. 'बाबा साहेब की अमरवाणी'—समाज ग्रंथमाला-रचयिता-रत्नाकर बन्धु त्रिशरण, बाबा साहेब डॉ. अम्बेडकर समाज सुधार समिति, हरैया, बस्ती, उत्तर प्रदेश, प्रथम संस्करण सन् 1978 ई., मूल्य 75 पैसे
52. 'अम्बेडकर बनाम गांधी', एल.आर. बाली—भाग-1, भाग-2, 'भीम पत्रिका' पब्लिकेशंस, नकोदर रोड, जालन्धर, पंजाब-3, संस्करण-28 सितम्बर, 1983 ई., मूल्य 5 रुपये
53. 'प्रेम की दृष्टि' (गीत), बुद्ध संघ प्रेमी—पंचशील लोक साहित्य प्रकाशन, डी-152, न्यू सीलमपुर, दिल्ली-110053, संस्करण 14 अप्रैल, 1982, मूल्य 1 रुपया

54. 'मुक्तिदाता'—छेदीलाल 'साथी', डॉ. अंगने लाल, प्रकाशक—मानव सेवा चैरिटेबल ट्रस्ट ऑफ इंडिया, ए-435, इन्दिरा नगर, लखनऊ, प्रथम संस्करण सन् 1982, मूल्य पाँच रुपये
55. 'धर्म और समाज डॉ. अम्बेडकर की दृष्टि में'—श्री सुदामा प्रसाद अहेरवार (अहिरवार), प्रकाशक—सिद्धार्थ सामाजिक संगम, 90/49 अनवर गंज, कानपुर, उ. प्र., संस्करण-14 अप्रैल, सन् 1970 ई., मूल्य 10 पैसे
56. 'ईश्वर, आत्मा एवं वेदों आदि में विश्वास अ-धर्म है'—डॉ. अम्बेडकर, प्रकाशक—**पेरियार ललई सिंह**, अशोक पुस्तकालय, झींझक, कानपुर, उत्तर प्रदेश। प्रथम बार सन् 1974 ई, दूसरी बार 14 अप्रैल, 1982 ई., सम्पादक—**पेरियार ललई सिंह**, मूल्य 2.50 पैसे
57. 'दलित वर्ग को धर्मान्तरण की आवश्यकता क्यों है?', डॉ. अम्बेडकर, अनुवादक—विमल कीर्ति, प्रकाशन-दलित मुक्ति प्रबोधन माला-एक, नागपुर-10, प्रथम आवृत्ति- 14 अक्टूबर, सन् 1978 ई., पेरियार ई.वी. रामास्वामी के जन्म शताब्दी पर। मूल्य दो रुपये
58. 'भीम भास्कर' (प्रबन्ध काव्य)—रचयिता-बलिराम मिर्जापुरी, प्रकाशक—एस.आर. भारतीय (अध्यक्ष) बाबा साहब डॉ. अम्बेडकर समाज सुधारक समिति, ग्रंथमाला-12, समाज सुधार प्रकाशन, हर्रैया, बस्ती, उत्तर प्रदेश, प्रथम संस्करण सन् 1989, मूल्य 6 रुपये मात्र
59. 'स्मृति-पत्र' (भारतीय राष्ट्र संघ में उपस्थित किया हुआ स्मृति-पत्र स्वतंत्र भारत के विधान में अल्पसंख्यक और शिड्यूल जातियाँ और उनके अधिकार जिन्हें किस तरह प्राप्त किया जाए), डॉ. बी.आर. अम्बेडकर, कानून मंत्री भारतीय राष्ट्र संघ, अनुवादक—ए.के. शास्त्री, मूल्य 1 आना
60. 'सन्मार्ग : डॉ. भीमराव अम्बेडकर', संग्रहक—कृष्ण कुमार बौद्ध, 'भीम पत्रिका' पब्लिकेशंस, नकोदर रोड, जालन्धर-144003 (पंजाब)
61. 'दलितों के मसीहा डॉ. अम्बेडकर'—लेखक—बाबू लाल चाँवरिया, भारतीय दलित साहित्य अकादमी, जिला शाखा—जोधपुर, राजस्थान, संस्करण-1990 ई., सहयोग राशि 2.50 रु. मात्र

# बौद्ध धर्म का साहित्य

1. 'त्रिपिटक'—1 सुत्त पिटक, 2. विनय पिटक, 3. 'अभिधम्म पिटक'—महाबोधि सभा, सारनाथ, वाराणसी, उ.प्र.
2. 'अनुपिटक'—1. 'मिलिन्द प्रश्न', अनुवादक—भिक्षु जगदीश कश्यप, सुगत प्रकाशन, नागपुर, महाराष्ट्र
3. 'वंश साहित्य के 18 ग्रंथ'—महाबोधि सभा, सारनाथ, वाराणसी।
4. 'अंगुत्तर निकाय', भदन्त आनन्द कौसल्यायन, महाबोधि प्रकाशन, कलकत्ता, कई खंडों में
5. 'प्रतीत्य समुत्पाद'—तिब्बतन उच्च अध्ययन विभाग, सारनाथ, महाबोधि सभा, सारनाथ, वाराणसी, संस्करण सन् 1986 ई.
6. 'मज्झीम निकाय', महाबोधि सभा, सारनाथ, वाराणसी, उ.प्र.
7. 'अट्ठकथा'—महाबोधि सभा, सारनाथ, वाराणसी
8. 'अभिधम्मत्यसंगहो', दो भागों में, आचार्य अनुरुद्ध प्रणीत, सम्पादन-अनुवादक तथा व्याख्याकार- भदन्त रेवतधम्म, रामशंकर त्रिपाठी, वाराणसी, (पहला भाग-459 पृष्ठ में तथा दूसरा भाग 1034 पृष्ठ में है।)
9. 'भगवान बुद्ध'—आनन्द कौसल्यायन, प्रकाशक—ए. विलियम, विलियम गैरेज, मामले, श्रीलंका मुद्रक—याज्ञवल्क्य, ममता प्रेस, कबीर चौराहा, वाराणसी (भारत), 1956 ई., मूल्य 10 पैसे
10. 'पंचशील और बुद्ध वन्दना'—बुद्ध विहार, रिसालदार पार्क, लखनऊ, 2 मार्च, 1957 ई.
11. 'बुद्धाचा धर्म घेतला' (पद-संग्रह), कवि 'दीनबन्धु', प्रकाशक—सौ कौशल्याबाई शेगांक्कर, लुम्बिनी प्रकाशन, बुद्ध छाया, भीम नगर, अकोला (विदर्भ), संस्करण सन् 1957, मूल्य 30 पैसे
12. 'सौन्दरानन्दम् महाकाव्यम्'—अश्वघोष, अनुवादक—सम्पादक—सूर्य नारायण चौधरी, प्रकाशक—संस्कृत भवन कठौतिया, पोस्ट—काझा, जिला—पूर्णिया (बिहार) द्वितीय संस्करण-1959 ई.। मूल्य 3 रुपये।

(सावधान! कागज सड़ गया है। अत: पन्ना सावधानी से पलटिए—अन्यथा पन्ना फट जाएगा—**पेरियार ललई सिंह**)

13. 'बौद्ध हुंकार' (पद-संग्रह), लेखक—कवि 'दीनबन्धु', सौ. कौशल्याबाई शेगांक्कर, लुम्बिनी प्रकाशन, बुद्ध छाया, भीम नगर, अकोला (विदर्भ), संस्करण सन् 1960, मूल्य 30 पैसे
14. 'बौद्धचर्या'—विधि—डॉ. भिभु धर्मरक्षित, अनुवाद—अनन्त रामचन्द्र कुलकर्णी। प्रकाशक—महाबोधि सभा, सारनाथ, वाराणसी, उत्तर प्रदेश। कीमत 56 नये पैसे, संस्करण सन् 1962 ई.
15. 'बौद्ध धर्म में पूर्वजन्म, कर्मवाद, मंगल कर्म और अमंगल कार्य'—आर.एन. शास्त्री, प्रकाशक—डॉ. बी.आर. अम्बेडकर रिसर्च इंस्टीट्यूट (इंडिया), 81, नॉर्थ एवेन्यू, नई दिल्ली-110001, प्रथम संस्करण 6 दिसबंर, 1967। मूल्य पाँच रुपये
16. 'बौद्ध धम्म में जयमंगल साधना पद्धति'—एम.ए. शास्त्री, प्रकाशक—179 नॉर्थ एवेन्यू, न्यू दिल्ली-1, सन् 1968, मूल्य 5 रुपये
17. 'त्रिशरण-वंदना-परित्राण पाठ तथा जयमंगल साधना अट्टगाथा'—(कविता में) रचयिता—पंडित चन्द्रिका प्रसाद 'जिज्ञासु', बहुजन कल्याण प्रकाशन, मूल्य दो रुपये, प्रथम संस्करण 1968 ई.
18. 'बौद्ध धर्म का उदय, अस्त, पूर्णोधार'—लेखकगण—डॉ. भीमराव अम्बेडकर, राहुल सांकृत्यायन, चन्द्रिका प्रसाद 'जिज्ञासु', बहुजन कल्याण प्रकाशन, प्रथम संस्करण सन् 1969 ई.। मूल्य 1 रुपया
19. 'भगवान गौतम बुद्ध जीवनी और उनका धर्म' (गारी रूप में), लेखक व प्रकाशक—कवि बालूराम बौद्ध (धर्मरक्षित भिक्षु संघरत्न, श्रीलंका), डॉ. अम्बेडकर, बुद्ध विहार, ग्राम व पोस्ट—घिंलौर, जिला—जालौन, उत्तर प्रदेश, संस्करण सन् 1975 ई., मूल्य 1 रुपया
20. 'अश्वघोष कालीन भारत'—डॉ. अंगने लाल, कैलाश प्रकाशन, 76, खुर्शीदबाग, लखनऊ, संस्करण 1973 ई., मूल्य 15 रुपये
21. 'भारतीय धर्म एवं संस्कृति', लेखक—बुद्ध प्रकाश, मोनाक्षी प्रकाशन, मेरठ, उत्तर प्रदेश, भारत
22. 'बौद्ध धर्म की बाल पोथी'—डॉ. भिक्षु धर्मरक्षित, सुगतानन्द प्रकाशन, सारनाथ, वाराणसी, 1 फरवरी, 1973 ई.
23. 'विश्व को बुद्ध की देन'—रेवती राम, बौद्ध परिषद बिलग्राम, हरदोई (पूर्व)1981 ई.
24. 'तथागत भर्ग सूत्र'—(सद्धर्म सार संग्रह) (तिब्बत से हिन्दी), अनुवादक—भदन्त मंगल हृदय, संग्रहकर्ता-काग्युप्त तथा गम्पोपा, प्रथम संस्करण-

1958 ई., द्वितीय संस्करण-1974 ई. अशोक पुस्तकालय, कानपुर, उ.प्र., तृतीय संस्करण-1993 ई.

25. 'कलाम-सूत्र' (स्वतंत्र चिन्तन का घोषण-पत्र)—अनुवादक—भिक्षु गलगेदर प्रज्ञानन्द, अशोक पुस्तकालय, संस्करण-प्रथम बार 1960 ई., द्वितीय संस्करण-1980 ई., मूल्य 2 रुपये
26. 'बुद्ध धम्म की भारत को देन'—डॉ. सुरेन्द्र अज्ञात, एम.ए. (हिन्दी व संस्कृत) पीएच.डी. (अमेरिका), बुद्धिस्ट पब्लिशिंग हाउस, प्राइवेट लिमिटेड, आबादपुर, जालन्धर, पंजाब-144003, प्रथम संस्करण 1982 ई.
27. 'धम्म दर्पण'—भन्ते डॉ. शीलरत्न, धर्मोदय बुद्ध विहार प्रकाशन, पसौंडा, गाजियाबाद, उत्तर प्रदेश, मूल्य 40 पैसे
28. 'बुद्ध गुणालंकार'—आचार्य अनिरुद्ध महास्थविर, अनुवादक—भदन्त आनन्द कौसल्यायन, प्रकाशक—बुद्ध विहार, लखनऊ, मूल्य 1.27 पैसे
29. 'लुम्बिनी एवं कपिलवस्तु जहाँ बुद्ध का जन्म हुआ'—संचालक—बौद्ध पारिवारिक संगम, प्रकाशक—परिषद-बौद्ध समाज, ब्लॉक नम्बर-ए-29/6, ONGC कॉलोनी, देहरादून उत्तर प्रदेश- सहयोग राशि-3 रुपये
30. 'तथागत भक्ति स्तोत्र'—भिक्षु निर्गुणानन्द थेरो, बम्बई, प्रकाशक सहयोग—उपासक अशोक प्रसाद, अभय प्रसाद, सारिपुत्र प्रकाशन, गौतम कुटीर, अशोक नगर, वासीनाका, चेम्बूर, बम्बई, महाराष्ट्र
31. 'बुद्ध वचन'—संग्रहकर्ता—महास्थविर आनातिलोक, अनुवादक—भिक्षु आनन्द, कौसल्यायन, प्रकाशक—भिक्षु संघरत्न, महाबोधि सभा सारनाथ, वाराणसी, उ.प्र.
32. 'पारमिताएँ'—(जातक कथाओं सहित)—भिक्षु ज्ञानरत्न, प्रकाशक—बुद्ध विहार, प्रबन्ध समिति, चक्कीपाट, आगरा-282003, संस्करण-सन् 1987 ई., मूल्य 8 रुपये
33. 'चित-चेत धरती'—एस.सी.कुरील, प्रकाशक—रंजीत कुमार, 74 एच, देवकी नगर, कानपुर, उत्तर प्रदेश, संस्करण-जुलाई, 1984, मूल्य 2 रुपये
34. 'बुद्धिवाद प्रदीप'—भिक्षु निर्गुणानन्द, सारिपुत्र प्रकाशन, चेम्बूर, मुम्बई, संस्करण सन् 1985, मूल्य आठ रुपये
35. 'भगवान बुद्ध का इतिहास एवं धम्म दर्शन'—भदन्त धर्मकीर्ति महाथेरो, 1986 ई.
36. 'बौद्ध साहित्यांतील आदर्श स्त्री रत्ने'—रमण पाटिल, शिरीष प्रकाशन, 5/16, विदर्भ हाउसिंग बोर्ड कॉलोनी, पाँचपावली, नागपुर-410017 प्रथम आवृत्ति-1978, कीमत-6 रुपये (यह किताब मराठी भाषा में है।)

37. 'बौद्ध शिशु बोध'—लेखक—श्री सी.डब्ल्यू. लेडवीटर, अनुवादक—डॉ. भिक्षु धर्मरक्षित, प्रकाशक—भिक्षु बुद्धशरण
38. 'गारी बुद्ध प्रकाश'—प्रथम खंड, लेखक व प्रकाशक—कवि बालूराम बौद्ध भाष्य (धर्मरक्षित भिक्षु संघरत्न श्रीलंका), डॉ. अम्बेडकर, बुद्ध विहार, ग्राम व पोस्ट—घिंलौर, जिला—जालौन, उत्तर प्रदेश, संस्करण 1981ई., मूल्य 60 पैसे
39. 'गारी विवाह संस्कार'—लेखक व प्रकाशक—कवि बालूराम बौद्ध भाष्य (धर्मरक्षित भिक्षु संघरत्न श्रीलंका), डॉ. अम्बेडकर, बुद्ध विहार, ग्राम व पोस्ट—घिंलौर, जिला—जालौन, उत्तर प्रदेश, संस्करण 1982 ई., मूल्य 50 पैसे
40. 'बौद्ध धर्म में पूजा वन्दना परित्राण सुत्त'—एम.ए. शास्त्री, प्रकाशक—13 नार्थ एवेन्यू दिल्ली-1, संस्करण-1988, मूल्य डेढ़ रुपया
41. 'बौद्ध धर्म के विकास का इतिहास', डॉ. गोविन्द चन्द्र पांडेय, उत्तर प्रदेश, हिन्दी संस्थान, लखनऊ, संस्करण-दिनांक : 14 अप्रैल, 1989 ई.
42. 'बुद्ध धर्म में धम्म विजय'—दशमी का महत्त्व—तुलिकाकार एवं प्रकाशक—रत्न आधार उपासक, ग्राम—परसा, पत्रालय-रामपुर, बारह कोनी, जनपद, बस्ती, उत्तर प्रदेश, संस्करण 1 अक्टूबर, 1987 ई.। मूल्य 40 रुपये
43. 'बौद्ध नामावली'—अजय सागर, सागर प्रकाशन, 223, दरीबा, मैनपुरी, 205001, उत्तर प्रदेश। संस्करण 1991 ई., मूल्य 3 रुपये
44. 'भगवान बुद्ध और उनका अमर सन्देश', बी.आर. सांपला—प्रकाशक—सिद्धार्थ साहित्य सदन, 7/54, साऊथ पटेल नगर, नई दिल्ली-110008, मूल्य 1.25 पैसे। 1975 ई.
45. 'बुद्ध-वाणी'—डॉ. गया प्रसाद प्रशान्त, अशोक पुस्तकालय, कानपुर, प्रथम संस्करण सन् 1971, मूल्य 1 रुपया
46. 'बुद्ध अर्चना'—डॉ. विद्यावती मालवीया, भारतीय बौद्ध शाक्य परिषद, संकिसा, फर्रुखाबाद, प्रथम संस्करण 1951 ई., मूल्य 15 पैसे
47. 'तथागत का धम्म उपदेश' (प्रथम उपदेश)—सम्पादक—भिक्षु धर्मरक्षित, महाबोधि सभा, सारनाथ, वाराणसी, प्रथम संस्करण 1963, मूल्य 65 पैसे
48. 'संसार का सर्वोत्तम धर्म' (First Religion in the World), अनुवादक—श्री दयाराम जैन एम.ए., बहुजन कल्याण प्रकाशन, सआदतगंज, लखनऊ-3, प्रथम संस्करण 1970, मूल्य 1 रुपया
49. 'अम्बट्ठ-सुत्त', अनुवाद—भिक्षु जगदीश काश्यप, सम्पादक—चन्द्रिका प्रसाद 'जिज्ञासु', बहुजन कल्याण प्रकाशन, सआदत गंज, लखनऊ-3, प्रथम आवृत्ति 1969 ई., मूल्य 1.50 पैसे

50. 'भारतीय बौद्ध समाज', रत्नाकर बन्धु 'त्रिशरण', प्रकाशक—एस.आर. भारतीय अध्यक्ष—बाबा साहेब डॉ. अम्बेडकर समाज सुधार समिति, हरैंया, बस्ती, उत्तर प्रदेश, प्रथम संस्करण जून, 1985 ई., मूल्य 1 रुपया
51. 'बौद्ध धर्म क्या कहता है?', कृष्णदत्त भट्ट, सर्व सेवा संघ प्रकाशन, प्रथम संस्करण 1963 ई., मूल्य 26 पैसे
52. 'सम्यक् सम्बोध'—विनित विक्रम बौद्ध, प्रकाशक—शोषित मुक्ति मोर्चा, भारत भवन, पड़रा, रीवा, (मप्र), प्रथम संस्करण जनवरी 1986 ई., मूल्य 1 रुपया
53. 'विपश्य-पद्धति', (जीवन शोध की सहज व्यावहारिक प्रक्रिया), लेखक-अनागारिक मुनिन्द्र, प्रकाशक—भिक्षु सुगतानन्द, बुद्ध कुटी, साई नदी के किनारे चिलबिला, रणजीत सिंह, प्रतापगढ़ (अवध), प्रथम संस्करण 1968, मूल्य 1 रुपया
54. 'भगवान बुद्ध की वाणी'—एस.आर. भारती, मनीष प्रकाशन, ई/22, चन्द्रनगर, दिल्ली-110051, मूल्य 9 रुपये
55. 'बुद्ध चालीसा आरती' (अट्ठगाथा सहित), रचयिता—क्षेत्रपाल सिंह, रामचन्द्र लाल, महीपाल सिंह 'महीप', मुद्रक स्थान—जगदीश प्रिंटिंग प्रेस, मेन रोड लखीमपुर, मूल्य 10 पैसे
56. 'बुद्ध वाणी' भाग-1-एस.आर. भारती, हरैंया, बस्ती, उत्तर प्रदेश, संस्करण-5 अगस्त, 1986 ई., मूल्य 2 रुपये।
57. 'बौद्ध दर्शन-निराशावादी धर्म नहीं'—सोहन लाल शास्त्री, विद्यावाचस्पति बी.ए., अशोक पुस्तकालय, झींझक, कानपुर, प्रथम संस्करण 1961 ई., मूल्य 50 नए पैसे
58. 'बौद्ध धर्म हात्त मानव धर्म'—व्याख्याता—डॉ. भीमराव अम्बेडकर, सम्पादक—भिक्षु धर्मरक्षित, ममता प्रकाशन, कबीर चौराहा, वाराणसी, संस्करण 1967 ई., मूल्य 1.50 पैसे
59. 'भारत में बोधि वृक्ष कैसे समाप्त हुआ?'—कुमारी शुभबाला शास्त्री, सिद्धार्थ साहित्य सुधा निकेतन, 7/54, साउथ पटेल नगर, नई दिल्ली-110012, मूल्य 60 नए पैसे। प्रथम संस्करण फरवरी, 1959 ई.
60. 'बौद्ध धर्म और अछूत'—पंडित सुशील कुमार बौद्ध, नंगला शेखू, मेरठ, प्रथम संस्करण 1961 ई., मूल्य 19 नए पैसे
61. 'हिन्दू धर्म, मानव-मानव के लिए कलंक'—लेखक व प्रकाशक—विजय नारायण बौद्ध, ग्राम-दलेलनगर, पोस्ट—पुखरायाँ, कानपुर, मुद्रक—लोधी समाज प्रेस, सब्जी मंडी, कानपुर, सस्करण कार्तिक पूर्णिमा, 1968 ई., मूल्य 30 पैसे

62. 'डॉ. बाबा साहब और उनके अनुयायी' (बाबा साहब के अमृत वचन), डॉ. अम्बेडकर विचार मंच, सेक्टर-5, क्रास स्ट्रीट-4, क्वार्टर नम्बर-6/ए, भिलाई नगर, भिलाई, मध्य प्रदेश, प्रथम संस्करण 14 अप्रैल, 1968 ई.
63. 'जीवित-पिता'—अमर सिंह आर्यपथिक, प्रकाशक—वैदिक धर्म-भूषण, अर्निया, जिला—बुलन्दशहर, मूल्य 2 रुपये
64. 'बुद्ध गुणालंकार'—रचयिता—आचार्य वीदागम मैत्रेयी महास्थवीर, अनुवाद—भदन्त आनन्द कौसल्यायन, बुद्ध विहार, लखनऊ, प्रथम संस्करण 1960 ई., मूल्य 5 रुपये
65. 'बौद्ध धर्म में जय मंगल कार्य', एम.ए. शास्त्री, प्रकाशक—रवीन्द्रनाथ शास्त्री, 1799 नॉर्थ एवेन्यू, न्यू देल्ही-110001, 10 सितम्बर, 1968 ई.। मूल्य 5 रुपये
66. 'धर्म क्या कहता है?' श्री कृष्णदत्त भट्ट, सर्व सेवक संघ, प्रथम संस्करण-मई, 1963 ई., मूल्य 1.25 नए पैसे
67. 'बौद्धकालीन भारत'—जगदिन भट्ट एम.ए., प्रकाशक—रामचन्द्र वर्मा, सहित्य रत्नमाला, काशी, उ.प्र., भारत
68. 'भगवान बुद्ध की अमर वाणी' (भाग-1)—संकलनकर्ता—रत्नाकर बन्धु त्रिशरण, समाज सुधार प्रकाशन, हरैंया, बस्ती, उत्तर प्रदेश, प्रथम संस्करण सन् 1986 ई., मूल्य 7 रुपये
69. 'बोधी द्रुम'—सम्पादक—सुमन वात्स्यायन, बुद्ध विहार, लखनऊ, प्रथम संस्करण सन् 1978, मूल्य 1 रुपया 50 पैसे
70. 'बौद्ध दीक्षा' (वन्दना पाठ एवं परित्राण विधि)—डॉ. अंगने लाल (पीएच. डी.), प्रबुद्ध प्रकाशन, 512/431, सिद्धार्थ पार्क, निशातगंज, लखनऊ-7, प्रथम संस्करण 14 अक्टूबर, 1971 ई., मूल्य 1 रुपया 30 पैसे
71. 'बौद्ध धर्म की रूपरेखा'—लेखकद्वय-महापंडित उमेशचन्द्र मुत्सद्दो और डॉ. अम्बेडकर, प्रकाशक—बाबा साहब डॉ. बी.आर. अम्बेडकर रिसर्च इंस्टीट्यूट (इंडिया), लक्ष्मी नगर, दिल्ली-110006, प्रथम संस्करण सन् 1970, मूल्य दो रुपये
72. 'भगवान बुद्ध की शिक्षा'—देवमित्र धर्मपाल, महाबोधि सभा, सारनाथ, बनारस, उ.प्र.
73. 'बौद्ध धर्म ही क्यों?'—डॉ. भदन्त आनन्द, कौसल्यायन, अनुवाद- भिक्षु चन्द्रबोधि, भिक्षु निवास प्रकाशन, दीक्षाभूमि, नागपुर, महाराष्ट्र। प्रथम संस्करण 1975 ई. मूल्य दो रुपये
74. 'नवदीक्षित बौद्ध'—राहुल सांकृत्यायन, प्रकाशक—प्रज्ञानन्द महाथेरो, बुद्ध विहार, रिसालदार पार्क, लखनऊ, तृतीय संस्करण सन् 1957, मूल्य 15 नए पैसे

75. 'बौद्धमत का भंडाफोड़'—आचार्य श्रीराम आर्य, वैदिक साहित्य प्रकाशन, कासगंज, उत्तर प्रदेश, भारत, प्रथम संस्करण 1983 ई., मूल्य तीन रुपये
76. 'सिंगालोवाद सत्तुं' (बौद्ध गृहस्थ आश्रम धर्म), अनुवाद—ॐ कित्तिमा भिक्खू, बौद्ध मन्दिर, डी-64/135 सिगरा, वाराणसी-1, तृतीय संस्करण 1968 ई.
77. 'सारत्थ पकासिनी'—भदन्त नन्दवर्धन बोधि, कल्पतरु संघाराम प्रकाशन, भिक्षुनिवास, कौसल्यायन नगर, नागपुर-440027 (महाराष्ट्र), संस्करण 1967 ई.। मूल्य 3 रुपये
78. 'धम्म पद'—भिक्षु धर्मरक्षित, प्रकाशक—बी.एन. यादव, अध्यक्ष—मास्टर खेलाडी लाल एंड संस, कचौड़ी बाग, वाराणसी-1, द्वितीय संस्करण 1959 ई., मूल्य तीन रुपये
79. 'विद्यार्थियों के लिए बुद्ध धर्म', वक्ता—भिक्षु बुद्ध दास, प्रकाशक—बुद्ध अनेक प्रसंग एसोसिएशन, थाईलैंड
80. 'बौद्ध ज्ञान माला पुष्प-1', सम्पादक—रामदास सुमन, मूल्य तीन रुपये, 1989
81. 'बुद्ध कीर्तन', प्रेम सिंह चौहान 'दिव्यार्थ', महाबोधि सभा, सारनाथ, बनारस, प्रथम संस्करण 1946 ई., मूल्य 1 रुपया 15 पैसे
82. 'बुद्धा एंड हिज धम्मा', डॉ.अम्बेडकर, अनुवादक—रामअधार, प्रकाशक **—पेरियार ललई सिंह**, अशोक पुस्तकालय, झींझक, कानपुर, उ.प्र
83. 'हम बौद्ध क्यों बनें?'—डॉ. अम्बेडकर, भारतीय बौद्ध समिति, लखनऊ, संस्करण 1981 ई., मूल्य 2 रुपये
84. 'बुद्ध की देन'—भदन्त शासन श्री महास्थवीर, महाबोधि सभा, सारनाथ, वाराणसी, उत्तर प्रदेश, प्रथम संस्करण 1960 ई., मूल्य 2 रुपये
85. 'भारत के बौद्ध तीर्थ'—पब्लिकेशंस डिविजन, सूचना व प्रसार मंत्रालय, भारत सरकार, संस्करण सन् 1956 ई., मूल्य 2 रुपये
86. 'बुद्ध चरित्र' (भाग 1 एवं भाग 2)—अश्वघोष, अनुवादक और सम्पादक—सूर्य नारायण चौधरी, प्रकाशक—संस्कृत भवन, कठोतिया, पोस्ट—काझा, जिला—पूर्णिया, बिहार, संस्करण-जनवरी, 1955 ई., मूल्य 2 रुपये
87. 'बौद्ध संस्कार दर्शिका'—भिक्षु धर्मकीर्ति, प्रकाशक—अखिल भारतीय भिक्षु संघ, शाखा, उत्तर प्रदेश, संस्करण 1981 ई., मूल्य 4 रुपये
88. 'बौद्ध शून्य योग'—भिक्षु निर्गुणानन्द, सारिपुत्र प्रकाशन, गौतम कुटीर, अशोक नगर, वासीनाका, चैम्बूर, बम्बई, संस्करण 1977, मूल्य 4 रुपये

89. 'धर्म क्या है?', सद्धर्म क्या है?, डॉ. अम्बेडकर, प्रस्तुति—प्रकाशन —**पेरियार ललई सिंह** अशोक पुस्तकालय, झींझक, कानपुर, उत्तर प्रदेश, संस्करण 1983 ई.
90. 'बुद्धिवाद प्रदीप'—भिक्षु निर्गुणानन्द, सारिपुत्र प्रकाशन, गौतम कुटीर, अशोक नगर, वासीनाका, चेम्बूर, बम्बई-47, 1985 ई., मूल्य 8 रुपये
91. 'आनन्द बौद्ध सेवा भजन मंडल', स्थापना सन् 1956 ई., (हरदास नगर, लस्करी बाग, सं.न. 17/23, नागपुर), कवि. जी.एम. मानकर, संचालक—सम्पतराव साखरे, गायक—कव्वाल बाबू लाल जीव, बी.जी. बोदले, प्रकाशक—हीरा लाल भावे, मूल्य 2 नये पैसे
92. 'बन्नी बन्नी विहार'—कवि बालूराम बौद्ध भाष्य (धर्मरक्षित भिक्षु संघरत्न श्रीलंका), डॉ.अम्बेडकर बुद्ध विहार, ग्राम व पोस्ट—घिंलौर, जिला—जालौन, उ.प्र, 1982 ई., मूल्य 35 पैसे
93. 'उपदेश भजनावली'—कवि बालूराम बौद्ध भाष्य (धर्मरक्षित भिक्षु संघरत्न श्रीलंका), डॉ. अम्बेडकर, बुद्ध विहार, ग्राम व पोस्ट—घिंलौर, जिला—जालौन, उत्तर प्रदेश, 1980 ई., मूल्य 50 पैसे
94. 'बुद्ध जीवन गाया'—भिक्षु ज्ञानरत्न, प्रकाशक—बुद्ध विहार प्रबन्ध समिति, चक्की पाट, आगरा-03, उत्तर प्रदेश, 1985 ई., मूल्य 5 रुपये
95. 'बुद्ध धम्म भ्रान्ति निवारण'—डॉ. सुरेन्द्र अज्ञात, बुद्धिस्ट पब्लिशिंग हाउस, जालन्धर 144003, पंजाब, भारत, 1983 ई., मूल्य 3 रुपये
96. 'बौद्धचर्या पद्धति', लेखक—भदन्त बोधानन्द महास्थविर, प्रकाशक—भारतीय बौद्ध समिति, बुद्ध विहार, लखनऊ, 1990 ई.
97. 'विशुद्धि मार्ग', आचार्य बुद्ध घोष, अनुवादक—त्रिपिटकाचार्य भिक्षु धर्म रक्षित, प्रकाशक—शाक्यमुनि श्रावक संघ, सन् 1991, दो खंड, पृष्ठ 332
98. 'बौद्ध व्यावहारिक ज्ञान माला'—लेखक व प्रकाशन—रत्नाकर बन्धु त्रिशरण, प्रकाशक—अखिल भारतीय बाबा साहब डॉ.अम्बेडकर समाज सुधारक समिति, हर्रैया, बस्ती, उत्तर प्रदेश—272135, संस्करण सन् 1991
99. 'संगीत बुद्ध चरित्र लीला'—गुरुचरण लाल बौद्ध, ग्राम—छेदा लालपुर, पोस्ट—बाँकेगंज जिला—खीरी, उत्तर प्रदेश, संस्करण 1991 ई., मूल्य 10 रुपये
100. 'पालि भाषा प्रदेश'—नारायण वासुदेव तुगार, प्रकाशक—श्री कमलाबाई भिंडे, मॉडर्न बुक डिपो, आनन्द आश्रम के सामने, पुणे-02, महाराष्ट्र

# मिथकीय साहित्य/वैदिक साहित्य

| पुस्तकें | | मूल्य रुपये |
|---|---|---|
| **1. 'वेद' 8 जिल्दों में** | - | |
| 'ऋग्वेद' 4 खंड | - | 27.00 |
| 'अथर्ववेद' 2 खंड | - | 13.50 |
| 'यजुर्वेद' 1 खंड | - | 6.75 |
| 'सामवेद' 1 खंड | - | 6.75 |
| **2. '108 उपनिषद' (ज्ञान, ब्रह्म विद्या,** | | |
| सनधना) (3 खंड) | - | 23.25 |
| **3. 'षट् दर्शन' (6 जिल्दों में)** | | |
| 'वेदांत दर्शन' | - | 4.00 |
| 'सांख्य दर्शन' | - | 4.00 |
| 'योग दर्शन' | - | 4.00 |
| 'वैशेषिक दर्शन' | - | 4.00 |
| 'न्याय दर्शन' | - | 4.00 |
| 'मीमांसा दर्शन' | - | 5.00 |
| **4. 20 स्मृतियाँ 2 अंक** | - | **14.00** |
| **5. पुराण** | | |
| 'शिव' (2 खंड) | - | 14.00 |
| 'विष्णु' (2 खंड) | - | 14.00 |
| 'मार्कंडेय' (2 खंड) | - | 14.00 |
| 'हरिवंश' (2 खंड) | - | 14.00 |
| 'पद्म' (2 खंड) | - | 14.00 |
| 'लिंग' (2 खंड) | - | 14.00 |
| 'कूर्म' (2 खंड) | - | 14.00 |

| | | |
|---|---|---|
| 'वायु' (2 खंड) | - | 14.00 |
| 'अग्नि' (2 खंड) | - | 14.00 |
| 'गरुड़' (2 खंड) | - | 14.00 |
| 'भविष्य' (2 खंड) | - | 14.00 |
| 'देवीभागवत' (2 खंड) | - | 14.00 |
| 'वामन' (2 खंड) | - | 14.00 |
| 'कल्कि' (1 खंड) | - | 7.75 |
| **6. विष्णु रहस्य** | - | **6.00** |
| **7. 'तंत्र महाविज्ञान' 2 खंड** | - | 15.00 |

प्रकाशक—संस्कृति संस्थान, ख्वाजा कुतुब(वेद नगर) बरेली, उ.प्र., भारत वर्ष

**8. पेरियार ललई सिंह द्वारा स्मृतियों का अध्ययन—**

1. 'वेद व्यास स्मृति'
2. 'याज्ञवल्क्य स्मृति'
3. 'पाराशर स्मृति'
4. 'दक्ष स्मृति'
5. 'सम्वर्त स्मृति'
6. 'आपस्तम्ब स्मृति'
7. 'हारीत स्मृति'
8. 'शंख स्मृति'
9. 'अत्रि स्मृति'
10. 'बृहस्पति स्मृति'
11. 'बौधायन स्मृति'
12. 'काश्यप स्मृति'
13. 'लघ्वाश्वलायन स्मृति'
14. 'मनु स्मृति'
15. 'विष्णु स्मृति'
16. 'औशनस स्मृति'
17. 'वसिष्ट स्मृति'
18. 'कात्यायन स्मृति'
19. 'गौतम स्मृति'
20. 'आंगिरस स्मृति'
21. 'यम स्मृति'
22. 'लिखित स्मृति'
23. 'मार्कंडेय स्मृति'
24. 'पुर्लस्य स्मृति'
25. 'बुध स्मृति'
26. 'देवल स्मृति'
27. 'पुलस्त्य स्मृति'
28. 'शातातप स्मृति'

उपर्युक्त सभी के सम्पादक—पंडित श्रीराम शर्मा आचार्य हैं। प्रकाशक—डॉ. चमन लाल गौतम, संस्कृति संस्थान, ख्वाजा कुतुब (वेद नगर) बरेली, उत्तर प्रदेश, द्वितीय संस्करण 1968 ई. है।

9. 'यजुर्वेद'—सम्पादक—पं.श्रीराम शर्मा आचार्य, प्रकाशक—डॉ. चमन लाल गौतम, संस्कृत संस्थान, दरवाजा कुतुब (वेद नगर) बरेली, उत्तर प्रदेश, संशोधित संस्करण-1969 ई. मूल्य 6 रुपये 75 पैसे, पृष्ठ 556

10. 'मानस मंथन'—डॉ. स्वामीनाथ शर्मा (एम.ए.,पी.एच.डी.), प्रकाशक—आशुतोष प्रकाशन, चेतगंज, वाराणसी 11, प्रथम संस्करण-1966 ई., मूल्य 12 रु. 60 पैसे
11. 'महर्षि दयानन्द'—इन्द्र विद्यावाचस्पति, सुबोध पॉकेट बुक्स 2, दरियागंज, दिल्ली-7, प्रथम संस्करण 1975 ई., मूल्य 4 रुपये
12. 'तीर्थ, मोक्ष और वैदिक धर्म की मान्यताएँ', लेखक—सम्पादक—श्री रघुनाथ प्रसाद पाठक, कविराज हरनामदास, बी.ए., प्रकाशक—सार्वदेशिक संन्यासी वानप्रस्थ मंडल, ज्वालापुर, हरिद्वार, उत्तर प्रदेश, 1967, मूल्य 25 पैसे, 20,000 प्रतियाँ प्रकाशित, मिलने का पता—सुखदाता—प्रकाशन, गौरीशंकर मंदिर, चाँदनी चौक, नई दिल्ली, मूल्य 25 पैसे
13. 'आचार्य पंडित शुक्रराज जी का धर्म' बलि शास्त्री—लेखक—अमर स्वामी जी महाराज, प्रकाशक—वैदिक धर्म संघ, गाजियाबाद, तथा मुरादाबाद, मेरठ, संस्करण-फाल्गुन संवात 2027, विक्रमी, मूल्य 1.25 पैसे, प्रथम बार 20,000 प्रतियाँ प्रकाशित
14. 'सत्यार्थ प्रकाश' (उत्तरार्द्ध)—महर्षि दयानन्द सरस्वती, सार्वदेशिक दयानन्द संन्यासी वानप्रस्थ मंडल, ज्वालापुर, हरिद्वार, उत्तर प्रदेश, 1968, मूल्य 25 पैसे
15. 'विष्णु पुराण' (प्रथम और द्वितीय खंड)—सम्पादक—पंडित श्रीराम शर्मा आचार्य, प्रकाशक—संस्कृति संस्थान, ख्वाजा कुतुब (वेद नगर), बरेली, उत्तर प्रदेश, सन् 1972, मूल्य 75 पैसे
16. 'देवी भागवत पुराण' (प्रथम और द्वितीय खंड), पंडित श्रीराम शर्मा आचार्य, संस्कृति संस्थान, ख्वाजाकुतुब (वेद नगर), बरेली, उ.प्र., संस्करण सन् 1972, मूल्य 9 पैसे
17. 'हिन्दू जाति का उत्थान और पतन' और 'मानस-मीमांसा' दो किताबें—रजनीकान्त शास्त्री, किताब महल, नई दिल्ली
18. 'वैदिक बम्ब'—प्रणेता—पंडित राजेन्द्र जी, सम्पादक—ईश्वरी प्रसाद 'प्रेमी', सत्य प्रकाशन, वृन्दावन मार्ग, मथुरा, उत्तर प्रदेश, 28 दिसम्बर, 1969 ई., मूल्य 30 पैसे
19. 'वैदिक मत का मुख मर्दन' (बौद्ध मत से उत्तर), भिक्षु निर्गुणानन्द, सारिपुत्र प्रकाशन, वासीनाका, चेम्बूर, मुम्बई, प्रथम संस्करण 1984 ई., मूल्यं छह रुपये
20. 'आगम शास्त्र', अनुवाद—भदन्त आनन्द कौसल्यायन, प्रकाशन—महाबोधि सभा, मूल्य 1 रुपया 50 पैसे
21. 'पोप-लीला', श्रीमती पवित्रा देवी विद्याविभूषिता, सत्य प्रकाशन, वृन्दावन मार्ग, मथुरा, उत्तर प्रदेश, मूल्य तीन नए पैसे

22. 'मूर्ति पूजा पर 31 प्रश्न'—श्रीराम आर्य, वैदिक साहित्य प्रकाशन, कासगंज, एटा, उत्तर प्रदेश, द्वितीय संस्करण 1972 ई., मूल्य 10 पैसे
23. 'मूर्ति पूजा का खंडन'—डॉ. श्रीराम आर्य, वैदिक साहित्य प्रकाशन, कासगंज, एटा, उत्तर प्रदेश, समीक्षा—लेखक—सिद्ध गोपालजी कविरत्न, द्वितीय संस्करण 1971 ई., मूल्य 1.35 पैसे
24. 'मृतक श्राद्ध खंडन'—डॉ. श्रीराम आर्य, वैदिक साहित्य प्रकाशन, कासगंज, एटा, उत्तर प्रदेश, संस्करण पाँचवीं बार 1971 ई., मूल्य 30 पैसे
25. 'नवग्रह समीक्षा'—वेद प्रकाश 'सुमन' शिक्षा शास्त्री, सत्य प्रकाश, वृन्दावन मार्ग, मथुरा, संवत् 2028 वि., मूल्य 40 पैसे
26. 'नृसिंह अवतार वध' अर्थात् पुराणों में शंकर जी द्वारा नृसिंह अवतार का कत्ल कराना—डॉ. श्रीराम आर्य, वैदिक साहित्य प्रकाशन, कासगंज, एटा, उत्तर प्रदेश, संस्करण पाँचवीं बार 1970 ई., मूल्य 12 पैसे
27. 'दुर्गा पर नरबलि'—डॉ. श्रीराम आर्य, वैदिक साहित्य प्रकाशन, कासगंज, एटा, उत्तर प्रदेश, संस्करण-पाँचवीं बार 1972 ई., मूल्य 20 पैसे
28. 'क्या भूत होते हैं?'—वेद प्रकाश 'सुमन' शिक्षा शास्त्री, सत्य प्रकाशन, वृन्दावन मार्ग, मथुरा, उत्तर प्रदेश, संवत् 2029 वि., मूल्य 40 पैसे
29. 'हनुमान जी बन्दर नहीं थे'—डॉ. श्रीराम आर्य, वैदिक साहित्य प्रकाशन, कासगंज, एटा, उत्तर प्रदेश, 1972 ई., मूल्य 15 पैसे
30. 'शिवजी के चार विलक्षण बेटे'—डॉ. श्रीराम आर्य, वैदिक साहित्य प्रकाशन, कासगंज, एटा, उत्तर प्रदेश, 1970 ई., मूल्य 37 नए पैसे
31. 'शिवलिंग पूजा : एक भ्रष्टाचार'—श्रीराम आर्य, हेतराम आर्य, सत्य प्रकाशन, वृन्दावन मार्ग, मथुरा, उत्तर प्रदेश, मूल्य 8 रुपये
32. 'शिवलिंग पूजा क्यों?' (परिवर्धित संस्करण)—आचार्य श्रीराम आर्य, वैदिक साहित्य प्रकाशन, कासगंज, एटा, उत्तर प्रदेश, 1970 ई.। मूल्य 1.35 पैसे
33. 'पुराण किसने बनाया?'—डॉ. श्रीराम आर्य, वैदिक साहित्य प्रकाशन, कासगंज, एटा, उत्तर प्रदेश, संस्करण 1971 ई.। मूल्य 75 पैसे
34. 'संसार के पौराणिक विद्वानों के 31 प्रश्न'—डॉ. श्रीराम आर्य, वैदिक साहित्य प्रकाशन, कासगंज, एटा, उत्तर प्रदेश, संस्करण 1972 ई.। मूल्य 12 नए पैसे
35. 'पुराणों के कृष्ण'—डॉ. श्रीराम आर्य, वैदिक साहित्य प्रकाशन, कासगंज, एटा, उत्तर प्रदेश, संस्करण 1971 ई. मूल्य 4 पैसे
36. 'पौराणिक गप्प दीपिका'—डॉ. श्रीराम आर्य, वैदिक साहित्य प्रकाशन, कासगंज, एटा, उत्तर प्रदेश, संस्करण 1969 ई. मूल्य 55 पैसे
37. 'पौराणिक मुख चपेटिका'—डॉ. श्रीराम आर्य, वैदिक साहित्य प्रकाशन, कासगंज, एटा, उत्तर प्रदेश, संस्करण सन् 1969 ई. मूल्य 20 पैसे

38. 'मार्कंडेय पुराण'—डॉ. शिव पूजन सिंह कुशवाहा 'पथिक', सत्य प्रकाशन, वृन्दावन, मथुरा, संस्करण 1969, मूल्य 60 नए पैसे
39. 'ब्रह्मवैवर्त्त पुराण'—सं. भवानी लाल जी भारती, एम.ए., (पीएच.डी.), सत्य प्रकाशन, वृन्दावन, मथुरा, संवत् 2026 वि., मूल्य 75 पैसे
40. 'पौराणिक कीर्तन पाखंड है?'—डॉ. श्रीराम आर्य, वैदिक साहित्य प्रकाशन, कासगंज, एटा, उत्तर प्रदेश, संस्करण सन् 1969, मूल्य 25 पैसे
41. 'क्या द्रोपदी के पाँच पति थे?'—श्री अमर स्वामी परिव्राजक, प्रकाशक—सत्य सनातन वैदिक धर्म संघ, गाजियाबाद, मुराद नगर, मेरठ, संस्करण-1968 ई. मूल्य 60 पैसे
42. 'गीता में ईश्वर का स्वरूप'—अमर स्वामी परिव्राजक, सत्य सनातन वैदिक धर्म संघ, गाजियाबाद, मुराद नगर, मेरठ, मूल्य 50 पैसे
43. 'गीता और महर्षि दयानन्द जी'—अमर स्वामी जी महाराज, लाजपति राय आर्य, अमर स्वामी पुस्तक भंडार, गाजियाबाद, मेरठ, उत्तर प्रदेश, मूल्य 50 पैसे
44. 'गीता पर 42 प्रश्न'—प्रश्नकर्त्ता—डॉ. श्रीराम आर्य, वैदिक साहित्य प्रकाशन, कासगंज, एटा, उत्तर प्रदेश, संस्करण-प्रथम बार सन् 1971 ई., मूल्य 25 पैसे
45. 'गीता विवेचन'—डॉ. श्रीराम आर्य, कासगंज, एटा, उत्तर प्रदेश, वैदिक साहित्य प्रकाशन, कासगंज, एटा, उत्तर प्रदेश, संस्करण द्वितीय बार सन् 1969 ई, मूल्य 2.75 पैसे
46. 'श्रीमद्भागवत समीक्षा'—डॉ. श्रीराम आचार्य, वैदिक साहित्य प्रकाशन, कासगंज, उत्तर प्रदेश, भारत वर्ष, प्रथम संस्करण 1965 ई.। मूल्य 3 रुपये
47. 'भागवद्गीता की बुद्धिवादी समीक्षा', भदन्त आनन्द कौसल्यायन, हंस प्रकाशन, अमृत राय, इलाहाबाद, प्रथम संस्करण 1958 ई.
48. 'रामकथा' (उत्पत्ति और विकास), रेवरेंड फादर कामिल बुल्के। अध्यक्ष—हिन्दी विभाग, सेंट जेवियस कॉलेज, राँची। प्रयाग विश्वविद्यालय, डी.फिल. उपाधि के लिए स्वीकृत निबन्ध, हिन्दी परिषद प्रकाशन प्रा.लि., द्वारा द्वितीय संस्करण 1962, मूल्य 20 रुपये
49. 'कुरान खुदाई किताब नहीं है'—डॉ. श्रीराम आर्य, वैदिक साहित्य प्रकाशन, कासगंज, एटा, उत्तर प्रदेश, संस्करण दूसरी बार 1970 ई., मूल्य 15 पैसे
50. 'नारी पर मजहबी अत्याचार'—डॉ. श्रीराम आर्य, वैदिक साहित्य प्रकाशन, कासगंज, एटा, उत्तर प्रदेश, संस्करण पहली बार 1971 ई., मूल्य 30 पैसे
51. 'उत्तर रामचरितम्'—व्याख्याकार—तारिणीश झा, प्रकाशक तथा पुस्तक विक्रेता—रामनारायण लाल बेनी प्रसाद, इलाहाबाद—2, तृतीय संशोधित—संस्करण 1970 ई., मूल्य पाँच रुपये

52. 'अवतारवाद का रहस्य अर्थात् अवतारवाद का पोल खोल'—श्रीराम आर्य, वैदिक साहित्य प्रकाशन, कासगंज, एटा, उत्तर प्रदेश, भारतवर्ष, प्रथम संस्करण-1974 ई. मूल्य 2 रुपये 25 पैसे
53. 'काल-विजय'—लक्ष्मी नारायण मिश्र, मेहरा प्रकाशन, हॉस्पिटल रोड, आगरा, संस्करण 1977 ई., मूल्य 6 रुपये
54. 'पूरा पूजा'—आघ श्री शंकराचार्य कृत, हिन्दी अनुवाद—अमर स्वामीजी, सत्य सनातन वैदिक धर्म संघ, गाजियाबाद, मुराद नगर, उ.प्र., भारत, वैशाख संवत विक्रम 2027
55. 'तीर्थ, मोक्ष और वैदिक धर्म की मान्यताएँ'—श्री रघुनाथ पाठक, प्रकाशक—सार्वदेशिक संन्यासी वानप्रस्थ मंडल, ज्वालापुर, हरिद्वार, उत्तर प्रदेश, चौथी बार—1967 ई., मूल्य 25 पैसे
56. 'धर्म बलिदान'—अमर स्वामी जी महाराज, सत्य सनातन वैदिक धर्म संघ, गाजियाबाद, मुराद नगर, उत्तर प्रदेश, संस्करण 1971 ई., मूल्य 1.25 पैसे
57. 'वाल्मीकि रामायण'—हिन्दी अनुवाद—श्री ओम प्रकाश गुप्त, अग्रवाल बुक डिपो (रजि.), थोक पुस्तकालय, खारी बावली, दिल्ली-110006, दूसरी बार 1974 ई.। मूल्य 20 रुपये
58. 'रामचरितमानस'—तुलसीदास, गीत प्रेस, गोरखपुर, उ.प्र., भारत
59. 'सच्ची रामायण'—पेरियार ई.वी. रामास्वामी द्वारा वाल्मीकि रामायण; तमिल रामायण; बंगाली रामायण आदि ग्रंथों का सच्चा समालोचनात्मक अध्ययन और प्रस्तुति है। प्रस्तुति—**पेरियार ललई सिंह**, अशोक पुस्तकालय, झींझक, कानपुर उ.प्र., भारत 209302 हिन्दी संस्करण 1968 ई.
60. 'कथासरित्सागर' (प्रथम खंड)—महाकवि सोमदेव भट्ट, विरचित अनुवाद—पंडित केदारनाथ शर्मा सारस्वत, बिहार राष्ट्र भाषा, परिषद, पटना, प्रथम संस्करण 1960 ई., मूल्य 10 रुपये (1213 पृष्ठ)
61. 'कथासरित्सागर' (द्वितीय खंड), महाकवि सोमदेव भट्ट, विरचित अनुवाद—पंडित केदारनाथ शर्मा सारस्वत, बिहार राष्ट्र भाषा, परिषद, पटना, प्रथम संस्करण 1961 ई., मूल्य 12.50 रुपये (1016 पृष्ठ)
62. 'कथासरित्सागर' (तृतीय खंड), अनुवादक—श्री जटाशंकर झा, श्री प्रफुल्लचन्द्र ओझा 'मुक्त', बिहार राष्ट्र भाषा, परिषद, पटना, प्रथम संस्करण 1973 ई., मूल्य 35 रुपये (1015 पृष्ठ)

# महाभारत का अध्ययन

1. 'महाभारत'—आदि पर्व—प्रधान सम्पादक—डॉ. पंडित श्रीपाद दामोदर सातवलेकर, सह-सम्पादक—श्री श्रुतिशील शर्मा, एम.ए. शास्त्री, प्रकाशक—वशंत श्रीपाद सातवलेकर, स्वाध्याय मंडल, पोस्ट—स्वाध्याय मंडल, पारडी, जिला—बलसोड़। संस्करण 1968 ई. (1096 पृष्ठ)
2. 'महाभारत'—सभा पर्व—प्रधान सम्पादक—डॉ. पंडित श्रीपाद दामोदर सातवलेकर, सह-सम्पादक—श्री श्रुतिशील शर्मा, प्रकाशक—वशंत श्रीपाद सातवलेकर, स्वाध्याय मंडल, पोस्ट—स्वाध्याय मंडल, पारडी, जिला—बलसोड़। संस्करण 1968 ई. (360 पृष्ठ)
3. 'महाभारत'—आरण्य पर्व—पहला भाग और दूसरा भाग—प्रधान सम्पादक—डॉ. पंडित श्रीपाद दामोदर सातवलेकर, सह-सम्पादक—श्री श्रुतिशील शर्मा, प्रकाशक—वशंत श्रीपाद सातवलेकर, स्वाध्याय मंडल, पोस्ट—स्वाध्याय मंडल, पारडी, जिला—बलसोड़। संस्करण सन् 1969 ई. (1564 पृष्ठ)
4. 'महाभारत'—विराट पर्व—प्रधान सम्पादक—डॉ. पंडित श्रीपाद दामोदर सातवलेकर, सह-सम्पादक—श्री श्रुतिशील शर्मा, प्रकाशक—वशंत श्रीपाद सातवलेकर, स्वाध्याय मंडल, पोस्ट—स्वाध्याय मंडल, पारडी, जिला—बलसोड़, संस्करण 1969 ई. (280 पृष्ठ)
5. 'महाभारत'—उद्योग पर्व—प्रधान सम्पादक—डॉ. पंडित श्रीपाद दामोदर सातवलेकर, सह-सम्पादक—श्री श्रुतिशील शर्मा, पोस्ट—स्वाध्याय मंडल, पारडी, जिला—बलसोड़, संस्करण 1969 ई. (972 पृष्ठ)
6. 'महाभारत'—द्रोण पर्व—प्रधान सम्पादक—डॉ. पंडित श्रीपाद दामोदर सातवलेकर, सह-सम्पादक—श्री श्रुतिशील शर्मा, प्रकाशक—वशंत श्रीपाद सातवलेकर, स्वाध्याय मंडल, पोस्ट—स्वाध्याय मंडल, पारडी, जिला—बलसोड़, संस्करण 1975 ई. (1248 पृष्ठ)
7. 'महाभारत'—कर्ण पर्व—प्रधान सम्पादक—डॉ. पंडित श्रीपाद दामोदर सातवलेकर, सह-सम्पादक—श्री श्रुतिशील शर्मा, प्रकाशक—वशंत

श्रीपाद सातवलेकर, स्वाध्याय मंडल, पोस्ट—स्वाध्याय मंडल, पारडी, जिला—बलसोड़, संस्करण 1973 ई. (588 पृष्ठ)

8. 'महाभारत'—शल्य पर्व—प्रधान सम्पादक—डॉ. पंडित श्रीपाद दामोदर सातवलेकर, पोस्ट—स्वाध्याय मंडल, पारडी, जिला—बलसोड़, संस्करण 1973 ई. (490 पृष्ठ)
9. 'महाभारत'—सौप्तिक पर्व—प्रधान सम्पादक—डॉ. पंडित श्रीपाद दामोदर सातवलेकर, पोस्ट—स्वाध्याय मंडल, पारडी, जिला—बलसोड़, संस्करण 1972 ई. (115 पृष्ठ)
10. 'महाभारत'—स्त्री पर्व—प्रधान सम्पादक—डॉ. पंडित श्रीपाद दामोदर सातवलेकर, पोस्ट—स्वाध्याय मंडल, पारडी, जिला—बलसोड़, संस्करण 1977 ई. (110 पृष्ठ)
11. 'महाभारत'—अनुशासन पर्व—प्रधान सम्पादक—डॉ. पंडित श्रीपाद दामोदर सातवलेकर, पोस्ट—स्वाध्याय मंडल, पारडी, जिला—बलसोड़, संस्करण 1978 ई. (980 पृष्ठ)
12. 'महाभारत'—भीष्म' पर्व—प्रधान सम्पादक—डॉ. पंडित श्रीपाद दामोदर सातवलेकर, पोस्ट—स्वाध्याय मंडल, पारडी, जिला—बलसोड़, संस्करण 1972 ई. (820 पृष्ठ)
13. 'महाभारत'—आश्वमेधिक पर्व—प्रधान सम्पादक—डॉ. पंडित श्रीपाद दामोदर सातवलेकर, पोस्ट—स्वाध्याय मंडल, पारडी, जिला—बलसोड़, संस्करण 1977 ई. (670 पृष्ठ)

## महाभारत भाषा

1. 'महाभारत भाषा'—अठारहों पर्व (सम्पूर्ण), प्रकाशन—ठाकुर प्रसाद एंड संस, बुकसेलर, राजादरवा—ब्रांच—कचौड़ी गली, वाराणसी। मूल्य 12 रुपये
2. 'महाभारत भाषा'—आदि पर्व—पंडित कुंज बिहारी लाल शर्मा, प्रकाशन एवं मुद्रक—श्री केसरी दास सेठ, सुपरिटेंडेंट, नवल किशोर प्रेस, लखनऊ, 1930 ई.
3. 'महाभारत भाषा'—उघोग पर्व—भाषानुवाद—पंडित महेशदत्त जी सुकुल, प्रकाशन एवं मुद्रक—श्री केसरी दास सेठ, सुपरिटेंडेंट, नवल किशोर प्रेस, लखनऊ, सन् 1936 ई.

4. 'अथमहाभारत भाषा'—पंडित महावीर प्रसाद मिश्र, तेज कुमार बुक डीपो, लखनऊ—1, संस्करण-1971 ई., मूल्य 11 रुपया
5. 'महाभारत भाषा'—वन पर्व, अनुवाद—पंडित कुंजबिहारी लाल जी, नवल किशोर प्रेस (बुक डिपो) हजरतगंज, लखनऊ, संस्करण-सन् 1927
6. 'महाभारत'—सम्पादक—ईश्वरी प्रसाद प्रेम, एम.ए. साहित्य रत्न, सिद्धान्त शास्त्री, सम्पादक तपोभूमि मथुरा, सत्य प्रकाशन मथुरा, संवत—2024 वि., मूल्य एक रुपया।

## मिथक और धर्म

1. 'श्रीमद्भागवत'—समीक्षा—डॉ. श्रीराम आर्य, वैदिक साहित्य प्रकाशन, कासगंज, जिला एटा, उत्तर प्रदेश, सन् 1935 ई., मूल्य 3 रुपये
2. 'रामचरित मानस'—सत्य की कसौटी पर—प्रस्तोता—ईश्वरी प्रसाद 'प्रेम', मूल्य 1.25 पैसे
3. 'रावण वध क्या विजयदशमी को हुआ?'—लेखक—अमरसिंह आर्य पथिक, प्रकाशक—आम प्रकाश आर्य 'पथिक', संवत 2023 वि., मूल्य 20 पैसे
4. 'गुरुडम के पाखंड'—आचार्य डॉ. श्रीराम आर्य, दयानन्दानन्द 145, सन् 1970 ई.। मूल्य 40 पैसे
5. 'श्रवताखाद पर 31 प्रश्न'—लेखक एवं प्रकाशक उपरोक्त, 1972 ई. मूल्य 10 पैसे
6. 'स्वर्ग विवेचन'—लेखक व प्रकाशक पूर्वोक्त, सन् 1971, मूल्य 20 पैसे
7. 'पं. रुद्रदत्त ग्रंथावली'—भाग—1, लेखक—पं. रुद्रदत्त शर्मा सम्पादकाचार्य, सत्य प्रकाशन, वृन्दावन मार्ग, मथुरा, सम्वत 2022 वि. मूल्य 75 पैसे
8. 'अवतार रहस्य'—आचार्य डॉ. श्रीराम आर्य। सन् 1969 ई. मूल्य 2.50 पैसे
9. 'वर्णव्यवस्था विवेचन'—पं. सिंह गोपाल जी कविरत्न, सत्य प्रकाशन, वृन्दावन मार्ग, मथुरा, सम्वत 2026, मूल्य 10 पैसे
10. 'मनुष्य को मनुष्य के प्रति घृणा क्यों?'—श्री घसीटेलाल साहू, 6/24 पार्वती बांगला रोड, कानपुर, उ.प्र.
11. 'टोंक का शास्त्राचार्य'—डॉ. श्रीराम आर्य, सन् 1969 ई., मूल्य 1.25 पैसे

12. 'शास्त्रार्थ के चैलेंज का उत्तर'—डॉ. श्रीराम आर्य, सन् 1969 ई., मूल्य 25 पैसे
13. 'माधवाचार्य को डबल उत्तर'—डॉ. श्रीराम आर्य, सन् 1970 ई., मूल्य 75 पैसे
14. 'मुनि समाज मुखमर्दन', डॉ. श्रीराम आर्य, सन् 1969 ई., मूल्य 1.50 पैसे
15. 'मन्दिर प्रवेश' (यम नियम निवेचन), आनन्द स्वामी, सत्य प्रकाशन, वृन्दावन मार्ग, मथुरा, मूल्य 20 पैसे
16. 'समाज सुधार गीतांजली'—संकलनकर्ता—कुदपुर श्रीचन्द्र आर्य, सम्पादक—ईश्वरी प्रसाद 'प्रेम', संवत 2028 वि., मूल्य 33 पैसे
17. 'मानवता अमर है'—डॉ. रामचरण महेन्द्र, एम.ए.; पीएच.डी., गवर्नमेंट कॉलेज कोटा। सम्पादक—ईश्वरी प्रसाद 'प्रेम', मूल्य 50 पैसे
18. 'दयानन्द और विवेकानन्द'—डॉ. भवानीलाल भारतीय, सम्पादक—ईश्वरी प्रसाद 'प्रेम' एम.ए.; शिक्षा शास्त्री, संवत 2028 वि., मूल्य 50 पैसे
19. 'नैतिक शिक्षा', प्रस्तोता—पं. रघुनाथ प्रसाद पाठक (सम्पादक 'सार्वदेशिक' साप्ताहिक, दयानन्द भवन, नई दिल्ली-1) सम्पादक ईश्वरी प्रसाद 'प्रेम' एम.ए., सम्वत 2026 वि., मूल्य 60 पैसे
20. 'पाखंडी धर्म का भंडाफोड़'—स्वामी अछूतानन्द हरिहर के शिष्य स्वामी नित्यानन्द 'यात्री'। वर्तमान गुरु नारायण भारती, ग्राम—तडावला, पोस्ट—खंडार, जिला—सवाई माधोपुर (राजस्थान), सम्वत 2013 वि., मूल्य 50 पैसे, पता—आर.जी. सिसौदिया, टेलरिंग हाउस, कमला राजा रोड, माधोनगर (अशोक नगर) उर्फ़ उज्जैन
21. 'पाखंड खंडनी'—पं. बन्सीराम शर्मा व ठाकुर हरिसिंह वर्मा, खेड़ी सुल्तान, जिला—रोहतक (हरियाणा), देहाती पुस्तक भंडार, चावड़ी बाजार, दिल्ली-110006, सन् 1968 ई. मूल्य 1.50 पैसे
22. 'पौराणिक दम्भपर'—वैदिक बम—(मूर्ति पूजा शंका समीक्षा, 'भारत में मूर्ति पूजा' से साभार उद्धृत), पं. राजेन्द्र आर्य, निवास—अतरौली, जिला—अलीगढ़, सम्पादक ईश्वरीप्रसाद 'प्रेम' एम.ए., सन् 1969 ई. (काशी में शास्त्रार्थ दिनांक : 23 से 28 दिसम्बर, सन् 1969 ई.), मूल्य 30 पैसे
23. 'श्रीकृष्णा सन्देश'—ईश्वरी प्रसाद 'प्रेम', सत्य प्रकाशन, वृन्दावन, मथुरा, संवत 2027 वि., मूल्य 10 पैसे
24. 'सत्यार्थ प्रकाश के छीछालेदर का उत्तर', डॉ. श्रीराम आर्य, वैदिक साहित्य प्रकाशन, कासगंज, एटा, उ.प्र., प्रथम संस्करण 1970 ई., मूल्य 40 नए पैसे

25. 'दादा'—पोते की बातें—ईश्वरी प्रसाद 'प्रेम', 1965 ई., मूल्य 1.25 पैसे
26. 'दादी'—पोती की बातें—लेखक—पूर्वोक्त। संवत् 2028 वि., मूल्य 30 पैसे
27. 'दो बहनों की बातें'—पं. सिंह गोपाल 'क़विरत्न', उपरोक्त (मथुरा), मूल्य 1 रुपया
28. 'कमला-विमला संवाद'—लेखक व प्रकाशक—पूर्वोक्त, मूल्य 15 पैसे
29. 'माता-पुत्री संवाद'—श्रीराम आर्य 1972 ई. मूल्य 1.25 पैसे
30. 'दो मित्रों की बातें'—पं. सिंह गोपाल 'कविरत्न', सत्य प्रकाशन, वृन्दावन मार्ग, मथुरा, मूल्य 80 पैसे
31. 'वैदिक विजय' (गीता और वेद)—अमर स्वामी 'परिव्राजक', यह 'वैदिक विजय अखबार' का विशेषांक है
32. 'गीता में ईश्वर का स्वरूप'—अमर स्वामी 'परिव्राजक', सत्य सनातन, वैदिक धर्म संघ गाजियाबाद, जिला—मेरठ, उ.प्र., मूल्य 50 पैसे
33. 'गीता और महर्षि दयानन्द'—लेखक व प्रकाशक—पूर्वोक्त, मूल्य 50 पैसे
34. 'धर्मवीर आचार्य पं. शुक्रराज शास्त्री'—अमर स्वामी 'परिव्राजक' का धर्म बलिदान, वैदिक धर्म संघ, गाजियाबद, जिला—मेरठ, संवत 2027 वि., मूल्य 1.25 पैसे
35. 'हिन्दू और जाति-पाँति'—सन्तराम बी.ए., प्रथम संस्करण 1967 ई.
36. 'राष्ट्र-रक्षा का उपाय'—सन्तराम बी.ए., प्रकाशक—जिला—पिछड़ा वर्ग संघ, कार्यालय—पूर्वादला, पोस्ट—इन्दवामऊ, इटावा, प्रथम संस्करण 1968 ई, कीमत 10 नये पैसे
37. 'समाज और धर्म के नाम पर'—भदन्त आनन्द कौसल्यायन, महाबोधि सभा (केन्द्र अजमेर) धम्म कुटी, बुद्ध विहार, मेओ लिंक रोड, अजमेर, मूल्य 5 नया पैसे, संस्करण 1966 ई.
38. 'वैशाख—पूर्णिमा के दिन'—कुमारी चैनमोई थेर, महाबोधि सभा (केन्द्र अजमेर), धम्म कुटी, बुद्ध विहार, मेओ लिंक रोड अजमेर, मूल्य 2 नये पैसे, 1965 ई.
39. 'आत्मा को नित्य न माना जाए'—महापंडित राहुल सांकृत्यायन, महाबोधि सभा (केन्द्र अजमेर), धम्म कुटी, बुद्ध विहार, मेओ लिंक रोड, अजमेर, राजस्थान, कीमत 1 नये पैसे, संस्करण 1964 ई.
40. 'हिन्दू संस्कृति में वर्ण-व्यवस्था और जाति'—सुन्दर लाल सागर एम.ए, बहुजन कल्याण प्रकाशक, 360/193, मातादीन रोड, लखनऊ, उत्तर प्रदेश, प्रथम बार 1965 ई, मूल्य 1 रुपया

41. 'हिन्दुत्व जो हिन्दुत्व को ही ले डूबा'—सन्तराम बी.ए., प्रकाशक—अखिल भारतीय मारवाडी सम्मेलन 152—बी, महात्मा गांधी रोड, कलकत्ता-7
42. 'गुप्त सागर'—चौदहरत्न, गुप्त ज्ञान गुटका व तत्व पाँचीसी—श्री गुप्ता नन्द जी महाराज, प्रकाशक—श्री मंगत राय साहब सुपरिंटेंडेंट कस्टम एक्साइज—जिला—मंदसौर संस्करण-1993 ई., मूल्य 1 रुपया
43. 'ईश्वर और उसके गुड्डे'—लेखक—बुद्धिवादी—विचारक चन्द्रिका प्रसाद 'जिज्ञासु', बहुजन कल्याण प्रकाशन, लखनऊ, उत्तर प्रदेश, संस्करण-1988 ई., मूल्य 4 रुपये
44. 'तुलसी के तीन पात'—भदन्त आनन्द कौसल्यायन—प्रकाशक—बहुजन कल्याण, प्रकाशन, लखनऊ, उत्तर प्रदेश, सस्करण—1957 ई., मूल्य 6 नये पैसे
45. 'हिन्दू समाज के पथ भ्रष्टक तुलसीदास'—स. विश्वनाथ, विश्वविजय प्रकाशन, दिल्ली, संस्कारण सन् 74 ई., इसे अशोक पुस्तकालय (रजिस्टर्ड) अध्यक्ष : पेरियार ललई सिंह, झींझक, जिला—कानपुर, उत्तर प्रदेश से भी पूर्णतः सस्ते एवज में प्राप्त कर सकते हैं। दिनांक : 05.05.1974 ई.
46. 'तुलसी : एक कुंठित व्यक्तित्व'—लेखक—देवयानी कपाड़ी, प्रबन्ध निदेशक—बोधि प्रकाशन, रामपुर, उत्तर प्रदेश, संस्करण 1977 ई., मूल्य एक रुपया
47. 'देवदासी और पंडित' (कन्नड भाषा से हिन्दी में)—नरसिंह शास्त्री, अनुवाद—बाबूराम कुमठेकर, वाणी विहार, वाराणसी, जुलाई, 1963 ई., मूल्य 3 रुपये 25 नए पैसे
48. 'समाज के देवता'—(रंगमंच एकांकी) सम्पादक—विश्वनाथ, दिल्ली प्रेस, नई दिल्ली, जनवरी, सन् 1957 ई., मूल्य 2 नये पैसे
49. 'पालि भाषा प्रवेश'—माध्यम मराठी—पंडित नारायण वासुदेव तुंगार, प्रकाशक—मॉडर्न बुक डिपो, प्रकाशक—1951 ई., कीमत 2 रुपये
50. 'समाज के स्तम्भ'—(पिलर्स ऑफ सोसायटी) हिन्दी अनुवाद—सीता चरण दीक्षित, आत्मा राम एंड संस, कश्मीरी गेट, दिल्ली-6, संस्करण-1955 ई., मूल्य, 2 रुपये
51. 'भारतीय आदिवासी जाति सेवक संघ'—विवरण 1960 ई. से मार्च, 1961 ई. तक प्रकाशक—न्यू लिंक रोड, झंडेवालान, नई दिल्ली-1
52. 'दूल्हा भी कभी श्वसुर बनेगा', भाग संख्या 1 और 2—(सामाजिक उपन्यास) एम.बी. गौतम, समाज सुधार प्रकाशन, हरैया, जिला—बस्ती-272135

53. 'वयम् रक्षाम:'—आचार्य चतुरसेन शास्त्री, राजपाल एंड संस, कश्मीरी गेट, नई दिल्ली संस्करण-1955 ई.
54. 'वर्ण-व्यवस्था या मरण व्यवस्था'—भदन्त आनन्द कौसल्यायन प्रकाशक—भिक्षु निवास प्रकाशन, दीक्षा भूमि नागपुर-1 (महाराष्ट्र), 6 दिसम्बर, 1975 ई., मूल्य 1 रुपया
55. 'वेद से मार्क्स तक'—उपरोक्त-संस्कारण-आषाढ़ पूर्णिमा 20.07.1978 ई.
56. 'मानव जाति सब बराबर है'। कोई ऊँच-नीच नहीं है। —लेखक—घसीटे लाल साहू (विश्व दार्शनिक संसार में सत्यता की खोज करनेवाले), 6/24, पावती वागला रोड, बैकवर्ड कास्ट्स एंड ट्राइब्स फेडरेशन ऑफ इंडिया, कानपुर, उ.प्र., मूल्य 1.20 रु. मानवाधिकार प्रेस, कानपुर, उ.प्र., फोन नं. 243277।
57. 'जीवन दासगुरु साहब'—सोड़ी तेज सिंह जी, प्रकाशक—भाई चतर सिंह, जीवन सिंह, पुस्तक वाले, बाजार माई सेवा, अमृतसर (पंजाब) मूल्य 16 रुपये
58. 'गीता'—गीता प्रेस, गोरखपुर, मूल्य 20 नए पैसे
59. 'मनुस्मृति में क्या है?'—दौलत राम निम एम.ए. उदयवीर सिंह, एम.ए. प्रथम वर्ष मुद्रक—डॉ. योगेंद्र शर्मा, उमा प्रिंटिंग प्रेस सराय हकीम, अलीगढ़ प्रथम संस्करण-1961 ई. मूल्य 20 नए पैसे
60. 'मनुस्मृति टीका'—टीकाकार—श्री वासुदेवेन, ठाकुर प्रसाद एंड संस, बुक्स सेलर, राजा दरबार, कचौड़ी गली, वाराणसी, संस्करण 1968 ई., मूल्य 6 रुपये
61. 'मनुस्मृति : एक सरल अध्ययन', मुद्रक—वैदिक प्रेस, वृन्दावन, मार्ग मथुरा, उत्तर प्रदेश, भारत
62. 'पराशर स्मृति'—आचार्य पंडित शिवदत्त मिश्र, शास्त्री, ठाकुर प्रसाद एंड संस, बुक्स सेलर, राजा दरबार, ब्रांच कचौड़ी गली, वाराणसी, मूल्य 3 रुपये
63. 'रविदास रामायण'—लेखक—सम्पादक—कथावाचक पं. राधे श्याम जी मिश्र, लखीमपुर खीरी, हिन्दी पुस्तकालय, मथुरा, मूल्य 10 पैसे
64. 'सत्यनारायण कथा'—लेखक—श्री ठाकुर प्रसाद, वाराणसी, उत्तर प्रदेश
65. 'श्रीमद्भगवदगीता'—साधक-संजीवनी (हिन्दी—टीका), स्वामी रामसुखदास, गोविन्द भवन, कार्यालय—गीता प्रेस-गोरखपुर, प्रथम संस्करण-संवत-2044 (92,500 प्रतियाँ), आठवाँ संस्करण संवत-2057 (88,500 प्रतियाँ), उन्नीसवाँ संस्करण-संवत (77,500 प्रतियाँ) (प्रतियों का योग = 2,58,500, एक प्रति का मूल्य 1.60 रुपये।

66. 'श्री शिव महापुराण' (11 खंड)—अनुवादक—पंडित राजेश दीक्षित, भार्गव बुक डिपो, चौक, वाराणसी, संस्करण सन् 1970 ई., मूल्य 14 रुपये, पृष्ठ 800 (यह पुराण 11 खंड में है। प्रत्येक खंड लगभग 800 पृष्ठ के हैं।)
67. 'श्री श्रीविष्णु पुराण'—अनुवादक—श्री मुनिलाल गुप्त, प्रकाशन—गीता प्रेस, गोरखपुर, संवत—1900, पृष्ठ 624, 28 हजार प्रतियाँ छपी
68. 'भृगु संहिता'—अनुवादक—भगवान दास मीतल, ठाकुर प्रसाद एंड संस, बुक्सेलर, राजा दरबार, ब्रांच—कचौड़ी गली, वाराणसी, मूल्य 12 रुपये, पृष्ठ 1012
69. 'पहली झलक'—(महर्षि दयानन्द और वर्ण-व्यवस्था) प्रकाशक—जात—पात तोड़क मंडल, दरियागंज, दिल्ली-6
70. 'शिरोमणि भक्तों के जीवन'—ज्ञानी—अमर सिंह, प्रकाशक—सूरज सिंह, प्रीतम चौकसी गुरु रामदास निवास, अमृतसर, पंजाब संस्करण-1962 ई., मूल्य 5 रु. 25 पैसे
71. 'ईश्वर की खोज'—चौधरी महाराज सिंह भारती (पूर्व सांसद सदस्य) अर्जक संघ, उत्तर प्रदेश द्वितीय संस्करण, शहीद दिवस, 1981 ई.
72. 'महर्षि दयानन्द सरस्वती जीवन-चरित्र', भाग 1 और 2, लेखक—श्री पं.घासीराम, मेरठ, आर्य साहित्य मंडल, लिमिटेड, अजमेर, मूल्य जिल्द सहित-8 रुपये, पृष्ठ 404, 414
73. 'धर्मशास्त्र का इतिहास'—लेखक—डॉ. पांडुरंग वामन काणे अनुवाद—अर्जुन चौबे कश्यप, हिन्दी समिति, सूचना विभाग, लखनऊ—उत्तर प्रदेश, प्रथम भाग द्वितीय संस्करण-1958 ई., मूल्य 21 रुपया भाग-1, भाग-2 प्रथम संस्करण-सन् 1965 ई., मूल्य 18 रुपये, पृष्ठ 1012 भाग-3 प्रथम संस्करण-सन् 1966 ई., मूल्य 20 रुपये, पृष्ठ 1644, भाग-4 और भाग-5। प्रत्येक भाग का पृष्ठ लगभग 1000 से अधिक है
74. 'वाल्मीकि रामायण'—श्री महर्षि—वाल्मीकि प्रणीतम्। श्रीरामकृत—'श्री रामायण तिलक टीकासमलंकृतम्' (हिन्दी भाषानुवाद सहित में) प्रकाशतम्—स्थानयाम् प्रकाशितम् 55/64, कालीचरण घोष रोड स्थित सर्भिस—प्रिन्टर्स नामक—मुद्रालयान्स द्रापितश्य। संस्करणम्—मूल्य 1.50 रुपाकम, पृष्ठम भाग-1, 1012 (मई-जून, 1967 ई.) पृष्ठम भाग-2, 20242 (जुलाई-अगस्त, 1967 ई.) पृष्ठम भाग-3, 3044 (जून-जुलाई, 1967)
75. 'रामायण : एक सरल अध्ययन'—सपादक—ईश्वरी प्रसाद 'प्रेमी', सत्य प्रकाशन, वृन्दावन मार्ग, मथुरा, उत्तर प्रदेश, मूल्य 5.50 नये पैसे

76. 'रामचरित मानस'—तुलसीदास कृत पंडित ज्वाला प्रसाद मिश्र, दीनघरपुरा, मुरादाबाद, पृष्ठ 10453
77. 'महाभारत : एक सरल अध्ययन', सम्पादक—ईश्वरी प्रसाद 'प्रेमी', सत्य प्रकाशन, मथुरा, मूल्य 80 नए पैसे
78. 'रामचरित मानस सत्य की कसौटी पर'—प्रणेता—ईश्वरी प्रसाद 'प्रेमी', सत्य प्रकाशक, वृन्दावन, मथुरा, मूल्य 1.25 पैसे
79. 'रामयण धार्मिक ग्रंथ या संविधान प्रतिवाद?' (एक बुद्धिवादी समीक्षा), श्री छेदी लाल साथी (एडवोकेट), प्रेसिडेंट—रिपब्लिक पार्टी ऑफ इंडिया, उत्तर प्रदेश, प्रकाशन—48, कन्धारी बाजार, लखनऊ, उत्तर प्रदेश, बहुजन कल्याण प्रकाशन, प्रथम संस्करण में 1000 प्रतियाँ, मूल्य 12 नए पैसे
80. 'भारतीय शिष्टाचार एवं व्यवहारपीति', लेखक—श्रीराम शर्मा, वैदिक साहित्य प्रकाशन, कासगंज, एटा, उत्तर प्रदेश, सन् 1972 ई., मूल्य 1 रुपया
81. 'विषपान'—अमृतदान—ईश्वरी प्रसाद 'प्रेमी', सत्य प्रकाशन, समिति, मथुरा, उ.प्र., भारत। मूल्य 15 नए पैसे
82. 'सनातन धर्म में नियोग व्यवस्था', ग्रंथकार—श्रीराम आर्य, वैदिक साहित्य प्रकाशन, कासगंज, एटा, उत्तर प्रदेश, भारतवर्ष, तीसरा संस्करण 1967 ई., मूल्य 25 पैसे
83. 'वैदिक धर्म क्या होता है?' (भाग 1, 2 और 3), श्री बालकृष्ण भट्ट, सर्व सेवक संघ प्रकाशन, राजघाट, वाराणसी, उत्तर प्रदेश, संस्करण-सितम्बर, 1963 ई., मूल्य पचहत्तर पैसे
84. 'जैन धर्म क्या कहा है?'—श्री बालकृष्ण भट्ट, सर्व सेवक संघ प्रकाशन, राजघाट, वाराणसी, उत्तर प्रदेश, संस्करण सितम्बर, 1963 ई., मूल्य पचहत्तर पैसे
85. 'बौद्ध धर्म क्या कहता है?'—श्री बालकृष्ण भट्ट, सर्व सेवक संघ प्रकाशन, राजघाट, वाराणसी, उत्तर प्रदेश, संस्करण सितम्बर, 1963 ई., मूल्य पचहत्तर पैसे
86. 'पारसी धर्म क्या कहता है?'—श्री बालकृष्ण भट्ट, सर्व सेवक संघ प्रकाशन, राजघाट, वाराणसी, उत्तर प्रदेश, संस्करण सितम्बर, 1963 ई., मूल्य पचहत्तर पैसे
87. 'यहूदी धर्म क्या कहता है?'—लेखक—श्री बालकृष्ण भट्ट, प्रकाशक—सर्व सेवक संघ प्रकाशन, राजघाट, वाराणसी, उत्तर प्रदेश, प्रकाशन संस्करण सितम्बर, 1963 ई., मूल्य पचहत्तर पैसे

88. 'ताओ और कन्फ्यूश धर्म क्या कहता है?'—श्री बालकृष्ण भट्ट, सर्व सेवक संघ प्रकाशन, राजघाट, वाराणसी, उत्तर प्रदेश, संस्करण सितम्बर, 1963 ई., मूल्य पचहत्तर पैसे
89. 'ईसाई धर्म क्या कहता है?'—श्री बालकृष्ण भट्ट, सर्व सेवक संघ प्रकाशन, राजघाट, वाराणसी, उत्तर प्रदेश, संस्करण सितम्बर, 1963 ई., मूल्य पचहत्तर पैसे
90. 'इस्लाम धर्म क्या कहता है?'—श्री बालकृष्ण भट्ट, सर्व सेवक संघ प्रकाशन, राजघाट, वाराणसी, उत्तर प्रदेश, संस्करण सितम्बर, 1963 ई., मूल्य पचहत्तर पैसे
91. 'सिक्ख धर्म क्या कहता है?'—श्री बालकृष्ण भट्ट, सर्व सेवक संघ प्रकाशन, राजघाट, वाराणसी, उत्तर प्रदेश, संस्करण सितम्बर, 1963 ई., मूल्य पचहत्तर पैसे
92. 'वेद ही ईश्वरी ज्ञान है'—श्री राम आर्य, वैदिक साहित्य प्रकाशन, कासगंज, एटा, उत्तर प्रदेश, भारतवर्ष, द्वितीय बार 1970 ई, मूल्य 75 पैसे
93. 'संक्षिप्त सत्यार्थ प्रकाश', प्रकाशक—सार्वदेशिक दयानन्द संन्यासी वानप्रस्थ मंडल, ज्वालापुर, हरिद्वार, संस्करण 1968 ई., मूल्य 75 पैसे
94. 'बहाने बाजी'—भदन्त आनन्द कौसल्यायन, नीलाभ प्रकाशन, 5, खजुराहो रोड, इलाहाबाद—1, प्रथम संस्करण 1955 ई.। मूल्य 3 रुपये
95. 'चार्वाक-दर्शन'—आचार्य आनन्द झा, हिन्दी समिति, सूचना विभाग, उत्तर प्रदेश, लखनऊ, प्रथम संस्करण 1969 ई., मूल्य 12 रुपये
96. 'जनता का सेवक—कणाद ऋषि' भटनागर, आत्माराम एंड संस, कश्मीरी गेट, दिल्ली-6, प्रथम संस्करण-1963 ई., मूल्य दो रुपये
97. 'पाखंड खंडनी', लेखक द्वेय—पंडित बस्तीराम शर्मा, डॉ. हरि प्रसाद शर्मा, (खेड़ी सुलतन, रोहतक), देहाती पुस्तक भंडार, दिल्ली, संस्करण फरवरी, 1968।
98. 'गुरु गोविंद सिंह'—वेणी प्रसाद, सम्पादक—श्याम सुंदर दास बी.ए., काशी नागरी प्रचारणी सभा, काशी, मूल्य 3 रुपये
99. 'पाखंडी धर्म का भंडाफोड़', स्वामी नित्यानन्द शास्त्री, प्रकाशक एवं सम्पादक—गणेशाय अध्यक्ष शिड्युल्ड कास्ट फेडरेशन, भगवतगढ़, राजस्थान, मूल्य 11 आने
100. 'चिंचा ब्राह्मण रासलीला'—रचयिता—दूधेश्वर सिंह, अम्बेडकर मिशन पब्लिकेशन, डॉ. अम्बेडकर मार्ग, चितकोरा, पोस्ट—अनीशाबाद, पटना-2
101. 'धर्म-प्रचार', पंडित शिव शर्मा, शिव शर्मा बुक्स डिपो एंड संस, सम्भल, मुरादाबाद, प्रथम संस्करण 1926 ई., मूल्य 1 रुपया

102. 'उत्तर प्रदेश स्वाधीनता संग्राम की एक झाँकी', कन्हैया लाल मिश्र 'प्रभाकर', सूचना एवं जनसम्पर्क विभाग, उत्तर प्रदेश, संस्करण सन् 1972
103. 'विद्यार्थी जीवन का रहस्य'—महात्मा नारायण स्वामी जी, सम्पादक—ईश्वरी प्रसाद 'प्रेमी', सत्य प्रकाशन, वृन्दावन, मथुरा, मूल्य 5 नए पैसे। संवत 2026 वि.।
104. 'मानव व्यक्तित्व का समन्वित विकार', मानस साधन मंडल प्रकाशन। चौथा संस्करण 1983 ई., मूल्य 8 रुपये
105. 'समाज सुधार गीतांजलि', संकलनकर्त्ता—कुँ. श्री चन्द्र आर्य, सम्पादक—श्री ईश्वरीय प्रसाद 'प्रेमी', सत्य प्रकाशन, वृन्दावन मथुरा, मूल्य 33 पैसे
106. 'मानवता अमर रहे'—डॉ. रामचरण महेन्द्र, कोटा, राजस्थान, सत्य प्रकाश वृन्दावन मथुरा, मूल्य 44 पैसे।

## सभ्यता और साहित्य

1. 'आदिनिवासियों की सभ्यता'—चन्द्रिका प्रसाद 'जिज्ञासु', 360/193, मातादीन रोड, लखनऊ, उत्तर प्रदेश
2. 'आदिनिवासियों की पहचान'—**पेरियार ललई सिंह**, अशोक पुस्तकालय, झींझक, कानपुर, संस्कारण 1961 ई.
3. 'हिन्द के आदिनिवासी'—पंडित भूपति उपनाम पंडित छेदीलाल जी पांडया, प्रकाशक—मि. बाबू लाल जी पांडया, मकान नं. 8215 ब्लॉक नं. 9 देव नगर, करोलबाग, दिल्ली, संस्करण 1947 ई., प्रथम बारा 10,000 प्रतियाँ मुद्रित, मूल्य 2 रुपये
4. 'स्वतंत्रता शतक'—रत्ना तिवारी, संस्करण 1984 ई., मूल्य 4 रुपये
5. 'ऐतिहासिक आल्हा खंड'—श्याम लाल सिंह 'मजनूं' वीर श्याम लाल सिंह 'श्याम', प्रकाशक—भारतीय पिछड़ा वर्ग—पार्टी, जिला—बिजनौर, उत्तर प्रदेश, संस्करण-15 मई, संस्करण 1961 ई., मूल्य 25 नये पैसे
6. 'ऐतिहासिक राष्ट्रीय अल्हा' (सात खंडों में)—मेवालाल उर्फ वीरेन्द्र तार्किक प्रकाशक—डॉ. गया प्रसाद नेत्र विशेषज्ञ, नोनाकपुर—जिला—कानपुर (उत्तर प्रदेश)संस्करण-1964 ई., मूल्य 41 नए पैसे
7. 'राजमुकुट' (ऐतिहासिक नाटक)—गोविन्द बल्लभ पन्त, प्रकाशक—श्री दुलारे लाल, अध्यक्ष—गंगा पुस्तक माला, लखनऊ, संस्करण-21वीं. बार, 1956 ई.

8. 'राष्ट्रीय स्वयं सेवक संघ'—(आर.एस.एस.) लेखक—सव्यसाची, प्रकाशक—युगान्तर प्रकाशन, मथुरा, उत्तर प्रदेश, संस्करण-अगस्त, 1980 ई.
9. 'गांधी वध क्यों?'—लेखक—नाथूराम गोडसे, वितस्ता प्रकाशन, 1206/1 (ब), शिवाजी नगर, पूणे—4, मूल्य 8 रुपये। इसकी मूल पांडुलिपि मराठी में गोपाल विनायक गोडसे ने तैयार की थी। प्रथम बार मराठी में 10 अक्टूबर, 1967 को 40,000 प्रतियाँ प्रकाशित हुईं। इसका मराठी नाम, 'पंचावन कोटी ची बली' (पचपन करोड़ की बलि) था। हिन्दी में इसे पहली बार श्री धर्मेन्द्र शर्मा ने अनूदित करके 'गांधी वध क्यों?' नाम से 31 जनवरी, 1972 ई., को जयपुर, राजस्थान से 50,000 प्रतियाँ प्रकाशित कराया
10. 'गांधी वध और मैं'—गोपाल विनायक गोडसे, वितस्ता प्रकाशन, 1206/1 (ब), शिवजी नगर, पूणे—4, मुद्रक—आयभूषण प्रेस, वाराणसी, मूल्य 12 रुपये। 26 मार्च, 1966 ई.
11. 'गांधीवाद की मीमांसा'—लेखक—डॉ. अम्बेडकर, अनुवाद—श्री श्रीवर्द्धन, बहुजन कल्याण प्रकाशक, संस्करण 2 अक्टूबर, 1969 ई., मूल्य 1.50 रुपये
12. 'हमारा समाज'—सन्तराम बी.ए., प्रकाशक—देवदत्त शास्त्री, विद्याभास्कर, विश्वेश्वरानन्द वैदिक शोध संस्थान प्रेस, साधु आश्राम, होशियारपुर, पंजाब, भारत, संस्करण 1957 ई., मूल्य 4 रुपये 65 पैसे
13. 'आगे बढ़ो'—विमल राय बोधी, बहुजन कल्याण प्रकाशन, लखनऊ, उत्तर प्रदेश, प्रथम संस्करण-जून, 1967, मूल्य दो रुपये
14. 'क्रान्ति का अभ्युदय'—हीरा लाल पिपिल, शोषित साहित्य सदन, मुहल्ला दूती, फिरोजाबाद, आगरा, उत्तर प्रदेश, प्रथम संस्करण दिसम्बर, 1954, मूल्य आठ आने
15. 'क्रान्ति की लहर'—हीरा लाल पिपिल, शोषित साहित्य सदन, मुहल्ला दूती, फीरोजाबाद, आगरा, उत्तर प्रदेश। प्रथम संस्करण 1 मार्च, 1955, मूल्य आठ आने
16. 'सचित्र मार्गदर्शिका' (औरंगाबाद—दौलताबाद एलोरा—अजंता), प्रो. एस. सिद्दकी, प्रकाशक—ए.एच.एस. महमदभाई फोटो हाउस, औरंगाबाद, प्रथम संस्करण, 1962
17. 'किसान-मजदूर-राज की ओर'—दीप नारायण सिंह एडवोकेट साहित्यरत्न अध्यक्ष—यूपी शोषित संघ, प्रकाशक—शोषित संघ, उत्तर प्रदेश, प्रथम संस्करण 1956 ई., मूल्य 4 आना। शोषित संघ एवं जनवादी संयुक्त मोर्चा

संयुक्त मोर्चा की आवश्यकता आदि पर तर्कपूर्ण विवेचन, प्रथम बार 1000 प्रतियाँ प्रकाशित

18. 'बरेली' (कौमी एकता का प्रतीक), सूचना एवं जनसम्पर्क विभाग बरेली, प्रथम संस्करण 15 जनवरी, 1981 ई., मूल्य आठ रुपये
19. 'अग्नि परिक्षा', कवि—आचार्य श्री तुलसी, प्रबन्धक सम्पादक—श्री सोहन लाल बाफण, आत्माराम एंड संस, दिल्ली: जालन्धर, जयपुर, मेरठ, चंडीगढ़, संस्करण 1961, मूल्य 6.50 पैसे
20. 'अपराजिता', गौरी शंकर सचान, कांति कुटीर प्रकाशन, 6/32, गांधी नगर, पुखरायाँ, कानपुर देहात—209112, संस्करण 1988, मूल्य 50 रुपये
21. 'विश्वगुरु सद्गुरु कबीर साहब का मानव'—सन्देश, लेखक—महन्त वसुदास कबीर पंथी (मादक पदार्थ निषेध प्रचारक), बहुजन कल्याण प्रकाशन, 360/193, मातादीन रोड, लखनऊ—3, प्रथम संस्करण 1954, मूल्य 60 नया पैसे
22. 'लीली'—सूर्यकान्त त्रिपाठी निराला, प्रकाशक—श्री दुलारे लाल, अध्यक्ष—गंगा पुस्तक कार्यालय, लखनऊ, संस्करण 1933, मूल्य 7 नए पैसे
23. 'हिन्दी साहित्य का इतिहास'—पंडित रामचन्द्र शुक्ल, लोकभारती प्रकाशन, इलाहाबाद
24. 'हिन्दी साहित्य का गलत इतिहास'—सुदर्शन चोपड़ा, सार—तत्कालीन राजनीतिक सामाजिक और आर्थिक परिस्थितियों को नकार कर केवल मध्ययुग की रूढ़िवादी संस्कृति को फिर से जीवित करने की कोशिश करनेवाला इतिहास क्या सामान्य पाठकों का सही मार्गदर्शन कर सकता है?, पत्रिका—'सरिता', अगस्त प्रथम 1969 अंक से उद्धृत
25. 'विदुर नीति'—गीता प्रेस, गोरखपुर, मूल्य पचहत्तर पैसे
26. 'संसद सदस्य श्री चादर वाला केस'—श्री कन्हैया लाल, एम.पी. बनाम श्री विश्व नाथ, सम्पादक—'सरिता' अदालती कार्यवाही का वितरण
27. 'अपना देश' (एकांकी नाटक)—लेखक एवं प्रकाशक—आर.बी. त्रिशरण, प्रकाशक—बाबा साहेब अम्बेडकर समाज सुधार समिति, हरैया, बस्ती, उत्तर प्रदेश, प्रथम संस्करण दिसम्बर, 1981 ई., मूल्य 1 रुपया
28. 'रक्त का रिश्ता' (उपन्यास), डॉ. डी.पी. वरुण, प्रकाशक—ह्यूमन सर्विस ऑफ चेरिटेबल ट्रस्ट, इंडिया, कानपुर रोड, लखनऊ, उ.प्र.
29. 'बीजक—कबीर दास' कृत, टीकाकार—अभिलाषा दास, प्रकाशक—साधु शरण पाल दास जी, श्री कबीर मन्दिर बड़हरा पोस्ट—मददौ बाजार, जिला—गोंडा (उत्तर प्रदेश), संस्करण-1969 ई., मूल्य 14 रुपये, पृष्ठ 904

30. 'कबीर—सिद्धान्त—दर्शन'—गंगा प्रसाद शास्त्री, कबीर वाणी केन्द्र, कबीर मठ, कबीर चौराहा, वाराणसी, संस्करण-1973 ई., मूल्य 5 रुपये
31. 'कबीर जीवन परिचय', गंगा प्रसाद, कबीर वाणी प्रकाशन केन्द्र, वाराणसी, प्रथम संस्करण 1979 ई., मूल्य 20 रुपये।
32. 'आतंक'—भिक्षु विशुद्धानन्द, बौद्ध महाविद्यालय, लखनऊ, उत्तर प्रदेश, संस्करण 15 मार्च, 1961 ई, मूल्य 25 नये पैसे
33. 'सिंह विजय' (नाटक)—राहुल सांकृत्यायन, समाज सुधार प्रकाशन, हर्रैया, बस्ती-272135, उत्तर प्रदेश, संस्करण 1961 ई., मूल्य 8 रुपये मात्र
34. 'हीरे की पहचान' (नाटक)—आर.बी. त्रिशरण, समाज सुधार प्रकाशन, हर्रैया, बस्ती-272135, उत्तर प्रदेश, संस्करण जनवरी, 1983 ई., मूल्य दो रुपये
35. 'नर्तकी' (ऐतिहासिक, नाटकीय क्रान्तिकारी उपन्यास), अमर शहीद नर्तकी अजीजाबाई, लेखक—मेवाराम गुप्त सतौरिया। (स्वतंत्रता संग्राम सेनानी), शहीदाने वतन प्रकाशन, 30/बी, इंडियन एअरलाइंस स्टॉफ कॉलोनी, कालीव, मुम्बई-29, मूल्य 20 रुपये
36. 'शोषित संघ और उसकी रूप रेखा'—हीरालाल प्रजापति, एम.ए. एल.एल.एम., शोषित साहित्य सदन फिरोजाबाद (आगरा) उ.प्र., (जनता प्रेस, फिरोजाबाद)
37. 'राष्ट्रीय शोषित संघ', शीत—शिविर 1968 ई. के अवसर पर डॉ. गौरी शंकर सचान का उद्घाटन भाषण
38. 'शोषित समाज दल' के प्रथम राष्ट्रीय सम्मेलन, डालमियाँ नगर विहार में अखिल भारतीय अध्यक्ष श्री रामस्वरूप वर्मा का अध्यक्षीय भाषण प्रकाशक—स्वागत समिति शोषित समाज दल सम्मेलन, डालमियाँ नगर विहार, प्रतियाँ—5,000, मूल्य 30 पैसे
39. 'बुजुर्गों का इतिहास' (तर्ज बारहामासी), रचयिता—बाबू लाल, बौद्ध धर्म प्रचारक, प्रकाशक—गौतम किराना, मोती नगर कॉलोनी, बेहजम रोड, लखीमपुर खीरी, प्रथम संस्करण-1986, मूल्य 2 रुपये 50 पैसे
40. 'सृष्टि और प्रलय'—वैज्ञानिक, चिन्तक और लेखक—चौधरी महाराज सिंह भारती, भूतपूर्व सांसद, प्रकाशक—अर्जक संघ (शाखा उत्तर प्रदेश) प्रथम संस्करण-समता दिवस, 1 जून, 1984 ई., प्रतियाँ 3,000, पृष्ठ 700 मोटे जिल्द सहित
41. 'स्वास्थ्य रक्षा के सरल उपाय'—लेखक—डॉ. ओम प्रकाश आनन्द, स्वस्थ साहित्य प्रकाशन 117/133, ब्लॉक—ओ, गीता नगर, कानपुर (उत्तर प्रदेश)

42. 'मनमुआ ताजीरात रियासत ग्वालियर'—संवत—1982 (फेहरिस्त माजामीन बाब—1) (नोट—इस मजमू-ए में तारीख 30 जून, 1930 तक के करेक्शन स्लिप्स के मुताबित तसहीह की गई है। **—पेरियार ललई सिंह**)
43. 'पूना पैक्ट बनाम गांधी'—ए.के. शास्त्री, प्रकाशक—स्वामी दर्शनानन्द अम्बेडकर स्कूल ऑफ थाट, देलही
44. 'पूना पैक्ट'—भगत राम, भीम पत्रिका, नकोदर रोड, जालन्धर, पंजाब
45. 'अमर शहीद भगत सिंह'—जितेन्द्र नाथ सन्याल, क्रान्तिकारी प्रकाशन मिर्जापुर, द्वितीय संस्करण-1970 ई., मूल्य 3 रुपये
46. 'आमची भूमिका'—भा.ह. सोनटक्के, प्रकाशक अणि विक्रेते: गणपत आत्माराम घोडेस्वार कार्यवाह, रिपब्लिकन लोक साहित्य प्रकाशन, फेक्टरी रोड, बजरिया चौक, नागपुर—2, महाराष्ट्र, प्रथमावृन्ति जानेवारी, 1965 ई., कीमत 75 पैसे
47. 'यह देश किसका है?'—सूर्यपाल बी.ए., एल.एल.बी., डॉ.अम्बेडकर सेवा संस्थान, मूल्य 4 रुपये
48. 'रेल का टिकट'—भदन्त आनन्द कौसल्यायन, प्रोग्रेसिव पब्लिशर्स, 14-डी, फिरोजशाह रोड, नई दिल्ली, मूल्य 1 रुपया
49. 'संक्षिप्त भूगोल'—छात्र पुस्तक भंडार, राँची
50. 'वोल्गा से गंगा'—राहुल सांस्कृत्यायन, 1942
51. 'भारत में ब्रिटिश राज के अन्तिम दिन'—लियोनार्ड भोसले, रामलाल पुरा, संचालक, आत्माराम एंड संस, कश्मीरी गेट, दिल्ली-6, प्रथम संस्करण-1964 ई., मूल्य 7.50 रुपये
52. 'हमारा महाराष्ट्र'—कक्षा चौथी हेतु, प्रकाशक—महाराष्ट्र राज्य पाठ्य पुस्तक निर्मित व अभ्यास क्रम संशोधन मंडल पूर्ण, संस्करण-1982 ई.
53. 'नींव के पत्थर' (क्रान्तिकारियों की आत्मकथाएँ)—लेखक व प्रकाशक—राम सिंह बघेल, प्रथम संस्करण-जनवरी, 1980 ई., मूल्य 3 रुपये
54. 'श्रीलंका का इतिहास', कु. बंडार (मैणिका दशनायक), प्रकाशन—भिक्षु ग. प्रज्ञानन्द, रसालदार पार्क, लखनऊ, संस्करण-1973 ई.
55. 'उत्तर भारत की आदिम जातियाँ', आर.डी. सोनकर, प्रकाशन—जनजाति एवं लोक कला संस्कृति संस्थान उत्तर प्रदेश सरकार, लखनऊ, उत्तर प्रदेश
56. 'Untold Story अनकही कहानी', लेफ्टिनेंट, जनरल, बी.एम. कौली, अनुवादक—रामकृष्ण शर्मा 'कँवल', विल्को पब्लिशिंग हाऊस, बम्बई-1

57. 'अमर ज्योति'—लेखक-डी.पी. वरुण (आई.ए.एस.) (प्रगतिशील भावनाओं से ओत—प्रोत क्रान्तिकारी, सामाजिक उपन्यास), मानव सेवा प्रकाशन एवं मुद्रालय, ए-435, इन्दिरा नगर, लखनऊ, उत्तर प्रदेश, प्रथम संस्करण-1982, मूल्य 8 रुपये
58. 'घृणा और अत्याचार से मुक्ति क्यों और कैसे?', सम्पादक—डी.पी. वरुण
59. 'विश्वशान्ति का प्रतीक मानव-धर्म एवं भारतीय विनाशक के मूल में ब्राह्मणवाद'—श्री छेदी लाल साथी (एडवोकेट), प्रस्तावना लेखक—डॉ. एन.के. देवराज, प्रकाशन—48, कन्धारी बाजार, लखनऊ, उत्तर प्रदेश, प्रकाशन—बहुजन कल्याण प्रेस, प्रथम संस्करण-1952 ई., मूल्य 4 आना
60. 'गाँव के गरीबों से'—सव्यसाची, युगान्तर प्रकाशन, जनवादी चेतना का गैर-व्यावसायिक प्रकाशन, संस्थान—डेम्पियर नगर, मथुरा, उत्तर प्रदेश, संस्करण-1978 ई., सहयोग राशि-50 पैसे
61. 'नौजवनों से'—सव्यसाची, युगान्तर प्रकाशन, जनवादी चेतना का गैर-व्यावसायिक प्रकाशन, संस्थान—डेम्पियर नगर, मथुरा, उत्तर प्रदेश, संस्करण सन् 1978 ई, सहयोग राशि 50 पैसे
62. 'समाजवाद क्या है?'—उपरोक्त, संस्करण-1978 ई., सहयोग राशि-50 पैसे
63. 'समाज कैसे बदलता है?'—उपरोक्त, संस्करण सन् 1978 ई., सहयोग राशि 50 पैसे
64. 'समाज को बदल डालो'—उपरोक्त, संस्करण-1979 ई., सहयोग राशि-50 पैसे
65. 'रास्ता इधर है'—उपरोक्त, संस्करण-1979 ई., सहयोग राशि-50 पैसे
66. 'कम्युनिस्ट क्या चाहते हैं?'—उपरोक्त, संस्करण-1978 ई., सहयोग राशि-50 पैसे
67. 'आपात काल से आजतक'—उपरोक्त, संस्करण-1978 ई., सहयोग राशि-50 पैसे
68. 'हम क्या करें?'—उपरोक्त, संस्करण सन् 1978, मूल्य 3 रुपये
69. 'लोक विजय'—सर्वदानन्द विश्व ग्रंथमाला, मुद्रक—श्री देवीदन्त शास्त्री, विद्याभास्कर, विश्वराजनन्द वैदिक रिसर्च, इंस्टीट्युट प्रेस साधुआश्रम, होशियारपुर, पंजाब, संस्करण 11 जून, 1954 ई.
70. 'गुरुडम के पाखंड', आचार्य डॉ. श्रीराम आर्य कासगंज, एट, उत्तर प्रदेश, भारत, प्रथम संस्करण-1970 ई., मूल्य 40 पैसे
71. 'स्वर्ग विवेचन', आचार्य डॉ.श्रीराम आर्य, वैदिक साहित्य प्रकाशन, कासगंज, एटा, उत्तर प्रदेश, भारत, प्रथम संस्करण-1971, मूल्य 20 पैसे

72. 'राम कहानी राम की जुबानी', भदन्त आनन्द कौसल्यायन, मंत्री भिक्षु, निवास प्रकाशन, दीक्षाभूमि, नागपुर—10 (महाराष्ट्र), प्रथम संस्करण-1970, मूल्य 6 रुपये
73. 'लोक जीवन की सीता'—डॉ. रामशरण सिंह, अभिव्यक्ति प्रकाशन, 897, यूनिवर्सिटी रोड, इलाहाबाद—2, प्रथम संस्करण सन् 1969 ई., मूल्य 5 रुपये
74. 'विश्व का भूगोल', इलाहाबाद, उत्तर प्रदेश, संस्करण-सन् 1972 ई.।
75. लोहिया और शोषित समाज दल—राम अयोध्या सिंह 'विद्यार्थी', अरवल, गया, बिहार
76. 'सुधरो अथवा टूटो'—डॉ. राममनोहर लोहिया, राममनोहर लोहिया समता विद्यालय न्यास प्रकाशन विभाग, 14/7/371, बेगम बाजार, हैदराबाद—12, प्रकाशन संस्करण-1971 ई., मूल्य 2 रुपये
77. '1857 का भारतीय स्वतंत्रता समर'—विनायक दामोदर सावरकर, हिन्दी अनुवाद—पंडित गणेश रघुनाथ वैशम्पायन, निर्मल साहित्य प्रकाशन, 693, बुद्धवार, पुणे-2, महाराष्ट्र
78. 'इमरजेंसी : क्या सच है क्या झूठ है?'—शंकर दयाल सिंह, दिल्ली प्रिंटर्स प्रकाशन, 4648/21, दरियागंज, नई दिल्ली-110002, संस्करण-1977, मूल्य बीस रुपये
79. 'समता की रचना'—श्री रूपनाथ सिंह यादव (एम.एल.ए.), भूतपूर्व मंत्री संविद शासन, उत्तर प्रदेश, प्रथम संस्करण 1972 ई., मुद्रक—रामायाण प्रेस, इलाहाबाद
80. 'चौधरी सर छोटूराम'—रघुवीर सिंह शास्त्री, प्रकाशक—चौधरी सर छोटूराम मेमोरियल ट्रस्ट, रोहतक, हरियाणा, संस्करण 6 फरवरी, 1965 ई., मूल्य 6 रुपये।
81. 'मेरा जीवन मेरा अनुभव'—सन्तराम बी.ए., हिन्दी प्रचारक पुस्तकालय, पोस्ट बॉक्स नम्बर 70, पिशाचमोचन वाराणसी—1, संस्करण 1963 ई., मूल्य 4 रुपये 50 नए पैसे
82. 'पाकिस्तान की स्थापना में हिन्दुओं का हाथ'—सन्तराम बी.ए., जात—पात—तोड़ो मंडल पुरानी बस्ती, जिला—होशियारपुर, पंजाब, प्रथम संस्करण-1969 ई.
83. 'कुरान'—अरबी से उर्दू अनुवाद—मौलाना कत्ह मुहम्मद, उर्दू से हिन्दी अनुवाद सटीक—मुहम्मद फ़ारुख खाँ, प्रकाशन—मकतबा अल—हसनात, रामपुर, उत्तर प्रदेश, सितम्बर, 1971 ई., मूल्य सत्रह रुपये, पृष्ठ 1250

84. 'मानव अधिकार की लड़ाई क्यों और कैसे?'—सूर्यपाल, अखिल भारतीय अम्बेडकर सेवा संस्थान, रायबरेली, प्रथम संस्करण-1968 ई.
85. 'महात्मा जोतिराव फुले आमच्या समाजक्रान्ति चे जनक', लेखक—धनंजय कीर, पॉपुलर प्रकाशन, मुम्बई, सन् 1971 यह किताब मराठी भाषा में है
86. 'ज्योतिबा फुले'—डॉ. ब्रजराम वर्मा, भावना प्रकाशन, प्रथम संस्करण 1987 ई.
87. 'संघर्ष एवं सृजन : महात्मा ज्योतिबा राव फुले पुण्य स्मृति शताब्दी'—प्रकाशक—महात्मा ज्योतिबा राव फुले स्मारक समिति, 69/184—ए, दानाघोरी, कानपुर, 16 दिसम्बर, 1991 ई.
88. 'खंड खंड पाखंड' (ज्योतिराव फुले की) प्रसिद्ध कृति 'गुलामगीरि' का हिन्दी अनुवाद—सुरेश कान्त
89. 'छत्रपति शिवाजी'—काशिनाथ गोविंद जोगलेकर, प्रकाशन विभाग, सूचना तथा प्रसार मंत्रालय, भारत सरकार, जनवरी—1972, मूल्य 1.80 पैसा
90. 'राजर्षि छत्रपति शाहू'—प्र. सम्पादक, डॉ. ब्रजराम वर्मा, सम्पादक—आर.एन. माली, जून—1992 ई.
91. 'अछूत बौद्ध दर्शन'—श्रीमती सुखई संखवार, ग्राम—डीग, पोस्ट—मुहम्मदपुर, जिला—कानपुर, उ.प्र., पुस्तक मिलने का पता—म.नं. 134, राजापुर, इलाहाबाद, उ.प्र.
92. 'क्या यही कहाती आजादी'—रचयिता एवं संग्रहक—हुबालाल आजाद, प्रकाशक—गया प्रसाद संखवार, भौजा—गडरियन पुरवा (भैसायां), तीसरा संस्करण-1961, मूल्य दो आने
93. 'क्षत्रि कुलादर्श'—रामअवतार सिंह और देवी प्रसाद चौधरी, प्रथम संस्करण-1912 ई. (सन् 1912 ई. में प्रकाशित यह कृति सुदामा प्रसाद अकेला, सम्बन्धित अर्जक संघ, कानपुर, उ.प्र. के पास सुरक्षित है।)
94. 'कम्पैरेटिव मेटेरियल मेडिका'—डॉ. राजनारायण चन्द्र घोष, एम.डी. (यूएसए) हैनिमैन पब्लिशिंग कम्पनी प्राइवेट लिमिटेड, 165, विपिन विहारी गांगुली स्टीट, कलकत्ता, 1991 ई.
95. 'कुम्हारों को मिट्टी के मिलने का कानून'—प्रकाशक—कुम्हार यूनियन, नहरपुर, झींझक, कानपुर, उ.प्र., मुद्रक—लोधी समाज प्रेस, 75/218, सब्जी मंडी, कानपुर, प्रथम संस्करण-1961, कीमत दो आने
96. 'प्रगति रिपोर्ट—1990 ई.', अखिल भारतीय बाबा साहब डॉ. अम्बेडकर समाज सुधार समिति, अम्बेडकर नगर, हरैंया—बस्ती, उत्तर प्रदेश।

# विश्व साहित्य

1. 'आदि विद्रोही स्पार्टकस' ('गुलाम की जीवन कथा')—लेखक—हावर्ड फास्ट, हिन्दी अनुवाद—अमृत राय, हंस प्रकाशन, इलाहाबाद, प्रथम संस्करण-दिसम्बर 1955 ई., मूल्य 25 रुपये। इसके सर्वश्रेष्ठ हिन्दी अनुवाद पर भारत सरकार ने सन् 1958 ई. में दो हजार रुपये पुरस्कार से सम्मानित किया।
2. 'लेनिन और अक्टूबर क्रान्ति के बारे में'—एल्बर्ट रॉस विलियन्स, प्रगति प्रकाशन, 21, जूबोव्स्की बुलवार मॉस्को, सोवियत संघ, मूल्य 2 नए पैसे, संस्करण-1959 ई.
3. 'राजनीति शास्त्र'—सम्पादक—प्रकाशक—महेन्द्र सिंह गुर्जर, एड्वोकेट, एम.ए., बी.एस.सी. तथा एल.एल.बी., ज्ञान प्रकाशन, बी-291, रामलीला मैदान, हस्तिनापुर, मेरठ, उत्तर प्रदेश, संस्करण 1 फरवरी, 1958 ई.
4. 'बुराई कैसे मिटे'—लियो टॉलस्टॉय, सस्ता साहित्य प्रकाशन, नई दिल्ली
5. 'चीनी समाज और नवजनवाद'—माओ त्से तुंग, कला प्रवाह प्रकाशन, कर्नलगंज, कानपुर, उत्तर प्रदेश, संस्करण 1983 ई. मूल्य 2 रुपये
6. 'आदि विद्रोही स्पार्टकस'—बादल सरकार, अनुवाद—रीति बार्थोलोम्यु, वीरेन्द्र सक्सेना प्रकाशक—लिपि प्रकाशन—1, अंसारी रोड, दरियागंज, नई दिल्ली-110002 संस्करण-1980 ई., मूल्य 12 रुपये
7. 'रूस, अमेरिका और मानववाद का भविष्य'—भौतिकविद् ए.डी. सखरोव, समाज विद्या भवन यदु चटर्जी लेन, लखनऊ—1, मूल्य 50 पैसा
8. 'भारत का इतिहास, संक्षिप्त रुपरेखा'—को.अ. अन्तोनोवा, ग्रिं.म. वोगर्द—लेनिन ग्रि.ग्रि. कोतोव्स्की, मास्को प्रकाशन—प्रगति प्रकाशन, 1971, संस्करण 1973 ई.

# पेरियार ललई सिंह का औषधि आदि पर अध्ययन

1. 'डॉक्टर दूध'—डॉ. गंगा प्रसाद गौड़ (वेस्ट बंगाल), तेज कुमार बुक डिपो, पोस्ट बॉक्स नम्बर 58, लखनऊ, उत्तर प्रदेश, संस्करण 1973 ई., मूल्य 1 रुपया
2. 'नींबू और उसके सौ उपाय'—उपरोक्त, संस्करण 1970 ई., मूल्य 50 नए पैसे

3. 'नीम और उसके सौ उपयोग'—उपरोक्त, संस्करण 1970 ई., मूल्य 50 नए पैसे
4. 'डॉक्टर गेहूँ और डॉक्टर चना'—उपरोक्त, संस्करण 1974 ई., मूल्य 1 रुपया 50 पैसे
5. 'डॉक्टर त्रिफला'—उपरोक्त, संस्करण 1974 ई., मूल्य 1 रुपया 50 पैसे
6. 'डॉक्टर आम'—उपरोक्त, संस्करण 1974 ई., मूल्य 1 रुपया 50 पैसे
7. 'डॉक्टर तुलसी'—उपरोक्त, संस्करण 1970 ई., मूल्य 50 नए पैसे
8. 'डॉक्टर शहद'—उपरोक्त, संस्करण 1970 ई., मूल्य 50 पैसे

## चिकित्सा सम्बन्धित पुस्तकें

1. 'मनोचिकित्सकों का सुखचैन'—डी.पी. वरुण, विनोद पुस्तक मन्दिर, आगरा-3, संस्करण-1951 ई., मूल्य 8 रुपये
2. 'मनोविज्ञान के सम्प्रदाय'—डॉ. रामपाल सिंह वर्मा, विनोद पुस्तक मन्दिर, आगरा-3, संस्करण-1951 ई., मूल्य 8 रुपये
3. 'फलों की बागानी'—वि.ना. वाडेगांवकर बी.एस.सी., उघम प्रकाशन, धर्म पेठ, नागपुर, महाराष्ट्र, संस्करण-1953 ई., मूल्य 1 रुपया
4. 'चर्मकला व्यवसाय'—लेखक—ब्राह्मण चमार श्रीबाबा फाटक, उद्यम प्रकाशन, धर्म पेठ, नागपुर, महाराष्ट्र, कीमत 1 रुपया
5. 'सन्तरों का बागान'—श्री बनवारी लाल चौधरी, बी.एस.सी. कृषि, उद्यम प्रकाशन, धर्म पेठ, नागपुर, महाराष्ट्र, कीमत 2 रुपये, संस्करण-1953 ई.
6. 'नमक के गुण-दोष'—डॉ. गंगा प्रसाद 'नाहर', तेज कुमार बुक डिपो, लखनऊ, संस्करण-1973 ई., मूल्य 1.50 पैसे
7. 'सोयाबीन'—उपरोक्त, संस्करण-1973 ई., मूल्य 80 पैसे
8. 'दूध और दूध से बनी चीजें'—उपरोक्त, संस्करण-1973 ई., मूल्य 2 रुपये
9. 'चाय के गुण-दोष'—उपरोक्त, संस्करण-1973 ई., मूल्य 1 रुपया
10. 'पेट रोगों का अचूक चिकित्सा'—डॉ. ओम प्रकाश आनन्द, योगचर्या प्रकाशक, पर्वाकर्ता—देव अन्तर्राष्ट्रीय योग केन्द्र, मोती झील, कानपुर, उत्तर प्रदेश, संस्करण-1985 ई., मूल्य 6 रुपये
11. 'क्या खाए और क्यों खाए?'—डॉ. मधुर अग्रवाल, रोजगार प्रकाशन, हालतगंज, मथुरा, उत्तर प्रदेश, मूल्य 30 रुपये

12. '30 दिन में चश्मा उतारिए'—डॉ. हेरॉल्ड एम. पिपॉड, अनुवादक—मोहिनी राव, हिन्द पॉकेट बुक, शाहदरा, संस्करण-1987 ई.
13. '31 दिन में पालि अवश्य सीखिए'—भदन्त आनन्द कौसल्यायन, बुद्धि भूमि प्रकाशन, नागपुर, महाराष्ट्र

## आरक्षण सम्बन्धित किताबें

1. भारत सरकार द्वारा नियुक्त 'बैकवर्ड क्लासेस कमीशन' द्वारा प्रस्तुत प्रश्नावली की उत्तरमाला, प्रकाशक—बैकवर्ड क्लासेज फेडरेशन, यू.पी. दुगावाँ, लखनऊ। मूल्य चार आने, सन् 1953, मुद्रक—वन्देमातरम् प्रेस, नाका हिंडाला, लखनऊ
2. Government of India : Report of The Backward Classes Commission- Vol I to II (Minustes of Dissent) Print in India by the Manage Government of India Prigs, Shimla for the Manager of Publication Civil Lines Delhi, Edition 1956, Price Annas 12.
3. 'पिछड़ा वर्ग कमीशन की रिपोर्ट व स्मृति पत्र'—संकलकर्ता व प्रकाशक—पिछड़ा वर्ग अन्वेषक उप-समिति अखिल भारती वर्षीय हैहय क्षत्रिय महासभा, संस्करण सन् 1957, मूल्य 50 नये पैसे
4. 'पिछड़ा वर्ग संघ उत्तर प्रदेश का कार्य विवरण'—1 जून, सन् 1956 से 31 अगस्त, 1957 तक
5. 'पिछड़ा-वर्ग कमिशन की रिपोर्ट और पिछड़े-वर्ग के संवैधानिक अधिकारों का नेहरू सरकार द्वारा हनन तथा बाबा साहेब डॉ. अम्बेडकर का कर्तव्यादेश'—लेखक—यूपी बैकवर्ड क्लासेज लीग के प्रथम ऑर्गनाइजर चन्द्रिका प्रसाद जिज्ञासु, बहुजन कल्याण प्रकाशन, 360/193, मातादीन रोड, लखनऊ-3, उत्तर प्रदेश, प्रथम संस्करण-सन् 1957 ई., द्वितीय संस्करण-1966 ई., मूल्य 1.50 पैसे। 10,000 प्रति
6. 'उत्तर प्रदेश पिछड़ा वर्ग संघ के आय-व्यय एवं कार्यों का विवरण (1 मार्च, 1959 से 31 मार्च, 1961 तक)—प्रकाशक—श्री रामवचन यादव (एम.एल.ए.), प्रधान मंत्री—'सिंह सदन' 34 सरोजिनी नायडू मार्ग, लखनऊ
7. 'उत्तर प्रदेश पिछड़ा वर्ग संघ'—रजिस्टर्ड संख्या-53, सन् 1961 से 1962 तक, प्रकाशक—उत्तर प्रदेश पिछड़ा वर्ग संघ, 'सिंह सदन'—34,

सरोजिनी नायडू मार्ग, लखनऊ, उत्तर प्रदेश, संस्करण-1961 ई., मूल्य चार आने

8. 'उत्तर प्रदेश पिछड़ा वर्ग संघ का कार्य विवरण'—1 अप्रैल से 31 दिसम्बर, सन् 1962 तक प्रकाशक—महिपाल सिंह (एम.ए., एल.एल.ए.) प्रधान मंत्री
9. 'उत्तर प्रदेश पिछड़ा वर्ग संघ का कार्य विवरण'—1 मार्च, सन् 1963 से मई, सन् 1965 तक। प्रकाशक—महिपाल सिंह (एम.ए., एल.एल.ए.) प्रधान मंत्री।
10. 'उत्तर प्रदेश पिछड़ा वर्ग संघ का 10वाँ वार्षिकोत्सव'—प्रकाशक—राम गुलाम सिंह मंत्री
11. 'बिहार राज्य पिछड़ा वर्ग संघ द्वारा पिछड़ा वर्ग आयोग को प्रदत्त स्मृति पत्र'—प्रकाशक—मंत्री बिहार राज्य पिछड़ा वर्ग संघ, पटना-1, संस्करण-11 दिसम्बर, 1954 ई.। मूल्य 4 आने
12. 'नेहरू सरकार द्वारा पिछड़े वर्गों के अधिकारों की हत्या?'—श्री छेदीलाल साथी (एडवोकेट), प्रेसिडेंट—रिपब्लिक पाटी ऑफ इंडिया, उत्तर प्रदेश, प्रकाशन—48, कंधारी बाजार, लखनऊ, उत्तर प्रदेश, बहुजन कल्याण प्रकाशन, प्रथम संस्करण-10,000 प्रतियाँ, मूल्य 8 आने
13. 'गरीब व पिछड़े लोगों की गरीबी कैसे दूर हो?'—श्री छेदीलाल साथी (एडवोकेट), बहुजन कल्याण प्रकाशन, प्रथम संस्करण-1968 ई., 8,000 प्रतियाँ, मूल्य 10 पैसे
14. 'हिन्दू धर्म की तंग नगरी से अनुसूचित जाति, पिछड़ा, अल्पसंख्यक', छेदी लाल साथी, जून, 1969 ई.। मूल्य 30 पैसे
15. 'बिहार आरक्षण नियमावली'—श्री ठाकुर प्रसाद, बी.ए., वी.एल., उप-सचिव कार्मिक विभाग, मंत्री मंडल सचिवालय, बिहार, भूतपूर्व सदस्य सचिव पिछड़ा वर्ग आयोग, विभागीय प्रकाशन विक्रय केन्द्र, नया सचिव, पटना-800015, मूल्य 8 रुपये, संस्करण सन् 1978 ई.
16. 'Government of India Report of the Backword Classes Commision'—Chairman—B.P. Mandal, Part-I, II, Vollume- I, II, III, IV, V, VI,VII, First Edition : Dec. 1980.
17. 'मंडल आयोग लोक सभा में' (गृहमंत्री का जवाब)—रामविलास पासवान, संसद सदस्य, 12, डॉ. राजेन्द्र प्रसाद रोड, नई दिल्ली से प्रकाशित, दिनांक : 19 अगस्त, 1982, मल्य 2 रुपये, प्रतियाँ 25,000
18. 'Barochure on Reservation for Schduled Castes and Schduled Tribes in Service Government of India', New Delhi, 1987, 7th Edition

# गीत संकलन

1. ‘धम्म गीत, रचनाएँ’—डॉ. बी. जीत ध्यानी और श्रद्धेय होरी लाल बौद्ध, प्रकाशक—ए.जे. भारतीय संगीत प्रभाकर (गायन/तम्बलो), ग्राम-ककोर गहना उर्फ शाहदाउदपुर, जौनपुर, उत्तर प्रदेश, सहयोग-मूल्य 5 पैसे
2. ‘बुद्ध संकर्तन’, संकलनकर्त्ता—चन्द्रिका प्रसाद ‘जिज्ञासु’, बहुजन कल्याण प्रकाशन, लखनऊ, मूल्य 1 रुपया
3. ‘बुद्ध अम्बेडकर भजनावली’, आशा गौतम, बौद्ध परिषद विलग्राम, हरदोई, उत्तर प्रदेश, प्रथम संस्करण 14 अप्रैल, 1984 ई., मूल्य 1 रुपया 50 पैसे
4. ‘बेहमई कांड, तर्ज राधेश्याम’ (जो गाना गाने के बाद गोली के शिकार हुए), लेखक—रमेश चन्द ‘बागान’, राजपुर, कानपुर, मूल्य 1 रुपया 50 पैसे
5. ‘बुद्ध चालीसा’—चन्द्रिका प्रसाद ‘जिज्ञासु’, बहुजन कल्याण प्रकाशन, तीसरी बाद, 1973 ई., मूल्य 40 पैसे
6. ‘भीम चेतना’—श्रीलालचन्द बडगोत्या ‘राही’ मैक्सी रोड, उज्जैन, बहुजन कल्याण प्रकाशन, लखनऊ, मूल्य 40 पैसे
7. ‘भीम गीतावली’—डॉ. गया प्रसाद प्रशान्त, राजेन्द्र नगर, लखनऊ, बहुजन कल्याण प्रकाशन, मूल्य 40 पैसे
8. ‘तांडव’, रचयिता—राजवैद्य श्री बबलूराम ‘रसिक’, दुगावाँ, लखनऊ, बहुजन कल्याण प्रकाशन, प्रथम आवृत्ति 1973 ई., मूल्य 40 पैसे
9. ‘अछूत कौन और क्यों?’—डॉ. गया प्रसाद प्रशान्त, बहुजन कल्याण प्रकाशन, लखनऊ, संस्करण 1974, मूल्य 40 पैसे
10. ‘आदिवंश का डंका’—अछूतानन्द हरिहर, बहुजन कल्याण प्रकाशन, लखनऊ, संस्करण 1972, मूल्य 40 पैसे
11. ‘गणित प्रबोधन’—(कक्षा 9वीं व 10वीं कक्षा के लिए) लेखक—आर.पी. सिंह एवं एस.आर. कटियार, भारतीय विद्या भवन, भोपाल—1967 ई., मूल्य 3 रुपये
12. ‘पृथ्वीराज रासो’—चन्द वरदाई (पद्मावती समय) डॉ. हरिहरनाथ टंडन, विनोद पुस्तक मन्दिर, हॉस्पिटल रोड, आगरा, सन् 1964, मूल्य 2.50 रुपये

13. 'क्रान्तिकारी समूह गान'—(26 जनवादी कवियों के 33 समूहगान), सम्पादक—गंगा प्रसाद विमल एवं स्वामीशरण स्वामी, जन साहित्य मंच, 17, शिव मन्दिर गली, भोजपुर (शहादरा) दिल्ली-110053 प्रथम संस्करण-1979 ई., मूल्य 1.50 रुपये
14. 'जनवादी साहित्य के दस वर्ष' (सन् 1967—77)—शिविर, दिल्ली, जनवादी विचार मंच प्रकाशन, दिल्ली विश्वविद्यालय, दिल्ली, संस्करण-1978 ई., मूल्य 6 रुपये
15. 'विनोबा भावे के नाम एक खुला पत्र'—सव्यसाची, युगान्तर प्रकाशन, डेम्पीयर नगर, मथुरा, सितम्बर, 1979 ई., सहयोग—30 पैसे मात्र
16. 'सुबह होने से पहले'—लेखक—प्रकाशक—शर्मा पुस्तक भंडार, घीयामंडी, मथुरा, संस्करण-1979 ई.
17. 'खून के छींटे'—मेजर बलवन्त सिंह, हिन्द पॉकेट बुक्स प्राइवेट लिमिटेड, संस्करण-1971 ई., मूल्य ढाई रुपये
18. 'निमंत्रण'—आचार्य चतुरसेन शास्त्री, संस्करण-1973 ई., मूल्य तीन रुपये
19. 'स्मृति के पथ पर'—शिवराम पांडेय, संस्करण-1977 ई., मूल्य 3 रुपये
20. 'धर्मपुत्र—आचार्य चतुरसेन शास्त्री—हिन्द पॉकेट बुक, जी.टी. रोड, शाहदरा, नई दिल्ली, संस्करण 1972 ई.
21. 'मेरी कहानी'—पंडित जवाहर लाल नेहरू, सस्ता साहित्य मंडल, नई दिल्ली वाया—हिन्द पॉकेट बुक, जी.टी. रोड, शाहदरा, नई दिल्ली
22. 'पुरातत्व निबन्धावली'—किताब महल, इलाहाबाद, दिल्ली, बम्बई, संस्करण-1958 ई.
23. 'व्यथा'—गीत—बाबू लाल 'सुमन', मूल्य दो रुपये
24. 'मान मनौती'—कवि मान सिंह, संस्करण 1974, मूल्य 2.50 पैसे
25. 'मान मंजरी'—कवि मान सिंह, शाहदरा, दिल्ली, जनवरी, 1970, मूल्य दो रुपये
26. 'शोषित'—पुकार—बहुजन कल्याण माला प्रकाशन, सआदत गंज, लखनऊ—3, संस्करण-आठवीं बार, सन् 1990, मूल्य 1.50 रुपये
27. 'शोषित आल्हा'—बाबू रामदास, ग्राम—छौना, पोस्ट—जगम्मपुर जिला—जालौन, संशोधनकर्ता—हुब्बालाल आजाद, ग्राम—भंसरा, पोस्ट—झींझक, जिला—कानपुर, अशोक पुस्तकालय, झींझक, कानपुर 1961 ई., मूल्य 10 नए पैसे

28. 'क्रान्ति की लहर उर्फ कविताएँ'—कवि रघुवीर सिंह राही, प्रकाशक—रघुवीर सिंह राही, समय लवरियाना, अलीगढ़, उत्तर प्रदेश, प्रथम संस्करण 1963 ई., मूल्य 8 नये पैसे
29. 'विवाह लोकगीत'—परमानन्द कुमार, फरवरी, 1981 ई.
30. 'दुखियों की आल्हा'—लेखक एंव प्रकाशक—रामेश्वर दयाल निषाद, गाँव—अनन्तपुर, पोस्ट—दौलतपुर, जिला—इटावा, प्रथम संस्करण-1966 ई., मूल्य 25 पैसे
31. 'फाग भीम चरित'—रचयित—दुर्गा चरण मौर्य बी.ए., प्रकाशक—लालूराम जाटव, गाँव—रायपुरा नं. 2, लहार, जिला—भिंड, म.प्र., संस्करण-1982, मूल्य एक रुपया।

## संगीत और कविता की पुस्तकें

जिज्ञासु, बहुजन कल्याण प्रकाशन, सआदतगंज, लखनऊ— 226—003

| | | |
|---|---|---|
| 1. | 'त्रिरत्न—वन्दना, परित्रपण, जय—मंगल कविता' (जिज्ञासु) | 0.50 |
| 2. | 'बुद्ध—संकीर्तन' (बौद्ध—धर्म—सम्बन्धी गाने और कीर्तन) | 0.50 |
| 3. | 'नई चेतना नए राग' | 1.00 |
| 4. | 'हरिजन—गोहार छूत—छत्तीसी' (जोशीले गाने) | 0.50 |

## अं.नं. पुस्तकाचे तांव कीमत रु. पै.—

1. 'अस्पृश्यांचा मुक्ति संग्राम', लेखक शंकर राव खरात, लोखंडे प्रकाशन, सदाशिव पेठे, टिलक रस्ता, पुणे, महाराष्ट्र, कीमत चार रुपये
2. 'शाओीने चा लिहिला जाओी राष्ट्राचया इतिहास', गोपाल गोडसे, वितस्ता प्रकाशन, 1206/1-बी, शिवाजी नगर, पुणे-4, महाराष्ट्र
3. 'महात्मा जोतिराव फुले', अमाच्प समाज क्रान्ति चे जनक, धनंजय कीर, पॅपुलर प्रकाशन, मुम्बई, महाराष्ट्र, संस्करण-1973 ई.

# हिन्दी में बौद्ध धर्म की पुस्तकें

बुद्ध छाया, भीमनगर, आकोला, विदर्भ

[टेलीफोन 62297 : 65287 रजिस्ट्री संख्या-790]

**धर्मदूत—**

| | | | |
|---|---|---|---|
| 1. | 'विशुद्धिमार्ग' (पहला भाग) | भिक्षु धर्मरक्षित | 12.00 |
| 2. | 'विशुद्धिमार्ग' (दूसरा भाग) | भिक्षु धर्मरक्षित | 10.00 |
| 3. | 'वृत्तोदय' | भिक्षु धर्मरत्न | 0.75 |
| 4. | 'बौद्ध—चिन्तन' (कविता) | सन्त श्याम चरण सिंह | 0.25 |
| 5. | 'सारनाथ का इतिहास' | भिक्षु धर्मरक्षित | 6.00 |
| 6. | 'बौद्ध—चर्य्या—विधि' | भिक्षु धर्मरक्षित | 0.46 |
| 7. | 'बौद्धधर्म—दर्शन तथा साहित्य' | भिक्षु धर्मरक्षित | 6.50 |
| 8. | 'धम्मपद' | राहुल सांकृत्यायन | 2.00 |
| 9. | 'मज्झिम निकाय' | भिक्षु धर्मरक्षित | 20.00 |
| 10. | 'बुद्धधर्म के उपदेश' | भिक्षु धर्मरक्षित | 2.50 |
| 11. | 'युक्तनिकाय' | भिक्षु ज.काश्यप/भिक्षु | 8.00 |
| 12. | 'बौद्ध विभूतियाँ' | भिक्षु धर्मरक्षित | 1.50 |
| 13. | 'भिक्षु धर्मरक्षित' | प्रथम भाग 10.00, द्वि.भाग | 6.00 |
| 14. | 'लंका यात्रा' | भिक्षु धर्मरक्षित | 1.50 |
| 15. | 'अंगुत्तर निकाय' (भाग 1) | भिक्षु आ. कौसल्यायन | 7.00 |
| 16. | 'नेपाल—यात्रा' | भिक्षु धर्मरक्षित | 4.50 |
| 17. | 'अंगुत्तर निकाय' (भाग 2) | भिक्षु आ. कौसल्यायन | 10.00 |
| 18. | 'कुशीनगर का इतिहास' | भिक्षु धर्मरक्षित | 2.50 |
| 19. | 'अंगुत्तर निकाय' (भाग 3) | भिक्षु—आ. कौसल्यायन | 10.00 |
| 20. | 'पालि—पाठ—माला' | भिक्षु धर्मरक्षित | 3.00 |
| 21. | 'अंगुत्तर निकाय' (भाग 4) | भिक्षु—आ. कौसल्यायन | 10.00 |
| 22. | 'जातिभेद और बुद्ध' | भिक्षु धर्मरक्षित | 0.75 |
| 23. | 'बोधिचर्यावतार' | भिक्षु शान्ति | 10.00 |
| 24. | 'तेलकटाह गाथ' | भिक्षु धर्मरक्षित | 0.75 |
| 25. | 'धम्मपद' (कथाओं के साथ) | भिक्षु धर्मरक्षित | 3.50 |
| 26. | 'महापरिनिब्बान सुत्त' | भिक्षु धर्मरक्षित | 6.00 |
| 27. | 'धम्मपद' (मराठी) | भिक्षु धर्मरक्षित | 2.00 |
| 28. | 'बौद्ध—शिशु—बोध' | भिक्षु धर्मरक्षित | 0.25 |

| | | | |
|---|---|---|---|
| 29. | 'मल्ल—वधू' (कहानी—संग्रह) | भिक्षु धर्मरक्षित | 2.50 |
| 30. | 'तथागत का प्रथम उपदेश' | भिक्षु धर्मरक्षित | 0.37 |
| 31. | 'सन्त श्यामचरण:जीवन तथा कृतित्व' | भिक्षु धर्मरक्षित | 1.50 |
| 32. | 'सारनाथ'—दिग्दर्शन | भिक्षु धर्मरक्षित | 0.37 |
| 33. | 'तथागत'—हृदय | भिक्षु धर्मरक्षित | 0.75 |
| 34. | 'बुद्धकालीन भारत का भौगोलिक परिचय' | भिक्षु धर्मरक्षित | 0.50 |
| 35. | 'पालि व्याकरण' | भिक्षु धर्मरक्षित | 2.50 |
| 36. | 'पालि जातकावली' | बटुकनाथ शर्मा | 3.50 |
| 37. | 'प्रथम बुद्ध—सन्देश' | भिक्षु धर्मरक्षित | 0.50 |
| 38. | 'बुद्ध—वचन' | भिक्षु आनन्द कौसल्यायन | 0.35 |
| 39. | 'बौद्धधर्म के मूल सिद्धान्त' | भिक्षु धर्मरक्षित | 0.75 |
| 40. | 'बुद्धवचनामृत' | भिक्षु शासनश्री | 2.50 |
| 41. | 'सुत्तनिपात' | भिक्षु धर्मरत्न | 6.00 |
| 42. | 'बौद्ध कलाकृतियाँ' | डॉ. विद्यावती 'मालविका' | 3.00 |
| 43. | 'खुद्दकपाठ' | भिक्षु धर्मरत्न | 0.37 |
| 44. | 'श्रद्धा के फल' (कहानी-संग्रह) | डॉ. विद्यावती 'मालविका' | 0.50 |
| 45. | 'उदान' | भिक्षु जगदीश कश्यप | 1.25 |
| 46. | 'बुद्ध—अर्चना' (कतिवा) | डॉ. विद्यावती 'मालविका' | 0.25 |
| 47. | 'थेरगाथा' | भिक्षु धर्मरत्न | 3.00 |
| 48. | 'पूर्णिमा' (कविता) | डॉ. विद्यावती 'मालविका' | 0.62 |
| 49. | 'भगवान बुद्ध की शिक्षा' | देवमित्त धर्मपाल | 0.37 |
| 50. | 'कामना' (कविता) | डॉ. विद्यावती 'मालविका' | 0.37 |
| 51. | 'बुद्धचर्या' | राहुल सांकृत्यायन | 10.00 |
| 52. | 'आदर्श बौद्ध महिलाएँ' (पुरस्कृत) | डॉ. विद्यावती 'मालविका' | 1.50 |
| 53. | 'बुद्ध की देन' | भदन्त शासनश्री महास्थविर | 2.00 |
| 54. | 'नारी—हृदय' (कहानी) | डॉ. विद्यावती 'मालविका' | 1.50 |
| 55. | 'भगवान् गौतम बुद्ध' | बोधानन्द महास्थविर | 1.50 |
| 56. | 'सौन्दर्य और साधिकाएँ' | डॉ. विद्यावती 'मालविका' | 1.50 |
| 57. | 'बुद्ध—चरितावली' (सचित्र) | डॉ. विद्यावती 'मालविका' | 0.75 |
| 58. | 'इतिवुत्तक' | भिक्षु धर्मरक्षित | 0.75 |
| 59. | 'अर्चना' (एकांकी—संग्रह) | डॉ. विद्यावती'मालविका' | 2.50 |
| 60. | 'बौद्धयोगी के पत्र' | भिक्षु धर्मरक्षित | 1.00 |

| | | | |
|---|---|---|---|
| 61. | 'भगवान गौतम बुद्ध' | डॉ. विद्यावती 'मालविका' | 5.00 |
| 62. | 'भगवान हमारे गौतम बुद्ध' | प्रो.मनोरंजन प्रसाद | 0.15 |
| 63. | 'हिन्दी सन्त साहित्य पर बौद्ध धर्म का प्रभाव' | डॉ. विद्यावती 'मालविका' | 20.00 |
| 64. | 'बुद्ध सन्देश' | भिक्षु उपालि | 1.75 |
| 65. | 'महामानव बुद्ध' | राहुल सांकृत्यायन | 2.50 |
| 66. | 'भिक्षु—प्रतिमोक्ष' | भिक्षु धर्मरक्षित | 2.50 |
| 67. | 'बौद्धधर्म ही मानव धर्म' | डॉ. अम्बेडकर | 1.00 |
| 68. | 'श्रामणेर विनय' | भिक्षु धर्मरक्षित | 3.00 |
| 69. | 'कलाम गणतंत्र का केशपुत्र' | भिक्षु धर्मरक्षित | 3.00 |
| 70. | 'विपश्यना—पद्धति' | अनागारिक मुनीन्द | 0.50 |
| 71. | 'धम्मचक्कप्पवत्तन सुत्त' | भिक्षु धर्मरक्षित | 0.50 |
| 72. | 'जातक कथा' | भिक्षु धर्मरक्षित | 9.00 |
| 73. | 'चरिया—पिटक' | भिक्षु धर्मरक्षित | 1.80 |
| 74. | 'सिंगाल सुत्त' | भिक्षु कित्तिमा | 1.50 |
| 75. | 'विसुद्धि मग्गदीपिक' | धर्मानन्द कौशम्बी | 3.50 |

सूची-पत्र के लिए 15 पैसे के टिकट के साथ लिखें।

**प्राप्ति स्थान** : महाबोधि पुस्तक-भंडार, सार नाथ, वाराणसी

**प्रकाशक :—**भिक्षु एन.जी. रत्न, प्रधान मंत्री, महाबोधि सभा, सारनाथ, वाराणसी
**मुद्रक-**ओमप्रकाश कपूर, ज्ञानमंडल लिमिटेड, कबीर चौरा, वाराणसी-699 927

# बौद्ध-धर्म सम्बन्धी पुस्तकें

| | | |
|---|---|---|
| 1. | 'भगवान् गौतम बुद्ध' (महास्थविर बोधानन्द व जिज्ञासु) | 6.50 |
| 2. | 'धम्मपदम् हिन्दी अनुवाद अट्टकथाज्ञ'—सहित (श्री जिज्ञासु) | 6.50 |
| 3. | 'बौद्ध-धर्म ही भारत का सच्चा धर्म' (जिज्ञासु) | 6.50 |
| 4. | 'बौद्धचर्य्या—बौद्धों के नित्य-नैमित्तिक कर्म' (श्री जिज्ञासु) | 3.00 |
| 5. | 'अम्बट्ठसुत्त' (वर्ण-व्यवस्था का खंडन, राहुल सांकृत्यायन) | 0.50 |
| 6. | 'ब्रह्मजाल सुत्त'—62 मिथ्या दृष्टियों का खंडन, जगदीश कश्यप | 0.50 |
| 7. | 'बौद्ध-गृहस्थों के लिए नित्य-उपासना पाठ' (श्री जिज्ञासु) | 0.50 |
| 8. | 'किसका धर्म सत्य है?' (महास्थविर धम्मालोक) | 0.50 |
| 9. | 'संसार का सर्वोत्तम धर्म' (इटालियन बौद्ध-भिक्षु) | 0.50 |

# बुद्ध-विहार, लखनऊ के प्रकाशन, हिन्दी

| | | |
|---|---|---|
| 1. | 'बोधिचर्यावतार' (शान्ति भिक्षु शास्त्री) | 10.00 |
| 2. | 'ऊहापोह' (शान्ति भिक्षु शास्त्री) | 1.00 |
| 3. | 'भगवान् गौतम बुद्ध' (भदन्त बोधानन्द महास्थविर) | 1.00 |
| 4. | 'बौद्धचर्या—पद्धति' (भदन्त बोधानन्द महास्थविर) | 1.00 |
| 5. | 'पंचशील और बुद्ध वन्दना' (भदन्त बोधानन्द महास्थविर) | 1.00 |
| 6. | 'धम्मपदं जन—संस्करण' (राहुल सांकृत्यायन) | पैसे 0.01 |
| 7. | 'धम्मपदं राज—संस्करण' (राहुल सांकृत्यायन) | 3.00 |
| 8. | 'महामानव बुद्ध' (राहुल सांकृत्यायन) | 2.00 |
| 9. | 'नवदीक्षित बौद्ध' (राहुल सांकृत्यायन) | पैसे 0.10 |
| 10. | 'संयोजन—दस भव बंधन' (भदन्त आनन्द कौसल्यायन) | 1.00 |
| 11. | 'आर्य अंगुलिमालीयं नाम महायानसुत्त' (रिंगचिन लुनडुब लामा) | 1.00 |
| 12. | 'आर्य महाकारुणिक पुण्डरीक सुत्त' (रिंगचिन लुनडुब लामा) | 1.00 |
| 13. | 'प्रतीत्य समुत्पादीय विभंग नाम सुत्त' (रिंगचिन लुनडुब लामा) | 1.12 |
| | **मराठी** | |
| 14. | 'त्रिरत्न' (भदन्त आनन्द कौसल्यायन) | पैसे 0.03 |
| | **अंग्रेजी** | |
| 15. | 'फिलॉसफी एंड साइकालॉजी इन दी अभिधम्म'—<br>डॉ. एच.जी. गुंथर | 10.00 |

व्यवस्थापक, बुद्ध विहार, रिसालदार पार्क, लखनऊ

# पत्र-पत्रिकाएँ

1. 'सरिता'—सामाजिक क्रान्ति की पत्रिका थी। सन् 1945 में दिल्ली प्रेस, म्.3ए झंडेवालान इस्टेट, रानी झाँसी मार्ग, नई दिल्ली से प्रारम्भ हुई। सन् 1950 ई. से सन् 1971 ई. के लेखों का पेरियार ललई सिंह ने अध्ययन किया था।
2. 'बहुजन'—अछूत व पिछड़े वर्गों की समस्याओं पर निडर होकर आवाज उठानेवाला उत्तर भारत एक मात्र हिन्दी पाक्षिक—पत्र 'बहुजन' जरूर पढ़ें और दूसरों को पढ़ाएँ, छः माह का मूल्य 2 रुपये, वार्षिक मूल्य 3 रुपये।

**आज ही नीचे पते पर रुपये भेज कर ग्राहक बनिए**

**सम्पादक—** छेदीलाल साथी, मिलने का पता—श्रीमती कलाजी साथी, 'बहुजन' प्रकाशन, 48-कान्धी बाजार, लखनऊ, उ.प्र., पाक्षिक पत्रिका, सन् 1960 ई., छ:माही मूल्य 2 रुपये, वार्षिक मूल्य 3 रुपये

3. 'प्रबुद्ध भारत'—सम्पादक—संघप्रिय गौतम, जापान हाउस, मैरीश रोड, अलीगढ़, यू.पी., सन् 1960
4. 'निषाद दर्पण'—सम्पादक—श्री 108 गौरी सुवन स्वामी अच्युतानन्द शास्त्री परिव्राजक प्रकाशक—रामसखा निषाद राज समिति, पोस्ट—औरैया, जिला—इटावा (उत्तर प्रदेश), प्रथम संस्करण-1965 ई., मूल्य 1 नये पैसे
5. 'मूल भारतीय जागरण'—सम्पादक—दीनदयाल विरागी बी.ए., राजेन्द्र नगर, उरई, जालौन, उ.प्र., 1968 ई.
6. 'शोषित' (साप्ताहिक)—सम्पादक—प्रो. रमेश प्रसाद सिंह , बिहार, मार्च, 1968 ई.। यह साप्ताहिक 'शोषित दल' का मुखपत्र था। 1969 से जगदेव प्रसाद ने इसका सम्पादन किया
7. 'क्रान्तिकारी बिगुल'—सम्पादिका—डॉ. चन्द्रिका प्रसाद, गाँव—लक्ष्मणपुर, जिला—सीतापुर, उत्तर प्रदेश, सन् 09/12/1968
8. 'अर्जक साप्ताहिक'—सम्पादक—रामस्वरूप वर्मा, 1969 ई., कानपुर, उ.प्र., भारत
9. 'Viduthalai Rational Tamil Daily', 2- Rundalls Road Vepery Madras-7-18 जनवरी, 1970 ई. से पेरियार ई.वी. रामास्वामी मद्रास, तमिलनाडु द्वारा सम्पादित अंग्रेजी समाचार पत्र को मँगाते थे और नियमित अध्ययन करते थे। इस प्रकार वे उत्तर भारत में पेरियारवादी चेतना का निर्माण कर रहे थे।
10. 'धर्मदूत'—(मासिक) महाबोधि सभा सारनाथ का मासिक मुख पत्र, सम्पादक—त्रिपिटकाचार्य भिक्षु धर्म रक्षित एम.ए., मई-जून 1969 से अप्रैल, 1971 तक प्रकाशक—महाबोधि सभा सारनाथ का मासिक मुख पत्र था। इस पत्रिका का भी पेरियार ललई सिंह नियमित अध्ययन करते थे
11. 'शक्यमुनि प्रभा'—शोध पत्रिका, सम्पादक—डॉ. एल.वी. राम अनन्त, एफ/दी 14 नया कबीर नगर, गाजियाबाद, उप्र, सन् 1971 ई.
12. 'सम्यक समाज' (साप्ताहिक)—कार्यालय-202, साउथ एवेन्यू, नई दिल्ली-1, दूरभाष नम्बर 374593, सदस्यता तिथि—19/05/1973
13. 'वैदिक विजय'—पत्रिका का गीता और वेद विशेषांक—सम्पादक—बलदेव आचार्य, विक्रम कुमार विवेकी, मासिक—अंक-2, 15 अक्टूबर, 1972 ई., मूल्य 50 पैसे

14. 'उच्च न्यायालय निर्णय'—पत्रिका, सम्पादक—डॉ. विजय नारायणमणि, विविध साहित्य प्रकाशन (विधि, न्याय और कम्पनी कार्य मंत्रालय, भारत सरकार), संस्करण अप्रैल, 1970 ई.
15. 'तथागत'—सौजन्य—कौशल्या बाई शेगांक्कर, व्यवस्थापिका—तथागत मासिक, बुद्ध छाया, भीम नगर, अकोला, महाराष्ट्र, वर्ष-12, आश्विन—कार्तिक बुद्ध 2517, आक्तों—नोहे—1973, कीमत 20 पैसे
16. 'उत्तरार्द्ध'—सं. सव्यसाची, 2164 डेम्पीयर, मथुरा, उत्तर प्रदेश, अंक 16 जनवरी, 1978, अंक 17 जून,1978, अंक 18 अक्टूबर,1978, अंक 19 दिसम्बर, 1978
17. 'स्वाधीन भारत'—सम्पादक—चन्द्रपाल शैलानी, वीपीओ—सिकन्दराराऊ, अलीगढ़, उ.प्र.
18. 'निर्णायक भीम'—बाबा साहब डॉ.अम्बेडकर का मुखपत्र, सामाजिक क्रान्ति अग्रदूत, अन्तर्राष्ट्रीय मासिक पत्रिका, प्रधान सम्पादक—डॉ. वी.एन. कमल, सम्पादक—नन्दूराम, श्री रामधन, श्री अर्जून प्रसाद, प्रबन्ध सम्पादक—श्री लखन सिंह, संस्करण-मई, 1978 ई., 1979 ई. से सम्पादक—आर.कमल, 11/8, सन्त कबीर नगर, डॉ. अम्बेडकर मार्ग, कानपुर, पिन कोड-208012, प्रकाशन एवं वितरण—शिवलाल कृते बाबा साहेब डॉ. अम्बेडकर मिशन, बी/97, चुन्नीगंज, कानपुर, उत्तर प्रदेश, सदस्यता शुल्क वार्षिक 10 रुपया, अर्द्धवार्षिक 5 रुपया, त्रैमासिक 3 रुपया, एक प्रति 1 रुपया, संस्करण-फरवरी 1978 ई., मार्च 1979 ई., इसके पेरियार ललई सिंह आजीवन सदस्य रहे।
19. 'बहिष्कृत भारत'—आणि मूकनायक—डॉ. बाबा साहब डॉ. आम्बेडकर यांचे बहिष्कृत भारत (सन् 1927 ई.—1929 ई.) आणिमूकनायक (1920) सम्पादक—वसन्त मून, प्रकाशन—शिक्षा विभाग, महाराष्ट्र सरकार मंत्रालय, मुम्बई-400032 प्रथम संस्करण-1990 ई., मूल्य 75 रुपये

## कोश

1. 'पालि—हिन्दी कोश'—भदन्त आनन्द कौसल्यायन, सुगत बुक डिपो, नागपुर, महाराष्ट्र
2. 'ब्राह्मणी विश्व की मूललिपि'—प्रेम सागर जैन, वीर निर्वाण ग्रंथ, प्रकाशन समिति, इन्दौर।

3. 'अंग्रेजी-हिन्दी शब्दकोश', लेखक—डॉ. हरदेव बाहरी, राजपाल एंड संस, दिल्ली-110006
4. 'संस्कृत-हिन्दी शब्दकोश', लेखक—वामन शिवराम आप्टे।
5. 'मुस्लिम विधि'—(A Text Book of Mahomedaan Law) लेखक—एम.पी. टंडन तथा राजेश टंडन, प्रकाशन—इलाहाबाद लॉ एजेंसी 9, यूनिवर्सिटी रोड, इलाहाबाद-2
6. 'तर्कशास्त्र का परिचय', इरविंग एम. कोपी, अनुवादक—संगम लाल पंडित, गोरखनाथ मिश्र, एशिया बुक कम्पनी, यूनिवर्सिटी रोड, इलाहाबाद
7. 'English Speaking Course & Competition'—Success Review, 604, Prabhat Kiran, Rajendra Palace, New Delhi-110008
8. 'Oxford Advance Lerner Dictionary of Current English'
9. 'The Epistle Dedictor'
10. 'New Webster's Dictionary of The English Language'—Edition Forth Re-print—Year 1988 (Pages 1856)
11. 'Idiom Grammar & Synthesis', By J.C. Neseield, M.A., Published—Macmillan India Ltd., Edition 1965
12. 'Dectionary of Philosrphy', By I. Frolov Progress Publishers—Mascow, Ist Printing—1967, High School English Grammar and Composition, Wern and Mortions, Edition 1973
13. 'The Conception of Buddhist Nirvana' by Jaidev Singh, Motilal Banarasi, Varanasi.

# पेरियार ललई सिंह
## द्वारा अध्ययन की गई अंग्रेजी की किताबें

1. 'Annihilation Of Cast'—With A Reply To Mahatma Gandhi by Ambedkar, Ist Edition 1936, 2nd Edition 1937, 3rd Edition 1945, Price Rs. 1.8/-
2. 'Cast in India Their Mechanism Genesis& Development' by Dr. Ambedkar (9th, 1916) Bheem Patrika Publication Nakodar Road, Jalandhar-30—Punjab ( India)
3. 'What Congress and Gandhi Have Done to the Untouchables' By Dr. Ambedkar, Published—Thacher and Co. Ltd., Bombay, Edition June, 1945
4. 'The Ramayana : A True Reading' By Periyar e.v. Ramasami, Edition 1958.
5. 'Jotiba Phooley : Father of the Indian Social Revolution' By Dhananjay Keer, Published by Popular Prakashan,Tardev Road, Bombay-400034, First Edition 1964 Maharashtra.
6. 'Dr. Ambedkar Life and Mission' By Dhananjay Keer, Published by Popular Prakashan, Tardev Road, BOMBAY-400034, First Edition 1954, Third Edition 1971, Maharashtra.
7. 'Government of India Report of the Backword Classes Commision', Part-I, II (Lists) Edition-1955, Price : Rs. 3
8. 'Government of India Report of the Backword Classes Commision'—Chairman—B.P. Mandal, Part-I, II, Volume-I, II, III, IV, V, VI,VII, First Edition : Dec. 1980.
9. 'Government of India : Report of The Backward Classes Commission'—Vol. I to II (Minustes of Dissent) Print in India by the Manage Government of India Prigs, Shimla for the Manager of Publication Civil Lines Delhi, Edition 1956, Price Annas 12.
10. 'Monk Who Sold His Ferrari' by—Robin Shama, New Delhi.
11. 'An Introduction to Wom Buddhist Wondulgyo, By Bongkil Chung Wondulgyo Publishing Co.

12. 'The Buddhist Shrines in India'—Written—D.P. Varun Buddhist (I.A.S. Comissioner), Publisher—The Human Service Charitable Trust of India Siddharth House, A-11, L.D.A. Colony, Kanpur Road, Lucknow, India
13. 'Sevak Sangh'—Part I, Report for the Period, April, 1960 to March 1961, Annual Report Bhartiya Adim-Jaati (A.B.J)
14. 'The Sermon of Lord Buddha'—Venerable Shrimat Chandramani (Monk in cheif), Published by Kushingar Buddh Vihar, Deoria, Uttra Pradesh, Edition of Year 1964.
15. 'Buddha and Caste System'—Bhikkhu U. Dhammaratana, M.A., PH.D., Jetvan Mahavihar, Shravasti Baharayich, UP, 3rd Edition 1982, Rs. 5/-
16. 'Buddha In Modern India', By D.C. Aheer, Bhikkhhu Niwas Prakashan, Diksha Bhoomi, Nagpur, Edition dated 8 May, 1972.
17. 'Digha Nikaya'—Tibbat Addhyan an Sansthan Sarnath, Varanasi, Edition 1984
18. 'A study in the Ethics of the Banishment of Sita' by Arvind Kumar, Vishwa Nath Sant Magzine, Rani Jhanshi, New Delhi, Published 1961, Rs. 75 Naye Paise.
19. 'Road Atlas of India', By- P. Poovendran, Publshed—T.T. Maps and Publication Ltd., G.S.T. Road, Chromepet, Madras-600044
20. 'This Amazing but knowable world', Progress-Publisher, Moscow
21. 'This Fascinating Astronomy', V. Komarov, Mir Publishers, Moscow
22. 'Space Chemistry', M. Nikolave, Mir Publishers, Moscow
23. 'The Structure of Matter', M. Karapetyants S. Drakin Mir Publishers, Moscow
24. 'The Power House of the Atom', K. Gladkov, Mir Publishers, Moscow
25. 'Ex Ploring the Planets', Lain Nicolson B.S.C., London
26. 'Matter and Man', M. Vastlyen and K. Stanyukovich Peace Publishers, Moscow
27. 'Matter, Energy and Life', Jafery O.J.W. Baker, U.S.A.
28. 'The Earth', I.O. Evams F.R.G.S., London
29. 'Physical Geology', G. Gorsh Kov A. Vakushova Mir Publishers, Moscow
30. 'All India Pin Code Directory', Issued by- Director General Post and TE/E Graphs, New Delhi- 110001, Price Rs. 1.75/-
31. 'A Study in The Ethics of The Banish Meni of Sita', By Arvind Kumar, Published by Vishwa nath 'SARITA' Magazine, Rani Jhansi Road, New Delhi, Price 75 New Paise

32. 'The Holy Placeses of Pilgrimage in Amritsar', By Manmohan Singh Joginder Singh Chowk, Sri Guru Randas Niwas, Amritsar, Price Rs. 3
33. 'Hunted History'—By Cameron Banks, New Delhi
34. 'A History of India', By James H. Gemse, Macmillan and Co. Ltd., Edition 1960
35. 'Savarkar and his Times' By Dhananjay Keer, Published by Popular Prakashan, Tardev Road, BOMBAY—400034, Edition 1966, Maharashtra.
36. 'Lokmany Tilak' By Dhananjay Keer, Published by Popular Prakashan, Tardev Road, BOMBAY—400034, Edition 1969, Maharashtra.
37. 'My Studies in Ramayana'—by P.H. Gupta, Edition 1968, Price 6
38. 'Idiom Grammar And Synthesis', By J.C. Neseield, M.A., Published by Macmillan India Ltd., Edition 1965.
39. 'Dectionary of Philosphy', By I. Frolov Progress Publishers-Mascow, Ist Printing—1967, High School English Grammar and Composition, Wern and Mortions, Edition 1973
40. 'The Earth Science', Richard J. Ordway, U.S.A.
41. 'Cell Biology', P.S. Verma, V.K. Agarwal, New Delhi
42. 'Cell Biology', P.J. Ambrose, London
43. 'Cell Physiology', Arthur C. Girse, Ph.D., Japan
44. 'Development', Pato M.C.J. Raw Hill Publishing Co., New Delhi
45. 'The Wonderful World of Evolution', Julian Huxley, London
46. 'Inver Tebrates', Herry O. Rounds, New Delhi
47. 'Evolution of the Vertebrates', Edwin H. Colbert, New Delhi
48. 'Archeology', Francis Celoria, London
49. 'Fossil Man', Mischael H. Day, Ph.D., M.B.B.S., London
50. 'A Text Book of Mahomedan Law', By M.P. Tandon & Rajesh Tandon Publisher Allahabad Law Agency, 9 University Road, Allahabad-2
51. 'Pre Historic Animals', Barry Cox M.A., Ph.D., London
52. 'Mammals of the World', Mischael Boorer, London
53. 'Monkeys and Apes', Prucra Pier, London
54. 'Life on Earth', Dawid Attenborough, London
55. 'Primitive Tribes', Home Ministry Government of India
56. Hindi Translation of 'Language', Bloom Field, Delhi
57. 'The Story of Man Kind', Menorik Written Ban Loose, U.S.A.
58. 'The Energy Question', Gerald Folay, U.S.A.
59. 'Things to Come', Mir Publishers, Moscow

60. 'Source Material Of Dr. Baba Sahab Ambedkar And The Movement Of Untouchables' Vol-I, II, Compiled by Dr. B.G. Kunte MA., Ph.D, Associate: Shri D.N. Pathak MA, Published by The Education Department Goverent of Maharasthra, Bombey-400032, Edition 6th December, 1982.
61. 'Dr. Baba Saheb Ambedkar Writing And Speeches', Vol-1,2,3,4,5,6,7,8, Complied and Edited by Vasant Moon, Published by-The Eduction Department Goverment of Maharasthra, Bombey-400032, Edition 14th April, 1982, Rs. 20/-, Vol Prices List {Vol-I = Rs. 40/- (Pages = 520), Vol-II = Rs. 80/- (Pages = 826), Vol-III = Rs. 40/- (Pages = 508), Vol-IV = Rs. 35/- (Pages = 368), Vol-V = Rs. 40/- (Pages = 496), Vol-VI = Rs. 50/- (Pages = 712), Vol-VII = Rs. 40/- (Pages = 390), Vol-VIII = Rs. 40/- (Pages = 510)
62. 'Finger Prints' By Bihari Lal Saxena, Ist Impression 1988, Price 3 Rupees.

# सरिता पत्रिका में प्रकाशित

## निम्नलिखित लेखों का पेरियार ललई सिंह ने अध्ययन किया था

('सरिता'—पता-दिल्ली प्रेस, 3ए झंडेवालान इस्टेट,
रानी झाँसी मार्ग, नई दिल्ली)
'सरिता' सामाजिक क्रान्ति की पत्रिका, सन् 1945, दिल्ली प्रेस

'सरिता' में हम समय-समय पर ऐसे लेख प्रकाशित करते रहते हैं जिन में हिन्दू समाज और पुरानी भारतीय संस्कृति के उन पहलुओं पर चोट की जाती है, जो हमें अन्ध-विश्वास, कूपमंडूकता व जहालत की तरफ ले जाते हैं और राष्ट्र की उन्नति में बाधक बने हुए हैं। 'सरिता' उन सभी प्रगतिविरोधी तत्त्वों से मोर्चा लेती रही है, जो रूढ़ियों और संस्कारों के रूप में हमारी विचारधारा को अपाहिज बनाए हुए है।

साथ ही, महान दिखाई देनेवाले उद्‌देश्यों और आदर्शों की आड़ में छल-कपट व आध्यात्मिक शोषण का जो चक्र चलता रहा है। 'सरिता' का रचनात्मक आन्दोलन सदियों से चली आती हुई कूपमंडूकता, मूढ़ता व अन्धश्रद्धा के स्थान पर आज के ज्ञानविज्ञान के आधार पर सोचने समझने व आचरण करने के ढंग में बुनियादी परिवर्तन करना। चरित्र-निर्माण व राष्ट्रीय प्रगति के लिए समाजविरोधी तत्वों के विरुद्ध निर्भीक विचार पाठक तक पहुँचाना, उसे तोड़ना भी 'सरिता' सामाजिक चेतना के लिए जरूरी समझती है।

हमें गर्व है कि इस सामाजिक उद्‌देश्य में हमें पाठकों के एक बड़े वर्ग का हार्दिक सहयोग मिल रहा है। कुछ लोग अवश्य सरिता की इस नीति से रुष्ट हैं। उनसे हमारा निवेदन है कि हम हिन्दू समाज के एक अभिन्न अंग हैं और हमारे मन में उसे एक आधुनिक, शक्तिवान, सुखी, समृद्ध और प्रगतिशील रूप देने की प्रबल अभिलाषा है। (सम्पादक—सरिता)

पेरियार ललई सिंह 'सरिता' पत्रिका के नियमित पाठक थे। वे इन लेखों का गुच्छा बनाकर अपने शुभचिन्तकों और आन्दोलनकारी साथियों को पढ़ने के लिए देते थे। लेख पढ़ लेने के बाद वे उनसे माँगकर अगले व्यक्ति को देते थे। समाज में चेतना निर्माण का यह उनका नायाब तरीका था। उन प्रिय लेखों की सूची यहाँ प्रस्तुत की जा रही है। (सम्पादक—गगन)

1. लेख—संस्कृत, (भाषा नहीं, सत्ता हासिल करने का एक साधन) लेखक—भगवानदीन, सितम्बर, सन् 1959 ई.
2. लेख—हिन्दू धर्म, (हिन्दू समाज के लिए हिन्दू धर्म है, हिन्दू धर्म के लिए हिन्दू समाज नहीं) लेखक—सत्यभक्त, अगस्त, सन् 1959 ई.

3. लेख—हमारी धार्मिक सहिष्णुता (बराबर हम कहते हैं कि हमारा धर्म सहिष्णु है हम में धर्मान्धिता नहीं है, और इस को लेकर दूसरे धर्मों की आलोचना भी करते हैं।) लेखक—रतन लाल बंसल, फरवरी, सन् 1954
4. लेख—भारत में संस्कृति का ब्राह्मण नियंत्रण और विस्तार लेखक—बालकृष्ण नारायण, जून, सन् 1958
5. लेख—प्रत्येक देश की उन्नति में बाधक पुरोहितवाद लेखक—रतन लाल बंसल, नवंबर, सन् 1950
6. लेख—कितना महँगा धर्म?, लेखक—सखा बाखड़, 15 मार्च, 1 अप्रैल, 15 अप्रैल, सन् 1966
7. लेख—ईश्वर, आत्मा और पाप (अगर सब प्राणी ईश्वर की इच्छानुसार काम करते हैं तो जो बुरे काम हो रहे हैं, उन के लिए कौन जिम्मेदार है?) लेखक—डॉक्टर अ. मथाई
8. लेख—यज्ञोपवीत, (धर्म का कच्चा धागा जो बराबर कमजोर पड़ता जा रहा है।) लेखक—गंगा सहाय प्रेमी, जुलाई, सन् 1964
9. लेख—अतीत का मोह, लेखक—मन्मथनाथ, जुलाई 1950
10. लेख—सत्यनारायण व्रतकथा, लेखक—हंसराज भटनागर, मई, सन् 1962
11. लेख—हिन्दुओं के मन्दिर कैसे हों, लेखक—पं. क. पुट्टस्वामी, 15 नवंबर, सन् 1967
12. लेख—तुलसी साहित्य, (अनुवादों की सफल नुमाइश के सिवा क्या है?) लेखक—गंगा सहाय 'प्रेमी', 1 अक्टूबर, सन् 1967
13. लेख—तुलसी और वेद, लेखक—सरिता, नवंबर, सन् 1960
14. लेख—पुत्रेष्टि यज्ञ, (क्या दशरथ पूर्णरूप से स्वस्थ और सन्तान उत्पन्न करने योग्य थे? अगर थे तो फिर पुत्रेष्टि यज्ञ का अभिप्राय क्या था?) लेखक—बसन्त चटर्जी, जनवरी, (प्रथम) सन् 1969
15. लेख—'रामचरितमानस' के कुछ असंगत स्थल (तुलसी की सर्वप्रसिद्ध रचना में ऐसी—ऐसी भूलें हैं जिन से लगता है कि उन्हें अपनी रचनाएँ दोबारा पढ़ना तक अरुचिकर लगता रहा होगा।) लेखक—गंगा सहाय 'प्रेमी', एक जनवरी, सन् 1968
16. लेख—राम कथा व सीता चरित्र, लेखक—रामशरण सिंह, नवम्बर, सन् 1966
17. लेख—राम का अंतर्द्वन्द्व, (आलोचनाओं व आपत्तियों का उत्तर) लेखक—अरविन्द कुमार, जुलाई, सन् 1957
18. लेख—'रावण' (रामायण का उदात्त चरित्र, जो सिर्फ अन्धे पक्षपात के कारण भारत में सदियों से उपहास का पात्र बनाया जा रहा है...) लेखक—अविनाश, नवम्बर, सन् 1967
19. लेख—शम्बूक वध, लेखक—वेदव्यास, मई, सन् 1950

20. लेख—सताई गई नारी, (हिन्दू शास्त्रों की पृष्ठभूमि में) लेखक—उपेन्द्रनाथ राय
21. लेख—भारतीय नारी की धार्मिक यात्रा
लेखक—चिरंजीलाल पाराशर, नवम्बर, सन् 1956 ई अंक से उद्धृत
22. लेख—भारतीय नारी की सामाजिक यात्रा, लेखक—चिरंजीलाल पाराशर, अगस्त, सन् 1960
23. लेख—भागवत और भूगोल (भागवतकार ने सात द्वीपों और समुद्रों क्षेत्रफल का योग 254 लाख योजन बताया है लेकिन वहीं वह सारे भूगोल का योजन पचास करोड़ बताते हैं, आंकड़े यह लेखक की कल्पना का चमत्कार है या गणित के ज्ञान की कमी का?)
लेखक—गंगासहाय 'प्रेमी', नवम्बर (द्वितीय) सन् 1968।
24. लेख—श्रीकृष्णा
(एक ओर प्रेमावतार माने जाते हैं और दूसरी ओर वह अर्जुन को युद्ध की विभीषिका में धकेल देते हैं तथा भारत की दृढ़ता को सदा-सदा के लिए नष्ट कर देते हैं...)
लेखक—म.प्र. दीक्षित, 1 दिसम्बर, सन् 1967
25. लेख—कृष्णा और राधा
लेखक—गंगासहाय 'प्रेमी', जून (द्वितीय अंक), सन् 1968
सरिता जुलाई (प्रथम) सन् 1971
26. लेख—कृष्ण और कुब्जा, (उनके प्रेम सम्बन्ध का क्या कोई नैतिक आधार था?) लेखक—गंगासहाय 'प्रेमी'
लेख—कर्म योग, (गीता के सिद्धान्त आज कहाँ तक व्यावहारिक हैं?) लेखक—वीणा अग्रवाल, 15 फरवरी, 1965 से उद्धृत
27. लेख—कर्म योग, (आलोचना और आपत्तियों के उत्तर) लेखक—वीणा अग्रवाल, 1 जून, 1965
28. लेख—गीता (कर्मवाद की व्याख्या या कृष्णा का आत्मप्रचार) लेखक—गंगासहाय 'प्रेमी', 1 मई, सन् 1968
29. लेख—कर्ण (हमारे आदर्श पुरुष), लेखक—रामेश्वराचार्य शास्त्री, नवम्बर, सन् 1956
30. लेख—गांधीजी का बलिदान, लेखक—महेन्द्र कुलश्रेष्ठ, फरवरी, सन् 1963
31. लेख—समाजवाद बनाम स्वतंत्रता
(दोनों एक-दूसरे के विरोधी हैं तो क्या लोकतंत्रीय ढाँचे में समाजवाद को 'फिट' करने की बात करनेवाले अपने साथियों को भी धोखा नहीं दे रहे हैं।)
लेखक—कुमार कश्यप, दिसम्बर (प्रथम), सन् 1968
32. लेख—भ्रष्टाचार (जनजीवन का स्थायी स्वभाव)—लेखक—सखा बोरड़, अप्रैल, सन् 1961
33. लेख—क्षयग्रस्त केन्द्रीय प्रशासन—(मुक्ता द्वारा आयोजित 'जनता की अदालत' प्रतियोगिता में प्रथम पुरस्कार प्राप्त रचना) लेखक—अनुराग तायल

34. लेख—आधुनिकता का मतलब उच्छृशृंखलता तो नहीं! (क्या कौमार्य रक्षा दकियानूसी है?) लेखक—कंचन
35. लेख—प्राचीन हिन्दू संस्कृति, लेखक—रतनलाल बंसल, नवम्बर, सन् 1949
36. लेख—गौ पूजा (आज का सबसे बड़ा देशद्रोह)
लेखक—रतनलाल बंसल, सितम्बर, 1952
37. लेख—तुलसीदास और हिन्दू समाज ('रामचरितमानस' के माध्यम से)
लेखक—सुदर्शन चोपड़ा, फरवरी द्वितीय, सन् 1969
38. लेख—तुलसी साहित्य (आलोचनाओं व आपत्तियों के उत्तर)
लेखक—गंगा सहाय 'प्रेमी', मार्च, सन् 1968
39. लेख—रामचरितमानस में ब्राह्मणशाही, लेखक—भदन्त आनन्द कौसल्यायन, मार्च, सन् 1961
40. लेख—रामचरितमानस में नारी, लेखक—भदन्त आनन्द कौसल्यायन
41. लेख—युगों—युगों से शोषित भारतीय नारी, लेखक—रतन लाल बंसल
42. लेख—भारत में वेश्यावृत्ति, लेखक—मोहनसिंह सेंगर, जुलाई व अगस्त सन् 1959
43. लेख—गरुड़ पुराण (जिस का पाठ कराने मात्र से मृतात्मा के लिए स्वर्ग का दरवाजा खुल जाता है।)
लेखक—सतीश दुबे, 15 जून, सन् 1965
44. लेख—श्रीमद्भागवत (अविश्वसनीय प्रसंगों का धार्मिक एलबम)
लेखक—गंगा सहाय 'प्रेमी', जुलाई (प्रथम), 1968 से उद्धृत
45. लेख—कृष्ण नीति: हमारा नैतिक पतन, लेखक—रामेश्वराचार्यशास्त्री, सितम्बर, 1954
46. लेख—कामायनी (अध्यात्म की अन्धी घाटियों में भटका कर पीढ़ियों को पथभ्रष्ट करनेवाली युग की तथाकथित श्रेष्ठ रचना)
लेखक—सुदर्शन चोपड़ा, दिसम्बर (द्वितीय) 1968 के अंक से उद्धृत
47. लेख—जन्तर—तंत्र-मंत्र, लेखक—अनन्तराम दुबे 'प्रभात', 1 दिसम्बर, 1965
48. पुरोहितवाद (रतनलाल बंसल)
49. ज्ञान की कसौटी पर परलोकवाद (मन्मथनाथ गुप्त)
50. राम-कथा व सीता-चरित्र (रामशरण सिंह)
51. सत्यनारायण वृत-कथा (हंसराज भटनागर)
52. जीवन का स्थानी स्वभाव भ्रष्टाचार (सखाबोरड़)
53. भारतीय नारी (रतनलाल बंसल)

['सरिता' के विरुद्ध मान-हानि का मुकदमा, मध्य प्रदेश, उच्च न्यायालय के न्यायाधीश श्री एच.आर. कृष्णन का फैसला दिनांक : 29.7.64 ई. आपराधिक पुनरीक्षण क्रमांक 151 सन् 1963 ई.। नाम अभियुक्त—विश्वनाथ पुत्र श्री अमरनाथ बनाम परिवादी—कन्हैयालाल पुत्र श्री जगन्नाथ खादीवाला, इन्दौर, सी.टी., एम.बी.एच.(3)—5]

**अशोक पुस्तकालय**

**के राष्ट्रीय और अन्तर्राष्ट्रीय 26,000 पते**

आजन्म डिस्पैच-रजिस्टर

(जावक रजिस्टर)

भेंट एवं सहयोग आदि

ग्राम—झींझक, जिला—कानपुर, उत्तर प्रदेश, भारत

हस्ताक्षर—ललई सिंह, अध्यक्ष, 1961 ई.

# अशोक पुस्तकालय

## आजन्म डिस्पैच - रजिस्टर (जावक रजिस्टर)

| **बीजक नम्बर** | |
|---|---|
| 1/01.01.61 | डॉ. कन्हैया लाल, मुन्ना लाल का चौराहा, पो.—गाड़ीपुरा, शाहजहाँपुर, कानपुर, उत्तर प्रदेश |
| 2/12.02.61 | श्री इन्द्रपाल गौतम, 85/139, लक्ष्मी पूर्वा, कानपुर-3, उ.प्र. |
| 3/18.02.61 | श्री मोहन लाल कटियार, गौरीकरन, शाहजहाँपुर, कानपुर, उ.प्र. |
| 4/24.02.61 | श्री छेदी लाल 'साथी' सम्पादक *बहुजन*, ए-435, इन्दिरा नगर, लखनऊ, उ.प्र., बशरह नं. 257, 0.06 |
| 5/17.03.61 | श्री रामबचन यादव (एडवोकेट), कलेक्ट्रेट, जिला—आजमगढ़, उत्तर प्रदेश |
| 6/22.03.61 | श्री धनई सिंह यादव (एडवोकेट), कलेक्ट्रेट, जिला—आजमगढ़, उत्तर प्रदेश |
| 7/22.05.61 | श्री राम दुलारे, ग्राम—चौरा बनगवाँ, बस्ती, उत्तर प्रदेश |
| 8/11.07.61 | सिद्धार्थ वाचनालय, भीमनगर, सहावर गेट, कासगंज, एटा, उत्तर प्रदेश |
| 9/13.08.61 | श्री रामाश्रय यादव, गाँव—देवरामपुर, पोस्ट—घनश्याम, जिला—जौनपुर, उ.प्र. |
| 10/10.09.61 | डॉ. बद्री प्रसाद सिंह, शेखपुरा, कचहरी रोड, जिला—जौनपुर, उ.प्र. |
| 11/11.11.61 | श्री रणबीर सिंह, गाँव व पोस्ट—पबई, विदिशा, मध्य प्रदेश |
| 12/01.02.62 | श्री हीरालाल सिसौदिया, मोहल्ला—किशनपुरा, वहासी रोड, उज्जैन, 10 कॉपी *सच्ची रामायण* दिया, 20% कमीशन के हिसाब से। |

13/01.03.62 डॉ. सुनील राम कुरील, ग्रा + पो.—जसवन्त नगर, इटावा
14/06.05.62 बाबू राम वर्मा, ग्रा + पो.—अमरौली सुमाली, बस्ती, उत्तर प्रदेश
15/01.08.62 श्री रामस्वरूप, ग्रा + पो.—विलावाँ, जिला—जालौन, उत्तर प्रदेश
16/01.10.62 श्री दूच्छाराम यादव, अशोक डेयरी, मॉडल टाउन, जी.टी. रोड, मेरठ, उ.प्र.
17/08.01.63 श्री बंसीलाल, ग्राम-सेवक, ग्रा + पो.—असोथर, फतेहपुर, उ.प्र.
18/23.01.63 श्री जे. कांशीराम, अजुहा, इलाहाबाद, उत्तर प्रदेश
19/12.03.63 श्री लाल दास, गोराबाजार (लालकुर्ती), चुँगी चौकी, रायबरेली, उत्तर प्रदेश
20/03.05.63 श्री फूलचन्द, ग्राम—चन्द्रनगर, कॉलोनी नं. 5, पो.—चन्दिया हजार, जिला—पीलीभीत, उ.प्र.
21/01.06.63 श्री रामप्रकाश कटियार, ग्राम एवं पोस्ट—बहादुर नगर, जिला—रायबरेली, उत्तर प्रदेश
22/11.07.63 श्री बाबू प्रसाद, ईसापुर, चमियानी, जिला—उन्नाव, उत्तर प्रदेश
23/01.08.63 श्री जिउन, शूपेपार बस स्टैंड के पास, कसपा
24/24.08.63 श्री हीरा लाल सिसौदिया, मोहल्ला—किशनपुर, वहासी रोड, उज्जैन, मध्य प्रदेश
25/01.08.63 श्री अंगदेव भगवान राव खौरमोडे, 147-ए, हिन्दू कॉलोनी, दादर, बम्बई-14
27/01.10.63 श्री शिवराम सिंह, गाजीपुर, उत्तर प्रदेश

## अन्तर्राष्ट्रीय पते

28/07.01.64 Utakuhn Ham-burg - K.L. Filottbrak Holdeebinst - 6, Germany, Europe.
29/08.01.64 CHARLES W. SHITH C/O BANK OF NEW ZEALAND
30/09.01.64 1, QUEEN VICTORIA ST, LONDON, EC4, ENGLAND
31/10.01.64 KABELLE DUTILEUL 9-RUE DES PINS BOULOGNE / SEINE SEINE FRANCE
32/10.1.64 श्री विट्ठल भाई जे. पटेल, बैरिस्टर एट लॉ, जन्म नडियाड, 27 सितम्बर, सन् 1873 ई.। मृत्यु—ग्लांड स्विट्जरलैंड, 22 अक्टूबर, सन् 1933, जार्ज पंचम (19.05..6) प्रिन्स ऑफ बेताल, वाया आर्य फैरोजी M.P. (सन् 1892 ई.—सन् 1995 ई.)
33/10.01.64 Rajendra Kumar Anand,1536, Oceans Road, Delhi-110006.

| | |
|---|---|
| 34/01-01-62 | 21847 INSTA, Nand Numbering Machine, Manufactured by Instruments and Appartus Pvt. Ltd., Mdras, Tamilnaadu. |
| 35/01-01-63 | Cannemera Public Library Egmora, Madras-8 Tamilnadu. |

## राष्ट्रीय पते

| | |
|---|---|
| 1/12.01.64 | श्री राम आसरे बौद्ध, सी.एस.के. एअरफोर्स, नई बस्ती, उत्तर प्रदेश, मनौरी इलाहाबाद/25, 25 पन्ना नं. 4 पर जमा (बाहर के रहने वाले हैं) |
| 2/14.01.64 | श्री लखनलाल, टिकट कलेक्टर, 4/2, नगर महापालिका कॉलोनी, (नगर महापालिका मार्केट के पीछे), लीडर रोड, इलाहाबाद, 25 + 25, 25 + 25 जमा पन्ना नं. 4 (बाहर के रहने वाले हैं।) |
| 3/10.02.64 | श्री एस.के. विक्रम, सी.एस.के. एअरफोर्स, नई बस्ती, उत्तर प्रदेश, मनौरी, इलाहाबाद, 25, 25 जमा पन्ना नं. 4 (बाहर के रहने वाले हैं।) |
| 4/14.02.64 | श्री राजाराम दोहरे, गाँव—मौहई, पोस्ट—नुनारी कानपुर, 25, 25 जमा पन्ना नं. 4 (इलाहाबाद में सरकारी नौकर हैं।) |
| 5/14.02.64 | श्री चैयालाल, सी.एस.के. एअरफोर्स, नई बस्ती, उत्तर प्रदेश, मनौरी, इलाहाबाद, 10, 10 जमा पन्ना नं. 4 (बाहर के रहने वाले हैं।) |
| 6/15.02.64 | श्री रामखेलावन, सुपरवाइजर, 23 ऊँटखाना, इलाहाबाद, 25, 25 जमा पन्ना नं. 4 + 28 ग और 30 ब। |
| 7/15.02.64 | श्री मोहन लाल, मोहल्ला—पकड़िया, पीलीभीत, पत्र 850/5.12.72। कई पत्र डाले—जवाब नदारद। बशरह नं. 17 |
| 8/18.02.64 | डॉ. बद्रीनाथ यादव, प्राइवेट अस्पताल, मोहल्ला—शेखपुरा, कचहेरी रोड, जौनपुर, पत्र 849/5.12.70। मित्रों को दे दी। उन्होंने खो दीं। आदमी ठीक हैं—मगर यह उनकी लापरवाही है। |
| 9/18.02.64 | श्री मोतीलाल बौद्ध, गाँव—अमौली कुर्मियान, पोस्ट—सिकन्दरा, कानपुर, 15, 15 जमा पन्ना नं. 4, तत्पश्चात श्री बाबूराम यादव |
| 10/18.02.64 | श्री राजाराम यादव, एडवोकेट हाई कोर्ट, 227, सोहबलिया बाग, रौजा के पीछे, राज्य-इलाहाबाद (उत्तर प्रदेश) |

11/19.02.64 श्री बनवारी लाल यादव, एडवोकेट, 578, मम्फोर्डगंज, डॉ. निगम साहब के चौराहा के पास, राज्य—इलाहाबाद (उत्तर प्रदेश)

12/25.02.64 श्री जयपाल सिंह कश्यप, एडवोकेट हाई कोर्ट (नए हाई कोर्ट के सामने) 1, महात्मा गांधी मार्ग, इलाहाबाद (उत्तर प्रदेश)

13/28.02.64 श्री पोस्ट मास्टर जनरल साहब, लखनऊ (उत्तर प्रदेश)

14/05.03.64 श्री हलमुद्दीन राहत मौलाई, एडवोकेट, एम.एल.ए. (डिस्ट्रिक्ट—मुरादाबाद, उत्तर प्रदेश)

15/06.03.64 श्री शमीम आलम, एडवोकेट, एम.एल.ए., जीन्द जंक्शन, एन.आर. डिस्ट्रिक्ट—जीन्द (पंजाब)

16/06.03.64 श्री रामकरण चौधरी, स्टेब्लिशमेंट डी.ओ. भारतीय जीवन बीमा निगम, मोठ भीलपुर, डिस्ट्रिक्ट—वाराणसी (उत्तर प्रदेश)

17/11.03.64 श्री मान सिंह (एक्स-एम.एल.ए., नंगला लटूरी सिंह, पोस्ट—आगरा (उत्तर प्रदेश)

18/15.03.64 श्री संघप्रिय गौतम, एडवोकेट,स 614, सिविल लाइन्स, डिस्ट्रिक्ट—बुलन्दशहर (उत्तर प्रदेश)

19/15.03.64 श्री बनवारी लाल यादव, एडवोकेट, हाई कोर्ट, 578, मम्फोर्ड गंज, नियर-चौराहा डाक्टर निगम साहब), डिस्ट्रिक्ट—इलाहाबाद (उत्तर प्रदेश)

20/20.03.64 श्री सम्पादक *दैनिक जागरण*, जिला—कानपुर (उत्तर प्रदेश)

21/08.04.64 श्री छेदीलाल साथी, एडवोकेट (एम.एल.सी.), 48, कन्धारी बाजार, लखनऊ (उत्तर प्रदेश)

22/08.04.64 श्री बी.बी. मौर्य, एम.पी., 20 विंडसर प्लेस, नई दिल्ली

23/18.04.64 श्री चन्द्रपाल शैलानी, एम.पी., बंगला नं. 3 व 5, नार्थ एवेन्यू, नई दिल्ली

24/19.04.64 श्री चन्द्रिका प्रसाद 'जिज्ञासु', 360/193, मातादीन रोड, सआदतगंज, लखनऊ (उत्तर प्रदेश)

25/20.04.64 श्री डी.आर. जाटव, एम.ए., पीएच.डी., प्रोफेसर राजकीय विश्वविद्यालय, श्रीगंगानगर (राजस्थान)

26/26.04.64 श्री लाहौरीराम 'बाली', सम्पादक—*भीम पत्रिका*, नकोदर रोड, पोस्ट—जालन्धर (पंजाब)

27/17.06.64 श्री पोस्ट मास्टर, जनरल साहब, उत्तर प्रदेश, लखनऊ (उत्तर प्रदेश)

28/18.06.64 श्री सब-पोस्ट मास्टर साहब, पो.—झींझक, जिला—कानपुर (उत्तर प्रदेश) पिन-209302

| | |
|---|---|
| 29/19.06.64 | श्री ठाकुर लल्ला बाबू, पो.—झींझक, जिला—कानपुर (उत्तर प्रदेश) |
| 30/20.06.64 | श्री प्रवण अधीक्षक डाकघर, कानपुर, प्रखंड, जिला कानपुर (उत्तर प्रदेश) |
| 31/20.06.64 | श्री मोहन लाल, अध्यक्ष, श्री जगन्नाथ प्रसाद मंत्री अखिल भारतीय डॉ. अम्बेडकर सेवा संघ, 25 बी, रफीअहमद किदवई रोड, कलकत्ता, 16 (बंगाल) |
| 32/22.06.64 | श्रीमान मिनिस्टर साहेब जेल विभाग, मध्य प्रदेश, जिला—भोपाल (मध्य प्रदेश) |
| 33/22.06.64 | श्रीमान महानिरीक्षक साहब, मध्य प्रदेश सरकार, जिला—भोपाल (एम.पी.) |
| 34/24.06.64 | श्रीमान व्यवस्थापक महोदय, वैदिक साहित्य प्रकाशन, ग्राम व पोस्ट—कासंगज, जिला—एटा (उत्तर प्रदेश) |
| 35/27.06.64 | श्री सब पोस्ट मास्टर साहेब, पोस्ट—झींझक, जिला—कानपुर (उत्तर प्रदेश) |
| 56/30.06.64 | श्री पोस्ट—मास्टर जनरल साहेब, लखनऊ (उत्तर प्रदेश) |
| 37/30.06.64 | श्री आचार्य डॉ. श्रीराम आर्य, वैदिक साहित्य प्रकाशन, पोस्ट—कासगंज, कानपुर (उत्तर प्रदेश) |
| 38/30.06.64 | श्री जगदीश प्रसाद शर्मा, असिस्टेंट लायब्रेरियन, भारतीय राष्ट्रीय अभिलेखागार, जनपथ, नई दिल्ली-110001 |
| 39/30.06.64 | श्री शिवनारायण सिंह उत्तम, 3/122, विष्णुपुरी, नवाबगंज, कानपुर-2 (उत्तर प्रदेश) |
| 40/30.06.64 | श्री मैनेजर डॉ. अम्बेडकर बुक डिपो, ऊँट खाना चौक, मेडिकल रोड, नागपुर-2 (महाराष्ट्र) |
| 41/01.07.64 | श्री विश्वनाथ, मालिक-दिल्ली बुक कम्पनी, एम/92, कनाट सरकस, नई दिल्ली |
| 42/01.07.64 | श्री व्यवस्थापक हिन्द पॉकेट बुक्स प्राइवेट लिमिटेड, जी.टी. रोड, शाहदरा, दिल्ली-110032 |
| 43/01.07.64 | श्री राष्ट्रपति महोदय, भारत सरकार नई दिल्ली |
| 44/03.07.64 | श्री मैनेजर साहब, पंजाब नेशनल बैंक, हेडऑफिस पार्लियामेंट स्ट्रीट, नई दिल्ली |
| 45/05.07.64 | श्री मैनेजर साहेब, रिजर्व बैंक ऑफ इंडिया, हेडऑफिस, नई दिल्ली |
| 46/11.07.64 | श्रीमान अधीक्षक डाकघर कानपुर, मुफस्सिल प्रखंड, कानपुर-209001 (उत्तर प्रदेश) |

| | |
|---|---|
| 47/18.07.64 | श्रीमान अधीक्षक महोदय डाकविभाग, कानपुर, मुफस्सिल, प्रखंड, जिला—कानपुर-208001 |
| 48/19.07.64 | श्री सब-पोस्ट मास्टर साहेब, पोस्ट—माड़ीपुर, जिला—देवरिया |
| 49/15.09.64 | श्रीमान प्रताप सिंह यादव (एम.ए.), 84/146, श्रीकृष्णा ज्ञान मन्दिर, कारवालो नगर, कानपुर-3 से किताबें प्राप्त कर लें। डिस्पेच नं. 2953, 2954, 2955 के थोक में 35 : कमीशन पर किताबें दे देवें। |
| 50/19.10.64 | 12 मद्रास (तमिलनाडु), पेरियार सेल्फ रिस्पेक्ट प्रोपेगंडा इंस्टीट्यूच, 50, ई.वी.के, समपथ रोड, वेपेरी, मद्रास-600007 |
| 51/19.10.64 | *दी रामायण : अ ट्रू रीडिंग* बाई पेरियार ई.वी. रामास्वामी |
| 52/25.10.64 | रजिस्ट्रेशन नं. एस-17809, रिफ्रेन्स नं. बामसेफ, 16 नवम्बर, 1969 एन.सी./89, दिल्ली, कन्वेंशन, दिनांक : 10,11,12-12/89, बेगम हजरत महल पार्क। |
| 72/26.10.64 | श्रद्धेय मूलचन्द भेजन वाले बाबा, मार्फत मोंडली बुद्ध विहार दलित बस्ती, गली बुद्ध विहार, पोस्ट—खिचड़ीपुर, दिल्ली। गाजियाबाद से बस नं. 6, 2 कल्याणपुरी-नोएडा जाती है। लाल किला से बस नं. 301 जाती है। पुरानी दिल्ली से बस नं. 09 जाती है। |

## आजन्म जावक रजिस्टर (डिस्पैच-रजिस्टर)
## अशोक पुस्तकालय

झींझक, जिला—कानपुर

दिनांक : 01.01.66 ई. से 31.12.66 ई. तक

| | |
|---|---|
| 1/1.1.66 | श्री डॉ. सर्वपल्ली राधाकृष्णन, राष्ट्रपति भारत सरकार, नई दिल्ली, ऑल इंडिया बैकवर्ड क्लास कमीशन रिपोर्ट 1956 वाली शीघ्र लागू की जाए—अन्यथा 1.4.66 में भूख हड़ताल, 0.75 रजि. |
| 2/1.1.66 | श्री लाल बहादुर शास्त्री, प्रधानमंत्री, नई दिल्ली, ऑल इंडिया बैकवर्ड क्लास कमीशन रिपोर्ट 1956 वाली शीघ्र लागू की जाए—अन्यथा 1.4.66 में भूख हड़ताल, 0.75 रजि. दर्ज किया जाता है। |
| 3/1.1.66 | श्री अध्यक्ष अखिल भारतीय कांग्रेस कमेटी, जन्तर-मन्तर रोड, नई दिल्ली, ऑल इंडिया बैकवर्ड क्लास कमीशन रिपोर्ट 1956 वाली शीघ्र लागू की जाए—अन्यथा 1.4.66 में भूख हड़ताल, 0.75 रजि. |

| | |
|---|---|
| 4/1.1.66 | श्री अध्यक्ष अखिल भारतीय कांग्रेस कमेटी पिछड़ा वर्ग संघ, 15 कर्जन लेन, नई दिल्ली, ऑल इंडिया बैकवर्ड क्लास कमीशन रिपोर्ट 1956 वाली शीघ्र लागू की जाए—अन्यथा 1.4.66 में भूख हड़ताल, 0.75 रजि. |
| 5/1.1.66 | श्री दुखीराम सदस्य म्युनिसिपैलिटी, मोहल्ला—बैरिहवा, पोस्ट—गांधी नगर, बस्ती, उ.प्र. |
| 6/1.1.66 | हकीम अब्दुल रहीम, गाँव—धनपुर, पोस्ट—तहफापुर, मेरठ, उ.प्र. |
| 7/1.1.66 | श्री बहुता देवी पर्वाहकर्ता, सरजू प्रसाद, अशोक होटल, बेतिया हाना, गोरखपुर, उ.प्र. |
| 8/1.1.66 | भगवान दास कटरा, मुनारान, वीपीओ—फिरोजाबाद, आगरा |
| 9/1.1.66 | श्री गोपीचन्द पिपल, औलिया रोड, आगरा |
| 10/1.1.66 | श्री विश्वंभर सहाय, 119, होराम नगर, मेरठ |
| 11/1.1.66 | श्री वजीर अहमद अंसारी, प्रतापगढ़, उ.प्र. |
| 12/1.1.66 | श्री मुंशी मनफूल सिंह, गाँव—रामपुर, पोस्ट—मेवाना कला, मेरठ |
| 13/1.1.66 | श्री श्याम लाल, गाँव—डारीडिहा, पोस्ट—सदर गांधी नगर (दफ्तरी शुगर फैक्ट्री), बस्ती |
| 14/1.1.66 | श्री सीताराम विशारद, बी-5/210, अवधगर्बी, वाराणसी |
| 15/1.1.66 | श्री प्रसिद्ध नारायण यादव, श्री केदारनाथ यादव, वाराणसी |
| 16/1.1.66 | श्री रामस्वरूप सोनकर, 210, कसियारी मंडी, वाल्दा रोड, लखनऊ |
| 17/1.1.66 | श्री श्याम लाल वर्मा एडवोकेट, वीपीओ—उरई, जालौन |
| 18/1.1.66 | श्री बनवारी लाल शेरपुर, वीपीओ—कोतवाली, बिजनौर |
| 19/1.1.66 | श्री त्रिवेणी प्रसादवाल, 85 तिलपूर्वा, (राम मन्दिर के पास), हुसेनगंज, लखनऊ |
| 20/1.4.66 | श्री डॉ. सर्वपल्ली राधाकृष्णन, राष्ट्रपति भारत सरकार, नई दिल्ली, वापस मिले पत्र नं. 1/1.4.66, 21/19.4.66, 31/21.4.66, इंडिया बैकवर्ड क्लास कमीशन रिपोर्ट 1956 लागू न करने के कारण भूख हड़ताल प्रारम्भ। |
| 21/1.4.66 | श्रीमती इन्दिरा गांधी प्रधानमंत्री भारत सरकार, नई दिल्ली, वापस मिले पत्र नं. 1/1.4.66, 21/19.4.66, 31/21.4.66, इंडिया बैकवर्ड क्लास कमीशन रिपोर्ट 1956 लागू न करने के कारण भूख हड़ताल प्रारम्भ। |
| 22/1.4.66 | श्री अध्यक्ष महोदय, अखिल भारतीय कांग्रेस कमेटी जन्तर-मन्तर रोड, नई दिल्ली, वापस मिले पत्र नं. 1/1.4.66, 21/19.4.66, |

31/21.4.66, इंडिया बैकवर्ड क्लास कमीशन रिपोर्ट 1956 लागू न करने के कारण भूख हड़ताल प्रारम्भ।

23/1.4.66 श्री अध्यक्ष महोदय, अखिल भारतीय पिछड़ा वर्ग संघ, 15, कर्जन लेन, नई दिल्ली, वापस मिले पत्र नं. 1/1.4.66, 21/19.4.66, 31/21.4.66, इंडिया बैकवर्ड क्लास कमीशन रिपोर्ट 1956 लागू न करने के कारण भूख हड़ताल प्रारम्भ।

24/1.4.66 श्री गुलजारी लाल नन्दा, महामंत्री भारत सरकार, नई दिल्ली, वापस मिले पत्र नं. 1/1.4.66, 21/19.4.66, 31/21.4.66, इंडिया बैकवर्ड क्लास कमीशन रिपोर्ट 1956 लागू न करने के कारण भूख हड़ताल प्रारम्भ।

25/1.4.66 श्री छेदीलाल साथी, एडवोकेट, एम.एल.सी., कन्धारी बाजार, लखनऊ, वापस मिले पत्र नं. 1/1.4.66, 21/19.4.66, 31/21.4.66, इंडिया बैकवर्ड क्लास कमीशन रिपोर्ट 1956 लागू न करने के कारण भूख हड़ताल प्रारम्भ।

26/1.4.66 श्री डॉक्टर कन्हैयालाल, गाड़ीपुर चिमकुनी, पुत्तूलाल का चौराहा, शाहजहाँपुर सिटी, उत्तर प्रदेश, वापस मिले पत्र नं. 1/1.4.66, 21/19.4.66, 31/21.4.66, इंडिया बैकवर्ड क्लास कमीशन रिपोर्ट 1956 लागू न करने के कारण भूख हड़ताल प्रारम्भ।

27/1.4.66 मो. हलीमुद्दीन राहत मौलाई एम.एल.ए., डहरिया, मुरादाबाद सिटी, उत्तर प्रदेश, वापस मिले पत्र नं. 1/1.4.66, 21/19.4.66, 31/21.4.66, इंडिया बैकवर्ड क्लास कमीशन रिपोर्ट 1956 लागू न करने के कारण भूख हड़ताल प्रारम्भ।

28/1.4.66 श्री जयपाल सिंह कश्यप, एडवोकेट, बदायूँ सिटी, उत्तर प्रदेश, वापस मिले पत्र नं. 1/1.4.66, 21/19.4.66, 31/21.4.66, इंडिया बैकवर्ड क्लास कमीशन रिपोर्ट 1956 लागू न करने के कारण भूख हड़ताल प्रारम्भ।

29/1.4.66 श्री शिवनारायण साहू, 88/18, प्रेम नगर, कानपुर, बशरह नं. 91/1.4.66

30/1.4.66 श्री शंकर लाल शमी, एडवोकेट, बुलन्दशहर सिटी, बशरह नं. 91/1.4.66

31/1.4.66 श्री बल्देव सिंह गौड़, कानपुर, बशरह नं. 91/1.4 66

32/1.4.66 श्री सरजू प्रसाद होटल, गोरखपुर, बशरह नं. 91/1.4.66

33/1.4.66 श्री माधोराम जौहर, सिविल लाइन, हरदोई, कानपुर, बशरह नं. 91/1.4.66

43/1.4.66 श्री हुब्बलाल आजाद, आदर्श प्रिंटिंग प्रेस, झींझक, कानपुर, बशरह नं. 91/1.4.66

35/1.4.66 श्री रामेश्वर दयाल निषाद, गाँव—अनन्तपुर, पोस्ट—दौलतपुर, जिला—इटावा, बशरह नं. 91/1.4.66

36/1.4.66 श्री श्यामलाल, एम.ए., एम.एल.ए., 138-ए, दारुलशफा, लखनऊ सिटी, बशरह नं. 91/1.4.66

37/2.4.66 श्री हुब्बलाल आजाद, आदर्श प्रिंटिंग प्रेस, झींझक, जिला—कानपुर, बशरह नं. 91/1.4.66

38/2.4.66 श्री सुगना देवी का आश्रम, गाँव—मुड़ेना रूपसाह, पोस्ट—अहेरिपुर, जिला—इटावा, श्री प्रेमचन्द ने आज से ओर श्री ललई सिंह यादव ने दिनांक : 1.4.66 से भूख हड़ताल प्रारम्भ कर दी है।

39/21.4.66 श्री सम्पादक जी, *हिन्दुस्तान*, दिल्ली, श्री ललई सिंह यादव एवं श्री प्रेमचन्द ने भूख हड़ताल समाप्त की, शासन ने शिक्षा में जातीय आधार पर ही केवल पिछड़ा माना। शिक्षा में आरक्षण और बैकवर्ड छात्रों को छात्रवृत्ति देने का आश्वासन दिया।

40/1.4.66 श्री सम्पादक जी, *नवभारत टाइम्स*, दिल्ली श्री ललई सिंह यादव एवं श्री प्रेमचन्द ने भूख हड़ताल समाप्त की, शासन ने शिक्षा में जातीय आधार पर ही केवल पिछड़ा माना।

41/1.4.66 श्री सम्पादक जी, *दैनिक अर्जुन*, दिल्ली श्री ललई सिंह यादव एवं श्री प्रेमचन्द ने भूख हड़ताल समाप्त की, शासन ने शिक्षा में जातीय आधार पर ही केवल पिछड़ा माना।

42/21.4.66 श्री सम्पादक जी, *आज*, बनारस श्री ललई सिंह यादव एवं श्री प्रेमचन्द ने भूख हड़ताल समाप्त की, शासन ने शिक्षा में जातीय आधार पर ही केवल पिछड़ा माना।

43/21.4.66 श्री सम्पादक जी, *सयासत*, कानपुर, श्री ललई सिंह यादव एवं श्री प्रेमचन्द ने भूख हड़ताल समाप्त की, शासन ने शिक्षा में जातीय आधार पर ही केवल पिछड़ा माना।

44/21.4.66 श्री सम्पादक जी, *दैनिक जागरण*, कानपुर, श्री ललई सिंह यादव एवं श्री प्रेमचन्द ने भूख हड़ताल समाप्त की, शासन ने शिक्षा में जातीय आधार पर ही केवल पिछड़ा माना।

45/21.4.66 श्री सम्पादक जी, *स्वतंत्र भारत*, लखनऊ, श्री ललई सिंह यादव एवं श्री प्रेमचन्द ने भूख हड़ताल समाप्त की, शासन ने शिक्षा में जातीय आधार पर ही केवल पिछड़ा माना।

46/1.4.66 श्री सम्पादक जी, *नवजीवन*, लखनऊ, श्री ललई सिंह यादव एवं श्री प्रेमचन्द ने भूख हड़ताल समाप्त की, शासन ने शिक्षा में जातीय आधार पर ही केवल पिछड़ा माना।

47/1.4.66 श्री सम्पादक जी, *कौमी आवाज*, लखनऊ, श्री ललई सिंह यादव एवं श्री प्रेमचन्द ने भूख हड़ताल समाप्त की, शासन ने शिक्षा में जातीय आधार पर ही केवल पिछड़ा माना।

48/21.4.66 श्री सम्पादक जी, *पूर्वी जिले*, बस्ती, श्री ललई सिंह यादव एवं श्री प्रेमचन्द ने भूख हड़ताल समाप्त की, शासन ने शिक्षा में जातीय आधार पर ही केवल पिछड़ा माना।

49/21.4.66 श्री सम्पादक जी, *जमीं के तारे*, मदार गेट, अलीगढ़, बशरह नं. 91/1.4.66 श्री ललई सिंह यादव एवं श्री प्रेमचन्द ने भूख हड़ताल समाप्त की, शासन ने शिक्षा में जातीय आधार पर ही केवल पिछड़ा माना।

50/21.4.66 श्री सम्पादक जी, *भीम पत्रिका*, जालन्धर (पंजाब), बशरह नं. 121/21.4.66

51/21.4.66 श्री सम्पादक जी, *प्रबुद्ध भारत*, बुद्ध भूषण प्रिंटिंग प्रेस, गोकुलदास पाश्ता रोड, बम्बई, बशरह नं. 121/21.4.66

52/21.4.66 श्री सम्पादक जी, *नवभारत टाईम्स*, नई दिल्ली, बशरह नं. 121/21.4.66

53/21.4.66 श्री सम्पादक जी, *वीर अर्जुन*, नई दिल्ली, बशरह नं. 121/21.4.66

54/21.4.66 श्री सम्पादक जी, *कौमी आवाज*, लखनऊ, बशरह नं. 121/21.4.66

55/21.4.66 श्री सम्पादक जी, *नवजीवन*, लखनऊ, बशरह नं. 121/21.4.66

56/21.4.66 श्री सम्पादक जी, *स्वतंत्र भारत*, लखनऊ, बशरह नं. 121/21.4.66

57/21.4.66 श्री सम्पादक जी, *अमर उजाला*, आगरा, बशरह नं. 121/21.4.66

58/17.5.66 श्री संयोजक अखिल भारतीय स्वतंत्रता संग्राम सैनिक संघ, 8 फायर ब्रिगेड लाइन, नई दिल्ली, राजनीतिक पीड़ित ललई सिंह यादव को माने जाने के बाबत/23.5.66

59/23.5.66 श्री आत्माराम एंड संस, दिल्ली-6, 27.5.66 सूची पत्र भेजें।

60/23.5.66 श्री व्यवस्थापक जी, घरेलू लायब्रेरी जी.टी. रोड, दिल्ली-32, 27.5.66, सूची पत्र भेजें।

61/23.5.66 श्री व्यवस्थापक जी, किताब महल गवर्नमेंट ऑफ इंडिया किताब पब्लिकेशन इम्पोरियम जनपथ, नई दिल्ली, 27.5.66, सूची पत्र भेजें।

62/23.5.66 श्री चन्द्रिका प्रसाद 'जिज्ञासु', हिन्दू समाज सुधार कार्यालय, सआदत गंज, लखनऊ, 12.6.66, मुताबित लिस्ट, पुस्तकें भेजें।

63/23.5.66 श्री महेन्द्र यादव, जय हिन्द चबूतरा, 53/23, उदयगंज, लखनऊ, साधारण

64/28.5.66 श्री बाबूराम जाटव, गाँव—श्री राम पूर्वा, पोस्ट—भदौसी, जिला—फर्रुखाबाद, दो रुपये पेशगी भेजें। तभी पुस्तकें भेजी जावेंगी।

65/28.5.66 श्री रामबिलास भारतीय, गाँव—सरस्वाह, पोस्ट—गिरवाँ, पोस्ट—बाँदा, उत्तर प्रदेश, दो रुपये पेशगी भेजें। तभी पुस्तकें भेजी जावेंगी।

66/28.5.66 श्री सीताराम साधो, भूतपूर्व एम.एल.ए., गाँव—खरगोन, पोस्ट—मंडलेश्वर, जिला—निमाड, मध्य प्रदेश, दो रुपये पेशगी भेजें। तभी पुस्तकें भेजी जावेंगी।

67/28.5.66 श्री नन्दराम अम्बादे, टेलर बर्ड मंगलवारी, वीपीओ—रामटेक, जिला—नागपुर, मध्य प्रदेश, 23.6.66, दो रुपये पेशगी भेजें। तभी पुस्तकें भेजी जावेंगी।

68/28.5.66 श्री रामचन्द्र मधुर, संगठित बौद्ध कीर्तन मंडल, वीपीओ—तितरौवा, राज्य—मेरठ, उत्तर प्रदेश, दो रुपये पेशगी भेजें। तभी पुस्तकें भेजी जावेंगी। .06

69/28.5.66 श्री बालकृष्ण भारतीय, मुहल्ला झिंजई, पोस्ट—चौकमंडी, जिला—शाहजहाँपुर, मध्य प्रदेश, दो रुपये पेशगी भेजें। तभी पुस्तकें भेजी जावेंगी। .06

70/28.5.66 श्री दुर्गा मुर्मू, प्रखंड विकास कार्यालय, गाँव—मेहा, पोस्ट—ईशिपुर, जिला—भागलपुर, बिहार, दो रुपये पेशगी भेजें। तभी पुस्तकें भेजी जावेंगी। .06

71/28.5.66 श्री छगन लाल डी. रानाडे, पंच कुटीर, वीपीओ—जस सौराष्ट्र, गुजरात, दो रुपये पेशगी भेजें। तभी पुस्तकें भेजी जावेंगी। .06

72/4.6.66 श्री व्यवस्थापक महोदय आत्माराम एंड संस, दिल्ली, 30.6.66, श्री कनेडी के भाषण भेजें। कीमत दो रुपए, 0.06

73/4.6.66 श्री मोहन सिंह सेंगर, आकाशवाणी, नई दिल्ली, 30.6.66, धन्यवाद *सरिता* के लेख बाबत, रिप्रिंट लेख (वेश्यावृत्ति वाला) भेजें। 0.06

74/4.6.66 श्री सूचना विभाग, भारत सरकार, नई दिल्ली, 1.7.66, सर्वाधिकार सुरक्षित पुस्तक के लिए नियमावली भेजें, 0.30

75/4.6.66 श्री सूचना विभाग, उत्तर प्रदेश, लखनऊ, सर्वाधिकार सुरक्षित पुस्तक के लिए नियमावली भेजें। 0.30

| | |
|---|---|
| 76/16.6.66 | श्री मानसिंह बौद्ध, अम्बेडकर भवन, रानी झाँसी, नई दिल्ली, 15.7.66, किताबों के रुपये भेजें। 0.06 |
| 77/16.6.66 | श्री बशरह नं. 135/17.5.66, राजनीतिक पीड़ित ललई सिंह यादव को माने जाने के बाबत। 0.06 |
| 78/17.6.66 | श्री सन्तराम बी.ए., पुरानी बस्ती, वाया—बजवाड़ा, जिला—होशियारपुर (पंजाब), महाभारत का कार्यकाल क्या है। 0.12 |
| 79/17.6.66 | श्री शंकरानन्द शास्त्री, 53, भारती नगर, नई दिल्ली-3, 22.6.66, महाभारत का कार्यकाल क्या है?, 0.12 |
| 80/17.6.66 | श्री प्रेमचन्द द्वारा श्री सगुनादेवी का आश्रम, गाँव—मुड़ेनारु, श्री चन्द्रिका प्रसाद जी की ओर से पुस्तकें आ चुकी हैं। ले जाइए। 0.06 |
| 81/2.7.66 | श्री रामचन्द्र वर्मा, 'साहित्य रत्नमाला' कार्यालय, काशी, सूचीपत्र भेजें, 0.06 |
| 82/2.7.66 | श्री मैनेजर साहब, दिल्ली बुक कम्पनी, कनाट सरकस, नई दिल्ली, एम/12, 15.7.66, सूचीपत्र भेजें, 0.06 |
| 83/2.7.66 | श्री मैनेजर साहब, भारती भंडार, लीडर प्रेस, प्रयाग, इलाहाबाद, 17.7.66, सूचीपत्र भेजें, 0.06 |
| 84/2.7.66 | बशरह नं. 153/16.6.66, 15.7.66, किताबों के रुपये भेजें। 0.06 |
| 85/2.7.66 | श्री प्रकाशन व्यवस्थापक, प्रकाशन शाखा, सिविल लाइन, दिल्ली-110006, 474/8.8.66, प्रतिलिपि अधिकार अधिनियम 1957 असाधारण गजेट 6.6.57 (भाग-2, अनुभाग-1) एवं प्रतिलिपि 0.10 अधिकार नियमावली 1958 असाधारण गजेट 21.7.58 (भाग-2, अनुभाग-3) की प्रतियाँ समूल्य भेजें। |
| 86/2.7.66 | श्री *जमीं के तारे*, दीप नगर, अलीगढ़, उत्तर प्रदेश, श्री गंगाराम चमार, अनन्तपुर, धौकल, पुलिस थाना, मंगलपुर की खबर दाएँ, 0.15 |
| 87/2.7.66 | श्री श्याम लाल, एम.ए., एम.एल.ए., 138-ए, दारुलशर, लखनऊ, श्री गंगाराम चमार, अनन्तपुर, धौकल, पुलिस थाना, मंगलपुर की खबर दाएँ, 0.15 |
| 88/2.7.66 | श्री डॉक्टर कन्हैयालाल, गाड़ीपुरा चिमकुनी, पुत्तलाल चौराहा, शाहजहाँपुर, उत्तर प्रदेश, भावी चुनाव की तैय्यारी श्री बी.एल. पथिक प्रारम्भ करें। 0.06 |

89/2.7.66 श्री व्यवस्थापक किताब महल, इलाहाबाद, 5.7.66, सूचीपत्र भेजें। 0.06

90/2.7.66 श्री माधोराम जौहर, सिविल लाइन, हरदोई सिटी-66, एजेंडा भिजवाएँ।...। 0.06

91/2.7.66 श्री गणेश प्रसाद कुशवाहा, वीपीओ—सरावन, जिला—जालौन, सन् 1965 का रेल किराया भेजें। 0.06

92/2.7.66 श्री मैनेजर साहब गीताप्रेस गोरखपुर, 4.7.66, सूचीपत्र भेजें। 0.06

93/2.7.66 श्री कनौजीलाल, हाथी खाना, फतेहगढ़, फर्रुखाबाद, कौन-कौन किस-किस क्लास में है। 0.06

94/15.7.66 श्री रजिस्ट्रार ऑफ कॉपी राइट, कॉपीराइट ऑफिस, नई दिल्ली, पाँच *धार्मिक डकैती वास्ते* कॉपीराइट, लेखक व प्रकाशक ललई सिंह यादव, अशोक पुस्तकालय, वीपीओ—झींझक, जिला—कानपुर, 1.85, नं. 83/17.7.66

95/15.7.66 श्री रजि. ऑफ कॉपीराइट, कॉपीराइट ऑफिस, नई दिल्ली, *पाँच राजनीतिक डकैती* (बशरह नं. 171/15.7.66) 1.85

96/15.7.66 *श्री रजि. ऑफ कॉपीराइट, कॉपीराइट ऑफिस, नई दिल्ली, पाँच राजनीतिक डकैती (बशरह नं. 171/15.7.66) 1.85*

97/15.7.66 श्री रजि. ऑफ कॉपीराइट, कॉपीराइट ऑफिस, नई दिल्ली, दो सूक्ष्म प्रूफ *वीर संत माया बलिदान* (नाटक) (बशरह नं. 171/15.7.66) 1.85

98/15.7.66 श्री रजि. ऑफ कॉपीराइट, कॉपीराइट ऑफिस, नई दिल्ली, दो सूक्ष्म प्रूफ नागयज्ञ (नाटक) (बशरह नं. 171/15.7.66) 1.85

99/15.7.66 श्री शमन सिंह बुकिंग क्लर्क खिड़की नं. 4, दिल्ली जंकशन, 1.7.66, ऑल इंडिया बैकवर्ड क्लास कमीशन रिपोर्ट 1956 नौ के तीन वाल्यूम लेते आवें, 0.06

100/15.7.66 श्री रामेश्वर निषाद, गाँव—अनन्तपुर, पोस्ट—दौलतपुर, जिला—इटावा, आज शाम को स्वत: मिलें। चुनाव की तैयारी प्रारम्भ करें। 0.06

101/15.7.66 श्री माधोराम जौहर, रिपब्लिकन सिविल लाइन, हरदोई, 2 अक्टूबर, 66 को कार्यकारिणी बुलावें। 0.06

102/15.7.66 श्री बल्देव सिंह गौड़ द्वारा श्री शिव नारायण साहू, 88/18, प्रेम नगर, कानपुर, 2 अक्टूबर, 66 को कार्यकारिणी बुलावें। 0.06

103/15.7.66 श्री हलीमुद्दीन राहत मौलाई, एम.एल.ए., उहरिया, मुरादाबाद, 2 अक्टूबर, 66 को कार्यकारिणी बुलावें। 0.06

104/15.7.66 श्री मैनेजर साहब हिन्दी साहित्य सम्मेलन, प्रयाग, इलाहाबाद, सूचीपत्र भेजें। 0.06

105/15.7.66 श्री छेदीलाल पांडया, मकान नं. 8215, ब्लॉक नं. 9, देवनगर, करोल बाग, दिल्ली, धन्यवाद *हिन्द के आदिनिवासी,* प्रथम भाग। द्वितीय भाग छपा या नहीं, लिखें। 0.30

106/20.7.66 श्री हलीमुद्दीन राहत मौलाई, एम.एल.ए., डहरिया, मुरादाबाद, सरक्यूलर भेजें, अजलाम मेम्बर साजी का हिसाब भेजें, आदि। 0.30

107/20.7.66 श्री चन्द्रजीत सिंह यादव, एडवोकेट, एम.एल.ए., बैरिक रॉयल होटल, लखनऊ। धन्यवाद! *बच्चों की शिक्षा-दीक्षा ठीक-ठीक रखें।* 0.06

108/20.7.66 श्री कुं. रामदयाल सिंह, 'प्रताप प्रेस', जयेन्द्रगंज, लश्कर, ग्वालियर, मध्य प्रदेश, *राजपूत जगत* पत्रिका भेजा करें। यदि हो सके। मैं मजदूरी में आलोचना समय-समय पर दूँगा। 0.06

109/27.7.66 श्री शमन सिंह बुकिंग क्लर्क खिड़की नं.4, दिल्ली जंक्शन, वाल्यूम-3, लेते आवें। 0.06

110/27.7.66 श्री रजिस्ट्रार ऑफ कॉपीराइट्स, ऑफिस, नई दिल्ली, आज दस रुपये वाला मनी ऑर्डर वापस आया। अतः प्रार्थी अगली कार्यवाही क्या करें। लिखें। 15 + 15 = 30

111/27.7.66 श्री के.डी. मालवीय, एम.पी., 2 सफदरगंज लेन, नई दिल्ली, जा.नं. 135/17.5.66 का उत्तर भिजवावें। 0.92

112/29.7.66 श्री एम.एल. दीपक, *जमीं के तारे,* अलीगढ़, क्या 18.8.66 को केवल महाराष्ट्र रिपब्लिकन पार्टी ही कांग्रेस में विलय होगी या इंडिया रिपब्लिकन पार्टी भी। 0.92

113/30.7.66 श्री हलीमुद्दीन राहत मौलाई, एम.एल.ए., 56 रॉयल होटल, लखनऊ, *जमीं के तारे* 23.7.66 के अनुसार अटरेना, पी.एस. सरधना, मेरठ के जाटवों की लड़की, बहुओं की अस्मत को 15 ब्राह्मणों ने लूटा, वे वलीदपुरा भाग गए। ये खबर जरूर छापें। 0.10

114/30.7.66 श्री विश्वम्भर सहाय, सदस्य म्युनिसिपैलिटी, 19, होराम नगर, मेरठ, उपरोक्त मामले की जाँच रिपोर्ट की नकल। प्रश्न पूछें। मेरे पास व जावक नं. 190/30.7.66 के पास भेजें। 0.12

115/30.7.66 श्री भूपसिंह यादव, एम.एल.ए., गम्भीरपुरा, अलीगढ़ सिटी, बशरह नं. 190/30.7.66, 0.06

116/30.7.66 श्री रामभरोसे लाल, 16/530, ब्लॉक नं. 10-ए. परसादनगर, जावक नं. 162/2.7.66, 171/15.7.66, 135/17.5.66 की जानकारी दें। 0.12

117/30.7.66 श्री व्यवस्थापक महोदय, बैरिकन पब्लिकेशन डिवीजन, गवर्नमेंट ऑफ इंडिया, करजन रोड, नई दिल्ली, सूची पत्र भेजें। 0.06

118/30.7.66 श्री महेशदत्त मिश्रा, एम.पी., 22 वेस्टर्न कोर्ट, नई दिल्ली, जावक नं. 135/17.5.66 की जानकारी भेजें।

119/30.7.66 श्री व्यवस्थापक, इंडियन प्रेस पब्लिकेशंस लिमिटेड, प्रयाग, इलाहाबाद, सूची पत्र भेजें। 0.06

120/30.7.66 श्रीमान डी.एस. बागडे, सेक्रेटरी, एस.सी.एस. गर्ल्स हाई स्कूल, पाँच पावली, नागपुर-4, 7.12.64 का उत्तर, कुशल पत्र। 0.06

121/30.7.66 श्री श्याम सुन्दर लाल, टेलर मास्टर, 9/1, हरधन सिंह रोड, देव नगर, नई दिल्ली-5, 25.7.66, कुशल पत्र। 0.06

122/1.8.66 श्री बल्देव प्रसादजी, संसार प्रेस, वाराण्सी, सूची पत्र भेजें। 0.06

123/1.8.66 श्री शेख मुस्तसिरुल्ला खाँ, प्राइवेट दवाखाना, बनारसी बाग, लखनऊ सिटी, कुशल पत्र। 0.06

124/1.8.66 श्री धर्मबन्धु (पागल बाबा) पर्वाहकर्ता, श्री शिवराम अम्बाराम भाट पूर्वी दरवाजा, वीपीओ—चान सभा, पोस्ट—महेसाना, गुजरात, *मिलिंद प्रश्न* वी.पी. से भेजें। 0.12

125/3.8.66 श्री बाबूलाल वैद्य, पार्क के पास, खलासी लेन, कानपुर, कुल्लूक भट्‌ट की टीका वाली *मनुस्मृति* कहाँ मिलेगी? लिखें। 0.12

126/3.8.66 श्री शंकरानन्द शास्त्री, 53, भारती नगर, नई दिल्ली-3, कुल्लूक भट्‌ट की टीका वाली मनुस्मृति कहाँ मिलेगी? लिखें। 0.12

127/3.8.66 श्री भिक्षु जगदीश कश्यप, महाबोधि सोसाइटी, वीपीओ—सारनाथ, बनारस, मिलिन्द प्रश्न दुबारा छपा या नहीं। 0.12

128/6.8.66 श्री बल्देव सिंह गौड़, 88/, प्रेम नगर, कानपुर, *1. कहार, मल्लाह को आदिवासी माना गया या नहीं?* 2. अख-श्रीशमेश्वर पाल निषाद द्वारा अखबार कब तक निकलेगा? 314।

129/7.8.66 श्री प्रकाशक महोदय, गर्ग एंड कम्पनी थोक कुतुबखाना, खारी बावली, देहली, सूचीपत्र भेजें। 0.06

130/7.8.66 श्री सुखबामीलाल, गाँव—रुबाहा, पोस्ट—थेरट, पोस्ट—दनिया, सूची पत्र रवाना है। 0.06

131/3.8.66 श्री प्रकाशक, महादेव इंडियन प्रेस, प्रयाग, इलाहाबाद, सूची-पत्र भेजें। 0.06

132/3.8.66 श्री राम प्रसाद सागर, गाँव—जिन्हौरा, पोस्ट—मिरहची, पोस्ट—एटा, उत्तर प्रदेश, सूचीपत्र रवाना है। 0.06

133/3.8.66 श्री मोहनलाल पासी, गाँव—चमरुपुर, पोस्ट—भरारी, पोस्ट—इलाहाबाद, उत्तर प्रदेश, सूचीपत्र रवाना है। 0.06

134/3.8.66 श्री बंसीधर श्रादिम, गाँव—दखिया, पोस्ट—बड़ागाँव, पोस्ट—सीतापुर, उत्तर प्रदेश, सूचीपत्र रवाना है। 0.06

135/3.8.66 श्री पुजारी रामजीत प्रसाद, शास्त्री निमेश, गाँव—नारायनपुर (पंगा का नगला), पोस्ट—जैत, जिला—मथुरा, सूचीपत्र रवाना है। 0.06

136/3.8.66 श्री कन्हैया बक्स सिंह, 2912, मोहल्ला, नौरंगाबाद, वीपीओ—लखीमपुर खीरी, राय बरेली, उत्तर प्रदेश, सूचीपत्र रवाना है। 0.06

137/3.8.66 श्री कृपाशंकर यादव, गाँव—पूरेवीर मुहम्मद, गाँव—वहाई, पोस्ट—रायबरेली, उत्तर प्रदेश, सूचीपत्र रवाना है। 0.06

138/3.8.66 श्री रामानन्द पुस्तकालय, गाँव—बंगराहा, पोस्ट—कांचा, वाया—मऊवाजिदपुर, जिला—दरभंगा, बिहार, सूचीपत्र रवाना है। 0.06

139/3.8.66 श्री क्षेत्रपाल सिंह यादव, गाँव—वनस्थली, पोस्ट—नीलगाँव, पोस्ट—सीतापुर, सूचीपत्र रवाना है। 0.06

140/3.8.66 श्री राजाराम सिंह यादव, वकील, मकान नं. 44, नया एस.सी. बसु रोड, इलाहाबाद, उत्तर प्रदेश, सूचीपत्र रवाना है। 0.06

141/3.8.66 श्री गंगादीन संखवार, गाँव—बाँध, पोस्ट—बरीपाल, जिला—कानपुर, उत्तर प्रदेश। सूचीपत्र रवाना है। 0.06

142/3.8.66 श्री एस.डी. सम्मेलकर पर्वाहकर्ता, श्री मूलचन्द, मुहल्ला—घरुहू पट्टी, पोस्ट—सदर मिर्जापुर, पोस्ट—मिर्जापुर, उत्तर प्रदेश। सूचीपत्र रवाना है। 0.06

143/3.8.66 श्री कन्हैयालाल, गाँव—दुधौरा, पोस्ट—जाजूपुर, तहसील—हरैया, जिला—बस्ती, उत्तर प्रदेश। सूची पत्र रवाना है। 0.06

144/3.8.66 श्री छोटे सिंह यादव, गाँव—उजरामउ, पोस्ट—राजेपुर, जिला—फर्रुखाबाद, उत्तर प्रदेश। सूचीपत्र रवाना है। 0.06

145/3.8.66 श्री रामफेर, सराय नेता नगर, वीपीओ—मछली शहर, जिला—जौनपुर, उत्तर प्रदेश। सूचीपत्र रवाना है। 0.06

146/3.8.66 श्री हिन्दी प्रचारक पुस्तकालय, पिशाच मोचन, पोस्ट बॉक्स नं. 70, बनारस। सूचीपत्र रवाना है। 0.06

147/3.8.66 श्री रामसेवक धान्वीक 'प्रभात', गाँव—नैनपुर, पोस्ट—रिहुन, पोस्ट—कानपुर, उत्तर प्रदेश। सूचीपत्र रवाना है। 0.06

148/3.8.66 श्री डॉ. मुंशी लाल शाक्य हॉस्पिटल रोड, गाँव—अलीगंज, जिला—एटा, उत्तर प्रदेश। सूचीपत्र रवाना है। 0.06

149/3.8.66 श्री जयराम सिंह, गाँव—नगला कस्बा, पोस्ट—सोनई, जिला—मथुरा, उत्तर प्रदेश। सूचीपत्र रवाना है। 0.06

150/10.8.66 श्री प्रेम प्रकाश मेश्राम, 88, स्वदेशी बीमा नगर, आगरा, सूचीपत्र रवाना है। 0.06

151/10.8.66 श्री रामसेवक धान्वीक 'प्रभात', गाँव—नैनपुर, पोस्ट—बिरहुन, जिला—कानपुर, उत्तर प्रदेश। श्री स्वामी परमानंद जी का स्वर्गवास किस तारीख को हुआ लिखें। 0.12

152/10.8.66 श्री शेख मुस्तसिरुल्ला खाँ, प्राइवेट दवाखाना, बनारसी बाग, लखनऊ। 14.8.66 की क्षमा (अनुपस्थिति बावत), 0.06

153/14.8.66 श्री आर.टी. पवार, डॉक्टर अम्बेडकर वाचनालय, रतलाम (एमबीएच), सूचीपत्र रवाना है। 0.06

154/14.8.66 श्री एस.एम. घोष, पीएनजी, लखनऊ, शिकायत पोस्ट ऑफिस बावत न मँगाने टिकट डाक बी.आर. अम्बेडकर, पोस्ट—झींझक ने, 0.15

155/14.8.66 श्री जे.सी. भट्ट, सीनियर सुपरिंटेंडेंट मरी कम्पनी, कानपुर, शिकायत पोस्ट ऑफिस बावत न मँगाने टिकट डाक बी.आर. अम्बेडकर, पोस्ट—झींझक ने, 0.15

156/14.8.66 श्री रामकृपाल सिंह, गिर्दावर कानूनगो, पोस्ट—विधूना, जिला—इटावा, साधारण, 0.06

157/17.8.66 श्री शीलभद्र जी, धर्मशाला ऑफ गिरधारीलाल, फर्रुखाबाद हो। (स्टेशन रोड), इटावा, उत्तर प्रदेश। साधारण, 0.06

158/17.8.66 श्री डॉक्टर अम्बेडकर साहित्य प्रचार एवं प्रकाशक, 103/177, कर्नलगंज, कानपुर, उत्तर प्रदेश। सूचीपत्र रवाना है। 0.06

159/17.8.66 श्री भिक्षु धर्मरक्षित, प्रिंसिपल महाबोधि इंटर कॉलेज, सारनाथ, बनारस, मिलिन्द प्रश्न चाहिए। 0.21

160/17.8.66 श्रीधर गोपाल जाधव, खंडेलवाल मेंशन, तल मंजिला, रूम नं. 23, रे रोड, कॉटन ग्रीन, बम्बई, 33, महाराष्ट्र। घा.ड., रा.ड., सत्यधर्म-4, वास्तविक स्वरूप-1, निराशावादी धर्म-1, नहीं। 0.06

161/19.8.66 श्री शिवलाल कुरील, एल.डी.सी., पे. बिल्स क्लर्क ऑर्डिनेंस फैक्ट्री, कानपुर, सूचीपत्र रवाना है। 0.06

162/19.8.66 श्री बलूराम व दयाराम, बी.ए., गाँव—फिल्लौर, पोस्ट—नवीगाँव, पोस्ट—जालौन, सूचीपत्र रवाना है। 0.06

163/26.8.66 बशरह नं. 237, दिनांक. 17.8.66, बशरह नं. 237, दि. 17.8.66. 0.85

164/26.8.66 श्री शमन सिंह यादव, बुकिंग क्लर्क, खिड़की नं. 4, दिल्ली जंक्शन, दिल्ली, घर पर कुछ काम है। छुट्टी लेकर शीघ्र आइए।

165/26.8.66 श्री थान सिंह बौद्ध, अम्बेडकर भवन रानी झाँसी रोड, नई दिल्ली, आप शीघ्र रुपये भेजें। 0.06

166/30.8.66 श्री राम भरोसे लाल, 16/530, ब्लॉक नं. 10-ए, परसाद नगर, करौल बाग, नई दिल्ली, 1. बशरह नं. 193/30.7.66...। 0.12

167/30.8.66 श्री मैनेजर साहब, गवर्नमेंट ऑफ इंडिया, किताब पहल पब्लिकेशन इम्पोरियम जनपथ, नई दिल्ली, जावक नं. 162 घी जानकारी, 0.12

168/31.8.66 श्री किशोरी लाल अटल, अलीगंज, एटा, कितबों रजिस्टर्ड वी.पी. पार्सल सात रुपये। 1.80

169/31.8.66 श्री किशोरी लाल अटल, अलीगंज, एटा, सूचना पोस्ट कार्ड, 0.06

170/31.8.66 श्री प्रेमचन्द बौद्ध पर्वाहकर्ता, श्रीमती सगुना देवी का आश्रम, गाँव—मुड़ेना रूपसाहू, पोस्ट—अहेरीपुर, जिला—इटावा, सूची पत्र। 0.06

171/31.8.66 श्री अजब पाल, गाँव—गुखुरुहा (हाफ़िजपुर), पोस्ट ऑफिस लहरापुर, पोस्ट—इटावा। बाकी रुपया लेकर शीघ्र मिलें। 0.06

172/31.8.66 श्री हलीमुद्दीन राहत मौलाई, एम.एल.ए., एडवोकेट डहरिया, मुरादाबाद, 1. कहा मेम्बर साजी मँगाकर इलेक्शन कमिश्नर दिल्ली को पेश करें, 2. सिम्बल फीस में से अंग्रेजी सेकंड हैंड टाइप मशीन खरीदें। 3. कन्हयी को चपरासी रखें। 4. हमारे पाँच सौ रुपये साविक सिम्बल के और सेक्रेटरी की तनख्वाह सबसे पहले आई रकम में से दिलावें। 0.06

173/4.9.66 श्री रामभरोसे लाल, 16/530, ब्लॉक नं. 10-ए, देवनगर, करोल बाग, नई दिल्ली, कृपया फार्म नं. 4, ऑर्डर रुल्स स. 1958 कॉपीराइट भेजें। 0.06

174/4.9.66 श्री रजिस्ट्रार कॉपीराइट, कॉपीराइट ऑफिस, नई दिल्ली, 1. दस रुपया का पोस्ट ऑर्डर नं. 858658 रवाना है। 2. फार्म नं. 4 अंडर रूल्स कॉपीराइट 1956 नहीं मिल रहा है। 3. कृपया फार्म नं. 4 अंडर रूल्स कॉपीराइट भेजें। नं. 339/5.9.66 झींझक, 0.80

174/7.9.66 श्री रजिस्ट्रार कॉपीराइट, कॉपीराइट ऑफिस, नई दिल्ली, फार्म नं. 4 में वर्णित स्टेटमेंट ऑफ पर्टिकुलर्स एवं स्टेटमेंट ऑफ फरदर पर्टिकुलर्स पाँचों किताबों के साथ ट्रिपलीकेट बर वक्त डिस्पेच नम्बर 171, 172, 173, 174, 175, दिनांक : 15.7.66 को भेजे गए हैं। अवलोकन हो। झींझक रजिस्टर्ड नम्बर 0.80

175/7.9.66 श्री श्यामलाल, एम.ए., एम.एल.बी., एम.एल.ए., 138-ए. दारुलशफा, लखनऊ

1. श्री तिलक चन्द कुरील कारपोरेटर परमट, कानपुर सीटी।

176/7.9.66 श्री माधोराम जौहर रिपब्लिकन सिविल लाइन, हरदोई

2. श्री बल्देव गौड़, 105/2, प्रेम नगर सिटी।

3. श्री शिव नारायण साहू, 88/18, प्रेम नगर, कानपुर, सीटी।

177/11.9.66 श्री चन्द्रिका प्रसाद 'जिज्ञासु', मतादीन रोड, सआदतगंज, लखनऊ, 4. श्री श्याम लाल, एम.ए., एल.एल.बी.,एम. एल.ए., 138-ए, दारुलशफा, लखनऊ, सिटी, बशरह नं. 257, 0.06

178/19.9.66 श्री माधोराम जौहर, रिपब्लिकन सिविल लाइन, हरदोई

6. श्री खेमचन्द, एम.एल.ए., 73-ए, दारुलशफा, लखनऊ, बशरह नं. 257, 0.06

179/19.9.55 श्री तिलक चन्द कुरील, कारपोरेट परमट, कानपुर

7. श्री माधोराम जौहर, 'रिपब्लिकन सिविल लाइन हरदोई, सिटी

180/19.9.66 श्री शिव नारायण साहू, 88/18, प्रेम नगर, कानपुर

8. श्री हलीमुद्दीन राहत मौलाई, एम.एल.ए., एडवोकेट, राहतदास, डहरिया, मुरादाबाद, सिटी

181/19.9.66 श्री बल्देव सिंह गौड़, 105/2, प्रेम नगर, कानपुर

9. श्री एम.एल. दीपक, भीम प्रिंटिंग प्रेस, मदार गेट, अलीगढ़, सिटी, बशरह नं. 257, 0.06 + 0.015 पोस्टिंग सर्टिफिकेट

1. पुराने 500/- दिलावें। 2. चढ़ी तनु. दिलावे। 3. प्रभावशाली को टिकट दें। 4. कहा मेम्बर साजी दिल्ली डेलीगेशन एल.एल. एज ले जावे। 5. कहा जिलों से मँगावें। 6. भविष्य में वक्त पर दें अगर मुझे 15.10.66 से ऑफिस सेक्रेटरी के लिए बुलावे तो। 7. पार्लियामेंट्री बोर्ड के गबन से सावधान रहें। 0.06

पिछली ऑफिस सेक्रेटरी की तनख्वाह दी जाए। भावी सेवाओं के लिए समय-समय पर तनख्वाह दी जाए तभी बुलाया जावे। 0.06

जो समाचार प्रकाशित *जमीं के तारे* 10.9.66 पे 3 कॉलम पर

आपने प्रकाशित कराया है, उसे *भीम पत्रिका* में भी भेजें। 3,4 0.06

दो शब्द लिखकर भेजिए। वीर संत माया बलिदान नाटक रवाना है।

182/19.9.66 श्री चन्द्रिका प्रसाद 'जिज्ञासु', सआदत गंज, लखनऊ, मैं अभी लखनऊ नहीं आ रहा हूँ। 0.06

183/21.9.66 श्री हुन्नर प्रसाद, गाँव—बड़नपुर, पोस्ट—कलापुर, जौनपुर, श्री हलीमुद्दीन राहत मौलाई एडवोकेट एम.एल.ए. डहरिया, मुरादाबाद सिटी के वासी पार्टी टिकट की धनराशि 125/- रुपये भेजें। 0.06

184/21.9.66 श्री रामपाल, गड़रियन पूर्वा, गाँव—भैसायाँ, पोस्ट—रसूलाबाद, कानपुर, जंजीर मैं लखनऊ से नहीं लाया। मेरे पास अधिक रुपये नहीं। 0.06

185/29.9.66 श्री सोनाराम बोवोंशा, सहायक शिक्षक बोर्ड माध्यमिक विद्यालय, वीपीओ—हल्दी पोखर, जिला—सिंहभूमि, बिहार, पेशगी के दो रुपये भेजें- तभी किताबें भेजी जावेंगी। 0.06

186/29.9.66 श्री अटल बिहारी बाजपेयी, एम.पी., सिंदे की छावनी, वाया—लश्कर, जिला—ग्वालियर, मध्य प्रदेश। जानकारी पार्टी सम्बन्धी। 0.12

187/29.9.66 श्री माधोराम जौहर, सिविल लाइन, हरदोई, साधारण, 0.06

188/29.9.66 श्री नन्दराम बाबूराव अम्बाड़े टेलर, रजिस्टर्ड वी.पी. 5.50 किताबें 1.20 रजिस्ट्री पी.वी. 5.50 रुपये

189/29.9.66 श्री मंगलवारी, वार्ड, पी.पी. रामटेक, नागपुर, पोस्ट कर्ण उपरोक्त सूचना, 0.06

190/1.10.66 श्री बदन सिंह बौद्ध, गाँव—अस्सा, पोस्ट—अस्सा, जिला—मेरठ, दो रुपये पेशगी भेजिए, तभी पुस्तकें भेजी जावेंगी। 0.06

191/7.10.66 श्री किशन लाल, घड़ी साज, घीया मंडी, मथुरा, डीग के पाँच जाटवों के कत्ल की कहानी लिख भेजें। 0.06

192/7.10.66 श्री राम जतन यादव, वकील, रतनगंज जेल के पास, मिर्जापुर, 4.10.66 का पत्र मिला। संयम की कमी है। अनुपस्थिति की क्षमा। 6.10.66 को सहार जाऊँगा। 0.06

193/13.10.66 श्री फूलचन्द यादव, अध्यापक, बहुजन साहित्य प्रचारक, वीपीओ—खातौली, जिला—कोटा, राजस्थान, 6.10.66 का पत्र मिला। सूची पत्र रवाना है। 0.06

194/15.10.66 श्री पोस्ट मास्टर साहब, झींझक, मेरे नाम की डाक श्री हुब्ब लाल आजाद को तकसीम की जाया करे।

195/15.10.66 श्री वीरेन्द्र सिंह यादव, कठारा, सरिता के रीप्रिंट लेख श्री सोनेलाल संखवार जी को दे दीजिएगा।

196/15.10.66 श्री हुब्बलाल आजाद, झींझक, कानपुर, गोल पाइप की भीतरी गोलाई का नाप भेजें। ललिता प्रिंटर्स को...न छापें। 0.06

198/15.10.66 श्री हुब्बलाल आजाद, झींझक, कानपुर, गोल पाइप की भीतरी गोलाई का नाप भेजें ललिता प्रिंटर्स को...न छापें। 0.06

199/15.10.66 श्री मौजीलाल यादव, कठारा, कानपुर, आप किसी भी इतवार को श्री आजाद साहेब से मिलें।

200/19.10.66 श्री मैनेजर, सेंट्रल लायब्रेरी टाउन हाल, बम्बई, *1. शोषितों पर धार्मिक डकैती, 2. शोषितों पर राजनीतिक डकैती, 3. अँगुलिमाल* नाटक रवाना है। एक-एक प्रति। रजि. पोस्ट—झींझक नं. 111/19.10.66। 1.25

201/19.10.66 श्री मैनेजर, कनानार लायब्रेरी, मद्रास, *1. शोषितों पर धार्मिक डकैती, 2. शोषितों पर राजनीतिक डकैती, 3. अँगुलिमाल* नाटक रवाना है। एक-एक प्रति। रजि. पोस्ट—झींझक नं. 112/19.10.66। 1.25

202/19.10.66 श्री मैनेजर, नेशनल लायब्रेरी वेलवेडिया, अलीपुर रोड, कलकत्ता-27, *1. शोषितों पर धार्मिक डकैती, 2. शोषितों पर राजनीतिक डकैती, 3. अँगुलिमाल* नाटक रवाना है। एक-एक प्रति। रजि. पोस्ट—झींझक नं. 113/19.10.66। 1.25

203/19.10.66 ललिता प्रिंटर्स स्टोर, 26/45, राजेश निवास, बिरहाना रोड, कानपुर, नाम नमूना पोल प्रकाश, 0.12

204/19.10.66 श्री रजिस्ट्रार ऑफ कॉपीराइट, कॉपीराइट ऑफिस, नई दिल्ली, डिस्पेच नं. 171/17.7.66, शोषितों पर धार्मिक डकैती से सम्बन्धित फार्म नं. 4

205/19.10.66 श्री रजिस्ट्रार ऑफ कॉपीराइट, कॉपीराइट ऑफिस, नई दिल्ली, डिस्पेच नं. 171/17.7.66, *शोषितों पर धार्मिक डकैती* से सम्बन्धित फार्म नं. 4

206/19.10.66 श्री रजिस्ट्रार ऑफ कॉपीराइट, कॉपीराइट ऑफिस, नई दिल्ली

207/19.10.66 श्री नेकराम, गाँव—दयालपुर, पोस्ट—औरइया, इटावा, उ.प्र.

208/22.10.66 श्री छेदी लाल साथी, एम.एल.सी., 48, कन्धारी बाजार, लखनऊ सिटी डिस्पेच नं. 172/15.7.66, *शोषितों पर राजनीतिक डकैती*

से सम्बन्धित फार्म नं. 4, डिस्पेच नं. 173/15.7.66 *अँगुलिमाल* नाटक से सम्बन्धित फार्म नं. 4, डिस्पेच नं. 174/15.7.66 *वीर संत माया बलिदान* नाटक से सम्बन्धित फार्म नं. 4, डिस्पेच नं. 175/15.7.66 *नागयज्ञ* नाटक से सम्बन्धित फार्म नं. 4, उपरोक्त चारों का कोटा।

1. पिछला 500/- + , 2. सेक्रेटरीशिप की तनख्वाह दिलाई जावे। आदि 0.10, 3. 1 दिसम्बर से आखिर फरवरी तक 150 रुपये पाहवय या होल टायलर्स की इतिल खाना को जावे। 4. मीटिंगों में दोनों ओर का एक्सप्रेस का किराया व 10 रुपये विशेष पेशगी भेजे जावें। 5. दिगर हुक्म दिया जावे।

*नोट*—मसला कार्यकारिणी व पार्लियामेंट्री बोर्ड के सामने मेरे रूबरू पेश किया जावे। जवाब बजरिये रजिस्ट्री दिया जावे। 0.10। सूची पत्र रवाना है। 0.06

209/22.10.66 श्री सुखवीर सिंह कश्यप, दफ्तर कश्यप राजपूत सभा, कचहरी रोड, मुजफ्फर नगर, उ.प्र.

210/28.10.66 श्री चन्द्रमोहन सोरेन, गाँव—तामासा चकचपरी, पोस्ट—चपरी, वाया—पीरपैंती, जिला—भागलपुर, बिहार

211/10.11.66 श्री जगरामसिंह कुसुम, वेतन लेखा कार्यालय कुमायूँ सेंटर, रानीखेत

212/10.11.66 श्री शिवबालक राम रसवल, पोस्ट—सुन्दरपुर गजान, कानपुर

213/12.11.66 श्री जीवनलाल गुप्ता का मकान नं. 307, गढ़ा फाटक, जबलपुर सिटी, म.प्र.

214/15.11.66 श्री मेवालाल संखवाल व श्री सुन्दरलाल संखवाल के शिड्यूल्ड क्लास फार्मों पर दस्तखत करके वापस भेजिए। 0.15। सन् 1965 से पुस्तकालय ने पेशगी दो रुपया का नियम बनाया है। दो रुपये भेजने पर ही पुस्तकें भेजें। अतः तभी पुस्तकें भेजी जावेंगी। 0.06 दो रुपये पेशगी भेजिएगा।

अतः तभी पुस्तकें भेजी जावेंगी। 0.06। 20-21 को कार्यकारिणी में कार्यवश न आ सकूँगा। पत्र नं 294, 295, 296/22.10.66 का खुलासा। 0.06

आज्ञा 31 (137)/66-सी.ओ./7.11.66 के अनुसार फार्म नं. 4, *शोषितों पर धार्मिक डकैती* 3 फार्म 31 (137)/66-सी.ओ. आज्ञा 31 (137)/66-सी.ओ./7.11.66 के अनुसार फार्म नं. 4, *शोषितों पर राजनीतिक डकैती*, 3 फार्म 31 (137)/66-सी.ओ.

आज्ञा 31 (137)/66-सी.ओ./7.11.66 के अनुसार फार्म नं. 4, *अँगुलिमाल* नाटक 3 फार्म 31 (137)/66-सी.ओ.

215/17.11.66 श्री शमन सिंह यादव, बुकिंग क्लर्क, खिड़की नं. 4, दिल्ली जंक्शन

216/22.11.66 श्री माधोराम जौहर, रिपब्लिकन बंगला, सिविल लाइन, हरदोई सिटी, उ.प्र.

217/24.11.66 श्री जगराम सिंह कुसुम, वेतन, लेखा कार्यालय, कुमायूँ सेक्टर, रानी खेत, जावक नं. 315/24.11.66 की सूचना। 0.06

218/24.11.66 श्री भूधर लाल पब्लिक गाड़ीपुरा चिमकुनी, पुत्तूलाल का चौराहा शाहजहाँपुर, अस्वस्थ हूँ। 27.11.66 को ढाई घाट तक नहीं पहुँच सकता। 0.06

219/25.11.66 श्री शमन सिंह यादव, बुकिंग क्लर्क, खिड़की नं. 4, दिल्ली जंक्शन, 1.11.66 को सरिता पत्रिका के लेख लेने आना। 0.06

220/25.11.66 श्री हीरालाल सिसौदिया, किशनपुर, मकली रोड, उज्जैन, मध्य प्रदेश, दो रुपये पेशगी भेजें।

221/25.11.66 श्री शंकर लाल शर्मा, एडवोकेट, बुलन्दशहर, मैं अस्वस्थ हूँ। फिलहाल कोई तारीख नहीं। 0.06

222/25.11.66 श्री सम्पादक जी, *नवजीवन*, लखनऊ, उत्तर प्रदेश, लेख गौवध निषेध

223/25.11.66 श्री मेसर्स गोल्डन रेडियो कॉरपोरेशन, 5632, कुतुब रोड, दिल्ली, सूची पत्र भेजें। 0.06

224/7.12.66 श्री पी.एम.जी., लखनऊ, उत्तर प्रदेश, लखनऊ, कानपुर, वाराणसी, इलाहाबाद, आगरा की मुहल्लेवार लिस्ट भेजिए। 0.15

225/7.12.66 श्री एस.जे. सिंधिया, लश्कर, ग्वालियर, 1. पिछड़ी जाति व अनुसूचित जाति सम्बन्धित पिछड़ी जाति व पिछड़ी एरिया के उत्थान की घोषणा का चुनाव घोषणा-पत्र में करें। 0.15

226/9.12.66 श्रीमान डॉक्टर ए.जे. फरीदी, डॉ. फरीदी का दवाखाना, लाला बाग, लखनऊ, बरशह नं. 324/8.12.66, 0.15

226/19.12.66 श्री रजिस्ट्रार कॉपीराइट, कॉपीराइट ऑफिस, नई दिल्ली, *शोषितों पर धार्मिक डकैती* जावक नं. 171/15.7.66 के अनुसार पुनः हुक्म नं. 31(131)/66 सी.ओ./12.12.66 की तामील में दो फार्म ट्रिप्लीकेट नं. ....../19.12.66

228/19.12.66 श्री रजिस्ट्रार कॉपीराइट, कॉपीराइट ऑफिस, नई दिल्ली, *शोषितों पर राजनीतिक डकैती* जावक नं. 172/15.7.66

229/19.12.66 श्री रजिस्ट्रार कॉपीराइट, कॉपीराइट ऑफिस, नई दिल्ली, *अँगुलिमाल* नाटक जावक नं. 173/15.7.66

325/19.12.66 श्री रजिस्ट्रार कॉपीराइट, कॉपीराइट ऑफिस, नई दिल्ली, उपरोक्त तीनों पत्र एक नम्बर के द्वारा

230/19.12.66 श्री माधोराम जौहर, सिविल लाइन, हरदोई, पिछली मीटिंग की कार्रवाई भेजें, आदि। 0.06

231/19.12.66 श्री एल.आर. बाली, सम्पादक *भीम पत्रिका*, जालन्धर, 1. *भीम पत्रिका* भेजें। 2. नाम पार्टी का अलग रखें। 0.06

232/19.12.66 श्री ओम प्रकाश वरुण ऑडिटर, पी.ए.क्यू. (ओ. आर्स), के.आर. सी. रानीखेत, अलमोड़ा, दुबारा आर्डर दें। 0.06

233/19.12.66 अशोक होटल बेतिया हाता, गोरखपुर, चुनाव एक्टिविटीज लिखें। 0.06

234/20.12.66 श्री व्यवस्थापक जी, जय हिन्द टाइप फौंट्री, ताजगंज, आगरा, श्री हुब्बलाल आजाद पालिक आदर्श प्रिंटिंग टाइप खरीदना चाहते हैं। कृपया भाव लिखें। 0.12

235/21.12.66 श्री शमन सिंह बुकिंग क्लर्क, दिल्ली जंक्शन, पत्रोत्तर हिम्मत से काम लो। 0.15

236/21.12.66 श्री हलीमुद्दीन राहत मौलाई, एम.एल.ए., डहरिया, मुरादाबाद सिटी, एक पत्र मनाम श्री जेड.ए. अहमद साहब भेजिए। बावत तबदिला शमन सिंह बुकिंग क्लर्क। 0.30

237/27.12.66 श्री दीपचन्द वियोगी, वीपीओ—अग्रवाल मंडी, तहसील—बागपत, मेरठ, साढ़े सात रुपये प्रति सैकड़ा भेजी जाती हैं। कीमत- *शोषितों पर धार्मिक डकैती* भेजें। 0.06

**आजन्म रजिस्टर जावक (डिस्पैच रजि.)**

## अशोक पुस्तकालय

झींझक, जिला—कानपुर (उत्तर प्रदेश)

दिनांक : 1.1.67 ई. से 31.12.68 ई. तक

हस्ताक्षर—पेरियार ललई सिंह

1/5.1.67 श्री छेदीलाल साथी, एम.एल.सी., 48 कन्धारी बाजार, लखनऊ, 6.1.66 की मीटिंग की अनुपस्थिति की क्षमा। 0.21 एक्स.

2/5.1.67 श्री शमन सिंह बुकिंग क्लर्क, खिड़की नं. 4, दिल्ली जंक्शन, श्री जैड.ए. अहमद साहब से मिलें। 0.15

| | |
|---|---|
| 4/7.1.67 | श्री गुरुशरण लाल यादव, गाँव—अकबरपुर, पोस्ट—घनश्यामपुर, जिला—कानपुर, चौबेपुर से दो मील उत्तर पर स्थित है। सूचित हुआ । 0.06 |
| 5/7.1.67 | श्री दीपचन्द बियोगी, वीपीओ—अग्रवाल मंडी, मेरठ, बशरह नं. 3/7.1.67, बिना पेशगी किताबें नहीं भेजी जावेंगी। 0.06 |
| 6/10.1.67 | श्री बराती लाल भारतीय, गाँव—बम्भोर, पोस्ट—भपारा, बाराबंकी, एक रुपया पेशगी भेजें। 0.06 |
| 8/10.1.67 | श्री जगराम सिंह कुसुम, वेतन लेखा कार्यालय, कुमायूँ सेंटर, रानीखेत, अलमोड़ा, खैरियत, 0.06 |
| 9/10.1.67 | श्री त्रिवेणी सिंह पाल, 1092, तिलपुरवा, हुसेनगंज, लखनऊ, उत्तर प्रदेश। 0.06 |
| 10/13.1.67 | श्री रामस्वरूप वाला, डायरेक्टर रेलवे सोसाइटी, लखनऊ, उत्तर प्रदेश |
| 11/17.1.67 | श्री रजिस्ट्रार फॉर्म एंड सोसाइटी, लखनऊ, उत्तर प्रदेश, स्मृति पत्र व नियमावली वास्ते रजिस्ट्रेशन अशोक पुस्तकालय, वीपीओ—झींझक, जिला—कानपुर, उत्तर प्रदेश |
| 12/21.1.67 | श्री ओमप्रकाश वरुण ऑडीटर, नारटन होटल, माल रोड, वीपीओ—रानीखेत, अलमोड़ा, उत्तर प्रदेश, *डॉ. अम्बेडकर का जीवन संघर्ष* रवाना है। पढ़कर दूसरों को भी पढ़ाएँ। रजि. नं. ....../21.1.67 |
| 13/25.1.67 | श्री रजिस्ट्रार साहब कॉपीराइट, कॉपीराइट ऑफिस, नई दिल्ली |
| 14/25.1.67 | 1. बी.पी. मौर्य, एम.पी., 20 विंडसर प्लेस, नई दिल्ली<br>2. श्री बी.डी. खोब्रागड़े, एम.पी., जिला—चाँदा सिटी, महाराष्ट्र<br>3. श्री बी.के. गायकवाड़, एम.पी., 15 जनपथ, नई दिल्ली<br>4. श्री माधोराम जौहर, रिपब्लिकन बंगला, सिविल लाइन, हरदोई सिटी<br>5. श्री मूलचन्द भारतीय, जाटवपुरा, बरेली सिटी<br>6. श्री चौधरी चुन्नी लाल, एडवोकेट, मुहल्ला—बेली, इलाहाबाद सिटी |
| 15/25.1.67 | श्री माधोराम जौहर, हरदोई, रुपये दिलावें। 0.06 |
| 16/25.1.67 | श्री शिवराम अम्बाराम भाट, वीपीओ—चानसमा, महसाना, गुजरात, पुस्तक *वीर संत माया बलिदान* नाटक रवाना है। 0.06 |
| 17/31.1.67 | श्री कन्हैयालाल यादव वैद्य, ऋषिकुल डिस्पेंसरी, 116 किसनपुरा, पोस्ट—माधवपुर नगर, उज्जैन सिटी, दो रुपये पेशगी भेजें। 0.06 |

| | |
|---|---|
| 18/20.2.67 | श्री माधोराम जौहर, रिपब्लिकन बंगला, सिविल लाइन, हरदोई, लिस्ट भेजें। कौन जीता, कौन हारा। 0.06 |
| 19/20.2.67 | श्री मानसिंह बौद्ध, रुपये भेजें 25 + 44 = 69, 0.06 |
| 20/20.2.67 | श्री शिवराम अम्बाराम भाट, किताबें मँगावें, 0.06 |
| 21/20.2.67 | श्री चन्द्रिका प्रसाद 'जिज्ञासु', आने पर विचार होगा। 0.06 |
| 22/28.2.67 | श्री माधोराम जौहर, लखनऊ में मिलने की तारीख लिखें। 0.06 |
| 23/28.2.67 | श्री एम.एल. दीपक, अखबार भेजें। 0.06 |
| 24/28.2.67 | श्री प्रेम गोपाल पर्वाहकर्ता, पी.डी.टी. तिवारी पेरर इंजीनियरिंग, उज्जैन, हालत लिखें। 0.06 |
| 25/28.2.67 | श्री प्रेमचन्द बौद्ध पर्वाहकर्ता, श्रीमती सगुना देवी का आश्रम, गाँव—मुड़नारुपसाह, पोस्ट—अहेरीपुर, इटावा, पुस्तकें ले जाइएगा। 0.06 |
| 26/28.2.67 | श्री महेन्द्र सिंह यादव बर मक्खन, श्रीवास्तव साहब का मकान पुराना नं. 53/23, जयहिन्द चबूतरा, उदयगंज, लखनऊ, नियमावली की जानकारी दें। लायब्रेरी तलाशें। 0.06 |
| 27/28.2.67 | श्री ओंकार सिंह, गाँव—गम्भीरा, पोस्ट—सिसाही, कानपुर मिलें, 0.06 |
| 28/1.3.67 | श्री डिस्ट्रिक्ट मजिस्ट्रेट (कलेक्टर), कानपुर, डिस्पेच नं. 341/31.12.67 की रसीद भेजें। 0.11 |
| 29/1.3.67 | श्री चुन्नीलाल एडवोकेट मुहल्ला बेली अस्पताल के पीछे, इलाहाबाद, चुनाव में हार पर दुःख है। 0.06 |
| 30/1.3.67 | श्री असरार अहमद, एम.एल.ए., चौराहा ट्रांसपोर्ट मोटर यूनियन, बदायूँ, चुनाव में जीत पर बधाई। 0.06 |
| 31/1.3.67 | श्री चन्द्रपाल शैलानी, वीपीओ—सिकराराऊ, अलीगढ़, हार पर दुःख है। 0.06 |
| 32/1.3.67 | श्री हनुमान प्रसाद कुरील, सन्तलाला का हाता, बेनाझर, अम्बेडकर रोड, कानपुर, चुनाव में हार पर दुःख है। 0.06 |
| 33/1.3.67 | 1. श्री बी.पी. मौर्य, एम.पी., 20 विंडसर प्लेस, नई दिल्ली<br>2. श्री बी.डी. खोब्रागड़े, एम.पी., जिला—चाँदा, महाराष्ट्र<br>3. श्री बी.के. गायकवाड़, एम.पी., 15 जनपथ, नई दिल्ली |
| 34/1.3.67 | श्री होरी लाल कश्यप, ताला मछरहा, फर्रुखाबाद, पार्टी स्थिति भेजें। 0.06 |
| 35/1.3.67 | श्री अशोक होटल, बेतियाहाता, गोरखपुर, पार्टी की स्थिति भेजें। 0.06 |

36/1.3.67 श्री शमन सिंह बुकिंग क्लर्क, खिड़की नं. 4, दिल्ली जंक्शन, कुशल पाँच। 0.06

37/1.3.67 श्री मूलचन्द भारतीय जाटवपुरा, बरेली, पार्टी स्थिति बनावें। 0.06

38/1.3.67 श्री शिवनारायण साहू, 88/18, प्रेम नगर, कानपुर, कुशलपत्र। 0.06

39/1.3.67 श्री रतीराम वर्मा, गाँव—दखिनाई, पोस्ट—हरचन्दपुर, इटावा, चुनाव में हार पर दुःख। 0.06

40/1.3.67 श्री रामपाल सिंह यादव, वीपीओ—सिठपरा, कानपुर, चुनाव में हार पर दुःख। 0.06

41/1.3.67 श्री श्याम सुन्दर लाल टेलर मास्टर, 9/1, हरधन सिंह रोड, देवनगर, नई दिल्ली-5, कुशल मंगल, पार्टी स्थिति लिखें। 0.06

2/1.3.67 श्री हलीमुद्दीन राहत मौलाई, हार का दुःख, पार्टी स्थिति भेजें। 0.06

43/10.3.67 श्री रामप्रताप कश्यप, रेवाड़ी, एटा, पत्रोत्तर में 15.3.67 को लखनऊ में मिला। 0.06

44/10.3.67 श्री अनुपम प्रकाशन, गाँव—गुड़गाँव, हरियाणा, श्री शास्त्री जी की मृत्यु की कहानी भेजें। 0.06

45/10.3.67 श्री परमपूज्य भन्ते शीलभद्र जी, बुद्ध विहार, चक्की पाट, आगरा, प्रोग्राम मई-जून का भेजें। 0.06

46/10.3.67 श्री परमपूज्य भन्ते शीलभद्र जी, फर्रुखाबाद रोड, रामभरोसे लाल की धर्मशाला, इटावा, प्रोग्राम मई-जून भेजें। 0.06

47/13.3.67 श्री शमन सिंह, दिल्ली जंक्शन, स्टॉक कहाँ है? लिखें, वाल्यूम-3, ऑल इंडिया बैकवर्ड क्लास कमीशन रिपोर्ट भी भेजें। 0.06

48/13.3.67 श्री रामप्रसाद कश्यप, रेवाड़ी, एटा, तारीख 19.3.67 को पधारें। तारीख बदली गई। लखनऊ मीटिंग की। 0.06

49/13.3.67 श्री माधोराम जौहर, रिपब्लिकन बंगला, सिविल लाइन, हरदोई, दल-बल सहित पैरवी करें। 0.06

50/13.3.67 कहानी लेखक महाविद्यालय श्रीनिवासपुरी, नई दिल्ली-14, कहानी कला सीखने के लिए पूर्ण-विवरण भेजें। 0.06

51/20.3.67 श्री चन्द्रिका प्रसाद 'जिज्ञासु', बहुजन कल्याण प्रकाशन, मातादीन रोड, पुनः न मिल सका क्षमा करें। आनन्द है। 0.06

52/21.3.67 श्री एम.एल.ए. दीपक, *भीम प्रिंटिंग प्रेस,* मदार गेट, अलीगढ़, 25.1.67, 3 रुपये भेजे थे। रसीद मिली। आपने पावे। अखबार भेजें। 0.12

| | |
|---|---|
| 53/21.3.67 | श्री रंजित सिंह यादव, वाराणसी, राजीव पुत्री का पत्र दें। 0.12 |
| 54/21.3.67 | श्री संघराज जी, वाराणसी, राजीव पुत्री का पत्र दें। 0.12 |
| 55/21.3.67 | श्री राव वीरेन्द्र सिंह यादव, मुख्यमंत्री, यादव शैलेष, वीपीओ—गुड़गाँव, हरियाणा, बधाई मुख्यमंत्री पद के लिए। 0.15 + 0.05 |
| 56/21.3.67 | श्री हलीमुद्दीन राहत मौलाई जी, मुरादाबाद, कानपुर की मीटिंग 21.5.67, 28.5.67 व 4.6.67 को रखें। 0.06 |
| 57/21.3.67 | श्री तिलकचन्द कुरील, कारपोरेटर, परमिट कानपुर, कानपुर की मीटिंग 21.5.67, 28.5.67 व 4.6.67 को रखें। 0.06 |
| 58/21.3.67S | श्री एल.आर. बाली, *भीम पत्रिका*, जालन्धर, अखबार की कीमत लिखें। 0.12। |
| 59/21.3.67 | श्री सम्पादक *प्रबुद्ध भारत*, बुद्ध भूषण प्रिंटिंग प्रेस, गोकुल दास पाश्ता रोड, दादर, बाम्बे, अखबार की कीमत लिखें। 0.12 |
| 60/25.3.67 | श्री रजिस्ट्रार फार्म्स एंड सोसाइटीज रजिस्ट्रेशन ऑफिस, हलवासिया बिल्डिंग, लखनऊ, आपकी आज्ञा नं. 3961/11-16787/25.1.67, के उत्तर में अशोक पुस्तकालय झींझक (कानपुर) की नियमावली रवाना है। |
| 61/25.3.67 | श्री दीपनारायण सिंह, एडवोकेट मोहल्ला—सादीपुर खुर्द, फतेहपुर, सम्मति भेजें, *शोषितों पर धार्मिक डकैती* आदि रवाना हैं। |
| 62/25.3.67 | श्री एम.एल. दीपक, भीम प्रिंटिंग प्रेस, मोहल्ला—मदार गेट, अलीगढ़, सम्मति भेजें, *शोषितों पर धार्मिक डकैती*। |
| 63/25.3.67 | श्री चन्द्रिका प्रसाद 'जिज्ञासु', 390/193, मातादीन रोड, सआदतगंज, लखनऊ, सम्मति भेजें, शोषितों पर धार्मिक डकैती |
| 64/25.3.67 | श्री सरदार राय दयाल सिंह, इटावा, श्री बाबूराम प्रजापति ने साइकिल दी या नहीं। शीघ्र उत्तर दें। उन्हें आज साइकिल वापस करने की कड़ी चेतावनी दी है। 0.06। |
| 65/25.3.67 | श्री शिवनारायण क्लोरिंग फैक्ट्री, शाहजहाँपुर, सूची पत्र रवाना है। 0.06 |
| 66/25.3.67 | श्रीमती विजया राजे सिन्धिया, जय विलास पैलिस, लश्कर, वाया ग्वालियर, मध्य प्रदेश |
| 67/30.3.67 | श्री मानसिंह बौद्ध, हस्ते सुन्दर सिंह पल्ल |
| 68/31.3.67 | श्री वजीर अहमद अंसारी, एडवोकेट, प्रतापगढ़, खैरियत नामा, 0.06 |
| 69/31.3.67 | श्री बी.पी. मौर्य, एक्स-एम.पी., 20 विंडसर प्लेस, नई दिल्ली |
| 70/31.3.67 | श्री बी.डी. खोब्रागडे, एम.पी., चाँदा सिटी, महाराष्ट्र |

| | |
|---|---|
| 71/31.3.67 | श्री बी.के. गायकवाड, 15 जनपथ, नई दिल्ली |
| 72/31.3.67 | श्री मुंशी मनफूल सिंह, गाँव—रामपुर, पोस्ट—मेवाना कला, मेरठ |
| 73/31.3.67 | श्री असरार अहमद, एम.एल.ए., ट्रांसपोर्ट मोटर, पूर्णिया के पास, बदायूँ |
| 74/31.3.67 | श्री गोपीचन्द, पिपल, औलिया रोड, आगरा |
| 75/4.4.67 | श्री चौधरी चरण सिंह, लखनऊ |
| 76/5.4.67 | श्री हलीमुद्दीन राहत मौलाई, कैडर कैम्प की एक्सप्रेस सूचना भेजें। |
| 77/5.4.67 | श्री एम.एल. दीपक, अलीगढ़, शीघ्र सम्मति भेजें। 0.06 |
| 78/5.4.67 | श्री दीपनारायण, फतेहपुर, शीघ्र सम्मति भेजें। 0.06 |
| 79/5.4.67 | श्री मैकूलाल वर्मा 'मुकेश', 1/121-बी, नवाबगंज, कानपुर, मार्ग बसरूट नं. 1 से नवाब मंडी, कृपया पता स्थान आने का लिखें, कहानियों के विषय में जानकारी दें। 0.12 |
| 80/5.4.67 | श्री व्यवस्थापक जी, दिल्ली बुक कम्पनी, एम/12, कनॉट सर्कस, नई दिल्ली-1, राजेन्द्र यादव लिखित *जहाँ लक्ष्मी कैद है*। पढ़ा। मुझे राजेन्द्र यादव का पता लिखें। 0.12 |
| 81/5.4.67 | श्री व्यवस्थापक जी, कहानी लेखन महाविद्यालय, श्रीनिवासपुरी, नई दिल्ली-14, चप माना रवाना है। धन्यवाद! समय की कमी है। बरसात के कारण मीटिंग देर से शुरू करेंगे। 15 + 10 + 25 |
| 82/6.4.67 | श्री निमजी भाई एंड कम्पनी बुकसेलर, नयागाँव, क्रॉस रोड, बम्बई-14, लिस्ट भेजें। 0.12 |
| 83/6.4.67 | श्री खुर्रमदास एडवोकेट, हरदोई, *व्हॉट कांग्रेस एंड गांधी हैव डन टू दी अनटचेबुल,* श्री जिज्ञासु को दे दें, वे हिन्दी में छापेंगे। 0.06 |
| 84/6.4.67 | श्री लक्ष्मी नारायण बौद्ध ऑडिटर, ईसाई महल के पास, राजापुर, इलाहाबाद, *व्हॉट कांग्रेस एंड गांधी हैव डन टू दी अनटचेबुल,* श्री जिज्ञासु को दे दें, वे हिन्दी में छापेंगें। 0.06 |
| 85/6.4.67 | श्री डी.आर. जाटव, एम.ए., पीएच.डी., दर्शन विभाग, राजकीय महाविद्यालय, श्रीगंगानगर, राजस्थान, कृपया सम्मति और *शोषितों पर धार्मिक डकैती* जल्दी भेजें। 0.35 |
| 86/7.4.67 | श्री देवदत्त, 2/462, नवाबगंज, कानपुर, अख 13.4.67 को 119/9.4.67 के अनुरूप मिले। 0.06 |
| 87/7.4.67 | श्री रावेन्द्र प्रसाद अम्बेडकरवादी, अम्बेडकर नवयुवक समिति, अजीतगंज, 4/6, महापालिका कॉलोनी, कानपुर, दिनांक : 13.4.67 को 7 बजे मीटिंग में जरूर मिलूँगा। 0.06 |

| | |
|---|---|
| 88/7.4.67 | श्री इन्द्रमणि, 113/617, सुक्खा पूर्वा, नयापुल के पास, कानपुर |
| 89/10.4.67 | श्री डी.आर. जाटव, एम.ए., पीएच.डी., दर्शन विभाग, राजकीय महाविद्यालय, श्रीगंगानगर, राजस्थान, पत्र नं. 117/6.4.67 का उत्तर शीघ्र भेजिएगा। 0.06 |
| 90/11.4.67 | श्री एम.एल. दीपक, एम.ए., बी.कॉम, सम्पादक *जमीं के तारे*, दीप नगर, मदरगेट, अलीगढ़, तारीख 16.4.67 को दोपहर में चार चपातियाँ आपके यहाँ खाऊँगा। 17.4.67 को फिर बस से आगरा जाऊँगा।0.06 |
| 91/11.4.67 | श्री गोपीचन्द पिपल रिपब्लिकन औरैया रोड, आगरा, तारीख 17.4.67 को 12 बजे से घर पर मिलें। 0.06 |
| 92/11.4.67 | श्री तिलक चन्द कुरील कारपोरेटर, पामट, कानपुर, मैं तारीख 13.4.67 को श्री रवेन्द्र प्रसाद अम्बेडकरवादी अम्बेडकर नव युवक समिति, अजीतगंज, 4/6, महापालिका कॉलोनी, कानपुर को आऊँगा, आप मिलें। |
| 93/19.4.67 | श्री तिलक चन्द कुरील कारपोरेटर, पामट, कानपुर, सकेला की शीघ्र रूपरेखा बनावें। 0.12 |
| 94/19.4.67 | श्री सत्य प्रकाश कश्यप पर्वाहकर्ता, श्री कांशीराम, नेता नगर, जौनपुर, उ.प्र. |
| 95/19.4.67 | श्री राजेन्द्र यादव पर्वाहकर्ता, *ज्ञानोदय*, 9, अलीपुर पार्क प्लेस, कलकत्ता-27 |
| 96/21.4.67 | श्री मैनेजर ज्ञान कलेंडर कम्पनी, 11433, जी.टी. रोड, शक्ति नगर, दिल्ली-6 |
| 97/21.4.67 | श्री सोनेलाल संखवार, गाँव—कठारा, पोस्ट—लहरापुर, कानपुर, उ.प्र. |
| 98/21.4.67 | श्री दमयन्ती बाई डोंगरे, मोहल्ला—इन्दौरा, नागपुर, महाराष्ट्र |
| 99/22.4.67 | श्री पेरियार ई.वी. रामास्वामी, तिरुची, त्रिचिनापल्ली, मद्रास, तमिलनाडु |
| 100/22.4.67 | श्री मैनेजर साहब दिल्ली बुक कम्पनी, एम/12, कनॉट सर्कस, नई दिल्ली-1 |
| 101/23.4.67 | श्री दमयन्ती बाई डोंगरे, मोहल्ला—इन्दौरा, नागपुर, महाराष्ट्र |
| 102/23.4.67 | श्री परमपूज्य भन्ते बुद्ध शरण जी |
| 103/23.4.67 | श्री बंसीधर धनगर सनी टोला, इटावा, उ.प्र. |
| | 1. श्रीमान् मैनेजर साहब, दिल्ली बुक कम्पनी, एम/12, कनॉट सर्कस, नई दिल्ली-110001 |

| | |
|---|---|
| 104/23.4.67 | श्री बाबूराम जाटववीर, इटावा, उ.प्र. |
| 105/23.4.67 | श्री रामेश्वर दयाल निषाद, गाँव—अनन्तपुर, पोस्ट—दौलतपुर, इटावा |
| 106/26.4.67 | श्री एल.आर. बाली सम्पादक, *भीम पत्रिका*, जालन्धर, पंजाब |
| 107/26.4.67 | श्री सम्पादक, *प्रबुद्ध भारत* बुद्ध भूषण प्रिंटिंग प्रेस, गोकुल दास पाशता रोड, दादर, बम्बई |
| 108/27.4.67 | श्री संघरत्न जी महाकेश, वीपीओ—सारनाथ, वाराणसी |
| 109/30.4.67 | श्री मैनेजर जी, दिल्ली बुक कम्पनी, एम/12, कनॉट सर्कस, नई दिल्ली |
| 110/30.4.67 | श्री समद खाँ, गाँव—औझान, पोस्ट—कैस्परी, कानपुर<br>1. श्री बाबूलाल संखवार, गाँव—कमालपुर, पोस्ट—अकबरपुर, जिला—कानपुर, उत्तर प्रदेश<br>2. श्री मैनेजर साहब, दिल्ली बुक कम्पनी, एम/12, कनॉट सर्कस, नई दिल्ली-110001<br>3. श्री सम्पादक साहब, *दैनिक जागरण*, स्वरूप नगर, कानपुर सिटी, कानपुर, उत्तर प्रदेश<br>1. श्री पेरियर ई.वी. रामास्वामी, वीलेज एंड पोस्ट ऑफिस तिरुची मद्रास स्टेट<br>2. श्री मोहम्मद असरार अहमद साहब, डिप्टी मिनिस्टर, एल.एस.जी, नगर पालिका एंड हाउसिंग, लखनऊ सिटी, लखनऊ, उ.प्र. |
| 111/30.4.67 | श्री सम्पादक साहब, *दैनिक जागरण*, स्वरूप नगर, कानपुर, उ.प्र. |
| 112/30.4.67 | श्री सहदेव सिंह यादव, एम.एल.ए., वीपीओ—पाली खुर्द, इटावा |
| 113/30.4.67 | श्री सहदेव सिंह यादव, एम.एल.ए., वीपीओ—दारुलशफा, लखनऊ |
| 114/30.4.67 | श्री दमयन्ती बाई डोंगरे, मोहल्ला—इन्दौरा, जिला—नागपुर, महाराष्ट्र |
| 115/3.5.67 | श्री मैनेजर साहब, दिल्ली बुक कम्पनी, एम/12, कनॉट सर्कस, नई दिल्ली। |
| 116/4.5.67 | श्री गौरी शंकर आर्य अध्यापक, टी-स्टॉल, चाइना न्यू मॉल रोड, वीपीओ—रानीखेत, अल्मोडा |
| 117/5.5.67 | श्री मैनेजर साहब, ज्ञान कलेंडर कम्पनी, 11433 जी.टी. रोड |
| 118/12.5.67 | श्री सम्पादक जी, *भीम पत्रिका* हिन्दी, जालन्धर, पंजाब |

119/12.5.67 1. श्री मैनेजर साहब, दिल्ली बुक कम्पनी, एम/12, कनॉट सर्कस, नई दिल्ली। जावक नं. 132/22.4.67, 143/30.4.67 के हवाले से जावाक नं. 149/3.5.67

1. श्री सहदेव सिंह यादव, एम.एल.ए., वीपीओ—पाली खुर्द, हेड पोस्ट ऑफिस-भरथना, जिला—इटावा, उत्तर प्रदेश
2. श्री सहदेव यादव, एम.एल.ए., दारुलशफा, लखनऊ, उत्तर प्रदेश
3. श्री दमयन्ती बाई डोंगरे, मोहल्ला—इन्दौरा, जिला—नागपुर सिटी, महाराष्ट्र

120/15.4.67 श्री गौरी शंकर आर्य अध्यापक, वीपीओ—माल रोड, पर्वाहकर्ता, जगदीश चन्द्र चादना न्यू चुंगी चौकी, अल्मोडा

122/15.5.67 श्री डिस्ट्रिक्ट मजिस्ट्रेट, कलेक्टर, कानपुर, उत्तर प्रदेश। नं. 154/15.5.67

123/23.5.67 श्री जगराम सिंह कुसुम, वेतन लेखा-कार्यालय, कुमायूँ सेंटर, वीपीओ—रानी खेत, अलमोड़ा

124/23.5.67 श्री ओमप्रकाश बसरत, ऑडिटर, पी.ए.ओ. (ओ-आनर्स), के.आर.सी., पोस्ट—रानी खेत, अलमोड़ा

125/23.5.67 अशोक होटल बेतिया हाना, गोरखपुर

126/2.6.67 श्री रामबाबू संखवार मास्टर, गाँव—जलालपुर, पोस्ट—मुहाना, कानपुर, उत्तर प्रदेश।

127/6.6.67 श्री प्यारे लाल, गाँव—धीरपुर, पोस्ट—बरीपाल, कानपुर, उत्तर प्रदेश

1. श्री गौरी शंकर आर्य, अध्यापक पर्वाहकर्ता, जगदीश चन्द, रानी खेत, अलमोड़ा
2. गौतम बुद्ध जयन्ती जम्मू एंड कश्मीर के लिए

128/6.6.67 श्री मुस्तसिरिनुल्ला साहेब, प्राइवेट दवाखाना, बनारसी बाग, लखनऊ सिटी, लखनऊ, उत्तर प्रदेश

129/6.6.67 श्री ए.जी. फरीदी, डॉक्टर फरीदी का दवाखाना, लालबाग, लखनऊ सिटी, लखनऊ, उत्तर प्रदेश

130/7.6.67 श्री दमयन्ती बाई डोंगरे, मोहल्ला—इन्दौरा, नागपुर सिटी, महाराष्ट्र

131/9.6.67 श्री व्यवस्थापक जी, अम्बेडकर समाज कल्याणकारी सभा, 6181, बस्ती हरफूल सिंह, सदर बाजार, दिल्ली-6

132/9.6.67 श्री इन्द्रमणि जैसवारा, 133/617, सुक्खापूर्वा, पोस्ट—किदवई नगर, कानपुर, उत्तर प्रदेश

133/13.6.67 श्री सुपरि. प्रिंटिंग एंड स्टेशनरी, डिपार्टमेंट, इलाहाबाद

| | |
|---|---|
| 134/25.6.67 | रेडियो स्टेशन, कानपुर, उत्तर प्रदेश |
| 135/25.6.68 | रेडियो स्टेशन, लखनऊ, उत्तर प्रदेश |
| 136/25.6.67 | श्री आनन्दीलाल प्रजापति वाल्दा रोड कॉलोनी, निशातगंज, लखनऊ सिटी |
| 137/25.6.67 | श्री डॉ. कन्हैयालाल व श्री मधुर लाला, तिमकुनी, गाड़ीपुरा, पुन्नूलाल का चौराहा, शाहजहाँपुर सिटी |
| 138/25.6.67 | श्री मेघनाद मुहर्रिर, शाहजहाँपुर |
| 139/25.6.67 | श्री नेताजी मेश्राम, गाँव—मगर काठा, पोस्ट—बरघाट, सिवनी, मध्य प्रदेश |
| 140/25.6.67 | श्री घासी राम पुस्तकालय अध्यक्ष, वीपीओ—ओमी, भिंड, मध्य प्रदेश |
| 141/27.6.67 | श्री चन्द्रिका प्रसादा जिज्ञासु, 360/193, मातादीन रोड, सआदतगंज, लखनऊ |
| 142/5.7.67 | श्री जिला चुनाव अधिकारी, सिविल लाइन, कानपुर, उ.प्र. |
| 143/5.7.67 | श्री रामाधीन सिंह यादव, एम.एल.ए., 9-बी, दारुलशफा, लखनऊ, उ.प्र. |
| 144/5.7.67 | श्री मुस्तफा हुसैन, एम.एल.ए., कमरा नं. 33-बी, दारुलशफा, लखनऊ, उ.प्र. |
| 145/5.6.67 | श्री महेन्द्र सिंह यादव, जय हिन्द चबूतरा के ऊपर, उदयगंज, लखनऊ |
| 146/5.6.67 | श्री श्याम लाल, एम.ए., एल.एल.बी., एडवोकेट, एक्स-एम. एल.ए., सम्पादक *पूर्वी जिले*, बस्ती, उ.प्र. |
| 147/5.6.67 | श्रीमन परम आदरणीय महास्थविर बर्पी बुद्ध बिहार, चन्द्रपरिण, वीपीओ—कुशीनगर, देवरिया, उ.प्र. |
| 148/5.6.67 | श्री अशोक होटल, बेतिया हाता, गोरखपुर, उ.प्र. |
| 149/10.7.67 | सुश्री कुमारी दमयन्ती बाई डोंगरे, मोहल्ला—इन्दौरा, नागपुर, महाराष्ट्र |
| 150/12.7.67 | श्री पेरियार ई.वी. रामास्वामी जी, रचनाएँ, मद्रास सिटी से भेजें। |
| 151/31.3.67 | श्री बाबू मलखान सिंह आर्य, पोस्ट—जालौन, सिटी-जालौन, उत्तर प्रदेश |
| 152/31.3.67 | श्री डॉ. श्रीकृष्ण आजाद रोड, गिरधारीपुरा, वीपीओ—भवानी, पर्वाहकर्ता, आर्या बाबू, इटावा, उ.प्र. |
| 153/31.3.67 | श्री हरिचरण चौधरी, 442, कैथफुलगंज, कानपुर, उत्तर प्रदेश |
| 154/31.3.67 | श्री शिवनारायण सिंह उत्तम, 23/8, श्रमिक बस्ती, नवाबगंज, कानपुर, उत्तर प्रदेश |

| | |
|---|---|
| 155/31.3.67 | श्री मास्टर रामआधार, मिडिल स्कूल, वीपीओ—सिकन्दरा, कानपुर, उत्तर प्रदेश |
| 156/1.9.67 | श्री श्यामलाल एडवोकेट, एक्स एम.एल.ए., कचहरी, बस्ती, उ.प्र. |
| 157/1.9.67 | श्री रामस्वरूप वर्मा, एक्स वित्तमंत्री, कानपुर, उत्तर प्रदेश |
| 158//1.9.67 | श्री दीपनारायण सिंह, एडवोकेट प्रमुख विकास निवास, शादीपुर, खुर्द, फतेहपुर, उ.प्र. |
| 159/9.8.67 | श्री चौधरी चुन्नीलाल, एडवोकेट, मुहल्ला—बेली, अस्पताल के पास, इलाहाबाद |
| 160/13.8.67 | श्री हरिशचन्द्र सिंह, एडवोकेट, कचहरी, गुड़गाँव, हरियाणा |
| 161/19.8.67 | श्री चौधरी चुन्नीलाल, एडवोकेट, मोहल्ला—बेली, अस्पताल के पीछे, इलाहाबाद |
| 162/19.8.67 | श्री हरिश्चन्द सिंह, एडवोकेट, कचहरी, गुड़गाँव, हरियाणा |
| 163/19.8.67 | श्री रामस्वरूप वर्मा, एक्स वित्तमंत्री, पर्वाहकर्ता, श्री राव महेन्द्र सिंह वेल्यूलोशन इन्स. दफ्तर..., रॉयल होटल, लखनऊ |
| 164/23.8.67 | श्रीमती राजमाता साहेबा वाइफ ऑफ श्रीमन्त प्रवीणाचन्द्र भंजदेव, बस्तर, मध्य प्रदेश |
| 165/23.8.67 | श्री मोहन लाल बुद्धिस्ट, पोत्री रोड, पुलिस चौकी के सामने, वीपीओ—हल्द्वानी, नैनीताल |
| 166/23.8.67 | श्री अब्दुल मजीद खाँ, मकतब नौमानियां-बसेती, पोस्ट—डमलिया सुल्तानपुर, सीतापुर, उ.प्र. |
| 167/23.8.67 | श्री मैनेजेर साहब, *शब्द-लोक* प्रकाशन, 47 लाजपत नगर, वाराणसी-2 |
| 168/23.8.67 | श्री मैनेजर साहब, कहानी लेखन महाविद्यालय, श्रीनिवासपुरी, नई दिल्ली-14 |
| 169/23.8.67 | श्री दयाराम, नई बस्ती, पोस्ट—रामनगर, वाराणसी, उ.प्र. |
| 170/23.8.67 | श्री रामकिशोर मास्टर, वीपीओ—किछौछा, फैजाबाद, उ.प्र. |
| 171/23.8.67 | श्री मैनेजर साहब, आनन्द प्रोसेस स्टूडियो, 15/271, कृष्णा-भवन सिविल-लाइन, नियर कोर्ट, कानपुर, उ.प्र. |
| 172/23.8.67 | श्री भारत ब्लॉक मेकर्स, 28/103, फीलखाना, नील वाली गली, कानपुर, उत्तर प्रदेश |
| 173/23.8.67 | डॉ. श्री कृष्णा, गिरधारीपुरा, वीपीओ—भर्थना, इटावा |
| 174/23.8.67 | श्री शिवराम सिंह, अम्बेडकरवादी, गाँव व पोस्ट—इटावा, उ.प्र. |
| 175/23.8.67 | श्री मैकूलाल, भूतपूर्व प्रधान, वीपीओ—सहार, इटावा, उ.प्र. |

176/29.8.67 श्री चौधरी चुन्नीलाल, एडवोकेट, हाईकोट नं. 29, टेलिफोन नं. 3628, मकान नं. 12 बेली, दफ्तर 24 वार्न हिल रोड, इलाहाबाद

177/29.8.67 श्री विभु विमल जी, बुद्ध विहार, चक्की पाट, आगरा, उ.प्र.

178/29.8.67 श्री भिक्षु शीलभद्र जी, बुद्ध विहार, पावर हाउेस के पास, मुहल्ला—मोतीगंज, पीपी-भर्थना, इटावा

179/29.8.67 श्री अनागारिक बुद्ध शरण पर्वाहकर्ता, श्री चुन्नी लाल बौद्ध किसान रहट फैक्ट्री, पिबियापुर रोड, वीपीओ—औरइया, इटावा

180/29.8.67 श्री अतरसिंह यादव, एम.एस.सी. (आ.जी.) सेल कंजरवेशन इंस्पेक्टर, ए.एस.सी., आई.एस.सी.टी. सेंटर, वीपीओ—मऊरानीपुर, झाँसी

181/1.9.67 श्री महेन्द्र राव दफ्तर खैकुई प्रापर्टी, रॉयल होटल, लखनऊ

182/1.9.67 श्रीमान डिस्ट्रिक्ट मजिस्ट्रेट एवं कलेक्टर, जिला—कानपुर, उत्तर प्रदेश

183/5.9.67 श्री शिवनारायण सिंह उत्तम, 23/8, श्रमिक बस्ती, नवाबगंज, कानपुर

184/5.9.67 श्री फूलचन्द बैंतड़ा (यादव), सहायक अध्यापक, गाँव—पीपल्दा कलाँ, पोस्ट—रामगढ़, तहसील—किशनगंज, कोटा, राजस्थान

185/5.9.67 श्री क्लर्क साहेब, बार एसोशियेशन, कचहरी, गुड़गाँव, हरियाणा

186/5.9.67 श्री मुन्नालाल कोरी, वीपीओ—तिर्वागंज, फर्रुखाबाद, उत्तर प्रदेश

187/5.9.67 श्री रामबाबू संखवार, गाँव—ररौंख, पोस्ट—खानपुर, कानपुर

188/17.9.67 श्री फूलसिंह बघेल (पाल), गाँव—आदि रौली, पोस्ट—मछंड, भिंड, मध्य प्रदेश

189/17.9.67 श्री व्यवस्थापक साहब, हिन्दुस्तान पब्लिकेशन हाउस, पार्टी नाका-27, बनारस

190/17.9.67 श्री भिक्षु बिमल जी, बुद्ध विहार, गौतम नगर, हन्नावाली गली, पोस्ट—छेदी टोला, आगरा

191/19.9.67 श्री डॉ. अंगने लाल, श्री डॉ. अम्बेडकर लायब्रेरी, 512/432, आर्य कन्या पाठशाला के पास, सिद्धार्थ पार्क के पास, निशातगंज, लखनऊ

192/19.9.67 श्री डॉ. माता प्रसाद, पी.आई., राजेन्द्र नगर, तकिया, लखनऊ

193/19.9.67 श्री श्रीपाद दामोदर सातवलेकर, वीपीओ—औध, पोस्ट—सतारा, महाराष्ट्र

194/19.9.67 श्री शिव प्रसाद सिंह यादव, 112 लालकुआँ, लखनऊ

| | |
|---|---|
| 196/5.10.67 | श्रीमान डिप्टी मजिस्ट्रेट एंड कलक्टर साहब, कानपुर, उ.प्र. |
| 197/17.9.67 | श्री सुपरि. पुलिस देहाती क्षेत्र जिला—कानपुर |
| 198/17.10.67 | श्री सीनियर एस.आई.पी.पी.एस. एंड पी.ओ. रसूलाबाद, कानपुर |
| 199/13.11.67 | श्री नन्दलाल शर्मा, शर्मा वाच कम्पनी, वीपीओ—काकामऊ बाजार, इलाहाबाद |
| 200/13.11.67 | श्री बिहारी लाल मन्नीलाल, नयागंज, कानपुर, उ.प्र. |
| 201/13.11.67 | इंडियन इक्सटलीसिब्स लिमिटेड, फर्टीलाइजर एरिया ऑफिस, 12-बी, मॉल एवेन्यू, लखनऊ |
| 202/15.11.68 | श्री मैनेजर साहब, राज प्रिंटर्स पर्वाहकर्ता, पुराना पोस्ट ऑफिस, राजामंडी, आगरा |
| 203/15.11.68 | श्री जयपाल सिंह यादव, पम्मा का पूर्वा, गाँव—सिठऊमताना, पोस्ट—पूरन पूर्वा, कानपुर |
| 204/15.11.68 | श्री बाबूराम, वीपीओ—भसगाँव, मुस्करा, हमीरपुर |
| 205/15.11.68 | श्री प्रिंसिपल साहब लाइट ऑफ लाइफ पत्र व्यावहारिक स्कूल, चालीसगाँव, महाराष्ट्र |
| 206/15.11.68 | श्री रामसिंह यादव, गाँव—लालपुर, पोस्ट—कैथावा, इटावा |
| 207/15.11.68 | श्री रघुराजसिंह जाटव, जाटवपुरा, बल्लिया, बरेली |
| 208/26.11.68 | श्री सीनियर सुपरि. पु. कानपुर, कानपुर |
| 209/26.11.68 | श्री सीनियर सब-इंस्पेक्टर, पुलिस, पोस्ट एंड ऑफिस, मंगलपुर, कानपुर, उत्तर प्रदेश |
| 210/28.11.68 | श्री नेशनल लायब्रेरी, कलकत्ता<br>1. श्री सीनियर सुपरिंटेंडेंट पुलिस, कानपुर सिटी, उत्तर प्रदेश<br>2. ललई सिंह, अशोक पुस्तकालय, वीपीओ—झींझक, जिला—कानपुर, उत्तर प्रदेश<br>3. श्री सीनियर सब-इंस्पेक्टर पुलिस, पोस्ट एंड पोस्ट—मंगलपुर, जिला—कानपुर, उत्तर प्रदेश<br>4. तिरुपति भगवान श्री बालाजी, कलियुग में अवतार प्राप्ति रेनीगुंटा स्टेशन, जिला—आन्ध्र प्रदेश, कुशल मंडल |
| 211/28.11.68 | Cannemera Public Library Egmora, Madras-8 Tamilnadu |
| 212/28.11.68 | श्री सेंट्रल लायब्रेरी टाउन हॉल, बम्बई-1 |
| 213/28.11.68 | श्री जे.सी. वर्मा, असिस्टेंट रजिस्ट्रार, ऑफिस ऑफ दी रजिस्ट्रार, न्यूजपेपर ऑफ इंडिया प्रेस विला, शिमला |
| 214/28.11.68 | श्री डायरेक्टर साहेब सूचना विभाग, बनारसी बाग, लखनऊ |

215/29.11.68 श्री आनन्द प्रोसिस स्टूडियो, 15/271, कृष्णा भवन, सिविल लाइन, कानपुर, उत्तर प्रदेश

216/2.12.68 श्री अब्दुला गफ्फार, सहायक स्टेशन मास्टर, आर.एस. गोबिंदनगर, पूर्वोत्तर रेलवे, बस्ती, उ.प्र., बिल्टी नं. 545561/ 28.12.66, सरिता के लेख पढ़ लिए हों तो वापस भेजें। अन्यों को भी पढ़ाना है।

217/2.12.68 श्री बाबूराम वस्त्र विक्रेता, गाँव—कंचनपुर, पोस्ट—कदिराबाद, बस्ती

218/2.12.68 श्री चन्द्रिका प्रसाद 'जिज्ञासु', 360/193, मातादीन रोड, सआदतगंज, बिल्टी नं. 545604/2.12.68

219/3.12.68 श्रीमती बहन करतार देवी, समाज सेवा मेश्राम, दिल्ली गेट नं. 2 के पास, रोहतक, हरियाणा

220/3.12.68 श्री मलिखान सिंह, क्लर्क, पोस्ट—जालौन, वाया—उरई, जालौन, उत्तर प्रदेश

221/3.12.68 श्री सुन्दर लाल मास्टर, नरैनी रोड, वीपीओ—अतर्रा, बाँदा, उत्तर प्रदेश

222/3.12.68 श्री रामाश्चर्य यादव, गाँव—देवरामपुर, पोस्ट—घनश्यामपुर, जौनपुर, उत्तर प्रदेश

223/3.12.68 श्री हिन्दुस्तानी पब्लिशिंग हाउस, पोस्ट बॉक्स नं. 27, बनारस, उत्तर प्रदेश

224/4.12.68 श्री दीप नारायण सिंह एडवोकेट सुप्रीम कोर्ट, सादीपुर खुर्द, फतेहपुर

225/4.12.68 श्री छेदीलाल साथी, 48 कन्धारी बाजार, लखनऊ, उ.प्र., अगले राजनीतिक, सामाजिक, सांस्कृतिक आन्दोलन की तैयारी करते रहना है।

226/4.12.68 श्री लल्लू सिंह धारवान, वीपीओ—हांडामाईदास, बिजनौर

227/4.12.68 *खून के छीटें इतिहास के पन्नों पर* ले.—भगवत शरण आजाद, कीमत 2.50 भेजें। रजि. उत्तर प्रदेश 1. मैं अस्वस्थ हूँ 10.12.68 को नहीं आ सकता, 2. आपकी इच्छानुसार श्री साथी जी को पत्र लिख दिया है। 3. पुनः मीटिंग की 90 बिल्ट दिनांक : 30.11.68 के अनुसार मुसलमान के जलावे जाने की घटना छापें। 4. श्री दीपनारायण सिंह के इलाके में अल्पसंख्यक मीटिंग रखें। 2. *नागयज्ञ* 2 *अँगुलिमाल,* 50 *बगावत का राही,* रजि. उत्तर प्रदेश जावक नं. 68/6.12.68

| | |
|---|---|
| 228/7.12.68 | श्री नारायण प्रसाद यादव, 33/16, कत्था कोठी, नवाबगंज, कानपुर, उत्तर प्रदेश |
| 229/7.12.68 | श्री बच्चन लाल, गाँव—कढ़ोरे का पूर्वा, पोस्ट—ककोर, इटावा |
| 230/7.12.68 | श्री रामदयाल सिंह, नरवासा, वाया—गुदड़ी, इटावा |
| 231/9.12.68 | श्री बहन करतार देवी, प्रेसीडेंट खेतिहर मजदूर संघ, प्रेसीडेंट अम्बेडकर, एजुकेशन, रोहतक, हरियाणा |
| 232/9.12.68 | श्री डॉ. चन्द्रिका प्रसाद, सोसाइटी, मुख्य संपादिका *क्रान्तिकारी बिगुल,* गाँव—लक्ष्मणपुर, सीतापुर, उत्तर प्रदेश |
| 233/9.12.68 | श्री नाथूराम धनगर, बी.डी.ओ., ब्लॉक रसूलाबाद, पोस्ट—रसूलाबाद, कानपुर, उत्तर प्रदेश |
| 234/9.12.68 | श्री शिवनारायण सिंह उत्तम, 23/8, श्रमिक बस्ती, नवाबगंज, कानपुर, उत्तर प्रदेश |
| 235/9.12.68 | श्री रामपाल सिंह यादव, वीपीओ—सिरमरा, कानपुर, उत्तर प्रदेश श्री नागसेन अनागारिक नहीं आए, मैं इसलिए आपके पास नहीं आया। |
| 236/11.12.68 | श्री प्राणनाथ जी, आनन्द प्रोसिस स्टूडियो, 15/271, कृष्णा भवन, सिविल लाइन, कानपुर, उत्तर प्रदेश |
| 237/16.12.68 | श्रीमान प्रधानाचार्य जी, मौर्य विद्यालय, वीपीओ—सरसौल, जिला—कानपुर, उत्तर प्रदेश |
| 238/16.12.68 | श्री अनार्य जी, 454/10, सराय, पटना, बिहार |
| 239/16..12.68 | श्री राव महेन्द्र सिंह, जय हिन्द चबूतरा, उदयगंज, लखनऊ, उत्तर प्रदेश |
| 240/16.12.68 | श्री नारायण! प्रसाद यादव, एम.ए., 3-ए,16 कत्था कोठी, नवाबगंज, कानपुर, उत्तर प्रदेश |
| 241/18.12.68 | श्री दीनदयाल विरागी, बी.ए., कार्यालय, मूल भारतीय जागरण, राजेन्द्र नगर, वीपीओ—उरई, जालौन, उ.प्र. |
| 242/21.12.68 | श्री रामेश्वर दयाल बौद्ध, आत्मज हरजू लाल, ग्राम—नवादा, गाँव—इंदेपुर, पोस्ट—रौतसर कोठी, शाहजहाँपुर, उ.प्र. |
| 243/21.12.68 | श्री नवजिकखां, सेनेटरी इंस्पेक्टर, प्राथमिक स्वास्थ्य केन्द्र, वीपीओ—गोहांड, हमीरपुर |
| 244/21.12.68 | श्री नारायण प्रसाद साहब, 3-ए/16, कत्था कोठी, नवाबगंज, कानपुर, उत्तर प्रदेश |
| 245/21.12.68 | श्री शिवराज सिंह मेहरा, गाँव—टाना, यही चौगाँव, पोस्ट—पिताखोली, अलमोड़ा |

246/25.12.68 श्री बाबू मलखान सिंह, क्लर्क पोस्ट ऑफिस, पोस्ट—जालौन, गाँव—उरई, जालौन, कल्याणी, 102 तोपखाना, जिला—जालौन

247/25.12.68 श्री चुन्नी लाल बौद्ध, किसानरदर फैक्ट्री (पिबयापुर रोड), वीपीओ—औरइया, जिला—इटावा

248/31.12.68 श्री मैनेजर साहब, दिल्ली बुक कम्पनी, एम/12, कनाट सरकस, नई दिल्ली-110001

249/31.12.68 श्री डॉ. मानसिंह आर्य, आर्य मेडिकल हॉल, वीपीओ—रसूलाबाद, कानपुर, उत्तर प्रदेश

250/28.12.68 श्री किशोरी लाल अटल, मंत्री, सि. पार्टी, वीपीओ—अलीगंज, एटा, उत्तर प्रदेश

251/30.12.68 श्री मैनेजर साहब, दिल्ली बुक कम्पनी, एम/12, कनाट सरकस, नई दिल्ली-110001

रुपये 112 पैसे 50, प्रेषक का नाम व पूरा पता—श्री ललई सिंह यादव, अशोक पुस्तकालय, वीपीओ—झींझक, नॉर्दर्न रेलवे, जिला—कानपुर, उत्तर प्रदेश

252/31.12.68 श्री कलेक्टर एवं डिस्ट्रिक्ट मजिस्ट्रेट, कानपुर, उत्तर प्रदेश

253/31.12.68 श्री हलीमुद्दीन राहतौलाई, एक्स एम.एल.ए., मोहल्ला—डहरिया, मुरादाबाद, उ.प्र., किताबें पढ़ ली हों तो वापस भेज दें। दूसरों को भी पढ़ने के लिए भेजना है।

254/31.12.68 श्री शिवनारायण साहू, 88/18, प्रेम नगर, कानपुर सिटी, उत्तर प्रदेश

255/31.12.68 श्री बाबू तिलक चन्द कुरील, कारपोरेटर, परमट, कानपुर, उत्तर प्रदेश

256/31.12.68 श्री रामजीराव, एम.पी., वीपीओ—टाडा, हरदोई सिटी

257/31.12.68 श्री छेदी लाल साथी, एम.एल.ए., 84 कन्धारी बाजार । अगली मीटिंग मेरठ में होगी।

258/31.12.68 श्री गया प्रसाद प्रशान्त, 552/2, राजेन्द्र नगर, लखनऊ, उत्तर प्रदेश

259/31.12.68 श्री संघप्रिय गौतम, एडवोकेट, विजय भवन (डिस्ट्रिक्ट—बोर्ड के पीछे), बुलन्दशहर सिटी, उत्तर प्रदेश

260/31.12.68 श्री बेली (जिला अस्पताल के पीछे), इलाहाबाद सिटी, उत्तर प्रदेश

261/31.12.68 श्री माधोराम जौहर, रिपब्लिकन, सिविल लाइन, हरदोई सिटी, उत्तर प्रदेश

262/31.12.68 श्री रामजीराम, एम.पी., वीपीओ—टांडा, जिला—फैजाबाद, उत्तर प्रदेश

263/31.12.68 श्री छेदीलाल साथी, एम.एल.सी., 8 कन्धारी बाजार, लखनऊ सिटी, उत्तर प्रदेश, इस बार की परम पूज्य बाबा साहब डॉ. अम्बेडकर जयन्ती में मैं कुछ नई किताबें वितरण के लिए ला रहा हूँ। धन्यवाद!

264/31.12.68 श्री बाबू तिलक चन्द कुरील, कारपोरेटर, मुहल्ला—परमट, कानपुर सिटी, कानपुर, उत्तर प्रदेश दो प्रतियाँ *एकलव्य* नाटक मद जी.ए. नोज-455/9.11 दिनांक : 17.4.11/जचसबर रजिस्ट्री झींझक/31.12.68 1. आपने अलीगढ़ में 15.12.68 को किताबें बेचने के लिए जाने की इजाजत नहीं दी। 2. पारस ऑन पाकिस्तान भेजें। 3. 500 + 650 जुमल पोस्ट—साटी, 1150, पालियामेंट्री बोर्ड से दिलावें। पालियामेंट्री बोर्ड से 500 + 650 = 1150 दिलावें।

265/31.12.68 श्री चौधरी चुन्नी लाल एडवोकेट, मुहल्ला—बेली (डिस्ट्रिक्ट—अस्पताल के पास), इलाहाबाद, उत्तर प्रदेश

266/31.12.68 श्री मानसिंह बौद्ध अम्बेडकर भवत, रानी झाँसी रोड, नई दिल्ली

267/31.12.68 श्री मैनेजर साहब, हिन्दी प्रचारक पुस्तकालय, वाराणसी-1

268/31.12.68 श्री होम सेक्रेटरी साहब, होम डिपार्टमेंट, लखनऊ

269/31.12.68 श्री रामजीराम एम.पी., टांडा, फैजाबाद

270/31.12.68 श्री बी.पी. मौर्य, एक्स-एम.पी., 20 विंडसर प्लेस, नई दिल्ली

271/31.12.68 श्री बी.पी. खोब्रागडे, एम.पी., जिला—चाँदा, महाराष्ट्र

272/31.12.68 श्री बी.के. गायकवाड, एम.पी., 15 जनपथ, नई दिल्ली सन् 1962 वाले 500 हाथी सिम्बल वाले पार्लियामेंट्री बोर्ड से दिलावें। 66-20 जो कि 23.5.68 को अपने दिये थे, घटाकर 46 रुपये 14.4.69 को मनी ऑर्डर द्वारा भेजें। *मौत के पंजे में* लेखक—आचार्य चतुरसेन शास्त्री वाली प्रति भेजें।

273/31.12.66 *वीर संत माया बलिदान,* 155/15.5.67 *शोषितों पर धार्मिक डकैती,* 47/1.9.68 *शम्बूक वध,* 65/1.10.68 *सच्ची रामायण,* 66/5.10.68 *नाग यज्ञ* की रसीदें श्री कलेक्टर साहब, कानपुर से भिजवावें। प्रोग्राम 11.1.69 से 4.2.69 तक का भेजें।

274/31.12.68 श्री ठाकुर लल्ला बाबू, वीपीओ—झींझक, कानपुर, उत्तर प्रदेश मैं चुनाव प्रचार में जा रहा हूँ। जो किताबें चाहिए हों—शीघ्रातिशीघ्र एक्सप्रेस सूचना दें। .10

यदि 18-19 जनवरी, 1969 को न आ सका तो मनीऑर्डर 10 रुपये भेजूँगा। सरिता के रीप्रिंट लेख वापस कर जाइएगा। 0.10

शंकर गंगा राम, मिस्साल नेवल डोकयार्ड मिल राइट शॉप, सेंटर नं. 245.13 टिकट नं. 2025, बम्बई नं. 1 पोरबन्दर, बोरीवली से सिद्धार्थ कॉलेज (बुद्ध भवन) आउटर रोड, बम्बई नं. 1, डी.ए. इन्दौरा, दमयन्ती बाई डोंगेरे, सेवन्ता बाई, सर्वोदय बाई पाँच पावली बनारस 14.9.71 = बहेड़ा कांड = दो दलितों के जान से मरे + निरीह बच्चे + लड़की + 14 पुरुष सख्त घायल हुए। 150 लठ बंद ठाकुरों ने 4 बजे शाम से 5 बजे के भीतर दलितों के घरों में आग लगा दी।

डिस्पेच नं. 341,343,344,345/ दिनांक : 8 फरवरी, 1971 ई. को टेलीफोन करके सम्बन्धित नकलें दिलाएँ। ग्राम—सलेम, जिला—मदुराई (तामिलनाडु) की दिनांक : 24 जनवरी की घटना जो *दैनिक जागरण* 12 फरवरी, 1971 ई. पेज नं. का 1,2,3,4 बृहस्पतिवार एडोटोरियल लिखें, सूर्पणखा, विरुपणा तथा ताड़का, बाली, रावण वध, होलिका दहन बन्द हो।

**साल समाप्ति पर सभी ग्राहकों और पाठकों को धन्यवाद।**
**सब सुखी एवं स्वस्थ रहें। सबको नए साल की हार्दिक बधाई।**
**सबको धन्यवाद।**
**आप सबका—पेरियार ललई सिंह**

1/26.12.70 श्री खगेंद्र विश्वास, 1-ए, राजा बसन्त राय रोड, (रास बिहारी एवेन्यू के निकट), कलकत्ता-26, पत्र 1165, पत्रों, जवाबी पत्रों का उत्तर नहीं दिया।

2/26.12.70 श्री रमेशचन्द्र मंडल, एच.ए.; एल.एल.बी., एडवोकेट हाई कोर्ट, कलकत्ता-2, पत्र संख्या 1166, पत्रों, जवाबी पत्रों का उत्तर नहीं दिया। + बशरद नं. 2

4/26.12.70 श्री रमेशचन्द्र एडवोकेट, 85, बरियापाढ़ा लैन, नियर आलम बाजार, कलकत्ता-35, पत्र 1167, पत्रों, जवाबी पत्रों का उत्तर नहीं दिया। + बशरद नं. 4

6/26.12.70 श्री हेमन्त कुमार हलधर, 4 बेदिया डांग मस्जिद बाड़ी लेन, कलकत्ता-39, पत्र 1168, पत्रों, जवाबी पत्रों का उत्तर नहीं दिया।

| | |
|---|---|
| 7/26.12.70 | श्री पलकधारी, टी. मरी रोड, कलकत्ता-44, पत्र 1169, पत्रों, जवाबी पत्रों का उत्तर नहीं दिया। |
| 8/26.12.70 | श्री श्याम मंडल, 59-सी, काकरमाछी रोड, कलकत्ता-54, पत्र 1170, पत्रों, जवाबी पत्रों का उत्तर नहीं दिया। |
| 9/26.12.70 | श्री रुतिराम गौतम (इलाहाबाद वाले), डॉ. अम्बेडकर सेवा संघ, 6 विजय कुमार मुखर्जी रोड, मलकिया, हावड़ा, 30 रुपये, पत्र 1171, 30 रुपये जमा, पन्ना नं. 6 |
| 10/26.12.70 | श्री सेक्रेटरी वेस्ट बंसल शिड्यूल्ड कास्ट फेडरेशन, 66 गिरीश घोड़ा रोड, हावड़ा, पत्र 1172, पत्रों, जवाबी पत्रों का उत्तर नहीं दिया। बशरद नं. 10 |
| 12/26.12.70 | श्री मुरली बौद्ध, नेशनल जूट कम्पनी, लाइन नं. 15, क्वार्टर नं. 34, पोस्ट—बानीपुर, हावड़ा, 25 रुपये, पत्र 1173, 25 रुपये जमा, पन्ना नं. 6 |
| 13/26.12.70 | श्री विमल देव बौद्ध, नेशनल जूट कम्पनी, लाइन नं. 17, क्वार्टर नं. 68, पोस्ट—बानीपुर, हावड़ा, पत्र 1174, पत्रों, जवाबी पत्रों का उत्तर नहीं दिया। |
| 14/16.2.70 | श्री लक्ष्मी नारायण, मार्केटिंग ऑफिसर, ऑफिसर रीजनल एगमार्क लेबोरेटरी, राजकोट (गुजरात), पत्र 477, पत्रों, जवाबी पत्रों का उत्तर नहीं दिया। |
| | श्री बाबू लाल जैसवार पर्वाहकर्ता, श्री कलकत्ती, मानिकलता, नवाबगंज, इच्छापुर, चौबीस परगना, कलकत्ता, पत्र 1175, डाक से वापस। |
| 15/26.12.70 | श्री सन्तोष कुमार 'मल्लिक', लक्ष्मी नारायण कॉलोनी, दमदम, चौबीस परगना, कलकत्ता, पत्र 1176, पत्रों, जवाबी पत्रों का उत्तर नहीं दिया। |
| 16/26.12.70 | श्री जे.एन. हलधर, 9 स्टेशन रोड, भाटपाढ़ा, चौबीस परगना, पत्र 1177, पत्रों, जवाबी पत्रों का उत्तर नहीं दिया। |
| 17/17.2.70 | श्री रामचन्द्र कठेरिया, गाँव—दयानतपुर, पोस्ट—कांघी, कानपुर, दस्ती, पत्रों, जवाबी पत्रों का उत्तर नहीं दिया। |
| | + श्री सिकन्दरदास, एलायलेंस जूट मील, लाइन नं. 1, जगदल, चौबीस परगना, पत्र 1178/26.12.70, डाक से वापस। |
| 18/26.12.70 | श्री नागेन्द्र नाथवाला, गाँव—बाडना, पोस्ट—बगुला, नदिया, पत्र 1179, पत्रों, जवाबी पत्रों का उत्तर नहीं दिया। |

19/26.12.70 श्री झगड़ू सरदार, बाड़ी वाला, तेतुलतल्ला, हरी नाथपुर रोड, उत्तर पाढ़ा, हुगली, पत्र 1180, पत्रों, जवाबी पत्रों का उत्तर नहीं दिया।

20/26.12.70 श्री कल्लू बाड़ीवाली, 31 साम सागर, मुकर्जी लैन, उत्तर पाढ़ा, हुगली, पत्र 1181, पत्रों, जवाबी पत्रों का उत्तर नहीं दिया।

21/30.12.70 श्री राजाराम संखवार, ए.एस.एम., आर.एस.कुकरा एन.ई.आर., खीरी, पत्र 1184, पत्रों, जवाबी पत्रों का उत्तर नहीं दिया।

2701/23.10.71 श्री डॉ. शिव कुमार गौतम, एम.पी.एच., सीतापुर, 1 *सच्ची रामायण* 2.50 और *सच्ची रामायण की चाभी* 2.50, *पोल प्रकाश* 2.50, *रविदास के लिए* 5 पेशगी भेजिएगा।

2702/23.10.71 श्री एन.बी. अम्बेडकर टेलर, मंगलवारी वार्ड, वीपीओ—रामटेक, नागपुर, 5 पेशगी भेजें। 0.10

2703/23.10.71 श्री गोपीचन्द सुमन, वीपीओ—पैंतखेडा, वाया—जमुनाब्रिज, आगरा, कुछ मदद करें। 0.10

2704/23.10.71 श्री वतर स्वरूप राहुल, मं.नं. 12/44, पुराना गोविन्दपुरा एक्स-एफ, परवाना रोड, डॉ. कृष्णा नगर, श्री मानसिंह बौद्ध से 21 दिलवाएँ। 0.10

2705/23.10.71 श्री माधोराव जौहर, सिविल लाइन रोड, हरदोई, ई.एस.एन./आर। 0.10

2706/23.10.71 श्री रघुनंदन प्रसाद विद्यार्थी, भीम नगर, महानगर गेट, वीपीओ—कासगंज, एटा, 17, 27, 28, बी-4, रिया 30 पावें। धन्यवाद। 0.10

2707/23.10.71 श्री ए.के., अखिल भारतीय डॉ. अम्बेडकर सेवा संघ, शाखा-18 भोट बागान, घुसुडी, हावड़ा, 38-घ, 21-ङ, डॉ. रिमा., जं.

2708/23.10.71 श्री शिवनाथ दास, वीपीओ—सुकृत, मिर्जापुर, कंधी गंगावें। जं.बनारस = 26.10.71 = हड़ौरा कांड = 2 सिपाही + 2 तेली + 2 हरिजन मरे। बनारस सन् 1971 डॉ. सम्भूनाथ सिंह मौर्य, गाँव—उत्तरवाँ को पुलिस बनारस में जान से मार डाला। 459.30

2709/23.10.71 श्री डॉ. कन्हैया लाल, पुन्नूलाल, गाड़ीपुरा, चित्रकुटी, शाहजहाँपुरा, बी-4/4 रिमा. ज.

2710/23.10.71 श्री डॉ. श्री कृष्णा, कुछ मदद करें। 0.10

2711/23.10.71 श्री हेमवती नन्दन बहुगुणा मिनि. गेसल डिपार्टमेंट, भारत सरकार, नई दिल्ली, शिकायत पोस्टमैन, पोस्ट—पूरा, तहसील—बिल्दौर, श्री राम प्रसाद कुरील की बी.बी. अनपेड वापस की। रजि.1। 35

2712/23.10.71 श्री पोस्टमास्टर जनरल, लखनऊ, शिकायत पोस्टमैन, पोस्ट—पूरा, तहसील—बिल्दौर, श्री राम प्रसाद कुरील की बी.बी. अनपेड वापस की। रजि.1। 0.15, 0.10

2713/23.10.71 श्री सुपिरिंटेंडेंट पोस्टल डिपार्टमेंट, बडा डाकखाना, कानपुर, शिकायत पोस्टमैन, पोस्ट—पूरा, तहसील—बिल्दौर, श्री राम प्रसाद कुरील की बी.बी. अनपेड वापस की। रजि 0.10

2714/23.10.71 श्री राम प्रसाद कुरील सी.पी. खुशीराम कढिया, गाँव—पलिया बुजुर्ग, पोस्ट—मकनपुर, तहसील—बिल्हौर

2715/26.10.71 श्री एस.बी. कुरील, कानपुर, 25 शेष धन्यवाद, 176/17, 27, डी. 0.10 एम.एल. डार्लिंग (प्रसिद्ध अर्थ शास्त्री) ने कहा, कि अंग्रेज क्रिकेट के शौकीन हैं। भारतीयों में ग्रह-कलह है। झगड़ालू।

2717/26.10.71 श्री मुंशी लाल

2718/26.10.71 श्री लखा लाल, टिकट कलेक्टर, इलाहाबाद

2719/26.10.71 श्री सुजान राव महाद जी, गाँव—हिस्बन खुर्द, पोस्ट—हिस्बन, बुजुर्ग, *हेड पोस्ट, जालान,* औरंगाबाद, *पोस्ट—झींझक नं.* 1530/28.10.71

2720/26.10.71 श्री राम सिंह तुर्क रामदास, गाँव—पृथ्वीपुर, पोस्ट—बेला, इटावा, नकल बीजक नं. 83/26.10.71

2721/26.10.71 श्री राम मनोहर गौड़ पर्वाहकर्ता, एलकस सेल्स कॉरपोरेशन प्रा.लि., एम्पाक हाउस, तीसरी मंजिल, डॉ. डी.एन. रोड, नकल बीजक नं. 84/29.10.71

2722/26.10.71 श्री रामहर्ष गोंड जनरल इंश्यूरेंस सोसाइटी लिमिटेड, 232, डॉ. दादा भाई नौरोजी रेड, पोस्ट बॉक्स नं. 616, कोर्ट बम्बई, नकल बीजक नं. 85/29.10.71

2723/26.10.71 श्री व्यवस्थापक जोशी अखिलो खंडे प्रकाशन, सदाशिव पैंठ, रिफ्यूज्ड 6.11.71, प्राप्त 12.11.71, पूना-2, पोस्ट—झींझक मनी ऑर्डर नं. 4237/29.10.71, 4.30 रवाना है। अश्पृश्यता पुलि वार्ग भेजें।

2724/26.10.71 श्री बनवारी लाल यादव, एडवोकेट, हाई कोर्ट, 578, मम्फोर्डगंज, (निगम साहब) के चौराहा के पास, इलाहाबाद, मुकदमों की खबर दें।

2725/29.10.71 श्री डाल सिंह, गाँव—निजामाबाद, पोस्ट—छाछा, मैनपुरी, 19 पावें। धन्यवाद। एक कॉपी और मँगावें।

2726/29.10.71 कुमारी कृष्णा कुमारी यादव पर्वाहकर्ता, सुधीर सिंह यादव, 28/1, बरसरामगली, गोकुल पुरा, आगरा
2727/29.10.71 श्री मनोहर लाल यादव. बजरंग भवन, मार्केट स्ट्रीट, वीपीओ—सिकन्दराबाद, आन्ध्र प्रदेश
2728/29.10.71 श्री बनवारी लाल यादव, पुस्तक भंडार, बीकानेर
2729/29.10.71 श्री बिन्दा प्रसाद सिंह यादव, डिप्टी कलेक्टर ऑफिसर्स क्वाटर, कानपुर
2730/29.10.71 श्री बेनी माधव दास, पोनी यादव, बाबा राहटर, शिवाजी पार्क के सामने, अकोला
2731/29.10.71 श्री हरिश्चन्द्र प्रसाद यादव, यादव सदन, 52/26-ए, नई बस्ती, गड़ोदिया रोड, नई दिल्ली-5
2732/29.10.71 श्री केसरी राव मोहर सिंह यादव, सुल्तान पाडा, वीपीओ—रेवाड़ी, गुड़गाँव
2733/29.10.71 श्री दौलतराम सहजपाल, काली कम्पनी, वीपीओ—कुरुक्षेत्र, करनाल, 1-नया पेज, 5/-
2734/29.10.71 श्री खुर्रमदास एडवाकेट, हरदोई
2735/29.10.71 श्री लाखन राय तूफानी, बदायूँ, 20-ख, 21-ख, 26-ख, 27-ए
2736/29.10.71 श्री जमुना प्रसाद, सहायक अध्यापक, गाँव—कुडिला, पोस्ट—जमनियाँ, गाजीपुर, 29.5.71 को यह रुपया किसने प्राप्त किया लिखें। बीजक नं. 43/11.8.71 की भूल कब दिए रुपये।
2737/29.10.71 श्री बलराम तार बाबू, नॉर्दर्न रेलवे (बड़े स्टेशन की छत के ऊपर), इलाहाबाद
2738/29.10.71 श्री सुरेश चन्द्र, बी.एसी, पीएमएस, धोसी (बस स्टेशन के पास), आजमगढ़, 34-ख
2739/29.10.71 श्री चन्द्र प्रकाश, 64, कटरा खुदावार खाँ, सआदतगंज, लखनऊ-3, सूची पत्र .20
2740/29.10.71 श्री आर.जे. काम्बले, विश्वास पुस्तकालय, सरकारी दवाखाना के सामने, चन्द्रपुर, महाराष्ट्र, सूची पत्र .20
2741/31.10.71 श्री निमजीभाई एंड कम्पनी, 98, नया गाँव क्रास स्ट्रीट, दादर, बम्बई-14, सूची पत्र .20
2742/31.10.71 श्री टी.आर. पगारे, सुगत बुक डिपो, कमाल टॉकीज, चौक, नागपुर-2, सूची पत्र .20
2743/31.10.71 श्री चेतराम यादव, ब्लॉक नं. 7/19, नगर महापालिका, कॉलोनी, लोहिया नगर, कानपुर, कुशल पत्र .20

2744/1.11.71 श्री राम आसरे बौद्ध सी.एस.के. नई बस्ती, वीपीओ—मनौरी, इलाहाबाद, श्री भाई लाल बौद्ध से कुछ दिलावें। .20

2745/31.10.71 श्री तुलसीराम ठेकेदार, मकान नं. 10, वार्ड नं. 31, मोहल्ला—तिली, पोस्ट—आर.जी.टी. कॉलेज, सागर

2746/31.10.71 श्री मंगलदास कुरील, गाँव—पाठक खेड़ा, गाँव—भोजपुर, तठारेली, रिया. 84, 17-क, श्री हीराला डूडी वाले की दुकान भोजपुर वाले, कायनतर नहीं ग्राम 25/- भेजें।

2747/31.10.71 श्री चौ. कल्लूदास कुरील, गाँव—जुड़वाखेड़ा, आरक्यू-दौलतपुर, 25/- भिजवाएँ, श्री मंगल दास से।

2748/31.10.71 श्री चौ. दुईल कुरील, गाँव—चिन्ताखेड़ा, पोस्ट—दौलतपुर, 25/- भिजवाएँ, श्री मंगल दास से।

2749/1.11.71 श्री सीताराम शास्त्री, सेक्रेटरी डॉ. अम्बेडकर जन कल्याण पुस्तकालय, लोको कॉलोनी, क्वा. नं. 3730, वाराणसी, सूची पत्र रवाना है। .20

2750/1.11.71 श्री डी.डी. वाघमारे, वीपीओ—मुगलसराय, बी.डी.डी. चाल नं. 98, रूम नं. 46, दुसरा माला, वर्ली, मुम्बई-18, जवाब नहीं आया। रिया. नम्बर 2892/9.12.71, श्री चां. भा. खैरमोई, 1478-अ हिन्दू कॉलोनी दादर मुम्बई-14, कृत *अम्बेडकर चरित्र* का मूल्य भेजें।

2751/2.11.71 श्री राधेश्याम मास्टर, गाँव—चक्के, पोस्ट—कुरील चक्के, जौनपुर, 5/- क्या किया? + विवाह-1/- + जीवन 3/- संघर्ष है। 5/- पेशगी भेजें।

2752/2.11.71 श्री बुद्धि सागर कुरील, पोस्ट—क्लर्क हैड, पोस्ट—उरई, जालौन, पोल प्रकाश 5.50/- + *सच्ची रामायण* 2.50/- है। 5/- पेशगी भेजें।

2753/2.11.71 श्री मुन्नी लाल विशारद, गाँव—लोही, पोस्ट—खन्देवरा, इलाहाबाद, रिया. 39-क

2754/2.11.71 श्री आशा राम 'रवि', पिवारी, पोस्ट—अजहेरा, एटा, रिया. बी-4-29, 30 एंड एस.एच-11-12

2755/2.11.71 श्री बाबू लाल बौद्ध, गाँव—लाल बाहरा, पोस्ट—अम्बेला, एटा, रिया 36-क

2756/2.11.71 श्री गनपत लाल, प्रेमी, बढ़वन गली, वीपीओ—भावनगंज, फहारयाबाद, रिया-34-ग

1, दिसम्बर, 1971 स्टेटमेंट लिखा कि कलकत्ता के जतार हॉस्पिटल में अछूत होकर सवर्ण ने ऑपरेशन नहीं कराया।

2757/3.11.71 श्री संकटे लाल, रिपब्लिकन लीडर, वीपीओ—जिजुरा हैड पोस्ट—कायमगंज, फर्रुखाबाद, रिया 34-क

2758/3.11.71 श्री देथरी बाबा, गाँव—ललई, पोस्ट—शम्भू नगर, फर्रुखाबाद

2759/3.11.71 श्री वीर सिंह, एडवोकेट कलेक्ट्रेट, फर्रुखाबाद, रिया 38-क

2760/3.11.71 श्री नमते शांतारक्षक पर्वाहकर्ता, श्री मानसिंह बौद्ध, अम्बेडकर भवन, रानी झाँसी रोड, नई दिल्ली, सत्य की खोज भेजें, रजिस्ट्री द्वारा

2761/3.11.71 श्री निरंजन लाल अम्बेदी, 25 मटियारा, पोस्ट—दारागंज, इलाहाबाद, रिया. 40-ङ

2762/3.11.71 श्री ओमप्रकाश अनुरागी, 112, हौली की गली, बैरझा, इलाहाबाद, रिया. 40-ङ

2763/3.11.71 श्री डॉ. रामजियावन धीर, इंडस्ट्रियल लेबर कॉलोनी, क्वा. नं. 45 के सामने, वीपीओ—नैनी, रिया-30-अ

2764/3.11.71 श्री आचार्य तुलीस बड़ा श्वेताम्बर जैन मन्दिर, जयपुर, किताब मनि. परीक्षा भेजें।

2765/4.11.71 श्री आचार्य तुलसी बड़ा दिगम्बर जैन मन्दिर, जयपुर, बशरह नं. 2764

2766/4.11.71 श्री विश्व नाथ पहलवान, गाँव—भवनपुर, तहसील—महेरा, कानपुर, डी-43, 25/- भेजें।

2767/4.11.71 श्री होती लाल विद्यार्थी, इटावा, रिया. 27-अ

2768/4.11.71 श्री विजय बहादुर, इटावा, रिया. 26-अ

2769/4.11.71 श्री बृजपाल सिंह जिया, अलीगढ़, रिया.26-अ

2770/4.11.71 श्री टी.एम. कुमार, मेरठ, 20-एच, 29-अ, 80/-

2771/4.11.71 श्री मुंशी लाल गोल, एटा, 17-अ

2772/4.11.71 श्री रोशन लाल, मुरादाबाद, 15-अ

2781/7.11.71 श्री संगीता सरदार

2782/7.11.71 श्री राजाराम बौद्ध

2783/8.11.71 श्री सिद्धि नारायण सिंह पाथव, सी-7/59, सेनपुरा, घोडा अस्पताल के पीछे, फोन नं. 66171

2784/8.11.71 श्री एक्रेलाल, गाँव—जिजपुरा, सी.पी. श्री कत्य दरबारी लाल, पोस्ट—नेनियागंज, वीपीओ—कायमगंज

2785/8.11.71 श्री मूलचन्द भारतीय, भीमनगर, जाटवपुरा

2786/8.11.71 श्री मोहन लाल

2787/8.11.71 श्री इन्द्रपाल गौतम

2788/8.11.71 श्री रामसुन्दर, गाँव—सवरूम, पोस्ट—मियाँपुर इलाहाबाद रजि. द्वारा, बुक नं.12-अ, पोस्ट चौक कानपुर, रजि. नं. 70/11.11.71

2789/12.11.71 श्री चन्दन चौधरी, 19 बेली (गाँव), इलाहाबाद, वजन 100 ग्राम, साधारण रजि. *अँगुलिमाल*, पोस्ट—झींझक, रजि नं. 90/12.11.71, 1.10

2790/12.11.71 श्री के.पी. सिंह, डायरेक्टर चकबली, आजमगढ़ वजन 25 ग्राम, जसपी रजि. धर्मपरिवर्तन, पोस्ट—झींझक, रजि. नं. 90/12.11.71

2791/12.11.71 श्री शिवनाथ दास, मिर्जापुर, 15.11.71 को वी.पी. भेजें, 25/- की होती।

2792/12.11.71 श्री खुशीराम कटियार, गाँव—बुजुर्ग, कानपुर, कभी मिलूँगा, 0.10

2793/12.11.71 श्री व्यवस्थापक जोशी आणि लोखंडे प्रकाशन सदाशिव पेठ, पूना-2, 35622 पाँच मुक्ति संग्राम भेजें, मेरा मनी ऑर्डर डिस्पे. नं. 2723/29.10.71, पाल 4.11.71 को रिफ्यूज्ड होकर आजीवन मिला।

2794/12.11.71 श्री सुपरिं. पोस्टल डिपार्टमेंट, लखनउ सिटी, श्री ब्रह्मप्रकाश सचिव परिवीक्षक शिक्षा परिषद, लखनऊ के बंगले वाला लेटर बॉक्स, सड़ गया है। बदलवाया जावें।

2795/12.11.71 श्री लखनलाल, टिकट कलेक्टर, 4/2, महापालिका क्वार्टर, महा पालिका मार्केट के पीछे, लीडर रोड, इलाहाबाद, 50/- भेजें।

2796/12.11.71 श्री पूरन प्रिंटर्स, भाई बलराम चेम्बर, बारिक रोड, बिहाइंड मेट्रो सिनेमा, बम्बई-20, बी.आर.

2797/13.11.71 श्री किशन लाल घड़ी साज, घीयामंडी, मथुरा, गोकुल के इस्तीफा शुदा पटवारी कौन है? पता लिखें।

2798/13.11.71 श्री बाँके लाल एडीटर, सेक्शन डी-ग्रुप-3, पी.ए.डी (ओ.आर. एस.) अर्टिलरी सेक्टर, मथुरा, रिया. 13-ङ, 14-ङ

2799/13.11.71 श्री जे.एस. कुसुम सेक्शन-ई/ग्रुप-1, पी.ए.ओ. (ओ.आर.एस.) अर्टिलरी सेंटर, मथुरा, जी 2798/13.11.71 को समझावें।

2800/13.11.71 श्री बनारसी दास सप्लाई इंस्पेक्टर ऑफिस राशन कार्ड (नियर कोतेश्कर मन्दिर, नियर चौराहा चौक) लखनऊ, कुछ मदद करें।

2801/13.11.71 श्री जानकी प्रसाद, गाँव—इंगुवारा, पोस्ट—कांधी, कानपुर, कापी मँगावें।

2802/13.11.71 श्री निदेशी राम, एडवोकेट रामेश्वर भवन, दूसरी मंजिल/नियर चुगी चौकी हर्रा, मनपारा, कुछ मदद करें।

2803/13.11.71 श्री व्यवस्थापक मदन हॉफशेन कम्पनी, दिल्ली-32, फोटो

2804/13.11.71 श्री छक्कन राम 'परेशान' एम.एस.सी, एल.एल.बी., 320/5, जूही लाल कॉलोनी, जूही कलाँ, कानपुर-14, प्रबुद्ध अम्बेडकर पुस्तकालय एवं वाचनालय बरौधा, जिला—मिर्जापुर के लिए पुस्तकों की सूची भेजिए।

2805/13.11.71 श्री हरिशचन्द्र, गाँव—कचपूर्वा, पोस्ट—गाजीपुर, फतेहपुर, 5/- पेशगी भेजें। *सच्ची रामायण* 2.50/-, पेशगी, *नैतिक पोल प्रकाश* 2.50/-, *सच्ची रामायण की चाभी* 2.50/-, पोरोज 1.75/- रसीद चन्दा 1-ब

2806/15.11.71 श्री गयाराम ओवरसियर अस्थायी, खंड विकास सा.नि. विभाग, उन्नाव, पोस्ट—झींझक, 187/18.11.71, 1-ब

2807/15.11.71 श्री शिवनाथ दास, वीपीओ—सुकृत, मिर्जापुर, पोस्ट—झींझक, रजि. नं. 275/18.11.71 2-ब, वी.पी. नं. 92/15.11.71 के साथ रवाना है।

2808/15.11.71 श्री राधेश्याम जिज्ञासु, गाँव—उझोली, पोस्ट—बिनाना, बदायूँ, 5/- तीनों किताबें मँगावें।

2809/15.11.71 श्री कृष्णा गुप्ता, 70 राठौर गली, रसूलपुर, वीपीओ—फिरोजाबाद, आगरा, *सच्ची रामायण* 2.50/-

2810/15.11.71 श्री प्रताप सिंह, 49, इंजी. कॉलेज छात्रावास, इलाहाबाद

2811/15.11.71 श्री लाला राम स्टूडेंट पॉलिटेक्निक, इलाहाबाद, क्वा. 19.9.71 की यदि चरपाई श्री रघुराज सिंह यादव वाले 27 आपके हैं। कॉपी मँगावें।

2813/15.11.71 श्री भगौती प्रसाद सुधाकर, वीपीओ—पूरा, गाँव—ताबूझार, तहसील—बिल्हौर, कानपुर, श्री हूलचन्द्र, श्री बुलाकी, श्री सुमिरन, श्री भगत, पचकौड़ी, श्री घसीटे उर्फ मटरु, श्री बाबू, श्री बसन्त प्रसाद, श्री सत्तीदीन श्री घसीटे प्रसाद, श्री मोहन, श्री लोकनाथ।

2814/15.11.71 श्री राम प्रसाद, पुत्र श्री दुलारे लाल दुकानदार, चौराहा, वीपीओ—पुखराया, कानपुर

2815/15.11.71 श्री हीरा लाल तूफानी दुकानपान, चौराहा, वीपीओ—पुखरायाँ, कानपुर, श्री लल्लू प्रसाद, श्री ज्वाला प्रसाद, श्री द्वारिका प्रसाद, श्री खन्ना, नाथू झाल, कुछ मदद करें।

2816/15.11.71 श्री डॉ. सूबेदार कोडरिया, गाँव—संगसियापुर, पोस्ट—बेवन, हैड पोस्ट, आ. अकबरपुर, कुछ मदद करें।

2817/15.11.71 श्री भूप सिंह राजपूत, राजपूत भवन, लाल सड़क, वीपीओ—हाँसी, चंडीगढ़, 5/-, 1.65 = 3.35 जमा है। 10/- नहीं। लिखें। 1 किताब भेज दूँ।

2818/15.11.71 श्री नन्हे सिंह यादव, गाँव—मोला नगला, पोस्ट—कुम्हरौर, फर्रुखाबाद, 5/- पेशगी भेजें।

2819/15.11.71 श्री डालसिंह बौद्ध, गाँव—निजामाबाद, पोस्ट—छाछा, मैनपुरी, पोस्ट—झींझक, कानपुर, रजि. नं. 186/18.11.71, 3-ब, रवाना है।

2820/15.11.71 श्री शिल्पकला निकेतन, 23/60, पटकापुर, कानपुर, मैं 29.11.71 को 10 बजे आऊँगा पेरा पिक्चर तैयार।

2821/15.11.71 श्री संग्राम सिंह सेक्शन अकाउंट, फूड कॉरपोरेशन ऑफ इंडिया, झाँसी, कापी नं. पोस्ट—झींझक रजि. नं. 188/18.11.71

2822/15.11.71 श्री द्वारिका प्रसाद नेताजी, गाँव—कोठरा, पोस्ट—मकरन्दपुर, 24/12, जूही सफेद कॉलोनी, कानपुर, जीवन संघर्ष 3/-, अहमभाषाम 2.50/-, क्या किया? 5/-, कै 4/-, सावता 1.50/- के लिये 5/- पेशगी भेजें।

2823/15.11.71 श्री तेजपाल सिंह राही, बीजक नं. 63/8.10.71 के अनुसार, दिल्ली-6, कॉपी मँगावें।

2824/15.11.71 श्री एल.एच.सी. गोपीचन्द 'सुमन' नं. 1191 एल, बैरिक नं. 1, अपर स्टोरी पुरानी पुलिस लाइन, राजपुरा रोड, दिल्ली-6, कॉपी मँगावें।

2825/15.11.71 श्री नरेन्द्र प्रताप अशोक, ए.पी.पी., टी.एक्स.आर., पर्वाहकर्ता, श्री फैरिज फोरमैन, सी.एफ. ऑफिस, रेलवे स्टेशन, शाहबाद, बिहार, कॉपी भेजें।

2826/15.11.71 श्री सोहरा सिंह, मोहल्ला—ग्राम—पट्टी, पोस्ट—गोशलडीह, गाँव—विक्रमगंज, शाहाबाद, कॉपी भेजें।

2827/15.11.71 श्री बाँके लाल एडीटर, डी-3/पी.ए.ओ., (ओ.आर.एस.) अर्टिलरी सेंटर, मथुरा, कॉपी भेजें।

2828/15.11.71 श्री प्रफुल्ल के.वी. मिमदा, टी.ई. कॉलेज, वीपीओ—चाकलिया, सिंहभूमि, बिहार, रामायण 1.25/-, सम्यता 1.50/- है पेशगी। 5/- भेजें। 10/- की किताबें मँगावें।

2829/18.11.71 श्री मोती लाल दीपक, 105/426, चयनगंज, प्लाट नं. 1, कानपुर, सदाय नवयुवक सुधार कमेटी 38 को घर पर मिलें। पल-ऑफिस श्री एम.एल. दीपक, असि. यू.पी. फाइनेंशियल

कॉरपोरेशन, 14/88, सिविल लाइन, फिरोजनी हाउस, कानपुर, उत्तर प्रदेश

2830/20.11.71 श्री असरार अहमद, एम.एल.ए., मोहल्ला—चौधरीगंज, बदायूँ, ईद मुबारक

2831/20.11.71 श्री असीमआलम, एम.एल.ए. सराय गुसाई, बुलन्दशहर, ईद मुबारक

2832/20.11.71 श्री हलीमुद्दीन राहत मौलाई, एम.एल.ए., डहरिया, मुरादाबाद, ईद मुबारक

2833/20.11.71 श्री डॉ. बद्री प्रसाद, जौनपुर, 6 कॉपी का हिसाब में, 19 रिया.

2834/20.11.71 श्री चेतराम सिंह बौद्ध, मेरठ, 3-अ, रिया.

2835/20.11.71 श्री किशन लाल, श्री मौजीलाल, कानपुर, 29-अ, रिया.

2836/20.11.71 श्री रामफल, भंडारी पाले, टेलर पर्वाहकर्ता, श्री रायराम अलद प्रसाद बजाज, सदा बाजार, वीपीओ—औरइया, इटावा, कॉपी मँगावें।

2837/20.11.71 श्री आशाराम रवि, एटा, शीघ्र कुछ भेजें, 50/- भेजें।

2838/20.11.71 श्री सियाराम, एम.एल.ए., एटा, 29.30/-, एस.एच-11.12/-

2839/20.11.71 श्री तुलसी राम ठेकेदार, सराय, 28-ङ, शीघ्र कुछ भेजें, पिछले जवाबी का जवाब नहीं किया।

2840/20.11.71 श्री भगवानदीन एडवोकेट कलेक्ट्रेट, उन्नाव, पोस्ट—झींझक कानपुर रजि. नं. 121/22.11.71, 5 - ब, रवाना है।

2841/20.11.71 श्री भागमल सिंह, नायब तहसीलदार, तहसील—सदर, मथुरा, कुछ भेजें।

2842/23.11.71 श्री जैसीराम धोबी, गाँव—बगला परिजी, पोस्ट—आई.टी.आई., इटावा, 5/- पेशगी भेजें।

2843/23.11.71 श्री दुर्गाप्रसाद मंत्री, 25/6, बाबू पूर्वा लेबर कॉलोनी, कानपुर, 5.12.71 की क्षमा, 1.12.71, 12.12.71, भुगतान, में राजपुर क्षेत्र में भेजें।

2844/23.11.71 श्री लालमनी सिंह, मेरठ, 28-अ

2845/23.11.71 श्री मुंशी लाल निर्मल, पटवारी चकबन्दी, कार्यालय झांकनाडा, फतेहागंज, कानपुर, पतरा रुपया में नहीं से परेना

2846/23.11.71 श्री मुंशीलाल, गाँव—हरवंशपुर, पोस्ट—कठेसआ, कानपुर, डाउट कुल है। 22.50/- पाप छंदम, 15/- भेजें।

2847/23.11.71 श्री राधो श्याम मास्टर, गाँव—चक्के, पोस्ट—कुरीर चक्के, जौनपुर, 1.12.71 को किताबें भेजूँगा। 'चाभी' छप रही है।

2848/23.11.71 श्री शिवराम पैनमैन शुगर फैक्ट्री, वीपीओ—धामपुर, बिजनौर

2849/23.11.71 श्री बनवारी लाल, इलाहाबाद, स...नहीं मिला, धर्म परिवर्तन

2850/23.11.71 श्री कन्हैयालाल जाटव, 145/340, प्लॉट नं. 3, कोरियाना, कानपुर, श्री दौलतीराय जाटव, शाहजहाँपुर भेजें। कुछ मदद करें।

2851/23.11.71 श्री गिरधारी लाल, थाना, बीजक नं. 95/24.11.71

2852/23.11.71 श्री जे.एच. डोगरे, दुर्ग, बीजक नं. 96/24.11.71

2853/24.11.71 श्री राम किशोर सुधार, वीपीओ—गाजीपुर, फतेहपुर, 51/- की किताबें मँगावों, 17/- की पेशगी भेजें।

2854/24.11.71 श्री शारदा प्रताप, मिर्जापुर, किताबें बेचकर रुपये भेज दें।

2855/24.11.71 श्री अजीमुल्ला खाँ संस्कृताचार्य जनता, अम्बेडकर विद्यालय, वीपीओ—बिरहूनी, इटावा, जवाब दीजिए। कौन-कौन किताबें भेजी जावें। 10/- पेशगी भेजें।

2856/24.11.71 श्री बुद्धि सागर पोस्टल क्लर्क हेड, पोस्ट—उरई, जालौन, 1.12.71 को वी.पी. भेजूँगा।

2857/24.11.71 श्री जसवन्त सिंह पर्वाहकर्ता, सुखराय सिंह, भोजपुर, पोस्ट—जलूखेड़ा, एटा, 5/- पेशगी भेजें।

2858/24.11.71 श्री विजय बहादुर सिंह यादव, गाँव—इस्माइल मऊ, पोस्ट—गौरा, हरदोई, रायबरेली, 50/- मुकदमों के लिए खर्चा व 20/- पेशगी दोनों ओर का हिसाब भेजें।

2859/24.11.71 श्री बनवारी लाल, रायबरेली, दिनांक : 24.11.71 को बारह बजे रात में...

2860/26.11.71 श्री बनवारी लाल कवि, वीपीओ—भिक्षु, रदहोरा, अलीगढ़, 5/- पेशगी भेजें।

2861/26.11.71 श्री शिवप्रसाद कुर्रे, वीपीओ—मस्तूरी, बिलासपुर, 5/- भेजें।

2862/1.12.71 श्री बुद्धि सागर लिपिक हेड पोस्ट—उरई, जालौन, 7-ब रवाना है। बहमराह बीजक नं. 99/2.12.71

2863/1.12.71 श्री डिस्ट्रिक्ट मजिस्ट्रेट साहब एवं कलेक्टर, कानपुर, पोस्ट—झींझक, जि.नं. 145/4.12.71, दो *सच्ची रामायण की चाभी* रवाना है। 1.40

2864/3.12.71 श्री शिल्पकला निकेतन, 23/60, पटकापुर, कानपुर, दिनांक : 13.12.71 को आऊँगा।

2865/3.12.71 श्री आशाराम रवि, एटा, शीघ्र 50/- भेजें, 29-बी.एच

2866/3.12.71 श्री मोतीराम एडवोकेट, कानपुर रिया. 6-बी.एच, 35/- की मदद करें।

2867/3.12.71 श्री खुनत विद्यार्थी, एटा, 17-बीएच

2868/3.12.71 श्री हीरा लाल सिसोदिया, उज्जैन, बी.एच-29, व 30-क

2869/3.12.71 श्री परम पूज्य भन्ते आनन्द देव, जालौन

2870/3.12.71 श्री परम पूज्य भन्ते शीलभद्र, इटावा

2871/3.12.71 श्री वीर सिंह, एडवोकेट

2872/5.12.71 श्री नारायन प्रसाद प्रधान अध्यापक प्राथमिक पाठशाला, गाँव—गांगपुर, पोस्ट—अरौल, कानपुर, उत्तर प्रदेश

2873/3.12.71 श्री कालीचरन, भूमि संरक्षण निरीक्षक पर्वाहकर्ता, भूमि संरक्षण अधिकारी, वीपीओ—चोपन

2874/3.12.71 श्री ओम प्रकाश यादव, इन्स. पर्वाहकर्ता, श्री पुरुषोत्तम दास, गाँव—जानकीगंज, पोस्ट—मेजारोड, इलाहाबाद

2875/3.12.71 श्री राम धनी, गाँव—बरियारपुर, पोस्ट—एकलपुर, वाराणसी

2876/3.12.71 श्री बनवारी लाल यादव, इलाहाबाद

2877/5.12.71 श्री नन्द किशोर एडीटर, एल.ए.ओ, मुरार, मघई, पोस्ट—2.50/- *सच्ची रामायण* 2.50/- + *चाभी* 2.50/- के लिए 5/- पेशगी भेजें।

2878/5.12.71 श्री हरचरन, वीपीओ—खरेला, हमीरपुर, जनवरी किस तारीख में किसने रुपये लिए?

2879/7.12.71 श्री शिवदास आचार्य पर्वाहकर्ता, श्री रामदेवराव मतरौल, मिर्जापुर नहर, प्रखंड, वीपीओ—दुद्धी, मिर्जापुर, 10/- पेशगी भेजिए।

2880/8.12.71 श्री जानकी प्रसाद, गाँव—इंगुवारा, पोस्ट—कान्धी, कारपुर, पोस्ट—झींझक, रजि. नं. 170/8.12.71, 9-ब, रवाना है।

2881/8.12.71 श्री भीम प्रकाश, वीपीओ—भीमरसा, इलाहाबाद, पोस्ट—झींझक, रजि. नं. 171/8.12.71, 8-ब रवाना है।

2882/8.12.71 श्री हरी लाल ताम्बे, प्राइमरी पाठशाला के पास, मोहल्ला—शान्ति नगर, वार्ड नं. 22, पोस्ट—नया पुरा, नागपुर-2, 5/- पेशगी भेजिए।

2883/8.12.71 श्री बनसडे पर्वाहकर्ता, श्री शंकर राव बंडवाला, पोस्ट—भीम नगर, उस्मानाबाद, महाराष्ट्र, 5/- पेशगी भेजिए।

2884/8.12.71 श्री हीरा लाल सिसोदिया, उज्जैन, मध्य प्रदेश, बी.एच-29-क, 30-क

2885/8.12.71 श्री कृष्णा लाल केन, 21 काजी मल, वीपीओ—गाजियाबाद, मेरठ, आपने 100 किताबें श्री टी.एम. कुमार को कब दी? यदि न दी हों—तो अब दीजिए—शीघ्र।

2886/8.12.71 श्री त्रिमोहन कुमार पर्वाहकर्ता, मालिक मकान श्री मुनेर सिंह, 87 श्याम पार्क, गाँव—साहिबाबाद, पोस्ट—मालिकन, मेरठ, आपने जवाबी पत्र नं. 2770/5.11.71 का उत्तर नहीं दिया अब शीघ्र श्री कृष्ण लाल केन से 180 किताबें ले लें।

2887/8.12.71 श्री चन्द्रकान्त अहिरवार सिग्नल इंस्पेक्टर, द. सेंट्रल रेलवे, मथुरा, कॉपी चन्दा की मँगावें। कुछ मदद करें।

2888/8.12.71 श्री डॉ. आर.डी. कठेरिया पर्वाहकर्ता, महिला चिकित्सालय, धर्मशाला के सामने, वीपीओ—विधूना, इटावा, 5/- जमा। क्या तीनों किताबें भेज दी जावें? लिखें।

2889/8.12.71 श्री संकटे लाल, गाँव—जिजपुरा, पोस्ट—रायपुर, फर्रुखाबाद, सामाजिक मरीजों की भी चिंता करें। 25/- भेजें।

2890/8.12.71 श्री विश्वनाथ एम.ए., गाँव—कुरहुल, पोस्ट—चोवन, मिर्जापुर, 5/- + 5/- 10 के लिए। 10/- पेशगी भेजें।

2891/9.12.71 श्री बुधिराय यादव, वस्म विक्रेता, पोस्ट—शाहपुर बाजार, वीपीओ—शाहपुर, बदलापुर, जौनपुर, बीजक नं. 107 द्वारा कल वी.पी. भेजी जावेगी।

2892/9.12.71 श्री रामनरेश शर्मा, प्राथमिक अध्यापक, गाँव—अहिराटांड, पोस्ट—हरिहरपुर (रैकवारी), बहराइच, बीजक नं. 106 द्वारा कल वी.पी भेजी जीवेगी।

2901/14.12.71 श्री राम हर्ष गौड़, जनरल इंश्यूरेंस सोसाइटी लिमि., 232, डॉ. दादा भाई नौरोजी रोड, पी.बी.वी. नं. 616

2902/14.12.71 श्री रामलोट हरिजन, वीपीओ—सराय रासी, फैजाबाद

2903/14.12.71 श्री संग्राम सिंह सेक्शन अकाउंट, फूड कॉरपोरेशन ऑफ इंडिया (ई. नाइट सिनेमा बिल्डिंग), झाँसी

2904/14.12.71 श्री सियाराम, एम.एल.ए., वीपीओ—असापुर, एटा

2905/15.12.71 श्री गजराज सिंह यादव, अशोक नगर, गुना

2906/15.12.71 श्री गोपीचन्द 'सुमन' एच.सी., वीपीओ—पैन्तखेड़ा, वाया—जमुनाब्रिज, आगरा

2907/16.12.71 श्री राम करण चौधरी सहायक इस्टेब्लिशमेंट, डी.ओ. भारतीय जीवन बीम निगम, भेलूपुर, वाराणसी

2908/16.12.71 श्री परम पूज्य भन्ते ॐ चन्द्रमणि बरमीबुद्ध बिहार, गाँव—कुशीनगर, पोस्ट—कसिया, देवरिया

2909/16.12.71 श्री परम पूज्य भन्ते कर्मरक्षित, प्रिंसिपल इंटर मिडिएट कॉलेज, वीपीओ—सारनाथ, वाराणसी

2910/17.12.71 श्री आशाराम रवि, एटा

2911/17.12.71 श्री मुंशी लाल खेला, एटा

2912/17.12.71 श्री चन्द्रपाल सिंह आजाद अम्बेडकर छात्रावास, वीपीओ—मँझोला, मुरादाबाद

2913/21.12.71 श्री डॉ. जीवनराम कापले, गवर्नर डिग्री कॉलेज, वीपीओ—महूं, इन्दौर

2914/21.12.71 1. सोने लाल मास्टर, 2. श्री रामअवतार, 3. श्री रामसेवक, (विक्रमजीत सिंह सनातन धर्म कॉलेज), गाँव—इटैली, पोस्ट—मकरन्दपुर, कानपुर

2915/21.12.71 श्री रामेश्वर दयाल, गाँव—गुन्दैला, पोस्ट—ककवन, कानपुर

2916/21.12.71 श्री बनवारी लाल, बदायूँ, इलाहाबाद

2917/23.12.71 श्री अजीमुल्ला खाँ संस्कृताचार्य, जनता अम्बेडकर माध्यमिक विद्यालय, हरदा, 15/- पेशगी भेजें, *भगवान गौतमबुद्ध व उनका धर्म*, 0.20

2918/24.12.71 श्री त्रिमोहन कुमार, मेरठ, 80/- कुछ भेजें, (20-अ से 23-अ), 0.20

2919/24.12.71 श्री जैसराम, बस्ती, 8-अ, 9-अ रिया. 0.20

2920/24.12.71 श्री बलराम तार बाबू, इलाहाबाद, 50/- वैध रखें, मैं 15 दिन पे आऊँगा।

2921/24.12.71 श्री सन्तूरा मकुरीन, राय बरेली, 13-अ। रिया. 0.20

2922/24.12.71 श्री बाबूलाल बौद्ध, एटा, 36-क, 0.20

2923/24.12.71 श्री चेतराम बौद्ध, मेरठ, 4-ख, 5-अ, रिया. 0.20

2924/24.12.71 श्री हीरालाल सिसोदिया, उज्जैन, रिया. 0.20

2925/24.12.71 श्री राम करण चौधरी, वाराणसी

2926/24.12.71 श्री संत कुमार, गाँव—नौनिकुर, पोस्ट—मुहम्मदाबाद, इटावा, 5/- पेशगी भेजें।

2927/24.12.71 श्री महेंद्र कुमार बाठिया पर्वाहकर्ता, पन्ना लाल जी, बाठिया, बाठिया बिल्डिंग, जौहरी बाजार, जयपुर, 'अग्नि परिक्षा', 0.20

2928/24.12.71 श्री लखन लाल, इलाहाबाद, कुछ भेजें।

2929/24.12.71 श्री राम लाल कुरील, गाँव—दौरापुर, पोस्ट—घबुड़ी खेड़ा, उन्नाव, पते भेजें।

2920//24.12.71 श्री चन्द्रकान्त अहिरवार सिग्नल इंस्पेक्टर 'दीक्षित भवन', धौली प्याऊ (नारायणापुरी) चुंगी चौकी के पास, मथुरा, पोस्ट—झींझक, रजि. नं. 169/24.12.71, 15-ब, रवाना है। 0.40

2921/24.12.71 श्री बाबूलाल कुरील नगला अंडार, वीपीओ—धनुहीखेड़ा, उन्नाव

2922/24.12.71 श्री चिकित्सक अऐजुनलाल, सवाई माधोपुर

2923/25.12.71 श्री माओराम जौहर, हरदोई, एसएच-रिया.

2924/25.12.71 श्री खुर्रम राम, हरदोई, भी-क, रिया.

2935/25.12.71 श्री रघुनन्दन विद्यार्थी, एटा, बीएच-17, 27, बीएच-आर

2936/25.12.71 श्री रेवती प्रसाद बौद्ध, एआ

2937/25.12.71 श्री मीलान सिंह कल्याणी, जालौन, 10/- जमा, बी.एच-35-क, रिया. 15/- भेजें।

2938/25.12.71 श्री शिवदास विश्वकर्मा, वीपीओ—बछरावाँ, रायबरेली, कॉप...

2939/25.12.71 श्री कन्हैयाला शाहजहाँपुर, 80-बीएच, रिया.

2940/25.12.71 श्री हीरालाल प्लीज, डी-15/3, दीवानी, आन्ध्र प्रदेश, 29-ख

2941/25.12.71 श्री परम पूज्य ॐ चन्द्रमणि महास्थविर, बाफी बिहार, गाँव—कुशी नगर, पोस्ट—कसिया, देवरिया, पोस्ट—झींझक, रजि. नं. 182/27.12.71, फोटों भेजें। जवाब के लिए 1.40, 1.40

2942/25.12.71 श्री परम पूज्य भदन्त आनन्द कौसल्यायन, नागपुर, फोटू भेजें। 0.10

2943/27.12.71 श्री रामकरण चौधरी सहायक इस्टेब्लिशमेंट डी.ओ. भारतीय जीवन बीमा निगम, भेलपुर, वाराणसी, पोस्ट—झींझक, रजि. नं. 197/28.12.71, 16-ब, रवाना है। 1.40

2944/27.12.71 श्री लखनराय तूफानी, बदायूँ, 20-ख, रिया.

2945/27.12.71 श्री रामलोटन आदित्य, फैजाबाद, बीएच-21,22,23,27

2946/27.12.71 श्री घमंडी लाल, फर्रुखाबाद, बीएच-33-क

2947/28.12.71 श्री सीताराम/सियाराम कक्षा 11 ख, गांधी इंटर कॉलेज, गाँव—कूबा, पोस्ट—दरियापुर ने बाप आजमगढ़, 1 संघर्ष 3/- + 1 भविल .75/- + लाहौर .75 + 1 राज. .75 + लोक 1.25/- + 1 शम्बूक 1.25/- = 7.75 + 2.75 = 5/- + 1.75 पो. = 6.75

2948/28.12.71 श्री मानसिंह, हरदोई, 32-करनी. है।

2949/29.12.71 श्री देवदत्त सिद्धार्थ छात्रावास, एफ/41, शान्ति नगर, कानपुर, 6-अ, रिया.

2950/29.12.71 श्री मोहन लाल लपकड़िया, पीलीभीत, डॉ. 17,18 रिया.

2951/29.12.71 श्री मूलचन्द भारतीय, बरेली, डॉ. 14, 15, रिया.

2952/30.12.71 श्री राधेश्याम पास्टर, जौनपुर, सूची पत्र बीजक नं. 144/30.12.71

2953/30.12.71 श्री तुलाराम बौद्ध बुक सेलर, ब्लॉक नं. 76, के सामने लेबर कॉलोनी, नवाबगंज, पुराना कानपुर, कानपुर, किताबें श्रीमान प्रताप सिंह यादव, एम.ए. 84/146, श्रीकृष्णा ज्ञान मन्दिर कारवालो नगर, कानपुर-3 से प्राप्त कर लें।

2954/30.12.71 श्री रघुबर दयाल जसवार, 14/5, ग्वालटोली, सिविल लाइन, कानपुर, किताबें श्रीमान प्रताप सिंह यादव, एम.ए. 84/146, श्रीकृष्णा ज्ञान मन्दिर कारवालो नगर, कानपुर-3 से प्राप्त कर लें।

2955/30.12.71 श्री रामेन्द्र प्रसाद, 4/6, अजीतगंज नगर, महापालिका कॉलोनी, पोस्ट—किदवई नगर, कानपुर, किताबें श्रीमान प्रताप सिंह यादव एम.ए., 84/146, श्री कृष्णा ज्ञान मन्दिर कारवालो नगर, कानपुर-3 से प्राप्त कर लें।

2956/30.12.71 श्री प्रताप सिंह यादव, एम.ए., कानपुर, डिस्पेच नं. 2953, 2954, 2955 को थोक में 35 प्रतिशत कमीशन पर किताबें दे देवें।

साल समाप्ति पर सभी ग्राहकों और पाठकों को धन्यवाद। सब सुखी एवं स्वस्थ रहें। सबको धन्यवाद। सबका—पेरियार ललई सिंह। डिस्पैच रजिस्टर (जावक रजिस्टर), दिनांक : 1.1.72 से दिनांक...तक। अशोक पुस्तकालय (रजि.), वीपीओ—झींझक, जिला—कानपुर, उ.प्र.।

1/1.1.72 श्री परगन सिंह बौद्ध, गाँव—बाकराबाद, पोस्ट—बमरौली, इलाहाबाद, 10-अ, रिया.

2/1.1.72 श्री डॉ. रामजियावान 'धीर', स्वास्थ्य सेवा निकेतन, औद्योगिक श्रमिक बस्ती वाले, ब्लॉक नं. 45 के सामने, वीपीओ—नैनी, इलाहाबाद, 30-अ, रिया.

3/1.1.72 श्री बाबूलाल कुरील, 155-च/27 पर्वाहकर्ता श्री सरदार बलवन्त सिंह, रामनगर, लखनऊ, 36-अ, 39-अ, 40-अ, रिया.

4/1.1.72 श्री रामकरण चौधरी, सहायक इस्टेब्लिशमेंट डी.ओ., भारतीय जीवन बीमा निगम, कलेक्ट्रेट, प्रतापगढ़, 38-अ, रिया.

5/1.1.72 श्री रामस्वरूप भारती, एडवोकेट कलेक्ट्रेट, प्रतापगढ़, 38-अ, रिया.

6/1.1.72 श्री हरिनाथ यादव मुहर्रिर पर्वाहकर्ता, श्री सरजू प्रसाद 'सरोज', एडवोकेट कलेक्ट्रेट, प्रतापगढ़, एसएच-3, रिया.

7/1.1.72 श्री दौलतराम जयसवाई, एडवोकेट कलेक्ट्रेट, प्रतापगढ़, 26-घ, रिया.

| | |
|---|---|
| 8/1.1.72 | श्री मानसिंह बौद्ध अम्बेडकर भवन, रानी झाँसी रोड, नई दिल्ली, नववर्ष की बधाई |
| 9/1.1.72 | श्री रामसुन्दर, गाँव—सवरुआ, पोस्ट—मियाँपुर, इलाहाबाद, 12-अ |
| 10/1.1.72 | श्री राजाराम पितानपूर्वा, गाँव—कबलेपुर, पोस्ट—मकरन्दपुर, कानपुर, 3-अ, रिया. |
| 11/1.1.72 | श्री रंगीलाल संखवार, अध्यक्ष डॉक्टर अम्बेडकर युवक मंडल, वीपीओ—गहलौ, कानपुर, 125-रिया. |
| 12/1.1.72 | श्री रामबाबू दोहरे, 105/516, आनन्द बाग, कानपुर, 7.2.71, रिया. |
| 13/1.1.72 | श्री बनवारी लाल रिपब्लिकन लीडर, वीपीओ—नगीना, बिजनौर, 30.6.71, 33-क, रिया. |
| 14/1.1.72 | श्री एम.एल. गौतम, मेन चौराहा, वीपीओ—खटीमा, नैनीताल, 15.4.71, कुछ भेजें। |
| 15/1.1.72 | श्री एन.डी. सोनवाने, 32/629, बी.पी.टी., न्यू कॉलोनी, नाडकरनी पार्क-वाडाला, बम्बई-31, डी.डी., कुछ भेजें। |
| 16/1.1.72 | श्री देव शर्मा 'मुनि', बोतियागंज नं. 2, (गोलदार यही) बेतिया, चम्पारन, बिहार, 2.8.69, स.रा. (सच्ची रामायण) के द्वितीय एडीशन का दाम 2.50/- है। |
| 17/1.1.72 | श्री मंगल सिंह वर्मा, शहर-छतरपुर, छतरपुर, 22.7.69, स.रा. दाम 2.50/- है। |
| 18/1.1.72 | श्री लल्लू सिंह मैकेनिक पर्वाहकर्ता, ई.एल.एस. ऑफिस, डी.टी.ओ., जयपुर, राजस्थान, 20.7.69, स.रा. दाम 2.50/- है। |
| 19/1.1.72 | श्री त्यागी जी, मैनेजर 'चिनगारी प्रकाशन', सिविल लाइंस, बिजनौर, 15.7.69, उत्तर प्रदेश, स.रा. दाम 2.50/- है। |
| 20/1.1.72 | श्री मैनेजर साहब, सुषमा प्रेस, सतना, मध्य प्रदेश, फोन नं. 399, 15.7.69, स.रा. दाम 2.50/- है। |
| 21/1.1.72 | श्री गोस्वामी पुरुषोत्तम लाल वैद्य, सर्राफा बाजार, जबलपुर-2, मध्य प्रदेश, 3.7.69, स.रा. दाम 2.50/- है। |
| 22/1.1.72 | श्री पंडित बल्देव कृष्णा पर्वाहकर्ता, पंजाब नेशनल बैंक लिमि., लोन डिपार्टमेंट, हेड ऑफिस, पार्लियामेंट स्ट्रीट, नई दिल्ली-110001, स.रा. दाम 2.50/- है। |
| 23/1.1.72 | श्री मैनेजर साहब, विजयगढ़ निर्माण सामग्री भंडार, गुडारवाडा, मध्य प्रदेश, 1.7.69, स.रा. दाम 2.50/- है। |

| | |
|---|---|
| 24/1.1.72 | श्री महेश प्रसाद गुप्ता, एडवोकेट, गोल-बाजार, बिलासपुर, मध्य प्रदेश, 27.6.69, स.रा. दाम 2.50/- है। |
| 25/1.1.72 | श्री मंगल सिंह, वीपीओ—कंचन, मैनपुरी, 26.6.69, स.रा. दाम 2.50/- है। |
| 26/1.1.72 | श्री मनोहरलाल शर्मा पर्वाहकर्ता, प्रेम प्रकाश वैश्य, एफपीएस-चान्दपुर, बिजनौर, 25.6.69, स.रा. दाम 2.50/- है। |
| 27/1.1.72 | श्री सिद्ध गोपाल पर्वाहकर्ता, भारतीय होटल, वीपीओ—उझानी, बदायूँ, 21.6.69, स.रा. दाम 2.50/- है। |
| 28/1.1.72 | श्री छोटे लाल कपूर गली दयारारम, नेहरू रोड, फर्रुखाबाद, 15.6.69, स.रा. दाम 2.50/- है। |
| 29/1.1.72 | श्री मानचन्द हुकमचन्द, पब्लिशर एंड बुक सेलर, रेलवे रोड, रोहतक, हरियाणा, 15.6.69 स.रा. दाम 2.50/- है। |
| 30/1.1.72 | श्री बंसीलाल गुलशन, जनता इलेक्ट्रिक वर्क्स, नेहरू मार्केट, टोहाना, हिसार, हरियाणा, 17.6.69, स.रा. दाम 2.50/- है। |
| 31/1.1.72 | श्री बाबूराम यादव, गाँव—लखईपुर, पोस्ट—ऐवली, वाराणसी, बीएच-10-ख, रिया. |
| 32/1.1.72 | श्री रामआधार यादव सभापति, गाँव—महुरा, पोस्ट—डबरिया, वाराणसी, बीएच-11-ख, रिया. |
| 33/1.1.72 | श्री राम किशन यादव सभापति, गाँव—करजा, पोस्ट—ऐवली, वाराणसी, बीएच-12-ख |
| 34/1.1.72 | श्री राम किशन यादव, प्रिंसिपल, गाँव—मेड़हान, पोस्ट—ऐवली, बीएच-13-ख |
| 35/1.1.72 | श्री एम.के. विक्रम, वेस्ट एन.एन.एस.ओ., टेकिंग सेल नवल स्टोर डिपार्टमेंट, घाटकोपर, वेस्ट बंबई-40, 2969/29.7.71, कॉपी मँगावें। (एक्स) |
| 36/1.1.72 | श्री रामनारायण गुप्ता, रिटायर्ड एक्साइज इंस्पेक्टर 20 सेठ राम नारायणसंनर, वीपीओ—मुरार, ग्वालियर, 10.6.71 *सच्ची रामायण* आदि के लिए 5/- पेशगी भेजें। |
| 37/1.1.72 | श्री बलराम तारबाबू, नॉर्दर्न रेलवे का तार घर, रेलवे स्टेशन के ऊपर छत पर, इलाहाबाद, 13 जनवरी को बनारस में चलूँगा। (एक्स) |
| 38/3.1.72 | श्री रामहर्ष गोंड, जनरल इंश्यूरेंस सोसाइटी लिमि., 232, डॉ. दादा भाई नौरोजी रोड, पोस्ट बोक्स नं. 616, फोर्ट बंबई, पोस्ट—झींझक, रजि. नं. 53/3.1.72, 17-ब रवाना है। |

39/4.1.72 श्री अलगूसिंह, गाँव—निनताली, पोस्ट—तेंदु राबर्टसगंज, बिर्जापुर, घा.-ङ .75/-, रा.ङ .75/-, लोक. 1.25/-, *लंका* 1.25/-, *नाग.* .25/-, *लाहौर* .75/-, *अंगुलि.* 1/-, *स.रा. (सच्ची रामायण)* 2.50/-, *स.रा.चा. (चाभी)* 2.50/-, *धर्म परिवर्तन* 2.50/- = योग कापी. = 12.11, 13.50, 1.40

40/5.1.72 श्री जी.सी. कोमलवार सिपाही नं. 1203365, गाँव—सादराम दुरासी कलाँ., पोस्ट—धोबीसर्रा, पी.एस. करई, सिवनी, कविता छापने की फुरसत नहीं है। 165735

11.1.72 1. रीजवाइंडर बिल अनेक्स्चर 412/70, मिलेनियस = एक नकल, 2. 2972/71 रिट पैसरि, दिनांक : 19.12.71, दो नकालें, 3. 183/71, लीव—अपील, (412/70) (दायरा 28.5.71) मुन्फसला, 25.8.71 = एक नकल

12.1.72 3 = 3/71 लीव टू अपील, (3221/70 क्रि.मि.) (दायरा 25.10.71) मुन्फसला 5.11.71 = एक नकल, 1/72 कंटैम कोर्ट (412/70 क्रि.मि.)

41/8.1.72 श्री मुंशीलाल निर्मल पर्वाहकर्ता, साकलदास 'रविदास मन्दिर', गाँव—हरवंशपुर, पोस्ट—कठेरेआ, पोस्ट—कचहरी, इलाहाबाद, रजि. नं. 129/8.1.72, डॉ. 19-ब, 20-ब, रवाना है।

42/9.1.72 श्री मोतीलाल दीपक, 105/426, प्लॉट नं. 1, कोरियाना, चमनगंज, कानपुर, रिया. 6-ब

43/9.1.72 श्री बुद्धिसागर लिपिक हैड पोस्ट उरई, जालौन, 30/- दिए धन्यवाद कॉपी के।

44/9.1.72 श्री गया प्रसाद, एम.एस.सी., नोनापुर, पुखराया, कानपुर, कुछ मदद करें।

45/9.1.72 श्री धनपत सिंह यादव, क्वा.नं. 2-बी, फत्तेहपुर, रोड नं. 5, वीपीओ—चितरंजन, बक्षात, बंगाल, कुछ मदद करें।

46/10.1.72 श्री मौजीलाल व रामप्रसाद, गाँव—ढकपूर्वा, पोस्ट—जोत, कानपुर, 16-अ, रिया.

47/10.1.72 श्री छेदी लाल बौद्ध, गाँव—गौरा, पोस्ट—नवादा, तहसील—चापल, इलाहाबाद, कुछ भेजें।

48/13.1.72 श्री बैजनाथ पुष्प, बी.एल.डब्ल्यू. कोठी, (सिनेमा के बगल में), नियर पंप हाउस नं. 2, जिला—वाराणसी, कुछ भेजें।

49/13.1.72 श्री ओम प्रकाश गुप्ता, अधारा आरपी-गाँव—बेलखरा, पोस्ट—अहरैरा, मिर्जापुर

50/14.1.72 श्री कलेक्टर एवं डिस्ट्रिक्ट—मजि., इलाहाबाद, पोस्ट—कचहरी इलाहाबाद, रजि नं. 1043/14.1.72

51/14.1.72 श्री जिला सोशल एंड हरिजन वेलफेयर आफिसर (नियर प्रयाग रेलवे स्टेशन), इलाहाबाद, एल-1040/14.1.72

52/14.1.72 श्री चीफ सेक्रेटरी साहब, उत्तर प्रदेश, लखनऊ, एल-1041/14.1.72

53/15.1.72 श्री होरी लाल सुमन, गाँव—बैंतखेड़ा, पोस्ट—जमुनाब्रिज, आगरा, पोस्ट—झींझक, रजि नं. 181/15.1.72, 27 -ब रवाना है।

54/15.1.72 श्री दौलतराम, गाँव—प्योर जामवाद कोलियारी, पोस्ट—बहूला, वर्धमान, बंगल, संघर्ष

55/15.1.72 श्री नागोदास मैनी सरदार, गाँव—खेरा कोलयड़ी, (कनुयाद्रीह), पोस्ट—कुसुंडा, धनबाद, बिहार

56/15.1.72 श्री रामबाबू पुष्कर, डॉ. बी.आर. अम्बेडकर विद्यालय, गाँव—नगरीया बुजुर्ग, पोस्ट—अहेरीपुर, इटावा, 26 जनवरी को नहीं आ पाऊँगा।

57/15.1.72 श्री गया प्रसाद, एम.एल.ई, गाँव—नोनापुर, पोस्ट—पुखरायाँ, कानपुर, 28.2.72 को मुफसे सिकन्दरा में मिलें।

58/15.1.72 श्री रतनचन्द जैन, वीपीओ—भिंड, एमबीएच, माया 1/-,घ.ड. + रा.ड. 1.50/-, *धम्म* 2/-, *वर्ण* 5/-, *पो.* 2.50/-, *स.रामा* 2.50/-, *चाभी* 2.50/-, *सप्त भाषण* = 16.50/- (कमीशन बराबर पोसेज है)

59/15.1.72 डॉ. रमाशंकर, गाँव—अहमदपुर, पोस्ट—लोहता, वाराणसी, श्री यमुना प्रसाद वर्मा से कहे वी.पी. छुड़ा लें।

60/15.1.72 श्री यमुना प्रसाद वर्मा, वर्मा मेडिकल हॉल, गाँव—बलराम पुर, पोस्ट—लोहता, वाराणसी, वी.पी. छुड़ा लें। भूल 10/- पेशगी वाले अगले ऑर्डर में मुजरा देखें। 5.50/- + 50/- = 15.50/- मुजरा दिए जावेंगे।

61/15.1.72 श्री रामकरण चौधरी, सहायक स्टेब्लिशमेंट, जीवन बीमा निगम, भेलूपुर, वाराणसी, नकल बीजक नं. 3/12.1.72

62/15.1.72 श्री मानसिंह यादव, नई बस्ती, पोस्ट—अनंगपुर, हरदोई, नकल बीजक नं. 4/12.1.72

63/15.1.72 श्री चन्द्रपाल आजाद, डॉ. अम्बेडकर छात्रावास, वीपीओ—अकोला, मुरादाबाद, नकल बीजक नं. 4/12.1.72।

| | |
|---|---|
| 64/15.1.72 | श्री ओम प्रकाश गुप्ता, अध्यक्ष आर.पी.आई, गाँव—बेलखरा, पोस्ट—अहरौरा, मिर्जापुर, 5/- जमा है। लिखें कौन-कौन किताबें भेजें। कोई नहीं मिला। |
| 65/17.1.72 | श्री चतुरी लाल आत्मज श्री छत्री हे ला, नगला-होती गड़वा, गाँव—पूरा, पोस्ट—उत्री पुरा, कानपुर, 5.2.72 के वी.पी. भेजी जावेगी। |
| 66/17.1.72 | श्री एम.के. बिक्र, एन.एस.सी., कोचीन, पर्वाहकर्ता, ऐरोड्रम ऑफिसर मनौरी |
| 67/17.1.72 | श्री मोहन सिंह शाक्य, एक्स-एम.एल.ए., वीपीओ—राजा का रामपुर, एटा, कॉपी मँगावें। |
| 68/17.1.72 | श्री प्रताप सिंह, 49-ब, टंडन छात्रावास इंजीनियरिंग कॉलेज, इलाहाबाद-4, अब और कुछ भेजें। 25/- ता. 15.7.71 धन्यवाद। |
| 69/17.1.72 | श्री पी.एल. राज अधीक्षक शासकीय माध्यमिक पाठशाला, गाँव—धरमपुरा, हृदय नगर, हेड पोस्ट ऑफिस-मिहोरा, जबलपुर, रियां. 17-ङ |
| 70/17.1.72 | श्री नर्मदा प्रसाद, नर्मदा हाउस, लकड़गंज, जबलपुर, रियाँ 17-ङ |
| 71/17.1.72 | श्री होती लाल निम डी.सी.-12/चौथी, मंजिल, ए.जी.सी.आर, ऑफिस, नई दिल्ली, 20/- जमा। 5/- |
| 72/17.1.72 | श्री त्रिमोहन कुमार पर्वाहकर्ता, होती लाल, नियर डी.सी.-12, चौथी मंजिल, ए.जी.सी.आर. ऑफिस, नई दिल्ली, कुछ भेजें। |
| 73/17.1.72 | श्री सोहरा सिंह, गाँव—रतन पट्टी, पोस्ट—गोशलडीह, वाया—विक्रमगंज, शाहबाद, बिहार, कॉपी मँगावें। अर्जेंट मँगावें। |
| 75/17.1.72 | श्री कृष्णा लाल केन, 21 कॉजीमल, वीपीओ—गाजियाबाद, मेरठ, ठीक है। 291/71 क्रिमिनल अपील की नकल ले लें। सूचना दें। |
| 76/18.1.72 | श्री बेचूराम मिलर चार्जमैन क्वां. नं. जे/3, लेबर कॉलोनी, वीपीओ—चुर्क, मिर्जापुर, कुछ भेजें। |
| 77/18.1.72 | श्री मूलचन्द भारतीय भीमनगर, जाटवपुरा, बरेली, कुछ भेजें। |
| 78/18.1.72 | श्री मोहन लाल, पकड़िया, 570, पीलीभीत, कुछ भेजें। |
| 79/18.1.72 | श्री बद्री प्रसाद यादव, प्राइवेट अस्पताल, शेखपुरा, कचहरी रोड, जौनपुर, कुछ भेजें। |

80/18.1.72 श्री इन्द्रपाल गौतम, 85/131, लक्ष्मी पूर्वा, कानपुर-3, कुछ भेजें।

81/18.1.72 श्री पुरुषोत्तम जी, गाँव—साहपुर, पोस्ट—झींझक, कानपुर, कुछ भेजें।

82/18.1.72 श्री बनवारी लाल जाटव, रिपब्लिकन लीडर, वीपीओ—नगीना, बिजनौर, कुछ भेजें।

83/18.1.72 श्री सकंटे लाल रिपब्लिकन लीडर, गाँव—जिजपुरा, पोस्ट—रायपुर, वाया—कायमगंज, फर्रुखाबाद, कुछ भेजें।

84/18.1.72 श्री बाबू लाल बौद्ध, गाँव—लाल बादराखुर्द, पोस्ट—मारेहरा, एटा, कुछ भेजें।

85/18.1.72 श्री आशाराम रवि, गाँव—पिवारी, पोस्ट—मारदेश, एटा, कुछ भेजें।

86/18.1.72 श्री ढेचरी बाबा, गाँव—ललई, पोस्ट—शिवनगर, फर्रुखाबाद, कुछ भेजें।

87//18.1.72 श्री मन्नीलाल विशारद, गाँव—लोही, पोस्ट—खंदेवरा, इलाहाबाद, कुछ भेजें।

88/18.1.72 श्री बेचूराम कुरील, गाँव—दौदापुर, पोस्ट—धनुहीखेड़ा, उन्नाव, कुछ भेजें।

89/18.1.72 श्री परदेसीराम सोनकर, प्रधान अध्यापक, प्राथमिक पाठशाला, गाँव—कनक सराय, पोस्ट—कछवा, मिर्जापुर, कुछ भेजें।

90/18.1.72 श्री टी.एम. कुमार, बशरद नं. 73, नकल किया है।

91/20.1.72 श्री बाबू लाल कुरील, वीपीओ—धवुदीखेड़ा, उन्नाव, कुछ भेजें।

92/20.1.72 श्री गनपत लाल, रिपब्लिकन लीडर, पटवन गली, वीपीओ—कायमगंज, फर्रुखाबाद, कुछ भेजें।

93/20.1.72 श्री पुरुषोत्तम लाल अम्बेदी, 8/218, आर्य नगर, (सार्वनगर धर्मशाला, श्री जगभान सिंह वकील का पता, कानपुर-2, 36-ग, आर

94/20.1.72 श्री सुखबासील ठेकेदार पर्वाहकर्ता, श्री राम सिंह, गाँव—पृथ्वीपुर, पोस्ट—बेला, इटावा, 38-ग

95/20.1.72 श्री प्रेम रतन सिंह फौलादी, गाँव—लालपुर, पोस्ट—महेवा मन्दिर, इटावा, 39-ग

96/20.1.72 श्री...जो कानपुर में चुनाव दफ्तर में नौकर थे, वीपीओ—सरबाहर, कानपुर, 4-घ

97/20.1.72 श्री गयाराम ओवरसियर, अस्थायी, खंड विकास सार्वजनिक निर्माण विभाग, उन्नाव, 1-ब, आर.

| | |
|---|---|
| 98/20.1.72 | श्री शिवनाथ दास, वीपीओ—सुकृत, मिर्जापुर, 2-ब |
| 99/20.1.72 | श्री डाल सिंह बौद्ध, गाँव—निजामाबाद, पोस्ट—छात्र, मैनपुर, 3-ब |
| 100/20.1.72 | श्री लखनदीप एडवोकेट, उन्नाव, 5-ब |
| 101/20.1.72 | श्री भीम प्रकाश, वीपीओ—अमिरसा, इलाहाबाद, 8-ब, आर. |
| 102/20.1.72 | श्री जानकी प्रसाद, कानपुर, 9-ब |
| 103/20.1.72 | श्री छक्कन राम, कानपुर, 10-ब, आर. |
| 105/21.1.72 | श्री लखनराम तूफानी, वीपीओ—बरहमपुर, कानपुर, डी-20-ख, 21-ख |
| 106/21.1.72 | श्री सुरेश चन्द, बी.एस.सी., डी.एम.एस., 83, मुगल बाजार, नाटके लडांग, कानपुर-1, डी- 34-ख, आर. |
| 107/21.1.72 | श्री मेड़ेलाल टेलर मास्टर, गाँव—बहुपुर, पोस्ट—दुधवन, रायपुर, डी. 33-ख, आर. |
| 108/21.1.72 | श्री रमेश रखकुमार बौद्ध पर्वाहकर्ता, श्री मातादीन पानवाले, 42, गार्डेनरीच, कानपुर-4, डी. 38-ख, आर. |
| 109/21.1.72 | श्री राम प्रसाद मास्टर, दयालवाला, गाँव—रामसमापुर, पोस्ट—बेसेर, कानपुर, डी. 40-ख, आर. |
| 110/21.1.72 | श्री ठिपल देव बौद्ध नेशनल जूट कारखाना, क्वा नं. 17/क्वा नं. 68, पोस्ट—बानीपुर, डी. 13-घ, आर. |
| 111/21.1.72 | श्री लक्ष्मी नारायण मार्केटिंग ऑफिसर रीजनल एगमार्क लेबोरेटरी, डी. 14-घ, आर. |
| 112/21.1.72 | श्री राजाराम संखवार, ए.एस.एम., आर.एस. एंड पोस्ट—कुकरा, डी. 21-घ, आर. |
| 113/21.1.72 | श्री अछेलाल बौद्ध, गाँव—भवनपुर, पोस्ट—हेरा, कानपुर |
| 114/21.1.72 | श्री केशव राम संखवार, गाँव—बहबलपुर, पोस्ट—लालपुर, कानपुर |
| 115/21.1.72 | श्री राम चरित्र बर्फ, गाँव—मुरारपुर, पोस्ट—अनेई, कानपुर |
| 116/21.1.72 | श्री परगन सिंह बौद्ध, गाँव—बाकराबाद, पोस्ट—बामरौली |
| 117/21.1.72 | श्री संत राम कुरील, गाँव—पाठक खेड़ा, पोस्ट—भोजपुर, राय बरेली |
| 118/22.1.72 | श्री गंगा सागर राम, 107/256, नेहरू नगर, कानपुर |
| 119/21.1.72 | श्री मोती लाल एरछी, 105/332, प्लॉट नं. 4, कोरियाना, चमनगंज, कानपुर-12 |
| 120/21.1.72 | श्री हेमराज कुरील-106/325, गांधी नगर, कानपुर |

121/22.1.72 श्री परसन लाल अम्बेडकर नगर, पोस्ट—नगनेछी, बाँदा

122/22.1.72 श्री रोशन लाल, मो. चुन्नी, वीपीओ—चन्दौसी, मुरादाबाद

123/22.1.72 श्री मुंशी लाल, एडवोकेट, एटा

124/22.1.72 श्री बृजपाल सिंह, एडवोकेट, अलीगढ़

125/22.1.72 श्री फेकनराम, मंत्री डॉ. अम्बेकर जीवन संहर्ष सर्वहारा किसान मजदूर-...कमेटी, एच.ई.सी. बोकारो स्टील प्रोजेक्ट कार्यालय, राँची, बिहार

126/22.1.72 श्री हीरादास बौद्ध, लाइन नं. 59/13, संगम जूट मिल हुगली

127/22.1.72 श्री डॉ. डी.आर. दास, एच.एम.डी.एस. साकेत सहयोगी चिकित्सालय, नृसिंह मन्दिर, रामगंज, वीपीओ—अयोध्या

128/22.1.72 श्री सुज्ञान राव महादजी, गाँव—हिस्बन खुर्द, पोस्ट—हिस्बन बुजुर्ग, हैड पोस्ट ऑफिस-जालना, औरंगाबाद

129/22.1.72 श्री डॉ. विजय बहादुर प्राइवेट अस्पताल इकदिल बाजार, पोस्ट—इकदिल, इटावा

130/22.1.72 श्री डॉ. कन्हैयालाल, पुन्नूलाल चौराहा, गाजीपुरा, चित्रकुटी, शाहजहाँपुर

131/22.1.72 श्री खुर्रमदास, एडवोकेट कलेक्ट्रेट, हरदोई

132/22.1.72 श्री माधोराम जौहर, रिपब्लिकन नेता सिविल लाइन, हरदोई

133/22.1.72 श्री परम पूज्य केन आनन्द देव, बुद्ध विहार, वीपीओ—कुकरगाँव, जालौन

134/22.1.72 श्री परम पूज्य शीलभद्र भंते, इटावा

135/22.1.72 श्री बनफूल सिंह सचान, एडवोकेट, 84/130 (2), कारवालो नगर, कानपुर

136/22.1.72 श्री गुलाब सिंह, वीपीओ—जैन, मथुरा

137/22.1.72 श्री बंशी लाल, ग्राम सेवक, हेडक्वाटर पैगम्बरपुर बकरी, पोस्ट—सेवरामऊ, फतेहपुर-6

138/22.1.72 श्री फूलचन्द कॉलोनी नं. 5, पोस्ट—चन्दिया हजारा, पीलीभीत

139/22.1.72 श्री देवीचरन, गाँव—डुडौली, पोस्ट—बिजहरा, कानपुर

140/22.1.72 श्री बदलू प्रसाद, गाँव—ईसापुर, पोस्ट—भीमपाटी, उन्नाव

141/22.1.72 श्री चौधरी शम्भू दयाल, एडवोकेट दक्षिण जहानाबाद, राय बरेली

142/22.1.72 श्री ठाकुर प्रसाद वर्मा, गाँव—सैदापुर, पोस्ट—महो बाजार, गोंडा

143/22.1.72 श्री विद्याशंकर, एडवोकेट, रायबरेली

144/22.1.72 श्री चन्द्रपाल शैलानी, औरंगाबाद, वीपीओ—सिकन्दरामऊ, अलीगढ़

145/22.1.72 श्री रामाश्चर्य यादव, गाँव—देव रामपुर, पोस्ट—घनश्याम पुर, जौनपुर

146/22.1.72 श्री रामचरन, 133/626, सुक्खाहुर्क, पोस्ट—किदवई नगर, कानपुर

147/22.1.72 श्री दिनेश कुमार, 37/3, लेबर कॉलोनी, साइड नं. 1, पोस्ट—किदवई नगर, कानपुर

148/22.1.72 श्री राम प्रसाद प्रजापति, 1/236, नवाबगंज, कानपुर

149/22.1.72 श्री राधेश्याम मास्टर, गाँव—चक्के, पोस्ट—कुटीर, चक्के, जौनपुर, उत्तर प्रदेश

150/22.1.72 श्री ध्रुवराम मुरलीधर पर्वाहकर्ता, डॉ. अम्बेडकर, हमीरपुर

151/22.1.72 श्री एस.बी. बौद्ध, गाँव—उदोतका, पूर्वा (भीमग्राम), पोस्ट—बिरहूनी, इटावा पोस्ट—झींझक, रजि. नं. 88/24.1.72

153/24.1.72 श्री पन्ना लाल कश्यप, गाँव—महुवरिया, पोस्ट—मुजेहरा, मिर्जापुर, 4 रा. + 2. चा. + 6 धर्म = 30/-, 7 = 23, 22/- + = 25

154/24.1.72 श्री लालता प्रसाद, वीपीओ—देवलापार, तहसील—रामटेक, नागपुर, कुशल पत्र, वाई.सी.पी.

155/24.1.72 श्री त्रिमोहन कुमार पर्वाहकर्ता, श्री सुमेर सिंह (मालिक मकान), 97, श्याम पार्क, गाँव—साहिबाबाद, पोस्ट—मलिक नगर, मेरठ, चै. 1.2.72 की रात में आऊँगा।

156/24.1.72 श्री सलिक राम कुरील, इटावा 13/21.6.71, 25/- बकाया श्री हीरा लाल भिजवाए।

157/24.1.72 श्री सम्पत्तिदास, हरिजन समाज समिति, चीना कुड़ी, पोस्ट—सुन्दरचक, वर्दवान, 5/- पेशगी भेजें। 1. *रा.* 1.25/-, एक 1.50/-, *आदि* 5 6.25/-, *नाग* 2/-, *अंगु.* 1/-, *खोज* 2.50/-, मा. 1/-, *रामो.* 2.50/-, *चाभी* 2.50/- *धर्म परिवर्तन* 2.50/- = 27/-, 6.25 जमा.। 21.25 बकाया।

158/24.1.72 श्री भजनलाल सरोज, कार्यालय होमगार्ड, कम्पनी 'रनर', वीपीओ—चरखाटी, हमीरपुर, 5/- पेशगी भेजें। 1. पोल प्रकाश 10/- + *सच्ची रामायण* 5/- + *सच्ची रामायण की चाभी* 6/- + *धर्म की पर्व* 2/-

159/29.1.72 श्री मोहन दास, स्थान देवतापुर का पूर्वा, गाँव—देवतापुर ब्रांच, पोस्ट—साड़ा, हेड पोस्ट ऑफिस—बिसवाँ, सीतापुर, बीजक नं. 6/29.1.72 की नकल है।

160/29.1.72 श्री असरानन्द, गाँव—हीरापुर, पोस्ट—ईसवारा, सीतापुर, पोस्ट—झींझक, रजि. नं. 119/29.1.72, बुक नं. 30-ब, रवाना है।

161/1.2.72 श्री कलेक्टर एवं डिस्ट्रिक्ट—मजि., कानपुर, 200 ग्राम/पो.ऑ. झींझक रजि नं. 153/1.2.72, दो पुस्तकें, धर्म-परिवर्तन सम्बन्धित फार्म रवाना है।

162/1.2.72 श्री असिरवादी नामी, डमरा का पूर्वा, गाँव—लखरा बेहड़, पोस्ट—दुगाना, सीतापुर, *सच्ची रामायण* 2.50/-, *शम्बूक* 1.25/-, *अछूतानन्द लिखित गाना* .60/-, *शोषितों पर धार्मिक डकैती* .75/-

163/1.2.72 श्री असरानन्द, गाँव—हीरापुर, पोस्ट—ईसरवारा, सीतापुर

164/1.2.72 श्री बाबूलाल कुरील पर्वाहकर्ता, श्री सरदार बलवन्त सिंह, 555-च/27, रामनगर, लखनऊ, 36-अ, 39-अ, 40-अ

165/1.2.72 श्री सियाराम, एम.एल.ए., वीपीओ—अमौपुर, एटा, 33-अ

166/1.2.72 श्री हलीमुद्दीन राहत मौलाई, एम.एल.ए., डहरिया, मुरादाबाद

167/1.2.72 श्री गुमानी लाल संखवार, वीपीओ—भंदेमऊ, हेड पोस्ट ऑफिस-झींझक, कानपुर, पोस्ट—झींझक, रजि. नं. 152/1.2.72, डी. 31-क

168/1.2.72 श्री रामलाल संखवार, सिग्नल इंस्पेक्टर, रेलवे ऑफिस, वीपीओ—शंकरगढ़, पोस्ट—झींझक रजि. नं. 151/1.2.72, 33-ब

169/1.2.72 श्री चन्द्रपाल सिंह, आजाद अम्बेडकर छात्रावास, वीपीओ—मझोला, मुरादाबाद, 5/- मिलने पर वी.पी. भेजेंगे।

170/1.2.72 श्री पेरियर, पोस्ट—झींझक, कानपुर, रजि. नं. 902/1.2.72, 10/- रवाना है। किताबें 'दी रामायना : ए ट्रू रीडिंग' भेजें।

171/2.2.72 श्री चौधरी चुन्नी लाल, एडवोकेट, 19 बेलीगंज, इलाहाबाद, कुशल पत्र भेजें।

172/2.2.72 श्री राम आसरे बौद्ध, सी.एस.के., वीपीओ—मनौरी, इलाहाबाद, डी. 1 एंड 6 रिया. अनार.

173/2.2.72 श्री छोटेलाल, एम.पी., 221 सादियाबाद, इलाहाबाद, डी. 9 रिमा.

174/2.2.72 श्री बेचूराम मिलर चार्जमैन, क्वां. नं. जे/3, लेबर कॉलोनी, वीपीओ—चुर्क, मिर्जापुर, डी. 11,12 रिमा. अल.

175/2.2.72 श्री मूलचन्द लाखीम भीमताप, जाटवपुरा, बरेली, डी. 14,15 रिमा.

176/2.2.72 श्री बाबूराम यादव, डी/8/ई.एस.आई.सी. कानपुर कॉलोनी, सर्वोदय नगर, फैजाबाद की सभा में नहीं आ सकता। 11, 12.2.72 को।

| | |
|---|---|
| 177/3.2.72 | श्री मोहन लाल, पकड़िया, खीरी, डी. 17,18 आर. |
| 178/3.2.72 | श्री आशा राम रवि, गाँव—पिचारी, पोस्ट—मारहेरा, एटा, भी. 29, 30 एंड श्री 11,12 आर. |
| 179/3.2.72 | श्री रघुनन्दन प्रसाद विद्यार्थी, एटा, बीएच-10,27 |
| 180/3.2.72 | श्री कृष्णलाल केन, 211 काजीमल, वीपीओ—गाजियाबाद, मेरठ, 10 किताबें आपने श्री टी.एम. कुमार को नहीं दी, कुछ दी है लिखा। |
| 181/3.2.72 | श्री बलवन्त सिंह जी, 15 नौरोजी नगर, (डी.पी. सिंह जाटव) नई दिल्ली, वे अकाउंट, मानसिंह रोड, 284821 (पर्वाहकर्ता, एस.एल.) बसीन सप्लाई-10 |
| 182/3.2.72 | श्री बी.एल. मौर्या, नई दिल्ली, रविवार को सत्संग में मिलें। |
| 183/3.2.72 | श्री आर.डी. सोनकर, नई दिल्ली, रविवार को सत्संग में मिलें। |
| 184/3.2.72 | श्री एम.के. महेन्द्र पर्वाहकर्ता, श्री छिंगेलाल कटरा, कटरा टेलर्स, वीपीओ—तिवाड़ी, टीकमगढ़, 25/- किताबें मँगवाएँ। |
| 185/3.2.72 | श्री व्यवस्थापक डॉ. अम्बेडकर पुस्तकालय, डॉ. अम्बेडकर (माडेरी फाटक के बाहर) दनिक, 10/- को किताबें भेजें। |
| 186/3.2.72 | श्री मोती लाल सरछी, 105/332, कोरियाना चमनगंज, कानपुर, 32-ङ, रिया. |
| 187/3.2.72 | श्री द्वारिका प्रसाद, 84/12, सफेद कॉलोनी, जूही, कानपुर, आर. 11/12-ब, आर. |
| 188/3.2.72 | श्री सोनेलाल कासरे, गाँव—डटैली, पोस्ट—मकरन्दपुर, कानपुर, डी. 13-ब, आर. |
| 189/3.2.72 | श्री रामेश्वर दयाल पर्वाहकर्ता, श्याम लाल कुरील, गुनैला, पोस्ट—ककश, कानपुर, डी. 14-ब, आर. |
| 190/3.2.72 | श्री गयाराम बौद्ध, उन्नाव, डी. 1-ब, आर. |
| 191/3.2.72 | श्री शिव नवराम, मिर्जापुर, डी. 2-ब, आर. |
| 192/3.2.72 | श्री जलसिंह बौद्ध, मैनपुरी, डी. 3-ब, आर. |
| 193/4.2.72 | श्री भगवान दीन, एडवोकेट, उन्नाव, डी. 5-ब, आर. |
| 194/4.2.72 | श्री जानकी प्रसाद, कानपुर, डी. 6-ब, आर. |
| 195/4.2.72 | श्री चन्द्रभान महेश्वर, मथुरा, डी. 15-ब, आर. |
| 196/4.2.72 | श्री जाटव एस.वी. आर्या, हाई-डिल कॉलोनी, वीपीओ—कोवन, मिर्जापुर, 25/- की किताबें भेजें। |
| 197/4.2.72 | श्री शम्भू दयाल, 431, निशातगंज, लखनऊ, डी. 8-ग |
| 198/4.2.72 | श्री श्याम, बदायूँ, डी. 24-ग, धन्यवाद |

199/4.2.72 श्री एन.के. चुडा सभा, भावनगर, डी. 37-ख, धन्यवाद

200/4.2.72 श्री चिकित्सक अर्जुन लाल, सवाई माधोपुर, 23, आर.

201/4.2.72 श्री योगेन्द्र प्रसाद, वाराणसी, डी. 2, धन्यवाद

202/4.2.72 श्री चुन्नू लाल साहू, कानपुर, डी. 3, धन्यवाद

203/5.2.72 श्री माहार रामफल, श्री राज देशराम, कलकत्ता-1, डी. 34-ख, आर.

204/5.2.72 श्री लक्ष्मी नारायण पाफेरियस ऑफिस, राजकोट, डी. 14-घ, आर.

205/5.2.72 श्री रमेशचन्द्र मंडल, एम.ए., बी.सी. एडवोकेट, कलकत्ता-2, डी. 2-घ, 3-घ, आर.

206/5.2.72 श्री सेक्रे. वेस्ट बंगाल शिड्यूल्ड कास्ट फेडरेशन, हावड़ा, डी. 10-घ, 11-घ

207/5.2.72 श्री चन्द्रफल सिंह 'रवि', स.अ., गाँव—गजरौला पंचायत, मुरादाबाद, पोस्ट—गजरौला, पूना 4/- + केस 4/-, पोल 2.50 + राज. .75/-, माया 1/- + नाग 2/- + स. 2.50/- + चाभी 2.50/- + धर्म 2.50/- + स 21.75/- + ज. 4.75/-, बो 2.50/-

208/8.2.72 श्री एस.एन. सिंह, एल.एल.एम., एडवोकेट, मुदीप फोर्ट, जी, 46-47, लाजपत नगर, पार्ट-1, नई दिल्ली-110024, श्री टी.एम. कुमार को माननीय जस्टिस विलियम ब्रूम वाला जजमेंट दें।

209/8.2.72 श्री मन्नीलाल, क्लर्क इलेक्शन ऑफिस, गाँव—चैनपुर, पोस्ट—करवादार, कानपुर, श्री राजबहादुर, गाँव—लाहरपुर, पोस्ट—करवादार

210/8.2.72 श्री रामेश्वर दयाल सत्यार्थी, एम.ए. पार्ट-1, अध्यक्ष डॉ. अम्बेडकर विद्यार्थी सेंघ बद्रीविशाल डिग्री कॉलेज, फर्रुखाबाद, कुछ मदद करें।

211/8.2.72 श्री मोहन लाल कश्यप सेक्रेटरी डॉ. अम्बेडकर विद्यार्थी संघ, गाँव—राजन गाला, पोस्ट—फतेहगढ़, फर्रुखाबाद, कुछ मदद करें।

212/9.2.72 श्री डी.पी. यादव, डिप्टी मिनि. सोशल एंड एज्यू., 6, तुगलक रोड, नई दिल्ली, कुछ मदद करें।

213/9.2.72 श्री नवल किशोर, बी.ए., गाँव—रामगढ़, पोस्ट—हरचन्दपुर, इटावा, कॉपी मँगावें।

214/9.2.72 श्री संघप्रिय गौतम, एडवोकेट, बुलन्दशहर, कॉपी मँगावें।

215/9.2.72 श्री टी.एम. कुमार, मेरठ, पता दें, श्री शैलानी कहाँ है?
216/9.2.72 श्री रंगीलाल, कानपुर, डी. 12-ङ, 20/- पावें। धन्यवाद
217/9.2.72 श्री हँसीबर हैदर, रामपुर, कुछ मदद करें।
218/9.2.72 पर्वाहकर्ता, नौरंग ट्रडर्स, इलाहाबाद, टू श्री बनवारी लाल यादव
219/9.2.72 श्री सिविल लाइन, नई दिल्ली, टू बी.पी. मौर्य, एम.पी. 24, विंडसर फेस नवाबपुरा (उत्तर प्रदेश) पोस्ट—मुरादाबाद, रजि. नं. 913/9.2.72
220/9.2.72 बस अड्डे के पास, फैजाबाद, टू, डॉ. डी.आर. दास, एच.एम.पी.एस. सहयोगी चिकित्सालय नृसिंह मन्दिर, रामगंज, वीपीओ—अयोध्या/डी. आर.
221/9.2.72 टू श्री रामकरण चौधरी, सहायक इस्टेब्लिशमेंट डी.ओ., भारतीय जीवन बीमा निगम, भेलूपुर, डी. 16, आर.
222/9.2.72 श्री जमुना प्रसाद, पी.ए.ओ. (ओ.आर.एस.) अर्टिलरी, मथुरा, डी. 21-ब, 22-ब, आर.
223/9.2.72 श्री मुंशीलाल निर्मल, पर्वाहकर्ता, श्री सावन्तदास, रविदास मन्दिर, गाँव—हरवंशपुर, पोस्ट—कठेरुआ, कानपुर, डी. 22, 19-ब, 20-ब, आर.
224/9.2.72 श्री मुंशीलाल निर्मल, लेखपाल, फर्रुखाबाद, डी. 22
225/9.2.72 श्री मुजफिलउल्ला खाँ, गाँव—अमरोह, गोरी कुआ, मुरादाबाद, कॉपी मँगावें।
226/9.2.72 श्री रामसुन्दर, गाँव—सवरुआ, पोस्ट—मियांपुर, इलाहाबाद, डी. 12-अ, आर.
227/9.2.72 श्री मानसिंह बौद्ध, नई दिल्ली, लिखें। कौन-कौन किताबें चाहिए?
228/9.2.72 श्री धनई सिंह यादव, आजमगढ़, सीएच 23,23 आर
229/9.2.72 श्री राम प्रसाद कश्यप, एटा, बीएच-28, आर.
230/9.2.72 श्री मुंशी लाल गोला, एटा, बीएच. 17, 18 आर.
231/10.2.72 श्री घसीटेलाल साहू बंगला, पार्वती बांगला रोड, नियर बिजली घर, कानपुर, 500/- की मदद करें। पोस्ट—बरेली शहर, रजि नं. 70/11.2.72 रात्रि दो बजे।
232/10.2.72 श्री प्रताप सिंह, वीपीओ—ऐटवा, मैनपुर, डी. 23-ब, 24-ब, आर.
233/12.2.72 श्री बाबू राम यादव, 178 मम्फोर्डगंज, निगम चौराहा के पास, इलाहाबाद, बीएच 10-ख, 11-ख, 12-ख, 13-ख, 14-ख, आर.
234/12.2.72 श्री छेदी प्रसाद, एडवोकेट, देवरिया, डी.आर.

235/12.2.72 श्री बुद्धि सागर, लिपिक हेड पोस्ट ऑफिस-उरई, जालौन, वास्ते श्री दीनदशल विरानी, बीएच-18-क, व 21-क

236/12.2.72 श्री घमंडीलाल जाटव, कस्माबान, वीपीओ—छिबरामऊ, फर्रुखाबाद, बीएच 33-क, आर.

237/12.2.72 श्री राम लाल, मोहल्ला—सीलमपुर, टाउन हॉल के नीचे/ फर्रुखाबाद शहर, फर्रुखाबाद, 25/- की किताबें मँगावें।

238/12.2.72 श्री कैलाश नाथ यादव, टिकट नं. 126, एम.एस.एस.डी., सी.ओ.डी., कानपु, 25/- की किताबें मँगावें।

239/12.2.72 श्री फिरईदास, गाँव—बनकरिया कुटी, पोस्ट—जोकहरा, आजमगढ़, 1. *स.रा.* 2.50/-, 2. *चाभी* 5/-, *पोल प्रकाश* 2.20/-, 10, पो. 2/- पेशगी, 5/- भेजें।

241/13.2.72 श्री रामदेव यादव, गाँव—सोहराभार, पोस्ट—महुला, पत्र सं. 240/13.2.72 से 5/- पेशगी भिजवाएँ।

242/13.2.72 श्री मंगल सिंह, स्थान-चपटा, गाँव—रजपुरा, पोस्ट—गोरमी, भिंड, 5/- पेशगी भेजें।

243/13.2.72 श्री बाबूलाल निषाद, खलासी लेन, कानपुर, 13.2.72 की सभा की गैर हाजिरी की क्षमा।

244/14.2.72 श्री वी.आर. शाक्य, असि.टीचर, बेसिक स्कूल भगवन्त नगर, गाँव—सारहपुरा, फर्रुखाबाद, 5/- पेशगी भेजें।

245/14.2.72 श्री टी.एम. कुमार, डी.पी.-3, चौथी मंजील, जी.सी.आर. ऑफिस, नई दिल्ली, पोस्ट—झींझक पारसल रजि. नं. 322/14.2.72, 250 धर्मपरिवर्तन , 600 ग्राम, 3/-, 4/-, .75/-, .05/-

246/14.2.72 श्री सुमेर सिंह ठेकेदार, 97 श्याम पार्क, गाँव—साहिबाबाद, पोस्ट—मलिकनगर, मेरठ, पोस्ट—झींझक, रजि. नं. 119/14.2.72, 80 भीम अभिनन्दन रवाना है। 1.550, 1.55/-, 1.06/-, .75/-, .05/-

247/14.2.72 श्री ज्वाला प्रसाद अहिरवार, एक्स-एम.एल.ए., गांधी नगर, वीपीओ—कोंच, जालौन, पोस्ट—झींझक, रजि. नं. 121/14.2.72, डी. 34-ब, *धर्म परिवर्तन, सच्ची रामायण की चाभी, सच्ची रामायण,* 0.75/- + 1.07/- + .45/-,0.01/- = 2.18/-

248/14.2.72 श्री कलेक्टर एवं डिस्ट्रिक्ट—मजि., कानपुर, वशुमूल, 246,250, अंडर पोस्ट, (1) धर्म परिवर्तन नहीं लिया था। (2) सच्ची रामायण की 37 प्रतियाँ 300/- खर्चे के दिलाये जावें।

249/14.2.72 श्री डी.एल., कानपुर, 115/- + 0.05

250/14.2.72 श्री एस.पी., देहाति क्षेत्र, कानपुर, .75/- + .05/-

251/14.2.72 श्री चौधरी शम्भू दयाल, एडवोकेट, दक्षिण जहानाबाद, राय बरेली, डी. 35, 2 *धर्म-परिवर्तन* 5/-, 5 *सच्ची रामायण* 12.50/- व 5/12.50 *चाभी* = 30, 7 कमीशन + 2 पोसेज, = 25/- भेजें। पोस्ट झींझक, रजि. नं. 118/14.2.72 (850 ग्राम/ 0.95 + 1 + 0.15 + 0.05 = कुल रुपये 2.15/-)

252/14.2.72 श्री जगराम सिंह कुसुम, वेतन लेखा कार्यालय पी.ए.ओ/ओ. आर.एस., अर्टिलिटी, मथुरा, 8 *धर्म-निरपेक्ष* + 2 *सच्ची रामायण* + 2 *चाभी* = 12, रजि. नं. 120/14.2.72 (950 ग्राम/ 0.95 + 1 + 0.15 + 0.05 = 2.15/-)

253/14.2.72 श्री बद्रीप्रसाद सिंह यादव, पोस्ट—शेखपुरा, कचहरी रोड, जौनपुर, 3 *धर्म-निरपेक्ष* + 5 *सच्ची रामायण* + 5 *सच्ची रामायण की चाभी* = 12 (950 ग्राम/ 0.95 + 1 + 0.15 + 0.05 = 2.15) रजि. नं. 117/14.2.72

254/14.2.72 श्री बद्रीप्रसाद सिंह यादव, पोस्ट—शेखपुरा, कचहरी रोड, जौनपुर, सूचना उपरोक्त

255/14.2.72 श्री टी.एम. कुमार, नई दिल्ली, सूचना पत्र नं. 245, 246/ 14.2.72

256/14.2.72 श्री ज्वाला प्रसाद अहीरवार, जालौन, सूचना पत्र नं. 247/ 14.2.72

257/14.2.72 श्री चौधरी शम्भू दयाल, राय बरेली, सूचना पत्र नं. 251/14.2.72

258/14.2.72 श्री जगराम सिंह कुसुम, मथुरा, सूचना पत्र नं. 251/14.2.72

259/14.2.72 श्री राजाभाऊ खोब्रागड़े, उपाध्यक्ष राज्यसभा, भारत सरकार, नई दिल्ली, कुछ मदद करें। जवाब हेतु।

260/14.2.72 श्री हलीमुद्दीन राहत मौलाई, एम.एल.ए., राहत कदा, दहरिया, मुरादाबाद, कुछ मदद करें।

261/14.2.72 श्री मूलचन्द जी, भीम नगर, जाखुदरा, बरेली, श्री कनौजी लाल नहीं मिले।

262/14.2.72 श्री शमीमअलाम, एम.एल.ए., एक्स-डिप्टी मिनिस्टर., बुलन्दशहर, कुछ मदद करें।

263/14.2.72 श्री सुन्दर लाल प्रजापति, 492, कालेशाह का तकिया (कसगरान), सिविल लाइन, बिहारीपुर, बरेली, कुछ मदद करें।

264/14.2.72 श्री माधोरथ जौहर, हरदोई, कुछ मदद करें।

265/14.2.72 श्री डालसिंह बौद्ध, गाँव—निजामाबाद, पोस्ट—छाछा, मैनपुरी, पोस्ट—झींझक, रजि. नं. 133/15.2.72, 8 *धर्म-परिवर्तन* + 2 *सच्ची रामायण* + 2 *सच्ची रामायण की चाभी*

266/14.2.72 श्री रोहन लाल बौद्ध, वीपीओ—पिवरगाँव, फर्रुखाबाद, कुछ मदद करें।

267/14.2.72 श्री श्रामणोर धम्मपाल, वीपीओ—उफानी, बदायूँ, पोस्ट—झींझक, रजि. नं. 131/15.2.72, 8 *धर्म-परिवर्तन* + 2 *सच्ची रामायण* + 2 *सच्ची रामायण की चाभी*

268/14.2.72 श्री लोकनाथ बौद्ध, पोस्टल क्लर्क, वीपीओ—मुगराबाद शाहपुर, जौनपुर, 132/15.2.72, 5 *धर्म-परिवर्तन* + 4 *सच्ची रामायण* + 3 *सच्ची रामायण की चाभी*

269/14.2.72 श्री जाटव एम.पी. आर्या हाइडिल कॉलोनी, वीपीओ—योवन, मिर्जापुर, किताबें 25/- की मँगावें।

270/14.2.72 श्री रघुनन्दन प्रसाद विद्यार्थी, भीमनगर, सहावर गेट, वीपीओ—कासगंज, एटा, किताबें 25/- की मँगावें।

271/14.2.72 श्री रामकेर गौतम, गाँव—कोटिया, पोस्ट—कोरिया, सुल्तानपुर, *जीवन संघर्ष आदि के लिए* 5/- पेशगी भेजें।

272/14.2.72 श्री गजाधर प्रसाद बौद्ध पर्वाहकर्ता, श्री किशन लाल, घड़ी साज, घीया मंडी, मथुरा

273/17.2.72 श्री जाटव एस.पी. आर्या, हाइडिल कॉलोनी, वीपीओ—चोवन, मिर्जापुर, 4 *धर्म परिवर्तन* + 4 *सच्ची रामायण* + 4 *सच्ची रामायण की चाभी*, 30-7 + 2 = 25/- का माल रवाना है।, पोस्ट—झींझक, रजि. नं. 162/17.2.72

274/17.2.72 श्री नवल किशोर, अध्यापक श्री भगवान दास इंटर कॉलेज, गाँव—रामगढ़, पोस्ट—हरचन्दपुर, इटावा, 4 *धर्म परिवर्तन* + 4 *सच्ची रामायण* + 4 *सच्ची रामायण की चाभी*, 30-7 + 2 = 25/- का माल रवाना है। पोस्ट—झींझक, रजि. नं. 161/17.2.72

275/17.2.72 श्री एन.के. चुडासभा, एम.एस.सी., एल.एल.बी., प्लॉट नं. 30, गांधी कॉलोनी, कैलाश रोड, विद्या नगर, भावनगर, 10 *धर्म परिवर्तन* + 10 *सच्ची रामायण* + 10 *सच्ची रामायण की चाभी*, 75-25 = 50/- लेना है।, पोस्ट—झींझक, रजि. नं. 116/17.2.72

276/17.2.72 श्री रघुनन्दन प्रसाद विद्यार्थी, मोहल्ला—भीमनगर, वीपीओ—कासगंज, एटा, 8 *धर्म परिवर्तन* + *सच्ची रामायण* + 2 *सच्ची*

| | |
|---|---|
| | *रामायण की चाभी*, 30/--7/- + 2/- पोस्टेज = 25 भेजें।, पोस्ट—झींझक, रजि. नं. 165/17.2.72 |
| 277/17.2.72 | श्री हीरा लाल सिसोदिया, 4/1644, अशोक नगर, फ्रीगंज, उज्जैन, 4 *धर्म परिवर्तन* + 4 *सच्ची रामायण* + 4 *सच्ची रामायण की चाभी*, 30/- - 7/- कमीशन + 2 पोस्टेज = 24 भेजें।, पोस्ट—झींझक, रजि. नं. 159/17.2.72 |
| 278/17.2.72 | श्री डॉ. अर्जुनलाल 'अखंड', सतगुरु दवाखाना, रेलवे स्टेशन, बजरिया, सवाई माधोपुर, 4 *धर्म परिवर्तन* + 4 *सच्ची रामायण* + 4 *सच्ची रामायण की चाभी*, 30/-- 7/- कमीशन + 2 पोस्टेज = 24 भेजें।, पोस्ट—झींझक, रजि. नं. 163/17.2.72 |
| 279/17.2.72 | श्री सुन्दरलाल प्रजापति, 492 कालेशाह का तकिया, कसंगरान, सिविल लाइन, बिहारी पुर, बरेली, 6 *सच्ची रामायण* + 4 *सच्ची रामायण की चाभी*, 20/- के 50/- भेजें। पोस्ट—झींझक, रजि. नं. 160/17.2.72 |
| 280/17.2.72 | श्री डॉ. कन्हैया लाला, चौराहा पुन्नूलाल, मोहल्ला—गाड़ीपुरा, चिमयुनी, शाहजहाँपुर, पोस्ट—झींझक, रजि. नं. 157/17.2.72 |
| 281/17.2.72 | श्री खुर्रमदास, एडवोकेट, हरदोई, 4 *धर्म परिवर्तन* + 4 *सच्ची रामायण* + 4 *सच्ची रामायण की चाभी* = 12, 30 - 7/- कमीशन + 2/- पोस्टेज (पोस्ट—झींझक, रजि. नं. 158/17.2.72) |
| 282/17.2.72 | श्री माधोराम जौहर, नेताजी, सिविल लाइन, हरदोई, 4 *धर्म परिवर्तन* + 4 *सच्ची रामायण* + 4 *सच्ची रामायण की चाभी* = 12, 30 - 7/- कमीशन + 2/- पोस्टेज (पोस्ट—झींझक, रजि. नं. 164/17.2.72) |
| 283/17.2.72 | श्री कुमारजीव आनन्द, 15 बनमाली सोसाइटी, असारया, अहमदाबाद-16, कुशल पत्र। |
| 284/17.2.72 | श्री परम पूज्य भन्ते सुगतानन्द जी, बुद्ध विहार, रंजीतपुर, वीपीओ—चिलबिला, प्रतापगढ़, 23.2.72 से 5.3.72 से कैम्प में केवल 4.3.72 व 5.3.72 तक ही रह सकूँगा। |
| 285/18.2.72 | श्री सेठ विश्वनाथ कटियार, वीपीओ—सिकन्दरा, कानपुर, किताबें 100/- की ले जावें। |
| 286/18.2.72 | श्री शम्भूदयाल, मकान नं. 341, निशातगंज, लखनऊ, 25/- की किताबें मँगावें। |
| 287/18.2.72 | श्री लक्ष्मीनारायण कुरील, 45 बाग, मुन्नू खसियारी मंडी, केशरबाग, लखनऊ, 12-ग, 25/- की किताबें मँगावें। |

288/18.2.72 श्री सुबतालसिंह वर्मा, ख एज्यूकेशन मिनिस्टर ऑफिस, कुशल पत्र।

289/19.2.72 श्री श्रीराम हरिजन, बिंदाराम की बाड़ी, 4/4, लालाबाबू लेन, पोस्ट—बानीपुर, कलकत्ता-2 (बंगाल), 8 *धर्म परिवर्तन* + 2 *सच्ची रामायण* + 2 *सच्ची रामायण की चाभी* = 12, 30 - 7/- कमीशन + 2/- पोस्टेज (पोस्ट—झींझक, रजि. नं. 199/18.2.72)

290/19.2.72 श्री आर.डी. शिशुवाल जे. पी.पी./158, एसबोसटस लिमि. मुलुंड, एन.बी., बम्बई-80, 8 *धर्म परिवर्तन* + 2 *सच्ची रामायण* + 2 *सच्ची रामायण की चाभी* = 12, 30 - 7/- कमीशन + 2/- पोस्टेज (पोस्ट—झींझक, रजि. नं. 167/19.2.72)

291/19.2.72 श्री मुंशीलाल चमार, एम.एल.ए., एक्स.-मिनि., गाँव—बरमाहल, पोस्ट—करहल, मैनपुरी, 4 + 4 + 4 = 12, रवाना है, 25/- भेजें। (पोस्ट—झींझक, रजि. नं. 168/19.2.72)

292/19.2.72 श्री होतीलाल 'निम' डी.सी.-12 चौथी मंजिल, ए.जी.सी.आर. ऑफिस, क्वार्टर नं. 248-सी., नई दिल्ली, जो चाहे-सो 28 पुस्तकें श्री टी.एम. कुमार से ले लें। 14.4.72 को 32.50 + 5 = 37.50 दें।

293/19.2.72 श्री सोहन लाल बौद्ध, प्रेम नगर कॉलोनी, वीपीओ—ररेजा जंक्शन, शाहजहाँपुर, 5/- ओर भेजें। तभी 100/- किताबें भेजी जावेंगी।

294/19.2.72 श्री शिवनाथ दारु, वीपीओ—सुकृत, मिर्जापुर, डी. 2-ब, आर.

295/22.2.72 श्री बनवारी लाल यादव, एडवोकेट, 578, मम्फोर्टगंज, इलाहाबाद, 100 *सच्ची रामायण* + 100 *सच्ची रामायण की चाभी* + 100 *धर्म परिवर्तन* = 300 किताबें + 30 पिछला हिसाब = 330, पार्सल नं. 487124, दिनांक : 22.2.72 (पोस्ट—झींझक, रजि. नं. 35/22.2.72)

296/22.2.72 श्री रामपाल सिंह यादव, एम.एल.ए., वीपीओ—त्रिठमरा, कानपुर, (पोस्ट—झींझक, रजि. नं. 36/22.2.72)

305/28.2.72 श्री सलिकराम कुरील, प्राइवेट अस्पताल चौराहा, मुगल रोड, वीपीओ—*जसवन्तपुर*, इटावा, 8 *धर्म परिवर्तन* + 2 *सच्ची रामायण* + 2 *सच्ची रामायण की चाभी* = 12, 25/- = दिनांक : 1.5.72 को भेजें। (पोस्ट—झींझक, रजि. नं. 93/28.2.72)

306/28.2.72 श्री मनीराम वर्मा, गाँव—अहमदपुर, पोस्ट—पाली, हरदोई, 1 *धर्म परिवर्तन* + 6 *सच्ची रामायण* + 5 *सच्ची रामायण की चाभी*

= 12, 25/, दिनांक : 1.5.72 को भेजें। (पोस्ट—झींझक, 92/28.2.72)

307/28.2.72 श्री परम पूज्य भन्ते आनन्द देव, बौद्ध विहार, वीपीओ—कुकर गाँव, जालौन, 8 *धर्म परिवर्तन* + 2 *सच्ची रामायण* + 2 *सच्ची रामायण की चाभी* = 12, 25/- + 25/- तुरंत भेजें। (पोस्ट—झींझक, रजि. नं. 91/28.2.72)

308/28.2.72 श्री बाबूराम यादव, डी-8/ई.एस.आई.सी. कॉलोनी, सर्वोदय नगर, कानपुर, 6 *सच्ची रामायण* + 5 *सच्ची रामायण की चाभी* + 1 *धर्म परिवर्तन,* दिनांक : 1.5.72 को भेजें 25/- (पोस्ट—झींझक, रजि. नं. 86/28.2.72)

309/28.2.72 श्री चन्द्रिका प्रसाद 'जिज्ञासु' लखनऊ-3

310/28.2.72 श्री *राजेन्द्र प्रसाद* बौद्ध, गाँव—अल्लापुर, पोस्ट—पुखरायाँ, कानपुर, सूचना।

311/28.2.72 श्री गौरी शंकर सचान, गाँव—जलालपुर, पोस्ट—मोहम्मदपुर, कानपुर, 6 *सच्ची रामायण* + 5 *सच्ची रामायण की चाभी* + 1 *धर्म परिवर्तन* = 25/- + 25/- स्वतः जल्द दिनांक : 1.5.72 को भेजें। (पोस्ट—झींझक, रजि. नं. 28.2.72)

312/28.2.72 श्री गनपत दयाल 'प्रेमी', पटवन गली, वीपीओ—कायमगंज, फर्रुखाबाद, 8 *धर्म परिवर्तन* + 2 *सच्ची रामायण* + 2 *सच्ची रामायण की चाभी* के दाम 25/- = दिनांक : 1.5.72 को भेजें। चन्दा 25/- तुरंत भेजें। (पोस्ट—झींझक, रजि. नं. 88/28.2.72)

313/28.2.72 श्री रामबाबू, गाँव—बरवा, पोस्ट—बरौर, कानपुर, 8 *धर्म परिवर्तन* + 2 *सच्ची रामायण* + 2 *सच्ची रामायण की चाभी* = 25/- = दिनांक : 1.5.72 को भेजें। (पोस्ट—झींझक, रजि. नं. 83/28.2.72)

314/28.2.72 श्री बाबूलाल कुरील, 555-च/261, राम नगर, लखनऊ, 8 *धर्म परिवर्तन* + 4 *सच्ची रामायण* + 2 *सच्ची रामायण की चाभी* = 25/-तथा 10 जमा, 50/- शीघ्र भेजें। (पोस्ट—झींझक, रजि. नं. 89/28.2.72)

315/28.2.72 श्री रामकृष्णा, मास्टर प्राथमिक पाठशाला, मलिकपुर, पोस्ट—समधन, फर्रुखाबाद, 1 *धर्म परिवर्तन* 1.50/-, *सच्ची रामायण* 2.50/-, *सच्ची रामायण की चाभी* 2.50/-, *जीवनी* 6/-, *एक.श.* 1.50/-, 3 *कथा* 3.75/, *भविष्य* .75/-, *पूना* 4/-, *सच* 1/- =

34.50 + 3 *पोस्ट* = 37.20/- = 11.50/- लेने हैं। (17.50 की वी.पी. प्रेमी लिखें।

316/28.2.72 श्री नन्दलाल प्रसाद, गाँव—कोरी, पोस्ट—सदलुपर, वाराणसी, 5/- पेशगी भेजें।

317/28.2.72 श्री जगदीश सिंह 'केशर' गाँव—नरायणावाला, पोस्ट—कल्लूवाला, बिजनौर, 5/- पेशगी भेजें।

318/2.3.72 श्री राम बाबू, अध्यापक, गाँव—जलालपुर, पोस्ट—मोहाना, कानपुर, 8 *धर्म परिवर्तन* + 4 *सच्ची रामायण* + 4 *सच्ची रामायण की चाभी* = 25/- = दिनांक : 1.5.72 को शर्तिया भेजें। (पोस्ट—झींझक, रजि. नं. 111/2.3.72)

319/2.3.72 श्री कैलाश नाथ यादव, टिकट नं. 126, एम.एस.एस.डी., सी.ओ.डी., कानपुर, 1 *धर्म परिवर्तन* + 6 *सच्ची रामायण* + 5 *सच्ची रामायण की चाभी* = 25/- = दिनांक : 1.5.72 को शर्तिया भेजें। (पोस्ट—झींझक, रजि. नं. 110/2.3.72)

320/2.3.72 श्री विंगेलाल कटरा, कटरा टेलर्स, वीपीओ—निवाड़ी, हकीमगढ़, 8 *धर्म परिवर्तन* + 2 *सच्ची रामायण* + 2 *सच्ची रामायण की चाभी* = 25/- = दिनांक : 1.5.72 को शर्तिया भेजें। (पोस्ट—झींझक, रजि. नं. 108/2.3.72)

321/2.3.72 श्री कल्लूराम सन्त, गाँव—धूरी खेड़ा पोस्ट—पूरे पांडे, राय बरेली, 8 *धर्म परिवर्तन* + 2 *सच्ची रामायण* + 2 *सच्ची रामायण की चाभी* = 25/- = दिनांक : 1.5.72 को शर्तिया भेजें। (पोस्ट—झींझक, रजि. नं. 107/2.3.72)

322/2.3.72 श्री जगन्नाथ प्रसाद बौद्ध, मंत्री अखिल भारतीय डॉ. अम्बेडकर सेवा संघ, 25 अलीअहमद किदवई रोड, कलकत्ता-16, 8 *धर्म परिवर्तन* + 2 *सच्ची रामायण* + 2 *सच्ची रामायण की चाभी* = 25/- = दिनांक : 1.5.72 को शर्तिया भेजें। (पोस्ट—झींझक, रजि. नं. 106/2.3.72)

323/2.3.72 श्री जगजीवनराम, आर-64/65, गार्डेन रीच रोड, कलकत्ता-24 (गलति से 15.3.72), 8 *धर्म परिवर्तन* + 2 *सच्ची रामायण* + 2 *सच्ची रामायण की चाभी* = 25/- = दिनांक : 1.5.72 को शर्तिया भेजें। (पोस्ट—झींझक, रजि. नं. 128/2.3.72)

324/2.3.72 श्री सतीराम गौतम, डॉ. अम्बेडकर सेवा संघ, 6 विजयकुमार मुखर्जी रोड, सलकिया, 8 *धेर्म परिवर्तन* + 2 *सच्ची रामायण* +

2 *सच्ची रामायण की चाभी* = 25/- = दिनांक : 1.5.72 को शर्तिया भेजें। (पोस्ट—झींझक, रजि. नं. 122/2.3.72)

325/2.3.72 श्री मुरली बौद्ध, नेशनल कम्पनी, लाइन नं. 15, क्वा.नं. 34, पोस्ट—बानीपुर, हावड़ा, 8 *धर्म परिवर्तन* + 2 *सच्ची रामायण* + 2 *सच्ची रामायण की चाभी* = 25/- = दिनांक : 1.5.72 को शर्तिया भेजें। (पोस्ट—झींझक, रजि. नं. 129/2.3.72)

326/2.3.72 श्री बैजूदास कुरील, गाँव—जमीपुर, पोस्ट—बैहार, उन्नाव, 8 *धर्म परिवर्तन* + 2 *सच्ची रामायण* + 2 *सच्ची रामायण की चाभी* = 25/- = दिनांक : 1.5.72 को शर्तिया भेजें। (पोस्ट—झींझक, रजि. नं. 125/2.3.72)

327/2.2.72 श्री डॉ. ए.आर. नाहर, अध्यक्ष भारतीय डॉ. अम्बेडकर संघ, 112, प्रेम नगर, अम्बेडकर मार्ग, झाँसी, 8 *धर्म परिवर्तन* + 2 *सच्ची रामायण* + 2 *सच्ची रामायण की चाभी* = 25/- = दिनांक : 1.5.72 को शर्तिया भेजें। (पोस्ट—झींझक, रजि. नं. 112/2.3.72)

328/2.3.72 श्री योगेन्द्र प्रसाद, एल-13/71, तेलियाबाग, वाराणसी, 8 *धर्म परिवर्तन* + 2 *सच्ची रामायण* + 2 *सच्ची रामायण की चाभी* = 25/- = दिनांक : 1.5.72 को शर्तिया भेजें। (पोस्ट—झींझक, रजि. नं. 124/2.3.72)

329/2.3.72 श्री राजाराम संखवार, आर.एम.एस. मेरठ कैश मेरठ, 8 *धर्म परिवर्तन* + 2 *सच्ची रामायण* + 2 *सच्ची रामायण की चाभी* = 25/- = दिनांक : 1.5.72 को शर्तिया भेजें। (पोस्ट—झींझक, रजि. नं. 131/2.3.72)

330/2.3.72 श्री चेतराम सिंह गौतम, क्वा. डी-242, गोविन्दपुरी कॉलोनी, वीपीओ—मोदी नगर, मेरठ, 8 *धर्म परिवर्तन* + 2 *सच्ची रामायण* + 2 *सच्ची रामायण की चाभी* = 25/- = दिनांक : 1.5.72 को शर्तिया भेजें। (पोस्ट—झींझक, रजि. नं. 118/2.3.72)

331/2.3.72 श्री सियाराम, एम.एल.ए., वीपीओ—अमापुर, एटा, 8 *धर्म परिवर्तन* + 2 *सच्ची रामायण* + 2 *सच्ची रामायण की चाभी* = 25/- = दिनांक : 1.5.72 को शर्तिया भेजें। (पोस्ट—झींझक, रजि. नं. 123/2.3.72)

332/2.3.72 श्री डॉ. डी.आर. दास, एच.एम.डी.एस., साकेत सहयोगी चिकित्सालय, नृसिंह मन्दिर, रामगंज, अयोध्या, फैजाबाद, 8 *धर्म परिवर्तन* + 2 *सच्ची रामायण* + 2 *सच्ची रामायण की चाभी*

= 25/- = दिनांक : 1.5.72 को शर्तिया भेजें। (पोस्ट—झींझक, रजि. नं. 117/2.2.72)

333/2.3.72 श्री रामआसरे बौद्ध, सी.एस.के., नई बस्ती, वीपीओ—मनौरी, 8 *धर्म परिवर्तन* + 2 *सच्ची रामायण* + 2 *सच्ची रामायण की चाभी* = 25/- = दिनांक : 1.5.72 को शर्तिया भेजें। (पोस्ट—झींझक, रजि. नं. 127/2.3.72)

334/2.3.72 श्री बेचूराम, मिलर चार्जमैन, क्वा. जे/3, लेबर कॉलोनी, वीपीओ—चुर्क, मिर्जापुर, 8 *धर्म परिवर्तन* + 2 *सच्ची रामायण* + 2 *सच्ची रामायण की चाभी* = 25/- = दिनांक : 1.5.72 को शर्तिया भेजें। (पोस्ट—झींझक, रजि. नं. 133/2.3.72)

335/2.3.72 श्री लाल सिंह 'प्रेमी' आर.पी.आई., डॉ. अम्बेडकर भवन, वीपीओ—गोला, खीरी, 8 *धर्म परिवर्तन* + 2 *सच्ची रामायण* + 2 *सच्ची रामायण की चाभी* = 25/- = दिनांक : 1.5.72 को शर्तिया भेजें। (पोस्ट—झींझक, रजि. नं. 133/2.3.72)

336/2.3.72 श्री रामआसरे कुरील, इंस्पेक्टर परिवार नियोजन, वीपीओ—खिरौ, राय बरेली, 8 *धर्म परिवर्तन* + 2 *सच्ची रामायण* + 2 *सच्ची रामायण की चाभी* = 25/- = दिनांक : 1.5.72 को शर्तिया भेजें। (पोस्ट—झींझक, रजि. नं. 121/2.3.72)

337/2.3.72 श्री शम्भू दयाल, मकान नं. 431, निशातगंज, लखनऊ, 8 *धर्म परिवर्तन* + 2 सच्ची रामायण + 2 *सच्ची रामायण की चाभी* = 25/- = दिनांक : 1.5.72 को शर्तिया भेजें। (पोस्ट—झींझक, रजि. नं. 126/2.3.72)

338/2.3.72 श्री लक्ष्मी नारायण कुरील, 45, बस मुन्नू, कैसर बाग, लखनऊ, 8 *धर्म परिवर्तन* + 2 *सच्ची रामायण* + 2 *सच्ची रामायण की चाभी* = 25/- = दिनांक : 1.5.72 को शर्तिया भेजें। (पोस्ट—झींझक, रजि. नं. 120/2.3.72)

339/2.3.72 श्री छेदी प्रसाद, एडवोकेट, 802 गजट पार्क, खेड़ई राय का मकान, देवरिया, 8 *धर्म परिवर्तन* + 2 *सच्ची रामायण* + 2 *सच्ची रामायण की चाभी* = 25/- = दिनांक : 1.5.72 को शर्तिया भेजें। (पोस्ट—झींझक, रजि. नं. 114/2.3.72)

340/2.3.72 श्री दीनदयाल 'विरागी', सभ्यतामूलक भारतीय जागरण, राजेन्द्र नगर, वीपीओ—उरई, जालैन, 8 *धर्म परिवर्तन* + 2 *सच्ची रामायण* + 2 *सच्ची रामायण की चाभी* = 25/- = दिनांक : 1.5.72 को शर्तिया भेजें। (पोस्ट—झींझक, रजि. नं. 132/2.3.72)

341/2.3.72 श्री कामता प्रसाद बौद्ध, 231/4, बाबू पूर्वा कॉलोनी, पोस्ट—किदवई नगर, कानपुर, 8 *धर्म परिवर्तन* + 2 *सच्ची रामायण* + 2 *सच्ची रामायण की चाभी* = 25/- = दिनांक : 1.5.72 को शर्तिया भेजें। (पोस्ट—झींझक, रजि. नं. 116/2.3.72)

342/2.3.72 श्री खलियान सिंह 'प्रेमी', बारदाना वाले, पोस्ट—सिदरुगंज, अलीगढ़, 8 *धर्म परिवर्तन* + 2 *सच्ची रामायण* + 2 *सच्ची रामायण की चाभी* = 25/- = दिनांक : 1.5.72 को शर्तिया भेजें। (पोस्ट—झींझक, रजि. नं. 115/2.3.72)

343/2.3.72 श्री आर.एन. माली, सेक्शन अकाउंट, रिजर्व बैंक ऑफ इंडिया, कानपुर, 8 *धर्म परिवर्तन* + 2 *सच्ची रामायण* + 2 *सच्ची रामायण की चाभी* = 25/- = दिनांक : 1.5.72 को शर्तिया भेजें। (पोस्ट—झींझक, रजि. नं. 130/2.3.72)

344/2.3.72 श्री बंसीलाल, ग्राम सेवक, हेड-क्वाटर, गाँव—पैगम्बरपुर बरी, पोस्ट—सेवरामऊ, फतेहपुर, 5 *धर्म परिवर्तन* + 3 *सच्ची रामायण* + 5 *सच्ची रामायण की चाभी* = 25/- = दिनांक : 1.5.72 को शर्तिया भेजें। (पोस्ट—झींझक, रजि. नं. 119/2.3.72)

345/2.3.72 श्री टी.एम. कुमारी, डी.सी.-3, चौथी मंजिल ए.जी.सी.आर. ऑफिस, नई दिल्ली, *दी रामायण* रवाना है। (पोस्ट—झींझक, रजि नं. 109/2.3.72)

346/2.3.72 श्री तुलाराम बौद्ध, बुक सेलर, ब्लॉक नं. 76 के सामने, लेबर कॉलोनी, नवाब गंज / पुराना कानपुर, कानपुर, श्री प्रताप सिंह यादव एम.ए.-84/146 श्री कृष्ण ज्ञान मन्दिर, कार वालो नगर से किताबें लें।

347/2.3.72 श्री ईश्वरी प्रसाद 'निर्भय', नया नगला, नियर स्टेशन, छोटी लाइन, मथुरा, सूची पत्र।

348/2.3.72 श्री जे.एच. डोंगरे, संस्थापक, डॉ. दुर्गा अम्बेडकर विचार प्रसार संघ, सेक्टर नं. 5, क्रॉस स्ट्रीट नं. 4, क्वा.-6, वीपीओ—भिलाई नगर, दुर्ग, सूची पत्र।

349/2.3.72 श्री बी.सी. मौर्य, नई दिल्ली, कुशल पत्र

350/2.3.72 श्री आर.डी. सोनकर, नई दिल्ली, कुशल पत्र।

351/2.3.72 श्री डॉ. काशी प्रसाद, वीपीओ—अजुहा, इलाहाबाद, कुशल पत्र

352/2.3.72 श्री असानन्द, गाँव—हीरापुर, पोस्ट—ईसापुर, सीतापुर, कुछ मदद करें।

353/2.3.72 श्री सी.पी. शैलानी, नई दिल्ली, कुशल पत्र

354/2.3.72 श्री डी.पी. जाटव, नई दिल्ली, कुशल पत्र

355/2.3.72 श्री ललई सिंह, 10 *जातिभेद* + 5 *जीवन चरित्र अम्बेडकर* + 4 *धम्म पद* + 5 *बुद्ध चरित्र* + 5...बिल? + 5 + 5 = 39 किताबें लेना रंजीतपुर किताबें रवाना हैं।

356/6.3.72 श्री रामखेलावन, ग्राम सेवक, लखीमपुर खीरी, कुछ भेजें।

357/6.3.72 श्री मोतीराम, एडवोकेट, कानपुर, कुछ भेजें।

358/6.3.72 श्री राम बालक, स्टूडेंट, रूम नं. 40, पंत छात्रावास, इलाहाबाद-2, दिनांक : 19.3.72 को मिलें।

359/6.3.72 श्री गुरुप्रसाद, इलाहाबाद, दिनांक : 19.3.72 को मिलें।

360/6.3.72 श्री श्रवण कुमार, 130 म्योर रोड, राजापुर, इलाहाबाद, दिनांक : 19.3.72 को मिलें।

361/6.3.72 श्री सुखदेव, एडवोकेट, इलाहाबाद, दिनांक : 19.3.72 को मिलें।

362/6.3.72 श्री राजाराम यादव, एडवोकेट, इलाहाबाद, दिनांक : 19.3.72 को मिलें।

363/6.3.72 श्री लखन पाल, एडवोकेट, इलाहाबाद, दिनांक : 19.3.72 को मिलें।

364/6.3.72 श्री बलराम, तार बाबू, इलाहाबाद, दिनांक : 19.3.72 को मिलें।

365/6.3.72 श्री महावीर प्रसाद राठौर, गाँव—मौजपुर, पोस्ट—पुरण पूर्वा, कानपुर, कुछ मदद करें।

366/6.3.72 श्री राम भरोसे, तार बाबू, नॉर्दर्न रेलवे, मुरादाबाद, कुछ मदद करें।

367/6.3.72 श्री राम लाल मौर्य, बुकिंग क्लर्क, वीपीओ—हल्द्वानी, नैनीताल, कुछ मदद करें।

368/6.3.72 श्री राजा राम होहरे, 57 हिम्मतगंज, इलाहाबाद, कुछ मदद करें।

369/6.3.72 श्री योगेन्द्र प्रसाद, एस.-13/71, तेलीनाका, वाराणसी, (पोस्ट—झींझक, रजि नं. 328/2.3.72)

370/10.3.72 श्री डॉ. यमुना प्रसाद वर्मा, वाराणसी, 15.3.72 को वी.पी. तथा पार्सल भेजी जावेगी। कल वोट पड़ेंगे।

371/10.3.72 श्री लल्लू राम, वीपीओ—पड़रीखुर्द, उन्नाव, 5/- पेशगी भेजें।

372/10.3.72 श्री ईश्वरी प्रसाद 'निर्भय' मथुरा, 20/- देवें। वी.पी. 15.3.72 को भेजी जावेंगी।

373/10.3.72 श्री सरदार सम्पत्ति दास, 9ग10 चीन कौड़ी, पोस्ट—सुन्दर चौक, बर्दवान, 5/- पेशगी भेजें।

374/10.3.72 श्री एल.एम.सी. गोपीचन्द सुमन (ओ.पी.सी.) बैरिक नं. 12, डबल स्टोरी, पुरानी पुलिस लाइन, दिल्ली-6, जी-14 नौरोजी नगर से टाइप लें।

375/10.3.72 श्री द्वारिका प्रसाद बौद्ध, राजपुर रोड, 258-सी, प्रेम नगर कॉलोनी, वीपीओ—रोजा, शाहजहाँपुर, अन्तरदेशीय में आकर ऑर्डर भेजें। लिस्ट रवाना हैं।

376/10.3.72 श्री परमेश्वर दास (महतो), गाँव—बरडीह, पोस्ट—सिकन्दरा, मुंगेर, 5/- पेशगी भेजें। लिस्ट रवाना है।

377/10.3.72 श्री गुरुदयाल सिंह बौद्ध, मोहल्ला—बुखारा, बिजनौर, 5/- पेशगी भेजें।

378/10.3.72 श्री माधोराम जौहर, श्री खुर्रमदास से भी मिलें। कुछ भेजें।

379/10.3.72 श्री गंगा शरण, मेरठ, इनकी 12 किताबें आप खुद ले लें। दस्ती श्री राजाराम मखना।

380/13.3.72 श्री बनवारी लाल, एन.जी. ऑफिसर म्युनि. बोर्ड, फतेहपुर, फर्रुखाबाद, कुछ मदद करें।

381/13.3.72 श्री आर.ए.एस. गौतम, ऑफिसर क्वार्टर, इनकमटैक्स कॉलोनी, आर्य नगर, कानपुर, कुछ मदद करें।

382/13.3.72 श्री आर.के. आदिम, असिस्टेंट कलेक्टर सेंट्रल एक्साइज, कानपुर, कुछ मदद करें। आर्य नगर से स्वरूप नगर जाते समय नियर चौराहा एलनगंज।

383/13.3.72 श्री रामस्वरूप वर्मा, लखनऊ, सन् 1974 की तैयारी करें।

384/13.3.72 श्री से. विश्वनाथ, वीपीओ—सिकन्दरा, कानपुर, सन! 1974 की तैयारी करें।

385/13.3.72 श्री रामनरेश, कलेक्ट्री, राय बरेली, कॉपी मँगावें।

386/13.3.72 श्री राम आसरे भास्कर, वीपीओ—भदोखर, राय बरेली, कॉपी मँगावें।

387/13.3.72 श्री फक्कड़ बाबा के चेला जी, गाँव—गढ़ियानी की कुटिया, गाँव—भदोखर, राय बरेली, कॉपी मँगावें।

388/13.3.72 श्री सूबेदार कटियार, कानपुर, सन् 1974 की तैयारी करें।

389/13.3.72 श्री गौरी शंकर, गाँव—जलालपुर, पोस्ट—मोहम्मदपुर, कानपुर, सन् 1974 की तैयारी करें।

390/13.3.72 श्री आर.डी. सोनकर, 34-ए, मन्दिर मार्ग, नई दिल्ली, श्री शैलानी से मिलें।

391/13.3.72 श्री शैलानी जी, नई दिल्ली, श्री सोनकर से मिलें।

392/13.3.72 श्री टी.एम. कुमार, नई दिल्ली, श्री शैलानी व श्री सोनकर जी से मिलें।

393/14.3.72 श्री डी.पी. सिंह जाटव, नई दिल्ली, श्री शैलानी से बात करें।

394/15.3.72 श्री बासुदेव सिंह व श्री हरिसिंह, गाँव—खुसरुपुर, पोस्ट—सतवरा, बुलन्द शहर, 5/- पेशगी भेजें।

395/15.3.72 श्री विक्रमा प्रसाद, गाँव—बड़ेचन्दापुर, पोस्ट—जक्खिनी, वाराणसी, 5/- पेशगी भेजें।

396/15.3.72 श्री तरदव रतन सिंह, F/1, P.A.C. (O.R.S.), आर्टिलरी, सपुरा, रसीद नं. 21 व 22 का चन्दा भिजवाएँ।

397/15.3.72 श्री अवध किशोर दास शास्त्री वैष्णव पन्थी/माधव नगर, अहमदाबाद, 5/- पेशगी भेजें। 25.6.69 के हवाले से।

398/15.3.72 श्री लोकनाथ बौद्ध, पोस्टल क्लर्क, पोस्ट—मुगरा बादशाहपुर, जौनपुर, 10 *धर्म परिवर्तन* 25/- + 5 *सच्ची रामायण* 12.50/- + 5 *सच्ची रामायण की चाभी* 12.50/- + 2 *लोक* 2.50/- + 4 *लेख* 2/- = 54.50/- - कमी. 18.50/- = शेष 36/- + पोस्टेज 2.95/- (लेना है 38.95/-), वजन 1.12 ग्राम + 1.75 ग्राम + 1.00 ग्राम + .75 ग्राम + .05 ग्राम = 2.95 ग्राम। (पोस्ट—झींझक, रजि. नं. 80/15.3.72)

399/15.3.72 श्री बच्ची लाल, अध्यापक, गाँव—बाँध, पोस्ट—बरीपाल, कानपुर, 8 *धर्म परिवर्तन* + 2 *सच्ची रामायण* + 2 *सच्ची रामायण की चाभी* = 30/- - कमी .07 X पोस्टेज 2 = 25/- भेजें। (पोस्ट—झींझक, रजि. नं. 79/15.3.72)

400/15.3.72 श्री रामचन्द्र संखवार, अध्यापक, गाँव—जरसेन, पोस्ट—मूसानगर, कानपुर, 8 *धर्म परिवर्तन* + 2 *सच्ची रामायण* + 2 *सच्ची रामायण की चाभी* = 30/- - कमी .07 X पोस्टेज 2 = 25/- भेजें। (पोस्ट—झींझक, रजि. नं. 78/15.3.72)

401/15.3.72 श्री डिस्ट्रिक्ट मजिस्ट्रेट एवं कलेक्टर, कानपुर, 2 *शम्बूक वध नाटक* मप फार्म जी.ओ.एन. 00466/9.11 दिनांक : 10.4.72 ई. (पोस्ट—झींझक, रजि. नं. 77/15.3.72)

402/15.3.72 श्री रामबाबू, गाँव—बरवा, पोस्ट—बरौर, कानपुर, 8 *धर्म परिवर्तन* + 2 *सच्ची रामायण* + 2 *सच्ची रामायण की चाभी* = 30-7 + 2 = 25/- दिनांक : 1.5.72 तक भेजें। (पोस्ट—झींझक, रजि. नं. 84/16.3.72)

403/15.3.72 श्री डॉ. प्रभू दयाल, ग्रामीण सेवा चिकित्सालय, दिबिवापुर रोड, वीपीओ—औरैया, इटावा, 8 *धर्म परिवर्तन* + 2 *सच्ची रामायण* + 2 *सच्ची रामायण की चाभी* = 30-7 + 2 = 25/- दिनांक : 1.5.72 तक भेजें। (पोस्ट—झींझक, रजि. नं. 85/16.3.72)

404/15.3.72 श्री फूलचन्द, कॉलोनी नं. 5, पोस्ट—चन्दिया हजार, पीलीभीत, 4 + 4 + 4 = 12 = 30-7 + 2 = 25/- दिनांक : 1.5.72 तक भेजें। (पोस्ट—झींझक, रजि. नं. 86/16.3.72)

405/15.3.72 श्री जगराम सिंह 'कुसुम', पी.ए.ओ. (ओ.आर.एस.) आर्टिलटी, मथुरा कैंट, मथुरा, पोस्ट—मनी ऑर्डर नं. 2435/7.12.72, का 10/- मुझे नहीं मिला।

406/15.3.72 श्री डाल सिंह बौद्ध, मैनपुरी, 25/- दिनांक : 7.3.72 को मिलें। धन्यवाद।

407/15.3.72 श्री नन्द लाल प्रसाद, गाँव—कोरी, पोस्ट—सदलपुर, वाराणसी, पुनः ऑर्डर भेजें। 5/- जमा दिनांक : 9.3.72

408/15.3.72 श्री मलखान सिंह बौद्ध, 102 तोप खाना, जालौन, 8.3.72 पे 10/- जमा। धन्यवाद।

409/16.3.72 श्री सरदार संपत्तिदास, 9×10 पिट्स, चीनाकुड़ी, पोस्ट—सुन्दरचक, वाराणसी, नकल बीजक नं. 26/16.3.72।

410/16.3.72 श्री देवीदयाल दुबे, संचालक *दैनिक देश धर्म*, साबितगंज, इटावा, पत्र नं. 444/72, दिनांक : 14.3.72 का उत्तर रवाना है। मैंने कभी कोई विज्ञापन 17.50/- का नहीं छपवाया।

411/16.3.72 श्री जगदीश सिंह केश्व, गाँव—नरायणावाला, पोस्ट—कल्लूवाला, बिजनौर, 5/- पेशगी भेजें। लिस्ट भेजें।

412/17.3.72 श्री ओम प्रकाश गौतम, गाँव—खुसरुपुर, पोस्ट—सतवरा, बुलन्दशहर, सूचना बीजक नं. 27/17.3.72

413/17.3.72 श्री एन.डी. सोनवाने, 127/423, नेहरू नगर, कुर्ला, बम्बई-24, दो कॉपी मँगावें।

414/17.3.72 श्री रामाश्चर्य यादव, गाँव—देवरामपुर, पोस्ट—घनश्यामपुर, जौनपुर, 25/- श्री बद्रीनाथ वाले पॉप। धन्यवाद।

415/17.3.72 श्री डॉ. बद्रीनाथ सिंह, जौनपुर, 25/- मार्फत श्री रामाश्चर्य यादव पावें।

416/17.3.72 श्री लोकनाथ, जौनपुर, 25/- कितावें पावें।

417/17.3.72 श्री लाल सिंह, रिपब्लिक लीडर, डॉ. अम्बेडकर भवन, वीपीओ—गोला, खीरी, 30/- पावें। धन्यवाद।

418/17.3.72 श्री जगराम सिंह 'कुसुम', पी.ए.ओ. (ओ.आर.एस.), अर्टिलटी, मथुरा कैंट, मथुरा, 25/- दिनांक : 16.3.72 को पावें। धन्यवाद।

419/17.3.72 श्री चन्द्रिका प्रसाद 'जिज्ञासु', 360/193, मातादीन रोड, सआदतगंज, लखनऊ, कितने *शम्बूक वध* भेजे जावें।

420/17.3.72 श्री वतन स्वरूप, अध्यापक हाई स्कूल, डॉ. अम्बेडकर भवन, रानी झाँसी रोड, नई दिल्ली, दिनांक : 11.4.72 को क्या चाहिए था?

421/17.3.72 श्री टी.एच. कुमार, मेरठ, लिखें श्री कृष्णलाल को कि कौन-कौन किताबें चाहिए?

422/17.3.72 श्री ललई सिंह, 2 *क्या किया?*, 1 *वर्ण-व्यवस्था*, 2 *पूना पैक्ट*, 2 *जीवन संहर्ष*, 2 *बुद्ध चरित्र*, 2 *धन्यवाद*, 2 *कौन-कैसे?*, 2 *पन्द्रह चापरन*, 2 *गुंडे*, 2 *विमुक्ति*, 2 *सभ्यता*, 2 *जिन्ना*, 2 *लोकशाही*, 2 *जातिभेद*, 2 *भविष्यवाद*, 2 *नारी*, 2 *भंडाफोड़*, 2 *मीमांसा*, 2 *विवाद*, 2 *कथा*, 2 *उपदेश पार्ट-1*, 2 *लंका*, 2 *पुजरोक्ष्य*

423/17.3.72 श्री चन्द्रकान्त अहिरवार, इटारसी, 15-ब

424/17.3.72 श्री राजाराम यादव, एडवोकेट (हंडिया वाला) कलेक्ट्रेट कोर्ट, *ब्राह्मणी महिला के रक्षक गिरि व इन्दिरा गांधी।*

425/25.3.72 श्री राजाराम याादव, एडवोकेट (हंडिया वाले) कलेक्ट्रट कोर्ट, इलाहाबाद, 1 घा.ङ, 1 रा ङरु 1 *राजा अशोक धार्मिक ग्रंथवाली संविधान का जातिवाद* + 1 *अश्पृश्य महिला के राक्षस गिरी व इन्दिरा गांधी* = 4

426/25.3.72 श्री श्रामणेर सुमंगल, अम्बेडकर धर्मशाला, वीपीओ—गोला, खीरी

427/25.3.72 श्री सूर्यनाथ प्रसाद सुपा, 9 श्याम पार्क, गाँव—साहिबाबाद, पोस्ट—मलिकनगर, मेरठ, जाब आयटम वाइज नहीं देते। क्या लोग खा कर पत्र लिखते हैं? और शराब के नशे में जवाब देते हो?

428/25.3.72 श्री डॉ. कन्हैया लाल, शाहजहाँपुर, दिनांक : 14.4.72 को नहीं आ सकता। मैं दिल्ली में होऊँगा।

429/25.3.72 श्री देवीदयाल, संचालक, *दैनिक देशधर्म*, साबितगंज, इटावा, पत्र नं. 456/72, दिनांक : 19.3.72 मिला। मैंने कभी कम्पोजीटरों का एडवरटाइजमेंट नहीं छपवाया।

430/25.3.72 श्री डॉ. डी.आर. दास, एच.एम.ओ.एस. साकेत सहयोगी, चिकित्सालय, मोहितरिम नगर, पोस्ट—दर्शन नगर, फैजाबाद, ठीक है आधा अप्रैल ही सही।

431/25.3.72 श्री मनीराम वर्मा, गाँव—अहमदपुर, पोस्ट—पाली, हरदोई, ठीक है। जब भेजें- तब सही 25/- किताबों वाले।

432/25.3.72 श्री बैजनाथ भारतीय बुद्धिस्ट, अध्यक्ष डॉ. अम्बेडकर शोषित सेवा समाज सुधार संघ, वीपीओ—बारौ, प्रतापगढ़, ब्रांच श्री बाबूलाला डेखा बाजार, गाँव—बारौ, पी.एस.-बाधातय,

तहसील—कुंडा, दिनांक : 23.4.72 को वहाँ पे नहीं आ सकता। सभा में।

433/25.3.72 श्री श्याम बिहारी त्रिपाठी, वीपीओ—झींझक, कानपुर, श्री जगमोहन सिंह ठाकुर से मिल लीजिए।

434/27.3.72 श्री परम पूज्य श्रामणेर सुमंगल, डॉ. अम्बेडकर धर्मशाला, वीपीओ—गोला, खीरी, पत्र नं. 426/25.1.72 गलत है। अब नकल बीजक नं. 21/27.3.72 रवाना है।

435/27.3.72 श्री लाल सिंह 'प्रेमी', आर.पी.आई, डॉ. अम्बेडकर भवन, वीपीओ—गोला, खीरी, उपरोक्त सूचना।

436/28.3.72 श्री जमुना प्रसाद, पी.ए.ओ. (ओ.आर.एस.) अर्टिलरी, मथुरा कैंट, मथुरा, 21-ब, 22-ब (रिया.)

437/28.3.72 श्री जगराम सिंह 'कुसुम' पी.एस.सी. (ओ.आर.एस.) अर्टिलरी, मथुरा कैंट, मथुरा

438/28.3.72 श्री रामस्वरूप वर्मा, बंगला नं. 3, दारुलशफा, लखनऊ, दिनांक : 14.4.72 की जयन्ती समारोह में अवश्य पधारें।

439/28.3.72 चौ. रामपाल सिंह, बंगला नं. 9, दारुलशफा, लखनऊ, दिनांक : 14.4.72 की जयन्ती समारोह में अवश्य पधारें।

440/28.3.72 श्री रामेश्वर दयाल 'निषाद', गाँव—अनन्तपुर, पोस्ट—दौलतपुर, इटावा, दिनांक : 14.4.72 की जयन्ती समारोह में अवश्य पधारें।

441/30.3.72 श्री अपर इंडिया प्रिंटर्स, मैदा बाजार, महल रोड, कानपुर-1, मैं दिनांक : 3.4.72 को आऊँगा। माल तैयार रखें। छापकर।

442/30.3.72 श्री डॉ. कन्हैया लाल, मुन्नू लाल का चौराहा, गाड़ीपुरा, चिमकुली, शाहजहाँपुर, 25/- किताबों वाले + 24/- चन्दा वाले = 49/- पावें। धन्यवाद।

443/30.3.72 श्री श्रीराम (हरिजन) बिंदाराम की बाड़ी, 4/4 लाला बाबू की लेन, पोस्ट—बानीपुर, कलकत्ता-2, 25/- किताबों वाले पावें। धन्यवाद।

444/31.3.72 श्री धनई सिंह यादव, एडवोकेट कलेक्ट्रेट, आजमगढ़, 6 *सच्ची रामायाण* + 5 *सच्ची रामायण की चाभी* + 1 *धर्म परिवर्तन* = 30.7 = 23 + 2.15 देखों = 25 लेना। (पोस्ट—झींझक, रजि. नं. 32/1.4.72)

445/31.3.72 श्री बिदेशी राम, एडवोकेट, कलेक्ट्रेट, आजमगढ़, 10 *धर्म परिवर्तन* + 1 *सच्ची रामायण* + 1 *सच्ची रामयण की चाभी* = 30.7 = 23 + 2.15 पोस्टेज = 25 लेना। (पोस्ट—झींझक, रजि. नं. 35/1.4.72)

446/31.3.72 श्री घमंडी लाल जाटव, मोहल्ला—कंसथान, वीपीओ—छिबरमऊ, फर्रुखाबाद, 10 *धर्म परिवर्तन* + 1 *सच्ची रामायण* + *सच्ची रामायण की चाभी*। 30-7 = 23 + 2.15 पोस्टेज = 25 लेना। (पोस्ट—झींझक, रजि. नं. 31/1.4.72)

447/31.3.72 श्री विद्याशंकर यादव, एडवोकेट, कलेक्ट्रेट, रायबरेली, 6 *सच्ची रामायण* + 5 *सच्ची रामायण की चाभी* + 1 *धर्म परिवर्तन* = 30-7 = 23 + 2.15 पोस्टेज = 25/- (पोस्ट—झींझक, रजि. नं. 33/1.4.72)

448/31.3.72 श्री भगवानदीन, एडवोकेट, कलेक्ट्रेट, उन्नाव, 10 *धर्म परिवर्तन* + 1 *सच्ची रामायण* + *सच्ची रामायण की चाभी*। 30-7 = 23 + 2.15 पोस्टेज = 25 लेना। (पोस्ट—झींझक, रजि. नं. 30/5.4.72)

449/31.3.72 श्री आँगन लाल, मोहल्ला—राधा किशन, वीपीओ—अलीगंज, एटा, 24.4.72 की अनुपस्थिति की क्षमा/ 1 *धर्म निरपेक्ष* + 1 *सच्ची रामायण* + 1 *सच्ची रामायण की चाभी* = 25/- भेजें। (26-ब सहित) (पोस्ट—झींझक, रजि. नं. 36/1.4.72)

450/31.3.72 श्री लाल सिंह, प्रेसीडेंट, आर.पी.आई, अम्बेडकर भवन, वीपीओ—गोला, खीरी, ठीक है। फोटो मिल नहीं रहे हैं।

451/31.3.72 श्री डॉ. मुंशीलाल शाक्य, प्राइवेट अस्पताल, वीपीओ—अलीगंज, एटा, 23.4.72 की अनुपस्थिति की क्षमा।

452/31.3.72 श्री दुर्गादत्त सिंह कुशवाहा, लीडर बैकवर्ड क्लास, कुशन भवन, बिजनौर, 6 *सच्ची रामायण* + 5 *सच्ची रामायण की चाभी* + 1 *धर्म परिवर्तन* को रवाना कर दें।

453/31.3.72 श्री राजेन्द्र सचान, एडवोकेट, नियर-मोल्जर बोर्ड कलेक्ट्रट, कानपुर, 29 *सच्ची रामायण* + 39 *सच्ची रामायण की चाभी* रवाना है। (पोस्ट—झींझक, रजि. नं. 37/1.4.72)

454/31.3.72 श्री बाबूराय प्रजापति, अर्जीनवीस, वीपीओ—बिधूना, इटावा, 4 *धर्म परिवर्तन* + 4 *सच्ची रामायण* + 4 *सच्ची रामायण की चाभी* = 30-7 = 23 + 2 पोस्टेज चार्ज = 25 शीघ्र भेजें।

455/1.4.72 श्री लल्लू प्रसाद संखवार, 83/10, सफेद कॉलोनी, अपर स्टोरी, जूही, कानपुर, श्री ओवरसियर का, श्री द्वारिका प्रसाद जी व 1 कॉपी और का रिमाइंडर करें।

456/1.4.72 श्री द्वारिका प्रसाद संखवार, 89/12, सफेद कॉलोनी, अपर स्टोरी, जूही, कानपुर, 50/- शीघ्र भेजें। 11-ब, 12 -ब

457/4.4.72 श्री रोहन लाल बौद्ध, वीपीओ—पिपरगाँव, फर्रुखाबाद, 4 *सच्ची रामायण* 10/- + 4 *धर्म परिवर्तन* 10/- + 1 *कौन कैसे?* 4/- + 1 *कौन थे?* 4/- + 1 *तीन पात* 1.25/- + 3 *सच्चा धर्म* 0.75/- = 31-7 कमीशन = 24 + 2 पोस्टेज = 26 भेजें। (पोस्ट—रजि नं. 65/4.4.72)

458/7.4.72 श्री एन.डी. सोनवाने, एल.आई.सी. एजेंट, 127/4239, कुर्ला, बम्बई-24, 2 *धर्म परिवर्तन* + 2 *सच्ची रामायण* + 2 *सच्ची रामायण की चाभी* + 2 *पोल प्रकाश* + 4 *धार्मिक डकैती* + 2 लाहौर = 22.90-4.72 = 18.18 + 2.20 तथा 20 लेना है। (पोस्ट—झींझक, रजि. नं. 95/7.4.72)

459/7.4.42 श्री किशन लाल बिसाती, वीपीओ—मिरहची, एटा, 20 पेशगी भेजिए। आपका ऑर्डर बड़ा है।

460/7.4.72 श्री सियाराम शरण मानव, गाँव—आकलपुर, पोस्ट—दोकेली, आगरा, आगरा, *धर्म परिवर्तन* + *सच्ची रामायण* + *सच्ची रामायण की चाभी* + *पोल प्रकाश* के लिए 5/- पेशगी भेजें।

461/7.4.72 श्री रामकृष्ण संखवार, वीपीओ—चिलौली, कानपुर, दशहरा को मिले।

462/7.4.72 श्री गंगाप्रसाद, गाँव—बहुअरबा, पोस्ट—धनौगा, वाया—फुल परास, दरभंगा (बिहार), = 10/-, *आगे बढ़ो* 0.67 + *भंडा फोड़* 1/- + *विवाद* 1/- + *शिव तत्त्व प्रकाश* 2/- + *धर्म परिवर्त* 2/- + *सच्ची रामायण* 2.25/- + *धार्मिक डकैती* .75/- + *माया बलिदान* 1/- + *शम्बूक वध* 1.50/- + *एकलव्य नाटक* 1.50 + *खोज* 2.50 + 10.2/- = 5/- पेशगी भेजें।

463/7.4.72 श्री गांगोदास महतो, गाँव—भूली बस्ती, पोस्ट—भूली नगर, धनबाद (बिहार), *धार्मिक डकैती* .75/- + *माया बलिदान* 1/- + *नाग यज्ञ* 2/- + *पोल प्रकाश* 2.50/- + *सच्ची रामायण* 2.50/- + *सच्ची रामायण की चाभी* 2.50/- *धर्म परिवर्तन* 2.50/- *खोज* 2.50/- + *रविदास* 4.50/- + *शिव तत्त्व* 2/- + 5/- पेशगी भेजें।

464/7.4.72 श्री अमलदत्त यादव, प्रबन्धक-यादव महासभा, गाँव—बरही, पोस्ट—फूलपरास, दरभंगा (बिहार), 22, 23, 24 की सभा में न आ सकूँगा, क्षमा।

465/8.4.72 श्री बी.एल. पथिक, बरुआ बाजार, पोस्ट—शाहाबाद, हरदोई, जंजाली की मतलब 420 नहीं।

466/8.4.72 श्री श्रामशोर धम्मपाल, वीपीओ—उफानी, बदायूँ, 15/- मिलें धन्यवाद।

467/8.4.72 श्री राजाराम यादव, एडवोकेट, हंडिया वाले, कलेक्ट्रेट, इलाहाबाद, धारा 80 को नोटिस किस तारीख में दिया है?

468/8.4.72 श्री रोहन लाल बौद्ध, वीपीओ—पिपरगाँव, फर्रुखाबाद, 25/- दिनांक...पाली किताबों के प्राप्त हुए। धन्यवाद।

469/9.4.72 श्री रामकरण चौधरी, सहायक स्टेब्लिशमेंट डी.ओ. भारतीय जीवन बीमा निगम, भेलूपुर, वाराणसी, 10/- चन्दा दें 16-ब वाले प्राप्त। धन्यवाद।

470/9.4.72 श्री मुंशीलाल निर्मल, हरवंशपुर, रविदास मन्दिर, पोस्ट—कठेसजा, कानपुर, 20/- प्राप्त। धन्यवाद।

471/9.4.72 श्री रामआसरे, इलाहाबाद, 1-4 को दिनांक : मिलें। मीनू भेजें 25/-

472/9.4.72 श्री शंकर लाल जित्ते, डॉ. अम्बेडकर साहित्य प्रचारक, 123/228, सिकलाइन गड़रियन पूर्वा, कानपुर-12, 4 *सच्ची रामायण* 10/ + 3 *धार्मिक डकैती* 2.25/- + 2 *राजनीतिक डकैती* 1.50/- + *पोल प्रकाश* 2.50/- + 1 *तीन पात* 1.25/- + 1 *माया बलिदान* 1/- + 2 *एकलव्य नाटक* 3/- + 2 *अँगुलिमाल नाटक* 2/- + 2 *धर्म परिवर्तन* 5/- + 1 *सच्ची रामायण की चाभी* 2.50/- = 31-7 = 24 + 2 पोस्टेज = 26 तथा 20 लेना है। (पोस्ट—झींझक, रजि. नं. 135/10.4.72)

473/10.4.72 श्री राजाराम यादव, एडवोकेट, 227, सोहबतिया बाग, इलाहाबाद

474/10.4.72 श्री *राजेन्द्र प्रसाद*, गाँव—अल्लापुर, पोस्ट—मुखरायाँ, कानपुर, 1 *निषाद* 1/-, 1 *भविष्यवाणी* .75/-, 9 *भीम गीतावली* .25/-, 1 *लाहौर का भाषण* .75/-, दस्ती

475/10.4.72 श्री ललई सिंह, कानपुर, 25 *नागपुर का भाषण*, 10 *बौद्ध धर्म का उदय अस्त*, 10 *भविष्य*, 5 *भंडा फोड़*, 10 *लाहौर का भाषण*, 5 *विवाद*, 10 *कांग्रेस*, 1 *बर्रा*, दस्ती

476/10.4.72 श्री ईश्वरी प्रसाद 'निर्भय' नया नगला, छोटी लाइन, पोल स्टेशन के पास, मथुरा कैंट, मथुरा, 10 *जीवन संघर्ष* 30/-, 2 *बुद्ध चरित्र* 6/-, 2 *धर्म परिवर्तन* 5/-, 2 *सच्ची रामायण* 5/-, *सच्ची रामायण की चाभी* 2.50/-, 2 *धार्मिक डकैती* 1.50/- = 19/50- 17.50 ग्राम = 32 लेना। 1.5.72।

477/10.4.72 श्री भीम प्रकाश, वीपीओ—अविरसा, इलाहाबाद, 8-बी रिमाइंडकर

478/10.4.72 श्री जानकी प्रसाद, गाँव—इंगुवारा, पोस्ट—कांजी, कानपुर, 9-ब, रिमाइंडर

479/10.4.72 श्री सोनेलाल, मास्टर, गाँव—इटैली, वीपीओ—मकरन्दपुर, कानपुर, 13-ब, रिमाइंडर

480/10.4.72 श्री रामेश्वर दयाल पर्वाहकर्ता, श्री श्याम लाल कुरील गुन्छैला, पोस्ट—ककवन, कानपुर, 14-ब, रिमाइंडर

481/10.4.72 श्री चन्द्रकान्त अहिरवार, सिगनल इंस्पेक्टर मध्य रेलवे, इटारसी, मध्य प्रदेश, 15-ब, रिमाइंडर

482/10.4.72 श्री रामईर्षा गोंड जनरल एंश्यूरेंस सोसाइटी लिमि., 232 दादाभाई नौरोजी रोड, पोस्ट बॉक्स नं. 616, बम्बई, 17-ब, रिमाइंडर

483/10.4.72 श्री रामकृष्णा बौद्ध, वीपीओ—ऊमरसेड़ा, इटावा, 18-ब, रिमाइंडर

484/10.4.72 श्री होरी लाल 'सुमन', गाँव—पैतखेड़ा, आगरा, पोस्ट—जमुनाब्रिज, 27-ब, रिमाइंडर

485/10.4.72 श्री असरानन्द, गाँव—हीरापुर, पोस्ट—ईसखारा, सीतापुर, 30-ब, रिमाइंडर

486/10.4.72 श्री राम लाल संखवार, सिग्नल इंस्पेक्टर, वीपीओ—शंकरगढ़, इलाहाबाद, 33-ब, रिमाइंडर

487/10.4.72 श्री मुंशी लाल चमार, मिनिस्टर, एक्स-मिनि., गाँव—बरनाहल, पोस्ट—करहल, मैनपुरी, 31-ब, रिमाइंडर

488/10.4.72 श्री ज्वाला प्रसाद अहिरवार, एक्स-एम.एल.ए., गांधी नगर, वीपीओ—कोंच, जालौन, 34-ब, रिमाइंडर

489/10.4.72 श्री चौधरी शम्भू दयाल, एडवोकेट, दक्षिण जहानाबाद, रायबरेली, 35-ब, रिमाइंडर

490/10.4.72 श्री नवल किशोर, अध्यापक, श्री भगवान दास इंटर कॉलेज, गाँव—रामगढ़, पोस्ट—हरचन्दपुर, 36-ग, 37-ब, रिमाइंडर

491/10.4.72 श्री गुमानी लाल संखवार, वीपीओ—भलेमऊ, कानपुर, डीआर. 31-क, रिमाइंडर

492/10.4.72 श्री बनवारी लाल, वीपीओ—नगीना, बिजनौर, डीआर. 33-क, रिमाइंडर

493/10.4.72 श्री सकरेलाल, गाँव—जिजपुरा, पोस्ट—रावपुर, फर्रुखाबाद, डीआर. 34-क, रिमाइंडर

494/10.4.72 श्री बाबू लाल बौद्ध, गाँव—लाल बादरा खुर्द, पोस्ट—मँझोला, एटा, डीआर. 36-क, रिमाइंडर

495/10.4.72 श्री ढेचरी बाबा, गाँव—ललई सिंह, पोस्ट—शिम्बूनगरा, फर्रुखाबाद, डीआर. 38-क, रिमाइंडर

496/10.4.72 श्री मन्नी लाल विशारद, गाँव—लोहे, पोस्ट—खन्देवरा, इलाहाबाद, डीआर. 39-क, रिमाइंडर

497/10.4.72 श्री राजाराम बौद्ध, गाँव—धमूपुर, पोस्ट—दरियाबाद, इलाहाबाद, डीआर. 18-ग, रिमाइंडर, 15/- जमा, धन्यवाद। 10/- भेजें।

498/10.4.72 श्री मलखान सिंह बौद्ध, गाँव—बाकराबाद, पोस्ट—बमरौली, इलाहाबाद, डीआर. 10-अ, रिमाइंडर

499/10.4.72 श्री गनपत लाल, रिपब्लिकन लीडर, परवान गली, वीपीओ—रायगंज, फर्रुखाबाद, डीआर. 34-ग, रिमाइंडर

500/10.4.72 श्री पुरुषोत्तम दास अम्बेदी, 8/218, आर्य नगर, श्री जगभामन सिंह का हाल, आर्य नगर, धर्मशाला के पास, कानपुर-2, डीआर. 36-ग, रिमाइंडर

501/11.4.72 श्री राजाराम यादव, एडवोकेट, 227, सोहबतिया बाग, कानपुर, 1 *वाल्मीकि*, 2 *बीस स्मृति* 1, 3- *बीस स्मृति* 2, 4 *मनु स्मृति*, 5. *मनु स्मृति*, 6. *अछूत कौन?*, 7. *जाति-भेद*, 8. *मानस मीमांसा*, 9. *पाराशर*, 10. चा..., 11 *तीन पात*, (पोस्ट—झींझक, रजि. नं. 84/11.4.72, दिल्ली) रजि नं. 90/11.4.72)

502/11.4.72 श्री रामसिंह, गाँव—पृथ्वीपुर, पोस्ट—बेला, इटावा, डी.आर. 38-ग, रिमाइंडर

503/11.4.72 श्री मास्टर रामध्वजा राय, श्री राजदेश, आदर्श हिन्दी विद्यालय, गोबिंद खटिक रोड, कलकत्ता-1, डीआर. 34-ख, रिमाइंडर

504/11.4.72 श्री रामबाबू यादव, जलालपुर, मोहबा, कानपुर, डीआर. 40-ख, रिमाइंडर

505/12.4.72 श्री बी. मयावान, 55/57, नार्थ एवेन्यू, नई दिल्ली, 14.4.72 के संसद के मेन हॉल में सुबह मिलें।

506/12.4.72 श्री सी.टी धन्दावानी, 67 नार्थ एवेन्यू, नई दिल्ली, 14.4.72 के संसद के मेन हॉल में सुबह मिलें।

507/12.4.72 श्री डी.आर. जाटव, प्रोफेसर, यूनिवर्सिटी, श्रीगंगानगर, श्रीगंगानगर, गवाही देनी है।...केस में। जवाब दें। देंगे या नहीं।

508/12.4.72 श्री सुन्दर लाल सागर, एम.ए., एल.एल.बी., मैनपुरी, गवाही देनी है।...केस में। जवाब दें। देंगे या नहीं?

509/14.4.72 श्री राजाराम यादव, इलाहाबाद, दोनों मुकदमे दायर हो सकते हैं। अपना-अपना मुकदमा दायर करें। मसौदा श्री बी.एल. मौर्य को भेजें। (पोस्ट—नौरोजी नगर, रजि. नं. 962/14.4.72)

510/14.4.72 श्री श्याम पेंढारकर, 7/54, डब्ल्यू.ई.ए., करौल बाग, नई दिल्ली

511/14.4.72 श्रीमती महोदय सोशल वेलफेयर, नई दिल्ली, पाँच हजार रुपये की याद दी, (पोस्ट—कानपुर, रजि. नं. 141/24.4.72)

512/22.4.72 श्री किशोरी लाल कश्यप पर्वाहकर्ता, श्री बसन्तराव, क्वा. नं. 160, ए.बी. गया कॉलोनी, वीपीओ—मंगलसराय, वाराणसी

513/22.4.72 श्री लोकनाथ बौद्ध, पोस्टल क्लर्क, पोस्ट—मुगराबाद शाहपुर, जौनपुर, पुनः आज्ञा दें। तब प्रतिज्ञा भेजेंगे।

514/22.4.72 श्री अम्बिका प्रसाद बौद्ध, वीपीओ—डुमरियागंज, बस्ती, 14.4.72 भुजा आदि क्षमा।

515/22.4.72 श्री बाबा राघवानन्द, वीपीओ—मसिकनवा, बस्ती, 14.4.72 भुजा आदि क्षमा।

516/22.4.72 श्री बैजनाथ कश्यप, गाँव—मगरदा खुर्द, पोस्ट—विंध्यांचल ब्रांच, पोस्ट—महुआरी कलां, मिर्जापुर, 5/- पेशगी भेजें।

517/22.4.72 श्री धर्मदास आत्मज श्री चोखेलाल, वीपीओ—रामगढ़, बुलन्दशहर, 5/- पेशगी भेजें।

518/22.4.72 श्री रामफल मंडली मलिक, वीपीओ—हेतापट्टी, इलाहाबाद, 5/- पेशगी भेजें।

519/22.4.72 श्री रोहनलाल बौद्ध, वीपीओ—पिपरगाँव, फर्रुखाबाद, 16.4.72 की क्षमा फर्रुखाबाद में डॉ. अम्बेडकर की जयन्ती की।

520/22.4.72 श्री घमंडी लाल जाटव, मोहल्ला—फस्साबान, वीपीओ—छिबरामऊ, फर्रुखाबाद, 30.4.72 को आऊँगा।

521/22.4.72 श्री अशोक कुमार, बीएससी., एल.टी., कटरा बलसिंह, इटावा, सुबह की ट्रेन से आऊँगा।

522/22.4.72 श्री प्रभुदयाल, एल.ए.ओ. (एस.), सी.ओ.डी., कानपुर, 5/- पेशगी भेजें।

523/22.4.72 श्री रामनन्दन जैसवार, गाँव—गूढ़ा-पट्टी, पोस्ट—भदोही, बारा झाँसी, 5/- पेशगी भेजें तथा सभा के लिए समय नहीं।

524/22.4.72 श्री डॉ. नीमगड़े, पूसा इंस्टीट्यूट, नई दिल्ली, क्वार्टर का पता भेजें।

525/22.4.72 श्री सलामंडल्ला, डायरेक्टर, जामिया मिलिया इस्लामिया इन्स्टीट्यूट, ओखला, नई दिल्ली, क्वार्टर का पता भेजें।

526/22.4.72 श्री श्यामसुन्दर लाल, 59/13, न्यू रोहतक रोड, करौल बाग, नई दिल्ली, 5/- भेजें।

527/22.4.72 श्री सुखदेव प्रसाद, ई.-56, लेबर कॉलोनी, राजघाट, नई दिल्ली, श्री सूर्यनाथ प्रसाद का पता भेजें।

528/22.4.72 श्री हरिश्चन्द्र, एडवोकेट, 213, थानसिंह नगर, आनन्द पर्वत, नई दिल्ली, तुच्छ मदद करें।

529/22.4.72 श्री श्रीराम हरिजन, शीशराम की बाड़ी, 4/4, लाला बाबू की लेन, बानीपुर, कलकत्ता-2, बीजक नं. 40/22.4.72 की रकम पेमेंट कर पे वी.पी. छुड़वा दें।

530/22.4.72 श्री सीताराम पर्वाहकर्ता, श्री गंगा चरन, 57/2, वी.टी. रोड, पोस्ट—काशीपुर, कलकत्ता-2, 19/- 50 वी.पी. बीजक नं. 40/22.4.72, रवाना है।

531/22.4.72 श्री ईश्वरदीन कुरील, गाँव—सेहुरामऊ, पोस्ट—एकोली, राय बरेली, खास जगह दिल्ली में नहीं मिला सकता।

532/22.4.72 श्री रामबाबू शिक्षक, गाँव—जलालपुर, पोस्ट—मोहाना, कानपुर, 25/- पावें। धन्यवाद।

533/22.4.72 श्री चौधरी शम्भू दयाल, रायबरेली, 30/- पावें। धन्यवाद।

534/22.4.72 श्री मुंशीलाल शाक्य, गाँव—अलीगंज, एटा, 30/- पावें। धन्यवाद।

535/22.4.72 श्री विद्याशंकर यादव, एडवोकेट, रायबरेली, 15/- पावें। धन्यवाद।

536/22.4.72 श्री शम्भू दास, रायबरेली, रिमाइंडर, 1-ख, बीएच.

537/22.4.72 श्री सुधर, रायबरेली, रिमाइंडर, 3-ख, बीएच.

540/22.4.72 श्री शिवलाल, रायबरेली, रिमाइंडर, 4-ख, बीएच.

541/22.4.72 श्री बैजू दास कुरील, उन्नाव, रिमाइंडर, 5-ख, बीएच.

542/22.4.72 श्री सुरेन्द्र, एडवोकेट, रायबरेली, रिमाइंडर, 6-ख, बीएच.

543/22.4.72 श्री मेवालाल, रायबरेली, रिमाइंडर, 20-ग, बीएच.

544/22.4.72 श्री बेचूराम कुरील, उन्नाव, रिमाइंडर, 27-ग, बीएच.

545/22.4.75 श्री राम रतन कुरील, गाँव—गुसाई खेड़ा, पो.—दौलतपुर, रायबरेली, 2.50/- भेजें।

546/22.4.72 श्री गुरुचरनदास कुरील, वीपीओ—छिप-लहा, रायबरेली, श्री 50/- पिछले जमा धन्यवाद। अगली 1.5.72 को रुपये 25/- भेजें।

547/24.4.72 श्री सोहन लाल बौद्ध पर्वाहकर्ता, श्री द्वारिका प्रसाद बौद्ध, 258-सी, प्रेम नगर कॉलोनी, वीपीओ—रौजा, शाहजहाँपुर, 1.75 की वी.पी. रवाना हैं। छुड़ा लें।

548/24.4.72 श्री भगवान दास कुरील, चमरहिया टोला, वीपीओ—बछरावाँ, रायबरेली, 7-ख, बीएच. रवाना है। 1.6.72 को हिसाब दें। (पोस्ट—झींझक, रजि. नं. 51/24.4.72)

549/24.4.72 श्री राधेश्याम मास्टर, गाँव—चक्के, पोस्ट—कुटीर चक्के, जौनपुर, दिनांक : 15 को पत्र डाला करें। 27 को किताबें भेजा करें।

550/24.4.72 श्री टी.एन. शेषन, नई दिल्ली, कुशल पत्र

551/25.4.72 श्री राजाराम यादव, एडवोकेट, 227, सोहबतिया बाग, रौजा के पास, इलाहाबाद, इरिडमेल्टी बाऊड द्वारा बिल्टी प्राप्त करें।

552/25.4.72 श्री आर.डी. सोनकर, नई दिल्ली, कुशल पत्र

553/25.4.72 श्री रघुबीर राम, वीपीओ—कोटवा, वाया—मछली शहर, जौनपुर, 5/- पेशगी भेजें।

554/25.4.72 श्री सोहन लाल बौद्ध, 258-सी, प्रेम नगर कॉलोनी, वीपीओ—रौजा, शाहजहाँपुर, बीजक नं. 41/24.4.72 के 8.75/- देकर छुड़ा लें।

555/28.4.72 श्री गंगाप्रसाद आर्य, गाँव—बहुअरबा, पोस्ट—धनौजा, वाया—फुलपरास, दरभंगा। बीजक नं. 43/28.4.72 की वी.पी. 24.10/- देकर छुड़ा लें।

556/1.5.72 श्री राम आसरे बौद्ध, इलाहाबाद, दिनांक : 14.5.72 को आना जरूरी है।

557/2.5.72 श्री ईश्वरी प्रसाद, मथुरा, 32.50/- जमा, दिनांक : 27.4.72 को धन्यवाद।

558/2.5.72 श्री शंकर लाल जिन, डॉ. अम्बेडकर साहित्य पत्राचार, 123/228, सिक लाइन गहरीपन पूर्वा, कानपुर-12, 26.35/- पाए, 26.4.72 को धन्यवाद।

559/2.5.72 श्री जगराम सिंह, मथुरा, श्री जमुना प्रसाद जी, ने कुछ नहीं भेजा।

560/2.5.72 श्री केशव देव बौद्ध, गाँव—राम नगर, पोस्ट—मूसेपुर जलाल, अलीगढ़, 5/- पेशगी भेजिए।

561/2.5.72 श्री रामसिंह, गाँव—पृथ्वीपुर, पोस्ट—बेला, इटावा

562/2.5.72 श्री लोक नाथ बौद्ध, पोस्ट—कार्य, वीपीओ—मुगरा बादशाहपुर, जौनपुर, पहले डिजाइन फिर ब्लॉक बनवा लें।

563/2.5.72 श्री छोटे लाल बौद्ध, प्रेम बूट हाउस, पोस्ट—चिकवाही मंडी, वीपीओ—लालगंज, रायबरेली, 5/- भेजें पेशगी।

564/2.5.72 श्री जुग्गा सिंह, वाई, गाँव—परसौरा, बारीथाना, पोस्ट—बारीथाना, उन्नाव, सूची पत्र रवाना है। 5/- पेशगी भेजें।

565/2.5.72 श्री दिल्लीपति, गाँव—भैसाई, पोस्ट—बमरारा, जिला—हमीरपुर, 5/- पेशगी भेजें। 29.35/- हैं कमीशन, 25/- भेजें।

566/3.5.72 श्री घमंडी लाल जाटव, वीपीओ—छिबरामऊ, फर्रुखाबाद, डी.सी. वीरेन्द्र, बी.एस.सी.ए., एजी.-128/78, डी-ब्लॉक, किदवई नगर, कानपुर, *डॉ. अम्बेडकर का व्यक्तित्व दर्शन बाई* धनंजय कीर, (पोस्ट—झींझक, रजि. नं. 3.5.72)

567/3.5.72 श्री अंगन लाल, मोहल्ला—राधाकिशन, वीपीओ—अलीगंज, एटा, 25/- पावें। धन्यवाद।

568/3.5.72 श्री अंगन लाल भभूली प्रसाद, ईंट का भट्ठा, वीपीओ—अलीगंज, एटा, 12 *सच्ची रामायण* रवाना हे। 25/- 1.7.72 तक भेज दें। (पोस्ट—झींझक, रजि. नं. 188/3.5.72)

569/3.5.72 श्री कैलाश नाथ यादव, टिकट नं. 126, एम.एस.एस.डी., सी.ओ.डी., कानपुर, किताबें फलाँ-फलाँ को दे दें।

570/3.5.72 श्री कृष्ण प्रसाद, गाँव—लक्ष्मीपुर कोतिया, पोस्ट—रुद्रपुर, देवरिया, सूची पत्र रवाना है।

571/3.5.72 श्री राजा राम यादव, एडवोकेट, इलाहाबाद, लिखें, नोटिस कब तक देंगे?

572/3.5.72 श्री चुन्नी लाल, इलाहाबाद, श्री आर.आर. यादव से मिल लें।

573/3.5.72 श्री एन.डी. सोनवाने, एल.आई.सी. एजेंट, 127/4239, नेहरू नगर, कुर्ला, बम्बई-24 आपके लोग क्या कहते हैं?

574/3.5.72 श्री रामकृष्णा बौद्ध, वीपीओ—ऊमरसेडा, इटावा, 20/- भेजें। धन्यवाद।

575/3.5.72 श्री आशराम 'रवि', गाँव—पिवारी, पोस्ट—मारेहरा, एटा, रिमाइंडर, कुछ भेजें।

576/3.5.72 श्री प्रताप जी पटैली, आम्रपाली प्रकाशन सिद्धार्थ बिहार, वाडाला, बम्बई-31, सूची पत्र भेजें।

577/3.5.72 श्री धनपत सिंह जाटव, जी/14, नौरोजी नगर, नई दिल्ली, 40 *सच्ची रामायण* लें। श्री टी.एम. कुमार से ले लें।

578/3.5.72 श्री रामदास राय पर्वाहकर्ता, श्री बनवारीलाल साइकिल की दुकान अलोपी देवी के मन्दिर के क्षेत्र पें। अलोपी बाग, इलाहाबाद-6, आप 25/- भेजें। श्री निरंजनलाल अमोदी, 25-बी पटियाला से 15/- पेशगी भेजें।

579/3.5.72 श्री श्रवण कुमार, 130 म्योर रोड, राजापुर, इलाहाबाद-6, 15/- पेशगी भेजें।

580/3.5.72 श्री रामध्वजा राय व श्री राजदेव दास, आदर्श हिन्दी विद्यालय, 8, गोविंद खटिक रोड, कलकत्ता-46, रिमाइंडर

581/4.5.72 श्री केकेन राम, अध्यक्ष-हटिया हरिजन कल्याण समिति, सी.डी. 98/2, राँची-4, डी. 31-अ, 32-ब, रिमाइंडर

582/4.5.72 श्री जैसराम, गाँव—तेंदुआ असनहरा, बहेरवा, पोस्ट—करमहिया, बस्ती, डी. 8-अ, 9-अ, रिमाइंडर

583/4.5.72 श्री परगन सिंह, गाँव—बाकराबाद, पोस्ट—बमरौली, इलाहाबाद, डी. 10-अ, रिमाइंडर

584/4.5.72 श्री बाबू लाल बौद्ध, गाँव—लालबादरा, पोस्ट—मझौला, एटा, डी-36-क, रिमाइंडर

585/4.5.72 श्री मोहन लाल, मोहल्ला—पकड़िया, पीलीभीत, डी. 17, 18, रिमाइंडर

586/4.5.72 श्री सरदार रतन सिंह, एफ/1, पी.ए.ओ. (ओ.आर.एस.) अर्टिलरी, मथुरा, श्री जमुना प्रसाद से 50/- भिजवाएँ।

587/4.5.72 श्री बाबू लाल संखवार, वीपीओ—बमरौली, तहसील—पुखरायाँ, कानपुर, बीजक नं. 9/6.4.71, 25/- भेजें।

588/4.5.72 श्री नत्थू सिंह बौद्ध आत्मज श्री दुर्जन सिंह, नई बस्ती, नानकवार्ड, वीपीओ—बीना, सागर, बीजक नं. 16/24.9.71, 25/- भेजें।

589/4.5.72 श्री राजाराम कुरील पर्वाहकर्ता, श्री ऐरोड्रम ऑफिसर, वीपीओ—पन्त नगर, नैनीताल, बिजक नं. 18/29.6.71, 25/- भेजें।

590/4.5.72 श्री रामदयाल संखवार व श्री सूबेदार संखवार, वीपीओ—इन्दरुख, कानपुर, बीजक नं. 8/26.12.70, 25/- भेजें।

591/4.5.72 श्री राम प्रसाद, गाँव—ढकपूर्वा, पोस्ट—जोत, कानपुर, बीजक नं. 14/23.6.72, 25/- भेजें।

592/4.5.72 श्री सुखबारी लाल, गाँव—उदोत का पूर्वा, गाँव—बिरदूनी, इटावा, बीजक नं. 17/25.6.71, 25/- भेजें।

593/5.5.72 श्री खुर्रमदास, एडवोकेट, हरदोई, 12 *सच्ची रामायण,* 30-7 कमीशन + 2 पोस्टेज = 25/-, दिनांक : 1.7.72 तक भेजें। शर्तिया 2/-

594/6.5.72 श्री रामखिलावन, ग्राम सेवक, दफ्तर हरिजन सुपरवाइजर, खीरी, 50/- भेजें।

595/6.5.72 श्री लखन लाल, टिकट कलेक्टर, क्वाटर नं. 4/2 नगर महापालिका कॉलोनी, नगर महापालिका वाले मार्केट के पीछे, लीडर रोड, इलाहाबाद, 50/- भेजें।

596/8.5.72 श्री मुन्ना लाल निषाद, टिकट नं. 380, सेक्शन एल.सी., लघु अस्त्र निर्माणी, काल्पी रोड, कानपुर, *एकलव्य* 1.50/-,

*सच्ची रामायण* 2.50/-, *लोक शाही* 1.25/-, पोस्टेज 1.75 = 7/- शीघ्र भेजें। वजन 300 ग्राम, (पोस्ट—झींझक, रजि. नं. 70/10.5.72)

597/9.5.72 श्री प्रेस क्लर्क, कलेक्ट्री दफ्तर, कानपुर, श्री मौजीलाल यादव की पोलिटिकल लिखा-पढ़ी करावें।

598/9.5.72 श्री आर.डी. सोनकर, 34-ए, नियर बिरला मन्दिर मार्ग, नई दिल्ली, आ रहा हूँ।

599/9.5.72 श्री ओम प्रकाश शास्त्री, प्रधान-अम्बेडउकर साहित्य सेवा समिति, 2601, मोहल्ला—नियारियान फराशखाना, श्रद्धानंद मार्ग, दिल्ली-6, सूची पत्र रवाना है।

600/9.5.72 श्री फूलचन्द नेताजी, कॉलोनी नं. 5, गाँव—चन्द्रनगर, पोस्ट—चन्द्रिका हजारा, 15/- पाए, दिनांक : 17.4.72 को 10/- भेजें।

601/10.5.72 श्री ओंकार सिंह, ग्राम सेवक, पर्वाहकर्ता, श्री पन्ना लाल हलवाई, पुराना मोटर स्टैंड, जालौन, नकल बीजक नं. 49/10.5.72 की वी.पी. रवाना है। छुड़ाने की कृपा करें।

602/10.5.72 श्री मलखान सिंह कल्याणाी, 102, तोपखाना जालौन, किताबों के 25/- दिनांक : 1.6.72. तक भेजें।

603/10.5.72 श्री बुद्धिसागर लिपिक, पोस्ट—उरई, जालौन, होम एड्रेस लिखें। 30/- जमा दिनांक : 4.1.72 को धन्यवाद।

604/10.5.72 श्री बाँकेलाल एडिटर सेंक्शन-डी/ग्रुप-3/पी.ए.सी.(ओ.आर. एस.) आर्टिलरी, मथुरा, होम एड्रेस भेजें। 25/-

605/10.5.72 श्री बाबू राम प्रजापति, इटावा, के.बी. 25/- पावें। धन्यवाद। दिनांक : 9.5.72 को।

606/11.5.72 श्री जगराम सिंह कुसुम, पी.ए.ओ. (ओ.आर.एस.), आर्टिलरी, मथुरा कैंट, मथुरा, आज 57/- पावें। धन्यवाद।

607/11.5.72 श्री जमुना प्रसाद, पी.ए.ओ. (ओ.आर.एस.), आर्टिलरी, मथुरा कैंट, मथुरा, आज 57/- पावें। धन्यवाद।

608/11.5.72 श्री सरदार रतन सिंह, एफ/1, पी.ए.ओ. (ओ.आर.एस.), आर्टिलरी, मथुरा कैंट, मथुरा, आज 57/- पावें। धन्यवाद।

609/15.5.72 श्री जगराम सिंह कुसुम, वेतन लेखा कार्यालय, मथुरा, 2-*नागपुर*, 2-*भीम अभिनंदन*, 1 *धर्म परिवर्तन*, 1 *सच्ची रामायण*, 1 *सच्ची रामायण की चाभी* // 7 वजन, 1.01, 0.15, 0.05 (पोस्ट—झींझक, रजि. नं. 137/15.5.72)

610/15.5.72 श्री फेकनराव राही, गाँव—वैद्यनाथपुर उर्फ चरका, पोस्ट—अड्डा बाजार, गारेपखपुर, बीजक नं. ../15.5.72 की वी.पी.पी. छुड़वा लीजिएगा।

611/15.5.72 श्री दिल्लीपति, गाँव—भैसाई, पोस्ट—बमरारा, वाया—चरखारी, हमीरपुर, कुछ मदद करें।

612/15.5.72 श्री रामाश्चर्य यादव, गाँव—देवरायपुर, पोस्ट—घनश्यामपुर, जौनपुर, कुछ मदद करें।

613/18.5.72 श्री असरानन्द, गाँव—दीरापुर, पोस्ट—ईसखारा, सीतापुर, 30-ब/25 रसीद, 25-ब/19 रसीद, 27-ब/19 रसीद = 63 रसीद रवाना है। 150 ग्राम, 0.60, 1.00, .0.15, 0.05 = 1.80

614/19.5.72 श्री नरसिंह देव, गाँव—अजनपुर, पोस्ट—जोत, कानपुर, साधारण

615/26.5.72 श्री रामपाल सिंह यादव, एम.एल.ए., साधारण

616/26.5.72 श्री टी.एम. कुमार, की पंचिंग यूनिट, चौथी मंजिल, नई दिल्ली

737/12.6.72 श्री फूलचन्द, क्या रामनगर में श्री शीलो बीपन नहीं रहते? बतावें।

617/26.5.72 श्री धनपत सिंह, नई दिल्ली, कुशल पत्र

618/26.5.72 श्री पान सिंह बौद्ध, नई दिल्ली, 85/- श्री धनपत सिंह जाटव को देकर किताबें ले लें।

619/26.5.72 श्री जिज्ञासु जी, लखनऊ, 250/- के बजाय 500/- की लिस्ट भेजें।

620/31.5.72 श्री शीलोपात्र बीपन, क्वाटर नं. 1, मोहल्ला—राम नगर, गाँव—कबीरगंज, पोस्ट—मौर्निया, पीलीभीत, 4 *धर्म परिवर्तन* 10/-, 1 *सच्ची रामायण* 2.50/-, 1 *सच्ची रामायण की चाभी* 2.50/-, 1 *शम्बूक वध नाटक* 1.50/-, 1 *एकलव्य नाटक* 1.50/-, 1 *अँगुलिमाल नाटक* 1/-, 8 *भंडाफोड़* 8/-, 2 *चर्या विधि* 1.50/-, 6 *गाना* 1.50/-, 30-7 = 23 + 2 = 25, दिनांक : 15.7.72, को शर्तिया भेजें।

621/31.5.72 श्री फूलचन्द नेताजी, क्वा. नं. 5, गाँव—चन्द्र नगर, पोस्ट—चन्दिया हजारा, उपरोक्त माल का रुपया दिनांक : 1.8.72 को भिजवाएँ। (पोस्ट—झींझक, रजि. न. 31.5.72)

622/31.5.72 श्री हरिशचन्द्र, गाँव—जोपा, पोस्ट—फरीदनगर, मेरठ, 2/- जमा। पो.आ. का नाम सही-सही भेजें।

623/31.5.72 श्री हरिशचन्द्र, गाँव—जोपा, पोस्ट—फरीदनगर, मेरठ, कार्ड में फरीद नगर व मनीआर्डर की कूपन में फरीदपुर है।

624/31.5.72 श्री आशराम रवि, गाँव—पिवारी, पोस्ट—मारहरा, एटा, 50/- भेजें।

625/31.5.72 श्री मिनि. सा. शिक्षा तथा समाज कल्याण मंत्रालय, 'शिक्षा विभाग', नई दिल्ली, 'भारतीय भाषाओं की उन्नति के लिए स्वैच्छिक संगठनों को अनुदान' मैं अपनी शर्तें पूरी नहीं कर सकता?

626/31.5.72 श्री हरिदास उर्फ सच्चिदानन्द पुस्तकालय, गाँव—मनौढ़ी, पोस्ट—भाननपुर बाबू, बस्ती, 5/- पेशगी भेजें।

627/31.5.72 श्री गंगा प्रसाद आर्य, गाँव—बहुमरबा, पोस्ट—धनौजा, वाया—फुलपरास, दरभंगा, बिहार, पता नहीं पुराणे कहाँ मिलती हैं?

628/31.5.72 श्री टी. रतन लाल पर्वाहकर्ता, टी. लाल, क्वा. नं. 82, लोको, डी.ई.एफ., वीपीओ—ठाठा, मुंगेर, बिहार, 5/- पेशगी भेजें।

629/31.5.72 श्री बनवारी लाल, जाटव खि. लीडर, वीपीओ—नगीना, बिजनौर, दिनांक : 16.4.72 के अनुसार 25/- शीघ्र भेजें।

630/31.5.72 श्री बी.एल.वाई., इलाहाबाद

631/31.5.72 श्री डॉ. प्रकाशनारायण गुप्ता, एम.एल.ए., पुरानी बिजय नगर कॉलोनी, आगरा, दवा बतावें, श्री बिजय सिंह यादव के कान के बहने की।

632/31.5.72 श्री असरानन्द, गाँव—हीरापुर, पोस्ट—ईसखारा, सीतापुर, आने की फुरसत नहीं।

633/5.6.72 श्री अशर्फीलाल, ई-20/56, सिद्धार्थ बस्ती, नियर शालीमार सिनेमा, पोस्ट—पन्त नगर, नई दिल्ली-14, आने पर जरूर मिलूँगा।

634/5.6.72 श्री जीवन लाल, क्लर्क, 10-सी, बेली रोड, इलाहाबाद, आने पर जरूर मिलूँगा।

635/5.6.72 श्री शम्भू दयाल, 431, निशात गं, लखनऊ, दिनांक : 2.6.72, 30/- किताबें वाले पाए धन्यवाद।

636/9.6.72 श्री डॉ. अर्जून लाल, अखंड सतगरु दवाखाना, रेलवे स्टेशन, बजरिया, सवई माधोपुर, चन्दा के 55/- + किताबों के 25/- शीघ्र भेजें।

637/9.6.72 श्री परम पूज्य भन्ते आनन्ददेव बुद्धबिहार, वीपीओ—कुकरगाँव, जालौन, चन्दा के 55/- + किताबों के 25/- शीघ्र भेजें।

638/9.6.72 श्री डॉ. ए.आर. नाहर, 112, प्रेम नगर, डॉ. अम्बेडकर मार्ग, झाँसी, चन्दा के 55/- + किताबों के 25/- शीघ्र भेजें।

639/9.6.72 श्री कैलाश नाथ यादव, टिकट नं. 126, कानपुर, एम.एस. एस.डी., सी.ओ.डी., कानपुर, 25/- सहायतार्थ पाए, धन्यवाद। किताबों वाले 25/- भेजें।

640/9.6.72 श्री कल्लूदास सन्त, गाँव—धूरीखेड़ा, पोस्ट—पूरे पांडे, रायबरेली, 25/- सहायतार्थ पाए, धन्यवाद। किताबों वाले 25/- भेजें।

641/9.6.72 श्री कामता प्रसाद बौद्ध, 231/4, बाबूपूर्वा कॉलोनी, पोस्ट—किदवई नगर, कानपुर, 25/- सहायतार्थ पाए, धन्यवाद। किताबों वाले 25/- भेजें।

642/9.6.72 श्री कल्यान सिंह 'प्रेमी', बारदाना वाले, मोहल्ला—विदरुगंज, अलीगढ़, 25/- सहायतार्थ पाए, धन्यवाद। किताबों वाले 25/- भेजें।

643/9.6.72 श्री खुर्रमदास, एडवोकेट, कलेक्ट्रेट, हरदोई, 25/- चन्दा वाले + 25/- + -25/- दो बार की किताबों वाले कुल 50/- शीघ्र भेजें। 25/- रुपये दिनांक : 1.7.72 को भेजें।

644/9.6.72 श्री गंगाशरण, 58, पूर्वा शेखलाल, डॉ. अम्बेडकर रोड, मेरठ, 25/- जमा सहायतार्थ धन्यवाद। 25/- किताबों वाले। शीघ्र भेजें।

645/9.6.72 श्री गौरी शंकर सचान, गाँव—जलालपुर, पोस्ट—मोहम्मदपुर, कानपुर, 25/- जमा सहायतार्थ, धन्यवाद। 25/- रुपये किताबों वाले। शीघ्र भेजें।

646/9.6.72 श्री गनपत दयाल 'प्रेमी', रिपब्लिकन लीडर, पटवत गली, वीपीओ—कायमगंज, फर्रुखाबाद, 25/- कॉपी वाले + 25/- किताबों वाले + 10/- पिछले = 60/- शीघ्र भेजें।

647/9.6.72 श्री चेतराम सिंह गौतम, क्वा. डी-242, गोविन्दपुरी कॉलोनी, वीपीओ—मोदी नगर, 50/- रुपये दिनांक : 12.2.72 को प्राप्त, 25/- रुपये किताबों वाले भेजें।

648/9.6.72 श्री छिंगेलाल कटरा, कटरा टेलर्स, वीपीओ—निवाड़ी, टीकमगढ़, 30/- सहायतार्थ जमा, धन्यवाद, 25/- रुपये किताबों वाले भेजें।

649/9.6.72 श्री गुरुचरन दास कुरील, वीपीओ—छिवलहा, रायबरेली, 50/- जमा धन्यवाद। 25/- किताबों वाले भेजें।

650/9.6.72 श्री छेदीप्रसाद, एडवोकेट, 10 गुरुपार्क, बरमकान, श्री मेड़ईराम, देवरिया, 5/- जमा, 25/- किताबों वाले भेजें।

651/9.6.72 श्री ज्वाला प्रसाद अहिरवार, एक्स-एम.एल.ए., गांधी नगर, वीपीओ—कोंच, जालौन, 40/- सहायतार्थ जमा। धन्यवाद, 25/- किताबों वाले भेजें।

652/9.6.72 श्री जगन्नाथ प्रसाद बौद्ध, मंत्री अखिल भारतीय डॉ. अम्बेडकर सेवा संघ, कलकत्ता-16, 50/- सहायतार्थ जमा, धन्यवाद। 25/- किताबों वाले भेजें।

653/9.6.72 श्री डी.आर. दास, एच.एम.डी.एस., नरसिंह देव का मन्दिर, मोहल्ला—रामगंज, वीपीओ—अयोध्या, फैजाबाद, 25/- किताबों वाले भेजें।

654/9.6.72 श्री दीनदयाल 'विरागी', सम्पादक—*मूल भारतीय जागरण*, मोहल्ला—राजेन्द्र नगर, वीपीओ—उरई, जालौन, दो कॉपियों का चन्दा भेजें। 25/- किताबों वाले भेजें।

655/9.6.72 श्री परम पूज्य श्रामशोर धम्म पाल, बुद्ध विहार, वीपीओ—उझानी, बदायूँ, 27/- सहायतार्थ जमा। 15/- किताबों वाले जमा। 10/- किताबों वाले शेष भेजें।

656/9.6.72 श्री धनई सिंह यादव, एडवोकेट कलेक्ट्रेट, आजमगढ़, 5/- सहायतार्थ जमा। 25/- किताबों वाले भेजें।

657/9.6.72 श्री नवल किशोर, अध्यापक, श्री भगवान दास इंटर कॉलेज, गाँव—रामगढ़, पोस्ट—हरचन्दपुर, इटावा, दो कॉपी चन्दा की है। चन्दा भेजें। 25/- किताबों वाले भेजें।

658/9.6.72 श्री एन.डी. सोनवाने, एल.आई.सी. एजेंट, 127/4239, कुर्ला, बम्बई-24, 1 एक कॉपी चन्दे की है। चन्दा भेजें। 25/- किताबों वाले भेजें।

659/9.6.72 श्री डॉ. प्रभुदयाल, ग्रामीण सेवा चिकित्सालय, दिबयापुर रोड, वीपीओ—औरइया, इटावा, 25/- किताबों वाले भेजें।

660/9.6.72 श्री डॉ. बद्री प्रसाद सिंह यादव, शेखूपुरा, कचहरी रोड, जौनपुर, 25/- सहायतार्थ जमा। धन्यवाद। 25/- किताबों वाले जमा। धन्यवाद। क्या दिनांक : 1.9.72 के वायदे पर 12 *रामायण* भेजें?

661/9.6.72 श्री बदलू प्रसाद, गाँव—ईसापुर, पोस्ट—चमियानी, उन्नाव, 25/- सहायतार्थ पावें। धन्यवाद। 25/- किताबों वाले भेजें।

662/9.6.72 श्री बाबू राम यादव, डी/8/ई.एस.आई.सी. कॉलोनी, सर्वोदय नगर, कानपुर, 8/- सहायतार्थ जमा, धन्यवाद। 25/- किताबों वाले भेजें।

663/9.6.72 श्री बाबू लाल कुरील, 555-च/261, रामनगर, लखनऊ, 10/- जमा, किताबों के 25/- भेजें। कॉपियों के रुपये भेजें।

664/9.6.72 श्री बैजूदास कुरील, गाँव—जमीपुर, पोस्ट—बैहार, उन्नाव, 25/- जमा, धन्यवाद। 25/- किताबों वाले भेजें।

665/9.6.72 श्री बेचूराम, मिलर चार्जमैन, जे/3, लेबर कॉलोनी, वीपीओ—चुर्क, मिर्जापुर, 25/- सहायतार्थ जमा। धन्यवाद। 25/- किताबों वाले भेजें।

666/9.6.72 श्री बंशीलाल, ग्राम सेवक, गाँव—पैगम्बरपुर कबरी, पोस्ट—सेवरामऊ, फतेहपुर, 25/- सहायतार्थ जमा। धन्यवाद। 25/- किताबों वाले भेजें।

667/9.6.72 श्री बच्ची लाल मास्टर, गाँव—बाँध, पोस्ट—बरीपाल, कानपुर, 2/- पुरानी रसीद बुकों का क्या है? 25/- भेजें। किताबों वाले।

668/9.6.72 श्री बिदेशीराम, एडवोकेट कलेक्ट्रेट, आजमगढ़, 25/- किताबों वाले भेजें।

669/9.6.72 श्री भगवान दीन, एडवोकेट, उन्नाव, 25/- किताबों वाले भेजें।

670/9.6.72 श्री माधोराम जौहर नेता जी सिविल लाइन, हरदोई, 25/- चन्दा की कॉपी वाले व 25/- किताबों वाले भी भेजें। दिनांक : 14.9.72 का क्या भाँग खाकर लिखा था?

671/9.6.72 श्री मुंशीलाल चमार, एक्स-एम.एल.ए., गाँव—बरनाहल, पोस्ट—करहल, मैनपुरी, 100/- चन्दा द्वारा या व्यक्तिगत भेजें। 25/- किताबों वाले भेजें।

672/9.6.72 श्री मलखान सिंह कल्याणी, 102 तोपखाना, जालौन, 25/- किताबों वाले भेजें।

673/9.6.72 श्री मनराज यादव, एम.ए., पीएचडी, पर्वाहकर्ता, श्री वर्मा क्लाथ स्टोर, वीपीओ—ज्ञानपुर, वाराणसी, 25/- पाए धन्यवाद। 25/- किताबों वाले भेजें।

674/9.6.72 श्री मनीराम वर्मा, गाँव—अहमदपुर, पोस्ट—पाली, हरदोई, 25/- जमा-सहायतार्थ, धन्यवाद। 25/- किताबों वाले भेजें।

675/9.6.72 श्री मुरली बौद्ध नेशनल कम्पनी लाइन नं. 15, क्वा. नं. 34, पोस्ट—बानीपुर, हावड़ा, 25/- किताबों वाले भेजें।

676/9.6.72 श्री मुन्ना लाल निषाद, टिकट नं. 380, सेंक्शन एल.सी., काल्पी रोड, कानपुर, 7/- भेजें। किताबों वाले।

677/9.6.72 श्री योगेन्द्र प्रसाद, एस-13/71, तेलिया बाग, वाराणसी, 25/- जमा-सहायतार्थ, धन्यवाद। 25/- किताबों वाले भेजें।

678/9.6.72 श्री रघुनन्दन प्रसादा 'विद्यार्थी', भीम नगर (सहावर गेट), वीपीओ—कायमगंज, एटा, 30/- जमा-सहायतार्थ, धन्यवाद। 25/- किताबों वाले भेजें।

679/9.6.72 श्री आर.डी. शिशुपाल, जे.पी.पी.-158, एसबोसटस लिमि., मुलुंड, बम्बई-80-एन.बी., 25/- जमा-सहायतार्थ, धन्यवाद। 25/- किताबों वाले भेजें।

680/9.6.72 श्री रामबाबू, गाँव—बरवा, पोस्ट—पुखरायाँ, कानपुर, 25/- जमा-सहायतार्थ, धन्यवाद। 25/- किताबों वाले भेजें। 25/- की पुस्तकें किसी विश्वासी रिश्तेदार के द्वारा बिकवा दो।

681/9.6.72 श्री सटीकराम गौतम, इलाहाबाद वाले, डॉ. अम्बेडकर सेवा संघ, 6 विजय कुमार मुकर्जी रोड, एलकिया, हावड़ा, 30/- सहसयतार्थ जमा, धन्यवाद। 25/- किताबों वाले भेजें।

682/9.6.72 श्री राजाराम संखवार, आर.एम.एस. मेरठ कैंट, मेरठ, 25/- जमा-सहायतार्थ, धन्यवाद। 12 किताबें श्री गंगाशरण, 58 पूर्वा शेखलाल को दे दें।

683/9.6.72 श्री रामआसरे बौद्ध पर्वाहकर्ता, श्री बद्री प्रसाद संगमलाल मालिक मकान, नई बस्ती, वीपीओ—मनौरी, इलाहाबाद, 25/- जमा-सहायतार्थ, धन्यवाद। 25/- किताबों वाले भेजें।

684/9.6.72 श्री रामआसरे कुरील, इंस्पेक्टर-परिवर नियोजन, वीपीओ—खिरौं, रायबरेली, 25/- जमा-सहायतार्थ, धन्यवाद। 25/- किताबों वाले भेजें।

685/9.6.72 श्री आर.एन. माली, सेक्शन अकाऊंट-रिजर्व बैंक ऑफ इंडिया, कानपुर, 36/- जमा, धन्यवाद। 25/- किताबों वाले भेजें।

686/9.6.72 श्री रामचन्द्र संखवार, गाँव—जरसेन, पोस्ट—मूसानगर, कानपुर, 25/- किताबों वाले भेजें।

687/9.6.72 श्री लक्ष्मी नारायण कुरील, 45, बाग मुन्नू, घसियारी मंडी, कैसर बाग, लखनऊ, 20/- सहायतार्थ जमा, धन्यवाद। 25/- किताबों वाले भेजें।

688/9.6.72 श्री लक्ष्मी नारायण बौद्ध, 522-ब/2, ऊँचा गढ़ी, राजापुर, लखनऊ, 21/- शीघ्र भेजें किताबों वाले।

689/9.6.72 श्री विद्या शंकर यादव, एडवोकेट, रायबरेली, 25/- किताबों का मूल्य भेजें।

690/9.6.72 श्री जाटव एस.पी. आर्य, हाइडिल कॉलोनी, वीपीओ—चोपन, मिर्जापुर, 27/- सहायतार्थ जमा, धन्यवाद। 25/- किताबों वाले भेजें।

691/9.6.72 श्री सुन्दरलाल प्रजापति, 492, कालेशाह का तकिया, कासगराज, सिविल लाइन, बिहारीपुर, बरेली, 60/- सहायतार्थ जमा, धन्यवाद, 50/- किताबों वाले भेजें।

692/9.6.72 श्री सालिक राम कुरील, चौराहा, वीपीओ—जसवन्त नगर, इटावा, 25/- जमा-सहायतार्थ, धन्यवाद। 25/- किताबों वाले भेजें।

693/9.6.72 श्री सियाराम, एम.एल.ए., वीपीओ—अमांपुर, एटा, 51/- जमा, धन्यवाद। 25/- किताबों वाले भेजें।

694/9.6.72 श्री बलराम तार बाबू, तार घर नॉर्दर्न रेलवे, इलाहाबाद, दिनांक : 7.5.72 वाले 50/- क्यों नहीं भेजें। दु:ख है।

695/9.6.72 श्री हीरा लाल सिसौदिया, 4/1644, अशोक नगर, फ्रीगंज, उज्जैन, 25/- जमा-सहायतार्थ, धन्यवाद। 25/- किताबों वाले भेजें।

696/9.6.72 श्री मोहन लाल, पकड़िया, पीलीभीत, 50/- की मदद करें।

697/9.6.72 श्री रामस्वरूप वर्मा, एक्स-मिनि., लखनऊ, श्री करुणानिधि कब आवेंगे? लिखें।

698/9.6.72 श्री केशव राम संखवार, गाँव—बहवलपुर, पोस्ट—लालपुर, कानपुर, दो कॉपी अपनी व 1 कॉपी में बनवरी लाल का हिसाब भेजें।

699/9.6.72 श्री बाबूलाल बौद्ध, गाँव—लाल बादरा, पोस्ट—मझोला, एटा, 25/- की मदद करें। चन्दा द्वारा।

700/9.6.72 श्री सन्तू राम कुरील, गाँव—पाठक खेड़ा, पोस्ट—भोजपुर, रायबरेली, 13-अ के 25/- भेजें। चन्दा द्वारा।

701/9.6.72 श्री परगन सिंह बौद्ध, गाँव—बाकराबाद, पोस्ट—बमरौली, इलाहाबाद, 25/ भेजें। चन्दा द्वारा।

702/9.6.72 श्री जैसराम, गाँव—तेंदुआ असनहरा अहरेवा, पोस्ट—करमहिया, बस्ती, 50/- भेजें। चन्दा द्वारा।

703/9.6.72 श्री सकटेलाल, गाँव—जिजपुरा, पोस्ट—रायपुर, हेड पोस्ट—कंचमजंग, फर्रुखाबाद, चन्दा द्वारा या व्यक्तिगत 25/- की मदद करें।

704/9.6.72 श्री फेकन राम मंत्री, डॉ. अम्बेडकर जीवन संघर्ष सर्वहारा किसान मजदूर एक्षनशोरी, एच.ई.सी. बोकारो स्टील प्रोजेक्ट कार्यालय, 928 डी.टी., राँची, बिहार, 31-अ व 35-ख द्वारा मदद करें।

705/9.6.72 श्री रामकृष्ण संखवार, वीपीओ—चिलौली, कानपुर, 2.50/- पेशगी भेजें व 2 *गाना* व *न्योतरी बहार* भेजी जावेंगी।

706/9.6.72 श्री बाबू फतेहसिंह शाक्य, स्वागताध्यक्ष व श्री होरीलाल शाक्य मंत्री, अशोक नगर, पुल बोगदा एच.ई.सी. रोड, भोपाल, 10, 11 जून की अनुपस्थिति की क्षमा।

707/9.6.72 श्री डी.पी. सिंह जाटव, जे/14, नौरोजी नगर, नई दिल्ली, मदद करें।

708/9.6.72 श्री लखन लाल, टिकट कलेक्टर, 4/2 नगर महापालिका कॉलोनी, नगर पालिक मार्केट के पीछे, लीडर रोड, इलाहाबाद, 50/- जमा, धन्यवाद। 56.25/- भेजें। 10 + 10 + 10 = 75-18.75 कमीशन किताबों वाले = 56.25/-

709/9.6.72 श्री रामदरस राम पर्वाहकर्ता, श्री बनवारी लाल साइकिल की दुकान, अलोपी देवी के मन्दिर के पास, अलोपी बाग, पोस्ट—दारागंज, इलाहाबाद-6, आप 32/- रुपये भेजें।

710/9.6.72 श्री कल्लूदास सन्त, गाँव—धूरी खेड़ा, पोस्ट—पूरे पांडे, रायबरेली, 6 *धर्म परिवर्तन*, 2 *सच्ची रामायण*, 2 *सच्ची रामायण की चाभी* = 10 किताबें = 25/- रुपये, 25-6.25 कमीशन = 18.75 लेना + 0.75, कुल = 19.50

711/9.6.72 श्री ईश्वरदीन, गाँव—ऐडुरामऊ, पोस्ट—एकौनी, 25/- + 5/- किताब = 30/- भेजें।

713/9.6.72 श्री गुप्ता, छीटीखेड़ा, पोस्ट—भोजपुर, रायबरेली, चन्दा द्वारा 25/- भेजें। ख बीएच.

714/9.6.72 श्री छोटनलाल, गाँव—सिंघौर, पोस्ट—बीजेमऊ खपुरा, रायबरेली, चन्दा द्वारा 25/- भेजें। ख बीएच.

715/9.6.72 श्री बैजूदास कुरील, वीपीओ—जमीपुर, रायबरेली, चन्दा द्वारा 25/- भेजें। ख बीएच.

716/9.6.72 श्री सुरेन्द्र प्रसाद, एडवोकेट, लालगंज रोड, रायबरेली

717/9.6.72 श्री भगवान दास कुरील, चमरहिया टोला, वीपीओ—बछरावाँ, रायबरेली

718/9.6.72 श्री फेरईदास साधु, गाँव—बनकटिया कुटी, पोस्ट—जोकहरा, आजमगढ़, नकल बीजक नं. 50/15.5.72 रवाना है। 1/- कमीशन दिया गया है।

719/9.6.72 श्री मेवालाल कुरील, गाँव—सब्जी, पोस्ट—सेमरी, रायबरेली, कॉपी द्वारा 25/- चन्दा भेजें। बीएच. ख

720/9.6.72 श्री कनौजीलाल, छोटे ठेकेदार, उग्रसेन व्यायाम शाला, कानपुर, किताबें जो श्री कैलाश नाथ यादव दीं, ले लें।

721/9.6.72 श्री मूलचन्द भारतीय, भीम नगर, जाटवपुरा, बरेली, दो कॉपी हैं। चन्दा भेजें दिनांक : 7.12.70 वाली।

722/9.6.72 श्री डॉ. आसकरन, गाँव—जाजपुर, पोस्ट—घाटमपुर, कानपुर, 25/- की मदद करें।

723/9.6.72 श्री राम सिंह, गाँव—पृथ्वीपुर, पोस्ट—बेला, इटावा, श्री सुखवानी लाल से 25/- चन्दा को भिजवाएँ।

724/9.6.72 श्री सोनेलाल मास्टर, गाँव—इटेली, पोस्ट—मकरन्दपुर, कानपुर, 25/- चन्दा भेजें।

725/9.6.72 श्री रामेश्वर दयाल, गाँव—गुन्दैला, पोस्ट—ककवन, कानपुर, 25/- + 2/- किताबों के भेजें।

726/9.6.72 श्री रामहर्ष गोंड, जन. इंश्योरेंस सोसाइटी लिमि., 232 दादा भाई नौरोजी रोड, पोस्ट बॉक्स नं. 616, फोर्ट बम्बई, 17-ब, रिमाइंडर

727/9.6.72 श्री भोलाराम रावत, वीपीओ—छिवलहा, रायबरेली, चन्दा द्वारा कुछ भेजें। 23-क बीएच.

728/9.6.72 श्री गुमानी लाल संखवार, वीपीओ—भन्देमऊ, कानपुर, 31-क, डी. वाला चन्दा भेजें।

729/9.6.72 श्री रूप चन्द अहिरवार, 407, राजापुर, इलाहाबाद, 6-ग डी. का चन्दा भेजें।

730/9.6.72 श्री जानकी प्रसाद, गाँव—इडगुवारा, पोस्ट—कांजी, कानपुर, चन्दा द्वारा कुछ भेजें।

731/9.6.72 श्री बेचेलाल प्रजापति, वीपीओ—कांजी, कानपुर, श्री रामचन्द कठेरिया से कुछ भिजवावें।

732/9.6.72 श्री हरीदास बौद्ध, लाइन नं. 59/13 एंगस जूट मिल, पोस्ट—एंगस, हुगली, 34-अ, कुछ भेजें।

733/9.6.72 श्री सुज्ञान राव महारजी, गाँव—हिस्बन खुर्द, पोस्ट—हिस्बन बुजुर्ग हेड पोस्ट—जालना, औरंगाबाद, 37-अ डी. का चन्दा भेजें।

734/9.6.72 श्री रामस्वरूप भारती, एडवोकेट कलेक्ट्रेट, प्रतापगढ़, 38-अ डी. का चन्दा भेजिए।

735/9.6.72 श्री धर्मराम पर्वाहकर्ता, श्री महाबल 4/5, सुचेतापुरी, पोस्ट—गोविन्दपुरी, मोदी नगर, मेरठ, 5/- पेशगी भेजें।

736/9.6.72 श्री राम बाबू दोहरे, 105/516, आनन्द बाग, कानपुर, दिनांक : 2.7.71 को कुछ रुपये भेते थे लिखा था- नहीं भेजें। अब भेजें।

737/12.6.72 श्री फूलचन्द नेताजी, क्वाटर नं.5, गाँव—चन्द्रनगर, पोस्ट—चन्दिया हजारा, पीलीभीत, पत्र नं. 620/31.5.72 की रजिस्ट्री वापस आई लिखा...

738/12.6.72 श्री रामजीलाल बैरवा, बी.एच.डब्ल्यू., वीपीओ—चान्दराना, जयपुर, बीजक नं. 55/16.5.72 की वी.पी. लौटी आप बाहर गए। पोस्टेज 1.65 भेजें।

739/12.6.72 श्री घमंडी लाल जाटव मोहल्ला—कस्साबान, वीपीओ—छिबरामऊ फर्रुखाबाद, बीजक नं. 48/4.5.72 को श्री बाबू राम ने वापस किया। 1.50 पोस्टेज भेजें।

740/12.6.72 श्री ओंकार सिंह, ग्राम सेवक पर्वाहकर्ता, श्री पन्ना लाल गुप्ता हलवाई पुराना मोटर स्टैंड, जालौन, बीजक नं. 49/10.5.72 को वापस किया। नोटिस तकसीम। आपने वी.पी. नहीं छुड़ाई।

741/12.6.72 श्री चमनदास यादव, 16-जी, एच. गंगा कॉलोनी, वीपीओ—मुगल सराय, वाराणसी, बीजक नं. 37/15.4.72 नहीं छुड़ाई। बताएँ।

742/13.6.72 श्री राम बाबू कंवर, गाँव—जलालपुर, पोस्ट—मोहाल, कानपुर, कमीशन आदि। राम कृष्ण गाँव—गौरी

742/14.6.72 श्री रामदरस राम पर्वाहकर्ता, बनवारी लाल साइकिल की दुकान, अलोपी देवी के मन्दिर की सीमा के भीतर, 149 अलोपी बाग, इलाहाबाद-6, 1 खोज, 1 *सामाजिक लेख* = 2, 1 *सच्ची रामायण* .75/-, 1 *माया* 1/-, 2 *शम्बूक* 3/-, 1 *एकलव्य* 1.50/-, 1 *नाग* 2/-, 1 *वर्ण* 5/-, 1 *सम्यक* 2.50/-, 1 *राम राज्य* .50/-, 1 *कथा* 1.25/- = 17.00 + पिछली 1.00 = 18.00 + 5.50 कमीशन 33: = 10.50, पेशगी 5/-, शेष 5.50, पोस्टेज 1.95, लेना 7.45 (वजन 7.50 ग्राम, .75 + 1.00 + .15 + .05 = 3.95) (पोस्ट—झींझक, रजि. नं. 104/16.6.72)

744/14.6.72 श्री असरानन्द, गाँव—हीरापुर, पोस्ट—ईसरवारा, बीजक नं. 6/29.1.72 वापस अनपेड मिली। अन्य श्री आशीर्वादी नामी, मु. जमरा का पूर्वा, पोस्ट—सकरन को किताबें भी भेजेंगे। 5/- पेशगी भिजवावें।

745/14.6.72 श्री आशीर्वादी नामी, गाँव—जमरा का पूर्वा, पोस्ट—सकरन, सीतापुर, *सच्ची रामायण* 2.50/- + डाक खाना खर्च 1.50 = 4/- भेजें।

746/14.6.72 श्री रामपाल सिंह यादव, एम.एल.ए., वीपीओ—सिठमरा, कानपुर, कुशल पत्र, हस्ते श्री गंगा चरन यादव।

747/15.6.72 श्री लक्ष्मी नारायण कुरील, 45, बाग मुन्नू घसियारी मंडी, कैसर बाग, लखनऊ, 12 *सच्ची रामायण* रवाना है। 25/- भेजने की तारीख लिखें। (पोस्ट—झींझक, रजि. नं. 004/15.6.72)

748/15.6.72 श्री रामआसरे बौद्ध, सी.एस.के. पर्वाहकर्ता, श्री बद्री नाथ प्रसाद, संगमलाल मालिक मकान, वीपीओ—मनौरी, इलाहाबाद, पत्र मिला। धन्यवाद।

749/15.6.72 श्री गनपत लाल, रिपब्लिकन लीडर, परवन मलिक, वीपीओ—कायमगंज, फर्रुखाबाद, 25 + 10 + 25 = 60 आपको देने थे, कब देंगे?

750/15.6.72 श्री हरचरण लाल प्रजापति, 288 बहादुरगंज, इलाहाबाद, प्रजापति परिचय भेजें। श्री खेमराम टेलर अरेल रोड, नैनी का मकान नम्बर।

751/15.6.72 श्री रामचन्द्र वर्मा, साहित्य रानमाला कार्यालय काशी, वाराणसी, *बौद्ध कालीन भारत* है या नहीं, लिखें।

752/15.6.72 श्री जगदीश प्रसाद, रेलवे कॉलोनी, टिकट नं. 95 क्वा. नं. 1, पोस्ट—नैनी, इलाहाबाद, कुछ मदद करें।

753/15.6.72 श्री कारु शिल्प केन्द्र, 23/61, पटकापुर, कानपुर, 1 *धर्म परिवर्तन* 2.50/-, 1 *सच्ची रामायण* 2.50/-, *सच्ची रामायण की चाभी* 2.50/-, 1 *अँगुलिमाल नाटक* 1/- = 8.50/-, कमीशन 8.90/-, 1.70/-, 0.80/-, शेष 8.80, पोस्टेज 1.20/- 8.70/-, शेष पोस्टेज 0.30, 1/-, 0.15, 0.06 = 1.50/-, लिखें माल कब मिलेगा?

754/15.6.72 श्री कुमारी देवमित्र, 7/90, दाई बाड़ा, अजमेरी गेट, दिल्ली, कुछ मदद करें।

755/15.6.72 श्री भल्लू राम प्रजापति, गाँव—नगिया पूर्वा, पोस्ट—जटवारा, प्रतापगढ़, कुछ मदद करें।

756/16.6.72 श्री लक्ष्मी नारायण कुरील, 45 बाग मुन्नू, घसियारी मंडी, कैसरबाग, लखनऊ, 10/- पावें। धन्यवाद। किताबों वाले।

757/17.6.72 श्री सोहन लाल बौद्ध, पर्वाहकर्ता, श्री द्वारिका प्रसाद बौद्ध, 248-सी, प्रेम नगर, कॉलोनी, वीपीओ—रोजा, शाहजहाँपुर, 2 *धर्म परिवर्तन*, 1 *सच्ची रामायण*, 1 *सच्ची रामायण की चाभी* रवाना है। बीजक नं. 8/26.4.72, के बदले में, (पोस्ट—झींझक, रजि. नं. 076/1.6.72)

758/17.6.72 श्री हरीराम यादव, गाँव—दिलवल, पोस्ट—खानपुर, कानपुर, रिमाइंडर, 35-ग, डी.

759/17.6.72 श्री आत्मा राम एंड संस, जालन्धर, पंजाब, हाउस नम्बर व मुहल्ला लिखें।

760/17.6.72 श्री आत्मा राम एंड संस, जयपुर, हाउस नम्बर व मुहल्ला लिखें।

761/17.6.72 श्री आत्मा राम एंड संस, जयपुर, दुकान हरियाणा में या पंजाब में हाउस नम्बर व मुहल्ला लिखें।

762/17.6.72 श्री बलराम मिर्जापुर वाले, असि. स्टे. माहार, रिफरेशर क्लास, वीपीओ—चन्दौसी, मुरादाबाद, 50/- नहीं 100/- दिनांक : 12.7.72 को भेजें।

763/17.6.72 श्री मौजीलाल, पोस्ट—ढकपूर्वा, पोस्ट—जोत, कानपुर, 10/- पावें। धन्यवाद।

764/17.6.72 श्री जिज्ञासु, लखनऊ, 500 की लिस्ट भेजें।

765/17.6.72 श्री मौजीलाल, गाँव—ढकपूर्वा, पोस्ट—जोत, कानपुर, 10/- (अ-16) के पावें। धन्यवाद।

766/17.6.72 श्री राजाराम यादव, 227 सोहबतिया बाग, निकट रोजा, इलाहाबाद, चेरिस दिया या नहीं, लिखें।

767/17.6.72 श्री रामध्वजा राय लबा, श्री राजदेवदास, आदर्श हिन्दी विद्यालय, 8 गोविन्द खटिक रोड, कलकत्ता-46, 34 ख, डी. के 25/- भेजें।

768/17.6.72 श्री बी.एल.वाई., इलाहाबाद, कब दिल्ली चलना है?

769/19.6.72 श्री लीलाधर जोशी, एडवोकेट, एक्स-मुख्य मंत्री, शाजापुर, मुझे राजनीतिक पीड़ित बनाने की तरकीब बतावें।

770/20.6.72 श्री रामप्रसाद, 19 बेली रोड, इलाहाबाद, चमोली महासभा का प्रॉरपेक्टस/ जवाबी लिफाफा भेजें।

771/24.6.72 श्री ए.आई. नाहर, 112, प्रेम नगर, अम्बेडकर मार्ग, झाँसी, दिनांक : 11.7.72 को 25/- भेजें।

772/24.6.72 श्री कोयल प्रसाद जाटव पर्वाहकर्ता, श्री शंकर लाल, वीपीओ—बहरवास, शिवपुरी, 5/- पेशगी भेजें।

773/24.6.72 श्री गुलाबचन्द डोंगरे बौद्ध 'उपासक' गाँव—निवारी, गाँव—बन्हनी (बरघाट), तहसील—सिवनी, सिवनी, सूची पत्र

774/29.6.72 श्री हीरालाल सिसौदिया, नर्मदा भवन, 48, अशोक नगर, उज्जैन, पत्र नं. 277/17.2.72 वाले 25/- पावें। धन्यवाद।

775/29.6.72 श्री लोकनाथ बौद्ध, पोस्टल क्लर्क, पोस्ट—मुगरा बादशाहपुर, जौनपुर, पत्र नं. 398/15.3.72 वाले 39/- पावें। धन्यवाद।

776/29.6.72 श्री खुर्रमदास, एडवोकेट, हरदोई, पत्र सं. 281/17.2.72 व पत्र सं. 596/5.5.72 वाले 25/-, 25/- रुपये किताबों वाले शीघ्र भेजें।

777/30.6.72 श्री राजाराम यादव, 227 सोहबतिया बाग, इलाहाबाद, मैं कब आऊँ?

778/3.7.72 श्री बुद्धि सागर, लिपिक, पोस्ट—उरई, जालौन, 1 *जीवनी* 3/-, 1 *रवि-I* 1/-, 1 *रवि-II* 3.50/-, 1 *पन्द्रह* 3/-, 2 *धर्म परिवर्तन* 5/-,

2 *सच्ची रामायण* 5/-, 2 *सच्ची रामायण की चाभी* 5/-, 4 गाना 1/-, 1 *आर्य नीति* 1/-, 1 *आगे बढ़ो* 0.60/-, *चर्या विधि* 0.75/-, 1 *सच्चा धर्म* 0.25/-, 1 *लाहौर* 0.75/- , *पोल प्रकाश* 2.50/-, 1 *बेनिशमेंट* 1/- = 20 पुस्तकें, 30.85/- की, कमीशन 7.85/-, 2 शेष 23/-, 1/पोस्टेजें 2/-, 25/- लेना है। वायदा दिनांक : 1.11.72/

779/3.7.72 श्री रामफल मालिक मंडली, वीपीओ—हेतापट्टी, इलाहाबाद, मेरा हिसाब ठीक है। बीजक नं. 45/3.5.72 की नकल रवाना है।

780/3.7.72 श्री रामस्वरूप वर्मा, बंगला नं. 3, दारुलशफा, लखनऊ, 40/- भेजें, किताबों वाले।

781/3.7.72 श्री डिस्ट्रिक्ट—मजि. एवं कलेक्टर, कानपुर, 2 *सच्ची रामायण*, थर्ड कमीशन प्रेषित हैं। कृपया रसीदें भेजने की कृपा करें। (पोस्ट—झींझक, रजि. नं. 056/3.7.72)

782/3.7.72 डॉ. बद्री प्रसाद सिंह यादव, प्राइवेट अस्पताल, शेखपुर, कचहरी रोड, जौनपुर, 907316/7.7.71 कृपया पहुँच भेजने की कृपा करें। भजन 500 ग्राम पोस्टेज 1.70/-, (पोस्ट—झींझक, रजि. नं. 110/7.7.72)

783/5.7.72 श्री ऊदल प्रसाद पाल, ए.डी.सी. क्लर्क, 12, इस्टेब्लिशमेंट ऑफिस, सी.ओ.डी. छिबकी, इलाहाबाद, 1 *तीन पात* 1.25/-, 1 *धार्मिक डकैती* 0.75/-, 1. *राजनीतिक डकैती* 0.75/-, *भांडाफोड़* 1/-, 1 *सच्ची रामायण* 2/-, 1 *पोल प्रकाश* 2.50/-, *सच्ची रामायण की चाभी* 2.50/-, 1 तांडव 0.25/-, 1 *श्री.म.* 0.25/- = वजन 500 ग्राम, पोस्टेज 1.70/- = 7 पुस्तकें = 9.57/-, 10.75/-, कमीशन 1.10/-, शेष 9.65/-, पोस्टेज 1.70/-, लेना 11.35/-, दिनांक : 1.8.72 को भजें। (पोस्ट—झींझक, रजि. नं. 106/7.7.72)

784/7.7.72 श्री टी.एम. कुमार, नई दिल्ली, कुछ भेजें। नया पता लिखें।

785/7.7.72 श्री हलीमुद्दीन राहत मौलाई, एम.एल.ए., मोहल्ला—डहरिया, मुरादाबाद, कुछ मदद करें।

786/9.7.72 श्री छेदी प्रसाद, एडवोकेट, 102-श्री मेड़इराम का मकान, गरूड़ पार्क, देवरिया, 1.12.72, 1.5.73, 1.10.73, 1.3.74, 1.8.74, 1.1.75 को 25/-::25/- भेजो।

787/10.7.72 श्री सब पी.एम. साहब, पोस्ट—झींझक, कानपुर, डिस्पेच नं. 781/3.7.72, इक्नॉलिज पर पाने वाले के दस्तखत नहीं, मँगावें जावें। दस्ती

788/11.7.72 श्री गौरी शंकर, 16, हॉलेंड हॉल छात्रावास, इलाहाबाद, वजीफा व छात्रावास अलाउंस बढ़ाने की पूरी-पूरी कोशिश शान्तिपूर्वक करें।

789/11.7.72 श्री प्रेम नारायण, 45, ईश्वर शरण यूनिवर्सिटी छात्रावास, इलाहाबाद, वजीफा व छात्रावास अलाउंस बढ़ाने की पूरी-पूरी कोशिश शान्तिपूर्वक करें।

790/13.7.72 श्री रामसिंह, वीपीओ—पृथ्वीपुर, पोस्ट—बेला, इटावा, कुँवार में कॉपी काटें। मत लौटावें।

791/17.7.72 श्री डॉ. श्रीकृष्णा वर्मा अध्यक्ष युवक मंगल दल, वीपीओ—ऊगू, यूजीयू, उन्नाव, 2 *सच्ची रामायण* 4/-, 1 *सच्ची रामायण चाभी* 2.50/-, 1 *पोल प्रकाश* 2.50/- = 9.00, 1.50 = 10.00 शीघ्र भेजें। वजन 400 ग्राम, 0.40 + 1.00 + 0.15 + 0.05 = 1.60/-

792/17.7.72 श्री एस.एन.न सिंह, जी-46-47, लाजपत नगर, पार्ट-1, नई दिल्ली-24

793/17.7.72 श्री बनवारी लाल यादव, एडवोकेट हाई कोर्ट, 578, मम्फोर्डगंज, इलाहाबाद

794/17.7.72 श्री बी.एल. मौर्य, 762, सेक्टर-एल-3, आर.के.पुरम, नई दिल्ली

795/24.7.72 श्री गेंदालाल स्थान प्यारे लाल की धर्मशाला, मोहल्ला—लोहाई, मैनपुरी, 2 *सच्ची रामायण* 4/-, *सच्ची रामायण की चाभी* 2.50/-, 1 *पोल प्रकाश* 2.50/- + पोस्टेज-कमीशन = 10/- शीघ्र भेजें।

796/24.7.72 श्री सब-पोस्ट मास्टर साहब, पोस्ट—झींझक, कानपुर, बीजक नं. 41/24.5.72, वी.पी. नं. 19/22.4.72 का रुपया मँगाया जावे। श्री सोहन लाल बौद्ध वाला।

797/24.7.72 श्री सब-पोस्ट मास्टर साहब, पोस्ट—झींझक, कानपुर, बीजक नं. 45/3.5.72, वी.पी. नं. 26/3.5.72 का रुपया मँगाया जावे। श्री रामफल मालिक मंडली वाला।

798/24.7.72 श्री सब पोस्ट मास्टर साहब, पोस्ट—झींझक, कानपुर, बीजक नं. 57/12.6.72, वी.पी. नं. 57/12.6.72 का रुपया मँगाया जावे। श्री हरिश्चन्द्र वाला।

799/24.7.72 श्रीमान बी.एल. मौर्य, क्वा. नं. 762, सेक्टर-3, आर.के. पुरम, नई दिल्ली, कुशल पत्र

800/24.7.72 श्री गनपत सिंह जाटव, जी-14 नौरोजी नगर, नई दिल्ली, कुशल पत्र

801/24.7.72 श्री आर.डी. सोनकर, 34-ए, मन्दिर मार्ग, नई दिल्ली, कुशल पत्र

| | |
|---|---|
| 802/24.7.72 | श्री शंकर लाल जित्ते, 123/228, सिकलाइन गड़रियन पूर्वा, कानपुर-12, कुशल पत्र |
| 803/24.7.72 | श्री मुन्ना लाल निषाद, टिकट नं. 380 सेक्शन एल.सी. एवेन्यू अस्त्र निर्माणी काल्की रोड, कानपुर, पत्र नं. 596/8.5.72 के 7/- भेजें। |
| 804/28.7.72 | श्री बलराम तारबाबू, इलाहाबाद, 10 *आदि वंश कथा*, 600 ग्राम वजन, 0.60 + 1 + 0.15 + 0.05 = 1.80/- |
| 805/28.7.72 | श्री बदलू प्रसाद, गाँव—ईसापुर, पोस्ट—चमरियारी, उन्नाव, 20/- दिनांक : 25.7.72 को पावें। धन्यवाद। |
| 806/28.7.72 | श्री ऊदल प्रसाद पाल, एल.डी.सी., स्टेब्लिशमेंट ऑफिस सी.ओ.डी. छिवकी, इलाहाबाद, रुपये 11.50/- पावें। धन्यवाद। श्री बलराम तार बाबू से मिलें। |
| 807/28.7.72 | श्री रामस्वरूप वर्मा, लखनऊ, कुशल पत्र। |
| 808/28.7.72 | श्री डॉ. बद्री प्रसाद, जौनपुर, कुशल पत्र |
| 809/28.7.72 | श्री स्पेशल हाथो-हाथ, 1 *माया बलिदान* 1.25/-, 1 *विवाद* 1/-, 2 *गाना* 0.50/- |
| 810/28.7.72 | श्री डॉ. राजलाल भगवन्तपुर, पोस्ट—कहिजरी, कानपुर, कुशल पत्र |
| 811/29.7.72 | श्री गुलाब चन्द डोगरे, गाँव—तिवारी, पोस्ट—बम्हनी, बरघाट, शिवनी, 31.40/- की वी.पी श्री परवतलाल मेश्राम के नाम भेजी है। छुड़ाने की कृपा करें। |
| 812/29.7.72 | श्री टी.एम. कुमार, श्याम पार्क पर्वाहकर्ता, श्री सुमेर सिंह, गाँव—साहिबाबाद, पोस्ट—मलिक नगर, मेरठ, 1. दोनों बहनें किस-किस क्लास में है?, 2. कुछ भेजें। 3. श्री एस.एन. सिंह से कांटैक्ट/सम्पर्क करें। |
| 813/4.8.72 | श्री चौधरी शम्भू दयाल, एडवोकेट, दक्षिण जहानाबाद, रायबरेली, 200 *सच्ची रामायण* + 50 *सच्ची रामायण की चाभी* = 250 = बिल्टी नं. 907339/7.8.72, (पोस्ट—झींझक, रजि. नं. 75/7.8.72) |
| 814/4.8.72 | श्री चौधरी शम्भू दयाल, एडवोकेट, दक्षिण जहानाबाद, रायबरेली, सूचना उपरोक्त |
| 815/7.8.72 | श्री शिववचन राज, टी.बी. अस्पताल, पोस्ट—आर्गेस (Arges), हुगनर? मैं 'राजभट' का इतिहास लिखने में असमर्थ हूँ। |
| 816/7.8.72 | श्री राजाराम यादव, एडवोकेट, 227, सोहबतिया बाग, रोजा के पीछे, इलाहाबाद, शीघ्र मँगावें। नोटिस दिया या नहीं। यदि दिया तो दावा दायर करो। मैं कब आऊँ? |

817/7.8.72 श्री खुर्रमदास, एडवोकेट, हरदोई, 50/- शीघ्र भेजें।

818/7.8.72 श्री नवल किशोर, इटावा, 50/- शीघ्र भेजें।

819/7.8.72 श्री एन.के. चुदस्समा, भावनगर, 50/- शीघ्र भेजें।

820/7.8.72 श्री मुंशी लाल, एम.एल.ए., एक्स-मिनि., मैनपुरी, 125/- शीघ्र भेजें।

821/7.8.72 श्री बलराम, इलाहाबाद, 50/- ही भजें—यदि 100/- न हों।

822/8.8.72 श्री मोहन लाल संखवार, गाँव—गौरीपुर, पोस्ट—अकबरपुर, कानपुर, श्री वर्मा जी से मिलें।

823/10.8.72 श्री जयदेव लक्ष्मण टेम्मूर्णों, वीपीओ—सीरपुर कॉलोनी, तहसील—साकोली, भंडारा, महाराष्ट्र, वी.पी दिनांक : 14.8.72 को भेजी जावेगी।

824/11.8.72 श्रीमती नम्बरदारिनी साहब, गाँव—कठारा, पोस्ट—रसूलाबाद, कानपुर, श्री ओंकार नाथ दुबे जी से परामर्श लें, ठीक है। (पोस्ट—झींझक, रजि. नं. 137/11.8.72)

825/11.8.72 श्री धर्मरत्न बौद्ध, झाँसी, 2/- पावें, धन्यवाद, दिनांक : 1.8.72 को पुनः 5/- भेजें।

826/11.8.72 श्री अंगनलाल-भूपति प्रसाद, ईंट का भट्ठा, वीपीओ—अलीगंज, एटा, शीघ्र 25/- भेजें किताबों वाले।

827/11.8.72 श्री कल्लू दास सन्त, वीपीओ—घूरीखेड़ा, पोस्ट—पूरे पांडे, रायबरेली, शीघ्र 25/- भेजें किताबों वाले।

828/11.8.72 श्री कामता प्रसाद, 231/4, बाबू पूर्वा कॉलोनी, पोस्ट—किदवई नगर, कानपुर, शीघ्र 25/- भेजें किताबों वाले।

829/11.8.72 श्री कल्ययान सिंह 'प्रेमी', बारदाना वाले, पिदरुगंज, अलीगढ़, शीघ्र 25/- भेजें किताबों वाले।

830/11.8.72 श्री गुरुचरन दास कुरील, वीपीओ—छिवलहा, रायबरेली, शीघ्र 25/- भेजें किताबों वाले।

831/11.8.72 श्री गंगाशरण, 58, पूर्वा शेखलाल, डॉ. अम्बेडकर रोड, मेरठ, शीघ्र 25/- भेजें किताबों वाले।

832/11.8.72 श्री डॉ. गौरी शंकर सचान, गाँव—जलालपुर, पोस्ट—मोहम्मदपुर, कानपुर, शीघ्र 25/- भेजें किताबों वाले।

833/11.8.72 श्री घमंडी लाल जाटव, कस्साबान, वीपीओ—छिबरामऊ, फर्रुखाबाद, 15/- किताबों वाले भेजें।

834/11.8.72 श्री चेतराम गौतम, क्वा.डी./242, गोविंदपुरी कॉलोनी, वीपीओ—मोदीनगर, मेरठ, 25/- किताबों वाले भेजें।

835/11.8.72 श्री छिंगेलाल कटरा, कटरा टेलर्स, वीपीओ—तिवाड़ी, टीकमगढ़, 25/- किताबों वाले भेजें।

836/11.8.72 श्री ज्वाला प्रसाद, अहिरवार बौद्ध, एक्स-एम.एल.ए., गांधी नगर, वीपीओ—कोंच, 25/- किताबों वाले भेजें।

837/11.8.72 श्री जगन्नाथ प्रसाद बौद्ध, 25, रफी अहमद किदवई रोड, कलकत्ता-16, 25/- किताबों वाले भेजें।

838/11.8.72 श्री डी.आर. दास, एच.एम.डी.एस. नृसिंह देव का मन्दिर, मो. रामगंज, वीपीओ—अयोध्या, फैजाबाद, 25/- किताबों वाले भेजें।

839/11.8.72 श्री दीनदयाल विरागी, राजेन्द्र नगर, वीपीओ—उरई, जालौन, 25/- किताबों वाले भेजें।

840/11.8.72 श्री परम पूज्य श्रामशोर धम्मपाल, बुद्धपाल, बुद्धविहार, वीपीओ—उझानी, बदायूँ, 10/- किताबों वाले भेजें।

841/11.8.72 श्री धनई सिंह यादव, एडवोकेट, कलेक्ट्रेट, 25/- किताबों वाले भेजें। 5/- चन्दा के दिनांक : 6.11.71 को जमा, 20/- भी भेजें।

842/11.8.72 श्री एन.डी. सोनवाने, एल.आई.सी. एजेंट, 127/4239, नेहरू नगर, कुर्ला, बंबई-24, 20/- किताबों वाले भेजें।

843/11.8.72 श्री डॉ. प्रभुदयाल ग्रामीण सेवाचिकित्सालय दिबियापुर रोड, वीपीओ—औरइया, इटावा, 25/- किताबों वाले भेजें।

844/11.8.72 श्री फूलचन्द, कॉलोनी नं. 5, गाँव—चन्द्र नगर, पोस्ट—चन्दिया हजारा, पीलीभीत, 10/- शेष किताबों वाले भेजें।

845/11.8.72 श्री बाबूराम यादव, डी/8, ई.एस.आई.सी. कॉलोनी, सर्वोदय नगर, कानपुर, 25/- किताबों वाले भेजें।

846/11.8.72 श्री बाबूलाल कुरील, 555-च/261, रामनगर, लखनऊ, 25/- किताबों वाले भेजें।

847/11.8.72 श्री बैजूदास कुरील, गाँव—जमीपुर, पोस्ट—बैहार, उन्नाव, 25/- किताबों वाले भेजें।

848/11.8.72 श्री बेचूराम मिलर चार्जमैन, जे/3, लेबर कॉलोनी, वीपीओ—चुर्क, मिर्जापुर, 25/- किताबों वाले भेजें।

849/11.8.72 श्री बंशीलाल, ग्राम सेवक, गाँव—पैगम्बर पुर बकरी, पोस्ट—सेवरामऊ, फतेहपुर, 25/- किताबों वाले भेजें।

850/11.8.72 श्री बच्ची लाल मास्टर, गाँव—बाँध, पोस्ट—बरीपाल, कानपुर, 25/- किताबों वाले भेजें।

851/11.8.72 श्री विदेशी राम, एडवोकेट कलेक्ट्रेट, आजमगढ़, 25/- किताबों वाले भेजें।

852/11.8.72 श्री भगवानदीन, एडवोकेट कलेक्ट्रेट, उन्नाव, 25/- किताबों वाले भेजें।

853/11.8.72 श्री डॉ. मुंशीलाल शाक्य, प्राइवेट अस्पताल, वीपीओ—अलीगंज, एटा, क्या भेजें?, कीमत 69/-, कमीशन 23/-, शेष-46, पोस्टेज 4/-, लेना 50/- दिनांक : 30.6.73

854/11.8.72 श्री माधोराम जौहर, हरदोई, 25/- किताबों वाले भेजें।

855/11.8.72 श्री मलखान सिंह कल्याणी, 102, तोपखाना, जालौन, 15/- किताबों वाले भेजें।

856/11.8.72 श्री सतराज यादव, एम.ए., पी.एच.डी. पर्वाहकर्ता, श्री वर्मा क्लॉथ स्टोर, वीपीओ—ज्ञानपुर, वाराणसी, 25/- किताबों वाले भेजें।

857/11.8.72 श्री मनीराम वर्मा, गाँव—अहमदपुर, पोस्ट—पाली, हरदोई, 25/- किताबों वाले भेजें।

858/11.8.72 श्री मुरली बौद्ध, नेशनल कम्पनी, लाइन नं. 15, क्वा. नं. 34, पोस्ट—बानीपुर, 25/- किताबों वाले भेजें।

859/11.8.72 श्री मुन्ना लाल निषाद, टिकट नं. 380, सेक्शन एल.सी. लघु अस्त्र निर्माणी, कालवी रोड, कानपुर, 7/- किताबों वाले भेजें।

860/11.8.72 श्री विश्वनाथ प्रसाद, एस-13/71, तेलियाबाग, वाराणसी, 5/- किताबों वाले भेजें।

861/11.8.72 श्री रघुनन्दन प्रसाद, विद्यार्थी, भीम नगर, (सहावर गेट), वीपीओ—कासगंज, एटा, 25/- किताबों वाले भेजें।

862/11.8.72 श्री आर.डी. शिशुपाल जे.पी.पी., 158, एसबोसटस लिमि., मुलुंड, बम्बई-80 एन.बी., 25/- किताबों वाले भेजें।

863/11.8.72 श्री रामबाबू, गाँव—बरवा, पोस्ट—पुखरायाँ, कानपुर, 25/- किताबों वाले भेजें।

864/11.8.72 श्री रामबाबू अध्यापक, गाँव—जलालपुर, पोस्ट—मोहाना, कानपुर, 25/- पावें। धन्यवाद।

865/11.8.72 श्री रुटीराम गौतम, इलाहाबाद वाले, 6, विजय कुमार मुकर्जी रोड, सलकिया, हावड़ा, 25/- किताबों वाले भेजें।

866/11.8.72 श्री रामआसरे बौद्ध पर्वाहकर्ता, श्री बद्रीप्रसाद संगमलाल मालिक मकान, नई बस्ती, वीपीओ—मनौरी, इलाहाबाद, 25/- किताबों वाले भेजें।

867/11.8.72 श्री रामआसरे कुरील, इंस्पेक्टर परिवार नियोजन, वीपीओ—खिरौं, रायबरेली, 25/- किताबों वाले भेजें।

868/11.8.72 श्री आर.एन. माली, सेक्शन अकाउंट रिजर्व बैंक ऑफ इंडिया, कानपुर, 25/- किताबों वाले भेजें।

869/11.8.72 श्री रामचन्द्र संखवार, गाँव—जरसेन, पोस्ट—मूसानगर, कानपुर, 25/- किताबों वाले भेजें।

870/11.8.72 श्री विद्या शंकर यादव, एडवोकेट कलेक्ट्रेट, रायबरेली, 25/- किताबों वाले भेजें।

871/11.8.72 श्री सियाराम, एम.एल.ए., वीपीओ—उदयपुर, एटा, 25/- किताबों वाले भेजें।

872/11.8.72 श्री हीरालाल सिसौदिया, नर्मदा भवन, 78, अशोक नगर, उज्जैन, क्या भेजें?

873/11.8.72 श्री शंकरानन्द, नई दिल्ली लिखें। सन् 1952 की कानूनी कॉन्फ्रेंस कहाँ हुई?

874/11.8.72 श्री मौजीलाल, मैनपुरी, लिखें। सन् 1952 की कानूनी कॉन्फ्रेंस कहाँ हुई?

875/11.8.72 श्री खुर्रमदास, हरदोई लिखें। सन् 1952 की कानूनी कॉन्फ्रेंस कहाँ हुई?

876/14.8.72 श्री ओंकार सिंह बुन्देला, ग्राम सेवक, बंगला नं. 6, सरद बाजार, बीजक नं. 64/14.8.72 की नकल रवाना है।

877/17.8.72 श्री जाटव, एस.पी. आर्या हाइडिल कॉलोनी, वीपीओ—चोपन, मिर्जापुर, 25/- किताबों वाले भेजें।

878/17.8.72 श्री सुन्दरलाला प्रजापति, 492, काले शाह का तकिया, कसगरान, सिविल लाइन, बिहारी पुर, बरेली, 25/- किताबों वाले भेजें।

879/17.8.72 श्री डॉ. सालिकराम कुरील, चौराह, वीपीओ—जसवन्त नगर, इटावा, 25/- किताबों वाले भेजें।

880/17.8.72 श्री अर्जुनलाल अखंड सतगुरु दवाखाना, वीपीओ—आर.एस. बजरिया, सवाई माधोपुर, राजस्थान, 25/- किताबों वाले भेजें।

881/17.8.72 श्री परम पूज्य भन्ते आनन्ददेव, बुद्ध विहार, गाँव—कुकरगाँव, जालौन, 25/- किताबों वाले भेजें।

882/17.8.72 श्री कैलाश नाथ यादव, टिकट नं. 126, एम.एस.एस.डी., सी.ओ.डी., कानपुर, 25/- किताबों वाले भेजें।

883/17.8.72 श्री लक्ष्मी नारायण कुरील, 45, बाग मुन्नू, घसियारी मंडी, कैररबाग, लखनऊ, 15/- किताबों वाले भेजें।

884/17.8.72 श्री लक्ष्मी नारायाण बौद्ध, 422/1-बी, ऊँचागढ़ी, राजापुर, इलाहाबाद, 21/- किताबों वाले भेजें।

885/17.8.72 श्री लखनलाल, टिकट कलेक्टर, क्वा. नं. 4, कॉलोनी नगर महापालिका, इलाहाबाद, 75/- किताबों वाले भेजें व तीन पुस्तकें।

886/17.8.72 श्री रामखिलावन सुपरवाइजर, 23 ऊँट खाना, इलाहाबाद, 25/- किताबों वाले भेजें।

887/17.8.72 श्री निरंजनलाल कुरील, 25-बी मटियारा, इलाहाबादा, 19.50/- किताबों वाले भेजें।

888/17.8.72 श्री श्रवणकुमार, 130, म्योर रोड, राजापुर, इलाहाबाद, 15/- किताबों वाले भेजें।

889/17.8.72 श्री बाबू लाल सुमन, 41, म्योर रोड, राजापुर, इलाहाबाद, 3 *धर्म परिवर्तन* + 1 *फॉर कांग्रेस* के रुपये भेजें।

890/17.8.72 श्री रामदेव प्रसाद, चिकित्सक, गाँव—भवनाथपुर, पोस्ट—मऊनाथ भंजन, आजमगढ़, सूचीपत्र

891/17.8.72 श्री संकटे लाल नेताजी, गाँव—जिजपुरा, पोस्ट—रायपुर, हेड पोस्ट—कायमगंज, फर्रुखाबाद, 25/- चन्दा द्वारा या व्यक्तिगत भेजें।

892/17.8.72 श्री बसन्त लाल संखवार, गाँव—कुढ़ावल, पोस्ट—डेरापुर, कानपुर, कभी मिलें। काम है।

893/17.8.72 श्री प्यारे लाल लोखंडे, टिकरापारा, रायपुर, पता ठीक-ठीक लिखें। ग्राम व डाकखाना क्या है?

894/17.8.72 श्री गया प्रसाद प्रशान्त, 552/2, राजेन्द्र नगर, लखनऊ, दिनांक : 10.8.72 वाला पत्र मिला। धन्यवाद।

895/17.8.72 श्री रामस्वरूप वर्मा, एक्स-मिनि., बंगला नं. 3, दारुल शफा, लखनऊ, रुपये 20/- मत भेजिए। 12.88 श्री मुंशीलाल वर्मा के काट लीजिएगा।

896/21.8.72 श्री एस.एस. बेनसडे पर्वाहकर्ता, सोयान राव, बेनसडे अध्यक्ष आर.पी.आई., गाँव—भीम नगर, पी.टी.टी. अहमदपुर, उस्मानाबाद, महाराष्ट्र, किताबों की सूची पत्र

897/21.8.72 श्री परवत लाल मेश्राम, भूतपूर्व अध्यक्ष बौद्ध महासभा, गाँव—तिवारी, पोस्ट—बम्हनी, बरघाट, सिवनी, 1. *सच्ची रामायण की चाभी* 2.50/-, 1 *पोल प्रकाश* 2.50/-, 1 *सम्वंत* 1.50/-, 1 *धार्मिक डकैती* 0.75/-, 1 *राजनीतिक डकैती* 0.75/-, 1 *सत्य धर्म* 0.25/-, 1 *गाना* 0.25/-// 7/-, वजन 450 ग्राम, 0.40 + 1.00 + 0.15 + 0.05 = 1.65, योग- 8.50, पोस्टेज-1.60, (पोस्ट—झींझक, रजि. नं. 038/21.8.72)

898/21.8.72 श्री गुलाबचन्द डोंगरे, बौद्ध उपासक), कक्षा-11, शासकीय उच्चतम माध्यमिक पाठशाला, गाँव—अरी, सिवनी, उपरोक्त सूचना

899/21.8.72 श्री छिंगे लाल कटरा, कटरा टेलर्स, वीपीओ—निवाड़ी, टीकमगढ़, 25/- किताबों वाले। दिनांक : 31.12.72 तक भेजें।

900/24.8.72 श्री हाकिमसिंह नरवरिया, गाँव—दवटा, पोस्ट—शाहपुर, ब्राह्मण, आगरा, 18.20 वी.पी.पी. छुड़ावें, बीजक नं. 66/28.8.72

901/24.8.72 श्री विजय सिंह नरवरिया, गाँव—लाल का पुरा, पोस्ट—शाहपुर, ब्राह्मण, आगरा, 10/- की वी.पी. छुड़ावें, बीजक नं. 67/28.8.72

902/24.8.72 श्री मुंशी राम प्रसाद, 19, बेली रोड, इलाहाबाद, जवाब दें। मैं कल आऊँ?

903/24.8.72 श्री तुलसी राम श्रीवास, गाँव—पत्रोत्रटा, पोस्ट—मछंड, भिंड, की पी.पी. छुड़ावें। बीजक नं. 68/28.8.72

904/24.8.72 श्री चंडी प्रसाद संखवार, गाँव—मुड़ेरा किन्नर सिंह, पोस्ट—झींझक, कानपुर, उत्तर प्रदेश

905/27.8.72 श्री हीरा लाल सिसौदिया, नर्मदा भवन, 78, अशोक नगर, डॉ. अम्बेडकर साहित्य सदन, उज्जैन, लिखें। माल रेलवे द्वारा भेजें या डाक द्वारा?

906/27.8.72 श्री व्यवस्थापक महोदय, पं. बख्शीदास बनारसीदास, प्रबन्धक, स्मा. हा.से. स्कूल, वीपीओ—जगदेहनगर, मेरठ, सूचना बीजक नं. 69/28.8.72 की सूचना

907/27.8.732 श्री प्यारे लाल लोखंडे, मकान नं. 109, वार्ड नं. 1, मोहल्ला—टिकरापारा, रायपुर, एम.बीएच., सूचना बीजक नं. 70/28.8.72 की सूचना

908/27.8.72 श्री मौजीलाल मौर्य, 641 छपट्टी, मैनपुरी, कुशल पत्र

909/29.8.72 श्री लोकनाथ बौद्ध, नेता नगर, वीपीओ—मछली शहर, जौनपुर, 5 *धर्म परिवर्तन* 12.50/-, 5 *सच्ची रामायण* 12.50/-, 5 *सच्ची रामायण की चाभी* 12.50/-, 5 *बु.ले.* 2.50/-, 10 *नि*...1/-, *सच्चा धर्म* 1 = 34/-, पाए 42/- - कमीशन 13/- = शेष 29 + पोस्ट—2.60/- = लेना 31/-, 65.19 वजन 5.450 ग्राम/ 1.45 + 1.00 + 0.15 + 0.05 = 2.65/-, दिनांक : 31.12.72 जमा है। 31.23 भेजें। (पोस्ट—झींझक, रजि. नं. 150/30.8.72)

910/29.8.72 श्री परबत लाल मेश्राम, एक्स-अध्यक्ष बौद्ध महासभा, गाँव—तिवारी, पोस्ट—बम्हनी, सिवनी, एम.बीएच., पत्र मिला। धन्यवाद। 6/- चन्दा *भीम पत्रिका* का है।

911/29.8.72 श्री नन्दगोपाल शुक्ला, भिंड, कुशल पत्र

912/29.8.72 श्री राम निवास, युवा क्लर्क, बोर्ड ऑफ रेवेन्यू, मोती महल एवेन्यू, ग्वालियर, कुशल पत्र

913/29.8.72 श्रीमती विजया राजे सिन्धिया, जय विलास पैलेस, ग्वालियर, कुशल पत्र

914/29.8.72 श्री अटल बिहारी बाजपेयी, 1 फिरोजशाह रोड, नई दिल्ली-1

915/31.8.72 श्री कमल कुमार करवदे, गाँव—आलीवारा, पोस्ट—गैंदाटोला, तहसील—राजनादगाँव, दुर्ग, एम.बीएच., सूचना बीजक नं. ......।

916/1.9.72 श्री मुंशी राम प्रसाद, इलाहाबाद, कुशल पत्र

917/1.9.72 श्री शंकरानन्द शास्त्री, 53, भारती नगर, नई दिल्ली-3

918/1.9.72 श्री माधोराम जौहर, सिविल लाइन, हरदोई

919/2.9.72 श्री चन्द्रजीत यादव, 14, डॉ. *राजेन्द्र प्रसाद* रोड, नई दिल्ली-1

920/2.9.72 श्री मौजीलाल मौर्य, 641, छबही, मैनपुरी

921/4.9.72 श्री रामफल मालिक मंडली, वीपीओ—हेतापट्टी, इलाहाबाद, वजन 500 ग्राम, 0.1 + 1 + 0.1 + 0.05 = 1.7/-, 1 *न्याय नाटक* 0.50/-, 1 *धर्म परिवर्तन* 2.50/-, 1 *सच्ची रामायण* 2.50/-, 1 *सच्ची रामायण की चाभी* 2.50/-, 1 *लंका* 1.25/-, 1 *विवाद* 1/-, 1 *मीमांसा* 1/-, 1 *बौद्ध धर्म* 0.50/-, 1 *चर्या विधि* 0.75/- = 9 पुस्तके, कुल 12.50 - कमीशन 1.20 = 11.30, पिछला हिसाब 3.00 = शेष 8.30 + पोस्टेज 1.70 = योग 10/-, (पोस्ट—झींझक, रजि. नं. 189/4.9.72)

922/4.9.72 श्री पोस्ट मास्टर जनरल पर्वाहकर्ता, सब-पोस्ट मास्टर, झींझक, लखनऊ, बीजक नं. ....../ वी.पी. नं. ......का रुपया 9.25/- के बजाय 10/- वसूल किया। दस्ती

923/5.9.72 श्री पी.एम., झींझक, कानपुर, शिकायत डाकखाना, बीजक नं. 781/3.7.72, इकनॉलिजमेंट दस्तरसी पैलश मुताबित मँगाया जावे।

924/5.9.72 श्री पी.एम, सा., लखनऊ, बशरह नं. 922/4.9.72, (पोस्टिंग सर्टिफिकेट)

925/5.9.72 श्री पी.एम. सा. लखनऊ, वी.पी. नं. 19/22.4.72 का रुपया मँगाया जावे।

926/5.9.72 श्री पी.एम. सा., लखनऊ, बीजक नं. 45/3.5.72

927/5.9.72 श्री वरिष्ठ, पी.ए. श्री चन्द्रजीत यादव, 14, डॉ. *राजेन्द्र प्रसाद* रोड, नई दिल्ली-1

928/6.9.72 श्री गूगनराम, गाँव—गागड़बास, पोस्ट—राधा छोटी, चुरु, राजास्थान, का मिडिल स्कूल राधा छोटी के नाम वी.पी. भेजें। लिखें।

929/6.9.72 श्री संकटे लाल, गाँव—जिजपुरा, पोस्ट—रायपुर, फर्रुखाबाद, 20/- धन्यवाद। 5/- दिनांक : 30.6.72 को भेजें।

930/7.9.72 श्री राजाराम यादव, एडवोकेट, 227, सोहबतिया बाग, रौजा के पीछे, इलाहाबाद, शीघ्र केस दायर करें।

931/7.9.72 श्री बनवारी लाल यादव, 578, मम्फोर्डगंज, नियर डॉ. निगम साहब का चौराहा, इलाहाबाद, शीघ्र दायर करावें।

932/7.9.72 श्री जयपाल सिंह कश्यप, 1 महात्मा गांधी मार्ग, इलाहाबाद, शीघ्र दायर करें।

933/7.9.72 श्री लक्ष्मी नारायण कुरील, 45 बाग मुन्नू घसियारी मंडी, कैसरबाग, लखनऊ, रसीद भेजें।

934/7.9.72 श्री किशन लाल घड़ीसाज, घीयामंडी, मथुरा, 25/- की किताबें भेजें।

935/7.9.72 श्री लक्ष्मी नारायण बौद्ध, 522-ब/1, ऊँचा गढ़ी, राजापुर, इलाहाबाद, 17.50 पाए। धन्यवाद।

936/7.9.72 श्री बनवारी लाल, बिजनौर, 25/- शीघ्र भेजें।

937/7.9.72 श्री इन्द्रपाल गौतम, कानपुर, 25/- भेजें।

938/7.9.72 श्री डॉ. कन्हैया लाल, शाहजहाँपुर, क्या किताबें भेजें?

939/7.9.72 श्री भूधर लाल पथिक, बसआ बाजार, पोस्ट—शाहाबाद, हरदोई, 25/- भेजें।

940/7.9.72 श्री दुर्गेश नारायण श्रीवास्तव सहायक एक. यू.पी. कोऑपरेटिव फैडरेशन लिमि., रायबरेली

941/12.9.72 श्री जगन्नाथ बौद्ध, गनेश भवन, नियर लक्ष्मी होटल, 25, रफी अहमद किदवई रोड, कलकत्ता-16, 25/- किताबों वाले पाए। धन्यवाद।

942/18.9.72 श्री प्यारे लाल लोखंडे, टिकरापारा, रायपुरा, एम.बीएच., पुनः ऑडर भेजें। दामों की बढ़ोतरी हो गई है।

943/18.9.72 श्री रामदेव प्रसाद वैद्य, गाँव—भवनाथपुर, पोस्ट—मऊनाथभंजन, आजमगढ़, श्री चौधरी जगन्नाथ प्रसाद बलिया को माल भेजा गया...।

944/18.9.72 श्री बनवारी लाल, इलाहाबाद, श्री राजाराम यादव से मिलें।

945/18.9.72 श्री जी.सी. साहू, 6/24, पार्वती बाग्यचा रोड, कानपुर, पता बैकवर्ड

946/20.9.72 श्री रामफल मंडली वाले, इलाहाबाद, 10/- शीघ्र भेजें।

947/20.9.72 श्री राम प्रसाद वर्मा, लखनऊ, मेरा ग्राहक नं. 129 व श्री मुंशी लाल का ग्राहक नं. 315 है। 5/- पेशगी भेजें।

948/25.9.72 श्री श्याम लाल यादव, वीपीओ—ओरन, बाँदा, 1 *धर्म परिवर्तन* 2.50/-, 1 *धम्मपद* 3/-, 1 *लेख* 4/-, 1 *लेख* 0.50/-, 1 *सच्ची रामायण* 2.50/-, 1 *सच्ची रामायण की चाभी* 2.50/-, 1 *वर्ण* 5/-, 1 *वर्ण* 5/-, 1 *पोल प्रकाश* 2.50/-, 1 रवि 4.50/-, = 9 पुस्तकें मूल्य 21.00/- + कमीशन 6/- शेष 21/- डाक खर्च 2.25/-, लेने 23.25 हैं।

949/27.9.72 श्री नरेन्द्र सिंह, एडवोकेट, कानपुर, लिखें। आप सचान हैं या कटियार?

950/27.9.72 श्री रामभजन शिक्षक, प्राथमिक विद्यालय खलीलनगर, पोस्ट—मुस्तफाबाद, उन्नाव, सूची पत्र

951/27.9.72 श्री युद्दवराम प्रहरी, रंग सिवाही नं. 06402144, डी कम्पनी फोर्स, 1104-ए.एस.सी. बटालियन, मार्फत 99, ए.पी.ओ., ए.पी.ओ., सूची पत्र।

952/27.9.72 श्री चन्द्रिका प्रसाद 'जिज्ञासु', 360/193, मातादीन रोड, लखनऊ-3, 15/- धन्यवाद से भूल है। 15/- गुना 2 = 30 होना चाहिए, 15 गुना 3 = 45 गलत है।

953/27.9.72 श्री रामनिवास गुप्ता क्लर्क रेवेन्यू ऑफिस, मोती महल, लखनऊ, गायत्री नगर का मकान नम्बर लिखें।

954/27.9.72 श्री श्रीकृष्णा वर्मा, वीपीओ—ऊगू, उन्नाव, पत्र नं. 791/17.7.72 वाले 10/- शीघ्र भेजें।

955/27.9.72 श्री गन्दालाल प्यारे लाल की धर्मशाला, पोस्ट—लोहाई, मैनपुरी, पत्र नं. 795/24.7.72, वाले शीघ्र भेजें।

956/27.9.72 श्री बलराम तारबाबू, इलाहाबाद, 100/- भेजें, किताबों वाले।

957/27.9.72 श्री परबतलाल मेश्राम, सिवनी, 10/- भेजें, किताबों वाले।

958/2.10.72 श्री रामस्वरूप वर्मा, लखनऊ, अर्जक आता दे दें। चन्दा दू...

959/2.10.72 श्री खुर्रमदास, एडवोकेट, हरदोई, 15/- शीघ्र भेजें।

960/4.10.72 श्री सी.वी. शैलानी, अलीगढ़, कुशल पत्र

961/5.10.72 श्री पी.एम. जी साहब, लखनऊ, 925/926 की शिकायत के अपायमेंट सी.आर. वी.पी. दिनांक : 26.9.72 की तामोल में एल. 49.50-72.

| | |
|---|---|
| 962/5.10.72 | श्री सम्पादक *भीम सैनिक*, गौरीपुर, मेरठ-2, श्री गंगा प्रसाद से 12.50/- की किताबें भेजें। |
| 963/6.10.72 | श्री तुलसा बाई बुक स्टॉल एवं सुधर्म फिरने वाचनालय/स्टेशन चौक, अकोला, महाराष्ट्र, सूची पत्र |
| 964/9.10.72 | श्री ईश्वरी प्रसाद निर्भय नया नगला, छोटी रेलवे लाइन के स्टेशन के पास, मथुरा कैंट, मथुरा, किताबें मँगावें। |
| 965/11.10.72 | श्री हलीमुद्दीन राहत मौलाई, एडवोकेट, एम.एल.ए., मुरादाबाद, 25 रु 2 एन.सी. = 4 एस एंड एन.सी. (रजि. नं. 33/11.10.72) |
| 966/11.10.72 | श्री शमीम आलम, एडवोकेट, एम.एल.ए., बुलन्द शहर, 4 एस. (रजि. नं. 34/11.10.72) |
| 967/11.10.72 | श्री शमन सिंह यादव, जीन्द, 2 एन.सी. + 2 एन.सी. = 4 एन.सी. (रजि. नं. 35/11.10.72) |
| 968/11.10.72 | श्री राम करण चौधरी सहायक स्टब्लिशमेंट डी.ओ. भारतीय जीवन बीमा निगम, मोहम्मद-भेलूपुर, (रजि. नं. 36/ 11.10.72) |
| 969/11.10.72 | श्री हलीमुद्दीन राहत मौलाई, मुरादाबाद, सूचना पत्र नं. 965/11.10.72 (29 किला 2.50) (907372/11.10.72) |
| 970/11.10.72 | श्री शमीम आलम, बुलन्द शहर, 2.00, 966/11.10.72, 30 किलो, (907371/11.10.72) |
| 971/11.10.72 | श्री शमन सिंह यादव, जीन्द, 4.85, 967/11.10.72 53 किलो, (907373/11.10.72) |
| 972/11.10.72 | श्री राम करण चौधरी, वाराणसी, 1.60, 968/11.10.72 13 किलो, (907374/11.10.72) |
| 973/11.10.72 | श्री हीरालाल, उज्जैन, कुछ मदद करें। |
| 974/11.10.72 | श्री एन.के. चुदस्समा, भावनगर, किताबों वाले 50/- भेजें। |
| 975/11.10.72 | श्री नवल किशोर, इटावा, किताबों के 25/- + 25/- व्यक्तिगत = 50/- भेजें। |
| 976/11.10.72 | श्री ए.डी. सोनवाने, बम्बई-24, 20/- भेजें किताबों वाले। |
| 977/11.10.72 | श्री रामफल मंडली मालिक, वीपीओ—हेतापट्टी, इलाहाबाद, 10/- किताबों वाले पाए। धन्यवाद। |
| 978/11.10.72 | श्री लक्ष्मी नारायाण कुरील, 45 बाग मुन्नू घसियारी मंडी, लखनऊ, 10/- किताबों वाले पाए। धन्यवाद। |
| 979/11.10.72 | श्री अंगन लाल भभूती प्रसाद, ईंट का भट्टा, वीपीओ—अलीगंज, एटा, पत्र नं. 568/3.5.72 वाली किताबों के 25/- भेजें। |

980/11.10.72 श्री श्रीकृष्णा वर्मा, वीपीओ—ऊगू, उन्नाव, 10/- पाए, किताबों वाले। धन्यवाद।

981/11.10.72 श्री शिवनारायण सिंह, मकान नं. 46-47-जी, पार्ट-1, लाजपत नगर, नई दिल्ली-110024, पुनः लिस्ट का पता लगाएँ।

982/11.10.72 श्री सन्तराम भास्कर, गांधी हरिजन छात्रावास नं. 1, मन्ना पूर्वा, लखनऊ रोड, हरदोई, सूची पत्र रवाना है।

983/11.10.72 श्री यू.ए. खान, सजि., फैजाबाद, किताब की जरूरत है। *दी रामायण ए ट्रू रीडिंग* की।

984/11.10.72 श्री किशोरी लाल कश्यप पर्वाहकर्ता, बसन्त राव, क्वा. नं. 160, ए.बी. गया कॉलोनी, यू.पी. मुगलसराय, वाराणसी, उत्तर प्रदेश, 5/-, दिनांक : 17.4.72 से जमा हैं। क्या करें? जवाब दें।

985/11.10.72 श्री ज्वाला प्रसाद अहिवार, एक्स-एम.एल.ए., गांधी नगर, यू.पी. कोंच, जालौन, दिनाकं 16.11.72 की क्या, कवि बलूराम बौद्ध भाष्य, गाँव—फिलौर, पोस्ट—नदीगाँव, जिला—जालौन।

986/11.10.72 श्री कवि बलू राम बौद्ध भाष्य, गाँव—फिलौर, पोस्ट—नदीगाँव, जालौन, मीटिंग की क्षमा।

987/11.10.72 श्री रामलाल प्रधानाध्यापक प्राइमरी पाठशाला-मधुकरपुर, नवीन, पोस्ट—मुराई का बाग, रायबरेली, सूची पत्र

988/11.10.72 श्री फेकन राम, मंत्री डॉ. अम्बेडकर जीवन संघर्ष सर्वहारा किसान मजदूर सेक्शन कमेटी, एम.ई.सी. बोकारो स्टील प्रोजेक्ट कार्यालय, 928, डी.टी. राँची, 31-अ व 32-अ/ डी. द्वारा कुछ मदद करें।

989/11.10.72 श्री अर्जुनलाल अखंड सतगुरु दवाखाना, आर.एस. बजरिया, सवाई माधोपुर, किताबों वाले 25/- भेजें।

990/11.10.72 श्री परम पूज्य भन्ते आनन्ददेव बुद्ध बिहार, यू.पी. कुकरगाँव, जालौन, किताबों वाले 25/- भेजें।

991/11.10.72 श्री डिस्ट्रिक्ट—मजि. एवं कलेक्टर, कानपुर, दो *सच्ची रामायण की चाभी* रवाना है। तारीख इशू दिनांक : 11.10.72 है (पोस्ट—झींझक, रजि. नं. 54/12.10.72)

992/11.10.72 श्री कल्लू दास सन्त, गाँव—धूरी खेडा, पोस्ट—पूरे पांडे, रायबरेली, किताबों वाले 25/- भेजें।

993/11.10.72 श्री कामता प्रसाद बौद्ध, 231/4, बाबू पूर्वा कॉलोनी, पोस्ट—किदवई नगर, कानपुर, किताबों वाले 25/- भेजें।

994/11.10.72 श्री कल्यान सिंह 'प्रेमी', वारदाना वाले, पिदरुगंज, अलीगढ़, किताबों वाले 25/- भेजें।

995/11.10.72 श्री गुरुचरन दास कुरील, वीपीओ—छिवलहा, रायबरेली, किताबों वाले 25/- भेजें।

996/11.10.72 श्री गंगा शरण, 58, पूर्वा शेखलाल, डॉ. अम्बेडकर रोड, मेरठ, किताबों वाले 25/- भेजें।

997/11.10.72 श्री डॉ. गौरी शंकर सचान, गाँव—जलालपुर, पोस्ट—मोहम्मदपुर, कानपुर, किताबों वाले 25/- भेजें।

998/11.10.72 श्री गनपत दयाल 'प्रेमी', वीपीओ—कायमगंज, फर्रुखाबाद, किताबों वाले 25/- भेजें।

999/11.10.72 श्री मेवा लाल, प्यारे लाल की धर्मशाला, पोस्ट—लोहाई, मैनपुरी, 12/- किताबों वाले भेजें।

1000/11.10.72 श्री घमंडी लाल जाटव, पोस्ट—कस्साबज, वीपीओ—छिबरामऊ, 15/- किताबों वाले भेजें।

1001/11.10.72 श्री चेतराम बौद्ध, जे/242, गोविन्दपुरी कॉलोनी, वीपीओ—मोदी नगर, मेरठ, 25/- किताबों वाले भेजें।

1002/11.10.72 श्री डी.आर. दास, एच.एम.डी.एस., नृसिंह देव मन्दिर, रामगंज, वीपीओ—अयोध्या, फैजाबाद, 25/- किताबों वाले भेजें।

1003/11.10.72 श्री दीनदयाल विरणी, राजेन्द्र नगर, वीपीओ—उरई, जालौन, 25/- किताबों वाले भेजें।

1004/11.10.72 श्री धनई सिंह यादव, एडवोकेट, आजमगढ़, 25/- किताबों वाले भेजें।

1005/11.10.72 श्री प्रभु दयाल, ग्रामीण सेवा चिकित्सालय सेबियसुर रोड, वीपीओ—औरइया, इटावा, 25/- किताबों वाले भेजें।

1006/11.10.72 श्री बाबूराम यादव, डी-8/ई.एस.आई.सी. कॉलोनी, सर्वोदय नगर, कानपुर, 25/- किताबों वाले भेजें।

1007/11.10.72 श्री बाबूलाल कुरील, 555-च/261, राम नगर, लखनऊ, 25/- किताबों वाले भेजें।

1008/11.10.72 श्री बैजू दास कुरील, गाँव—जमीपुर, पोस्ट—बैहार, उन्नाव, 25/- किताबों वाले भेजें।

1009/11.10.72 श्री बेचूराम मिलर चार्जमैन, जे:3, लेबर कॉलोनी, वीपीओ—चुर्क, मिर्जापुर, 25/- किताबों वाले भेजें।

1010/11.10.72 श्री बंशी लाल, ग्राम सेवक, गाँव—पैगम्बरपुर बकरी, पोस्ट—सेवरामऊ, फतेहपुर, 25/- किताबों वाले भेजें।

1011/11.10.72 श्री बच्चीलाल मास्टर, गाँव—बाँध, पोस्ट—बरीपाल, कानपुर, 25/- किताबों वाले भेजें।

1012/11.10.72 श्री बिदेशीराम, एडवोकेट, आजमगढ़, 25/- किताबों वाले भेजें।

1013/11.10.72 श्री बलराम, तार बाबू, इलाहाबाद, 25/- किताबों वाले भेजें।

1014/11.10.72 श्री बाबू राम प्रजापति, वीपीओ—बिधूना, इटावा, कुशल पत्र

1015/11.10.72 श्री भगवान दीन, एडवोकेट, उन्नाव, 25/- किताबों वाले भेजें।

1016/11.10.72 श्री मुंशीलाल लशातव, वीपीओ—अलीगंज, तक भेजें।

1017/11.10.72 श्री माधोराम जौहर, सिविल लाइन, हरदोई, 25/- किताबों वाले भेजें।

1018/11.10.72 श्री मुंशीराम चमार, गाँव—बरनाहल, पोस्ट—करहल, मैनपुरी, 25/- किताबों वाले भेजें।

1019/11.10.72 श्री मलखान सिंह कल्याणी, 102, तोपखाना, जालौन, 15/- किताबों वाले भेजें।

1020/11.10.72 श्री डॉ. मनराज यादव पर्वाहकर्ता, श्री वर्मा क्लॉथ स्टोर, वीपीओ—ज्ञानपुर, वाराणसी, 25/- किताबों वाले भेजें।

1021/11.10.72 श्री मनीराम वर्मा, गाँव—अहमदपुर, पोस्ट—पाली, हरदोई, 25/- किताबों वाले भेजें।

1022/11.10.72 श्री मुरली बौद्ध, नेशनल कम्पनी लाइन नं. 15, क्वा. नं. 34, पोस्ट—बानीपुर, हावड़ा, 25/- किताबों वाले भेजें।

1023/11.10.72 श्री मुन्नालाल निषाद, टिकट नं. 380, सेक्शन एल.सी. लघु अस्त्र निर्माणी काल्पी रोड, कानपुर, 7/- किताबों वाले भेजें।

1024/11.10.72 श्री रघुनन्दन प्रसाद विद्यार्थी, मोहल्ला—भीमनगर, सहाव गेट, कासगंज, यू.पी., एटा, उत्तर प्रदेश, 25/- किताबों वाले भेजें।

1025/11.10.72 श्री ई. शिशुपाल जे.पी.पी., 158, एसबोसटस लिमि. मुलुंड, बम्बई-80, 25/- किताबों वाले भेजें।

1026/11.10.72 श्री राम बाबू, गाँव—बरवा, पोस्ट—पुखराया, कानपुर, 25/- + 25/- किताबों वाले भेजें।

1027/11.10.72 श्री राम बाबू अध्यापक, गाँव—जलालपुर, पोस्ट—मोहानो, कानपुर, कुशल पत्र

1028/11.10.72 श्री रुटीराम गौतम, इलाहाबाद वाले, डॉ. अम्बेडकर सेवा संघ, 6, विजय कुमार, मुकर्जी रोड, सलकिया हावड़ा, हावड़ा, 25/- किताबों वाले भेजें।

1029/11.10.72 श्री राम आसरे बौद्ध, सी.एस.के. पर्वाहकर्ता, श्री बद्रीनाथ संगमलाल मालिक मकान, नई बस्ती, वीपीओ—मनौरी, इलाहाबाद, 25/- किताबों वाले भेजें।

1030/11.10.72 श्री राम आसरे बौद्ध, इन्स. परिवार नियोजन, वीपीओ—खिरौ, 25/- किताबों वाले भेजें।

1031/11.10.72 श्री आर.एन. माली, सेक्शन अकाउंट रिजर्वबैंक ऑफ इंडिया, कानपुर, 25/- किताबों वाले भेजें।

1032/11.10.72 श्री रामचन्द्र संखवार, गाँव—जरसेन, पोस्ट—मूसा नगर, कानपुर, 25/- किताबों वाले भेजें।

1033/11.10.72 श्री विद्या शंकर, एडवोकेट, रायबरेली, 25/- किताबों वाले भेजें।

1034/11.10.72 श्री जाटव, एस.पी. आर्या हाइडिल कॉलोनी, वीपीओ—चोवन, मिर्जापुर, 25/- किताबों वाले भेजें।

1035/11.10.72 श्री सुन्दरलाल प्रजापति पर्वाहकर्ता, मूलचन्द भारतीय भीमनगर, जाटवपुरा, बरेली, 50/- किताबों वाले भेजें।

1036/11.10.72 श्री डॉ. सलक राम कुरील प्राइवेट अस्पताल, ताला चौराहा मुगल रोड, वीपीओ—यशवन्त नगर, 25/- किताबों वाले भेजें।

1037/11.10.72 श्री सिया राम, एम.एल.ए., वीपीओ—अयापुर, एटा, 25/- किताबों वाले भेजें।

1038/11.10.72 श्री लखन लाल, टिकट कलेक्टर, क्वा. नं. 4, नगर महापालिका कॉलोनी, नगर महापालिका के पीछे, लीडर रोड, इलाहाबाद, 75/- किताबों वाले भेजें।

1039/11.10.72 श्री धनपत सिंह जाटव, 14-जी, नौरोजी नगर, नई दिल्ली, कुछ भेजें।

1040/11.10.72 श्री टी.एम. कुमार, 97, श्याम पार्क, गाँव—साहिबाबाद, पोस्ट—मलिक नगर, मेरठ, कुछ भेजें।

1041/11.10.72 श्री राम खिलावन सुपरवाइजर, 23 ऊँटखाना, इलाहाबाद, 25/- किताबों वाले भेजें।

1042/11.10.72 श्री निरंजन लाल कुरील, 25-बी, मटियारा, पोस्ट—दारागंज, इलाहाबाद, 19.50 भेजें।

1043/11.10.72 श्री श्रवण कुमार, 130 म्योर रोड, राजापुर, इलाहाबाद, 15/- भेजें।

1044/11.10.72 श्री जी.एल. साहू, 6/24, पार्वती बंगला रोड, कानपुर, दिनांक : 15.10.72 की बैठक में गैरहाजिरी की क्षमा।

1045/11.10.72 श्री परम पूज्य भन्ते शीलभद्र, अशोक मिशन बौद्ध बिहार, महरौली, नई दिल्ली-10, दिनांक : 22.10.72 सभा की गैरहाजिरी की क्षमा।

1046/11.10.72 श्री भीखूलाल, वीपीओ—अजुहा, इलाहाबाद, कुछ भेजें।

1047/11.10.72 श्री मुंशी लाल निर्मल, रविदास मन्दिर, गाँव—हरबंसपुर, पोस्ट—बिधवू, कानपुर, 10 + 20-छ 30/- जमा, पुनः कुछ भेजें।

1048/11.10.72 श्री मोहन लाल वकड़िया, पीलीभीत, 2 कॉपी, कुछ भेजें।

1049/11.10.72 श्री भोलाराम रावत, रायबरेली, 25/- चन्दा द्वारा भेजें।

1050/11.10.72 श्री बाबू लाल बौद्ध, गाँव—लाल बादरा, पोस्ट—मझोला, एटा, 25/- चन्दा द्वारा भेजें।

1051/11.10.72 श्री राजा राम बौद्ध, गाँव—दामूपुर, पोस्ट—दरियापुर, इलाहाबाद, 10/- भेजें चन्दा द्वारा।

1052/11.10.72 श्री परगन सिंह बौद्ध बाकराबाद, पोस्ट—बमरौली, इलाहाबाद, 25/- भेजें चन्दा द्वारा

1053/11.10.72 श्री बाबूलाल कुरी, वीपीओ—धनुही खेड़ा, उन्नाव, 25/- भेजें। 26-ग

1054/11.10.72 श्री डालसिंह बौद्ध, गाँव—विजयाबाद, पोस्ट—छाछा, मैनपुरी, 3-ब, डी. भेजें।

1055/11.10.72 श्री जानकी प्रसाद, गाँव—इंगुवारा, पोस्ट—काल्पी, कानपुर, 9-ब, डी.

1056/11.10.72 श्री द्वारिका प्रसाद संखवार, 84/12, जूही, सफेद कॉलोनी, कानपुर, 11-ब, 12-ब

1057/11.10.72 श्री सोनेलाल मास्टर, गाँव—इटैली, पोस्ट—करन्दपुर, कानपुर, दिनांक : 22.12.71, 188/3.2.72, ज./479/10.4.72, 024/9.6.72, 13-ब, डी.

1058/11.10.72 श्री रामेश्वर दयाल, गाँव—गुन्दैला, पोस्ट—कक्यन, कानपुर, 14-ब, डी.

1059/11.10.72 श्री राय हर्ष गौंड जन. एश्योरेंस सोसाइटी कोर्ट लिमि., 232 दादा भाई नौरोजी रोड, बम्बई, 17-ब, डी.

1060/11.10.72 श्री प्रताप सिंह, वीपीओ—ऐखा, मैनपुरी, 23-ब, 24-ब, डी.

1061/11.10.72 श्री राधेश्याम पाठक, गाँव—चक्के, पोस्ट—कुटी, चक्के, मिर्जापुर, 29-ब, डी.

1062/11.10.72 श्री नन्दलाला प्रसाद हरिजन कोरी, वीपीओ—सदलपुर, वाराणसी, 30-ब, डी.

1063/11.10.72 श्री लाल सिंह, प्रेसीडेंट-आर.पी.आई, डॉ. अम्बेडकर भवन, वीपीओ—गोला, खीरी, 39-ब, डी.

1064/11.10.72 श्री असरानन्द, गाँव—हीरापुर, डी-ईस्ट खारा, सीतापुर, 40-ब, डी.

1065/11.10.72 श्री राम प्रसाद मास्टर, दयाल ताला, गाँव—रायरामापुर, पोस्ट—बरौर, कानपुर, 40-ख, डी.

1066/11.10.72 श्री राम सिंह, गाँव—पृथ्वीपुर, पोस्ट—बेला, इटावा, बस्ती, मल्हौसी वाले कॉपी का पता लगावे।

1067/11.10.72 श्री महावीर प्रसाद, गाँव—कंचनपुर, पोस्ट—कादिराबाद

1068/11.10.72 श्री सेक्रेट्ररी अखिल भारतीय डॉ. अम्बेडकर सेवा संघ, शाखा 18 बाबान लेन, घुसुडी, हावड़ा, 29-ड., डी.

1069/11.10.72 श्री जैसराम, गाँव—तेदुआ असनहरा, बेहरवा, पोस्ट—करमहिया, बस्ती, 8-अ, 9-अ, डी.

1070/11.10.72 श्री सन्तूराम कुरील, गाँव—पाठक खेड़ा, पोस्ट—भोजपुर, रायबरेली, 13-अ, डी.

1071/11.10.72 श्री सुज्ञानराव महाद जी, गाँव—हिस्बन खुर्द, पोस्ट—हिस्बन बुजुर्ग, तहसील—जालना, औरंगाबाद, महाराष्ट्र, 37-अ, डी.

1072/11.10.72 श्री इन्द्रपाल गौतम, 85/131, लक्ष्मी खुर्द, कानपुर-3, 30-ए, डी.

1073/11.10.72 श्री 19.10.72, श्री खूब सिंह सुपुत्र श्री लाल जी जाटव, वीपीओ—गड़राना, अलीगढ़, 17-, (*जय भीम*) रवाना है। दिनांक : 31.12.72 तक भेजें 25/-, 25/- किताबों वाले पाए, धन्यवाद। (पोस्ट—झींझक, रजि. नं. 97/18.10.72)

1074/11.10.72 श्री अंगनलाल भभूती प्रसाद, ईंटभट्ठा, वीपीओ—अलीगंज, एटा, 25/- किताबों वाले पाए। धन्यवाद।

1075/11.10.72 श्री हरिनाथ फेहर्ति पर्वाहकर्ता, श्री सरजू प्रसाद सरोज, एडवोकेट, प्रतापगढ़, श्री रामआधार सरोज, अध्यापक प्राथमिक पाठशाला, मगरौग, पोस्ट—दरघुट, 1 *सच्ची रामायण*, 1 *सच्ची रामायण की चाभी*, 1 रामायण नहीं भेजिए पता ठीक है।

1076/11.10.72 श्री कृष्णाचन्द्र, सो. गिरधारीपुर, आजाद रोड, वीपीओ—अरबन, इटावा, 25/- सहायतार्थ पाए। धन्यवाद।

1077/11.10.72 अभिव्यक्ति प्रकाशन यूनिवर्सिटी रोड, इलाहाबाद, लोक जगत की सीता भेजें 5/-

1078/11.10.72 श्री रामकरण चौधरी, सहायक स्टब्लिशमेंट डी.ओ. भारतीय जीवन बीमा निगम, भेलूपुर, वाराणसी, 25 *धार्मिक डकैती* 18.75/-, 25 *राजनीतिक डकैती* 18.75/-, 25 *धर्म परितर्वन*

62.50/- = 100-33, 8.67 पोस्टेज, 1.50/- रेल भाड़ा + रजिस्ट्री 1.40/-, खर्च रेलवे पार्सल 69.90 लेना, दिनांक : 26.11.72 के बाद तुरन्त रुपये भेजें। (रजि. नं. 182/26.10.72, बिल्टी नं. 907390/26.10.72)

1079/11.10.72 श्री राधेश्याम मास्टर, गाँव—चवके, पोस्ट—कुटीर चक्के, जौनपुर, 29-ब

1080/11.10.72 श्री शमन सिंह, जीन्द, राजी-खुशी।

1081/27.10.72 श्री हलीमुद्दीन राहत मौलाई, एम.एल.ए., मुरादाबाद, कुशल पत्र

1082/27.10.72 श्री लालाराम सुमन, श्री जयपाल सिंह सुमन, श्री हरीशंकर सुमन, श्री होतीलाल, एटा, गाँव—मिर्लाली, पोस्ट—सहावर (सूची पत्र), *जीवनी* 3/-, *खोज* 3/-, 15 *भाषण* 3.75/-/ 9.75

1083/27.10.72 श्री रामतिहोर मास्टर, गाँव—पियारे-जासवाद कोलियारी, पोस्ट—बहुला, वर्धवान, सूची पत्र

1084/28.10.72 श्री बलदेव प्रसाद कुरील, टिक नं. 9, न्यू सैल फोर्स आयुध निर्वाणी, कानपुर, कुशल पत्र

1085/28.10.72 श्री बलराम असि. स्टे. मास्टर, वीपीओ—मंजूरगढ़ी, अलीगढ़, 100/- भेजें।

1086/31.10.72 श्री रामफल मालिक मंडली, वीपीओ—हेतापट्टी, इलाहाबाद, शीघ्र श्री शिव दरसन को किताबें भेजी जा रही है।

1087/31.10.72 श्री शिवदरसन, गाँव—अड्डा, पोस्ट—सरावइनायरा, इलाहाबाद, कल किताबें भेजें।

1088/31.10.72 श्री टी.एम. कुमार, मेरठ, दुःख है आप जवाब नहीं देते।

1089/1.11.72 श्री डिस्ट्रिक्ट—मजि. एवं कलेक्टर, कानपुर, समुचित फार्म सहित 2 *आर्यों का नैतिक पोल प्रकाश* रवाना है। रसीद भेजें। (पोस्ट—झींझक, रजि. नं. 68/1.11.72)

1090/2.11.72 श्री शमीमआलम, एम.एल.ए., बुलन्दशहर, बीजक नं. 966/ 11.10.72 का माल पहुँचा या नहीं।

1091/3.11.72 श्री लाल सिंह, खीरी, 25/- पाए। धन्यवाद।

1092/3.11.72 श्री *भीम सैनिक*, मेरठ, 5/- पुस्तकें श्री गंगा शरण से ले लें।

1093/3.11.72 श्री लक्ष्मी नारायण कुरील, 45, बाग मुन्नू, घसियारी मंडी, कैसर बाग, लखनऊ, 26 पुस्तकें 32/- - कमीशन 7/- = 25/-, दिनांक : 1.1.73 को। यह 25/- भेजें 1.6.73 को। हस्ते श्री हीरालाल करियाझाला

1094/3.11.72 श्री अशोक कुमार, जी.डी.सी. सेक्शन/ए.जी. ऑफिस, इलाहाबाद, *सच्ची रामायण* व *सच्ची रामायण की चाभी* श्री बनवारी लाल यादव से ले लें। *विवाद* व *पोल प्रकाश* मैं दूँगा।

1095/4.11.72 श्री असरानन्द, गाँव—हीरापुर, पोस्ट—ईसरपारा, सीतापुर, लंका का पता नहीं मालूम।

1096/4.11.72 श्री परबतलाल मेश्राम, गाँव—तिवारी, पोस्ट—बम्हनी (बरघाट), सिवनी, श्री गुलाबचन्द डोंगरे का लेख रवाना है।

1097/4.11.72 श्री मौलाई साहब, एम.एल.ए., मुरादाबाद, ईद मुबारक।

1098/4.11.72 श्री शमीम आलम, एम.एल.ए., बुलन्दशहर, ईद मुबारक।

1099/4.11.72 श्री ओंकार सिंह बुन्देला, बंगला नं. 6, सदर बाजार, झाँसी, दिनांक : 19.11.72 को श्री राम स्वरूप शर्मा के विचार कोंच में सुनें।

1100/4.11.72 श्री बलराम ए.एस.एम.वी. मंजूरगढ़ी, पोस्ट—छेरत, अलीगढ़, कुशल पत्र

1101/4.11.72 श्री रामशरन दास, भोज मन्दिर, बड़ी छावनी, वीपीओ—अयोध्या, फैजाबाद, कुछ मदद करें।

1102/4.11.72 श्री भगवान दास, गाँव—कोसड़ा, पोस्ट—तिलखरा, आजमगढ़, कुशल पत्र, दिनांक : 26.11.72 को सारनाथ में मिलें।

1103/4.11.72 श्री रामकरण चौधरी, वाराणसी, कुशल पत्र, दिनांक : 26.11.72 को सारनाथ में मिलें।

1104/4.11.72 श्री अवध प्रसाद, गाँव—भेलया, पोस्ट—चन्द्रौरा, देवरिया, कुशल पत्र, दिनांक : 26.11.72 को सारनाथ में मिलें।

1105/15.11.72 श्री ब्रह्मादीन बढ़ई, 15-ए, लोको कॉलोनी, सुल्तानपुर, दिनांक : 26.11.72 को सारनाथ में मिलें।

1106/15.11.72 श्री रामफल मंडली वाले, वीपीओ—हेतापट्टी, इलाहाबाद, पी.पी. श्री...को चली थी, लौटी, डाक खर्च भी।

1107/15.11.72 श्री बुद्धिसागर लिपिक, हेड पोस्ट ऑफिस-उरई, जालौन, दिनांक : 19.11.72 को मिलें, कोंच में।

1108/15.11.72 श्री टी.एम. कुमार, क्वा. नं. 20, तीनमूर्ति हाउस के पीछे तीनमूर्ति मार्ग, नई दिल्ली-110011, सकुशल आ गया दिनांक : 14.11.72 की जनता से/ 52× 2½ = 130, 23×¼ = 5.75, कुल 135.75 + कमीशन 54.30 = लेना है = शेष 1.45/-

1109/15.11.72 श्री सूर्य नारायण प्रसाद, गाँव—साहिबाबाद, पोस्ट—मलिक नगर, मेरठ

1110/15.11.72 श्री रती राम अध्यक्ष, जो जोआल बस्ती

1111/15.11.72 श्री गंगा शरण, मोहल्ला—मोहनपुरी, मेरठ, लुधियाना, पंजाब, 50/- भेजें। श्री पूरन सिंह को जय भीम।

1112/15.11.72 श्री शिवचरन सिंह भास्कर पुत्र श्री खचेरु सिंह, गाँव—खरिकवारी, पोस्ट—धर्मपुर, बुलन्दशहर, सूची पत्र

1113/16.11.72 श्री गुलाब चन्द डोंगरे, कक्षा 11वीं, शास.उ.माध्य.शाला., वीपीओ—अरी, सिवनी, बीएच, मौल 2.550 किलो, 2.50, 1.00, 0.15, 0.05 = 3.75/-, रजि. नं. 1096/4.11.72 कॉपी जो मेश्राम को वापस की गई।

1114/16.11.72 श्री चन्द्रिका प्रसाद 'जिज्ञासु', 360/183, मातादीन रोड, सआदतगंज, लखनऊ-3, पुस्तकें मँगावें

1115/17.11.72 श्री राधेश्याम मास्टर, गाँव—चक्के, पोस्ट—कुटीर चक्के, जौनपुर, 1 *जीवन संघर्ष* 3/-, 2 *भंडाफोड़* 2/-, *ब्राह्मण*...2.50/-, 1 *लंका* 1.25/-, 3 *कथा*...3.75/-, 2 *धार्मिक डकैती* 1.50/-, 2 *राजनीतिक डकैती* 1.50/-, 1 *अछूतानन्द* 2/-, 1 *पिछड़ा वर्ग*, 1.50/-, 6 *धर्म परिवर्तन* 15/-, 6 *सच्ची रामायण* 15/-, 6 *सच्ची रामायण की चाभी* 15/-, 2 *पोल प्रकाश* 6/- = 35 पुस्तकें, मूल्य 70/- रुपये + कमीशन 24/- = 46 , पोस्टेज 4/- = लेना 50/-, दिनांक : 4.12.72 को भेजें।

1116/17.11.72 श्री राधेश्याम मास्टर, गाँव—चक्के, पोस्ट—कुटीर चक्के, जौनपुर, सूचना

1117/17.11.72 श्री राजाराम मास्टर, गाँव—निहालपुर, पोस्ट—सोहनी, जौनपुर, बीजक नं. 97/17.11.72 की सूचना

1118/17.11.72 श्री डॉ. योगेशचन्द्र यादव, सेक्शन कान, नाक व गला, मेडिकल कॉलेज, झाँसी, बहने कान की दवा लिखें

1119/22.11.72 श्री पन्ना लाल जैसवारा, गाँव—हमीरापुर, पोस्ट—कुआर, वाराणसी, सूची पत्र

1120/22.11.72 श्री हेमराज अग्रवाल, हिन्दी संस्कृत टीचर गवर्न. हाई स्कूल SHAINA, VIA BARNALA, बरनाला, संगरूर, पंजाब, 1 *सच्ची रामायण* 2.50/-, 1 *सच्ची रामायण की चाभी* 2.50/-, 1 *पोल प्रकाश* 3/-, के लिए 5/- पेशगी भेजिए।

1129/25.11.72 श्री डॉ. गौरी शंकर सचान, गाँव—जलालपुर, पोस्ट—मोहम्मदपुर, कानपुर, 25/- किताबों वाले भेजें।

1130/25.11.72 श्री गनपत दयाल 'प्रेमी', टीम लीडर, पदवन गली, वीपीओ—कायमगंज, फर्रुखाबाद, 25/- किताबों वाले भेजें।

1131/25.11.72 श्री गेंदा लाल, प्यारे लाल की धर्मशाला पर्वाहकर्ता, श्री सुन्दरलाल, एडवोकेट, मैनपुरी 10/- किताबों वाले भेजें।

1132/25.11.72 श्री घमंडी लाल जाटव, मोहल्ला—कस्साबान, फर्रुखाबाद, 15/- किताबों वाले भेजें।

1133/25.11.72 श्री चेतराम गौतम, डी-242, गोविन्दपुरी कॉलोनी, वीपीओ—मोदी नगर, 25/- किताबों वाले भेजें।

1134/25.11.72 श्री ज्वाला प्रसाद अहिरवार, एक्स-एम.एल.ए., मोहल्ला—गांधी नगर, वीपीओ—कोंच, जालौन, 25/- किताबों वाले भेजें।

1135/25.11.72 श्री डी.आर. दास, एच.एम.डी.एस. प्राइवेट अस्पताल, नरसिंह देव का मन्दिर, रायगंज, वीपीओ—अयोध्या, फैजाबाद, 25/- किताबों वाले भेजें।

1136/25.11.72 श्री दीनदयाल विरागी, राजेन्द्र नगर, वीपीओ—उरई, जालौन, 25/- किताबों वाले भेजें।

1137/1.12.72 श्री जगनन्दन बौद्ध, नया पूर्वा, मथुरा प्रसाद गडरिया का हाना, बाबा की बुटिया के दक्षिणा में, कानपुर, कुशल पत्र

1138/1.12.72 श्री अखिल, एच-राष्ट्रपाल पर्वाहकर्ता, नागसेन बुद्ध विहार, ज्वालापुर, अकोला-2, कुशल पत्र

1139/4.12.72 श्री रोहन लाल बौद्ध, यू.पी. पिपरगाँव, फर्रुखाबाद, वजन 350 ग्राम, 3 *धर्म परिवर्तन* 7.50/-, 1 *पोल प्रकाश* 3/- = 0.35 + 1 + 0.15 + 0.05 = 1.55 (पोस्ट—झींझक, रजि. नं. 47/4.12.72)

1140/4.12.72 श्रीमान सिंह, एक्स-एम.एल.ए., नगला, लटूरी सिंह, आगरा, (1) *क्या मुझे भी चलना पड़ेगा?* (2) 15 वरिष्ठ नेताओं के लिए लाटी या हॉफ टन लाटी ठीक रहेगी। (3) साथ में साहित्य को लेना जो पेटी जान है।

1141/4.12.72 श्री संघप्रिय गौतम, एडवोकेट, 614, सिविल लाइंस, बुलन्दशहर

1142/4.12.72 श्री बनवारी लाल यादव, एडवोकेट हाइडिल चौराहा, नियर कोर्ट, 578 मम्फोर्टगंज, इलाहाबाद, डिगरी हजार मत करें।

1143/4.12.72 श्री राजदेवगार्ड पर्वाहकर्ता, श्री स्टेशन मास्टर, आर.एस., वी., पोस्ट—कान्ताबंजी, बालानगीर, 10/- जमा क्या भेजें?

1144/4.12.72 श्री एस.बी.पी. कुर्रे, मस्तूरी, बिलासपुर, कुशल पत्र

1145/7.12.72 श्री जेलर साहब, जिला—जेल, शिवपुरी, जेल दाखिला रजिस्ट्रार और जेल डिस्चार्ज रजिस्ट्रार की प्रमाणित प्रतिलिपियाँ दिए जाने बाबत। (पोस्ट—झींझक, रजि. नं. 81/7.12.72)

1146/7.12.72 श्री जेलर साहब, सेंट्रल जेल, लश्कर, ग्वालियर, प्रमाणित प्रतिलिपियाँ दिए जाने बाबत (पोस्ट—झींझक, रजि. नं. 78/ 7.12.72)

1147/7.12.72 श्री जेलर साहब, जिला—जेल, धार, मध्य प्रदेश (पोस्ट—झींझक, रजि. नं. 80/7.12.72)

1148/7.12.72 श्री चेतराम गौतम, डी-242, गोविन्दपुरी कॉलोनी, वीपीओ—मोदीनगर, मेरठ, 25 किताबों वाले भेजें।

1149/7.12.72 श्री राम प्रसाद, संरक्षक कार्यालय मानवोत्थान अम्बेडकर मिशन, मोहल्ला—नवादा शेखावत, बरेली, दिनांक : 6.12.72 की सभा की अनुपस्थिति की क्षमा।

1150/7.12.72 श्री छेदीप्रसाद, एडवोकेट, 102, गरुड़ पार्क, मेड़ई राम का मकान, देवरिया, 25/- किताबों वाले भेजें।

1151/7.12.72 श्री पुरुषोत्तम दास टंडन, गाँव—बरौली, पोस्ट—घोसी, आजमगढ़, दिनांक : 13.11.72 वाले 10/- अभी तक नहीं मिले। लिखें, क्या बात है।

1152/7.12.72 श्री जगजीवन, 64/55 गार्डेन रीच, कलकत्ता-24, कुशल पत्र

1153/7.12.72 श्री हीरालाल सिसौदिया, 78 अशोक नगर, उज्जैन, पत्रोत्तर अम्बेडकर वाचनालय

1154/7.12.72 श्री डॉ. डी.आर. दास, एच.एम.डी.एस., नरसिंह देव का मन्दिर, रामगंज, वीपीओ—अयोध्या, फैजाबाद, 25/- किताबों वाले भेजें।

1155/7.12.72 श्री परम पूज्य श्रामशोर धम्मपाल, बुद्ध बिहार, वीपीओ—उझानी, बदायूँ, 5/- दिनांक : 14.11.72। शेष भेजे किताबों वाले।

1156/7.12.72 श्री धनई सिंह यादव, एडवोकेट, कलेक्ट्रेट, आजमगढ़, 25/- भेजें, किताबों वाले।

1157/7.12.72 श्री नवलकिशोर अध्यापक, श्री भगवानदास इंटर कॉलेज, गाँव—रामगढ़, पोस्ट—हरचन्दपुर, इटावा, 25/- भेजें, किताबों वाले।

1158/7.12.72 श्री एन.के. चुदसम्मा, एम.एससी., एल.एल.बी., प्लॉट नं. 30, गांधी कॉलोनी, कैलाश रोड, विद्यानगर, भावनगर, 50/- भेजें, किताबों वाले।

1159/7.12.72 श्री एन.डी. सोनवाने, एल.आई.सी. एजेंट, 127/4239, नेहरू नगर, कुर्ला, बम्बई-24, 20/- भेजें, किताबों वाले।

1160/7.12.72 श्री डॉ. प्रभू दयाल पर्वाहकर्ता, श्री गोरेलाल कटियार, प्रोफेसर, डिग्री कॉलेज, वीपीओ—खैर, इटावा, 25/- भेजें, किताबों वाले।

1161/7.12.72 श्री बाबूराम यादव, डी-8, ई.एस.आई.सी. कॉलोनी, सर्वोदय नगर, कानपुर, 25/- भेजें, किताबों वाले।

1162/7.12.72 श्री ओंकार सिंह बुन्देला, बंगला नं. 6, सदर बाजार, झाँसी, रुपया 5/- पेशगी भेजें।

1163/7.12.72 श्री बाबूलाल कुरील, 555-च/261, रामनगर, लखनऊ, 25/- भेजें, किताबों वाले।

1164/7.12.72 श्री जयपाल सिंह कश्यप, एडवोकेट हाई कोर्ट, नए हाई कोर्ट के सामने, 1 महात्मा गांधी रोड, इलाहाबाद, वजन 100 ग्राम, *सच्ची रामायण* भाग-1, एडिशन रवाना है। 0.10 + 1.00 + 0.15 + 0.05 = 1.30/- (पोस्ट—झींझक, रजि. नं. 82/7.12.72)

1165/7.12.72 श्री लेमदेव विट्ठल बनकर, वीपीओ—पोभुर्णा, पोस्ट—चन्द्रपुर, चन्द्रपुर, महाराष्ट्र, पुनः ऑर्डर भेजें। 1 *सभ्यता* 1.50/-, 1 *राजनीतिक पोल प्रकाश* 3/-, 1 *दीक्षा* 0.10/-, 1 *गुंडे* 1.25/-, 1 *धार्मिक डकैती* 0.75/-, *राजनीतिक डकैती* 0.75/-, 1 *शम्बूक वध* 1.50/-, 1 *एकलव्य* 1.50/-, 1 *अँगुलिमाल नाटक* 1/-, 1 *तीन पात* 1.25/-, 1 *सच्चा धर्म* 0.25/- = 14.10/- + कमीशन 7.60 = 12.50

1166/7.12.72 श्री बैजूदास कुरील, गाँव—जमीपुर, पोस्ट—बैहार, उन्नाव, 25/- भेजें, किताबों वाले।

1167/7.12.72 श्री बेचूराम मिलर चार्जमैन, जे/3, लेबर कॉलोनी, वीपीओ—चुर्क, मिर्जापुर, 25/- भेजें, किताबों वाले।

1168/7.12.72 श्री बंशी लाल, ग्राम सेवक, गाँव—पैगम्बरपुर बकरी, पोस्ट—सेवारामऊ, फतेहपुर, 25/- भेजें, किताबों वाले।

1169/7.12.72 श्री बच्ची लाल मास्टर, गाँव—बाँध, पोस्ट—बरीपाल, कानपुर, 25/- भेजें, किताबों वाले।

1170/7.12.72 श्री बिदेशीराम, एडवोकेट कलेक्ट्रेट, आजमगढ़, 25/- भेजें, किताबों वाले।

1171/7.12.72 श्री भगवान दीन, एडवोकेट कलेक्ट्रेट, उन्नाव, 25/- भेजें, किताबों वाले।

1172/7.12.72 श्री माधोराम जौहर, सिविल लाइन, हरदोई, 25/- भेजें, किताबों वाले।

1173/7.12.72 श्री मुंशी लाल चमार, एक्स. मिनिस्टर, गाँव—बरनाहल, पोस्ट—कहल, मैनपुरी, 25/- भेजें, किताबों वाले।

1174/7.12.72 श्री डॉ. मनराज यादव, एम.ए., पी.एचडी., पर्वाहकर्ता, श्री वर्मा क्लॉथ स्टोर, वीपीओ—ज्ञानपुर, वाराणसी, 25/- भेजें, किताबों वाले।

1175/7.12.72 श्री मनीराम वर्मा, गाँव—अहमदपुर, पोस्ट—पालई, हरदोई, 25/- भेजें, किताबों वाले।

1176/7.12.72 श्री मुरली बौद्ध, नेश्नल कम्पनी लाइन नं. 15, क्वा. नं. 34, पोस्ट—बालीपुर, हावड़ा, 25/- भेजें, किताबों वाले।

1177/7.12.72 श्री रघुनन्दन प्रसाद विद्यार्थी, भीमनगर, सहायर गेट, वीपीओ—कायमगंज, एटा, 25/- भेजें, किताबों वाले।

1178/7.12.72 श्री आर.डी. शिशुपाल, जे.वी.पी., 158, एस. बोसटस लिमि., मुलुंड, बम्बई-80 एन.बी., 25/- भेजें, किताबों वाले।

1179/7.12.72 श्री रुटीराम गौतम (इलाहाबाद वाले), 6, विजय नगर, मुकर्जी रोड, सलकिया, हावड़ा, 25/- भेजें, किताबों वाले।

1180/7.12.72 श्री राम आसरे कुरील, इंस्पेक्टर परिवार नियोजन, वीपीओ—खिरौ, रायबरेली, 25/- भेजें, किताबों वाले।

1181/7.12.72 श्री आर.एन. पाल, सेक्शन अकाउंट रिजर्व बैंक ऑफ इंडिया, कानपुर, 25/- भेजें, किताबों वाले।

1182/7.12.72 श्री रामचन्द्र संखवार, गाँव—जरसेन, पोस्ट—मूसानगर, कानपुर, 25/- भेजें, किताबों वाले।

1183/7.12.72 श्री विद्या शंकर, एडवोकेट कलेक्ट्रेट, रायबरेली, 25/- भेजें, किताबों वाले।

1184/7.12.72 श्री जाटव एस.पी. आर्या, हाइड्रिल कॉलोनी, वीपीओ—छेपन, मिर्जापुर, 25/- भेजें, किताबों वाले।

1185/7.12.72 श्री कल्ययान सिंह (बारदाना वाले), पिदरुगंज, अलीगढ़, 25/- भेजें, किताबों वाले पावें। धन्यवाद।

1186/7.12.72 श्री छिंगेलाल कटरा, कटरा टेलर्स, वीपीओ—निवाड़ी, टीकमगढ़, कुशल पत्र जवाब।

1187/7.12.72 श्रीमान मिनि. महोदय शिक्षा एवं समाज कल्याण विभाग, भारत सरकार, नई दिल्ली, पत्र संख्या-F-48-57/A/II/12मय चेक नं. ए 560793/27.11.72 दस्ताजनी सेक्रेटरी साहब एक हजार रिजर्व बैंक ऑफ इंडिया, नई दिल्ली मिला।

1188/7.12.72 श्री सम्पादक अर्जक, बंगला नं. 3, दारुलशफा, लखनपुर, आज मंगली मेदनर का काला पंखा बनाया। अपने राद पर बैठता।

1189/7.12.72 श्री सम्पादक, *भीम पत्रिका*, जालन्धर, पंजाब

1190/7.12.72 श्री सम्पादक *दैनिक जागरण*, कानपुर, उत्तर प्रदेश

1191/7.12.72 श्री राम आसरे बौद्ध, बामकान सेठ मंगल लाल नई बस्ती, इलाहाबाद, 20/- पाए - धन्यवाद 5/- पेशगी भी भेजें।

1192/7.12.72 श्री बाल कृष्णा गोंड, कृष्णा प्रसाद एंड फोर्ट कम्पनी लिमि., रेहबलीन स्ट्रीट नं. 15, बम्बई-1, 25/- पाए। धन्यवाद।

1193/13.12.72 श्री छक्कन राम 'परेशान', एम.एस.सी., एल.एल.बी., 320/5, जूही लाल कॉलोनी, जूही कलाँ, कानपुर-14, किताबों वाले रुपये भेजें।

1194/15.12.72 श्री राम आसरे वर्मा, सहायक अध्यापक, नरेन्द्र देव इंटर कॉलेज, वीपीओ—जलालपुर, फैजाबाद, वजन 1 किलो, 5 *सच्ची रामायण* 12.50/-, 4 *सच्ची रामायण की चाभी* 10/-, 1 *धर्म परिवर्तन* 2.50/-, 1 *शम्बूक वध* 1.50/-, 1 *एकलव्य नाटक* 1.50/-, 1 *राम राज्य* 0.50/-, 6 *माया* 1.50/- = 19 पुस्तकें, 30 रुपये, - कमीशन 7/- = शेष 23/- + पोस्टेज 2/- = 25/-, लेना है 25/-, वायदा दिनांक : 31.1.73, तौल 1 + 1 + 0.15 + 0.05 = 2.27 ग्राम (पोस्ट—झींझक, रजि. नं. 207/15.12.72)

1195/16.12.72 श्री राजाराम मास्टर, गाँव—निहालापुर, पोस्ट—सोहनी, जौनपुर, पत्रोत्तर

1196/16.12.72 श्री श्रवणकुमार, इंस्पेक्टर एक्साइज, मथुरा, कुशल पत्र

1197/16.12.72 श्री परम पूज्य भन्ते शीलभद्र अशोक, मिशन बुद्ध बिहार, मोहल्ला—महरौली, नई दिल्ली, पत्रोत्तर

1198/16.12.72 श्री डी.पी. सिंह जाटव, पे. एंड अकाउंट ऑफिस सप्लाई, नई दिल्ली, पत्रोत्तर

1199/16.12.72 श्री टी.एम. कुमार, नई दिल्ली, पत्रोत्तर

1200/17.12.72 श्री सेक्रेटरी साहब महाबोधि सोसाइटी, वीपीओ—सारनाथ, वाराणसी, पत्रोत्तर

1201/17.12.72 श्री परम पूज्य भन्ते शीलभद्र बुद्ध बिहार, मोतीगंज, नियर पावर हाउस, इटावा, पत्रोत्तर

1202/18.12.72 श्री जैसराम, गाँव—तेंदुआ असनहरु (बहरेवा), पोस्ट—कसमहिया, बस्ती, 8-अ, 9-अ मदद करें।

1203/18.12.72 श्री छेदी प्रसाद एडवोकेट, 120, गरुड़ पार्क, मेड़ई राय का मकान, देवरिया, 25/- भेजें।

1204/18.12.72 श्री नवल किशोर, अध्यापक श्री भगवानदास इंटर कॉलेज, गाँव—राणा, पोस्ट—हरचन्दपुर, इटावा, 50/- की मदद करें।

1205/18.12.72 श्री राय हर्ष गोंड जन. एश्यो. सोसा. लिमि., 232 दादा भाई नौरोजी रोड, बम्बई कोर्ट-1, बतावें सीरियल नं. 217 का रुपया 25/- क्वां अपने श्री बाल कृष्ण गौड़ के नाम से भेजा है।

1206/18.12.72 श्री बाल कृष्ण गौड़, पोस्ट बॉक्स नं. 616, कृष्ण प्रसाद एंड कम्पनी लिमि., रेहव्वलीन स्ट्रीट नं. 15, बम्बई कोर्ट-1, बतावें रसीद नम्बर क्या है? 25/- पाए। धन्यवाद।

1207/18.12.72 श्री जेलर साहब, जेल सरदारपुर, धार, बशरह पत्र नं. 1140/7.12.72, नकल दी जावे।

1208/18.12.72 श्री राम निवास पुरता रेवेन्यू बोर्ड, मोती महल, लश्कर, ग्वालियर, पत्रोत्तर

1209/23.12.72 श्री सुखलाल आर्य, काठ का पुल, पटना-8, 1 *सच्ची रामायण* 2.50/-, 1 *सच्ची रामायण की चाभी* 2.50/-, 1 *रामायण पोल प्रकाश* 3/-, 1 *शोषितों पर धार्मिक डकैती* .75/-, 1 *सच्चा धर्म* 0.25/- = 5 पुस्तकें, 9 रुपये + 1.55 = 10.55 + कमीशन 7.55 = 10 लेना है। = 9 रुपये शीघ्र भेजें। (पोस्ट—झींझक, रजि. नं. 325/23.12.72)

1210/24.12.72 श्री मलसिंह बौद्ध, एक्स एम.एम.ए., नंगला लूटरी सिंह, पोस्ट—सदर बाजार, आगरा, पत्रोत्तर

1211/24.12.72 श्री संघप्रिय गौतम, एडवोकेट, बुलन्दशहर, पत्रोत्तर

1212/24.12.72 श्री गया प्रसाद, 552/2, राजेन्द्र नगर, लखनऊ, पत्रोत्तर

1213/24.12.72 श्री राजाराम यादव, 227, सोहबतिया बाग, रौजा के पीछे, इलाहाबाद, पत्रोत्तर

1214/24.12.72 श्री बनवारी लाल यादव, 278, सोहबतिया बाग, रौजा के पीछे, इलाहाबाद, पत्रोत्तर

1215/25.12.72 श्री विश्वनाथ जी, सम्पादक, *सरिता पाक्षिक*, एम/12, कनाट सर्कस, नई दिल्ली, कुछ मदद करें। (पोस्ट—झींझक, रजि. नं. 07/29.12.72)

1216/25.12.72 श्री एल..., बी.ए., होशियारपुर, हमारा समाज भेजें।

1217/25.12.72 श्री राम स्वरूप वर्मा, लखनऊ, A. *ब्राह्मणों से कभी छहवाई,* B. *दोनों की कुरीतियों,* C. *छुआछूत कैसे मिटे,* D. *अछूतों के उठने से सरकार खुद क्या करें,* E. *शिक्षा में...*व खुद।

1218/25.12.72 श्री डी.आर. जाटव, श्रीगंगाधर

1219/25.12.72 श्री बाली, जालन्धार

1220/25.12.72 श्री साबी, 9, लखनऊ

1221/25.12.72 श्री बी.पी. मौर्या, नई दिल्ली

1222/25.12.72 श्री कैलवी, नई दिल्ली

1223/25.12.72 श्री विमोजी हरि, एफ-13/2, मॉडल टाउन, किंसवे कैंप, वाया—कश्मीरी गेट, दिल्ली-8, हरिजन सेवक संघ, पत्रोत्तर।

1224/25.12.72 श्री बलराम, असि. स्टेशन मास्टर, वीपीओ—मजूर गढ़ी, 100 भेजें।

कुल खर्च 243.20/- रुपये, सालाना रजि. बन्द किया जाता है। दिनांक : 31.12.72 हस्ताक्षर, ललई सिंह यादव, अध्यक्ष अशोक पुस्तकालय (रजिस्टर्ड), झींझक, जिला—कानपुर, उत्तर प्रदेश

863/5.11.73 श्री दुर्गा प्रसाद पोहटेल, 31/4, शक्ति नगर, खसरिया, जबलपुर, मध्य प्रदेश, रजि. नं. 926/5.1173, 10/- जमा, दिनांक : 28.11.72।

867/6.11.73 श्री ओम प्रकाश, कक्षा-10, वी.वी.ए.एस. इंटर कॉलेज, जहाँगीराबाद, बुलन्दशहर, रजि. नं. 935/6.11.73, लापता। 10/- जमा नहीं।

870/9.11.73 श्री धर्म सिंह, बी.एड क्लास, एस.पी. कॉलेज ऑफ एजुकेशन, वीपीओ—रेवाड़ी, गुड़गाँव, रजि. नं. 002/9.11.72, लापता। 10/- जमा नहीं।

मोबाइल से खींचा गया पेज नं. IMG_20170916_171434 बहुत धुँधला है पढ़ने में नहीं आ रहा।

172/1.3.73 श्री श्याम मुरारी दिनकर, बी.एस.सी.-1, वीपीओ—सझगवाँकलाँ, जौनपुर, रजि. नं. 26/1.3.73, धन्यवाद। 9.55/-

174/1.3.73 श्री राधेश्याम विश्वकर्मा, प्रजा प्रेस, बराबंकी, रजि. नं. 25/1.3.73, 596/5.7.73, 765/14.9.73, 945/10.12.73, 6/1.1.74

194/8.3.73 श्री सोमारुराम वार्ड सर्वेंट बाल रोग विशेषज्ञ सदर अस्पताल, जौनपुर, रजि. नं. 200/8.3.73, बड़ा लड़का कक्षा-2/15.3.73, जमा दिनांक : 27.3.73, रजि. नं. 103/5.3.73। मिले नहीं, अनपेड वापस दिनांक : 15.3.73

204/15.3.73 श्री राधेलाल अध्यापक, जी.सी.एफ. प्राथमिक स्कूल धुर्म, पोस्ट—धुर्मा मारकुंडी, मिर्जापुर, रजि. नं. 158/15.3.73, जमा दिनांक : 27.3.73

205/15.3.73 श्री फूलचन्द, कॉलांनी नं. 5, पोस्ट—चन्दिया हजारा, पीलीभीत, रजि. नं. 159/15.3.73, 565/3.7.73

220/23.3.73 श्री भाषती चरण सिंह, गाँव—मीनापुर, पोस्ट—हाजीपुर, वैशाली, अनुत्तर, रजि. नं. 77/23.3.73, 595/5.7.73, 765/14.9.73, 946/10.12.73, 5/1.1.75

541/2.7.73 श्री फूलचन्द, कॉलोनी नं.इ 5, गाँव—चन्द्र नगर, पोस्ट—चन्दिया हजारा, पीलीभीत, 330/24.4.73, रजि. नं. 83/2.7.73, लाही बिकने पर देंगे, सन् 1974 में, धन्यवाद 330/ दिनांक : 24.4.73

273/3.4.73 श्री डॉ. चन्द्रबली पाल, गाँव—खर्गसेनपुर, पोस्ट—गद्दी, जौनपुर, अनुत्तर, रजि. नं. 171/5.4.73, 603/3.4.73, 763/14.9.73, 947/10.12.73

621/10.7.73 श्री सुखराम गजीमये बिबेन, वीपीओ—बैहरई, पोस्ट—सिवनी, सिवनी, रजि. नं. 166/10.7.73, 766/14.9.73, धन्यवाद नं. 824/16.10.73

633/14.7.73 श्री सम्पतदास हरिजन, सीदपुर वर्धवान, 9/10, पिट्स कॉलोनी, पोस्ट—सुन्दरचक, रजि. नं. 257/16.7.73, 1.8.73/ 7 को भेजूँगा, जमा 23.8.73, 23.20/-

51/25.1.73 श्री ऋषि कुमार नेता जी पर्वाहकर्ता, श्री गेंदा सिंह, मोहल्ला—चाहशीरी, बिजनौर, दुबारा दर्ज हुआ।

57/27.1.73 श्री रवीकुमार 'कवि', 105/503, आनन्द बाग, रजि. नं. 129/27.1.73, रजि. नं. 24/5.2.73, 599/5.7.73, 723/3.9.73, रजि. नं. 2/2.2.73, 10/- प्राप्त दिनांक : 22.2.73, 767/14.9.73

61/2.2.73 श्री राम आसरे बौद्ध, सी.एस.के., पर्वाहकर्ता, मकान श्री बद्री प्रसाद, संगम, नई बस्ती, वीपीओ—मनौरी, इलाहाबाद, रजि. नं. 1/2.2.73, 100/- दिनांक : 13.6.73, रजि. नं. 518/30.6.73

62/2.2.73 श्री पहलवान सिंह बौद्ध, गाँव—लक्ष्मण पुर खालसा, पोस्ट—लक्ष्मण पुर, शाहजहाँपुर, दिनांक : 7.2.73, रजि. नं. 180/2.2.73, 229/23.3.73, 598/5.7.73, 10/- जमा दिनांक : 2.8.13

| | |
|---|---|
| 64/2.2.73 | श्री अमर सिंह निमेश भोला, पोस्ट—रती का नगला, अलीगढ़, रजि. नं. 179/2.2.73, 10/- प्राप्त दिनांक : 20.2.73 |
| 147/9.2.73 | श्री राजये बगई पर्वाहकर्ता, श्री सूबेदार सिंह, मेन रोड, वीपीओ—कालाबाजी, बलानजीर, उड़ीसा, रजि. नं. 83/8.2.73, 230/23.3.73 |
| 155/12.2.73 | श्री तिलक चन्द दिनकर पर्वाहकर्ता, श्री रतन कारीगर, 108, राजेन्द्र नगर, वीपीओ—उरई, जालौन, रजि. नं. 110/12.2.73, 231/23.3.73 द्वारा श्री बुद्धि साहब, लिपिक, 10/- जमा दिनांक : 9.4.73 |
| 157/12.2.73 | श्री फूलचन्द वर्मा, प्रधान प्राथमिक विद्यालय, गाँव—कैथोड़ा, पोस्ट—छापोल, कोटा, राजस्थान, रजि. नं. 111/12.2.73, प्राप्त 16.3.72 |
| 165/15.2.73 | श्री लाला राम अहिरवार, मंत्री सेवा ग्राम क्रान्तिकारी परिषद् (रजि.), गाँव—हीरा नगर, पोस्ट—हमदर्द, दुमराई, झाँसी, रजि. नं. 133/15.2.73, 232/23.3.73, 597/5.7.73, 747/6.9.73, 949/10.12.73 |
| 621/4.9.72 | श्री रामफल मंडली वाले, वीपीओ—हेतापट्टी, इलाहाबाद, 10/- वापस शीघ्र, धन्यवाद नं. 977/11.10.72 |
| 1078/26.10.72 | श्री रामकरण चौधरी साहयक स्टब्लिशमेंट डी.ओ. भारतीय जीवन निगम, भेलपुर, वाराणसी, 70/- धन्यवाद नं. 10/17.12.72 |
| 1115/17.11.72 | श्री राधेश्याम मास्टर, गाँव—चक्के, पोस्ट—कुटीर चुक्के, जौनपुर, अनुत्तर, 228, 23.3.73, रिमाइंडर, 593/5.7.73, 74/2.2.73, 386/17.4.73, 746/6.9.73, 950/10.12.73 |
| 1139/4.12.72 | श्री रोहनलाल बौद्ध, वीपीओ—पिपरगाँव, फर्रुखाबाद, 11/- जमा, दिनांक : 19.12.72, 1023/30.10.73, 8/1.1.75 |
| 1194/15.12.72 | श्री राम आसरे वर्मा, अध्यापक नरेन्द्र देव इंटर कॉलेज, वीपीओ—बुलालपुर, फैजाबाद, 25/- जमा, दिनांक : 29.12.72 |
| 1209/23.12.72 | श्री सुखलाल आर्य, काठ का पुल, पटना-4, 10/- जमा, दिनांक : 2.1.73 |
| 1/2.1.73 | श्री प्रहलाद वर्मा, अध्यापक राजकीय जूनियर हाई स्कूल, गाँव—हड़वार, पोस्ट—धुरीपुर, तहसील—हुकुमचन्द जूट मिल, जौनपुर, 10/- जमा, दिनांक : 25.1.73 |

| | |
|---|---|
| 31/10.1.73 | श्री रामध्यान यादव, मोहल्ला—हुकुमचन्द जूट मिल, कच्चा लाइन नं. 1, फूल कोठी के पास, पोस्ट—हाजीपुर, चौबीस परगना (बंगाल), 10/- जमा, धन्यवाद नं. 129/5.2.73 |
| 51/25.1.73 | श्री ऋषि कुमार नेता जी, मकान श्री गेंदा सिंह, चाहशीरी, बिजनौर, 10 जमा, दिनांक : 2.5.73 |
| 747/15.6.72 | श्री लक्ष्मी नारायण कुरील, 45 बाग, मुन्नू घसियारी मंडी, कैसरबाग, लखनऊ, 20/-, 883/17.8.72, 20 जमा, धन्यवाद नं. 978/11.10.72, 600/5.7.73, 9. 1.1.75 |
| 778/3.7.72 | श्री बुद्धि सागर, लिपिक हेड पोस्ट—उरई, जिला—जालौन, 25/- वायदा, दिनांक : 1.11.72, 25/- जमा दिनांक : 8.11.72 |
| 783/5.7.72 | श्री ऊदल प्रसाद पाल, ए.डी.सी. क्लर्क स्टब्लिशमेंट ऑफिस, सी.ओ.डी. छिवकी, इलाहाबाद, 11.50/- धन्यवाद नं. 806/28.7.72, हालाँकि वायदा दिनांक : 1.8.72 का - पहले भेजें। |
| 791/17.7.72 | श्री डॉ. श्री कृष्णा वर्मा, अध्यक्ष युवक मंगल दल, वीपीओ—ऊगू, उन्नाव, 10/- वायदा शीघ्र भेजें। रिमाइंडर 954/27.9.72, 950/11.20.72 धन्यवाद। |
| 795/24.7.72 | श्री गेंदा लाल, प्यारे लाल की धर्मशाला, मोहल्ला, लोहाई, मैनपुरी, 10/- वायदा शीघ्र, 955/27.9.72, लापता, दिवालिया। |
| 897/21.8.72 | श्री परवत लाल मेश्राम, भूतपूर्व अध्यक्ष बौद्ध महासभा, गाँव—विवारी, पोस्ट—मम्हनी, सिवनी, 10/- पत्र नं. 957/27.8.72, 10/- जमा, दिनांक : 25.10.73 |
| 909/29.8.72 | श्री लोकनाथ बौद्ध, क्लर्क, पोस्ट—मछली शहर, जौनपुर, 31.50/-, वायदा, दिनांक : 31.12.72, प्राप्त दिनांक : 15 .3.73, धन्यवाद नं. 5/15.3.73 2905/- दिनांक : 31.3.72 पिछला योग |
| 449/31.3.72 | श्री आंगन लाल, मोहल्ला—रामकिशन, वीपीओ—अलीगंज, एटा, 25/-, दिनांक : 2.5.72, धन्यवाद नं. 567/3.5.72 |
| 454/31.3.72 | श्री बाबूराम प्रजापति अजर्निवीस, वीपीओ—विधूना, इटावा, 24/-, दिनांक : 9.5.71, धन्यवाद नं. 605/10.5.72 |
| 457/4.4.72 | श्री रोहन लाल बौद्ध, वीपीओ—पिपरगाँव + 1 = 26/-, फर्रुखाबाद, 26/-, दिनांक : 30.4.72, दस्ती सभा छिबरामऊ |
| 458/4.4.72 | श्री एन.डी. सोनवाने, सी.ए.सी. एजेंट, नेहरू नगर, 127/4239, कुर्ला, बम्बई-400024, नहीं दिए, 564/3.7.73 |

| | |
|---|---|
| 472/8.4.72 | श्री खिरी प्रसाद, निर्भय, छोटी रेलवे जंक्शन के स्टेशन के पास, मथुरा कैंट + 2.50 = 32.50, मथुरा, 32.50/- दिनांक : 27.4.72, धन्यवाद 557/2.5.72 |
| 476/10.4.72 | श्री आंगन लाल भभूती प्रसाद, ईंट का भट्ठा, वीपीओ—अलीगंज, एटा, 25/-, धन्यवाद नं. 1074/19.10.72। |
| 568/3.5.72 | |
| 281/17.2.72 | श्री खुर्रमदास, एडवोकेट कलेक्ट्रेट, हरदोई, नहीं दिए, ठीक नहीं, 15/1.1.75 |
| 596/8.5.72 | श्री मुन्नालाल निषाद, टिकट नं. 380, सेक्शन, एल.सी. काल्पी रोड, कानपुर, 7/-, धन्यवाद दिनांक : 23.10.72 |
| 620/31.5.72 | श्री शीलोयान वीपन क्वा.-1, राम नगर, गाँव—कबीर गंज, पोस्ट—मोर्नियाँ, गांधी नगर, पीलीभीत, वापस मिली। |
| 19.3.72 | श्री बलराम तार बाबू, तार घर नॉर्दर्न रेलवे, इलाहाबाद, 50/-, धन्यवाद नं. 24/28.7.72, 956/27.9.72, 50/- धन्यवाद नं. 519/30.6.73 |
| 204/28.7.72 | श्री अस्टिटेंट स्टेशन मंजूरगढ़ी, अलीगढ़, 50/-, धन्यवाद 952/10.12.73, दिनांक : 9.2.74, 150/- खाता समाप्त 1515 पिछला योग |
| 341/2.3.72 | श्री कामता प्रसाद बौद्ध, 231/4, पूर्वा कॉलोनी, पोस्ट—किदवई नगर, कानपुर, 25/-, दिनांक : 9.9.73 को जमा, धन्यवाद नं. 757/12.9.73 |
| 342/2.3.72 | श्री कल्यान सिंह 'प्रेमी' बारदाना वाले, पिदरुगंज, अलीगढ़, 25/-, धन्यवाद नं. 1185/8.12.72 |
| 343/2.3.72 | श्री आर.एन. साथी, सेक्शन अकाउंट, रिजर्व बैंक ऑफ इंडिया, कानपुर, 25/-, धन्यवाद नं. 128/5.2.73 |
| 344/2.3.72 | श्री बंशीलाल, ग्राम सेवक, गाँव—पैगम्बरपुर बकरी, पोस्ट—सेवरामऊ, फतेहपुर, 15/- जमा, 10/1.1.75 |
| 398/15.3.72 | श्री लोकनाथ बौद्ध, पोस्टल क्लई, पोस्ट—मुगराबाद शाहपुर, जौनपुर, 39/- धन्यवाद नं. 775/29.6.72, 19/1.1.75 |
| 399/15.3.72 | श्री बच्ची लाल मास्टर, गाँव—बाँध, पोस्ट—बरीपाल, कानपुर, नहीं दिए। |
| 400/15.3.72 | श्री रामचन्द्र संखवार मास्टर, गाँव—जरसेन, पोस्ट—भूसा नगर, कानपुर, नहीं दिए। 43/1.1.74, 18/1.1.75, मार्फत श्री रामबाबू मास्टर, गाँव—जसपुर, पोस्ट—मोहना |

402/16.3.72 श्री राम बाबू, गाँव—बरवा, पोस्ट—बरौर, नहीं दिए, 313/28.2.72

403/16.3.72 श्री डॉ. प्रभु दयाल, ग्रामीण सेवा चिकित्सालय, दिबियापुर रोड, वीपीओ—औरइया, इटावा, नहीं दिए। 18, 1.2.75, मार्फत राम बाबू मास्टर, उपरोक्त, 40/1.1.75

404/16.3.72 श्री मूलचंद, कॉलोनी नं. 5, गाँव—चन्द्रपुर, पोस्ट—चन्दिया हजारा, पीलीभीत, 25/-, दिनांक : 15/17.4.72, धन्यवाद 535/22.4.72

444/31.3.72 श्री धनई सिंह यादव, एडवोकेट कलेक्ट्रेट, आजमगढ़, बहे खाने, चालाक है, 43/1.1.75

445/31.3.72 श्री विदेशी राम यादव, एडवोकेट कलेक्ट्रेट, आजमगढ़

446/31.3.72 श्री घमंडी लाल जाटव, मोहल्ला—कस्साबान, वीपीओ—छिबरामऊ, फर्रुखाबाद, 15/- नहीं दिए, 10/- दिनांक : 30.4.72, दस्ती हेंड टू हेंड, 17/1.1.75

447/31.3.72 श्री विद्या शंकर यादव, एडवोकेट कलेक्ट्रेट, रायबरेली, मगरुर हैं। रुपये हजम इन किताबों के 1 चन्दा की कॉपी का चन्दा खा गए।

448/31.3.72 श्री भगवान दीन यादव, एडवोकेट कलेक्ट्रेट, उन्नाव, 25/- जमा, धन्यवाद नं. 160/12.2.73

326/2.3.72 श्री बैजूदास कुरील, जमीपुर, पोस्ट—बेहार, उन्नाव, 24/2.1.75

327/2.3.72 श्री डॉ. एन.आर. नाहर, 112, प्रेम नगर, अम्बेडकर मार्ग, झाँसी, 20/- जमा, धन्यवाद 825/11.872, 5/- भेजें। 5/- बहे खाने

328/2.3.72 श्री योगेन्द्र प्रसाद, एस-3/71, तेलिया बाग, वाराणसी, 20/- आमने-सामने धन्यवाद। 860/11.8.72, 5/- शेष भेजें। 5/- पाए

329/2.3.72 श्री राजाराम संखवार, आर.एम.एस. मेरठ कैंट, मेरठ, 25/- जमा

330/2.3.72 श्री चेतराम सिंह गौतम, क्वा. डी/142, गोविन्दपुरी कॉलोनी, वीपीओ—मोदी नगर, मेरठ

331/2.3.72 श्री सियाराम, एम.एल.ए., वीपीओ—अमापुर, एटा, 25/-, 20/- + 5/- जमा

332/2.3.72 श्री डॉ. डी.आर. दास, एम.डी.एस. नरसिंह देव का मन्दिर, रामगंज, वीपीओ—अयोध्या, फैजाबाद, लापता

333/2.3.72 श्री राम आसरे बौद्ध, सी.एस.के., श्री बद्री प्रसाद, वीपीओ—मतौरी, इलाहाबाद, 20 + 5 जमा

334/2.3.72 श्री बेचू राम, मिलर चार्जमैन, जे/3, लेबर कॉलोनी, वीपीओ—चुर्क, मिर्जापुर, 23/1.1.75, नहीं दिए।

335/2.3.72 श्री लाल सिंह, अम्बेडकर भवन, वीपीओ—गो..., खीरी, 30/- दिनांक : 21.3.72, धन्यवाद 450/21.3.72

336/2.3.72 श्री राम आसरे कुरील, इंसपेक्टर परिवार नियोजन, वीपीओ—खीरी, रायबरेली, 42/1.1.74, 22/1.1.75

337/2.3.72 श्री शम्भू दयाल, 431, निशातगंज, लखनऊ, 30/- दिनांक : 2.6.72, धन्यवाद। 635/5.6.72

338/2.3.72 श्री लक्ष्मी नारायण कुरील, 45 बाग मुन्नू, घसियारी मंडी, कैसर बाग, लखनऊ, 10/-, धन्यवाद। 756/16.6.72, 9/1.1.75, 15/- नहीं दिए।

339/2.3.72 श्री बेदी प्रसाद, एडवोकेट, 102, गरुड़ पार्क, मकार मडई राम का मकान, देवरिया

340/2.3.72 श्री दीन दयाल बिहारी, राजेन्द्र नगर, वीपीओ—उरई, जालौन, नहीं दिए, रिमाइंडर द्वारा श्री बुद्धिमता, लिपिक नं. 289/9.4.74, 1115 योग, 171528

### 1. असम

1. सेक्रेटरी बलीपथर बुद्धिस्ट टेम्पल, पोस्ट—बलीपथर, राज्य-करबीयालोंग (असम)
2. सेक्रेटरी नारंगी बुद्धिस्ट टेम्पल, पोस्ट—नारंगी, गंहोटी (असम)
3. राजापुकरी बुद्धिस्ट टेम्पल, पोस्ट—उल्लीयांगर, राज्य-गोलाघाट (असम)
4. अशोक बुद्धिस्ट टेम्पल, गाँव—त्रुंगन, पोस्ट—उलीयांगर, राज्य-गोलाघाट (असम)
5. न्यू गोहाटी बुद्धिस्ट टेम्पल, ब्राह्मणी मैदान, राज्य-गौहाटी (असम)

### 5. दरांग

1. श्री मोनी लाल प्रसाद, वि-गरी मरी, छपरी, पोस्ट—मंगलालोइ, पिनकोड-784125
2. रेन बिमलांकुर भीमखु (चीफ हाई प्रीस्ट-बुद्धिस्ट टेम्पल), छीमनामरा-785008, राज्य-जोरहट (असम)
3. आगरा बंगा भीखु, बंरलोंगफर, बुद्धिस्ट टेम्पल, पोस्ट—बरलोंगफर, राज्य-करबीयालोंग (असम)

4. अगरा बंगा भीखु, जगत ज्योति बुद्धिस्ट टेम्पल, पोस्ट—मनीयारखल, राज्य-अचार (असम)
सेक्रेटरी प्रवाहकर्ता मोंझा बुद्धिस्ट टेम्पल, पोस्ट—भीखु, राज्य-करबीयालोंग (असम)

## 2. आन्ध्र प्रदेश

01.01.1965 श्री एस.एल. कामले, बुद्ध मन्दिर मिरजालगेडा नॉर्थ, सिकन्दराबाद, हैदराबाद, आन्ध्र प्रदेश

11.05.1970 श्री पी.एच. डाटला बार-एट-लॉ, विशाखापट्टनम, आन्ध्र प्रदेश, - 530002 इन्होंने अंग्रेजी में *माई स्टडी इन दी रामायण* लिखी है। अपनी *माई स्टडी इन रामायण* अशोक पुस्तकालय, झींझक, कानपुर, यूपी पिन-209302 पर भेजिए।
20. (1) श्रद्धेय मोहन लाल गुजराती, मकान नं. 3-4-25/8बी, भारत बिल्डिंग, काचीगुडा, स्टेशन

## 3. उड़ीसा (कालाहांडी)

2. कालाहांडी 1-

07.01.1970 श्री एम.डी. मर्डन सिंह योगी P.O. - Dharam Bandha Via N.P.—Tarwat, Dist & Kalahandi, Orisha.

79/13.05.1974 9. बोलानगीर 1-श्रद्धेय राजदेव गार्ड प्रवाहकर्ता स्टेशन मास्टर (एस.ई) रेलवे (के.बी.जे.) पोस्ट—कान्ताबाजी-767039

## 3. उड़ीसा (11-मयूरभंज)

41/24.09.2083 11. मयूरभंज श्री रामदास मुर्मू जर्नलिस्ट, वि-पात्रा, मोहूल पानी, पोस्ट—बहल्डा-757045 (उड़ीसा)

95/04.08.1983 12. सम्बलपुर - श्रद्धेय रामानन्द खांडे, वीपीओ—रामपुर कोलियरी

119/29.11.1988 1. श्रद्धेय खिलारीराम यादव, ए-183, बालको टाउनशिप, पोस्ट—बालकोनगर-759195

## 4 उत्तर प्रदेश (1. अलीगढ़)

01.04.1970 श्री चन्द्रपाल शैलानी, सम्पादक—*स्वाधीन भारत,* V.P.—सिकन्दराराऊ, अलीगढ़, यूपी (अलीगढ़ कोल) - हाथरस-सिकन्दराराऊ-खैर

| | |
|---|---|
| 16/9.3.73 | 1. श्रद्धेय श्यौराज सिंह अम्बेडकर, सी-2 अस्पताल कम्पाउंड, कई बार = कासिमपुर पावर हाउस, वीपीओ—कासिमपुर-202127 |
| 43/14.7.77 | 2. श्रद्धेय धम्मधारों जी, करुणाबुद्ध बिहार, वीपीओ—पचों |
| 73/21.11.77 | 3. श्रद्धेय श्याम सुन्दरलाल शर्मा, वीपीओ—रती का नगला, वाया—हसायन-204212 |
| 78/10.10.79 | 4. श्रद्धेय भवानी सिंह, गाँव—हाजीपुर, पोस्ट—हाथरस जंक्शन-204102 |
| 33/28.3.80 | 5. श्रद्धेय बाबूलाल, गाँव—औरिहा, पोस्ट—सुमेरा |
| 44/9.4.80 | 6. श्रद्धेय राजेन्द्र कुमार सिद्धार्थ सुपुत्र श्री श्रद्धेय नारायण सिंह ठेकेदार, वार्ड नं. 1, मकान नं. 42, नगला ताड़, गुरुद्वारा रोड, अलीगढ़-202001 |
| 79/16.3.81 | 7. श्रद्धेय इन्द्रपाल सुपुत्र श्री श्रद्धेय चोखेलाल, वीपीओ—रुखाला |
| 2/12.1.81 | 8. श्रद्धेय तीर्थपाल सिंह पर्वाहकर्ता, श्रद्धेय सरदार, करछ श्याम नगर |
| 31/11.3.81 | 9. श्रद्धेय ब्ल्यू स्टार टेलर, गाँव—ताराचन्द, पोस्ट—बरौलीराव |
| 101/14.8.81 | 10. श्रद्धेय अन्तराम अकेला, गाँव—पहाड़ीपुर, पोस्ट—पहाड़ीपुर, (कोड़ियागंज), आनन्द साहित्य सदन, सिद्धार्थ मार्ग छावनी, अलीगढ़-20 |
| 148/6.11.81 | 11. श्रद्धेय प्रेम लाल बौद्ध पर्वाहकर्ता, श्रद्धेय यादराम बौद्ध, गाँव—खेड़ा, पोस्ट—अतरौली-202280 |
| 168/30.11.81 | 12. श्रद्धेय राम प्रकाश सींचपाल, नरौरा डिविजन, निचली गंगा नहर (लाल डिग्गी) |
| 3/9.1.82 | 13. श्रद्धेय नवाब सिंह पर्वाहकर्ता, श्रद्धेय श्रीराम प्रधान, गाँव—सुमृत घड़ी, पोस्ट—छौड़ा |
| 88/14.6.82 | 14. श्रद्धेय धुन्धी सिंह गौतम, अध्यापक, गाँव—बसेली, पोस्ट—करास |
| 20/12.3.83 | 15. श्रद्धेय बलवन्त सिंह, गाँव—जरेश, पोस्ट—भैंकुरी, वाया—पुरदिलपुर-204214 |
| 34/18.3.83 | 16. श्रद्धेय अनन्तराम जिज्ञासु, गाँव—नगला शीशनगर, पोस्ट—सिकन्दराराऊ-204215 |
| 118/6.4.84 | 17. श्रद्धेय राम चरण लाल, नलकूप खंड प्रथम, अलीगढ़, नलकूप कालोनी |

| | | |
|---|---|---|
| 100/31.4.85 | 18. | श्रद्धेय ओम प्रकाश सुपुत्र श्री श्रद्धेय मोतीराम, वीपीओ—कठैरा, अलीगढ़-202001 |
| 23/22.2.86 | 19. | श्रद्धेय गोकुल प्रसाद सन्त, वीपीओ—वाईकलाँ, वाया—छूर्रा-202130 |
| 8/1.4.86 | 20. | श्रद्धेय डोरी लाल गौतम, गाँव—सवेरा भालपुर, पोस्ट—हरदुआगंज-202125 |
| 13/19.4.86 | 21. | श्रद्धेय गिरधारी लाल, वीपीओ—उटवारा |
| 15/4.5.87 | 22. | श्रद्धेय गुरुचरन सिंह मिस्त्री, वीपीओ—नहल-202131 |
| | 23. | श्रद्धेय नत्थीमल मालिया, बिहारी इंटर कालेज |
| | 24. | श्रद्धेय अनन्तराम अकेला आनन्द साहित्य सदन, सिद्धार्थ मार्ग, 20 छावनी, अलीगढ़-202001 |
| | 25. | श्रद्धेय गनेश सिंह दास |
| 31/22.5.88 | 26. | श्रद्धेय राम गोपाल सिंह सुमन, गाँव—भोजगढ़ी, पोस्ट—सासनी-204206 |
| 169/5.2.88 | 27. | श्रद्धेय जय किशोर आत्मज श्रद्धेय बाबूलाल सुमन किराना स्टोर, ज्वाहर चौक, वीपीओ—जलाली-202128 |
| 1/9.4.88 | 28. | श्रद्धेय हरि प्रसाद गौतम द्वारा श्रद्धेय चरन सिंह नागर, भीमनगर, वीपीओ—हरदुआगंज-202125 |
| 113/15.11.88 | 29. | श्रद्धेय रूपचन्द गौतम, शेरगढ़, पोस्ट—हरदुआगंज-202125 (22-19 बीजक के लिए इमेज पेज: 180020) |

## 4. उत्तर प्रदेश (2 अलमोड़ा)

| | | |
|---|---|---|
| 169/19.4.86 | 1. | श्रद्धेय करन सिंह, भारतीय स्टेट बैंक, वीपीओ—मौलेखाल, वाया—रामनगर-244711 |

## 4 उत्तर प्रदेश (3. आगरा)

| | |
|---|---|
| 03.10.1970 | श्री मनचन्द सेल टेक्स ऑफिसर, बंगला न. 12 खन्धारी रोड, आगरा |
| 66/4.1.76 | 1. श्रद्धेय महराज सिंह, 17/58, रामनगर, लोहामंड़ी |
| 14/2.80 | 2. श्रद्धेय हरीबाबू, 274, सुलतानपुरा बड़ी बस्ती, पोस्ट—प्रतापपुरा (आगरा कैंट) |
| 97/17.8.81 | 3. श्रद्धेय मुन्नालाल बौद्ध, गाँव—नगला सिंगी, पोस्ट—कीरपुरा |
| 115/17/8/82 | 4. श्रद्धेय राम सहाय सुपुत्र श्रद्धेय सुम्मेरा राम, गाँव—सेंरकी (खेरा) पोस्ट—सरेंधी-एक, खैरागढ़ |

9/4.5.84 5. श्रद्धेय मानिक चन्द, सेके. ग्राम पंचायत अधिकारी, वीपीओ—सराय जाजौ

108/16.8.84 6. श्रद्धेय धनीराम प्रेमचन्द शामियाना वाले बिन्दू कटरा

117/5.9.84 7. श्रद्धेय शैलेंद्र प्रताप सिंह बौद्ध सुपुत्र श्री बाबूलाल प्रधान, नगला बढ़ी, पोस्ट—दयाल बाग, आगरा-282005

130/15.12.86 8. श्रद्धेय पदम कुमार सुपुत्र श्रद्धेय सूरजभान, टीला हुसेन खाँ स्वरूप नगर (सब्जी मंडी के पास) मकान नं. 28/84 रिश्तेदार श्रद्धेय आदित्य जी

9.154/15.1.88 श्रद्धेय रामप्यारे श्रद्धेय राम सेवक राठौर (बजरंग के सामने) वीपीओ—जैतपुर कलाँ-283115

### 4 उत्तर प्रदेश (4 आजमगढ़), 30

आजमगढ़-अतरौलिया

01.01.1965 श्री विदेशी राम एडवोकेट मंत्री RPI कलेक्ट्रेट (हरैया चुंगी) आजमगढ़, उ.प्र.

21.08.1970 श्री धनई यादव एडवोकेट, कलेक्ट्रेट जिला—अजमगढ़

02/01/1973 ई. श्री पुरुषोत्तम दास टंडन, वी.-वलौली पो.—घोसी, आजमगढ़, उ.प्र.

11.04.1970 श्री बिन्देश्वरी प्रसाद, एडवोकेट, मंत्री आर.पी.आई. कलेक्ट्रेट, आजमगढ़, यूपी

02/01/1973 ई. श्री पुरुषोत्तम दास टंडन, वी.-वलौली पो.—घोसी, आजमगढ़, उ.प्र.

43/05.04.1979 1. श्रद्धेय राम प्रकाश, क्रीडाध्यक्ष, डॉ. अम्बेडकर क्लब, इब्राहिमाबाद, पोस्ट—दोहरीघाट-274303

149/13.12.1970 2. श्रद्धेय मिठाईलाल, मोह.—मुंशीपुरा, (बेचन पान वाले का पुराना मकान) वीपीओ—मऊनाथ भंजन-274101

30/11.03.1981 3. श्रद्धेय यमुनाराम सहायक अध्यापक जूनियर हाई स्कूल, वीपीओ—रैकवार डीह

44/27.03.1981 4. श्रद्धेय श्रीनाथ सुपुत्र श्री श्रद्धेय भुसई, कैथी शंकरपुर, पोस्ट—खतियाए, वाया लालगंज-273202

123/23.09.1981 5. श्रद्धेय राम सेवक, वीपीओ—कोइरियापार, वाया भोपौरा-273302

73/07.04.1982 6. श्रद्धेय रमाकान्त, जिगना, पो.—मेहमानी

| | |
|---|---|
| 3/15.01.1983 | 7. श्रद्धेय रुदल प्रसाद,वीपीओ—कोइरियापार वाया—भोपौरा-274302 |
| 26/17.02.1984 | 8. श्रद्धेय सीताराम, अनन्तपुर, पोस्ट—बढ़या |
| 114/25.08.1984 | 9. श्रद्धेय वंशीधर राम सुपुत्र श्रद्धेय खायानराम, चक भुवना, पो.—भुवनाबुजुर्ग |
| 115/21.12.1985 | 10. श्रद्धेय ओमप्रकाश विमल प्रबन्धक डॉ. बी.आर. अम्बेडकर विद्यालय, गाँव-भैंसकुर, पोस्ट—नरहन-274303 |
| 57/25.08.1986 | 11. श्रद्धेय रामसरन प्रसाद (डाकखाना के सामने), वीपीओ—दुबारी-221301 |
| 179/07.03.1987 | 12. श्रद्धेय रामप्रसाद, गाँव—अलनापुर, पोस्ट—कन्धरापुर-276135 |
| 69/21.08.1987 | 13. श्रद्धेय वशिष्ठ राव मिस्त्री पर्वाहकर्ता, मास्टर इशारा फर्नीचर एंड वुड वर्क्स (बस स्टैंड के पास), वीपीओ—घोसी-274305 |
| 102/19.10.1987 | 14. श्रद्धेय श्याम बलीराम, वीपीओ—आँखीपुर, वाया—कन्धरापुरा- 276135 |
| 106/19.01.1987 | 15. श्रद्धेय एम.आसिफ लोहिया, वि-कैड़िया, पो.—असीलेह, मुबारकपुर-276401 |
| 143/26.11.1987 | 16. श्रद्धेय रामभरोसे द्वारा श्रीमती बच्ची देवी, वीपीओ—नर्वे |
| 117/21.03.1984 | 17. श्रद्धेय जयप्रकाश राव, गाँव—देवकली विशुलपुटख, पोस्ट—कोपागंज-274305 |

## 4. उत्तर प्रदेश (5. इटावा)

(इटावा-भरथूना-बिछूना-औरैया)

| | |
|---|---|
| 43/2.8.76 | 1. श्रद्धेय जगन्नाथ सिंह यादव सुपुत्र श्रद्धेय दुर्जन लाल यादव, नगला डुदहा, गाँव—बनीहरद्, पोस्ट—पुंजा |
| 75/16.6.76 | 2. श्रद्धेय अशोक कुमार पर्वाहकर्ता, श्रद्धेय राकेश कुमार, गाँव—बने का ताड़, पोस्ट—लबेदी, वाया—लखना-206127 |
| 91/23.8.76 | 3. श्रद्धेय बुद्ध ज्योति, गाँव—ककरहिया, पोस्ट—इकदिल-206126 |
| 48/25.4.80 | 4. श्रद्धेय कृपाशंकर गोयल, वीपीओ—मानिकपुर विष्ट |
| 24/6.2.82 | 5. श्रद्धेय पद्म सिंह जाटव एड्वोकट, कलेक्ट्रेट |
| 88/24.9.27 | 6. श्रद्धेय सौखी लाल भारती, वीपीओ—जुआ-206247 |
| 63/10.10.87 | 9. श्रद्धेय |

## 4. उत्तर प्रदेश (6. इलाहाबाद)

(इलाहाबाद - सिराथू - फूलपुर - मंझनपुर - मेजा)

| | | |
|---|---|---|
| 05.03.1970 | | श्री जयपाल सिंह कश्यप, न्यू हाई कोर्ट के सामने वाली गली, 1 महात्मा गांधी मार्ग, इलाहाबाद, UP |
| 10/2.2.76 | 1. | श्रद्धेय श्याम लाल केशरवानी, 122 चक रघुनाथ, नीम के पेड़ के नीचे, सब्जी मंडी, वीपीओ—नैनी-211008 |
| 25/26.2.76 | 2. | श्रद्धेय राम बहादुर सरोज, गाँव—लोढ़वा, पोस्ट—हनुमानगंज-221505 |
| 30/24.4.76 | 3. | श्रद्धेय जगरूप मिस्त्री, लेबर कॉलोनी, 41/8 नैनी, पोस्ट—नैनी-211008 |
| 53/30.8.77 | 4. | श्रद्धेय रामफल मालिक मंडली, वीपीओ—हेतापट्टी (कई बार) |
| 43/6.9.78 | 5. | श्रद्धेय विशुन दयाल साहू (किराना की दुकान), वीपीओ—सेवाइथ-212503 (कई बार) |
| 79/30.6.79 | 6. | श्रद्धेय अमृतलाल प्रजापति, वीपीओ—कनैली |
| 76/24.6.80 | 7. | श्रद्धेय बिन्देश्वरी प्रसाद चौकीदार, गाँव—मौलवीगंज, पोस्ट—सराय अकिल-212216 |
| 158/24.12.80 | 8. | श्रद्धेय राम लखन, 104 नयागाँव, पोस्ट—अल्लापुर, इलाहाबाद-211 (कई बार-इन्होंने वस्त्र भेंट किए) |
| 29/11.4.81 | 9. | श्रद्धेय अशोक कुमार प्रवच भंडार, राजकीय मुद्रालय, इलाहाबाद-211 |
| 90/30.6.81 | 10. | श्रद्धेय संत राम वर्मा, 28-बी/121, अल्लापुर, रामचन्द नगर, इलाहाबाद-211006 |
| 147/6.11.81 | 11. | श्रद्धेय बसन्त कुमार तिवारी, 7, कानपुर रोड, इलाहाबाद |
| 24/11.2.84 | 12. | श्रद्धेय अयोध्या दास पर्वाहकर्ता, श्रद्धेय जी.वी. धुरिया, 42-ए/2, बारीबाग, पोस्ट—तेलियरगंज |
| 67/2.7.85 | 13. | श्रद्धेय छोटेलाल, वीपीओ—बेरेठी, वाया—हनुमानगंज- 221505 |
| 97/13.9.85 | 14. | श्रद्धेय सुरेशचन्द्र रैदास, गाँव—सादीपुर, पोस्ट—दारागंज- |
| 32/28.2.86 | 15. | श्रद्धेय मिठाईलाल, गाँव—बड़ी मदारी, पोस्ट—मऊ अइमा-212501 |
| 70/23.09.1978 | 1. | श्रद्धेय प्रहलाद वर्मा वीपीओ—सुइथा कलाँ |
| 71/12.09.1980 | 2. | श्रद्धेय सभाजीत, वि-महड़ौरा, पो.—किल्लई |
| 70/04.09.1980 | 3. | श्रद्धेय शिव गोविन्द, वृक्षारोपण लिपिक रेंज, वन विभाग, वीपीओ—केराकत-222142 |

| | | |
|---|---|---|
| 67/06.05.1983 | 4. | श्रद्धेय धर्म देव राम, सह.अध्या. आदर्श इंटर कॉलेज, रोहारी, पो.—पतरही। |
| 98/04.08.1983 | 5. | श्रद्धेय गोपाल जी निराला, वि-बलवा (टाउन एरिया व पोस्ट—मड़ियाहूँ-222161) |
| 43/22.03.1978 | 6. | श्रद्धेय नथुनी प्रसाद बौद्ध ग्राम विकास अधिकारी, वीपीओ—खुटहन-223104 |
| 143/08.11.1984 | 7. | श्रद्धेय मुंशीलाल बौद्ध, तारहोबिलवार, पोस्ट—बिलवार, बालबरगंज-222201 |
| 6/19.01.1985 | 8. | श्रद्धेय लाल जी आर्य सहायक अध्यापक प्राथमिक पाठशाला पोखरियापुर, पोस्ट—मसीदा (फतेहगंज) |
| 1/03.04.1987 | 9. | श्रद्धेय लहुरीराम शिक्षक, वि-अनुपुर (पनियरिया), पोस्ट—गड़ैला-222001 |
| 4/08.04.1987 | 10. | श्रद्धेय भैयालाल प्रवाहकर्ता श्रद्धेय रामराज पोस्ट—मेन पोस्ट मड़ियाहूँ-222161। |

—एस.राव. सजीवन, बौद्धाचार्य मिलन निकेतन सदर बाजार, कैंट, इलाहाबाद-211001

—श्रद्धेय प्रेम प्रकाश चौधरी एडवोकेट, 37, एचआईजी कॉलोनी, लाजपत राय रोड, मम्फोर्डगंज इलाहाबाद (हाई कोर्ट कमरा नं. 30)

—श्रद्धेय सखाराम यादव एडवोकेट हाई कोर्ट कमरा नं. 104, निवास 20 हाशिमपुर रोड, इलाहाबाद

—श्रद्धेय जगदीश नारायाण एडवोकेट हाई कोर्ट कमरा नं. 1, ऊपर मंजिल/घर का पता—190/11, लवकुश कालोनी, हिम्मतगंज, इलाहाबाद

## 4. उत्तर प्रदेश (7. उत्तरकाशी)

161/19.1.881. श्रद्धेय जी.पी. गौतम, प्रान्तीय खंड सार्वजनिक निर्माण विभाग, वीपीओ—भटवाड़ी-249335

## 4. उत्तर प्रदेश (8. उन्नाव)

(उन्नाव - सफीपुर)

42/8.8.77 1. श्रद्धेय छोटे लाल, पंचायत उद्योग एवं बक्सों की दुकान, (तहसील के सामने), वीपीओ—सफीपुर-241505

| | |
|---|---|
| 99/24.9.79 | 2. श्रद्धेय सुन्दरलाल कुरील, गाँव—नानभऊ, पोस्ट—नारायण खेड़ा (कई बार) |
| 136/19.10.81 | 3. श्रद्धेय जगदीश प्रसाद मौर्य, गाँव—सिरकिहन खेड़ा, (चन्द्रिका बखरा खेड़ा), पो.—हिलौली |
| 27/17.2.84 | 4. श्रद्धेय महारानीदीन वर्मा, गाँव—मेहरवान खेड़ा, पोस्ट—आँव, वाया—बीधापुर-229503 |
| 81/15.6.84 | 5. श्रद्धेय श्याम बिहारी टेलर्स, बस स्टॉप तकिया, पोस्ट—पाटन-229506 |
| 98/4.10.88 | 6. श्रद्धेय गंगासागर भारती, गाँव—श्रीपतिपुर, पोस्ट—दबेपुर, वाया—पूर्वा-209825 (चमीयानी) |

## 4. उत्तर प्रदेश (9. एटा)

(एटा - कासगंज - अलीगंज - जलेसर)

| | |
|---|---|
| 18/6.3.78 | 1. श्रद्धेय खेमकरन सिंह, गाँव—रमपुरा, पोस्ट—चिरगवाँ, वाया—जलेसर टाउन-207302 |
| 19/11.2.81 | 2. श्रद्धेय राम सेवक शाक्य, गाँव—बाहरपुर, पोस्ट—गंजडुड़वारा |
| 61/11.5.81 | 3. श्रद्धेय सी.ओ. (एम.) सहकारी क्रय-विक्रय समिति (केमि.), ठंडी सड़क, वीपीओ—कासगंज |
| 94/24.7.81 | 4. श्रद्धेय गंगावासी, मोह.,सो-207403 |
| 162/23.12.83 | 5. श्रद्धेय मोहन सिंह शाक्य (एक्स एम.एल.ए.), वीपीओ—राजा का रामपुर दूसरा पता—श्रद्धेय मोहन सिंह (एक्स एम.एल.ए.), 23, प्रेम नगर, एटा-207001 |
| 13/3.1.85 | 6. श्रद्धेय खुशीलाल, वीपीओ—जीसुखपुर |
| 290/23.3.88 | 7. श्रद्धेय राम प्रकाश रोकड़िया (सहलिपिक) चार. स्टेट बैंक, वीपीओ—सराय अगहत-205301 |
| 130/26.12.88 | 8. श्रद्धेय जोगरा सिंह (प्राथमिक अध्यापक) वीपीओ—अचलपुर |

## 4. उत्तर प्रदेश (10. कानपुर)

| | |
|---|---|
| 05.01.1970 | श्री श्रीराम सभापति, ग्राम—भौंसाया, पोस्ट—रसूलाबाद, कानपुर, आपको कुछ किताबें भेजूँगा। कुछ किताबें नहीं हैं। मैं अभी उलझन में हूँ। *रामायण* पर लड़ाई जारी है। |

| | |
|---|---|
| 22.07.1989 | हिन्दुस्तान स्टूडियो-ऑर्डर दिनांक : 22 जुलाई, 1989/ डिपो दिनांक : 27.07.1989, रील नं. 1908-89/ऑर्डर 60/- जमा 40, = 20 नवरंग सिनेमा बिहाइंट स्ट्रीट, बिरहाना रोड, कानपुर फोन-212189 |
| 102/2.10.79 | 1. श्रद्धेय धनीराम कुरील सुपुत्र श्रद्धेय श्याम लाल कुरील, बाहिरी-भीतरी गाँव मोह.—चौधरियान, वीपीओ—रावतपुर-208019 |
| 114/19.10.79 | 2. श्रद्धेय रामसिंह संखवार, गाँव—बांथ, पोस्ट—बरीपाल |
| 18/4.2.81 | 3. डॉ. गौरी शंकर सचान, गाँव—जलालपुर, पोस्ट—मोहम्मदपुर, वाया—पुखरायाँ-209111 (होम्यो. डॉक्टर है) |
| 39/24.2.82 | 4. श्रद्धेय रामरतन सुपुत्र श्रद्धेय जोधा प्रसाद, गाँव—पातेपुर, पोस्ट—लालपुर (मध्य रेलवे) |
| 85/26.5.82 | 5. श्रद्धेय प्रकाश राही, वीपीओ—भीमसेन |
| 157/24.1.87 | 6. श्रद्धेय बाबा मुरारी दास, वीपीओ—ओरौ ताहरपुर-209202 |
| | 7. अमरनाथ, गाँव—अवेई, पोस्ट—ककवन, सुनार हैं। |
| 158/24.1.87 | 8. श्रद्धेय सुभाष चन्द्र वर्मा, सुरेश गैरिज ट्रांसपोर्ट नगर शीशे की दुकान |
| 1/31.1.89 | 9. श्रद्धेय रमाशंकर कुरील आत्मज सोनेलाल कुरील, गाँव—इन्द्रमसिलेवादा, पोस्ट—सकरवाँ, पोस्ट—सवली-209204 |
| 143/31.1.89 | 9. कृपया मनी ऑर्डर द्वारा भेजा गया दान निम्नलिखित पते पर भेजें। महर्षि रविदास आश्रम निर्माण समिति, द्वारा—सम्पादक, *निर्णायक-भीम*, 21/8, संत कबीर नगर, डॉ. अम्बेडकर मार्ग, कानपुर 208012 |
| 160/31.1.89 | 9. श्री दिनेश कुमार, 37/3, लेबर कॉलोनी, पोस्ट—किदवई नगर, कानपुर, उ. प्र. |
| 149/31.1.89 | 9. श्री राम प्रसाद प्रजापति, 1/336, नवाबगंज, कानपुर-2, उत्तर प्रदेश |
| 162/31.1.89 | 9. श्री श्याम सुन्दर कुरील, 44/3, लेबर कॉलोनी, पुखरायाँ, कानपुर-2, उत्तर प्रदेश |
| 163/31.1.89 | 9. मूलचन्द विद्यार्थी, मकान नं. 107/97, चन्द्र नगर, कानपुर, उत्तर प्रदेश |
| 164/31.1.89 | 9. डॉ. सूबेदार कटियार, राजपुरा, कानपुर, उत्तर प्रदेश |
| 166/31.1.89 | 9. श्री प्यारे लाल कटियार, ग्राम—गौरीकरन, पोस्ट—सिकन्दरा, जिला—कानपुर, उत्तर प्रदेश |

168/31.1.89 9. श्री चोखे लाल यादव, ग्राम—उमरहट, पोस्ट—सिकन्दरा, जिला—कानपुर, उत्तर प्रदेश

172/31.1.89 9. श्री मुन्नीलाल सचान, पुखरायाँ, कानपुर, उत्तर प्रदेश

177/31.4.89 10. श्री बाबूराम यादव (D&E.S.I.C.) कॉलोनी सर्वोदय नगर, कानपुर, उ.प्र.

178/31.6.89 11. श्री राम चरण, ग्राम—सुखा पूर्वा, पोस्ट—किदवई नगर, कानपुर, उत्तर प्रदेश

180/1.1.90 12. श्री रामबाबू कनोजिया अध्यापक, ग्राम—जलालपुर, पोस्ट—मोहना, कानपुर, उत्तर प्रदेश

### 4. उत्तर प्रदेश (10. कानपुर)

*त्रिपिटक*

1. *विनय पिटक-(पाराजिक पाचित्यु चुल्लबग्ग, महानग्ग,* परिवार)
2. *सूत्र पिटक-(दीर्घनिकाय, मंझिमनिकाय, संयुक्त निकाय, अगुंतर निकाय, खुद्दकनिकाय)*
3. अभिधम्मपिटक-(धम्म संगति, चातुकथा, पुग्गल पंजति, कथावस्तु, यमक, पट्ठान)

**नोट—** खुद्दक निकाय - (*खुद्दक पाठ, धकपढ़,* उदान, *रतिवुत्तक, सुतनिपात, विमानवत्थु,* पेतवत्थु, *केरगाथा, थेरीगाथा, जातक, निद्देस, पटियाम्मिदा सग्ग, अवदान,* बुद्ध *वंस, चरिपपिटक*

मोतीलाल चौक वाराणसी - भन्ते गलगेदर प्रसानन्द, रिसालदार पार्क लखनऊ - मले डी. रेवत धम्म महाबोधि सोसा. सारनाथ-वाराणसी)

### 4. उत्तर प्रदेश (10. कानपुर)

रिश्तेदार श्रद्धेय चेतराम यादव, 7/19, नगर महाध्यापिका कालोनी, दादानगर, कानपुर

= 1. श्रद्धेय सरला यादव पति का नाम श्री राम चन्द्र यादव, 2, प्लाटून-ए, यूनिट,5133,एएससी.डीएन/99ए

श्रद्धेय रघुवीर यादव, भैंसों का चहा (मालिक मकान श्री मुर्जी साहब हैं) सन्नेश्वर काम मन्दिर के पास, नया बस स्टैंड के सामने, एलेन फोरेस्ट कार्यशाला रोडवेज के सामने, चिड़ियाघर रोड, कानपुर-208

दोस्त—श्रद्धेय जयशंकर प्रसाद, पर्वाहकर्ता, श्रद्धेय राम प्रसाद प्रजापति मकान नं. 1/236, नवाबगंज-ब्रह्मपुरी/कानपुर

भतीजा—श्रद्धेय सुरेन्द्र सिंह यादव, श्रद्धेय अरविन्द द्विवेदी, मकान नं. 8, वार्ड नं. 4, मोती घाट, आजाद नगर-208002

श्रद्धेय राकेश कुमार, 418, वार्ड नं.1 किदवई नगर, घर 43328/ ऑफिस 218292

(1) श्री रमेशचन्द्र जानोकर, टेलीफोन ऑपरेटर, सेंट्रल टेलीफोन ऑफिस, कानपुर

(2) श्री उमेशचन्द्र जानोकर, कानपुर

(3) रामरतन जानोकर, एक्स-मेयर, कानपुर

### 4 उत्तर प्रदेश (11. खीरी लखीमपुर)

74/9.10.78 1. श्रद्धेय जय राखनलाल अध्यापक, गाँव—कुकुरगोती, पोस्ट—औरंगाबाद

34/28.3.80 2. श्रद्धेय लाल सिंह प्रेसीडेंट आरपीआई, गाँव—पिपरा फार्मा नं. 2, पोस्ट—पीपरा

43/5.4.80 3. श्रद्धेय चेतराम, गाँव—छोलाबारी, पोस्ट—पसगवाँ

164/30.12.80 4. श्रद्धेय जगदीश प्रसाद शुक्ल, गाँव—मरुआ पश्चिम (बोझवा) पोस्ट—बिजौरिया (पलिया कलाँ)

60/2.5.81 5. श्रद्धेय चेतराम बौद्ध सुपुत्र श्रद्धेय रघुबर दयाल, गाँव—गोला, पोस्ट—नया गाँव जाट-261505 (कई बार)

40/25.2.82 6. श्रद्धेय रामशोर मुदितानन्द पर्वाहकर्ता, भिक्षु शीलरतन, महामाया बुद्ध बिहार, वीपीओ—बरखेरवा, राजगढ़ (कई बार)

112/2.8.82 7. श्रद्धेय दीनदयाल गौतम सुपुत्र श्रद्धेय रामलाल, गाँव—वरैंचा, पोस्ट—मछेछा

104/6.8.84 8. श्रद्धेय हीरा लाल चौधरी, वीपीओ—ऐरा स्टेट

52/1.8.86 9. श्रद्धेय राम प्रसाद उप-डाकपाल, गाँव—गोला टाउन, पोस्ट—गोला गोकरननाथ-262802

### (13. ग़ाजियाबाद)

68/5.10.76 1. श्रद्धेय सत्यपाल सहेरा, 19 आनगढ़ी

23/113.78 2. श्रद्धेय खूबीसिंह बौद्ध, वी.के.प्लास्टिक (प्राइ. लिमि.), मेरठ रोड

| | |
|---|---|
| 26/3.4.78 | |
| 32/23.3.79 | 3. श्रद्धेय चेतराम सिंह, डी-242, गोविन्द पुरी, पोस्ट—मोदीनगर |
| 20/21.4.79 | 4. श्रद्धेय के.एल. केन, 106, जटवारा |
| 80/2.6.83 | 5. श्रद्धेय कंछिदराम ठेकेदार सुपुत्र आशाराम, मीह. दानशाही, वीपीओ—बझौडा कलाँ, टी-हापुड़ |
| 20/8.5.87 | 6. श्रद्धेय डॉ. रामचन्द्र, वीपीओ—अठसनी-245205 |
| | 7. श्रद्धेय रतीराम सूर्य, गाँव—इन्द्रगढ़ी, पोस्ट—आध्यामिक नगर |
| | 8. श्रद्धेय रामदास 80 ई. सेक्टर-4 (डी.आई.जेड. सरिया) किताब महल के पीछे, बाबा खड़ग सिंह मार्ग, नई दिल्ली-1 |

## 4. उत्तर प्रदेश (14. गाजीपुर)

| | |
|---|---|
| 22/30.4.76 | 1. श्रद्धेय अच्छेलाल हरिजन (चमार), गाँव—खारा, पोस्ट—भाटा |
| 71/8.10.76 | 2. श्रद्धेय *राजेन्द्र प्रसाद*, गाँव—सलेमपुर, पोस्ट—सम्मनपुर दूसरा पता—नन्दराज, गाजीपुर-233302 (कई बार) |
| 36/3.4.80 | 3. श्रद्धेय *राजेन्द्र प्रसाद* रावता, गाँव—सलेमपुर, पोस्ट—सम्मनपुर |
| 51/8.4.81 | 4. श्रद्धेय ब्रह्मदेव वर्मन, गाँव—दिलदार नगर, पोस्ट—दिलदार नगर-2323026 |
| 74/22.5.83 | |
| 34/24.5.88 | 5. श्रद्धेय सुरेश राम सुपुत्र श्रद्धेय विश्वनाथ राम, वीपीओ—बरुइल खास, वाया—जमनियाँ (आरएस)-232331 |
| 138/12.12.87 | 6. श्रद्धेय विश्वराम द्वारा श्रद्धेय हवलदार, गाँव—जोगियापार, पोस्ट—नरियावँ (जमनिया)-232329 |
| 190/4.3.88 | 7. श्रद्धेय सूबेदार राम आयकर अधिकारी |

## (15. गोंडा)

| | |
|---|---|
| 122/23.9.81 | 1. श्रद्धेय भवनाथ प्रसाद, वीपीओ—फत्तेपुर |
| 154/3.12.84 | 2. श्रद्धेय मुरलीधर कांस्टिबल, पुलिस लाइन, कई बार |
| 45/17.5.85 | 3. श्रद्धेय नकटू प्रसाद अध्यापक, वीपीओ—माल्दा (पचपेड़वा) |
| 101/26.9.85 | 4. श्रद्धेय बेलाप्रताप वर्मा, 28, पटेल नगर, बाई पास कोसियाना) |
| 73/3.2.86 | 5. श्रद्धेय रामचन्द्र सींचपाल सरयू नहर खंड-3, वीपीओ—बलरामपुर |
| 74/3.2.87 | 6. ठाकुर प्रसाद वर्मा, ग्राम—सैढ़ापुर,पोस्ट—मछौबाजार,जनपद-गोंडा, उ.प्र. |

## 4. उत्तर प्रदेश (16. गोरखपुर)

| | |
|---|---|
| 01.01.1969 | श्री देवी लाल डिप्टी कलेक्टर, गोरखपुर |
| 01.01.1969 | श्री श्याम सुन्दर लाल एडवोकेट कचहरी, गोरखपुर |
| 33/14.5.76 | 1. श्रद्धेय अभिराज प्रसाद, गाँव—परसा खुर्द, पोस्ट—तरकुलरा तिवारी, (यह सेनरलेलुटुर की बाड़ी, पोस्ट—कन्यापुर बिडीहा, वाया—आसनसोल, 713-301, जिला बर्धवान में नौकर है।) |
| 56/30.8.77 | 2. श्रद्धेय राम सुमेर, गाँव—करारी, पोस्ट—बरहलगंज |
| 141/17.12.79 | 3. श्रद्धेय रामशेष, वीपीओ—पनेवायनेई |
| 38/11.7.80 | 3. श्रद्धेय कैलाशनाथ गुप्त पर्वाहकर्ता, एन.ई.रेलवे बुक स्टॉल, पोस्ट—आनन्दनगर |
| 86/11.7.80 | 4. श्रद्धेय गुसाईं प्रसाद सहा. अध्या.वे.प्रा.न्या., वीपीओ—लखनापार, वाया—सहजनवाँ-272209 |
| 55/26.3.82 | 5. श्रद्धेय रामचरन प्रसाद बौद्ध, वीपीओ—बलवाबाव, वाया—सरदार नगर-273202 |
| 64/27.3.82 | 6. श्रद्धेय जयप्रकाश टंडन सुपुत्र गणेश प्रसाद, वीपीओ—डीहघाट |
| 65/27.3.82 | 7. श्रद्धेय हरीलाल गौतम, नियर श्रद्धेय महेन्द्र प्रताप सिंह (एडवोकेट), दीवानी कचहरी |
| 56/12.6.85 | 8. श्रद्धेय सिपई प्रसाद पशु कम्पाउंडर, पशु-चिकित्सालय पारावल |

## 4. उत्तर प्रदेश (17. चमोली)

## 4. उत्तर प्रदेश (18. जालौन)

| | |
|---|---|
| 21/27.8.76 | 1. श्रद्धेय मुन्ना लाल कर्णा, तिलक नगर, वीपीओ—कोंच-225205 |
| 58/3.6.77 | 2. श्रद्धेय तुलाराम बौद्ध, वीपीओ—285001 |
| 92/11.7.81 | 3. श्रद्धेय जुगल किशोर बौद्ध, वीपीओ—नारी |
| 105/29.7.82 | 4. श्रद्धेय बुद्धिसागर डाक सहायक, 134, राजेन्द्र नगर, उरई-285001 |
| 152/3.12.84 | 5. श्रद्धेय हरीश कुमार भारतीय, 34, तुलसी नगर, पोस्ट—उरई-285001 (कई बार) |
| 86/20.10.86 | 6. श्रद्धेय क्षमाधर पोस्ट मास्टर, पोस्ट—टूमरा, वाया—कोंच-285205 |
| 243/9.10.87 | 7. श्रद्धेय बौद्ध भाष्य, घिलोर, पोस्ट—लछीगाँव |

## 4. उत्तर प्रदेश (16. गोरखपुर)

| | | |
|---|---|---|
| 58/12.6.85 | 9. | श्रद्धेय रामकेवल बौद्ध, गाँव—गोड़ धोवाँ, पोस्ट—बड़ा परनावल बाजार, नेबुइया |
| 10/12.4.86 | 10. | श्रद्धेय छेदीलाल, सुपुत्र श्रद्धेय जौहर, वीपीओ—जटेपुर उत्तरी (काली-स्थान) |
| 18/30.4.86 | 11. | श्रद्धेय प्रीतम प्रसाद, अध्यापक बेसिक प्राथ.पाठ., रामनगर (करनहाँ), पोस्ट—भैसहासरदार |
| 84/20.10.86 | 12. | श्रद्धेय नाथूराम एंड संस, आर्टिफिशियल लिम्बस सेंटर, भोमलांह, पोस्ट—झूगियाँ बाजार |
| 114/5.11.87 | 13. | श्रद्धेय रामनाथ, आत्मज श्रद्धेय मोतीराज, गाँव—गोड़ धोवा, पोस्ट—नेबुइयाँ |
| 122/6.11.87 | 14. | श्रद्धेय नीबर प्रसाद कर्दम, गाँव—विस्टौली, पोस्ट—टिकरिया-जंगल, वाया—पीपीगंज-276165 |
| 24/7.5.86 | 15. | श्रद्धेय आर.एन. प्रसाद, प्रधानाध्यापक, मोहल्ला—छोटा टोला, वीपीओ—परशुरामपुर, वाया—पिपराईच-273152 |
| 50/6.6.88 | 16. | श्रद्धेय राम वदन प्रसाद (उपरोक्त)<br>—राम नरेश चौधरी ओके. |

## 4. उत्तर प्रदेश (19. जौनपुर)

| | |
|---|---|
| 05.12.1970 | श्री डॉ. बद्री प्रसाद सिंह यादव, प्राइवेट अस्पताल, मुहल्ला—शेखपुर, कचहरी रोड, जौनपुर यूपी, पत्र नम्बर- 849 के अनुसार आपको किताबें दी थीं, मित्रों को दिए और लोगों ने खो दिया। आदमी ठीक हैं लेकिन यह उनकी लापरवाही है। |
| 02/01/1973 | ई. श्री प्रहलाद वर्मा सहायक अध्यापक, रा.ह.ई.हजवार, घुरीपुर, जौनपुर (मछली शहर) उत्तर प्रदेश |
| 02/01/1973 | ई. श्री प्रहलाद वर्मा, सहायक अध्यापक, रा.ह.ई. हजवार, घुरीपुर, जौनपुर (मछली शहर) उत्तर प्रदेश |
| 70/23.9.78 | 1. श्रद्धेय प्रहलाद वर्मा, वीपीओ—सुइयाकलां |
| 71/12.6.80 | 2. श्रद्धेय समाजति, गाँव—महड़ौरा, पोस्ट—किल्लई |
| 70/4.6.80 | 3. श्रद्धेय शिव गोविन्द, वृक्षारोपण लिपिक, रेंज-बन विभाग, वीपीओ—करोकत-222142 |
| 87/6.5.83 | 4. श्रद्धेय धर्मदेवराम, सहा. अध्यापक, आदर्श इंटर कॉलेज, रोहारी, पोस्ट—पतरही |

98/4.8.83 5. श्रद्धेय गोपाल जी निराला, गाँव—बलवा (टाउन ऐरिया) व पोस्ट—मड़ियाहूँ-222161

43/22.3.84 6. श्रद्धेय नथुनी प्रसाद बौद्ध, ग्राम विकास अधिकारी, वीपीओ—खुटहन-223104

143/9.11.84 7. श्रद्धेय मुंशीलाल बौद्ध, पोस्ट—बिलवार, वाया—बालबरगंज-222201

6/19.1.85 8. श्रद्धेय लालजी आर्य, सहा. अध्या. प्रा.पाठ, गाँव—पोखरियापुर, पोस्ट—मसीदा (फतेहगंज)

1/3.4.87 9. श्रद्धेय लहुरी राम, शिक्षक, गाँव—सबायु स्यनियरिया, पोस्ट—गड़ैला-222001 (कई बार)

4/9.4.87 10. श्रद्धेय भैयालाल, पर्वाहकर्ता, श्रद्धेय रामराज पोस्ट मैन, पोस्ट—मड़ियाहूँ-222161

—होशीलाल बौद्ध, अध्यक्ष, भा.बौ.म.स., जौनपुर

पता-1 : ग्राम—अहमदपुर, पोस्ट—अहमदपुर, जौनपुर, 'जनपदीय कार्यालय'

पता-2 : बौद्ध विहार खलीलपुर, पोस्ट—रामदयालगंज, जौनपुर, उत्तर प्रदेश

## 4. उत्तर प्रदेश (20. झाँसी)

25.01.1970 श्री धम्मरत्न बौद्ध, संस्थापक—भारतीय अम्बेडकर संघ, मकान न. 6, मुहल्ला—बिहारीपुरा, प्रेम नगर, झाँसी, यूपी

03.10.1970 श्री कुँवर बहादुर आदिम, मंत्री RPI, 258 तालपुरा, अम्बेडकर नगर, DIST- झाँसी, उ.प्र.

2/15.1.76 1. श्रद्धेय राजपाल हृदयेश, स्टोर कीपर विकास खंड, वीपीओ—बंगरा, वाया—रानीपुर-284205 । 67/5.10.76 ।

1/2.1.79 2. श्रद्धेय ब्रजलाल गुप्ता, ईदगाह रोड, आटा चक्की, ईसाई टोला, प्रेम नगर

90/21.8.79 3. श्रद्धेय नारायण दास, गाँव—ककवारा, पोस्ट—मऊरानीपुर

88/19.9.80 4. श्रद्धेय कालीचरन, यात्रीकर निरीक्षक, 345 बाहर सैंयर गेट (बी.बी. कॉलेज के पास)

97/11.8.80 5. श्रद्धेय शालिगराम पर्वाहकर्ता, श्रद्धेय गोकुल प्रसाद सुमन, बौद्ध-संघ समिति, वीपीओ—इसीकल-284305

106/12.9.80 6. श्रद्धेय नन्दलाल, महामंत्री मेधावी अनु. जाति छात्र अभिनन्दन समारोह समिति, कार्यालय-274/1, बाहर सैंयर गेट, झाँसी-284001

133/1.11.80 — 7. श्रद्धेय धर्मरत्न बौद्ध, आर.बी.आई, एस.एस. 841/एफ. रानी झाँसी नगर, (स्वास्थ्य केन्द्र के पीछे) सीपरी बाजार, झाँसी-264003 (मगरूर हैं—धर्मपत्नी कर्कशा हैं। विश्व बौद्ध परिषद् आर्गनाइज करने का स्वप्न देखते हैं। मेरे ग्राहक हैं।

165/6.11.62 — 8. श्रद्धेय भगवान दास अहिरवार, वीपीओ—आस्ता, वाया—गारौठा-284203 (गुर सराय)

108/18.12.82 — 9. श्रद्धेय भगवत नारायण, वीपीओ—ककरवई, वाया—गरौठा-284203

34/18.3.83 — 10. श्रद्धेय आर.डी. अहिरवार, 205, नयनागढ़-नगरा, प्रेम नगर, झाँसी-284001

153/5.12.83 — 11. श्रद्धेय पूज्य भिक्षु सुगतानन्द, पर्वाहकर्ता, श्रद्धेय किशन लाल गौतम, वीपीओ—पहाड़ी बुजुर्ग, वाया—
दूसरा पता—श्रद्धेय पूज्य भिक्षु सुगतानन्द, पुलिस चौकी नयनागढ़ के पास, (32/43 के साइड में)

30/6.4.85 — 12. श्रद्धेय श्याम लाल श्रीवास्तव, सहा. अध्या., वीपीओ—दुरबई

12/3.2.86 — 13. श्रद्धेय गंगाप्रसाद मुंशी पर्वाहकर्ता, प्रेम नारायण वकील का बाड़ा, मोह.—गांधी गंज, वीपीओ—मऊरानीपुर-284202

86/23.9.80 — 14. श्रद्धेय खुन्नेलाल मुड़ारा वालेस, मोह.—टोरोलयापुरा, पोस्ट—रानीपुर-284205

115/22.11.88 — 15. श्रद्धेय काशीराम राहुल, गाँव—खिल्लावारी, पोस्ट—बघैरा-251306

2/10.4.89 — 16. श्रद्धेय रामशंकर दोहरे, वीपीओ—बैदोरा, वाया—बबीना केंट-284401
राजेन्द्र कुमार खटिक, 80, दरीगरान

## 4. उत्तर प्रदेश (21. टिहरी गढ़वाल)

7/21.1.76 — 1. श्रद्धेय स्वामी मोहन बियन्ने, सच्चिदानन्द सेवाश्रम, वीपीओ—कप्तानगंज-274301

122/28.8.82 — 2. श्रद्धेय राधेरमन मसीह (सीएआरडब्ल्यूई) कोड़िया कोटद्वार

## 4. उत्तर प्रदेश (22. देवरिया)

11.04.1970 — श्री रामबचन मौर्य, एडवोकेट कचहरी, V.P.—कसिया, जिला—देवरिया, उ.प्र.

| | |
|---|---|
| 01.01.1971 | श्री बन्धु प्रसाद, नेता RPI पुराना सिनेमा हॉल, (अमर ज्योति टाकीज) देवरिया |
| 146/21.12. | 1. श्रद्धेय त्रिगुणानन्द, गाँव—शंकरपुरा, पोस्ट—भेड़ावाकड़ (मझौलीराल)-264702 |
| 23/4.3.80 | 2. श्रद्धेय जय बिहारी सिंह, एडवोकेट कलेक्ट्रेट कोर्ट |
| 13/9.2.83 | 3. श्रद्धेय रामचन्द्र यादव, वीपीओ—विशनपुर, दुधई बाजार |
| 82/9.6.23 | 4. श्रद्धेय रामदवन प्रसाद, गाँव—सिरवनियाँ, पोस्ट—कंचनपुर |
| 168/31.12.83 | 5. श्रद्धेय अमलाप्रसाद, गाँव—हरपुर, पोस्ट—गोविन्दपुर |
| 152/21.1.87 | 6. श्रद्धेय सुरेन्द्र प्रसाद, गाँव—इंगरुआ, पोस्ट—प्रतापुर |
| 187/21.3.87 | 7. श्रद्धेय नारायण प्रसाद, गाँव—दुलारपट्टी, पोस्ट—विशनपुरा बाजार, वाया—पथरदेना बाजार-274404 |
| 24/15.5.87 | 8. श्रद्धेय रामायण प्रसाद, गाँव—मुड़ेरा जगदीश, पोस्ट—पथरदेवा बाजार |
| 37/1.6.87 | 9. श्रद्धेय सिंहानियाँ, भारतीय स्टेट बैंक, हाटा-2474203 |
| 46/27.06.87 | 10. श्रद्धेय ब्रजानन्द कुशवाहा, गाँव—कोसाछपुरा, पोस्ट—नौरंगिया (रामकोला) |
| 144/28.12.87 | 11. श्रद्धेय गणेश प्रसाद, व्यवस्थापक—डॉ. बी.आर. अम्बेडकर पुस्तकालय, गाँव—तुरपही महुअवा (पकड़ी), पोस्ट—महुअवा (बुजुर्ग), पिनकोड-274302 |
| 3/9.4.88 | 12. श्रद्धेय आर.एन. प्रसाद, प्रधानाध्यापक, बेसिक हरिजन प्राथमिक पाठशाला, गाँव—मदरहा, पोस्ट—नौका छपरा |
| 47/27.8.88 | 13. श्रद्धेय आर.एस. गौतम, गाँव—मुडेरा जगदीश (पूर्व टोला), पोस्ट—पधर देवा |
| 128/17.12.88 | 14. श्रद्धेय सद्गुरु प्रसाद, अन्वेषक सह-संगठन, जिला उद्योग केन्द्र, देवरिया-274001 |
| 155/14.2.88 | 15. श्रद्धेय एस.आर. यादव, अन्वेषक जिला उद्योग केन्द्र, देवरिया-274001 |
| 565/10.3.88 | 16. श्रद्धेय शारदा प्रसाद आचार्य, अम्बेडकर मार्केट-खड्डा, पोस्ट—राजा बाजार, खड्डा-274802 |

### 4. उत्तर प्रदेश (23. देहरादून)

| | |
|---|---|
| 174/7.12.81 | 1. श्रद्धेय भंवरलाल बौद्ध, ब्लॉक नं. ए-29/6, ओ.एन.जी.सी. कॉलोनी, कौलागढ़ रोड, देहरादून-248195 |

123/29.11.85 2. श्रद्धेय शिव शंकर भारती, टी-2, सी. रेलवे कॉलोनी, पोस्ट—ऋषिकेश-249201

### 4. उत्तर प्रदेश (24. नैनीताल)

02.04.1970 श्री रमेश विद्यार्थी, मंत्री-कुमाऊँ भूमिहीन समिति, कुमाऊँ क्षेत्र, V.—पापड़ी खत्ता, P.—रामनगर, नैनीताल

33/14.5.77 1. श्रद्धेय एस.आर. गौतम, वीपीओ—खटीमा-262308

63/7.9.78 2. श्रद्धेय योगेन्द्र प्रसाद, संरक्षक डॉ. अम्बेडकर पुस्तकालय, गाँव—कैलाशपुरी, पोस्ट—सितारगंज-262405

76.23.10.78 3. श्रद्धेय विपिन चन्द बिहारी, वीपीओ—हरीपुरा, हरसान—बाजपुर-262401

116/24.9.70 4. श्रद्धेय पूर्ण ऋषि, प्रान्तीय संगठन कर्ता अखिल भारतीय हरिजन तथा शोषित वर्ग उत्थान समिति, वीपीओ—बाजपुर-262401

88/29.4.84 5. श्रद्धेय राजबली प्रसाद, हैडफिटर, दि किसान सहकारी चीनी मिल्स लिमिटेड, वीपीओ—नदेही-244712

### 4. उत्तर प्रदेश (25. पिथौरागढ़)

### 4. उत्तर प्रदेश (26. पीलीभीत)

28/4.4.78 1. श्रद्धेय गोपाल राव आर्य, सुपुत्र श्रद्धेय राम स्वरूप मुंशी, मोहल्ला—सरफराज खाँ (इंडिया होटल के पास) गंदावाला

143/17.12.79, 2. श्रद्धेय राजसिंह, गाँव—सैदपुर, पोस्ट—पिपरिया, आगरु-262001

59/8.5.80 3. श्रद्धेय नत्थुराम, पुत्र श्रद्धेय बेनी राम गंगवार, वीपीओ—अमरा करोड (बीसलपुर)

90/14.6.72 4. श्रद्धेय लालताप्रसाद, सुपुत्र श्रद्धेय दोदराम, गाँव—ईटगाँव, पोस्ट—बीसलपुर

40/25.3.83 5. श्रद्धेय जगलाल कनौजिया, भारतीय स्टेट बैंक, पीलीभीत-262001

79/9.6.84 6. श्रद्धेय रामचरन जाटव, गाँव—मल्हपुर (खजुरिया), पोस्ट—पिरिया सन्तोष

3/10.1.86 7. श्रद्धेय गंगाराम गौतम, गाँव—चान्दूपुर, पोस्ट—कलीनगर, वाया—पूरनपुर-262122

135/27.12.86, 8. श्रद्धेय विशन लाल, सुपुत्र श्रद्धेय रामचरनलाल, गाँव—चहलौरा, पोस्ट—यूरिया

159/31.1.87 9. श्रद्धेय रामचन्द्र, प्राथ. पाठ. टांडा क्षत्रपति, पोस्ट—भगवन्तपुर, वाया—पुरनपुर-262122

164/7.2.87 10. मास्टर तिलकराम, गाँव—हिरसा सरदहा, पोस्ट—दिशैला-262001

22/7.5.88 11. श्रद्धेय जोधेलाल उर्फ कमाऊ, गाँव—चाँदपुर, पोस्ट—कलीनगर, वाया—पुरनपुर-262122

### 4. उत्तर प्रदेश (27 प्रतापगढ़)

2/12.2.79 1. श्रद्धेय राम अभिलाष सरोज,गाँव—सरैया, पोस्ट—किशनगंज (कई बार)

47/15.4.80 2. श्रद्धेय रामकरन यादव, गाँव—रामपुर रवागल, पोस्ट—पृथ्वीगंज बाजार, वाया—पट्टी-230135

72/12.6.80 3. श्रद्धेय रामलाल, 57 उत्तर प्रदेश जूनि. बेसिक विद्या.
83/13.7.79 हैंसी बरजी मोड़, गाँव—सराय चेदीराम, पोस्ट—हैंसी बरजी

36/24.3.81 4. श्रद्धेय दूधनाथ भारती, गाँव—करनपुरखझी, पोस्ट—शीतलागंज

135/19.10.81 5. श्रद्धेय पन्नालाल गुप्ता, वीपीओ—हरिहरगंज

66/2.5.83 6. श्रद्धेय रमेशचन्द यादव एडवोकेट, 20 दहिलामऊ, (पद—डॉ. अम्बेडकर पुस्तकालय के व्यस्थापक है), प्रतापगढ़।

74/20.7.85 7. श्रद्धेय के.एल. राजवंशी, भारतीय स्टेट बैंक, मानधाना, 230402

82/20.7.88 8. श्री हरि नाथ यादव, एडवोकेट, प्रतापगढ़, उत्तर प्रदेश

### 4. उत्तर प्रदेश (28. फतेहपुर)

28/17.4.76 119. श्रद्धेय नारायण वर्मा, गाँव—सोनीपुर, पोस्ट—मनगाँव

214/13.8.83 2. श्रद्धेय देवीदयाल, सुपुत्र श्रद्धेय शोभालाल, गाँव—सरदारपुर, पोस्ट—जोनिहाँ

162/7.2.87 3. श्रद्धेय देवचरन विश्वकर्ण, गाँव—नरवा धरमंगदपुर, पोस्ट—मेलरहा (बहराम्हपुर)

### 4. उत्तर प्रदेश (29. फर्रुखाबाद)

25/23.3.78 1. श्रद्धेय रामकृष्णा मास्टर, प्राथ. पाठ. मलिकपुर, पोस्ट—समधन, वाया—गुरसहायगंज-209722

124/14.10.80 2. श्रद्धेय रामवीर सिंह, डी-55, तिर्वाफूल हाउसिंग कॉलोनी, पोस्ट—फतेहगढ़-209601 (कई बार)

| | | |
|---|---|---|
| 151/13.12.80 | 3. | श्रद्धेय अरुण कुमार, अम्बेडकर पर्वाहकर्ता, श्रद्धेय कालीचरन जयन्त, प्रभात मार्केट, वीपीओ—छिबरामऊ-209721 |
| 114/9.9.81 | 4. | श्रद्धेय परशुराम, बीड़ी फैक्ट्री नं. 500, वीपीओ—गुरसहायगंज-209722 |
| 127/25.9.81 | 5. | श्रद्धेय नरेन्द्र पाल सिंह, गाँव—लेलेपुर, पोस्ट—भगवन्तपुर, वाया—इन्द्रपुर-209723 |
| 180/17.12.82 | 6. | श्रद्धेय राकेश कुमार, नगला फार्म, गाँव—हंसापुर-गौराईपुर, पोस्ट—अताईपुर |
| 57/22.4.83 | 7. | श्रद्धेय रोहनलाल बौद्ध, वीपीओ-पिपरगाँव |
| 78/1.6.83 | 8. | श्रद्धेय नारायण गिरि सन्त, गाँव—रामपुर, पोस्ट—हठिया-20973 |
| 48/17.5.85 | 9. | श्रद्धेय दयाराम बाबा, गाँव—पुरौरी, पोस्ट—सिकन्दरपुर खास |
| नेता जी | 10. | श्रद्धेय कनौजीलाल बौद्ध, हाथीखाना, फतेहगढ़ के लड़के श्रद्धेय जगमोहन कुमार को श्रद्धेय जे.एन. आदित्य की लड़की ब्याही है। |
| दानी | 11. | श्रद्धेय वीरसिंह एडवोकेट कलेक्ट्रेट (ने 100 रुपये बुद्ध विहार साधना केन्द्र कानपुर को दान दिए) |
| 85/25.10.88 | 12. | श्रद्धेय महादेव, अध्यापक, वीपीओ—बेलामऊ सरैया-209723 |
| आरपीआई | 13. | श्रद्धेय गनपत दयाल, प्रेसी. नेताजी, पटवन गली, वीपीओ—कायमगंज |
| आरपीआई | 14. | संकटेलाल, वीपीओ—जिजपुरा |
| | 15. | श्रद्धेय श्री व्यवस्थापक, अम्बेडकर रेडियो, ट्रांजिस्टर सेल सर्विसेज, ग्राम एवं पोस्ट—कासगंज, फर्रुखाबाद, उत्तर प्रदेश |

## 4. उत्तर प्रदेश (30 फैजाबाद)

| | | |
|---|---|---|
| 52/27.8.76 | 1. | श्रद्धेय रामचन्द्र अम्बेश, वीपीओ—महबूबगंज |
| 57/27.8.76 | 2. | श्रद्धेय मिश्रीलाल, मोह.—सकरावल (पूर्व) वीपीओ—टांडा-224190 |
| 60/10.9.76 | 3. | श्रद्धेय जगलाल प्रसाद, सहा. अध्या. प्रा. पाठ., वीपीओ—रसूलाबाद-224172 |
| 85/11.12.76 | 4. | श्रद्धेय मंसाराम इलेक्ट्रिक कार्यालय-खंड, अकबरपुर-224122 |
| 88/28.12.76 | 5. | श्रद्धेय गनेशराम पर्वाहकर्ता, श्रद्धेय रविकुमार गौतम, हनुमानकंड (संत रविदास मन्दिर, वीपीओ—अयोध्या से |

|  |  |  |
|---|---|---|
|  |  | 270 किलोमीटर रेलवे मार्केट ए.वाई-224123 (श्रद्धेय गनेशराम जी की मृत्यु हो गई) कई बार |
| 12/4.3.77 | 6. | श्रद्धेय गनपत सहाय गौतम, गाँव—पारकी-मझगवाँ, पोस्ट—पारकी |
| 33/1.8.78 | 7. | श्रद्धेय रामदेव वर्मा, मंत्री अखिल भारतीय कुर्मी मन्दिर व धर्मशाला, 353, रामगंज, पोस्ट—अयोध्या-224123 |
| 15/1.8.78 | 8. | श्रद्धेय रामवरन वर्मा, वीपीओ—सिकन्दरपुर-224146 |
| 4/2.1.79 | 9. | श्रद्धेय छलराज मास्टर, वीपीओ—खजावाँ |
| 22/14.2.76 | 10. | श्रद्धेय जियालाल, गाँव—लालपुर, पोस्ट—ममरेजपुर |
| 44/5.4.79 | 11. | श्रद्धेय ओमप्रकाश वर्मा, गाँव—कनरुपट्टी (दसमड़े), पोस्ट—बहोरिकपुर (पहितीपुरा) |
| 51/21.4.79 | 12. | श्रद्धेय रामचेत अम्बेश, गाँव—रेवई (टड़वा मौलाई) पोस्ट—किछौछा-224155 |
| 121/2.11.79 | 13. | श्रद्धेय रामयज्ञ मौर्य, अशोक नगर, जमपिश्सबाग |
| 18/22.2.80 | 14. | श्रद्धेय सन्तराम गौतम, सहा.अध्या.जनता जूनि. हाई स्कूल, वीपीओ—उत्तरेथू, वाया—गुसाईगंज-224141 |
| 101/20.8.80 | 15. | श्रद्धेय साधुशरण चंचल, पर्वाहकर्ता, श्रद्धेय जवाहरलाल, टेलर मास्टर, वीपीओ—केदारनगर-224214 |
| 138/10.11.80, | 16. | श्रद्धेय रामदास प्रबला (नागरिक शाक्य), सरदार पटेल स्मारक, इंटर कॉलेज, चाहपुर (सिकन्दरपुर)-224186 |
| 82/11.5.81 | 17. | श्रद्धेय कन्हैयालाल नीरज, गाँव—प्रतापपुर, पोस्ट—कटहरी |
| 61/27.3.82 | 18. | श्रद्धेय विशुनदेव, शाखा डाकपाल, टंडवा जलाल, ए/ओ देवरिया-224137 |
| 78/26.4.82 | 19. | श्रद्धेय रामभरोसे हरिजन, गाँव—माया भीखी, पोस्ट—माया बाजार-224161 |
| 93/21.6.82 | 20. | श्रद्धेय अशोक कुमार, गाँव—चन्दनपुर, पोस्ट—जाहरगंज |

### 4. उत्तर प्रदेश (30 फैजाबाद)

|  |  |  |
|---|---|---|
| 94/21.7.82 | 20. | श्रद्धेय मनीराम, गाँव—मजगवी, पोस्ट—परकी |
| 104/24.9.82 | 21. | श्रद्धेय मनीराम, अध्यापक, प्राथ.पाठ., वीपीओ—कुर्चा |
| 133/25.9.82 | 22. | श्रद्धेय राम बहादुर यादव, गाँव—मीरापुर (भिटौरा) पोस्ट—महबूबगंज |
| 143/4.10.80 | 23. | श्रद्धेय रामजनम सुमन, गाँव—रज्जूपुर, पोस्ट—खेमापुर-224157 |

| | | |
|---|---|---|
| 25/18.3.83 | 24. | श्रद्धेय नन्दलाल यादव, गाँव—जमालपुर, पोस्ट—बरामदपुर-जरियारी |
| 110/22.8.83 | 25. | श्रद्धेय बुद्धिराम, वीपीओ—सहिमऊ कारीरात |
| 20/20.1.84 | 26. | श्रद्धेय रामसहाय, गाँव—बड़गइया, पोस्ट—असगवाँ, वाया—गुसाईगंज-224141 |
| 48/24.3.84 | 27. | श्रद्धेय धनीराम पटवारी का पूर्वा दर्शन नगर |
| 50/2.4.84 | 28. | श्रद्धेय रामअचल पर्वाहकर्ता, श्रद्धेय मेवालाल डाक सहायक, वीपीओ—गुसाईगंज-224141 |
| 20/25.2.85 | 29. | श्रद्धेय रामकलप, गाँव—अटली ऐमा, पोस्ट—अटवई, वाया—खेमपुर-224157 |
| 79/9.8.85<br>27/7.5.88 | 30. | श्रद्धेय बालमुकुन्द व्यवस्थापक *बहुजन संगठन* साप्ताहिक वीपीओ—मखदुमपुर, वाया—अकबरपुर-224112 |
| 120/29.11.85 | 31. | श्रद्धेय अभयराज, वीपीओ—खेमपुर |

### 4. उत्तर प्रदेश (31. बदायूँ)

| | | |
|---|---|---|
| 17/10.3.76 | 1. | श्रद्धेय नाथूलाल, मोह.—सोवरनपुर |
| 25/22.2.79 | 2. | श्रद्धेय कन्हैयालाल मौर्य, वीपीओ—उसावाँ-243621 |
| 157/5.12.83 | 3. | श्रद्धेय रामलाल बौद्ध, गाँव—सोवरनपुर, पोस्ट—लखनपुर |
| 11/13.1.84 | 4. | श्रद्धेय सोहनलाल अध्यापक प्राथ.पाठ., वीपीओ—खितौरा |
| 67/4.5.84 | 5. | श्रद्धेय मानसिंह मास्टर, वीपीओ—अब्दुल्लागंज-243601 |
| 93/20.7.84 | 6. | श्रद्धेय शंकरलाल, गाँव—मंझौली, पोस्ट—रहमा |
| 30/1.4.85 | 7. | श्रद्धेय फूलसिंह सुपुत्र श्रद्धेय पर्वतलाल, वीपीओ—मुहम्मदपुर सुलहरा |
| 46/10.5.85 | 8. | श्रद्धेय ओमकारसिंह, गाँव—दबरई, पोस्ट—गौरामई-243601 (सह अध्यापक जूनि. हाई. स्कूल) कई बार |
| 4/20.1.86 | 9. | श्रद्धेय रामलाल, गाँव—गढ़ा (राठ), पोस्ट—मझारा |
| 71/27.9.86 | 10. | श्रद्धेय करन सिंह सुपुत्र श्रद्धेय बालेराम, वीपीओ—लहरा लाडपुर राव, वाया—वजीरगंज-202526 |
| 23/27.5.80 | 11. | श्रद्धेय मुरली मनोहर, वीपीओ—सकरी कासिमपुर-243601 |

### 4. उत्तर प्रदेश (32. बरेली)

| | | |
|---|---|---|
| 34/4.6.76 | 1. | मुन्नी लाल रामदास जाटव, गाँव—दिगोई, पोस्ट—भरवर, वाया—आँवला |
| | 2. | नेताजी—श्रद्धेय मूलचन्द, भारतीय शूमेकर (कुआँ के पास, भीम नगर, जाखपुरा, बरेली-243005 |

| | | |
|---|---|---|
| 61/10.4.76 | 3. | श्रद्धेय बिजरावती पति का नाम श्रद्धेय रामस्वरूप, गाँव—रजक, पोस्ट—फरीदपुर |
| 34/3.6.77 | 4. | श्रद्धेय महेंद्र पाल सिंह बौद्ध, अम्बेडकर पुस्तकालय, वीपीओ—एम.ए.नगर-पुड़िया अहमद नगर-203122 |
| 98/18.9.79 | 5. | श्रद्धेय नन्हेमल, सहा. अध्यापक, गाँव—नकरपुर, पोस्ट—देवचरा। |
| 109/11.10.79 | 6. | श्रद्धेय ओम प्रकाश बौद्ध, मकान नं. 87 (कुआँ के पास नीम के पेड़ के सामने) भीम नगर (जाखपुरा), बरेली-243005 (4 वर्ष की उधारी 125, दिनांक : 31.5.89 तक बकाया है—पता नहीं कब देंगे। |
| 30/12.2.82 | 7. | श्रद्धेय कघई लाल, गाँव—ठिरिया सैदपुर, पोस्ट—बबूरा, नवाबगंज-262406 |
| 56/27.3.82 | 8. | श्रद्धेय श्रीराम मौर्य, रेलवे स्टेशन राम गंगा ब्रिज, पोस्ट—चौबारी (कैंट) कई बार |
| 47/6.4.83 | 9. | श्रद्धेय जोगराज सुपुत्र श्रद्धेय खंजनलाल मोह.—लाल कटोरा (बीच का) पोस्ट—विशायलगंज-243302 |
| 77/30.5.83 | 10. | श्रद्धेय शिवभान गौतम, श्रद्धेय महेन्द्र पाल बौद्ध, करमापुर, उर्फ पुल्लापुर, पोस्ट—नदेली-243201 |
| 84/22.3.84 | 11. | श्रद्धेय चन्द्रसेन सागर कैशियर कम क्लर्क, स्टेट बैंक ऑफ इंडिया, शाखा-एयरफोर्स स्टेशन, वीपीओ—आइजटनगर-243002 |
| 95/13.6.85 | 12. | श्रद्धेय अनोखेलाल बौद्ध सुपुत्र श्रद्धेय लोकीराम, गाँव—धारमपुर गोटिया, पोस्ट—फरीदपुर |
| 150/21.1.87 | 13. | श्रद्धेय यशपाल सिंह बौद्ध, गाँव—बीरपुर, पोस्ट—बुधौली |
| 80/21.9.87 | 14. | श्रद्धेय भूपनाथ उर्फ नागदीप बौद्ध, वीपीओ—सूदनपुर, निशातगंज-243302 |
| 87/23.6.87 | 15. | श्रद्धेय यशपाल बौद्ध, गाँव—धीरपुर,पोस्ट—बुधौली |
| 161/28.2.84 | 16. | श्रद्धेय कल्यानराय स.अध्या.जूनि. हाई स्कूल, वीपीओ—कुसारी, वाया—भमोरा-243401 |

**4. उत्तर प्रदेश (33. बलिया)**

| | | |
|---|---|---|
| 76/10.9.87 | 1. | श्रद्धेय बनवारी लाल निराला, गाँव—सरकंडा, पोस्ट—काजीपुर-277303 |
| 103/19.10.87, | 2. | श्रद्धेय हृदय नारायण, गाँव—बिजलीपुर, पोस्ट—भाजीपुर-277303 |

118/5.11.87, 3. श्रद्धेय छोटेलाल द्वारा श्रद्धेय राजबंशी राम, गाँव—भाटी, पोस्ट—बनहरा (सिकन्दरपुर)-277303

### 4. उत्तर प्रदेश (34. नैनीताल)

113/25.8.84 6. श्रद्धेय रामदास दोहरे, वरिष्ठ सहायक दी किसान सहकारी चीनी मिल्स लिमिटेड, वीपीओ—भदेही-244712

129/15.10.84 7. श्रद्धेय उदयराज, दी किसान सहकारी चीनी मिल्स लिमिटेड, वीपीओ—भदेही चीनी मिल।

64/13.9.86 8. श्रद्धेय जयसिंह, लिपिक विभाग, किसान सहकारी चीनी मिल्स लिमिटेड, गाँव—राजपुर-पूरनपुर, पोस्ट—भदेही-244712

78/25.8.89 9. श्रद्धेय के.सी. यादव, एच.एस.सी.एल., वीपीओ—टनकपुर-262309

10. श्रद्धेय नंदराम, एडवोकेट हीरा कॉटेज कंटूरमेंट

### 4. उत्तर प्रदेश (34. बरेली)

15.08.1970 श्री मदन लाल प्रजापति, पुराना कब्रिस्तान, कालेशाद, बिहारीपुर, बरेली, उ.प्र.

86/13.12.79 1. श्रद्धेय रामदुलारे विद्यार्थी, सहा.अध्या., आदर्श बेसिक प्राथ. पाठ. ओड़वारा-272001

1/8.8.77, 2. श्रद्धेय रामनारायण, लिपिक, सार्व.निर्माण विभाग, विभागीय निर्माण इकाई।

50/12.8.77 3. श्रद्धेय रामभरोसे त्रिशरण, नया नाम श्रद्धेय रत्नाकर बन्धु त्रिशरण, गाँव—सकरदहा, पोस्ट—हरैया-272135 (राइटर हैं) पता—प्रवर लिपिक, वि.नि.ई.-1, सार्व. निर्माण विभाग, बरेली-272001

72/29.9.78 4. श्रद्धेय धम्मप्रीत, सुपुत्र श्रद्धेय भुल्लर, गाँव—मझौरा, पोस्ट—घनघटा-202001

96/30.7.81 5. श्रद्धेय पूर्णमासी, गाँव—सेभरा, पोस्ट—नन्देकुवाँ

172/25.11.82 6. श्रद्धेय सन्तराम, गाँव—विजहरडूहा, पोस्ट—सुखार

133/19.10.83 7. श्रद्धेय शत्रुघ्न सिंह चौधरी, एडवोकेट सिविल कोर्ट, वीपीओ—नौगढ़-272203

153/5.12.83 8. श्रद्धेय राम लखन गौतम, उपड़ा कपाल, कुलवारी, बस्ती-272301

| | | |
|---|---|---|
| 59/18.4.84 | 9. | श्रद्धेय रामयज्ञ, सुपुत्र श्रद्धेय रमईदास, गाँव—बेलवाडीड, पोस्ट—लखनहट (नगर बाजार) बस्ती-272302 |
| 111/22.8.84 | 10. | श्रद्धेय बालेश्वर सिंहानिया, भारतीय स्टेट बैंक शाखा, डुमरियागंज-272189 |
| 5/10.1.85 | 11. | श्रद्धेय सूर्यबली, मोह.—शाहपुर, वीपीओ—शाहपुर, वाया—डुमरियागंज-272189 |
| 127/29.11.85 | 12. | श्रद्धेय रामसुन्दर रावत, स्टेनो, प्रोजेक्ट आफिसर, इंडिया पॉपुलेशन प्रोजेक्ट-II, अपोजिट डिस्ट्रिक्ट—हॉस्पिटल |
| 39/5.7.86 | 13. | श्रद्धेय मातादीन, (उप-डाकपाल), पोस्ट—उसका बाजार-272208 |
| 104/17.11.86 | | |
| 14/20.4.88 | 14. | श्रद्धेय हरिनाथ हरिजन, गाँव—सारंवी, पोस्ट—खेटा-272105 |
| 81/2.9.89 | 15. | श्रद्धेय सूर्यबाली, पोस्ट—दुलहखुर्द, पोस्ट—दुलहनार्थ-272206 |
| 21/23.5.89 | 16. | श्रद्धेय राम मिलन, आदर्श टेंट हाउस, वीपीओ—सेमरियावाँ बाजार-272002 |

आर.बी. त्रिशरण ने ट्टहमारा सुधार कैसे होगा? लखनऊ में छपवाया, पेज एक हजार की छपाई 4650/- + सफर खर्च 200/- कीमत 12/-

### 4. उत्तर प्रदेश (35. बहराइच)

| | | |
|---|---|---|
| 13.03.1970 | 1. | श्री रामफेरन, बुक सेलर c/o मास्टर सूरज लाल, V.—भूपगंज, P.O.—यचानपुर, बहराइच, उ.प्र. |
| 63/20.10.86 | 2. | श्रद्धेय जगेश्वर प्रसाद राजपूत, बस स्टैंड, पोस्ट—विशेश्वरगंज-271821 |
| 23/2.5.87 | 3. | श्रद्धेय गोलू राम, भारत यात्रा केन्द्र, आचार्य नरेन्द्रदेव, वीपीओ—ऐलो (प्रयागपुर) |
| 33/25.5.87 | 4. | श्रद्धेय भोलहूराम, भारत यात्रा केन्द्र, आचार्य नरेन्द्रदेव, वीपीओ—ऐलो, प्रयागपुर-271871 |

### 4. उत्तर प्रदेश (36. बाँदा)

| | | |
|---|---|---|
| 145/21.12.79 | 1. | श्रद्धेय रामस्वरूप अम्बेडकर, हेमवतीनन्दन बहुगुणा हरिजन छात्रावास, वीपीओ—बवेरू-210121 |

168/23.11.81 2. श्रद्धेय सौरवीलाल लोहिया, छोटी बाजार, कैलाशपुरी गृहतरे-बाँदा-280001

166/30.11.81 3. श्रद्धेय सी.पी. बियोगी, कम्पाउंडर, वीपीओ—करतल, वाया—

73/21.5.84 4. श्रद्धेय रामसजीवन, गाँव—नौगवां (मुखिया का पूर्वा), पोस्ट—बरौना, नरैनी-210129

106/10.8.84 5. श्रद्धेय सुरेश कुमार, गाँव—कौहारा, पोस्ट—पबइया

126/21.9.84 6. श्रद्धेय मातादीन, सहा.अध्या. प्राथ.पाठ., वीपीओ—मिमौनी

29/22.3.85 7. श्रद्धेय वैद्य रामशरण आर्य, अध्या., डॉ. अम्बेडकर नगर, वीपीओ—बबेरू-210121

32/22.3.85 8. श्रद्धेय बाबादीन वर्मा, अथाई गढ़ी रोज (नरैनी), पोस्ट—नरैनी-210129/ तत्पश्चात् बीजक नं. 58/20.7.87 पर्वाहकर्ता, महमूद बुक डिपो, वीपीओ—नरैनी-210129

64/01.08.87 9. श्रद्धेय देवीदीन अर्दली, निरीक्षक, पोस्ट—कर्वी-210205

## 4. उत्तर प्रदेश (37. बाराबंकी)

78/24.6.80 1. श्रद्धेय रामेश्वर गौतम, गाँव—महराजगंज, पोस्ट—रामसनेही घाट-225409

59.22.4.83 2. श्रद्धेय जे.आर. प्रदीप, यूपी राज्य सहकारी भूमि विकास बैंक (लिमिटेड शाखा), वीपीओ—रामसनेहीघाट-225409

64/29.7.83 3. श्रद्धेय बच्छराम, गाँव—समजाबाद, पोस्ट—ज्योला करसना

72/11.7.85 4. श्रद्धेय प्रेम नारायण, सुपुत्र श्रद्धेय पाटनदीप रावत, वीपीओ—सैदनपुर, वाया—सआदतगंज-225206

## 4. उत्तर प्रदेश (38. बिजनौर)

08.01.1970 श्री दुर्गा दत्त सिंह 'कथन' कुशन भवन, बिजनौर, आप स्वयं श्री छेदीलाल साथी और श्री शिवदयाल चौरसिया को सूचित करें, साथ में मुझे भी।

76/2.12.77 1. श्रद्धेय भूदेव, (महल वालों में), वीपीओ—स्याऊ

53/29.7.78 2. श्रद्धेय मोहर सिंह भास्कर, गाँव—रामपुर, पोस्ट—अकराबाद

111/20.9.80 3. श्रद्धेय उदय सिंह, एस.आई प्राथमिक स्वास्थ्य केन्द्र, जलीलपुर (कई बार)

72/1.6.81 4. श्रद्धेय श्रीराम बौद्ध, सुपुत्र श्रद्धेय हरबंस सिंह बौद्ध, गाँव—रोशनपुर-जागीर, पोस्ट—हस्सुपुरा-246727

| | | |
|---|---|---|
| 35/5.3.84 | 5. | श्रद्धेय आर.बी. कुशवाहा, जूनि. इंजी. सुपुत्र श्रद्धेय प्रेम कुमार वर्मा, कमलेश भवन, रत्नपुरी कॉलोनी, आदर्श नगर, वीपीओ—नजीबाबाद-246763 |
| 139/21.12.85 | 6. | श्रद्धेय विजय कुमार गौतम, गाँव—श्यामीवाला, पोस्ट—नागलसोती-246732 |
| 180/22.2.88 | 7. | श्रद्धेय चन्द्रपाल सिंह, आत्मज जगराम सिंह, गाँव—लखपत नगर, पोस्ट—बिदुरकुटी, जिला—बिजनौर-246701 |

### 4. उत्तर प्रदेश (फिरोजाबाद)

'पूजा कैसेट' रतन रेडियो इलेक्ट्रॉनिक्स वर्क्स, मोह.—गंज, फिरोजाबाद-283203

| | | |
|---|---|---|
| 100/11.10.88 | 1. | श्रद्धेय पकोड़ी लाल कुशवाहा, मुख्य डाकघर, फिरोजाबाद-283203 |
| 164/10.3.89 | 2. | श्रद्धेय निसार अहमद, मकान नं. 686, मैनपुरी रोड, वीपीओ—फिरोजाबाद-205135 |
| 166/10.4.90 | 3. | श्रद्धेय श्री वीर सिंह (एडवोकेट), फतेहपुर, उत्तर प्रदेश |

### 4. उत्तर प्रदेश (30. फैजाबाद)

| | | |
|---|---|---|
| 149/31.12.85, | 32. | श्रद्धेय इन्द्रजीत, सुपुत्र श्रद्धेय राम कुमार, गाँव—प्रतापपुर, पोस्ट—कटहरी-224151 |
| 114/1.12.86 | 33. | श्रद्धेय कैलाश सोनकर, पुस्तकालय, बस स्टेशन, वीपीओ—बसखारी-224129 |
| 169/10.2.87 | 34. | श्रद्धेय कमला प्रसाद, गाँव—रज्जूपुर, पोस्ट—खमापुर-224157 |
| 40/27.5.88 | 35. | श्रद्धेय धर्मराज, आत्मज श्रद्धेय सजन, गाँव—समन्था, पोस्ट—सराय सागर (भया) |
| 90/27.9.88 | 36. | श्रद्धेय सभापति जी (चमार), वीपीओ—महुवारी-224234 |

### 4. उत्तर प्रदेश (39. बुलन्दशहर)

| | | |
|---|---|---|
| 91/6.7.81 | 1. | श्रद्धेय लेखराज सिंह, सुपुत्र श्रद्धेय डोरीलाल, गाँव—खिरक-बारी, पोस्ट—धर्मपुर |
| 102/14.8.81 | 2. | श्रद्धेय प्यारे लाल निर्मल, गाँव—छतुरिया, पोस्ट—जिरौली |
| 71/30.3.82 | 3. | श्रद्धेय हरी सिंह निर्मल बौद्ध, गाँव—छतुरिया, पोस्ट—जिरौली |

| | |
|---|---|
| 28/23.3.85 | 4. श्रद्धेय प्रेमपाल सिंह, सुपुत्र श्रद्धेय सुखराम सिंह जाटव, गाँव—खरिकवारी, पोस्ट—धर्मपुर |
| 97/17.10.80 | 5. श्रद्धेय वीरपाल सिंह, आत्मज श्रद्धेय राम प्रसाद सिंह, गाँव—मुक्तेश्वरा-दलपतपुर, पोस्ट—बीहरा, वाया—लखावटी-245407 |
| 191/9.3.88 | 6. श्रद्धेय सत्यपाल सिंह, वीपीओ—बीहरा, वाया—लखावटी-245407 |
| 18/18.8.89 | 7. श्रद्धेय हरप्रसाद बौद्ध, सुपुत्र श्रद्धेय रामसिंह बौद्ध, गाँव—नेहरूपुर, पोस्ट—धर्मा, वाया—खुर्जा-203131 |
| | 8. श्रद्धेय मानसिंह गौतम, बी-6, मध्य गंगा नहर कॉलोनी बाई पास रोड, बुलन्दशहर-203001 |

**4. उत्तर प्रदेश (40. मथुरा)**

| | |
|---|---|
| 47/26.6.78 | 1. श्रद्धेय बिजेन्द्र सिंह बौद्ध पर्वाहकर्ता, श्रद्धेय किशन सिंह बौद्ध, गाँव—बलीपुर, पोस्ट—शल्ल |
| 105/9.10.79 | 2. श्रद्धेय सुरेशचन्द कदम, डॉ.बी.आर. अम्बेडकर पुस्तकालय, नया नगला |
| 116/25.10.79, | 3. श्रद्धेय मानसिंह बौद्ध, गाँव—काजरौठ, पोस्ट—शेरगढ़-281404 (कई बार) |
| जनवादी लेखक- | 4. श्रद्धेय डॉ. सव्यसाची, डेम्पियर प्रकाशन, 2164-डेम्पियर नगर, मथुरा-221008 |
| 72/12.6.80 | 5. श्रद्धेय गयासीराम सगर, गाँव—झगरार, पोस्ट—बरामई |
| 129/25.10.80, | 6. श्रद्धेय किशन लाल घड़ीसाज, घीया मंडी |
| 150/6.11.81, | 7. श्रद्धेय रामवीर सिंह (HUM) जिला—नियंत्रण कक्ष, पुलिस लाइन |
| 90/4.7.84, | 8. श्रद्धेय अमर सिंह सुगल, गाँव—माँगरू, पोस्ट—हसनपुर वारू |
| 91/20.10.86 | 9. श्रद्धेय रंगलाल सिंह जाटव, गाँव—नरका, पोस्ट—बुखरारी |
| 91/20.10.86 | 10. श्रद्धेय मानसिंह खामनी वाले, अम्बेडकर प्रेस, अम्बेडकर कॉलोनी, कृष्णा नगर, भारती प्रकाशन अम्बेडकर प्रिंटिंग प्रेस, 5 आर्मी लाइन, (*भीमचरित मानस* के प्रकाशक हैं) |
| 91/20.10.86 | 11. श्री किसन लाल घड़ी साज, छिपापंडी, मथुरा, उत्तर प्रदेश |
| 91/20.10.86 | 12. श्री गंगाराम कर्दम, नया नगर, मथुरा, उत्तर प्रदेश |
| 91/20.10.86 | 13. हिन्दी पुस्तकालय मथुरा (प्रकाशक *विदास रामायण*) |

## 4. उत्तर प्रदेश (41. मिर्जापुर)

| | | |
|---|---|---|
| 01.01.1965 | | श्री प्रेमचन्द विकल, अध्यक्ष RPI मुहल्ला—घूरऊपट्टी, मिर्जापुर, उ.प्र. |
| 01.01.1965 | | श्री विदेशी राम एडवोकेट, मंत्री RPI कलेक्ट्रेट (हरैया चुंगी) आजमगढ़, उ.प्र. |
| 7/10.2.87 | 1. | श्रद्धेय बाबूनन्दन जयसवार, गाँव—अघवार, पोस्ट—देवरी |
| 11/4.2.80 | 2. | श्रद्धेय हरीराम गुप्ता, 3-ए.ई-60, ओबरा कॉलोनी, वीपीओ—ओबरा-231219 |
| 147/4.12.80 | 3. | श्रद्धेय मोतीलाल सुपुत्र श्रद्धेय सरजू प्रसाद, गाँव—नुनौटी, पोस्ट—तेंदुआ कलाँ-231001 (कई बार) |
| 3/12.1.81 | 4. | श्रद्धेय विनय कुमार गौतम, अनुदेशक, ओबराताप विस्तार मंडल यूपी, राज्य विद्युत परिषद्, वीपीओ—ओबरा-231219 |
| 33/12.2.82 | 5. | श्रद्धेय रोखई हरिजन, गाँव—रेक्साकलाँ, पोस्ट—दाढ़ीराम |
| 87/27.3.82 | 6. | श्रद्धेय नंहकू प्रसाद, गाँत्र—रेक्साकलाँ, पोस्ट—दाढ़ीराम |
| 106/24.7.82 | 7. | श्रद्धेय रामलाल टेलर, गाँव—पिपरवार, पोस्ट—धोरावल |
| 186/13.12.82 | 8. | श्रद्धेय विश्राम सिंह, गाँव—सोनवर्षा, राजगढ़ |
| 166/23.12.83 | 9. | श्रद्धेय बहादुरसिंह, भारतीय आरोग्य सदन, वीपीओ—शाहगंज-231215 |
| 124/21.9.84 | 10. | श्रद्धेय रामलाल टेलर मास्टर, घोरावल बाजार, कॉलोनी नं. 11, वीपीओ—शाहगंज-231215 |
| 80/22.4.85 | 11. | श्रद्धेय दयानन्द सहायक अध्यापक, प्राथमिक पाठशाला, गाँव—लीलादेवा, पोस्ट—लिलासी, वाया—दुद्धी-231208 (कई बार) |
| 432/11.12.85 | 12. | श्रद्धेय शंकर यादव, चाय पान की दुकान (पुराने बाड़ा), वीपीओ—चिल्ला |
| 38/28.6.86 | 13. | श्रद्धेय बद्री प्रसाद स्वर्णकार, मोह.अनगढ़ महावीर, पोस्ट—डंकीनगंज |
| 121/6.12.86 | 14. | श्रद्धेय परशुराम खरे, वीना परियोजना, माइल्स क्वार्टर |
| 48/29.3.87 | | - 96/17.10.87 नं. एम-261/पोस्ट—बीना-231220 |
| 30/18.5.87 | 15. | श्रद्धेय शिव सागर गौतम, वीपीओ—भोगाँव—231313 |
| 60/27.7.87 | 16. | श्रद्धेय *राजेन्द्र प्रसाद*, वीपीओ—लालगंज |
| 68/6.8.88 | 17. | श्रद्धेय आर.सी. दास (प्रवक्ता हिन्दी), ई-29/14, सेक्टर-बी, सीमेंट कारखाना, डाला-231207 |

| | | |
|---|---|---|
| 104/25.10.88 | 18. | श्रद्धेय प्यारे लाल गौतम सुपुत्र श्रद्धेय मोहन लाल, गाँव—वीरपुर, पोस्ट—अमोई |
| 129/26.12.88 | 19. | श्रद्धेय रामलखन, वीपीओ—सेमरा बरहो, मिर्जापुर-235001 |

## 4. उत्तर प्रदेश (42. मुजफ्फरनगर)

| | | |
|---|---|---|
| 17/25.3.77 | 1. | श्रद्धेय जगदीश प्रसाद बौद्ध, वीपीओ—कुटेसरा (कई बार) |
| 163/30.12.80 | 2. | श्रद्धेय पलटूराम कश्यप, गाँव—मंटी हसनपुर, पोस्ट—थाना मका |
| 111/22.8.83 | 3. | श्रद्धेय छज्जूराम, प्राथ. अध्या. जूनि. हाई स्कूल, वीपीओ—हिरनवाड़ा |
| 48/2.4.84 | 4. | श्रद्धेय पूरनदास रविदास मन्दिर, वीपीओ—ऊन-247778 |
| 35/30.5.87 और 49/3.7.87 | 5. | श्रद्धेय जयबीर सिंह, सुपुत्र श्रद्धेय रामचन्द्र प्रजापत, गाँव—लाखिया, पोस्ट—ऊन-247778 |
| 81/21.9.87 और 115/5.11.87 | 6. | श्रद्धेय पतराम गेटमैन पर्वाहकर्ता, रेलवे स्टेशन मास्टर, रोहाना कलाँ, पोस्ट—रोहाना मिल्स-251202 |
| 12/6.5.89 | 7. | श्रद्धेय बून्दीलाल आर्य, वीपीओ—बहादुरपुर-251203 |
| 25/23.6.89 | 8. | श्रद्धेय जिले सिंह, सुपुत्र श्रद्धेय अमर सिंह, वीपीओ—बहादुरपुर, वाया—मंसूरपुर-251202 |

## उत्तर प्रदेश (43. मुरादाबाद)

| | | |
|---|---|---|
| बीजक नं. | 1. | श्रद्धेय भूपसिंह सुपुत्र श्रद्धेय रामपाल सिंह, कैथलगेट, (राज मोहल्ला), सिद्धार्थ पार्क के पास, वीपीओ—चन्दौसी-202412 |
| 138/12.12. | 2. | श्रद्धेय शिवचरन सिंह वरिष्ठ लिपिक, ई.वी.-II, मंडल रेलवे प्रबन्धक कार्यालय |
| 4/9.1.82 | 3. | श्रद्धेय रामगुलाम, गाँव—डरानी, पोस्ट—कुढ फतेहगढ़ |
| 17/22.1.82 | 4. | श्रद्धेय दुर्जनराम पर्वाहकर्ता, इलाहाबाद बैंक, वीपीओ—चन्दौसी-202412 |
| 143/11.11.83 | 5. | श्रद्धेय खालिद हुसैन पर्वाहकर्ता, श्रद्धेय जाकिर मुस्तफा एडवोकेट, सिविल कोर्ट |
| 76/28.5.84 | 6. | श्रद्धेय चरन सिंह, वीपीओ—मोहम्मदपुर बाबई, वाया—चन्दौसी-202412 |

| | |
|---|---|
| 21/4.3.85 | 7. श्रद्धेय जयलाल सैनी, पुलिस थाना व पोस्ट—मुंडा पांडे |
| 45/19.7.86 | 8. श्रद्धेय उत्तम सिंह गौतम, एस आई, मोह.—कोट पूर्वी (रहट मन्दिर के पीछे), वीपीओ—सम्भल-244302 |
| 106/17.11.86 | 9. श्रद्धेय मोहन लाल कश्यप, श्रीराम कॉलोनी, सीतारोड, वीपीओ—चन्दौसी-202412 |
| | 10. श्रद्धेय नन्द किशोर गौतम, सुपुत्र श्रद्धेय लाला राम गौतम, गाँव—बथुवा खेड़ा, पोस्ट—नन्हवाला-244601 |
| 5/9.4.89 | 11. श्रद्धेय भगत सिंह (पप्पू पान भंडार), रेलवे फाटक के पास बाजार, पोस्ट—राजा का सहसपुर-202415 |
| 176/21.3.84 | 12. श्रद्धेय मंगली सिंह गौतम, गाँव—मधुपुरी, पोस्ट—नूखुर मुम्मदपुर बस्तौर, वाया—मुरादाबाद-244001 |
| 181/31.3.89 | 13. श्रद्धेय नरेश कुमार गौतम, रविदास नगर, वीपीओ—चुचैला कलाँ-244231 |

**4. उत्तर प्रदेश (44. मेरठ)**

| | |
|---|---|
| 09.01.1970 | श्री सम्पादक बौद्ध नगीना, V.—शाहमुहीद्दीनपुर, p.—हापुड़, मेरठ, UP |
| 74/16.10.86 | 1. श्रद्धेय मुरारीलाल खैरालिया द्रविड़ (आदिवासी), वीपीओ—बझौड़ा कलाँ |
| 80/30.10.78 | 2. श्रद्धेय गोपीचन्द, सुपुत्र श्रद्धेय छोटन, गाँव—बोन्देरा, पोस्ट—ललियाना, वाया—किठौर-250104 |
| 20/25.4.80 | 3. श्रद्धेय जगराम सिंह कुसुम, एफ.ए.-5, रक्षा लेखा नियंत्रण, पश्चिमी कमांड, मेरठ कैंट |
| 75/12.6.80 | 4. श्रद्धेय सुरेशपाल, पर्वाहकर्ता, हुकमचन्द (वाल्मीकि मन्दिर के पास), वीपीओ—छपरौली |
| 142/1.12.80 | 5. श्रद्धेय ज्ञानसिंह, सुपुत्र श्रद्धेय रामफल सिंह, गाँव—नंगली, पोस्ट—नंगली किठौर |
| 144/1.12.80 | 6. श्रद्धेय वी.आर. गौतम (पीए), पोस्ट—सदर बाजार, मेरठ-250001 |
| 8/14.1.81 | 7. श्रद्धेय रामपाल सिंह गौतम, हेड कांस्टिबल., कमरा नं. 6, ब्लॉक नं. डी, पुलिस लाइन |
| 49/2.4.84 | 8. श्रद्धेय जे.एस. कुसुम सीडीए/सी.सी.एस./ए.टी.-II, मेरठ कैंट |
| 41/24.4.85 | 9. श्रद्धेय महेन्द्र सिंह गुर्जर एडवोकेट, 291, रामलीला मैदान, हस्तिनापुर |

| | | |
|---|---|---|
| 25/15.5.87 | 10. | श्रद्धेय सुभाष चन्द, सुपुत्र श्रद्धेय श्रीचन्द, गाँव—नारंगपुर, पोस्ट—रोहटा-250502 |
| 90/17.10.87 | 11. | श्रद्धेय सतीशचन्द पर्वाहकर्ता, श्रद्धेय रामदास, वीपीओ—अकबरपुर सादात |
| 151/24.12.73 | 12. | श्री फूलसिंह टेलर मास्टर, कोषाध्यक्ष डॉ. अम्बेडकर पुस्तकालय, गाँव—हाजीपुर, पोस्ट—सिम्भावली, तहसील—हापुड़, मेरठ वी.पी. नम्बर 176/24.12.73, प्राप्त 151/14.01.74<br>हस्ताक्षर- ललई सिंह यादव |

**4. उत्तर प्रदेश (45. मैनपुरी)**

| | | |
|---|---|---|
| 31/26.4.78 | 1. | श्रद्धेय रामनरेश भास्कर, गाँव—जगदीशपुर, पोस्ट—कुम्हौल |
| 42/3.4.80 | 2. | श्रद्धेय डालासिंह बौद्ध, सहा. अध्या. प्राथ.पाठ., वीपीओ—भोगाँव-205262 |
| 159/27.12.80 | 3. | श्रद्धेय मेघनाथ ज्ञानेमन, डॉ. अम्बेडकर पुस्तकालय, नगला मूल, अगरूपपुर, गोला बाजार<br>—श्रद्धेय सुन्दर लाल सागर एडवोकेट 223, दरीबा |
| 72/2.4.82 | 4. | श्रद्धेय रामचरन, गाँव—सिरसा, पोस्ट—नानामऊ |
| 91/21.6.82 | 5. | श्रद्धेय श्रीपाल आजाद, गाँव—नगला रामसिंह, पोस्ट—ज्योति |
| 56/22.4.83 | 6. | श्रद्धेय रामखिलावन कुरील, किसान ईंट उद्योग, सैद का नगला, पोस्ट—उर्मुरा किरार, वाया—शिकोहाबाद-205135 |
| | 7. | श्रद्धेय मौजील |
| 118/29.11.88 | 8. | श्रद्धेय रामदुलारे शाक्य, गाँव—मधपुर, मघन-205263 |

**4. उत्तर प्रदेश (46. रामपुर)**

| | | |
|---|---|---|
| 58/18.4.84 | 1. | श्रद्धेय सोनपाल सिंह, लिपिक बिक्री कर कार्यालय, खंड-2 (कई बार) |
| 59/12.6.85 | 2. | श्रद्धेय मोहन लाल, सुपुत्र श्रद्धेय नन्हें राम, वीपीओ—ढकिया, वाया—शाहाबाद-244922 |
| 84/22.5.85 | 3. | श्रद्धेय सुरेश कुमार, वीपीओ—ढकिया, वाया—शाहाबाद-244922 |
| 2/10.1.86 | 4. | श्रद्धेय मूंगालाल विमल, सेंट्रल वेयर हाउस, सीआरपी रोड, आगापुर |

## 4. उत्तर प्रदेश (47. रायबरेली)

(रायबरेली-सलबन-डलमऊ-लालगंज)

| | | |
|---|---|---|
| 56/5.5.80 | 1. | श्रद्धेय चेतराम पुरन्दर, सहा. अध्या. राज्य.दीक्षा विद्या. |
| 109/20.9.80 | 2. | श्रद्धेय शिवनाथ यादव, ऑपरेटर, वायरिंग विभाग, इंडिया टेलीफोन इंडस्ट्रीज (लिमि.) |
| 80/16.6.81 | 3. | श्रद्धेय छोटेलाल, गाँव—सीतापुर, पोस्ट—शिवगढ़ |
| 93/24.7.81 | 4. | श्रद्धेय गयाद्दीन चौधरी, गाँव—सुर्वापुर, पोस्ट—बथुआ |
| 187/29.8.81 | 5. | श्रद्धेय बाबा मौजीराम, गाँव—रामपुर सीवन, पोस्ट—बसन्तपुर चौड़िया |
| 142/29.10.81 | 6. | श्रद्धेय गोकुल प्रसाद, एच.-16, दूरभाष नगर, रायबरेली-229010 |
| 134/25.9.82 | 7. | श्रद्धेय राजकुमार, सहायक अध्या. राज्य. जूनि. बेसिक प्राथ. विद्यालय, तिलोई |
| 49/7.4.83<br>158/10.12.84 | 8. | श्रद्धेय हीरालाल, ए-32, दूरभाष नगर, रायबरेली-228010<br>अन्य पता बी-116 |
| 123/6.10.83 | 9. | श्रद्धेय रामनारायण मास्टर, गाँव—रामपुर ढ़ड़ेई, रामपुर तरई, पोस्ट—सातनपूर्वा |
| 71/12.5.84 | 10. | श्रद्धेय परमेश्वर चौधरी अध्यापक प्राथ.पाठ., वीपीओ—बथुआ खास-229001 |
| 5/9.4.87 | 11. | श्रद्धेय सुरेन्द्र प्रताप एडवोकेट, (विजय की चक्की के पास), दौलताबाद, लालगंज, कानपुर रोड, रायबरेली-229001 |
| 101/11.10.88 | 12. | श्रद्धेय सुरेश कुमार, सुरेश पान भंडार (निअर पेट्रोल पम्प) वीपीओ—ऊँचाहार |
| 106/11.12.88 | 13. | चौधरी शम्भू दयाल एडवोकेट, दक्षिण, जहानाबाद, रायबरेली, उ.प्र. |
| 101/11.10.88 | 14. | श्री विघा शंकर यादव (एडवोकेट), रायबरेली, उत्तर प्रदेश |

## 4. उत्तर प्रदेश (48. लखनऊ)

| | |
|---|---|
| 08.01.1970 | श्री चन्द्रिका प्रसाद 'जिज्ञासु' 360/193 मातादीन रोड, सादतगंज आलमनगर, लखनऊ, आपके लिए 100 प्रति *एकलव्य* नाटक रवाना है। उसका बिल्टी नम्बर है—929435 |
| 12.01.1971 | श्री अच्छे लाल वाल्मीकि, उत्तर प्रदेश मजदूर संघ घसियारा मंडी, लखनऊ, पत्रों, जवाबी-पत्रों का उत्तर नहीं देते हैं। व्यक्ति अच्छे हैं लेकिन आलसी हैं। |

21/16.3.76 1. श्रद्धेय मोहन लाल, गाँव—गौतमपुरी, पोस्ट—उजरियाँव

132/29.11.79 2. श्रद्धेय गया प्रसाद नन्हेट, सी स. 4 ए. लंगड़ा फाटक, आलम बाग, लखनऊ-226005

3. श्रद्धेय व्यवस्थापक *बहुजन कल्याण* प्रकाशन, 360/193, मातादीन रोड, सआदतगंज, लखनऊ-226003

4. श्रद्धेय मुकराल सिंह वर्मा, स्व. संग्राम सेनानी, करीम बक्स की बिल्डिंग, 10 गौतम बुद्ध मार्ग, लखनऊ-2260

6/28.1.80 5. श्रद्धेय रामदेव आर्य लिपिक विधि, उप-विभाग, कार्यालय परिवहन आयुक्त, लखनऊ-226001

6. श्रद्धेय रामस्वरूप वर्मा (एक्स-मिनिस्टर, 4-ए, विशम्भर बिल्डिंग (नियर बड़ौदा बैंक महिला शाखा) मोह.—नरही, डॉ. अम्बेडकर मार्ग, पार्क रोड, लखनऊ 226

—श्रद्धेय रामकुमार वर्मा, नेत्रहीन स्वास्थ्य भवन, कमरा नं. 13, कैसर बाग व्यापारी—श्रद्धेय व्यवस्थापक, सपना प्रेस, नयागाँव पश्चिम, सब्जी मंडी केसर बाग वाली गली के पास

—श्रद्धेय राजेश्वर सुपुत्र श्रद्धेय चतुरीलाल, 551/76-घ, नटखेड़ा आलम बाग, परम हंस अद्वैत

7. डॉ. शृरगो लाल, आर-25, सिद्धार्थ, संजय पुरम, फैजाबाद रोड, लखनऊ-226016

—श्रद्धेय छेदीलाल माथी एडवोकेट, 48, कन्धारी बाजार रोड-40983

—श्रद्धेय छेदीलाल माथी एडवोकेट, ए-159, इन्दिरा नगर, फोन-2633

—डॉ. अंगने लाल, डॉ. अम्बेडकर लायब्रेरी (आर्य कन्या पाठ. के पास) (सिद्धार्थ पार्क के पास), 512/432, निशातगंज

—डॉ. माता प्रसाद, डी-1, तकिया राजेन्द्र नगर

—डॉ. गया प्रसाद प्रशांत, 552/2, राजेन्द्र नगर

—कलचर्स पब्लिशर्स, 46, गुईन रोड, (खाट कल्लन लैन), राजमियाँ मार्ग, अमिनाबाद, लखनऊ-226018

—श्रद्धेय हीरालाल, 554/168-घ, भीम नगर, स्ट्रीट नं. 2, छोटा बरहा

4/26.4.89 —श्रद्धेय के.एल. राजवंशी, भारती स्टेट बैंक, ऐश बाग, लखनऊ-226004

## 4. उत्तर प्रदेश (49. ललितपुर)

103/3.8.84 1. श्रद्धेय राम प्रसाद, सहा. अध्या. जूनि. हाई स्कूल, वीपीओ—बिजरौठा

11/3.2.86 2. श्रद्धेय डॉ. एच.एस. अहिरवार, तुलसा क्लीनिक, वीपीओ—महरौली-284405

33/21.6.86 3. श्रद्धेय नवल किशोर भास्कर, डॉ. बी.आर. अम्बेडकर समिति, वीपीओ—बिरधा-284403

74/27.9.86 4. श्रद्धेय...

117/4.12.86 5. श्रद्धेय मेवालाल दोहरे, आर लिला सहायक अधिकारी, स्टेशन रोड

151/7.1.88 6. श्रद्धेय लाला राम गौतम, आचार्य सरस्वती बाल मन्दिर, वीपीओ—मंडावरा-284404

153/14.1.88 7. श्रद्धेय हरिकृष्णा चौहान, वीपीओ—बानपुर

177/22.2.88 8. श्रद्धेय पवन कुमार शास्त्री, जैन दर्शनाचार्य, जैन स्टोर (श्री दिगम्बर जैन अटा मन्दिर के सामने) सावरकर चौक —श्रद्धेय दिमान रघुनाथ सिंह लोधी, गाँव—नन्दनपुर, पोस्ट—टुढ़ौनियाँ, वाया—मंडावरा-284404

## 4. उत्तर प्रदेश (50. वाराणसी)

22.07.1970 श्री दिनेश सिंह लेक्चरर फैकल्टी ऑफ एजुकेशन, कमछा, हिन्दू विश्वविद्यालय, वाराणसी

11.10.1970 श्री मोतीलाल कश्यप, सी 33/52 छित्तुपुर चन्दुआसही, वाराणसी, संस्थापक—प्रबुद्ध अम्बेडकर विद्यालय, V.P.—खमरिया, वाराणसी

10.11.1970 श्री मोती लाल कश्यप, संस्थापक—प्रबुद्ध अम्बेडकर विद्यालय, वाराणसी, उ.प्र.

56/27.8.76 1. श्रद्धेय रामकुमार सिंह, प्रधान गाँव—प्रानपुरा कलाँ, पोस्ट—बबुरी, चन्दौली

3/10.1.77 2. श्रद्धेय राम नाथ प्रसाद बिन्द, वेद प्रकश चिकित्सालय स्टेशन, वीपीओ—सकलडीहा-232108

15/16.3.77 3. श्रद्धेय दुर्गाप्रसाद गौंड, वीपीओ—बबुरी बाजार

89/21.8.79 4. श्रद्धेय शिवराम, गाँव—नदोय, पोस्ट—हीरामनपुर

51/25.4.80 5. श्रद्धेय प्यारेलाल निराला, वीपीओ—बस्ती (ठाकुरपुर)

| | | |
|---|---|---|
| 1/12.1.81 | 6. | श्रद्धेय सुधिराम, गाँव—अमौत (जेंगर), पोस्ट—बावतपुर आर.एस.-221202 |
| 81/14.5.82 | 7. | श्रद्धेय रामकृष्णा पर्वाहकर्ता, श्रद्धेय शंकर लाल गुप्ता, गाँव—चौरी बाजार, बर्तन की दुकान, पोस्ट—परसीपुर |
| 158/12..12.83 | 8. | श्रद्धेय यशवन्त राव अम्बेडकर, गाँव—कुलहुआ, पोस्ट—मोढ़ |
| 146/9.11.84 | 9. | श्रद्धेय सुधिराम, गाँव—अमौत, पोस्ट—मंगारी बाजार, (ग्राम—अमौत जेंगर) |
| 127/26.11.87 | 10. | श्रद्धेय पन्तराम यादव, महा. अध्या. पाठ., त्यागी जनरल स्टोर, लहरतारा बालिया |
| 7/9.4.88 | 11. | श्रद्धेय श्रीराम, टीकापुर, पोस्ट—आवाजापुर, वाया सकलडीहा-232108 |
| 57/28.6.88 | 12. | श्री पारस खिलाड़ी प्रसाद, संकटाप्रसाद चौक, वाराणसी |
| 70/9.8.89 | 12. | श्रद्धेय किशोरीलाल सा.-17/215, पहाड़िया पोस्ट—नक्खी घाट, वाया—सारनाथ-221007 |
| 83/9.9.88 | 13. | श्रद्धेय कमला प्रसाद वर्मा, कमला प्रिंटिंग प्रेस, वीपीओ—चन्दौली-232108 |
| 131/26.12.88 | 14. | श्रद्धेय राममूरत राम, गाँव—विपराही, पोस्ट—रामेश्वरपुर-1, चकिया |
| 14/13.5.89 | 15. | श्रद्धेय सूर्यबली प्रसाद, गाँव—शिवरामपुर, पोस्ट—जानपुर-221304 |

### 4. उत्तर प्रदेश (51. शाहजहाँपुर)
(शाहजहाँपुर-जलालाबाद-तिलहर-युवायाँ)

| | | |
|---|---|---|
| 54/24.8.76 | 1. | श्रद्धेय क्लर्क बाबूराम, दफ्तर डिप्टी इन्स. ऑफ स्कूल |
| 91/18.12.78 | 2. | श्रद्धेय नत्थूलाल, मोह.—मंझा, वीपीओ—खेड़ा बझेड़ा-243506 |
| 19/22.1.82 | 3. | श्रद्धेय लाला बचन सिंह, एस.एफ. ऑपरेटर, के.एस.सी.एम., वीपीओ—तिलहर-242307 |
| 11/4.2.83 | 4. | श्रद्धेय भोलानाथ यादव, मैनेजर पब्लिक वेलफेयर, कम्पनी रजि., वीपीओ—युवायाँ |
| 27/12.3.83 | 5. | श्रद्धेय विश्राम सिंह बौद्ध सुपुत्र श्रद्धेय निरंजन लाल बौद्ध, वीपीओ—रौतापुरकलाँ, वाया—युवायाँ |
| 98/13.9.85 | 6. | श्रद्धेय बुद्धरतन पर्वाहकर्ता, श्रद्धेय मेवालाल, पोस्ट—मैन वीपीओ—सरेना, वाया—खेड़ाबझेड़ा |

| | | |
|---|---|---|
| 23/12.5.86 | 7. | श्रद्धेय मेवाराम पोस्टमैन, वीपीओ—मरेना, वाया—खेड़ाबझेड़ा-242303 |
| 139/19.12.87 | 8. | श्रद्धेय जगदीश गौतम, गाँव—जगतपुर, पोस्ट—जोहराजपुर-262123 |
| 142/24.12.87 | 9. | श्रद्धेय एन.एल. सिंह, निम्न श्रेणी लिपिक, श्रम कल्याण कार्यालय, आयुध वस्त्र निर्माणी, शाहजहाँपुर-242001 —श्रद्धेय जय कुमार टिकट नं. 13197/पी-6-II-बी, दरी सन्तन/आर्डिनेंस, शाहजहाँपुर-242001 |

## 4. उत्तर प्रदेश (52. सहारनपुर)

(सहारनपुर-देवबन्द-रुड़की-नकुड़-लकुआ)

| | | |
|---|---|---|
| 17/9.2.81 | 1. | श्रद्धेय नौबतसिंह, मोह.अहमदपुर कराकू, प्लोट नं. 2, (फूड साइड ऑफ स्कूल नं. 3), पोस्ट—जगतपुर-249407 |
| 20/11.2.81 | 2. | श्रद्धेय रामाधार गौतम, क्वा.नं. 494/II/III भेल, गाँव—रानीपुर, पोस्ट—हरिद्वार-249403 |
| 46/6.4.83 | 3. | श्रद्धेय बलवन्त सिंह सुपुत्र श्रद्धेय घासीराम, वीपीओ—अम्बेहटा शेरवाँ, वाया—देवबन्द-247254 |
| 165/23.12.83 | 4. | श्रद्धेय रघुनाथ सिंह मास्टर, वीपीओ—कुलसठ |
| 64/24.4.85 | 5. | श्रद्धेय आर.गौतम, 494/II, बी.एच.ई.एल., गाँव—रानीपुर, पोस्ट—हरिद्वार-249403 |
| 34/12.4.85 | 6. | श्रद्धेय सेवाराम II लेजर ब्रांच (S.B.C.O.) HPO रुड़की-247667 |
| 62/19.6.85 | 7. | श्रद्धेय सुरेशचन्द, ग्राम विकास अधिकारी सुपुत्र श्रद्धेय श्यामलाल, वीपीओ—अम्बेहटा शेरवाँ, पट्टी डाडू-247554 |
| 112/10.10.85 | 8. | श्रद्धेय दयाराम, पी.ए. हेड पोस्ट ऑफिस, रुड़की-247667 |
| 54/14.6.88 | 9. | श्रद्धेय लोधी कुमार कोषाध्यक्ष डॉ. अम्बेडकर प्रगतिशील युवा मंच (रजि.) जाटव नगर, सहारनपुर-247001 |
| 102/25.10.88 | 10. | श्रद्धेय सेवाराम सब-पोस्ट मास्टर, पोस्ट—लक्खी गेट, सहारनपुर-247001 |
| | 9. | बुद्ध सिंह प्रेमी बौद्ध, डॉ. अम्बेडकर, पोस्ट—नागराजपुर- |
| | 10. | अथर्व बेदीय पंच विद्या, लेखक—प्रिय रत्न आर्या, प्रकाशन विश्वविद्यालय गुरुकुल, सागड़ा, सहासपुर, 31 दिसम्बर, 1968 ई. |

## 4. उत्तर प्रदेश (53. सीतापुर)

(सीतापुर-सिघौली-सिसरिरव-बसवा)

| | | |
|---|---|---|
| 03.10.1970 | | श्री बाबा रामाश्रेय दास जी, V.—हीरापुर, P.O.—इसरवारा, सीतापुर UP |
| 3/12.1.80 | 1. | श्रद्धेय बृजेश कुमार पुरन्दर सुपुत्र श्रद्धेय चेतराम पुरन्दर, पुरन्दर साइकिल स्टैंड, लालबाग (कई बार) |
| 51/11.3.82 | 2. | श्रद्धेय चेतराम सहा. अध्या. राष्ट्रीय दीक्षा विद्यालय, वीपीओ—विसवां-261201 |
| 36/18.3.83 | 3. | श्रद्धेय रघुबर दयाल सुपुत्र श्रद्धेय सुर्जनलाल, गाँव—सन्दपूर्वा, पोस्ट—बम्हौरा |
| 63/26.6.85 | 4. | श्रद्धेय बनवारी लाल भारती, गाँव—चितरेहटा पूर्वा, पोस्ट—परसदा-265001 |
| 89/17.10.87 | 5. | श्रद्धेय राजबीरसिंह यादव, गाँव—बाराभारी, पोस्ट—खैरागढ़- 261131 |
| 101/17.10.87 | 6. | श्रद्धेय रामेश्वर दयाल गेटमैन रेलवे स्टेशन, वीपीओ—खैराबाद-261131 |
| 123/6.11.87 | 7. | श्रद्धेय यदुनन्दन प्रसाद वर्मा, मोहल्ला—बाजदारी (खत्री धर्मशाला के पास) वीपीओ—खैराबाद-261131 |
| 131/5.12.87 | 8. | श्रद्धेय घासी राम, फाजीकमालपुर, पोस्ट—जार-265001 |

## 4. उत्तर प्रदेश (54. सुल्तानपुर)

(सुल्तानपुर-असेठी)

| | | |
|---|---|---|
| 10/4.2.83 | 1. | श्रद्धेय हौसिलाप्रसाद सहा. अध्या.प्राथ.पाठ., गाँव—बूबूपुर, पोस्ट—डोमाडीह |
| 53/13.4.83 | 2. | श्रद्धेय शान्ति स्वरूप पर्वाहर्ता श्रद्धेय बलराम प्रसाद, जिला उद्यान अधिकारी (मत्स्य कार्यालय के पीछे श्यामभवन) (70. धर्म परिवर्तन कमाई की) |
| 54/13.4.83 | | |
| 120/20.9.84 | 3. | श्रद्धेय अर्जुन प्रसाद, भीम पुस्कालय, प्रमुख होटल, वीपीओ—अलीगंज बाजार |
| 116/5.11.87 | 4. | श्रद्धेय रामराज वरिष्ठ लिपिक श्रम अधिकारी कार्यालय (सीरि.नं. शूद्रों-8/उच्छेद-8/वैदिक-8/नमा-850/सच्ची-8/शेष- |

117/5.11.87 5. श्रद्धेय बोधिराम लिपिक जिला पूर्ति कार्या. सुल्तानपुर - रामखिलावन भीम स.अ. जूनियर हाई स्कूल, मुसाफिर खाना, सुल्तानपुर 227813

**4. उत्तर प्रदेश (55. हमीरपुर)**

(हमीरपुर-राठ-महोबा)

03.10.1970 श्री बैरागी लाल V.—ऊपर कला, P.—मंगलपुर, जिला—हमीरपुर, RPI

07.12.1970 श्री राम मुरलीधर अहिरवार, डॉ. भीमराव अम्बेडकर पुस्तकालय, खरेल, हमीरपुर, यू.पी.

23/9.4.77 1. श्रद्धेय मुरलीधर अध्यापक, वीपीओ—खेरला-210425

38/29.6.77 2. श्रद्धेय प्रसाद वर्मा, प्राथ.अध्या. पनबाड़ी, मोह.—राजगंज, वीपीओ—पनबाड़ी

94/26.12.78 3. श्रद्धेय रामगोपाल, ग्राम सेवक, गाँव—7 धोहलबुजुर्ग, पोस्ट—वाधुर खुर्द

30/22.2.84 4. श्रद्धेय सी.वी. त्यागी, कम्पाउंडर राजकीय आयुर्वेदिक चिकित्सालय, वीपीओ—कहटा

16/10.2.86 5. श्रद्धेय रामदीन अहिरवार, वीपीओ—रिवई, सुनैचा, पोस्ट—कबरई-210424

190/30.3.87 6. श्रद्धेय बाबूलाल निराला, अध्या., पर्वाहकर्ता, श्रद्धेय प्रभूदयाल असीन, गाँव—कुर्रा, पोस्ट—राठ-210431

82/21.9.87

69/9.8.88 7. श्रद्धेय गरीबदास बौद्ध, संयोजक भारतीय बौद्ध महासभा, शाखा—हमीरपुर, मोहल्ला—वासुदेव मन्दिर के पास पार्क, वीपीओ—चरखारी स्टेट-210401

27/11.5.88 8. श्रद्धेय मिलाप राय, नियर बी.डी. लखनपाल बिल्डिंग, देवलाल चौक (हमीरपुर-166001)

**उत्तर प्रदेश (56. हरदोई)**

(हरदोई-शाहाबाद-बिलग्राम—संडीला)

46/17.8.76 1. श्रद्धेय पुरुषोत्तम लाल, वीपीओ—सआदतनगर (उत्तरी)-241407

26/19.4.77 2. श्रद्धेय शिवनाथ, 34, रफेकतगंज, पोस्ट—बिलग्राम-241301

27/3.4.88 3. श्रद्धेय रामेश्वरदयाल यादव, डगरहा पूर्वा (शाहपुर), पोस्ट—हरियावाँ

| | |
|---|---|
| 69/23.9.78 | 4. श्रद्धेय गुलजारीलाल, वीपीओ—बनजरिया |
| 86/18.11.78 | 5. श्रद्धेय मानसिंह यादव, गाँव—नई बस्ती, पोस्ट—अनंगपुर |
| 23/24.3.81 | 6. श्रद्धेय सुखलाल, गाँव—ककराहा, पोस्ट—हरिहरपुर |
| 95/27.7.81 | 7. श्रद्धेय रामपाल गौतम, गाँव—अलीगढ़, पोस्ट—बिलग्राम-241301 |
| 36/16.2.82 | 8. श्रद्धेय छोटेलाल बौद्ध, गाँव—कूची खेड़ा, पोस्ट—बन्दरहा-241407 |
| 43/2.3.82 | 9. श्रद्धेय रामभजन प्रधानाध्यापक प्राथ.पाठ., गाँव—बेलहिया, शाहपुर, पोस्ट—हरियावाँ (कई बार) |
| 89/14.6.82 | 10. श्रद्धेय चन्द्रसेन, गाँव—मेंडुआ, पोस्ट—पूरा बहादुर |
| 83/29.7.83 | 11. श्रद्धेय सरदार सिंह बौद्ध, वीपीओ—कुरसेली |
| 101/11.8.83 | 12. श्रद्धेय सुरेन्द्रपाल बौद्ध, गाँव—कंडौहुआ, पोस्ट—नयागाँव मुबारक |
| 19/20.1.84 | 13. श्रद्धेय यशोबिमलानन्द, 138, न्यू सिविल लाइन, पोस्ट—अम्बेडकर नगर |
| 82/20.7.84 | 14. श्रद्धेय चतुरीलाल कश्यप, पेंशनर, नवी पूर्वा, धर्मशाला रोड |
| 115/27.8.84 | 15. श्रद्धेय ब्रह्मादीन, गाँव—गुटकामऊ, पोस्ट—पाली-241123 |
| 112/1.12.86 | 16. श्रद्धेय जागेश्वरलाल बौद्ध आत्मज श्रद्धेय हेतमलाल बौद्ध, वीपीओ—चैना (सआदत नगर)-241407 |
| 176/24.2.87 | 17. श्रद्धेय भोलानाथ, ग्राम विकास अधिकारी, वीपीओ—पाली-241123 |
| पेंशनर ग्वालियर मित्र | 18. श्रद्धेय प्याला प्रसाद अस्थाना सुपुत्र श्रद्धेय शंकर सरन अस्थाना (घनश्याम), मंगल बाजार, संडीला-241204 (दामाद श्रद्धेय राम प्रताप अस्थाना, इंजी. एच.ए.एल.-241, ब्रह्मपुरी कॉलोनी |
| 7/26.4.89 | |
| | 19. श्रद्धेय ओमप्रकाश वर्मा पर्वाहकर्ता, श्रद्धेय डॉ. बी.आर.एस., वीपीओ—चचरापुर-241001 |

**(57. हरियाणा)**

| | |
|---|---|
| 10.07.1970 | श्री श्रीमन्त राव वीरेन्द्र सिंह Ex. मुख्यमंत्री हरियाणा, रामपुर पैलेस, V.P.—रेवाड़ी, गुड़गाँव, हरियाणा |

## कर्नाटक, मैसूर-(6. कुर्ग)

01.01.1965 श्री डी. बसलिंगप्पा, गांधी टावर सेक्रेटरी, स्कूल के सामने एक्सचेंज हाउस, बंगलौर

13.12.1975 श्री श्याम राव सवर्णो, डीबी ब्रांच, V.P.—जयगाँव, तहसील—भालकी, जिला—बीहर, कर्नाटक। आपको किताबों की वीपी पहुँच गई है।

117/25.10.79 1. श्रद्धेय सदाशिव ड्राइवर, यू.पी.के.—कनल सब-डिविजन, नं. 2, कैम्प नारायनपुर, तालुका शोरापुर-585224

139/12.12.79 2. श्रद्धेय पांडुरंग मिस्त्री, बौद्ध मन्दिर, तारफैल

66/24.5.88 3. श्रद्धेय जी.के. गोंगन, वीपीओ—येल्संगी, वाया—निम्बल

## कर्नाटक, (12. बीदर)

87/20.10.86 1. श्रद्धेय धरंजी खरने, एस.डी.सी. सब-ट्रेजरार ऑफिसर बस्वा, कल्यान-585327

152/27.2.87 2. श्रद्धेय विट्ठल गायकवाड, पर्वाहकर्ता, श्रद्धेय एम.डी. यूसुफ महल फैजपुरा, पता—10-3-63/1, बीदर-585401

## 6. गुजरात (1. अहमदाबाद)

59/27.3.82 1. श्रद्धेय एम.डी. गोहिल, पोस्टल सिग्नेचर बैच-29, ब्लॉक-0/7 सी.टी.सी., न्यू मेंटल कम्पाउंड, अहमदाबाद-320016

102/3.8.84 2. श्रद्धेय बाबूराम बौद्ध, बी.संस टेक्सटाइल, गुजरात वेस्ट लिग के पीछे, अनुपम स्टेट के बाजू में, रखयाल रोड, अहमदाबाद- 38002376

118/15.11.85 3. श्रद्धेय विद्याराम यादव, बोरा की चाली, जुपिटर मिल के सामने, पोस्ट—बगलूपुर

39/24.3.86 4. श्रद्धेय सियाराम भारतीय, विजय मिल के पीछे, नरोड़ा रोड, रूम नं. 31, घाची की चाली, अनिल रोड, अहमदाबाद-380025

72/27.8.87 5. श्रद्धेय ई.एफ. परमार, छापरा ऑफ डॉ. अम्बेडकर एजुकेशनल ट्रस्ट, कोम नगर सोसाइटी, अहमदाबाद-380016

154/15.1.88 6. श्रद्धेय हरीश वर्मा, महामंत्री अखिल भारतीय मोरी कांग्रेस (रजि.) द्वारा 7/177 भक्ति नगर, नया बाबू नगर, अहमदाबाद-380024

18/23.4.88 7. श्रद्धेय व्यवस्थापक गुजरात बुद्धिस्ट पब्लिकेशन, 1603/1, जवाहर चौक (अहमदाबाद-380001)

### 6. गुजरात (4. खेड़ा)

88/31.8.85 1. श्रद्धेय जयन्तीलाल आर. राठोड़, 2828, उदय पार्क, एच.एस.जी. सोसाइटी, वीपीओ—मेतपुर, वाया—खम्भात-388620

### 6. गुजरात(10. बड़ौदा)

147/21.12.88 1. श्रद्धेय रामकिशोर, डॉ. अम्बेडकर

25/24.4.81 2. श्रद्धेय एस.डी. मोहिल, पी.ए. पादरा, पोस्ट—पादरा-391441

113/7.9.83 3. श्रद्धेय आर.बी. बेरी पर्वाहकर्ता, श्रद्धेय साराभाई एस. ओम केमिकल्स डिपार्ट, जी.पी. स्टोर, शोखा रो बड़ौदा-390007 —श्रद्धेय मन्नूभाई, गौम चौक, पादरा-391440

### 6. गुजरात (11. इस पेज का लेख धुँधला है, मैंने छोड़ दिया है)

### 6. गुजरात (13. भावनगर)

23.02.1970 Shri N.K. Chudarawa M.Sc. Plot N-30, Gandhi Coloni, Vidya Nagar, Bhavnagar, Gujarat

110/4.11.88 1. श्रद्धेय बैजनाथ प्रसाद गौतम, माधव स्टील रोलिंग मिल्स, जी.आई.डी.सी. नं. 1, वीपीओ—सीहोर-364240

178/31.3.88 2. श्रद्धेय हरिश्चन्द प्रसाद माधव स्टील रोलिंग मिल्स, जी.आई. डी.सी. नं. 1, वीपीओ—364240

### 6. गुजरात (14. राजकोट)

99/4.8.83 1. श्रद्धेय किशोर के. सोरठिया, 10 सोरठिया प्लाट, राजकोट-360001

111/1.12.86 2. श्रद्धेय परमारखी भाई साजन भाई, सर्वोदय सोसाइटी, श्री रामकृष्ण भवन

### 6. गुजरात (20. बड़ौदरा)

141/30.10.84 1. श्रद्धेय मनूभाई डी. गोहीन पोस्टल ऑफिस, वीपीओ—पाडरा-391440

### 6. गुजरात (17. महसाना)

92/18.12.78 1. श्रद्धेय राजेन्द्र कुमार करसन भाई सोलंकी, मीरा गेट, वराकरवास, वीपीओ—पाटण-384265

44/3.6.88 2. श्रद्धेय पी.वी. चावड़ा सेल्स टेक्स ऑफिसर, वीपीओ—बिसनगर प्रमुख ऑफिस-384315

### 6. गुजरात (19. सूरत)

116/16.9.83 1. श्रद्धेय बाबूनन्दन करीमन दास, वीपीओ—सुगर मिल, बारडोली

### 6. गुजरात (7. जामनगर)

156/21.1.87 1. श्रद्धेय मकवाना शंकर भाई पी., गाँव—मोटा कालावड, पोस्ट—वेराड, वाया—भानवड-360515

87/29.6.87 2. श्रद्धेय खेराभाई जीवाभाई, गणेश साइकिल स्टोर, चार रास्ता पास, (ऑफिस विजय सिनेमा), जामखम्भालिया, जामनगर-361305

134/12.12.87 3. श्रद्धेय राम सिंह जे. गोहिल द्वारा श्रद्धेय जितेन्द्र सिंह डी. राठौर (अपोजिट कमाल कुंज), गांधी नगर-42/43, शंकर टेकरी, जामनगर-361005

170/14.3.89 4. श्रद्धेय जयन्त पधरेसा, एम.बी.बी.एस. मेडिकल ऑफिसर प्राइमरी हैल्थ सेंटर, वीपीओ—बड़ौदा-360515

5/26.4.89 और
20/23.5.90 5. श्रद्धेय राठौर जितेन्द्र सिंह डी., रूम नं. 42/43, कमलकुंज, गांधी नगर, शंकर टेकरी, जामनगर-361005

10.06.1970 श्री श्रीरविशंकर महाराज, गुजरात, इन्होंने जरायम पेशा जाति 'बरैया' के उद्धार के लिए काम किया।

10.06.1970 श्री अकबर भाई गुजरात ये इलाका बनाम (गुजरात) की कोली व ठाकुर जाति के सुधारक थे।

### 7. जम्मू और कश्मीर

115/28.10.85 1. श्रद्धेय जयपाल सिंह आर्य महा. विकास अधिकारी, राष्ट्रीय कृषि एवं ग्रामीण बैंक, अपोजिट आई.जी. पुलिस ऑफिस, ईरम चेम्बर, करननगर, श्रीनगर-190010
—श्री राजेन्द्र सिंह डेवलपमेंट ऑफिसर खादी एंड विलिज इंटरडीज करननगर, श्रीनगर-190010

## 8. नगालैंड

1. श्री हीरा लाल धरकर (सप-1) खादी एंड वि.आई. कमीशन, डंकन रोड, दीमापुर-79702, लखनऊ ट्रांसफर, दीमापुर से 120 किलामीटर जारहट (असम पुराना) बुद्ध विहार
2. श्री बी. गोगोई, मेम्बर ई.सी. इंडिया, बुद्धिस्ट काउंसिल सेक्रेटरी, कोहिमा
3. रेवती रंगन बरुआ, साउथ इंडिया डिनर, रेलवे स्टेशन, दीमापुर, नगालैंड स्टेट
4. श्री राजेश कुमार, आर्टीगन खादी ग्राम उद्योग विद्यालय, इंडस्ट्रियल स्टेट, दीमापुर-797112 (नं.1 के मित्र सामाजिक वर्कर हैं)

## 9. पंजाब (3. जालन्धर)

80/15.11.76 1. श्रद्धेय डॉ. सुरेन्द्र अज्ञात प्रोफेसर, डब्ल्यू-3/57, अज्ञातवास, वीपीओ—बंगा-144505

103/21.8.81 2. श्रद्धेय दयाराम पर्वाहकर्ता, श्रद्धेय माणिकराज 'नास्तिक' बर्याम नगर, कोठी नं. 48, जालन्धर सिटी-144001

100/11.8.83 3. श्रद्धेय मनजीत सिंह साही, पर्वाहकर्ता, स्टेट बैंक ऑफ इंडिया, आई.ए.एफ. स्टेशन, वीपीओ—आदमपुर डोबा-144102

4. श्रद्धेय हसन लाल सम्पादक *धम्मकीर्ति*, बुद्ध विहार, सिद्धार्थ नगर, मॉडल टाउन, जालन्धर-144003

41/30.5.88 5. श्रद्धेय हरमेशलाल द्वारा श्रद्धेय हंसा देवी, 1255, लम्बा पिंड (नियर बाबा जी), जालन्धर-144009

## 9. पंजाब (4. पटियाला)

162/24.12.84 1. श्रद्धेय रामनेवाज बौद्ध बी.सी. एंड आई. धागा मिल, क्वा. नं. 126, पुरानी कॉलोनी, राजपुरा-140401 (कई बार)

27/23.3.85 2. श्रद्धेय जीरबली बौद्ध बी.सी. एंड आई., ए/95, नई कॉलोनी, वीपीओ—राजपुरा-140401

24/22.2.86 3. श्रद्धेय गंगा प्रसाद सुपुत्र श्रद्धेय दीपन प्रसाद, बी.सी. एंड आई. धागा मिल (लिमि.), बंउलिंग विभाग बी., कार्ड नं. 658, क्वा. नं. 78, पोस्ट—राजपुरा-140401

4. श्रद्धेय खेडूप्रसाद श्रद्धेय साधुरी, बी.सी. एंड आई (लिमि.) 137, लेबर कॉलोनी, वीपीओ—राजपुरा-1240401

## 9. पंजाब (7. भटिंडा)

| | |
|---|---|
| 15/4.2.85 | 1. श्रद्धेय अवतार सिंह एम.ए., पर्वाहकर्ता, श्रद्धेय डिवीजनल इंजीनियर (सी.), पी. 6 हाउसिंग डेवलपमेंट बोर्ड, 367, अरबन स्टेट |
| 32/11.5.88 | 2. श्रद्धेय रामप्रीतराम, सी.आई.एस.एस. यूनिट, फायरविंग, एन.एफ.एल., भटिंडा-151003 |

## 9. पंजाब (11. हाशियारपुर)

| | |
|---|---|
| 25/26.3.81 | 1. श्रद्धेय प्रोफेसर ज्ञानसिंह गवर्न. कॉलेज |
| 176/11.12.82 | 2. श्रद्धेय अशोक मामन, डॉ. अम्बेडकर सोसाइटी, डॉ. अम्बेडकर मार्ग, मोहल्ला—बजवाड़ा कलाँ, होशियारपुर-146023 |

## 9. पंजाब (12. फरीदकोट)

| | |
|---|---|
| 60/8.5.80 | 1. श्रद्धेय हरदयाल सिंह सुपुत्र श्रद्धेय ठेकेदार, वीपीओ—तरखानवाला, भगवानपुर, वाया—रामनगर-152112 |
| 27/15.5.86 | 2. श्रद्धेय डॉ. जोगिन्दर पौली, पी.एच.सी., वीपीओ—लम्बी-152113 |

## 9. पंजाब (14. मुक्तसर)

| | |
|---|---|
| 45/25.6.87 | 1. श्रद्धेय राजकुमार, सुपुत्र श्रद्धेय रतनलाल, सिंहानिया बूट हाउस, मुक्तसर-152026 |

## 9. पंजाब (15. कपूरथला)

| | |
|---|---|
| 74/11.8.9 | 1. श्रद्धेय अस्सा सिंह, मधर्त गर्ल्स हाई स्कूल, वीपीओ—ढिलवान-144804 |

## 10 बंगाल (1. कलकत्ता)

| | |
|---|---|
| 07.01.1970 | श्री सुरेश चन्द बौद्ध B.Sc., D.M.S. II, 83 मुगल बागान P.O. नारकेल डंगा, शिमला, कलकत्ता-II, आपके लिए पुस्तकें रवाना हैं। |
| 06.02.1970 | श्री विप्लव कुमार 'विद्रोही', 15-दलीम तल्ला लेन, DISTE-कलकत्ता-6 (बंगाल) |
| 23.04.1970 | श्री किसुन राम, 15 दलीम तल्ला लेन, पो.—शिमला, कलकत्ता-6 |
| 23.04.1970 | श्री बलिराम छविलाल साउ को, बाड़ी नम्बर 41, P.O.—टेगरा रोड, कलकत्ता-15 |

05.02.1970 श्री किशुनराम, 15 दलित तल्ला लेन, P.O.—शिमला, कलकत्ता-06

03.07.1970 श्री श्रीराम, लाल बाबू लेन, बधव श्री विश्राम, P.O.—काशीपुर, कलकत्ता

03.10.1970 श्री राम हरिजन, लाल बालू लेन, c/o श्री बिन्दाराम, P.O.—काशीपुर, कलकत्ता-2, आप अपने नाम के साथ हरिजन शब्द हटा दें। हरिजन का अर्थ होता है—रखैल की सन्तान। यह हिन्दू मन्दिरों से शुरू हुआ।

07.12.1970 श्री राधिका मोहन, 33/1 सुवारवान, स्कूल रोड, भवानीपुर, कलकत्ता-25

07.12.1970 श्री गुणाधार वर्मन, 155/1000 आचार्य प्रफुल्लचन्द रोड, कलकत्ता-6, फोन- 555029

07.12.1970 श्री ब्रह्म (बुद्धाचार्य), हिंडल हॉस्पिटल रोड, कलकत्ता-12

07.12.1970 श्री भिक्षु शान्त, रक्षक ब/व पूज्य धम्मपद महास्थविर धर्मांकुर बुद्ध विहार, बुद्धिस्ट टेम्पल, स्ट्रीट 1, बहुबाजार, कलकत्ता

07.12.1970 श्री रामनाथ जी, डी16/56 इस्तम रोड, कलकत्ता

06/01/1973 ई.श्री जगन्नाथ प्रकाश, ऑफिस सेक्रेटरी, अखिल भारतीय डॉ. अम्बेडकर समाज समता संघ, कलकत्ता-16

07/01/1973 ई. राम सनेही, स्टूडेंट B.Sc. फाइनल इयर, छात्रावास कॉलेज, कलकत्ता-16

10/01/1973 ई. राम ध्यान यादव/हुकुमचन्द, जूट मिल, कच्ची लाइन न. 1, सूत कोठी के पास प्रो. हजीनगर, बंगाल

06/01/1973 ई.श्री जगन्नाथ प्रकाश, ऑफिस सेक्रेटरी, अखिल भारतीय डॉ. अम्बेडकर समाज समता संघ, कलकत्ता-16

07/01/1973 ई. राम सनेही, स्टूडेंट B.Sc. फाइनल इयर, छात्रावास कॉलेज, कलकत्ता-16

83/4.11.78 1. श्रद्धेय श्रीराम, 4/3, लाला बाबू की लैक पर्वाहकर्ता, श्रद्धेय बिन्दाराम, पोस्ट—काशीपुर-700002 (कई बार)

87/7.4.79 2. श्रद्धेय जगजीवन राम, बौद्ध पर्वाहकर्ता, श्रद्धेय बाबू लाल, 64/65, गार्डन बीच रोड, कलकत्ता-700024 (कई बार)

75/25.5.83 3. श्रद्धेय श्रीकान्त महतो, टी.नं. 79487, ए/डी रोड, प्लाट एम/एस, ईसप एंड कम्पनी (लिमि.), वीपीओ—दमदम-700028

115/10.9.83 4. श्रद्धेय कमल प्रसाद, टिकट नं. 64, लिप्टन इंडिया लिमि., 1. ट्रांसपोर्ट डिमार्ट रोड, कलकत्ता-700088

| | | |
|---|---|---|
| 85/25.6.84 | 5. | श्रद्धेय उदयनारायण प्रसाद, ट्रेसर, डाइंग ऑफिस, मन एंड सेल फैक्ट्री, वीपीओ—काशीपुर-700002 |
| 159/10.12.84 | 6. | श्रद्धेय जमुना कुमार बौद्ध, चापल कारखाना, 11 बेचू चटर्जी स्ट्रीट (दुर्गा भवन के.वी.) कलकत्ता-700086 |
| 70/6.7.85 | 7. | श्रद्धेय श्याम प्रसाद दिमान, ट्राइविंग ऑफिस गन एंड शैल फैक्ट्री, वीपीओ—काशीपुर-700002 |
| 124/29.11.85 | 8. | श्रद्धेय कुन्दन प्रसाद, 22/2/एच/13, के.सी. रोड, पोस्ट—काशीपुर-700002 |
| 142/9.2.87 | 9. | श्रद्धेय दसईराम काट्स ऑफ इंडिया (लिमि.), इंसोट डिपाट रोड (टी.डी. रोड), कलकत्ता-700088; लोकनाथ पुस्तकालय, 173, महात्मा गांधी रोड, कलकत्ता-700007 |
| | 10. | श्रद्धेय जगन्नाथ प्रसाद, मंत्री, अखिल भारतीय डॉ. अम्बेडकर सेवा संघ, 25, रफी अहमद किदवई रोड, कलकत्ता-700016 (50 दिन में) |
| 181-बी/ 11.12.82 | 11. | श्रद्धेय जेठू प्रसाद, कमरा नं. 88, पुरानी लाइन, मु.-बाली जूट मिल नं. 2, मिल रोड, पोस्ट—नरकुलडांगा, कलकत्ता-700054 |
| 173/12.2.88 | 12. | श्रद्धेय रमाकान्त, 29/7, महेश ग्वाला की बाड़ी, झील रोड, पोस्ट—काशीपुर-700002 |
| 23/7.5.88 | 13. | श्रद्धेय पन्नालाल, बी-35, प्रिंसिपल दिलावर जॉन लेन, 28, गार्डन रीच रोड, कलकत्ता-700024 |
| 174/17.3.89 | 14. | श्रद्धेय रोरी साहब, बी-5, प्रिंस दिलावर जान लेन, पोस्ट—28, गार्डन रीच रोड, मटिया बुर्ज, कलकत्ता-700024 |

### 10. बंगाल (3. चौबीस परगना)

| | | |
|---|---|---|
| 13.04.1970 | | श्री शिवचरण दास, 72/ग्रे स्ट्रीट कार्पोरेशन वर्क्स शॉप, पो.—शिमला, कलकत्ता-06 |
| 62/13.9.76 | 1. | श्रद्धेय रामचन्द्र प्रसाद, श्रद्धेय महेन्द्र बाबू की लेन, दुखी साव की बाड़ी, ए.पी. देवी रोड, पोस्ट—टीटागढ़-743188 |
| 60/19.9.77 | 2. | श्रद्धेय शिव पूजन महतो, कालबिन लाइन नं. 4/3, रूम नं. 56, पोस्ट—तलपुकुर-743187 |
| 114/20.39.80 | 3. | श्रद्धेय पंचमकुमार दास, जन. सेक्रे., डॉ. भीमराव अम्बेडकर संघ, बी.एल. नं. 2, थाना रोड, वीपीओ—जगतदल-743125 (कई बार) |

| | |
|---|---|
| 83/16.6.81 और 135/25.10.83 | 4. श्रद्धेय हरीनारायण राम, 4 नम्बर मिल्स लाइन, 9 गरम तालाब, कमल चौधरी की खटाल, पोस्ट—बेलाबगान, वाया—जगतदल-743125 |
| 118/21.8.82 | 5. श्रद्धेय शीलरक्षक बौद्ध, 31/624, बिरला लाइन, पोस्ट—बिरलापुर-743318 (कई बार) |
| 32/12.3.83 | 6. श्रद्धेय इन्द्रदेव बौद्ध, 31/624, बिरला लाइन, पोस्ट—बिरलापुर-743318 (कई बार) |
| 169/31.12.85 | 7. तेजूहेला, Y.D./T.E. 399, रायफल फैक्ट्री, इच्छापुर, पोस्ट—नवाबगंज |
| 71/6.7.85 | 8. श्रद्धेय जवाहरलाल प्रसाद, लाइन नं. 3/97, केला बागान, पोस्ट—743125 |
| 104/3.10.85 | 9. श्रद्धेय शिवराम बौद्ध, 22/430, बिरला लाइन, पोस्ट—बिरलापुर-743318 |

### 10. बंगाल (3. चौबीस परगना)

| | |
|---|---|
| 122/29.11.85 | 10. श्रद्धेय सीताराम, 29/586, बिरला लाइन, पोस्ट—बिरलापुर-743318 |
| 2/1.4.86 | 11. श्रद्धेय शंकार प्रसाद, डॉ. अम्बेडकर संघ (रजि.), ब्लॉक नं. 2, गली नं.—, थाना रोड, पोस्ट—जगतदल-743105 |
| 152/25.12.86 | 12. श्रद्धेय रामचन्द्र दास, 51/1, किशोरी दास की बाड़ी, गली नं-22, सुगिया पाड़ा, पोस्ट—काँकीपाड़ा-743126 |
| 174/21.2.87 | 13. श्रद्धेय हरीनारायण बौद्ध, 1/78, तिनसुकिया लाइन, वीपीओ—जगतदल-743125 |
| | 14. श्रद्धेय भोलानाथ, एंग्लो-इंडिया लोक मिल, लाइन नं. 2/39, वीपीओ—जगतदल-743125 |
| | 15. श्रद्धेय विश्वनाथ, मोह.—बाई, वेली लाइन नं. 10/302, सामनपार |
| 77/1.9.75 | 16. श्रद्धेय प्यारे लाल बौद्ध, पर्वाहकर्ता, परमा चौधरी, बी.एल. नं. 10, पोस्ट—कांकीपाड़ा-743126 |
| 95/18.12.75 | 17. श्रद्धेय रामलखन दास, मोह.—बरतल्ली मियाँ की बाड़ी, बाँस बाजार, पोस्ट—टीटागढ़-743188 |
| 28/18.5.87 | 18. श्रद्धेय रामलखन बौद्ध, केला बागान, लाइन नं. 2/39. पोस्ट—जगतदल-743125 |

श्रद्धेय परदेसी राम बौद्ध, लाइन नं. 2/39., पोस्ट—जगतदल-743125

### 10. बंगाल (6. वर्धमान)

13.04.1970 श्री चन्द्रिका दास, V.—ईस्ट शीतलपुर चनचनी, P.—उखड़ा, जिला—वर्धमान, बंगला

16/25.3.77 1. श्रद्धेय अभिराज प्रसाद, गाँव—भदीहा लोटू केवटी, पोस्ट—कन्यापुर-713341

55/30.8.77 2. श्रद्धेय धर्मराज सिंह बौद्ध, लोको क्वा. एच-175, रूम नं. बी.

75/21.11.77 3. श्रद्धेय राम सोच गौतम, फ्री प्राथ. स्कूल, छोटा कोलियरी-7109, पीआईटी, बहुला-713322

51/10.7.78 4. श्रद्धेय कालीचरन, ड्राइवर, लोको क्वा. नं. 336 ए-बी.

107/22.8.83 5. श्रद्धेय गोवर्धनराम, 4/1, विद्यामति रोड, वीपीओ—दुर्गापुर-713205

145/9.11.84 6. श्रद्धेय मनोहर लाल, नरसिंह बाघ, दुबेपाडा, श्री रघुबीर हेला की बाड़ी, पोस्ट—बर्नपुर-713325

15/6.2.86 7. श्रद्धेय रामनाथ प्रसाद, नया बस्ती, सेनरेले साइकिल फैक्ट्री, वीपीओ—कन्यापुर, आसनसोल-713341

115-बी/
19.12.79 8. श्रद्धेय रामसबद प्रधान, छोटा कोलियरी, 7.9 फुट, पी.आई.टी. (बी टाइप हरीपुर-शिवपुर मन्दिर के पास), पोस्ट—बहुला-713322

150/31.1.89 9. श्रद्धेय कन्हैयालाल द्वारा श्रद्धेय धरमूराम, घेमो साइन कोलियरी (छह दो तल्ला), पोस्ट—बड़ा घेमो (सीलरामपुर)-7133359

168/10.3.89 10. श्रद्धेय रामचूक बाल हरिजन, गाँव—कजरा जामवाद कोलियरी, उखड़ा (खन्द्रा)

### 10. बंगाल (10. हावड़ा)

10/01/1973 ई. राम ध्यान यादव, हुकुमचन्द जूट मिल, कच्ची लाइन न.1, सूत कोठी के पास प्रो. हजीनगर, बंगाल

45/17.8.76 1. श्रद्धेय हवलदार यादव, नेहरू आदर्श विद्यालय, 68/1, माधव बाबू की लेन, पोस्ट—घुसुंडी-711107

108/22.8.83 2. श्रद्धेय सुरेन्द्र कुमार दास, 14/3, धर्मदास गांगुली लेन, पोस्ट—शिवपुर-711102

7/9.4.86 — 3. श्रद्धेय जे.एन. जयसवारा, ए-3/12, एस.ई. रेलवे कॉलोनी, टिकिया पाड़ा, हावड़ा-711001

4. श्रद्धेय रूटीराम गौतम (इलाहाबाद वाले), डॉ. अम्बेडकर सेवा संघ, 6 विजय कुमार मुकर्जी रोड, मलकिया/30 दिन थे।

5. श्रद्धेय मुरली बौद्ध, नेशनल कम्पनी लाइन नं. 15, क्वा. सं.-34, पोस्ट—बानीपुर/ 25 दिन थे।

6. श्रद्धेय सुखदेव राम, पोस्टमैन, पोस्ट—शिवपुर हावड़ा-2

30/10.7.89 — 7. श्रद्धेय के.आर. दास असि.टीचर, ई.रेलवे, हिन्दी हाई स्कूल, वीपीओ—लिलुआ-711204

## 10 बंगाल (11. हुगली)

22/29.1.82 — 1. श्रद्धेय रामेश्वर दास पर्वाहकर्ता, श्रद्धेय किशुन मिस्त्री, मालपाडा, पोस्ट—गोंदलपाडा-712137 (कई बार)

137/27.9.82 — 2. श्रद्धेय सुरेशदास, डॉ. बी.आर. अम्बेडकर सेवा संघ, राधानाथ सिकन्दरा रोड, वीपीओ—गान्दलपाड़ा-712137

177/11.12.82 — 3. श्रद्धेय सुरेश कुमार भारती, बसुलाला की बाड़ी, पाइक पाड़ा, पोस्ट—तेलनी पाड़ा-712125

4. श्रद्धेय भिखारी प्रसाद पर्वाहकर्ता, बजरंगी शाह एन.एस. रोड, रिशरा/19 दिए थे।

5. श्रद्धेय राजकिशोर राम पर्वाहकर्ता, शॉप इंस्पेक्शन रेल बिल्डिंग डिपार्ट, पोस्ट—बंडेल जंक.-712123

4/11.1.85 — 6. श्रद्धेय रामजन्म प्रसाद, मंत्री परिबल भारतीय हरिजन सेवा समिति, बासा नं. 32, लाइन नं. 9, पोस्ट-–गान्दलपाड़ा-712137

15/7.2.85 — 7. श्रद्धेय देवनन्दन प्रसाद सिन्हा, मस्जिद बेगन, दिन मोहंगा, माला पाड़ा, खासपानी, पोस्ट—गान्दलपाड़ा-712137

112/15.11.87 — 8. श्रद्धेय भूपेन्द्र राव, बेलिमटन जूट मिल, लाइन नं. एफ/1, पोस्ट—रिशरा-712248

## 11. बिहार (1. औरंगाबाद)

39/21.4.76 — 1. श्रद्धेय रघुवंश कुमार, गाँव—बहुगाँव, पोस्ट—भोवरा-824124

42/19.8.78 — 2. श्रद्धेय भागीरथ प्रसाद मेहता, गाँव—हमीरपुर, पोस्ट—बधोई, वाया—हसपुरा-834128

| | | |
|---|---|---|
| 21/13.2.79 | 3. | श्रद्धेय मथुरा प्रसाद, छोटा-गाँव—तैयाल मोदीपुर, पोस्ट—डुडुवाँ, वाया—मोह.—824203 |
| 57/23.4.79 | 4. | श्रद्धेय तेजेन्द्र पुस्तकालय पर्वाहकर्ता, श्रद्धेय राम नरेश प्रसाद, मोह.—इतवारी, पोस्ट—हसपुरा-824120 |
| 134/13.12.79 | 5. | श्रद्धेय हलखोरी प्रसाद, वीपीओ—दघपी, वाया—वार |
| 52/24.4.80 और | | |
| 100/31.10.86 | 6. | श्रद्धेय एस.के. बुद्ध, गाँव—राजपुर, पोस्ट—रुकुंडी |

### 11. बिहार (2. कटिहार)

| | | |
|---|---|---|
| 1/5.1.84 | 1. | श्रद्धेय वासुदेव मंडल, गाँव—तिनघारिया, पोस्ट—अयोध्यागंज बाजार-854501 |

### 11. बिहार (3. गिरडीह)

| | | |
|---|---|---|
| 7/4.1.79 | 1. | श्रद्धेय बीरबल गोप, गाँव—समारन फैल, पोस्ट—गिरडीह बाजार, वाया—बेरमो-829104 |
| 105/26.8.81 | 2. | श्रद्धेय कन्हैया लाल पर्वाहकर्ता, श्रद्धेय अजय पाल भारद्वाज, घौड़ा नं. 3, कारगली, पोस्ट—बेरमो-829104 |
| 115/14.9.81 | 3. | श्रद्धेय मिसिर महतो पर्वाहकर्ता, श्रद्धेय अजयपाल भारद्वाज, घौड़ा नं. 3, कारगली, पोस्ट—बेरमो-829104 |
| 169/30.11.81 | 4. | श्रद्धेय फिरतराम, टो.नं. 471, डी.भी.सी. बेरमो माइंस, 1 नम्बर माइंस क्वार्टर, वाल्ड कॉलोनी, वीपीओ—बेरमो-829104 |
| 5/9.1.82 | 5. | श्रद्धेय झरोखा, टो.नं. 1054, डी.भी.सी. बेरमो माइंस, पुराना चीय हाउस, वीपीओ—बेरमो-829104 |
| 125/21.9.84 | 6. | श्रद्धेय जुग्गूलाल, 105-के. जवाहरनगर, वीपीओ—बेरमो-829104 |
| 45/3.6.88 | 7. | श्रद्धेय डिल्ली रविदास, वीपीओ—बंगराकलाँ वाया—पलौंजिया-825318 |

### 11. बिहार (4. धनबाद)

| | | |
|---|---|---|
| 22/19.3.76 | 1. | श्रद्धेय भोलानाथ सिंह, कोषाध्यक्ष स्टोर कैम्प नं. 1 भाटाफरी, वीपीओ—बोकारो स्टील सिटी-827111 (नया पता—मोहल्ला—भोजपुर (राशन दुकान एंड होटल) बाईपास रोड, वीपीओ—चास-827013 |

| | |
|---|---|
| 78/4.11.76 | 2. श्रद्धेय लाल जी प्रसाद पर्वाहकर्ता, श्रद्धेय ललिताराम, क्वा. नं. 82, स्ट्रीट नं. 10, बी.एस.एल.एल.एच. लकड़खन्दा, पोस्ट—बोकारो स्टील सिटी-827011 |
| 84/30.11.76 | 3. श्रद्धेय राधा प्रसाद, सेक्टर-9, स्ट्रीट-38, क्वा.नं. 1506, पोस्ट—बोकारो स्टील सिटी-827011 |
| 4/25.1.77 | 4. श्रद्धेय हनुमान राम पर्वाहकर्ता, श्रद्धेय लाल जी राम, क्वा. नं. 82, स्ट्रीट नं. 10, बी.एस.एल.एल. लकड़खन्दा, पोस्ट—बोकारो स्टील सिटी-827011 (बी.एस.सी. की झोंपड़ी) |
| 49/12.8.77 | 5. श्रद्धेय रामअधार राम (छोटा केदारनाथ) गाँव—खास-मेहतावाडीह कोलियरी, (भटमुरना मोड), पोस्ट—कतरासगढ़-828113 |
| 13/20.2.78 | 6. श्रद्धेय सीतापति राम, अनुदेशक आई.टी.आई. |
| 50/18.7.78 | 7. श्रद्धेय हरगोबिंद राम, प्लाट नं. 415, वीपीओ—बोकारो स्टील सिटी-827011 (917 किलोमीटर झंझक से) |
| 62/7.9.78 | 8. श्रद्धेय रामेश्वर प्रसाद सिंह रेलवे माकी बी.के.एस.सी., पुस्तकालय कक्ष, डॉ. अम्बेडकर पुस्तकालय, प्लाट नं. 32-बी-पर्वाहकर्ता, झा पान की दुकान, बी.एस.एल. झोंपड़ी कॉलोनी, फेबरीकेशन वार्ड, पोस्ट—माराफरी, बोकारो स्टील सिटी-827011 |
| 77/30.6.79 | 9. श्रद्धेय आर.पी. बिबोसी, एल.एच.-41/एच.एस.सी.एल. न्यू कॉलोनी (श्रम कल्याण केन्द्र के सामने) बोकारो स्टील सिटी-827011 |
| 88/18.8.79 | 10. श्रद्धेय चन्द्रेश्वर प्रसाद पर्वाहकर्ता, निजाम पान दुकान, मोह.—आजाद नगर, पोस्ट—बोकारो स्टील सिटी-827011 |

### 11. बिहार (5. पलामू)

| | |
|---|---|
| 25.06.1970 | श्री कृष्ण कुमार वर्मा, BA, BSc. डिप्टी इंस्पेक्टर, (नियर स्टोन फैक्ट्री) न्यू आरिया, हमीदगंज, P.O.—डाल्टनगंज, जिला—पलामू, बिहार |
| 14/4.2.81 | 1. श्रद्धेय सुमंगल राम, मध्य विद्यालय, वीपीओ—द्वारिका, वाया—पाँकी-822122 |
| 80/10.5.82 | 2. श्रद्धेय ललकू बड़ाइक, रा.प्रा.वि. चेरोडीह, पोस्ट—गारू |

| | | |
|---|---|---|
| 138/26.10.84 | 3. | श्रद्धेय रामदयाल सिंह विज्ञान शिक्षक राज्य महाविद्यालय, वीपीओ—द्वारिका, वाया—पाँकी-822122 |
| 4/18.1.80 | 11. | श्रद्धेय रामचन्द्र साह, क्वा.नं. 2348, स्ट्रीट नं. 13, सेक्टर-8-ए, बोकारो स्टील सिटी-827011 |
| 50/3.4.80 | 12. | श्रद्धेय आर.सी. राना, वर्क असि., सेक्टर-9-9 टी.ए. मेंटिनेंस (सिविल), पोस्ट—बोकारो स्टील सिटी-827011 |
| 77/4.9.81 | 13. | श्रद्धेय रघुबीर साह, आजाद नगर, मिलाप शरण होटल सराय, वीपीओ—बोकारो स्टील सिटी-827011 |
| 117/15.9.81 | 14. | श्रद्धेय हरीप्रसाद, गाँव—अलकुशा, कोलियारी नं. 6, ग्वाला पट्टी, पीपल छबड़ा-5, पोस्ट—कुसुंडा-828116 |
| 159/23.11.81 | 15. | श्रद्धेय शिव शंकर राम, मेसवासा-2 (पोस्ट ऑफिस के पीछे), वीपीओ—कुसुंडा-828116 (कई बार) |
| 159/2.11.82 | 16. | श्रद्धेय बी.सी. यादव, एस.एम.एस. पर्सनल डिपार्टमेंट, एम.एस.सी.एल., वीपीओ—बोकारो स्टील सिटी-827011 |
| 146/31.12.85 | 17. | श्रद्धेय भगवान विश्वकार्मा, मोहल्ला—छाताबाद-10 नम्बर, पोस्ट—कतरासगढ़-828113 |
| 8/9.4.86 | 18. | श्रद्धेय भल्लूदास लकड़का, कोलियारी पी.टी. ऐंटर, वीपीओ—कतरासगढ़-828113 (कई बार) |
| 39/8.6.87 | 19. | श्रद्धेय चन्द्रेश्वर चौधरी, मोह.—पाथरडीह (दुर्गा मन्दिर), कोलियारी, पोस्ट—पाथरडीह |
| 59/8.7.88 | 20. | श्रद्धेय गणेश मंडल, क्वा.नं. 1147, सेक्टर-6-सी. पोस्ट—बोकारो स्टील सिटी-827006 |
| 138/14.1.89 | 21. | श्रद्धेय नकुल सिंह, पी.पी.सी. बिल्डिंग, फोर्थ फ्लोर, (क्जोरा रूम), पोस्ट—बोकारो स्टील सिटी-827001 |
| 10/6.5.89 | 22. | श्रद्धेय नरेश कुमार सिंह, पोस्ट—पाथर बंगला, पोस्ट—भागा-828301 |

## 11. बिहार (6. पूर्णिया)

| | | |
|---|---|---|
| 07.12.1970 | | श्री मुसाफिर राय, क्वार्टर न. 316 एफ न्यू कॉलोनी, गड़हारा, पोस्ट—गड़हारा, जिला—मुंगेर (बिहार) |
| 68/25.5.81 | 1. | श्रद्धेय दरबारी लाल भरंडी, गाँव—ईकड़ा, पोस्ट—खोखा-854301 |
| 2/5.1.85 | 2. | श्रद्धेय भोलादास, वीपीओ—डेहटी |
| 81/22.2.85 | 3. | श्रद्धेय बलिरामप्रसाद, अंचल अधिकारी, वीपीओ—सिकरी |

## 11. बिहार (7. पटना)

| | | |
|---|---|---|
| 69/5.10.76 | 1. | श्रद्धेय रामकृति सिंह, वीपीओ—पोआवाँ, वाया—मसौढ़ी-804452 |
| 76/4.11.76 | 2. | श्रद्धेय राम बालक प्रसाद चौरसिया, चौरा सियामधुमक्खी पालन बटी, आर-ब्लॉक-सी-10, रोड नं. 1, पटना-800001 |
| 87/13.12.76 | 3. | श्रद्धेय भगवतप्रसाद, धोबी टोला, वीपीओ—दीनापुर कैंट-801503 |
| 7/15.1.78 और 35/13.5.87 | 4. | श्रद्धेय किशन चन्द वर्मा, गाँव—भगवानपुर, पोस्ट—सरासत, वाया—नौबतपुर-812006 |
| 66/16.9.78 | 5. | श्रद्धेय राजेश्वर प्रसाद बाटा इंडिया लिमि., वीपीओ—हाथीदाह-803301 (कई बार) |
| 30/20.3.79 | 6. | श्रद्धेय बाँके बिहारी वर्मा, अध्यक्ष डॉ. अम्बेडकर पुस्तकालय, वीपीओ—अराय, वाया—8011.4 |
| 82/7.7.80 | 7. | श्रद्धेय सुरखलाल आर्य, पर्वाहकर्ता, श्रद्धेय हिंगूमियाँ की बाड़ी (बीड़ी की दुकान), पदरी की हेवली |
| 29/11.3.81 | 8. | श्रद्धेय रवीन्द्र पटवारी, कमरा नं. 12, राम निवास भवन, चक मुसल्लहपुर, पोस्ट—महेन्द्र-800006 |
| 71/25.5.81 | 9. | व्यवस्थापक के विभागी प्रकाशन, बिक्री केन्द्र, अतिथि कार्यालय, नया सचिवालय |
| 153/25.4.84 | 10. | श्रद्धेय रामसेवक शिक्षक, प्राथ. विद्यालय, बीबीपुर, (इटावा), मसौढ़ी-804452 |
| 65/24.4.84 | 11. | श्रद्धेय गोधराज कल्पील, महामंत्री बिहार राज्य ओरिया हरिजन परिषद, मंडल, हरिजन जिज्ञास पटना-600008 (नोट—पटना से 50 किलोमीटर 68 पूर्व में पटना साहेब रेलवे स्टेशन के राम मंगल तालाब है।) |
| 99/20.7.84 | 12. | श्रद्धेय बटोरन पासवान, मैसर्स बाटा इंडिया लिमि., वीपीओ—हाथीदाह-803301 |
| 60/19.6.85 | 13. | श्रद्धेय डॉ. बी.एन. करुणाकर, पंचशील नरसिंह, पुराना जक्कनपुर, पटना-800001 |
| 61/4.9.86 | 14. | श्रद्धेय रामबालक प्रसाद एडवोकेट (नेशनल इंडिया एकेडमी), भूतपूर्व निबन्धक, कार्तिक विभाग-बिहार), न्यू पुरन्दरपुर, जी.बी.ओ. साउथ, पटना-800001 |

| | | |
|---|---|---|
| नेता क्लर्क | 15. | श्रद्धेय जयराम प्रसाद सिंह, शिवाजी पल, पलपुर, पटना-800001 |
| 204/21.3.88 | 16. | श्रद्धेय सुरेन्द्र बिस्मिल, गाँव—तालीमपुर, पोस्ट—बाढ़-803213 |

### 11. बिहार (8. भागलपुर)

| | | |
|---|---|---|
| 85/27.6.83 | 1. | श्रद्धेय सखीचन्द पासवान, लाइनमैन टेलीफोन एक्सचेंज, पोस्ट—सुल्तानगंज-813203 |

### 11. बिहार (9. मुंगेर)

| | | |
|---|---|---|
| 40/23.5.78 | 1. | श्रद्धेय जगदीश प्रसाद बैढा, ला.मै.टी., वीपीओ—सीमुलतला |
| 28/10.3.79 | 2. | श्रद्धेय विद्यासागर सिन्हा, इंस्पेक्टर आई.टी.आई. मुंगेर, पोस्ट—पूरब सराय |
| 93/26.7.80 | 3. | श्रद्धेय महावीर प्रसाद यादव, गाँव—महराना, पोस्ट—बरहरा- 811212 |
| 28/12.3.83 | 4. | श्रद्धेय सुखदेव पासवान, गाँव—सिमरा, पोस्ट—बामदह, वाया—झाझा |

### 11. बिहार (10.मुजफ्फरपुर)

| | | |
|---|---|---|
| 95/23.6.82 | 1. | श्रद्धेय खेदीराम, सहायक जिला कल्याण कार्यालय |
| 77/28.5.84 | 2. | श्रद्धेय दयाशरणदास पर्वाहकर्ता, श्रद्धेय अचिन्त्यदास, बिजली विभाग, (कई बार) |
| 54/5.2.85 | 3. | श्रद्धेय राजीवनन्दन मौर्य पर्वाहकर्ता, श्रद्धेय ठाकुर प्रसाद, महा. अभियन्ता, एन.ई. रेलवे मुजफ्फरपुर, बंगला नं. 17 |

### 11. बिहार (11. राँची)

| | | |
|---|---|---|
| 69/31.10.77 | 1. | श्रद्धेय लक्ष्मीनारायण सिन्हा, क्वा.नं. बी-डी.एस.-1/30-के, पोस्ट—हटिया रेलवे कॉलोनी-8340112 |
| 10/20.2.87 और 79/25.10.78 | 2. | श्रद्धेय जनेश्वर मेहता, क्वा.नं. बी-2076/2, पोस्ट—धूर्वी-834004 |
| 97/27.7.84 | 3. | श्रद्धेय रामेश्वर यादव, फिटर, एक्सकावेशन, वर्कशाप, के.डी. हेसालांग प्रॉजेक्ट, पोस्ट—डाकरा-829210 |

## 11. बिहार (12. मधुबनी)
## 11. बिहार (13. संथाल परगना)
## 11. बिहार (14. गया)

| | | |
|---|---|---|
| 09.07.1975 | | श्री मोहम्मद हदीश, पोस्ट ऑफिस—बोकसी स्ट्रीट, प्रोजेक्ट, जिला—गया, बिहार |
| 53/30.8.76 | 2. | श्रद्धेय सूरजदेव, महा. शिक्षक, उच्च विद्या. बंसी कल्यानपुर, पोस्ट—सोनभद्र, वाया—करपी-804419 |
| 81/18.11.76 | 3. | श्रद्धेय दि.ला. चौधरी, 'कमल भवन' (इनकमटैक्स ऑफिस के सामने), बिसार तालाब, गया-823001 |
| 82/29ध11.76 | 4. | श्रद्धेय सुभाषचन्द, वीपीओ—माली, वाया—करपी-804419 |
| 11/1.3.77 | 5. | श्रद्धेय कृपलानी पिंडा, (पंडित सेवक), गाँव—नरेचुआ, पोस्ट—पिंजोर |
| 9/25.2.78 | 6. | श्रद्धेय बसन्त राव अम्बेडकर, गाँव—अनुआँ, पोस्ट—करपी- 804419 |
| 84/4.11.78 | 7. | श्रद्धेय बिन्देश्वरी पासवान, कोऑपरेटिव सुपरवाइजर, वीपीओ—खिजरसराय-824233 |
| 6/4.1.79 | 8. | श्रद्धेय गया कुमार, गाँव—घोसी, पोस्ट—शकुराबाद-804425 |
| 111/19.10.79 | 9. | श्रद्धेय मंत्री सार्वजनिक पुस्तकालय, गाँव—तेतरिया खुर्द, पोस्ट—बाराचही-824001 |
| 100/20.8.80 | 10. | श्रद्धेय शिवदासी रजक, प्रबन्धक व्यापार मंडल सहयोग समिति (रजि.), वीपीओ—मखदूमपुर-804422 |
| 127/21.10.80 | 11. | श्रद्धेय रामटहल प्रसाद, गाँव—सूर्य्यपुरा, पोस्ट—अमवाँ, वाया—बोधगया-824231 |
| 23/26.2.81 | 12. | श्रद्धेय रामजन्म सिंह, पोस्टल ऑफिशियल, पोस्ट—करपी-804419 |
| 165/30.11.81 और 137/18.1.86 | 13. | श्रद्धेय ब्रजकिशोर सिंह, संचालक मानव विकास समिति, गाँव—आरीपुर, पोसट-धराउत-804405 (कई बार) |
| 14/18.1.84 | 14. | श्रद्धेय उपेन्द्र कुमार, पत्रकार, नई बाजार, पोस्ट—वजीरगंज-805131 |
| 81/4.10.86 और 2/4.4.88 | 15. | श्रद्धेय यदुगीर मोची, सहा. शिक्षक प्राथमिक विद्यालय, वीपीओ—डोभी, वाया—बाराचही-824201 |

| | | |
|---|---|---|
| 94/25.10.86 | 16. | श्रद्धेय रामलखन शर्मा पर्वाहकर्ता, श्रद्धेय शिव कुमार प्रसाद, अर्जक कार्यालय, कोयरी वारी (ठाकुरवारी के पास) गया |
| 23/19.3.89 | 1. | श्रद्धेय रामलगन सिंह, गाँव—रानापुर, पोस्ट—रामपुर चौरम |

### 11. बिहार (15. सारन)

| | | |
|---|---|---|
| 55/18.7.87 | 1. | श्रद्धेय बालकृष्ण राना, सहा. शिक्षक (श्रीरामावतार स्कूल), वीपीओ—गोराईपुर |

### 11. बिहार (16. सिंहभूमि)

| | | |
|---|---|---|
| 20/31.3.77 | 1. | श्रद्धेय मिर्जावास्के, गाँव—बालिया डिपो, पोस्ट—कोवाली, वाया—टाटानगर-831002 |
| 12/23.1.79 | 2. | श्रद्धेय कस्तूरीचन्द मार्डी, वीपीओ—करनडीह, वाया—टाटानगर- 831001 |
| 110/12.10.79 | 3. | श्रद्धेय समाज कल्याण समिति, जोजोसाई, पोस्ट—गोबिन्दपुर, वाया टाटानगर-831002 |
| 142/17.12.79 | 4. | श्रद्धेय दुबराज मुर्मू, गाँव—बाँध डीह, पोस्ट—गोबिन्दपुर, वाया—टाटानगर-831001 |
| 102/29.8.80 | 5. | श्रद्धेय पुरमल किसकू, वाया—सरजम टोला, वीपीओ—करमडीह, पोस्ट—टाटानगर-831001 |
| 67/25.5.81 | 6. | श्रद्धेय एस.एम. सिंकू, वर्मा माइल्स, स्टेशन रोड, क्वा. नं. एल-414, वीपीओ—जमशेदपुर-831007 |
| 120/21.9.81 | 7. | श्रद्धेय विदु हेम्ब्रोम, गाँव—सोभाय झोपड़ी, पोस्ट—सुन्दर नगर-831002 |
| 144/29.10.81 | 8. | श्रद्धेय मंगू पैरिया, वीपीओ—बरमेनियस, एल-4/73, माना रोड, वाया—पोस्ट—जमशेदपुर-831007 |
| 154/15.10.82 | 9. | श्रद्धेय एम. परिया, 73, जे.एस.आर. मोना रोड, जमशेदपुर-831007 |
| 8/15.1.83 | 10. | श्रद्धेय एम.एस. बास्बे, गाँव—खुकड़ाडीह, पोस्ट—नर्वा पहाड, वाया—सुन्दर नगर-832107 |
| 26/23.3.85 | 10. | श्रद्धेय जी.सी. साम्भी, 386-बी.डब्ल्यू एफ. बरीडीह, वीपीओ—जमशेदपुर-831017 |
| 77/5.8.85 | 11. | श्रद्धेय के.डी. राम, आर.पी.एफ. गाँव—सिनी, पोस्ट—चाईबासा-833201 |
| 153/21.1.87 | 12. | श्रद्धेय तुलसीराम माझी, शाशाडीह, पोस्ट—बड़ाम, वाया—पोटामदा-851216 |

## 11. बिहार (17. हजारी बाग)

| | |
|---|---|
| 17/1.2.79 | 1. श्रद्धेय जनकदेव दास, उप-डाकपाल, पोस्ट—मिट्टी कॉलोनी-829109 |
| 8/24.1.83 | 2. श्रद्धेय भजन दास, साधू सतनामी कबीरपंथी, पर्वाहकर्ता, श्रद्धेय मुन्नी लाल कमानदार, वीपीओ—भुरकुंडा-829106 |
| 108/15.10.85 | 3. श्रद्धेय रामानन्द प्रसाद, अंचल अधिकारी, वीपीओ—बरही-825405 (कई बार) |
| 141/21.12.85 | 4. श्रद्धेय गिरधारी लाल यादव, प्रमुख, बरही, वीपीओ—गौरिया करम्स |
| 79/4.1.86 | 5. श्रद्धेय भजन दास सतनामी, नीचे घौडा (बतीचर के पास) माइन नं. 1, गाँव—भुरकुंडा बाजार, पोस्ट—भुरकुंडा-829106 |
| 160/31.1.87 और 50/3.7.87 | 6. श्रद्धेय बाबूलाल पर्वाहकर्ता, मुन्नीलाल राशन की दुकान, नीचे घौड़ा (बतीचर के पास), भुरकुंडा-829106 |
| 111/5.11.87 | 7. श्रद्धेय राम प्यारे पर्वाहकर्ता, मुन्नीलाल राशन की दुकान, नीचे घौड़ा (बतीचर के पास), भुरकुंडा-829106 |
| 135/12.12.87 | 8. श्रद्धेय मोहन सतनामी पर्वाहकर्ता, मुन्नीलाल राशन की दुकान, नीचे घौड़ा (बतीचर के पास), भुरकुंडा-829106 |
| 77/22.8.89 | 9. श्रद्धेय केशव पासवान पर्वाहकर्ता, मुन्नीलाल राशन की दुकान, नीचे घौड़ा (बतीचर के पास), भुरकुंडा-829106 |

## 11. बिहार (18. गोपाल गंज)

## 11. बिहार (19. दरभंगा)

## 11. बिहार (20. बेगूसराय)

| | |
|---|---|
| 9/4.4.86 | 1. श्रद्धेय बोधी किशोरी लाल चौधरी, तकनीकी सेवा (प्रक्रिया), बरौनी रिफाइनरी, पोस्ट—बरौनी ऑयल रिफाइनरी-851114 |
| 62/15.7.88 | 2. श्रद्धेय प्रकाश गौतम, ई-202, साइट कॉलोनी, बरौनी ऑयल रिफाइनरी-851114 |
| | 3. श्रद्धेय विधान सू शेखर द्वारा श्रद्धेय रामचन्द्र पासवान, प्रमुख क्लर्क, लेंड रिकार्ड ऑफिस, बेगूसराय-851101 |
| 126/13.12.88 | 4. श्रद्धेय सुनील प्रसाद द्वारा श्रद्धेय प्रकाश गौतम, ई-222, साइट कॉलोनी, वीपीओ—बरौनी ऑयल रिफाइनरी-851302 |

## 11. बिहारी (21. नवादा)

27/16.7.76 1. श्रद्धेय दयानन्द आनन्द, अपर निपंचक, वीपीओ—बड़हरिया- 841232

20/15.3.78 और

58/1.9.78 2. श्रद्धेय रामराज राय, जिला शिक्षा पदाअधिकारी, जिला शिक्षा, गाँव—भाड़रकलाँ, पोस्ट—चोरया बसन्तपुर

34/5.5.78 3. श्रद्धेय संजय कुमार पुस्तकालय, वीपीओ—सिकरिया, वाया—ककीपुर-841244

113/19.10.79 4. श्रद्धेय विश्वामित्र सिंह कुशवाहा, वीपीओ—बलऊँ (दयालपुर)

39/3.4.80 5. श्रद्धेय रामप्रति प्रसाद, शिक्षक, वीपीओ—मड़बनियाँ, वाया—कोरा

## 11. बिहार (23. पूर्वी चम्पारन)

3/2.1.79 1. श्रद्धेय हरदेव सिंह, वीपीओ—तुरकौलिया-845437

53/26.4.80 2. श्रद्धेय गिरधारी लाल मंडल, प्रमुख टिकट कलेक्टर, पूर्वोत्तर रेलवे, वीपीओ—रक्सोल-845305 (कई बार)

64/15.5.80 और

153/19.12.80 3. श्रद्धेय गयाराम बोधी, गाँव—सुवैयाँ विद्यालय, पोस्ट—रघुनाथपुर, वाया—राजपुर-845432 (कई बार)

63/2.5.83 4. श्रद्धेय गयाराम बोधी, बुद्ध आश्रम, वीपीओ—दिलावरपुर (महेशी)

119/15.11.85 5. श्रद्धेय बनवारी लाल, रेलपथ निरीक्षक, पूर्वोत्तर रेलवे, वीपीओ—सगौली-845456

76/27.9.86 6. श्रद्धेय शम्भू शाह पर्वाहकर्ता, श्रद्धेय बंगाली शाह, गाँव—पचपकड़ी बाजार, पोस्ट—पचपकड़ी-845427

23/8.5.87 7. श्रद्धेय जनार्दन दास, कबर धर्म प्रचारक, गाँव—महई, पोस्ट—लौखाना, वाया—ढाका-845418

## 11. बिहार (24. पश्चिमी चम्पारन)

20/9.2.79 1. श्रद्धेय गौरी शंकर प्रसाद, अध्यापक, डॉ. अम्बेडकर विद्यालय, गाँव—सिकटा बाजार, पोस्ट—सिकटा-845307 (कई बार)

43/5.4.79 2. श्रद्धेय ओम प्रकाश अग्रवाल, वीपीओ—सिकटा-845307

| | | |
|---|---|---|
| 88/26.6.81 ऑर<br>143/29.10.81 | 3. | श्रद्धेय बनवारी लाल, रेलपथ निरीक्षक, पूर्वोत्तर रेलवे, पोस्ट—सिकटा-845307 (कई बार) |
| 1120/24.7.82 | 4. | श्रद्धेय रामप्रतिराम निराला, वीपीओ—बेहरा, वाया—सिकटा- 845307 |
| 146/9.10.82 | 5. | श्रद्धेय शिववचन पासवान, एफ.सी.आई., वीपीओ—चनपटिया- 845449 |
| 14/4.2.85 | 6. | श्रद्धेय नन्द लाल राम, सुपुत्र श्रद्धेय ब्रमनराम, गाँव—रामपुर, पोस्ट—मुरली, वाया—नरकटियागंज-845455 |
| 57/12.6.85 | 7. | श्रद्धेय रघुनाथ पासवान ब्रांच मैनेजर, सी.के.जी. बैंक, पखनाने, वाया—बेटिआह-845438 (कई बार) |

## 11. बिहार (25. वैशाली)

| | | |
|---|---|---|
| 45/2.3.82 | 1. | श्रद्धेय शिव शंकर दास, डॉ. भीमराव अम्बेडकर पुस्तकालय, वीपीओ—मिर्जानगर |
| 166/24.12.84 | 2. | श्रद्धेय सुखीनारायण साहनी, शिक्षक, वीपीओ—इनायतपुर (पूर्व), वाया—महनार-844506 |
| 89/20.10.86 | 3. | श्रद्धेय बिन्देश्वरी प्रसाद सिंह, गाँव—तेजपूर्वा, पोस्ट—शहबाजपुर-परैना, वाया—बड़ियापुर |
| 50/1.8.86 | 6. | श्रद्धेय किशोरी लाल पासवान, शिक्षक, वीपीओ—भोरौत-843319 |
| 82/4.10.86 | 7. | श्रद्धेय सुरेश प्रसाद पर्वाहकर्ता, जानकी चूना भंडार, फोर्ट बाजार, सीतामढ़ी-843301 |

## 11. बिहार (26. सीतामढ़ी)

| | | |
|---|---|---|
| 22/9.4.87 और<br>70/3.11.77 | 1. | श्रद्धेय विजय दास तेलियाही टोला (विष्णुपुर), पोस्ट—विष्णुपुर, वाया—परिहार-843324 |
| 19/6.3.78 | 2. | श्रद्धेय रामानन्द साह, गाँव—डम्हारपही, पोस्ट—मिट्टा धरमपुर, वाया—जनकपुर रोड-843320 |
| 110/12.8.84 | 3. | श्रद्धेय कृष्णाचन्द्र मंडल, आयुक्त नगर पालिका, सीतामढ़ी-843301 |
| 35/21.6.86 | 4. | श्रद्धेय रमेशचन्द्र प्रिय दर्शन, वैदिक साहित्य लोक, वीपीओ—बैरगनियाँ-843313 |

| | |
|---|---|
| 49/1.8.86 | 5. श्रद्धेय श्रीकृष्णा प्रसाद पर्वाहकर्ता, श्रद्धेय योगेन्द्र साह, वीपीओ—भोरौत-843319 |

### 11. बिहार (27. समस्तीपुर)

| | |
|---|---|
| 29/17.3.80 | 1. श्रद्धेय देव भूषण कुमार यादव उर्फ श्रद्धेय देवेन्द्र कुमार यादव पर्वाहकर्ता, श्रद्धेय महन्त विद्यानन्द दास, कबीर आश्रम, महादेव मठ, वीपीओ—रोसड़ा |
| 31/23.2.84 | 2. श्रद्धेय रामदेव उप-महाप्रबन्धक पूर्वोत्तर रेलवे, समस्तीपुर-848101 |

### 11. बिहार (28. सहरसा-मधेपुरा)

| | |
|---|---|
| 108/17.9.80 | 1. श्रद्धेय यमुनादास, वीपीओ—सोनपुरा, वाया—सिमरी बख्तियारपुर-852127 |
| 97/25.6.82 | 2. श्रद्धेय फूलेश्वर कामती, पंत्रा. सेवाक, गाँव—लालपुर, पोस्ट—लालपुर सरौपही, वाया—सिंहेश्वर-852128 |
| 71/13.5.83 | 3. श्रद्धेय मिश्री लाल यादव सरपंच, वीपीओ—चन्दौर, वाया—सौर बाजार |
| 33/22.2.84 | 4. श्रद्धेय जवाहर लाल मंडल, वीपीओ—भान, वाया—मिठाई |
| 149/19.11.84 | 5. श्रद्धेय मिसरी लाल यादव सरपंच, वीपीओ—चंदौरा, वाया—सौर बाजार |
| 95/4.10.88 | 6. श्रद्धेय श्रीकान्त मंडल, गाँव—बड़ी फटोरिया, पोस्ट—अलम-नगर |

### 11. बिहार (29. भोजपुर-शाहाबाद या आरा)

| | |
|---|---|
| 04.03.1970 | श्री विश्वनाथ सिंह, पोस्ट—रतनपट्टी, गाँव—गोशलडीह, शाहबाद, बिहार |
| 01.01.1972 | रामअयोध्या सिंह 'विद्यार्थी', अरवल, गया, बिहार-804401, ये पत्रकार और समाजसेवी हैं। |
| 59/25.4.80 | 5. श्रद्धेय उदय सिंह पर्वाहकर्ता, श्रद्धेय मुरारी सिंह, वीपीओ—कोपवीर, वाया—सरैया |
| 116/29.9.80 | 6. श्रद्धेय अम्बिका प्रसाद, वीपीओ—जितौरा |
| 49/8.3.85 | 7. श्रद्धेय रामनारायण राम, वीपीओ—कामम नगर-802304 |
| 117/19.6.83 | 8. श्रद्धेय जयचन्द प्रताप, गाँव—दंगाकपी, पोस्ट—नात्मघ, वाया—रघुनाथपुर-802134 |

| | |
|---|---|
| 129/6.10.83 और | |
| 10/26.3.66 | 9. श्रद्धेय रामइकबाल राम, डॉ. अम्बेडकर शोध सन्तवाल, वीपीओ—वाया—हिटुबाराजपुर-802522 |
| 107/16.8.84 | 10. श्रद्धेय रामश्रय सिंह, गाँव—बहुली, पोस्ट—जगदीशपुर |
| 140/16.11.84 | 11. श्रद्धेय शिवकुमार, गाँव—तारनपुर, पोस्ट—गुसाईपुर, वाया—चौंसा |
| 133/2.1.89 | 12. श्रद्धेय शिवशंकर शिक्षक, गाँव—हिमाराढ़, पोस्ट—टेहुआ राजपुर-802152 |
| 135/3.1.89 | 13. श्रद्धेय भगवान प्रसाद, स्वास्थ्य कार्यकर्ता, स्वास्थ्य उप-केन्द्र, वीपीओ—802206 |
| 15/9.3.76 | 1. श्रद्धेय शशिकान्त, तुलसी टोला, वीपीओ—जितौरा-802159 (कई बार) |
| 35/8.6.78 | 2. श्रद्धेय प्रोफेसर सुनील कुमार सिन्हा, गाँव—बड़हरा, पोस्ट—सेमराँव |
| 10/1.3.77 | 3. श्रद्धेय *राजेन्द्र प्रसाद* सिंह, वीपीओ—चासी, वाया—अगयाव बाजार-802202 |
| 64/28.5.79 | 4. श्रद्धेय लक्ष्मण सिंह कुशवाहा, वीपीओ—सकड़ी-847239 |

**11. बिहार (30 रोहतास - सासाराम)**

| | |
|---|---|
| 7/21.1.76 | 1. श्रद्धेय रामचन्द्र सिंह, गाँव—गोहानी, पोस्ट—दवना |
| 9/2.2.76 | 2. श्रद्धेय आदित प्रसाद, वीपीओ—ठकुरा, वाया—नोआन-802132 |
| 75/30.10.76 | 3. श्रद्धेय मंत्री दलित वर्ग संघ, वीपीओ—दिनारा-802213 |
| 125/13.12.88 | 4. श्रद्धेय विश्वनाथ साह, वीपीओ—दिनारा-802213 |
| 83/29.11.76 | 5. श्रद्धेय बिन्देश्वरी प्रसाद पासवान को-ऑपरेटिव सुपरवाइजर, वीपीओ—दावथ |
| 9/28.2.77 | 6. श्रद्धेय महेन्द्र प्रसाद, गाँव—पचासुत्या, पोस्ट—करबाडिया-821115 |
| 31/14.5.77 | 7. श्रद्धेय रामनारायण सिंह, गाँव—बिलारी, पोस्ट—सिलारी |
| 84/9.10.77 और | |
| 1/3.7.78 | 7. श्रद्धेय बगेटनराम, गाँव—साधोपुर, पोस्ट—मीवं, वाया—भोलार (पुलिस थाना—भगवानपुर) |
| 66/17.10.77 | 8. श्रद्धेय गोरख प्रसाद साह, वीपीओ—बासी कलाँ, वाया—नयानगर-802129 |
| 71/5.11.77 | 9. श्रद्धेय रघुनाथ सिंह, वाया—सुन्दर, पोस्ट—दावथ |

| | | |
|---|---|---|
| 37/13.5.88 | 10. | श्रद्धेय भोला सिंह, वीपीओ—गोटाया |
| 49/26.6.78 | 11. | श्रद्धेय आदित प्रसाद साहू, वीपीओ—वाया—नोआन-802132 |
| 148/22.10.79 | 12. | श्रद्धेय प्र. शिव पूजन उर्फ श्रद्धेय बैजनाथ सिंह, गाँव—चितौली, पोस्ट—रामडिहरा |
| 9/4.2.80 | 13. | श्रद्धेय सीताराम सिंह उर्फ श्रद्धेय बंशी सिंह, गाँव—पिलौली, पोस्ट—रामडिहरा |
| 107/12.9.80 | 14. | श्रद्धेय राजेन्द्र कुमार सिंह, गाँव—इटिम्हा, पोस्ट—कुमर, वाया—नसरीगंज-821310 |
| 122/9.10.80 | 15. | श्रद्धेय अर्जुन सिंह शिक्षक, गाँव—केकढ़ा, पोस्ट—तोरनी, वाया—शिव सागर-821310 |
| 148.16.10.82 | 16. | श्रद्धेय कैलाश सिंह, गाँव—सलेमपुर, पोस्ट—जबरा, वाया—गढ़नोखा-802265, गैक्स नोखा |
| 31/12.3.83 | 17. | श्रद्धेय रामजीराम, गाँव—डडवास, पोस्ट—मुजात, वाया—मोहनिया-821109 |
| 157/19.11.83 | 18. | श्रद्धेय रामगोबिन्द राम वयस्क शिक्षक परियोजना, वीपीओ—कुठरो-821108 |
| 21/28.4.84 | 19. | श्रद्धेय सीताराम सिंह शिक्षक, गाँव—गरेयाँ, पोस्ट—अखत्यारपुर, वाया—कुढेरा-821108 |
| 37/18.4.85 | 12. | श्रद्धेय श्रीकान्त सिंह कुशवाहा, वीपीओ—ठकुरा, रोहतास-802132 |
| 148/31.12.85 | 13. | श्रद्धेय मोतीलाल राम, वीपीओ—गोटपा, वाया—बिक्रमगंज- 802212 |
| 159/17.1.87 | 14. | श्रद्धेय व्यस्थापक आर.एल. पुस्तकालय, गाँव—परानपुर, पोस्ट—महरोढ़, वाया—दिनारा-802213 |
| 53/18.7.87 | 15. | श्रद्धेय ब्रज बिहारी राम, वीपीओ—विशम्भरपुर, वाया—नटवार-802218 |
| 165/2.2.88 | 16. | श्रद्धेय विश्वनाथ साह, गल्ला दुकान, वीपीओ—दिनारा-802213 |

## 11. बिहार (31. नवादा)

| | | |
|---|---|---|
| 32/13.6.86 | 1. | श्रद्धेय डॉ. रामेश्वर प्रसाद, वीपीओ—अंधरवारी |
| 1/7.4.89 | 2. | श्रद्धेय शिवबालक दास, गाँव—नकटी सराय, पोस्ट—रसीसा, वाया—इस्लामपुर-801303 |

### 11. बिहार (32. जहानाबाद)

79/31.8.89 1. श्रद्धेय रामजतन दास, गाँव—गौड़ीहा, पोस्ट—कोसडीहरा

116/22.11.88 2. श्रद्धेय दुधेश्वर सिंह, गाँव—मँगा बिगहा, पोस्ट—माली, वाया—करपी-804419

### 11. बिहार (33. सिवान)

100/3.8.84 1. श्रद्धेय राम प्रति प्रसाद शास्त्री, वीपीओ—भेड़वनियाँ, वाया—भोरा (सिवान)

19/15.2.85 2. श्रद्धेय राम नारायण राम पर्वाहकर्ता, श्रद्धेय राजेन्द्र राम, क्लर्क लाइफ इंश्योरेंस कॉरपोरेशन, सिवान-841226

68/6.7.85 3. श्रद्धेय रामलाल, गाँव—भंगौता, पोस्ट—लक्ष्मीगंज, वाया—पुस्तकालय

### 12. मद्रास (तमिलनाडु)

01.01.1965 जनरल सेक्रेटरी साउथ इंडिया बुद्धिस्ट, एसोसिएशन, पैरब्रह्म, मद्रास

02.02.1970 Sir Editor - *Viduthalai Rational Tamil Daily,* 2-Rundalls Road Vepery. Madras-7

31.07.1970 The Adya Library and Research Center Adya Madras-20 पेरियार सेल्फ रेस्पेक्ट प्रोपेगंडा, इंस्टीट्यूच वाई.ई.वी.के. संपथ रोड, वेपेरी, मद्रास-600007 (*दि रामायाण : ए ट्रु रीडिंग* बाई ई.वी. पेरियार रामा स्वामी नायकर)

### 13. मध्य प्रदेश (1. इन्दौर)

5. श्रद्धेय सुखदेव राव रणित, मं.नं. 664, गोटू महाराजश्री चाल, मालवा मिल ( ) इन्दौर-452

13/5.3.77 1. श्रद्धेय राम भरोसे, सुपुत्र श्रद्धेय कन्हैया लाल, 434, नारायण सेठ का मकान, मोहल्ला—पाटनीपुरा, इन्दौर-452003

65/13.9.86 2. श्रद्धेय मदन लाल गेहलोत, वीपीओ—जामली-453643, तहसील—महू

166/2.2.88 3. श्रद्धेय आर.एल. ढावी, असि. सेल्स टेक्स ऑफिसर, बी/32, सेल्स टेक्स कॉलोनी, गुमास्ता नगर, इन्दौर-452009

4. श्रद्धेय पी.बी. शेगाँवकर प्रोफेसर, 108, इन्दरपुरी कॉलोनी, इन्दौर-452001

### 13. मध्य प्रदेश (2. उज्जैन)

| | |
|---|---|
| 14.03.1970 | श्री एस.पी. चन्द्रसेन, असिस्टेंट इंजीनियर, तिबाड़ी, टीकमगढ़, मध्य भारत |
| 01.01.1971 | श्री हीरालाल सिसौदिया, 8/1649, अशोक नगर फ्रीगंज, उज्जैन, मध्य भारत |
| 16/01/1973 | ई.श्री हरीलाल सिसौदिया, 78-नर्मदा भवन, अशोक नगर, उज्जैन, मध्य प्रदेश |
| 9/10.1.79 | 1. श्रद्धेय कुमारी किरण मरमट पर्वाहकर्ता, मरमट भवन, अशोक नगर (फ्रीगंज) |
| 175/24.2.87 | 2. श्रद्धेय प्रमोद मेश्राम पर्वाहकर्ता, स्टेटबैंक ऑफ इन्दौर, ब्रांच फ्रीगंज, उज्जैन-456001 |
| 107/25.10.88 | 3. श्रद्धेय आर.आर. सोनगरा, 9/9, अशोक नगर, फ्रीगंज, उज्जैन |
| 157/12.11.89 | 2. हीरा लाल सिसौदिया, 587 नर्मदा भवन, अशोक नगर, उज्जैन, मध्य प्रदेश। |

### 13. मध्य प्रदेश (3. गुना)

| | |
|---|---|
| 102/26.9.85 | 1. श्रद्धेय एन.आर. इम्पोरियम, तुलसी कॉलोनी, वीपीओ—मुंगावली-473443 |
| 171/21.2.87 | 2. श्रद्धेय मानिकचन्द अहिरवार, अकाउंटेंट, शाम. बालक उच्च माध्य. विद्या., वीपीओ—मुंगावली-403443 (कई बार) |
| 7/16.4.87 | 3. श्रद्धेय किशन धैर्य, शिक्षक, वीपीओ—बमनावर, वाया—ईसागढ़- 473335 |
| 109/4.11.88 | 4. श्रद्धेय कोमलिया, आत्मज श्रद्धेय सूरतिया हरिजन, गाँव—फखावडी, पोस्ट—नई सराय, वाया—साढोरा-473330 |

### 13. मध्य प्रदेश (4. ग्वालियर)

श्रद्धेय श्री नन्द गोपाल शुक्ला

श्रद्धेय श्री विष्णु गोपाल शुक्ला, अध्यापक

श्रद्धेय श्री शिव गोपाल शुक्ला

श्रद्धेय पंडित सीताराम तिवारी, पेंशनर हेड कतर्नन, अशोक भवन के पीछे रेलवे लाइन के पास (लक्ष्मी बाई कॉलोनी), जीपीओ—शनानन्द पर्वाहकर्ता, डी.आर. मेला, ग्राउंड, पंचशील नाप-3, गवर्नर

| | |
|---|---|
| 23.02.1970 | श्री एसएस रामटेके असिस्टेट इंजीनियर, मध्य रेलवे इंस्टीट्यूट, ग्वालियर, मध्य भारत |
| 02.04.1970 | श्री कम्मोद सिंह, 'अम्ब' IAD जनरल, A.G. ऑफिस, मोती महल, लश्कर, ग्वालियर, एम.पी. |
| 31.07.1970 | श्री डॉ. विशानु, V.—पाटई, P. मोहना, जिला—ग्वालियार, मध्य भारत |
| 15.08.1970 | श्री हरिश्चन्द ऋषि, एडवोकेट, आर्गनाइजिंग सेक्रेटरी, मध्य प्रदेश RPI, P.O.—राजनादगाँव, जिला—दुर्ग, मध्य भारत |
| 01.01.1971 | आशाराम होटल वाले, V.—भीमनागर (दुल्लपुर), पोस्ट—मुरार, ग्वालियर एमपी। आप श्रीपाद दामोदर सावतकर पब्लिकेशन महाभारत वाले का पता भेजें। रजिस्ट्रेशन संख्या 1539 |
| 65/20.9.76 | 1. श्रद्धेय लाल सिंह जाटव सुपुत्र श्रद्धेय मन्नूलाल जाटव, गाँव—बरका, पोस्ट—सालौन (बी.), तहसील—भाँडेर-475335 |
| 85/18.11.78 | 2. श्रद्धेय बी.जे. डंडोतिया, केन्द्रीय तार घर |
| 55/23.4.79 और 84/7.79 | 3. श्रद्धेय मंगलसिंह जाटव नेताजी, तिकोनियाँ, गुरार। यह स्वामी अछूतानन्द के आभार हैं। कांग्रेसी हरिजन पक्के हैं। |
| 175/17.12.81 | 4. श्रद्धेय मोती लाल भारतीय, रंगियाना, बौद्ध नगर, पोस्ट—लोहा मंडी |
| 6/9.1.82 | 5. श्रद्धेय रतिराम, सराहिया (अरोरा टी स्टाल के सामने) अस्पताल ताला चौराहा, ठाठीपुर, ग्वालियर-474006 |
| 87/10.6.82 | 6. श्रद्धेय कृष्णाराम जाटव, गाँव—इकोना, पोस्ट—सूखपाठा, वाया—डबरा-475110 |
| 107/24.7.82 | 7. श्रद्धेय आशाराम भास्कर, गाँव—बरचौली, पोस्ट—बडेरा सोपान, तहसील—भाँडेर |
| 84/15.6.83 | 8. श्रद्धेय दुर्गाचरण मौर्य पर्वाहकर्ता, श्रद्धेय राजाराम सिंह दिनकर, गाँव—कुरगाँव, पोस्ट—रिलरिया आलम, तहसील—भाँडेर-475335 |
| 6/13.1.84 | 9. श्रद्धेय मनोहर लाल न्यास, 4/2, भोला का मन्दिर, इंजीनियरिंग कॉलेज के पास, पोस्ट—रेजीडेंसी-474005 |
| 60/18.4.84 | 10. श्रद्धेय लक्ष्मीनारायण महतो, शुगर फैक्ट्री, वीपीओ—डबरा-475110 |

| | | |
|---|---|---|
| 109/16.8.84 | 11. | श्रद्धेय ईश्वरी प्रसाद विशैलिया, एम-45, मध्य प्रदेश स्टेट क्वार्टर अस्पताल के पीछे, ठाठीपुर (नेता हैं) |
| 6/12.1.85 | 12. | श्रद्धेय ड्राइवर श्रीमन्त सिंह बौद्ध, द्वितीय बहिनी सशस्त्र कैम्प लश्कर। (इन्होंने 58 बुद्ध विहार केन्द्र कानपुर के लिए दान रसीद नं.467/4.1.87 द्वारा दिया।) |
| 50/17.5.87 | 13. | श्रद्धेय सरनामसिंह पर्वाहकर्ता, श्रद्धेय एम.पी. सत्यार्थी, नया मोहन नगर, गल्ला बाजार, ठाठीपुर, पोस्ट—मुरार |
| 66/2.7.85 | 14. | श्रद्धेय हरचरन कैरोसिया, वाल्मीकि साइकिल स्टोर, वीपीओ—करही, वाया—मोहना-475330 |
| 105/15.10.85 | 15. | श्रद्धेय चेतराम जाटव, शिक्षक शा.प्राथ.विद्या., सैमाहा, पोस्ट—नोरोत, वाया—भाँडेर-475335 |
| 21/15.8.76 | 16. | श्रद्धेय मोतीराम हिन्नोटिया, सह-शिक्षक, रा.प्राथ.माध्य. विद्या., वीपीओ—उर्वा, वाया—आंतरी-475001 |
| 32/8.8.87 | 17. | श्रद्धेय रमेश प्रह्लाद मौर्य, गाँव—बड़कागाँव, पोस्ट—समरई, वाया—मोहना-475334 |
| 55/14.6.88 | 18. | श्रद्धेय उमाशंकर मलौठिया, वीपीओ—लिपरौआ कलां, वाया—भाँडेर-475335 |

### 13. मध्य प्रदेश (5. छतरपुर)

| | | |
|---|---|---|
| 67/16.9.86 | 1. | श्रद्धेय धनी राम अहिरवार, उच्च श्रेणी लिपिक कार्यालय जिला एवं सत्र न्यायाधीश, छतरपुर-471001 |
| 92/20.10.86 | 2. | श्रद्धेय अजुद्दी लाल उर्फ खार बाबू, कार्या.सहा. संचालक, मत्स्योद्याग (मछली विभाग) |
| 16/4.5.87 | 3. | श्रद्धेय हर प्रसाद वर्मा, हेड फिटर (ब), औद्यो. प्रशिक्षण संस्था चौबे कॉलोनी, छतरपुर-471001 |
| 188/7.3.88 | 4. | श्रद्धेय सोने लाल अहिरवार, गाँव—बसन्तपुर, पोस्ट—बालकौरा, तहसील—लौंडी-471515 |

### 13. मध्य प्रदेश (6. छिंदवाड़ा)

| | | |
|---|---|---|
| 61/4.9.78 | 1. | श्रद्धेय चैतराम यादव, गाँव—सीताडोंगसी, पोस्ट—देलारवारी |
| 100/1.12.81 | 2. | श्रद्धेय रामवन्दन राव कनौजिया, वीपीओ—दमुआ |

### 13. मध्य प्रदेश (7. जबलपुर)

| | |
|---|---|
| 25.01.1970 | श्री मुंशी परमलाल अध्यापक, V.P.—चितहती (पठा), छतरपुर, (M.P.) |

| | | |
|---|---|---|
| 27/17.4.76 और 128/11.9.82 | 1. | श्रद्धेय लौजीराम, सी एंड डब्ल्यू फिटर, पर्वाहकर्ता, श्रद्धेय रामपाल टी स्टाल, न्यू कटली (नया पता—न्यू सिक लेन, न्यू गार्ड, सेंट्रल रेलवे, सूकटनी एन.के.रे.—कई बार) |
| 77/4.11.76 | 2. | श्रद्धेय मुरारी लाल गौतम, सुपरवाइजर एल.बी. ऑफिस, गन कैरिज फैक्टरी, जबलपुर (कई बार) |
| 32/14.5.77 | 3. | श्रद्धेय किशन लाल कोरी, मकान नं. 1692, बन्दी कोरी की दफाई, मोह.—धमापुर, जबलपुर |
| 161/27.12.80 | 4. | श्रद्धेय भजनलाल झरिया, राझइ (पुरानी बस्ती) सेठी बिल्डिंग, पुरानी गौशाला के पास |
| 120/22.8.82 | 5. | श्रद्धेय पी.जी. मेश्राम, स्टेट बैंक ऑफ इंडिया, मेन ब्रांच, वीपीओ—कटनी-483501 |
| 145/9.10.82 और 106/25.10.88 | 6. | श्रद्धेय बलीराम, टिकट नं. 432, सेक्शन गेयर शॉप, साइट नं. -2, व्हीकल फैक्ट्री, जबलपुर-482009 (कई बार) |
| 72/10.5.87 | 7. | श्रद्धेय डब्ल्यू.बी. गनवीर, फोरमैन, ए.सी.सी. लिमि., कटनी, रिफैक्ट्री वर्क्स, पोस्ट—कटनी, सी.एफ.-483504 |
| 100/3.8.84 | 8. | श्रद्धेय एम.एल. गौतम, सुपरवाइजर एल.बी. ऑफिस, तोप गाड़ी फैक्ट्री |
| | 9. | श्रद्धेय चन्द्रभान चाइटेल, डॉ. अम्बेडकर छाया, 1046, शारदा नगर, व्हीकल रोड, जबलपुर |
| 199/18.3.88 | 10. | श्रद्धेय सूरज प्रसाद कोल द्वारा सूरज पान भंडार, पोस्ट—कटनी-483501 |
| 31/11.5.88 | 11. | श्रद्धेय कौशल किशोर मौर्य, 83/3, टाइप-2, ओ.एफ. के. स्टेट, वीपीओ—खमरिया (जबलपुर-482005) |

### 13. मध्य प्रदेश (8. झाबुआ)

| | | |
|---|---|---|
| 124/23.9.81 | 1. | श्रद्धेय बी.पी. जाटव, विक्रय कर अधिकारी, बिक्री कर कार्यालय |
| 11/12.4.86 | 2. | श्रद्धेय ज्वाला प्रसाद जाटव, रा.नि.कार्यालय सहायक बन्दोबस्त अधिकारी, वीपीओ—पेटलावद-457773 |
| 22/5.5.86 | 3. | श्रद्धेय राम आसरे बौरासी पर्वाहकर्ता, स्टेट बैंक ऑफ इन्दौर, शाखा चान्दला-457777 |
| 30/6.6.86 | 4. | श्रद्धेय एम.एस.ठाकुर, रा.नि.कार्यालय, सहा. बन्दोबस्त अधिकारी, वीपीओ—पेटलावद-457773 |

| | | |
|---|---|---|
| 36/21.6.86 | 5. | श्रद्धेय आर.सी.सोनगरा राजस्व निरीक्षक, वाल्मीकि मार्ग, वीपीओ—पेटलावद-457773 |
| 43/19.7.86 | 6. | श्रद्धेय सुरेश वासनिक, स्टेट बैंक ऑफ इन्दौर, पेटलावद-457773 |
| 149/4.1.88 और 15.20.4.88 | 7. | श्रद्धेय आर.आर. सोनगरा, एकलव्य मार्ग, वीपीओ—पेटलावद-457772 |

## 13. मध्य प्रदेश (9. टीकमगढ़)

| | | |
|---|---|---|
| 10.04.1970 | | श्री जीपी केन, सब-इंस्पेक्टर पुलिस, पुलिस स्टेशन निवारी, P.O.—निवाड़ी जिला—टीकमगढ़, मध्य भारत |
| 02.10.1971 | | श्री छिंगेलाल कटरा, कटरा टेलर्स ग्रा + पोस्ट—निवाड़ी, टीकमगढ़, मध्य भारत |
| 24/26.3.76 | 1. | श्रद्धेय छोटे लाल अहिरवार (गुरुजी), वीपीओ—पृथ्वीपुर, तहसील—452442 |
| 18/25.3.77 | 2. | श्रद्धेय मन्नी लाल यादव, वीपीओ—जेवर, तहसील—निवाड़ी- 472442 |
| 66/4.6.79 | 3. | श्रद्धेय हरप्रसाद अहिरवार, अध्यापक, मोह.—मांडेरियाना, वीपीओ—निवाड़ी-472442 |
| 3/3.4.86 | 4. | श्रद्धेय सचिव महोदय, डॉ. अम्बेडकर नवयुवक सेवा संघ, वीपीओ—मीडिया, वाया—पृथ्वीपुर-472336 (श्रद्धेय नाथूराम अहिरवार) |
| 51/1.8.86 | 5. | श्रद्धेय एल.एल. अहिरवार, रीडर सहायक पंजीकरण सहकारी समितियाँ, टीकमगढ़-472001 |
| 90/20.10.86 | 6. | श्रद्धेय संतराम अहिरवार, गाँव—गयाजीतपुर, पोस्ट—बरेठी |

## 13. मध्य प्रदेश (10. दतिया)

| | | |
|---|---|---|
| 82/30.10.78 | 1. | श्रद्धेय बाबा हरबल बौद्ध, वीपीओ—कुदारी (कई बार) |
| 82!25.7.80 | 2. | श्रद्धेय अजय कुमार बौद्ध, सुपुत्र श्रद्धेय पद्म सिंह बौद्ध, रिछरा फाटक |
| 33/12.3.83 | 3. | श्रद्धेय भजनलाल, वीपीओ—कामद |
| | 4. | श्रद्धेय माखन लाल मौर्य, 6/84, खलकपुरा, दतिया-475661 |

## 13. मध्य प्रदेश (11. दमोह)

## 13. मध्य प्रदेश (12. दुर्ग)

| | |
|---|---|
| 07.07.1970 | श्री जी.एच. डोंगरे, संस्थापक—अम्बेडकर विचार मंच, सेक्टर नं. 5, क्रॉस स्ट्रीट 4, क्वार्टर नम्बर 6-च, किदवई नगर, दुर्ग, मध्य भारत |
| 65/17.10.87 और 84/21.11.77 | 1. श्रद्धेय प्रेम लाल साखरे, वेल्डर, पर्वाहकर्ता, दुर्गा प्रसाद बिसकेट वाले, न्यू मार्केट, चन्दनी शॉप, पोस्ट—दल्ली, राजहरा-491228 (कई बार) |
| 16/25.2.78 | 2. श्रद्धेय व्यवस्थापक डॉ. अम्बेडकर वाचनालय, बुद्ध विहार, वीपीओ—दल्ली राजहरा-491228, तहसील—बालोद |
| 108/11.10.79 | 3. श्रद्धेय श्रामशेह धम्म-ज्योति, बाबा साहब डॉ. अम्बेडकर सांस्कृतिक भवन, सैक्टर-6, सड़क-1, वीपीओ—भिलाइनगर- 490001 |
| 21/12.3.83 | 4. श्रद्धेय महादेव भारती, गाँव—सहापउ (टिपनी), पोस्ट—टिपनी (खम्हनिया)-491338 |
| 36/5.3.84 | 5. श्रद्धेय विजय कुमार रंगारी, जैन क्लॉथ स्टोर, पुराना बाजार, पोस्ट—दल्ली, राजहरा-461228 |
| 64/26.6.85 | 6. श्रद्धेय भोलाराम...ब्लॉक नं. 53 क्यू., क्वा. नं. ए-2/(डी-टाइप), हास्पिटल सेक्टर, वीपीओ—दल्ली, राजहरा-491228 |
| 145/28.12.85 | 7. श्रद्धेय भीमराव ठवरे, माइंस बालोद (राजहरा), पोस्ट—राजहरा-491228 |
| 122/5.12.88 | 8. श्रद्धेय कुन्दन कुमार भारतीय, वीपीओ—बेरला-491332 |

## 13. मध्य प्रदेश (13. देवास)

| | |
|---|---|
| 3/19.1.76 और 41/23.7.76 | 1. श्रद्धेय सत्यवान नामदेव पाटिल, 1125-बी, एन.पी. कॉलोनी, देवास-455001 |
| 122/20.9.84 | 2. श्रद्धेय रत्नेश मल्लवीर, क्वा.नं. 6, नर्सेज क्वार्टर, मेटरनिटी कम्पाउंड |

## 13. मध्य प्रदेश (14. धार)

| | |
|---|---|
| 70/27.3.82 | 1. श्रद्धेय एस.पी. सेन, नेशनल हाइपो डिवीजन, वीपीओ—धाननोद-454552 |

| | |
|---|---|
| 83/21.9.87 | 2. श्रद्धेय आर.आर. खांडे, विद्युत अनुदेशक, आई.टी.आई., वीपीओ—धाननोद-454552 |
| 85/13.9.82 | 3. श्रद्धेय लाल बहादुर गोयल, पुलिस चौकी, दसई |

**13. मध्य प्रदेश (15. नरसिंहपुर)**

**13. मध्य प्रदेश (16. पन्ना)**

| | |
|---|---|
| 10.06.1970 | श्रीमती विद्या मालविका Ph.D., पन्ना, मध्य भारत |

**13. मध्य प्रदेश (5. छतरपुर)**

| | |
|---|---|
| 189/73.88 | 5. श्रद्धेय प्रहलाद अहिरवार, गाँव—सीलप, पोस्ट—ठकुर्रा, तहसील—गौरीहार |

**13. मध्य प्रदेश (17. पश्चिमी निमाड़)**

**13. मध्य प्रदेश (18. पूर्वी निमाड़)**

**13. मध्य प्रदेश (19. बस्तर)**

| | |
|---|---|
| 108/24.7.82 | 1. श्रद्धेय वी.के. भीमटे, सहायक मानचित्रकार सिंचाई अनुविभाग, क्रमांक नं. 2, वीपीओ—नारायणपुर-484661 |

**13. मध्य प्रदेश (20. बालाघाट)**

| | |
|---|---|
| 50/23.8.76 | 1. श्रद्धेय प्रभूराम हिरकने, सहा. शिक्षक, प्राथ. पाठ. बनेरा, पोस्ट—बनेरा कटंगी, तहसील—वाणसिवनी-481331 (कई बार) |
| 14/8.3.77 | 2. श्रद्धेय सी.जी. मसूरकर, सहा. शिक्षक, प्राथ.पाठ. बीसापुर, पोस्ट—खमरिया कटंगी, तहसील—वाणसिवनी-481331 |
| 19/28.3.77 | 3. श्रद्धेय टेम्भेर, केन्द्रीय सहकारी बैंक, मर्यादित बालाघाट, शाखा-बिरसा |
| 37/24.6.77 | 4. श्रद्धेय कृष्णा किशोर खोब्रागडे (सचिव बौद्ध संघ), मोह.—नारायण टोला, वीपीओ—किरनापुर |
| 15/20.2.78 | 5. श्रद्धेय जे.आर. डहारे, अध्यापक, वीपीओ—चरेगाँव |
| 90/8.12.78 | 6. श्रद्धेय सी.जी. मसूरकर, सहा. अध्या.प्राथ.पाठ., बीसापुर, पोस्ट—खमरिया कटंगी, तहसील—वाणसिवनी-481331 |
| 133/1.12.79 | 7. श्रद्धेय रामचरन रामटेके शिक्षक, वीपीओ—मोहझरी, (कई बार) |
| 116/15.9.81 | 8. श्रद्धेय गोबिन्दराव बागडे, वीपीओ—कटोरी, ब्लाक-खैरलॉजी, तहसील—वाणसिवनी-481331 |

| | | |
|---|---|---|
| 128/7.9.82 | 9. | श्रद्धेय कीर्तिकुमार मेश्राम बौद्ध, वीपीओ—बनेरा, तहसील—वाणसिवनी |
| 179/11.12.82 | 10. | श्रद्धेय बाबूराव गजामिवे, वार्ड नं. 9, पोस्ट—भरवेली |
| 145/19.11.83 | 11. | श्रद्धेय धनराज क्षीरसागर, कम्प्रेशर हाउस, गंगनिज ऑर इंडिया लिमि., बालाघाट माइन, वीपीओ—भरवेली-481102 |
| 175/12.2.88 | 12. | श्रद्धेय डुकरुजी सोनवाले, गाँव—पाल डोंगरी, पोस्ट—अमेड़ा, वाया—लौंजी-481222 |

### 13. मध्य प्रदेश (21. बिलासपुर)

| | | |
|---|---|---|
| 6/10.2.77 | 1. | श्रद्धेय शिवनारायण धुर्वे, वार्ड कीपर, बालको हॉस्पिटल, वीपीओ—बालको टाउनशिप, कोरबा-495684 |
| 29/9.5.77 | 2. | श्रद्धेय मंगतराम हरदास, गाँव—गिधौरी, पोस्ट—तिलकेजा |
| 68/21.9.78 | 3. | श्रद्धेय फेंकूलाल 'बिजौरे', वीपीओ—खैरा (हुगलिया), वाया—रतनपुर-495442 |
| 2/2.1.79 | 4. | श्रद्धेय अन्तराम जाटवर, वर्कशॉप, सुरा कछार, कोलियारी, वीपीओ—बांकीगोंगरा-495447 (झींझक से 950 किलोमीटर रेलवे स्टेशन 'गोवरा रोड', दक्षिण पूर्व रेलवे, रेलवे मार्का एम.ए.डी., वाया—नैनी कटनी |
| 140/12.12.79 | 5. | श्रद्धेय पांडेराम कुर्रे, गाँव—मानिकपुर कालरी (कोरबा), पोस्ट—मानिकपुर कालरी-495682 |
| 143/1.12.80 | 6. | श्रद्धेय डी.डी. उइके, सब इंजी. अलकतारा शाखा नहर, उप-विभाग क्रमांक नं. 6, वीपीओ—जांजगीर-495668 (पट रुपया अस्सी भारी लिखा-पढ़ी के बाद दिनांक-13.8.82 को मिला) |
| 32/24.3.81 | 7. | श्रद्धेय पूरनदास 'नीलम पुस्तक भवन', वीपीओ—बाँकी मोंगरा-495447 |
| 110/4.9.81 | 8. | श्रद्धेय आई.बी.बंजारे, 104/3, गजरा साइड, पोस्ट—बाँकी मोंगरा-495447 |
| 102/5.12.81 | 9. | श्रद्धेय समेलाल फिरही, वीपीओ—कुसमुल, वाया—माल खरौंदा |
| 11/14.1.82 | 10. | श्रद्धेय मुकुटराम मोहिने, वीपीओ—खैरा (हुगलियाँ), वाया—रतनपुर-495442 |
| 18/22.1.82 | 11. | श्रद्धेय रामप्रसाद मिर्रे, वीपीओ—कुसमुल, वाया—माल खरौंदा, आर.एस. सकती-495689 |

| | | |
|---|---|---|
| 20/22.1.82 | 12. | श्रद्धेय एच.आर. बंजारा, सबऑडिटर सहायक भीमतियाँ, पर्वाहकर्ता, महामाया, बुनकर उद्योग सहकारी समितियाँ, वीपीओ—सकती-495689 |
| 60/27.3.82 | 13. | श्रद्धेय तेजपाल सिंह, वीपीओ—कुसमुल, वाया—मालखरौंदा |
| 69/27.2.82 | 14. | श्रद्धेय एस.डी. अविनाशी, शिक्षक, गवर्न. हायर सेकेंडरी स्कूल, वीपीओ—नवागढ़ |
| 141/4.10.82 | 15. | श्रद्धेय डॉ. हीरा साहब बंजारे, (गोल मेडलिस्ट) आर.एम. आर., वीपीओ—बडौद, वाया—चन्द्रपुर-495692 (कई बार) |
| 150/21.1.82 | 16. | श्रद्धेय जे.डी. रात्रे, सहायक शिक्षक, पूर्व माध्य.शाला, रामपुर, अन्धरी कछार, कोरबा कमरा नं. एन.एफ.-189, पोस्ट—टाउनशिप कोरबा-495681 (एन.एफ-189, एम.पी.ई.बी. कॉलोनी) |
| 156/15.10.82 | 17. | श्रद्धेय भागीरथी विजय, वीपीओ—धर्माशव (पोखरा के पास), वाया—जांजगीर-495668 (कई बार) |
| 187/18.12.82 | 18. | श्रद्धेय जगतजीतराम खुंटे, पर्वाहकर्ता, श्रद्धेय घनश्याम प्रसाद खुंटे, पोस्टल-असि.—प्रगतिनगर |
| 4/15.1.83 | 19. | श्रद्धेय डेरिहा प्रसाद सापडे, गाँव—ठकुरदिया, पोस्ट—नवागढ़, वाया एंड तहसील—495668 |
| 15/24.2.83 | 20. | श्रद्धेय ए.एल. अनन्त, क्वा. नं. 246, सेक्टर-3, वीपीओ—बालको टाउनशिप, कोरबा-495684 |
| 79/2.6.83 | 21. | श्रद्धेय झामलाल श्रितलहरे, सतनाम मेडिकल स्टोर्स, वीपीओ—गोड़रवाकही, वाया—लोरमी-495115, तहसील—गुंगेली |
| 92/23.7.83 | 22. | श्रद्धेय सन्नी, अन्तर ग्रामीण विकास समिति, गाँव—देवरघटा, पोस्ट—हसोद, वाया—विर्रा-495661 |
| 112/308.83 | 23. | श्रद्धेय एस.आर. डहरिया, क्वा.नं. ई-11, विद्युतनगर हरदेव ताप विद्युत परियोजना, एम.पी.विद्युत मंडल, दर्री |
| 122/6.10.83 | 24. | श्रद्धेय मनोहर लाल बंजारे, सुरा उद्योग कोलियरी, रामनगर दफाई, पोस्ट—भौरांताल, वाया—बाँकी मोंगरा-495447 |
| 46/24.3.84 | 25. | श्रद्धेय नवघा प्रसाद कुर्रे, गाँव—अचानकपुर, आर.एस. बाराछार, पोस्ट—श्रामगाँव |
| 80/9.6.84 | 26. | श्रद्धेय प्रेमलाल धीरही, वीपीओ—कुसमुल, वाया—अडमार |

## 13. मध्य प्रदेश (21. बिलासपुर)

पोस्ट—कोरबा-495641

| | | |
|---|---|---|
| 115/1.12.86 | 55. | श्रद्धेय परमानन्द गढ़ेवाल, गाँव—डोंगिया, पोस्ट—कोरबा, वाया—सकती-495689 |
| 126/15.12.86 | 56. | श्रद्धेय डॉ. शीशराम भारद्वाज, गाँव—बोरसी, पोस्ट—कोसा, वाया—नरियारा |
| 137/17.12.86 | 57. | श्रद्धेय आर.एस. यादव, शिक्षक मा.वि. पोटापाकी, पोस्ट—वाया—वाली-495449 |
| 147/17.1.87 और 132/5.12.87 | 58. | श्रद्धेय तराजूराम खुटियारे, प्रधानाध्यापक, प्राथ.पाठ., गाँव—पनगाँव, पोस्ट—कुटरा, वाया—जांजगीर-495688 |
| 173/21.2.87 | 59. | श्रद्धेय मंसाराम टंडन, गाँव—झरकुंडा, पोस्ट—लोहरसी सोन, वाया—मस्तूर-495551 |
| 180/9.3.87 | 60. | श्रद्धेय गेंदराम कुर्रे, वीपीओ—सकरेली (बारहद्वार), वाया—बाराद्वार-495687 |
| 188/21.3.87 | 61. | श्रद्धेय नेहरू प्रसाद जाँगड़े, हसदेव बाँगो बाँध, तनु विभाग, क्रमांक 7, माथाडोली, वाया—कटघोरा-495555 |
| 191!30.3.87 | 62. | श्रद्धेय डॉ. डी.पी. कुर्रे, गाँव—डोंगरिया खुर्द, पोस्ट—भेरवा, वाया—मुगेली |
| 10/25.4.87 | 63. | श्रद्धेय माधो प्रसाद खुंटे, पर्वाहकर्ता, पुन्नीलाल, वीपीओ—तनौद, वाया—खरौंद |
| 44/20.6.87 | 64. | श्रद्धेय एस.पी. सूरज, गाँव—ओछिनापारा, पोस्ट—रतनपुर-495442 |
| 68/21.8.87 | 65. | श्रद्धेय गेंदराम कुर्रे, वीपीओ—सकरेली (या.), वाया—बाराद्वार-495687 |
| 77-78/10.9.87 | 66. | श्रद्धेय ए.एल. खांडेकर, हसदेव बाँगो बाँध पटियो जना, डिवीजन नं. 2, माथा डोली, वाया—कटघोरा-495445 |
| 139/19.12.87 | 67. | श्रद्धेय महिपाल सिंह, वीपीओ—रंजना (पाली) |
| 141/25.12.87 | 68. | श्रद्धेय कोमल सिंह चान्दसे, गाँव—पीथमपुर (डबरी), पोस्ट—साल्हेपोरी, वाया—लोरसी-495115 |
| 146/2.1.87 | 69. | श्रद्धेय गणेश प्रसाद पांडेकर, सफाईवाला, नगर पालिका परिषद, वीपीओ—मुंगेली-495334 |
| 167/2.2.89 | 70. | श्रद्धेय एम.एस. कामठे, गाँव—भिलाई नगर, पोस्ट—हरदी बाजार-494556 |

| | | |
|---|---|---|
| 172/8.2.88 | 71. | श्रद्धेय देवेन्द्र कुमार, गाँव—मिलौनी, पोस्ट—डोंगा कोहरौद, वाया—पामगढ़-495554 |
| 178/22.2.88 | 72. | श्रद्धेय बलराम खुटे, वीपीओ—बम्हनी बाजार-495660 |
| 181/26.2.88 | 73. | श्रद्धेय बलदाऊराम डहरिया, सहा. शिक्षक, गाँव—कोसकट्टी, पोस्ट—मटसगरा, वाया—तखतपुर-495330 |
| 185/29.2.88 | 74. | श्रद्धेय डॉ. हीरासाय बंजारे गोल्ड मेडलिस्ट, आर.एस. पी., वीपीओ—बथौद, वाया—चन्द्रपुर-495692 |
| 187/29.2.88 | 75. | श्रद्धेय घनसाय जागड़े, गाँव—मिलौनी, पोस्ट—डोंगा कोहरौद, वाया—पामगढ़-495554 |
| 195/18.3.88 | 76. | श्रद्धेय राजाराम बनर्जी, गाँव—जोरैला, पोस्ट—कोसीर, वाया—पामगढ़-495554 |
| 205/21.3.88 और 13/20.4.88 | 77. | श्रद्धेय गोफेलाल चतुर्वेदी, गाँव—खालमीडीह, पोस्ट—चन्देली, वाया—लोरमी-495115 |
| 30/11.5.88 | 78. | श्रद्धेय चरनदास, चेयरमैन भूमि एवं सम्पत्ति सर्वेक्षण, ईकाई-बाँगो बाँध परियोजना, वीपीओ—माचाडो, वाया—कटघोरा- 495553 |
| 51/11.6.88 | 79. | श्रद्धेय राम प्रसाद कोमले, गाँव—बाराद्वार बस्ती, पोस्ट—बाराद्वार-495687 |
| 58/8.7.88 | 80. | श्रद्धेय घनश्याम जाँगड़े, वीपीओ—नेवरा-495112, तहसील—तखतपुर |
| 67/6.8.88 | 81. | श्रद्धेय आर.सी. धुणे, प्रधान पाठक, पूर्व नाट्यशाला, वीपीओ—कोरबी (फूलसर), वाया—कटघाए-495445 |
| 91/27.6.88 | 82. | श्रद्धेय आर.आर. पत्रवारती, कार्यालय सम्भागीय मंत्री (भंडार), ह.ता.वि. मंडल, दर्री कोरबा |
| 96/4.10.88 | 83. | श्रद्धेय विष्णु सिंह प्रथम शिक्षक, शा.प्रा.पाठ.—करुहागर, पोस्ट—डिंडोरी, वाया—लोरमी-495115 |
| 97/4.10.88 | 84. | श्रद्धेय एन.एल. खोब्रागडे क्वा.नं. 180, सेक्टर-5, पोस्ट—बालको टाउनशिप-495684 |
| 108/27.10.88 | 85. | श्रद्धेय सजन कुमार सांडे, गाँव—बुन्देला, पोस्ट—रहौद, वाया—पामगढ़-495554 |
| 121/29.11.88 | 86. | श्रद्धेय जे.आर. सांडे, सब इंजी., हसदेव बाँगो बाँध परियोजना, एच-35, माचाडोली, वीपीओ—मलाडोली-495553 |

140/17.1.89 87. श्रद्धेय टी.पी. लोनारे, बी.एल. होम, वीपीओ—बम्पा-495671

143/17.1.89 88. श्रद्धेय मरहन लाल सितारे, गाँव—नेगुरडीह (भाठापार), पोस्ट—किटीत, वाया—जांजगीर-495668

151-152/7.2.89 89. श्रद्धेय शिव नारायण राजे द्वारा इंकलाब पान भंडार, स्वत: बुक स्टाल, क्रान्ति चौक, वीपीओ—मसूरी-495551

158/14.2.89 90. श्रद्धेय प्रदीप कुमार राही, विक्रय कर कार्यालय (शाह कुटीर लिंक रोड), बिलासपुर, वृत्त-3, बिलासपुर-495001

162/282.89 91. श्रद्धेय अनिरुद्ध आदिल, वीपीओ—भठली, वाया—जांजगीर-495668

166/10.3.89 92. श्रद्धेय एस.आर., टेलर्स (बस स्टैंड) वीपीओ—तिलई

169/10.3.89 93. श्रद्धेय पौलुस विनय कुमार रानाकर, वीपीओ—माल खरौंदा, वाया—सकती-49691

6/26.4.89 94. श्रद्धेय सुन्दर लाल जांगड़े, गाँव—तुलसीडीह, पोस्ट—कुब्मूल, वाया—अड़भार-495695

95. श्रद्धेय नरेन्द्र कुमार रामटेके, अम्बेडकर नगर, बिलासपुर-495001

22/27.5.90 96. श्रद्धेय सन्तोष कुमार पाटले, गाँव—बस्ती बाराद्वार, पोस्ट—बाराद्वार-495687

### 13. मध्य प्रदेश (22. बैतूल)

47/17.8.76 1. श्रद्धेय बी.डी. पाटील पर्वाहकर्ता, श्रद्धेय खुशरंग पाटील, गाँव—देवसिलाई, पोस्ट—नरखेड़, पोस्ट—मुल्ताई-460661

36/13.6.77 2. श्रद्धेय बुहनबार्ड वामनकर, रेलवे कॉलोनी, आर.बी., 253-बी, वीपीओ—अमला-46551

148/21.11.83 3. श्रद्धेय यादवराव खोब्रागडे, तीसरी मंजिल, एफ-651, एम.पी. विद्युत मंडल कॉलोनी, वीपीओ—सारनी-460447

40/9.3.84 4. श्रद्धेय मनीराम भामारकर, 134, कांग्रेस नगर, ब्लॉक नं. 3, वीपीओ—पाथाखेड़ा-460449 (कई बार)

14/30.4.87 5. श्रद्धेय सलिकराम खातरकर, 181, एल.सी.एच. (पानी की टंकी के पास), सुभाष नगर, पोस्ट—एम.सी.एल.नाभार, खेड़ा-460449 (आर.एस. घोड़ा डोगरी)

92/27.9.88 6. श्रद्धेय एस.वी. मौर्या, शिक्षक, बालक मिडिल स्कूल, वीपीओ—सारनी-460447

### 13. मध्य प्रदेश (23. भिंड)

13.8.63 श्रद्धेय पी.डी. जयन्त, भीमनगर वार्ड नं. 3 (जैन स्कूल के पीछे), भिंड

13.8.63 चचुरी लाल कचरोलिया, बौद्ध नगर (पतारा), (उच्चतर माध्य. विद्यालय के पीछे) 2/642, दबोह, डालचन्द आमघरिया

13.8.71 महंत पी.डी.जयंत, राष्ट्रीय अध्यक्ष, राष्ट्रीय सर्वहारा गरीब मुक्ति संघ, मुख्य कार्यालय, भीम नगर, भिंड (मध्य प्रदेश)

81/30.10.78 1. श्रद्धेय मुन्नी लाल गोयल, 73, लहार रोड, गौरी किनारा, पुरानी बस्ती, भिंड-477001 (पुरानी कोतवाली के पीछे मकान है। दुकान परचूनी की पुरानी बस्ती में है।) (कई बार)

63/16.5.79 2. श्रद्धेय नारायण सिंह कुशवाह, सरपंच ग्राम पंचायत गिरवासा, पोस्ट—लहार-477445

132/1.11.80 3. श्रद्धेय भले फक्कड़देव, वीपीओ—गिर्वासा, वाया—लहार-477445

42/25.3.83 4. श्रद्धेय रतन सिंह डंडोतिया, गाँव—रुचि का पुरा, पोस्ट—गोरमी-477660 (कई बार)

146/19.11.83 5. श्रद्धेय रानाजीत जाटव, वीपीओ—पिपरमाना, वाया—मोहब- 447116

111/18.10.85 6. श्रद्धेय रामस्नेही पर्वाहकर्ता, श्रद्धेय रामस्वरूप सिंह, वीपीओ—कृपे का पुरा, वाया—गोरमी-447660

134/3.1.89 7. श्रद्धेय सिद्धार्थ गौतम द्वारा श्रद्धेय आर.डी. अहिरवार

66/13.8.87 8. श्रद्धेय सत्यनारायण बौद्ध पर्वाहकर्ता, हरीपाल जाटव, वीपीओ—भालनपुर, वाया—गोलद-477116

### 13. मध्य प्रदेश (24. महू)

—कुमारी शोभा सुदास, 1153, बरलावर गली, महू-453447

### 13. मध्य प्रदेश (24. मंडला)

10.06.1970 श्री मुंशी निडवा सुकाजी गड़वाले, V—चौबीसा, P—मारवारी, तहसील—निवास, मंडला, मध्य भारत

38/16.7.76 1. श्रद्धेय प्रेम सिंह, सुपुत्र श्रद्धेय रघुवर सिंह, भरश्राम, सुरला टोला, पोस्ट—बोंदर, वाया—डिंडोरी-481880

54/1.8.78 2. श्रद्धेय रामस्वरूप कैलाशिया, राजस्व निरीक्षक बन्दोबस्त कार्यालय, बन्दोबस्त अधिकारी, प्राचीन डिंडोरी-481880

| | |
|---|---|
| 89/247.80 | 3. श्रद्धेय आर.एस. चौहान, सब इंजी. थनवार केनाल, सब डिवीजन नं. 2, वीपीओ—नमनपुर-481778 (कई बार) |
| 29/11.5.88 | 4. श्रद्धेय टी.एस. कुशरन, हेड मास्टर, मिडिल स्कूल—खुड़िया, वाया—डिंडोरी-481778 |

### 13. मध्य प्रदेश (मन्दसौर)

| | |
|---|---|
| 7/22.1.83 | 1. श्रद्धेय एम.एल. आर्य, गाँव—सेमलिया काजी, पोस्ट—कुचड़ोद, वाया—अफजलपुर-458237 (कई बार) |
| 119/16.9.83 | 2. श्रद्धेय एल.आर. मालविया, दूरभाष प्रचारक, दूरभाषा केन्द्र, वीपीओ—नीमच- 458411 (कई बार) |
| 16/13.5.89 | 3. श्रद्धेय प्यारे लाल रांगोठा प्रबला शास. सुभाष उच्च माध्य. विद्या., वीपीओ—भानपुरा-458775 |

### 13. मध्य प्रदेश (26. मुरैना)

| | |
|---|---|
| 96/13.9.85 | 1. श्रद्धेय आदिराम जाटव, उप-मंत्री, पर्वाहकर्ता, श्रद्धेय पोस्ट मास्टर साहब, पोस्ट—पोरसा-476115 |
| 110/15.10.85 | 2. श्रद्धेय मातादीन मास्टर, गाँव—रसीलपुर, पोस्ट—जींगनी-478001 |
| 75/27.9.86 | 3. श्रद्धेय पी.एस. दौनेरिया, बड़ा इमामबाड़ा, वीपीओ—श्योपुर-कलाँ-476337 |
| 53/11.6.88 | 4. श्रद्धेय बाबूलाल टेलर, गाँव—गयासीपुरा, पोस्ट—बरेह, वाया—अंवाह-476111 |

### 13. मध्य प्रदेश (27. रतलाम)

| | |
|---|---|
| 38/24.3.81 | 1. श्रद्धेय राजाराम पनवारी, 94-बी, रोड नं. 3, न्यू रेलवे कॉलोनी, रतलाम-457001 (कई बार) |
| 131/2.10.81 | 2. श्रद्धेय पी.बी. शेगाँवकर, विभागाध्यक्ष (ग्रामीण) शासकीय महाविद्यालय, वीपीओ—जावरा-457226 |
| 144/11.11.83 | 3. श्रद्धेय जगन्नाथ चौहान, ऑफिस कमि. एम.पी. इलविड सिटी बोर्ड, डी.सी., वीपीओ—जावरा-457227 |
| 151/26.11.83 | 4. श्रद्धेय रामचन्द्र बोरिया अध्यापक, 108, डॉ. भीमराव अम्बेडकर कॉलोनी, वीपीओ—रावटी-457769 |
| 37/9.3.84 | 5. श्रद्धेय बलीराम दोहरे, अध्यापक द्वारा श्रद्धेय प्रभूलाल बूरिया, टेलर के मकान में, वीपीओ—रावटी-457769 |

| | |
|---|---|
| 91-92/17.1.80 | 6. श्रद्धेय बी.आर. मेहर, 6/96, जवाहर नगर, रतलाम-457001 |

**13. मध्य प्रदेश (28. राजगढ़)**

**13. मध्य प्रदेश (29. रायपुर)**

| | |
|---|---|
| 10.06.1970 | श्री बिसराम बौद्ध, V.—भोरिंग, P.—तुमगाँव, तहसील—महासमुद, रायपुर |
| 106/22.8.83 | 2. श्रद्धेय श्याम रतन भारद्वाज, गाँव—बुड़गहन, पोस्ट—भटमेरा, वाया—नेवरा-493114 (कई बार) |
| 70/4.5.84 | 3. श्रद्धेय उपराम बौद्ध, वीपीओ—तेलासी, वाया—बरगन (पलारी) 483228 |
| 86/25.6.84 | 4. श्रद्धेय दिलीप कुमार रामटेके द्वारा श्रद्धेय डी.डी. वैद्य, दानीटोला, वीपीओ—धमतरी-493773 |
| 87/25.7.87 | 5. श्रद्धेय आशाराम पाटिल, वीपीओ—मोहतरा, वाया—कटगी- 493334 |
| 27/18.5.87 और 18/17.2.87 | 6. श्रद्धेय गरीबदास साहू, गाँव—नया खर्बे, पोस्ट—कसडोल-483335 |
| 41/17.6.87 | 7. श्रद्धेय धर्मपाल सूर्यवंशी, दफाई नं. 3, कोतमा कालरी, वीपीओ—कोतमा कालरी (भालू भाड़ा)-404334 |
| 51/3.7.87 | 8. श्रद्धेय डी.डी. वासनिक, सब-इंजी. पर्वाहकर्ता, टेकराम वर्मा, एडवोकेट, सिविल लाइन, बालौदा बाजार-493332 |
| 79/21.9.87 | 9. श्रद्धेय पनिक राम, गाँव—सरवानी, पोस्ट—सर्वा |
| 173/17.3.8़9 | 10. श्रद्धेय परसराम चेलकर सतनामी, गाँव—बुड़ेरा, पोस्ट—खरोरा |
| 180/31.3.88 | 11. श्रद्धेय सी.एम. साकेत, बी.ए.एम.एस. (4 वर्ष), कमरा नं. 26, नवीन छात्रावास, शास. आयुर्वेद चिकित्सा महाविद्यालय |
| 80/2.4.89 | 1. श्रद्धेय बी.आर. खुटे, वीपीओ—पलारी |

**13. मध्य प्रदेश (30. रायसेन)**

**13. मध्य प्रदेश (31. रीवा)**

| | |
|---|---|
| 26/12.3.80 | 1. श्रद्धेय रामखिलावन, भूतपूर्व विधायक, कमसरिया अनाथालय, रीवा-486001 |

| | | |
|---|---|---|
| 28/25.2.86 | 2. | श्रद्धेय रामचरण चौधरी वास्ते न्यू भारत टेलर, वीपीओ—सिरमौर-486448 |
| 31/28.2.86 | 3. | श्रद्धेय राहुल मनहर बौद्ध, 55/56, नई कॉलोनी (नेहरू बस्ती के उत्तर में), पुलिस लाइन रीवा (भारतीय बौद्ध परिषद् के कार्यकर्ता हैं), कई बार सतना से 52 किलोमीटर सम्यक् साहित्य संस्थान, भारत भवन, मोहल्ला—पड़रा, रीवा-486001 (किताब कालम चन्द्रोदय 125 विक्रय) |
| छत्तीसगढ़ | | 1. रायपुर, 2. बिलासपुर, 3. दुर्ग, 4. राजनाद गाँव, 5. रायगढ़, 6, बस्तर, 7. सरगुजा। |
| | | गुरु घासीदास का जन्म सन् 1756 ई. में ग्राम गिरौदपुरी, जिला रायपुर में हुआ। ससुराल जिला—रायपुर के ग्राम सिरपुर में थी। काल-गुणा पंचमी को जन्मस्थान में मेला लगता है। इन्होंने सतनामी पन्थ चलाया। अन्याय-अत्याचार के विरुद्ध संघर्ष किया। श्रद्धेय नकुल दीढ़ी बौद्ध धर्मप्रचारक हैं। भीष्मदेव दीढ़ी एडवोकेट, धामतरी-493773/1987 में और रायपुर में बौद्ध धर्म की महासभा हुई। श्रद्धेय डी.डी. वासविक आदि शामिल हुए थे। राजनादगाँव/मदानजी के कर्मचारी भी शामिल हुए। |

## 13. मध्य प्रदेश (32. विदिशा) (भेलझा)

| | | |
|---|---|---|
| 07.11.1970 | 1. | श्री रणपीर सिंह यादव, V.P.—पबई, जिला—विदिशा, M.P. |
| 160/20.11.82 | 2. | श्रद्धेय रतनचन्द मेहता, व्यवस्थापक मेहता सार्वजनिक पुस्तकालय, बाझौदा दाल मिल, वीपीओ—बासौदा-464221 |
| 61/19.6.85 | 3. | श्रद्धेय मनीराम बौद्ध पर्वाहकर्ता, श्रद्धेय व्यवस्थापक, खादी आश्रम, विद्यार्थी पथ, वीपीओ—मिरौंज-464228 |

## 13 मध्य प्रदेश (33. रायगढ़)

| | | |
|---|---|---|
| 18/19.3.76 | 1. | श्रद्धेय जगदीशचन्द्र, गाँव—सिंघनपुर, पोस्ट—कोसिर, तहसील—सारगढ़-496448 |
| 68/31.10.77 | 2. | श्रद्धेय रामदास सुमन, गाँव—भाठागाँव, पोस्ट—कोसीर |
| 60/27.3.82 | 3. | श्रद्धेय जी.सी. सिंह, गाँव—कठानी, पोस्ट—कोड़ापाली, वाया—पुसौर-496441 |

| | |
|---|---|
| 86/29.8.85 | 4. श्रद्धेय मेहत्तरदास सूर्यवंशी, वीपीओ—उच्चमिट्ठी, वाया—हरदी-496450 |
| 87/29.8.85 | 5. श्रद्धेय एच.आर. बंजारा, सहकारी निरीक्षक, पर्वाहकर्ता, कार्यालय, पंजीयक सहकारी संस्थाएँ, रायगढ़-496001 |
| 5/27.1.86 | 6. श्रद्धेय भोपाल महिलाने, गाँव—जिल्दी, पोस्ट—रेडा-496450, तहसील—सारगढ़ |
| 56/22.8.86 | 7. श्रद्धेय टेलर लेखराज जांगड़े, वीपीओ—उच्च मिट्टी, वाया—हरदी-496450 |
| 18/4.5.87 | 8. श्रद्धेय सम्मेलाल उस्ताद, गाँव—डंगनियाँ, पोस्ट—परसमोल-496445 |
| 42/17.8.87 | 9. श्रद्धेय टेलर लेखराज जांगड़े, वीपीओ—उच्च मिट्टी, वाया—हरदी-496450 (यह लंगड़े हैं—पावर मशीन से सिलाई करतें हैं।) |

### 13. मध्य प्रदेश (34. शहडोल)

| | |
|---|---|
| 54/26.4.80 | 1. श्रद्धेय संत तुकाराम दिव्यदर्शी परिब्राजक, धनपुरी कालरी नं. 3, पोस्ट—धनपुरी कालरी (आर.एस.एम.) |
| 115/20.9.80 | 2. श्रद्धेय बी.एन. सिंह मरावी व्याख्याता, शास.उच्चतर माध्य. विद्या., वीपीओ—बेनीबारी |
| 97/4.8.83 | 3. श्रद्धेय ए.एल. उके, जूनि.इंजी., क्वा.नं. डी.डी.-77, मध्य प्रदेश इलेक्ट्रिसिटी बोर्ड कॉलोनी, वीपीओ—चाचई-484220 |
| 125-126/ 6.10.83 | 4. श्रद्धेय सुखदेव सिंह श्रमिक शिक्षक, गाँव—धनपुरी दफाई नं. 1, पोस्ट—धनपुरी-484114 |
| 2/5.1.84 | 5. सहदेव डके ट्रेड मशीनिस्ट सेक्शन-अ (आई.टी.आई.) |
| 131/15.12.86 | 6. श्रद्धेय अशोक कुमार मेश्राम, शहडोल क्षेत्रीय ग्रामीण बैंक ब्रांच, वीपीओ—अमरपुर, तहसील—बाँधवगढ़-483770 |
| 183/26.2.88 | 7. श्रद्धेय रामबली सरस, फोतमा फालरी, गोला बाजार, शहडोल-484336 |

### 13. मध्य प्रदेश (35. शाजापुर)

| | |
|---|---|
| 1/15.5.83 | 1. श्रद्धेय किशन सिंह केमसरन, 10/7, गांधी कॉलोनी, वीपीओ—शुजालपुर मंडी-465333 |

## 13. मध्य प्रदेश (36. शिवपुरी)

| | | |
|---|---|---|
| 134/3.11.80 | 1. | श्रद्धेय बलराम राजे शिक्षक, गाँव—ठकुरपुरा, गाँव—कंधाल (यह श्रद्धेय धर्मरत्न बौद्ध के साले हैं। मैं बाबा साहब की जयकी में गया, गाँव ठकुरपुरा के ही सब लोग नहीं जाए। मेरे ग्राहक हैं। घमंडी हैं।) |
| 164/23.12.83 | 2. | श्रद्धेय राजाराम बौद्ध, गाँव—ठकुरपुरा, पोस्ट—कत्था मिल |
| 22/28.1.84 | 3. | श्रद्धेय नकटू जाटव, सुपुत्र श्रद्धेय सामलिया, गाँव—राई की पौर, पोस्ट—कोलारस-473770 (दूसरा पता—ग्राम मनीपुरा फेर मेश्राम, बीजक नं. 105/25.10.89) (कई बार) |
| 30/9.1.84 | 4. | श्रद्धेय हरभजन गौतम, ड्राइवर, विकास खंड करेरा, न्यू कॉलोनी, वीपीओ—करेरा-473660 |
| 14/19.4.86 | 5. | श्रद्धेय देवीलाल दिवाकर, वीपीओ—लुकवासा-473588 (गांधी नगर), तहसील—कोलारस-473770 |
| 130/1.12.87 | 6. | श्रद्धेय मंगल सिंह जाटव, वीपीओ—काली पहाड़ी, वाया—नरवर-473880 |
| 158/19.1.88 | 7. | श्रद्धेय हीरा लाल जाटव, गाँव—पनवारी, पोस्ट—कोलारस-473770 |
| 200/21.3.88 | 8. | श्रद्धेय पी.एल. डंडोतिया, राजस्व निरीक्षक बन्दोबस्त, वीपीओ—कोलारस-473774 |
| 15/12.4.88 | 9. | श्रद्धेय डी.सी. मौर्य, उच्च श्रेणी शिक्षक, शाम. कन्या. उच्चतर माध्य.विद्या. कोलारस-473770 |
| 179/31.3.89 | 10. | श्रद्धेय नकटूराम जाटव, गाँव—मानीपुरा, पोस्ट—कोलारस-473770 |

## 13. मध्य प्रदेश (37. सतना)

| | | |
|---|---|---|
| 102/4.11.86 | 1. | श्रद्धेय बी.वी. जाटव, अतिरिक्त सहायक आयुक्त विक्रय |
| 65/8.8.87 | 2. | श्रद्धेय बी.डी. अहिरवार, विक्रय कर निरीक्षक (सतना वृत्त-1) |

## 13. मध्य प्रदेश (38. सागर)

| | | |
|---|---|---|
| 75/7.9.87 | 1. | श्रद्धेय आर.पी. चौधरी, 195/5, अहमद बागीचा, वृन्दावन वार्ड, सागर-470002 |
| 86/13.9.88 | 2. | श्रद्धेय पुरुषोत्तम लाल अहिरवार, 241, अहमद बगीचा उपरोक्त |

**13. मध्य प्रदेश (39. सिंहोर)**

**13. मध्य प्रदेश (40. सिद्धि)**

37/16.2.82 1. श्रद्धेय दयाशंकर जोशी, ओवरसियर, ए-143, जयन्त प्रोजेक्ट कॉलोनी

**13. मध्य प्रदेश (41. सरगुजा)**

132/19.10.83 1. श्रद्धेय पुरुषोत्तम लाल धीरही, नियर दी मार्केट, वेस्ट झगड़ा खंड कालरी, दफाई (पक्का थैड़ा के पास), ईंट भट्टा दफाई, पोस्ट—झगड़ा खंड कालरी

28/10.2.84 2. श्रद्धेय सम्वत लाल, बाजार दफाई, वीपीओ—वेस्ट झगड़ा खंड कालरी

55/10.4.84 3. श्रद्धेय श्रीरथ राम सतनामी, कोरिया स्टोर्स के पाल, पोस्ट—वेस्ट झगड़ा खंड कालरी

138/21.12. 4. श्रद्धेय प्यारे बौद्ध भाई पर्वाहकर्ता, श्रद्धेय रामजीत आजाद, सी.आर.ओ. कैम्प, गाँव—खोघाबाली, पोस्ट—वेस्ट झगड़ा खंड कालरी

8/31.1.86 5. श्रद्धेय आर.टी. बोधी, गाँव—खोघावाली, सी.आर.ओ. कैम्प, पोस्ट—वेस्ट झगड़ा खंड कालरी-497447

38/24.3.76 6. श्रद्धेय कुमारी सरिता टाटके, उरसू लाइन कान्वेंट, गाँव—भीम्बकापुर, नया पारा-494001

108/21.3.87 7. श्रद्धेय के.आर. सुमन, शिक्षक, शास. पूर्व मध्य. विद्यालय, गाँव—बरढोढ़ी, पोस्ट—मिट्टी कलाँ, वाया—अम्बिकापुर-497001

59/18.1.88 8. श्रद्धेय पी.ए. अहिरवार, ( ) शास. उच्च मध्य. विद्यालय, खड़गवाँ, वाया—चिरमिरी-497449

111/18.11.88 9. श्रद्धेय सैनाथ सिंह प्रधानाध्यापक, गाँव—खड़घोभा, वाया—सीतापुर-497101

163/10.3.89 10. श्रद्धेय परशराम, गाँव—भटगाँव कालरी माइंस, क्वा. नं. 35, पोस्ट—भटगाँव कालरी

**13. मध्य प्रदेश (42. सिवनी)**

37/24.3.81 1. श्रद्धेय चिन्तामन भीमदास, गाँव—मोहगाँव, पोस्ट—काटीरात- 480661

37/13.3.86 2. श्रद्धेय एच.एल. बागडे बनयाल, वीपीओ—खबासा-480881

### 13. मध्य प्रदेश (36. होशंगाबाद)

| | |
|---|---|
| 43/27.3.81 | 1. श्रद्धेय ए.जे. शिंदे, ई.एस.एम/ई.टी., आर.बी., 3-463/ए, आजाद नगर, न्यू वार्ड, वीपीओ—इटारसी |
| 128/26.9.89 | 2. श्रद्धेय किशोर भारती, वीपीओ—बनखेड़ी-461990 |

### 13. मध्य प्रदेश (37. भोपाल)

| | |
|---|---|
| 02/01/1973 | ई. श्रीमान इंस्पेक्टर जनरल साहब, जेल भोपाल, मध्य प्रदेश |
| 92/24.8.79 | 1. श्रद्धेय ए.के. राजे आवास, क्रमांक 2/4-एस.टी.डी.एस., स्टाफ कॉलोनी, गोविन्दपुरा, भोपाल-462023 |
| 34/24.3.81 | 2. श्रद्धेय एम.आर. धिरही, पर्वाहकर्ता, श्रद्धेय हरलाल ब्रजवासी किराना दुकान के पास (बाल बिहारी), आनन्द नगर, रायसेन रोड, भोपाल-462025 |
| 155/5.12.83 | 3. श्रद्धेय अशोक उर्फ महेन्द्र, उच्च श्रेणी लिपिक पर्वाहकर्ता, मध्य प्रदेश उच्च शिक्षा अनुदान आयोग, ई-2/84, महावीर नगर, भोपाल-462016 (कई बार) |
| 23/5.5.86 | 4. श्रद्धेय कार्यालय सचिव, अखिल भारतीय अनु.जाति परिषद् (रजि.), 5/4, प्रोफेसर कॉलोनी |

### 13. मध्य प्रदेश (45. राजनादगाँव)

| | |
|---|---|
| 39/16.7.76 | 1. श्रद्धेय चैनसिंह ठाकुर शिक्षक, गाँव—भदेश, पोस्ट—पैलीमेटा, वाया—गंडई |
| 24/11.4.77 | 2. श्रद्धेय कुमारी कविता हिरकने (गायिका), वीपीओ—भरकापारा |
| 2/3.1.78 | 3. श्रद्धेय चोबाराम मेश्राम, गाँव—बिहारी कलाँ, पोस्ट—अम्बागढ़ चौकी-491665, तहसील—राजनादगाँव |
| 31/12.4.78 | 4. श्रद्धेय राहुल कुमार मेश्राम, गाँव—बिहारी कलाँ, पोस्ट—अम्बागढ़ चौकी-491665, तहसील—राजनादगाँव |
| 61/3.5.79 | 5. श्रद्धेय हमीरराव मेश्राम, गाँव—बिहारी कलाँ, पोस्ट—अम्बागढ़ चौकी-491665, तहसील—राजनादगाँव |
| 96/3.5.79 | 6. श्रद्धेय पूरन लाल गायकवाड़, गाँव—दनगढ़, पोस्ट—दनगढ़, वाया—अम्बागढ़ चाकी (कई बार) |
| 125/16.11.79 | 7. श्रद्धेय पंचाराम सलामे, सोमाटोला, पोस्ट—दनगढ़ चौकी |
| 41/2.3.82 | 8. श्रद्धेय चोबाराम मेश्राम, गाँव—बिहारी कलाँ, पोस्ट—अंबागढ़ चौकी-491665 |

| | | |
|---|---|---|
| 174/25.11.82 | 9. | श्रद्धेय भैयालाल बंसोड़, स्टेशन पारा, वार्ड नं. 8, राजनादगाँव—491441 |
| 9/13.1.84 | 10. | श्रद्धेय रामचरन गढ़े, स्टेशन पारा, वार्ड नं. 8, राजनादगाँव—491441 |
| 34/10.3.86 | 11. | श्रद्धेय सी.डब्ल्यू. मेश्राम, हेड पोस्ट ऑफिस, राजनादगाँव—491441 |
| 24/15.5.86 | 12. | श्रद्धेय गया प्रसाद मोटघरे, शहीद नगर<br>रामधन चौक, बादरा टोला, बाँधा बाजार, पोस्ट—आमगाँव-491668 |
| 37/28.6.86 | 13. | श्रद्धेय मुकेश रामटेले, बुद्ध विहार, तुलसीपुर (संगम चौक) (डॉ. अम्बेडकर स्मृति क्लब) राजनादगाँव—491441 |
| 171/14.3.89 | 14. | श्रद्धेय जयलाल मेश्राम, अवकाश प्राप्त शिक्षक, गाँव—कौडीकसा, वाया—मोहल्ला—491666 |

**13. मध्य प्रदेश (46. खंडवा)**

| | |
|---|---|
| 34/10.3.86 | —श्रद्धेय बी.आर. दामोदर, वार्ड नं. 9, खैरानी बाजार, वीपीओ—बुरहानपुर |
| | —वाई.एस.पी. सिरपुर, सचिव, वार्ड नं. 16, दाउदपुर |

**13. मध्य प्रदेश (47. खरगोन)**

**13. मध्य प्रदेश (21. बिलासपुर)**

| | | |
|---|---|---|
| 02/01/1973 | | ई. श्रीमान इंस्पेक्टर जनरल साहब, जेल भोपाल, मध्य प्रदेश, भारत |
| 62/15.6.84 | 27. | श्रद्धेय सवदराम, वीपीओ—कुसमुल, वाया—अडभार |
| | 28. | श्रद्धेय पी.एस. कमलेश, 792/4, बालको टाउनशिप, कोरबा-495684 |
| 140/3.10.84 | 29. | श्रद्धेय सन्तराम रात्रे, चंडीपारा उरैया, पोस्ट—पामगढ़-495554 |
| 156/10.12.84 | 30. | श्रद्धेय बी.एस. सूर्यकान्त, 135, भदरापारा, सेक्टर-6-बी के पीछे, वीपीओ—बालको टाउनशिप, कोरबा-495684 |
| 12/31.1.85 | 31. | श्रद्धेय चान्दराम खडगाँव, मानचित्रकार, सिविल सीनियर औद्योगिक प्रशिक्षण संस्था, कोनी, राज्य-बिलासपुर-495009 |

| | | |
|---|---|---|
| 32/1.4.85 | 32. | श्रद्धेय शनिकुमार भास्कर, गाँव—करकेना, पोस्ट—साल्हे, वाया—चन्द्रपुर-495892 |
| 38/22.4.85 | 33. | श्रद्धेय मोहन लाल देशबन्धु, शास.उच्च.मा.विद्या., वीपीओ—करतला (मैसमा)-455675, वाया—सारंगपुर-49569 (पोस्ट—करतला (मैसमा)-455674 (कई बार) |
| 39/22.4.85 | 34. | श्रद्धेय रामकुमार पंकज पर्वाहकर्ता, रहमूराज पाल, लोक निर्माण विभाग, मोह.—कालापारा-495001 |
| 44/17.5.85 | 35. | श्रद्धेय डी.पी. लोनारे, वीपीओ—देवरघटा, वाया—डभरा-495668 |
| 65/26.6.85 | 36. | श्रद्धेय सन्तोष कुमार, सहा. शिक्षक, वीपीओ—चन्दली, वाया—लोरमी-495115 |
| 78/5.8.85 | 37. | श्रद्धेय बी.एल. मेश्राम, बालको नगर, कोरबा, क्वा.नं. 429, सेक्टर नं. 5. पोस्ट—बालको टाउनशिप, कोरबा-495684 |
| 147/31.12.85 | 38. | श्रद्धेय गंगाराम मरकम, अध्यापक, प्राथ.पाठ., गाँव—बरसाही, पोस्ट—पाली (रतनपुर)-495449 |
| 5/4.4.86 | 39. | श्रद्धेय पी.सी. लदेर, क्वा.नं. 75, सेक्टर नं. 5, पोस्ट—बालको टाउनशिप, कोरबा-495684 |
| 31/11.6.86 | 40. | श्रद्धेय बुधराम, 104/3, गजरा साइड, वीपीओ—बाँकी मोगरा-495440 |
| 86/13.9.86 और 83/9.9.88 | 41. | श्रद्धेय दुजराम बौद्ध, कक्षा 10, शा.उ.मा. विद्यालय, घर का पता—वीपीओ—कोसीर, वाया—पामगढ़-485554 |
| 68/22.9.86 | 42. | श्रद्धेय गणेशराम बंशी, गाँव—पनगाँव, पोस्ट—कुटरा, वाया—जांजगीर-495668 |
| 77/29.9.86 | 43. | श्रद्धेय आर.एल. भारद्वाज, जो.ए.-3/ई.एम.डी.-3, पी.एच.-3, (एम.पी. इलेक्ट्रिसिटी बोर्ड), ई.वी., वीपीओ—कोरबा-495681 |
| 88/21.10.86 | 44. | श्रद्धेय आर.सी. कुर्रे (भृत्य) कार्यालय टी.एस.डी.पी.एच.-3, एम.पी. विद्युत मंडल |

### 14. महाराष्ट्र (1. अकोला)

| | | |
|---|---|---|
| 12/16.2.76 | 1. | श्रद्धेय स.उ. खंडारे, पोस्ट मास्टर, आमखेड़ |
| 100/24.9.79 | 2. | श्रद्धेय महेन्द्र एस. दाभाडे, महेन्द्र बुक डिपो, (एस.टी. बस स्टैंड), पोस्ट—वाशीम (मध्य रेलवे) |

| | |
|---|---|
| 135/12.12.79 | 3. श्रद्धेय यू.डी. वानखडे, जम्बोडीक्स, भीम नगर-अकोला-444101 (कई बार) |
| 4/12.1.81 | 4. श्रद्धेय वेन शासन बोधी पर्वाहकर्ता, श्रद्धेय मनकर्ना बलीराम खंडारे, गाँव—निजामपुर (श्रावस्ती), पोस्ट—पलसोड़, तहसील—अकोला |

### 14. महाराष्ट्र (2. अमरावती)

| | |
|---|---|
| 26/26.3.78 और 72/11.10.76 | 1. श्रद्धेय महादेव सहादेव तायड़े, वीपीओ—चान्दूर बाजार (पिप्पलपुरा)-444704 (मराठी—विप्पल पूरा शब्द है) (कई बार) |
| 30/14.5.77 | 2. श्रद्धेय पुंडलिक सदाशिव 'मेभांग', वीपीओ—पिंपतीपूर्णा (थुगाँव), तहसील—444805 |
| 136/12.11.79 | 3. श्रद्धेय जी.बी. भोवटे बिल्डर्स एंड कांट्रेक्टर, वीपीओ—बेनोडा |
| 47/6.3.82 | 4. श्रद्धेय आर.एन. इंगले, वीपीओ—सोनोरी, वाया—चान्दूर बाजार-444704 |
| 76/19.4.82 | 5. श्रद्धेय गंगाधर अवधूतराव बाघमारे, बुद्ध चौक, चान्दूर बाजार-444704 |
| 138/28.10.83 | 6. श्रद्धेय पी.ओ. मैंदकर, वीपीओ—सावली खेड़ा, तहसील—धारणी (मेलघार)-444707 |

### 14. महाराष्ट्र (3. अहमदनगर)

162/4.11.82

### 14. महाराष्ट्र (4. उस्मानाबाद)

| | |
|---|---|
| 40/21.7.76 | 1. श्रद्धेय सोपान राव बनसोडे, भीमनगर, वीपीओ—अहमदपुर-413515 (अध्यक्ष, सिद्धार्थ वाचनालय) (कई बार) |
| 70/5.10.76 | 2. श्रद्धेय विनायक बांदडे, अध्यक्ष, डी.बी. साल्तुका, शाखा-उदयगीर विभाग |
| | —पूज्य भिक्षु अँगलिमाल, बुद्ध कुटी, भीमनगर, पोस्ट—कलम्ब (कड़म्ब)-433507 |

### 14. महाराष्ट्र (5. औरंगाबाद)

| | |
|---|---|
| 07.05.1970 | श्री केपी, जाफराबाद, औरंगाबाद, महाराष्ट्र, मैंने सूची-पत्र भेज दिया है, अपना भेजिए। |

| | |
|---|---|
| 11.05.1970 | श्री गुलाब ज्ञानु जी पाईसुख, V.—हिवरा, P.O.—कारला, Head P.O.—जालना, औरंगाबाद, महाराष्ट्र |
| 06.04.1970 | श्री नाखुराम मास्टर V.—हिसवन लहारे, PO.- कारला, Head P.O.—जालना, औरंगाबाद, महाराष्ट्र |
| 13.04.1970 | श्री आशाराम 'केशव', रोहिमाल, पनवाड़ी, अमम्बड, जिला—औरंगाबाद, महाराष्ट्र |
| 31.07.1970 | श्री भिक्षु एच. राष्ट्रपाल, करुणाकर बुद्ध विहार, रेलवे स्टेशन के पास, V.P.—जालना, DIST—औरंगाबाद, महाराष्ट्र |
| 109/29.8.81 | 1. हवलदार क्लर्क आर.बी. आनन्द (आर.एस.एम.बी. सेक्शन), एन.ई.आर. ग्रुप ए.एस.सी. रिकार्ड (एम.टी.) |
| 29/25.2.86 | 2. पूज्य भदन्त अँगुलिमाल, बेरो पर्वाहकर्ता, श्रद्धेय जयराम गडकर कैलाश नगर |
| 60/1.4.86 | 3. श्रद्धेय उपासक पी.एम. राऊत, बौद्ध नगर, जवाहर कॉलोनी |

## 14. महाराष्ट्र (6. कुलाबा)

## 14. महाराष्ट्र (7. कोल्हापुर)

## 14. महाराष्ट्र (8. चन्द्रपुर)

| | |
|---|---|
| 06.03.1970 | श्री बी.के. येरमे, सहायक शिक्षक, नव भारत विद्यालय, V.P.—बेहाड़ बुज., जिला—चन्द्रपुर, महाराष्ट्र |
| 3/9.1.78 | 1. श्रद्धेय अशोक यशवन्त राव काम्बले, टाइप-1, सेक्टर-4, क्वा.नं. 15-सी. आर्डिनेंस फैक्ट्री, चान्दा-1442501 |
| 126/21.11.79 | 2. श्रद्धेय विक्रमराम, गाँव—बल्लारपुर कालरी कैम्प, पोस्ट—बल्लारपुर टाऊन-442701 |
| 81/28.6.80 | 3. श्रद्धेय जियालाल अत्म, अम्बेडकर वार्ड, गाँव—बल्लारपुर कालरी, पोस्ट—बल्लारपुर-4427001 |
| 99/20.8.80 | 4. श्रद्धेय एम.ए. उमरे, 21-ए, टाइप-1, सेक्टर-4, आर्डिनेंस फैक्ट्री, चन्द्रपुर-442501 |
| 11/2.2.81 | 5. श्रद्धेय गोवर्धन पी. तोतेड़, परीक्षक श्रेणी द्वितीय आयुक्त निरीक्षणालय, पोस्ट—आयुधनिर्माणी, चन्द्रपुर-442501 |

## 14. महाराष्ट्र (9. जलगाँव)

## 14. महाराष्ट्र (10. थाणे)

| | |
|---|---|
| 31.07.1970 | श्री W.M. गौड़बोले, मैत्रेयछाया भवन, 224 बजाज नगर, महाराष्ट्र |

| | |
|---|---|
| 06.02.1970 | श्री गिरधारी लाल, लेखा कार्यालय, आयुध निर्माणी, V.P.—अम्बरनाथ, ठाणे, महाराष्ट्र |
| 03.07.1970 | श्री गिरधारी लाल, लेखा कार्यालय, आयुध विभाग, अम्बरनाथ, थाना, महाराष्ट्र |
| 11/9.2.76 | 1. श्रद्धेय गिरधारी लाल, अकाउंट ऑफिस आर्डिनेंस फैक्ट्री, वीपीओ—अम्बरनाथ-421502 |
| 8/25.1.78 | 2. श्रद्धेय श्याम गायकवाड़, गायवाड़ चॉल, चिंचपाड़ा, वीपीओ—अम्बरनाथ-421502 |
| 57/20.8.78 | 3. श्रद्धेय पूज्य भन्ते एन. आनन्द थेगे, महेन्द्र विहार, ए-337/734, उल्हास नगर-421009 |
| 172/20.2.87 | 4. श्रद्धेय रामराज यादव मल्होत्रा, स्टील प्रॉडेक्ट्स, पोस्ट बॉक्स नं. 4, 10, कल्याण |

### 14. महाराष्ट्र (11. धुलिया/धुले)

### 14. महाराष्ट्र (12. नागपुर)

| | |
|---|---|
| 22.06.1970 | श्री एम. डी. पंचभाई बोजनबंग, नागपुर, महराष्ट्र। आपको बुद्धा एंड हिज धम्मा भेजा गया है और सभी मनी ऑर्डर भेजिए। |
| 06.07.1970 | श्री एम.ओ. पंचभाई (G.A.C.) अकाउंट जनरल, नागपुर, महाराष्ट्र |
| 31.07.1970 | श्री फत्तू जी साधु आश्रम, खलासी लाइन, लाला का मार्ग, (मोतीराम बेले की मशीन के पास) नागपुर सिटी, महाराष्ट्र |
| 49/19.8.76 | 1. श्रद्धेय तु.म. पगारे, सुगत बुक डिपो, डॉ. अम्बेडकर मार्ग, आपड़े चौक, नागपुर-440017 (कई बार) |
| 71/29.9.78 | 2. श्रद्धेय प्रभाकर दुपारे, गाँव—चन्द्रमणि नगर, पोस्ट—पार्वती नगर, नागपुर-440007 (कई बार) |
| | 3. श्रद्धेय वा.ना. मेश्राम, 160 सहकार नगर, खामला रोड, नागपुर-440025 (सामाजिक कार्यकर्ता) |
| 46/25.4.80 | 4. श्रद्धेय ओम प्रकाश, टेम्बुर्णो, हि.एल.सी.एम.एस.ई. बिल्डिंग, काटोल रोड, नागपुर-440013 |
| 98/20.8.80 और 56/29.4.81 | 5. श्रद्धेय मइयादीन वर्मा आजाद, भारतीय भीम, 2 हवा महल, कालरी |

| | | |
|---|---|---|
| 8/19.1.85 और 17/10.2.86 | 6. | श्रद्धेय मन्नूराम जाँगड़े, गाँव—भोपड़ा पट्टी, (कई बार) मेंटल लेंड डोर (कोल माइंस खदान) पोस्ट—पाठन सावंगी, वाया—सवमेर-441107 |
| 34/14.5.88 | 7. | श्रद्धेय बिन्देश्वर राम बिन्दे द्वारा गनेश मिस्त्री, ऑडिनेंस फैक्ट्री (ब्रिजसेशन), वीपीओ—आम्बाझरीदीन प्रॉजेक्ट-440021 —श्रद्धेय विजय बागड़े पर्वाहकर्ता, श्रद्धेय प्रभाकर बोरकर, आनन्दक नगर, सीतावर्ती, नागपुर |
| 41/14.6.89 | 8. | डॉ. अम्बेडकर रोड, पाँचपावली, नागपुर-440017 (महाराष्ट्र), फोन नं. 44165 (4) प्रो. डॉ. भाऊ लोखंडे, एम.ए./पीएच.डी., बंगला एरिया, पी.एच.ए.एस. यूनिट-II, नागपुर-440017 |
| 31.07.1970 | | श्री फत्तू जी साधू आश्रम, खलासी लाइन, लाला का मार्ग, (मोतीराम बेले की मशीन के पास) नागपुर सिटी, महाराष्ट्र |

### 14. महाराष्ट्र (13. नादेड़)

| | | |
|---|---|---|
| 68/6.5.83 | 1. | श्रद्धेय केशव तुकाराम लोणो, घर का पता—1-6-267, श्रीनगर, पोस्ट—तहसील—नांदेड़ —श्रद्धेय प्रताप सिंह, एडवोकेट कलेक्ट्रेट |

### महाराष्ट्र (14. नासिक)

### 14. महाराष्ट्र (15. परभणी)

| | | |
|---|---|---|
| 20/28.2.80 | 1. | श्रद्धेय केशव दौंडे, बौद्ध व दलित साहित्य, संगीता बुक विक्रेता (दुकान किराना), महात्मा फुले कॉलोनी, परभणी-431401 (कई बार) |
| 125/18.10.80 | 2. | श्रद्धेय बी.जी. पटेकर, फायरमैन (बी.) पूर्णा जंक्शन, पोस्ट—पूर्णा-431511 |
| 42/27.3.81 | 3. | श्रद्धेय त्र्यंबक झोटींगराव काम्बले, डॉ. अम्बेडकर नगर, पूर्णा जंक्शन, एस.ई. रेलवे (लोको शेड के समीप, पूर्णा-431511) (कई बार) |
| 119/15.9.81 | 4. | श्रद्धेय एन.एम. खंडेलोटे, सी.डब्ल्यू.सी., साइट नं. 50, पूर्णा-431511 (कई बार) |
| 155/21.1.87 | 5. | श्रद्धेय के.के. काम्बले एंड संस बुक सेलर, डॉ. अम्बेडकर नगर, पूर्णा-431511 |

## 14. महाराष्ट्र (16. पूणे)

| | |
|---|---|
| 01.01.1971 | श्री जयन्त श्रीधर तिलक श्रीकान्त, श्रीधर तिलक, 568 नारायण पेठ, (गायकवाड़ वाड़ा), पुना-2 महाराष्ट्र |

## 14. महाराष्ट्र (17. बुलडाना)

## 14. महाराष्ट्र (18. भंडारा)

| | |
|---|---|
| 05.03. | श्री शंकर राव बोरकर, V.P.—आमगाँव, (कुटे 90), तहसील—गोंदिया, भंडारा, महाराष्ट्र |
| 22.07.1970 | श्री श्रद्धानन्द बुद्ध बिहार, वटठी, भंडारा रोड, भंडारा, महाराष्ट्र |
| 07.07.1970 | श्री M.D. पंचमाई, बेजानबाग (G.A.V.) C/O. अकाउंटेंट जनरल, Nagpur, महाराष्ट्र |
| 31.07.1970 | श्री खेमराज श्री कृष्ण दास, अध्यक्ष—श्री निकेतन प्रेस, 7 खेतवाड़ी, बॉम्बे-4 |
| 31.07.1970 | श्री सुन्दर राम जैसवार, 69—डॉ. अम्बेडकर रोड, खार, बम्बई-52 |
| 44/15.7.77 | 1. श्रद्धेय यशवन्त राव ट्टशहारे, वीपीओ—मक्का टोला, तहसील—गोंदिया-441601 |
| 101/24.9.79 | 2. श्रद्धेय एस.एन. अम्बादे, पर्वाहकर्ता, श्रद्धेय एकनाथ कुले, रामनगर वार्ड (मनोहर कॉलोनी के पास), वीपीओ—गोंदिया- 441601 |
| 150/26.11.83 | 3. श्रद्धेय शामराव नारायण जी मेश्राम, वीपीओ—बाकटी, तहसील—अर्जुनी गोरगाँव-441701 |
| 7/19.1.85 | 4. श्रद्धेय शंकर लाल नारगे, सुपुत्र श्रद्धेय अवध राम नारगे, गाँव—बालापुर कैम्प, पोस्ट—डोगरी बुजुर्ग, वाया—गोवरवाही-441907 |
| 203/21.3.88 | 5. श्रद्धेय सुकचन्द गोविन्दा वाघमारे, वीपीओ—बोर कंहार, वाया—आमगाँव—441902 |

## 14. महाराष्ट्र (19. बीड)

## 14. महाराष्ट्र (20. यवतमाल)

| | |
|---|---|
| 17.01.1969 | श्री सांगड़े जी कपड़ा व्यवसायी, ग्राम—कोटम्बा, पोस्ट—मादणी, जिला—यवतमाल, महाराष्ट्र, आपने बाबा साहब डॉ. अम्बेडकर पर व्याख्यान के लिए बुलाया। कुछ साहित्य भी बिका धन्यवाद! |

| | | |
|---|---|---|
| 73/22.8.79 | 1. | श्रद्धेय शंकर (पेज धुँधला है, समझ नहीं आ रहा। पेज इमेज 181003) |

## 14. महाराष्ट्र (21. रत्नागिरि)
## 14. महाराष्ट्र (22. दादर नगर हवेली)
## 14. महाराष्ट्र (23. बृहत्तर बम्बई)

| | | |
|---|---|---|
| 01.01.1965 | | Shri Sharma Picture Publication, 175 Priness Street, Bombay-02 |
| 01.01.1965 | | श्री रामजीराम बौद्ध, कालाकिला, परदेशी देवल, धारावी, बम्बई |
| 12.01.1971 | | श्री खेमराज और श्री कृष्णराज, अध्यक्ष—श्री निकेश्वर प्रेस-7, खेतवाड़ी, Bombay-4 |
| 20/29.3.76 | 1. | श्रद्धेय रामराज दुबरी, जयसवार, दारुवाला पन्ना चॉल नं. 6, खोली नं. 1, पांडुरंगलुधवार मार्ग, बम्बई-400013 |
| 62/5.10.77 | 2. | श्रद्धेय बी.बी. गायकवाड, 162/4520, पन्थ नगर, घाटकोपर, बम्बई-400075 |
| 39/20.5.78 | 3. | श्रद्धेय आशाराम केशव रोहीमल, खोली नं. 725, डॉ. अम्बेडकर चॉल, हनुमान नगर, आकुर्ली रोड, पोस्ट—कान्देवली, बम्बई-400067 (कई बार) |
| 89/1.12.78 | 4. | श्रद्धेय हरगेन बौद्ध, वर्ली नाका, डॉ. ई. मोहस रोड, वीर जीजा माता नगर, बी-ब्लॉक, खोली नं. 5, बम्बई-400018 (कई बार) |
| 74/15.6.79 | 5. | श्रद्धेय भिक्षु अँगुलिमाल, सिद्धार्थ बिहार होस्टल, रूम नं. 53, टिक रोड, बड़ाला, बम्बई-400031 (कई बार) |
| 72/27.9.86 | 6. | श्रद्धेय भिक्षु निर्गुणानन्द थेरो, सारिपुत्र प्रकाशन, गौतम कुटीर, चेम्बूर, बम्बई-400074 |
| 30/16.3.80 | 7. | श्रद्धेय मिठाई लाल जयसवार, पर्वाहकर्ता, श्रद्धेय अमन्नाथ दूध वाला, शास्त्री नगर (छक्कर वाला कॉलोनी के पीछे), एस.जी. बर्वे मार्ग, चेम्बूर, बम्बई-400071 |
| 141/1.12.80 | 8. | श्रद्धेय मगरु प्रसाद बौद्ध, 101 शायन, इंडिया टूल फैक्ट्री (प्रॉडेक्ट लिमि.), टिकट नं. 785, हाइडिल डिपाटे, शायन रोड, बम्बई-400022 |
| 145/2.12.80 | 9. | श्रद्धेय हरिश्चन्द्र आर. बौद्ध, लक्ष्मी स्टोर, मुकुन्द नगर, धारावी रोड, बम्बई-400017 |

| | | |
|---|---|---|
| 157/24.12.80 | 10. | श्रद्धेय हीरा पूजाराम जाधव, काठणा बीमा योजना-रुग्णालय, आकुर्ली रोड, पी.डब्ल्यू.डी. डिपाट, बंबई-400101<br>—शंकर गंगा राम, मिस्साल नेवल डोकयार्ड मिल राइट शाप, सेंटर नम्बर 245.13, टिकट नम्बर 2025, बम्बई नम्बर 1, बोरी बन्दर बोरिवली। सिद्धार्थ कॉलेज (बुद्ध भवन), आउटरन रोड, बम्बई नम्बर 1<br>—सांगोई जी, कपड़ा के व्यापारी, गाँव—कोटम्बा, पोस्ट—मादणी, यवतमाल (महाराष्ट्र) 19 से 20-12/6 समेला है। |
| 24/26.2.81 | 11. | श्रद्धेय रामअवतार बी. बौद्ध (मंगत राम पैट्रोल पंप के पीछे), जोकिन कम्पाउंड, रहमान चाल, खोली नं. 3, भंडुप, बम्बई-400078 |
| 100/6.8.81 | 12. | श्रद्धेय अरविन्द कुमार बौद्ध, तेलवाला चाल, रूम नं. 1, उल्हास नगर, बम्बई-400078 |
| 161/12.10.83 | 13. | श्रद्धेय शिवपाल, म्पुनि. चाल नं. 4, ररूम नं. 7, हेन्स रोड, बम्बई-400011 |
| 18/21.1.84 | 14. | श्रद्धेय धर्मराज गौतम, परमार ट्रांसपोर्ट, 364, आर्थर रोड, अग्रीपाड़ा, घास बाजार, बम्बई-400011 |
| 23/11.2.84 | 15. | श्रद्धेय बी.आर. भारती, वाकोला पाइप लाइन, गंगादेवी, शान्ताकुंज पूर्व, तूफानी सेठ की दुकान (बड़ा हनुमान मन्दिर के बाजू में), बम्बई-400055 |
| 47/28.3.84 | 16. | श्रद्धेय बच्छूलाबाई सदाशिव पैठण, हनुमान नगर, मराठी शालेचा पाठी, मार्ग, आकुर्ली रोड, कान्दिवली, बम्बई-400101 |
| 18/10.2.86 | 17. | श्रद्धेय रामानन्द भोला बौद्ध, मंगत राम पैट्रोल पंप के पीछे, जोकिम स्टेट, चाल नं. 8/5, बम्बई-400078 |
| 69/12.9.86 | 18. | श्रद्धेय आर.एस.जयसवार ट्रेजरर, पोस्ट—चौपाटी, बम्बई-400004<br>—श्रद्धेय निमजी भाई एंड कम्पनी, बुक सेलर, 98, नयागंज, क्रूस रोड, दादर, बम्बई-400014<br>—श्रद्धेय आप्पा साहेब आपिसे, 224, नागलेन नगर, नामीनाका, चेम्बूर, बम्बई-400074<br>—श्रद्धेय बाला साहब प्रकाश राव अम्कडकर, राजगृह हिन्दू कॉलोनी, गोकुलधाम पा. रोड, दादर, बम्बई-400074 |

—श्रद्धेय ग.रा. भड़कड़, पापुलर प्रकाशन, 35-सी. ताड़देव रोड, बम्बई-400024 ('डॉ. अम्बेडकर : लाइफ एंड मिशन' के लेखक हैं।)

-—श्रद्धेय आर.के. अम्बेश, अम्बेश स्टडी सेंटर, 61, पाइप लाइन, हारुन कम्पाउंड, भागरा रोड, कुर्ला, वेस्ट बम्बई-400070

यू.पी. के रहने वाले पुराने ग्राह हैं—श्रद्धेय श्याम मुरारी, फोन्स इन्सपेक्टर, जी-सेकंड डिवीजन, अलंकार बिल्डिंग, दूसरी मंजिल, बम्बई-400004 (महाराष्ट्र)

—श्रद्धेय रामधनी प्रसाद, पत्थर नगर, खोली नं. 204 (नियर भारत नगर), बम्बई-400051 (महराष्ट्र)

—श्रद्धेय रामसमुझ यादव, कोर्पोरेशन बैंक चैम्बर्स, दलाल स्ट्रीट-फोर्ट, बम्बई-400023 (महाराष्ट्र)

—मिस्टर डैनी बौद्ध, फिल्म कलाकार, जोगीला 11वाँ एकम, जुहू, बम्बई-400049

17/13.5.89 19. श्रद्धेय कमलेश कुमार, बरफ की दुकान नं. 9, मच्छी मार्केट, कात्रक रोड, बड़ाल, बम्बई-400021, 129 राजगृह, हिन्दू कॉलोनी

**14. महाराष्ट्र (24. सोलापुर)**

25/6.2.82 1. श्रद्धेय सुधीर नारायण सूर्यवंशी, ब्लॉक नं. 3, उधर हाउसिंग सोसा. (एस.एस.बी.), सोलापुर-413003

**14. महाराष्ट्र (25. सतारा)**

**14. महाराष्ट्र 26. सांगली)**

**14. महाराष्ट्र (27. वर्धा)**

103/1.9.80 1. श्रद्धेय शा.श्री. गवठी उर्फ सत्यबन्धु, वीपीओ—कवठा, तहसील—वर्धा-445516

61/4.9.86 2. श्रद्धेय सुधीर सालिग राम गवली, शशि एजेंसी, वीपीओ—बोरेगाँव (मेधे)-442004

**14. महाराष्ट्र (28. गडचिरौली)**

91/20.7.83 1. श्रद्धेय जी. एम. भटके, फारेस्ट डिपो ऑफिसर, वीपीओ—मुरुमगाँव, वाया—धानोरे-442606

| | |
|---|---|
| 39/9.3.84 | 2. श्रद्धेय एस.पी. चान्द्रेकर शिक्षक, वीपीओ—मरुमगाँव, वाया—धानोरे-442606 (कई बार) |

**14. महाराष्ट्र (1. अकोला)**

**14. महाराष्ट्र (18. भंडारा)**

| | |
|---|---|
| 123/5.12.88 | 6. श्रद्धेय संजय कुमार एच. मेश्राम, वीपीओ—उमरवारा, वाया—तुमसर-441912 |

**14. महाराष्ट्र (8. चन्द्रपूर)**

| | |
|---|---|
| 39/24.3.81 | 6. श्रद्धेय रामजती कन्हई सुपरवाइजर, बल्लारपुर कालरी (घुघुसकाईल) हनुमान मन्दिर के पास, पोस्ट—कल्लारपुर टाउन |
| 157/23.11.81 | 7. श्रद्धेय ज्ञानेश्वर नारायण कुम्भारे, गाँव—चिरौली, वाया—मूल-441224 |
| 164/30.11.81 | 8. श्रद्धेय जियालाल भल, डॉ. अम्बेडकर मार्ग, वीपीओ—बल्लारपुर-442701 |
| 10/12.1.82 | 9. श्रद्धेय घुरपत प्रसाद बिन्द, माइनिंग सरदार, बल्लारपुर माइंस क्वा.नं. 3/6, पोस्ट—बल्लारपुर-442701 |
| 153/3.12.84 | 10. श्रद्धेय रामस्वरूप अम्बेडकर, सुपुत्र श्रद्धेय जियालाल, अम्बेडकर वार्ड, बस्ती बल्लारपुर, पोस्ट—442701 |
| 25/22.2.86 | 11. श्रद्धेय एच.जी. बाघमारे पर्वाहकर्ता, सहायक एकीकरण अधिकारी, क्रमांक-1, राम नगर, चन्द्रपूर-442401 |
| 156/15.1..88 | 12. श्रद्धेय जी.एस. कबाड़े, अशोक नगर, जटपुरा, वार्ड नं. 3, चन्द्रपूर-442402 |

**16. राजस्थान (1. अजमेर)**

**16. राजस्थान (2. अलवर)**

| | |
|---|---|
| 23/23.3.85 | 1. श्रद्धेय सन्ते धर्म दर्शक, नई बगीची, पोस्ट—टापूकड़ा-301707 |
| 29.31.5.86 | 2. श्रद्धेय श्रीचन्द बौद्ध कर्मचारी, गाँव—शाहपुर, पोस्ट—जटियाना, वाया—किशनगढ़-305802 |
| 110/5.11.87 | —श्रद्धेय श्रीचन्द बौद्ध, कर्मचारी राज्यकीय उच्च प्राथमिक विद्यालय, गाँव—मीरका, पोस्ट—बसईकलाँ, वाया—किशनगढ़-305802 |

**16. राजस्थान (3. उदयपुर)**

**16. राजस्थान (4. कोटा)**

| | | |
|---|---|---|
| 77/24.10.78 | 1. | श्रद्धेय बालकिशन, काट्स विभाग, जे.के. सिंथेटिक्स (लिमि.), कोटा-324003 |
| 10.19.1.81 | 2. | श्रद्धेय रघुनन्दन सिंह, आर.पी.एस. कॉलोनी, क्वा.नं. टी.एच./5, वीपीओ—रावतभाटा-323305 |
| 62/2.5.83 | 3. | श्रद्धेय त्रिवेणी सहाग, बुद्ध विहार परिसर, वीपीओ—रावत भाटा-323305 |
| 123/20.9.84 | 4. | श्रद्धेय त्रिवेणी सहाय, ब्लॉक नं. 1, क्वा.नं. 4, हैवी वाट एच.डब्ल्यू.पी., कॉलोनी, वीपीओ—रावत भाटा-323305, वाया—कोटा |

**16. राजस्थान (5. झुंझनू)**

**16. राजस्थान (6. चित्तौड़गढ़)**

| | | |
|---|---|---|
| 144/21.1.89 | 1. | श्रद्धेय रामचन्द्र धोबी, पंचायत समिति, छोटी तादड़ी-312604 |

**16. राजस्थान (7. चुरू)**

| | | |
|---|---|---|
| 245/5.12.83 | 1. | श्रद्धेय देवीदत्त सुपुत्र श्रद्धेय सुमनाराम बापूतियाँ, गाँव—धमेरी, पोस्ट—कोहवदनल |
| 68/5.5.84 | 2. | श्रद्धेय भैरोराम बरोह, सुपुत्र श्रद्धेय ताबूराम बरोह, वीपीओ—बोचेरा, वाया—सरदार शहर |
| 246/2.1.87 | 3. | श्रद्धेय तेजसिंह शीला, प्रधानाध्यापक राज्यकीय उच्चतर प्राथमिक विद्यालय, बोगेरा, वाया—सरदार शहर-331403 |
| 35/19.5.88 | 4. | श्रद्धेय एम.पी. मेघवाल, भगधर क्षेत्रीय ग्रामीण बैंक, वीपीओ—सालासर-331805 |

**16. राजस्थान (8. जयपुर)**

| | | |
|---|---|---|
| 119/3.10.80 | 1. | श्रद्धेय ईश्वर लाल बैटवा, हवलदार मेजर, आर.पी.एफ. रिजर्व पुलिस लाइन |

**16. राजस्थान**

**16. राजस्थान (9. जालौर)**

**16. राजस्थान (10. जैसलमेर)**

**16. राजस्थान (11. जोधपुर)**

| | | |
|---|---|---|
| 2/7.1.77 | 1. | श्रद्धेय राजनलाल जावा, जलवायु विज्ञान विभाग, केन्द्रीय मरु अनुसन्धान शाला, जोधपुर-342003 (कई बार) |

| | |
|---|---|
| 66/27.3.82 | 2. श्रद्धेय राजनलाल जावा, केन्द्रीय मरु अनुसन्धान संस्थान, आर.एम. एंड एस.सी. यूनिट, वीपीओ—बोरुन्दा-342604 बौद्ध बनना चाहते हैं। |
| | 3. श्रद्धेय राम किशन प्रधान लिपिक राजस्थान रेलवे, डीजल शैड भगत जी कोठी |
| | 4. डॉ. श्याम सिंह पर्वाहकर्ता, श्रद्धेय नरसिंह आर्य, डी-22, यू.आई.टी. कॉलोनी, मसूरिया, जोधपुर (राजस्थान) श्रद्धेय डॉ. श्याम सिंह पर्वाहकर्ता, श्रद्धेय नरसिंह आर्य, डी.-22, यू.आई.टी. कॉलोनी, मसूरिया |

### 16. राजस्थान (12. झालावाड़)

### 16. राजस्थान (13. टोंक)

| | |
|---|---|
| 93/13.9.85 | 1. श्रद्धेय राम सहाय आरवाल पर्वाहकर्ता, बैंक ऑफ बड़ौदा, वीपीओ—निबाई-304021 |

### 16. राजस्थान (14. डूंगरपुर)

### 16. राजस्थान (15. धौलपुर)

### 16. राजस्थान (16. बागौर)

| | |
|---|---|
| 120/4.12.86 | 1. श्रद्धेय परशुराम बारुपाल, प्रधानाध्यापक, वीपीओ—डेह-341002 |
| 42/30.5.88 | 2. श्रद्धेय जोराराम भानु, गाँव—मिलनवारी, पोस्ट—गढ़ी लासर |

### 16. राजस्थान (17. पाली)

| | |
|---|---|
| 169/20.11.82 और 2/15.1.82 | 1. श्रद्धेय मदन लाल मोबारसा, डॉ. अम्बेडकर होस्टल, माखाड, रानावास, भूतावास-306023 (अन्य पता—मोबारसा, ए/टी, गवर्न. यू.पी. स्कूल, वीपीओ—रानावास-306023) |

### 16. राजस्थान (18. बाडमेर)

| | |
|---|---|
| 139/2.11.83 | 1. श्रद्धेय वरुणाराव काणा, आर.डी.सी. ग्रामीण परिषद् कल्याण केन्द्र, वीपीओ—चौहटन-344702 |
| 55/5.6.85 | 2. श्रद्धेय तरुणाराय राणा, संचालक डॉ. अम्बेडकर विचार संघ, राणा हाउस महावीर नगर, वीपीआ—चौहटन-344702 (कई बार) |

133/11.12.85 3. श्रद्धेय आर.पी. भावना, प्र.अध्यापक, रा.उ.वि., वीपीओ—सारला, वाया—344706 (कई बार)

## 16. राजस्थान (19. बाँसवाड़ा)

10/12.4.88 1. श्रद्धेय इन्दराजकुमार, जूनि. इंजी., सिंचाई विभाग क्वार्टर, वीपीओ—ताम्बेसरा, वाया—सज्जनगढ़-367602

## 16. राजस्थान (22. भरतपुर)

91/6.9.85 और
144/28.12.85 1. श्रद्धेय अनन्तराम बौद्ध, वीपीओ—बरौली रान, वाया—अखैगढ़- 322602, तहसील—नदबई

## 16. राजस्थान (20. बीकानेर)

8/9.4.88 1. श्रद्धेय उमा राम कटारियत द्वारा श्रद्धेय चन्दूराम जोइया फतीपुरा—भुट्टो का बास

49/6.6.88 2. श्रद्धेय सूरजराम द्वारा श्रद्धेय अमरसुख, अध्यक्ष डॉ. अम्बेडकर नवयुवक वाचनालय, रामपुरा बस्ती (लालगढ़ स्टेशन), बीकानेर-334001

## 16. राजस्थान (21. बून्दी)
## 16. राजस्थान (22. भरतपुर)

28.03.1970 श्री श्री बाबा विशुदास, कबीर पन्थी, C/o. अरुजन लाल, सदगुरु दवाखाना, बजरिया, माधोपुर, राजस्थान

86/30.3.81 1. श्रद्धेय दयाराम, सुपुत्र श्रद्धेय छिद्दीराम, वीपीओ—ब्रह्मवाद, वाया—बयानक-321401

47/1.4.81 2. श्रद्धेय हरीनाथ, निरीक्षक ऑडिटर सहकारी समितियाँ, वीपीओ—नदबई-321602

53/8.4.81 3. श्रद्धेय कमलसिंह, मैनेजर, वीपीओ—ईशापुर कटारा, वाया—नदबई-321602

69/25.5.81 4. श्रद्धेय राम खिलाड़ी, सुपरवाइजर दि भरतपुर सेंट्रल को-ऑपरेटिव बैंक (लिमि.), नदबई-321602

74/1.6.81 5. श्रद्धेय भगवान सिंह, फौजदार, नदबई-321602

30.12.3.83 6. श्रद्धेय नत्थीलाल मथुरिया, गाँव—भरतपुर गेट, कुम्हरे

| | |
|---|---|
| 87/16.11.84 | 7. श्रद्धेय बिस्सीराम, सुपुत्र श्रद्धेय खुनखुनराम, वीपीओ—बरौली रान, वाया—अखैगढ़, तहसील—नदबई-321602 |

### 16. राजस्थान (23. भीलवाड़ा)

### 16. राजस्थान (24. सवाईमाधोपुर)

| | |
|---|---|
| 03.10.1970 | श्री डॉ. अरुजन लाल, सतगुरु, दवाखाना बजरिया, जिला—सवाई माधोपुर, राजस्थान |
| 114/28.10.85 | 1. श्रद्धेय हरिमोहन बंसीराम, डॉ. बी.आर. अम्बेडकर चौराहा, बस स्टैंड, वीपीओ—सूरौठ, वाया—फतेहसिंहपुरा-322252 |
| 59/20.7.87 | 2. श्रद्धेय बाबूलाल देवत, कृषि पर्यवेक्षक, मो. बड़ागाँव, पोस्ट—खेरला-322240 |

### 16. राजस्थान (25. सिरोही)

### 16. राजस्थान (26. सीकर)

### 16. राजस्थान (27. श्रीगंगानगर)

| | |
|---|---|
| 44/6.8.76 | 1. श्रद्धेय गौतम प्रिय, मिट्ठूराम बौद्धी |
| 97/17.9.79 | 2. श्रद्धेय अमृतलाल पर्वाहकर्ता, श्रद्धेय मंगल सिंह, मकान नं. 354, पटेल नगर, वार्ड नं. 33 (कई बार) (68/80) |
| 5/14.1.83 | 2. श्रद्धेय अमृतलाल, 378, गांधी बस्ती, वार्ड नं. 33, श्रीगंगा-नगर-335001 (नया पता) |
| 137/19.10.81 | 3. श्रद्धेय हरखू प्रसाद, पर्वाहकर्ता, अमृतलाल, मलकाना बिल्डिंग, पुरानी आबादी, श्रीगंगानगर-335001 |
| 44/6.4.83 | 4. श्रद्धेय चानन राम पटवार, वीपीओ—अनूपशहर-335502, हनुमानगढ़ |
| 7/27.1.86 | 5. श्रद्धेय दत्लाराम मेघवाल, गाँव—चक थराजवाला, पोस्ट—लिखमीसर, वाया—पीलीबंगा-335803 |
| 22/22.2.86 | 6. श्रद्धेय उमाराम हरिजन, वीपीओ—जबरासर, वाया—नोहर-335523 |
| 528/15.12.86 | 7. श्रद्धेय डी.आर. चरनलाल निमेश, 115 बी. मेडिकल कॉलोनी (रेलवे अस्पताल के पीछे), पोस्ट—हनुमागढ़ जंक्शन-335512 |
| 94-95/17.10.87 | 8. श्रद्धेय एच.आर. परिहार, क्वा.नं. 480, टिब्बा कॉलोनी, सूरतगढ़ संगम, श्रीगंगानगर-335405 |

| | | |
|---|---|---|
| 82/2.9.88 | 9. | श्रद्धेय पन्तराम मालडिया, गाँव—लखूवाली, पोस्ट—पीलीबंगा-335803 |
| 137/14.1.89 | 10. | श्रद्धेय इन्द्रराज कुमार, गाँव चक-1, डी.बी.एन., पोस्ट—ढाबर, वाया—पीलीबंगा-335803 |
| 139/14.1.88 | 11. | श्रद्धेय रामप्रताप, आत्मज श्रद्धेय माडूराम मेघवाल, वीपीओ—जाखड़ वाली, वाया—पीलीबंगा-335803 |
| 158/7.2.89 | 12. | श्रद्धेय भजनलाल, सुपुत्र श्रद्धेय रतनलाल, चक-1, डी.बी.एन., पोस्ट—ढावा, वाया—पीलीबंगा-335803 |
| 167/10.3.89 | 13. | श्रद्धेय पुरखाराम, सुपुत्र श्रद्धेय भादर राम मेघवाल, वीपीओ—रामपुरा मटोरिया, वाया—रावतसर-335524 |
| 11/6.5.89 | 14. | श्रद्धेय रसिराम, सुपुत्र श्रद्धेय देवीलाल रघेरा, गाँव—खेड़ामरी, पोस्ट—वाया—रावतसर-335524 |

### 17. हरियाणा (1. अम्बाला)

| | | |
|---|---|---|
| 56/23.4.79 | 1. | श्रद्धेय जगदीश लाल शॉपकीपर, वीपीओ—बरारा-133201 |
| 58/29.4.81 | 2. | श्रद्धेय स्वरूपचन्द, 48/759, बलदेव नगर, अम्बाला नगर |
| 9/12.1.82 | 3. | श्रद्धेय एन.एस. लाम्बा, जन.सेके. बामसेफ लाइब्रेरी, विश्वकर्मा कॉलोनी, वीपीओ—पिंजोर-134102 |
| 123/21.9.84 | 4. | श्रद्धेय रामसिंह (दिल्ली वालों की दुकान), गाँव—रासेहड़ी, पोस्ट—रामपुर रासेहड़ी-133001 |

### 17. हरियाणा (2. करनाल)

### 17. हरियाणा (3. कुरुक्षेत्र)

| | | |
|---|---|---|
| 23/12.3.83 | 1. | श्रद्धेय दयाराम सरदार फौजी ताँगे वाला, सुपुत्र श्रद्धेय हरि किशन, गाँव—जोगी माजरा, पोस्ट—रावा, वाया—हेड पोस्ट—शाहाबाद मारकुंडा-132135 |

### 17. हरियाणा (4. गुड़गाँव)

### 17. हरियाणा (5. जीन्द)

### 17. हरियाणा (6. फरीदाबाद)

| | | |
|---|---|---|
| 12/2.2.81 | 1. | श्रद्धेय मोहन लाल यादव, सुपुत्र श्रद्धेय बाबू लाल यादव, डॉ. अम्बेडकर समिति, गाँव—गौड़ोता, पोस्ट—होडल, 121106, तहसील—पलवल |

| | |
|---|---|
| 92/21.6.82 | 2. श्रद्धेय राज किशोर, न्यू इंडिया डाइंग एंड फिनिशिंग, 14/5, मथुरा रोड, फरीदाबाद-121002 |
| 50/12.4.83 | 3. श्रद्धेय सुन्दरलाल बोद्धी, सुपुत्र श्रद्धेय शिवराम बोद्धी, वीपीओ—सेवली, तहसील—121102 |
| 116/15.11.85 | 4. श्रद्धेय धर्मचन्द बौद्ध, गाँव—शमसाबाद, पोस्ट—पलवल-121102 |

**17. हरियाणा (7. भिवानी)**

| | |
|---|---|
| 56/20.7.80 | 1. श्रद्धेय अंधराज, 67, राम नगर कॉलोनी, भिवानी |
| 121/21.9.82 | 2. श्रद्धेय बुधूदास, क्वा.नं. 69/113/11, रामनगर कॉलोनी |

**17. हरियाणा (8. महेन्द्रगढ़)**

**17. हरियाणा (9. रोहतक)**

**17. हरियाणा (10. सिरसा)**

| | |
|---|---|
| 27/27.6.88 | 1. श्रद्धेय कृष्णलाल सुपुत्र श्रद्धेय रामरख, मकान नं. 274, ब्लॉक नं. 9. कच्चा बाँस (बनद गेट), वीपीओ—सिरसा-125055 |

**17. हरियाणा (11. सोनीपत)**

| | |
|---|---|
| 85/20.10.86 | 1. श्रद्धेय रमेश कुमार डीगवाल, आनन्द शू फैक्ट्री, धर्मशाला रोड, वीपीओ—फतेहाबाद-125050 |

**17. हरियाणा (12. हिसार)**

**18. हिमाचल (1. काँगड़ा)**

**18. हिमाचल (2. किन्नौर)**

**18. हिमाचल (3. कुल्लू)**

**18. हिमाचल (4. चम्बा)**

**18. हिमाचल (5. बिलासपुर)**

**18. हिमाचल (6. मंडी)**

**18. हिमाचल (7. सोलन)**

| | |
|---|---|
| 22/11.3.85 | 1. श्रद्धेय रतन सिंह, रेडियो टीचर एयरफोर्स स्टेशन, वीपीओ—कसौली-173204 (शिमला) |

**18. हिमाचल (8. लाहौल और स्वति)**

**18. हिमाचल (9. शिमला)**

**18. हिमाचल (10. सिरमौर)**

**18. हिमाचल (11. ऊना)**

**18. हिमाचल (12. हमीरपुर)**

**19. त्रिपुरा**

श्री भीखूजी बौद्ध मन्दिर, बेना बन बिहार, अगरतला (नजदीक सर्किट हाउस)

**20. मणिपुर**

श्रद्धेय भिक्षु अक्षयानन्द, बुद्ध विहार, मणिपुर, रेन अक्षयनन्दा, जम्बूद्वीप-विस्डम मोना स्टेरी, पोस्ट—मोरेन-795131, राज्य-चुर्चचनपुर

**21. मेघालय**

52/2.4.84 1. श्रद्धेय बी.आर. गौतम, कृडेम कुलाई इलेक्ट्रिकल डिविजन, एम.ई.एस.ई.बी., वीपीओ—सुमेर-793104

33/2.4.85 2. में एम.एस.ई.बी. लिखा है। कौन सही है, ज्ञात नहीं।

**22. सिक्किम**

**23. अरुणाचल**

**संघीय प्रदेश (अंडमान निकोबार द्वीप समूह)**

**संघीय प्रदेश (2. गोवा-दमन-दीव)**

**संघीय प्रदेश (3. चंडीगढ़)**

113/1.12.86 1. श्रद्धेय वेदभान, मकान नं. 1070, सेक्टर-24-बी

**संघीय प्रदेश (4. दादर नगर हवेली)**

**संघीय प्रदेश (5. दिल्ली)**

23.02.1970 श्री बाबू लाल मौर्य, उपविधि सलाहकार, विधि मंत्रालय, भारत सरकार, नई दिल्ली

05.03.1970 श्री सुरेशचन्द 'निर्मल', M.A. (स्वर्ण पदक प्राप्त), बी.टी. रिसर्च स्कॉलर, 651/आई नेहरू गली, गांधी नगर, देहली-11, आपको *सच्ची रामायण* भेज दी गई है। सूचीपत्र भी रवाना है।

| | |
|---|---|
| 05.03.1970 | श्री महाराज सिंह भारती, M.A. बंगला न. 20, नई दिल्ली |
| 06.07.1970 | श्री तेजपाल राही, बधव इलाइट एजेंसी, 150 डी. कमला नगर, दिल्ली |
| 02/01/1973 | ई. श्री सीताराम, पीपल बधव, श्री निहालचन्द जाटव, लड़ो सराय, महरौली, नई दिल्ली |
| 02/01/1973 | ई. श्री टी.एम. कुमार, यूनिट चौथी मंजिल, ए.जी.सी.आर., नई दिल्ली |
| 15/01/1973 | ई. आरडी सोनकर, 34 ए मंजिल मार्ग, नई दिल्ली |
| 19/01/1973 | ई. धनपत सिंह जाटव, सप्लाई एंड अकाउंट सेल्स, नई दिल्ली, सम्मति |
| 02/01/1973 | ई. श्री सीताराम, पीपल बधव, श्री निहालचन्द जटव, लड़ो सराय, महरौली, नई दिल्ली |
| 02/01/1973 | ई. श्री टी.एम. कुमार, यूनिट चौथी मंजिल ए.,जी.सी.आर. नई दिल्ली |
| 15/01/1973 | ई. आरडी सोनकर, 34 ए मंजिल मार्ग, नई दिल्ली |
| 19/01/1973 | ई. धनपत सिंह जाटव, सप्लाई एंड एकाउंट सेल्स, नई दिल्ली |
| 4/15.1.76 | 1. श्रद्धेय बिहारी लाल, सुपुत्र श्रद्धेय धर्मसिंह जाटव, 120, मोहम्मदपुर, पोस्ट—आर.के. पुरम, नई दिल्ली-110022 |
| 61/28.8.77 | 2. श्रद्धेय अशोक प्रियदर्शी बौद्ध, ब्लॉक-एम.-110-22/प्लॉट नं. 750, मंगोलपुरी, नई दिल्ली-110041 |
| 10/22.1.79 | 3. श्रद्धेय छोटेलाल, भारत इंजी. वर्क्स, ए-50 मेन फैक्ट्री, इंडस्ट्री एरिया, नारायणा, नई दिल्ली-110028 |
| 131/29.11.79 | 4. श्रद्धेय मास्टर अजब सिंह, दिल्ली नगर निगम, प्राथ.विद्यालय, कल्याणपुरी (बी-5/2 पाली), नई दिल्ली-110091 |
| 45/30.3.81 | 5. श्रद्धेय दीपचन्द बौद्ध, मकान नं. 79, ब्लॉक नं. ओ, मंगोलपुरी, दिल्ली-110083<br>रिश्तेदार श्रद्धेय राधेश्याम कारपेंटर, सी-9530, सुल्तानपुरी |
| 141/11.11.83 | 6. श्रद्धेय भगवान दास एडवोकेट, बी.सी.-1/एच.डी.डी.ए. फ्लैट, मुनिरका, नई दिल्ली-110067 |
| | 7. श्रद्धेय मेवालाल, लाज नं. ई-75-सी, लोको रोड (एम. सी.) दिल्ली किशनगंज, दिल्ली-110006 |
| | 8. श्रद्धेय रामसहाय, 80-ई, सेक्टर-4, डी.आर.जेड एर्सिन-बाणा खड़गसिंह मार्ग, नई दिल्ली-110001 (दिल्ली किताब महल के पीछे) |

RAS R. GROVER, CRESCENT PRINTING WORKS LTD.
HOUSE OF QUALITY PRINTING AND PHOTOTYPE SETTING
14/90, CANNAUGHT CIRCUS, NEW DELHI-110011 (CALL-345146).

8. श्रद्धेय रामसहाय, परीक्षा, 15 अनुभाग, संघ लोक सेवा आयोग, धौलपुर हाउस, शाहजहाँ रोड, नई दिल्ली-110011 यह भीमायण के प्रकशक हैं।
9. श्रद्धेय बिहारी लाल हरित, श्रद्धेय मोहन लाल हरित, हरित एंड कम्पनी, 449/4, तेलीवाड़ा, शाहदरा, नई दिल्ली-110032
10. श्रद्धेय चेतराम भास्कर, 3565, तेलीमंडी, दरीबापान पहाड़गंज, नई दिल्ली-110055 (घर का फोन नं. 7370706, ऑफिस-3019672)
11. श्रद्धेय मूलचन्द मंजन वाले बाबा, पर्वाहकर्ता, पूज्य भन्ते जी, बुद्ध बिहार, कोंडली (हरिजन बस्ती), पोस्ट—खिचड़ी पुर, नई दिल्ली-110091 (लालकिला से बस नं. 301 जाती है।)
12. श्रद्धेय वतनस्वरूप राहुल, खसरा नं. 44, गली नं. 5, पुराना गोबिन्दपुरा एक्टेंशन, परवाना रोड, खुरेजी खास, नई दिल्ली-110055

85/21.9.87 13. श्रद्धेय श्रीराम मिस्त्री (समेसिंह मेटीरियल सप्लायर्स), मोहल्ला—झडौदा कॉलोनी (मोहल्ला—मजरा बुराडी), पोस्ट—मजरा बुराड़ी, नई दिल्ली-110002

147/2.1.88 14. श्रद्धेय प्रेमदास, कोसल डिगीह एक्सपोर्ट, ओखला फोर, एफ-24/4, नई दिल्ली-110620

171/8.2.88 15. श्रद्धेय हुब्बलाल, जू.ई. फिटर (डी.ई.-एस.यू.) 220 केवी उपकेन्द्र-2, पटपड़गंज, मंडावली, फाजलपुर, नई दिल्ली-110092

209/21.3.88 16. श्रद्धेय शिव दयाल द्वारा श्रद्धेय छोटेलाल, ई-207, जे.जे. कॉलोनी, बुद्ध नगर, इन्द्रपुरी, नई दिल्ली-110012
—श्रद्धेय ताजेन्द्र, हिसं फाल नेशनल प्रेसी. बामसेफ, 'बामसेफ सेंट्रल यूनिट', 5709/81, रैगरपुरा, करोल बाग, नई दिल्ली-110005, फोन नं. 5710322

'आल इंडिया बैकवर्ड' (शिड्यूल्ड कास्ट, शिड्यूल्ड ट्राइब्स, अदर बैकवर्ड क्लास) एंड मायनार्टी कम्युनिटीज एम्पलायज फैडरेशन रजिस्टर्ड, प्रमुख शाखा, दिल्ली
मंत्री सत्य संकेश ग्रंथमाला, सत्यचल प्रकाश वर्धा, राष्ट्रीय स्वयं सेवक संघ और समाजवाद-प्रभाकर। सुरुचि साहित्य, केशवकुंज झंडेवाला, नाज सिनेमा के सामने, नई दिल्ली-55

**संघीय प्रदेश (6. लक्षद्वीप)**
**संघीय प्रदेश (7. पांडिचेरी)**

*दिल्ली*

रजिस्ट्रेशन नं. एस-17809 (रिफ्रेंस नं. बामसेफ, 16 नवम्बर,1989, एन.सी./89 कन्वेंशन दिनांक : 10-11-12.12.89 बेगम हजरत महल।
श्रद्धेय मूलचन्द, मंजन वाले बाबा, मारफा मेंडली, बुद्ध विहार रहरिजन बस्ती, गली बुद्ध विहार, पोस्ट—खिचड़ी पुर, दिल्ली —गाजियाबाद से बस नं. 62 कल्याणपुरी नोएडा जाती है। लाल किला से बस नं. 301 जाती है। पुरानी दिल्ली से बस नं. 9 जाती है।
श्रद्धेय प्यारे लाल गौतम, सुपुत्र श्रद्धेय मोहन लाल, गाँव—वीरपुर, पोस्ट—अमोई, मिर्जापुर

*अन्य*

70/23.09.1978 1. श्रद्धेय प्रहलाद वर्मा, वीपीओ—सुइथा कलाँ
71/12.09.1980 2. श्रद्धेय सभाजीत, वि—महड़ौरा, पो.—किल्लई
70/04.09.1980 3. श्रद्धेय शिव गोविन्द, वृक्षा रोपण लिपिक रेंज, वन विभाग, वीपीओ—केराकत-222142
67/06.05.1983 4. श्रद्धेय धर्म देव राम, सह.अध्या., आदर्श इंटर कॉलेज, रोहारी, पो.—पतरही
98/04.08.1983 5. श्रद्धेय गोपाल जी निराला, वि—बलवा (टाउन एरिया व पोस्ट—मड़ियाहूँ-222161)
43/22.03.1978 6. श्रद्धेय नथुनी प्रसाद बौद्ध, ग्राम विकास अधिकारी, वीपीओ—खुटहन-223104

| | | |
|---|---|---|
| 143/08.11.1984 | 7. | श्रद्धेय मुंशीलाल बौद्ध, तार बिलवार, पोस्ट—बिलवार, कासगंज-222201 |
| 6/19.01.1985 | 8. | श्रद्धेय लाल जी, आर्य सहायक अध्यापक प्राथमिक पाठशाला पोखीरयपुर, पोस्ट—मसीदा (फतेहगंज) |
| 1/03.04.1987 | 9. | श्रद्धेय लहुरीराम, शिक्षक, वि—अनूपुर (पनियरिया), पोस्ट—गड़ैला-222001 |
| 4/08.04.1987 | 10. | श्रद्धेय भैयालाल प्रवाहकर्ता, श्रद्धेय रामराज पोस्ट—मैन पोस्ट मड़ियाहूँ-222161 |

*यहाँ अशोक पुस्तकालय के सम्पूर्ण भारत—तमिलनाडु से लेकर कश्मीर तक और गुजरात से लेकर असम तक के 26,000 पते दे पाना असम्भव है। कारण कि इसके लिए ग्रंथावली को कई खंड में बढ़ाना पड़ेगा जो ठीक नहीं है।*

*अतः यहाँ कुछ ही पते प्रस्तुत किए जा रहे हैं। शेष अशोक पुस्तकालय के बीजक रजिस्टर में लिखे पते भविष्य में पेरियार ललई सिंह के नाम पर बनी वेबसाइट पर अपलोड कर दिए जाएँगे।*

**—सम्पादक**

# पेरियार ललई सिंह के ऐतिहासिक चित्र 1944 से...

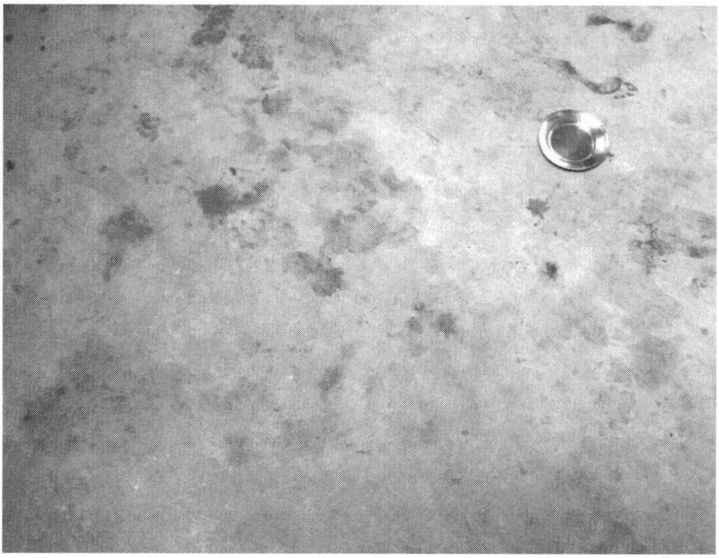

**1.** इसी पवित्र भूमि पर पेरियार ललई सिंह का 1 सितंबर, 1911 ई. को जन्म हुआ। घर के अन्दर की तस्वीर, गाँव-कठारा, तहसील-रसुलाबाद, जिला-कानपुर, उ.प्र., भारत

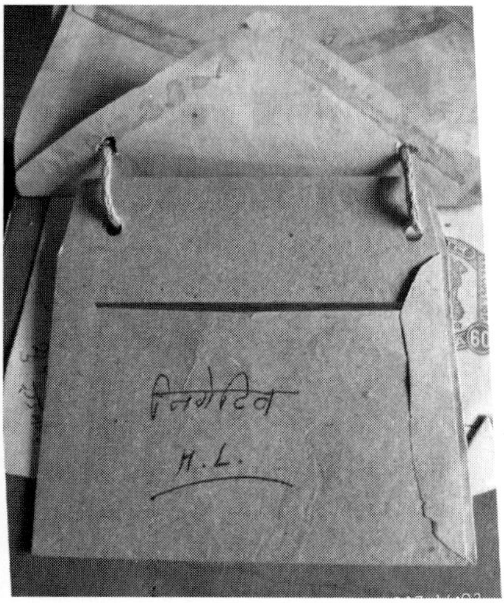


**2.** प्रथम फोटो की दुर्लभ नेगेटिव। इसी से आगे कई फोटो निर्मित किए गए।

**3.** युवा पेरियार ललई सिंह। ये ब्लैक एंड वाइट फोटो है।

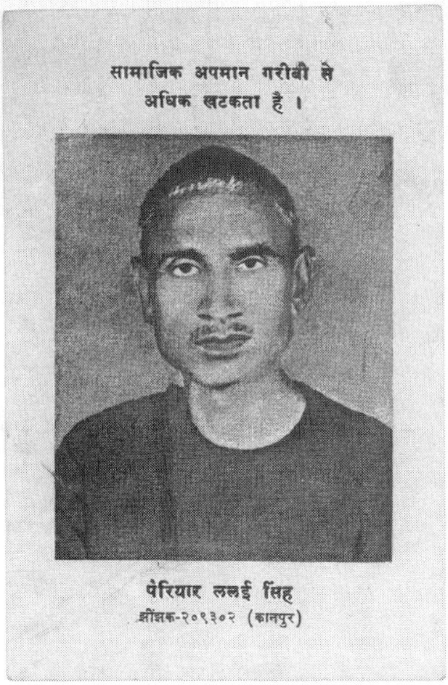


**4.** युवा पेरियार ललई सिंह की प्रथम रंगीन तस्वीर जिसमें अपने लोकतांत्रिक और संवैधानिक अधिकारों को प्राप्त करने का वाक्य लिखा है।

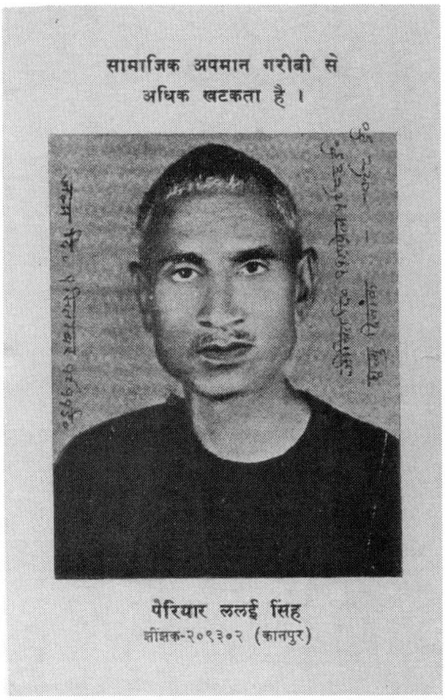


**5.** पेरियार ललई सिंह का एक ऐतिहासिक फोटो जिसमें वे अपना परिचय स्वयं अपनी कलम से लिखते हैं।

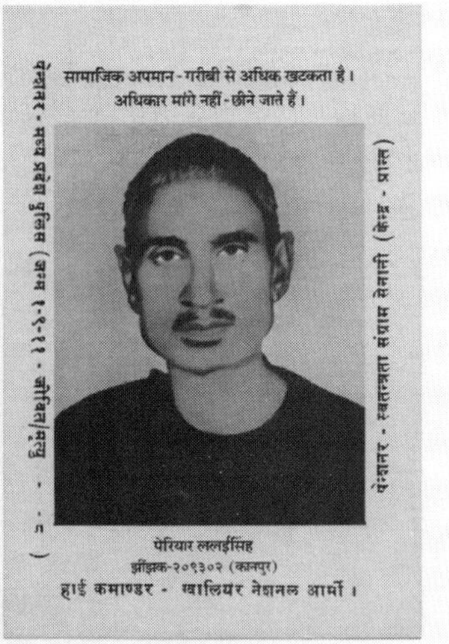


**6.** युवा पेरियार ललई सिंह आधुनिक राष्ट्र-निर्माण के लिए आन्दोलन के दौरान लोगों के परिचय पूछने पर यही अपने परिचय-स्वरूप देते थे।

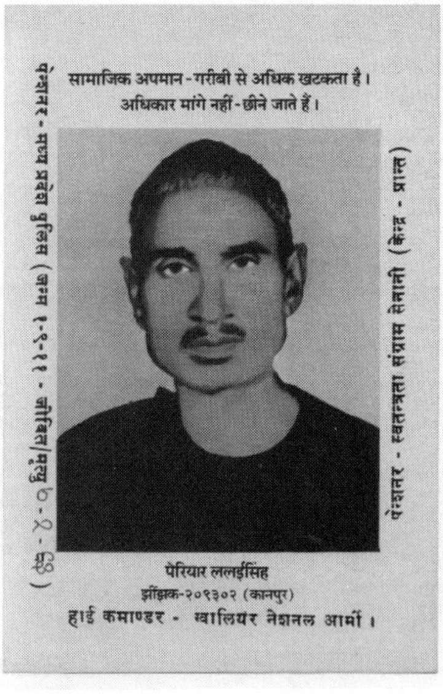


**7.** इस परिचय में पेरियार ललई सिंह के शुभचिन्तकों उनकी मृत्यु-तिथि देवनागरी में लिखी है।

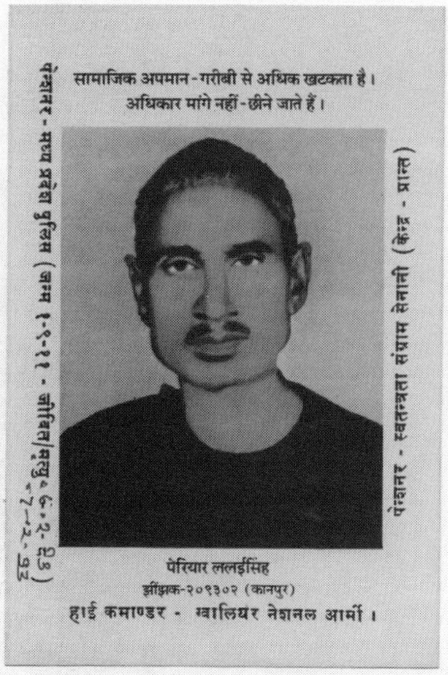


**8.** इस परिचय में उनके शुभचिन्तकों ने मृत्यु-तिथि देवनागरी और रोमन, दोनों में लिखी है।

**9.** हुजरात कोतवाली, लश्कर ग्वालियर, जेल जहाँ अंग्रेजों ने हाई-कमांडर पेरियार ललई सिंह को कैद किया था। सन् 1945 से 1947 तक।

**10.** यह केन्द्रीय जेल ग्वालियर है। हुजरात कोतवाली से देश-प्रेमी क्रान्तिकारी पेरियार ललई सिंह का रातोंरात चुपके से स्थानांतरण किया गया। इस केन्द्रीय जेल में पेरियार ललई सिंह ने अछूतों के अपमान के लिए आन्दोलन किया। उसके बाद देश की स्वतंत्रता के लिए, अंग्रेजी साम्राज्य के विरुद्ध, 41 दिनों की लम्बी भूख-हड़ताल की। ये नौ माह और पन्द्रह दिन जेल में रहे। देशी रियासत 'ग्वालियर स्टेट' की मुक्ति के लिए आन्दोलन किया। सन् 1945 से 1947 तक।

1061-SA

**11.** हाई-कमांडर पेरियार ललई सिंह उत्तर भारत में बुद्ध, फुले, पेरियार, अम्बेडकर की वैचारिकी के निर्माण के लिए जब आन्दोलन और क्रान्ति के लिए निकलते तो अपने साथ पानी का बोतल, कुल्हाड़ और दवा हर समय झोले में रखते थे। यह अदा सहज ही महान क्रान्तिकारी चे-ग्वेरा की याद दिलाती है, जो अपने साथ गन, दवा और पानी हर क्रान्तिकारी अभियान में निकलते हुए रखते थे।

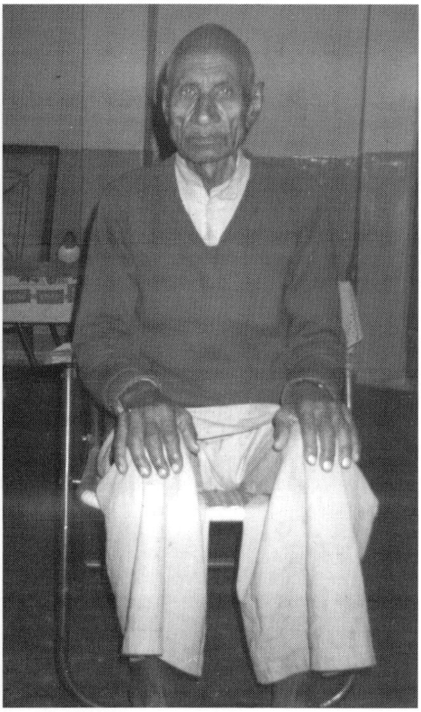

**12.** मूलनिवासी योद्धा पेरियार ललई सिंह,
कानपुर, उ.प्र. में

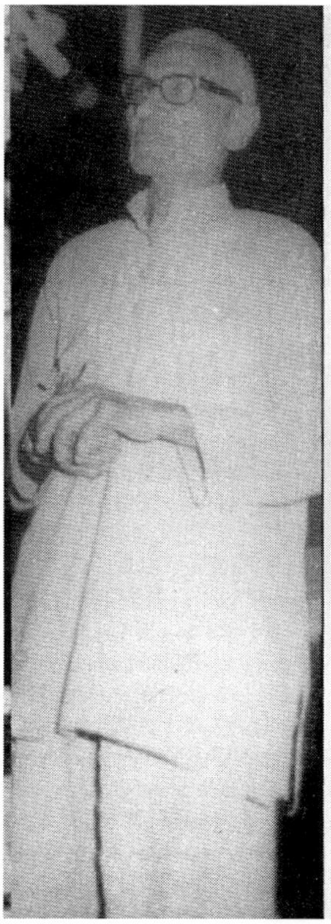

**13.** पेरियार ललई सिंह जन सभा को
सम्बोधित करते हुए

**14.** उत्तर भारत के 'पेरियार' पेरियार ललई सिंह अपने शुभचिन्तकों के साथ

**15.** डॉ. अम्बेडकर जयंती पर लुधियाना, पंजाब में व्याख्याता पेरियार ललई सिंह का डॉ. अम्बेडकर नवयुवक दल के लोग स्वागत करते हुए

**16.** डॉ. अम्बेडकर जयंती लुधियाना, पंजाब में पेरियार ललई सिंह और जेएन आदित्य का स्वागत करते हुए डॉ. अम्बेडकर नवयुवक दल के शुभचिन्तक, कार्यकर्ता

**17.** डॉ. अम्बेडकर जयन्ती पर लुधियाना, पंजाब में डॉ. अम्बेडकर नवयुवक दल के आयोजक मंडल के लोग स्वागत करते हुए

**18.** डॉ. अम्बेडकर जयंती पर पेरियार ललई सिंह और जेएन आदित्य का स्वागत करते हुए आयोजक मंडल के सदस्य

**19.** पेरियार ललई सिंह के भिक्षुप्रिय शिष्य जे.एन. आदित्य व्याख्यान देते हुए

**20.** बौद्ध विनय प्रशिक्षण शिविर, सारनाथ में, तिब्बती बौद्ध विहार की छत की टेंट के अंदर की तस्वीर है, जो मौन बौद्ध धम्म अभियान का प्रशिक्षण था उसमें पोल के बाईं ओर उद्‍घाटनकर्ता–चीवर में पूज्य भिक्षु एस. रिंपोंछे, अरुणाचल के मूलनिवासी और बौद्ध दर्शन के आचार्य प्रो. सिम्पा दोर्जे, उनके ठीक दाईं ओर बैठे राजनीतिक-धार्मिक-सामाजिक क्रान्ति के अग्रज और महान स्वतंत्रता सेनानी पेरियार ललई सिंह के साथ जे.एन. आदित्य, श्याम सिंह और सबसे पीछे बैठे आर.आर. सूर्य।

**21.** बौद्ध विनय शिविर, सारनाथ, की समाप्ति की तस्वीर। प्रथम पंक्ति में ऊपर से (मध्य में) पीवर-पीत वस्त्रों में केन्द्रीय तिब्बती उच्च अध्ययन संस्थान के प्राचार्य एवं निदेशक पूज्य एस. रिंपोंछे, उनके बाईं ओर भारतीय बौद्ध महासभा, उ.प्र. के अध्यक्ष–जे.एन. आदित्य, उपाध्यक्ष–श्याम सिंह, मिथुन सिंह बौद्ध, सुन्दर लाल गौतम तथा पुज्य भंते एस रिंपोंछे के दाएँ पेरियार ललई सिंह, जी.एस. गौतम, लोकनाथ बौद्ध एवं रामरत्न बौद्ध आदि। बैठे हुए लोगों में बाएँ से दाएँ–प्रथम पंक्ति–एसएन राम गौतम, राम सहाय, दूसरी पंक्ति में रामनाथ, रामस्वरूप आदि।

**22.** मूलगंध कुटी, महाविहार के भग्नावशेष के दर्शनार्थ उपस्थित बौद्ध विद्वान और प्रशिक्षक, शिविर सारनाथ, वाराणसी ई.

**23.** बौद्ध प्रशिक्षण के लिए चीन, जापान और थाईलैंड से आए हुए सुन्दर बच्चे शिविर में

**24.** शिविर में धम्म-देशना करते हुए सुन्दर बच्चे

**25.** धम्म विजय एवं दीक्षा समारोह, कानपुर

**26.** पेरियार ललई सिंह के अध्ययन-कक्ष में बुद्ध की सुन्दर तस्वीर

**27.** उनके कक्ष में बुद्ध के साथ बौद्ध भिक्षुओं की एक सुन्दर तस्वीर

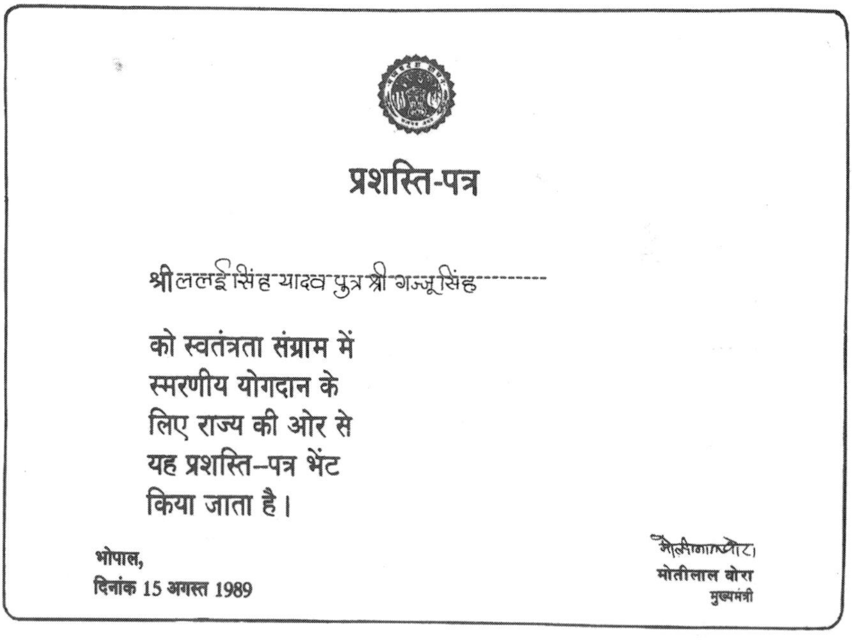

## प्रशस्ति-पत्र

श्री ललई सिंह यादव पुत्र श्री गज्जू सिंह

**को स्वतंत्रता संग्राम में स्मरणीय योगदान के लिए राज्य की ओर से यह प्रशस्ति–पत्र भेंट किया जाता है।**

**भोपाल,**
**दिनांक 15 अगस्त 1989**

**मोतीलाल वोरा**
मुख्यमंत्री

**28.** पेरियार ललई सिंह ने देश की स्वतंत्रता के लिए ब्रिटिश साम्राज्य के विरुद्ध आन्दोलन किए, जेल गए। जेल में सन् 1946 में 40 दिन की लम्बी भूख-हड़ताल किए। देश की स्वतंत्रता के साथ उन्हें महान स्वतंत्रता संग्राम सेनानी का सम्मान और पेंशन दी गई। उन्हें तीन पेंशन मिलती थीं—1. सैनिक की, 2. केन्द्र सरकार से स्वतंत्रता संग्राम सेनानी की, 3. उत्तर प्रदेश सरकार से भी स्वतंत्रता संग्राम सेनानी पेंशन।

**29.** उनकी 1944 ई. की दुर्लभ डायरी

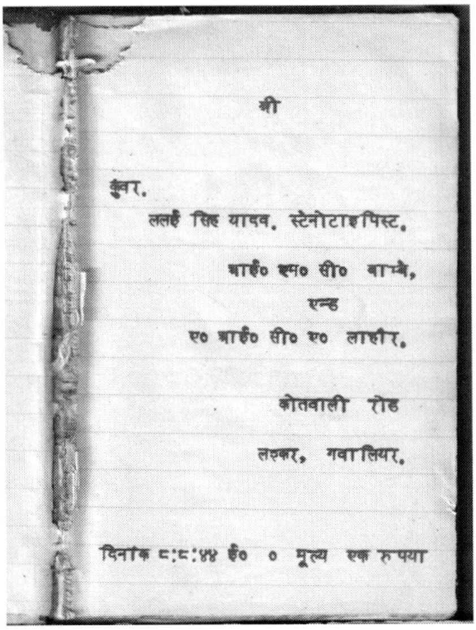
श्री

कुंवर.

ललई सिंह यादव, स्टेनोटाइपिस्ट,

आई० एम० सी० बाम्बे,

एन्ड

ए० आई० सी० ए० लाहौर,

कोतवाली रोड

लश्कर, ग्वालियर,

दिनांक ८:८:४४ ई० ० मूल्य एक रुपया

**30.** दुर्लभ डायरी में उनका यह दिलचस्प पता

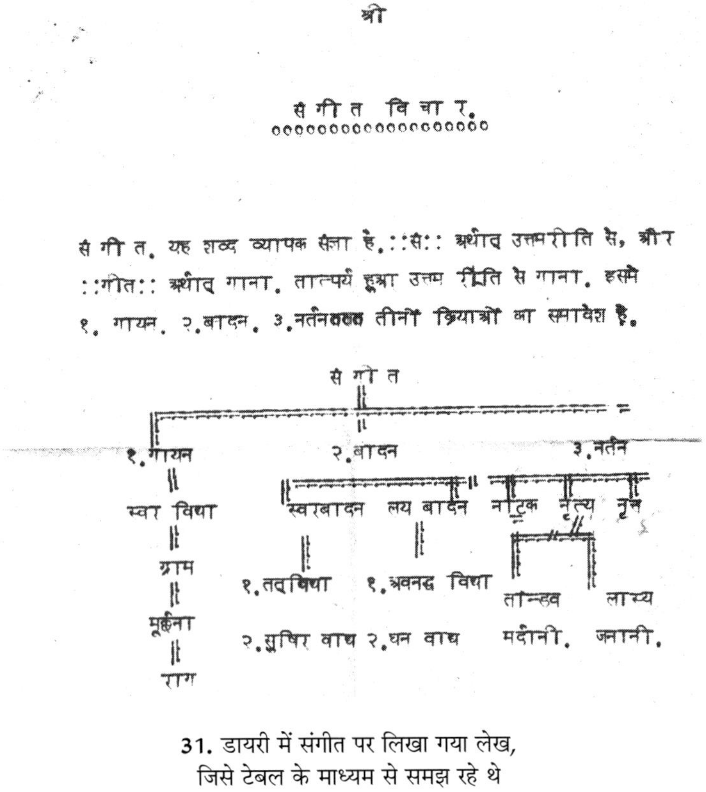
श्री

संगीत विचार.

संगीत. यह शब्द व्यापक संज्ञा है. ::सं:: अर्थात् उत्तमरीति से, और ::गीत:: अर्थात् गाना. तात्पर्य हुआ उत्तम रीति से गाना. इसमें १. गायन. २.बादन. ३.नर्तन तीनों क्रियाओं का समावेश है.



**31.** डायरी में संगीत पर लिखा गया लेख,
जिसे टेबल के माध्यम से समझ रहे थे

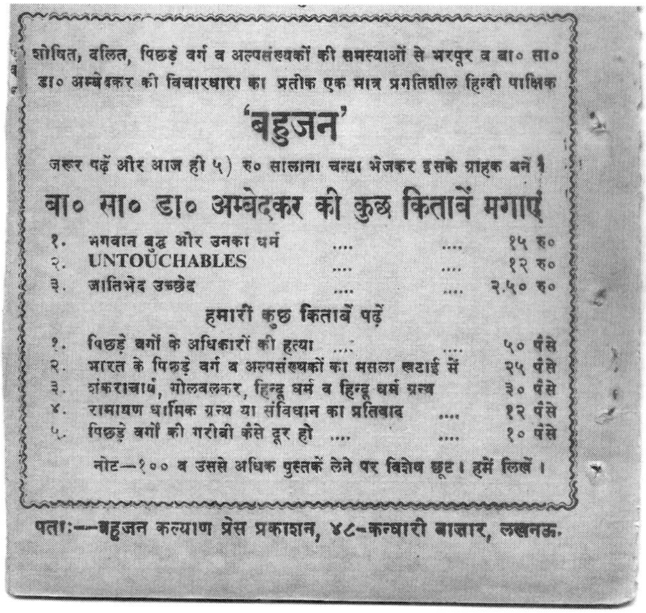

शोषित, दलित, पिछड़े वर्ग व अल्पसंख्यकों की समस्याओं से भरपूर व बा० सा० डा० अम्बेडकर की विचारधारा का प्रतीक एक मात्र प्रगतिशील हिन्दी पाक्षिक

'बहुजन'

जरूर पढ़ें और आज ही ५) रु० सालाना चन्दा भेजकर इसके ग्राहक बनें।

बा० सा० डा० अम्बेदकर की कुछ किताबें मगाएं

| | | |
|---|---|---|
| १. | भगवान बुद्ध और उनका धर्म .... .... | १५ रु० |
| २. | UNTOUCHABLES .... .... | १२ रु० |
| ३. | जातिभेद उच्छेद .... .... | २.५० रु० |

हमारी कुछ किताबें पढ़ें

| | | |
|---|---|---|
| १. | पिछड़े वर्गों के अधिकारों की हत्या .... .... | ५० पैसे |
| २. | भारत के पिछड़े वर्ग व अल्पसंख्यकों का मसला लड़ाई में | २५ पैसे |
| ३. | शंकराचार्य, गोलवलकर, हिन्दू धर्म व हिन्दू धर्म ग्रन्थ | ३० पैसे |
| ४. | रामायण धार्मिक ग्रन्थ या संविधान का प्रतिवाद .... | १२ पैसे |
| ५. | पिछड़े वर्गों की गरीबी कैसे दूर हो .... .... | १० पैसे |

नोट—१०० व उससे अधिक पुस्तकें लेने पर विशेष छूट। हमें लिखें।

पता:—बहुजन कल्याण प्रेस प्रकाशन, ४८-कन्धारी बाजार, लखनऊ.

**32.** 1957 में चंद्रिका प्रसाद 'जिज्ञासु' के संरक्षण और निर्देशन में बहुजन कल्याण प्रकाशन, लखनऊ से छेदीलाल साथी के संपादन में 'बहुजन' नाम का हिन्दी पाक्षिक निकलता था।

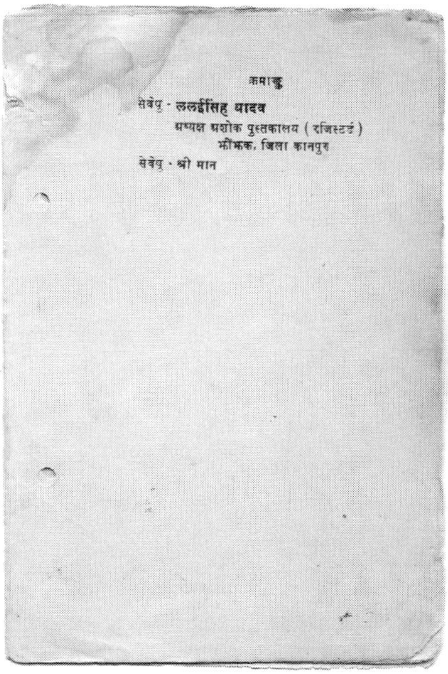

क्रमांक

सेवेंयु - ललईसिंह यादव
अध्यक्ष अशोक पुस्तकालय (रजिस्टर्ड)
झींझक, जिला कानपुर

सेवेंयु - श्री मान

Despatch number

From- LALAYE SINGH YADAVA.
Aphyakhsa ashok pustakalaya Registered
ville. & po. jhinjhak, Dist. Kanpur (U.P.)

To . ..........................................................

Sir.

**33.** 1958 ई. में स्थापित अशोक प्रेस, हिसाब आदि का एक पर्चा

**34.** अशोक प्रेस के पैड का अंग्रेजी स्वरूप।

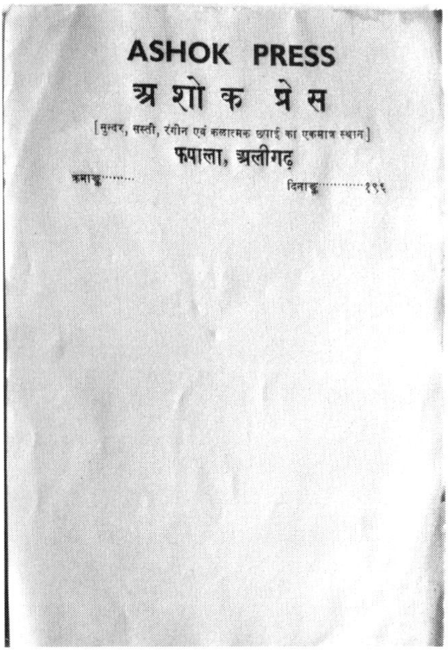

ASHOK PRESS

अशोक प्रेस

[सुन्दर, सस्ती, रंगीन एवं कलात्मक छपाई का एकमात्र स्थान]

फूपाला, अलीगढ़

क्रमांक.......... दिनांक..........१९६

35. अशोक प्रेस के पैड का हिन्दी स्वरूप।

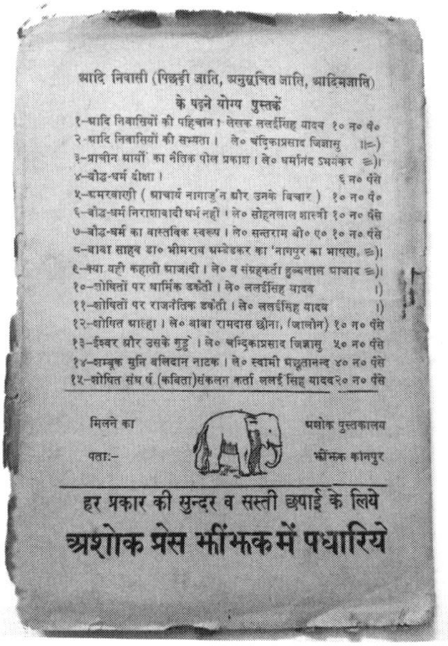

आदि निवासी (पिछड़ी जाति, अनुसूचित जाति, आदिमजाति)

के पढ़ने योग्य पुस्तकें

१–आदि निवासियों की पहिचान। लेखक ललईसिंह यादव १० न० पै०
२–आदि निवासियों की सभ्यता। ले० चंद्रिकाप्रसाद जिज्ञासु ।।=)
३–प्राचीन आर्यों का नैतिक पोल प्रकाश। ले० धर्मानंद उभयकर ≈)।
४–बौद्ध-धर्म दीक्षा। ६ न० पैसे
५–अमरवाणी (आचार्य नागार्जुन और उनके विचार) १० न० पै०
६–बौद्ध-धर्म निराशावादी धर्म नहीं। ले० सोहनलाल शास्त्री १० न० पैसे
७–बौद्ध-धर्म का वास्तविक स्वरूप। ले० सन्तराम बी० ए० १० न० पैसे
८–बाबा साहब डा० भीमराव अम्बेडकर का 'नागपुर का भाषण. ≈)।
९–क्या यही कहाती आजादी। ले० व संग्रहकर्ता हुब्बलाल आजाद ≈)।
१०–शोषितों पर धार्मिक डकैती। ले० ललईसिंह यादव ।)
११–शोषितों पर राजनैतिक डकैती। ले० ललईसिंह यादव ।)
१२–शोषित आल्हा। ले० बाबा रामदास छौना, (जालौन) १० न० पैसे
१३–ईश्वर और उसके गुड्डे। ले० चन्द्रिकाप्रसाद जिज्ञासु ५० न० पैसे
१४–शम्बूक मुनि बलिदान नाटक। ले० स्वामी अछूतानन्द ४० न० पैसे
१५–शोषित संघर्ष (कविता) संकलन कर्ता ललई सिंह यादव २० न० पैसे

मिलने का पता:– अशोक पुस्तकालय झींझक कानपुर

हर प्रकार की सुन्दर व सस्ती छपाई के लिये

अशोक प्रेस झींझक में पधारिये

36. अशोक प्रेस का हाथी चिन्ह

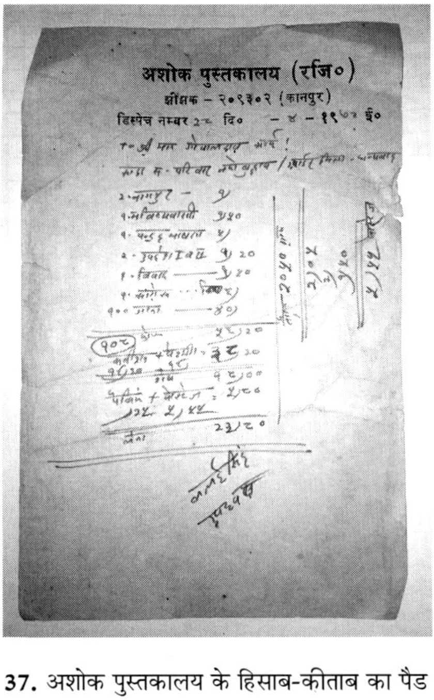

अशोक पुस्तकालय (रजि०)

झींझक – २०९३०२ (कानपुर)

डिस्पेच नम्बर दि० – – १९ ई०

37. अशोक पुस्तकालय के हिसाब-कीताब का पैड

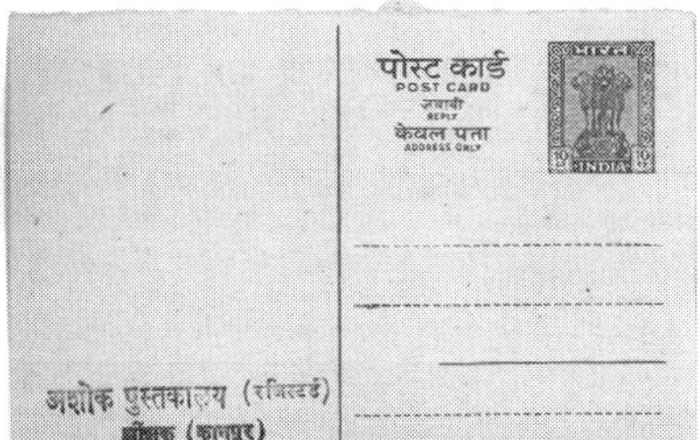

पोस्ट कार्ड

POST CARD

जवाबी

REPLY

केवल पता

ADDRESS ONLY

INDIA

अशोक पुस्तकालय (रजिस्टर्ड)

झींझक (कानपुर)

38. पोस्ट कार्ड, जिस पर अशोक पुस्तकालय की मुहर लगी हुई है।

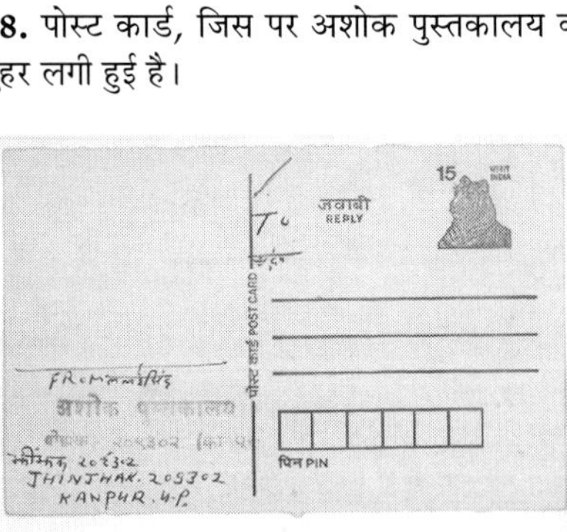



39. वे पोस्ट कार्ड पर श्रीमान और पता आदि लिखकर रखते थे। जरूरत पड़ने पर तत्काल सामने वाले व्यक्ति का पता लिखकर प्रेषित कर देते थे।

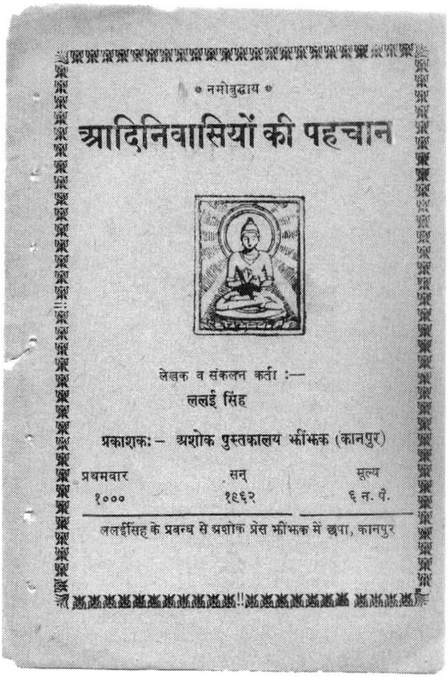


**40.** वे पोस्टकार्ड के पीछे जय भीम! नमो बुद्धाय! जय भारत! पत्र नम्बर और प्रिय धम्म बंधुवार, आदि लिखकर फिर पता लिखते थे।

**41.** 'आदिनिवासियों की पहचान' किताब का आवरण पृष्ठ, 1962 ई.

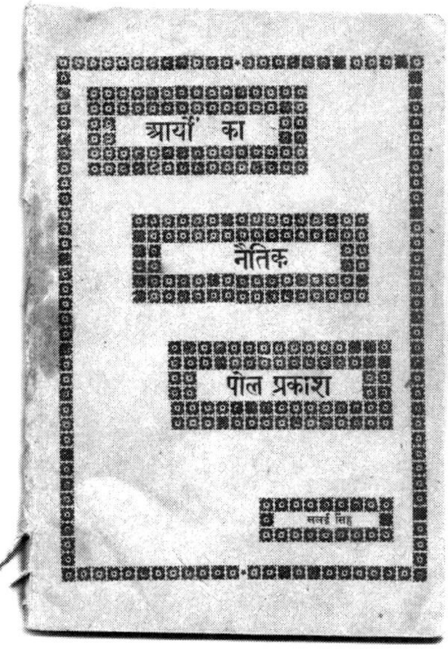

**42.** प्रथम संस्करण अक्तूबर, 1968 ई. का 'आर्यों का नैतिक पोल प्रकाश' का आवरण पृष्ठ

**43.** अगले संस्करण का आवरण पृष्ठ

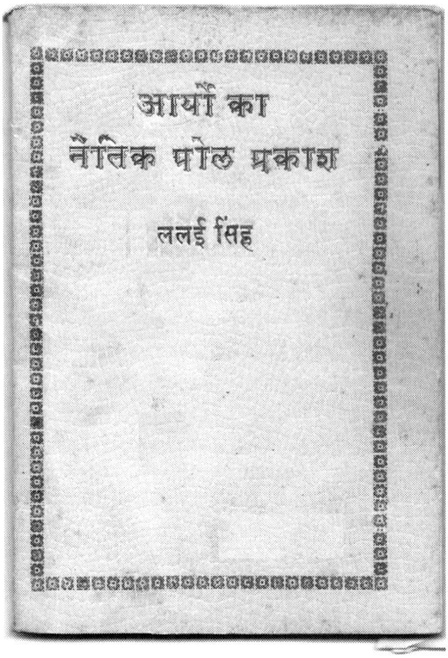


**44.** अद्यतन संस्करण का आवरण पृष्ठ

**45.** 1930 ई. में पेरियार ई.वी. रामास्वामी द्वारा तमिल में लिखी गई–'रामायण पादिरंगल' अर्थात् 'सच्ची रामायण' का आवरण पृष्ठ। स्रोत–पेरियार ललई सिंह के दस्तावेज़ से।

**46.** 'तमिल रामायण' के आवरण पृष्ठ के ठीक पीछे छपा संस्करण

**47.** 'तमिल रामायण' किताब का प्रारम्भिक पृष्ठ

**48.** तमिल 'रामायण पादिरंगल' के अंग्रेजी अनुवाद—'The Ramayana' (A True Reading), प्रथम संस्करण 1958 ई. का आवरण

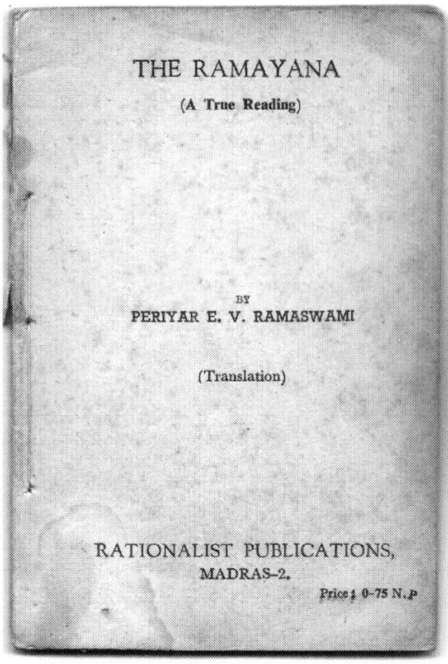


**49.** 'The Ramayana' (A True Reading), प्रथम संस्करण 1958 का प्रथम पृष्ठ

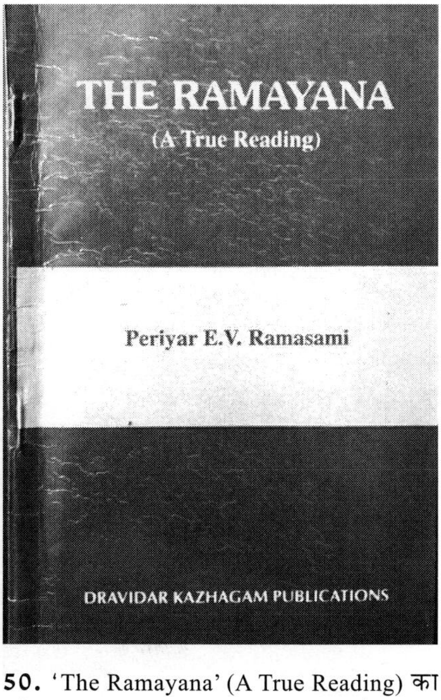


**50.** 'The Ramayana' (A True Reading) का द्रविड़ कजगम प्रकाशन का आद्यतन वर्जन

**51.** 'The Ramayana' (A True Reading) के हिन्दी अनुवाद 'सच्ची रामायण' का आवरण पृष्ठ। इसका प्रथम हिन्दी अनुवाद 1 अक्तूबर, 1968 ई. में पेरियार ललई सिंह ने प्रथम बार प्रकाशित किया।

**52.** 'सच्ची रामायण' के अद्यतन संस्करण का आवरण पृष्ठ

**53.** 'सच्ची रामायण की चाभी' का आवरण पृष्ठ

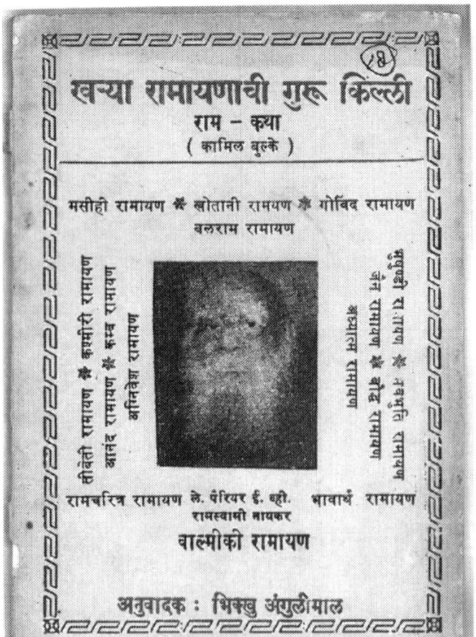


**54.** 'सच्ची रामायण की चाभी' के मराठी अनुवाद का आवरण पृष्ठ, सन् 1975

**55.** मराठी में अनूदित 'सच्ची रामायण की चाभी' किताब के धूल जैकेट पर ललई सिंह की तस्वीर और सामान्य परिचय

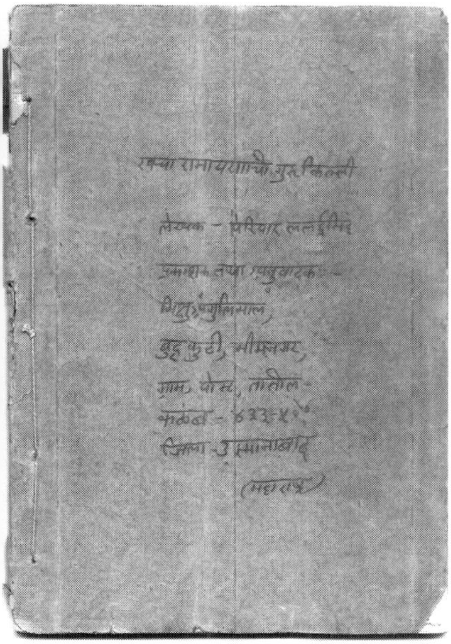

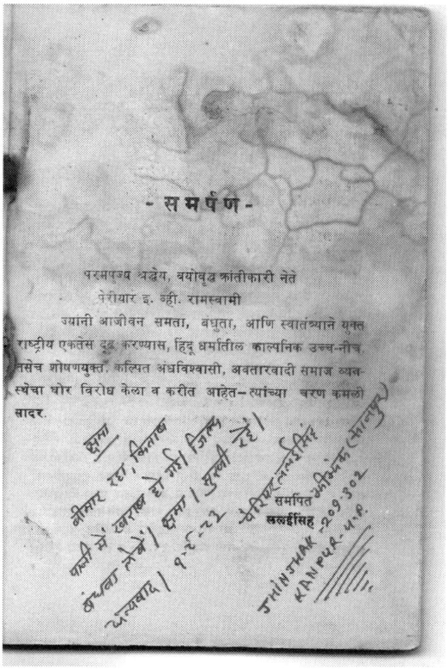


**56.** 'सच्ची रामायण की चाभी' किताब पर पेरियार ललई सिंह के हाथों लिखा गया भिक्षु अंगुलिमाल का पता

**57.** अपने शुभचिंतकों से क्षमा भाव की अभिव्यक्ति। अस्वस्थता के बीच किताबें भींग जाने पर गहरा दुख प्रकट किए।

**58.** 'जय शोषित' लघु पैम्फलेट का आवरण पृष्ठ

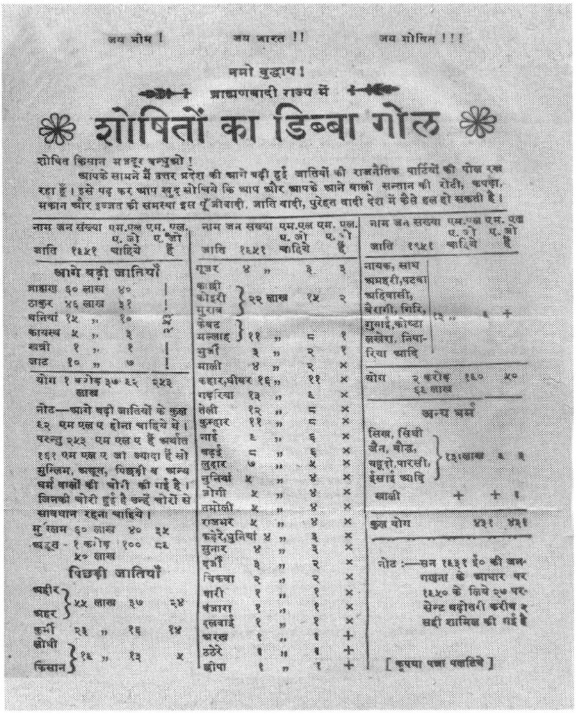

जय भीम ! जय भारत !! जय शोषित !!!

नमो बुद्धाय !

ब्राह्मणवादी राज्य में

# शोषितों का डिब्बा गोल

शोषित किसान मज़दूर बन्धुओ !

आपके सामने मैं उत्तर प्रदेश की आगे बढ़ी हुई जातियों की राजनैतिक पार्टियों की पोल रख रहा हूँ। इसे पढ़ कर आप खुद सोचिये कि आप और आपके आने वाली सन्तान की रोटी, कपड़ा, मकान और इज्जत की समस्या इस पूँजीवादी, जाति वादी, पुरोहित वादी देश में कैसे हल हो सकती है।

| नाम जाति | जन संख्या १९५१ | एम.एल.ए. होने चाहिये | एम.एल.ए. हैं |
|---|---|---|---|
| **आगे बढ़ी जातियाँ** | | | |
| ब्राह्मण | ६० लाख | ४० | |
| ठाकुर | ४६ लाख | ३१ | |
| बनिया | १५ " | १० | |
| कायस्थ | ५ " | ३ | |
| खत्री | १ " | १ | |
| जाट | १० " | ७ | |
| योग | १ करोड़ ३७ लाख | ९२ | २४३ |

नोट—आगे बढ़ी जातियों के कुल ९२ एम एल ए होना चाहिये थे। परन्तु २४३ एम एल ए हैं अर्थात १५१ एम एल ए जो ज्यादा हैं सो मुस्लिम, अछूत, पिछड़ी व अन्य धर्म वालों की चोरी की गई है। जिनकी चोरी हुई है उन्हें चोरों से सावधान रहना चाहिये।

| नाम जाति | जन संख्या १९५१ | एम.एल.ए. होने चाहिये | एम.एल.ए. हैं |
|---|---|---|---|
| मुस्लिम | ६० लाख | ४० | ३५ |
| अछूत | १ करोड़ ५० लाख | १०० | ८९ |
| **पिछड़ी जातियाँ** | | | |
| अहीर, अहर | ४५ लाख | ३७ | २४ |
| कुर्मी | २३ " | १६ | १४ |
| लोधी किसान | १९ " | १३ | ५ |
| गूजर | ४ " | ३ | ३ |
| काछी, कोइरी, मुराव | २२ लाख | १५ | २ |
| केवट, मल्लाह | ११ " | ८ | १ |
| मुर्गी | ३ " | २ | १ |
| माली | ४ " | २ | × |
| कहार, धीवर | १६ " | ११ | × |
| गड़रिया | १३ " | ९ | × |
| तेली | १२ " | ८ | × |
| कुम्हार | ११ " | ८ | × |
| नाई | ९ " | ६ | × |
| बढ़ई | ८ " | ६ | × |
| लुहार | ७ " | ५ | × |
| नुनिया | ५ " | ४ | × |
| जोगी | ५ " | ४ | × |
| तमोली | ५ " | ४ | × |
| राजभर | ५ " | ४ | × |
| कसेरे, धुनिया | ४ " | ३ | × |
| सुनार | ४ " | ३ | × |
| दर्जी | ३ " | २ | × |
| चिकवा | २ " | २ | × |
| बारी | १ " | १ | × |
| बंजारा | १ " | १ | × |
| हलवाई | १ " | १ | × |
| अरख | १ " | १ | + |
| ठठेरे | १ " | १ | + |
| छीपा | १ " | १ | + |
| नायक, साथ, अमहरी, पटवा, अहिवासी, बैरागी, गिरि, गुसाईं, कोष्टा, कसेरा, निषारिया आदि | १२ " | ९ | + |
| योग | २ करोड़ ९९ लाख | १६० | ४० |
| **अन्य धर्म** | | | |
| सिख, सिंधी, जैन, बौद्ध, यहूदी, पारसी, ईसाई आदि | १३ लाख | ९ | ३ |
| खाली | + | + | १ |
| कुल योग | | ४३१ | ४३१ |

नोट :—सन १९३१ ई० की जन-गणना के आधार पर १९५० के लिये २७ पर-सेन्ट बढ़ोत्तरी करीब २ सदी शामिल की गई है

[ कृपया पन्ना पलटिये ]

**59.** 'शोषितों का डिब्बा गोल' समता का चेतना निर्माण करने वाला पर्चा

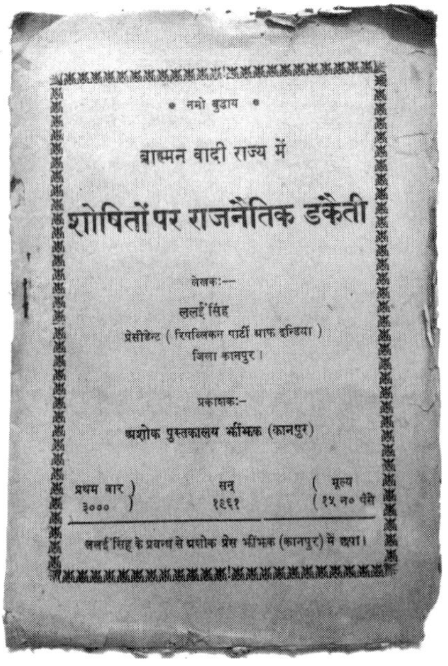

• नमो बुद्धाय •

ब्राह्मन वादी राज्य में

# शोषितों पर राजनैतिक डकैती

लेखक:—

ललई सिंह

प्रेसीडेन्ट ( रिपब्लिकन पार्टी आफ इन्डिया )

जिला कानपुर।

प्रकाशक:-

अशोक पुस्तकालय झींझक (कानपुर)

| | | |
|---|---|---|
| प्रथम बार ३००० | सन् १९६१ | मूल्य १५ न० पैसे |

ललई सिंह के प्रबन्ध से अशोक प्रेस झींझक (कानपुर) में छपा।

**60.**

**61.**

**62.**

**63.** पेरियार ललई सिंह द्वारा संपादित गीत संग्रह–भीम अभिनंदन, 1967 ई.

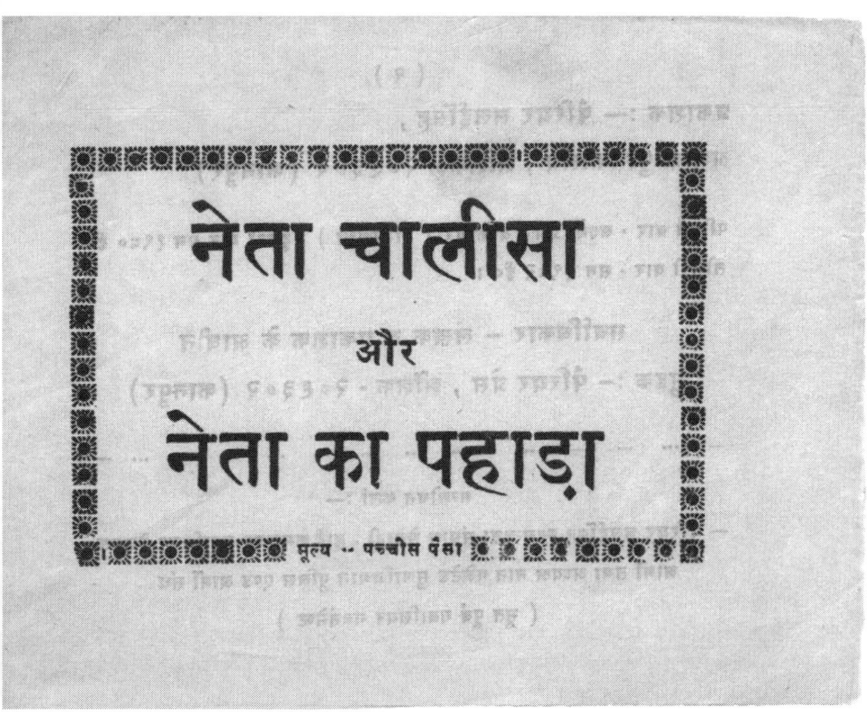


**64.** उनकी राजनीतिक चेतना की एक पन्ने पर लिखी कविता का आवरण

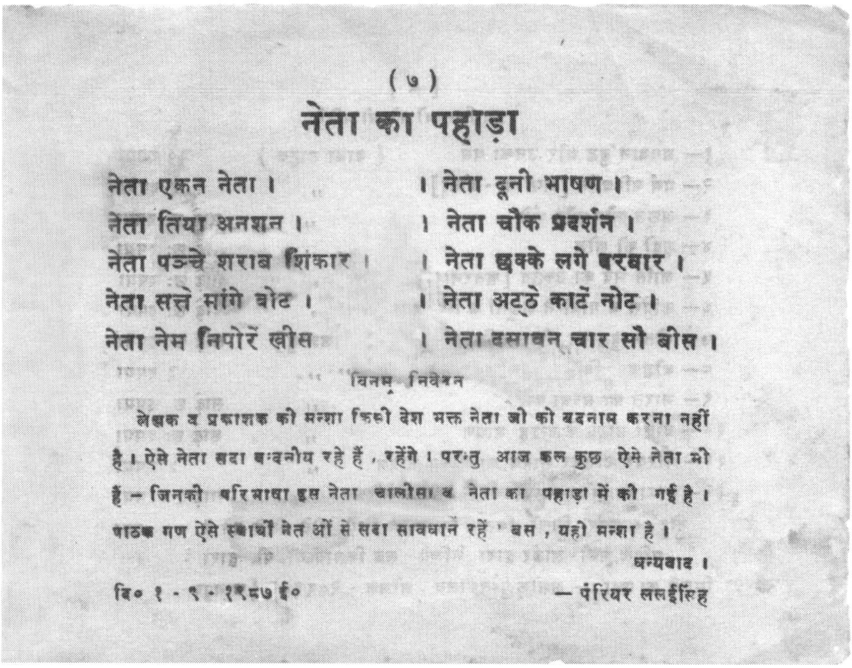

( ७ )

नेता का पहाड़ा

नेता एकन नेता । । नेता दूनी भाषण ।
नेता तिया अनशन । । नेता चौक प्रदर्शन ।
नेता पञ्चे शराब शिकार । । नेता छक्के लगे दरबार ।
नेता सत्ते मांगे वोट । । नेता अट्ठे काटें नोट ।
नेता नेम निपोरें खीस । नेता दसावन चार सौ बीस ।

विनम्र निवेदन

लेखक व प्रकाशक की मन्शा किसी देश भक्त नेता जी को बदनाम करना नहीं है। ऐसे नेता सदा वन्दनीय रहे हैं, रहेंगे। परन्तु आज कल कुछ ऐसे नेता भी हैं – जिनकी परिभाषा इस नेता चालीसा व नेता का पहाड़ा में की गई है। पाठक गण ऐसे स्वार्थी नेताओं से सदा सावधान रहें। बस, यही मन्शा है।

धन्यवाद।

दि० १ - ९ - १९८७ ई० — पेरियर ललईसिंह

**65.** पेरियार ललई सिंह की राजनीतिक चेतना की कविता

**66.** पेरियार ललई सिंह द्वारा संपादित डॉ. अम्बेडकर के भाषणों का संग्रह

**67.** डॉ. अम्बेडकर के भाषणों का संग्रह–'सम्मान के लिए धर्म परिवर्तन', जिस पर हाईकोर्ट में मुकदमा चला।

**68.** 'धर्म परिवर्तन' पुस्तक का आवरण पृष्ठ, जिसका पूर्व नाम–'सम्मान के लिए धर्म परिवर्तन' था। इसे आगे पेरियार ललई सिंह ने 'धर्म परिवर्तन' नाम से प्रकाशित किया।

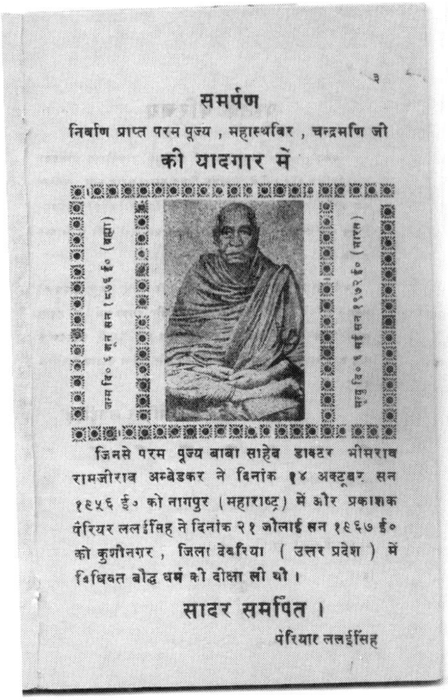

३

समर्पण

निर्वाण प्राप्त परम पूज्य, महास्थविर, चन्द्रमणि जी

की यादगार में

जिनसे परम पूज्य बाबा साहेब डाक्टर भीमराव रामजीराव अम्बेडकर ने दिनांक १४ अक्टूबर सन १९५६ ई० को नागपुर (महाराष्ट्र) में और प्रकाशक पेरियार ललईसिंह ने दिनांक २१ जोलाई सन १९६७ ई० को कुशीनगर, जिला देवरिया (उत्तर प्रदेश) में विधिवत बौद्ध धर्म की दीक्षा ली थी।

सादर समर्पित।

पेरियार ललईसिंह

**69.** उन्होंने महास्थवीर ऊँ चन्द्रमणि की याद में कई किताबों को समर्पित किया था।

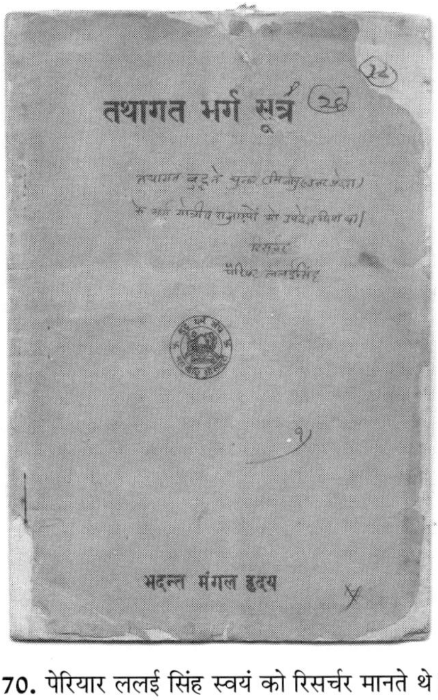


**70.** पेरियार ललई सिंह स्वयं को रिसर्चर मानते थे। उन्होंने अपने हाथों स्वयं को 'रिसर्चर' लिखा है।

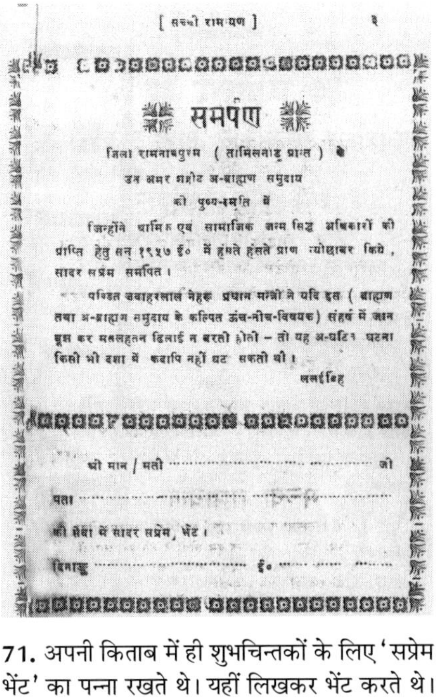

[ सच्ची रामायण ] ३

समर्पण

जिला रामनाथपुरम (तामिलनाडु प्रान्त) के

उन अमर शहीद अ-ब्राह्मण समुदाय

की पुण्य-स्मृति में

जिन्होंने धार्मिक एवं सामाजिक जन्म सिद्ध अधिकारों की प्राप्ति हेतु सन् १९५७ ई० में हंसते हंसते प्राण न्योछावर किये, सादर सप्रेम समर्पित।

पण्डित जवाहरलाल नेहरू प्रधान मन्त्री ने यदि इस (ब्राह्मण तथा अ-ब्राह्मण समुदाय के कल्पित ऊंच-नीच-विषयक) संहर्ष में जान बूझ कर मसलहतन ढिलाई न बरती होती – तो यह अ-घटित घटना किसी भी दशा में कदापि नहीं घट सकती थी।

ललईसिंह

श्री मान / मती ............................ जी

पता ............................

की सेवा में सादर सप्रेम, भेंट।

दिनांक ............................ ई० ............

**71.** अपनी किताब में ही शुभचिन्तकों के लिए 'सप्रेम भेंट' का पन्ना रखते थे। यहीं लिखकर भेंट करते थे। यह 'सच्ची रामायण', 1968 का पेज है।

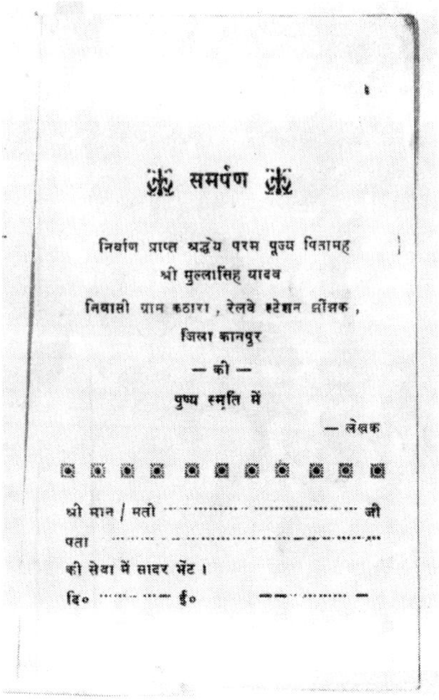

१

## समर्पण

निर्वाण प्राप्त श्रद्धेय परम पूज्य पितामह
श्री मुल्लासिंह यादव
निवासी ग्राम कठारा, रेलवे स्टेशन झींझक,
जिला कानपुर
— की —
पुण्य स्मृति में

— लेखक

श्री मान / मती ........................................ जी
पता ..................................................
की सेवा में सादर भेंट।
दि० .............. ई० ———..........—

**72.** उनके नाटक 'अंगुलिमाल' का सप्रेम भेंट करने वाला पन्ना। सन् 1964 ई.।

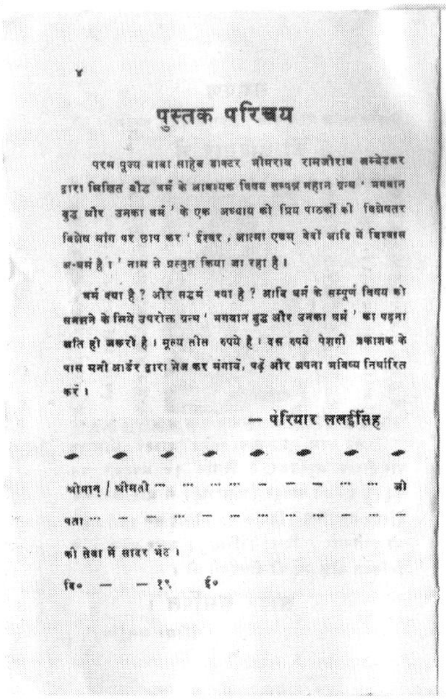

४

## पुस्तक परिचय

परम पूज्य बाबा साहेब डाक्टर भीमराव रामजीराव अम्बेडकर द्वारा लिखित बौद्ध धर्म के आवश्यक विषय सम्पन्न महान ग्रन्थ 'भगवान बुद्ध और उनका धर्म' के एक अध्याय को प्रिय पाठकों की विशेषतर विशेष मांग पर छाप कर 'ईश्वर, आत्मा एवम् वेदों आदि में विश्वास अ-धर्म है।' नाम से प्रस्तुत किया जा रहा है।

धर्म क्या है? और सद्धर्म क्या है? आदि धर्म के सम्पूर्ण विषय को समझने के लिये उपरोक्त ग्रन्थ 'भगवान बुद्ध और उनका धर्म' का पढ़ना अति ही जरूरी है। मूल्य तीस रुपये है। दस रुपये पेशगी प्रकाशक के पास मनी आर्डर द्वारा भेज कर मंगावें, पढ़ें और अपना भविष्य निर्धारित करें।

— पेरियार ललईसिंह

श्रीमान् / श्रीमती ... ... ... ... — — — ... ... जी
पता ... — — ... — — ... ... ... — ... —
की सेवा में सादर भेंट।
दि० — — १९ ई०

**73.** डॉ. अम्बेडकर की धर्म दृष्टि पर ललई द्वारा संपादित किताब–'धर्म और सद्धर्म क्या है?' का सप्रेम भेंट करने वाला पन्ना। इसमें वे पुस्तक का परिचय भी बताते हैं।

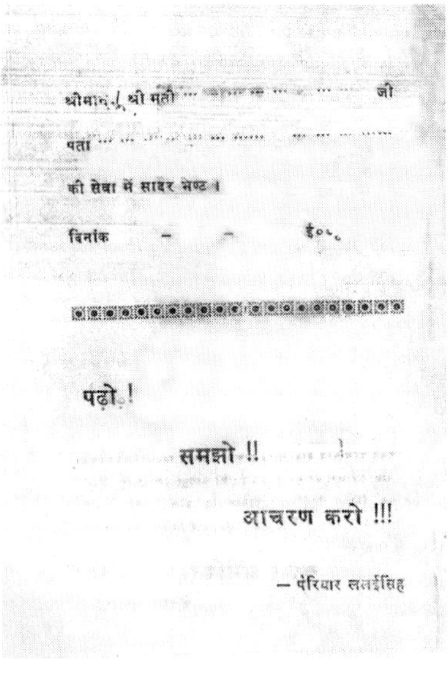

श्रीमान् / श्री मती ... ... ... ... ... जी
पता ... ... ... ... ... ... ... ...
की सेवा में सादर भेण्ट।
दिनांक — — ई०

पढ़ो!
समझो!!
आचरण करो!!!

— पेरियार ललईसिंह

**74.** अपनी किताबों में नैतिकता निर्माण हेतु इस प्रकार की प्रेरक पंक्तियाँ देते थे।

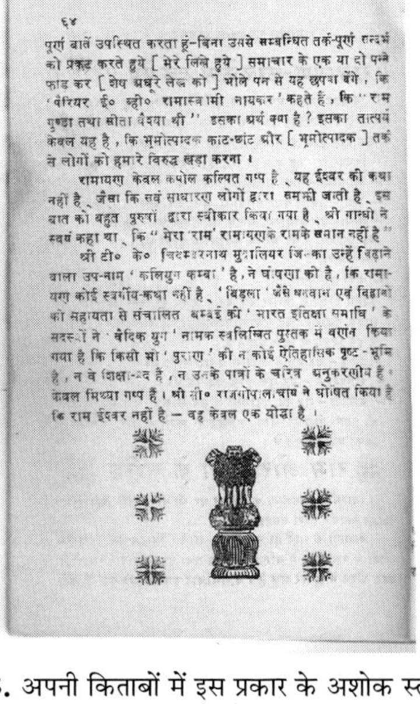

६४

पूर्ण बातें उपस्थित करता हूं–बिना उससे सम्बन्धित तर्क-पूर्ण सन्दर्भ को प्रकट करते हुये [ मेरे लिखे हुये ] समाचार के एक या दो पन्ने फाड़ कर [ शेष अधूरे लेख को ] भोले पन से यह छपवा देंगे, कि 'पेरियर ई० व्ही० रामास्वामी नायकर' कहते हैं, कि "राम गुण्डा तथा सीता वैश्या थी" इसका अर्थ क्या है? इसका तात्पर्य केवल यह है, कि भ्रमोत्पादक काट-छांट और [ भ्रमोत्पादक ] तर्क से लोगों को हमारे विरुद्ध खड़ा करना।

रामायण केवल कपोल कल्पित गप्प है, यह ईश्वर की कथा नहीं है, जैसा कि सर्व साधारण लोगों द्वारा समझी जाती है, इस बात को बहुत पुरुषों द्वारा स्वीकार किया गया है, श्री गान्धी ने स्वयं कहा था, कि "मेरा 'राम' रामायण के राम के समान नहीं है"

श्री टी० के० विश्वम्भरनाथ मुदालियर जिनका उन्हें दिलाने वाला उप-नाम 'कलियुग कम्बा' है, ने घोषणा की है, कि रामायण कोई स्वर्गीय-कथा नहीं है, 'बिड़ला' जैसे धनवान एवं विद्वानों की सहायता से संचालित बम्बई की 'भारत इतिहास समाधि' के सदस्यों ने 'वैदिक युग' नामक स्वलिखित पुस्तक में वर्णन किया गया है कि किसी भी 'पुराण' की न कोई ऐतिहासिक पृष्ठ-भूमि है, न वे शिक्षाप्रद हैं, न उनके पात्रों के चरित्र अनुकरणीय हैं। केवल मिथ्या गप्प हैं। श्री सी० राजगोपालाचार्य ने घोषित किया है कि राम ईश्वर नहीं है – वह केवल एक योद्धा है।

**75.** अपनी किताबों में इस प्रकार के अशोक स्तम्भ का चिह्न छापते थे, जिससे बौद्ध धम्म की सोच निर्मित हो। यह उनकी किताब 'आर्यों का नैतिक पोल प्रकाश' (1968) पुस्तक से उद्धृत है।

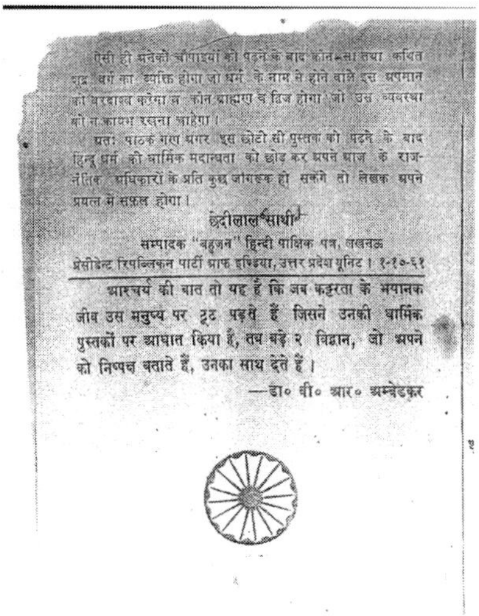

ऐसी ही अनेकों चौपाइयों को पढ़ने के बाद कौन-सा तथा कथित शूद्र वर्ग का व्यक्ति होगा जो धर्म के नाम से होने वाले इस अपमान को बरदाश्त करेगा व कौन ब्राह्मण व द्विज होगा जो इस व्यवस्था को न कायम रखना चाहेगा।

अतः पाठक गण अगर इस छोटी सी पुस्तक को पढ़ने के बाद हिन्दू धर्म की धार्मिक मदान्धता को छोड़ कर अपने आज के राजनैतिक अधिकारों के प्रति कुछ जागरूक हो सकेंगे तो लेखक अपने प्रयत्न में सफल होगा।

छेदीलाल साथी

सम्पादक "बहुजन" हिन्दी पाक्षिक पत्र, लखनऊ

प्रेसीडेन्ट रिपब्लिकन पार्टी आफ इण्डिया, उत्तर प्रदेश यूनिट। १-१०-६१

आश्चर्य की बात तो यह है कि जब कट्टरता के भयानक जीव उस मनुष्य पर टूट पड़ते हैं जिसने उनकी धार्मिक पुस्तकों पर आघात किया है, तब बड़े २ विद्वान, जो अपने को निष्पक्ष बताते हैं, उनका साथ देते हैं।

—डा० बी० आर० अम्बेडकर

**76.** यह उनकी अधुनिक राष्ट्र-निर्माण की दिलचस्प पहल थी जिसमें वे भारत के राजचिह्न को किताब में खाली स्थान पर छापते थे। यह 'धम्म चक्र' है। आधुनिक भारत को वे बुद्ध की सोच का बनाना चाहते थे। यह शोषितों पर 'राजनैतिक डकैती' नामक पुस्तक से साभार है। सन् 1969।

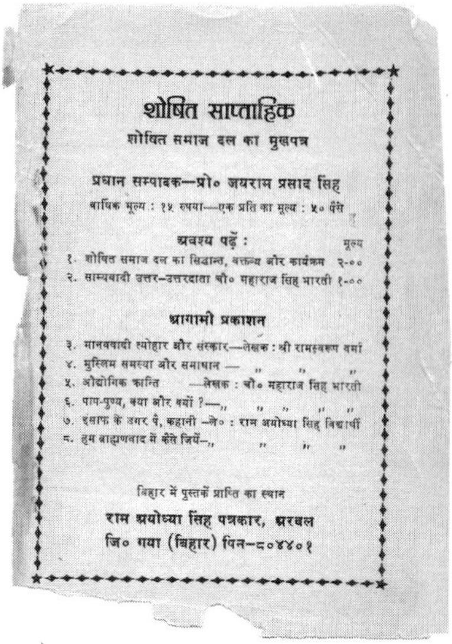

शोषित साप्ताहिक

शोषित समाज दल का मुखपत्र

प्रधान सम्पादक—प्रो० जयराम प्रसाद सिंह

वार्षिक मूल्य : १५ रुपया—एक प्रति का मूल्य : ५० पैसे

अवश्य पढ़ें : मूल्य

१. शोषित समाज दल का सिद्धान्त, वक्तव्य और कार्यक्रम २-००

२. साम्यवादी उत्तर-उत्तरदाता चौ० महाराज सिंह भारती १-००

आगामी प्रकाशन

३. मानववादी त्योहार और संस्कार—लेखक : श्री रामस्वरूप वर्मा

४. मुस्लिम समस्या और समाधान — " " "

५. औद्योगिक क्रान्ति —लेखक : चौ० महाराज सिंह भारती

६. पाप-पुण्य, क्या और क्यों ?—" " " " "

७. इन्साफ के डगर पे, कहानी —ले० : राम अयोध्या सिंह विद्यार्थी

८. हम ब्राह्मणवाद में कैसे जियें—" " " "

बिहार में पुस्तकें प्राप्ति का स्थान

राम अयोध्या सिंह पत्रकार, अरवल

जि० गया (बिहार) पिन-८०४४०१

**77.** 'शोषित सप्ताहिक' के नियमित पाठक थे।

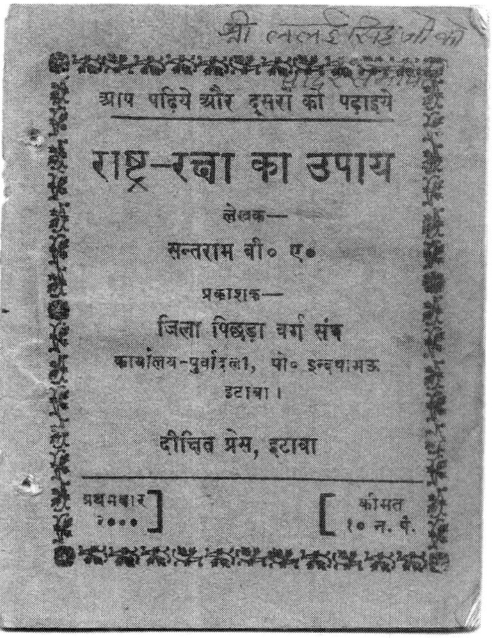

आप पढ़िये और दूसरों को पढ़ाइये

राष्ट्र-रक्षा का उपाय

लेखक—

सन्तराम बी० ए०

प्रकाशक—

जिला पिछड़ा वर्ग संघ

कार्यालय-पुर्वादला, पो० इन्दपामऊ

इटावा।

दीक्षित प्रेस, इटावा

प्रथमबार २०००

कीमत १० न. पै.

**78.** संतराम बीए ने अपनी किताब पेरियार ललई सिंह को सप्रेम भेंट की थी।

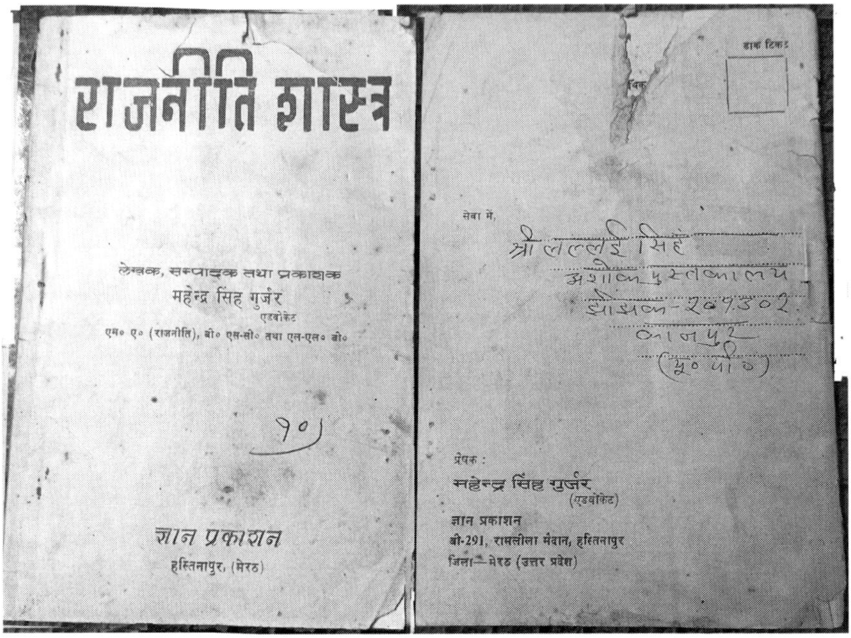


**79.** महेंद्र सिंह गुर्जर ने अपनी राजनीति विज्ञान की किताब उन्हें सप्रेम भेंट की थी।

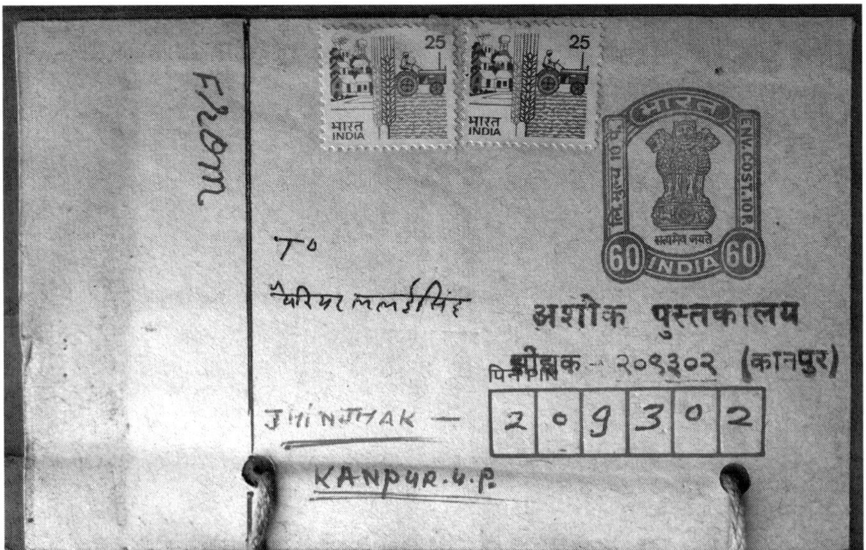


**80.**

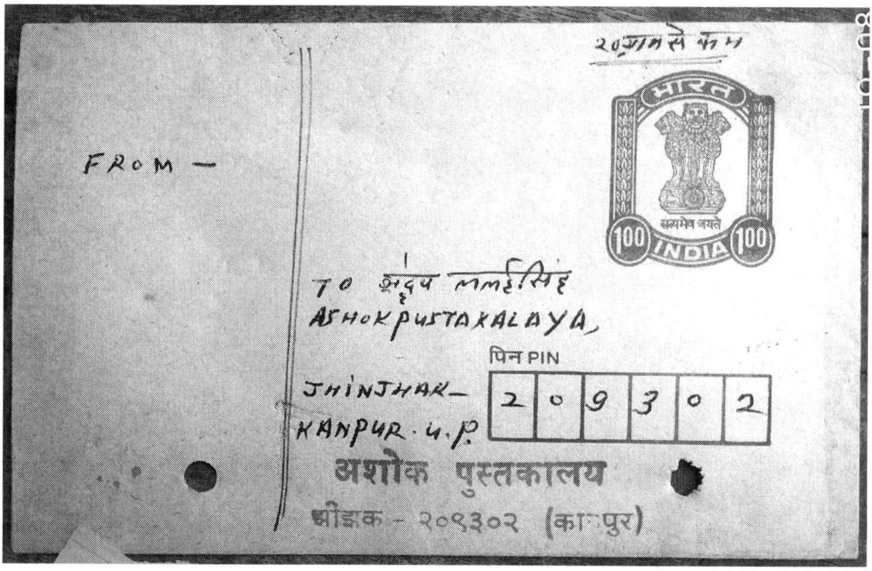


**81.**

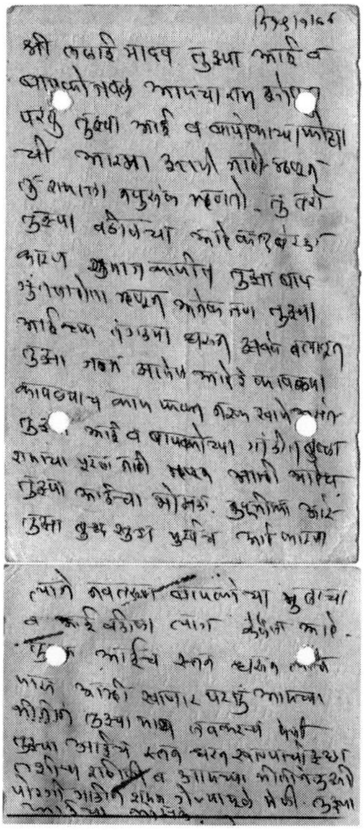

**82.** यह पत्र मराठी भाषा में है। इसमें मनुवादियों ने उन्हें गाली लिखकर नागपुर, महाराष्ट्र से भेजा है।

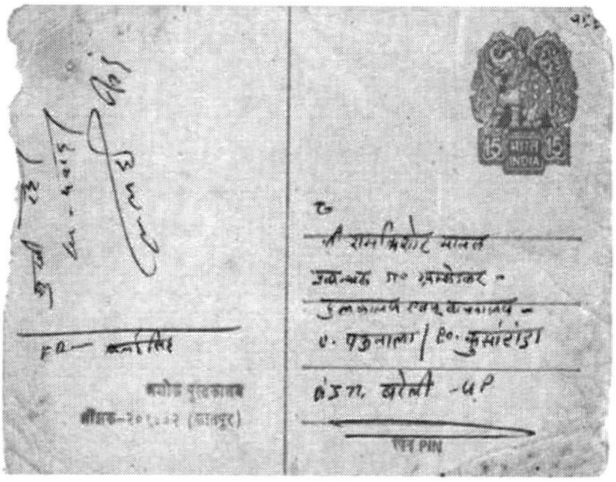


**83.** इस प्रकार के अनतर्देशी पत्र लिखते थे।

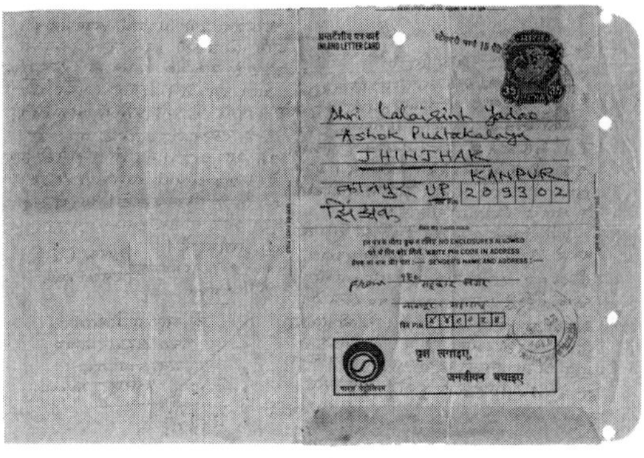


**84.**

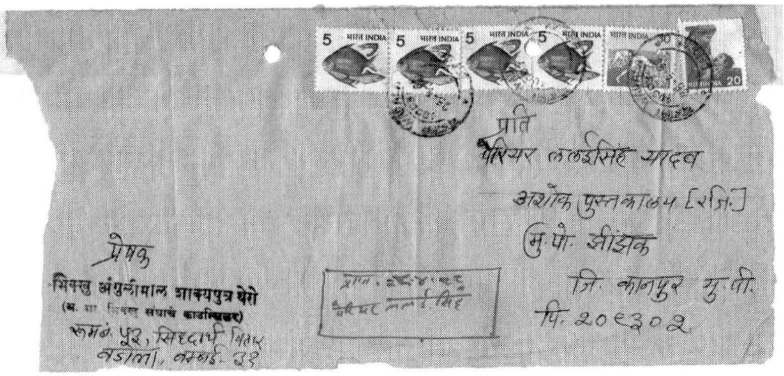


**85.**

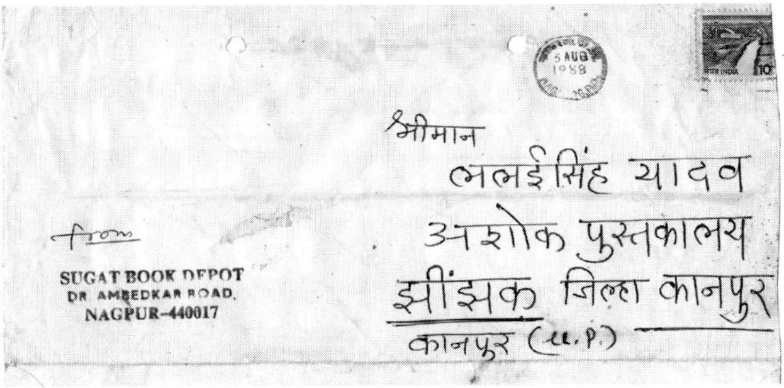


**86.**

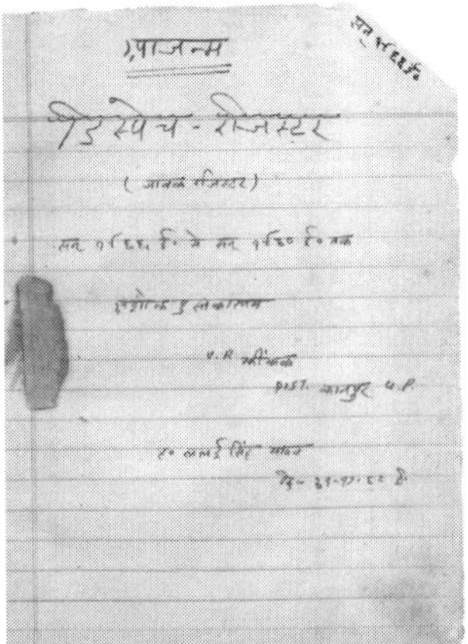


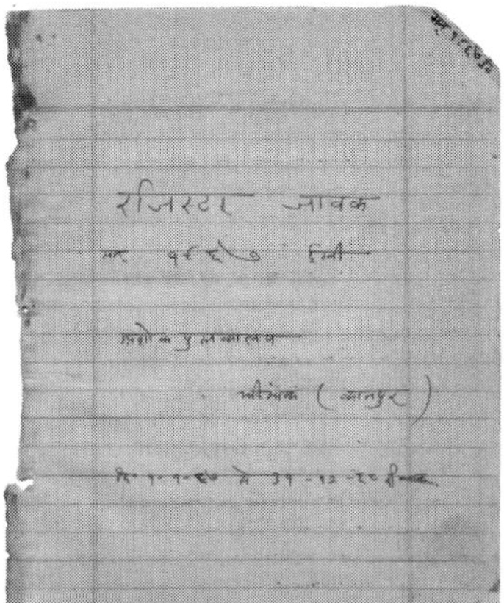


**87.** अशोक पुस्तकालय द्वारा भेजी जाने वाली पुस्तकों के आजन्म (जावक रजिस्टर) पते का प्रारम्भिक पृष्ठ

**88.** जावक रजिस्टर, 1967 ईसवी.

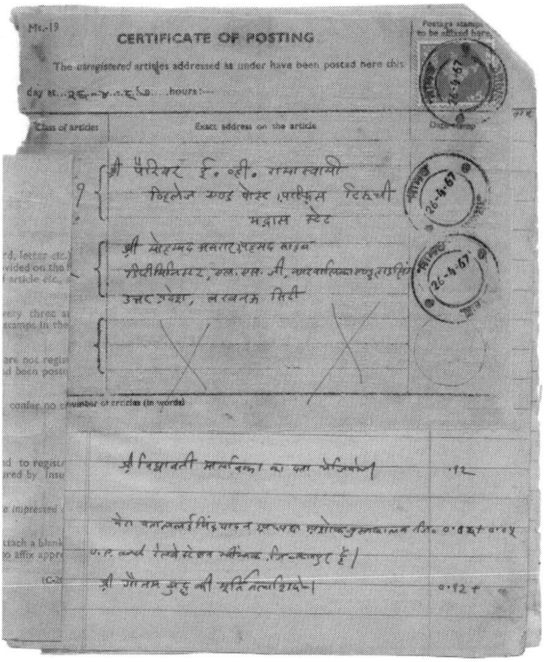


**89.** पेरियार ई.वी. रामास्वामी मद्रास, तमिलनाडु को ललई सिंह अपनी किताबें भेजते थे और पेरियार से उनकी लिखी गई किताबें मँगाकर उत्तर भारत में नास्तिक चेतना का निर्माण करते थे। अप्रैल, 1967 ई.।

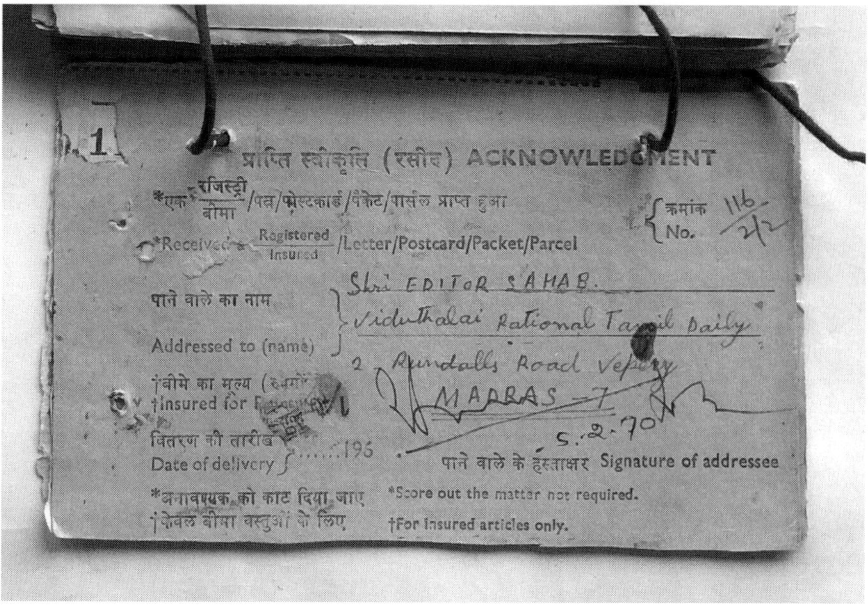


**90.** पेरियार ई.वी. रामास्वामी द्वारा संपादित अंग्रेजी अखबार – Viduthalai Rational Tamil Daily का पेरियार ललई सिंह 1972 ई. से नियमित मँगाते और अध्ययन करते थे। उत्तर भारत में सभी को पढ़ाते थे।

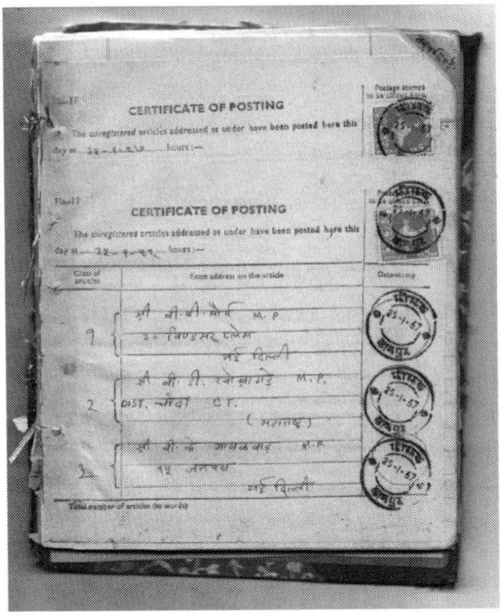

CERTIFICATE OF POSTING

The unregistered articles addressed as under have been posted here this day at ... hours:—

CERTIFICATE OF POSTING

The unregistered articles addressed as under have been posted here this day at ... hours:—

Class of articles | Exact address on the article | Date-stamp

Total number of articles (in words)

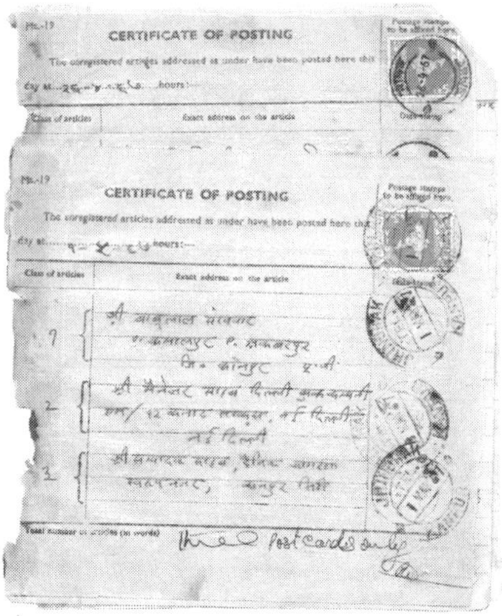

CERTIFICATE OF POSTING

The unregistered articles addressed as under have been posted here this day at ... hours:—

Class of articles | Exact address on the article | Date-stamp

CERTIFICATE OF POSTING

The unregistered articles addressed as under have been posted here this day at ... hours:—

Class of articles | Exact address on the article | Date-stamp

Total number of articles (in words)

**91.** बीपी मौर्य और बी.डी. भंडारे पेरियार ललई सिंह के साहित्य के नियमित पाठक थे। जनवरी, 1967 ई.।

**92.** Certificate of posting

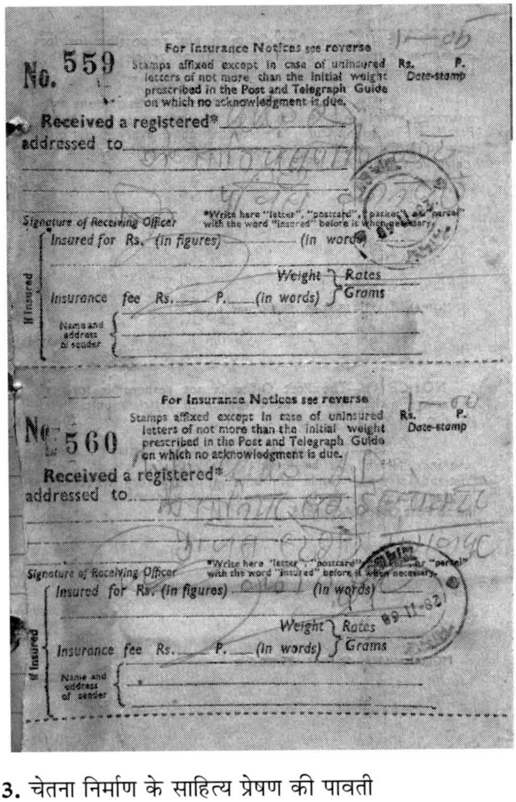

No. 559

For Insurance Notices see reverse

Stamps affixed except in case of uninsured letters of not more than the initial weight prescribed in the Post and Telegraph Guide on which no acknowledgment is due.

Rs. P.

Date-stamp

Received a registered*

addressed to

Signature of Receiving Officer

*Write here "letter", "postcard", "packet" or "parcel" with the word "insured" before it when necessary.

If Insured

Insured for Rs. (in figures) (in words)

Weight Rates

Insurance fee Rs. P. (in words) Grams

Name and address of sender

No. 560

For Insurance Notices see reverse

Stamps affixed except in case of uninsured letters of not more than the initial weight prescribed in the Post and Telegraph Guide on which no acknowledgment is due.

Rs. P.

Date-stamp

Received a registered*

addressed to

Signature of Receiving Officer

*Write here "letter", "postcard", "packet" or "parcel" with the word "insured" before it when necessary.

If Insured

Insured for Rs. (in figures) (in words)

Weight Rates

Insurance fee Rs. P. (in words) Grams

Name and address of sender

**93.** चेतना निर्माण के साहित्य प्रेषण की पावती

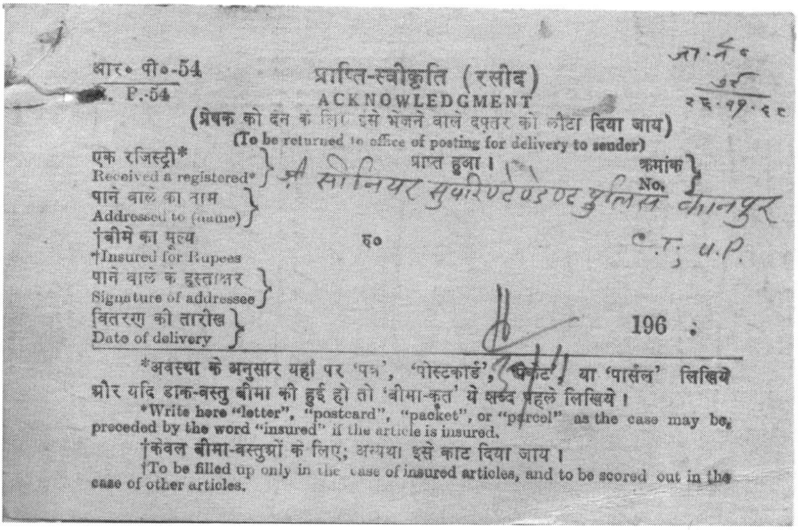

आर० पी०-54
R. P.-54

प्राप्ति-स्वीकृति (रसीद)
ACKNOWLEDGMENT

(प्रेषक को देने के लिए इसे भेजने वाले दफ्तर को लौटा दिया जाय)
(To be returned to office of posting for delivery to sender)

एक रजिस्ट्री* Received a registered* } श्री सीनियर सुपरिण्टेण्डेण्ट पुलिस कानपुर प्राप्त हुआ। क्रमांक No.

पाने वाले का नाम Addressed to (name) }

†बीमे का मूल्य †Insured for Rupees रु० C.T.; U.P.

पाने वाले के हस्ताक्षर Signature of addressee }

वितरण की तारीख Date of delivery } 196 :

*अवस्था के अनुसार यहाँ पर 'पत्र', 'पोस्टकार्ड', 'पैकेट', या 'पार्सल' लिखिये और यदि डाक-वस्तु बीमा की हुई हो तो 'बीमा-कृत' ये शब्द पहले लिखिये।
*Write here "letter", "postcard", "packet", or "parcel" as the case may be, preceded by the word "insured" if the article is insured.
†केवल बीमा-वस्तुओं के लिए; अन्यथा इसे काट दिया जाय।
†To be filled up only in the case of insured articles, and to be scored out in the case of other articles.

**94.** 'सच्ची रामायण' के केस के सन्दर्भ में कानपुर पुलिस को लिखे गए पत्र की रिसीविंग

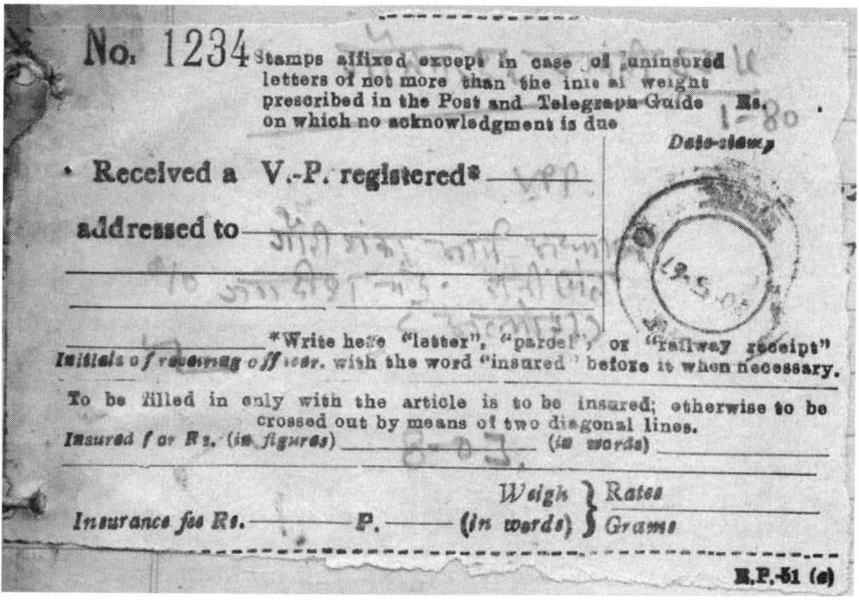

No. 1234 Stamps affixed except in case of uninsured letters of not more than the initial weight prescribed in the Post and Telegraph Guide on which no acknowledgment is due Rs. 1-80

Date-stamp

Received a V.-P. registered* ______

addressed to ______

______ *Write here "letter", "parcel", or "railway receipt"
Initials of receiving officer. with the word "insured" before it when necessary.

To be filled in only with the article is to be insured; otherwise to be crossed out by means of two diagonal lines.

Insured for Rs. (in figures) ______ (in words) ______

Insurance fee Rs. ______ P. ______ (in words) Weigh } Rates / Grams

R.P.-51 (e)

**95.** चेतना मूलक साहित्य के अध्येता को लिखे गए पत्र की पावती

# "प्रबुद्ध भारत"

## अखिल भारतीय रिपब्लिकन पार्टी का मुख्य हिन्दी साप्ताहिक पत्र

### प्रकाशन कार्यालय :—जापान हाऊस, मैरिस रोड, अलीगढ़।

प्रिय बन्धुओ !

प्रत्येक देश व्यापी एवं जन कल्याणी संस्था के सन्देश, उद्देश्य एवं कार्य-क्रम को आम जनता तक पहुँचाने के लिए साधनों की आवश्यकता हुआ करती है और उन साधनों में सबसे मुख्य साधन उस संस्था द्वारा प्रकाशित समाचार पत्र हुआ करता है।

अखिल भारतीय रिपब्लिकन पार्टी देश व्यापी संस्था है और इस संस्था का उद्देश्य देश कल्याण के लिए वास्तविक समाजवादी ( जाति विहीन ) समाज की स्थापना करना है। अपने २ वर्ष के जीवन में इस संस्था ने विशेष ख्याति भी प्राप्त की है फिर भी जिस तेजी से यह प्रोग्राम फैलना चाहिये था, बिना मुख्य समाचार पत्र के नहीं फैल सका।

यद्यपि परिनिर्वाण प्राप्त बाबा साहेब डा० बी० आर० अम्बेडकर के स्वयं कर-कमलों द्वारा संचालित बम्बई शहर से मराठी भाषा में प्रकाशित होने वाले साप्ताहिक पत्र "प्रबुद्ध भारत" ने काफी समय से आप लोगों की सेवा की है और रिपब्लिकन पार्टी के प्रोग्राम तथा बाबा साहेब के शुभ संदेश को जन-साधारण तक पहुँचाने की काफी कोशिश की है परन्तु यह कार्य सीमित ही रह सका क्योंकि मराठी भाषा का ज्ञान देश के एक थोड़े से भाग के लोगों को है। अतः आवश्यकता हुई कि कोई ऐसा समाचार पत्र होना चाहिए जो राष्ट्रभाषा हिन्दी में प्रकाशित हो ताकि उक्त संस्था के प्रोग्राम का सारे देश में फैला कर देश को तथा शोषित समाज की उचित सेवा कर सकें।

उपरोक्त बात को ध्यान में रखते हुये तथा १४-१५ मई सन् १९५९ की औरंगाबाद की बैठक में ऑल इण्डिया प्रेसीडियम के निर्णयानुसार साप्ताहिक "प्रबुद्ध भारत" को हिन्दी भाषा में, उत्तरी भारत से अलीगढ़ शहर को केन्द्र मानकर प्रकाशित करने का निश्चय किया गया। यद्यपि यह पत्र काफी समय पहले आपके सामने आ जाना चाहिये था परन्तु घोषणा (Declaration) अधिक देर से स्वीकृत होने के कारण प्रकाशन में देर हुई। अब यह समाचार पत्र सर्व प्रथम बाबा साहेब के परिनिर्वाण दिवस ( ६ दिसम्बर ) के अवसर पर विशेषांक की दशा में प्रकाशित होकर आपकी सेवा करने लगेगा।

उक्त आठ पृष्ठ का हिन्दी साप्ताहिक "प्रबुद्ध भारत" प्रत्येक सप्ताह के बुधवार को प्रकाशित हुआ करेगा और इसका मूल्य १८ नये पैसे होगा। पार्टी कार्य के अतिरिक्त इस पत्र में देश तथा विदेश की सभी सामान्य सूचनायें भी प्रकाशित की जाया करेंगी।

अतः आप सभी महानुभावों से प्रार्थना है कि देश के प्रत्येक भाग से अधिक से अधिक संख्या में "प्रबुद्ध भारत" हिन्दी साप्ताहिक के ग्राहक बनें और अपने विचार लेख, कविता, निबन्ध तथा सूचनायें इस पत्र में प्रकाशन के हेतु भेजें। साथ ही साथ अपने इष्ट मित्रों, साथियों एवं पार्टी कार्य कर्त्ताओं से भी इस पत्र के षट् मासिक मूल्य ४ रु० ५० नये पैसे अथवा वार्षिक मूल्य ९ रु० के साथ साथ अधिक से अधिक पैसा दान के रूप में अपने पूरे पते के साथ निम्न पते से शीघ्र अति शीघ्र भेजें ताकि पत्र लगातार रूप से उचित समय पर आपके पास पहुँचता रहे।

विनीत—

| | |
|---|---|
| बी० पी० मौर्य | संघप्रिय गौतम |
| (मेम्बर ऑल इण्डिया प्रैसीडियम) | (मंत्री पश्चिमी क्षेत्र रिपब्लिकन पार्टी यू० पी०) |
| प्रबंधक एवं संचालक | सम्पादक |

"प्रबुद्ध भारत" हिन्दी साप्ताहिक

जापान हाउस, मैरिस रोड, अलीगढ़ ( यू० पी० )

हितैषी प्रिंटिंग प्रेस, सराय हकीम, अलीगढ़।

**96.** 'प्रबुद्ध भारत' समाचार पत्र के प्रारम्भ होने का पैम्फलेट, जो रिपब्लिकन पार्टी का मुखपत्र था। पेरियार ललई सिंह इसके नियमित पाठक थे और साधारण जनता को भी पढ़ाते थे।

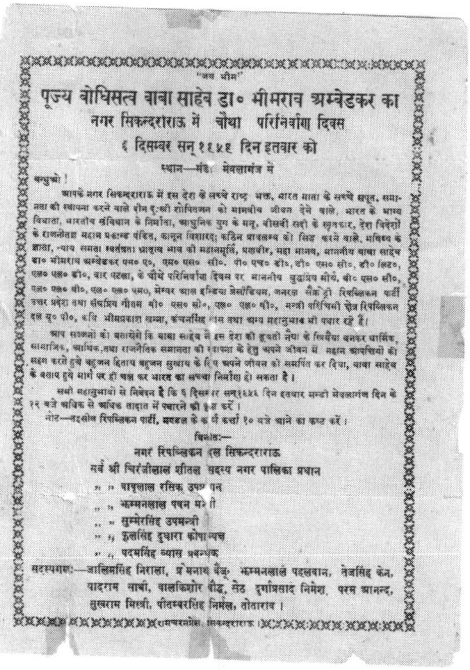

"जय भीम"

पूज्य बोधिसत्व बाबा साहेब डा० भीमराव अम्बेडकर का

नगर सिकन्दराराऊ में चौथा परिनिर्वाण दिवस

६ दिसम्बर सन् १९५९ दिन इतवार को

स्थान—मंडी मेवलागंज में

बन्धुओ !

आपके नगर सिकन्दराराऊ में इस देश के सच्चे राष्ट्र भक्त, भारत माता के सच्चे सपूत, समानता की स्थापना करने वाले दीन दुःखी शोषितजन को मानवीय जीवन देने वाले, भारत के भाग्य विधाता, भारतीय संविधान के निर्माता, आधुनिक युग के मनु, बीसवी सदी के सूत्रकार, देश विदेशों के राजनीतज्ञ महान प्रकाण्ड पंडित, कानून विशारद; कठिन प्रावलम्ब को सिद्ध करने वाले, भविष्य के ज्ञाता, न्याय समता स्वतंत्रता भ्रातृत्व भाव की महानमूर्ति, महावीर, महा मानव, माननीय बाबा साहेब डा० भीमराव अम्बेडकर एम० ए०, एम० एस० सी०, पी० एच० डी०, डी० एस० सी०, डी० लिट०, एल० एल० डी०, बार एटला, के चौथे परिनिर्वाण दिवस पर माननीय बुद्धप्रिय मौर्य, बी० एस० सी०, एल० एल० बी०, एल० एल० एम०, मेम्बर आल इण्डिया प्रेसीडियम, जनरल सैक्रेट्री रिपब्लिकन पार्टी उत्तर प्रदेश तथा संघप्रिय गौतम बी० एस० सी०, एल० एल० बी०, मन्त्री पश्चिमी क्षेत्र रिपब्लिकन दल यू० पी०, कवि भीमप्रकाश खन्ना, कंचनसिंह ... तथा अन्य महानुभाव भी पधार रहे हैं।

आप सज्जनों को बतायेंगे कि बाबा साहेब ने इस देश की डूबती नैया के खिवैया बनकर धार्मिक, सामाजिक, आर्थिक तथा राजनैतिक समानता की स्थापना के हेतु अपने जीवन में महान आपत्तियों को सहन करते हुये बहुजन हिताय बहुजन सुखाय के लिए अपने जीवन को समर्पित कर दिया, बाबा साहेब के बताये हुये मार्ग पर ही चल कर भारत का सच्चा निर्माण हो सकता है।

सभी महानुभावों से निवेदन है कि ६ दिसम्बर सन् १९५९ दिन इतवार मन्डी मेवलागंज दिन के १२ बजे अधिक से अधिक तादात में पधारने की कृपा करें।

नोट—तहसील रिपब्लिकन पार्टी, मण्डल के कार्यकर्ता १० बजे आने का कष्ट करें।

विनीत:—

नगर रिपब्लिकन दल सिकन्दराराऊ

सर्व श्री चिरंजीलाल शीतल सदस्य नगर पालिका प्रधान

„ „ बाबूलाल रसिक उपप्रधान

„ „ भम्मनलाल पवन मन्त्री

„ „ सुम्मेरसिंह उपमन्त्री

„ „ फूलसिंह दुधारा कोषाध्यक्ष

„ „ पदमसिंह व्यास प्रबन्धक

सदस्यगण:—आलिमसिंह निराला, प्रेमनाथ वैद्य, भम्मनलाल पहलवान, तेजसिंह केन, यादराम साथी, बालकिशोर बौद्ध, सेठ दुर्गाप्रसाद निमेश, परम आनन्द, सुखराम मिस्त्री, पीताम्बरसिंह निर्मल, तोताराम।

रामचरन प्रेस, सिकन्दराराऊ।

**97.** डॉ. अम्बेडकर के चौथे परिनिर्वाण दिवस पर प्रेषित ऐतिहासिक पर्चा

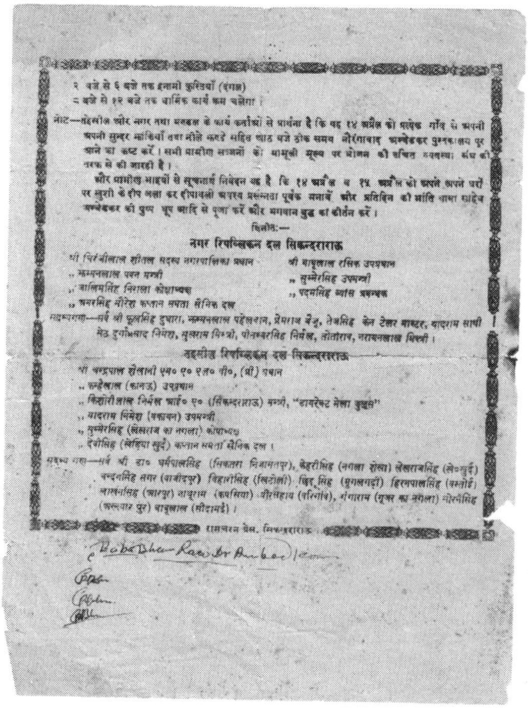

२ बजे से ६ बजे तक इनामी कुश्तियाँ (दंगल)

८ बजे से १२ बजे तक धार्मिक कार्य क्रम चलेगा।

नोट—तहसील और नगर तथा मण्डल के कार्य कर्ताओं से प्रार्थना है कि वह १४ अप्रैल को प्रत्येक गाँव से अपनी अपनी सुन्दर झांकियाँ तथा नीले झण्डे सहित आठ बजे ठीक समय मौरंगाबाद अम्बेडकर पुस्तकालय पर आने का कष्ट करें। सभी ग्रामीण सज्जनों को मामूली मूल्य पर भोजन की उचित व्यवस्था संघ की तरफ से की जारही है।

और ग्रामीण भाइयों से सूचनार्थ निवेदन यह है कि १४ अप्रैल व १५ अप्रैल को अपने अपने घरों पर खुशी के दीप जला कर दीपावली अवश्य प्रसन्नता पूर्वक मनावें और प्रतिदिन की भांति बाबा साहेब अम्बेडकर की धूप दीप आदि से पूजा करें और भगवान बुद्ध का कीर्तन करें।

विनीत:—

नगर रिपब्लिकन दल सिकन्दराराऊ

श्री चिरंजीलाल शीतल सदस्य नगरपालिका प्रधान — श्री बाबूलाल रसिक उपप्रधान

„ भम्मनलाल पवन मन्त्री — „ सुम्मेरसिंह उपमन्त्री

„ आलिमसिंह निराला कोषाध्यक्ष — „ पदमसिंह व्यास प्रबन्धक

„ अमरसिंह नीरेश कप्तान समता सैनिक दल

सदस्यगण—सर्व श्री फूलसिंह दुधारा, भम्मनलाल पहेलवान, प्रेमराज वैद्य, तेजसिंह केन टेलर मास्टर, यादराम साथी सेठ दुर्गाप्रसाद निमेश, सुखराम मिस्त्री, पीताम्बरसिंह निर्मल, तोताराम, नारायनलाल मिस्त्री।

तहसील रिपब्लिकन दल सिकन्दराराऊ

श्री चन्द्रपाल शैलानी एम० ए० एल० टी०, (बी) प्रधान

„ कन्हैयालाल (कानऊ) उपप्रधान

„ किशोरीलाल निर्मल आई० ए० (सिकन्दराराऊ) मन्त्री, "डायरेक्ट मेला कुम्भ"

„ यादराम निमेश (बकायन) उपमन्त्री

„ सुम्मेरसिंह (खेमराज का नगला) कोषाध्यक्ष

„ देवीसिंह (सेंकिया खुर्द) कप्तान समता सैनिक दल।

सदस्य गण—सर्व श्री डा० धर्मपालसिंह (सिकतरा निजामतपुर), केहरीसिंह (नगला होरा) लेखराजसिंह (सेंकुर्द) चन्दनसिंह सागर (बाजीदपुर) बिहारीसिंह (खिटौली) खिर्रूसिंह (मुगलगढ़ी) हिरनपालसिंह (बरतोई) लालतासिंह (जारपुर) बाबूराम (कपसिया) वीरसिंहाय (वरिगांव), गंगाराम (गूजर का नगला) मोरसिंह (अल्यार पुर) बाबूलाल (मीरामई)।

रामचरन प्रेस, सिकन्दराराऊ।

Baba Bhim Rao Dr Ambedkar

डॉ. अम्बेडकर के चौथे परिनिर्वाण दिवस
र प्रेषित ऐतिहासिक पर्चा के पीछे का अंश

जय भीम || नमो बुद्धाय || जय भीम

# बोधिसत्व बाबा साहेब डा० अम्बेडकर

## परि निर्वाण दिवस ६ दिसवर १९६१

बाबा साहेब के श्रद्धालु बन्धु,

परम पूज्य बोधिसत्व बाबा साहेब डा० अम्बेडकर भारत के महा प्राण महा पुरुष थे। आपने भारत की दबी पिछड़ी शोषित जनता को जागृत एवं नव जीवन प्रदान करके, देश के इतिहास में एक नई परम्पराओं को जोड़ दिया। संविधान निर्माता, हिन्दू कोडबिल प्रदाता और सोई मानवता के प्रणेता अभूतपूर्व हितकारी नेता एवं धम्म चक्र के अनुवर्तक प्रचेता के प्रति किस की श्रद्धा नही है। जीवन भर एक अनोखे आन्दोलन को आगे बढ़ाते हुए वे, ६ दिसम्बर को सन्देहास्पद स्थिति में काल कवलित हो गये। यही वह दिन है जिसदिन समस्त अछूत, पिछड़ी एवं बुद्धिष्ट जनता अपने जीवन दाता बाबा साहेब के निधन का स्मरण करके अपने कर्तव्य का अटल निश्चय करती है।

६ दिसम्बर के दिन अन्य गत वर्षों की भांति इस वर्ष भी सभी श्रद्धालुओं को अपनी हड़ताल करनी चाहिये। इस प्रकार सम्पूर्ण देश में रहने वाले बोधिसत्व बाबा साहेब के अनुयायी ६ दिसम्बर को मनाते हैं।

आगरा में भारतीय बौद्ध महासभा के तत्वाधान में इस वर्ष भी ६ दिसम्बर को अम्बेडकर भवन ईद्गाह कॉलोनी के प्रांगण में एक विषाल सभा का आयोजन दिन के ३ बजे से किया जारहा है। इस सभा में स्थानीय नेताओं के साथ साथ हमारे माननीय एम० पी० भी भागलेंगे। आगरा के कीर्तन मण्डल एवं भीम कव्वाल मण्डल का विशेष कार्य-कम होगा। पूज्यभिक्षुराष्ट्रपाल के प्रवचन तथा पागल बाबा के भजन भी होंगे।

विशेष निवेदन :—

आगरा की समस्त बाबा साहेब की श्रद्धालु जनता ६ दिसम्बर को अपने दायें हाथ पर काली पट्टी बांधें। अपने कामों की छुट्टी करें। और बुदिस्ट भाई विधिवत अष्ट शील आदि ग्रहण करें।

नोटः—समता सैनिक दल के कमाण्डर व सैनिक भा० बौ० महासभा के अध्यक्ष महोदय से मिलकर अपनी ड्यूटी आदि का कर्तव्य निश्चित करलें।

विनीत—

| | | |
|---|---|---|
| चरनसिंह बौद्ध | मिट्ठनलाल बी० ए० | खेमचन्द्र आश्वत्थायन |
| अध्यक्ष | कोषाध्यक्ष | महा मंत्री |

## भारतीय बौद्ध महासभा, आगरा।

रौयल फाइन आर्ट प्रेस, आगरा।

98.

नमोबुद्धाय                नमो तस्स भगवतो अरहतो सम्मासम्बुधस्स                जय भारत

# बौद्ध धर्म ही मानव धर्म

बहु-जन हिताय ══ बहु-जन सुखाय

तीन सरण

**बुद्धं सरणं गच्छामि ! धम्मं सरणं गच्छामि !! संघं सरणं गच्छामि !!!**

बौद्ध धर्म को समझने के लिए सम्यक प्रज्ञा की आवश्यकता है। सतिया, चतुराय, सत्यानी का प्रतीक और बौद्ध धर्म का मूल तत्व है। बौद्ध धर्म को समझने के लिए चतुराय सत्यानि को समझना अनिवार्य है। चतुराय सत्य क्या है ? दुख आर्य सत्य, दुख समुदय आर्य सत्य, दुख निरोध आर्य सत्य और दुख निरोध का मार्ग आर्य सत्य और चतुराय आर्य सत्य इस प्रकार है: —

१—दुख क्या है ?

२—दुख समुदय क्या है ?

३—दुख निरोध क्या है ?

४—दुख निरोध का मार्ग क्या है ?

इनके विस्तार के लिए निम्नलिखित पर ध्यान दें :—

भिक्षु सोभित

स्वर्गीय भिक्षु रेवत

१—जन्म दुख है। रोगी होना दुख है। बुढ़ापा दुख है। प्रिय वियोग दुख है। अप्रिय संयोग दुख है, इच्छाओं का पूरा न होना दुख है। अनिश्चित का उपस्थित होना दुख है। शत्रु से भय शंका रहना दुख है। पंच उपादान स्कन्ध: (रूप, वेदना, संज्ञा संस्कार विज्ञान इत्यादि) दुख है और अन्त में मरना भी दुख है।

२—दुख समुदय का कारण अविद्या और तृष्णा है। अविद्या के होने से संस्कार, संस्कार से विज्ञान, विज्ञान से नाम रुप, नाम रुप से छः आयतन, छः आयतन से स्पर्श, स्पर्श से वेदना, वेदना से तृष्णा, तृष्णा से उपादान, उपादान से भव, भव अर्थात जन्म के होने से ही रोगी होना शोक, रोना पीटना, चिन्ता, व्याकुलता, भय, क्लेश, बुढ़ापा, मृत्यु दैन्य आदि दुखों की उत्पत्ति होती है।

३—जिस क्रम से दुख समुदय हुआ है उसी क्रम से उसका निरोध भी होता है। अर्थात अविद्या के निरोध से संस्कारों का निरोध, संस्कारों से विज्ञान का, विज्ञान से नाम रूप का, नाम रूप से छः आयतनों का, छः आयतनों से स्पर्श का, स्पर्श से वेदना का, वेदना से तृष्णा का, तृष्णा से उपादान का, उपादान से भव का, भव से जन्म का, जन्म से जरा, मरण, रोग, दुख, रोना पीटना, क्लेश इत्यादि सम्पूर्ण दुखों का निरोध होता है। दुखो के पूर्ण रूपेण नोरोध को ही निर्वाण कहते हैं।

४—दुख निरोध का [redacted] अष्टांगिक मार्ग अर्थात १—सम्यक ठीक दृष्टि २—सम्यक संकल्प, ३—सम्यक वाणि ४—सम्यक कर्म, ५—सम्यक आजीवका ६—सम्यक व्यायाम, ७—सम्यक स्मृति, ८—सम्यक समाधि है।

इस जीवन में राग द्वेष, मोह मान, मदामिथ्या, दृष्टी, सत्यानामिद्ध, औदित्य, कौकृत्य, विचि[illegible]) और निर्लजता ये दस क्लेश हैं। इन से विमुक्त हो जाना ही क्लेश निर्वाण है। यह है मानव जाती के लिये भगवान बुद्ध की आचार संहिता। इनके विस्तृत अध्ययन के लिये बौद्ध शास्त्रों का पठन पाठन अनिवार्य है।

भवदीय—

भिक्षु सोभित,
स्वर्गीय भिक्षु रेवत
तुलाराम यादव(लुहारा सराय)

डा० धीरसिंह यादव

शेरसिंह मौर्य (डौलचा)
रामपत यादव (डौलचा)
रमेश चन्द सैनी (रटौल)

कुटी गांव व पोस्ट डौलचा, जिला मेरठ (उत्तर प्रदेश)

नोट—धर्म दूत, नामक मासिक पत्रिका व बौद्ध धर्म सम्बन्धित पुस्तकों के लिए महा बौद्धी सभा सारनाथ वाराणसी व फोन नं० ६२२९७ व ६५२८७ से सम्पर्क स्थापित करें।

दयानन्द प्रिंटिंग प्रेस, बागपत रोड, मेरठ।

**99.** बौद्ध धम्म को उत्तर भारत में प्रत्यस्थापित, प्रचारित-प्रसारित करने वाला दुर्लभ पर्चा

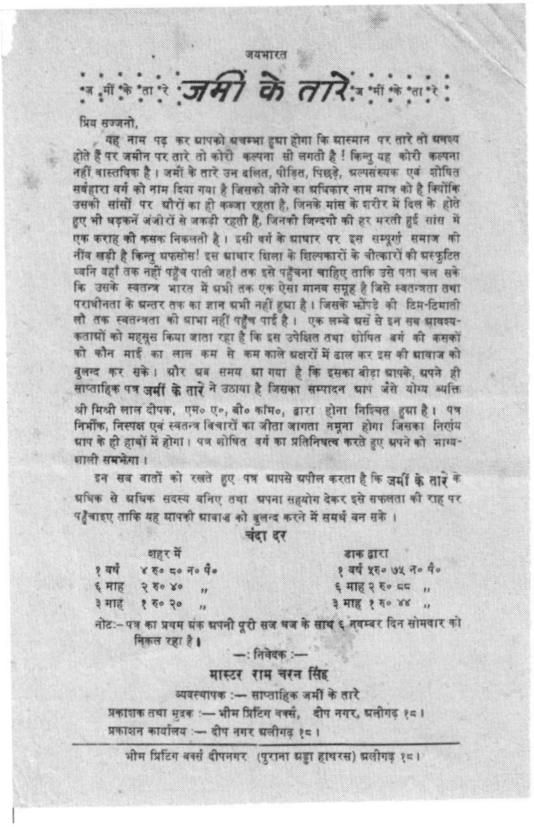

जयभारत

# जमीं के तारे

प्रिय सज्जनो,

यह नाम पढ़ कर आपको अचम्भा हुआ होगा कि आस्मान पर तारे तो अवश्य होते हैं पर जमीन पर तारे तो कोरी कल्पना सी लगती है ! किन्तु यह कोरी कल्पना नहीं वास्तविक है। जमीं के तारे उन दलित, पीड़ित, पिछड़े, अल्पसंख्यक एवं शोषित सर्वहारा वर्ग को नाम दिया गया है जिसको जीने का अधिकार नाम मात्र को है क्योंकि उसकी सांसों पर औरों का ही कब्जा रहता है, जिनके मांस के शरीर में दिल के होते हुए भी धड़कनें जंजीरों से जकड़ी रहती हैं, जिनकी जिन्दगी की हर मरती हुई सांस में एक कराह की कसक निकलती है। इसी वर्ग के आधार पर इस सम्पूर्ण समाज की नींव खड़ी है किन्तु अफसोस! इस आधार शिला के शिल्पकारों के चीत्कारों की अस्फुटित ध्वनि वहाँ तक नहीं पहुँच पाती जहाँ तक इसे पहुँचना चाहिए ताकि उसे पता चल सके कि उसके स्वतन्त्र भारत में अभी तक एक ऐसा मानव समूह है जिसे स्वतन्त्रता तथा पराधीनता के अन्तर तक का ज्ञान अभी नहीं हुआ है। जिसके झोंपड़े की टिम-टिमाती लौ तक स्वतन्त्रता की आभा नहीं पहुँच पाई है। एक लम्बे अर्से से इन सब आवश्यकताओं को महसूस किया जाता रहा है कि इस उपेक्षित तथा शोषित वर्ग की कसकों को कौन माई का लाल कम से कम काले अक्षरों में ढाल कर इस की आवाज को बुलन्द कर सके। और अब समय आ गया है कि इसका बीड़ा आपके, अपने ही साप्ताहिक पत्र **जमीं के तारे** ने उठाया है जिसका सम्पादन आप जैसे योग्य व्यक्ति श्री मिश्री लाल दीपक, एम० ए०, बी० कॉम०, द्वारा होना निश्चित हुआ है। पत्र निर्भीक, निस्पक्ष एवं स्वतन्त्र विचारों का जीता जागता नमूना होगा जिसका निर्णय आप के ही हाथों में होगा। पत्र शोषित वर्ग का प्रतिनिधित्व करते हुए अपने को भाग्यशाली समझेगा।

इन सब बातों को रखते हुए पत्र आपसे अपील करता है कि **जमीं के तारे** के अधिक से अधिक सदस्य बनिए तथा अपना सहयोग देकर इसे सफलता की राह पर पहुँचाइए ताकि यह आपकी आवाज को बुलन्द करने में समर्थ बन सके।

**चंदा दर**

| शहर में | | डाक द्वारा | |
|---|---|---|---|
| १ वर्ष | ४ रु० ८० न० पै० | १ वर्ष | ५रु० ७५ न० पै० |
| ६ माह | २ रु० ४० ,, | ६ माह | २ रु० ८८ ,, |
| ३ माह | १ रु० २० ,, | ३ माह | १ रु० ४४ ,, |

नोटः–पत्र का प्रथम अंक अपनी पूरी सज धज के साथ ६ नवम्बर दिन सोमवार को निकल रहा है।

—: निवेदक :—

**मास्टर राम चरन सिंह**

व्यवस्थापक :— साप्ताहिक जमीं के तारे

प्रकाशक तथा मुद्रक :— भीम प्रिंटिंग वर्क्स, दीप नगर, अलीगढ़ १८।

प्रकाशन कार्यालय :— दीप नगर अलीगढ़ १८।

भीम प्रिंटिंग वर्क्स दीपनगर (पुराना अड्डा हाथरस) अलीगढ़ १८।

**100.** वे 'जमीं के तारे' के नियमित पाठक थे।

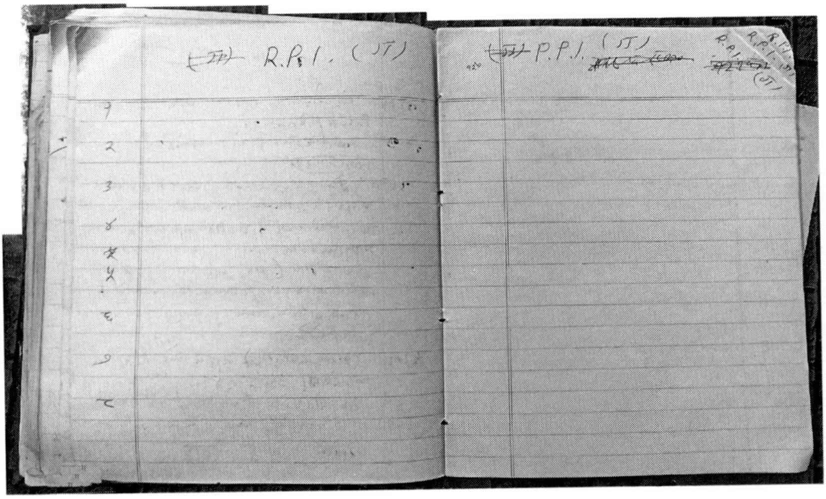


**101.** पेरियार ललई सिंह का RPI का रजिस्टर

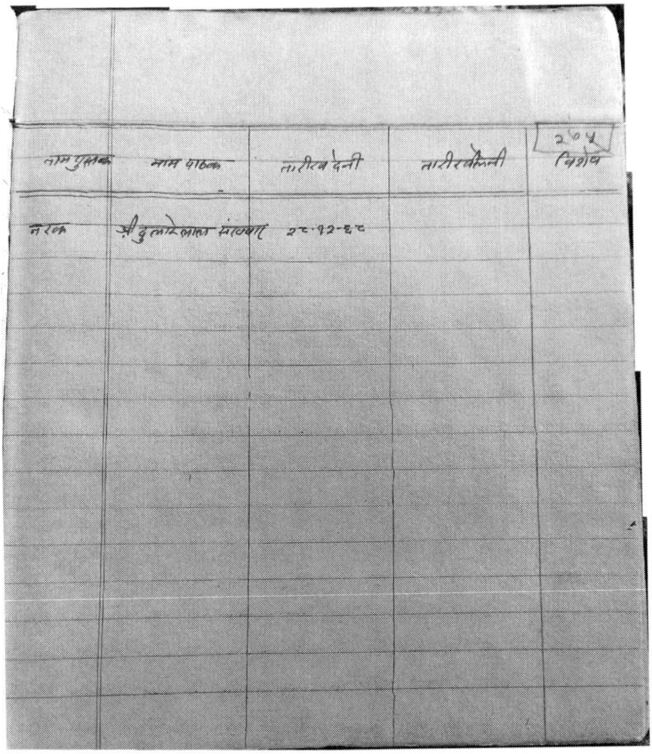


**102.** अशोक पुस्तकालय से प्रकाशित और अपनी मनपसन्द पुस्तकें, लेख आदि पेरियार ललई सिंह अपने शुभचिन्तकों को मानवतावादी-समतामूलक राष्ट्र-निर्माण की भावना से देते। उसे इसी रजिस्टर में नोट करते थे ताकि पढ़ने के बाद उनसे प्राप्त करके दूसरों को दिया जा सके। दिनांक 28.12.1968 ई.।

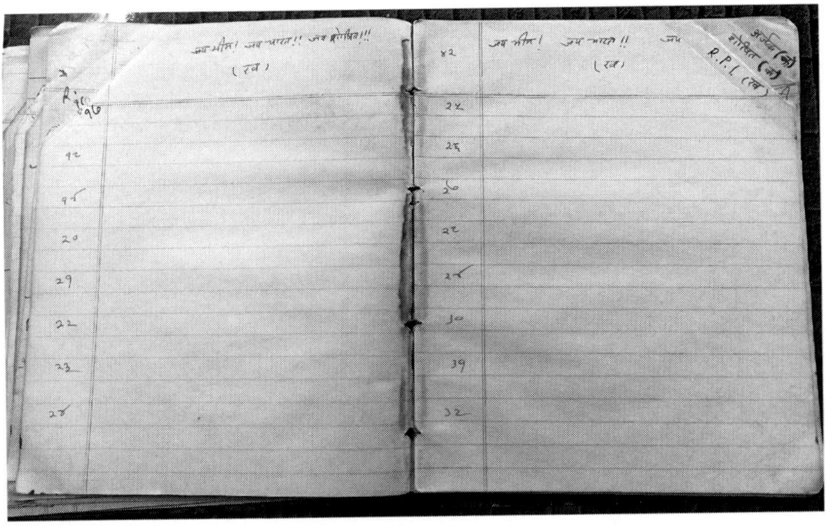

**103.** अपने रजिस्टर में पेरियार ललई सिंह अभिवादन 'जय भीम!, जय भारत!! जय शोषित!!!' के रूप में करते थे।

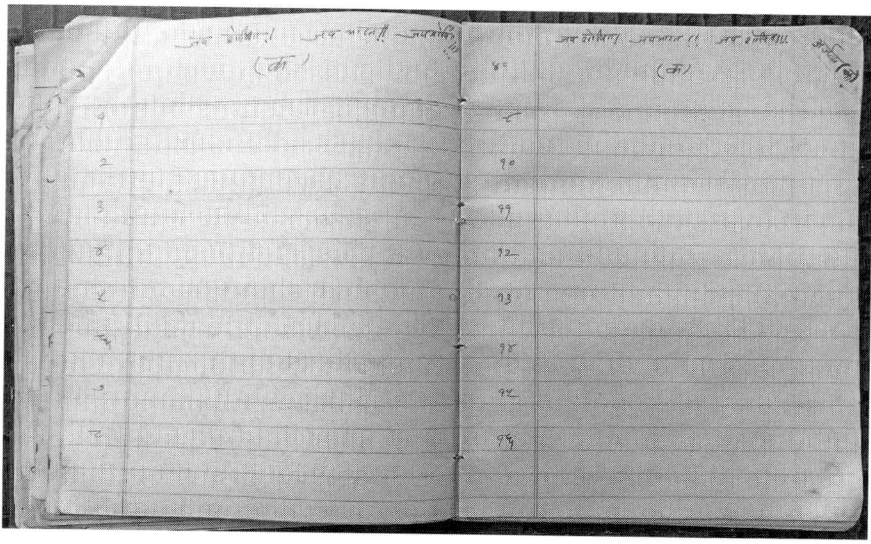

**104.** इसमें 'जय शोषित! जय भारत!! जय शोषित!!!' के रूप में अभिवादन करते थे।

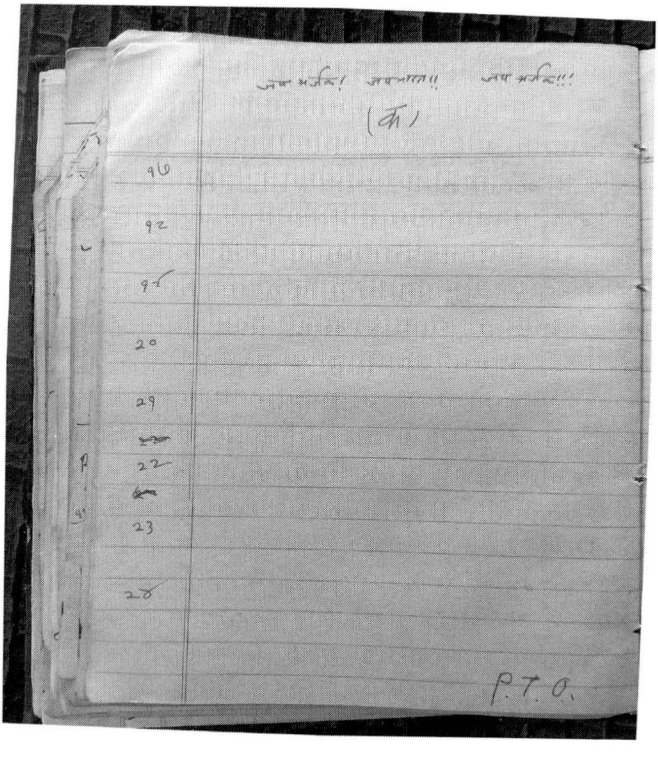

**105.** अपने अर्जक संघ के रजिस्टर में पेरियार ललई सिंह अभिवादन 'जय अर्जक! जय भारत!! जय अर्जक!!!' के रूप में करते थे।

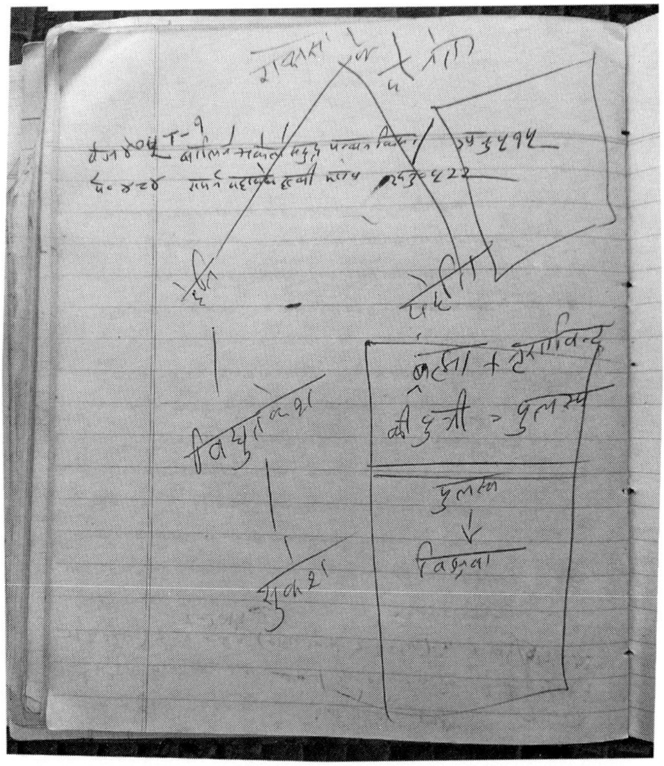

**106.** हिन्दू मिथकों की दुनिया को वे इस प्रकार टेबल बनाकर समझते थे।

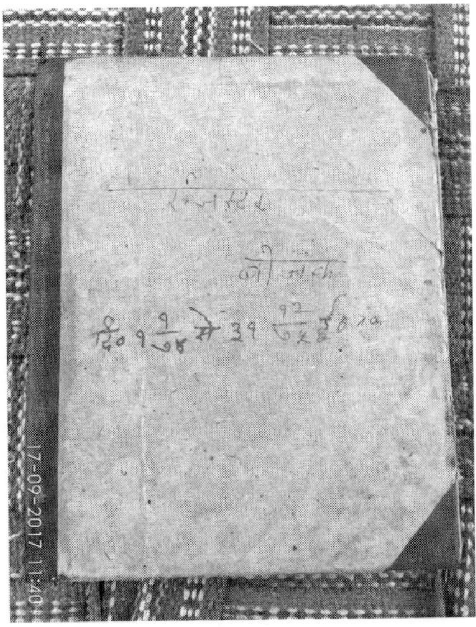


**107.** अशोक पुस्तकालय का बीजक रजिस्टर

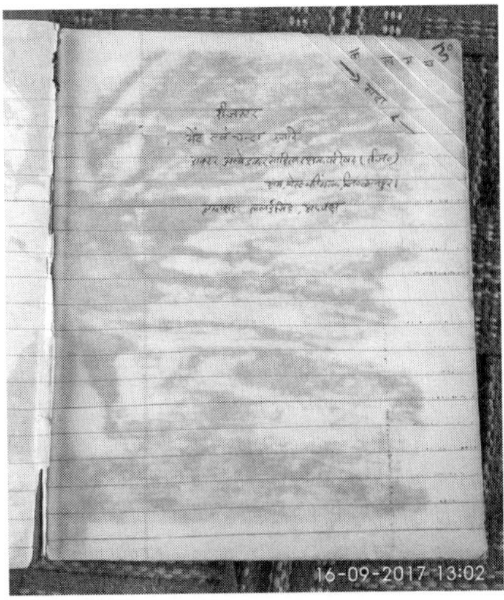


**108.** अशोक पुस्तकालय के बीजक रजिस्टर के अन्दर का पृष्ठ

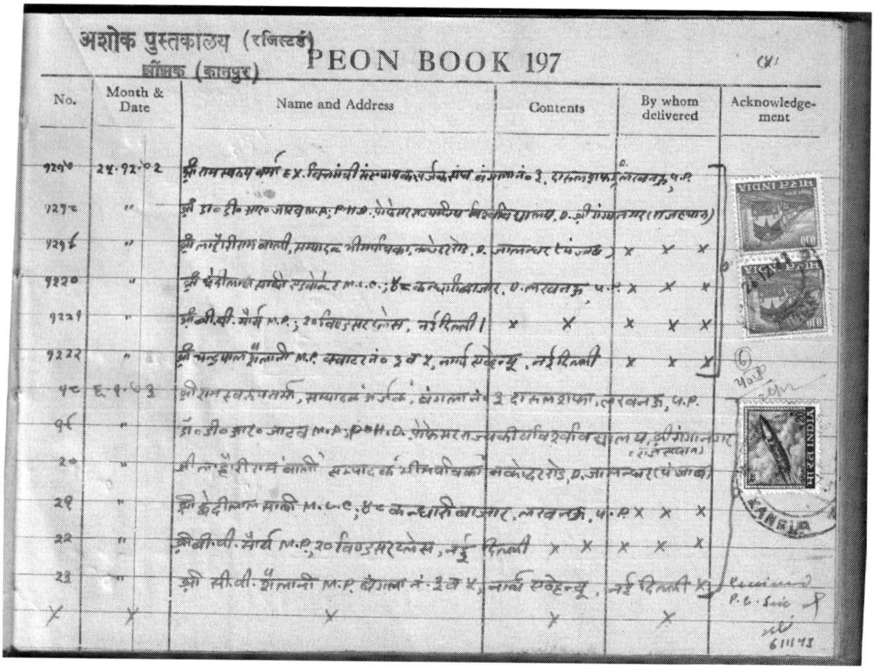

**109.** अशोक पुस्तकालय की प्यून नोटबुक

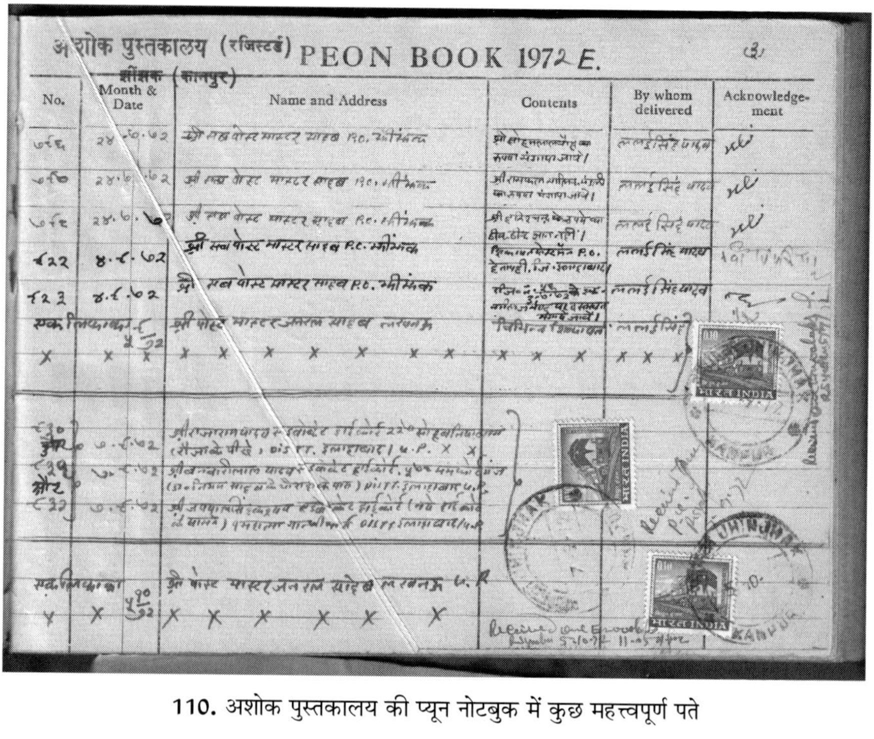

**110.** अशोक पुस्तकालय की प्यून नोटबुक में कुछ महत्त्वपूर्ण पते

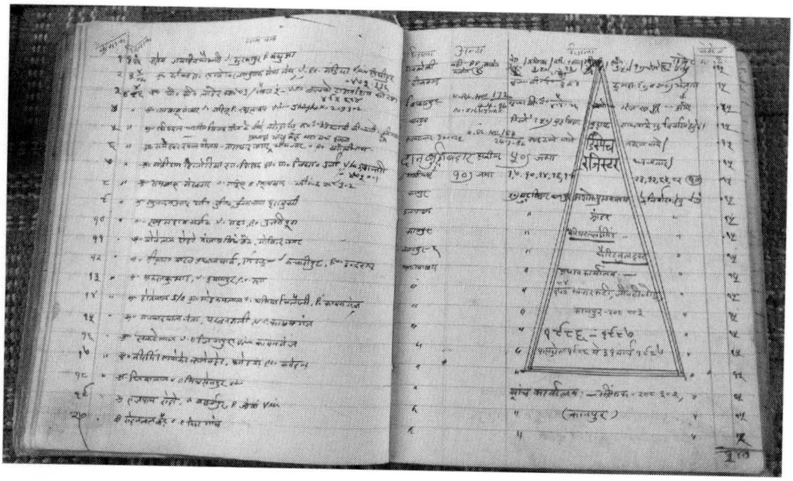


**111.** अशोक पुस्तकालय का रजिस्टर जिसमें साल समाप्ति पर त्रिभुजाकार बनाकर पाठकों को धन्यवाद देते थे।

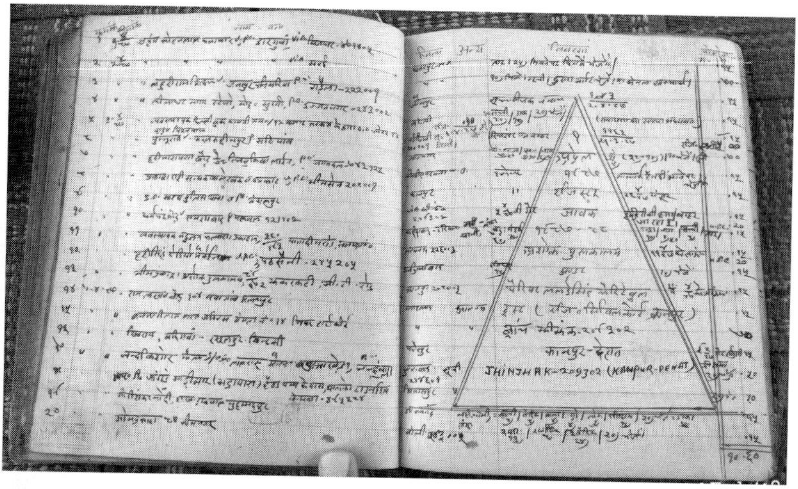

**112.**

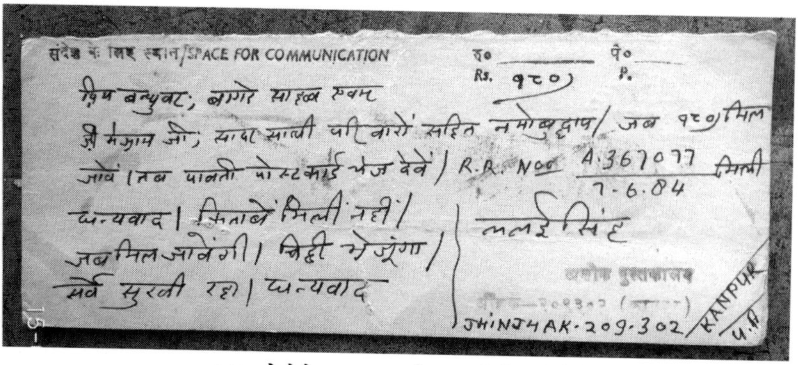


**113.** वे ऐसे लघु प्रकार के पत्र भी लिखते थे।

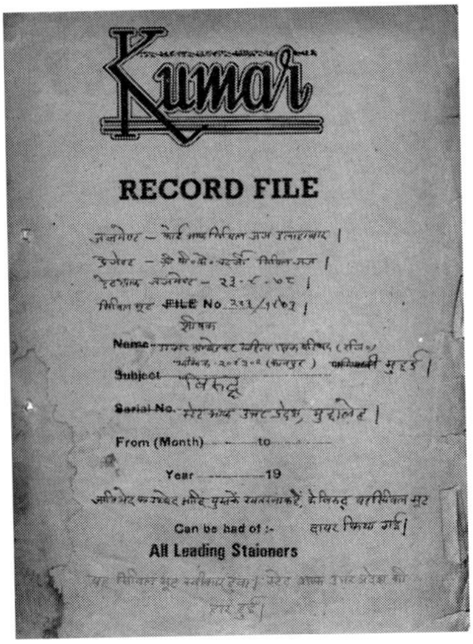


**114.** न्यायालय में मुकदमा लड़ने वाली फ़ाइल का आवरण चित्र

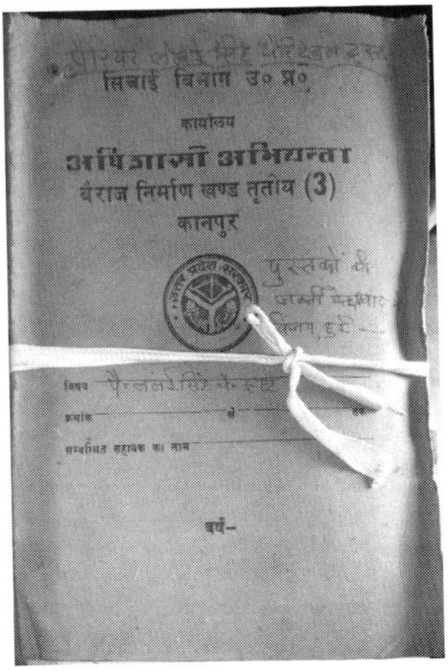


**115.** न्यायालय में मुकदमा लड़ने वाली अन्य फ़ाइल का आवरण चित्र

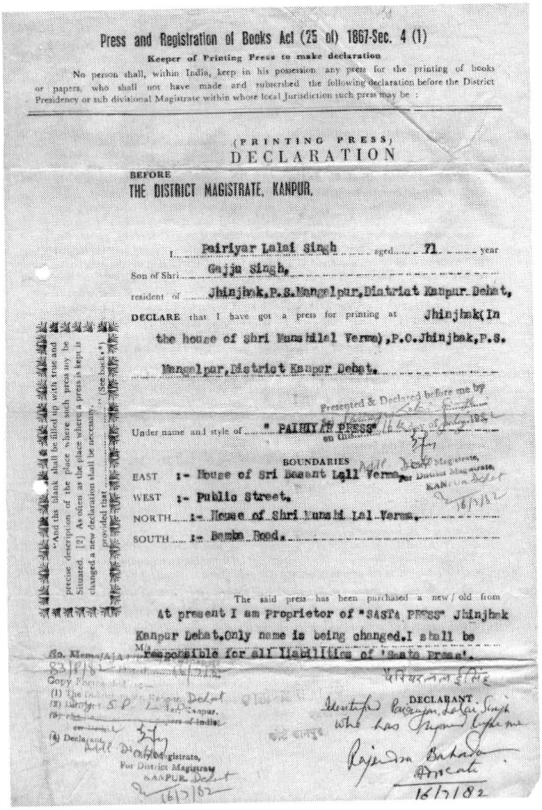

Press and Registration of Books Act (25 of) 1867-Sec. 4 (1)

**Keeper of Printing Press to make declaration**

No person shall, within India, keep in his possession any press for the printing of books or papers, who shall not have made and subscribed the following declaration before the District Presidency or sub divisional Magistrate within whose local Jurisdiction such press may be :

(PRINTING PRESS)
DECLARATION

BEFORE
THE DISTRICT MAGISTRATE, KANPUR.

I ...... Pairiyar Lalai Singh ...... aged ...... 71 ...... year

Son of Shri ...... Gajju Singh,

resident of ...... Jhinjhak, P.S. Mangalpur, District Kanpur Dehat,

**DECLARE** that I have got a press for printing at Jhinjhak (In the house of Shri Munshilal Verma), P.O. Jhinjhak, P.S. Mangalpur, District Kanpur Dehat.

Under name and style of ...... " PAIRIYAR PRESS"

Presented & Declared before me by ... on this ... 16 day of July 1982

BOUNDARIES

EAST :- House of Sri Basant Lall Verma,

WEST :- Public Street,

NORTH ...... :- House of Shri Munshi Lal Verma,

SOUTH ...... :- Bamba Road.

"And the blank shall be filled up with true and precise description of the place where such press may be Situated. [2] As often as the place where a press is kept is changed a new declaration shall be necessary, provided that ..................." (See back*)

The said press has been purchased a new / old from M/s ...... At present I am Proprietor of "SASTA PRESS" Jhinjhak Kanpur Dehat. Only name is being changed. I shall be responsible for all liabilities of 'Sasta Press'.

No. Memo/AJA ... 83/P/82 ... Dated ... 16.7.82

Copy Forwarded to :—

(1) The District ... Kanpur Dehat

(2) ... S.P. ... Kanpur.

(3) ... Papers of India

(4) Declarant.

Addl. District Magistrate,
For District Magistrate
KANPUR Dehat
16/7/82

पैरियर ललई सिंह
DECLARANT

Identified Pairiyar Lalai Singh who has signed before me
Rajendra Bahadur
Advocate
16/7/82

**116.** पेरियार प्रेस का डिक्लेरेशन

SHARE CERTIFICATE

Buddhist Publishing House

PRIVATE LIMITED

(INCORPORATED UNDER THE COMPANIES ACT 1956)

REGISTERED OFFICE

CERTIFICATE NO. 19

NO. OF SHARES TEN

LEDGER FOLIO 19

AUTHORISED CAPITAL Rs.

DIVIDED INTO

EQUITY SHARES OF RS. 100/- (one hundred) EACH.

This is to Certify that Periyar Lalai Singh of Zhinjhak - Kanpur is/are Registered Holder (s) of Ten shares of Rupees One Thousand each Numbered Fifty Six to Sixty Five (both inclusive) in Buddhist Publishing House Private Limited, Abadpura, Jalandhar subject to the provisions of the Memorandum and Articles of Association of the said Company and that the sums endorsed on the reverse have been received in respect of the said shares.

**Given under** the Common seal of the said Company at Jalandhar this 30th day of March 19

For Buddhist Publishing House Private Limited

Manager

Secretary Common Seal

Director

Mg. Director

Chairman

No transfer of any of the above named shares will be registered without production of this certificate.

**117.** बौद्ध साहित्य के प्रचार के लिए बुद्धिस्ट पब्लिकेशन, पंजाब में पेरियार ललई सिंह ने शेयर किए थे।

**118.** अशोक पुस्तकालय से डॉ. अम्बेडकर की किताब 'एनहिलेशन ऑफ कास्ट' का हिन्दी अनुवाद 'जातिभेद का उच्छेद' नाम से प्रकाशित की थी। इस पर उ.प्र. सरकार ने मुकदमा चलाया था। उसका आवरण पृष्ठ है।

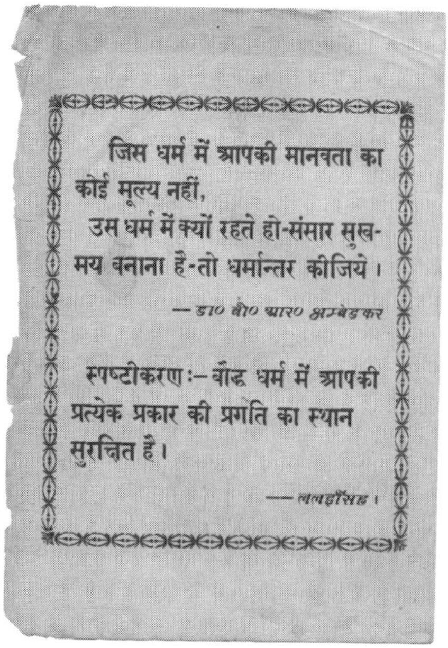


**119.** 'जातिभेद का उच्छेद' का धूल जैकेट पृष्ठ

**120.** अशोक पुस्तकालय से प्रकाशित–'सामाजिक विषमता कैसे दूर हो?' और 'धर्म क्या है? सद्धर्म क्या है?' इन दोनों किताबों के कवर बनाने का साँचा।

**121.** डॉ. अम्बेडकर की सचित्र मुहर जिसे वे अशोक पुस्तकालय से प्रकाशित लगभग सभी पुस्तकों पर लगा कर लोगों तक पहुँचाते थे। डॉ. अम्बेडकर के इमेज को साहित्य के माध्यम से गाँव-गाँव पहुँचाने का यह उनका नायाब तरीका था।

**122.** पेरियार ललई सिंह अपने अध्ययन-कक्ष में टाँड पर साहित्य रखते थे।

**123.** अशोक पुस्तकालय में दुर्लभ साहित्य को वे इस प्रकार सुरक्षित रखते थे।

**124.** 'बौद्ध मत का मुखमर्दन' नामक मनुवादी साहित्य, जिसमें बौद्धमत की मूर्खतापूर्ण आलोचना की गई है। उस पर पेरियार ललई सिंह मुकदमा चलाने के लिए प्रति सील करके रखे हुए थे।

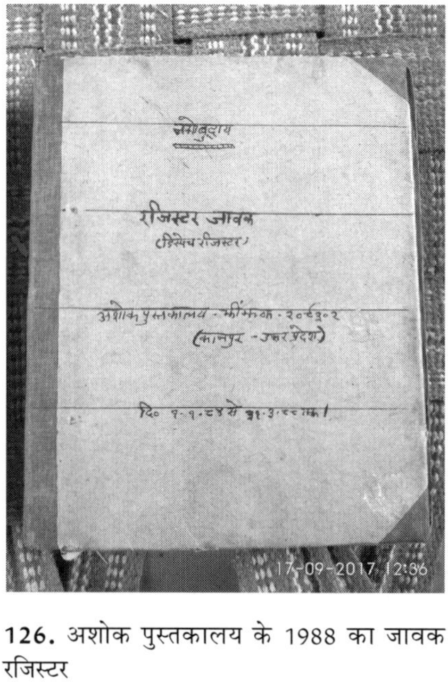


**126.** अशोक पुस्तकालय के 1988 का जावक रजिस्टर

**125.** अशोक पुस्तकालय से प्रकाशित साहित्य के संदर्भ में सम्पूर्ण भारत से आए पत्रों का जावक रजिस्टर। इसमें तमिलनाडु से कश्मीर तक और गुजरात से मणिपुर तक के पाठकों के लगभग 26,000 पते हैं।

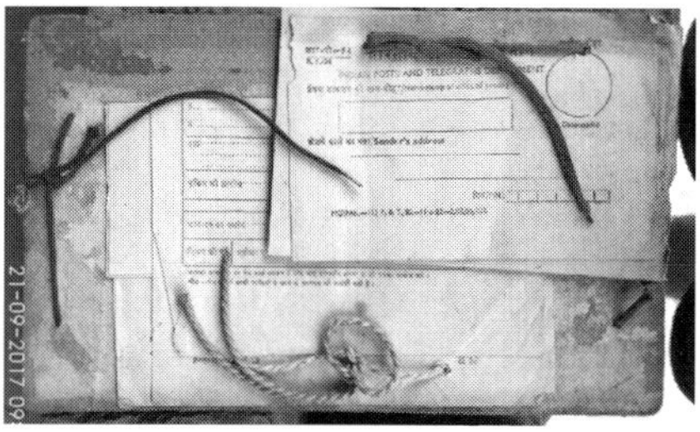

**127.** भेजी गई पुस्तकें और पत्र की रिसीविंग प्रति

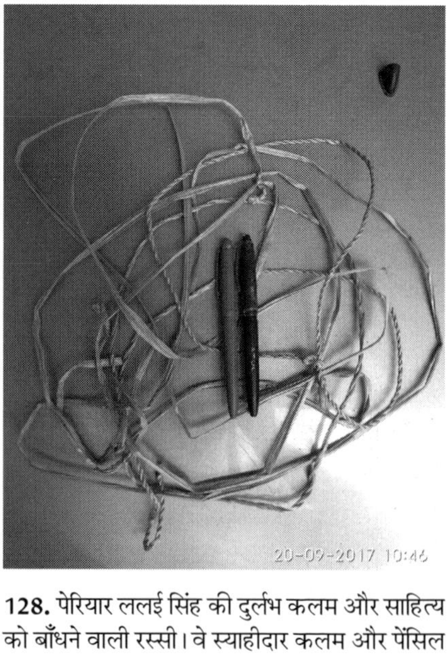


**128.** पेरियार ललई सिंह की दुर्लभ कलम और साहित्य को बाँधने वाली रस्सी। वे स्याहीदार कलम और पेंसिल से सदा लिखते थे।

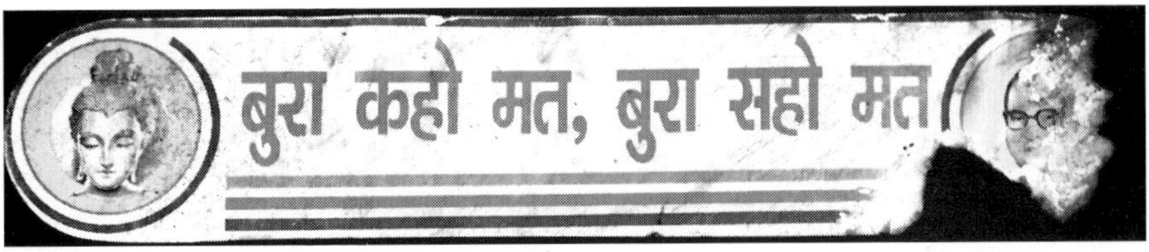


**129.** बुद्ध के मत को जनमानस में निर्मित करने के लिए इस प्रकार उनकी तस्वीर और सूक्ति का प्रचार-प्रसार करते थे।

**130.** बुद्ध धम्म के महान मत और बुद्धि की तस्वीर को इस प्रकार उत्तर भारत के जनमानस में उतार रहे थे।

**131.** उनके अशोक पुस्तकालय में दुर्लभ साहित्य और 'डॉ. अम्बेडकर साहित्य रक्षक' की मुहर, डॉ. अम्बेडकर के रूप की मुहर, पुराना ताला, कलम और पंचशील। वे उत्तर भारत में बुद्ध अम्बेडकर के साहित्य और चित्र को इस प्रकार समाज में पहुँचा रहे थे।

**पढ़िये ; अवश्य पढ़िये !!**

डा० बी० आर० अम्बेडकर के कुछ भाषणों के संकलन का नाम 'सम्मान के लिये धर्म परिवर्तन करें' था, जप्त हो गये थे – उन्हें हाई कोर्ट इलाहाबाद से जीता गया है। अब नया नाम 'धर्म परिवर्तन' है।

— लेखक
पैरियर ललईसिंह

**132.** डॉ. अम्बेडकर के साहित्य का प्रचार-प्रसार करने के लिए इस प्रकार छोटी-छोटी पर्ची बनाकर जनता में बाँटते थे, और अपनी पुस्तकों में ऐसी सूचनाएँ छापते थे।

**पढ़िये ! अवश्य पढ़िये !!**

"विश्व का सच्चा धर्म" लेखक 'भिक्षु धम्मालोक महास्थविर कपिलवस्तु (नेपाल)' :– इस लघु पुस्तक में संसार के मुख्य चार धर्मों बौद्ध, ईसाई, इस्लाम, और हिन्दू दर्शन का भली भांति किया गया विवेचन पढ़ कर अपना भविष्य निर्धारित कीजिये।

— प्रचार मन्त्री

**133.** बौद्ध धम्म को विश्व का सच्चा धर्म मानते थे। वे कहते थे–दुनिया के सारे धर्म उधार के धर्म हैं और बौद्ध धर्म नकद धर्म है क्योंकि सभी धर्म मरणोपरांत स्वर्ग में सुख प्राप्त करने की बात करते हैं किन्तु बौद्ध धर्म यहीं सुख प्राप्ति की बात करता है। ऐसी सूचना वे जनमानस में बाँटते थे और पुस्तकों में छापते थे।

लाखों हिन्दू करोड़ों पेम्फलेट सन्तोषी माता व श्रीकृष्ण का अवतार (तिरुपति बाला जी) और मुसलमान खुदा का ऐलान छापते हैं

अतः आप भी स्वतः या मित्रों के सहयोग से एक हजार या अधिक पेम्पलेट 'राकेट आफ डाक्टर अम्बेडकर' अपनी भाषा या हिन्दी में छपवा कर परम पूज्य बाबा साहब के कारवां को आगे बढ़ावें। दस प्रतियां मुझे भेजें। धन्यवाद। – पैरियार ललईसिंह

**134.** वे डॉ. अम्बेडकर के मिशन को उत्तर भारत में प्रचारित करने के लिए इस तरह की मौलिक पहल करते थे।

**135.** बुद्ध और अम्बेडकर के वैचारिकी को इस प्रकार उतार रहे थे।

**136.** डॉ. अम्बेडकर द्वारा संपादित 'बहिष्कृत भारत' के सभी खंडों का पेरियार ललई सिंह ने अध्ययन किया था।

**137.** उनके अध्ययन-कक्ष में बौद्ध साहित्य, वैदिक साहित्य, कुरान, बाइबल आदि ग्रंथ

**138.** डॉ. अम्बेडकर के चरित्र और व्यक्तित्व को
उत्तर भारत में प्रत्यस्थापित करने के लिए वे ऐसे चित्र गाँव-गाँव बाँटते थे।

**139.** 'रॉकेट ऑफ डॉ. अम्बेडकर' का गुच्छा, जिसमें डॉ. अम्बेडकर और पेरियार ललई सिंह के कुछ विचार लिखे होते थे। इसे वे गाँव-गाँव बाँटते थे।

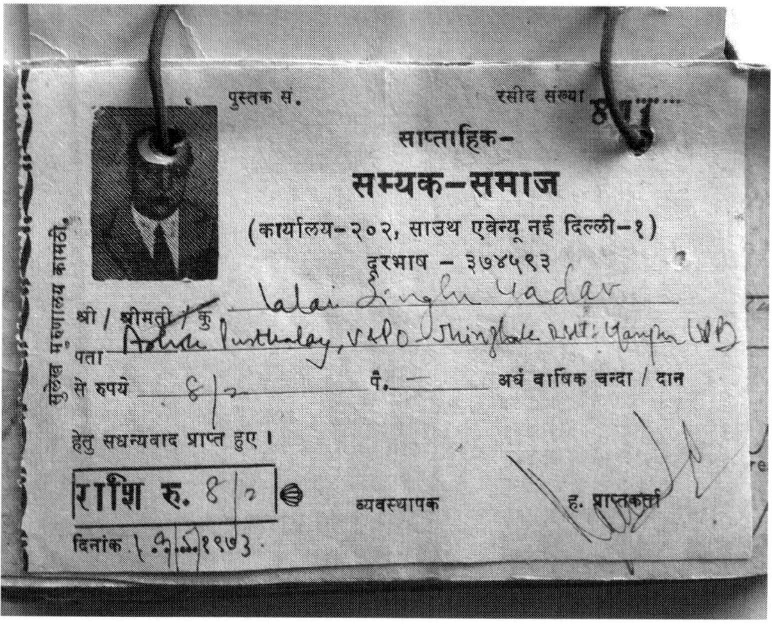


**140.** 'सम्यक—साप्ताहिक'—अम्बेडकरवादी सोच के इस समाचार-पत्र का नियमित अध्ययन करते थे।

# शेरे गवालियर की दहाड़

डाउन डाउन - सिन्धिया फ्लैग।

डाउन डाउन - सिन्धिया गवर्नमेण्ट।

जनता पर - जनता का शासन हो।

( 'सिपाही की तबाही' से। )

जन्म - दिनांक १ सितम्बर १९११ ई०
जीवित - दिनांक २५ मई १९८३ ई०

गिरफ्तारी - दिनांक २९ मार्च १९४७ ई०
रिहाई - दिनांक १२ जनवरी १९४८ ई०

## पेरियार ललईसिंह

स्वतन्त्रता संग्राम सेनानी ( धारा १३१ ताजीरात हिन्द )

हाई कमांडर गवालियर नेशनल आर्मी,

प्रेसीडेण्ट नान गजेटेड मुलाजिमान पुलिस एण्ड आर्मी संघ

( गवालियर गवर्नमेण्ट )

पेरियार प्रेस, झींझक ( कानपुर ) में छपा।

**141.** पेरियार ललई सिंह किसी के परिचय पूछने पर यही देते थे।

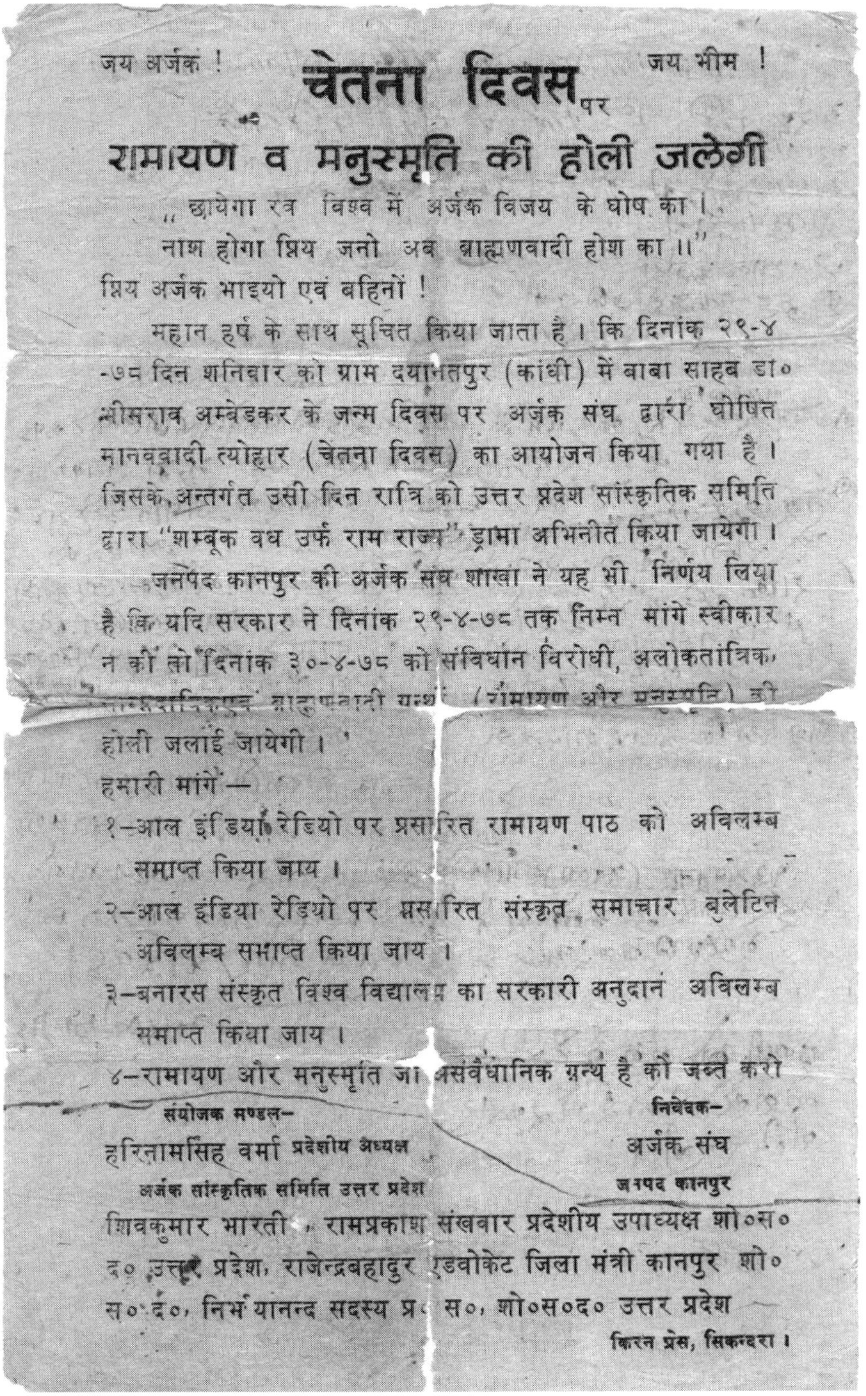
जय अर्जक ! **चेतना दिवस** पर जय भीम !

**रामायण व मनुस्मृति की होली जलेगी**

" छायेगा रव विश्व में अर्जक विजय के घोष का।
नाश होगा प्रिय जनो अब ब्राह्मणवादी होश का ॥"

प्रिय अर्जक भाइयो एवं बहिनों !

महान हर्ष के साथ सूचित किया जाता है। कि दिनांक २९-४-७८ दिन शनिवार को ग्राम दयानतपुर (कांधी) में बाबा साहब डा० भीमराव अम्बेडकर के जन्म दिवस पर अर्जक संघ द्वारा घोषित मानववादी त्योहार (चेतना दिवस) का आयोजन किया गया है। जिसके अन्तर्गत उसी दिन रात्रि को उत्तर प्रदेश सांस्कृतिक समिति द्वारा "शम्बूक वध उर्फ राम राज्य" ड्रामा अभिनीत किया जायेगा।

जनपद कानपुर की अर्जक संघ शाखा ने यह भी निर्णय लिया है कि यदि सरकार ने दिनांक २९-४-७८ तक निम्न मांगे स्वीकार न की तो दिनांक ३०-४-७८ को संविधान विरोधी, अलोकतांत्रिक, साम्प्रदायिक एवं ब्राह्मणवादी ग्रन्थ (रामायण और मनुस्मृति) की होली जलाई जायेगी।

हमारी मांगें —

१–आल इंडिया रेडियो पर प्रसारित रामायण पाठ को अविलम्ब समाप्त किया जाय।

२–आल इंडिया रेडियो पर प्रसारित संस्कृत समाचार बुलेटिन अविलम्ब समाप्त किया जाय।

३–बनारस संस्कृत विश्व विद्यालय का सरकारी अनुदान अविलम्ब समाप्त किया जाय।

४–रामायण और मनुस्मृति जो असंवैधानिक ग्रन्थ है को जब्त करो

**संयोजक मण्डल–** **निवेदक–**

हरिरामसिंह वर्मा **प्रदेशीय अध्यक्ष** अर्जक संघ

**अर्जक सांस्कृतिक समिति उत्तर प्रदेश** **जनपद कानपुर**

शिवकुमार भारती, रामप्रकाश संखवार प्रदेशीय उपाध्यक्ष शो०स०द० उत्तर प्रदेश, राजेन्द्रबहादुर एडवोकेट जिला मंत्री कानपुर शो०स०द०, निर्भयानन्द सदस्य प्र० स०, शो०स०द० उत्तर प्रदेश

**किरन प्रेस, सिकन्दरा।**

**142.** रामायण और मनुस्मृति दहन की घोषणा का पर्चा, स्रोत–शिवकुमार भारती

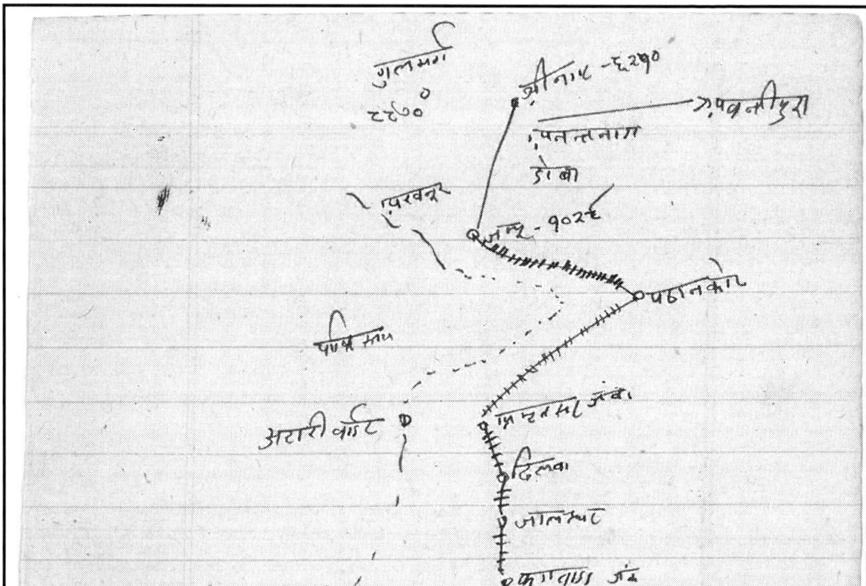


**143.** अपनी मिशनरी यात्राएँ मानचित्र बनाकर करते थे।

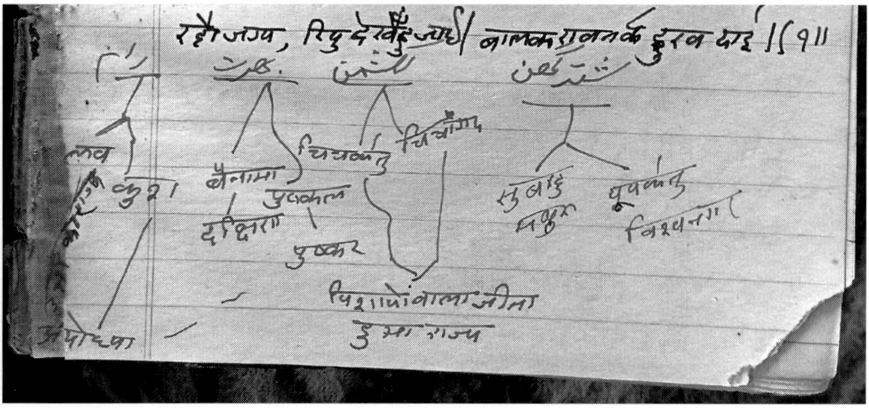

**144.** किसी भी वस्तु-स्थिति को टेबल बनाकर समझते थे।
हिन्दू मिथकीय राजवंश को वे टेबल से समझ रहे थे। यह उर्दू और देवनागरी, दोनों लिपियों में लेखन है।

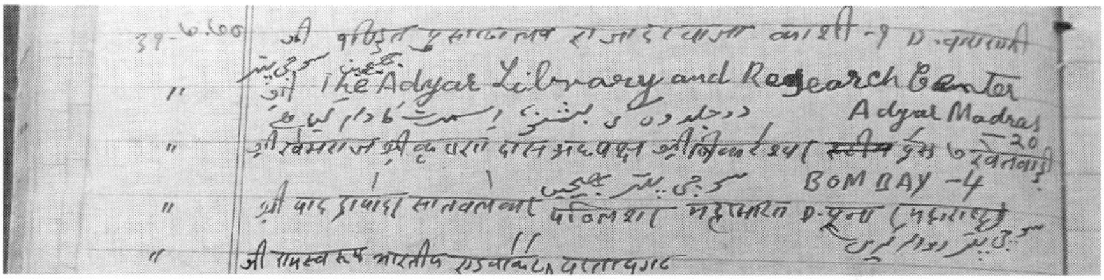
The Adyar Library and Research Center
Adyar Madras
BOMBAY -4

**145.** एक साथ हिन्दी, अंग्रेजी और उर्दू भाषा में लेखन करते थे। अंग्रेजी भाषा के विद्वान थे।

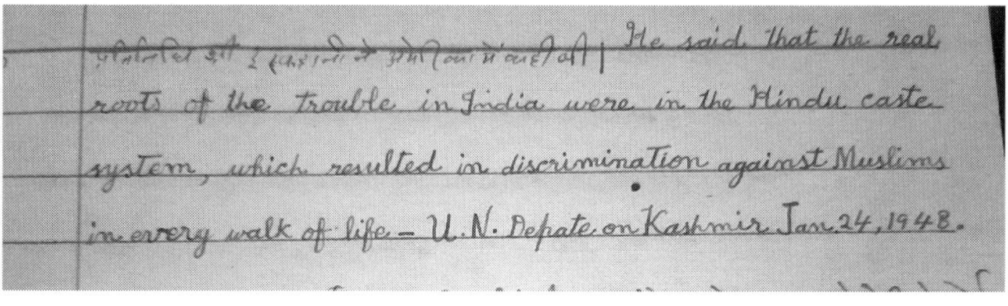
He said that the real roots of the trouble in India were in the Hindu caste system, which resulted in discrimination against Muslims in every walk of life – U.N. Depate on Kashmir, Jan. 24, 1948.

**146.** उनकी अंग्रेजी राइटिंग

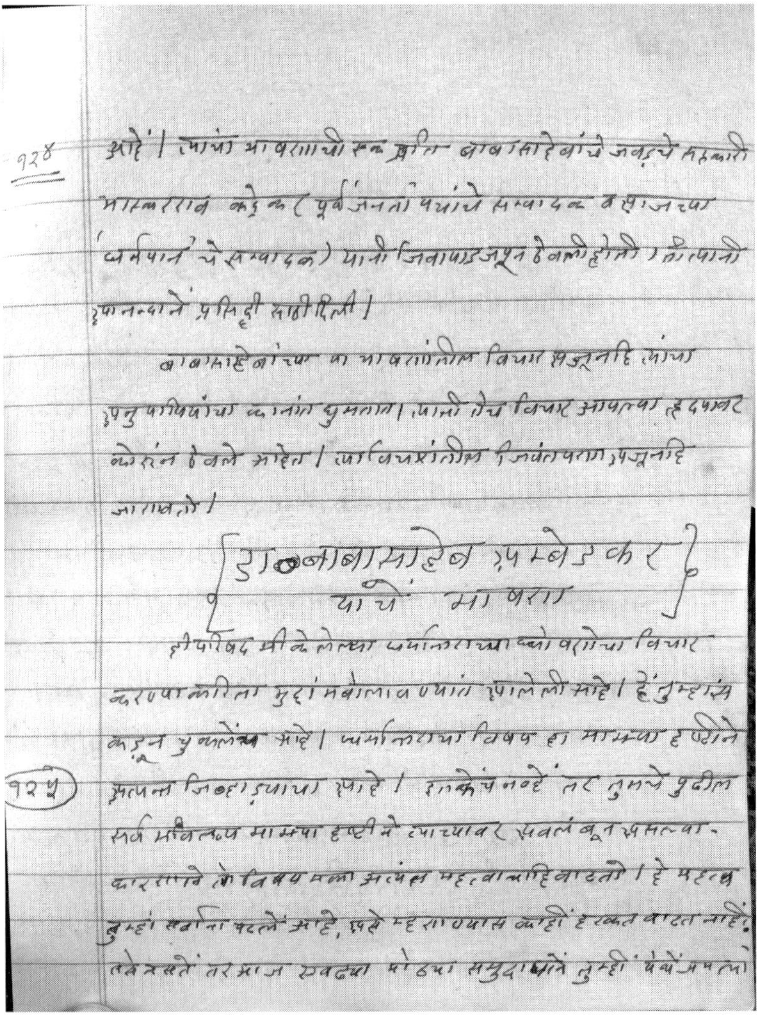

**147.** पेरियार ललई सिंह का लेखन सौन्दर्य।
यह उनके द्वारा मराठी भाषा में डॉ. अम्बेडकर के लिखे गए भाषण हैं।

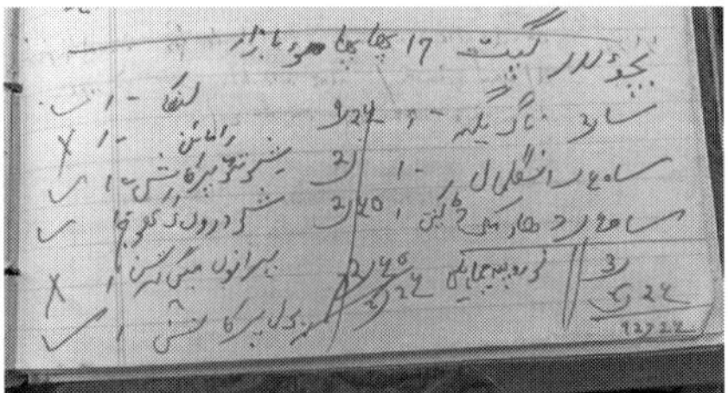

**148.** उर्दू में हिसाब आदि भी करते थे।

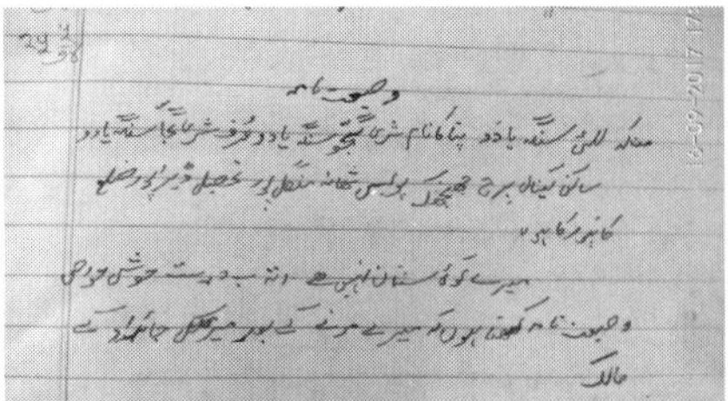

**149.** उर्दू राइटिंग

**150.** उर्दू शब्दकोश–करीम–उल-लुगात

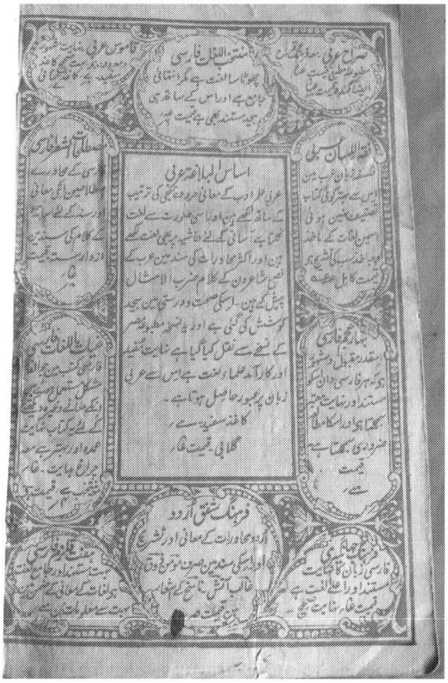

**151.** इस उर्दू किताब का नाम–'फरहंग शफ़क उर्दू' है। इनमें उर्दू के मुहावरों की 8 व्याख्याएँ हैं, जो मोमिन, ज़ौक़, ग़ालिब, आतिश, नासिख़ की शायरी के विशेष सन्दर्भ में है।

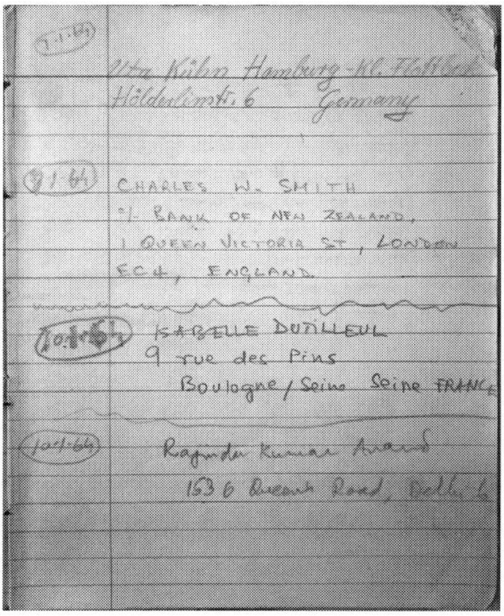


**152.** वे पेंसिल से भी लेखन करते थे।

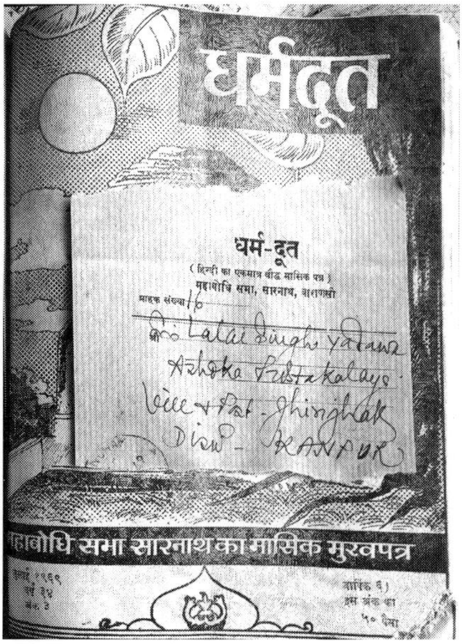


**153.** वे बौद्ध धर्म की सारनाथ से निकलने वाली पत्रिका 'धर्मदूत' का नियमित अध्ययन करते थे।

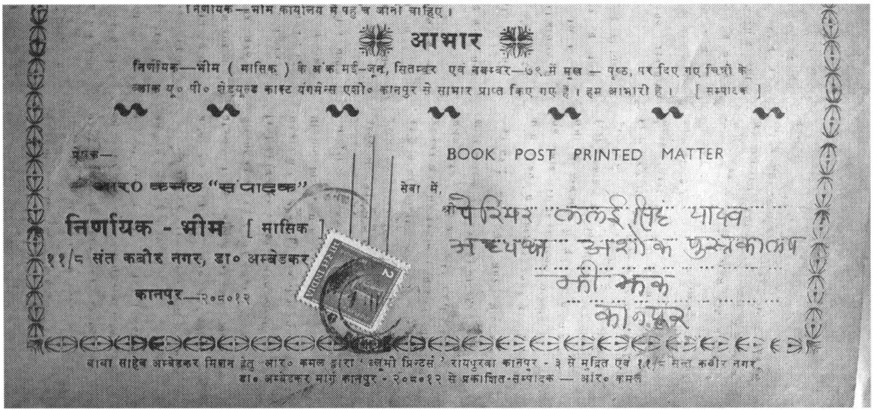


**154.** अम्बेडकरी मिशन की वाहक 'निर्णायक भीम' का वे नियमित अध्ययन करते थे।

**155.** डॉ. अम्बेडकर बुद्ध विहार, हर्रैया, बस्ती, उ.प्र. के इस बौद्ध विहार का उद्घाटन अग्गमहापंडित महास्थविर ज्ञानेश्वर जी के करकमलों द्वारा और पेरियार ललई सिंह की विशेष उपस्थिति के साथ दिनांक 14 मार्च, 1983 ईसवी को किया गया।

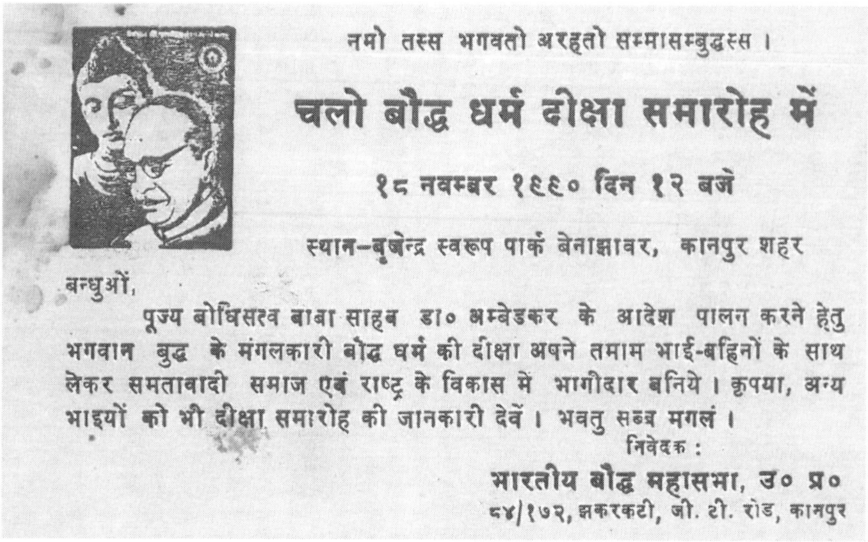

नमो तस्स भगवतो अरहतो सम्मासम्बुद्धस्स ।

# चलो बौद्ध धर्म दीक्षा समारोह में

## १८ नवम्बर १९९० दिन १२ बजे

स्थान–बुजेन्द्र स्वरूप पार्क बेनाझावर, कानपुर शहर

बन्धुओं,

पूज्य बोधिसत्व बाबा साहब डा० अम्बेडकर के आदेश पालन करने हेतु भगवान बुद्ध के मंगलकारी बौद्ध धर्म की दीक्षा अपने तमाम भाई-बहिनों के साथ लेकर समतावादी समाज एवं राष्ट्र के विकास में भागीदार बनिये । कृपया, अन्य भाइयों को भी दीक्षा समारोह की जानकारी देवें । भवतु सब्ब मगलं ।

निवेदक :

**भारतीय बौद्ध महासभा, उ० प्र०**

८४/१७२, झकरकटी, जी. टी. रोड, कानपुर

**156.** अपने जीवन के अंत समय तक बुद्धिज़्म के लिए लड़ते रहे। सन् 1990।

**157.** 'काल-विजय' नाटक जिसमें सम्राट अशोक और बुद्ध की गन्दी व्याख्या की गई है। इसके विरुद्ध पेरियार ललई सिंह ने दिल्ली में आन्दोलन करवाया और इसे रूहेलखंड विश्वविद्यालय के पाठ्यक्रम से बाहर करवाया।

**158.** त्रि-दिवसीय बौद्ध धम्म कार्यक्रम में, सन् 1991।

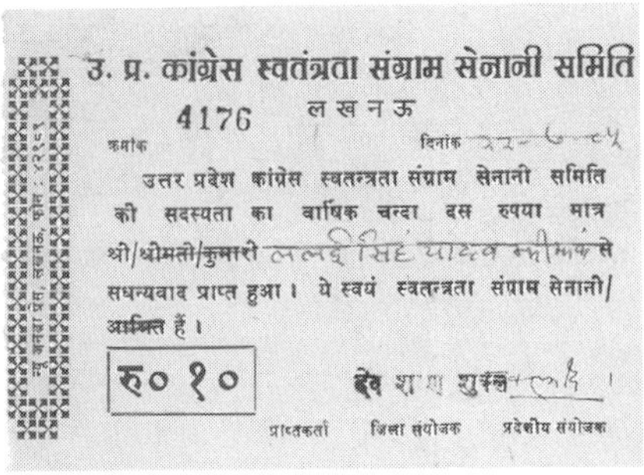

उ. प्र. कांग्रेस स्वतंत्रता संग्राम सेनानी समिति

4176 लखनऊ

क्रमांक दिनांक

उत्तर प्रदेश कांग्रेस स्वतन्त्रता संग्राम सेनानी समिति की सदस्यता का वार्षिक चन्दा दस रुपया मात्र श्री/श्रीमती/कुमारी ललई सिंह यादव झींझक से सधन्यवाद प्राप्त हुआ। ये स्वयं स्वतन्त्रता संग्राम सेनानी/आश्रित हैं।

रु० १०

प्राप्तकर्ता जिला संयोजक प्रदेशीय संयोजक

**159.** देश के स्वतंत्रता संग्राम सेनानियों के सम्मेलन में भाग लेने वाली पर्ची

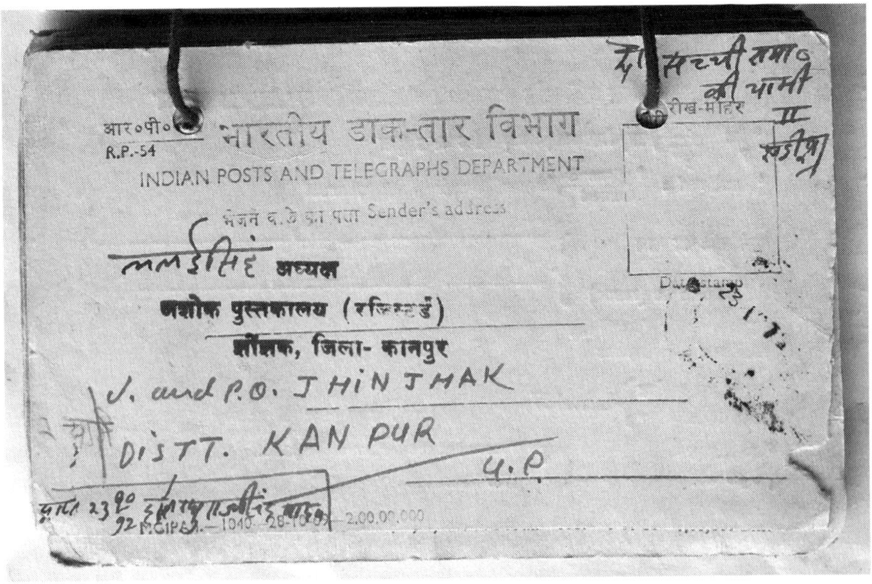


**160.** पेरियार ललई सिंह द्वारा 'सच्ची रामायण' और 'सच्ची रामायण की चाभी' की दिनांक 23/10/1992 को भेजी गई प्रति की पावती।

**161.** गुरु पेरियार ई.वी. रामास्वामी की तस्वीर, जिसे अपने अध्ययन-कक्ष में हमेशा रखते थे।

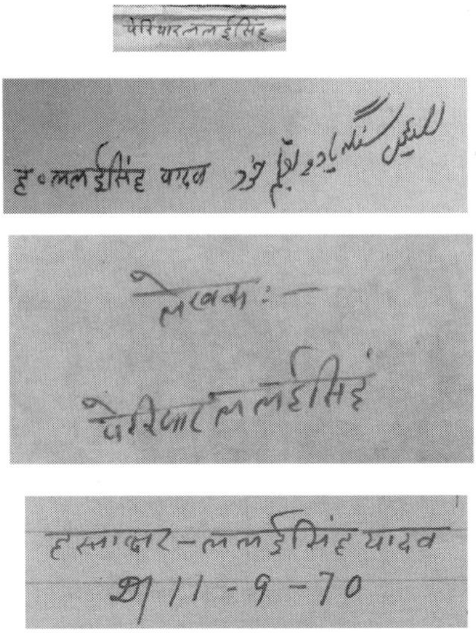


**162.** पेरियार ललई सिंह के हस्ताक्षर

**163.** हाई-कमांडर मूलनिवासी योद्धा पेरियार ललई सिंह

**164.** बौद्ध धर्म ग्रहण कराने वाली शाम की सभा को सम्बोधित करते हुए, गया, बिहार 1992। यहाँ उनका 'शम्बूक वध' नाटक का मंचन हुआ और लगभग 10,000 हजार लोगों को बौद्ध धर्म ग्रहण कराया गया। इस पर मनुवादी-सामंतों ने आक्रोशित हो गोली चला दी। चूँकि वे सोल्जर थे इसलिए चौकन्ने थे और बाल-बाल बचे।

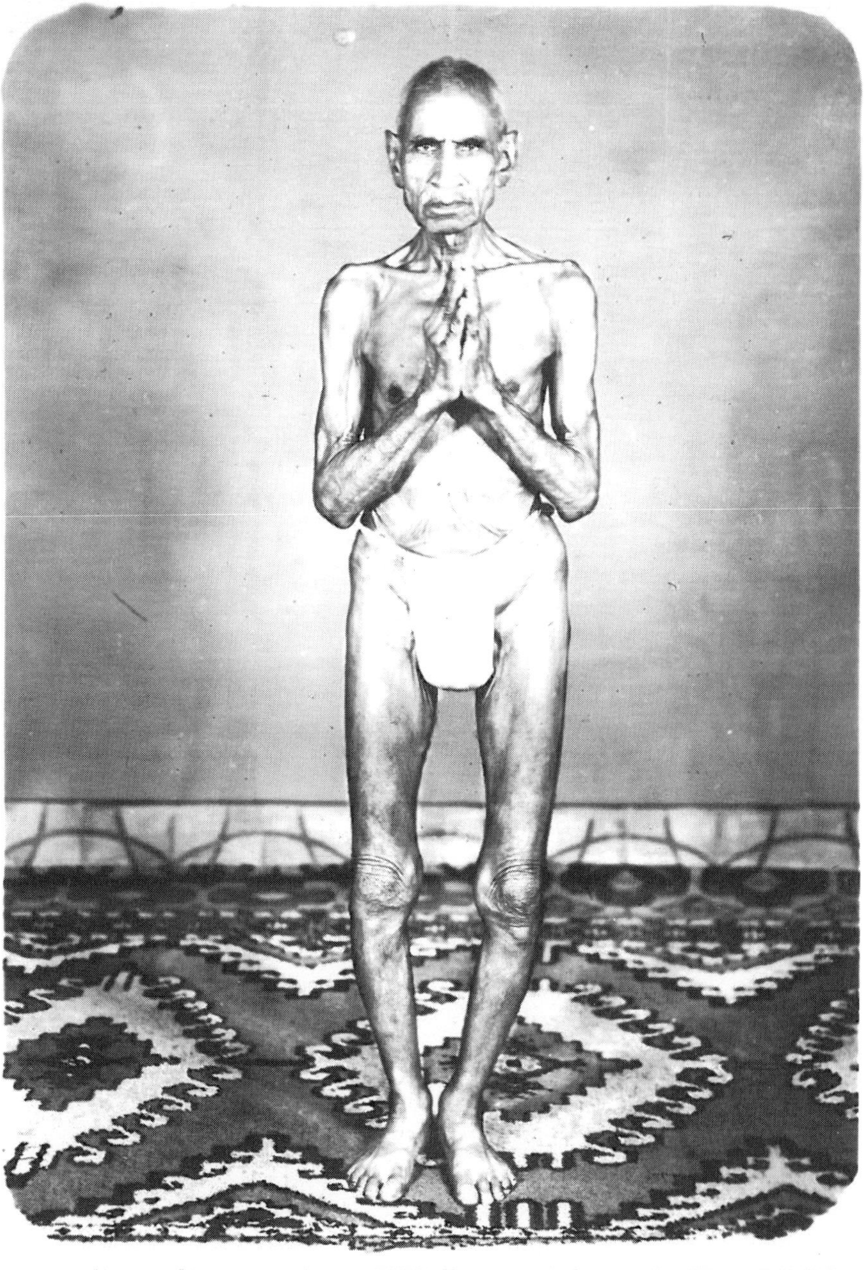

**165.** हिन्दुत्व से आमूलचूल सामाजिक परिवर्तन की लड़ाई लड़ते हुए जर्जर हो चुके उत्तर भारत के पेरियार, मूलनिवासी योद्धा पेरियार ललई सिंह

**166.** मस्तिष्कीय आघात के बाद इसी हैलट अस्पताल, कानपुर में पेरियार ललई सिंह को भर्ती किया गया जहाँ 7 फरवरी, 1993 ई. को उनका महापरिनिर्वाण हो गया।

**167.** हाई-कमांडर पेरियार ललई सिंह चिरनिद्रा में

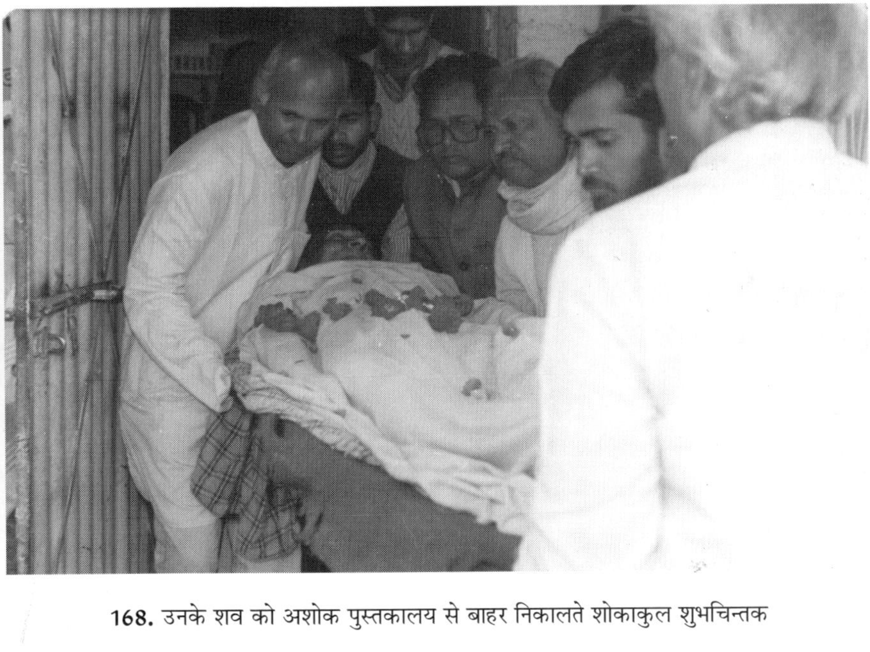

**168.** उनके शव को अशोक पुस्तकालय से बाहर निकालते शोकाकुल शुभचिन्तक

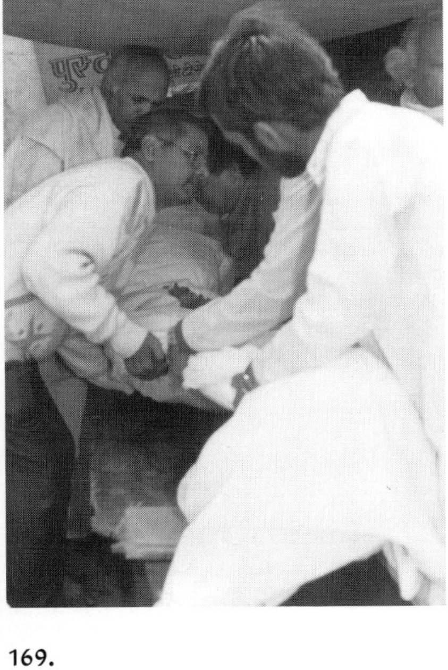

**169.**

**170.** साथियों, शुभचिन्तकों, बौद्ध भिक्खुओं के अन्तिम दर्शनार्थ अशोक पुस्तकालय कार्यालय, कानपुर के बाहर पेरियार ललई सिंह का शव

**171.** हाई कमांडर के निर्वाण के बाद दुखी बच्ची

**172.** शोक में उनके शुभचिन्तक

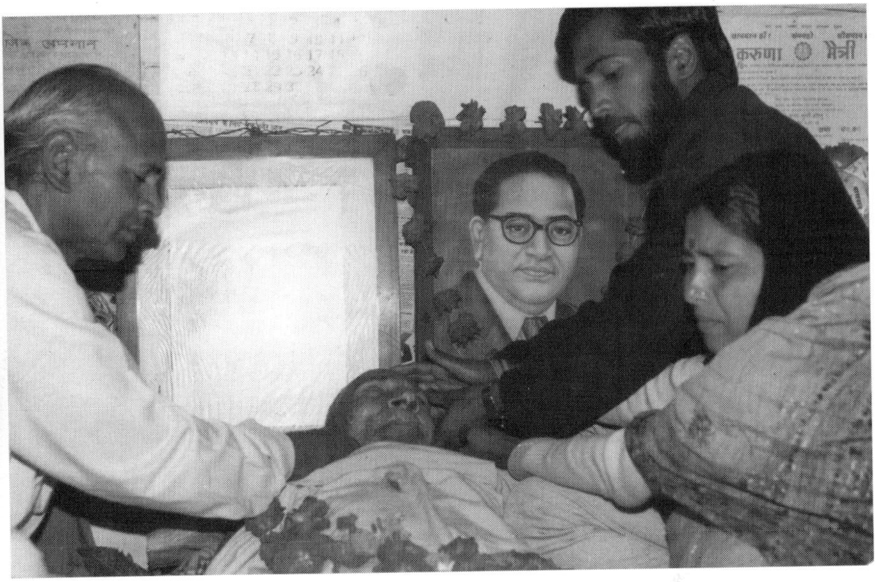


**173.** जे.एन. आदित्य, उनकी पत्नी उपासिका रानी, पुत्र सुशील कुमार गौतम, जीटी रोड, झकरकटी, कानपुर के आवास स्थल पर

**174.** शोक में प्रकाश रत्न गौतम और उनकी पत्नी

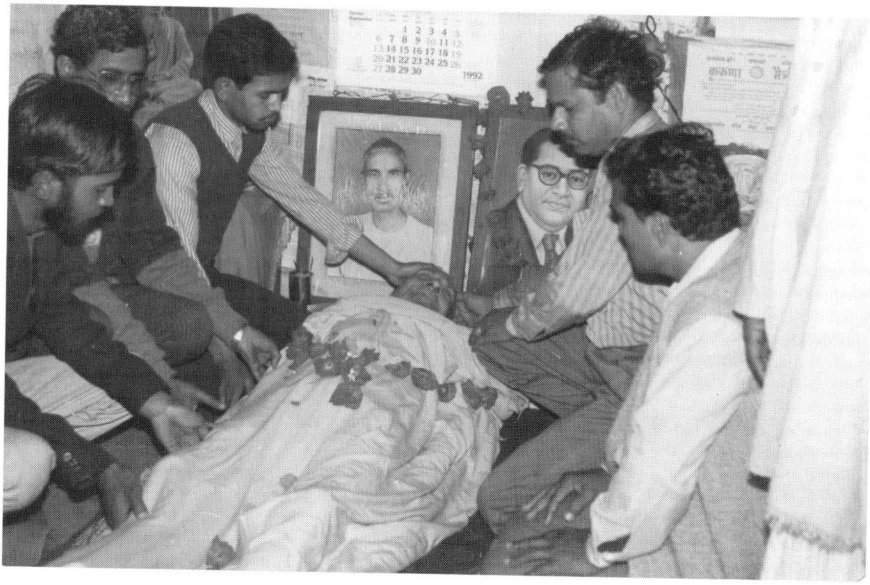

**175.** शोक में उनके युवा शुभचिन्तक

**176.** पेरियार ललई सिंह के सिर पर हाथ रखे हुए दाएँ—उनके चचेरे भाई रामसेवक सिंह, जो उनके साथ पढ़ने जाते थे। बाएँ—उनके भतीजे सुरेन्द्र सिंह

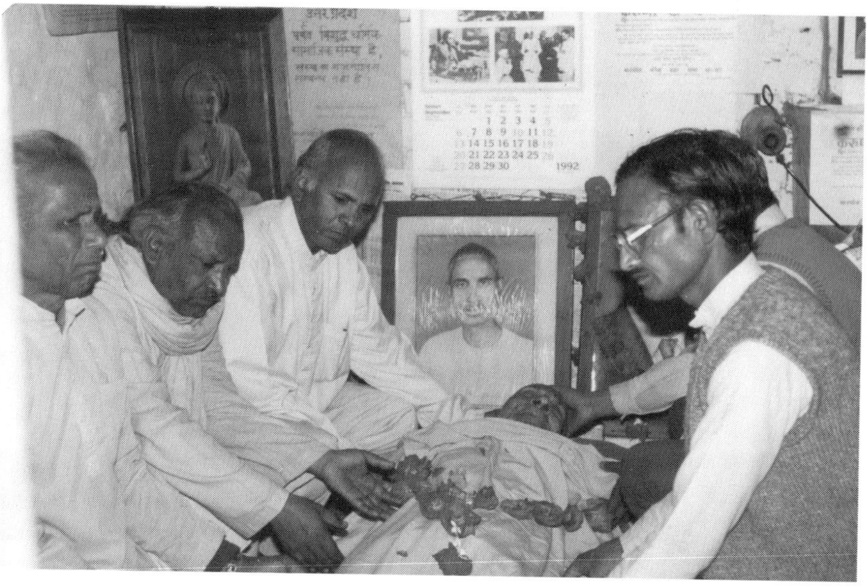

**177.** बाएँ से—सुन्दर लाल गौतम, भा. बौ. महासभा, उ.प्र. के नगर अध्यक्ष; प्रेमीजी बौद्ध—महामंत्री, जे.एन. आदित्य–अध्यक्ष, दाएँ–प्रकाश रत्न गौतम–मंडल अध्यक्ष, कानपुर मंडल

**178.** भंतेजन संगायन के लिए बैठे हुए

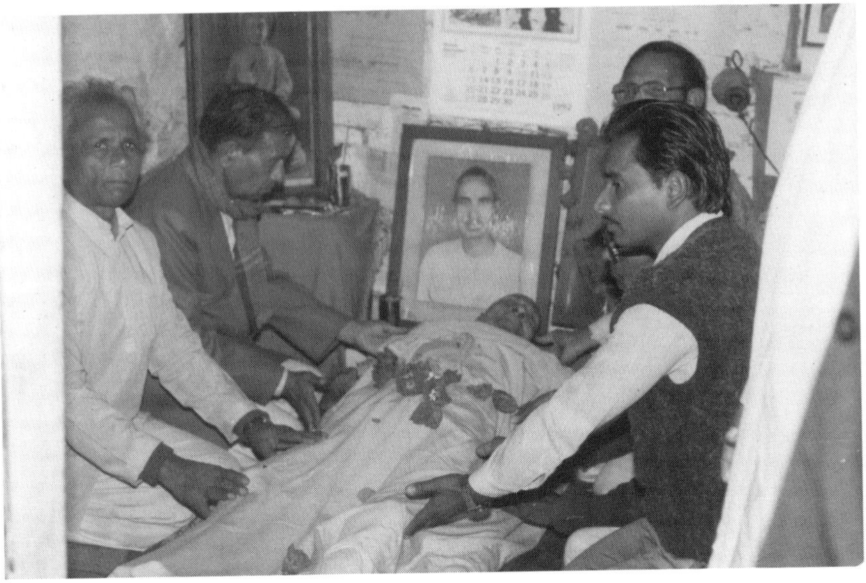

**179.** शोक में प्रौढ़ शुभचिन्तक श्रद्धा-सुमन अर्पित करते हुए

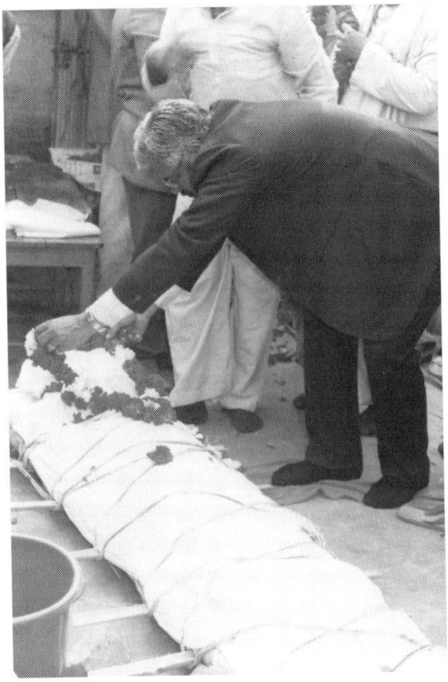

**180.** शुभचिन्तक पुष्पांजलि करते हुए

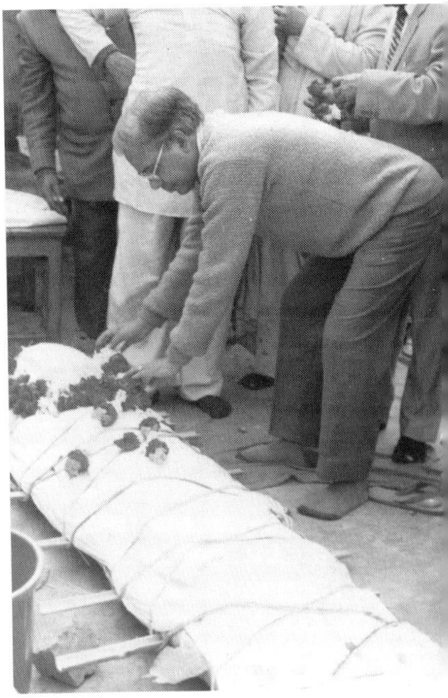

**181.** शुभचिन्तक पुष्पांजलि करते हुए

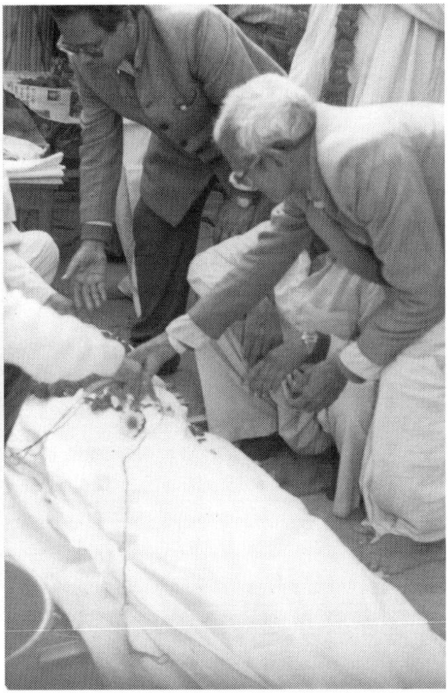

**182.** उनके चचेरे भाई अध्यापक रामसेवक सिंह पुष्पांजलि करते हुए

**183.** सुरेन्द्र सिंह पुष्पांजलि करते हुए

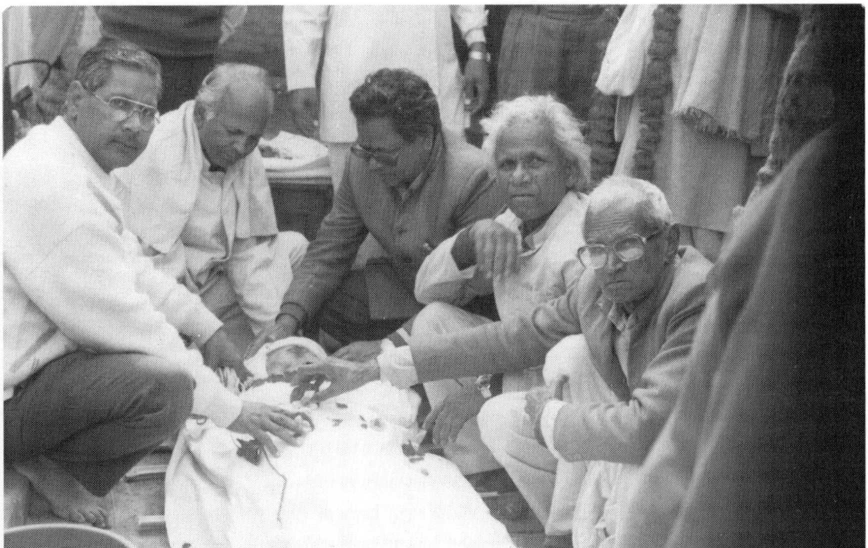

**184.**

**185.** मंचासीन—महंत दीपांकर महास्थविर। बैठे–बाएँ से दाएँ—उपासिका रानी, पत्नी जे.एन. आदित्य। खड़े—चश्मे में प्रताप सिंह आदि। खड़ी महिलाएँ–लोकावती आनंदी

**186.** उनके शुभचिन्तक अन्तिम दर्शन करते हुए

**187.** महान बौद्ध उपासक पेरियार ललई सिंह पंचशील में लिपटे हुए, जिन्होंने 21 जुलाई, 1967 ई. को, कुशीनगर में, महाथेरा ऊँ चंद्रमणि से बौद्ध धर्म ग्रहण किया था। अन्तिम विदाई देते हुए उनके भिक्षु प्रिय शिष्य दाएँ से–धनीराम बौद्ध, जे.एन. आदित्य, प्रकाश रत्न गौतम, प्रेमीजी बौद्ध, एस.डी. भानु, राजेन्द्र नाथ, पन्नालाल, सुन्दर लाल गौतम आदि।

**188.** शुभचिन्तक पेरियार ललई सिंह के अंतिम संस्कार के लिए उनके शव को ले जाने के लिए उठाते हुए

**189.** बौद्ध भिक्षुओं के संगायन के साथ उनके शव को पंचतत्व में विलीन करने के लिए अग्नि देते हुए लोग। बीच में युवा सुरेन्द्र सिंह, उनके बाएँ—रामसेवक सिंह, सत्य नारायण, पन्ना लाल, दाएँ–सी. एल. विशारद (लखनऊ), जे.एन. आदित्य, सुशील कुमार, प्रेमी जी बौद्ध आदि।

**190.** शोक में गाँव-जवार की महिलाएँ और पुरुष

**191.** पवित्राण पाठ और प्रतीकात्मक दर्शन करने के लिए पेरियार साहब का चित्र

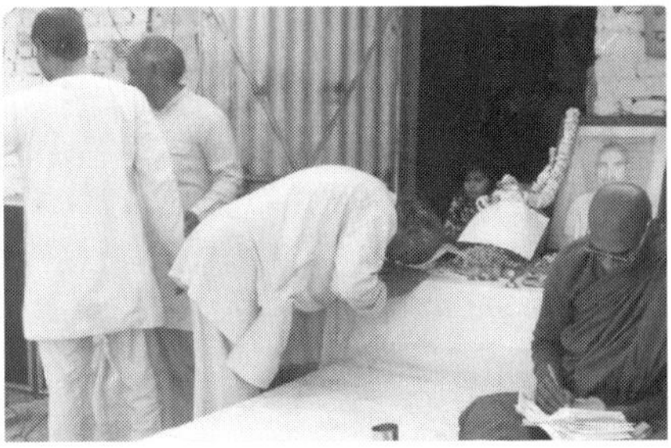

**192.** उनके शुभचिन्तक श्रद्धा और सम्मान व्यक्त करते हुए

**193.** पुष्पांजलि अर्पित करते हुए शुभचिन्तक

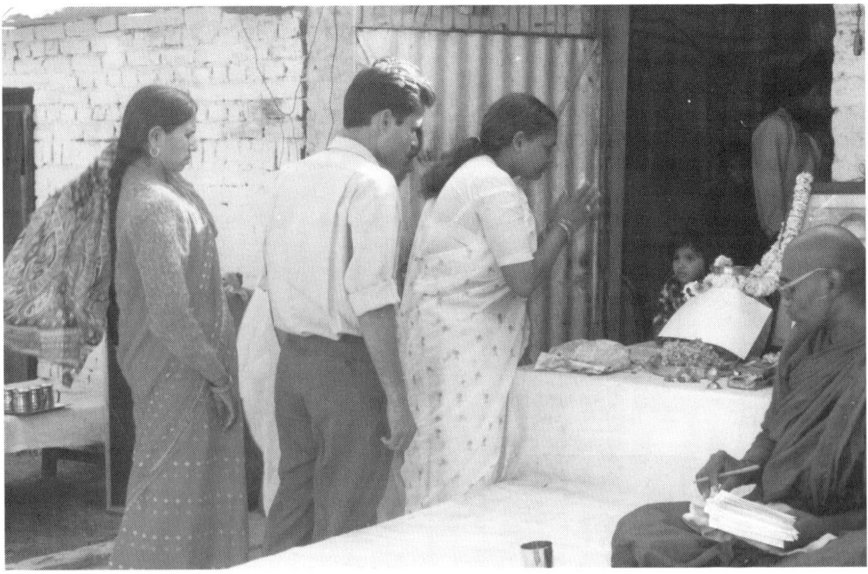

**194.** पुष्पांजलि अर्पित करती हुई महिलाएँ और शुभचिन्तक

**195.** पुष्पांजलि अर्पित करते हुए शुभचिन्तक

**196.** पुष्पांजलि अर्पित करती हुई महिलाएँ और शुभचिन्तक

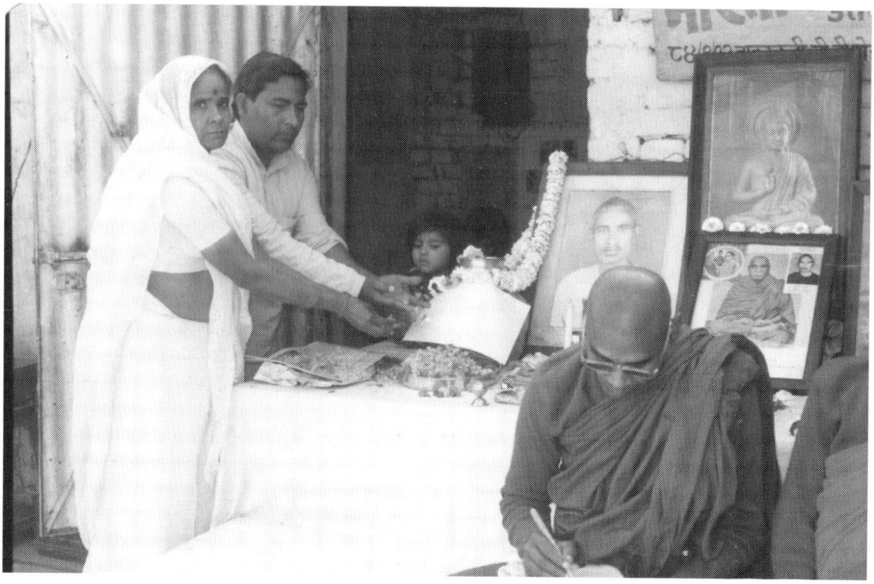

**197.** पुष्पांजलि अर्पित करती हुई महिलाएँ, बच्चियाँ और शुभचिन्तक

**198.** पेरियार ललई सिंह का अस्थि-कलश
मंचासीन भदंत दीपांकर महास्थविर, बुद्धांजलि देती–उपासिका रानी, मालती—पत्नी एस.डी. भानु

**199.** उनकी शुभचिन्तक बच्चियाँ और महिलाएँ अस्थि कलश पर सम्मान व्यक्त करते हुए

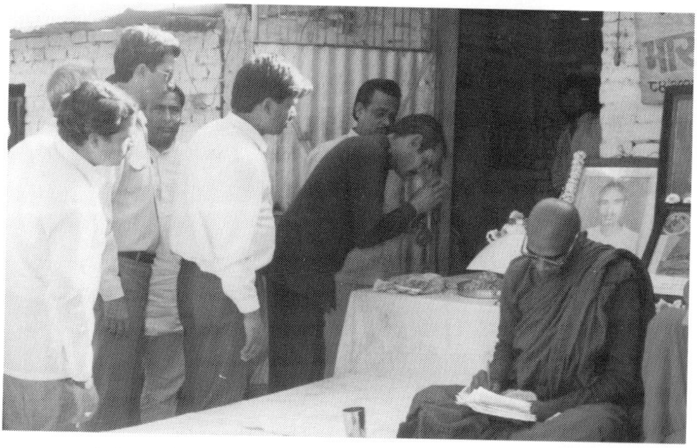

**200.** पुष्पांजलि अर्पित करते हुए शुभचिन्तक

**201.** उनके भिक्खुप्रिय शिष्य जे.एन. आदित्य बुद्धांजलि सभा को सम्बोधित करते हुए

**202.** बौद्ध भिक्खु पवित्राण पाठ का संगायन करते हुए

**203.** बौद्ध भिक्खु पवित्राण पाठ का संगायन करते हुए

204.

205. बौद्ध भिक्खु पुण्य-अनुमोदन करवाते हुए। इसे पुण्य-अनुमोदन संस्कार या जल-अनुमोदन संस्कार भी कहते हैं।

206. महिला और पुरुष—सभी पुन्य अनुमोदन करते हुए

**207.** उपासक-उपासिकाओं को शरण गमन, पंचशील तथा त्रिशरण वंदना कराता हुआ पंचशील महान भिक्खु संघ

**208.** सभी शुभचिन्तक पवित्राण पाठ में संगायन करते हुए

**209.** उपासक पाठ करते हुए

**211.** पेरियार ललई सिंह के बौद्ध मिशन को आगे बढ़ाते हुए उनके शुभचिन्तक

**210.** दुख में शुभचिन्तक

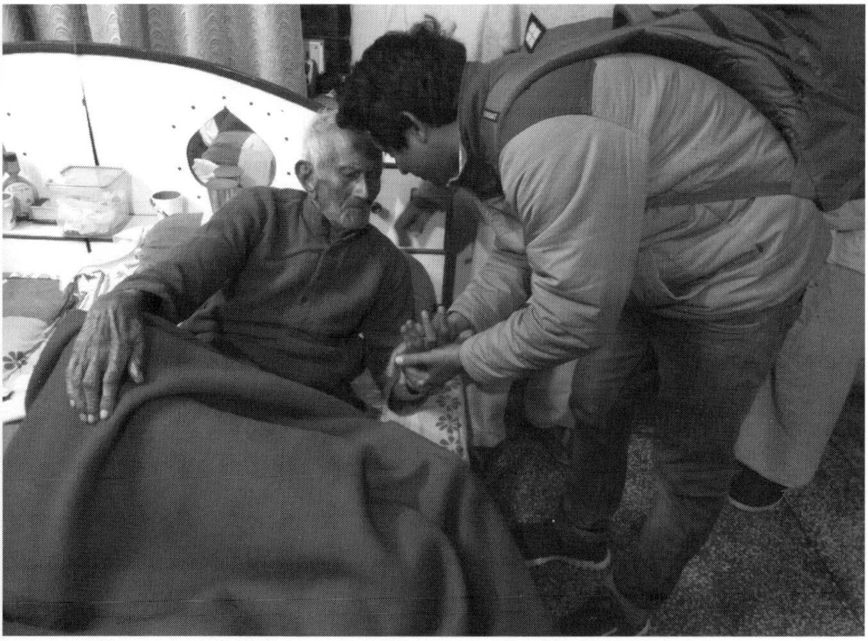

**212.** रामसेवक सिंह का साक्षात्कार 27 दिसंबर, 2016, संपादक गगन। जो 101 वर्ष की उम्र पार कर चुके हैं। उनका एक दुर्लभ साक्षात्कार।

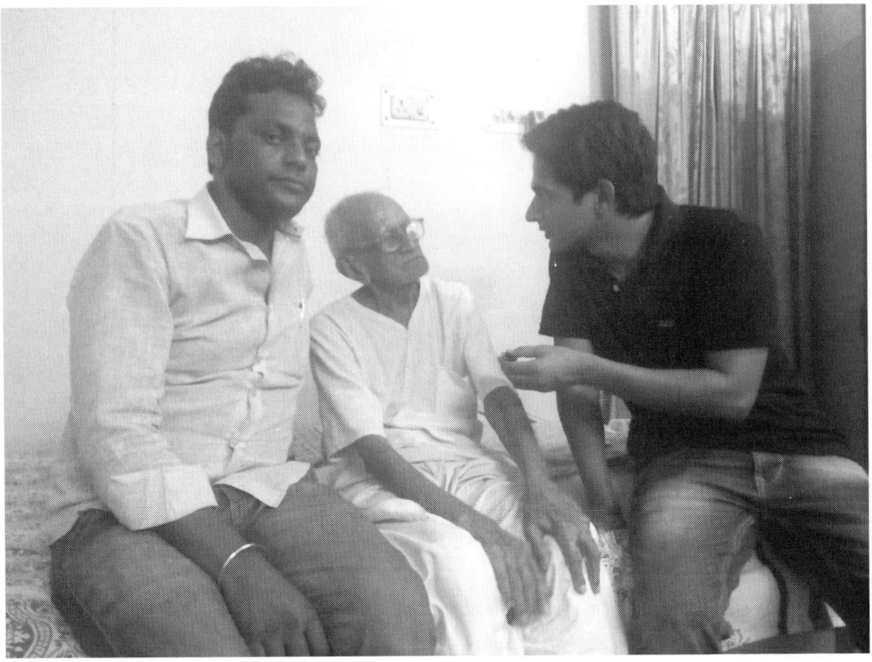

**213.** रामसेवक सिंह, जो पेरियार ललई सिंह के चचेरे भाई हैं, उनका साक्षात्कार साथी आशीष कुमार दीपांकर संग।

**214.** झींझक—वह भूमि, जहाँ पेरियार ललई सिंह ने अशोक प्रेस, सस्ता प्रेस, अशोक पुस्तकालय, पेरियार प्रेस स्थापित किया था। यहाँ प्रेस की नींव अभी भी मौजूद है। संपादक गगन निरीक्षण करते हुए। झींझक, कानपुर, उ.प्र.।

**215.** प्रेस का लोहे का बिखरा ढाँचा

**216.** प्रेस का लकड़ी का साँचा

**217.** पेरियार साहब का बड़ा बक्सा जिसमें अपना साहित्य आदि रखते थे।

**218.** वह कुआँ जिसके लिए ऐतिहासिक संघर्ष हुआ था।

**219.** पेरियार ललई सिंह की 71 बीघा जमीन जिसे उन्होंने बेचकर समतामूलक राष्ट्र निर्माण के लिए लगा दिया।

**220.** पेरियार ललई सिंह की 5 बीघे में फैला बाग, जिसमें आम, कटहल, आँवला, बेल, महुआ, अमरूद, नीम आदि के पेड़ लगे हुए थे।

**221.** हाई-कमांडर, महान स्वतंत्रता सेनानी पेरियार ललई सिंह जिन्होंने देश की स्वतंत्रता के लिए 41 दिनो की लम्बी भूख-हड़ताल ग्वालियर सेंट्रल जेल में की थी। उनके शिष्य सांसद राधेश्याम कोरी ने उनकी स्मृति मे सांसद निधि से वर्ष 2007-08 में उनकी जन्मभूमि गाँव कठारा, रसुलाबाद, कानपुर (दे.) में स्मारक बनवाया और बाउंड्री निर्माण ग्राम प्रधान सुभाषचन्द्र तिवारी ने वर्ष 2019-20 में करवाया। उस समय सचिव–राकेश कटियार थे। इसमें पेरियार साहब की मूर्ति प्रोफेसर देवेन्द्र कुमार ने भेंट की है जो जोधपुर से संगमरमर के सफेद पत्थर से बनवाकर लाई गई। यह प्रतिमा 2.5 फीट ऊँची और 1 कुंतल 70 किलो वजन की है। यह 1 सितम्बर, 2021 को स्थापित की गई।

**222.** पेरियार ललाई सिंह स्मारक का मुख्य गेट

**223.** स्मारक की बाउंड्री

**224.** 1 सितम्बर, 2022 को स्मारक में लगी हुई पेरियार ललई सिंह की सुन्दर प्रतिमा कानपुर देहात।

**225.** पेरियार ललई सिंह स्मारक में लगी हुई सुन्दर प्रतिमा। शुभचिन्तकों में प्रोफेसर विक्रम, इलाहाबाद विश्वविद्यालय, इलाहाबाद; धर्मवीर यादव गगन, दिल्ली विश्वविद्यालय, दिल्ली एवं अनुसंधानकर्ता, जनता आदि। 1 सितंबर, 2022, कठारा, कानपुर देहात, उ.प्र., भारत।

**226.** 1 सितंबर, 2022 को उनके शुभचिन्तकों ने स्मारक के द्वार को 'धम्म द्वार' के रूप में सजाया था।

**227.** 1 सितम्बर, 2022, पेरियार ललई सिंह की जयन्ती के अवसर पर शुभचिन्तक जिसमें सिख सरदार, भीम आर्मी के सदस्य एवं अन्य साथी।

**228.** 227. पेरियार ललई सिंह भवन में 2 मार्च, 2023 को पेरियार ललई सिंह के साथ तथागत बुद्ध और विश्वरत्न बाबा साहब डॉ. भीमराव अम्बेडकर की प्रतिमा भी लगाई गई l स्रोत - सौरभ यादव l

**229.** पेरियार ललई सिंह के भिक्खु प्रिय शिष्य और उनके वैचारिक वारीश जे.एन. आदित्य के साथ गगन

**230.** पेरियार ललई सिंह साहब के शुभचिन्तकों द्वारा प्रकाशित उनके सूक्ति-संग्रह का आवरण पृष्ठ जिसमें उनकी सोच का उत्तर भारत निर्मित करने की कोशिश की गई है। स्रोत–आर.बी. त्रिशरण, बस्ती, उ.प्र.

**231.** प्रज्ञा स्मृति बुद्ध विहार में पेरियार ललई सिंह के शुभचिन्तकों द्वारा प्रस्तुत उनका बौद्ध धर्म पर महावाक्य। यह विहार उदेत, शिवली, कानपुर देहात, उ.प्र. में स्थित है। इसकी स्थापना दिनांक 22 मई, 2011, रविवार को की गई। इसके मूल निर्माता रमेशचंद बौद्ध हैं। आप प्रान्तीय बौद्ध महासभा के अध्यक्ष भी थे।

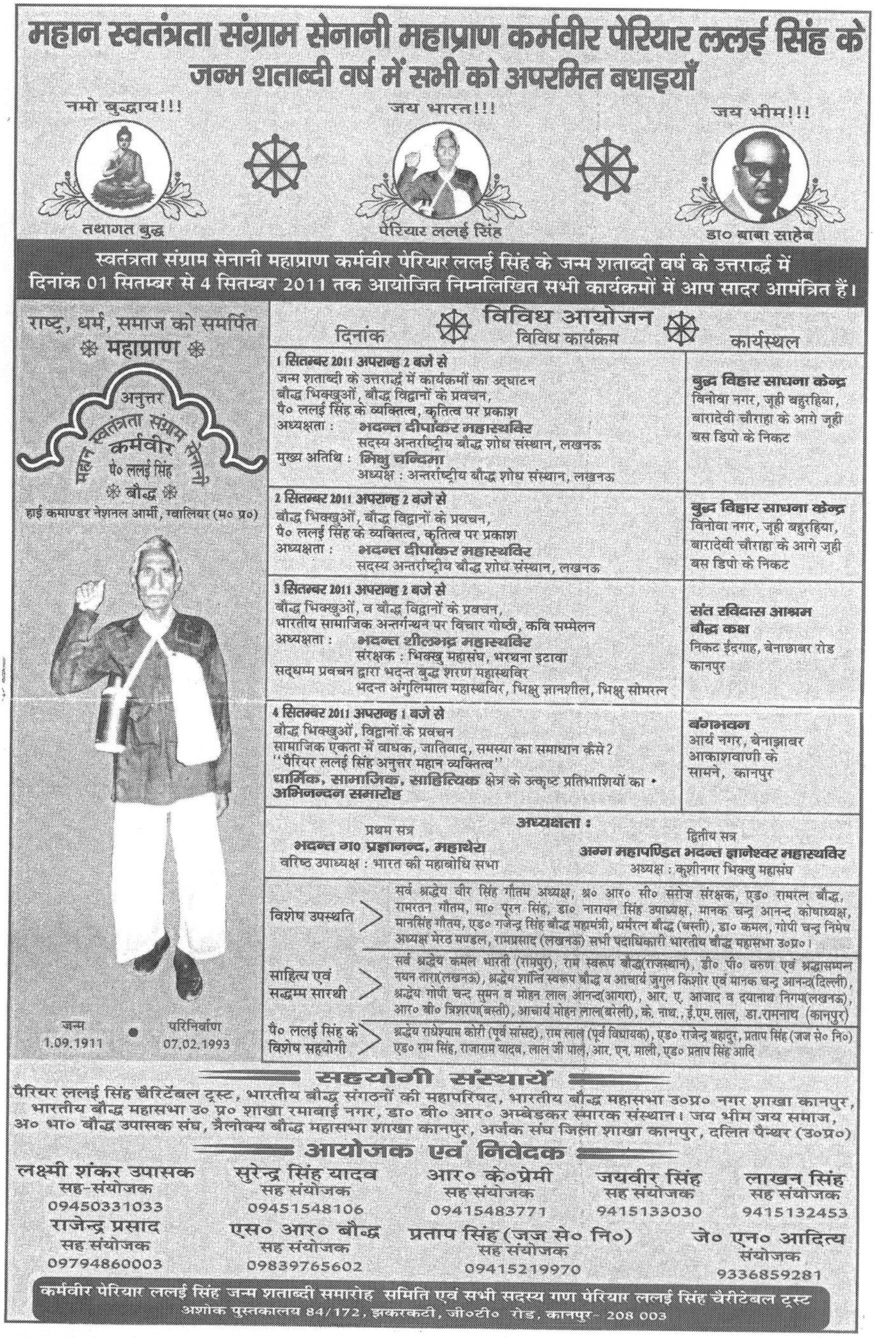

# महान स्वतंत्रता संग्राम सेनानी महाप्राण कर्मवीर पेरियार ललई सिंह के जन्म शताब्दी वर्ष में सभी को अपरमित बधाइयाँ

नमो बुद्धाय!!! जय भारत!!! जय भीम!!!

तथागत बुद्ध पेरियार ललई सिंह डा० बाबा साहेब

स्वतंत्रता संग्राम सेनानी महाप्राण कर्मवीर पेरियार ललई सिंह के जन्म शताब्दी वर्ष के उत्तरार्द्ध में दिनांक 01 सितम्बर से 4 सितम्बर 2011 तक आयोजित निम्नलिखित सभी कार्यक्रमों में आप सादर आमंत्रित हैं।

राष्ट्र, धर्म, समाज को समर्पित
महाप्राण
अनुत्तर
महा स्वतंत्रता संग्राम सेनानी
कर्मवीर
पै० ललई सिंह
बौद्ध
हाई कमाण्डर नेशनल आर्मी, ग्वालियर (म० प्र०)

जन्म 1.09.1911 परिनिर्वाण 07.02.1993

## विविध आयोजन

| दिनांक / विविध कार्यक्रम | कार्यस्थल |
|---|---|
| **1 सितम्बर 2011 अपरान्ह 2 बजे से**<br>जन्म शताब्दी के उत्तरार्द्ध में कार्यक्रमों का उद्घाटन<br>बौद्ध भिक्खुओं, बौद्ध विद्वानों के प्रवचन,<br>पै० ललई सिंह के व्यक्तित्व, कृतित्व पर प्रकाश<br>अध्यक्षता : **भदन्त दीपांकर महास्थविर**<br>सदस्य अन्तर्राष्ट्रीय बौद्ध शोध संस्थान, लखनऊ<br>मुख्य अतिथि : **भिक्षु चन्दिमा**<br>अध्यक्ष : अन्तर्राष्ट्रीय बौद्ध शोध संस्थान, लखनऊ | **बुद्ध विहार साधना केन्द्र**<br>विनोवा नगर, जूही बहुरहिया,<br>बारादेवी चौराहा के आगे जूही<br>बस डिपो के निकट |
| **2 सितम्बर 2011 अपरान्ह 2 बजे से**<br>बौद्ध भिक्खुओं, बौद्ध विद्वानों के प्रवचन,<br>पै० ललई सिंह के व्यक्तित्व, कृतित्व पर प्रकाश<br>अध्यक्षता : **भदन्त दीपांकर महास्थविर**<br>सदस्य अन्तर्राष्ट्रीय बौद्ध शोध संस्थान, लखनऊ | **बुद्ध विहार साधना केन्द्र**<br>विनोवा नगर, जूही बहुरहिया,<br>बारादेवी चौराहा के आगे जूही<br>बस डिपो के निकट |
| **3 सितम्बर 2011 अपरान्ह 2 बजे से**<br>बौद्ध भिक्खुओं, व बौद्ध विद्वानों के प्रवचन,<br>भारतीय सामाजिक अन्तर्गन्थन पर विचार गोष्ठी, कवि सम्मेलन<br>अध्यक्षता : **भदन्त शीलभद्र महास्थविर**<br>संरक्षक : भिक्खु महासंघ, भरथना इटावा<br>सद्धम्म प्रवचन द्वारा भदन्त बुद्ध शरण महास्थविर<br>भदन्त अंगुलिमाल महास्थविर, भिक्षु ज्ञानशील, भिक्षु सोमरत्न | **संत रविदास आश्रम**<br>**बौद्ध कक्ष**<br>निकट ईदगाह, बेनाछावर रोड<br>कानपुर |
| **4 सितम्बर 2011 अपरान्ह 1 बजे से**<br>बौद्ध भिक्खुओं, विद्वानों के प्रवचन<br>सामाजिक एकता में बाधक, जातिवाद, समस्या का समाधान कैसे?<br>''पैरियर ललई सिंह अनुत्तर महान व्यक्तित्व''<br>**धार्मिक, सामाजिक, साहित्यिक** क्षेत्र के उत्कृष्ट प्रतिभाशियों का<br>**अभिनन्दन समारोह** | **बंगभवन**<br>आर्य नगर, बेनाझावर<br>आकाशवाणी के<br>सामने, कानपुर |

**अध्यक्षता :**

प्रथम सत्र
**भदन्त ग० प्रज्ञानन्द, महाथेरा**
वरिष्ठ उपाध्यक्ष : भारत की महाबोधि सभा

द्वितीय सत्र
**अग्ग महापण्डित भदन्त ज्ञानेश्वर महास्थविर**
अध्यक्ष : कुशीनगर भिक्खु महासंघ

| | |
|---|---|
| विशेष उपस्थति | सर्व श्रद्धेय वीर सिंह गौतम अध्यक्ष, श्र० आर० सी० सरोज संरक्षक, एड० रामरत्न बौद्ध, रामरतन गौतम, मा० पूरन सिंह, डा० नारायन सिंह उपाध्यक्ष, मानक चन्द्र आनन्द कोषाध्यक्ष, मानसिंह गौतम, एड० गजेन्द्र सिंह बौद्ध महामंत्री, धर्मरत्न बौद्ध (बस्ती), डा० कमल, गोपी चन्द्र निमेष अध्यक्ष मेरठ मण्डल, रामप्रसाद (लखनऊ) सभी पदाधिकारी भारतीय बौद्ध महासभा उ०प्र०। |
| साहित्य एवं सद्धम्म सारथी | सर्व श्रद्धेय कमल भारती (रामपुर), राम स्वरूप बौद्ध(राजस्थान), डी० पी० वरुण एवं श्रद्धासम्पन्न नयन तारा(लखनऊ), श्रद्धेय शान्ति स्वरूप बौद्ध व आचार्य जुगुल किशोर एवं मानक चन्द्र आनन्द(दिल्ली), श्रद्धेय गोपी चन्द सुमन व मोहन लाल आनन्द(आगरा), आर. ए. आजाद व दयानाथ निगम(लखनऊ), आर० बी० त्रिशरण(बस्ती), आचार्य मोहन लाल(बरेली), के. नाथ., ई.एम.लाल, डा.रामनाथ (कानपुर) |
| पै० ललई सिंह के विशेष सहयोगी | श्रद्धेय राधेश्याम कोरी (पूर्व सांसद), राम लाल (पूर्व विधायक), एड० राजेन्द्र बहादुर, प्रताप सिंह (जज से० नि०) एड० राम सिंह, राजाराम यादव, लाल जी पाल, आर. एन. माली, एड० प्रताप सिंह आदि |

## सहयोगी संस्थायें

पेरियर ललई सिंह चैरिटेबल ट्रस्ट, भारतीय बौद्ध संगठनों की महापरिषद, भारतीय बौद्ध महासभा उ०प्र० नगर शाखा कानपुर, भारतीय बौद्ध महासभा उ० प्र० शाखा रमाबाई नगर, डा० बी० आर० अम्बेडकर स्मारक संस्थान। जय भीम जय समाज, अ० भा० बौद्ध उपासक संघ, त्रैलोक्य बौद्ध महासभा शाखा कानपुर, अर्जक संघ जिला शाखा कानपुर, दलित पैन्थर (उ०प्र०)

## आयोजक एवं निवेदक

लक्ष्मी शंकर उपासक, सह-संयोजक, 09450331033
सुरेन्द्र सिंह यादव, सह संयोजक, 09451548106
आर० के०प्रेमी, सह संयोजक, 09415483771
जयवीर सिंह, सह संयोजक, 9415133030
लाखन सिंह, सह संयोजक, 9415132453
राजेन्द्र प्रसाद, सह संयोजक, 09794860003
एस० आर० बौद्ध, सह संयोजक, 09839765602
प्रताप सिंह (जज से० नि०), सह संयोजक, 09415219970
जे० एन० आदित्य, संयोजक, 9336859281

कर्मवीर पेरियार ललई सिंह जन्म शताब्दी समारोह समिति एवं सभी सदस्य गण पेरियार ललई सिंह चैरीटेबल ट्रस्ट
अशोक पुस्तकालय 84/172, झकरकटी, जी०टी० रोड, कानपुर- 208 003

**232.** पेरियार ललई सिंह के शताब्दी वर्ष में आयोजन का पोस्टर—1 सितम्बर, 2011

**233.** भारतीय विद्यार्थी मोर्चा, बमसेफ द्वारा पेरियार ललई सिंह का जन्मदिन मनाए जाने वाला पोस्टर

**234.** JNU में सन् 2018 में 'बौद्ध दर्शन और पेरियार ललई सिंह का बहुजन आन्दोलन' शीर्षक से पब्लिक टॉक

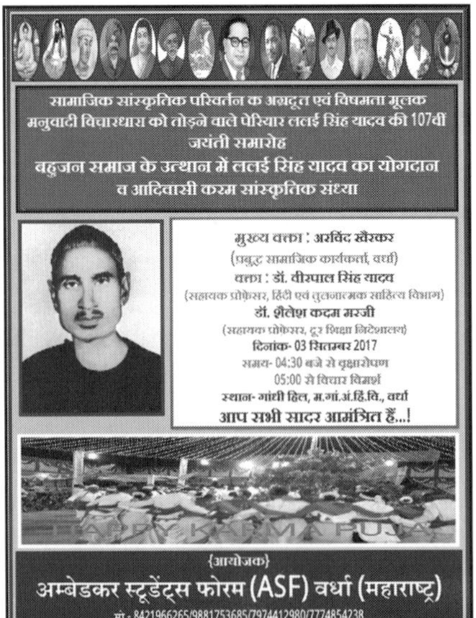


**235.** अम्बेडकर स्टूडेंट फोरम, छात्र संगठन, अन्तर्राष्ट्रीय हिन्दी विश्वविद्यालय, वर्धा, महाराष्ट्र

**236.** लोकेश पूजा बौद्ध द्वारा बनाया गया गुरु और चेला का स्केच पेरियार ललई सिंह के हाथ में विश्वविख्यात कृति सच्ची रामायण और वो अमूलचूल परिवर्तन की ओर संकेत करते हुए

**238.** अपनी बहुजन विभूतियों के चित्र से उनके चरित्र और विचार का प्रचार करता हुआ ऑटो चालक गोरखपुर (यूपी)

**237.** दक्षिण भारत में बढ़ता हुआ पेरियार ललई सिंह का प्रभाव

**239.** बनारस हिन्दू विश्वविद्यालय, बनारस में छात्र आन्दोलन के पोस्टर में पेरियार ललई सिंह

**240.** गोरखपुर विश्वविद्यालय, गोरखपुर में छात्र आन्दोलन के पोस्टर में पेरियार ललई सिंह

**241.** बुंदेलखंड विश्वविद्यालय, झाँसी में छात्र आन्दोलन के पोस्टर में पेरियार ललई सिंह की तस्वीर

**242.** एसी-एसटी एक्ट पर भारत बंद आन्दोलन, दिल्ली विश्वविद्यालय,
दिल्ली में आन्दोलनरत लोगों के हाथों में वी.पी. मंडल साहब और पेरियार ललई सिंह की सुन्दर तस्वीर

**243.** आरक्षण बचाओ आन्दोलन, जंतर-मंतर, नई दिल्ली में एक आन्दोलन में छात्रों, अध्यापकों के हाथ में पेरियार ललई सिंह का चित्र

**244.** मंडी हाउस से जंतर-मंतर तक आरक्षण के समर्थन में मार्च। छात्र, प्रोफेसर आदि के एक हाथों में पेरियार ललई सिंह के चित्र

**245.** आरक्षण पर संघर्ष के दौरान पेरियार ई.वी. रामास्वामी, पेरियार ललई सिंह, सावित्री बाई फुले और बीपी मंडल साहब का चित्र; दिल्ली विश्वविद्यालय, दिल्ली के छात्र और प्रोफेसर आदि

**246.** जेएनयू में छात्र आन्दोलन के दौरान पेरियार ललई सिंह और बीपी मंडल साहब के चित्र छात्रों, शोधार्थियों के हाथों में

**247.** 13 प्वाइंट रोस्टर आन्दोलन का ऐतिहासिक पोस्टर, आधुनिक भारत की निर्माता विभूतियाँ, दिल्ली विश्वविद्यालय, दिल्ली

**248.** 13 प्वाइंट रोस्टर आन्दोलन के दौरान पोस्टर पर राष्ट्र-निर्माता विभूतियाँ; दिल्ली विश्वविद्यालय, दिल्ली

**249.** 13 प्वाइंट रोस्टर आन्दोलन के दौरान दिल्ली विश्वविद्यालय, दिल्ली में पेरियार ललई सिंह एवं अन्य बहुजन विभूतियों के बैनर के साथ आन्दोलन करनेवाले छात्र और अनुसंधानकर्ता

**250.** आक्रोश मार्च, 13 प्वाइंट रोस्टर विरोध में और 200 प्वाइंट रोस्टर के माँग के समर्थन में छात्र, शोधार्थी और प्रोफेसर के हाथों में पेरियार ललई सिंह और डॉ. अम्बेडकर की तस्वीर दिल्ली विश्वविद्यालय, दिल्ली।

**251.** 13 प्वाइंट रोस्टर विरोध में कैंडल मार्च, दिल्ली विश्वविद्यालय, दिल्ली

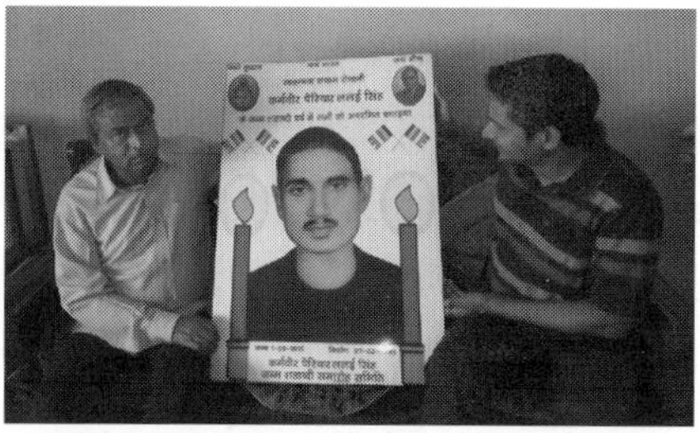

**252.** सुरेन्द्र सिंह और गगन के हाथों में पेरियार साहब का सुन्दर चित्र, कानपुर

**253.** छात्र संघ चुनाव के दौरान छात्रों के हाथों में डॉ. अम्बेडकर और पेरियार ललई सिंह के सुन्दर चित्र

**254.** इलाहाबाद विश्वविद्यालय, इलाहाबाद के छात्र संघ चुनाव में पेरियार ललई सिंह चित्र में

**255.** छात्र संघ चुनाव के दौरान इलाहाबाद विश्व-विद्यालय, इलालाबाद में मार्च करते छात्र

**256.** छात्र संघ चुनाव, इलाहाबाद विश्वविद्यालय, इलाहाबाद में बहुजन चेतना के प्रसार और आन्दोलन के दौरान ज्योतिबा फुले और पेरियार ललई सिंह का चित्र आन्दोलनकारियों के हाथों में

**257.** 13 प्वाइंट रोस्टर आन्दोलन के दौरान बुंदेलखंड विश्वविद्यालय, झाँसी में आन्दोलन के पोस्टर पर पेरियार ललई सिंह आदि बहुजन विभूतियाँ

**258.** भारतीय बौद्ध महासभा, उ.प्र. द्वारा मनाया गया हाई-कमांडर पेरियार ललई सिंह का जन्मदिन

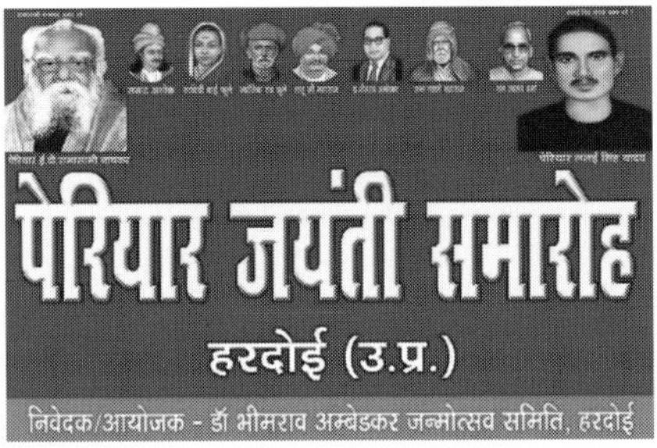


**259.** गुरु पेरियार ई.वी. रामास्वामी और शिष्य पेरियार ललई सिंह की संयुक्त जयंती, हरदोई, उ.प्र. में

**260.** मधुबन, जिला-मऊ, उत्तर प्रदेश में 23 मार्च, 2018 को पेरियार ललई सिंह की जयंती का आयोजन

**261.** गुरु पेरियार ई.वी. रामास्वामी और शिष्य पेरियार ललई सिंह की संयुक्त जयंती पर महिलाएँ माल्यार्पण करती हुई, बक्सर, बिहार, 16 सितंबर, 2018 ई.

**262.** गुरु पेरियार ई.वी. रामास्वामी और शिष्य पेरियार ललई सिंह की संयुक्त जयंती, बक्सर, बिहार, 16 सितंबर, 2018 ई.

**263.** मैत्रेयी शोध-संस्थान, राजेसुलतानपुर, अम्बेडकर नगर में गुरु पेरियार ई.वी. रामास्वामी और शिष्य पेरियार ललई सिंह की संयुक्त जयंती का आयोजन

**264.** बहुजन-समाजवाद विशाल भीम चर्चा सम्मेलन, गाजीपुर, उ.प्र.

**265.** बहुजन समाजवाद महासम्मेलन, गाजीपुर, उ.प्र., 10 फरवरी, 2019

**266.** विद्यार्थी चेतना फाउंडेशन द्वारा पेरियार ललई सिंह जयंती का आयोजन, लखनऊ

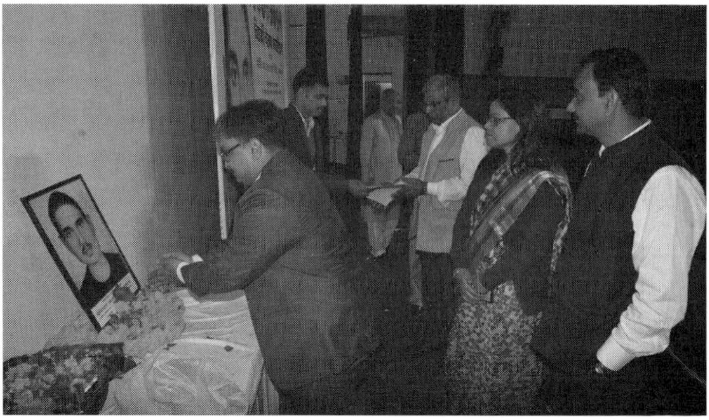

**267.** विद्यार्थी चेतना फाउंडेशन के आयोजन में पेरियार ललई सिंह पर पुष्पांजलि अर्पित करते हुए शोधार्थी और प्रोफेसर, लखनऊ

**268.** विद्यार्थी चेतना फाउंडेशन द्वारा पेरियार ललई सिंह जयंती के आयोजन में वक्तागण

**269.** चंद्रशेखर रावण, अध्यक्ष : आजाद समाज पार्टी, माता रमाबाई और पेरियार ललई सिंह की स्मृति सभा को सम्बोधित करते हुए

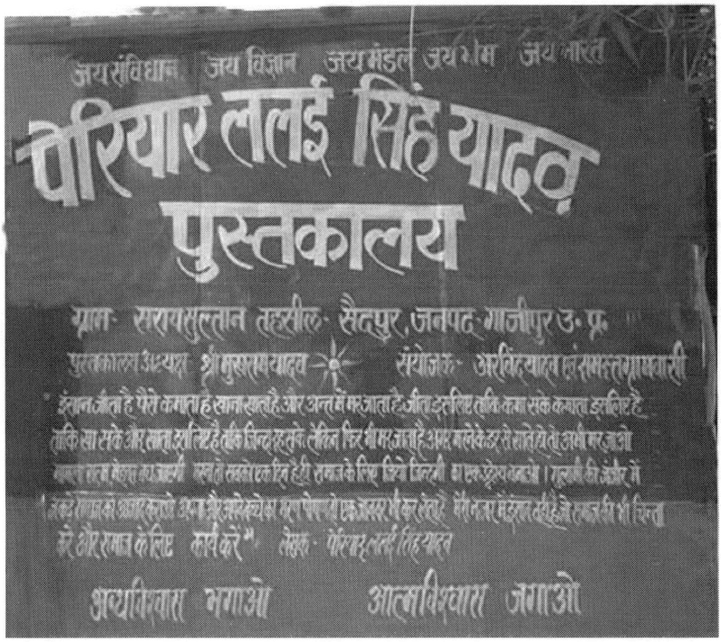


**270.** पेरियार ललई सिंह के नाम पर बना पुस्तकालय, ग्राम-सुल्तान सराय, पोस्ट-नेवादा, तहसील-सैदपुर, जिला-गाजीपुर, उत्तर प्रदेश में प्रारम्भ किया गया है। पुस्तकालय अध्यक्ष–श्री मुखराम यादव, संयोजक–अरविंद यादव एव समस्त ग्रामवासी हैं। इसका उद्घाटन बी.पी. मंडल साहब की स्मृति-तिथि 13 अप्रैल को हुआ। यह पेरियार ललई सिंह पुस्तकालय 13 अप्रैल, 2019 से चल रहा है।

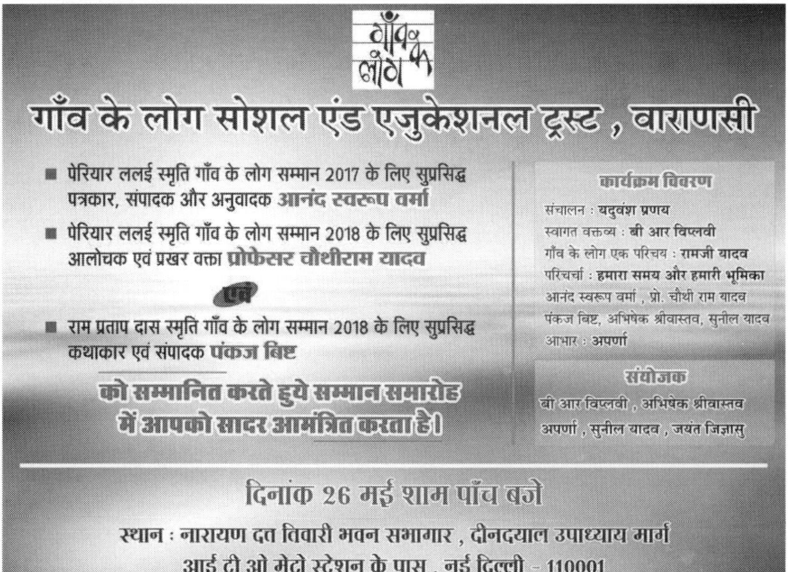


**271.** पेरियार ललई सिंह के नाम पर स्मृति सम्मान

**272.** पेरियार ललई सिंह बहुजन विभूतियों संग विवाह के निमंत्रण पत्र पर

**273.** बी.पी. मंडल साहब के साथ पेरियार ललई सिंह विवाह के निमंत्रण पत्र पर

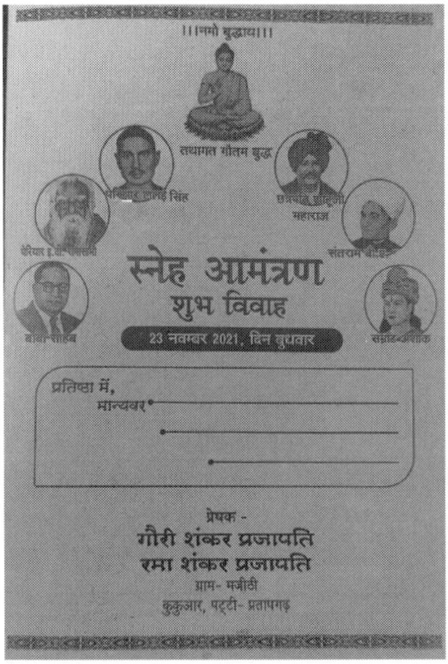


**274.** शुभ विवाह आदि पर प्रस्तुत होती बहुजन विभूतियाँ जिसमें पेरियार ललई सिंह भी हैं।

**275.** आमंत्रण-निमंत्रण, विवाह आदि हेतु प्रतिमान बनती बहुजन विभूतियाँ

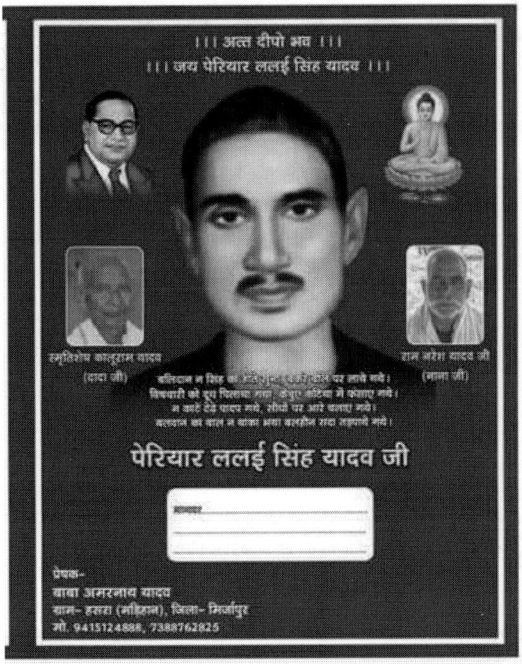


**276.** बुद्ध और बाबा साहब डॉ. अम्बेडकर के साथ पेरियार ललई सिंह आमंत्रण-पत्र पर, मिर्जापुर, उ.प्र.

**277.** पेरियार ललई सिंह विवाह के आमंत्रण-पत्र पर, सासाराम, बिहार

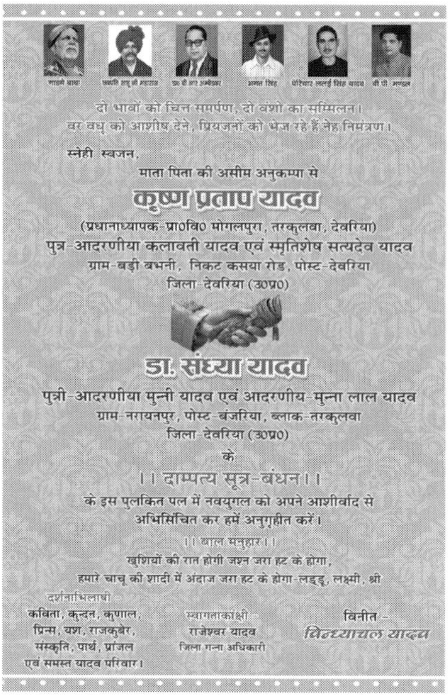
दो भावों को चित्त समर्पण, दो वंशो का सम्मिलन।
वर वधू को आशीष देने, प्रियजनों को भेज रहे हैं नेह निमंत्रण।

स्नेही स्वजन,

माता पिता की असीम अनुकम्पा से

**कृष्ण प्रताप यादव**

(प्रधानाध्यापक-प्रा0वि0 मोगलपुरा, तरकुलवा, देवरिया)
पुत्र-आदरणीया कलावती यादव एवं स्मृतिशेष सत्यदेव यादव
ग्राम-बड़ी बभनी, निकट कसया रोड, पोस्ट-देवरिया
जिला-देवरिया (उ0प्र0)

**डा. संध्या यादव**

पुत्री-आदरणीया मुन्नी यादव एवं आदरणीय-मुन्ना लाल यादव
ग्राम-नरायनपुर, पोस्ट-बंजरिया, ब्लाक-तरकुलवा
जिला-देवरिया (उ0प्र0)

के

।। दाम्पत्य सूत्र-बंधन ।।

के इस पुलकित पल में नवयुगल को अपने आशीर्वाद से
अभिसिंचित कर हमें अनुगृहीत करें।

।। बाल मनुहार ।।
खुशियों की रात होगी जश्न जरा हट के होगा,
हमारे चाचू की शादी में अंदाज जरा हट के होगा-लड्डू, लक्ष्मी, श्री

दर्शनाभिलाषी
कविता, कुन्दन, कुणाल,
प्रिन्स, यश, राजकुबेर,
संस्कृति, पार्थ, प्रांजल
एवं समस्त यादव परिवार।

स्वागताकांक्षी
राजेश्वर यादव
जिला गन्ना अधिकारी

विनीत -
विन्ध्याचल यादव

**278.** आमंत्रण-निमंत्रण, विवाह आदि हेतु प्रतिमान बनती बहुजन विभूतियाँ, देवरिया, यू.पी.

**280.** बहुजन चेतना यात्रा पेरियार ललई सिंह के जन्मदिन 1 सितम्बर के अवसर पर, आजमगढ़, उ.प्र.

**282.** बहुजन नवजागरण के वैवाहिक कार्यक्रम में बीपी मंडल साहब और पेरियार ललई सिंह का चित्र। प्रदीप कुमार गौतम के विवाह के अवसर पर उरई, जालौन, उ.प्र.

**279.** आधुनिक राष्ट्र-निर्माता विभूतियों के चित्र संग सजा विवाह-मंडप जिस पर संविधान की प्रस्तावना और मंडल कमीशन की ऐतिहासिक पंक्तियों–'समानता केवल समान लोगों में होती है, असमानों को समान के बराबर खड़ा करना असमानता को स्थिरता प्रदान करना है'—का लड़की और लड़कों द्वारा उच्चारण करने के साथ विवाह सम्पन्न। पेरियार ललई सिंह का चित्र प्रारम्भ में हुआ।

**281.** सावित्री बाई फुले संघर्ष समिति, बस्ती के पोस्टर पर पेरियार ललई सिंह की तस्वीर

**283.** बमसेफ द्वारा पेरियार ललई सिंह के जन्मदिन पर बधाई का चित्र

**284.** भारत में बहुजन नवजागरण की महान विभूतियाँ

**285.** उत्तर भारत में बुद्ध, फुले, अम्बेडकर, पेरियार की वैचारिकी को प्रस्तुत करने वाली आधुनिक राष्ट्र-निर्माता बौद्धिक बहुजन विभूतियाँ, अर्जक संघी, शोषित वंचितों की मुखर साहित्यिक अभिव्यक्ति और आवाज चंद्रिका प्रसाद 'जिज्ञासु', पेरियार ललई सिंह, रामस्वरूप वर्मा, महाराज सिंग भारती, जगदेव प्रसाद

**नोट**–इन चित्रों में प्रारम्भिक चित्र पेरियार ललई सिंह द्वारा स्वयं खिंचवाए और बनवाए गए हैं। कुछ अन्य फोटो उनके शुभचिन्तकों द्वारा खिंचे गए हैं। दस्तावेजों के चित्र अनुसंधानकर्ता गगन द्वारा संगृहीत हैं। और उनके महापरिनिर्वाण के बाद के फोटोज चन्द्र प्रकाश, कानपुर द्वारा खींचे गए हैं। उस समय ये फोटो खींचते थे, बाद में डाकिया हो गए। कुछ अन्य फोटो साथियों, शुभचिन्तकों द्वारा खींचे गए हैं। *संपादक-गगन।*

# वंशावली

[पेरियार ललई सिंह द्वारा तैयार की गई]

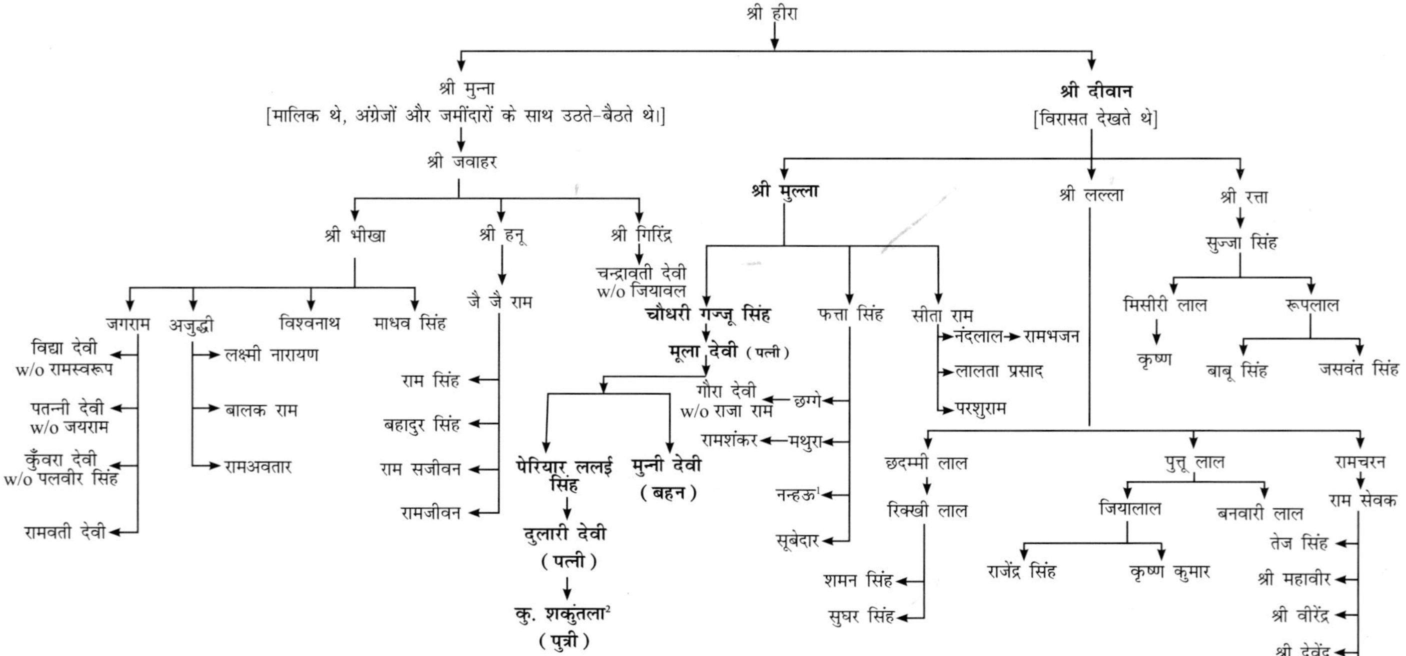


**नोट—** **नन्हऊ**[1] – सन् 1914 ई. में इंग्लैंड गए, प्रथम विश्वयुद्ध में भारत की तरफ से लड़े। लड़ाई खत्म होने पर बसरा होते हुए भारत वापस आए। प्रथम विश्वयुद्ध की विभीषिका को देखकर करुणामय होते हुए सदा के लिए साधू हो गए।

**कु. शकुंतला**[2] – ग्यारह वर्ष की उम्र में क्षय रोग से मृत्यु हो गई थी।

सौजन्य–
सुरेंद्र सिंह
(M.Sc. Math), कानपुर, उ.प्र.
आप पेरियार ललई सिंह के भतीजे हैं।